Histoire des gauches
en France
Volume 1

Volume 1
L'héritage
du XIXe siècle

Sous la direction de

Jean-Jacques Becker
et Gilles Candar

Histoire des gauches en France

Volume 1

L'héritage du XIXe siècle

La Découverte / Poche
9 *bis*, rue Abel-Hovelacque
75013 Paris

Cet ouvrage a été précédemment publié en 2004 aux Éditions La Découverte dans la collection « L'espace de l'histoire » dirigée par Christophe Prochasson avec la collaboration de Vincent Duclert, Marc Olivier Baruch, Denis Pelletier et Anne Rasmussen.

ISBN : 2-7071-4736-2

Sommaire

Avant-propos

Jean-Jacques Becker
et Gilles Candar

L'histoire politique de la France et une bonne part de son histoire sociale et culturelle s'inscrivent depuis environ deux siècles dans le couple droite-gauche, deux termes spécifiquement français, qui ont fait le tour du monde, mais restent une donnée particulière de l'histoire nationale. Cette donnée simplifie à l'évidence la réalité. Elle la simplifie d'abord parce qu'il n'existe pas seulement *une* droite et *une* gauche, mais *des* droites et *des* gauches, de même que, bien que l'on puisse parfois en douter, il existe aussi un, voire plusieurs centres [1].

Quelles histoires à gauche ?

Quoi qu'il en soit, la droite et la gauche ne semblent pas égales devant l'histoire et les historiens. De manière qui pourrait paraître paradoxale, la droite semble en effet avoir eu moins de mal à trouver son historien et ses historiens. L'explication tient peut-être d'abord à ce qu'elle a été servie par un auteur prestigieux, René Rémond, qui, dès 1954, installait son œuvre à l'avant-scène des sciences humaines, *La Droite en France*, devenue par la suite *Les*

1 On gouverne au centre, mais selon certains historiens il n'y aurait pas de centre... Tout n'est certes pas affaire de gouvernement. Comme le suggère Marcel Gauchet dans un article classique sur lequel nous reviendrons, on pense souvent sous les auspices de la gauche et de la droite, et l'on négocie les applications de ces pensées au centre... Le problème du centre est qu'il est extrêmement difficile à cerner et à analyser, ce qui amène souvent à nier son existence. Une bonne discussion sur sa place et son rôle est fournie par Noberto Bobbio, *Droite et gauche, essai sur une distinction politique*, Seuil, Paris, 1996 [*Destra e Sinistra. Ragioni e significati di una distinzione politica*, Donzelli, Rome, 1994].

Droites en France [2]. La division de la droite en France entre trois tendances que l'on peut suivre au cours des deux derniers siècles est devenue un classique de l'histoire et de la science politique. Près de quarante ans plus tard, en 1992, un des élèves de René Rémond, Jean-François Sirinelli, prit la direction d'une *Histoire des droites en France* en trois volumes [3]. Le projet n'était plus d'établir une *théorie* de la droite, mais de multiplier les approches analytiques de la droite ou des droites.

Face à ces deux œuvres, l'histoire de la gauche n'a pu donner jusqu'à présent naissance ni à une synthèse pénétrante ni à une vaste analyse, qui s'imposerait avec le même caractère d'évidence à l'attention des étudiants ou du grand public. Cette absence peut paraître surprenante. Non pas que des auteurs ne se soient exercés à retracer l'histoire de la gauche, non pas qu'il n'y ait des ouvrages sur telle ou telle gauche à telle ou telle époque — ils sont même innombrables, et souvent décisifs. Le socialisme, le communisme, l'anarchie, le radicalisme ont eu et ont leurs histoires, leurs historiens, leurs revues, leurs centres de recherche et leurs colloques. Des synthèses ont marqué leurs époques. On doit toujours et avant tout se référer à la monumentale *Histoire générale du socialisme* réalisée aux Presses universitaires de France sous la direction de Jacques Droz entre 1972 et 1977. Cette histoire, à vocation mondiale, allait des « origines à nos jours », c'est-à-dire le début des années 1970. À dire vrai, cette somme marqua une date : elle manifestait l'émergence d'une génération d'historiens, universitaires et citoyens, parfois militants, mais qui n'écrivaient pas une histoire complaisante ou polémique. L'*Histoire générale du socialisme* fut un grand moment historiographique : les synthèses de Madeleine Rebérioux, Annie Kriegel, Marianne Debouzy, François Bédarida, Pierre Vilar et d'autres (la liste n'est pas exhaustive) ont marqué leur époque et sont devenues à part entière des classiques. Le seul rapprochement de ces noms signale d'ailleurs l'ouverture du projet et sa capacité à intégrer des approches idéologiques, comme on disait alors, diversifiées. Cette œuvre magistrale doit se lire d'abord comme un des chefs-d'œuvre de l'historiographie des années 1970, qui savait allier le respect des règles de la méthode historique [4] à l'invention allègre d'une histoire vivante, sociale et culturelle, éloignée de tout formalisme, comme le souhaitaient Marc Bloch, Lucien Febvre ou Ernest Labrousse. L'entreprise n'avait d'ailleurs rien d'un Tombeau ou d'un achèvement ; elle fut au contraire le point de départ de bien d'autres travaux. L'histoire du socialisme et du mouvement socialiste est désormais ancrée à part entière dans la recherche française et internationale et

---

2 René RÉMOND, *La Droite en France*, Montaigne, Paris, 1954 ; rééd. *Les Droites en France*, Aubier-Flammarion, Paris, 1982.

3 Jean-François SIRINELLI (dir.), *Histoire des droites en France*, Gallimard, Paris, 3 vol., 1992.

4 *Cf.* Charles-Victor LANGLOIS et Charles SEIGNOBOS, *Introduction aux études historiques* (1898), rééd. Kimé, Paris, 1992, avec une préface de Madeleine REBÉRIOUX.

permet de dégager de nouvelles synthèses, qui vont par exemple des relations entre socialisme et pouvoir [5] aux réseaux et à l'approche locale et régionale [6]. Certains auteurs de l'*Histoire du socialisme* étaient eux-mêmes au début de leurs carrières d'historiens, parfois « levés avant l'aube » comme aimait à le dire Jean Jaurès des militants, et devaient largement animer, guider, inspirer l'historiographie des décennies suivantes sur « l'avenir et les avant-gardes » (Madeleine Rebérioux) ou « le pain et les roses » (Annie Kriegel) [7].

L'entreprise éditoriale placée sous l'égide de Jacques Droz n'eut un tel rayonnement que parce que l'ensemble de l'histoire sociale et politique contemporaine avait pris à bras-le-corps l'étude du monde ouvrier. Un homme clef symbolisa ce basculement : Jean Maitron, instituteur et universitaire tout à la fois, historien de grande qualité, fut un entrepreneur culturel de premier ordre. Il fonda en 1960 la revue *Le Mouvement social*, à partir de *L'Actualité de l'histoire*, et identifia sa vie avec l'élaboration d'une œuvre gigantesque : le *Dictionnaire biographique du mouvement ouvrier français* [8], familièrement et universellement appelé depuis lors « le Maitron ». Il y fit participer nombre d'historiens, ceux cités précédemment et beaucoup d'autres, mais aussi un important réseau d'enseignants, de militants bénévoles qui contribuèrent à colorer socialement et culturellement l'image du *Dictionnaire*. Le mouvement ouvrier, ce n'était évidemment pas toute la gauche. Le radicalisme, les socialistes indépendants ou « républicains », d'une manière générale le monde des élus, des notables, étaient minorés, très volontairement d'ailleurs. Même les intellectuels ne furent vraiment représentés aux côtés des militants ouvriers qu'à partir de 1914, grâce en grande partie à l'opiniâtre travail de Nicole Racine, auteur de remarquables et nombreuses notices biographiques. Dans les années 1960, la notion de « gauche », trop parlementaire, presque vidée de son sens (mais jamais complètement...) par les divisions féroces de la guerre froide, pouvait passer pour au mieux gentiment désuète et accessoire, en tout cas seconde par rapport à celle du mouvement populaire.

---

5 *Cf.* Alain Bergounioux et Gérard Grunberg, *Le Long Remords du pouvoir. Le Parti socialiste français 1905-1942*, Fayard, Paris, 1992.

6 *Cf.* Frédéric Sawicki, *Les Réseaux du Parti socialiste. Sociologie d'un milieu partisan*, Belin, Paris, 1997.

7 *Cf.* les bibliographies de ces deux historiennes dans Vincent Duclert, Rémi Fabre et Patrick Fridenson, *Avenirs et avant-gardes en France, XIXe-XXe siècles. Hommage à Madeleine Rebérioux*, La Découverte, Paris, 1999 et Stéphane Courtois, Marc Lazar et Shmuel Trigano, *Rigueur et passion. Mélanges en hommage à Annie Kriegel*, Cerf/L'Âge d'homme, Paris, 1994.

8 Quarante-cinq volumes parus pour les quatre périodes de 1789 à 1939, plus des tomes nationaux sur l'Allemagne, l'Autriche, la Grande-Bretagne, le Japon, la Chine, le Maroc..., des volumes thématiques, un cédérom et une suite annoncée pour la période contemporaine. L'entreprise se poursuit aujourd'hui aux Éditions de l'Atelier sous la responsabilité de Claude Pennetier.

Toujours grâce à Jean Maitron, l'anarchie eut aussi sa grande histoire fondatrice avec *Le Mouvement anarchiste en France* (1951), une thèse plusieurs fois rééditée et mise à jour (1975 [9]). Elle fit sortir l'anarchie de l'univers militant et en proposa une vision sereine, compréhensive, affectueuse même, comme savait l'être Jean Maitron, mais sans parti pris ni naïveté. Le trotskisme et les autres gauchismes restèrent sans doute plus longtemps le domaine de chroniqueurs ou de témoins. Pierre Broué, biographe chaleureux et savant de Trotski et de Rakovsky [10], domine toujours ce pan de l'historiographie. Le radicalisme, défriché par Jacques Kayser, avait tôt bénéficié de l'intérêt civique d'un historien appelé à faire autorité sur la République romaine, Claude Nicolet. Les grandes thèses de Serge Berstein et de Gérard Baal lui donnèrent la dignité d'un objet d'études au cœur de l'histoire politique française. Pour le communisme, inclus dans l'*Histoire générale du socialisme*, la dislocation de l'Union soviétique et l'effondrement des régimes européens qui s'en réclamaient n'ont pas empêché que se poursuivent, avec une passion égale, des historiographies critiques (François Furet, *Le Passé d'une illusion*, et, plus critique encore, *Le Livre noir du communisme : crimes, terreur, répression*, ouvrage collectif dirigé par Stéphane Courtois, au succès emblématique d'une époque [11]) ou, en réaction aux premières, plus compréhensives (*Le Siècle des communismes*, ouvrage collectif, Éditions de l'Atelier, 2000 [12]) qui, à défaut d'être jamais compatibles, seront peut-être un jour complémentaires.

Cependant, hormis dans quelques grands cours de professeurs, comme celui de Jean Touchard [13], ces histoires ne se confrontaient pas pour déboucher sur des problématiques communes à l'ensemble de la gauche, de ses rives les plus modérées à ses bordures extrêmes. Bref, une situation inverse de celle de la droite et du centre. Hormis les extrémismes, celle-ci n'eut guère d'historiens pendant longtemps pour telle ou telle de ses familles ou de ses aspects. Cela importait peu, car les études synthétiques de René Rémond et de Jean-François Sirinelli permettaient d'apporter une réponse globale. Il faut dire aussi que l'extrême complexité de la gauche et de son évolution au cours de ces deux siècles constituait un obstacle difficile à surmonter. Complexité qui tient à la nature de la gauche. Dans le couple droite-gauche, la gauche a formé le plus souvent l'aile marchante et il était peut-être plus aisé de saisir dans leur globalité des droites que des gauches, aussi disparates que changeantes. Par nature, la droite est plutôt fondée sur la conservation : il est plus facile

9 Jean MAITRON, *Le Mouvement anarchiste en France*, François Maspero, Paris, 1975 ; La Découverte, coll. « Fondations », Paris, 1983.

10 Pierre BROUÉ, *Trotski*, Fayard, Paris, 1988 ; *Rakovsky*, Fayard, Paris, 1996.

11 François FURET, *Le Passé d'une illusion*, Robert Laffont, Paris, 1995 ; Stéphane COURTOIS (dir.), *Le Livre noir du communisme : crimes, terreur, répression*, Robert Laffont, Paris, 1997.

12 Michel DREYFUS, Bruno GROPPO, Claudio INGERFLOM *et al.*, *Le Siècle des communismes*, Éditions de l'Atelier, Paris, 2000.

13 Jean TOUCHARD, *La Gauche en France depuis 1900*, Seuil, coll. « Points », Paris, 1977.

d'analyser un phénomène stable, à fortes permanences, qu'un autre perpétuellement en recherche. Même si la scissiparité des groupes politiques est consubstantielle à la vie politique française — jamais dans l'histoire politique française il n'y a eu face à face comme dans bien d'autres pays un grand parti conservateur et un grand parti progressiste —, il se trouve que la séparation en différentes fractions est beaucoup plus une attitude de la gauche qu'une attitude de la droite. La conséquence en était que les divisions de la droite recouvraient bien souvent principalement des antagonismes de personnes et que les électeurs pouvaient se demander ce qui séparait sur le fond tel ou tel groupement antagoniste, alors que les divisons de la gauche étaient bien plus profondes, recouvrant ceux pour qui l'objectif était la révolution sociale et ceux pour qui la gauche devait surtout avoir pour objectif le progrès lent et continu. Révolutionnaires et réformistes formaient les deux pôles de la gauche française, sans omettre qu'à l'intérieur de ces deux pôles, les divisions pouvaient être également considérables et tenir à d'autres sujets.

Tous les ouvrages, livres et publications sur les familles de la gauche se sont longtemps inscrits dans un contexte historiographique qui a récemment changé : la gauche dans les années 1960 et 1970 disposait d'une pleine légitimité intellectuelle qui lui permettait sans doute de ne pas réfléchir plus avant sur ce qui la fondait, mais au contraire de cultiver ses approches par courants ou par familles. On ne savait pas exactement quel camp allait l'emporter — du « socialisme réel » existant en Union soviétique et dans les « démocraties populaires », plus ou moins réformé, adapté ou renouvelé selon les cas et les espérances, de l'eschatologie révolutionnaire de la Chine et de Cuba ou de telle ou telle fraction de la IVe Internationale, de l'anarchie ou du « socialisme démocratique » cher à Jacques Droz que d'autres préféraient appeler « social-démocratie » —, mais nul ne doutait que la partie se jouerait entre ces diverses forces. Le consensus progressiste partagé par la plupart des historiens, au-delà de leurs choix personnels, selon lesquels l'avenir de l'humanité se situait de toute façon vers une évolution « à gauche » pluriséculaire empêchait de s'attarder sur la question de la définition des principes communs à l'ensemble de la gauche, ce qui structurait, établissait, faisait vivre et se modifier son identité comme ses lignes de partage. Pendant longtemps, la phrase inlassablement citée d'Alain — « lorsqu'on me demande si la coupure entre partis de droite et de gauche, hommes de droite et hommes de gauche, a encore un sens, la première idée qui me vient est que l'homme qui me pose cette question n'est certainement pas un homme de gauche » — sembla finalement suffire. Aujourd'hui, crises et échecs des uns et des autres, même s'ils ne se situent pas sur le même plan, de l'« illusion » révolutionnaire comme du « réalisme » réformiste, face à des solutions alternatives décidément vivaces, telles le conservatisme occidental ou le fondamentalisme religieux, obligent à reconsidérer les fondements mêmes de la vision progressiste du devenir de l'humanité.

Ce n'est d'ailleurs pas seulement la certitude de l'évolution « progressiste » globale de l'humanité qui est ébranlée. La plupart des travaux des années 1960 et 1970 reposaient sur un accord général, souvent implicite, avec le « paradigme labroussien » : l'économique précède le social qui lui-même devance le culturel. La certitude a disparu. Le livre, important, de Tony Judt paru en français en 1986 sous le titre *Le Marxisme et la gauche française* [14], que préfaça François Furet, fut contemporain de ce basculement. La politique socialiste et le mouvement ouvrier étaient nettement dissociés : la première était envisagée comme relevant avant tout d'une histoire culturelle de la politique, dont l'implantation sociale n'avait pas à être pensée comme déterminée par avance, le second devait être étudié de manière indépendante et considéré sous ses formes diverses, hors de tout rapprochement politique privilégié. Les sciences politiques furent dès lors activement sollicitées. Dès les origines, elles avaient réfléchi sur l'organisation de la politique française par un axe droite-gauche et sur l'évolution de celui-ci [15]. Sous l'impulsion notamment de Marc Lazar, qui anime un groupe de recherches sur la gauche européenne, de nombreux ouvrages ont été publiés sur les identités politiques et leurs mutations récentes, avec comme horizon la chute du mur de Berlin, la fin de l'Union soviétique et des démocraties populaires [16]. Ces travaux concernent en premier lieu les forces de gauche, le communisme, à propos duquel Marc Lazar partage l'opinion d'Enrico Berlinguer sur la fin de la « force propulsive » de la révolution d'Octobre, et la social-démocratie, dont la crise d'adaptation aux conditions du monde actuel est scrutée avec la sagacité de l'expert.

UNE HISTOIRE DES GAUCHES AUJOURD'HUI

L'histoire peut sans doute apporter aussi sa contribution spécifique dans ce débat. À nos yeux, l'histoire politique doit être d'abord une histoire culturelle de la politique. Les deux sont liées indissociablement et, comme le relève à juste raison Tony Judt, réfléchissant sur l'identité culturelle de ses amis de gauche français, « être de gauche en France, c'est prendre très au sérieux la chose politique, y compris et surtout la participation au scrutin ». Cette culture politique repose sur une vision « mentale » ou, si l'on préfère, sur un « mode de raisonnement ». La diversité des gauches n'a jamais empêché qu'il

14 Tony JUDT, *Marxism and the French Left : Studies in Labour and Politics in France, 1830-1981*, Oxford University Press, New York, 1981 ; trad. fr. *Le Marxisme et la gauche française*, Hachette, Paris, 1986.

15 *Cf.* André SIEGFRIED, *Tableau politique de la France de l'Ouest*, Armand Colin, Paris, 1913.

16 *Cf.* notamment Marc LAZAR (dir.), *La Gauche en Europe depuis 1945. Invariants et mutations du socialisme européen*, PUF, Paris, 1996.

existe une *attitude* de gauche, un *comportement* de gauche, très antagoniste à la droite. Pour le sens commun, au-delà des originalités, des divisions, des problèmes appréhendés d'une façon ou d'une autre, il y a *une* attitude, *une* sensibilité de gauche. D'où l'expression quelquefois employée de « peuple de gauche » qui pourrait faire pendant à une formule à vrai dire guère utilisée de « peuple de droite ». Ce sera le pari de notre entreprise d'être capable d'analyser les gauches d'un même pas dans leur unité, dans leur diversité et dans leur profondeur mentale. En ayant conscience au surplus que dans l'usage quotidien — complication supplémentaire non négligeable —, il n'y a pas toujours adéquation entre la nature de fond et les choix politiques. C'est ainsi qu'il a pu arriver qu'un homme « de gauche » devienne le chef de la droite et qu'un homme « de droite » soit celui de la gauche... La signification de ces étonnants paradoxes est que l'histoire de la gauche (ou de la droite) doit être pensée comme relevant autant de l'histoire des mentalités, des représentations, des genres ou des styles de raisonnement, que de l'histoire politique ou sociale.

D'où vient cet antagonisme profond entre un « peuple de gauche » et un « peuple de droite » ? Il prend incontestablement ses racines dans la Révolution. Depuis 1789 et pour très longtemps, il y eut deux France, une France qui trouvait son inspiration dans la Révolution, et une France qui rejetait son héritage. C'est là tout le sens et l'enjeu de la célèbre formule de Clemenceau, « la Révolution est un bloc ». La Révolution était un bloc dans la mesure où elle avait constitué un corps de doctrine dans lequel se retrouvait une partie de la France et pas l'autre, les Bleus contre les Blancs... C'est ce qui explique que la France ait pu être la patrie de la géographie électorale, parce qu'il y avait une France qui était durablement de gauche et une France durablement de droite. La géographie électorale ne peut exister sans fortes permanences. Dans la pratique, cette césure de la France avait besoin d'un élément discriminant qui était l'attitude par rapport non à la religion, mais très précisément par rapport à l'Église catholique. Les « catholiques » étaient de droite, les « non-catholiques » de gauche, et les exceptions (la Savoie...) rarissimes.

On peut, et l'on doit bien entendu, affiner davantage. Marcel Gauchet s'y est employé avec talent dans sa forte contribution, « La droite et la gauche », des *Lieux de mémoire* [17]. Il estime que la notion de gauche ne connaît qu'un « faux départ » sous la Révolution et que sa « vraie naissance » date de la Restauration. Mais il va de soi que la savante topographie des emplacements parlementaires qui s'édifie sous la monarchie constitutionnelle n'a de sens, de consistance et d'enracinement, que parce qu'elle s'établit sous le surplomb de la Révolution. C'est bien celle-ci qui est en cause, ses souvenirs, son œuvre, à

17 Marcel Gauchet, « La droite et la gauche », *in* Pierre Nora (dir.), *Les Lieux de mémoire*, III, *Les France*, 1. *Conflits et partages*, Gallimard, Paris, 1992, rééd. coll. « Quarto », tome II, 1997, p. 2533-2600.

conserver ou à supprimer, dans toute l'histoire de la Restauration, y compris lorsque les députés vont s'asseoir sur telle ou telle banquette. Il est entendu aussi que l'acculturation de la notion se fait progressivement : après la Révolution et l'histoire parlementaire de la première moitié du XIXe siècle vient l'ère des masses avec 1848 et le suffrage universel. La politique et son langage moderne conquièrent villes et campagnes pendant toute la seconde moitié du XIXe siècle. Et nous ne pouvons que partager la conclusion de Marcel Gauchet : « Quoi qu'il puisse arriver, droite et gauche sont devenues des catégories universelles de la politique. Elles font partie des notions de base qui informent le fonctionnement des sociétés humaines en général. » Cela établi, de nombreuses incertitudes demeurent sur l'avenir de ces notions. Leur sens n'est pas figé. Marcel Gauchet voit dans la politique le lieu des affrontements autour de l'articulation entre « pouvoirs du privé et puissance publique », se référant aux analyses de Louis Dumont qui définissait la gauche par l'engagement de principe en faveur de l'individualisme face à une droite holiste, qui place les droits de la société au-dessus et contre l'individu [18]. On peut aussi, avec Noberto Bobbio et Steven Lukes [19], envisager une gauche se construisant finalement autour de la revendication d'égalité. La gauche est à chaque période et à chaque moment, et sans cohérence obligée selon les questions envisagées, la famille de ceux qui jugent injustifiée telle ou telle inégalité, juridique, sociale, politique, culturelle, et souhaitent la réduire ou l'abolir. En ce sens seraient réunies les conditions de son universalité.

Quelles que soient les orientations choisies, malgré l'apparente permanence de la structure, il est en tout cas certain que tout au long de ces deux derniers siècles, les évolutions ont été considérables, ou tout au moins, qu'elles se sont considérablement accélérées à la fin du XXe siècle. Cela ajoute une complexité supplémentaire. Des pans entiers des comportements anciens se sont écroulés, au point que cette donnée de fond qu'était la géographie électorale est devenue souvent bien difficile à reconnaître. Évolution qui tient au glissement général des sentiments politiques et de la conquête de l'espace de la droite par la gauche — telle idée que défend la droite de notre époque serait apparue il y a cent cinquante ans, cent ans ou même cinquante... comme une hérésie de gauche —, mais en même temps que le canevas se défait, il se reconstitue une droite et une gauche. Il semble ainsi qu'existe toujours le combat des mêmes contre les mêmes, chaque camp cherchant en outre à insérer son action dans une perspective longue. « Un parti est d'abord une mémoire », aimait à dire le socialiste Jean Longuet.

---

18 *Cf.* Louis Dumont, « Sur l'idéologie politique française, une perspective comparative française », *Le Débat*, n° 58, 1990.

19 Noberto Bobbio, *Droite et gauche*, *op. cit.*, et Steven Lukes, « Qu'est-ce que la gauche ? », *in* Marc Lazar, *La Gauche en Europe...*, *op. cit.*

Ces remarques initiales permettent de comprendre la difficulté de la tâche à laquelle cet ouvrage entend s'attaquer, c'est-à-dire l'appréhension d'un phénomène d'une nature beaucoup plus complexe que le langage habituel ne le laisserait penser. D'où d'entrée, une histoire de la gauche qui se transforme en histoire *des* gauches, mais aussi une histoire comptable du temps. Cet ouvrage n'est pas une synthèse qui ne pourrait être que l'œuvre d'un seul homme, ou de quelques-uns unis par une communauté d'esprit, de méthode et de travail. Notre ambition est plus modeste, mais adaptée aux conditions collectives de la recherche. Nous souhaitons offrir une analyse diversifiée et étendue de la gauche sous des aspects multiples qui puissent allier l'expérience et l'expérimentation. Pour ce faire, nous avons autant sollicité des historiens maîtres de leur œuvre et de leur science, que de jeunes chercheurs à l'aube de leurs carrières, afin de pouvoir présenter à la fois un bilan des principaux acquis de la recherche, y compris de la plus récente, qu'un aperçu prospectif des orientations nouvelles qui se dessinent.

Dans cette histoire des gauches, il a fallu tenir compte d'une première évidence. Si la droite est plus comptable d'une permanence qui remonte au fond des siècles, la gauche est plus récente. Il faut donc s'interroger d'abord sur son épiphanie. C'est pour l'essentiel au cours du XIXᵉ siècle que cette apparition a lieu, d'où le premier volume intitulé *L'héritage du XIXᵉ siècle...* C'est l'époque où la gauche se forme, où elle se mesure aux problèmes de la société. Même si la partition entre la gauche au XIXᵉ siècle et la gauche au XXᵉ siècle ne doit pas être exagérément systématisée, d'autant qu'en histoire la notion de siècle a une certaine plasticité, cette première partie s'interroge sur les origines de la gauche, analyse la naissance de ses traditions, détermine ses acquis et les débats auxquels elle doit s'affronter, dont deux prééminents, la question sociale et la question nationale. Pour être née dans les débats d'assemblée du début de la Révolution, peut-on établir une filiation et laquelle entre les Lumières et la Révolution d'une part et la gauche politique et parlementaire du XIXᵉ siècle de l'autre ? Pour répondre à ces questions, nous avons choisi de croiser en somme les avis de deux maîtres de l'historiographie des Lumières, de la Révolution et de la République, Michel Vovelle et Maurice Agulhon. Dans cette période de formation et de combats, d'épreuves souvent tragiques, la gauche participe pleinement à des conquêtes décisives pour notre société contemporaine. La République d'abord — pendant longtemps on n'a pas dit : c'est un homme de gauche, mais c'est un républicain, un « bon républicain » —, mais aussi le suffrage universel (masculin), les grandes libertés de la presse, de réunion, d'association, un minimum d'instruction pour tous, le tout symbolisé par la fête nationale fixée au 14 juillet, *La Marseillaise* et le drapeau tricolore, en somme l'acquis définitivement établi, proclamé et solennisé lorsque la République des républicains s'affirme, que la Révolution s'achève, au sens qu'en a donné François Furet, puisqu'elle atteint enfin ses grands objectifs initiaux. Ces conquêtes ne se sont pas faites facilement, elles ont connu des avancées et des reculs à travers des combats qui ont parcouru le siècle et qui ne furent pas simplement des combats d'idées, d'où l'importance que tiennent la barricade et l'insurrection. Progressivement, la gauche a conquis de n'être plus en marge, mais au cœur de la mêlée politique. Ces conquêtes peuvent-elles définir une gauche en action ? Elles ne doivent pas en tout cas conduire à des équivalences trop simples : si la République est incontestablement une conquête « de gauche », la gauche et le parti républicain ne s'identifient pas toujours l'un à l'autre, et la République ne procède pas de la seule gauche. De fortes tensions sont apparues, dont les effets se font toujours sentir au XXIe siècle, qui compliquent l'assimilation commode de la gauche à un camp du progrès ou du mouvement indéfinis : la révolution, la religion, le progrès, le féminisme ne pourraient-ils constituer autant de termes alternatifs possibles pour structurer le champ des affrontements politiques, culturels et sociaux de la France contemporaine ?

XXe siècle : à l'épreuve de l'histoire est l'objet du second volume. S'agissant de la France, il nous a semblé opportun, à défaut d'être absolument original, de ne pas situer la césure traditionnelle en 1914, mais au début du siècle. La gauche est alors confrontée à l'expérience du pouvoir. Certes, sous la Révolution, au printemps de 1848, cette expérience avait connu des précédents. Certes aussi, nous venons de définir la victoire « républicaine » de la Révolution, aux alentours de 1880, comme une des principales conquêtes de la gauche au XIXe siècle. Mais, ces acquis obtenus, tout en continuant à exercer son action propre et efficace, cette gauche avait été dépassée par les problèmes nouveaux posés par le siècle : nation et internationalisme, paix et guerre, République du suffrage universel et société de classes, débats sur le socialisme, sous ses différentes formes, individualisme et propriété... Désormais, il y a la gauche de Clemenceau, et celle de Jaurès, et toutes deux connaissent nuances, dissidences, critiques et controverses... Mais elles structurent les choix décisifs, et c'est sur ces choix que notre vie politique et sociale continue aujourd'hui de se fonder. Or, il se trouve — effet de hasard ? — que le XXe siècle commence précisément au moment où ces gauches sont confrontées à la question cruciale de leur expérimentation, à la gestion gouvernementale, à la politique des hommes et à l'administration des choses. Dès 1899, s'installe au cœur de la vie politique française la question de la confrontation entre les idées, les propositions, la culture de gauche forgées au cours du siècle précédent et la pratique du pouvoir avec le gouvernement de défense républicaine de Waldeck-Rousseau, qui n'est pas exclusivement de gauche ni même sans doute essentiellement, mais qui compte des radicaux et un socialiste, présence qui fait sensation dans toute l'Europe ; et encore davantage dès 1902, avec le gouvernement Combes du Bloc des gauches. C'est au reste ce qui permet aussi de comprendre pourquoi les termes de « droite » et de « gauche » s'imposent alors au débat politique, de manière beaucoup plus nette et massive qu'auparavant [20].

Pour la gauche, le moment de vérité intervient finalement beaucoup plus tôt que ce qui est souvent indiqué, et ne cesse depuis lors de se poser à chacune de ses « expériences gouvernementales », des radicaux du début du siècle au Cartel des gauches et au Front populaire, mais aussi de la Libération au double septennat de François Mitterrand en passant par Mendès France et les autres avatars de la gauche au pouvoir [21]. Ce ne furent pas des moments faciles, à l'image du siècle passé. Très vite, la gauche, comme le reste de la société, est prise à partie par l'événement immense et imprévu de la Grande Guerre, imprévu non seulement parce que l'on parlait du danger de guerre bien davantage que l'on y croyait, immense parce qu'en tout état de cause, personne n'avait imaginé un conflit de ce genre. Arrivée à maturité, la gauche est interpellée par ce qui ne figurait pas dans sa formation. Héritage du XIXe siècle et pratique de la guerre et de la défense nationale sont les deux socles sur lesquels la gauche, qu'elle le veuille ou non, doit asseoir son existence.

Son histoire est d'autant plus complexe que le « peuple de gauche » existe et se définit alors, le plus souvent, en s'identifiant à des familles politiques déterminées, mais pas seulement. Les partis politiques se forment, les syndicats aussi, les associations, telles jadis la Ligue des droits de l'homme ou la Libre Pensée, longtemps dépositaires d'un « esprit commun » à l'ensemble de la gauche, d'autres, avec celles-ci aujourd'hui, constituent un kaléidoscope parfois troublé par l'émergence de nouveaux courants, qui peuvent d'ailleurs

---

20 Ce qu'indique aussi Marcel Gauchet dans « La droite et la gauche », art. cit. Plus précisément, Marcel Gauchet établit le tournant lors des élections de 1906, donc à l'issue de la première législature perçue comme majoritairement « à gauche » face à une opposition « de droite », avec le gouvernement Combes qui représente clairement le Bloc des gauches. C'est le moment où se constituent aussi les premiers partis politiques français.

21 Une belle formulation des ambiguïtés dès lors de la gauche confrontée au pouvoir a été donnée par François Mitterrand, personnage emblématique de bien des aspects, contradictions incluses, de la gauche française, en réponse à un journal peu académique : « — *Question* : La gauche, c'est par où ? — *Réponse* : C'est par le pouvoir, répondra le politicien. C'est par l'opposition, rétorquera le contestataire. C'est par l'engagement d'une vie, jour après jour, semaine après semaine, dans la patience d'un combat cent fois recommencé, dira le militant aguerri. C'est par l'enthousiasme créateur, le refus des dogmes et des conformismes, ajoutera l'adolescent impatient de bousculer l'ordre établi. C'est par la fidélité aux idéaux fondateurs, la méditation sur les leçons de l'expérience, diront ceux qui savent qu'on ne bâtit rien de durable sans références. C'est par l'adaptation au terrain, le renouvellement permanent, la capacité d'agir toujours avec une longueur d'avance, concluront ceux pour qui la gauche est mouvement.
J'ai rencontré tous ces personnages. J'ai peut-être été chacun d'eux, et chacun, à sa manière, est dans le vrai. Rien, en tout cas, dans la fonction que j'exerce ne m'oblige à renoncer à mes convictions, mais la gauche est aussi le service de la République. », *Charlie Hebdo*, 1er mai 1994.

sortir « de la famille », comme les gaullistes de gauche, au moins un temps, ou finit par y entrer (les écologistes). Même si la gauche ne dirige le pays que de temps à autre, et sous des formes et avec des contenus le plus souvent distincts d'une fois à l'autre, elle doit s'affronter aux problèmes du gouvernement et du pouvoir ; elle est perpétuellement interpellée par les deux traits dominants du XXe siècle, la guerre et la révolution, au point qu'à certains moments les tensions, pendant la guerre froide par exemple, semblent ruiner jusqu'à la réalité même de la notion de gauche.

Nous nous sommes efforcés de fixer notre regard sur les principales formations politiques qui se sont voulues de gauche, sur les grands moments des gouvernements de gauche, sur les idées et les cultures de gauche, en faisant leur part aux débats dits parfois « de tradition », tels l'anticléricalisme et la laïcité, comme à ceux qui ont émergé plus récemment : les mœurs, les loisirs, l'art et la littérature aussi d'une certaine manière. En historiens, donc en étant attentifs aux changements qui colorent autrement les permanences. La gauche n'aborde désormais plus l'État, l'économie ou la société comme elle avait accoutumance de le faire voici encore peu. Il va de soi que cette histoire n'est pas une histoire militante. Elle n'a pas à l'être. Lucien Febvre, dans la situation troublée de l'automne 1940, justifiait ainsi à l'intention de son ami, l'ancien ministre Anatole de Monzie, l'éclectisme du choix des collaborateurs de l'*Encyclopédie française* : « Les meilleurs, les plus hardis. Qu'ils croient au Dieu des chrétiens ou au Paradis des Moscoves, peu me chaut. Je leur demande la meilleure physique, la meilleure biologie, la meilleure psychologie. C'est tout. Religion, affaire personnelle. On a mis des siècles pour conquérir cette notion : je m'y tiens délibérément. Religion, religions, toutes : la romaine, la genevoise, la palestinienne, la moscovite. Toutes m'amusent, m'intéressent, me passionnent [22]. » En des temps plus calmes, et toutes proportions — et modestie — gardées, nous avons souhaité pour notre part disposer des meilleures études possibles sur chaque sujet, sans imposer notre point de vue, en respectant la personnalité et les vues de chaque auteur, mais en leur demandant de privilégier la sérénité de l'étude et la force de la démonstration. L'histoire n'a certes aucune leçon à donner, mais s'il faut évoquer des références qui guident notre travail, nous espérons ne pas avoir été trop infidèles au souvenir des pédagogues convaincus que le savoir avait par lui-même une action efficace à exercer dans le débat civique. Les vicissitudes électorales des dernières années (1993, 1997 et surtout 2002, 2004), celles à venir, le jeu des thèmes et des références, des couleurs mêmes, conduisent à s'interroger sur le sens et les fonctions de la gauche en ce début du XXIe siècle. Nous le faisons, ou avons souhaité le faire, en historiens,

---

22 Lettre de Lucien Febvre à Anatole de Monzie, fin septembre 1940, Archives nationales, fonds Lucien Febvre. *Cf.* aussi Jacqueline Pluet-Despatin et Gilles Candar (dir.), « Lucien Febvre et l'*Encyclopédie française* », *Cahiers Jaurès*, n° 163-164, janvier-juin 2002.

simplement. Certains experts, universitaires ou essayistes, pratiquent avec bonheur l'histoire immédiate en oubliant parfois ses dangers quant à l'appréciation des perspectives et des temporalités en cause. L'histoire doit toujours jouer sur des échelles différentes, ou varier ses focales [23], mais cela complique singulièrement l'étude du très contemporain. Entre 21 avril 2002 et 28 mars 2004, défaites historiques et retours inattendus des uns et des autres, en France ou ailleurs, certaines considérations sentencieuses des dernières décennies se relativisent vite d'elles-mêmes. Nous laissons donc à d'autres le soin de « faire bouillir les marmites du futur » ou de feindre de croire que des directions uniques s'imposent à l'humanité, et *a fortiori* à la gauche française en ce début de XXIe siècle.

Vaste programme sans doute. Il est bien entendu aussi, qu'à l'instar de Lucien Febvre, nous n'avons pas cherché à être complet — « Complet, ce beau mot d'enfant, ou de vieux savant : c'est tout un [24]. » Nous avons cherché à établir des lignes de force, à croiser des approches, à poser quelques questions considérées à tort ou à raison comme actuelles. Nous n'avons certainement pas cherché à répondre à toutes les questions qui se posent. Nous ne le pouvions pas, et cela n'aurait pas été non plus souhaitable. Non seulement nous revendiquons un éclectisme dans le choix des auteurs qui nous ont fait l'honneur de coopérer à cette entreprise collective — nous avons été particulièrement attentifs à brasser les générations, mais aussi les personnalités, voire les sensibilités, de toutes sortes, et nous avons été heureux de pouvoir solliciter quelques collègues formés par d'autres disciplines, sociologues, politologues, juristes ou philosophes notamment —, mais aussi nous assumons le choix inévitable (« l'âpre nécessité des choix » dit quelque part Jaurès — il s'agissait de savoir de quel côté de la Convention il aurait siégé...) des questions traitées. D'autres étaient, sont et seront possibles, et attendues : la gauche et l'étranger, la gauche et les immigrés, la gauche et ses drapeaux, la gauche et les paysans, etc. D'ailleurs, nous avons dû limiter, sauf quelques aperçus, notre enquête à la situation française. Elle gagnerait à s'insérer davantage dans des ensembles plus vastes, de même que nous aurions davantage souhaité faire appel à des collègues travaillant dans d'autres pays et donc insérés dans d'autres cultures politiques et historiographiques que la nôtre.

Nous n'avons pas voulu présenter une histoire ésotérique, brumeuse et abstraite. L'histoire, c'est d'abord, selon le mot bien connu de Marc Bloch, de la « chair humaine ». Nous nous sommes efforcés de bannir autant qu'il se pouvait toute obscurité, voire préciosité, de langage ou de pensée, pour privilégier l'approche la plus concrète qui soit. Nous n'avons pas non plus voulu « conter » l'histoire des gauches. Si le récit n'est pas absent de notre Histoire, les différents auteurs se sont efforcés de le mettre au service de la

---

23 *Cf.* Jacques Revel, *Jeux d'échelles*, Gallimard/Seuil, Paris, 1996.

24 *Cf.* Lucien Febvre, *Amour sacré, amour profane*, Gallimard, Paris, 1944, p. 7.

problématique qu'ils avaient choisi de développer. Nous avons cherché à privilégier l'explication sur la description. Nous avons voulu travailler dans « l'espace de l'histoire » afin d'aider à comprendre, non à étiqueter ou à définir. Il s'agit de lire tout simplement l'histoire des gauches, de la manière la plus sobre et complexe qui soit, chacun restant libre des suites possibles données ou non à cette lecture.

L'élaboration de cette *Histoire des gauches en France* n'aurait pas été possible sans la participation active de Christophe Prochasson et de Vincent Duclert, responsables de la collection « L'espace de l'histoire ». Nous leur sommes très redevables et les remercions vivement. Nos remerciements vont aussi à l'équipe des éditions La Découverte qui a accompagné ce long parcours éditorial avec dynamisme, efficacité et compétence, en particulier Hugues Jallon, directeur littéraire, et Vincent Maillet, assistant d'édition.

NOTA BENE

Les références bibliographiques sont présentées selon le modèle du système Harvard. Elles sont mentionnées entre crochets au fil du texte par le seul nom de l'auteur suivi de la date de publication de l'ouvrage utilisé et figurent dans leur intégralité dans la bibliographie en fin des articles.

I

Aux origines de la gauche

INTRODUCTION

1

La gauche, l'idée, le mot

MAURICE AGULHON

LA DROITE ET LA GAUCHE sont inséparables. Il y a bien des façons de justifier cette assertion, que certains trouveront paradoxale, et que d'autres trouveront même choquante. La première consiste à réfléchir sur l'historiographie des forces en présence. Depuis un demi-siècle, la littérature de science politique, le journalisme de bon niveau, l'enseignement d'« études politiques » et d'histoire « contemporaine » sont dominés par l'ouvrage de René Rémond, *La Droite en France de 1815 à nos jours* (paru en 1954, et constamment réédité depuis lors, parfois sous le titre *Les Droites*...), référence obligatoire qui appelle une gauche en symétrie. Ce respect unanime a popularisé l'idée centrale du livre (faut-il dire sa découverte ? son intuition ? ou son invention pédagogique ?) selon laquelle les façons d'être conservateur dans la France du XIXe siècle et du XXe siècle — légitimisme, orléanisme, bonapartisme — rappelaient et prolongeaient plus ou moins les modèles de contre-Révolution proposés par nos expériences successives de restauration monarchique : la monarchie *légitime* de Louis XVIII et Charles X, la monarchie libérale de Louis-Philippe (*d'Orléans*), l'Empire enfin de Napoléon III, un *Bonaparte*, comme on sait. Par la vigueur prononcée de son refus de l'idéologie moderne, M. Le Pen peut ainsi être dit « légitimiste » ; par son intelligente tentative de combiner conservatisme social et progrès libéral, M. Giscard d'Estaing serait « orléaniste » ; par son goût d'un État fort appuyé par un large soutien populaire, le général de Gaulle aurait quant à lui été « bonapartiste ».

UN PROJET D'HISTOIRE DIFFICILE

Nous n'allons pas discuter cette tripartition ni ces conventions de langage. D'abord, parce que nous l'avons déjà — timidement — fait ailleurs, ensuite et surtout parce que ce n'est pas ici notre propos. Restons à gauche, mais restons aussi avec le livre de René Rémond : depuis que le succès de son grand livre a légitimé l'emploi des notions politiques et polémiques de droite et de gauche dans les livres d'histoire sérieux, bien des auteurs ont tenté de dresser pour « la gauche » un volume qui soit l'émule et le symétrique de cet ouvrage de référence. Passons sur l'énumération bibliographique de ces gauches successives, et abstenons-nous d'en proposer le palmarès. Chacun conviendra qu'aucun d'entre eux n'a réussi à atteindre le niveau de l'initiateur. On peut alors se demander pourquoi ?

Faut-il penser, tout simplement, que « le » Rémond témoigne d'une qualité d'information et d'analyse inégalables ou que, de toute façon, le caractère pionnier de cet ouvrage dévalue nécessairement le mérite de tout émule de gauche puisque celui-ci, n'étant pas un jumeau, ne pouvait être qu'un cadet ? Je préfère risquer une troisième explication : et s'il était objectivement plus difficile de traiter de la gauche en France que de traiter de la droite, parce que l'objet considéré serait objectivement plus complexe ?

Avant d'y revenir avec plus de précision, disons l'essentiel tout de suite : la gauche en France est symétrique de la droite, et les deux ensemble constituent un système. Mais il se trouve qu'en France existe aussi une longue tradition révolutionnaire qui, par extrémisme idéologique combiné avec la révolte sociale, récuse ce système, et souvent le combat. La Révolution, quand elle est ainsi opposée au régime établi, devrait normalement l'insulter en bloc et en rejeter le vocabulaire, marqué qu'il est par le dualisme fondateur. Et cela s'est produit quelquefois. Mais, à d'autres moments, il est arrivé que la Révolution — abusivement il faut bien le dire — se considère comme de gauche et tire vers elle le mot devenu populaire et électoralement attractif en France au XXe siècle, se l'applique, et en revendique le drapeau. C'est parce qu'il a existé de tels phénomènes de glissement sémantique que la réflexion sur la gauche doit de nos jours inclure non seulement l'opposition fondamentale entre droite et gauche mais aussi celle, plus confuse et plus épisodique, entre la gauche installée dans la démocratie et son aile extrémiste que le mot de « révolution » désignerait plus correctement. C'est pourquoi nous nous sommes risqués à parler d'une difficulté dont l'historien de la droite n'a pas eu tout à fait l'équivalent. À la limite, on osera écrire que la France en République (en République « bourgeoise » pour le moment) n'est pas divisée en deux mais en trois : la droite, la gauche et la Révolution. Mais nos péripéties, tant objective (historique) que subjective (sémantique), excluent que l'on puisse parler de la gauche sans traiter de la Révolution qui tantôt l'insulte et tantôt se l'approprie. D'où le surcroît de difficulté dont nous parlions, et la fatale dissymétrie entre la classique « droite » de René Rémond et les « gauches » de ses émules.

Histoire de contenus : des programmes aux attitudes

Droite et gauche dans le langage politique sont nées au temps de la Révolution française, autour d'elle et à cause d'elle, et se sont d'abord prolongées autour de son héritage et de son souvenir. Rien de plus purement et classiquement de droite que le drapeau blanc (1814 à 1830), rien de plus clairement de gauche que le drapeau tricolore. Ceci n'est pas contesté. René Rémond, déjà cité, fait partir sa célèbre étude de l'année 1815, c'est-à-dire du lendemain de la tourmente révolutionnaire et napoléonienne.

S'ouvre alors un siècle de compétition à peu près pacifique (à l'exception des quelques épisodes tumultueux, mais brefs, des changements de régimes) entre deux grands camps politiques insérés dans des systèmes constitutionnels, l'un d'un conservatisme volontiers autoritaire et catholique avec intransigeance, l'autre d'un conservatisme adapté aux principes et aux pratiques relevant de la modernité libérale du siècle. La première droite, celle des rois Louis XVIII et Charles X, Rémond l'appellera donc « légitimiste », et il écrira (incidemment — mais l'incidence est importante) que les droites suivantes, l'orléaniste et la bonapartiste, sont composées d'anciennes gauches.

Puis le siècle évolue, la contre-Révolution blanche échoue en 1830, la gauche tricolore prend le pouvoir et, avec 1830, remet la France sur les rails de 1789-1792. Mais Louis-Philippe ne reste pas longtemps le champion du libéralisme du « juste milieu », et à force de vouloir conserver l'ordre bourgeois des choses, il finit, avec Guizot, par sacrifier son progressisme initial. Bientôt la République lui en dérobe le flambeau, et il tombe, ayant ainsi fondé un deuxième avatar de la droite, le modèle orléaniste. Et ainsi de suite. Cette dialectique est connue, puisqu'elle constitue le principal fil conducteur de notre histoire politique, et nous ne l'avons rappelée que pour justifier, à notre tour, ce fait de vocabulaire : *droite et gauche ne se définissent pas par des contenus de programmes mais par des constantes de positionnement dans des affrontements variables de programmes.*

On connaît les définitions successives de ces couples antagonistes. À l'origine, la tradition d'Ancien Régime contre la Révolution. Puis le pouvoir du roi, justifié par l'orthodoxie catholique, contre un régime de contrôle électif, parlementaire et tendant à la laïcité. Puis le pouvoir de l'ordre (sous quelque monarchie que ce soit) contre la République démocratique et laïque. Puis la République démocratique mais attachée à l'orthodoxie économique contre la République ouverte à la recherche de la justice sociale. Puis la République démocratique mais imprégnée de nationalisme contre la République ouverte à un humanisme international.

Nous sommes arrivés à notre temps, n'anticipons pas sur les définitions qui se cherchent aujourd'hui, et qui ne sont pas de notre propos.

Telles sont les variables ; de La Fayette à Mendès France, elles sont grandes, comme on l'a vu.

Quant à la constante, les deux personnages emblématiques cités ont eu en commun d'être plus souvent dans l'opposition que proches du pouvoir, parce qu'ils luttaient pour un « mieux-être » contre un ordre établi enclin à l'immobilité ou à l'inertie par sa nature même de pouvoir.

L'idée de définir ainsi droite et gauche en termes de dynamisme abstrait a tardé, il est vrai, à être reconnue. Pendant longtemps, en France, on a eu tendance à insister sur un aspect constamment présent à droite : sa justification par la religion catholique. La droite serait un conservatisme avant tout religieux, ou un conservatisme global dans lequel la composante religieuse serait centrale. Et la gauche serait donc le camp d'un rationalisme passant par l'exigence évidemment préalable de laïcité.

Toutefois, cette opposition ne peut plus être tenue pour évidente, car des faits considérables, quoique souvent négligés, sont survenus depuis. D'une part, avec l'acte spectaculaire de 1926 (la condamnation de l'Action française par le pape Pie XI), l'Église a rompu les liens historiques du catholicisme français avec le néoroyalisme nationaliste de Maurras et a ouvert la voie à la formation d'une gauche véritablement catholique (ou à un catholicisme véritablement à gauche...). D'autre part, dès la fin du XIXe siècle, il était apparu, notamment avec la philosophie d'Auguste Comte, la possibilité de fonder un certain conservatisme politique et social sur une métaphysique rationaliste, par le biais d'une certaine sociologie. Par ailleurs, bien avant 1900, il y avait des hommes de droite qui étaient conservateurs, si l'on peut dire, sans l'aide de Dieu (même s'ils jugeaient utiles de se faire élire par le camp clérical). Et le XXe siècle verra en revanche grandir le nombre des catholiques authentiquement républicains. Laissons donc les religions.

À chercher l'essence de l'opposition dans sa formule la plus générale, on en arrive presque à un clivage psychologique, ou du moins plus facile à définir en termes psychologiques qu'en termes métaphysiques. Être à droite, c'est être conservateur, que ce soit par traditionalisme catholique ou par « science » sociale comtiste, voire par simple « sagesse », la vertu de la prudence : on sait ce que l'on a, qui est vaguement acceptable, tandis que l'innovation offre des risques qui ne le sont peut-être pas. En face, la gauche est le camp d'un optimisme justifié par le rationalisme : il y a des maux à corriger ; puisqu'il y a eu, dans le passé, des réformes heureuses, prenons le risque de nouvelles pour demain. Clemenceau employait souvent en place de gauche, le mot de « hardi » (pris en bonne part). Que ces justifications, qu'elles soient métaphysiques ou psychologiques, soient à distinguer des déterminations, on en convient aisément. Les déterminations peuvent être sociales. Un citoyen riche ou privilégié sera plus aisément de droite, et un prolétaire de gauche, si le changement en perspective vise à favoriser le second aux dépens du premier.

Il existe donc des rapports entre les choix de positionnement politique et les appartenances sociales, compliquées par les variantes culturelles diverses. S'ouvre ainsi tout le champ de la sociologie politique et de la géographie politique. Ces études bien françaises sont en plein essor, et nos lecteurs les connaissent. Ce champ de recherche est un classique de notre vie intellectuelle.

ET LA LUTTE DES CLASSES, POURTANT ?

Mais restons au vocabulaire, puisque c'est lui qui fait problème. Il ne semble pas que droite et gauche figurent dans le vocabulaire de Karl Marx, ce qui rend paradoxal l'usage étendu que font aujourd'hui de ces mots ceux qui se réclament du marxisme. Marx parlait de « classes sociales » et, pensant que les intérêts économiques qui animent, par définition, les classes sociales, sont déterminants (tel est bien l'essentiel de son matérialisme historique), il voyait dans la « bourgeoisie » du XIXe siècle le camp du capitalisme ascendant et, par conséquent, le camp du progrès. Symétriquement, les anciennes aristocraties étaient, pour lui, fondées sur les intérêts agraires de sorte que, pendant leur hégémonie, ces forces du passé devaient susciter le conservatisme, ou bien s'y accrocher.

Ce système très simplifié a été depuis longtemps critiqué. La France des XVIIIe et XIXe siècles a connu assez de nobles libéraux et d'industriels bien pensants pour que les corrélations marxiennes soient ébranlées à force d'exceptions. Nous ne prolongerons pas ici ce débat qui interfère peu avec la question qui est la nôtre, celle du vocabulaire usuel de la politique démocratique en France, jusqu'à nos jours. En revanche, il nous faut rencontrer l'autre étage de la lutte des classes dont Karl Marx a le plus souvent parlé et qui a le plus nourri ses disciples, celui où s'opposent, dans une société devenue majoritairement capitaliste, les possédants et les misérables, les patrons et les prolétaires, les « oisifs » et les « travailleurs ».

La politique postrévolutionnaire était une politique de gens aisés, pour lesquels fonctionnait un système représentatif (plus ou moins censitaire, plus ou moins libre, mais avec toujours des assemblées élues, ne serait-ce que pour la forme) qui comportait une droite et une gauche, en lutte parfois violente. Mais ce système excluait les plus pauvres. Aussi, quand ces derniers, trop malheureux, s'attaquaient au pouvoir, ils s'attaquaient au système, et celui-ci se défendait. On a donc bien là à la fois (en termes marxistes) une irruption de la lutte des classes et (en termes de description formaliste) l'apparition d'un troisième camp qui s'ajoute à la dualité droite-gauche installée.

Car la gauche comme la droite se défendaient. C'est la bourgeoisie révolutionnaire qui a la première résisté aux pressions antiparlementaires des sans-culottes. Exemplaire, et restée exemplaire dans notre histoire populaire, la résistance de Boissy d'Anglas aux émeutiers du faubourg Saint-Antoine au 1er prairial de l'an III. Mais il n'est que le premier de la longue série de ces bourgeois globalement progressistes qui, pour défendre le régime politique qu'ils jugeaient libéral, n'ont pas hésité à se faire répressifs en combattant la violence anarchique du peuple. Tel est, par exemple, le cas du gouvernement Cavaignac de juin 1848 matant la révolte des ouvriers des ateliers nationaux. Tel est encore, quoique moins nettement, le cas d'Adolphe Thiers réprimant la Commune au printemps de 1871.

Nous arrivons ici à une difficulté sensible à l'opinion contemporaine, surtout dans ses secteurs les plus nourris de marxisme, d'ouvriérisme ou de populisme. L'idée de maintenir le diagnostic et l'étiquette de « gauche » à Boissy d'Anglas, à Cavaignac et à Thiers scandalise tous ceux qui, portés par de sympathiques sentiments humanitaires et entraînés à lier le mot de gauche à l'idée de bien, excluent Cavaignac et consorts de la gauche parce qu'ils ont été « méchants ». Un homme de gauche qui réprime une émeute se comporte en droitier, donc s'exclut de son camp... Cette analyse (ou « analyse ») sentimentale ne peut totalement convaincre. Comment retirer par exemple la qualité d'homme de gauche au républicain Cavaignac et à ces dizaines de représentants du peuple qui le soutenaient et qui, après avoir réprimé Juin, ont toujours combattu le parti de l'Ordre et résisté au coup d'État de décembre 1851 ? Ou encore, comment oublier que Thiers, brutalement antipopulaire en 1848 et en 1871, a, pendant tout le reste de sa longue vie, toujours lutté dans le sens libéral contre les forces du passé, jusqu'à fonder la République ?

Il me semble que la thèse de la répartition en trois grandes tendances (la droite, la gauche et le refus — que l'on peut, si l'on veut, de nos jours, appeler la Révolution) correspond mieux à la réalité qu'un bipartisme droite-gauche plaqué sur le bipartisme du Mal et du Bien.

Il faut ici s'expliquer sur l'apport de Karl Marx à nos réflexions historiographiques. Que l'auteur du *Capital* ait servi notre intelligence historique en analysant l'exploitation capitaliste dans le nouveau monde industriel et en montrant les conflits de classes qui en résultent et peuvent pousser à une entreprise révolutionnaire, nous l'admettons. Mais que cette lutte de classes ait occupé toute l'étendue de la scène politique et idéologique au point d'en occulter ou d'en chasser les conflits antérieurs, c'est évidemment faux. Il n'est pas nécessaire d'être très expert en histoire de France pour savoir que, au XIXe siècle, bourgeois de droite (autoritaires et cléricaux) et bourgeois de gauche (libéraux et laïques) ont passé beaucoup plus de temps et dépensé plus d'énergie à se combattre entre eux qu'à combattre les prolétaires !

Force est bien de constater que notre histoire est animée par au moins deux luttes majeures : la lutte des classes suscitée par la modernité économique et la vieille lutte (faut-il dire philosophique ?) remontant au moins au XVIIIe siècle ; et que la réalité de notre histoire se compose de leurs complexes interférences.

René Rémond a rappelé avec raison, comme toujours, que l'orléanisme avait, à son origine, été une gauche. Cependant l'image, parfois un peu caricaturale, que le régime du roi-citoyen a laissée est celle du « juste milieu ». Voilà aussi qui est instructif : en termes actuels, on parlerait de « centrisme » ! Qu'a fait Louis-Philippe en effet sinon, comme tout centriste, combattre sur deux fronts : contre la droite légitimiste en s'imposant comme monarchie libérale, et contre les risques de révolution populaire en rejetant une République qui, à ses yeux, ne pouvait être que terroriste ? Et qu'ont fait les républicains à la Cavaignac, devenus à leur tour une gauche gouvernante, en combattant à la fois ou alternativement le parti de l'Ordre (conservateur clérical, bientôt bonapartiste) et l'émeute parisienne ?

La République après eux et comme eux, ne sera qu'un long centrisme… et c'est sur ce schéma hérité du XIXe siècle, schéma tripartite si l'on nous a suivi, que s'adaptera, plus ou moins bien, et plutôt mal que bien, le vocabulaire de la dualité.

Au XXe siècle, la gauche a commencé à admettre que son combat contre la droite ne saurait se limiter au combat de la République démocratique contre la monarchie ni au combat de la laïcité contre le cléricalisme. Surgit et puis grandit l'idée que la gauche doit combattre l'injustice sociale par l'intervention publique (socialisme), tandis que c'est être de droite que de défendre le libéralisme économique.

Être socialiste, donc. Mais comment ? Avec Jean Jaurès et Léon Blum, en mettant l'avènement de la démocratie sociale dans le prolongement et par les méthodes de la République ? Ou, avec Lénine, en rejetant la République bourgeoise comme répressive et mystificatrice et en réclamant une nouvelle Révolution ? Débat classique spectaculairement clarifié au congrès de Tours en 1920 et inachevé aujourd'hui. Que le socialisme réformiste appartienne à la gauche et qu'il en soit même devenu la principale composante, on le sait bien. Et que le bolchevisme soit la Révolution, aussi, ce fut d'abord une évidence. Puis l'évidence s'estompa, car l'histoire est restée tripartite et complexe.

Il y a toujours une droite en France, et il peut arriver que, pour la combattre, le camp de la gauche et celui de la Révolution trouvent un intérêt commun à s'allier. Le parti de la Révolution met alors un bémol à sa critique révolutionnaire et se présente comme une extrême gauche, voire comme la partie de la gauche qui serait la meilleure et la plus morale parce que la plus intransigeante. C'est que les mots de droite et (surtout) de gauche sont maintenant, après un siècle et demi, ou presque, de vie en République, familiers et attractifs en sorte qu'on se les dispute. Mais il n'est pas sûr que ces conventions ou ces jeux de vocabulaire soient assez adaptés aux réalités pour que les réflexions et les choix politiques soient aidés. Deux remarques complémentaires justifieront cette crainte.

La France et l'Amérique

Le système gauche-droite est né en France, comme chacun le sait, en 1789, dans la réunion des États généraux, qui allaient se transformer révolutionnairement en Assemblée nationale constituante. Le protocole issu de l'ancienne monarchie avait fait siéger du côté droit, réputé le plus honorable, les députés des ordres privilégiés, et du côté gauche les députés du tiers état (roturier, bourgeois). La plupart des privilégiés étaient naturellement attachés au régime qui leur convenait le mieux parce qu'il était le moins subversif : le pouvoir éminent du roi. Inversement, la plupart des bourgeois voulaient un régime plus neuf, plus égalitaire, plus novateur, et préféraient donc le pouvoir de l'Assemblée, où ils étaient en force, à celui du roi.

Passage logique d'une distribution protocolaire d'origine sociologique à une distribution idéologique simple et forte : à droite, le conservatisme, ou au moins le minimum de changement, bientôt la résistance à la Révolution ; à gauche, le progrès, le changement, bientôt la dynamique de la Révolution. Ce point de départ de la division des partis est clair, mais il fallait bien en rappeler l'origine pour comprendre que le couple sémantique conservatisme-progrès se soit définitivement traduit dans le couple droite-gauche qui n'est, en vérité, qu'une abstraction géométrique.

L'autre grande République moderne, formée par les « États-Unis d'Amérique », issue de la révolution des treize colonies contre le roi d'Angleterre (la « Révolution », comme ils disent — ce que nous Français appelons plus prosaïquement la « guerre d'indépendance américaine ») a commencé différemment : la contre-Révolution, en Amérique du Nord, c'était le roi d'Angleterre et ses soldats ; ceux-ci vaincus et rembarqués, les Américains ont bâti leur République entre eux, en un véritable consensus sur leurs principes et sur leurs institutions. Ils ont eu certes des dissentiments et des conflits, mais ils les ont désignés dans un vocabulaire spécifique, bien conceptualisé et non dramatisé (« républicains », « fédéralistes », etc.), sans recourir comme nos ancêtres à un couple droite-gauche vite perçu comme celui du Bien et du Mal, ou réciproquement.

Pourquoi ce détour par la comparaison transatlantique ? Parce que l'examen, encore aujourd'hui, du vocabulaire politique américain, dans la mesure où il est différent du français, peut aider à apercevoir les difficultés du nôtre et, peut-être, à en éviter les pièges.

L'Amérique du Nord n'est plus une inconnue en Europe. Avant la dernière guerre, elle était surtout familière aux historiens et aux citoyens les plus cultivés. Mais, depuis 1945, nous vivons avec elle dans une intimité qui ne fait que se resserrer. De nos jours, il n'est pas nécessaire d'être un spécialiste pour savoir qu'aux États-Unis, la lutte des partis oppose les républicains aux démocrates, et que la diversité des tendances idéologiques oppose les conservateurs (*conservative*) aux libéraux (*liberals*) et aux radicaux (*radicals*). Remarquable est la stabilité de ce vocabulaire dont on voit bien qu'il distingue clairement deux étages : celui des compétitions électorales, duel presque officiel, institutionnel, et plus ou moins sociologique (ou sociogéographique, ou socio-ethnique), et celui des préférences que l'on a dans l'esprit (conservateur, libéral, radical, qui correspondent à peu près en France à droite, gauche et extrême gauche). Si les Américains ont élaboré et conservé ce système « à étages », c'est bien parce qu'il n'y avait pas de correspondance stricte entre les étages ni par conséquent de double emploi entre leurs mots. S'il est vrai (et c'est même de nos jours de plus en plus vrai) que la plupart des électeurs républicains sont conservateurs, tandis que la plupart des électeurs démocrates sont libéraux (et quelques fois radicaux), il y a des exceptions. On eut parfois l'impression que pendant le cours du XXᵉ siècle la vie politique américaine était partagée en quatre camps principaux, les républicains (d'esprit) conservateur, les républicains (d'esprit) libéral, les démocrates libéraux et les démocrates conservateurs (surtout dans le Sud).

Ce rappel avait pour objet de faire comprendre l'imperfection de notre couple droite-gauche. Avec les mêmes mots, et leur redoutable élasticité, on désigne tantôt les grandes masses électorales à définition historico-sociale (correspondant à l'étage républicain-démocrate américain) et tantôt les inclinations philosophiques intimes (correspondant à l'étage *conservative-liberal-radical* du même pays). La conséquence en est que certains acteurs éminents de la vie politique française sont littéralement insaisissables dans notre dichotomie usuelle. Où mettre, par exemple, Simone Veil, dont personne n'a oublié le passage au ministère de la Santé de 1974 à 1979 ? À droite, dira-t-on ? Mais comment classer à droite l'auteur d'une loi aussi audacieuse philosophiquement que la légalisation de l'avortement ? À gauche, donc ? Mais comment classer à gauche une personne associée au camp giscardien ? En Amérique, on la qualifierait de républicaine libérale. Chez nous la mal-classable est marginalisée, ou du moins mal insérée et mal perçue dans les compétitions électorales et politiciennes par lesquelles on passionne le grand public plutôt qu'on ne l'éduque.

L'ABSOLU ET LE RELATIF

L'importance de la France dans le monde au XIXᵉ siècle, constituée non seulement par ses batailles, mais aussi par le retentissement de ses luttes politiques internes, a largement fait connaître les épisodes, les mots et les concepts qui ont émergé de son histoire. Jusque dans les polémiques des bolcheviks russes on peut trouver des mots aussi français qu'« opportunisme » ou « thermidorien »...

À plus forte raison « droite » et « gauche » ont pu entrer dans un vocabulaire universel avec le sens général et simple de conservatisme pour la droite et de mouvement pour la gauche. En conséquence de cet avènement sémantique, le couple droite-gauche a pu être employé, par analogie, à l'intérieur d'autres ensembles que l'ensemble originel (le champ politique français) dans lequel il était apparu. À l'intérieur du mouvement ouvrier notamment. Pour prendre de ce distinguo un exemple incontestable et notoire, on rappellera que Léon Blum fut, dans la politique française, un homme de gauche et, dans le mouvement socialiste, avec éclat au congrès de Tours, le leader d'une droite. On pourrait dire, à gauche dans le champ large, ou dans l'absolu (la totalité du champ politique), mais à droite dans un champ plus limité, dans le relatif, apparu dans le microcosme socialiste lorsqu'il eut à se prononcer sur la reprise de la révolution violente par le bolchevisme.

La difficulté vient de ce que cette distinction (champ large-champ étroit, ou absolu-relatif) est parfois oubliée, et que cet oubli n'est pas sans conséquence. Osons parler du Parti socialiste actuel en France. On y est passionnément progressiste et, par conséquent, passionnément à gauche en politique nationale. À la limite, on pense la gauche comme le « Bien », et la droite comme le « Mal ». Mais si on transpose de l'absolu au relatif ce genre de sentiment, on donne à la gauche (sens relatif) du Parti un avantage moral incontestable sur la droite du Parti. Un socialiste qui se classe à gauche se sent socialiste avec un plus, tandis qu'un socialiste classable à droite (relativement) est perçu comme un socialiste diminué par la tare qu'implique (dans l'absolu) tout positionnement droitier. Le gauchiste est dont naturellement enclin à claironner, tandis que le droitier doit raser les murs en attendant d'être marginalisé. Telle est la situation issue de l'usage, à peine conscient, des effets d'absolu dans un champ relatif...

En vérité, en bonne logique — on prend donc le risque de le dire — ce devrait être l'inverse. Les socialistes « de droite » sont en effet beaucoup plus dans la ligne de la minorité du congrès de Tours (Léon Blum, pur réformisme par attachement à la démocratie politique), tandis que leurs adversaires de gauche sont plus facilement attirés vers le cryptoléninisme par l'attrait sentimental du gauchisme absolu : l'influence subliminale du couple droite (Mal)-gauche (Bien) contredit ici la rationalité doctrinale de la social-démocratie.

L'authenticité des débats doctrinaux gagnerait donc certainement à être débarrassée des mots magiques employés par naïveté ou par abus.

2

La gauche et les Lumières

MICHEL VOVELLE

L'ÉNONCÉ MÊME DU TITRE annonce la singularité de cette contribution. En se hasardant à évoquer la gauche avant la gauche, que l'on verra naître officiellement sous la Révolution, le risque serait grand de tirer sur les brins d'herbe pour les faire pousser, comme le dit la sagesse populaire, en transposant un concept inadapté aux réalités de l'Ancien Régime. Pourtant, au déplaisir de tout un courant de pensée, ancien ou moderne, la gauche a affaire avec les Lumières, *via* l'événement révolutionnaire, comme le dénonce encore aigrement Jacques Solé [Solé, 1988, p. 323] : « C'est à travers lui [...] qu'on rattache plus ou moins bien les Lumières à la République. La conscience de cet héritage collectif finira par transformer les philosophes du XVIIIe siècle en Pères de l'Église républicaine », filiation qui constitue à ses yeux un mythe, une fiction religieuse.

On sent d'entrée que l'on nous attend sur ce terrain glissant, du fait même des enjeux du lendemain — la Révolution était-elle nécessaire, fut-elle héritière fidèle ou dénaturée, et finalement le fond du problème n'est-il pas celui de l'appropriation des Lumières par la gauche, au fil de son histoire du XIXe siècle à nos jours ? C'est ainsi que nous l'entendrons, sans pour autant récuser le lien objectif autant que revendiqué qui unit les deux concepts. Et c'est pourquoi, à titre de préambule, nous évoquerons la question préalable de la politisation de la société française à la veille de Révolution.

Y A-T-IL UNE GAUCHE À LA VEILLE DE LA RÉVOLUTION ?

On peut estimer qu'il y a aujourd'hui un relatif consensus sur l'idée que l'invention de la politique ne s'est pas faite du jour au lendemain, et qu'au XVIIIe siècle comme avant, « la France conteste » [Tilly, 1986] les pouvoirs dans les domaines politique, fiscal, religieux, idéologique. La protestation est venue du sommet, de l'aristocratie et des cours souveraines de parlement, elle englobe les élites bourgeoises éclairées, elle trouve dans les groupes populaires urbains ou ruraux des formes traditionnelles d'expression.

Ces contestations sont-elles « de gauche » ? Il y eut, jusqu'aux années 1770 au moins avec un paroxysme dans les années 1750, de grandes empoignades sur le fait religieux, derniers combats de la querelle janséniste, puis expulsion des jésuites. C'est une façon de faire de la politique à la manière de ce temps. Moins déroutants en apparence pour nos normes contemporaines, les combats des parlements, avant et après la tentative sans lendemains du chancelier Maupeou en 1771 de les mettre à la raison, sont indiscutablement d'ordre politique, mobilisés contre les tentatives de réformes fiscale, judiciaire et administrative. Mais sont-ils « de gauche » ? L'opinion publique qui prend alors naissance le croit... jusqu'à ce qu'elle soit détrompée à la veille des États généraux. La contestation populaire est-elle « éclairée », telle qu'on la surprend en ce siècle où, statistiquement, la violence recule, mais où l'on a vu dans les dernières années du règne de Louis XV le petit peuple parisien s'agiter sur la rumeur des enlèvements d'enfants, peut-être pour abreuver de sang frais un roi ladre ? Mais en ville comme à la campagne, où le nombre des émotions populaires recule depuis la flambée de la guerre des farines, les cadres traditionnels de pensée et de revendication prévalent dans une population attachée semble-t-il à l'image protectrice du roi-père. L'analyse du vocabulaire des cahiers de doléances révèle la très faible pénétration du vocabulaire des Lumières.

Dans ce contexte, comment s'inscrit le discours des philosophes, dépositaires officiels de ces Lumières ? L'accord se fait aujourd'hui, sans beaucoup de voix discordantes, sur le fait qu'ils n'appellent pas à une révolution. On relativise [Baczko, 1988, p. 778] la portée de la phrase souvent citée de Jean-Jacques Rousseau : « Nous approchons de l'état de crise et du siècle des révolutions. Je tiens pour impossible que les grandes monarchies aient encore longtemps à durer, toutes ont brillé et tout État qui brille est sur son déclin. » Et c'est *a posteriori* que Louis Sébastien Mercier, en 1791, pourra lui attribuer un sens prophétique dans son écrit *De Jean-Jacques Rousseau considéré comme l'un des premiers auteurs de la Révolution*. Sans joindre notre voix au chœur des bons apôtres qui, depuis deux siècles, s'interrogent doctement sur ce qu'auraient pensé et fait Voltaire, Diderot ou Rousseau sous la Révolution, reconnaissons que bien rares sont ceux qui pourront écrire : « J'arrivai à la Révolution avec des idées faites », comme Jean-Paul Marat qui a déjà proclamé dès 1776 dans son ouvrage *Les Chaînes de l'esclavage* que c'est des feux de la subversion que naît la liberté.

Sans qu'il soit nécessaire de s'y étendre, le discours des champions des Lumières, françaises comme étrangères, de Montesquieu à Voltaire ou à Diderot, est un discours « réformiste », qui s'inscrit dans le cadre général de ce que nous avons appris à désigner comme l'« absolutisme éclairé » dans sa version française, où la disgrâce de Turgot, après l'échec des réformes de Maupeou, a symbolisé dans les années 1770 le tournant où « l'ardeur réformatrice de la monarchie se tarit », selon l'euphémisme de François Furet. On a souvent rappelé l'élitisme des philosophes en place, tel Voltaire, et les distances qu'ils manifestent à l'égard du peuple ou de la populace, qu'il convient de maintenir dans son ignorance. De ce tableau sévère, parfois dressé pour mettre en relief l'exception que représente Jean-Jacques Rousseau, des acteurs de la Révolution comme Robespierre esquisseront les premiers traits : « Ils vivaient dans les antichambres des rois... » Nous allons les retrouver sous peu.

Mais non sans avoir au préalable énoncé ce que les Lumières livrent à la gauche à venir, sous la Révolution et bien au-delà, en une énumération laconique, d'autant plus suggestive : la raison, substituée au fanatisme et à la superstition, qui donnera à l'aventure française une coloration spécifique ; le progrès des idées, de la civilisation, des sciences, message de l'Encyclopédie ; les libertés, de la liberté de pensée et d'écrire à la liberté religieuse, à la liberté individuelle, une lutte nourrie de toutes les campagnes menées contre l'intolérable (de Calas au chevalier de la Barre). Au fil de ces combats, même si la monarchie dans son principe n'est pas attaquée de front, c'est le « despotisme » qui est mis en question, au nom d'un système politique à construire, donnant aux élites la place qu'elles revendiquent. Aux hiérarchies et aux solidarités contraignantes, l'individualisme des Lumières oppose une vision nouvelle de la société.

Des idées aux mœurs, comme on dit alors, la transition s'opère quand on passe à la diffusion des Lumières par la voie de l'édition, officielle ou clandestine, du pamphlet ou de la feuille volante à l'immense entreprise de l'Encyclopédie, et à cette sociabilité connue de longue date mais revisitée par les études qui ont suivi les étapes du passage des formes traditionnelles aux nouveaux supports : académies de provinces, loges maçonniques et plus largement sociétés de pensée. Autre rappel : cette sociabilité initie-t-elle un chemin vers ce qui va devenir la gauche aux feux de la Révolution ? L'idée reçue, dans la double tradition pro et contre-révolutionnaire a été développée par Augustin Cochin, cet historien du tournant du XIXe et du XXe siècle, qui a vu dans la sociabilité démocratique des loges et des sociétés de pensée et dans leur fiction égalitaire la matrice des dérives conduisant au jacobinisme, voire aux démocraties totalitaires.

Nous abordons à ce stade l'ultime question obligée de la politisation de la société française à la veille de la Révolution. D'évidence, il y a eu une montée en puissance des prises de position, des contestations, dans les dernières décennies, à partir de la guerre d'Amérique et de la crise des institutions monarchiques aggravée par le déficit. Les ultimes tentatives de réformes et leurs échecs entre 1787-1788 et la convocation des États généraux rencontrent une opinion publique en voie de structuration dans sa forme moderne. Mais c'est l'événement révolutionnaire, entraînant les Français dans une aventure de plus de dix ans qu'ils n'avaient pas prévue, qui transforme la problématique des Lumières.

C'est la Révolution française qui enracine les Lumières à gauche

À partir du moment où la césure s'opère entre le camp révolutionnaire et la contre-Révolution, officialisée par la distinction d'une droite et d'une gauche aux Assemblées, le cahier des charges de ce développement introductif perd son ambiguïté. Réservant pour plus tard les avatars de la gauche naissante en Révolution, ce sont les aventures des Lumières qui nous intéressent, cet héritage précieux mais fragile à l'épreuve des réalités. « Nous avons des trésors d'idées », a écrit l'un des acteurs du drame, et c'est vrai que l'on ne saurait douter de la culture illuministe de l'ensemble des acteurs majeurs ou plus modestes de la Révolution, pro- ou contre-révolutionnaires. Bronislaw Baczko constate, à la lecture des brochures pour la préparation des États généraux comme des procès verbaux d'assemblées, la remarquable connaissance de la littérature engagée des Lumières par les nouvelles élites politiques, une culture qui crée cependant l'illusion de posséder l'arsenal idéologique nécessaire pour faire face aux situations nouvelles du moment. C'est pourquoi on peut avoir le sentiment initial que la référence aux Lumières est un bien commun, jusqu'à un certain point : dans le débat constitutionnel engagé dès le mois d'août 1789, les « monarchiens » citent Locke, Voltaire, Montesquieu... et la *Déclaration des droits de l'homme* leur emprunte ses principes comme à Rousseau.

Cette commune référence ne pouvait résister à l'épreuve et l'apparent consensus sur les Lumières aux origines du nouveau régime conduit à des conclusions contrastées. À droite, dans le camp de la contre-Révolution, l'abbé Barruel développera en 1795, dans ses *Mémoires pour servir à l'histoire du jacobinisme*, la thèse du complot non seulement maçonnique mais œuvre aussi des philosophes, parmi lesquels il cite Voltaire, Rousseau, Diderot et les encyclopédistes à la tête d'un réseau de subversion antireligieux et antimonarchique. Mais Jean-Joseph Mounier, qui fut avant d'émigrer un des leaders des « monarchiens », polémique avec lui sur le thème *De l'influence attribuée aux philosophes, francs-maçons et illuminés sur la révolution de France* (1801). Pour lui, les philosophes n'ont jamais appelé à la révolte, mais à des réformes modernisatrices.

La révolution dans sa marche ne l'entendra pas de cette oreille. Très tôt, elle a eu le souci, en revendiquant l'héritage du siècle des Lumières, d'affirmer la continuité du combat pour la liberté, et de se donner des origines qui fondent sa légitimité. Nouvelle ère, régénération certes, mais au même titre qu'elle puise dans l'héritage de l'Antiquité, elle se recommande d'ancêtres plus proches. Elle les désigne, et alors même que se dégrade l'image royale, des grands hommes sont promus au rang de pères fondateurs. On en juge par le cérémonial hautement symbolique du transfert des cendres de Voltaire au Panthéon inauguré pour l'occasion dans ce qui devait être, sur les plans de Soufflot, la nouvelle église Sainte-Geneviève. Nous sommes le 11 juillet 1791, à la veille de l'anniversaire de la prise de la Bastille et de la fête de la Fédération, mais aussi dans les lendemains tumultueux de la fuite à Varennes. Sur une estampe, une Renommée irrespectueuse fait tomber d'une ruade le buste du roi, en même temps qu'elle couronne celui de Voltaire. Le sacre de la philosophie a donné lieu à l'une des premières grandes scénographies, avec défilé, délégations, musique de Gossec sur les vers du héros de la fête « Peuple éveille toi ».

Voltaire s'impose ainsi comme le champion emblématique de la liberté, de la lutte contre les injustices, ainsi que la superstition. Dans le panthéon idéal qui s'esquisse, c'est lui qui l'emporte de beaucoup, initialement du moins, sur les autres représentants des Lumières, même si, au comptage des citations et références, Montesquieu occupe une place importante. Car si l'on s'est voulu un temps œcuménique, voire annexionniste quand on remonte à Descartes, associant à Voltaire, Diderot et les encyclopédistes, Helvétius... et Rousseau, le concert se fait très vite discordant. Y a-t-il place pour les matérialistes du siècle des Lumières ? Helvétius est suspect autant peut-être pour avoir été fermier général que pour son radicalisme idéologique.

Le débat posthume le plus conflictuel oppose Voltaire et Rousseau dont la présence au test des invocations collectives vient en second après celle du patriarche de Ferney : frères demeurés ennemis même si leurs deux bustes se font équilibre dans les clubs. On a souligné l'antagonisme qui justifie cette rivalité posthume : Voltaire, caustique héros de la révolution bourgeoise sous la monarchie constitutionnelle ; Rousseau, porte-parole persécuté et passionné du peuple dont il a partagé les sentiments. Ou si l'on veut s'exprimer autrement, le premier est libéral et réformiste, le second dogmatique et radical... Ces poncifs déjà esquissés antérieurement s'implantent dans les cercles élargis que touche la propagande révolutionnaire : ils eurent un impact de très longue durée. À partir de 1792, dans cette course, c'est Rousseau qui prend le relais de Voltaire et Montesquieu : non sans réticences qui expliquent le retard de sa panthéonisation, projetée durant la période robespierriste, mais aboutie le 20 vendémiaire an III (11 octobre 1794) après Thermidor, dans un contexte désormais chargé d'arrière-pensées ambiguës (on vient de panthéoniser Marat que l'on chassera sous peu...).

De ces arrière-pensées qui révèlent combien, derrière le monolithisme de l'affirmation quasi officielle « la Révolution qui est le triomphe des Lumières » (rapport de Fouché et Collot d'Herbois le 16 novembre 1793), un choix sélectif s'opère, les jugements de Robespierre sur les Lumières portent un témoignage constant. En novembre 1791, il a fait censurer par les jacobins Palissot, vénérable relique vivante de l'anticléricalisme éclairé qui présentait un texte « sur quelques opinions religieuses ». En mars 1792, son hommage superflu à la Providence qui a fait mourir l'empereur Léopold, exploité par le brissotin Guadet, lui arrache un cri du cœur : « C'est un sentiment qui m'est nécessaire. » Pathétique ici, il se fait offensif le mois suivant en attaquant ouvertement les encyclopédistes : « Si les académiciens et les géomètres que M. Brissot nous propose pour modèles ont combattu et ridiculisé les prêtres », ils n'ont pas négligé de « courtiser les grands et d'adorer les rois dont ils ont tiré un assez bon parti ». Et de dénoncer l'acharnement avec lequel ils ont persécuté la vertu et le génie en la personne de Jean-Jacques, le « vrai » philosophe. Il persiste et signe dans son journal *Le Défenseur de la Constitution*, désignant comme les « méchants » Diderot, d'Alembert, Voltaire, ajoutant : « Et vous aussi Condorcet n'étiez-vous point membre de cette confédération philosophique ? » Persévérant dans sa rancune, il fait détruire aux jacobins en décembre 1792 le buste d'Helvétius présenté comme l'un des plus cruels persécuteurs de Jean-Jacques Rousseau. C'est enfin dans les grands discours du printemps de l'an II sur le culte de l'Être suprême opposé à celui de la Raison qu'il reprendra l'exorcisme porté contre l'athéisme, propagé par la secte encyclopédique, une obsession qui le poursuivra jusqu'à la veille de sa chute. Évitons toutefois de nous enfermer dans l'image d'un Robespierre adversaire des Lumières : avec lui, c'est tout un pan de l'héritage de la philosophie du XVIIIe siècle qui s'inscrit dans l'idéologie de la Révolution française, à la lumière de Rousseau, une exigence démocratique, débouchant sur des perspectives sociales et l'utopie d'un homme nouveau régénéré. Quel fut l'impact de ce rousseauisme reformulé au feu des exigences révolutionnaires ? C'est dans la mentalité et les pratiques du mouvement populaire de la sans-culotterie qu'il est possible d'en retrouver la trace.

L'autre lignée qui peut se réclamer plus directement encore des Lumières s'incarne dans le personnage emblématique Condorcet. Déjà connu, académicien et savant, il assure le passage direct de l'univers des Lumières tardives à l'entrée en Révolution. Si ce compagnon de route des girondins est un politique incertain, il illustre avec grandeur un parcours démocratique qui en fait l'un des promoteurs du moment républicain de l'été 1791. Il lègue surtout un ultime message, rédigé dans les derniers mois de sa vie à l'été 1793, l'*Esquisse d'un tableau historique des progrès de l'esprit humain*, qui constitue sans doute la contribution directe et majeure des Lumières à l'expérience révolutionnaire. Tenant d'un « rationalisme empirique et historique ennemi de toute métaphysique, armé d'une méthode et investi d'une mission » [Guibert-Sledziewski, 1989, p. 275], Condorcet veut appliquer une démarche scientifique à la mesure et à la propagation des progrès de l'humanité. Il illustre ainsi, avec ses limites et ses grandeurs, une des filières — humaniste et libérale — du legs des Lumières à la Révolution. La mort et l'échec de Condorcet font écho au sort des girondins qui ont voulu s'inscrire dans la tradition des Lumières, partagent avec les encyclopédistes et leurs héritiers le rejet du messianisme rousseauiste. Ces morts, au même titre que la chute finale de Robespierre, illustrent les butoirs qu'impose la réalité tragique de la Révolution française affrontée à ses adversaires. La dictature de Salut public pas plus que la Terreur n'entraient dans le programme des Lumières.

La Révolution française « projette une ombre sur les Lumières », écrit Baczko [1988, p. 783]. Mais elle en a aussi enrichi le message, forgé au feu de ce qui reste une expérience sans précédent de la conquête démocratique et des libertés. Quand vient le temps des premiers bilans, les idéologues — ce groupe associant rescapés et nouvelles recrues, autour de Destutt de Tracy, Cabanis, Volney, Daunou, Ginguené... — se posent, dans leur journal *La Décade philosophique* comme à l'Institut, en héritiers du courant matérialiste et scientifique venu des encyclopédistes *via* Condorcet. Ils conservent l'ambition de changer le monde par le détour d'une science de l'homme, appuyée sur les rapports du physique et du moral, sans renoncer à l'idéal du bonheur. Ils n'ont pas eu, on le sait, le loisir de passer à l'acte, victimes de la part du nouveau maître de la France, Bonaparte, de ce « déni de légitimité » [Guibert-Sledziewski, 1989, p. 559] qui les a marginalisés, piètre récompense à l'appui qu'ils lui avaient apporté en 1799. Serait-ce la fin de l'espoir des Lumières ? En tout cas, le début de leur hibernation, pour un temps du moins. Paganel, conventionnel régicide, auteur en 1810 d'un *Essai historique et critique sur la Révolution française*, se donne comme objectif non pas de « venger la philosophie, elle est indestructible comme la divinité », mais de dissocier le sentiment de la justice et de la liberté né en 1789 des théories mensongères qui l'ont adultéré, et de « lutter contre la calomnie qui s'obstine à proscrire les principes libéraux... » « Ce n'est pas seulement les hommes qu'ils accusent c'est la philosophie, ce sont les théories nouvelles et le système représentatif qu'ils chargent de tous les excès que le fanatisme de la liberté fit commettre. »

LA GAUCHE ET LES LUMIÈRES : UN SUJET QUI DIVISE (1815-1878)

En se les appropriant, la Révolution a ancré les Lumières dans l'imaginaire de la gauche qui prend définitivement consistance dans les Assemblées de la Restauration comme dans l'opinion publique. Que cela ne soit pas sans ambiguïtés sur le contenu du message des Lumières est évident, et gros de conséquences qui apparaîtront progressivement. Mais dans les affrontements initiaux qui opposent les libéraux aux ultras de la monarchie restaurée, on ne fait bien souvent pas le détail.

Le discours des anti-Lumières, mis en forme par les théoriciens de la Restauration de Maistre ou Bonald, propagé massivement par la propagande officielle comme par la pastorale catholique, se fige chez les polémistes autour de quelques thèmes. Un journaliste comme Adolphe Granier de Cassagnac, légitimiste plus tard rallié à Napoléon III, développe l'argumentaire type dans son *Histoire des causes de la Révolution* (1849) : loin de répondre aux aspirations des masses, la Révolution a été fomentée par les ambitieux et les philosophes. Elle n'a point d'antécédents anciens, et Cassagnac ironise sur ceux — Thiers, Louis Blanc, Buchez — qui remontent jusqu'à la Réforme... voire à l'Évangile pour lui en trouver. Pour lui, en fait, il n'y avait au début du règne de Louis XVI aucun germe de sédition : des réformes inopportunes ont donné loisir aux malveillants de mener leurs intrigues.

Nous soupçonnera-t-on de vouloir nous débarrasser une fois pour toutes de ce repoussoir commode si nous relevons dans le discours de l'extrême droite monarchiste ou cryptomonarchiste la constance étonnante de cet argumentaire pauvre ? Pierre Gaxotte (1895-1982), académicien respecté, lié à l'Action française, développe encore en 1928, dans son histoire de *La Révolution française*, l'éloge du Grand Siècle de Louis XIV pour y opposer le drame du XVIIIe siècle qui a vu se dissoudre et se retourner les idées qui avaient éclairé l'âge classique. Émeutes et massacres de la période révolutionnaire ne sont que les conséquences de cette capitulation de la pensée. Gaxotte, pour sa part, ne récuse pas les références historiques même s'il juge que l'esprit révolutionnaire est « vieux comme les sociétés » : mais ce qui se passe vers 1750, l'explosion des Lumières, s'inscrit en droite ligne dans l'héritage de la Réforme qui a ouvert la porte à l'individualisme. Montesquieu, Voltaire, « petits hommes » (le dernier, esprit badin, et personnage vil) ont ouvert la porte à l'« esprit allemand » (on doit comprendre Kant, mais nous sommes en 1928). Les républicains des lettres, *alias* les encyclopédistes, en propageant une sociabilité nouvelle dans les loges et sociétés de pensée, ont préfiguré le jacobin socialiste de 1793... Et voilà comment on réchauffe une vieille soupe, en la revigorant par adjonction d'éléments nouveaux, une pointe de xénophobie antiallemande et un antisocialisme inspiré d'Augustin Cochin. Encore n'avons-nous évoqué que le registre noble d'un discours anti-Lumières qui a ses bas côtés associant à l'anathème des horreurs de la Révolution, la dénonciation des turpitudes des Lumières à travers l'attaque personnalisée : de Rousseau, vagabond et père dénaturé, à Voltaire l'impie qui meurt en buvant son urine et mangeant ses excréments... Entre les théoriciens patentés et les folliculaires cléricaux, le poète romantique en la personne d'Alfred de Musset exhale son mal de vivre en désignant le responsable : « Dors-tu content Voltaire/Et ton hideux sourire... » J'ai oublié la suite mais récité les vers comme tous les lycéens de ma génération.

« C'est la faute à Voltaire, c'est la faute à Rousseau » : le couplet ironique qui résume et caricature l'argumentaire clérical et légitimiste peut d'une certaine façon illustrer aussi une certaine vision des Lumières dans le camp libéral. En des temps de réaction, Voltaire se porte bien : en 1817, quand, nous dit-on, quatre éditeurs annoncent simultanément une publication de ses œuvres complètes, Rousseau n'est pas oublié, mais, significativement, un seul éditeur, Belin, prépare un « tout Rousseau ». C'est assez pour que la hiérarchie catholique se déchaîne contre deux compères entre lesquels elle ne fait guère de différence. Reprenant la balle au bond, un chansonnier libéral, Chaponnière, parodie le mandement du vicaire général de Paris : « S'il est du mal sur terre/C'est la faute à Voltaire/C'est la faute à Rousseau. » Béranger, chantre officiel de l'opposition libérale, s'empare du refrain et rime le couplet que Victor Hugo dans *Les Misérables* fait chanter au petit Gavroche au pied de la barricade de l'insurrection républicaine de 1832. Qu'on ne se trompe pas sur la portée emblématique de ces anecdotes enchaînées : Voltaire et Rousseau réconciliés, c'est déjà beaucoup même s'il est revenu plus tard, en 1864, à un Victor Hugo exceptionnellement inspiré de rêver sur les deux corps (des philosophes) arrachés au Panthéon par une nuit de mai 1814, en imaginant que, les crânes des deux hommes se heurtant, « une étincelle s'échangea sans doute ». Voltaire et Rousseau mascottes de la bourgeoisie libérale du XIXe siècle, celle dont M. Homais donnera le reflet caricatural sous la plume de Flaubert : à ce jeu, c'est Voltaire qui l'emporte à juste titre dans la valse des étiquettes. La « bourgeoisie voltairienne » désigne une attitude, une culture qui, du double héritage d'une Révolution acceptée comme fondatrice du régime politique moderne, mais aussi comme flambeau, dans la continuité des Lumières, de la lutte contre le fanatisme et la superstition, retient bien souvent avec prédilection la seconde rubrique. Cela suffit-il pour la classer à gauche ?

Ne sous-estimons pas la légende de Voltaire qui se diffuse alors [Walter et Goulemot, 1997, p. 776-783] ; six fois plus de Voltaire que de Rousseau, et pour tous les goûts : Voltaire sérieux, Voltaire égrillard, Voltaire des chaumières. Mais, au-delà de l'anticléricalisme, c'est le combattant des justes causes, de l'affaire Calas et du chevalier de la Barre, qui marque durablement la culture politique. Ceci explique sans doute pour bonne part comment, au fil des avatars d'un refrain, nous retrouvons Voltaire sinon sur les barricades, du moins au pied de celles-ci, invoqué par le juvénile héros populaire : il est devenu républicain.

En tout cas, la propagande républicaine qui s'émancipe après 1830 s'interroge sous la plume de Théodore Jouffroy en 1832 dans les colonnes de *L'Impartial* [de Baecque, 2002, p. 160] sur les difficultés mais aussi la nécessité de passer des principes démocratiques annoncés par les Lumières à leur introduction dans les mœurs, une tentative qui a échoué sous la Révolution française parce qu'elle était prématurée : « Outre que les mœurs ont plus de racines que les principes, on peut remarquer que la révolution des mœurs présupposant celle des principes, il faut que la seconde soit accomplie pour que l'autre commence : c'est pourquoi les idées sont toujours obligées d'attendre les habitudes dans une révolution. La France employa le XVIIIe siècle tout entier à transformer ses idées, mais durant ces cent années rien ne fut transformé dans ses habitudes ; Diderot et Voltaire, M. de Mirabeau et M. de Robespierre vivaient en aristocrates. Aussi quand les idées de la France eurent proclamé la République ses habitudes épouvantées la brisèrent. » Et de s'interroger sur le temps qui sera nécessaire pour que s'opère sinon la Révolution, le changement des mœurs dont les Lumières ont posé les principes : lecture réformiste, mais qui témoigne à quel point désormais, dans le courant républicain qui prend naissance, Révolution et Lumières sont indissociablement réunies.

Pour des républicains avancés, parmi ceux mêmes que tente une idéologie socialiste, les Lumières élitistes ne sont pas récusées, mais invoquées comme un préalable nécessaire au dépassement à venir qui sera l'œuvre du peuple, sur la voie ouverte par la Révolution française : ainsi Alphonse Esquiros dans son *Histoire des montagnards* (1847) reconnaît à la philosophie le mérite d'avoir apporté ce qui manquait à la religion chrétienne : « L'esprit de raisonnement a combattu l'esprit de tradition. » Toutefois la Révolution française n'a pas été l'œuvre d'une école mais de tout un peuple. Sans doute « les philosophes ont eu une énorme influence ». Mais si les grands écrivains « poussent, modèrent ou dirigent les instincts d'une époque, ils ne les créent pas... La Révolution n'est pas seulement la fin d'un monde mais un monde nouveau ». L'invocation des Lumières se colore à nouveau d'une aura religieuse, comme chez un de ceux qui ont redécouvert alors Robespierre, Albert Laponneraye, dans son *Histoire complète de la Révolution française* (1838), lorsqu'il évoque à la fois la lente progression des idées et les transformations sociales pour conclure : « Les choses en étaient à ce point lorsque surgit comme un astre étincelant au milieu d'une profonde nuit la philosophie du XVIIIe siècle, fille de la réformation religieuse. » C'est Luther qui a initié le libre examen, « arme redoutable avec laquelle la philosophie sapa l'édifice vermoulu des vieilles croyances et des vieux préjugés », extirpant les abus et les erreurs « par les sévères investigations du rationalisme ». Mais il n'en reste pas moins que pour lui ces prémisses devaient conduire à une « révolution inévitable, non pas superficielle mais profonde, radicale, égalitaire qui devait descendre jusque dans les entrailles de la société pour en opérer la régénération complète ». Une théodicée s'esquisse dans laquelle s'enchaînent, pour plus d'un, la révolution hélas manquée ou trahie de Jésus-Christ, celle de la Réforme de Luther, celle des philosophes des Lumières : c'est ce que développe Proudhon en 1848 dans un discours [de Baecque, 2002, p. 256] en annonçant la « quatrième heure » d'une Révolution tour à tour religieuse, philosophique, politique, désormais devenue économique et s'attaquant au capital.

Il est évident que cet œcuménisme annexionniste, intégrant les Lumières dans leur indistincte globalité en un enchaînement de révolutions dont elles seraient une étape, ne fait pas l'unanimité des doctes et des politiques. Rousseau reste un pernicieux rhéteur pour un Auguste Comte qui, dans son *Cours de métaphysique positive* (1830-1852), insiste sur les oppositions internes à l'époque même de l'élaboration philosophique de la doctrine révolutionnaire, en voyant l'auteur du *Contrat social* recourir au concept d'un état de nature « contradictoire à toute idée de progrès ». Ce qui explique comment, avec des « intentions progressives », la Révolution a organisé la rétrogradation universelle. Auguste Comte, s'il se réclame du progrès, n'est pas à gauche.

Mais dans le courant scientiste qui se développe alors, la mystique du progrès peut déboucher sur un éloge des Lumières qui s'associe à une condamnation de la Révolution. L'essayiste Pierre Laffite, qui se risque en 1880 à proposer son interprétation de la Révolution, rend ainsi justice aux groupes philosophiques qu'il désigne : celui de Voltaire qui a mené l'attaque antireligieuse, celui de Rousseau l'attaque contre le trône, mais avant tout la grande école animée par Diderot et les encyclopédistes, associant cosmologistes, sociologistes et moralistes. Tout en reconnaissant que vers la fin du XVIIIe siècle le progrès naturel de la civilisation « et en conséquence de la philosophie » avait amené « de l'état théologique et militaire à l'état scientifique et industriel », il estime que la crise sociale inévitable a provoqué une explosion prématurée. Sous cette plume, la promotion de la mouvance sensualiste et matérialiste des Lumières s'opère, mais au détriment de l'idée de Révolution.

La gauche qui se structure à la fin du Second Empire dans le courant radical et va s'imposer avec la République dans la décennie 1871-1880 ne l'entend pas ainsi. Elle tient à associer à l'héritage des Lumières l'œuvre de la Révolution, considérée comme à accomplir aujourd'hui encore. C'est ce qu'a expliqué Jules Simon, l'un des penseurs majeurs de ce moment républicain, en 1869, devant la loge Le Progrès où il rapporte sur la tradition progressiste de la franc-maçonnerie. Pour lui, la Révolution a bien été faite par la science, mais retardée par l'ignorance : deux peuples, mais une poignée de savants contre une foule immense : « Le peuple était très ignorant et l'élite de la nation très éclairée. » S'il y avait dans les masses une haine profonde de l'Ancien Régime, c'est dans les classes privilégiées que se sont propagées d'abord les idées révolutionnaires. Une élite des penseurs, glorieuse certes, puisqu'elle a appris au peuple sa force et essayé de lui apprendre ses droits. « Tâche impossible » à moins d'enrôler la masse ignorante, ce qui provoqua la chute successive des générations pensantes « depuis Vergniaud jusqu'à Robespierre ». Tâche à reprendre en évitant les erreurs liées à l'affranchissement incomplet de la pensée : ainsi celle d'une religion d'État. La séparation de l'Église et de l'État se profile comme un des objectifs essentiels de ce gigantesque effort pédagogique.

L'apothéose des Lumières au service de la IIIe République

Le temps fort et comme l'apothéose de la célébration de l'union indissoluble des Lumières et de la Révolution (passée ou à faire) dans le cadre de la République s'inscrit en 1877-1878 dans le contexte dense où le nouveau régime s'affermit avec le vote de l'amendement Wallon, et la riposte au coup du 16 mai, contraignant Mac Mahon à démissionner. Temps des grandes proclamations de Gambetta : « Le cléricalisme, voilà l'ennemi » et des actes fondateurs symboliques — officialisation de *La Marseillaise* et du 14 Juillet. Au rang de ces « grandes onctions mémorielles » [Walter et Goulemot, 1997, p. 353], la célébration du centenaire de la mort de Voltaire le 30 mai 1878 et la fête de Jean-Jacques Rousseau le 14 juillet de la même année jouent un rôle exceptionnel.

Le conseil municipal de Paris, à l'initiative de son aile gauche, avait dès 1876 émis le vœu d'une commémoration couplée « des deux grands esprits qui personnifient le mieux la libre pensée et la Révolution », à l'origine d'une campagne soutenue par les associations de la gauche radicale et leur presse, les loges maçonniques et la Ligue de l'enseignement, et sponsorisée par le riche chocolatier gambettiste Menier. Mais le refus du gouvernement de s'engager, laissant libre cours à l'accentuation anticléricale du projet, conduisit à dissocier les deux célébrations, mettant à part l'auteur du *Vicaire savoyard*. Dès le début de 1878, un Comité national pour la célébration de Voltaire reçut accueil et soutien, à Paris comme en province où nombre de municipalités comme d'associations s'investirent en publications, conférences et manifestations théâtrales. La souscription pour les œuvres choisies de Voltaire, dont la publicité assurait « qu'elles videraient les églises », suscita en contrepartie la mobilisation aussi frénétique du courant clérical, animée par Mgr Dupanloup, relayé par les bulletins paroissiaux. On ne fait pas dans la dentelle : ami de la Prusse, spéculateur, Voltaire, vieillard corrupteur, a insulté dans la pucelle Jeanne d'Arc dont on travaille à la béatification, et qui se trouve ainsi impliquée dans le débat (bien que Gambetta s'en dise le dévot).

La fête parisienne, sur plusieurs sites, du théâtre de la Gaieté au Grand Orient, a remporté un succès indéniable bien que contesté, mais certaines célébrations provinciales ne lui ont cédé en rien, ainsi à Amiens, où Camille Pelletan prononça un discours programme dans la cité qui honorait également le chevalier de La Barre. L'orateur y a célébré une liberté à construire, avec et pour la République, avec une attention particulière à l'égard des unions ouvrières, qui se montraient perméables à ce discours de la libre pensée. Mais c'est à Victor Hugo qu'il est revenu, à Paris, de délivrer le message central de la journée. Évitant toute complaisance anticléricale, le poète, déjà lui-même un grand homme, rend hommage à son devancier. « Il y a cent ans, un homme mourait. Il mourait immortel... maudit et béni, maudit par le passé et béni par l'avenir. » Voltaire soutient la comparaison avec le Christ : « Jésus a pleuré, Voltaire a souri. » Son combat contre les iniquités, pour défendre Calas ou le Chevalier de la Barre illustre la justesse du combat des philosophes et le nouvel évangile républicain. Car, Hugo le proclame, il y a une filiation directe entre les Lumières et la Révolution, entre la Révolution et la République actuelle. L'affirmation comporte une part d'arbitrages significatifs et de sous-entendus. Les Lumières apparaissent, sinon comme un bloc, du moins comme un ensemble sans discordances majeures : Voltaire, Buffon, Beaumarchais, Diderot, Rousseau, même combat presque — fut-ce avec partage des rôles — Voltaire-l'homme, Rousseau-le peuple. Mais aussi comme on l'a relevé, réintégration à la République de la part lumineuse de l'Ancien Régime, en même temps qu'occultation de la part d'ombre de la Révolution, la Terreur. En excluant ainsi la mémoire du sang versé, Hugo poursuit un objectif immédiat : l'amnistie pour les communards, qui fait l'objet d'une campagne active. Qu'elle advienne et « Voltaire sourira ». On peut conclure avec nos guides que Hugo pose ainsi les bases d'une religion civile stabilisatrice et conquérante.

La célébration de Jean-Jacques Rousseau le 14 juillet 1878 ne pouvait prétendre au caractère rassembleur autour de la République qu'avait revêtue celle de Voltaire. Moins universellement diffusée, son image de grand écrivain commence certes à être reçue. Mais c'est au père putatif de la République démocratique et sociale, caution fût-ce involontaire de la Terreur robespierriste, que beaucoup ne pardonnent pas. Aussi l'organisation de la cérémonie a-t-elle été essentiellement à l'initiative de la gauche radicale démocratique et sociale. À la tribune Louis Blanc, Hamel, biographe de Robespierre, et Marcou, radical de gauche, ont reçu un message de Garibaldi et un autre des démocrates genevois en l'honneur de leur concitoyen. Le discours de Marcou, visant à le réconcilier avec les encyclopédistes, témoignait de l'ambiguïté de la position d'une extrême gauche légaliste dont Louis Blanc était le représentant historique, mais les guesdistes ne s'étaient pas associés à une entreprise en faveur de la République bourgeoise, aggravée des relents d'une profession de foi déiste. Cette ambiguïté poursuivra les commémorations rousseauistes ultérieures : en 1907, dans le grand amphithéâtre de la Sorbonne, son intronisation dans le cercle des grands historiens nationaux avec la caution de Lanson, mais où la rencontre d'hommes de gauche prononcés — Léon Blum, Reinach, Pressensé — et d'universitaires républicains parfois modérés — Liard, Lavisse, Brunot — fait figure de mobilisation dreyfusarde. Il en va de même en juin 1912 pour une nouvelle initiative à la Sorbonne et au Panthéon, sur fond de réaffirmation républicaine en riposte aux campagnes de Charles Maurras. Avec le recul, les commémorations de Voltaire et de Rousseau, si différentes soient-elles, illustrent le projet réconciliateur de la gauche radicale et réformiste entre le libéralisme anticlérical incarné par Voltaire et un « populisme socialisant » que représenterait Rousseau, elles accompagnent la montée en puissance du mouvement républicain avant les crises — boulangisme, affaire Dreyfus — qui vont le secouer par la suite.

Et les socialistes dans tout cela ? On a relevé l'abstention des guesdistes dans la célébration de Rousseau. Le mouvement révolutionnaire d'influence marxiste qui prend alors son essor est pour le moins réservé à l'égard des précurseurs du libéralisme, même si Marx a porté son attention sur les courants sensualistes et matérialistes, sans pour autant les enrôler au service de la Révolution à venir ni leur donner un rôle direct dans une dynamique avant tout régie par les facteurs économiques, plutôt que par l'idée. On peut cependant mesurer l'impact encore dominant des Lumières dans une gauche révolutionnaire non marxiste — en l'occurrence anarchiste — à lire les pages par lesquelles Kropotkine en 1909 ouvre son ouvrage largement diffusé sur *La Grande Révolution*, distinguant ses deux grands courants : « L'un, le courant d'idées, le flot d'idées nouvelles, sur la réorganisation politique des états, venait de la bourgeoisie. L'autre, celui de l'action, venait des masses populaires, des paysans et des prolétaires dans les villes. Et lorsque ces deux courants se rencontrèrent dans un but d'abord commun, lorsqu'ils se prêtèrent pendant quelque temps un appui commun, alors ce fut la Révolution française. » Aux philosophes du XVIIIe siècle appartient le mérite d'avoir proclamé la souveraineté de la raison, la liberté et l'égalité même si, en dernier recours, c'est l'action insurrectionnelle qui a tranché.

Il est revenu à Jean Jaurès dans son *Histoire socialiste de la Révolution française* d'apporter dans son introduction son arbitrage, celui d'un révolutionnaire réformiste, mais qui se réfère au marxisme : « À coup sûr Marx ne conteste pas que déjà dans les ténèbres de la période inconsciente de hauts esprits se soient élevés à la liberté : par eux l'humanité se prépare et s'annonce. C'est à nous de recueillir ces premières manifestations de la vie de l'esprit. » Hommage à ces élites des Lumières, initiatrices, à la suite d'autres précurseurs, de la prise de conscience collective, « premier frisson qui dans la forêt humaine n'émeut encore que quelques feuilles ».

PERPLEXITÉS DU XXe SIÈCLE

Le XXe siècle n'a pu se satisfaire longtemps de ce compromis humaniste, alors même pourtant que les enjeux de la période héroïque de la IIIe République — légitimation du régime républicain, séparation de l'Église et de l'État — avaient cessé au moins partiellement de nourrir l'âpreté des tensions auxquelles les années 1870-1880 avaient voulu donner réponse. C'est que les Lumières, associées dans une gauche en constante recomposition à la République et à la Révolution, ont eu à affronter bourrasques et tempêtes d'une autre nature.

Nous avons évoqué, un peu vite peut-être, l'inertie de la pensée contre-révolutionnaire de Maistre à Gaxotte. C'était sous-estimer sans doute l'influence durable et profonde de Taine et de ses *Origines de la France contemporaine*, et le cheminement longtemps méconnu de l'analyse d'Augustin Cochin sur les sociétés de pensée, comme source d'un jacobinisme démocratique qui aurait contaminé toute la culture politique française. C'est contre Taine que s'engage, au nom d'une histoire scientifique désormais assurée de ses méthodes, Daniel Mornet lorsqu'il publie en 1933 son grand ouvrage sur *Les Origines intellectuelles de la Révolution française*. Témoignage pourrait-on dire, du fait que le débat se « dépassionne » ? Mais il y a prise de parti lorsque Mornet relativise le rôle des grands écrivains, rappelant que ni Voltaire, ni Montesquieu, ni Rousseau, ni Diderot ne sont des révolutionnaires « ni même le plus souvent des réformateurs hardis ». Ce serait, écrit-il, une spéculation vaine que de se demander ce qu'il serait advenu s'ils n'avaient rien écrit : les grands mouvements n'auraient pas été très différents car il fallait à cette intelligence un point d'appui, la misère du peuple, le malaise politique. Conclusion un peu leste mais explicite.

Si les études académiques et universitaires sur les Lumières ont acquis un statut enviable et sans cesse élargi, dans l'historiographie révolutionnaire ou non, au temps où l'attention s'est portée de plus en plus volontiers sur les acteurs anonymes et les masses qui font l'histoire, des représentants des courants novateurs pouvaient prendre leurs distances, comme Lucien Febvre représentant de l'école des *Annales*, vis-à-vis d'une histoire « qui n'est plus la nôtre » : « Mais bien avant déjà Voltaire ?... Certes nous n'allons point méconnaître son effort... » « mais son histoire était écrite au bénéfice non pas tant du peuple que des despotes éclairés ». C'est la Révolution et non les Lumières qui représente la rupture authentique et décisive. Tout en payant généralement son tribut d'estime aux Lumières, l'historiographie classique de la Révolution que l'on dit parfois « jacobine » voire « cryptomarxiste » tendait à relativiser leur rôle déterminant en montrant l'ambiguïté de leur message : ainsi Albert Soboul, dans son débat avec François Furet, arguait de la double lecture possible, progressiste et réactionnaire, de Montesquieu et de Rousseau. Rares étaient toutefois les défenseurs sans nuances d'une vulgate proche du marxisme vulgaire, ainsi Daniel Guérin, auteur des *Luttes de classes sous la Révolution française* (1946), qui rappelait que Marx et Engels ont découvert que les formes de la production et de la propriété conditionnent l'évolution des sociétés et que, de ce fait, il convient de récuser la vision idéaliste selon laquelle « au lieu de la situation réelle c'est la simple volonté qui devient la force motrice des révolutions ».

On pourrait penser que, désormais, le débat sur les Lumières confiné au cercle des historiens aurait vocation à sortir du champ du politique : et c'est ce que pensent Walter et Goulemot lorsqu'ils considèrent en 1978 le chemin parcouru depuis cent ans : « Un siècle plus tard, Voltaire et Rousseau sont deux totems [...] politiquement refroidis et culturellement intégrés. » Ainsi serait clos le cycle des avatars, positivistes et spiritualistes, libéraux et socialistes, des Lumières. Même s'ils citent — un peu plus qu'une curiosité — la capacité de réactivation de la légende de Voltaire en novembre et décembre 1944, au lendemain de la Libération, comme une riposte à l'obscurantisme du régime de Vichy. Mais cela n'allait pas sans une pointe d'ironie quand le caricaturiste Jean Eiffel enrôlait le patriarche de Ferney avec Rimbaud, Zola, Hugo et quelques autres dans les « Forces françaises de l'au-delà ».

Pourtant, la marche du siècle, à partir des années 1950, a réveillé le débat en lui donnant une coloration vivement polémique. En 1952, Jacob Talmon dans son ouvrage sur *Les Origines de la démocratie totalitaire*, en distinguant les deux voies antagonistes de la démocratie libérale et de la démocratie totalitaire, a fait remonter au XVIIIe siècle les origines du messianisme politique, en liaison avec le déclin des régimes traditionnels et de la religion en Europe. L'émergence de l'individu, en contrepoint de l'homme abstrait, aurait eu pour corollaire l'affirmation de ces nouveaux référents, la nation, la vertu... la volonté générale selon Rousseau. « C'est la faute à Rousseau » suivant le titre d'un essai dans lequel Jacques Julliard a redonné à la rengaine une nouvelle vigueur. Un nouveau procès s'est ouvert, non des Lumières, mais du rousseauisme et, à travers lui, du concept de « volonté générale », aux sources de la dérive démocratique qui aurait singularisé la voie française, selon François Furet, reprenant en les mettant à jour, une partie des arguments d'Augustin Cochin.

À l'épreuve des expériences traumatisantes des totalitarismes du XXe siècle et, singulièrement, du système stalinien, une bonne partie de la gauche en crise d'identité s'est repliée sur des valeurs humanistes, où les Lumières retrouvent leur place statutaire. Et le président François Mitterrand, dans son discours du 14 juillet 1989 à la Sorbonne, pouvait renouveler cette alliance : « Fille des Lumières, a-t-on dit, la Révolution française doit beaucoup à l'intense bouillonnement d'idées qui, dans l'Europe du XVIIIe siècle et à vrai dire depuis la Renaissance, a peu à peu formé une nouvelle façon de voir le monde et de concevoir le pouvoir de l'homme sur son destin. » Cependant que, dans son coin, le trotskiste Daniel Bensaïd improvise la prosopopée de *Moi, la Révolution, remembrances d'une bicentenaire indignée* (1989) « Tout se tient en idéologie. Vous n'inventez plus rien, vous rabâchez. Aujourd'hui vous me proposez Condorcet, Monge et Grégoire. Plus de mariages d'amour, rien que des mariages de raison. Vous me pensez assagie avec l'âge ? » De quoi se plaint-il ? C'est une belle promotion d'héritiers, penseurs et savants des Lumières. Elles peuvent encore rendre service.

RÉFÉRENCES BIBLIOGRAPHIQUES

BAECQUE Antoine de (2002), *Pour ou contre la Révolution*, Bayard, Paris.

BACZKO Bronislaw (1988), « Lumières », *in* François FURET et Mona OZOUF (dir.), *Dictionnaire critique de la Révolution française*, Flammarion, Paris.

GUIBERT-SLEDZIEWSKI Élisabeth (1989), « Condorcet » et « Idéologues », *in* Albert SOBOUL (dir.), *Dictionnaire de la Révolution française*, PUF, Paris.

SOLÉ Jacques (1988), *La Révolution en question*, Seuil, Paris.

TILLY Charles (1986), *La France conteste*, Fayard, Paris.

WALTER Éric et GOULEMOT Jean-Marie (1997), « La panthéonisation de Voltaire et Rousseau », *in* Pierre NORA (dir.) *Les Lieux de mémoire*, t. I, rééd. Folio/Gallimard, Paris [1re éd. 1984].

3

La gauche sous la Révolution : naissance d'une notion

MICHEL VOVELLE

RENDANT COMPTE DE LA SÉANCE de l'Assemblée constituante du vendredi 28 août 1789, où s'est engagé à propos du droit de veto le débat crucial sur les pouvoirs de l'exécutif monarchique, Buchez et Roux dans leur *Histoire parlementaire de la Révolution française* [Buchez et Roux, 1833-1838, t. 2, p. 349-350], commentent : « Ce fut à la suite de cette séance que l'Assemblée se sépara définitivement en côté gauche et côté droit. Tous les partisans du veto allèrent s'asseoir à droite du président ; tous les antagonistes se groupèrent dans la partie opposée. Cette séparation rendait plus facile le calcul des voix dans le vote par assis et levé, qui avait été conservé. Depuis longtemps déjà et dès avant la réunion des ordres, l'extrême gauche et l'extrême droite étaient devenues le point de réunion des députés les plus ardents dans les opinions alors opposées. Chaque groupe avait été en augmentant en nombre, au fur et à mesure que les discussions devenaient plus irritantes [...]. Mais la majorité des représentants ne se classa complètement dans l'une des deux divisions qu'après la séance dont nous venons de parler. »

Il n'y a pas lieu de contester cette relation postérieure (1833) nourrie des documents et témoignages de l'époque révolutionnaire, même si l'on y détecte deux emplois du terme « gauche » : notion déjà banalisée dans les premières années de la monarchie de Juillet, d'où la référence à une « extrême gauche » avant même les États généraux. Ce faisant, les deux analystes ouvrent la voie à plusieurs approches de la notion de gauche sous la Révolution. Ils l'associent, à bon droit, à la pratique d'assemblée parlementaire qui s'instaure, dès les premiers mois, inscrivant dans la topographie même de la salle des séances le clivage des tendances opposées. Le point n'est pas futile puisque la distinction droite/gauche est demeurée, avec des contenus évolutifs, la clef du paysage politique de la France moderne.

Droite et gauche dans les Assemblées de la Révolution

Mais avec eux, on peut nuancer en remontant en amont, et aussi en prospectant en aval dans les années suivantes. Dès 1788, dans le contexte de la préparation des cahiers de doléances pour les États généraux, les partisans de l'opinion naissante en faveur des réformes avaient été désignés comme « nationaux », membres du « parti national » ou, sur l'exemple notamment des Pays-Bas, comme « patriotes », en opposition avec les « aristocrates » également dits les « noirs ». Dichotomie simple, à la fois durable et éphémère du fait des reclassements qui s'opèreront très vite. Mais on sait que le principe de spatialisation n'a pas prévalu immédiatement : il comporte des exceptions dont la plus notable sous la Convention regroupe les députés d'idées les plus avancées non seulement à gauche de la salle des séances, mais sur les bancs les plus élevés de la « Montagne », laissant la droite aux girondins, comme aussi les travées inférieures du Marais ou de la Plaine aux modérés ou indécis du Centre. Le clivage gauche/droite s'impose cependant dans les assemblées du Directoire, même si l'on constate que, des thermidoriens aux directoriaux, une tripartition subsiste. Les continuateurs de la Plaine ou du Marais sont flanqués, à leur droite, des royalistes, à leur gauche des néojacobins. Ce premier parcours, en raccourci, de l'invention du clivage gauche/droite, dans la pratique d'assemblées instaurée par la Révolution française, invite à pousser plus loin l'enquête sur la structuration de l'opinion publique, trait majeur de l'invention de la politique moderne dont on crédite la Révolution française.

Qu'est-ce donc que cette gauche que l'on peut ainsi voir invoquer avant la lettre, dès la période prérévolutionnaire, puis s'affirmer non seulement à l'Assemblée mais dans la vie politique nationale ? Elle demande à être définie à la fois par la ligne politique qu'elle préconise et par les structures organisationnelles qu'elle se donne. Sur les deux points, la réponse ne va pas de soi. Présenter la gauche — il deviendra classique de le faire à partir de la Restauration et de la monarchie de Juillet — comme l'expression des forces du « mouvement » contre celles de la « résistance » peut sembler répondre à une évidence, mais cette manière de faire doit se confronter à la rapide remise en cause des buts et des objectifs qu'impose la marche des événements. Être à gauche en 1788 au temps de la campagne des États généraux, c'était être partisan des réformes et adversaire de l'arbitraire royal — une plate-forme sur laquelle les « patriotes » pouvaient rassembler un assez large consensus dans les élites bourgeoises, voire dans les rangs de la noblesse libérale et du clergé (surtout du bas clergé) éclairé. Mais l'événement révolutionnaire proprement dit, celui de l'été 1789, sous ses différentes expressions, parlementaire aux États généraux devenus Assemblée nationale constituante, populaire après la prise de la Bastille et la révolution municipale, ainsi qu'avec l'entrée en scène des masses paysannes, a changé radicalement la donne : être de gauche passe alors par l'adhésion au nouveau régime et la reconnaissance de la nouvelle légitimité. La dynamique s'instaure des rejets successifs qui, aux « aristocrates » défenseurs sans concessions du pouvoir monarchique, va associer dans la droite en formation les « monarchiens » souvent nobles momentanément ralliés aux premiers stades du changement. L'initiative revient aux « constitutionnels », soit à un centre qui tente de poser les fondements d'une monarchie constitutionnelle, en dépit du mauvais vouloir du souverain et de la pression de la contre-Révolution. À ceux qui tentent de « terminer » la Révolution s'opposent déjà quelques défenseurs d'un programme démocratique contre l'exécutif royal, le scrutin censitaire, et pour le soutien du mouvement populaire : Robespierre, Pétion, Grégoire sont les représentants encore isolés de cette extrême gauche d'assemblée.

La crise du printemps et de l'été 1791, au lendemain de la fuite manquée du roi à Varennes, a provoqué un nouveau reclassement lorsque des leaders du parti constitutionnel un temps apôtres du mouvement — ainsi les « triumvirs » (Duport, Lameth et Barnave) ou La Fayette et Bailly — sont passés dans le camp de la résistance par crainte de la pression populaire et de ses revendications égalitaires comme de la flambée de républicanisme animée par Brissot ou Condorcet. La naissance du Parti feuillant qui va prendre à la nouvelle Assemblée législative, de septembre 1791 à septembre 1792, le relais des droites exclues du jeu, « positionne » à gauche, comme on dit, leurs adversaires, les brissotins (du nom d'un de leurs leaders Brissot), souvent désignés alors comme jacobins du fait de l'appui qu'ils trouvent dans le club parisien et ses filiales. Mais brissotins et jacobins ne se confondent pas complètement, il s'en faut, et nous aurons à revenir sur ce point.

Affrontant les tensions croissantes de la situation intérieure et extérieure qu'elle a contribué à aggraver par son engagement dans la guerre au printemps 1792, cette « gauche », tantôt dans l'opposition au roi et un temps prise au piège d'un gouvernement jacobin, s'est pour une bonne part discréditée aux yeux du mouvement populaire qui s'affirme dans la mise à bas de la monarchie au 10 août 1792. Pas au point cependant de perdre toute crédibilité lorsque, dans la République proclamée le 21 septembre 1792, le pouvoir revient à une Convention, où les brissotins rebaptisés girondins vont se substituer aux feuillants pour assumer le rôle d'un parti modéré, un temps majoritaire, luttant contre la dynamique impulsée par la Commune insurrectionnelle de Paris et contre les montagnards qui incarnent la politique d'alliance avec le mouvement populaire.

De droite, les girondins ? On prend conscience ici de la part d'anachronisme qu'il y a à transposer ces catégories contemporaines à la période révolutionnaire. Républicains, démocrates, « libéraux » comme on le sera plus tard, les girondins ont rallié l'estime d'une large partie de l'historiographie progressiste du XIXe siècle et au-delà. Mais c'est que le critère discriminant de la droite et de la gauche s'est déplacé depuis 1789 et même 1792, et pas simplement du fait de l'élimination du roi, qui établit néanmoins la nouvelle frontière entre partisans et adversaires de la République. C'est sur le problème de fond d'une ligne politique récusant ou adoptant, pour assurer la défense de la Révolution, l'alliance avec les groupes populaires de la sans-culotterie, quitte à répondre à leurs aspirations égalitaires, que s'opère en 1793 la fracture entre Gironde et Montagne, puis l'hégémonie de cette dernière en l'an II. Hégémonie au demeurant contestée, reposant sur un fragile équilibre, où une gauche extra-parlementaire, relayée par le mouvement sectionnaire et le Club des Cordeliers a pu, jusqu'au printemps 1794, se poser en porte-parole des aspirations démocratiques et sociales avancées par la voix des hébertistes ou des enragés.

Nous ne reviendrons pas sur la tripartition déjà évoquée de la période thermidorienne puis directoriale, faute du loisir d'opérer les distinctions légitimes à l'intérieur même du mouvement néojacobin tel qu'il se constitue à partir des apports des ex-robespierristes, hébertistes ou indulgents, et de la composante babouviste dont l'impact limité ne doit pas faire sous-estimer l'importance comme première expérience d'une gauche conspiratrice, qui ne sera pas oubliée. Mais la séquence directoriale nous confronte à une interrogation plus générale sur la genèse des partis politiques, au sens moderne, sous la Révolution. Nous ne saurions en effet esquiver, à l'issue de cet aperçu cursif des aventures de la gauche en révolution, l'objection attendue : cette gauche n'est-elle point une projection rétrospective d'un concept élaboré ultérieurement par l'historiographie et les constructions idéologiques, du siècle suivant à nos jours, appliquant à la marche de la Révolution une finalité positive, la contrepartie de la lecture contre-révolutionnaire traditionnelle de l'escalade de la violence et du délire de la subversion ?

Peut-on parler de partis modernes ?

Il importe de reprendre au point de départ, pour retrouver les modalités et les étapes d'une genèse de parti(s) moderne(s). Et l'on se doit de souligner que pour les Français de 1789, le concept même de « parti » est haïssable, ou du moins emporte une connotation nettement péjorative. Parti évoque un rassemblement suspect autour d'un homme (le duc d'Orléans ?) ou d'un groupe (le parti de la Cour). De parti à faction, il n'y a qu'un pas, vite franchi. C'est que l'idéologie révolutionnaire, telle qu'elle s'affirme dès le serment du Jeu de paume, comme dans le temps fort de la fête de la Fédération, réserve un rôle essentiel à l'unité. Celle-ci n'a pu se faire sous la conduite du roi, par la dérobade même du souverain. C'est contre lui quelle aspire à se constituer, autour de valeurs collectives : la nation, la patrie, la république. Exigences d'autant plus fortes qu'elles s'affrontent à la réalité du conflit avec les forces de la contre-Révolution : et l'on ne s'étonne pas que l'an II voie l'apogée de cette mystique unitaire.

Sur le terrain — entendons : dans les pratiques de la vie politique qui s'élaborent alors —, l'idée d'un pluralisme arbitré par la majorité peine à s'imposer, le rêve de l'unanimité l'emporte. Dans les Assemblées, cette fiction a encore trouvé à s'exprimer le 7 juillet 1792, à la veille de la chute de la monarchie, dans l'épisode du « baiser Lamourette », accolade de réconciliation fraternelle que l'évêque constitutionnel de Lyon, porteur de ce nom prédestiné, parvint à susciter chez les députés de la Législative, droite et gauche confondues. L'effet de surprise passé, la marche de la Révolution fut moins œcuménique.

C'est que la politique d'assemblée reflète et conditionne tout à la fois l'immense travail de politisation qui s'opère dans le pays depuis les prémisses de la Révolution. Cet apprentissage de la politique, initié dès la rédaction des cahiers des États généraux, stimulé par les écrits, les pamphlets, les journaux, assure le pouvoir renforcé de l'opinion dans l'espace public qui se structure alors, avec ses points de rencontre non seulement en ville — lieux publics (le Palais-Royal), cafés... — mais aussi à la campagne avec les rendez-vous obligés de la population rurale. Il existe une politique de la rue ou du village, qui ne se confond pas avec la politique d'assemblée : le terme générique de « mouvement populaire », avec toutes les ambiguïtés qu'il recèle, désigne cette pression collective sans laquelle la Révolution n'aurait pu se faire.

Le mouvement populaire est-il de gauche ? La question faussement naïve appelle plusieurs réponses successives. À un premier niveau, la mesure du degré d'engagement et/ou de prise de conscience de la majorité de la population. Peut-on suivre la lecture vieillie mais classique de Richard Cobb, suivant laquelle « la vie en marge » de la révolution politique aurait été le lot de la majorité des Français ? Plus nuancés, d'autres insisteront sur le poids de l'ignorance, de la difficulté de communication, favorisant la rumeur, voire la panique, comme ce fut le cas en juillet 1789 lors de la Grande Peur. Franchissant encore une étape, on peut se demander ensuite, prenant acte que ni les paysans ni les groupes populaires urbains (et singulièrement parisiens) ne sont véritablement ignorants ou passifs, comme ils l'ont prouvé par leur intervention massive et décisive dès l'été 1789, quel est le sens de leur engagement ? Le bon serait-on tenté de répondre trop vite. Au risque de se voir objecter, par des critiques récentes, le passéisme ou le corporatisme étroit des revendications de la petite paysannerie ou de l'artisanat et de la boutique...

Avec leurs revendications propres — l'éradication des vestiges de la féodalité et du prélèvement seigneurial dans les campagnes, la lutte pour les subsistances et la défense de l'économie morale populaire dans les villes —, paysans et groupes populaires urbains ont néanmoins apporté ou imposé leur contribution à la « révolution bourgeoise à soutien populaire » suivant la formule classique d'Albert Soboul. Mais ce ne fut pas sans mal : la découverte de la politique, au fil de ces dix ans, et singulièrement des premières années, présente ses aspects positifs, mais aussi son revers en termes de résistances ou de refus.

LES JACOBINS : ÉBAUCHE OU MATRICE D'UN PARTI ?

Conquêtes : l'apprentissage politique s'est opéré conjointement par plusieurs voies ; les premiers pas d'une démocratie initialement limitée par le système censitaire qui régit les élections locales ou nationales, élargie ensuite à partir de 1792 par l'intrusion des citoyens passifs dans les assemblées des sections, formant le noyau de la sans-culotterie parisienne, urbaine... et rurale. Avant même cette ouverture, la Révolution avait suscité dès ses prémisses les structures d'une sociabilité politique dans ses clubs, dont le Club des jacobins a donné l'exemple le plus illustre et démonstratif. À partir du « Club breton » qui réunissait des députés patriotes du Tiers au printemps 1789, le Club des amis de la Constitution siégeant à Paris dans le couvent des jacobins a connu plusieurs étapes, du cercle fermé et élitiste de ses débuts, à son ouverture progressive, à laquelle la crise de Varennes et de ses lendemains a fortement contribué, une fois surmontée la scission des modérés ou feuillants. De la Législative à la Convention traversant de nouveaux orages (le fédéralisme à l'été 1793), les jacobins ont affirmé leur rôle de conduite et d'examen de l'opinion, d'éducation politique à l'échelle du pays tout entier, où le réseau des sociétés populaires affiliées ou non est passé de 300 en 1790 à un millier en 1791 et à plus de 5 000 en l'an II.

Devenus — ou instrumentalisés — comme relais de la politique du Comité de salut public en l'an II, les jacobins et le réseau qu'ils coiffent ont accueilli des centaines de milliers de militants. École du militantisme, mais aussi agent actif d'initiatives venues de la base, les jacobins présentent-ils l'ébauche d'un parti de gauche de type moderne ou, comme on l'a affirmé, la matrice d'un parti unique dont les régimes totalitaires du XXe siècle auraient recueilli l'héritage ? La désignation des jacobins et du jacobinisme comme agents par excellence d'une subversion organisée remonte à la Révolution même, alors que le discours contre-révolutionnaire sous la plume de l'abbé Barruel en 1795 développait le thème du complot des francs-maçons et des philosophes dont ils auraient été les héritiers. Ils sont présentés chez d'autres tantôt comme issus de la canaille et tantôt comme d'habiles manipulateurs des foules. De l'historiographie du XIXe siècle, dénonçant avec Michelet la « machine » ou l'église jacobine, contrefaçon révolutionnaire des jésuites et de l'Inquisition, puis à la fin du siècle, à l'école de Taine, théorisant avec Augustin Cochin l'influence pernicieuse de la sociabilité démocratique des Lumières instrumentalisée par le contrôle et la manipulation de l'opinion, un portrait chargé du jacobinisme a été élaboré. Il a été comme rajeuni dans l'historiographie de la seconde moitié du XXe siècle par les dénonciations des systèmes totalitaires (Jacob L. Talmon, *The Origins of Totalitarian Democracy*, 1952) et des « appareils de la dictature », parti unique et conditionnement de l'opinion. Le transfert rétroactif de cette analyse sur la période révolutionnaire aux origines de l'« illusion démocratique » (François Furet) est-il justifié ?

La multiplication des études sur les jacobins français et européens durant les dernières décennies permet d'affiner un profil assez différent de cette image. On connaît mieux les jacobins « historiques » au fil d'une histoire de cinq ans où ils n'ont exercé leur hégémonie que sur une courte période. À l'examen, la qualification de « machine » jacobine apparaît abusive tant dans l'espace que dans la durée : on apprécie certes la densité du réseau des sociétés populaires, mais la géographie des implantations accuse les contrastes entre des zones très densément quadrillées (plus de trois quarts de municipalités dans le Midi méditerranéen) et des aires presque désertes dans l'Ouest, et jusqu'à un certain point le Nord-Est, pour une moyenne nationale de 15 % des communes. Dans ce cadre spatial comment peut-on évaluer l'impact des jacobins sur l'apprentissage du pays à la politique ? La réponse est à trouver dans leur sociologie, leur stratégie, et leur idéologie. Que cette minorité agissante se recrute (dans un échantillon de 150 sociétés analysé par Jean Boutier et Philippe Boutry) pour près de moitié (45 %) dans les milieux de « l'échoppe et la boutique », pour un quart chez les administrateurs, hommes de loi et professions libérales, mais pour 10 % seulement dans la paysannerie, reflète en l'uniformisant l'hégémonie des bourgeois ou des petits producteurs et la surreprésentation des villes.

Convient-il dès lors de récuser la définition de la politique jacobine avancée au début du XXe siècle par Antonio Gramsci, comme « stratégie d'alliance des villes et des campagnes » ? La formule invite du moins à ne pas sous-estimer l'existence d'un jacobinisme rural. Mais en même temps que les théoriciens du mouvement révolutionnaire ont pu insister sur le pragmatisme de cette pédagogie de terrain, ils ont tenu, de Marx à Lénine, à mettre l'accent sur le radicalisme jacobin (la Révolution « jusqu'au bout » de Marx). Mais quel bout ?

Les jacobins ne sont point les uniques porteurs de l'idée révolutionnaire avancée : le Club des Cordeliers, fondé en 1790, a été d'entrée plus accueillant à un discours radical, alors porté par Danton ou Marat, et s'est posé en point de rencontre des sociétés populaires et fraternelles parisiennes. S'il n'a pas disposé d'un réseau de filiales comparable à celui des jacobins, l'influence cordelière est sensible dans plus d'un site provincial. Réceptacle des revendications populaires avancées à l'été 1791 comme en 1792 et encore en septembre 1793 quand les délégations sectionnaires parisiennes ont imposé à la Convention montagnarde les mesures terroristes, le Club des Cordeliers a été réceptif au courant hébertiste, héritier lui-même du discours des enragés sur le droit à l'existence et la révolution des pauvres. Par référence à cette

« extrême gauche » extraparlementaire, le discours jacobin, même s'il a évolué dans le temps, présente des constantes : démocratique, il se bat pour le suffrage universel et pour la conquête des libertés — apportant toutefois au fil de la Révolution une restriction à la liberté d'entreprendre pour promouvoir un idéal égalitaire de petits producteurs, affirmant le droit premier à l'existence, sans pour cela aller jusqu'au partage agraire ou au collectivisme. Dans l'idéologie jacobine, les valeurs de solidarité débouchent sur un patriotisme progressivement affirmé au fil des événements, mais la pétition de principe qui l'emporte au rang des mots d'ordre est celle d'unité et d'indivisibilité : elle restera l'un des traits les plus caractéristiques de l'esprit jacobin, avec le volontarisme et l'énergie.

Car au-delà du discours, le jacobinisme se définit également par un certain nombre de pratiques nouvelles : l'apprentissage de la parole (« grande société de parlage », selon Michelet) mais aussi organisation d'un bureau, de commissions, de réseaux de correspondance et de circulation des mots d'ordre, avec l'appui de la presse. Le complément ou le revers de cet apprentissage de la politique démocratique est l'accentuation du souci d'assurer la rectitude de la ligne par des scrutins épuratoires à partir de 1791 (mais surtout en 1793-1794) où la publicité du vote ou de la prise de parole se fait volontiers inquisitoriale. L'hégémonie jacobine que l'on invoque ne serait-elle devenue finalement qu'un leurre, instrumentalisé par le gouvernement de Salut public ? Du moins, le Club des jacobins n'est pas la « machine » monolithique que l'on a dénoncée, et n'offre pas la matrice du parti totalitaire que l'on a voulu voir en lui.

À l'articulation du pouvoir de l'État révolutionnaire, contrôlé par la bourgeoisie montagnarde, et des aspirations populaires qui s'expriment dans les sections en termes de revendication d'une démocratie directe (la pique du sans-culotte est son « pouvoir exécutif »), les jacobins de l'an II jouent un rôle historique charnière, qui ne saurait toutefois autoriser à y voir l'ébauche d'un parti politique moderne.

Le tournant du Directoire

Il convient néanmoins de souligner l'importance de la période directoriale dans l'émergence de pratiques dont la gauche va faire son profit comme les autres. La fin, après les journées de germinal et prairial an III, de l'intervention directe des masses révolutionnaires (mais aussi bien contre-révolutionnaires en vendémiaire de la même année) donne à la politique d'assemblées, régie par la Constitution de l'an III, une importance croissante, même si elle reflète les tensions profondes d'un pays partagé entre Révolution et contre-Révolution. Le rendez-vous annuel des élections législatives provoque la maturation d'une affirmation des tendances : royalistes d'une part, jacobins (on dit aujourd'hui néojacobins) de l'autre, appuyés sur les cercles constitutionnels. C'est dans ce contexte tendu où les votations débouchent fréquemment sur des scissions et des arbitrages imposés que des néojacobins comme Antonelle ou Félix Lepeletier commencent à théoriser l'idée de démocratie représentative dont on expérimente durement les pratiques. De cette expérience, qui se traduit par un progrès de l'an V à l'an VII de l'implantation jacobine, les acteurs ne recueilleront pas les fruits immédiats — Brumaire y a mis fin —, mais elle ne sera pas perdue pour les libéraux du siècle suivant. Le coup d'État de Bonaparte, en persécutant les jacobins, cadres sans troupes, et en réduisant à la clandestinité ceux qui ne tournent pas casaque pour se mettre à son service, a laissé un avenir à une extrême gauche conspiratrice, héritière ou non de Babeuf : on la retrouvera dans les complots sous l'Empire, puis dans la Charbonnerie. Qu'il s'agisse d'une gauche « autodéfinie », ou de ce que nous pouvons qualifier rétrospectivement de gauche, la Révolution française apparaît comme un moment fondateur, d'autant plus important que c'est par rapport à son héritage que l'on va pouvoir désormais pendant longtemps se définir comme « de gauche » ou « de droite ».

Une empreinte durable : France de gauche et France de droite

Mais quelle est la profondeur de cette empreinte ? Le recours à la cartographie historique, en esquissant une géographie de la gauche sous la Révolution, apporte plus qu'une confirmation annexe : il permet de formuler des interrogations essentielles. L'historienne américaine Lynn Hunt a eu le mérite, dans son essai *Politics, Culture and Class in the French Revolution* [Hunt, 1984, p. 123-148] de tenter cette aventure. J'ai repris et discuté cette démarche dans mon travail sur la géopolitique de la Révolution française [Vovelle, 1993, p. 212-218].

Lynn Hunt pose une question préalable : celle des indicateurs de l'attitude politique, puisque ceux de la sociologie contemporaine (résultats des votes nationaux au suffrage universel) ne sauraient être invoqués. Exploitables pour la période directoriale, les données des scrutins aux élections législatives sont beaucoup plus floues pour la période de la monarchie constitutionnelle (1789-1792) du fait des incertitudes qui pèsent encore sur l'opinion jacobine, feuillante, voire girondine et montagnarde. Et la république jacobine de l'an II suspend les élections, à l'exception du plébiscite d'août 1793 pour l'acceptation de la Constitution. S'en remettre, comme je l'ai fait à la suite de Lynn Hunt, à la ventilation des tendances à partir de la composition des assemblées, c'est admettre qu'il y a concordance au moins grossière entre la base (la classe politique locale) et le sommet (la députation). La justification *a posteriori* est fournie par la lisibilité et la suggestivité de cartes qui n'ont rien d'aléatoire.

La combinaison des données échelonnées de 1792 à 1798 organise la bipartition France de droite-France de gauche, dans sa globalité comme à son point d'aboutissement en 1798, de façon assez nette : une droite majoritaire dans la plupart des départements de la France septentrionale et dans la coulée du sillon rhodanien jusqu'à la Provence et au Languedoc, une gauche qui, à part la frontière du Nord, résiste essentiellement dans le Centre et un Sud-Ouest qui, en demi-fer à cheval, enserre l'ouest du plateau central pour s'épanouir dans l'Aquitaine intérieure. Cette configuration, qui s'affirme au fil des scrutins directoriaux, résulte d'une évolution sensible à partir de 1792, car si la droite l'emportait déjà dans la France septentrionale, la gauche était majoritaire dans plus de moitié des départements. La droite contrôle désormais deux tiers du territoire, la gauche semble-t-il a perdu le Nord… mais aussi une partie du Sud où un Midi blanc se met en place.

Sans épiloguer sur cette sanction du désenchantement d'une partie de la France provinciale, nous sommes à même d'en interpréter la valeur par comparaison à d'autres tests de référence cartographiés. Dans la synchronie de la décennie révolutionnaire, cette spatialisation, confrontée à la carte des succès et refus du serment constitutionnel imposé au clergé en 1791, comme à celle de la déchristianisation de l'an II, suggère une réelle parenté. Voilà qui incite à valoriser l'importance du facteur religieux dans la césure qui s'opère dans les communautés pour ou contre la Révolution. Un des traits originaux de la culture politique française s'affirme déjà. Donne-t-il la clef unique du problème ? Il s'en faut.

D'autres éléments peuvent être pris en compte : si nous suivons (avec réserves) les invitations de certains anthropologues, tels qu'Emmanuel Todd et Hervé Le Bras, les systèmes familiaux sont déterminants dans de nombreux domaines (mobilisations collectives, résistances et mauvais gré) et l'aire de prédominance de la famille élargie coïncide assez largement avec celle d'un jacobinisme enraciné dans le Centre et le Sud-Ouest. Cependant, évitons que l'engouement des anthropologues pour la famille n'occulte d'autres paramètres tels que le poids du régime seigneurial, la ventilation de l'appropriation du sol, les systèmes d'exploitation (métayage) dans leur enracinement structurel, comme dans les modifications qu'a pu leur apporter la période révolutionnaire. L'explication proposée, voici maintenant près d'un demi siècle par Paul Bois à partir de l'exemple de la Sarthe, de la fracture droite/gauche durablement instaurée dans cette partie du bocage de l'Ouest, est aujourd'hui contestée, sans avoir perdu sa valeur opératoire : pour l'auteur, une paysannerie avide de terres, mais « flouée » dans ses espérances par l'accaparement des biens nationaux par la bourgeoisie urbaine profiteuse de la Révolution, en aurait conçu la rancœur qui l'a fait basculer dans le camp de la contre-Révolution. C'est à l'interface de motivations économiques, sociales, culturelles et religieuses que l'on pourrait tenter de trouver des explications de cette prise de position, d'autant plus remarquable qu'elle s'est révélée durable.

Ne disons pas que tout est joué, il s'en faut. De grands remuements s'opéreront au fil du XIXe siècle, ainsi pour ne prendre qu'un exemple frappant, le basculement du « Midi blanc », légitimiste jusqu'aux années 1840 en « Midi rouge » à partir de 1848, tel que l'a évoqué Maurice Agulhon. Mais, dès 1849-1851 et surtout à partir de 1875, quand le suffrage universel autorise une sociologie électorale de plus en plus fiable, les cartes des attitudes de la France (rurale mais aussi partiellement urbaine) ont longuement reconduit ce contraste de tempéraments droite/gauche, dont la réplique presque mimétique se retrouvait sur celles de la pratique religieuse. Jusques à quand ? Aux spécialistes de le dire dans les chapitres qui suivent. Mais il semble qu'à partir des années 1960-1965 s'accentue la déstructuration du modèle, dans une société en profonde mutation.

La sociologie électorale nous offre ainsi une illustration de l'impact de la Révolution française aux origines de la gauche. Le débat est loin d'être clos : dans la lecture critique que j'ai proposée du travail de Lynn Hunt, j'ai avancé une contre-proposition impertinente peut-être. Entre la France de droite et la France de gauche, faire la place à une France du centre, telle qu'elle s'affirme au lendemain de Thermidor et dans les scrutins directoriaux, ainsi dans les plaines de grande culture du bassin parisien. Une « droite » thermidorienne qui ne saurait être confondue avec les sites du refus enraciné et de la contre-Révolution dans l'Ouest notamment : mais est-ce bien la droite ? Le test discriminant, qui refait ici surface, reste l'acceptation ou le refus de la République et du changement opéré dans la société et les institutions.

Conclusion banale j'en conviens, mais elle introduit à l'appréciation d'un héritage dont il convient de prendre la mesure.

RÉFÉRENCES BIBLIOGRAPHIQUES

BUCHEZ et ROUX (1833-1838), *Histoire parlementaire de la Révolution française ou Journal des Assemblées nationales depuis 1789 jusqu'en 1815*, Paris, 40 vol.

HUNT Lynn (1984), *Politics, Culture and Class in the French Revolution*, University of California Press, Berkeley, chapitre « The Political Geography of the Revolution ».

VOVELLE Michel (1993), *La Découverte de la politique, géopolitique de la Révolution française*, chap. « France de gauche et France de droite », La Découverte, Paris.

4

Les « partis » de gauche pendant la monarchie censitaire

NICOLAS BOURGUINAT

COMMENT SITUER LA PÉRIODE de la Restauration et de la monarchie de Juillet dans la genèse des gauches françaises ? La notion même de « gauche » a-t-elle une place dans le vocabulaire politique, en dehors de son sens topographique d'origine qui décrit les clivages des forces parlementaires et sépare, au moins schématiquement, « ministériels » et opposants, majorité et minorité ? Certes, ce n'est pas le moindre mérite de ces deux régimes que de parvenir à acclimater à la France cette expression élémentaire du pluralisme politique au sein d'un système représentatif. Mais il y a loin des bancs de la Chambre des députés au « pays réel ». Du fait, d'abord, que le suffrage reste censitaire : le seuil d'imposition ouvrant l'accès au vote étant passé de 300 à 200 F annuels en 1831, on estime que la monarchie de Juillet a porté le nombre des électeurs, resté inférieur à 100 000 sous les Bourbons, à un maximum de 241 000 (législatives de 1846), soit à peine 2,1 % de la population adulte masculine. Du fait, ensuite, que si l'expression des divergences et des conflits d'opinions est devenue légitime à la tribune, elle ne l'est pas encore dans l'espace public au sens le plus large, ainsi qu'en témoignent les restrictions aux libertés de presse, d'association et de réunion. Sorti du Palais-Bourbon, préfets et magistrats identifient d'abord dans l'opposant l'« ennemi de l'ordre » ou le « malveillant », plutôt que la saine fonction de contrepoids à l'opinion majoritaire. Le mot « parti », assumé pour les groupes d'affinité qui se forment dans le cadre parlementaire, continue d'évoquer, ailleurs, le sectarisme et l'intolérance du « partisan ». Aussi les clivages parlementaires ne sont-ils pas aisément transposables en des groupes d'opinion publique stables, et moins encore en des catégories de l'identité politique comparables à ce qu'incarnent la gauche ou la droite aujourd'hui.

L'opposition de gauche, sous les monarchies censitaires, ce sont donc à la fois les « partis » libéraux minoritaires formés à la Chambre (à l'exclusion des ultras et, après 1830, des légitimistes, qui se rangent clairement à droite du fait de leur rejet de la Révolution) et le « parti » républicain, nébuleuse au ciment idéologique flou, qui se distingue parfois assez mal du bonapartisme.

Les voies de la survie d'une tradition révolutionnaire

On a longtemps présenté cette idée républicaine comme très isolée au lendemain de 1814 : affaiblie par la répression napoléonienne, handicapée, voire défigurée, par le souvenir de la Révolution française [Weill, 1928]. Il ne faut cependant pas sous-estimer l'importance, pendant les Cent-Jours, du mouvement des « fédérations » (bataillons armés formés spontanément pour défendre la France), sorte de creuset du patriotisme révolutionnaire de 1793, de la sensibilité antiprivilèges de 1789, et de la dévotion à un Napoléon « du peuple ». On doit retenir aussi de 1815 le rapprochement, d'apparence paradoxale, entre de vieux adversaires de l'arbitraire impérial (libéraux comme Constant ou jacobins comme Carnot) et le régime « refondé » par l'Acte additionnel aux constitutions de l'Empire.

Ces convergences entre bonapartisme, libéralisme et républicanisme, on les retrouve sans cesse sous la Restauration (et encore sous la monarchie de Juillet), notamment dans les mouvements en faveur de la réforme électorale. Ici, très vite, on les revoit à l'œuvre dans la défense des révolutionnaires régicides ralliés aux Cent-Jours et proscrits, en 1816, par la « Chambre introuvable », ou dans l'élection surprise de Grégoire, républicain déclaré et ancien conventionnel, à Grenoble, en 1819 [Alexander, 1994, p. 456]. On les retrouve aussi, bien sûr, dans les complots militaires des débuts de la Restauration, et bientôt dans ceux de la Charbonnerie (en 1821-1822 à Belfort, Saumur, La Rochelle), société secrète d'origine napolitaine fondée par Joubert et Dugied, surtout active à Paris, dans l'Ouest et dans les villes de garnison. Elles rendent peu pertinentes les distinctions trop tranchées en termes de programmes ou d'idéologies politiques, et il est plus prudent de voir ces courants de gauche, sinon imbriqués les uns dans les autres, du moins sympathiques les uns aux autres. « Mes ennemis m'ont appelé républicain, résume le libéral toulousain Boyer-Fonfrède en 1818, quand ils n'ont pu concilier leur épithète bonapartiste avec ma conduite passée ; et comme ils sont ignorants, ils ne savent pas que l'institution d'une république n'exclut ni les rois ni les sénateurs. »

Il existe cependant des canaux spécifiques à la transmission d'une mémoire, voire d'un culte, de la Révolution. Une mémoire orale, d'abord, mettant en valeur les aspects fraternels et les ambitions égalitaires de la révolution montagnarde, que transmettent aussi bien des instituteurs, d'anciens curés assermentés, d'anciens acteurs de la Terreur désormais retirés. Une mémoire symbolique aussi, s'attardant sur les épisodes caractéristiques de la déroute du camp des nobles et des prêtres, ou simplement, comme le maximum des grains (blocage des prix décidé par la Convention), de la déconfiture des riches et des « gros ». À la fin des années 1820, elle est aussi réveillée par les premiers travaux historiques sur l'époque révolutionnaire, ceux de Thiers notamment, dont la condamnation de la Terreur est nuancée, et qui seront vulgarisés par le colportage. Enfin, l'adhésion républicaine est aussi affaire de fidélité familiale : Louis-Eugène Cavaignac ou Hippolyte Carnot, pour ne citer que ces deux figures de 1848, étaient issus de vraies « dynasties ».

Une culture d'opposition parlementaire

À côté de cette tradition en résurgence, les contemporains appellent volontiers « opposition de la gauche » ces libéraux minoritaires, députés mais aussi pairs de France (Barante ou Broglie avant 1830), qui se distinguent par une interprétation de la Charte de 1814 qui minore l'initiative royale et, par-delà, par un positionnement tranché dans le conflit légué par la Révolution française, entre souveraineté monarchique et souveraineté nationale.

Sous le ministère Decazes, grâce à la loi électorale Lainé de 1817, un « parti indépendant » peut mener une existence informelle. Il comprend le général Foy, Benjamin Constant, La Fayette, Dupont de l'Eure, Grégoire, c'est-à-dire à la fois des patriotes bonapartistes, des libéraux et des républicains. Après 1820, sous le règne des ultras, ils se trouvent bien peu nombreux, mais ils utilisent les ressources de la procédure, les discussions budgétaires, pour porter la contradiction contre le ministère Villèle. Ils défendent parfois l'honneur de la nation entière, lorsqu'ils délèguent un orateur, symboliquement, pour désavouer le gouvernement (discours de Benjamin Constant contre la loi d'indemnisation des émigrés, en 1825). Mais leur rôle est peut-être moins central que celui que tient, sur le terrain des idées, la mouvance des « doctrinaires », formée derrière Royer-Collard par des hommes de la jeune génération tels que Guizot. Celui-ci bâtit alors une véritable philosophie politique libérale à travers des brochures comme ses *Moyens de gouvernement et d'opposition dans l'état actuel de la France* (1821).

Après les élections de 1827, l'opposition de gauche retrouve un peu de poids à la Chambre, ce qui lui permet, sous le ministère Martignac, d'influencer quelques mesures (visant à chasser les jésuites de l'enseignement secondaire, ou à desserrer la tutelle des préfets sur l'administration locale). Mais c'est surtout au printemps 1830 que l'affrontement entre prérogative royale et prérogative parlementaire, entre deux lectures de la Charte donc, permet à la gauche libérale de grossir (jusqu'à gagner d'une certaine façon la majorité, avec la fameuse adresse de défiance des 221, rédigée par Royer-Collard). Charles X engage peu après l'épreuve de force contre ce « parti » d'alternative, affirmant à son Conseil le 7 juillet, selon le témoignage du ministre Guernon-Ranville, que transiger ne servirait à rien et retarderait seulement l'échéance de l'abaissement du trône : « En attaquant le ministère, [...] c'est le système monarchique qu'ils veulent renverser ; dans *les hommes de la gauche* subsiste tout entier l'esprit de la Révolution » [Bertier de Sauvigny, 1970, p. 20].

Suivent alors les ordonnances, provocation fatale au régime, dont on a parfois vu dans la chute, en juillet 1830, une révolution « confisquée » aux républicains par les orléanistes. S'il y a en effet des « militants » qui encadrent le petit peuple dans le pillage des armureries ou l'érection des barricades parisiennes (parfois au prix de leur vie comme le polytechnicien Vaneau), le « parti » est bien trop faible pour imposer une solution politique. En revanche, on peut y voir la preuve qu'à cette heure, pour les gauches, l'idée d'institutions proprement républicaines est accessoire par rapport au rejet pur et simple de la monarchie bourbonienne, et qu'elles peuvent se satisfaire d'un projet de « monarchie républicaine », née des barricades, assumant l'héritage et les symboles de la Révolution (les trois couleurs, entre autres), et adoubée par un La Fayette placé au commandement de la Garde nationale de Paris.

L'orléanisme ne réussira pourtant pas à relever ce défi et, dès 1832, la rupture sera nette entre le régime et les gauches. Viennent en effet des épreuves successives : la crise économique, l'agitation entretenue en France en sympathie avec les mouvements nationaux belges, polonais ou italiens, l'insurrection des canuts lyonnais en 1831, les journées parisiennes de juin 1832 déclenchées par les funérailles du général Lamarque et, finalement, l'épidémie de choléra qui assombrit terriblement l'atmosphère sociale de 1832. Au gouvernement, la volonté d'assurer fermement « la tranquillité et la sécurité » est symbolisée par le remplacement de Laffitte par Périer. Le « système du 13 mars » 1831 (date de formation de son cabinet), en fixant strictement les limites acceptables de la révolution de Juillet, notamment pour l'ouverture du système électoral, et en posant que celle-ci fut un point d'arrivée et non le point de départ d'une démocratisation à venir, fonde durablement la victoire de la « résistance » (selon le mot de Rémusat, alors proche de Périer) sur le « mouvement », désormais isolé à gauche. Après 1840, non sans paradoxe, il revient à François Guizot d'incarner pour huit ans l'esprit de fermeture satisfaite de l'orléanisme conservateur. L'ancien champion de la liberté de la presse et de la limitation de l'arbitraire royal abritera son immobilisme derrière sa théorie du gouvernement des « classes moyennes », considérant que juillet 1830 avait clos la parenthèse réactionnaire de la Restauration et achevé l'histoire de France [Collingham, 1988]...

Le devenir du « mouvement » est une question clé mais complexe. À la Chambre, le principal héritier est le groupe de la gauche dynastique, conduit par l'avocat Odilon Barrot, qui ne réunit guère qu'un sixième des députés, jusqu'en 1848. D'autres nébuleuses, comme le centre gauche et le tiers parti votent occasionnellement avec lui, mais ils soutiennent d'abord les ambitions personnelles et les calculs tactiques de leurs leaders — respectivement Thiers et Dupin, originellement des hommes de la « résistance ». Mais, à l'inverse, la rupture de

1831-1832 a également eu pour résultat de radicaliser certaines fractions de la mouvance progressiste, et de les éloigner de la monarchie parlementaire : ainsi le *National* accomplit-il, avec Armand Carrel, son virage vers le républicanisme...

Une contre-société républicaine ?

D'août 1830 à 1832, le républicanisme paraît en effervescence, et une foule de sociétés étudiantes, militaires, populaires existent à Paris et en province. L'élite intellectuelle se retrouve plutôt dans la Société des amis du peuple, où se côtoient des hommes aussi divers que Raspail, Arago, Buchez, Blanqui, Delescluze. Après la répression de l'émeute de juin 1832, le mouvement prend conscience de sa faiblesse numérique et prend ses distances de la voie insurrectionnelle [Bouchet, 2000]. L'éducation populaire et la presse deviennent alors l'axe essentiel et prioritaire de leur propagande.

Bien sûr, celle-ci n'avait jamais été tout à fait absente. Dès la Restauration existait une voix républicaine dans la presse (*Le Producteur*, *La Tribune* d'Armand Marrast, parfois *Le National* et *Le Globe*), ou dans la chanson (ce sont les grandes années de Béranger). Des républicains s'étaient aussi engagés dans les sociétés réclamant des préfets la révision des listes électorales, afin d'y éliminer les amis du gouvernement indûment inscrits ou d'y faire entrer de nouveaux candidats au vote, jusque-là rejetés pour des raisons de mauvaise foi. Par ce travail d'opposition légale, ils se trouvaient de nouveau rapprochés de la gauche libérale : la société Aide-toi, le ciel t'aidera, dont le principal dirigeant national était Guizot, se trouvait ainsi animée, dans un département comme l'Isère, par plusieurs figures locales du jacobinisme ou des fédérations de 1815 (le futur égyptologue Champollion, le fils du régicide et conseiller d'État napoléonien Réal) [Alexander, 1991, p. 268-271].

De 1832 à 1835, trois sociétés prennent leur essor : l'Association libre pour l'instruction du peuple (Arago, Cabet), qui organise cours du soir et secours matériel aux familles en détresse, la Société des droits de l'homme (la plus attentive aux formes nouvelles d'association ouvrière telles que les sociétés de secours mutuel, les coopératives de production), et l'Association pour la liberté de la presse (Raspail, Cavaignac). Les deux premières comptent 3 000 membres chacune et essaiment en province, surtout dans l'Est (Strasbourg, Dijon, Metz). De nouveaux journaux se créent également (avant 1835, 60 sur 260 seraient d'opinions républicaines) et diffusent plus de 50 000 abonnements à destination des clubs, cercles, bibliothèques populaires. Les procès de presse, devenus très fréquents en 1834, servent de tribune publique. Mais le durcissement de la législation, encore aggravé par Thiers en septembre 1835 après l'attentat manqué de Fieschi contre Louis-Philippe, réduit cet espace d'expression.

Pour certains militants, c'est la preuve qu'il n'y a plus d'alternative à l'action insurrectionnelle. La réflexion d'un Blanqui ne tourne plus, désormais, qu'autour de la prise d'armes et de la dictature révolutionnaire. Sa Société des saisons tente de soulever les faubourgs Saint-Antoine et Saint-Martin en mai 1839, sans aucun succès [Bernstein, 1970]. À l'opposé, certains chefs se résignent à recentrer leur action sur la tribune, en prenant le nom de « radicaux » : ainsi Arago, Garnier-Pagès, Ledru-Rollin, élus députés à partir des scrutins de 1839 ou de 1846. Ils seront rejoints par Lamartine, qui siégeait à l'origine au centre, mais s'est converti à l'idéal démocratique et s'est fait historien à succès des girondins. Tous se joignent à l'appel de la gauche parlementaire des Barrot et Duvergier de Hauranne en faveur de l'abaissement du cens, le seul thème susceptible de mobiliser largement contre Guizot, et donnent un ton antidynastique à la campagne des banquets à partir de mi-1847 — Lamartine prophétisant même une « révolution du mépris ».

Gauche d'alternative ou gauches dispersées ?

Les Sociétés républicaines, au lendemain de 1830, s'étaient attachées à donner à leur programme un contenu plus précis. Enseignement primaire gratuit, impôt progressif, réforme de la justice, suffrage universel s'ajoutent alors à des thèmes moins neufs concernant l'indépendance du personnel politique (indemnité parlementaire, interdiction des députés-fonctionnaires). Les aspects institutionnels sont encore peu développés, presque inessentiels. Malgré une certaine influence de la jeune République américaine [Neely, 1991], c'est le modèle de la Ire République qui pèse le plus grand poids, expliquant notamment la préférence pour le monocamérisme et pour les formes collégiales de pouvoir (type Comité de salut public). En 1832-1835, puis après 1840, la grande affaire est l'introduction d'un programme social, où l'on voit la clé d'un possible élargissement de l'audience. Dès 1834, ne lit-on pas dans *Le Patriote de Saône-et-Loire* que « la République, c'est l'échelle sociale rendue abordable au plus humble des manouvriers ? » [Pilbeam, 1991, p. 41].

Mais la greffe des grands thèmes de l'action ouvrière des années 1840, si elle inspire des idéaux vagues de justice et de réconciliation des classes que l'on retrouve en février 1848, affaiblit aussi le républicanisme en tant que tel, en dispersant ses forces vives dans d'autres mouvances — saint-simonisme autrefois, et désormais socialisme « organisateur » ou « communisme » utopique. Cabet, entre autres, avocat de fédérés dijonnais pendant la Terreur blanche, est issu du camp républicain. Dans l'ensemble, ces courants ne se reconnaissent plus qu'occasionnellement dans l'idée de république, dans la mesure où ils ne font aucune place à l'État et au régime représentatif dans leur réflexion, et où ils posent la réforme de la société comme l'objectif primordial, avec comme base la réinvention de cellules de production... Seul peut-être Louis Blanc, fidèle à la tradition robespierriste, accorde une certaine place à l'État comme appareil centralisé de régulation [Loubère, 1961]. Ailleurs à l'extrême gauche, ce sont surtout les femmes qui, par-delà l'exigence d'une nouvelle morale régissant les relations sociales, maintiennent une ferme référence aux idéaux de la démocratie politique. George Sand et Pauline Roland, disciples du socialisme égalitaire de Pierre Leroux, demeurent attachées au suffrage universel comme voie de l'émancipation. De même, à travers le pétitionnement et les associations, un militantisme féminin se crée un espace public propre, avant que Jeanne Deroin, en 1848, ne brise le tabou en se présentant elle-même aux élections [Michaud, 1994 et Riot-Sarcey, 1994].

Au total, sans former des chapelles fermées sur elles-mêmes comme on l'a parfois dit, les gauches arrivent très divisées à la fin des années 1840, et ni le souvenir de la Révolution ni le modèle politique républicain ne jouent alors un rôle suffisamment fédérateur. La crise des subsistances de 1846-1847 est l'occasion de manifester le malentendu opposant l'extrême gauche communisante aux leaders « radicaux » de la Chambre : Lamartine croit ainsi nécessaire de condamner le règne aveugle de la violence populaire au cours des journées de « jacquerie » de Buzançais (Indre), là où George Sand affirme, en privé tout au moins, que « pour être illégales, [ces] vengeances n'en étaient pas moins justes » [Bourguinat, 2002, p. 443]. Et la priorité donnée au conflit frontal entre riches et pauvres traversant la société tend à repousser à distance les politiciens bourgeois, voire à jeter la suspicion sur le régime représentatif lui-même, ainsi que l'écrivait déjà Dezamy, un néobabouviste, en 1841 [Maillard, 1999, p. 131] : « Nous avons vu entrer M. Ledru-Rollin au Parlement, mais hélas ! *la visière baissée* et presque un genou à terre, pour abjurer, *entre les mains du roi*, sa jactance tribunitienne !!! »

Bref, sous les deux monarchies censitaires, les gauches se caractérisent avant tout par la frustration que leur inspirent les institutions ou les autorités en place, et par le projet qui en découle de les renverser ou de les faire évoluer, comme si elles n'étaient qu'une étape transitoire de la marche à la liberté. Moins qu'une étiquette ou un corps de doctrines solidement constitué, le républicanisme fonctionne comme une bannière, ralliant autour d'elle selon la conjoncture et les opportunités, des opposants d'horizons divers. Des trajectoires politiques et intellectuelles communes lui rattachent les libéraux indépendants, les *carbonari*, les bonapartistes, le centre gauche même (Tocqueville devient ainsi un acceptable « républicain du lendemain », après 1848, et finalement un ministre). Au point que l'on a pu décrire les gauches, au moins pour la Restauration, comme formées de « républicains gradualistes » [Alexander, 1994]. D'autres auteurs ont préféré insister sur l'expérience et les méthodes propres aux sociétés secrètes, afin de faire sentir que la clandestinité et les persécutions leur donnaient les traits d'une société « en dissidence », éloignée du légalisme des libéraux [Gilmore, 1997]. Mais les gauches de la France romantique ne furent pas les dernières, loin s'en faut, à devoir faire coexister une culture de combat avec une culture de gouvernement, une métaphysique avec un exercice disputé du pouvoir.

Références bibliographiques

Alexander Robert S. (1991), *Bonapartism and Revolutionary Tradition in France*, Cambridge University Press, Cambridge et New York.

— (1994), « Restoration Republicanism Reconsidered », *French History*, vol. 8, n° 4, p. 442-469.

Bernstein Samuel (1970), *Auguste Blanqui*, François Maspero, Paris.

Bertier de Sauvigny Guillaume de (1970), *La Révolution de 1830 en France*, Armand Colin, Paris.

Bouchet Thomas (2000), *Le Roi des barricades. Une histoire des 5 et 6 juin 1832*, Seli Arslan, Paris.

Bourguinat Nicolas (2002), *Les Grains du désordre. L'État face aux violences frumentaires dans la première moitié du XIXe siècle*, Éditions de l'EHESS, Paris.

Collingham Hugh A.C. (1988), *The July Monarchy. A Political History of France, 1830-1848*, Longman, Londres.

Gilmore Jeanne (1997), *La République clandestine, 1818-1848*, Aubier, Paris.

L'Huillier Fernand (1993), *Lamartine en politique*, Presses universitaires de Strasbourg, Strasbourg.

Loubere Leo A. (1961), *Louis Blanc. His Life and Contribution to the Rise of French Jacobine Socialism*, Northwestern University Press, Evanston.

Maillard Alain (1999), *La Communauté des Égaux. Le communisme néobabouviste dans la France des années 1840*, Kimé, Paris.

Michaud Stéphane (1994) [dir.], *Flora Tristan. George Sand. Pauline Roland. Les femmes et l'invention d'une nouvelle morale, 1830-1848*, Créaphis, Paris.

Neely Sylvia (1991), *La Fayette and the Liberal Ideal. Politics and Conspiracy in an Age of Reaction, 1814-1824*, Northern Illinois University Press, Carbondale.

Pilbeam Pamela (1991), « Republicanism in Early Nineteenth-century France, 1814-1835 », *French History*, vol. 5, n° 1, p. 30-37

Riot-Sarcey Michèle (1994), *La Démocratie à l'épreuve des femmes. Trois figures critiques du pouvoir, 1830-1848*, Albin Michel, Paris.

Rosanvallon Pierre (1985), *Le Moment Guizot*, Gallimard, Paris.

Spitzer Alan (1992), « La république souterraine », *in* François Furet et Mona Ozouf (dir.), *Le Siècle de l'avènement républicain*, Hachette, Paris.

Weill Georges (1928), *Histoire du parti républicain en France, 1814-1870*, Alcan, Paris.

5

La gauche pendant la IIe République

JEAN-CLAUDE CARON

L'IMPORTANCE D'UNE PÉRIODE ne se mesure pas à sa durée. Le temps court de la IIe République, lui-même fractionné en plusieurs époques, est un temps dense où les différentes temporalités de l'histoire se rencontrent. À cet égard, la gauche des années 1848-1851 doit à la fois s'appréhender dans la brièveté de l'événement et dans la longue durée de la mémoire de « 48 ». Une mémoire, du reste, assez contrastée où les mots d'échec et d'apprentissage cohabitent sans forcément s'exclure. De fait, les quarante-huitards, vaincus, puis exilés ou emprisonnés en décembre 1851, ont longtemps porté la responsabilité de l'échec de la IIe République.

LA GAUCHE DE 1848 ENTRE HÉRITAGE ET LEGS

Si l'on admet que, de la Ire à la IIIe République, être républicain, c'est être de gauche, alors on perçoit que la gauche républicaine ou plutôt les gauches républicaines de 1848 ont connu un sort historiographique très variable. Ce qui les a sauvées, c'est le coup d'État du 2 décembre 1851 qui, en assassinant Marianne, a légitimé leur action et effacé leurs divisions. Mais bien peu parmi les quarante-huitards — Louis Blanc, Victor Hugo — prétendront jouer un rôle actif dans la fondation de la IIIe République, œuvre d'une nouvelle gauche républicaine, appartenant à une autre génération, celle des Gambetta, Ferry ou Clemenceau. Pourtant, la mémoire de 1848 est longtemps restée vivante dans la gauche française : Jean Jaurès, dans l'*Histoire socialiste* qu'il dirigea, Léon Blum, lors de la célébration du centenaire en 1948, François Mitterrand, qui avait le projet d'écrire une histoire du coup d'État de 1851, en témoignèrent. Leurs propres expériences — l'affaire Dreyfus et les rumeurs de coup de force militaire ; 1936 et le Front populaire ; 1958 et le retour de

De Gaulle — incitèrent à ces allers et retours entre passé et présent. Fraternelle et universelle dans sa propre représentation, la République de 1848 n'apparaît pourtant pas comme un modèle, puisqu'elle a échoué sur ces deux tableaux. Mais la gauche française, y compris la gauche libérale, la gauche catholique, la gauche indépendante, rejoignant en cela l'analyse de Marx, a longtemps considéré 1848 comme un laboratoire, une expérience, dont on pouvait tirer des enseignements. Néanmoins, il semble que le ralliement de la gauche socialiste aux institutions de la Ve République ait quelque peu rompu le lien avec 1848.

Incontestablement, la gauche quarante-huitarde est une *héritière*. Mais si des héritages partagés traversent tous les courants de la gauche de 1848, leur lecture n'est pourtant pas unique. Ainsi des Lumières, de Voltaire et de Rousseau, ou plus encore de Voltaire *ou* de Rousseau, selon la place accordée à l'existence d'un Être suprême et à une religion comme garant de la cohésion sociale, mais aussi selon la hiérarchie entre « liberté » et « égalité », ce couple apparemment impossible que vient transcender la lumineuse valeur de « fraternité » — un renvoi au message évangélique en phase avec la position de bon nombre de théoriciens républicains ou socialistes. Il faut dire que la jeune République hérite de cette tension entre la Liberté et l'Égalité qui pèse sur le débat à gauche. Si la liberté est un terrain d'entente acquis depuis longtemps — et partagé *de facto* avec un libéralisme qui a représenté la gauche parlementaire sous la Restauration, et même, en partie, sous la monarchie de Juillet —, l'égalité continue à diviser la gauche en courants qui s'opposent sur sa définition. Pour les modérés, ceux que la révolution du 24 février 1848 porte au pouvoir (Lamartine, Crémieux, Marie), il s'agit d'une égalité juridique, politique, civique, rien de plus ; pour les radicaux, qui n'occupent que des strapontins dans le Gouvernement provisoire (Ledru-Rollin), le mot a un contenu social qu'ils ne poussent pourtant pas aussi loin que les socialistes (Louis Blanc) ou les communistes, regroupés dans des clubs qui sont autant de tribunes. Mais la division est surmontée ou noyée par les valeurs d'Unité, Réconciliation, Fraternité, censées transcender tous les désaccords politiques et toutes les inégalités sociales.

La grande Révolution constitue le second volet de l'héritage, avec, déjà, l'amorce d'un désaccord quant à la nature de cet héritage : tout prendre ou non ? Face à la Révolution française en général et à la Ire République en particulier, on enregistre en effet dans la gauche de 1848 plus que des nuances : si l'apologie de la Convention devient une antienne, tous ne s'y résolvent pas, car certains se refusent toujours à admettre la nécessité de la violence révolutionnaire — dans le climat politique et social de 1848, la question prend une réelle acuité. Il n'est pas encore de culte unanime rendu à Robespierre, même si une partie de la gauche la plus radicale, révolutionnaire plus encore que socialiste, s'inscrit dans la continuité du courant babouviste incarné par Buonarroti, et fait de la Déclaration des droits de l'homme issue de la plume de l'Incorruptible, ainsi que de la Constitution de 1793, ses textes de chevet. La publication quasi simultanée, en 1847, de l'*Histoire des girondins* de Lamartine et du premier tome de l'*Histoire de la Révolution* de Michelet, permet d'historiciser le débat. Très différentes, ces deux approches se conjuguent au moins dans la nécessité, pour la gauche républicaine en attente du pouvoir, de fonder l'harmonie nationale, la cohabitation pacifique des idées et des classes, la fraternité mise en spectacle lors de la fête de la Fédération.

La tradition insurrectionnelle et révolutionnaire, enfin, émaille le premier XIXe siècle de ses coups de boutoir (1830, 1832, 1839) et prend à l'occasion une coloration sociale (1831, 1834) qui n'est pas sans inquiéter une partie de cette gauche acquise aux grands idéaux de 1789. Le discours sur la légitimité du recours à la violence révolutionnaire comme mode d'action politique apparaît comme une stricte ligne de démarcation, camouflant d'autant les divergences idéologiques : c'est moins le fonds que la forme qui, dans un premier temps, sépare les républicains, avant que l'on prenne conscience du lien consubstantiel qui les unit. Si la légitimité de la violence révolutionnaire est soumise à des règles strictes chez tous les républicains, sans être rejetée — après tout, ne lui doivent-ils pas d'être au pouvoir ? —, certains entendent bien poursuivre la tâche entreprise par Cavaignac, Arago, Marrast mais aussi George Sand, Cabet, Proudhon : dissocier révolution et république pour mieux associer république et démocratie, c'est-à-dire faire de la république une forme de gouvernement inscrite dans la longue durée de l'exercice d'un pouvoir régulièrement et pacifiquement soumis à un contrôle populaire, et non dans la seule brièveté de la séquence révolutionnaire, une rupture qui peut en appeler d'autres. Or, dans la Constitution laborieusement élaborée par les membres de l'Assemblée, la République de 1848 — parlementaire, libérale, démocratique — est proclamée comme la forme définitive du gouvernement de la France. C'est ce qui distingue ces républicains de Blanqui, et de tous les courants que leurs adversaires, y compris républicains, nomment « rouges ». Ces « rouges » pourraient aussi être qualifiés de sociaux-révolutionnaires : d'une part parce qu'ils mettent le social au premier plan, et non le seul politique incarné par le suffrage universel masculin, dont ils doutent — et c'est un euphémisme — qu'il puisse, comme l'affirment les « bleus », résoudre les inégalités sociales ; d'autre part, parce qu'ils entendent bien soumettre le pouvoir républicain issu d'une révolution populaire à un contrôle permanent du peuple, ce dernier incarnant une légitimité supérieure à celle que détient le gouvernement. Le dépositaire de la souveraineté *populaire* est au-dessus des représentants de la souveraineté *nationale*, ministres comme députés, qui doivent être soumis à un contrôle social permanent. On sait le rôle alloué aux clubs, qui foisonnent alors, dans cette forme de contre-pouvoir.

Ces héritages quelque peu bariolés se mélangent de plus avec un zeste variable de bonapartisme chez certains (ainsi du poète chansonnier Béranger, dont la popularité est immense dans les classes populaires et moyennes), d'exaltation d'un savoir-faire ou d'un métier anoblissant l'ouvrier chez d'autres (en témoignent Agricol Perdiguier, chantre du compagnonnage, ou Pierre Dupont, dont le *Chant des ouvriers*, mais aussi le *Chant des paysans* sont largement diffusés) et de christianisme chez beaucoup : élu député en 1848, Lamennais, clerc défroqué, se fait l'apôtre passionné du peuple-esclave qu'il faut libérer de ses chaînes au nom des valeurs de l'Évangile. Omniprésente dans les débuts de la IIe République, la référence au Christ, « premier socialiste », traduit ce que les républicains et les socialistes vivent dès la monarchie de Juillet comme une foi, avec ses livres sacrés (les déclarations des droits de l'homme, les constitutions républicaines), ses prêtres et ses prophètes, de Lamennais à Leroux, de Louis Blanc à Cabet, de Raspail à un nouveau venu, Hugo, dont le verbe puissant se met au service de la cause ; mais une foi qui a également son peuple élu, « le » peuple, au sein d'une nation élue, la France. La sublimation du peuple, de l'humanité, de la France donne au républicanisme de 1848 une tonalité religieuse : la gauche de gouvernement et parlementaire entend bien fonder le nouveau régime sur des valeurs transcendantes, puisées dans l'histoire et dans la religion, conjuguées dans l'action politique et sociale au service de ce *Peuple* célébré par Michelet en 1846. La rencontre entre un christianisme républicanisé ou une république christianisée apparaît comme le dernier rempart contre le risque de la guerre civile : on comprend mieux dès lors l'irruption de la Fraternité comme troisième pilier de la République. Mais, anéantie par juin 1848, la Fraternité entraîna dans sa chute cette conjugaison circonstancielle de deux idéaux qui reprirent leur autonomie, d'autant plus que l'Église épousa alors sans état d'âme la cause du parti de l'Ordre. Si la religion républicaine perdura et s'ancra, elle le fit en se coupant de cette référence au Christ et à l'enseignement de l'Évangile, si présent dans le républicanisme et le socialisme quarante-huitards. L'Église joue un rôle important, par son influence et ses réseaux, dans le soutien au coup d'État du 2 Décembre. Cela explique aussi la rupture définitive des républicains avec l'institution et avec les idéaux : la gauche républicaine et chrétienne mettra longtemps à se relever de l'épisode. L'anticléricalisme reprit ses droits face une vague de cléricalisme hostile à la gauche et à la République.

L'une des difficultés majeures que doit résoudre la gauche de gouvernement est l'affirmation d'une citoyenneté qui s'exprime par l'intervention directe, en parallèle au jeu démocratique parlementaire : le politique s'écrit aussi dans la rue, avec le rôle des clubs en particulier. Loin d'en rester à l'état de menace, la mobilisation sur la scène publique se joua à plusieurs reprises : mars, avril, mai 1848, il n'est guère de mois sans intervention populaire, celle-ci culminant dans l'affrontement de juin 1848, qui eut pour conséquence immédiate de la délégitimer. De fait, la conversion d'une partie non négligeable des « rouges » au jeu électoral est un tournant essentiel dans l'histoire de la gauche de 1848 : très défavorables aux « rouges » en avril 1848, les élections leur sont nettement plus favorables lors du scrutin du printemps 1849, et lors des élections complémentaires qui suivent. Non que la tentation du recours à la force soit écartée, comme en témoigne l'épisode de juin 1849, qui vaut à Ledru-Rollin d'être évincé de la scène politique. Tout comme la constitution de sociétés politiques qui, prenant le relais de clubs exsangues et interdits, semble renouer avec la tradition en vigueur sous la monarchie de Juillet : secret, symboles et sacrifice. Face à un parti de l'Ordre composite et très circonstanciel, mais dont une majorité ne cache plus son désir d'en finir avec la République ; face à un parti du président qui, bien avant décembre 1851, se livre à une apologie explicite ou implicite du coup de force, la gauche républicaine est contrainte d'envisager le retour à la légitimité de la violence : en l'occurrence, moins une violence révolutionnaire pour mettre à bas un régime politique qu'une violence légale visant à la défense d'une République menacée de tous côtés, mais au total, une violence qui semble minorer le jeu électoral, c'est-à-dire le suffrage universel masculin, de fait supprimé par la République avec la loi du 31 mai 1850, qui raye d'un trait de plume un tiers environ des électeurs.

On comprend mieux aussi les réticences de la gauche de gouvernement à investir le patriotisme comme fondement de son autorité, autrement dit à rejouer la séquence girondine du printemps 1792, dont l'aboutissement devait être, à terme, la défaite des girondins bien plus que de la France, et le passage à la dictature robespierriste. De la patrie en danger aux massacres de septembre, de la levée en masse à la guerre civile et à la Terreur, la guerre extérieure est perçue comme un vecteur potentiel de discorde sociale. La crainte demeure grande en effet que la guerre ne soit le fourrier d'une révolution sociale en retour : les républicains au pouvoir sont bien placés pour le savoir, eux dont un certain nombre poussait à l'intervention militaire française en Belgique, en Pologne ou en Italie dans les années 1830-1832, espérant que, dans les deux cas (succès ou échec), Louis-Philippe serait affaibli par une onde de choc révolutionnaire. Lamartine s'empresse donc de publier une déclaration de paix à l'Europe et de faire savoir dans toutes les cours que la France de 1848 n'est ni celle des guerres révolutionnaires ni celle des guerres napoléoniennes. Pour des raisons tant intérieures qu'extérieures, la gauche de gouvernement n'entend pas sortir d'une représentation pacifique de la République, incarnation idéalisée de ce printemps des peuples qui, pourtant, dès l'été 1848 subit partout en Europe une sévère répression monarchique et absolutiste. Le (faux) paradoxe absolu est atteint lorsque la République française vient écraser sa sœur romaine et participer à la restauration à la tête de ses États du pape Pie IX, converti au conservatisme après des velléités libérales.

LA GAUCHE DE GOUVERNEMENT FACE À L'EXERCICE DU POUVOIR

Toute révolution confronte le pouvoir politique qui en est l'émanation à l'épreuve des faits : celle de 1848 ne fait pas exception à la règle. À gauche comme à droite, on est subitement soumis à la résolution des mêmes problèmes : abolition brutale des rapports de force existants, disparition des frontières reconnues entre les « partis », vacance provisoire du pouvoir et nécessité d'imposer une légitimité à son exercice, progressive reconstitution d'alliances. La révolution du 24 février 1848 — en réalité trois journées, comme en 1830 — a soldé l'expérience d'un régime « conservateur libéral », étiquette revendiquée par Guizot lui-même. La tragi-comédie des jours de révolution a enregistré le glissement par étapes, après la vaine tentative de continuité conservatrice incarnée par un Molé, vers une gauche libérale, fondée sur la valeur-clef du patriotisme et la prise en compte des idéaux de 1789, incarnée par Thiers ; puis vers une gauche dynastique, soucieuse de limiter au maximum la prérogative royale, arc-boutée sur des positions proches de celle de La Fayette ou de Laffitte en 1830, incarnée par Odilon Barrot ; enfin vers une gauche républicaine modérée, dont on ne sait pas bien encore quelle sera sa politique — c'est-à-dire sa potentialité d'intervention, alors que la peur de la rupture de l'ordre social est plus vivement ressentie qu'en juillet 1830. La peur sociale n'est pas, en ces temps de crise économique, un vain mot. Sincères ou pas, du lendemain ou de la veille, « bleus » ou « rouges », les républicains forment un conglomérat hétéroclite que la mise en avant, quasi providentielle, de l'idée de fraternité ne peut durablement maintenir unis. Car une fois la question politique résolue — une quasi-unanimité de façade célébrant les vertus de la République —, la question sociale, abordée de biais ou frontalement, attend à son tour sa résolution.

Révolutionnaire par ses origines, la gauche de gouvernement redevient réformiste dans l'exercice du pouvoir. Son bilan, au vu de la brièveté de sa période réformiste, est impressionnant : profitant du climat de fraternité relative du printemps 1848, elle réussit à imposer des réformes essentiellement politiques, sans écarter pourtant toute considération sociale. En l'espace de quelques jours, le Gouvernement provisoire instaure le suffrage universel masculin, abolit l'esclavage et la peine de mort en matière politique, proclame la liberté de presse et la liberté d'association, alors que, bénis par le clergé, sont érigés un peu partout des arbres de la Liberté. Nettement plus controversée est la gestation des ateliers nationaux (reprise de l'idée d'ateliers sociaux énoncée par Louis Blanc qui préside la Commission du Luxembourg) et plus discutée la proclamation du droit au travail — qui, du reste, ne fut pas explicitement retenu dans la Constitution adoptée en novembre 1848. Si l'on ajoute à ces mesures exemplaires l'abolition du marchandage, qui laissait l'ouvrier sans défense face à la concurrence exacerbée par la crise, et la limitation de la durée journalière du travail

(10 heures à Paris, où les trajets sont considérés comme plus longs, et 11 heures en province), on voit que le bilan social de la République modérée n'est pas sans valeur, même si aucune de ces mesures ne remet réellement en cause l'organisation du travail. Mais la politique économique et sociale de la IIe République se heurte à un problème simple : la crise économique persistante et l'effondrement des revenus de l'État qui en est l'une des conséquences les plus désastreuses. Cela explique, à défaut de la justifier, la spectaculaire hausse de la pression fiscale avec l'impôt dit des 45 centimes — autrement dit une hausse de la fiscalité directe de 45 centimes par franc payé — qui abolit le bon effet procuré par la réforme des droits d'octroi et de l'impôt sur le sel, et bientôt sur les boissons. Le Gouvernement tente bien, mais en vain, de stabiliser la situation monétaire désastreuse, en imposant le cours forcé des billets émis par la Banque de France, à une époque où la confiance dans la monnaie-papier demeure toute relative, et en créant des comptoirs d'escompte qui doivent théoriquement suppléer la rareté de l'argent disponible à des taux raisonnables.

Le Gouvernement provisoire, pourtant d'une relative homogénéité idéologique, si l'on excepte les idées socialistes représentées par Louis Blanc et l'ouvrier Albert, du reste rapidement marginalisés, agit vite : l'affrontement prévisible et annoncé entre la tendance du *National* et la tendance de *La Réforme* — du nom des deux grands journaux républicains à la veille de la Révolution de 1848, le second plus radical que le premier — ne se produit pas. Ledru-Rollin, leader incontesté des « démocs-socs », se rallie à une politique de stabilisation, inquiet des manifestations de rues, parfois sanglantes comme à Rouen (26-28 avril), parfois dramatiques comme à Paris (15 mai), et conscient de la fragilité des équilibres sociaux et politiques en présence. De fait, alors que le « mouvement » l'a emporté dans la ferveur des premières semaines de la République, un premier tournant est enregistré au lendemain des élections du 23 avril : on n'est plus dans le vide institutionnel et la complémentarité entre l'Assemblée constituante, où siègent une majorité de républicains « du lendemain », et le Gouvernement provisoire s'ordonne autour de la nécessité de compresser les menées des clubs, jugés responsables de l'activisme de la rue. Le temps est alors à la « résistance », un phénomène accentué avec l'élection, début mai, des membres de la Commission exécutive qui remplace le Gouvernement provisoire : l'Assemblée constituante choisit des hommes de la tendance du *National*, comme Arago, Marie, Lamartine, à la notable exception de Ledru-Rollin, et agit de même dans le choix des ministres, avec des hommes comme Bastide, Trélat, républicains de 1830, ou le général Cavaignac à la Guerre. Un « montagnard » comme Hippolyte Carnot, fils du « Grand Carnot », nommé à la tête de l'Instruction publique, apparaît isolé. La question sociale, dont de rares parlementaires comme Leroux ou Proudhon entendent entretenir leurs collègues, est traitée par le rire, la colère ou l'indifférence.

Mais l'insurrection de juin 1848 démontre alors brutalement la réalité d'une question qui cesse d'être un objet de débat à l'Assemblée, dans les clubs ou dans la presse, pour confronter l'action politique, et plus précisément gouvernementale, à la gestion de l'insurrection sociale. Jugés trop coûteux sur le plan financier — ils accueillent environ 100 000 individus payés 1,50 franc par jour — et dangereux sur le plan social et politique, les ateliers nationaux sont perçus par leurs adversaires comme des clubs en plein air, favorisant la propagande socialiste ou bonapartiste. Entre le 21 juin (décret imposant aux ouvriers des ateliers nationaux l'engagement dans l'armée ou l'exode en province) et le 26 juin (fin de l'insurrection), le paysage politique s'est profondément modifié, en particulier du point de vue de la gauche, qu'elle soit parlementaire ou clubiste. L'historiographie récente a montré que la suppression *de facto* des ateliers nationaux a moins touché des prolétaires, au sens marxiste du terme, que des ouvriers ou artisans, petits patrons de l'industrie, qualifiés et sans travail du fait de la crise économique. Or, pour Marx, mais également pour Tocqueville, juin 1848 est précisément analysé comme l'illustration de la lutte des classes. Si l'insurrection de juin 1848 a eu des leaders, comme Pujol, issu du militantisme des sociétés secrètes, elle devint très rapidement un mouvement autonome dans chaque quartier, sans véritable coordination ni plan de bataille. Mais l'abondance des armes et des munitions, favorisée par le développement de la garde nationale dans les quartiers ouvriers, les compétences techniques des insurgés, qui entreprennent même de fondre des canons, la soif de justice sociale et l'absence d'espoir qui les poussent à un combat à mort, sont autant de raisons qui expliquent l'ampleur et la relative durée de l'insurrection. L'Assemblée a recours à un militaire, le général Eugène Cavaignac, ministre de la Guerre, promu de fait homme providentiel : il remplace la Commission exécutive et reçoit les pleins pouvoirs. Sincèrement républicain, mais attaché à une conception d'un ordre sans faille, il réprime sans état d'âme l'insurrection, particulièrement implantée dans l'Est parisien, celui des faubourgs, parsemés de barricades : l'archevêque de Paris, Mgr Affre, plusieurs généraux et environ 3 000 insurgés trouvent la mort durant les combats. Quinze mille arrestations sont opérées, donnant lieu à un vaste mouvement de transplantation en Algérie. Dans son ensemble, la gauche républicaine a été surprise par la soudaineté et la violence de l'insurrection, ainsi que par la réapparition de formes d'expression du politique que la République et ses piliers principaux — le suffrage universel masculin, la liberté d'expression, la liberté d'association — étaient censés avoir éradiqué. De la fin juin au début d'août 1848, une grande partie des conquêtes du printemps sont remises en cause : l'impôt sur les boissons est rétabli, les ateliers nationaux définitivement supprimés, la journée de travail portée à douze heures, les clubs et la presse soumis à une stricte surveillance et objet de nombreuses suppressions. Pour les vainqueurs, la République démocratique et le suffrage universel ont mis hors de combat la république sociale — voire socialiste — et la violence insurrectionnelle : le « droit » s'est imposé face à l'« anarchie ». L'opposition entre Paris et la province se manifeste une fois encore, d'autant que cette dernière a fourni un apport non négligeable de compagnies de gardes nationaux ou de gardes mobiles pour réprimer l'insurrection. Les élections municipales de juillet confirment par ailleurs le poids persistant des notabilités orléanistes. Pour la gauche socialiste, le temps est venu de la marginalisation : sous la menace d'une arrestation, Louis Blanc est contraint à l'exil, les autres grands leaders ayant déjà été arrêtés au lendemain du 15 mai. Le courant « démoc-soc », regroupé autour de Ledru-Rollin, lui aussi marginalisé, peine pour l'instant à exister, ce que confirmera l'élection présidentielle de décembre 1848.

Pourtant, au lendemain de juin 1848, il est encore légitime de parler d'une gauche de gouvernement avec le ministère Cavaignac. Toutefois, si ce dernier demeure à la tête de l'exécutif jusqu'à l'élection présidentielle de décembre 1848, il s'entoure certes de ministres toujours républicains, mais moins en vue (Goudchaux aux Finances, Sénard à l'Intérieur, Vaulabelle à l'Instruction publique) et ayant surtout la confiance d'une Assemblée touchée par un climat de réaction contre les principes de février 1848. Dès avant le vote de la Constitution (4 novembre) et l'élection de Louis Napoléon Bonaparte à la présidence de la République avec les trois quarts des suffrages (10 décembre), un virage à droite est sensible : Thiers a retrouvé le chemin de l'Assemblée, le parti de l'Ordre se met en état de marche, oubliant momentanément les vieilles querelles entre orléanistes et légitimistes, et le clergé, dans sa grande majorité, se rallie à un mouvement de réaction hautement affirmé. Désormais, la gauche de gouvernement est placée en situation défensive (Lamartine obtient un score dérisoire en décembre 1848), avant d'être purement et simplement évincée et électoralement marginalisée. L'élection de l'Assemblée législative le 13 mai 1849 et toutes les élections complémentaires qui s'ensuivent témoignent d'une redéfinition du rapport entre la gauche et la droite : cette dernière, bien que divisée, se rassemble dans un parti de l'Ordre qui, après avoir espéré manœuvrer un président de la République jugé sans expérience et sans intelligence, doit en rabattre de ses prétentions, et fait de l'Assemblée son bastion, légiférant dans un sens de plus en plus réactionnaire (loi Falloux du 15 mars 1850 et loi électorale du 31 mai 1850) et à l'occasion répressif ; les bonapartistes jouent des divisions de l'Assemblée, travaillent à renforcer le parti du président, qui ne manque jamais de rappeler qu'il est au dessus des partis ni de faire entendre son désaccord avec les lois qu'il juge impopulaires (ainsi la loi du 31 mai) ; quant à la gauche parlementaire, elle est dominée par la Montagne, héritière proclamée de la Convention, gardienne de la tradition, forte de bastions dans les grandes villes ouvrières (Paris, Lyon), mais aussi dans des régions plus rurales du Centre (Limousin, Bourgogne), de l'Est (Alsace), ou du Sud (Var). Car, chose nouvelle, cette gauche parlementaire pourtant radicale, qualifiée de « rouge » par ses adversaires, bénéficie du soutien répété d'un électorat rural — celui-là même qui prendra les armes pour défendre la République et la Constitution en décembre 1851. Au terme de ses progrès électoraux, bénéficiant d'une assise élargie, la Montagne peut envisager à court ou moyen terme de parvenir au gouvernement de la France : à cet égard, la double échéance de 1852 (élections législatives et présidentielles) lui paraît de bonne augure.

Pour cela, elle comprend qu'il lui faut rompre avec la pratique insurrectionnelle, quand bien même celle-ci serait légalement justifiée. La tentative initiée par Ledru-Rollin le 13 juin 1849 démontre à la gauche que, en l'absence d'un fort soutien populaire, ce type d'action est condamné à l'échec : la gauche socialiste décapitée, nombre de ses chefs jetés en prison ou contraints à l'exil, ne peut guère faire poids, pas plus que la classe ouvrière, massacrée un an auparavant. Plus que jamais, la gauche parlementaire comprend tout l'intérêt de l'organisation sous la forme de l'association, dès le plus petit échelon (quartier ou village), en s'appuyant sur les notabilités locales adhérant aux idéaux de la République, du progrès social, de la démocratie. Face à une réaction administrative extrêmement agressive, le recours à la société secrète s'impose parfois, avec les encouragements d'une police pouvant ainsi réprimer sans pitié l'ensemble du mouvement républicain, au nom d'une solidarité imaginaire — comme nombre de ces complots qu'elle suscite le plus souvent. Le militantisme de la gauche républicaine des années 1849-1851 mérite d'être réévalué : ce militantisme de terrain, populaire, rural et urbain, s'appuie sur des réseaux de sociabilité préexistants, mais qu'il dépasse par une politisation du peuple des campagnes et des villes sans égale dans les décennies précédentes. Se mettent alors en place des traditions politiques « de gauche » — mais aussi « de droite », voire bonapartistes —, dont certaines s'inscrivent dans la longue durée : ainsi du Limousin ou du Midi « rouges ».

Mais cette diffusion d'une culture républicaine fut décimée par les effets de la résistance au coup d'État du 2 décembre 1851. Ce dernier occupe une place à part dans la mythologie de la gauche française, et notamment de la gauche de 1848 : à la fois acte destructeur (de la République légalement au pouvoir) et acte fondateur (de la République comme victime et comme seul recours légitime), le coup d'État permet aux hagiographes de la République de colorer sans nuance le Second Empire, ou, pour reprendre une formule de l'époque, « le second, en pire », façon pas anodine de rappeler que bon sang ne saurait mentir. Dès lors, le coup d'État est donc classé à droite sans hésitation : si un doute pouvait subsister avec brumaire, la certitude l'emporte avec le 2 décembre. Par la même occasion, c'est le bonapartisme qui est évacué du champ de la gauche pour être incorporé à la grande famille de la droite, cette droite monarchiste et cléricale qui a soutenu le prince-président dès 1848 et se félicite à haute voix du coup d'État.

Les gauches radicales : idées et modes d'action

À côté de la gauche de gouvernement et de la gauche parlementaire, il existe toute une nébuleuse de gauches, généralement plus radicales. Par les clubs, la presse, les manifestations de rue, ces gauches radicales entretiennent, au moins dans les quatre premiers mois de la IIe République, une pression débouchant sur des affrontements physiques, à Paris comme dans les provinces. Cette pression est effective au lendemain même de l'instauration de la République : la manifestation du 25 février, qui vise à imposer le drapeau rouge comme drapeau national, échoue dans son objectif, Lamartine, soutenu par l'ensemble du Gouvernement provisoire, proclamant la légitimité supérieure du drapeau tricolore ; mais elle permet à cette gauche radicale, composite, de montrer sa force. Elle réédite son intervention sur la scène publique lors de la manifestation du 17 mars qui, répondant à une manifestation des compagnies bourgeoises de la garde nationale, dissoutes par le gouvernement, demande et obtient que les élections législatives soient repoussées — en l'occurrence de deux semaines — pour lui permettre de toucher les classes rurales : car cette gauche essentiellement urbaine, très peu présente dans les campagnes, prend vite conscience que, dans un système de suffrage universel, elle pèsera peu face à des notables très bien implantés et soupçonnés, à juste titre, d'influencer « leurs » paysans en faveur d'un vote modéré. L'enjeu est donc considérable, et le résultat des élections, qui donne une large majorité aux « républicains du lendemain », confirmera la crainte de la gauche radicale, très peu représentée à l'Assemblée constituante.

La manifestation du 16 avril, pour laquelle les blanquistes jouent un rôle d'organisateur, attaque plus frontalement le Gouvernement provisoire, alors que la crise économique et ses effets (chômage, faillite) se font toujours durement sentir. L'affrontement physique est évité de justesse, la garde nationale repoussant les manifestants aux cris de : « À l'eau les communistes ! », sans toutefois user de ses armes. Ce ne fut pas le cas à Rouen : ravagée par les effets de la crise sur l'industrie textile, la grande métropole normande fut le théâtre de violents affrontements entre le 26 et le 28 avril, et le sang coula. Cette tension sociale, illustrée aussi par des attaques de châteaux, des troubles forestiers, des agressions à caractère antisémite parfois, témoigne de la difficulté pour la République de gérer la situation très difficile dont elle a héritée, sans bousculer une organisation économique et sociale de type libéral. Il ne saurait être question d'une lecture socialiste de la France, même si, de Lamartine à George Sand, de Ledru-Rollin à Hugo — alors encore hésitant sur le choix idéologique à faire, définitivement tranché en faveur de la République en 1849 —, on reste très loin des diatribes enflammées de Thiers, autoproclamé défenseur de la propriété et contempteur du socialisme et du communisme. Du reste, jusqu'en juin 1848, c'est le politique, autant que le social, qui continue d'occuper le terrain d'action de la gauche radicale. La manifestation du 15 mai — que l'on a parfois présentée comme le résultat d'une provocation policière — avait pour but officiel la défense de la Pologne, et comme but réel, proclamé au cœur même de l'Assemblée, la nomination d'un nouveau gouvernement. La mémoire des « journées révolutionnaires » surgit alors, avec son cortège de sans-culottes, de piques et de têtes, de femmes dans l'espace public, etc. Une image immédiatement exploitée par la Commission exécutive qui, au nom de la légalité républicaine, lança des mandats contre les principaux leaders socialistes. Clubs et journaux furent également l'objet de mesures de coercition, puis la Commission du Luxembourg fut dispersée.

Enfin, la suppression des ateliers nationaux, considérés par l'Assemblée constituante comme des repaires d'agitateurs socialistes et communistes, donna l'occasion à la gauche de gouvernement et à la gauche radicale de se mesurer. Le désarroi, réel, des ouvriers, instantanément privés de moyens d'existence, sommés d'aller en province, fut tel qu'ils prirent les armes et se battirent quatre jours durant dans les quartiers populaires de l'Est parisien. Plus encore peut-être que la Commune, juin 1848 illustre la netteté de l'opposition entre deux gauches : car la répression est bien dirigée par la gauche, et l'homme qui en accepte la charge, le général Eugène Cavaignac, frère de l'illustre Godefroy, est un républicain sincère, qui représentera ce courant modéré à l'élection présidentielle de décembre 1848 où il sera le seul à faire un score honorable face au triomphe de Louis Napoléon Bonaparte. La gauche de 1848 est donc une gauche diverse, mais profondément divisée, et bientôt irréconciliable. Juin 1848 constitue la matrice expérimentale de ce qui sépare les gauches, quand bien même les insurgés ne sont pas tous des clubistes socialistes, communistes ou blanquistes, mais simplement des travailleurs sans revenus et privés d'espoir. La théorie de la lutte des classes émise par Marx pour analyser les causes de l'insurrection ouvrière (*Les Luttes de classe en France*, 1850) a depuis été largement discutée : si, comme souvent, Marx tend quelque peu à plier l'histoire pour les besoins de sa démonstration, on ne saurait nier pour autant que juin 1848 soit l'illustration d'un profond déficit de prise en compte du social dans l'action politique et l'affirmation embryonnaire d'une conscience de classe, déjà perceptible dans l'élite ouvrière sous la monarchie de Juillet (y compris chez les canuts lyonnais de 1831).

Du reste, le libéral Tocqueville dit à peu près la même chose, mais en généralisant le propos à l'ensemble de la IIe République, lorsqu'il évoque « la guerre entre les classes », concluant : « Le socialisme restera le caractère essentiel et le souvenir le plus redoutable de la révolution de Février. La république n'y apparaîtra de loin que comme un moyen mais non un but » (*Souvenirs*). C'est dire combien juin 1848 a pesé sur la constitution d'une gauche ouvriériste, que le socialisme tant guesdiste que jaurésiste — avec d'autres — allait incarner, là où la gauche parlementaire allait se prolonger avec les républicains de 1870, sans que les deux familles (par ailleurs divisées en de multiples courants) ne se réunissent — si elles ont jamais été unies. Le seul dénominateur commun à la gauche républicaine sous le Second Empire sera cette communion dans le rejet d'un régime né d'un coup de force — encore y aura-t-il des transfuges dont le plus célèbre est Émile Ollivier — et dans l'appel à son renversement légal, surtout lorsque les élections et la vie politique en général furent libéralisées : la gauche radicale, quant à elle, en appellera alors plus ou moins explicitement au renversement du régime. Mais la culture politique de la gauche de gouvernement ou de la gauche parlementaire tend à l'éloigner de plus en plus de modes d'action comme le complot ou l'insurrection. À cet égard, 1848 représente une étape essentielle dans l'histoire de la gauche : il y aura bien sûr la journée du 4 septembre 1870, mais cette authentique révolution relève autant de l'effondrement militaire d'un régime et d'un pouvoir tombé quasiment sans coup férir dans les mains de la nouvelle génération républicaine que de la tradition révolutionnaire.

La gauche face à l'échéance de 1852

La culture politique de la gauche de gouvernement comme des gauches radicales n'a pas les mêmes références : toutefois, on y trouve des éléments de concordance qui relèvent ni de la coïncidence ni de la construction historique. Très clairement, les contemporains dénoncent l'aveuglement de la gauche sur certains aspects du politique. Ainsi de la politique économique, de la politique sociale, de la politique culturelle, mais aussi de la question des femmes. Sans tomber dans la caricature — un mode d'expression du reste particulièrement dynamique sous la IIe République —, on peut à juste titre parler d'une République aveugle et sourde aux revendications de plusieurs catégories de population, dans de nombreux domaines. Cet aveuglement l'amène aussi à négliger l'impact du bonapartisme sur les classes populaires : la réintégration en deux temps de Louis Napoléon Bonaparte dans le jeu politique (juin et septembre 1848) ne put se faire qu'avec l'appui d'une majorité de députés républicains, soucieux de contrebalancer l'influence des monarchistes plus ou moins camouflés, comme celle des socialistes. Enfin, le mythe de l'année 1852 occupe une place grandissante dans le discours de la gauche comme dans celui de l'ensemble de la classe politique : sur ce point, si aveuglement il y a, il réside surtout dans le télescopage entre un passé mythifié et un futur idéalisé. Mais la situation de la gauche ne relève pas forcément de l'aveuglement ou de la surdité : face à la question de la révision constitutionnelle (réclamée par le président qui souhaite se représenter devant les électeurs, ce qui lui est interdit), qui pèse sur le débat politique tout au long de l'année 1851, il n'est guère de « bonne » position. En être le partisan revient à prendre le risque de donner un blanc-seing à Louis Napoléon Bonaparte, en être l'adversaire entraîne le danger d'un grave conflit institutionnel, avec le risque annoncé que l'armée ne le tranche à sa manière.

La gestion des années 1850-1851, au cœur d'une République restée *de jure* le régime de la France, mais dont la politique *de facto* réactionnaire la décrédibilise sur beaucoup de points, met la gauche républicaine dans une situation délicate. À ce jeu-là, c'est le président qui, usant de toutes les prérogatives que lui reconnaît la Constitution du 4 novembre, peut se poser en recours, voire en victime. Dans ces conditions, on ne peut guère envisager une alliance avec les bonapartistes contre le parti de l'Ordre pour obtenir l'abolition de la loi du 31 mai, pourtant sincèrement souhaitée par la gauche montagnarde : elle espère à juste titre en tirer profit, ce que redoute la majorité de l'Assemblée législative, à l'approche des élections de 1852. La thématique de l'ordre social menacé dépasse du reste les milieux conservateurs habituels : même un Auguste Comte s'en fait l'écho, ce qui l'amena à se rallier au coup d'État, bien qu'ayant proclamé à de nombreuses reprises que positivisme et républicanisme marchaient de pair, tandis que Proudhon eut également une position momentanément ambiguë concernant le prince-président. Tous deux en appellent au césarisme ou à la dictature passagère pour résoudre la crise, une idée que le saint-simonisme originel ne rejetait pas. Chez beaucoup, y compris à gauche, le blocage institutionnel, générateur d'impuissance législative, se conjuguant avec la peur d'une guerre civile, produit un sentiment de crainte quant au proche avenir de la France : 1852 cristallisa l'angoisse.

Il n'existe guère de période politique où la projection dans le proche avenir ait été autant instrumentalisé, dans tous les camps. Plus qu'en 1799 ou qu'en 1958, le futur a servi d'exutoire au présent ou, plus exactement, de repoussoir d'un danger mythifié : le « spectre rouge », autrement dit la France passant d'un républicanisme conservateur à un socialisme égalitaire. L'idée est véhiculée par tous les acteurs ou observateurs du moment, dans un sens positif comme négatif : Victor Hugo s'en fait l'écho, dans une chronique du chaos annoncé, entre spectre rouge ou coup d'État, autrement dit le choix impossible. Cette radicalisation du champ politique entre deux extrêmes est caractéristique des années 1850-1851 et elle est portée par tous les « partis », qui espèrent ainsi apparaître aux yeux des électeurs (1852 devant enregistrer le renouvellement de l'Assemblée législative et de la présidence de la République) comme le seul recours légitime. Des monarchistes aux « démocs-socs » en passant par les bonapartistes, l'intérêt est donc de durcir les oppositions : 1852 est présenté comme le grand rendez-vous dont dépend le sort de la France, l'aboutissement de la lutte entre Révolution et contre-Révolution. Mais dans ce champ clos de l'affrontement électoral, encore convient-il de distinguer une gauche républicaine qui, ralliée au parlementarisme, entend bien jouer la carte de la démocratie incarnée par le suffrage universel masculin, des autres courants d'idées ou « partis » politiques, qui, de l'extrême gauche à la droite monarchiste, envisagent les élections comme le passage obligé d'une révolution conservatrice ou socialiste, quand ils n'entendent pas purement et simplement prendre les devants et intervenir en amont des élections (bonapartistes).

À gauche, pourtant, l'année 1852 est également projetée comme une année « de justice et de réparation » (Pierre Lefranc, député des Pyrénées-Orientales) : le peuple va se ressaisir de sa souveraineté, confisquée depuis la loi du 31 mai 1850, et rejoindre de ce fait la République fraternelle et pacifique à laquelle on affecte toujours de prédire un brillant avenir. L'élection de 1852, c'est l'évitement de la barricade, de l'insurrection, du fusil : le bulletin de vote comme remède universel, comme représentation du droit, qui est au-dessus de la loi. 1852, c'est aussi la confirmation que tout pouvoir, législatif comme exécutif, est provisoire et soumis à un renouvellement périodique. Ce point, qui fonde la spécificité républicaine par rapport à toutes les formes monarchiques de gouvernement, est réactivé dans l'optique des élections de 1852. Une position qui, de plus, n'est pas sans influencer la lecture du passé récent de la France et, partant, la construction du discours historique : la gauche républicaine affecte de croire que la France est républicaine depuis juin ou juillet 1789, et évoque moins la Ire République — dont la mémoire demeure sujette à caution — que la longue durée de l'histoire contemporaine, ces quelque soixante années qui la séparent de l'acte fondateur. Le souci est de faire rimer légitimité avec durée : face à la monarchie et même au bonapartisme, la République apparaît toujours en déficit de réalisation, de durée comme de légitimité. 1852 est donc perçu comme le moment du dépassement des clivages antérieurs, de la communion du peuple avec et dans la République, de l'évitement d'un nouveau Hébert comme d'un nouveau Guizot — et, sur un registre à peine moins audible, d'un nouveau Bonaparte. C'est dire combien le débat, à l'aube de ce double renouvellement électoral, tend à polariser les oppositions entre deux camps : la gauche et les autres.

Écrasée par le poids de sa propre histoire, la gauche gouvernementale n'a eu de cesse, en 1848, de respecter les formes légales de l'action politique : de Lamartine à Ledru-Rollin, elle s'est tenue à une lecture du présent défini comme le triomphe de la légalité républicaine, seule source envisageable de la légitimité de son action politique. Quant à la gauche radicale, pas nécessairement insurrectionnelle ou révolutionnaire, elle n'a pas su, pas pu ou pas voulu prendre réellement le risque d'un affrontement sur les insuffisances des réformes politiques ou sociales du gouvernement de Lamartine — malgré mai ou juin 1848 —, comme face à la politique de réaction au temps de la République de l'Ordre. Redisons-le : rarement dans l'histoire contemporaine de la France le poids du passé ne se fit autant sentir. Si l'hypothèse insurrectionnelle demeure, elle est réservée aux cas de viol manifeste de la Constitution. Mais tant l'échec de juin 1849 que celui de décembre 1851 démontrent que les mécanismes du jeu politique démocratique intégrés par la gauche française pouvaient ne pas résister à des formes alternatives de la représentation du pouvoir, de la légitimité, du droit, d'essence personnelle, autoritaire, salutaire — ce que Louis Napoléon Bonaparte comprit mieux que l'essentiel de la classe politique. Si expérience ou apprentissage il y a en 1848, ils résident dans la prise de conscience de l'insuffisance du travail de terrain fait auprès de ces nouveaux citoyens que sont les électeurs : la gauche, autrement dit la République, ne peut pas faire l'économie d'une campagne d'acculturation, non seulement des valeurs qu'elle représente (et que résume « la » démocratie), mais encore des moyens et des méthodes à utiliser pour que triomphent ces valeurs. Pour incarner cette fusion entre république et démocratie, la gauche doit prendre le temps de définir et de faire respecter les règles du jeu : car, c'est là, dans la légalité des formes autant que dans la légitimité des valeurs, que se gagne la partie, lorsque la forme et le fonds se confondent et ne sont plus réellement contestés.

RÉFÉRENCES BIBLIOGRAPHIQUES

AGULHON Maurice (1992), *1848 ou l'apprentissage de la République, 1848-1852*, Seuil, coll. « Points », Paris.

APRILE Sylvie (2000), *La IIe République et le Second Empire, 1848-1870*, Pygmalion-Gérard Watelet, Paris.

BRAUD Philippe et BURDEAU François (rééd. 1992), *Histoire des idées politiques depuis la Révolution*, Montchrestien, Paris.

CAUCANAS Sylvie et CAZALS Rémy [éd.] (1999), *Armand Barbès et les hommes de 1848. Actes du colloque de Carcassonne*, Les Audois, Carcassonne.

DAVID Marcel (1992), *Le Printemps de la Fraternité. Genèse et vicissitudes, 1830-1851*, Aubier, Paris.

DEFRASNE Jean (1993), *La Gauche en France de 1789 à nos jours*, PUF, Paris.

FAURE Alain [dir.] (1992), *Le XIXe siècle et la Révolution française*, Créaphis, Paris.

FURET François (2001), *La Gauche et la Révolution au XIXe siècle*, Hachette, Paris.

FURET François et OZOUF Mona [dir.] (1993), *Le Siècle de l'avènement républicain*, Gallimard, Paris.

LEFRANC Georges (1973), *Les Gauches en France, 1789-1972*, Payot, Paris.

LÉVÊQUE Pierre (1992), *Histoire des forces politiques en France*. T. I : *1789-1880*, Armand Colin, Paris.

MARX Karl (2002), *Les Luttes de classe en France*, Gallimard, Paris.

MAYAUD Jean-Luc [dir.] (2002), *1848. Actes du colloque international du cent-cinquantenaire*, Créaphis, Paris.

NICOLET Claude (1982), *L'Idée républicaine en France (1789-1924)*, Gallimard, Paris.

TOCQUEVILLE Alexis de (1999), *Souvenirs*, Gallimard, Paris.

VIGIER Philippe (1998), *1848, les Français et la République*, Hachette, Paris.

— (2001), *La Seconde République*, PUF, Paris.

WEILL Georges (rééd. 1980), *Histoire du parti républicain, 1814-1870*, Ressources-Slatkine, Paris-Genève.

6

La gauche sous le Second Empire

SYLVIE APRILE

LA SITUATION DE LA GAUCHE sous le Second Empire semble aisée à résumer : aux lendemains de l'échec de la IIe République, soumise à une répression au maillage serré, la gauche est désorientée, divisée, dispersée par l'exil. Elle se tait et ne renaît que dans les années 1860, profitant et des mesures libérales de l'Empire et de la relève assurée par une jeune génération qui sera celle des fondateurs de la IIIe République. Ce tableau étroitement lié à la construction de l'histoire républicaine par ses vainqueurs est, dans ses grandes lignes, véridique, mais mérite d'être nettement nuancé : la gauche n'est pas synonyme de république, elle demeure très hétérogène, l'exil se révèle plus fécond dans l'action comme dans la pensée politique qu'il n'y paraît, et les programmes et réflexions menés sur le parlementarisme, la décentralisation et la « question sociale » ne renaissent pas brutalement à la faveur de l'action d'une nouvelle génération qui accéderait ensuite au pouvoir. Une réflexion à la fois continue et heurtée s'est élaborée depuis les années 1840 jusqu'aux années 1870. On peut tenter de résumer ce parcours complexe en suivant trois fils conducteurs : le premier est celui des lendemains du coup d'État, réflexion sur l'héritage des années 1840 et de la IIe République ; le deuxième tient à l'émergence d'une mouvance ouvrière autonome favorisée un temps par le gouvernement impérial ; le troisième correspond à la reconstitution d'un parlementarisme d'opposition soutenue par la libéralisation de la presse à la fin des années 1860, qui fait resurgir le mouvement républicain et voit l'échec du blanquisme.

LA QUESTION DU LENDEMAIN

La répression après le coup d'État a frappé au moins 26 884 personnes, arrêtées ou poursuivies à l'occasion de la résistance de décembre 1851. C'est tout d'abord à une résistance « légale » qu'ont été confrontés les hommes du prince-président. La réaction la plus déterminée est venue des campagnes. L'échec de la mobilisation parisienne s'explique à la fois par le souvenir de juin 1848, par la faible popularité de l'Assemblée, par la décapitation préalable des mouvements populaires et par l'absence d'une stratégie de réponse par la force au coup d'État. On s'est défendu, mais tardivement, et face à des troupes qui n'ont pas fraternisé avec les insurgés. Il manque aussi la présence des militants politiques les plus proches des milieux populaires. Auguste Blanqui dénonça cette situation : « Que faisait à Londres, en Suisse et ailleurs, MM. Ledru-Rollin et Compagnie pendant les douze mortels jours de la lutte ? Pourquoi ne sont-ils pas accourus sur le champ de bataille jeter dans la balance le poids de leur nom et de leur immense popularité ? Leur présence aurait rallié ces masses abandonnées sans direction, raffermi les courages, démoralisé l'armée et conquis la victoire. Mais non ! ces Messieurs, en vains prétendants, attendaient majestueusement à Londres que le peuple, vainqueur sans eux, vînt humblement déposer à leurs augustes pieds son triomphe et sa puissance. » Cela est en partie inexact : un certain nombre d'exilés ont tenté alors sans succès ou trop tard de s'introduire à nouveau en France.

C'est donc la province qui résiste, non les grandes villes, mais les campagnes. L'insurrection mobilise en province environ 70 000 personnes et parmi ceux-ci 60 % environ, peut-être plus, appartiennent à la paysannerie. Ces insurrections, pour la plupart brèves et vite circonscrites, ont surpris et ont donné lieu à maintes interprétations et interrogations. Le pouvoir bonapartiste veut y voir une sorte de jacquerie, un mouvement populaire spontané ou manipulé, qui justifie à la fois le coup d'État et les mesures d'ordre et d'autorité prises à sa suite et durablement maintenues. Il a beau jeu de présenter ces révoltes comme la conséquence de cette instabilité qui mettait la France au bord de la guerre civile. La « jacquerie » s'explique alors par les menées souterraines des « rouges » qui, depuis 1849, se sont implantés par les sociétés secrètes dans les campagnes. C'est la prophétie du « spectre rouge » qui aurait failli se réaliser.

Les soulèvements ruraux, même matés, imposent à plus long terme une surveillance sans relâche de toutes les sociétés populaires. Pour bon nombre de républicains, cette insurrection est restée longtemps méconnue et énigmatique, en raison de la faible tradition politique de ces mouvements. Les insurrections à forte participation rurale sont rares depuis 1789. Si on exclut la Vendée en 1793, on ne compte guère que la Grande Peur de 1789, la vague antiseigneuriale qui a embrasé tout le Midi en 1792, la contestation populaire du recensement des portes et des fenêtres et des propriétés bâties de 1841, et, plus récemment, l'opposition aux 45 centimes durant l'été 1848. Ces mouvements de contestation n'appartiennent pas comme les grandes journées urbaines de Paris et de Lyon à l'histoire républicaine. Ils incarnent à leurs yeux soit la réaction, soit des revendications strictement sociales ou économiques. Il a alors paru souvent nécessaire, à ces militants républicains et aux historiens qui leur ont succédé, de se convaincre de l'existence d'une catégorie d'intermédiaires républicains, de « missionnaires rouges » présents pour éduquer les paysans à la République et aptes à les soulever pour la défendre. Cette descente vers les masses a-t-elle vraiment existé ? Peut-être, mais il faut aussi compter avec la paysannerie elle-même qui n'est pas forcément perpétuellement en attente d'un message venu d'en haut. Tocqueville disait en parlant de ses paysans de la Manche en 1848 : « Il est ordinaire que les populations agricoles reçoivent plus lentement et gardent plus obstinément que toutes les autres les impressions politiques ; elles sont les dernières à se lever et les dernières à se rasseoir. » Cette vision peut à la fois expliquer la résistance et l'acceptation du coup d'État par la paysannerie. La résistance des campagnes n'est pas homogène sur le territoire français, circonscrite à certaines régions, voire à certains « pays » dans cette « France de gauche » qui se dessinait dès les élections de 1849, c'est-à-dire la frange nord du Massif central et le Sud-Est constitué par l'Hérault, la Drôme, l'Ardèche, le Var et les Basses-Alpes. Plus précisément, des villages ou petites villes comme Le Donjon dans l'Allier, Clamecy dans la Nièvre, Crest dans la Drôme, Digne dans les Basses-Alpes sont les hauts lieux de cette résistance. Ces « jacqueries » ont entraîné une répression massive. Trente-deux départements sont mis en état de siège et le restent jusqu'au 27 mars 1852.

Les rafles de suspects qui engorgent vite les prisons rendent nécessaire une sélection des accusés. C'est le travail des commissions mixtes qui trient les condamnés : les représentants du peuple et militants dangereux prennent le chemin de l'exil ou celui de la transportation vers l'Algérie ou Cayenne. Le régime impérial impose aussi l'obligation du serment aux titulaires de fonctions publiques. Ceux-ci choisissent alors une sorte d'exil intérieur qui, dans les premiers temps du moins, s'apparente au silence, ou rejoignent les proscrits en exil. La police reste attentive à tous les autres condamnés des commissions mixtes qui ont été graciés, internés ou surveillés. Ce contrôle et la censure qui touche la presse rendent la vie politique atone et toute action en France est contrainte à la clandestinité. Comme au temps de la monarchie de Juillet, les manifestations contre le régime prennent des formes ténues. On profite de l'enterrement d'un républicain notoire pour protester, ne fût ce que par sa présence. Pour éviter le danger que représentent de telles manifestations qui avaient conduit vingt ans auparavant à de véritables insurrections, la police impériale fait enlever le corps le matin, sans que personne ne puisse le suivre au cimetière... En dépit des précautions prises, les manifestations d'hostilité au régime sont évidentes. Le convoi de Mme Raspail, quoique sa mort n'ait été connue que vingt-quatre heures auparavant, est suivi par un cortège de 25 000 personnes, surtout des ouvriers et des artisans.

Si l'action légale est impossible, les luttes clandestines et les conspirations contre l'empereur ont accompagné toute la durée de l'Empire. Les sociétés secrètes sont la hantise des préfets qui les voient partout resurgir. Ces complots permettent à la police de multiplier les poursuites à Paris, mais aussi en province, on ne fait guère la différence d'un point de vue policier et judiciaire entre le complot et l'appartenance suspectée à une hypothétique société secrète. À Angers, vingt et un inculpés sont traduits en mars 1854 devant le tribunal correctionnel. L'accusation prétend que les ouvriers des carrières d'ardoises des environs de Trélazé s'agitent et ont constitué un comité en liaison avec la Marianne. Comme durant la IIe République, il est difficile de faire la part de la réalité des réseaux clandestins et de la fiction construite par les autorités. Il est certain que le gouvernement impérial a tout intérêt à maintenir ce climat qui lui permet à la fois de justifier la surveillance et l'encadrement de la population et de perpétuer son alliance avec les conservateurs. Les sociétés de chant, les cercles sont surveillés et fermés lorsqu'ils semblent être prétexte à la réunion de démocrates. Si la plus célèbre conspiration, l'attentat d'Orsini, a lieu à la fin des belles années du régime impérial, la liste des attentats est longue et leur histoire commence avec celle du rétablissement de l'Empire. Tout le régime ne repose que sur la personne de Napoléon III et il semble peu plausible que l'Empire, sans héritier jusqu'en 1856, puisse lui survivre. Le tyrannicide est dans l'air, chez les opposants comme chez les représentants de l'ordre, qui le redoutent ou l'inventent. En 1852, c'est l'affaire de la rue de la Reine-Blanche. Des ouvriers sont condamnés pour avoir fabriqué des munitions et des armes. Un an plus tard, le 7 juin 1853, a lieu le complot de l'Hippodrome qui a pour auteurs un groupe d'étudiants. Les liens avec les révolutionnaires internationaux sont aussi mis en avant par les autorités impériales, témoignant de l'existence d'une nébuleuse européenne qui lie étroitement le sort des nationalités opprimées et l'avenir de la France. La liste des attentats des années 1850 renvoie ainsi à trois noms italiens : Pianori, Tibaldi, Orsini. La loi de sûreté générale présentée au Corps législatif en janvier 1858, après l'attentat d'Orsini, frappe de peines très sévères tout individu qui, « dans le but de troubler la paix publique ou d'exciter à la haine ou au mépris du gouvernement de l'empereur a pratiqué des manœuvres ou entretenu des intelligences, soit à l'intérieur soit à l'étranger ». Il s'agit moins de réprimer que d'intimider : on arrête et déporte d'anciens proscrits.

Ces actions violentes sont des échecs, condamnés par ceux qui refusent tout recours à la violence. Elles s'inscrivent cependant dans une nébuleuse révolutionnaire qui continue à agir souterrainement et recrute de nouveaux militants parmi la jeunesse des écoles. L'une des organisations les plus structurées a pour chef Auguste Blanqui, « l'Enfermé », qui a trouvé auprès des jeunes prisonniers de Sainte-Pélagie, pour la plupart étudiants au Quartier latin, un nouveau contingent révolutionnaire prêt à l'action, hostile au suffrage universel qui a montré ses défaillances sous la IIe République, et plus généralement à la « peste parlementaire ». Certains d'entre eux participent à la redécouverte de la « Révolution » et au réexamen de la Terreur qu'ils défendent. Gustave Tridon, dans son essai intitulé *Les Hébertistes,* déclare son admiration pour « les piques des faubourgs ». Blanqui réussit à grouper, à la fin de l'Empire, deux milles affiliés, prêts à prendre le pouvoir par la force en appliquant les directives de son traité, *Instruction pour une prise d'armes,* écrit en 1868.

Avec plus ou moins de violence, favorable ou non à l'insurrection, cette extrême gauche s'interroge sur la question du lendemain, c'est-à-dire sur les réformes radicales qui doivent transformer la société par l'impôt, le communalisme, les formes de mutualisme et la fin de la propriété individuelle. La censure et le souvenir de juin 1848 ne favorisent guère son audience auprès des catégories populaires qui ne restent pas inactives de leur côté.

La gauche face à l'émancipation politique ouvrière

La grande nouveauté naît de la volonté marquée par des ouvriers de créer un véritable parti ouvrier. La gauche dans son ensemble est confrontée à l'émergence d'une volonté d'émancipation sociale et politique des milieux ouvriers, revendication exploitée par la politique impériale qui tente de les rallier au césarisme. L'enjeu n'est pas seulement électoral, car l'empereur s'est nourri comme tant d'autres des idées socialistes et des réflexions sur le droit au travail. Il a déjà compris, avant 1852, la place majeure qu'accordaient les ouvriers à l'association. Il a alors permis le développement — sous contrôle bien sûr — des sociétés de secours mutuel, formes de solidarités auxquelles la gauche « intellectuelle » ne prête souvent guère attention ou dont elle se méfie. Napoléon III sait également que, depuis juin 1848 surtout, les ouvriers entendent dissocier leurs revendications de celle des républicains, ce qui signifie à la fois faire aboutir des revendications dans le travail et poser le problème de la représentation politique des ouvriers par eux-mêmes. Au cours de l'année 1861, paraissent plusieurs articles réclamant l'abrogation des lois les plus discriminantes à l'égard des ouvriers et demandant l'envoi d'une délégation ouvrière à l'exposition de Londres en 1862. Cette idée est soutenue dans le journal *L'Opinion nationale* par Henri Tolain, ouvrier ciseleur en bronze, représentant typique de l'aristocratie ouvrière proudhonienne qui prône l'autonomie ouvrière et sera l'un des délégués à Londres.

L'une des principales revendications est le droit de grève, accordé par la loi de 1864 sur les coalitions, une autre est celle d'une représentation politique qui réapparaît avec force lors du choix des candidats d'opposition pour les législatives de 1863. Refusant de déléguer leur pouvoir aux républicains et libéraux comme à l'accoutumée, les ouvriers parisiens présentent trois candidatures ouvrières — dont celle de Tolain. C'est un échec, mais l'idée est en marche et un an plus tard, lors des élections complémentaires de 1864, paraît dans *L'Opinion nationale* un manifeste signé par soixante ouvriers. Le manifeste des Soixante stigmatise la « malreprésentation » et affirme la nécessité d'une représentation fondée sur une solidarité sociale. Les encouragements du pouvoir aux initiatives de cette élite ouvrière vont avoir un effet inattendu : ils favorisent indirectement la création de l'Association internationale des travailleurs (AIT) en 1864 dont les statuts proclament que « la conquête du pouvoir politique est devenue le premier devoir de la classe ouvrière ». Tolain obtient que si le siège du Conseil général de l'AIT reste à Londres, le rôle essentiel revienne aux sections nationales autonomes. En 1865, est donc créé à Paris, 44, rue des Gravilliers, le premier bureau de l'AIT... qui est très vite accusée d'être une association non autorisée et donc dissoute. L'association entre elle aussi alors dans la clandestinité. De son côté, Proudhon, désillusionné par 1848, ne croit pas à une représentation ouvrière. Il envisage toute délégation de pouvoir comme une forme d'aliénation politique et se méfie aussi de l'inconstance et de la tyrannie de la « multitude »...

En attendant leur émancipation politique, les ouvriers utilisent massivement leur nouveau droit de grève... Ce sont des grèves offensives, relayées politiquement, et violentes. À La Ricamarie, une fusillade le 12 juillet 1869 fait une quinzaine de morts et de nombreux blessés. Cette grève est suivie par un autre affrontement sanglant à Aubin en octobre. Le ministre de l'Intérieur, Forcade de la Roquette, est partisan d'une politique de fermeté et récuse l'attitude compréhensive des préfets. On fait masser la troupe et on incarcère les meneurs. En janvier 1870, c'est au tour du fief des Schneider, patrons de droit divin et soutiens du régime impérial, d'être atteint par la grève et l'agitation révolutionnaire. Le Creusot est alors la plus grande entreprise française employant prés de 9 000 ouvriers. Le Creusot, sous l'effet de la politique paternaliste des employeurs, n'étant pas un foyer habituel d'agitation ouvrière, celle-ci n'en paraît que plus dangereuse. Les journaux socialistes, et surtout l'AIT, profitent de l'occasion pour lancer une grande offensive contre le gouvernement. Le fossé s'élargit donc progressivement entre le pouvoir impérial et les ouvriers qui sentent bien l'étroite collaboration entre leurs patrons et le pouvoir. Le bonapartisme populaire ne mord plus guère sur la gauche ouvrière. À l'inverse, des militants ouvriers comme Eugène Varlin augmentent leur audience, conciliant à la fois l'urgence des revendications ouvrières et de leur organisation avec la persistance d'un système représentatif, outil parmi d'autres de la transformation du pouvoir économique.

La gauche modérée : la République sous l'Empire

Le retour sur la scène politique des républicains s'opère à partir de 1857. On perçoit surtout au travers des élections parlementaires une renaissance de la vie politique et d'une certaine opposition républicaine. Aux législatives de 1857 et aux élections complémentaires de 1858, se constitue le « groupe des cinq », composés de cinq républicains qui acceptent le serment pour pouvoir siéger (auparavant les rares républicains élus avaient démissionné immédiatement pour ne pas prêter serment). Qui compose ce groupe ? Jacques Louis Hénon, né en 1802, à Lyon, médecin très populaire, soigne les pauvres du quartier déshérité de La Guillotière. Élu député de Lyon en 1852, démissionnaire par refus du serment, élu à nouveau en 1857 contre le candidat officiel, il accepte alors de siéger. Alfred Darimon, né à Lille en 1817, d'un milieu modeste, est un disciple de Proudhon dont il est devenu le secrétaire. Il est alors journaliste à *La Presse*, le journal de Girardin. Émile Ollivier, fils d'un militant républicain et commissaire du Gouvernement provisoire dans les Bouches-du-Rhône à vingt-deux ans, s'est présenté dans la Seine avec l'appui du journal *Le Siècle*. Jules Favre, né en 1809, est avocat, Lyonnais comme Hénon et doit sa popularité à la défense des insurgés d'avril 1834. Ernest Picard né en 1821, est lui d'origine normande et fils de banquier. Il est avocat, actionnaire et rédacteur du *Siècle*. Il est élu dans la Seine lors de l'élection complémentaire de 1858. Ces hommes sont d'âge et de milieux variés, mais ils ont en commun un républicanisme modéré. Ce sont d'autre part des élus urbains de Paris et de Lyon. Leur présence n'a qu'un faible retentissement jusqu'en 1860, date à laquelle les débats sont publics. Malgré tout, Picard, dès son admission, dresse le procès de la candidature officielle, se fait une spécialité des questions de finances et devient le plus virulent adversaire de la politique d'Haussmann.

À partir de 1860, les oppositions politiques vont cesser d'être des états-majors sans troupes, l'empereur sent le poids déjà croissant de cette opposition et le décret du 24 novembre 1860 institue à nouveau une « adresse », pratique déjà instaurée par la monarchie constitutionnelle : au début de chaque session, toute la politique générale du gouvernement est discutée par les assemblées. Dans cette période de renouveau, la réflexion libérale rencontre l'idée républicaine. Un universitaire, qui a démissionné après le coup d'État, Étienne Vacherot, publie en 1860 un ouvrage de théorie politique intitulé *De la démocratie*. Ce livre dénonce l'idée que la démocratie est le résultat de l'évolution historique qui ferait admettre alors la thèse d'une possible démocratie autoritaire et plébiscitaire. Pour lui, il ne peut y avoir de démocratie sans liberté. Mais Vacherot va plus loin et sa *Démocratie* s'apparente à un catalogue d'idées républicaines. Il est d'ailleurs condamné dès le 4 janvier 1860 comme un dangereux républicain, à un an de prison, qu'un recours en appel ramène à trois mois.

Le bouillonnement d'idées qui caractérise le début des années 1860 est largement placé sous le signe du positivisme que l'on oppose volontiers et de manière caricaturale à l'idéalisme romantique des hommes de 1848. Il y aurait eu ainsi un conflit de génération même si les « vieilles barbes » sont encore présentes au début de la IIIe République. Il faut aussi préciser ce que l'on entend alors par « positivisme », car ses adeptes en rejettent certains aspects théoriques jugés pourtant essentiels par le fondateur Auguste Comte. Les positivistes des années 1860 rejettent ainsi son hostilité à la Révolution française, expression selon Comte d'un âge métaphysique, sa méfiance à l'égard de la démocratie populaire, sa volonté d'instaurer au nom de la science une société hiérarchisée gouvernée par des élites naturelles sous le patronage d'un pontife occidental, chef d'une religion d'État. Les jeunes républicains se déclarent positivistes à la façon d'Émile Littré, qui n'a pas suivi le maître dans sa dérive mystique. Du comtisme revisité par Littré, les républicains retiennent essentiellement trois idées. La première est qu'il faut tenir compte de l'état de l'opinion — aucune réforme ne peut se faire s'il n'existe pas dans l'opinion un consensus : c'est que l'on nommera plus tard l'opportunisme, c'est-à-dire la nécessité de ne mener une politique que lorsque l'opinion est prête à l'accepter. Autre idée que les républicains vont retenir : le recours à la méthode, à l'expérience. Ils s'affirment enfin comme anticléricaux. S'élabore ainsi, progressivement, un programme de la gauche qui précède le programme de Belleville, programme du jeune « radical », comme l'on dit alors, Gambetta.

L'opposition investit tout le tissu social, créant dans la société civile, une culture d'opposition républicaine. À travers les associations, les lieux de sociabilités, les manifestations artistiques même, le régime est contesté. La franc-maçonnerie connaît ainsi une significative évolution sous l'égide du prince Napoléon Jérôme, bonapartiste de gauche, Grand Maître à partir de 1862. Elle sert alors de substitut bien imparfait au parti républicain, et les loges offrent l'occasion de réunions régulières, un lieu de pensée libre. Une nouvelle génération entre dans les loges, le nombre des ateliers, des chapitres et des affiliés augmente considérablement. Le domaine associatif se développe beaucoup dans le cadre nouveau des ligues. Inspirées du modèle anglais, ces organisations ont un objectif bien déterminé : l'enseignement ou la paix, par exemple. En 1866, Jean Macé lance l'idée d'une Ligue de l'enseignement, qui regroupe dès novembre 1867, près de 5 000 adhérents. Sa neutralité politique n'est qu'apparente : de nombreux militants républicains s'investissent dans la ligue et y font leur apprentissage du terrain.

Les maçons jouent également un rôle important dans le réveil du féminisme : en 1866 est créé un comité pour la réforme du mariage. Il comprend un certain nombre de maçons dont Charles Lemonnier. En 1862, Élise Lemonnier, sa femme, ouvre une école, la Société libre pour l'éducation professionnelle des jeunes filles, destinée à leur donner un véritable métier. L'opposition se fait aussi dans d'autres lieux qui échappent à la surveillance policière : les salons. Cette pratique aristocratique et bourgeoise n'est plus l'apanage des orléanistes et des légitimistes ; les salons républicains naissent et deviennent des foyers d'opposition. Le plus célèbre est alors celui de Daniel Stern (la comtesse d'Agoult). Parmi les habitués, ses filles Cosima Wagner et Blandine Ollivier, toutes deux mariées à des hommes illustres, des journalistes, des hommes politiques. Le salon de Juliette Adam, rue de Rivoli, devient lui aussi le rendez-vous des républicains favorisant les rencontres entre les différentes tendances et surtout entre les « sermentistes » qui acceptent cette pratique immorale (donc le jeu électoral) et les « réfractaires » qui refusent de se soumettre à cette pratique qu'ils jugent honteuse. Le monde étudiant qui semblait bien assoupi sort lui aussi de sa léthargie contrainte.

Les journaux fleurissent, souvent fort éphémères, conduisant en prison ces jeunes gens futurs avocats ou médecins. L'école de médecine joue en effet un rôle majeur. C'est sous le signe de la science et de l'anticléricalisme que sont publiées *La Libre Pensée* (1866-1867) et *La Pensée nouvelle* (1867). Parmi ces jeunes étudiants en médecine, Georges Clemenceau fait ses premières armes politiques. Leurs journaux sont *Le Travail* (1861-1862), *La Jeune France* (1861), *Le Mouvement* d'Isambert, *Les Écoles de France* de Charles Longuet et *La Rive Gauche*. On publie aussi des brochures et des ouvrages qui attaquent l'Empire. La contestation touche également le monde artistique. Certes les théâtres étaient déjà des lieux de protestation, mais l'agitation s'amplifie : c'est aussi au sein même de la création artistique et surtout picturale que la contestation s'affiche. Dés 1863, les jeunes peintres font scandale avec le Salon des refusés, où Manet expose son célèbre *Déjeuner sur l'herbe.*

La loi sur la presse votée le 11 mai 1868 permet désormais à la presse de critiquer le gouvernement et elle n'est plus exposée qu'à des procès intentés au nom du gouvernement. Le plus important parmi les nouveaux journaux est *Le Réveil* de Charles Delescluze. Ce journal incarne les valeurs républicaines de la grande Révolution et la nécessité des réformes sociales. Il regroupe la jeune génération dont Arthur Ranc définit en ces termes le programme : « Inébranlablement attachés à leurs convictions politiques, prêts à suivre jusqu'au bout le prolétariat dans ses légitimes revendications, résolus à faire table rase des dogmes vieillis, des métaphores surannées, et à les remplacer par les réalités de la science révolutionnaire, enfin révolutionnaires dans la forme et dans le fond, voilà nos hommes nouveaux à nous. » C'est par la défense de Delescluze, directeur du journal *Le Réveil,* accusé d'être l'instigateur dans son journal de la souscription lancée pour restaurer la tombe du représentant que naît l'affaire Baudin qui fait sortir de l'oubli le nom du héros de la barricade du 3 décembre 1851 et rappelle le crime initial de l'Empire. La presse républicaine invite les Français à se souvenir et témoigner. Cependant c'est surtout *La Lanterne* de Henri Rochefort qui apparaît comme le grand organe de l'opposition, le plus percutant et le plus lu. Mais le parti républicain en dépit d'un réveil indiscutable de l'opinion est nettement minoritaire dans le pays jusqu'en 1868-1869.

C'est pourtant à cette date que s'élabore, premier programme républicain, le programme de Belleville devenu le texte de référence des pères fondateurs de la IIIe République, où s'affirme très nettement l'exigence d'un gouvernement républicain. Ce texte « proposé » par les électeurs à Gambetta, à partir de cahiers de doléances, fait resurgir la doctrine du mandat impératif. Même s'il revendique l'application la plus large du suffrage universel tant pour l'élection des maires et des conseillers municipaux que pour l'élection des députés et aussi la nomination de tous les fonctionnaires publics par l'élection, il montre que le débat est encore vif sur la place du suffrage universel dans le système politique et son rôle dans la transformation de ce dernier. Il réclame aussi la liberté de réunion et d'association alors encore restreintes. Le programme est également plus vaste et plus ambitieux puisqu'il réclame aussi des réformes dans le domaine social, religieux et militaire. Ces deux derniers points disparaîtront longtemps du programme républicain : la séparation de l'Église et de l'État sera repoussée jusqu'au début du XXe siècle et la suppression des armées permanentes n'est pas encore totalement réalisée.

Le régime impérial paraît pourtant encore capable de se régénérer. Les résultats du plébiscite de 1870 infirment les espoirs des élections de 1869, mais les bons résultats républicains étaient alors urbains dans une France majoritairement rurale. C'est la guerre et la chute du régime qui entraînent la fin de l'Empire et la victoire encore incertaine de la République, de cette politique tirée du suffrage universel, comme l'annonçait Gambetta en avril 1870.

RÉFÉRENCES BIBLIOGRAPHIQUES

Blanqui et les blanquistes (1986), CDU-SEDES, Paris.

HAMON Léo [dir.] (1993), *Les Républicains sous l'Empire*, Les entretiens d'Auxerre, Maison des sciences de l'homme, Paris.

HUARD Raymond (1996), *La Naissance du parti politique en France*, Presses de Science-Po, Paris.

LÉVÊQUE Pierre (1992), *Histoire des forces politiques en France*, t. 1 : *1789-1880*, Armand Colin, Paris.

NORD Philip (1995), *The Republican Moment. Struggle for Democracy in 19th Century France*, Harvard University Press, Londres.

PRICE Roger (2001), *The French Second Empire, An Anatomy of Political Power*, Cambridge University Press, Cambridge.

ROUGERIE Jacques (1972), « Le Second Empire », *in* Georges DUBY, *Histoire de France*, vol. III, Larousse, Paris.

TCHERNOFF Iouda (1906), *Le Parti républicain au coup d'État et sous le Second Empire*, Pédone, Paris.

WEILL Georges (1900, rééd. 1980), *Histoire du parti républicain, 1814-1870*, Alcan, Paris, rééd. Slatkine, Genève/Paris.

7

La Commune et la gauche

JACQUES ROUGERIE

DE GAUCHE (OU D'EXTRÊME gauche) la Commune ? Les insurgés de Paris ne se seraient sûrement pas désignés comme tels. Dans leur masse, les communards se seraient dits « républicains », et leurs chefs républicains « jacobins », « proudhoniens », « républicains socialistes » ou mieux « collectivistes »... Nul, dans cette insurrection ou cette révolution inattendue, improvisée, confuse et divisée, n'eut assurément l'impression de travailler pour un avenir international radieux, d'être les artisans d'une œuvre qui, comme dit Marx, « quel que soit son destin à Paris, ferait le tour du monde » [Marx, 1871].

La Commune appartient-elle à la gauche ? Celle-ci s'en réclame hautement. Pourtant, le 19 avril 2000, était inaugurée par Jean Tibéri, un maire de Paris qui ne songeait guère se réclamer d'elle, une place — bien petite — de la Commune-de-Paris, dans le XIIIe arrondissement, au coin de la rue joliment dite de l'Espérance. Le 4 juin 2003, invoquant la mémoire de Georges Clemenceau, qui avait été maire de Montmartre jusqu'au 26 mars 1871, et rappelant sa définition de la Révolution comme un « bloc » (il s'agissait chez Clemenceau de la Révolution française), le président du Sénat, le gaulliste Christian Poncelet posait dans les jardins du Luxembourg, là où avait sévi l'un des plus cruels abattoirs de la Semaine sanglante, une plaque à la mémoire des insurgés de la Commune : « Aujourd'hui, [...] le Sénat, la nation assemblée, réintègrent symboliquement dans le corps, dans le bloc de l'histoire nationale et de notre conscience républicaine les insurgés de la Commune, victimes de dénis multiples et nombreux dans leurs sanglants sacrifices. [...] [Ils] ont toute leur place dans le bloc de notre histoire nationale. [...] Par ce geste symbolique, le Sénat leur rend aujourd'hui justice. » Cette réintégration — une réhabilitation ? — de la Commune dans l'histoire française par une droite républicaine, de la République sinon, comme on disait autrefois

« avec toutes ses conséquences » (sociales), du moins ici avec tous ses antécédents, ne laisse pas de surprendre. C'est chose en tout cas récente. Car c'est bien la gauche, les groupes ou partis de gauche et d'extrême gauche, et eux seuls, qui ont, dès les lendemains de l'insurrection, dit en avoir recueilli l'héritage et en revendiquent la filiation directe. Il s'agit d'une gauche ouvrière, socialiste, révolutionnaire. Les plus « à gauche » des républicains radicaux n'étaient pas allés plus loin en 1871 que la recherche d'un compromis honorable entre Paris et Versailles. Mais ces affaires de mémoire et de transmission sont complexes et demanderaient à être analysées de plus près [Schulkind, 1972].

Pour cette gauche, la Commune est objet de mémoire, mais un objet utilisé sentimentalement et instrumentalisé idéologiquement.

La Commune et sa mémoire

Sitôt tombée, la Commune avait été glorifiée, transfigurée : on se souvient de la conclusion quelque peu emphatique de *La Guerre civile en France*, adresse du 30 mai 1871 du Conseil général de l'Association internationale des travailleurs, de la plume de Marx : « Le Paris ouvrier, avec sa Commune, sera célébré à jamais comme le glorieux fourrier d'une société nouvelle. Le souvenir de ses martyrs est conservé pieusement dans le grand cœur de la classe ouvrière. Ses exterminateurs, l'histoire les a déjà cloués à un pilori éternel, et toutes les prières de leurs prêtres n'arriveront pas à les en libérer. » Dans un texte moins connu, le grand adversaire alors de Marx, Bakounine, ne manifestait pas moins d'enthousiasme : « La Commune de Paris qui, pour avoir été massacrée, étouffée dans le sang par les bourreaux de la réaction monarchique et cléricale, n'en est devenue que plus vivace dans l'imagination et dans le cœur du prolétariat de l'Europe » [Bakounine, 1871].

La Commune avait été assurément populaire et ouvrière. Dans le Paris populaire et ouvrier du dernier quart du XIXe siècle, qui est et vote alors encore « à gauche », radical sinon socialiste, la mémoire s'en est longtemps conservée, entretenue par le souvenir de l'horreur de la Semaine sanglante.

Avec les amnisties de 1879 et 1880, les proscrits et les déportés étaient rentrés en France, et ces « vieux de la vieille » se retrouvaient en banquets fraternels. Se constituait dans les années 1880 une Association fraternelle des anciens combattants de la Commune, plus simplement La Fraternelle, devenue en 1914, sur proposition de Séverine, la Société fraternelle des anciens combattants et des amis de la Commune. La mémoire de l'insurrection était entretenue par la chanson, par les poèmes, ceux surtout d'Eugène Pottier, et par nombre de publications, d'abord apologétiques, sitôt après l'insurrection : *La Troisième Défaite du prolétariat* de Benoît Malon, l'*Étude sur le mouvement communaliste*, de Lefrançais (1872), l'*Histoire populaire et parlementaire de la Commune* d'Arthur Arnould (1878)... Puis sont venues les histoires au sens propre, celle de Lissagaray en 1896, qui a connu depuis de multiples éditions et rééditions en France et à l'étranger, et celles de Georges Bourgin dont le premier livre, *Histoire de la Commune*, est publié en 1907 dans la « Bibliothèque socialiste ».

S'est forgé entre 1881 et 1885 ce que Madeleine Rebérioux a pu appeler la « conscience du mur » [Rebérioux, 1984 ; Tartakovsky, 1999]. En 1876, de premiers rassemblements avaient eu lieu autour de la tombe au Père-Lachaise de Gustave Flourens, le plus populaire alors des « martyrs » de 1871, puis devant la fosse commune où ont été jetés 861 fédérés exécutés à la prison de la Roquette, devant ce qui va être désormais le « Mur ». En 1880, plusieurs feuilles socialistes, *L'Égalité* guesdiste, *Le Prolétaire* bientôt possibiliste, appelaient à un rassemblement au Père-Lachaise, où se firent désormais les obsèques des grands communards : Blanqui en 1881, Vallès en 1885... En 1883 était fondé un Comité du monument aux fédérés, renommé après 1900 Comité du Mur. Les manifestations devant le Mur de groupes socialistes ou libertaires parisiens, rarement nombreuses sauf en quelques grandes occasions, comme le fut l'affaire Dreyfus, avaient lieu le dernier dimanche de mai, avec discours, drapeaux, chants de la Carmagnole, puis de l'Internationale.

Insensiblement d'abord, ostensiblement ensuite, ce qui n'était que deuil s'est mué en culte, les « montées au Mur » devenant des manifestations politiques. Ce n'est pourtant que tardivement, en 1908, que la SFIO unifiée s'intéresse à la démonstration, mais, à partir de l'année suivante, la cérémonie devient rituelle. Il fallait, comme l'écrit Jaurès en 1907, « être fidèle à la pensée des grands morts ». En vérité, la Commune divise ici plus qu'elle n'unit. Les cortèges, unanimistes jusqu'en 1888, furent ensuite l'occasion de conflits fratricides entre les diverses tendances d'un socialisme divisé. Après 1920, les manifestations ont été prises en charge par le Parti communiste, dominant dans la Seine, et à partir de 1921, socialistes et communistes n'ont plus défilé le même jour. Il y eut cependant les grandes démonstrations, cette fois unanimes, de 1935 et 1936, celles des lendemains de la Libération. Après 1947, les grosses mobilisations ne sont plus qu'occasionnelles. Elles ont été naturellement nombreuses en 1968, mais en 1971, année du centenaire, quatre cortèges distincts, voire hostiles, ont défilé au moins, et les querelles continuent aujourd'hui encore. Le 14 novembre 1983, le Mur a été classé monument historique : la mémoire de la Commune se décolore.

Mais la Commune a aussi bien été instrumentalisée idéologiquement. Elle est très tôt devenue référence obligée pour tous les révolutionnaires. Tout mouvement, toute révolution socialiste a voulu se situer dans la lignée de 1871 : il fallait, tirant la leçon de leur échec, faire mieux que les insurgés légendaires du 18 mars. Ce n'est plus dès lors vraiment de la Commune « historique » qu'il s'agit.

Il faut prendre garde que tout passe, dès les lendemains de 1871, par le filtre des interprétations de Marx ou de Bakounine, et c'est ici qu'il devient indispensable de se pencher sur la lettre et l'esprit des textes. Le deux hommes s'étaient accordés en 1871, du moins en apparence, sur un point fondamental. Pour Bakounine, « [la Commune] a été une négation audacieuse, bien prononcée de l'État. C'est un fait historique immense que cette négation de l'État se soit manifestée précisément en France, qui a été jusqu'ici par excellence le pays de la centralisation politique, et que ce soit précisément Paris, la tête et le créateur historique de cette grande civilisation française, qui en ait pris l'initiative, Paris se découronnant et proclamant avec enthousiasme sa propre déchéance pour donner vie à la France, à l'Europe, au monde entier » [Bakounine, 1871]. Pour Marx, « ce fut une révolution contre l'État lui-même, cet avorton surnaturel de la société [...]. L'unité de la nation ne devait pas être brisée, mais au contraire organisée par la Constitution communale ; elle devait devenir une réalité par la destruction du pouvoir d'État qui prétendait être l'incarnation de cette unité, mais voulait être indépendant de la nation même, et supérieur à elle, alors qu'il n'en était qu'une excroissance parasitaire. [...] La Constitution communale aurait restitué au corps social toutes les forces jusqu'alors absorbées par l'État parasite qui se nourrit sur la société et en paralyse le libre mouvement. Par ce seul fait, elle eût été le point de départ de la régénération de la France. » Formule décisive enfin : « Son véritable secret, le voici : c'était essentiellement un gouvernement de la classe ouvrière, [...] *la forme politique enfin trouvée* qui permettait de réaliser l'émancipation économique du travail » [Marx, 1871]. Car le Second Empire était pour Marx la forme absolue, ultime de l'État, « sa forme la plus prostituée, la plus achevée et la dernière ». Il en attendait impatiemment la chute, qu'il avait jugée inéluctable dès 1852, dès cette œuvre admirablement perspicace qu'est *Le 18 Brumaire de Louis Bonaparte*. Dès lors, il devenait évident que « l'antithèse de l'Empire, c'était la Commune ».

S'agissant de ce qu'on ne peut encore appeler l'école marxiste, encore moins le « marxisme », il y avait là un renversement des valeurs, ou au moins, une correction majeure aux thèses du *Manifeste communiste*, selon lesquelles on ne s'acheminerait que lointainement vers l'abolition de l'État ; la Révolution serait d'abord centraliste et étatique : Marx parlait d'« intervention despotique dans le droit de propriété et les rapports bourgeois de production ». Mais, dit-il désormais avec Engels en 1872, « il ne faut pas attribuer trop d'importance aux mesures révolutionnaires énumérées à la fin du chapitre II [du *Manifeste*]. Ce passage serait, à bien des égards, rédigé tout autrement aujourd'hui [...] étant donné les expériences, d'abord de la révolution de février, ensuite et surtout de la Commune de Paris qui, pendant deux mois, mit pour la première fois aux mains du prolétariat le pouvoir politique [...]. La Commune, notamment, a démontré que la classe ouvrière ne peut pas se contenter de prendre telle quelle la machine de l'État et de la faire fonctionner pour son propre compte » [Marx, Engels, 1872].

Outre l'idée de la nécessaire abolition de l'État (il n'est pas question dans la *Guerre civile* d'extinction progressive), Marx tirait deux conclusions encore de l'expérience de 1871. D'abord, l'inévitable passage de la révolution par l'étape de la dictature du prolétariat, terme qui pourtant n'apparaît cependant pas dans *La Guerre civile*. La nature et le sens de cette dictature sont en réalité extrêmement incertains chez Marx, qui n'a employé la formule que rarement. Il l'a fait en 1875, pour critiquer l'« étatisme » excessif qui lui paraissait de mise dans le programme de la social-démocratie allemande : « Entre la société capitaliste et la société communiste se place la période de transformation révolutionnaire de celle-là en celle-ci. À quoi correspond une période de transition politique où l'État ne saurait être autre chose que la *dictature révolutionnaire du prolétariat* » [Marx, 1875 ; Draper, 1962, 1990]. C'est Engels qui a procédé à une assimilation complète, quoique peut-être sommaire, dans la préface qu'il donne en 1891 à une réédition de *La Guerre civile* : « La Commune dut reconnaître d'emblée que la classe ouvrière, une fois au pouvoir, ne pouvait continuer à se servir de l'ancien appareil d'État ; pour ne pas perdre à nouveau la domination qu'elle venait à peine de conquérir, cette classe ouvrière devait, d'une part, éliminer le vieil appareil d'oppression jusqu'alors employé contre elle-même, mais, d'autre part, prendre des assurances contre ses propres mandataires et fonctionnaires en les proclamant, en tout temps et sans exception, révocables. » Il termine sur cette phrase retentissante : « Le philistin social-démocrate a été récemment saisi d'une terreur salutaire en entendant prononcer le mot de dictature du prolétariat. Eh bien, Messieurs, voulez-vous savoir de quoi cette dictature a l'air ? Regardez la Commune de Paris. C'était la dictature du prolétariat. » Texte fondamental si l'on veut comprendre les débats théoriques qui vont s'instaurer, car, chez les socialistes européens qui regardaient d'un peu près la Commune, personne n'y voyait en réalité la même chose.

La seconde grande leçon que tirait Marx de la Commune était la nécessité d'une organisation politique des classes ouvrières nationales en partis politiques distincts des organisations « bourgeoises ». Ce n'est pas là pourtant une des questions posées par la confuse expérience de 1871. Le problème avait été soulevé dès la fondation de la Ire Internationale en 1864, et celle-ci s'était dramatiquement divisée sur le problème de l'action politique de la classe ouvrière : c'est pratiquement sur ce point quelle se casse en deux lors du congrès de La Haye en 1872, qui voit s'opposer « autoritaires », partisans du Conseil général et de Marx, et « antiautoritaires ».

Mais surtout qu'entendre alors par « parti » ? Pour Marx en 1840 ou en 1848, « notre parti » n'avait signifié que notre tendance. La Ire Internationale — Marx est un membre éclairé de son Conseil général, souvent chargé de la rédaction de ses « adresses » — n'était que la difficile réunion sous une même bannière d'organisations ouvrières nationales multiformes. Jusqu'en 1890, le terme de « parti » est resté très ambigu : organisation politique, confédération générale du travail, réunion d'organisations ouvrières ? Les partis structurés que nous connaissons n'apparaissent qu'à la fin du siècle. Après 1871, la France (et l'Angleterre) ayant provisoirement perdu à ses yeux le privilège de l'initiative révolutionnaire, c'est le modèle du parti allemand que privilégie Marx. Sur la question de l'État hérité en principe de la Commune, celui-ci ne lui sera guère fidèle.

La Commune et le socialisme

La Commune a donc été, mais au travers de ces deux filtres systématiques et peut-être déformants, proposée comme modèle ou comme exemple. Elle pouvait l'être à l'évidence d'abord pour le socialisme français. Or les différentes fractions de celui-ci, avant comme après l'unification de la SFIO en 1905, ont eu ici une position très incertaine. On conservait « pieusement » le souvenir, et tout le monde était d'accord pour saluer dans la Commune la « lutte héroïque du peuple ouvrier socialiste de Paris » [Vaillant, 1884]. Mais comme disait l'ancien communard Édouard Vaillant : « Il ne s'agit pas de savoir si la Commune a fait ceci ou n'a pas fait cela, si elle eût eu raison de le faire différemment. Elle a combattu et cela suffit » [Vaillant, 1903]. *La Guerre civile* n'a été traduite en français que tardivement, en 1901, par Charles Longuet, lui aussi ancien communard et gendre de Marx, et sous le titre au fond beaucoup plus anodin de *La Commune de Paris*.

Pour des raisons que Benoît Malon a bien relevées, une distance s'est maintenue entre la Commune et le socialisme français renaissant : « Pendant les neuf années de bagne, de déportation et d'exil qu'ont supportées les survivants de la Commune, un nouveau parti socialiste, essentiellement prolétaire dans ses principes et dans ses buts, s'est formé en France, en dehors, sauf de rares exceptions, de l'action des combattants de 1871. » Les guesdistes n'ont guère lu et assimilé que le *Manifeste communiste*, et paraissent tout ignorer de *La Guerre civile*. Ils n'évoquent que très rarement la dictature du prolétariat et croient bientôt en une conquête légale possible des pouvoirs publics pour en faire un usage révolutionnaire. Les blanquistes tiraient de l'expérience de 1871 une leçon purement insurrectionnelle, un brin terroriste ; de surcroît, le patriotisme des communards dont ils se réclamaient, qui tourna chez eux au nationalisme, et ce qu'ils considéraient comme l'antiparlementarisme de la Commune conduisit une notable fraction d'entre eux à rejoindre à la fin des années 1880 l'aventure populiste du général Boulanger.

Seuls les broussistes « possibilistes » ont cherché à tirer une leçon positive de l'événement de 1871, mais sous une forme affadie, celle de la voie d'un socialisme « municipal ». Il s'agissait de procéder d'abord à une conquête graduelle des services publics, chaque commune organisant la production et la distribution par régie directe. Brousse en empruntait l'idée au dirigeant socialiste belge César de Paepe qui avait présenté au congrès de Bruxelles de l'Internationale « antiautoritaire » en septembre 1874 un rapport — remarquable et trop oublié aujourd'hui — sur l'organisation des services publics dans la société future : « À la Commune incombent : sécurité (police, justice, etc.), état civil, hygiène, assistance publique : tout ce qui se rapporte aux travaux publics municipaux [...]. À la Fédération des Communes incombent : les routes, postes, télégraphe, chemins de fer, les grandes entreprises régionales. » L'idée en sera reprise par les scissionnistes du communard Allemane qui forment en 1890 le Parti ouvrier socialiste révolutionnaire. Allemanistes et partisans blanquistes de Vaillant au Comité révolutionnaire central entendaient en outre substituer au parlementarisme la législation directe qu'inspirait en effet directement l'exemple de 1871.

Insurrection, la Commune pouvait difficilement être intégrée à la stratégie républicaine, bientôt électoraliste, de la SFIO unifiée. Jaurès, dont la pensée est étrangère à la tradition communarde, n'a pas souhaité écrire dans son *Histoire socialiste* le volume consacré à 1871 ; il en a confié la rédaction à Louis Dubreuilh, plutôt proche des blanquistes, ne traitant lui-même que *La Guerre de 1870*. Dubreuilh exprime assez bien ce qu'était alors la vision française de la Commune : « Elle fut, dans son essence, elle fut dans son fond, la première grande bataille rangée du Travail contre le Capital. Et c'est même parce qu'elle fut cela avant tout, *un républicanisme qui n'était qu'un socialisme s'ignorant* et qui allait jusqu'à menacer les bases même du vieil ordre social et à évoquer un ordre nouveau, qu'elle fut vaincue et que vaincue elle fut égorgée » [Dubreuilh, 1908]. En 1908, Jaurès avançait même, dans son discours au congrès de Toulouse, après de multiples précautions oratoires, qu'« on peut dire, on a dit avec raison et avec force, que si la Commune, si glorieuse et si féconde qu'elle ait été, avait triomphé, en un sens sa victoire n'aurait été encore qu'une des formes de la défaite. Le lendemain d'une victoire apparente. Paris insurrectionnel aurait dû composer avec toutes les forces de résistance, et la victoire de la Commune se serait résumée probablement à faire l'économie du régime de Thiers et à aboutir tout de suite à la République de Gambetta. »

Vaillant, le 28 janvier 1894, avait pu affirmer devant la Chambre des députés où il venait d'être élu : « C'est grâce à la Commune que la République existe. » À partir du moment où la République était installée, consolidée en France, elle devenait en somme, pour le socialisme français, la « forme enfin trouvée », dont le contenu doit seulement être démocratiquement et socialement élargi. Les communistes français ne l'admettront que bien plus tard. Après la période intransigeante « classe contre classe », ils en vinrent avec le Front populaire à la lutte unitaire pour la défense de la République contre le fascisme. Mais aussi bien, depuis la Libération, ils se sont attribués comme un droit privilégié d'écrire et d'interpréter l'histoire de la Commune, qui aurait été leur bien propre. *La Commune de 1871*, de Jean Bruhat, Jean Dautry, Émile Tersen, publiée en 1960, et de nouveau en 1970, veille du centenaire, entendait détrôner les travaux trop socialisants de Georges Bourgin, auteur pourtant en 1953 d'un « Que sais-je ? » sept fois réédité. 1871 était le prélude de la grande révolution russe d'octobre ; il ne lui avait manqué qu'un parti directeur.

Malgré tout, il serait excessif de réduire la mémoire de la Commune à la seule gauche révolutionnaire ou socialiste. On peut ainsi rappeler que, jusqu'en 1914 au moins, les républicains radicaux se voulaient partisans de l'autonomie des communes et du mandat impératif, sans pour autant se réclamer directement de la Commune, insurrection contre la République établie. L'idée du « mandat impératif », que les électeurs imposent à leur élu, était déjà avancée dans le programme de Belleville de Gambetta en 1869, et le projet d'une décentralisation républicaine sera vite et pour longtemps abandonné.

Autant que les Français, la Commune a au fond grandement embarrassé tous les partis de la IIe Internationale, dont les débats portaient sur un autre grand problème — réforme ou révolution ? —, bien plus que sur la question de la nature de l'État (ou non-État) futur. Les débats ont alors une incontestable dimension internationale.

L'avis des sociaux-démocrates allemands, le plus puissant apparemment des partis de l'Internationale, est toujours attendu. Leur parti demeurait fortement marqué par l'influence du fondateur Ferdinand Lassalle. On vient d'évoquer les critiques faites par Marx à son programme de 1875, qui comportait notamment la revendication d'un « État libre ». Marx rétorquait aussitôt, sans être vraiment entendu : « D'après le sens grammatical de ces termes, un État libre est un État qui est libre à l'égard de ses citoyens, c'est-à-dire un État à gouvernement despotique. Il conviendrait d'abandonner tout ce bavardage sur l'État surtout après la Commune qui n'était plus un État au sens propre. [...] L'État n'étant qu'une institution temporaire dont on est obligé de se servir dans la lutte, dans la révolution, pour réprimer par la force ses adversaires, il est absolument absurde de parler d'un État populaire libre. » Ce qui tendrait à remettre en plus juste perspective ce que l'on a pu croire être l'« anarchisme » de Marx. Il achevait son algarade par cette conclusion : « Tant que le prolétariat a encore besoin de l'État, ce n'est point pour la liberté, mais pour réprimer ses adversaires ».

Le problème de l'État (et donc, mais incidemment, de la Commune) n'a été soulevé que tard dans la social-démocratie allemande. Kautsky, son plus brillant théoricien, exécuteur testamentaire d'Engels, n'évoque pratiquement pas 1871 dans *Le Chemin du pouvoir* qu'il publie en 1909. Il n'aborde la délicate question de l'État d'une façon approfondie qu'en 1912, lors de son débat avec la gauche radicale du parti, et surtout quand il entre en conflit théorique avec le bolchevisme, en 1918 dans *La Dictature du prolétariat*, en 1919 dans *Terrorisme et Communisme*, où il évoque non seulement 1871, mais aussi la Commune de Paris de l'an II et le premier « règne de la Terreur ». Mais c'est de la notion de dictature du prolétariat que traite Kautsky, une dictature du prolétariat qu'il avait définie dès 1893, dans *Parlementarisme et Socialisme*, comme « l'utilisation du pouvoir de classe du prolétariat dans le contexte des libertés démocratiques [...] pour transformer les rapports sociaux et réprimer, avec la force et l'autorité émanant du consensus de la majorité, l'action des contre-révolutionnaires ».

Paradoxalement, c'est dans la Russie économiquement et socialement attardée que la Commune a peut-être eu le plus d'influence, et d'abord sur le mouvement « populiste ». En 1878 paraissait *La Révolution du 18 mars, par un socialiste révolutionnaire russe*, de Z. K. Ralli. « La Commune a été le point de départ [...] d'une ère nouvelle dans le développement de l'action révolutionnaire en Russie. [...] Toute l'histoire du peuple russe présente de siècle en siècle une lutte perpétuelle du principe communal contre l'organisation de l'Etat. [...] Il est donc naturel que les révolutionnaires russes soient tous jusqu'au dernier des communistes fédéralistes » [Ralli, 1878]. Un rapprochement (sinon une identification) était en effet possible avec l'*obshchina*, la commune rurale russe traditionnelle, dont les populistes pouvaient croire qu'elle serait le fondement de la société nouvelle, sans État proprement dit.

Mais déjà pour Pierre Lavrov, qui avait été membre de l'Internationale parisienne en 1870 et avait assisté de Bruxelles à l'aventure communale, celle-ci était tout autant l'exemple de ce qu'il ne fallait pas faire. La révolution est chose qui se prépare ; il y faut une organisation et un programme, ce que n'avait pas eu la Commune. Il objectait déjà que si le parti directeur (son Union socialiste révolutionnaire) doit se lier étroitement à l'*obshchina* et aux *artels* (associations industrielles de travail en commun), dans la période transitoire vers la construction d'une société nouvelle, on ne saurait se passer d'un minimum d'autorité étatique.

C'est avec la révolution de 1905 que le problème de la Commune est de nouveau soulevé. Les premiers soviets n'étaient pas sans quelque ressemblance, dans leur apparition spontanée, avec la Commune. Lénine portait cependant alors un jugement sévère sur l'expérience de 1871 : la Commune avait été « un gouvernement petit-bourgeois révolutionnaire [...]. Le mot de Commune ne donne pas de réponse, il ne fait qu'embrouiller les esprits d'une résonance lointaine. »

L'expérience de 1917 le conduit à bouleverser quelque peu les perspectives. Il écrit entre juillet et septembre *L'État et la Révolution*, et rappelle, en les systématisant, les thèses de Marx sur la dictature du prolétariat et la Commune, la donnant cette fois comme le modèle d'une abolition nécessaire (au vrai plutôt d'un « dépérissement ») de l'État. Il fallait, comme avait (ou aurait) fait la Commune, briser l'État parlementaire, avec son armée, sa police, sa bureaucratie, ce qu'étaient en somme en train de faire les soviets russes. Mais il précisait bien que si la Commune avait été la « forme enfin trouvée » d'organisation de la société future, « le marxisme se distingue de l'anarchisme en ceci qu'il reconnaît la nécessité de l'État et d'un pouvoir d'État, pendant la période révolutionnaire en général, et pendant l'époque de transition du capitalisme au socialisme en particulier. [...] L'État pourra s'éteindre complètement quand la société aura réalisé le principe : "De chacun selon ses capacités, à chacun selon ses besoins". »

Dès 1919, il précise sa position précédemment un peu trop « libertaire » : « Cette machine, nous l'avons enlevée aux capitalistes, nous nous en sommes emparés. Avec cette machine, ou avec ce gourdin, nous anéantirons toute exploitation ; et quand il ne restera plus sur la terre aucune possibilité d'exploiter autrui, qu'il ne restera plus ni propriétaires fonciers ni propriétaires de fabriques, qu'il n'y aura plus de gavés d'un côté et d'affamés de l'autre, quand cela sera devenu impossible, alors seulement nous mettrons cette machine à la ferraille. » Il s'agit bien de s'emparer de l'État, pour le détruire peut-être dans un lointain avenir, mais pour utiliser son pouvoir de répression dans l'immédiat. Trotski de son côté publiait en 1921 *La Commune de Paris et la Russie des soviets*, traduit en français comme préface à *La Commune de 1871* de C. Talès. « Nous pouvons ainsi feuilleter page par page toute l'histoire de la Commune, et nous y trouverons une seule leçon : il faut une forte direction de parti. » Curieusement, c'est là — directement empruntée à Trotski — la leçon fondamentale de 1871 que vont retenir les partis communistes orthodoxes.

Chaque révolution que l'on a écrasée dans le sang a été tout naturellement désignée comme une Commune : Commune spartakiste de Berlin en janvier 1919, Commune de Budapest de mars-août 1919... Ce n'est pourtant pas de 1871, mais des soviets russes ou des conseils allemands que s'inspiraient et pouvaient se réclamer les insurrections allemande et hongroise de 1919-1921. Communes d'ailleurs aussi bien, en face, la révolte des ouvriers et marins de Kronstadt, violemment réprimée par Trotski le jour même du 18 mars 1919, ou la révolte hongroise de 1956.

En Chine, la filiation a été très directement revendiquée, au moins par deux fois. À propos d'abord de la Commune de Canton des 11-13 décembre 1927. En réalité le gouvernement insurrectionnel cantonais ne faisait pas, lui non plus, référence directe à 1871 et se désignait comme un « soviet » ; ce n'est qu'*a posteriori*, dans les interprétations données par le Komintern et dans des textes ultérieurs, que le terme de Commune (le mot chinois est *kung-she*) a été employé pour définir l'insurrection.

De multiples références à 1871 sont faites surtout quand la Chine abandonne le modèle soviétique, lors du Grand Bond en avant qui a vu se multiplier les « communes » populaires, puis lors de la révolution culturelle. C'était un moyen de légitimation idéologique, pour affirmer une authentique filiation marxiste-léniniste, qui s'apparente cependant fortement aussi au courant anarcho-populiste chinois qui n'a pas été sans influence sur Mao, valorisant le rôle des masses au détriment de celui de l'appareil du parti.

« Il est nécessaire, dit la résolution en dix articles du 8 août 1966, d'appliquer un système d'élection générale semblable à celui de la Commune de Paris. [...] Les masses ont à tout moment le droit de critiquer leurs représentants [...] et ceux-ci peuvent être révoqués [...] s'ils se montrent incompétents. » Les « rebelles révolutionnaires » des villes ont, de leur côté, tenté de constituer en 1967 de véritables « communes » à Pékin, Taiyuan, et surtout à Shanghai, les 4-22 février, qui furent très tôt reprises en main par l'armée et le parti [Bergère, 1971].

La Commune et l'anarchie

La gauche anarchiste, qui s'inspire de l'interprétation de Bakounine, a connu au fond des problèmes de même ordre.

Pour l'Italien Carlo Cafiero par exemple, en 1880 : « Dans la société future, l'anarchie sera la défense, l'empêchement apporté au rétablissement de toute autorité, de tout pouvoir, de tout État : pleine et entière liberté de l'individu qui, librement et poussé seulement par ses besoins, par ses goûts et ses sympathies, se réunit à d'autres individus dans le groupe ou dans l'association ; libre développement de l'association qui se fédère avec d'autres dans la commune ou dans le quartier ; libre développement des communes qui se fédèrent dans la région — et ainsi de suite : les régions dans la nation ; les nations dans l'humanité. » Mais si les anarchistes se reconnaissent dans la Commune, ils ne lui ont pas ménagé leurs critiques. Pour Élisée Reclus, qui avait participé à l'insurrection : « Jusqu'à maintenant, les communes n'ont été que de petits États, et même la Commune de Paris, insurrectionnelle par en bas, était gouvernementale par en haut, maintenait toute la hiérarchie des fonctionnaires et des employés. Nous ne sommes pas plus communalistes qu'étatistes, nous sommes anarchistes [...]. Les idées émises sur la commune peuvent laisser supposer qu'il s'agit de substituer à la forme actuelle de l'État, une forme plus restreinte, qui serait la commune. Nous voulons la disparition de toute forme étatiste, générale ou restreinte, et la commune n'est pour nous que l'expression synthétique de la forme organique des libres groupements humains » [Reclus, 1880]. Si Kropotkine, théoricien de l'anarchisme communiste acquiesce à la vulgate communément partagée, soulignant que « sous le nom de Commune de Paris, naquit une idée nouvelle, appelée à devenir le point de départ des révolutions futures », il précise aussitôt qu'« elle ne rompit pas [...] avec la tradition de l'État, du gouvernement représentatif, et elle ne chercha pas à effectuer dans la Commune cette organisation du simple au complexe qu'elle inaugurait en proclamant l'indépendance et la libre fédération des communes ». « Le peuple parisien s'est laissé aller au "fétichisme gouvernemental" ». La conclusion est sévère : « Il est certain désormais que le prochain soulèvement des communes ne sera plus simplement un mouvement communaliste. Ceux qui pensent encore qu'il faut établir la commune indépendante et puis, dans cette commune, faire essai de réformes économiques, sont débordés par le développement de l'esprit populaire. C'est par des actes révolutionnaires socialistes, en abolissant la propriété individuelle, que les communes de la prochaine révolution affirmeront et constitueront leur indépendance » [Kropotkine, 1885 ; Delhom, 2000].

En réalité, l'anarchisme, les anarchistes, ou plutôt toutes les tendances diverses qu'on rassemble un peu vite sous le vocable anarchisme, anarcho-communisme ou anarcho-syndicalisme — qu'il vaut sans doute mieux appeler syndicalisme révolutionnaire —, invoquent moins la Commune elle-même que le fédéralisme de Proudhon, l'antiétatisme de Bakounine, le communisme de Kropotkine, etc. On peut se demander si, au bout du compte, cette évocation de la Commune par les gauches marxistes ou anarchistes relève d'autre chose que, au pire du stéréotype, sinon parfois de la manipulation, au mieux de la référence polie, fortifiée par la puissance sentimentale du souvenir. Il est vrai que la légende forgée de la Commune a, à son tour, contribué à façonner l'histoire. Et d'un autre côté, elle a contribué à diviser plus qu'à unir. Elle a pu servir une cause et son contraire, tantôt la mise en valeur de la spontanéité des masses, tantôt la mise en garde contre la dangereuse spontanéité de masses qui doivent être encadrées par un parti.

La Commune et la République

Peut-être faut-il, pour mieux situer le problème, prendre les choses à rebours : voir dans la révolution de 1871 moins une « aube » radieuse qu'un accomplissement. Il a existé une tradition de gauche républicaine dont la Commune est comme un achèvement, et que Marx, lecteur et critique infatigable, connaissait assurément. Les républicains du premier XIXe siècle se sont longtemps interrogés sur ce que devrait être la vraie, la « bonne » république. Ils s'étaient posé ce problème fondamental de l'État que l'on retrouve en 1871. Cette tradition s'est interrompue après 1871, quand s'est installée une république représentative et parlementaire, vouée pour un long moment à l'oubli.

Il faut tenter ici de mieux comprendre le sens de la Déclaration au peuple français du 19 avril 1871, manifeste de la Commune, qui « rédigée de plusieurs mains », paraît de prime abord amalgamer bien difficilement les positions de deux écoles apparemment ennemies, le jacobinisme et le fédéralisme notamment proudhonien, en un projet qu'on peut trouver bâtard.

Elle réclame, fondamentalement, « la reconnaissance et la consolidation de la République, seule forme de gouvernement compatible avec les droits du peuple et le développement régulier et libre de la société ». Mais dans ce cadre républicain incontesté, « l'autonomie absolue de la Commune étendue à toutes les localités de la France, et assurant à chacune l'intégralité de ses droits, et à tout Français le plein exercice de ses facultés et de ses aptitudes, comme homme, citoyen et travailleur ». Et surtout « le choix par l'élection ou le concours, avec la responsabilité, et le droit permanent de contrôle et de révocation des magistrats ou fonctionnaires communaux de tous ordres ; "l'intervention permanente des citoyens dans les affaires communales" ». Et pour Paris d'abord, le droit « d'opérer comme il l'entendra, chez lui, les réformes administratives et économiques que réclame sa population ; de créer des institutions propres à développer et propager l'instruction, la production, l'échange et le crédit, à universaliser le pouvoir et la propriété. [...] L'unité politique, telle que la veut Paris, c'est l'association volontaire de toutes les initiatives locales, le concours spontané et libre de toutes les énergies individuelles en vue d'un but commun, le bien-être, la liberté et la sécurité de tous ».

La République existait certes de nom depuis le 4 septembre 1870, mais elle n'était pas encore réellement édifiée. 1871 posait le redoutable problème d'un vrai « contrat social » républicain : quelle forme donner à un gouvernement du peuple, qui émane du peuple, sans être oppresseur du peuple ? On retrouve alors premièrement, en 1871, l'exigence « libertaire » (on peut employer le mot, forgé depuis peu par Déjacque, en 1854) et tant soit peu anarchique, de la « démocratie directe ». Ce dernier terme même est encore insuffisant ; ce dont il est question, c'est de la souveraineté du peuple, au sens le plus large, le plus total qui soit.

Ce n'était pas une République abstraite que les insurgés du XIXe siècle revendiquaient, mais une « vraie » République, qui fût indissociablement démocratique et sociale. Sociale, elle est celle qui doit procurer à tous mieux-être et bonheur. Celle aussi et surtout qui réalise la vraie démocratie, qui assure réellement les intérêts et les droits des gouvernés, avec ou contre leurs gouvernants. Être son propre souverain : pendant la Commune, cela signifie, sous une forme très concrète, s'autoadministrer, s'autogouverner, vivre le politique « autonomiquement ». On l'observe dans l'exercice quotidien par ceux d'« en bas » de leur petit pouvoir local, au club, dans leur bout de quartier, au sein des commissions qui dirigent chaque arrondissement. S'affirmait sur le tas, d'une manière certes désordonnée mais très claire, une volonté de participation politique immédiate, une capacité populaire d'« autonomie ».

C'est ce que s'efforçait de définir, tant bien que mal, la Déclaration de 1871 et, si le texte peut paraître imparfait, les intentions sont claires. « Doctrinalement », elle ne fait que continuer, après la redoutable parenthèse autoritaire de l'Empire, une réflexion sur la construction de la République, déjà largement entamée en 1848-1851, du fait de la déception qu'apportait le dysfonctionnement évident du jeune régime. Un vif débat avait opposé Louis Blanc, Leroux et Proudhon en 1849-1850 sur la nature et le rôle de l'État [Le Bras-Chopard, 1983]. Proudhon plaçait la souveraineté dans l'individu : « L'anarchie est la condition d'existence des sociétés adultes, comme la hiérarchie est la condition des sociétés primitives. » Pour Leroux, Proudhon n'était qu'un « libéral déguisé ». « Si vous faites lutter toutes ces libertés les unes contre les autres sans contrat, sans convention, sans organisation, au nom de la liberté seule, au nom de l'égoïsme, au nom de la concurrence, au nom du laissez faire, au nom du chacun pour soi, vous n'avez plus de libertés, vous n'avez que l'écrasement du plus grand nombre de créatures de Dieu [...] par un petit nombre de libertés. [...] Vous commencez par la liberté, mais à la conclusion, vous avez la tyrannie. » Louis Blanc continuait de prôner la force nécessaire de l'État : « L'être collectif réalisé, c'est précisément l'État. [...] Lorsque, dans une société organisée, la force organisée n'est nulle part, le despotisme est partout. »

Dans les mêmes années se développe la réflexion, à mon sens déterminante, sur le projet d'un « gouvernement direct » de la République. Rittinghausen, un socialiste allemand, publiait *La Législation directe par le peuple*, parue à partir de septembre 1850 dans le journal fouriériste *La Démocratie pacifique*. Victor Considerant, le meilleur disciple de Fourier, proposait pour sa part *La Solution, ou le Gouvernement direct du Peuple*, publié en décembre 1850 et février 1851 par la Librairie phalanstérienne et dans *Le Populaire* : une boucle est ici en quelque sorte bouclée, puisque l'on retrouve en 1871 le même Considerant proposant, le 20 avril, *La Paix en 24 heures, dictée par Paris à Versailles, adresse aux Parisiens*, qui reprend des thèmes identiques. Il faut surtout restituer toute son importance à la publication en octobre 1851 par Renouvier, Fauvety, Joseph Benoît et quelques autres, de *Gouvernement direct. Organisation communale et centrale de la République*, enfin récemment republié [*Gouvernement direct*, 1851]. Il s'agissait, bien au-delà d'une banale idée de décentralisation, d'une proposition de construction d'une « vraie » démocratie républicaine, édifiée *à partir d'en bas* (à partir de la commune, ou plus efficacement de plusieurs communes regroupées en canton), et non imposée d'en haut. Le débat n'avait pas été sans écho dans les milieux populaires. Et l'on peut remonter plus haut encore, aux textes publiés ou inspirés par Constantin Pecqueur dans son journal *Le Salut du peuple* à la fin de 1849 et au début de 1850, et par là aux interrogations sur ce que serait l'État futur des « communistes » des années 1840, Pecqueur déjà, les ouvriers du petit journal *La Fraternité*, dont le bronzier Mallarmet (gérant du *Salut du peuple* de 1850), ou Dezamy écrivant en 1842 dans son *Code de la communauté* : « Si la communauté est le mode naturel et parfait de l'association, cet idéal ne peut être réalisé que lorsque les groupes humains de 10 000 personnes environ habiteront chacun un palais communal. L'État politique fera place à une simple administration. Chaque commune jouira de son autonomie ; les communes fédérées formeront la nation, et les nations fédérées, l'humanité. Là serait la vraie parade à tout excès possible de l'autorité politique et sociale centrale. »

Il est surprenant de voir combien les historiens ont négligé cette tradition républicaine « communale cantonale » qu'il faut faire remonter plus haut encore, oubliant la vision déformée qu'on s'est faite d'un jacobinisme trop facilement supposé centralisateur, opposé à un fédéralisme supposé girondin, antienne favorite de trop de vulgarisateurs. Qu'on relise le texte constitutionnel de l'an I, et la proposition de Déclaration des droits de l'homme du 21 avril 1793 de Robespierre, bréviaire des républicains « utopistes » du premier XIXe siècle, retrouvé à la lecture de l'*Histoire de la conspiration de l'égalité* de Buonarroti de 1828 : « Art. 14. Le peuple est le souverain ; le gouvernement est son ouvrage et sa propriété ; les fonctionnaires publics sont ses commis. Le peuple peut, quand il lui plaît, changer son gouvernement et révoquer ses mandataires. Art. 19. Dans tout État libre, la loi doit surtout défendre la liberté publique et individuelle contre l'autorité de ceux qui gouvernent. Toute institution qui ne suppose pas le peuple bon et le magistrat corruptible est vicieuse. »

Pendant la Commune, le blanquiste Bougeart citait justement dans le *Journal officiel* de l'insurrection le discours de Robespierre du 11 mai 1793 : « Fuyez la manie ancienne des gouvernements de vouloir trop gouverner. *Laissez aux communes, laissez aux familles, laissez aux individus,* [...] le soin de diriger leurs propres affaires et tout ce qui ne tient point essentiellement à l'administration générale de la République. »

Dès 1789, dès la mise en place d'une Assemblée « nationale » de « représentants » du peuple, le choix de la solution d'une représentation politique pour réaliser la démocratie avait suscité immédiatement en bas son complément populaire et son contraire, la démocratie dite directe. On sait qu'au pouvoir, Robespierre et les siens avaient dû éliminer pour un temps, au nom du Salut public, l'encombrante démocratie populaire que réclamaient les sans-culottes. « Souverain, mets-toi à ta place écrivait Leclerc porte-parole des "enragés" dans *L'Ami du peuple* du 21 août 1793 ; préposés du souverain, descendez des gradins, ils appartiennent au peuple ; occupez la plaine de l'amphithéâtre. Là, à ses pieds et sous ses yeux, ses regards surveillants se promèneront sur vous et son bras sera rémunérateur ou vengeur suivant que vous aurez fixé par vos actions son opinion sur votre conduite. » On peut lire dans *Le Prolétaire*, journal du Club Ambroise du XIe arrondissement, le 19 mai 1871, un texte qui est de même encre : « Serviteurs du peuple, ne prenez pas de faux airs de souverains [...]. Ne vous pressez pas de juger et de décider au nom du peuple. Restez dans votre rôle de simples commis [...]. Le peuple est las des sauveurs ; il entend désormais discuter leurs actes. »

L'insurrection communaliste, comme toutes les insurrections et révolutions parisiennes du XIXe siècle, a été questionnement libertaire de la démocratie. Celle-ci, même avec le suffrage universel proclamé en 1848 et maintenu depuis, serait-elle seulement « représentative », ne donnant le pouvoir réel qu'à quelques-uns, aux « capacités » politiques, ou serait-elle souveraineté réelle du peuple, par les chemins de la démocratie directe ou d'un « gouvernement direct de la République » ? Chez les élites populaires, on voit à chaque fois s'affirmer la revendication, peut-être utopique, d'une « autre politique », d'une démocratie vraie. La Commune révèle à son tour des aspirations parisiennes, surtout mais pas seulement populaires, à cette autre politique, où, l'en bas exige de l'en haut bien plus de « transparence », un contrôle réel, le pouvoir de s'autoadministrer, s'autogouverner, dans la liberté, la justice sociale, l'association au sens puissant qu'a le mot au XIXe siècle : organisation du travail, mais tout autant organisation de la souveraineté populaire. Bref, la fin de la mise en tutelle du peuple. Consciemment ou non, volontairement ou non, elle est peut-être au fond l'insurrection non pas la plus élaborée — aucune insurrection ne l'est —, mais en ce sens la plus radicale du XIXe siècle, au moins dans son intention.

La Commune aujourd'hui

Cette question de la souveraineté populaire redevient d'actualité de nos jours. Pierre Rosanvallon a posé ce problème dans *La Démocratie inachevée*, et démonte remarquablement les mécanismes historiques de « ce qu'il est convenu d'appeler l'actuelle crise de la représentation », reconnaissant que la démocratie en France ne peut être qu'« imparfaite », « inachevée » et, faute de mieux, seulement « consensuelle », une démocratie d'« équilibre » déséquilibré. Mais Rosanvallon ne fait curieusement aucune référence à la Commune et à cette tradition « communale cantonale » évoquée ici [Rosanvallon, 1998, 2000].

Ce fut, pour une large part, la question posée par toutes les révolutions du XIXe siècle. Il faudrait évoquer aussi bien les aspirations du Front populaire, ou ce qu'ont senti obscurément les libertaires de 1968, qui ont eu d'ailleurs leurs communes illusoires : « Commune de la Sorbonne », Commune de Nantes... L'Internationale situationniste l'avait à sa manière aperçu, qui avançait dans sa quatrième thèse : « Tout le monde a su faire de justes critiques des incohérences de la Commune. [...] Il est temps de considérer la Commune non seulement comme un primitivisme révolutionnaire dépassé dont on surmonte toutes les erreurs, mais comme une expérience positive dont on n'a pas encore retrouvé et accompli toutes les vérités. » Et c'est sans doute aussi ce qu'entrevoient ceux qui incriminent aujourd'hui une « classe politique » qu'ils ne considèrent plus guère comme les représentant réellement ; la gauche, bien au-delà d'une décentralisation tardivement redécouverte, devrait s'attacher à retrouver le sens de cette autre tradition républicaine, peut-être « utopique ». Non pas utopie au sens banal de chimère, illusion, mais comme l'entendait

Joseph Déjacque en 1862, « rêve non réalisé, mais non pas irréalisable » [Déjacque, 1970], désordre, écart par rapport à la pensée dominante, déraison, mais par rapport à la raison établie, ferment dérangeant en tout cas d'une véritable culture démocratique [Abensour, 1973 ; Riot-Sarcey, 2002].

RÉFÉRENCES BIBLIOGRAPHIQUES

ABENSOUR Miguel (1973), « L'histoire de l'utopie et le destin de sa critique », *Textures*, n° 6/7.

BAKOUNINE Mikhaïl (1871), *La Commune de Paris et la notion d'État*. (Écrit en 1871, le texte n'a été publié qu'en juillet 1878 dans la feuille anarchiste *Le Travailleur*.)

BERGÈRE Marie-Claire (1971), « La Chine : du mythe de référence au modèle d'action », *International Review of Social History*, vol. XVII, 1972, parties 1-2.

DÉJACQUE Joseph (1970), *À bas les chefs !*, Champ libre, Paris.

DELHOM Joël (2000), « Des anarchistes et de la Commune de Paris », *in* LARGUIER Gilbert et QUARETTI Jérôme (dir.), *La Commune de 1871 : utopie ou modernité*, Presses universitaires de Perpignan, Perpignan, p. 295-310. (Les citations anarchistes lui sont ici empruntées.)

DRAPER Hal (1962), « Marx and the Dictatorship of the Proletariat », *Études de marxologie*, n° 6, 1, p. 5-74, Paris.

— (1990), « Marx and the Dictatorship of the Proletariat », *in* DRAPER Hal, JESSOP Bob [éd.] (1990), *Karl Marx's Social and Political Thought: Critical Assessments*, vol. 3, avec Charlie Malcolm BROWN, Routledge, Londres et New York, p. 289-315.

DUBREUILH Louis (1908), « La Commune (1871) », *in* Jean JAURÈS (dir.), *Histoire socialiste*, t. XI, Rouff, Paris.

Gouvernement direct. Organisation communale et centrale de la République (1851), projet présenté à la nation pour l'organisation de la commune, de l'enseignement, de la force publique, de la justice, des finances, de l'État, par les citoyens H. Bellouard, Benoît (du Rhône), F. Charrassin, A. Chouippe, Erdan, C. Fauvety, Gilardeau, C. Renouvier, J. Sergent, etc., Paris, Librairie républicaine de la liberté de penser. Réédité en fac-similé avec une présentation de Raymond Huard, Louis Charles Prat et Jean-Claude Richard, C. Lacour, Nîmes, 1999.

KROPOTKINE Pierre (1885), « La Commune de Paris », *in Paroles d'un révolté*, p. 103-106.

LEBRAS-CHOPARD Armelle (1983), « Proudhon, Louis Blanc et Pierre Leroux : Polémique sur la question de l'État », *in 1848, Révolutions et Mutations au XIXe siècle*, p. 45-56.

MARX Karl (1871), *La Guerre civile en France*, Éditions sociales, Paris, 1953.

— (1875), « Critique du programme de Gotha », in *Critique des programmes de Gotha et d'Erfurt*, Éditions sociales, Paris, 1950.

MARX Karl, ENGELS Friedrich (1872), préface à l'édition allemande de 1872 du *Manifeste communiste*, Londres, 24 juin.

RALLI Z. K. (1878), cité par VENTURI Franco (1972), *Les Intellectuels, le peuple et la révolution*, II, Gallimard, Paris, p. 745-746.

REBÉRIOUX Madeleine (1984), « Le Mur des fédérés », *in Les Lieux de mémoire, I, La République*, Gallimard, Paris.

RECLUS Élisée (1880), *Le Révolté*, n° 17, 17 octobre.

RIOT-SARCEY Michèle, BOUCHET Thomas, PICON Antoine (2002), *Dictionnaire des utopies*, Larousse, Paris.

ROSANVALLON Pierre (1998), *Le Peuple introuvable. Histoire de la représentation démocratique en France*, Gallimard, Paris, et — (2000) *La Démocratie inachevée. Histoire de la souveraineté du peuple en France*, Gallimard, coll. « Bibliothèque des histoires », Paris.

SCHULKIND Eugène (1972), *The Paris Commune of 1871. The View from the Left*, Jonathan Cape, Londres. (Seul ouvrage qui recueille sur ce point les textes les plus importants, Schulkind met son lecteur en garde contre l'utilisation du mot « *left* », déplacé en 1871.)

TARTAKOWSKY Danielle (1999), *Nous irons chanter sur vos tombes*, Aubier, Paris.

VAILLANT Édouard (1884), *Le Républicain socialiste du Centre*, a 2, n° 10, 16 mars.

— (1903, mars), *Le Socialiste*, n° des 15-22 mars.

8

La gauche en République (1871-1899)

GILLES CANDAR

Le découpage chronologique proposé, discutable, est déterminé par la logique de cette histoire des gauches en France. Il n'est sans doute pas rare de considérer ensemble les trois dernières décennies du XIXe siècle, même si d'autres regroupements sont légitimes : la grande *Histoire de France* publiée par Hachette dans les années 1970 distinguait ainsi *La Révolution (1780-1880)* et *La République (1880 à nos jours)*. Procéder autrement ne vise pas à remettre en cause l'importance de la victoire républicaine qui se manifeste lors des élections de 1876, 1877 et 1879, ainsi que dans le vote des grandes lois fondatrices du nouveau régime. Il s'agit seulement d'approcher, en amont et en aval de ce tournant décisif, la situation des courants politiques susceptibles de se réclamer ou d'être placés « à gauche » et de prendre la mesure des évolutions de cette dénomination. Pour cela, nous considérons donc d'un bloc la période, assez hétérogène, qui va de 1871, l'« année terrible » — guerre franco-allemande, chute de l'Empire, proclamation de la République, défaite sanctionnée par le traité de Francfort et Commune de Paris — jusqu'à une fin de siècle, certes moins sanglante, mais marquée par un événement mémorable, la formation le 22 juin 1899 d'un gouvernement de « défense républicaine », présidé par Waldeck-Rousseau, auquel « participe » le socialiste Alexandre Millerand. Ce gouvernement devait en effet régler l'affaire Dreyfus et surtout représenter le moment fondateur de la gauche française du XXe siècle, prélude, en histoire politique, à la victoire du bloc des gauches aux élections suivantes, mais surtout construction d'une nouvelle compréhension de la gauche dans la société française. Comme l'a relevé Marcel Gauchet [1992], on passe dans les premières années du siècle d'une gauche définie par sa dominante parlementaire à une gauche définie par son ancrage dans le corps civique.

La victoire républicaine

L'été 1871 représente un moment « zéro » pour la gauche. La Commune vaincue et réprimée, la guerre achevée, la France est certes en République depuis un an, mais elle est gouvernée par une Assemblée nationale conservatrice, siégeant à Versailles, où les partisans du rétablissement de la monarchie détiennent les deux tiers des sièges. Cette majorité occupe tout le champ politique de la droite, et souhaite même aller au-delà de son programme conservateur initial en rendant un roi à la France, assumant ainsi un rôle à proprement parler réactionnaire. Face à elle se constitue, selon la logique parlementaire et politique, une gauche favorable à des institutions républicaines. D'emblée, quoique apparemment dominée, cette gauche bénéficie d'un avantage notable puisqu'elle peut s'arc-bouter sur le dispositif provisoire établi en 1870, républicain de dénomination et d'organisation. La gauche devient ainsi le lieu de rassemblement des républicains de la veille, partisans de réformes politiques et sociales qui aillent vers la « démocratie », et de républicains de raison, qui estiment préférable de garder et de renforcer le cadre institutionnel légué par l'écroulement du régime impérial. Léon Gambetta et Adolphe Thiers symbolisent ces deux manières d'être républicain. Les succès mêmes de leurs adversaires « de droite », qui veulent affirmer leur majorité à l'Assemblée nationale au-delà de leur influence réelle dans le pays, facilitent leur entente, et donc, assez rapidement, leur victoire politique. Ils n'en profitent guère personnellement : Thiers meurt pendant la campagne électorale, le 3 septembre 1877, et permet ainsi que ses obsèques entrent dans la série des funérailles républicaines ; Gambetta est tenu en lisière du pouvoir et, malgré une brève expérience gouvernementale, ne parvient pas à imposer ses vues à la majorité républicaine avant sa mort prématurée (à quarante-quatre ans) le 31 décembre 1882. Les républicains de raison qui suivent Thiers forment un groupe, le « centre gauche », qui, comme son nom l'indique, pourrait se situer, pour un temps, à la charnière de notre étude [Garrigues, 1993]. Renforcés régulièrement par la venue d'anciens orléanistes qui préfèrent une République sage à des aventures légitimistes ou impérialistes, ils contribuent pour une bonne part à façonner l'image bourgeoise et modérée de la République. Ils participent à tous ses gouvernements presque sans discontinuer puisqu'ils ne sont absents que des ministères exclusivement conservateurs de 1873-1875 et 1877 ou, à l'opposé, du « grand ministère » Gambetta (1881-1882) : moins de trois ans au total.

À leurs côtés, il n'existe pas de gauche uniforme, même au sein des instances parlementaires. Déjà, en février 1871, se distinguent à l'Assemblée constituante la Gauche républicaine animée notamment par Jules Ferry et Jules Grévy et l'Union républicaine de Léon Gambetta [Mayeur, 1984]. Minoritaire à l'Assemblée, l'opposition républicaine est très tôt potentiellement majoritaire dans le pays. Il n'est même pas improbable qu'elle l'a toujours été en fait et que seule la question, vitale, de la guerre ou de la paix avait permis la victoire de ses adversaires. Dès avril-mai, les élections municipales sont favorables aux républicains qui emportent nettement les élections complémentaires de juillet 1871 (114 sièges, 73 républicains élus, 26 centre gauche, 15 monarchistes et bonapartistes selon le décompte de Jean-Marie Mayeur). Conduite par Gambetta, cette gauche parlementaire mène un jeu qui va s'avérer habile de conciliation et de compromis pour détacher le centre gauche de la coalition conservatrice et consolider sa majorité virtuelle dans le pays. Les républicains se posent désormais en garants de la paix, du travail et de l'ordre, pour reprendre les trois thèmes mis en avant par Eugène Spuller, un de leurs responsables.

La première Chambre des députés élue en février-mars 1876 est nettement orientée à gauche. Le rapport des forces en suffrages tourne autour de 55 % pour le camp républicain et de 45 % pour l'ensemble conservateur (royalistes, bonapartistes), lequel parvient à rétablir au Sénat une courte majorité, un moment compromise par ses divisions. Le scrutin majoritaire amplifie l'avantage républicain et lui donne environ 360 députés contre 160 à ses adversaires. Les conservateurs ne peuvent parvenir à modifier ce rapport de forces. Mac Mahon s'y emploie pourtant, avec le gouvernement « du 16 Mai » confié à de Broglie, qui organise de nouvelles élections après la dissolution de la Chambre : maires révoqués par centaines, poursuites judiciaires (Gambetta est condamné à trois mois de prison et 2 000 francs d'amende pour avoir sommé le président de « se soumettre ou se démettre » en cas de nouvel échec électoral), fonctionnaires sanctionnés, réunions interdites, pressions administratives de toutes sortes... Le 14 octobre 1877, les républicains sont encore 325 à la Chambre face à 210 conservateurs et toujours majoritaires dans le pays. La gauche l'a donc emporté. Le succès est confirmé par la suite : logiquement, les républicains deviennent majoritaires au Sénat et, après la démission du maréchal de Mac Mahon, accèdent à la présidence de la République avec Jules Grévy (30 janvier 1879). Le 14 juillet devient fête nationale, *La Marseillaise* l'hymne officiel, les drapeaux sont solennellement remis aux régiments, l'amnistie des communards est complète, Victor Hugo célébré... Tous les symboles du début d'une nouvelle ère sont réunis et justifient que ces années soient considérées par François Furet comme marquant l'achèvement de « la Révolution » entreprise à la fin du XVIIIe siècle. Les élections législatives de 1881 sont triomphales : les conservateurs défaits sans avoir vraiment combattu et réduits à moins d'une centaine de sièges. Les conseils généraux ont eux aussi basculé : la moitié des départements était déjà gérée par les républicains en 1874, 66 sur 87 en 1880, 78 en 1883 (lettre de Pierre Lévêque au *Monde*, 15 avril 2004). Cette victoire de la gauche est aussi celle des « nouvelles couches » sociales annoncées par Gambetta, à considérer davantage dans les représentations ou les exemples donnés comme significatifs au pays que dans un illusoire décompte socioprofessionnel de telle ou telle strate des nouvelles élites. Là aussi, comme aimait à le dire Gambetta, « la forme emporte le fond ». La victoire est encore davantage politique et culturelle. C'est la victoire de la gaieté française selon Jaurès, celle de la jeunesse artistique qui se reconnaît dans les « expositions impressionnistes » [Nord, 2000].

GAUCHE ET POUVOIR : LES DÉBUTS D'UNE ANTINOMIE ?

L'œuvre de la majorité républicaine peut-elle être mise au crédit de la gauche ? Son bilan a bien été acquis par une (grosse) moitié du pays contre l'autre, par celle qui se réclamait d'une vision progressiste, des principes de la Révolution française. Un socle républicain constitué par quelques lois fondamentales est alors mis en place. Non seulement il définit une large part de la conception moderne de la société et de la politique, mais il fixe pour longtemps la stratégie du changement des diverses gauches qui vont se succéder : conquête d'une majorité parlementaire, malgré les épreuves (Ordre moral ici), au besoin appuyée par quelques journées d'héroïsme insurrectionnel (c'est ainsi que rétrospectivement est souvent vécu l'épisode de la Commune), qui permet le vote de lois bientôt reconnues par tous et donc vite irréversibles. En l'occurrence, ces lois républicaines sont essentiellement la liberté de la presse (loi du 29 juillet 1881), la liberté de réunion (loi du 30 juin 1881), la liberté municipale avec l'élection des maires (loi du 29 mai 1882), l'enseignement public gratuit, obligatoire et laïque (lois scolaires, notamment celles du 16 juin 1881 et du 28 mars 1882), la liberté d'association syndicale (loi du 22 mars 1884), le droit au divorce (loi Naquet, 27 juillet 1884), la réforme du système pénal (loi du 27 mai 1885)... En même temps, un « souffle républicain » s'exerce sur la haute administration, l'armée et la magistrature, dont le souvenir était encore évoqué à titre d'exemple un siècle plus tard par la gauche de Paul Quilès et de Jean Poperen [Machelon, 1976]. Cette victoire de la gauche fut sans doute la dernière à être aussi totale et rapidement reconnue par le pays. L'opposition devait désormais plutôt chercher à combattre dans le cadre fixé par les nouvelles lois : non pas par exemple contre la révision constitutionnelle de 1884, mais pour en demander une plus importante, qui aille vraiment au fond des choses, non contre les libertés, mais au contraire pour dénoncer les contrôles tatillons et les risques de « dérives sectaires » des républicains au gouvernement. Et très vite, ceux-ci ne font plus figure de « gauche ». Ils sont en effet le « pouvoir », certes combattus sur leur droite, mais davantage encore sur leur gauche (extrême gauche radicale à la Chambre, groupes ouvriers, socialistes et anarchistes, etc.)... et sur de nouveaux fronts, difficiles à classer en termes de gauche et droite : le boulangisme, le nationalisme... Bientôt, il ne fut plus possible de se contenter du terme de « gauche » pour définir les républicains des ministères et de la Chambre à la fin du siècle.

Faut-il risquer une date ? Nous pourrions suivre Jean Jaurès... Après tout, ce ne fut pas l'effet du hasard si celui qui refusait constamment l'idée même d'écrire des Mémoires, consacra une part importante de son temps, en janvier 1904, alors qu'il réfléchissait sur le devenir de la gauche et du socialisme, à rédiger une longue préface intitulée « Socialisme et radicalisme en 1885 » en vue de l'édition du premier tome de ses *Discours parlementaires* [Jaurès, 1982]. Jaurès indique la réponse que fit Ferry à sa demande d'explication sur « sa conception générale du monde et de l'histoire » : « Mon but, c'est d'organiser l'humanité sans dieu et sans roi. » La formule, souvent citée, correspond bien à la politique suivie par Ferry et par l'ensemble des républicains et justifie qu'en dehors des cas où menacent la théocratie et la monarchie, soit localement, soit nationalement dans des situations de crise particulière, qui ne devaient au reste pas manquer et donc complexifier le débat public, le républicain de gouvernement ne soit désormais plus en situation de représenter une gauche politique. Jules Ferry ne s'expliqua pas d'ailleurs seulement devant Jaurès. Sa réponse l'année précédente à l'interpellation de Langlois explicitait les mêmes vues générales : « La solution du problème social ou des problèmes sociaux est-elle dans la main du gouvernement, ou est-elle avant tout dans la main de l'individu ? [...] Sans doute cette lutte pour la vie est âpre, sans doute il est permis de rêver une société mieux organisée que cette société de bataille et de concurrence qui est la nôtre, une société plus fraternelle ; mais aucun de nous ni aucun de ceux qui nous succéderont ne verra même le seuil de cette terre promise » [cité par Barral, 1968, p. 265]. Le problème n'est pas dans telle ou telle prise de position, dans le refus circonstancié d'une réforme qui serait jugée non opportune, pour reprendre la formulation qui valut leur surnom aux républicains de gouvernement, mais dans le fait que pour eux, comme l'explique constamment Jules Ferry, il n'existe pas, une fois renversé l'Ancien Régime, de réel mouvement de la société, il n'y a donc pas lieu d'en avoir une théorie. Le choix du refus du fait social par les républicains, qui n'était pas prédestiné, qui s'est construit au début des années 1880 en rupture avec toute une part de l'histoire républicaine, notamment de celle des « quarante-huitards » [Agulhon, 1975] explique que la dénomination de « gauche » n'ait plus désormais de forte consistance dans ce milieu. Le mot sera pourtant encore utilisé. Pendant l'entre-deux-guerres, des groupes parlementaires plus ou moins héritiers directs du ferrysme et de sa Gauche républicaine gardent avec constance une étiquette qui s'y réfère : la gauche républicaine démocratique de Louis Barthou, les républicains de gauche de Tardieu... Mais, pour reprendre le mot du politique et juriste Joseph Barthélemy, lui-même homme du centre droit et membre d'un groupe voisin, cité par Jean-Marie Mayeur, il s'agit d'« hommes du centre que le malheur des temps oblige à siéger à droite ». En tout cas, plus personne, ni adversaires ni partisans, n'avait l'idée de situer ces groupes appelés « gauche » ailleurs qu'au centre ou à droite.

L'extrême gauche à la Chambre

La gauche républicaine au gouvernement n'abandonne donc pas forcément ses principes ni sa politique de réforme, mais sa compréhension conservatrice de la société une fois établie la République et la laïcité l'éloigne des représentations symboliques de la gauche, fondées sur le mouvement et le progrès humain. Ces conceptions trouvent-elles refuge dans la fraction critique des républicains, qui fustige les atermoiements de la majorité « opportuniste » ? L'extrême gauche désigne d'abord une réalité parlementaire illustrée à la Chambre par le groupe des députés qui veulent se situer à l'« avant-garde du camp démocratique ». Il fonctionne dans la première Chambre des députés en 1876-1877 sous l'instigation d'Alfred Naquet, avec une trentaine d'élus, poursuit ses activités et se transforme en « groupe fermé », plus critique à l'égard de la majorité républicaine une fois la victoire acquise en 1881 [Mayeur, 1984]. La partie de cette extrême gauche initiale qui souhaite conserver une attitude plus conciliante et ne pas se couper de l'ensemble du parti républicain choisit alors la dénomination de « gauche radicale », qui doit donc se comprendre comme plus modérée que celle de l'« extrême gauche » radicale pour éviter les confusions si fréquentes sur le positionnement réel de ce groupe charnière sous la IIIe République ! Ses animateurs, Floquet, Brisson, Lockroy, accèdent en effet rapidement aux responsabilités gouvernementales, ne se distinguant guère dans leur gestion de leurs collègues républicains de gouvernement. La différence serait à chercher ailleurs : affaires de posture, d'image et de style, qui justifient leurs origines « extrémistes ». Floquet, l'homme du « Vive la Pologne, Monsieur » au tsar Alexandre II, est aussi le président du Conseil sexagénaire et bedonnant qui sait blesser gravement en duel le général Boulanger [Jeanneney, 2004]. Brisson, austère certes, reste l'homme de l'intransigeance laïque, celui qui incarne au mieux le sentiment des loges maçonniques. Son geste spectaculaire, légendaire ou non, de soutien à Waldeck-Rousseau en juin 1899 peut s'interpréter comme engageant le choix décisif de refondation de la gauche pour le siècle à venir. Lockroy fait un choix contraire, incarnant en quelque sorte un antidreyfusisme de gauche comme ministre de la Marine dans les cabinets Brisson et Dupuy (juin 1898-juin 1899). C'est que l'« extrémisme » de cet ancien chef de bataillon du siège de Paris, très lié à la famille Hugo, est nourri du patriotisme républicain, parisien et populaire. Dans ces conditions, la remise en cause de l'Armée par la campagne dreyfusiste ne peut lui être qu'intolérable.

L'extrême gauche qui choisit en 1881 l'opposition et conserve donc son appellation est animée notamment par Georges Clemenceau [Duroselle, 1988 ; Becker, 1998] et Camille Pelletan [Basquiat, 1996]. Clemenceau est alors l'homme du refus tel que l'a peint Manet (1879, musée d'Orsay). Orateur, journaliste et duelliste redouté, il acquiert sa réputation de « tombeur de ministères ». L'extrême gauche radicale entreprend sous sa conduite un travail de disqualification à l'encontre de la majorité républicaine qui porte ses fruits. Non pas dans la réussite immédiate de Clemenceau, qui ne parvint au pouvoir qu'une vingtaine d'années plus tard (en 1906), mais dans l'impossibilité d'identifier les gouvernements en place à la gauche républicaine qui avait concrétisé le succès final de « la Révolution » à la fin des années 1870. La postérité de la critique radicale doit se chercher dans le moyen et le long terme : elle définit une bonne part de ce qui constituera l'identité de la gauche au XXe siècle, situant à droite la « gauche de gouvernement » de Gambetta ou de Ferry, influant même sur les débuts de l'école française des sciences politiques qui fut portée à établir une « loi de sinistrisme », chaque formation de gauche suscitant après des succès initiaux une nouvelle contestation sur sa gauche, poussant ainsi toujours plus à gauche l'axe des débats politiques dans une vision « progressiste » du devenir des sociétés.

La critique de Clemenceau concerne trois points essentiels : les institutions, la politique coloniale et la politique économique et sociale. Les radicaux se présentent comme restés fidèles à la tradition républicaine, qui va de la Convention au programme de Belleville (1869). Ne se satisfaisant pas des aménagements de 1884, ils réclament toujours de véritables institutions républicaines. La suppression du Sénat, de la présidence de la République, la décentralisation, voire l'élection des juges ou l'établissement de milices définissent l'horizon de cette révision constitutionnelle, attendue par beaucoup comme devant permettre un nouveau départ national et dont les thèmes, les aspirations et jusqu'au vocabulaire furent repris par le boulangisme. La politique coloniale de Jules Ferry est l'occasion des attaques les plus vives dès lors qu'elle peut être accusée de répandre le sang français et d'épuiser les ressources du pays. Enfin, les radicaux ne sont pas des libéraux classiques en économie, ce qui permettra aux socialistes de les considérer comme des socialistes inconséquents. Ils admettent la nécessité de corriger les lois du marché par une intervention de l'État, ils souhaitent réduire la durée du travail, instituer des retraites, réformer l'impôt, lutter contre l'influence des « féodalités financières », éventuellement en nationalisant la Banque de France, les mines ou les compagnies de chemin de fer. Le radicalisme au tournant de 1880, implanté dans les villes et fort d'un soutien populaire, exprime une protestation sociale qui le rapproche des premiers groupes socialistes et de nombre d'anciens communards. L'Alliance socialiste républicaine s'efforce en 1881 d'agglomérer ceux-ci dans le sillage de Clemenceau et de son journal *La Justice*, avec un programme reprenant les revendications traditionnelles de l'extrême gauche républicaine (libertés accrues, suppression de la présidence de la République et du Sénat, du budget des cultes, réduction du service militaire, de la journée de travail, développement des syndicats, des caisses de retraite, du crédit au travail, vieux thème proudhonien, et révision des contrats avec les compagnies minières et ferroviaires). L'objectif final, « le triomphe de la justice sociale par la liberté », est identique à celui du radicalisme. C'est à ce moment d'ailleurs que se forge le vocable « radical-socialiste » dont Charles Longuet, le gendre de Marx, l'ami de Clemenceau, revendiqua la paternité. L'heure de vérité se joue aussi pour le radicalisme en 1885 lorsque des élections ambiguës le mettent en position de participer au gouvernement. La poussée conservatrice du premier tour oblige la gauche, majoritaire (la baisse est restée très légère, avec environ 54 % des suffrages), mais divisée, à s'unir : c'est l'invention de la « discipline républicaine », avec la règle du désistement pour le candidat arrivé en tête. Les républicains de gouvernement sont malgré tout hors d'état de gouverner sans un appoint au moins partiel venu de l'extrême gauche radicale. En langage parlementaire, face à l'« union des droites » (200 députés, royalistes et bonapartistes), l'« union des gauches » (Gauche républicaine et Union républicaine, à peu près 200 aussi) doit s'entendre avec la « gauche radicale », voire avec l'« extrême gauche » clemenciste (une centaine de députés). Pourtant, Jaurès n'a pas de mal (mais il écrit en 1904...) à montrer que sur le fond Clemenceau partage le même refus du fait social que Jules Ferry, fruit de son individualisme foncier. C'est ce que Clemenceau exprime lui-même, à de nombreuses reprises : « Il faut surtout se garder de laisser croire aux hommes que l'affranchissement pourra leur venir tout d'un coup d'en haut, en vertu d'une formule magique, en dehors de l'effort individuel. Non, l'histoire enseigne que le progrès général n'est que la somme des progrès de chacun » [cité par Baal, 1994, p. 18].

Le socialisme et la gauche

Les organisations socialistes qui émergent à nouveau un peu avant et après 1880 ne se définissent pas comme de gauche ou d'extrême gauche, ce qui aurait pour effet de les relier à la gauche parlementaire dont ils veulent se démarquer. Ils ne cherchent pas un changement de politique, mais un changement de société. Leurs aspirations sont des plus diverses. Le « socialisme jeune homme » — l'expression est de Charles Péguy — se cherche. Madeleine Rebérioux [1974] décrit ainsi les différents chemins qui s'offrent à lui : « Une tentative de saisir par l'étude le sens de la société où l'on vit ? Un mode embryonnaire de structuration et d'organisation ouvrière ? L'attente passionnée, flamboyante, de la révolution qui, formulée par quelques apôtres et nourrie de quelques grandes luttes, donne consistance à l'esprit de révolte et réchauffe le cœur des ouvriers ? Une préparation pédagogique à la victoire du prolétariat ? » avant de conclure : « Tout cela et bien d'autres choses encore. » Ce qui émerge, au-delà des voies empruntées par les uns et les autres, est un triple « réveil » : du mouvement ouvrier dans les années 1870, des organisations se réclamant du socialisme dans les années 1880 et enfin, après 1893, du socialisme comme force politique qui compte, avec des électeurs, des élus, une presse, des comités et une influence propre. L'histoire des organisations a été souvent retracée [Kergoat, 1997]. Elle débute traditionnellement avec les congrès ouvriers, dont le troisième, qualifié pour cette raison d'« immortel », se proclame socialiste, à Marseille en octobre 1879. Elle se déploie classiquement de congrès en scissions, et égrène la liste des groupes et des leaders : Parti ouvrier de Jules Guesde et Paul Lafargue, devenu Parti ouvrier français en 1893, Comité révolutionnaire central d'Édouard Vaillant (1881), Fédération des travailleurs socialistes de Paul Brousse (1882), Parti ouvrier socialiste révolutionnaire de Jean Allemane (1890), Alliance communiste (1896), issue du POSR et rejoignant le CRC, lequel se transforme en Parti socialiste révolutionnaire (1898), Fédération des socialistes indépendants, qui adopte l'épithète révolutionnaire en 1898, rassemblement plus composite, avec Jean Jaurès, Aristide Briand, René Viviani... Presse et comités foisonnent, les groupes locaux ou régionaux, rattachés ou non à des organisations nationales, disposent toujours d'une forte autonomie. Alors que Benoît Malon, après un premier essai en 1881, fonde en 1885 *La Revue socialiste*, *La Petite République* devient après 1893 le quotidien de regroupement et/ou d'affrontement qui structure une bonne part de l'expression publique du socialisme français. L'historiographie de ces groupes et organes est abondante, même s'il va de soi que le sujet n'est pas épuisé ni même épuisable : Claude Willard pour les guesdistes, Michel Winock et Didier Bigorgne pour les allemanistes, Jolyon Howorth pour les vaillantistes, Madeleine Rebérioux, et ses élèves, divers et nombreux, pour Jean Jaurès... et les autres.

Le socialisme retrouve la gauche d'abord sur le terrain parlementaire. Les députés qui s'en réclament ne pratiquent pas l'isolement ou l'indifférence politique qui tentait encore en 1848 Pierre-Joseph Proudhon. Ils ne font pas le choix du refus révolutionnaire, qui avait sa logique et devait inspirer l'action anarchiste, mais ils se situent aux côtés de l'extrême gauche, définissant également pour longtemps le visage « républicain » du socialisme français. Aux élections de 1881, seuls deux députés semblent en mesure d'être considérés comme socialistes : Louis Blanc, en raison de son passé et de son œuvre, mais qui est alors pour les quelques mois qui lui restent à vivre (il meurt le 6 décembre 1882) un des animateurs aux côtés de Clemenceau et de Pelletan de l'extrême gauche parlementaire et radicale, Clovis Hugues élu sous cette étiquette dans le quartier de La-Belle-de-Mai (Marseille). C'est le cas aussi de Charles-Ferdinand Gambon, un ancien de 1848 et de la Commune, élu lors d'une élection partielle en juin 1882 député de Cosne, dans la Nièvre. La première municipalité socialiste du monde est officiellement Commentry, une ville minière de l'Allier, qui élit comme maire « Christou » Thivrier le 4 juin 1882, le futur « député à la blouse », et lui donne des successeurs socialistes... jusqu'en 2001. En 1885 sont élus plusieurs députés qui revendiquent l'appellation de « socialistes », notamment, à Paris, au second tour, l'ancien communard Zéphirin Camélinat [Cordillot, 2004] et le mineur Basly, animateur de grèves, sur une liste de rassemblement républicain. La constitution en mars 1886 d'un groupe ouvrier favorable à la « nationalisation progressive de la propriété », animé par Antide Boyer, député de Marseille, et qui reçoit dix-huit adhésions, enthousiasme Friedrich Engels qui, se fondant sur le cours normal de l'évolution révolutionnaire entre 1789 et 1794, estime qu'après le temps des opportunistes, puis un court moment radical, va sonner l'heure de ses amis communistes. En somme, la lutte contre l'Ordre moral et le cléricalisme avait cimenté une gauche républicaine, avant que la dénonciation de la Révolution comme adversaire principal, la rigueur de leur politique sociale empêchent les mêmes républicains devenus hommes de gouvernement de conserver cette position. Une gauche nouvelle est en voie de constitution vers 1885, elle se dessine à la Chambre à travers le groupe de l'extrême gauche et la fondation du groupe ouvrier. Sa cristallisation fut toutefois interrompue par la crise boulangiste, qui secoua le pays et bouleversa les lignes de définition politique en voie de constitution, à gauche et ailleurs.

LA PERTURBATION BOULANGISTE

Le boulangisme et la gauche : le sujet aurait pu faire l'objet d'une étude spécifique, s'il ne s'était imposé d'emblée aux historiens de ce mouvement qui n'ont pas manqué ces dernières années (Jacques Néré, Odile Rudelle, Zeev Sternhell, Michel Winock, Jean Garrigues, etc.). On sait que le boulangisme fut un mouvement ambigu, apte à fédérer les mécontentements, qui réunit un temps des aspirations apparemment contradictoires, de l'extrême gauche à l'extrême droite, unies par un même refus, voire un dégoût, de la République bourgeoise et parlementaire au pouvoir. Pourtant, le général Boulanger, populaire ministre de la Guerre (janvier 1886-mai 1887), avait relevé un temps lui-même de la gauche parlementaire en devenant ministre, grâce à Clemenceau. Il l'avait très vite débordée, par la diversité souvent audacieuse de ses prises de position. Sa réponse à une interpellation d'un député du groupe ouvrier, un de ses futurs lieutenants dans l'aventure boulangiste, lors des grèves de Decazeville, est restée fameuse : « Peut-être, à l'heure où je vous parle, chaque soldat partage-t-il avec un mineur sa soupe et sa ration de pain. » Lorsque, évincé du gouvernement, il se lance en 1888-1889 dans l'agitation politique et mène une violente campagne, plébiscitaire et révisionniste, contre la majorité républicaine (« Dissolution, Constituante, Révision »), il garde de nombreux soutiens à gauche. Sans être exclusifs, ceux-ci sont aussi éclectiques : ils viennent de l'extrême gauche non parlementaire, comme une bonne part du camp « blanquiste » avec Eudes ou Granger, le journaliste Rochefort, l'ancien communard Élie May, influent dans la franc-maçonnerie, mais aussi de parlementaires, membres du Groupe ouvrier comme Clovis Hugues, Laguerre ou Laisant, ou figures du radicalisme parlementaire tels Alfred Naquet et Maurice Vergoin, qui intègrent dès le départ son état-major politique. Dans le Nord, avec Basly et Clovis Hugues, ou dans la Nièvre, avec le docteur Turigny, c'est à gauche que le « brav'Général » mène campagne et se fait éventuellement élire. Mais le boulangisme emprunte aussi à droite, au conservatisme et au bonapartisme, et il est financé par les monarchistes. Il était certainement difficile de maintenir longtemps viable l'ambiguïté. En tout cas, le général, passée la victoire triomphale de l'élection dans la Seine en janvier 1889, ne sut pas trouver les voies pour perpétuer ses succès de l'année précédente.

Une attitude énergique du gouvernement, les équivoques et les atermoiements du boulangisme, la personnalité du général qui préfère l'exil à un combat douteux, le regroupement d'un camp républicain, aidé par le succès de l'Exposition universelle dit-on, par un nouveau mode de scrutin aussi (interdiction des candidatures multiples et surtout retour au scrutin majoritaire uninominal de circonscription à deux tours) permettent une nette victoire républicaine aux élections générales de septembre-octobre 1889, avec un renforcement des républicains modérés, « opportunistes » ou radicalisants assagis, au détriment des radicaux clemencistes dont ne se dégagent pas encore vraiment les quelques élus socialistes. Les boulangistes n'obtiennent que des succès partiels, notamment à Paris qui fournit la moitié de leur quarantaine d'élus. Ils sont désormais perçus de plus en plus comme un élément du rassemblement conservateur, malgré les efforts de certains, comme Maurice Barrès, élu député socialiste révisionniste de Nancy [Sternhell, 1972]. Malgré les succès de 1888-1889, le boulangisme a sans doute finalement davantage perturbé la droite conservatrice que le camp républicain qui, au moment décisif, rassemble toujours près de 55 % des suffrages.

Pour la gauche, le boulangisme est sans doute un facteur de crise, mais, davantage encore, un moment de décantation et de démarcation. Il pèse sur les rapports de forces internes. Dans un premier temps, il aide à rétablir l'autorité des républicains de gouvernement, le radicalisme étant accusé de l'avoir préparé et favorisé par ses critiques excessives, en tout cas se retrouvant quelque peu marginalisé dès lors qu'il apparaît que c'est bien la question du régime qui est posé, non d'éventuelles améliorations ou modifications. L'extrême gauche radicale des années 1880 n'est plus de saison, le radicalisme affaibli s'exprime désormais de manière différente à la Chambre et Clemenceau lui-même a dû jouer la logique de la défense républicaine, en rupture avec son attitude des années 1880. Surtout, le boulangisme bouscule le premier essor du socialisme, de manière complexe, et apparemment contradictoire. Les partisans de Paul Brousse ou de Jules Joffrin, les possibilistes, convaincus de la nécessité primordiale de défendre la République, ont vigoureusement agi contre lui. Ils sont allés jusqu'à se regrouper avec des républicains « bourgeois », radicaux (Clemenceau) ou « opportunistes » (le gambettiste Ranc) dans une Société des droits de l'homme et du citoyen. Ils peuvent se satisfaire de leur succès politique, mais ils n'en profitent guère. Ils se voient reprocher d'avoir abdiqué tout sentiment révolutionnaire. À l'instar de leurs prédécesseurs de l'Alliance socialiste républicaine en 1881, à partir du moment où ils se sont agglomérés à un bloc républicain, leurs chances de développement semblent figées à un niveau assez bas dans l'opinion, du moins dans celle susceptible de militer ou de voter pour des socialistes.

Mais, malgré les apparences et quelques succès électoraux, à Paris notamment, la situation des socialistes engagés trop avant dans le boulangisme est encore plus compromise. Aucun d'entre eux, malgré des choix ultérieurs parfois favorables à la gauche et au socialisme (pas toujours) ne put revenir au premier plan. Comme l'expliqua un jour Ernest Labrousse [1968], « le socialisme français est un socialisme républicain. Républicain dans ses origines, dans ses réflexes, dans ses attitudes historiques... » Dans la crise boulangiste, ce sont sans doute les réflexes qui ont joué le premier rôle. L'ardeur révolutionnaire peut pousser des militants, comme Paul Lafargue lui-même, à considérer avec plus de sympathie le boulangisme que le régime honni de Ferry et de ses héritiers. Mais cela ne peut être que marginal ou temporaire, le réflexe politique est d'aller vers la République. Certes, le socialisme français doit assumer ce choix fondamental et en même temps montrer qu'il ne s'y identifie pas absolument. Il doit laisser espérer l'autre République, la sociale, à la fois liée à la République réelle, mais aussi son antithèse puisque tenant, elle, toutes les promesses de Marianne, fille de la Révolution Les principaux dirigeants du socialisme fin-de-siècle, après la crise boulangiste, n'ont donc pas été compromis par celle-ci, ce sont d'incontestables républicains..., qui ont eu aussi la chance, ou fait le choix, de ne pas apparaître seulement comme des antiboulangistes, même s'ils ont concouru à sa défaite. Ainsi au Parti ouvrier est définitivement établie la suprématie sur Lafargue de Jules Guesde, l'ancien secrétaire de rédaction des *Droits de l'homme*, formé par les luttes républicaines des années 1860 [Willard, 1991]. Chez les anciens « blanquistes », celle d'Édouard Vaillant, très critique à l'égard des milieux gouvernementaux, mais qui avait refusé contrairement à Granger et ses amis de favoriser l'agitation boulangiste [Howorth, 1982]. Jean Jaurès n'est pas encore socialiste, du moins dans son expression publique [Rebérioux, 1999]. Au début de la législature de 1885, il était un député proche de Ferry ; à son terme, il est davantage lié aux radicaux, toujours indépendant et « non inscrit », cherchant la voie d'une politique républicaine qui le satisfasse vraiment. Son échec électoral en septembre 1889 le conduit à prendre quelques distances. Il mûrit sa réflexion en préparant ses thèses de philosophie et en exerçant un mandat de maire-adjoint à l'Instruction publique au sein de la municipalité à dominante radicale-socialiste de Toulouse (juillet 1890-janvier 1893). Collaborateur de *La Dépêche* depuis janvier 1887, il est en contact avec tous les milieux de la « démocratie » régionale, monde ouvrier compris. Difficile d'imaginer une préparation plus « républicaine », sur la forme et dans le fond, au retour en politique nationale, cette fois comme député socialiste de Carmaux (janvier 1893).

Esprit nouveau, nouvelles classifications et nouvelles définitions

La fin du siècle est trouble et complexe. Le boulangisme a interrompu et perturbé une évolution qui conduisait à décrocher les républicains de gouvernement de leurs références de gauche et à voir émerger une nouvelle gauche, sociale et démocratique, d'inspiration radicale ou socialiste. Divisée par le choix décisif imposé par les événements : république ou boulangisme, celle-ci doit vite se recomposer. L'Union républicaine, somme toute, avec des nuances et des divergences internes, reformée en 1889, assure, comme le dit à peu près Jaurès, « la victoire de toutes les forces de la démocratie » et reconstitue une gauche analogue à celle de la décennie précédente. Mais on ne se baigne pas deux fois dans le même fleuve et, la victoire obtenue, avant même le suicide romantique du général Boulanger dans le cimetière d'Ixelles, se délite à nouveau le parti de la République. Les changements ne sont ni brusques ni complets. Ainsi, il va de soi que, dans les régions conservatrices, les républicains sont toujours dans les scrutins électoraux les candidats de gauche, les bleus, face aux conservateurs. Cela avait été le cas aussi bien de Raymond Poincaré dans la Meuse, aux cantonales de 1886 comme aux législatives de 1889 [Roth, 2000], que de Louis Barthou, élu en 1889 avec 51 % des voix dans les Basses-Pyrénées, comme « républicain » face aux 49 % du député sortant « union des droites » [Papy, 1986].

La logique dominante qui structure la vie politique change cependant. Ce changement est accéléré par le scandale du Panama [Mollier, 1991] qui favorise en 1892-1893 l'accession aux responsabilités ministérielles d'une nouvelle génération d'hommes politiques (Poincaré, Barthou, Dupuy, Leygues, Delcassé, Hanotaux, etc.) tandis que Clemenceau, mis en cause comme Floquet et Rouvier, est écarté du Parlement pour une décennie. L'attachement aux principes d'ordre, la rigueur sociale face au mouvement ouvrier, la possibilité envisagée d'une réconciliation avec l'Église catholique grâce à la politique de ralliement voulue par le pape Léon XIII, alors que le pays connaît des difficultés sociales et que se développe une vague d'attentats anarchistes, dessinent une politique républicaine qui, encore moins que celle de Ferry quelques années auparavant, ne peut s'accorder avec les images de progrès social et de fraternité républicaine que porte avec elle la gauche victorieuse aux élections, ne serait-ce que parce que l'adversaire principal n'est plus le même… Cette politique, diffuse, est souvent qualifiée comme celle de l'« esprit nouveau » revendiqué par Eugène Spuller, ministre de l'Instruction publique et surtout ancien bras droit de Gambetta, dans un discours du 3 mars 1894, « contre tous les sectaires » et « pour maintenir les droits de l'État ». Les divers gouvernements qui se succèdent dans les années 1890 ne font figure devant personne de gouvernements de gauche. Ribot, Dupuy, Casimir-Périer, Méline qui se partagent la fonction de 1892 à 1898 sont tous clairement ancrés dans un centre droit dont l'adversaire principal est à gauche, même si, par le passé, les mêmes ont pu être classés autrement… C'est le cas aussi des présidents de la République élus en 1894 (Casimir-Périer) et en 1895 (Félix Faure). Casimir-Périer est facilement élu contre le candidat radical Henri Brisson après le tragique assassinat de Sadi Carnot par un anarchiste. Six mois plus tard, le député du Havre, promu une décennie auparavant par Gambetta, apparaît aussi nettement comme le candidat d'un centre droit républicain, soutenu par la droite conservatrice, face au centriste « gambettiste » Waldeck-Rousseau, qui se désiste en sa faveur, et au même candidat radical, Brisson.

Cette droite modérée, ou plutôt ce centre droit — car même discrète, affaiblie et favorable au nouveau cours, la droite conservatrice ne disparaît pas pour autant — qui se forge alors, comporte aussi des nuances. Dupuy ou Casimir-Périer insistent davantage sur la défense de l'ordre que Deschanel qui évoque des réformes nécessaires. C'est ce dernier qui promeut d'ailleurs l'appellation de « progressiste », moins dépréciative que celle d'opportuniste qui dominait auparavant. Mais, dans son ensemble, ce camp « progressiste » ne se situe plus à gauche. Celle-ci est désormais constituée au Parlement par l'ensemble radical, fort composite lui aussi, qui réunit environ une centaine de députés à la Chambre, un peu moins en 1889-1893, davantage en 1893-1898. Leur aile modérée s'appelle « gauche progressiste », « gauche démocratique » ou « gauche radicale », l'ancienne extrême gauche préfère quant à elle désormais l'appellation de « radical-socialiste » (terme choisi en 1895). Ils s'implantent au Sénat avec la création en 1891 du groupe de la Gauche démocratique, l'ancêtre de l'actuel Rassemblement démocratique et social européen. Certains radicaux continuent à être associés au pouvoir : Floquet préside la Chambre jusqu'en 1893, lorsque le scandale de Panama l'oblige à prendre sa retraite ; Brisson occupe les mêmes fonctions à partir de la fin 1894. Certains sont ministres, tels Léon Bourgeois, un juriste qui avait commencé sa carrière dans l'administration préfectorale, ou encore Georges Leygues, Paul-Louis Peytral… La politique de concentration républicaine se poursuit et les progressistes dominants, même Dupuy ou Casimir-Périer, incluent toujours des ministres radicaux dans leurs combinaisons ministérielles. Le radicalisme cependant cherche à se doter d'une nouvelle cohérence.

Il s'identifie de plus en plus à l'affirmation de sentiments anticléricaux et se dote d'une organisation encore légère avec le Comité d'action pour les réformes parlementaires. Léon Bourgeois lui fournit les éléments d'une doctrine sociale avec le solidarisme, dont les thèmes sont exposés en 1896 dans un article de revue, qui fonde la nécessité d'une intervention de l'État pour corriger les injustices sociales et rétablir les équilibres nécessaires entre tous les citoyens. De cette doctrine découle toute une série de réformes nécessaires : l'impôt sur le revenu, des retraites pour les vieux travailleurs, des assurances contre les risques sociaux et des mesures en faveur de l'enseignement qui seront durablement reprises par les programmes électoraux du radicalisme. Ainsi, les radicaux reviennent en situation. Lorsque les progressistes, à nouveau usés par des troubles sociaux (*lock-out* des verriers de Carmaux par un patron autoritaire et républicain), des difficultés coloniales (Madagascar), par des scandales financiers (affaire des chemins de fer du Sud), préfèrent se retirer un temps des affaires, se forme le premier gouvernement pleinement « radical » de l'histoire de France, présidé par Léon Bourgeois (1er novembre 1895-23 avril 1896). D'une durée de vie assez brève, ce gouvernement contribua cependant à fixer des traits usuels de la gauche : un projet financier réformateur, l'impôt sur le revenu, défendu par son ministre des Finances Paul Doumer, qui inquiète les modérés et l'opinion « bourgeoise », une politique extérieure favorable à l'arbitrage et à l'entente internationale (accord sur l'Égypte avec la Grande-Bretagne) portée par le grand savant Marcelin Berthelot, ministre des Affaires étrangères, des proclamations morales de lutte contre l'argent et l'affairisme, et des réformes scolaires (suppression envisagée du baccalauréat) confiées à un nouveau ministre, le sénateur-maire de Pons Émile Combes. Politique de principes, puisque le vote des réformes est empêché par l'opposition du Sénat, qui contraint le gouvernement à se retirer, jouant ainsi le rôle conservateur qu'il assumera encore face au Cartel ou contre le Front populaire. En tout cas, même sur un mode mineur, ce gouvernement put entrer dans la série des expériences de gauche et ses ministres, tel Combes, faire éventuellement fructifier cette image.

Il n'en alla pas de même avec le second gouvernement radical, constitué après les élections de 1898 qui avaient vu les radicaux progresser (27 % des suffrages environ) et revenir à la Chambre avec environ 180 députés. Le gouvernement Brisson (28 juin-25 octobre 1898), qui comprend des hommes forts du radicalisme (Bourgeois, Sarrien, Lockroy, Peytral, Delcassé, etc.), non seulement se montre peu décidé à faire aboutir l'impôt sur le revenu ou quelque loi sociale que ce soit, mais il reste dans l'histoire pour son rôle au mieux ambigu dans l'affaire Dreyfus. Certes, il ouvre la voie à la révision par la saisine de la Cour de cassation, mais son ministre de la Guerre, Godefroy Cavaignac, convaincu de la culpabilité du capitaine, en donne les preuves à la Chambre, ce qui permet à Jaurès (*Les Preuves*, 1898) de mener une contre-offensive décisive qui aboutira à la découverte du « faux Henry ». Brisson se refuse à entrer en conflit avec l'Armée et les ministres de la Guerre qu'il nomme après la démission de Cavaignac se révèlent tout autant hostiles à la révision du procès. Au contraire, ce sont les dreyfusards qui sont frappés (nouvel emprisonnement de Picquart, sanctions contre des universitaires...). Cette attitude n'est peut-être pas alors scandaleuse pour l'opinion de gauche. Les radicaux-socialistes les plus fervents, comme les responsables de *La Dépêche* de Toulouse, avaient refusé de participer à la campagne dreyfusarde et marqué plus que des distances. « Je suis avec le peuple et pas du tout avec les intellectuels » avait écrit Camille Pelletan, lui-même homme de lettres et issu d'une famille de grands intellectuels. Clemenceau était d'autant plus libre de s'engager que, non parlementaire, il n'exerçait alors aucune responsabilité. L'attitude du gouvernement Brisson n'est donc pas choquante en soi en regard de l'opinion de la démocratie et de ses soutiens en 1898, elle va le devenir lorsque parlementaires, classe politique et citoyens se convaincront que le danger vient davantage de l'agitation nationaliste et antidreyfusarde, liée au cléricalisme, et, qu'en outre, il ne serait pas impossible que le capitaine soit innocent. D'où le discrédit logique qui s'abattra sur la mémoire de ce gouvernement, dont le chef, qui garde son influence, ne sera plus jamais ministre. D'où le changement clef opéré en juin 1899 et le déploiement de la politique de « défense républicaine » menée par le dreyfusien Waldeck-Rousseau [Sorlin, 1968], un héritier du gambettisme, avec le soutien discret, mais efficace, des radicaux à l'appel notamment du même Brisson.

Le radicalisme de cette décennie n'avait plus de toute façon le monopole de l'expression de la gauche au Parlement. Les élections de 1893 avaient permis l'émergence d'un groupe socialiste, d'une cinquantaine d'élus, certes aussi divers que l'était le groupe ouvrier de 1886, mais qui représentait désormais dans l'opinion un courant bien distinct du radicalisme et identifié comme tel. Les socialistes avaient obtenu environ 5 % des suffrages aux élections. Le socialisme s'impose alors comme une référence, une force dont il faut débattre et qui représente un avenir possible, espéré ou redouté. Les revues en discutent, conférences contradictoires, livres et brochures se répondent, de Jules Guesde et Georges Renard à l'abbé Gayraud ou à Paul Deschanel... Le Parti ouvrier français domine nettement ses rivaux, la secte est devenue parti [Willard, 1968]. Bien implanté dans des régions industrielles (textile, métallurgie...), il se diversifie aussi en se développant, et ce n'est pas seulement affaire de tempéraments ou de sociologies régionales. Député de Carmaux, Jaurès passe quelque temps pour ce qu'on aurait appelé plus tard un « compagnon de route », écrivant à l'occasion dans *Le Socialiste*. Le programme agraire adopté au congrès de Marseille (septembre 1892), complété à Nantes (septembre 1894), favorise l'implantation rurale et sera longtemps cité en exemple d'adaptation intelligente aux conditions concrètes de la société française. Diffusant une pédagogie et une culture politique fondées sur des références à Marx et Engels, le guesdisme des années

1890 est en effet loin d'être aussi schématique que l'ont laissé penser certains historiens (ainsi, Georges Lefranc). Jules Guesde peut intégrer par exemple les intellectuels dans la classe ouvrière (voir son article « Manuels et intellectuels », *Le Socialiste de Marseille*, 26 octobre 1889, souvent reproduit dans la presse guesdiste) et soutenir à la Chambre le gouvernement radical. Son action parlementaire est le plus souvent en symbiose avec celle menée par Alexandre Millerand, Jean Jaurès ou René Viviani. Au congrès de Londres (juillet 1896), l'Internationale socialiste, en excluant les anarchistes, met en fait au pas ceux qui ne privilégieraient pas cette voie parlementaire, qui rencontre de nombreux succès aux élections municipales de 1892 et de 1896. C'est d'ailleurs pour célébrer ceux-ci qu'à Saint-Mandé, le 30 mai 1896, Millerand, élu du XIIe arrondissement (Bercy) depuis 1885, avec l'approbation des guesdistes avait défini les points fondamentaux du programme socialiste : « Intervention de l'État pour faire passer du domaine capitaliste dans le domaine national les diverses catégories de moyens de production et d'échange au fur et à mesure qu'elles deviennent mûres pour l'appropriation sociale ; conquête des pouvoirs publics par le suffrage universel ; entente internationale des travailleurs » [Derfler, 1977]. Certes, cette souplesse et ses succès n'empêchent pas une certaine raideur dans les rapports internes, où il s'agit d'imposer sa suprématie, comme le révèlent les âpres luttes pour le contrôle du quotidien *La Petite République*, dirigée tour à tour par Millerand (1893-1897), Guesde (1897), Gérault-Richard (1897-1911) et Jaurès (1898-1903).

Il importe davantage que le socialisme soit devenu dans les années 1890 une force politique autonome, qui s'organise et se développe aux côtés du radicalisme, aux côtés aussi — l'enjeu pèsera de plus en plus dans les années à venir — d'un mouvement ouvrier qui lui-même a constitué depuis les années 1880 syndicats et bourses du travail en imposant finalement son autonomie par rapport aux forces politiques susceptibles de le représenter, y compris et surtout les socialistes en plein essor électoral [Julliard, 1971 ; Trempé, 1993]. Cet ordonnancement est cependant bouleversé par l'affaire Dreyfus, comme il l'avait été dans un premier temps par la crise boulangiste. Aux temps du suffrage universel, des manifestations et de la « jeunesse des grèves » aussi, il n'était déjà plus possible de considérer les gauches du seul et strict point de vue parlementaire. Néanmoins, pendant les trois décennies où prend forme définitivement le régime républicain avec ses hommes, ses lois et ses coutumes, la caractérisation d'une gauche et d'une droite est restée instable, se modifiant selon ce qui apparaissait comme les problèmes les plus urgents du moment. La société française apprend dès lors à distinguer une conception large de la gauche, qui joue pour la défense de la République, et une conception plus exigeante qui attend que la République soit vraiment sociale. Cette dialectique perdure, mais en posant de nouvelles questions et en renouvelant son langage à l'occasion de chaque crise. Celle qui refonde et enracine le clivage gauche-droite de manière décisive se produit avec l'affaire Dreyfus dans les toutes dernières années du siècle.

RÉFÉRENCES BIBLIOGRAPHIQUES

AGULHON Maurice (1975, rééd. 1992), *Les Quarante-huitards*, Gallimard/Folio, Paris.

— (1990, rééd. 1997), *La République*, Hachette, Paris.

BAAL Gérard (1994), *Histoire du radicalisme*, La Découverte, coll. « Repères », Paris.

BARRAL Pierre (1968), *Les Fondateurs de la IIIe République*, Armand Colin, Paris.

BASQUIAT Paul (1996), *Une dynastie de la bourgeoisie républicaine : les Pelletan*, L'Harmattan, Paris.

BECKER Jean-Jacques (1998), *Clemenceau l'intraitable*, Liana Lévi, Paris.

CORDILLOT Michel [dir.] (2004), *Une vie pour la sociale. Zéphirin Camélinat (1840-1932)*, Adiamos, Auxerre.

DERFLER Leslie (1977), *Alexandre Millerand : The Socialist Years*, Mouton, Paris/La Haye.

DUCLERT Vincent (1994), *L'Affaire Dreyfus*, La Découverte, coll. « Repères », Paris.

DUROSELLE Jean-Baptiste (1988), *Clemenceau*, Fayard, Paris.

GARRIGUES Jean (1992), *Le Boulangisme*, PUF, coll. « Que-sais-je ? », Paris.

— (1993), *Léon Say et le Centre gauche 1871-1896. La grande bourgeoisie libérale dans les débuts de la IIIe République*, thèse de doctorat, université de Paris-X-Nanterre.

GAUCHET Marcel (1992), « La droite et la gauche », *in* Pierre NORA (dir.), *Les Lieux de mémoire. La France* III, Gallimard, coll. « Bibliothèque des histoires », Paris.

HOWORTH Jolyon (1982), *Édouard Vaillant. La création de l'unité socialiste en France*, EDI/Syros, Paris.

JAURÈS Jean (1982), *Préface aux discours parlementaires. Socialisme et radicalisme en 1885*, 1re éd. 1904, présenté par Madeleine Rebérioux, Slatkine, Genève.

JEANNENEY Jean-Noël (2004), *Le Duel, une passion française*, Seuil, Paris.

JULLIARD Jacques (1971), *Fernand Pelloutier et les origines du syndicalisme d'action directe*, Seuil, Paris.

KERGOAT Jacques (1997), *Histoire du parti socialiste*, La Découverte, coll. « Repères ».

LABROUSSE Ernest (1968), « Le socialisme et la Révolution française », préface à Jean Jaurès, *in* Albert SOBOUL (éd.), *Histoire socialiste de la Révolution française*, Éditions sociales, Paris.

Machelon Jean-Pierre (1976), *La République contre les libertés ?*, Presses de la FNSP, Paris.

Mayeur Jean-Marie (1984), *La Vie politique sous la IIIe République*, Seuil, coll. « Points », Paris.

Mollier Jean-Yves (1991), *Le Scandale de Panama*, Fayard, Paris.

Nord Philip (2000), *Impressionists and Politics. Art and Democracy in Nineteenth Century*, Routledge, Londres et New York.

Papy Michel (1986), *Barthou, un homme, une époque*, J & D Éditions, Pau.

Rebérioux Madeleine (1974), « Le socialisme français de 1871 à 1914 » *in* Jacques Droz (dir.), *Histoire générale du socialisme*, t. 2, PUF, Paris.

— (1999), *Parcours engagés dans la France contemporaine*, Belin, Paris.

Roth François (2000), *Raymond Poincaré*, Fayard, Paris.

Sorlin Pierre (1968), *Waldeck-Rousseau*, Armand Colin, Paris.

Sternhell Zeev (1972), *Maurice Barrès et le nationalisme français*, Presses de la FNSP, Paris, rééd. Complexe (1985), Bruxelles.

Trempé Rolande et Willard Claude [dir.] (1993), *La France ouvrière 1871-1914*, Éditions sociales/de l'Atelier, Paris.

Willard Claude (1968), *Les Guesdistes. Le mouvement socialiste en France (1893-1905)*, Éditions sociales, Paris.

— (1991), *Jules Guesde, l'apôtre et la loi*, Éditions ouvrières/de l'Atelier, Paris.

II

Traditions et sociabilités de la gauche

9

La mémoire de la Révolution au XIXe siècle

JEAN EL GAMMAL

À BIEN DES ÉGARDS, la mémoire de la Révolution est inséparable de l'histoire de la gauche, dans la mesure où celle-ci entend rassembler, métaphoriquement tout au moins, les « fils de la Révolution » et où à cette période correspond, selon Jean Touchard [1977, p. 17], une « deuxième couche » de références, après celles fournies par les philosophes du XVIIIe siècle. Michel Winock, pour sa part, assure que la Révolution « a été la référence clé de la gauche, telle qu'elle s'est peu à peu constituée au long du XIXe siècle » [Winock, 1999, p. 39]. Encore faut-il non seulement s'interroger sur cette filiation et cette tradition, eu égard à la succession des générations et à la diversité des courants concernés, mais aussi tenter d'interroger, dans la perspective adoptée, la notion de mémoire. Peut-on, en effet, cerner précisément les contours d'une gauche ou ne s'agit-il pas plutôt d'une nébuleuse — le « parti républicain » — à laquelle il est parfois malaisé d'assigner une mémoire commune ?

Si la notion de mémoire est de nos jours très présente, voire envahissante, son usage était plus restreint, et ne répondait pas nécessairement aux mêmes critères, durant les décennies qui ont suivi la Révolution. Il existe donc des risques de décalage, voire d'anachronisme, qu'il faut essayer d'éviter en variant les approches en fonction des données disponibles. C'est qu'en dehors des mémoires publiés et plus généralement des ouvrages d'histoire, à travers lesquels une certaine mémoire est présente, les souvenirs de la Révolution empruntent de nombreux canaux et sont en relation avec des dimensions inégalement perceptibles de l'action et des sensibilités de gauche. À l'échelle d'un siècle, prolongé jusqu'en 1914, on s'est donc efforcé de rendre compte à la fois des césures majeures et de la pluralité des perspectives, sans négliger les « combats de mémoire » livrés par la gauche aux droites, dans un mouvement renouvelé d'identification et, lors de certaines périodes, de contre-offensive.

À la lumière des nombreux travaux concernant l'héritage de la Révolution, trois axes principaux apparaissent : le temps de la mémoire proche, jusqu'en 1830 environ ; l'époque des résurgences, des éclipses et des controverses, jusqu'à l'installation des républicains au pouvoir ; les premières décennies de l'institutionnalisation, alors que la diversification des gauches suscite aussi des controverses et de nouvelles perspectives. Ces trois temps, brièvement présentés, ne sont pas absolument cloisonnés. Les flux de la mémoire jouent sur d'assez longues durées au rythme des représentations et des imaginaires, au-delà des témoignages des survivants, dont certains demeurent longtemps présents dans l'histoire du siècle. Ils varient également en fonction des traditions familiales et des réalités locales. En tout cas, les enjeux de mémoire, on le sait, sont souvent tributaires de l'actualité, qui est surtout celle, pour la gauche, de l'idée républicaine et des obstacles, inégalement répartis dans le temps, auxquels elle s'est heurtée.

Le temps de la mémoire proche

Sous le Consulat et *a fortiori* sous l'Empire, la mémoire immédiate de la Révolution, assurément fort vivace à plus d'un titre, ne trouve que des échos partiels. Elle est en effet brouillée par un certain nombre de facteurs. Certains relèvent sans doute de la perception des événements eux-mêmes. Les contemporains ont-ils le sentiment que, après le coup d'État du 18 Brumaire, le cycle révolutionnaire est terminé ? On peut en douter, même si, sur bien des points, l'arrivée au pouvoir de Napoléon Bonaparte marque une rupture. Lui-même déclare, devant le Conseil d'État, en novembre 1800 : « Nous avons fini le roman de la Révolution : il faut en commencer l'histoire, ne voir que ce qu'il y a de réel et de possible dans l'application des principes, et non ce qu'il y a de spéculatif et d'hypothétique. Suivre aujourd'hui une autre voie, ce serait philosopher et non pas gouverner » [cité par Furet, 1990, t. 1, p. 402]. Mais il existe aussi des « symboles » dont la destinée est variable au tournant du siècle : les trois couleurs continuent à accompagner l'histoire nationale, le calendrier révolutionnaire ne subsiste officiellement que jusqu'en 1806 et *La Marseillaise* suscite la défiance de Napoléon Bonaparte. D'autres vecteurs de mémoire, chansons, objets, images et souvenirs divers, demeurent dans les souvenirs, mais il est difficile, peu de temps après la fin du cycle révolutionnaire, d'apprécier l'étendue de leur emprise.

Dans la mesure où la nature autoritaire du Consulat et du Premier Empire ne permet pas l'instauration de débats liés d'une manière ou d'une autre à la mémoire, les différentes caractéristiques de la gauche comme de la droite ne peuvent guère apparaître au grand jour. Dans cette mouvance, les héritiers de la Révolution n'ont pour principale alternative que le ralliement au régime ou le silence, consenti ou forcé. Il existe des cas significatifs comme celui de

Rouget de Lisle, l'auteur de *La Marseillaise*, qui a désapprouvé le coup d'État de Brumaire et s'est adressé personnellement à Bonaparte pour le critiquer, ce qui lui vaut de vivre « en situation de suspect » [Vovelle, *in* Nora, 1984, p. 104]. Ceux qui acceptent le Consulat ne reviennent guère sur le cours de la Révolution, encore que certains « idéologues » nommés au Tribunat expriment leurs réticences, en fonction des principes — plutôt modérés — qu'ils ont défendus face aux orientations autoritaires du régime, ce qui conduit à leur marginalisation politique. À l'extérieur des champs du pouvoir, les incertitudes ou l'amertume prévalent, comme le suggère l'exemple de l'abbé Grégoire, qui abandonne la rédaction de ses mémoires en avril 1808 [Hermon-Belot, 2000, p. 420-421]. Néanmoins, s'il est permis de mentionner ici un effet de mémoire ultérieur, on peut citer ce qu'écrit avec quelque emphase Pierre Larousse, lors des années 1870, dans son *Grand Dictionnaire universel du xixe siècle* en vantant les « nobles idées de la Révolution » : « Malgré toutes les réactions politiques, malgré le despotisme de l'Empire, elles se perpétuèrent, et la tradition en fut religieusement conservée par quelques âmes fortes. Mais dès lors elles étaient proscrites et ne pouvaient plus se manifester que par la voie des conspirations. La plus célèbre, dans cette période, fut celle du général Malet [...] dont l'objet était bien réellement le rétablissement de la République. » Larousse cite aussi l'action des sociétés secrètes, comme celle des Philadelphes dans l'armée. Mais il évoque un courant plus important lorsqu'il souligne le réveil de l'« esprit de 1789 » pendant les Cent Jours.

À l'exception d'épisodes très circonscrits dans le temps, c'est surtout après quinze ans, sous la Restauration, que paraît resurgir une mémoire de la Révolution. Mais celle qui peut s'exprimer sans difficultés n'est pas à gauche : non seulement les conventionnels dits régicides survivants doivent prendre le chemin de l'exil, où meurent par exemple Lazare Carnot en 1823 ou le peintre David en 1825, mais « c'est à peine si les régicides ont droit au souvenir dans l'univers de la Restauration. Leur mémoire fait scandale. » [Luzzatto, 1991, p. 70]. Dominent alors surtout une « contre-mémoire » de droite, dans sa version ultra, ou des considérations de modérés, comme Benjamin Constant ou Mme de Staël, sur le cours des événements depuis la Révolution française. Aucune grande voix ne s'élève, durant la plus grande partie du règne de Louis XVIII tout au moins, pour illustrer avec ampleur une mémoire de gauche de la Révolution. Néanmoins, certains orateurs appartenant à la gauche de la Chambre des députés s'expriment parfois de manière significative. L'un des discours les plus retentissants, de ce point de vue, est prononcé par Manuel le 26 février 1823. « Sa stratégie, écrivent Emmanuel de Waresquiel et Benoît Yvert, consiste à louer constamment la Révolution tout en dénigrant parallèlement la dynastie et l'émigration afin de pousser les ultras, qui tombent régulièrement dans le piège, à proclamer la prépondérance royale avec pour corollaire la précarité de la Charte. » Ce jour-là, il ose évoquer le régicide, en faisant un parallèle avec les Stuarts : « Auriez-vous oublié [...] que ce fut parce que les puissances étrangères entrèrent en France que Louis XVI fut décapité ? Ai-je besoin de vous dire que les dangers de la famille royale devinrent plus graves lorsque la France révolutionnaire sentit qu'elle avait besoin de se défendre par une forme nouvelle, par une énergie toute nouvelle ? » Manuel suscite l'indignation de la majorité. Son expulsion est votée, et soixante-deux députés libéraux sortent avec lui lorsqu'il est saisi au collet, le 3 mars 1823, par les gendarmes. Cet épisode retentissant, il est vrai, n'a pas alors d'équivalent, mais il montre qu'une mémoire quasiment républicaine de la Révolution peut reparaître dans l'enceinte parlementaire.

Par ailleurs, c'est à partir de 1823-1824, en un temps où les ultras ont repris leur ascendant sur la vie politique, que des ouvrages d'histoire, comme ceux de Thiers et de Mignet, présentent une vision globale de la Révolution, libérale, au sens du temps, à laquelle font écho — non sans critiques — les jeunes gens, fort modérés, qui s'expriment dans les colonnes du *Globe* [Goblot, 1995, p. 264-280]. À la fin d'une décennie, où ont proliféré toutes sortes de mémoires et de souvenirs relatifs à la Révolution — en général hostiles, mais émanant aussi d'anciens girondins, voire du montagnard Thibaudeau, seul régicide publié, en 1823, dans la collection des *Mémoires relatifs à la Révolution française* [Luzzatto, 1991, p. 203] — le rythme des parutions de souvenirs exprimant des points de vue de gauche s'accélère. Ainsi voient le jour les *Mémoires* du conventionnel Levasseur, en fait composés par Achille Roche « à partir d'un canevas qui lui est parvenu par l'intermédiaire du fils de l'exilé », les *Mémoires* apocryphes — élaborés de manière complexe — de Robespierre et surtout la *Conspiration des Égaux dite de Babeuf* de Buonarotti, parue à Bruxelles en 1828. Avec ce dernier ouvrage, une nouvelle vague de mémoire s'esquisse, l'ancien compagnon de Babeuf, qui accueille nombre de jeunes républicains, surtout après la révolution de Juillet, constituant un « relais vivant entre deux traditions révolutionnaires » [Gérard, 1970, p. 37]. Avant 1830, les deux courants principaux, liés à l'héritage de la Révolution dans une perspective plus ou moins nettement républicaine, sont celui des admirateurs de la Constitution des États-Unis, derrière La Fayette, et celui, d'orientation jacobine, qu'animent Godefroy Cavaignac et François-Vincent Raspail [Lévêque, 1992, p. 220].

Pour l'essentiel, la mémoire de gauche n'en demeure pas moins diffuse, au-delà de petits cercles de militants. Il n'existe guère, dans les régions où le souvenir de la Révolution — et parfois de l'Empire — demeure apprécié, de « société du souvenir » comparable à celle qu'a étudiée Jean-Clément Martin à l'échelle de la Vendée. Si l'on songe aux thèmes les plus diffusés, satiriques et anticléricaux, par Béranger notamment, dans une large part de l'opinion opposée à la Restauration, force est de constater que la vision de la Révolution est volontairement floue : non seulement la Terreur continue à effrayer, mais le chansonnier — qui n'en a pas moins eu maille à partir avec la justice rendue au nom de Charles X — reste hostile à toute violence [Touchard, 1968, t. II,

p. 47-53]. Il n'en reste pas moins que les Trois Glorieuses — et surtout leurs suites — ne pouvaient que susciter d'autres rapports à la mémoire.

ENTRE REGAINS, COMBATS ET ÉCLIPSES

Lors des journées révolutionnaires de juillet 1830, les références à la Révolution n'ont pas été très directement présentes. Du reste, selon Jean-Claude Caron, « de discrets mais habiles rappels de 1793 suffisent à détruire l'idée de République », alors que les étudiants parisiens, fer de lance du républicanisme, ne sont pas en mesure de faire prévaloir leurs vues. [Caron, 1991, p. 314]. Au lendemain des journées de Juillet, Louis-Philippe est en quelque sorte intronisé par La Fayette, qui représente une mémoire modérée de la Révolution. Par ailleurs, avec discrétion, les « régicides » survivants peuvent rentrer en France.

Durant les mois qui suivent, la mémoire de la Révolution n'est qu'en partie éclipsée par le cours d'une évolution politique qui déçoit les républicains et les relègue dans une certaine marginalité. Elle est en effet présente sur différents plans. Tout d'abord, les survivants continuent à occuper une certaine place : près de 10 % des Français — de toutes opinions, il est vrai —, âgés d'au moins soixante ans, peuvent transmettre des souvenirs consciemment ressentis. En outre, dans une perspective militante, les commémorations jouent un rôle, telle celle de juillet 1831, place du Châtelet, associant « vétérans de 89 » et « blessés de juillet 1830 » [Darriulat, 2001, p. 129]. Laponneraye, un jeune admirateur de Robespierre, qui publia plus tard les mémoires de sa sœur Charlotte, ouvre en novembre 1831 un cours public d'histoire de France de 1789 à 1830, et explique, dès sa deuxième leçon, que les deux révolutions sont « sœurs » en ce que le peuple a travaillé à chaque fois au profit de la bourgeoisie : « Après 1789, il a reconnu qu'on l'avait trompé et qu'il devait recommencer ; après 1830 reconnaît-il qu'il a été trompé ? » [cité par Darriulat, 2001, p. 128]. La mémoire imprègne aussi l'action républicaine des premières années de la monarchie de Juillet. Appellations, vocabulaire et modes d'organisation sont souvent significatifs. Ainsi en va-t-il des Sociétés des amis du peuple et des droits de l'homme. Cette dernière, tout particulièrement, est sensible aux données symboliques. Les candidats doivent adhérer à la Déclaration des droits de l'homme, présentée par Robespierre en avril 1793 et incorporée à la Constitution de l'an I. Certaines sections portent des noms expressifs : Saint-Just, la Montagne… [Huard, 1996, p. 68-69]. En outre, plusieurs dirigeants des sociétés républicaines sont d'anciens hommes de la Révolution, comme Dupont de l'Eure au sein de la société Aide-toi, le ciel t'aidera [Gilmore, 1997, p. 175-176] ou des fils de conventionnels, comme Auguste Blanqui ou Godefroy Cavaignac.

Même si les procès fournissent parfois des tribunes aux défenseurs d'une mémoire de gauche — Godefroy Cavaignac parle en 1832 de son « amour filial pour la Révolution » [Nicolet, 1995, p. 92] —, les possibilités d'expression de la mémoire révolutionnaire se restreignent en raison des emprisonnements (à Sainte-Pélagie, on entonne pourtant à genoux *La Marseillaise*, dans le cadre de la « prière républicaine » [Darriulat, 2001, p. 129] et des mesures de répression de 1834 et 1835. Néanmoins, le régime de Juillet s'efforçant d'illustrer une certaine continuité de l'histoire nationale, il peut exister des situations particulières. Ainsi, en matière de décors publics, il est au moins une œuvre qui a pris « la valeur quasi républicaine d'une brûlante apologie de la Liberté combattante » : il s'agit du relief de François Rude, sur l'Arc de Triomphe, « 1792, le départ des volontaires » [Agulhon, 1980, p. 64]. Par ailleurs, tout à fait en dehors de la sphère officielle, sont publiés des mémoires, comme ceux de l'abbé Grégoire, mort en 1831, qui paraissent en 1837, avec une notice rédigée par Hippolyte Carnot. Sur un autre plan, alors qu'avant 1830, les sources manuscrites de l'histoire de la Révolution étaient très difficiles d'accès [Godechot, 1974, p. 60], elles commencent à être publiées ou utilisées.

De nombreux ouvrages sur la Révolution voient le jour, dont les quarante volumes de l'*Histoire parlementaire de la Révolution française* de Buchez et Roux, entre 1834 et 1838, « instrument de travail irremplaçable » ainsi que d'« étranges professions de foi de jacobinisme mystique dont Michelet fera une satire féroce » [Gérard, 1970, p. 40]. En tout cas, les conceptions de Buchez et son « socialisme catholique » bénéficient d'une audience importante, au titre de la curiosité, mais aussi, selon François Furet, d'une réinterprétation anti-individualiste de la Révolution, qui célèbre un 1793 populaire et condamne un 1789 bourgeois [Furet, 1990, t. 2, p. 154-160].

En 1839, année du cinquantenaire, Cabet publie son *Histoire populaire de la Révolution française* et Marrast et Dupont des *Fastes de la Révolution française*. Au mois de mai, les militants de la Société des saisons, inspirée par Blanqui et dont l'un des chefs de file est Martin Bernard, né en 1808 et devenu, au fil de ses lectures, fervent admirateur de Robespierre [Latta, 1980, p. 23], tentent de déclencher une insurrection qui tourne court. Enfin, même si ses conceptions s'inscrivent moins aisément dans les schémas de gauche, même s'il admire Danton et la Convention [Grange, 1996, p. 308-314], on peut noter qu'en 1839, Auguste Comte consacre l'un de ses *Cours de philosophie positive* à la « métaphysique révolutionnaire » [46e leçon, « Considérations politiques sur la nécessité et l'opportunité de la physique sociale » et « Petits cours de Révolution positiviste », cités par A. de Baecque, 2002, p. 219-226]. Ses vues, mettant en relief les illusions attachées à la Révolution, sont nuancées ensuite par nombre de ses disciples républicains, surtout à partir du milieu du siècle.

Durant les années 1840, alors que les républicains sont apparemment privés de toute capacité d'action, la mémoire de gauche est exaltée de bien des manières, particulièrement en 1846-1847, alors que « l'histoire commence à relayer le souvenir » [Nicolet, 1995, p. 92]. Paraissent alors *Le Peuple* de Michelet, particulièrement sensible à une mémoire transmise dans le cadre familial et à la tradition orale, ainsi que *Le Christianisme et la Révolution* de Quinet, dans la formation politique duquel un vieux conventionnel, Baudot, avait beaucoup compté. En 1847, Michelet livre au public les premiers volumes de l'*Histoire de la Révolution française*, titre également choisi par le socialiste Louis Blanc, lui-même issu d'une famille royaliste. Lamartine, initialement de droite, s'est beaucoup rapproché de la gauche à l'issue d'un long parcours personnel et politique. Son *Histoire des girondins* est en partie nourrie de témoignages — dont ceux de son père et de son oncle un temps emprisonnés, ainsi que du neveu de Guadet, de la sœur de Collot d'Herbois et de la veuve de Lebas. Le livre, qui connaît un vif succès, se clôt sur un appel à la réconciliation : « Le crime a tout perdu en se mêlant dans les rangs de la République. Combattre, ce n'est pas immoler. » Alphonse Esquiros publie pour sa part une *Histoire des montagnards* fort lyrique, lançant dans sa conclusion : « Acceptons tout de ces hommes, moins le sang ! » Tous ces ouvrages — si différents qu'ils soient, Michelet étant le seul historien de métier, qui rappelle aux zélateurs de la Terreur que la « fraternité ne peut rien sans la liberté » [Winock, 2002, p. 352], et les préférences politiques des auteurs n'étant pas identiques — relèvent d'une sorte de « politique du peuple », qui n'est pas étrangère à l'esprit de 1848.

Sous la IIe République, la mémoire est présente au sein même du Gouvernement provisoire, présidé officiellement par le vétéran Dupont de l'Eure. Au-delà de la présence d'une des dernières figures encore vivantes de la Révolution, on peut s'interroger sur les traits d'une mémoire plus globale à gauche. Le bilan doit être nuancé. Il y a certes dans les semaines et les mois qui suivent des réminiscences, par exemple dans des dénominations de clubs [Huard, 1996, p. 87] ou lors de la fête de la Fraternité du 20 avril 1848 [David, 1992, p. 183-188]. Dans certains départements, comme le Gard, le regain de la tradition révolutionnaire procède d'une mémoire locale : on retrouve des drapeaux ou des écharpes de maires ; l'appellation de citoyen, les chants révolutionnaires, les symboles, les bustes et les portraits peuvent montrer que le « souvenir de la Révolution française est la pièce maîtresse de la culture politique populaire » [Huard, 1982, p. 62-63]. En outre, la succession rapide des séquences du processus révolutionnaire peut susciter quelques comparaisons, mais la tonalité propre à l'« illusion lyrique », puis aux déceptions qui s'expriment à gauche, offre évidemment des caractères particuliers, de même qu'est spécifique le déroulement tragique des journées de Juin. Quant à la Constitution de 1848, elle repose certes, pour l'essentiel, car les débats sont plus complexes qu'il n'y paraît [Luchaire, 1998], sur une assemblée unique, selon la tradition de la Révolution — du moins avant le Directoire —, mais aussi sur un président de la République élu au suffrage universel, innovation étrangère à la mémoire de la gauche.

Il reste qu'à partir de l'automne de 1848, la « Montagne » démocrate-socialiste porte en elle des souvenirs, non sans chercher à rassurer et à convaincre, notamment les ruraux, alors même qu'elle effraie le parti de l'Ordre. Maurice Agulhon estime d'ailleurs que plus que par ses traits néorobespierristes, la Montagne s'inscrit dans l'histoire par son pouvoir d'anticipation, annonçant la pensée de Jaurès [Agulhon, 1973, p. 112]. En tout cas, après mai 1849 et lors du déclin de la IIe République, la mémoire de la Révolution, présente dans certains discours montagnards à l'Assemblée législative et sans doute au sein des sociétés secrètes, retient moins l'attention. Pourtant, Proudhon — qui avait porté un « toast à la Révolution » en octobre 1848 [de Baecque, 2002, p. 254-256] — publie en juillet 1851, avec un grand succès, son importante *Idée générale de la Révolution au XIXe siècle*, dans laquelle il développe des vues anticentralisatrices et juge que la division a été fatale à la Révolution française. Quelques mois plus tard, lors du coup d'État, il n'est plus question de doctrine, mais parfois de tradition républicaine, qui pousse à la résistance. Ainsi, dans le Var, les environs de La Garde-Freinet, l'un des foyers de la lutte des insurgés, sont marqués par des souvenirs remontant notamment à la Révolution [Agulhon, 1979, p. 126-128]. D'autre part, le parallèle entre le 18 Brumaire et le 2 décembre peut éveiller certains souvenirs. Les républicains en exil ont ravivé cette mémoire.

Sur le territoire national, les années 1850 sont, pour la gauche, une période de silence contraint. La répression exercée par l'Empire autoritaire n'exclut pourtant pas l'approfondissement, voire la maturation d'une mémoire qui n'est plus liée à la présence de témoins, mais peut tenir compte de leur message. Dans l'introduction d'un recueil publié en 1896 chez Alcan, *Hommes et choses de la Révolution*, Eugène Spuller, né en 1835 et qui fut un proche de Gambetta, évoque, au soir de sa vie, cette période : « Les républicains de la génération à laquelle j'appartiens ont été élevés à l'école de la Révolution française, dans la religion de ses principes, dans le culte de ses grands hommes. » Après avoir mentionné ses lectures d'alors — Thiers, Mignet, Lamartine, Louis Blanc, Michelet —, il ajoute : « Sous le Second Empire, au temps de notre jeunesse, il y eut une période où l'esprit d'opposition républicaine, traqué partout et en même temps désireux de se retremper aux vraies sources, sembla se réfugier dans l'étude plus approfondie des événements et des personnages de la Révolution. » Et l'auteur de citer nombre d'ouvrages publiés sous le Second Empire, dont l'*Essai sur la Révolution française* de Pierre Lanfrey, paru en 1858 et d'inspiration positiviste.

Certes, pour la mise en perspective de la Révolution, ce n'est pas un homme de gauche, mais Tocqueville dans *L'Ancien Régime et la Révolution*, qui trace les plus amples perspectives. Mais durant la décennie suivante, d'une part, Hugo dilate le temps dans *Les Misérables*, parus en 1862, roman dans lequel nombre de personnages sont confrontés à la Révolution et à son héritage [Ozouf, 2001]. D'autre part, c'est à gauche que se déroule le grand débat autour du jacobinisme. Celui-ci met aux prises Alphonse Peyrat, dans *L'Avenir national*, et Edgar Quinet, qui, dans *La Révolution française*, dénonce rétrospectivement la Terreur, avatar de la raison d'État monarchique et contraire à la République à venir. Le premier est soutenu par Louis Blanc, qui a fait paraître la suite de son *Histoire de la Révolution française*, le second par le jeune Jules Ferry dans *Le Temps* [Barral, 1968, p. 110-113] et par Pierre Larousse [Winock, 2002, p. 543]. Une grande partie de la gauche s'exprime alors au sujet de la Révolution. Michelet est assez nuancé, tout en continuant à critiquer les zélateurs de la Terreur. Les divisions opposent aussi admirateurs de Robespierre (Blanc, Hamel, Delescluze) et tenants de Danton (une partie des positivistes, dont Littré). À l'extrême gauche, où se situe d'ailleurs Auguste Vermorel, qui, entre 1866 et 1869, publia les œuvres de plusieurs révolutionnaires, dont des girondins, les points de vue sont également divers. Les détracteurs de Robespierre ne sont pas rares (outre Proudhon, mort en 1865, Jules Vallès). Blanqui, qui se range parmi eux, a fixé son admiration sur la Commune de Paris de 1793, et Tridon célèbre Hébert. C'est à cette époque que le courant blanquiste renforce sa « culture de l'insurrection », qui correspond pour plusieurs décennies à un culte de la tradition révolutionnaire [Hutton, 1981].

Alors même que l'Empire, qui ne se libéralise que très graduellement, exerce encore son emprise, des combats de mémoire opposent différentes composantes de la gauche. Cela n'exclut pas des représentations plus modérées, à tonalité patriotique, comme dans certains romans d'Erckmann-Chatrian [Amalvi, 2002 ; Rioux, 1989]. En tout cas, au-delà de la pluralité des discours et des tâtonnements des oppositions, un texte appelé à tenir une grande place dans l'histoire du « parti républicain » est présenté à l'approche du scrutin législatif de 1869 : le « programme de Belleville », accepté par Gambetta, qui, s'il ne comporte pas de référence directe à la Révolution française, est en partie imprégné de ses principes. Après son élection au Corps législatif, en tant qu'« irréconciliable », Gambetta prononce d'ailleurs, le 22 juillet, un discours explicite, voire prémonitoire : « La France est engagée, sous peine d'abaissement, et peut-être de mort sociale, à terminer la Révolution française... Il ne faut pas que le centenaire de 1789 se lève sur nous sans que le Peuple ait reconquis pour lui comme pour le reste du monde l'héritage politique dont il est dépossédé depuis le 18 brumaire... » [cité par Rougerie, 1988, p. 7]. Mais le succès du régime, en mai 1870, paraît éloigner cette perspective, avant que la guerre et l'effondrement de l'Empire ne suscitent une situation porteuse d'autres références.

En effet, la formation, au 4 septembre, jour de la proclamation de la République, d'un gouvernement de Défense nationale, correspond évidemment à des réminiscences révolutionnaires face à l'invasion. Mais c'est surtout à l'extrême gauche que cette tonalité est présente en 1870-1871. En province, les républicains se réclament plutôt de 1792, 1870 marquant « le début d'une nouvelle croisade révolutionnaire contre la Prusse et contre la réaction » [Gaillard, 1971, p. 71], même si à Lyon et à Marseille, sont un temps créés des comités de salut public. Dans la capitale, les souvenirs de 1792 et 1793 sont associés. Dès le 7 septembre — ou 21 fructidor 78 —, Blanqui a lancé le journal *La Patrie en danger*. Sous la Commune, les références abondent, conjuguant « spontanéité et mémoire », qu'il s'agisse de remise en usage du calendrier révolutionnaire, de thèmes, de noms de clubs ou de titres de journaux — ou encore de mentions d'Hébert ou de Robespierre. À la fin d'avril et au début de mai, alors que la menace des forces gouvernementales se précise, de longues discussions accompagnent la formation du comité de salut public, « dernier éclat » de la « tradition jacobine » selon Maurice Agulhon [1996, t. III, p. 17]. Une minorité importante, au sein de la Commune, s'était d'ailleurs opposée à cette réminiscence, le peintre Gustave Courbet ayant été l'un des plus hostiles.

Dans la perspective d'une consolidation de la République, c'est progressivement que dans les années 1870, la gauche met l'accent — le socialisme connaissant évidemment une éclipse — sur ce qui l'unit face aux droites. Hippolyte Carnot a d'ailleurs lancé, dans la nouvelle préface de son *Histoire de la Révolution française*, un appel à la réconciliation des factions, à l'exception des « hébertistes nouveaux » [Gérard, 1970, p. 61]. Pour sa part, Victor Hugo donne enfin, en 1874, un roman traitant directement de la Révolution, *Quatre-vingt-treize* — c'est la graphie qu'il a retenue. Sur le terrain politique, Gambetta met toujours en avant les principes de la Révolution, par exemple dans son discours de Nantes du 16 mai 1873, à l'occasion des combats livrés contre les gouvernements d'Ordre moral et lors de la crise ouverte le 16 mai 1877. Au-delà des péripéties et des initiatives particulières, c'est durant les années de lutte en faveur de la République que se prépare l'institutionnalisation de la mémoire, de la part d'hommes politiques qui n'ont plus guère eu de rapport « familial » ou de proximité directe avec des survivants. Il s'agit à la fois d'une question de génération et de ligne politique, même si l'« esprit de la Révolution » paraît encore vivace, et si des radicaux lui donnent plus d'ampleur. À la fin des années 1870, l'un d'entre eux, Hovelacque, propose de faire du 14 juillet une fête nationale devant le conseil général de la Seine [Ihl, 1996, p. 111-114].

Institutionnalisation et tensions

Sans que l'on puisse, en termes de mémoire tout particulièrement, mettre en évidence des césures associées à des dates précises, l'année 1880, avec l'institution du 14 juillet comme fête nationale, a valeur de symbole, d'autant que, depuis l'année précédente, les républicains modérés sont installés au pouvoir — ce qui marque d'ailleurs pour François Furet la fin de la Révolution [Furet, 1990]. L'un des universitaires qui appartiennent à cette mouvance, Alfred Rambaud, futur sénateur du Doubs et ministre de l'Instruction publique du cabinet Méline, évoque d'ailleurs, en 1883, à la fin de l'avant-propos de son *Histoire de la Révolution française 1789-1799* [cité par de Baecque, 2002, p. 408] le passage du temps : « En même temps que se renouvelaient les générations, la trace matérielle des événements s'est effacée. Il y a cinquante ans, on rencontrait encore des hommes qui, dans leur famille ou dans leurs biens, avaient souffert de la Révolution. Nul ne peut se donner aujourd'hui pour une de ses victimes, et il n'est personne qui ne profite de son triomphe définitif. »

Sur un autre plan, la mémoire festive témoigne alors d'un certain enthousiasme, face à des conservateurs désarçonnés, avec le concours actif de la Libre pensée [Lalouette, *in Le* XIX*e siècle et la Révolution française*, 1992]. Au fil des années, elle prend un caractère quelque peu officiel, alors que s'engage la « bataille du centenaire » [de Baecque, 2002]. C'est que les modérés — qui sont à l'origine de la fondation de l'Association républicaine du centenaire de 1789 en 1886 et qui contrôlent par l'intermédiaire d'Octave Gréard une commission du Comité des travaux historiques et scientifiques destinée à publier les documents inédits relatifs à la Révolution — détiennent une influence prépondérante [Ory, *in* Nora, 1984]. Pour leur part, les radicaux présentent des vues quelque peu différentes, comme le montrent la revue *La Révolution française*, dès 1881, ou le lancement d'une Fédération de 1889 [Huard, *in Le* XIX*e siècle et la Révolution française*, 1992]. Le célèbre cours d'histoire de la Révolution, créé à la Sorbonne sous les auspices du conseil municipal, longtemps dominé par les radicaux et qui a mis en place sa propre commission de publication, est confié en 1886 à un jeune professeur de lettres, Alphonse Aulard, qui avait connu Thibaudeau, le dernier survivant de la Convention. Il est d'ailleurs nettement situé à gauche, même s'il proclame qu'il entend être impartial.

À la fin des années 1880, la mobilisation de la mémoire, si les monuments tiennent leur place, en relation avec la « statuomanie » républicaine [Agulhon, 1988, t. I et 1989] et la « République des bustes » [Ihl, 1996, p. 224], passe surtout par les discours politiques. Elle est d'ailleurs liée, pendant la crise boulangiste, à la personne de Sadi Carnot et à l'utilisation politique des fêtes du Centenaire contre les adversaires du régime — les boulangistes d'origine se prétendant d'ailleurs les vrais défenseurs de l'héritage de la Révolution française [El Gammal, 1999, p. 106-108].

Quelques enseignements peuvent être tirés de cette période riche en références. Tout d'abord, de multiples publications ont pu raviver des mémoires personnelles, familiales ou locales, même si les formules souvent utilisées, dans les discours et les proclamations électorales au sujet de « nos pères de la Révolution », ne renvoient guère le plus souvent à la « mémoire du lieu » [Ihl,

1996, p. 171]. Dans l'enseignement primaire laïque, notamment, l'élan donné au début de la décennie a sans doute été poursuivi dans le domaine historique. Ensuite, en relation avec de multiples célébrations et festivités, c'est, notamment grâce à l'Exposition universelle, l'ensemble du siècle que les partisans du régime ont voulu célébrer, entretenant ainsi une mémoire longue destinée à consolider les assises de la République. D'autre part, les droites, malgré les efforts de certains de leurs représentants, ont à la fois perdu les élections législatives de 1889 et la confrontation mémorielle, livrée à armes inégales, d'autant que, divisées au sujet de l'héritage de la Révolution, elles se sont vu opposer par une gauche rassemblée — à l'exception de ceux des boulangistes qui venaient du radicalisme, voire du socialisme — les principes et les souvenirs, l'accent étant mis sur ceux qui unissent, auxquels les Français paraissaient les plus attachés.

Au début des années 1890, la tension, qui a joué aussi sur les souvenirs plus proches du coup d'État du 2 décembre, retombe quelque peu. Certes, lors d'un débat parlementaire retentissant sur la pièce de Victorien Sardou, *Thermidor*, Clemenceau a l'occasion de définir la Révolution comme un « bloc indivisible », ce que contestent certains républicains modérés, comme Joseph Reinach [Barral, 1968, p. 113-116 et El Gammal, 1999, p. 569-572] — mais il n'existe pas alors de grand débat comparable à celui du milieu des années 1860. En outre, la mémoire de la Révolution, lors des fêtes du 14 juillet, est devenue quelque peu routinière. Il faut un événement commémoratif sortant de l'ordinaire, comme le centenaire de la République, en 1892, pour que les cérémonies officielles retrouvent quelque lustre. Mais alors, la République ne paraît plus menacée. En outre, les socialistes, qui connaissent alors un regain, se détournent d'anniversaires jugés trop bourgeois. Ils célèbrent plus volontiers le 18 mars, le 1er mai, ou commémorent la Semaine sanglante. Par ailleurs, si les travaux historiques se poursuivent, une partie de la mémoire longue, liée à la publication de souvenirs, semble s'épuiser avec le temps. Car si des mémoires de conventionnels paraissent longtemps après le décès des intéressés (Billaud-Varenne et Baudot en 1893, La Reveillière-Lépeaux et Barras en 1895), c'est, pour l'essentiel, une institutionnalisation des études sur la Révolution qui se produit, même si la domination d'Aulard, plutôt dantoniste, et des radicaux perdure assez largement dans ce domaine.

Plus généralement, à la fin du XIXe siècle, l'héritage des hommes de la Révolution, en termes de générations, ne peut que paraître restreint, par rapport à la forme qu'il avait revêtue à la fin de la Restauration ou sous la monarchie de Juillet. S'il existe quelques dizaines d'héritiers directs d'hommes de la Révolution, qu'il s'agisse de lignées connues (Carnot, Cavaignac) ou de parlementaires moins notoires qui portent parfois des noms célèbres (Boissy d'Anglas), certains ne sont plus à gauche [El Gammal, 1999, p. 63-67]. En outre, à l'intérieur comme au-delà de ces cercles, on constate que les périodisations opérées, lorsqu'il est question de l'histoire de la Révolution, varient selon les courants politiques, même lorsqu'ils se réclament de la gauche. Par exemple, si les guesdistes se réclament à l'occasion de Babeuf, la Terreur, surtout au sujet de 1794, est peu abordée et *a fortiori* vantée par les parlementaires [El Gammal, *in Le* xix*e siècle et la Révolution française,* 1992]. En outre, il existe aussi des enjeux liés à l'instrumentalisation des principes de la Révolution, par exemple pour ou contre l'impôt sur le revenu, la ligne de passage passant entre modérés et radicaux, tandis que les premiers s'en prennent vigoureusement aux socialistes sur le thème de la défense des principes de la Révolution, si bien que l'héritage de la gauche — au sens antérieur — apparaît disputé, notamment sous le ministère Méline.

Néanmoins, lors de l'affaire Dreyfus, il apparaît que les rapports au passé ne sont pas définitivement figés, en fonction du cours ordinaire de la vie politique. La mémoire de la Révolution conserve encore des facultés mobilisatrices. C'est au nom des droits de l'homme que se regroupent, dans la Société qui leur rend hommage, à l'issue du procès Zola, des dreyfusards encore peu nombreux, modérés — dont Ludovic Trarieux et Joseph Reinach — et socialistes, les radicaux, à l'exception notable de Clemenceau, étant peu présents. Quelques personnalités politiques isolées et des intellectuels comptent parmi les premiers adhérents. Nombre d'écrits, dans cette mouvance, renvoient à l'histoire de la Révolution, tradition et mémoire se conjuguant malgré l'éloignement temporel.

C'est du reste l'un des dreyfusards les plus en vue, Jaurès, qui commence après son échec électoral de 1898, l'*Histoire socialiste de la Révolution française,* dont les premiers fascicules sont mis en vente en février 1900. Ainsi se manifeste, au sujet des années qui vont jusqu'au 9 Thermidor, une lecture nouvelle de la Révolution, sous-tendue par une vision optimiste du devenir de l'idée de Révolution [Rebérioux, *in Jaurès historien de la Révolution française,* 1989]. Dans l'introduction de l'*Histoire socialiste,* Jaurès souligne en outre la valeur morale de l'histoire, en se référant sur ce point à Plutarque : « Proposer en exemple tous les combattants héroïques, qui depuis un siècle ont eu la passion de l'idée et le sublime mépris de la mort, c'est donc faire œuvre révolutionnaire. »

Mais la mémoire et l'histoire vues par la gauche, au tournant du siècle, n'ont pas de caractères homogènes. D'une part, le moins que l'on puisse dire est que l'ensemble de la gauche ne s'est pas mis d'emblée en devoir de défendre Dreyfus. C'est une attitude éthique, qui n'est pas exclusivement le fait d'hommes de gauche, même au sens large, qui s'est exprimée, lors du début de la crise, de la part d'une minorité. En outre, par la suite, du fait de ce qui est tenu pour la dégradation de la « mystique en politique », il a pu se produire des dissidences, notamment de la part de Péguy, qui en vient à retourner contre Jaurès, de manière très polémique, des références à la Révolution. Quant à l'extrême gauche, pour des raisons politiques et sociales, elle s'en prend parfois violemment à Clemenceau président du conseil sur le thème de la trahison de la Révolution [Amalvi, 2002, p. 445-448]. C'est sur un autre plan, mais non sans écho dans cette mouvance, que Pierre Kropotkine publie, en 1909, son ouvrage, *La Grande Révolution*, qui concerne les années 1789-1793 et dans lequel il assure qu'« il y a filiation directe depuis les enragés de 1793 et le Babeuf de 1795 jusqu'à l'Internationale ». Par ailleurs, en ce qui concerne les historiens, les milieux de la gauche universitaire, dans les années qui précèdent 1914, sont divisés entre dantonistes partisans d'Aulard, qui a publié en 1901 son *Histoire politique de la Révolution française* et, en 1893 et 1913, fait paraître sept séries d'*Études et leçons sur la Révolution française*, et robespierristes tenants de Mathiez, fondateur de la Société des études robespierristes en 1908 et des *Annales de la Révolution française* [Friguglietti, 1974].

Il reste que les républicains se retrouvent pour défendre la tradition de la République et de la Révolution face aux attaques de l'Action française. Les radicaux, notamment, par les voix de Camille Pelletan et Ferdinand Buisson, se présentent volontiers comme les dépositaires de l'héritage de la Révolution. Il est aussi des références mises en avant lors de grands débats de l'avant-guerre. Ainsi, dans *L'Armée nouvelle*, en 1911, Jaurès exalte à sa manière la tradition révolutionnaire. Il existe pourtant des voix plus isolées, à gauche, comme celle d'Anatole France, qui, familier depuis son enfance des souvenirs de la Révolution française, en vient, dans *Les Dieux ont soif*, en 1912, à accorder le primat à la lutte contre le fanatisme, d'où qu'il vienne. De fait, la situation, en termes de rapports entre mémoire, culture et politique, est assez complexe. On peut se demander si la mémoire de gauche, dans son ensemble, n'est pas influencée plus qu'il n'y paraît de prime abord par les représentations d'ensemble de l'histoire de la Révolution, diffusées par l'enseignement et une sorte de culture moyenne, qui s'exprime plus nettement encore à partir d'août 1914, terme de notre étude.

La mémoire de la Révolution, vue de gauche, a connu bien des métamorphoses, provoquées par différents facteurs. Parmi eux, la fuite du temps, les trajectoires des auteurs qui se sont penchés sur la Révolution, l'irruption d'autres révolutions, notamment celle de février 1848 et la Commune de Paris, qui n'ont certes pas eu le même retentissement, mais ont contribué à modifier ou à enrichir les sensibilités. En outre, les clivages politico-historiques ont pu se recomposer au fil des crises ou des principaux épisodes de la vie nationale. Pourtant, la mémoire de la Révolution, à la fin du XIXe siècle ou au début du suivant, continue, notamment à travers les principes de 1789 et l'exaltation de la République, à être constitutive d'une identité de gauche, face aux droites, même si, en 1914, celles-ci sont pour une part d'origine républicaine — ce qui est d'ailleurs une des manifestations des modifications du spectre politique en l'espace d'un siècle. Si les interprétations se sont multipliées, et divergent souvent, la mémoire de la Révolution a servi de fil conducteur, autour de noms, de formules ou de souvenirs — les épisodes les plus douloureux étant en général mis entre parenthèses, surtout dans la perspective d'une institutionnalisation. Cette mémoire est appelée à connaître d'autres utilisations lors de l'histoire tourmentée qui se noue à partir du premier conflit mondial. Parmi les traditions de gauche qui s'expriment, il en est qui glissent plus encore vers une sorte de centre politique avec les radicaux. Il en est aussi qui s'intègrent à l'histoire du communisme et c'est alors que resurgissent, sous une forme renouvelée, des conceptions blanquistes. La mémoire de la Révolution continue donc à cheminer, avec des manifestations appuyées ou de nouveaux appels à l'union, mais aussi en fonction de cadres sociaux et culturels qui ne sont pas toujours aisés à cerner.

RÉFÉRENCES BIBLIOGRAPHIQUES

AGULHON Maurice (1973), *1848 ou l'apprentissage de la République*, Seuil, Paris.

— (1979), *La République au village*, Seuil, Paris.

— (1980), *Marianne au combat*, Flammarion, Paris.

— (1989), *Marianne au pouvoir*, Flammarion, Paris.

— (1988-1996), *Histoire vagabonde*, Gallimard, Paris.

AMALVI Christian (2002), « La Révolution française », *in* Vincent DUCLERT et Christophe PROCHASSON (dir.), *Dictionnaire critique de la République*, Flammarion, Paris.

BAECQUE Antoine de (2002), *Pour ou contre la Révolution de Mirabeau à Mitterrand*, Bayard, Paris.

BARRAL Pierre (1968), *Les Fondateurs de la IIIe République*, Armand Colin, Paris.

CARON Jean-Claude (1991), *Générations romantiques. Les étudiants de Paris et le Quartier latin (1814-1851)*, Armand Colin, Paris.

CROISILLE Christian et EHRARD Jean [éd.] (1988), *La Légende de la Révolution*, Université Blaise-Pascal, Clermont-Ferrand.

DARRIULAT Philippe (2001), *Les Patriotes. La gauche républicaine et la nation 1830-1870*, Seuil, Paris.

DAVID Marcel (1992), *Le Printemps de la Fraternité. Genèse et vicissitudes 1830-1851*, Aubier, Paris.

EHRARD Jean [éd.] (1996), *Images de Robespierre*, Naples, Vivarium.

EL GAMMAL Jean (1999), *Politique et poids du passé dans la France « fin de siècle »*, Presses universitaires de Limoges, Limoges.

FRIGUGLIETTI James (1974), *Albert Mathiez, historien révolutionnaire (1874-1935)*, Société des études robespierristes, Paris.

FURET François (1986), *La Gauche et la Révolution au milieu du XIXe siècle. Edgar Quinet et la question du jacobinisme 1865-1870*, Hachette, Paris.

— (1988, rééd. 1990), *La Révolution*, Hachette, Paris.

FURET François et OZOUF Mona (1989), *Dictionnaire critique de la Révolution*, Flammarion, Paris.

— (1989), *The French Revolution and the Creation of Modern Political Culture*, vol. 3 : *The Transformation of Political Culture 1789-1848*, Pergamon Press, Oxford.

— (1991), *La Gironde et les Girondins*, Payot, Paris.

GAILLARD Jeanne (1971), *Commune de province, Commune de Paris 1870-1871*, Flammarion, Paris.

GARRIGUES Jean (1989), *Images de la Révolution. L'imagerie républicaine de 1789 à nos jours*, Du May-BDIC, Paris.

GÉRARD Alice (1970), *La Révolution française, mythes et interprétations*, Flammarion, Paris.

GILMORE Jeanne (1997), *La République clandestine*, Aubier, Paris.

GOBLOT Jean-Jacques (1995), *La Jeune France libérale*. Le Globe *et son groupe littéraire 1824-1830*, Plon, Paris.

GODECHOT Jacques (1974), *Un jury pour la Révolution*, Laffont, Paris.

GRANGE Juliette (1996), *La Philosophie d'Auguste Comte. Science, politique, religion*, Presses universitaires de France, Paris.

HERMON-BELOT Rita (2000), *L'Abbé Grégoire. La politique et la vérité*, Seuil, Paris.

HUARD Raymond (1982), *Le Mouvement républicain en Bas-Languedoc 1848-1881*, Presses de la Fondation nationale des sciences politiques, Paris.

— (1996), *La Naissance du parti politique en France*, Presses de Sciences-Po, Paris.

HUTTON Patrick H. (1981), *The Cult of the Revolutionary Tradition. The Blanquists in French Politics 1864-1893*, UCLA, Berkeley.

IHL Olivier (1996), *La Fête républicaine*, Gallimard, Paris.

Jaurès historien de la Révolution française (1989), notamment REBÉRIOUX Madeleine, « Lectures socialistes de la Révolution française : de Louis Blanc à Jaurès », p. 195-215, SEJ/CNMJJ, Castres.

LATTA Claude (1980), *Un républicain méconnu : Martin Bernard 1808-1883*, Centre d'études foréziennes, Montbrison.

LÉVÊQUE Pierre (1992), *Histoire des forces politiques en France*, t. 1 : *1789-1880*, Armand Colin, Paris.

LUCHAIRE François (1998), *Naissance d'une Constitution : 1848*, Fayard, Paris.

LUZZATTO Sergio (1991), *Mémoire de la Terreur*, Presses universitaires de Lyon, Lyon.

MAILLARD Alain, MAZAURIC Claude et WALTER Éric (1994), *Présence de Babeuf. Lumières, Révolution, communisme*, Publications de la Sorbonne, Paris.

NICOLET Claude (1982, rééd. 1995), *L'Idée républicaine en France*, Gallimard, Paris.

NORA Pierre (1984), *Les Lieux de mémoire*, t. I : *La République*, Gallimard, Paris.

ORY Pascal (1992), *Une nation pour mémoire*, Presses de la Fondation nationale des sciences politiques, Paris.

OZOUF Mona (2001), *Les Aveux du roman. Le XIXe siècle entre Ancien Régime et Révolution*, Fayard, Paris.

RIOUX Jean-Pierre (1989), *Erckmann-Chatrian ou le trait d'union*, Gallimard, Paris.

ROSANVALLON Pierre (2000), *La Démocratie inachevée. Histoire de la souveraineté du peuple en France*, Gallimard, Paris.

ROUGERIE Jacques (1988), *La Commune*, Presses universitaires de France, Paris.

SANSON Rosemonde (1976), *Le 14 juillet, fête et conscience nationale, 1789-1975*, Flammarion, Paris.

SOCIÉTÉ D'HISTOIRE DE LA RÉVOLUTION DE 1848 ET DES RÉVOLUTIONS DU XIXe SIÈCLE (1992) [El Gammal, Huard, Lalouette...], *Le XIXe siècle et la Révolution française*, Créaphis, Paris.

TOUCHARD Jean (1968), *La Gloire de Béranger*, Armand Colin, Paris.

— (1977), *La Gauche en France depuis 1900*, Seuil, Paris.

VOVELLE Michel (1989), *L'Image de la Révolution française*, 4 vol., Pergamon Press, Oxford.

— (1992), *Révolution et République. L'exception française*, Kimé, Paris.

WARESQUIEL Emmanuel de et YVERT Benoît (1996), *Histoire de la Restauration*, Perrin, Paris.

WEILL Georges (1928, rééd. 1980), *Histoire du parti républicain en France (1814-1870)*, Slatkine, Genève.

WINOCK Michel (1999), *La France politique XIXe-XXe siècle*, Seuil, Paris.

— (2001, rééd. 2002), *Les Voix de la liberté. Les écrivains engagés au XIXe siècle*, Seuil, Paris.

10

La mémoire d'un bonapartisme de gauche

GILLES CANDAR

À GAUCHE LE BONAPARTISME ? L'idée peut sembler curieuse : régime monarchique, appuyé sur l'armée, restauration d'une noblesse, libertés publiques réduites, peu ou prou selon les moments, contrôle strict de l'opinion et des milieux populaires, encouragements et promotion des élites, notamment financières ou industrielles... Le bonapartisme est d'ailleurs une des trois familles de la droite indentifiée par René Rémond [1968] dans son ouvrage fondateur. Il n'empêche, sans nous prononcer sur le Consultat et le Premier Empire lui-même, ni les Cent-Jours qui virent Napoléon utiliser un élan jacobin pour mettre à bas la première Restauration et esquisser une monarchie constitutionnelle, libérale et populaire à la fois, nous pouvons constater qu'après Waterloo, le bonapartisme se situe à gauche. C'est du moins, de 1815 à 1848, la tendance dominante du mouvement. Après, comme pour l'avant 1815 d'ailleurs, la discussion est plus ouverte.

UNE MÉMOIRE POPULAIRE

L'équivoque fut dès ses origines consubstantielle au régime bonapartiste et nécessaire à ses succès. Elle n'a pas du reste été desservie par une mémoire de la Révolution prompte à voir en Napoléon Ier un « Robespierre à cheval » qui diffusait les idées révolutionnaires dans toute l'Europe et y assurait l'application du Code civil et des principes de 1789. Nourrie par Balzac et Hugo, par Stendhal aussi, par les romans d'Erckmann et Chatrian comme par les chansons de Béranger, par tout un pan de la légende impériale, auprès d'un public populaire ou lettré, cette vision progressiste de l'Empire a longtemps eu les faveurs des milieux militants de la gauche française. Le fait peut se vérifier assez aisément : pour ne prendre qu'un exemple, Jack Ralite, prestigieux dirigeant communiste et homme de culture, confia ainsi aux auteurs du *Voyage à l'intérieur du Parti communiste* (Seuil, Paris, 1974, p. 373), André Harris et Alain de Sédouy, son incompréhension face à la jeune institutrice de son fils, lectrice d'Henri Guillemin, qui s'en prenait à Napoléon Ier et se permettait de le dénigrer. Cette mémoire d'un bonapartisme de gauche s'était maintenue, sans avoir pourtant été trop servie par l'histoire savante et universitaire, davantage méfiante devant l'autorité et soucieuse de ne pas oublier les désastres de 1814, 1815 et 1870 comme les illégalités plus ou moins criminelles du 18 Brumaire ou du 2 Décembre. L'historiographie, du moins celle qui avait partie liée avec la gauche politique et sociale sous toutes ses formes, de Charles Seignobos à Lucien Febvre et de Jean Jaurès à Georges Lefebvre, sans être partiale ni même oublieuse des nuances, n'avait pas manifesté de tendresse excessive pour les Napoléon.

Ce n'est donc pas trop dans les livres d'histoire qu'il faut chercher la mémoire d'un bonapartisme de gauche. Ou plutôt, il fallut attendre bien longtemps et sans doute le contrecoup de nombreuses remises en cause pour que celui-ci devînt à part entière et pour lui-même un objet d'études. Les analyses fines sur les deux Empires et l'ambiguïté du bonapartisme n'avaient jamais manqué, mais il fallait un déplacement de l'angle d'observation pour qu'une étude forte et directe pût prendre de face le problème et montrer à quel point les Napoléon et le bonapartisme avaient pu être vécus comme un des modes d'expression de la gauche politique et populaire française au XIXe siècle. Ce fut fait avec le livre resté sur le sujet la référence fondamentale : *Les Napoléon du peuple* de Bernard Ménager [1988]. Son grand mérite fut de délaisser un instant les horizons plus connus de la politique rationnelle menée par l'opinion éclairée, les choix des élites explicités par René Rémond et d'autres, pour s'intéresser à une « politique du peuple », où le mythe, la culture orale, la rumeur occupaient une place importante.

Dès après Waterloo, dans le sillage de l'élan « jacobin » qui avait soulevé la France au printemps de 1815 et qui avait été utilisé par Napoléon Ier pour réussir son retour au pouvoir, émergeait le mythe du Napoléon Messie, qui saurait revenir avec une armée fournie au besoin par les Américains — l'autre République vers laquelle l'empereur voulait embarquer à Aix — ou les Autrichiens, pour des raisons familiales, grâce à Marie-Louise. Après ce nouveau retour, l'empereur donnerait du pain, du travail et de la justice à ceux qui en avaient besoin, nombreux au cours des difficiles années de disette, d'occupation et de répression des premières années de la Restauration. Bernard Ménager montra comment ce premier bonapartisme fut mis à mal après 1823 : la mort de l'empereur, à laquelle il fallut bien peu à peu se résoudre, l'amélioration de la situation économique, le succès de l'expédition en Espagne voulue par Chateaubriand, autant d'éléments qui expliquent une retombée momentanée. Néanmoins, notamment à Paris, se maintint, jusques et y compris pendant la révolution de 1830, un fort courant populaire bonapartiste. Apparemment, celui-ci avait peu à voir avec l'opposition éclairée. Cette dernière avait redonné vie à un courant libéral, qui émergea à la Chambre à partir de 1818, et pouvait, il est vrai, se souvenir de l'engagement libéral de l'empereur pendant les Cent-Jours lorsque Benjamin Constant était chargé de rédiger l'Acte additionnel aux constitutions de l'Empire et que la nouvelle Chambre des représentants portait à sa présidence le comte de Lanjuinais. Si les communications entre les deux mondes étaient rares, elles existaient cependant et se firent sans doute plus aisément sous la monarchie de Juillet, elle-même soucieuse de reprendre à son compte une part de l'héritage impérial (inauguration de l'arc de triomphe de l'Étoile avec le *Départ des volontaires* de Rude, rapatriement des cendres de Napoléon Ier, etc.), se situant ainsi dans une tradition nationale et patriotique fidèle aux principes révolutionnaires. Le bonapartisme, comme le rappela Guizot [cité par Rémond, 1968, p. 106] était en effet resté « à la fois une gloire nationale, une garantie révolutionnaire et un principe d'autorité », ce qui, dans la première moitié du XIXe siècle, l'ancrait bien davantage à gauche qu'à droite. En 1846, un sculpteur patriote et de sentiments républicains comme Rude pouvait répondre au vœu du capitaine Noisot et réaliser un *Napoléon s'éveillant à l'immortalité* qui exaltait le général de la Révolution victime des monarchies plutôt que le souverain maître de l'Europe.

LE SENS POLITIQUE ET L'ÉPREUVE DU POUVOIR

Pour que le bonapartisme survécût politiquement, il ne lui fallait pas seulement un ancrage populaire, une nostalgie dans les campagnes qui se souvenaient des « bons côtés » du régime impérial, mais aussi un groupe de militants, une équipe décidée et capable d'arriver au pouvoir avec un « prétendant » crédible. Ce fut le cas après 1832, lorsque la mort du duc de Reichstadt et celle l'année précédente du premier fils de Louis Bonaparte au cours d'une insurrection romagnole, permirent à Louis Napoléon (1808-1873) de revendiquer l'héritage impérial. Le fils d'Hortense de Beauharnais, élevé au château d'Arenenberg en Suisse, sut comprendre son époque et réfléchir à l'expérience de son oncle [Horn, 1996]. Il élabora un système politique qui se présenta comme une conciliation entre les principes d'ordre et d'autorité de l'Ancien Régime et ceux favorables à la liberté, à l'émancipation civile, aux droits des peuples et de la nation proclamés en 1789. L'ensemble était assez flou pour permettre selon les circonstances divers infléchissements ou interprétations. Dans ses premiers écrits, Louis Napoléon décrivait le bonapartisme comme un républicanisme pratique : « Si le Rhin était une mer, si la vertu était toujours le seul mobile, si le mérite parvenait seul au pouvoir, alors je voudrais une République pure et simple » (*Rêveries politiques*, 1832). Les brochures suivantes, *Des idées napoléoniennes* (1839),

L'Idée napoléonienne (1840), explorèrent les mêmes thèmes et exprimèrent l'idée que l'Empire saurait donner consistance aux aspirations populaires et démocratiques. *L'Extinction du paupérisme* (1844), texte aussi célèbre que méconnu, témoigna de la volonté du prétendant de prendre en compte l'analyse de la société industrielle, initiée par Saint-Simon ou ses héritiers, et de se donner une audience dans les milieux populaires qui avaient réservé à *L'Organisation du travail* de Louis Blanc un accueil enthousiaste. Détenu à Ham depuis 1840, Louis Napoléon Bonaparte avait d'ailleurs rencontré le théoricien socialiste. Certes, les solutions esquissées, colonies agricoles sur un modèle militarisé, peuvent aujourd'hui paraître relever de propositions sans grande portée pratique, en tout cas inadaptées à une société en voie d'urbanisation. Mais elles ne tranchaient pas tellement alors avec bien d'autres propositions « systématiques » et les principes posés : développement de la consommation (« Nous ne produisons pas trop, mais nous ne consommons pas assez »), priorité au développement économique et social sur les impératifs politiques (« Gouverner, ce n'est plus dominer les peuples par la force et la violence, c'est les conduire vers un meilleur avenir »), comme l'objectif donné par le titre de la publication, rattachaient son auteur à une vision sociale et progressiste de l'action politique et lui procuraient des liens avec la gauche politique et sociale.

La révolution de 1848 permit à Louis Napoléon de se réinsérer pleinement dans le jeu politique. Élu une première fois député de la Seine et de trois autres départements le 4 juin 1848, réélu en septembre, avec des majorités accrues, il se présenta à l'élection présidentielle du 10 décembre 1848 et fut triomphalement élu avec cinq millions et demi de voix, soit environ 74 % des suffrages exprimés. Candidat soutenu par le parti de l'Ordre, combattu par l'ensemble du camp républicain (Cavaignac, Lamartine, Ledru-Rollin, Raspail, etc.), il s'était éloigné des équivoques du printemps et faisait plutôt figure de candidat « conservateur », garant de l'ordre social contre la « révolution ». Il avait néanmoins bénéficié de soutiens populaires, à la campagne, mais aussi en ville où il pouvait apparaître face au général républicain Eugène Cavaignac, comme un vengeur possible des battus de juin 1848 [Agulhon, 1973]. Selon Frédéric Bluche [1980], repris par Bernard Ménager, le quart de son électorat proviendrait de l'« extrême gauche ». Imposture et illusion ? La politique bonapartiste à la présidence de la République, le coup d'État du 2 décembre 1851, l'accession à l'Empire et le règne impérial pendant près de dix-huit ans, ne font certes pas partie de la tradition historique de la gauche. Mais les aspects « de gauche » du bonapartisme, dans les textes ou dans les faits, ne furent pas non plus inexistants. Dans son ouvrage classique sur *La Droite en France*, René Rémond conclut à l'insertion finale du bonapartisme au sein de la droite en raison de son choix décisif en faveur des notables et de l'Église catholique, tout en reconnaissant, avec Louis Chevalier [1950], que le bonapartisme rural, dès les origines, posait un problème plus complexe et pouvait marquer « une étape de la lente émancipation paysanne ». Le propre de l'histoire rurale est d'être effectivement rétive aux généralisations et aux simplifications. Dans l'ensemble, ce bonapartisme rural apparaît bien comme populaire et permettant une remise en question des rapports anciens de domination. Politiquement, il se situe plutôt à la marge des clivages qui s'imposent à l'expression nationale des forces politiques, comme l'a montré, à partir d'un cas particulier, Alain Corbin, avec son *Village des « cannibales »* qui s'avérait être bonapartiste [1990].

Si l'on place la discussion sur le terrain de la politique générale, Louis Napoléon déclarait vouloir toujours suivre la même politique de conciliation des classes et d'équilibre entre les principes : « satisfaire les intérêts des classes les plus nombreuses, se rattacher les classes élevées » [d'Hauterive, 1925, lettre du 6 novembre 1852], écrivait-il à son cousin, le prince Napoléon, fils de Jérôme Bonaparte, et lui-même porte-parole d'un bonapartisme populaire et anticlérical, « prince de la Montagne » sous la IIe République, personnage par ailleurs assez confus et inconséquent. Le rétablissement, même détourné de son sens, du suffrage universel dès le coup d'État, la lente acculturation des masses paysannes au vote, lors des élections législatives et des plébiscites, mais aussi des élections locales, l'attention portée au développement économique dont était attendu un progrès social, au besoin contre l'avis, voire les intérêts de la bourgeoisie industrielle et commerçante (traité de commerce franco-britannique libre-échangiste de janvier 1860), la politique de « grands travaux », pourvoyeuse d'emplois et donc en principe de « bien-être ouvrier », dessinèrent les moyens par lesquels Napoléon III chercha à « satisfaire les intérêts des classes les plus nombreuses ». Son action fut même plus précise lorsqu'il entreprit de donner sens et cohérence à une politique ouvrière. S'appuyant sur le cercle du Palais-Royal qui regroupait une élite ouvrière, il encouragea l'envoi de délégations ouvrières aux Expositions universelles et permit la création de sociétés de secours mutuel. Il fit voter la loi sur les coalitions en 1864, autorisant de fait le droit de grève, que combattit en vain le républicain Jules Favre [Agulhon, 1988] et laissa se développer une organisation ouvrière (Commission d'encouragement des études ouvrières, 1867). Politique tardive, pas entièrement assumée et en partie contrainte, en raison de l'essor des oppositions et du rafraîchissement d'anciens soutiens (l'Église catholique à cause de la politique italienne), mais qui n'était pas seulement illusoire. Après tout, si l'Empire ne supprima pas le livret ouvrier, la République elle-même attendit 1896 pour le faire définitivement.

L'œuvre scolaire du régime placée entre la loi Guizot de 1833 et les lois Jules Ferry de 1881-1882 ne peut pas non plus être négligée. Victor Duruy surtout fut entre 1863 et 1869 un ministre « progressiste » de l'Instruction publique. Certes, il s'agissait plutôt d'un républicain rallié — il avait voté Cavaignac en 1848 et « non » au plébiscite après le coup d'État — que d'un bonapartiste de tradition. Sous son impulsion, l'enseignement public reprit cependant une bonne part du terrain concédé à l'enseignement religieux après la loi Falloux (1850), l'enseignement secondaire féminin fut initié par des Cours spéciaux et l'histoire contemporaine entra dans l'enseignement. Duruy n'était pas seulement un ministre « technicien » et il recommandait par exemple dans le domaine social, mais en vain, la participation des ouvriers aux bénéfices de l'entreprise, thème d'avenir ! Au même moment, Jean Macé fondait la Ligue de l'enseignement (1866), alors que le taux d'analphabétisme au service militaire continuait à baisser : de 39 % en 1850 à 21 % en 1872, c'est-à-dire à un rythme pratiquement deux fois plus rapide que sous la monarchie de Juillet. Sur le plan des « réalités », et malgré nombre de déceptions dans le domaine économique et social, notamment sur les salaires ouvriers et leur pouvoir d'achat, le régime pouvait présenter un certain nombre d'acquis allant dans le sens des aspirations traditionnelles à gauche.

En politique internationale, il est sans doute encore plus aisé, et classiquement établi, de mettre en évidence les caractéristiques « de gauche » de Napoléon III. Comme le notait Louis Girard, ses conceptions n'étaient pas originales, c'étaient « celles de la gauche de son temps » [Girard, 1986, p. 249]. C'est-à-dire une politique des nationalités, fondée sur le plébiscite et le suffrage universel, contre l'Europe des souverains issue du congrès de Vienne (1815) au nom des droits héréditaires des monarques, l'organisation de la paix internationale par des congrès réguliers des grandes puissances élaborant un nouveau droit international. Napoléon III ne put qu'imparfaitement mettre en œuvre cette politique. Quand il s'en rapprocha le plus, au moment du départ pour l'Italie par exemple, c'est alors qu'il fut le plus populaire et le plus vivement applaudi par les faubourgs de Paris (10 mai 1859). Ce soutien aux causes nationales permit l'unification de l'Italie, même si celle-ci alla plus loin que ne l'aurait souhaité Napoléon III, et expliqua sa longue complaisance pour la Prusse face au vieil Empire multinational autrichien. Politique sans doute inconséquente, du moins à court terme, puisque la France ne pouvait aller jusqu'au bout de la logique de cristallisation unitaire de l'Italie ou de l'Allemagne, et d'autant plus dangereuse qu'elle fut menée sans esprit de suite ni de méthode, en tout cas sans un effort suffisant d'explicitation. Elle rencontrait au reste les difficultés récurrentes de toutes les « politiques de nationalités » : comment définit-on celles-ci et comment établit-on leurs frontières, surtout lorsque les populations sont enchevêtrées ? Les tentations d'annexion de la Belgique ou du Luxembourg, les retournements incessants d'alliance et le jeu aventureux d'une diplomatie interventionniste qui ne s'arc-boutait pas sur une force militaire suffisante finirent par provoquer la chute du régime.

Le bonapartisme eut donc des caractéristiques de gauche. Il ne pouvait toutefois aller très loin dans la voie des réalisations à partir du moment où demeurait la contradiction d'origine : comment concilier une monarchie héréditaire avec les principes d'égalité civile proclamés en 1789 ? Et surtout à partir du moment où le chef de la maison impériale souhaitait jouer sur tous les tableaux : être à la fois le candidat du parti de l'Ordre et le vengeur implicite des victimes des journées de juin 1848, s'appuyer sur la peur des « rouges », vouloir combattre le spectre de la « Révolution » et mener une politique sociale qui satisfasse les intérêts des classes populaires, avoir ses partisans « en bas » et s'appuyer sur les représentants de l'industrie ou de la banque. Les indulgences de George Sand, ou la confiance mesurée de Proudhon, la bonne volonté de l'empereur lui-même ne pouvaient empêcher que le 2 Décembre n'était pas seulement une mauvaise manière à l'égard des passants du boulevard Montmartre, mais aussi l'expression d'un choix fondamental. Un Empire, qui voulait vivre avec sa noblesse, ses châteaux et ses fêtes, même si son chef entendait assumer crânement face à l'Europe sa position de « parvenu », ne pouvait s'appuyer durablement sur la démocratie, ses aspirations à l'égalité et à la liberté, ni sur le monde du travail face à celui du capital. La liberté, dans le système napoléonien, était toujours considérée comme le couronnement final de l'œuvre, renvoyée à plus tard. D'autres régimes ont peut-être connu ce genre de contradictions, mais dans le cas du bonapartisme, il supposait un mouvement perpétuel, afin que puisse être justifiée l'attente de l'action entreprise pour la réalisation des promesses ultimes du régime. Comme devait le dire plus tard pour la République Gambetta, « la forme emportait le fond », et une monarchie héréditaire parvenue au pouvoir en faisant barrage à un risque de révolution sociale, appuyée par les notables et les principales forces de conservation, ne pouvait aller trop loin sans risquer de se remettre en cause elle-même. « L'âpre nécessité des choix » évoquée par Jaurès à propos des luttes révolutionnaires impliquait que les choix de gauche du régime restassent en position dominée, minoritaire et marginale. Finalement, Victor Duruy, après quelques années, dut quitter le gouvernement. La politique ouvrière devint nettement répressive avec le développement des grèves en 1868-1869 et les militants de l'Association internationale des travailleurs furent poursuivis. L'Empire parlementaire dura quelques mois (sept), mais ne fut-il pas significatif que le dernier gouvernement impérial, en août 1870, celui du général de Cousin-Montauban, fut comme une revanche des tenants de l'Empire autoritaire et incontestablement axé à droite ? Au total, l'épreuve du pouvoir, malgré sans doute les préférences personnelles de Louis Napoléon, au moins en partie, contribuait plutôt à classer le bonapartisme de gauche au rang des velléités et des équivoques.

FIN D'UNE MÉMOIRE

Bernard Ménager a relaté la fin du bonapartisme populaire, qui fut aussi celle du bonapartisme comme courant politique national de quelque importance. Étroitement associés au conservatisme de leurs alliés monarchistes, les bonapartistes ne purent confirmer les succès obtenus au cours des élections partielles de 1874-1875 qui avaient semblé annoncer leur retour. Leurs positions s'effritèrent d'autant plus vite que la mort du prince impérial au Zoulouland en 1879 les laissa sans chef prestigieux. La stratégie d'autonomie défendue par Paul Lenglet ou celle d'ancrage dans le mouvement ouvrier menée par Jules Amigues auraient-elles permis de prolonger la survie politique du bonapartisme ? Bernard Ménager semble finalement en douter, car si les circonstances et l'insertion dans le camp conservateur ont précipité les événements, l'épuisement des séductions bonapartistes était patent dans le monde populaire, notamment en ville. L'instruction, comme le rêvait Charles Renouvier en 1848, devait finalement constituer le meilleur garant contre la réédition d'un nouveau « 10 Décembre » et la propagande bonapartiste ne parvint pas à se renouveler. Le prince Napoléon, « Plon-Plon », incarnation d'un bonapartisme populaire, anticlérical et au passé républicain, ne put s'imposer à la tête du mouvement. Il fut concurrencé, d'abord discrètement, puis ouvertement (1884), par les partisans de son fils, le prince Victor. L'histoire politique des Napoléon s'acheva en opérette familiale assez ridicule, qui laissait le champ libre pour de nouvelles synthèses rêvées entre les principes d'autorité et ceux de liberté, entre aspirations populaires et fierté nationale. Ce fut d'abord le cas avec le boulangisme, soutenu par de nombreux bonapartistes (ainsi Thiébaut) et lui aussi habile à jouer de la confusion des genres entre gauche et droite. Le bonapartisme *stricto sensu* ne joua plus de rôle dans la vie politique nationale, même s'il fut toujours possible, et s'il arriva, que des commentateurs se livrassent au plaisir des comparaisons historiques, par exemple entre gaullisme et bonapartisme. On sait le rôle que joua Philippe Séguin [1990] dans l'entreprise de réhabilitation de Napoléon III et de son régime dans la mémoire nationale.

Pour l'anecdote, mais pas seulement, nous pouvons ajouter quelques mots sur la postérité du bonapartisme après la mort du prince Victor (1926). Le prince Louis Bonaparte (1914-1997), qui fut résistant (Organisation de la résistance armée, ORA) continua à porter les droits et à défendre les souvenirs de la famille impériale, tandis que le Comité central bonapartiste, bien implanté à Ajaccio, s'insérait pleinement dans le jeu politique complexe de la droite insulaire, contrôlant longtemps la représentation locale de la capitale corse (municipalité et conseillers généraux). Ce n'est plus le cas depuis peu (2001), mais on sait que l'équipe municipale actuelle (2001-2007), conduite par le député (apparenté socialiste) Simon Renucci, a bénéficié du concours apporté par l'héritier légitime de la couronne impériale, le prince Charles Napoléon (10,6 % des suffrages exprimés au premier tour), aujourd'hui maire adjoint chargé du tourisme et du développement d'Ajaccio. Il serait toutefois excessif d'en conclure que la rencontre entre le souvenir impérial et la gauche politique française, longtemps virtuelle, partielle ou inachevée, s'est finalement pleinement concrétisée...

RÉFÉRENCES BIBLIOGRAPHIQUES

AGULHON Maurice (1973), *1848 ou l'apprentissage de la République*, Seuil, coll. « Nouvelle histoire de la France contemporaine », Paris.

— (1988), « Émile Ollivier, le socialisme et le bonapartisme », *in Histoire vagabonde, II*, Gallimard, coll. « Bibliothèque des histoires », Paris.

— (1999), *Coup d'État et République*, Presses de Sciences-Po, Paris.

BLUCHE Frédéric (1980), *Le Bonapartisme*, PUF, coll. « Que-sais-je ? », Paris.

CHEVALIER Louis (1950), *Les Fondements économiques et sociaux de l'histoire politique de la région parisienne, 1848-1851*, thèse de doctorat, Paris.

CORBIN Alain (1990), *Le Village des « cannibales »*, Aubier, Paris.

GIRARD Louis (1986), *Napoléon III*, Fayard, Paris.

HAUTERIVE Ernest d' [éd.] (1925), *Napoléon III et le prince Napoléon, correspondance inédite*, Calmann-Lévy, Paris.

HORN Olivier (1996), *Napoléon III. Un parcours politique*, documentaire, Les Films d'ici, Paris.

MÉNAGER Bernard (1988), *Les Napoléon du peuple*, Aubier, Paris

RÉMOND René (1968), *La Droite en France de la première Restauration à la Ve République*, Aubier, Paris.

SÉGUIN Philippe (1990), *Louis Napoléon Bonaparte le Grand*, Grasset, Paris.

11

Les sociétés secrètes pendant la monarchie censitaire

THOMAS BOUCHET

ENTRE 1815 ET 1848, l'histoire des sociétés secrètes n'est pas dissociable de celle des autres forces politiques : ces sociétés sont partie intégrante d'un mouvement plus vaste : celui des « sociétés d'action politique » [Huard, 1996]. Certes, quelques caractéristiques réunies selon les cas à des degrés variables leur donnent un statut particulier : l'action illégale et clandestine passe par un nombre assez limité de membres, une hiérarchisation interne et un cloisonnement fonctionnel marqués, une discipline rigoureuse, l'usage de signes de reconnaissance ; quant à leur raison d'être, elle est claire : déstabiliser ou détruire par la force le régime en place — ici, la Restauration puis la monarchie de Juillet. Il n'en reste pas moins qu'une partie des objectifs politiques et sociaux des sociétés secrètes et des sociétés publiques peuvent être communs (l'instruction du peuple, par exemple), que l'opacité des premières est souvent partielle et leurs moyens de propagande souvent classiques, tandis que leurs membres peuvent mener conjointement des combats au grand jour dans la presse, ou dans des associations diverses, voire à la Chambre. Les sociétés secrètes sont d'autant plus enracinées dans la vie politique de leur temps que leur histoire fait écho, comme en creux, à celle de la répression politique : elles s'affirment mais étouffent lorsque cette répression est vigoureuse, elles mobilisent peu lorsque la liberté politique s'étend. D'où leur identité paradoxale et leur étrange destin : comment s'assurer, sans renoncer à l'action secrète, le relais populaire indispensable pour renverser le pouvoir en place ?

L'ODEUR DE LA POUDRE

D'où vient qu'entre 1815 et 1848 — auparavant déjà, aujourd'hui encore —, ces sociétés travaillent si profondément les imaginaires et nourrissent de telles inquiétudes ? C'est qu'elles évoquent l'ombre mystérieuse propice aux complots, l'éclat des lames, l'odeur de la poudre, le fanatisme et la violence politique. Leurs membres passent pour des êtres dangereux, irréalistes et prêts au pire, descendants d'une longue lignée de comploteurs et d'activistes — sectateurs de la Société de Jésus, francs-maçons, jacobins couvrant le territoire de leurs réseaux —, fils dévoyés du romantisme. Il est à noter que cette condamnation fait l'objet d'un assez large consensus. Elle n'étonne guère de la part de l'agent de police infiltré Lucien Delahodde, qui se décrit comme un ex-membre des sociétés secrètes dégoûté par l'« escroquerie politique » de la révolution de février 1848, et qui affirme en 1850 que « pendant 18 ans, [elles] ont secoué sur la société des rêves odieux et des excitations de sang » ; Auguste Blanqui était, à l'en croire, le plus dangereux de tous leurs dirigeants, « loup fauve, cauteleux, poursuivant sa proie dans les ténèbres » (*Histoire des sociétés secrètes et du parti républicain de 1830 à 1848*). Delahodde relaie ici une théorie du complot politique maintes fois énoncée. Elle est présente dans les *Mémoires* de l'agent Vidocq (1828) ou du préfet de police Gisquet (1840), qui font tous deux la part belle aux sociétés secrètes, placées au cœur d'une histoire souterraine où se côtoient conspirateurs, mouchards, agents déguisés. L'insurrection parisienne des 5 et 6 juin 1832, à en croire Gisquet puis Delahodde, aurait ainsi été fomentée par des sociétés de ce genre, telle une Société gauloise d'autant plus coupable qu'elle est invisible. Quant aux procureurs généraux, ils fournissent lors des grands procès de la monarchie de Juillet une masse d'éléments complémentaires, révèlent des plans d'action, livrent lettres et listes de sectionnaires, détectent de multiples ramifications. Avec davantage de nuances, et une gêne qui tient à une parenté souvent forte sur le plan des idées, les républicains engagés entre 1815 et 1848 dans les combats pour l'extension du suffrage ou la liberté de la presse, favorables pour la plupart à l'action au grand jour, se désolidarisent souvent de la conspiration qu'ils désavouent (comme l'insurrection, soit dit en passant). Ils reprochent aux partisans de l'action secrète la brutalité des moyens qu'ils emploient, et leur irréalisme, garantie d'inefficacité. Louis Blanc ne tient pas un discours très différent de celui des députés situés à la gauche de l'hémicycle — telle est à l'époque l'acception principale du terme « gauche » — ou des rédacteurs des principaux journaux d'opposition, lorsqu'il analyse dans son *Histoire de dix ans* (1841-1844) la préparation de l'insurrection de mai 1839 : « La foi politique a son ivresse et le dévouement ses illusions. » De fait, l'histoire des sociétés secrètes révèle des lignes de tension au sein même du mouvement républicain ou radical : réforme ou révolution ? Persuasion ou violence ? Opération d'une avant-garde ou mouvement populaire ?

Au temps de la Charbonnerie

« Lointaine héritière de la société des Bons Cousins charbonniers, influencée par la Charbonnerie italienne, précédée de l'Union de Joseph Rey et les loges maçonniques des Amis de la Vérité et des Amis de l'Armorique » [Lambert, 1995], la courte histoire de la Charbonnerie française doit être analysée dans une perspective large, même si elle se développe au moment où les ultraroyalistes, avec le duc de Richelieu, s'imposent auprès de Louis XVIII à la tête de l'État. Politiquement, elle n'est pas homogène puisqu'elle accueille des libéraux, des bonapartistes, des républicains animés par la haine des Bourbons. Elle prend corps en 1821, sous l'influence de quelques étudiants, en particulier Dugied et Joubert. Elle est organisée en « ventes », petits groupes de militants unis par le serment. La hiérarchie et le cloisonnement sont remarquables, de la vente communale à la base, jusqu'à la vente suprême au sommet. Parmi ses principaux dirigeants, où se distinguent des personnalités politiques alors très en vue, figurent Barthe, La Fayette, Manuel, Mérilhou, Voyer d'Argenson. Elle compte parmi ses adhérents — quelques dizaines de milliers en 1822, ce qui est considérable — une forte proportion de militaires (40 % environ), de nombreux jeunes des écoles de droit ou de médecine et, plus généralement, des membres des classes moyennes urbaines [Spitzer, 1971]. Cette société secrète conspiratrice a donc une identité sociale assez nette — bourgeoisie moyenne des professions libérales et de la fonction publique —, d'autant qu'une contribution financière est demandée à ses membres. Des jeunes hommes très déterminés font en son sein leur éducation militante. C'est le cas pour Bazard, Blanqui, Buchez, Cabet, Carrel, Cavaignac, Garnier-Pagès... Le cœur de la Charbonnerie bat à Paris mais elle étend son action sur une partie du territoire français (des responsables sont désignés pour l'Est, le Midi, l'Ouest), et elle est liée à des mouvements étrangers, notamment en Italie.

C'est justement dans des villes de province — Saumur, Belfort, Nantes, La Rochelle ou Strasbourg — qu'entre l'hiver 1821 et le printemps 1822 les projets de conspiration se succèdent à un rythme soutenu. Tous se soldent par des échecs tandis que des condamnations retentissantes signalent la rigueur de la répression : le 21 septembre 1822 sont exécutés les quatre sergents de La Rochelle, dont la jeunesse, le courage et la fin tragique restent longtemps gravés dans la mémoire collective de la gauche française. Le manque d'organisation des *carbonari*, leurs imprudences répétées, de fâcheuses dissensions internes sur des questions essentielles — quel régime établir en cas de victoire ? —, leur incapacité à trouver des relais hors de leurs milieux sociaux d'origine, mais aussi d'efficaces opérations policières (provocation de Colmar, juillet 1822) leur coûtent très cher. Après 1823, on n'entend plus guère parler d'eux. Il est ainsi fort probable qu'au milieu des années 1820 commence une

« période creuse pour les sociétés secrètes » [Le Nuz, *in* Blanqui, 1993], ce qui ne signifie pas disparition complète mais plutôt évanouissement partiel, discrétion, et quasi-absence de sources pour les historiens.

UNE PARENTHÈSE DE DIX ANS

La décennie d'effacement des sociétés secrètes ne constitue pas une période homogène. Pendant les dernières années de la Restauration, la situation faite aux oppositions politiques étouffe toute velléité de résistance. La mise en place de « municipalités » occultes dans chaque arrondissement parisien après les émeutes de 1827 [Weill, 1900] ne change pas grand-chose à l'affaire, à supposer d'ailleurs que ces municipalités aient bel et bien existé. Les Trois Glorieuses de juillet 1830 et la naissance de la monarchie de Juillet en août changent la donne politique sans conduire pour autant à un réveil des sociétés secrètes. La Charbonnerie semble renaître de ses cendres en 1833, sous l'impulsion de Buonarroti ; mais cette Charbonnerie démocratique universelle reste groupusculaire. Les modèles, en réalité, ont changé. Barthe ou Mérilhou, *carbonari* une dizaine d'années auparavant, sont devenus des serviteurs zélés du régime. La majorité des républicains considèrent pour leur part qu'une page est tournée. « Le temps de la Charbonnerie et celui des sociétés secrètes est passé, écrit Ulysse Trélat dans *Paris révolutionnaire* (1833-1834) ; chacun, à l'heure qu'il est, agit à la face du ciel : le plus puissant moyen d'action est la publicité, et c'est se condamner à l'impuissance que de mettre en œuvre d'autres agents que ceux de son époque. » En février 1835, Raspail soutient à son tour que l'« on serait bien fou de faire du carbonarisme, quand on a le droit de faire ouvertement de la propagande ». Ces prises de position ne rencontrent certes pas un assentiment général. Dans les sociétés d'action politique du moment (Aide-toi, le ciel t'aidera, fondée en 1827 et qui se radicalise en 1830 ; la Société des amis du peuple entre 1830 et 1832 ; la Société des droits de l'homme ensuite), certains réclament une radicalisation de l'action politique. Face à une répression accrue, la Société des droits de l'homme établit certains liens avec la Charbonnerie démocratique universelle ; les sections qui la composent, dotées de noms qui évoquent leur détermination politique (« Avenir » ; « Démocratie » ; « Mort aux tyrans » ; « Robespierre »...) ont des effectifs volontairement limités : au-delà de vingt membres, toute section se dédouble pour échapper aux dispositions de l'article 291 du Code pénal sur les associations ; les sections observent une clandestinité partielle ; l'entrée d'ouvriers que le système censitaire maintient hors du pays légal contribue à un durcissement des discours et des pratiques. Néanmoins, largement visibles et situés bien en deçà de l'illégalité complète (ainsi composent-elles avec l'article 291), « les Droits de l'homme n'ont rien d'une société secrète » [Huard, 1996]. C'est ainsi que dans sa magistrale étude intitulée *La Propagande républicaine au début de la monarchie de Juillet* (1930) et significativement rebaptisée *Au Temps des sociétés secrètes* l'année suivante, Gabriel Perreux décrit, sauf exception — telle la Société d'action de Kersausie, organisée militairement, début 1834 —, des sociétés qui ne le sont pas...

Cette histoire prend un tour nouveau lorsque la monarchie de Juillet radicalise son combat contre les oppositions politiques. C'est au début de 1834 qu'a lieu l'inflexion décisive : après quelques années d'émeutes, d'insurrections, de procès, de poursuites, une loi répressive est votée qui réduit comme peau de chagrin le droit de s'associer pour motifs politiques : un groupe doit être soumis à autorisation et peut être dissous même si chacune de ses composantes comprend moins de vingt membres ; toute infraction est passible de lourdes peines qui peuvent désormais s'abattre sur de simples membres. Une opposition radicale légale n'est plus envisageable. C'est ainsi que, dépassant dans sa sévérité l'article 291, « la loi [de 1834] sur les associations produi[t] les sociétés secrètes » [Weill, 1990]. Mais ces sociétés se trouvent d'emblée dans une position fragile : condamnés lors des grands procès qui suivent les insurrections d'avril 1834, ou en exil, nombre des chefs et des militants les plus déterminés n'ont plus les moyens d'agir.

Au temps de Blanqui

Une Société des familles naît en 1834. Forte d'environ un millier membres, elle disparaît en 1836, démantelée par la police. En 1837, lui succède une Société des saisons qui compte, elle, environ mille deux cents sectionnaires. À la tête de ces sociétés secrètes d'un genre nouveau, œuvrent quelques militants politiques déterminés : Armand Barbès, Martin Bernard, Auguste Blanqui. Ce dernier, surtout, a tiré les leçons de son expérience de *carbonaro*, des lois de 1834, des échecs de la Société des droits de l'homme. Il impose ses méthodes de combat : « plus de *Bons Cousins* ni de diplômes, mais des milices secrètes prêtes à s'insurger à un signe donné. » [Galante Garrone, 1951 et 1975]. Une organisation militaire rigoureuse est censée garantir l'efficacité d'une action indétectable. Les militants ne connaissent qu'un petit nombre des leurs. Sept hommes forment une « semaine » commandée par un dimanche ; quatre semaines composent un « mois » ; trois mois, une « saison » ; quatre saisons, une « année » avec à sa tête un « agent révolutionnaire ». Toute communication écrite est proscrite. La réception des nouveaux venus se déroule selon des règles strictes, si l'on en croit un rapport judiciaire de 1837 : « *Le président au présentateur* : Quel est le nom du nouveau frère que tu nous amènes ? *Au récipiendaire* : Citoyen (le nom), quel est ton âge ? ta profession ? le lieu de ta naissance ? ton domicile ? Quels sont tes moyens d'existence ? As-tu réfléchi à la démarche que tu fais en ce moment, sur l'engagement que tu viens de contracter ? Sais-tu bien que les traîtres sont frappés de mort ? » ; puis une longue série de questions (« Que penses-tu de la royauté et des rois ? Comment la royauté, que tu déclares si mauvaise, se maintient-elle ? [...] Pourquoi la république est-elle le seul gouvernement légitime ? » [...]) aide à éprouver la solidité des engagements. En vue de l'affrontement, des armes sont rassemblées, des cartouches fabriquées dans de petits ateliers clandestins, des exercices d'entraînement organisés à intervalles réguliers. Des presses clandestines ont pour fonction d'imprimer proclamations et mots d'ordre lorsque viendra le temps de l'action. Mais l'originalité de ces sociétés secrètes réside aussi ailleurs : tandis que les républicains modérés poursuivent leur action d'opposition légale, les Familles puis les Saisons élaborent un programme égalitaire et appellent à l'établissement d'une république sociale, même si ses contours restent assez incertains. Elles accueillent dans leurs rangs une proportion toujours plus élevée d'ouvriers.

Après le démantèlement des Familles, la tentative manquée de coup d'État par les Saisons illustre les faiblesses de ces sociétés secrètes : à Paris, le 12 mai 1839, les sectionnaires se retrouvent pour prendre le contrôle de bâtiments stratégiques, ériger des barricades, proclamer la formation d'un gouvernement provisoire, mettre à bas le régime de Juillet. L'entreprise tourne assez vite à une piteuse course-poursuite dans les rues de la capitale. La déception des chefs, condamnés à de très lourdes peines, est d'autant plus grande que leur échec tient presque aux mêmes causes que celui des *carbonari*, une quinzaine d'années plus tôt : mésentente, organisation insuffisante, incapacité à déjouer les plans de la police, manque de relais populaire pour cette avant-garde révolutionnaire.

Ainsi l'année 1839 marque-t-elle un coup d'arrêt dans l'histoire des sociétés secrètes, tandis qu'à l'été 1840 s'ouvrent des perspectives nouvelles d'action : grandes grèves, développement d'un mouvement politique communiste à forte assise populaire. On repère certes ensuite, ici ou là, à Lyon ou à Toulouse, des tentatives de restructuration [Aminzade, 1993]. À Paris, des Nouvelles Saisons sont mises en place avec l'ouvrier Alexandre Martin, dit Albert, futur membre du Gouvernement provisoire en 1848. Mais la prison, la rigueur du contrôle policier, le désenchantement des militants font leur effet. Blanqui, enfermé à Tours en 1847, toujours jacobin dans l'âme, écrit sa nostalgie des « embrigadements révolutionnaires de Paris, si vigoureusement liés par les lois du serment et de la discipline » et couvre de ses sarcasmes une société dont il est soupçonné de faire partie, « goguette chantante et buvante de Tours, rendez-vous public où des familles du peuple, hommes, femmes et marmots viennent gaiement passer leur après-midi du dimanche ». En est-ce fini des sociétés secrètes ? Au moment même où Blanqui dit son amertume, l'opposition politique à la Chambre et dans les journaux s'engage dans une campagne des banquets contre le régime, qui se radicalise rapidement — Barrot et la gauche dynastique étant dépassés par les radicaux groupés autour de Ledru-Rollin.

La révolution de février 1848 « sortit non des conciliabules particuliers [des sociétés secrètes] mais des entrailles du peuple » ; néanmoins, entretenant le « feu sacré », ces sociétés ont préparé la victoire. Telle est l'interprétation que livre en 1875 le rédacteur de l'article « sociétés secrètes » du *Grand Dictionnaire universel du XIXe siècle*, et qu'il vaut la peine d'approfondir pour terminer. D'abord, fait remarquer Pierre Lévêque, une « élite de militants » issus de la Charbonnerie, des Familles et des Saisons joue un rôle décisif sous la IIe République et fournit une partie de ses cadres au régime nouveau. Ensuite, les sociétés secrètes où se mêlent « irréalisme et esprit d'aventure, mais aussi courage, dévouement, générosité sociale », contribuent à faire circuler et à enraciner « l'idée républicaine, héritière de la tradition démocratique de la Révolution [...] dans une partie de la petite bourgeoisie et du peuple des villes » [Lévêque, 1992]. Enfin, les hommes de ces sociétés adoptent pour parvenir à leurs fins des méthodes d'organisation et d'action radicales, régulièrement débattues — souvent dénoncées, quelquefois reprises — par la suite : une politique — une mystique ? — du coup de force, de l'affrontement rigoureusement planifié, bref et décisif, garde des adeptes à gauche même après le traumatisme de 1871. Pour toutes ces raisons les combats des sociétés secrètes, livrés dans la première partie du XIXe siècle aux flancs d'une « gauche » alors essentiellement parlementaire, d'un républicanisme en croissance, de socialismes en ébullition, influent sur l'histoire des gauches françaises, au XIXe comme au XXe siècle.

RÉFÉRENCES BIBLIOGRAPHIQUES

AMINZADE Ronald (1993), *Ballots and Barricades. Class Formation and Republican Politics in France, 1830-1871*, Princeton University Press, Princeton.

BLANQUI Louis-Auguste (1993), *Œuvres I, Des origines à la Révolution de 1848* (textes rassemblés et présentés par Dominique LE NUZ), Presses universitaires de Nancy, Nancy.

GALANTE-GARRONE Alessandro (1975 [1951]), *Philippe Buonarroti et les révolutionnaires du XIXe siècle*, Champ libre, Paris.

HUARD Raymond (1996), *La Naissance du parti politique en France*, Presses de Sciences-Po, Paris.

LAMBERT Pierre-Arnaud (1995), *La Charbonnerie française, 1821-1823. Du secret en politique*, Presses universitaires de Lyon, Lyon.

LÉVÊQUE Pierre (1992), *Histoire des forces politiques en France*, t. I : *1789-1880*, Armand Colin, Paris.

MAITRON Jean [dir.] (1964-1966 [réédition cédérom]), *Dictionnaire biographique du mouvement ouvrier français*, vol. 1 à 3 (*1789-1864*), Éditions ouvrières, Paris.

PERREUX Gabriel (1930), *La Propagande républicaine au début de la monarchie de Juillet*, Hachette, Paris.

SPITZER Alan B. (1971), *Old Hatred and Young Hopes. The French Carbonari against the Bourbon Restoration*, Harvard University Press, Cambridge.

WEILL Georges (1900), *Histoire du parti républicain en France de 1814 à 1870*, Alcan, Paris.

12

Un demi-siècle d'insurrections et de barricades

MARIANNE CAYATTE
ET PHILIPPE OULMONT

DE 1815 À 1871, insurrections et barricades colorent d'une teinte particulière le panorama politique et social français, dans un contexte où la liberté d'expression politique n'existe guère et où la distance est courte de la manifestation de rue, toujours interdite, à la barricade, à l'émeute ou à l'insurrection. Les premières insurrections ignorent l'usage des barricades, comme lors de la tentative dite du Bazar français, organisée le 19 août 1820 à Vincennes et à Paris par l'avocat Joseph Rey avec le soutien de militaires bonapartistes, ou lors des conspirations des *carbonari*, dont la plus célèbre se conclut par l'exécution, en 1822, des « quatre sergents de La Rochelle ». Avant 1827, la barricade ne figure pas dans la panoplie du parfait insurgé, alors même que la bourgeoisie instruite n'a pas oublié que les barricades parisiennes du temps de la Ligue (1588) et de la Fronde (1648) avaient fait céder le pouvoir royal.

Cette situation dure tant que les foules urbaines n'entrent pas sur la scène à nouveau. En revanche, dans les années 1830-1848, la multiplication des épisodes barricadiers, qu'ils aient échoué ou réussi, laisse le sentiment qu'ils sont des passages obligés. Alors s'enracine historiquement la croyance en l'efficacité et donc en l'utilité de la barricade pour renverser les régimes monarchiques et pour améliorer le sort du peuple. Cette mythologie révolutionnaire perdure après l'échec sanglant de la Commune de Paris, dans une ambiance de lutte à mort héroïque et romantique.

D'UNE BARRICADE À L'AUTRE

Les barricades resurgissent pour la première fois sous la Restauration, les 19 et 20 novembre 1827, dans des conditions mal élucidées, lors de l'élection de députés libéraux à Paris. Les émeutiers tentent de pousser l'avantage, mais la répression fait quatre morts. L'agitation reprend le 27 juillet 1830, à l'annonce de la publication des ordonnances de Charles X, qui attaquent la liberté de presse et prononcent la dissolution de la nouvelle Chambre, trop libérale au goût du roi. Le début de la répression entraîne la radicalisation du mouvement qui tourne à l'insurrection. Les journées des 28 et 29 juillet voient les barricades s'étendre, d'abord au nord et à l'est, puis dans tout Paris, et la bataille de rues s'intensifier. La troupe ne montre aucun zèle, voire, dans certains cas, abandonne le combat. Parallèlement à la guerre de rues s'organise un nouveau pouvoir : les insurgés réclament la République, mais se voient imposer l'arrivée sur le trône du duc d'Orléans. Cette substitution mal acceptée fonde l'opposition républicaine à la monarchie de Juillet, qui se traduit par une succession d'épisodes insurrectionnels, plus ou moins spontanés et rapidement voués à l'échec.

En décembre 1830, l'annonce du verdict clément à l'encontre des ministres de Charles X produit à Paris un véritable soulèvement. Le 21 novembre 1831, à Lyon, éclate la révolte des canuts pour un salaire minimum : ils se retranchent dans les quartiers ouvriers derrière des barricades. Cette insurrection à caractère social reprend donc la même tactique, et sa répression violente par la troupe, trois jours après, attire les sympathies en faveur des républicains.

Le 5 juin 1832, les funérailles du général Lamarque, député libéral, vétéran des guerres de la Révolution et de l'Empire, sont l'occasion d'émeutes républicaines à Paris. Alors que les émeutiers essaient de s'emparer du corbillard pour le conduire au Panthéon, la troupe tire, des barricades s'élèvent rapidement sur la Montagne Sainte-Geneviève, dans le Marais et dans le quartier des Halles. Le lendemain, la troupe cerne ces quartiers et réprime l'insurrection en massacrant les derniers insurgés dans le cloître Saint-Merri.

L'opposition révolutionnaire se manifeste à nouveau en avril 1834, dans un climat social tendu, aggravé par l'annonce d'un projet de loi visant les associations républicaines, comme la Société des droits de l'homme. Le mouvement, férocement réprimé à Lyon, se poursuit spontanément à Paris, alors que le gouvernement a pris soin de faire arrêter préventivement tous les chefs. À nouveau, des barricades se dressent dans le quartier Saint-Merri. Là encore, la répression est brutale, et le massacre des habitants d'un immeuble, rue Transnonain, d'où l'on avait tiré sur la troupe, restera longtemps dans les mémoires grâce au dessin tragique qu'en fit Daumier. Ces émeutes, ainsi que l'attentat républicain de 1835 contre Louis-Philippe, permettent de renforcer la législation contre l'opposition républicaine, qui est rapidement démantelée. En mai 1839, une nouvelle émeute républicaine éclate à l'instigation de la Société des saisons, mais elle avorte aussitôt.

L'écart se creuse entre le pays légal et l'opinion publique : le mouvement pour l'élargissement du corps électoral provoque une grave crise politique. L'interdiction du banquet politique, prévu à Paris le 22 février 1848, déclenche la colère de nombreux manifestants qui convergent vers la place de la Concorde. Louis-Philippe renvoie Guizot. À la suite de la fusillade du boulevard des Capucines, contre des manifestants simplement venus conspuer le ministre déchu, la manifestation tourne à l'insurrection. Pendant la nuit, à la lueur des torches, les corps des victimes sont exhibés dans les quartiers populaires pour mieux appeler les habitants aux armes. Au matin du 24 février, Paris est couvert de barricades, des batailles sanglantes se déroulent, vers midi on attaque les Tuileries. Louis-Philippe renonce à résister, abdique et la République est proclamée le 25 février. Cette fois, l'insurrection a triomphé et, très vite, l'heure est à l'apaisement.

Il faut déchanter quelques mois plus tard, lorsque éclatent les journées de Juin. Déçus de l'évolution politique d'un régime dans lequel ils ont mis tant d'espoirs et qui supprime les ateliers nationaux destinés à résorber le chômage, les ouvriers se rassemblent, le 23 juin, au pied de la colonne de la Bastille. De ce quartier part un grand mouvement de révolte : spontanément, plus de 3 000 barricades sont érigées et une véritable guerre sociale commence. Paris est mis en état de siège et l'armée, sous la conduite de Cavaignac, entame la contre-offensive. Les épisodes dramatiques se multiplient ; les affrontements, qui font quelques centaines de blessés et tués, s'accompagnent de 1 500 exécutions sommaires et d'immenses rafles de suspects. Tout est terminé le 26 en fin de matinée. La répression des journées de Juin inaugure le début de la politique de réaction qui coupe pour longtemps les ouvriers de la République.

Louis Napoléon Bonaparte, élu président de la République en décembre 1848, cherche à se maintenir au pouvoir au-delà du mandat légal de quatre ans. Il finit par recourir au coup d'État et, le 2 décembre 1851 au petit matin, il fait afficher dans Paris des décrets annonçant la suppression de la loi restreignant le suffrage universel, la dissolution de l'Assemblée nationale et l'instauration de l'état de siège. La résistance parisienne ne commence que le 3 décembre, à l'initiative de Victor Schœlcher et de quelques députés ceints de l'écharpe tricolore, qui appellent les ouvriers du faubourg Saint-Antoine à ériger des barricades. Les premières victimes, dont le député Baudin, galvanisent la résistance d'abord timide. Le 4, les barricades s'étendent dans le centre de Paris. Des coups de feu isolés déclenchent une fusillade intense qui tue plus de 200 personnes sur les boulevards. Du coup, la situation se retourne, la terreur règne, la troupe détruit facilement les barricades et, au matin du 5, les Parisiens renoncent devant la violence de la répression. Dans certaines régions, une résistance insurrectionnelle gagne alors les campagnes, mais en vain.

En pleine guerre contre les Prussiens, la chute du Second Empire ramène la République. Pour mieux résister à l'envahisseur, les élus parisiens organisent l'érection de barricades. Le 18 mars 1871, la nouvelle de la reddition et la décision de désarmer Paris provoquent un soulèvement qui tient du sursaut patriotique et de la révolution sociale. Les barricades changent d'objectif : elles seront utilisées contre les troupes du gouvernement qui ont évacué la ville dès le déclenchement de l'insurrection. La défaite de la Commune tient à diverses raisons, mais elle est scellée de fait le 21 mai, lorsque les Versaillais réussissent à entrer dans Paris en prenant la barricade de la porte de Saint-Cloud, temporairement désertée. Pendant une semaine, l'armée réinvestit la ville méthodiquement, rue par rue, barricade par barricade, progressant d'ouest en est. Ici encore, une répression terrible fait plus de victimes que les combats sur les barricades. Cette défaite met un terme durable au rôle révolutionnaire de la capitale.

LA BARRICADE, INSTRUMENT DE L'INSURRECTION

Nous l'avons vu, on recourt à la barricade souvent faute de moyens légaux de se faire entendre, de défendre ses droits et de marquer son opposition. Ce moyen de combat urbain vise parfois un objectif clair, lorsqu'il s'agit par exemple de renverser le régime politique. L'objectif est plus confus et difficile à atteindre quand il concerne des revendications de défense politique, sociale ou professionnelle.

Offensive, la barricade peut être édifiée au début d'un mouvement revendicatif, comme s'il s'agissait, en juillet 1830, de rejouer la grande Révolution et de se ressaisir de la souveraineté populaire, ou, en février 1848, de tirer revanche de l'issue décevante de 1830 pour établir définitivement la République. Les vaines tentatives de juin 1832, avril 1834 et mai 1839 mêlent des objectifs politiques et sociaux plus hétérogènes. La barricade peut aussi avoir pour fin légitime la défense de la République contre ses ennemis réels ou supposés (en juin 1848, décembre 1851 et en 1870-1871) selon une modalité révolutionnaire. Elle tend alors à créer une enclave en dehors de l'espace de l'ordre établi que l'on conteste. Elle peut aussi apparaître comme l'arme ultime de la protestation, la dernière possibilité de résistance républicaine dans la ville ou le pays, sous peine de manquer à l'honneur et d'échouer à rallier le peuple : geste ostentatoire, symbolique et désespéré.

Dans les deux cas, la barricade peut être l'aboutissement d'une manifestation à laquelle s'opposent violemment les forces de l'ordre qui la font alors tourner en émeute ou en insurrection. Ainsi, lorsqu'en 1832 un cortège funéraire dégénère en barricades spontanées, ou quand les barricades succèdent aux manifestations d'étudiants au Panthéon et à la Madeleine, le 23 février 1848. Il en va de même le 22 juin suivant, lorsque la procession ouvrière du Panthéon à la Bastille aboutit aux barricades du lendemain. Plus rarement, la barricade est programmée dans le cadre d'une insurrection plus ou moins organisée, comme en 1839, 1851, 1871.

Il n'y a pas de « barricade modèle ». D'une élévation variant de moins d'un mètre jusqu'à la hauteur du premier étage des maisons, les dispositifs sont très variables : simple tas de pavés et d'ordures hétéroclites, ou muraille adossée aux maisons, barrant plus ou moins complètement la rue et réductible seulement à coups de canon (barricade de l'Hôtel de Ville en juin 1848), parfois même conçue avec des flancs obliques censés être à l'épreuve du canon... Les maisons voisines peuvent offrir d'utiles complicités (tireurs aux fenêtres protégés par des matelas, lanceurs de pavés montés dans les étages ou sur les toits éventrés). Quand les insurgés ont disposé de temps pour perfectionner leur construction, on peut trouver de véritables « forteresses » verrouillant une place, comme porte Saint-Denis, carrefour de Buci, place de la Bastille ou du Panthéon. Une même rue peut présenter un dispositif en enfilade, comme en juin 1848 la rue Saint-Jacques avec ses trente-huit barricades échelonnées quasiment tous les vingt mètres, schéma mis en œuvre ailleurs, rues Saint-Antoine, de Charonne, de la Roquette, etc.

Les matériaux de construction sont aussi très divers : ils évoquent « le haillon d'un peuple » selon Hugo, rassemblant tout ce que l'on trouve sur place et qui peut servir : barriques remplies de sable, de terre ou de pierres, voitures et charrettes renversées et entremêlées, matériaux des chantiers voisins, planches, pavés, traverses de chemin de fer, roues, volets, échelles, matelas, tables, chaises... Des drapeaux qui proclament les convictions des insurgés sont arborés souvent : le tricolore en 1827, 1830, et parfois en juin 1848 face au drapeau blanc des Bourbons ; le drapeau rouge, à partir de 1832, qui devient désormais l'emblème de l'insurrection, jugé effrayant parce qu'il est associé à l'effusion de sang, accompagné parfois du drapeau noir de l'anarchie.

La rapidité de la construction frappe les esprits. Ces barricades élevées « comme par enchantement », simultanément, en quelques heures, parfois dans le silence de la nuit ou au son du tocsin appelant aux armes, sont-elles l'effet d'un complot prémédité ? Il faut environ une journée à une dizaine d'hommes pour édifier une barricade. Mais elle ne peut jamais être considérée comme achevée ; provisoire, elle est à reconstruire en permanence si elle est attaquée. Quant aux « forteresses », malgré leur air imposant et dissuasif, elles n'ont pas plus d'efficacité que les petites barricades si elles ne sont pas intégrées dans un réseau défensif incluant les maisons.

À défaut d'une « science des barricades », il existe un savoir-faire hérité ou improvisé : certains connaissent le nombre de pavés nécessaires et, partant, le nombre de mètres de rue à dépaver par barricade. Cette dextérité est évidente en juin 1848, puisque expérimentée avec succès quelques mois auparavant, mais ne s'accompagne pas de conception d'ensemble. En fait, on ne voit guère de progrès technique ou stratégique, à l'exception des cas particuliers de l'automne 1870, où les Parisiens ont le temps d'organiser en périphérie, avec l'appui des forces de l'ordre, un réseau de barricades défensives contre l'arrivée annoncée des Prussiens, et du printemps 1871 pour défendre de manière systématique l'insurrection de la Commune.

Hormis ces deux cas, la répartition des barricades, même si elle donne parfois l'apparence d'un réseau organisé, n'obéit pas à un plan stratégique réfléchi : tout au plus marque-t-elle des frontières et traduit-elle l'opposition entre des espaces sociaux antagonistes.

L'espace de la barricade est urbain. Les barricades sont une spécificité de la grande ville, perçue de plus en plus par les contemporains comme la matrice des révolutions. Au XIXe siècle, le peuple parisien conserve son rôle révolutionnaire pour faire et défaire les régimes, que les provinciaux s'en accommodent, comme en juillet 1830, février 1848 et septembre 1870, ou qu'ils s'en défendent victorieusement, comme en juin 1848 et en mai 1871. C'est pourquoi Paris et Lyon paraissent des villes dangereuses nécessitant un préfet de police et non un maire pour les administrer directement.

La misère, l'exiguïté et la surpopulation confèrent aux quartiers anciens et populeux une spécificité propice. À Lyon, c'est le quartier de la Croix-Rousse, « la colline du travail » dominant la ville bourgeoise de la presqu'île entre Saône et Rhône, qui voit s'édifier les barricades de 1831, 1834 et 1849, en réponse à des motifs politiques autant que sociaux. C'est aussi le cas du centre de Paris, encore médiéval et sombre avec ses rues étroites et sinueuses d'avant les percées haussmanniennes ; le Quartier latin, par exemple, avec ses concentrations de lycéens et d'étudiants, et le Marais que son aristocratie passée a délaissé au profit d'artisans et d'ouvriers. Certains lieux sont inévitables, véritables pôles de fixation prévisibles où reviennent périodiquement les vagues insurrectionnelles (Hôtel de Ville, palais des Tuileries, préfecture de Police, Imprimerie nationale), tout comme les places chargées de souvenirs, où se rassemblent les insurgés : place du Panthéon et surtout place de la Bastille, cœur du Paris populaire et révolutionnaire, lieu de commémoration de 1789 et des victimes de 1830, et point de départ de l'insurrection de juin 1848. Cette dernière innove aussi en ce qu'elle s'étend au-delà des quartiers émeutiers traditionnels du centre-ville où les précédentes s'étaient développées. Par delà les grands boulevards, les insurgés trouvent dans les faubourgs leurs plus solides points d'appui, jusqu'à pénétrer les communes limitrophes comme Belleville ou La Villette. En décembre 1851 aussi, ils essayent d'étendre la résistance hors des lieux traditionnels, notamment vers les beaux quartiers et les grands boulevards, ce qui redouble la violence répressive.

La majorité des affrontements parisiens s'effectue de part et d'autre d'une frontière séparant des espaces sociologiques opposés. On perçoit dès la Révolution française cette opposition est-ouest qui s'accentue au XIXe siècle. Jusqu'en 1848, les barricades sont édifiées au sud comme au nord de la Seine, mais dans l'ensemble de la période, les barricades poussent davantage sur le terreau de la rive droite et tendent à migrer vers la périphérie : en 1871, la rive gauche est touchée aussi, mais sans amoindrir la prédominance des quartiers du nord-est de la capitale.

La barricade, cœur de l'insurrection

Épicentre démultiplié de l'insurrection urbaine, la barricade mobilise de nombreux acteurs. Au milieu du siècle, on peut dire désormais que les acteurs des barricades de la période se situent nettement « à gauche » : « libéraux », « patriotes », républicains ou tout cela à la fois, alors qu'en 1827-1830 on trouvait encore des bonapartistes parmi eux. Souvent membres des sociétés secrètes, ces militants sont à l'origine des premières barricades qui sont imitées ensuite. Parmi eux, les vétérans qui ont vécu les épisodes antérieurs ont acquis une certaine expérience. Puisque 5 % des combattants de Juillet ont connu la Révolution française, le faubourg Saint-Antoine se souvient peut-être encore des émeutes de germinal et prairial an III. En 1848, une génération à peine sépare les insurgés de ceux de l'époque de la Restauration et un savoir-faire s'est forgé grâce au nombre des « journées » antérieures.

À Paris comme à Lyon, d'anciens militaires se rallient aux insurgés et les encadrent en utilisant parfois les techniques de combat urbain apprises durant les campagnes napoléoniennes. Certains étudiants en droit ou en médecine, traditionnellement remuants, sont actifs sur les barricades, tout comme les élèves de l'École vétérinaire d'Alfort et de l'École polytechnique, avant que ces derniers ne passent de l'autre côté de la barricade en juin 1848. En avril 1834, sur 1 122 insurgés inculpés à Paris, on compte 140 étudiants. Souvent aussi, des petits commerçants ou artisans du voisinage, cafetiers, commissionnaires, exercent un rôle influent parce qu'ils connaissent très bien les lieux et les gens.

À côté des « professeurs de barricades » tel Auguste Blanqui, la main-d'œuvre et les combattants sont largement ouvriers, parfois qualifiés (terrassiers, maçons, charpentiers, ouvriers du fer...) et jamais éloignés de leurs outils. Nombreux dans les villes et la capitale où les attire l'industrialisation, ils se rallient à la République dans un contexte économique et social difficile, alors que leurs droits sont inexistants. Après Blanqui décrivant les insurgés lyonnais de 1831 comme « une armée de spectres à demi consumés par la faim, courant sous la mitraille pour mourir au moins d'un seul coup », Hugo reconnaît « la sainte anxiété du travail réclamant ses droits » dans ceux de juin 1848 marchant derrière la devise « Du pain ! La liberté ou la mort ! » En juin 1832, on trouve deux tiers d'ouvriers sur les 216 insurgés inculpés, ainsi que des chômeurs et des pauvres, et sur toute la période la barricade conserve un caractère populaire. À Lyon, en 1831 et en juin 1849, comme en juin 1848 à Paris, il n'y a que des « blouses ». Mais celles-ci se font rares le 3 décembre 1851, où seuls quelques députés entourés de « bons citoyens » tentent de soulever le faubourg Saint-Antoine grâce au geste de barrer la rue. Plus que l'emblématique « union de la blouse et de l'habit » soulignée en 1830 et en février 1848, la réalité est un côtoiement conforme aux hiérarchies traditionnelles, et la fraternité sociale n'est qu'un phénomène passager.

Les femmes participent aussi aux barricades, parfois déguisées en hommes et faisant le coup de feu, ce qui est alors perçu comme une transgression effrayante et scandaleuse de l'ordre civilisé. Auxiliaires des combattants, elles jouent un rôle de plus en plus important qui culmine dans les combats de la Semaine sanglante où, après avoir participé à l'érection des barricades, elles ont pu les défendre les armes à la main avec ardeur, comme sur la barricade de la place Blanche où elles représentent alors des allégories vivantes de la Commune.

Le rôle des adolescents avait été noté dès 1827, une quinzaine, vêtus de blouses en lambeaux. Avec Delacroix et *La Liberté guidant le peuple* (1832), l'enfant sur la barricade devient une figure indispensable à toute représentation de l'insurrection. Les personnages imaginés par Hugo, comme l'enfant mort dans les bras de sa grand-mère, dans *Châtiments* (« Souvenir de la nuit du quatre »), ou le Gavroche des barricades de 1832, immortalisé trente ans plus tard dans *Les Misérables*, traduisent une incontestable réalité : des enfants aidaient à l'édification des barricades et participaient aux combats. La chose est attestée à Lyon en novembre 1831 et juin 1849, à Paris en 1832, 1848 et 1851, avec des bandes de jeunes garçons faufilés aux premiers rangs, riant, chantant, poussant des cris séditieux, portant des pavés et parfois des fusils. Violents parfois et se jouant du danger, ils figurent aussi parmi les blessés et les tués, comme le montrent les photographies et les registres d'arrestation ou de décès. En juin 1849, 28 insurgés lyonnais arrêtés sur 1355 ont moins de quinze ans. Et en 1871, 651 enfants parisiens de sept à seize ans seront traduits devant la justice militaire.

La technique des barricades utilisée au faubourg Saint-Antoine en Germinal et Prairial (1795) est réactivée dans les mêmes quartiers, sans grande innovation jusqu'au milieu du siècle. Il n'y a pas de véritable « éducation de l'émeute » même si Hugo en postule l'existence dans *Les Misérables*. Les insurgés des années 1830 et 1840, comme ceux de la Commune, ont tendance à vouloir combattre dans leur quartier, près de leur domicile, dans une perspective défensive. C'est fréquent pour les petits artisans, boutiquiers, cafetiers, employés, manœuvres. Il en résulte que la barricade n'est pas forcément un lieu de combat, mais aussi un lieu de refuge, lieu de calme puisque la circulation dans la rue est partiellement ou totalement interrompue, où l'on discute, où il peut y avoir des tentatives de conciliation (comme en juin 1848) et où s'établit une certaine convivialité de quartier, voire une fraternité sociale avant l'assaut. Ces barricades de l'arrière, au cœur de l'espace insurgé, sont très différentes de celles du « front », au contact des forces de l'ordre.

Parfois aussi, les défenseurs comprennent que la défense frontale ne peut rien contre le canon et que la mobilité est un autre moyen de combat. C'est la « barricade vide », comme au 3 décembre 1851, quand les républicains parisiens, trop peu nombreux, se contentent de multiplier des barricades dérisoires qu'ils ne peuvent ni ne veulent défendre, car elles concentreraient immédiatement le feu décisif de la troupe. Ils préfèrent une tactique très mobile qui fournit davantage de tribunes improvisées pour essayer de gagner le soutien des ouvriers parisiens réticents, et qui aurait pu surprendre les forces répressives. Mais l'expérience a montré que la victoire des barricades n'était possible qu'avec la conjonction d'un mouvement de masse et du soutien des élites mobilisées contre la répression, suivi de l'assaut en nombre sur les Tuileries et autres lieux du pouvoir. La défense seule ne permet pas la victoire.

Les responsables du maintien de l'ordre sont d'abord pris au dépourvu, surtout devant le nombre des barricades. Dans cette guerre des rues qui est aussi une guerre civile, l'armée durant tout le XIXe siècle est chargée du maintien de l'ordre en cas de troubles graves, et le pouvoir ne peut pas toujours compter sur la garde nationale. Dans des conditions d'exiguïté et parfois d'obscurité enfumée quand les insurgés ont abattu les lampadaires pour ne garder que des torches, les soldats de ligne sont obligés de combattre au corps à corps. Soumis aux projectiles multiples tombant des fenêtres et des toits (pavés, bois de lit, vieux poêles...), victimes des ruses de combattants sans uniforme, en butte à l'hostilité de toute une population, les soldats ne sont guère combatifs, mais parfois féroces après coup.

Peu à peu, les responsables, instruits de la manière dont sont tombés les régimes en 1830 et 1848, ont analysé les techniques de l'émeute et se sont préparés à la riposte. D'où son efficacité en juin 1848 et décembre 1851. Le général de Saint-Arnaud, ministre de la Guerre de Louis Napoléon Bonaparte, et le préfet de police Maupas, appliquent alors les leçons de *La Guerre des rues et des maisons*, mémoire rédigé par le maréchal Bugeaud après l'écrasement de juin 1848 et nourri notamment de son expérience de 1832 et 1834 : encercler les espaces insurgés, éviter le contact rapproché susceptible d'engendrer des fraternisations, choisir suivant les cas d'éliminer immédiatement chaque foyer de résistance, ou de laisser attendre les insurgés dans un calme trompeur pour mieux reconquérir l'ensemble en une seule fois. User du canon dès que possible et sans hésitation, y compris à boulets rouges ou à mitraille, pour incendier ou pour déchiqueter les défenseurs. Abattre les murs des appartements mitoyens pour arriver rapidement au-dessus des barricades que l'on peut arroser alors de grenades. En 1851, les forces de l'ordre suivent une tactique efficace : sur les grands boulevards, le 4 décembre, on tiraille à l'aveuglette sur les trottoirs et vers les fenêtres, pour faire fuir les spectateurs et simples passants, et obliger les républicains insurgés à se fixer sur les barricades où ils seront canonnés sans pitié.

La violence de la répression tend à se renforcer depuis les premiers épisodes des années 1830, comme celui de la rue Transnonain, véritable « bavure » exploitée par les opposants. En juin 1848, les forces de l'ordre ne font pas de quartier, et moins encore en mai 1871 qu'en décembre 1851, allant jusqu'à passer par les armes 80 insurgés blessés et le médecin qui les soignait dans l'église Saint-Sulpice transformée en hôpital, tous accusés de simulation.

Si l'on tente un bilan de ces insurrections, le nombre de victimes fait mesurer la violence des combats, surtout quand il y a succession d'assauts et de replis. On observe une très forte mortalité en juillet 1830 (environ 800 morts, soit la proportion élevée de un pour mille habitants). La violence est terrible, sauvage, convulsive et souvent inarticulée, comme l'exprime fortement Hugo : « La barricade se défendit mal, mais les hommes moururent très bien. » En juin 1848, les victimes sont nombreuses des deux côtés, car on a tiré depuis les maisons. En 1871, en guère plus d'une semaine, près de 1 100 morts versaillais, dont 70 otages, et vingt à trente fois plus de communards tués témoignent d'une violence beaucoup plus intense que du temps de la Terreur.

LA PERCEPTION ET L'INTERPRÉTATION DE LA BARRICADE

Le triomphe des Trois Glorieuses contribue à légitimer la barricade et en fait un élément indispensable dans l'outillage des insurrections au XIXe siècle. Elle constitue désormais un élément du modèle insurrectionnel traditionnel, expérimenté efficacement par deux fois, lors des « éclairs » de Juillet et de Février, mais par deux fois seulement ! Pourtant, même si le recours à la barricade se multiplie dans les années 1830, on aurait tort de croire à une banalisation : elle reste une pratique rare, inhabituelle et limitée dans le siècle à quelques journées, parisiennes pour l'essentiel : trois jours en 1830, vingt-quatre heures en 1832, une nuit en 1834, quelques heures en 1839, trente-six heures en février 1848, trois jours en juin, guère plus d'une journée en décembre 1851, une semaine en mai 1871. Si tout le monde a entendu parler des barricades, tout le monde est loin d'en avoir vu !

Cela a pourtant suffi à enraciner des comportements et des pratiques adaptés à des lieux et à des acteurs particuliers. Le recours à la barricade, en juin 1848 et en 1851 comme en 1871, est perçu par les insurgés comme le moyen d'action ultime pour régler un conflit politique ou social important, une nécessité inéluctable pour défendre ou refonder la République. Considéré un peu comme le recours magique, permettant de réveiller la révolution parisienne au seul bruit des outils descellant les pavés, il révèle un culte de l'insurrection, un romantisme de la barricade, où se mêlent honneur, dignité, devoir, solidarité, héroïsme, martyre, désespoir, suicide. La mort du député Alphonse Baudin apparaît comme le sacrifice glorieux d'un représentant du peuple victime de son devoir d'exemple sur la barricade ainsi légitimée, puisqu'il haranguait le peuple pour l'engager à défendre ses droits et à reconquérir la République.

Mais le recours automatique à la barricade se révèle illusoire : d'autres moyens de lutte peuvent être envisagés pour défendre la République et les droits. Il traduit en fait un retard de l'adaptation des révolutionnaires parisiens à la réalité du second XIXe siècle, une forme d'archaïsme dans leur comportement politique. L'échec des insurgés en juin 1848, décembre 1851 et mai 1871 contribuera à faire de la barricade un élément dépassé, respectable certes, mais un rituel presque folklorique dans la culture de la gauche : une technique inefficace et obsolète à l'heure du suffrage universel. On peut même dire que c'est le succès des barricades en février 1848 qui impose le nécessaire abandon du recours à la barricade pour le futur : légitimée par une victoire qui introduit le suffrage universel, la barricade, de ce fait, en perd sa légitimité pour l'avenir. Pour les vainqueurs de 1830 et ceux de février 1848, les barricades, fondatrices du nouveau régime, doivent être les dernières de l'histoire. Ce n'est pas un hasard si la législation répressive contre les attroupements (loi du 10 avril 1831 et du 5 juin 1848) est mise en place par les régimes issus d'insurrections victorieuses. Symétriquement, l'habile rétablissement du suffrage universel par Louis Napoléon Bonaparte contribue à l'échec des barricades de 1851. Les nécessités de l'« ordre républicain » conduisent les autorités en place à utiliser les moyens les plus violents contre les insurgés de juin 1848, de décembre 1851 et de la Commune. Mais dans ces trois cas, l'ambiguïté demeure pour définir où se trouve le « bon côté » de la barricade. À la fois défensive dans sa finalité, mais offensive dans la symbolique qu'elle véhicule, la barricade ne peut que souffrir de cette contradiction. Rappelons qu'alors la manifestation de rue est interdite car jugée, elle aussi, incompatible avec le suffrage universel.

Dans le camp adverse, les barricadiers sont perçus comme des barbares contre qui tout est permis. Une haine viscérale conduit rapidement les partisans de l'ordre public et de la conservation sociale, sous la monarchie de Juillet et l'Empire comme sous la République, à voir en face d'eux les pires éléments des « classes dangereuses », ivrognes et prostituées, repris de justice et déviants quasi monstrueux, moralement irrécupérables et qu'il faut exterminer pour le bien de la société. En même temps, l'érection simultanée de centaines de barricades est vue comme la manifestation d'un complot de la démagogie et de la terreur. La détermination, le savoir et la ruse des insurgés ont nourri les fantasmes du camp opposé. Certaines des victimes, martyrs de la barricade, jouent un rôle symbolique : M^g Affre en juin 1848, Mgr Darboy et les religieuses fusillées par les communards, les généraux Bréa (1848), Lecomte et Thomas (1871) témoignent de l'immoralité des insurgés et justifieront par la suite la nécessité, pour les catholiques et les conservateurs, d'expier ou de faire expier ce qui leur paraît une honte nationale. La mort de

Mgr Affre, venu en conciliateur et tué au pied de la barricade de la rue du faubourg Saint-Antoine par une balle isolée, permet de construire une image du Christ mourant pour la rédemption des insurgés égarés.

L'ambiance tragique des combats fratricides, avec la difficulté de voir de part et d'autre de la barricade, et la répression sanguinaire ont beaucoup inspiré écrivains et artistes, tels Delacroix ou Manet, horrifié par la fin des communards. Barricade « du droit » ou barricade « de la calomnie », elle est toujours un lieu et un moment de paroxysme, révélateur d'une époque et des aspirations profondes d'une partie des contemporains : républicains, « démocs-soc », patriotes, ouvriers lyonnais de 1831 ou parisiens désireux de « vivre en travaillant ou mourir en combattant » au soleil de juin 1848. Après coup, la barricade est transfigurée en positif ou en négatif, suivant l'issue de l'insurrection : barricade-croix de 1830 et de février 1848, où le peuple parisien dans son ensemble, et même agrandi à la dimension de la nation tout entière, est représenté comme le messie des idées de liberté, de république démocratique, de droit des peuples, tandis qu'en juin la barricade devient un Golgotha lugubre où est sacrifié l'innocent ecclésiastique tentant l'ultime conciliation. Élevée au rang de mythe, la barricade est plus une figure socioculturelle que l'instrument d'une conception stratégique.

Ces quelques dizaines de journées sur quelques décennies constituent la phase véritablement barricadière de l'histoire de la gauche, et deux insurrections victorieuses seulement ont suffi à engendrer une représentation dominante, archétypale : la barricade comme outil de la victoire, moyen d'expression ultime des républicains et du peuple ouvrier, et plus généralement comme symbole de l'insurrection ou du moins de la détermination à la lutte.

Majoritaires, les échecs ont contribué à une connotation romantique faite d'héroïsme, de sacrifice, de mort violente en pleine vue de tous. En aidant à une visibilité meilleure de la question sociale, les barricades du XIXe siècle ont aussi fait découvrir le peuple à la génération romantique. Mais la barricade implique aussi révolution et guerre civile, tout ce qu'une république affermie et assagie ne saurait tolérer.

L'inefficacité relative — malgré Juillet et Février — de cet instrument de combat, le renforcement de l'État et sa démocratisation, sans oublier la domestication de la violence qui en résulte dans la société, sont des facteurs de la disparition des insurrections de masse et des barricades. De plus, l'élimination des leaders et d'une partie des militants ouvriers, l'éloignement progressif des ouvriers en banlieue, l'enracinement d'une République modérée au sein des milieux bourgeois et populaires, ont fait cesser pour longtemps le rôle révolutionnaire d'une capitale imposant des changements de régime sur les barricades. En 1908, l'édification d'une barricade à Villeneuve-Saint-Georges n'est plus qu'un rituel hérité du passé. Si de rares flambées ont montré dans des conditions très particulières — août 1944 et mai 1968 — que le pavé parisien pouvait s'insurger à nouveau, l'adieu aux barricades est consommé. Par sa survivance dans le vocabulaire et les mentalités, la barricade permet tout au plus de mimer l'offensive insurrectionnelle, sans plus.

Références bibliographiques

Corbin Alain et Mayeur Jean-Marie [dir.] (1997), *La Barricade*, Publications de la Sorbonne, Paris.

13

Les clubs de 1848

Jean-Claude Caron

Les clubs apparaissent comme l'un des phénomènes les plus saillants de la révolution de 1848. Ils illustrent la fécondité et la diversité des discours et des opinions qui purent s'exprimer librement durant les quelques mois qui séparent le 24 février de l'insurrection de juin, comme après la prise de la Bastille ou les Trois Glorieuses. C'est que 1848 semble rejouer 1789 et 1830 : les sociétés populaires avaient alors fleuri en abondance, aux noms évocateurs — Société des amis des droits de l'homme et du citoyen, Société des amis de la Constitution, mais encore Amis des Noirs, Amis de la liberté et de l'égalité, etc., sous la Grande Révolution ; Amis du peuple, Droits de l'homme et du citoyen, au début de la monarchie de Juillet. Mais, précisément, en 1789 comme en 1830, une concurrence apparut pour la dénomination formelle de ces assemblées politiques publiques : « club », mais aussi « cercle », « fédération » et surtout « société » (on ajoute : « populaire »), ce dernier terme finissant par désigner génériquement les clubs. Que le mot de club s'impose en 1848 témoigne d'une volonté consciente d'introduire le modèle organisationnel venu d'outre-Manche : alors que la société politique ou populaire se veut ouverte à tous, tenant des réunions publiques, le club, en théorie, se compose d'adhérents qui doivent être présentés et admis après enquête. Bon nombre de clubs de 1848, toutefois, fonctionnent de fait sur le modèle de la société populaire : le public se compose à la fois d'adhérents (ou affiliés) et de spectateurs.

Entre héritage et parodie

Conquis de haute lutte avant même d'être légalisés, les droits de réunion et d'association entraînent la constitution de centaines de clubs à Paris — une ville touchée par « la fièvre des clubs », affirme Garnier-Pagès —, et à travers toute la France. Toutefois le nombre exact des clubs apparus avec la République est difficile à déterminer. Comme en 1830, on est frappé par le caractère immédiat de leur apparition, ce qui laisse supposer une expérience antérieure, souvent clandestine. Pour la seule ville de Paris, Garnier-Pagès [1861-1872] dénombre 145 clubs à la fin mars, Daniel Stern [1985] en évoque 236, et Alphonse Lucas [1851] près de 450. Mais, comme pour la presse, c'est le règne de l'éphémère : fondations, disparitions, reconstitutions se succèdent. Chaque grande ville de province (Lyon, Lille, Marseille, Rouen, etc.) donne naissance à plusieurs clubs, parfois impulsés par des délégués envoyés par les clubs parisiens. Les clubs se constituent par ailleurs en réseaux, par affiliation. Même des villes moyennes (Besançon, Colmar, Le Havre, Limoges, Metz, Rennes) ou des petites villes (Cahors, Château-Chinon, Dôle, Fougères, Mirande, Les Sables-d'Olonne) ont leurs clubs. C'est le cas aussi des communes de la banlieue parisienne, de Belleville à Charenton, de Montmartre à Neuilly, mais aussi des différents arrondissements de la capitale, voire de simples quartiers (Club du faubourg Saint-Antoine). Il existe même un Club des clubs, sorte de fédération d'une soixantaine de clubs, avec son organe de presse, *La Commune de Paris, journal des clubs*.

Il convient par ailleurs de distinguer les clubs proprement dits des comités électoraux, organisés sur le modèle de la société Aide-toi, le ciel t'aidera, fondée par Guizot en 1827. Ainsi le journal républicain modéré *Le National* patronne le Comité central des élections, à l'occasion des élections législatives. Un certain nombre de ces comités ont disparu au lendemain des élections de la garde nationale, puis de l'Assemblée constituante. Mais d'autres se reforment à l'approche de l'élection présidentielle de décembre 1848 : l'Association démocratique des amis de la Constitution, fondée par Buchez, milite en faveur de la candidature du général Cavaignac, le Comité central électoral soutient Louis Napoléon Bonaparte, et le Congrès national électoral est partisan de Ledru-Rollin.

Les lieux les plus divers sont réquisitionnés par les clubs naissants pour s'y établir : salles publiques, cafés, musées, conservatoires, salles de bals, etc. Quant aux noms adoptés, ils traduisent différentes ambitions. Un certain nombre de clubs mettent en avant l'appartenance à une catégorie élective (garde nationale), sociale (travailleurs, un nom largement répandu, mais souvent suivi d'un adjectif : libres, républicains, socialistes), éducative (étudiants réunis dans le Comité central des écoles), générationnelle (jeunes), religieuse (protestants) ou professionnelle (ouvriers, commerçants, artistes dramatiques, etc.). Corbon dirige le Club patriotique de l'atelier, qui diffuse les idéaux du journal du même nom ; d'autres se présentent comme mus par la défense de l'émancipation des peuples, auxquels on peut joindre les clubs de réfugiés politiques, comme la Société démocratique allemande, le Club de l'émigration polonaise ou celui des émigrés italiens. Il existe également des clubs mixtes tel le Club des femmes, présidé par Eugénie Niboyet, et des clubs spécifiquement féminins ou féministes : ainsi de la Société de la voix des femmes, que dirigent Eugénie Niboyet et Pauline Roland, du Club de l'émancipation des femmes, fondé par Désirée Gay, Jeanne Deroin et le docteur Malatier, qui succéda à la Société de l'éducation mutuelle des femmes. L'infatigable Désirée Gay, soucieuse d'élargir socialement l'audience des clubs féminins, fonda un Club fraternel des lingères. À Paris, des clubs rassemblent aussi les individus originaires d'une même province : Auvergnats, Corses, Provençaux, etc. On trouve naturellement des appellations croisant les données comme le Club républicain des ouvriers alsaciens. Encore ces appellations ne sont-elles parfois que des façades : derrière la solidarité régionale mise en avant se cache parfois une officine politique — le Club démocratique des Corses résidant à Paris est ainsi ouvertement bonapartiste.

Certains privilégient une position politique : mais les adjectifs « républicain » (en général synonyme de modéré) et « démocratique » (en général synonyme de radical), les plus courants, ne sont parfois que de vagues appellations, plus consensuelles que réellement politiques, quand elles ne sont pas trompeuses. En effet, la position politique des clubs n'est pas toujours apparente : les conservateurs et les monarchistes, légitimistes comme orléanistes, se camouflent derrière des appellations neutres (républicain, fraternel, indépendant, patriotique, réformiste, etc.), et créent davantage des comités électoraux que des clubs proprement dits. Pour beaucoup, l'héritage révolutionnaire conditionne le choix d'un nom : on retrouve ainsi des clubs des jacobins, du salut public, et plus encore des montagnards. Les bonapartistes n'hésitent pas à s'afficher (Club républicain et des amis de l'ordre de Napoléon), tout comme les socialistes (Club révolutionnaire et socialiste du Rhône), même si les leaders politiques les plus en vue choisissent généralement des noms plus rassembleurs : Barbès préside le Club de la Révolution ; Martin Bernard, la Solidarité républicaine ; Blanqui, la Société centrale républicaine ; Cabet, la Société fraternelle centrale ; Huber, le Club du progrès ; Raspail, le Club des amis du peuple. À Lyon, la Société des voraces émane d'une société secrète du même nom, active sous la monarchie de Juillet. Parmi les substantifs les plus usités, on relève ceux de « fraternité », souvent qualifiée d'« universelle », deux mots très présents dans le discours quarante-huitard, d'« union », déclinée avec de multiples qualificatifs (« démocratique », « fraternelle », « républicaine », « des travailleurs », etc.), et plus rarement d'« égalité », souvent sans autre précision.

UNE FORME DE CULTURE POLITIQUE POPULAIRE

Si l'exhaustivité semble une gageure pour l'historien, celui-ci doit, par ailleurs, utiliser avec une extrême prudence la littérature relative aux clubs que leurs contemporains (acteurs ou spectateurs) produisirent en abondance. Car les sources ne manquent pas : moins policières ou judiciaires que politiques ou littéraires, souvent contradictoires, traces d'un affrontement majeur autour de la question centrale de l'ordre. Lieux où le politique et le social se pensent pour certains, lieux de désordres majeurs pour d'autres, les clubs semblent marqués par leur rôle dans chaque journée révolutionnaire, de mars à juin 1848, voire à juin 1849. Ce sont eux, en particulier, qui sont accusés d'avoir organisé la manifestation du 16 avril ou d'avoir fomenté l'attaque contre l'Assemblée constituante du 15 mai 1848. Pourtant, à lire les journaux que publient ces clubs et qui donnent le détail de leurs séances, on est avant tout frappé par la multiplicité et la diversité des questions abordées, posées plus que résolues : encore une fois, la liberté de parole est la raison même de l'existence de ces sociétés populaires, à laquelle assistent des individus qui, pour la plupart d'entre eux, accèdent pour la première fois à la parole publique. Partisans comme adversaires des clubs se retrouvent dans l'idée que ces assemblées populaires fonctionnent comme des sortes de contre-parlements, à la fois force de contestation et force de proposition. Poussant plus loin la comparaison, certains évoquent les clubs comme le « gouvernement des rues » se substituant au gouvernement de la Chambre et des ministères.

Les clubs en séance ont été souvent stigmatisés par le désordre qui y aurait régné. Pourtant, chaque club est dirigé par un bureau, produit des ordres du jour (plus ou moins respectés), rédige un règlement. Des délégués sont nommés sur des questions spécialisées, ainsi que des commissions ou des comités. La plupart des clubs tentent de publier un journal qui relaie leur pensée auprès de l'opinion publique : ainsi *La Voix des clubs*, *La Sentinelle des clubs*, *Le Courrier français* diffusent la pensée blanquiste et les débats de la Société centrale républicaine ; *Le Travail*, *La Vraie République* sont l'émanation du Club de la Révolution. Ils impriment régulièrement des affiches annonçant les lieux et heures de leurs réunions, faisant part des résolutions adoptées, proposant un programme électoral et, surtout, établissant les listes de candidats soutenus lors des différentes élections. À Paris, après de laborieuses tractations, le Club des clubs établit, en accord avec la Commission du Luxembourg, une liste de trente-quatre candidats pour les élections législatives, parmi lesquels Albert, Arago, Louis Blanc, Ledru-Rollin, Leroux, Perdiguier, Proudhon ou encore Raspail — autrement dit une large palette de la gauche radicale, démocratique et socialiste. L'organisation des débats au sein des clubs apparaît comme la démarque de ceux de l'Assemblée ou de la Commission du Luxembourg.

Ce public que Marie d'Agoult qualifie de « mélangé et tapageur » est resté jusqu'en 1848 en dehors de la citoyenneté : la République lui apporte en bloc le droit de vote (pour les hommes), la liberté d'expression et le droit d'association. Ces deux derniers, en particulier, apparaissent comme un contre-pouvoir nécessaire : ils protègent l'individu isolé contre la probable dérive tyrannique de la démocratie, affirme Tocqueville. Mais ce dernier ne voit dans les clubs que la perversion de l'association, le libre cours des passions dans une de ces périodes d'« inondations démocratiques » que représente la révolution de 1848 : à ses yeux, les clubs, associés à l'injure, la menace, la violence, font le lit du socialisme. Pour Marie d'Agoult, les clubs accréditent l'idée, dans les classes populaires, que la liberté se fonde sur le despotisme. Les contemporains n'hésitent pas à citer abondamment les écrits des adversaires des clubs, de George Washington à Benjamin Franklin (« Quand le club est ouvert, la boutique est fermée »), de Brissot à Carnot, ou encore de Rousseau à Mme de Staël. Les clubs n'hésitent pas à investir la rue. La manifestation du 17 mars, démonstration massive et unitaire de la force des clubs parisiens, démontre la popularité de leurs leaders, Barbès, Blanqui, Cabet, Sobrier, reçus par le Gouvernement provisoire. Le report des élections est obtenu, mais de quinze jours seulement.

Si les clubs sont souvent mal vus des membres du Gouvernement provisoire comme de la Commission exécutive, ceux-ci cherchent parfois à s'en assurer le contrôle : ainsi du Club des clubs, où Ledru-Rollin, Lamartine, mais aussi Marrast ou Caussidière entretiennent leurs partisans, face à ceux de Barbès, Blanqui, Proudhon ou Leroux. Le Club des clubs reçoit des fonds importants (120 000 francs) du ministre de l'Intérieur, Ledru-Rollin, afin d'imprimer des milliers d'exemplaires de la Déclaration des droits de l'homme de Robespierre et d'envoyer quelque 500 délégués en province. Mais son rôle dans la manifestation du 16 avril 1848 — un échec pour obtenir un nouveau report des élections — le discrédita quelque peu. Du reste, au lendemain des élections du 23 avril, la coupure est manifeste entre les députés (une large majorité de modérés) et les clubs, accusés de prolonger le désordre politique et économique. Même les députés « montagnards » prennent leur distance, au nom d'une légitimité supérieure. Les clubs sont étroitement surveillés et parfois infiltrés par la police jusqu'au sommet : Huber, président du Club des clubs et indicateur patenté, fut l'instigateur de la manifestation du 15 mai. Les clubs peuvent à l'occasion s'ériger en tribunal : ce fut le cas pour l'affaire Blanqui, celui-ci étant accusé d'avoir trahi sous la monarchie de Juillet. En l'occurrence, il s'agit plutôt d'une sorte de tribunal d'honneur — devant lequel Blanqui refusa de comparaître.

Les adversaires des clubs de 1848 utilisent généralement l'ironie pour les discréditer. Au mieux, le club est spectacle, asile pour les chômeurs, loisir pour les oisifs de toutes conditions. Nous dirions aujourd'hui qu'il est un lieu de sociabilité qui s'inscrit dans la pratique des cercles étudiés par Maurice Agulhon, avec ses rites et ses règles propres. Mais les clubs sont aussi décrits comme les lieux du saugrenu, du bizarre, du farfelu, à commencer par le mélange des sexes, des âges et parfois des milieux qui marque l'étrangeté de ces sociétés composites réunies à jour et à heure fixes. De *L'Éducation sentimentale* (Flaubert y décrit avec l'ironie que l'on sait une séance du fictif Club de l'intelligence) au *Grand Dictionnaire universel du XIXᵉ siècle* de Pierre Larousse, l'accent est mis sur la trivialité et la gauloiserie, ou sur le baroque et le grotesque, ce que Marie d'Agoult appelle le « tapage des fous ». Le club illustre la médiocrité politique des classes populaires tout autant que la dangerosité des propositions avancées pour l'ordre social. Car derrière le rire, se cache la peur, dont témoignent tant Tocqueville ou Marie d'Agoult que Hugo qui, assistant à une réunion du club de Blanqui, aurait entendu ce dernier réclamer la tête de Lamartine et offrir celle de son frère, l'économiste Adolphe Blanqui, libéral bon teint. Aux yeux des tenants du parti de l'Ordre, qui les envisagent dans une lecture historique, les clubs représentent l'héritage d'un passé révolutionnaire dont la France redécouvre brutalement l'actualité. Sans qu'on le reconnaisse toujours ouvertement, le modèle jacobin hante encore les mémoires : or, la Société des amis de la Constitution n'a-t-elle pas fait le lit de Robespierre et de la Terreur ?

Cette peur amena l'Assemblée constituante à fermer provisoirement les clubs au lendemain des journées de Juin, avant de les rétablir par le décret voté le 28 juillet et promulgué le 2 août 1848, mais avec des conditions draconiennes : obligation de déclaration ; interdiction de noms autres que ceux du lieu des séances, celles-ci étant publiques ; interdiction aux femmes et aux mineurs d'y assister ; pas de réunion dans les édifices publics ; ni affiches ni pétitions collectives ; interdiction de constituer des comités secrets et des fédérations de sociétés populaires ; présence d'un fonctionnaire de police à chaque réunion ; rédaction d'un procès-verbal de séance ; interdiction de discuter les propositions contraires à l'ordre public et aux bonnes mœurs ; interdiction des attaques individuelles ; fermeture des clubs ayant enfreint la loi, etc. Le projet de suppression définitive des clubs, proposé par l'Assemblée constituante, fut réalisé par la Législative : la loi du 19-22 juin 1849, consécutive à la manifestation du 13 juin, supprima les clubs pour un an. Une nouvelle loi sur les droits d'association et de réunion devait être votée dans ce délai, mais le climat politique, marqué par la percée électorale des « démocs-socs », poussa l'Assemblée à proroger la loi pour une nouvelle année en juin 1850, et de nouveau en juin 1851. À la suite du coup d'État, une loi en date du 2 avril 1852 interdit toute association, quel qu'en soit l'objet, en remettant à l'ordre du jour l'article 291 du Code pénal.

Les clubs de 1848 constituent une étape importante dans la politisation des classes populaires. Ils sont à la fois tribunes et embryons de partis, fortement personnalisés, tiraillés entre le poids d'un lourd héritage (celui de la Iʳᵉ République, référence constante chez les partisans comme chez les adversaires des clubs) et la perspective d'un avenir à inventer. Les relations dominantes qui en sont faites par les contemporains ne font qu'illustrer la coexistence de cultures politiques difficilement conciliables. La légitimité du discours politique est attribuée à ceux qui en sont les représentants élus, ce que ne sont pas les chefs ou les membres de clubs : dès lors, n'ont-ils pas, dans une résurrection voulue de 1793, une tendance naturelle au jacobinisme, c'est-à-dire au despotisme ? Même les partisans de la République, y compris les radicaux, regardent d'un œil suspect une institution difficilement contrôlable et soumise à une alternative simple : exister ou disparaître. Pourtant, la question du droit d'association ne cessa de se poser : la renaissance fulgurante des clubs en 1848 démontre que la culture politique populaire s'exerce prioritairement dans un cadre organisé, dans une confrontation des idées que l'on a parfois qualifiée de désordonnée et d'improductive. Mais pour ce peuple qui découvre seulement le fonctionnement du parlementarisme et qui n'a pas encore massivement accès à l'écrit, les clubs, « barricades vivantes de la démocratie » (Club républicain des travailleurs libres), demeurent le lieu privilégié de l'exercice de la citoyenneté.

RÉFÉRENCES BIBLIOGRAPHIQUES

AGULHON Maurice (1992), *1848 ou l'apprentissage de la République*, Seuil, coll. « Points », Paris.

GARNIER-PAGÈS Louis-Antoine (1861-1872), *Histoire de la révolution de 1848*, Pagnerre, Paris.

JOUET Alphonse (1891), *Les Clubs, leur histoire et leur rôle depuis 1789*, A. Giard, Paris.

Les Murailles révolutionnaires de 1848 (1868), E. Picard, Paris.

LUCAS Alphonse (1851), *Les Clubs et les clubistes. Histoire complète critique et anecdotique des clubs et des comités électoraux fondés à Paris depuis la révolution de 1848*, E. Dentu, Paris.

PEPIN-LEHALLEUR Émile (1850), *Les Clubs, la Constitution et l'ordre public, étude de droit constitutionnel des associations et des réunions*, imp. de E. Thunot, Paris.

STERN Daniel (1985), *Histoire de la révolution de 1848*, Belfond, Paris.

WASSERMANN Suzanne (1913), *Les Clubs de Barbès et de Blanqui en 1848*, E. Cornély, Paris.

14

Exil et exilés de gauche au XIXe siècle

SYLVIE APRILE

LA FRANCE, ET AVEC ELLE la gauche française, est fière de son titre et de sa tradition de terre d'asile. Paris est dans la première moitié du XIXe siècle la capitale des exilés, qui accueille les révolutionnaires de tous les pays d'Europe. Pourtant, les situations inversées ont existé aussi : de nombreux Français prennent le chemin de l'exil et l'émigration politique — le nom même d'émigration en témoigne — n'est pas un « privilège » de la gauche : l'instabilité des régimes, la réitération des révolutions ont condamné au bannissement et à l'immigration d'autres opposants, légitimistes ou boulangistes notamment, et tous les souverains, à l'exception de Louis XVIII, à être bannis et à émigrer au cours du XIXe siècle. Les lois sur le bannissement marquent aussi les temps forts de la vie parlementaire.

L'exil, qui est une « peine civilisée » selon le *Grand Dictionnaire universel du XIXe siècle* de Pierre Larousse, accompagne l'adoucissement même des mœurs politiques : puisqu'on ne tue plus nécessairement ses adversaires — la peine de mort en matière politique a été abolie en 1848 —, on les expulse ou on les transporte. Des générations de républicains et socialistes ont ainsi vécu par vagues successives, de façon volontaire ou forcée, les affres et les douleurs de l'éloignement. Les premiers proscrits de gauche sont les conventionnels régicides : au retour des Bourbons en 1815, ceux qui avaient collaboré avec Napoléon Ier pendant les Cent-Jours sont bannis du sol de France. C'est à Bruxelles que la génération de la Révolution devient alors une génération d'exilés, où se côtoient Sieyès, David, Barère, Merlin de Douai, suivis par les condamnés des mouvements de 1831 et 1834 qui réussissent à s'enfuir. Mais il s'agit là de communautés très peu nombreuses, voire seulement d'individus isolés. Ce sont les militants des journées de mai et juin 1848, de juin 1849, puis de la résistance au coup d'État qui constituent les vagues les plus nombreuses de la proscription avant les communards en fuite ou transportés après 1871. Les exilés du Second Empire et de la Commune sont en effet les plus importants en nombre mais aussi en durée. Le dénombrement en demeure difficile en raison de la clandestinité des départs, de la mobilité volontaire ou contrainte des exilés, des retours par voie de grâce ou d'amnistie. On estime que les exilés français sont environ 800 à Londres et 100 à Jersey en mars 1853. En janvier 1859, ils ne sont plus que 400 dans la capitale britannique. Mal ou peu connus en dehors des grandes figures d'écrivains proscrits comme Hugo ou Vallès, leur bannissement n'est guère envisagé que comme un drame personnel et collectif qui suit leur échec. Comme l'écrit un des grands chroniqueurs de la Commune, Prosper-Olivier Lissagaray, « la vie des proscrits de la Commune n'a pas d'histoire politique ». Cette affirmation mérite cependant d'être révisée, à la fois parce que la défaite politique nourrit une réflexion sur l'avenir, parce qu'elle situe les Français dans un contexte militant européen ou internationaliste, parce qu'enfin la question du retour des exilés pose toujours problème, surtout celui des communards.

TABLEAUX DE L'EXIL

Le décret de janvier 1852 concernant les représentants du peuple et les commissions mixtes qui ont statué sur le sort des condamnés du coup d'État du 2 décembre 1851 ont établi l'exil comme peine, la distinguant de la « transportation » en Algérie ou à Cayenne. Ce statut de transporté est d'ailleurs lui-même gradué, certains prisonniers n'étant pas condamnés à la détention en enceinte fortifiée, mais à l'internement. La distinction prend un autre sens après la Commune, où l'on compta plus de 40 000 arrestations à Paris ; en 1875, selon les statistiques de la justice militaire, plus de 10 000 condamnations ont été prononcées, dont 3 000 par contumace. 4 000 communards sont condamnés à la déportation et aux travaux forcés. Ils embarquent pour la Nouvelle-Calédonie à partir de 1872. Sur place, les conditions de vie sont différentes, entre déportés « simples », « blindés » et condamnés aux travaux forcés. Disparités sociales et solidarités diverses jouent aussi leur rôle. Ces distinctions établies, deux questions demeurent : qui sont ces exilés et surtout quelle a été leur action politique avant et après l'exil ?

Les destinations sont fort variables. Lorsqu'ils en ont le choix, les proscrits choisissent des pays frontaliers, même si les autorités étrangères belges ou suisses, par ailleurs soumises à la pression de la France, ne souhaitent guère recevoir ces opposants politiques. En Suisse, les proscrits bénéficient malgré tout de la protection des radicaux qui tentent à Genève et dans le canton de Vaud de s'opposer à la logique diplomatique du gouvernement fédéral. La Grande-Bretagne et les îles anglo-normandes Jersey et Guernesey constituent la grande terre d'asile pour les exilés français, mais aussi pour tous les proscrits du printemps des peuples. Se rejoignent ainsi des partisans de la démocratie universelle comme des militants des divers mouvements d'émancipation nationale. À Londres se côtoient des Italiens, groupés notamment autour de Mazzini, Kossuth et les Hongrois, des Polonais, des Russes et des Allemands, dont Karl Marx. La Grande-Bretagne se montre tolérante à leur égard et refuse toute extradition.

Les États-Unis sont aussi une terre d'accueil : les exilés y retrouvent et se confondent parfois avec les membres des communautés utopistes, cabétistes et fouriéristes, qui s'y installent. Entre 1 000 et 1 500 cabétistes partent aux États-Unis entre 1848 et 1860. Ce projet de régénération sociale a donné lieu à une série d'échecs ; les communautés qui ont survécu l'ont fait au prix de sérieux renoncements par rapport aux idéaux initiaux et de nombreuses scissions. Ces débats idéologiques et ses désaccords nourrissent les réflexions des organisations socialistes et ouvrières aux États-Unis et partout ailleurs. Les expériences communautaires, la lutte contre l'esclavage et l'engagement dans la guerre de Sécession font la spécificité de l'exil américain. Mais il existe aussi des exilés en Amérique latine qui tentent d'y introduire les idées républicaines et socialistes françaises.

Les exilés français appartiennent alors à tous les courants de la gauche française, certains proscrits se voyant rejoindre à l'étranger par leurs proscripteurs, comme c'est le cas après le 2 décembre, lorsque les républicains modérés qui ont réprimé les mouvements de mai-juin 1848 ou de juin 1849 sont eux-mêmes contraints à l'exil. Ces mouvements tentent de se recomposer en exil dans des sociétés de secours, des comités français ou internationaux et des journaux. L'historiographie de la proscription sous l'Empire et les débuts de la IIIe République, écrite par les exilés eux-mêmes, puis par les républicains, a été souvent très sévère à l'égard des chefs politiques en exil, les accusant d'avoir constitué des clans sectaires et favorisé les divisions. À Londres dans les années 1850, s'affrontent ainsi les rollinistes partisans de Ledru-Rollin, les blancistes autour de Louis Blanc et les pyatistes regroupant les proches de Félix Pyat. La Commune révolutionnaire, groupée autour de ce dernier, comprend des hommes résolus à l'action immédiate, prêts à attenter à la personne de l'empereur, ce que dénoncent les exilés modérés et les opposants à la peine de mort comme Victor Hugo. En dehors des trois courants cités existent aussi à Londres des « indépendants », dont quelques-uns tentent de fonder entre eux la Sociale, une association de solidarité. Ces nébuleuses s'assurent le contrôle des sociétés de secours qui doivent aider des proscrits pour la plupart dans une situation économique très difficile, sans emploi et sans statut juridique dans un pays étranger.

Ledru-Rollin et Delescluze lancent *Le Proscrit*, puis *La Voix du proscrit*, publiés à Saint-Amand dans le Nord, qui ne résistent pas à la censure impériale. Le principal journal de l'exil est *L'Homme, journal de la démocratie universelle*, de novembre 1853 à 1856, publié à Jersey, puis à Londres. D'autres journaux sont financés et inspirés par les exilés comme *Le Confédéré* de Fribourg, soutenu par le colonel Charras, qui développe des idées modérées et s'attaque aux internationalistes. En Belgique, plusieurs journaux, *La Nation*,

L'Indépendance belge, ouvrent leurs colonnes à des proscrits français. C'est aussi en Belgique que se réfugient dans les dernières années de l'Empire, les rédacteurs du journal *La Rive gauche*, pour la plupart de jeunes gens qui constituent avec Charles Longuet une nouvelle génération de proscrits. Puis c'est au tour d'Henri Rochefort, rédacteur de *La Lanterne*, d'incarner la classique figure du proscrit pour délit de presse à l'extrême fin du Second Empire. Ce n'est qu'aux États-Unis que peut prospérer une presse française non clandestine et largement diffusée, protégée paradoxalement par la barrière linguistique : il existe constamment entre 1848 et 1922 deux à quatre périodiques francophones d'orientation progressiste ou révolutionnaire.

Les proscrits attaquent le régime impérial et poursuivent leurs réflexions politiques dans le cadre de nombreuses autres publications. Essais, pamphlets, fictions : la littérature d'exil est abondante et variée. Victor Hugo publie, durant ses dix-neuf années d'exil, à la fois un pamphlet, *Napoléon le petit*, des recueils de poèmes *Châtiments* et *Les Contemplations*, des romans qui par leur thème et leur audience sont aussi des armes contre l'Empire. En 1862, la publication des *Misérables* est accompagnée d'un grand banquet à Bruxelles qui rassemble des opposants au régime et des hommes de gauche venus de toute l'Europe. Certains essais sont parfois très critiques sur les pays d'accueil, comme en témoigne *Le Déclin de l'Angleterre* publié par Ledru-Rollin peu après son arrivée.

La Commune donne lieu a une nouvelle vague de proscriptions. Si le nombre de ceux qui ont alors fui la France est impossible à déterminer, cette nouvelle vague d'exilés est politiquement plus homogène, même si des divisions analogues aux précédentes peuvent être relevées. Après la Semaine sanglante, quelques centaines de communards, dont Eugène Pottier, se réfugient aux États-Unis. Il s'agit souvent de blanquistes qui sont à l'origine de la constitution du Groupe socialiste révolutionnaire international. Les mêmes fondent en 1873 une société de réfugiés chargée d'aider les familles des victimes de la répression versaillaise et de célébrer chaque année l'anniversaire du 18 mars. L'arrivée très médiatisée et rocambolesque d'Henri Rochefort en 1874 aux États-Unis, après son évasion de Nouvelle-Calédonie, permet de redorer le blason de la proscription française auprès de l'opinion publique, mais le temps et l'amnistie affaiblissent le mouvement.

POLITIQUES DE L'EXIL

L'action menée par les proscrits est difficile à cerner et surtout à mesurer. Il est certain que l'expérience de l'étranger, la confrontation avec les idées et les autres mouvements européens ont influencé les gauches françaises et qu'elles ont été des vecteurs de transmission de leurs idées. L'exil apparaît cependant, au regard de l'impact qu'il a pu avoir dans d'autres pays, comme une période peu active, une période d'anomie, une sorte de parenthèse. Certes, il ne peut y avoir de comparaison avec l'action des représentants de pays en pleine construction nationale ou étatique, comme l'Allemagne ou surtout l'Italie. Les divisions et les replis ont de fait produit ailleurs des œuvres qui semblent plus durables et dont la postérité est restée plus vivace : l'œuvre majeure de Marx, *Le Capital*, est écrite en exil, tout comme la réflexion de Herzen sur l'avenir de la Russie.

La France est dans une situation tout à fait différente qui peut expliquer ce relatif silence et l'oubli de l'œuvre programmatique de la proscription. Pourtant les textes politiques sont nombreux, s'interrogeant notamment dans les colonnes de *L'Homme* et les revues comme *La Libre Recherche*, sur l'échec du parlementarisme, les formes de la décentralisation et l'avenir de l'Europe. De nombreux proscrits poursuivent en exil leur réflexion, déjà menée avant la IIe République et mûrie par son échec, sur la nécessité de la démocratie directe. Alexandre Ledru-Rollin publie deux courtes brochures *Du gouvernement direct du peuple* et *Plus de président, plus de représentants*. Dans un vaste ensemble de contributions qui cherchent à définir de nouvelles voies pour la souveraineté populaire, on retrouve un certain nombre de caractéristiques : le refus du parlementarisme, l'attention centrale portée à l'organisation communale, cadre de la vie économique, sociale et politique.

C'est bien entendu au sein même des mouvements internationalistes qu'il est le plus aisé de repérer la place des exilés français. Dès les lendemains des révolutions de 1848, les premiers exilés ont constitué en Grande-Bretagne des organisations communes, qui précédent la naissance de l'Association internationale des travailleurs (AIT) et les congrès pour la paix qui sont éclos dans les années 1860. Un premier comité démocratique européen est créé par Ledru-Rollin, Mazzini et Kossuth, mais c'est en 1855 qu'est fondée l'association internationale, première tentative d'organisation et de rassemblement des révolutionnaires sans distinction de pays. La Ligue pour la paix a une histoire plus complexe car il existe deux ligues du même nom, nées au moment où la question du Luxembourg fait craindre une guerre européenne. Elles s'appuient toutes deux sur une préoccupation majeure de l'opinion alors que la politique impériale apparaît de plus en plus aventureuse et dangereuse. Le rôle de la maçonnerie apparaît également dans les mouvements pacifistes et notamment dans les congrès de la paix qui se multiplient à partir de 1865, renforcés par la multiplication parallèle des conflits et des risques de conflits. Ces congrès souvent dénigrés sont au mieux confondus avec les premières réunions de l'Internationale avec lesquelles ils ont quelque proximité de lieux de réunions ou de participants, alors qu'ils n'ont pas du tout les mêmes buts. Le congrès pour la paix de 1849 avait eu un grand retentissement. Après cette date, les mouvements européens et pacifiques ne se sont pas totalement désagrégés. Ils sont relayés par des organisations limitées et ont surtout survécu à travers de grandes déclarations de leurs principaux artisans, révolutionnaires réfugiés en Angleterre. Pourtant les congrès de Berne en 1865, Lausanne en 1867 et Genève en 1868, sont de grandes manifestations pacifistes mais aussi anti-impériales. Ces congrès déçoivent certes souvent leurs participants et leurs commentateurs, même si Edgar Quinet garde un profond souvenir de celui de Genève où il prononce un discours : « Je suis sorti de ma solitude pour faire appel à la conscience humaine étouffée depuis seize ans par le césarisme. Garibaldi a prononcé la déchéance de la Rome papale. Ce sont là des faits qui resteront… Je mesure son importance aux réactions qu'il déchaîne. Pourquoi les amis de la France ne sont-ils pas venus en plus grand nombre ! C'est là ce qu'il faut regretter. Pour moi, je suis bien décidé à saisir toute occasion par les cheveux, quel que soit le nom, paix ou guerre, peu m'importe ! C'est tout un. » La compétition entre les congrès « bourgeois » de la paix et les congrès de l'AIT ne cesse pas.

Les exilés français aux États-Unis, eux aussi, ont largement participé à la fondation de l'AIT, qui a cherché très vite à s'implanter en Amérique. Des contacts sont établis d'une part avec les émigrés allemands et d'autre part avec les exilés français. Le poids des Français est ici sans rapport avec leur nombre réel : ils représentent le tiers des membres à égalité avec les Américains et les Allemands. L'Internationale s'appuie sur les réseaux militants de l'Union républicaine dont nombre de sections se transforment en sections de l'AIT, mais, après 1873-1874, déclinent les sections françaises, qui connaissent de fortes tensions internes.

Le retour d'exil est encore un exil

La grâce et l'amnistie entraînent toutes deux le retour des exilés, mais conduisent à occuper des places différentes dans la vie politique. Les grâces de l'empereur se veulent des actes de mansuétude personnelle qui forcent les graciés à faire acte de soumission. L'amnistie marque une volonté de réconciliation nationale, elle se veut un geste qui apaise et participe à la construction de la paix sociale. Les amnisties, gestes de clémence, rythment aussi les grands moments de la propagande impériale : mariage, naissance du prince impérial, et victoire militaire et diplomatique en 1859 après la guerre d'Italie. Les proscrits sont alors nombreux à revenir en France. Seule une poignée d'entre eux refusent avec éclat. Victor Hugo, à qui sa fortune permet de continuer à vivre en exil, lance le fameux : « S'il n'en reste qu'un, je serai celui-là. » D'autres grandes figures républicaines, le philosophe Edgar Quinet et le colonel Charras, auteur d'ouvrages militaires qui tendent à détruire la légende du stratège Napoléon Ier, restent en Suisse. Edgar Quinet s'explique ainsi : « Je ne suis ni un accusé ni un condamné. Je suis un proscrit. J'ai été arraché de mon pays par la force, pour être rester fidèle à la loi, au mandat que je tenais de mes concitoyens. Ceux qui ont besoin d'être amnistiés, ce ne sont pas les défenseurs des lois ; ce sont ceux qui les renversent. On n'amnistie pas le droit et la justice. Je ne reconnais à personne le droit de me proscrire, de me rappeler à son gré dans mon pays. »

Le retour de Victor Hugo en 1870 est éclatant, mais se confond avec la proclamation de la République. Il n'y a alors guère de conflits entre exilés et ceux qui sont restés : question de génération et de contexte… Le retour des communards suscite en revanche de véritables débats et enjeux au sein de la gauche elle-même. L'amnistie des communards est présentée comme le signe d'un consensus politique, un passage obligé pour que se mette en place une véritable réconciliation nationale. Gambetta invite les députés en juin 1880 à « fermer "le livre de ces dix années" », à « mettre la pierre tumulaire de l'oubli sur les crimes et les vestiges de la Commune ». Une première amnistie partielle est votée en 1879 avant que l'amnistie totale ne soit obtenue en juillet 1880.

Une fois les amnisties votées, le retour n'épuise pas les affrontements idéologiques. La difficile réinstallation des communards sert de prétexte à droite pour critiquer une nouvelle fois les conséquences néfastes de la Commune. Le journal *Le Gaulois* fustige dans ses colonnes les sinécures dont ils sont censés bénéficier grâce aux faveurs de la municipalité parisienne ou de l'État. *A contrario*, dans le camp communard, on rappelle à chaque enterrement, dans chaque nécrologie, ces souffrances qui font « qu'on ne guérit pas de l'exil ». La misère de la proscription se perpétue souvent après le retour. Elle est d'autant plus marquée que, surtout pour les ouvriers, la réinsertion professionnelle se fait dans un contexte économique défavorable : celui de la grande dépression des années 1880. Les vieux métiers ont aussi évolué et l'ancien savoir-faire est dépassé. Cependant, certains communards trouvent leur place dans le journalisme politique et accèdent à des mandats politiques. C'est surtout *L'Intransigeant*, lancé par Rochefort en 1880, qui incarne l'esprit de la Commune après l'amnistie, proclamant la solidarité qui doit unir les anciens proscrits. Le retour politique est moins probant : les échecs électoraux de 1881, la tentative avortée de l'Alliance socialiste républicaine révèlent les difficultés de la réinsertion dans le paysage politique renouvelé de la IIIe République. Seuls certains destins personnels permettent à la fois de mettre en avant l'apport des contacts pris dans le pays refuge — souvent la Grande-Bretagne — et la capacité à prolonger l'action politique après l'exil. Celui-ci est utilisé dans les professions de foi pour montrer l'esprit de dévouement et de sacrifice du candidat.

La Commune clôt à gauche les grandes vagues d'exil du XIXe siècle. Il faut cependant y adjoindre les anarchistes. Déjà, au lendemain du premier congrès anarchiste international tenu à Londres en juillet 1881, plusieurs compagnons français s'établissent en Grande-Bretagne, où ils pénètrent diverses institutions anarchistes internationales. Installés dans des centres anciens de regroupement français (comme le quartier de Soho à Londres, ou les villes de Norwich, Glasgow, Nottingham ou Liverpool), ils y rejoignent certains des anciens communards réfugiés en Grande-Bretagne après 1871 et demeurés en exil malgré l'amnistie. Dans les années 1890, et surtout entre 1892 et 1895, de véritables colonies anarchistes sont fondées en Grande-Bretagne, dans le contexte d'une répression légale suscitée par une vague d'attentats anarchistes qui contraint plusieurs centaines d'anarchistes à quitter la France pour la Grande-Bretagne, seul asile européen encore ouvert sans conditions à la fin du siècle. Parmi eux se trouvent des anarchistes convaincus et parfois célèbres, comme Émile Pouget ou Charles Malato. Ils sont néanmoins en minorité à côté d'anonymes dont l'engagement anarchiste paraît plus ambigu, puisque de nombreux déserteurs, réfractaires voire truands, se sont agrégés à ces réfugiés politiques. Cet exil se poursuit par vagues jusqu'en février 1895, date à laquelle l'amnistie, déclarée par le président Félix Faure, permet le retour en France d'un nombre important d'exilés, sans que disparaissent néanmoins ces colonies françaises ni que soient interrompus les contacts des compagnons avec la Grande-Bretagne et le mouvement anarchiste international qui y demeure actif jusqu'à la Première Guerre mondiale.

Le rôle de la colonie émigrée dans l'histoire anarchiste entre 1880 et 1914 reste mal connu. A-t-elle joué le rôle central qui lui fut si souvent imputé dans l'organisation des attentats anarchistes qui frappèrent l'Europe entre 1880 et 1905 et dans la propagande antimilitariste internationale ? L'émigration et l'exil ont ainsi joué un rôle déterminant dans la transmission des idées, des expériences et des modèles politiques français. Mais, curieusement, tout comme la France se perçoit en terme de migration comme un pays d'accueil et non de départ, la place de ces proscrits et réfugiés, vecteurs privilégiés des idées démocratiques, socialistes et révolutionnaires, acteurs de la formation du mouvement ouvrier de nombreux pays d'immigration, reste encore trop souvent méconnue.

RÉFÉRENCES BIBLIOGRAPHIQUES

CORDILLOT Michel [dir.] (2002), *La Sociale en Amérique. Dictionnaire biographique du mouvement social francophone aux États-Unis (1848-1922)*, Éditions de l'Atelier, Paris.

GODINEAU Laure (2002), « Le retour d'exil, un nouvel exil ? Le cas des communards », *in Pour une histoire de l'exil français et belge. Matériaux pour l'histoire de notre temps*, BDIC, Paris, juillet-septembre.

LEHNING Arthur (1970), « L'association internationale 1855-1859, contribution à l'étude des antécédents historiques de la première internationale », *in De Buonarrotti à Bakounine*, Champ libre, Paris.

« L'exil » (1995), *Revue d'histoire du XIXe siècle*, Paris.

MAITRON Jean [dir.] (1973-1977), *Dictionnaire biographique du mouvement ouvrier français*, 2e partie (1864-1871) et 3e partie (1871-1914), Éditions ouvrières, Paris.

PROCHASSON Christophe (1993), *Les Intellectuels, le socialisme et la guerre (1900-1938)*, Seuil, Paris.

TCHNERNOFF Iouda (1906), *Le Parti républicain au coup d'État et sous le Second Empire*, Pedone, Paris.

15

Banquets et enterrements

EMMANUEL FUREIX

DANS LA MÉMOIRE républicaine, banquets et enterrements évoquent d'abord des préludes d'émeute ou de révolution : des funérailles du général Lamarque, le 5 juin 1832, au banquet parisien du 22 février 1848. La Révolution de 1789 les avait d'ailleurs largement pratiqués : les banquets fraternels, les apothéoses de martyrs de la liberté ont ponctué l'histoire des fêtes révolutionnaires. Funérailles et agapes ne se sont pas bornées, pourtant, à exciter « à la révolte contre la bêtise contemporaine », selon le mot de Flaubert. Avec les funérailles contestataires et les campagnes de banquets sous la Restauration et la monarchie de Juillet, c'est une nouvelle forme de prise de parole qui apparaît. Banquets et enterrements participent à l'apprentissage de la démocratie concrète, aux côtés de la vie parlementaire, de la presse et des salons. Distincts du folklore politique traditionnel, local et patronné, les campagnes de banquets et les enterrements de personnalités d'opposition contribuent à l'émergence du « répertoire moderne d'action collective », national et autonome [Tilly, 1984]. Ils sont à la fois un moyen informel, pour les élites politiques, d'investir l'espace public en dehors des formes instituées, et, pour la masse des « sans-voix », les non-électeurs, un mode d'expression détourné. Ils répondent aussi aux limitations imposées aux libertés publiques, et, à ce titre, préparent de manière souterraine l'avènement de la réunion politique et de la manifestation contemporaine.

Précisément, nous nous proposons ici de décrypter le langage politique que diffusent ces deux rituels, dont les gauches n'eurent pas le monopole, mais dont elles usèrent très largement tout au long du XIXe siècle. Les élites libérales de la Restauration, alors classées à gauche, les ont « inventés ». Les républicains, les « radicaux », les saint-simoniens, les « communistes » les ont à leur tour utilisés, sous d'autres formes, sous la monarchie de Juillet et la IIe République. Les républicains des années 1870 les ont encore adoptés comme tribunes politiques, avant qu'ils ne participent d'une culture de souveraineté, des funérailles de Victor Hugo (1885) aux banquets des maires de 1889 et 1900. C'est précisément la plasticité de ces deux rituels et leur adaptation à des cultures politiques diverses que nous tenterons de mettre au jour, de 1820 à la fin du XIXe siècle.

LES AGAPES POLITIQUES

Le banquet politique fait son entrée dans la première *Encyclopédie de la langue et de la science politiques* dès 1842. Le républicain Altaroche le définit comme un « moyen d'agitation », indice de mœurs et de « peuples libres ou censés libres ». Le banquet rassemble, dans un lieu généralement privé, ouvert ou fermé, plusieurs centaines, voire milliers de convives, qui ont tous participé à une souscription préalable. Les agapes sont ponctuées de toasts, développés en discours, qui en font d'excellentes tribunes politiques. Au partage culinaire se superpose donc une volonté politique commune, souvent adressée au pays, afin qu'elle devienne « vœu national ». Toutes ces caractéristiques font du banquet une réunion politique qui ne dit pas son nom, aux confins du public et du privé, codifiée, planifiée et encadrée.

Les séquences qui ordonnent les banquets de gauche demeurent relativement stables au long du XIXe siècle, alors que leurs usages politiques varient fortement. Une commission de souscripteurs, élue plusieurs semaines avant l'événement, en règle le déroulement concret. Souvent dominée par des notables, elle soustrait le banquet à la spontanéité et au désordre. Elle élit un président, confirmé par acclamation en début de banquet, contrôle le contenu, souvent conflictuel, des toasts à venir. Elle détermine le lieu de réunion et la date, qui relève fréquemment du symbole politique, anniversaire de naissance ou de mort d'un héros fondateur, ou, plus encore, d'un événement historique. La commémoration peut se heurter à des interdictions intempestives. Ainsi le choix du 14 juillet pour le banquet réformiste de Châtillon, près de Paris, en 1840, fut-il invalidé par les autorités. Le statut juridique du banquet demeurait à cet égard assez flou : du fait de la foule réunie et de la souscription préalable, l'espace privé y était réputé public, et pouvait à ce titre requérir une autorisation officielle, en particulier à Paris.

Trois séquences permettent l'intrusion du politique dans le temps du banquet : le cérémonial d'ouverture et de séparation, ainsi que les toasts et discours, épicentre du rite. Ouverture et séparation permettent à la foule rassemblée de déborder ostensiblement sur l'espace public. Le banquet débute généralement par un cortège, occasion de mettre en scène le président et les commissaires, au son de la musique, volontiers révolutionnaire après 1830. Le 16 avril 1848 à Marseille, les légions de la garde nationale accompagnent les autorités constituées et le commissaire de la République, Émile Ollivier, jusqu'à la place Saint-Michel, au milieu des ovations. En écho, une fois la séance levée par le président, le banquet se conclut par un chant patriotique, entonné par les convives, debout, main dans la main. Le cortège se répand et se disperse, faisant résonner cris et acclamations, dérivant parfois sur une manifestation. Les participants au banquet de Châtillon, le 4 septembre 1840, défilent jusqu'à la capitale, aux cris de « Vive la réforme ! » À Draguignan, en février 1849, le banquet républicain se clôt par un cortège vers l'arbre de la liberté planté un an plus tôt. L'hommage aux morts est une autre conclusion possible. En août 1830, des participants à un banquet patriotique se rendent sur les tombes des morts des Trois Glorieuses.

Si la nourriture et la boisson partagées favorisent le sentiment de former une communauté, le banquet est avant tout un lieu de parole. Au risque de la déclamation verbeuse. Proudhon, à propos des banquets de 1847, s'amuse de voir la France « encore une fois livrée aux bavards ». Alphonse Karr diffuse dans les années 1840 l'image noire de « gueuletons » où tout le monde parle à la fois et, une fois ivre, commence à « discuter du sort des peuples et des rois ». Pourtant, la prise de parole est étroitement régulée. Les toasts prononcés, contrôlés au préalable, sont des énoncés performatifs, des actes de langage tendus vers l'avenir. Porter un toast « à la réforme » en 1840 constitue un appel indirect à la nation, et procède autant du langage manifestant que du propos de réunion. La publication fréquente des toasts, dans la presse ou dans des brochures, transforme les banquets en relais de la tribune parlementaire au sein du pays réel. Le contenu des toasts, et des discours qui les précisent, épouse évidemment la conjoncture politique, et l'idéologie des organisateurs : défense de la Charte constitutionnelle dans les années 1820, réforme électorale, dénonciation de la corruption politique et organisation du travail dans les banquets réformistes des années 1840, apologie de la République démocratique et sociale entre l'automne 1848 et le printemps 1849, défense de la République menacée sous l'Ordre moral... Dans la série des toasts prononcés, s'est également répandue la pratique de l'hommage funèbre aux compagnons de lutte, en forme de dédicace.

Si les discours, souvent logorrhéiques, se fixent moins dans les mémoires, il est des orateurs d'exception pour leur donner un « assourdissant retentissement » (Lamartine). Lamartine et Gambetta ont ainsi prononcé certains de leurs plus célèbres discours au cours de banquets politiques. Lamartine, en 1843 à Mâcon, définit la démocratie comme « nation une, indivisible, complète », et, en 1847, lors d'un banquet en l'honneur de l'*Histoire des girondins*, prophétise « une révolution du mépris ». Le discours de Gambetta à Grenoble en 1872 sur une « couche sociale nouvelle » en politique, celui de Lille en 1877, et son injonction à Mac-Mahon — « Il faudra se soumettre ou se démettre ! » —, ont également été prononcés au cours de banquets politiques.

L'ampleur et la composition des foules assemblées sont également des signes politiques. Dans les années 1820, les banquets libéraux n'excèdent pas quelques centaines de convives. Dans les années 1840, il n'est pas rare, en revanche, que les banquets réunissent plusieurs milliers de participants. Si le prix de la souscription — en moyenne trois à six francs — se révèle rédhibitoire pour les ouvriers, il leur est toujours possible d'assister aux discours, debout, aux abords du banquet. Ce dernier est aussi un spectacle. L'image bourgeoise des banquets réformistes de la monarchie de Juillet doit être reconsidérée. Ainsi des canuts lyonnais, des ouvriers saint-simoniens organisent-ils leurs propres banquets politiques dès 1832 à Lyon. Les banquets de 1848 étendent encore leur base sociale. À Marseille, environ 20 000 convives participent au grand banquet d'adhésion à la République, à vingt sous par tête, entourés d'une foule de 80 000 spectateurs. Le banquet se fait alors assemblée de masse, en place publique, dans la tradition des banquets fraternels de la fête de la Fédération, voire des soupers sectionnaires de l'an II. La fraternité du printemps impose même parfois une inversion des hiérarchies sociales, ainsi au banquet démocratique de Millery, près de Lyon, où l'on voit des bourgeois servir à table des paysans. Les femmes, jusqu'alors quasi absentes, participent également aux agapes quarante-huitardes, organisant même leurs propres banquets.

Usages politiques du banquet (1820-fin du XIXe siècle)

Si les formes extérieures du rite n'évoluent guère, ses usages politiques se sont révélés très mouvants. Dans les années 1820 dominent deux modèles relativement traditionnels, le banquet corporatif ou régional, et le banquet honorifique. À Paris se développent les banquets annuels d'étudiants et d'« originaires », Bretons, Auvergnats, Limousins, Corses... À l'occasion, ces banquets annuels peuvent servir de tribune à une opposition libérale et républicaine muselée. Ainsi, le 1er mai 1827, lors du banquet des jeunes Bretons, des toasts provocateurs sont portés à la garde nationale récemment dissoute, à la chute du ministère ultra, et à l'expulsion des jésuites de France. Par ailleurs, se multiplient dans les départements les banquets d'accueil de députés d'opposition, entre deux sessions parlementaires. Évoquons, à titre d'exemples, le général Foy, Benjamin Constant, et, plus encore, La Fayette, auteur d'une tournée triomphale en 1829 en Auvergne et dans la région lyonnaise. Ces banquets s'intègrent à une série de rites d'acclamation qui ponctuent la visite : cavalcade de jeunes gens à l'extérieur de la ville ou du bourg, musique triomphale, vivats au milieu d'une haie d'honneur, entrée sous un arc de triomphe éphémère, illumination générale, sérénade, bal... Le banquet s'apparente alors à une célébration du représentant politique, tant par les toasts portés à la santé du grand homme que par les emblèmes qui distinguent son siège des autres assistants. Lors du banquet mulhousien en l'honneur du général Foy, en septembre 1821, sa place était marquée d'une draperie rouge ornée d'une couronne d'immortelles, d'une épée, et de l'inscription « Honneur et Patrie ». Des pièces de vers accompagnaient généralement cet hommage. Ces banquets et leurs atours sont alors perçus comme des simulacres d'entrées royales et, à ce titre, comme des usurpations de souveraineté.

En 1830, précédant les Trois Glorieuses de juillet, le banquet de gauche se transforme en instrument de propagande nationale, planifiée par l'opposition parlementaire, sous la forme d'une première « campagne ». L'Angleterre, auprès des élites libérales et doctrinaires, a pu, entre autres, servir de modèle, de même, assurément, qu'en 1840 et 1847. Un premier banquet, le 1er avril 1830, honore à Paris, aux Vendanges de Bourgogne, les 221 députés constitutionnels qui ont osé défier dans une adresse à Charles X le ministère Polignac. Lui succède une série de banquets, à Paris et en province, qui font office de réunions électorales. Après la dissolution de la Chambre, les banquets visent en effet à réélire les 221, avec l'appui de l'importante société politique Aide-toi, le ciel t'aidera. Le contexte prérévolutionnaire peut émousser la civilité des manières. Le banquet du Berry à Paris, en mai 1830, aurait vu le buste de Charles X voler à travers une fenêtre…

Sous la monarchie de Juillet, âge d'or du banquet politique, deux célèbres campagnes, en 1840 et 1847, approfondissent cette première expérience. Dans les deux cas, elles visent à une grande réforme électorale par extension du suffrage. La vague de banquets — une vingtaine entre juin et septembre 1840, soixante-dix entre juillet 1847 et janvier 1848 — débute par Paris, puis se diffuse par capillarité dans les départements. En 1840 comme en 1847, les banquets relaient une initiative parlementaire, issue à l'origine de libéraux ouverts, tel Duvergier de Hauranne, et de la gauche dynastique, autour d'Odilon Barrot. Ils s'accompagnent d'une pétition nationale pour la réforme, que les convives sont invités à signer en fin de banquet. En apparence, le banquet continue à s'intégrer au répertoire d'action libéral, encadré, élitaire bien que réformiste. La campagne de 1847 commence ainsi autour de toasts conciliateurs, et parmi des convives déjà électeurs, au Château-Rouge à Paris.

Pourtant, le caractère subversif des banquets finit par déborder sur leur gauche ceux qui les avaient initiés. Les républicains « radicaux », tels Ledru-Rollin et Flocon, se joignent au mouvement, plaident pour le suffrage universel et refusent le traditionnel toast au roi. Au banquet de Lille, en novembre 1847, la rupture est consommée entre Odilon Barrot et Ledru-Rollin, ce dernier refusant de porter un toast aux institutions de Juillet. La violence des déclamations annonce la révolution à venir. La Convention, les Droits de l'homme, l'égalité sont honorés par des toasts. Les élites modérées, dès lors, se méfient du banquet. La forme du banquet, tout en demeurant légale, dérive hors du cadre des institutions censitaires. Il s'agit, ainsi que l'annonce le comité de souscription du banquet de Limoges, « d'appeler à la vie politique tous les citoyens qui en sont privés », y compris « cette classe trop oubliée, qui est pourtant la base même de la nation ». Le banquet devient métaphore du suffrage universel.

La question sociale, enfin, fait une intrusion remarquée. Des appels répétés à l'organisation du travail et à l'émancipation du prolétariat font du banquet un relais de l'action ouvrière. Dès l'été 1840, le banquet est la forme politique choisie par les communistes néobabouvistes pour lancer leur mouvement. Le banquet de Belleville, le 1er juillet 1840, compte beaucoup dans la propagation du mot même de « communisme ». Le banquet pouvait se glisser dans un imaginaire égalitaire et inaugurer la diffusion d'une parole utopique. La référence évangélique est ici sous-jacente. Les autres utopies du moment, saint-simonienne ou fouriériste, firent d'ailleurs également usage du banquet politique.

Dans le contexte de 1848, les banquets fraternels du printemps renouent avec la sociabilité révolutionnaire de pleine rue. Incarner l'unité de la nation et célébrer la République sont les deux objectifs de ces rites d'adhésion. Phrases ronflantes, chants révolutionnaires, roulements de tambours, larmes échangées, ponctuent partout ces cérémonies de concorde. La Cène chrétienne et la fraternité universelle forment les horizons de ces banquets quarante-huitards, proches de l'idéal d'un Michelet — le « banquet universel du genre humain » [Ihl, 1998]. Après la commotion de juin 1848, les clubs étant placés sous surveillance, le banquet change de symbolique et de fonction : il fait office de réunion partisane, dans des lieux désormais clos. Les démocrates-socialistes usent abondamment du procédé, notamment à des fins électorales, pour les législatives de mai 1849. Auguste Blanqui, prisonnier politique à Vincennes, préside symboliquement le « banquet des travailleurs socialistes » de décembre 1848 et le « banquet démocratique et social des écoles » de février 1849. L'ombre de juin 1848 pèse sur le rituel, au rythme des toasts portés aux « transportés », aux « victimes de Juin », à la Montagne et au « droit au travail ».

Le banquet de gauche connaît une éclipse à la fin de la IIe République et sous le Second Empire, due à la législation en vigueur. La loi du 19 juin 1849 permet aux autorités d'interdire toute réunion susceptible de compromettre la sécurité publique. Une interprétation très extensive de cette loi met quasiment un terme à la pratique politique du banquet d'opposition. La loi libérale de juin 1868 sur les réunions publiques a les mêmes effets pour des raisons opposées : les réunions électorales une fois légalisées, la pratique détournée du banquet cesse d'être aussi nécessaire. Les restrictions aux libertés publiques dans les premières années de la IIIe République redonnent pourtant un nouveau souffle au banquet d'opposition. En 1872, l'état de siège encore présent dans une partie des villes de France explique la campagne de banquets républicains orchestrée par Gambetta, destinée à obtenir la dissolution de la Chambre élue en 1871. De même, pendant l'Ordre moral et lors de la crise du

16 mai, des banquets commémoratifs ou électoraux continuent à diffuser la bonne parole républicaine.

La pratique partisane et contestataire du banquet de gauche ne s'éteint pas complètement après 1880. Banquets socialistes — tel celui de Saint-Mandé en 1896 —, banquets syndicaux, banquets anticléricaux du « vendredi-dit-Saint », demeurent des voies d'expression politiques mais marginales aux côtés des réunions politiques classiques. Dans le même temps s'affirme, plus unanimiste, le banquet républicain de souveraineté, aux dates anniversaires de la République. Inséré dans la fête nationale du 14 juillet, le banquet civique se veut intégrateur, jusque dans les profondeurs des campagnes. Les banquets des maires à Paris, en 1888, 1889 et 1900, attestent d'un semblable désir d'unité nationale. Le banquet s'identifie moins strictement avec la gauche.

ENTERRER ET CONTESTER : APOTHÉOSE ET PRISE DE PAROLE

Les funérailles de gauche participent, comme le banquet, de la politique informelle, volontiers théâtrale, où le verbe se fait acte, qui se met en place dans les années 1820. Elles ont été « inventées » par les élites libérales, en particulier les étudiants, à la faveur d'un contexte liberticide, comme moyen de se compter, de se montrer, de contester dans l'espace public. Autant dire qu'elles se rapprochent très tôt de la manifestation, cet « usage occasionnel et partisan de la rue, destiné à exprimer une opinion, une revendication ou une identité » [Tartakowsky, 1999]. À ceci près que le calendrier des morts ne peut être maîtrisé, et que le respect dû au défunt impose ses normes au cortège. L'hommage au défunt le dispute ainsi à l'exercice de la protestation : tout au long du siècle, les funérailles de gauche demeurent soumises à cette tension entre apothéose funéraire et prise de parole collective.

En raison, notamment, de la concentration des élites politiques dans la capitale, le phénomène est surtout parisien. Entre 1820 et 1834, apogée des enterrements de contestation, ce sont une vingtaine de personnalités d'opposition ou de victimes politiques que l'on célèbre à Paris par d'imposants cortèges. Députés, tels Foy (1825), Manuel (1827), Benjamin Constant (1830), le général Lamarque (1832), militaires — tels le maréchal Davout (1823), le général La Fayette (1834) —, acteurs, tel Talma (1826), martyrs du régime — l'étudiant Lallemand, tué le 3 juin 1820 par un garde royal —, ont été tour à tour célébrés dans ces funérailles libérales ou républicaines. Ces enterrements ne réitèrent pas les glorieuses funérailles de la Révolution, même si leur mémoire demeure vive. L'exhibition du cadavre et de ses blessures, pratiquée sous la Terreur pour Marat et Le Pelletier de Saint-Fargeau, n'est ainsi plus de mise, sauf au commencement des révolutions, en 1830, et en 1848 lors de la fameuse promenade des cadavres du boulevard des Capucines. Le cadavre, désormais, est caché. Le lourd appareil allégorique des funérailles de 1791-1794 est aussi abandonné, au profit de funérailles sobres et populaires. Seules les funérailles officielles des victimes de la révolution de février 1848, de la Madeleine à la Bastille, usent d'une lourde machinerie funèbre, l'immense char funèbre étant surmonté d'une allégorie de la République, « grosse poupée » raillée par certains témoins.

La politisation des cortèges passe par d'autres voies, apparues dans les années 1820, répétées et réaménagées ultérieurement. L'effet de masse — peut-être 100 000 personnes lors des funérailles du général Foy, du député Manuel, de Benjamin Constant, du jeune député Dulong, tué lors d'un duel par le général Bugeaud — en est une, qui permet à l'opposition d'investir la rue, parfois les boulevards, d'occuper un espace public d'ordinaire monopolisé par l'Église ou le pouvoir d'État. La configuration du cortège, par ailleurs, rompt avec la hiérarchie et l'étanchéité processionnaires, et joue sur la fusion des classes : des chaînes humaines se constituent, les âges s'entremêlent, des ouvriers côtoyent des pairs de France, des femmes, quoique très minoritaires, se joignent parfois au convoi. Les participants montrent leur cohésion dans le deuil, chacun selon ses moyens, immortelle à la boutonnière, crêpe noir au bras, tête nue sous la pluie… Les funérailles les plus populaires s'étirent aussi dans le temps, jusqu'à la plongée nocturne au cimetière : pour le général Foy et Benjamin Constant, l'arrivée au Père-Lachaise se fait à la lueur des torches, plus de huit heures après la levée du corps. La symbolique contestataire des illuminations parisiennes, et la tradition des panthéonisations nocturnes pourraient avoir inspiré cet usage.

Les funérailles « libérales » des années 1820 fabriquent du politique autour de symboles funèbres détournés de leur sens commun [Fureix, 2002]. Des couronnes d'immortelles, de chêne ou de laurier, régulièrement déposées sur le cercueil au fil du parcours, sont comprises comme des « couronnes civiques ». Le couronnement civique par la foule devient apothéose populaire, davantage encore qu'une panthéonisation décidée d'en haut. Surtout, s'impose un geste d'hommage funèbre à forte charge symbolique : le port à bras du cercueil ou du corbillard. Lors des funérailles du général Foy, dès la levée de corps, étudiants et jeunes commis se précipitent pour porter le cercueil, et se relaient tout au long du cortège. Le geste se répète d'enterrement en enterrement, au point de devenir un code et une marque de contestation. Contraire aux réglementations en vigueur sous la Restauration, il provoque fréquemment des troubles : lors des funérailles de La Rochefoucauld-Liancourt (1827), le cercueil tombe même à terre et découvre le corps. Le geste du port à bras rendait visible une communauté politique, et sacralisait le corps du « représentant ». Toucher une dernière fois le cercueil du député d'opposition était un honneur recherché, le défendre contre les assauts de gardes royaux et de gendarmes une exigence politique : « On veut nous enlever Manuel, défendons-le ! », s'écrie-t-on lors de ses funérailles en août 1827.

Par ailleurs, le paysage sonore des funérailles de gauche laisse une place essentielle aux cris politiques, qui font du rite de passage une dernière ovation, analogue aux cortèges d'acclamation. Les cris firent des funérailles de gauche, pour le siècle entier, des « obsèques bruyantes, agitées, où les souvenirs ont plus de part que de douleur, où l'on menace le présent en enterrant le passé » (Armand Marrast, 1834). Ils franchissent rarement le seuil du cri séditieux jusqu'en 1830. Lors des funérailles du général Foy, on s'écrie au fil du parcours, y compris à l'église « Vive le général Foy ! Vive le défenseur des libertés publiques ! Honneur et gloire au général Foy ! » Les cris énoncent des valeurs compatibles avec le maintien du régime, revendiquent la défense de la Charte constitutionnelle, saluent les opposants connus présents dans le cortège.

La politisation des funérailles devient plus nette à mesure que le cortège pénètre dans le cimetière, et que sont prononcés les éloges sur la tombe. La foule, disposée en hémicycle, parfois agrippée aux arbres et aux tombes, assiste à ce moment comme à une représentation théâtrale. Publiés dans la presse les jours suivants, les discours funèbres ne se contentent pas d'égrener les vertus privées et publiques du défunt, et fonctionnent comme des adresses masquées à la nation. Aux funérailles de Manuel, le libéral Labbey de Pompières conclut son discours par un éloge du peuple et de l'égalité, et un appel à la mobilisation. Les éloges s'accompagnent parfois du lancement d'une souscription en vue d'ériger un monument au défunt, qui permet de prolonger dans le temps et d'étendre au territoire national la protestation des funérailles. La sortie du cimetière, au moment où la foule se désagrège, libère les contraintes imposées par le deuil : les langues se délient dans les cabarets proches du Père-Lachaise, appellent à la vengeance après la mort de l'étudiant Lallemand (1820), tandis que des groupes essaimés dans la ville peuvent se montrer menaçants.

Adaptations (1830-fin du XIXe siècle)

Ce socle de pratiques constitue un répertoire d'action que les funérailles ultérieures reproduisent. Comme pour les banquets, des inflexions et de nouveaux usages du rite apparaissent cependant. Les parcours deviennent plus signifiants, le détournement des cortèges vers des lieux de mémoire révolutionnaires ou bonapartistes est fréquemment tenté. Lors des funérailles de Benjamin Constant, la foule essaie, en vain, de conduire le corps au Panthéon pour solenniser l'apothéose ; lors des funérailles de Lamarque, le cortège est dévié pour faire un tour d'honneur de la colonne Vendôme. D'autres innovations incitent à voir en ce début de monarchie de Juillet les prémices de techniques manifestantes. Des symboles non funéraires sont clairement exposés : le drapeau tricolore, surmonté d'une pique au lieu du coq officiel, des bannières corporatives d'étudiants, d'ouvriers, d'exilés politiques, de sociétés politiques, exceptionnellement le drapeau rouge. L'ordonnancement du cortège n'est plus abandonné à la spontanéité des corps : l'ordre des délégations est défini par avance, rendez-vous est pris par voie de presse ou d'affiche. Une sorte de service d'ordre se constitue au sein du cortège. La procession funèbre devient défilé politique, et les cris séditieux retentissent plus fréquemment que sous la Restauration. Ainsi entendit-on vibrer à plusieurs reprises « Vive la République ! » lors des funérailles du général Lamarque. Les discours sur la tombe deviennent plus incisifs ; l'on n'hésite plus à faire l'éloge de la Convention aux funérailles de l'abbé Grégoire (1831), ou à prêter des serments vengeurs à l'enterrement de Benjamin Constant, dans le contexte du procès des ex-ministres de Charles X.

Les violences au sein ou aux abords du cortège se font aussi plus insistantes. Elles n'étaient pas absentes des cortèges de la Restauration, mais plus souvent théâtrales qu'émeutières. Aux funérailles de Manuel, on avait jeté aux gendarmes des pommes de terre, des tomates et des œufs, geste proche des violences carnavalesques. Des accrocs d'honneur avaient lieu lorsqu'un agent d'autorité refusait d'abaisser son chapeau au passage du cortège. Ces violences deviennent de moins en moins ritualisées, au point de se confondre, le 5 juin 1832, avec l'insurrection, celle du cloître Saint-Merry, immortalisée par *Les Misérables*. La violence était là, pour l'essentiel, planifiée et orchestrée. L'enterrement du général Lamarque, par la confusion qu'il a durablement entretenu entre funérailles de gauche et émeute, a eu des conséquences incalculables. Les autorités, sensibles aux rumeurs de complots, ont désormais cherché à contourner tout débordement et imposé aux funérailles ultérieures une présence militaire considérable. Elle confine même à l'état de siège. Baïonnettes, canons et cavalerie sont rassemblés à la barrière du Trône, non loin du cimetière de Picpus où l'on enterre La Fayette en mai 1834. Les mobilisations contestataires autour des morts se font beaucoup plus rares et clairsemées après cette date.

La peur sociale et politique, dès que la mort vient frapper un opposant célèbre, demeure un trait de longue durée. Sous le Second Empire, tout est fait pour déjouer d'éventuelles mobilisations funéraires de la part des républicains et des « blouses » : les forces de l'ordre sont massées face à la foule lors des funérailles du sculpteur David d'Angers (1856) ; le pouvoir fixe aux premières heures du jour les funérailles de Lamennais (1854) ; il officialise et confisque à son profit l'enterrement du « poète national » Béranger (1857), limitant le cortège aux députations officielles, prohibant tout discours dans l'enceinte du cimetière. Il refuse l'inhumation au Père-Lachaise du journaliste républicain Victor Noir, tué par Pierre Bonaparte en janvier 1870. Dans ce dernier cas pourtant, le passage à l'émeute a été évité d'extrême justesse. Les républicains se sont divisés sur la mise en scène funèbre. Jules Vallès songeait à une promenade du cadavre dans Paris, comme en 1848. Gustave Flourens souhaitait donner clairement le signal de l'insurrection et réitérer 1832. Rochefort et Delescluze, au contraire, repoussent l'usage de la violence et calment la foule du cortège, exaspérée par le crime. *La Marseillaise* est entonnée dans le cortège en marche vers le cimetière de Neuilly, des cris séditieux et vengeurs sont proférés, mais l'insurrection n'a pu prendre corps.

De même que pour les banquets, la mise en cause des libertés publiques dans les années 1870 autorise un *revival* des funérailles opposantes. Les grandes figures de 1848, Ledru-Rollin (1874), Raspail (1878), plus tardivement Louis Blanc (1882), les prophètes du passé, Michelet (1876) ou Quinet (1875), sont célébrés par d'amples cortèges, dont les formes répètent la tradition contestataire [Ben-Amos, 2000]. À ceci près que l'enterrement civil devient un indice plus net de politisation. Il y avait bien eu, dès les monarchies censitaires, nombre de funérailles civiles volontaires parmi les élites voltairiennes, notamment pour Talma, Manuel ou Lamarque. Sous l'Ordre moral, les funérailles civiles prennent néanmoins une tout autre ampleur [Lalouette, 1983] et, leurs symboles, les immortelles rouges et jaunes, deviennent des indices de républicanisme. Le culte positiviste des morts s'accompagne aussi d'un nouveau désir d'éducation populaire : les éloges funèbres au cimetière sont perçus comme autant de « conférences gratuites ».

Dans les années 1880, la reconnaissance du droit de réunion, l'enracinement du suffrage universel, le regain des funérailles nationales et des panthéonisations après la mort de Victor Hugo (1885), déplacent les formes de politisation des cortèges opposants. Les funérailles de gauche deviennent plus strictement partisanes. Surtout socialistes, elles s'associent à toute une gamme de pratiques légales — grèves, réunions publiques, défilés commémoratifs... Les funérailles d'anciens communards rentrés d'exil, notamment celles de Vallès (1885) ou Eudes (1888), mobilisent des dizaines de milliers d'ouvriers, aux cris de « Vive la Commune ! », autour de quelques drapeaux rouges interdits et saisis par les autorités. Si le cimetière ne cesse pas d'être un espace politique, il l'est désormais tout autant par les cortèges anniversaires — la fameuse « montée au Mur » de mai au Père-Lachaise [Tartakowsky, 1999], que par les classiques funérailles contestataires.

Assemblages des corps

Banquets et enterrements, selon des chronologies proches, ont accompagné l'histoire et les luttes des gauches françaises du XIXe siècle. Ces deux formes de sociabilité éphémère, entre privé et public, tiraient leur force d'une culture de la mort et de la table aujourd'hui en voie d'extinction. Elles se sont aussi adaptées à un cadre légal et à un régime de politisation différents du nôtre, tout en anticipant sur bien des pratiques démocratiques modernes. Elles ont oscillé entre la simple réunion ou le simple attroupement, et le passage à l'acte — insurrection, ou, *a minima*, pétition ou souscription. Elles se sont prêtées, plus généralement, à des usages politiques très divers. Cette souplesse s'explique largement par la symbolique protéiforme sur laquelle elles pouvaient s'appuyer. Le banquet pouvait aussi bien évoquer le repas notabiliaire que la Cène évangélique ou le souper fraternel égalitaire. Les funérailles pouvaient relever de l'hommage encadré au représentant, du défilé politique organisé, ou du soulèvement désordonné. L'assemblage des corps, dans tous les cas, pouvait être lu comme métaphore d'un modèle politique mis en scène.

Le XXe siècle n'a pas ignoré ces héritages. Les cortèges funèbres de gauche ont continué, jusque dans les années 1970, à flirter avec la manifestation. Les victimes politiques — celles des manifestations des 9 et 12 février 1934, celles du métro Charonne en 1962 — ont continué d'être célébrées par des funérailles massives, de même que les grands leaders socialistes et communistes, Jaurès, panthéonisé en 1924, Blum, salué en 1950 par un défilé imposant entre le siège du *Populaire* et la place de la Concorde, Thorez et Duclos, inhumés au Père-Lachaise respectivement en 1964 et 1975. L'émotion collective, les formes, le temps et l'espace du rite ont cependant beaucoup évolué ces dernières décennies : funérailles et panthéonisations sont des événements vécus pour l'essentiel à distance, mis en scène pour être *d'abord* médiatisés — les « triples » funérailles de François Mitterrand, place de la Bastille, puis simultanément à Notre-Dame et à Jarnac, en sont un exemple récent. Le rassemblement des corps en deuil a cessé, pour l'heure, d'être une forme de mobilisation politique majeure.

Références bibliographiques

Ben-Amos Avner (2000), *Funerals, Politics and Memory in Modern France, 1789-1996*, Oxford University Press, Oxford.

Corbin Alain, Gerome Noëlle et Tartakowsky Danielle [dir.] (1994), *Les Usages politiques des fêtes aux XIXe et XXe siècles*, Publications de la Sorbonne, Paris [contributions d'Avner Ben-Amos, de Jocelyne George, d'Olivier Ihl et de Jacqueline Lalouette].

Fureix Emmanuel (2003), *Mort et politique à Paris sous les monarchies censitaires : mises en scène, cultes, affrontements (1814-1835)*, thèse de doctorat sous la direction d'Alain Corbin, université Paris-I.

— (2002), « Un rituel d'opposition sous la Restauration : les funérailles libérales à Paris (1820-1830) », *Genèses. Histoire, sciences sociales*, n° 46, mars, p. 77-100.

IHL Olivier (1998), « De bouche à oreille. Sur les pratiques de commensalité dans la tradition républicaine du cérémonial de table », *Revue française de science politique*, vol. 48, n° 3-4, juin-août.

LALOUETTE Jacqueline (1983), « Les enterrements civils dans les premières décennies de la IIIe République », *Ethnologie française*, n° 2, p. 111-128.

MILLON René (2000), « Histoire des banquets politiques », *Cahiers d'histoire sociale*, n° 14, p. 99-116.

OSINSKI Jacques (1990), *Les Banquets d'opposition sous la monarchie de Juillet*, mémoire de maîtrise sous la direction d'Alain Corbin, université de Paris-I.

ROBERT Vincent (1996), *Les Chemins de la manifestation. 1848-1914*, Presses universitaires de Lyon, Lyon.

TARTAKOWSKY Danielle (1999), *Nous irons chanter sur vos tombes. Le Père-Lachaise, XIXe-XXe siècle*, Aubier, Paris.

TILLY Charles (1984), « Les origines du répertoire de l'action collective contemporaine en France et en Grande-Bretagne », *Vingtième Siècle*, n° 4, p. 89-108.

16

La gauche, la littérature et les arts, de la Révolution à 1914

PHILIPPE RÉGNIER

À L'EXCEPTION DU *Génie du christianisme*, d'un Chateaubriand passé des Lumières à la droite pour tâcher de recatholiciser les lettres et les arts en accompagnement de la politique concordataire de Bonaparte, il n'y a guère trace à droite, au XIXe siècle, d'initiatives politiques à l'adresse de la république des lettres ou de la bohème des beaux-arts en tant que telles. Non que la droite ait fait défaut à la gestion du patrimoine ou même à l'entretien des écrivains et des artistes par la protection de la loi et par les voies complémentaires du mécénat public, de la cassette princière, des commandes privées et de l'industrie culturelle. Non qu'elle se soit abstenue d'encourager ou de censurer. Non qu'il y ait jamais eu pénurie de créateurs nés ou passés à droite. Mais, après le grand schisme politique tracé par la Révolution, il a été comme entendu pour la droite que l'État n'avait d'autre tutelle à exercer sur les arts *libéraux* vivants qu'un contrôle de moralité et de sécurité publiques, tout le reste, c'est-à-dire l'essentiel, relevant soit du pouvoir spirituel de l'Église, soit de la sphère privée — le dogme contraire définissant la gauche.

Peut-être d'ailleurs ce sentiment d'un partage des rôles lui donnant le champ libre en ce domaine rend-il compte de l'espèce de mission que la gauche paraît se donner, alors et jusqu'à une époque récente, de diriger et d'organiser les lettres et les arts en lieu et place de l'Église. Elle le fait jusqu'à retourner à son profit l'apologétique par laquelle le christianisme se réappropria les cultures gréco-romaine et juive, soutenant en substance que, tout bien pesé, les chefs-d'œuvre finissent toujours par lui donner raison au fond, leur message explicite fût-il contraire ; que les grands maîtres penchent irrésistiblement vers elle, lorsque toutefois ils ne la trahissent pas en pratique ; et que les pères de la gauche ont tous été, à leur manière, des théoriciens, des critiques, des artistes, des protecteurs du Beau et du Vrai, lors même qu'ils se sont élevés avec le plus de véhémence contre les écrivains et les plasticiens de leur temps.

Plutôt donc que de reproduire une fois encore ce discours qui, du saint-simonisme au marxisme, a fait les beaux jours de la critique de gauche, le chercheur instruit par l'expérience des dernières décennies du XXe siècle que se voudrait l'auteur de ces lignes propose de tâcher de regarder d'un œil neuf un héritage en péril, dont la restitution passe par un effort de scientificité. D'un œil neuf signifie en effet d'abord sans sectarisme, c'est-à-dire sans soumettre *a priori* cet examen à la démonstration de la supériorité du dernier cri qu'est le socialisme — conçu comme au début ou comme à la fin du XIXe siècle, peu importe — sur les traditions républicaines et même libérales, mais en dégageant des continuités dans une durée méconnue. Il est vrai que l'alternance de progressions larvées et d'explosions au grand jour, de temps longs et de temps courts, mais aussi ces décalages incessants et massifs de pans entiers de la gauche vers la droite, qui marquent la période, conduisent mécaniquement à privilégier les moments révolutionnaires comme les plus révélateurs d'une pureté de la politique culturelle de gauche et à négliger ce qui se passe dans l'entre-temps et dans les espaces en instance d'abandon à la droite. Mais on peut aussi y voir une raison pour s'efforcer de saisir la réalité globalement, en montrant que les moments révolutionnaires sont moins éphémères qu'il n'y paraît, et que les temps en apparence subis sont aussi les temps de la construction lente, longue et raisonnée d'une hégémonie.

L'héritage de la Révolution et le premier libéralisme

En dépit du préjugé qui tend à le réduire au « vandalisme » déclenché par la destruction des symboles de la royauté et du catholicisme, le legs révolutionnaire en la matière est consistant et déterminant.

C'est pour arrêter ce phénomène que les républicains ont commencé à employer le mot de « patrimoine », en historicisant et laïcisant du même coup les monuments, œuvres et textes, liés au culte. L'abbé Grégoire, figure révolutionnaire s'il en est, est à la fois celui qui a nommé et dénoncé les Vandales modernes (« je créai le mot pour tuer la chose ») et l'un de ceux qui ont le plus œuvré à substituer à l'instruction religieuse et à sa langue, le latin, le ciment d'une langue et d'une instruction nationales, fournissant même l'une des premières occurrences de l'usage métaphorique du mot « culture » (« les deux sciences les plus utiles et les plus négligées sont la culture de l'homme et celle de la terre »). Il n'est pas excessif d'affirmer que la Révolution « établit l'essentiel du corpus idéologique (et même technique) qui va fonder pendant près de deux siècles l'intervention artistique des pouvoirs publics en France » [Poirrier, 1998 et 2002]. De fait, l'idée d'inventorier et de conserver les biens royaux, seigneuriaux ou d'Église devenus « domaines nationaux » et plus généralement l'« infinité de monuments qui intéressent les lettres, les sciences et les arts », la décision d'inclure dans le concept « tous les dépôts de chartes, titres, papiers et bibliothèques » sont bien révolutionnaires, et se traduisent concrètement par une législation, par la création du « Musée des monuments français » de Lenoir, par celle des Archives nationales, par la centralisation à la Bibliothèque nationale (ex-royale il est vrai) des livres et manuscrits des couvents. C'est l'ex-évêque d'Autun, Talleyrand en personne, dont la longévité physique et politique mérite d'être ici rappelée, qui, en 1790, applique au présent ce geste de conservation du passé et achève de transférer sur la « liberté », c'est-à-dire sur la République, le caractère sacré des ci-devant lieux et objets du *culte*, chargeant ainsi par avance d'un jeu de mots religieux la métaphore agronomique déjà citée et employée quelques années plus tard par Grégoire : « Les chefs-d'œuvre des arts sont des grands moyens d'instruction, dont le talent enrichit sans cesse les générations suivantes. C'est la liberté qui les fait éclore, c'est donc sous son règne qu'ils doivent être religieusement conservés. »

Aussi bien l'ensemble du dispositif révolutionnaire, fêtes publiques et symbolique républicaine comprises, vise-t-il non pas à entretenir une nostalgie, mais bien à recycler le meilleur du passé afin de « régénérer » la société et les individus. Il n'est pas jusqu'à l'instauration d'une « propriété des productions du génie » (la propriété littéraire et artistique) et à l'autorisation de la « liberté des théâtres » au même titre que celle de « tous les autres genres d'industrie », qui n'aient leurs origines dans la période comprise entre 1790 et 1795.

Non seulement c'est un programme à très long terme, qui se trouve ainsi fixé par la Révolution et identifié à elle, donc à la gauche, mais ce sont aussi un caractère et un rythme utopiques (d'incroyables anticipations, à portée globale, émises en un temps très bref) qui deviennent sa marque en matière culturelle aussi.

Sauf intention antiphrastique par rapport au (néo)libéralisme actuel, il paraît donc pour le moins ambigu de qualifier en bloc de « libérale », selon la typologie qui s'institue chez les spécialistes, la reprise de l'œuvre révolutionnaire par la Restauration et par la monarchie de Juillet. Qu'entre 1815 et 1848, sauf quelques années après les Trois Glorieuses, le simple usage des mots de « République » et de « républicain » ait été un motif de poursuites devant les tribunaux, ne devrait pas conduire à méconnaître les liens renoués avec la Ire République par le dispositif mis en place par des régimes effectivement conservateurs. La stratégie consistant à assurer sa légitimité par la recherche extra-partisane d'un consensus culturel est devenue si classique qu'elle ne devrait pas faire illusion, mais au contraire inciter à interpréter rétrospectivement selon le même schéma le « libéralisme » culturel habile de Louis XVIII et celui, affiché, mais pareillement calculé et mesuré, de Louis-Philippe. Tel est bien le sens de grands gestes comme l'inauguration du musée du Luxembourg destiné aux artistes vivants de l'École française (1818), la création de l'Inspection générale des monuments historiques (octobre 1830), et la décision d'utiliser le château de Versailles comme un Musée historique (1833) où la peinture donne à voir la genèse de la nation française. En vérité, au cours de la première moitié du siècle, la gauche, dépossédée de son programme culturel, se voit réduite à être la spectatrice de sa réalisation, par ses adversaires d'abord, puis par ses transfuges passés à l'orléanisme.

Au plan théorique, le renouveau « libéral » (au sens de l'époque) est dû pour l'essentiel au couple d'élite formé par Mme de Staël et Benjamin Constant dans une opposition à Napoléon, qu'après la mort de son amie, le député-écrivain transmet à la génération de la Jeune-France. Quoique d'autant moins revendiqués à gauche, aujourd'hui, que l'évidence de leur proximité à la Révolution les dispense de braver la censure pour s'y référer, tous deux fixent pourtant quelques-unes des orientations définitoires de la modernité. Outre sa posture exemplaire de protestation depuis l'exil (le refuge à Coppet, près de Genève, reproduisant celui de Voltaire, à Ferney, et préfigurant celui de Hugo, à Guernesey) ainsi que son combat pour la liberté de la pensée et de la presse, sans omettre son affirmation *de facto* du droit des femmes à élever la voix dans le débat public, le couple emblématique du libéralisme inaugure en effet une démarche et des valeurs indépassables. Un titre de Mme de Staël, *De la littérature considérée dans ses rapports avec les institutions sociales* (1800), suffit à dire la thèse relativiste et sociologique qui est la sienne, en même temps que l'importance à ses yeux de la littérature, entendue comme l'art d'écrire, pour faire évoluer les sociétés. Mme de Staël engage à une lecture aussi bien militante que compréhensive de la production littéraire, désignée, à la fois et non sans tension, comme un terrain d'observation privilégié des effets du politique et comme un instrument du changement social. Bien plus, en liant le sort de la littérature au régime de la liberté, c'est-à-dire à la forme républicaine de l'État, elle pose le principe d'une séparation définitive de l'art et de l'absolutisme théologico-politique. Aussi bien Constant et son amie, tous deux d'ascendance helvétique, réformée, et de tropisme germanique, contribuent-ils à introduire une dimension protestante dans la gauche française, pour ne pas dire à la protestantiser.

Dans le retour de balancier qui succède à l'explosion anticléricale des Trois Glorieuses, ce trait libéral ne va pas sans heurter la sensibilité gallicane, néocatholique et de surcroît misogyne, que manifestent à contretemps une partie des ex-saint-simoniens républicains, derrière Buchez, puis une partie des démocrates socialistes, derrière Proudhon. En dépit de ou grâce à sa discrétion, le protestantisme culturel du couple Staël-Constant a un triple effet capital : il facilite l'abandon du voltairianisme par la gauche, donc sa rupture avec une philosophie perçue comme purement critique ainsi qu'avec un goût littéraire classique ; il fraie la voie à une réhabilitation rousseauiste du sentiment religieux et de la foi chrétienne, laquelle, comme Saint-Simon le montrera en imaginant un « nouveau christianisme » (1825), n'implique, bien au contraire, aucun ralliement au catholicisme romain ; et, enfin, la fascination de l'auteur de *Wallstein* (1809) et de l'auteure de *De l'Allemagne* (1810) pour la philosophie et la littérature allemandes ancre à gauche une tradition de germanophilie politico-littéraire. Cet internationalisme s'épanouit dans les relations des saint-simoniens avec Heine et avec la Jeune-Allemagne et se répète dans le commerce intellectuel de Proudhon avec Marx. À l'autre extrémité du siècle, Péguy, rentré dans le giron catholique, ne se fera pas faute de reprocher à Jaurès une tentation allemande, dont participent aussi ces *Nouvelles Conversations de Goethe avec Eckermann* (1901) par lesquelles un critique littéraire nommé Léon Blum essaiera de faire succéder au « romantisme français [...] né de la Révolution et de l'Empire », le « nouveau lyrisme » du « mouvement socialiste ».

Probablement la promotion, tout aussi tardive que surprenante, par l'appareil scolaire de la IIIe République, du *romantisme français* catholisant — Chateaubriand, Lamartine poète, le jeune Hugo, Vigny — a-t-elle occulté non seulement la célébrité des romans romantiques de Mme de Staël et de Benjamin Constant, mais aussi leur rôle d'aînés de la Jeune-France libérale des années 1820. Pendant que Hugo s'instruit au salon légitimiste de Nodier, Stendhal, dont les opinions subversives et le « réalisme critique » (selon l'expression de G. Lukacs) ne sont pas étrangers à l'extraordinaire fortune littéraire posthume qu'il a connue (notamment à gauche), fréquente le salon de Constant, dont les discours parlementaires et les articles de presse sapent le trône de Charles X. Mais surtout le relais du couple libéral est pris par l'équipe rassemblée autour du *Globe* [Goblot, 1995]. Fondé par deux *carbonari* revenus des conspirations violentes, Pierre Leroux et Paul-François Dubois, que rejoint, entre autres, Sainte-Beuve, ce « journal littéraire » se tient en apparence en dehors du champ politique, pour échapper au cautionnement et à l'autorisation préalable, mais aussi pour tenter d'élever le débat au-dessus de la politique constitutionnelle. Tandis qu'à droite, *Le Mémorial catholique* accuse le romantisme d'être le « protestantisme de la littérature », à gauche, *Le Globe* s'efforce de détacher du classicisme les libéraux, majoritairement encore « absolutistes en littérature », et de les rallier à une « réforme littéraire » homologue à leur position dans le champ politique, tant il est entendu, de part et d'autre, que la ligne de partage entre la droite et la gauche littéraires ne saurait continuer à ne pas coïncider avec la ligne de partage entre la droite et la gauche politiques, elle-même peu distincte des frontières confessionnelles. Le plus grand dénominateur commun est vite trouvé : la liberté, l'indépendance. Tout en promouvant le critère de l'originalité, par opposition à l'imitation chère aux classiques, la critique du *Globe*, d'accord en cela avec les universitaires libéraux (Villemain, Ampère, Fauriel), s'exerce à interpréter les œuvres historiquement, socialement, comparativement, bref relativement à leurs contextes sociopolitiques et nationaux. L'idée allemande d'une *esthétique*, c'est-à-dire d'une philosophie de l'art et de l'histoire de l'art, fait peu à peu son chemin. Dès 1825, l'alliance est scellée par la visite au *Globe* d'une délégation conduite par Nodier et Hugo, des liens se nouent entre ce dernier, Sainte-Beuve et Pierre Leroux. Dès lors, le journal pratique et se voit reconnaître une sorte de « magistère critique ». Il milite notamment pour l'invention d'une forme de tragédie populaire, pour la réévaluation et l'étude de la poésie orale populaire, et il prend sa part dans l'importation du roman historique populaire à la Walter Scott. L'objectif général est un « 14 juillet littéraire ». La prise de la Bastille, donc, à l'exclusion toutefois de la décapitation du roi et de la Terreur : pour tel rédacteur, Hugo fait figure de « Robespierre de la poésie ». Il n'empêche que lors de la bataille d'*Hernani*, durant l'hiver de 1830, *Le Globe*, tout en campant sur sa position modérée, se montre le journal le plus favorable au chef du Cénacle, dont la conversion politique au libéralisme (« le romantisme [...] n'est à tout prendre, et c'est là sa définition réelle, que le *libéralisme* en littérature », 1829) répond à cette conversion littéraire des libéraux au romantisme.

Mais s'il est une idole que l'ensemble de la gauche porte comme un drapeau, c'est bien le chansonnier-poète Béranger. Autodidacte, typographe à ses débuts, puis employé, le chantre de Lisette (l'archétype de la jeune ouvrière peu farouche) accède à la notoriété avec *Le Roi d'Yvetot* (1813), célébration en chanson d'un « bon petit roi » de fiction dont le pacifisme et le refus de l'apparat constituent une critique transparente de l'empereur. L'ascension de Béranger vers le statut de « poète national » ne se déclenche cependant qu'avec deux procès et deux emprisonnements retentissants, en 1821 et en 1828, pour des chansons jugées attentatoires aux bonnes mœurs et à l'ordre public. Les textes de Béranger, de fait, sont un mélange de chansons à boire, d'esprit cocardier, d'anticléricalisme voltairien et de satire des survivances de l'Ancien Régime. Passé les événements de juillet 1830, où il se prononce pour l'issue orléaniste, Béranger a l'habileté de se retirer de la scène publique en une sorte d'exil intérieur. Il cultive dès lors son prestige de vieux sage, aux mœurs simples et frugales, vivant à la campagne et faisant autorité dans la république des lettres au point d'être l'ami des plus grands, à commencer par Chateaubriand, tout en prodiguant ses conseils aux débutants les plus humbles, tel le cordonnier-poète Savinien Lapointe. Et dans la cité réelle, il sait corriger son opportunisme par des expressions de solidarité envers les républicains et les socialistes lorsque ceux-ci sont traînés devant les tribunaux. Dès 1833, il se montre sensible à l'utopisme (« Les Fous », hommage à la folie christique de Fourier, Saint-Simon et Enfantin). Une pareille aptitude à couvrir tout le spectre des opinions politiques de la France postrévolutionnaire rend inévitables les obsèques nationales que le Second Empire lui consent en 1857 et qui mobilisent plusieurs centaines de milliers de personnes. Ainsi la gloire de Béranger sous la monarchie de Juillet prépare-t-elle la gloire de Victor Hugo sous la IIIe République.

BARBARIE OUVRIÈRE, CORPORATISME ARTISTIQUE ET CONSENSUS RÉPUBLICAIN

Rendu possible tant par la théorisation saint-simonienne de l'antagonisme entre *travailleurs* et *oisifs* que par la révolte des canuts à Lyon, le surgissement des poètes-ouvriers à mi-parcours de la monarchie de Juillet constitue néanmoins la première attaque extérieure contre le champ littéraire. L'initiative en revient à l'artisan et chansonnier saint-simonien Vinçard, désireux d'organiser un « parti socialiste des travailleurs » : cette sécession plébéienne a lieu en 1839, dans la feuille qu'il lance, avec une centaine de ses amis, sous le titre de « *La Ruche populaire*, journal des ouvriers, rédigé et publié par eux-mêmes », et où se publient, pêle-mêle, articles et poèmes. Significative en un autre sens est la récupération-promotion de la seule partie poétique de cette production littéraire des ouvriers par le « disciple de Saint-Simon », Olinde Rodrigues, dans l'anthologie qu'il collecte et édite à ses frais en 1841, sous le titre de « Poésies sociales des ouvriers », dans un esprit de « rapprochement entre toutes les classes » explicitement inspiré de Béranger : plutôt favoriser une parole poétique des prolétaires qu'avoir à en entendre une parole politique. Comme de nos jours, la capacité rythmique des banlieues les plus allogènes, la capacité lyrique de ceux que l'on se représente comme de nouveaux « barbares » envahisseurs met en émoi la presse bourgeoise et devient au contraire un cheval de bataille pour l'aile la plus socialiste de la presse républicaine : aux dénonciations de la *Revue des deux mondes* répondent les encouragements de la *Revue indépendante* de Pierre Leroux et de George Sand. Pendant que le pouvoir politique issu des barricades de 1830 réagit en offrant des pensions, le pouvoir littéraire réaffirme sa domination en octroyant de prestigieux parrainages sous forme de préfaces ou de lettres de soutien. Lamartine, Hugo et Béranger, entre autres, s'accordent pour recommander aux poètes-ouvriers de préserver l'identité qui fait leur charme. Ils les mettent en garde contre l'imitation des formes lettrées et, par-dessus tout, contre l'ambition de s'élever.

Car la revendication par les poètes-ouvriers de leur autonomie se traduit chez ceux qui prétendent les interpréter, les représenter et les guider, par l'affirmation d'une différence non de classe, mais de nature et presque de race. Entre l'argumentation de Sand et de Michelet et celle de Sorel et de Péguy, il y a une continuité assurée par Proudhon et par les proudhoniens.

En 1841, avant de ruraliser et d'ethniciser la spécificité populaire dans ses fictions berrichonnes d'après juin 1848, Sand est la première à soutenir que la poésie des Magu, Poncy et autres Lapointe contient la virtualité d'une

« régénération de l'intelligence », de l'avènement de l'« homme nouveau ». Michelet, s'y référant dans *Le Peuple* en 1846, renchérit en conférant des lettres de noblesse populaires à cette éclosion par un rapprochement avec les chants des lollards — les canuts de la Flandre médiévale. Et l'on sait bien que la préférence affichée par Proudhon dans son journal de 1848 pour les « récréations poétiques » ouvrières à l'encontre des « chefs-d'œuvre des maîtres » a pour corollaire l'opposition de ses disciples posthumes, comme Tolain, à l'admission au sein de l'Association internationale des travailleurs de « tous les membres des classes privilégiées soit au nom du capital, soit au nom du diplôme ».

Aussi bien, en fin de siècle, l'apologie par Georges Sorel de la violence prolétarienne ne vise-t-elle pas seulement, contre Jaurès, à « briser tout lien entre le peuple et la littérature du XVIIIe siècle » et autres « balivernes bourgeoises », mais à « montrer qu'une culture nouvelle pourrait sortir des luttes engagées par les syndicats révolutionnaires contre le patronat et contre l'État ». Il ne faut pas, remontre l'auteur des *Réflexions sur la violence*, que le socialisme périsse « pour avoir eu peur de sa barbarie ». L'acharnement de Péguy contre le « parti intellectuel » de Lucien Herr et de Jaurès, son insistance sur sa propre ascendance paysanne, son retour au christianisme par le détour du paganisme de sa race beauceronne, procèdent au fond du même acte de foi dans une nature populaire. C'est pourquoi, face au refus opposé par le comité de lecture de la Société nouvelle au roman *Jean Coste ou l'instituteur de village*, écrit par Lavergne dans le français d'école primaire qui est aussi celui des poètes-ouvriers de la première moitié du siècle, le normalien Péguy se solidarise avec cet « auteur pauvre » qui raconte au jour le jour et sans théorie la vie misérable de sa profession au service du peuple. En quoi il se heurte à un « riche administrateur » de cette très socialiste et très normalienne Société dont il fait alors lui-même partie aux côtés de Herr, un certain… Léon Blum.

Un autre clivage interne à la gauche est l'attitude adoptée quant aux mutations capitalistes de la production culturelle, en particulier face au développement d'un marché littéraire qui incite à une « littérature industrielle » (Sainte-Beuve) et crée des inégalités sociales considérables entre le haut et le bas du champ. La diversité des traditions léguées par la gauche du XIXe siècle à cet égard est aussi caractéristique que sa constante présence au cœur du débat et des luttes.

Quatre grandes figures de proue personnifient la typologie des positions théoriques : Fourier, pour qui la croissance exponentielle des tirages dans l'« État sociétaire » mondialisé procurera aux créateurs des fortunes immenses et légitimes ; Proudhon, pour qui il ne faut pas laisser la propriété intellectuelle et artistique faire du poète « un Crésus ou un mendiant », mais instaurer des échanges économiques égaux entre travail intellectuel et travail manuel ; Cabet, pour qui une fonctionnarisation intégrale de l'écriture et de la lecture par l'État doit abolir le pouvoir de l'argent, le remplacer par l'amour de la gloire et le contrôle politique ; Enfantin, enfin, pour qui la solution réside dans la formation de « sociétés libres » ayant vocation à organiser un « crédit intellectuel » sur le modèle des grandes banques d'inspiration saint-simoniennes spécialisées dans le crédit mobilier et le crédit foncier.

Mais la typologie des postures politiques se réduit, elle, à deux lignes de conduite, non exclusives l'une de l'autre : le soutien et la participation à des formes corporatives de représentation et de gestion pour la masse de la profession, d'une part ; et de virulentes dénonciations des stratégies de domination et d'enrichissement déployées par ceux qui réussissent, d'autre part.

Dès les années 1830, des fouriéristes et des saint-simoniens sont mêlés à la rédaction de la revue *L'Artiste* et aux débuts de la Société des gens de lettres. Le même hebdomadaire, qui se veut le porte-parole des lettres et des arts, applaudit donc sous la IIe République à la « constitution » que se donne une « assemblée générale » des plasticiens pour se faire représenter par un comité auprès du gouvernement. Il mène campagne pour que le suffrage universel envoie à l'Assemblée une forte proportion d'auteurs et d'artistes républicains et socialistes. Ainsi sa liste comporte-t-elle Lamartine, Hugo et Michelet, mais aussi Leroux, Proudhon et Esquiros, et encore Béranger, ou l'ancien rédacteur de la *Ruche populaire*, Duquesne. *L'Artiste* se félicite de la nomination d'un artiste écrivain, Charles Blanc, le frère de Louis, à la direction des Beaux-Arts du ministère de l'Intérieur. Il approuve le principe de l'élection du jury des salons annuels et va jusqu'à publier le rapport visant à moraliser et à mieux répartir les « encouragements littéraires et scientifiques » que présente Édouard Charton, sous l'autorité du ministre de l'Instruction publique Hippolyte Carnot — deux hommes connus pour leur appartenance à la même fraction républicaine de la mouvance saint-simonienne. Aussi bien, après la longue éclipse du Second Empire, *L'Artiste* salue-t-il le retour de Charles Blanc à la direction des Arts et lettres sous le ministre Jules Simon. C'est en tirant jusqu'au bout les conséquences institutionnelles de ce corporatisme qu'au nom de la Commune de 1871, Gustave Courbet provoque la formation de la Fédération des artistes de Paris, dans le but de « confier aux artistes seuls la gestion de leurs intérêts », autrement dit d'aboutir au « gouvernement du monde des arts par les artistes ».

La « bourgeoisie littéraire » (expression employée en 1844 par George Sand) n'est pas pour autant à l'abri de la critique socialiste. Tout en vivant lui-même de sa plume dans l'exil, Proudhon, en 1862, s'oppose vigoureusement à ses confrères — Lamartine, Hugo, Jules Simon, etc., des « libéraux », vitupère-t-il — qui prônent l'instauration d'une propriété intellectuelle si longue dans le temps qu'elle institue des « majorats littéraires ». Ce thème au demeurant répandu dans la presse de droite aussi bien que dans celle de gauche n'est pas étranger au massacre de la « légende de Victor Hugo » par lequel, en 1891, Paul Lafargue, le gendre de Marx et un leader, aux côtés de Jules Guesde, du Parti ouvrier français, s'efforce d'arracher le socialisme à l'emprise de la

République triomphante : le poète conduit à l'apothéose par ses funérailles nationales de 1885 aurait été le parfait « représentant » de la bourgeoisie française, un « habile commerçant de lettres » passé « maître dans l'art de débattre et de dresser un contrat à son avantage » — l'adorateur patenté du « Dieu propriété ». Son attentat sacrilège contre le souverain du panthéon littéraire, qui vaut rupture du consensus républicain, n'entraîne cependant pas Lafargue, dont la radicalité semble avoir plus choqué que fait école, jusqu'à revenir sur le régime de la propriété intellectuelle et artistique.

Car tout se passe, en ce tournant des années 1880 où, malgré l'amnistie, la République continue à s'édifier contre la Commune, comme si le confinement de la parole populaire, l'évolution capitaliste de l'économie de la culture et la législation adoptée étaient définitivement hors de discussion. En accédant au pouvoir, les républicains s'attachent à consolider et à aménager l'appareil culturel d'État plutôt qu'à l'ouvrir aux « barbares ».

Un texte révélateur de leurs bonnes intentions et de leurs limites est le rapport de Gambetta, président du Conseil, à l'appui de sa création, en 1881, d'un portefeuille exclusivement dévolu aux arts. Ballottés et séparés entre l'Intérieur, l'Instruction publique et même le Commerce et les Travaux publics, les « beaux-arts » n'avaient auparavant jamais bénéficié d'un ministère spécial, sauf pendant quelques mois, à l'extrême fin du Second Empire, où ils avaient même été réunis aux belles-lettres. Par ce signal donné aux corporations des lettres et des arts qui forment une partie de son électorat de « classes moyennes », Gambetta s'acquiert le mérite d'inscrire dans la culture politique de la gauche un acte officiel en faveur de la culture artistique (*cf.* cependant la demande de *L'Artiste* du 12 mars 1848, demeurée insatisfaite, et, sous le Front populaire, la proposition par le député communiste Joanny Berlioz, également vaine, d'« un grand ministère de l'art français »). Mais son argumentation se fonde sur des considérations associant étrangement l'industrialisme saint-simonien et les attendus libéraux bourgeois qui avaient un temps motivé le rattachement des Beaux-arts au Commerce et aux Travaux publics sous la monarchie de Juillet : « Après avoir rappelé que c'est la France qui a, la première, ouvert les conservatoires et les écoles d'arts et métiers, que c'est à l'initiative des hommes de la Révolution que sont dus les musées et les cours spéciaux qui assurent l'alliance de l'art et de l'industrie, on a justement fait remarquer que, dans nos sociétés modernes, il ne suffit pas de développer le goût et la culture des beaux-arts, mais que l'assistance que l'art peut donner à l'industrie a une importance considérable au point de vue économique et social, puisqu'elle transforme les conditions du travail et exerce une influence décisive sur les forces productives d'une nation. Pour développer ce large enseignement des principes généraux de l'art que réclament nos grandes industries, pour fortifier l'enseignement technique qui ne leur est pas moins nécessaire, j'ai l'honneur, monsieur le président, de vous proposer la création d'un ministère des Arts. »

Il est vrai que la caution républicaine à laquelle se réfère Gambetta n'est autre qu'un saint-simonien assagi, Édouard Charton, l'ancien secrétaire général déjà mentionné du ministère de l'Instruction publique sous la IIe République, et l'auteur, dix ans plus tôt, du premier rapport lu sur le sujet à la nouvelle Assemblée nationale. Voilà qui atteste de la continuité entre la gauche de 1830, celle de 1848 et, pour ne pas descendre plus en aval, celle des débuts de la IIIe République.

LES COMBATS POUR L'ALTERNANCE CULTURELLE

Ce n'est pas sans contraste avec le ton combattant, militant, viril, le plus souvent revendiqué par la critique de gauche, ainsi par Georges Renard, normalien communard, réfugié à l'université de Lausanne, dans le titre du recueil de ses articles de *La Petite République* (où écrit aussi Jaurès) et de la *Revue socialiste* (dirigée par Benoît Malon), *Critique de combat* (1894). La rubrique littéraire du *Globe* saint-simonien frappait déjà par sa propension, annonciatrice de la critique communiste du XXe siècle, à débusquer l'individualisme et l'égoïsme des possédants jusque dans la poésie la plus lyrique. Il n'est pas jusqu'aux dénonciations par Proudhon du mercantilisme pornographique de la littérature et de la sculpture de son temps qui ne soient instructives de goûts et de dégoûts primaires néanmoins bons à connaître pour en décrypter les enjeux sociaux et idéologiques. Plus ces indignations récurrentes sont radicales, plus les recommandations tout aussi récurrentes (flageller les mœurs bourgeoises, représenter et défendre l'ouvrier, la femme et l'enfant, dessiner l'horizon d'une utopie) prennent un tour dogmatique et injonctif. C'est bien pourquoi l'historiographie tend à réduire les positions des républicains et des socialistes du XIXe siècle à une volonté de contrôle et à la formule de l'*art social* par opposition à l'*art pour l'art*.

La réalité est plus brouillée, à l'image de l'interaction entre la peinture dite « réaliste », mais allégorique et allusive, de Courbet, et l'esthétique résolument idéaliste, assez représentative des inclinations de la gauche, Jaurès inclus, que Proudhon codifie dans son essai *Du principe de l'art et de sa destination sociale* (1863). L'esprit paradoxal du second, pourtant néoclassique en littérature, s'enthousiasme pour la puissance subversive et toute populaire des tableaux du premier et, de son côté, le peintre honni des officiels reconnaît dans les provocations du philosophe l'analogue de son indépendance de pinceau. Lu à rebours du légitimisme qu'il affiche, Balzac est à sa mort, en 1850, classé dans « la forte race des écrivains révolutionnaires » par ce même Victor Hugo dont *Le Peuple* de Proudhon cite et approuve pour une fois l'opinion, mais que Lafargue, lui, érigera, comme on l'a déjà rappelé, en paradigme de la mystification littéraire. La défense de la vérité dans l'affaire Dreyfus fait du romancier Zola un leader de gauche assez convaincant pour entraîner un bon nombre de socialistes tentés par l'intransigeance guesdiste, mais Jaurès, dont le socialisme ressort élargi de sa militance dreyfusienne, n'en partage pas moins avec Lafargue des réserves sur la portée politique du naturalisme. Et malgré son faible pour Barrès, les nuances infinies de sa pensée ou le dilettantisme qui marque sa critique théâtrale, la compréhension par Léon Blum jeune des démarches tentées en 1848 par Sand pour prévenir le divorce entre la République, le socialisme et les ouvriers, son apologie du « roman social », son intérêt pour la mémoire de la Commune à propos de tel roman de Paul et Victor Margueritte, son refus de réduire le littéraire au fictionnel, sont quelques raisons de ne pas sous-évaluer la spécificité de gauche des positions qu'il assume avant 1914, aux côtés de Bernard Lazare, non pas dans le champ politique et dans un parti populaire, mais — ce terrain est le sien — dans le champ littéraire et dans le genre qui est celui de la critique des petites revues de la fin du siècle.

Ce travail au quotidien, mené dans les journaux et les revues plus que dans les discours, pour diffuser une interprétation « progressiste » de la production culturelle, masque quelque peu les grandes manœuvres engagées en profondeur pour changer sa nature et son régime sociaux. Moins visibles, car opérées sur une fréquence temporelle beaucoup plus longue et sur le mode d'un processus inconscient qui transcende ses acteurs, elles se résument en deux concepts fort républicains, renvoyant étymologiquement l'un et l'autre à deux aspects du peuple, selon qu'on le considère dans son rapport de *laïos* à la religion ou dans son rapport de *démos* à la politique : laïcisation et démocratisation.

Si le compromis entre les valeurs respectives des deux France, celle de la Révolution (Voltaire, Montesquieu, Fontenelle, etc.) et celle de l'Église (Bossuet, Massillon, Fénelon, Racine, etc.), est établi par Bonaparte, pour l'enseignement secondaire, dès 1802, dans l'année qui suit le Concordat, le combat pour en déterminer le sens, commencé dans l'arène littéraire par le romantisme hugolien, trouve son expression politique de référence dans l'appel « Aux artistes » adressé en mars 1830 par Barrault, au nom du saint-simonisme, afin de leur proposer une esthétique et une religion de substitution à l'esthétique et à la religion catholiques de Chateaubriand. Accueilli de manière contrastée, ce manifeste, dont les schémas de pensée structurent pour longtemps l'opinion littéraire de gauche (ils se transmettent du fouriérisme, notamment, jusqu'à Jaurès), tente certes vainement de convertir les artistes de toute espèce à la religion de Saint-Simon, qui aspire à devenir le « parti des travailleurs ». Mais il a aussi pour effet capital d'ouvrir au plan théorique la possibilité d'un transfert de sacralité entre le clergé et les intellectuels (« désormais, l'artiste est le prêtre »), entre le temple et le théâtre, entre les Écritures saintes, les auteurs catholiques et la littérature laïque. De grands essais de Paul Bénichou (*Le Sacre de l'écrivain* et *Le Temps des prophètes*) ont bien montré l'ampleur et la profondeur de ce mouvement, engagé dès le

XVIIIe siècle, mais pensé, structuré, porté à son apogée par le XIXe siècle. Ce clivage Église *vs* Révolution, bien que décalé chez un Proudhon qui persiste à vénérer Bossuet par réaction classique, c'est-à-dire scolaire, et politique (contre la trahison des romantiques après juin 1848), se retrouve et s'étend sous la plume de ce dernier à un passé plus ancien encore des luttes contre la domination catholique. Par l'opposition qu'afin de définir la véritable identité de la « nation française », il dresse entre les « deux courants, [les] deux traditions littéraires [existant selon lui] en France », Proudhon range en effet, d'un côté, « Rabelais, Montaigne, La Fontaine, Bayle, Voltaire, Beaumarchais, Volney, Paul-Louis [Courier], Béranger », et de l'autre, « la ligne romantique, Jean-Jacques Rousseau, Bernardin de Saint-Pierre, Chateaubriand, Lamartine ». De telles déclarations, évidemment sans échos lisibles dans les instructions officielles, aident à comprendre aussi bien la promotion de la littérature dans l'enseignement républicain, que certaines réticences à faire entrer les romantiques dans les programmes ou les jeux idéologiques subtils, transposés du politique au littéraire, en quoi consistent l'histoire, la dissertation et l'explication littéraires (ré)organisées par les réformes qui se succèdent entre 1880 et 1902. En 1910 encore, à la tribune, Jaurès, membre de la Société des études rabelaisiennes, s'en prend à un manuel littéraire catholique qui dénigre la Réforme et affronte sur ce point Barrès, lequel tient, lui, à rappeler que le Cid de Corneille est né « à l'ombre des églises catholiques de Normandie ».

Ce serait manquer un autre trait essentiel que de ne pas relier à cette sape du catholicisme, dont l'anticléricalisme n'est qu'une manifestation violente, l'entreprise menée avec tout autant de constance pour créer une nouvelle symbolique — autrement dit une nouvelle religion, fût-elle laïque —, en particulier pour mettre en avant, plus encore que l'allégorisme de Marianne redécouvert par Maurice Agulhon, la figure féminine transcendante, mais possiblement *réelle*, de la Liberté identifiée à la République, « mère féconde, sereine et glorieuse, qui, promet *L'Artiste* de 1848, aura des fêtes et des sourires pour ses enfants ». Exalté comme pour compenser le déni de responsabilité civile et de citoyenneté opposé aux femmes, le mythe politique de la parousie d'une Mère venant délivrer les hommes et leur apporter le bonheur outre les trois vertus cardinales de liberté, égalité et fraternité, n'est pas tout à fait le monopole des républicains. Si le fameux tableau exposé par Delacroix au Salon de 1831, *La Liberté venant guider le peuple*, est d'emblée décliné à l'infini par les dessinateurs républicains de *La Caricature* et du *Charivari*, à commencer par Daumier, s'il y a lieu aussi d'aller jusqu'à soupçonner dans cette révélation quelque concurrence avec l'essor contemporain du culte marial, le fait est que les concepteurs et propagandistes d'une sorte d'épouse du Christ promise aux croyants socialistes sont bel et bien les apôtres du chef suprême du saint-simonisme, Prosper Enfantin. Bien que le scandale déclenché par les pratiques symboliques et réelles des saint-simoniens et de leurs compagnes ait conduit à en refouler la mémoire tout autant qu'à retenir les fouriéristes de publier les manuscrits du *Nouveau Monde amoureux* de leur maître éponyme, le concours ouvert par la IIe République pour faire réaliser des tableaux, sculptures, médailles, monnaies et timbres-poste de la « figure symbolique de la République française » participe du même effort, repris et mis en œuvre à partir des années 1880, pour capter les forces du désir, fût-il sublimé, au profit des doctrines réputées trop abstraites de l'ensemble de la gauche. Que cette figure soit généreuse, quelque peu dénudée et colossale, ne l'en fait que mieux correspondre à une esthétique privilégiant l'hédonisme sur la mortification, et la dimension sociale sur les affects individuels.

La brièveté et l'intermittence des passages de la gauche au pouvoir d'État au cours du XIXe siècle incitent cependant à observer son activité culturelle moins au sommet que dans les profondeurs de la société. Par l'initiative privée combinée au militantisme, elle s'y dote, pourrait-on dire, d'appareils idéologiques civils beaucoup plus efficaces que les séances de lecture publiques du soir instituées par Carnot en 1848 pour faire accéder le peuple de Paris aux beautés de la littérature classique.

Associant le texte et l'image pour apporter à la petite bourgeoisie et aux élites ouvrières, sur tout le territoire, l'instruction et un minimum de familiarité visuelle avec les monuments et les œuvres d'art, l'*Encyclopédie pittoresque* de Reynaud et de Leroux, distribuée par livraisons à deux sous, mais surtout *Le Magasin pittoresque* de Charton, vendu au même tarif et tirant à 100 000 exemplaires, expérimentent dès les années 1830-1840 une pratique de démocratisation dont la seconde vague, plus connue, sera portée par les dictionnaires eux aussi illustrés et par livraisons de La Châtre et de Larousse. Si les idées républicaines et socialistes y sont soit gommées, soit dégriffées, elles n'en informent qu'avec plus d'efficacité l'organisation, la sélection, le contenu du savoir diffusé. D'abord voués à une chute rapide, les rares journaux et revues destinés au public restreint des militants, mais dont il ne faudrait pas minimiser le prestige et l'influence (ainsi, pour les années 1840, la *Revue indépendante* de Leroux et de Sand), finissent à l'autre bout du siècle par se multiplier, fidéliser un lectorat et parfois perdurer. À côté de et après *La Revue socialiste* de Benoît Malon, une floraison de petites revues de gauche (notamment *L'Ère nouvelle, Le Mouvement socialiste, Les Cahiers de la Quinzaine*) coexiste à peu près avec la *Revue de l'enseignement primaire et primaire supérieur*, vecteur des idées socialistes auprès du corps enseignant. Elle précède la fondation de *L'Humanité* par Jaurès.

De la même démarche de création d'appareils idéologiques civils relève, à partir de 1898-1900, le mouvement des Universités populaires (UP) — en fait des conférences familières, parfois accompagnées de lectures et de discussions, souvent appuyées sur de très petites bibliothèques et de tout petits musées d'amateurs. Des « intellectuels », comme le professeur et critique Albert Thibaudet à Abbeville, les animent en soirée et en fin de semaine à l'intention des travailleurs manuels. Parfois taxées de « séminaires d'Apaches », selon le mot de Thibaudet, les UP essaient d'ancrer des repères permettant de résister au flux de l'information et de la politique du jour. On pense, par exemple, éclairer une discussion parlementaire sur l'enseignement par la lecture quelque peu éclectique des discours prononcés en 1850 contre la loi Falloux par « Hugo, Lamartine, Louis Blanc, Proudhon, Thiers, Victor Cousin, Montalembert, Lacordaire ». Mais c'est dans les tentatives de promouvoir un « théâtre du peuple » qu'à l'approche de 1914, s'exprime le mieux la tradition culturelle républicaine. Maintes fois rêvée sous la Révolution et dans l'opposition, réalisée de manière éphémère par les représentations chantées (et gratuites) de *La Marseillaise* que Rachel donne sous la IIe République, l'utopie d'un théâtre de plein air, voué, comme dans la cité grecque, à rassembler et éduquer le peuple tout entier, naît à Paris et y connaît un certain succès avant la Grande Guerre. Il s'enracine même, par la volonté de Maurice Pottecher, à Bussang, dans les Vosges. Romain Rolland se charge de donner à ces initiatives toute leur portée d'avant-garde politique et artistique en en faisant l'histoire et la théorie, en 1903, dans des articles et un livre assez fameux, *Le Théâtre du peuple, essai d'esthétique d'un théâtre nouveau.*

Il suffit certes, pour relativiser ce phénomène tardif, et pour rendre à chacun ce qui lui est dû, de parcourir les trois volumes consacrés par Léon Blum, sans un traître mot pour le théâtre du peuple, aux passe-temps des drames et comédies de boulevard. Mais au total, à l'échelle des quelque cinq générations de la période considérée, et pour peu que l'histoire politique de la littérature et des arts ne se laisse plus fasciner par des jeux de surface, l'emprise de la gauche sur le terrain culturel et idéologique à la veille de 1914 paraît plus stable et profonde que ne le laisserait croire son impuissance à investir l'État.

RÉFÉRENCES BIBLIOGRAPHIQUES

Sans revenir sur les sources et les textes majeurs dont les auteurs, les titres et les dates d'édition originale ont été indiqués de manière complète, nous développons ci-après des références que nous avons évoquées ou que l'on pourrait consulter en priorité :

AGULHON Maurice (1979), *Marianne au combat. L'imagerie et la symbolique républicaine de 1789 à 1880*, Flammarion, Paris.

AURENCHE Marie-Laure (2002), *Édouard Charton et l'invention du* Magasin pittoresque (1833-1870), Champion, Paris.

BERTRAND-SABIANI Julie et LEROY Géraldi [dir.] (1993), *Jaurès et les écrivains*, Centre Charles Péguy, Ville d'Orléans.

Cahiers Léon Blum (1988), « Léon Blum avant Léon Blum : les années littéraires 1892-1914 », Paris.

GOBLOT Jean-Jacques (1995), *La Jeune France libérale.* Le Globe *et son groupe littéraire (1824-1830)*, Plon, Paris.

JAURÈS Jean (2000), *Œuvres*, t. 16 : *Critique littéraire et critique d'art*, éd. par Michel LAUNAY, Camille GROUSSELAS et Françoise LAURENT-PRIGENT, Fayard, Paris.

LAFARGUE Paul (1936), *Critiques littéraires*, Éditions sociales internationales, Paris.

MAC WILLIAM Neil (1993), *Dreams of Happiness. Social Art and the French Left (1830-1850)*, Princeton University Press, Princeton.

POIRRIER Philippe (1998), *Histoire des politiques culturelles de la France contemporaine*, Université de Bourgogne, Bibliest, Dijon.

— (2002), *Les Politiques culturelles en France, textes rassemblés et présentés par l'auteur*, La Documentation française, Paris.

RÉGNIER Philippe (1990), « Les saint-simoniens, le prêtre et l'artiste », *Romantisme*, n° 67, 1990-1991, Paris, p. 32-45.

— (1990), « L'institution littéraire et son en-dehors : la critique littéraire des saint-simoniens » *in* Michel ESPAGNE et Michael WERNER [dir.] (1990), *Philologiques I (Contribution à l'histoire des disciplines littéraires en France et en Allemagne au XIXe siècle)*, Maison des sciences de l'homme, Paris, p. 211-237.

III

Combats et acquis de la gauche

17

La gauche et le suffrage universel

Christine Guionnet

Comment faire une histoire des gauches sans évoquer la question du suffrage ? Ne serait-ce pas oublier que le clivage même entre droite et gauche se constitue, à l'aube de la Révolution française, à l'occasion de votes aux États généraux ? Le 8 mai 1789 déjà, désirant trancher sur la question de la réunion des ordres, le tiers état décide de compter les suffrages de ses membres en les invitant à se placer à droite ou à gauche de l'Assemblée. Fin août, lors des votes relatifs à la liberté religieuse et au veto royal, plusieurs témoignages indiquent qu'à gauche se situent des hommes plus attachés à la liberté et à l'égalité. On commence donc à évoquer les prises de position et les votes de la « gauche » et la « droite » voire, dès 1791, du « parti » droit ou gauche [Gauchet, 1992]. Le suffrage, en tant que mode de vote ayant impliqué une prise de position spatiale par rapport au président de séance, afin de conférer une plus grande visibilité aux forces en présence, participe donc directement à la dissociation progressive entre gauche et droite. Apparaissant lors de débats relatifs aux libertés et à l'égalité politique, la bipartition spatiale traduit rapidement une divergence sur la question du droit de suffrage. L'opposition droite/gauche est notamment figurée par une lecture particulièrement progressiste et démocratique qu'établit la partie gauche de l'Assemblée, face à des représentants bien plus conservateurs au centre et à droite, tant pour les États généraux que pour la nouvelle Assemblée législative lui succédant en septembre 1791. Ainsi donc, dès l'origine, le rapport de la gauche (pour la plupart des représentants du tiers état) au suffrage consiste en un combat en faveur d'un droit au suffrage élargi, face à un centre et à une partie droite des États généraux au contraire plus récalcitrants, les représentants de la noblesse et du haut clergé étant pour la plupart favorables au rétablissement du système caractérisant l'Ancien Régime.

Les régimes du XIXe siècle se succédant, la gauche et la droite semblent se perpétuer à travers ces deux positions schématiques du « mouvement » progressiste, héritier des principes de 1789, et du conservatisme des partis de l'« ordre » et de la tradition. Mais la bipartition dissimule souvent une réalité plus complexe, où s'affirment également le « ventre » centriste et les « extrémistes » de droite (« ultras ») ou de gauche. En outre, les nombreuses recompositions, au cours du siècle, rendent difficile l'appréhension d'une position homogène et univoque de la « gauche » par rapport à la question du suffrage. À l'époque révolutionnaire même, la droite disparaît un temps — la Terreur décidant l'élimination des girondins —, puis on décide, en 1795, de tirer au sort les places des députés, tant l'idée d'une partition apparaît encore comme une pathologie à dépasser. Structurant les pratiques et entrant dans le langage politique, la division demeure encore difficilement acceptée, et fluctue au gré des événements politiques. Les hommes considérés comme étant les plus à gauche à certains moments peuvent, sous le régime suivant, devenir les plus conservateurs face à une opposition plus radicale se constituant à son tour en force progressiste de gauche. Ainsi les doctrinaires, fidèles compagnons de Guizot, jouent-ils le rôle de libéraux progressistes, plutôt à gauche face aux ultras de la Restauration, avant de se commuer en parti de gouvernement plutôt au centre et opposé à la gauche républicaine sous la monarchie de Juillet.

Délaissant une logique idéaliste supposant *a priori* une continuité parfaite entre les hommes et les combats de gauche au fil du temps, on considérera plutôt la « gauche » comme une attitude, une manière d'être en politique consistant, dans une configuration particulière du champ politique, à endosser le rôle des progressistes, des hommes du « mouvement » tournés vers le futur au nom des principes de 1789, face à des hommes à l'inverse identifiés comme réactionnaires, partisans de l'« ordre » et de la tradition. Autant de prises de position indissociables d'un contexte donné, puisque les progressistes d'un jour deviennent parfois les conservateurs du lendemain, face au surgissement de nouvelles revendications plus radicales que les leurs. Notre objectif consiste donc à recontextualiser les combats menés par les hommes identifiés, à différentes époques, comme étant à gauche, afin de rechercher les récurrences ou variations éventuelles entre ces placements à gauche et les attitudes par rapport au suffrage. Au-delà des éventuelles divergences entre individualités ou époques, peut-on esquisser une économie de la gauche en matière de suffrage — économie caractérisant les hommes politiques, mais également les électeurs et le « peuple de gauche » ? Dans quelle mesure peut-on confirmer le sens commun, selon lequel les hommes de gauche auraient été les pères fondateurs d'un droit de suffrage démocratique ?

Retracer les liens entre gauche et suffrage de la Révolution française à la fin du XIXe siècle invite à beaucoup de prudence par rapport à l'imaginaire idéalisé d'une gauche démocratique toujours enthousiaste et avant-gardiste. Si le positionnement à gauche paraît effectivement caractérisé par un combat durable en faveur d'un élargissement du droit de suffrage et de la liberté du vote, afin de respecter le principe de la souveraineté populaire, cet élargissement est perçu sans limites par certains, tandis que d'autres exigent des restrictions. Loin de faire l'unanimité, le suffrage universel ne s'impose pas toujours à tous, et les conditions et dispositions relatives à son application divisent les forces de gauche. Le vote direct ou à plusieurs degrés, secret ou public, en assemblée ou individuel, le découpage des circonscriptions électorales, le mode de scrutin, constituent autant d'éléments suscitant débats et divisions internes. L'accession au pouvoir conduit parfois les plus enthousiastes à des retours en arrière, tandis que surgissent de nouvelles forces plus radicales, parfois elles-mêmes divisées. C'est donc sur le cheminement chaotique des forces de gauche eu égard à cette question, que nous tenterons de revenir ici, afin de nuancer les représentations par trop idéalistes d'une gauche démocratique, en réalité souvent en proie, dans l'histoire, aux hésitations, perplexités, dissensions internes, voire contradictions et revirements inattendus. Si l'héritage des combats menés à gauche en faveur de l'élargissement du suffrage au XIXe siècle est incontestablement positif, celui-ci n'a guère été acquis sans heurts, y compris au sein même des forces dites « progressistes ».

UN SUFFRAGE INDIVIDUEL ET DÉMOCRATIQUE : LE GRAND PROJET RÉVOLUTIONNAIRE

Louis Dumont [1990] et Marcel Gauchet [1992] ont décrit la bipolarisation droite/gauche comme une opposition entre le parti de l'idéologie individualiste par excellence, la gauche telle qu'elle apparaît sous la Révolution française, et le parti de l'organisation sociale holiste, défenseur de l'Ancien Régime. En ce sens, c'est par définition à gauche, parmi les défenseurs de l'individu et de ses droits propres, en rupture avec le système corporatif de l'Ancien Régime, qu'ont été menés les premiers combats en faveur d'un droit de suffrage individuel et démocratique. Combats menés dans les assemblées élues, mais également par le peuple de gauche, dans les clubs, la presse ou la rue.

S'inspirant des Lumières, les révolutionnaires désirent substituer la souveraineté nationale à la toute-puissance du monarque souverain, afin de privilégier l'entité forte que constitue la nation, composée d'individus libres et égaux, par rapport à une société d'Ancien Régime divisée en corps et en ordres. Dans ce cadre, les scrutins ne sont plus tant pensés comme la désignation de gestionnaires, comme cela était jusqu'alors le cas dans les assemblées provinciales, mais plutôt comme la possibilité d'élire des représentants parlant au nom de la nation toute entière. La devise de la gauche révolutionnaire, « Un homme, une voix », vient consacrer le principe d'un droit de suffrage individuel et d'une égalité politique inédite entre citoyens participant à l'expression universaliste de la volonté générale. Est instauré un « partage collectif de la souveraineté monarchique » [Rosanvallon, 1992, p. 59] entre des citoyens considérés en tant qu'individus abstraits formant le corps national, toute considération sociologique ou économique étant par ailleurs gommée afin d'éviter tout privilège et toute singularité divisant le tout national.

Afin de garantir l'expression de la subjectivité individuelle et de l'égalité politique, les révolutionnaires mettent en place des dispositions spécifiques, tel le découpage du territoire national en circonscriptions électorales. La réorganisation en 83 départements et 4 660 cantons (créés en 1790) a pour objectif d'intégrer les citoyens au sein du cadre national, tout en garantissant une égale représentation des différentes parties du territoire. L'institution de la circonscription électorale cantonale doit garantir la liberté et l'indépendance des suffrages, tout en évitant que ne se perpétue la tradition du mandat impératif. Les communes créées en 1789 correspondant aux anciennes communautés paroissiales, organiser tous les scrutins en leur sein aurait entraîné une réaffirmation des intérêts locaux, là où le sentiment national doit seul guider le choix des électeurs ; cela aurait favorisé le jeu des interdépendances familiales, amicales ou socio-économiques, dont la puissance remet en cause l'indépendance politique individuelle énoncée par la loi. De même, le vote secret constitue une préoccupation essentielle pour les révolutionnaires, qui décident d'appliquer aux élections politiques et démocratiques des procédures déjà employées par l'Église catholique depuis le concile de Trente (1562-1564), notamment pour les élections capitulaires. Des dispositions légales sont adoptées fin 1789, puis complétées par des décrets en 1790, afin de garantir la confidentialité du suffrage, y compris pour les électeurs analphabètes, contraints de faire écrire leur bulletin par un tiers. Si ces dispositions sont souvent mal appliquées (nombre important de vices électoraux), il n'en demeure pas moins qu'en arrivant au pouvoir, les hommes de 1789 tentent réellement d'imposer une appréhension démocratique et libérale du droit de vote : un droit individuel, permettant à chacun d'exprimer librement une opinion considérée comme égale à celle de ses concitoyens.

CONCILIER LE NOMBRE ET LA RAISON : UN DÉFI SOURCE DE DIVISIONS ET DE RESTRICTIONS

Mais les premiers acquis résistent parfois difficilement à l'épreuve de la mise en pratique et aux changements d'équipes au pouvoir. Ainsi les sans-culottes de l'an II décident-ils d'abandonner le principe du vote écrit et secret, pour imposer le vote à haute voix, alors perçu comme le seul moyen de déjouer les complots des aristocrates et autres conservateurs. Le vote public, effectif de

1792 à 1794, doit permettre d'éviter les votes irrationnels ou contraires à l'intérêt collectif, et résoudre les problèmes de l'analphabétisme. Comme Montesquieu, beaucoup estiment que le règne du grand nombre doit être encadré, « éclairé par les principaux, et contenu par la gravité de certains personnages », grâce au vote public. Après l'épisode de la Terreur, le vote à haute voix paraît toutefois trop associé à un détournement de la liberté de pensée. Revenant sur le radicalisme jacobin, les thermidoriens réhabilitent alors le vote secret, et l'inscrivent dans la Constitution de l'an III en tant que condition nécessaire à l'exercice effectif de la citoyenneté. Mais puisque les citoyens doivent à nouveau voter par écrit et dans le secret, on pose des conditions attestant de leur autonomie intellectuelle et matérielle : un cens culturel subordonnant l'exercice du droit de vote à la maîtrise de la lecture et de l'écriture, et à l'apprentissage d'une « profession mécanique » est imposé, tandis qu'un cens fiscal est rétabli au second degré alors qu'il avait été abrogé en 1792.

La réorganisation du *vote en assemblée* traduit elle aussi un désir évident de contrer l'ascendant des tuteurs traditionnels du peuple, les grands propriétaires et le clergé. Éminemment soucieux de préserver la liberté de choix et l'égalité entre tous, les révolutionnaires s'opposent, ce faisant, à toute entreprise susceptible de s'interposer entre volonté individuelle et volonté générale. En ce sens, les candidatures et les campagnes électorales sont moralement proscrites. Le pluralisme politique et la compétition électorale sont critiqués au nom de l'égalité, de la liberté du vote, et de la conception d'une souveraineté nationale une et indivisible. Le nombre ne se concilie avec la raison que par ce biais : nulle brigue, nulle ambition électorale, nul morcellement du corps électoral en factions rivales mais, au contraire, une simple ratification des qualités sociales d'individus connus pour leur jugement raisonnable et désintéressé, avant tout préoccupés par le bien de la nation. Le dilemme du nombre et de la raison marque ainsi durablement l'approche du suffrage par la gauche dès 1789, et peut en quelque sorte être considéré comme le hiatus fondateur de la démocratisation du droit de suffrage : une démocratisation incontournable pour substituer la souveraineté nationale à la souveraineté royale ; mais une démocratisation nécessitant des aménagements et des limitations indispensables pour garantir l'unité du corps national et le règne de la raison, loin des passions populaires, des relations de clientèle et des divisions intestines.

Les restrictions apportées à la démocratisation du droit de vote ont précisément pour objectif de conserver une place prépondérante à la raison, tout en reconnaissant la souveraineté populaire. Il s'agit de mettre en place des aménagements provisoirement nécessaires, en attendant que l'enrichissement et l'éducation se diffusent et permettent réellement l'adoption du suffrage universel. Le vote à deux degrés, qui impose des critères d'âge et de revenu supérieurs pour l'éligibilité, doit permettre d'élire des représentants autonomes et raisonnables. Ce dispositif conduit à dissocier le processus électoral en deux moments distincts : celui de la délibération véritable (vote-fonction, au second degré) et celui de la simple autorisation (vote-droit, dans les assemblées primaires). De même, la distinction entre citoyens actifs et passifs et le recours à des systèmes censitaires à chaque degré sont destinés à l'éviction de la population « à risque » que représentent les mendiants, les étrangers ou vagabonds, les domestiques, les femmes et les mineurs. Bien que variables selon les degrés et les périodes et relativement restreints par rapport aux régimes suivants, les mécanismes censitaires constituent néanmoins une constante, correspondant à l'idée de Sieyès selon lequel seuls ceux qui possèdent l'« indépendance de fortune », ayant un « intérêt particulier à défendre », et bénéficiant d'une « éducation plus soignée et de lumières plus étendues », peuvent être citoyens actifs.

Les réformes successives témoignent à la fois d'une difficulté récurrente à admettre le principe du suffrage universel dans une société considérée comme trop immature et de divisions internes entre révolutionnaires. La partie gauche de l'Assemblée entérine certes dès 1789 le modèle du citoyen propriétaire comme garantie nécessaire à l'autonomie des électeurs du second degré (il faut alors jouir d'une « propriété foncière quelconque » au second degré et pouvoir payer la valeur locale de trois journées de travail au premier degré) et à la stabilité des institutions (possession d'intérêts personnels à défendre). Mais elle se montre plus réticente face au « marc d'argent » (environ 50 livres d'impôt) requis pour être éligible à la députation. Elle s'indigne face à ce dispositif tendant à opérer une hiérarchie entre un personnel politique subalterne (municipal, administratif et judiciaire), et les plus riches accédant aux responsabilités nationales. Sous la férule d'hommes comme Sieyès ou Barère, plusieurs députés demandent que le cens requis demeure modeste, laissant le peuple reconnaître les hommes dignes de confiance. Condorcet refuse quant à lui toute distinction entre le droit d'élire et celui d'être élu. La révision électorale de 1791 ne satisfait que partiellement cette aile gauche de l'Assemblée : si elle supprime le marc d'argent contesté pour l'élection à la députation, elle décide en contrepartie de diminuer le nombre des électeurs du second degré en élevant le niveau du cens requis. Les plus radicaux continuent donc leur combat. Suivant Robespierre, ils s'attaquent désormais à la distinction même entre citoyens actifs et passifs, décrite comme contraire au principe de l'égalité. Finalement, à la suite de l'insurrection du 10 août 1792, le suffrage quasi universel (il suffit alors pour un homme de vivre du revenu de son travail ou de sa rente) est proclamé pour l'élection de la Convention (mais les deux degrés sont maintenus). La Constitution républicaine de 1793 va plus loin encore et proclame le principe du suffrage universel, tout en affirmant que le peuple « nomme immédiatement ses députés », mais elle n'est finalement pas appliquée. Les femmes sont laissées en dehors de la citoyenneté française, sans qu'il paraisse même nécessaire de le justifier. En revanche, le suffrage est largement ouvert aux étrangers : « Tout homme né et domicilié en France, âgé de vingt et un ans accomplis ; tout étranger âgé de vingt et un ans accomplis, qui, domicilié en France depuis une année, y vit de son travail, ou acquiert une propriété, ou épouse une Française, ou adopte un enfant, ou nourrit un vieillard ; tout étranger enfin, qui sera jugé par le corps législatif avoir bien mérité de l'humanité, est admis à l'exercice des droits de citoyen français » (article 4). Mais dès l'an III, les républicains effrayés par la Terreur réintroduisent la distinction entre actifs et passifs (payer un impôt direct d'une valeur quelconque), entre corps électoral large au premier degré (environ 6 millions de personnes) et minorité supposée éclairée détenant le pouvoir de décision finale (30 000 individus).

Le Consulat et l'Empire, prolongements d'un héritage ambigu

Aussi ambivalent soit-il, l'héritage révolutionnaire est incontestable. D'un côté, les défenseurs des sans-culottes ont ouvert une brèche sur la voie du suffrage universel comme application incontournable de l'égalité proclamée en 1789, et marquent durablement l'imaginaire politique associant la gauche révolutionnaire à la démocratisation du droit de suffrage ; d'un autre côté, l'histoire révolutionnaire convainc les plus conservateurs de l'impérieuse nécessité d'encadrer l'exercice populaire du droit de vote. La faible participation électorale, de même que les débordements violents, confirment l'impression d'une immaturité politique populaire. Par ailleurs, même chez les plus radicaux, la démocratisation du corps électoral est davantage pensée comme un mode de légitimation du pouvoir et d'expression de la fusion nationale que comme un principe de participation de tous au gouvernement par l'élection directe d'individus les représentant spécifiquement. Cette dissociation persistante entre le vote comme moyen d'intégration symbolique des masses et le vote comme délibération restreint à une élite finit par rendre possible l'idée d'un suffrage universel sans véritable processus démocratique sous le Consulat puis l'Empire.

Largement inspirée par Sieyès, la Constitution de l'an VIII établit certes un droit de suffrage plus large que jamais — la Constitution de 1793 n'ayant pas été appliquée. Non seulement le terme de « suffrage universel » est employé, mais, en outre, aucune condition de cens n'est exigée au second degré. Cet élargissement notable du droit de vote est toutefois fortement contrebalancé par le système des listes de confiance (élections à trois degrés), qui laissent *in fine* au Sénat et au Premier consul, pour désigner les députés et titulaires des grandes fonctions publiques, des possibilités de choix suffisamment larges pour que le principe électif n'ait plus de sens véritable (6 000 personnes peuvent être choisies à partir d'un corps électoral initial d'environ 6 millions d'individus). Il s'agit bel et bien de tenir les sans-culottes éloignés du gouvernement national et des décisions politiques importantes, de même que les partisans de l'Ancien Régime. Représentants de la pensée révolutionnaire de gauche au sens où ils s'opposent à la droite aristocratique et renoncent au suffrage censitaire, les brumairiens sont à la fois attachés à mettre en place un droit de suffrage réellement démocratique, mais également soucieux de garantir la stabilisation du régime en instaurant plus que jamais une césure entre légitimation populaire et exercice du pouvoir. « Tout se fait donc au nom du peuple et pour le peuple ; rien ne se fait directement par lui : il est la source sacrée de tous les pouvoirs, mais il n'en exerce aucun », écrit en ce sens Cabanis. Peu convaincu par ce système, Bonaparte apporte toutefois des modifications dès l'an X, réintroduisant une élection par degrés, et des collèges électoraux élus ou nommés à vie, tout en respectant le principe du suffrage universel au premier degré. À sa manière, Bonaparte revisite l'héritage de la gauche révolutionnaire, il rompt avec les principes aristocratiques et désire satisfaire la demande d'égalité politique, tout en s'accordant des pouvoirs propres (possibilité d'ajouter des membres aux collèges électoraux de son propre chef). Le combat en faveur de l'élargissement du droit de suffrage se trouve donc relayé à travers une matrice toute singulière, dissociant plus que jamais la citoyenneté, correspondant au droit de désignation accordé à tous, et le pouvoir réel, confisqué au peuple.

Alors que cette dissociation est pensée comme nécessaire pour concilier le nombre et la raison, elle autorise néanmoins, en 1815, l'élection d'une « Chambre introuvable » permettant le retour de la droite aristocratique. Le clivage entre la droite (les ultras), le centre (les constitutionnels) et la gauche (les libéraux) se perçoit alors particulièrement distinctement, à travers l'acceptation ou le refus de l'héritage révolutionnaire.

Un vote censitaire mais direct, le combat libéral des années 1815-1840

Sous la Restauration, les positions identifiées comme étant à gauche consistent à revendiquer l'application du principe de la souveraineté nationale hérité de 1789, tout en évitant les débordements populaires, tant redoutés depuis 1793. Face aux ultras, les libéraux se mobilisent en faveur de l'instauration d'un suffrage direct, et non à deux degrés, ce dernier retirant aux électeurs la possibilité de désigner leurs représentants. Les débats ne portent plus sur la nécessité de défendre le suffrage universel face à un système censitaire élevé (cens électoral de 300 francs, éligibilité à 1 000 francs), mais essentiellement sur le vote direct ou à deux degrés. Le suffrage universel, estiment les libéraux, a provoqué trop de violence sous la Révolution, puis trop de parodies électorales sous l'Empire. Dénonçant par ailleurs la fiction démocratique du suffrage à deux degrés, ils proposent un système de compensation : restreindre le droit de suffrage, tout en le rendant direct, afin de mettre en place un réel gouvernement représentatif et de revaloriser le sens du vote. Ils requièrent en ce sens un vote au chef-lieu de département avec un scrutin départemental de liste : comme en 1789, il s'agit d'éviter les pressions, de limiter les intrigues électorales en réintroduisant une forme de vote en assemblée.

Lors des débats parlementaires, la gauche radicale, promotrice du suffrage universel sous la Révolution, est quasiment inexistante. Le peuple, qui s'est souvent abstenu au premier degré lors des scrutins organisés sous la Révolution, semble peu mobilisé par la réforme électorale. Aussi l'adoption de la loi de 1817, instaurant un système censitaire très sélectif assorti d'un vote direct, est-elle perçue comme une victoire des hommes représentant l'aile gauche de l'époque, parce qu'ils se présentent comme les héritiers de 1789 face aux tenants de l'Ancien Régime. De leur côté, les ultras désirent maintenir le système du vote à deux degrés, tout en défendant paradoxalement l'idée d'un droit de suffrage plus large au premier degré, la masse des paysans pouvant ainsi ratifier l'autorité sociale des grands propriétaires. Par rapport à la Révolution française, l'articulation entre droite et gauche semble donc presque inversée sur la question de l'élargissement du droit de suffrage. Ceux-là mêmes qui se disent héritiers de 1789 sont ceux qui prônent une restriction du droit de vote, condition nécessaire pour que, en revanche, ce droit signifie réellement l'exercice d'un pouvoir de décision (grâce au vote direct) et non uniquement un acte de légitimation, selon un système factice caractéristique du bonapartisme. « Mieux vaut moins, mais mieux », estiment alors les libéraux tels que Benjamin Constant, François Guizot ou Victor de Broglie. Pour les ultras de droite au contraire, le maintien d'un vote à deux degrés autorise un corps électoral plus large ; il permet de concilier aristocratie et démocratie, comme ce fut le cas dans le système bonapartiste.

Si les libéraux obtiennent le vote de la loi de 1817, leur victoire n'est toutefois que provisoire et partielle. Les électeurs se mobilisent toujours peu pour exercer leur droit de vote. En 1817 et 1818, environ un tiers ne se rendent pas aux urnes et, dans certains départements, seule la moitié d'entre eux votent. L'abstention est perçue comme un problème central, et les libéraux, à travers des associations telles que « Aide-toi, le ciel t'aidera » se mobilisent pour persuader les citoyens d'user de leur droit de vote et de s'inscrire sur les listes électorales. La démarche semble bénéficier d'un succès certain et durable pour de longues années (y compris sous le régime suivant), mais les ultras ne se satisfont pas du système en place. En 1820, à la suite de la mise en place du cabinet Richelieu, ils parviennent à imposer une réforme électorale introduisant un système de double vote, afin de conférer plus de poids au suffrage des grands propriétaires. L'opposition libérale diffuse des pétitions destinées à défendre le système électoral de 1817, garantissant l'égalité entre électeurs, mais ne parvient pas à empêcher la réforme.

Elle patiente quelques années, puis revient au pouvoir dès juillet 1830. La recomposition des forces politiques rend alors un peu plus complexes encore les rapports entre le clivage droite/gauche et la question du suffrage. Sous la férule de Guizot, les doctrinaires insistent sur la nécessité de consacrer le principe de la souveraineté populaire, tout en maintenant un système censitaire, afin de garantir le principe du citoyen « capacitaire ». Les principales concessions consistent à abaisser le niveau du cens (200 francs pour être électeur, 500 francs pour être éligible) et à accorder le droit de vote à certaines « capacités » (membres de l'Institut et officiers en retraite à partir de 100 francs de cens), afin d'intégrer de nouvelles fractions de la bourgeoisie censées détenir les qualités intellectuelles et matérielles nécessaires pour l'exercice raisonné du droit de vote. Au niveau municipal, le gouvernement estime, dès 1831, que le corps électoral peut être élargi, les capacités requises étant moindres que pour les élections dites « politiques » (2,8 millions de Français au niveau municipal, contre 200 000 individus pour les autres scrutins). Occupant le gouvernement, les doctrinaires se replacent toutefois au centre de l'échiquier politique, du côté des forces de l'ordre, soucieuses de poser des limites à l'élargissement du droit de suffrage, tant que cela sera nécessaire pour garantir le maintien de la paix sociale. Limites par ailleurs acceptables, puisque restreindre les activités politiques aux capacitaires n'est guère pensé comme contraire à la démocratie sociale, à l'égalité civile entre les citoyens. Les doctrinaires estiment en effet que les deux sphères civile et politique peuvent être distinguées, dans la mesure où les plus riches et les plus instruits peuvent représenter les intérêts de la population n'ayant pas accès aux urnes. La politique n'est finalement qu'une pure gestion de l'espace public. Demeurant ainsi très mesurés, ils voient finalement se reformer à leur gauche des forces plus radicales, tandis que les légitimistes, nostalgiques de l'Ancien Régime, s'ancrent durablement dans l'opposition de droite.

Un front de gauche recomposé pour la démocratisation du droit de vote (années 1840-1848)

Prenant le relais des luttes en faveur du progrès et du changement, certains libéraux estiment nécessaire d'aller plus loin que ne le font les doctrinaires et proposent notamment d'élargir le droit de vote aux gardes nationaux : ceux-ci peuvent, depuis 1831, élire certains de leurs gradés, et constituent un important foyer d'agitation en faveur de la réforme électorale. Plus à gauche encore, les premières sociétés républicaines et ouvrières (telles la Société des amis du peuple et la Société des droits de l'homme), les socialistes, dont Ledru-Rollin et Louis Blanc, prônent le rétablissement du suffrage universel, sous peine de voir les citoyens exclus se soulever contre Louis-Philippe. Contre la conception gestionnaire des doctrinaires, nombreux sont ceux qui dénoncent l'exclusion des prolétaires et revendiquent le retour aux acquis de la Révolution, afin que tous se sentent inclus dans la communauté nationale. Dans les clubs, les chambrées ou autres cercles républicains, les idées de gauche sur le nécessaire élargissement du droit de suffrage se diffusent lentement auprès des masses. Grâce à différentes formes de sociabilité, grâce au « patronage mitigé » exercé par certains membres des classes supérieures, les idées politiques « rouges », républicaines, « descendent » vers les masses [Agulhon, 1979]. Dans le droit fil des luttes menées sous la Révolution contre les privilèges sociaux et pour l'égalité civile, il s'agit à présent de revendiquer la fin du monopole politique par un groupe d'élites. Après les années 1840, un front commun s'organise entre les libéraux de progrès (Rémusat, Duvergier de Hauranne) et la gauche dynastique (Odilon Barrot) revendiquant un abaissement du cens, les républicains modérés (en faveur de l'insertion de tous les gardes nationaux dans le corps électoral), et les socialistes et républicains intransigeants d'extrême gauche en appelant au suffrage universel. La plupart dénoncent la corruption inhérente au système censitaire, le peuple étant au contraire supposé incorruptible.

Ces différentes forces de gauche sont alors paradoxalement rejointes par nombre de légitimistes, qui stigmatisent le système censitaire et disent défendre le petit peuple. Les grands propriétaires redoutent avant tout la perte de leur autorité morale, et pensent qu'un vote paysan — et non le vote d'électeurs bourgeois — peut seul les maintenir dans leur rôle paternaliste traditionnel. Estimant par ailleurs que le suffrage universel constitue une évolution inéluctable, ils le conçoivent comme une solution acceptable dans le cadre de scrutins à deux degrés, selon le mode de fonctionnement clientéliste traditionnel. De même, les bonapartistes envisagent l'appel au peuple comme fondement nécessaire de la légitimité impériale. Le suffrage universel apparaît alors comme un instrument de conservation sociale et ne constitue pas l'apanage d'une gauche soucieuse de garantir l'égalité politique entre tous. Certains hommes proches du saint-simonisme ne se privent d'ailleurs pas de dénoncer le « vote universel » comme « leurre jeté à la vanité des peuples au profit plus réel de l'orgueil des grands » [Rosanvallon, 1992, p. 266]. Les cartes semblent particulièrement brouillées, à la fois parce que les prises de position des forces politiques par rapport à la question du suffrage sont liées tout autant à des stratégies (conservation de leur influence sociale pour les grands propriétaires, stabilisation du régime pour les libéraux au pouvoir) qu'à des convictions idéologiques, mais également parce que le souci de concilier le nombre et la raison et la conception du gouvernement représentatif amènent à articuler selon des modalités variables élargissement du corps électoral et signification accordée au droit de vote. Aussi hétéroclite soit-il, le front en faveur du suffrage universel inquiète toutefois le gouvernement. Les banquets, organisés par l'opposition républicaine pour réclamer notamment l'abaissement du cens, sont interdits, donnant lieu aux manifestations populaires à l'origine de la chute du régime.

1848-1851 : DE LA CONSÉCRATION À LA PERPLEXITÉ

Proclamant la IIe République le 24 février 1848, les républicains instaurent le suffrage universel et direct dès le 5 mars, afin de légitimer la République née des barricades. Si la proclamation paraît entériner les combats menés depuis les années 1840 par des hommes tels que Ledru-Rollin, on peut néanmoins être surpris par la faiblesse des débats suscités à cette occasion. La gauche la plus intransigeante semble avoir convaincu les conservateurs, le clergé, les grands propriétaires, les petits bourgeois des villes qui tous, participent d'un grand moment d'enthousiasme collectif autour de l'avènement du suffrage universel, en tant que sacrement de l'unité sociale et de la fraternité retrouvées. C'est moins une consécration de la souveraineté populaire qu'une recherche d'intégration sociale de tous par la reconnaissance de l'égalité politique, qui préside alors à l'avènement du suffrage universel et à son acceptation soudaine par la très grande majorité. C'est paradoxalement parce que la haine du pluralisme, assimilé aux divisions, est si puissante à l'époque, que tous voient d'un bon œil cette occasion de réconciliation nationale. Ce singulier « esprit de 1848 » est lié à la conviction selon laquelle on entre dans une nouvelle ère politique pacifiée, signant enfin le terme de la Révolution. Les élections du 23 avril 1848 symbolisent ce grand moment d'unité nationale relaté par Tocqueville dans ses *Souvenirs*. Fixées le jour de Pâques, les élections donnent lieu à la constitution de multiples cortèges villageois, se déplaçant au chef-lieu de canton avec tambours et drapeaux, le maire et parfois le curé en tête. Sept millions d'électeurs (soit 83,5 % des inscrits) participent à ce grand moment de communion nationale.

Mais l'aspiration au consensus de cette « république utopique » ne dure qu'un printemps. Si les premières élections de 1848 se déroulent dans le calme et apportent une majorité modérée à l'Assemblée constituante, les scrutins qui suivent laissent les républicains interloqués. Dès l'été 1848, lors des élections municipales et départementales, les candidats conservateurs se voient consacrés. Le 10 décembre 1848, les Français élisent Louis Napoléon Bonaparte président. Le 13 mai 1849, les républicains modérés sont exclus de la nouvelle Assemblée législative, au profit de la coalition de droite raflant les deux tiers des sièges, tandis que les démocrates socialistes en obtiennent un quart. Le scepticisme monte dans le camp républicain, relayé par la presse dénonçant la forte emprise exercée par les forces conservatrices (grands propriétaires et clergé) sur les électeurs peu instruits et économiquement dépendants. Les journées de juin 1849, impulsées par les démocrates socialistes, sont sévèrement réprimées. Le gouvernement se défie du peuple et décide une réforme électorale, afin de purger les listes électorales de la « vile multitude » dénoncée par Thiers. La loi du 31 mai 1850 impose une condition de résidence de trois ans pour obtenir le droit de vote, tout en élargissant le nombre des incapacités. Le corps électoral se voit restreint de près de 30 % (environ 3 millions des 9,5 millions d'électeurs de 1849 sont privés de leur droit de vote), l'éviction concernant plus particulièrement la classe ouvrière urbaine en situation précaire. L'indignation contre la réforme est puissante et entretenue par un vaste mouvement pétitionnaire impulsé par les démocrates socialistes et la grande majorité des républicains. Napoléon demande finalement le retrait de la loi. Dès le lendemain du coup d'État du 2 décembre 1851, il rétablit le suffrage universel, conservé ensuite par tous les régimes successifs.

La gauche républicaine contre le « suffrage universel dirigé » du Second Empire

Contrôlant l'essentiel des pouvoirs, l'empereur sollicite l'opinion populaire par la voie des plébiscites (décembre 1851, novembre 1852) et d'élections non pluralistes. Les républicains sont traumatisés par l'enthousiasme du corps électoral qui, décidément imprévisible, se prononce très largement en faveur de Napoléon et entérine son coup d'État, puis le rétablissement de l'Empire. Ils sont par ailleurs relégués dans l'ombre par le contrôle de la presse et la nécessité, pour se présenter aux scrutins à partir de 1858, de prêter serment de fidélité à l'empereur. Les réunions électorales sont indirectement soumises à autorisation. L'opposition ne peut utiliser son droit d'adresse au gouvernement qu'à partir de 1860. Il faut donc attendre la libéralisation du régime pour que la gauche se reconstitue et retrouve des possibilités d'expression. Dans les années 1860, les opposants au régime présentent davantage de candidats et contestent les conditions dans lesquelles se déroulent les scrutins. En 1863, l'opposition libérale et républicaine parvient à faire élire 34 députés (contre 5 en 1857). La libéralisation permet aux hommes de gauche d'user du droit d'interpellation, de publier dans la presse et d'organiser des réunions politiques. Le suffrage universel n'étant plus remis en cause, c'est plutôt sur les conditions de son exercice libre et individuel que certains républicains se retrouvent. En 1869, Gambetta estime que la « gauche véritable » comprend tous ceux pour qui la consécration du suffrage universel implique des institutions démocratiques. Cette gauche républicaine radicale n'est certes pas nombreuse, car certains républicains plus « centristes », tel Émile Ollivier, envisagent de soutenir l'Empire libéralisé. Mais elle ne se prive pas de dénoncer le système de la candidature officielle, le « suffrage universel dirigé » stigmatisé par Thiers. Comment accepter que les fonctionnaires interviennent ostensiblement en faveur des candidats favorables à l'Empire, tout en menaçant de représailles ou en arrêtant les partisans des candidats de l'opposition, en exerçant des pressions sur les électeurs au moment même du scrutin, et en recourant parfois à la fraude électorale, voire à la corruption ? Dès 1861, sept avocats républicains publient un manuel électoral, afin d'informer les électeurs et les candidats de tous leurs droits véritables. En 1869, Thiers dénonce les nouveaux découpages électoraux, destinés à donner moins d'influence aux électeurs des villes, plus indépendants. Les républicains disposent d'une palette désormais plus variée de moyens d'action politique : la presse depuis la loi du 11 mai 1868, les réunions politiques avec la loi des 6-10 juin 1868, les comités électoraux, les brochures de toutes sortes. Le combat en faveur de conditions de vote réellement démocratiques gagne incontestablement du terrain.

Pour autant, bien des réticences demeurent, y compris à gauche, à l'encontre d'un suffrage universel donnant régulièrement lieu à des résultats imprévisibles et peu propices à l'ancrage de la démocratie. Nombreux sont ceux qui estiment certaines conditions indispensables à sa mise en œuvre, telle la nécessité d'une population politiquement éduquée, le redécoupage des circonscriptions électorales, ou encore l'adoption d'une représentation proportionnelle. Le débat sur le mandat impératif resurgit en 1869 à l'initiative de la gauche populaire, mais donne lieu à une pétition de rejet signée par tous les républicains. Ces derniers se méfient d'une gauche ouvriériste revendiquant, notamment depuis le manifeste des Soixante de 1864, une représentation ouvrière spécifique. L'idée d'une action politique autonome de la classe ouvrière fait son chemin, et pousse même certains, tel Proudhon, à remettre en cause la pertinence du suffrage universel. Si la pensée ouvrière est diverse, un fond commun de non-satisfaction à l'égard du système représentatif se dessine toutefois de plus en plus distinctement.

La République pour le sacre d'un électeur autonome

Quelques mois plus tard, la défaite de Sedan, suivie de l'épisode sanglant de la Commune, font resurgir les nostalgies réactionnaires et les interrogations de toutes sortes, y compris sur la question du suffrage universel, accusé de tous les maux par de nombreux conservateurs et libéraux. En 1871-1872, les débats sont plus vifs encore qu'en 1847-1848. Flaubert et Renan envisagent une place accrue pour une aristocratie légitime dans le gouvernement national, tandis que les masses continueraient à participer au gouvernement communal. De 1871 à 1874, le suffrage populaire apparaît à nouveau mystérieux et incontrôlable. Après l'élection d'une Assemblée majoritairement légitimiste, le 8 février 1871, plusieurs élections partielles voient l'élection de républicains. Comme au printemps 1850, les libéraux de droite et les légitimistes désirent mettre fin au péril social potentiellement contenu dans le suffrage universel. Les propositions de réforme électorale avancées par Thiers et son collaborateur, Dufaure, paraissent bien trop timorées à la droite conservatrice, qui obtient sa démission en mai 1873. Les légitimistes, alors en force, désirent « réagir contre la loi du nombre ». Face à la peur d'un soulèvement populaire en cas de réintroduction d'un système censitaire, la commission des Trente, chargée de la réforme électorale, propose le retour à un vote à deux degrés, cheval de bataille traditionnel de la droite légitimiste. Le vote plural, qui attribue plusieurs voix à une même personne, est envisagé, afin d'accorder plus de poids politique à certaines professions ou diplômes, tandis que la représentation des intérêts et des professions devient une priorité. Les républicains s'indignent de ces dispositions inspirées par la nostalgie de l'Ancien Régime aristocratique, y compris lorsque la commission propose un rapport final édulcoré, proche de la loi de mai 1850. Ils assènent qu'il faut refuser ou accepter le principe « un homme, une voix » en bloc, sans restrictions, et insistent sur la dimension pacificatrice du suffrage universel : accorder la possibilité au peuple de s'exprimer par un bulletin de vote, c'est le détourner des armes et des insurrections violentes. Lors du débat concernant la loi électorale municipale de l'été 1874, ils se montrent particulièrement intransigeants face à un projet particulièrement réactionnaire (représentation des intérêts, avec adjonction aux conseillers élus des contribuables les plus imposés, vote plural, etc.), constituant une totale négation du principe individuel et égalitaire du droit de vote. Ils obtiennent gain de cause sur l'essentiel et amènent la commission des Trente à renoncer également à ses projets de réforme électorale au niveau national, en démissionnant. En 1875, lorsque qu'un nouveau projet de loi électorale est soumis à l'Assemblée, garantissant un droit de vote sans restrictions, les débats sont quasiment inexistants, la droite s'étant résignée. Le suffrage universel s'impose donc à la suite d'un forfait de la droite — le considérant comme un héritage désormais incontournable —, autant que par la persuasion de tous quant au bien-fondé philosophique du principe.

La gauche républicaine a elle-même conscience des limites du suffrage universel, et entend encadrer son exercice par des mesures concrètes et décisives, destinées à assurer un exercice réfléchi de ce droit. L'éducation populaire devient une priorité essentielle. Les lois Ferry de 1881 et 1882, rendant la scolarité obligatoire et gratuite, ont pour objectif de « réconcilier la supériorité numérique avec la supériorité intellectuelle », explique Alfred Fouillée en 1884, estimant comme Proudhon que « Démocratie, c'est démopédie ». Il s'agit de former des citoyens responsables, conscients de leurs devoirs, autonomes par rapport aux pressions sociales traditionnelles, et respectueux des institutions républicaines. L'éducation morale et civique est considérée comme une condition nécessaire à l'exercice harmonieux du droit de suffrage par les masses, à l'implantation durable de la démocratie, à la conciliation du nombre et de la raison. Sur le terrain, l'action des instituteurs, des maires et des préfets doit s'orienter en ce sens. De leur côté, les candidats républicains se professionnalisent et stigmatisent les pratiques clientélistes mises en œuvre par les grands propriétaires. La lutte contre la corruption électorale et en faveur de conditions réellement démocratiques et pluralistes pour l'exercice du droit de vote devient une priorité. Le 29 juillet 1913 sont imposés l'isoloir et l'enveloppe électorale, afin de garantir le secret du vote. Le nouveau personnel politique républicain va au devant des électeurs, mène campagne et défend des programmes électoraux, afin de substituer aux traditionnels liens de dépendance entre électeurs et notables des liens fondés sur la représentation des opinions. Les pratiques électorales se modernisent ainsi sous l'impulsion des candidats républicains, recourant aux agents et comités électoraux, et bientôt aux partis politiques. Un pas de plus est effectué en faveur d'une valorisation du droit de vote et de ses enjeux effectifs.

Un héritage inachevé et une gauche divisée au tournant du siècle

Au tournant du siècle, l'héritage laissé par les combats de gauche est donc essentiel. Le principe du suffrage universel est définitivement adopté, et l'attachement à une mise en œuvre réellement démocratique et libérale du droit de vote est manifeste. Mais si la gauche républicaine a vaincu sur un plan stratégique, elle n'a pas encore persuadé tous les réticents, à droite comme à gauche. L'attitude des socialistes est ambiguë et changeante. Dans les années 1870, ils dénoncent encore, comme Jules Guesde, le mensonge électoral, et n'oublient pas la répression de l'initiative ouvrière communarde en 1871. Mais certains finissent par reconnaître que le suffrage universel peut devenir un moyen d'émancipation sociale, comme l'écrit Marx en 1880, dans son Programme du parti ouvrier. Dans les années 1890, ils dépassent même les républicains modérés en revendiquant une application radicale du suffrage universel, en défendant la démocratie directe et le référendum. Ils militent en faveur d'un assouplissement des conditions d'inscription sur les listes électorales (notamment à propos des conditions de domicile). Ils sont encore au premier plan, au tournant du siècle, pour exiger la mise en place de techniques électorales garantissant le secret du vote (bulletins imprimés, « cabines d'isolement », organisation rigoureuse des bureaux de vote). À leurs yeux, le sacre de l'électeur autonome constitue désormais une priorité pour que les idées socialistes aient une chance de se réaliser. Optimisme qui se tempère toutefois quelques années plus tard, avec la résurrection d'une aile plus dubitative, suivant plutôt Guesde que Jaurès, et n'abandonnant pas la voie révolutionnaire de la conquête du pouvoir ni les vieilles défiances blanquistes à l'égard des masses aveugles, voire les critiques proudhoniennes à l'encontre du caractère individualiste du droit de suffrage. De longues décennies durant, cette part importante des socialistes, par la suite rejoints par les communistes, va préférer la révolution au suffrage universel. De leur côté, les anarchistes dénoncent le suffrage universel organisé dans le cadre électoral étatique et représentatif, et rêvent de réaliser un jour une libre fédération des communes et des associations de producteurs, à l'image de la tentative avortée de 1871, sous la Commune.

Outre l'extrémisme anarchiste ou révolutionnaire, la gauche républicaine a elle-même du mal à accorder au peuple une confiance absolue, et demeure longtemps empreinte de contradictions, de divisions et de réticences à mener à son terme le principe du suffrage universel. Les domestiques, comme les indigents, demeurent longtemps exclus du droit de vote et d'éligibilité, tant leur indépendance paraît insuffisante. Sous la IIIe République encore, ils demeurent à la lisière de la citoyenneté. De leur côté, les militaires professionnels se voient privés du droit de vote de 1872 à 1944, tandis que les citoyens des anciennes colonies ne peuvent participer aux élections législatives sous l'Empire et la IIIe République (contrairement à 1848). Enfin, le vote des femmes demeure impensable, tant celles-ci sont considérées comme émotives, influençables et soumises à l'emprise conservatrice du clergé. L'universalisme français, imposant de penser l'individu politique de manière totalement abstraite, constitue un obstacle puissant à la reconnaissance du droit de vote féminin. Pendant tout le XIXe siècle, les femmes sont renvoyées à leur inscription spécifique dans l'ordre de la nature ; leur droit de participer à la vie politique est inimaginable, tant le modèle de l'individu politique abstrait est assimilé à celui de l'homme. Là où d'autres pays, telle l'Angleterre, développent une conception utilitariste du droit de vote et accordent celui-ci aux femmes dès lors que leur sont reconnus des droits civils, les héritiers de 1789 demeurent quant à eux attachés à une conception universaliste du suffrage comme inclusion au sein du tout national abstrait, détaché des identités ou intérêts particuliers. Alors qu'elle est l'une des premières à accorder le droit de vote à tous les hommes majeurs, la gauche française est donc également l'une des dernières à prendre en compte la demande féminine d'accession à la citoyenneté (le 21 avril 1944). Elle hésite d'autant plus à intégrer les femmes au corps électoral, que les premières expériences du suffrage universel masculin, à partir de 1848, l'ont traumatisée et amenée à privilégier la prudence, dans une sorte de réaction compensatrice à la précocité du suffrage masculin. Sans doute ce dernier combat, en faveur du droit de vote féminin, constitue-t-il ainsi un reflet particulièrement fidèle des ambiguïtés, des peurs et des hésitations de cette gauche politiquement et historiquement hétérogène, mais où s'ancrèrent incontestablement de ferventes luttes en faveur d'un droit de suffrage libre, individuel et démocratique.

RÉFÉRENCES BIBLIOGRAPHIQUES

AGULHON Maurice (1979), *La République au village*, Seuil, Paris.

DUMONT Louis (1990), « Sur l'idéologie politique française. Une perspective comparatiste », *Le Débat*, n° 58.

GARRIGOU Alain (1992), *Le Vote et la vertu. Comment les Français sont devenus électeurs*, Presses de Science-Po, Paris.

GAUCHET Marcel (1992), « La droite et la gauche », *in* NORA Pierre [dir.], *Les Lieux de mémoire*, t. III, Gallimard, Paris, p. 394-467.

GUENIFFEY Patrice (1993), *Le Nombre et la raison. La Révolution française et les élections*, Éd. de l'EHESS, Paris.

HUARD Raymond (1991), *Le Suffrage universel en France. 1848-1946*, Aubier, Paris.

LÉVÊQUE Pierre (1994), *Histoire des forces politiques en France*, Armand Colin, Paris, 2 vol.

OFFERLÉ Michel (1993), *Un homme, une voix ? Histoire du suffrage universel*, Gallimard, Paris.

ROSANVALLON Pierre (1992), *Le Sacre du citoyen. Histoire du suffrage universel en France*, Gallimard, Paris.

18

La République, combat et acquis de la gauche

MAURICE AGULHON

NOS ANCÊTRES DE 1789 n'ont pas pris la Bastille pour mettre la France en république mais pour abolir la monarchie telle qu'elle était dans ce que l'on appellerait bientôt l'Ancien Régime, c'est-à-dire un pouvoir monarchique officiellement illimité, et solidaire d'une société de privilèges et d'archaïsmes. Lorsque Louis XVI a paru accepter la limitation de son pouvoir, l'abolition des privilèges, et l'élaboration d'une constitution comportant une assemblée représentative de la nation et librement élue, l'enthousiasme fut grand et sincère. Il faudra trois années de conflits variés, et autant de déceptions dans le camp du progrès, pour que le roi en sa personne, et le principe monarchique avec lui, soient considérés comme insupportables et viennent à être rejetés par ce qui fut vraiment une seconde révolution : la bataille du 10 août 1792 (prise des Tuileries) sera suivie de l'emprisonnement du roi, de l'élection de la Convention au suffrage universel, et de la proclamation de la République le 21 septembre suivant.

ISSUE DE LA RÉVOLUTION

Ces péripéties de 1789-1792 sont multiples et complexes, et n'ont pas à être ici rappelées, c'est le résultat qui compte : la République est arrivée concrètement, empiriquement, par le fait de l'échec d'une monarchie constitutionnelle.

On peut insister d'autant plus sur ce constat qu'il aura un demi-siècle plus tard une véritable reproduction. Après les règnes de Napoléon, de Louis XVIII et de Charles X, tous trois antirépublicains par définition puisque monarchiques, et tous, à leur façon, plus ou moins contre-révolutionnaires, l'esprit de 1789 s'est retrouvé en 1830. Louis-Philippe, monarque sincèrement moderne et libéral, faillit réussir. Mais lorsque vers le milieu des années 1840, sous l'influence de Guizot, il donna l'impression de glisser vers un immobilisme conservateur et clérical, les orléanistes restés libéraux n'avaient plus que la République à accepter, ce qu'ils ont fait, à condition d'en garder le contrôle, dans la facile révolution du 24 février 1848. Encore une fois la République naissait, par soustraction, en quelque sorte, du rejet de toutes les formes de monarchie, la forme d'Ancien Régime, devenue anachronique, et la forme institutionnelle moderne, qui s'obstinait à tourner mal.

Fondée une fois en 1792, abolie au 18 brumaire an VIII, refondée en 1848, abolie au 2 décembre 1851, à nouveau restaurée au 4 septembre 1870, encore abolie (Vichy) au 10 juillet 1940 et ramenée de Londres *via* Alger le 25 août 1944, telle est l'originalité française : nous avons à la fois une République au singulier, d'autant plus idéalisée qu'elle est abstraite ou absente, et des républiques numérotées, qui lui ressemblent plus ou moins.

Bien entendu (là encore on ne peut que faire allusion à notre histoire nationale faute de pouvoir la retracer), si nous avons cette République à éclipses, c'est parce qu'elle fut plusieurs fois renversée ; et, si elle le fut, c'est qu'il existait en France aux XVIIIe et XIXe siècles un très puissant parti contre-révolutionnaire, initialement majoritaire, composé d'une partie des classes dirigeantes, de la plus grande part du peuple rural, et de l'Église catholique.

Cette situation de difficile et quasi permanente bataille n'explique pas seulement le caractère chaotique de notre histoire et l'insolite numérotage de nos régimes, elle explique aussi, il me semble, leur violence initiale. Il faut ici regarder au loin. Non pas vers les républiques grecques et romaines, trop différentes de notre temps ni vers les républiques helvétiques, vénitiennes ou autres, trop petites pour être objets de comparaison avec la France, mais vers la république d'une grande nation contemporaine de la nôtre et non moins cultivée, celle des États-Unis d'Amérique. Lors des débats à la fois politiques et savants qui ont marqué il y a quelques années le bicentenaire de la Révolution française, les adversaires de cette célébration, adversaires donc de notre Révolution et de la « tradition républicaine » qui en est issue, ont souvent opposé notre extrémisme français, souvent sanguinaire, au caractère modéré de la République américaine dans laquelle le régime est une référence pour tous et où la Constitution n'évolue que pas à pas et dans les formes prévues par elle. Le contraste est avéré. Mais d'où vient-il ? L'école de François Furet, expert en histoire intellectuelle, tendait à l'expliquer surtout par les idéologies : l'Amérique aurait le mérite d'être « libérale » (ce qui est « bien ») et la France républicaine, le tort d'être « jacobine » (ce qui est « mal »). Osons penser que la différence nous paraît tenir plutôt, ou surtout, aux circonstances historiques. La République américaine a vécu à peu près tranquille parce qu'elle a, dès sa naissance, renvoyé en Angleterre, avec les armées vaincues de Georges III, la seule force contre-révolutionnaire consistante. La République française, elle, a grandi dans un siècle d'affrontement avec, en face d'elle, voire mêlée à elle, la France contre-révolutionnaire. Nous avons eu des « libéraux » et aussi, bien sûr, des « jacobins », mais, surtout, un camp fort puissant où l'on détestait à la fois « libéralisme » et « jacobinisme », et contre lequel il est arrivé quelquefois que « libéraux » et « jacobins » dussent se coaliser défensivement. Que ces moments de coalition aient pu parfois avoir pour effet de « jacobiniser » nos libéraux... et de libéraliser nos jacobins, on l'admet volontiers ; et il est bien vrai que « république » en France évoque au XIXe siècle quelque chose de plus « dur », parce que moins consensuel, qu'en Amérique. Mais c'est plutôt une histoire de rapport de forces que de différences de formation idéologique.

DÉFINIE PAR LE DROIT

Quand donc s'est définie, au juste, cette république à la française ? Il faut revenir un moment sur les origines de sa dénomination, car elles sont instructives.

Si, au premier sens du mot, la République, c'est l'absence de monarque héréditaire, un État dont le chef est recruté parmi les citoyens ordinaires, et remplacé le moment venu par un autre citoyen, alors notre Ire République a duré du 10 août-21 septembre 1792 au 19 mai 1804 (décision de création de l'Empire). Mais a-t-on jamais vu en France un livre d'histoire intitulé « La Ire République 1792-1804 » ? Peut-être, ici ou là, mais en tous cas bien rarement ! L'histoire retient plutôt un bloc, un énorme ensemble, mouvementé, novateur, belliqueux et tricolore « la Révolution et l'Empire ». Les deux séparés, d'ailleurs, non pas par la création de l'Empire héréditaire en l'an XII (1804), mais par le coup d'État du 18 brumaire an VIII (novembre 1799).

« La Révolution » comprend donc, comme on l'a dit, les tâtonnements d'une monarchie constitutionnelle, suivie de la période de la Convention montagnarde, qui va des origines (1792) à la chute de Robespierre au 9 thermidor an II. En juriste, on pourrait écrire que l'on a là, en 1792-1793, an II, la phase révolutionnaire (c'est-à-dire provisoire, non- ou préconstitutionnelle) de la Ire République. Mais pour l'historien traditionnel, c'est bien là « la Révolution » par excellence. Vient ensuite, après Thermidor, avec la fin de la Convention, une République plus sereine qui se dote très vite d'une Constitution, celle de l'an III. Va-t-on enfin l'appeler République ? En principe oui, mais ce régime qui va de l'an III à l'an VIII est si difficile à louer et à applaudir qu'on l'appelle simplement le « Directoire », comme une réalité embarrassante et *sui generis*. Vient alors l'après-Brumaire, où la République est niée en fait par la dictature du Premier consul. Là encore, République ne se dit pas, on préfère « Consulat », tenant pour évident que cette dictature de Bonaparte était une sorte d'antichambre d'Empire. Ainsi, Convention en Révolution, Convention « thermidorienne », Directoire, Consulat, tels sont les quatre intitulés maladroits et hétérogènes qui désignent une Ire République sans unité, sans homogénéité, et, en somme, non conceptualisée.

Aussi bien le premier grand historien républicain de la Révolution, Jules Michelet, s'il a admirablement su décrire l'apparition du parti républicain, quasiment *ex nihilo*, au fur et à mesure des défaillances de la monarchie, n'a jamais fait de « la République » l'héroïne de son histoire. Avec la France, ce qu'il aime ce sont les Lumières, l'esprit du XVIIIe siècle, son « grand siècle » à lui, et l'héroïne collective qui fait entrer cet idéal dans l'histoire « la Révolution ». La République en est une forme temporaire, un prolongement nécessaire puisque la sagesse de 1789 a échoué ; mais ces républicains, coordinateurs méritoires de l'élan révolutionnaire, sont capables de commettre des fautes à la hauteur de leur héroïsme, de s'entre-tuer, et d'enliser la dictature terroriste jusqu'au sursaut libéral du 9 Thermidor. C'est ici d'ailleurs que Michelet arrête son récit de la Révolution française. Il ne reviendra que beaucoup plus tard à la phase thermidorienne et directoriale de notre histoire, et sans l'idéaliser en République. Comment le pourrait-il d'ailleurs ? Le formidable événement du 9 thermidor an II, chute de Robespierre, et fin de la Terreur, n'est-il pas, de nos jours encore, le symbole évident des contradictions intimes du camp et de l'esprit de la Révolution ? Le 9 Thermidor, est-ce bon ? Est-ce mauvais ? En tant que sursaut d'une assemblée élue, légitime détentrice de pouvoir, et qui retrouve ce pouvoir en abattant une dictature, c'est « bon ». Mais en tant que réaction de républicains modérés et bourgeois qui, au-delà de l'échafaud, renvoient au ciel de l'utopie les Robespierre et les Saint-Just qui voulaient le bonheur du peuple, c'est « mal ». Prisonnière de ce conflit entre la valeur « droit » et la valeur « peuple », la République à venir ne célébrera jamais le trop complexe 9 Thermidor comme un grand souvenir national.

Michelet, donc, amant passionné de la Révolution, fera passer la République au tribunal de ses valeurs. Il discutera Robespierre, et laissera Louis Blanc le récupérer pour le transmettre aux révolutions (sociales) futures. Michelet était encore orléaniste quand il a commencé à écrire l'histoire de l'avènement de la Ire République, on pourrait dire qu'il est devenu républicain en l'écrivant. Mais on peut noter qu'il est, concrètement, devenu républicain aussi parce que, pendant qu'il écrivait, Louis-Philippe et Guizot menaient au suicide la monarchie constitutionnelle, et ne laissaient plus alors à la Révolution et à la Liberté d'autres supports possibles que la République de Lamartine.

Cette République de 1848, clairement définie par Lamartine, comme par Michelet, est l'héritage de la grande Révolution, avec la Terreur en moins. Autrement dit, avec — en bon principe libéral — le respect du droit sans exception, le respect du droit sans autre considération, le respect du droit même contre le peuple (on sait comment l'insurrection ouvrière de juin 1848 fut réprimée par les républicains).

Un excellent historien universitaire de la IIIe République, Georges Weill, dans sa classique *Histoire du parti républicain en France de 1814 à 1870*, exprimait ainsi cette typologie. Il y avait, dit-il, deux « écoles » de républicains, l'« école américaine » et l'« école conventionnelle ». Ce qui l'emporte avec la fondation et l'expérience de la IIe République, c'est l'« école américaine », autant dire libérale-légaliste, Lamartine et Arago, Michelet et Edgar Quinet, en attendant Victor Hugo. L'« école conventionnelle » sera celle, toujours marginale ou minoritaire qui, cautionnée par la grande mémoire de Robespierre, de Saint-Just, des sans-culottes, de Babeuf, fera de temps en temps, selon les circonstances que l'on sait, une opposition d'extrême gauche à la République de la gauche.

Tel étant l'héritage, comment a-t-il évolué ?

Les continuateurs

De même que l'infléchissement réactionnaire de Louis-Philippe au temps de Guizot renouvelait (en moins dramatique) celui de Louis XVI au moment de Varennes, le coup d'État du 18 Brumaire trouvait sa réédition avec le 2 décembre 1851. La République s'est donc fondée contre une succession de régimes divers, voire opposés entre eux (orléanisme et bonapartisme étaient très différents, et parfois antagonistes), mais qui avaient en commun de refuser la démocratie libérale (ce pouvoir issu du peuple entier consulté par des élections vraiment libres) et de mettre à la tête de l'État un chef héréditairement désigné. C'est contre ces expériences et avec leur durable souvenir que la République en France s'est définie, théorisée et idéalisée, en attendant que son succès même suscite une difficulté de plus.

Pour les fondateurs de la République définitive — la IIIe —, Jules Grévy, Jules Ferry, Léon Gambetta, Georges Clemenceau, Victor Hugo, il va de soi que la République est « fille de la Révolution », et que l'on n'est pas un véritable républicain si l'on ne respecte pas la Révolution (même si l'on diverge quelque peu sur les épisodes de 1793). Telle est la première des additions que ces républicains ont faites à la simple définition du régime. Il y en a d'autres. Il va de soi que la République inclut un vif patriotisme français. Il va de soi qu'elle aime le peuple et se doit d'améliorer son sort (même si, divergence alors secondaire, certains doivent aller jusqu'au socialisme tandis que d'autres, les plus nombreux à l'origine, se contentent d'un libéralisme réformateur). Il va de soi, surtout, qu'elle est laïque et même anticléricale (l'Église romaine n'est-elle pas depuis 1791 le principal fournisseur d'idées et le principal recruteur d'adeptes populaires à la contre-Révolution ?). Il va de soi, enfin, que, renversée à deux reprises par des coups d'État, la République se sent menacée par un pouvoir exécutif trop fort aux mains d'un homme trop populaire ; il est donc « républicain » d'identifier la liberté politique avec le régime parlementaire, et de confier la présidence (puisqu'on a dû, en 1875, accepter qu'il y en ait une) à un personnage modeste et même débonnaire plutôt qu'à une personnalité forte (Sadi Carnot préféré à Jules Ferry, Deschanel à Clemenceau, etc.). On pourrait encore enrichir ou nuancer ce tableau mais l'essentiel est là. On doit en retenir que cette définition effectivement ressentie de ce qu'est la République va bien au-delà de la définition tirée de l'évidence sémantique et des catégories générales du droit. C'est la démocratie libérale plus quelques attachements indispensables tirés non pas du concept ni du droit, mais de l'expérience historique : respecter la grande Révolution, tenir à l'écart l'Église et les « curés », se méfier du pouvoir, se méfier des popularités facilement plébiscitaires (et des plébiscites trop facilement personnalisés), se méfier des grands hommes et des héros, fussent-ils issus du bon parti. Cette conception initiale de la République, qui était celle de tous les républicains dans la décennie décisive 1870-1880, est l'origine directe de la République selon la gauche. On a pu proposer la notion de définition « maximale » pour cette idée à rallonges multiples, pour cet idéal qui associe intimement la démocratie et la liberté avec quelques autre réflexes ou attachements.

S'il y a une République selon la gauche, il y en a une selon la droite ; s'il y a une République « maximale », il y en a une « minimale ». Pour la raison qu'il y eut très vite, après la République des fondateurs, la République des ralliés.

La République des ralliés

Le premier des ralliés à l'idée républicaine pourrait d'ailleurs quasiment être mis aussi, mais à sa façon très singulière, au rang des fondateurs puisqu'il s'agit d'Adolphe Thiers. Tout le monde sait que, si la République a vaincu, en France, à travers les dramatiques étapes de 1870, 1871, 1873, 1875, 1877, c'est grâce à l'improbable mais intelligente conjonction de deux opportunismes, celui de Thiers et celui de Gambetta. Thiers finalement préféra la forme républicaine de gouvernement à la monarchie constitutionnelle pour cette raison de simple bon sens que la France de 1870 n'avait pas moins de trois dynasties disponibles, incompatibles entre elles, et rivales, et qu'en présence de cette situation la République était « le gouvernement qui nous divise le moins » (« nous » désignant les gens comme lui, à peu près libéraux philosophiquement et conservateurs en matière sociale). En face de Thiers, l'opportunisme de Gambetta a consisté à accepter ce genre d'alliance, qui tirait à gauche une partie de la bourgeoisie, afin de favoriser le difficile basculement de la majorité du pays vers le nouveau régime. Cela dit, et au-delà de ce ralliement décisif de Thiers et de ses amis (Dufaure, Rémusat, Léon Say, etc.), la République recevra sans cesse de nouveaux renforts : ralliés qu'on pourrait dire de commodité ou d'accoutumance (tous ces notables, élus de province, théoriquement monarchistes, mais qui trouveront peu à peu acceptable un régime libéral et même débonnaire, jugeront la restauration de leur roi ou empereur de moins en moins probable, et, peu à peu, se désigneront plutôt comme simples « conservateurs ») ; plus noblement, les ralliés *stricto sensu*, « les ralliés », catholiques convaincus par l'appel du pape Léon XIII d'entrer dans le régime pour mieux en combattre les « mauvaises » lois ; et, enfin, catégorie à laquelle on pense le moins mais qui est sans doute la plus importante, celle de ces monarchistes qui se sentaient surtout des patriotes et qui pensaient que l'on servirait mieux la France en servant un régime qui avait fait ses preuves de patriotisme en 1870 qu'en la perturbant indéfiniment par des complots douteux. C'est à cette catégorie de républicains par résignation, à détermination essentiellement nationale, que le futur général de Gaulle (de Gaulle dont l'admiration pour Gambetta était totale) peut être rattaché. Mais, quels que soient les mobiles de tous ces républicains de deuxième origine, une chose est à retenir : ces hommes ont accepté le régime en son principe, et surtout en ses institutions, ils ont accepté la démocratie, sur laquelle ils pouvaient largement s'appuyer dans leur localité ou dans leur province, les libertés, dont ils profitaient largement, mais pas les additions que nous avons énumérées tout à l'heure. Un homme de droite acceptant assez sincèrement le régime de 1890 ou 1900 pour que l'on puisse logiquement le qualifier de républicain est généralement resté « clérical », il n'aime pas toujours la Révolution, il peut très bien préférer un exécutif fort au « régime des partis », etc. C'est en raison de ces soustractions ou, si l'on préfère, de ces non-additions, que nous proposons de parler de « républicanisme minimal ».

Ce qui complique les choses, c'est que la gauche ne s'est pas félicitée autant que l'on aurait pu le croire du flot croissant de l'acceptation de la République par la droite. Au XXe siècle, avant la Grande Guerre puis dans l'entre-deux-guerres, le bloc de gauche typique, le couple querelleur mais finalement stable des radicaux et des socialistes, a tendu à réserver à son propre usage la belle étiquette de « républicains ». Dans les campagnes électorales de ce temps, en fait pendant toute la IIIe République, il était entendu que la « discipline républicaine » (désistement au second tour des élections pour le candidat le mieux placé pour l'emporter) désignait la solidarité des partis de gauche. C'était admettre que la droite n'était pas républicaine ou que, lorsqu'il lui arrivait de se dire telle, c'était fallacieusement, hypocritement, et non pas réellement ; comme cheval de Troie à tenir à l'écart de la forteresse. Les conservateurs se disaient d'ailleurs plutôt les « modérés » ou les « nationaux », tandis que leurs adversaires de gauche les appelaient la « réaction », ou les « cléricaux », ou les « blancs ». Le grand fait historique profond de l'acceptation de la République par les forces conservatrices de la société française fut longtemps occulté, ou quasi occulté, ou laissé dans l'ombre, par cet autre fait historique avéré que fut l'exclusivisme républicain de la gauche. Exclusivisme naturellement explicable par la tradition historique que nous avons évoquée.

C'est cette situation qui permet de comprendre qu'en 1958 encore les groupes de gauche opposés au retour au pouvoir du général de Gaulle et à la mise en chantier d'une nouvelle constitution aient utilisé avec insistance le thème de la « République en danger ». Un de Gaulle qui était un militaire, mieux, un personnage déjà historique ; qui était un bon catholique ; qui méprisait les partis ; qui avait à son programme la dissociation du législatif et de l'exécutif au profit de celui-ci (de l'État fort). Bref, cet homme avait vraiment beaucoup de traits pour déplaire au républicanisme maximaliste, tel qu'il s'était défini contre Bonaparte ou contre Boulanger. C'est pourquoi il m'est arrivé d'écrire que la bataille politique de mai-septembre 1958 avait été « la dernière bataille du XIXe siècle ».

Aujourd'hui, plus personne ne déniera clairement au général de Gaulle la qualité de républicain. Certes, républicain minimaliste. Certes, républicain rallié. Certes, monarchiste de cœur et républicain de raison. Depuis la fin pacifique de son mandat par une sortie volontaire du pouvoir en 1969, la question est réglée.

Mais il faut bien conclure, si l'on a suivi les analyses et les simples rappels historiques qui précédent, que la République d'aujourd'hui, celle de l'après-gaullisme, fait l'objet d'un consensus approximatif accompagné d'une certaine confusion. La République reçoit l'unanimité de l'approbation verbale dans la classe politique et, d'un bout à l'autre de l'échiquier, « républicain » s'emploie lorsque l'on veut désigner avec emphase ce que l'on juge bon en politique.

« Maintenir l'ordre républicain », « faire appliquer les lois de la République », ces tautologies rituelles sont à la disposition de tous les ministres de l'Intérieur quels qu'ils soient. Mais entre les partis, des différences de doctrines et de sensibilités demeurent. Elles ne peuvent surprendre que ceux qui en ignorent la lointaine provenance qu'il nous appartenait de retracer.

19

Les deux abolitions de l'esclavage

Yves Benot

Puissance coloniale esclavagiste en 1789, la France l'était encore lors de la révolution de février 1848 d'où naquit la IIe République. Pourtant, dans l'intervalle, l'esclavage des Noirs avait bien été aboli, le 29 août 1793 pour la partie nord de Saint-Domingue par le commissaire civil Sonthonax envoyé par la Convention ; le 21 septembre 1793 pour la partie sud par l'autre commissaire civil, Polverel. Ces décisions avaient été ratifiées et généralisées à toutes les colonies françaises par la Convention le 16 pluviôse an II (4 février 1794) et mises en application à la Guadeloupe et en Guyane. La Martinique, occupée par les Anglais jusqu'en 1802, et les îles de la Réunion et de France — qui deviendra l'île Maurice après sa conquête par les Anglais en 1810 —, avec leurs colons hostiles à la loi, maintenaient quant à eux l'esclavage même pendant la période révolutionnaire. C'était la première fois qu'une grande puissance européenne colonisatrice abolissait l'esclavage des Noirs déportés dont la pratique remontait au XVIe siècle. La loi ne comportait aucune indemnité pour les colons, l'appropriation d'un homme par un autre étant considérée comme une propriété illicite par les Lumières et par les révolutionnaires (il n'en fut pas de même par la suite). L'abolition par la Convention consacrait par ailleurs pour la première fois la victoire d'une insurrection d'esclaves, celle qui avait commencé à Saint-Domingue dans la nuit du 22 au 23 août 1791.

Mais lorsqu'en décembre 1799, le nouveau pouvoir bonapartiste annonça triomphalement, en présentant sa Constitution : « La Révolution est finie », l'abolition était déjà menacée. De fait, en 1802, le Premier consul rétablissait l'esclavage dans les colonies où l'abolition avait été effective. À la Guadeloupe, ce fut par un massacre, peut-être dix mille morts et des déportations ; en Guyane, une guérilla se prolongea longtemps. À Saint-Domingue, l'expédition Leclerc se heurta à une résistance armée vigoureuse, qui, après la mort du général en chef et son remplacement par Rochambeau, aboutit à l'indépendance de Haïti, la première des colonies noires européennes, conquise d'ailleurs de haute lutte. La politique régressive de Napoléon, en tout cas, obligeait le mouvement abolitionniste, contraint au silence pendant son règne, à recommencer son action après 1814. Les dates rappelées ci-dessus sont bien plus que de simples repères chronologiques. Si l'on rapproche les deux abolitions françaises, celle de 1794, et celle, définitive, du 27 avril 1848, il apparaît que c'est dans des périodes d'effervescence révolutionnaire que ces abolitions ont pu avoir lieu, quand la gauche était au pouvoir, plus ou moins brièvement.

La première abolition (1794)

Il faut revenir sur l'abolition par la Convention montagnarde trop souvent occultée, déformée, voire dénigrée. Elle intervient en effet cinq ans après la Déclaration des droits de l'homme et du citoyen du 26 août 1789. Ceux-ci concernaient-ils les Blancs seulement ou valaient-ils pour les esclaves aux colonies ? La question a souvent été posée. Au lendemain de l'adoption de l'article premier qui consacre la liberté et l'égalité de tous les hommes, Mirabeau écrivit dans son *Courrier de Provence* que, par ce vote, « la grande cause de la liberté des Nègres, enveloppée dans celle générale de l'espèce humaine » se trouvait « solennellement établie, avouée et sanctionnée par l'Assemblée nationale ». Et, comme pour répondre d'avance à un argument avancé aujourd'hui, il soulignait que les députés des planteurs esclavagistes présents à l'Assemblée n'avaient pas demandé à restreindre la liberté et l'égalité aux seuls hommes blancs [cité dans Mirabeau, 1999]. Il est vrai que cette même Assemblée en excluant les colonies du champ de la Constitution tout en laissant les assemblées coloniales, en fait blanches, seules habilitées à statuer sur l'« état des personnes », laissait subsister l'esclavage en essayant d'éviter l'aveu d'un problème. En fait, c'est un problème autre que l'esclavage lui-même, celui de l'égalité des gens de couleur libres, métis ou Noirs affranchis, refusée par les Blancs de Saint-Domingue, qui introduisit une première faille dans le dispositif de maintien de l'ordre esclavagiste. En effet, celui-ci reposait sur les milices constituées essentiellement de mulâtres sous commandement d'officiers blancs. Devant l'obstination des Blancs, les mulâtres entraient en lutte, alors même que la traite, très active en 1788-1792, peut-être par crainte d'une loi d'interdiction, débarquait quelque quatre-vingt mille nouveaux esclaves à Saint-Domingue, surtout dans le nord de l'île. Dans la nuit du 22 au 23 août 1791 éclata l'insurrection des esclaves qui, en peu d'heures, entraîna dans ses rangs des milliers, bien vite des dizaines de milliers d'insurgés et insurgées. L'Assemblée législative, le 4 avril 1792, se contenta de consacrer l'égalité des gens de couleur libres, alors que l'on était déjà passé à une autre phase.

On conçoit que l'on en ait souvent conclu que c'était l'insurrection seule qui avait imposé l'abolition et que le mouvement des Amis des Noirs [Dorigny et Gainot, 1998] et autres antiesclavagistes n'y auraient été pour rien ou pour peu de chose. Au reste, n'est-il pas vrai que ceux-ci n'avaient envisagé que des plans d'abolition graduelle, plus ou moins étalée dans le temps, à l'exception de Milscent et de Villette en février 1793 ? Néanmoins, le commissaire civil Sonthonax, dont la mission en juillet 1792 se limitait à l'application intégrale de la loi du 4 avril 1792, était l'auteur de quelques articles résolument antiesclavagistes publiés antérieurement dans *Les Révolutions de Paris*, parmi lesquels un article saluait les insurgés noirs et proposait l'ouverture de négociations [Benot, 1987]. Il est certes impossible aujourd'hui de sous-estimer le rôle capital de l'insurrection, laquelle, dans un système esclavagiste, était seule capable de faire apparaître des interlocuteurs valables, donc de rendre possible une négociation. Pour autant, la décision de la Convention ne se réduisait pas à un simple calcul opportuniste. Tout d'abord, il faut considérer la situation réelle sur le terrain. Partis en guerre pour la liberté générale, les insurgés se trouvaient au début de 1794 alliés directement aux Espagnols de l'autre partie de l'île et, indirectement, aux Anglais et colons qui avaient débarqué sur les côtes. Or, les uns et les autres maintenaient et rétablissaient l'esclavage dans les zones qu'ils occupaient, avec l'appui d'émigrés français rentrés avec eux. À supposer que la Convention eût refusé la ratification demandée par les trois députés envoyés par Sonthonax — dont Belley, premier Noir à siéger dans un Parlement français —, qu'aurait fait Toussaint Louverture ? Sans en présumer, il est certain qu'une sorte d'impasse se serait créée.

On soutient encore que la décision d'abolition a été prise dans la seule idée qu'elle était une arme dans la guerre contre l'Angleterre, en référence à la phrase de Danton ce jour-là : « C'est maintenant que l'Anglais est battu », qui semble évoquer une politique visant à propager la liberté générale des Noirs dans les colonies anglaises non moins que dans toutes les autres, politique sans doute envisagée, mais non menée jusqu'au bout. Certes, la guerre était présente et, comme toute décision politique, celle du 16 Pluviôse avait des motivations concrètes immédiates et ne planait pas au ciel des idées. Il n'en est pas moins certain qu'elle répondait aussi à des préoccupations idéologiques dont on a vu la prégnance dans le texte de Mirabeau, lequel ne put pas poursuivre l'orientation politique envisagée, faute de circonstances favorables. C'est pourquoi dénigrer la première abolition semble relever ou bien d'un idéalisme échevelé ou bien de la mauvaise foi. Il serait plus opportun de réfléchir au caractère assez exceptionnel de cette convergence entre un mouvement des opprimés et un mouvement révolutionnaire dans le pays dominateur lui-même. William B. Cohen [1981] affirme pourtant que « ce ne sont pas des principes humanitaires qui poussèrent la Convention à adopter une telle mesure, mais la nécessité de tenter de sauver l'Empire français en péril ». Il ajoute que la loi n'eut aucune influence « en dehors de la métropole. En effet, Saint-Domingue étant alors plongée dans une véritable révolution, et la Guadeloupe et la Martinique se trouvant sous contrôle britannique, les Français ne pouvaient y imposer leur autorité ». Il néglige pourtant aussi bien la reconquête de la Guadeloupe, par Victor Hugues et par l'armée noire, que l'abolition pacifique en Guyane. Et ces affirmations contestables, voire erronées, ont été souvent reprises. Ainsi, par exemple, Louis Sala-Molins [1987] écrit : « La France n'a aucun moyen de faire valoir son autorité ni sur Saint-Domingue qui vit sa révolution libératrice ni sur la Martinique et la Guadeloupe qui se trouvent sous contrôle britannique. » Dans sa chronologie, sous la date du 4 février 1794, il note que « le décret n'est pas appliqué ». Plus récemment, on est encore surpris de lire dans *L'Abolition de l'esclavage* [Georgel, 1998, p. 161] que « cette loi n'ayant été ni préparée ni pensée dans ses applications resta sans autre effet que provoquer des désordres ».

Il faut encore remarquer que le changement politique capital du 9 Thermidor n'a pas modifié la ligne politique tracée le 16 Pluviôse et qu'en dépit de tous les efforts du parti des colons, les thermidoriens ont constitutionnalisé l'abolition dans la Constitution de l'an III, qui ne connaît plus de colonies mais des départements français avec les mêmes principes et les mêmes lois. La tentative contre-révolutionnaire des Conseils du Directoire de l'an V remit en cause cette politique, qui fut sauvée par le coup d'État de Fructidor. Tant que la Révolution, fût-ce sous la forme du Directoire, a vécu, il ne fut donc pas possible de revenir sur l'abolition. On a pu objecter que, sur place, dans les trois colonies concernées, le système des règlements de culture, qui allaient à l'encontre de la politique d'assimilation, équivalait à un travail forcé, dans lequel certains auteurs n'ont pas hésité à voir un esclavage déguisé ou similaire. Sans vouloir examiner ici le problème en détail, on se bornera à marquer qu'en 1801-1802, à Saint-Domingue comme à la Guadeloupe, la masse des paysans noirs a jugé que ce régime valait déjà la peine de se battre pour le défendre contre la volonté de restauration esclavagiste de Bonaparte et de ses « missionnaires armés » [Adelaïde-Merlande, 1986 et, pour son orientation différente, Tarrade, 1991].

La reprise de la campagne abolitionniste

En dehors de Haïti indépendant depuis 1804, les colonies françaises restituées par les Anglais en 1814 se retrouvaient donc régies par les lois de l'Ancien Régime, y compris les discriminations à l'égard des mulâtres. Mais en dehors de l'esclavage, deux problèmes accaparèrent d'abord toutes les forces du mouvement abolitionniste renaissant. D'une part, la défense et la solidarité avec Haïti qu'il était encore question de reconquérir au début de la Restauration, et qui n'était toujours pas reconnu par la France. En 1825, l'accord se fit entre le président haïtien Boyer et le gouvernement de Charles X pour une reconnaissance de l'indépendance compensée par le paiement d'une indemnité de 150 millions de francs (ramenée à 90 millions en 1838) qui dépassait largement les capacités financières du nouvel État, mais qui apportait une solution, sans doute très contestable, mais tangible. L'autre problème à régler était celui de la traite, officiellement interdite depuis un décret napoléonien pris pendant les Cent-Jours (le 29 mars 1815), que Louis XVIII ratifia sous la forte pression de l'Angleterre. L'abolition française ne devint toutefois effective que sous Louis-Philippe, vers 1831-1832. Certains négriers, tel Canot, continuèrent même leurs activités après cette date. Auparavant, la traite interdite était plus ou moins tolérée par les autorités, surtout à Nantes, et les tribunaux se montraient remarquablement indulgents. L'action de la Société de la morale chrétienne appuyée par la *Revue encyclopédique* dirigée par l'ancien jacobin Marc-Antoine Jullien avait cependant abouti à une loi un peu plus sévère, promulguée le 27 avril 1827. Mais le gouvernement sous Charles X refusa toute action conjointe avec la Grande-Bretagne, contrairement à la démarche adoptée par Louis-Philippe dès les débuts de son règne.

La campagne pour l'abolition de l'esclavage lui-même reprenait pourtant, avec certains protagonistes de la période révolutionnaire, comme l'abbé Grégoire, toujours actif jusqu'à sa mort survenue en 1831, avec d'autres, plus jeunes, comme Civique de Gastines, auteur d'une première pétition abolitionniste, dès 1819, qui se rendit à Haïti où il mourut précocement. Une fois encore, comme si allait recommencer l'enchaînement de 1789-1792, l'alarme vint d'un autre côté : celui des gens de couleur libres, toujours tenus dans une condition inférieure à celle des vrais libres, les Blancs. Pourtant, dans les colonies subsistantes, ils n'entraient pas en concurrence avec les planteurs, comme il était advenu dans le Saint-Domingue d'antan où ils possédaient le tiers des plantations, alors qu'en Martinique et en Guadeloupe, leur part ne dépassa jamais le dixième. Malgré cela, comme en 1789, ils aspiraient à l'égalité des droits. Or, en décembre 1823, la seule découverte chez le mulâtre Cyrille Bissette de deux exemplaires d'une brochure en faveur de l'égalité, publiée légalement en France, déclencha toute une procédure, qui s'aggrava d'une accusation de « complot », tendant à établir que Bissette et deux autres, Fabien et Volny, auraient préparé une insurrection des esclaves. En fait, à cette date, Bissette et ses coaccusés restaient parfaitement légalistes. Condamnés au bagne à perpétuité en janvier 1824, les trois se pourvurent en cassation et trouvèrent des soutiens chez les libéraux français, notamment les avocats Isambert et Chauveau-Lagarde. Grégoire fit vendre le café dont le président haïtien Boyer lui avait fait cadeau pour aider financièrement les accusés. En 1827, après l'annulation du premier jugement, Fabien et Volny furent acquittés. Bissette, banni pour dix ans de la Martinique, alla s'installer à Paris. Cependant, des centaines de gens de couleur libres avaient aussi été expulsées administrativement de la Martinique. Tous les éléments d'une crise aussi grave que celle des débuts de la Révolution s'accumulaient. Poussés à bout par les ultras, les mulâtres n'allaient-ils pas de nouveau être obligés de s'allier avec les esclaves ? Quand Louis-Philippe arriva au pouvoir, le risque était réel. Le nouveau roi et plusieurs de ses proches et conseillers, dont La Fayette, avaient sans doute encore en tête le souvenir des événements révolutionnaires. En tout cas, le régime agit vite et établit l'égalité des gens de couleur libres en même temps qu'il chercha à favoriser les affranchissements. La chronologie est claire : dès le 5 août 1830, Bissette s'adressa au nouveau roi qu'il avait rencontré avant la révolution de Juillet. Le 21 septembre 1830, une dépêche ministérielle invita les gouverneurs à annuler toutes les discriminations insultantes. Le 14 janvier 1831, une ordonnance redonna aux gens de couleur libres le droit d'étudier la médecine et de l'exercer. Le 18 janvier 1831, une autre ordonnance simplifia les formalités pour justifier de l'état d'homme libre. Le 24 février 1831, une ordonnance anticipa sur la future loi en ce qui concernait l'égalité des droits civils. Le 5 mars, la taxe d'affranchissement était supprimée, ce qui allait contribuer à accroître le nombre des libres de couleur. Enfin la loi établissant l'égalité des droits civils et politiques fut votée les 20-22 avril 1833. Le 29 avril 1836, une ordonnance revint au principe que le sol de France affranchit, et donc donna la liberté à tout esclave débarquant en France et à ceux qui s'y trouvaient déjà. Ces dates mettent en évidence une politique concertée et poursuivie avec constance. Tant et si bien qu'en 1848, le rapport entre l'ensemble des libres, toutes couleurs confondues, et l'ensemble des esclaves était en gros de l'ordre de un à deux, et non plus de un à huit, voire un à dix, comme il l'était à la veille de la Révolution. À la Martinique, les libres étaient ainsi 46 168 en 1847 face à 72 859 esclaves ; à la Guadeloupe, 41 946 face à 87 752 esclaves ; en Guyane, 8 922 face à 12 943 esclaves. Les libres de couleur représentaient 80 % du total des libres. On pouvait en conclure qu'au jour de l'abolition, les libres de couleur constitueraient une sorte d'encadrement des nouveaux citoyens, qu'ils seraient une garantie contre d'éventuels « débordements ».

Précisément, dans les premières années du règne de Louis-Philippe, l'Angleterre, qui n'avait aboli que la traite en 1808, sautait le pas et décidait en 1833 une abolition générale, mais conditionnée par une période de six ans d'apprentissage, et complétée par une indemnisation financière des colons. En 1838, l'apprentissage, qui ne paraît pas avoir permis aux ex-esclaves d'acquérir des qualifications sérieuses, était abandonné, et l'abolition devenait complète dans tout l'Empire, du moins dans toutes les colonies de plantations. Bien entendu, alors que le pouvoir orléaniste était ouvertement anglophile, la décision du Parlement britannique ne pouvait pas ne pas avoir quelque influence. Mais on doit surtout remarquer que pour la seconde fois était admis le droit des possesseurs d'esclaves à être indemnisés pour la perte de leurs « propriétés pensantes » — expression employée sous la Révolution par le mulâtre abolitionniste martiniquais Genty, puis par Lacrosse en 1793, qui marquait que les esclaves aussi étaient des hommes ! Avant que Boyer eut donné son accord à l'arrangement financier avec le gouvernement de Charles X, et dont les conséquences devaient être lourdes pour Haïti, la question avait donné lieu à débat parmi les libéraux français ; plusieurs d'entre eux, Morénas qui lança la première dénonciation contre la traite illicite française, l'avocat Métral qui rendait compte dans la *Revue encyclopédique* de tout ce qui paraissait en Haïti, probablement Grégoire, rejetaient une idée manifestement contraire à la Déclaration des droits de l'homme. Mais d'autres l'acceptaient par pragmatisme. Après le vote de l'abolition anglaise, de tels débats n'auront plus lieu, au moins jusqu'en 1848, comme on verra ci-après. Parmi les abolitionnistes de la monarchie de Juillet, le plus flamboyant, Lamartine, ne cessait d'insister sur la liaison étroite entre abolition et indemnité. Les abolitionnistes pensaient ainsi éviter un heurt frontal avec les colons et le *lobby* puissant qu'ils animaient. Mais de l'autre côté, leur argument principal était qu'à défaut d'une action émancipatrice menée à temps, il fallait s'attendre à voir apparaître de nouveau le « Spartacus noir », et c'était là pour eux une source d'inquiétude. L'argument était pourtant à double tranchant, car, indépendamment de son réalisme terre à terre, il était aussi employé par les colons qui prétendaient qu'une abolition à court terme entraînerait inévitablement des massacres, et si les Noirs triomphaient, l'apparition d'une « Nouvelle Guinée », livrée à l'anarchie, à la ruine et au sang. Mais la plus grande partie des abolitionnistes de la monarchie de Juillet se montrait soucieuse de ménager la population blanche et d'assurer une transition pacifique. Le mouvement qui trouva son point de ralliement dans la Société pour l'abolition de l'esclavage fondée en 1834 — à la suite de l'abolition britannique —, héritière de la Société de la morale chrétienne, était formé de modérés, dont plusieurs orléanistes notables, à commencer par le président de la Société, le duc de Broglie, gendre de Mme de Staël, Odilon Barrot, Dupin aîné, etc. Parmi ses membres, on trouvait encore Montrol (éditeur et détenteur des papiers de Brissot), l'avocat Isambert, Rémusat, Tocqueville, l'économiste Henri Passy, un des rares à être hostile à toute colonisation, Lamartine enfin. Passy précisément fit en février 1838 une première tentative en proposant simplement que tous les enfants d'esclaves naissant à partir de la promulgation de la loi fussent libres. Cette proposition fut écartée comme d'autres projets, pourtant fort graduels, y compris celui qui émanait de la commission créée en 1840 sous la présidence de Broglie, qui envisageait une émancipation en dix ans. Il en résulta seulement la loi Mackau de 1845, qui limitait les châtiments corporels (comme l'avait essayé de Castries en 1784), rendait obligatoire l'instruction élémentaire et religieuse des jeunes esclaves, et autres adoucissements... Au demeurant, l'application de la loi laissa pour le moins à désirer et, en 1848, les listes de plaintes pour sévices corporels étaient longues. Le gouvernement en 1846 décida cependant l'affranchissement des esclaves de l'État. Ce n'est pas que le haut personnel du régime n'ait pas eu de bonnes intentions en la matière, à commencer probablement par le roi lui-même. Mais, sa base sociale étroite et résolument conservatrice interdisait au pouvoir de prendre une décision qui faisait figure d'audace révolutionnaire quand toute sa politique allait de plus en plus en France dans le sens de la conservation.

LA DEUXIÈME ABOLITION (1848)

La IIe République instaurée par une révolution populaire allait-elle franchir le pas ? S'il est vrai que la question d'emblée revint à l'ordre du jour, il n'y en eut pas moins un certain flottement dans les premiers jours. Le 26 février, Arago, ministre de la Marine et des Colonies, informait les gouverneurs que si le principe de la liberté était acquis, la décision serait prise, non par le Gouvernement provisoire, mais par le pouvoir définitif issu des votes, donc par l'Assemblée constituante qui fut élue le 23 avril. C'est à ce moment que l'intervention de Schœlcher, le 3 mars, se révéla décisive. À cette date, il y avait quelque dix-huit ans que la lutte pour l'abolition de l'esclavage des Noirs était au centre de l'existence de ce grand bourgeois, athée, républicain, de tendance socialisante pendant toute cette période. Il avait effectué plusieurs voyages d'étude, dans le sud des États-Unis, aux Antilles, à Haïti ; le 3 mars, il revenait d'un autre voyage, au Sénégal cette fois. Victor Schœlcher dont la sensibilité s'était révoltée devant les réalités esclavagistes, s'était lui aussi, dans un premier temps, montré partisan de l'abolition graduelle. Membre de la Société pour l'abolition de l'esclavage, c'est en son nom propre qu'en 1842, un des tout premiers, il réclama l'abolition immédiate, inconditionnelle, dans ce livre dont le titre sonne comme un slogan : *Des colonies françaises. Abolition immédiate de l'esclavage*. Aux colons qui soutenaient que les colonies tropicales ne pouvaient pas exister sans l'esclavage, Schœlcher répondait : « Que l'esclavage soit ou ne soit pas une chose utile, il faut le détruire ; une chose *criminelle* ne doit pas être *nécessaire* [...]. Si l'on dit une fois que ce qui est moralement mauvais peut être politiquement bon, l'ordre social n'a plus de boussole et s'en va au gré de toutes les passions des hommes [...]. *Pas de colonies si elles ne peuvent* [...] *exister qu'avec l'esclavage*... Autant que qui que ce soit, nous apprécions la haute importance politique qui est celle des colonies [...] et cependant, c'est notre cri bien décidé » [Schœlcher, 1998]. Certes, on ne saurait négliger l'action persévérante d'un autre abolitionniste, Bissette, à partir de 1832. Il reste que c'est avant tout grâce à Schœlcher que de 1842 à 1848, le parti de l'abolition immédiate allait grandir. Que l'on compare ses propos à ce que déclarait encore en 1840 Lamartine : « Nous voulons la liberté, mais nous ne la voulons qu'aux conditions de la justice et du travail dans nos colonies. Une émancipation injuste, c'est remplacer une iniquité par une autre. Une liberté désordonnée et sans condition de travail, c'est remplacer une oppression par une autre ; c'est fonder la tyrannie des Noirs à la place de l'empire des Blancs » [cité par Georgel, 1998]. Et justement, le Gouvernement provisoire que ce même Lamartine présidait, avait d'abord, par l'entremise d'un directeur de l'Intérieur à la Martinique, Husson, fait savoir aux esclaves qu'en attendant la Constituante, ils devaient continuer à travailler sagement. Dès son arrivée, Schœlcher faisait valoir à Arago que si l'on ne passait pas immédiatement à l'abolition, on allait au-devant d'événements graves, de soulèvements de grande ampleur. Ce message fut à l'origine du décret du 4 mars qui annonçait l'adoption du principe, la formation d'une commission chargée de préparer les textes législatifs correspondants dans le plus bref délai. De fait, la commission de sept membres, qui ne comportait aucun représentant du parti colon, avait pu achever son travail vers le 15 avril, une semaine avant les élections du 23 avril, et le décret d'abolition, publié le 27 avril, fut signé avant la réunion de l'Assemblée.

Le texte abolit l'esclavage dans toutes les colonies françaises, dans un délai de deux mois après la promulgation de la loi dans chaque colonie, ce qui, compte tenu du temps de voyage, l'a rendue effective le 10 août en Guyane, le 20 décembre à la Réunion. Ce fut dès la fin mai aux Antilles. En réalité, le décret n'était pas solitaire, la commission avait produit quelque quinze textes pour que cette fois l'abolition fût bien organisée sous tous ses aspects. Non sans d'intéressants débats internes. Tout d'abord, la question récurrente de l'indemnité : la commission préférait le terme, plus prudent, de dédommagement, et même certains de ses membres, comme le mulâtre Perrinon, et sans doute Schœlcher, n'y étaient guère favorables ; les mêmes auraient voulu qu'une indemnité fût également accordée aux ex-esclaves. Sur ce sujet, Schœlcher n'eut pas gain de cause. Pour le reste, la commission laissa à l'Assemblée le soin de statuer et de fixer l'indemnité. L'idée d'assurer aux nouveaux libres une allocation de terres, également défendue par Schœlcher, ne put davantage aboutir. Ces deux échecs firent que de nouveau, l'esclave libéré allait être un citoyen sans terre et sans argent. Il fallait donc organiser les nouvelles conditions de leur travail. Mais si la commission avait discuté des nouvelles formes d'organisation indispensables, elle n'avait pas voulu imposer d'en haut telle ou telle solution ; celles-ci restaient à trouver et à mettre au point sur place. En revanche, les nouveaux libres étaient immédiatement citoyens, et comme tels, électeurs et éligibles ; les colonies allaient être représentées à l'Assemblée nationale française. De plus, l'interdiction d'avoir des esclaves s'appliquait à tout citoyen français, même résidant à l'étranger. Enfin, il était spécifié que toute immigration en provenance de l'Afrique était interdite, sauf dans le cas de Saint-Louis du Sénégal et de la côte de l'Éthiopie, compromis que Schœlcher avait dû accepter, alors qu'il aurait voulu n'autoriser que l'immigration en provenance de l'Europe, de manière à éviter toute résurgence de la traite des Noirs sous quelque forme que ce fût.

D'une manière générale, le décret d'émancipation ne posa aucune condition à la liberté générale. Mais le décret relatif au vagabondage, même s'il était loisible de soutenir qu'il ne faisait que transporter aux colonies un texte déjà en vigueur en France, introduisait l'obligation pour les nouveaux citoyens de s'assurer de moyens d'existence et d'avoir un domicile fixe. Un autre décret instituait des jurys cantonaux, sur le modèle des prud'hommes, pour arbitrer les conflits du travail — mais ils ne fonctionnèrent guère. Un autre encore créait des ateliers nationaux, du type de ceux qui existaient encore à Paris à cette date ; certains membres de la commission pensaient que les salaires fixés pour ces ateliers obligeraient les propriétaires de plantations à payer un peu plus cher leurs ouvriers agricoles. Mais on créait aussi des ateliers de discipline, destinés, par exemple, aux parents qui n'enverraient pas leurs enfants à l'école, et qui seraient punis de quelques jours d'ateliers de ce genre. Car l'instruction primaire était rendue obligatoire, trente-trois ans avant les lois Ferry, mais ce décret ne fut pas appliqué... Étaient aussi créées des caisses d'épargne, dont on pensait qu'elles assureraient un système de crédit pour les nouveaux citoyens qui auraient disposé d'une exploitation familiale. Une fête du travail devait être célébrée chaque année avec distribution de récompenses. Enfin, le privilège des colons d'échapper à toute saisie hypothécaire était aboli — comme il l'avait été sous la Révolution.

En revanche, Schœlcher s'opposa avec succès à toute introduction dans ce train de décrets d'une loi sur les sucres qui aurait protégé les planteurs. À ce sujet, il importe de souligner que l'opinion selon laquelle les progrès de la production de sucre de betteraves métropolitain auraient fait perdre de leur intérêt aux colonies à sucre esclavagistes ne correspond pas aux données. La consommation de sucre en France avait considérablement augmenté, à tel point qu'en 1847 elle s'élevait à 131 500 tonnes, dont 88 000 provenaient des colonies, 52 000 des betteraviers. Au contraire, en 1789, les trois quarts d'une production exclusivement coloniale de l'ordre de 90 000 à 100 000 tonnes étaient réexportés, révélant une faible consommation métropolitaine.

Tout compte fait, le Gouvernement provisoire avait mis l'Assemblée devant le fait accompli, et l'abolition de 1848 fut définitive. Mais si ni l'Assemblée ni le gouvernement Cavaignac — pourtant sollicité par les colons — n'ont osé revenir sur l'émancipation, ce ne fut sans doute pas uniquement par la force des idées, mais aussi par la crainte salutaire de soulèvements populaires dans les colonies. À la Martinique et à la Guadeloupe, c'est entre la date d'adoption des décrets et l'arrivée des commissaires chargés de leur mise en œuvre que l'esclavage fut aboli, le 23 mai dans la première île à la suite des événements de Saint-Pierre, le 27 dans la seconde, par crainte — justifiée — d'un mouvement analogue. En réalité, l'insurrection dite de Saint-Pierre, en fait mettant en action toute la colonie, prenait la suite d'une série d'actions de résistance menées depuis 1815. Parmi les plus marquantes, signalons en Martinique les insurrections ou tentatives de 1822 (21 exécutions), de 1831

(22 exécutions), de 1833 (15 exécutions). Si ces événements semblèrent moins nombreux dans les dernières années du règne de Louis-Philippe, ce fut probablement du fait de la progression des affranchissements ; mais il serait erroné d'en conclure que la résistance avait cessé, elle prit d'autres formes, fuite des plantations, agitation menée souvent par les affranchis récents, plaintes que l'on osait déposer contre les sévices des maîtres, etc. Si, en Guadeloupe, on ne signala pas des actions violentes comme celles de la Martinique, ce fut sans doute que la terrible saignée de 1802, avec ses 10 000 morts, avait laissé des traces profondes, mais une résistance rampante y fut constamment présente. Aussi bien, le mois d'avril 1848, après que la nouvelle de la révolution de février eut atteint les îles, fut marqué par de fortes manifestations, alors que le décret promis n'arrivait pas. Ce fut la tentative de répression menée par le maire du Prêcheur qui transforma la manifestation du 22 mai en une véritable insurrection qui se rendit pratiquement maîtresse de Saint-Pierre, imposant l'abolition immédiate. Si on tient à marquer que de toute façon, à cette date, les décrets étaient signés, et que les commissaires étaient arrivés les 5 et 6 juin, il ne faudrait pas en conclure que l'insurrection n'avait servi à rien. Schœlcher, lui, s'était aussitôt servi de cette donnée nouvelle pour montrer qu'il avait eu raison de presser le mouvement et que toute tergiversation — à plus forte raison, tout retour en arrière, ce qui était implicite — entraînerait fatalement des insurrections sanglantes. C'est sans doute ce qui explique que les conservateurs de toute obédience ne se sont pas risqués à remettre en cause l'émancipation de 1848 [Adelaïde-Merlande, 1982 ; Schmidt, 1994]. Néanmoins, si Napoléon III se garda de recommencer les erreurs de son oncle, tout en conservant le décret du 27 avril, il en annula certains effets, d'une part en instituant un système de travail obligatoire par le décret du 13 février 1852, d'autre part en supprimant la représentation des colonies, et donc le droit de vote des ex-esclaves. Ce fut seulement sous la IIIe République que l'on revint aux dispositions adoptées en 1848, et le sénateur Schœlcher, revenu d'exil, y veilla. Il reste qu'en 1848, comme en 1794, l'abolition de l'esclavage résulta d'une convergence particulière entre la résistance des esclaves eux-mêmes et un mouvement révolutionnaire dans la métropole.

Références bibliographiques

Adelaïde-Merlande Jacques (1982), « La commission d'abolition de l'esclavage », *Bulletin de la Société d'histoire de la Guadeloupe* n° 53-54, Basse-Terre.

— (1986), *Delgrès. La Guadeloupe en 1802*, Karthala, Paris.

Benot Yves (1987), *La Révolution française et la fin des colonies*, La Découverte, Paris, nouv. éd. 2004.

Benot Yves et Dorigny Marcel [dir.] (2001), *Grégoire et la cause des Noirs*, APECE et SFHOM, Paris.

— [dir.] (2003), *1802. Rétablissement de l'esclavage par Bonaparte. Aux origines de l'indépendance de Haïti*, Maisonneuve, Paris.

COHEN William B. (1981), *Français et Africains. Les Noirs sous le regard des Blancs 1530-1880*, Gallimard, Paris.

DORIGNY Marcel et GAINOT Bernard (1998), *La Société des amis des Noirs*, Unesco, Paris.

GEORGEL Chantal, en collaboration avec Françoise VERGÈS et Alain VIVIEN (1998), *L'Abolition de l'esclavage. Un combat pour les droits de l'homme*, Complexe, Bruxelles.

MIRABEAU Honoré Gabriel Victor de (1999), *Les Bières flottantes des négriers. Un discours non prononcé sur l'abolition de l'esclavage (novembre 1789-mars 1790)*, texte présenté et annoté par Marcel Dorigny, Publications de l'université de Saint-Étienne, Saint-Étienne.

SALA-MOLINS Louis (1987), *Le Code noir*, Presses universitaires de France, Paris.

SCHMIDT Nelly (1994), *Victor Schœlcher*, Fayard, Paris.

SCHŒLCHER Victor (1998), *Des colonies françaises, abolition immédiate de l'esclavage*, éd. 1842, rééd. du CTHS, Paris.

TARRADE Jean (1991), *Histoire de la France coloniale*, Armand Colin, Paris.

20

L'instruction publique

Jean-François Chanet

Ranger l'instruction publique parmi les « combats et acquis » de la gauche au XIXe siècle ne relève pas du postulat. Comme tout effort d'explication historique, ce choix appelle des définitions, des questions et des nuances. L'idée, certes, est solidement assise au centre de la tradition républicaine : de l'instruction publique, telle qu'une démocratie moderne doit la concevoir, les principes remontent à 1789 et la réalisation est l'œuvre des fondateurs de la IIIe République. Le siècle n'aurait été qu'un combat toujours recommencé pour la faire triompher. Dans son bilan de « l'instruction primaire en France de 1789 à 1889 », Ferdinand Buisson l'affirme sans détour : « *1789-1889.* — Ce n'est pas là un vain rapprochement de dates. Ce n'est pas une période factice, c'est un cycle naturel dans l'histoire nationale, il forme un tout, une unité. De ces deux dates, la première marque l'éclosion d'une idée, la seconde son épanouissement ; le siècle tout entier se passe à la dégager. [...] Quelle est cette idée [...] ? C'est la notion même d'une *instruction publique*, ou, comme on commençait à dire il y a cent ans, d'une *éducation nationale*. »

Les raisons du succès de cette interprétation sont connues. Justifié par les résultats d'une politique qui a rendu gratuits et obligatoires l'accès aux connaissances jugées indispensables à tous les hommes (et à toutes les femmes) et la formation propre à faire de chaque élève un Français (ou une Française), il est tout idéologique. Poursuivons la lecture de Ferdinand Buisson : « Ce n'est pas seulement l'œuvre de prédilection de la République ; c'est celle (peut-être la seule) où les républicains se retrouveront tous et toujours unis, comme ils y rencontreront, non moins invariablement, leurs adversaires toujours coalisés et toujours luttant avec la dernière énergie. » Entendons bien : puisque la diffusion de l'instruction est l'œuvre qui seule permet de faire déboucher la Révolution sur la démocratie pacifiée, c'est celle au service de laquelle un républicain ne saurait avoir d'ennemi à sa gauche, assuré qu'il est d'avoir à combattre encore et toujours sur ce terrain la contre-Révolution.

Il y a quelque temps déjà que les historiens ont commencé à démonter cette construction aujourd'hui reléguée dans l'ordre des mythologies fondatrices, avec la contrepartie d'affaiblissement que comporte, pour la tradition républicaine, cette lucidité critique. Dès la fin des années 1970, François Furet et Jacques Ozouf ont montré qu'à la veille des lois Ferry, la bataille de la scolarisation pouvait être « considérée comme gagnée », autrement dit, que des progrès décisifs avaient été obtenus sous des régimes ou grâce à des législateurs qui n'étaient pas républicains [Furet et Ozouf, 1977]. Plus récemment, Alain Plessis rappelait que le pourcentage des Français sachant lire avait augmenté de 20 % sous le Second Empire, progression aussi forte que celle qui a eu lieu durant les deux premières décennies d'application des lois Ferry — le rappel venait à point dans un colloque intitulé *Pourquoi réhabiliter le Second Empire ?* [Plessis, 1997].

Notre propos n'est pas de donner des arguments pour ou contre telle ou telle réhabilitation, mais d'aider à comprendre les combats de la gauche en faveur d'une certaine idée de l'instruction publique, à la lumière des discours, des projets et des efforts réels qui ont précédé ceux des républicains appelés « opportunistes ». Et la réévaluation ne doit pas s'arrêter aux lois des années 1880 comme au port. Le consensus républicain célébré et revendiqué par Ferdinand Buisson n'a pas la fixité d'un dogme. Son efficacité, sa solidité même, qui ont indéniablement contribué à en faire, dans l'opinion commune, un « acquis » de la gauche, les historiens doivent les interroger s'ils veulent expliquer ensemble les trois traits dominants de l'évolution idéologique qui s'est produite entre 1880 et 1914 : le tour de plus en plus agressif que la laïcisation prit contre l'Église, la fidélité de la gauche au patriotisme de Gambetta, les ralliements des catholiques à une République qui défendait la patrie, et non plus sa sanglante aïeule de 1792-1793.

L'HÉRITAGE DE LA RÉVOLUTION

Parce qu'elle fait entrer les hommes, qu'elle déclare libres et égaux et dont elle définit les droits, dans l'« ère de la représentation » en les faisant sortir de l'« âge des dieux », selon les termes de Marcel Gauchet, parce qu'elle est animée d'une volonté de régénération globale de l'individu et de la société, la Révolution est le moment où se déploie une pédagogie [Ozouf, 1984]. Elle place la société devant l'obligation morale et politique d'assurer à chacun de ses membres l'acquisition des connaissances utiles à l'exercice de ses droits — c'est l'instruction publique — et l'intelligence des devoirs que lui imposent à la fois sa condition d'homme et le contrat qui le lie à ceux dont il partage le destin collectif — c'est l'éducation nationale.

D'Hippolyte Carnot à Jules Ferry en passant par Pierre Larousse, pour les républicains du XIXe siècle, Condorcet reste celui qui a le mieux compris les raisons pour lesquelles « la société doit au peuple une instruction publique », comme il l'écrivait dès la première ligne des cinq mémoires préparatoires à son rapport et à son projet de décret d'avril 1792. Parce que l'instruction est également nécessaire au règne de la liberté et à la réalisation de l'égalité, elle « doit être la même pour les femmes et pour les hommes ».

Si les assemblées révolutionnaires ont su créer les ressources militaires qui ont assuré les victoires françaises, elles n'ont pas réussi à doter le pays des institutions d'enseignement qu'elles avaient conçues. Plus encore que l'œuvre accomplie — qui, même affaiblie, contrariée de mille façons, tant à cause de l'absence de continuité dans les vues des gouvernants que des résistances des gouvernés, ne fut pas nulle [Julia, 1996] —, « c'est l'exceptionnel laboratoire d'idées créatrices constitué par la Révolution qu'il convient d'interroger » [Julia, 1981]. Et ce sont les leçons qu'en ont retirées, au fil de leurs jours d'espoir et de déception, les libéraux et les républicains du XIXe siècle.

Animée d'une volonté tout à la fois civilisatrice et unitaire, la Révolution a répandu l'idée de l'État instituteur, mais a échoué à en faire une réalité durable. Laboratoire de démocratie, elle offrait au regard des hommes du XIXe siècle deux traits propres à nourrir les conflits plutôt qu'à stabiliser les acquis : la fécondité — tous les problèmes avaient été au moins entrapercus — et l'inachèvement, source de débats, d'interprétations contradictoires, jusqu'à ce qu'un gouvernement fît, durablement cette fois, la preuve qu'il pouvait, quoique son descendant, ou parce que son descendant, fortifier l'unité nationale grâce à l'enseignement. Entre l'*Histoire de la Révolution française* de Jules Michelet et celle de Louis Blanc, qui toutes deux ont commencé à paraître en 1847, on mesure, notait François Furet, tout ce qui sépare le républicain auquel le régime de février 1848 a rendu sa chaire au Collège de France du socialiste qui a dû s'exiler à Londres après l'insurrection de Juin. Ils se retrouvent toutefois d'accord pour honorer en Michel Le Peletier de Saint-Fargeau, assassiné la veille de l'exécution de Louis XVI, le 20 janvier 1793, le conventionnel qui eut pour l'État l'ambition la plus étendue : dans son plan lu à la tribune par Robespierre le 13 juillet 1793, il proposait d'associer le monopole, l'obligation et, afin de soustraire l'enfant aux inégalités de la naissance, l'internat dans des maisons d'éducation commune. Projet « admirable d'intention et nullement chimérique », selon Michelet, qui « établit parfaitement qu'il s'agit d'éducation bien plus que d'instruction ; qu'il n'y a nul espoir d'égalité sans la fondation d'une éducation commune et nationale » ; projet légué « au souvenir reconnaissant des générations futures », qui auront à le « reprendre en le complétant », selon Louis Blanc, puisque l'Assemblée a voulu respecter le droit des pères de famille à préférer, aux internats de l'État, des établissements libres.

Car la Révolution, occupée à définir les droits de l'État, n'affirme pas moins nettement la liberté d'enseignement, que ce soit dans le rapport de Talleyrand à la Constituante, du 10 septembre 1791, ou dans le décret Bouquier du 29 frimaire an II (19 décembre 1793). De tous les facteurs de division à propos de son legs, pas un, peut-être, n'a plus sûrement servi à créer entre Français, jusqu'à nos jours, des camps antagonistes. En effet, une fois acquises les libertés fondamentales, il n'en est pas qui tienne plus au cœur des citoyens que celle de faire donner à leurs enfants l'éducation de leur choix, parce qu'elle est intimement liée à celle de transmettre, avec des connaissances, des principes et des croyances. Cette question ne s'est pas posée au long du XIXe siècle dans des termes invariables. Jean Jaurès y insiste dans son *Histoire socialiste de la Révolution française* (1900-1903), contemporaine du débat sur les congrégations dans lequel, en tant que parlementaire socialiste, il soutenait le gouvernement Combes : les corporations avaient été abolies, les vœux monastiques interdits, il n'y avait donc pas à craindre un enseignement congréganiste, « un État enseignant dans l'État enseignant, une contre-Révolution enseignante dans la Révolution dupée ».

Certes. Mais sur le terrain ainsi dégagé, le problème restait entier des formes et de l'étendue du contrôle que l'État imposerait aux « particuliers » laissés libres de concourir à son action éducative, tout comme celui des contours et des contenus positifs à donner à ses programmes. De ce qu'ils avaient mis fin aux privilèges du cloître, il ne s'ensuivait pas que les constituants fussent pressés d'instaurer un privilège de la chaire, s'agit-il d'une chaire laïque. « Créez des corps enseignants, et vous serez sûrs d'avoir créé ou des tyrans, ou des instruments de la tyrannie », avertissait Condorcet, qui déniait à la puissance publique le « droit de faire enseigner des opinions comme des vérités ». Assurément l'État laïque a mis, par la suite, à défendre puis à étendre ses droits, d'autant plus de fermeté que l'Église catholique s'obstinait à les contester. Il n'empêche : deux composantes des gauches ont pu dès lors se réclamer de la Révolution, et non pas seulement *la* gauche. Le tour anticlérical qu'a pris le combat pour une « instruction publique » qui fût aussi une « éducation nationale » a contribué à rattacher nombre de républicains à la descendance jacobine. Doit-on pour autant classer à droite les libéraux qui, décidés à « contenir les empiétements du clergé », mais désireux de limiter à l'instruction le service de l'État et de laisser la famille maîtresse de l'éducation, ne souhaitaient voir exclue de l'enseignement aucune compétence, aucune bonne volonté ?

Le monopole universitaire, de l'Empire à la Restauration

Le Consulat et l'Empire ont déplacé la question. L'image de la table rase a été retournée contre la Révolution par ceux qui louaient Bonaparte d'avoir donné au pays les moyens de gouvernement dont il avait besoin. Dans son *Histoire du Consulat et de l'Empire* (1840-1855), Thiers ne reproche pas aux révolutionnaires de s'en être pris aux « corporations religieuses » ; il déplore que les projets de la Convention n'aient « abouti à rien ». Suit une défense de ceux du Premier consul — remplacement des écoles centrales par les lycées, primat reconnu aux études classiques, régime « convenable à une nation destinée tout entière à porter les armes » —, présentés comme un commencement qui « était tout ce qu'on pouvait faire alors ». Le Consulat et l'Empire élaborent ainsi « un modèle commun, régulier, conforme aux principes de la Révolution française et aux saines doctrines littéraires ». Aussi la création de l'Université, en 1806, est pour Thiers « la plus belle peut-être du règne de Napoléon ».

À vrai dire, pour l'école comme pour d'autres institutions organisatrices de la vie sociale, Napoléon a repris à son compte, par-delà les intentions des hommes de la Révolution, celles des despotes éclairés du XVIIIe siècle. C'est pourquoi son œuvre politique a été dénoncée par ceux qui opposaient à sa tyrannie les principes révolutionnaires et, tout autant, par les défenseurs de la liberté d'enseignement entendue comme la possibilité laissée à l'Église d'exercer sans contrôle sa mission d'éducatrice. Encore ne faut-il pas simplifier à l'extrême cette bipolarisation : le legs napoléonien a été critiqué aussi d'un point de vue libéral et laïque. On pouvait voir en lui d'abord la continuation du projet jacobin d'un encadrement autoritaire des consciences, détourné au profit du despotisme d'un seul. Tel est le grief que Taine retient en 1892 : Napoléon « s'attribue le monopole de l'instruction publique, il aura seul le droit de la fabriquer et de la débiter, comme le sel et le tabac ». Mais le soin laissé à l'Église d'empêcher la diffusion des Lumières dans les masses n'était pas moins visible.

Car la politique impériale a été, elle aussi, traversée de tensions. Une contradiction majeure est apparue entre les intentions qui étaient celles de l'empereur au moment de créer l'Université et ce qu'elle est devenue en réalité. Les petits séminaires, multipliés en vertu du Concordat, concurrençaient les lycées. Napoléon réagit en fondant l'Université. Mais dès lors, suivant la démonstration de Louis Liard, l'un des principaux responsables de la politique universitaire de la IIIe République, de maître d'école, l'État devient chef d'école, l'instruction n'est plus un devoir qu'il se reconnaît envers les citoyens, elle n'est conçue et donnée que dans son intérêt. Et l'administration chargée de la donner devient une corporation publique, unifiée à la manière d'un ordre religieux, dirigée par un grand-maître — des « jésuites d'État, et non d'Église », raillait Taine, soumis au « principe monastique et militaire de l'obéissance ». L'empereur a ainsi pu déclarer devant son Conseil d'État que « l'établissement d'un corps enseignant sera[it] une garantie contre le rétablissement des moines ». Il y eut loin de ce vœu à la réalité : le monopole n'a pas été établi contre l'Église, mais bien avec elle. Ainsi le voulait le décret du 17 mars 1808 en son article 38 : « Toutes les écoles de l'Université impériale prendront pour base de leur enseignement les préceptes de la religion catholique. » Et ainsi l'entendit le grand-maître, Louis de Fontanes, dont la nomination fut une victoire de plus remportée par les catholiques sur le parti des philosophes.

On comprend que ceux des opposants à la Restauration qui n'étaient pas des nostalgiques inconditionnels de l'Empire aient médité sur la difficulté de concilier l'affirmation des droits de l'État et la liberté de l'esprit. Ainsi Benjamin Constant reprend-il presque mot pour mot, en octobre 1817, sous la forme d'un article au *Mercure de France*, un chapitre du manuscrit de ses *Principes de politique*, « De la juridiction du gouvernement sur l'éducation », rédigé en 1806. Pour lui comme pour Condorcet, « l'éducation qui vient du gouvernement doit se borner à l'instruction seule ». Il avoue préférer l'éducation publique, « salutaire surtout dans les pays libres », à l'éducation privée ; et il n'oublie pas — leçon de longue portée — que, même sous la dictature, les écoles soumises à l'autorité politique peuvent « reproduire, en dépit d'elle, des germes de liberté qu'elle s'efforçait en vain d'étouffer ». C'est assez dire l'inutilité de la contrainte : « Ce qui est bon n'a jamais besoin de privilèges, et les privilèges dénaturent toujours ce qui est bon. »

De fait l'enseignement primaire ne s'est guère amélioré sous la Restauration. L'ordonnance du 29 février 1816 le réintroduit dans le budget de l'État, en même temps qu'elle demande la création d'une école par commune, mais à charge de l'entretenir et d'assurer l'instruction gratuite aux indigents. L'obligation, toute morale, n'a pas pour seuls handicaps le défaut des moyens, de volonté politique, comme on dirait aujourd'hui, et la faiblesse de la demande sociale. Les moyens ne manquent pas moins pour former les maîtres. La formule de l'école normale, apparue sous l'Empire à Strasbourg, n'a pas la faveur des autorités ; mais pas davantage celle des libéraux, méfiants devant l'esprit de corps, et moins encore celle de l'Église, qui craint, elle, le mauvais esprit [Mayeur, 1981].

C'était perdre de vue le motif principal, peut-être, pour lequel Napoléon avait voulu créer l'Université. Sa foi en l'esprit de corps répondait à une conviction que partagèrent ensuite aussi bien Guizot que Thiers. La destruction des institutions d'Ancien Régime et l'inachèvement de celles par lesquelles les révolutionnaires avaient entrepris de les remplacer laissaient la société « en poussière ». Pour cette raison, l'éducation des générations nouvelles ne devait pas moins importer au gouvernement que leur instruction, selon la distinction désormais classique [Kintzler, 1984]. Guizot défend cette idée dans l'*Essai sur l'histoire et sur l'état actuel de l'instruction publique en France* qu'il publie en 1816. Elle impose selon lui à l'État d'exercer sur les institutions d'enseignement « une action plus directe et une surveillance plus exacte », d'où il conclut, bien avant Thiers, que « de toutes les œuvres de Buonaparte, l'Université est peut-être celle qui convient le mieux à l'état actuel de la France et de son gouvernement ».

Cet avis a été entendu. Au désappointement d'un Lamennais, les Bourbons restaurés ont fait de l'Université, comme Taine l'avait bien vu, « un très bon instrument de règne, bien meilleur que celui dont ils disposaient avant 1789 ». Mais ils ne concevaient pas son action sans l'introduction du clergé dans son administration. L'ordonnance de 1816 fait du curé l'un des « surveillants spéciaux » de l'école et confère à l'évêque un droit d'inspection. Le rétablissement du titre de grand-maître par l'ordonnance du 1er juin 1822, l'attribution du poste à l'évêque d'Hermopolis, Mgr Frayssinous, que Stendhal appelait « le Chateaubriand de la canaille », confirment l'intention d'élever la jeunesse « dans des sentiments religieux et monarchiques ». Ainsi se trouve levée l'équivoque que dénonçait le général Foy, député de l'Aisne — alors le premier orateur de la gauche avec Manuel, député de la Vendée ? — lorsqu'il reprochait au Conseil royal de l'instruction publique, le 18 juin 1821, d'avoir « mis sur le rang des collèges royaux certaines maisons particulières qui ne sont pas dans l'État et qui peuvent être souvent contre l'État ».

Le thème de la circulation, du partage des Lumières, qui nourrit la dénonciation de la censure et la revendication de l'accès libre au savoir, devient pour la gauche une arme contre l'Église. Dans sa lettre du 10 septembre 1819 au rédacteur du *Censeur*, Paul-Louis Courier saisit l'occasion de la doléance d'un lecteur qui s'est vu refuser l'entrée de la Bibliothèque du Roi pour souhaiter que l'établissement reste accessible à tous les « gens studieux » et rappeler que « rarement les savants posent des sentinelles ». Or, passée la réaction ultra qui a suivi l'assassinat du duc de Berry, en 1820, l'opposition libérale gagne du terrain. Son succès électoral de novembre 1827 entraîne, le 5 janvier 1828, la formation du gouvernement Martignac, dans lequel, pour la première fois, l'instruction publique devient un département ministériel à part entière, détaché de celui des affaires ecclésiastiques. Son titulaire, Vatimesnil, ne se contente pas de rouvrir à la Sorbonne le cours de Guizot sur les origines du gouvernement représentatif, dont Mgr Frayssinous avait ordonné la suspension le 12 octobre 1822. Il revient à une conception de l'Université plus conforme à l'inspiration initiale et, par les ordonnances de 1828, cède à l'antijésuitisme, dont la montée dans l'opinion embarrassait le pouvoir [Leroy, 1992]. La vivacité de la réaction dans l'Église et, du côté gauche, celle d'un anticléricalisme qui se donne libre cours lors des Trois Glorieuses, fixent le sens de la question d'enseignement à partir de l'installation du régime de Juillet.

LA GAUCHE ET LA LIBERTÉ DE L'ENSEIGNEMENT DE GUIZOT À DURUY

La Charte constitutionnelle du 14 août 1830 comprend, en son article 69, l'« instruction publique et la liberté de l'enseignement » parmi les questions auxquelles « il sera pourvu successivement par des lois séparées et dans le plus court délai possible ». On sait avec quelle impatience Lamennais et ses amis ont réclamé dans *L'Avenir* l'exécution de la promesse. La loi Guizot du 28 juin 1833 ne pouvait que les décevoir. Seule la liberté de l'enseignement primaire y est définie, et d'une façon restrictive. Si la volonté du père de famille est respectée s'agissant de l'instruction religieuse, si le clergé reste associé à la surveillance de l'école — mais en seconde position après le maire —, la loi encourage la création d'écoles normales et exige des maîtres la possession d'un « brevet de capacité obtenu, après examen, selon le degré de l'école qu'il veut établir ».

Convaincu que, pour fermer le cycle des révolutions, il fallait réconcilier le catholicisme avec la France nouvelle, le protestant Guizot s'est heurté à une double difficulté : celle de distinguer entre l'Église et la foi, afin d'asseoir sur la religion la morale commune — « moins nos écoles doivent être ecclésiastiques, plus elles doivent être chrétiennes » disait des écoles normales l'un des premiers inspirateurs de cette politique, le philosophe Victor Cousin —, et celle d'accorder le droit du père de famille et le droit de l'État, dans un pays où n'existaient plus que des individus libres et égaux devant la loi et où, conformément au Concordat, la Charte reconnaissait dans le catholicisme la religion « professée par la majorité des Français ». La sincérité de l'effort pour améliorer l'instruction populaire ne peut être contestée, pas plus que son utilité. L'obligation faite aux communes d'entretenir une école et d'y assurer la gratuité pour les enfants pauvres permet d'étendre le réseau scolaire : on ne compte plus en 1847 que 3 200 communes sans école, contre 10 400 en 1832. À partir de 1833, le ministère commence aussi à s'intéresser aux salles d'asile. Leurs premiers promoteurs, dames d'œuvre et philanthropes, avaient commencé à organiser « un système cohérent de garde et d'éducation publiques des jeunes enfants », en dehors de l'Université [Luc, 1997].

L'opposition de gauche ne pouvait se déclarer satisfaite, en raison de l'insuffisance des moyens d'action que se donnait l'État et de la place qu'il laissait à l'Église. Dans son *Histoire de dix ans, 1830-1840*, Louis Blanc énumère les « vices » du projet de Guizot. Faute de s'attaquer plus efficacement au travail des enfants, afin de rendre possible la scolarisation obligatoire, celui-ci ne pouvait qu'échouer à rendre l'éducation vraiment nationale. De fait, à défaut d'agir sur l'organisation du travail, la conception républicaine, en cette matière, liera désormais offre publique d'école et obligation. Le deuxième reproche, d'inspiration jacobine, est de n'avoir pas usé du monopole avec la rigueur nécessaire : « En matière d'enseignement, la centralisation ne saurait être trop forte. Permettre, dans un pays déchiré par les factions, la folle concurrence des écoles privées, c'est inoculer aux générations nouvelles le venin des discordes civiles, [...] c'est semer dans le chaos. » Enfin, Louis Blanc reproche à Guizot d'avoir voué les instituteurs communaux à la solitude et à la précarité, sans autre perspective que la dépendance à l'égard des notables et des prêtres. La carrière, en effet, est alors de celles où l'on hésite à s'engager ou que l'on désire quitter. Les autorités s'en inquiètent, parce qu'une telle situation n'est pas de nature à garantir la qualité du recrutement, mais n'agissent guère pour la changer [Jacquet-Francillon, 1999].

Quant au clergé, on ne peut s'expliquer sa bienveillance pour la révolution de 1848 sans admettre que, dans sa masse, en dépit d'accalmies passagères, il a traversé le règne de Louis-Philippe comme un temps de vexations, de promesses trompeuses, de concessions partielles et humiliantes. « Les ingrats ! », s'exclamait dans ses *Mémoires* Charles de Rémusat. Mais si, comme Rémusat le croyait, « l'esprit de 1830 était celui de l'Université même », il n'y avait rien que de logique à ce que l'Église, irritée contre un régime mal né, prît l'Université pour cible. Ce conflit, où Louis-Philippe ne voulait voir qu'une « querelle entre cuistres et bedeaux », a révélé à Guizot, mais aussi à Thiers et à Cousin, les dangers de l'antagonisme « entre une Église qui passait à l'ultramontanisme et un État qui marchait à grands pas vers la démocratie » [Weill, 1925]. C'est précisément cet antagonisme qu'illustre avec éclat, en 1843-1844, l'attaque d'Edgar Quinet et Jules Michelet contre les jésuites. La religion que les deux professeurs au Collège de France opposent à l'« ultramontanisme » est celle de la France démocratique, et Guizot ne pouvait la faire sienne. En somme, si le souci de stabiliser le régime censitaire l'a d'abord incité à prévenir ce que Cousin appelait encore, en 1838, la « renaissance de la domination ecclésiastique », dans les années 1840 Guizot en est venu à traiter l'Église non plus seulement comme une « puissance morale auxiliaire de l'État », mais comme un « moyen d'ordre et de police sociale » [Rosanvallon, 1985]. La suite a montré que, sous la pression du courant démocratique, la « poignée », pour reprendre l'image de Taine, ne pouvait plus fermer la porte.

L'esprit de 1848 est pourtant loin encore de celui qui inspirera la politique scolaire de Jules Ferry. La IIe République « ne fut pour l'essentiel nullement anticléricale, et elle ne fut en rien laïque » [Mayeur, 1997]. Hippolyte Carnot, ministre de l'Instruction publique dans le Gouvernement provisoire constitué au soir du 24 février, déclare aux représentants de la faculté de théologie : « Nous avons fait la Révolution pour les petits et pour les humbles ; l'Évangile sera désormais une vérité. » La liberté de l'enseignement est à ses yeux « inséparablement liée à la constitution d'une éducation nationale ». Il entend que les instituteurs se fassent « les apôtres de la République nouvelle », puisqu'ils ont, comme les apôtres, « souffert des misères du peuple ». Pour les y aider, il relève un peu leur traitement et demande qu'on écrive à leur intention « de courts manuels, par demandes et réponses, sur les droits et les devoirs du citoyen ». Un crédit de 5 000 francs est ouvert le 23 mars en vue de faciliter la diffusion de ces manuels à l'approche des élections à l'Assemblée constituante. Le *Manuel républicain de l'homme et du citoyen* du philosophe Charles Renouvier, secrétaire de la Haute Commission des études scientifiques et littéraires installée par le ministre dès le 29 février, est distribué aux recteurs à 15 000 exemplaires.

Au moment où Carnot dépose à l'Assemblée son projet de loi sur l'enseignement primaire, la peur de l'anarchie a sensiblement changé l'état d'esprit des députés. Seul survivant du gouvernement de février dans celui que Cavaignac a formé le 28 juin, il est attaqué dès le 6 juillet. On cite, en les dénaturant, des passages du manuel de Renouvier, on l'accuse de vouloir faire enseigner le socialisme aux enfants. Le vote réduisant le crédit de 5 000 francs entraîne la démission du ministre. Renouvier réédite son manuel en décembre, augmenté d'une préface où il dénonce l'« hypocrisie » des défenseurs de la propriété au nom de la religion, alors qu'il n'avait fait que prôner « l'application sociale de la doctrine du Christ » [Blais, 2000]. Mais l'élection de Louis Napoléon Bonaparte à la présidence de la République, le 10 décembre, puis le triomphe du parti de l'Ordre aux élections législatives du 13 mai 1849, dégagent la voie pour la réaction.

L'arrivée de Falloux au ministère de l'Instruction publique et la préparation de la loi à laquelle son nom est resté attaché marquent le retournement de l'Église du côté de la contre-Révolution. On ne peut s'en tenir à ce bilan trop simple, car il occulte deux aspects majeurs de la transaction d'où est sortie la loi du 15 mars 1850. Le premier est la résistance de l'Université aux attaques portées contre elle. Étendue à l'enseignement secondaire, la liberté promise par l'article 9 de la Constitution reste définie, donc limitée, par l'État. L'article 69 de la loi, toujours en vigueur, accorde aux établissements libres le droit aux subventions publiques à condition que celles-ci n'excèdent pas le dixième de leurs dépenses annuelles. Quant aux « écoles secondaires ecclésiastiques actuellement existantes », elles sont « maintenues, sous la seule condition de rester soumises à la surveillance de l'État », et, aux termes de l'article 70, « il ne pourra en être établi de nouvelles sans autorisation du gouvernement ». On comprend que Louis Veuillot ait fulminé, dans *L'Univers*, contre les prudences ministérielles.

Au cours du débat public, d'autre part, la gauche n'a pas renoncé à distinguer entre l'utilité de la religion comme fondement de la morale et la nocivité du « parti clérical », aveugle au mouvement qui entraînait la société vers la sécularisation. Exemplaire est à cet égard le discours du 15 janvier 1850 où Victor Hugo dit redouter « également pour les nations le bouleversement anarchique et l'assoupissement sacerdotal ». C'est pourquoi, lorsqu'est venu en discussion l'article 23, qui plaçait en tête du programme de l'enseignement primaire l'« instruction morale et religieuse », l'amendement par lequel Edgar Quinet proposa d'ajouter : « sans acception des dogmes particuliers aux diverses communions » ne recueillit que quelques voix.

Le débat à gauche sur l'instruction publique n'échappe pas à la division persistante entre ceux qui veulent avec Louis Blanc un service public centralisé et ceux pour qui, comme le soutient Proudhon dans son *Idée générale de la Révolution au XIXe siècle*, parue en juillet 1851, la fonction enseignante doit procéder du « libre contrat » et rester « soumise à la concurrence, chose impossible sous un régime d'inégalité, de favoritisme, de monopole universitaire ou de coalition entre l'Église et l'État ». Au surplus, convaincu de ce que « l'*instruction* est inséparable de l'*apprentissage* », Proudhon veut en finir avec la spécificité française des grandes écoles où il voit « les séminaires de l'aristocratie », créés non pour élever le peuple, mais « pour entretenir, fortifier, augmenter la distinction des classes, pour consommer et rendre irrévocable la scission entre la bourgeoisie et le prolétariat ».

Assurément, la liberté selon la loi Falloux a été jugée d'utilité publique parce qu'elle associait l'Église à la police des esprits. Rien ne le montre mieux que son complément, la « petite » loi Parieu du 11 janvier 1850, qui coordonnait surveillance ecclésiastique et sanction préfectorale, et permit ainsi de révoquer en quelques mois plus d'un millier de ces « détestables petits instituteurs laïques » qui inquiétaient tant M. Thiers. La figure d'Alexandre Petit a suffi à Flaubert, dans *Bouvard et Pécuchet*, pour faire sentir la cruauté de cette répression, dont témoigne une erreur judiciaire aujourd'hui oubliée, mais longtemps associée, dans la mémoire républicaine, au souvenir du coup d'État du 2 décembre 1851. Pierre Vaux, né en 1821, était un enfant du peuple devenu instituteur sous le régime de la loi Guizot. Fixé à Longepierre (Saône-et-Loire), il s'est attiré la haine des bourgeois pour avoir obtenu le partage des communaux et, dans l'élan de 1848, le contrôle du conseil municipal. Or en 1851 la réaction n'arrive pas seule à Longepierre. Le village est ravagé par plusieurs incendies et Pierre Vaux, réputé partisan de la subversion, fait un suspect idéal. Arrêté, jugé aux assises, il est condamné aux travaux forcés à perpétuité et envoyé au bagne de Cayenne, où il mourra en 1875. Sa réhabilitation n'aura lieu qu'en 1897. Les tracasseries ne furent pas épargnées non plus aux professeurs [Gerbod, 1967]. Francisque Sarcey s'est souvenu de la nuit éprouvante qu'il a passée avant de prononcer, « par faiblesse plus que par conviction », le serment de fidélité au nouveau gouvernement. Peu de jours après, en punition de ses insolences, il devait être envoyé du lycée de Chaumont, lui voltairien endurci, dans la « bergerie cléricale » du collège communal de Lesneven.

Le clergé pouvait-il attendre autre chose qu'un profit équivoque et momentané de ce rôle de supplétif dans la défense de l'ordre ? Toujours est-il qu'il n'a guère pesé sur l'orientation d'un pouvoir d'abord préoccupé de renforcer la centralisation et qui ne tarda guère à manifester son désir de reprendre en main l'enseignement primaire public, où la loi de 1850, en reconnaissant à la lettre d'obédience une valeur équivalente au brevet de capacité, favorisait l'essor des congrégations. Le concours national ouvert en décembre 1860 par le ministre Rouland entre les instituteurs annonce un nouvel effort législatif pour améliorer l'instruction du peuple [Nicolas, 2002]. Le mérite revient à Victor Duruy d'avoir dirigé cet effort et obtenu, au cours des six années que dura son séjour au ministère (1863-1869), des résultats substantiels. À la loi du 29 mars 1867 obligeant les communes de plus de 500 habitants à se doter d'une école publique de filles, il faut ajouter l'extension de la gratuité, la création de cours d'adultes et de bibliothèques scolaires ; dans le secondaire, la constitution d'un enseignement moderne et professionnel, l'ouverture de nombreux collèges publics et de cours spéciaux pour les jeunes filles ; dans le supérieur, enfin, la création en 1868 de l'École pratique des hautes études. Cette action suscita, de la part de l'Église, des protestations dont on imagine mal aujourd'hui la virulence. « Libre penseur définitif, mais tolérant, très respectueux du christianisme et du droit à la foi », selon le portrait de son secrétaire Ernest Lavisse, Duruy, quoique assuré du soutien de l'empereur, se retrouvait ainsi, au témoignage d'Anatole Claveau, secrétaire-rédacteur des séances au Corps législatif, dans la position « assez bizarre » d'un ministre qui « avait pour lui » l'opposition de gauche et dont la majorité se défiait ouvertement.

Cette politique et l'accueil qu'elle a reçu ne prennent tout leur sens que mis en relation avec l'évolution internationale. La marche vers l'unité de l'Allemagne et de l'Italie fournit des arguments aux partisans d'une instruction populaire inséparable de l'éducation nationale, mais révèle aussi, à gauche, la force de l'attachement aux idéaux humanitaires de 1848. Les réticences devant la perspective d'un retour au service militaire obligatoire facilitent le succès de l'idée selon laquelle la victoire de Sadowa, en 1866, est d'abord celle de l'instituteur prussien. La création, la même année, de la Ligue de l'enseignement par le républicain Jean Macé, qui avait fui en Alsace les proscriptions du 2 décembre, illustre l'ampleur d'une mobilisation visant à rattraper le retard français. Le débat n'en continue pas moins sur la responsabilité et la place de l'État. Dans sa conférence de 1869 sur « La part de la famille et de l'État dans l'éducation » sur laquelle se clôt, l'année suivante, *La Réforme intellectuelle et morale*, Renan cite la formule de Thiers au sujet de l'Université impériale, mais c'est pour marquer son désaccord. Pour lui, « cette uniformité d'éducation, cet esprit officiel serait la mort intellectuelle d'une nation ». Sa place et sa date donnaient à cette mise en garde un relief particulier.

Relèvement national et laïcité

Les désastres de 1870-1871 ont provoqué dans l'âme française un traumatisme dont l'acuité et la portée n'ont guère besoin d'être rappelées. L'important, ici, est d'observer en quoi ils ont modifié les idées des hommes de gauche sur l'instruction publique. On voit ce qui les a précédés. Les vétérans de la IIe République, particulièrement ceux qui, comme Hugo ou Quinet, ne devaient rentrer en France qu'à la chute de l'Empire, et les jeunes députés d'opposition s'accordaient sur la nécessité de remédier par l'éducation à l'immaturité démocratique, qui avait permis à Napoléon III de fonder sur le rétablissement du suffrage universel la légitimité d'une restauration dynastique. La politique même de Duruy résultait d'une analyse conséquente de la libéralisation institutionnelle engagée à partir de 1860. La montée en puissance de la Prusse, perçue dès 1866 comme une menace, avait donné à ce sentiment un caractère national plus affirmé, qu'accentuaient aussi les progrès, chez les catholiques, du courant ultramontain, pour qui défendre les intérêts de la religion majoritaire dans le pays et le pouvoir temporel du pape de Rome était un seul et même combat. Beaucoup, parmi les instituteurs communaux, quelle que fût d'ailleurs leur opinion sur l'empereur, partageaient l'irritation croissante de l'administration contre ce que Pierre de La Gorce appelait la « petite guerre » du clergé, dont la tutelle leur pesait. Après le 4 septembre, les plus hardis n'hésitent pas à manifester publiquement leur adhésion au nouveau gouvernement, tel celui de Tiranges, qui écrit, le 19, au préfet de la Haute-Loire : « Le conseil municipal de Tiranges s'étant montré peu empressé pour proclamer la République, j'ai cru devoir la proclamer moi-même, ce que j'ai fait au son du tambour, hier, dimanche, à la sortie de la messe. »

L'*Histoire d'un sous-maître* d'Erckmann-Chatrian, parue dans les livraisons des 1er et 15 décembre 1870 de la *Revue des deux mondes*, offre un bon témoignage de l'effort des républicains pour mobiliser l'opinion. Elle met en scène Jean-Baptiste Renaud, l'un des cinq enfants d'un piéton de la poste aux lettres, qui en 1816, après avoir pris connaissance de la « fameuse ordonnance du roi Louis XVIII », avait résolu de se faire maître d'école. Ce récit à la première personne, suivant la manière éprouvée des deux conteurs lorrains, dénonce avec une égale vigueur la misère matérielle des maîtres et leur dépendance à l'égard du clergé. Renaud a préféré quitter son état plutôt que d'essayer de convertir, sur l'ordre du curé Bernard, les petits anabaptistes des Roches. Pour lui, « l'histoire sainte et le catéchisme ne regardent pas l'instituteur ». Il termine pourtant son récit sur l'affirmation renouvelée de sa foi en une « instruction primaire gratuite et obligatoire, organisée démocratiquement, [qui] peut effacer l'« antagonisme des classes » et relever notre pays ».

La défaite et la Commune ont renforcé ensemble la part du patriotisme dans le projet pédagogique, le souci de réaliser, entre les sexes comme entre les classes, l'« égalité d'éducation », thème du célèbre discours de Jules Ferry à la salle Molière, le 10 avril 1870, et la volonté d'écarter de l'école une Église à présent regardée comme un obstacle à l'unité. Si les violences des insurgés parisiens ont horrifié le « parti républicain », pour qui elles n'obéissaient qu'à un accès de fanatisme anarchique et criminel, leur décision de séparer l'Église de l'État et leur projet d'une instruction non seulement gratuite et obligatoire, mais encore laïque et « intégrale », c'est-à-dire incluant l'apprentissage professionnel, selon le vœu du délégué de la Commune à l'enseignement, Édouard Vaillant, ne pouvaient qu'aiguillonner les ambitions réformatrices. La perte de l'Alsace-Lorraine et la guerre civile incitent à repenser un programme plus que jamais unitaire, incluant la reconstitution d'une force militaire capable d'assurer à la fois la défense du territoire et le maintien de l'ordre — au désespoir de ceux qui n'identifiaient pas l'élection historique de la France à la prééminence de l'esprit guerrier. Gambetta ne s'y trompe pas, qui déclare, dans son discours de Bordeaux du 26 juin 1871, qu'il ne veut pas seulement que le citoyen de demain « pense, lise et raisonne », mais qu'il puisse « agir et combattre » : « Il faut mettre partout, à côté de l'instituteur, le gymnaste et le militaire ».

Appliquée à l'enseignement secondaire, une telle conception avait peu de chances d'être approuvée de ceux qui, à l'extrême gauche, y retrouvaient, inavouée, l'idée napoléonienne de l'initiation scolaire à la discipline militaire. On songe naturellement ici à Jules Vallès, dont *L'Enfant* commence à paraître en feuilleton dans *Le Siècle*, sous le titre de *Jacques Vingtras*, en juin 1878, c'est-à-dire peu avant les succès décisifs des républicains et l'amnistie des communards. Ce combat, Vallès le poursuit après 1880. Le 15 avril 1884, dans *Le Cri du peuple*, il reproche à Paul Bert de n'avoir pas « fait tout de suite le procès du lycée », ce « frère cadet de la caserne, soldatisé d'aspect et de régime, pour préparer à l'obéissance passive et plier au joug les futurs soldats ». Mais ce procès de l'école-caserne, appelé à quelque avenir, était alors le fait d'une étroite minorité : la pente de l'esprit public était à l'acceptation de la discipline sociale comme d'une nécessité vitale. Aux républicains en lutte pour le pouvoir, Gambetta ne cessait de répéter qu'ils devaient prouver aux Français leur aptitude à gouverner en se montrant aussi sages dans leur méthode que fermes sur leurs principes.

L'heure était à l'émulation autant qu'à la transaction. La loi du 12 juillet 1875 instituant la liberté de l'enseignement supérieur est des plus significatives à cet égard. On la présente d'ordinaire comme la conquête par l'Église du dernier bastion de l'Université où régnât encore le monopole d'État, obtenue à la faveur de l'Ordre moral qu'incarnait, à l'Élysée, le maréchal de Mac Mahon. Sans doute, mais elle a été adoptée *après* l'amendement Wallon du 30 janvier et les lois constitutionnelles de février, et quatre jours avant celle sur les rapports des pouvoirs publics, qui complétait la fondation de la IIIe République. Elle n'aurait pas obtenu de majorité sans l'adhésion du centre gauche, pour qui, suivant l'argumentation du rapporteur Édouard Laboulaye, administrateur du Collège de France, qui se réclamait du libéralisme de Benjamin Constant, la concurrence des établissements libres participerait de l'effort national pour rehausser le niveau de l'enseignement supérieur, préalable indispensable à la formation de maîtres plus qualifiés à tous les degrés.

Cet équilibre et cet esprit, si représentatifs de la République conservatrice telle que la voulaient les fidèles de Thiers, n'ont pas survécu à l'arrivée au pouvoir des vainqueurs de 1879, les républicains tout court, qui se faisaient une idée sensiblement différente du rôle de l'État, de la liberté et de l'unité nationale. Sans entrer dans le détail d'une action législative et réglementaire dont l'ampleur et la rapidité sont connues — et dont on a principalement retenu les lois sur la gratuité (16 juin 1881), l'obligation et la laïcité (28 mars 1882), enfin l'organisation générale de l'enseignement primaire et la laïcité du personnel (30 octobre 1886) —, arrêtons-nous un instant sur son inspiration, ses buts et ses limites. L'intention de rendre l'école accessible et obligatoire pour chaque enfant excluait une acception restrictive du monopole, dont l'État ne pouvait assumer les conséquences en termes de coût et de formation des personnels. En revanche, comme l'avait bien compris Ferdinand Buisson, la volonté de séculariser les institutions publiques apparaissait comme le lien le plus solide entre les diverses composantes du « parti républicain ». Entre ces deux traits de la politique engagée en 1879, la contradiction n'est qu'apparente. Les républicains, en effet, considèrent les droits revendiqués par l'Église comme un privilège plutôt que comme une liberté, et ils lui opposent les droits de la pensée libre [Lalouette, 1997]. Devant cette exigence, tout individuelle, d'affranchissement des esprits, l'argument de la religion majoritaire n'est plus recevable. Jules Ferry, défendant devant les sénateurs, le 10 juin 1881, le remplacement, en tête des programmes de l'enseignement primaire, de l'instruction morale et religieuse par l'instruction civique et morale, avance un argument contraire : « Les questions de liberté de conscience ne sont pas des questions de quantité : ce sont des questions de principe ; et la liberté de conscience, ne fût-elle violée que chez un seul citoyen, un législateur français se fera toujours honneur de légiférer, ne fût-ce que pour ce cas unique. » Ces paroles, accueillies par des « applaudissements à gauche » et des « rumeurs à droite », fixent le dernier état de la doctrine républicaine en la matière.

Il a fallu les débats de la fin du XXe siècle sur la question scolaire pour que fût parfois contestée l'inspiration « de gauche » de la politique de Jules Ferry, au motif qu'elle a maintenu, entre le premier degré et les autres, une barrière que pouvaient seuls franchir les élèves les plus méritants, et qu'elle perpétuait ainsi les inégalités de classe. C'était confondre, de façon anachronique, deux notions distinctes du rôle émancipateur de l'école [Prost, 1995]. Avant 1914, la gauche républicaine, héritière en cela des principes de la Révolution

« bourgeoise », conçoit l'instruction publique comme la réalisation de l'égalité juridique entre les citoyens et l'éducation nationale comme le moyen d'unifier idéologiquement la Cité. L'impulsion donnée à l'enseignement des filles, grâce à la loi Paul Bert de 1879 sur les écoles normales primaires et à la loi Camille Sée de 1880 créant des externats secondaires, répond à ce dessein, en même temps qu'elle reflète, à sa façon, l'état d'infériorité civique auquel les femmes restent réduites [Mayeur, 1977]. C'est du côté du socialisme et du syndicalisme libertaires qu'il faut chercher, au tournant du siècle, la critique, qu'on pourrait dire néoproudhonienne, d'une école coupée du métier et qui satisfait, plutôt qu'à l'émancipation de tous, à l'ambition de quelques-uns. L'un des meilleurs représentants de ce courant est Albert Thierry, ancien élève de l'École normale supérieure de Saint-Cloud, qui, dans ses *Réflexions sur l'éducation* (1913), cherche à définir, « entre la science et le travail », une école qui « aspire à l'atelier, non pas à l'abstraction dirigeante ».

Les désillusions de la fin du siècle sont passées par là. La crédulité des masses au temps de l'affaire Dreyfus a incité Zola à célébrer, dans son ultime roman, *Vérité* (1902), « la grandeur simple de l'instituteur, le bon berger des humbles, l'engendreur d'une humanité libérée de l'erreur et du mensonge ». Nombre de dreyfusards ont prolongé leur engagement dans les Universités populaires, après que l'administration de l'instruction publique eut exprimé, dans plusieurs textes officiels de 1895 et 1896, l'intérêt qu'elle attachait à l'organisation et au développement des cours d'adultes. « Prophète ébloui du verbe nouveau », suivant le mot railleur de Clemenceau, l'instituteur, protégé contre les ingérences du prêtre, tarde cependant à voir s'élever un traitement qui, en début de carrière, situe son budget bien près de celui d'un prolétaire [Ozouf, 1973 et 1992]. Le roman d'Antonin Lavergne, *Jean Coste, ou l'Instituteur de village*, écrit en 1894, publié en 1901 par Charles Péguy à qui il inspire, l'année suivante, des pages célèbres sur la misère, est discuté jusque sur les bancs de la Chambre. L'heure est, semble-t-il, au « péril primaire », formule ambiguë qui peut désigner tour à tour la peur de voir se dégrader la qualité du recrutement et l'inquiétude montante devant l'esprit de contestation, chez des instituteurs — qui ne sont encore qu'une avant-garde — enclins à dénoncer le nationalisme autant qu'à réclamer un peu plus d'aisance et de liberté.

Le durcissement anticlérical qui a conduit le gouvernement Combes à vouloir faire ôter des salles de classe les derniers crucifix qui pouvaient s'y trouver encore, suspendre le traitement des curés qui enseignaient le catéchisme en breton [Chanet, 1996] et finalement, par la loi du 7 juillet 1904, interdire l'enseignement à toutes les congrégations, confirme l'efficacité du thème pour cimenter la majorité du « Bloc » — et aussi pour détourner l'attention des sujets susceptibles de la diviser, comme le droit syndical des fonctionnaires [Girault, 1996] ou le sens du patriotisme à transmettre aux enfants —, en même temps qu'il révèle la persistance, à gauche, d'un libéralisme hostile au monopole. Tel est bien, en 1902, le motif de la controverse entre Jaurès et Clemenceau : au premier, qui se prononce pour « l'enseignement national », le second demande : « Lequel ? Avons-nous ruiné le dogme d'en haut pour créer un dogme d'en bas dont l'État sera le dispensateur ? »

Ainsi donc, à la veille de la Grande Guerre, si la République a rendu accessible à tous les enfants une école désormais « sans Dieu », conçue pour être à la fois une institution libératrice et un creuset national, les gauches, toujours divisées sur la définition du service public d'enseignement, voient monter, à l'horizon de la démocratie, des questions aussi sensibles que celles de l'« école unique » et des droits syndicaux des enseignants.

RÉFÉRENCES BIBLIOGRAPHIQUES

BLAIS Marie-Claude (2000), *Au principe de la République. Le cas Renouvier*, Gallimard, Paris.

CHANET Jean-François (1996), *L'École républicaine et les petites patries*, Aubier, Paris.

CHARLE Christophe (1994), *La République des universitaires, 1870-1940*, Seuil, Paris.

FURET François et OZOUF Jacques (1977), *Lire et écrire. L'alphabétisation des Français de Calvin à Jules Ferry*, Minuit, Paris, 2 vol.

GERBOD Paul (1967), *La Condition universitaire en France au XIXe siècle*, PUF, Paris.

GIRAULT Jacques (1996), *Instituteurs, professeurs : une culture syndicale dans la société française (fin XIXe-XXe siècle)*, Publications de la Sorbonne, Paris.

JACQUET-FRANCILLON François (1999), *Instituteurs avant la République. La profession d'instituteur et ses représentations de la monarchie de Juillet au Second Empire*, Presses universitaires du Septentrion, Villeneuve-d'Ascq.

JULIA Dominique (1981), *Les Trois Couleurs du tableau noir. La Révolution*, Belin, Paris.

— (1996), « Conclusions » *in* MARCHAND Philippe et GREVET René (éd.), *Les Débuts de l'école républicaine (1792-1802)*, Actes du colloque de Villeneuve-d'Ascq, 23-25 novembre 1995, *Revue du Nord*, t. LXXVIII, n° 317, p. 1023-1040.

KINTZLER Catherine (1984), *Condorcet. L'instruction publique et la naissance du citoyen*, SFIED, rééd. Gallimard, coll. « Folio/essais », 1997, Paris.

LALOUETTE Jacqueline (1997), *La Libre Pensée en France, 1848-1940*, Albin Michel, Paris.

— (2002), *La République anticléricale, XIXe-XXe siècles*, Seuil, Paris.

LEROY M. (1992), *Le Mythe jésuite. De Béranger à Michelet*, PUF, Paris.

LUC Jean-Noël (1997), *L'Invention du jeune enfant au XIXe siècle. De la salle d'asile à l'école maternelle*, Belin, Paris.

MAYEUR Françoise (1977), *L'Enseignement secondaire des jeunes filles sous la IIIe République*, Presses de la Fondation nationale des sciences politiques, Paris.

— (1981), *De la Révolution à l'école républicaine (1789-1930)*, t. III de PARIAS Louis-Henri (dir.), *Histoire générale de l'enseignement et de l'éducation en France*, Nouvelle Librairie de France, Paris.

MAYEUR Jean-Marie (1997), *La Question laïque. XIXe-XXe siècle*, Fayard, Paris.

NICOLAS Gilbert (2002), « Les instituteurs sous le Second Empire. Pour une approche régionale des mémoires de 1861 : l'exemple de l'académie de Rennes », *Histoire de l'éducation*, n° 93, p. 3-36.

OZOUF Jacques (1973), *Nous les maîtres d'école. Autobiographies d'instituteurs de la Belle Époque*, Gallimard/Julliard, Paris.

OZOUF Jacques et Mona (1992), *La République des instituteurs*, Gallimard/Le Seuil, Paris.

OZOUF Mona (1963), *L'École, l'Église et la République, 1871-1914*, Armand Colin, Paris.

— (1984), *L'École de la France. Essais sur la Révolution, l'utopie et l'enseignement*, Gallimard, Paris.

PLESSIS Alain (1997), « Pouvait-on penser librement sous le Second Empire ? », *Pourquoi réhabiliter le Second Empire ?*, Actes du colloque de Paris, 21 octobre 1995, Bernard GIOVANANGELI (éd.), Paris, p. 97-103.

PROST Antoine (1968), *Histoire de l'enseignement en France, 1800-1967*, Armand Colin, Paris.

— (1995), « La démocratisation de l'enseignement : histoire d'une notion », *Voyages en histoire. Mélanges offerts à Paul Gerbod, Annales littéraires de l'université de Besançon*, n° 550, p. 119-129.

ROSANVALLON Pierre (1985), *Le Moment Guizot*, Gallimard, Paris.

WEILL Georges (1925), *Histoire de l'idée laïque en France au XIXe siècle*, Félix Alcan, Paris.

21

Un combat de la gauche : la liberté de la presse

DOMINIQUE KALIFA

EN ASSURANT AUX JOURNAUX une pleine et presque absolue liberté, la loi du 29 juillet 1881, véritable masse de granit de la République, entendait signifier une profonde rupture historique. Elle répondait d'abord, comme l'explique son rapporteur Eugène Lisbonne, aux « exigences actuelles des mœurs », aux nécessités de la démocratie comme à celles du marché. Mais elle marquait surtout l'aboutissement d'un engagement presque séculaire, inauguré par la Révolution française qui avait affirmé d'emblée la « libre communication des pensées et des opinions », poursuivi par une gauche libérale et républicaine qui avait fait de la liberté de la presse l'une de ses revendications majeures, à la fois symbole et instrument de la démocratisation. « Voilà les traditions de la Révolution française, voilà les traditions auxquelles vous devez revenir », s'était exclamé à la Chambre le radical Charles Floquet. Fruit d'un long combat contre la tyrannie et l'arbitraire, cette liberté chèrement acquise témoignait ainsi des liens privilégiés, presque consubstantiels, noués entre des journaux désormais émancipés et une gauche qui les avait de tout temps soutenus. Ce sont ces relations que l'on voudrait ici interroger. Car si les gauches ne furent pas toujours, du moins jusqu'en 1881, à la hauteur de leurs principes, elles constituèrent en revanche les victimes attitrées de la censure et de la répression. Il en émana une sensibilité, et bientôt une culture, qui devaient contribuer à unir la République, la presse et cette « liberté sans rivages » à laquelle aspirait Jules Vallès.

LA LIBERTÉ ET LE POUVOIR

Souligner l'engagement des hommes de gauche pour la liberté des journaux ne permet pas de conclure qu'ils en eurent l'exclusivité. Dès les débuts de la

Restauration (la Charte de 1814 proclame la liberté, mais une loi impose dès octobre le recours à l'autorisation royale et des mesures préventives sont établies en 1815), de nombreux légitimistes en vinrent à défendre une liberté dont, à l'instar du régime constitutionnel, ils découvraient peu à peu les vertus. Ainsi Chateaubriand et les rédacteurs du *Conservateur* comptèrent alors parmi les défenseurs de la liberté des gazettes. Lorsque, après l'assassinat du duc de Berry en février 1820, le gouvernement déposa un projet de loi (voté le 31 mars) qui durcissait la législation contre les périodiques politiques, Chateaubriand s'éleva contre ce retour de la censure qui condamnait au silence nombre de titres, dont *Le Conservateur*. « Il nous restait beaucoup à faire, écrit-il alors. Une loi vient nous arrêter : ni nos principes ni notre position ne nous permettent d'écrire sous la censure. D'un autre côté, il ne nous convient pas d'éluder la loi. » La formule dit assez bien ce qui distingue alors, face à l'arbitraire politique, les positions de la droite de celles du camp adverse.

Les élites libérales surent en effet se montrer plus combatives. Aux déclarations sans équivoque de Benjamin Constant, de Royer-Collard ou de Thiers s'ajoutèrent les fortes critiques des journalistes du *Constitutionnel*, du *Courrier français* et surtout du *Mercure de France* qui, devenu *Minerve française* en février 1818, multiplia les attaques polémiques avant de succomber au printemps 1820. Face à l'aggravation continue du système répressif, les feuilles libérales s'imposèrent de fait comme les principaux défenseurs de la liberté, fustigeant « la domesticité ministérielle » et les « journaux achetés ». Et l'on sait combien ces périodiques, *Constitutionnel* et *National* en tête, s'opposèrent en 1830 aux ordonnances de Charles X (dont l'une autorisait la saisie et la confiscation administrative des journaux) et contribuèrent à la révolution de Juillet. Pourtant, en dépit de l'existence d'une gauche dynastique, il devint de plus en plus difficile, après 1830, de considérer les libéraux comme des acteurs « de gauche ». D'autant qu'aux mains de Thiers ou de Guizot, le pouvoir se montra volontiers oublieux de ses principes, multipliant les entraves, les poursuites et les procès à l'encontre de la presse d'opposition. Il fallut le Second Empire et sa chape punitive pour que les libéraux, relégués dans l'opposition, se souviennent de leurs engagements initiaux. En 1863, Thiers inclut ainsi la liberté de la presse parmi les cinq « libertés nécessaires ».

Est-ce à dire que seule la gauche républicaine sut demeurer fidèle à la pleine liberté de la presse ? Jusqu'en 1881, principes et pratiques furent loin de concorder, notamment en période de crise ou d'insécurité politique. La Révolution, en un sens, avait donné le ton. Après une phase de liberté absolue, acquise dès la convocation des États généraux, des voix commencèrent à s'élever, à gauche, contre la « liberté excessive » dont bénéficiaient les feuilles hostiles à la marche des événements. Sensible au lendemain de la journée du Champ de Mars, en juillet 1791, ce désir de répression s'affirma surtout au printemps 1792. « L'Assemblée nationale devrait s'occuper à réprimer avec une nouvelle activité tous les ennemis de l'intérieur, à faire punir avec une sévérité prompte et exemplaire tous les écrivains antirévolutionnaires », écrit le 23 avril 1792, *Le Thermomètre du jour*. Peu à peu grandit l'idée, promise à un bel avenir, qu'il fallait pour sauvegarder la liberté accepter de la sacrifier provisoirement. « Jetons pour quelque temps un voile sur la loi et la loi sera conservée et règnera ensuite dans toute sa splendeur. » Au lendemain du 10 août et du massacre du journaliste royaliste Suleau, le Conseil de la Commune prit les premières mesures contre les « empoisonneurs de l'opinion publique ». En septembre 1792, la chute de la monarchie sonna la glas de « la liberté indéfinie de la presse ». On brûla *Le Journal de Paris* et *La Gazette universelle*, et la plupart des titres royalistes ou catholiques cessèrent de paraître. Tandis que le Comité de salut public, désormais à la tête du Bureau d'esprit public, subventionnait les feuilles amies, les hommes de plume, Brissot, Gorsas, Desmoulins, Linguet, Marcandier, se succédaient sur l'échafaud. « Le bourreau était alors le seul journaliste quotidien qui fut en pleine possession de la liberté de la presse », écrit plus tard Chateaubriand dans son *Projet de loi relatif à la police de la presse* (1827). Thermidor calma le jeu, mais on ne retrouva jamais la liberté perdue, et c'est à la République qu'il revint d'organiser le contrôle administratif et financier des journaux. Le Directoire fut particulièrement répressif (la loi du 27 germinal an IV prévoit la peine de mort contre ceux qui appellent à « la dissolution de la représentation nationale » ou au « rétablissement de la royauté »). On s'habitua alors à cet étrange paradoxe : la liberté de la presse, magnifiée par la droite, était perçue comme dangereuse par la gauche. Le régime des journaux ne cessa dès lors de s'alourdir, surtout après fructidor an V (interdictions, arrestations des directeurs et des imprimeurs, contrôle de l'opinion par un « bureau politique »), signe que Bonaparte, qui musela définitivement la presse après le coup d'État de Brumaire, était, ici aussi, un héritier de la Révolution.

Le scénario fut évidemment différent en 1848, dont les premiers mois furent marqués par une indéniable et absolue liberté des journaux. Reste que c'est au ministère républicain formé par Cavaignac au lendemain des journées de Juin qu'il revint de prendre des mesures limitant la liberté de la presse (loi du 11 août 1848) et rétablissant le cautionnement. « Silence aux pauvres ! », s'exclama alors Lamennais, contraint de mettre fin au *Peuple constituant*. En 1871, la Commune de Paris fut encore plus autoritaire. Sans doute le Comité central de la garde nationale déclara-t-il qu'il « respecterait la liberté de la presse ainsi que toutes les libertés ». Mais, indigné des critiques qui lui déniaient le droit de convoquer des élections, il publia le 23 mars un *Avis à la presse* : « Nous ne pouvons pas attenter à la liberté de la presse ; seulement, le gouvernement de Versailles ayant suspendu le cours ordinaire des tribunaux, nous prévenons les écrivains de mauvaise foi auxquels seraient applicables en temps ordinaire les lois de droit commun sur la calomnie et l'outrage, qu'ils seront immédiatement déférés au Comité central de la garde nationale. »

Dans la foulée, *Le Figaro* et *Le Gaulois* furent saisis, *Les Débats, Paris-Journal, La Liberté* et *Le Constitutionnel* mis sous scellés. Seul Vallès déplora une telle décision : « Je suis d'avis que, même dans le brouhaha du canon et en pleine saison d'émeute, on devrait permettre aux mouches d'imprimerie de courir à leur guise sur le papier, et je voudrais que *Le Figaro*, qui longtemps me laissa libre, le fut aussi. » Mais on ne l'écouta pas. En mai, la plupart des titres avaient quitté Paris pour Versailles ou avaient été réduits au silence. La répression toucha même des feuilles amies, comme *La Commune* de Millière, qui défendait une autre conception de la révolution sociale. « En présence de la situation faite à la presse », Rochefort décida de suspendre son *Mot d'ordre*. Le 18 mai, le Comité de salut public interdit toute création nouvelle et assigna les attaques contre la Commune devant la cour martiale. Le 23 mai, l'exécution de Gustave Chaudey, ancien journaliste à *La Presse* et au *Siècle*, symbolisa cette radicalisation.

Aucune réserve, en revanche, ne peut être émise à l'encontre de la loi du 29 juillet 1881, œuvre d'une gauche républicaine désormais assurée du pouvoir, qui garantit aux journaux la législation la plus libérale du monde. Censure, mesures administratives ou entraves financières étaient révoquées à jamais, et les journalistes protégés de l'arbitraire des juges par le renvoi devant les jurys d'assises. Sans doute s'efforça-t-on, dans les années suivantes, de rogner par endroit une liberté qui, beaucoup en convenaient, côtoyaient parfois l'impunité. On correctionnalisa donc certaines infractions, comme les outrages aux bonnes mœurs, et l'on hésita moins à poursuivre certaines publications, comme *Le Père peinard*, pour provocation aux délits et aux crimes. Réactions à la vague des attentats anarchistes, les « lois scélérates » votées en 1893 et 1894 allaient cependant beaucoup plus loin. En faisant de l'anarchisme (dont l'acception demeurait floue) un délit jugé en correctionnelle, elles marquaient le retour aux délits d'opinion, et constituaient une arme susceptible d'être braquée contre tout le mouvement révolutionnaire. On comprend pourquoi leur abrogation fut dès lors périodiquement réclamée à la Chambre par les dirigeants socialistes. Les procès furent particulièrement nombreux à la Belle Époque. Ainsi Gérault-Richard, fondateur du *Chambard*, fut-il assigné en 1895 pour offense au président de la République, et le dessinateur Delannoy condamné en 1908 à dix-huit mois de prison pour une caricature anticoloniale. La provocation à la désobéissance militaire était le principal motif de poursuites. Professeur d'histoire révoqué pour antimilitarisme, Gustave Hervé, qui signait « un sans-patrie » ses articles du *Pioupiou de l'Yonne* puis de *La Guerre sociale*, attira ainsi les foudres de la répression républicaine. Deux ans après son lancement en 1906, *La Guerre sociale* et ses animateurs avaient encouru dix-neuf années de prison et 10 200 francs d'amendes. Quant à Hervé, nouvel « enfermé », il totalisa cent trente-huit mois de prison entre 1905 et 1912. La République disposait également d'autres moyens pour contrôler les journaux. Si leur modestie n'autorisait que des opérations de faible envergure, des « fonds secrets » furent régulièrement distribués aux journaux qu'on souhaitait amadouer. À Paris, la préfecture de police savait aussi comment contrôler, voire susciter de toutes pièces des feuilles révolutionnaires, comme ce fut le cas en 1881 avec *La Révolution sociale* de Louise Michel ou en 1918 avec *Le Bolchéviste* de Georges Anquetil. Inhérentes à l'exercice de tout pouvoir, ces quelques atteintes ne doivent cependant pas faire oublier l'essentiel : fidèle à ses engagements, la IIIe République assura aux journaux une large et très généreuse liberté, que bien peu d'autres États étaient alors disposés à offrir.

La contrainte et l'épreuve

Par-delà les principes, dont la plasticité peut se révéler infinie, c'est surtout à l'aune d'une série d'expériences politiques qu'il convient de comprendre cet exceptionnel libéralisme. Car l'histoire de la gauche, et plus encore celle des républicains, fut tout au long du XIXe siècle celle d'incessantes poursuites, tracasseries, vexations, humiliations, dont les journaux étaient l'objet ou le prétexte. Persuadées que l'opinion, selon le mot de Balzac, « se fabrique avec de l'encre et du papier », les monarchies censitaires érigèrent contre la presse d'opposition un dispositif particulièrement contraignant, fait de censure (pourtant abolie « à jamais » par la Charte de 1830), d'entraves administratives et d'astreintes financières (droit de timbre, cautionnement), voire de nouveaux délits comme celui de « tendance », qui ressuscita en 1822 le délit d'opinion. Au total, dix-huit lois furent votées en trente-trois ans, ce qui traduisait à la fois une forte croyance politique et son évidente impuissance. Un jeu subtil en résulta, qui poussait toujours à contourner ou à braver la répression. Dans cette longue épreuve se forgea l'esprit républicain, et nombre de convictions d'hommes de gauche.

Il fallait d'abord accepter l'amputation de ses textes, pratique habituelle sous la Restauration. « Ils ne se lassent pas plus d'envoyer de mauvais articles qu'on ne se lasse de les rayer », note en 1826 un fonctionnaire du Bureau de la presse. L'extrême vitalité de la presse d'opposition engageait cependant le pouvoir à frapper davantage. Les pressions furent donc constantes sur les directeurs, les journalistes ou les imprimeurs, dont le brevet était toujours à la merci d'un arrêté préfectoral. La presse républicaine, renaissante, fut particulièrement visée. Elle n'en mena pas moins une active résistance de plume qui, souvent en relation avec les sociétés secrètes, défiait constamment la censure. C'était le cas de *L'Ami de la Charte*, publié à Nantes par l'imprimeur-rédacteur Victor Mangin, de *La France méridionale* à Toulouse, du *Pilote* à Poitiers, de *L'Indépendant des Deux-Sèvres* à Niort. Les tensions furent particulièrement vives à la fin de la Restauration, notamment contre des titres comme *La Révolution*, « journal des intérêts populaires » lancé par Anthony

Thouret, *La Jeune France* ou encore *Le Patriote*, où écrivait Armand Marrast. Mais les « bigarrures » du *Figaro* contre le ministère Polignac valurent aussi à son directeur, Victor Bohain, six mois de prison. Et l'on sait le rôle joué par les feuilles libérales (*Le Globe, Le Constitutionnel* et surtout *Le National*, fondé en janvier 1830 par Armand Carrel) durant les Trois Glorieuses.

Née sous le signe de la liberté et de la « protestation des journalistes », la très libérale monarchie de Juillet ne fut pourtant pas longue à renouer avec la répression. Assignations, saisies, procès, se multiplièrent bientôt contre les journaux républicains. Le 26 octobre 1833, *Le National* publia un tableau qui recensait les procès intentés à la presse « radicale » par le nouveau régime : 86 contre *La Tribune* de Marrast, 32 contre *La Révolution*, 12 contre *Le National*, 7 contre *La Caricature*, et plus de 127 contre les feuilles départementales. Les journaux républicains répondirent par la constitution de comités et d'associations de défense. À Paris se forma un Comité d'action central (on y retrouve Cabet, Marrast, Carrel, Garnier-Pagès) chargé de recenser les attaques, de préparer la défense devant les tribunaux et de soutenir les prisonniers. Partout, des *Patriotes* (*de l'Allier, du Puy-de-Dôme, de la Côte-d'Or*, etc.) rendaient compte de ces efforts. « La liberté est opprimée par une minorité insolente qui traite de factieux la majorité des Français quand ils revendiquent leurs droits », lit-on dans *Derniers Cris de la presse populaire*. De 1830 à 1841, la cour d'assises de la Seine prononça 244 condamnations pour délits commis « par voie de publication », et le tribunal correctionnel de la Seine plus de 340. Si des feuilles de droite comme *La Quotidienne* ou *La Gazette de France* furent souvent poursuivies, la répression frappa surtout les journaux républicains, comme *La Révolution de 1830* de Fazy et Thouret, *Le National, La Caricature, Le Charivari* ou *La Tribune*. Fondée en 1829 par les frères Fabre et devenue au début de la décennie 1830 le principal organe républicain, *La Tribune* collectionnait les poursuites et les procès. En avril 1834, la police investit les locaux et arrêta tous les journalistes. Mais la combativité des journaux de gauche était alors extrême. Alors que Marrast publiait chez Pagnerre son *Paris révolutionnaire*, *La Tribune* renaissait sous la houlette de son gérant, Germain Sarrut, avant de succomber finalement le 11 mai 1835 sous le poids des amendes qui s'élevaient à 150 000 francs. Carrel, lui, relançait *Le National de 1834*.

En dépit de leur rigueur, les lois de septembre 1835 ne parvinrent pas, elles non plus, à briser le journalisme d'opposition. La vie, certes, devenait difficile, entrecoupée de plaintes, de saisies, de procès, et de très nombreux titres, surtout dans les départements, étaient réduits à une existence de *canards*, au titre fluctuant et à la périodicité incertaine. Le régime, surtout, se durcit. En 1841, à la suite de l'arrestation du rédacteur en chef du *Journal du Peuple*, accusé de « complicité morale » dans un complot antiroyal, une protestation réunit légitimistes, républicains et opposition dynastique. Selon un relevé publié en 1843, le total des amendes s'élevait alors à la somme « fabuleuse » de

1 520 000 francs, condamnant au silence de nombreux périodiques. Ainsi *L'Atelier*, organe ouvrier pourtant hostile à la révolution sociale, mais accusé par le pouvoir d'inciter « à la haine entre les diverses classes de la société », disparut-il en juillet 1850, faute de pouvoir s'acquitter du cautionnement de 18 000 francs exigé par l'administration. Mais la résistance perdurait au *National* de Marrast ou à *La Réforme*, journal républicain lancé en 1843 par Ledru-Rollin, Flocon, Cavaignac et d'autres, et qui constitua l'un des fers de lance de la révolution de 1848.

Passé l'intermède de la IIe République, le régime impérial marqua le retour aux pratiques répressives, contribuant à souder dans une commune culture de la résistance les futures élites républicaines. Dès décembre 1851, l'état de siège provoqua la disparition de nombreuses feuilles et l'arrestation de journalistes. Mis en œuvre en février 1852, durci après l'attentat d'Orsini en janvier 1858, le nouveau régime de la presse constitua un « chef-d'œuvre d'habileté oppressive », le plus arbitraire et despotique du siècle. Amendes, sanctions, avertissements, suspensions, suppressions, pleuvaient sur des journaux considérés comme des puissances privées et aristocratiques, tandis que la VIe chambre du tribunal de la Seine, menée par le terrible procureur Pinard, multipliait les poursuites. « La terreur planait sur tous les journaux », se souvient Taxile Delord, et jamais directeurs et rédacteurs n'avaient autant « tourné ». L'histoire de la presse d'opposition tient alors du martyrologe. C'est le cas de petites feuilles départementales comme *La Gazette du Languedoc*, *L'Union de l'Ouest*, *Le Phare de la Loire*, ou de titres plus prestigieux comme *La Presse*, *Le Temps* ou surtout *Le Siècle*, devenu entre-temps le principal organe de la gauche républicaine. Les journaux satiriques étaient particulièrement visés, et l'on sait que le Rocambole de Gill, dont les traits évoquaient ceux de Napoléon III, mit fin à la carrière de *La Lune*.

L'Empire « libéral » n'adoucit que très modérément ces pratiques, malgré la loi sur la presse du 11 mai 1868 qui supprime l'autorisation préalable et les avertissements. En 1865, *La Rive gauche* essuya toutes les formes de coercition : administrative, financière, typographique (elle dut aller se faire imprimer à Bruxelles), avant de voir sa rédaction dispersée, son gérant poursuivi, son directeur emprisonné. En 1867, 17 responsables de journaux furent condamnés pour contravention à la loi sur la publication des comptes rendus des Chambres. Lancé le 1er juin 1867, *La Rue*, le premier journal de Vallès, constitue un bon exemple de ce journalisme de combat. Le premier numéro ne fut distribué ni chez les libraires ni dans les kiosques ; le sixième fut interdit de vente sur la voie publique ; le vingt-sixième suscita une descente de police, pour cause de dessin de Gill ; le vingt-septième fut saisi à l'imprimerie, car Courbet y dessinait Proudhon sur son lit de mort. Quelques semaines plus tard, le gérant Scipion Limozin fut condamné à 600 francs d'amende et à trois mois de prison. Le n° 34, qui contenait des citations de Proudhon, ne trouva pas d'imprimeur, ce qui entraîna la disparition du journal en janvier 1868.

Mais Vallès, déjà, s'apprêtait à lancer *Le Réfractaire*, qui vécut trois numéros. *La Lanterne*, elle, fut saisie dès sa seconde livraison, en 1868, et Rochefort, son directeur, dut se réfugier à Bruxelles à compter de la onzième. Le record, cependant, appartient à *La Marseillaise* : quatre-vingt-six mois de prison et 18 000 francs d'amende en six mois.

On recouvra la liberté le 4 septembre 1870, mais l'étrange République qui émana de l'assemblée de Bordeaux s'employa rapidement à en mesurer l'usage, surtout après la Commune qui réactiva la peur sociale (rétablissement du cautionnement en juillet 1871, réglementation de la vente sur la voie publique), et plus encore après la chute de Thiers le 24 mai 1873. « L'heure est venue de reprendre de ce côté l'autorité et l'influence qu'une affectation de neutralité indifférente avait détruites », écrit en juin 1873 le ministre de l'Intérieur Beulé. Dans les dix-huit mois qui suivirent, le gouvernement d'Ordre moral supprima 28 journaux républicains, en suspendit 20 autres et prononça 173 interdictions de vente sur la voie publique, ce nouvel instrument de l'arbitraire administratif. Un ultime effort eut lieu durant la crise du 16 mai 1877, sous l'impulsion de la Direction de la presse dirigée par Léon Lavedan. Près de 2 000 poursuites furent alors engagées pour délits de presse, de colportage ou de librairie, dont certaines à l'encontre de personnalités célèbres comme Gambetta. Réuni dans un Comité général de résistance et de propagande, qui comptait quelques grandes figures de la presse du temps (Hébrard du *Temps*, Vaquerie du *Rappel*, Edmond About du *Dix-neuvième siècle*, Girardin), les journaux républicains firent bloc contre une répression qui ne parvint pas à entamer leur cohésion.

LES « AFFOLÉS DU JOURNALISME »

Ces expériences furent décisives. Une sensibilité en naquit qui, entre censure et liberté, provocation et répression, forgea des convictions, des pratiques, une culture, qui furent au XIXe siècle celles de l'opposition de gauche, et influèrent évidemment sur l'élaboration de la loi de 1881. La contrainte et l'épreuve pesèrent d'abord sur l'écriture. Écrire dans les journaux était une nécessité, non seulement pour donner forme et vie à ses idées, mais aussi pour répondre aux exigences de périodicité peu à peu imposées par l'entrée du pays en régime « médiatique ». Il fallait donc écrire, investir jour après jour l'espace imprimé, tout en esquivant les lois, les décrets, les avertissements, les poursuites, qui tombaient en cascades. L'autocensure fut bien sûr un réflexe. « C'était souvent le rédacteur en chef qui assumait la responsabilité de cette castration », écrit en 1866 l'éditeur Lemer. Mais il fallait aussi faire entendre sa voix. D'où un subtil mélange de retenues et de hardiesses, de défis et de parades, qui circonscrivent un style. Tout un art s'y exprima, celui du sous-entendu et du présupposé, de l'insinuation mouchetée, de l'anecdote et du propos voilé. Dans cet habile jeu d'escrime, l'humour fut une arme décisive, et l'image satirique un instrument majeur. Du *Charivari* à *La Caricature*, du *Corsaire* à *La Lorgnette* ou à *La Lune*, circula un constant discours de résistance, d'autant plus efficace qu'il s'exprimait par l'ironie, le sarcasme, l'impertinence. Que l'on songe aux croquis de Daumier, de Grandville, de Cham, ou bien sûr à la très célèbre « poire » de Philippon, monument d'irrespect et formidable arme politique. Une même attitude traversait également les journaux dits « littéraires », refuges naturels de bien des interdits de la « grande presse » politique.

Mais ce genre de propos n'excluait pas les attaques plus directes, et parfois radicales, que telle feuille ou tel journaliste, excédés, se décidaient parfois à porter. *Le National de 1834* se laissa volontiers aller à ce type d'explosions ou d'envolées polémiques, dont Rochefort, qui s'autoproclama ennemi personnel du clan « Badinguet », se fit le spécialiste sous le Second Empire. L'horizon répressif fonctionnait alors comme une sorte d'aiguillon, incitant, par défi ou par provocation, au coup d'éclat. C'est le cas en janvier 1870, après l'assassinat du journaliste Victor Noir par le prince Pierre Bonaparte, cousin de l'empereur. « J'ai eu la faiblesse de croire qu'un Bonaparte pouvait être autre chose qu'un assassin, écrit alors Rochefort dans *La Marseillaise*. J'ai osé imaginé qu'un duel loyal était possible dans cette famille où le meurtre et le guet-apens sont de tradition et d'usage... Voilà dix-huit ans que la France est entre les mains ensanglantées de ces coupe-jarrets qui, non contents de mitrailler les républicains dans les rues, les attirent dans des pièges immondes pour les égorger à domicile. » Évidemment, Rochefort fut arrêté le lendemain, et tous les rédacteurs de *La Marseillaise* avec lui. Mais on perçoit la portée à la fois jubilatoire et libératoire qu'un tel texte suscita dans les rangs de la gauche. Tout comme le duel, auquel les journalistes s'adonnèrent avec frénésie (la rencontre qui opposa Carrel et Girardin en 1836 ou l'affrontement entre Rochefort et Cassagnac en 1867 appartiennent aux grandes heures de la presse du XIXe siècle), l'insulte politique s'épanouit dans ce contexte. Ce « sont les protestations des captifs dans leur cage », note Vallès dans *La Rue* en 1869.

Saisies, perquisitions, arrestations façonnèrent ainsi toute une culture journalistique et politique. Véritables tribunes de l'opposition, les procès y occupaient une place centrale. Car l'article injurieux, diffamatoire ou tout simplement audacieux ne faisait vraiment sens qu'au regard du procès auquel il ne manquerait pas de donner lieu, et duquel on attend bien sûr l'acquittement justicier. Ceux de Carrel constituèrent « une grande victoire pour la presse, une haute consécration de ses droits ; c'est aussi une sévère leçon donnée au pouvoir », écrit *Le Messager* en 1834. Mais la condamnation pouvait aussi valoir pour acte politique. Ainsi les souscriptions fréquemment ouvertes pour acquitter les amendes fonctionnèrent comme des manifestations de solidarité qui soudèrent l'opposition républicaine. La prison constituait également une expérience capitale. Girardin, Nefftzer, Vaquerie fréquentèrent la Conciergerie, Vallès, Jules Lermina ou Victor Noir demeurèrent à Mazas, et tous furent des familiers du Pavillon des princes, à Sainte-Pélagie, sorte d'académie de l'ombre où siégeait l'élite des journalistes de gauche. C'est là que Rochefort rédigea ses « Lettres de la Bastille » pour *La Marseillaise*, et que Vallès fonda en décembre 1868 *Le Journal de Sainte-Pélagie*, quotidien autographe. « Ce journal paraîtrait à chaque incarcération de journaliste, c'est-à-dire tous les jours ou à peu près », ironisa *Le Charivari*. Les exilés, eux, publièrent de Londres *Le Proscrit, journal de la République universelle*, qui témoignait d'une autre manière de l'extrême vitalité de la presse de gauche.

Une sorte de relation intime, presque charnelle, se noua ainsi entre la gauche, la presse et sa liberté. Suivons Vallès une dernière fois, lui dont le premier séjour à Paris, en 1848, fut soudainement illuminé par la visite d'une imprimerie, rue Coq-Héron. Son engagement politique, dès lors, ne put jamais se défaire d'une tenace « odeur de résine et d'encre fraîche ». Dès qu'il le put, il fonda un journal, vouant sa vie entière à la liberté et à la presse, toujours confondues. Au XIXe siècle, toute la gauche est à son image, « grisé par l'odeur de l'encre d'imprimerie, grisé de cette ivresse qui prend, au cerveau et au cœur, les affolés du journalisme ». Parvenus au pouvoir à l'aube des années 1880, ces hommes ne furent pas toujours les champions d'un libéralisme absolu, et l'on put voir la République prendre quelquefois des libertés avec les libertés. Mais ce ne fut pas le cas pour celle de la presse, acquis fondamental des combats du XIXe siècle.

RÉFÉRENCES BIBLIOGRAPHIQUES

BELLANGER Claude, GODECHOT Jacques, GUIRAL Pierre et TERROU Fernand (1969-1976), *Histoire générale de la presse française*, PUF, 4 vol., Paris.

BELLET Roger (1967), *Presse et journalisme sous le Second Empire*, Armand Colin, Paris.

— (1987), *Jules Vallès. Journalisme et Révolution*, Du Lérot, Tusson.

— (1995), *Jules Vallès*, Fayard, Paris.

CUVILLIER Armand (1954), *Un journal d'ouvriers, L'Atelier : 1840-1850* (1919), Éditions ouvrières, Paris.

DELPORTE Christian (1999), *Les Journalistes en France, 1880-1950. Naissance et construction d'une profession*, Seuil, Paris.

GILMORE Jeanne (1997), *La République clandestine, 1818-1848*, Aubier, Paris.

HEURÉ Gilles (1997), *Gustave Hervé. Itinéraire d'un provocateur*, La Découverte, Paris.

LABROSSE Claude et RÉTAT Pierre (1989), *Naissance du journal révolutionnaire, 1789*, Presses universitaires de Lyon, Lyon.

Ledré Charles (1964), *La Presse à l'assaut de la monarchie*, Armand Colin, Paris.

Machelon Jean-Pierre (1976), *La République contre les libertés ? Les restrictions aux libertés publiques de 1879 à 1914*, PFNSP, Paris.

Maitron Jean (1955), *Le Mouvement anarchiste en France*, Maspero, 2 t., Paris.

Martin Marc (1997), *Médias et journalistes de la République*, Odile Jacob, Paris.

Palmer Michael (1983), *Des petits journaux aux grandes agences. Naissance du journalisme moderne (1863-1914)*, Aubier, Paris.

Popkin Jeremy D. (1990), *Revolutionary News. The Press in France, 1789-1799*, Durham & London, Duke University Press, Londres.

Régnier Philippe [dir.] (1991), *La Caricature entre République et censure*, Presses universitaires de Lyon, Lyon.

Thérenty Marie-Ève et Vaillant Alain (2001), *1836. L'An I de l'ère médiatique. Analyse littéraire et historique de* La Presse *de Girardin*, Nouveau Monde Éditions, Paris.

Weill Georges (1928), *Histoire du parti républicain en France, 1814-1870*, Alcan, Paris.

— (1934), *Le Journal. Origines, évolution et rôle de la presse périodique*, La Renaissance du livre, Paris.

IV

Problèmes et débats des gauches

22

La gauche et l'idée révolutionnaire au XIXe siècle

PIERRE LÉVÊQUE

L'UTILISATION DES CONCEPTS de gauche et de droite pour baliser le champ politique est née dans l'été 1789 de l'opposition, à l'Assemblée constituante, entre partisans et adversaires de ce que l'on commençait à appeler la Révolution. Tout au long du XIXe siècle, la gauche française ne cesse de se référer à cette période originelle, presque toujours avec une connotation positive. À droite, la Révolution est également très présente, mais alors que les traditionalistes la réprouvent, orléanistes et bonapartistes (passés, les premiers après 1830, les seconds vingt ans plus tard, du côté de l'Ordre établi) en revendiquent les principes.

LA RÉVOLUTION COMME HÉRITAGE ET COMME MODÈLE

Très rares sont ceux qui ignorent ou minimisent sa portée. Impressionnée par la soudaineté de son irruption, la brutalité et l'ampleur des changements qu'elle a provoqués, la mémoire collective a retenu ses principaux aspects : politique — elle a mis fin à l'absolutisme monarchique et donné pour seul fondement légitime au pouvoir la souveraineté de la nation — ; religieux — elle a rompu le lien séculaire entre l'État et l'Église catholique et garanti la liberté des cultes — ; social — elle a aboli les ordres et les corps et établi l'égalité de tous les individus devant la loi — ; universaliste enfin — les droits qu'elle a proclamés sont valables pour tous les hommes, et la priorité de la France lui confère, aux yeux des fidèles des idées nouvelles, une « mission libératrice » en Europe et dans le monde.

Au XIXe siècle, cette mémoire est d'autant plus présente et vivante que l'héritage révolutionnaire n'apparaît pas comme définitivement acquis. L'Église catholique condamne les principes de 1789, et nombreux sont les notables, grands propriétaires nobles surtout, qui, nostalgiques de l'Ancien Régime, souhaitent, sinon le rétablir, du moins reconstituer une société hiérarchisée, protégée par un pouvoir royal fort et sanctionnée par une religion d'État. La défaite des ultras en 1830 ne marque pas la fin de ces rêves et de ces ambitions, dont la persistance explique la volonté couramment exprimée par la gauche de défendre l'œuvre de la Révolution. Une œuvre que, par ailleurs, beaucoup de ses partisans jugent inachevée. Certains reprochent aux hommes de 1789 leur incapacité à doter la France nouvelle d'institutions politiques stables. D'autres, comme Jules Michelet et Edgar Quinet, regrettent qu'ils n'aient pas eu l'audace de compléter la transformation de l'État et de la société par une régénération religieuse capable d'imprégner en profondeur les esprits et les cœurs. D'autres encore estiment que l'égalité proclamée est restée purement formelle : les efforts accomplis sous la Convention pour lui donner un contenu social en réduisant les écarts de fortune ont été interrompus après Thermidor ; il faudrait les reprendre et les mener à bien dans l'intérêt des classes défavorisées.

Mais le legs de la Révolution n'est pas seulement son œuvre, qu'il s'agit de défendre, de continuer ou de compléter. C'est aussi le processus historique lui-même : la prise du pouvoir par un « parti » (les « patriotes » en 1789, les « jacobins » en 1792) s'appuyant sur une insurrection du « peuple de Paris », secondée, approuvée ou acceptée par l'ensemble de la nation, a permis la réalisation rapide par une assemblée souveraine d'un véritable bouleversement des structures politiques et sociales. Sans toujours analyser les facteurs multiples et complexes qui conditionnent le succès d'un tel processus, nombre d'hommes de gauche tirent avant tout de cette expérience extraordinaire une leçon de volontarisme : ils croient possible, pour atteindre leur but, de réutiliser le « modèle » de 1789-1792, de prendre le contrôle de l'État, au besoin par la force, pour réaliser sans délai les changements auxquels ils aspirent. Par quelles méthodes ? En 1793-1794, les montagnards, et parmi eux les jacobins, adeptes de la démocratie politique et d'une plus grande égalité sociale, ont eu recours à la dictature et à la Terreur pour faire face à l'invasion étrangère et à la guerre civile et pour éliminer les opposants à l'ordre nouveau. Répression massive et souvent aveugle, qui a engendré un traumatisme durable, et à laquelle les ennemis de la République ne manqueront pas, tout au long du XIXe siècle, d'assimiler celle-ci. Les héritiers de la Révolution ne pourront donc éviter de prendre position sur l'expérience de l'an II, qu'on les accuse de vouloir renouveler.

Défense de l'héritage révolutionnaire

Aux yeux de beaucoup de ses adversaires (anciens jacobins, libéraux ou bonapartistes), la monarchie restaurée en 1814 (puis, après Waterloo, en

1815) est privée de toute légitimité : elle a été imposée par l'étranger ; la Charte, qui repose sur l'affirmation de la souveraineté du roi (n'a-t-elle pas été « octroyée » par celui-ci ?) n'a pas été soumise à l'approbation de la nation, à la différence des Constitutions républicaines et impériale ; enfin des menaces de rétablissement de l'Ancien Régime social et religieux paraissent émaner d'une partie de la noblesse et du clergé. Contre cette résurrection, réelle ou fantasmée, du passé, le retour de Napoléon de l'île d'Elbe s'inspire clairement de l'idée révolutionnaire, comme le montre sa proclamation aux Français : « Élevé au trône par votre choix, tout ce qui a été fait sans vous est illégitime… J'arrive parmi vous reprendre mes droits, qui sont les vôtres » (*Le Moniteur*, 21 mars 1815). L'emploi de la force est parfaitement justifié, puisqu'il s'agit de mettre fin à un régime qui bafoue la souveraineté nationale. L'empereur reconquiert le pouvoir grâce au ralliement progressif de l'armée, mais aussi à un large mouvement populaire dans une partie du pays. Il se présente comme le garant des conquêtes sociales de 1789 et de l'indépendance de la France. Et il soumet l'Acte additionnel aux Constitutions de l'Empire, d'inspiration libérale, à l'approbation de la nation.

Après l'échec de cette tentative et la répression de 1815-1816, les opposants à la Restauration acceptent, dans la pratique, le compromis entre les « deux France » que représente en réalité la Charte, et que complète la législation sur les élections et la presse adoptée en 1817 et 1819. Mais le tournant de 1819-1820 et le retour progressif au pouvoir des ultraroyalistes font renaître presque immédiatement la volonté de défendre par tous les moyens les principes libéraux inscrits dans le texte de 1814. Au printemps de 1820, le projet de modification de la loi électorale de 1817, instituant le double vote des plus riches, met le feu aux poudres. La presse libérale réagit très vivement. Pour Étienne, « il n'est pas moins périlleux pour les rois de reprendre les Constitutions qu'on a reçues d'eux que de ne pas donner celles qu'ils ont promises » (*La Minerve*, 23 mars 1820). Cauchois-Lemaire est encore plus menaçant : « Le pacte est déchiré ; le régime légal a disparu ; l'arbitraire règne en son nom propre ; la France est poussée à une révolution » (*Bibliothèque historique*, avril 1820). Une partie des adversaires du régime lui dénient à nouveau toute légitimité et s'estiment en droit de le renverser par la force : c'est l'objectif de la Charbonnerie, société secrète dont l'état-major est formé de grands notables libéraux tels que La Fayette, Voyer d'Argenson et Manuel, tandis que la masse des adhérents appartient aux cadres moyens et inférieurs de l'armée (plutôt bonapartistes) et à la petite et moyenne bourgeoisies des professions libérales et du commerce (plutôt républicaine). L'action envisagée est un *pronunciamiento* appuyé par des civils armés, le but immédiat l'élection par les « assemblées primaires » d'une Constituante appelée à choisir le régime futur de la France. Désapprouvé par les libéraux les plus modérés (Benjamin Constant, Casimir Périer, Jacques Laffitte), ce projet clairement révolutionnaire a connu un échec total en 1821-1822. De 1823 à 1830, la plupart des opposants se contentent d'une action légale : propagande écrite et orale, et participation, couronnée de succès, aux élections.

Le mouvement de juillet 1830 répond, quant à lui, à une agression caractérisée contre l'esprit de la Charte, puisque les ordonnances royales publiées le 26 juillet cassent les élections toutes récentes, suspendent la liberté de la presse et modifient drastiquement la loi électorale au profit de la grande propriété foncière, essentiellement nobiliaire. Sans recourir, bien sûr, à la formule inscrite dans la Constitution de 1793, les défenseurs les plus résolus des principes de 1789 invoquent en fait le droit à l'insurrection. Pour *Le National* (édition spéciale du 26 juillet), la France « retombe en révolution par le fait même du pouvoir. Jetée malgré elle hors des voies de la légalité, elle est menacée de n'y plus rentrer que par des tempêtes... L'avenir est remis à l'énergie individuelle des citoyens. » Rédigée le même jour par Adolphe Thiers et Charles de Rémusat, la protestation des journalistes va dans le même sens : « Dans la situation où nous sommes placés, l'obéissance cesse d'être un devoir. » La plupart des députés libéraux présents à Paris se montrent beaucoup plus timides. Mais le « peuple » de la capitale (un ensemble de petits bourgeois, d'étudiants, de boutiquiers, d'artisans et d'ouvriers) s'engage dans une lutte armée bientôt victorieuse (grâce, en particulier, à des défections dans la troupe), inspirée par une hostilité prononcée à tout ce qui rappelle l'Ancien Régime et par la « noire passion patriotique » (Rémusat) que suscite toujours une monarchie issue de la défaite de 1815. La légitimité de cette révolution est encore affirmée devant les députés quelques jours après sa victoire le 6 août 1830 par Benjamin Constant : « Un peuple digne de la liberté doit se soulever contre la violation de ses droits » [Rosanvallon, 1994, p. 334].

Démocratie et révolution

D'accord pour engager et soutenir une action insurrectionnelle contre la violation de la Charte, ou à tout le moins pour l'approuver après coup, les vainqueurs de 1830 sont divisés quant à la signification profonde de l'événement et aux conséquences qu'il convient d'en tirer. Doctrinaires et libéraux conservateurs voient dans les Trois Glorieuses l'épisode final d'une lutte séculaire entre l'aristocratie et la « classe moyenne » : la victoire de celle-ci, porteuse de l'intérêt général et apte à incarner la « souveraineté de la raison », représente une sorte de fin heureuse de l'histoire de France. Elle disqualifie par avance toute nouvelle tentative révolutionnaire. Conversant avec Odilon Barrot, Casimir Périer s'efforce même d'occulter les aspects subversifs des journées de Juillet : il ne s'agissait pas d'« une révolution », mais d'« un simple changement dans la personne du chef de l'État » (Barrot, *Mémoires*, t. I, p. 215). Conscients des espérances qu'a fait naître la victoire populaire chez ceux qui l'ont remportée, les hommes du « Mouvement » estiment au contraire que 1830 doit marquer le point de départ d'une évolution démocratique, conduite dans le respect de la légalité et seule susceptible — Barrot le dit clairement à Casimir Périer — d'écarter la menace d'une révolution nouvelle. Au départ, bien des républicains ont accepté cette stratégie. Mais l'attitude fermement négative des conservateurs au pouvoir les amène à se tourner vers le grand exemple de 1792. Au nom de la souveraineté nationale, ils en viennent à contester la légitimité du régime censitaire et oligarchique de Juillet. Seule une République fondée sur l'égalité politique, c'est-à-dire sur le suffrage universel, peut garantir l'adéquation entre l'action du gouvernement et la volonté populaire, et ouvrir la voie aux réformes sociales qui s'imposent. Comment y parvenir ? Nombre de leaders républicains privilégient l'action légale, par la propagande et l'organisation de sociétés autorisées ou tolérées. C'est le cas de Godefroy Cavaignac, d'Ulysse Trélat (« Le temps de la Charbonnerie et des sociétés secrètes est passé... : le plus puissant moyen d'action est la publicité ») [Weill, 1928, p. 41] ou encore de François-Vincent Raspail. En 1842, dans son introduction au *Dictionnaire politique* de Duclerc et Pagnerre, Garnier-Pagès aîné est lui aussi très explicite : « Dans les pays où l'on jouit de la liberté, sans cependant posséder l'égalité des droits, on ne doit recourir à l'insurrection qu'à la dernière extrémité, et l'on ne doit point conspirer » [*ibid.*, p. 52]. Quelques années plus tard, Hippolyte Carnot va encore plus loin dans sa brochure *Les Radicaux et la Charte* (1847) : celle-ci contient « les éléments d'une démocratie propre à satisfaire les esprits libéraux, grâce à des réformes progressives ». La participation de républicains à la campagne des banquets pour la réforme électorale et parlementaire procède d'une attitude comparable.

Toutefois, d'autres militants en sont venus très rapidement à l'action violente, préparant dans des sociétés secrètes la prise du pouvoir selon le modèle du 10 août 1792 (ou de juillet 1830) par une insurrection parisienne qui serait approuvée, voire soutenue dans le reste du pays. En juin 1832, ils ont cru bénéficier d'une conjoncture favorable, et d'un événement, les obsèques du général Lamarque, facilitant une mobilisation populaire : ni les principaux dirigeants du « parti » ni la masse du « peuple de Paris » ne les ont suivis. En avril 1834, ils croient retrouver, d'une certaine façon, la situation de 1830 : il s'agit de répondre à une « agression » du gouvernement (le durcissement de la loi sur les associations), contre laquelle *La Tribune* a appelé dès le 20 mars à la désobéissance (« Qui empêchera que le peuple ne se lève par masses ? Quand le droit est violé dans la légalité, c'est dans les faits qu'il faut en puiser à nouveau la source »). Une fois encore, et malgré l'existence d'une organisation relativement structurée, la Société des droits de l'homme, l'échec est total à Paris, à Lyon et ailleurs. En mai 1839 enfin, l'émeute déclenchée à l'improviste par la société secrète des Saisons n'exerce aucun effet d'entraînement. Dans les années 1840, le projet insurrectionnel paraît ne survivre que dans des groupements squelettiques. Mais il reste présent, à l'arrière-plan, dans la mentalité populaire parisienne, comme le montrent les journées de février 1848.

Dans l'histoire des rapports entre la gauche et l'idée révolutionnaire, la IIe République marque un tournant important. Certes, elle est née du succès total et inattendu d'un soulèvement dans la capitale, explicable à la fois par un mécontentement largement répandu (les classes pauvres souffrent encore des séquelles de la crise de 1846-1847 ; la petite bourgeoisie s'exaspère du refus obstiné de la « réforme ») et par le sanglant incident du 23 février au soir (la fusillade du boulevard des Capucines), l'adhésion générale de la province révélant au surplus la faiblesse de l'implantation du régime. Mais l'essentiel est ailleurs. Dès le 26 février, le Gouvernement provisoire décide l'abolition de la peine de mort en matière politique : mesure inspirée par l'humanitarisme, mais surtout par la volonté de manifester la rupture de tout lien entre la République et la Terreur. Sous la monarchie de Juillet, une partie de l'extrême gauche (Blanqui, le robespierriste Laponneraye) exaltait le régime d'exception de l'an II ; un radical comme Ledru-Rollin voyait dans la dictature jacobine une nécessité pour le salut de la Révolution et de la France, mais ajoutait que l'évolution des mœurs et des idées la rendait désormais sans objet. C'est le sens du décret du 26 février : la République gouvernera par la loi et non par la force. Le décret du 2 mars instituant le suffrage universel masculin va dans le même sens. Son application doit mettre un terme à la division de la société en classes pouvant devenir antagonistes : « À dater de cette loi, il n'y a plus de prolétaires en France », proclame le 19 mars le Gouvernement provisoire. Désormais, le peuple est en mesure d'exercer pleinement et réellement sa souveraineté, ce qui ouvre une voie pacifique à toutes les réformes. C'était, dès 1840, le point de vue du Comité central réformiste de Paris : « Le suffrage universel, loin d'affaiblir les garanties de tranquillité, aura au contraire pour effet certain de clore à jamais l'ère des révolutions » [Rosanvallon, 1993]. Fondement d'une légitimité absolue pour le régime qui le pratique, il exclut à l'avenir tout usage de la violence, toute insurrection, toute stratégie révolutionnaire. C'est ce qu'exprime la gravure célèbre qui représente un ouvrier tenant d'une main un bulletin de vote et déposant de l'autre son fusil : « Ça, c'est pour l'ennemi du dehors ; pour le dedans, voici comme l'on combat loyalement les adversaires. » Aussi l'élection de l'Assemblée constituante, les 23 et 24 avril, a-t-elle pris l'allure d'une solennité consacrant l'unité de la nation. Les révolutions de 1789, de 1830, de 1848 demeurent un héritage politique et socioculturel volontiers célébré : elles ne seront plus jamais, pensent la plupart des républicains, un exemple à suivre. L'insurrection a pu être nécessaire et salutaire contre des régimes oppressifs : elle est devenue un crime.

Très vite cependant, la mise en œuvre de cette conception s'est heurtée à des problèmes parfois dramatiques. Dès le printemps 1848, l'Assemblée nationale, à majorité modérée et conservatrice, se voit contestée par l'extrême gauche au nom de l'accomplissement de ce que celle-ci considère comme les « promesses » politiques et surtout sociales (l'organisation du travail) de Février : ce sont successivement l'invasion et la « dissolution » (manquée) de l'Assemblée le 15 mai, puis la terrible insurrection ouvrière de juin. La fermeté répressive de presque tous les républicains s'explique non seulement par des raisons sociales (la crainte du « communisme »), mais par la foi toute neuve dans la légitimité totale d'un pouvoir représentant l'ensemble de la nation. En 1850, le problème est foncièrement différent. La majorité monarchiste de l'Assemblée législative a porté atteinte au suffrage universel par des conditions restrictives qui éliminent près d'un électeur sur trois. Comment réagir ? Une minorité (les leaders en exil, la « Nouvelle Montagne ») estime justifié le recours, le moment venu, à l'action insurrectionnelle, et sa préparation par des sociétés secrètes. La plupart des républicains, modérés ou démocrates-socialistes, s'en tiennent à la protestation légale, par la propagande et les pétitions, certains cultivant cependant l'espoir qu'au jour du scrutin, tous les citoyens, y compris les exclus, se présenteront et pourront voter...

Mais le 2 décembre 1851, c'est le coup d'État bonapartiste, violation flagrante de la Constitution accompagnée de la suppression des libertés fondamentales : pour nombre de représentants et de militants qui se réfèrent au texte constitutionnel lui-même, l'insurrection s'impose comme seul moyen de résistance à l'oppression ; mais elle reste très minoritaire et donne lieu à une sévère répression. Par la suite, bien que le régime impérial se réclame des principes de 1789 et de la souveraineté nationale et repose sur le suffrage universel, les républicains convaincus lui dénient toute légitimité en raison de son origine et aussi de ses pratiques autoritaires. Cependant, ils ne parviennent pas à définir à son égard une attitude commune : nombre d'exilés justifient l'usage de la violence (y compris, pour l'ancien représentant Madier de Montjau par exemple, le tyrannicide), et à la fin des années 1870, une partie de l'extrême gauche approuve le recours à l'insurrection ; mais, comme sous la monarchie de Juillet, par principe ou par nécessité, la majorité de la gauche s'en tient à l'action légale, malgré toutes les difficultés qu'elle comporte. Le débat sur la Terreur que provoque en 1865 la publication de *La Révolution* d'Edgar Quinet est à cet égard significatif : les tenants de la tradition jacobine, comme Alphonse Peyrat et Louis Blanc, continuent à considérer la dictature de l'an II comme indispensable en son temps au salut de la Révolution ; mais, à l'image de Quinet lui-même, d'autres républicains, et non des moindres (ainsi Jules Ferry), jugent qu'elle a été inutile et même nuisible à la cause de la démocratie en France, et qu'il convient donc de désolidariser totalement la gauche de la Terreur pour lui donner « une crédibilité gouvernementale » [Furet, 1986, p. 79].

Les années 1870-1871 voient se dérouler, dans des circonstances plus tragiques (guerre étrangère, invasion, défaite), une séquence à certains égards comparable à celle de 1848. C'est tout d'abord la troisième et dernière révolution victorieuse du XIXe siècle : en raison du choc énorme produit par la capitulation de Napoléon III à Sedan, le changement de régime par l'intervention du « peuple de Paris » s'opère sans résistance des forces de l'ordre et par suite sans violence, et les républicains prennent facilement la tête du mouvement dans la capitale et en province, avec le souci renouvelé de 1848 de faire confirmer leur victoire, dès que possible, par le suffrage universel Mais, au lendemain de l'armistice, la victoire des monarchistes aux élections du 8 février 1871 paraît impliquer une menace directe pour l'existence de la République. Que faire ? La politique répressive de Thiers, nommé chef du pouvoir exécutif, et de l'Assemblée nationale entraîne l'extrême gauche parisienne dans la voie révolutionnaire : elle déclare placer l'existence de la République « au-dessus du droit des majorités », conteste la légitimité de l'Assemblée, fait de Paris une commune autonome exerçant des pouvoirs régaliens, lance un appel à une réorganisation de la France sur une base fédéraliste, et ébauche même un projet de révolution sociale sur lequel on reviendra. Toutefois, la grande majorité des républicains, y compris des radicaux « prononcés » tels que Georges Clemenceau, tout en souhaitant un compromis évitant la guerre civile entre Versailles et Paris, s'en tient au respect de la souveraineté de l'Assemblée émanant du suffrage universel : c'est en agissant dans la légalité, par la propagande et la participation électorale, que l'on installera définitivement la IIIe République.

Cette dernière assume pleinement l'héritage de la Révolution française (et de ses récurrences de 1830, 1848 et 1870) : dirigée contre un Ancien Régime autoritaire et inégalitaire, elle était parfaitement justifiée ; elle a promu, la première, les valeurs républicaines : liberté, égalité, fraternité, instruction populaire, progrès social, patriotisme à connotation universaliste. Aussi est-elle célébrée dans la vie publique, à l'école, et tout particulièrement lors de son centenaire en 1889-1892. Seule sa phase terroriste de 1793-1794 provoque une certaine gêne : on cherche souvent à l'occulter en mettant l'accent sur les exploits des généraux et des soldats de l'an II.

Mais, comme en 1848, l'existence d'une République démocratique condamne définitivement, aux yeux des radicaux comme des modérés, tout usage de la violence. Répondant en 1884, au cirque Fernando, à un interlocuteur socialiste, Clemenceau s'indigne : « Comment ne voyez-vous pas que vous faites fausse route quand vous voulez instituer la lutte des classes et préparer la révolution ? [...] Chez nous, il est trop tard pour instituer rien de pareil. La Révolution française a passé sur ce pays ; je vous défie de rien organiser de semblable » [Nordmann, 1977, p. 128]. Parlant du programme radical au congrès fondateur du parti en 1901, Camille Pelletan déclare : « Pour sa réalisation, nous attendons tout du suffrage universel mis en possession de lui-même » [*ibid.*, p. 46]. À Nancy, en 1907, le radicalisme se définit une fois de plus comme un « parti d'action sociale parlementaire » qui « réprouve toute manifestation violente que ne justifierait pas une atteinte grave à la

Constitution républicaine et aux volontés de la nation » [*ibid.*, p. 90]. Mais ce consensus ne réunit pas toute la gauche : le socialisme se proclame en majorité révolutionnaire.

Pour une révolution sociale : de Babeuf à la Commune

L'aspiration à un bouleversement de l'ordre libéral et individualiste a traversé, sous des formes diverses, tout le XIXe siècle. Elle trouve son point de départ, à l'époque de la Révolution française, dans la dénonciation du nouveau régime par des porte-parole des sans-culottes parisiens, tels que Jacques Roux, Hébert et un peu plus tard Gracchus Babeuf : à leurs yeux, on n'a fait que substituer une classe dirigeante (la bourgeoisie, les riches) à une autre (l'aristocratie, les nobles) ; on n'assure ainsi à la masse du peuple ni son droit fondamental à la vie ni une véritable égalité impliquant une meilleure répartition des richesses voire, pour Babeuf, la communauté des biens. Il incombera à l'État de jouer un rôle décisif dans cette « révolution du pauvre » qui s'impose, et il faudra au préalable s'en emparer par la conjuration et l'insurrection. Le volontarisme révolutionnaire atteint ici son sommet : on juge possible et même facile de rééditer contre l'ordre bourgeois fondé sur le droit absolu de propriété ce qui a été réussi en 1789 contre la monarchie d'Ancien Régime et la noblesse. L'échec de la tentative de Babeuf a été complet, mais sa mémoire a été transmise et son exemple exalté par son compagnon Philippe Buonarroti (*La Conspiration pour l'égalité*, 1828).

Cependant, dans les deux premiers tiers du XIXe siècle, la plupart des adversaires de la société libérale croient possible sa transformation radicale sans violence insurrectionnelle. C'est le cas de Claude-Henri de Saint-Simon, qui entend substituer au « régime féodal et théologique », règne des propriétaires oisifs, des militaires et des légistes, qu'est encore à ses yeux la Restauration (c'est « véritablement le monde renversé », affirme-t-il dans sa célèbre « Parabole »), un « système industriel et scientifique », une économie et une société organisées par les hommes d'affaires et les savants, ayant pour finalité « l'amélioration la plus rapide du sort de la classe la plus nombreuse et la plus pauvre » : c'est sous la forme d'une « Lettre au roi Louis XVIII », publiée en brochure en avril 1821, qu'il propose la mise en œuvre de ses idées. Ses principaux disciples, qui radicalisent sa doctrine (notamment par la suppression de l'héritage), puis mettent l'accent sur son contenu religieux (le « nouveau christianisme »), chercheront à convaincre l'opinion publique en créant une communauté modèle et en se faisant connaître par des « missions », sans jamais envisager de s'emparer du pouvoir. Foncièrement différent du saint-simonisme, le fouriérisme croit pouvoir s'imposer d'une manière comparable. Charles Fourier, ennemi juré de la tradition jacobine, est persuadé d'avoir découvert, avec sa théorie sociétaire, la « boussole sociale ». Il suffira, avec l'aide d'un mécène, « d'en faire l'essai sur un hameau » : l'expérience sera si convaincante qu'« il faudra à peine deux ans pour organiser chacun des cantons sociétaires, et à peine six ans pour achever l'organisation du globe entier, à supposer les plus longs délais » [Armand, 1953]. Par la suite, les fouriéristes s'emploient, avec Victor Considerant, à vulgariser les théories du maître par le livre et le journal, à multiplier les petits groupes destinés à en assurer le rayonnement, et aussi à créer des associations s'inspirant plus ou moins directement du phalanstère. Cette action n'implique aucun changement de régime politique.

Nombre de chefs d'école contemporains adoptent une attitude analogue. Anciens saint-simoniens l'un et l'autre, Pierre Leroux, Philippe Buchez croient eux aussi à une transformation fondamentale de la société par la seule vertu de la propagande et de l'association ouvrière. Étienne Cabet qui, en tant que *carbonaro*, avait œuvré pour le renversement de la Restauration par la force, repousse toute violence dans le processus de longue durée que sera la marche vers la « communauté » égalitaire dont il rêve : il faut agir « comme Jésus-Christ, en prêchant, en écrivant, en persuadant, en convainquant les riches et les pauvres ». « Si je tenais, ajoute-t-il, une révolution dans ma main, je la tiendrais fermée, quand même je devrais mourir en exil » [Bravo, 1966, t. 3, p. 90-92]. Proudhon lui-même, malgré la complexité d'une pensée qui a d'ailleurs beaucoup évolué, peut être rangé parmi les partisans d'une révolution sociale pacifique. S'il préfère évidemment la République, et va même quelque temps jusqu'à la placer « au-dessus du suffrage universel », il condamne fermement les « mardis gras révolutionnaires » et les rêves de dictature des néojacobins. Le 25 février 1848, il a même écrit que « ce progrès de la France » que serait l'instauration d'une société nouvelle « aurait pu tout aussi bien s'accomplir avec le gouvernement déchu tel quel » [Droz, 1972, p. 515]. Au lendemain du coup d'État du 2 décembre 1851, il propose sa collaboration au prince-président pour résoudre la « question sociale ». Sous l'Empire, son but demeure la subordination progressive du capital au travail par le développement du mutuellisme dans le domaine du crédit, de l'assurance, de la production et de l'échange, et, à long terme, la résorption de l'État dans la société (« l'atelier remplacera le gouvernement ») : cette transformation se fera par l'action autonome des « classes ouvrières », sans violence et même sans participation aux élections [Manfredonia, 2002, p. 1247-1250].

D'autres socialistes n'ont pas cru possible une telle stratégie. Lorsque Louis Blanc préconise en 1839 l'« organisation du travail », c'est-à-dire la substitution progressive aux entreprises capitalistes d'ateliers sociaux coopératifs à gestion ouvrière, il ne croit pas qu'elle puisse s'accomplir sans l'aide des pouvoirs publics, et celle-ci ne saurait être obtenue que d'un État représentant les intérêts populaires, c'est-à-dire de la République démocratique : à « l'émancipation du prolétariat », il faut « appliquer toute la puissance de l'État [...] ;

sans réforme politique, pas de réforme sociale possible ; car si la seconde est le *but*, la première est le *moyen* » [Bravo, 1966, t. 2, p. 153]. Trente ans plus tard, Eugène Varlin, pourtant influencé par Proudhon et très éloigné de Louis Blanc quant au rôle à conférer à l'État, défend un point de vue analogue : dans le monde qu'il veut construire, le capital productif ne devra appartenir ni aux « capitalistes » ni « à un État centralisateur » faisant de l'ouvrier « un engrenage inconscient sans liberté ni initiative », mais « aux travailleurs eux-mêmes » préparés à la gestion par « les sociétés corporatives (résistance, solidarité, syndicat) ». Toutefois, « il nous sera impossible d'organiser la révolution sociale tant que nous vivrons sous un gouvernement aussi arbitraire » : il faut donc, dans un premier temps, aider les républicains à mettre fin au Second Empire [Lejeune, 1977, p. 83-86 et 79].

Pour Auguste Blanqui, ce changement politique préalable requiert nécessairement l'emploi de la violence. Héritier de Babeuf par l'intermédiaire de Buonarroti, il se situe aux antipodes des principaux penseurs socialistes français du premier XIXe siècle. Il s'est fait le théoricien de la prise du pouvoir par l'insurrection, qu'il a tentée sans succès à la tête de la Société des saisons en mai 1839, et dont il a précisé les aspects stratégiques et tactiques dans ses *Instructions pour une prise d'armes* rédigées à la fin du Second Empire. Le mouvement doit être déclenché et mené à bien par une minorité organisée et résolue d'hommes d'action, entraînant à leur suite le « peuple de Paris ». Il permettra l'instauration immédiate d'une « dictature parisienne » (Paris étant « une véritable représentation nationale »), et celle-ci devra bien se garder (l'exemple du printemps 1848 est instructif à cet égard) de faire élire une Assemblée nationale souveraine, car la majorité rurale est encore sous le joug des forces du passé. Le nouveau pouvoir s'emploiera d'abord à annihiler celles-ci, grâce à l'armement général des « prolétaires », à la destruction de tout l'appareil d'État bourgeois, à l'« expulsion de toute l'armée noire, mâle et femelle » (cela implique, de toute évidence, le recours à la Terreur). Et il entreprendra une tâche de longue haleine, la lutte contre « l'ignorance, bastion formidable », préalable indispensable à la réalisation de la « communauté », dont il serait vain de préciser à l'avance les caractères : elle « s'avancera pas à pas, parallèlement à l'instruction, sa compagne et son guide [...]. Elle sera complète le jour où, grâce à l'universalité des lumières, pas un seul homme ne pourra être la dupe d'un autre. Ce jour-là, nul ne voudra souffrir l'inégalité de fortune. Or le communisme seul satisfait à cette condition » [Volguine, 1955].

C'est au cours de l'épisode capital de la Commune de 1871 que l'on a pu voir à l'œuvre les représentants des principaux courants du socialisme français prémarxiste. Ils ont participé, aux côtés des néojacobins, c'est-à-dire de l'extrême gauche du radicalisme, à une réaction défensive du « peuple de Paris » refusant, en tant que gardien de la République, de se laisser désarmer par l'Assemblée monarchiste. Élu sans l'aval de celle-ci, dont il conteste la légitimité, instituant de son propre chef l'autonomie de la ville, le Conseil général de la Commune est évidemment une autorité issue d'une révolution politique. Il n'entend pas toutefois, comme l'aurait impliqué la thèse des blanquistes (qui n'y forment qu'une faible minorité), imposer sa dictature à l'ensemble du pays, et se borne à inciter les autres villes françaises à suivre son exemple. Ce sont en effet les idées fédéralistes qui y prévalent : venues de Proudhon, elles sont reprises par des militants de l'Association internationale des travailleurs et des chambres syndicales tels qu'Eugène Varlin, et acceptées, comme l'a montré Jacques Rougerie, par la plupart des néojacobins. Conformément aux aspirations à la fois égalitaires et libertaires de ses partisans les plus convaincus, la Commune, en dépit de sa très brève durée, a cherché à initier une révolution sociale, notamment en privilégiant les associations ouvrières dans l'attribution des commandes publiques, et en promettant de leur confier les entreprises abandonnées par leurs patrons : c'est, très largement, l'héritage de 1848, réinterprété par les tenants du « collectivisme antiautoritaire ». De cette expérience rapidement interrompue par la répression versaillaise, on sait que Karl Marx et Michel Bakounine en particulier ont tiré des leçons divergentes, dont s'inspireront différents courants du socialisme français sous la IIIe République.

POUR UNE RÉVOLUTION SOCIALE : DE LA COMMUNE À LA SFIO

Contrairement aux espoirs de Thiers, l'échec sanglant de la Commune n'a pas anéanti le socialisme en France. Occultée quelque temps par l'élimination physique, la déportation ou l'exil d'un grand nombre de militants, mais aussi par la priorité accordée, y compris par l'extrême gauche, à la lutte pour la consolidation de la République contre le danger de restauration monarchique et le cléricalisme, la contestation d'un ordre établi fondé sur le droit absolu de propriété et l'inégalité sociale reprend vigueur dès la fin des années 1870, et ne cessera de se renforcer pendant toute la durée du régime.

Pour beaucoup, le drame de mai 1871 a condamné définitivement la stratégie insurrectionnelle, et leur option légaliste sera confirmée par les solides garanties apportées en 1881 aux libertés de réunion et de la presse, en 1884 à la liberté syndicale. À Paris en octobre 1876, à Lyon en janvier-février 1878, les deux premiers congrès ouvriers mettent l'accent, dans la ligne de Proudhon et de ses disciples de la fin du Second Empire, sur le rôle capital que peuvent jouer les coopératives de production, les chambres syndicales et les candidatures ouvrières pour résoudre « dans son principe la question de l'affranchissement des travailleurs ». Après la constitution à Marseille en octobre 1879 d'un parti ouvrier d'inspiration collectiviste et marxisante, la mise en minorité de cette tendance, dirigée par Jules Guesde, au congrès de Saint-Étienne (septembre 1882) entraîne son départ et la formation par la majorité, autour du docteur Paul Brousse, de la Fédération des travailleurs socialistes de France. Celle-ci maintient un objectif maximaliste (la libération du prolétariat par la collectivisation des moyens de production et d'échange), mais entend « abandonner le *tout à la fois* qui généralement aboutit au *rien du tout* » et parvenir au but par une série d'étapes successives : il faut conquérir les municipalités qui confieront les services publics (eau, gaz, transports en commun...) à des associations ouvrières, éduquer ainsi les travailleurs à la gestion, établir enfin, par la voie du suffrage universel, la République sociale qui prendra en main les grandes industries, les chemins de fer et les banques.

Si cette fédération « possibiliste » s'affaiblit par la suite, elle est relayée dans les années 1890 par une partie des socialistes indépendants, dont Alexandre Millerand, député de la Seine et directeur du quotidien *La Petite République*, exprime clairement le point de vue au banquet de Saint-Mandé le 30 mai 1896. Le but final, réaffirmé, est d'« assurer à chaque être, au sein de la société, le développement intégral de sa personnalité », le moyen préconisé est bien le passage d'un mode de production à un autre (« la substitution nécessaire et progressive de la propriété sociale à la propriété capitaliste ») ; il s'opérera grâce à l'intervention de l'État, mais de façon graduée, à mesure que les différentes branches de l'économie « deviennent mûres pour cette appropriation collective » : processus de longue durée et non mutation brusque. Surtout, cette révolution sociale prudemment étalée dans le temps s'opérera dans le respect de la légalité : la « conquête des pouvoirs publics » se fera « par le suffrage universel », à l'exclusion de la violence, de la grève générale, de l'insurrection. Trois ans plus tard, Millerand devient ministre dans le gouvernement « bourgeois » de Waldeck-Rousseau, avec l'approbation des « possibilistes » et de nombreux indépendants, rassemblés en mars 1902 dans le Parti socialiste français. Après le congrès d'unification d'avril 1905, cette tendance se perpétue en dehors de la Section française de l'Internationale ouvrière (SFIO). Formé en décembre 1911, le Parti républicain socialiste se déclare « résolument et essentiellement réformiste » et voit dans la République « le cadre naturel du socialisme ». Il ne se réclame plus du seul prolétariat, mais entend défendre « toutes les catégories sociales utiles et agissantes ». Il abandonne en fait toute référence à l'idée de révolution et se rapproche du radicalisme, voire, pour certains de ses inspirateurs comme Aristide Briand et Millerand lui-même, des centristes de l'Alliance démocratique. Il s'éloigne ainsi des principales organisations du mouvement ouvrier, qui affirment avec force leur vocation révolutionnaire.

C'est le cas, bien sûr, du Parti ouvrier fondé par Jules Guesde à Roanne en 1882 (après la scission de Saint-Étienne) sur une base marxiste, et devenu en 1893 le Parti ouvrier français (POF). À la fin du siècle, il a pour compétiteurs à l'extrême gauche le Parti socialiste révolutionnaire (PSR) d'Édouard Vaillant (issu en 1898 du Comité révolutionnaire central de tradition blanquiste), le Parti ouvrier socialiste révolutionnaire (POSR) de Jean Allemane (constitué en 1890 par rupture avec les « possibilistes ») et l'Alliance communiste révolutionnaire (ACR), qui rassemble depuis 1897 des dissidents du POSR. Introduite notamment par Jules Guesde et Édouard Vaillant (qui a eu l'occasion de connaître Marx au cours de son exil en Angleterre après la Commune), la conception marxiste d'une crise finale du système capitaliste, victime d'une contradiction fondamentale entre le caractère social de la production et le caractère privé de l'appropriation, est désormais assez largement répandue : il incombe alors au prolétariat, principale victime de l'exploitation et constamment renforcé par le processus de concentration du capital, de se faire l'accoucheur de la société nouvelle et le promoteur de la libération de toute l'humanité. Par quelles méthodes ? Tirant les leçons de juin 1848 et de la Commune, Jules Guesde condamne « les coups de fusil au hasard ou en permanence, l'insurrection pour l'insurrection, sans préparation, sans chance de succès », mais sans exclure celle-ci par principe [Willard, 1959, p. 100]. Édouard Vaillant, prenant ses distances avec Blanqui (qui l'a précédemment influencé), rappelle que « ni les échauffourées, ni les émeutes, ni les actes individuels quelconques ne peuvent nous être utiles, bien au contraire » [Howorth, 1982, p. 156]. Mais l'un et l'autre, comme Jean Allemane, sont persuadés que l'utilisation du suffrage universel ne saurait suffire : la bourgeoisie menacée d'expropriation par une majorité parlementaire socialiste résisterait par tous les moyens. Le rôle des socialistes, dans ces conditions, est de mettre le prolétariat en mesure de conquérir le pouvoir lorsque surviendra la crise prévue, en l'aidant à prendre conscience de l'exploitation qu'il subit et de la mission qui lui incombe, et surtout en le dotant d'une solide organisation. Pour les guesdistes, c'est le parti de classe qui doit jouer à cet égard un rôle déterminant et hégémonique. Sans négliger le champ politique et la propagande à l'occasion des élections, vaillantistes et allemanistes valorisent l'action indépendante des syndicats, des coopératives, des régies municipales où la classe ouvrière peut se préparer à la gestion de la société future. Le moment venu, le prolétariat organisé se saisira de l'État, acte révolutionnaire par excellence. Guesde et Vaillant prévoient alors une dictature temporaire et collective pour assurer le passage au régime économique nouveau. Jean Allemane, qui redoute « un collectivisme d'État [...], plus terrible que l'État ploutocrate nous régissant », envisage plutôt, dans la ligne de la Commune de 1871, une fédération de communes libres, dans lesquelles les syndicats géreraient l'appareil de production. Comme Vaillant et à la différence de Guesde, il pense que la grève générale peut jouer un rôle décisif dans le processus de conquête du pouvoir : ils se rapprochent, sur ce point, du syndicalisme révolutionnaire.

Ce dernier s'est développé au tournant du siècle dans la Confédération générale du travail (CGT, fondée en 1895, réorganisée et consolidée en 1902), en réaction contre le guesdisme, et en partie sous l'influence des anarchistes.

Ceux-ci, héritiers de Bakounine et de son interprétation libertaire de la Commune, hostiles à toute organisation hiérarchisée et à l'autorité en général, comptent uniquement sur la propagande et sur l'éducation des travailleurs exploités, et misent sur le soulèvement spontané et généralisé des masses pour détruire l'État bourgeois et instaurer une société de libres associations. Après l'échec de la « propagande par le fait » (les attentats des années 1892-1894), nombre d'entre eux se consacrent à l'action syndicale aux côtés de vaillantistes, d'allemanistes et de militants sans affiliation partisane. Tous, à l'image de Fernand Pelloutier, secrétaire de la Fédération des bourses du travail de 1894 à 1901, privilégient l'« action directe », dans les entreprises en particulier, par opposition à la lutte électorale. Excluant les manœuvres et les ambitions politiciennes, les querelles idéologiques et toute subordination à un parti, s'administrant « anarchiquement » (sans bureaucratie), rassemblant tous les salariés sur le lieu du travail, les syndicats, par leur activité quotidienne, mobiliseront la classe ouvrière pour parvenir à l'émancipation intégrale par la grève générale, capable de provoquer l'effondrement très rapide du capitalisme : ils deviendront alors des groupements de production et de répartition librement fédérés, en évitant toute dictature exercée au nom du prolétariat. Bien qu'ils ne soient qu'une minorité agissante (car les réformistes sont nombreux à la CGT, mais sous-représentés dans ses organes dirigeants), les syndicalistes d'action directe, avec leur culture et leur stratégie révolutionnaire profondément originales, apparaissent comme une composante essentielle et totalement autonome de la gauche française.

L'unité socialiste, réalisée après bien des vicissitudes en avril 1905, ne modifie pas cet état de choses. Bien qu'elle inclue, au moins au départ, des réformistes comme Paul Brousse et René Viviani, elle se fait sur une base clairement révolutionnaire : la nouvelle SFIO n'est pas « un parti de réforme, mais un parti de lutte de classe et de révolution », ne concluant « aucune alliance avec aucune fraction quelconque de la classe capitaliste » ; ses parlementaires devront refuser « les crédits militaires, les crédits de conquête coloniale, les fonds secrets et l'ensemble du budget », ce qui exclut évidemment toute participation au gouvernement. Toutefois, elle est tenue de poursuivre (en combinant « accidentellement » son action avec celle d'un autre parti) « la réalisation des réformes immédiates revendiquées par la classe ouvrière ». C'est, sous la pression de l'Internationale, la victoire apparente du guesdisme, acceptée par Jean Jaurès, leader des « indépendants », puis du Parti socialiste français, qui avait soutenu en 1899 l'entrée de Millerand dans un ministère « bourgeois ». Mais l'évolution du nouveau parti, sans que disparaissent les tensions internes (les guesdistes restent forts et unis, et l'on voit même apparaître une extrême gauche « insurrectionnaliste » conduite par Gustave Hervé), s'opère dans le sens voulu par Jaurès, avec l'appui fidèle d'Édouard Vaillant. En 1908, au congrès de Toulouse, il parvient à faire prévaloir les thèses qui définiront pour longtemps l'identité de la SFIO. L'objectif final de la révolution sociale (le passage d'un mode de production à un autre, condition de la libération humaine) est intégralement maintenu, et le « révisionnisme » prôné en Allemagne par Édouard Bernstein implicitement rejeté au nom de la fidélité au marxisme. Pour la conquête du pouvoir, aucune méthode n'est écartée, ni le suffrage universel, ni la grève générale (empruntée au mouvement syndical), ni même, exceptionnellement il est vrai, l'insurrection : aux yeux de Jaurès, « un peuple opprimé a le droit d'employer tous les moyens, sans exclure aucun moyen violent » [Moreau, 2003, p. 66]. Toutefois, la révolution ne pourra avoir lieu qu'au terme d'un immense effort d'éducation et d'organisation du prolétariat, impliquant le développement non seulement du parti, mais des syndicats et des coopératives, et la lutte persévérante, dans le cadre de la légalité, pour des réformes sociales favorables à la classe ouvrière (et aux classes populaires, qu'il faut rassembler autour de celle-ci) : « Précisément parce qu'il est un parti de révolution, parce qu'il n'est pas arrêté par le droit, périmé à ses yeux, de la propriété capitaliste, [le parti socialiste] est le parti le plus activement réformateur », capable de « faire toujours de chaque conquête [...] le point d'appui de revendications plus étendues et de conquêtes plus hardies » [Lefranc, 1963, p. 397-398]. Ce « réformisme révolutionnaire » paraît compatible avec la forte intégration, ressentie par Jaurès comme par la majorité des militants, du socialisme français dans la République, elle-même héritière de 1789, et qui doit être défendue contre les forces du passé et leurs entreprises autoritaires ou rétrogrades.

Au début du XXe siècle, c'est donc l'ensemble de la gauche qui continue à se définir par la fidélité à l'héritage de la Révolution française (même si ses différentes composantes n'en valorisent pas toujours les mêmes aspects). Destinées à sauvegarder cet héritage ou à en promouvoir la composante démocratique, les révolutions politiques de 1830, 1848 et 1870 étaient donc parfaitement justifiées. Cependant, avec la IIIe République, fondée sur le suffrage universel et respectueuse des libertés, la voie est désormais ouverte, aux yeux de la majorité de ses partisans, modérés ou radicaux, au progrès dans la légalité : tout appel à la violence est désormais sans objet. Tel n'est pas exactement le point de vue d'une extrême gauche qui se définit par son projet de révolution sociale, de remplacement d'un capitalisme jugé fondamentalement oppressif par une organisation nouvelle de l'économie et de la société. Certes, bien des socialistes ont espéré, tout au long du XIXe siècle, la substitution progressive et pacifique d'un système à un autre. Mais entre la répression de la Commune et 1914, ce sont les partisans d'un changement qualitatif rapide n'excluant pas l'usage de la force qui paraissent l'avoir emporté dans le mouvement socialiste et syndical. Dans la pratique cependant, la majorité de la SFIO s'oriente plutôt vers la transformation légale de la République bourgeoise en République sociale par l'accumulation des réformes et l'utilisation du suffrage universel. En 1914, dans ce secteur de l'opinion, le problème de la violence révolutionnaire n'est pas résolu.

Références bibliographiques

Armand Félix (1953), *Fourier. Textes choisis*, Éditions sociales, Paris.

Backouche Isabelle (2002), « S'opposer », *in* Vincent Duclert et Christophe Prochasson (dir.), *Dictionnaire critique de la République*, Flammarion, Paris, p. 1091-1098.

Bravo Gian Mario (1966), *Les Socialistes avant Marx*, 3 vol., Maspero, Paris.

Droz Jacques (1972), *Histoire générale du socialisme*, t. 1, PUF, Paris.

Dubief Henri (1969), *Le Syndicalisme révolutionnaire*, Armand Colin, Paris.

Duclert Vincent et Prochasson Christophe [dir.] (2002), *Dictionnaire critique de la République*, Flammarion, Paris.

Furet François (1986), *La Gauche et la Révolution au milieu du XIXe siècle*, Hachette, Paris.

— (1988), *La Révolution, de Turgot à Jules Ferry*, Hachette, Paris.

Howorth Jolyon (1982), *Édouard Vaillant. La création de l'unité socialiste en France*, Syros, Paris.

Huard Raymond (1991), *Le Suffrage universel en France, 1848-1946*, Aubier, Paris.

Lambert Pierre-Arnaud (1995), *La Charbonnerie française (1821-1823)*, Presses universitaires de Lyon, Lyon.

Lefranc Georges (1963), *Le Mouvement socialiste sous la IIIe République (1875-1940)*, Payot, Paris.

Lejeune Paule (1977), *Eugène Varlin. Pratique militante et écrits d'un ouvrier communard*, Maspero, Paris.

Manfredonia Gaetano (2002) « Proudhon », *in* Vincent Duclert et Christophe Prochasson, *Dictionnaire critique de la République*, *op. cit.*, p. 1247-1251.

Moreau Jacques (2003), *Les Socialistes français et le mythe révolutionnaire*, Hachette Paris.

Nordmann Jean-Thomas (1977), *La France radicale*, Gallimard-Julliard, Paris

Rosanvallon Pierre (1992), *Le Sacre du citoyen. Histoire du suffrage universel en France*, Gallimard, Paris.

— (1993), « La République du suffrage universel », *in* François Furet et Mona Ozouf, *Le Siècle de l'avènement républicain*, Gallimard, Paris.

— (1994), *La Monarchie impossible. Les Chartes de 1814 et 1830*, Fayard, Paris.

Volguine V. P. (1955), *Blanqui. Textes choisis*, Éditions sociales, Paris.

Weill Georges (1928), *Histoire du parti républicain en France, 1814-1870*, réimpr. Slatkine 1980, Paris-Genève.

Willard Claude (1959), *Jules Guesde. Textes choisis*, Éditions sociales, Paris.

23

La gauche et la religion

PHILIPPE BOUTRY

« ON A FAIT DE DIEU un personnage politique ; il siège à droite », s'indigne, au cœur de la grande vague expiatrice et restauratrice qui s'empare de vastes secteurs du catholicisme français au lendemain de l'« année terrible », le très libéral (et fort anticlérical) *Journal des débats* en date du 20 octobre 1872 [cité par Ozouf, 1963, p. 43]. Ce jugement, la gauche l'a fait sien pendant la plus grande partie du XIXe siècle — et c'est ce qui la distingue le plus nettement de la gauche du XXe siècle. Non pas en protestant que Dieu serait une illusion ou un opium : dans sa grande majorité, elle ne nie pas alors l'existence de Dieu ; pas davantage en insinuant que Dieu serait « à droite » [Boutry, 1992], ce qui impliquerait de le combattre ; mais en imputant à la droite une appropriation abusive de Dieu et de la religion, en rejetant ce « Dieu politique » comme un adversaire et en attribuant à la droite la responsabilité morale de ce rejet. En dénonçant avec véhémence « les quatre grands fléaux des congrégations, des jésuites, de l'ultramontanisme et du système d'envahissement des prêtres », Montlosier [1826] entend ainsi exprimer « un sentiment vif de douleur et d'impatience, à la vue d'hommes chers et respectables qui se perdent et qui nous perdent » et « ramener le prêtre dans sa véritable voie ». « Vous êtes, s'écrie Victor Hugo à la barre de l'Assemblée législative le 15 janvier 1850, non les croyants, mais les sectaires d'une religion que vous ne comprenez pas [...] Ne mêlez pas l'Église à vos affaires, à vos combinaisons, à vos stratégies, à vos doctrines, à vos ambitions. Ne l'appelez pas votre mère pour en faire votre servante » [Hugo, 1985, p. 221].

Mais, avec le grand tournant de la séparation, l'athéisme des gauches, encore minoritaire dans les années de la République opportuniste, s'exprime publiquement. « Tous ensemble, déclare éloquemment le socialiste René Viviani, lors de sa première intervention comme ministre du Travail devant la

Chambre, le 8 novembre 1906 (et son discours, applaudi à tout rompre par la gauche, reçoit les honneurs de l'affichage dans toutes les communes de France), par nos pères, par nos aînés, par nous-mêmes, nous nous sommes attachés dans le passé à une œuvre d'irréligion, Nous avons arraché les consciences humaines à la croyance. Lorsqu'un misérable, fatigué du poids du jour, ployait les genoux, nous l'avons relevé, nous lui avons dit que derrière les nuages il n'y avait que des chimères. Ensemble et d'un geste magnifique, nous avons éteint dans le ciel des lumières qu'on ne rallumera plus. » Dans l'un de ses *Cahiers de la Quinzaine*, Charles Péguy [1988, p. 554-556] a relevé l'importance historique de l'événement : « Ceci est nouveau, dans le verbe, et cette nouveauté dans le verbe ne fait que souligner, représenter, comme il arrive toujours, une correspondante nouveauté dans le geste, une innovation du geste lui-même. Le vieux père Hugo et à sa suite un nombre incalculable de romantiques avaient bien fait profession de tirer pour la joie de nos regards et pour l'éblouissement de nos yeux un nombre incalculable de métaphores du pacifique métier d'allumeur de réverbères [...]. La vieille et toujours bonne métaphore vieille et jeune romantique a été retournée. Il s'est trouvé un homme assez hardi, un révolutionnaire pour faire cela. Et c'est le contraire, c'est le geste de l'éteigneur qui a été hautement revendiqué par le poète comme un geste qu'il a proclamé magnifique. Il y a là un événement d'une portée incalculable. »

Le propos, passablement sarcastique, de Péguy invite à prendre en compte à l'aube du XXe siècle une mutation, une radicalisation du discours des gauches sur la religion — et à prendre la mesure du changement opéré dans les convictions et dans les positions prises. En d'autres termes, comment, dans quelles circonstances, à travers quels processus et selon quelle chronologie est-on passé d'une gauche « religieuse », n'hésitant pas à s'indigner au nom de Dieu et en vertu d'une idée plus pure de la religion, à une gauche « irréligieuse », renvoyant Dieu à l'inanité d'une croyance illusoire et la religion à un système d'oppression intellectuelle et morale ?

Encore faut-il s'entendre sur les mots et les catégories. On entendra ici par gauche, au fil des régimes successifs, d'une part les oppositions de matrice libérale ou démocratique aux régimes conservateurs par principe ou par évolution (la nébuleuse libérale de la Restauration ; l'opposition libérale, démocratique ou socialiste à la monarchie de Juillet, au parti de l'Ordre, au Second Empire ou à l'Ordre moral ; l'opposition radicale, socialiste ou anarchiste à la République opportuniste) ; et d'autre part les républicains de gouvernement des premiers mois de la IIe République et de la période opportuniste et radicale de la IIIe République. Vaste continent historique, dont les orientations politiques, les assises sociales, culturelles et intellectuelles, les présupposés philosophiques et spirituels sont assurément divers, mais qui, dans la grande querelle religieuse du XIXe siècle français, participent, comme l'avait relevé Georges Weill dans un ouvrage devenu classique [1929], d'une même pente d'esprit et d'une commune antipathie envers la synthèse politique et religieuse que propose le catholicisme postrévolutionnaire.

À l'intérieur de ce vaste complexe politique et intellectuel, qui s'enracine à des degrés divers dans les héritages philosophiques, moraux ou religieux de l'Antiquité grecque et latine, de l'humanisme médiéval, de la Réforme protestante, du libertinage érudit de l'âge classique, de la philosophie des Lumières et de la Révolution française, Georges Weill avait proposé de distinguer quatre grandes familles d'esprit, quatre postures critiques et quatre lignes de force principales dont les gauches françaises s'inspirent successivement ou conjointement, au gré des conjonctures historiques et des circonstances politiques : les gallicans, dans leur défense des droits de l'État sur l'Église et leur hostilité à l'autorité du Saint-Siège ; les protestants libéraux, dans leur affirmation du libre examen et du sacerdoce universel ; les déistes et spiritualistes de diverses obédiences, dans leur quête individuelle d'une religion tracée hors des voies des dogmes et des Églises ; les anticléricaux militants et les athées enfin, dans leur refus radical de la religion et leur négation de l'existence de Dieu.

Les frontières ne sont assurément pas imperméables ni les limites intangibles ; et les gauches, dans le cours des luttes politiques et religieuses du XIXe siècle, ne se sont pas fait faute d'emprunter tantôt à l'une et tantôt à l'autre de ces argumentations selon la disposition des forces et les exigences du débat. De même, leurs porte-parole ont oscillé, selon les époques et au gré de leurs évolutions intellectuelles ou politiques, entre ces postulations distinctes : Victor Hugo a été, tour à tour ou simultanément, catholique, anticlérical, panthéiste, spirite, libre-penseur, prophète ; George Sand, mystique, mennaisienne, anticléricale, évangélique, spiritualiste, sceptique, agnostique ; et qui dira avec précision, dans le cours fluctuant de sa sinueuse existence intellectuelle et politique, à quel moment Ferdinand Buisson était-il libéral et protestant, ou radical et libre-penseur ? C'est cependant selon ces quatre axes distincts que l'on voudrait s'efforcer de conduire (tout en ayant conscience de forcer parfois le trait) l'analyse du discours et de la politique des gauches face à la religion, des lendemains de la Révolution française à la loi de séparation.

DÉFENSE ET ILLUSTRATION DES LIBERTÉS GALLICANES

Le gallicanisme n'appartient pas en propre à la gauche [Martimort, 1973]. Il s'enracine dans le conflit qui oppose, depuis plusieurs siècles, la monarchie française et la papauté autour des limites respectives du pouvoir royal et de l'autorité pontificale sur l'Église de France, son clergé et ses fidèles. Le débat, d'ordre essentiellement politique et ecclésiologique, s'est successivement étendu à d'autres champs : théologie, spiritualité, morale, liturgie, rites et symboles, représentations enfin. Des événements, des figures, des œuvres qui procèdent ou s'inspirent, de près ou de loin, de la tradition gallicane (car l'histoire, au XIXe siècle, est un vivier inépuisable d'arguments et se nourrit volontiers d'amalgames), sont constamment invoqués, de la gifle d'Anagni (1303) au conflit de la régale (1673), de la querelle janséniste au refus de la bulle *Unigenitus*, de la *Pragmatique Sanction* de Bourges (1438) au concordat de Bologne (1516), des expulsions des jésuites par Henri IV à l'expulsion générale renouvelée par le parlement de Paris en 1762, de la déclaration des *Quatre Articles* de l'Assemblée du clergé de 1682 au tournant rigoriste de l'Assemblée du clergé de 1700, des *Preuves des libertés de l'Église gallicane* de Dupuy aux *Ordonnances* du chancelier d'Aguesseau, jusqu'aux *Libertés de l'Église gallicane* de Durand de Maillane, sans oublier la référence obligée aux *Provinciales* de Pascal. En 1904 encore, dans un opuscule militant qui servit de préface au recueil des discours d'Émile Combes, Anatole France [1904] invoque cette lointaine généalogie et se réclame, un peu en vrac, de saint Bernard, Pasquier, Bossuet et d'Aguesseau, de l'abbé Morellet et des Lumières, de Bonaparte et du concordat de 1801, des libéraux et des légistes du XIXe siècle, de Salvandy et de l'Université, de Lacordaire et de Montalembert, de Rouland et de Napoléon III ; comme l'affaire Dreyfus, ajoute-t-il, la bulle *Unigenitus* « fut aussi, j'ai plaisir à le dire, une querelle des Français sur le juste et l'injuste ».

À travers un processus audacieux et simplificateur de sécularisation des polémiques religieuses anciennes, le gallicanisme royal, épiscopal et parlementaire de l'Ancien Régime transmet ainsi à la gauche française du XIXe siècle un argumentaire étoffé et étayé, profondément enraciné dans la culture juridique et politique des responsables politiques et administratifs. La puissance souveraine de l'État dans l'ordre temporel, le refus de l'autorité universelle du Saint-Siège au sein de la catholicité, la conservation des traditions d'indépendance de l'Église de France, l'hostilité aux congrégations religieuses, la dénonciation de la Compagnie de Jésus sur tous les plans, tels en sont les principaux « articles », réappropriés et réactualisés en fonction des circonstances nouvelles. Le gallicanisme, à travers une dense série de traités (Tabaraud, Pradt, Frayssinous), a fait peau neuve au tournant des XIXe et XXe siècles : les prérogatives du souverain sont devenus les droits de l'État ; les libertés gallicanes, les fondements du droit civil des Français ; la papauté, les congrégations, la Compagnie de Jésus, le foyer et le fer de lance d'une négation des droits de la nation et d'une perpétuation de l'absolutisme politique et religieux. « L'Église est dans l'État, et non pas l'État dans l'Église » : ainsi raisonnera longtemps, après Bonaparte et Portalis, au nom de principes gallicans sécularisés au service de l'État moderne, la gauche française du XIXe siècle, dans l'opposition comme au pouvoir.

Cette appropriation tardive et, à certains égards, équivoque de l'héritage gallican procède d'une triple logique : juridique, politique et religieuse. Aux yeux des légistes libéraux du XIXe siècle, la singularité du droit français des religions au regard des condamnations romaines (*Mirari vos*, 1832 ; *Quanta Cura* et le *Syllabus*, 1864) fonde une exception juridique au sein des nations catholiques. La Révolution française a proclamé, dans l'article 10 de la déclaration de l'été 1789, la liberté d'opinion, de conscience et de culte, sanctionnée successivement par la Constitution de l'an III, les lois consulaires et impériales, les chartes constitutionnelles de 1814 et de 1830, les Constitutions de 1848 et de 1852 et les lois de la République. Le concordat conclu le 15 juillet 1801 entre le pape Pie VII et le Premier consul, intégré dans la loi du 18 germinal an X (8 avril 1802) aux articles organiques du culte catholique (que Rome se refusera toujours à reconnaître) et aux articles organiques des cultes protestants et complété par les trois décrets d'organisation du culte israélite du 17 mars 1808, a institué un « système concordataire », ou « système des cultes reconnus » [Mayeur, 1997] : l'État reconnaît, salarie et subventionne, garantit, protège et contrôle trois cultes ; il accorde progressivement une égalité de traitement aux deux minorités religieuses, protestante et juive, autrefois opprimées ; la religion catholique, massivement majoritaire dans le pays (98 % de baptisés lors du dernier recensement incluant une demande d'ordre religieux en 1872), n'est plus, aux termes du préambule, âprement négocié, du concordat de 1801 (repris par la Charte révisée de 1830) que « la religion de la grande majorité (*maxima pars*, dit le texte latin) des citoyens français » : définition toute statistique, et non plus juridique (le catholicisme était avant 1789 « la religion du roi et du royaume » et le souverain, le « roi très chrétien »), qui rapporte la prééminence numérique des catholiques au sein de la population française aux choix religieux de ses habitants, dont la Révolution a fait, de « sujets » qu'ils étaient, des « citoyens » libres et égaux.

Aussi la gauche libérale a-t-elle le souci de rappeler sans cesse à ceux qui seraient tentés par un retour au défunt principe de l'unité de foi ou par une nostalgie de l'ancienne « chrétienté » les fondements du nouveau droit français. Tout au long du siècle, le ministère des Cultes, les préfets et les maires s'appliquent à faire observer, au nom des principes gallicans, l'autorité de l'État sur l'Église, en particulier sur la base des articles organiques de 1802 qui interdisent la diffusion sans autorisation des textes pontificaux en France, prohibent au nonce toute intervention dans les affaires spirituelles du pays, confèrent au Conseil d'État, à travers la procédure de l'appel comme d'abus, le règlement des conflits entre l'autorité ecclésiastique et l'autorité civile comme entre clercs et fidèles, imposent l'enseignement des *Quatre Articles* de 1682 dans les séminaires, exigent la célébration du mariage civil antérieurement au mariage religieux, interdisent aux évêques de quitter leurs diocèses et de se réunir librement, etc. Parmi d'autres ouvrages, le traité des *Libertés de l'Église gallicane* ou *Manuel du droit public ecclésiastique français* de Dupin, publié en 1824 et réédité en 1845 et 1860, puis le *Nouveau Manuel de droit ecclésiastique français* de l'ancien ministre Émile Ollivier, publié en 1886, réédité et remis à jour en 1907, imposent, jusqu'à l'aube du XXe siècle, une conception limitative et régulée de la sphère d'action ecclésiastique qui inspire la politique des ministres de l'Intérieur, de la Justice, de l'Instruction publique et des Cultes, de Portalis à Méjan en passant par Villemain, Salvandy, Rouland, Gambetta ou Ferry. La conception concordataire des gauches est une idéologie gallicane.

La tradition gallicane justifie les batailles conduites par la gauche contre tout « abus », contre tout « empiètement », contre toute « intrusion » par l'Église catholique des droits de l'État. La Restauration constitue à cet égard l'âge d'or et comme l'été de la Saint-Martin de la polémique gallicane. La restauration de la notion de « religion de l'État », les tentatives de réinsertion du droit canonique dans le droit civil (le divorce, aboli par la loi de Bonald en 1816 ; n'est rétabli par la loi Naquet qu'en 1884) comme l'entreprise de rechristianisation globale du pays, notamment à travers les cérémonies « réparatrices », les missions et les jubilés, se heurtent aux protestations argumentées des « doctrinaires » du nouvel ordre constitutionnel (Royer-Collard, Guizot) comme aux véhémentes contestations des libéraux (Constant, La Fayette, Manuel, Foy) et aux sarcasmes des écrivains. Les pamphlets de Paul-Louis Courier stigmatisent l'interdiction des bals et des cabarets et revendiquent les droits des paysans « auxquels on empêche de danser ». Les chansons de Béranger, qui formeront durant un demi-siècle, le fond du capital musical de la bourgeoisie voltairienne, jettent en 1825 le ridicule sur le sacre de Charles X, *alias* « Charles le Simple », et l'alarme contre les « hommes noirs » — entendez les jésuites abhorrés et mythifiés [Touchard, 1968]. Cette même année 1825, Royer-Collard proteste solennellement, au nom de la nécessaire distinction entre le droit civil et le droit canon, contre la loi sur le sacrilège qui condamne à la peine du parricide (le poing coupé, avant l'exécution) les profanateurs d'hosties consacrées. Les *Mémoires à consulter* du comte de Montlosier dénoncent avec un vif succès, à partir de 1826, les atroces complots fomentés par la mystérieuse « Congrégation » formée contre les libertés gallicanes et françaises [Bertier de Sauvigny, 1948], avant que Stendhal ne lui donne vie dans *Le Rouge et le Noir* [Imbert, 1970]. Plus avant dans le siècle, la longue lutte de la gauche libérale et anticléricale contre les congrégations continuera à être en partie motivée par un argumentaire d'origine gallicane : le thème de la « mort civile » du religieux d'Ancien Régime justifie de lui refuser les droits civils (dont le droit d'association) et même politiques ; elle pose les base de l'interdiction de l'enseignement aux congrégations que fera triompher Émile Combes par la loi du 7 juillet 1904 [Lalouette et Machelon, 2002]. Enfin, à la ville comme au village, les multiples frictions entre populations, autorités civiles et autorités religieuses — sur les sacrements, sur la prédication, sur les processions — seront très largement interprétées et jugées en fonction des principes de la prééminence du droit de l'État : l'histoire du « gallicanisme au village », lourd d'innombrables querelles de clochers, est inséparable de l'avènement de la gauche rurale du XIXe siècle.

C'est sur un dernier plan enfin que la tradition gallicane manifeste au sein de la gauche française sa plus éclatante (et étonnante, à bien y réfléchir) longévité : le champ de la morale. La gauche du XIXe siècle épouse en effet avec ardeur la cause rigoriste contre tous les errements prêtés à la morale casuiste et à ses promoteurs jésuites. Si les *Provinciales* de Pascal n'appartiennent pas à proprement parler à l'héritage du gallicanisme, leur virulence antijésuite en fait la référence essentielle d'une contestation radicale de l'enseignement moral de l'Église catholique. La référence janséniste est confortée aux yeux du public libéral cultivé du XIXe siècle par la publication du monumental *Port-Royal* (1840-1859) du très agnostique Sainte-Beuve, au prix de multiples réajustements et d'une occultation de la dimension théologique : prolongé par l'enseignement universitaire, le *Port-Royal* légitime une réappropriation libérale de l'héritage janséniste. C'est en 1845 que Michelet publie *Du prêtre de la femme et de la famille*, très violente charge contre la morale casuiste et le sacrement de confession, qu'il réédite avec une nouvelle préface en 1862 : « Le confesseur d'une jeune femme, écrit-il, peut se définir hardiment, l'envieux du mari, et son ennemi secret. » En 1863, George Sand lui fait suite sur les mêmes thèmes avec *Mademoiselle La Quintinie*, vigoureuse apologie du mariage des prêtres. En 1879 enfin, Paul Bert, disciple de Claude Bernard et collaborateur puis successeur de Jules Ferry, dénonce à la Chambre les traités de morale du père Gury et publie en 1880 *La Morale des jésuites*, qu'il dédie ironiquement à Mgr Freppel : « Un tel enseignement n'est-il pas un péril social ? », s'interroge-t-il. « Puisse la lecture du présent livre communiquer à tous ma sincère et profonde terreur ! » À l'heure même où s'accomplit, en justice avec les circonstances atténuantes comme en morale avec les théories de l'intention et du conditionnement, un mouvement général en direction d'un jugement individualisé des consciences, rapporté au contexte social et psychologique (ce qui est le sens même de la casuistique), la gauche républicaine se drape dans une conception intangible, statique, antique de la loi : c'est retrouver l'opposition, qui ouvre l'*Histoire de la Révolution française* de Michelet, entre la justice et la grâce, en se prévalant de la morale rigoriste de l'ancienne Église gallicane.

La tradition gallicane alimente enfin un lexique et un imaginaire. Le mot « jésuite » et ses dérivés — « jésuitisme », « jésuitique » — sont lourds de toutes les abominations prêtées à la Compagnie. Les « hommes noirs », des invectives de la Restauration à celles de Paul Bert en passant par le double cours sur les jésuites que professent au Collège de France puis publient en 1843 Edgar Quinet et Jules Michelet, nourrissent un véritable mythe alimenté par toutes les formes — politiques, économiques, sociales, familiales, morales, philosophiques et spirituelles — d'une hostilité passionnelle au catholicisme dans la gauche anticléricale [Leroy, 1992]. Un autre mot hérité du lexique gallican, « ultramontain », ainsi que son dérivé tardif, « ultramontanisme », focalisent à la fois la haine et le mépris de l'étranger — l'ultramontain, c'est l'Italie, c'est Rome, et toutes les formes de détestation du catholicisme : Quinet publie en 1844 son cours sur l'ultramontanisme où il oppose avec vigueur les pays protestants du Nord aux mortifères contrées catholiques du Midi ; et Anatole France n'hésite pas à écrire encore, à la veille de la séparation, dont le premier acte sera en 1904 la rupture unilatérale par le ministère Combes des relations diplomatiques entre la France et le Saint-Siège : « À partir du moment où Louis XIV devint tristement ultramontain [...] l'Église des Gaules a passé à l'étranger. Vous n'avez plus chez vous qu'une milice ultramontaine, des prêtres, des moines, soldats du pape [...]. L'Église de France s'est enfoncée dans l'idolâtrie étrangère [...]. Le gouvernement temporel des papes, qui était la honte de l'humanité, votre Église travaille ouvertement à l'établir chez vous ; elle veut faire de la France une province des États pontificaux. »

La tradition gallicane réinventée et recomposée de la gauche française du XIXe siècle, à l'âge de l'exacerbation des nationalités et des nationalismes et de la construction de l'État moderne, permet ainsi en définitive d'opposer les droits de l'État à celui de ce « corps particulier » qu'est l'Église dans la tradition juridique des Lumières ; et de renvoyer le catholicisme à l'étranger, à cette Italie très largement méprisée par la culture libérale française du XIXe siècle [Darriulat, 2001]. Elle constitue ainsi, tout au long du siècle, un élément déterminant de la culture étatique, administrative et nationale des gauches face au fait religieux en France.

La saison protestante des gauches françaises

Si l'argumentaire gallican des gauches demeure interne à l'Église et à la sphère catholiques pour mieux dénoncer son asservissement à Rome et l'usurpation des droits de l'État, la référence au protestantisme élargit l'espace de la contestation religieuse [Encrevé, 1985 ; Cabanel, 2000]. Le protestantisme occupe une place de choix dans l'univers mental, culturel et politique de la gauche française du XIXe siècle, sans aucun rapport avec son importance numérique (2 % environ de fidèles dans la population globale). L'histoire de la Réforme est assimilée par Quinet et Michelet à une époque de libération de l'esprit humain, dans une perspective très hégélienne [Viallaneix, 1979] ; et *Le Christianisme et la Révolution française* (1845) de Quinet est tout entier fondé sur l'idée passablement déroutante que c'est l'échec de la Réforme en France au XVIe siècle qui a conduit la Révolution vers la Terreur, assimilée à un surgeon de la culture catholique... L'histoire tragique du protestantisme français, de la Saint-Barthélémy aux dragonnades de Louis XIV, de la révocation de l'édit de Nantes à la guerre des camisards, de l'Église du Désert à l'affaire Calas, jusqu'à la « régénération » de 1789, à l'accession à la plénitude des droits civils et civiques et à la « réintégration » dans la nation, est présentée comme une figure de l'histoire de la liberté en France. Minorité religieuse longtemps opprimée, les protestants réformés (plus que les luthériens d'Alsace, dont les privilèges ont été garantis par la monarchie lors de l'annexion au royaume) constituent, aux yeux de nombreux « doctrinaires » des libertés fondamentales, la pierre de touche de la liberté d'opinion, de conscience et de culte, au même titre que le judaïsme, mais (du moins jusqu'à l'affaire Dreyfus) avec plus de fréquence et de ferveur. Aussi les limitations et les contraintes apportées (notamment sous la Restauration et dans la première partie du Second Empire) à la liberté d'expression et de propagation du protestantisme semblent-elles autant de preuves de la « tyrannie » de l'Église de Rome appuyée sur l'autorité d'un État despotique, tandis que les formes diverses de l'antiprotestantisme et de l'antisémitisme catholiques semblent vérifier, autour des principes de 1789 et dans le quotidien des luttes politiques et religieuses, la solidarité des républicains et des minorités religieuses contre le catholicisme intransigeant [Cabanel, 2004].

Plus profondément, le protestantisme, et particulièrement le protestantisme libéral, suscitent une profonde sympathie dans la gauche française pour des raisons qui tiennent à la fois à sa théologie et à son ecclésiologie. Les principes autour desquels s'est affirmée et consolidée la Réforme protestante du XVIe au XIXe siècle sont l'objet d'une réinterprétation en termes intellectuels et politiques : sous l'influence de Quinet et de Michelet (qui traduit et met à la disposition du public français, les *Tischreden* [*Propos de table*] de Luther), dans une perspective idéaliste et historiciste, plus ou moins fortement sécularisée, le primat de l'Écriture (*sola scriptura, sola fide*) est assimilé à un encouragement à l'instruction et à l'alphabétisation ; le rejet de la Tradition, à une libération de l'Esprit dans l'histoire et vers l'avenir ; le principe du « libre examen », au primat de la conscience libre sur le dogme et sur l'institution ; le sacerdoce universel, à l'émergence de la citoyenneté et même, chez Quinet, de la nationalité. L'exégèse critique de la *Vie de Jésus* (1835) de Strauss, que traduit le positiviste Émile Littré, ne paraît pas seulement ouvrir la voie à une historicisation et une « démythification » des *Évangiles*, mais à la libre interprétation des Écritures ; et pour Ferdinand Buisson et Charles Wagner, « le protestantisme n'est rien dans l'histoire s'il n'est pas la *Déclaration des droits de l'homme* en matière religieuse, c'est-à-dire en face du dogme comme en face du culte, et en face du sacerdoce qui vit de l'un et de l'autre » [cité par Cabanel, 2003, p. 191].

Le protestantisme est apprécié comme une forme moderne de christianisme, ouverte aux « nécessités du temps », à la liberté et au progrès, et opposé sans relâche au catholicisme intransigeant et antilibéral du *Syllabus*, tandis que c'est dans le courant protestant évangélique que le théologien vaudois Alexandre Vinet développe dès 1826 le projet d'une séparation des Églises et de l'État. On observe, notamment dans le dernier tiers du siècle, une attirance, une prédilection, une communion d'esprit de la part de la gauche française pour la religion de Luther et de Calvin : en 1864, pour marier son fils Maurice et baptiser son premier petit-fils, George Sand exige et trouve, en la personne du vaudois Alexis Muston, un pasteur qui n'exige de croire ni en la divinité de Jésus-Christ ni en l'enfer ; des républicains comme Edgar Quinet en 1834, Ernest Renan en 1856, Marcelin Berthelot en 1861, Paul Bert en 1865, Charles Floquet en 1869, Jules Favre et Jules Ferry en 1874, Alexandre Ribot en 1875 épousent une protestante : or Quinet, Floquet et Ferry sont francs-maçons et agnostiques ; et Floquet, Paul Bert et Berthelot, libres penseurs [Lalouette, 1991-1992]. Quant à Jules Simon, apôtre du spiritualisme, ennemi des congrégations, mais défenseur des devoirs envers Dieu dans l'enseignement de l'école primaire et adversaire de la loi sur le divorce, il meurt en 1896 dans des sentiments protestants. Chez ces hommes, qui tous proviennent de substrat catholique, la référence protestante ne constitue pas seulement une déclaration de rupture avec la religion d'origine, mais l'issue d'un itinéraire personnel et l'expression d'un hommage public. Inversement, la place des protestants dans la mouvance libérale et républicaine tout au long du XIXe siècle est grande : la *Revue germanique* (1858) d'Auguste Nefftzer et Charles Dollfus constitue un lieu essentiel dans la formation intellectuelle des nouvelles élites républicaines sous le Second Empire ; et *Le Temps*, fondé par le même Nefftzer en 1861, s'impose pour trois quarts de siècle comme le journal des élites politiques et diplomatiques. La radicalisation politique de certains secteurs du protestantisme libéral les entraîne parfois assez loin du christianisme : c'est l'ancien pasteur Frédéric Desmons qui fait adopter en 1877 par le Grand Orient de France l'abandon de la référence à Dieu dans la franc-maçonnerie française [Ligou, 1966] ; et c'est Ferdinand Buisson, élu en 1902 député radical-socialiste, qui préside, lors des luttes de la séparation, la commission parlementaire préparatoire à la loi comme l'Association nationale des libres penseurs de France.

Deux moments historiques sont en particulier marqués par une très forte présence protestante sur la scène politique : la monarchie de Juillet et les premières décennies de la IIIe République. La gauche libérale qui accède au pouvoir au lendemain de la révolution de juillet 1830 s'est formé dans les luttes religieuses et politiques de la Restauration : tandis que disparaît la notion de « religion de l'État » du droit français et que le culte israélite en 1831 obtient égalité de traitement avec les cultes chrétiens, les gouvernements qui se succèdent conduisent contre l'influence de l'Église catholique et ses nouveaux champions (Montalembert, Veuillot) une lutte sans merci sur le terrain du système éducatif et de la défense de l'Université. Le protestantisme constitue à la fois une référence intellectuelle et une nouvelle puissance dans l'État : Louis-Philippe scelle devant un prêtre et un pasteur l'alliance de son fils aîné Ferdinand avec une princesse protestante, Hélène de Mecklembourg ; il confie à Guizot, l'auteur de la grande loi d'instruction primaire du 28 juin 1833, puis à Pelet de la Lozère et à Salvandy (qui a épousé la petite-fille d'Oberkampf) le ministère de l'Instruction publique ; il fait enfin, 1840 à 1848, de François Guizot son inamovible ministre des Affaires étrangères et son « principal ministre ». L'orléanisme, dans son inextricable combinaison de libéralisme politique, économique et religieux et de conservatisme social, y acquiert une durable saveur protestante.

Mais c'est avec la rupture progressive intervenue dans les années 1860 entre le Second Empire et l'Église catholique autour de la question romaine que s'affirme, pour quatre décennies, un véritable magistère moral du protestantisme sur la République et les républicains. Lorsque ceux-ci l'emportent enfin et qu'est formé, le 4 février 1879, le premier ministère Waddington, il ne compte pas moins de cinq protestants sur ses dix membres. Jules Simon puis Jules Ferry, au ministère de l'Instruction publique, s'entourent de protestants : Ferdinand Buisson devient en 1879, pour près de deux décennies, directeur de l'enseignement primaire et impose à tous les instituteurs publics de France son *Dictionnaire de pédagogie* (1876-1887), encore laïcisé ultérieurement par ses soins en 1911 ; les Écoles normales supérieures de jeunes filles de Sèvres et de Fontenay sont placées sous la direction de l'ancien pasteur réformé Félix Pécaut, qui célèbre chaque matin une sorte de prédication laïque, et de l'épouse protestante de l'ancien ministre Jules Favre ; deux directeurs de l'École normale supérieure, Émile Bersot (1871-1880) et Georges Perrot (1883-1904), sont également protestants ; Jules Steeg est nommé en 1890 à la direction du Musée pédagogique avant de succéder à Buisson à la tête de la direction de l'enseignement primaire en 1896 ; Pauline Kergomard se voit confier en 1879 l'inspection générale des salles d'asile (nos écoles maternelles). La mise en place de la morale « laïque » à l'école publique à partir de la loi du 28 mars 1882 a été massivement confiée à des responsables de confession protestante dont l'influence intellectuelle et universitaire ne cesse alors de se renforcer avec l'affirmation d'une présence protestante à l'Université et au Collège de France ou l'institutionnalisation des sciences religieuses à l'École pratique des hautes études autour d'Albert Réville et Maurice Vernes.

La « saison protestante » s'achève assez nettement pourtant à l'aube du XXe siècle. La présence protestante dans les sphères dirigeantes comme dans la haute fonction publique diminue drastiquement ; le discours philo-protestant de la gauche radicale et socialiste, qui l'emporte aux élections législatives de 1902, se fait beaucoup plus discret ; à l'École pratique des hautes études, les sociologues (Durkheim, Mauss) se substituent aux spiritualistes et aux protestants ; et surtout des dissentiments s'élèvent, des conflits parfois s'expriment entre la gauche irréligieuse ou même athée et certains courants du protestantisme évangélique [Cabanel, 2003]. À l'initiative de Raoul Allier, professeur à la faculté de théologie protestante de Paris, le journal *Le Siècle* lance à l'automne 1904 une enquête, à laquelle participent de nombreux protestants (le président du Consistoire réformé de Paris Benjamin Couve, l'économiste Charles Gide, le juriste Donnedieu de Vabres, etc.), et promeut une ligne beaucoup plus libérale face aux projets de séparation laïcisateurs et militants [Mayeur, 1966]. Des voix plus fermes se font jour, dans l'Église réformée, pour réfuter Buisson ou condamner Viviani... La ferveur protestante des gauches s'apaise.

« Fut-ce une République protestante ? » s'interroge Patrick Cabanel [2003]. « Il vaut mieux parler de l'âge religieux de la IIIe République, auquel va succéder l'âge combiste [...] Reste une dernière question, à propos de cette courte décennie fondatrice ouverte en 1879 : s'agissait-il d'une transition, consciemment ou inconsciemment désirée, entre la France majoritairement chrétienne de l'Ordre moral et de la loi Falloux, et une France nouvelle, héritière de l'esprit de Voltaire, des philosophes ou du positivisme ? » Et de résumer son propos sous forme interrogative : « la génération de Pécaut et Buisson n'aurait-elle été qu'une transition, peut-être involontaire et généreuse, peut-être ménagée par des républicains désireux de ne pas effaroucher le peuple français avant d'avoir mené à bien sa rééducation par l'école laïque, et usant du protestantisme comme d'une étape entre la religion positive et la libre-pensée ? » Instrumentalisation ? L'hypothèse est lancée et elle doit conduire à réfléchir sur le sens profond du « moment protestant » des gauches françaises comme sur son caractère transitoire. Non que l'on voudrait revenir ici vers la thèse antiprotestante d'une collusion d'intérêts ou d'un échange de services et d'avantages réciproques entre protestants et républicains : la théorie des « complots » ne mène nulle part ; et le concept d'instrumentalisation permet de penser une relation entre des objets de nature diverse (la gauche politique et le protestantisme) à la fois objectivement et subjectivement. Mais des indices existent, nombreux, qui vérifient l'hypothèse d'une « alliance objective » éphémère entre deux camps distincts et de leur progressive dissociation après 1905 du fait de la montée en puissance de la gauche irréligieuse, de matrice radicale ou socialiste : le protestantisme est redevenu alors, aux yeux de Combes, de Clemenceau ou de Viviani, ce qu'il n'avait pourtant jamais cessé d'être : chrétien, tandis que les gauches exploraient, dans leur confrontation avec le fait religieux, d'autres voies.

UNE SORTIE DE LA RELIGION, OU LE GRAND DIOCÈSE DES « LIBRES-PENSEURS »

On a quelque mal aujourd'hui à comprendre le moment spiritualiste et déiste des gauches françaises : les positionnements religieux du XXe siècle se sont simplifiés ; les lignes de partage entre croyance et incroyance sont plus fermement dessinées. Une grande partie des responsables de la gauche libérale et républicaine — car il s'agit essentiellement d'un phénomène élitiste — a cependant professé tout au long du siècle, dans la tradition de Voltaire et de Rousseau, l'existence de Dieu et l'immortalité de l'âme hors des religions révélées et des Églises constituées. Des personnalités aussi fondamentales dans l'histoire des gauches que Benjamin Constant, Alphonse de Lamartine, Edgar Quinet, Victor Hugo, Adolphe Crémieux, Jules Simon, Émile Combes lui-même, ont manifesté, sous des formes diverses, leur attachement à une croyance, une religion, une espérance, un idéal « sans dogme et sans clergé ». Des philosophes et des savants proches de leurs cercles (Théodore Jouffroy, Victor Cousin, Pierre Leroux, le dernier Auguste Comte, Émile Vacherot, Charles Renouvier, Ernest Renan...) ont étayé leurs convictions de toute leur autorité morale et intellectuelle. « Je refuse l'oraison de toutes les Églises ; je demande une prière à toutes les âmes. Je crois en Dieu », proclame solennellement Hugo dans son ultime testament.

« J'ai été toute ma vie un spiritualiste fervent, qui a essayé sans succès de plier son intelligence à la dogmatique de l'Église catholique », affirme Combes dans ses *Mémoires* inachevés. « J'ai lu avec une avidité extrême [...] les leçons de Cousin et de Jouffroy, en même temps que Michelet et Edgar Quinet m'initiaient à l'étude des lois morales qui régissent la marche de l'humanité et à la recherche de ses causes. C'est à Edgar Quinet que j'ai emprunté le rayon d'espérance qui voltige tristement en une courte inscription sur la plaque noire du caveau funèbre où je veux dormir mon dernier sommeil en compagnie des êtres que j'ai tant aimés : Aimons-nous dans la mort comme dans la vie. Notre cœur nous dit qu'il n'y a pas de séparation éternelle. Nous nous quittons dans l'incertitude, nous nous retrouverons dans la vérité. » [cité par Merle, 1995]

C'est Sainte-Beuve, dans un discours célèbre prononcé devant le Sénat impérial le 18 mai 1868, qui a sans doute le plus exactement esquissé — tout en se gardant bien de le circonscrire — le « grand diocèse » du spiritualisme français du XIXe siècle : « Il est aussi un grand diocèse, messieurs, celui-là sans circonscription fixe, qui s'étend par toute la France, par tout le monde, qui a ses ramifications et ses enclaves jusque dans les diocèses de messieurs les prélats ; qui gagne et s'augmente sans cesse, insensiblement et peu à peu, plutôt encore que par violence et par éclat ; qui comprend dans sa largeur et sa latitude des esprits émancipés à divers degrés, mais tous d'accord sur ce point qu'il est besoin d'être affranchi d'une autorité absolue et d'une soumission aveugle ; un diocèse immense (ou, si vous aimez mieux, une province indéterminée, illimitée) qui compte par milliers des déistes, des spiritualistes et disciples de la religion dite naturelle, des panthéistes, des positivistes, des réalistes [...], des sceptiques et des chercheurs de toutes sortes, des adeptes du sens commun et des sectateurs de la science pure ; [...] chaque membre, à son tour, a ce devoir lorsque l'occasion s'en présente, et il est tenu par conscience à remettre la vérité, la science, la libre recherche et ses droits sous les yeux de quiconque serait tenté de les oublier et de les méconnaître » [cité par Rémond, 1976, p. 166].

Trois thèmes majeurs qualifient cette famille de pensée : le refus de la délimitation, le refus de l'autorité et les droits de la conscience. Les spiritualistes, les « esprits forts » dont Claude Tillier dans *Mon Oncle Benjamin* (1843) ou Gustave Flaubert à travers le pharmacien Homais [Agulhon, 1996] ont fixé les traits littéraires en les inscrivant dans la bourgeoisie voltairienne de la monarchie de Juillet, les « libres penseurs » au sens large des années 1840 se définissent d'abord par le refus d'une inscription dans l'espace qui leur dicterait des convenances, des habitudes, des contraintes religieuses. Ils sont des citoyens libres, généralement propriétaires, se prévalent de l'autonomie de la volonté et d'un capital économique, social et culturel propre à assurer l'indépendance de la conscience — sinon, ce ne sont que des « originaux » de village, comme Patience, le « philosophe rustique » rousseauiste du *Mauprat* (1837) de George Sand ou le Bonhomme Système des *Souvenirs* de Renan, dont on ne découvrira qu'à sa mort qu'il était l'un des derniers survivants de la Terreur. « Citoyen du monde », l'esprit fort transcende les appartenances et les dénominations : « Mon Dieu, à moi, c'est le Dieu de Socrate, de Franklin, de Voltaire et de Béranger ! Je suis pour la Profession de foi du vicaire savoyard et les immortels principes de 89 ! », s'écrie avec aplomb Homais devant Mme Lefrançois qui n'en peut mais.

Si spiritualistes et déistes ne sont d'aucun lieu, c'est qu'ils projettent leurs convictions vers l'avenir. La gauche française du XIXe siècle a massivement nourri l'espérance, dans le second tiers du XIXe siècle, de voir émerger une « religion de l'avenir », transcendant les dogmes et les Églises établies : un « règne de l'Esprit ». « Tout le XIXe siècle est traversé par un fleuve joachimite », estime Henri de Lubac [1978-1981]. « Une ère nouvelle commence », proclame en tout cas Pierre Leroux dans *Le Globe* d'août 1830, au lendemain des Trois Glorieuses. « Tout est fini et tout commence. Les admirables journées [de Juillet sont] un événement révélateur [...] La société se trouve sur le bord d'un monde nouveau. Les religions et les philosophies s'écroulent à la fois. Les vieux codes provoquent le mépris comme les vieilles théologies, et nul n'a la clef de l'édifice nouveau qui doit s'élever. »

Le temps est aux prophètes, au « nouveau christianisme », au Christ prolétaire et aux socialismes à fondement religieux [Bénichou, 1977, 1985 ; Bowman, 1987 ; Rignol, 2003] : Saint-Simon dans son *Nouveau Christianisme* (1825), Pierre Leroux dans *De l'humanité, de son principe et de son avenir* (1840), Philippe Buchez dans son *Essai complet de philosophie au point de vue du catholicisme et du progrès* (1839-1840), George Sand, disciple du dernier Lamennais puis de Leroux, dans *Lélia* (1833, 1839) et dans *Spiridion* (1839) ; ou encore, depuis le Collège de France, Mickiewicz, Michelet et Quinet en appellent tous à un dépassement du christianisme, révolu, caduc. Quel ne fut pas l'indignation du censeur romain de la congrégation de l'Index lorsqu'en 1842, il lut dans *Spiridion* que « la doctrine révélée par Jésus-Christ aux hommes n'est pas achevée (*compiuta*), mais qu'il faut attendre de notre génération, comme autrefois des Hébreux, un nouveau Messie qui viendra la réformer, la perfectionner et la remplacer »... « La prétention religieuse du romantisme est incertaine », relève, en un bel euphémisme, Paul Bénichou. Le « principe espérance » (Ernst Bloch) qui guide les religions de l'avenir constitue aussi, pour la gauche romantique du milieu du XIXe siècle, le moment essentiel d'une subversion de toute orthodoxie religieuse : bien plus que les diatribes et les sarcasmes de la philosophie des Lumières, le romantisme religieux des années 1840, prolongé tard dans le siècle (c'est en 1864 que Michelet publie sa *Bible de l'humanité*), vide le christianisme de sa substance en ce que, tour à tour, il l'investit, s'en nourrit et le délaisse. Le « règne de l'Esprit » fait éclater la cohérence intellectuelle et la cohésion sociale des croyances anciennes et ouvre un monde.

Le refus de toute autorité d'ordre dogmatique ou ecclésial est le second article de foi, plus traditionnel dans les positionnements religieux des gauches, du libre penseur qui se réclame d'un Dieu philosophique, d'une « religion naturelle » ou d'un « idéal » moral ou religieux pour contester l'enseignement des religions révélées. « L'indifférence en matière de religion », que dénonce avec véhémence Lamennais à l'aube de la Restauration est le terreau d'une « recherche » d'ordre moral, philosophique et religieux qui conduit spiritualistes et déistes à emprunter, à concilier, à abstraire et recomposer traditions religieuses, philosophie des Lumières et espérances dans l'avenir et dans un au-delà. Dans le même passage, où Flaubert exprime avec un humour féroce le credo voltairien qu'il a pratiqué en personne et en famille, Homais remet en cause, dans la tradition voltairienne, l'inspiration des Écritures et l'autorité des religions révélées au nom d'une « religion personnelle » : « J'ai une religion, ma religion, et même j'en ai plus qu'eux avec leurs momeries et leurs jongleries. J'adore Dieu, au contraire ! Je crois en l'Être suprême, à un créateur quel qu'il soit, peu m'importe, qui nous a placés ici-bas pour y remplir nos devoirs de citoyen et de père de famille ; mais je n'ai pas besoin d'aller dans une église, baiser des plats d'argent et engraisser de ma poche un tas de farceurs qui se nourrissent mieux que nous. Car on peut l'honorer aussi bien dans un bois, dans un champ, ou même en contemplant la voûte éthérée, comme les anciens. »

La Libre pensée organisée et structurée de la seconde moitié du XIXe siècle puisa à foison dans cet argumentaire, dont la tirade, fictive mais éminemment topique, du pharmacien Homais résume la logique au nom d'un credo nouveau, scientifique et rousseauiste, fondé sur les droits de la conscience libre et « éclairée » : les vices et les crimes sans nombre des prêtres, l'ignorance, l'hypocrisie, l'orgueil et la tyrannie du clergé, l'absurdité intellectuelle et le caractère immoral des croyances chrétiennes sont déclinées à satiété, tantôt sur le mode de l'indignation tantôt sur le mode de la dérision, par ceux qui se flattent d'échapper à leur emprise et de contester leur autorité. Le spiritualisme est bien à cet égard, pour la gauche française du XIXe siècle, « la religion de la sortie de la religion » [Gauchet, 1985].

Ce serait pourtant méconnaître le sens et la portée des déismes du XIXe siècle que de les réduire à une pure négativité : ils sont aussi aux yeux des gauches le berceau d'un processus d'individuation des croyances qui bouleverse progressivement la nature des liens qui rattachent les croyants à une société religieuse. Dans les campagnes, les réflexes unanimes fondés sur une communauté d'usages, de rites et de mentalité s'effacent et les contraintes collectives de la structure paroissiale s'affaissent sous les coups de boutoir des « esprits forts », propriétaires de biens nationaux, médecins et hommes de science, maîtres d'école, ouvriers migrants. En ville, espace par excellence de liberté individuelle et de pluralité religieuse, le processus est accéléré par la mobilité des hommes, l'affaiblissement des institutions religieuses, l'autonomie spirituelle, sociale et politique croissante des nouveaux « prolétaires ». Même si les ruptures intervenues dans les premières décennies du XIXe siècle ne sont parfois que partielles, élitaires ou protestataires, l'individualisme religieux ou philosophique des libres penseurs traduit et légitime une autonomie de la croyance. Alors que le rapport au croire dans la société issue de l'Ancien Régime se définissait « à partir du postulat qu'il y avait un rapport stable entre des conduites objectives et des convictions personnelles », selon Michel de Certeau [1974], « c'est ce rapport qui se défait. Les comportements religieux et la foi se dénouent [...] Ce sont des liens obscurs, souvent dramatiques, de plus en plus ambivalents, et lentement coupés. Les pièces du système se désagrègent ». Les temps sont murs pour l'émergence d'une gauche irréligieuse, de matrice anticléricale, laïque ou athée militante.

La séparation des gauches et de la religion

Au cours du long procès historique qui conduit du concordat gallican de 1802 à la loi laïque de séparation des Églises et de l'État de 1905, un processus parallèle s'accomplit : les gauches, progressivement, se déchristianisent, se laïcisent, se sécularisent. Dans la montée en puissance de cette quatrième famille d'esprit que constitue l'anticléricalisme et l'athéisme militants, le tournant décisif se situe également dans les années 1860 : la rupture progressive intervenue entre l'Empire et l'Église catholique autour de la question romaine crée un « espace public », encore limité et menacé, dans lequel s'engouffre néanmoins avec audace et énergie une génération de jeunes révoltés, issue majoritairement de la moyenne et petite bourgeoise urbaine. Dans le même temps, les républicains grandis et mûris politiquement sous l'Empire autoritaire, encouragés par l'exemple de leurs maîtres spirituels en exil, Victor Hugo, Edgar Quinet, Louis Blanc, rompent violemment avec le romantisme religieux des « vieilles barbes » de la génération précédente, dénoncent avec véhémence la collusion du catholicisme et de l'Empire, l'alliance « du sabre et du goupillon », et adhèrent avec enthousiasme et détermination à un idéal positiviste, scientiste, naturaliste et profondément agnostique. La « génération de 1860 » — Jules Ferry, Léon Gambetta, Paul Bert, Georges Clemenceau... — est celle du tournant irréligieux des gauches.

Nul ne témoigne plus nettement de cette évolution que le jeune Émile Zola, venu s'établir à Paris en février 1858, à la veille de ses dix-huit ans ; il entre en mars 1862 à la librairie Hachette, après un cuisant échec au baccalauréat et une brève et douloureuse expérience de la vie de bohème où il rompt définitivement avec la morale chrétienne. Le futur auteur des *Rougon-Macquart* (1870-1893) appartient ainsi pleinement, dès ses vingt ans, à une génération républicaine marquée par « l'air du Quartier latin » et aussi viscéralement hostile à l'Église catholique et à la Papauté qu'à l'empereur et à l'Empire. « La pensée centrale de l'esthétique naturaliste, note Henri Mitterand [1999-2002], doit être antidatée d'une bonne dizaine d'années par rapport à la grande campagne de 1875-1880 ; elle se situe directement sur le front des nuages qui secoue la météorologie intellectuelle française pendant la décennie de 1860, dès avant l'apparition des *Rougon-Macquart* ; elle est un rameau direct de la pensée positiviste, fortifiée par les travaux de Taine, Littré, Larousse, ainsi que du développement et de la vulgarisation de la médecine, illustrés par la création de nombreuses académies et sociétés médicales et chirurgicales aussi bien que par l'attention des Goncourt ou le succès du livre de Claude Bernard. »

La référence à la science comme forme d'observation, comme capacité d'expérimentation et comme mode de construction du regard au monde, fonctionne comme une contre-religion, un nouveau credo et un mythe, apte à nourrir les plus belles espérances ou les théories les plus aventurées, en particulier sur l'hérédité [Lalouette, 1997]. La double hostilité à l'Empire et à l'Église catholique se nourrit de cette référence « scientifique » pour condamner sans appel et d'un même élan, d'un côté le « césarisme » issu du coup d'État, corrompu et politiquement sans principes, et de l'autre côté le « cléricalisme », obscurantiste et dominateur. Zola n'en démordra plus : sa haine des « honnêtes gens », son anticléricalisme virulent et son antichristianisme profond, de *La Conquête de Plassans* (1874) à *La Faute de l'abbé Mouret* (1875), à *Lourdes* (1894) et *Rome* (1896) jusqu'à *Vérité* (1902), s'inscrivent dès l'origine dans un triple refus du conformisme moral et social, du pouvoir politique et de l'autorité religieuse.

C'est à l'analyse de milliers de similaires itinéraires individuels doublés d'évolutions spirituelles, morales, philosophiques et religieuses qu'il faudrait ici se livrer afin de saisir à la fois dans leur diversité et dans leur unité les voies qui ont conduit à la sécularisation des gauches. Sur le plan intellectuel, les influences sont multiples. La référence scientifique ou scientiste domine, à Charles Darwin, dont Clémence Royer traduit dès 1862 *L'Origine des espèces*, parue à Londres en 1859, à Claude Bernard, le maître de Paul Bert, à Marcelin

Berthelot, à Paul Broca, ou plus tard à Jean-Martin Charcot, Rudolf Wirchow ou Ludwig Büchner — la science qui suscite tout au long du XIXe siècle une foi et une espérance de tonalité presque religieuse, comme en témoigne encore *L'Avenir de la science* que rédige en 1848 le jeune Ernest Renan, mais qu'il ne publiera qu'en 1890 — ; la référence kantienne, ou plutôt néokantienne, reformulée et réactualisée sous la forme d'une substitution de la morale à la religion par Jules Barni ou Charles Renouvier [Blais, 2000] ; la référence positiviste aux enseignements successifs d'Auguste Comte, diffusés par ses principaux disciples, parmi lesquels domine la grande figure de « saint laïque » d'Émile Littré ; la référence matérialiste, à Diderot, Helvétius, d'Holbach ou La Mettrie, plus tard à l'évolutionnisme d'Herbert Spencer. Ernest Renan, suspendu du Collège de France dès sa leçon inaugurale, le 21 février 1862, pour avoir qualifié Jésus-Christ d'« homme incomparable », publie en 1863 le livre clef de l'antichristianisme français, *La Vie de Jésus* : démarqué de l'exégèse critique allemande, l'ouvrage nie l'inspiration des Écritures et la divinité du Christ, assimile son enseignement à une morale « sublime » et ses miracles à des tours de passe-passe. L'impact est formidable, à la mesure de l'indignation des catholiques. « *La Vie de Jésus* a pénétré jusque dans nos campagnes », rapporte un correspondant bressan de Quinet. « Que verront-ils, que pourront-ils lire dans le livre de Renan ? — Je ne sais. Mais il leur restera que Jésus n'est pas Dieu, que le curé les trompe, s'il ne se trompe pas » (BNF, fonds Quinet, NAF 20783, II, 86-90).

Les références irréligieuses de la mouvance socialiste et anarchiste méritent une attention particulière car l'athéisme militant de l'extrême gauche est étroitement lié à un combat révolutionnaire : si Ludwig Feuerbach, dont l'*Essence de la religion* (1841) est traduite en français en 1864 par Joseph Roy, un proche d'Édouard Vaillant, comme Karl Marx, qui dénonce dans la religion l'« opium du peuple », sont des références encore peu fréquentes dans la gauche française du XIXe siècle, les écrits de Proudhon, notamment *De la justice dans la Révolution et dans l'Église* (1858) dont la violence antichrétienne le contraint à se réfugier à Bruxelles, le journal et la devise — Ni Dieu ni maître ! — d'Auguste Blanqui, le *Dieu et l'État* (1882) de Michel Bakounine, les articles virulents et les dessins au vitriol de *L'Assiette au beurre* et du *Père peinard* d'Émile Pouget constituent les textes majeurs de l'anticléricalisme ouvrier et de l'athéisme révolutionnaire en France avant 1914. « Si tu veux être heureux, Nom de Dieu ! Pends ton propriétaire, coupe les curés en deux Nom de Dieu ! Fous les églises par terre, Nom de Dieu ! Et l'bon dieu dans la merde, Nom de Dieu ! » : c'est *Le Chant de la guillotine* de Ravachol que publie *Le Père peinard* en l'honneur de l'anarchiste, exécuté le 11 juillet 1892 après avoir refusé l'assistance d'un prêtre [Maitron, 1964].

Sur le plan institutionnel, l'anticléricalisme et l'athéisme militant des gauches françaises s'appuient essentiellement sur deux structures associatives dont l'affirmation politique et intellectuelle constitue l'un des événements religieux majeurs des années 1860-1914 : la franc-maçonnerie et la libre-pensée. Apparue en France dans les années 1720 à l'imitation de l'Angleterre, proscrite par la Révolution en 1792, rétablie sous le Consulat et l'Empire, tolérée par tous les gouvernements de la Restauration au Second Empire, la franc-maçonnerie française connaît une véritable mutation à partir des années 1860 [Combes, 2000-2001]. Le nombre des loges de la principale obédience, le Grand Orient de France, passe de 175 en 1859 à 470 en 1914, tandis que les effectifs des initiés s'élève de 10 000 à 50 000 environ. La géographie maçonnique du XIXe siècle privilégie les villes, grandes — en 1873, 2 loges sur 5 sont à Paris, Lyon et Marseille, et 50 loges sont actives dans le seul département de la Seine — et moyennes, ainsi que le Bassin parisien, le Sud-Ouest et le Sud-Est. Une nouvelle sociologie, plus élitaire, fait enfin à partir des années 1860 la part belle à la bourgeoisie, rurale et urbaine, aux professions libérales, à la haute fonction publique et aux milieux politiques républicains : le 8 juillet 1875, Jules Ferry et Émile Littré sont solennellement initiés ensemble à la loge de la Clémente Amitié à Paris ; et les principaux dirigeants du parti républicain, Léon Gambetta, Jules Simon, Adolphe Crémieux, Louis Blanc, Jean Macé, Henri Brisson, Léon Bourgeois, Eugène Spuller, Arthur Ranc, Alfred Naquet, Pierre Tirard, Paul Bert, Yves Guyot, Ernest Constans, Émile Combes, Maurice Rouvier... appartiennent à la franc-maçonnerie et y occupent parfois, comme Brisson ou Bourgeois, des responsabilités éminentes. Le premier ministère radical, formé en novembre 1895 autour de Léon Bourgeois, compte huit maçons sur dix membres (dont Émile Combes au ministère de l'Instruction publique et des Cultes) ainsi que le positiviste Marcelin Berthelot. Surtout, le discours des loges se modifie : le spiritualisme des loges du XVIIIe siècle et du premier XIXe siècle s'efface au profit d'un anticléricalisme militant et d'un agnosticisme officiel. L'article 1er de la constitution de l'Ordre maçonnique en France du 10 août 1849 affirmait que « la franc-maçonnerie, institution essentiellement philanthropique, philosophique et progressive a pour base l'existence de Dieu et l'immortalité de l'âme ; elle a pour objet : la bienfaisance, l'étude de la morale universelle, des sciences et des arts et la pratique de toutes les vertus » ; mais le 13 septembre 1877, l'Assemblée générale du Grand Orient supprime l'obligation de travailler « à la gloire du Grand Architecte de l'Univers » et toute référence à l'existence de Dieu et à l'immortalité de l'âme : « dès lors, les frères purent s'adonner librement aux plaisirs de l'anticléricalisme primaire », relève Gérard Gayot [1980]. La franc-maçonnerie, combattue et mythifiée par les catholiques, est à la fin du XIXe siècle la chambre de réflexion et le levier de pouvoir du programme anticlérical et laïc des gauches.

La libre-pensée institutionnalisée du second XIXe siècle constitue une association à la fois plus populaire dans son recrutement et plus militante dans ses activités [Lalouette, 1997]. Apparues sous une forme associative en 1848, les sociétés de libre-pensée se développent rapidement à partir de la fin du

Second Empire pour connaître leur apogée au lendemain de la loi de séparation : en 1884, 212 sociétés déjà sont représentées au congrès anticlérical de Lyon ; de 1901 à 1914, 459 sociétés sont déclarées au titre de la loi du 1er juillet 1901 sur les associations, dont 357 créations nouvelles. La géographie librepenseuse recoupe en partie la géographie maçonnique : les villes, le Bassin parisien et le littoral méditerranéen sont privilégiés. Le recrutement est urbain, petit-bourgeois ou ouvrier ; les notables de la société et de la politique y sont plus rares, à l'exception de quelques intellectuels militants, dont Ferdinand Buisson, Gabriel Séailles, Désiré Bourneville, Anatole France ou Édouard Herriot, et de nombreux socialistes comme Jean Allemane, Paul Brousse, Aristide Briand, Maurice Allard ou Marcel Sembat, mais ni Vaillant, ni Guesde, ni Jaurès. Le principe de l'adhésion aux sociétés de libre-pensée repose sur le refus de la sépulture religieuse, à laquelle s'engage le militant : les obsèques civiles, accompagnées du cortège des libres penseurs, mais aussi la célébration de baptêmes civils et de mariages civils constituent les manifestations essentielles d'appartenance. Le discours libre penseur, ponctué par la presse, les conférences publiques, le chant et des opérations concertées de propagande, revêt enfin une particulière violence irréligieuse et culmine, dans l'intention blasphématrice envers les catholiques, avec l'organisation des banquets du « vendredi dit saint » : sur la place d'Alfortville (Seine) comme sous les halles de Châtillon-sur-Chalaronne (Ain), les libres penseurs s'attablent publiquement pour festoyer la « saint Cochon », au jour et à l'heure où les catholiques célèbrent dans les églises l'agonie et la mort du Christ sur la croix. Populaire, influente, véhémente parfois, la libre-pensée constitue avant 1914 le fer de lance du combat radical et socialiste pour le vote et l'application la plus drastique possible de la loi de Séparation.

L'anticléricalisme et l'athéisme militants imposent enfin un lexique de combat : car l'irréligion des gauches est aussi affaire de mots à l'heure où le *Dictionnaire de la langue française* (1863-1872) d'Émile Littré, le *Grand Dictionnaire universel du XIXe siècle* (1866-1876) de Pierre Larousse puis, à partir de 1892, la *Grande Encyclopédie* de Marcelin Berthelot, qui tous trois relèvent de l'univers intellectuel des gauches, s'efforcent de ramasser et de fixer la langue et la culture françaises. Deux mots clés, qui sont autant d'armes, s'imposent : cléricalisme à partir des années 1860, ainsi que son contraire, anticléricalisme ; et laïcité, plus difficilement, à partir des années 1880. Le cléricalisme, écrit Littré, « est le néologisme par lequel les adversaires des doctrines ultramontaines caractérisent l'esprit de l'Église catholique tendant à subordonner l'autorité temporelle à l'autorité ecclésiastique », définition de saveur toute gallicane, qui tend à qualifier de cléricale toute initiative catholique sur le plan social ou politique, hors de la sphère privée ou des lieux de culte : en ce sens, « le cléricalisme », affirme Depasse en 1880, c'est « la confusion de la politique et du culte, le complot de la police et du dogme pour l'asservissement de l'esprit humain » [cité par Ozouf, 1963, p. 263]. Mais qui distinguera alors le catholique du clérical ? L'ambiguïté est grande, elle est sans doute volontaire ; et un membre de la loge La Clémente Amitié n'hésite pas écrire dans le périodique officiel du Grand Orient : « la distinction entre le catholicisme et le cléricalisme est purement officielle, subtile pour les besoins de la tribune, mais ici, en loge, disons-le hautement pour la vérité, le catholicisme et le cléricalisme ne font qu'un », ce que l'étude des textes confirme amplement. L'invention lexicale du cléricalisme a cependant une signification : elle constitue l'outil le plus efficace de la polémique républicaine pour détacher d'un épiscopat et d'un clergé monarchistes ou hostiles aux institutions, des électeurs « catholiques selon le suffrage universel », pour reprendre le mot de Littré, qui assurent depuis la fin des années 1870 le triomphe électoral de la République opportuniste. Lorsque Gambetta s'écrie, dans sa fameuse apostrophe à la Chambre du 4 mai 1877, « Le cléricalisme, voilà l'ennemi ! », il désigne un adversaire politique et l'isole pour mieux le combattre.

Les gauches seront ainsi longtemps anticléricales plutôt que laïques, bien que l'on puisse légitimement considérer anticléricalisme et laïcité comme le revers et l'avers, le négatif et le positif du même combat politique et idéologique contre le catholicisme intransigeant. Mais le mot « laïcité » déplaisait à Jean Macé, qui lui préférait l'anglais *unsectarian*, comme à Ferdinand Buisson, hostile à ce vocabulaire aux relents catholiques : ce sont les « lois laïques » et « l'école laïque » des années 1880 qui imposeront tardivement dans le vocabulaire républicain la laïcité dont Émile Poulat a souligné qu'elle ne figure pas dans le texte de la loi de Séparation [2003]. Vocabulaire trop neutre et trop consensuel, sans doute, à l'heure où la libre-pensée militante invente, pour dénoncer les « abus » et les « vices » du clergé catholique, un véritable « bestiaire » doublé d'un argot anticlérical : noirs, corbeaux, rats, ratichons, calotins, enfroqués, ensoutanés, frocards, talapoints, tonsurés, sacs à charbon, vermine et même cléricafards qualifient les prêtres et les moines ; bondieusards, cafards, punaises de sacristie, tartufes, les fidèles ; prêtraille, monacaille, Calotte, l'Église [Lalouette, 2002]...

Sur le plan politique enfin, le chemin qui mène les gauches vers la Séparation, après l'effondrement du Second Empire et la victoire sur l'Ordre moral, est parcouru à vive allure (un quart de siècle seulement), en deux temps : séparation de l'école et de la société dans les années 1880 ; séparation de l'État après 1900. Les principales étapes, par-delà les péripéties qui ponctuent la lutte, traduisent et manifestent un projet global de sécularisation de la culture et de la société françaises. La loi du 12 juillet 1880 supprime l'obligation du repos dominical ; la loi du 15 novembre 1881 abolit les distinctions de croyance dans les cimetières ; la loi du 5 avril 1884 réglemente étroitement les processions et les soumet à autorisation municipale ; la loi Naquet (27 juillet 1884) rétablit le divorce ; la loi du 14 août 1884 supprime les prières publiques dans les assemblées ; la loi « curés sac au dos » du 15 juillet 1889 abolit les dispenses de service militaire dont bénéficiaient les séminaristes. Le grand œuvre républicain que constitue la laïcisation de l'école, inaugurée par l'établissement d'un enseignement secondaire public de jeunes filles (21 décembre 1880), sanctionnée par les lois Ferry sur la gratuité (6 juin 1881), la laïcité et l'obligation (29 mars 1882) de l'enseignement primaire public et prolongée par la loi Goblet sur la laïcisation du personnel des écoles publiques (30 octobre 1886) puis par la loi du 7 juillet 1904 qui interdit l'enseignement aux congrégations, prend toute sa signification religieuse à l'intérieur de ce processus de sécularisation : l'enseignement de la religion est désormais professé hors de l'école et sans la participation du maître et la morale est devenue « sans épithète » afin qu'il soit possible, pour reprendre une autre expression de Ferry, d'« organiser l'humanité sans Dieu et sans roi ». La religion des gauches s'est effacée au profit d'un contrat social et politique.

On mesure aussi combien la loi de Séparation du 9 décembre 1905 par laquelle « la république ne reconnaît, ne salarie ni ne subventionne aucun culte » procède des quatre grandes familles d'esprit auxquelles se sont, dans le même temps ou successivement, rattachées les gauches françaises dans le champ religieux. La Séparation rompt certes avec la tradition gallicane d'un contrôle des Églises par l'État : mais c'est pour les placer dans le cadre légal de la loi sur les associations sous la forme d'associations cultuelles ; et l'article 8, qui se proposait de soumettre au Conseil d'État l'arbitrage de tous les litiges apparus au sein des cultuelles, ne contribua pas peu au refus des catholiques d'entrer dans le dispositif légal. La tradition issue du protestantisme libéral a pour sa part puissamment contribué à gommer les dispositions les plus offensives du projet Combes et à guider le législateur vers des solutions propres à garantir aux fidèles de chaque confession la liberté de conscience et de culte. La tradition déiste et spiritualiste a poussé dans le même sens et particulièrement influé pour garantir la priorité accordée à l'individu, au simple fidèle, sur l'institution pour former à son gré des associations cultuelles, autre motif de dissentiment profond avec la hiérarchie catholique ; enfin la tradition anticléricale ou athée militante a imposé aux Églises le principe même de la séparation et parfois tenté de favoriser à travers la loi un processus de dépérissement des religions, dont la crise des inventaires, qui implique l'ouverture des tabernacles et suscite au printemps 1906 une vive résistance de la part des fidèles catholiques, démontra la difficulté.

Les gauches majoritairement laïcisées des lendemains de la Séparation, qui votent l'affichage du discours irréligieux de Viviani, traduisent ainsi dans leurs discours et dans leurs actes le vaste processus de sécularisation qui a transformé leur rapport à la religion et qu'elles ont elles-mêmes contribué à accélérer. Mais elles empruntent aussi, et pour longtemps encore, aux traditions diverses qui ont façonné la conception française de la laïcité : à l'intérieur même du groupe socialiste à la Chambre, entre Maurice Allard qui affirme, le 10 avril 1905, qu'il y a « incompatibilité entre l'Église, le catholicisme ou même le christianisme et tout régime républicain et qu'il convient de « poursuivre l'idée de la Convention et d'achever l'œuvre de déchristianisation de la France », et Jean Jaurès qui lui répond le 21 avril en formulant le vœu « que demain, avec ces associations cultuelles, marchent quelques prêtres convaincus logiquement ou par illusion qu'ils peuvent concilier le christianisme et la Révolution, l'Évangile et les Droits de l'homme », il y a tout l'espace qui distingue, au sein même des gauches, une laïcité fermée et une laïcité ouverte, une laïcité déchristianisatrice et une laïcité qui se propose d'être, pour l'avenir, « l'expression juridique de la liberté de l'acte de foi » [André Latreille et Joseph Vialatoux, cité par Mayeur, 1997, p. 7].

RÉFÉRENCES BIBLIOGRAPHIQUES

AGULHON Maurice (1996), *Histoire vagabonde* III, Gallimard, Paris.

BÉNICHOU Paul (1977), *Le Temps des prophètes. Doctrines de l'âge romantique*, Gallimard, Paris.

— (1985), *Le Sacre de l'écrivain, 1750-1830. Essai sur l'avènement d'un pouvoir spirituel laïque dans la France moderne*, Corti, Paris.

BERTIER DE SAUVIGNY Guillaume de (1948), *Un type d'ultra-royaliste. Le comte Ferdinand de Bertier (1782-1864) et l'énigme de la Congrégation*, Les Presses continentales, Paris.

BLAIS Marie-Claude (2000), *Au principe de la République. Le cas Renouvier*, Gallimard, Paris.

BOUTRY Philippe (1992), « Dieu », *in* Jean-François SIRINELLI (dir.), *Histoire des droites en France*, t. III : *Sensibilités*, Gallimard, Paris, p. 212-249.

BOWMAN Franck Paul (1987), *Le Christ des barricades, 1789-1848*, Cerf, Paris.

CABANEL Patrick (2000), *Les Protestants et la République de 1870 à nos jours*, Complexe, Bruxelles.

— (2003), *Le Dieu de la République. Aux sources protestantes de la laïcité (1860-1900)*, Presses universitaires de Rennes, Rennes.

— (2004), *Juifs et protestants en France : les affinités électives*, Fayard, Paris.

CERTEAU Michel de (1974), *Le Christianisme éclaté*, entretien avec Jean-Marie Domenach, Seuil, Paris.

COMBES André (2000-2001), *Le Grand Orient de France au XIXe siècle*, 2 vol., Éditions maçonniques de France, Paris.

DARRIULAT Philippe (2001), *Les Patriotes. La gauche républicaine et la nation, 1830-1870*, Seuil, Paris.

ENCREVÉ André (1985), *Les Protestants en France de 1800 à nos jours. Histoire d'une réintégration*, Stock, Paris.

FRANCE Anatole (1904), *Le Parti noir*, Société nouvelle de librairie et d'édition, Paris.

GAUCHET Marcel (1985), *Le Désenchantement du monde. Une histoire politique de la religion*, Gallimard, Paris.

GAYOT Gérard (1980), *La Franc-maçonnerie française. Textes et pratiques (XVIIIe-XIXe siècles)*, Gallimard/Julliard, Paris.

HUGO Victor (1985) *Œuvres complètes. Politique. Actes et Paroles I*, Robert Laffont, coll. « Bouquins », Paris.

IMBERT Henri-François (1970), *Stendhal et la tentation janséniste*, Droz, Genève.

LALOUETTE Jacqueline (1991-1992), « Épouser une protestante : le choix de républicains et de libres penseurs au siècle dernier », *Bulletin de la Société de l'histoire du protestantisme français*, CXXXVII, Paris.

— (1997), *La Libre pensée en France, 1848-1940*, Albin Michel, Paris.

— (2002), *La République anticléricale, XIXe-XXe siècles*, Seuil, Paris.

LALOUETTE Jacqueline et MACHELON Jean-Pierre (2002), *1901. Les congrégations hors la loi ? Autour de la loi du 1er juillet 1901*, Letouzey & Ané, Paris.

LEROY Michel (1992), *Le Mythe jésuite. De Béranger à Michelet*, PUF, Paris.

LIGOU Daniel (1966), *Frédéric Desmons et la franc-maçonnerie sous la IIIe République*, Gedolge, Paris.

LUBAC Henri de (1978-1981), *La Postérité spirituelle de Joachim de Flore*, 2 vol., Lethielleux et Le Sycomore, Paris et Namur.

MAITRON Jean (1964), *Ravachol et les anarchistes*, Gallimard/Julliard, Paris.

MARTIMORT Aimé-Georges (1973), *Le Gallicanisme*, PUF, Paris.

MAYEUR Jean-Marie (1966), *La Séparation de l'Église et de l'État*, Julliard, coll. « Archives », Paris.

— (1997), *La Question laïque, XIXe-XXe siècles*, Fayard, Paris.

MERLE Gabriel (1995), *Émile Combes*, Fayard, Paris.

MITTERAND Henri (1999-2002), *Zola*, Fayard, Paris.

MONTLOSIER François-Dominique de Reynaud, comte de (1826), *Dénonciation aux Cours royales, relativement au système religieux et politique signalé dans le Mémoire à consulter*, Ambroise Dupont, Paris.

OZOUF Mona (1963), *L'École, l'Église et la République, 1871-1914*, Armand Colin, coll. « Kiosque », Paris.

PÉGUY Charles (1988), *De la situation faite au parti intellectuel dans le monde moderne*, 2 décembre 1906, *Cahiers de la Quinzaine*, dans *Œuvres en prose complètes*, t. II, éd. Robert Burac, Gallimard, coll. « Bibliothèque de la Pléiade », Paris.

POULAT Émile (2003), *Notre laïcité publique. « La France est une République laïque » (Constitutions de 1946 et 1958)*, Berg International, Paris.

RÉMOND René (1976), *L'Anticléricalisme en France de 1815 à nos jours*, Fayard, Paris.

RIGNOL Loïc (2003), *Les Hiéroglyphes de la Nature. Science de l'homme et science sociale dans la pensée socialiste en France, 1830-1851*, thèse, université de Paris-VIII.

TOUCHARD Jean (1968), *La Gloire de Béranger*, Armand Colin, Paris.

VIALLANEIX Paul (1979), « Michelet, Quinet et la légende protestante », *in* ENCREVÉ André et RICHARD Michel (éd.), *Les Protestants dans les débuts de la IIIe République (1871-1885)*, Société de l'histoire du protestantisme français, Paris.

WEILL Georges (1929), *Histoire de l'idée laïque en France au XIXe siècle*, Alcan, Paris.

24

La gauche et le progrès

Anne Rasmussen

Que l'idée de progrès ait fourni au XIXe siècle français son armature intellectuelle et à l'identité de l'époque sa bannière, nul n'en doute à la lecture des œuvres politiques d'un siècle borné par la publication, en 1794, de l'*Esquisse d'un tableau historique des progrès de l'esprit humain* de Condorcet et, en 1908, des *Illusions du progrès* de Georges Sorel. Ce constat a été érigé en lieu commun par les contemporains eux-mêmes, convaincus comme Victor Hugo d'habiter dans une époque qui « s'appelle le siècle du progrès » [Hugo, 1987, p. 877] ou comme Proudhon d'avoir affaire avec le progrès à l'« idée capitale de notre siècle, celle qui lui appartient en propre ». L'association des deux termes, gauche et progrès, est-elle à démontrer ? Sans préjuger d'une nature archétypale de la gauche, cette relation a bien été, historiquement, un ressort essentiel des discours et des représentations qui se sont forgés en son sein. La gauche pourrait ainsi être en partie qualifiée par la représentation de soi comme le « parti » du futur, prônant la volonté d'agir sur le cours de l'histoire et de transformer la société, partageant une vision optimiste du changement opposée au maintien de l'ordre naturel. Elle incarnerait ainsi le progrès dans ses mots d'ordre les plus radicaux, ceux que portèrent les utopies du premier XIXe siècle puis le socialisme, mais aussi dans ses formes plus modérées telles qu'elles furent associées au pouvoir avec la République.

On peut formuler l'hypothèse que, si le concept de progrès semble avoir durablement caractérisé la gauche, c'est parce qu'il a réuni deux des composantes qui la structuraient le plus. D'une part, issue de l'héritage révolutionnaire, l'identification du « progressisme » au parti du mouvement, opposé à l'inertie des traditions. « Progressif » contre « stationnaire », le couple contradictoire semble bien avoir été introduit dans ce sens par Ballanche, au début de la Restauration, quand il mit en valeur en 1818 dans son *Essai sur les institutions sociales* « l'espèce de désharmonie qu'à présent il est impossible de ne pas remarquer dans le peuple français, entre les mœurs stationnaires et des opinions progressives » [Tournier, 2002, p. 265]. Proudhon, dans la *Philosophie* qu'il consacra au progrès en 1842, le définissait ainsi comme « la marche éternelle des idées révolutionnaires, en un mot de la philosophie des réformes » [Proudhon, 1982, p. 20]. Avec l'affirmation de cette dichotomie pleine d'avenir entre conservation et mouvement, le progrès fut un des éléments fondateurs de l'opposition politique entre la droite et la gauche. Comme l'a analysé récemment Jean Starobinski, c'est au XIXe siècle que l'idée de progrès de la science et des institutions, mais aussi de l'espèce et de la société humaines, s'est identifiée à une véritable action ; ce qui contrariait le progrès, ou le faisait rétrograder, était dès lors une réaction, terme jusqu'alors neutre qui devint péjoratif sous l'effet de la pensée du progrès. Le mot « réactionnaire », qualifiant un retour en arrière, s'attachait ainsi à l'action de la droite qui veut reconquérir le pouvoir, le système, les institutions d'une époque antérieure, supposée moins avancée dans le sens du progrès [Starobinski, 1999]. Le lexicographe de la République, Littré, confirma cette terminologie, en instituant le couple « rétrograde/progressif » au fondement de l'interprétation politique du siècle.

D'autre part, la notion de progrès put être adoptée aussi par la composante de la gauche qui faisait sa caractéristique première, non pas de son opposition à la droite, mais d'une vision dualiste de la lutte des classes sociales. Ainsi, dans les années 1840, le terme prit une nette connotation sociale situant la défense du prolétariat du côté du progrès. C'est ce que soulignait, *a contrario*, le *Journal des débats* à l'approche de 1848 : « Nous avons eu les oreilles assez souvent rebattues de ce mot progrès [...]. *Progrès*, c'est la république, c'est la guerre, c'est le régicide... *Progrès*, ce n'est plus seulement l'égalité des droits politiques, c'est l'égalité des jouissances sociales, c'est le partage des biens, c'est la loi agraire » [Tournier, 2002, p. 267]. Le premier XIXe siècle inaugurait ainsi avec ces deux facettes de la notion de progrès une synthèse de l'avancement politique et du mouvement social, dont l'héritage sera largement assumé par la gauche du XXe siècle, du Front populaire au socialisme de la Ve République qui entendront incarner, dans ce double sens, les « forces de progrès ».

On ne saurait toutefois se fier aux seuls mots, pleins d'équivoques. Ainsi nulle essence ne caractérise le terme « progrès », dont les usages demandent à être historicisés car ses significations ne sont guère stables au cours du siècle, selon les temps et les milieux. S'il fut du parti de la révolution, le terme progrès fut tout autant de celui de la réforme. Son édulcoration politique à la fin du XIXe siècle est manifeste, à la manière de l'évolution que connut le mot « radical ». Le *Dictionnaire de pédagogie*, en 1882, en revenait ainsi à une tonalité toute d'équilibre quand il appelait les maîtres de la IIIe République à graver dans l'esprit des enfants l'« idée du progrès », qui les mettrait à même de reconnaître ce que le nouveau régime avait fait « pour le bonheur et l'honneur de la nation ». Jusque dans les années 1880, on se désignait encore comme « progressif », tel Gambetta qui qualifiait ainsi le gouvernement idéal, pacifique au-dehors et de progrès au-dedans. Ensuite, le terme « progressiste » l'emporta définitivement et sembla bien caractériser, non plus l'allant révolutionnaire, mais le « développement lent » que Jules Ferry constatait, au rythme de celui « qui avance très progressivement sans déranger ». Les opportunistes, au qualificatif discrédité, adeptes comme Gambetta de la « politique du pas à pas », se revendiquèrent de cette étiquette politique nouvelle, avant qu'elle ne glisse vers un centrisme fort modéré à la fin du siècle, dont Paul Deschanel fit le discours programme en 1893 : la République « progressiste » défendrait la France contre les périls du socialisme révolutionnaire [Mayeur, 1984].

On ne saurait guère plus s'en tenir aux revendications en progressisme. Rares sont ceux qui dénièrent le progrès, objet d'une invocation incantatoire synonyme d'avancement, de tension vers le mieux, de perfectibilité. Tous eurent plutôt tendance à s'en réclamer et tous les partis le promirent, contestant que l'idée appartienne en propre à la gauche. Ainsi, quand le pape lança avec son *Syllabus* de 1864 ce que chacun perçut comme un véritable anathème contre le progrès et la modernité, Mgr Dupanloup, évêque d'Orléans, pour tenter d'accommoder les propositions pontificales avec un catholicisme libéral désappointé par cette « régression », renvoya les critiques du pape à l'antiprogressisme : « Vous nous parlez de progrès, de libéralisme et de civilisation, comme si nous étions des barbares, et ne savions pas un mot de tout cela ; mais ces mots sublimes, que vous dénaturez, c'est nous qui vous les avons appris, nous qui en avons donné le vrai sens, et, mieux encore, la réalité sincère. Chacun de ces mots a eu, malgré vous, conserve encore, et conservera à jamais un sens parfaitement chrétien ; et le jour où ce sens périrait, ce jour-là périrait aussi tout progrès réel, tout libéralisme sincère, toute civilisation véritable. » [Dupanloup, 1967, p. 119.] Chaque camp faisait son usage propre du progrès qui pouvait tout autant, et en même temps, selon les circonstances, promettre un avenir radieux ou être renvoyé aux errements de la modernité.

Un héritage, le progrès par la raison

L'historien qui aspire à caractériser uniment l'existence d'« une gauche française » peut s'appuyer sur un élément fédérateur propre au premier XIXe siècle : d'avoir puisé aux ressources de la philosophie et de la science pour théoriser l'idée « moderne » de progrès. Plusieurs traditions intellectuelles ont irrigué cette démarche.

La première est tout entière issue des Lumières qui constituèrent, aux yeux de la gauche inspiratrice de la IIIe République, un « moment décisif dans la direction de la société » selon la formule de Jules Ferry. Il est classique de souligner la concomitance, à la fin du XVIIIe siècle, entre l'affirmation du progrès et l'affaiblissement de la croyance dans la providence divine et de la préoccupation pour l'au-delà. La formulation progressiste se manifeste ainsi au moment où se sécularise la vision chrétienne de l'histoire qui orientait le temps, de la déchéance de l'homme à sa rédemption. En rupture avec la malédiction de la chute, et avec une histoire dont les stades sont calqués sur les cycles de la vie biologique, le processus historique se laïcise et devient le récit d'une ascension, dont le progrès incarne la forme séculière [Julliard, 1997 ; Lasch, 2002]. En France, dans cette perspective, l'œuvre à la postérité la plus féconde est celle de Condorcet — inspirateur des saint-simoniens, puis des pères fondateurs de la République — qui, aux heures tragiques de sa proscription, esquissa dans son *Tableau* une vision de l'histoire pour la première fois fondée sur une « progression continue vers un but déterminé ». Pour Condorcet, les lois du développement de l'individu, et celles de la succession des générations, participent du même concept de progrès, défini comme la marche en avant de l'humanité vers la lumière, guidée par la raison universelle, sortie triomphante de sa lutte contre les prêtres et les despotes. Le progrès établit l'« ordre des changements », selon une progression nécessaire et ininterrompue, assimilée à l'histoire des efforts du genre humain dans la recherche de la vérité et du bonheur, les deux éléments moteurs de l'histoire. La généalogie de la notion de progrès est ancrée dans les « progrès de l'esprit humain », car tous les maux viennent désormais de l'ignorance et non plus des péchés. La gauche se nourrit au XIXe siècle de ce progrès identifié à l'avancement de la connaissance et au pouvoir de la raison, qui autorisait la vision optimiste d'une démarche mélioriste (visant à accroître la somme des biens) et autocorrectrice. La « perfectibilité indéfinie de l'esprit humain » garantit une solidarité entre les différents types de progrès — social, politique et moral : la liaison déterminante entre progrès du savoir et progrès de la morale, conçu comme accroissement de la solidarité soumise à l'intérêt général, constitua un bréviaire pour l'action de la gauche. Quels objectifs fixait Condorcet au progrès de l'espèce humaine, vers lequel l'histoire tend ? La destruction de l'inégalité entre les nations, la réalisation de l'égalité entre les citoyens, le perfectionnement continu de l'homme, la fin des particularismes [Condorcet, 1988, p. 265-266] — espérances que conjuguèrent nombre de programmes politiques de la gauche pendant un siècle et qu'enregistra le *Dictionnaire* de Pierre Larousse : « Croyons au progrès sans le scinder ; au progrès un, dans lequel tous les progrès se tiennent. C'est la foi de notre âge et c'est la bonne » [Larousse, 1991, p. 226].

Si cette première tradition a particulièrement retenti en France, c'est que la Révolution a tracé la voie du progrès par la raison, et l'a enracinée dans une expérience nationale particulière. Le second pilier intellectuel qui supporta la construction progressiste du XIXe siècle a des origines moins exclusivement hexagonales. On en trouverait la source chez les libéraux dans le sillage d'Adam Smith, mais elle fut aussi le ferment de la tradition socialiste. L'idéal à atteindre est ici le développement illimité des forces de production, et l'expansion infinie des désirs et des biens qui leur correspondent. La satisfaction des besoins humains, dans une société à la fois commerciale et industrielle, qui n'est plus menacée de manque, mais harmonieusement pourvue, fonde la crédibilité du progrès. Le productivisme est garant de justice, d'égalité et de liberté parmi les hommes. Aux utopies de la frugalité, dont Marx dénonce l'ascétisme et le caractère rétrograde, on oppose le mécanisme productif multiplicateur. L'abondance universelle pourvoira non seulement à l'amélioration de la vie humaine, mais aussi à la démocratie. La vision libérale promet en effet que la prospérité rejaillira sur le peuple et l'intégrera à la collectivité sociale. C'est la thèse de Michelet par exemple : « La machine, qui semble une force tout aristocratique par la centralisation des capitaux qu'elle suppose, n'en est pas moins, par le bon marché et la vulgarisation de ses produits, un très puissant agent du progrès démocratique » [Michelet, 1846, p. 80]. La vision collectiviste va au-delà en prévoyant que les masses se réapproprieront les forces de production. Cette version du progrès anima ainsi projets libéraux et socialistes, même si ceux-ci se séparaient radicalement quant à l'organisation qui doit y présider.

Ces deux imaginaires, rationaliste et économiste, venus du XVIIIe siècle, dotèrent ainsi l'idée moderne de progrès de ses caractéristiques durables. Que l'émancipation passe par la progression de l'esprit ou par le développement des forces productives, elle ne visait pas à édifier une société stable et idéale, mais à participer à un mouvement illimité, continu, c'est-à-dire jamais rétrograde, sans terme prévisible. La pierre angulaire en était, selon un néologisme que l'on doit à Rousseau, la « perfectibilité réellement indéfinie » de la raison et des sciences, tout autant que de l'homme. Il n'existait aucune limite au développement des facultés humaines, pas plus qu'à la capacité de « civilisation » fondée sur la perfection des lois et des mœurs, sources de la sociabilité et du bien-être.

De la « preuve par l'avenir » au progrès par l'histoire

La nouvelle donne progressiste a pris son essor dans le sillage d'un événement fondateur : la Révolution française. Celle-ci, que le XIXe siècle a adoubée comme moment politique originel, a attribué une signification politique à la question des rapports entre passé, présent et avenir : avec elle, « un avenir meilleur que le présent, au point d'être en rupture avec lui, se laisse réaliser par un effort conscient, collectif et organisé » [Pomian, 1984, p. 300]. Le projet jacobin d'instituer un peuple nouveau, moralement régénéré et rendu à la nature, inversant le processus de dénaturation accompli par des siècles de monarchie, a poussé à incandescence l'idée de progrès, transposée des arts et des sciences vers la sphère de la morale publique. Tel était l'objectif de Robespierre, calqué sur le modèle de la révolution copernicienne : « Tout a changé dans l'ordre physique ; tout doit changer dans l'ordre moral et politique. La moitié de la révolution du monde est déjà faite ; l'autre moitié doit s'accomplir » [Robespierre, 1794]. La référence révolutionnaire, en discréditant toute survivance du passé comme rétrograde et nuisible au progrès, rendit ainsi possible le changement. Elle inaugurait cette tension vers l'avenir à laquelle le discours de gauche se référa avec constance tout au long du siècle [Angenot, 2000]. Certes, celui-ci se divisait sur les bornes à assigner à l'héritage révolutionnaire, et la famille politique qui entretint les rapports les plus étroits avec le pouvoir fut celle qui s'en tint aux acquis de 1789, contre 1793, tel Pierre Larousse : « Les temps approchent où un âge nouveau, complètement affranchi des langes du passé, verra s'inaugurer l'ère d'une transformation totale des sociétés. Le germe enfanté par 89 est impérissable ; il serait déjà arraché, s'il avait pu l'être ; mais, semblable à ces ressorts ingénieux dont une extrémité se relève quand on presse sur l'autre, il ne paraît étouffé parfois que pour regagner en quelques jours plusieurs années perdues sous l'influence d'une végétation mystérieuse et irrésistible » [Larousse, 1993, p. 256]. À cette aune, le progrès, c'était l'accomplissement du destin révolutionnaire, le triomphe de la lumière dans sa lutte séculaire et toujours renouvelée contre l'obscurantisme, l'affranchissement des chaînes du passé.

L'acte révolutionnaire liminaire inaugura ainsi un basculement de la perception du temps vers l'avenir, qu'assuma toute la gauche du XIXe siècle : la conviction de la « preuve par l'avenir », selon la formule de Marc Angenot, anima les utopies socialistes des premières décennies, jusqu'au projet de révolution communiste auquel au tournant du siècle Édouard Berth assignait d'être « la rupture la plus radicale avec toutes les conceptions d'un au-delà, et la réalisation dans cet en deçà de la vie, du monde libre de l'homme » [Berth, 1900, p. 31]. Mais la promesse terrestre du « seul et vrai paradis » était, tout autant, étroitement liée à la valorisation de l'histoire, qui apparaissait à Michelet comme la manifestation presque fatale d'une idée morale, « le triomphe progressif de la liberté ». Comme François Furet l'a analysé, le XIXe siècle substitua l'historicisme au droit naturel du siècle précédent : « La raison cesse d'être dans le surgissement de principes abstraits pour constituer le produit du développement historique » [Furet, 1988, p. 311]. Le principe du changement historique se déduit de l'histoire, et non plus d'une transcendance divine. L'irrésistible mouvement du temps alimente ainsi une philosophie et une science de l'histoire, qui donnent un sens à la modernité. Chaque stade de l'évolution politique et sociale est destiné à être dépassé, étape provisoire et nécessaire du progrès caractérisé par sa perpétuelle mutation — ainsi l'exprimait Proudhon pour qui la notion d'histoire ne peut se séparer de celle de progrès : « Le progrès, c'est l'affirmation du mouvement universel, par conséquent la négation de toute forme et formule immuable, de toute doctrine d'éternité, d'inamovibilité, d'impeccabilité, etc., appliquée à quelque être que ce soit ; de tout ordre permanent, sans excepter celui même de l'univers ; de tout sujet ou objet, empirique ou transcendental, qui ne change point » [Proudhon, 1982, p. 49-50]. Toute pensée du progrès passe alors par une théorie de l'histoire qui, pensée comme totalité, a désormais un sens, celui du progrès. Celui-ci fonde un savoir mais également invite à l'action. Cet historicisme alimenta au XIXe siècle un genre intellectuel qui fit florès, la philosophie de l'histoire articulée à la « loi du progrès », succession des états de l'esprit et de la société. Il suscita un récit de l'humanité en marche obéissant à la nécessité historique et à la morale tout à la fois. Le passé recelait des lois constantes de développement de l'humanité, utiles à la conception de l'avenir.

Que la gauche ait été convaincue de l'intelligibilité de l'histoire n'empêche pas qu'elle se soit divisée sur la notion de continuité progressiste : y a-t-il toujours eu progrès d'une époque sur l'autre, comme le soulignaient Littré et Ferry, ou bien l'avancement est-il ponctué de ruptures et de retours en arrière ? S'il n'est que le nécessaire passage d'un état à un autre, son appréciation reste en question. L'idée que le progrès s'insère dans une continuité générale, malgré des régressions, habite ainsi la division ternaire de l'histoire. Les lois des trois états de l'humanité, présentes chez Saint-Simon, Comte, et chez nombre de socialistes avant Marx, entendirent rendre compte d'un mouvement objectif de l'histoire, excluant les bouleversements, intégrant les inévitables transformations. Nombreux, dans la filiation de Saint-Simon, pensèrent l'histoire comme un jeu d'opposition entre des périodes organiques, constructives, et des périodes critiques, où le progrès soumis aux bouleversements s'arrête, sans pour autant que l'époque régresse. Chez Fourier, le mouvement social est continu et régi par une loi ; le bonheur de l'humanité dépend, à tout moment, « du groupement des individus dans une société dont la formule existe, mais peut être perdue » [Mouy, 1927, p. 55] et dont Fourier aurait la clé. Pour Michelet, les nations avancent toujours, car quand elles reculent « dans une partie [...], elles font des progrès plus rapides ou plus étendus dans une autre » [Michelet, 1846]. La nécessité du progrès, la fatalité qu'il fait advenir, sa lecture scientifique, induisent la question de la prévision. Ainsi le chrétien socialiste Buchez, qui prit part à la Charbonnerie, au saint-simonisme, puis au mouvement quarante-huitard, penseur des associations coopératives de production exposées dans son journal *L'Atelier*, en fit la théorie dans son *Introduction à la science de l'histoire, ou science de l'humanité* en 1833 : l'histoire, « science du développement de l'humanité », est prédictive, ordonnée par la continuité du progrès qui permet de connaître la « loi de génération et de progression des phénomènes sociaux » selon les « lois du mouvement progressif » obéissant à des logiques ternaires. Selon Buchez, les âges de l'humanité furent ainsi successivement théocratique, révolutionnaire, puis d'organisation civile et populaire.

Si ces philosophies pensèrent le progrès dans l'histoire, cela ne garantissait pas leur inscription dans une exclusive référence de gauche. L'ambiguïté politique d'Auguste Comte en témoigne : nul mieux que lui ne sut déduire la République de l'histoire, tel qu'il en fit le programme dans le *Cours de philosophie positive*, paru de 1830 à 1842, et dans le *Catéchisme positiviste*. Analysant d'abord le progrès comme développement conscient de l'ordre dans les connaissances, qu'il organisait selon les progrès faits et les progrès à faire, le positivisme s'inscrit ensuite dans le siècle et la société, porteur d'un programme politique, dont le républicanisme l'orientait certes vers la gauche, mais dont le conservatisme en modérait singulièrement les ardeurs. Au terme de l'accomplissement positiviste, le progrès devenait un facteur nécessaire au triomphe de l'ordre, définitivement assuré par la venue proche de l'ère positive, marquant à la fois la fin du progrès et l'avènement d'une discipline scientifique ultime, la sociologie positive, qui assurerait la maîtrise rationnelle des relations sociales. L'association entre « ordre et progrès » était finalement la soumission de la notion de progrès à celle d'ordre, condamnant de manière égale le « dogme théologique » (clérical et dynastique, c'est-à-dire rétrograde) et le dogme démocratique (révolutionnaire) [Nicolet, 1982] : pour Comte, « l'ordre devient alors la condition permanente du progrès, tandis que le progrès constitue le but continu de l'ordre » [Comte, 1851-1854, p. 105]. La République opportuniste s'en appropria l'héritage, qu'assumait Ferry dans son discours du Havre en 1883 qui invoquait le progrès tout en affichant la défense de l'ordre, pour soustraire le peuple à l'influence des révolutionnaires : « Si nous tenons tant à l'ordre, si nous le considérons comme l'assise fondamentale de l'édifice républicain, c'est parce que l'ordre est la condition première, la condition essentielle du progrès. Le progrès n'est pas une suite de soubresauts ni de coups de force. Non : c'est un développement lent, c'est une évolution ; c'est un phénomène de croissance sociale, de transformation qui se produit d'abord dans les idées et descend dans les mœurs pour passer ensuite dans les lois. » Ainsi la référence au progrès ne résout pas l'alternative entre réforme et révolution.

Plus loin dans le spectre politique de la gauche, le marxisme s'appropria tout autant le progrès qu'il plaçait à la source de son interprétation de l'évolution historique, expliquée par l'enchaînement mécanique de stades successifs présidant à une construction scientifique. Le progrès s'intègre ici dans la socialisation des moyens de production : le changement de la base économique doit révolutionner la « superstructure », la transformation du milieu assurera la mutation de l'homme. Au-delà de la phase collectiviste, quand la rareté aura disparu et qu'aura pris fin la subordination des individus à la division du travail, les théoriciens de la IIe Internationale s'accordèrent pour envisager une dernière étape lointaine qui constituerait la fin de l'histoire, le communisme ultime [Angenot, 1993].

Interroger le passé pour orienter l'avenir, en se soumettant au principe d'organisation qui préside au gouvernement des hommes pensé comme science et comme morale : telle est une des principales ambitions progressistes qui, en France, fédéra la gauche du XIXe siècle. La pensée historique du développement ne fut que renforcée par l'introduction de la théorie scientifique de l'évolution des espèces, considérée comme une véritable révolution dans la perception du vivant. Comme l'a montré Daniel Becquemont, la notion de « progrès » mettait l'accent sur les fins vers lesquelles tend l'homme et sur un déroulement selon des lois de succession, tandis que la notion d'évolution insistait sur la nature de l'objet même en son développement [Becquemont, 1992]. Avec le concept d'évolution, dont l'influence suivit la diffusion des écrits de Spencer, les mêmes lois s'appliquaient à l'ordre biologique et à l'ordre social. L'ordre biologique définissait désormais la nature humaine, et pouvait fonder le nouvel ordre politique. L'humanité avançait à grands pas vers un but qui est la fin du progrès. Une fois les lois connues, la science sociale dictait une morale de soumission à ces lois. Le système de valeurs évolutionniste contribua ainsi largement à asseoir la croyance en une finalité du progrès et en un ordre de l'univers où sont pratiquement confondues nature et société : autant dire à fonder la foi scientiste de la seconde moitié du XIXe siècle.

Le progrès comme programme politique : l'espérance d'un monde meilleur

Comment, de façon concrète, la notion de progrès anima-t-elle les actions politiques de la gauche qui s'en réclamait ? Les réformateurs sociaux du premier XIXe siècle avaient la conviction que le développement de l'humanité se déroulait dans le sens de la perfectibilité, ou du « progrès continu » selon la formule que lui préférait Pierre Leroux, le penseur du socialisme humanitaire. Ils puisèrent chez Condorcet sa philosophie historique du progrès, mais délaissèrent sa morale révolutionnaire et anticatholique [Mouy, 1927]. Les différents mouvements qualifiés classiquement d'utopiques se reconnaissaient dans le précepte de Saint-Simon, selon lequel « l'âge d'or, qu'une aveugle tradition a placé jusqu'ici dans le passé, est devant nous » (Épigraphe des *Opinions littéraires, philosophiques et industrielles*). Aussi fleurirent projets intellectuels et programmes d'action qui adoptèrent comme mot d'ordre le progrès. Louis Blanc, contributeur de la *Revue du progrès* dans les années 1830, réclama même en mai 1848, en tant que membre du Gouvernement provisoire, la création d'un ministère du Travail et du Progrès, que l'Assemblée refusa. À la tradition qui puise sa légitimité dans le passé, le modernisme progressiste opposait la rationalisation des pratiques dont le maître mot est l'organisation. Substituer à l'exploitation de l'homme par l'homme l'« exploitation savante, réglée, fraternelle du globe, dirigée par le pouvoir scientifique », ainsi que le définissait en 1825 le *Producteur*, premier journal des saint-simoniens, fixe l'horizon de la maîtrise prométhéenne de la nature que partageaient les fouriéristes. Le progrès technique et économique — « tout par la vapeur et par l'électricité » selon la célèbre formule due au lyrisme d'Enfantin — fournissait les moyens d'opérer une vaste révolution dans l'état de la société, car « la science est le moyen d'une conciliation universelle ». Le progrès était un agent du programme saint-simonien qui entendait « améliorer le plus promptement et le plus complètement possible l'existence physique et morale de la classe la plus nombreuse et la plus pauvre ». Dans les utopies socialistes, le progrès conjugua ses visions de l'avenir en divers registres : agronomique, industrialiste, hygiéniste, ou encore urbain, qui mêlaient réalisations et imaginaires. Au nombre de ceux-ci, la société américaine, au pays du progrès technique et économique, devint le prototype d'une société nouvelle, futuriste et expérimentale, dégagée des pesanteurs européennes, et terre d'accueil pour des sociétés parfaites en gestation, telles celles d'Owen avec sa colonie idéale de la New Harmony, ou de Cabet et de son Icarie. Le productivisme était emblématique de ces représentations progressistes. Avec les positivistes, dont on sait depuis les travaux de Claude Nicolet quelle influence leurs enseignements exercèrent sur le programme républicain, le perfectionnement politique et moral, but à atteindre, passait par l'industrie qui, ainsi que l'affirmait Littré, « assure les soutiens et les commodités de la vie, procure l'aisance et le loisir, adoucit les mœurs en ôtant au besoin leur férocité et est ainsi la cause indirecte des progrès politiques et moraux » [Littré, 1997, p. 423]. Ensuite devait venir la science positive, au développement illimité, multiplicatrice de l'action de l'industrie.

La gauche républicaine, qui accéda au pouvoir dans le dernier tiers du siècle, donna un large écho à la promesse des Lumières d'une étroite solidarité entre morale et progrès social, par l'optimisme associé à la vertu et aux valeurs que le nouveau régime proclamait. « Pourquoi avons-nous le droit de dire qu'il y a un progrès incessant dans les sociétés, demandait Jules Ferry en 1875 devant la loge de la Clémente Amitié, c'est qu'il n'a sa raison d'être que dans la prédominance des penchants altruistes sur les penchants égoïstes et c'est ce qui fait marcher sans cesse la société » [Ferry, 1997, p. 81]. Sur ce terrain, les socialistes français n'étaient pas très éloignés. Eux qui étaient, plutôt que le produit du marxisme, bien davantage le fruit d'une « rencontre entre la science sociale et les idéaux républicains » [Prochasson, 1992, p. 429], plaçaient le progrès à la convergence de ces deux aspirations. Une partie du mouvement socialiste en appela, à la fin du siècle, à un véritable programme de régénération morale. Au moyen du mouvement social et de la lutte des classes, il fallait tendre vers un socialisme des mœurs qui profiterait à tous et donnerait son vrai visage, dans une société sans conflits, dispensée de la contrainte et débarrassée des fléaux sociaux, à l'« humanité nouvelle », selon la formule en vogue au tournant du siècle.

La référence au progrès, omniprésente, constitua ainsi un des principaux argumentaires de la gauche de la IIIe République et se déclina dans trois répertoires majeurs : civilisation, science et religion. C'est au nom du progrès de l'humanité que la gauche affirmait sa mission civilisatrice, qui avait pour vocation de sortir les peuples autant que les classes sociales de l'arriération. Jules Michelet, Victor Hugo, furent les premières grandes figures républicaines de cette affirmation militante de la solidarité du genre humain. Le programme d'expansion coloniale invoquait ainsi l'idéal abstrait des droits universels de l'humanité, c'est-à-dire le progrès, pour justifier des conquêtes nouvelles — alors même que les adversaires de l'expansion se rangeaient également sous la bannière du progrès pour la condamner : le débat Ferry-Clemenceau sur le Tonkin en témoigna. La notion de progrès se banalisant, ses usages en devenaient multiformes et souvent réversibles. Elle constitua aussi l'enjeu du grand débat sur la perfectibilité des races et des cultures humaines, au sein des colonies. La politique d'assimilation fut défendue par la gauche républicaine, au nom de l'aptitude des indigènes à progresser dans l'acquisition de la civilisation — ce qui ne mettait pas en cause la conviction alors très partagée de la hiérarchie des races.

Dans la seconde moitié du siècle, c'est sans doute l'immense espoir placé dans la science qui offrit cependant le principal cadre intellectuel à l'optimisme progressiste des républicains. Les promesses de la perfectibilité morale et sociale par la connaissance sous-tendaient la politique d'instruction publique, héritière en cela des Lumières, assurant que la fondation de la liberté suivrait l'égalité d'éducation. La science, avec sa vision cumulative et la constante révision des résultats à laquelle elle se livre, offrait au projet scolaire un modèle de développement mélioratif, conforme à l'idéal du progrès. Au-delà du programme éducatif, le thème plus radical de l'organisation scientifique de la société sous-tendait le projet d'agir sur les choses à partir des lois qui les régissent, en opposition avec les pensées traditionalistes ou déduites d'une transcendance. Tout le programme en est dans *L'Avenir de la science*, écrit par Ernest Renan en 1848, mais publié seulement en 1890 : « Ce n'est donc pas une exagération de dire que la science renferme l'avenir de l'humanité, qu'elle seule peut lui dire le mot de sa destinée et lui enseigner la manière d'atteindre sa fin » [Renan, 1995, p. 106]. Les apôtres du scientisme adapté à la sphère publique, qui aspiraient à une perfection politique inspirée des lois de la mécanique newtonienne, n'étaient pas toujours d'une identité politique revendiquée, à l'image des ambivalences d'un Renan, s'affirmant socialiste au milieu du siècle, mais adversaire des utopies et républicain du lendemain. Sa double postérité comme maître à penser des républicains, mais aussi de Barrès et Maurras, l'atteste. Néanmoins, le mot d'ordre du « progrès par la science » irrigue en profondeur le programme de la gauche républicaine. Les grands savants fournirent au régime ses saints laïques, tel Marcellin Berthelot, plusieurs fois ministre, et les milieux politiques de gauche aimèrent à s'entourer de cercles scientifiques dont Gambetta fit par exemple un grand usage avec Paul Bert, Paul Broca, Victor Cornil, Henri Marmottan — qui scellaient l'alliance entre la médecine, la République et la libre-pensée. Ce programme ne fut pas seulement symbolique, mais se traduisit aussi en action. Le militantisme hygiéniste en témoignait dans le domaine social, urbain ou médical. L'importance des sources d'inspiration venues de la gauche dans le mouvement eugéniste l'illustre également. On a eu tendance, à tort, à faire après coup de l'eugénisme une tentation exclusive de la droite, dans le sillage de Gobineau. Pourtant, au sens strict, le projet eugéniste était authentiquement progressiste, qui voyait dans la modification des taux de reproduction une réponse aux problèmes sociaux, et tendait vers l'amélioration de l'espèce et la perfectibilité des individus. L'eugénisme ne se revendiquait-t-il pas de la gauche quand il se présentait comme un programme d'action politique et social visant à transformer un ordre inégalitaire, qu'il soit économique, politique ou social ? C'est d'autant plus vrai en France, où les eugénistes furent marqués par le néolamarckisme — insistant sur l'hérédité des caractères acquis — et à ce titre mirent en exergue l'influence du milieu sur l'hérédité et le rôle de l'éducation. Paul Robin, qui venait de l'Internationale et évolua vers l'anarchisme, se fit au nom de principes néomalthusiens le théoricien de la « génération consciente » au sein de la Ligue de régénération humaine : il est à compter au nombre des penseurs de gauche qui ont fourni un argumentaire à l'eugénisme. Au début du XXe siècle, le physiologiste Charles Richet et le psychiatre Édouard Toulouse se firent à leur tour les militants de gauche de cette « biocratie », selon le terme de Toulouse, qui prônait la sélection humaine et développait un nouveau savoir sur l'homme et la société [« Eugénisme et socialisme », 2000 ; Drouard, 1999].

Si le progrès est un emblème de la gauche au pouvoir, c'est enfin qu'il constitua aussi la colonne vertébrale de la lutte des républicains contre l'obscurantisme et la superstition auxquels ils assimilaient le plus souvent la religion. Étendard de nombreuses sociétés de libre-pensée, valeur franc-maçonne entre toutes, le progrès, accessible sur terre, était désormais une cause à laquelle on « voue sa vie » comme Victor Hugo aimait à le dire. Le credo laïque entendit remplacer la foi traditionnelle par une foi dans le progrès de l'humanité, nouvelle forme de providentialisme athée. « La théologie ne donne plus la moindre lueur sur la voie à suivre pour améliorer notre condition sociale » soulignait Émile Littré ; « si le dogme ancien perd journellement de son crédit, il faut proclamer un "dogme nouveau" » [Littré, 1852, p. XXIV]. La réinstauration d'un lien religieux qui constituerait une foi civique bâtie sur le dogme du progrès prit forme avec la religion saint-simonienne, puis avec la religion de l'humanité des positivistes, dont les dogmes seraient tirés de la science, à partir de la connaissance des lois scientifiques générales. Différente est la philosophie renanienne qui cherchait à « donner à l'humanité un catéchisme » au service d'une « religion de la science », nouvelle transcendance [Renan, 1995].

La gauche contre le progrès ?

Les gauches ayant fait du progrès un élément revendiqué de leur identité, on ne s'étonne pas que leurs adversaires — « les droites » — aient aussi manié la notion comme un marqueur politique. Celles-ci, dans leurs marges les plus radicales, ont contribué à identifier la gauche à un progressisme honni — juste retour des accusations d'obscurantisme qui leur étaient adressées. Michel Lagrée a par exemple fait le portrait de l'intransigeant catholique Louis Veuillot en parfait antiprogressiste, critique de la modernité sous toutes ses formes, politique, morale, littéraire, religieuse [Lagrée, 1999] : le journal ultramontain *L'Univers* stigmatisait, sous l'homme de gauche, la « brute polytechnique », adorant la nouveauté, commettant par la science un attentat contre la nature, coupable de matérialisme athée et menace contre la liberté. La détestation d'un « siècle de la matière » bouffi d'orgueil fut commune chez ceux qui dénonçaient, à droite, le néopaganisme de la civilisation industrielle. Pour les imprécateurs antirépublicains, le progrès fournit à leur détestation politique l'objet privilégié, symbole même du *Stupide XIXe siècle* décrit par Léon Daudet.

Les frontières sont toutefois poreuses et les appropriations du concept de progrès multiples et contradictoires. La droite fut aussi du côté des chantres du progrès, et sa composante catholique elle-même, qui pouvait célébrer comme Claudel « le grand poème de l'homme soustrait au hasard ». De plus, la critique du progrès, qui franchit un seuil dans le dernier tiers du siècle, ne vint certes pas des seuls rangs de droite. On n'attendit pas le mitan du siècle pour entendre, de partout, mettre en cause l'idée de progrès. À mesure qu'elle s'imposait comme l'évidence politique et sociale la mieux partagée, elle fut *a contrario* dénoncée par les pourfendeurs d'idées reçues. La critique visa d'abord et surtout les idéologies libérales, leur version économiste du progrès, et leur traduction sociale dans la bourgeoisie, au moment où celle-ci s'acculturait à la modernité. Dans ce registre, M. Homais de *Madame Bovary* devint le symbole romanesque de cette insigne disgrâce qu'incarnait, aux yeux des intellectuels, le bourgeois, qui plus est imbu de progrès. Pourtant, celui-ci montrait aussi combien l'idée s'en était répandue dans des cercles élargis de la société, au-delà des seules élites politiques et intellectuelles, et constituait un élément de leur intégration à la vie civique. Les hommes de lettres se firent l'écho critique de cette emprise idéologique. Balzac mettait en valeur la régression politique que véhiculait le progrès et son idéologie hétéroclite qui consistait à être « pour les chemins de fer, les mackintosh, les pénitenciers, le pavage en bois, l'indépendance des nègres, les caisses d'épargne, les souliers sans couture, l'éclairage au gaz, les trottoirs en asphalte, le vote universel, la réduction de la liste civile » [« L'idée de progrès », 2000, p. 4]. Baudelaire, en vilipendant « une idée grotesque qui a fleuri sur le terrain pourri de la fatuité moderne », soulignait le détestable complexe de supériorité sur les époques précédentes que le progressisme imputait inévitablement au siècle en cours. La critique pouvait ainsi réunir des passions contradictoires, celles qui venaient de la droite traditionaliste ou de la gauche révolutionnaire, également hostiles au libéralisme politique autant qu'économique.

Il était difficile à la gauche d'être contre le progrès et ses promesses d'abondance, sans renier son projet de transformation sociale. Elle le fit pourtant largement, en utilisant plusieurs ressorts argumentaires qui varièrent au fil du temps et selon les thématiques envisagées. Au risque de simplifier exagérément, retenons trois postures qui contribuèrent à caractériser la relation critique des gauches au progrès.

La première surgit dès le milieu du siècle, et consista à mettre en cause les effets pervers du progrès. La question sociale avait émergé comme corollaire d'une pensée économique justifiant ses développements au nom du progrès. L'enjeu majeur fut ici celui du machinisme et, dans une moindre mesure en France, du salariat : il devenait patent que le développement de la grande industrie aggravait la misère humaine au lieu de l'alléger. L'idéal de progrès par la science était confronté à la violence faite aux hommes par la technique, à la subordination de l'élément humain à la machine, prix à payer de la modernisation. Non seulement le progrès avait un coût, mais il pouvait détériorer la condition sociale, la faire évoluer à contresens de la flèche du développement, vers le pire plutôt que vers le mieux. Dans ce débat, Marx n'avait pas renié son engagement dans le camp du futur. Comme il l'affirmait en 1849 en s'adressant « aux travailleurs et aux petits bourgeois », « il est préférable de souffrir dans la société bourgeoise moderne, qui par son industrie crée les conditions matérielles nécessaires à la fondation d'une société nouvelle, qui vous libérera, que de retourner vers une forme périmée de société qui, au prétexte de sauver vos classes sociales, tire la nation entière en arrière, vers la barbarie médiévale » [Lasch, 2002, p. 138]. Si les marxistes critiquèrent les effets délétères du capitalisme et de la production industrielle, toutefois, selon eux, le capitalisme posant les bases matérielles du socialisme, cette souffrance ne pouvait être évitée. On se situait là dans un ordre économique fataliste, inspiré par la pensée progressiste, même si l'on s'efforçait d'y apporter des adoucissements. Les sciences sociales en pleine définition s'inscrivirent dans un registre apparenté. Pour Auguste Comte, le premier des sociologues, il était inutile de s'opposer aux phénomènes sociaux, telle l'industrialisation, qui sont de l'ordre de la fatalité. L'ancienne organisation sociale était vouée inévitablement à disparaître et la vocation des nouvelles disciplines pensant la société consistait à enrayer la fragmentation de la société moderne, en tâchant d'y réinstituer du lien. La sociologie française de la fin de siècle, qui revendiquait avec Durkheim une claire appartenance politique à la gauche républicaine, contribua elle aussi à théoriser l'irréversibilité des processus sociaux en cours. Si la société moderne conduisait à l'isolement de l'homme affranchi de la tradition, à la dissolution de la communauté morale, à l'anomie, à la désorganisation sociale, au suicide — soit un tragique social qui constituait l'envers du progrès —, elle était aussi vecteur des libertés, de la science et de la démocratie libérale, elle qui mettait un terme à la « tyrannie collective » [Nisbet, 1994].

La deuxième attitude critique venue de la gauche à l'encontre de l'idée de progrès émana de ceux qui en avaient été les plus fidèles adeptes et lui reprochèrent de n'avoir pas tenu ses engagements. Le désenchantement antiscientiste devint un nouveau lieu commun de la fin de siècle : le paradigme progressiste semblait arriver à épuisement. Certes, la dénonciation vint surtout de là où on l'attendait naturellement, c'est-à-dire de la droite, qui identifiait à la gauche républicaine au pouvoir, le scientisme, le matérialisme et tous leurs excès. Ce fut le thème de la grande controverse intellectuelle ouverte en 1895 par le conservateur catholique Brunetière, sur « la banqueroute de la science » : le progrès n'avait pas tenu ses promesses et sa poursuite effrénée avait même conduit à une régression spirituelle sans précédent. De fait, c'est bien la gauche qui lui répondit comme un seul homme, par le banquet de Saint-Mandé — « en hommage à la science, source de l'affranchissement de la pensée » selon le carton d'invitation — réunissant, sous les auspices du ministre de l'Instruction publique Poincaré, 750 convives dont tous les caciques de la gauche laïque, du président de la Chambre Henri Brisson à Émile Zola. On y porta en triomphe Marcellin Berthelot, apôtre d'un « monde aujourd'hui sans mystère », devenu icône du progrès par la science. Dans le débat sur la faillite de la science, gauche et droite endossèrent bien les rôles traditionnels qui leur étaient dévolus de part et d'autre de la ligne de fracture religieuse. Cependant, malgré ces réaffirmations — qui pouvaient d'ailleurs être perçues comme un chant du cygne —, les piliers les plus éprouvés du progrès semblèrent aussi se lézarder. Ne s'était-on pas fourvoyé en faisant du progrès un but ultime, alors qu'il aurait dû rester un moyen pour parvenir à des idéaux plus élevés ? Dès le premier XIXe siècle, Fourier dénonçait les « perfectibiliseurs de civilisation perfectible » qui avaient fait de l'organisation des moyens leur objectif final. Des rangs mêmes de ceux qui l'avaient le plus célébré, Renan, en publiant en 1890 son fameux bréviaire de la foi dans le progrès, *L'Avenir de la science*, l'assortit de nombre de réserves : il n'était désormais plus possible d'associer bonheur individuel et progrès humain, « la destinée de l'homme est devenue plus obscure que jamais ». Le temps n'était plus aux rêveries humanitaires de 1848. Et la cible de ses critiques touchait conjointement son engagement politique d'alors : « Il y avait aussi beaucoup d'illusions dans l'accueil que je faisais en ces temps très anciens aux idées socialistes. » Si la science permettait toujours d'espérer, gauche et progrès étaient associés dans le lot des illusions perdues. L'accusation contre le progrès vecteur de matérialisme, venue de la droite, rebondit elle aussi à gauche. Proudhon, qui avait affirmé maintes fois sa croyance au progrès, introduisit la critique en récusant l'acception du « tout utilitaire et matériel : accumulation de découvertes, multiplication des machines, accroissement du bien-être en général » [Proudhon, 1982, p. 19]. La voie évolutionniste du progrès fut particulièrement en ligne de mire. Fondée sur une discipline, la biologie, et un concept de base, l'hérédité, elle supposait que l'homme serait compris et son histoire expliquée par les seules lois qui valent en zoologie. Le républicain Charles Renouvier en élabora la critique en 1874 : « On est en train de fonder une religion qui ne devra rien, quant au parti pris de croire, à l'ancienne foi que les théologiens soutenaient aussi être démontrée par les faits et l'histoire. La religion de la Force-Matière, du Dieu-Évolution, de l'atome fait animal et de l'animal fait homme » [Renouvier, 1874, p. 274]. Une partie de la gauche s'éleva ainsi contre cette voie particulière qu'empruntait le progrès, et dont son principal vulgarisateur, Spencer, avait montré combien les modèles qui fonctionnaient dans la nature pourraient s'adapter aux valeurs de la nouvelle société industrielle. La civilisation devenait synonyme d'adaptation. Le spencérisme, tout progressiste qu'il était, apparaissait aux yeux de la gauche comme la quintessence du libéralisme et de l'individualisme, et donc du conservatisme. Son avatar, le darwinisme social, qui transposait les théories darwiniennes de l'ordre de la nature à celui de la société, et prônait la sélection des individus et la hiérarchie des races, fut largement condamné à gauche comme une idéologie déguisée sous le masque de la science et contraire aux principes républicains. Célestin Bouglé, dans la tradition durkheimienne, s'en fit le procureur.

Ces deux postures critiques venues de la gauche, tout en dénonçant les effets pervers ou l'inaboutissement du progrès, n'en demeuraient pas moins conformes à une interprétation progressiste du monde. Le progrès était souhaitable, il convenait de le contrôler et d'en maîtriser les conséquences néfastes. Tout autre est la critique antiprogressiste du progrès, celle qui trouva à la fin du siècle dans l'œuvre de Nietzsche une formulation éclatante. Le progrès ne véhicule qu'illusions, il est une idée fausse contre laquelle il importe de lutter. La fascination pour le futur devenait hautement suspecte, et le rationalisme des Lumières sujet à caution : dans cette optique, progrès, humanisme, utilitarisme, positivisme, industrialisme cosmopolite et pacifiste, voire libération des mœurs et des désirs, faisaient figure de repoussoir. Cette attitude critique fédéra des marges intellectuelles, dont l'importance ne mérite pas moins d'être soulignée. Le succès de la psychologie de William James montra combien la critique vitaliste du progrès, aux aspirations régénératrices, pouvait trouver de l'écho. Selon lui, la victoire des Lumières était si complète qu'elle avait éradiqué le goût de l'action enthousiaste : « Nous sommes en train d'obtenir un perfectionnement de toute chose, radicalement en dehors de tout contact avec la véritable existence » [Lasch, 2002, p. 266]. Dans *Clio*, Péguy expliquait lui aussi combien la théorie du progrès « idée d'un temps et d'un peuple qui venaient d'entrer dans l'âge bourgeois », suscitait « la montée des instincts sordides, le grand triomphe du monde moderne » [Péguy, 1992, p. 1030]. Dans un autre registre, Georges Sorel stigmatisa la foi aveugle dans le progrès, fruit de l'alliance entre les intellectuels progressistes et les masses révoltées inspirées par le ressentiment, et qui n'aboutissait qu'au radicalisme de la terreur : la vocation de l'optimiste, c'était finalement d'assurer « le bonheur des générations futures en massacrant les égoïstes du temps présent » [Lasch, 2002, p. 278]. Sorel renvoyait ainsi dos à dos socialisme réformiste — qui n'aboutissait qu'à un simple changement de maîtres — et socialisme révolutionnaire — qui provoquait la dictature des intellectuels — et leur opposait l'organisation syndicale du mouvement ouvrier, seule alternative morale à l'épuisement spirituel de toutes les institutions sociales. Une partie de la gauche contribua ainsi à la révolte du début du XXe siècle contre les « illusions » d'un progrès qui, présupposant que la volonté générale serait toujours conforme à la raison, pouvait s'avérer liberticide. Comme alternative au progrès, étaient opposés l'évolution organique ou l'enracinement historique.

Cette réflexion est partie du postulat classique d'un lien fondateur entre la gauche et le progrès, construit historiquement depuis la Révolution française, et subissant des coups de boutoir à la fin du siècle. Le progressisme mélioriste de la gauche, alchimie complexe, oscille entre un nécessitarisme, qui fait du progrès « une loi de fer » à laquelle nul ne saurait échapper — le progrès « fataliste-optimiste » que critiquait Benedetto Croce — et un volontarisme porteur d'une utopie transformatrice qui permet d'agir sur l'histoire. Concluons, en guise de contrepoint, sur les thèses, parfois provocatrices, proposées dans les années 1990 par Christopher Lasch dans *Le Seul et vrai paradis. Histoire de l'idéologie du progrès et de ses critiques*, qui ont relancé le débat sur l'interprétation politique du progrès. Lasch — dont les analyses sont plutôt adaptées à la société américaine, mais qui ont un écho manifeste en Europe — a contesté qu'il y ait eu historiquement identification de la démocratie au progrès. Au contraire, selon lui, les mouvements démocratiques et radicaux du XIXe siècle — aux États-Unis, les mouvements populistes et plébéiens — se constituèrent en opposition au progrès identifié au capitalisme et à l'industrialisme et menaçant l'équilibre d'anciennes communautés. Au lieu de s'appuyer sur la solidarité du prolétariat international dont la gauche internationaliste faisait l'hypothèse progressiste, une partie de l'action révolutionnaire s'est au contraire construite sur l'appel au passé et à des solidarités locales brisées par l'ordre nouveau modernisateur. Le progrès porté par les élites — qu'elles viennent du libéralisme ou de la gauche — fit pour victimes les groupes sociaux (petits propriétaires, artisans, commerçants) qui résistaient au développement du salariat et au productivisme, et développa à leur encontre une politique du « ressentiment ». La défaite finale de ces secteurs de la société constituait, selon Lasch, la première étape, historique, d'une déconnexion entre la gauche et le « peuple » qui connaîtrait au XXe siècle d'autres prolongements. Toutefois, la voie spécifiquement française du républicanisme de gauche, point de rencontre entre l'universalisme des valeurs républicaines et la pensée du social, qui revendique des origines morales plutôt qu'une inspiration économiste, offre à cette lecture un modèle sans doute alternatif.

Références bibliographiques

Sources

« Banquet offert à M. Berthelot » (1895), *Revue scientifique*, avril, p. 466-474.

Berth Édouard (1900), « Religion et socialisme », *Revue socialiste*, 32, p. 20-43.

Comte Auguste (1851-1854), *Système de politique positive, Discours préliminaire sur l'ensemble du positivisme*, IIe partie, édition originale, Paris, t. I.

— (1975), *Cours de philosophie positive, leçons 46 à 60*, Hermann, Paris.

Condorcet Marie Jean Antoine (1988), *Esquisse d'un tableau historique des progrès de l'esprit humain*, GF Flammarion, Paris.

Cournot Antoine-Augustin (1934), *Considérations sur la marche des idées et des événements dans les Temps modernes*, Boivin, Paris, 2 vol.

Dupanloup Félix (1967), « La Convention du 15 septembre et l'Encyclique du 8 décembre », in *Pie IX, Quanta cura et Syllabus*, J.-J. Pauvert, Paris.

Ferry Jules (1997), *La République des citoyens*, t. I, présentation par Odile Rudelle, Imprimerie nationale, Paris.

Friedmann Georges (1936), *La Crise du progrès. Esquisse d'histoire des idées 1895-1935*, Gallimard, Paris.

Hugo Victor (1987), « Le temps présent II, 1845-1847 », *Choses vues, Œuvres complètes, Histoire*, Robert Laffont, Paris.

Larousse Pierre (1991), « Progrès », *Grand dictionnaire universel du XIXe siècle. Édition 1866-1876*, Lacour S.A., Paris.

— (1993), *Préface au Grand Dictionnaire universel du XIXe siècle*, Arléa, Paris.

Leroux Pierre (1851), *Doctrine de la perfectibilité et du progrès continu*, Nêtré, Paris.

Littré Émile (1997), « De l'ancien Orient », *La Philosophie positive*, mai-juin 1869, *in* Id., *La science au point de vue philosophique*, Fayard, Paris.

LITTRÉ Émile (1852), *Conservation, révolution et positivisme*, Ladrange, Paris.

MICHELET Jules (1846), *Le Peuple*, Hachette et Paulin, Paris.

PÉGUY Charles (1992), *Clio, dialogue de l'histoire et de l'âme païenne (1913), Œuvres en prose complètes*, Gallimard, Paris, t. III.

PROUDHON Pierre-Joseph (1982), *Œuvres complètes, t. XII. Philosophie du progrès*, Slatkine, Paris-Genève.

RENAN Ernest (1995), *L'Avenir de la science*, présentation par Annie PETIT, Flammarion, Paris.

RENOUVIER Charles (1874), « La psychologie de l'homme primitif », *La Critique philosophique*, I.

ROBESPIERRE Maximilien (1967), *Rapport sur les idées religieuses et morales. Discours prononcé à la Convention le 7 mai 1794, Œuvres de Maximilien Robespierre : discours*, t. X, PUF, Paris.

SOREL Georges (1908), *Les Illusions du progrès*, Rivière, Paris.

SPENCER Herbert (1877), *Essais sur le progrès*, trad. fr., G. Baillière, Paris.

Études

ANGENOT Marc (1993), *L'Utopie collectiviste. Le grand récit socialiste sous la IIe Internationale*, PUF, Paris.

— (2000), *Les Grands récits militants des XIXe et XXe siècles. Religions de l'humanité et sciences de l'histoire*, L'Harmattan, Paris.

BECQUEMONT Daniel (1992), *Darwin, darwinisme, évolutionnisme*, Kimé, Paris.

BÉNICHOU Paul (1977), *Le Temps des prophètes. Doctrines de l'âge romantique*, Gallimard, Paris.

DROUARD Alain (1999), *L'Eugénisme en questions*, Ellipses, Paris.

DUCLERT Vincent et PROCHASSON Christophe (2002), *La République*, Flammarion, Paris.

« Eugénisme et socialisme » (2000), numéro de *Mil neuf cent. Revue d'histoire intellectuelle*, 18.

FURET François et OZOUF Mona (1993), *Le Siècle de l'avènement républicain*, Gallimard, Paris.

FURET François (1988), *La Révolution. De Turgot à Jules Ferry*, Hachette, Paris.

JULLIARD Jacques (1997), *La Faute aux élites*, Gallimard, Paris.

KREMER-MARIETTI Angèle (1983), *Le Concept de science positive*, Klincksieck, Paris.

« L'idée de progrès » (2000), numéro de *Romantisme*, 108.

LAGRÉE Michel (1999), *La Bénédiction de Prométhée. Religion et technologie XIXe-XXe siècle*, Fayard, Paris.

LASCH Christopher (2002), *Le Seul et vrai paradis. Une histoire de l'idéologie du progrès et de ses critiques*, trad. fr., Climats, Castelnau-le-Lez.

LE BRAS-CHOPARD Armelle (1986), *De l'égalité dans la différence. Le socialisme de Pierre Leroux*, Presses de la Fondation nationale des sciences politiques, Paris.

MAYEUR Jean-Marie (1984), *La Vie politique sous la IIIe République 1870-1940*, Seuil, Paris.

MOUY Paul (1927), *L'Idée de progrès dans la philosophie de Renouvier*, Vrin, Paris.

NICOLET Claude (1982), *L'Idée républicaine en France. Essai d'histoire critique*, Gallimard, Paris.

NISBET Robert (1994), *History of the Idea of Progress*, Transaction publishers, New Brunswick.

PAUL Harry (1968), « The Debate Over the Bankruptcy of Science in 1895 », *French Historical Studies*, 5, p. 299-327.

POMIAN Krzysztof (1984), *L'Ordre du temps*, Gallimard, Paris.

PROCHASSON Christophe (1992), « Histoire intellectuelle/histoire des intellectuels : le socialisme français au début du XXe siècle », *Revue d'histoire moderne et contemporaine*, 3, p. 423-448.

— (1997), *Les Intellectuels et le socialisme*, Plon, Paris.

RASMUSSEN Anne (1996), « Critique du progrès, "crise de la science" : débats et représentations du tournant du siècle », *in* « Progrès et décadence », numéro de *Mil neuf cent. Revue d'histoire intellectuelle*, 14, p. 89-113.

ROSANVALLON Pierre (1985), *Le Moment Guizot*, Gallimard, Paris.

STAROBINSKI Jean (1999), *Action et réaction, Vie et aventures d'un couple*, Seuil, Paris.

TAGUIEFF Pierre-André (1996), « Critiques du progrès et pensées de la décadence. Essai de clarification des visions de l'histoire », *in* « Progrès et décadence », numéro de *Mil neuf cent. Revue d'histoire intellectuelle*, 14, p. 15-39.

— (2001), *Du progrès. Biographie d'une utopie moderne*, Librio, Paris.

TOURNIER Maurice (2002), « Progressif, progressiste : évolutions et dévolutions », *in* Id., *Des mots sur la grève. Propos d'étymologie sociale*, ÉNS Éditions, Lyon.

25

Les femmes et la gauche en France : entre discours émancipateurs et pratiques de domination

MICHÈLE RIOT-SARCEY

« CE QU'IL Y A DE PLUS TRISTE dans ces faits (pratiques d'exclusion et différentes formes d'exercice du pouvoir masculin), c'est que les citoyens qui s'en rendent coupables sont tous cités comme de bons citoyens, comme de sincères démocrates ou de vrais socialistes et qu'ils prêchent eux-mêmes l'émancipation de la femme » (Marie Vincent, au congrès ouvrier de Lyon, 28 janvier-8 février 1878 [citée par Rebérioux, 1999]).

Tout ici est dit, ou presque, sur l'état des rapports entre les hommes de gauche et les femmes, y compris leurs compagnes de luttes : la réalité de la domination l'emporte sur l'esprit d'émancipation. Aussi est-il difficile de distinguer en ce domaine les mouvements favorables à l'extension des droits, au nom du progrès social, des autres courants politiques — proches du libéralisme ou adeptes du conservatisme —, qui structurent la vie publique française au XIXe siècle. Les uns et les autres s'arrogent l'exclusivité du gouvernement de la cité, au nom de la souveraineté de la loi, au détriment des femmes, privées d'une part notable de leur individualité.

Pour l'essentiel, on connaît la longue résistance des partis, de gauche comme de droite, aux réformes du Code civil : filles et épouses furent ainsi assujetties à la tutelle paternelle, puis maritale, jusqu'aux années 1960. Plus encore, les organisations syndicales ou politiques favorables à l'émancipation du peuple ont souvent favorisé, en l'élargissant, l'ostracisme dont étaient victimes les salariées. Enfin les relations entre féminisme et socialisme furent ponctuées d'anathèmes, de rejets et de profondes incompréhensions.

En fait, rendre compte des rapports hommes/femmes, en France, depuis deux siècles, suppose de mettre au jour une hiérarchie instituée sur la base de valeurs normatives dont ces rapports sont le produit. Construite au nom de la souveraineté, à l'écart des principes universels, la norme ainsi créée invoque singulièrement les lois naturelles, au nom des différences de capacité.

Paradoxalement, « la gauche », au sens contemporain du terme, a apporté sa pierre à ce processus. Par son attachement à la figure du père, elle a renforcé le socle fondateur des sociétés démocratiques qu'est la famille. Et, tout au long du siècle, malgré le déni des discours émancipateurs, elle n'a cessé de le consolider.

Si l'on considère les discours en fonction des orientations et des objectifs sociaux, il est souhaitable d'envisager la gauche, dès les années 1830, au stade de la formation d'une pensée et de l'exercice d'une pratique, lorsque l'émancipation du peuple et des femmes était à l'ordre du jour. Si la gauche s'apparente à l'idée de progrès social et à l'élargissement des droits au plus grand nombre, il est possible de ranger les saint-simoniens et tous ceux qui ont été soucieux d'améliorer le sort de la « classe la plus nombreuse et la plus pauvre » parmi les formations de gauche. Longtemps ces différents groupes, appartenant à la nébuleuse des « réformateurs sociaux », ont été classés parmi les utopistes, ou présocialistes, dans une lecture téléologique de l'histoire. Point de vue réducteur qui fait fi de l'historicité des idées novatrices dont émane une représentation « subversive » de la place des femmes : la « femme libre » est, en effet, écartée du temps historique ; placée ailleurs, elle appartient à ces pensées « intempestives », utopiques, que rejette l'histoire positiviste. En anticipant sur le devenir des progrès sociaux, ces idées apparaissent comme des incises ou des aspérités qui ne peuvent être intégrées au cours linéaire de l'histoire. En ce sens, la liberté ne pouvait être atteinte que par étapes : en fonction de l'extension de l'éducation, à partir d'une large diffusion des valeurs morales et après un apprentissage bien compris des devoirs de citoyens. C'est ainsi que la liberté déclinée au féminin a été oubliée, puis rejetée de l'histoire par les partis de gauche, y compris révolutionnaires.

Le féminin, un objet a-historique

Le temps de la pensée critique advient, comme on le sait, avec le triomphe de la raison, quand les philosophes s'interrogent sur l'idée et le sens de la liberté. Nécessité jugée d'autant plus grande que les individus peuvent se considérer potentiellement libres. Du privilège à l'espoir communément partagé, l'esprit de liberté est légitimé par l'événement révolutionnaire.

Parallèlement au triomphe de la raison, les hommes des Lumières, de Kant à Hegel, ont cru nécessaire d'écarter les femmes de l'accès à la liberté, en construisant une différence de capacité politique entre pouvoir masculin et impuissance féminine. Sans doute est-ce Rousseau qui fut le plus influent dans le partage des rôles sociaux. Rousseau, pour qui « la femme est femelle toute sa vie », introduit la nécessité du contrôle des femmes dont les comportements, par excès, sont généralement facteurs des désordres des sociétés. « Quant on pourrait nier qu'un sentiment particulier de pudeur fût naturel aux femmes, en serait-il moins vrai que, dans la société, leur partage doit être une vie domestique et retirée, et que l'on doit les élever dans les principes qui s'y rapportent ? » [Rousseau, 1758, p. 193]. L'*Émile* trouve à cet égard une large audience au temps des monarchies constitutionnelles, bien supérieure, cela s'entend, au *Discours sur l'origine de l'inégalité parmi les hommes*, ou au *Contrat social*. Et son devenir au XIXᵉ siècle, comme référence incontournable en matière d'éducation, atteste de son succès auprès de l'« opinion publique » et, partant, de son influence sur la représentation du féminin.

L'autre rupture, moins visible, mais plus fondamentale pour l'intelligibilité de l'histoire, est sans doute la prise de conscience de l'inefficience de la transcendance divine. Les contemporains se situent désormais dans un monde construit qui les précède et dont les hommes sont, pour l'essentiel, seuls responsables. La « mort de Dieu », ainsi perçue, est vécue comme un manque, vite comblé par le renouveau de la spiritualité dans la constitution du lien social — détruit croit-on par la Révolution —, à partir d'une sacralisation de la société, plus réelle que ne le fut la sécularisation du sacré. Dans cette appréhension du monde, la part du spirituel est volontiers attribuée aux femmes dont on façonne, avec ténacité, l'identité à partir d'un féminin revisité par les philosophes des Lumières et, paradoxalement, enrichi par les mouvements de réveil religieux. Sur ce point, il faut lire la critique au vitriol de Charles Fourier, l'« illeteré », comme il se nomme lui-même, l'utopiste par excellence qui refuse la lecture linéaire de l'histoire. Ses idées furent classées parmi les extravagances du passé. Lui qui mesure les progrès sociaux à l'aune de la liberté des femmes s'en prend à l'inconséquence des philosophes des Lumières. Davantage guidés par la morale que soucieux des réalités sociales, ces doctes penseurs de l'abstraction sont restés sourds au sort des femmes, en laissant se développer la misère et s'étendre l'indigence [Fourier, 1808].

La construction de l'identité féminine est précisément contemporaine de la première moitié du XIXᵉ siècle : moment d'effervescence religieuse, d'idées novatrices et d'apprentissage de la citoyenneté. Impossible de comprendre le raisonnement des républicains de gauche à l'encontre de l'influence de l'Église sur l'esprit de leurs filles et de leurs épouses, si nous ignorons la façon dont les femmes furent assignées à une identité clivée entre spiritualité et nature. Classées ainsi hors de l'histoire, elles sont écartées des grands débats qui mobilisent les idées critiques à l'origine des formations de gauche. Il suffit de citer Julie-Victoire Daubié, première bachelière qui, face aux objections des républicains oublieux des idées de Condorcet, leur rappelle leur silence sur l'instruction publique des filles. Elle reprend à son compte les arguments de Stuart Mill, grande figure du « féminisme » anglais : « Beaucoup d'hommes libéraux et éclairés sur des sujets généraux, qui, par leurs sentiments personnels inclineraient à rendre justice aux femmes, craignent l'effet immédiat de leur admission au suffrage, parce que dans leur opinion, elle accroîtrait beaucoup le pouvoir du clergé [...]. Si le clergé a maintenant un trop grand ascendant sur l'esprit de beaucoup de femmes [...], c'est parce qu'elles sont restées en dehors des autres influences qui stimulent l'intelligence humaine et forment les opinions [...]. Les prêtres sont les seuls hommes qui ont semblé croire que les pensées et les sentiments des femmes ont quelque conséquence sur les sujets en dehors de la sphère domestique » (Stuart Mill, cité par [Daubié, 1871]). On comprend alors le grand succès des congrégations auprès des femmes : « Au XIXe siècle, les congrégations sont pratiquement les seules à fournir, sur un marché du travail, certes un peu particulier, des emplois féminins si variés, et tout particulièrement des emplois féminins qui demandent un haut niveau de responsabilité » [Langlois, 1984].

Conjointement à la formation des identités sociales, s'élabore le devenir politique de la société française autour d'une idée de liberté à la signification encore peu précise, mais à travers laquelle se joue, par défaut, le sort des femmes. Toutes les questions du devenir politique sont abordées : quels sont les hommes en capacité d'être représentants ? Quel est le rôle de l'éducation ? Qui peut être considéré comme une personne libre — et donc citoyen ? Là se dessinent les contours du socialisme, ailleurs s'esquisse le projet communiste, en fonction de la défense des intérêts des prolétaires. Les clivages partisans se font davantage à partir d'une pratique qu'en référence aux divergences idéologiques. Dans la confrontation des projets, la place des femmes est au cœur des débats. Ceux-ci sont toujours rapportés au modèle libéral qui triomphe dans le dispositif institutionnel du gouvernement représentatif. La défense de la propriété, associée à l'idée de liberté, se présente comme un droit naturel mis au service d'intérêts particuliers. Et l'alliance avec la famille de type patriarcal devient une évidence, car elle est désormais légitimée par le Code.

Précisément, à propos de la famille, l'opposition au libéralisme conservateur prend de multiples formes. Les saint-simoniens sont les premiers à dénoncer l'« assujettissement » des femmes. Mais, dès 1831, le paradoxe est patent dans leurs discours comme dans leurs pratiques. Partisans affichés de la « femme libre », ils sont les premiers agents d'une sacralisation de la société. Fondateurs de la religion saint-simonienne, après avoir constaté, comme tous les contemporains, la faillite des Églises, notamment l'Église catholique, ils revendiquent l'héritage d'un christianisme entièrement repensé et exempté de la faute originelle. Réhabilitant la chair, ils cherchent à inscrire le devenir spirituel des femmes dans le monde nouvellement sécularisé. « L'individu social est l'homme et la femme », aurait dit Saint-Simon. Dans la représentation saint-simonienne, si l'affranchissement des femmes est à l'ordre du jour, les femmes elles-mêmes n'ont guère la possibilité d'entreprendre leur émancipation. Leur rôle est perçu comme un complément de la fonction masculine. Le partage entre religieux et politique, entre sentiment et intelligence, participe de la doctrine saint-simonienne. « La femme est l'être sympathique *a priori*, l'homme est l'être sympathique *a posteriori*, tous deux unis forment l'individu complet, actif ou concevant, passif ou réalisant [...], l'une est éminemment religieuse, l'autre éminemment politique, l'une vit dans le grand monde, l'autre dans le petit monde... » écrit, en 1829, Prosper Enfantin dans une lettre à Charles Duveyrier (archives de la Bibliothèque de l'Arsenal, fonds Enfantin, 7643). Le sacrifice de soi et la philanthropie, « mot sublime », contribuent au façonnement d'un féminin renouvelé. C'est pourquoi les protestations des saint-simoniennes ne sont guère entendues, malgré l'extrême diversité de leurs propos, la pertinence de certains de leurs arguments, et l'expression d'une subjectivité de femmes « libres ». La liberté, au sens où l'entendait la féministe Claire Démar au XIXe siècle, sans distinguer les modes d'action selon les sexes, n'appartient pas au monde présent des pères du saint-simonisme, pionniers de la révolution industrielle. « Pour moi, je n'ai jamais su, je ne saurai jamais comprendre ces classifications, ces distinctions subtiles et métaphysiques, au moyen desquelles on veut diviser l'humanité en série d'ordres, de classes, de genres. Je me défie, et pour bonnes causes, des catégories » [Démar, 1976-2000]. En imaginant toujours l'individu social dans sa liaison couplée, les idéologues du XIXe siècle dénient, de fait, aux femmes le statut d'individu en capacité d'être soi, c'est-à-dire différentes dans la multiplicité d'une humanité, dissemblable certes, mais égales en droit. D'Auguste Comte à Pierre Leroux, malgré les nuances et le souci de lutter contre l'infériorité légale des femmes, l'identité au féminin s'impose peu à peu comme fonction à la fois naturelle et spirituelle, toujours hors de l'espace public. Comme si l'égalité n'était possible que dans la stricte identité d'un sexe à l'autre. Pierre Leroux, dont la définition donnée au mot « socialisme » sert de référence fondatrice, est peut-être le plus explicite dans l'ambiguïté d'une volonté égalitariste. Égale à l'homme, la femme n'est femme qu'en tant qu'épouse ; c'est pourquoi son émancipation, en tant que femme, n'a pas lieu d'être. « La déclarer libre ainsi, libre à ce titre, c'est la déclarer libre non seulement d'user mais d'abuser de son sexe » [Leroux, 1838]. Le contrôle des désordres amoureux, cher à Rousseau, prend un sens pratique au XIXe siècle. Stuart Mill rompt, en 1846, avec Auguste Comte précisément à cause de cette amputation d'une liberté au féminin. « Je suis atteint d'une hérésie plus fondamentale, puisque je n'admets pas, en principe, la subordination nécessaire d'un sexe sur l'autre » [Petit, 1997]. Les cartes se brouillent entre les libéraux et les socialistes en ce qui concerne le statut des femmes dans une société encore profondément instable.

Le socialisme se pense alors et se débat dans les petits cénacles des « utopistes ». Entre la liberté individuelle et le communautarisme de la vie collective, les choix ne sont pas faits, bien que quelques-uns cherchent à concilier « socialisme et individualisme », afin que les femmes aient pleinement accès à la liberté [Archives, fonds Enfantin, Emmanuel, 1832]. Il faut attendre les années 1840 et les écrits des communistes pour trouver des professions de foi en faveur de l'égalité des sexes, sans aucune distinction de capacité sociale. Théodore Dezamy, un des rares théoriciens à ne pas confondre identité et égalité, énonce une vision du monde profondément dissonante : « Plus de ménage morcelé ! plus d'éducation domestique ! plus de familisme ! plus de domination maritale ! liberté des alliances ! Égalité parfaite entre les deux sexes ! Libre divorce ! » [Dezamy, 1842]. Propos singulier, ayant peu d'écho, mais qui préfigure l'actualité du féminisme.

Plus largement répandues sont les idées de Jules Michelet, en son temps homme de gauche par ses écrits sur la Révolution. Grande figure du républicanisme, il est entendu bien au-delà de son siècle. Il proclame la dépendance des femmes : « La politique lui est généralement peu accessible. Il y faut un esprit générateur et très mâle. Mais elle a le sens de l'ordre, et elle est très propre à l'administration [...]. Elle est relative. Elle doit respecter l'homme, qui crée tout pour elle. Elle n'a pas un aliment, pas un bonheur, une richesse qui ne vienne de lui » [Michelet, 1859].

Si la Révolution française a annoncé le temps des possibles, elle a ouvert, en même temps, la voie aux dispositifs de domination. *La femme*, assignée à la résidence du foyer par sa fonction reproductrice, détient une place spirituelle fondamentale dans la reconstruction du lien social, à condition qu'elle soit maintenue à l'écart des enjeux publics. Comme si son entrée en politique risquait de déstabiliser profondément l'ordre hiérarchique, fragile, sur lequel reposent la liberté et la souveraineté, de principe, des sociétés modernes. L'exclusion des femmes masque, de fait, le rôle central qu'elles détiennent, en tant qu'êtres dominés ; domination dont dépend la liberté de l'homme citoyen qui est, lui, assujetti à la loi. Dépendantes par le Code ou librement soumises, selon les règles de la société, autant de représentations qui se répandent au XIXe siècle et qui permettent de concilier la pratique de la domination avec l'idée de démocratie. C'est pourquoi, en reproduisant ce modèle, la gauche a permis, par-delà les révolutions et les progrès sociaux, que se perpétue, en s'élargissant, un ordre hiérarchique fondé sur la dissymétrie des rôles sociaux.

De la mésentente au rejet

La IIe République pouvait rompre le partage inégal des fonctions, tout en conservant la répartition des charges en référence à la nature spécifique de chaque sexe. En effet, rares sont les femmes de 1848 qui ne parlent pas au « nom de leur devoir de mères », comme si l'identité au féminin semblait définitivement acquise. Donnée de l'histoire, ce féminin, devenu condition d'existence des femmes, indispensable à leur reconnaissance sociale, ne sera plus guère questionné. Or, malgré la différence qu'elles choisissent d'assumer, elles revendiquent l'accès à l'universalité des droits au nom des promesses, toujours inaccomplies, de la Révolution française.

Journaux, protestations : elles ne cessent de se manifester sous de multiples formes. Or, malgré leur présence visible dans la rue comme dans la presse, les femmes de 1848 ne sont pas entendues. Le silence, l'autisme républicain suscitent chez elles une critique radicale de l'idéologie républicaine. En vain : leur lucidité sur les mensonges de l'universalité est tournée en dérision.

Pierre-Joseph Proudhon, bien connu pour sa légendaire misogynie, particulièrement influent dans la formation du mouvement ouvrier, de la Ire Internationale au syndicalisme révolutionnaire, inaugure, quant à lui, l'exclusivité masculine du socialisme. À Jeanne Deroin qui, malgré la loi, ose présenter sa candidature aux élections législatives de 1849 et qui sollicite le soutien des démocrates socialistes, il réplique : « Un fait très grave et sur lequel il nous est impossible de garder le silence, s'est passé à un récent banquet socialiste. Une femme a sérieusement posé sa candidature à l'Assemblée nationale. Nous ne pouvons laisser passer sans protester énergiquement, au nom de la morale publique et de la justice elle-même, de semblables prétentions et de pareils principes. Il importe que le socialisme n'en accepte pas la solidarité. L'égalité politique des deux sexes, c'est-à-dire l'assimilation de la femme à l'homme dans les fonctions publiques est un des sophismes que repoussent non point seulement la conscience humaine mais la nature des choses [...]. La famille est la seule personnalité que le droit politique reconnaisse [...]. Le ménage et la famille voilà le sanctuaire de la femme » [Proudhon, 1849]. Longtemps ce point de vue l'a emporté dans les rangs des socialistes malgré les protestations pionnières d'un Jean Macé et les mises en garde des fouriéristes, rompus à la polémique contre l'auteur de la « Banque du peuple », lequel est respecté bien au-delà des rangs des classes ouvrières.

L'arrestation des responsables de l'Association des associations, parmi lesquels Pauline Roland et Jeanne Deroin, en 1850, marque un point d'arrêt à la polémique engendrée par les « prétentions » des femmes de 1848. Mais les traces du proudhonisme perdurent, jusque dans les rangs de la Ire Internationale, fondée en 1864. L'AIT (Association internationale des travailleurs) se prononce majoritairement contre le travail des femmes, à l'exception d'Eugène Varlin qui exprime le point de vue de la minorité de la délégation française. Sur proposition des citoyens Chemalé, Fribourg, Perrachon, Camélinat, la majorité des délégués réunis en congrès à Genève les 3 et 8 septembre 1866, considère qu'au « point de vue physique, moral et social, le travail des femmes et des enfants dans les manufactures doit être énergiquement condamné, en principe comme une des causes les plus actives de la dégénérescence de l'espèce humaine et comme un des plus puissants moyens de démoralisation mis en œuvre par la caste capitaliste. La femme, ajoutent-ils, n'est point faite pour travailler, sa place est au foyer de la famille, elle est l'éducatrice naturelle de l'enfant, elle seule peut le préparer à l'existence civique, mâle et libre » [Frémond, 1962].

C'est alors que nous constatons l'extraordinaire fossé qui sépare les discours du réel : comme si le langage politique disponible ne permettait pas d'aborder la « question de la femme ». L'idée, forclose dans les représentations du politique, ne peut se décliner qu'en dehors de ce dispositif. Comme si le politique pouvait se dire hors des réalités contingentes. Pourtant, les manifestes « à propos de la question de la femme » se succèdent : sans doute pour mieux dénier la visibilité du travail des femmes, obsession des hommes de gauche comme de droite.

Au nom de l'exploitation capitaliste dont les femmes sont les premières victimes, les arguments critiques sont inlassablement repris par tous les courants du socialisme français. Au nom de la dignité du prolétaire, le combat de classe se focalise alors sur l'obtention d'un salaire qui assure et sécurise la famille. En assumant son rôle de protecteur, l'époux, ainsi libéré des soins domestiques, devenu « propriétaire » de son foyer, acquiert, par « analogie », la même liberté que le bourgeois. Muni d'une disponibilité de temps équivalente à son ennemi de classe, il est alors en capacité de réclamer sa part dans la représentation politique, à condition qu'il respecte les règles attenantes au système représentatif. Ainsi, en adoptant principes et pratiques de la hiérarchie familiale, le mouvement ouvrier constitué consolide le dispositif dont il rend responsable l'économie capitaliste. Et sous le prétexte de l'émancipation collective, il renvoie aux lendemains de la Révolution la question de la liberté des femmes.

Sous le Second Empire, l'idéal de la mère de famille, soucieuse de sa progéniture et dispensatrice de la morale sous la forme de la philanthropie, devient une représentation identitaire si incontournable que le devenir des femmes est entièrement déterminé par le mariage. Ce mode de penser est si prégnant que le travail des femmes n'est concevable que sous la pression de l'extrême nécessité. La réalité résiste cependant et permet, par exemple, à Élisa Lemonnier, ex-saint-simonienne, d'ouvrir le premier cours d'enseignement professionnel féminin en 1862.

L'éphémère renouveau d'une pensée égalitaire

Il faut attendre 1869 pour que renaisse *Le Droit des femmes*, journal du franc-maçon Léon Richer. La revendication des droits civils pour les femmes est alors soutenue par des individus conscients des réalités de la « question des femmes » : libres-penseurs, francs-maçons, membres de l'AIT (Nord et Ouest parisien notamment), adhérents à la Ligue de l'enseignement [Primi, 2003]. Cependant, même « si la refonte des codes » apparaît indispensable, le partage des rôles n'est guère remis en cause. « La femme demeurera de préférence la gardienne de la famille, l'hôte assidu du foyer domestique » [Richer, 1869]. Parmi les soutiens de la revendication égalitaire, on retrouve les anciens saint-simoniens : Arlès-Dufour, Adolphe Guéroult et son journal, *L'Opinion nationale*. La gauche républicaine définit alors ses positions [Barral, 1968]. « Nous remarquons qu'il n'y est pas dit un mot de la question sociale, si intéressante pour les classes ouvrières et que l'amélioration du sort des femmes y est complètement passée sous silence », constate aussitôt Fernand Bourgeat dans *Le Droit des femmes* (31 juillet 1869). Ignorance ? méconnaissance ? Point du tout : l'information circule, les écrits de Clémence Royer, de Julie Daubié, d'André Léo, de Juliette Lambert, de George Sand, de Pauline Roland et de bien d'autres sont connus. Clémence Royer traduit *L'Origine des espèces* de Charles Darwin, Julie Daubié, soutenue par Arlès-Dufour, publie *La Femme pauvre*, Juliette Lambert répond à Proudhon. Et *L'Assujettissement des femmes* de John Stuart Mill vient de paraître en français grâce à E. Gazelles.

Quelques francs-maçons se mobilisent en faveur de l'égalité des sexes, mais restent très minoritaires face aux barrières dressées par le Grand Orient, hostile à toute idée de mixité des loges. La dissidence est initiée par Luc-Pierre Riche-Gardon qui crée le *Temple des familles*, aux travaux duquel sont associées des « féministes » de renom comme Jenny d'Héricourt et Angélique Arnaud-Bassin. À son tour, Léon Richer se distingue en invitant Maria Desraimes à prononcer des conférences sur l'émancipation des femmes au siège de l'obédience, entre 1866 et 1869. Là encore, vaine tentative : les interdits perdurent, et les portes du Grand Orient restent closes. Maria Deraismes est initiée en 1882 à la loge Les Libres-penseurs du Pecq, grande loge symbolique écossaise, dissidente du Suprême Conseil. Il faut attendre 1893 pour que la première loge mixte soit créée par Maria Deraismes avec l'aide de Georges Martin.

La Commune de Paris aurait pu rompre le cycle de l'inégalité en brisant les chaînes de la domination. Pourtant peu de manifestations féministes eurent lieu au cours de ces semaines où l'utopie pouvait s'inscrire dans la réalité. Malgré la forte présence des femmes au service de la cause commune, la question de l'égalité des sexes est remisée, pour l'essentiel, au rang des accessoires au point qu'André Léo s'en indigne [Rougerie, 1997 ; Riot-Sarcey, 2000]. Benoît Malon, compagnon d'André Léo [Dalotel, 2000] qui, dans les années 1860, dirige une coopérative fouriériste, *La Revendication* [Fukuda, 1995], devenu ensuite socialiste indépendant, fondateur de la *Revue socialiste*, périodique influent sous la IIIe République, très hostile à la misogynie de Proudhon, se souvient dans *La Troisième Défaite* du rôle des femmes pendant la Commune : « Un fait important entre tous, qu'a mis en lumière la révolution de Paris, c'est l'entrée des femmes dans la vie politique. Sous la pression des circonstances, par la diffusion des idées socialistes, par la propagande des clubs, elles ont senti que le concours de la femme est indispensable au triomphe de la révolution sociale » [Malon, 1871]. Le plus sensible à la question de l'égalité salue l'engagement des femmes du côté révolutionnaire. Mais de leur propre cause, il n'en est pas question.

Le fameux Congrès ouvrier de Marseille semble mettre un terme à l'ostracisme dont sont victimes les femmes. Hubertine Auclert s'y distingue. Ovationnée, elle n'a pourtant pas mâché ses mots : « Je m'adresse maintenant à ceux qui sont partisans de l'égalité de l'homme et de la femme, mais dont le mot d'ordre est chut ! Ne perdons pas notre temps à nous occuper de ce détail. Un détail ! l'exploitation d'une moitié de l'humanité par l'autre moitié ! Dans la société future, continuent ces prétendus socialistes, les femmes auront leurs droits. Ils imitent en cela les prêtres qui promettent aux déshérités de la terre, des jouissances au ciel » [Rebérioux, 1976]. L'heure semble être à la pensée de l'égalité. Les formations de la gauche ouvrière, particulièrement les politiques, sont encore à l'écart des instances de la République et la lutte dans l'opposition permet d'éviter, semble-t-il, tout compromis avec la morale bourgeoise. Jules Guesde dans *L'Égalité*, en 1880, rend un hommage appuyé aux pionniers de l'émancipation des femmes (Saint-Simon, Fourier) tout en fulminant contre les « attaques les plus grossières » du socialiste Proudhon. En 1882, les traces de son engagement anarchiste subsistent quand il dénonce le « bagne domestique ». « Il s'agit d'en finir avec les servitudes de l'alcôve et du foyer, tout aussi dures et humiliantes que les servitudes de l'usine ou de la mine » (*L'Égalité*, 1er janvier 1882). La loi du 17 décembre 1880, sur l'enseignement secondaire des filles, dite loi Camille Sée, où « les sciences » ont été remplacées par l'arithmétique et quelques « éléments de géométrie, de chimie et d'histoire naturelle », où la morale se substitue à l'enseignement de la philosophie, fait l'objet d'une critique radicale de la part du militant socialiste. Il dénonce le « clergé laïque aux mains duquel on va livrer les filles de la bourgeoisie », soigneusement pourvues d'« économie domestique », munies d'un diplôme de fin d'études, sans équivalence au baccalauréat, « ce qu'apprendront [...] les filles de la classe possédante et dirigeante — à l'école de morale que l'on est en train d'instituer pour elles — c'est sous une forme empirée ce qu'elles avaient appris dans le confessionnal » (*L'Égalité*, 29 janvier 1882).

Mais la solidarité s'estompe au fur et à mesure de l'entrée du socialisme en République. Comme si les liens tissés entre la souveraineté populaire qu'incarne le gouvernement de la République et les réseaux de domination, longtemps filés à partir de l'écheveau familial, ne pouvaient se délier. La création du Parti ouvrier en 1883, puis l'entrée en nombre de ses représentants à la Chambre des députés en 1893 font oublier l'universalité des principes, malgré les rappels incessants des féministes. « L'ouvrière » reste « un mot impie » selon la célèbre formule de Jules Michelet. « Cette fleur de la civilisation bourgeoise n'a été inventée que pour accroître les profits patronaux et pour affamer l'ouvrier » proclame le programme du Parti ouvrier, adopté à Roanne le 26 septembre 1882. Oublié l'écart de l'« immortel congrès » (Guesde), comme l'ont été les paroles des saint-simoniennes, l'histoire du mouvement ouvrier français s'écrira désormais en l'absence des femmes. Par exemple, dans son intéressante histoire du socialisme français, Célestin Bouglé, quand il dresse le bilan du saint-simonisme ne dit mot de la « femme libre » [Bouglé, 1951]. De même Claude Willard ne voit pas l'utilité de rappeler les propos d'Hubertine Auclert au congrès de Marseille : sa présence ne fut qu'une simple parenthèse dans le développement de l'organisation du parti [Willard, 1965]. Objets de protection dans les congrès sans être retenues comme sujets de discours, les femmes n'apparaissent dans les ouvrages d'historiens des dernières décennies, au mieux que comme victimes de l'exploitation capitaliste. Claude Willard écrit ainsi : « L'industrialisation des femmes et des enfants, que le machinisme rend possible et que la soif du capitalisme transforme en exploitation inhumaine, désorganise, détruit la famille » [*ibid.*, p. 173].

Ces propos récurrents et attendus sont parfaitement conformes aux traces qu'ont laissées les acteurs des différents congrès : « Jusqu'en 1900 en effet, quand on débattait "du travail des femmes" dans les congrès, ce n'était ni de syndicalisation ni de salaire qu'il s'agissait, mais tout bonnement de leur droit au travail : la place des femmes est au foyer non à l'atelier » [Rebérioux, 1999]. Avec régularité, dans la certitude de détenir la vérité des rapports sociaux, les résolutions se succèdent sans jamais déroger à ce principe : le congrès de la CGT (Confédération générale du travail) de Rennes le rappelle en 1898. « Que dans tous les milieux nous nous efforcions de propager l'idée que l'homme doit nourrir la femme. » Quant à la formule, « à travail égal, salaire égal », elle ne s'applique que pour les situations d'exception « pour la femme, veuve ou fille, obligée par conséquent de subvenir à ses besoins ». Guérard, de la fédération CGT des cheminots fait exception : lors du congrès de Paris (1900), il se prononce pour que la femme travaille afin qu'elle ait « sa liberté » et ne soit pas « sous la dépendance de l'homme ».

LA QUESTION DE LA FEMME OU L'AILLEURS DU POLITIQUE

Georges Renard, socialiste indépendant, successeur de Benoît Malon à la direction de *La Revue socialiste*, historien, professeur au Collège de France, réitère le même constat dans un article de *La Grande Revue* (« Les femmes et le syndicat », 25 décembre 1910) : « Si l'on considère l'emploi des femmes dans l'industrie comme un fait d'où il faut partir, comme une nécessité, fâcheuse et provisoire peut-être, mais tenant à des causes nombreuses et impossible à supprimer d'un trait de plume, on est naturellement conduit à se demander par quels moyens il est possible d'atténuer les souffrances et les injustices dont pâtit l'énorme et intéressante population des ouvrières. » Cette représentation des femmes est déterminante pour comprendre l'extrême faiblesse de la participation des femmes dans les congrès socialistes : trois femmes (Potonié, Valette, Vincent) au 11e congrès du POF (octobre 1893), une au 12e congrès

(Nantes, 1894), trois au 15e congrès (Paris, 1897), trois (Sorgue, Roussel, Saumoneau) au congrès constitutif de la SFIO (avril 1905), aucune au 2e congrès à Chalon (1905), quatre au 3e congrès à Limoges (1906). L'intérêt de la gauche se porte sur le devenir de la classe opprimée, toujours pensée au masculin. La réalité du travail des femmes se heurte à une liberté politique performative qui ne peut tolérer l'autre dans les rangs du même. Les femmes sont dans l'ailleurs de la sphère publique et leur existence sociale, hors du foyer domestique, ne peut être incluse dans les perspectives de réformes ou de transformations sociales autrement que comme objet de protection. Le sujet conjugué au féminin n'a pas lieu d'être au présent de la cité, car il supposerait une remise en cause du pouvoir des hommes sur les femmes. Or, cette réalité est très rarement évoquée dans les rangs de la gauche. C'est pourquoi il est difficile de trouver des traces de propos critiques à l'encontre de la situation faite aux femmes, évoquée seulement dans les organisations féministes. Quelques exceptions cependant : l'organe officiel de la Fédération des travailleurs socialistes de France (FTSF), *Le Prolétariat*, dénonce le « monstrueux » Code Napoléon « Code sauvage qui fait de la famille une prison, du mari un geôlier, de la femme une condamnée et de l'enfant un souffre-douleur » (Victor Marouk, 7 juin 1894). Il considère l'avènement du suffrage féminin comme inévitable : « L'embouchure du suffrage universel masculin, c'est le vote de tous sans distinction de sexe » (16 août 1884).

Hors des organisations, les personnalités masculines tour à tour s'expriment sur la « question de la femme ». À la fois sous la pression des féministes et/ou par conviction personnelle, ces hommes cherchent à se situer dans l'air du temps, après 1890 notamment, vers 1897 au moment où Marguerite Durand fonde la *Fronde*, aidée par le député socialiste Viviani. Jean Jaurès, soucieux d'équité, adhérant à la Ligue d'électeurs pour le suffrage des femmes, fondée par Ferdinand Buisson en 1911, ne « dépasse pas cependant les positions de principes ». Paul Lafargue, en 1904, s'interroge en attribuant la responsabilité de la consignation des femmes au foyer au « bourgeois » et projette sa pensée sur le monde ouvrier : « Les ouvriers [...] ont remplacé l'idéal de l'artisan — la femme exclusivement ménagère — par un nouvel idéal — la femme compagne de leurs luttes économiques et politiques... » [Lafargue, 1904]. Cette représentation idéale est totalement démentie par les programmes des partis ouvriers qui ne disent rien des éventuelles revendications féminines. D'autres comme Charles Bonnier, membre du POF, semblent davantage conscients du retard des partis socialistes en matière d'affranchissement des femmes. Il se prononce pour la suppression des articles du Code sur l'infériorité des femmes. Cependant, c'est encore le capital qui est jugé responsable de la destruction de la famille ouvrière comme de la famille bourgeoise. Et pessimiste ou simplement réaliste, il pense que plusieurs siècles seront nécessaires pour que « la femme soit mise au même rang que l'homme » [Bonnier, 1897].

Bien que nombre d'hommes de gauche soient personnellement favorables au vote des femmes, confrontés à l'opinion dominante, soucieux d'efficacité politique et craintifs quant aux conséquences sur le partage des rôles et l'unicité du pouvoir, ils sont au mieux velléitaires dans leur engagement auprès des féministes. Tous ou presque partagent le point de vue de Georges Renard qui dresse un bilan des erreurs du passé en cherchant à éviter les réformes précipitées comme en 1848 où le suffrage universel, mal préparé, s'est conclu par l'élection d'une Assemblée conservatrice : « Ne recommençons pas un nouveau 1848 », l'influence du catholicisme est encore trop grande à ses yeux, aussi « le vote féminin pourrait [...], sans préparation, mettre au service de la réaction politique et sociale des forces obéissantes » [Renard, 1907].

Ce sont davantage des personnalités indépendantes qui s'engagent concrètement auprès des organisations féministes en cherchant à faire entendre la voix de la raison, au-delà des questions de pouvoirs. Ferdinand Buisson est de ceux-là. Combattant de la laïcité, député radical-socialiste, président de la Ligue des droits de l'homme, en 1913, militant du suffragisme, il dresse, à la fin du siècle, un bilan des luttes féministes [Bard, 1995]. En compagnie de Charles Richet, de Paul d'Estournelles de Constant, il partage la tribune du grand meeting pour le suffrage organisé le 13 mars 1914 par les associations féministes, meeting qui réunit 1 300 personnes à Paris, avec Maria Vérone, Julie Siegfried, Cécile Brunschvicg et Adrienne Avril de Sainte-Croix. Parfaitement informé, il rend compte d'un passé longtemps oublié. De Mary Wollstonecraft à Hubertine Auclert, il retrace les grandes étapes des luttes en faveur de l'émancipation « d'une moitié de l'humanité ». Il déplore le grand retard français dans le domaine des droits politiques. À l'encontre des représentations dominantes, il rappelle les chiffres du recensement de 1896 en relevant que 42 % de la population féminine travaille, tout en soulignant que 80 % des emplois domestiques sont occupés par les femmes. « Aucun obstacle », aucun « péril » ne peut s'opposer à « l'application des principes et à l'entrée des femmes dans le droit commun de l'humanité », mais ajoute-t-il, prudent, il ne faut rien précipiter. « Il n'y a que des mesures à prendre pour éviter les accidents d'un mouvement trop brusque » conclut le rapport de Ferdinand Buisson (1910) au nom de la commission du suffrage universel, à propos de la proposition de loi de M. Dussaussoy, tendant à accorder aux femmes le droit de vote dans les élections aux conseils municipaux, aux conseils d'arrondissements et aux conseils généraux. Mais c'est sans doute René Viviani [Klejman et Rochefort, 1989] qui se distingue par son soutien indéfectible aux suffragistes. Député socialiste, puis socialiste indépendant, il est ministre du Travail, puis de l'Instruction publique, enfin président du Conseil en 1914. En 1889, il participe au Congrès du droit des femmes, et il est nommé vice-président de la Ligue des droits des femmes en 1891. En 1900, il se prononce sur les droits politiques des femmes. On lui doit, avec l'aide d'Aristide Briand, le vote majoritaire, le 8 mai 1919, de la Chambre des députés (334 voix contre 97), en faveur de l'égalité politique des deux sexes, même si l'on sait que ce vote « étonnant » des représentants français fut, de fait, invalidé par la résistance des sénateurs. Résistance que les députés pressentaient ou attendaient, d'où, sans doute ou certainement, cette apparente « bonne volonté »...

L'argument des principaux partis sur le vote présumé clérical des femmes prend tout son sens à partir de la victoire du Bloc des gauches en 1902, après le traumatisme de l'affaire Dreyfus. Le poids du Parti radical et radical-socialiste, marqué par l'idéologie franc-maçonne — une circulaire du 15 juin 1894 interdit aux francs-maçons du Grand Orient, d'avoir le moindre rapport avec la loge mixte du Droit humain [Ligou, 1966, p. 213], influe considérablement sur les prises de position de quelques inconditionnels du suffrage universel. Et les nombreux quolibets et autres grivoiseries dont sont victimes les féministes de la part des sénateurs radicaux, révèlent les fantasmes masculins et surtout leur misogynie, irréductible aux formes politiques des débats de la IIIe République.

Dans tous les textes et autres rassemblements radicaux, avant la fondation du parti en 1901, la question des femmes est rarement abordée si ce n'est par des considérations sur leur inaptitude à s'occuper des affaires de l'État. Au congrès de Nancy, en 1907, le programme réaffirme la souveraineté du suffrage universel et se déclare partisan de « l'extension graduelle des droits de la femme — qui doit être protégée par la loi dans toutes les circonstances de sa vie » [Nordmann, 1977]. La Révolution avait inauguré la citoyenneté passive par la voix de l'abbé Sieyès, les radicaux cherchent à consolider l'immaturité des femmes en les plaçant sous une tutelle constante.

Au-delà des partis, il faut rechercher les partisans de l'égalité des sexes à la marge des institutions républicaines, particulièrement chez les anarchistes, à condition de les saisir hors des réalités de l'exercice du pouvoir au sein des collectifs. Élisée Reclus compte, sans aucun doute, parmi les partisans de l'émancipation des femmes. Opposé au mariage, en tant qu'institution fondée sur le pouvoir et la coercition, il rejette toute idée de domination masculine. Ne confondant pas matriarcat et pouvoir féminin, il assimile dans son grand œuvre *L'Homme et la Terre* (1908) l'origine de la famille à la fondation de l'État qui, tous deux, figurent un pouvoir prédateur. Il se prononce en faveur d'une éducation mixte pour que « s'atténuent graduellement les différences » et que « l'abîme creusé jadis par les malédictions de l'Église se comble peu à peu » (p. 448).

Cependant, au sein des communautés anarchistes, le partage inégal des fonctions entre hommes et femmes n'échappe guère à la norme, au point qu'un groupe d'étudiants socialistes révolutionnaires s'en inquiète et déplore le peu de cas réservé à la « question féministe » en France. Ils mettent en garde leurs camarades contre les préjugés, nombreux, dont sont victimes les femmes, y compris dans les rangs des anarchistes : c'est ce qu'indique une brochure du groupe des étudiants socialistes révolutionnaires internationalistes de Paris, *Les Communistes anarchistes et la femme*, citée dans un rapport présenté au Congrès ouvrier révolutionnaire international de 1900 [Kérignard, 2004]. Et c'est encore un anarchiste, Georges Darien, écrivain détonnant qui se permet un constat à contresens de l'histoire commémorative, elle-même héritière de la longue tradition de la philosophie du progrès : « La Déclaration des droits de l'homme a été une pierre tombale posée sur l'existence de la femme » [Darien, 1994].

Au terme de ce panorama, il faut se rendre à l'évidence : la « question de la femme », ne serait-ce que par sa désignation, reste en marge des préoccupations républicaines et socialistes. L'individu, voire le groupe, déclinés au féminin, sont si peu intégrés aux discours politiques qu'ils restent étrangers au langage partisan de l'État souverain. Tenter de restituer le conflit entre féminisme et République, fût-elle de gauche, apparaît comme un artifice tant les mots sont inexistants dans le langage politique, pour penser l'inadéquation entre la femme et la république. Le sujet féminin est alors si étranger au discours politique qu'il n'est envisagé que sous la forme abstraite d'un objet désincarné de toute réalité : le conflit reste de l'ordre de l'indicible. Pour lui restituer son historicité, il serait nécessaire d'interroger les enjeux de signification qui participent de la fabrique de la République socialiste comme une entité masculine, inscrite dans la positivité des savoirs politiques.

RÉFÉRENCES BIBLIOGRAPHIQUES

BARD Christine (1995), *Les Filles de Marianne. Histoire des féminismes 1914-1940*, Fayard, Paris.

BARRAL Pierre (1968), *Les Fondateurs de la IIIe République*, Armand Colin, Paris.

BONNIER Charles (1897), *La Question de la femme*, brochure extraite du *Devenir social*, Paris.

BOUGLÉ Célestin (1951), *Socialisme français*, Armand Colin, Paris.

DALOTEL Alain (2000), « André Léo, la grande communarde féministe », *Bulletin de l'Association des amis de Benoît Malon*, n° 13.

DARIEN Georges (1994), *La Belle France, 1900, Voleurs !*, Presses de la Cité/Omnibus, Paris.

DAUBIÉ Julie-Victoire (1871), *L'Émancipation de la femme*, Ernest Thorin, Paris.

DÉMAR Claire (1976), *L'Affranchissement des femmes*, édité par Valentin Pelosse, Payot, Paris/Genève.

DEZAMY Théodore (1842, éd. 1967), *Code la communauté*, Edhis, Paris.

FOURIER Charles (1808, éd. 1967), *Théorie des quatre mouvements et des destinées générales*, éd. de Simone DEBOUT, Jean-Jacques Pauvert, Paris.

FRAISSE Geneviève (1998), *Les Femmes et leur histoire*, Gallimard, coll. « Folio », Paris.

FRÉMOND Jacques (1962) [dir.], *La Première Internationale, recueil de documents*, E. Droz, Genève.

FUKUDA Eiko (1995), « Droits des femmes, droits des travailleurs : peut-on parler de parité ? », *Bulletin de l'association des amis de Benoît Malon*, n° 2.

HAUBTMAN Pierre (1982 et 1988), *Pierre-Joseph Proudhon, sa vie et sa pensée*, 2 t., Beauchesne, Paris.

KÉRIGNARD Sophie (2004), *Les Anarchistes et les femmes*, thèse de doctorat à l'université de Paris-VIII.

KLEJMAN Laurence et ROCHEFORT Florence (1989), *L'Égalité en marche*, Presses de la FNSP/Des femmes Antoinette Fouque, Paris.

LAFARGUE Paul (1904), *La Question de la femme*, Éditions de l'Œuvre nouvelle, Paris.

LANGLOIS Claude (1984), *Le Catholicisme au féminin*, Cerf, Paris.

LEROUX Pierre (1838), *De l'égalité*, Slatkine, Genève, 1996.

LIGOU Daniel (1966), *Frédéric Desmons et la franc-maçonnerie sous la IIIe République*, Gedalge, Paris.

MALON Benoît (1871), *La Troisième Défaite du prolétariat français*, G. Guillaume, Neufchâtel, rééd. Edhis, Paris, 1968.

MICHELET Jules (1859), *La Femme*, Flammarion, Paris, 1981.

NORDMANN Jean-Paul (1977), *La France radicale*, Archives Julliard, Paris.

PETIT Annie (1997), « Les femmes dans la politique positive : les débats entre Auguste Comte et Stuart Mill », *in* Alain CORBIN, Jacqueline LALOUETTE et Michèle RIOT-SARCEY, *Les Femmes dans la cité*, Creaphis, Grâne (Drôme).

PRIMI Alice (2003), *L'Expression publique des femmes sous le Second Empire, étude comparée de la France et de l'Allemagne*, thèse de doctorat à l'université de Paris-VIII (en cours).

PROUDHON Pierre-Joseph (1849), *Le Peuple*, n° 144, 12 avril 1849.

REBÉRIOUX Madeleine (1999), *Parcours engagés dans la France contemporaine*, Belin, Paris.

REBÉRIOUX Madeleine, avec Christine DUFRANCATEL et Béatrice SLAMA (1976), « Hubertine Auclert et la question des femmes à l'"immortel congrès" (1879) », *Romantisme*, n° 13-14.

RENARD Georges, avec Aimé BERTHOD (1907), *Le Socialisme à l'œuvre, ce qu'on a fait, ce qu'on peut faire*, E. Cornély, Paris.

RICHER Léon (1869), *Le Droit des femmes*, n° 17, 31 juillet 1869.

Riot-Sarcey Michèle (1994), *La Démocratie à l'épreuve des femmes. Trois figures critiques du pouvoir 1830-1848*, Albin Michel, Paris.

— (2000), « De la "tricoteuse" à la "pétroleuse" ou les figures répulsives de la "femme publique" », *48/14, la revue du musée d'Orsay*, n° 10.

Rougerie Jacques (1997), « 1871. La Commune de Paris », *in* Christine Fauré (dir.), *Encyclopédie politique et historique des femmes*, PUF, Paris.

Rousseau Jean-Jacques (1758), *Du contrat social ou principes du droit politique*, Garnier, Paris, 1954.

Scott Joan W. (1998), *La Citoyenne paradoxale. Les féministes françaises et les droits de l'homme*, Albin Michel, Paris.

Willard Claude (1965), *Les Guesdistes. Le mouvement socialiste en France (1893-1905)*, Éditions sociales, Paris.

Je remercie Amine Abdel, François Fourn et Caroline Granier de leurs informations.

26

La gauche et les Juifs

CATHERINE FHIMA

En 1889, à l'occasion du centenaire de la Révolution française, les Juifs français se rendirent massivement dans les synagogues qu'ils avaient pourtant pris l'habitude de déserter depuis quelques années. Il faut dire que l'événement était de taille et que peu auraient voulu manquer à l'appel, que ce fût à Paris, à Nancy, à Nîmes, ou à Bayonne et en Algérie, où la fête revêtit une valeur supplémentaire puisque les Juifs étaient citoyens français depuis le décret Crémieux de 1870. Les offices célébrèrent avec ferveur la République et les prêches des rabbins vibrèrent d'émotion en rappelant le parcours de tout un chacun depuis l'émancipation de 1791. Solennité, enthousiasme et reconnaissance étaient ainsi convoqués par la judaïcité française pour renouveler son adhésion unanime à la foi dans les principes de 1789. La symbiose apparaissait réelle, tant la Déclaration des droits de l'homme semblait se calquer sur le Décalogue biblique. À l'évidence, les Juifs et la gauche issue de la Révolution étaient faits pour s'entendre, car le siècle qui séparait les deux dates permettait de montrer que le contrat avait bien été respecté : émancipation contre « régénération ». On savait bien que cela ne s'était pas accompli sans difficultés, sans heurts et humiliations, sans d'immenses compromis. Mais à présent, dans les synagogues — les « temples », disait-on alors —, les chapeaux des hommes et les voilettes des dames rivalisaient d'élégance et signifiaient que le plus dur était peut-être, malgré tout, passé.

Certes, de nouveaux problèmes surgissaient depuis l'arrivée, en 1881, de nombreux Juifs pauvres et meurtris, chassés d'Europe orientale par des conditions économiques désastreuses et des violents pogroms qui avaient choqué l'opinion française. Les « Israélites » français nourrissaient à leur égard des sentiments ambivalents ; la méfiance, voire la condescendance, côtoyaient en même temps un sentiment de pitié : ce prolétariat, par son apparence, ses manières de vivre, son judaïsme même, incarnait trop une époque révolue (les ghettos) et attirait excessivement l'attention. En outre, depuis quelque temps, l'antisémitisme connaissait une nouvelle vigueur et les progrès du mouvement boulangiste, tout comme le succès de librairie de l'antisémite Édouard Drumont, qui se disait socialiste, ne manquaient pas d'inquiéter. Mais les israélites français étaient devenus des citoyens républicains déterminés, instruits dans le classicisme français, très souvent bourgeois. Certains, de surcroît, épousaient et défendaient des idées de gauche, en dépit des obsessions antisémites de maints penseurs socialistes, dont ils essayaient de faire abstraction. Rien d'étonnant donc à ce que les Juifs français redoublent leurs manifestations de reconnaissance envers la Révolution qui, porteuse de modernité, leur avait concédé l'accès à l'histoire universelle.

Cette image d'une symbiose scellée entre la gauche et les Juifs depuis la Révolution française correspondait-elle à la réalité, et surtout, à une réalité partagée ? Le fait est que la gauche et les Juifs forment un couple complexe qui ne se livre pas facilement aux analyses car il caresse d'abord son image en termes d'« alliance naturelle » et fusionnelle plongée dans l'histoire — le messianisme et la Révolution française —, et veut tout aussitôt s'en défaire pour se réclamer d'une vision universaliste, tout aussi fusionnelle en ce qu'elle projette l'égalité idéale en prônant la dissolution des identités particulières au service de la fin de l'histoire.

En somme, l'universalisme le disputerait au messianisme ? Un fait demeure : ce couple est un prisme qui rend intelligible la société dans laquelle il se développe. Il fut d'ailleurs posé dans les termes d'un « miroir à deux faces », en 1978, par Annie Kriegel dans son livre *Réflexion sur les questions juives*. Elle proposait de le traiter sous deux aspects : la « question juive » pour la gauche et la place des Juifs à l'intérieur de celle-ci. Si cette grille de lecture binaire a guidé la présente étude, tant elle semblait s'adapter à la réalité historique, elle a également suscité des interrogations et des réflexions qui nous ont permis d'élargir l'horizon d'exploration sur des routes moins assurées d'elles-mêmes. Quantité d'ouvrages et d'études ont, depuis vingt ans, ouvert la voie au changement des discours et du vocabulaire, tant sur l'« assimilation » des Juifs à la société française, que sur le rapport des gauches à la « question juive », en accordant l'attention nécessaire à la complexité des deux pôles et à leur diversité. Car le parallèle est saisissant : les deux entités s'inscrivirent durant le XIXe siècle dans un processus de fabrication d'identité pour trouver une place en phase avec la modernité induite par la Révolution française. La présente étude vise à montrer ce processus de fabrication sur les axes de la rencontre entre la gauche et les Juifs à partir des phénomènes d'attirance et de répulsion réciproques : les conséquences sociales et politiques de l'assimilation, les relations des uns avec les autres à propos du religieux, le rôle de l'antisémitisme et la réponse des valeurs républicaines, enfin les tensions entre particularisme et universalisme.

Les Juifs dans la société française : les éléments d'une rencontre

Si, pour les Juifs français, le point de départ de l'entrée dans la modernité réside bien dans l'émancipation, on ne doit pas oublier que la Révolution a également émancipé le « peuple » français. Or cette émancipation collective a engendré la fabrication de l'« individu » et, mieux encore, de l'« individu citoyen », en théorie libre de ses choix et égal aux autres en droit et qui appartient désormais à la nation républicaine en train de se fonder. Cela est si vrai pour les Juifs que cette émancipation les coupait de certaines pratiques traditionnelles, leur laissant uniquement le droit d'être des citoyens/individus juifs français pratiquant une religion juive. Il s'agissait de dissoudre la « nation » juive — l'expression « *les* nations juives » serait plus adaptée à la situation, au XVIIIe siècle — et d'en ôter les éléments législatifs, politiques, économiques, afin que les êtres la composant fissent corps avec la nouvelle « nation » française placée sous la bannière du principe trinitaire : liberté, égalité, fraternité.

L'épisode napoléonien de 1807-1808 contraignit les Juifs français à s'organiser et à se penser à travers une hiérarchisation centralisée, sur le modèle du clergé catholique (les consistoires), tout en maintenant un système d'exclusion — dans les tribunaux, le serment spécial *more judaïco* prêté par les Juifs ne disparaît qu'en 1846 grâce à l'acharnement d'un avocat juif de gauche, Adolphe Crémieux. De même, les nouvelles obligations civiques entraînaient des modifications de l'identité religieuse — la nécessité désormais de se soumettre à la loi nationale, à l'inscription sur les registres d'état civil, à la conscription. Il importe surtout de retenir qu'en dépit des tâtonnements, des nouvelles situations de rejet par les populations parmi lesquelles ils vivaient, des efforts considérables qu'ils eurent à faire pour se montrer dignes de la « régénération » qui leur était prescrite et demandée, les Juifs ont, globalement, non seulement adhéré à leur nouveau statut, mais l'ont peu à peu encensé, voire sacralisé.

La liberté avait un prix, mais n'en valait-elle pas la peine ? Le citoyen juif français était né et, progressivement, l'« individu citoyen juif » fut remplacé par l'« Israélite français ». Cela signifiait qu'il ne se séparait point de son origine — il se dégageait d'une terminologie connotée négativement —, ni même forcément de sa religion, mais il apprenait à se placer dans deux sphères apparemment distinctes et parallèles : la sphère publique et professionnelle, la sphère privée et confessionnelle ou culturelle.

Dans le sillage de l'acquisition de la citoyenneté, l'évolution économique s'avéra difficile. Tout d'abord elle ne fut pas identique pour toute la judaïcité française qui était loin d'être homogène, et dans sa composition et dans ses origines — d'où le caractère impropre du mot « communauté ». De grandes différences existaient entre les Juifs vivant en Alsace et en Lorraine, ceux de la région avignonnaise et ceux de Bordeaux et Bayonne. Certes, de façon globale et schématique, on peut dire qu'au sortir de la Révolution, la grande majorité des Juifs, interdits d'agriculture depuis des siècles, exerçaient les métiers de commerçants, de petits artisans, de prêteurs à intérêt, de marchands de bestiaux, de colporteurs. Au total, des activités très peu diversifiées, peu qualifiées et rarement lucratives. Plus implantés dans les régions rurales, les Juifs de l'Est de la France, malgré l'existence d'une classe moyenne et d'une classe aisée, vivaient en général assez pauvrement, voire misérablement. En revanche, en raison d'une insertion plus ancienne, les Juifs bordelais bénéficiaient de situations matérielles plus confortables : ces descendants des « cryptojuifs » portugais, plus communément appelés « marranes », se composaient de quelques familles fortunées et étaient des commerçants et souvent des notables. Quant aux Juifs du Comtat Venaissin, anciens « Juifs du Pape », ils se partageaient entre familles bourgeoises et familles de petits artisans et de prêteurs à intérêt.

Avec l'émancipation, bien des changements survinrent : les générations suivantes eurent à cœur de profiter de leur liberté d'action et de l'entrée de la France dans l'ère industrielle, puis de l'ouverture progressive à leur égard des accès à la fonction publique. On constata déjà une amélioration de la condition sociale des Juifs sous la monarchie de Juillet : la plupart habitaient désormais les grandes villes, en particulier Paris, et connaissaient un embourgeoisement continu ; le mouvement s'accentua sous le Second Empire et toute la IIIe République, de sorte que Paris devint la « capitale du judaïsme français » [Graetz, 1989].

En conséquence, trois ou quatre générations après l'émancipation, les Juifs se distinguaient dans d'autres carrières que celles de leurs aïeux. Pendant tout le XIXe siècle, on assista à une progressive mais constante diversification des métiers en même temps qu'une élévation du niveau de vie. Ainsi s'effectua la « régénération » des Juifs, tant désirée par les esprits éclairés de la Révolution. Par ailleurs, la composition de la population juive changea. La terre des droits de l'homme possédait un tel pouvoir d'attraction que des Juifs de toute l'Europe, en particulier d'Allemagne, vinrent y vivre. Issus, pour la plupart, de milieux bourgeois et cultivés, héritiers de la culture des Lumières, ils s'installèrent à Paris et jouèrent des rôles non négligeables dans la vie économique et culturelle française : évoquons les grandes figures des banquiers Rothschild, Worms, de l'écrivain Heinrich Heine, des musiciens Offenbach, Meyerbeer, etc. D'autres, tels les frères Reinach, s'investirent dans la politique républicaine. Puis, à partir des années 1880, affluèrent par familles entières des Juifs d'Europe de l'Est poussés par la misère et les persécutions antisémites.

Voilà donc la base sur laquelle devait s'effectuer la rencontre des Juifs avec la gauche française au XIXe siècle. Mais les conditions étaient-elles réunies pour accueillir pleinement les Juifs dans les rangs de la gauche ? Sans entrer ici dans des détails étudiés par ailleurs, retenons que la gauche se caractérisa pendant le XIXe siècle par son émiettement et son manque d'homogénéité [Judt, 1987]. Cette situation incitait peu au recrutement ou aux adhésions. Dans leur grande majorité, les Juifs restèrent en effet prudents. Ils avaient visiblement à cœur de ne pas attirer l'attention sur leur condition, d'autant qu'ils étaient surtout préoccupés de l'améliorer. Cela entraînait une sorte de réserve politique, voire d'attentisme, qui les portait globalement à se ranger du côté de l'État, dès lors que celui-ci ne leur était pas franchement hostile. À cela s'ajoutait le fait que les Juifs français étaient peu nombreux à être ouvriers d'usines. Il n'est guère que l'industrie du textile où l'on trouvait des ouvrières et ouvriers juifs, notamment à Paris ou dans l'Est de la France. L'implantation de certaines industries dans des régions où aucun juif ne vivait et les métiers traditionnellement exercés par ceux-ci, comme le commerce, peuvent aisément expliquer cette situation.

Finalement, la minorité qui subit l'attraction des mouvements et théories de gauche provenait de la petite et moyenne bourgeoisie juive, urbaine, cultivée et intellectuelle. Il faut attendre les années 1880 pour que survienne un changement, avec les Juifs immigrés de l'Est plus prolétarisés et également nantis d'une conscience politique plus aiguë. En outre, les Juifs en France ne constituaient qu'une infime proportion de la population globale : leur nombre, de 40 000 à la Révolution française sur 26 300 000 habitants passa à 89 000 en 1861, sur 37 700 000. En tout état de cause, à la fin du XIXe siècle, ils ne représentaient que 0,2 % de la population entière.

Les premiers Juifs dans la gauche

En dépit de l'évidente déchristianisation de la société française et du processus général de laïcisation, les schémas religieux chrétiens imprégnaient les premières ébauches des pensées de gauche et nourrissaient encore bien des penseurs socialistes après la révolution de 1848. De fait, la prégnance du christianisme dans les premières pensées de gauche, et notamment dans les utopies, pouvait-elle faire beaucoup d'adhésions juives ? D'emblée, on est tenté de répondre par la négative. D'autant qu'à la teinte chrétienne de ces mouvements s'ajoutaient les signaux de marginalisation qu'ils émettaient par rapport à la société. Les premières générations de Juifs émancipés pouvaient difficilement se permettre de s'identifier à ces mouvements, par crainte d'être à nouveau dans la marge sociale.

Que penser alors de l'écho que suscita chez des Juifs émancipés l'élément religieux chrétien du saint-simonisme ? S'il est vrai qu'au XIXe siècle, la « déchéance des religions révélées » [Angenot, 2000] pouvait engendrer un sentiment de vide, pour la première génération de Juifs qui n'eurent pas à lutter pour leur émancipation, nul doute que le saint-simonisme le combla en partie. Léon Halévy — secrétaire de Saint-Simon —, Gustave d'Eichthal, les frères Eugène et Olinde Rodrigues et Émile et Isaac Pereire étaient issus de la moyenne et grande bourgeoisie depuis longtemps éloignée de la vie juive traditionnelle. Dans ces familles, et particulièrement celles originaires de Bordeaux (les Pereire, les Rodrigues), on se tenait déjà à la lisière de la communauté avant la Révolution française. D'autres s'étaient convertis au christianisme : les d'Eichthal, par exemple, en Allemagne où ils vivaient avant leur installation en France [Espagne, 1996].

Ces Juifs de la « périphérie », comme les a désignés l'historien Michael Graetz, furent attirés par Saint-Simon précisément du fait de la marginalité de sa doctrine et de son message religieux en ce qu'il leur semblait qu'il accomplissait une fusion entre les deux religions monothéistes pour en créer une nouvelle, débarrassée des scories de ses devancières. Éloignés du judaïsme traditionnel, ils en critiquaient sévèrement l'évolution dans la modernité. Pourtant, c'est bien pour se construire, par rapport au judaïsme et à leur intégration dans la société française, qu'ils adhérèrent au saint-simonisme. La pensée chrétienne, imprégnant notamment le dernier ouvrage de Saint-Simon, *Le Nouveau Christianisme* (1825), ne les rebuta nullement, car il s'agissait de renouer avec le christianisme primitif dont la racine hébraïque était reconnue positivement. Avec le saint-simonisme, le judaïsme retrouvait ses lettres de noblesse, restitué dans son antiquité et dans son rôle de fondateur du monothéisme chrétien, dans son message messianique enfin, à travers les paroles de ses prophètes, notamment de Moïse. Gustave d'Eichthal dans sa *Lettre à un catholique sur la vie et le caractère de Saint-Simon* (1830) assénait le fondement de la nouvelle religion : « Moïse a promis aux hommes la fraternité universelle ; Jésus-Christ l'a préparée ; Saint-Simon la réalise. »

Le saint-simonisme venait donc littéralement remplacer les anciennes religions, et le nouveau monde à construire était mis en scène à travers une vision eschatologique. Débarrassée du poids de l'Église, désignée comme la grande responsable de la dégénérescence du spirituel, cette « religion de l'humanité » convenait d'autant mieux aux saint-simoniens juifs qu'elle se plaçait sous la bannière de l'universel. C'est en cela qu'ils relisaient leur origine juive et leur assimilation [Graetz, 1989]. La mise en exergue des valeurs morales comme la « fraternité » et la « solidarité » corrélées à un programme « scientifique », à la valorisation de l'industrie, pour remédier aux nouveaux défis de la société, les séduisait profondément. Ainsi Gustave d'Eichthal mettait-il sur un même pied l'Évangile de saint Luc et le rôle d'Abraham dans la Genèse pour évoquer l'idéal de « famille universelle ». Eugène Rodrigues, dans les *Lettres sur la religion et la politique* (1832), posait la question de l'« avenir religieux » de l'humanité et proposait de montrer comment réaliser ce « dogme » « dans le politique ». Lutter contre l'« individualisme » — le mot naquit à cette époque pour « désigner le mal né de l'indifférence religieuse » [Angenot, 2000, p. 42] — était l'un des objectifs. Aussi, le saint-simonisme offrait un espace où individus juifs et chrétiens se côtoyaient en toute égalité composant une véritable « collectivité » fraternelle, et l'occasion de « régénérer » la société en plaçant la science au service de la fraternité universelle. Terminé, le temps de l'ostracisme dont d'Eichthal et Olinde Rodrigues avaient souffert dans leurs études. Ils contribuaient, au contraire, à construire, à propager la doctrine. C'est par des conférences, des tracts, une presse (*Le Producteur, Le Globe*) qu'ils répandirent la parole saint-simonienne partout en France et à l'étranger et firent des émules, notamment chez des Juifs allemands — par le biais de Heine [Espagne, 1996]. Tant et si bien qu'en 1832, convaincus du pouvoir de l'universalisme de la nouvelle religion dont ils étaient porteurs, ils s'étonnèrent d'être refoulés d'une synagogue parisienne où ils étaient venus pour convertir leurs « anciens » coreligionnaires le soir de Kippour [Graetz, 1989]. Il y eut donc de fiévreuses discussions après la mort de Saint-Simon, autour de l'héritage et de la transmission de la parole du maître, non pas autour de son legs scientiste et économique qui ne posait pas de problème notable, mais bien religieux. Les saint-simoniens juifs voulaient orienter la nouvelle religion dans un sens plus ouvertement redevable au judaïsme pendant que l'héritier non juif le plus direct, Prosper Enfantin, s'efforçait de revenir aux idées chrétiennes du *Nouveau Christianisme*.

Des parcours républicains

La Révolution française avait une telle signification pour les Juifs, qu'ils furent d'ardents défenseurs de la République émancipatrice. Cette attitude prévalut pendant tout le XIXe siècle, et ce même si l'on compte quelques orléanistes. Qu'ils fussent radicaux, socialistes, voire anarchistes, la fidélité à la République l'emportait, nonobstant des parcours parfois sinueux pour maints d'entre eux. Cette fidélité fut la plupart du temps inséparable de sentiments laïques souvent accompagnés de positions nettement anticléricales à partir de la seconde moitié du XIXe siècle ; que cela cohabite avec leur adhésion à la franc-maçonnerie ou à la libre-pensée traduit une espèce de *continuum* républicain entier et sincère. Pour compléter l'espèce de portrait type du républicain juif, signalons le caractère patriotique de ses sentiments : les Alsaciens et les Lorrains en firent la démonstration éloquente en 1870, non seulement lorsqu'ils optèrent en masse pour la France, mais aussi comme soldats. Or, phénomène inédit remarquable, qui montre la rapidité de leur intégration, certains de ces Juifs républicains occupèrent des rôles importants au sein des gouvernements à partir de la IIe République.

Michel Goudchaux (1797-1862), fils de banquier et petit-fils de Berr Isaac Berr, grand artisan de l'émancipation des Juifs de l'Est de la France, quitta Nancy en 1827 pour Paris où il fonda une succursale de la banque familiale. Il fut toute sa vie un républicain modéré et participa de façon active aux révolutions de 1830 et 1848. Blessé lors de la première, alors qu'il était à la tête d'un groupe d'insurgés, il s'opposa, pendant la seconde, à ce que l'armée soit mandatée pour rétablir l'ordre. Nommé à deux reprises ministre des Finances — dans le Gouvernement provisoire en février et dans le gouvernement Cavaignac en juin 1848 —, il démissionna à chaque fois. La première parce qu'il se trouvait en désaccord avec la politique financière préconisée par Louis Blanc (sur la suppression de certains impôts) et avec les ateliers nationaux ; la seconde fois, parce que ses divers projets de loi pour rétablir la situation financière et économique rencontrèrent une vive opposition. Cela n'empêcha pas son intense activité de député républicain : ainsi demanda-t-il que fut reconnu le droit d'association et de grève pour les ouvriers et dirigea-t-il des commissions pour l'examen des questions sur le chemin de fer, sur la colonisation de l'Algérie (qu'il souhaitait modérer). Pendant le Second Empire il entra dans l'opposition et s'employa à recueillir des fonds au bénéfice des républicains exilés. Son dernier acte de résistance au régime consista dans le refus de prêter serment lorsqu'il fut élu avec cinq autres députés républicains aux élections de 1857.

Celui qui fut un temps son collègue dans les gouvernements de 1848, Adolphe Crémieux (1796-1880), s'est rendu célèbre par son décret éponyme de 1870, attribuant la nationalité française à la population juive d'Algérie. Sa carrière commence pourtant avant la révolution de 1848 à laquelle participa cet avocat originaire de l'ancien Comtat Venaissin. Il s'intéressa dès sa jeunesse aux luttes républicaines, défendant des ouvriers et des saint-simoniens, et adhéra à la franc-maçonnerie, dans la loge nîmoise du Grand Orient où il atteignit un grade élevé. Pour les Juifs émancipés, la franc-maçonnerie joua, pour ainsi dire, un rôle analogue au saint-simonisme : le lieu d'une intégration par les sociabilités républicaines égalitaires. Parallèlement, préoccupé par l'amélioration de la situation de ses coreligionnaires, Crémieux occupa une place administrative importante au sein du consistoire et, surtout, parvint de haute lutte à faire abolir l'une des dernières traces d'inégalité entre Juifs et non-Juifs : le serment *more judaïco* (1846). En 1863, il devenait président de l'Alliance israélite universelle, fondée en 1860 pour aider les Juifs opprimés sur un plan international et diffuser les principes de 1789. Au lendemain de la révolution de 1848, il fut ministre de la Justice. Adversaire du Second Empire, il rejoignit les rangs gambettistes et défendit les prisonniers politiques. Enfin, il obtint la naturalisation des « Israélites » algériens, puis fut élu député de gauche d'Alger en 1872 et sénateur en 1875. En 1880 ses funérailles furent nationales. Son ami Gambetta, Jules Ferry, Jules Simon, Ernest Renan, mais également le grand rabbin de France qui lui rendit hommage, des représentants des consistoires de Nîmes et de Paris, des loges maçonniques, des membres de l'Alliance israélite, y assistèrent [Birnbaum, 1992], symbolisant de façon spectaculaire la victoire de la symbiose franco-juive.

Si l'on ne peut véritablement qualifier ces républicains de rebelles, on peut en revanche affirmer que la révolte fut au cœur des prises de position de cet autre « Juif d'État » [Birnbaum, 1992] que fut Alfred Naquet (1814-191). Scientifique (chimiste), originaire du Sud de la France, celui-ci a acquis sa renommée par sa loi sur le divorce, mais son parcours socialiste demeure méconnu. C'est en admirateur des idées saint-simoniennes qu'il rencontra Prosper Enfantin auquel il soumit un *Travail sur l'affranchissement de la femme*. Puis, s'opposant au régime de Napoléon III, il fréquenta les blanquistes et fut bientôt arrêté puis condamné à une peine de quinze mois d'emprisonnement pour sa participation à la Société commune révolutionnaire des ouvriers de Paris et à l'organisation de manifestations contre l'empereur. Devenu anarchiste, son idée principale était l'abolition de l'héritage jugé comme source première des inégalités sociales et des inégalités entre les hommes et les femmes. Deux ouvrages déclinaient cette thématique centrale : *Religion, propriété, famille*, rédigé en prison et *Temps futurs. Socialisme. Anarchie* (1869, réédité en 1900) où il développait, entre autres, son idée d'abolir le mariage pour rétablir l'égalité dans le couple et la famille. Assurément, il s'attaquait là au socle moral des sociétés occidentales. La justice ne s'y trompa pas et le fit à nouveau condamner, mais il s'enfuit en Espagne où il participa aux mouvements révolutionnaires « au nom d'un internationalisme militant négateur de l'idée d'État-nation » [Birnbaum, 1992, p. 327]. Échappant de peu à la mort, il rentra en France où il venait d'être amnistié et reprit de plus belle la lutte contre Napoléon III. À la fin du Second Empire, et après la Commune qu'il vécut avec quelque réserve, Alfred Naquet se rangea nettement du côté républicain et obtint un siège de député du Vaucluse (1871). Dans la foulée, il abandonnait ses idées anarchistes, s'opposant désormais à l'idée de révolution et de violence. Il voulait agir à l'intérieur des principes républicains qui s'instauraient. En 1883, il devint sénateur et continua d'arrache-pied la lutte pour que le statut des femmes et la question du divorce fussent examinés. En 1884, après de nombreux remaniements pour le rendre acceptable par les conservateurs, son projet de loi sur le divorce fut adopté. Devant les crises politiques successives, Naquet trouva bon d'adhérer au boulangisme et occupa la fonction de conseiller politique auprès du général Boulanger. Il fut du reste l'un des penseurs boulangistes les plus actifs, demandant une réforme constitutionnelle pour affaiblir le pouvoir des parlementaires. Son socialisme glissa vers le populisme autoritaire. Il s'engagea tant et si bien qu'il refusa longtemps de prêter attention à l'antisémitisme qui accompagnait le boulangisme. Finalement, la dérive droitière du mouvement et l'antisémitisme accru de nombre de ses membres lui ôtèrent toutes ses illusions. Il se désengagea et entreprit de s'attaquer à l'antisémitisme. En 1890, il se rapprocha des socialistes tout en se tenant à distance du marxisme et des idées collectivistes. À la fin de sa vie, affecté par la violence des enjeux de l'affaire Dreyfus, il renouait avec les idées anarchistes de sa jeunesse et reprenait la critique du pouvoir étatique.

Au moment de la Commune, un personnage tout aussi contestataire qu'Alfred Naquet joua un rôle que l'on aurait tort d'omettre tant il fut exceptionnel : Gaston Crémieux (1836-1871), avocat socialiste, qui à ses moments perdus composa des poèmes, puis, en détention, un drame sur la Révolution de 1789, fut perçu comme un véritable révolutionnaire. À Marseille où il vivait et avait noué des liens avec la franc-maçonnerie (dans la même loge que celle de Gambetta), il avait acquis la réputation de prendre systématiquement la défense des ouvriers. De mars à avril 1871, fort de son image de conciliateur, il fut propulsé au rang de président de la Commission départementale de la Commune de Marseille. À la chute de la Commune, il se réfugia dans le cimetière juif et fut arrêté, emprisonné, condamné à mort et exécuté, non sans avoir crié « Vive la République » [Birnbaum, 1992, p. 325]. On n'est pas surpris d'apprendre qu'Alfred Naquet écrivit un texte en son hommage.

LA « QUESTION ANTISÉMITE » À GAUCHE (1830-1880)

L'antijudaïsme chrétien traditionnel — les Juifs comme peuple déicide — laissait encore des traces profondes dans la société. Quant à l'antijudaïsme que l'on peut qualifier de « populaire », sorte d'agrégat de préjugés issus de croyances diverses et fantasmatiques diabolisant les Juifs, il connaissait des réactivations récurrentes — les Juifs assassins d'enfants chrétiens, ou encore perpétuant des « crimes rituels ». De même, les qualificatifs issus directement des conditions économiques et sociales des populations : le « Juif usurier », « parasite » de la société, le « Juif errant », « profiteur », qui endossa l'adjectif « cosmopolite » à la fin du XIXe siècle sous la plume de l'extrême droite maurrassienne, autant d'images qui nourrissaient si ce n'est toujours une haine collective, du moins une méfiance et un mépris difficiles à vaincre.

Pour servir la cause de l'anticapitalisme, beaucoup de socialistes ont puisé dans ce fonds abondant et disparate, datant du Moyen Âge, du lien consubstantiel entre l'argent et le judaïsme : l'évolution sociale des Juifs en France se caractérisait par une ascension qui semblait par trop fulgurante. La judaïcité française apparaissait comme l'une des plus grandes bénéficiaires de la Révolution française, contrairement au reste du peuple et à son détriment. Ne voyait-on pas émerger quelques grosses fortunes (Rothschild acquit sa notoriété en incarnant le banquier juif par essence) et se renforcer d'autres plus anciennes ? Cette situation semblait difficilement acceptable à ceux qui s'inquiétaient de l'état social, économique et moral du plus grand nombre et, du coup, rendaient les Juifs coupables des maux de la société. Les Juifs devenaient les « gros » puisqu'ils n'appartenaient en aucun cas au « peuple ». Il n'est pas inutile de souligner, dans ces représentations, l'absence totale des

Juifs pauvres. Il fallut attendre la fin du XIXe siècle pour que les yeux de la gauche se dessillent enfin, particulièrement lorsque l'affaire Dreyfus mit en exergue la question des opprimés.

Bien sûr, tous les auteurs de gauche de la première moitié du XIXe siècle n'ont pas souscrit aux préjugés antisémites ou plus exactement n'en firent pas système. Les Saint-Simon, Étienne Cabet ou Louis Blanc mériteraient, d'ailleurs, que l'on connaisse et comprenne davantage leur modération. En revanche, certains instrumentalisèrent l'antisémitisme, l'alimentant avec leur propre prose, souvent avec violence. Les accusations religieuses et économiques figuraient pêle-mêle dans le système d'exposition commun de ces auteurs : les Juifs étaient jugés coupables d'avoir apporté la Bible et le monothéisme, commis un déicide, engendré le christianisme et, par là, d'avoir « corrompu » les esprits occidentaux depuis des siècles ; puis la culpabilité des Juifs s'établissait dans leur rapport, supposé néfaste, à l'argent. Ce que les « usuriers » avaient fait subir au « peuple » s'avérait indélébile. Preuve en était que les Juifs exploitaient à nouveau ce dernier dans la modernité économique, avec la « banque juive » et le « capitalisme juif ». Notons que les images se conjuguaient presque toujours au singulier, reprenant une rhétorique familière à la *doxa* chrétienne traditionnelle.

Si l'on ne puise guère d'illustrations de ces discours chez les saint-simoniens, peut-être parce que des Juifs y furent plus nombreux qu'ailleurs, on en trouve aisément chez Fourier et les fouriéristes. À telle enseigne que l'utopiste fondateur du phalanstère, de la « cité harmonieuse », et ses disciples figurent comme les « inventeurs de l'antisémitisme socialiste » [Crapez, 2002, p. 25] en entretenant un antijudaïsme économique à tonalité religieuse. Alphonse Toussenel fut l'un des plus violents, avec *Les Juifs rois de l'époque. Histoire de la féodalité financière*, livre en deux volumes (1845). Pour lui « le Juif » représentait le mal absolu ; non seulement il le tenait pour coupable d'avoir tué le Christ, mais également d'être à l'origine de la Bible et il s'en prenait, dans la foulée, aux protestants ; en outre, « le Juif » rêvait d'asservir la France, et ce surtout depuis la Révolution française. « Le Juif règne et gouverne en France. [...] Qui tient le monopole de la banque et celui des transports, les deux bras du commerce ? Le Juif. Qui a le monopole de l'or et du mercure ? Un Juif. Qui tiendra bientôt le monopole de la houille, des sels et des tabacs ? Le même Juif. » Par extension, était juif tout capitaliste quel qu'il fut : « J'appelle, comme le peuple, de ce nom méprisé de Juif, tout trafiquant d'espèces, tout parasite improductif, vivant de la substance et du travail d'autrui. Juif, usurier, trafiquant sont pour moi synonymes » [cité par Crapez, 2002, p. 32-33].

Sans faire de l'antisémitisme un pivot central et permanent de son œuvre prolifique, Pierre-Joseph Proudhon ne se montra pas moins féroce. Le père spirituel de l'anarchisme le disputa à Toussenel dans la violence du ton et du fond. On retrouve sous sa plume des accusations analogues, mais déversées dans un bric-à-brac emmêlé : seuls les Juifs avaient profité des révolutions (ils demeuraient donc toujours un élément étranger) ; ce peuple non content d'être déicide se trouvait à l'origine du christianisme (encore la double faute), avait la « passion du trafic » et le parasitisme chevillés au corps. Des auteurs soutiennent que ses relations houleuses avec Karl Marx auraient renforcé le caractère antisémite, préexistant, de ses idées socialistes. Il demeure que sa haine, tournant à l'idée fixe, l'entraîna dans ses *Carnets*, notamment en 1847, jusqu'à des appels au meurtre qui laissent le lecteur pantois : « *Juifs*. Faire un article contre cette race, qui envenime tout, en se fourrant partout, sans jamais se fondre avec aucun peuple. Demander son expulsion de France à l'exception des individus mariés avec des Françaises ; [...] ne les admettre à aucun emploi, poursuivre enfin l'abolition de ce culte. Ce n'est pas pour rien que les chrétiens les ont appelés déicides. Le Juif est l'ennemi du genre humain. Il faut renvoyer cette race en Asie ou l'exterminer » [cité par Crapez, 2002, p. 41]. Du reste, le caractère inédit de ces notes indique peut-être que Proudhon ne s'en dissimulait pas le caractère dangereux.

Dans un registre analogue, on pourrait placer les propos du révolutionnaire Auguste Blanqui ; davantage encore ceux de son dauphin, Gustave Tridon, lequel rédigea *Du molochisme juif. Études critiques et philosophiques* en 1867. La thèse principale de l'ouvrage consistait à discréditer le monothéisme et à attaquer la Bible et les Évangiles. Élaboré en 1864, avec la contribution de son maître, le livre parut en 1884, à Bruxelles. Tridon usait d'un antisémitisme plongeant dans une rhétorique racialiste, s'attachant à opposer les prétendus peuples supérieurs aryens et inférieurs, sémites. Toutefois, en dépit de l'audience avérée et du succès de ces penseurs et de leurs ouvrages, l'antisémitisme socialiste ne devint véritablement une idéologie politique qu'à partir des années 1880. L'association entre anticapitalisme et antisémitisme acquit alors une forme de normalisation dans les idées de gauche.

Le succès de l'antisémitisme idéologique : « question sociale » contre « question juive » ?

L'émergence du boulangisme et la parution de *La France juive* d'Édouard Drumont en 1886 inaugurèrent cette nouvelle ère. Drumont, un temps socialiste, voulait que son œuvre atteignît la même dimension que celle de Toussenel. Ses espoirs furent exaucés, voire surpassés, car son ouvrage remporta un véritable succès d'édition. Nombre d'intellectuels en rendirent compte dans des revues socialistes, s'inspirant de cette veine providentielle pour fustiger les capitalistes juifs, exploiteurs par essence du peuple ouvrier.

Cela se produisit dans un contexte de crise économique importante accompagnée d'une série de scandales politico-financiers auxquels des noms juifs étaient accolés, souvent à tort (le banquier Rothschild n'était pour rien dans le krach de la banque catholique, l'Union générale, en 1882) ; parfois avec raison (le scandale de Panama en 1892, révéla le rôle du banquier le baron Jacques de Reinach et de Cornélius Hertz, dans la corruption de députés pour sauver la compagnie Panama de la faillite). On assista ainsi à une réactivation de la figure du bouc émissaire et du complot juif. À cette conjoncture générale, il faut ajouter la violence des années 1880-1890, sur le plan politique avec la poussée de l'antiparlementarisme boulangiste et sur le plan social ; avec entre autres les incidents de Fourmies le 1er mai 1891 dont un seul responsable politique fut conspué par la presse, le sous-préfet juif Charles Isaac. Notons que Drumont profita de l'aubaine pour commettre un opuscule s'emparant du thème du complot juif, *Le Secret de Fourmies*.

Ce drame contribua à ce que, à l'instar de l'opinion générale, nombre de militants de gauche tendirent à se focaliser sur les notables ou capitalistes juifs : c'était le temps du soupçon. En attestent amplement les œuvres de Francis Laur (1844-1934), boulangiste, du socialiste Clovis Hugues (1851-1907), d'Augustin Hamon (1862-1945) proche de l'anarchisme, ou encore d'Auguste Chirac, socialiste fortement influencé par Toussenel et Proudhon avec *Les Rois de la République. Histoire des juiveries* (1889) et *Le Droit de vivre. Analyse socialiste* (1896). Ce dernier félicitait Drumont grâce auquel les idées sur le « péril juif », telles que lui-même les professait depuis 1876, « pénètrent dans la foule ». Tous s'en prenaient violemment aux religions, au protestantisme, aux nantis et finalement aux Juifs qui, bien entendu, se trouvaient à l'origine de tout.

Comme l'essor de l'édition — rappelons le rôle de l'éditeur Savine dans la propagation de l'antisémitisme de gauche —, le développement des revues favorisa la diffusion de cet état d'esprit. Dès les années 1880, *La Revue socialiste*, animée par Benoît Malon, ne se priva pas d'utiliser l'antisémitisme comme une composante normale et nécessaire de la lutte anticapitaliste. La revue présentait l'intérêt d'accueillir parmi ses collaborateurs des socialistes de toutes tendances ; blanquistes (Albert Regnard), guesdistes (Jules Guesde en 1896), indépendants (Gustave Rouanet, Jean Jaurès) s'y exprimaient librement. Plusieurs études furent consacrées à la « question juive », véritable frein à la résolution de la « question sociale ». Ainsi Benoît Malon consacra-t-il dans les années 1880 des articles aux « Morales religieuses ». S'attaquant au judaïsme biblique, il expliquait la persistance du soi-disant esprit matérialiste des Juifs par leur crainte ancestrale de Dieu. Donc le Dieu des Juifs n'était rien moins qu'un maître-chanteur promettant richesse à qui le craignait et lui obéissait. Cette explication singulière était atypique dans le paysage de l'antisémitisme socialiste [Green, 1985a, p. 379]. « Aryens et sémites : le bilan du Christianisme et du Judaïsme », telle fut la nouvelle série d'articles signés par A. Regnard que publia la revue durant deux ans (1887-1889) — l'ouvrage qu'il en tira sous le même intitulé parut en 1890 — au contenu clairement antireligieux et racialiste, inspiré par la lecture de Renan, de Tridon et Drumont.

Moins célèbre, mais tout aussi intéressante, *La Société nouvelle*, revue éditée à Bruxelles, visait l'internationalisme. Elle avait été fondée en 1884 par Fernand Brouez, se réclamait d'un « socialisme rationnel » et accueillait principalement des auteurs anarchistes (Kropotkine, Bakounine, Élisée Reclus), tout en se flattant d'être une revue sociologique et littéraire. Parmi les collaborateurs socialistes on note, dans les années 1890, les articles d'Edmond Picard (qui s'inspirait de Drumont et Toussenel), Frédéric Borde (qui livra un compte rendu du *Secret de Fourmies* de Drumont) et Augustin Hamon, dont les textes ne laissent aucun doute sur leur antisémitisme au nom d'un anticapitalisme de bon ton. Il n'est guère de moment où ils ne louent la virtuosité de démonstration de Drumont et ne se permettent des raccourcis foncièrement racistes. Ne prenons que l'exemple de Picard qui, dans son article sur « la Bible et le Coran : à propos de l'antisémitisme » (1889), s'étendait, en évoquant un Christ aryen, sur la supériorité de la « race aryenne » et sur l'infériorité de la « race sémite ».

Au plus fort de ces années (1894-1896), la revue eut pour rédacteur en chef et chroniqueur Gustave Kahn, un des poètes symbolistes parisiens les plus en vue de l'époque, installé à Bruxelles, critique d'art et de littérature, qui se trouvait être juif et proche des milieux libertaires et socialistes. Or, l'on ne trouve guère sous sa plume une franche opposition à l'antisémitisme bien rodé de ses collaborateurs ou d'autres socialistes. Il semblerait que l'idéologie antisémite de gauche était seulement perçue comme une opinion parmi d'autres, quoique avec un niveau de discours regrettable : « Les personnes qui en France luttent contre la corruption et la haute banque ont le tort de particulariser une question qui doit être générale. [...] Il y a entre les socialistes juifs et les antisémites erreur de mots, si ces derniers sont francs dans leur œuvre », écrit-il dans l'article « L'antisémitisme », paru dans *La Société nouvelle* en 1894. Pour Kahn, il s'agissait donc, dans l'antisémitisme socialiste, d'un problème de méthode et non d'une question d'ostracisme ou de déni. Sous couvert de science, de progrès, au nom de la sociologie même (science naissante), séparer le monde en races antagonistes était une opération aussi estimable que celle qui procédait au partage de la société en classes et à la stigmatisation du bourgeois capitaliste (fût-elle sous l'image du Juif usurier), excepté qu'il désapprouvait le résultat de cette opération. Il n'y eut d'ailleurs aucun Juif de gauche pour dénoncer l'antisémitisme de Toussenel, de Proudhon, etc. Comment expliquer cette attitude générale ?

Dégageons l'hypothèse la plus plausible : les Juifs de gauche avaient intégré la figure du grand capitaliste juif parasite et corrupteur de la société et ne se sentaient pas mis en cause par cette image, la reléguant précisément dans le domaine de la mise en ordre du discours nécessaire à la propagation des idées de gauche. Car il semble bien qu'il se soit produit un glissement sémantique : l'image du « Juif usurier », transformée en « juif = capitaliste » ne revêtait plus qu'une signification métaphorique. Le terme avait égaré sa substance autonome au bénéfice de ce qu'il représentait désormais dans le contexte de la « question sociale ». D'ailleurs, comme l'a montré Nancy Green, le vocabulaire utilisé et la tendance racialiste, essentialiste, de cette utilisation qui nous semble inacceptable avec nos catégories d'aujourd'hui, étaient probablement monnaie courante dans la culture et le langage de l'époque [Green, 1985a]. Peut-être aussi, les Juifs de gauche pensaient-ils au bourgeois qui était en eux. Les bourgeois socialistes entretenaient souvent une détestation de la condition dont ils étaient issus et les bourgeois juifs ne dérogeaient pas à cette tendance. D'où leur embarras pour s'opposer à l'antisémitisme qui s'en prenait surtout à Rothschild, puisque eux-mêmes vilipendaient tout capitalisme, d'où qu'il vienne, au nom de la justice sociale ; ou qui chargeait la religion chrétienne (et le judaïsme) au nom de positions antireligieuses et anticléricales que nombre de Juifs de gauche partageaient également en tant que républicains laïques.

La radicalisation des positions antisémites de certains hommes de gauche et le phénomène Drumont simplifièrent, d'une certaine manière, la situation. À partir des années 1890, les socialistes ne parlèrent plus d'une voix unanime sur la question. Il y eut notamment des débats, menés au sein de la *Revue socialiste*, entre Gustave Rouanet et Albert Regnard, par articles interposés, arbitrés par Benoît Malon. Rouanet, parce qu'il devinait chez Drumont une fixation dont le socialisme ne serait pas le bénéficiaire, crut déceler dans l'antisémitisme une arme qui détournait les socialistes du combat anticapitaliste proprement dit. Affinant son argumentation, il estimait que les Juifs ne pouvaient être tenus pour entièrement responsables des rôles financiers dans lesquels ils se cantonnaient, les circonstances historiques les ayant acculés à ce rôle unique dans la société chrétienne. En cette fin de siècle, la « question juive » devenait-elle donc aussi problématique que la « question sociale » ? En fait, certains socialistes commençaient à prendre conscience de l'instrumentalisation par les Drumont et consorts des pulsions négatives de la « populace » vis-à-vis des Juifs, et considéraient que la gauche ne pouvait continuer à s'en faire l'écho, car le « peuple » était fort éloigné de la « populace » — pour reprendre l'intéressante distinction établie par Hannah Arendt (*Sur l'antisémitisme*). À un moment où le socialisme connaissait des difficultés à se reconnaître dans les aspirations, les revendications des masses ouvrières (l'inverse était encore plus vrai), il se devait de trouver des stratégies moins grossières pour montrer au « peuple », acteur politique noble devant se libérer de l'oppression capitaliste, la face de ses ennemis véritables.

L'antisémitisme de gauche a-t-il correspondu à un antisémitisme de fond qui, tout en provenant d'une racine commune à celle des droites traditionnelles et catholiques, c'est-à-dire de préjugés religieux séculairement entretenus, aurait été le fait d'hommes de gauche foncièrement antisémites ? Poser cette question, c'est estimer que la distinction entre les théoriciens de gauche pratiquant l'antisémitisme par idéologie, de manière « utilitaire », et les théoriciens qui seraient viscéralement *des* antisémites [Crapez, 2002] apporte une lumière sur les attitudes des gauches à l'égard des Juifs. Il semble plutôt que le véritable enjeu historique se trouve dans les études de la réception et la postérité des théories exposées, l'impact et l'installation dans le temps des préjugés, leurs conséquences, leurs transformations et leurs réappropriations enfin. Certes, à l'aune d'Édouard Drumont qui fit de l'antisémitisme une profession lucrative et du socialisme un prétexte, les auteurs cités sembleraient presque inoffensifs, notamment parce que l'antisémitisme venait en appoint du socialisme et non l'inverse. Ce serait oublier Toussenel dont *Les Juifs rois de l'époque*, après une première réédition (1848), furent réédités en 1886, à la faveur du succès de *La France juive*. Ce serait oublier aussi la notoriété de Proudhon dont l'œuvre socialiste fut beaucoup lue et commentée, d'autant qu'il passe pour l'inspirateur du mouvement anarchiste en France, lequel ne fut pas exempt d'antisémitisme (on peut citer l'exemple d'Émile Pouget et du journal *Le Père Peinard*).

Aussi, la question paraît d'importance : l'antisémitisme en tant qu'idéologie a-t-il pénétré en profondeur dans les manières pour le « peuple » de gauche de penser le socialisme et a-t-il entraîné davantage d'adhésions ? Nul doute que les termes de « Juif corrupteur » côtoyant allégrement ceux de « Juif parasite » et autres « agent de dégénérescence » rencontraient des échos dans l'opinion publique. À cet égard, on sait que l'idée de dégénérescence nourrissait ici et là bien des réflexions à la fin du XIXe siècle, moment où se combinaient progrès techniques et crainte de l'avenir en raison du sentiment d'accélération du temps et d'absence de maîtrise sur celle-ci. Toutefois, il paraît hasardeux de déduire de cette circulation des mots et des idées — circulation bien réelle —, un succès avéré et durable auprès des militants socialistes, tant on manque d'éléments pour l'évaluer. La question demeure entière. Quoi qu'il en soit, le *crescendo* de l'antisémitisme qui prit un tour politique dès le début des années 1880 changea la forme des rapports politiques dans la mesure où la gauche, en particulier le socialisme, et les Juifs traversèrent tous deux une période de profond remaniement intérieur dont ils sortirent alliés pour un temps [Winock, 1982].

L'AFFAIRE DREYFUS OU LES PROLÉGOMÈNES D'UNE NOUVELLE ALLIANCE

La faillite de la banque catholique l'Union générale, suivie dix ans plus tard par le scandale de Panama, qui éclaboussa une partie de la judaïcité parisienne, portèrent un sérieux coup à la lune de miel fusionnelle des Juifs et de la République. L'affaire Dreyfus éclatait dans une atmosphère déjà viciée et joua un rôle de catalyseur, tant pour les gauches que pour les Juifs français. Car, malgré ce que rapporta Léon Blum dans ses *Souvenirs sur l'affaire Dreyfus*, quelque trente années plus tard, alimentant l'image de la « pusillanimité » des bourgeois juifs, l'Affaire déclencha des vocations militantes, des investissements politiques inédits pour beaucoup d'enfants de la bourgeoisie israélite. Lui-même datait son engagement socialiste de l'Affaire : « De l'iniquité subie par un individu, nous tâchions, comme l'avait fait Jaurès dès le premier jour, de remonter à l'iniquité sociale. » Par ailleurs, il se produisit un changement notable de représentations par rapport à l'antisémitisme dont l'Affaire modifia, de façon irréversible, le statut d'intelligibilité. Désormais, on identifia cette idéologie aux droites cléricales et nationalistes. Quant aux Juifs socialistes, ils se firent plus attentifs à la phraséologie antisémite, à ses significations, et paraissaient plus sensibles aux conséquences (Bernard Lazare, André Spire, Victor Basch, Jean-Richard Bloch, Gustave Kahn, etc.). Il faut dire que l'affaire Dreyfus avait entraîné une majorité de la gauche — notamment la gauche jaurésienne — à se délester de l'antisémitisme comme base d'appui de propagation du socialisme. Il s'effectua alors un parcours de non-retour : les relations entre la gauche et les Juifs ne pourraient à l'évidence plus jamais être les mêmes.

Pourtant, les réactions en faveur du capitaine Alfred Dreyfus ne furent pas immédiates. Bernard Lazare, journaliste et écrivain anarchiste juif, fut à peu près seul à être clairvoyant dès le début. Pour leur part, les socialistes hésitèrent longtemps avant de s'engager dans le dreyfusisme, même quand ils eurent reconnu l'innocence du capitaine. Les guesdistes, au nom des principes marxistes, estimaient qu'ils ne pouvaient militer en faveur de Dreyfus, un bourgeois dont le sort individuel comptait peu au regard de la lutte des classes. Du côté des autres socialistes, de Jean Jaurès notamment, la difficulté à trancher se situait à la fois sur le terrain de l'anticapitalisme et sur celui de la fidélité aux valeurs de 1789. Ensuite, l'Affaire changea de statut : elle ne figurait plus seulement un problème de justice. Ce furent les valeurs républicaines, c'est-à-dire la liberté, la justice, les droits de l'homme, qui firent pencher la balance jaurésienne du côté de la révision. Jaurès écrivit, dès lors, des articles en faveur de la révision du procès de Dreyfus qui furent réunis dans *Les Preuves*, saluées par Léon Blum comme une grande œuvre [Greilsammer, 1996]. Naturellement, Jules Guesde et les militants du Parti ouvrier français critiquèrent vivement sa position. En revanche, les anarchistes, ainsi que les allemanistes, furent parmi les premiers à se déclarer dreyfusards, entraînés à la fois par Bernard Lazare et par leur opposition doctrinale ou leur méfiance face à l'armée et à l'État.

Ce que nul ne contestait, c'est que la menace pesait littéralement sur la République, car le nationalisme s'organisait, et peu à peu l'antisémitisme idéologique quittait les forces de gauche presque entièrement unies dans le dreyfusisme et devenait l'apanage des mouvements de droite cléricale, antirépublicaine et antidreyfusarde (création des Ligue antisémite, Ligue de la patrie française, etc.). L'Affaire occupait donc le terrain politique, d'où les gauches ne pouvaient envisager de s'exclure. S'ajoutait à cette situation politique nouvelle, la découverte, à la fois par les gauches et par les Juifs de gauche, d'un prolétariat juif [Green, 1985b]. Journalistes et écrivains prenaient soudainement conscience que la « question juive » dépassait les frontières de la France et s'intéressèrent aux Juifs persécutés de l'Est (russes, roumains), publiant articles et enquêtes notamment dans des revues de gauche et dreyfusardes (*La Revue blanche, Les Cahiers de la Quinzaine* de Charles Péguy, *Pages libres*, etc.) ; ce faisant, ils établissaient un lien entre les persécutions et la prolétarisation de ces Juifs « orientaux » si dissemblables des Rothschild. On s'apercevait qu'ils s'organisaient en syndicats, et peut-être avait-on quelque lumière sur la naissance d'un mouvement ouvrier spécifiquement juif, le Bund (1897). Au fond, ce que l'affaire Dreyfus mettait au jour, c'était une nouvelle sensibilité : les hommes de gauche, anarchistes, socialistes, syndicalistes révolutionnaires, convenaient que l'humanisme, au nom de la justice, primait sur la classe et que les différences de classe ne recoupaient pas automatiquement les différences ethnico-religieuses. On assistait donc à un réajustement de la conception de la « question sociale » : la « question juive » en faisait désormais partie.

Revenons sur l'homme qui comprit rapidement ce qui se jouait de 1894 à 1897, lorsque l'affaire Dreyfus se présentait comme une banale affaire judiciaire. Anarchiste et nationaliste, Bernard Lazare (1865-1903) représente une figure tout à fait marquante et presque « idéal-typique » du Juif auquel on attribue un prophétisme hérité de la tradition juive et marqué à gauche. C'est la projection de représentations fixées par Charles Péguy dans *Notre Jeunesse*, qui tendirent à stéréotyper Bernard Lazare. Qu'en fut-il ? Issu de la bourgeoisie juive de Provence (Nîmes), pour laquelle le judaïsme n'était qu'une fidélité religieuse lointaine, il était le produit de l'intégration déjà réalisée. Il vint à Paris pour accomplir sa vocation d'écrivain et devint simultanément anarchiste, dès 1892, tout en revendiquant son indépendance [Oriol, 1999]. Très tôt il fustigea la judaïcité française bourgeoise, capitaliste, en un mot « parvenue ». Il entreprit des recherches sur les raisons de l'antisémitisme et en écrivit l'histoire dans : *L'Antisémitisme, son histoire et ses causes* (1894). En raison de ses attaques contre la bourgeoisie juive, une bonne partie de la presse antisémite salua l'ouvrage, et notamment Édouard Drumont. Les amis libertaires de Lazare ne furent pas en reste. Or, dès le début de l'affaire, l'année même de la parution de son ouvrage, l'auteur fut convaincu de l'innocence du capitaine Dreyfus et du fait que l'on établissait sa culpabilité en raison de son origine juive. Dès octobre 1896, il publia sa brochure *L'Erreur judiciaire, la vérité sur l'affaire Dreyfus* qui dénonçait les incohérences du dossier.

Il s'occupa d'entraîner ses amis anarchistes dans le combat dreyfusard dont il estimait qu'il pouvait être l'occasion de débats sur la question sociale. S'il ne parvint pas à convaincre Jean Grave, il réussit auprès de Sébastien Faure et du *Libertaire*. Philippe Oriol voit une autre raison dans sa défense de Dreyfus : fonder un journal, *Le Journal du peuple*, pour lutter contre l'antisémitisme. Car au cours de l'affaire Dreyfus, Bernard Lazare changea d'attitude. Il inversa la signification de la typologie qu'il effectuait auparavant. À présent, les « Juifs » étaient les « persécutés », les « parias » qu'il fallait défendre et les « Israélites » devenaient les « parvenus ». L'assimilation avait en partie échoué : en dépit de la Révolution, en dépit du culte de la République, les Juifs étaient partout des indésirables. Le capitaine Dreyfus, tout grand bourgeois qu'il était, symbolisait la souffrance de tous les Juifs victimes d'injustices et de persécutions, devenait l'emblème de la liberté à défendre. Cette cause devenait aussi le symbole de la question sociale pour Bernard Lazare. Voilà pourquoi il trouva judicieux de faire front avec la famille Dreyfus, avec le gambettiste Joseph Reinach aux antipodes de ses convictions politiques. Parallèlement, nombre de ses amis anarchistes le suivirent dans sa quête de la vérité et de la justice. On ne peut aborder ici toutes les péripéties de son action. Sa dernière brochure, *Comment on condamna un innocent*, fut éditée seulement quelques jours avant le « J'accuse » de Zola. Et lorsque la révision aboutit à une nouvelle condamnation du capitaine Dreyfus, verdict accompagné d'incroyables circonstances atténuantes, Lazare fut de ceux, minoritaires, qui approuvèrent la grâce présidentielle dans un but humanitaire, pour épargner l'homme Alfred Dreyfus qui avait suffisamment souffert. Mais il décéda en 1903 sans voir la réhabilitation.

Dernières mutations : parcours socialistes, sionistes, communistes

L'affaire Dreyfus provoqua chez de nombreux Juifs français des prises de conscience, des réflexions sur la société française et la place qui leur y était dévolue, d'où leur entrée plus massive en politique. Ils se complurent alors dans les rangs républicains, socialistes, voire libertaires, et, après 1920, communistes et prosionistes de gauche. La véritable « régénération » moderne des Juifs devait se situer à cet endroit-là, dans la mesure où l'universalisme, triomphant du particularisme individualiste, s'affirmait comme l'eschatologie la plus prometteuse. Considéré alors en partie comme un universalisme, le sionisme émergea dans le sillage de l'affaire Dreyfus comme un mouvement nationaliste de bon augure puisqu'il constituait une réponse aux persécutions contre les populations juives démunies et à leur oppression sur le plan des libertés. Certains des Juifs français de gauche pensèrent y trouver un moyen de concilier idéaux de gauche et particularité culturelle, comme Bernard Lazare, ou comme les socialistes Victor Basch et Léon Blum, vingt ans plus tard ; ce fut également une des voies pour Jean-Richard Bloch jusqu'à ce que l'antifascisme devienne un combat supplantant tous les autres et que le communisme représente pour lui le seul moteur possible pour atteindre cette fin. Mais ne nous méprenons pas : le sionisme ne venait pas se substituer à leurs socialismes, il s'y ajoutait ; d'autant que les Juifs français ne se sentaient pas personnellement concernés par les objectifs du sionisme. Seul les motivait le désir d'aider les Juifs opprimés qui n'avaient pas de patrie.

Bernard Lazare fit figure, ici encore, de précurseur. Dès qu'il prit connaissance de l'ouvrage *L'État des Juifs* rédigé par le journaliste et écrivain autrichien Theodor Herzl dans les semaines qui suivirent la première condamnation du capitaine Dreyfus, Lazare s'enthousiasma. Voilà enfin une idée qui sauverait des millions de Juifs de l'oppression et de l'antisémitisme. Mais il comprit assez rapidement combien la tonalité bourgeoise et capitaliste du mouvement (ne serait-ce qu'avec le programme sioniste et la fondation d'une banque) cadrait mal avec ses idées libertaires. Il envoya alors une lettre de désengagement à Herzl. Non pas qu'il se détournât du sionisme, comme on eut trop tendance à le penser. Il persistait, au contraire, à penser la résurgence nationale des Juifs comme la seule valable pour une réelle émancipation, et ce tant qu'ils resteraient des « parias » dans les nations où ils vivaient. Lazare se situait ainsi à contre-courant de la plupart des penseurs de gauche (juifs ou non), lesquels, autour des années 1900, estimaient que le sionisme détournait les masses du vrai combat socialiste, comme naguère l'antisémitisme. Ainsi, dans la revue *L'Humanité nouvelle*, un rapport intitulé « Antisémitisme et sionisme » martelait ce couplet : « Nous ne sommes pas sionistes, parce que l'émigration des Juifs diminuerait la masse prolétarienne active [...] quand même Sion serait une colonie communiste-anarchiste, nous ne la favoriserions pas [...] [tant que] la révolution intégrale n'a pas mis à bas l'ordre capitaliste tout entier. » Or, que le sionisme ne fît guère d'émules parmi la judaïcité française, surtout avant la Première Guerre mondiale, eut dû les rassurer. En toute logique, la plupart des Juifs ne pouvaient concevoir un tel projet sans hostilité, tant il paraissait les exclure du projet républicain et anéantir leur tentative de symbiose avec la société française. Chez quelques intellectuels juifs socialistes toutefois, l'idée sioniste, d'abord jugée incongrue, se fraya lentement un chemin.

Victor Basch (1863-1944) devint socialiste à partir de l'affaire Dreyfus. D'origine hongroise, il fut naturalisé en 1887. Après des études brillantes d'allemand et de philosophie (il s'imposa comme spécialiste de Kant), il devint professeur d'université. Sa carrière le conduisit à Rennes où il se trouvait pendant la révision du procès de Dreyfus, accueillant dans sa maison tous les dreyfusards avec lesquels il luttait pour l'éclatement de la vérité et le rétablissement de la justice. Aussi s'engagea-t-il dans la section rennaise de la Ligue des droits de l'homme fondée à ce moment. Il pensait que le socialisme devait entraîner la classe ouvrière dans le combat. Rien d'étonnant à ce qu'on le retrouve participant au mouvement des Universités populaires. D'ailleurs, autour de 1908, se rapprochant des milieux juifs socialistes et sionistes de gauche, souvent immigrés, il prononça des conférences à l'Université populaire juive du quartier du Marais, plus préoccupé cependant de transmettre les rudiments de la culture européenne que de se laisser convaincre par les idées sionistes.

Pendant la Grande Guerre, à l'instar de la judaïcité française dans son ensemble, Basch s'investit dans l'Union sacrée, au nom du « droit ». Être juif, c'était être un bon Français. Pour cette raison, d'ailleurs, il ne considérait plus — depuis les années 1910 — le sionisme comme une menace pour sa citoyenneté, ce qui était le reproche le plus fréquent des Juifs français, mais comme un mouvement de sauvetage pour les Juifs humiliés des pays de l'Est où l'antisémitisme sévissait. Au demeurant, il n'était pas si isolé dans son soutien au sionisme car, peu à peu, le mouvement sortait de son cocon judéocentriste et parvenait à nouer quelques alliances dans des milieux intellectuels non juifs, fût-ce réduit à une portion congrue. Ainsi, Marius Moutet et Charles Andler ont adhéré à la Ligue franco-sioniste (1915) et à la Ligue des amis du sionisme de l'écrivain André Spire (1918), avec les universitaires Charles Seignobos et Ferdinand Brunot, ou l'écrivain Édouard Dujardin. Par ailleurs, la revue *La Guerre sociale* de Gustave Hervé, à laquelle Victor Basch livra nombre de textes qui parurent en recueil (*L'Aube* en 1918), où il évoquait notamment ses espoirs en la révolution russe de 1917, accueillait des articles favorables au sionisme. Tout comme la revue pacifiste de Dujardin, *Les Cahiers idéalistes français*.

Socialiste, Victor Basch œuvra essentiellement à l'intérieur de la Ligue des droits de l'homme dont il fut élu président en 1926 (fonction qu'il occupa jusqu'en 1940). Parmi tous les combats qu'il mena, il continuait celui pour la liberté des Juifs dans les pays de l'Est mais la lutte changeait de visage : les Juifs devenaient un peuple opprimé comme un autre et le combat universel primait sur le particulier. Pour exemple, il rédigea « Le drame allemand », texte qui figurait dans l'ouvrage collectif, *Les Juifs. Témoignages de notre temps* (1933), où il réaffirmait son universalisme : « Ce n'est pas en qualité de Juif que je m'adresse aux lecteurs de ce recueil, mais bien en celle de militant de la Ligue des droits de l'homme. Que si l'immonde barbarie hitlérienne s'était attaquée aux luthériens ou aux catholiques [...] ma protestation serait tout aussi ardente. Je ne plaide pas ici pour une religion, une race, un peuple, un parti, mais homme, je plaide pour des hommes. » En 1935, dans un numéro spécial des *Cahiers des Droits de l'homme* consacré à Alfred Dreyfus qui venait de mourir, il comparait deux époques, les antidreyfusards de jadis aux fascistes du jour, et préconisait la lutte pour la démocratie avec tout « le peuple des gauches ». L'universalisme était bien son objectif : lutter contre les fascismes signifiait lutter pour les hommes, donc aussi pour les Juifs.

Le parcours d'un intellectuel tel que Jean-Richard Bloch (1884-1947) illustre le cas où l'on peut clairement établir une filiation entre l'affaire Dreyfus et la prise de conscience politique. Marqué très jeune par l'Affaire, il en hérite le goût prononcé pour la justice sociale et la recherche de l'équilibre entre identité personnelle et particulière et identité sociale collective et socialiste. L'antisémitisme qui atteignit Bloch dès ses années de lycée l'obligea à se donner des armes pour défendre sa place en tant que Juif dans la société française. Dans ses « Cahiers » (inédits), on voit combien il fut aussi amené à se poser le problème de l'embourgeoisement des Israélites, notamment de sa famille, en établissant un lien entre ascension bourgeoise et perte des valeurs juives d'humanisme. Être à gauche, c'était peut-être réparer, reprendre la filiation prophétique. D'ailleurs, lecteur de Renan, il s'attachait à dépeindre la noblesse d'un Christ rejudaïsé, animé d'un vrai esprit révolutionnaire et communiste au milieu d'une judaïcité originelle collectivement solidaire, laborieuse et partageuse. Rien d'étonnant donc à ce que l'on trouve le jeune Bloch dans les rangs des Étudiants collectivistes et au parti socialiste. Le temps de la prudence était bel et bien révolu. Le temps de l'action et de l'inventivité politique avait surgi. Agrégé d'histoire et de géographie il enseigna quelque temps, mais s'orienta rapidement vers la littérature, sa vocation première, pour satisfaire à son besoin d'expérimenter le social. En 1910, une revue « de combat » en résulta, qui eut un succès notable pour une petite revue d'avant-garde éditée en province, à Poitiers. Baptisée *L'Effort*, puis *L'Effort libre*, elle montrait de manière éloquente l'application des réflexions de Bloch sur les relations entre art et monde social. Il se réclamait des principes révolutionnaires puisés à la source des *Réflexions sur la violence* de Georges Sorel, qui parurent en recueil (1908) grâce à deux intellectuels socialistes juifs, Daniel Halévy et André Spire. Pendant la Première Guerre, Bloch s'opposa à ses amis pacifistes (Marcel Martinet, Romain Rolland) car il se jeta sans hésitation « dans la mêlée ». La défense républicaine l'emportait, et nul doute que compta dans la force de son implication la nécessité de renouveler le pacte patriotique des Juifs français, comme en 1870. En 1918, son premier grand roman... *Et Cie* fut publié aux éditions de la NRF. Les questions de particularisme et d'universalisme s'affrontaient à travers l'histoire d'une famille d'industriels drapiers juifs alsaciens, établie après 1870 dans l'Ouest de la France qui, au fur et à mesure de son enrichissement et de son assimilation, semblait perdre son âme. La fin de la guerre le rendit plus convaincu que jamais de la nécessité de construire une société juste et il recherchait les moyens qui permettraient de tenir ensemble les fils du particularisme et de l'universalisme. S'il se montra, dans un premier temps, circonspect devant la révolution russe de 1917, il finit par opter pour l'Internationale communiste, collaborant à *L'Humanité* ou à *Clarté* de Henri Barbusse. Puis il fut un temps proche des idées issues du syndicalisme révolutionnaire, écrivant pour *La Vie ouvrière* de Pierre Monatte.

Pendant l'entre-deux-guerres, il acquit la réputation d'être un écrivain de gauche convaincu, mais critique — il avait pris ses distances avec le communisme — et devint un des piliers de la revue *Europe*, avec des « Commentaires » appréciés. Certains s'intégrèrent à des recueils d'essais : *Destin du siècle* (1931) qui obtint un grand succès, *Offrande à la politique* (1933), *Naissance d'une culture* (1936). Dans le même temps, il montra un intérêt croissant pour le Foyer national juif en Palestine. Il devint un sympathisant sioniste de gauche, à l'instar de Victor Basch et de Léon Blum et fut notamment l'un des rares intellectuels juifs français à se rendre à la cérémonie d'inauguration de l'Université hébraïque de Jérusalem en 1925, invité par Victor Jacobson, l'un des représentants de l'Organisation sioniste à Paris, avec lequel il garda des liens d'amitié. C'était la version ouvrière de la Palestine juive qui le touchait profondément, avec les expériences socialistes de villages d'enfants, les kibboutzim qui s'inspiraient de l'idéologie collectiviste soviétique, etc. Il y consacra plusieurs articles dont certains parurent dans des revues françaises sionistes ou sympathisantes — *Menorah*, dont le rédacteur en chef était le poète Gustave Kahn, ou *Palestine*, organe du comité France-Palestine, dirigé par l'ancien sénateur Justin Godard — et d'autres dans des quotidiens nationaux : *Le Quotidien, L'Intransigeant*. Le tout devait faire l'objet d'un recueil, *Le Robinson juif*, aux éditions Rieder, mais le projet n'aboutit pas.

La sympathie à l'endroit du mouvement sioniste pendant les années 1920 n'était pas propre aux Juifs ; elle bénéficiait d'ailleurs d'une mode littéraire palestinophile. Le socialiste belge Émile Vandervelde, ou encore l'économiste Charles Gide, partisan des coopératives ouvrières, saluaient les expériences collectivistes des Kibboutzim. Certains d'entre eux adhérèrent même à l'organisation « La Palestine ouvrière » : Léon Blum en assurait l'un des poste clés, et le socialiste sioniste Marc Jarblum fit appel à Jean-Richard Bloch en 1935-1936, lequel ironisa sur sa composition intellectuelle. Cela sonnait le glas de son soutien au sionisme. L'antifascisme avait pris le relais, sa recherche de la « révolution » et de sa « mystique » ne se trouvait pas davantage à Jérusalem qu'à Paris, alors qu'il avait espéré que l'Orient pouvait être le lieu de la renaissance révolutionnaire idéale de l'Occident grâce au monde nouveau fondé par les Juifs en Palestine. Non pas que l'antifascisme se substituât à cette idée mais, devant l'accélération des événements, il abandonnait sa tentative de fusion entre le particularisme et l'universalisme socialiste. Le danger engendrait un autre type de fusion universaliste qui passait par le communisme. Le voyage en 1934 de Bloch en URSS, pour participer au premier congrès des écrivains soviétiques, fut aussi déterminant à cet égard que la guerre d'Espagne. Certes, Léon Blum n'aboutissait pas aux mêmes conclusions : séparant les domaines d'implication, il demeura socialiste et prosioniste et, quand il était stigmatisé, revendiquait sa judéité, particulièrement lorsque son universalisme était mis en doute sur les bancs de l'Assemblée nationale et ramené à son particularisme. On a là des parcours extrêmement différents, d'autant qu'en dépit de son estime pour Blum, Jean-Richard Bloch lui reprocha bientôt sa politique de non-intervention dans la guerre civile espagnole. En 1937, Bloch acceptait de diriger avec Aragon le quotidien *Ce soir*. Il approuva le pacte germano-soviétique en 1939. Réfugié en Union soviétique avec sa femme pendant une partie de la guerre, il revint en 1945, reprit la direction de *Ce soir* en s'inscrivant dans la ligne du PCF jusqu'à sa mort, deux ans plus tard.

Si durant la première moitié du XIXe siècle, la rencontre entre la gauche et les Juifs n'a pas été probante, c'est probablement que l'évolution de chacune des entités n'était pas convergente. Pour le dire schématiquement : alors que les Juifs apprenaient à se penser en tant qu'individus français, partie d'un ensemble beaucoup plus vaste que la simple collectivité juive dont ils se libéraient peu à peu sous l'influence de la pensée des Lumières et de la Révolution française, la gauche, pour sa part, entendait renouer avec l'esprit collectif perdu, source de solidarité économique et sociale, et combattait l'individualisme qui donnait prise au développement capitaliste.

À la fin du XIXe siècle, les Juifs français se sentaient fondus dans le corps national, ils s'étaient embourgeoisés et acculturés ; ils pensaient la culture et la société dans les mêmes termes que leurs concitoyens non juifs et avaient intégré les valeurs religieuses de la culture chrétienne, jusqu'à subir la contamination de préjugés antisémites qu'ils véhiculaient parfois à leur tour. Or, l'antisémitisme devenait un rouage politique, une idée fédératrice. Faute de trouver des solutions immédiates, hormis la révolution, à la paupérisation et la prolétarisation d'une grande partie de la société du XIXe siècle, désigner le Juif comme coupable idéal (rassurant car familier) sous couvert de démonstrations pseudo-scientifiques (les explications par la « race »), permettait d'apaiser les angoisses de la modernité. Rares étaient les protestations jusqu'à l'affaire Dreyfus qui remit tout en cause. Elle permit aux principes républicains de sortir vainqueurs et, par voie de conséquence, rassura les Juifs sur leur place dans la société française, mais fut également l'occasion pour la gauche française de bannir les discours antisémites de sa doctrine et de recentrer ses objectifs sur la défense du prolétariat international, y compris du prolétariat juif, dont elle venait de découvrir l'existence. L'évolution des Juifs et celle du socialisme redevenaient convergentes. En 1936, près d'un siècle et demi après l'émancipation, pour la première fois un citoyen juif, « un fils d'Israël » [Winock, 1982, p. 102], de surcroît de gauche, accédait à la présidence du Conseil. Léon Blum était devenu le chef du Front populaire. Une nouvelle symbiose, celle de la maturité, mais peut-être pas une idylle ?

RÉFÉRENCES BIBLIOGRAPHIQUES

ANGENOT Marc (2000), *Les Grands récits militants des XIXe et XXe siècles. Religions de l'humanité et sciences de l'histoire*, L'Harmattan, Paris.

ANGREMY Annie et TREBITSCH Michel [dir.] (2002), *Jean-Richard Bloch ou l'écriture et l'action*, Bibliothèque nationale de France, Paris.

Birnbaum Pierre (1992), *Les Fous de la République. Histoire politique des juifs d'État de Gambetta à Vichy*, Fayard/Seuil, coll. « Points histoire », Paris.

Crapez Marc (2002), *L'Antisémitisme de gauche au XIXe siècle*, Berg International éditeurs, Paris.

Espagne Michel (1996), *Les Juifs allemands de Paris à l'époque de Heine. La translation ashkénaze*, PUF, Paris.

Fhima Catherine (1997), « Les écrivains juifs français et le sionisme (1897-1930) », *Archives juives, Revue d'histoire des juifs de France*, n° 30/2, p. 49-70.

Fhima Catherine et Nicault Catherine (2000), « Victor Basch et la judéité », *in* Françoise Basch, Liliane Crips et Pascale Gruson [dir.], *Victor Basch, (1863-1944), un intellectuel cosmopolite*, Berg International Éditeurs, Paris.

Graetz Michael (1989), *Les Juifs de France au XIXe siècle. De la Révolution française à l'Alliance israélite universelle*, Seuil, Paris.

Green Nancy (1985a), « Socialist Anti-Semitism, Defence of a Bourgeois Jew and discovery of the Jewish Proletariat. Changing Attitudes of French Socialists before 1914 », *International Review of Social History*, n° 30, p. 374-399.

— (1985b), *Les Travailleurs immigrés juifs à la Belle Époque. Le « Plezl » de Paris*, Fayard, Paris.

Greilsammer Ilan (1996), *Blum*, Flammarion, Paris.

Judt Tony (1987), *Le Marxisme et la gauche française, 1830-1981*, Hachette, Paris.

Oriol Philippe (1999), *Bernard Lazare anarchiste et nationaliste juif*, Honoré Champion, Paris.

Prochasson Christophe (1997), *Les Intellectuels et le Socialisme*, Plon, Paris.

Willard Claude (1993), *La France ouvrière*, Éditions sociales, Paris.

Winock Michel (1982), *Édouard Drumont et Cie. Antisémitisme et fascisme en France*, Seuil, Paris. En particulier le chapitre « La gauche et les juifs », p. 80-114.

— (1992), *Le Socialisme en France et en Europe, XIXe-XXe siècle*, Seuil, coll. « Points Histoire », Paris.

V

La gauche et la question sociale

27

Les premiers socialismes

Christophe Prochasson

Toute histoire de la gauche, savante ou militante, s'inscrit habituellement dans le sillage d'une préhistoire faite de ce que l'on nomme indifféremment « socialisme utopique », « socialisme romantique » (Lamartine, sans jamais avoir été socialiste, n'en fut pas moins attentif à certaines dimensions de la doctrine) ou « socialisme prémarxiste ». Il est désormais convenu que Saint-Simon, Fourier et leurs disciples, auxquels on adjoint Proudhon par commodité, ont contribué à forger l'idée socialiste en France. Marx qui, arrimé à sa solide dialectique, prétendait les « dépasser » tous, sut lui-même rendre hommage à certaines de leurs intuitions tout en dénonçant leur grave insuffisance révolutionnaire. Dans *Le Capital*, il fait de Saint-Simon le « porte-parole des classes laborieuses », ce qui était d'ailleurs commettre un beau contresens, même s'il ne le reconnaissait tel que pour son dernier ouvrage *Le Nouveau Christianisme*. Ni Saint-Simon, ni Fourier, ni même Proudhon ne pensèrent en effet leur œuvre et leur action dans ses termes. Aucun des trois — les deux premiers pour des raisons chronologiques évidentes — ne fut le héraut de quelque « socialisme » ni le chef de quelque mouvement politique, Proudhon faisant à peine exception. Leurs épigones, qui furent aussi les premiers à rompre avec le carcan des idées de leurs maîtres auxquelles ils infligèrent les premiers détournements, furent quelques-uns, certes, à greffer leur pensée sur le mouvement social de la première moitié du XIXe siècle. Plusieurs d'entre eux inaugurèrent l'histoire parlementaire de la gauche. Il n'en reste pas moins vrai qu'au regard des idées et des valeurs qui composèrent la palette doctrinale de la gauche française depuis la fin du XIXe siècle, les « premiers socialismes » ont de quoi dérouter : l'historien américain Jonathan Beecher n'a pas tort de remarquer qu'il faut faire bien des efforts pour ne pas considérer avec quelque condescendance ces doctrines parfois vagues et spéculatives, pour tout dire aussi fumeuses, et pour déloger quelque air de famille commun avec les philosophies politiques modernes. Ce n'est qu'en examinant le détail des modalités de la réception de ces écrits « utopiques » que l'on comprend pourquoi la gauche française, au XXe siècle, a fini par reconnaître en eux les origines de son histoire intellectuelle. Une pure généalogie des idées rendrait opaque cette prétendue filiation.

Une trinité socialiste : Saint-Simon, Fourier et le « premier » Proudhon

Comme son quasi-contemporain, Charles Fourier (1772-1837), Claude-Henri de Rouvroy, comte de Saint-Simon (1760-1825) a la réputation de l'extravagance. Personnalités hautes en couleur, grands inventeurs de systèmes et de machineries sociales, l'un et l'autre ne sont pourtant pas les auteurs de ce curieux mot de « socialisme » qui ne commença vraiment à circuler que dans les années 1830. Pierre Leroux (1797-1871), issu du saint-simonisme duquel il finit par se détacher, prétendit toujours en avoir été le premier promoteur : il fit en tout cas beaucoup pour sa diffusion, notamment auprès de plusieurs grands intellectuels et artistes du XIXe siècle comme Sainte-Beuve, Michelet, George Sand ou Victor Hugo, qui n'en devinrent pas socialistes pour autant.

De l'ancien disciple, faut-il remonter au maître pour trouver les origines intellectuelles du socialisme ? En quoi l'œuvre de Saint-Simon dispose-t-elle d'un *potentiel idéologique* susceptible de rendre possibles des itinéraires menant sur les rivages du socialisme moderne ? À première vue, ni les comportements privés, ni les choix politiques, ni les écrits théoriques de Saint-Simon n'encouragent à faire figurer celui-ci au sein du Panthéon de la gauche. Le lexique saint-simonien comme le style d'intervention — des écrits disparates, ébauches de pensées avortées et parfois incohérentes — rendent l'appropriation socialiste des idées de Saint-Simon encore plus problématique. La lecture de Saint-Simon, plus encore celle de Fourier tant ce dernier se montre friand d'extravagances littéraires, n'est jamais facile et il fallut trancher dans le vif d'œuvres pour y enraciner une doctrine que les deux philosophes n'avaient jamais envisagée.

Que purent retenir les socialistes de Saint-Simon ? Ses démonstrations de fièvre révolutionnaire, au retour de ses combats menés aux côtés des *Insurgents* américains, qui le conduisirent, lui l'héritier de l'une des plus grandes familles de la noblesse française, apparenté au mémorialiste de la Cour de Louis XIV, à renoncer à son titre et à son glorieux patronyme qu'il troqua pour celui, plus humble, de Claude Bonhomme ? C'était oublier ses rocambolesques tribulations d'agioteur autour des biens nationaux qui fragilisent sérieusement la solidité de ses convictions. Jeté dans les geôles révolutionnaires pour d'obscures raisons, menacé d'exécution capitale, il n'en sortit que grâce à Thermidor. Son itinéraire politique ultérieur est plutôt marqué du sceau de l'opportunisme, Saint-Simon se ralliant presque à chaque régime successif, louant la démocratie, puis l'empereur avant de prétendre conseiller le roi aux fins de sauver du naufrage la dynastie des Bourbons. Il y a chez lui comme une indifférence politique à l'égard des régimes que compense une véritable passion pour tout ce qui relève de l'organisation sociale. Il demeura ainsi fidèle à une attitude critique à l'encontre de la Révolution, qui, certes, ne lui avait pas laissé que des bons souvenirs, mais dans laquelle il dénonçait surtout un mouvement historique inachevé qu'il convenait de mener à son terme par des moyens pacifiques. La violence n'était bonne, selon lui, qu'à détruire. La Révolution en avait abusé sans avoir su reconstruire. Elle avait laissé la société orpheline. Comme la plupart des penseurs de ce XIXe siècle commençant, Saint-Simon fut hanté par la volonté de rebâtir, d'élever du neuf, en lieu et place du vieux que l'on venait tout juste de renverser.

C'est à ce niveau qu'il est peut-être possible d'installer les idées de Saint-Simon dans une tradition qu'il fut utile à la gauche de s'inventer. Quand la droite est ancrée dans la logique des intérêts particuliers, la gauche, elle, défend ceux du plus grand nombre, « intérêt général » qu'elle repère, distribue et organise au nom d'une approche scientifique du social. Saint-Simon, Fourier et leurs disciples se classent bien parmi ces « socialistes conceptuels » autrefois décrits par l'historien Ernest Labrousse. On ne s'étonnera pas de voir Émile Durkheim s'intéresser à Saint-Simon qui compta parmi ses « secrétaires » l'historien Augustin Thierry et le philosophe Auguste Comte. Son « socialisme » est d'abord une « sociologie » qui se soucie moins d'égalité que de rationalité. La première découlera éventuellement de la seconde. Encore Saint-Simon défendit-il toujours les principes d'une société hiérarchisée, rationnellement ordonnée, et ne se préoccupa-t-il, avec empathie, de la « classe la plus nombreuse et la plus pauvre » qu'à l'extrême fin de sa vie, dans *Le Nouveau Christianisme* publié en 1825, l'année même de sa disparition.

Saint-Simon peut donc être légitimement placé dans les rangs de la critique sociale de son temps. La société qu'il observe lui paraît souffrir de maux intolérables. Des dysfonctionnements sociaux qu'il constate, le plus sérieux à ses yeux réside dans la mise à l'écart de la « classe industrielle », classe productive par excellence, composant les « 24/25e » de la nation et rassemblant tous les hommes qui travaillent « à produire ou à mettre à la portée des différents membres de la société, un ou plusieurs moyens matériels de satisfaire leurs besoins ou leurs goûts physiques » [Saint-Simon, 1823, p. 1]. Alors que la Révolution aurait dû aboutir à lui confier le gouvernement de la société, pour lequel la « classe industrielle », qui mêle patrons et ouvriers, salariés et artisans, dispose tout à la fois de la compétence et de la morale requises, celle-ci s'en est trouvé dépossédée par la « bourgeoisie ». Composée de « militaires » roturiers, de « légistes » et de « rentiers », cette dernière est accusée par Saint-Simon de vivre sur la bête et de ruiner les efforts déployés par la classe industrielle. La bourgeoisie dirige indûment la société d'une manière égoïste et finalement rétrograde. Les élites politiques et spirituelles de son temps comme les propriétaires oisifs dénigrés par lui dans la « Parabole des abeilles et des frelons » (1819), fable qui valut à Saint-Simon, en 1820, un retentissant procès dont il finit d'ailleurs par sortir innocenté, ne constituent donc pas l'unique cible de Saint-Simon. La bourgeoisie révolutionnaire que représentait fort bien la gauche libérale au début du XIXe siècle était à son tour devenue une classe parasite.

La critique sociale, chez Saint-Simon comme chez Fourier, s'adosse à une science de l'histoire qui décrit le déploiement du progrès. C'est ici sans doute que se loge le plus nettement la dimension utopique de la pensée saint-simonienne. Une compréhension correcte du passé ouvre les clés d'un avenir meilleur. Telle est la thèse sous-jacente à l'œuvre de Saint-Simon pour qui l'amélioration de la vie collective repose d'abord sur le partage de règles et de valeurs communes définies par la science sociale et l'observation du passé. Même si Saint-Simon fut toujours beaucoup moins précis dans ses modélisations sociales, il lui est arrivé, en quelques textes demeurés comme des références classiques dans l'histoire intellectuelle de la gauche française, de définir minutieusement les contours des futures organisations politiques. Il le fit en particulier dans ses *Lettres d'un habitant de Genève à ses contemporains* (1803) qui exposait le projet d'une assemblée de savants, appelée « conseil de Newton » plus en charge de l'« administration des choses » que du « gouvernement des hommes ». Un autre texte important expose les vues saint-simoniennes en matière de politique internationale, *De la réorganisation de la société européenne* (1814), où Saint-Simon développe sa conception d'une Europe fédérale mais respectueuse des indépendances nationales, progressivement étendue à l'ensemble du continent, à partir d'un embryon constitué par l'union de la France et de l'Angleterre.

Fourier manifesta davantage d'esprit de système et de goût pour les descriptions détaillées des organisations sociales à venir. En dépit des différences qui le distinguent de son aîné et qui nourrirent une acrimonie à son égard à nulle autre pareille — en 1831, Fourier publia un pamphlet intitulé *Pièges et charlatanisme des sectes Saint-Simon et Owen* —, tous deux partagent la même volonté d'établir une science de l'homme débouchant sur une meilleure organisation sociale. Plus encore que Saint-Simon, Fourier voue à la Révolution, qui l'enferma aussi pendant quelque temps, une aversion qui ne se démentit jamais. Plus encore que Saint-Simon, Fourier se vante d'être un inventeur, un découvreur, qui loin de s'appuyer sur une culture savante dont il ne cesse de rappeler, avec quelque exagération, qu'il s'en trouve tout à fait dépourvu, lui l'ancien « sergent de boutique » issu d'une famille marchande de Besançon, ne puise que dans ses propres ressources intellectuelles. Son expérience professionnelle lui ayant fourni une connaissance intime des mécanismes commerciaux explique qu'il fit de ceux-ci l'une de ses cibles prioritaires : le commerce, écrit-il, est pour les producteurs ce que le brigandage est pour les habitants des campagnes.

Son premier ouvrage, sa *Théorie des quatre mouvements et des destinées générales*, fut publié en 1808, cinq années seulement après le premier texte de Saint-Simon. Après les différents soubresauts révolutionnaires, on ne peut manquer d'être frappé par l'inactualité politique qui marque la pensée des deux hommes. C'est le social, et la science qui permettra de le gouverner, qui retiennent fondamentalement leur attention. Fourier présente sa théorie fondamentale, l'attraction, qui commande non seulement le monde physique, comme Newton l'avait révélé, mais aussi le monde social, à l'écart de toute considération politique immédiate. Telle est la « grande invention » de Fourier qui décidera de toutes les autres : « Avant moi l'humanité a perdu mille ans à lutter follement contre la nature ; moi le premier ai réfléchi devant elle en étudiant l'attraction, organe de ses décrets » [Fourier, 1808, p. 285]. Comme Saint-Simon, Fourier pense que le changement social, qui permettra la sortie de la « Civilisation », état imparfait du monde actuel affecté par tout un ensemble de désordres économiques, politiques, sociaux, intellectuels et moraux, vers « l'Harmonie », doit s'appuyer sur la connaissance de lois régissant le monde social qu'une nouvelle science est en mesure de mettre au jour. Hanté par les souvenirs de la Révolution, Fourier est convaincu que la marche vers « l'Harmonie », cette société idéale, peut se faire dans la paix. Il suffit de rallier quelques bonnes volontés, capitalistes et élites politiques, désireuses de mettre fin au régime d'instabilité ouvert par les années révolutionnaires. À partir de 1826, il prit l'habitude de rentrer chez lui à midi, à l'heure du rendez-vous qu'il avait fixé aux candidats éventuels. Il n'en reçut jamais aucun.

Sa critique sociale est féroce : non seulement les producteurs sont privés d'une partie de leurs richesses par tout un parasitisme d'intermédiaires, « frelons », « araignées », « vautours », « sangsues », mais encore leur productivité est faible en raison du morcellement de la propriété, caractéristique de la « Civilisation ». Cette société présente opprime. Elle laisse les ouvriers dans le besoin. Elle réprime les passions alors même qu'il conviendrait de les utiliser, de les domestiquer, de les composer au plus grand profit de l'équilibre et de l'ordre social recherché.

Inscrite dans une perspective historique, la pensée de Fourier, bien qu'aussi providentialiste, est davantage anticipatrice que celle de Saint-Simon, ce dernier s'avérant finalement plus réaliste et plus interventionniste. Charles Fourier remplit son projet de « phalanstère », cette cellule sociale où allaient se mettre en place les principes « harmoniens », d'un luxe de détails qui n'a pas aidé à intégrer celui-ci dans la classe des sociologues ou des penseurs politiques légitimes. Plus encore que Saint-Simon, il fut tôt rejeté dans ce lieu incertain de la pensée : l'utopie. On a surtout retenu de lui les éléments et les termes les plus pittoresques : l'Hyperfée, ce ministère des relations amoureuses, les transformations qui affecteraient l'existence et le corps humains (les hommes et les femmes vivraient en Harmonie jusqu'à l'âge de 144 ans, auraient la capacité de respirer sous l'eau et de remplacer leur dentition, disposeraient d'une queue, l'archibras, à l'extrémité de laquelle serait placée une main) ou encore la « Papillonne », passion qui, expliquant le besoin de « variété périodique », pourrait être utilisée à des fins productives et utiles à chacun. La variété des occupations accroîtrait la productivité par la diminution des fatigues ressenties. Dans le régime « harmonien », on travaille selon ses passions qu'une alchimie accordera entre elles au bénéfice de tous.

Cette part utopique et parfois même fantasque de la pensée de Charles Fourier masque des prises de position plus réalistes. Dans le « phalanstère », toute distinction entre races et sexes se trouve abolie. Pas plus que Saint-Simon, Fourier ne plaide pourtant pour un égalitarisme en toute chose. Dans le « phalanstère », les hiérarchies demeurent. En dépit du régime associatif qui donne à chacun une partie de la propriété de tous, la division entre riches et pauvres ne disparaît pas. En revanche, le régime de vie est parfaitement communautaire, même si Fourier ne s'est jamais fait faute de défendre l'individu contre la communauté : les repas sont pris en commun, les enfants élevés collectivement, l'oisiveté n'a plus droit de cité et de nouvelles relations amoureuses, plus libres, se nouent entre hommes et femmes. Avant d'atteindre ce stade, Fourier décrit des étapes historiques pour lesquelles il invente des formes intermédiaires qui intéresseront ultérieurement bien des hommes de gauche : mutuelles, coopératives, associations font partie du riche répertoire composant l'imagination fouriériste.

Les circonstances historiques — les révolutions de 1830 puis de 1848 et la lente émergence d'un mouvement ouvrier — aident à comprendre ce qui sépare Saint-Simon et Fourier de Proudhon (1809-1865), quoique ce dernier n'ait pas fait mystère de sa dette intellectuelle à l'égard de Fourier, ce « bizarre génie », après l'avoir, il est vrai, vivement critiqué. Tous les trois n'en furent pas moins les philosophes les plus originaux de ce qu'il est désormais convenu de désigner comme le « socialisme » du XIXe siècle. Né à Besançon lui aussi, cette Mecque du socialisme, d'un père tonnelier et d'une mère cuisinière, Pierre-Joseph Proudhon ne s'apparente à aucun des grands courants de pensée saint-simoniens ou fouriéristes qui l'ont précédé. S'il n'a rien connu de la Révolution, il partage cependant avec Saint-Simon et Fourier une certaine autodidaxie. Après avoir entamé d'excellentes études, il dut les interrompre pour travailler et gagner sa vie. Il devint ouvrier typographe et connut le monde ouvrier sous le jour particulier de l'univers professionnel de l'imprimerie, hors des grandes concentrations industrielles donc, mais soumis à la fragilité économique et aux aléas des censures politiques. En 1838, il réussit à obtenir une bourse de trois ans dispensée par l'académie de Besançon après avoir passé avec succès les épreuves du baccalauréat et accumulé son savoir au hasard de ses rencontres et de ses lectures. Sa carrière de théoricien politique allait commencer.

Sa réponse à une question mise au concours par l'académie de Besançon en 1839 donna lieu à son premier ouvrage : *De l'utilité de la célébration du dimanche sous les rapports de l'hygiène, de la morale, des relations de famille et de cité.* Mais c'est son second mémoire, *Qu'est-ce que la propriété ? ou Recherches sur le principe du droit et de gouvernement* (1840) — où figure la fameuse formule empruntée à Brissot : « La propriété c'est le vol » — qui lui valut un succès de scandale, la suppression de sa bourse et une menace de poursuites. Son *Avertissement aux propriétaires* (1842) le conduisit devant les assises du Doubs où il fut d'ailleurs acquitté. Plusieurs écrits suivirent jusqu'à son livre le plus important avant 1848, publié en 1846, *Le Système des contradictions économiques ou Philosophie de la misère,* très marqué par l'influence d'un Hegel pétrifié et dans lequel il s'en prend vigoureusement au système communautaire. Marx lui-même lui répliqua par son retentissant *Misère de la Philosophie.*

On retrouve parfois chez Proudhon des traits de l'exaltation qui émane des écrits saint-simoniens et fouriéristes. On y reconnaît aussi une quête pour une science sociale fondée sur l'analogie entre société et organisme vivant. Ce qui le distingue pourtant est la critique radicale de la propriété qu'il prétend mener à son terme : rien, selon lui, ne peut la justifier. Elle est injuste parce qu'injustifiable. Pour autant, Proudhon se distingue de tout un courant communiste prônant l'expropriation générale : lui est favorable à la subordination de la propriété dans le cadre d'un nouveau système économique. Sa critique de la propriété pointe aussi cette « erreur de compte » qui mit Marx sur la voie de la découverte de la « plus-value » : « Le capitaliste, dit-on, a payé les *journées* des ouvriers ; pour être exact, il faut dire que le capitaliste a payé autant de fois une journée qu'il a employé d'ouvriers chaque jour, ce qui n'est point du tout la même chose. Car cette force immense qui résulte de l'union et de l'harmonie des travailleurs, de la convergence et de la simultanéité de leurs efforts, il ne l'a point payée » [Proudhon, 1840, p. 215]. Cette virulente critique sociale fit alors toute la fortune de Proudhon, notamment auprès d'un public de petits artisans menacés par l'industrialisme.

La révolution de février 1848 le mit au pied du mur. Il dut agir, alors qu'il s'était toujours tenu en dehors de l'action politique proprement dite et notamment à l'écart de toutes les écoles socialistes : n'avait-il pas refusé à Marx de faire partie du bureau de correspondance communiste que celui-ci venait de créer à Bruxelles avec Engels ? Le 8 juin 1848, Proudhon fut élu à l'Assemblée nationale où il siégea à l'extrême gauche. Élu à la présidence de la République, Louis Napoléon Bonaparte trouva en lui un adversaire résolu s'exprimant dans *La Voix du peuple.* Les articles qu'il y publia lui valurent de passer trois années en prison, à Sainte-Pélagie, de 1849 à 1852. Mais Proudhon se fit aussi connaître par quelques prises de position politiques beaucoup plus modérées qui déconcertèrent certains socialistes : en font partie son appel à la réconciliation nationale après les événements de juin 1848, son légalisme constitutionnel, son appel au coup d'État en 1850 qui, selon lui, réveillerait les ardeurs populaires, son attachement à la propriété personnelle et héréditaire qu'il appelle « possession » contre tout empiétement de l'État contre lequel il ne cesse d'alerter. Plus tard, on le vit même défendre des positions qui furent considérées comme très conservatrices, notamment pour tout ce qui relevait des droits des femmes, de la famille et des mœurs.

1848 offrit aussi à Proudhon l'occasion de tenter la mise en œuvre de quelques-unes de ses idées. Sa « théorie de la mutualité » qui spéculait sur la possibilité d'un contrat entre producteurs et consommateurs donna naissance à une tentative : en janvier 1849, Proudhon se lança dans la fondation d'une banque du peuple qui instituait la gratuité du crédit, la suppression du numéraire et la généralisation de la lettre de change. Cet organisme ne vit jamais le jour mais put faire figure d'anticipation sur les banques de crédit mutuel. Cette entreprise échouée renvoie sans doute Proudhon du côté de la grande famille des « utopistes » dont il est, à sa manière, un héritier. Mais l'on sait aussi que l'histoire en fit l'un des pères de l'anarchie et qu'il n'eut de mots assez sévères pour fustiger les socialistes de son temps.

Héritages, dissidences, diffusion

Le socialisme de la première moitié du XIXe siècle ne s'épuise pas dans les doctrines de ces trois principales figures, aussi importantes furent-elles pour les développements intellectuels et politiques qui suivirent. Des héritiers, fidèles ou infidèles, puis des militants, s'approprièrent, détournèrent, enrichirent, firent connaître enfin cet étonnant corpus d'idées plus ou moins originales. Ils en firent souvent un système dont on peut parfois douter qu'il ait été tout entier contenu dans l'esprit de ceux à qui il était attribué.

On a ainsi souvent souligné que l'histoire du saint-simonisme était à distinguer de celle de Saint-Simon. À sa mort, Saint-Simon ne rayonnait guère que sur un tout petit monde d'esprits curieux de science et de philosophie, dont plusieurs étaient issus de l'École polytechnique. Trois de ses disciples se chargèrent de trouver pour sa « doctrine » la fortune dont elle était digne. Olinde Rodrigues (1794-1851), dernier « secrétaire » du philosophe, Saint-Amand Bazard (1791-1832) et Prosper Enfantin (1796-1864) furent à l'origine de ce qui devint vite non pas un parti mais plutôt une secte, bientôt baptisée « église » à la Noël 1829, confiée à deux « pères » : Bazard et Enfantin. Autour d'eux se rassembla toute une élite de jeunes intellectuels, polytechniciens, ingénieurs, avocats, qui, pour certains, avaient le bon goût d'apporter leur fortune : Gustave d'Eichtal, Jules Lechavalier, Abel Transon, Henri Fournel, Michel Chevalier, Pierre Leroux, Hippolyte Carnot, Émile et Isaac Péreire, etc. Ce groupe constitua à proprement parler un intellectuel collectif qui donna forme et parfois contenu à la doctrine saint-simonienne grâce à des journaux et des revues comme *Le Producteur* (1825-1826), *L'Organisateur* à partir de 1829 et *Le Globe*, journal libéral dont les saint-simoniens s'emparèrent en décembre 1830. On organisa de multiples conférences, en particulier dans une salle de la rue Taitbout où Émile Barrault, l'un des meilleurs orateurs de la secte, semble avoir fait des merveilles pour diffuser ce qu'il faut bien appeler « une bonne parole » tant le fonctionnement ecclésial du groupe ne cessa de s'affirmer. On y exalte l'amour entre les hommes, en lieu et place d'un nouveau lien social, la puissance de l'industrie, la science et la religion. On y condamne aussi l'héritage. On s'y prononce en faveur d'un collectivisme rigoureux et de l'égalité de l'homme et de la femme, choix qui inquiétèrent vite quelques-uns. Au mois de novembre 1831, l'église connut un schisme : Bazard, Leroux, Carnot, Lechevalier et quelques autres la quittèrent, effrayés par les divagations féminines, plus que féministes, du père Enfantin.

Celui-ci ne désarma pas. Il entraîna une partie de ce qui restait de la famille saint-simonienne, composée d'une quarantaine de personnes, dans une maison qu'il possédait à Ménilmontant. Il s'y enferma pour vivre selon les règles de l'entraide fraternelle à partir d'avril 1832. On s'y laçait les vêtements dans le dos les uns les autres. Quelques excentricités sensuelles et mystiques — le bel Enfantin disait attendre la femme-messie qui s'obstinait à se faire désirer — finirent par provoquer les ricanements : des visiteurs se pressaient trois fois par semaine rue Monsigny pour assister aux gesticulations des hommes bleus — la couleur saint-simonienne — comme l'on se précipite au jardin zoologique. Les ressources commencèrent d'ailleurs à s'épuiser et la police vint y mettre bon ordre : le 27 août 1832, le père Enfantin dut se rendre au Palais de Justice pour infraction à la législation sur les réunions et outrages à l'ordre public. La secte fut interdite, Enfantin et Chevalier condamnés à des peines de prison.

Ces épisodes successifs affaiblirent le mouvement qui s'éteignit peu à peu en une diaspora intellectuelle : les uns, derrière Enfantin, tentant une nouvelle expérience en Égypte, de 1833 à 1836, au cours de laquelle furent posées les bases d'un projet de canal reliant la mer Rouge à la Méditerranée ; les autres allant renforcer les rangs fouriéristes ; d'autres encore ralliant les plus sages horizons d'un capitalisme saint-simonien qui s'épanouit sous le Second Empire comme l'illustre le cas célèbre de Michel Chevalier. L'histoire du saint-simonisme excédait désormais les frontières de la gauche et du socialisme au sein desquelles il est d'ailleurs assez problématique de la tenir enfermée.

Il n'en reste pas moins que l'on aurait tort de se fixer sur les seules tribulations des principaux chefs du saint-simonisme pour en résumer l'histoire. L'importance sociale de ce courant dépasse largement ces quelques aventures malheureuses. Indifférents à la politique de leur temps, plutôt hostiles aux idées républicaines trop égalitaires, les saint-simoniens ne le restèrent pas face à la révolution de juillet 1830. Ils emboîtèrent le pas aux révolutionnaires, saisissant l'occasion pour opérer une greffe de leurs idées avancées sur le mouvement social et politique qui embrasa la France. Durant l'hiver 1830-1831, les conférences saint-simoniennes furent très courues. Les femmes s'y bousculaient. Des écrivains (George Sand, Sainte-Beuve), des musiciens (Liszt, Berlioz) ne cachaient pas leurs sympathies. Toute une série d'intermédiaires, chansonniers, poètes-ouvriers, philosophes amateurs, sans toujours appartenir à l'école, n'en contribuèrent pas moins à répandre les idées nouvelles.

Hors de Paris même, le saint-simonisme fut parfois un vecteur de politisation. Encore faut-il nuancer en soulignant toutes les ambiguïtés de certains ralliements. Envoyé en mission à Dijon, Jules Lechevalier remarque que certains auditeurs viennent aux conférences saint-simoniennes en apportant des brevets d'invention et en demandant du travail. Comme lui, dans bien des villes de province, des « missionnaires » accourent aux fins de diffuser la bonne nouvelle saint-simonienne ou d'apprécier l'état de son enseignement. Il est bien inutile ici de s'interroger sur l'orthodoxie de ce « saint-simonisme », syncrétisme idéologique qui imprègne à divers degrés la jeunesse bourgeoise et républicaine ou réduit, au contraire, la doctrine à quelques éléments rutilants comme la liberté amoureuse. Certains se précipitent très diversement motivés : « Le saint-simonisme, écrit le sociologue Célestin Bouglé, avant l'armée du Salut, opère des cures miraculeuses, rend l'allégresse aux mélancoliques, ressuscite les âmes mortes » [Bouglé, 1918, p. 27]. Maurice Agulhon [1970] a bien montré pour Toulon quelles furent les modalités de cette diffusion. Le saint-simonisme s'y répand grâce au brassage social qu'entraînent les mouvements de la fonction publique (officiers et fonctionnaires de la marine sont nombreux dans cette ville portuaire) drainant les idées nouvelles mais aussi activant les contacts conservés par certains Toulonnais libéraux installés à Paris et dont le poète Jean Aicard, père de l'académicien, est un représentant intéressant. En 1831, deux saint-simoniens, Blache et Fourichon, organisèrent déjà un enseignement régulier qui toucha l'élite intellectuelle et la bourgeoisie libérale. En 1848, le saint-simonisme toulonnais reprit une belle vigueur, après le reflux qui l'avait affecté un peu partout à partir de 1834, et passa pour la droite comme pour la gauche pour l'une des formules possibles du socialisme. Il demeura toujours cependant, à Toulon comme en d'autres villes, une affaire de « bourgeois cultivé », même si 1848 marqua la rencontre inopinée entre le mouvement populaire et le socialisme des intellectuels.

Limoges eut aussi son école saint-simonienne et la capitale du Limousin, comme le rappelle Alain Corbin, fut longtemps considérée comme l'une des villes les plus sensibles aux thèses saint-simoniennes, même si très rapidement, c'est l'influence de Pierre Leroux qui l'emporta finalement sur le socialisme limougeois. Le 29 avril 1831, les frères Lemonnier et Bouffard s'étaient rendus à Limoges pour exposer les thèses de Saint-Simon. Ils rencontrèrent un succès de salon auprès des élites locales, chez Michel Chevalier et les frères Talabot, tous trois originaires de la ville, ainsi que chez plusieurs avocats, étudiants et anciens élèves de l'École polytechnique. En mai 1833, trois ouvriers venus de Ménilmontant entamèrent à leur tour une propagande saint-simonienne auprès des travailleurs de la ville. Pierre Leroux, qui vint s'installer à Boussac, avec son frère Jules, en 1844, pour y créer une imprimerie et lancer deux périodiques, la *Revue sociale* et *L'Éclaireur*, bénéficia de cette première sensibilisation aux thèses socialistes.

Jusqu'en 1831, le mouvement fouriériste végéta. Une poignée d'individus rassemblés pour la plupart à Besançon se rencontrait régulièrement autour d'un sourd, Just Muiron, d'une femme, Clarisse Vigoureux et d'un étudiant à l'École polytechnique, Victor Considerant. Georges Sorel en conclut méchamment, quelques décennies plus tard, que Fourier n'avait guère trouvé « pour l'applaudir que des esprits médiocres, des originaux et des femmes toquées » [Sorel, 1921, p. 204]. Le propos est injustifié. La scission saint-simonienne de 1831 gonfla les effectifs et dota le mouvement fouriériste de deux figures importantes : Abel Transon et Jules Lechevalier. Ce dernier rend compte de sa conversion dans des termes proprement religieux : « Je fais chaque jour de nouveaux pas vers vous, écrit-il à Fourier, dans une lettre du 16 janvier 1832. Les nuages se dissipent, mes idées se coordonnent et déjà l'admiration la plus vive a succédé au doute... » [Bourgin, 1905, p. 434]. À la fin de l'année 1832, ce sont par centaines que se comptent désormais les fouriéristes, médecins, polytechniciens, députés. Au printemps, un journal avait été créé à Paris, *Le Phalanstère*, où l'on se plaisait tout particulièrement à dénigrer les saint-simoniens, alors en pleine déconfiture. Ce remarquable développement s'apprécie aussi dans la création de sociétés fouriéristes : Société pour la publication et la propagation de la théorie de Charles Fourier, Société pour la fondation d'un phalanstère agricole et industriel. Contre la volonté du maître, certains disciples entreprirent la mise en œuvre empirique de ses idées. En novembre 1832, la petite localité de Condé-sur-Vesgre, près de Rambouillet, fut choisie pour tenter la création d'un premier phalanstère. En février 1833, 200 ouvriers travaillaient à la préparation du terrain. Peu soutenue par Fourier, qui demeura toujours sceptique face à ses essais en grandeur nature, manquant de fonds et de compétences, l'entreprise échoua. La Société créée pour l'occasion fut dissoute dès 1836.

Cet échec n'améliora pas les relations que Fourier entretenait avec ses principaux disciples. Victor Considerant (1808-1893) avait été placé à leur tête comme chef de l'école sociétaire. Sa gestion du mouvement fut d'ailleurs vite contestée : on l'accusa d'être trop autoritaire. En 1836, un des plus anciens fidèles de Fourier, Just Muiron, quitta l'école et rallia les rangs d'une dissidence déjà bien organisée. Considerant n'en conserva pas moins la haute main sur le mouvement et engagea celui-ci sur la voie de la politique active dès la fin des années 1830. La marginalisation du saint-simonisme, très sensible à partir de 1835, lui laissait toute latitude. En mars 1839, il se porta candidat aux élections législatives à Montbéliard où il fut battu. Mais la stratégie était fixée. Le fouriérisme devenait une force politique. Il quittait les rivages apaisés de la science sociale et de l'expérimentation en vase clos. Le lancement en 1843 de *La Démocratie pacifique*, quotidien visant un public beaucoup plus étendu que les seuls adhérents à l'obédience fouriériste, illustre cette inflexion. La propagande ne cessa de s'intensifier dans le cours des années 1840, à Paris comme en province. À Limoges, en mars 1847, Jules Duval, envoyé par la rédaction de *La Démocratie pacifique*, prononça, au sein du palais de justice, toute une série de conférences sur la doctrine de Fourier. En 1845, un *Almanach phalanstérien* annuel devait, espérait-on, pénétrer les milieux populaires encore trop peu touchés par la propagande de l'école sociétaire, démarche complétée par la diffusion des brochures de la Petite bibliothèque phalanstérienne qui devaient mettre à la portée du plus grand nombre les grandes idées issues de l'œuvre de Charles Fourier. Considerant lui-même, inlassable conférencier, constatait en effet lors de ses tournées provinciales que son auditoire se composait surtout d'un public aisé, médecins, avocats, ingénieurs, architectes, et développa d'inépuisables efforts pour vulgariser la pensée de son maître. Tout cet ensemble de textes et de discours fait le « fouriérisme », que Considerant eut soin d'expurger d'un certain nombre d'idées qui lui paraissaient nuire à la bonne réputation de la doctrine. Ainsi débarrassa-t-il Fourier de ses lubies cosmogoniques ou de ses vues sur l'amour et alla même jusqu'à exprimer quelques réserves à l'endroit de celui-ci dans ses *Bases de la politique positive* (1841). On explique ainsi par la censure de disciples trop zélés la publication très tardive (1967) du *Nouveau Monde amoureux*.

Ayant opté pour une implantation à visée électorale, Considerant désapprouva toutes les nouvelles tentatives qui furent faites pour appliquer immédiatement les idées de Fourier. Quand lui se portait candidat, comme en 1842, avec l'appui de Lamartine, puis en 1843, où il fut élu au conseil général de la Seine, d'autres se lançaient dans des « réalisations » : communauté de Cîteaux à partir de 1841 ou Union agricole d'Afrique installée à Saint-Denis-du-Sig en 1845. À la fin de l'été 1847, irrité par la corruption du gouvernement et par plusieurs saisies de *La Démocratie pacifique*, Considerant se jeta franchement et avec ardeur dans l'opposition politique.

Absent de Paris quand la révolution de février 1848 éclata, Victor Considerant et les fouriéristes n'en jouèrent pas moins un rôle non négligeable. Bien des idées en vogue alors étaient parentes de celles que Considerant avait défendues dans les années 1840 : le droit au travail ou la création d'un ministère du Progrès en tout premier lieu. Ralliés à la révolution, les fouriéristes ne faisaient pourtant pas mystère de leur hostilité à la violence (Considerant désapprouva nettement l'émeute du 15 mai 1848 qui occasionna l'invasion de l'Assemblée par la foule) et s'appuyèrent quelque temps sur Lamartine avant de s'en séparer. En juin 1848, ils manifestèrent leur compassion à l'égard des émeutiers, mais approuvèrent la répression. Considerant lui-même, élu dans le Loiret en avril 1848, ayant participé aux travaux de la commission de préparation à la nouvelle Constitution où il défendit le droit au travail ainsi que le droit de vote des femmes, ne s'y montra pas défavorable tout en s'avouant horrifié par sa brutalité.

Avant le coup d'arrêt porté au fouriérisme par l'exil forcé de Considerant à Bruxelles d'abord, au Texas ensuite où il tenta une nouvelle expérience communautaire, celui-ci eut le temps de publier en 1848 *Le Socialisme devant le vieux monde, ou le vivant devant les morts*. Il y défend l'idée, d'ailleurs commune à bien des milieux « socialistes », que la Révolution n'étant pas achevée, un nouveau monde devait encore émerger : le « socialisme ». Chez Considerant, le « socialisme » n'est pas un dogme intangible ni même l'idéologie d'une seule classe mais une immense et irrésistible aspiration qui trouve ses origines dans le christianisme. Comme le souligne Jonathan Beecher, l'idiome des socialistes français de la première moitié du XIXe siècle est pétri de religiosité.

À côté de ces grands noms et de ces grands courants (encore faut-il insister sur leur très faible implantation électorale à l'exception de quelques zones géographiques localisées), existent des personnalités qui, tout en en étant parfois issues, se développèrent avec une certaine singularité. En les étudiant, on en vient vite à relativiser les si nettes distinctions que les adeptes reconnaissaient eux-mêmes entre saint-simonisme et fouriérisme. Dans les années 1830 et 1840, ceux qui se disaient peu à peu socialistes composaient leur propre gamme idéologique d'éléments issus des deux doctrines, mais aussi, pour certains, du féminisme, du romantisme, voire de doctrines ésotériques. Les idées républicaines se teintèrent elles aussi de socialisme comme en témoignent des groupements apparus dans les années 1832-1839 : la Société des droits de l'homme, la Charbonnerie démocratique ou l'Association républicaine pour la liberté individuelle.

Pierre Leroux (1797-1871) en est un exemple. Ancien membre de la société secrète des *carbonari*, républicain, ce qui le distinguait des grands inventeurs qui l'avaient précédé, Leroux rejoignit les rangs du saint-simonisme dont il fut à proprement parler un militant : principal animateur du *Globe* qu'il transforma en organe du saint-simonisme, propagandiste « en mission » des idées saint-simoniennes aux côtés de Pierre Dugied et d'Hippolyte Carnot en Belgique, à Lyon, puis dans le Midi de la France, il mit aussi en place, avec son frère Jules, typographe qui avait été formé au « degré des ouvriers » saint-simonien, des cours pour les ouvriers. À Boussac, il fonda une « école », colonie agricole qui finit par rassembler plus de 80 disciples, où fonctionnaient parallèlement une imprimerie et une exploitation rurale. Le renom de Pierre Leroux atteint la jeunesse républicaine de Limoges et plusieurs, parmi lesquels ceux qui avaient autrefois été sensibilisés aux idées saint-simoniennes, se rendirent à Boussac comme à un pèlerinage. Son enseignement toucha aussi les élites ouvrières et le socialisme de Pierre Leroux se diffusa jusque dans les plus petites villes de la Haute-Vienne. Il rencontra aussi un écho certain auprès des plus grands intellectuels européens de son temps : Heinrich Heine et Lamartine, qui prophétisait que l'on lirait un jour Leroux comme on lisait le *Contrat social*, mais aussi Eugène Sue, George Sand dont il fut très proche, Victor Hugo après 1848, date à laquelle il fut élu à l'Assemblée nationale où il se présenta comme le représentant des milieux populaires.

En quoi consistait d'ailleurs sa doctrine ? Leroux s'était forgé un socialisme personnel nourri des plus diverses expériences intellectuelles : républicanisme, saint-simonisme, fouriérisme. Son œuvre est éparpillée dans de nombreuses entreprises éditoriales à l'origine desquelles il fut souvent : *Revue encyclopédique* (1831-1836), *Revue sociale* (1845-1848), mais il collabora aussi à la *Revue des deux mondes*, au *National* ou à *La République*. Il dirigea en outre, avec Jean Raynaud, entre 1836 et 1841, *L'Encyclopédie nouvelle* pour laquelle il rédigea 80 articles, énorme production dont on n'a pas encore achevé l'inventaire complet. Si l'on retrouve chez Leroux les préoccupations traditionnelles à la philosophie politique postrévolutionnaire ayant trait à la reconstruction du lien social, on dégage aussi d'un ensemble d'écrits souvent confus une idée générale qui le distingue : les sociétés humaines composées d'individus différents devaient atteindre un régime d'égalité dans le respect de ces différences. Le solidarisme de Leroux est une réfutation en règle de l'égalitarisme des communistes à la Cabet, voire de celui qui présidait aux expériences utopiques. Il s'oppose aussi franchement au libéralisme qui optait en faveur de la liberté au risque de renoncer à l'égalité.

Dès les années 1830, la question de l'égalité gît au cœur de la pensée de Leroux. Vivant lui-même de façon assez misérable, il comprit que la propriété occupait le centre du système économique du XIXe siècle et donnait naissance aux inégalités qui infectaient l'ensemble de la société. Dans *De la ploutocratie ou du gouvernement des riches* (1848), Leroux fait preuve d'une étonnante agilité dans l'analyse de la stratification sociale de son temps, s'appuyant sur les statistiques de cotes d'impôt pour mettre en évidence les phénomènes de concentration de la richesse entre les mains d'un petit nombre. Cette observation ne le conduisit pourtant jamais à remettre en cause le droit à la propriété qui lui paraît inaliénable : « Puisque l'homme a besoin de propriété et a droit à la propriété, tout homme a ce besoin et ce droit. Donc le droit de propriété n'existe que parce qu'il existe pour tous ; le proclamer, c'est proclamer le droit de tous » [Leroux, 1848, p. 174-175].

Il y eut beaucoup plus original chez Leroux. Des aspects de son œuvre l'apparentent à la famille du « socialisme romantique », allergique à toute violence politique, où les audaces, toutes intellectuelles, nous sont demeurées aujourd'hui aussi étranges qu'elles le parurent souvent immédiatement à leurs premiers lecteurs. Ainsi en va-t-il de cette bizarre théorie du *circulus*, arme brandie par Leroux contre toutes les dérives malthusiennes qu'il pourchassait obstinément chez les socialistes de son temps. Selon lui, l'engrais humain était bien suffisant pour assurer la quantité de vivres nécessaires à l'existence de l'homme. Ainsi en va-t-il peut-être aussi de quelques-unes de ses périodes mystiques nées de sa quête d'une « religion de l'humanité » nécessaire à l'entretien du lien social. Il retrouvait ainsi les premières préoccupations saint-simoniennes, quoique Saint-Simon ait eu le grand tort, selon lui, de prétendre institutionnaliser une telle religion.

L'apparentement du socialisme et du christianisme est sensible chez d'autres auteurs. C'est le cas, par exemple, de Constantin Pecqueur (1801-1887), issu, lui aussi, du saint-simonisme. S'il s'est distingué par une pensée économique qui a retenu l'attention de Marx, il est aussi l'auteur de *La République de Dieu* (1844). Les considérations mystiques, qu'explique chez lui, comme dans bien d'autres cas, la volonté de refonder le lien social, se mêlent à des analyses économiques, appuyées sur la science, ainsi qu'à des propositions politiques qui agrègent Pecqueur à un courant collectiviste. Ainsi se prononce-t-il en faveur de la socialisation des instruments du travail.

Philippe Buchez (1796-1865) incarne encore plus nettement le socialisme chrétien des années 1840, en même temps qu'une génération en quête d'idéal après les multiples déceptions politiques dont n'avait pas manqué la période postrévolutionnaire. Libéral d'abord, il s'était ensuite engagé en 1821 dans la Charbonnerie qu'il quitta pour suivre les saint-simoniens après avoir fait la lecture du *Nouveau Christianisme*. Il finit pourtant par rompre avec Enfantin, jugeant que le disciple trahissait les idées du maître, pour revenir à la foi catholique de son enfance. Ce revirement spirituel ne le poussa pas à prendre ses distances avec le « socialisme », à la même enseigne qu'il resta fidèle à l'esprit de la Révolution française en publiant entre 1834 et 1838 avec Roux-Lavergne une monumentale *Histoire parlementaire de la Révolution française* en quarante volumes. Selon lui, les principes de 1789 n'entraient nullement en contradiction avec les valeurs chrétiennes : en héritant de la Révolution, les idées socialistes s'inscrivaient dans la tradition de l'Évangile. Comme d'autres parmi ses contemporains, plus que d'autres sans doute, Buchez parvient à concilier les contraires en s'affichant tout à la fois homme de science et de progrès, tout épris de positivité, et homme de Dieu, imprégné de spiritualité catholique. Pour remédier aux injustices d'une société divisée en deux classes dont l'une, celle des entrepreneurs possédant tous les instruments du travail, opprime l'autre qui n'a rien, Buchez en appelle à l'association ouvrière, contre la solution communiste venue du babouvisme qui, selon lui, prétend encaserner et enrégimenter le peuple, le privant de sa liberté au nom de l'égalité.

Les idées associationnistes visant à rassembler chaque métier dans une organisation propre comportant une répartition de la main-d'œuvre et une tarification des salaires qui restituait à l'ouvrier le produit intégral de son travail, ne trouvèrent guère que l'Association des ouvriers bijoutiers en doré, créée en 1834, pour terrain d'expérimentation. Les buchéziens n'en renoncèrent pas moins à défendre activement leurs solutions sociales qu'ils purent exposer, à partir de 1840, dans leur journal, *L'Atelier, organe des intérêts moraux et matériels des ouvriers*. En février 1848, ils se jetèrent dans la mêlée révolutionnaire. Buchez lui-même fut élu président de l'Assemblée constituante.

Cette rencontre entre socialisme et catholicisme, pour ne rien dire de celle, encore plus fréquente, entre les idées socialistes et les âmes religieuses, fut moins rare que ce que l'histoire ultérieure des relations entre ces deux continents le laisserait croire. Il n'est que d'évoquer un Eugène Buret (1810-1842), catholique dont la critique sociale visait en particulier l'accumulation des capitaux dans un petit nombre de mains, thème si répandu chez les socialistes, ses contemporains, ou encore le plus influent Lamennais (1782-1854) qui avait rompu avec l'Église, jugeant celle-ci infidèle à sa mission sociale. Lamennais récusait pourtant son appartenance à la famille socialiste, mais ce déni est marqué par toutes les ambiguïtés qui frappent le socialisme du premier XIXe siècle. Il met au jour que le « socialisme » naissant se présentait davantage comme une sensibilité vague, partagée par des groupes d'esprit bien différents et qu'en aucun cas il n'était alors réductible à une doctrine unique, encore moins à un dogme. Si le socialisme n'était que l'un de ces systèmes, écrivait Lamennais dans *La Question du travail* (1848), qui, depuis Saint-Simon et Fourier, s'acharnait à nier plus ou moins implicitement la propriété et la famille, alors, il n'en était pas. En revanche, il n'hésitait pas à se dire socialiste, si le terme renvoyait à un nouvel ordre social gouverné par le principe de l'association.

Reste un dernier cas, et non des moindres, pour clore cet inventaire des premiers « socialismes » français : Louis Blanc (1811-1882). Celui-là fut sans doute le plus politique, promu par la révolution de 1848 à un rôle qui marqua longtemps la mémoire des gauches françaises. Avec lui, c'est la version étatiste du changement social qui s'installe dans le paysage intellectuel du socialisme français. Il se séparait ainsi des grandes traditions saint-simoniennes et fouriéristes qui, tout en en appelant au soutien des gouvernants, n'en manifestaient pas moins une relative indifférence à l'égard de la réorganisation de l'État au profit d'une remise en ordre du social. Les buchéziens, beaucoup plus sceptiques face aux capacités réformatrices de l'État, ne se firent pas faute de le lui en faire reproche. Louis Blanc, qui, à la manière de bien des socialistes, dénonçait la concurrence comme cause première de la désorganisation sociale d'où semblait découler la misère du plus grand nombre, en appelait pourtant à lui pour mettre progressivement fin au régime de la concurrence et promouvoir à sa place celui de l'association. C'est l'idée qu'il défend en particulier dans l'un de ses textes qui rencontra le plus d'écho : *L'Organisation du travail*, publié en 1840 dans la *Revue du progrès* qu'il avait fondée l'année précédente, avant d'être réédité en brochure en 1845. Le gouvernement aurait à charge de mettre en place des « ateliers sociaux » dans les principales branches industrielles où l'égalité deviendrait peu à peu l'idée régulatrice puis le principe même de fonctionnement. La propriété individuelle coexisterait avec la propriété collective, mais Louis Blanc laissait entrevoir à terme une très forte intégration sociale, les membres des ateliers ne manqueraient pas, assez vite selon lui, d'éprouver le désir de vivre en commun. Cette attitude le conduisit assez logiquement à ne point bouder l'action politique. En 1847, il participa à la campagne des banquets qui demandait la réforme électorale. Au soir du 24 février 1848, il fut l'un des ministres du Gouvernement provisoire de la République et s'illustra dans la présidence de la Commission du Luxembourg chargée de traiter des questions du travail. La réputation historique de la Commission est médiocre : le projet de loi qu'elle prépara et qui instituait un ministère du Travail chargé de préparer la révolution sociale n'aboutit à rien. Quant aux « ateliers nationaux » qu'elle préconisa, ils n'étaient que de bien pâles copies des « ateliers sociaux ». Leur dispersion en juin 1848 entraîna le bain de sang que l'on sait. Les journées de Juin provoquèrent l'exil à Londres de Louis Blanc qui y demeura jusqu'en 1870.

Ce socialisme d'idées est un socialisme d'intellectuels qui donna forme à une historiographie fondée sur la description de systèmes de pensée et de gerbes de propositions alimentés au même foyer de la critique sociale. Il n'est en aucune façon l'expression directe d'une souffrance sociale émanant d'un prolétariat en voie de constitution. Il se présente davantage comme le produit d'une réaction compassionnelle à l'injustice subie par d'autres. Tous ces inventeurs de théories et tous ces chefs d'école sont issus de la petite bourgeoisie artisanale ou intellectuelle. Les médecins y trouvent une place importante, souvent immergés dans la misère sociale par la pratique de leur profession : Ange Guépin, Philippe Buchez, François Raspail ; d'autres encore ont su rendre compte de leur marche au socialisme par le récit de leur expérience quotidienne des taudis urbains. Les ouvriers sont loin des idées véhiculées par ces grandes machineries intellectuelles d'où devait naître un monde nouveau même si quelques-uns d'entre eux, pour lesquels il nous manque encore une bonne sociologie, ont pu croiser quelques militants de ces causes nouvelles, surtout à partir des années 1830, quand le socialisme se fit plus politique, moins théorique donc, plus accessible aux milieux populaires. Maurice Agulhon relève qu'à Gonfaron, dans le département du Var, au mois de novembre 1851, le curé affirmait, dans son rapport au préfet, avoir dû refuser à plusieurs pères de famille d'inscrire au registre le prénom de Proudhon donné à leurs enfants [Agulhon, 1979, p. 327-328]. Les idées socialistes n'en restèrent pas moins fort marginales mais pleines d'avenir, déjà porteuses, au-delà du foisonnement de nuances minuscules, des grandes thématiques qui leur permirent de contribuer à donner à une classe sociale son identité. Dans un fouillis presque inextricable d'idées, où se mêlaient les perspectives d'une science sociale en éclosion aux vues d'avenir plus saugrenues, les unes et les autres servies par des écritures balourdes, émergeaient les fondements d'une critique des formes traditionnelles de la propriété et de la société de classes à la base du socialisme contemporain. Le socialisme n'était pourtant encore alors qu'une idéologie confuse et d'ailleurs parfois peu éloignée du libéralisme : « La rencontre, l'alliance fréquente, la confusion complète parfois entre l'aile gauche des libéraux bourgeois et l'aile droite du socialisme n'est-elle pas une des plus solides constantes de l'histoire politique de la France contemporaine ? » [Agulhon, 1970, p. 329].

Références bibliographiques

Agulhon Maurice (1970), *Une ville ouvrière au temps du socialisme utopique. Toulon de 1815 à 1851*, Mouton, Paris-La Haye.

— (1970, rééd. Seuil, 1979), *La République au village, Les populations du Var de la Révolution à la fin de la IIe République*, Plon, Paris.

Beecher Jonathan (1993), *Charles Fourier, le visionnaire et son monde*, Fayard, Paris.

— (2001), *Victor Considerant and the Rise and Fall of French Romantic Socialism*, University of California Press, Berkeley.

Bouglé Célestin (1918), *Chez les prophètes socialistes*, Alcan, Paris.

Bourgin Hubert (1905), *Fourier. Contribution à l'étude du socialisme français*, Société nouvelle de librairie et d'édition, Paris.

Bruhat Jean (1972), « Le socialisme français de 1815 à 1848 » *in* J. Droz (dir.), *Histoire générale du socialisme*, t. I : *Des origines à 1875*, PUF, Paris.

Castagnez-Ruggiu Noëlline (1997), *Histoire des idées socialistes*, La Découverte, Paris.

Charléty Sébastien, (1931, rééd. 1965), *Histoire du saint-simonisme*, Gonthier, Paris.

Fourier Charles (1808), « Théorie des quatre mouvements », *in* Simone Debout (dir.), *Œuvres complètes de Charles Fourier*, Anthropos, Paris, 1966, tome I.

Haubtmann Pierre (1982), *Pierre-Joseph Proudhon, sa vie, sa pensée (1809-1849)*, Beauchesne, Paris.

— (1988), *Pierre-Joseph Proudhon, sa vie, sa pensée (1849-1865)*, Desclée, Paris.

Leroux Pierre (1848), *Le Carrosse de M. Aguado*, Sandré, Fragments.

Pétré-Grenouilleau Olivier (2001), *Saint-Simon. L'utopie ou la raison en actes*, Payot, Paris.

Picon Antoine (2002), *Les Saint-simoniens. Raison, imaginaire et utopie*, Belin, Paris.

PROCHASSON Christophe (1997), *Les Intellectuels et le socialisme*, XIXe-XXe siècles, Plon, Paris.

PROUDHON Pierre-Joseph (1840), *Qu'est- ce que la propriété ? Ou recherches sur le principe du droit et du gouvernement. Premier Mémoire*, *in* Célestin BOUGLÉ et Henri MOYSSET (dir.), *Œuvres complètes de Pierre-Joseph Proudhon*, Paris, Marcel Rivière, nouvelle édition, 1926.

RIOT-SARCEY Michèle, BOUCHET Thomas et PICON Antoine (dir.) (2002), *Dictionnaire des utopies*, Larousse, Paris.

SAINT-SIMON Claude-Henri de (1823), *Catéchisme des industriels*, Imprimerie de Sétier, Cour des Fontaines, Paris, n° 7.

SOREL Georges (1981), *Les Illusions du progrès*, Slatkine, Paris-Genève, (reprint édition 1921).

28

L'invention du marxisme français

CHRISTOPHE PROCHASSON

L'HISTOIRE DE L'INTRODUCTION du marxisme en France s'est heurtée à deux thèses adverses qu'il convient aujourd'hui de réviser sérieusement. La première visait à défendre l'idée d'un « marxisme introuvable » et de dénigrer les philosophes, publicistes ou hommes politiques qui se firent les médiateurs des écrits de Marx en France. Une formule des années 1960, souvent citée, puisée dans les écrits du philosophe marxiste Louis Althusser, moquait les théoriciens marxistes français qui l'avaient précédé au regard de brillantes traditions étrangères [Althusser, 1966]. La Russie, l'Allemagne, la Pologne ou l'Italie avaient connu les plus éclatants débats doctrinaux autour du matérialisme historique grâce à de fortes personnalités : Plekhanov et Lénine, Rosa Luxemburg, Karl Kautsky et Édouard Bernstein, Antonio Gramsci, etc. Dans le percutant essai qu'il consacra à cette histoire, Daniel Lindenberg proposait d'éclairer la médiocrité de cette réception par les caractéristiques propres de l'« idéologie française » qui, selon lui, avait « durablement coupé les intellectuels français, même révolutionnaires, de toute possibilité de compréhension réelle du matérialisme historique, sauf pour quelques marginaux ou allogènes » [Lindenberg, 1979, p. 14].

Face à cette histoire intellectuelle du marxisme français au noir bilan, se dresse une historiographie plus politique aux conclusions plus nuancées. Elle souligne ainsi que le marxisme français eut une fortune politique non négligeable. La doctrine pénétra le mouvement ouvrier, certes avec bien des ajustements que l'on pourra regretter si l'on s'en tient à la lettre des écrits de Marx, mais qui relativisent fortement la thèse d'un socialisme français ayant échappé, à l'encontre d'autres socialismes européens, à la greffe marxiste. Ainsi, le guesdisme, à la médiocre réputation intellectuelle, n'en aurait pas moins contribué à l'acclimatation des idées de Marx en France.

Une nouvelle génération de travaux aide aujourd'hui à s'évader de ces deux interprétations presque contradictoires. Moins normatifs, plus ouverts donc à une compréhension plurielle des appropriations dont l'œuvre de Marx fut l'objet, ils proposent un tableau plus composite. Revenant sur ses propres travaux élaborés sous l'empire de problématiques anciennes, l'historien Robert Stuart remarquait dans un livre plus récent qu'il avait compris qu'il se devait de renoncer à sa conception d'un marxisme référencé sur les seuls écrits de Marx (« *my naive Marx-centred conception of Marxism* ») pour s'attacher à une définition plus « complexe » et plus « ouverte » du « marxisme » [Stuart, 1992, p. 15].

Les cadres de la lecture

Malgré les fortes et fameuses réticences de Marx et d'Engels, la double terminologie « marxiste-marxisme » pénétra dans le mouvement socialiste international à partir des années 1880 [Haupt, 1980, p. 77-107]. En France, c'est dans un contexte polémique que semble surgir sa première occurrence, puisque c'est l'un des adversaires socialistes du « marxisme » les plus déclarés, Paul Brousse, qui utilisa le terme dans un article de 1882 pour le fustiger comme un « système qui tend non à répandre la doctrine marxiste mais à l'imposer, et cela dans tous ses détails ». Marx n'était encore connu que d'une poignée de socialistes français, même si lui-même avait noué avec le mouvement socialiste français des relations déjà assez anciennes. En 1843, il était venu s'installer à Paris où il demeura plusieurs mois. Deux de ses filles, Laura en 1868 et Jenny en 1873, épousèrent des militants socialistes français, Paul Lafargue et Charles Longuet, l'un et l'autre d'ailleurs longtemps restés sous l'empire des idées de Proudhon. Le beau-père semble n'avoir éprouvé à l'égard de ces deux gendres qu'une bien piètre estime politique. Le 11 novembre 1882, il écrit à Engels à leur sujet : « Longuet se conduit comme le dernier des proudhoniens et Lafargue comme le dernier des bakouninistes. Que le diable les emporte, ces oracles patentés du socialisme scientifique. » [Paquot, 1980, p. 43.] Il n'est d'ailleurs pas tout à fait infondé de considérer, à partir de cette petite malveillance familiale, que l'emprise du proudhonisme sur les premiers marxistes français ait sensiblement orienté la lecture française de la théorie de Marx. La troisième fille de Marx, Eleanor, fut aussi fiancée avec l'ancien communeux [1] Prosper-Olivier Lissagaray avant de prendre pour compagnon Eduard Aveling. Ces affaires de famille ne favorisèrent nullement la pénétration du marxisme en France et suscitèrent parfois l'ironie de quelques adversaires. Ainsi, vers 1911, le germaniste Charles Andler, au demeurant excellent connaisseur de l'œuvre de Marx et militant socialiste, ironisait-il sur le

1 Communeux plutôt que communard qui est à l'origine un terme péjoratif.

petit-fils de Karl Marx, Jean Longuet : « Le petit Longuet considère Marx comme un capital qu'il faut se transmettre, et que les descendants de Marx ont à gérer » [Prochasson, 1989, p. 91].

Il y eut parmi les membres de la Commune une minorité active qui se réclamait des idées du penseur allemand. Chez les premiers marxistes des années 1870 (Albert Theisz, Paule Minck, Édouard Vaillant, Paul Lafargue, etc.), dont la connaissance des écrits de Marx est inégale et donne lieu à des interprétations variées sans jamais constituer un pôle de références théoriques unique, la rencontre personnelle avec Marx a souvent été décisive. Il faut insister sur la culture orale de ces premiers partisans qui pèse naturellement beaucoup sur cette première réception. L'accès direct à l'œuvre n'était pas aisé — la langue comme la culture économique de Marx faisaient obstacles. Ni Guesde ni Lafargue ne disposaient d'une connaissance suffisante de l'allemand. Ceux qui rencontrèrent l'auteur, à l'instar des blanquistes, comme Édouard Vaillant, exilés à Londres après la répression de la Commune, s'imprégnèrent ainsi plus facilement de ses thèses nécessairement plus simplement exposées. Ils semblent aussi avoir été sensibles au charisme que Marx paraît avoir exercé sur plusieurs d'entre eux. Les échanges se prolongeaient d'ailleurs souvent par le biais des correspondances. Quelques foyers épars localisent les débuts de la diffusion d'une culture orale ayant longtemps dominé le marxisme français et expliquant en partie le discrédit intellectuel dont il fut longtemps la victime. La section toulousaine de la Ire Internationale est un de ces lieux dès août 1872. Y adhère notamment Gabriel Deville qui compta beaucoup dans la diffusion des idées de Marx au sein du socialisme français. Dans les années 1870 et 1880, en plein cœur du Quartier latin, le café Soufflet accueillait de jeunes intellectuels qui débattaient du « socialisme scientifique ». Il n'est pas anodin que parmi cette maigre troupe, on relève plusieurs médecins ou étudiants avides de science : à la même enseigne qu'une soixantaine d'années plus tôt, les premiers saint-simoniens s'étaient beaucoup recrutés parmi les polytechniciens. Le XIXe siècle aime la science. Rentré d'exil en 1876, Jules Bazile, que l'on allait bientôt connaître sous le nom de Jules Guesde, fit aussi son apprentissage marxiste au café Soufflet. Ici encore, les conversations eurent plus d'impact pour la formation théorique de ces jeunes marxistes, qui allaient bientôt incarner le premier marxisme français, que les patientes lectures d'ailleurs difficiles puisque les traductions manquaient encore.

Le rythme des traductions françaises de l'œuvre de Marx (qui mourut en 1883) est à prendre en considération dans l'histoire de cette première réception. La grande vague de mise à disposition des textes de Marx en langue française est à situer dans les années 1870 et 1880. Avant cette période, il était bien difficile d'y accéder pour qui ne connaissait pas la langue allemande. Le premier texte disponible en français fut *La Question juive*, publié en 1844 dans les *Deutsch Französische Jahrbücher*. Quelques autres textes, rares, furent aussi publiés en français. C'est le cas en particulier, en 1847, de l'attaque en règle que Marx porta contre Proudhon, *Misère de la philosophie ou Réponse à la philosophie de la misère de Proudhon.* En 1848, la version française du *Manifeste communiste*, pourtant traduit en plusieurs langues, reste introuvable. Elle paraît en tout cas en 1872 dans un journal publié à New York, *Le Socialiste.* En 1882, Laura Lafargue en proposa une nouvelle traduction dans l'organe guesdiste, *L'Égalité.* Le texte ne fut disponible sous forme de brochure qu'en 1895. D'autres suivront, notamment celle de Charles Andler en 1901, qui rendent compte de la place tout à fait centrale que ce texte occupa dans la culture des marxistes français, au-delà même du « long » XIXe siècle. *La Guerre civile en France* connut aussi plusieurs traductions après la première publiée sous forme de brochure à Bruxelles en juin 1872. Le texte intéressait naturellement au premier chef tous les militants engagés dans les rangs du mouvement ouvrier et socialiste français. Il en va de même, bien qu'il ne compte que deux traductions avant la Grande Guerre (en 1891 puis en 1900), du *18 Brumaire de Louis Napoléon Bonaparte.* Peut-être tout aussi importants pour comprendre les conditions de l'émergence d'un marxisme français, les écrits d'Engels commencèrent à être traduits dans les années 1890, même si Paul Lafargue, le premier, proposa en français une partie de *L'Anti-Dürhing*, sous le titre *Socialisme utopique, socialisme scientifique*, édité en 1880 chez Derveaux. Il convient aussi de noter le rôle très important rempli par plusieurs petites revues théoriques, souvent peu diffusées, dans les processus de transferts dont l'œuvre de Marx et d'Engels fut l'objet. *Le Devenir social, La Revue socialiste, L'Ère nouvelle, Le Mouvement socialiste* et *Études socialistes* mirent plusieurs textes de Marx traduits à la disposition des lecteurs français.

Pour mieux étudier les modalités de ce passage d'une langue dans une autre et donc d'une culture dans une autre, il conviendrait aussi de s'arrêter sur l'identité et le rôle des traducteurs : de Charles Andler à Léon Rémy, militant blanquiste qui collabora à *L'Humanité* à partir de 1904 avant de se suicider, en passant par Édouard Berth, fidèle disciple de Georges Sorel qui traduisit pour *Études socialistes La Question juive*, ou encore Alexandre Bracke-Desrousseaux, l'un des rares universitaires français affiliés au parti de Jules Guesde, les cas de figure sont très différents. Les intentions qui présidèrent aux traductions furent diverses et ne sont pas sans conséquence sur la façon dont les lecteurs français s'approprièrent Marx et inventèrent leur marxisme. Il faut aussi noter le rôle non négligeable joué par une fraction bien minoritaire du milieu étudiant qui, autour du groupe des Étudiants socialistes révolutionnaires internationalistes (ESRI), se mit à discuter, à partir de 1891, des textes encore souvent inconnus de Marx. Un vieil étudiant à la barbe grise s'y mêlait parfois : Georges Sorel entamait, dans les années 1892-1894, son apprentissage marxiste.

Une place à part doit être réservée à l'entrée sur la scène française du *Capital*. La publication allemande du maître livre de Marx avait débuté en septembre 1867. En France, c'est dans la revue positiviste d'Émile Littré,

La Philosophie positive, que l'on en trouve la première recension à la fin de l'année 1868 sous la plume du sociologue russe Eugène de Roberty. La traduction française de l'ouvrage fut beaucoup moins différée que bien d'autres textes qui restèrent pour certains longtemps inaccessibles aux « marxistes » ignorant la langue allemande. On peut même soutenir que le premier texte important de Marx à être traduit fut le *Livre I* du *Capital*, en septembre 1872, la seule partie alors disponible de ce livre monumental. À l'enseigne du libraire-éditeur Maurice La Châtre, ancien saint-simonien, proscrit de la Commune contacté par Paul et Laura Lafargue, *Le Capital*, traduit par Joseph Roy, dont Marx lui-même, très sourcilleux, contrôla le travail, fut publié en quarante-quatre fascicules sur une période comprise entre septembre 1872 et la fin de l'année 1875. Soucieux de vulgarisation scientifique, l'éditeur voulut vendre à bon marché (dix centimes chacun) dans l'espoir d'atteindre un large public. On tira les premiers livrets à 10 000 exemplaires chacun, mais cette première édition ne fut épuisée que vingt-cinq années plus tard. Les *Livres* suivants, publiés de façon posthume (le *Livre II* en 1885, le *Livre III* en 1894 et le *Livre IV* à partir de 1905), attendirent leur traduction beaucoup plus longtemps. Dans les années 1880, aucune traduction de Marx ne vit le jour. Seuls quelques intellectuels, liés ou non au mouvement socialiste, et le plus souvent perplexes face aux enseignements de l'économiste allemand, s'entendirent à l'étudier et à le discuter. C'est donc l'une des particularités de la réception du marxisme en France, pour le moins au cours de cette première phase qui se situe dans le lourd climat ayant suivi l'écrasement de la Commune, que d'avoir dissocié, à quelques exceptions près, les lecteurs savants des lecteurs militants, à la différence de l'Angleterre où les textes de Marx circulèrent tôt dans les cercles d'ouvriers radicaux.

Il est sans doute tout à fait utile d'opérer une distinction entre l'histoire de la première réception de Marx et celle de la naissance du marxisme, sans estomper néanmoins ce que l'une doit à l'autre. Marx n'a pas retenu l'attention des seuls socialistes. Ce serait à peine forcer le trait que de soutenir que la réception critique de la traduction française du *Capital* fut plus dense du côté des libéraux que du côté des socialistes [Cahen, 1994]. En juillet 1872, l'économiste libéral Maurice Block consacra ainsi une recension fournie au *Capital* dans le *Journal des économistes*, la revue du libéralisme français. Que ce compte rendu fût plutôt critique n'ôte rien au constat qui pourrait étonner : les libéraux firent davantage écho au livre de Marx que les socialistes. Plusieurs raisons rendent compte de cet intérêt paradoxal. Le combat antisocialiste des libéraux, déjà ancien, venait d'être réactivé par l'onde de choc produite par la Commune qui rendait urgent de lutter contre les thèses d'un des principaux dirigeants socialistes de l'Internationale. Durant les années 1870, les économistes libéraux, Maurice Block en tête, œuvrèrent à discréditer Marx comme économiste et à lui dessiner l'image d'un militant politique dont les « doctrines excentriques », comme l'écrit Block, devaient être combattues. Il en alla sensiblement différemment à la fin de la décennie. Une petite phalange d'économistes libéraux — Paul Cauwès, Émile de Laveleye, Alfred Jourdan, Ernest Martineau ou Paul Leroy-Beaulieu — s'appliquèrent à discuter sérieusement les thèses de Marx dans plusieurs ouvrages ou articles. L'un des deux axes de la critique se fonde sur la réfutation des erreurs de Marx. Émile de Laveleye, en particulier, passe beaucoup de temps à disqualifier la théorie de la valeur-travail. L'autre rabaisse les prétentions du théoricien allemand en rappelant tout ce qu'il doit aux grands maîtres de l'économie politique : Adam Smith, Destutt de Tracy, Frédéric Bastiat, etc. On aurait d'ailleurs tort de penser que ces lectures furent plus rigoureuses, en raison des compétences propres à la profession, que celles qui émanèrent des milieux socialistes. Il y a chez les lecteurs libéraux de Marx bien des contresens et une compréhension superficielle que partagèrent parfois les antimarxistes socialistes.

Le marxisme politique

L'aventure intellectuelle du marxisme ne résume pas toute son histoire. En pointant le fait que Marx était aussi à la tête d'une importante organisation politique, les libéraux mettaient à juste titre en valeur la dualité de ses écrits. Ce caractère double en constitue parfois l'ambivalence qui n'est pas à négliger dans l'analyse des modalités de leur réception. Robert Stuart souligne que le marxisme ne fut pas seulement un corps de doctrine sur lequel controversaient quelques savants, dans la contemporanéité même de l'émergence disciplinaire des sciences sociales, mais aussi une « idéologie partagée par des milliers de militants dont beaucoup n'avaient pas lu une ligne de Marx ». Ce mode d'appropriation des idées de Marx contribua aussi à imposer un « sens historique » (« *meaning* ») au marxisme [Stuart, 1992, p. 22].

Le guesdisme prend ici toute sa place comme relais politique et inventeur d'un marxisme à la française, souvent dénigré tant il parut dogmatique et décalé par rapport à ce que certains intellectuels présentaient comme la lettre de la pensée marxiste. Cette conception figée et purifiée de la doctrine est d'ailleurs à son tour contestable : une pensée, une philosophie, une vision du monde, ne s'expriment jamais à l'écart d'auteurs qui l'interprètent et, nécessairement, la déplacent, lui infligent les tourments de leur propre lecture, la trahissent parfois. Jules Guesde (1845-1922) incarne le courant socialiste dont l'identité politique est la plus nettement adossée au marxisme. Issu d'un milieu de petite bourgeoisie, bachelier, Guesde s'opposa au Second Empire dès sa jeunesse. À partir de 1867, il collabora à de nombreuses publications républicaines. En 1870, il fut l'un des fondateurs du journal républicain, *Les Droits de l'homme*. Condamné en 1871 à cinq années de prison et à une lourde amende pour le soutien qu'il avait apporté aux communeux, Guesde se réfugia en Suisse, où il fréquenta les milieux anarchistes proches de Bakounine. Ses lectures le tournèrent alors plutôt du côté de Proudhon. C'est à son retour en France, en 1876, qu'il s'afficha comme « collectiviste ». Sa connaissance des écrits de Marx était alors encore très approximative. Il commença à fréquenter les réunions du café Soufflet et, avec ses jeunes compagnons, lança en 1877 *L'Égalité* dont il rédigeait le plus souvent l'éditorial. Marx fit l'éloge de cet organe austère, à la diffusion restreinte, qui devint le modèle des publications marxistes en France : c'était la première fois qu'en France, remarquait Marx, on disposait d'un « journal ouvrier au sens plein du mot ».

D'autres hommes, tout à la fois très engagés dans l'action politique et doués d'une réflexion théorique parfois originale, accompagnèrent Guesde dans son entreprise de fondation du marxisme politique. Trois d'entre eux, dont il a déjà été question, semblent se dégager. Ils se démarquent du chef de parti que finit par devenir Guesde par une œuvre théorique plus abondante et mieux armée. Guesde fut en effet davantage un propagandiste, dont les écrits adoptent souvent la forme de la brochure ou de l'article. Les trois principaux théoriciens sur lesquels Guesde s'appuya sont plus intégrés dans le monde intellectuel, participent volontiers aux petites revues théoriques du socialisme français et conservent une relative autonomie qui s'exprime parfois dans des désaccords qui les opposent à Guesde. Ils n'ont cependant pas le profil social des intellectuels socialistes non marxistes, ceux-ci plus proches du monde universitaire, plus diplômés et souvent situés dans le sillage des nouvelles sciences sociales. Les intellectuels guesdistes sont des francs-tireurs, en rupture de ban, au cursus universitaire atypique ou inachevé.

Gabriel Deville (1854-1940) est connu pour être l'auteur d'un copieux « résumé » du *Capital*. Assez fortuné pour se dispenser d'exercer un métier, il se forgea une compétence d'économiste. Lui aussi est fidèle à la démarche pédagogique du projet guesdiste, prompt à mettre à la disposition des militants les principaux éléments d'une science à même d'éclairer leur combat. Publié en 1883, ce manuel fut sans doute pour bien des militants le seul contact qu'ils eurent avec les thèses de Marx. Ce dernier avait donné son accord à Deville pour qu'il entreprît un tel travail. Sa mort l'empêcha d'en apprécier le résultat. Engels le fit à sa place avec une grande sévérité qui s'exprime dans plusieurs textes ou correspondances. Dans une lettre adressée à Laura Lafargue, le 3 octobre 1883, il écrit par exemple : « Le défaut de ce travail, c'est que de nombreuses parties en ont été bâclées. » [Paquot, 1980, p. 41.] Plus généralement, Engels a toujours manifesté la plus grande méfiance à l'encontre des marxistes français dont il sut parfois reconnaître l'originalité de pensée, mais dont il mit souvent en cause la rigueur et les capacités linguistiques. Il entre sans doute aussi dans cette relation bien des préjugés nationaux, de part et d'autre, qui intervinrent plus qu'on ne l'imagine chez des militants internationalistes avides de s'équiper d'une culture politique qui enjambait les frontières. La médiocrité de *L'Abrégé du Capital* par Gabriel

Deville, si l'on s'en tient au jugement du compagnon de Marx, ne contraria en tout cas nullement le succès d'un ouvrage qui se vendit bien et bénéficia d'un large écho. Il semble même avoir stimulé quelque peu les ventes de l'original.

Charles Bonnier (1863-1926) fut encore plus proche de Guesde. Originaire du Nord, il fut reçu à l'École des Chartes, mais y ayant subi l'affront d'un mémoire de sortie refusé, fut contraint à une vie d'intellectuel déclassé, installé à Londres, puis à Oxford dans les années 1890, où il enseigna comme professeur libre, avant d'obtenir une chaire à Liverpool qui lui assura une consécration académique inespérée. En Angleterre, il devint un familier d'Engels et d'Eleanor Marx et demeura un théoricien important du premier marxisme français comme en témoignent ses nombreuses contributions aux journaux liés au guesdisme ou aux revues où se discutaient les thèses marxistes dans les années 1890 (*La Jeunesse socialiste, L'Ère nouvelle, Le Devenir social*, etc.). Son principal ouvrage politique, *La Question de la femme* (1897), combine des références à Marx et à Bebel mais aussi à Fourier et à Balzac. Bonnier, qui fut fermement antidreyfusard, fait preuve d'une originalité qui l'éloigne du stéréotype d'un marxisme français guindé dans des certitudes théoriques arrachées à la seule œuvre de Marx. Chez lui, Marx côtoie Wagner, dont il était un admirateur passionné, mais aussi Manet ou Mallarmé [Candar, 2001].

Bien que différent sur nombre de points — leurs choix politiques, notamment au moment de l'affaire Dreyfus, ne furent pas toujours identiques —, Paul Lafargue (1842-1911) partage quelques traits de ressemblance avec Charles Bonnier. Ayant entamé des études de médecine, il ne les acheva pas mais resta toute sa vie un fidèle de la science, convaincu qu'il était de la toute-puissance de celle-ci. Il s'engagea tôt dans le mouvement socialiste en adhérant à l'Association internationale des travailleurs en 1864. Il y fut proudhonien impénitent. De son propre aveu, une rencontre personnelle avec Marx lui fit très forte impression et l'on sait qu'il en épousa l'une des filles. Transfert qui conduisit Marx à une description amusée : « Le jeune homme s'est d'abord attaché à moi, mais n'a pas tardé à faire passer l'attraction du père à la fille » [cité par Paquot, 1980, p. 58]. La remarque n'est pas si anecdotique qu'il y paraît si l'on accepte de la verser au dossier des malentendus de tous ordres qui furent à l'origine des lectures françaises de Marx et conditionnèrent son développement ultérieur.

Guesde et Lafargue s'opposèrent, à plusieurs reprises, lors des crises politiques que la France traversa. Plus profondément, ils n'entretinrent pas le même rapport avec la politique. Les divergences entre les deux hommes relèvent tout autant de différences de style et de goût que de sensibilités idéologiques contraires. Lafargue fit toujours le choix du mouvement social, même au risque du boulangisme, quand Guesde préféra s'en tenir à l'ordre des représentations politiques qui lui firent manquer l'affaire Dreyfus. Lafargue a quelque chose du « grand seigneur méchant homme », vivant aisément dans son « château » de Draveil acquis grâce à l'héritage Engels, goûtant fort le cosmopolitisme (ce qui explique l'importance qu'il prit dans l'histoire de la IIe Internationale), l'agitation et la provocation gourmande, finalement plus proche de Diderot que de Marx comme le fit remarquer, à sa mort, le socialiste allemand Mehring. Aussi le marxisme de Lafargue est-il parfois déconcertant, à la limite du « scandale scientifique », comme le pensèrent tout à la fois, de son vivant, Charles Andler et, plus tard, la *doxa* stalinienne qui ne lui fit pas bonne fortune, à l'encontre de Lénine qui avait assez bien connu Lafargue et l'avait aimé.

Lafargue s'avança sur tous les terrains : l'économie, bien sûr, comme observateur attentif du développement américain, mais aussi l'anthropologie (il fut un lecteur passionné de Lewis Morgan), la littérature, la philosophie. Ses études si nombreuses le conduisirent à publier en mille lieux, en France comme à l'étranger, collaborateur assidu de la *Neue Zeit*, le principal organe théorique de la social-démocratie allemande. Auteur prolixe et original, il sut allumer, en des textes vifs, quelques controverses qui restèrent célèbres : dans l'éloge du temps libre (*Le Droit à la paresse*, 1880) ou dans l'accablement de Victor Hugo (*La Légende de Victor Hugo*, 1891).

À ce trio, il y aurait quelque raison d'ajouter Alexandre Bracke-Desrousseaux (1861-1955) qui joua un certain rôle dans l'animation de deux revues théoriques guesdistes, *Le Socialisme*, « revue-journal » hebdomadaire lancée en novembre 1907 et qui disparut en mars 1913, relayée par *Socialisme et lutte de classe*, à partir de janvier 1914, sous-titrée « revue marxiste de langue française ». Bracke y écrivit très peu sur Marx dont il fut pourtant l'un des traducteurs. Sa connaissance directe des textes de Marx, qu'autorisait une culture classique nourrie de la connaissance de plusieurs langues parmi lesquelles l'allemand (il avait été élève de l'École normale supérieure et était devenu un helléniste de renom), ne l'entraîna pas au-delà [Prochasson, 1997]. De ce point de vue, il se sépare d'un autre intellectuel guesdiste, Charles Rappoport (1865-1941), qui publia de très nombreux textes commentant la théorie marxiste sous nombre de ses aspects.

Au-delà de ses dirigeants, le guesdisme fut aussi un mouvement politique bien implanté dans quelques régions, notamment le département du Nord qui en est sans doute le plus beau fleuron. Il eut ses organes de presse, *Le Socialiste* au niveau national, ses élus, son parti et même ses relais syndicaux aussi fragiles furent-ils. Après une première unité socialiste réalisée sur la base du « collectivisme » lors de l'« immortel congrès » — une telle appellation est d'ailleurs attribuée à Guesde — tenu à Marseille en 1879 par diverses organisations ouvrières, une dynamique scissionniste l'emporta vite dès l'été 1880. En septembre 1882, Guesde et ses amis décidèrent de fonder leur propre parti : le Parti ouvrier. La structure était d'ailleurs plus ou moins fantomatique, bien éloignée de la représentation courante qui fait du parti guesdiste un parti régimentaire composé de militants disciplinés. Elle ne comptait guère plus de

2 000 militants vers 1885 et ses résultats aux élections législatives de 1885 et 1889 sont presque dérisoires. Un seul congrès du Parti put se tenir en six ans. Quant à la presse, elle fut on ne peut plus erratique.

Le guesdisme connut en revanche de beaux succès électoraux dans les années 1890. En novembre 1891, Paul Lafargue, qui purgeait une peine de prison, fut élu député du Nord. En 1892, les villes de Roubaix et de Montluçon furent gagnées par des candidats guesdistes. Lille, à son tour, fut emportée par Delory aux élections municipales de 1896. Le Parti ouvrier s'adapta aux nouvelles conditions de la lutte parlementaire et prit le nom de Parti ouvrier français (POF) en 1893. Les guesdistes étaient enfin parvenus à s'implanter dans le mouvement ouvrier par l'intermédiaire de la Fédération nationale des syndicats dont ils finirent par s'assurer le contrôle, même si celle-ci se trouvait en butte aux poussées de l'« autonomie ouvrière » qui tentait d'imposer l'idée de l'indépendance syndicale. Ils furent en revanche beaucoup plus faibles dans les milieux ruraux où ils éprouvaient davantage de difficultés à mettre en mots d'ordre leurs analyses marxistes. À la fin du XIXe siècle, le POF était à son acmé, comme l'illustre bien, à Lille, en octobre 1900, l'une des plus retentissantes controverses qui opposa Jules Guesde à Jean Jaurès durant laquelle les deux orateurs se disputèrent sur les mérites comparés des « deux méthodes », l'une « révolutionnaire », l'autre « réformiste ».

La greffe marxiste sur le socialisme français

En France, comme à l'étranger, le nouveau siècle débuta, pour le marxisme, sous le signe d'une crise. Il faudrait d'ailleurs interroger ce thème d'époque. La « crise » était à la mesure de l'importance prise par les idées de Marx qui occupaient désormais le centre de tous les débats socialistes. Elles imprégnaient les plus modérés des socialistes et les guesdistes n'étaient plus les seuls, loin de là, à lire et à commenter le philosophe allemand. Chacun, ou presque, y avait désormais sa part.

D'autres acteurs du mouvement socialiste et d'autres organisations firent aussi du marxisme une référence théorique à laquelle ils se soumirent souvent avec moins de docilité que les plus orthodoxes des guesdistes. Tel est le cas d'Édouard Vaillant (1840-1915) et de ses partisans qui finirent d'ailleurs, brièvement, par rejoindre les guesdistes dans une même organisation, le Parti socialiste de France, créé en septembre 1902 lors du congrès de Commentry face aux jaurésiens du Parti socialiste français fondé quelques mois plus tôt. La division entre les socialistes, il faut le noter, était alors peut-être moins doctrinale que tactique : convenait-il ou non de participer à un gouvernement « bourgeois » ? Telle était la question qui fâchait après l'entrée intempestive d'Alexandre Millerand, en juin 1899, dans le gouvernement

Waldeck-Rousseau. Dans les deux camps, on trouve des attitudes contrastées face à la doctrine de Marx.

Vaillant disposait d'une connaissance solide et personnelle des écrits de Marx et, en particulier, du *Capital*. Ancien communeux, proscrit après la défaite de la Commune et réfugié à Londres, il se compte parmi ces socialistes français qui y firent la connaissance du philosophe. Son rôle dans l'histoire de la première réception française est à prendre en grande considération même si, comme le remarque son dernier biographe, Jolyon Howorth, Vaillant « n'a jamais prétendu agir ou écrire au nom de Marx » [Howorth, 1982, p. 94]. Sachant relever les ambiguïtés qui brouillaient la référence à Marx, Vaillant n'eut de cesse de tenter de se distinguer des « marxistes » et du « marxisme » en refusant d'endosser de tels habits théoriques. Dans une lettre qu'il adressa en 1912 à Rappoport, il affirme que l'étiquette marxiste lui semblait être « plutôt usurpée que méritée par nombre de ceux qui la prennent et à qui vous l'attribuez et avec qui je suis souvent en désaccord. » [cité par Howorth, *ibid.*, p. 95]. Marxiste original donc, marxiste indépendant, soucieux de pouvoir lui-même déployer sa propre pensée à partir des prémisses tirées de la réflexion de Marx, Vaillant eut soin de travailler à l'introduction du marxisme dans le socialisme sur deux fronts : en en présentant la doctrine devant des auditoires ouvriers ; en en prolongeant les thèses par des études originales. Il fut ainsi l'auteur d'études estimées consacrées à l'influence grandissante du capitalisme financier ou à la nature de l'impérialisme. Il contribua aussi beaucoup à corriger les confusions doctrinales, dont les guesdistes étaient parfois les premiers responsables. Ainsi Édouard Vaillant s'éleva-t-il fréquemment contre l'attribution à Marx de la conception lassallienne de la « loi d'airain des salaires ».

La souplesse de sa relation au marxisme se repère dans la conception que Vaillant se faisait de l'œuvre de Marx. À l'encontre de bien des guesdistes qui s'en tenaient souvent à la lettre, Vaillant insistait sur le génie de la méthode : analyse des contradictions internes à chaque phénomène observé qui le poussa à prendre des positions beaucoup moins rigides que les guesdistes sur ce qu'il convenait de faire avec la République bourgeoise ou sur la question lancinante du réformisme politique (il défendit ainsi la loi de 1910 sur les retraites ouvrières sans en occulter les imperfections), sensibilité aux lois de l'évolution dans l'examen desquelles il mêle Marx et Darwin auquel il vouait aussi une très vive admiration, respect porté au développement autonome des organismes sociaux qui le poussait à encourager toutes les institutions dont se dotait le mouvement ouvrier : syndicats, coopératives, bourses du travail, partis, ligues, etc. Chacune remplissait une fonction utile et historiquement nécessaire.

La dimension philosophique du marxisme — le matérialisme historique — retint moins l'attention de Vaillant, dont la formation scientifique initiale le rendit plus enclin à se pencher sur l'apport des idées de Marx aux nouvelles sciences sociales. Vaillant resta fidèle à la sociologie marxiste fondée sur la lutte des classes et se démarquait sur ce point nettement de son autre maître : Auguste Blanqui. Le matérialisme historique auquel il renvoie trahit également une interprétation assez libre de la philosophie marxiste. Il est vrai aussi que selon les circonstances, les lieux du discours et les auditoires rencontrés, Vaillant, comme d'autres, adaptait son propos et l'infléchissait selon l'horizon d'attente supposé. Ici, on le voit reprendre à son compte une version dure où le monde spirituel est en proie à la seule dictature de la matière. Ailleurs, il se fait plus nuancé, à tel point que Jean Jaurès s'appuie sur lui dans l'un de ses textes les plus spiritualistes : *La Question religieuse et le socialisme*.

Le rôle de Jean Jaurès (1859-1914) dans le processus d'acclimatation du marxisme aux humeurs doctrinales du socialisme français est moins négligeable qu'on ne le présenta longtemps. Certes, la connaissance que Jaurès eut des écrits de Marx était toute livresque. Son apprentissage de la politique n'était pas passé par l'aventure de la reconstruction d'un mouvement socialiste moribond après l'écrasement de la Commune. Il tranche donc avec les cas précédents sans pour autant en constituer le parfait antonyme. Jaurès ne fut pas l'adversaire du marxisme que certains socialistes crurent bon d'inventer aux fins de servir leurs propres thèses hostiles à celles de Marx. Les marxistes de son temps, les guesdistes, firent aussi de lui leur principal adversaire. Au cours de la dispute de Lille qui l'opposa à Guesde, Jaurès fut pourtant, après tout, le seul à évoquer explicitement Marx. Il y eut bel et bien un marxisme de Jaurès comme il y eut une critique jaurésienne du marxisme qui explique sans doute la complexité qu'il y eut toujours à traiter des relations entre les idées de Marx et celles d'un Jaurès à qui il n'arriva jamais de se dire « marxiste » [Rebérioux, 1977].

La rencontre de Jaurès avec les textes de Marx passe par le filtre d'une culture classique assise sur une formation universitaire qui lui avait ouvert les portes de la langue et de la philosophie allemandes. Sa thèse complémentaire de philosophie, soutenue en 1892, portait sur *Les Linéaments du socialisme allemand* et ménageait toute une place à Luther, Fichte, Kant et Hegel. Jaurès en venait assez naturellement à Marx qu'il conçoit surtout comme un disciple de Hegel. C'est donc en philosophe et en savant qu'il l'aborde. Ici gît sans doute l'un des traits spécifiques de son marxisme qui le distingue de la plupart des marxistes français plus enclins à reconnaître en Marx l'économiste ou le sociologue. Mais surtout, pour Jaurès aussi, les années 1890 furent celles d'une intense fréquentation des écrits marxistes, parfois d'une découverte, souvent d'une relecture, qui installa Marx au cœur du socialisme français. En des conférences ou des articles, Jaurès précise peu à peu l'état de ses relations avec le marxisme. Il en retient ce qui lui semble assimilable. Il en rejette aussi ce qui lui paraît le plus fragile ou le moins tolérable. Sa lecture de Marx répond aux lois mystérieuses de l'appropriation, gouvernées dans son cas par les contraintes emmêlées d'une culture propre acquise en dehors du mouvement socialiste et de logiques politiques contemporaines (relations au guesdisme, affaire Dreyfus, participation ministérielle, unité socialiste, débat révisionniste, etc.).

De Marx, il retient surtout l'analyse de la lutte des classes qui fonde son propre socialisme. Il rallie aussi sans peine la théorie marxiste de la valeur et s'oppose sans état d'âme à ceux qui, à partir de 1895, s'interrogent sur le bien fondé théorique de la plus-value. Dans le débat révisionniste, qui mit à mal toute l'architecture de l'analyse marxiste, Jaurès s'emploie à réfuter les thèses d'Édouard Bernstein, notamment lors d'une conférence prononcée le 10 février 1900, durant laquelle il soutint habilement qu'il n'était nul besoin de l'entreprise révisionniste de Bernstein pour trouver des appuis chez Marx en faveur de l'action réformatrice. Son *Histoire socialiste de la Révolution française* (1902) est aussi imprégnée d'une sensibilité marxiste de l'histoire. Dans le même temps, Jaurès s'élève contre les lectures mécanistes de Marx. Il amende sérieusement la conception qui tend à faire de la « superstructure » le reflet de l'infrastructure, thèse qu'il affirme ne pas se trouver chez le philosophe allemand. Ce qui explique sans doute que jamais « même pendant ces années, Jaurès n'a paru céder à un coup de foudre marxiste » [Rebérioux, 1977, p. 220]. La dégradation de ses rapports avec les guesdistes dans les premières années du nouveau siècle éclaire partiellement l'infléchissement de ses vues sur le marxisme. Il en conduit une dure critique dans la longue préface de ses *Études socialistes* que Charles Péguy publia en 1901 où il soutient que la méthode révolutionnaire de Marx « procède ou d'hypothèses historiques épuisées, ou d'hypothèses économiques inexactes ». Dans *La Petite République* (2 janvier 1902), il reproche au *Manifeste communiste* son « abstraction systématique » et finit par en dénoncer, à plusieurs reprises, le caractère « suranné ». Plus encore, il inflige à certaines propositions marxistes une lecture que commande le « socialisme réformiste » du moment, par exemple en insistant sur la formule marxiste d'« évolution révolutionnaire ». Mais derrière cette attitude, c'est surtout une attaque en règle menée contre les « marxistes », épigones trop fidèles auxquels il reproche de figer la pensée de Marx dans des formules toutes faites, que Jaurès entreprend et qui guide en partie sa relation nouvelle à celle-ci. Les années qui suivirent ce décrochage, dominées par des préoccupations internationales grandissantes, ne favorisèrent pas chez Jaurès un « retour à Marx ».

Un révisionnisme à la française

L'épisode marquant que constitue le débat révisionniste autour des écrits de Marx à l'extrême fin du XIXe siècle toucha aussi la France. Nous avons vu Jaurès s'y impliquer. Deux autres acteurs importants doivent être évoqués qui se présentent comme autant de contributeurs majeurs à l'histoire de la réception de Marx en France : Charles Andler (1866-1933) et Georges Sorel (1847-1922). Ce que l'on désigne habituellement sous le terme de « crise révisionniste » concerne le débat ouvert par la publication en 1899 du livre du socialiste allemand Édouard Bernstein, exécuteur testamentaire d'Engels, *Les Prémisses du socialisme allemand et les tâches de la social-démocratie*. Cet ouvrage s'en prenait à certaines thèses fondamentales du marxisme en opérant notamment un « retour à Kant » et en mettant en avant la nécessité qu'il y avait pour le socialisme de prendre appui sur un jugement moral. Ni Sorel ni Andler en France ne furent des disciples de Bernstein. Il n'en demeure pas moins qu'ils participèrent l'un et l'autre à un mouvement entraînant plusieurs intellectuels socialistes à réévaluer ou à réinterpréter les écrits de Marx au terme d'une décennie qui les avait largement diffusés.

Les deux auteurs s'étaient mis à l'étude de Marx de façon à peu près contemporaine. Engagé dans le mouvement socialiste aux côtés des « allemanistes » du Parti ouvrier socialiste révolutionnaire, si peu marxistes, Andler semble avoir précédé Sorel dans cette quête intellectuelle visant à élucider les écrits marxistes. Travaillant à la préparation d'un ouvrage sur les origines philosophiques du socialisme allemand, Charles Andler s'était rendu à Londres en 1891 afin d'y rencontrer Engels. Le livre, qui ne vit jamais le jour, devait comprendre en effet un chapitre sur Marx. À l'instar de ces aînés marqués par la rencontre de Marx, Andler le fut par la personne d'Engels. Mais, à la différence de ceux-ci, il n'était pas venu sans lectures préalables. Andler affirme avoir lu les deux premiers volumes du *Capital* dès 1889, ce qui le distingue de l'écrasante majorité des socialistes, même marxistes, de la fin des années 1880 (à l'exception de son ami Lucien Herr, le bibliothécaire de l'École normale supérieure, qui lut aussi précocement Marx dans le texte). Cette précocité et cette compétence ne suffisaient pas à faire d'Andler un marxiste. Au contraire. Le peu de sympathie qu'il éprouvait pour la social-démocratie allemande se manifeste très sensiblement dans la vive hostilité dont il ne cessa de faire preuve à l'encontre de l'œuvre de Marx. Devenu l'un de ses meilleurs connaisseurs, il entama une virulente offensive critique contre elle dès 1895, et ce jusqu'aux années 1902-1903. S'y mêlent sans doute des préoccupations d'ordre strictement politique comme le laisse penser le dédain opposé aux guesdistes qu'il considérait avec le plus grand mépris intellectuel. Il n'en fut pas moins l'un des médiateurs importants du marxisme en France. C'est d'ailleurs l'un des paradoxes que plusieurs historiens ne se sont pas fait faute de relever que Marx fut davantage popularisé par ses adversaires que par ceux qui s'en réclamaient.

Andler multiplia en ces années articles, ouvrages, traductions, recensions (comme celle du troisième volume du *Capital* dont il rendit compte dans la *Revue Blanche*) et conférences, où il aborde tel ou tel aspect du marxisme contemporain. En 1896, il ouvrit un cours consacré à Marx dans le cadre du Collège libre des sciences sociales qu'il étendit sur deux années. Il espéra un temps en tirer un ouvrage entier intitulé *La Décomposition du marxisme*. C'est Georges Sorel qui récupéra le titre pour lui-même, Andler ayant finalement renoncé à publier son livre. La critique andlérienne qui se déploie dans ses différents textes porte sur plusieurs points. Elle met en cause l'analyse économique, Andler repérant des erreurs ou des confusions : ainsi, selon lui, Marx négligerait-il la part du bénéfice commercial ou celle de la rente foncière dans la formation du capital ; par ailleurs, il s'en prend à la théorie de la valeur-travail ainsi qu'à l'accent mis trop unilatéralement sur la production au détriment de la consommation. Plus généralement, il accuse Marx d'être à l'origine d'une stérilisation « de toute la littérature révolutionnaire » [cité par Prochasson, 1989, p. 92], objection qui met au jour l'ordre des préoccupations politiques — une farouche opposition au guesdisme — qui préside à la lecture andlérienne des textes marxistes. Cet assèchement de la pensée socialiste se mesurait particulièrement, selon Andler, par deux renoncements chez Marx : la pensée du maître allemand était restée à l'écart et du droit, et de la morale. Bernstein, Jaurès, Sorel partagèrent avec Andler la même critique. C'est l'économisme de Marx qui est stigmatisé par ces lecteurs, soucieux de répondre aux adversaires du socialisme que cette doctrine ne correspond en rien à cette philosophie des besoins matériels à laquelle ils affectaient de la réduire. À quoi s'ajoute vraisemblablement chez Andler, comme chez Sorel, l'expérience de l'affaire Dreyfus qui avait promu dans la pensée socialiste les enjeux du droit et de la morale.

Le « Commentaire » du *Manifeste communiste* proposé par Charles Andler en 1901 fut à l'origine d'une très vive polémique internationale où s'impliqua particulièrement le social-démocrate allemand Franz Mehring. Souhaitant mettre en évidence les influences subies par Marx et Engels, Andler en vint purement et simplement à rabaisser le texte marxiste le plus connu et le plus pratiqué par les marxistes français au rang d'une pauvre compilation des grands textes socialistes français du XIXe siècle. La lutte des classes comme moteur de l'histoire était déjà présente chez Blanqui ou chez Bazard. L'ascension historique de la bourgeoisie par les progrès de l'industrialisme devait beaucoup à Proudhon mais aussi à Pecqueur, à Buret, à Vidal, et à quelques autres. Marx avait aussi emprunté à Pecqueur bien des aspects de son matérialisme historique. Que restait-il, dès lors, de vraiment original dans la pensée marxiste ?

Ingénieur des ponts, ancien élève de l'École polytechnique ayant versé dans la philosophie au tournant des années 1880 et 1890, lecteur d'Augustin Cournot et d'Ernest Renan, critique du positivisme, Georges Sorel rencontra en 1892 la pensée de Marx avec cet héritage complexe, avant d'entrer avec elle dans une relation de « crise » vers 1897 [Sand, 1985]. On distingue souvent deux moments dans l'histoire du marxisme de Sorel. Le premier écrit de Sorel consacré à Marx est de mai 1893. « Science et socialisme » fut publié dans la *Revue philosophique*, l'un des organes de la philosophie universitaire, fondée par Théodule Ribot, où le socialisme n'avait guère droit de cité sauf pour y être réfuté ou tourné en dérision. Sorel y fait montre d'une sympathie intellectuelle certaine pour Marx, le défend contre les « arguments folâtres » des économistes, tout en reconnaissant que son œuvre pose de sérieux problèmes d'interprétations qu'il relève avec sagacité. Ce qui semblait retenir le plus son attention chez Marx était la tentative qui s'y trouvait d'élaborer une science de l'économie dont il restait sans doute encore à apprécier la valeur : « Le marxisme se présentait comme une science et il fallait examiner cette prétention comme on le ferait pour toute doctrine scientifique, et non l'esquiver par des arguties spécieuses. »

Approfondissant sa connaissance du corpus marxiste dans les années ultérieures, s'informant aussi de la production émanant des milieux marxistes français, Sorel prit assez vite un chemin personnel dans l'interprétation des écrits de Marx qui s'affiche dans de très nombreux articles dont beaucoup furent publiés dans les petites revues marxistes apparues dans les années 1890. Entretenant une dense correspondance avec le philosophe italien Benedetto Croce, curieux de tout ce qui s'écrivait sur Marx, il en vint à réviser l'optimisme scientifique qui avait présidé à sa première rencontre avec le marxisme. Sans en rejeter les analyses, Sorel souligne, notamment dans un important article de 1897 publié dans le *Journal des économistes*, tout ce qu'il y a encore de fragile et d'inachevé dans *Le Capital*. Il met aussi en cause toute la part hégélienne de la philosophie de Marx et l'appareillage conceptuel qui en découle (et notamment l'abus du recours à la « dialectique »). Il ne cache pas non plus sa perplexité face à l'interprétation évolutionniste du matérialisme historique. Contre les « marxistes officiels » qui comptent parmi leurs textes fétiches la « Préface » à la *Critique de l'économie politique*, Sorel s'applique à en dégager toutes les limites. C'est l'idée d'un « retour à Marx », la volonté de défendre la lecture immédiate d'écrits déjà brouillés par une tradition récente qui l'emporte dans la critique sorélienne du marxisme.

On se tromperait donc en associant trop étroitement Sorel à la famille des « décomposeurs » du marxisme pressés de renverser l'ensemble de l'œuvre. De ce point de vue, Sorel se sépare nettement de Bernstein ou d'Andler dont il est pourtant parfois si proche, comme lorsqu'il souligne les insuffisances de la pensée morale et juridique de Marx. Le « proudhonien » qu'il n'a jamais cessé d'être ne brocarde jamais Marx à la manière des plus virulents des révisionnistes souvent habités par un ordre de préoccupations autrement plus politique. Il agit davantage en philosophe, inquiet de remédier aux impasses et aux erreurs qu'il sait aussi reconnaître dans l'œuvre de Marx. Ses interprétations visent toujours à sauver celle-ci comme lorsqu'il affecte de comprendre le marxisme à la lumière de sa théorie du mythe. Pour lui, la théorie marxiste est l'idiome dans lequel le prolétariat a pu et pourra encore exprimer son grand refus. Si, à ses yeux, celle-ci a cessé de pouvoir tenir lieu de science, à l'encontre de ce qu'il avait pu entrevoir ou espérer au cours de ses premières découvertes, la pensée marxiste conserve son pouvoir d'action. La mythologie marxiste avait encore un avenir dont Sorel salua l'avènement à l'heure du triomphe bolchevique.

Que de Marx et de marxismes dans ce moment de découverte et d'assimilation des écrits du philosophe allemand ! À leur examen, on constate que nous sommes bien éloignés des sarcasmes fondés sur une connaissance superficielle de l'histoire de la première réception de Marx en France conduisant à en moquer la valeur, voire la réalité. Il ne nous revient d'ailleurs pas ici de porter un jugement sur la qualité intellectuelle des différentes interprétations proposées. Comme toute doctrine, celle de Marx, qui plus est formulée dans une langue étrangère dont la réputation n'était pas vraiment favorable en France, est soumise à une pluralité de lectures commandées par des cultures, des contextes et des horizons d'attente fort différents et, pour tout dire, souvent rivaux. Le phénomène est trop ordinaire pour que l'on s'y attarde davantage. Ce qui frappe, en revanche, est la rapidité avec laquelle le marxisme est devenu dans le cours des années 1890 un point de référence obligé du socialisme français alors même que celui-ci disposait d'une forte tradition intellectuelle née dans la première moitié du siècle, pour ne pas dire à la fin du siècle précédent. À l'intérieur des partis socialistes, du Parti ouvrier de Jules Guesde à la SFIO, Karl Marx s'installe définitivement dans le Panthéon des grands hommes cités dans les textes programmatiques invoqués dans les congrès. Cette rapidité s'explique en partie par la vitalité du débat — même si les discussions ne touchèrent jamais que quelques cercles étroits — dont l'examen contredit les thèses visant à discréditer le marxisme français. Marx avait bel et bien réussi son entrée sur la scène doctrinale du socialisme français. Il n'était pas près d'en être délogé.

Références bibliographiques

Althusser Louis (1966), *Pour Marx*, François Maspero, Paris.

Andréas Bert (1963), *Le Manifeste communiste de Marx et Engels. Histoire et bibliographie*, Feltrinelli, Milan.

Cahen Jacqueline (1994), « La réception de l'œuvre de Karl Marx par les économistes français (1871-1883) », *Mil neuf cent. Revue d'histoire intellectuelle*, Paris, 12.

Candar Gilles (prés.) (2001), *Les Souvenirs de Charles Bonnier. Un intellectuel socialiste européen à la Belle Époque*, Presses universitaires du Septentrion, Villeneuve d'Ascq.

Derfler Leslie (1998), *Paul Lafargue and the Flowering of French Socialism, 1882-1911*, Harvard University Press, Cambridge (Mass.).

Haupt Georges (1980), *L'Historien et le mouvement social*, François Maspero, Paris.

HOWORTH Jolyon (1982), *Édouard Vaillant, la création de l'unité socialiste en France*, Syros/EDI, Paris.

LINDENBERG Daniel (1975, rééd. 10/18, 1979), *Le Marxisme introuvable*, Calmann-Lévy, Paris.

PAQUOT Thierry (1980), *Les Faiseurs de nuages. Essai sur la genèse des marxismes français (1880-1914)*, Le Sycomore, Paris.

PROCHASSON Christophe (1989), « Sur la réception du marxisme en France : le cas Andler (1890-1920) », *Revue de synthèse*, Paris, 2.

— (1997), *Les Intellectuels et le socialisme, XIXe-XXe siècle*, Plon, Paris.

REBÉRIOUX Madeleine (1974), « Le socialisme français de 1871 à 1914 », *in* J. DROZ (dir.), *Histoire générale du socialisme français*, PUF, Paris.

— (1977), « Jean Jaurès et le marxisme », *in Histoire du marxisme contemporain*, 10/18, Paris.

SAND Shlomo (1985), *L'Illusion du politique. Georges Sorel et le débat intellectuel 1900*, La Découverte, Paris.

STUART Robert (1992), *Marxism at Work. Ideology, Class and French Socialism during the Third Republic*, Cambridge University Press, Cambridge.

WILLARD Claude (1965), *Le Mouvement socialiste en France (1893-1905) : les guesdistes*, Éditions sociales, Paris.

29

L'anarchisme

Gaetano Manfredonia

Est-il légitime d'insérer une étude sur l'anarchisme dans une histoire des gauches en France ? La réponse est loin d'être évidente car l'écrasante majorité des anarchistes a toujours tenu à marquer ses distances vis-à-vis d'un clivage gauche-droite jugé, dans le meilleur des cas, comme peu significatif. Loin de voir dans cette division « le principe majeur, l'axiome premier de toute analyse de la politique en France » [Rémond, 1982], les anarchistes ont plutôt eu tendance à dénoncer le caractère artificiel, voire mystificateur de cette séparation. Dans leur réquisitoire contre les méfaits du parlementarisme, il n'y a pas un seul courant libertaire qui n'ait, à un moment ou un autre, renvoyé dos à dos les politiciens de droite comme de gauche ou ironisé sur leur opportunisme foncier. Du *Ventru* de Béranger à *Un bal chez le ministre* de Jules Jouy, les anarchistes se reconnaissent dans une tradition chansonnière tournant en ridicule les jeux parlementaires, les fausses oppositions, les combinaisons politiciennes des différents partis politiques, tous solidaires dans la course à l'« assiette au beurre ». Encore récemment [Colson, 2001], un auteur qui ne fait pas mystère de ses convictions anarchistes a pu écrire à ce propos qu'il s'agissait d'une « vague distinction politique issue de la disposition géographique des représentants du peuple dans les 500 m² des premières assemblées représentatives de la Révolution française. Inscrite dans les limites étroites de l'ordre social et économique existant, cette distinction sert surtout à assujettir les citoyens à cet ordre en leur donnant l'illusion qu'ils décident librement de ses orientations, généralement tous les cinq ans, au moment du dépouillement et du traitement informatique des bulletins de vote ».

Ces propos qu'il serait possible de multiplier à loisir montrent clairement que l'anarchisme ne peut être assimilé d'une manière hâtive (et superficielle) à une simple tendance extrémiste, une sorte de gauche de la gauche, dont les éléments constitutifs ne feraient que surenchérir par rapport aux thèmes habituels de ces courants. Il ne faut pas perdre de vue que la distinction entre une droite et une gauche, en tant qu'axe structurant la vie politique française, est une chose relativement récente, postérieure en tout cas à la formation d'un courant de pensée socialiste dont l'anarchisme est une des composantes principales. Comme le rappelle fort à propos René Rémond, « non seulement la distinction droite-gauche ne procède pas de la pensée socialiste, mais elle lui est demeurée longtemps étrangère ». Vu sous cet angle, l'anarchisme, en affirmant ou en théorisant son refus de se situer sur cet axe, ne fait que poursuivre une attitude qui avait été celle de la plupart des écoles socialistes à leur origine.

Le cas de l'anarchisme n'est pas moins atypique. Contrairement aux autres courants socialistes, l'anarchisme a toujours refusé de se rallier à la démocratie parlementaire, tout en s'efforçant d'empêcher l'institutionnalisation de ses luttes par la pratique de l'action directe ou de la propagande par le fait. À plus forte raison, l'anarchisme n'a pas connu, depuis sa création, une évolution de sa position relative sur l'échiquier politique, entraînant ce que l'on pourrait considérer comme un glissement de la gauche vers la droite à la suite de l'apparition de nouvelles forces plus radicales. Un temps, la création du Parti communiste concurrença, fortement et directement, l'anarchisme sur le terrain de l'agitation révolutionnaire qu'il avait jusque-là occupé presque seul. Mais cette concurrence n'entraîna pas de changement significatif dans son attitude globale vis-à-vis des institutions parlementaires ou du jeu politique. L'originalité de l'anarchisme dans ce domaine reste entière. Quant à la multiplication des formes de contestations radicales pendant et après l'explosion de mai 1968 (conseillistes, spontanéistes, situationnistes), loin de l'affaiblir, elle l'a plutôt conforté dans cette attitude.

Il serait toutefois erroné d'en déduire que les anarchistes se situent dans l'espace politique à distance égale des familles de droite et de celles de gauche : les points de rencontre ou les convergences avec ces dernières sont nombreux et indiscutables. Les uns comme les autres ont d'abord un ennemi commun : la « réaction » et ses multiples visages. Chaque fois que la situation l'a rendu nécessaire, des fractions importantes des militants libertaires n'ont pas hésité à s'allier ou à collaborer avec les forces de gauche pour y faire barrage. Qu'il s'agisse de la nécessité de se battre pour la défense de la République contre les menées « cléricales » et « césariennes » [Manfredonia, 2002] ou bien de faire barrage aux menaces fascistes afin de sauvegarder les acquis démocratiques, les exemples ne manquent pas et il serait possible de les multiplier à dessein jusqu'à une période très récente.

L'anarchisme se réclame également d'un certain nombre de références idéologiques ou de souvenirs historiques, tels l'attachement à la philosophie des Lumières ou à la tradition révolutionnaire issue de 1789 qui, ne l'oublions pas, constituent le véritable « fonds commun » pour l'ensemble des formations de la gauche [Touchard, 1977]. Innombrables sont les affirmations allant dans ce sens qu'il est possible de glaner parmi les auteurs libertaires. L'historien libertaire Max Nettlau, par exemple, parle de la seconde moitié du XVIIIe siècle comme de l'« époque lumineuse des encyclopédistes et de la critique à la fois libérale et libertaire de toutes les institutions passées » où l'« idée libertaire montait et l'autorité se trouvait discréditée et déchue moralement » [Nettlau, 1971]. Pierre Kropotkine, de son côté, considérait ces années comme celle d'un « remarquable développement intellectuel » [Kropotkine, 1913] à tel point qu'il écrivit que les « racines de l'anarchie » devaient être recherchées dans la « philosophie naturaliste du XVIIIe siècle ». Mais c'est surtout dans le prolongement et la radicalisation de la tradition révolutionnaire que les anarchistes virent le véritable point de départ de leurs idées. Kropotkine parle ouvertement de « nos ancêtres de 1793-1794 » [Kropotkine, 1909].

Cet attachement à l'héritage révolutionnaire est particulièrement significatif chez Proudhon. Le « père » de l'anarchisme fait de la Révolution française le point de départ d'une période nouvelle qu'il qualifie, en assumant des accents mystiques, de « troisième âge de l'humanité » [Proudhon, 1860]. Il s'agit à ses yeux d'un véritable événement fondateur, rendant possible l'affirmation de principes nouveaux devant désormais régir l'ensemble de la vie des hommes en société. Tandis que toute l'histoire antérieure de l'humanité était « dominée par le principe religieux », la Révolution française, en faisant prédominer le « principe juridique » des droits de l'homme et du citoyen, lui paraît ouvrir la voie à la réalisation d'un « ordre de choses tout contraire », fondé sur la justice, dont il veut tirer toutes les conséquences non seulement politiques, mais également économiques et sociales. Le socialisme, tout comme l'anarchisme, se trouve envisagé comme étant le prolongement des principes de 1789, le « développement de la Révolution ».

Les caractères originaux de l'anarchisme proudhonien

L'existence d'une filiation commune entre l'anarchisme et les gauches ne peut être plus clairement exprimée. Dans ces conditions, parler de l'existence d'un anarchisme de droite, comme ont pu le faire plusieurs auteurs dans un passé récent, signifie se tromper lourdement sur la signification de ce courant.

L'anarchisme, toutefois, tant par son antiétatisme que par son appel à l'action directe des masses exploitées en vue de leur affranchissement, n'occupe pas moins une place bien à part qui permet de le différencier aisément des autres familles de gauche. D'une part, la manière dont les libertaires interprètent la tradition révolutionnaire est tout à fait significative : loin de la considérer comme un « bloc », ils s'efforcent toujours de montrer — à côté des revendications politiques d'égalité devant la loi et de gouvernement représentatif — l'existence d'exigences visant la réalisation du communisme et du socialisme au sein du peuple. D'autre part, ils se montrent toujours particulièrement critiques vis-à-vis des tendances étatistes, centralisatrices et dictatoriales issues de l'épisode révolutionnaire.

Le cas de Proudhon est une nouvelle fois révélateur car c'est chez lui que ces différences sont les plus marquées. Tout en n'hésitant pas à se réclamer de la tradition « sans-culotte », il refuse d'être un simple imitateur. « Nous ne sommes pas des copistes, écrit-il, nous sommes des continuateurs, c'est-à-dire des hommes de progrès ; nous acceptons la tradition mais nous ne la recommençons pas ! » « L'idée générale » des révolutions au XIXe siècle ne pouvait plus être la même que celle de 1789 ou 1793, mais devait adopter des principes nouveaux. Tandis que la révolution précédente avait été surtout politique, il fallait qu'elle devienne économique et sociale. Après la révolution religieuse de l'Évangile (l'égalité de tous les hommes devant Dieu), celle de la philosophie (l'égalité devant la raison), puis celle du contrat social (l'égalité devant la loi), la révolution devait désormais résoudre la « question sociale » [Proudhon, 1851].

La grande originalité de Proudhon, par rapport à tous les autres réformateurs sociaux de son temps, consiste à avoir montré qu'il était impossible de mener véritablement à bien de telles réformes sans s'attaquer en même temps au principe d'autorité sous toutes ses formes, qu'elles soient politiques ou religieuses. Ce qu'il reproche à la Révolution de 1789, c'est d'avoir conservé le principe d'autorité « se bornant à le faire émaner non plus du droit divin mais de la souveraineté du peuple ». Dès la rédaction de *Qu'est-ce que la propriété ?* (1840), il associe la négation de la propriété avec celle de l'autorité, ce qui le conduit d'emblée à se réclamer de l'anarchisme. En reprenant à son compte et en radicalisant les thèmes saint-simoniens sur le caractère subordonné du pouvoir politique par rapport aux forces économiques et sociales, il fait de l'État une institution parasitaire placée au-dessus de la société, que l'organisation directe des forces productives ferait immanquablement disparaître. L'atelier étant destiné, comme il le précisa par la suite, à remplacer le gouvernement. Proudhon, enfin, n'hésite pas à s'en prendre vertement aux idées théistes visant à justifier directement ou indirectement la subordination des hommes aux desseins d'une divinité quelconque. Tout son anarchisme tourne en fait autour d'une triple négation : de l'idée de Dieu, du gouvernement et des abus de la propriété.

Contrairement à l'ensemble des représentants des autres traditions de gauche issues de 1789 ou de 1793, il s'oppose fortement à l'idée qu'un pouvoir politique quelconque puisse être à l'origine ou devenir le garant du changement visant à supprimer les privilèges économiques et sociaux. Il rejette en bloc toute réforme sociale qui ferait appel à l'action tutélaire de l'État soit pour organiser la production soit pour mettre en œuvre une politique de redistribution des revenus par le biais des impôts. « La révolution par en haut, écrit-il, c'est inévitablement [...] la révolution par le bon plaisir du prince, par l'arbitraire d'un ministre, par les tâtonnements d'une assemblée, par la violence d'un club ; c'est la révolution par la dictature et le despotisme » [Proudhon, 1849]. Son anarchisme se trouve tout aussi éloigné des partisans de la démocratie que de ceux de la dictature révolutionnaire. Ses attaques féroces de la démocratie représentative sont restées célèbres, tout comme son « dédain des urnes populaires ». Du jacobinisme centralisateur, dont il tourne en ridicule les prétentions dictatoriales de ses épigones, en passant par le socialisme étatiste de Louis Blanc ou mystique de Pierre Leroux, aucun des prolongements démocrates et socialistes de la tradition révolutionnaire ne trouve grâce à ses yeux, car ils partagent tous l'idée néfaste qu'il est possible de réformer la société par l'action gouvernementale. Quant au communisme, il méprise cette conception qui conduit, selon lui, immanquablement à instaurer une dictature négatrice des libertés individuelles, y compris dans les versions propagées par les courants néobabouvistes et cabétistes. Tout aussi virulent est son rejet des « utopistes » fouriéristes et saint-simoniens. S'il partageait avec eux le même refus de l'utilisation de la violence pour réformer la société ainsi que la conviction qu'il fallait subordonner la question politique à la solution de la question sociale, il n'estimait pas moins que leurs projets étaient artificiels car ils ne s'appuyaient que sur des constructions de l'esprit ou de vains espoirs concernant la bonté de la nature humaine. Proudhon n'a que des sarcasmes pour les prétentions absurdes de ces réformateurs qui pensaient qu'il était possible de tout organiser, de tout régenter, à partir de plans conçus *a priori*, sans tenir compte ni des réalités économiques ni des désirs des travailleurs.

Aux partisans du changement par en haut ou à l'arbitraire des projets utopistes, Proudhon va donc opposer la nécessité d'un changement par en bas dont les initiateurs seraient les travailleurs eux-mêmes, car seul le peuple, « opérant sur lui-même sans intermédiaire, peut achever la révolution économique [...] ». La société pour « se révolutionner » n'a pas besoin « d'être mise en branle par une force extérieure, écrit-il. [...] La société se meut par elle-même ; [...] en elle la force motrice est immanente et perpétuelle ; [...] il ne s'agit pas de lui communiquer le mouvement, mais de régulariser celui qui lui est propre ». Certes, Proudhon se fit en 1848, dans la plus pure tradition utopiste, le promoteur de la création d'une « Banque du peuple » grâce à laquelle il espérait aider à mettre sur pied un système de production

« mutuelliste », fondé sur l'égal échange des marchandises en fonction du travail fourni. Cette initiative n'est pourtant jamais présentée par lui comme un projet rigide à imiter, mais comme « un exemple de concentration spontanée, indépendante et sociale » à réaliser par les travailleurs. Proudhon, d'ailleurs, ne se considère pas comme le maître à penser du peuple mais plutôt comme son « interprète ».

Au cours de la IIe République, le penseur bisontin n'a pas encore tout à fait renoncé à l'idée d'une collaboration entre les classes ouvrières et la petite bourgeoisie en vue de réaliser pacifiquement les réformes sociales souhaitées. Les massacres de juin 1848, d'abord, puis le naufrage de la République, à la suite du coup d'État de Louis Bonaparte, vont lui faire perdre confiance dans cette politique de collaboration, ce qui va le conduire progressivement à se faire le promoteur d'une action autonome des classes ouvrières en vue de leur émancipation. Dans son dernier grand ouvrage, publié posthume en 1865, *De la capacité politique des classes ouvrières*, il exhortait les travailleurs à ne plus accepter de continuer à être représentés par les différentes fractions politiques de la bourgeoisie. Il fallait qu'ils cessent de poursuivre les objectifs illusoires des réformes politiques et il les conviait à agir d'eux-mêmes et par eux-mêmes exclusivement sur le terrain de l'organisation des forces économiques.

La lente et progressive formation du mouvement anarchiste

Avec Proudhon, nous sommes en présence du premier véritable penseur anarchiste. En montrant que les chances de réaliser une société libre et égalitaire dépendent de l'action autonome des travailleurs et non pas du bon vouloir de l'État ou de celui de la minorité éclairée, il va puissamment contribuer à faire en sorte que l'anarchisme ne soit plus considéré comme un simple idéal, mais comme un projet de société réalisable à plus ou moins brève échéance. L'apport des idées proudhoniennes apparaît déterminant dans la formation de ce courant de pensée, ce qui justifie que l'on puisse considérer Proudhon comme le « père » de l'anarchie. Son influence sur le mouvement ouvrier est indiscutable. L'emprise des thèmes proudhoniens (mutuellisme, fédéralisme, refus de l'action politique et valorisation de l'action économique), au sein de la section française de l'Association internationale des travailleurs (AIT) de 1864, l'atteste amplement.

Le rôle de cette pensée ne doit pas être surestimé pour autant. Son influence s'exerce rarement d'une manière directe mais elle se trouve souvent médiatisée, réinterprétée ou intégrée à d'autres éléments antiautoritaires issus de la tradition socialiste et réformatrice de la première moitié du XIXe siècle. Le « proudhonisme » n'incarne qu'une des composantes de l'anarchisme [Manfredonia, 1992]. Aux États-Unis, il existe une tradition anarchiste

« individualiste » qui plonge ses racines dans l'héritage idéologique et culturel de la nation américaine [Creagh, 1981]. En Europe, l'Allemand Max Stirner, dans *L'Unique et sa propriété* (1844), se fait le chantre de l'individualisme. En France même, plus d'un thème libertaire est présent chez certains communistes révolutionnaires issus du néobabouvisme ou bien dans l'œuvre de Fourier, toute traversée d'un puissant souffle antiautoritaire.

C'est l'écrasement du soulèvement ouvrier de juin 1848 qui, en faisant voler en éclat les rêves de fraternité universelle, va le plus fortement contribuer à la radicalisation vers l'anarchisme de toute une nouvelle génération de militants déçus par les mots d'ordre républicains et/ou démocratiques. Ces militants, tout en puisant leur inspiration chez Proudhon, n'hésitaient pas à s'en démarquer ou à le critiquer violemment quand ils l'estimaient nécessaire. Mais surtout, on voit apparaître sous la plume des partisans de l'anarchie la justification de l'utilisation de moyens violents pour transformer la société. Tel est le cas d'Ernest Cœurderoy et de Joseph Déjacque, deux des auteurs les plus marquants de cette période, qui vont prêcher la nécessité d'une révolution violente et radicale, préalable jugé désormais indispensable pour plier la résistance de la bourgeoisie et de l'État. Avec Déjacque (l'inventeur du néologisme « libertaire »), la pensée anarchiste s'enrichit de nouveaux thèmes comme celui de l'amour libre et de l'émancipation de la femme.

À la mort de Proudhon, en 1865, pourtant, il n'est pas possible de parler de l'existence d'un mouvement anarchiste et encore moins d'une doctrine aux contours clairement définis. Cette formation est en fait progressive. Elle apparaît étroitement associée aux vicissitudes du mouvement ouvrier français et européen au cours des années 1860-1870 [Manfredonia, 2001]. Son point de départ véritable est l'affrontement qui va opposer au sein de l'AIT les fédéralistes « antiautoritaires », avec à leur tête Bakounine et les membres de la Fédération jurassienne, aux marxistes « centralisateurs » favorables à l'action politique du prolétariat. La Commune de Paris, en exacerbant les positions en présence, va rendre la scission entre ces deux tendances inévitable. À la décision prise par Marx à La Haye d'exclure Bakounine et James Guillaume, les antiautoritaires ripostent par la tenue à Saint-Imier, en Suisse (septembre 1872), d'un congrès regroupant toutes les fédérations favorables au maintien de l'autonomie des sections de l'Internationale.

Ce congrès marque une étape importante dans l'histoire de l'anarchisme. Sur la question de la nature de l'action politique, les présents adoptent une déclaration de principe explicitement anarchiste où il est dit que la destruction de tout pouvoir politique est « le premier devoir du prolétariat ». Cette initiative, qui débouche sur la formation de ce que l'on a appelé l'« AIT antiautoritaire », est considérée, par un certain nombre d'historiens et de militants, comme l'acte de naissance officiel du mouvement libertaire. Or, dans l'esprit de ses promoteurs, à commencer par Bakounine et Guillaume, son objectif premier n'était pas de donner naissance à une organisation

« anarchiste », mais de sauvegarder ce qu'ils considéraient être les véritables principes de l'AIT des manœuvres marxistes. Ce n'est que devant l'échec de cette tentative que la plupart (mais pas la totalité) des internationalistes antiautoritaires accepta de donner une orientation ouvertement et explicitement anarchiste à leur activité. Évolution décisive qui va conduire, à partir de la fin des années 1870, à la formation définitive de mouvements anarchistes nationaux séparés et distincts, non seulement des autres sensibilités socialistes, mais également de toute organisation à caractère corporatif comme l'était à son origine l'AIT.

Sur le plan des principes, l'expression tangible de ce tournant est l'abandon progressif des références au programme collectiviste de l'AIT au profit du communisme. Sur le plan stratégique et tactique, de plus en plus de militants se laissent gagner par l'idée de la nécessité d'une révolution violente. Certains, influencés par les nihilistes russes, en arrivèrent à se prononcer en faveur de tout acte individuel de protestation, y compris à caractère terroriste, si cela pouvait hâter le déclenchement de la révolution.

LA DISPERSION DES TENDANCES

Le cas de la France est tout à fait représentatif de cette évolution. Après la féroce répression de la Commune de Paris, il faut attendre le vote de l'amnistie pour les communards pour voir les premiers groupements socialistes révolutionnaires commencer à s'organiser au grand jour. Il n'est donc pas étonnant que le mouvement anarchiste ait été, encore au début des années 1880, fortement minoritaire. « Demi quarteron » de militants, les libertaires avérés, tout comme leurs frères ennemis marxistes, ne représentent à ce moment-là qu'une partie marginale du mouvement ouvrier. L'existence d'une tradition socialiste depuis longtemps fortement établie et le souvenir encore très vivant de la Commune semblent avoir considérablement gêné la diffusion de l'anarchisme.

Ce qui différencie le plus le mouvement français des mouvements espagnol ou italien est le caractère particulièrement extrémiste et dogmatique qu'y assume la propagande libertaire. Les choix stratégiques opérés en faveur de « la propagande par le fait » à caractère insurrectionnel, comme moyen exclusif de lutte pour hâter le déclenchement de la révolution sociale, favorisent la rapide émergence d'une sensibilité réfractaire à toute forme d'action collective ou revendicative. Cette sensibilité, qui renouait avec le fouriérisme radical de Déjacque et Cœurderoy, rompait, sur bien des points, tant avec l'héritage proudhonien modéré qu'avec celui du bakouninisme de l'Internationale antiautoritaire. Toute volonté de changement social devait reposer sur l'« esprit d'initiative » de chacun, agissant quand la situation le rendait nécessaire, sans plan préalable, et sans se soucier le moins du monde d'établir des programmes, confiant dans l'« esprit de révolte » des masses qui sauraient, le moment venu, se mettre spontanément en branle et porter à terme la révolution. Dans ces conditions, toute volonté d'organisation durable des forces anarchistes ou de contacts privilégiés avec les autres composantes socialistes a tendance à être perçue comme une dangereuse tentative pour amoindrir la pureté révolutionnaire de l'idéal libertaire. Même chose pour les grèves ou d'autres formes d'action revendicative, considérées désormais comme des pratiques réformistes inacceptables pour les libertaires. En revanche, toute action visant la destruction du respect pour les institutions bourgeoises ou étatiques se trouve légitimée et chaudement encouragée, et tout individu refusant de se soumettre aux conditions d'existence imposées par la société peut être regardé comme un frère de révolte. Les compagnons ne se limitent pas à justifier de tels actes mais ils se font les promoteurs de toute une série de pratiques considérées comme des moyens redoutables pour détruire l'ordre bourgeois ainsi que des moyens concrets à disposition des individus exploités pour se réapproprier la part de bien social qui leur avait été ravie par un ordre estimé inique. Ces prises de position alimentent tout un courant illégaliste favorable à la « reprise individuelle », visant à légitimer le vol.

Face à ces tendances, de nombreux leaders libertaires vont s'élever contre ce qu'ils considéraient être une « déviation » des principes anarchistes véritables. Tel est le cas du Russe Pierre Kropotkine, des Italiens Errico Malatesta et Saverio Merlino, ainsi que du Français Jean Grave, le rédacteur de *La Révolte* (ex-*Le Révolté*), le principal périodique libertaire des années 1880 [Bianco, 1987]. Ces incitations ne reçurent, dans un premier temps, qu'un accueil mitigé. Les attentats des années 1892-1894, accomplis par Ravachol, Auguste Vaillant, Émile Henry et Caserio, sont salués au départ comme le signe avant-coureur de la révolution sociale en marche. Les espoirs des tenants de la propagande par le fait sont, pourtant, vite déçus, car la répression brisa net tout espoir de voir de tels gestes se multiplier. L'adoption en 1893 et 1894, des lois dites « scélérates », visant à interdire la propagande anarchiste et antimilitariste sous toutes ses formes, met rapidement les libertaires dans l'impossibilité de poursuivre leurs activités. L'ampleur de la répression leur fait prendre conscience des limites d'une stratégie insurrectionnelle inadaptée à la situation politique française et de leur isolement parmi les masses ouvrières. Une fois la situation redevenue normale, de nombreux militants décident alors de renouer avec l'action collective en s'engageant massivement au sein des syndicats [Maitron, 1975]. Le terrain est d'autant plus favorable que, dès 1894, lors du congrès de Nantes, les organisations corporatives avaient commencé à s'affranchir de la tutelle des partis socialistes en rompant avec l'action politique et en se prononçant en faveur de la grève générale. Cette évolution trouve sa confirmation la plus éclatante l'année d'après, à Limoges, à l'occasion du congrès constitutif de la CGT, qui se prononce ouvertement en faveur de l'indépendance des syndicats vis-à-vis de toutes les écoles politiques.

La participation aux activités corporatives marque un véritable tournant dans l'histoire de l'anarchisme français. Elle lui permet de rompre son isolement tout en contribuant à orienter le mouvement ouvrier vers des conceptions favorables à l'action révolutionnaire des syndicats. Les libertaires se font les promoteurs et les défenseurs d'un modèle d'organisation syndicale fondé sur le principe de l'autonomie de la classe ouvrière et sur l'utilisation de l'action directe, conçue comme la manifestation concrète de la part des exploités de leur volonté de prendre directement en main leur avenir. L'aboutissement de cette évolution est l'adoption, en 1906, lors du congrès de la CGT, d'une motion connue sous le nom de « charte d'Amiens ». Dans ce texte célèbre, il est réaffirmé, conformément à la vision que les syndicalistes libertaires se faisaient du changement social, que le syndicat, « aujourd'hui groupement de résistance », était destiné à devenir dans l'avenir « le groupement de production et de répartition, base de réorganisation sociale ». La CGT devait mener sa lutte, en vue de la disparition du salariat et du patronat, exclusivement sur le terrain économique sans tenir compte des « opinions » ou des « tendances politiques ou philosophiques » éventuelles de ses membres.

Ce choix, toutefois, ne fera jamais l'unanimité parmi les militants car pour certains la pratique syndicale risquait d'amoindrir la portée subversive de l'anarchisme. Après 1895, cet antisyndicalisme se trouve relayé surtout (mais non pas exclusivement) par des groupes qui se réclament de l'individualisme anarchiste, à savoir d'une conception qui, dans le prolongement des indications de Stirner, faisait de l'affranchissement des individus de toutes les contraintes sociales l'objectif prioritaire de la révolte libertaire. Estimant que la classe ouvrière était incapable de procéder aux réformes nécessaires pour instaurer un milieu social assurant à chaque individu un maximum de bonheur, des militants, tels Libertad, dans le journal *l'anarchie*, multiplient leurs attaques à l'encontre des organisations syndicales accusées de reproduire à divers degrés « les tares et les plaies de la société bourgeoise » qu'ils avaient pour mission de détruire. L'abandon de l'insurrectionnalisme, en outre, favorise l'éclosion d'une multiplicité de propagandes de type « éducationniste », visant d'abord à changer les hommes avant de changer la société. Parmi les plus engagés dans cette voie, Paul Robin, théoricien de l'éducation intégrale, dirige, à partir de 1880, une institution scolaire, à Cempuis, dans l'Oise, sous les auspices de Ferdinand Buisson et des autres pères de l'école laïque [Brémand, 1992]. Dans le même état d'esprit éducationniste, des militants, dont Robin lui-même, se consacrent à la propagande néomalthusienne en faveur de la réduction du nombre des naissances, préalable jugé indispensable pour assurer à tous les individus de bonnes conditions de naissance et pour former des personnes conscientes. D'autres, au lendemain de l'affaire Dreyfus, s'investissent dans le mouvement des Universités populaires. Enfin, les tentatives de création de « milieux libres » fleurissent après

1900, renouant avec le socialisme « expérimental » cher aux disciples de Cabet et de Fourier.

Unité et diversité des pratiques libertaires

À la veille du premier conflit mondial, l'anarchisme français apparaît comme un mouvement divisé. Cette grande diversité des manifestations et des sensibilités libertaires a toujours posé de délicats problèmes d'interprétation aux historiens qui ont été amenés à y voir tantôt l'expression la plus manifeste de la richesse de ce courant, tantôt la marque indélébile de sa faiblesse congénitale. Si l'on veut éviter de donner une vision déformée et réductrice de l'anarchisme, il faut pourtant éviter de leur accorder une trop grande importance. De nombreux historiens, à commencer par Jean Maitron lui-même, en se focalisant sur les différences idéologiques ou les clivages organisationnels, nous semblent avoir commis l'erreur d'amplifier encore d'avantage ce sentiment de dispersion. Or, si au lieu d'interpréter les courants anarchistes sous un angle purement idéologique (celui des idées), on choisit de mettre l'accent sur l'étude des représentations collectives ou sur les pratiques militantes, bien des oppositions s'estompent, tandis que d'autres lignes de clivage jusqu'ici ignorées (ou mal comprises) apparaissent.

Du point de vue des représentations, l'existence d'un fort sentiment identitaire porte les militants à se considérer, en dépit de leurs divergences idéologiques, comme appartenant à une seule et même famille politique élective, voire comme un groupe de personnes dotées de caractéristiques psychologiques à part. La production chansonnière d'avant 1914 [Manfredonia, 1997] contribua fortement à renforcer ce sentiment d'appartenance en élaborant les cadres d'un véritable « imaginaire » anarchiste. Son essor tardif n'empêche pas ce mouvement de s'affirmer comme une force politique originale. Entre 1880 et 1914, une véritable culture politique anarchiste se forma [Manfredonia, 1999] qui, tout en gardant de fortes attaches avec les courants socialistes et ouvriers, n'en est pas moins dotée d'une identité propre dont le trait distinctif majeur est une radicalité hautement affichée et revendiquée tant au niveau des objectifs (« ni Dieu ni Maître ») que des moyens (propagande par le fait, refus du parlementarisme, action directe).

Du point de vue des pratiques, le discours est plus complexe car leur grande diversité ne peut être ni niée ni minimisée. Toutefois, pour pouvoir rendre compte convenablement des clivages qualitatifs existants, il faut s'interroger en priorité sur les logiques qui orientent les pratiques des militants, sans attacher trop d'importance à leur appartenance autoproclamée à tel ou tel courant. Si l'on adopte une telle démarche méthodologique — qui s'inscrit dans la tradition de la sociologie compréhensive de Max Weber —, il est possible d'expliquer les différentes manières d'envisager le changement social constatées au sein du mouvement anarchiste à partir de trois idéaux-types de conduites militantes : celle de l'insurrectionnel, du syndicaliste et de l'éducationniste-réalisateur.

Des trois, l'insurrectionnel est le type de militant dont la logique semble la plus facile à appréhender. Qui dit insurrection, dit affrontement direct avec les forces d'oppression de l'État et du patronat. Rien d'étonnant dès lors que ce militant se pense, avant toute chose, comme un révolutionnaire, ce qui le porte à exclure toute autre solution pacifique ou réformatrice considérée comme trompeuse ou illusoire. Seule une « destruction gigantesque » est véritablement capable de mettre en branle les masses, de les faire sortir de leur inertie habituelle. D'une telle croyance, deux conséquences pratiques majeures s'ensuivent : la justification de l'utilisation présente ou future de moyens violents en vue d'amener la révolution ; la subordination à la préparation de cet objectif stratégique déterminant de toutes les activités militantes : propagande, tâches d'organisation, d'agitation ou d'éducation.

Il serait toutefois erroné de déduire que, pour l'insurrectionnel, tous les moyens sont bons pour faire la révolution. L'utilisation de la violence n'est jamais exaltée en tant que telle, mais elle est toujours envisagée comme subordonnée à la poursuite de la finalité émancipatrice et libératrice de l'anarchisme, d'où la nécessité fortement affirmée par ces militants de ne jamais perdre de vue l'accord nécessaire entre la fin et les moyens utilisés. L'insurrectionnel ne sous-estime pas non plus l'étude des conditions qui rendent possible ou qui facilitent cette rupture : loin d'attendre passivement ses signes annonciateurs, il cherche à la préparer par de multiples activités. Les anarchistes, en tant que minorité active, ont à jouer un rôle de tout premier plan avant, pendant et après la révolution. Avant la révolution, la tâche de l'insurrectionnel est double. D'une part, il veut montrer aux masses la voie à suivre. Par des actes conscients de révolte, qu'ils soient individuels ou collectifs, il cherche à donner l'exemple. Il pourra pratiquer la propagande par le fait : mener, à l'occasion, des actions d'éclat de type terroriste, organiser ou fomenter des soulèvements populaires ou, plus simplement, s'attaquer ouvertement à un des symboles quelconques de l'État et du capital. D'autre part, il ne néglige pas de faire œuvre de propagande et d'éducation dans le but d'imprégner les masses d'esprit libertaire et de les entraîner à l'action révolutionnaire. Dans cette optique, la révolution est l'aboutissement d'une période de gestation qui sera d'autant plus courte que l'activité de préparation préalable aura été plus intense. Tout aussi capital apparaît le rôle assigné à la minorité agissante pendant et après la révolution car l'insurrectionnel estime nécessaire de continuer à seconder les masses par une action consciente et éclairée afin que celles-ci ne retombent pas sous la coupe de nouveaux pouvoirs.

En définitive, pour l'insurrectionnel, l'action anarchiste est toujours envisagée comme distincte, voire séparée, de celle des masses, même quand elle s'efforce de faire corps ou de se fondre avec elles. Il reste fondamentalement attaché à une vision du changement social où la minorité apporte de l'extérieur la conscience aux masses ou l'aide à lui faire prendre conscience de sa situation. Et pourtant, si l'action de la minorité active est jugée irremplaçable, il se conçoit comme un simple auxiliaire de la révolution : ce n'est pas lui qui doit mener à bien l'œuvre révolutionnaire mais les masses dont il ne cesse par ailleurs de saluer l'instinct libertaire inné. De ce fait, il se refuse d'avance à jouer un rôle dirigeant quelconque, sous peine de cautionner la formation de nouvelles dictatures, fussent-elles estampillées « anarchistes », ce qui n'est pas toujours compatible avec le rôle de minorité active qu'il s'attribue par ailleurs.

Bien différente apparaît la conduite idéal-typique du syndicaliste. Contrairement à l'insurrectionnel, ce militant est amené à considérer ses activités non pas comme étant l'application au monde du travail d'une doctrine toute faite élaborée par des penseurs quelconques (anarchistes, marxistes ou autres), mais comme l'expression de méthodes d'action et de lutte issues des expériences menées par les exploités dans leur combat contre l'oppression. L'ordre des priorités n'est plus le même. L'objectif fondamental visé, c'est l'action autonome des classes ouvrières. Détruire l'ordre existant est nécessaire mais cette rupture passe désormais au second plan. Elle n'est plus envisagée comme le point de départ exclusif des transformations radicales, mais plutôt comme l'aboutissement inéluctable de la prise de conscience par des travailleurs de leur capacité « politique » à se substituer aux anciennes classes dirigeantes. Toute l'activité du syndicaliste se trouve orientée en vue de l'adoption de la part des « classes ouvrières » d'une politique conforme à cet objectif stratégique. Convaincu que c'est seulement grâce à l'action autonome des travailleurs que le changement devient possible, il ne se limite pas à faire appel à tous les hommes de bonne volonté ou au « peuple ». Il s'adresse en priorité aux producteurs, à ceux qui travaillent et qui accomplissent une tâche socialement utile (qu'ils soient appelés « travailleurs », « classes ouvrières » ou « prolétariat »). Il les considère, compte tenu de leur place au sein de la société capitaliste, comme les seuls à avoir un intérêt direct et immédiat dans la transformation des rapports de production.

Le syndicaliste sait pourtant que le simple fait d'appartenir à la classe des prolétaires ne permet pas d'acquérir automatiquement et spontanément une conscience de classe. Toutefois, contrairement à l'insurrectionnel, il n'accorde que peu d'importance à la propagande des idées qui, en période normale, ne peut toucher qu'un nombre limité de travailleurs. Mais surtout, le syndicaliste est convaincu que la formation d'une conscience autonome de classe ne peut pas être provoquée artificiellement, de l'extérieur, par des militants professionnels. Elle ne peut résulter que de l'activité pratique des travailleurs eux-mêmes. Plutôt que de comploter ou de se borner à diffuser la bonne parole, le syndicaliste cherche d'abord à grouper les travailleurs, en tant que travailleurs, au sein d'organismes de résistance, pour organiser la lutte solidaire des ouvriers contre les patrons. Le syndicaliste s'adresse à toutes les fractions de la classe ouvrière qu'il espère pouvoir fédérer au sein d'un seul organisme de combat. C'est l'identité d'intérêts qui crée l'identité de buts et non le contraire. C'est donc la pratique de l'organisation syndicale, la lutte exclusivement économique du travail contre le capital, qui va engendrer la conscience de classe des travailleurs et finir par leur faire épouser les objectifs d'émancipation intégrale. Il refuse par conséquent de cautionner l'existence d'un parti séparé et distinct de l'organisation ouvrière dont la tâche serait de guider ses choix théoriques et pratiques au nom d'une idéologie quelconque, fut-elle anarchiste. Là où l'insurrectionnel peine à définir les rôles respectifs du peuple et de la minorité éclairée, le syndicaliste tranche résolument en affirmant le caractère néfaste de cette séparation et cherche à la combattre de toutes ses forces.

Parmi les moyens de lutte préconisés, les grèves occupent une place centrale car, en même temps qu'elles permettent d'améliorer le sort immédiat des travailleurs, elles sont censées préparer les esprits à l'affrontement final, à la « grande lutte révolutionnaire définitive ». La grève, quand elle devient générale, présente un caractère insurrectionnel incontestable. C'est elle qui rend possible l'expropriation des moyens de production et leur transfert aux mains des classes travailleuses. Le syndicaliste partage avec l'insurrectionnel la conviction que l'utilisation de la violence pour obtenir l'émancipation du prolétariat est inévitable. Ces analogies, pourtant, ne doivent pas occulter les différences qui existent sur ce point entre ces deux types idéaux de conduite.

Tout d'abord, chez le syndicaliste, la violence ne joue plus un rôle aussi central. Elle a perdu sa valeur fondatrice. Si on laisse de côté les discours exaltant l'action violente chez les théoriciens du syndicalisme révolutionnaire pour s'en tenir aux pratiques effectives des militants, il est facile de montrer qu'un moyen de lutte comme le sabotage, par exemple, a été peu utilisé car il allait à l'encontre de l'éthique ouvrière. Les militants syndicalistes préféraient, et de loin, prôner la mise en place du « label syndical », pratique plus conforme à l'idée qu'ils pouvaient se faire de leur métier. En deuxième lieu, le refus du volontarisme insurrectionnel s'accompagne chez les syndicalistes de la valorisation de l'action revendicative et/ou réformatrice. Tandis que, pour le premier, le choix de tout miser sur le moment de la rupture découle de l'impossibilité de réformer véritablement la société ou d'améliorer d'une manière significative le sort des classes défavorisées, le syndicaliste vise, au contraire, à travers ses pratiques, à souder le moment des réformes avec celui du changement. Grèves et luttes revendicatives ne sont jamais de simples exercices d'une gymnastique révolutionnaire dont le but serait exclusivement de préparer l'affrontement final. Le syndicaliste prend au sérieux toute activité visant à améliorer, d'ores et déjà, le sort des exploités, notamment en matière de durée du travail, de salaires ou de défense de l'emploi.

Ce qui l'intéresse, ce à quoi il attribue une importance capitale, n'est pas tellement les améliorations en elles-mêmes ou l'ampleur des réformes qu'il est possible de mettre en œuvre au sein du régime capitaliste, mais plutôt la manière dont elles ont été obtenues. Une réforme à ses yeux n'a pas la même valeur selon qu'elle a été obtenue par la lutte solidaire des ouvriers ou par la voie parlementaire. C'est sous cet angle qu'il faut interpréter le rôle central de l'action directe. Non pas comme une simple justification de l'utilisation de la violence, mais comme un choix stratégique en mesure de garantir tout à la fois des résultats pratiques immédiats et le renforcement de la conscience ouvrière. En dernier lieu, pour le syndicaliste, aucun changement social véritable n'est possible avant que des institutions nouvelles capables de remplacer les anciennes aient vu le jour. Toutefois, ces institutions n'ont pas à être découvertes ou inventées de toutes pièces par des individus ou des écoles de pensée, comme l'envisagent les utopistes, mais elles existent déjà en germe au sein de l'organisation ouvrière qui, aujourd'hui groupement de résistance, assumera à l'avenir également les tâches de production et de répartition. Une partie importante de son activité est donc consacrée à favoriser la formation de tels organismes, seuls en mesure de renforcer progressivement la classe ouvrière et de la rendre « méthodiquement capable » d'exercer la nouvelle fonction historique à laquelle elle est destinée. L'organisation des bourses du travail en est l'exemple historique le plus éclairant.

Avec le syndicaliste, nous sommes bien loin de la « table rase » préconisée par l'insurrectionnel. Tout aussi divergente apparaît la conception idéal-typique que l'éducationniste-réalisateur peut se faire du changement social. Son idée maîtresse est de croire que le changement doit d'abord s'opérer chez l'individu et par l'individu avant qu'il ne puisse se diffuser dans la société. L'agent de la transformation n'est plus la classe, mais bien l'individu. Seul un homme conscient peut mener à bien les objectifs ambitieux de la transformation libertaire des structures sociales autoritaires existantes. Il faut donc qu'il y ait au préalable des hommes qui aient une mentalité et un tempérament adéquat avant de pouvoir penser à changer le milieu. Ce type de militant n'a que sarcasmes pour les prétendus ouvriers conscients et syndiqués qui acceptent passivement de se soumettre à l'autorité. Il n'accorde aucune valeur au fait révolutionnaire qui lui paraît toujours comme un événement artificiel, fait d'arbitraire et de violence, débouchant inévitablement sur de nouveaux abus plutôt que sur la formation d'un homme nouveau.

Convaincu de la perfectibilité de l'homme et du rôle déterminant de la raison, l'objectif stratégique fondamental qu'il poursuit est celui de l'éducation des individus qu'il ne dissocie guère de la diffusion d'un savoir positif, à caractère scientifique et rationnel. L'éducationniste veut éduquer les êtres humains à être libres, à agir d'eux-mêmes, d'une manière autonome, et à ne plus se laisser déterminer par le milieu ambiant ou par les préjugés autoritaires. Pour lui, il ne s'agit pas simplement de réfléchir à ce que pourrait être l'éducation dans la future société libertaire mais il cherche, dès aujourd'hui, à changer les mentalités, à faire en sorte que les individus abandonnent leurs préjugés autoritaires et se comportent conformément à l'idéal libertaire. Il se pense comme un « réagisseur », un réfractaire. Ce militant est lui aussi un fervent partisan de la « propagande par le fait ». Mais, contrairement à l'insurrectionnel ou au syndicaliste, il interprète ce mot d'ordre comme une volonté de mettre en accord, autant que possible, sa vie avec ses idées.

Logique avec lui-même, il cherche à pratiquer ses idéaux par la réalisation de projets alternatifs comme la création de coopératives de production et de consommation, d'écoles libertaires, de communautés de vie (les « milieux libres ») ou d'associations de toutes sortes visant aussi bien la formation de chorales que de groupements de « camaraderie amoureuse » [Manfredonia, Ronsin, 2001]. Ces réalisations ont, à ses yeux, une valeur d'exemple indéniable car leur réussite est censée prouver « expérimentalement » la possibilité de pouvoir vivre (travailler, éduquer, consommer, aimer, se distraire...) en dehors du cadre imposé par l'ordre capitaliste et bourgeois. Il s'agit, par la généralisation de telles expériences alternatives de préparer les individus à vivre « sans Dieu ni maître », tout en forgeant les premiers éléments du futur ordre social. En définitive, l'action anarchiste véritable consiste à favoriser toute sorte d'activités capables d'expérimenter et de propager les pratiques antiautoritaires dans les différentes manifestations de l'activité humaine qu'elles soient intellectuelles, sociales ou économiques. L'éducationniste partage de ce fait, avec le chrétien, la croyance dans la toute-puissance de la force de l'exemple et, avec le libéral, l'idée que si les modèles de contre-société anarchiste se montrent plus efficaces, ils finiront par essaimer et chasser les formes anciennes.

Un courant minoritaire mais en prise directe sur la société de son époque

L'action anarchiste n'a pas comme seul horizon indépassable la révolution violente et/ou terroriste, comme on a eu trop souvent tendance à le croire, mais présente des visages différents selon que l'on valorise un type de pratique militante plutôt qu'un autre. L'idée que ces militants se font des moyens à mettre en œuvre pour hâter l'effondrement du vieux monde est plurielle. Elle ne se laisse pas enfermer dans un cadre rigide ou unique. Mais surtout, les libertaires font preuve d'une réelle aptitude à intégrer et à reformuler en fonction de leur logique particulière les expériences passées léguées par le mouvement social. L'anarchisme se comporte à cet égard un peu comme une « éponge ». Il serait ainsi aisé de montrer que la démarche de l'éducationniste-réalisateur s'apparente sur bien des points à celle des réformateurs sociaux d'avant 1848 ; l'insurrectionnel reprend à son compte, en les radicalisant et en les épurant de leurs scories autoritaires, les moyens des communistes révolutionnaires ; enfin, le syndicaliste s'inscrit explicitement dans le prolongement des tentatives d'auto-organisation ouvrière qui rythment l'histoire sociale de la France du XIXe siècle.

La faiblesse de l'anarchisme avant 1914 est d'ailleurs toute relative. Si, en France, il reste indiscutablement minoritaire du point de vue du nombre, s'il ne réussit jamais à s'imposer en tant que force hégémonique au sein de la gauche, son influence va bien au-delà du cercle étroit des militants ou du mouvement ouvrier au sens strict. Le rayonnement remarquable que les idées libertaires connaîtront au tournant du siècle dans le domaine des arts et des lettres l'atteste amplement.

La principale force de l'anarchisme, sa capacité à susciter toujours des nouvelles adhésions et des nouvelles sympathies auprès de publics différents et sans cesse renouvelés, doit être recherchée en priorité dans sa capacité à répondre à toute une palette de problèmes posés par la modernité tant sur le plan politique qu'économique et social. Qu'il s'agisse du développement du capitalisme industriel ou bien des formes étatiques de type bureaucratique-rationnel, les libertaires ont apporté des réponses qui se voulaient pertinentes pour s'opposer à la généralisation des formes de domination et d'exploitation qui prennent leur envol au XIXe siècle. Sur le terrain économique, ils proposent, à travers le collectivisme ou le communisme libertaire, des projets de réorganisation de l'économie qui, tout en supprimant les abus de la propriété privée, laissaient les producteurs libres d'organiser leur travail en fonction de leurs goûts ou de leurs intérêts bien compris. Du point de vue politique, les critiques qu'ils adressent aux institutions de la IIIe République et la dénonciation de l'incapacité des gouvernements de droite comme de gauche à garantir la liberté et l'égalité effective de tous les citoyens, rencontrent un large écho car ces propos ont le mérite indiscutable de rappeler le caractère inachevé du processus de démocratisation en France. Sur le plan social, enfin, l'anarchisme exprime des besoins et des tendances qui ne sont pas exclusivement ceux du mouvement ouvrier au sens classique du terme, mais ses revendications rejoignent quelques-unes des préoccupations majeures du siècle, à commencer par la quête d'une toujours plus grande autonomie pour les individus. Loin d'exalter des formes de solidarité tournées vers le passé ou s'inspirant d'une vision préindustrielle des liens sociaux, l'anarchiste cherche à valoriser les potentialités de chaque être humain. À la vision holiste de la société conçue comme une communauté, où les solidarités sont obligatoires et imposées par une autorité extérieure, les anarchistes opposent leur vision contractuelle du lien social où les solidarités sont volontaires, choisies et non imposées. L'anarchisme vise explicitement le développement « aussi complet que possible » de toutes les facultés naturelles, physiques, intellectuelles et morales, de chaque individu.

La prise en compte de ces exigences les place à la pointe de toute une série de luttes qui visent à redéfinir dans un sens libertaire les relations hommes-femmes. Tous les anarchistes, y compris les plus sceptiques à l'égard des mots d'ordre et des revendications féministes d'égalité politique et juridique, reconnaissent le droit des femmes (tout comme celui des hommes), à disposer librement de leur corps. La propagande néomalthusienne était un moyen pour combattre la pauvreté et pour affirmer la maîtrise des femmes sur leur propre sexualité [Ronsin, 1980]. Ce souci d'autonomie les porte également à pourfendre le mariage civil et religieux auquel ils opposent l'« union libre », à savoir un contrat résiliable à tout moment, unissant deux individus placés sur un pied d'égalité tant juridique que financier. La majorité d'entre eux ne voulait pas abolir la famille, mais l'établir sur de nouvelles bases, en faisant des sentiments son véritable ciment.

De multiples propositions anarchistes ne faisaient, en fait, que radicaliser des aspirations partagées par un nombre croissant de personnes, toutes classes sociales confondues. La vision passéiste que marxistes et libéraux ont essayé d'accréditer de ce courant doit donc être sérieusement révisée. L'anarchisme, loin d'apparaître comme l'expression de forces sociales tournées vers le passé et destinées à être immanquablement dépassées par l'évolution sociale, apparaît comme un courant de pensée qui s'efforce de répondre d'une manière originale aux problèmes suscités par la modernité avec les armes de la modernité elle-même.

RÉFÉRENCES BIBLIOGRAPHIQUES

BIANCO René (1987), *Un siècle de presse anarchiste d'expression française (1880-1983)*, thèse de doctorat d'État, Aix-en-Provence.

BRÉMAND Nathalie (1992), *Cempuis : une expérience d'éducation libertaire à l'époque de Jules Ferry*, Éd. du M.L., Paris.

COLSON Daniel (2001), *Petit Lexique philosophique de l'anarchisme*, LGF, Paris.

CREAGH Ronald (1981), *Histoire de l'anarchisme aux États-Unis d'Amérique* (1826-1886), La Pensée sauvage, Grenoble.

KROPOTKINE Pierre (1909), *La Grande Révolution : 1789-1793*, Stock, Paris.

— (1913), *La Science moderne et l'anarchie*, Stock, Paris.

MAITRON Jean (1975), *Le Mouvement anarchiste en France*, Maspero, Paris.

MANFREDONIA Gaetano (1992) « Lignées proudhoniennes dans l'anarchisme français », *Mil neuf cent*, n° 10, Paris.

— (1997), *La Chanson anarchiste en France des origines à 1914*, L'Harmattan, Paris.

— (1999), « Persistance et actualité de la culture politique libertaire », *in* Serge Berstein (dir.), *Les Cultures politiques en France*, Seuil, Paris.

— (2001), *L'Anarchisme en Europe*, PUF, Paris.

— (2002), « La République des anarchistes », *Dictionnaire critique de la République*, Flammarion, Paris.

Manfredonia Gaetano et Ronsin Francis (2001), « E. Armand and *la camaraderie amoureuse* : Revolutionary Sexualism and the Struggle against Jealousy », *Research Papers*, n° 40, International Institute of Social History, Amsterdam.

Nettlau Max (1971), *Histoire de l'anarchie*, Tête de Feuilles, Paris.

Proudhon Pierre-Joseph (1849), *Confessions d'un révolutionnaire*, rééd. M. Rivière, Paris.

— (1851), *Idée générale de la révolution au XIXe siècle*, rééd. M. Rivière, Paris.

— (1860), *De la justice dans la Révolution et dans l'Église*, rééd. M. Rivière, Paris.

Rémond René (1982), *Les Droites en France*, Aubier-Montaigne, Paris.

Ronsin Francis (1980), *La Grève des ventres*, Aubier-Montaigne, Paris.

Touchard Jean (1977), *La Gauche en France depuis 1900*, Seuil, Paris.

30

Naissance du syndicalisme

JEAN-WILLIAM DEREYMEZ

JEAN TOUCHARD [1977] RÉPERTORIAIT « trois gauches » à l'œuvre dans les années 1900 : le radicalisme, le socialisme et le syndicalisme révolutionnaire. La comparaison avec les autres grands pays industrialisés d'Europe montre que la France a connu — et connaît encore — un écart affirmé entre mouvements politiques et organisations syndicales, qui revendiquent fortement leur indépendance. Faut-il déceler une fois encore une « exception française » ? Le « modèle français » diffère en effet profondément du « modèle anglais », dans lequel l'organisation politique, le *Labour*, vit le jour comme émanation du mouvement syndical, et du « modèle allemand » de subordination du syndicat au parti. En France, cette « indépendance » fait entrevoir une évolution parallèle entre une gauche politique, elle-même bigarrée, jamais véritablement regroupée en une organisation unique et une « gauche » syndicale, d'abord relativement unie, puis divisée, enfin émiettée.

Cette spécificité autorise-t-elle à parler d'autonomie ouvrière ? Faut-il, comme on le fait souvent, voir dans la séparation le reflet d'une sociologie particulière des ouvriers français ? Faut-il y déceler le poids, trop léger pour certains, trop pesant pour d'autres, du marxisme ? ou de la persistance de l'influence proudhonienne dans le mouvement ouvrier français ? ou de l'éclatement du socialisme en chapelles concurrentes poussant les syndicalistes à l'autonomie vis-à-vis des « sectes » socialistes ?

Faut-il, pour mieux comprendre cette « séparation », considérer la seule période 1870-1895, ou doit-on remonter plus loin dans le passé, au début du XIXe siècle, voire à l'Ancien Régime ? La cassure se produisit-elle entre 1876 et 1880, ou plus tôt, comme le pense par exemple Tony Judt, pour qui les deux voies, politiques et syndicales, très proches jusqu'en 1848, s'éloignèrent ensuite sous l'effet des transformations du Second Empire [Judt, 1987] ? Doit-on même rattacher le courant syndicaliste, révolutionnaire ou non, en tout cas « autonome », à la « politique du peuple », action spécifique dans la France rurale d'Ancien Régime, qui aurait survécu à la Révolution et à l'industrialisation [Dupuy, 2002] ?

La maturation (jusqu'en 1871)

Stricto sensu, le syndicalisme apparut en France dans les années 1860, plus tard qu'en Grande-Bretagne. *Lato sensu*, il tire ses origines de la solidarité préindustrielle de groupes sociaux organisés devant les difficultés de la vie, la conscience spontanée que le groupe résiste mieux que l'individu aux aléas de l'existence. L'isolement de l'individu dans un environnement social hostile, particulièrement en cas de difficultés conjoncturelles, en l'absence d'une puissance tutélaire étatique suffisante [Nozick, 1988], conduit en effet à deux stratégies alternatives (si l'on écarte la délinquance, individuelle ou collective) : trouver la protection d'un plus puissant que soi, dans un rapport de soumission, une relation inégalitaire de type individuel, « d'homme à homme », relevant du clientélisme ou du patronage ; ou s'associer, dans le cadre d'une relation égalitaire de type collectif. Au terme « collectivisme », trop connoté et étendu, nous préférons l'expression « solidarité de groupe ». Cette solidarité, comme l'a précisé Pierre Leroux dès 1840, se distingue de la charité, unilatérale ; elle est une *dépendance mutuelle*, réciproque — une relation d'interdépendance « organique », dirait Durkheim.

Le syndicalisme met en œuvre la solidarité dans le cadre d'une profession où la dimension du travail s'avère, de fait, essentielle. Si la solidarité professionnelle joue entre l'employé et l'employeur, elle débouche sur le corporatisme ; si elle naît au sein des employés, elle fait éclore sinon la « conscience de classe », du moins la « conscience d'état » autour du métier, voire de la catégorie à l'intérieur d'un métier : l'égoïsme de l'individu peut alors se trouver reproduit à l'échelle du groupe dans un esprit catégoriel. Le concept de solidarité, même professionnelle, ne saurait néanmoins rendre compte à lui seul du syndicalisme ; une autre notion, celle de résistance, entre en jeu pour faire véritablement le départ entre les différents types d'organisation ouvrière. La solidarité constituerait alors une étape nécessaire à dépasser pour accéder à une autre forme d'action dont le vocable de « lutte », devenu quasi mythique, rend bien compte.

Établir une généalogie lointaine du syndicalisme dans des contextes fort dissemblables semble hasardeux. Pourtant, depuis l'Antiquité, un fil conducteur peut être suivi entre des modes d'association conduisant au syndicat. Partant de l'hypothèse que le syndicalisme naquit de la solidarité, nous trouvons ses origines lointaines dans les collèges, confréries et corporations, ces associations charitables qui, à Rome, se proposaient un but commun d'ordre religieux, funéraire et professionnel. Le but essentiel de ces confréries, l'entraide en cas de malheur, impliquait la création d'une caisse commune, alimentée par un premier et fort versement à l'adhésion, puis par des cotisations à échéances régulières, parfois un local commun et des administrateurs. Au Moyen Âge, les corporations prospérèrent sous diverses appellations : « amitiés », « fraternités », confréries dans lesquelles souvent la préoccupation religieuse rejoignait le souci professionnel. Des statuts définissaient leurs structures. La franc-maçonnerie releva de cette catégorie. Peu à peu, certaines devinrent des confréries de « salariés », ou plutôt d'employés, et prirent le nom de « compagnonnages ». D'associations d'entraide développées avec le tour de France, elles se transformaient parfois en groupe de résistance. Le compagnonnage, proche de la franc-maçonnerie, constituant comme elle un « ordre initiatique » [Ligou, 1993], manifestait une propension au secret due à la méfiance de l'État, à l'hostilité des maîtres, au souci de réserver les privilèges à quelques-uns. Outre un accueil, important pour des travailleurs voyageurs, l'association offrait une aide en cas de difficulté, sous la forme du viatique, subsides versés en cas de cessation momentanée d'activité professionnelle, pour cause de chômage ou de maladie. Le compagnonnage connut un vif essor sous la Restauration et la monarchie de Juillet. Divisé en plusieurs obédiences (ou devoirs), il s'épuisa en rivalités, déclinant à partir du milieu du XIXe siècle, ne correspondant plus aux catégories dominantes de salariés, souffrant de son caractère ésotérique, de ses archaïsmes et de son élitisme. Des conflits internes violents opposèrent compagnons et aspirants, qui, en 1830, fondèrent une Société de l'union des travailleurs du tour de France, abandonnant rites et secrets, adoptant la forme de la société de prévoyance pour masquer leurs véritables activités [Coornaert, 1966].

La loi Le Chapelier du 14 juin 1791, après l'abolition des corporations, interdit les « coalitions », supprimant théoriquement toute association professionnelle, corporation, société mutuelle, compagnonnage. Cette interdiction a une double origine. D'abord l'hostilité traditionnelle de l'État français envers les associations professionnelles : dès le XVIe siècle, la monarchie française multiplia ordonnances et autres lettres patentes interdisant les organisations professionnelles. Ensuite, le ralliement au libéralisme des hommes de 1789-1790. Ce libéralisme plonge ses racines politiques chez certains représentants des Lumières, œuvrant en vue de la disparition des corps intermédiaires, chers à Montesquieu, mais que Rousseau appelait de ses vœux. L'obsession de l'unité de la nation chez la plupart des constituants s'inspire de cette crainte « rousseauiste » de l'apparition d'intérêts collectifs limités à une partie du corps social. Sur le plan économique, les constituants, subissant l'influence des physiocrates, veulent légiférer au nom de la liberté, de l'efficacité, bref de la modernité : les associations professionnelles apparaissent comme d'insupportables obstacles sur le chemin de la liberté, en l'espèce celle d'entreprendre. À la conception individualiste des droits politiques correspond une vision individualiste des relations de travail, dans lesquelles l'entrepreneur se tient seul face au salarié, lui-même individualisé. Le droit de propriété, érigé en droit naturel imprescriptible par la Déclaration des droits de l'homme, concerne, pour certains constituants, non seulement l'appropriation de biens meubles ou immeubles, mais aussi la liberté du travail, l'article 4 dénonçant l'entente professionnelle comme « attentatoire à la liberté et à la Déclaration des droits de l'homme ».

Les dispositions législatives ou réglementaires qui suivirent renforcèrent la répression, particulièrement celle des ouvriers. La loi du 22 germinal an XI imposa le livret ouvrier, réglementant placements et déplacements des travailleurs, instrument de police favorable aux employeurs. Le Code pénal de 1810 soumettait à autorisation gouvernementale les associations de toute nature de plus de vingt personnes, énonçait des peines, d'ailleurs différentes, pour les coalitions ouvrières ou patronales. Quant au Code civil, il tablait sur la bonne foi patronale dans les contrats de louage. Le pouvoir se montra plus sévère à l'égard des tentatives d'organisation des salariés que face à celles de leurs employeurs et, dans les faits, les coalitions patronales — il est vrai plus rares — ne donnèrent guère lieu à poursuites. Procureurs et préfets hésitèrent toutefois sur la conduite à tenir, prirent des décisions contradictoires : certains, armés de la loi Le Chapelier, tentaient d'éradiquer le compagnonnage, d'autres le toléraient. Parmi les associations professionnelles, les sociétés de secours mutuels se sont trouvées relativement épargnées.

Les confréries d'Ancien Régime disparurent presque entièrement tant du fait de cette législation libérale que de la lutte antireligieuse, même si certaines cependant réussirent à survivre — une quarantaine seulement en 1800. Cette disparition ne fut pas compensée, malgré quelques velléités, par une politique de protection sociale d'État. Le Consulat puis l'Empire tolérèrent les sociétés de secours, tout en les surveillant étroitement. Faute de pouvoir empêcher la renaissance du mutuellisme, les autorités, impériales puis royales, tâchaient de l'encadrer. Ainsi se créèrent, entre 1800 et 1814, plus d'une centaine de groupements mutuellistes [Bennet, 1975], sous l'autorité du ministre de l'Intérieur, militant activement en faveur de la création de sociétés dans les départements manufacturiers [Laurent, 1973]. Le Second Empire, après la reconnaissance officielle des sociétés de secours mutuels par la Seconde République, les encadra encore plus étroitement.

Son caractère semi-officiel n'empêcha pas le mutuellisme de constituer l'une des sources principales du syndicalisme, et certaines sociétés de développer un fort esprit de résistance. Comment éviter en effet que les mutuellistes, en dépit de la surveillance, n'en viennent à traiter dans leurs réunions de questions professionnelles ? Les efforts des autorités pour saper la base professionnelle des sociétés en mêlant les métiers échouèrent le plus souvent. On vit même dès 1808-1809 se former des sociétés à l'intérieur de certaines entreprises. Certaines de ces « boîtes de secours », ainsi qu'on les nommait encore à l'époque, selon un usage attesté dès le XIIIe siècle, se transformèrent en véritables « sociétés de résistance » notamment à Paris, Lyon, Bordeaux. Celles-ci accordaient des indemnités à leurs membres pour des raisons autres que la maladie ou le chômage économique. Si leur rôle dans les grèves — « sauvages » puisqu'illégales — ne semble pas avoir été déterminant, nombre de sociétés de secours participèrent à des insurrections ouvrières.

La genèse directe du syndicalisme passa par quatre moments décisifs : la décennie 1830-1840, 1848, la période libérale du Second Empire, la Commune. Les années 1830 correspondent à la naissance du mouvement ouvrier, pour lequel l'exemple anglais paraît déterminant. La Grande-Bretagne, où la révolution industrielle s'achevait alors qu'elle débutait en France, fut en effet le théâtre d'un grand mouvement social et politique. L'organisation sociale s'incarna dans les premières *Trade Unions* ; l'organisation politique dans la National Union of Working Classes, la Working Men's Association, initiatrice principale du mouvement chartiste, transformée en National Charter Association. Ces organisations, pourtant puissantes, furent éphémères et le chartisme s'effondra rapidement après 1848. Malgré tout, les ouvriers britanniques avaient ouvert la voie. En France, sans atteindre cette ampleur, le mouvement prit aussi une double forme, sociale avec la revendication, entre autres, des « tarifs », c'est-à-dire de salaires de référence, qui amorçaient une réglementation collective des relations patrons-ouvriers dans le domaine de la rémunération ; politique, avec la déception née de la confiscation de la révolution de 1830, l'absence totale de changement, tant espéré, de la condition ouvrière, l'inaction des gouvernants devant les effets de la crise économique. Ainsi une rencontre se forma entre sociétés mutuelles, transformées parfois en sociétés de résistance, groupes républicains, voire penseurs sociaux : le lent rapprochement entre mouvement ouvrier et mouvement républicain s'effectuait grâce à des organisations comme la Société des droits de l'homme ou aux liens tissés en prison entre militants des deux mouvements.

Pour reprendre la métaphore du cri filée par Dolléans, la « plainte » émanant des compagnons et ouvriers se transforma alors en une « clameur ». Manifestations, grèves, mouvements insurrectionnels se multiplièrent, particulièrement à Paris et à Lyon. Les grèves sous la monarchie de Juillet, malgré les accusations portées contre les organisations, conservaient le plus souvent un caractère spontané : elles étaient le plus souvent déclenchées en réaction à un événement précis, introduction d'une machine, avec des accès de luddisme (la destruction des machines), réduction du « tarif », prolongement de la journée de travail etc., s'achevant souvent sur un échec. Des organisations de secours et de résistance se créèrent aussi ou se réorganisèrent, tandis qu'apparaissaient les premiers journaux ouvriers [Cuvillier, 1914], les organisations ouvrières tenant souvent à la fois de la société de secours mutuel, de la coopérative, de la société de résistance. Certaines organisations survécurent, parfois dans la clandestinité : la Charbonnerie reprit même du service.

L'année 1848 constitua un moment clé, celui que Georges Duveau nomma l'« illusion lyrique ». À ses débuts, 1848 conjuguait la ferveur républicaine, l'influence du socialisme « utopique », l'ouvriérisme et le développement des organisations ouvrières. Avec la révolution de Février, considérée comme une révolution du peuple, les classes populaires pensaient bénéficier du régime de leur souhait, tant régnait la croyance ouvrière dans la capacité de la République, Marianne bienfaisante, à résoudre la question sociale, alors particulièrement aiguë en raison de la crise des années 1846-1848. Le rôle des penseurs sociaux culmina alors, avec les disciples de Saint-Simon, de Fourier, de Considerant, de Cabet, développant un « socialisme utopique » très souvent mâtiné de christianisme comme chez Buchez ou Leroux. En même temps, 1848 reconnaissait à l'ouvrier sa place, proclamant le « droit au travail », créant, à défaut de ministère du Travail, une « commission du gouvernement pour les travailleurs », installée symboliquement au Palais du Luxembourg, ancien siège de la Chambre des Pairs, et à laquelle collaborèrent Louis Blanc, l'ouvrier Albert, Pierre Leroux, etc. Cette commission, dont les réunions ne durèrent pas plus de deux mois, vota une série de résolutions ou de mesures sociales, amorce de « législation protectrice », comme la réduction à dix ou onze heures de la journée de travail (décret des 2-4 mars 1848), l'abolition des bureaux de placement et le placement gratuit, la réforme des conseils de prud'hommes donnant une plus grande place aux salariés (décret du 27 mai 1848), etc. 1848 vit aussi le développement des organisations auxquelles le décret du 25 février donnait une grande liberté de création et de réunion, alors que la Constitution de novembre reconnaissait le droit d'association. Sans parler des clubs, dont le recrutement dépassait largement le milieu des travailleurs, des organisations de toute nature virent le jour ou s'étoffèrent, sociétés de secours et/ou de placement, coopératives de consommation ou de production, groupements politiques et sociétés de résistance. Nombre d'organisations possédaient plusieurs, voire l'ensemble, de ces caractères. Elles regroupèrent des milliers de membres. Le mot « association » connut alors une grande fortune, sous la plume de penseurs sociaux comme Proudhon, mais aussi, de manière plus surprenante, de Blanqui.

Après les élections d'avril 1848, la situation évolua vite. La suppression des ateliers nationaux par l'Assemblée constitua un *casus belli*, privant les sans-travail de l'indemnité que représentait l'admission dans ces organismes d'État regroupant alors plus de 100 000 chômeurs. Moment tragique, les journées de Juin (23-26) à Paris virent l'écrasement des insurgés. Juin 1848 paraît assez typique du mode d'intervention spécifique des ouvriers dans la vie politique et sociale jusqu'en 1871, à savoir l'insurrection. Cette attitude possède plusieurs dimensions : celle, d'« Ancien Régime », des « émotions populaires », du lien direct entre une crise économique et sa traduction sociale, puis politique, celle qui puise dans l'esprit romantique, d'autres enfin qui témoignent de l'influence du babouvisme et du blanquisme.

Après Juin, vint la phase de désillusion ouvrière. Les Assemblées, dont la majorité passa d'une vision des « classes laborieuses » à celle de « classes dangereuses », pour reprendre les expressions de Louis Chevalier, revinrent sur les mesures sociales votées précédemment, cherchant à limiter le rôle des organisations ouvrières, puis le poids politique direct du prolétariat. Ainsi les députés portèrent la durée du travail à 12 heures, allégeant les sanctions pour les contrevenants. Mesures de police et poursuites judiciaires limitèrent les efforts des organisations, déjà frappées par la précarité, leurs dirigeants décimés par la répression des journées de Juin, puis par celle qui suivit le 13 juin 1849. La première tentative de fédérer les nombreuses associations, conduite notamment par Jeanne Deroin, fut brisée par les autorités. Le débat institutionnel opposa partisans du « droit au travail » à ceux de la « liberté du travail » : ces derniers critiquaient l'« État-entrepreneur », ne toléraient que l'« État charitable », et mettaient en avant le droit de propriété. La loi électorale du 31 mai 1850 priva du droit de vote un tiers du corps électoral, essentiellement composé d'ouvriers. Enfin, la loi du 15 juillet 1850 rétablit l'autorisation pour les sociétés de secours mutuel. On saisit mieux dès lors la relative apathie ouvrière, née de la déception envers la République, lors du coup d'État du 2 décembre 1851.

Malgré les mesures antiouvrières édictées par le nouveau régime — mise sous tutelle des sociétés de secours mutuel, auxquelles les autorités interdirent toute activité de défense professionnelle ; limitation des libertés prud'homales ; renforcement du système du livret ouvrier —, le Second Empire favorisa les transformations économiques, accélérant l'émergence des grandes entreprises et du prolétariat industriel dans une France où l'artisanat pesait encore d'un grand poids. Napoléon III, qui souhaitait se concilier les classes populaires et se piquait d'idées « sociales », multiplia les tentatives de séduction des ouvriers. Encouragées par le groupe dit du Palais-Royal, cercle d'anciens saint-simoniens, elles permirent la participation de délégués ouvriers à l'exposition universelle de Londres de 1862. Les autorités prirent aussi une série de mesures favorables à l'organisation ouvrière. Modifiant le Code pénal, la loi de 1864, au contenu paradoxalement menaçant, autorisait *a contrario* les coalitions, donc les regroupements temporaires et la grève, à condition que la liberté du travail fût respectée. Comme le remarque Françoise Soubiran-Paillet, la notion d'ordre public s'inversa alors : ce qui jusque-là constituait un trouble à celui-ci, la coalition, permettait désormais d'y concourir, en prévenant de pires désordres. La circulaire du ministre de l'Intérieur et la lettre du ministre du Commerce de 1866 recommandaient l'indulgence aux autorités préfectorales envers les réunions « syndicales », tandis qu'était aboli l'article du Code civil consacrant jusque-là l'inégalité de la valeur de la parole de l'employeur et celle de l'employé. Le 29 novembre 1866, l'État institua une commission pour préparer l'exposition universelle de Paris de 1867. Elle incitait les travailleurs à former des chambres syndicales, dans un but de formation pour aider les ouvriers à mettre en place des coopératives et des sociétés de secours mutuel. Le rapport du ministre de l'Agriculture du 31 mars 1868 aboutit à l'assouplissement de la réglementation des réunions publiques (loi du 16 juin 1868).

Le Second Empire vit donc les débuts d'une véritable organisation syndicale, au sens moderne du terme. L'élection des délégués ouvriers à l'exposition de Londres de 1862 se déroula dans le cadre de sociétés mutuelles et grâce à l'action d'une commission ouvrière, dont les délégués, près de deux cents, découvrirent les réalisations anglaises, dans le domaine des conditions de travail et de vie et de l'organisation ou de l'intervention politique au Parlement. La plupart des délégués, hostiles à l'action purement politique, telle que la préconisaient blanquistes et républicains, se réclamaient de Proudhon, de l'action « économique », par le biais des coopératives et des mutuelles. Les Français suivirent à leur retour cet exemple et celui des patrons français qui instituaient des chambres de commerce, voire des chambres syndicales patronales. Dès 1863 se développèrent les chambres syndicales, appellation apparue en 1866 selon Maxime Leroy, signalant que le terme « syndicat » s'appliquait à l'organisation elle-même, l'expression « chambre syndicale » désignant le comité d'administration [Lefranc, 1975]. Les militants, dont Eugène Varlin, tentèrent un essai de Chambre fédérée des sociétés ouvrières, amorce de bourse du travail, à Paris, en décembre 1869, bientôt suivi par d'autres, Varlin songeant à confédérer ces chambres. Verticalement, naquit une chambre syndicale des chapeliers de France, ébauche de fédération de métier.

En fait, tous les types d'organisation progressèrent : coopératives, de crédit mutuel, de consommation comme de production, sociétés de secours mutuel, chambres syndicales. La tolérance impériale permettait aussi un contrôle administratif par le dépôt des statuts et des noms des dirigeants auprès des autorités. Cette montée des organisations dans des professions encore largement dominées par la production artisanale s'effectua aussi sous l'égide de l'Association internationale des travailleurs (AIT, la « Ire Internationale »), créée à Londres le 28 septembre 1864 à l'initiative de Henri-Louis Tolain et de travailleurs anglais, fédération de groupes divers, voire disparates, qui essaima d'abord lentement, en particulier en France, puis plus rapidement après 1868. Au-delà des estimations fantaisistes de ses contempteurs, elle atteignit des chiffres d'adhésion très élevés, supérieurs à 200 000 : « Au printemps 1870, notait l'auteur de l'*Histoire du mouvement ouvrier*, la France allait être enveloppée d'un réseau de sections » [Dolléans, 1953]. Malgré divisions et déclin, le rôle des internationaux n'en demeura pas moins déterminant dans l'éclosion des organisations.

Les revendications ouvrières s'affirmèrent parallèlement. De retour de Londres, les délégués à l'exposition avancèrent dans leurs rapports des réclamations portant sur le développement des chambres syndicales, le renforcement des sociétés de secours dont les attributions devaient être étendues aux retraites, celui des coopératives de production, le droit de grève. Par le manifeste des Soixante (17 février 1864), rédigé par des ouvriers à l'occasion d'élections législatives complémentaires — il faut souligner le rôle des élections, celles de 1863 et de 1869, dans la prise de conscience de l'autonomie ouvrière —, les militants réclamaient l'abrogation des lois anticoalition, le droit de créer des chambres syndicales élues au suffrage universel, l'instruction primaire et professionnelle pour tous, affirmaient hautement : « Le suffrage universel nous a rendus majeurs politiquement, mais il nous reste encore à nous émanciper socialement. [...] Droit politique égal implique nécessairement un droit social égal. » La montée des revendications, dont celle de la journée de huit heures qui apparaît alors, prit aussi la forme d'une fièvre gréviste, dans les années 1862-1864, et surtout à la fin du Second Empire (1869-1870), marquée par un retournement de conjoncture économique et la poussée de l'opposition républicaine. Ce mouvement social, à Saint-Étienne, au Creusot et ailleurs, montra les limites de la bonne volonté impériale : les autorités intentaient des procès à de présumés « internationaux », et réprimaient durement les démonstrations ouvrières à La Ricamarie ou à Aubin (juin et octobre 1869).

Durant toutes ces années, et encore pendant une partie de la IIIe République, l'influence de Proudhon sur le mouvement ouvrier français se manifesta fortement. Lyrique souvent, provocatrice tantôt, désordonnée parfois, odieuse même — songeons à son antisémitisme proclamé —, la pensée de Proudhon marqua, marque encore, le mouvement social français. Elle reposait sur une triple critique : celle du capitalisme, qui, par la séparation du capital et du travail, crée la violence entre classes sociales ; celle de l'autorité ; celle de l'État, de la centralisation étatique « envahissante », les « attributions de l'État grandiss[a]nt continuellement aux dépens de l'initiative individuelle, corporative, communale et sociale ». Pour dépasser cet état de fait, Proudhon, non sans parfois critiquer le « peuple », « partie la plus barbare et la plus rétrograde de la société », insistait sur le rôle de la classe ouvrière comme élément dirigeant du mouvement social, classe qui devait accéder à la conscience de soi, être en mesure de formuler la doctrine de sa propre situation. L'autonomie ouvrière, dont Proudhon tressait l'éloge (Proudhon parlait de « capacités ouvrières » — titre de l'un de ses ouvrages —, reposant sur leur place dans le travail, particulièrement le travail manuel), devait déboucher sur l'association, base d'une société égalitaire, décentralisée, fédérale, réalisée concrètement dans les sociétés ouvrières de production, dans la commune autonome, dans les provinces, la fédération à l'échelon national, la confédération à l'échelle internationale. Ces idées nourrirent réflexion et action du mouvement syndical français.

La Commune de Paris (du 18 mars au 28 mai 1871) fut un moment fort et même décisif dans l'organisation et l'action ouvrières. Il est moins connu que les chambres syndicales, patronales et ouvrières, tentèrent en vain une conciliation entre Versaillais et communards. Pour les marxistes, en particulier Marx lui-même et Lénine, la Commune fut sans conteste un « gouvernement prolétarien », un « État prolétarien », modèle des États socialistes à créer. Des historiens remirent en question cette interprétation en montrant que les communards, loin d'être tous des ouvriers, appartenaient souvent à la petite bourgeoisie, comme l'écrivain Jules Vallès, que ceux que l'on peut qualifier d'« ouvriers » ne relevaient pas toujours du prolétariat moderne, mais plutôt du monde de l'atelier et de la boutique. D'autre part, les communards se partageaient en factions antagonistes, dont peu adhéraient vraiment au socialisme. La répression qui s'abattit pendant et après la Semaine sanglante décapita le mouvement ouvrier pour une dizaine d'années. Les dirigeants ouvriers et socialistes, du moins ceux qui échappèrent aux exécutions, contraints à l'exil, ne purent revenir en France qu'après le vote d'une amnistie, en 1879-1880 — l'état de siège n'avait été levé qu'en 1876. Dernière grande insurrection ouvrière, la Commune poussa les historiens, après Jacques Rougerie, à poser l'alternative : « aurore ou crépuscule » ?, dernière révolution du XIXe siècle ou première révolution moderne du XXe siècle, comme l'affirmaient majoritairement les marxistes ? L'idée de révolution ne s'évanouit pas, bien au contraire, mais se réincarna dans la grève générale. Enfin la Commune atteignit, dans l'imaginaire des militants ouvriers, la dimension d'un mythe, la commémoration des événements de mars-mai 1871 devenant un des devoirs obligés des organisations syndicales et socialistes.

L'organisation (après 1871)

Malgré la violente répression qui se prolongea après la Semaine sanglante, la création des chambres syndicales ne cessa jamais tout à fait. En 1875, on en recensait 135, l'année suivante 182 avec 33 000 adhérents, en 1881, 500 (60 000 membres) dont 150 à Paris, chiffres modestes par rapport aux cinq millions de salariés de France, mais en progression constante. Ces organisations changèrent sensiblement de nature vers 1876 : d'abord à la fois société de secours mutuel, coopérative, société de résistance, la « chambre syndicale » devint une catégorie spécifique « axée sur le règlement des conflits et l'organisation de la profession » [Soubiran-Paillet, 1999].

La liberté syndicale ne vint pas au même rythme que la démocratie parlementaire. La loi Le Chapelier, « loi terrible » selon Jean Jaurès, était réaffirmée en 1879, et le Code pénal était toujours en vigueur ; la nécessité d'autorisation des associations de plus de vingt membres perdurait, soulignant ainsi la précarité des chambres syndicales. Certaines associations agissaient dans une semi-clandestinité, du fait de la surveillance et de la répression patronales, trop souvent négligées par les analystes qui ne voyaient que deux protagonistes, salariés et État, là où en coexistaient en fait trois, salariés, État et employeurs. Les gouvernements des années 1870 réprimèrent davantage que l'Empire, remettant souvent en cause les tolérances de 1864-1868. Les autorités craignaient par-dessus tout le regroupement des organisations en fédérations ou, pis encore, en confédération, en bref la reconstitution de l'Internationale. La tenue des congrès nationaux ouvriers inquiétait les gouvernants. En revanche, les autorités encouragèrent vivement coopératives et sociétés de secours mutuel, non sans les surveiller, en appliquant les mesures légales et réglementaires du Second Empire. Le succès des mutuelles — 846 000 adhérents en 1870, 3 750 000 en 1905, plus qu'un quadruplement — trouva son acmé symbolique dans le banquet de la Mutualité du 30 octobre 1904 qui, avec ses 30 000 convives, dépassa le fameux banquet des maires de 1900.

Les autorités passèrent cependant progressivement de la répression à la répression-tolérance, puis à la reconnaissance. Le contexte européen favorisait les évolutions. À peu près partout en Europe, des allers et retours de la législation se produisirent, mais un *trend* général de reconnaissance se déroula dans les décennies 1870 [Robert *et al.*, 1997], à la charnière de la première et de la deuxième révolution industrielle. L'influence des modèles étrangers sur la France ne fut pas sans importance : le Parlement français ne vota-t-il pas la loi de 1884 alors que le chancelier Bismarck commençait, depuis 1881, à appliquer ses lois « sociales » ? En Grande-Bretagne, la revendication émanait principalement des ouvriers et des syndicalistes eux-mêmes qui, par l'intermédiaire de parlementaires amis, faisaient office de groupes de pression. En France, la majorité des syndicalistes se montra réticente envers toute législation. La question se posa de l'utilité d'une loi spécifique à propos des syndicats : lors des débats, des députés proches de l'extrême gauche la rejetaient, lui préférant un texte régissant le droit d'association. Le mouvement social tint cependant un rôle dans la légalisation. Toute liberté publique ne naît pas *ipso facto,* mais doit souvent s'acquérir par une action collective. Ainsi la force de la revendication ouvrière put-elle (dut-elle ?) contraindre à la légalisation, ne serait-ce que pour canaliser la syndicalisation existante, le droit entérinant le fait. Le syndicalisme pouvait devenir instrument d'une rationalisation des rapports sociaux qui à son tour engendrerait la conciliation sociale.

Tels furent les arguments des promoteurs de la loi dans les discussions qui se déroulèrent entre 1876 et 1884. Ce n'est en effet qu'en 1884, soixante ans après la Grande-Bretagne, que la France autorisa les syndicats par la loi du 21 mars. Précédée de plusieurs essais, elle fut votée sous l'égide du ministre de l'Intérieur Waldeck-Rousseau, sur la base d'un projet de loi déposé le 22 novembre 1880, exemple de la lenteur de l'adoption des lois sociales en ces débuts de IIIe République. Pour les défenseurs de la loi, le droit syndical ne saurait menacer l'ordre établi, la répression provoquant à l'inverse toujours l'action clandestine, avec le risque d'ouvrir la voie à la « révolution violente » : *in fine*, le syndicalisme devenait facteur d'ordre, contribuant même à l'élévation morale et intellectuelle de l'ouvrier [Kieffer, 1986]. Légaliser, c'était aussi contrôler, sortir d'une situation ambiguë dans laquelle la tolérance et le fait accompli permettaient l'existence d'organisations sans statut légal. La question de la personnalité civile des syndicats donna lieu à de nombreux échanges, ses partisans arguant de la nécessité de responsabiliser les dirigeants syndicaux, les nostalgiques de l'Ancien Régime, tels Albert de Mun, rêvant d'un retour aux corporations. Autre sujet de débats, les unions de syndicats qui, selon les étapes de la rédaction des textes et des navettes entre la Chambre des députés et le Sénat, furent autorisées ou interdites. La crainte exprimée par beaucoup était de les voir glisser vers les questions politiques, le spectre de l'AIT hantant toujours les esprits. Enfin l'abrogation de l'article 416 du Code pénal punissant les atteintes à la liberté du travail provoqua aussi d'âpres échanges.

Désormais, la constitution d'un syndicat était libre, nécessitant cependant un dépôt des statuts et des noms des administrateurs auprès des autorités. Dans la mesure où le législateur écartait toute affiliation obligatoire, l'adhérent se trouvait libre de quitter le syndicat, défini comme une « association professionnelle » de personnes « exerçant la même profession, des métiers similaires ou des professions connexes » ayant « pour objet l'étude et la défense des intérêts économiques, industriels, commerciaux et agricoles », et donc pas davantage... Le syndicat bénéficiait de la personnalité juridique, disposait du droit d'ester en justice, fortement limité ensuite par la jurisprudence, de posséder des immeubles, de créer des sociétés de secours, des caisses de retraites, des bureaux de placement. La loi admit les unions, mais de façon ambiguë, sans personnalité juridique. Qui bénéficiait du droit établi par la loi de 1884 ? L'ensemble des salariés, voire « des hommes », ou seulement les salariés du secteur privé, à l'exclusion des fonctionnaires ? En France, l'État refusa longtemps à ses fonctionnaires un droit syndical qui ne fut reconnu qu'en 1946. Autre catégorie privée de ce droit par la loi de 1884, les étrangers, ainsi que l'établissait l'article 10. En revanche, le champ de la loi s'étendait aux employeurs, au commerce et à l'agriculture.

Les militants, dans leur ensemble, accueillirent fort mal les projets et propositions, puis la loi elle-même. La déclaration, à effectuer en mairie, apparaissait comme un moyen de contrôle social, par l'État, voire par le patronat, souvent représenté dans les municipalités. Si les mutuellistes penchaient pour la légalisation, les guesdistes s'y opposaient, dénonçant ce « piège tendu au prolétariat », les possibilistes y voyant même « une loi contre les syndicats ». Cinquin concluait que « le prolétariat n'a[vait] nul besoin de lois qui, sous des apparences libérales, ne [faisaient] qu'entraver la liberté », attitude « a-légaliste » que l'on retrouve dans le syndicalisme révolutionnaire. En tout cas, dans un premier temps, nombre de syndicalistes refusèrent de se déclarer. Les employeurs, rejetant très longtemps l'existence de syndicats au sein de leur personnel et plus encore dans leurs usines, accueillirent sans enthousiasme la loi Waldeck-Rousseau, ce qui ne les empêcha pas de l'utiliser pour créer leurs propres organisations, telles que le Comité des forges en 1887. La législation influence-t-elle les réalités sociales ?, se demande-t-on parfois en sociologie du droit. Dans le cas de la reconnaissance légale des syndicats, se créa une sorte de « cercle vertueux », l'existence des syndicats, malgré l'interdiction, finissant par donner naissance à la législation qui, à son tour, suscita des créations de syndicats, ou du moins accéléra leur formation. En France, avant mars 1884, des chambres syndicales existaient, mais elles se multiplièrent à l'évidence après cette date. Des groupements confessionnels, des syndicats agricoles, des fédérations se formèrent alors.

Les chambres syndicales rassemblaient les ouvriers d'une même entreprise, ou plus fréquemment, ceux d'un même corps de métier exerçant dans une même localité. Cependant, dès la constitution des premières chambres, les militants souhaitèrent les regrouper, sur une base locale (bourse du travail ou fédération régionale) ou par branche (fédération d'industrie). À ces regroupements permanents, s'adjoignirent des rassemblements temporaires, les congrès ouvriers. La série des congrès ouvriers fondateurs s'ouvrit en 1876, pour s'achever avec la naissance de la CGT presque vingt ans plus tard. Celui de Paris (2 au 10 octobre 1876) se réunit à l'initiative d'une délégation ayant participé à l'exposition de Philadelphie et du journal radical *La Tribune*, qui défendait, sur le modèle anglais, le principe du « congrès » ouvrier, organisme en fait permanent avec des réunions périodiques. Le comité d'initiative, essentiellement parisien, de ce congrès, le voulait « exclusivement ouvrier » parce que « tous les systèmes, toutes les utopies que l'on a reproché aux travailleurs ne sont jamais venus d'eux ; tous émanaient de bourgeois, bien intentionnés sans doute, mais qui allaient chercher les remèdes à nos maux dans des idées et des élucubrations au lieu de prendre conscience de nos besoins et de la réalité ». Reprenant l'expression fameuse de l'AIT, les organisateurs affirmaient que « les travailleurs entend[ai]ent faire eux-mêmes leurs propres affaires ». Aussi le congrès fut-il composé exclusivement de 350 délégués des chambres syndicales, dont une centaine de provinces, à l'exclusion de représentants des organisations politiques. Largement dominé par les mutuellistes et les coopérateurs, le congrès de Paris mit à son ordre du jour huit questions pratiques (travail des femmes, prud'hommes, enseignement professionnel, coopératives ouvrières, caisses de retraites et d'assurance), mais aussi politiques (représentation ouvrière au Parlement). Il appela de ses vœux des réformes pour que « le prix du travail [fût] vraiment rémunérateur », que « l'ouvrier [eût] le moyen de s'assurer contre le chômage, la maladie et la vieillesse », bénéficiant de « toutes les améliorations [pour] la solution de la question sociale ». Coopérateurs et mutuellistes ne s'accordèrent pas toujours, tant sur la question de la légalisation des syndicats que sur celle des retraites, certains observateurs faisant le départ entre mutuellistes proudhoniens, hostiles à l'État, et mutuellistes réformistes, dont les positivistes. Ces prises de position provoquèrent l'ire des blanquistes dont celle d'Édouard Vaillant, qui dénonça depuis son exil ces « syndicaux de formation versaillaise », « auxiliaires [...] du monde bourgeois », animés par la « haine de la Révolution ».

Le second congrès, celui de Lyon, devait se tenir en 1877, l'annualité ayant été décidée pour ces assises ouvrières, mais les événements politiques contraignirent à un report (28 janvier-8 février 1878). Il regroupa des délégués moins nombreux, mais venant de toute la France, de régions beaucoup plus diverses que le précédent. Dominé par les modérés, il étudia à nouveau les questions débattues en 1876, repoussant toute idée de grève, les mêmes oppositions à propos du rôle de l'État divisant les mutuellistes. Des militants révolutionnaires y exposèrent les thèses collectivistes sur la propriété des moyens de production et d'échanges, ne recueillant que quelques voix. Leurs positions progressèrent cependant entre 1876 et 1878 parmi les syndicalistes grâce au développement de la presse socialiste, à la création de cercles d'études sociales dont la présence fut acceptée à Lyon — mais nombre d'entre eux n'avaient-ils pas été fondés uniquement à cet effet ?

Le congrès de Marseille (20-31 octobre 1879), réunissant 130 délégués de 45 villes, différa fortement des deux précédents, prenant d'ailleurs le nom de « Congrès ouvrier socialiste français », nombre de représentants de cercles d'études sociales siégeant à côté des délégués des chambres syndicales. Marseille vit la victoire des collectivistes sur les mutuellistes et les coopérateurs à travers l'approbation, par 73 voix contre 27, d'un texte prônant le retour à la « collectivité du sol, sous-sol, instruments de travail, matières premières, donnés à tous et rendus inaliénables par la société à qui ils doivent retourner ». Les collectivistes prônaient la lutte, non seulement contre un patron, mais contre un système, la conquête de l'État représentant une étape décisive. Cette coalition collectiviste hétéroclite de marxistes, d'anarchistes, de broussistes, créa une organisation permanente, plus politique que syndicale, la Fédération du Parti des travailleurs socialistes de France. Si l'on peut dire que le congrès de Marseille marqua la naissance en France du parti socialiste, au sens large du terme, il ne représenta pas, pour le syndicalisme, une étape décisive dans son organisation, mais capitale dans son orientation.

Après ces assises unitaires, vinrent les congrès de division. Les congrès du Havre (1880) se déroulèrent séparément, d'abord un congrès syndicaliste anticollectiviste, essentiellement composé de coopérateurs d'inspiration proudhonienne, qui écartèrent les collectivistes pour créer l'Union des chambres syndicales ouvrières de France. Celle-ci tint en 1881 à Paris son premier vrai congrès, la même année à Bordeaux son deuxième et dernier congrès. Le Havre vit ensuite la tenue d'un « Congrès national socialiste ouvrier » collectiviste qui adopta un programme minimum dit « programme du Havre », rédigé par Jules Guesde, avec l'aide de Paul Lafargue, Karl Marx et Friedrich Engels. Les collectivistes se divisèrent avec la scission des anarchistes lors du congrès du Centre à Paris en mai 1881, puis celle des blanquistes en juin. Les congrès de Saint-Étienne et de Roanne (1882), plus politiques que syndicaux, opposèrent partisans de Paul Brousse et ceux de Jules Guesde. En ces années, on oublia quelque peu les syndicats, les divergences portant surtout sur des problèmes de tactique électorale et sur la question fondamentale : réforme ou révolution ? Pourtant les broussistes entraînèrent derrière eux nombre de chambres syndicales, effrayées par l'extrémisme des guesdistes. Les deux organisations regroupaient au début de ces années 1890 aussi bien des cercles d'études sociales que des syndicats.

Si les fédérations apparurent très tôt, elles révélèrent vite leur fragilité. Les plus précaires, les fédérations régionales, souvent mixtes car regroupant syndicats et organisations politiques, disparurent rapidement, en raison de la faiblesse de leurs effectifs et de la dimension trop vaste de leur aire géographique — la Fédération de l'Est recouvrait neuf départements. En revanche, les fédérations nationales de métiers perdurèrent : la première fut vraisemblablement celle des chapeliers (1870), puis vinrent celles du livre (1881) et des mineurs (1883). Plusieurs d'entre elles connurent une première tentative de création avant la fondation définitive, telles les fédérations du bâtiment (1882 puis 1892), des cuirs et peaux (1883 puis 1893), des cheminots (1890 puis 1895), etc.

Les congrès des années 1886-1895 réunirent les guesdistes de la Fédération nationale des syndicats (FNS). Née à Lyon les 11-16 octobre 1886, elle constitua dans une large mesure un « instrument » aux mains des guesdistes. Ses congrès et ceux du Parti ouvrier réunissaient souvent dans les mêmes cités ou dans des villes et à des dates très proches les unes des autres les mêmes délégués. Persuadés du caractère second des luttes revendicatives, les guesdistes favorisaient toutefois les chambres syndicales, s'y inscrivaient, les créaient même, mais dans le but ultime de recruter des adhérents pour le Parti ouvrier et de répandre les idées collectivistes. Peu favorables aux grèves, ils les soutenaient quand même — ainsi celle des mineurs de Carmaux en 1892 — sans les initier, les dirigeants rejetant la grève générale. Cependant, ils furent paradoxalement victimes du succès de leur Fédération, le nombre des organisations affiliées à la FNS ne cessant de croître : en 1892, lors du congrès de Marseille, la Fédération regroupait 376 syndicats, 17 unions locales, dont 6 bourses du travail, et 6 fédérations nationales. Toujours à Marseille, les guesdistes furent battus sur la question de la grève générale, adoptée grâce à l'intervention d'Aristide Briand. Ils jouèrent un rôle pionnier dans les mouvements du 1er mai, initiant des mouvements coordonnés à l'échelle nationale, préférés aux mouvements « désordonnés », aux « grèves partielles et locales fatalement impuissantes ». Ils organisèrent ainsi deux « journées nationales »

les 10 et 24 février 1889, au cours desquelles des délégations syndicales devaient présenter leurs revendications (journée de huit heures, hausse des salaires) aux pouvoirs publics. Après le succès du 1er mai 1890, les guesdistes renouvelèrent cette initiative chaque année, non sans drames parfois : en 1891, la troupe tua neuf manifestants à Fourmies [Rebérioux, 1994].

Nées du besoin de solidarité locale de créer des lieux où les ouvriers pourraient comparer leurs conditions de travail, leurs contrats de travail, leurs salaires, et aussi trouver un emploi en échappant aux intermédiaires privés qui souvent exploitaient les salariés, les bourses du travail n'étaient pas une idée nouvelle : le projet, qui avait cheminé depuis 1790, avait été popularisé sous le Second Empire par le *Journal des économistes*. Mais elle ne se concrétisa que dans les années 1880, souvent avec l'aide des municipalités. L'une des premières aurait été celle de Lille (1882), suivie par Marseille (1885), Paris (1886-1887), etc. — mais certains auteurs affirment l'antériorité de Paris sur la province [Caire, 1971]. De 14 en 1892 à 51 en 1898, 110 en 1904, 157 en 1908, elles jouèrent un rôle déterminant dans l'implantation définitive du syndicalisme en France, servant de lieux de réunion, d'information et de lutte. Elles devinrent les vecteurs de l'indépendance syndicale, tant envers les institutions que vis-à-vis des partis. Fernand Pelloutier [Julliard, 1971] fut jusqu'à sa mort leur inspirateur et infatigable animateur. En bref, pour reprendre l'expression de Georges Lefranc, qui soulignait qu'elle devenait, « par-delà les mutuelles », l'« héritière des compagnonnages », la bourse du travail se transforma en « un ardent foyer de vie syndicale » [Lefranc, 1975]. Ainsi, un peu partout en France, naissaient des bourses, souvent à l'initiative de militants non guesdistes, blanquistes, broussistes, allemanistes, anarchistes qui rêvaient de les fédérer afin de disposer d'une organisation pouvant rivaliser avec la FNS. Finalement créée à Saint-Étienne le 8 février 1892, la Fédération des bourses en regroupa une dizaine, puis une quinzaine.

Les choix du syndicalisme

En ces années 1876-1895, le syndicalisme français se scinda en tendances successivement dominantes. Trois clivages « théoriques » dominaient, qui sans recouvrir ces courants, les partageaient souvent à l'intérieur : l'opposition classique réforme/révolution ; le primat du politique opposé à celui de l'« économique », c'est-à-dire au syndicalisme ; la nécessité de l'action parlementaire, donc de la législation, contre l'antiparlementarisme, voire l'a-parlementarisme. Ces tendances apparurent durant ces deux décennies qui virent aussi le départ entre les différents types d'action « ouvrière » et les divers courants politiques. Le plus ancien, le courant réformiste, né sous le Second Empire, domina les deux premiers congrès ouvriers. Il se référait à la tradition mutuelliste et coopératrice dont les militants les plus actifs « désertèrent » quelque peu l'action syndicale. Mais elle ne disparut jamais, et même reprit de la vigueur à certaines époques, comme le montrèrent les liens entre syndicalisme enseignant et monde mutualiste. Cette première source se divisa elle-même entre proudhoniens de stricte obédience, hostiles à l'État, par certaines positions proches des anarchistes ; et réformistes proprement dits, avides avant tout de législation ouvrière et sociale. Ces derniers, en accord à l'origine avec les républicains et les radicaux, appuyèrent les tentatives réformatrices de Waldeck-Rousseau et de son ministre socialiste du Commerce et de l'Industrie, chargé des questions sociales, Alexandre Millerand (1899-1902). Joseph Barberet, personnage emblématique du syndicalisme républicain, proche de Gambetta, violemment attaqué par les révolutionnaires — le terme « barberétiste » servit d'injure — devint fonctionnaire et agit désormais dans le cadre administratif, voyant décliner son influence directe dans le mouvement ouvrier. Deux traits principaux caractérisaient les réformistes. En premier, le choix de recourir à la loi pour améliorer la condition ouvrière ; en second, la volonté d'envoyer au Parlement des ouvriers ou des hommes sensibles aux positions ouvrières, pour faire avancer les revendications. Croyant fermement en la vertu du politique et du suffrage universel, ils utilisèrent d'autres possibilités légales, comme la participation aux conseils des prud'hommes, aux organismes consultatifs progressivement mis en place, tels que le Conseil supérieur du travail (CST), créé en 1891. Éminent représentant du courant réformiste, « disciple convaincu d'Auguste Comte » [Julliard, 1971], Auguste Keüfer occupa même la vice-présidence du CST et défendit vigoureusement avec ses amis le concours syndicaliste aux conseils du travail, institués par le décret Millerand de septembre 1900, ainsi qu'au Conseil supérieur des sociétés de secours mutuel.

Si l'influence du « vieux réformisme » se réduisit face à la poussée collectiviste d'abord, guesdo-marxiste ensuite, anarchiste enfin, il perdura grâce à deux phénomènes. D'une part, au-delà des déclarations parfois fracassantes des syndicalistes révolutionnaires, en attendant la révolution, la « besogne » quotidienne prima souvent pour le syndicaliste. D'autre part, la force de ce courant au sein du Parti socialiste (au sens large du terme), avec le possibilisme d'abord, puis le jauréssisme. Partis d'une prémisse révolutionnaire — Brousse lui-même avait milité à l'AIT dans la mouvance libertaire [Stafford, 1971] —, les broussistes évoluèrent vers des positions moins tranchées, sans perdre de vue toutefois le but final, la Révolution, se qualifiant eux-mêmes de « possibilistes » (adeptes du possible). Non exempts d'une tendance ouvriériste, les possibilistes, qui tinrent une place éminente dans les syndicats et dans les bourses du travail, notamment à Paris, défendirent l'action au sein des assemblées législatives. Ces positions modérées ne les empêchèrent pas de dénoncer le « piège » de la loi de 1884. Si le possibilisme déclina au sein du Parti socialiste unifié, tout en maintenant une certaine influence dans les fédérations départementales et au sein des syndicats, voire dans la CGT des premières années, le jauréssisme, après 1905, devint largement prédominant dans la SFIO (Section française de l'Internationale ouvrière). Or le député de Carmaux défendait des positions favorables à l'extension du domaine de la loi dans le champ social, soulignées par l'une de ses formules célèbres : « L'histoire de tous les progrès de la classe ouvrière peut se résumer à convertir en formules légales les conquêtes spontanément réalisées par les classes ouvrières ».

Jusqu'aux travaux de Jacques Julliard [1971], le rôle des socialistes révolutionnaires non marxistes, allemanistes et, dans une moindre mesure, blanquistes, dans le syndicalisme avait été trop souvent négligé. Bien que partisan du « politique d'abord », et même longtemps de la prise du pouvoir par l'insurrection, inaugurant la théorie des minorités agissantes, les blanquistes des années 1880-1900 prônaient l'indépendance stricte entre organisations politique et syndicale, défendue lors de tous les congrès syndicaux et politiques. Maurice Dommanget [1956] avait noté le rôle tenu par Édouard Vaillant dans la naissance de la Confédération générale du travail (CGT), le qualifiant de « grand-père de la CGT ». Jacques Julliard souligna que « jusqu'à la guerre, la CGT n'eut pas de défenseurs plus fidèles et plus désintéressés que les blanquistes » et que l'un des grands dirigeants de la Confédération, Victor Griffuelhes, sortait de leurs rangs. Parmi les socialistes révolutionnaires, les allemanistes se démarquaient des possibilistes à qui ils reprochaient leur ralliement au réformisme, mais aussi des blanquistes sur un point qui, paradoxalement, les rapprochaient des guesdistes qu'ils détestaient, le rôle du syndicat. Les partisans de Jean Allemane, typographe et ancien communard, d'abord représentants de la tendance « prolétarienne » face aux « intellectuels » du broussisme, développèrent un ouvriérisme qui les conduisit à souhaiter des liens étroits entre syndicat et parti. Mais à l'inverse des membres du POF, ils n'auraient pas vu d'un mauvais œil la subordination de second au premier. En tout cas, ils entrèrent en force dans les organisations corporatives, en suscitèrent même la création. Clairement antiétatistes, ils se rapprochèrent des anarchistes favorisant ainsi la naissance du syndicalisme révolutionnaire.

Autre grand courant dans le syndicalisme français, plus visible, le guesdisme, pourrait se voir qualifié de « marxiste ». On pourrait utiliser l'expression « social-démocrate » si les guesdistes eux-mêmes, comme d'ailleurs la plupart des socialistes français, ne la rejetaient. La définition du guesdisme, empruntée à Claude Willard [1965], serait un corps de doctrine marxiste, dogmatique, mêlé de « déviations secondaires », « plaqu[a]nt sur la réalité française des schémas passe-partout », tout en subissant des crises d'électoralisme, dans une succession de périodes sectaires et opportunistes. En ce qui concerne les syndicats, les guesdistes prônèrent le primat du politique sur l'économique, plaçant le syndicalisme dans une position subordonnée. Partisans de l'action électorale, afin d'installer une tribune à la Chambre, de prendre éventuellement le pouvoir et accessoirement d'y faire adopter des lois sociales, ils développaient sans cesse une grande idée : l'appropriation collective des moyens de production. Ils créèrent de nombreux syndicats, figurant en 1886 au titre des principaux fondateurs de la FNS. La « subordination » du syndicalisme reposait sur le fait que l'État n'apparaissait pas comme un adversaire irréductible, les syndicalistes reprenant une formule de Briand, « il faut que la classe ouvrière devienne l'État ». Les ouvriers devaient en conséquence participer aux élections, élire des députés socialistes, membres du Parti ouvrier de préférence, « la représentation directe du prolétariat aux corps élus [étant] presque unanimement considérée comme un des agents les plus actifs de nos légitimes revendications », obtenir des lois préparant l'émancipation. « C'est donc à nous, les travailleurs, à forcer la main à nos gouvernants pour qu'ils votent la loi sur la réduction de la journée de huit heures, déclarait un militant de la FNS, [...] d'une grande utilité pour notre émancipation » [Bance, 1978]. Enfin, le syndicat ne formait qu'un élément de la « grande armée du prolétariat ». Tout en demeurant majoritaires, les guesdistes essuyèrent quelques échecs, notamment au congrès de 1888 qui vota une motion favorable à la grève générale, reprise à Marseille en 1892.

L'anarchisme politique naquit entre 1876, date de la dissolution de l'AIT, et 1880-1881. Présents dès 1878 au congrès de Lyon, les « anarchistes » y prirent violemment position contre les lois, le Parlement, la présence de représentants ouvriers à la Chambre, exigeant comme préliminaire « la destruction de l'État politique, juridique, militaire et bourgeois par la Révolution sociale » [Bance, 1978]. Admettant du bout des lèvres la création de syndicats, à condition qu'ils se donnent pour but « l'abolition du salariat par l'appropriation collective des moyens de production », ils critiquèrent dans un premier temps les bourses. Ils ne défendirent guère de positions propres lors des premiers congrès, rangés d'abord sous la bannière collectiviste à Marseille, puis ralliés aux possibilistes à Saint-Étienne. La majorité d'entre eux se joignit progressivement à l'action syndicale, d'abord comme moyen d'amener les syndiqués à l'anarchisme. Dès 1892, le groupe de l'Avant-Garde, dont les membres les plus éminents étaient Louise Michel, Kropotkine, Malatesta, conseillait aux libertaires d'« entrer de plus en plus dans les syndicats, et montrer par les faits aux prolétaires, nos frères, que les anarchistes n'entendent pas se mêler au mouvement pour obéir à un sentiment de vanité ou d'intérêt personnel, mais bien pour lutter avec eux et pour eux, dans l'intérêt de l'émancipation commune ». Cet « entrisme » des anarchistes s'accéléra dans les années 1893-1894, à la suite de la période des attentats et des lois « scélérates », qui amenait les anarchistes à une semi-clandestinité. Tandis que blanquistes, allemanistes et broussistes se contentaient de défendre l'idée de l'autonomie de l'action syndicale par rapport à l'action politique, les anarchistes, par rejet de l'État et de l'action parlementaire, soutinrent la supériorité de celle-là sur celle-ci. Paradoxalement, le syndicalisme absorba l'anarchisme, en donnant naissance au syndicalisme révolutionnaire, *credo* de la CGT naissante.

Les secondes assises de la Fédération des bourses (février 1893) décidèrent d'organiser un congrès de toutes les organisations syndicales. Les guesdistes ne souhaitaient pas y prendre part, mais ne purent cependant empêcher leurs organisations d'y participer à cause de la fermeture de la bourse du travail de Paris par le gouvernement : contraints d'exprimer leur solidarité, ils craignaient que leur absence ne passât pour une trahison. Leurs craintes s'avéraient fondées : le congrès tenu en juillet 1893, auquel assistaient quelques-uns d'entre eux, se prononça pour la grève générale et émit le vœu d'une fusion entre la Fédération des bourses et la FNS. Pour forcer la main des guesdistes, il décida de tenir les assises de 1894 dans la même ville (Nantes) et aux mêmes dates (septembre) que le congrès de la FNS. Lors de ces assises, 143 délégués représentant 1 662 syndicats se prononcèrent pour un congrès d'unification en 1895. La FNS elle-même disparut définitivement en 1896, la Fédération des bourses continuant d'exister jusqu'à la mort de Pelloutier en 1901.

Le premier lustre des années 1890 offrait des circonstances favorables à l'unification. Au sein du mouvement socialiste d'abord, avec la renaissance de l'Internationale, entreprise au cours des congrès de Paris (14-21 juillet 1889). Malgré leurs divisions, les socialistes français se lièrent dans un groupe commun à la Chambre après les élections législatives des 20 août-3 septembre 1893. Maurice Dommanget [1967] soulignait l'énorme retentissement qu'eut dans les masses « la création d'un groupe parlementaire unique à l'effectif imposant ». Pendant ces années, les syndicats continuèrent de croître, passant de 750 000 à 1 500 000 en Grande-Bretagne entre 1888 et 1892, de 50 000 à 700 000 entre 1879 et 1900 en Allemagne. Sans connaître ces sommets, la France vit également grossir le nombre de syndiqués, plafonnant à partir de 1894 autour de 400 000 adhérents.

Représentant 26 fédérations d'industrie ou de métier, nationales, départementales et même locales, 18 bourses et 126 chambres syndicales isolées, les 75 délégués au congrès de Limoges (23-28 septembre 1895), créèrent une organisation nouvelle, destinée à perdurer. La CGT regroupait tous les types d'organisations, syndicats de base, fédérations et unions locales, bourses du travail, fédérations départementales ou régionales, fédérations nationales de diverses branches, fédérations d'industries ainsi que la Fédération nationale des bourses du travail, non sans confusion — certains syndicats étant représentés plusieurs fois. L'absence des guesdistes laissait le champ libre aux possibilistes, allemanistes, blanquistes, libertaires et autres indépendants. Le congrès mit sur pied un Conseil national, avec l'idée, encore confuse, d'une double base de représentation, professionnelle et géographique. L'article 2 des statuts proclama l'indépendance politique de la Confédération : « Les éléments constituants la Confédération générale du travail devront se tenir en dehors de toutes les écoles politiques. La CGT a exclusivement pour objet d'unir sur le terrain économique et dans les liens d'étroite solidarité, les travailleurs en lutte pour leur émancipation. » Jacques Julliard [1971] souligne que « comme celle de la Fédération des bourses en 1892, la fondation de la CGT fut au départ une opération politique. Précisons : une opération d'allure apolitique, voire antipolitique, montée par des politiciens », à savoir allemanistes, blanquistes et anarchistes, afin de contrer la Fédération guesdiste. Mais, une fois de plus, les initiateurs se prirent à leur propre jeu, et l'apolitisme du syndicalisme français devint un dogme qu'aucune organisation syndicale ne saurait enfreindre aujourd'hui.

En fait, la CGT se trouva dans une situation précaire de 1895 à 1902, vivota jusqu'en 1902, lorsque le congrès de Montpellier (22-27 septembre) vota de nouveaux statuts entérinant les changements intervenus depuis 1895, clarifiant relativement la situation. La CGT y paraît composée de deux sections, celle des fédérations, fédérations d'industrie ayant sa faveur, fédérations de métier tolérées et syndicats isolés acceptés en l'absence de fédération ; celle de la Fédération des bourses du travail, ou unions locales, ou unions départementales. Ainsi la CGT adoptait pour plusieurs décennies une structure en deux axes, l'un vertical, professionnel, allant du syndicat d'établissement à la fédération d'industrie, et l'autre horizontal, géographique, regroupant les sections syndicales d'entreprise d'un territoire donné. En principe, tout syndicat devait adhérer à la fédération de sa branche industrielle et à la bourse du travail ou à l'union locale de sa ville. La réunion des deux comités de sections forma le Comité confédéral de la CGT, le secrétaire du Comité confédéral étant généralement celui du comité des fédérations.

La nécessité d'une définition précise doit conduire à préférer l'appellation de « syndicalisme révolutionnaire » à celle d'« anarcho-syndicalisme ». D'abord parce d'autres influences s'adjoignaient à celles des libertaires *stricto sensu*, celles des broussistes, allemanistes et autres vaillantistes, voire d'organisations plus discrètes comme les Chevaliers du travail. Ensuite parce que si les militants anarchistes fournirent les gros bataillons des dirigeants, ils délaissèrent quelque peu leurs origines en oubliant les « sectes », c'est-à-dire les groupes anarchistes, en se dévouant à la cause syndicale, développant des idées décalées par rapport aux schémas libertaires, au grand dam de « purs » anarchistes comme Sébastien Faure. Les syndicalistes révolutionnaires rejetaient catégoriquement le système capitaliste, dénonçant à l'instar d'Émile Pouget le capital, travail accumulé. Antiétatistes, antiparlementaristes, hostiles aux partis politiques, les syndicalistes révolutionnaires se distinguaient ainsi des marxistes lancés à la conquête de l'État. Pour eux, l'État s'avérait aussi néfaste que le capitalisme, non seulement pendant la période prérévolutionnaire, moment où il n'est que l'instrument de la bourgeoisie, mais même après, une fois la bourgeoisie chassée du pouvoir. Rejetant toute conquête de l'État, donc l'action politique dans le cadre légal par la participation aux élections, ils dénonçaient le parlementarisme [Tucker, 1996]. Souhaitant séparer nettement organisation syndicale et organisation politique, ils adoptèrent en 1906 au neuvième congrès national de la CGT la fameuse « charte » d'Amiens. Rédigé vraisemblablement par cinq ou six dirigeants dont Pouget, Merrheim, Griffuelhes, Louis Niel et Delesalle, ce simple « ordre du jour » répondait à une motion présentée par un guesdiste, Victor Renard, recommandant que la CGT s'entende aussi souvent que possible avec la SFIO, créée en 1905, pour le triomphe des revendications ouvrières. La « charte d'Amiens », adoptée par 834 voix contre 8 et 1 abstention, n'était pas au sens profond du terme « apolitique », puisqu'elle laissait les syndiqués libres d'adhérer à des organisations politiques et d'imaginer un système politique après l'« expropriation capitaliste ». Elle s'affirme « pansyndicaliste » [Dubief, 1969], concevant le syndicalisme comme un tout, exprimé dans la « double besogne ».

Le syndicat doit en effet agir dans deux directions : la première, la défense du travailleur, l'amélioration de ses conditions de travail et de vie, l'« œuvre revendicatrice quotidienne » ; la seconde, la lutte pour la Révolution, la création d'un monde nouveau, correspond à l'« émancipation intégrale » qui s'effectuera par l'« expropriation capitaliste », née elle-même de la grève générale. Après l'expropriation, le syndicat deviendra la « base de la réorganisation sociale », « groupement de production et de répartition ». La méthode pour pratiquer la « double besogne », l'action directe, serait une « manifestation spontanée ou réfléchie [...] de la conscience et de la volonté ouvrière », « sans intervention d'agent extérieur ». Ainsi que le précisait Pouget, action directe ne signifie pas forcément violence, elle peut prendre des formes pacifiques, l'organisation, les campagnes de pression par la presse, l'affichage, la manifestation, le boycott, mais bien sûr aussi la grève, parée de multiples vertus, devait éduquer, aguerrir en vue de la lutte finale, la grève générale.

Le syndicalisme révolutionnaire atteignait toutefois ses limites, ne touchant pas tous les syndiqués ni même tous les syndiqués CGT : la base considérait avec un certain recul les mots d'ordre parfois incendiaires des directions nationales, voire locales. Inversement, d'autres y crurent trop, lors du 1er mai 1906 par exemple, attendant un « grand soir » qui ne vint pas, sombrant ensuite dans la déception. Beaucoup de syndicats locaux, accaparés par la première « besogne », ne se préoccupaient guère de la deuxième. Ainsi, tout en rejetant la théorie des minorités agissantes, les dirigeants syndicalistes révolutionnaires se trouvaient souvent contraints de la pratiquer. Par ailleurs, une tendance guesdiste et surtout une tendance réformiste existèrent toujours, particulièrement dans certaines fédérations comme le livre avec Auguste Keüfer, tandis que nombre de syndicalistes, même révolutionnaires — on peut songer à Marie Guillot —, adhéraient à la SFIO. Le jeu des tendances s'exacerba après 1909, le gouvernement jetant de l'huile sur le feu, aboutissant à la démission de Griffuelhes du secrétariat, remplacé momentanément par Louis Niel, un réformiste, puis par un jeune peu connu, censé être très proche de Griffuelhes et des syndicalistes révolutionnaires, Léon Jouhaux. Ce dernier demeura à la barre jusqu'en 1947, pour diriger ensuite Force ouvrière. La victoire, quelque peu forcée, des révolutionnaires déboucha sur un glissement vers des positions plus modérées. En crise, le syndicalisme révolutionnaire ne disparut pas pour autant, repris par la revue *La Vie ouvrière*, lancée en octobre 1909 par Griffuelhes, Monatte et Merrheim. Il marqua profondément, jusqu'à aujourd'hui, conscience et action syndicales [Julliard, 1988].

Au terme de cette évocation de la naissance du syndicalisme, que retenir ? D'abord que cette naissance correspondit à de profonds mouvements : à l'évidence, le syndicalisme naquit des transformations économiques et sociales, des révolutions industrielles, sociales, politiques, particulièrement de celles du milieu du XIXe siècle et des années 1880. Le contexte européen, voire mondial (cas des États-Unis), compta aussi fortement, par les exemples donnés, les effets d'entraînement. Le rôle, négatif ou positif, de la loi, le rapport entre loi et mouvement social, s'avérèrent également déterminants.

En ce qui concerne les modalités de cette naissance, ce qui frappe est la force de l'autonomie ouvrière, des « capacités ouvrières ». Apparemment vaincue au congrès de Marseille, elle revient sous la forme d'une idéologie de l'autonomie : le syndicalisme révolutionnaire. Mais en même temps, paradoxalement, ce retour s'effectue par le biais de militants politiques qui l'utilisent comme une arme contre d'autres militants politiques : l'autonomie ouvrière n'est-elle pas brandie par tous les détenteurs successifs du *leadership* syndical, les républicains, les socialistes-collectivistes, les anarchistes ? Elle est donc, largement, fille des luttes fratricides auxquelles se livrent les gauches françaises.

Pour reprendre notre comparaison internationale, nous dirions que le travaillisme à la française, esquissé dans les années 1876-1878, voire sous le Second Empire, disparaît précocement, dès le congrès de Marseille (1879), au profit d'une vision révolutionnaire, voire d'un fétichisme de la rupture. Celui-ci, reprenant les traditions de violence de la « politique du peuple », pense la rupture sous la forme de l'insurrection armée jusqu'en 1871, puis après cette date sous celle de la grève générale ou d'une forme indéterminée de révolution. La notion de compromis, assimilée à la compromission, disparaît quasiment du vocabulaire syndical, ainsi que du vocabulaire politique de la gauche socialiste, ou n'est acceptée que du bout des lèvres. Dans les faits cependant, le compromis existe, permettant de substantielles avancées, mais de manière presque subreptice, voire honteuse. Ne pouvant se résigner à la seule première « besogne », le syndicalisme n'est pas (encore ?) mode d'intégration, tout en tendant à le devenir.

Références bibliographiques

Bance Pierre (1978), *Les Fondateurs de la CGT à l'épreuve du droit*, La Pensée sauvage, Claix.

Bennet Jean (1975), *La Mutualité française à travers sept siècles d'histoire*, CIEM, Paris.

Caire Guy (1971), *Les Syndicats ouvriers*, PUF, Paris.

Coornaert Émile (1966), *Les Compagnonnages en France du Moyen Âge à nos jours*, Éditions ouvrières, Paris.

Cuvillier Armand (1914), *Un journal ouvrier. L'atelier, 1840-1850*, Alcan, Paris.

Devin Guillaume [dir.] (1990), *Syndicalisme. Dimensions internationales*, Éditions européennes Erasme, La Garenne-Colombes.

Dolléans Édouard (1953), *Histoire du mouvement ouvrier*, t. 1, *1830-1871*, Armand Colin, Paris.

Dommanget Maurice (1956), *Édouard Vaillant, un grand socialiste*, La Table ronde, Paris

— (1967), *La Chevalerie du Travail française, 1893-1911*, Éditions Rencontre, Lausanne.

Dubief Henri (1969), *Le Syndicalisme révolutionnaire, textes choisis*, Armand Colin, Paris.

Dupuy Roger (2002), *La Politique du peuple. Racines, permanences et ambiguïtés du populisme*, Albin Michel, Paris.

Judt Tony (1987), *Le Marxisme et la gauche française 1830-1981*, Hachette, Paris.

Julliard Jacques (1971), *Fernand Pelloutier et les origines du syndicalisme d'action direct*e, Seuil, Paris.

— (1988), *Autonomie ouvrière. Études sur le syndicalisme d'action directe*, Hautes études/Gallimard/Seuil, Paris.

Kieffer Monique (1986), *Aux origines de la législation du travail en France : la législation des syndicats et la démocratisation des conseils de prud'hommes*, université Paris-VIII (thèse de 3e cycle), Paris.

Laurent T. (1973), *La Mutualité française et le monde du travail*, CIEM, Paris.

Lefranc Georges (1975), *Le Syndicalisme en France*, PUF, Paris, 4e éd.

Ligou Daniel (1993), *La Postérité d'Hiram. Histoire et devenir de la franc-maçonnerie*, Éditions Dervy, Paris.

Nozick Robert (1988), *Anarchie, État et utopie*, PUF, Paris.

Perrot Michelle (1984), *Jeunesse de la grève, France 1871-1890*, Seuil, Paris.

Radelet Michel (1991), *Mutualisme et syndicalisme. Ruptures et convergences de l'Ancien Régime à nos jours*, PUF, Paris.

Rebérioux Madeleine [dir.] (1994), *Fourmies et les 1er mai*, Éditions de l'Atelier, Paris.

Robert Jean-Louis, Boll Friedhelm et Prost Antoine [dir.] (1997), *L'Invention du syndicalisme. Le syndicalisme en Europe occidentale à la fin du XIXe siècle*, Publications de la Sorbonne, Paris.

Soubiran-Paillet Françoise (1999), *L'Invention du syndicat (1791-1884). Itinéraire d'une catégorie juridique*, LGDJ, Paris.

Stafford David (1971), *From Anarchism to Reformism. A Study of the Political Activities of Paul Brousse within the French Socialist Movement, 1870-1885*, University Press, Toronto.

Touchard Jean (1977), *La Gauche en France depuis 1900*, Seuil, Paris.

Touraine Alain, Wieviorka Michel, Dubet François (1984), *Le Mouvement ouvrier*, Fayard, Paris.

Tucker Kenneth H. Jr. (1996), *French Revolutionary Syndicalism and the Public Sphere*, Cambridge University Press, Cambridge.

Willard Claude (1965), *Le Mouvement socialiste en France (1893-1905) : les guesdistes*, Éditions sociales, Paris.

VI

La gauche et la question nationale

31

Les Internationales et la question nationale

CLAUDIE WEILL

SI DE NOMBREUX DÉBATS doctrinaux, des discussions théoriques multiples ont émaillé le parcours des Internationales, ils ont rarement eu pour cadre les congrès, sinon dans la phase préparatoire ou dans les commentaires des résolutions adoptées. La question nationale n'a jamais figuré en tant que telle à l'agenda de l'un d'entre eux, bien que les questions nationales aient été un objet constant de préoccupation, aussi bien au conseil général de l'Association internationale des travailleurs (AIT ou Ire Internationale) qu'à l'instance de coordination de la IIe Internationale, le Bureau socialiste international (BSI créé en 1900). Plus que d'indifférence des socialistes à un problème qui aurait été connexe par rapport à leurs préoccupations centrales — la question sociale —, il s'agit de la reconnaissance de sa complexité devant la multiplicité des formes qu'il a pu revêtir dans le temps et dans l'espace. En outre, le nationalisme, considéré comme une des formes de l'idéologie bourgeoise apparaissait comme incompatible avec l'internationalisme proclamé et postulé.

Cependant, l'AIT fut créée lors d'un meeting de sympathie à Londres, un an après le soulèvement polonais de 1863. Elle semblait ainsi assumer l'héritage de la révolution de 1848, du « printemps des peuples ». Ceux qui comptaient parmi les principaux artisans de la nouvelle institution, Karl Marx et Friedrich Engels, n'avaient-ils pas à l'époque affirmé dans le *Manifeste du Parti communiste* : « Les prolétaires n'ont pas de patrie. On ne peut leur prendre ce qu'ils n'ont pas. Du fait que le prolétariat doit commencer par conquérir le pouvoir politique, s'ériger en classe nationale, se constituer lui-même en nation il reste lui-même national, quoique nullement au sens bourgeois du terme » [cité *in* Haupt, Löwy, Weill, 1974, p. 68]. Cet énoncé des principes qui a donné lieu à de multiples commentaires a aussi été diversement interprété par leurs successeurs. Il préfigure notamment les réticences de l'Engels des années 1880 à voir se reconstituer l'Internationale aussi longtemps que les mouvements ouvriers ne seraient pas solidement implantés dans des cadres nationaux-étatiques.

La Pologne, nation historique

L'unification étatique des « nations historiques » — l'Allemagne, l'Italie, la Pologne, la Hongrie — était en effet considérée comme un préalable indispensable pour que pût s'y déployer la lutte des classes, pour que la conscience sociale n'y fût pas obscurcie par le sentiment national. Les « peuples sans histoire », en revanche, ceux qui ne s'étaient pas constitués en États dans le passé, étaient voués par Marx et Engels à la disparition, à l'absorption par des nations plus fortes [Haupt, Weill, 1974]. C'est pendant la période d'existence de l'AIT que s'accomplirent les unités allemande et italienne, que fut conclu le « compromis » (*Ausgleich*) assurant aux Hongrois l'hégémonie sur la Transleithanie dans la double monarchie austro-hongroise. L'attention de l'Internationale allait donc se focaliser dans un premier temps sur le seul grand problème non résolu, sur la pertinence du rétablissement de la Pologne comme bastion contre le tsarisme, perçu comme la quintessence de la réaction. Par conséquent, il devait servir de modèle pour l'intervention du mouvement ouvrier international dans la politique extérieure, ainsi que l'énonça le programme de l'AIT.

Tandis que Marx réaffirmait au congrès de Genève en 1866 : « Le mouvement ouvrier sera continuellement interrompu, tenu en échec, retardé jusqu'à ce que cette grande question européenne soit résolue » [Riazanov, 1916, p. 202], le Belge César De Paepe jugeait la question étrangère à la classe ouvrière, les proudhoniens refusaient d'en faire un cas d'espèce et Bakounine demandait au congrès de Bâle en 1869 « la destruction de tous les États nationaux et, sur leurs ruines, la construction de l'État international de millions de travailleurs » [Haupt, Weill, 1974, p. 1468-1469]. Aussi, dès 1866, au conseil général de l'AIT, Marx s'en prit aux délégués français qui prétendaient que les nationalités et même les nations étaient des « préjugés surannés », position qualifiée ultérieurement d'« internationalisme utopique » (Antonio Labriola) ou de « cosmopolitisme naïf » [Bauer, 1907]. Cependant, le soutien de la Pologne ne signifiait nullement une prise de position inconditionnelle pour le droit des peuples à disposer d'eux-mêmes qui devait rester subordonné aux intérêts de la révolution ou, pour le formuler comme Rosa Luxemburg à propos de la « question d'Orient » au tournant du siècle, il fallait opérer la distinction entre les « positions de principe » qui consistent à se situer du côté des aspirations à la liberté et les « intérêts pratiques », c'est-à-dire politiques, de la social-démocratie [Haupt, 1980].

La question nationale ne fut jamais inscrite à l'ordre du jour d'un congrès de la IIe Internationale. Cependant la question polonaise refit surface, sans susciter à proprement parler de débat, ni en commission ni en séance plénière, au congrès de Londres en 1896. En mars, l'Union à l'étranger des socialistes polonais, pensant réactiver les sympathies traditionnelles pour la Pologne, avait déposé une motion revendiquant le rétablissement de la Pologne comme un des objectifs fondamentaux du prolétariat international. Comme souvent, le débat se déroula principalement dans la *Neue Zeit*, organe théorique de la social-démocratie allemande. Selon l'appréciation ultérieure de Rosa Luxemburg, il s'agissait de réviser les positions vieillies de Marx sur la question polonaise pour ouvrir la voie du mouvement ouvrier polonais aux principes de la théorie marxiste [Haupt, Löwy, Weill, 1974, p. 167]. Le dilemme fut formulé par Karl Kautsky, le « pape » de l'Internationale. Alors qu'en privé, il avait écrit : « Le parti de l'indépendance devrait [...] reconnaître le programme socialiste mais ce n'est pas aux socialistes de faire des concessions au parti de l'indépendance » [Engels, 1955], il reconnaissait par ailleurs que « plus la social-démocratie prend solidement pied dans les masses, plus les différences nationales se feront ressentir, avec ou sans programme social-patriote » [Kautsky, 1896]. Préconisant l'autodétermination selon la version allemande, l'autonomie selon les versions anglaise et française, la motion adoptée à Londres a, sur le moment, davantage contribué à désamorcer le débat qu'à l'ouvrir.

L'Irlande et les relations interethniques

La tentative pour faire vibrer la corde sensible des sympathies pour les nations opprimées n'était pas pour autant vouée à l'échec. Le congrès de Paris de 1900 vota, par exemple, une résolution sur les massacres des Arméniens réaffirmant la sympathie fraternelle qui doit unir tous les peuples, une résolution confirmée dans l'esprit lors de la réunion du BSI de février 1904 par une déclaration de solidarité avec « tous les peuples qui luttent pour leur indépendance dans les Balkans » [Haupt, *BSI*, 1969]. L'AIT avait déjà protesté en 1866 contre la vague de répression dont étaient victimes les dirigeants *fenians* irlandais en manifestant sa sympathie. Mais la question irlandaise allait pour une brève période — jusqu'à la Commune de Paris en 1871 — acquérir une importance accrue dans l'activité de l'Internationale. Alors que le représentant des *Trade Unions* anglaises au conseil général déclarait soutenir la cause de la Pologne, l'hebdomadaire des *Trade Unions* faisant office d'organe de l'Internationale refusait de publier les résolutions du conseil général sur l'amnistie des *fenians*. Le soutien de l'AIT aux Irlandais, confirmé dans une circulaire confidentielle au tout début de 1870 [Haupt, Weill, 1974], se fondait sur un principe qui sera réaffirmé par Engels en 1874 : « La puissance dont un peuple a besoin pour opprimer l'autre se retourne en fin de compte contre lui » [Riazanov, 1916].

Mais c'était aussi resituer la question nationale dans le cadre plus large des relations interethniques sous l'aspect de la concurrence entre ouvriers de diverses nationalités sur le marché du travail, principalement entre autochtones et immigrés. La situation économique délabrée de l'Irlande contraignait en effet les Irlandais à émigrer vers l'Angleterre (puis vers les États-Unis) où ils constituaient une force de travail à bon marché. Avec l'intensification des migrations ouvrières, à commencer par l'exode rural, cette préoccupation se fit plus pressante, débordant le cadre de l'Europe sur laquelle s'était concentrée la réflexion des socialistes, même si la façon dont se posait la question nationale dans d'autres parties du monde, en particulier dans les Amériques (au Texas, par exemple), avait été incidemment abordée. Karl Kautsky a tenté d'expliciter cette autolimitation : « Je crois que nos principes ne sont absolument valables que pour les peuples de notre milieu culturel », écrivait-il à Engels en 1882 [Engels, 1955, p. 56], confirmant ainsi ce qui différenciait l'internationalisme prolétarien de l'universalisme.

Contrairement à la question nationale dans son acception restreinte, le problème des migrations ouvrières, champ d'intervention active du socialisme international, figura bien à l'ordre du jour des congrès de l'Internationale, d'abord à Amsterdam en 1904, puis, faute d'une discussion préalable approfondie, à Stuttgart en 1907. Ce dernier fut précédé d'une campagne de publications et de débats dans les colonnes de la *Neue Zeit*. La contribution la plus élaborée émana du jeune austro-marxiste Otto Bauer qui venait tout juste de publier son ouvrage fondamental, *La Question des nationalités et la social-démocratie* [1907]. Le problème fut posé en termes d'inégalité de développement entre les nations se traduisant dans ce qui fut désigné par un euphémisme, la « distance culturelle » comme obstacle à l'assimilation, au pays d'accueil en général, aux luttes ouvrières en particulier. Aux deux extrêmes apparurent des camps apparemment inconciliables : les partisans de la libre circulation des personnes, hostiles à tout contingentement, et les protectionnistes du travail autochtone chez qui la condamnation du capitalisme et de l'importation de la force de travail servait à masquer le non-dit, à savoir le nationalisme de certains secteurs des classes ouvrières. Ainsi, la défense de l'« Australie blanche » devant se protéger de l'invasion asiatique apparut à Stuttgart, comme vingt ans plus tard à Londres (1926) lors du congrès commun de l'Internationale ouvrière et socialiste (IOS) et de la Fédération internationale des syndicats, comme la position la plus extrême dans ce camp. Émigration et colonisation comme débouchés pour les forces de travail excédentaires furent alors mises en parallèle [Weill, 2001]. Le consensus sur la mission civilisatrice des pays développés dans les pays coloniaux pour les rendre aptes à l'émancipation ainsi que la concevait par exemple Jaurès était quasi unanime [Ageron, 1963]. Au tournant du siècle, les débats sur l'impérialisme qui allaient apporter un éclairage nouveau sur la question nationale venaient tout juste de s'amorcer dans le socialisme international. En dépit des mouvements révolutionnaires en Chine, en Perse, en Turquie, diversement salués voire soutenus par les socialistes, les positions de l'AIT sur l'Irlande contribuèrent à les alimenter, plus que la synthèse entre émancipation nationale et sociale élaborée par James Connolly n'ouvrit de nouvelles perspectives [Haupt, Löwy, Weill, 1974].

Internationalisme et nations : un problème d'organisation

« Les nations, théoriquement parlant, sont une étape dans la voie de l'unité humaine », écrivait Jules Guesde en 1882 [Haupt, Löwy, Weill, 1974, p. 31], tandis que plus tard il aurait déclaré à Plekhanov : « La démocratie sociale ne peut jamais être antinationale » [Haupt, Marie, 1969, p. 350], affirmant même que « les socialistes sont les meilleurs des patriotes » [Rebérioux, 1965]. Ce décalage traduit les changements intervenus dans le mouvement ouvrier international qui devenaient déjà manifestes lorsque l'AIT, pourtant en plein essor, fut dissoute afin de permettre aux mouvements ouvriers de masse de s'implanter fermement dans les cadres nationaux-étatiques, de tenir compte des processus de nationalisation des classes ouvrières. Jusqu'à la révolution russe de 1905 qui allait modifier considérablement les perspectives, la question se posa essentiellement en termes d'organisation. Les réticences d'Engels à la reconstitution de l'Internationale découlaient de principes qu'il énonça dans une lettre à Kautsky et selon lesquels seul le prolétariat des nations indépendantes peut s'organiser efficacement, pour ouvrir la voie à un mouvement international du prolétariat dont la collaboration n'est possible qu'entre égaux [Engels, 1955]. La nouvelle Internationale, née à Paris en 1889, allait porter jusque dans le vocabulaire la marque de cette évolution. À l'appellation de « sections » pour désigner les organisations locales de l'AIT fut substituée celle de « nations » dans la IIe Internationale.

Internationalisme utopique et volonté d'hégémonie des « grandes » nations sur le mouvement ouvrier international se combinèrent contradictoirement dans les réticences des adversaires de la social-démocratie, des possibilistes aux anarchistes, qui se manifestèrent au congrès de Londres de 1896 (qui vit par ailleurs l'exclusion des anarchistes) : « Le nombre des nationalités européennes était, au congrès de Londres, sensiblement supérieur à celui que nos maîtres d'école — qui sans doute ne connaissaient point la géographie marxiste — nous ont jadis indiqué » (selon le typographe Fagnot). « Le grotesque du vote par nationalités » fut ainsi tourné en dérision : « Ce furent d'abord des rires, puis des protestations et des sarcasmes lorsqu'on entendit appeler l'Australie, la Bohème, la Pologne, lorsque l'on voyait des délégués bulgares, roumains faire échec à la France, à l'Angleterre, à la Hollande » (selon le délégué anarchiste Hamon) [Haupt, 1980, p. 310]. La massification et la nationalisation des classes ouvrières allaient en effet de pair avec l'extension géographique du socialisme hors d'Europe, certes, mais aussi vers des régions d'Europe moins développées que les grands pays industrialisés. « Dans un certain sens, même le socialisme le plus internationaliste procède par des voies nationales dans la mesure où chaque Parti socialiste est organisé de manière nationale avant de l'être de manière internationale. Notre action est obligatoirement limitée jusqu'à un certain point par les frontières ethnographiques ou politiques », selon le bilan d'étape dressé par un socialiste aussi internationaliste que le roumano-bulgare Christian Rakovsky [Haupt, Löwy, Weill, 1974, p. 31].

Ce fut donc surtout le « mode de votation » dans les congrès internationaux qui focalisa la discussion du socialisme international autour du terme de nation. Après débats au BSI et échanges de correspondance, la formule suivante sera adoptée : « Sont considérés comme nationalités les agglomérats d'habitants vivant sous un même gouvernement. Toutefois, on pourra également et exceptionnellement considérer comme nationalités les agglomérats d'habitants dont l'aspiration vers l'autonomie et l'unité morale, résultat d'une longue tradition historique, ont persisté malgré la dépendance de gouvernements divers » [Haupt, *BSI*, 1969, p. 176-181, 193]. La Pologne reste le modèle implicite dans la deuxième partie de la définition.

Parallèlement à l'Internationale, la question de l'organisation se posait en effet pour le socialisme des États multinationaux. Implanté dans les pays du partage — Allemagne, Autriche, Russie — le PPS (Parti socialiste polonais) qui avait ouvert le débat de 1896 fait partie de ce que Vladimir Medem, le théoricien bundiste de la question nationale, a qualifié de manière quelque peu optimiste de « petite Internationale » socialiste révolutionnaire [Medem, 1910], davantage une mouvance qu'un organisme structuré puisque la seule conférence des « partis socialistes nationaux de Russie » s'est tenue en avril 1907. Étaient représentés le Parti socialiste révolutionnaire (pour les Grands-Russes), le PPS (fraction révolutionnaire, c'est-à-dire les partisans « nationalistes » de Pilsudski), le Serp (Parti ouvrier socialiste juif), la Gromada biélorusse qui affirma compter deux courants, l'un socialiste révolutionnaire, l'autre social-démocrate, le Parti révolutionnaire socialiste fédéraliste géorgien qui mentionna sa collaboration, en Transcaucasie, avec la Fédération révolutionnaire arménienne-dachnaktsoutioun, également présente, soit six partis nationaux. Il est difficile toutefois de voir dans cette mouvance, dans cette convergence de sensibilités semblables et dissemblables, une « petite Internationale » au sens où l'entendait le parti social-démocrate d'Autriche, le modèle en la matière [Weill, 1987].

Sur l'échelle croissante de la complexité, le Parti ouvrier social-démocrate de Russie (POSDR) se situait au stade suivant. Fondé en 1898 à Minsk, notamment à l'initiative du Bund, Union ouvrière générale juive de Pologne, Russie et Lituanie qui y « adhérait comme section autonome », ce parti inscrivit la question du statut à l'ordre du jour de son deuxième congrès qui siégea à Bruxelles puis à Londres en 1903. La scission entre bolcheviks et mencheviks qui s'y est produite a occulté un autre enjeu de taille lors des délibérations : celui de la structure multinationale du parti. Le monopole de représentation du prolétariat juif lui ayant été refusé, le Bund quitta le parti. Mais il avait été précédé dans son départ par la SDKPiL (Social-démocratie du Royaume de Pologne et de Lituanie) qui, ayant adopté le principe de l'autonomie interne, considérait l'adhésion au parti russe comme présentant un « intérêt *moral* », celui de l'internationalisme proclamé contre le nationalisme ou « social-patriotisme » du PPS, mais refusait le contrôle du parti russe sur son comité directeur, c'est-à-dire le principe même du « centralisme démocratique », niveleur des différences nationales [Luxemburg, 1976].

La révolution de 1905 favorisa les rapprochements. C'est en avril 1906 que se réunit à Stockholm le congrès dit d'unification : les social-démocraties polonaise et lettonne furent reconnues comme organisations territoriales du POSDR, tandis que le Bund, lui-même prêt à des concessions au nom de l'unité internationale, se vit proposer des conditions qu'il finit par accepter en août de la même année, en dépit de l'absence de garanties. Il perçut l'attitude du congrès de Stockholm comme une acceptation de son rôle de représentant du prolétariat juif, même si le monopole lui fut refusé, le congrès s'étant par ailleurs prononcé contre l'organisation du prolétariat selon les nationalités. De même que le mot d'ordre de droit à l'autodétermination avait valeur essentiellement stratégique, la composition multinationale, fédérale, du POSDR fut constamment un enjeu tactique.

Le débat allait rebondir en 1912. Les organisations nationales, pourtant invitées, ne se sont pas présentées en janvier, à la conférence de Prague, fondatrice du parti bolchevik. Du fait de « l'absence des délégués des centres nationaux à la conférence de tout le parti », les bolcheviks se sentaient isolés dans leur lutte contre les « liquidateurs » (c'est-à-dire les mencheviks). Les exigences tactiques comptaient, une fois encore, plus que les considérations doctrinales. Il en fut de même pour les mencheviks qui firent preuve, néanmoins, de davantage de souplesse. Leur conférence, celle du Bloc d'août qui s'est réunie à Vienne, comptait un délégué de l'organisation de Bakou, comprenant depuis quinze mois bolcheviks et mencheviks réunis, trois délégués de l'organisation régionale de Transcaucasie, quatre délégués avec voix délibérative et un avec voix consultative de la social-démocratie lettonne, quatre délégués du Bund, un délégué de l'organisation ukrainienne « Spilka » : cette composition traduit davantage une convergence d'intérêts qu'un accord dans l'analyse de la question nationale sur laquelle le débat venait à peine de s'ouvrir. La SDKPiL, en conflit avec les bolcheviks à propos de l'organisation scissionniste de Varsovie, n'assista pas à la première réunion et quitta la seconde dès l'ouverture en raison de la présence du PPS-Lewica (de gauche), bien que sa proposition de 1903 — la revendication d'institutions garantissant la liberté du développement culturel — ait alors été adoptée. La fédération qui deviendra la structure de l'État issu de la révolution bolchevique est encore interprétée en 1913 comme une expression du nationalisme des classes ouvrières [Weill, 1987].

C'est pourtant la structure dont s'est doté le parti multinational dont l'apport aux réflexions sur la question nationale a été le plus fécond : le parti social-démocrate autrichien. Au même moment — de 1910 à la guerre —, il fut traversé par une crise grave dont s'est emparé Lénine contre ses adversaires, principalement les bundistes, avec des arguments du même type que ceux des « internationalistes intransigeants » : selon eux, la source de tous les maux — c'est-à-dire la dislocation du Parti autrichien global (*Gesamtpartei*) — résiderait précisément dans la structure fédérale de six partis nationaux (allemand, tchécoslave, polonais, slovène, ruthène et italien, ces deux derniers ayant émergé après le congrès) adoptée au congrès de l'hôtel Wimberger à Vienne en 1897. « L'œuvre du congrès du Wimberger ne fut pas la séparation mais la fédération organique des partis ouvriers social-démocrates des diverses nations » rétorqua Otto Bauer [1912]. Le dernier congrès du parti global se tint en octobre 1905 à Vienne et décida des actions de masse pour la conquête du suffrage universel, lutte qui fut couronnée de succès et aboutit à l'entrée au *Reichsrat* en 1907 d'un fort groupe parlementaire social-démocrate, subdivisé en « clubs » nationaux. Cependant, ce succès même, renforçant l'effet des mutations sociales en Autriche, eut pour conséquence une audience accrue de la social-démocratie et des syndicats, un processus de massification dans lequel la quantité ne parvint pas à compenser la qualité.

Après la lutte unitaire pour l'obtention du suffrage universel, la fragile union avec les Tchécoslaves achoppa sur la perception par les Tchécoslaves de la domination des Allemands dans les instances syndicales centrales, privant, disaient-ils, les syndicalistes tchèques des moyens financiers nécessaires aux luttes. L'argument leur fut fourni par la résolution du congrès socialiste international de Stuttgart sur la nécessaire unité entre partis et syndicats : à l'autonomie nationale des partis devait par conséquent correspondre celle des syndicats. Commencée dans les unions professionnelles, la scission se répercuta jusqu'aux centrales, celle de Prague faisant sécession par rapport à Vienne. Les syndicats qui refusaient d'adhérer à la centrale praguoise furent dissous. La condamnation des « séparatistes » par le congrès socialiste international de Copenhague en 1910 ne fit qu'envenimer les choses : les Tchécoslaves y virent la traduction de l'hégémonie des Allemands dans la grande comme dans la petite Internationale. La crise séparatiste rejaillit à son tour sur le parti : des exclus « centralistes » créèrent un nouveau parti ouvrier social-démocrate tchèque, concurrent du parti ouvrier social-démocrate tchécoslave. Cette perception d'une domination d'un mouvement ouvrier sur un autre n'était pas un cas unique dans la petite Internationale autrichienne : en Galicie, c'étaient les Polonais du Parti social-démocrate polonais (PPDS) qui constituaient la nation dominante ; Ruthènes et Juifs soulevèrent la question de leur autonomie organisationnelle, ce qui amena Otto Bauer à conclure que l'erreur du congrès du Wimberger a été de ne pas prévoir une liaison organisationnelle étroite des minorités avec la majorité de leur territoire d'implantation : c'est la poursuite de la mise en cause de l'autonomie extraterritoriale, amorcée dans sa proposition d'organisation territoriale des syndicats, destinée à apaiser la crise séparatiste. Ce cheminement aboutira en janvier 1918 au ralliement d'Otto Bauer au mot d'ordre de droit à l'autodétermination [Weill, 1993].

À la complexité des rapports au sein des partis multinationaux s'ajoutent les liens nationaux transétatiques : entre le PPDS et les deux PPS de Pologne russe et prussienne, entre les sociaux-démocrates ruthènes et les socialistes ukrainiens de Russie, entre la social-démocratie juive de Galicie et de Bukovine et le Bund dont elle avait adopté le programme national. Le refus de ce dernier de formaliser les relations prouve qu'il se conformait implicitement aux principes de l'Internationale qui avaient présidé à la définition du mode de votation, consistant à ne reconnaître que les partis agissant dans le cadre d'un seul État : le Parti sioniste social-démocrate *Poale Tsion* ne fut jamais admis comme membre de l'institution parce que c'était un parti mondial.

En revanche, après la révolution Jeune Turque et l'annexion de la Bosnie-Herzégovine par l'Autriche en 1908, les projets de Fédération balkanique du XIXe siècle revivifiés ne trouvèrent un début de réalisation que dans une tentative d'organisation, transnationale cette fois : la Fédération ouvrière social-démocrate des Balkans, censée préfigurer la solution à adopter pour résoudre l'épineuse question nationale qui déchirait cette région. La conférence de Belgrade en décembre 1909-janvier 1910 réunissait des représentants des partis sociaux-démocrates de Serbie, de Roumanie, de Bulgarie (Étroits, c'est-à-dire radicaux), des groupes de Macédoine et de Turquie ainsi que des partis slaves du sud d'Autriche-Hongrie (Croatie-Slavonie, Bosnie-Herzégovine) et du Monténégro. Celle de juillet 1915 à Bucarest était composée de Roumains, Serbes, Bulgares (Étroits) et Grecs (Fédération ouvrière de Salonique). La Fédération issue de cette conférence prévoyait d'être représentée par une délégation commune dans les congrès de l'Internationale [Damianova, 1989 ; Perivolaropoulou, 1994].

Analyses et solutions

La Fédération révèle, tout autant que les tentatives pour structurer le socialisme de Russie, combien l'organisation avait valeur expérimentale dans une solution à venir de la question nationale et confirme l'importance de cet aspect qui, plus que des considérations doctrinales, a conduit les socialistes, en particulier ceux des empires multinationaux, à s'interroger sur le phénomène national, à élaborer des programmes nationaux. Là encore, ce furent les Autrichiens qui firent œuvre de pionniers en adoptant à Brünn (Brno) en 1899 un document programmatique qui allait durablement alimenter les débats dans le socialisme international [Haupt, Löwy, Weill, 1974, p. 204-207], des débats circonscrits, il est vrai, aux régions où la question nationale se posait avec acuité : l'Autriche, la Russie et les Balkans. Les socialistes des États-nations de l'ouest de l'Europe où la formation nationale était prétendument achevée en furent pratiquement absents.

Communauté économique, linguistique (écrite) et territoriale selon Karl Kautsky, communauté de caractère et de culture issue d'une communauté de destin selon Otto Bauer, telles sont respectivement les tentatives pour appréhender la nation qualifiée par Lénine d'« historico-économique » et de « psychologico-culturelle » qui s'affrontent dans le marxisme de la IIe Internationale. Si l'on excepte le terme le plus controversé — que Bauer illustrera ultérieurement, en 1924, dans la préface à la deuxième édition de son ouvrage —, à savoir le « caractère national » (devenu chez Staline la « formation psychique ») [Haupt, Löwy, Weill, 1974] —, ces théories sont divergentes surtout selon que l'accent est mis sur le territoire ou sur la culture comme éléments constitutifs de la nation moderne.

Les révolutions en France et en Amérique ont légué une définition implicite de la nation comme source de souveraineté destinée à remplacer celle de la Couronne : le peuple de l'État. Elles ont inauguré un processus d'intégration de communautés diverses, destinées à disparaître en tant que telles. Dans ces pays, ce fut l'État qui constitua la nation comme entité politique. Le processus s'est inversé au XIXe siècle dans les luttes des nations « historiques », ou, selon la formule de Karl Kautsky, dans la tendance naturelle des nations à se constituer en États à l'ère du capitalisme. Dans cette perspective, les trois Empires subsistant en Europe — austro-hongrois, russe, ottoman — apparaissent comme autant de survivances féodales. Avec la nationalisation des classes ouvrières consécutive à la pénétration du capitalisme industriel, conscience nationale et conscience de classe vont de pair dans le prolétariat des nations dominées, enclenchant ce processus de différenciation et de dissimilation qu'Otto Bauer, infirmant les pronostics d'Engels, a appelé le « réveil des nations sans histoire » [1907]. Mais le schéma binaire nations dominantes/nations dominées ne rend pas compte, selon Vladimir Medem, de la complexité des rapports entre les nations qui se lisent selon toute une hiérarchie de dominations, une nation dominée ayant tendance à s'affirmer contre une autre qui l'est plus encore. C'est ce qu'il démontre en analysant la composition nationale de l'Autriche, de la partie occidentale de l'Empire russe et du Caucase. Aucune des nationalités ne constitue la majorité sur le territoire qu'elle occupe ou, du moins, le découpage territorial (Estonie, Lettonie, Lituanie, Pologne, Biélorussie, Ukraine, Géorgie, Arménie, etc.) laisserait subsister d'importantes minorités nationales. Les « pays de la Couronne » en

Autriche ne sont pas non plus nationalement homogènes. D'ailleurs, la plupart des nations peuvent être considérées comme minoritaires sur le territoire de la Cisleithanie — les Allemands, les Italiens, les Polonais, les Slaves du Sud, les Ruthènes ou Ukrainiens — dans la mesure où leur partie la plus importante est implantée dans d'autres complexes étatiques : le Reich allemand, l'Italie, les Balkans, l'Empire russe. En revanche, les Tchèques résident tous en Cisleithanie.

Les inégalités de développement régional et national au sein d'un même État, l'histoire spécifique de chacune des nations ou nationalités se traduisent dans une typologie diversifiée : nations restées majoritairement paysannes qui entrent dans la sphère du capitalisme sous l'impulsion de classes dirigeantes « allogènes », nations dépourvues de paysannerie (les Juifs), nations où le prolétariat occupe une place croissante et reste essentiellement exploité par des capitalistes d'une autre nation (les Tchèques, par exemple), nations comprenant toutes les couches et classes de la société moderne (bourgeoisie, *intelligentsia*, petite bourgeoisie, prolétariat, paysannerie) dominées (les Polonais) ou dominantes (les Allemands en Autriche). La hiérarchie des rapports entre les nations s'inscrit ainsi dans une double grille : économique et politique [Medem, 1910, 1912].

Le problème qui se pose est celui du type de relation à instaurer avec l'État, c'est-à-dire le territoire qui délimite le cadre de lutte du prolétariat, afin de permettre à la lutte de classes de se développer. Kautsky et Lénine se situent dans la lignée d'Engels : assimilation des nations sans histoire, séparation des nations historiques, pour reprendre la conclusion de Richard Pipes [1964]. Pour Kautsky, en effet, l'internationalisation des échanges doit avoir pour conséquence la disparition des nations, phénomènes transitoires de l'ère capitaliste, c'est-à-dire leur assimilation progressive au moyen d'une seule langue commune. Il voit d'ailleurs dans l'extension du russe dans l'Empire tsariste, par exemple, un facteur de progrès. Selon Lénine, les 72 % de Slaves de l'Empire permettront au russe de s'imposer sans que la coercition soit nécessaire [Weill, 1987]. Ils misent donc tous deux sur une acculturation universelle qui passe, à titre transitoire, par un découpage national-territorial. Cette conception participe du refus de dissocier l'État et la nation et débouche sur la revendication du droit à l'autodétermination jusqu'à la séparation telle qu'elle a été formulée par Lénine et reprise par la plupart des mouvements de libération nationale. Elle se double de la solution de l'autonomie (auto-administration) régionale et locale ou coïncide avec elle. C'est à élaborer l'autonomie territoriale pour la Pologne russe que s'attache Rosa Luxemburg, opposée au droit à l'autodétermination par refus de scinder des entités économiques et politiques intégrées, en l'occurrence ce qu'elle considère comme le territoire de la révolution russe. Après avoir exposé dans sa série d'articles intitulée *La Question nationale et l'autonomie* [1908-1909] la nécessité de la centralisation, elle propose un projet cohérent de décentralisation où l'autoadministration se combine à l'autonomie jusque dans les domaines économiques et politiques, débordant largement la sphère culturelle qui se situe au cœur des affrontements théoriques.

Reprenant l'exemple de l'évolution des Églises, il s'agit en revanche implicitement pour l'austro-marxiste Karl Renner de déterritorialiser la nation afin de dépolitiser la question nationale : « Les nations sont à constituer non en tant que corporations territoriales, mais en tant qu'associations de personnes » : communes nationales réunies dans des districts nationaux constituant à leur tour la nation. À cette constitution de la nation s'ajoute la création de communes de minorité à incorporer dans l'organisation de la nation et la protection de chaque *diaspora* par sa propre nation. Les nations deviennent alors des sujets juridiques de droit public et privé, avec droit de décret et d'impôt, et disposant de fonds spécifiques. Il fournit ainsi le modèle de la solution proposée sous l'appellation d'autonomie nationale personnelle extraterritoriale, telle qu'elle sera reprise par Otto Bauer ou par le Bund. Sans être incompatible avec elle, elle diffère de la formulation proposée par la SDKPiL au deuxième congrès du POSDR, la revendication d'institutions garantissant la liberté du développement culturel [Haupt, Löwy, Weill, 1974, p. 208-229].

Contrairement à l'opinion admise, le programme de Brünn n'était pas le triomphe du principe extraterritorial et, à l'époque, Karl Renner n'avait pas même participé au débat, même si ses premières publications sur ce thème coïncidaient avec la tenue du congrès. Karl Kautsky, en revanche, était intervenu, notamment dans la *Neue Zeit* : s'il doutait — en privé — que l'entité multinationale hybride qu'était l'Autriche pût être maintenue [Adler, 1954, p. 351], il infléchit plus tard son analyse sur le modèle de l'État-nation et estima que pour les Balkans la fédération de plusieurs nations étaient préférable à la constitution d'une myriade de petits États nationaux [Kautsky, 1909 in Haupt, Löwy, Weill, 1974, p. 143-147].

Intégration des classes ouvrières à la nation ?

Circonscrit aux protagonistes des régions où la question nationale se pose avec acuité et rejaillit sur le mouvement ouvrier, le débat affecte peu les grands partis de l'Internationale qui luttent pour l'hégémonie en son sein : Français, Allemands et, dans une moindre mesure, Anglais, si l'on excepte Karl Kautsky lui-même originaire d'Autriche. Tout au plus sont-ils confrontés à la protestation des « petites nations » contre leur morgue [Weill, 1989], à l'instar de ce qui se passe dans les « petites Internationales » russe et autrichienne. L'ignorance ou le refus du fait national tels qu'ils s'étaient manifestés dans l'AIT et au début de la IIe Internationale perdurent jusqu'à la Première Guerre mondiale. La question se pose néanmoins sous deux aspects, liés entre eux : celui de l'intégration des classes ouvrières à leur nation et celui du danger de guerre entre États européens. Au nationalisme honni de la bourgeoisie s'opposerait le patriotisme du mouvement ouvrier : « Un peu de patriotisme éloigne de l'Internationale, beaucoup de patriotisme y ramène » affirme Jaurès [Rebérioux, 1965, p. 21] qui, dans une sorte de paraphrase du *Manifeste communiste* déclare que les ouvriers seraient patriotes, qu'ils auraient une patrie à conquérir sur la bourgeoisie parce qu'ils seraient tout autant qu'elle dépositaires de la langue et de la culture nationale. Une conception partagée par l'austro-marxiste Karl Renner, tandis qu'Otto Bauer parle de la nécessaire intégration des « tenanciers » de la nation, notamment des ouvriers, à la culture nationale dont ils sont les producteurs [1907] et Rosa Luxemburg de son appropriation par le prolétariat, « bâtard déshérité » [1908-1909].

De la défense du patrimoine à la défense de la patrie, la marge est ténue, d'où la question de savoir quelle serait l'attitude du prolétariat au cas où une guerre éclaterait. L'Anglais James Keir Hardie, Édouard Vaillant et Jean Jaurès sont constamment intervenus pour examiner les moyens susceptibles de l'empêcher dans les congrès, au BSI et, en coulisse, lors de la crise marocaine de 1911. Le BSI eut même recours à la diplomatie secrète par l'intermédiaire des instances dirigeantes du socialisme français [Haupt, 1972]. C'était en quelque sorte la concrétisation du souhait des fondateurs de l'Internationale de voir le mouvement ouvrier intervenir de manière autonome dans la politique extérieure qui était aussi l'un des angles sous lesquels ils abordaient la question nationale.

Cependant, le déclenchement de la Première Guerre mondiale a fondamentalement changé les termes du débat. La défense de la patrie dans l'Union sacrée, symbolisée par le vote des crédits de guerre fut majoritairement celle de l'État-nation, postulant l'adéquation du cadre politique et de la communauté : dès lors, des considérations sur la raison d'État interviennent nécessairement dans les réflexions des milieux socialistes dirigeants, l'opposition à la guerre au nom de l'internationalisme se réfugiant sur les marges du mouvement ouvrier — femmes et jeunes par exemple —, voire dans le défaitisme révolutionnaire [Gallissot, Paris, Weill, 1989]. Ce ralliement aux « relations internationales » était-il imputable à la faiblesse des réflexions sur la nation selon le grief largement répandu ou à une inversion des priorités entre question nationale et question sociale ?

Références bibliographiques

Adler Victor (1954), *Briefwechsel mit August Bebel und Karl Kautsky*, Vienne.

Ageron Charles-Robert (1963), « Jaurès et les socialistes français devant la question algérienne de 1895 à 1914 », *Le Mouvement social*, n° 42, Paris.

Bauer Otto (1907, 1924, 1988 pour la traduction française), *La Question des nationalités et la social-démocratie*, Arcantère/EDI/Guérin Littérature, 2 vol., Paris/Montréal.

— (1912), « Die Gesamtpartei », *Der Kampf*, VI, 1, Vienne.

Damianova Jivka (1989), « La fédération contre l'alliance militaire : les socialistes balkaniques et les guerres balkaniques, 1912-1913 », *Le Mouvement social*, n° 147, Paris.

Engels Friedrich (1955), *Briefwechsel mit Karl Kautsky*, Danubia Verlag, Vienne.

Gallissot René, Paris Robert et Weill Claudie [dir.] (1989), « La désunion des prolétaires », *Le Mouvement social*, n° 147, Paris.

Haupt Georges [éd.] (1969), *Bureau socialiste international, Comptes rendus des réunions, manifestes et circulaires*, vol. I : 1900-1907, Mouton, Paris/La Haye.

Haupt Georges (1972), *Socialism and the Great War. The Collapse of the Second International*, Oxford University Press, Londres.

— (1980), « Rosa Luxemburg à l'orée de la recherche marxiste dans le domaine national », *in L'Historien et le mouvement social*, Maspero, Paris.

Haupt Georges et Marie Jean-Jacques (1969), *Les Bolcheviks par eux-mêmes*, Maspero, Paris.

Haupt Georges et Weill Claudie (1974), « Karl Marx et Friedrich Engels devant le problème des nations », *Économies et sociétés. Cahiers de l'ISEA*, série S, n° 17.

Haupt Georges, Löwy Michaël et Weill Claudie [éd.] (1974), *Les Marxistes et la question nationale 1848-1914*, Maspero, rééd. L'Harmattan, Paris, 1999.

Kautsky Karl (1896), « Finis Poloniae ? », *Die Neue Zeit*, XIV, 2, p. 484-491 ; p. 513-525.

— (1909), « Les tâches des socialistes parmi les Slaves des Balkans », *Der Kampf*, extraits *in* Georges Haupt, Michaël Löwy et Claudie Weill (éd.) (1974), *Les Marxistes et la question nationale, op. cit.*, p. 143-147.

Luxemburg Rosa (1976), *Vive la lutte ! Correspondance 1891-1914*, Georges Haupt, Gilbert Badia, Irène Petit et Claudie Weill (éd.), Maspero, Paris.

— (1908-1909, 2001 pour la traduction française), *La Question nationale et l'autonomie*, Le Temps des Cerises, Pantin.

Medem Vladimir (1906), *Sotsialdemokratia i natsionalny vopros* (La social-démocratie et la question nationale), Saint-Pétersbourg.

— (1910), « Natsionalnoe dvijenie i natsionalnye sotsialistitcheskie partii v Rossii » (Le mouvement national et les partis socialistes nationaux en Russie), *in* Kasteliansky A. I. (éd.), *Formy natsionalnogo dvijenia v sovremennikh gosudarstvakh*.

Avstro-Vengria, Rossia, Germania (Les formes du mouvement national dans les États contemporains. Autriche-Hongrie, Russie, Allemagne), Saint-Pétersbourg.

— (1912), « K postanovke natsionalogo voprosa v Rossii » (Comment se pose la question nationale en Russie), *Vestnik Evropy*, n° 8, p. 149-163 ; n° 9, p. 149-165.

PERIVOLAROPOULOU Nia (1994), « La Fédération balkanique comme solution des problèmes nationaux », *Matériaux pour l'histoire de notre temps*, n° 35, Nanterre.

PIPES Richard (1964), *The Formation of the Soviet Union*, Harvard University Press.

REBÉRIOUX Madeleine (1965), « Jaurès et la nation », Actes du colloque Jaurès et la nation, Publications de la Faculté des lettres et sciences humaines de Toulouse.

RIAZANOV David (1916), « Karl Marx und Friedrich Engels über die Polenfrage », *Archiv für die Geschichte des Sozialismus und der Arbeiterbewegung*, VI, p. 175-221, Leipzig.

WEILL Claudie (1987), « Le débat sur l'autonomie culturelle extraterritoriale dans le socialisme russe, 1912-1914 » *in L'Internationale et l'autre. Les relations interethniques dans la IIe Internationale*, Arcantère, Paris.

— (1989), « L'internationalisme en marge », *Matériaux pour l'histoire de notre temps*, n° 16, Nanterre.

— (1993), « L'internationalisme comme problème d'organisation : les petites Internationales russes et autrichienne », *in* Serge WOLIKOW et Michel CORDILLOT (éd.), *Prolétaires de tous les pays, unissez-vous ? Les difficiles chemins de l'internationalisme 1848-1956*, ÉUD, Dijon.

— (2001), « Die Frage der Migrationen im internationalen Sozialismus, Stuttgart (1907) — London (1926) », *Mitteilungsblatt des Instituts für soziale Bewegungen*, n° 26, Bochum.

32

La gauche et l'idée nationale

PATRICK CABANEL

ENTRE LA GAUCHE ET L'IDÉE NATIONALE se sont jouées, au cours du XIXe siècle, une grande passion et une égale déception. La nation naît à gauche, sous la Révolution française, lorsque révolutionnaires et « patriotes » se confondent exactement. Un siècle plus tard, les patriotes sont ceux de la Ligue du même nom, passée à l'extrême droite ; seules leurs origines plus populaires les distinguent des membres de la Ligue de la patrie française, de Jules Lemaitre et Maurice Barrès, issus de la droite des beaux quartiers. Et « nationalisme » et « nationaliste » servent alors à désigner une des grandes composantes de cette extrême droite, tandis que la gauche affiche de plus en plus volontiers son internationalisme. Une telle évolution terminologique et idéologique a contraint le républicain par excellence qu'est Ferdinand Buisson à intituler l'un de ses discours, en 1902, *Pourquoi nous sommes patriotes et ne sommes pas nationalistes*. Ces mutations tardives ne doivent pas tromper : la gauche n'a pas seulement « inventé » l'idée de nation au temps de la levée en masse de l'an II, elle a fait de la France, jusqu'aux unités italienne et allemande, la sœur aînée des nationalités martyres ou orphelines d'Europe. Et même après la blessure de Sedan et le passage à droite de l'idée nationale, elle a mené à bien, sous la IIIe République, un programme puissamment national que les historiens anglo-saxons qualifient de « nationalisation des masses ». Avec le peuple, peu de notions auront autant fait vibrer la gauche française, qu'elle s'estime l'héritière de l'épopée révolutionnaire et napoléonienne, ou qu'elle ait suivi les cours de Michelet, Quinet et Mickiewicz au Collège de France d'avant 1848.

De la Grande Nation à la sœur aînée des nationalités

Les historiens datent précisément l'acte de naissance de la nation, au cœur de l'épopée révolutionnaire : « Vive la nation ! », crient le général Kellermann et les troupes réunies à Valmy, le 20 septembre 1792, pour faire face à l'armée de Brunswick, laquelle, étonnée, se retire presque sans combattre. La France s'autodésigne alors comme la Grande Nation : on a pu remarquer qu'elle est l'un des rares États dans l'histoire, avec l'URSS, à se définir de manière politique et non territoriale ou ethnique. Le vieux mot de nation, qui désignait jusque-là une origine (la nation est l'ensemble des « natifs »), se politise et fait une entrée en force dans le vocabulaire de la gauche française. Le 17 juin 1789, sur une motion de Sieyès et au terme d'une discussion initiée par Mirabeau, les États généraux ont changé leur nom en Assemblée nationale. Pour quelques dizaines d'années, qu'il s'agisse de la Convention, de l'éducation, des biens de l'Église, des gardes, des ateliers, du gouvernement de Gambetta en 1870 ou du *National*, le journal des années 1830, « national » est un adjectif de la gauche révolutionnaire puis républicaine. Il se trouve en concurrence avec une autre ancienne famille de mots, qui désigne, après l'origine (patrie/père), un ensemble politique. « Allons enfants de la patrie », débute le *Chant de marche de l'armée du Rhin* (*La Marseillaise*). « Patriote » signifie, dans la France des années 1790, partisan de la Révolution ; les volontaires de l'an II, réunis par levée, en offrent l'emblème. Dans *Qu'est-ce que le tiers état ?*, Sieyès a donné du premier coup la définition classique de la nation : « Un corps d'associés vivant sous une loi commune et représenté par la même législature. » On voit habituellement dans ces mots la formule de l'idée française de nation, mais on peut tout autant y trouver sa définition de gauche, horizontale et volontariste (le contrat), par opposition à une conception de droite, verticale et « subie », magistralement représentée par un Joseph de Maistre ou un Maurice Barrès, qui puise les raisons d'un être ensemble dans l'origine, l'héritage, le sang, la langue « maternelle », etc.

La définition à la Sieyès, strictement politique et intérieure, et dotée d'un pendant extérieur et militaire, nourrit bien des ambiguïtés, voire des contradictions. Il s'agit d'abord de défendre la patrie en danger, comme à Valmy. Le thème devait resurgir en 1870 tout comme dans la résistance communiste des années 1940 : la Commune de Paris unit ainsi étroitement la patrie et la révolution, même si cette dernière l'emporte ; un homme comme le colonel Louis-Nathaniel Rossel s'est mis au service de la Commune (il l'a payé de sa vie) pour sauver la France face à l'invasion. Dans la Résistance, « national » recommence brièvement une carrière à gauche : le Parti communiste lance le Front national. Mais il s'agissait en même temps, pour la Révolution de 1789, d'offrir la liberté aux voisins de la France, dont les peuples sont frères du sien, unis face aux tyrans et aux monarques. La question de l'expansion territoriale et des républiques sœurs s'est posée rapidement à la France révolutionnaire, puis napoléonienne, et l'on sait combien la carte des territoires limitrophes a été redessinée au profit d'une plus grande nation. Un thème familier à l'ancienne monarchie a été alors repris : celui des prétendues frontières naturelles, dessinées par les Alpes et les Pyrénées, mais aussi par le Rhin. « Les limites de la France sont marquées par la nature », déclare Danton le 31 janvier 1793. Le « oui » est majoritaire en réponse à la question posée dans l'été 1795 : « Est-il est de l'intérêt de la République française de reculer ses limites jusqu'au bord du Rhin ? » On voit s'affronter, ou se compléter, deux conceptions géopolitiques bien distinctes : les limites de la France sont celles que la nature semble lui avoir tracées, mais aussi celles que lui autorise l'expansion victorieuse et régénératrice de ses principes politiques. Les armées françaises, dès lors, ne sont plus une force d'oppression, mais de libération des peuples.

La réalité devait décevoir cruellement les ambitions du soldat de la liberté : Arndt publie en 1813 *Le Rhin fleuve allemand*, pour tordre le coup à la notion française de frontières naturelles. Et des mouvements de résistance proprement nationaux, en Espagne, au Tyrol et surtout dans l'ensemble germanique, retournent contre la France l'idée de nation : Fichte rompt avec la philosophie des Lumières et prononce ses *Discours à la nation allemande* (1807-1808), qui deviennent le texte fondateur, après *Une autre philosophie de l'histoire* de Herder (1774), d'une pensée allemande « de droite » riche d'avenir. La bataille de Leipzig, en 1813, est dite « bataille des nations ». Universalité française contre spécificité allemande ? « Droits de l'homme » contre « nation allemande » ? Sans doute, mais comme devait bien le noter Friedrich Sieburg dans *Dieu est-il français ?*, en 1930, le coup de génie de la France a longtemps consisté à confondre, en toute bonne foi, la raison universelle et sa raison particulière. Ce qui était bon pour la France était bon pour le monde… Le patriotisme le plus farouche et l'« internationalisme » des Droits de l'homme formaient le meilleur des ménages, au profit trop exclusif du pays qui prétendait dire la règle du monde. Du coup, la gauche française qui n'a rien appris, pour l'heure, de ce qui se clame de l'autre côté du Rhin, continue pendant quelques décennies à confondre expansion idéologique et épopée militaire. On comprend mieux l'ambiguïté fondamentale dont est fait le bonapartisme, ce détonnant mélange de droite et de gauche dans lequel c'est la gauche qui est nationale et rêve de conquêtes militaires.

Face à la Restauration, puis à la monarchie de Juillet, sa position reste fondamentalement inchangée, même si les termes en varient. On hésite quelque peu à employer à son propos un vocabulaire qui évoque beaucoup plus, pour nous, le style de l'Action française, mais qui est pourtant le sien. Pour la gauche qui se dit à peu près indifféremment nationale ou patriote, les Bourbons sont revenus « dans les fourgons de l'étranger », ils ont été remis sur le trône par les « baïonnettes de l'étranger ». Cet « étranger », symbolisé par le congrès de Vienne, est indissolublement national (Prusse, Autriche, Grande-Bretagne) et idéologique (la Sainte Alliance des trônes et des religions). Être français, c'est vouloir la reprise et la victoire ultime, en France et en Europe, de la Révolution continuée par Napoléon et ses soldats, mais enterrée à Waterloo et à Vienne. La Restauration aurait été une sorte de parenthèse, serait même allée à contre-courant de la nouvelle et brûlante tradition patriotique, lorsque Louis XVIII a envoyé les « cent mille fils de saint Louis » à la rescousse de Ferdinand VII d'Espagne (1823). Le brutal retour de mémoire révolutionnaire suscité par les Trois Glorieuses de juillet 1830 marque à jamais une jeune génération qui n'a rien pu connaître des années de gloire stoppées en 1815, mais qui rêve de renouer avec elles — quitte à le faire dans les livres de l'un des siens, Michelet. La monarchie bourgeoise de Louis-Philippe et Guizot est violemment accusée de trahir, dans le même geste, la Révolution, la liberté des peuples et la France elle-même. Les républicains croient vérifier cette triple trahison dans une série de crises qui rythment les années 1830 et 1840 et au cours desquelles la France choisit, selon une formule gouvernementale, « la paix à tout prix ». Face à l'écrasement de l'insurrection polonaise de 1831 par la Russie ; face aux difficultés coloniales rencontrées en Algérie puis à Tahiti (1844) ; face à la défaite de Méhemet Ali (1840), le protégé de la France au Proche-Orient, la gauche n'a qu'un mot : il faut intervenir militairement et se battre contre l'antique tyran russe et contre le nouveau maître arrogant du monde, l'Angleterre.

La gauche ne cesse d'épouser la cause des peuples, bientôt des nations, martyrs. Le principe des nationalités, ou droit des peuples à disposer d'eux-mêmes, devient la charte de son programme extérieur ; on peut parler de gauche « nationalitaire » pour bien la distinguer du nationalisme apparu plus tard et à droite sur l'échiquier. La France sera la sœur aînée des jeunes nations. Les milieux de gauche s'enthousiasment pour la cause des Grecs, dans les années 1820, puis, durablement, pour celle des Polonais dont les drames à répétition, en 1831 et 1863, enflamment leur pitié martiale. On parle à propos des Polonais des « Français du Nord ». La France inaugure à leur profit sa fonction de terre d'asile appelée à devenir un de ses grands traits : près de 20 000 exilés, Italiens, Polonais, Allemands, Hongrois, Roumains, sont réunis à Paris. On trouve parmi eux des officiers, des étudiants, des intellectuels, des militants politiques. Une partie de l'élite polonaise est là, avec ses poètes et philosophes, Hoene Wronski, Adam Mickiewicz. Ce dernier en vient à enseigner au Collège de France, où il noue avec Quinet et Michelet l'une des grandes amitiés politiques et nationalitaires du siècle. On sait combien le Collège de France est devenu, à la fin de la monarchie de Juillet, la tribune européenne des nationalités martyres ou promises à l'indépendance. Tandis que Mickiewicz chante sa nation brisée, Quinet et Michelet multiplient les publications favorables au mouvement des nationalités. Les *Œuvres complètes* du premier, publiées par Pagnerre à partir de 1857, comprennent trois tomes sous la rubrique « Histoire — Les nationalités », dont *Les Révolutions d'Italie* (IV), *La Grèce moderne* (V), *Les Roumains* et *Allemagne et Italie* (VI). Michelet met en chantier, en 1851, une *Légende d'or* qui doit mêler des épisodes tirés de l'histoire de France et d'autres empruntés aux révolutions européennes intervenues depuis 1848. *Pologne et Russie. Légende de Kosciuszko* paraît à la fin de l'année ; Italiens, Roumains, Hongrois sont aussi au programme. *Les Légendes démocratiques du Nord* (1854) rassemblent ces textes. Les Roumains envoient leurs élites étudiantes et nationales, dont les frères Rosetti, se former auprès des mages du Collège de France. Quinet épouse la fille d'un dirigeant roumain de la première heure, Hermione Asaki. On observe alors, entre la gauche française et la nation roumaine, un véritable transfert d'influences linguistiques, culturelles et idéologiques, dont la francophonie roumaine, aujourd'hui déclinante, est la trace lointaine.

Le « printemps des peuples » s'inscrit au cœur de cette problématique : comme en 1789, comme en 1830, la France souhaite ouvrir la voie aux nations d'Europe. Révolution et nation continuent à se confondre. Le 27 mars 1848, après la révolution de Février, le Gouvernement provisoire soutient la constitution sur le sol français de bataillons d'étrangers, accorde des financements pour leur voyage jusqu'à leurs territoires respectifs et la prise en charge des familles restées en France. Des légions de volontaires italiens et polonais se forment, et des souscriptions sont ouvertes pour recueillir les fonds nécessaires à leurs voyages libérateurs. En mars et avril, Lamartine reçoit très officiellement des délégations de diverses nationalités — Irlandais, Hongrois, Norvégiens, Savoisiens, Polonais, Italiens. Un an plus tard, Mickiewicz lance à Paris un nouveau quotidien, *La Tribune des peuples*, et propose à Mazzini l'aide de la Légion polonaise. On sait que de telles « brigades nationalitaires » circulent d'un front à l'autre au XIXe siècle, les fils et petits-fils de Garibaldi et de ses Chemises rouges venant combattre pour la France en 1870 comme en 1914. Une autre France, il est vrai, envoyait sur les champs de bataille de l'Italie centrale, dans les années 1860, les « zouaves pontificaux », ces volontaires pour la défense des États du Pape.

Une mutation décisive est pourtant intervenue le 4 mars 1848, avec la publication par Lamartine, ministre des Affaires étrangères du Gouvernement provisoire, de son *Manifeste à l'Europe*. Ce texte de compromis, voire d'équilibre, officiellement destiné aux diplomates français, cherche à rassurer l'Europe sans inquiéter la base du nouveau régime, ou tout au moins son aile gauche : il signe le passage durable, pour la gauche française, du mythe de la propagande révolutionnaire aux principes d'un patriotisme défensif [Darriulat, 2001]. Ou, si l'on préfère, d'un bellicisme « gauchiste » à un pacifisme modéré. Deux phrases disent l'essentiel : « La République française n'intentera donc la guerre à personne. Elle n'a pas besoin de dire qu'elle l'acceptera, si l'on pose des conditions de guerre au peuple français. » Seule entorse à cette sagesse nouvelle de la gauche, et seul rappel de sa tradition d'interventionnisme nationalitaire, l'avertissement lancé à l'endroit de l'Autriche, au cas où cet État cèderait à la tentation de réprimer des soulèvements intervenant en Suisse (le *Sonderbund* date de 1847) ou en Italie : « La République française se croirait en droit d'armer elle-même pour protéger ces mouvements légitimes de croissance et de nationalité des peuples. » Mais l'ambition principale délaisse les armées révolutionnaires et le souvenir de l'an II pour leur préférer une politique d'influence : « [La République] se proclame l'alliée intellectuelle et cordiale de tous les droits, de tous les progrès, de tous les développements légitimes d institutions des nations qui veulent vivre du même principe que le sien. Elle ne fera pas de propagande sourde et incendiaire chez ses voisins. [...] Elle exercera par la lueur de ses idées, par le spectacle d'ordre et de paix qu'elle espère donner au monde, le seul et honnête prosélytisme, le prosélytisme de l'estime et de la sympathie. »

Un tel revirement, si l'on observe la propagande de la gauche tout au long de la monarchie de Juillet, s'explique avant tout par la nécessité dans laquelle se trouve la République de recueillir l'acceptation passive de monarchies européennes toujours promptes à s'inquiéter des risques d'une contagion révolutionnaire. D'autres éléments, dans les deux décennies à venir, vont renforcer la nouvelle position de la gauche. Ils tiennent pour l'essentiel à une série de déceptions. L'une, au moins, est passée à peu près invisible : des « sœurs cadettes » de la France révolutionnaire commencent à s'agacer, trente ans après les Allemands, de ce messianisme ronflant qui confond générosité et orgueil et se paye de mots plus que de gestes — comme la postérité l'a retenu de cette verbeuse gauche quarante-huitarde. En témoignent des textes désenchantés, presque agressifs, de Mazzini ou de Mickiewicz, dès les années 1830, sans parler d'Engels [Darriulat, 2001]. Une seconde déception a fonctionné un peu à l'inverse : non seulement la nationalité allemande n'a que faire du soutien que peut lui prodiguer la gauche française, mais elle se bâtit sur des bases très différentes de l'idéalisme nationalitaire à la française. Ce sont l'union douanière, le sentiment antifrançais (qui se réveille une première fois en 1840, autour de la question du Rhin), la conquête militaire. La nation qui se forme aux portes nord-orientales de la France n'est pas une sœur, encore moins une cliente, comme peut l'être l'Italie de Garibaldi et du Piémont-Savoie : une rivale grandit. Il est symptomatique que l'un des tout premiers avertissements en ce sens provienne de Quinet : l'ancien pape de la gauche nationalitaire, intellectuellement formé en Allemagne, est accablé par la nouvelle de la victoire prussienne à Sadowa (3 juillet 1866). Il dénonce la passion germanophile de son camp et appelle solennellement la France à la vigilance quant à ses frontières de l'Alsace et la Lorraine dans trois articles, publiés dans *Le Temps* des 5, 7 et 9 janvier 1867 et repris en brochure (*France et Allemagne*). On a pu, en 1917, republier ces textes de Quinet et faire de lui le prophète du péril allemand (*Un prophète. Edgar Quinet, édition nouvelle de ses articles sur l'Allemagne...*, par Paul Gautier).

La dernière déception vivement ressentie par la gauche, et qui aura de longues conséquences, tient au champ politique interne. Le coup d'État du 2 décembre 1851, approuvé vingt jours plus tard par le suffrage universel, contre toute l'espérance que l'on pouvait mettre dans la décision du peuple, a réduit à la prison, à l'exil ou au silence, toute une génération de la gauche. Le foyer révolutionnaire donne maintenant l'exemple de l'autoritarisme, comme une nouvelle Autriche ; sont en exil ceux qui vantaient la terre d'asile nationalitaire ; à Bruxelles, Londres ou en Suisse ceux qui parlaient au monde depuis Paris. La gauche découvre, des journées de juin 1848 au coup d'État, que l'armée peut être une force réactionnaire, à l'inverse de la tradition de l'an II. Du reste, le (faux) volontariat de la Révolution n'a-t-il pas été remplacé par le recrutement au tirage au sort et par l'institution du « remplacement », qui permet aux plus riches de s'épargner tout service et contraint les plus pauvres, malchanceux ou remplaçants, à s'engager dans une période de sept ans qui les coupe de leur base populaire et fait de leur groupe une ébauche d'armée de métier, contre la tradition républicaine ? La gloire militaire doit donc être revisitée, tant il est clair que Louis Napoléon Bonaparte, devenu Napoléon III, a repris à son profit la tradition martiale de la gauche, avant l'élection présidentielle de 1848 comme au moment de légitimer l'expédition de Crimée. Le patriotisme va-t-en-guerre a donc nourri aussi le bonapartisme et la réaction. Ce constat douloureux entraîne une révision à 180 degrés du substrat idéologique de la gauche : le pacifisme et l'antimilitarisme tendent à supplanter l'ancien bellicisme révolutionnaire et nationalitaire, comme le fait aussi, sur un autre plan, le patriotisme défensif. Les Versaillais, le boulangisme et l'affaire Dreyfus ne pouvaient ensuite, bien sûr, que renforcer ces dispositions. De la même manière, mais avec des chronologies différentes, on devait voir l'anticolonialisme se substituer dans le bagage de la gauche au colonialisme exalté des premières années de la conquête de l'Algérie. De telles révisions ont pu être à leur tour l'objet de retournements : dans les années 1930, une forte partie de la gauche a renoué avec un interventionnisme démocratique, mais avec Léon Blum dans le rôle d'un Lamartine, quand la droite passait du nationalisme bleu horizon à l'ultrapacifisme anticommuniste. En revanche, la naissance sous le Second Empire d'un internationalisme à la Victor Hugo — les États-Unis d'Europe — s'inscrit moins en contradiction que dans le prolongement du bellicisme révolutionnaire. À défaut d'une grande nation étendue à une partie de l'Europe acquise à ses principes, certains militants rêvent d'une République universelle, dont les représentations revêtent souvent les traits de Marianne...

La gauche française ne devait pas moins renouer, à la fin du XIXe siècle, avec la défense des nationalités. Ses héros, certes, ont changé : ce ne sont plus les Italiens ni les Allemands, dont l'unité est faite, y compris au détriment de la

France. Ce ne sont guère plus les Polonais ou les Irlandais, puisque l'alliance russe et l'Entente cordiale, également précieuses au pays, font obstacle désormais à la traditionnelle polonophilie des Français. Les Arméniens, qui subissent des massacres en 1896, retiennent l'attention des intellectuels dreyfusards tels que Pierre Quillard ou Françis de Pressensé, président de la Ligue des droits de l'homme et proche de Jean Jaurès. Nouveau Quinet, Péguy ouvre les *Cahiers de la Quinzaine* à des plaidoyers en faveur des Arméniens, des Finlandais, des Polonais du Reich ou encore des juifs d'Europe centrale et de Russie. L'historien Charles Seignobos est l'un des dirigeants de cette nébuleuse nationalitaire parisienne, qui se dote en 1911 d'un Office central des nationalités, fondé par le Français Jean Pelissier et le héros lithuanien Joseph Gabrys. Les deux hommes publient à partir de 1912 les *Annales des nationalités* et organisent en juin de la même année la première conférence des nationalités, à l'École pratique des hautes études. C'en est assez pour susciter la colère de Péguy en route vers un patriotisme de droite : à l'aune des champions de la Sorbonne, l'Alsace-Lorraine n'est-elle pas une nationalité, demande-t-il dans *L'Argent* (1913) ? On peut citer un autre historien, inquiété sous l'Ordre moral avant de devenir une figure de la Sorbonne, Ernest Denis, dont toute l'œuvre est consacrée à poursuivre celle du Tchèque Palacky et à doter la nation tchèque d'une histoire propre. Denis est passé au militantisme actif, lors de la Première Guerre mondiale, en luttant à la fois pour la France et pour ses alliées slaves — Tchèques, Slovaques et Serbes. Les alliances diplomatiques de l'entre-deux-guerres — la Petite Entente (France, Pologne, Tchécoslovaquie, Yougoslavie) — sont largement les héritières de ces sympathies de la gauche du XIXᵉ siècle pour les nationalités martyres qu'emprisonne l'Autriche, l'adversaire idéologique presque héréditaire à l'est de l'Europe. On pourrait parler à cet égard du « nationalitarisme » de la gauche, pour distinguer un sentiment qui n'a rien à voir avec la définition habituelle du nationalisme. C'est du moins ce qu'a proposé le maurrassien René Johannet, en 1918 (*Le Principe des nationalités*). Ces sympathies embrassent également le sionisme : lorsqu'une *Ligue des amis français du sionisme* est fondée à Paris, en 1918, on trouve dans ses rangs un certain nombre d'intellectuels non juifs, dont son président, l'historien des religions Maurice Vernes, et Seignobos, une fois encore.

Du chauvinisme au nationalisme, de gauche à droite

Nous devons revenir un instant aux années 1840, au cours desquelles la droite libérale orléaniste, se trouve à peu près seule face à la conjonction des mémoires martiales d'« extrême gauche » et d'« extrême droite », révolutionnaire et impériale. Aux yeux de la gauche républicaine, la monarchie de

Juillet, prête à toutes les humiliations devant l'Angleterre, trahirait les intérêts supérieurs de la France et de sa mission révolutionnaire dans le monde. Un homme incarne cette politique d'autant mieux qu'il appartient à la même confession que la puritaine Angleterre : c'est Guizot, le *lord Guizot* des caricatures ; « il est anglais de caractère, son vrai pays c'est l'Angleterre » (1846). Les historiens du nationalisme ont-ils assez prêté attention à la modernité de ce qui se joue dans ces années 1840 ? Le nationalisme de gauche (que l'on excuse ce pléonasme, pour l'époque) charrie une authentique charge de xénophobie (contre les Russes, les Arabes, les Anglais), malaisément dissociable de l'anticapitalisme, de l'antiprotestantisme, voire de l'antisémitisme également naissants. Les déclarations de mépris ou de haine d'un Toussenel, d'un Hugo, d'un Proudhon, d'un Michelet, à l'encontre de l'Angleterre, voire des États-Unis, n'ont rien à envier à celles qui devaient se multiplier, à la fin du XIXe siècle, contre la même Angleterre, l'Allemagne, les juifs et le « parti de l'étranger ». Le journal républicain *La Réforme* appelle à la guerre contre l'Angleterre, le 3 août 1844, dans ces termes : « L'humanité entière applaudira au châtiment de ces marchands qui croient que le genre humain n'a été créé, ne se développe que pour offrir de nouveaux moyens d'exploitation à leur insatiable cupidité. » Une autre gauche a surgi : une gauche socialiste, parfois d'origine chrétienne, profondément hostile aux diverses formes de libéralisme, et dont l'argumentaire vient renforcer celui de la gauche patriote. Si hier l'Autriche résumait en elle l'agression étrangère et l'idéologie monarchiste, l'Angleterre incarne désormais la domination étrangère et l'idéologie capitaliste. Disciple de Michelet, l'historien républicain Henri Martin redoute de voir « anglaiser la France » dans un avenir ainsi décrit : « Tant de héros auraient donné leur sang [...] pour aboutir à transformer finalement les fils de Gaulois en une nation de commis, de prolétaires et de laboureurs faméliques, gouvernés par un sanhédrin de Juifs et de Lombards » (*De la France, de son génie et de ses destinées*, 1847).

On comprend que le passage du thème national à l'extrême droite, aux lendemains de 1870, ne puisse pas être tout à fait une surprise ou un scandale pour l'historien : le patriotisme de gauche à l'apogée dans les années 1840 pratiquait une grande part du vocabulaire et des thèmes de ce que Raoul Girardet a qualifié de « nationalisme des nationalistes ». On le savait de longue date pour les deux antisémitismes, celui de Toussenel et Proudhon à gauche, celui de Drumont et Maurras à droite. On peut le vérifier aisément pour les deux anglophobies, notamment autour des crises coloniales, de Tahiti en 1844 au Madagascar des années 1890. Il y a là, par ailleurs, deux niveaux fort différents d'appréciation, que l'on peut désigner de nationalisme de gauche, d'une part, et de chauvinisme. Le premier appartient pleinement au régime des idéologies ; il est servi, avec quel périlleux talent, par Michelet. Sa flamboyante opposition à la monarchie de Guizot finissante, l'icône que devaient faire de lui la République scolaire, puis la gauche et la mémoire nationale elle-même, ne sauraient masquer l'outrance avec laquelle Michelet s'est fait le pape de la France comme religion (« La France supérieure comme dogme et comme légende. La France est une religion », chapitre VI de la troisième partie du *Peuple*, 1846). On a beaucoup parlé, à propos des nationalismes totalitaires du XXe siècle, de « religions séculières » ; mais le culte de la France et de sa Révolution selon Michelet n'annonce-t-il pas ces religiosités empoisonnées ? Remarquons encore que c'est dans les mêmes textes que Michelet chante la France sacrée et dénonce de manière xénophobe « ce que l'on peut appeler l'anti-France, l'Angleterre ». Nous avons coutume de classer à droite le nationalisme, mais il est bien né, en partie, à gauche, comme plus tard le fascisme.

Aux côtés de cette idéologie qui a son maître et ses épigones — un Toussenel, on l'a dit, qui a fait partie des proches de Michelet —, Gérard de Puymège a étudié la naissance du chauvinisme, entre réaction émotive et mythe politique. Que le soldat Chauvin ait existé ou non (on en a retrouvé plusieurs de ce nom, nés à Rochefort ou dans l'Ardèche, devenus de ces célèbres demi-soldes chers à Balzac), importe peu. L'essentiel est de noter la naissance, dans les années 1820 et 1830, au théâtre de vaudeville comme dans la gravure, de ce soldat-laboureur qui fit la guerre parce que la conscription la lui imposa, devint un héros par hasard lors de la conquête de l'Algérie, et revint dès qu'il le put, recru de blessures, de légende et de gloire, pour retrouver ses véritables occupations, le travail de la terre et l'épanouissement d'une famille. Le chauvinisme (le mot apparaît au plus tard en 1840) est un mélange détonnant de sources et de valeurs opposées. Il exalte l'armée populaire et son recrutement démocratique : Chauvin incarne chacun des Français, appelé à défendre le sol national, tel que l'on ne peut l'imaginer que depuis Valmy et la nation moderne. Mais son modèle est directement issu de la culture classique des élites, puisqu'il est emprunté à la Rome de Cincinnatus, ce paysan que les consuls viennent chercher pour sauver la cité, et qui, la victoire conquise, retourne à ses champs. Ce soldat national affiche un mépris complet, souvent bon enfant, souvent graveleux ou carrément sexiste et vulgaire, pour l'Arabe, le Juif, l'Anglais, l'étranger, la femme. Racisme, xénophobie, sexisme, sont en germe dans le chauvinisme où tout est déjà affaire de race (Michelet : « le Français a épousé la France » ; « Cette race a toujours du vin dans le sang »). Le laboureur Chauvin est sain, bon pour le travail, la reproduction et la guerre, comme le paysan-soldat allemand ou le paysan-kolkhozien soviétique des eugénismes du XXe siècle. Gérard de Puymège a sans doute raison de voir dans le chauvinisme une annonce des totalitarismes modernes, où les individus ne vivent que par les services qu'ils rendent à la collectivité, nation, race ou classe. On peut voir aussi en lui l'ancêtre direct de l'humour et du discours à la façon de l'*Almanach Vermot*, et dans Chauvin le grand-père du poilu de 14-18 : nation, démocratie et violence imposée ou consentie.

Il n'en reste pas moins qu'à partir des années 1880 et de l'installation durable de la République, le nationalisme, comme idéologie et programme politique — ce que n'est pas le chauvinisme —, passe définitivement à droite. Antoine Prost l'a établi à partir d'une étude du vocabulaire employé dans les proclamations électorales de 1881 à 1889. Alors qu'en 1881 l'adjectif *national* est employé 20 fois, 8 à gauche et 12 à droite, il est deux fois plus employé huit ans plus tard, 29 fois à droite contre 11 à gauche. Les mots « pays », « France », « patrie », « drapeau », passent à droite en 1885, rejoints en 1889 par « Français » et même (moins nettement) par « nation » et « peuple ». Le boulangisme, bien sûr, est passé par là, et la crispation autour de l'Alsace-Lorraine. Déroulède et la Ligue des patriotes fondée par des républicains en 1882 ont basculé à droite, et Barrès signe les choses en revendiquant pour la nouvelle extrême droite, en 1892, l'usage exclusif du mot « nationalisme », opposé à « cosmopolitisme ». L'évolution est si nette qu'elle embarrasse aujourd'hui encore les historiens français : alors que *nationalism* est un terme neutre et descriptif en anglais, « nationalisme » est fortement connoté à droite. Pour distinguer nettement les choses, il faut recourir à des périphrases — l'idée de nation, la question nationale. Seul le mot de « patriotisme » renvoie à une affirmation positive de soi, éventuellement caricaturée dans les poussées de fièvre du chauvinisme, alors que « nationalisme » désigne cette affirmation agressive, souvent haineuse, qui prétend emprunter à des maîtres à penser et dénonce moins l'étranger d'au-delà des frontières que celui de l'intérieur, immigré (métèque) ou minoritaire (le juif, le protestant). La gauche, dès lors, n'a cessé de s'opposer à cette forme dévoyée du sentiment national. Une partie minoritaire de ses troupes est passée à l'internationalisme, voire à un antimilitarisme antinational (Gustave Hervé et la querelle faite au drapeau, au début du XXe siècle), les gros bataillons continuant à confondre dans le même amour harmonieux la patrie et la République. Les monuments aux morts d'après 1918 se sont intégrés naturellement à l'espace et au calendrier pédagogiques et politiques de chaque commune de France : aux côtés de la mairie et de l'école, parfois à leur porte, la cérémonie du 11 novembre offrait sur la pente descendante de l'année un écho funèbre à la fête civique du 14 juillet.

La nation de la gauche : contrat renanien et travail républicain de nationalisation

Ce qui se passe autour des monuments aux morts dans l'entre-deux-guerres atteste la poursuite et la réussite du dialogue entre la gauche républicaine, maintenant au pouvoir, et la nation. Mais il ne s'agit plus d'aventure extérieure ni de bellicisme révolutionnaire : la nation de la gauche est devenue une affaire tout intérieure. Les conquêtes se font par un travail de soi sur soi ; elles sont invisibles en termes de territoire, décisives pour ce qui est de la langue, de la pédagogie, de l'histoire. Cela tient à trois raisons principales. Citons tout d'abord le coup d'arrêt infligé aux rêveuses aventures du génie français par les unités italienne et surtout allemande : l'Europe est maintenant, à l'ouest, une figure stable, sauf à penser toujours à l'Alsace. Évoquons ensuite le véritable syndrome d'Iéna, faisant de la nation elle-même le champ d'exercice de son dynamisme : comme la Prusse occupée de 1807 et de Fichte, la France humiliée et amputée sait que son destin est en elle, son agrandissement en profondeur et non en surface. Enfin, il y a la définition même que le pays se donne d'une nation : elle est un contrat, une matière, un travail, « le plébiscite de tous les jours » cher à Renan.

Cette définition n'est pas née dans le bureau des penseurs, mais quasiment à même les champs de bataille de 1870, dans l'urgence d'une Alsace que la France risquait de perdre pour une question de mots et d'idées. Si la nation est un héritage, incarné notamment dans une langue, l'Alsace est allemande, et sans doute la partie germanophone de sa voisine la Lorraine. Si elle est un contrat de vie en commun librement signé par les parties, l'Alsace est française, puisqu'elle le veut. On peut s'étonner de voir le sort d'une province se jouer autour d'une définition de la nation. Mais le nationalisme et le racisme nous ont appris que le destin de populations et de pays entiers, au XXe siècle, n'a tenu à rien d'autre qu'à des lexiques et des dictionnaires : qu'est-ce qu'être serbe ? ou juif ? etc. En 1870, une fois la route militaire dégagée, quand il apparaît que la propriété des régions germanophones de l'Est se joue devant les opinions, intellectuels français et allemands, hier collègues de travail en histoire antique ou biblique, se disputent à coups d'écrits la nationalité de l'Alsace. Strauss et Mommsen la proclament allemande, et parlent non pas de conquête, mais de retrouvailles ; Fustel de Coulanges et Renan la proclament française, parce qu'elle entend l'être ici et maintenant, quel qu'ait été son passé. Fustel et Renan, des hommes de gauche, s'étonnera-t-on ? Au moment où ils s'expriment sur l'Alsace, oui, au sens du XIXe siècle. La définition qu'ils cisèlent est bien une définition de gauche, et la République l'a faite sienne, contre l'obsession de la terre et des morts dont Barrès allait ensuite enchanter la droite. « Et savez-vous ce qui l'a rendue française [l'Alsace] ? Ce n'est pas Louis XIV, c'est notre Révolution de 1789. [...] Notre principe à nous est qu'une population ne peut être gouvernée que par les institutions qu'elle accepte librement, et qu'elle ne doit aussi faire partie d'un État que par sa volonté et son consentement libre. Voilà le principe moderne. Il est aujourd'hui l'unique fondement de l'ordre, et c'est à lui que doit se rallier quiconque est à la fois ami de la paix et partisan du progrès de l'humanité », s'exclame Fustel le 27 octobre 1870 dans sa réponse à Mommsen, *L'Alsace est-elle allemande ou française ?* Renan ne dit rien d'autre dans ses lettres à Strauss, en 1870 et 1871, et surtout dans son classique *Qu'est-ce que la nation ?*, cette conférence prononcée en mars 1882 au moment où se fondait la Ligue des patriotes et où se mettaient en place les « bataillons scolaires » : « Une nation est une âme, un principe spirituel. Deux choses qui, à vrai dire, n'en font qu'une, constituent cette âme, ce principe spirituel. L'une est dans le passé, l'autre dans le présent. L'une est la possession en commun d'un riche legs de souvenirs ; l'autre est le consentement actuel, le désir de vivre ensemble, la volonté de continuer à faire valoir l'héritage que l'on a reçu indivis. [...] Une nation est donc une grande solidarité, constituée par le sentiment des sacrifices que l'on a faits et de ceux que l'on est disposé à faire encore. Elle suppose un passé ; elle se résume pourtant dans le présent par un fait tangible : le consentement, le désir clairement exprimé de continuer la vie commune. L'existence d'une nation est (pardonnez-moi cette métaphore) un plébiscite de tous les jours, comme l'existence de l'individu est une affirmation perpétuelle de vie. »

Il entre de l'héritage dans cette définition, et donc une part de la conception héréditaire et verticale propre à la droite ; mais l'accent est mis sur le présent perpétuel d'une construction toujours recommencée par la volonté commune. Définition proprement démocratique, donc, comme l'indique l'allusion (malheureuse, en justesse de termes) au « plébiscite ». Renan renoue ici avec Sieyès et Rousseau, tout en se gardant des excès révolutionnaires en matière d'utopie et d'expansion militaire. Il identifie la nation, comme la société politique, à un contrat librement consenti et prorogé. Cette conception ouvre la nation à de nouveaux venus, non pas seulement aux fils des pères nationaux, mais aux étrangers ou fils d'étrangers dont l'immigration a signifié l'adhésion concrète aux valeurs de la France. La loi sur la nationalité de 1889 en tire assez généreusement les conséquences au bénéfice de ceux qui sont nés de parents étrangers mais sur le sol national.

La définition renanienne, devenue celle de la République, revêt plus fondamentalement un caractère d'urgence : un contrat est un texte dont chacun est tenu de connaître la lettre et l'esprit pour lui donner un assentiment valable. En d'autres termes, la gauche républicaine, qui a fait de tant de choses en matière d'instruction et d'école, développe à partir des années 1880 une ambitieuse entreprise de pédagogie nationale. La nation s'hérite moins qu'elle ne s'enseigne. Elle fait l'objet d'une nouvelle matière au programme des écoles, l'instruction civique et morale, qui supplante l'instruction religieuse. On a beaucoup visé, alors, la morale, parce que pour les catholiques, elle était « sans Dieu », alors qu'un consensus existait sans doute sur l'instruction *civique* : derrière ce mot très politique, le national a toute sa place. Il l'a tout autant dans les programmes d'histoire et de géographie qui acquièrent une importance nouvelle, notamment au titre du certificat d'études primaires. Il se trouve également au cœur des manuels de lecture qui proposent la méditation douloureuse des provinces perdues et l'exploration plus ou moins circulaire ou vagabonde, mais toujours pédagogique, du paysage national et de ses périphéries. Si *Le Tour de la France par deux enfants* de

G. Bruno (Augustine Fouillée, Belin, 1877) et ses millions d'exemplaires ne sont plus à citer, des tentatives rivales, plus ou moins inspirées de ce rapide classique, ont également rencontré un grand succès, comme *La France en zigzag* d'Eudoxie Dupuis (1882), ou *Jean Felber, Histoire d'une famille alsacienne* d'Antoine Chalamet (1894). Le directeur de l'enseignement primaire lui-même, Ferdinand Buisson, n'a pas jugé inutile de lancer (sous le pseudonyme de Caumont) une collection de manuels de géographie en deux parties, l'une nationale, l'autre départementale et variant donc d'une édition à l'autre.

Ces livres, ces leçons, ces examens, n'ont nullement préparé quelque revanche ni exalté la haine de l'étranger et l'orgueil infatué de soi : après avoir accordé à la défaite et au deuil toute leur place (Vercingétorix, Jeanne d'Arc, Sedan), ils ont associé la patrie au devoir et au travail et à un programme général d'élévation du niveau scolaire et de la nation elle-même. C'est une gauche laborieuse et vertueuse qui médite l'étrange défaite de 1870 et l'ignorance fatale de leur nation qui aurait coûté si cher à des soldats français peu informés de la géographie, de l'histoire et du prix même de leur pays. Même si elle ne fait rien d'autre que ses voisins européens, la République a lancé le plus gros programme de « nationalisation des masses » que la France ait jamais connu. Évoquons-en brièvement les termes et lieux principaux : la mise en place d'un Panthéon historique et de fêtes et commémorations (14 juillet, funérailles de Victor Hugo, centenaires de Voltaire et Rousseau, de la Révolution, de Michelet, de Hugo, de Quinet, etc.) ; l'apprentissage de la langue « nationale », ce français si peu « maternel » pour plusieurs millions de Français encore ; le parcours initiatique du territoire, dans les manuels signalés ci-dessus, dans les *Tableaux de la France* d'un Michelet puis d'un Vidal de La Blache, plus tard dans le tour de France cycliste (1903) ; l'offre d'une « frontière » commune, « provinces perdues » ou nouvel Empire colonial ; le « métissage » social et géographique induit par la conscription, puis, il faut bien le dire, par l'holocauste de la Première Guerre mondiale, etc. Ce programme peut être considéré comme accompli à la veille de 1914, avec une France entièrement scolarisée et alphabétisée, parlant le français au moins comme seconde langue (et socialement la plus noble), forte d'hommes ayant voyagé d'école en conscription et prêts à le faire encore, le temps d'une Grande Guerre.

Un tel résultat a-t-il été obtenu par la contrainte, ou par l'adhésion volontaire ? L'Europe connaît alors, on le sait, des « nationalisations » autoritaires, menées par l'Empire russe et par deux nations pressées d'accomplir leur destin au détriment de groupes minoritaires soumis, l'Allemagne et la Hongrie. Il nous semble que l'on ne peut assimiler les deux programmes. Forte de sa conception démocratique et renanienne de la nation, la République a sans doute moins contraint qu'enseigné, moins réprimé les « patois » et les diversités régionales qu'elle n'a offert à la nouvelle mobilité des hommes et des femmes la chance d'une très grande langue de rang mondial et d'une unité en forme de libre contrat. Il y a eu, certes, des tentations caractéristiques. Elles ont porté sur la langue, comme toujours, et dans deux lieux privilégiés de son expression publique, l'école et le catéchisme. Après Grégoire, après Duruy lui-même, Émile Combes a été tenté d'interdire l'usage des « patois » dans les instructions religieuses et le catéchisme dispensés dans quatre départements bretons et basque. Mais la crise a peu duré. Plus importante a été l'offensive menée au début des années 1880 par un inspecteur général, Irénée Carré, soucieux de bannir totalement les « patois » dans l'apprentissage du français comme langue étrangère dans les écoles qui connaissaient cette situation. Sa méthode, dite « maternelle », consistait à montrer ou mimer les objets, mouvements et émotions, d'où le développement de musées scolaires destinés à fournir un stock d'objets, et par là de mots français. Mais cette offensive, très forte en Bretagne, a trouvé des détracteurs, dont un Félix Pécaut, le maître à penser des normaliennes de Fontenay-aux-Roses, et semble n'avoir pu s'imposer ni en Tunisie ni au Pays basque. La nation de la gauche a été moins imposée que proposée, même s'il entre une part de contrainte dans toute offre, de pression dans tout compromis. Cela s'explique peut-être parce que le maître-lieu de cette offre-discipline a été l'école : or la République avait fait de l'école son emblème, et tout un peuple avait placé en elle ses espoirs de protection, de libération et de promotion. Ainsi pourrait s'expliquer la longue patience des soldats de la Première Guerre mondiale : contrairement à leurs pères de 1870 et à leurs fils de 1940, ils auraient « compris » — à tort ou à raison, c'est un autre débat — le sens d'un territoire, d'une histoire, d'un combat pour les défendre. Si leur ténacité a été partagée par leurs alliés et leurs adversaires, la patience démocratique des anciens combattants français de l'entre-deux-guerres se révèle plus spécifique si l'on observe les comportements violents, factieux (fascistes) de leurs collègues italiens et allemands. La plupart, 6 février 1934 inclus, sont peut-être restés fidèles à la démocratie parce que la nation qu'on leur avait inculquée était elle-même puissamment démocratique.

La France est passée, au cours du XIXe siècle, d'une gauche nationale, parfois nationaliste ou chauvine, à une nation de gauche. Dans un premier temps s'est imposée une martiale impatience révolutionnaire, volontiers belliciste, sympathique aux Polonais ou aux Roumains, capable aussi de déborder au son du clairon de l'autre côté des Alpes ou du Rhin. Dans un second temps, après les deuils politiques et territoriaux des années 1850-1870, après la leçon de Renan à la Sorbonne, la République a installé cette étonnante nation de la fin du XIXe siècle : une nation conscrite et institutrice, livresque et morale, offrant sa langue et son destin aux paysans comme aux immigrés. Ne rêvant plus de la guerre — surtout pas sous la forme de cauchemars, contrairement aux pacifistes des années 1930 —, mais ne refusant pas de la faire si elle lui paraissait juste : la charte de Lamartine reste vraie en 1913-1914. Il y a, sous la IIIe République, à la fois des régionalistes, plutôt à droite, alors, et des internationalistes. Mais l'immense majorité des gouvernements, des intellectuels et des Français considèrent que la nation est la bonne forme pour la libération et le progrès de chacun des hommes et des femmes. L'horizon de cette gauche scolaire et nationale ne fut pas seulement la Première Guerre mondiale ou l'Empire colonial, mais aussi ce territoire immatériel d'une langue, d'une culture et d'un contrat dans lequel beaucoup, laissant derrière eux des handicaps de toutes sortes, ont eu la joie d'entrer et de trouver refuge, partage et espérance.

RÉFÉRENCES BIBLIOGRAPHIQUES

AGULHON Maurice et OULMONT Philippe (1993), *Nation, patrie, patriotisme*, La Documentation française, Paris.

BASTAIRE Jean (1991), *Éloge des patries. Anthologie critique*, Éditions universitaires, Paris.

BECKER Jean-Jacques et AUDOIN-ROUZEAU Stéphane (1995), *La France, la nation, la guerre : 1850-1920*, Sedes, Paris.

CABANEL Patrick (1996), *Nation, nationalités et nationalismes en Europe, 1850-1920*, Ophrys, Gap, 2e éd. revue.

— (1997), *La Question nationale au XIXe siècle*, La Découverte, coll. « Repères », Paris.

DARRIULAT Philippe (2001), *Les Patriotes. La gauche républicaine et la nation 1830-1870*, Seuil, Paris.

DURANDIN Catherine (1989), *Révolution à la française à ou la russe*, Presses universitaires de France, Paris.

GIRARDET Raoul (1966), *Le Nationalisme français. Anthologie 1871-1914*, Seuil, Paris.

MÉNAGER Bernard (1998), *Les Napoléon du peuple*, Aubier, Paris.

NORA Pierre (1984-1992) [dir.], *Les Lieux de mémoire*, Gallimard, Paris, 7 vol.

NORDMAN Daniel (1998), *Frontières de France : de l'espace au territoire, XVIe-XIXe siècles*, Gallimard, Paris.

OZOUF Mona (1984), *L'École de la France. Essais sur la Révolution, l'utopie et l'enseignement*, Gallimard, Paris.

PUYMÈGE Gérard de (1993), *Chauvin, le soldat-laboureur. Contribution à l'étude des nationalismes*, Gallimard, Paris.

RENAN Ernest (1882), *Qu'est-ce qu'une nation ? et autres essais politiques*, textes choisis et présentés par Joël ROMAN, Presses Pocket, Paris, 1992.

THIESSE Anne-Marie (1999), *La Création des identités nationales. Europe XVIIIe-XXe siècle*, Seuil, Paris.

VIALLANEIX Paul (1971), *La Voie royale. Essai sur l'idée de peuple dans l'œuvre de Michelet*, Flammarion, Paris.

— (1998), *Michelet, les travaux et les jours, 1798-1874*, Gallimard, Paris.

33

La gauche et l'idée de la guerre

JEAN-JACQUES BECKER

MAURICE AGULHON [2002], dans sa préface à la réédition de l'article sur Napoléon du fervent républicain Pierre Larousse — le fondateur des dictionnaires au XIXe siècle —, souligne combien pour les républicains le nom de celui qui avait étranglé la République ne pouvait être qu'un objet d'horreur, sauf en ce qui concerne ses guerres, considérées comme le prolongement de celles de la Révolution. Non pas par amour particulier de la guerre — encore qu'elle était bien loin d'être l'objet de répulsion qu'elle devint beaucoup plus tard — mais parce que la guerre avait été le support d'une « énorme aventure nationale ».

D'UNE GAUCHE BELLIQUEUSE À...

Lors de la Restauration, l'opinion publique dans sa masse est satisfaite du retour à la paix, mais la gauche ne peut pour autant admettre les traités de 1815 qu'elle exècre. « Elle est autant patriote que libérale » [Rémond, 1965, p. 398]. Cela ne signifie aucunement un goût particulier pour n'importe quelle guerre. La gauche est résolument hostile à l'expédition d'Espagne dont le but, en 1823, est de rétablir sur son trône le roi Ferdinand VII. Lors du débat à la Chambre des députés, le libéral Manuel est expulsé pour avoir protesté avec virulence. En revanche, elle est favorable à l'intervention pour soutenir l'insurrection grecque contre les Turcs en 1827.

L'idée d'une revanche sur les traités de 1815 n'était pas absente du succès de la révolution de 1830 et la prudence de la politique extérieure de la monarchie de Juillet est une des raisons qui dressent la gauche contre le régime de Louis-Philippe, c'est aussi une des raisons qui séparent chez les orléanistes le « mouvement » de la « résistance ». La gauche soutient alors avec vigueur toute manifestation belliqueuse qui vise à faire oublier les traités de 1815. Que ce soit dans le domaine colonial où « les républicains figurent parmi les partisans les plus résolus de l'occupation de l'Algérie et de toute expédition coloniale » [Vigier, 1962, p. 101], ou lors de l'explosion belliqueuse de 1840 où la France seule s'apprête à défier l'Europe. Le retour des cendres de l'empereur voulu alors par Thiers en participe. La gauche réclame en particulier le retour à la France de la rive gauche du Rhin.

La politique étrangère de la monarchie de Juillet, surtout dans la dernière période, était loin d'avoir satisfait la gauche. Aussi l'arrivée au pouvoir des républicains en 1848 risquait-elle de se traduire par une poussée belliqueuse. Comme l'explique René Rémond, l'esprit de 1848 associe « la volonté de revanche, la résolution d'effacer les humiliations de 1815 avec une assistance proposée à tous les peuples frères qui veulent secouer le joug du despotisme et conquérir leur liberté » [Rémond, 1969, p. 22]. Le retour de la République ne pouvait que faire craindre à l'Europe un nouvel épisode guerrier. Ce ne fut pas le cas parce que le ministre des Affaires étrangères, Lamartine, qui n'était pas, comme le rappelle Maurice Agulhon [1992, p. 46] un poète « égaré » dans la politique, mais un diplomate compétent et habile, sut louvoyer entre les différentes tendances pour définir une politique extérieure qui rejetait le jacobinisme. La célèbre circulaire du 4 mars 1848 adressée « aux agents diplomatiques de la République française » se voulait pacifique et rassurante. La nouvelle République ne reprendrait pas les habitudes de la première. Elle se ferait certes respecter, mais elle n'entendait pas exporter la Révolution, elle ne soutiendrait pas toutes les révoltes, sauf si certaines circonstances comme les « mouvements légitimes » de nationalité des peuples l'exigeaient. De même que l'abolition de la peine de mort en matière politique proclamait le renoncement à la guillotine, la nouvelle République renonçait aux guerres de conquête. Elle entendait exorciser « les démons de l'an II »...

L'élection de Louis Napoléon Bonaparte à la présidence de la République le 10 décembre 1848 ne peut certes être considérée comme une victoire de la gauche. Les raisons de son écrasante victoire sont multiples mais, dans ce succès, « le prestige du nom, l'amour-propre national, la passion de la gloire l'ont emporté sur toute autre considération » [Rémond, 1969, p. 78]. Comme l'a dit Louis Girard [1986, p. 61], ses conceptions en politique extérieure, le futur Napoléon III « les a exposées maintes fois. Elles ne sont d'ailleurs pas originales. Ce sont celles de la gauche de son temps ».

Avec le Second Empire, nous nous retrouvons donc dans une situation connue : la gauche exècre l'homme et le despotisme de sa politique intérieure, mais elle se retrouve dans sa vision de la politique extérieure : l'abolition des traités de 1815, le soutien aux mouvements nationaux en Europe. D'où aussi les réticences d'une grande partie de l'opinion publique et les ambiguïtés de Napoléon III [Becker et Audoin-Rouzeau, 1995]. Le prince Louis Napoléon, puis Napoléon III, était conscient qu'il n'y avait pas d'antinomie dans l'opinion, en particulier dans les masses paysannes qui furent son soutien le plus durable, entre la place de la « légende napoléonienne » et un profond amour de la paix. Cela explique la proclamation, « l'Empire, c'est la paix ». Mais, tant lors de la guerre de Crimée que pendant la guerre d'Italie, si le retour des troupes victorieuses fut salué par un grand élan d'exaltation nationale, pendant la durée des conflits, l'opinion y fut majoritairement fort hostile, à l'exception de la gauche. Pendant la guerre de Crimée, la politique impériale n'est soutenue que par les républicains les plus radicaux, ainsi que par des milieux d'affaires et les catégories sociales aisées [Becker et Audoin-Rouzeau, 1995, p. 32]. Pendant la guerre d'Italie, la politique impériale n'a un « relatif soutien » que « dans les classes populaires urbaines, marquées par l'idéologie républicaine » [Becker et Audoin-Rouzeau, 1995, p. 34].

Pendant toute la première partie du XIXe siècle, la gauche de l'opinion fut le soutien le plus constant des politiques étrangères dont les conséquences pouvaient être belliqueuses. Cela ne signifie pas un goût inné de la guerre. La gauche n'a jamais souhaité la guerre pour la guerre, elle n'a jamais exalté les « valeurs » guerrières : la guerre n'était pour elle que l'instrument de l'émancipation des peuples et de la lutte contre le despotisme.

… À une gauche pacifique

Au milieu du siècle, un événement considérable se profile : la naissance des armées de masse, fondées sur le service militaire général. La Révolution avait déjà mis sur pied une armée de masse, symbolisée par les soldats de l'an II, quand elle avait dû affronter l'Europe absolutiste. Mais, par la suite, si la conscription avait été la base du recrutement de l'armée en France, seule une fraction restreinte de la jeunesse en était affectée, en raison du tirage au sort et du remplacement.

La création d'une armée prussienne fondée sur un service militaire prolongé (trois années) et une mise à la disposition encore plus longue des anciens conscrits (quatre ans dans la réserve et douze ans dans la Landwehr) changea la donne. La campagne d'Italie d'abord, puis la victoire de l'armée prussienne sur l'armée autrichienne à Sadowa, persuadèrent Napoléon III que le système de recrutement de l'armée française devait être réformé. Il fallait faire appel dorénavant à l'ensemble de la nation. Dès l'été 1866, on évoquait des projets de service militaire de caractère égalitaire qui soulevèrent l'inquiétude et l'opposition de l'ensemble de l'opinion. Le débat devant le Corps législatif en décembre 1867 sur le projet présenté par le ministre de la Guerre, le maréchal Niel, est très significatif [Becker et Audoin-Rouzeau, 1995, p. 46 et suiv.]. Que la droite par tradition fût hostile à ce type de projet n'était pas étonnant, mais il rencontrait l'opposition tout aussi décidée de la gauche républicaine. La gauche ne croyait pas aux armées permanentes : elle estimait qu'en cas de nécessité, il suffisait de faire appel à la nation, comme sous la Révolution. Des milices comme en Suisse étaient la bonne solution, estimait un des principaux républicains, Jules Simon, tandis que Jules Favre prônait même un désarmement unilatéral.

La guerre de 1870 allait être l'épreuve de vérité, en particulier pour la gauche qui, jusque-là, ne voyait pas de contradiction entre son goût des guerres libératrices et son hostilité à l'armée.

Lorsque le conflit menaça, l'opinion fut surprise, mais très rapidement la population parisienne adopta une attitude non seulement patriotique, mais belliqueuse, en particulier dans les quartiers populaires. Ce comportement s'inspirait des souvenirs révolutionnaires, de *La Marseillaise* interdite jusqu'alors, et du souvenir de la patrie en danger de l'an II. On observait la même attitude dans les villes républicaines comme Marseille. En revanche, au moins dans un premier temps, il en va autrement d'une grande partie de la province, en particulier des campagnes très pacifiques. Quand, dans la seconde quinzaine de juillet 1870, l'opinion dans son ensemble se rallie à l'idée de guerre, le tonus reste différent entre les villes républicaines aux sentiments jacobins et le reste de la France. Ce comportement des milieux populaires ne fut d'ailleurs pas celui de toute la gauche. La « gauche politique » se montra beaucoup plus réservée face à cette guerre impériale et ne se rallia en grande part que lors du vote des crédits de guerre par le Corps législatif le 15 juillet. Les milieux de l'Internationale restèrent très réticents, et même violemment opposés. Ces réserves étaient la conséquence de l'ambiguïté des positions de la gauche à la fois nourrie par le souvenir de la Révolution, la volonté d'émancipation des peuples, le souvenir napoléonien aussi dans une certaine mesure, mais qui ressentait surtout une particulière détestation envers Napoléon III.

Après le désastre de Sedan, le contexte changea complètement. Après avoir renversé l'Empire le 4 septembre, les républicains ont les mains libres. À Paris et dans toutes les grandes villes républicaines, Lyon, Marseille, « le grand mythe jacobin de la « patrie en danger » peut jouer à plein » [Becker et Audoin-Rouzeau, 1995, p. 83]. Même si les campagnes continuent d'être nettement plus réservées que les villes, pendant quelques semaines la guerre apparaît vraiment comme la reprise de celles de la grande Révolution. Pour la gauche, la nécessité de la guerre ne fait plus de doute. Les républicains étaient minoritaires, mais l'ensemble du pays se rassemble momentanément derrière le gouvernement de la Défense nationale qui était d'une gauche d'ailleurs plus modérée à Paris que sa délégation en province dirigée par Léon Gambetta. Cette dernière oriente l'effort de guerre vers une forme de levée en masse, tout en menant une guerre de type « classique » qui échoue. Le modèle de l'an II ne fonctionne pas et, si les grandes villes républicaines restent fermement décidées à combattre, à la fin de l'année la chute du moral des combattants des armées de province est profonde : désertions massives, refus de combattre, prisonniers de plus en plus nombreux, etc. De façon schématique, deux attitudes se dessinent, celle d'une gauche minoritaire et urbaine favorable à la poursuite de la lutte, celle des masses rurales et des petites villes des provinces qui veulent la paix. Ce n'est pas vraiment la gauche contre la droite, car la gauche modérée pense également que la résistance n'est plus possible et qu'il faut obtenir la paix la moins mauvaise possible. Les élections de février 1871 ne sont pas non plus, malgré les apparences, des élections gauche contre droite, républicains contre monarchistes, mais partisans de la poursuite de la guerre contre partisans de la paix. Le résultat est sans ambiguïtés : les monarchistes remportent une très large majorité des sièges, d'autant que la gauche est profondément divisée. Elle ne triomphe que dans les villes, principalement à Paris dont le vote est en totale contradiction avec celui de la plus grande partie du reste du pays. Encore que, dans un premier temps, ce vote parisien s'inscrit dans une logique jacobine ; ce n'est que dans un second temps que cette gauche déjà radicale est submergée par une gauche révolutionnaire et socialisante qui ne voit que « capitulards » et « traîtres » chez ceux qui acceptent l'idée de la paix. La première et fondamentale explication de la Commune se trouve dans ce surinvestissement dans le patriotisme.

La guerre terminée, la Commune réprimée, l'Alsace-Lorraine perdue, comment la gauche allait-elle se retrouver face au problème de la guerre ? La guerre pour l'émancipation des peuples, une idée de gauche, n'était plus de saison. La France se trouvait maintenant face à elle-même et face à un retour de bâton imprévu. La réalisation de l'unité nationale allemande s'était finalement faite contre elle… Pendant la première moitié du siècle, la gauche avait rêvé de la « revanche » sur les traités de 1815, après 1871 allait-elle rêver de la « revanche » sur l'Allemagne ?

À la suite de la guerre de 1870-1871, deux consensus ont existé parallèlement en France. Le premier concerne la façon de considérer les Allemands. Jusqu'alors l'opinion française avait plutôt été favorable à l'Allemagne, aux Allemands, à la culture allemande. L'Allemand n'était en rien l'ennemi « héréditaire ». Le changement est brutal après la guerre, suite aux rudesses de l'invasion, de l'occupation pour les régions concernées et du « rapt » de l'Alsace-Lorraine. Il s'est alors développé une hostilité sans nuances qui confine souvent à la haine pour les « Prussiens », dont ni la droite ni la gauche n'ont le monopole. Le second consensus, ou presque, touche à la nécessité pour la France de disposer d'un outil militaire suffisant pour sa défense, outil militaire qui doit reposer à la fois sur le service militaire pour tous et sur la construction de systèmes fortifiés nouveaux. Presque consensus seulement, puisqu'un homme comme Thiers reste favorable à l'armée de métier.

Mais existe-t-il un accord sur l'idée de revanche ? Il n'en est rien. Dans les premières années, quand la France est gouvernée par la droite monarchiste, le mot d'ordre n'est à aucun moment celui de la préparation de la revanche, mais celui du « recueillement ». Ni dans les milieux dirigeants ni dans les profondeurs du pays, on ne souhaite se lancer dans une nouvelle aventure guerrière. Néanmoins, on peut trouver l'esprit de revanche chez des républicains et, en particulier, chez les plus ardents d'entre eux, ceux qui suivent Gambetta. Son plus illustre clairon, Paul Déroulède [Joly, 1998], en est un admirateur. À partir de 1872, il publie les *Chants du soldat*, suivis des *Nouveaux Chants du soldat* (1875). Ces médiocres poèmes rencontrent un immense succès. Déroulède, qui a rassemblé en termes simples « tous les thèmes du nationalisme et de la revanche » [Girardet, 1966], en devient le symbole vivant. Il a en fait servi de paravent à la pensée réelle d'un pays qui l'acclamait, par patriotisme, sans pour autant vouloir un instant suivre la route qu'il indiquait, la revanche militaire. Il a en revanche représenté un bellicisme de gauche.

Au tournant des années 1880, quand la gauche chasse les monarchistes du pouvoir et s'y installe à leur place, son dirigeant le plus éminent, Léon Gambetta, a beaucoup tempéré ses positions. Il préfère maintenant évoquer la « justice immanente », la « nécessité d'attendre dans le calme et la sagesse ». Gambetta résume sa position sur l'Alsace-Lorraine par une formule célèbre : « Pensons-y toujours, n'en parlons jamais », que l'humoriste Alphonse Allais retourne en un : « Parlons-en toujours, n'y pensons jamais », ce qui correspondait beaucoup mieux à la réalité. La droite n'avait jamais été, jusque-là, pour la revanche, la gauche ne l'est plus...

Pour la gauche républicaine, pour Gambetta, pour Jules Ferry, même s'ils s'en défendent avec indignation, ils substituent à l'idée de la reconquête de l'Alsace-Lorraine celle de l'expansion coloniale. L'opinion française avait traditionnellement marqué beaucoup d'indifférence à l'idée coloniale [Girardet, 1978], mais elle s'y convertit progressivement à l'appel des républicains. L'expansion coloniale, dit Pierre Barral [1968, p. 217], fut « déterminée par la fierté nationale des dirigeants républicains ». À dire vrai, toute la gauche ne partage pas ce point de vue. Clemenceau exprime en 1885 l'opinion de la gauche radicale : « Quant à moi, mon patriotisme est en France. » Pour Déroulède, l'expansion coloniale détourne la force française de sa seule mission, celle d'être en état de défendre le sol national.

Il y a certes beaucoup de confusion, du point de vue qui nous intéresse ici, pendant ces années 1880. Pendant que la gauche politique des républicains de gouvernement se détourne de toute idée de guerre extérieure, ce symbole et incarnation de la gauche qu'est l'école laïque n'est pas tout à fait sur la même longueur d'onde. C'est en effet le patriotisme qui donne alors sa véritable unité à l'enseignement laïque [Ozouf, 1963]. Certes patriotisme et bellicisme ne sont pas identiques, mais ce patriotisme se prolonge par cette création originale que furent les « bataillons scolaires », destinés à donner aux élèves les bases d'une instruction militaire, institués en 1881 et supprimés en 1892. De grands laïques, comme Jean Macé, Paul Bert, les patronnent, tandis qu'en revanche l'Église catholique, très hostile, y voit une manière de mettre la main sur la jeunesse.

L'évolution de la Ligue des patriotes est l'expression la plus forte d'un bouleversement des attitudes politiques par rapport à l'idée de la guerre. Dans les mémoires, elle est restée comme un groupement de droite, voire d'extrême droite. Mais, à l'origine, elle est fondée par des républicains, par des gambettistes, justement au moment où cette gauche gambettiste a pris ses distances avec la revanche. Déroulède, plus nationaliste que républicain, mit un certain temps à s'en rendre compte, mais très rapidement un combat se livra à l'intérieur de la Ligue des patriotes que quittèrent les républicains vaincus, laissant le champ libre à des monarchistes, à des bonapartistes, à un nationalisme bientôt convaincu que ses objectifs extérieurs passaient d'abord par la mise à bas... de la République. Elle est alors devenue le prototype des ligues antirépublicaines [Berstein, 1992, p. 72] et allait être le principal soutien de l'aventure du général Boulanger, considéré lui aussi comme un général « de gauche » à l'origine.

Par une sorte de contrecoup, la gauche ne cessa plus à partir de ce moment d'évoluer du bellicisme vers le pacifisme. Que le nationalisme ait évolué de la gauche vers la droite ou que ce soit un nouveau nationalisme qui se soit développé, comme le pense Raoul Girardet [1966, p. 274-275], le fait est que le nationalisme était maintenant à droite et provoquait la répulsion grandissante de la gauche. L'affaire Dreyfus ne fit que renforcer ce mouvement déjà bien avancé, en y ajoutant la méfiance et davantage encore envers l'armée.

Peut-on considérer, comme l'a écrit Maurice Vaïsse [1995], qu'« à l'aube du XXe siècle, nationalisme et internationalisme rivalisent », montrant ainsi l'interaction des deux phénomènes ? C'est le cas, dans une certaine mesure, mais ils ne sont pas seuls. Le radicalisme, qui a supplanté les républicains de gouvernement et qui est devenu la principale formation de gauche, ne communie pas dans l'internationalisme. Son attitude est très largement le résultat de la situation internationale qui semble avoir définitivement changé. Un conflit avec l'Allemagne en cette extrême fin du XIXe siècle-début du XXe siècle est tout à fait improbable — l'adversaire serait plutôt la Grande-Bretagne. Dans ce nouveau contexte international, des fractions grandissantes, en fait des fractions majoritaires de l'opinion publique française, prennent leurs distances avec tous les excès nationalistes, sans pour autant verser dans l'internationalisme, à commencer par une grande part des intellectuels : cette gauche intellectuelle est dans sa majorité le reflet du radicalisme, dans une minorité encore celui du socialisme.

Pour Serge Berstein [1980, p. 64-66], la position du radicalisme vainqueur des élections de 1902 et de 1906 devant les problèmes internationaux est la suivante : « Face aux conflits qui menacent ou se déroulent dans le monde des débuts du XXe siècle, le Parti radical s'affirme résolument hostile à la politique de force au nom des grands principes de morale universelle. » Il n'est donc pas surprenant que ce soit à ce moment, en 1905, que le service militaire soit ramené de trois à deux ans. Avec le recul des temps, à notre époque en particulier, au moment de la suppression du service militaire, quand on a fait un retour sur ses aléas dans les deux siècles précédents, on a souvent dit que la loi de 1905 n'affaiblissait pas l'armée, mais établissait un régime vraiment égalitaire des jeunes Français. Ce n'est pas inexact, même si cela ne fut pas alors perçu ainsi, surtout dans les milieux nationalistes et militaires (du moins une partie d'entre eux), mais plutôt comme un affaiblissement de la défense nationale. C'était certes faire un mauvais procès aux radicaux qui, s'ils rejetaient le militarisme, faisaient preuve d'un patriotisme sans concessions. La France républicaine devait, si nécessaire, être défendue, mais — et c'est là rupture avec la gauche du XIXe siècle —, elle se devait d'être pacifique.

L'évolution du corps des instituteurs en est une illustration : finis les « bataillons scolaires », les jeunes instituteurs découvraient avec curiosité et ironie dans les réserves de leurs écoles, les fusils de bois de ces associations disparues depuis plus d'une dizaine d'années. L'enseignement qu'ils distribuent à leurs élèves reste toutefois inspiré par un patriotisme sans failles. Ce dernier se marie avec l'amour de la paix. Les instituteurs ne manquent cependant pas de rappeler que les jeunes Français doivent être prêts à défendre leur pays et à y sacrifier leur vie. Dans l'immédiat toutefois, cette nécessité n'est guère à l'ordre du jour.

Cependant, à côté du radicalisme triomphant, l'influence du mouvement ouvrier, qui s'incarne dans le socialisme et le syndicalisme, ne cesse de progresser. Or, lui n'est pas imperméable à l'antimilitarisme et à l'antipatriotisme. Ce n'est qu'assez faiblement vrai du socialisme, encore qu'un jeune professeur socialiste, Gustave Hervé [Heuré, 1997], acquiert la célébrité par des propos et des attitudes violemment antimilitaristes. Le journal qu'il crée en 1906, *La Guerre sociale*, atteint des tirages importants, quelquefois semblables à ceux de *L'Humanité*, l'organe officiel du Parti socialiste. Il pense même un moment créer un nouveau parti révolutionnaire, polémique avec le principal dirigeant socialiste européen, l'Allemand Bebel et surtout en France avec Jaurès dont il dénonce la modération. Néanmoins Jaurès, de même que la grande majorité des socialistes français, rejetait l'idée naguère développée par Karl Marx que les « prolétaires n'avaient pas de patrie », et croyait à la nation et à la nécessité de la défendre. Mais, ce qui devient leur idée dominante est que c'est le capitalisme qui est porteur de conflits et qu'il faut donc développer les moyens de les empêcher. C'est l'objet des congrès de l'Internationale ouvrière à Stuttgart en 1907 et à Copenhague en 1910 où l'on agite l'idée d'empêcher une guerre éventuelle par la grève générale.

La position des socialistes n'est pas celle des syndicalistes, du moins des syndicalistes révolutionnaires qui dominent la CGT à partir de 1906. Pour eux, « la propagande antimilitariste et antipatriotique doit devenir toujours plus intense et plus audacieuse ». Dans les années suivantes, la CGT renforça ses options antipatriotiques en préconisant la grève générale révolutionnaire en cas de guerre.

En un siècle, l'attitude de la gauche par rapport à l'idée de guerre a complètement changé. D'une gauche toujours prête à faire la guerre pour l'émancipation des peuples, on est arrivée à une gauche massivement pacifiste où la très grande majorité ne remet pas en cause la nécessité de défendre la nation, mais où une minorité va encore plus loin en refusant la guerre et le patriotisme dans n'importe quelle condition. De même que la guerre de 1870 avait déjà été une heure de vérité pour la gauche face à l'idée de guerre, la Grande Guerre ne pouvait manquer à son tour d'en être un moment capital.

Références bibliographiques

Agulhon, Maurice (1992), *1848 ou l'apprentissage de la République*, Seuil, Paris.

— (2002), « Introduction » à Pierre Larousse, *Napoléon*, Mémoire du Livre, Paris.

Barral Pierre (1968), *Les Fondateurs de la IIIe République*, Armand Colin, Paris.

Becker Jean-Jacques et Audoin-Rouzeau Stéphane (1995), *La France, la nation, la guerre (1850-1920)*, Sedes, Paris.

Berstein Serge (1980), *Histoire du parti radical*, t. I, Presses de la Fondation nationale des sciences politiques, Paris.

— (1992), « La ligue », *in* Jean-François Sirinelli (dir.), *L'Histoire des droites en France*, t. II, Gallimard, Paris.

Girard Louis (1986), *Napoléon III*, Fayard, Paris.

Girardet Raoul (1966), *Le Nationalisme français*, Armand Colin, Paris.

— (1978), *L'Idée coloniale en France de 1871 à 1962*, Hachette, Paris.

Heuré Gilles (1997), *Gustave Hervé, itinéraire d'un provocateur*, La Découverte, Paris.

Joly Bertrand (1998), *Déroulède, l'inventeur du nationalisme français*, Perrin, Paris.

Rémond René (1965), *La Vie politique en France (1789-1848)*, t. I, Armand Colin, Paris.

— (1969), *La Vie politique en France (1848-1879)*, t. II, Armand Colin, Paris.

Ozouf Mona (1963), *L'École, l'Église, la République (1871-1914)*, Armand Colin, Paris.

Vaïsse Maurice (1995), « Pacifisme » *in* Jean-François Sirinelli (dir.), *Dictionnaire historique de la vie politique française au XXe siècle*, Presses universitaires de France, Paris.

Vigier Philippe (1962), *La Monarchie de Juillet*, Presses universitaires de France, Paris.

34

La gauche et la colonisation

GILLES MANCERON

LA COLONISATION NE FAIT pas l'objet d'un clivage entre gauche et droite au début de la IIIe République. Nombre de républicains sont en effet aussi d'ardents partisans de l'expansion coloniale de la France. Très tôt, Léon Gambetta lui-même, le populaire député de Belleville et chef du parti républicain, s'en fait l'un des plus fervents propagandistes, notamment à travers son journal *La République française* [Girardet, 1972]. Il reçoit l'appui d'Eugène Étienne, député d'Oran à partir de 1881, qui sera jusqu'à sa mort, en 1921, l'un des hommes les plus influents du « parti colonial ». L'autre chef républicain, Jules Ferry, devenu président du Conseil en septembre 1880 et conforté au pouvoir par la victoire du courant laïque et républicain aux élections législatives de 1881, fait de la relance de la colonisation l'un des axes de son programme gouvernemental.

Cette politique rencontre toutes sortes d'oppositions dans le pays, à commencer par celle des monarchistes et des cléricaux qui en veulent à Ferry pour de tout autres raisons, notamment pour la politique scolaire laïque qu'il met en œuvre, et qui saisissent l'occasion pour le combattre. Mais elle suscite aussi, au sein du courant républicain, donc à gauche, une opposition fondée sur l'argumentation traditionnelle de la pensée des Lumières, c'est-à-dire le refus de principe des conquêtes et de la domination coloniale au nom des droits de l'homme et d'un idéal de liberté universelle.

LES RÉPUBLICAINS DIVISÉS. LE DÉBAT DE 1885 ET LA CHARGE DE CLEMENCEAU

Les débats parlementaires de l'année 1885 à la Chambre des députés sont emblématiques, car n'y prennent pas seulement la parole ceux qui reprochent à cette politique de détourner la France de la revanche sur l'Allemagne ou doutent de la rentabilité pour le pays des dépenses coloniales. S'expriment aussi des députés qui mettent en cause la compatibilité de cette politique avec les droits de l'homme. Quelle que soit l'importance historique des autres oppositions, leur critique, qui pose des questions essentielles sur la philosophie de la République, mérite qu'on lui prête une attention particulière. Sans que l'on puisse, certes, établir une limite étanche entre les différents types d'opposition, puisque ceux qui fondent principalement leur argumentation sur le droit ajoutent souvent au passage que les colonies sont coûteuses en hommes et en impôts ; et ceux qui se placent surtout du point de vue de la revanche contre l'Allemagne ou contestent les bénéfices à en attendre, glissent souvent de surcroît des références au droit ou à la morale. Un bon exemple de cette dernière attitude est l'intervention, en décembre 1885, du président de la commission des crédits de la Chambre, Georges Périn, député radical de Limoges, une personnalité dont Jaurès louera plus tard le caractère, qui avait lancé en 1882 la formule « Recueillons-nous » pour appeler à rassembler ses forces face à l'Allemagne et qui, avant d'exprimer ses doutes quant au bénéfice financier à tirer de ces territoires, invoque d'autres arguments. Il demande l'évacuation pure et simple du Tonkin au nom du refus des colonies d'exploitation : « C'est méconnaître les lois de la morale la plus élémentaire que de prétendre que l'on a le droit d'envahir un pays pour se substituer purement et simplement à l'administration qui existait auparavant, mettre en quelque sorte l'indigène en régie et ne tirer d'autre bénéfice de la conquête que la perception des impôts » (séance du 23 décembre 1885).

Le débat qui s'ouvre le 25 juillet est provoqué par la demande du gouvernement Brisson, à direction radicale donc, d'un crédit extraordinaire de douze millions de francs pour faire la guerre à Madagascar, mais il débouche vite sur une discussion de fond sur le principe même des expéditions coloniales. D'autant que l'ancien président du Conseil, Jules Ferry, redevenu simple député depuis la chute de son ministère le 30 mars précédent après le revers de Lang-Son et qui incarne depuis cinq ans cette politique ne s'y dérobe pas. Un an auparavant, le 27 mars 1884, intervenant au nom du gouvernement, il avait parlé du « droit des races supérieures vis-à-vis des races inférieures », affirmant : « Si nous avons le droit d'aller chez ces barbares, c'est parce que nous avons le devoir de les civiliser. [...] Il faut non pas les traiter en égaux, mais se placer au point de vue d'une race supérieure qui conquiert » (séance de la Chambre des députés du 27 mars 1884).

Un des chefs de l'extrême gauche radicale, Camille Pelletan, député d'Aix-en-Provence, défenseur des communards et adversaire de ce qu'il appelle l'« orléanisme républicain », le lui rappelle avec un brin d'ironie : « Nous avons appris ainsi que c'était un devoir imposé à toute race supérieure de civiliser les barbares à coup de canon. Si nous consultions ces barbares, il est probable qu'ils nous en dispenseraient. De là, ces guerres implacables, sans prisonniers, ces villes ruinées et bombardées. » Il estime que la République n'a pas à prolonger les ambitions des monarchies : « Si vous venez soutenir que, parce que, en 1660, une poignée de Français a planté le drapeau fleurdelisé à Madagascar, il faut que la République actuelle y plante le drapeau tricolore [...], je soutiens que votre argumentation n'est pas sérieuse » (séance de la Chambre des députés du 25 juillet 1885).

Frédéric Passy, député républicain de centre gauche de Paris et économiste, estime que l'intérêt du pays n'est pas de se lancer dans ces conquêtes. Partisan d'un droit international, fondateur en 1867 de la Ligue internationale et permanente de la paix, celui qui sera, en 1901, le premier prix Nobel de la paix, dénonce « cet engrenage qui, après avoir pris le doigt, a pris la main et le bras ». Refusant l'idée de « races inférieures », il parle au contraire des Malgaches comme d'un « petit peuple que nous ne devons pas dédaigner », que l'on ne doit pas traiter « de quantité négligeable », et « qui ne saurait faire courir aucun danger à la grande nation française » (séance de la Chambre des députés du 27 juillet 1885).

Dans sa réponse, Ferry fait appel au « bon sens ». À ceux qui soutiennent que sa distinction entre « races supérieures » et « races inférieures » est contraire aux droits de l'homme, il répond : « M. Pelletan nous raille avec son esprit ordinaire : "Qu'est-ce que c'est que cette civilisation que l'on impose à coups de canon, sinon une autre forme de barbarie ? Est-ce que les populations de race inférieure ne sont pas maîtresses chez elles ? Vous allez chez elles contre leur gré, vous ne les civilisez pas." Voilà ce que disait M. Pelletan. Or, je n'hésite pas à lui répondre que ce n'est ni de la politique ni de l'histoire : c'est de la métaphysique politique. Je vous défie de soutenir jusqu'au bout votre thèse qui repose sur l'égalité, l'indépendance, la liberté des races inférieures. [...] Il faut le dire nettement : oui, les races supérieures ont un droit vis-à-vis des races inférieures. Comment justifier, sinon, notre présence aux colonies : elles ne nous demandent pas ! »

Quand Jules Maigne, député de la Haute-Loire, vieux républicain de 1848, exilé sous l'Empire, l'interrompt indigné : « Vous osez dire cela dans le pays où ont été proclamés les droits de l'homme ! », Ferry précise clairement à qui, seuls, s'adressent selon lui ceux-ci : « Si M. Maigne a raison ; si la Déclaration des droits de l'homme a été écrite pour les Noirs de l'Afrique équatoriale, de quel droit alors leur imposez-vous le trafic avec vous ? » Négligeant la remarque de Maigne (« Proposer n'est pas imposer ! »), il persiste : « Je répète qu'il y a pour les races supérieures un droit, parce qu'il y a pour elles un devoir, qui est de civiliser les races inférieures. » Nouvelle interruption, cette fois, du républicain radical député de la Seine Paul Delattre : « Au Tonkin, vous n'avez pas fait de prisonniers ! » Ferry se garde de dire si la chose est vraie ou fausse, mais préfère répondre : « C'est là une parole blessante pour l'armée française ! » Ce qui lui vaut la réplique de Delattre, qui refuse cet appel à l'honneur de l'armée pour éluder ses propres responsabilités politiques : « L'armée obéit. Le gouvernement commande ; il est seul responsable ! »

Jules Ferry poursuit. Reprenant l'argument déjà employé par Tocqueville pour écarter tout retrait d'Algérie, il invoque la menace d'un « chemin de la décadence » qui s'ouvrirait aussitôt si le choix de la colonisation n'était pas confirmé : « Les nations ne sont grandes que par l'activité qu'elles développent ; ce n'est pas par le rayonnement pacifique qu'elles sont grandes à l'heure qu'il est. Rayonner sans agir, sans se mêler des affaires du monde, [...] en regardant comme une aventure toute expansion en Afrique ou dans l'Orient, vivre ainsi, c'est abdiquer et, bien vite, c'est descendre du premier rang au troisième et quatrième et plus rapidement que l'on ne pense. [...] Nous devons nous mettre en mesure de faire ce que font les autres nations et, puisque la politique d'expansion coloniale est le mouvement général des puissances européennes, nous devons en prendre notre part. [...] La France ne veut pas être seulement un pays libre, mais un grand pays, exerçant son influence sur les destinées du monde et répandant, partout où il peut les porter, ses mœurs, sa langue, ses armes, son drapeau, son génie » (séance de la Chambre des députés du 28 juillet 1885).

Comme Pelletan, Georges Clemenceau, député radical de Montmartre, qu'il s'apprête à quitter d'ailleurs pour le Var, s'oppose vigoureusement à ces arguments. Il regrette que le pays n'ait cessé d'être mis devant le fait accompli et fait peu de cas de l'idée que ces guerres seraient le résultat d'agressions auxquelles la France serait obligée de réagir : « Comment se fait-il qu'avant l'arrivée de M. Jules Ferry au pouvoir, nous n'avions d'expéditions nulle part et comment la seule apparition de M. Jules Ferry à la tête du gouvernement a-t-elle excité tant de barbares à attenter à l'honneur national ? » (séance de la Chambre des députés du 30 juillet 1885). Il résume, pour le critiquer, l'argument « humanitaire » du devoir de civiliser les barbares : « Nous avons des droits sur les races inférieures. Les races supérieures ont sur les races inférieures un droit qu'elles exercent et ce droit, par une transformation particulière, est en même temps un devoir de civilisation. Voilà, en propres termes, la thèse de M. Ferry et l'on voit le gouvernement français exerçant son droit sur les races inférieures en allant guerroyer contre elles et les convertissant de force aux bienfaits de la civilisation.

« Races supérieures ! Races inférieures ! C'est bientôt dit. Pour ma part, j'en rabats beaucoup depuis que je vois des savants allemands démontrer scientifiquement que la France devait être vaincue dans la guerre franco-allemande parce que le Français est d'une race inférieure à l'Allemand. Depuis ce temps, je l'avoue, j'y regarde à deux fois avant de me retourner vers un homme et vers une civilisation et de prononcer : homme ou civilisation inférieure ! Race inférieure, les Hindous ? Avec cette grande civilisation raffinée qui se perd dans la nuit des temps, avec cette grande religion bouddhiste qui a quitté l'Inde pour la Chine, avec cette grande efflorescence d'art dont nous voyons encore aujourd'hui les magnifiques vestiges ? Race inférieure, les Chinois avec une civilisation dont on ne voit même pas les commencements ? [...] La thèse qui a été apportée ici [...] n'est pas autre chose que la puissance de la force sur le droit. L'histoire de France depuis la Révolution est une vivante protestation contre cette inique prétention [...]. Vous nous dites : lorsque les Européens se sont trouvés en contact avec des nations que vous appelez barbares — et que je trouve très civilisées —, n'y a-il pas eu un plus grand développement de moralité, de vertus sociales. Peut-être vous prononcez-vous trop vite ! En êtes-vous bien sûr ? Est-ce qu'il y a eu moins de vertu sociale en Chine que dans tels pays d'Europe ? Est-ce qu'aux îles Sandwich il y a la même moralité aujourd'hui qu'avant le moment où le capitaine Cook y a abordé ? Regardez l'histoire de la conquête de ces peuples que vous dites barbares et vous verrez la violence, tous les crimes déchaînés, l'oppression, le sang coulant à flots, le faible opprimé, tyrannisé par le vainqueur ! Voilà l'histoire de votre civilisation ! »

Il se réclame explicitement de la pensée anticoloniale de la fin du XVIIIe siècle : « Lisez les discours de Burke, de Sheridan, de Fox, lisez les procès de Warren Hastings, le procès de Clive, et vous verrez combien de crimes atroces, effroyables ont été commis au nom de la justice et de la civilisation. Je ne dis rien des vices que l'Européen apporte avec lui : de l'alcool, de l'opium qu'il répand, qu'il répand partout, qu'il impose s'il lui plaît. Et c'est un pareil système que vous essayez de justifier en France dans la patrie des droits de l'homme, comme le disait M. Jules Maigne ! En vérité, je ne comprends pas que nous n'ayons pas été unanimes ici à nous lever d'un seul bond pour protester violemment contre vos paroles. Non, il n'y a pas de droit des nations dites supérieures contre les nations inférieures. [...] N'essayons pas de revêtir la violence du nom hypocrite de civilisation. Ne parlons pas de droit, de devoir. La conquête que vous préconisez, c'est l'abus pur et simple de la force que donne la civilisation scientifique sur les civilisations rudimentaires, pour s'approprier l'homme, le torturer, en extraire toute la force qui est en lui au profit du prétendu civilisateur. Ce n'est pas le droit, c'en est la négation. Parler à ce propos de civilisation, c'est joindre à la violence, l'hypocrisie. »

Dans son indignation, Clemenceau constate enfin que « c'est la première fois que l'on dit ouvertement ces choses ». Il souligne que, jusque-là, ce que préconisaient les républicains, en fait de rayonnement de la France, ce n'était pas des conquêtes militaires, mais un rayonnement pacifique : « Être constamment en guerre, sinon en Europe, du moins dans toutes les autres parties du monde. C'est tout simplement la politique monarchique ! »

Ferry et le ministère emportent finalement le soutien de la Chambre lors d'un vote où les républicains se divisent et où une partie des monarchistes et des bonapartistes accordent les crédits demandés par le gouvernement par 291 voix contre 142 le 30 juillet 1885. Mais le débat rebondit quelques mois plus tard, après les élections d'octobre qui ont renforcé à la Chambre le courant républicain, notamment radical, opposé aux conquêtes coloniales, et son issue apparaît encore plus indécise. Il s'agit toujours de la guerre à Madagascar et au Tonkin et des fonds pour la financer : la République vient de signer un traité avec le royaume malgache, ce dont la Chambre se félicite, mais elle s'enfonce dans la conquête de « l'Indochine », ce qui provoque une forte demande à la Chambre en faveur de l'évacuation du Tonkin.

Passy exprime à nouveau sa crainte de cet « engrenage ». Le futur prix Nobel de la paix conclut son discours par une remarque qui témoigne de son refus de la distinction qu'opère Jules Ferry parmi les hommes. S'adressant à Mgr Freppel, député de Brest et évêque d'Angers, alsacien et partisan de la colonisation, il l'invite à se mettre à la place des colonisés que l'on envahit : « Vous, patriote et alsacien, qui protestez avec tant d'énergie et de justice contre les envahissements de la force et qui ne reconnaissez à aucune puissance le droit d'enlever à un peuple un lambeau de son territoire, vous oubliez [...] qu'il y a d'autres peuples, moins avancés peut-être en civilisation, [...] mais où l'homme tient aussi à son sol natal [...] qui est leur Alsace et leur Lorraine à eux. Ah ! sans doute, les grands peuples ont bien raison de se montrer jaloux de leur indépendance et de leur dignité, mais ne doivent-ils pas respecter l'indépendance et la dignité des autres peuples ? »

Pelletan met en garde contre la difficulté de contrôler militairement les régions montagneuses du nord du Tonkin, « des régions inaccessibles, hérissées de hautes montagnes et couvertes de bois ». Il annonce que tout autre politique que l'évacuation du Tonkin aurait « des conséquences pénibles et périlleuses » (séance de la Chambre des députés du 22 décembre 1885, *Le Journal des débats*, 23 décembre 1885).

Le président du Conseil, Henri Brisson, est fortement malmené. Il évoque dans sa réponse la « dialectique » de Pelletan et avertit qu'il ne répondra pas à chacun de ses arguments. Il a du mal à défendre les concepts de « races supérieures » et de « races inférieures » : « Ces mots sonnent mal aux oreilles contemporaines et sont peu démocratiques. » Il est plus à l'aise pour plaider que l'« abandon », la « désertion » sont impossibles. Comme l'avaient fait, en 1791, les porte-parole des colons à l'Assemblée constituante, et comme le feront tous les officiels de la République jusqu'à l'indépendance de l'Algérie, il invoque comme un postulat l'irréversibilité du fait colonial, sous peine d'un déclin inexorable de la France : « Voudrait-on que l'on dise : la monarchie a donné l'Algérie à la France et la République a déserté l'Indochine ? » Et il avance une série d'arguments que l'on entendra souvent jusqu'aux années 1960, tels que : nous ne pouvons trahir les populations de ces pays qui nous ont fait confiance ; ceux qui ont attaqué nos soldats et nos ressortissants sont des « brigands » ; ou encore : « Il était indispensable de mettre fin aux agissements déloyaux » du gouvernement annamite.

Malgré une nouvelle intervention vigoureuse de Clemenceau en faveur de l'évacuation, qui soutient que « pour faire l'expédition du Tonkin, il n'y avait pas besoin de la République, la monarchie suffisait ! », le gouvernement arrache, d'extrême justesse, un vote favorable, par 273 voix quand la majorité requise était de 271. Comme le note le *Journal des débats*, pourtant favorable au ministère : « Deux voix déplacées renversaient le résultat. Sans les invalidations prononcées depuis quelques semaines, la majorité changeait de camp » (*Le Journal des débats*, 25 décembre 1885).

Clemenceau souligne que c'est la première fois qu'est formulée officiellement et approuvée par le vote d'une assemblée républicaine, l'idée que les droits de l'homme ne s'appliquent pas à tous les êtres humains. L'idée que l'humanité se compose de deux catégories d'individus : les Blancs civilisés, qui bénéficient des droits de l'homme, et les indigènes barbares, qui n'ont aucun titre à les revendiquer. C'est le contraire de ce qu'affirmait la Première République. L'éphémère IIe République avait témoigné de contradictions évidentes entre ses principes constitutionnels et sa pratique. Entre son refus constitutionnel d'employer « jamais ses forces contre la liberté d'aucun peuple » et des actes comme la poursuite de l'action de l'armée en Algérie, la qualification de ce territoire comme français sans que les lois républicaines s'y appliquent et l'impulsion officielle donnée à l'émigration coloniale vers ce pays. Ces contradictions suggéraient déjà une telle conception restrictive des droits de l'homme. Mais, la IIe République, qui a aboli l'esclavage et ne s'est lancée dans aucune nouvelle guerre de conquête, n'a jamais énoncé de manière explicite une doctrine de ce type.

Les débats de 1885 confèrent à cette « interprétation » des droits de l'homme le statut de doctrine officielle de la République. Les « peuples barbares » n'ont plus de droits. Les droits de l'homme ne s'appliquent plus, comme le disait Danton, en 1794, lors de l'abolition de l'esclavage, à l'univers tout entier. C'est une rupture complète avec la pensée des premiers républicains.

Vers un consensus colonial…

La transformation des droits de l'homme en « droits de l'homme blanc » est facilitée par l'absence de vraie Constitution de la IIIe République. On sait que, dix ans plus tôt, l'adoption d'une véritable Constitution se révélant difficile en raison de la division de la représentation nationale entre monarchistes et républicains eux-mêmes fractionnés, on s'est contenté d'adopter des lois constitutionnelles qui se bornent à définir le fonctionnement des institutions, sans poser des principes fondamentaux.

Pour la première fois — et c'est, d'ailleurs, la seule de l'histoire de France —, la République a renoncé à dire dans un préambule les valeurs fondamentales auxquelles elle se réfère. Et, du même coup, elle a évité de se prononcer sur le principe de l'applicabilité dans les colonies des lois du pays. Est éludée, par conséquent, la réponse à l'alternative que résumait Malouet, en 1791, devant l'Assemblée constituante : soit « soumettre les colonies à l'universalité des nouveaux principes », soit « en excepter les colonies ». Ce qui permet à la IIIe République d'y apporter, sans le dire, la réponse exactement contraire à celle des premiers républicains, celle qu'ont apportée tous les régimes monarchiques de l'histoire de France : la loi française ne s'étend pas aux colonies, celles-ci relevant de lois particulières. C'était le choix de Malouet, qui, par sa formule savoureuse (l'« universalité des nouveaux principes » ne doit pas s'appliquer aux colonies [séance de l'Assemblée nationale du 11 mai 1791, *Archives parlementaires*]), avait inventé un siècle plus tôt le concept d'universel... non universel.

Cette doctrine va même acquérir de plus en plus, au fil du temps, le statut de doctrine officielle de la République, car, si elle a été l'objet, en 1885, de la forte contestation que l'on a vue, elle va devenir pendant trois quarts de siècle la pensée commune de la République. Un patrimoine idéologique pratiquement incontesté, que partageront tous les partis de gouvernement et auquel se rallieront les franges monarchistes, cléricales et réactionnaires pourtant hostiles au principe même de la République.

L'analyse de ces scrutins de 1885 laisse entrevoir la tendance à l'œuvre tout au long de la IIIe République : tandis qu'une opposition plus ou moins déterminée se forme sur ces questions parmi les républicains, les forces hostiles à la pensée des Lumières et aux droits de l'homme l'applaudissent. Maurice Barrès fera bientôt chorus avec les radicaux pour affirmer, en 1890, que le but à atteindre est de « fonder en Afrique le plus grand empire colonial du monde ». Et l'évêque monarchiste Mgr Freppel, qu'apostrophait Passy à la Chambre, saluera la continuité de la politique coloniale française avec celle de l'Ancien Régime : « C'est vous, républicains, qui êtes appelés à reprendre l'œuvre de Richelieu, de Colbert et de la Restauration ! »

L'opposition nationaliste à la politique coloniale, forte dans les années 1880, au moment où le courant monarchiste et clérical cherche toutes les occasions pour empêcher la République de s'installer durablement, s'est en effet bien atténuée dans la décennie suivante et a quasiment disparu [Ageron, 1973]. Les conservateurs, qui attaquaient « le Tonkinois » par hostilité aux républicains au pouvoir, préfèrent désormais se féliciter de ce que, en matière de conquêtes coloniales, la République a abandonné ses positions « métaphysiques » et « doctrinaires » de 1793 pour donner finalement raison à la politique d'expansion et de « grandeur » mise en œuvre, jusque-là, par tous les régimes monarchiques. Symptomatique, de ce point de vue, est le soutien d'hommes comme Maurice Barrès ou Mgr Freppel, qui, après avoir pensé que le projet colonial républicain risquait de détourner de la revanche sur l'Allemagne, saluent en lui un moyen d'aguerrir l'armée, d'étendre la puissance française et de donner au peuple d'autres rêves que les luttes sociales.

Critiques radicales

En revanche, c'est de républicains qu'émanent de plus en plus, tout au long de la IIIe République, les critiques de la politique coloniale. Du contre-amiral Paul La Réveillère, par exemple, ami de Frédéric Passy et ancien quarante-huitard, catholique mais dans la tradition des Bleus de Bretagne et du courant des républicains de gauche humanitaires et libéraux. Il demande, dès 1875 : « L'État a-t-il le droit d'envoyer nos jeunes gens mourir au Sénégal ou en Cochinchine pour y tracasser des gens qui ne nous connaissent même pas ? » Ou encore, en 1888 : « Nous nous disposons à fêter 1789 et nous tyrannisons les faibles, nous rétablissons l'esclavage des peuples et des races. » Cet officier de marine pacifiste, à la fois patriote et partisan des États-Unis d'Europe, reste, dix ans plus tard, un adversaire résolu de la colonisation : « Le système colonial qui est l'asservissement des peuples est aussi anti-économique qu'immoral » [Ageron, 1973].

En 1881, l'année de l'expédition de Tunis, un autre quarante-huitard, ancien commissaire de la IIe République, A.-S. Morin, définit le régime colonial comme celui de la violence barbare et somme Jules Ferry de reconnaître ses torts envers le peuple tunisien. Un peu plus tard, c'est le député radical Georges Périn qui lance, le 18 décembre 1883, la formule « Le Tonkin aux Tonkinois », auquel fera écho, l'année suivante, le 19 mai 1884, celle de Morin : « Le Soudan aux Soudaniens. » Des mots d'ordre qui ouvriront la voie, au fil des conflits coloniaux, à bien d'autres sur le même modèle.

Le parti radical, et en particulier le groupe radical à la Chambre dominé par Camille Pelletan, reste dans les années 1880 un bastion d'opposition à la politique coloniale, comme le montre le programme du groupe radical du 7 août 1881, rédigé par Pelletan, ainsi que le Manifeste radical de 1885, qui condamnent, l'un et l'autre, toute politique d'aventure et de conquêtes au nom de la fraternité des hommes et du droit des peuples à disposer d'eux-mêmes. En 1881, Pelletan est aussi de ceux qui refusent l'expédition de Tunisie en arguant que la République, héritière des principes de 1789, ne doit pas s'agrandir par les armes ; et il n'a de cesse, dans les colonnes de *La Justice* comme à la Chambre, de défendre l'« indépendance du peuple tunisien ». Après avoir pris la part importante que l'on a vue dans les débats de 1885, il combat ensuite, en 1892, les conquêtes du Soudan (Mali) et du Dahomey (Bénin) : « Quant à moi, je ne voterai ni un centime ni un ordre du jour tant que je n'aurai pas la certitude que l'on veut arrêter la série des conquêtes et que l'on est résolu à ne pas aller plus loin ; tant que l'on ne m'aura pas déclaré que l'on veut, non pas ralentir, non pas ajourner à une autre époque, mais limiter définitivement la marche en avant dangereuse, suivant moi, pour l'avenir et les destinées de notre pays » (séance de la Chambre des députés du 11 avril 1892). Il proteste encore, en 1895, contre la conquête de Madagascar qu'il qualifie de « marche funèbre de Majunga à Tananarive » et de la « plus meurtrière de nos campagnes coloniales ». Un autre radical, Jules Gaillard, député du Vaucluse et membre de la Ligue internationale de la paix et de la liberté, intervient à la Chambre en novembre 1884, puis, de nouveau, en avril 1885, à propos de la guerre en Indochine : « Nous sommes, dans un pays lointain, des envahisseurs ; nous sommes en train d'opérer, là-bas, des mutilations de territoire ; nous persistons dans une politique de force. » Et Clemenceau, que l'on a vu, lui aussi, s'opposer fermement à Ferry en 1885, restera jusqu'à la Grande guerre un opposant résolu aux conquêtes coloniales, comme le montrent, notamment, dans les années 1892 à 1902, ses articles dans *L'Aurore*, *La Mêlée sociale* et *Le Bloc*.

Critiques socialistes

Si Jules Vallès condamne l'expédition du Tonkin en 1885 (*Le Cri du peuple*, 14 août 1885), c'est parce qu'il s'oppose à « toute idée de conquête ». Mais quand, au même moment, Jules Guesde dénonce la politique coloniale, c'est surtout parce qu'il considère qu'elle bénéficie aux ennemis du socialisme : la bourgeoisie, l'armée et le capitalisme. Le courant guesdiste s'affirme à la fin des années 1880, faisant élire quatre députés en 1889, dont Guesde lui-même élu à Roubaix en 1893, et disposant avec Paul Lafargue d'un théoricien aux qualités de polémiste. Quand Guesde s'oppose, en 1881, à la conquête de la Tunisie et aux projets d'expédition au Soudan (« Pour applaudir à la prochaine expédition de Tombouctou, il n'y a qu'une voix dans la presse, les monarchistes du *Soleil* n'étant pas moins impatients que les républicains de la *République française* et du *National* » [*Le Citoyen*, 16 avril 1882, *in* Guesde, 1959]), comme ensuite à la conquête du Tonkin, c'est par rejet du militarisme et du nationalisme, par refus de se « laisser prendre par les grands mots aussi vides de sens que pleins de sang, de prestige national et d'honneur du drapeau » (*Le Cri du Peuple*, 14 août 1885).

Le Parti ouvrier français, son parti, dix ans plus tard, lors de son congrès de Romilly de septembre 1895, où la question coloniale est, pour la première fois en France, à l'ordre du jour d'un congrès socialiste, lance la formule « Ni un homme ni un sou » pour les expéditions coloniales, dénoncées comme des « entreprises sous prétexte de civilisation et d'honneur national [...] qui aboutissent à la corruption et à la destruction des populations primitives ». Outre que ce dernier terme est une manière de reprendre à son compte cette prémisse de toute politique coloniale qu'est la distinction entre « civilisés » et « sauvages », c'est, comme l'indique le mot d'ordre, le coût humain et financier de cette politique qui est mis en avant. Un argument qui apparaîtra bien fragile quand les pertes militaires diminueront et que les autorités s'efforceront de montrer que l'ensemble de la société, y compris les ouvriers, tirent profit des colonies. Dans le contexte où le discours raciste propagé, à partir de l'Exposition universelle de 1889, par les autorités de la République et l'école, fait sentir ses effets sur les esprits, la critique des conquêtes comme atteintes aux droits de l'homme est finalement reléguée au profit de celle de savoir si la bourgeoisie, seule, ou les ouvriers de France, eux aussi, en bénéficient.

Paul Lévi, dit Paul Louis, auteur de la première étude théorique de « La colonisation sous la IIIe République », parue dans *La Revue socialiste* en 1897, est le premier à utiliser dans le langage politique le terme de « colonialisme », qu'il emprunte aux économistes pour le faire passer dans celui des socialistes. Son analyse, qu'il développe en 1905 dans son livre *Le Colonialisme* [Louis, 1905], met l'accent sur les liens entre le développement du militarisme et la politique coloniale — c'est la reprise de la crainte, déjà exprimée par Hugo, du retour en France de sabreurs arrogants qui risquent de retourner leurs habitudes de violence contre les ouvriers et au détriment des libertés —, et sur la charge financière qu'une telle politique représente pour le pays : « Il en résulte une recrudescence de misère, une extension du chômage, une restriction des salaires. » Il considère, en outre, que le capitalisme, en transformant « la masse des Jaunes et des Noirs en prolétariat », renforce le nombre de ses ennemis et hâte l'heure de sa disparition. En définitive, son analyse place la question des colonies sous l'égide de celle du capitalisme, de son développement et de la lutte pour son renversement.

Ce n'est plus la question du droit et de la souveraineté des peuples et de la lutte contre les préjugés de race, comme au XVIIIe siècle, qui est au centre des débats, mais celle de l'économie, ce qui fait que la critique ne s'attaque pas à l'idée même des conquêtes coloniales. En se centrant sur la question des pertes humaines pour les soldats, du coût fiscal et des faibles profits pour les ouvriers, et des dangers pour la paix en Europe, le débat sur le colonialisme se perd dans les sables. Divers correctifs peuvent être apportés, comme le recours à l'armée de métier, le financement des expéditions uniquement sur le dos des pays conquis, une meilleure répartition en France des profits coloniaux et une plus grande concertation en Europe entre les nations colonisatrices. La critique, en tout cas, quitte le terrain du refus de principe de la colonisation pour s'égarer dans celui de sa régulation.

L'évolution singulière de Jaurès

Les idées de Jaurès, en même temps qu'elles témoignent des ambiguïtés des socialistes français, sont marquées par une nette évolution, de l'idéologie coloniale jusqu'à l'anticolonialisme. Le jeune Jaurès est résolument procolonial. Sa conférence de 1884, alors qu'il vient d'être nommé, à vingt-quatre ans, professeur à Albi, le montre enthousiaste de la politique de colonisation de Ferry vers ces peuples dont il dit qu'ils « sont des enfants ». Il se montre alors prisonnier du mythe de la colonisation pacifique : « Nous pouvons dire à ces peuples sans les tromper, que jamais nous n'avons fait de mal à leurs frères volontairement » [Jaurès, 1884]. L'année suivante, peu avant de se présenter aux élections dans le Tarn, il écrit encore : « L'Empire nous a fait perdre deux provinces, la République nous a donné deux colonies » (*L'Avenir du Tarn*, 27 septembre 1885). Élu député, mais pas encore socialiste, il vote, en décembre 1885, les crédits pour le Tonkin et désapprouve l'opposition de Clemenceau et des radicaux. Le député radical d'Algérie André Sabatier racontera même comment le benjamin de la Chambre tente alors, vainement, de le persuader de ne pas voter l'évacuation du Tonkin.

Rallié aux socialistes en 1893, son point de vue ne change pas pour autant envers les colonies, dont la légitimité reste pour lui une évidence. C'est son court séjour d'une semaine en Algérie, en avril 1895, qui ébranle ses certitudes et ramène à sa mémoire un récit qu'il avait occulté. Il publie en janvier 1898 un article où il se souvient des propos de son aumônier au collège de Castres, ancien aumônier militaire en Algérie : « « Ah ! Si vous saviez, nous dit-il un jour avec onction, quelle joie c'était d'être en Algérie ! On y fait ce qu'on veut. On y prend sans gêne aucune ce dont on a besoin. Il y a quelques mois, il me fallait de jeunes arbres : je savais qu'un Arabe en avait toute une pépinière dans son jardin. Je suis donc allé, avec mon ordonnance, au jardin de l'Arabe, à une heure où le maître n'y était pas. Pendant que mon ordonnance arrachait les arbres, l'Arabe est rentré ; il s'est mis à crier, et mon ordonnance, d'un coup de bâton, lui a cassé un bras. Nous l'avons averti que s'il se plaignait, nous lui casserions l'autre bras, et nous avons emporté tranquillement nos jeunes arbres. » Jaurès se souvient avoir senti passer dans toute la classe un « frisson de révolte », et il ajoute : « Pour qu'un homme, si dégradé fût-il, en vînt à raconter aussi tranquillement devant des enfants des actes aussi vils et aussi lâches, il fallait qu'une longue habitude d'oppression impunie eût faussé décidément toutes les consciences. [...] L'égoïsme des gouvernements et des classes dirigeantes françaises a consommé là-bas, par des moyens variés, le meurtre de tout un peuple » (« En Algérie », *La Petite République*, 29 janvier 1898) [Jaurès, 2001].

En février 1898, il provoque un tollé à la Chambre comme en Algérie en proposant qu'on accorde « d'emblée le droit politique à l'universalité des Arabes » et dépose un projet de loi tendant à l'« émancipation des musulmans algériens par la qualité de citoyens français », sans qu'ils soient obligés de renoncer à leur statut personnel — cette mesure, qui signifie la fin du statut colonial, ne sera prise que soixante ans plus tard par de Gaulle, en 1958. Ce qui ne le conduit pas, pour autant, à désavouer totalement la politique coloniale ; ainsi, après avoir émis, avec les socialistes, le 8 décembre 1896, lors de l'envoi de la mission Marchand, un « vote national » favorable, il affirme en novembre 1898 : « Si quelques fous songeaient à dépouiller la France de son domaine colonial, toutes les énergies françaises et toutes les consciences droites dans le monde se révolteraient contre une pareille tentative » (débat à la Chambre des députés, le 9 novembre 1898).

En mai 1903 à Bordeaux, au congrès de son parti, le Parti socialiste français, il pense que la tâche des socialistes est d'imposer une politique coloniale « plus cohérente, plus prudente, plus humaine », tout en revendiquant le « droit que donne à la France la puissance même de sa production pour qu'une partie des débouchés lointains, en Chine ou ailleurs, soit assurée à la pénétration pacifique de son industrie, ce qui est une condition nécessaire à l'abondance des salaires pour la classe prolétarienne ». En 1904, il ne semble pas avoir changé d'avis sur le vote, si décisif, intervenu en décembre 1885 à la Chambre, qui avait failli déboucher sur l'évacuation du Tonkin : évoquant ce scrutin « si disputé sur les crédits du Tonkin, vote de division et de querelle », il continue à condamner l'« erreur capitale » de Clemenceau et des radicaux qui rejetaient la colonisation [Jaurès, 1904].

Mais après le congrès socialiste international d'Amsterdam, qui demande, en août 1904, à tous les socialistes de « s'opposer irréductiblement à toutes les expéditions coloniales », Jaurès évolue vers un anticolonialisme de plus en plus prononcé. Lors de la guerre russo-japonaise, où le parti socialiste se désolidarise de l'alliance de la République avec le tsarisme, il s'intéresse à la civilisation du Japon et, au-delà, à celles de tout l'Extrême-Orient, y compris du Sud-Est asiatique [Rebérioux, 1994]. En 1907, il s'oppose à l'expédition du Maroc : « Il y a des millions d'hommes qui ne veulent pas que l'or et le sang de la France coulent pour ces aventures stériles et coupables » (débat à la Chambre des députés, le 7 septembre 1907). L'année suivante, il dénonce le massacre, par une colonne commandée par le général d'Amade, d'un douar marocain où des familles entières vivaient sous la tente, ce qui lui vaut de très nombreuses interruptions où on l'accuse d'avoir mis en doute la « générosité du soldat français » (débat à la Chambre des députés, le 27 mars 1908).

À propos du Maroc, il s'oppose aux propos xénophobes proférés à la Chambre et adopte une position réellement anticolonialiste : il déclare aux députés qu'ils ne peuvent dire, d'un côté, que « l'homme est le plus vil des êtres s'il n'est pas prêt à défendre jusqu'à la dernière goutte de sang l'intégrité de son pays et de sa race » et, de l'autre, « continuer à déshonorer les Marocains en les traitant de fanatiques ». Pour lui, ce sont de « vrais patriotes », car « ce qui est pour vous la France, pour eux est l'étranger » (débat à la Chambre des députés, le 16 juin 1911). L'année suivante, en condamnant les brutalités coloniales en Tunisie, il prend la défense de la civilisation musulmane, qui « a tant apporté dans les domaines de la philosophie, de la science, de l'art, et qui renferme en elle tant de possibilités », parce que s'y mêlent « toutes les variétés du monde antique : la tradition juive, la tradition chrétienne, la tradition syrienne, la force de l'Iran et toute la force du génie sémitique » (débat à la Chambre des députés, le 1er février 1912, sur les exactions en Tunisie). Ce qui le distingue, cette fois, radicalement, lui qui avait cru pendant sa jeunesse au projet colonialiste de Ferry, de la vision coloniale du monde. Son parcours permet bien de rendre explicite la complexité, parfois contradictoire, toujours ambiguë, des relations entre la gauche et le colonialisme, et en tout cas, l'existence à la fois d'une gauche coloniale, d'une gauche anticoloniale et d'une gauche oscillant entre les deux et cherchant les voies d'un réformisme colonial, qui devait singulièrement peser, jusqu'à aujourd'hui, sur l'avenir et du monde colonial et de la gauche française.

Texte repris de *Marianne et les colonies* (La Découverte, 2003).

Références bibliographiques

Ageron Charles-Robert (1973), *L'Anticolonialisme en France de 1871 à 1914*, Presses universitaires de France, Paris.

Biondi Jean-Pierre, avec la collaboration de Gilles Morin (1992), *Les Anticolonialistes, (1881-1962)*, Robert Laffont, Paris.

Duroselle Jean-Baptiste (1988), *Clemenceau*, Fayard, Paris.

Girardet Raoul (1972, rééd. 1978), *L'Idée coloniale en France de 1871 à 1962*, La Table ronde, Paris ; réédition Le Livre de Poche, coll. « Pluriel », Paris.

Guesde Jules (1959), *Textes choisis (1867-1882)*, introduction et notes par Claude Willard, Éditions sociales, Paris.

Jaurès Jean (1884), conférence à l'Alliance française d'Albi, Imprimerie Pézous, Albi, rééd. *Textes choisis. Contre la guerre et la politique coloniale*, Madeleine Rebérioux (éd.), Éditions sociales, Paris.

— (1904), « Préface aux *Discours parlementaires*. Le socialisme et le radicalisme en 1885 », réédité avec une présentation de Madeleine Rebérioux, Slatkine, 1980, Genève.

— (2001), *Œuvres*, tome 6, *L'Affaire Dreyfus*, édition par Eric Cahm, sous la direction de Madeleine Rebérioux et Gilles Candar, Fayard, Paris, 2001.

Liauzu Claude (2004), « La Ligue des droits de l'Homme et la colonisation », *in* Gilles Manceron et Madeleine Rebérioux, *Droits de l'Homme. Combats du siècle*, Seuil/BDIC, Paris.

— [dir.] (2004), *Colonisation : droit d'inventaire*, Armand Colin, Paris.

Louis Paul (1905), *Le Colonialisme*, Bibliothèque socialiste, n° 36, Paris.

Manceron Gilles (2003), *Marianne et les colonies. Une introduction à l'histoire coloniale de la France*, La Découverte, Paris.

Rebérioux Madeleine et Haupt Georges [dir.] (1967), *La Deuxième Internationale et l'Orient*, Cujas, Paris.

Rebérioux Madeleine (1994), *Jaurès. La parole et l'acte*, Gallimard, coll. « Découvertes », Paris.

Conclusion

L'homme de gauche au XIXe siècle

Alain Corbin

« L'homme de gauche au XIXe siècle » : voilà un objet historique d'une extrême difficulté compte tenu des risques d'anachronisme et de décret intempestif ; d'où la nécessité d'une série de précautions et d'interrogations préalables. Celles-ci concernent, en premier lieu, la définition de l'objet : parler d'« hommes de gauche » est-ce alors se référer à un éventuel sentiment d'identité, à un élément de l'imaginaire de soi, de la part d'individus qui se seraient éprouvés comme tels et qui l'auraient avoué voire proclamé, ou d'une représentation qui relève de l'imaginaire de l'autre, que celui-ci se soit ou non présenté comme un homme de gauche ? Il nous faudra y revenir.

Quêter les éventuels caractères de ce personnage, au XIXe siècle, ne relève-t-il pas de l'anachronisme ? Nicolas Bourguinat s'interroge sur la possibilité même de ce type d'identification au sein des chambres de la Restauration. Le risque est donc grand de postuler trop vite l'existence d'une famille politique ; sans oublier les fonctions de cet éventuel postulat, dénoncées à la fin du XIXe siècle par les anarchistes. Ceux-ci perçcivent alors le clivage droite-gauche comme une fausse opposition destinée à créer l'illusion du partage et à enfermer dans une dualité décrétée ceux-là même qui refusent l'illusion d'une telle partition. De la même manière, les organisations socialistes de la fin du siècle ne se définissent pas, elles-mêmes, comme de gauche ou d'extrême gauche ; ce qui aurait pour effet de les rattacher à la gauche parlementaire dont elles entendent se démarquer.

Ces considérations suggèrent une brève digression concernant la topologie politique et sa portée métaphorique. Rappelons, à ce propos, les schèmes qui relèvent des structures anthropologiques de l'imaginaire, modulées selon les données historiques des représentations de l'espace, si prégnantes à la fin du XVIIIe siècle. La droite évoque la rectitude. Selon la tradition évangélique, suivre la voie droite définit l'existence réussie, promesse de salut. Être assis à la droite du père dans la Jérusalem céleste, se situer à la droite des puissants ou des représentants de Dieu sur la terre honore et valorise. La gauche, au contraire, évoque la maladresse, le manque d'aisance, la gaucherie ; selon la tradition classique, elle est mauvais présage. Le centre, quant à lui, comme le soulignera en son temps Victor Hugo dans *Les Misérables*, évoque le soleil d'où toute énergie et toute lumière irradient, le moteur qui règle la mécanique céleste ; en attendant qu'au fil des décennies, il s'identifie au gouvernement du possible. L'historiographie actuelle se penche avec attention sur ce pragmatisme qui s'allie à l'exaltation de la modération, autant de contre-valeurs pour l'homme de gauche.

Reste que la topologie des assemblées qui distingue la droite, la gauche et le centre, n'est pas la seule opératoire à la fin du XVIIIe et à l'aube du XIXe siècle. Les modalités de l'appréciation de l'espace conduisent alors à valoriser la montagne, lieu privilégié de la cure d'air, éloigné, par l'altitude, des miasmes de la vallée, magnifié par les sublimes beautés de la nature comme par la simplicité du pâtre. Cette valorisation revêt de l'importance sous la Convention. Dans le même ordre d'idées, le néohippocratisme conduit à considérer la masse des députés, alors identifiée par certains au marais, comme la représentation d'un espace impur et morbifique ; tandis que le ventre, métaphore récurrente dans la caricature de la monarchie censitaire, désigne l'informe, le mou, l'organe éloigné, tout à la fois, du cerveau et du cœur. En bref, les représentations susceptibles d'organiser la topologie politique sont multiples à l'aube de la période traitée dans ce volume ; sans oublier que les données se compliquent par la combinaison et la construction en abyme du clivage droite-gauche. On parle ainsi de centre gauche, de centre droit et de gauche dynastique, pour s'en tenir à la monarchie de Juillet, en attendant la désignation de gauches extrêmes.

En bref, affirmer qu'une partition topographique des individus s'est effectuée d'emblée au sein des assemblées révolutionnaires, que ce fût le 8 mai ou le 28 août 1789 — partition confortée sous le Directoire — est très insuffisant pour répondre à notre interrogation sur la conscience d'identité, de soi ou de l'autre ; d'autant que, sous la Révolution, le rêve d'unanimité gêne l'installation solide du clivage qui nous occupe.

Référons-nous, à présent, à l'histoire de la démarche qui fonde notre objet, c'est-à-dire la typification. Celle-ci relève, non d'une histoire intellectuelle, d'une histoire des idées, mais d'une volonté de faire exister, en prétendant les repérer, des types humains, en privilégiant des éléments de leur apparence. La « littérature panoramique » du premier XIXe siècle, soucieuse de vaincre l'opacité sociale suscitée par le récent bouleversement des ordres, par l'atténuation du caractère ostentatoire des postures, par la discrétion nouvelle des signes de reconnaissance, se compose d'une série d'ouvrages bien connus, dont le *Livre des Cent-et-un*, *Les Français peints par eux-mêmes* et l'abondante série des *Physiologies* constituent les éléments majeurs. Y eut-il alors construction d'un portrait pittoresque de l'« homme de gauche », à côté de ceux du député, du troupier ou de la femme de province, pour s'en tenir à quelques exemples ? Y eut-il façonnement d'un type concentrant en faisceau des caractères physiques, physiognomoniques, vestimentaires, comportementaux le rendant décryptable au simple regard ? Ces questions sont d'autant plus importantes que, par imposition, le portait du type a déterminé bien des comportements.

À ce propos, la réponse est claire : l'« homme de gauche » ne figure pas, sous la monarchie censitaire, dans cette ample galerie des types, en regard des portraits de M. Prudhomme, du député selon Daumier ou de Robert Macaire. Ce qui donne à penser qu'alors, l'existence d'une telle identité n'était pas éclatante — mais nous verrons qu'elle était toutefois repérable — sans que l'on puisse attribuer cette absence aux seules foudres, d'ailleurs intermittentes, de la censure.

Tout au plus pourrait-on considérer qu'au fil des décennies suivantes, l'entreprise de typification, dans la mesure où elle a concerné la gauche, s'est timidement esquissée par l'identification de sous-ensembles : tels que l'étudiant républicain, l'instituteur démocrate, futur hussard noir de la République, ou l'homme de progrès répondant au portrait dérisoire de M. Homais. Reste que la typification des individus qui s'effectue au cours du premier XIXe siècle est sociale, géographique et morale. Il était important de souligner ce déficit du politique dans le processus de construction de l'imaginaire social.

Cette évanescence du portrait s'explique. Sous la monarchie censitaire, ce que nous qualifions de gauche parlementaire elle-même était fait de convergence, d'imbrication de groupes d'individus vaguement unis par des sympathies et des détestations communes : bonapartistes, libéraux, républicains. L'effectif de ces parlementaires ne se répartissait pas, répétons-le, selon l'axe net, structurant qui nous est familier. Il serait d'ailleurs intéressant d'établir la chronologie précise de l'instauration de cette netteté.

Quant à la « femme de gauche », elle n'entre pas dans l'objet qui m'a été suggéré ; la femme se trouvait alors exclue de toute tentative de portrait politique — sinon de la possibilité même d'une identité politique consciente — par le naturalisme dominant. Dans cette perspective, une « femme de gauche » eût alors constitué une figure contraire à la nature, guettée par la pathologie et, de toute manière, cible de la dérision.

Continuons notre revue des interrogations et des obstacles. Suivre un hypothétique « homme de gauche » dans la diachronie se révèle impossible dans la mesure où son éventuel portrait se serait en permanence modifié. Le sol ne cessant de se mouvoir et, parfois, de se dérober sous lui, sans même qu'il participe au changement ou même qu'il s'en aperçoive. Caractéristique est, à ce propos, l'exclusion du bonapartisme du champ de la gauche au lendemain du 2 décembre 1851. Le grognard « demi-solde » devenu médaillé de Sainte-Hélène a-t-il, pour autant, vu se modifier sa conscience d'appartenance politique ? Le regard de l'autre, porté sur lui, en a-t-il été immédiatement transformé ? Autant de processus obscurs.

Les libéraux, qui, à l'aube de la IIIe République incertaine, ont choisi la dénomination de « libéraux-conservateurs », ont perdu leur appartenance à la gauche dont ils avaient constitué l'élément le plus actif au sien de la Chambre des députés de la Restauration. Les auteurs de ce livre indiquent plusieurs autres exemples de tels glissements, souvent liés à l'exercice du pouvoir ; comme si, au XIXe siècle, celui qui le détenait cessait de faire figure d'homme de gauche, quel qu'ait été son passé ; processus de disqualification et d'exclusion que, par moments, seule la crise se révélait capable d'enrayer en provoquant une refondation de l'identité de gauche, comme ce fut le cas lors de l'apogée du boulangisme ou de l'affaire Dreyfus.

Le troisième obstacle, sans doute le plus difficile à surmonter, ressortit aux mécanismes de construction de la taxinomie des appartenances politiques. Une question, j'y reviens, s'impose en préalable à cette opération, à tout historien des droites, des gauches ou des centres : de qui parle-t-on ? S'agit-il pour nous d'étudier la gauche revendiquée ? Revendication qui, souligne Jacques Rougerie, était plus rare au XIXe siècle que l'on serait enclin à le penser. Avant les socialistes et les anarchistes déjà évoqués, les insurgés parisiens de 1871, eux-mêmes, « ne se seraient pas, à l'entendre, définis comme de gauche ou d'extrême gauche ». S'agit-il, malgré cela, de s'en tenir à l'étude d'une appartenance revendiquée, laquelle pouvait être reconnue ou déniée ? Ou bien s'agit-il d'appartenance à la gauche seulement décrétée par l'autre et assumée ou non par l'individu concerné ? Éventuel refus qui pose un grave problème à l'historien. Surtout : s'agit-il d'appartenance décrétée à chaud, en quelque sorte, ou *a posteriori* par l'historien, sans que l'individu concerné puisse réagir à cette entreprise de catégorisation, effectuée selon des critères qui constituent, en eux-mêmes, des objets historiques. Un bel exemple de ces décrets rétrospectifs, incessamment réaménagés, est fourni par le cas des insurgés de 1871, déjà cités. La Commune s'est trouvée, en permanence, instrumentalisée *a posteriori*. Son identité n'a cessé d'être disputée, construite en précédent, en exemple, en modèle, en objet de mémoire, au travers, notamment, des philtres de Marx et Bakounine. Cette richesse peu à peu conférée impose de ne pas confondre la manière dont les acteurs de l'insurrection se représentaient, percevaient cet événement et le rôle de la Commune dans la construction ultérieure de l'identité de la gauche.

Nous terminerons cette revue des obstacles par l'évocation de la multiplicité des formes simultanées de la gauche, telle qu'elle a été reconfigurée par les historiens. Ainsi, sous la IIIe République, la distance est grande entre la « gauche républicaine », les radicaux puis les socialistes et les anarchistes. J'arrête là tant la constatation est banale. La question posée concernant l'« homme de gauche » revient alors à s'interroger sur l'existence éventuelle d'un dénominateur commun.

Celle-ci va de soi lorsque l'identité politique résulte du poids de la filiation et du rôle de la mémoire familiale. Les Carnot, les Cavaignac, les familles d'insurgés parisiens constituent autant d'exemples de cette prégnance. L'appartenance politique ne constitue alors qu'un élément de la volonté de création d'un lignage dans la société du XIXe siècle. Ces exemples tiennent éloignés de l'appartenance peu à peu forgée au cours d'un itinéraire individuel, comme ce fut le cas de Lamartine ou de Victor Hugo, hommes de gauche emblématiques.

Pour conclure notre série d'interrogations et de nécessaires précautions, force est de transiger, faute de devoir interrompre ici toute considération, du fait de l'implosion de l'objet. Si l'on ne peut traquer l'« homme de gauche » qui n'a jamais — alors — appartenu à la galerie des types constitutifs de l'imaginaire social, il est néanmoins possible de s'efforcer, *a posteriori*, de repérer des éléments que les historiens sont amenés à considérer comme constitutifs de l'identité de gauche ainsi que les modes de visibilité trahissant cette identité.

La plupart des auteurs de ce volume ont tout d'abord défini l'« homme de gauche » comme celui qui, en permanence, se réfère à la Révolution et en accepte l'héritage, étroitement associé, à partir de la Restauration, à celui des Lumières ; « héritage bariolé », souligne Jean-Claude Caron, dans la mesure où demeurent soigneusement distingués, tout au long du siècle, celui de 1789 et celui de 1793. Toutefois, ce caractère de l'homme de gauche n'est pas totalement satisfaisant puisqu'au cours de la seconde moitié du siècle, il cesse d'être exclusif. Nombre d'hommes de droite se réfèrent désormais, eux aussi, à l'héritage de 1789.

Plus probantes apparaissent deux autres données essentielles. On peut considérer que les hommes de gauche ont alors en partage une certaine représentation du temps ; d'un temps orienté vers l'avenir, porteur de progrès ; conviction fondée sur la raison et sur l'analyse de l'histoire de l'humanité. L'homme de gauche, tel qu'il nous apparaît, se sent investi d'une mission, dans la mesure où l'idée de progrès induit la nécessité de le promouvoir, impose une action, un combat en faveur du mouvement contre une résistance, perçue comme une réaction.

Cette représentation du temps implique l'espoir de l'instauration d'un ordre nouveau, fondé sur la raison, éloigné de toute référence à un âge d'or situé dans le passé et à l'intervention d'une éventuelle Providence. L'histoire, selon l'homme de gauche des historiens, est perçue comme une ascension, une progression nécessaire, hors de la transcendance divine ; bien qu'à ce propos, il existe des exceptions. Être de gauche, c'est alors nourrir la conviction que l'histoire est intelligible et prédictive ; et qu'elle détermine une attitude permanente de désir et d'attente, fondée sur la conscience d'un déficit du présent ; attente, notamment, d'une autre organisation humaine, visant à l'intérêt du plus grand nombre, assortie d'une attitude compassionnelle face à l'injustice ; désir et attente d'un nouvel arrangement social, d'une nouvelle harmonie qui pourrait être étendue au monde car elle serait bonne pour lui. La notion d'une mission civilisatrice à l'égard de l'ensemble du corps social, des peuples, du genre humain impose, dans cette logique, l'effort d'instruction, de propagation des normes d'hygiène et, pour nombre d'hommes de gauche, l'apologie de la colonisation.

Il serait fallacieux de pousser plus avant la définition de ces traits communs. L'attitude compassionnelle n'est pas un monopole ; les hommes de gauche la partagent avec les chrétiens zélés, mais leur philanthropie, leur désir de soulagement de la misère se fondent sur d'autres valeurs. Évitons de faire figurer ici l'athéisme, l'agnosticisme et l'anticléricalisme dans la série des caractères distinctifs. Philippe Régnier souligne avec raison l'influence du protestantisme sur le dessein initial de la gauche française, au temps de Benjamin Constant et de Germaine de Staël ; et il n'est guère besoin de rappeler la fréquence de la référence au Christ, le premier des socialistes, par nombre de démocrates de la IIe République. D'autre part, le voltairianisme et l'anticléricalisme ont aussi fortement imprégné une fraction non négligeable de la bourgeoisie conservatrice. Reste qu'à partir de 1865, l'anticléricalisme, qui ne veut pas dire abandon de toute croyance en une divinité, fut affiché avec vigueur par la majorité des hommes de gauche. Il s'est agi de l'un des principaux principes constitutifs de leur identité politique.

Lorsque l'attente s'affaisse ou s'interrompt, notamment parce que ce qui était espéré paraît réalisé, la figure de l'homme de gauche s'estompe. Il en fut ainsi, répétons-le, des libéraux après que leurs revendications ont été globalement satisfaites. Sous la IIe République déjà, bien des républicains de la veille, partisans modérés du nouveau régime, cessent d'appartenir à la gauche, aux yeux des démocrates socialistes. Maurice Agulhon désigne, à ce propos, le problème posé par le général Cavaignac. Les républicains au pouvoir durant les années 1890 ont subi la même disqualification. L'histoire politique du XIXe siècle, comme le rappelle Jean El Gammal, n'a cessé d'être scandée par la conscience périodique, parfois simplement épisodique, que le souhaitable ou, tout au moins, le possible était atteint ; ce qui suscitait la crainte de s'engager au-delà. Cette histoire resta longtemps hantée par le souci de clore la Révolution.

Nous n'avons jusqu'à présent raisonné que selon un dénominateur commun relevant de la conviction et du for intérieur de l'individu. Or, l'homme de gauche du XIXe siècle ne peut être considéré isolément, ce qui serait nier la sociologie politique. Il est enserré dans un réseau de sociabilité. Il est et se sent, de ce fait, soumis au regard de l'autre et à tout un jeu subtil d'interaction.

Commençons par considérer cette représentation par l'autre, adversaire ou simplement indifférent. À lire les rapports administratifs du Second Empire — et ce n'est qu'un exemple particulièrement net —, les hommes de gauche semblent des êtres soumis à la violence des passions. Les administrateurs les perçoivent comme des piliers de cabaret, adonnés à la boisson, voire à la débauche. Plus généralement, ils sont considérés comme des hommes de désordre, capables des pires cruautés perpétrées dans les délires de l'ivresse ; d'où la peur insistante qu'ils inspirent. Les hommes de gauche, surtout s'ils possèdent un trop-plein d'instruction, compte tenu de leur position sociale, menacent en permanence d'exciter les passions du peuple et de soulever la foule. Ils peuvent, à tout moment, agiter cette fraction des classes laborieuses dont le vice et la dangerosité sont sans cesse soulignés, de Frégier à Maxime Du Camp. Un faisceau de souvenirs terrifiants, sans cesse réactivés et relayés : ceux de la Terreur, ceux des insurrections de 1832, de juin 1848 à Paris ou de décembre 1851, à Clamecy, ceux de la Commune avivent, à leur propos, la tentation de se référer à la tératologie ou à la psychiatrie, notamment au lendemain des « saturnales » de la Semaine sanglante. D'une manière latente, tout homme de gauche semble pouvoir se muer en un Marat ou en un Robespierre. Le « spectre rouge » constitue l'un des ressorts majeurs de l'agonie de la IIe République ; celui de l'incendie le relaie à l'aube de la IIIe République.

La peur inspirée à de larges fractions de la population urbaine, et que traduit la fréquence de la métaphore animale, plonge aussi ses racines dans la phénoménologie initiale de la gauche de l'ombre, conspiratrice, nocturne, clandestine. Les hommes de gauche, en bref, font peser, par la violence de leurs passions mais aussi par l'aveuglement de leur idéalisme, leur esprit d'aventure, leur conviction qu'il est possible de changer le monde en un jour par le moyen de la barricade, une peur latente, entretenue par la référence aux guerres serviles de l'Antiquité.

Les hommes de gauche du XIXe siècle — rarement, répétons-le, désignés comme tels — se définissent, à leurs yeux comme à ceux de certains de leurs adversaires, par des formes d'une sociabilité fondée sur un sentiment de fraternité ; et cela dès la monarchie censitaire. Afficher ses opinions dans l'enceinte des théâtres, fréquenter tel cabinet de lecture, tel cercle parisien, telle « société » dans une préfecture, tel cabaret, être membre d'un club ou d'un comité en 1848, adhérer à telle chambrée de Provence, participer à certaines réunions de cave dans le Val de Loire, assister aux procès politiques, refuser de pavoiser ou d'illuminer lors des fêtes de souveraineté, tout cela dessine un ensemble d'attitudes et de comportements qui permettent d'exhiber ses convictions et de s'offrir à la surveillance du pouvoir. Il en va de même de certains modes d'organisation ou d'association qui déjouent les interdictions ; qu'il s'agisse de l'adhésion — souvent par serment — à une société secrète ou de la participation à un banquet d'opposition. Au sein de cette sociabilité, plus ou moins ostentatoire, les hommes de gauche se sentent liés par un ensemble de signes de reconnaissance et de ralliement, sans oublier, dans certaines régions, tels le Roussillon ou le Midi provençal, la pénétration du folklore par le souci de la démonstration politique. En revanche, il est difficile, répétons-le, de discerner la récurrence d'une apparence physique permettant de définir un type ; tout au plus peut-on remarquer que la barbe semble avoir été assez largement portée par les « démagogues » de la IIe République ; ce qui justifia son interdiction, imposée aux enseignants sous le Second Empire.

Un répertoire de gestes signifiant l'appartenance à l'opposition, sinon à la gauche, se constitue peu à peu, dès la Restauration, notamment lors des funérailles politiques qui offrent l'occasion de manifester les opinions, bien au-delà du Parlement ou de la sphère étroite de l'électorat censitaire. Arborer des immortelles rouge et jaune, promener des bustes de grands hommes, suivre le cercueil de Manuel ou de Foy, chanter la *Marseillaise*, exhiber la symbolique Marianne, s'appeler « citoyen », applaudir les « applications » sur la scène des théâtres : autant de signes qui instaurent la visibilité des opinions dans l'espace public ; ce qui, bien entendu, se trouve amplifié à l'occasion des insurrections qui font se mêler les hommes du peuple, forts de leur culture des armes, à des petits bourgeois, généralement plus frileux.

Il est en outre, nonobstant la censure, commun d'afficher son opinion par la parole et par l'écrit. Les discours prononcés sur les tombes des députés d'opposition durant la monarchie censitaire, la « parlage » dans le voisinage des barricades, les assemblées électorales de la IIe République, dominées par ceux que Tocqueville qualifie d'« orateurs de tréteaux », les réunions politiques de l'extrême fin du Second Empire, puis les meetings de la IIIe République animés par Gambetta, Clemenceau ou Jaurès, les cortèges et les manifestations de la fin du siècle qui agitent incessamment certaines villes de province, telle Limoges, exposent, en cette émergence de l'âge des foules, la force d'une sociabilité de gauche.

Gardons-nous d'oublier un certain rapport à l'écriture, souligné par Dominique Kalifa ; notamment un style de presse, imposé par l'existence de la censure et par la longue nécessité de l'autocensure ; style fait d'un mélange de défis, de parades, de hardiesse et de retenue, qui se caractérise par l'abondance des sous-entendus, par l'art de l'insinuation et du propos voilé, par une certaine façon de manier l'ironie, le sarcasme, l'irrespect voire l'impertinence. Comme la plupart des individus qui revendiquent alors leur appartenance à un groupe d'opinion, les hommes de gauche se sentent soudés par la lecture des mêmes journaux.

Il est, pour eux, un autre lien spécifique, qui ressortit à la structure psychologique. Les hommes de gauche, au XIXe siècle, sont unis par un ensemble de sentiments d'insatisfaction permanente, souvent de frustration, voire de rage et d'envie à se sentir, en quelque sorte, tenus en bride. Que l'on songe aux « capacités » de la monarchie de Juillet. Certains d'entre eux ont vécu les mêmes sévices : affres d'un subtil exil intérieur, tel celui subi par Stendhal, douleurs de l'expatriation forcée, de la prison ou de la déportation. Certes, les aristocrates émigrés avaient, naguère, connu ce type de souffrance, mais, en ce qui concerne les hommes de gauche, la gamme des émotions semble quelque peu différente, comme l'indiquent, nonobstant de vives dissensions, la constitution d'un long martyrologe étayé par une véritable politique mémorielle, les postures prométhéennes de victimisation, héritées de Sainte-Hélène, et leur fécondité politique, les modes de repli sur l'étude ou la création littéraire.

Reste enfin le plus difficile : est-il possible de percevoir une éventuelle spécificité de l'engagement militant des hommes de gauche, au-delà des formes ostentatoires de manifestation des opinions et de l'insurrection ? On pourrait risquer d'avancer le sentiment d'une mission qui serait d'abord celle d'une éducation, d'une incitation à la prise de conscience des enjeux politiques. Les délégués du Club des clubs, sous la IIe République, dont l'action a été analysée par Edward Berenson, pourraient illustrer ce type d'engagement, de désir de propagation des convictions. Il en était de même, quelque vingt ans auparavant, des missions saint-simoniennes prêchées dans certaines villes de province, du tour de France effectué par Flora Tristan, des banquets d'opposition sous la monarchie de Juillet, des discours de Théodore Bac dans les châtaigneraies des environs de Limoges en 1848. La propagande républicaine à laquelle se livrent Gambetta et ses amis à l'aube de la IIIe République, enfin les conférences socialistes et anarchistes terminent la liste de ces actions qui posent alors la France en terre de mission.

À une autre échelle et selon un processus en abyme, il conviendrait de réfléchir à la spécificité de l'identité et de l'engagement des hommes de gauche selon la région de leur résidence et selon le lien noué entre leur action et la construction des images régionales. Les épisodes de la IIe République ont ainsi permis la construction d'une solide identité et d'une mémoire rouges, valorisantes, dans le Limousin qui souffrait, depuis le XVIe siècle, d'une volonté de dépréciation de la part des élites parisiennes.

Quelques données s'imposent à l'issue de cette brève réflexion suscitée par la lecture de l'ensemble de l'ouvrage. La figure individuelle et collective de l'homme de gauche au XIXe siècle n'a émergé que lentement, sa construction étant gênée par d'autres figures, tout aussi prégnantes. Jusqu'à la fin du siècle, cette identité de gauche n'a été que pauvrement revendiquée comme telle. Elle semble avoir été insuffisante — contrairement à ce que l'on constate à propos du siècle suivant — pour définir l'être intime de l'individu. Elle est longtemps demeurée cantonnée aux enceintes du Parlement, avant de s'ancrer dans le corps civique. Longtemps, le clivage droite-gauche est demeuré mouvant voire incertain, compte tenu des glissements successifs des lignes de partage. D'où il résulte que la construction *a posteriori* d'un « homme de gauche », effectuée depuis l'observatoire du XXe siècle et selon une démarche généalogique, comporte un grand risque d'anachronisme.

Cependant, dans l'imaginaire sociopolitique du XIXe siècle, une figure discontinue tend, au fil des luttes et des événements, à se préciser et à devenir, dans certains secteurs de la société, dans certaines régions, un élément important de la construction de l'image de soi et de l'autre, ordonnée, peut être avant tout, par un ensemble de préoccupations, d'attentes et de sacrifices consentis.

Index des noms

Les noms des auteurs cités en bibliographie n'ont pas été indexés.

A

B

C

D

E

F

M

N

O

P

Q

R

S

T

Index des associations, partis politiques et syndicats

A

B

C

D

E

F

G

I

L

M

N

O

P

R

S

U

W

Index des notions

Cet index ne recherche aucune exhaustivité et ne doit servir qu'à faciliter un premier repérage, en complément de la table des matières et des deux autres index. Les notions, souvent étudiées et constamment évoquées, telles action, doctrine, théorie liberté, propriété, solidarité... etc., n'ont pas été indexées.

A

B

C

D

E

F

G

H

Les auteurs

Sous la direction de

Jean-Jacques Becker

(1928) professeur émérite à l'université de Paris-X-Nanterre, président du Centre de recherches de l'Historial de Péronne sur la Grande Guerre, est notamment l'auteur de *1914, comment les Français sont entrés dans la guerre* (Presses de la FNSP, 1977), et dans la sphère du politique de *Le Parti communiste veut-il prendre le pouvoir ?* (Seuil, 1981), de *Victoire et frustrations, 1914-1929* (Seuil, 1990) et de *L'Histoire de l'anticommunisme en France* (Orban, 1987) en collaboration avec Serge Berstein, de *Crises et alternances 1975-2000* (Seuil, 1998 et 2001), et de *L'Histoire politique de la France depuis 1945* (8e édition, Armand Colin, 2003).

Gilles Candar

(1954), professeur en classes préparatoires au lycée Gabriel Guist'hau (Nantes), travaille sur l'histoire politique, culturelle et sociale de la France contemporaine. Il a publié une *Histoire politique de la IIIe République* (La Découverte, 1999), édité les actes des colloques *Jean Longuet, la conscience et l'action* (RPP/PUF, 1988) et, avec Madeleine Rebérioux, *Jaurès et les intellectuels* (Éditions de l'Atelier, 1994) ainsi que des textes de Jean Jaurès (*L'Intolérable*, Éditions ouvrières, 1984 ; *Libertés*, EDI/LDH, 1987), Marcel Cachin (*Carnets* I et II, avec Christophe Prochasson, sous la direction de Denis Peschanski, CNRS Éditions, 1993), Lucien Febvre (*Lettres à Henri Berr*, avec Jacqueline Pluet-Despatin, Fayard, 1997) et Charles Bonnier (*Souvenirs*, Presses du Septentrion, 2001). Avec Madeleine Rebérioux, il coordonne l'édition des *Œuvres* de Jaurès chez Fayard.

Les auteurs

Maurice Agulhon

(1926), professeur émérite au Collège de France, a profondément renouvelé l'historiographie contemporaine par ses travaux consacrés à la sociabilité, à la République et à la symbolique. Parmi ses principaux ouvrages : *Une ville ouvrière au temps du socialisme utopique. Toulon de 1815 à 1851* (Mouton, 1970), *La République au village* (Seuil, rééd. 1979), *1848 ou l'apprentissage de la République* (Seuil, 1973), *Les Quarante-huitards* (rééd. Gallimard, « Folio », 1992), les trois volumes des *Mariannes* (Flammarion, 1979, 1989 et 2001), les trois tomes d'*Histoire vagabonde* (Gallimard, « Bibliothèque des histoires », 1988-1996), *La République de 1880 à nos jours* (Hachette, 1990 et 1997), *De Gaulle. Histoire, symbole, mythe* (Plon, 2000), etc.

SYLVIE APRILE (1960), maître de conférences à l'université de Tours, a publié de nombreux articles parmi lesquels « Translations politiques et culturelles : les proscrits français et l'Angleterre » (*Genèses*, n° 38, Figures de l'exil, 2000), « Qu'il est dur à monter et à descendre l'escalier d'autrui : l'exil des proscrits français sous le Second Empire » (*Romantisme*, n° 110, 2000), « Voices of Exile : French Newspapers in England », *in* Sabine Freitag (dir.), *Exiles from European Revolutions, Refugees in Mid-victorian England*, (Berghan Books, 2003). Elle est aussi l'auteur de *La Seconde République et le Second Empire* (Éditions Pygmalion, 2000).

YVES BENOT (1920-2005) journaliste et historien, est l'auteur de nombreux ouvrages, dont *Idéologies des indépendances africaines* (Maspero, 1969), *Diderot, de l'athéisme à l'anticolonialisme* (Maspero, 1970), *La Révolution française et la fin des colonies* (La Découverte, 1988, 2004), *La Démence coloniale sous Napoléon* (La Découverte, 1992), *Massacres coloniaux* (La Découverte, 1994, 2001), *La Modernité de l'esclavage* (La Découverte, 2003) et *Les Lumières, la colonisation, l'esclavage* (La Découverte, 2005). Il a été président de l'Association pour l'étude de la colonisation européenne (1750-1850).

THOMAS BOUCHET (1967), maître de conférences en histoire contemporaine à l'université de Bourgogne, a récemment publié *Le Roi et les barricades* (Seli Arslan, 2000). Il a dirigé, avec Michèle Riot-Sarcey et Antoine Picon, le *Dictionnaire des utopies* (Larousse, 2002) et, avec Jesse Battan et Tania Régin, *Meetings et Alcôves. Gauches et sexualités en Europe et aux États-Unis depuis 1850* (EUD, 2004). Il travaille actuellement sur l'insulte en politique, Charles Fourier et l'École sociétaire, les dialogues entre histoire et littérature.

NICOLAS BOURGUINAT (1966), maître de conférences à l'université Marc-Bloch (Strasbourg-II), est membre de l'Institut universitaire de France. Spécialiste d'histoire économique et sociale de la France du premier XIXe siècle, il a publié *Les Grains du désordre. L'État face aux violences frumentaires dans la première moitié du XIXe siècle* (Éditions de l'EHESS, 2002) et, avec Benoît Pellistrandi, *Le XIXe siècle en Europe* (Armand Colin, 2003).

PHILIPPE BOUTRY (1954), professeur à l'université de Paris-XII-Créteil, est un spécialiste de l'histoire religieuse à l'époque contemporaine. Auteur de nombreux ouvrages, il a récemment dirigé, avec Pierre-Antoine Fabre et Dominique Julia, *Rendre ses vœux : l'identité pèlerine de l'Europe moderne* (EHESS, 2000).

PATRICK CABANEL (1961), professeur d'histoire contemporaine à l'université Toulouse-Le Mirail et membre de l'institut universitaire de France, travaille sur l'histoire religieuse et l'histoire de la laïcité, l'histoire des constructions nationales et l'histoire de l'éducation. Il a publié notamment *Nation, nationalités et nationalismes en Europe, 1850-1920* (Ophrys, éd. revue, 1996), *La Question nationale au XIXe siècle* (La Découverte, 1997), *Les Protestants et la République, de 1870 à nos jours* (Complexe, 2000), *La République du certificat d'études. Histoire et anthropologie d'un examen, XIXe-XXe siècles* (Belin, 2002), *Juifs et protestants en France, les affinités électives XVIe-XXIe siècle* (Fayard, 2004), etc

JEAN-CLAUDE CARON (1955), professeur d'histoire contemporaine à l'université Blaise-Pascal (Clermont-II), travaille sur l'histoire politique et sociale du premier XIXe siècle, en particulier sur l'histoire de la violence. Il a notamment publié : *Générations romantiques. Les étudiants de Paris et le quartier Latin, 1814-1851* (Armand Colin, 1991), *À l'école de la violence. Châtiments et sévices dans l'institution scolaire au XIXe siècle* (Aubier, 1999), *L'Été rouge. Chronique de la révolte populaire en France, 1841* (Aubier, 2002). Ses recherches en cours portent sur l'incendie criminel au XIXe siècle.

MARIANNE CAYATTE (1946), professeur agrégée d'histoire au lycee Louis-le-Grand (Paris), a publié des articles dans les *Cahiers Jean Jaurès*.

JEAN-FRANÇOIS CHANET (1962), professeur à l'université de Lille-III et membre de l'Institut universitaire de France, a écrit de nombreux articles et ouvrages, notamment *L'École républicaine et les petites patries* (Aubier, 1996).

ALAIN CORBIN (1936) est professeur à l'université Paris-I-Panthéon-Sorbonne et membre de l'Institut universitaire de France. Historien des sensibilités, son œuvre est mondialement connue : *Les Filles de noce* (Aubier, 1978), *Le Miasme et la jonquille* (Aubier, 1982), *Le Territoire du vide* (Aubier, 1988), *Le Village des cannibales* (Aubier, 1991), *Le Temps des cloches* (Albin Michel, 1994), *L'Avènement des loisirs* (Aubier, 1995), *Le Monde retrouvé de Louis-François Pinagot* (Flammarion, 1998), etc. La Découverte a publié un livre d'entretiens d'Alain Corbin avec Gilles Heuré, *Historien du sensible* (2000).

JEAN-WILLIAM DEREYMEZ est maître de conférences de science politique à l'IEP de Grenoble. Auteur de nombreuses publications sur le socialisme et le syndicalisme en Europe, il prépare actuellement un ouvrage sur les syndicats de salariés en France.

JEAN EL GAMMAL (1955), professeur d'histoire contemporaine à l'université de Nancy 2, est l'auteur d'une *Histoire politique de la France 1814-1870*

(Nathan, 1999). Il a récemment publié *Politique et poids du passé dans la France fin de siècle* (1999) et a codirigé *Dictionnaire des parlementaires limousins sous la IIIe République* (Presses universitaires de Limoges, 1998 et 2001).

CATHERINE FHIMA (1961) achève sa thèse sur *Identités et sociabilités d'écrivains juifs français (1890-1930)* à l'École des hautes études en sciences sociales. Elle a publié récemment *Chronologie de la France au XXe siècle* (La Découverte, 2000), « Max Jacob ou la symbiose des identités paradoxales » (*Archives juives*, n° 35/1) et « Jean-Richard Bloch et la renaissance culturelle juive en France (1910-1930) » (*Mélanges Tivadar Gorilovics*). Elle anime le *Bulletin des études Jean-Richard Bloch*.

EMMANUEL FUREIX (1971), ancien élève de l'ENS, docteur en histoire de l'université de Paris-I, est maître de conférences à l'université de Paris-XII. Il a soutenu en 2003 sa thèse, sous la direction d'Alain Corbin, sur « mort et politique à Paris sous les monarchies censitaires, 1814-1835 ».

CHRISTINE GUIONNET (1969), maître de conférences à l'université de Rennes-I (droit et science politique), a publié diverses contributions sur l'apprentissage de la politique par les Français au début du XIXe siècle, dont *L'Apprentissage de la politique moderne : les élections municipales sous la monarchie de Juillet* (L'Harmattan, 1997) et travaille actuellement sur la construction sociale du politique et les relations entre genres (en codirection avec Éric Fassin, « La parité en pratiques », n° spécial de *Politix*, 60, 2002 et en collaboration avec Érik Neveu, *Introduction aux* Gender Studies, Armand Colin, à paraître).

DOMINIQUE KALIFA (1957), professeur d'histoire contemporaine à l'université de Paris-I-Panthéon-Sorbonne où il codirige le Centre de recherches sur l'histoire du XIXe siècle, est l'auteur de plusieurs livres : *L'Encre et le sang. Récits de crimes et société à la Belle Époque* (Fayard, 1995) ; *Naissance de la police privée. Détectives et agences de recherches en France, 1832-1942* (Plon, 2000) ; avec Philippe Artières *Vidal le tueur de femmes : une biographie sociale* (Perrin, 2001) ; *La Culture de masse en France, 1860-1930* (La Découverte, 2001) ; *Crime et culture au XIXe siècle* (Perrin, 2004). Il a codirigé plusieurs ouvrages collectifs, parmi lesquels *Les Exclus en Europe, 1830-1930* (L'Atelier, 1999) et *Histoires et archives de soi. Sociétés et représentations* (Publications de la Sorbonne, 2002).

PIERRE LÉVÊQUE (1927), professeur émérite à l'université de Bourgogne, est un historien de sa région : *La Bourgogne sous la monarchie de Juillet* et *La Bourgogne au milieu du XIXe siècle* (Éditions de l'EHESS, 1983, *Histoire de Mâcon* (Privat, 2000) et de la politique contemporaine : *Histoire des forces politiques* en 3 vol., de 1789 à nos jours (A. Colin, 1992, 1994 et 1997) et *La Révolution de 1848 en France et en Europe* (Éditions sociales, 1998).

GILLES MANCERON (1946), historien, est rédacteur en chef d'*Hommes et Libertés*, la revue de la Ligue des droits de l'homme. Il est notamment l'auteur de *Segalen* (Lattès, 1991), de *Marianne et les colonies. Une introduction à l'histoire coloniale de la France* (La Découverte, 2003) et, avec Madeleine Rebérioux, de *Droits de l'homme. Combats du siècle* (Seuil, BDIC, 2004).

GAETANO MANFREDONIA (1957), docteur en histoire, est chargé de cours à l'IEP de Paris et professeur de sciences économiques et sociales en lycée. Il a publié récemment *La Chanson anarchiste en France des origines à 1914* (L'Harmattan, 1997) et *L'Anarchisme en Europe* (PUF, « Que sais-je ? », 2001).

PHILIPPE OULMONT (1950), professeur agrégé d'histoire, chargé des études et des recherches à la Fondation Charles de Gaulle, est l'auteur avec Maurice Agulhon de *Nation, patrie et patriotisme* (La Documentation photographique, 1993) et il a publié plusieurs articles dans les *Cahiers Jean Jaurès* et *Historiens et Géographes*.

CHRISTOPHE PROCHASSON (1959), directeur d'études à l'EHESS, spécialiste de l'histoire intellectuelle, culturelle et politique de la France contemporaine, a publié notamment *Les Années électriques 1880-1910* (La Découverte, 1991), *Les Intellectuels, le socialisme et la guerre 1900-1938* (Seuil, 1993), avec Anne Rasmussen *Au nom de la patrie. Les intellectuels et la Première Guerre mondiale* (La Découverte, 1996), *Paris 1900. Essai d'histoire culturelle* (Calmann-Lévy, 1999) et a dirigé, avec Jacques Julliard, Michel Winock et Pascal Balmand, le *Dictionnaire des intellectuels. Les personnes, les lieux, les moments* (Seuil, 1996 et 2002), avec Vincent Duclert le *Dictionnaire critique de la République* (Flammarion, 2002) et, avec Anne Rasmussen, *Vrai et faux dans la Grande Guerre* (La Découverte, 2004).

ANNE RASMUSSEN (1963), maître de conférences à l'université Louis Pasteur (Strasbourg-I), a collaboré au *Dictionnaire critique de la Première Guerre mondiale*, sous la direction de Stéphane Audoin-Rouzeau et Jean-Jacques Becker (Bayard, 2004) et a dirigé, avec Christophe Prochasson, *Au nom de la patrie. Les intellectuels et la Première Guerre mondiale* (La Découverte, 1996), et *Vrai et faux dans la Grande Guerre* (La Découverte, 2004).

PHILIPPE RÉGNIER (1952), agrégé de lettres classiques, est directeur de recherche au CNRS, spécialiste de la littérature française au XIXe siècle, de l'histoire et des idées du saint-simonisme. Directeur de l'unité de recherche LIRE (Littérature, idéologies, représentations, XVIIIe-XIXe siècles) qui dépend du CNRS et de l'université Lyon-2 ainsi que de l'École normale supérieure-Lettres et sciences humaines (Lyon) et des universités Jean-Monnet (Saint-Étienne) et Stendhal (Grenoble-3), il est l'auteur, le co-auteur, le codirecteur ou l'éditeur de plusieurs livres touchant à l'histoire culturelle et littéraire du XIXe siècle (*Les Saint-simoniens en Égypte*, *La Caricature* *républicaine entre résistance et censure*, *Le Livre nouveau des saint-simoniens*, *Écrire la Commune*, *Études saint-simoniennes*), ainsi que d'articles relatifs notamment à Fourier, Cabet, Proudhon et Jaurès.

MICHÈLE RIOT-SARCEY (1943), professeur d'histoire contemporaine à l'université de Paris-VIII, est spécialiste de l'histoire du XIXe siècle, de l'histoire politique, des pouvoirs, du féminisme, des utopies. Elle a notamment publié *La Démocratie à l'épreuve des femmes* (Albin Michel, 1994), *Le Réel de l'utopie* (Albin Michel, 1998), une *Histoire du féminisme* (La Découverte, 2002) et dirigé, en collaboration, le *Dictionnaire des utopies* (Larousse, 2002) et *L'Utopie en questions* (PUV, 2001). Elle prépare avec Jacques Rougerie une *Histoire de la monarchie de Juillet* (Seuil, « Points Histoire ») et *Comment écrire l'histoire politique à travers les discontinuités ?*

JACQUES ROUGERIE (1932), ancien maître de conférences à l'université de Paris-I, a publié notamment *Procès des communards* (Gallimard/Julliard, 1964), *Paris libre* (Seuil, 1988, rééd. « Points », 2004), *Paris insurgé. La Commune de 1871* (Gallimard, « Découvertes », 1995) et prépare avec Michèle Riot-Sarcey une *Histoire de la monarchie de Juillet*.

MICHEL VOVELLE (1933), professeur émérite à l'université de Paris-I, est l'historien des cultures et idéologies du XVIIIe siècle et de la Révolution française. Parmi ses ouvrages les plus connus : *Piété baroque et déchristianisation en Provence au XVIIIe siècle*, issu de sa thèse d'État (Plon, 1973, Seuil, 1978), *Mourir autrefois* (Gallimard/Julliard, 1974), *La Mort et l'Occident de 1300 à nos jours* (Gallimard, 1983), *Idéologies et mentalités* (Maspero, 1982, rééd. Gallimard « Folio », 1992), *Théodore Désorgue ou la désorganisation* (Seuil, 1985), *Les Jacobins* (La Découverte, 2001), *La Révolution française* (Armand Colin, 2003)...

CLAUDIE WEILL (1942), chercheur à l'École des hautes études en sciences sociales, historienne du mouvement socialiste international, spécialiste de l'Europe centrale et orientale, est l'auteur de nombreux ouvrages et articles, parmi lesquels *Marxistes russes et social-démocratie allemande 1898-1904* (Maspero, 1977), *L'Internationale et l'autre* (Arcantère, 1987) et *Les Cosmopolites* (Syllepse, 2004).

Table

II. Traditions et sociabilités de la gauche

III. Combats et acquis de la gauche

IV. Problèmes et débats des gauches

V. La gauche et la question sociale

VI. La gauche et la question nationale

VOLUME 2

XXe siècle : à l'épreuve de l'histoire

Dans la même collection

Sciences humaines et sociales

Louis Althusser, *Pour Marx.*

Jean-Loup Amselle et Elikia M'Bokolo, *Au cœur de l'ethnie.*

Benedict Anderson, *L'imaginaire national.*

Paul Bairoch, *Mythes et paradoxes de l'histoire économique.*

Étienne Balibar, *L'Europe, l'Amérique, la guerre.*

Étienne Balibar et Immanuel Wallerstein, *Race, nation, classe.*

Stéphane Beaud, *80 % au bac... et après ?*

Jean-Jacques Becker et Gilles Candar, *Histoire des gauches en France* (2 volumes).

Miguel Benasayag, *Le mythe de l'individu.*

Yves Benot, *Massacres coloniaux 1944-1950.*

Yves Benot, *La Révolution française et la fin des colonies.*

Bernadette Bensaude-Vincent et Isabelle Stengers, *Histoire de la chimie.*

Pascal Blanchard *et al.*, *Zoos humains.*

Philippe Breton, *La parole manipulée.*

François Chast, *Histoire contemporaine des médicaments.*

Jean-Michel Chaumont, *La concurrence des victimes.*

Yves Clot, *Le travail sans l'homme ?*

Serge Cordellier (dir.), *La mondialisation au-delà des mythes.*

Georges Corm, *L'Europe et l'Orient.*

François Cusset, *French Theory.*

Mike Davis, *City of Quartz. Los Angeles, capitale du futur.*

Alain Desrosières, *La politique des grands nombres.*

François Dosse, *L'histoire en miettes.*

François Dosse, *L'empire du sens.*

François Dosse, *Paul Ricœur.*

Mary Douglas, *Comment pensent les institutions.*

Mary Douglas, *De la souillure.*

Florence Dupont, *L'invention de la littérature.*

Jean-Pierre Dupuy, *Aux origines des sciences cognitives.*

Abdou Filali-Ansary, *Réformer l'islam ?*

Patrice Flichy, *Une histoire de la communication moderne.*

François Frontisi-Ducroux, *Dédale.*

Yvon Garlan, *Guerre et économie en Grèce ancienne.*

Peter Garnsey et Richard Saller, *L'Empire romain.*

Jacques T. Godbout, *L'esprit du don.*

Olivier Godechot, *Les Traders.*

Nilüfer Göle, *Musulmanes et modernes.*

Anne Grynberg, *Les camps de la honte.*

E.J. Hobsbawm, *Les bandits.*

Will Kymlicka, *Les théories de la justice. Une introduction.*

Camille Lacoste-Dujardin, *Des mères contre les femmes.*

Yves Lacoste, *Ibn Khaldoun.*

Bernard Lahire, *L'invention de l'« illettrisme ».*

Bernard Lahire (dir.), *Le travail sociologique de Pierre Bourdieu.*

Bruno Latour, *La fabrique du droit.*

Bruno Latour, *La science en action.*

Bruno Latour, *Nous n'avons jamais été modernes.*

Bruno Latour, *Pasteur : guerre et paix des microbes.*

Bruno Latour, *Politiques de la nature.*

Bruno Latour et Steve Woolgar, *La vie de laboratoire.*

Bernard Lehmann, *L'Orchestre dans tous ses éclats.*

Prosper-Olivier Lissagaray, *Histoire de la Commune de 1871.*

Geoffrey E.R. Lloyd, *Pour en finir avec les mentalités.*

La Découverte/Poche

Georg Lukacs, *Balzac et le réalisme français.*

Armand Mattelart, *La communication-monde : histoire des idées et des stratégies.*

Armand Mattelart, *Histoire de l'utopie planétaire.*

Armand Mattelart, *L'invention de la communication.*

John Stuart Mill, *La nature.*

Arno Mayer, *La « solution finale » dans l'histoire.*

Gérard Mendel, *La psychanalyse revisitée.*

François Ost, *La nature hors la loi.*

Bernard Poulet, *Le pouvoir du Monde.*

Élisée Reclus, *L'homme et la Terre.*

Roselyne Rey, *Histoire de la douleur.*

Maxime Rodinson, *La fascination de l'islam.*

Maxime Rodinson, *Peuple juif ou problème juif ?*

Richard E. Rubenstein, *Le jour où Jésus devint Dieu.*

André Sellier, *Histoire du camp de Dora.*

Jean-Charles Sournia, *Histoire de la médecine.*

Isabelle Stengers, *Cosmopolitiques* (2 tomes).

Francisco Varela, *Quel savoir pour l'éthique ?*

Francisco Vergara, *Les fondements philosophiques du libéralisme.*

Jean-Pierre Vernant, *Mythe et pensée chez les Grecs.*

Jean-Pierre Vernant, *Mythe et société en Grèce ancienne.*

Jean-Pierre Vernant, Pierre Vidal-Naquet, *Mythe et tragédie en Grèce ancienne* (2 tomes).

Pierre Vidal-Naquet, *Le chasseur noir.*

Michel Vovelle, *Les Jacobins.*

Max Weber, *Économie et société dans l'Antiquité.*

Max Weber, *Le savant et le politique.*

William Foote Whyte, *Street Corner Society.*

C. Wright Mills, *L'imagination sociologique.*

État du monde

L'État du monde en 1945.

États-Unis, peuple et culture.

Rochdy Alili, *Qu'est-ce que l'islam ?*

Bertrand Badie (dir.), *Qui a peur du XXIe siècle ?*

Marc Ferro et Marie-Hélène Mandrillon (dir.), *Russie, peuples et civilisations.*

Pierre Gentelle (dir.), *Chine, peuples et civilisation.*

Camille et Yves Lacoste (dir.), *Maghreb, peuples et civilisations.*

Anne-Marie Le Gloannec (dir.), *Allemagne, peuple et culture.*

Jean-François Sabouret (dir.), *Japon, peuple et civilisation.*

François Sirel, Serge Cordellier *et al.* *Chronologie du monde au 20e siècle.*

La Découverte/Poche

Composition Facompo, Lisieux. Achevé d'imprimer par Bussière
à Saint-Amand-Montrond (Cher) en octobre 2005.
Dépôt légal : novembre 2005.
N° d'impression : 053744/1. *Imprimé en France*

BUSSIERE
GROUPE CPI

Histoire des gauches en France

Volume 2

Volume 2

XXe siècle : à l'épreuve de l'histoire

Sous la direction de

Jean-Jacques Becker
et Gilles Candar

Histoire des gauches en France

Volume 2
XXe siècle : à l'épreuve de l'histoire

La Découverte / Poche
9 *bis*, rue Abel-Hovelacque
75013 Paris

Cet ouvrage a été précédemment publié en 2004 aux Éditions La Découverte dans la collection « L'espace de l'histoire » dirigée par Christophe Prochasson avec la collaboration de Vincent Duclert, Marc Olivier Baruch, Denis Pelletier et Anne Rasmussen

ISBN : 2-7071-4737-0

Sommaire

I

Le « peuple de gauche » au cours du siècle

35

Les radicaux

SERGE BERSTEIN

LE TERME RADICAL, IMPORTÉ d'Angleterre, fait son apparition en France sous la Restauration, avec une connotation péjorative, pour désigner les héritiers démocrates de la Révolution française qui, dans le contexte de l'époque, sont tenus pour des extrémistes : on accusa ainsi les radicaux d'avoir inspiré le geste de l'assassin du duc de Berry en 1820. Il retrouve un usage courant sous la monarchie de Juillet, après l'adoption des lois de septembre qui interdisent de se dire « républicain » et il est alors utilisé comme synonyme du terme proscrit [Kayser, 1961].

LA LONGUE PRÉHISTOIRE DU RADICALISME (1820-1870)

Mais c'est véritablement dans les années 1840 que le radicalisme prend la signification d'une doctrine politique en trouvant son porte-parole dans l'avocat Ledru-Rollin. Au cours de la campagne électorale que ce dernier conduit dans la Sarthe en 1841, puis dans le journal *La Réforme* qu'il édite à partir de 1843, il développe une série de thèmes qui apparaissent comme autant de réponses possibles aux problèmes nés des transformations sociales de la première moitié du XIXe siècle [Mitard, 1952]. Les radicaux réclament avant tout la démocratie politique, mise en œuvre par l'instauration du suffrage universel, mais ils y voient le moyen de s'acheminer vers les « justes améliorations sociales ». Cette fin sociale de la démocratie est définie comme une voie moyenne entre le libéralisme qui écrase les « petits » au profit des puissants et le socialisme qui porte atteinte à la propriété privée. Les radicaux se présentent comme les défenseurs de celle-ci qu'ils entendent protéger de l'emprise du capital, refusent d'abandonner à celui-ci les grandes richesses nationales concédées, mines, canaux, chemins de fer, dont ils réclament la nationalisation et attendent de l'État qu'il mette un frein aux abus du capitalisme en protégeant les faibles et les petits [Pilbeam, 1995].

Ces idées démocratiques expliquent que, durant la IIe République, il soit assez malaisé de distinguer clairement les démocrates radicaux des multiples variétés de socialisme qui s'épanouissent alors à la faveur de la liberté retrouvée et de l'instauration du suffrage universel masculin que Ledru-Rollin, ministre de l'Intérieur, est chargé de mettre en œuvre. Celui-ci devient le chef de file du courant « démocrate-socialiste », courant républicain, légaliste, patriote, défenseur du progrès social qui trouve sa place entre l'extrême gauche socialiste d'une part, les modérés et la droite conservatrice de l'autre. Courant à l'audience limitée puisque Ledru-Rollin ne recueillit que 381 000 voix, soit 5 % des suffrages exprimés, à l'élection présidentielle de décembre 1848 qui voit l'accession à l'Élysée de Louis Napoléon Bonaparte. Mais courant qui peut espérer progresser grâce au suffrage universel puisque les « démocs-socs » vont rassembler, lors des élections à l'Assemblée législative du 13 mai 1849, 35 % des voix et faire élire 200 députés « montagnards ». L'essor de ce radicalisme aux idées très avancées est brisé net par la manifestation du 13 juin 1849 qui dégénère en émeute et est durement réprimée. Les chefs du courant s'enfuient ou sont emprisonnés, d'autres sont déchus de leur mandat [Calman, 1921 et 1922]. La vague réactionnaire qui s'abat alors sur le pays prive de toute perspective un courant désormais tenu en suspicion par le corps électoral, conduisant ses chefs à l'attentisme légaliste pour les uns, à la fuite en avant vers les sociétés secrètes pour d'autres, ou encore à la radicalisation pour les exilés qui remettent en cause le système représentatif et préconisent la démocratie directe [Huard, 2003].

Il faut attendre la phase libérale du Second Empire pour voir renaître, face aux républicains modérés prêts à s'allier aux monarchistes dans l'Union libérale, un courant républicain démocratique autour du groupe de la *Revue politique* où Challemel-Lacour, Frédéric Morin, Allain-Targé, Henri Brisson, Léon Gambetta rejettent tout accommodement avec le régime impérial. Rendu célèbre par la philippique enflammée prononcée contre le régime impérial lors du procès intenté au journaliste Charles Delescluze qui avait osé proposer d'élever par souscription une statue au député Alphonse Baudin, tué sur les barricades lors du coup d'État du 2 décembre, l'avocat Gambetta fait figure de porte-drapeau du mouvement. Candidat à Belleville lors des élections de 1869, il accepte un programme proposé par ses électeurs, assez sensiblement en retrait sur celui de Ledru-Rollin sur le plan social, mais qui contient quelques thèmes nouveaux qui marquent l'époque : la revendication de l'instruction primaire gratuite, laïque et obligatoire, la suppression des armées permanentes et du budget des cultes, la séparation de l'Église et de l'État [Barral, 1968].

Radicaux de gouvernement et radicaux intransigeants au début de la IIIe République (1870-1890)

Si la proclamation de la IIIe République le 4 septembre 1870 comble les vœux des radicaux comme de tous les républicains, les débuts et les conditions d'élaboration du régime sont loin de les satisfaire. La plupart, à la suite de Gambetta, souhaitent poursuivre la guerre à outrance contre l'Allemagne victorieuse et dénoncent l'armistice, comme ils s'indigneront lors de la signature du traité de paix de l'abandon de l'Alsace-Lorraine à l'Allemagne. Les élections à l'Assemblée nationale du 8 février 1871 représentent pour eux une lourde défaite, puisqu'ils ne font élire qu'une quarantaine de députés sur les 150 républicains, face aux 400 monarchistes, plébiscités par le pays qui s'est massivement prononcé pour ces partisans de la paix. Durant l'épisode de la Commune, ils tentent en vain, à l'instar de Clemenceau, de jouer les conciliateurs entre les insurgés dont ils désapprouvent l'action illégale et la radicalisation et le gouvernement de Versailles dont ils désavouent la volonté répressive. Après la chute de Thiers qui s'était prononcé pour la République et qui est renversé en mai 1873, ils sont au premier rang des adversaires du régime de l'Ordre moral conduit par le maréchal de Mac Mahon et le duc de Broglie. Et lorsque l'Assemblée nationale finit par adopter en 1875 les lois constitutionnelles qui assurent la pérennité du régime républicain, ils tirent à boulets rouges sur le compromis passé entre monarchistes libéraux et républicains modérés pour parvenir à ce résultat, réclamant désormais à cor et à cri la suppression de l'institution monarchique qu'est la présidence de la République et de l'assemblée aristocratique que constitue le Sénat. Les choses paraissent donc claires : en ces débuts de la IIIe République, les radicaux forment bien l'aile d'extrême gauche du « parti républicain », dénonçant les timidités, les atermoiements, les compromissions des « républicains de gouvernement » qui dirigent le pays après les élections de 1876.

Mais la réalité est moins simple. Au sein de la nébuleuse que constitue le radicalisme de l'époque, les plus politiques prennent conscience que la tactique du tout ou rien conduit à une impasse et que l'extrémisme risque de compromettre la République elle-même. Aussi jugent-ils, à la suite de Gambetta, que mieux vaut consolider la République en faisant preuve de modération et en réalisant progressivement leur programme, par la voie de réformes graduelles. Gambetta passe ainsi à l'opportunisme dès 1874, abandonnant le radicalisme des origines pour devenir un « républicain de gouvernement » [Grévy, 1998]. Sans aller aussi loin, des hommes comme Allain-Targé, Henri Brisson, Charles Floquet ou Joseph Lockroy, tout en continuant à se réclamer du radicalisme, refusent l'extrémisme et soutiennent en 1881 l'expérience gouvernementale de Gambetta, constituant alors à la Chambre des députés le groupe de la gauche radicale qui se transforme à la fin du siècle en gauche démocratique.

Face à ce radicalisme de gouvernement qui permet, dans la dernière décennie du siècle, aux radicaux Henri Brisson, Léon Bourgeois et René Goblet d'accéder à la présidence du Conseil se dresse la conscience exigeante des radicaux intransigeants. Abandonné par Gambetta, leur drapeau est alors brandi par Georges Clemenceau et Camille Pelletan, appuyés par Désiré Barodet, Louis Blanc ou Alfred Naquet qui reprennent à leur compte l'essentiel du programme de Belleville, depuis ses articles révisionnistes jusqu'à son programme anticlérical et à ses finalités sociales, en y ajoutant toutefois une opposition résolue à la politique d'expansion coloniale conduite par Jules Ferry. Ces hommes se retrouvent dans le groupe parlementaire de l'extrême gauche, qui prend à la fin du siècle le nom de « groupe radical-socialiste ». Toutefois, les risques de l'extrémisme en démocratie élective fondée sur le suffrage universel ne tardent pas à se manifester. Devenu par la poussée radicale des élections de 1885 un des arbitres du jeu parlementaire, Clemenceau impose au gouvernement en 1886 le général Boulanger comme ministre de la Guerre. Du même coup, il incite ainsi une poignée d'élus radicaux, tels Alfred Naquet, Charles-Ange Laisant, Georges Laguerre, Maurice Vergoin ou Henri Michelin, à se lancer dans l'aventure du boulangisme dont les critiques de la République parlementaire et l'exigence d'une révision constitutionnelle, la dénonciation de l'insuffisance de la politique sociale des républicains de gouvernement, l'aspiration à un pouvoir autoritaire et jacobin convergent avec leurs vues [Garrigues, 1991]. Si Clemenceau se reprend dès l'été 1887 au point d'organiser contre Boulanger la défense de la République, le radicalisme intransigeant ne sort pas indemne de l'aventure. Il y a perdu une partie de ses dirigeants et de ses électeurs et il a perçu le danger de son révisionnisme constitutionnel, n'évoquant plus celui-ci que de manière formelle et peu convaincue : à quoi sert de réclamer la suppression de la présidence de la République dès lors que celle-ci se trouve réduite depuis 1879 à un rôle purement décoratif ? Est-il prudent d'exiger la disparition du Sénat quand celui-ci a été considéré comme le brise-lames susceptible de sauver le régime des impulsions irraisonnées du suffrage universel direct durant la campagne plébiscitaire entreprise par Boulanger ? L'expérience incite à la modération le radicalisme intransigeant durant la dernière décennie du XIXe siècle.

La fondation du parti radical (1894-1901)

La situation des radicaux à la fin du XIXe siècle ne laisse pas d'être paradoxale. Il existe dans le pays un puissant courant radical formant une nébuleuse, un agrégat mal structuré, peu organisé, aux éléments dispersés, mais dont la force réside dans le fait qu'il est profondément enraciné dans la société civile et que tous ses membres se réclament de la même culture politique, défendent la même vision du monde, proclament les mêmes principes, se reconnaissent dans les mêmes dirigeants. Sans être encore un parti, il en possède tous les éléments auxquels ne manque encore que le lien organisationnel. Le noyau dur de ce protoparti radical est le groupe des dirigeants dont la plupart siègent à la Chambre des députés au sein du groupe de la gauche démocratique, présidé par Georges Dujardin-Beaumetz, ou du groupe radical-socialiste conduit par Camille Pelletan ou sont, au Sénat, membres de la gauche démocratique fondée par Émile Combes en 1891. Mais leurs vues sont relayées dans le pays par des centaines de comités électoraux plus ou moins permanents, par une masse d'organes de presse nationaux, départementaux ou locaux, par un semis d'organisations non directement politiques, mais diffusant indirectement les idées du républicanisme radical : loges maçonniques dont le rôle politique va croissant, sociétés de lecture, sociétés de libre pensée, sections de la Ligue de l'enseignement, du Sou des écoles, de la Ligue des droits de l'homme après sa naissance en 1898, sociétés de secours mutuel, groupes de loisirs, etc. Nombre de ces groupes ne rassemblent pas que des radicaux ; modérés et socialistes y ont souvent leur place, mais la tonalité républicaine des idées diffusées fait souvent de ceux-ci l'axe d'équilibre de l'ensemble [Berstein et Winock, 2002].

Cependant cette puissance du radicalisme dans la société française se trouve menacée à la fin du siècle par trois phénomènes concomitants. D'une part, les divisions du courant radical dont les dirigeants intransigeants critiquent avec virulence les expériences ministérielles d'un Brisson ou d'un Bourgeois, couverts de sarcasmes pour leur modération au pouvoir. D'autre part, la poussée socialiste perceptible depuis les élections de 1893, et qui représente pour les radicaux une rude concurrence pour leur ancrage à l'extrême gauche, les socialistes faisant le plus souvent figure des républicains les plus déterminés. Enfin, l'évolution des républicains « progressistes » (les anciens opportunistes), inquiets de la menace sociale représentée par les socialistes et les anarchistes, reprochant aux radicaux leur complaisance envers l'extrême gauche et envisageant, pour s'y opposer, de s'allier, au nom de l'« esprit nouveau », défini par le gambettiste Spuller, avec les catholiques « ralliés ».

Menacés de laminage entre les progressistes et les socialistes, les radicaux paralysés par les divisions de leurs chefs et incertains de leur identité dans le paysage politique français, paraissent promis à la disparition. Mis à part Clemenceau (qui ne réagit d'ailleurs que de façon tardive), ils ne perçoivent pas la portée de l'affaire Dreyfus et refusent de s'engager dans un débat qui leur apparaît comme une diversion quand ils ne se montrent pas passionnément et durablement antidreyfusards, comme Pelletan ou de nombreux élus qui font ouvertement profession d'antisémitisme. Le même scepticisme les conduit à considérer d'un œil plutôt hostile le gouvernement de défense républicaine de Waldeck-Rousseau, dirigé par un de leurs adversaires progressistes et où ils ne sont représentés que par deux élus de second plan, Pierre Baudin et de Lanessan.

Dans ce désert radical du temps de l'affaire Dreyfus, la réaction vient de groupes de la base radicale plutôt que de dirigeants englués dans la gangue des jeux parlementaires. Des multiples groupes qui voient le jour à partir de 1894, à l'initiative de jeunes avocats radicaux ou de parlementaires de second rang, naît en 1895 un Comité d'action pour les réformes républicaines qui va jouer un rôle important dans la campagne électorale de 1898. Mais le renforcement des groupes parlementaires qui en résulte n'aboutit pas, on l'a vu, à un dynamisme retrouvé. Ce sont l'initiative d'un certain nombre de députés francs-maçons, traduisant le souci des obédiences maçonniques de voir les républicains s'unir pour défendre les valeurs fondatrices du régime, et la proximité des élections de 1902 qui relancent le processus. Le 8 avril 1901, le Comité d'action pour les réformes républicaines convoque pour juin 1901 un « Congrès du parti républicain-radical » dont le but est d'opérer, en vue des élections de 1902, l'union des forces dispersées du parti radical [Baal, 1991 et 1994]. Placé sous les auspices des trois anciens présidents du Conseil issus du courant radical, Léon Bourgeois, Henri Brisson et René Goblet, le congrès peut se prévaloir de l'adhésion de 78 sénateurs, 201 députés, 476 comités, 155 loges maçonniques, 849 maires, conseillers généraux, conseillers d'arrondissement, délégués des municipalités et associations et 215 journaux. C'est bien la nébuleuse radicale qui est présente à Paris, salle des sociétés savantes, pour y créer le premier parti politique français moderne.

Au demeurant, et à tous égards, l'œuvre d'organisation est mince. Le véritable objet, perceptible à travers le triptyque qui définit le nom de la nouvelle formation : Parti républicain, radical et radical-socialiste, et qui consiste à rassembler tous les républicains autour du noyau radical, ne sera jamais atteint, les progressistes qui suivent Waldeck-Rousseau rejetant cette tentative d'absorption pour fonder l'Alliance républicaine démocratique. Mais il explique le caractère lâche des structures proposées : le nouveau parti entend maintenir l'autonomie totale des comités de base, ce flou permettant à de multiples comités locaux à l'appartenance mal définie de se reconnaître dans une organisation peu contraignante, longtemps appelée d'ailleurs par ses adhérents la « fédération ». Elle ne consiste qu'en la réunion d'un congrès annuel et en la constitution d'un comité exécutif qui, jusqu'au congrès de 1902, est la prorogation de la commission d'organisation du congrès fondateur. La même souplesse prévaut en ce qui concerne le programme du parti, puisqu'il s'agit de laisser à chacun des groupes participants son individualité et son indépendance. Les orateurs du congrès de la Salle des sociétés savantes se contentent de broder sur le triptyque : « L'action laïque contre le cléricalisme, l'action démocratique contre la dictature, l'action sociale contre la misère. »

Une République radicale en trompe-l'œil (1901-1914)

La véritable surprise pour l'historien réside dans le fait que le semblant de parti issu du congrès de 1901 ait résisté au temps et ait permis aux radicaux de jouer un rôle central dans l'histoire de la République durant plus de cinq décennies. Force est en effet de constater que jusqu'au déclenchement de la

Première Guerre mondiale, le parti radical apparaît comme une formation inachevée, qui ne parvient pas véritablement à se consolider.

Le flou volontaire sur le titre même du parti apparaît vite sans objet puisque, dès 1901-1902, les amis de Waldeck-Rousseau et les socialistes jettent les bases de leurs propres formations. Mais cette clarification intervenue au sommet ne se répercute que très imparfaitement dans le pays où il est parfois assez malaisé de définir politiquement les quelque 2 000 comités, payant ou non leurs cotisations, se parant d'étiquettes diverses et dont on ne sait trop de quelle obédience ils relèvent. En revanche, au fil des mois, on voit disparaître progressivement de l'organigramme radical les journaux, les associations spécialisées, les loges maçonniques (dès 1903, le Grand Orient s'inquiète des risques de confusion entre loges et partis), les comités devenant les cellules de base du parti. Mais les liens entre ceux-ci (auxquels on a, rappelons-le, promis l'autonomie) et les organes centraux demeurent lâches. L'effort entrepris pour créer des fédérations départementales qui serviraient de relais entre le centre et les provinces se heurte au désir d'indépendance des comités et des élus, peu disposés à admettre un organisme chargé de les contrôler. À la veille du conflit mondial, il n'existe pas plus de seize ou dix-sept fédérations départementales organisées.

Quant aux organes dirigeants, congrès annuel et comité exécutif, constitués des délégués élus des départements, ils sont, pour le premier, une cohue inorganisée et, pour le second, supposé se réunir de manière hebdomadaire à Paris, marqué par l'absentéisme chronique des délégués provinciaux. Au total, la direction du parti radical est aux mains de professionnels de la politique, élus ou dirigeants du parti qui connaissent les dossiers et le dessous des cartes, et des délégués parisiens, rompus aux subtilités de la vie politique.

Ce n'est pas avant 1907 que le parti radical, qui a jusqu'alors volontairement refusé de fixer les limites de son programme afin de n'en écarter aucun républicain, prend la décision de confier à une commission présidée par Édouard Herriot, récemment élu maire de Lyon, le soin d'en préciser le contenu. Même s'il est sans surprise, le programme de Nancy va, pour de longues années, identifier le programme radical à la culture républicaine en définissant une ligne de défense des institutions, d'affirmation de la laïcité, de réformisme progressif et de solidarité sociale, de patriotisme et de défense nationale, rejetant à la fois le bellicisme des nationalistes et l'antipatriotisme de certains socialistes et syndicalistes. Les frontières sont désormais fixées et elles sont consolidées les années suivantes : en 1911, le comité exécutif interdit la double appartenance au parti radical et à l'Alliance républicaine démocratique et en 1913, Joseph Caillaux, nouveau président du parti radical, exige que tous les députés élus adhèrent au groupe radical-socialiste.

Rien de tout cela ne pourrait rendre compte de la puissance du parti radical si l'on ne constatait en même temps l'adhésion massive de la population à la culture politique de la nouvelle formation. Si celle-ci n'a sans doute jamais atteint les 250 000 adhérents qu'elle revendique, il est cohérent de situer son importance numérique dans une fourchette de 180 000 à 200 000 membres. Si le flou des étiquettes invite à ne pas être trop précis, chacune des élections législatives lui permet d'envoyer à la Chambre un groupe de 160 ou 200 députés. C'est dire que le parti radical a la faculté de constituer autour de lui une majorité de gouvernement et, qu'en tout cas, il est impossible de constituer sans lui une majorité viable. C'est cette observation qui a conduit à parler, pour les premières années du XXᵉ siècle, d'une « République radicale » [Rébérioux, 1975]. Fondée si l'on entend par là que les idées radicales sont en symbiose avec une grande partie de la population et du monde politique, la formule cesse de l'être si l'on considère que les radicaux ont dirigé la République durant ces années.

Sans doute, après la victoire radicale des élections de 1902, où les 219 députés radicaux constituent le centre de gravité du Bloc des gauches, le radicalisme parvient-il au pouvoir avec la nomination à la présidence du Conseil du sénateur Émile Combes. Celui-ci répond au problème posé au radicalisme en lui donnant comme marque identitaire l'anticléricalisme militant qui marque son action entre 1902 et 1905 et qui aboutit à la rupture des relations diplomatiques avec le Vatican, à la séparation de l'Église et de l'État, à l'épuration du haut personnel administratif, diplomatique, judiciaire et militaire, action largement approuvée par le peuple de gauche comme en témoignent les nombreux messages de félicitations reçus par le président du Conseil [Baal, 1991 et 1994].

Mais, après cette date, force est de constater que les radicaux doivent soutenir de leurs voix des gouvernements dont les chefs n'appartiennent pas à leur parti. L'explication de ce paradoxe tient en grande partie au fait qu'aucun dirigeant radical n'a véritablement la stature d'un chef de gouvernement, ni Combes qui est plus un symbole qu'un chef, ni Pelletan, discrédité par sa gestion du ministère de la Marine en 1902-1905, ni Léon Bourgeois, trop timoré pour agir. Après la chute de Combes, les radicaux doivent donc appuyer, d'assez mauvaise grâce, les présidents du Conseil successifs, tels Rouvier, impatiemment supporté, ou Sarrien, qui se réclame du radicalisme mais n'est pas inscrit au parti. Le comble de l'équivoque est atteint avec Clemenceau, tenu par l'opinion (y compris radicale) pour le véritable chef des radicaux, mais qui a refusé d'assister au congrès de 1901 comme d'adhérer au parti (sauf quelques mois en 1909) et que les députés radicaux finiront par renverser. Par la suite, ni Briand, ni Monis, ni Caillaux ne sont radicaux et ce n'est qu'après sa chute que ce dernier voit tout le bénéfice qu'il peut tirer de l'adhésion à un parti puissant, mais dépourvu de chef réel, et qu'il en devient le président à l'automne 1913.

Reconstituant l'alliance du Bloc des gauches avec les socialistes pour les élections de 1914, le parti radical remporte à la veille du conflit une réelle victoire puisque les 172 membres du groupe radical-socialiste constituent le contingent le plus nombreux de la nouvelle Chambre. Mais, une fois encore, ses espoirs sont déçus. L'assassinat par Mᵐᵉ Caillaux du directeur du *Figaro* interdit à son mari d'accéder à la présidence du Conseil et le déclenchement de la guerre porte un rude coup à l'identité radicale comme à la société sur laquelle il avait fondé son influence.

LA PREMIÈRE GUERRE MONDIALE ET LA PERTE DE L'IDENTITÉ RADICALE (1914-1923)

Sur ce parti à l'organisation embryonnaire, à la discipline quasi nulle, privé de dirigeants incontestés, la Première Guerre mondiale a des effets ravageurs. La mobilisation vide les comités de leurs adhérents, le caractère lâche des structures disloque l'organisation partisane, si bien que le parti radical n'existe plus que par ses parlementaires. Or ceux-ci, à l'image de l'ensemble du monde politique français, se rallient massivement à l'union sacrée en 1914 et y restent fidèles dans leur immense majorité après 1915, lorsque celle-ci cesse d'être une trêve des partis pour se confondre avec les thèmes de la droite nationaliste, naguère combattus par les radicaux [Becker et Berstein, 1990]. Il y a plus : dans le contexte de la guerre, on vilipende désormais l'esprit partisan qui divise les Français et qui est imputé pour l'essentiel aux partis de gauche, les socialistes au premier chef, mais leurs alliés radicaux sont englobés dans ce discrédit. Celui-ci est encore accentué par la mise en accusation de deux des dirigeants de premier plan du parti radical, Louis-Jean Malvy, soupçonné de complaisances envers les pacifistes accusés d'être des agents allemands, et Joseph Caillaux, chef de file des partisans de la paix sans annexion ni indemnité. Le parti radical est ainsi tenu pour celui des défaitistes, voire des traîtres, et soumis en 1917-1918 à la malveillance du président du Conseil Clemenceau.

C'est donc un parti discrédité, affaibli, moribond qui affronte les élections législatives de 1919, sans pouvoir compter sur l'alliance des socialistes qui, par la motion Bracke, refusent tout accord électoral avec les « partis bourgeois ». Il y perd la moitié de ses élus de 1914. Toute l'énergie du nouveau président du parti, Édouard Herriot, fut consacrée à résister aux tentatives d'absorption d'un parti radical en perdition par l'Alliance démocratique qui lui propose la fusion au sein du Parti républicain démocratique et social. En fait, nul ne sait exactement ce qu'est le parti radical de 1919 : les comités n'existent que sur le papier ; une partie des élus ont figuré sur des listes de Bloc national ou de centre droit, alors que d'autres appartiennent à des listes homogènes ou à des listes de centre gauche ; nombre de députés et surtout de sénateurs sont méfiants envers les gouvernements issus de la majorité élue en 1919, mais les présidents du Conseil successifs ont inclus dans leur équipe des ministres radicaux.

C'est la tâche d'Édouard Herriot de reconstruire l'identité radicale sur les bases mêmes du parti d'avant-guerre, avec son programme flou, ses structures lâches, la très large liberté laissée aux parlementaires par rapport aux militants, mais un incontestable ancrage à gauche, celle-ci se trouvant définie par le républicanisme dreyfusard de l'époque du Bloc des gauches, désormais tenu pour la référence politique indispensable [Berstein, 1980].

L'alliance à gauche nécessaire et impossible (1923-1934)

Cette dimension explique la rupture de tout lien entre les radicaux et la majorité de droite, intervenue en 1923, grâce à l'appui d'une base radicale reconstituée qui a retrouvé le chemin des comités et qui impose dès lors aux élus le retour à l'identité de gauche du parti. Dans l'explication de ce retour aux sources intervient, bien entendu, la proximité des élections de 1924. L'aspiration des radicaux est de retrouver l'âge d'or du début du siècle, celui du Bloc des gauches où ils constituaient le centre de gravité d'une majorité étayée à droite par les modérés dreyfusards, à gauche par les socialistes.

Mais la victoire électorale du Cartel des gauches en 1924, si elle apparaît dans un premier temps comme le triomphe de la stratégie d'Édouard Herriot, ouvre la grande crise du radicalisme dans l'entre-deux-guerres [Berstein, 1985]. D'abord parce que les socialistes n'acceptent de former avec les radicaux qu'un « cartel d'une minute », réduit à l'acte électoral, et que le soutien qu'ils apportent au gouvernement est précaire et révocable. Ensuite et surtout, parce que le Cartel manifeste de manière éclatante l'incompatibilité entre les conceptions que radicaux et socialistes se font de la gauche. Avant tout politique et réduite à la défense des valeurs républicaines pour les premiers, elle est fondamentalement économique et sociale et fondée sur des mesures de volontarisme dirigiste pour les seconds. L'échec du Cartel est lourd de conséquences pour les radicaux.

Il conduit d'abord les jeunes adhérents du parti à considérer que le radicalisme est une doctrine vétuste qu'il est nécessaire de moderniser. Cette prise de conscience donne naissance au mouvement des « Jeunes radicaux », ironiquement baptisé « Jeune Turc », qui propose un réaménagement du radicalisme sur la base d'un renforcement du pouvoir exécutif, d'une meilleure représentation des intérêts économiques (par une assemblée économique consultative ou un renforcement du Conseil économique et social), voire par l'économie dirigée ou une organisation corporative, enfin par la construction d'une fédération européenne sur le plan international. Conduit par des intellectuels comme Émile Roche, Bertrand de Jouvenel, Jacques Kayser, le mouvement est appuyé par de jeunes députés comme Pierre Cot, Pierre Mendès France, Jean Zay ou Georges Potut. Mais il n'intéresse guère la direction du parti.

Pour celle-ci, qu'il s'agisse d'Herriot (qui a dû abandonner en 1926 la présidence du parti devant l'indignation des militants qui ne lui pardonnent pas d'être entré dans le gouvernement d'union nationale de Poincaré), de Caillaux, de Maurice Sarraut, la leçon du Cartel est simple : tout accord avec les socialistes marxistes est impossible ; le parti radical doit désormais regarder vers le centre. Devenu en 1927, après l'intérim de Maurice Sarraut, président du parti radical, Édouard Daladier, qui s'efforce de renforcer les structures de celui-ci, va confirmer malgré lui cette ligne en tentant à son tour une expérience d'alliance à gauche et en connaissant en 1929 un insuccès semblable à celui d'Herriot devant le refus de la SFIO de participer au gouvernement qu'il envisageait de former. Pour autant, cette impossibilité de l'alliance à gauche ne conduit pas les radicaux à changer de camp. De 1928 à 1932, ils refusent les avances répétées de Tardieu pour une concentration avec la droite. L'impasse est donc totale.

Herriot, revenu en 1931 à la présidence du parti radical, va formuler pour son parti la tactique qui concilie les sentiments de gauche des militants avec la tactique nouvelle qu'il préconise : maintenir l'alliance à gauche et la discipline républicaine sur le plan électoral, mais gouverner au centre après une éventuelle victoire. C'est l'expérience tentée pour les élections de 1932. Et, à nouveau, comme en 1924, le « néo-Cartel » remporte les élections et se montre incapable de gouverner. C'est que, dans une France où se développe la crise économique, les radicaux n'ont pas la moindre intention de se soumettre, comme à l'époque du Cartel, à la pression socialiste. Ils ne font rien pour obtenir la participation de la SFIO au gouvernement et entendent développer une politique économique et financière qui leur assure la confiance des milieux d'affaires. Mais, comme par ailleurs, ils n'ont pas de majorité sans les socialistes, ils sont conduits à une politique d'atermoiements qui se traduit par l'instabilité gouvernementale et l'impuissance face aux effets ravageurs de la crise économique sur la société. L'incompatibilité entre leur politique et leur majorité les conduit à user successivement tous leurs chefs Herriot, Daladier, Albert Sarraut, Chautemps dans d'impossibles expériences de pouvoir [Berstein, 1980-1982]. Or cette paralysie du radicalisme au pouvoir est d'autant plus grave que les radicaux sont les représentants d'une partie importante de la société française et l'incarnation du modèle républicain qu'ils lui proposent.

LE PEUPLE RADICAL ET SES ASPIRATIONS : CLASSES MOYENNES ET MODÈLE RÉPUBLICAIN

Bien qu'ils répugnent à considérer la société française comme constituée de classes antagonistes et qu'ils récusent l'idée marxiste de lutte des classes, les radicaux admettent cependant que leur idéal social est celui de l'abolition du salariat et de la constitution d'une société de classes moyennes indépendantes dont tous les membres seraient propriétaires de leur instrument de travail. De fait, les études conduites sur la composition sociale du parti radical révèlent la prépondérance en son sein d'un monde de classes moyennes constitué de professions libérales, de propriétaires-exploitants agricoles, de commerçants, d'artisans, de petits industriels et, de façon plus minoritaire de fonctionnaires, d'enseignants, d'employés et de cadres du secteur privé. Monde composite, intermédiaire entre la bourgeoisie possédante et un prolétariat démuni, mais dont les conditions de fortune, le niveau et les modes de vie, le rapport à la propriété sont extraordinairement variés et qui ne possède pas la moindre homogénéité. Sauf la conscience d'appartenance à des catégories intermédiaires, l'ardent désir de promotion sociale et la crainte permanente de perdre le patrimoine acquis qui lui fait réclamer la protection de l'État [Berstein, 1988].

Or à ce monde que la Première Guerre mondiale a fragilisé et que la crise atteint durement, les radicaux proposent les solutions issues de la culture politique républicaine. En arrière-plan, la vision du monde issue des vues des encyclopédistes, du positivisme et du scientisme, avec leur croyance au progrès indéfini de l'humanité, au triomphe de la science et au magistère de la raison. Au cœur du système, la référence historique à la Révolution française, tenue pour le tournant fondamental de l'histoire humaine, et dont la Déclaration des droits de l'homme et du citoyen est porteuse de toutes les promesses que la République s'apprête à réaliser progressivement. De là découle la confiance absolue dans le régime parlementaire, tenu pour l'expression la plus parfaite de la souveraineté nationale, d'autant plus protectrice des libertés des citoyens que le pouvoir exécutif est contrôlé plus étroitement, surveillé scrupuleusement et toujours menacé d'être congédié. Il s'y ajoute enfin une conception de la société vue comme une démocratie de petits propriétaires, fondée sur le principe de solidarité défendu par Léon Bourgeois et dont l'impôt sur le revenu, voté à la veille de la guerre et appliqué à partir de 1917 constitue le moyen privilégié [Berstein et Rudelle, 1992].

Efficace du début du XXe siècle aux années 1930 pour arrimer le monde des classes moyennes à la République par l'intermédiaire des radicaux, ce modèle républicain paraît avoir ensuite épuisé ses vertus.

Le tournant des années 1930

Le point de rupture est aisé à situer : le 6 février 1934, une émeute populaire conduite par les ligues de droite chasse du pouvoir le gouvernement radical d'Édouard Daladier et précipite le radicalisme dans une crise profonde. Discrédité par les compromissions de quelques-uns de ses membres dans les scandales politico-financiers comme l'affaire Stavisky, contraint de participer aux gouvernements conduits par des hommes de droite qui tiennent ses dirigeants en otage tout en les attaquant vivement, le parti radical voit démissionner de nombreux adhérents. Aussi se précipite-t-il comme sur une bouée de sauvetage vers la solution du Front populaire qui laisse Herriot sceptique, mais offre à Daladier une occasion de rentrée politique. Retrouvant en 1935 la présidence de son parti, ce dernier préside aux élections de 1936, décevantes pour les radicaux qui perdent 400 000 voix et 40 % de leurs élus, mais dont la centaine de députés constitue l'appoint indispensable de la nouvelle majorité. Si les socialistes se taillent la part du lion dans le nouveau gouvernement, les radicaux sont la seconde force de la majorité et détiennent des ministères clés. Députés et ministres participent loyalement aux débuts de l'expérience du Front populaire. Mais, dès la fin de l'été, les plaintes de leur clientèle de classes moyennes devant la politique sociale du gouvernement Blum conduisent les radicaux à multiplier mises en garde et avertissements, puis à prendre leurs distances vis-à-vis du Front populaire. Par étapes, les dirigeants radicaux s'alignent sur leur aile droite, faisant tomber, par sénateurs interposés, le premier gouvernement Blum en juin 1937, puis recentrant la majorité en prenant avec Chautemps, puis Daladier, la direction du gouvernement, enfin, procédant à l'automne 1938 à la rupture de la majorité de 1936.

En même temps, le parti radical est le théâtre d'une mutation significative. L'hostilité au marxisme rapproche les adhérents du centre droit. Dans les fédérations, une nouvelle génération très hostile à la gauche socialiste et communiste remplace les notables locaux traditionnels. À la vieille doctrine radicale se substitue un néoradicalisme fondamentalement antimarxiste, attaché au libéralisme, peu soucieux de laïcité, préoccupé d'efficacité économique, conduit par l'aile droite du mouvement Jeune-Turc. On y voit même se manifester à la veille de la guerre des sentiments antisémites et xénophobes. C'est sur ce néoradicalisme qui lui permet de dominer son parti que Daladier s'appuie jusqu'en 1939, cependant que les partisans du Front populaire sont marginalisés et réduits au silence [Berstein, 1982].

LA PARENTHÈSE DE LA SECONDE GUERRE MONDIALE ET LA RECONSTRUCTION DU PARTI RADICAL

La guerre qui éclate en 1939 a les mêmes effets de désorganisation que celle de 1914-1918 sur le parti radical. À ceci près que toute une partie du courant néoradical accueille avec faveur la révolution nationale par pacifisme, antimarxisme ou nationalisme et que certains de ses membres comme Jean Mistler, Georges Bonnet, Albert Chichery ou Lucien Lamoureux tentent d'y pratiquer une politique de présence. Ils proposent même au maréchal Pétain, qui ne donne pas suite à leur démarche, de faire renaître le parti radical dans le cadre du régime de Vichy.

Toutefois, la majorité des radicaux, républicains de conviction, jugent les valeurs qu'ils défendent incompatibles avec la révolution nationale. Mais leur comportement relève non d'une ligne partisane, mais de décisions individuelles. Une grande partie se réfugie dans une sourde hostilité à Vichy, à l'instar d'Herriot. Certains, comme Queuille ou Mendès France rejoignent de Gaulle à Londres pour participer au combat de la France libre. Nombre de radicaux s'engageront dans la Résistance, à l'image de Jean Moulin ou de ceux qui peuplent un mouvement clandestin comme Franc-Tireur.

Il reste qu'à la Libération, le parti radical est à reconstruire dans un contexte particulièrement défavorable. Si Louis Saillant, président du Conseil national de la Résistance, lui délivre un brevet de résistance lors de son congrès de décembre 1944, pour une grande partie de l'opinion, pour les intellectuels comme Camus, pour le personnel politique nouveau issu de la clandestinité, il porte à lui seul le péché de la défaite de 1940 et paraît promis à la disparition. Il est presque seul à défendre, lors du référendum d'octobre 1945, le maintien de la IIIe République, désavouée par 96 % des votants. Mais, en dépit de l'adversité, une petite équipe animée par Henri Queuille va s'appliquer à reconstituer des réseaux, ranimer des comités, recruter de nouveaux cadres souvent issus de la Résistance, autour de la personnalité symbolique d'Édouard Herriot, redevenu maire de Lyon [Le Béguec et Duhamel, 1993].

Le parti reconstitué doit choisir sa ligne de conduite entre l'alliance à gauche avec les socialistes et surtout les communistes, qui a les faveurs d'Herriot et des anciens partisans du Front populaire, et la ligne néoradicale qui regarde vers le centre droit. Le débat est tranché au congrès de Lyon de 1946 au bénéfice de cette dernière, entraînant l'exclusion ou la démission de Pierre Cot, de Pierre Meunier, de la veuve de Jean Zay, d'Albert Bayet, de Pierre Le Brun, etc. Le parti radical devient le noyau central d'un Rassemblement des gauches républicaines (RGR) incluant les membres de la récente Union démocratique et socialiste de la Résistance (USDR) qui évolue vers le centrisme, mais aussi le Parti de la réconciliation française qui rassemble les partisans du colonel de La Rocque, les débris de la vieille Alliance démocratique, les amis de Paul Faure, exclu du parti socialiste pour compromission envers Vichy. Sous la direction symbolique d'Édouard Herriot, nommé président à vie, le parti radical est en réalité conduit depuis 1948 par le président administratif, Léon Martinaud-Deplat et une équipe néoradicale, caractérisée par un anticommunisme virulent, le rejet des nationalisations et du dirigisme économique débouchant sur de vibrantes professions de foi libérales, la critique de la politique sociale et du gigantisme de la Sécurité sociale, la volonté de fermeté face aux revendications nationalistes outre-mer, une relative indifférence envers la laïcité militante. Martinaud-Deplat approuve d'ailleurs le modéré Paul Reynaud qui constate « une identité de vues à peu près totale sur la doctrine entre ses indépendants et nos radicaux ».

Quelques nuances s'imposent cependant. Si le Sud-Ouest, dans la zone de diffusion de la *Dépêche de Toulouse*, autour du directeur de celle-ci, Jean Baylet, demeure fidèle à un radicalisme laïque et réformiste, situé au centre gauche, ce sont surtout les nouvelles terres radicales de la région parisienne avec Bernard Lafay, du Sud-Est avec Émile Hugues, de Normandie avec André Marie, du Centre-Est avec Edgar Faure dans lesquelles le néoradicalisme va trouver son centre de gravité. Dès 1947, ce radicalisme à géométrie variable retrouve son audience et les chemins du pouvoir. Herriot est élu président de l'Assemblée nationale ; les municipales de 1947, les cantonales de 1949, les législatives de 1946 et de 1951 sont autant de succès pour les radicaux qui retrouvent leur rôle d'arbitres de la vie politique ; ils sont de tous les gouvernements et beaucoup d'entre eux accèdent à la présidence du Conseil. La IVe République est pour eux un véritable été de la Saint-Martin [de Tarr, 1961].

L'expérience gouvernementale de Pierre Mendès France de juin 1954 à février 1955, puis le courant d'opinion mendésiste qui en résulte durant quelques mois peuvent se lire à deux niveaux. On peut les considérer comme un nouveau tournant, vers la gauche cette fois, de l'histoire du radicalisme, puisque l'incontestable radical de tradition qu'est Pierre Mendès France voit son gouvernement soutenu par la gauche socialiste et socialisante, par les courants modernistes rassemblés autour de l'hebdomadaire *L'Express*, par les étudiants, les intellectuels, les syndicalistes, les chrétiens de gauche, etc. Mendès France invite d'ailleurs ces troupes fraîches à entrer au parti radical, et, aidé par eux, il s'empare à la hussarde de la direction du parti radical en mai 1955 avec la bénédiction d'Édouard Herriot.

Mais ce triomphe apparent du radicalisme de gauche est aussi le début de la décomposition d'un parti trop hétérogène pour accepter l'uniformisation et la discipline que Mendès France tente de lui imposer. Les querelles internes font éclater le radicalisme en quatre tronçons entre 1955 et 1957. Exclu pour avoir osé dissoudre l'Assemblée nationale en décembre 1955, Edgar Faure se réfugie avec ses amis au RGR, transformé de fédération en parti. En désaccord avec les positions de Pierre Mendès France favorables à une négociation en Algérie, Henri Queuille et André Morice démissionnent pour fonder un Centre républicain en 1956. L'année suivante, c'est Mendès France lui-même qui quitte avec ses amis un parti radical qui refuse la discipline de vote. Le vieux parti de la place de Valois reste alors aux mains des radicaux du Sud-ouest au sein desquels se recrutent ses présidents successifs, Félix Gaillard, Maurice Faure, René Billères…

Quant aux idées mendésistes, elles échappent à leur auteur pour constituer un corpus de conceptions politiques diffuses qui vont frayer la voie au gaullisme dans l'opinion publique en opérant une lecture de l'expérience de 1954-1955 que Pierre Mendès France et ses amis récusent. L'opinion y voit une tentative de personnalisation du pouvoir, un essai de démocratie directe, une volonté d'amoindrir le rôle des partis et de passer par-dessus la tête des parlementaires. Bien malgré Mendès France, c'est à la Ve République que profiteront les aspirations ainsi manifestées par les Français. Or la Ve République entraîne le déclin du radicalisme.

La Ve République et le déclin du radicalisme

Si le parti radical accepte le retour au pouvoir du général de Gaulle, sa fibre parlementaire et son attachement à la culture républicaine s'avèrent incompatibles avec la nature du nouveau régime. De surcroît, le scrutin majoritaire le prive de toute influence politique réelle puisqu'il ne parvient à sauver qu'une vingtaine de députés aux élections de novembre 1958. Dès 1959, les radicaux entrent dans l'opposition au gouvernement Debré et ils vont, dès lors, participer à la sourde et vaine résistance des forces politiques aux pratiques autoritaires du général de Gaulle. En 1962, lors de la crise ouverte par la décision de ce dernier de soumettre à référendum une révision constitutionnelle disposant que le chef de l'État serait désormais élu au suffrage universel direct, les radicaux, aux côtés des modérés, se font les porte-parole de la protestation de la gauche républicaine. Président du Sénat, le radical Gaston Monnerville dénonce au congrès radical de Vichy de septembre 1962 une violation de la Constitution et accuse le Premier ministre Pompidou de « forfaiture ». Mais les Français approuvent la révision proposée le 28 octobre et les élections de novembre débouchent sur l'écrasement des partis opposés au général de Gaulle, rassemblés dans le « cartel des non », les radicaux ne disposant plus que d'une poignée d'élus.

Le problème qui se pose alors est celui de la survie d'un radicalisme menacé de disparition par les effets du scrutin majoritaire, alors qu'il dispose encore d'un électorat dans certaines régions, d'une presse, de réseaux d'élus, de relais dans une opinion où la culture républicaine traditionnelle n'a pas disparu. Dès le lendemain des élections de 1962, Maurice Faure, président du parti radical, jette les bases d'un « Rassemblement démocratique » regroupant, autour des radicaux, le Centre républicain d'André Morice, l'UDSR de François Mitterrand, d'ex-radicaux tels Jacques Duhamel et Bernard Lafay. Mais Maurice Faure entend aller plus loin et promouvoir un vaste rassemblement centriste s'étendant aux socialistes et au MRP (Mouvement républicain populaire) . Ce rassemblement achoppe en 1965 avec la tentative avortée de création d'une « Grande fédération démocrate-socialiste », destinée à soutenir la candidature de Gaston Defferre à l'Élysée, mais qui révèle l'incompatibilité des vues entre socialistes et démocrates-chrétiens. Dès lors, les radicaux sont écartelés entre la voie centriste à laquelle demeurent fidèles Maurice Faure et ses amis qui vont appuyer en décembre 1965 la candidature présidentielle du MRP Jean Lecanuet et l'alliance à gauche autour de François Mitterrand et de sa Fédération de la gauche démocrate et socialiste (FGDS).

Le destin du radicalisme est dès lors dominé par deux lignes de force fondamentales. D'une part, le laminage progressif du centrisme, absorbé progressivement sur sa droite par la majorité gaulliste ; d'autre part, la tension permanente, héritée du tournant des années 1930, mais qui ne cesse de rejouer, entre l'attraction de la droite modérée et celle de la gauche socialiste. Les années 1970-1972, de ce point de vue, s'avèrent décisives. Ébranlé par l'élection de Georges Pompidou à la présidence de la République en 1969, alors qu'il avait soutenu Alain Poher, le parti radical porte à sa présidence Maurice Faure, qui avait déjà présidé le parti auparavant, et qui promet à celui-ci une rénovation complète. Son arme secrète s'appelle Jean-Jacques Servan-Schreiber, directeur de l'hebdomadaire *L'Express*, qui devient en octobre 1969 secrétaire général du parti radical. Multipliant les initiatives spectaculaires qui permettent aux radicaux d'occuper la scène médiatique, il dote le parti d'un « Manifeste radical », baptisé *Ciel et Terre*, et qui contient une série de propositions audacieuses fondées sur le libéralisme, l'esprit managérial, la régionalisation, la construction européenne, sans rapport avec la tradition radicale. Il en résulte une crise violente entre le nouveau secrétaire général et les radicaux traditionnels appuyés par les partisans de l'union des gauches. Au congrès de Suresnes d'octobre 1971,

Jean-Jacques Servan-Schreiber l'emporte, éliminant de la présidence Maurice Faure qui, non sans paradoxe, a pris la tête des opposants. Le nouveau président engage alors des négociations avec le Centre démocrate, conduit par Jean Lecanuet, négociations qui aboutissent à la création en novembre 1971 du Mouvement réformateur. De leur côté, les adversaires de Jean-Jacques Servan-Schreiber forment, sous la direction de Maurice Faure et Robert Fabre un Groupe d'étude et d'action radical-socialiste qui donne naissance en 1972 au Mouvement de la gauche radicale-socialiste, signataire, aux côtés des communistes et des socialistes du Programme commun de gouvernement [Fogacci, 2003].

Le destin du radicalisme est dès lors scellé. Le parti radical valoisien, rallié à Valéry Giscard d'Estaing au moment des élections de 1974, devient en 1978 partie intégrante de l'Union pour la démocratie française (UDF), puis en 2002 du rassemblement des droites au sein de l'Union pour un mouvement populaire (UMP). Depuis 1972, les radicaux de gauche, dont la formation s'appelle aujourd'hui Parti radical de gauche (PRG), sont les alliés des socialistes. Recouvrant des clivages anciens, la scission a été durable. Il est vrai que ce qui faisait l'assise historique du radicalisme, le monde des classes moyennes indépendantes, le modèle républicain parlementaire, ont perdu toute actualité à la fin du XXe siècle. Quant à la défense de la République et de ses principes, à la laïcité, à la solidarité comme base du pacte social, au réformisme social graduel, ils ont cessé d'être la propriété des radicaux (et même de la gauche), pour entrer dans le patrimoine indivis des grands partis de gouvernement républicains.

Références bibliographiques

Baal Gérard (1991), *Le Parti radical de 1901 à 1914*, université de Paris-I, thèse d'État inédite.

— (1994), *Histoire du radicalisme*, La Découverte, Paris.

Barral Pierre (1968), *Les Fondateurs de la IIIe République*, Armand Colin, Paris.

Becker Jean-Jacques et Berstein Serge (1990), *Victoire et frustrations 1914-1929*, Seuil, Paris.

Berstein Serge (1980-1982), *Histoire du Parti radical*, 2 vol., Presses de Sciences-Po, Paris.

— (1985), *Édouard Herriot ou la République en personne*, Presses de Sciences-Po, Paris.

— (1988), « L'enracinement de la République au sein des classes moyennes au début du XXe siècle », *in* Paul Isoart et Christian Bidegaray, *Des républiques françaises*, Economica, Paris.

Berstein Serge et Rudelle Odile (1992), *Le Modèle républicain*, PUF, Paris.

Berstein Serge et Winock Michel (2002), *L'Invention de la démocratie*, Seuil, Paris.

— (2004), *La République recommencée*, Seuil, Paris.

Calman Alvin (1921), *Ledru-Rollin après 1848 et les proscrits français en Belgique*, Rieder, Paris.

— (1922), *Ledru-Rollin and the Second French Republic*, Columbia University, New York.

Fogacci Frédéric (2004), « Depuis 1972, les radicaux de gauche » *in* Serge Berstein et Marcel Ruby, *Un siècle de radicalisme*, Presses du Septentrion, Lille.

Garrigues Jean (1991), *Le Général Boulanger*, Perrin, Paris.

Grévy Jérôme (1998), *La République des opportunistes 1870-1885*, Perrin, Paris.

Huard Raymond (2004), « Les débuts du radicalisme : un idéal de vraie République à l'épreuve de la vie politique » *in* Serge Berstein et Marcel Ruby, *Un siècle de radicalisme*, Presses du Septentrion, Lille.

Kayser Jacques (1961), *Les Grandes Batailles du radicalisme 1820-1901*, Marcel Rivière, Paris.

Le Béguec Gilles et Duhamel Éric (1993), *La Reconstruction du parti radical 1944-1948*, L'Harmattan, Paris.

Mitard Stanislas (1952), *Les Origines du radicalisme démocratique : l'affaire Ledru-Rollin*, Marcel Rivière, Paris.

Pilbeam Pamela M. (1995), *Republicanism in the Nineteenth Century France 1814-1871*, St Martin's Press, New-York.

Rebérioux Madeleine (1975), *La République radicale ?*, Seuil, Paris.

Sanson Rosemonde (2003), *L'Alliance républicaine démocratique. Une formation de centre (1901-1920)*, Presses universitaires de Rennes, Rennes.

Tarr Francis de (1961), *The French Radical Party from Herriot to Mendès France*, Oxford University Press, Oxford.

36

Les socialistes

Frédéric Sawicki

Alexandre Millerand, Édouard Vaillant, Jules Guesde, Jean Jaurès, Gustave Hervé, Léon Blum, Marcel Déat, Paul Faure, Marceau Pivert, Jean Zyromski, Guy Mollet, Alain Savary, Pierre Mauroy, François Mitterrand, Michel Rocard, Jacques Delors, Jean-Pierre Chevènement, Lionel Jospin… ces figures de la vie politique française du XXe siècle ont en commun d'avoir été, à un moment ou un autre, des porte-parole ou des emblèmes du socialisme français. Rares sont ceux qui n'ont connu que le parti socialiste (SFIO ou PS) ; certains l'ont rejoint après un engagement plus modéré, d'autres ont suivi un chemin inverse ; quelques-uns ont fini par l'abandonner pour d'autres rivages politiques… Ce panthéon, certes sélectif, fait immédiatement percevoir la difficulté de brosser en un minimum de traits un portrait d'ensemble des socialistes français, d'autant que la diversité des trajectoires sociales et politiques des personnages qui le composent se retrouve au niveau des dirigeants et des élus locaux et, dans une moindre mesure, des militants.

Notre sélection fait cependant apparaître en négatif une image moins kaléidoscopique. En effet, aucun de nos « grands hommes » (et sans doute faudrait-il parler ici de « grands mâles ») n'est ouvrier ; la plupart appartiennent aux professions intellectuelles, celles exigeant un niveau de diplôme supérieur : hauts fonctionnaires, professeurs, professions libérales, journalistes. Les cadres intermédiaires du parti offrent une image plus nuancée. Cependant, là aussi, les ouvriers sont, dès l'entre-deux-guerres, une espèce en voie de raréfaction, tandis que montent en puissance les instituteurs et les professeurs, les employés administratifs, les avocats et les commerçants. La population des députés socialistes élus entre 1924 et 1936 donne un assez bon aperçu de ce que sont alors les représentants du parti. Seuls 17 % sont ouvriers ou artisans (contre 36 % parmi ceux élus entre 1905 et 1914), 5 % agriculteurs, 13 % sont employés ou cadres subalternes, 20 % enseignants, 8 % commerçants, 7 % cadres supérieurs ou hauts fonctionnaires, 26 % appartiennent aux professions libérales (dont

17 % d'avocats) [Wahl, 1979]. Cette répartition n'est certes pas conforme à celle des militants et encore moins à celle des électeurs de l'époque, nettement plus populaire, mais elle témoigne parfaitement du caractère socialement composite du socialisme français et de la place marginale qu'occupent les militants ouvriers au sein de ses instances dirigeantes à partir des années 1920.

Cinquante ans plus tard, la situation s'est aggravée. Les ouvriers, de même que les employés, ont quasiment disparu des bancs socialistes de l'Assemblée nationale. Sur les 273 députés de la « vague rose » de 1981, record historique absolu, ces deux catégories ne représentent en effet que 3,6 %, tandis que 71 % relèvent des catégories socioprofessionnelles supérieures : 7,8 % sont industriels ou gros commerçants, 9,6 % professions libérales, 6,3 % exercent une profession intellectuelle, 17 % sont fonctionnaires de catégorie A auxquels il convient d'ajouter 12,9 % d'enseignants du supérieur et 17,3 % de professeurs du secondaire [Collovald, 1985]. Quant aux militants, leur sociologie semble désormais beaucoup plus proche de celle de leurs leaders, à l'exception de quelques rares fédérations ou sections qui ont conservé un ancrage plébéien. En 1985, une enquête estime à 20 % le pourcentage d'ouvriers et d'employés parmi eux, un chiffre qui tombe à 16 % en 1998 (dont seulement 5 % d'ouvriers) [Rey, Subileau, 1991 ; Subileau *et al.*, 1999].

La diversité des voies d'accès (et de sortie) au (du) parti socialiste et des manières d'être et de concevoir le socialisme ne saurait donc masquer la faible présence structurelle de cadres et de militants issus du monde ouvrier. Certes, les socialistes ne se résument pas à leur position sociale. Au demeurant, une proportion non négligeable, entre un cinquième et un tiers selon les périodes, ont des origines ouvrières et plus encore populaires, ce qui suffit à les distinguer des militants ou élus de droite ou du centre [Bacot, 1979 ; Gaxie, 1980]. Selon les cas et les époques, l'éducation laïque et républicaine, si caractéristique d'une fraction des bourgeoisies juive et protestante, l'expérience traumatique de la guerre ou de ses effets, le passage par certaines organisations de jeunesse ou par certaines filières d'enseignement (l'École normale supérieure au début du siècle [Charle, 1994], les écoles normales d'instituteurs des années 1920 aux années 1960), ont pu conduire au socialisme sur la base d'un engagement en faveur de la laïcité, du pacifisme, des droits de l'homme, de l'anticolonialisme… Il n'en reste pas moins que l'organisation, les discours et les pratiques du ou des partis qui ont prétendu représenter le socialisme démocratique en France (la Section française de l'Internationale ouvrière [SFIO] puis le PS, mais aussi le Parti socialiste de France [PSF] créé après le départ des néosocialistes en 1933 ou le Parti socialiste autonome [PSA] puis le Parti socialiste unifié [PSU] au début des années 1960) se ressentent considérablement de leur incapacité à promouvoir des élites populaires. Ce que l'on peut appeler la « mauvaise conscience de classe » du socialisme français, entretenue longtemps par les attaques du parti communiste, explique sans doute en partie, qu'à la différence de la plupart des leaders des partis sociaux-démocrates européens, ses porte-parole ont été contraints en permanence à un grand écart entre des discours de rupture imbibés de référents marxistes et des pratiques de compromis, tant au niveau de l'État central que des collectivités locales [Bergounioux, Grunberg, 1992].

Cette marginalisation des ouvriers et la surreprésentation corrélative des professions intellectuelles est le fruit d'un processus complexe. Deux ensembles de phénomènes, eux-mêmes en relation, ont joué un rôle déterminant : d'une part, la prégnance du combat en faveur de la République contre les élites monarchistes et bonapartistes et contre l'Église, d'autre part, la lenteur de l'industrialisation. L'introduction précoce du suffrage universel et l'instabilité du régime ont largement contribué à faire de la question républicaine le clivage politique majeur au sein de la société française, bien avant que ne se forment les premiers partis organisés. Pas un canton ou une circonscription qui ne fût traversé, au cours de la seconde moitié du XIXe siècle, par la rivalité entre les « blancs » et les « bleus » alliés souvent (mais pas toujours) aux « rouges ». Au tournant du siècle, l'affaire Dreyfus puis les conflits engendrés par la loi sur la séparation des Églises et de l'État en ont constitué le point d'orgue. Dans ces conditions, la « question sociale » a tardé à devenir l'axe central autour duquel s'est structuré le champ politique. Le caractère tardif de l'industrialisation, ou du moins son aspect éclaté, n'a de ce point de vue rien arrangé. Sauf dans certaines zones de grande industrie, les ouvriers étaient insuffisamment nombreux et solidaires et trop dispersés pour faire élire leurs candidats sur la base d'un programme de classe.

Le mouvement ouvrier français a de ce fait longtemps été divisé sur l'attitude à adopter à l'égard des élections et du régime, surtout après la répression de la Commune de Paris. Beaucoup de syndicalistes de métiers traditionnels ont ainsi rejeté la participation électorale au profit de l'action « économique » privilégiant longtemps la coopérative puis la grève générale [Moss, 1985 ; Julliard, 1988] plutôt que le bulletin de vote et la réforme législative. Les guesdistes, surtout implantés dans l'industrie textile du Nord de la France, assez puissants pour ne pas dépendre des radicaux, étaient sans doute les seuls à pouvoir se permettre de prôner un usage propagandiste des élections et de l'arène parlementaire [Willard, 1965]. Ailleurs, des socialistes indépendants, soutenus parfois par des syndicats corporatifs comme dans certaines régions minières [Trempé, 1971] ou villes portuaires [Quellien, 1984], jouaient pleinement le jeu électoral et s'alliaient généralement avec des républicains de gauche sur la base de programmes « réformistes » et anticléricaux. La plupart étaient élus dans des zones déchristianisées et de tradition républicaine avec les suffrages d'une partie de la petite bourgeoisie et de la paysannerie.

Cette situation a contribué à entretenir au sein d'une partie du monde ouvrier une hostilité à l'égard de la République, mais aussi vis-à-vis des élus et candidats socialistes dont beaucoup avaient en outre le grave défaut de ne pas être extraits du peuple. Jaurès, professeur issu de la bourgeoisie provinciale, comme Guesde, journaliste sans racines ouvrières — sans parler de l'avocat Millerand ou d'Aristide Briand — n'inspiraient guère confiance. Ces

« bourgeois » venus au socialisme par une démarche de l'esprit, intellectuelle et morale, étaient suspectés d'opportunisme. Cette réaction de méfiance et d'hostilité était à la fois sociale et politique. Quelles que soient les positions idéologiques affichées par les leaders politiques socialistes, plus ou moins républicaines ou collectivistes, ils se voyaient contester le droit de parler au nom de la classe ouvrière. La charte adoptée au congrès de la CGT d'Amiens de 1906 symbolise cette rupture entre une partie du mouvement ouvrier et les dirigeants de la SFIO, même si elle s'explique aussi par des considérations conjoncturelles (déception à l'égard de la politique du Bloc des gauches) et tactiques (volonté des syndicats de métier d'éviter la prise de contrôle de la CGT par des syndicats d'industrie d'obédience guesdiste). Le syndicaliste Pierre Monatte a bien résumé l'enjeu du congrès dans le compte rendu qu'il en a publié : « La classe ouvrière, devenue majeure, entend enfin se suffire à elle-même et ne plus se reposer sur personne du soin de sa propre émancipation » [Monatte, 1976, p. 59]. Ce clivage va être à l'origine d'une partition organisationnelle entre syndicat et parti qui va peser lourd sur le socialisme français. Comme le rappelle Annie Kriegel, « avant 1914, syndicalisme et socialisme français, loin d'être en effet les deux branches spécialisées mais convergentes d'un mouvement unique, sont alors deux totalités s'opposant et s'excluant, deux partis qui s'enracinent dans un terreau doctrinal différent, qui élaborent et mettent en œuvre des stratégies et des tactiques radicalement antagonistes, même s'il advient que sur certains points et dans certaines circonstances — rares — les deux concurrents esquissent un rapprochement temporaire et limité » [Kriegel, 1968, p. 16].

Nous rappellerons dans un premier temps que le résultat de cette rivalité a été d'empêcher la constitution d'un parti fort et discipliné. Par la suite, l'apparition du parti communiste, au lieu d'encourager le parti socialiste à développer des pratiques de sélection du personnel ouvrier et à renforcer ses liens avec la CGT, va plutôt avoir l'effet inverse. Devenu progressivement un parti dominé par un personnel politique issu des classes moyennes et notabilisé, il a été le théâtre d'un curieux mélange entre soucis de préservation du capital électoral et grands débats doctrinaux, au détriment de l'action et du travail de formation militants. La place du militantisme y a souvent été valorisée dans les discours mais peu encouragée en pratique faute de ressources suffisantes, à de rares exceptions près : au cours des années 1930, dans l'immédiat après guerre, dans les années 1970. L'incapacité du PS, à partir des années 1980, à attirer les « déçus du communisme », aussi bien que les militants des « nouveaux mouvements sociaux » (féminisme, écologie, régionalisme, luttes urbaines, altermondialisme...) et des associations de solidarité, la place considérable prise en son sein par les enjeux liés au contrôle des postes, apparaît dans ces conditions comme l'ultime avatar d'un processus de longue durée.

Si, comme on le verra dans un second temps, le militantisme socialiste existe néanmoins bel et bien, il a toujours été le fait de groupes restreints, parmi lesquels les enseignants ont joué un rôle clé, qu'il s'agisse des professeurs de lycée au début du siècle, des instituteurs entre les années 1930 et 1950 ou des professeurs de l'enseignement secondaire à partir des années 1960. Ce militantisme a toujours été pluriel, concurremment associatif, syndical, coopératif, et partisan. À la différence du parti communiste ou de beaucoup de partis sociaux-démocrates, la pluri-appartenance qui en découle n'a jamais reposé sur une intégration des différentes organisations qui, peu ou prou, se reconnaissaient dans les mêmes valeurs : laïcité, émancipation ouvrière, justice sociale, humanisme, défense de l'État providence... Autrement dit, le parti socialiste n'a été qu'une des composantes parmi d'autres du milieu socialiste français [Sawicki, 1997]. À certains moments, des partis dissidents — on les a mentionnés — ont même pu lui contester sa prétention à en monopoliser la représentation politique. Faute de place et compte tenu de la relative brièveté de leur existence, nous les laisserons de côté, en remarquant simplement que leur émergence a correspondu à des oppositions qui ont affecté l'ensemble du milieu partisan. Ce dernier apparaît au final comme une nébuleuse dont les planètes sont largement autonomes, même si elles interagissent les unes avec les autres. Selon les époques mais aussi selon les régions, la Libre Pensée, le Grand Orient de France (GODF), certaines revues, la Ligue des droits de l'homme (LDH), le mouvement coopératif, la CGT puis la CGT-FO, la FEN et les autres associations laïques (amicales laïques, associations de parents d'élèves de la FCPE...), la CFDT, certaines associations d'éducation populaire ont ainsi joué un rôle crucial dans la diffusion des idées socialistes et comme viviers d'adhérents, sans que la plupart du temps leurs stratégies n'aient été coordonnées. L'investissement dans le parti, la candidature à une élection, ne se sont jamais non plus imposés comme points de passage obligés pour les dirigeants de ces organisations. Il est significatif à cet égard qu'en dehors d'André Henry, ex-secrétaire national de la FEN devenu ministre du Temps libre en 1981 et de Jacques Chérèque, ancien secrétaire de la Fédération de la métallurgie de la CFDT, devenu ministre délégué à l'Aménagement du territoire en 1988, aucun dirigeant syndical d'envergure ne soit devenu ministre ou responsable de premier plan du PS au cours de ces vingt dernières années. En bref, le parti socialiste est d'abord un parti d'élus au sein duquel le militantisme et les militants ont toujours eu un statut incertain.

L'angle adopté ici repose sur le postulat que l'on ne peut comprendre les socialistes français, les rapports qu'ils entretiennent avec le parti qui prétend les représenter, leurs pratiques et leurs valeurs, sans préciser les spécificités structurelles et institutionnelles de ce dernier, c'est-à-dire sa hiérarchie interne, les règles et les normes écrites et coutumières qui le régissent et les relations qu'il entretient avec son « milieu ». Ces règles et ces relations ne sont pas les mêmes partout [Sawicki, 1997 ; Sadoun, 1988]. La centralité du parti, son degré d'organisation sont grands dans le Nord, le Pas-de-Calais, l'Aube, la Saône-et-Loire, en région parisienne et dans quelques villes extérieures à ces zones, telle Limoges ou Montluçon par exemple. Dans les fédérations du sud de la Loire, l'influence du parti passe essentiellement par les élus et leurs réseaux d'affidés et les organisations extra-partisanes (coopératives et syndicats agricoles, franc-maçonnerie notamment). En dehors des bastions électoraux, les noyaux militants qui assurent un minimum de présence politique sont souvent l'émanation du monde enseignant et des syndicats de fonctionnaires. À partir des années 1970, le ralliement à la gauche d'une partie des catholiques permet au PS de s'implanter dans des régions jusque-là réfractaires (Bretagne, Pays-de-Loire, Alsace, Lorraine), non sans conflit avec le noyau laïque traditionnel. Cette diversité des formes partisanes n'est pas seulement la marque indélébile des configurations sociales singulières dans lesquelles s'est déployée l'activité des socialistes. Elle est aussi le symptôme de l'incapacité du parti à imposer des formes organisationnelles standardisées et souvent des consignes électorales identiques à travers le territoire. Cette souplesse a une conséquence directe sur le type de personnel politique que le parti attire.

Ainsi que l'ont déjà souligné de nombreux analystes [Portelli, 1980 ; Bergounioux, Grunberg, 1992 ; Winock, 1999], les conditions de la genèse du parti socialiste sont déterminantes pour comprendre les formes de militantisme et le type de personnel politique qu'il va promouvoir. Cette phase génétique est relativement longue, car, d'une certaine façon, le parti socialiste naît deux fois : en avril 1905, salle du Globe à Paris d'abord ; en décembre 1920, au moment du congrès de Tours, après la rupture avec les partisans largement majoritaires du ralliement à la IIIe Internationale ensuite. La manière dont s'est structurée la SFIO — entre 1905 et 1914, par agglomération de partis et de tendances et en opposition avec la CGT, puis dans les années 1920 en s'appuyant sur son réseau de parlementaires et d'élus locaux [Judt, 1976] — a produit une organisation et des règles de fonctionnement — écrites et surtout non écrites — qui ont pesé lourd sur l'avenir du parti. Bien sûr, les changements politiques et sociaux (la crise des années 1930, la montée du péril fasciste, l'Occupation, la Résistance puis l'épuration, l'industrialisation accélérée de la France, la décolonisation, les mutations du monde catholique, la montée puis le lent déclin du parti communiste...) ont eu de lourdes conséquences. Ils ont contribué au renouvellement des « générations » et à la redéfinition de l'espace d'influence du parti socialiste. À bien des égards cependant, ils n'ont pas bouleversé les propriétés de l'institution partisane qui peuvent être ainsi résumées : un degré de centralisation et de discipline limité, une absence de moyens efficaces de propagande, une forte autonomie laissée aux élus, une faible coordination avec les organisations et les réseaux composant le milieu socialiste.

Un parti faiblement centralisé

Comparée à beaucoup d'autres pays d'Europe occidentale, l'unification des courants et des organisations qui se réclament du socialisme a été en France difficile, tardive et partielle [Lefranc, 1977 ; Rebérioux, 1997]. Constituée parallèlement à la CGT, la SFIO est l'agrégat de partis inégalement bureaucratisés et implantés sur le territoire national, de fédérations départementales ou régionales et d'élus souvent « indépendants », dont beaucoup entretiendront d'ailleurs longtemps un rapport très distendu avec elle [Rémy, 2001]. La défense de l'autonomie des échelons locaux apparaît à l'origine comme un moyen sûr pour chacune de ces composantes de conserver son influence au sein du nouveau parti. Les statuts entérinent cette situation. Les sections et les fédérations s'y voient reconnaître un rôle déterminant dans la définition de la politique du parti, lors de congrès qui se succèdent à un rythme annuel. En pratique, les grosses fédérations se taillent la part du lion au niveau du conseil national chargé de l'administration du parti et ont un rôle prépondérant dans la désignation des membres de la bien nommée commission administrative permanente (CAP). Les délégués de ces fédérations se sont employés à limiter les velléités de renforcement de l'appareil central, notamment en acceptant que seule une part minoritaire des cotisations soit reversée à la direction nationale. Privée déjà des ressources qu'apporteraient des liens avec des syndicats, des coopératives et des mutuelles puissantes par le biais d'adhésions collectives, la direction nationale se voit empêchée de se doter d'un appareil centralisé puissant reposant sur de nombreux permanents. Ainsi, avant 1914, on ne compte que quatre délégués à la propagande chargés de prêcher la bonne parole socialiste à travers tout le pays et quatre permanents responsables de la propagande nationale et des relations avec le groupe parlementaire, alors qu'à la même époque, le SPD (Sozialdemokratische Partei Deutschlands) emploie 3 000 fonctionnaires, soit un pour 250 adhérents ! [Duverger, 1976, p. 228]. Il n'est pas étonnant dans ces conditions que « l'histoire de la propagande socialiste obéi[sse] à une logique constante de pénurie » [Candar, Prochasson, 1992].

Organisée statutairement comme une bureaucratie, la SFIO n'en a que l'apparence. Dès lors, l'exclusion des parlementaires des organes dirigeants ne fait qu'affaiblir un peu plus la direction. Faute de moyens pour exercer son autorité, celle-ci se voit supplanter par les leaders du groupe parlementaire, au premier rang desquels Jaurès avant 1914 et Blum dans l'entre-deux-guerres. Comme le note l'historien allemand Gilbert Ziebura : « La souplesse et la légèreté relatives de cette organisation devaient aboutir, sur un point donné, exactement au contraire du résultat recherché : le rôle des parlementaires gagna en importance alors que le statut avait voulu le limiter étroitement. Il y avait là un cercle vicieux dont le parti ne s'était pas encore dégagé lors de la Deuxième Guerre mondiale » [Ziebura, 1967, p. 172]. Cette organisation si particulière a constitué une force si l'on en juge par les succès électoraux obtenus par les candidats socialistes. L'impossibilité pour la direction d'imposer des consignes claires en matière d'alliance, de retrait ou de maintien des candidats lors des élections, a permis aux sections locales d'ajuster leurs stratégies aux circonstances locales. De même, l'articulation entre syndicat et parti, bien que proscrite au niveau national, n'a nullement empêché que chaque fédération et chaque section établissent, là où c'était possible, d'étroites relations avec les syndicats. L'absence de contrôle des instances centrales sur les instances périphériques du parti a toutefois empêché la SFIO de mettre en place une politique systématique de formation et de promotion des militants ouvriers. Les quelques tentatives de créer une école de parti ont échoué ou sont restées confinées au milieu intellectuel parisien : « Les intellectuels socialistes ne se sont pas mis au service du parti » [Prochasson, 1993, p. 66] et le parti socialiste n'est pas parvenu à combler cette lacune en formant en nombre ses propres intellectuels, comme le fera plus tard le parti communiste au moyen de ses écoles et de ses revues.

En l'absence d'écoles de formation dignes de ce nom [Clouet, 1993], les sections en sont réduites à promouvoir les candidats disposant de savoir-faire et savoir-être conformes aux règles du jeu électoral. La disqualification de l'ouvrier-cabaretier Henri Carette à Roubaix fournit une belle illustration de ce processus. Élu maire de Roubaix en 1892, Carette est contraint de démissionner en 1902 après une longue campagne orchestrée par le patronat local stigmatisant l'alcoolisme, la désinvolture et l'incompétence de l'équipe municipale. Cet échec conduit la SFIO locale à promouvoir Jean Lebas, « employé modèle », comptable et travailleur acharné au profil rigoriste. Lebas reconquiert la mairie en 1912 en mettant en avant son aptitude « gestionnaire » et en retournant les arguments utilisés jusqu'ici par le patronat à l'encontre de celui-ci. Il conservera le poste de maire jusqu'en 1940, tout en cumulant les mandats de député et de conseiller général (il sera même un temps président du conseil général du Nord), ainsi que les responsabilités de secrétaire fédéral, délégué à la propagande puis trésorier de la SFIO et enfin ministre du Front populaire [Lefebvre, 2001a]. Dans ce fief guesdiste, en dépit des liens très forts qui soudent le monde ouvrier et le parti *via* les syndicats du textile et les coopératives, on voit ainsi émerger un nouveau personnel politique plutôt issu du monde des cols blancs. On voit aussi se mettre en place un système de domination politique fondé sur l'omniprésence et l'omnipotence du maire, lequel se renforcera à mesure que se mettront en place de nouvelles politiques dans le domaine du logement et des équipements publics. Selon Rémi Lefebvre, après 1945, ce système connaît son apothéose : « Le [nouveau] maire, Victor Provo, premier secrétaire de la section, dirige les 22 groupes socialistes de quartier de son bureau avec le secrétaire administratif de la section et la municipalité prend en charge les réseaux déclinants de la sociabilité parapartisane » [Lefebvre, 2001b, p. 138]. Un cinquième des adhérents sont alors des employés municipaux et le syndicat FO des communaux devient un rouage essentiel de l'influence socialiste.

À mesure de ses succès électoraux, le parti socialiste est devenu de plus en plus dépendant de ses élus. Déjà à la tête de 297 communes en 1912, les socialistes en contrôlent 532 en 1925, 840 en 1929 et 1 375 en 1935, dont, de façon relativement continue : Limoges, Brest, Lille, Toulouse, Nîmes avant 1914, puis Grenoble, Strasbourg, Mulhouse, et Amiens après 1918. Le cumul des mandats y est largement toléré et se généralise [Morin, 2001 ; Marrel, 2001]. Il apparaît comme le meilleur moyen de propager les idées socialistes et d'ancrer électoralement le parti. Dans beaucoup de municipalités, les sections locales tombent ainsi de plus en plus sous la coupe d'élus qui, bien qu'anciens militants, se notabilisent. L'adhésion alimentaire ou de reconnaissance se répand [Nevers, 1983]. Elle sera un trait durable du parti socialiste, aussi bien au Sud qu'au Nord, comme l'indique l'effondrement des effectifs qui suit généralement la perte d'une mairie. Assez logiquement, les élus s'efforcent de contrôler le recrutement des adhérents afin d'éviter que les sections ne limitent leur pouvoir ou ne remettent en cause leur investiture. La pratique du parrainage en est l'instrument le plus efficace. Elle est attestée dans de nombreuses fédérations dès avant 1914, comme dans le Puy-de-Dôme par exemple [Rousseau, 1991, p. 256]. Il est peu étonnant dans ces conditions que le nombre des adhérents ait eu tendance à croître beaucoup moins vite que celui des électeurs et qu'il ait été géographiquement très concentré. En 1914, la SFIO compte ainsi 93 000 membres pour 1,4 million d'électeurs, dont la moitié se situent dans le Nord, la Seine, le Pas-de-Calais, le Gard, les Bouches-du-Rhône, la Gironde, l'Hérault, la Haute-Vienne et l'Aude. « De nombreuses fédérations à cotisants moyennement nombreux et peu fidèles », remarque Madeleine Rebérioux, obtiennent de bons résultats électoraux. « On vote pour le parti plus facilement qu'on y cotise dans la mesure où l'appel à y cotiser est essentiellement présenté comme un moyen de renforcer l'électorat » [Rebérioux, 1997, p. 213]. La municipalisation du parti manifeste — tout autant qu'elle contribue à — la prévalence au sein de la SFIO des ressources électorales sur les ressources militantes. Elle aura son pendant en milieu rural à partir de l'entre-deux-guerres autour des conseils généraux comme l'a bien montré Jacques Girault à propos du Var [Girault, 1995]. Qu'avait donc à proposer la SFIO à des militants ouvriers ? Pas grand-chose sans doute, sauf là où les sections fonctionnaient sur le mode de l'entre-soi et constituaient des lieux de sociabilité qui s'inscrivaient dans le prolongement de relations de camaraderie constituées à l'usine, dans le quartier et dans les associations ou la coopérative. Faut-il dès lors s'étonner que les ouvriers les plus politisés ne s'y soient pas précipités en masse et aient préféré militer dans les syndicats ou les coopératives ou… au parti communiste ?

De fait, l'hémorragie militante qui a suivi la scission de Tours n'a fait que renforcer les tendances que l'on vient de résumer à grands traits. La SFIO, exsangue, s'est reconstruite grâce aux élus (parlementaires, conseillers généraux, maires) restés très majoritairement fidèles à la « vieille maison » [Judt, 1976]. Coincée entre le parti communiste et les radicaux, privée d'espace politique, la question des alliances électorales et de la participation au gouvernement a alimenté plus que jamais les débats internes, jusqu'à provoquer une scission en 1933. La création d'un parti rival, ajoutée à la concurrence de plus en plus pressante exercée par le parti communiste ont provoqué un choc qui a obligé les dirigeants socialistes à développer de façon systématique le militantisme. Le départ de certains notables a ouvert la voie à de nouveaux leaders critiquant non seulement la trop grande mollesse idéologique du parti, mais aussi son manque de combativité militante. Membres ou proches de l'aile gauche du parti incarnée alors par Marceau Pivert et Jean Zyromski à la tête du courant Bataille socialiste et soutenus un temps par le secrétaire général Paul Faure, ils poussent à une révision des pratiques. Ils apparaissent, selon Éric Nadaud, « très différents du style traditionnel. Beaucoup d'entre eux se singularisent par leur aspect physique. Jeunes, glabres, ils ne portent plus les attributs classiques du militant guesdiste : la moustache, la barbe, la lavallière et le chapeau de feutre à larges bords. [...] Ils sont beaucoup plus volontaristes et impatients. Ils s'épanouissent davantage dans l'action que dans l'enseignement de la doctrine » [Nadaud, 1990, p. 9].

Instituteurs ou fonctionnaires, marqués directement ou indirectement par la Grande Guerre, ils sont motivés autant par le combat pacifiste réactivé par la montée du fascisme que par le combat social. Ils introduisent au sein de la SFIO les nouvelles techniques de propagande popularisées par le socialiste émigré russe Serge Tchakhotine, auteur du *Viol des foules par la propagande politique* (1939). La création des Faucons rouges qui visent à accueillir des enfants et des jeunes adolescents et la relance des Jeunesses socialistes (JS) sous une forme martiale (imposition d'un uniforme, chemise bleue et cravate rouge, recours aux chants et aux défilés...) leur doivent beaucoup, de même que la systématisation du poing levé et du logo (les trois flèches représentant le parti, le syndicat, la coopérative) ou du recours à des slogans (« Pain, paix, liberté », « Vive l'office du blé », « À bas la guerre ») que l'on prend l'habitude d'inscrire sur des banderoles et des panneaux au cours des meetings ou des manifestations organisées par le parti. L'organisation de fêtes et de bals à l'occasion de diverses commémorations se répand également, de même que la projection de films. Ce regain d'activisme concerne la région parisienne et, en province, autant les régions rurales qu'ouvrières. Dans les campagnes rouges du sud de la Loire, ces nouvelles pratiques semblent avoir eu un certain impact en ouvrant de nouveaux espaces de sociabilité à la jeunesse [Lynch, 2002]. Mais elles se heurtent aussi bien à la conception pédagogique et rationaliste du recrutement militant des dirigeants guesdistes (« le parti a besoin d'hommes sûrs et non pas de surhommes » se plaisait à répéter l'helléniste Bracke-Desrousseaux) partagée finalement par la majorité des enseignants socialistes (voir *infra*), qu'à la résistance des élus attachés à un socialisme moins démonstratif. C'est en conséquence sans doute moins ce nouveau style de militantisme que l'enthousiasme et l'espoir suscités par la victoire du Front populaire qui provoquent l'afflux sans précédent d'adhérents nouveaux à la SFIO qui, de 120 000 adhérents en 1935, passe à 200 000 en 1936, puis plus de 250 000 en 1937 et 1938 ; tandis que dans le même temps les JS passent de 16 328 à 40 000 membres [Lefranc, 1977].

Cette augmentation spectaculaire ne doit cependant pas cacher l'incapacité des socialistes à (re)prendre pied dans les régions de grande industrie et notamment en banlieue parisienne. La présence ancienne des communistes dans les entreprises, et aussi dans les comités locaux contre la vie chère ou le logement insalubre leur permet d'y damer de plus en plus souvent le pion aux socialistes.

La création tardive des amicales socialistes d'entreprise en 1936 apparaît dans ces conditions comme une tentative quelque peu désespérée de contrer l'influence grandissante des communistes, qui profitent à plein de la réunification de la CGT [Rioux, 1979 ; Hainsworth, 1976]. Le développement de la SFIO se concentre alors principalement dans des régions dont la structure sociale se caractérise « par un mélange d'agriculture et de petite ou moyenne industrie disséminée, avec prédominance, toutefois, de l'élément paysan : dans le Midi et le Sud-Ouest (Drôme, Var, Hérault, Tarn, Haute-Garonne, Aude, Pyrénées-Orientales), de la Bourgogne à l'Auvergne (Saône-et-Loire, Côtes-d'Or, Jura, Nièvre, Allier), dans le Centre (Haute-Vienne), dans l'Ouest (Gironde, Charente-Inférieure) » [Ziebura, 1967, p. 191]. L'entre-deux-guerres est donc marqué par une substitution de la SFIO au radicalisme au sud de la Loire et par un remplacement subreptice de celle-ci par le parti communiste au nord. Pour l'essentiel, cette carte de l'implantation socialiste ne bougera pas jusqu'au début des années 1970.

La volonté de refonder un parti de militants tourné vers les luttes sociales et de corriger les défauts de l'organisation socialiste en rétablissant l'autorité du parti qui s'est exprimé à la Libération a débouché sur une impasse. Les velléités de réforme se sont heurtées aux exigences de la survie électorale et au poids des habitudes. Malgré la purge effectuée en son sein, les élites qui dirigent la SFIO ne sont pas porteuses d'une nouvelle culture politique. Elles ont pour l'essentiel rejoint l'organisation au cours des années 1930, à l'image de Guy Mollet [Sadoun, 1982 ; Ménager *et al.*, 1987]. Bousculées par le parti communiste, perturbées par la guerre froide, surprises par la décolonisation, elles vont se tourner vers des alliances au centre qui brouilleront l'image de la SFIO et lui feront perdre de plus en plus d'audience tant chez les ouvriers que chez les intellectuels. Le communisme et le mendésisme — version renouvelée du planisme d'avant-guerre — deviennent alors les deux principaux pôles de référence de la gauche française. Dans ces années de traversée du désert et de « léthargie militante » [Mériaudeau, 2001, p. 77], les mairies et les conseils généraux ont constitué plus que jamais les principales ressources du parti socialiste. Ainsi, durant les années 1960, alors que la SFIO rassemblait 15 % des suffrages, ses représentants présidaient 25 % des conseils généraux [Morin, 2000 et 2001]. En 1968, la moitié des 80 000 adhérents revendiqués (concentrés pour près de 40 % dans le Pas-de-Calais, le Nord et les Bouches-du-Rhône) possèdent un mandat de conseiller municipal. Cet ancrage institutionnel explique que, malgré le discrédit du parti, le succès d'estime que rencontrent le PSU et les nombreux clubs qui prolifèrent dans l'orbite « réformatrice » (club Jean-Moulin, Convention des institutions républicaines, Citoyens 60, Horizon 80...) n'a pas conduit à la disparition pure et simple de la SFIO. Les effectifs cumulés des clubs n'ont probablement jamais dépassé les 20 000 membres [Mossuz, 1970]. C'est donc logiquement à partir de la structure organisationnelle de la SFIO, et aussi de son héritage idéologique (le socialisme républicain jauressien, le marxisme tempéré blumiste, la laïcité...), que s'opère la renaissance du socialisme français. L'habileté de François Mitterrand sera d'endosser les habits de l'héritier, sans être issu de la famille socialiste.

Le Parti socialiste après 1971 : une mutation avortée

La reconstruction des années 1970 s'inscrit au croisement de transformations socio-économiques (croissance massive de l'enseignement secondaire et développement des professions intermédiaires du secteur public, urbanisation, boom associatif et relance de l'action syndicale) et politiques (épuisement du gaullisme, montée du gauchisme en rupture avec le parti communiste). De façon inattendue et sous la férule de François Mitterrand, qui anticipe plus vite que d'autres l'importance de l'élection présidentielle, le parti socialiste, constitué au congrès d'Épinay en 1971, parvient à incarner une alternative crédible au communisme et à la droite gaulliste puis giscardienne. La concurrence avec le PCF, mais aussi la concurrence interne que stimule l'institutionnalisation des courants sont au principe d'une croissance importante de l'adhésion et du militantisme. La création des sections ou des groupes d'entreprise est un des symboles de ce renouveau militant : 230 sections d'entreprise et 809 groupes socialistes d'entreprises sont ainsi constitués entre 1974 et 1977. Elle témoigne du souci des socialistes d'être présents dans les luttes sociales [Cayrol, 1978]. De manière générale, les socialistes reprennent l'habitude de distribuer des tracts ou de coller des affiches à la porte des usines, tandis que les élus se joignent aux manifestations en défilant derrière leurs propres banderoles. Les adhérents sont fortement incités à investir le tissu syndical et associatif, avec d'autant plus de réussite que beaucoup en sont issus. Les statuts adoptés en 1974 réaffirment avec force l'obligation pour tout socialiste d'être membre d'un des syndicats de sa profession tout en limitant la présence des élus dans les organismes dirigeants. Un nouveau style militant est ainsi mis au goût du jour. On en mesure très bien les effets en Gironde, vieille et puissante fédération socialiste où le nombre des mairies socialistes laisse pourtant présager l'importance du notabilisme et des adhésions « alimentaires » : en 1972, 44 % des adhérents s'y considèrent comme des militants actifs, 57 % disent assister régulièrement aux réunions du parti, 25 % consacrer le plus de temps à l'affichage et à la distribution de tracts… et 45 % aux réunions et contacts individuels ; enfin 40 % prétendent s'investir plus d'une heure par semaine dans les activités syndicales et 75 % dans les activités associatives [Lagroye *et al.*, 1976].

Ce renouveau des pratiques s'accompagne de l'adoption d'un discours polyphonique qui combine rhétorique marxiste et, après les Assises du socialisme de 1974, thématique autogestionnaire. La défense des salariés coexiste avec la défense des droits des femmes et des minorités, l'apologie des nationalisations se combine avec une critique du productivisme capitaliste [Gerstlé, 1979]. La « novlangue » socialiste permet au PS d'élargir son audience et de prendre pied dans des zones de traditionnelle faiblesse de la SFIO, ce qui conduit à un rééquilibrage géographique de son implantation : dans les grandes villes et leurs banlieues nouvelles, dans des régions de tradition catholique et conservatrice, telles que la Bretagne, les Pays-de-Loire ou la Lorraine. Des fédérations jusqu'alors anémiques augmentent considérablement leurs effectifs, tandis que les vieux bastions du Nord-Pas-de-Calais, du Sud-Ouest (Gironde, Landes, Haute-Garonne, Ariège...) et du Sud-Est (Hérault, Aude, Bouches-du-Rhône, Vaucluse, Var...) stagnent et perdent l'influence prépondérante qu'ils avaient au sein de la SFIO. C'est dans la région parisienne (10 % des effectifs du parti) et la région Rhône-Alpes (7 %), cœur de la France en expansion, que l'essor est alors le plus grand [Portelli, 1980, p. 123].

Cette époque de forte effervescence militante semble aujourd'hui bien lointaine. Tout s'est passé comme si la « vague rose » de 1977 puis la victoire de 1981 avaient refermé la parenthèse. Après avoir vitupéré les « notables » et les « compromissions » de la SFIO, les militants d'hier ont endossé les habits du pouvoir et déserté les sections et les commissions du parti. Observant au début des années 1980, le fonctionnement des nouvelles équipes municipales élues en 1977 en Île-de-France, Stéphane Dion constate que « chez les socialistes, la plupart des maires donnent l'impression de correspondre au modèle du notable qui concentre autour de lui ses propres réseaux d'influence et préserve son autonomie par rapport au parti et à ses militants. [...] Les sections locales en particulier se révèlent inaptes à remettre en cause le fonctionnement de ce pouvoir municipal installé. C'est plutôt le maire qui veille à conserver un contrôle sur sa section de façon à empêcher l'émergence de leaders concurrents et à disposer de troupes militantes en période de mobilisation électorale » [Dion, 1986, p. 3]. La conquête du pouvoir gouvernemental pour une durée sans précédent a fortement contribué à dévaloriser le militantisme. Ce n'est plus de militants ou d'idéologues dont le parti a désormais le plus besoin, mais d'experts. En puisant pour l'essentiel dans le vivier de la haute fonction publique pour constituer leur cabinet, le président et les nouveaux ministres objectivent la frontière entre l'État et le parti [Dagnaud, Mehl, 1982 ; Birnbaum, 1985]. Le centre névralgique du pouvoir se déplace du parti vers les ministères et l'Élysée, tout comme localement il s'est déplacé des sections vers les mairies ou les conseils généraux ou régionaux. Un nouveau personnel dirigeant fait petit à petit son apparition, non pas issu du militantisme associatif ou syndical, mais sorti de la haute fonction publique et passé par les cabinets : Martine Aubry, Élisabeth Guigou, Jean-Louis Bianco, François Hollande en sont les figures les plus connues. Localement, les assistants parlementaires et les membres des cabinets d'élus tendent de même à jouer de plus en plus souvent les premiers rôles dans l'animation des sections.

La déception que cause cette évolution se manifeste par une lente hémorragie des adhérents et par leur faible renouvellement, sans que la direction du parti ne réagisse vraiment : alors que le PS était passé de 1971 à 1982, de 80 300 à 213 584 adhérents, il retombe à 177 878 en 1986 avant de descendre après la défaite de 1993 en-dessous de la barre des 100 000 adhérents [Bergounioux, Grunberg, 1992, p. 361]. Entre-temps, les facilités du pouvoir, révélées par l'affaire Urba et l'introduction du financement public des partis, ont rendu secondaires les cotisations qui représentent désormais moins de 20 % du budget global. Le pourcentage de professionnels de la politique parmi les adhérents, c'est-à-dire de personnes vivant en bonne partie de la politique, est difficile à évaluer. Au bas mot, par recoupement de diverses sources, on peut estimer que le PS compte dans ses rangs, à la fin des années 1990, au moins 30 000 élus et 10 000 de leurs collaborateurs, ces deux catégories étant poreuses. De leur côté, les adhérents ont vieilli et beaucoup d'entre eux sont non seulement faiblement investis dans le parti mais dans le monde associatif ou syndical. Un sondage effectué par l'IFOP en 1990 pour le compte du quotidien *Libération* (14 mars 1990) auprès d'un échantillon de 930 adhérents du PS révèle ainsi que 40 % n'appartiennent à aucune association et 52 % à aucun syndicat. La cause de ce phénomène réside à la fois dans l'abandon de tout militantisme extérieur par des adhérents vieillissants et dans le désengagement de nombreux militants syndicaux et associatifs, remplacés par des membres d'un nouveau type. De fait, 44 % des adhérents du PS, d'après cette même enquête, ont adhéré après 1981, ce qui permet d'estimer qu'au moins 40 % des adhérents du parti de 1981 l'ont quitté au cours de la décennie 1980. Dix ans (1971-1981) n'auront pas suffi pour que le PS se dote d'une organisation et d'une culture partisanes de type social-démocrate.

Réseaux et milieu socialistes

Le parti socialiste français défie depuis longtemps les catégories les plus routinisées de l'analyse des partis politiques. Ni parti de masses ni parti de cadres, il apparaît, on vient de le voir, comme un parti qui se veut de masses, mais qui, pour l'essentiel, est un parti d'élus et d'électeurs, même si ce constat doit être modulé en fonction des moments et des lieux. Comparée à d'autres partis sociaux-démocrates ou aux partis communistes, son organisation s'est, on l'a vu, plutôt révélée efficace : en tant qu'institution, le parti socialiste a surmonté bien des passages à vide (les années 1920, les années 1950-1960, la première moitié des années 1990). Il est toujours parvenu à conserver un électorat substantiel au regard de la faiblesse de son tissu militant et de ses instruments de propagande. La raison n'en tient pas seulement à ses élus locaux. La force du socialisme français prend ses racines dans un milieu composite aux frontières floues et mouvantes, constitué de nombreux réseaux (associatifs, syndicaux, familiaux, politico-administratifs, intellectuels, etc.), dont les membres partagent et véhiculent un certain nombre de valeurs communes : laïcité, humanisme, attachement aux droits de l'homme et aux principes de justice sociale, pacifisme, internationalisme, libéralisme culturel. Bien qu'évolutives et inégalement prégnantes selon les périodes et les groupes, ces valeurs sont au principe d'identités concurremment sociales et politiques que le parti a su, plus ou moins, et en concurrence souvent avec d'autres partis de gauche (y compris le PCF), mobiliser en sa faveur sous la forme de vote ou d'adhésion. Isoler l'organisation partisane de ce milieu empêche de comprendre la force du parti socialiste [Sawicki, 1997 ; Girault, 2001].

La spécificité du socialisme français tient en l'absence d'intégration « verticale » de ce milieu et de ces réseaux. L'héritage de la charte d'Amiens n'y est pas pour rien, mais vaut surtout comme formule incantatoire. C'est pour conjurer le contre-modèle bolchevique, que la charte d'Amiens a été constamment sollicitée à partir des années 1920 pour justifier le type de rapport entretenu par le Parti socialiste avec les syndicats de salariés (CGT entre les deux guerres, CGT-FO et FEN après 1948, CFDT dans les années 1970) ou les groupements agricoles. L'indépendance des organisations était d'autant plus louée qu'elle permettait de vilipender le PCF et qu'elle n'entrait pas en contradiction avec les intérêts des élus. La contrepartie, on l'a vu, a été une disparition des militants ouvriers des instances dirigeantes de la SFIO. Dès lors que l'action syndicale a toujours constitué pour les ouvriers la principale voie propédeutique vers l'engagement politique, les efforts déployés par les dirigeants socialistes et par les dirigeants syndicaux pour ne pas mélanger les genres ont rendu cette voie semée d'embûches. On ne saurait pour autant déduire de ce modèle un cloisonnement radical des sphères. Des collusions fortes, d'intensité variable selon les endroits et les périodes, ont existé entre certains groupements ou organisations et le parti socialiste, que l'on peut notamment repérer dans les trajectoires militantes et dans les prises de position.

LE POIDS DE LA NÉBULEUSE LAÏQUE

Parmi ces groupements, il convient d'accorder une place particulière à la « nébuleuse laïque » [Aubert *et al.*, 1985]. Les associations créées pour défendre l'école publique et les amicales puis les syndicats d'enseignants constituent dans la France du début du siècle le soubassement d'un milieu social et d'une culture politique favorable à l'idéal républicain d'égalité et de laïcité, dont les 150 000 instituteurs et institutrices forment le noyau. Ses membres les plus engagés, longtemps proches du parti radical, se sont progressivement rapprochés du socialisme, si bien que le milieu laïque constituera à partir des années 1930 un terreau essentiel pour la SFIO. Instituteurs mais aussi professeurs, petits fonctionnaires et membres des professions libérales investis dans la défense de l'enseignement public y ont progressivement pris le relais des ouvriers syndiqués. Protégés par leur statut, désormais libres de se syndiquer et de se présenter aux élections locales, disposant de savoir-faire administratifs particulièrement utiles en politique, les instituteurs sont devenus les principaux animateurs du parti, dans les villes comme dans les campagnes. Selon des sources internes citées par Jacques Girault, en 1939, les instituteurs auraient été à la tête de 2 500 des 4 000 sections du parti. À l'inverse, parmi les dirigeants du Syndicat national des instituteurs (SNI) qui ont traversé la guerre sans dommage, 68,5 % sont membres ou sympathisants du parti socialiste [Girault, 2000, p. 293 *sq.*]. Les instituteurs sont, avec les professeurs, le socle qui permet à la SFIO de ne pas sombrer corps et biens sous la IVe République. Nombreux parmi les responsables fédéraux, ils le sont un peu moins parmi les élus. Ils représentent toutefois le groupe le plus important à l'Assemblée nationale : sur les 198 députés SFIO de la IVe République, 32 sont instituteurs (16 %), 35 professeurs (17,6 %) et 41 membres des professions libérales (20,7 %) [Dogan, 1961].

Le rapprochement croissant des instituteurs du parti socialiste coïncide avec l'élargissement de leur recrutement social après la Première Guerre mondiale. C'est bien en effet de la méritocratie républicaine d'où sont issus les maîtres d'école socialistes. Sur les 27 secrétaires fédéraux de l'entre-deux-guerres appartenant à cette catégorie recensés dans le *Dictionnaire biographique du mouvement ouvrier* (le « Maitron ») dont on connaît l'origine sociale (sur un total de 39), 6 sont fils de cultivateurs, 4 ont un père artisan (forgeron, horloger, menuisier), 8 sont fils d'ouvrier, 2 d'aubergiste, 3 sont fils d'instituteur et 2 d'employé (l'un comptable, l'autre employé d'octroi). Très majoritairement passés par les écoles normales, bons élèves, les instituteurs socialistes sont imprégnés de culture laïque et républicaine, mais ils sont surtout pacifistes et fortement engagés dans l'action syndicale tant au sein de leur profession qu'aux côtés des ouvriers et des employés. Affiliés à la CGT *via* la Fédération générale des fonctionnaires, ils en coaniment souvent les unions locales. Si la SFIO est le parti qui leur est le plus proche, c'est non seulement parce qu'il a beaucoup ferraillé pour la reconnaissance de leur droit syndical et pour l'école publique, mais c'est aussi parce qu'il promeut une forme de militantisme qui est la plus conforme à leur ethos. Le refus « de quitter une Église pour entrer dans une autre », qui revient dans les témoignages recueillis par Jacques et Mona Ozouf « à la manière d'un refrain sentencieux et obsédant « [Ozouf *et al.*, 1992, p. 111] traduit bien le refus de ces instituteurs d'être embrigadés et d'être empêchés de « penser librement ». On retrouvera d'ailleurs le même type d'argument chez les militants de la CFDT des années 1960-1970 en rupture avec la tutelle cléricale. Dans les deux cas, la faible discipline interne du parti socialiste apparaît à ces militants comme un moindre mal, par comparaison avec celle qui caractérise le PCF ou les partis trotskistes. Le rôle d'animateur et de pédagogue qu'ils jouent au sein du parti socialiste valorise en outre leurs compétences. Les relations de camaraderie tissées entre militants syndicaux, associatifs (amicales laïques, franc-maçonnerie, Ligue des droits de l'homme) et politiques contribueront à inscrire ces liens d'affinité idéologique dans la longue durée.

Choisie au hasard dans le « Maitron », la biographie de Marcel Giraudon (1900-1982) illustre de manière idéal-typique la carrière de ces instituteurs, leur ancrage local, la multiplicité des positions qu'ils occupent et le va-et-vient entre celles-ci. Né avec le siècle dans un village de l'Ain dans une famille d'aubergistes, Marcel Giraudon fit des études dans une école primaire supérieure avant d'entrer à l'École normale d'instituteurs de Bourg-en-Bresse en 1915. Il fit toute sa carrière dans le département. Il épousa civilement une institutrice en 1935. Secrétaire de mairie dès le début de sa carrière, Marcel Giraudon entra au SNI en 1922. « Membre du conseil syndical, il fut le gérant du *Bulletin départemental* de 1932 à 1936. Il participa à toutes les actions syndicales et antifascistes, depuis la grève du 12 février 1934 jusqu'à celle du 30 novembre 1938. [...] Il participa à des initiatives locales (animation de cours d'adultes, société sportive, sociétés scolaires, forestières et fruitières). Membre de la SFIO depuis 1926, Marcel Giraudon fut secrétaire de la section de son village jusqu'à la guerre. Il fut initié à la loge l'Amitié fraternelle de Bourg en 1936. Profondément pacifiste, il prit part à la campagne syndicale pour la paix à l'automne de 1938. Réformé, il demanda à passer devant une commission de réforme pour être mobilisé en mars 1940 et entra dans la Résistance dans le cadre du Mouvement de libération nationale (MLN) à partir de juillet 1942. À la Libération, il fut membre du Comité local de la Libération des Neyrolles. Après la guerre, Marcel Giraudon fut le secrétaire adjoint de la fédération SFIO de l'Ain et conseiller municipal de Bourg-en-Bresse (1953-1959). Membre de la Ligue des droits de l'homme depuis 1928, de la Libre Pensée depuis 1936, il fut administrateur national de cette organisation (1957-1968). Marcel Giraudon, toujours syndicaliste, occupa diverses fonctions dans les organisations proches de l'enseignement : directeur de la MGEN (Mutuelle générale des étudiants de France) (1947-1955), président de l'UFOVAL (Union française des œuvres de vacances laïques) de l'Ain (1954-1961), vice-président de la FOL (Fédération des œuvres laïques) (1959-1961), membre du comité directeur des Francs et Franches Camarades, etc. Il fut secrétaire de la Fédération générale des retraités de l'Ain de 1956 à 1976. »

Circule au sein des réseaux ainsi tissés une « vision du monde » que l'on peut définir approximativement comme un mélange de libéralisme politique, d'attachement à l'égalité des chances et à la promotion sociale par le savoir, d'humanisme et de jacobinisme. Les écoles normales en furent longtemps un des lieux de transmission privilégiés. La constitution de la FEN en 1948 autour de deux tendances dominantes, l'une socialiste, l'autre communiste, ne fait qu'objectiver la présence des socialistes au sein du syndicat qu'ils dominent grâce au contrôle majoritaire qu'ils exercent sur le SNI. Les passerelles sont nombreuses entre militantisme syndical et partisan, mais aussi associatif, facilitées par la forte implication de la SFIO dans le combat contre l'enseignement privé et l'aide apportée par les municipalités socialistes aux associations affiliées aux fédérations des œuvres laïques (FOL). Les comités départementaux d'action laïque, les loges maçonniques du GODF, les sections de la LDH, les directions des mutuelles constituent autant d'organisations où les mêmes militants s'entrecroisent. « Ces relations ne dessinent pas une structure de type social-démocrate, réalisant une subordination du syndicat au parti », mais traduisent une réelle interdépendance [Aubert *et al.*, 1985, p. 255], qui n'est pas exempte de conflits. À la fin des années 1950, les orientations de la SFIO concernant la guerre d'Algérie ou le soutien au général de Gaulle ont ainsi été vivement critiquées par le SNI, conduisant certains de ces dirigeants à rallier le PSA (c'est le cas de Marcel Giraudon) puis le PSU [Morin, 1990]. Au cours des années 1970, ces querelles ne seront plus qu'un lointain souvenir et dans beaucoup de fédérations du PS, les militants du SNI aideront à relancer le parti [Sawicki, 1997]. Entre-temps, la démocratisation de l'enseignement secondaire, la transformation de nombreux anciens instituteurs en professeurs de collège (PEGC), l'accélération de la féminisation de la profession, ont profondément renouvelé la composition du corps enseignant. Au sein du PS, les instituteurs sont de plus en plus concurrencés par des professeurs dans les sections et dans les procédures d'investiture, notamment en milieu urbain. Les filières de socialisation partisane n'ont pas changé radicalement pour autant : les amicales laïques et le syndicalisme sont demeurés des écoles de militantisme socialiste. On comprend mieux ainsi pourquoi les professeurs et les instituteurs, à eux seuls, constituent toujours dans les années 1980-1990 entre un quart et un tiers des militants et des élus du PS [Rey, Subileau, 1991].

La difficile greffe chrétienne

Aucun autre milieu sociopolitique n'a sans doute eu une telle influence sur le socialisme français. On ne peut cependant comprendre le renouveau du PS dans les années 1970 sans rendre compte de la greffe difficile qui s'opère alors avec une fraction du monde catholique [*Autrement*, 1977 ; *Esprit*, 1977]. Fruit de mutations internes multiformes qui remontent à l'immédiat après guerre et qui se sont traduites notamment par la déconfessionnalisation de la CFTC et la radicalisation des revendications sociales portées par les mouvements d'action catholique et le syndicalisme étudiant, le gauchissement d'une partie des militants chrétiens a nourri un véritable mouvement social en quête de débouchés politiques. Déçus par l'orientation conservatrice adoptée par le Mouvement républicain populaire (MRP), hostiles à la guerre d'Algérie, désappointés par l'échec du mendésisme, puis par l'orientation intellectualiste et enfin gauchisante du PSU, ces militants d'un nouveau genre ont inventé une nouvelle manière de faire de la politique, en dehors des partis institués : dans les associations de quartier, les clubs, les groupements d'action municipaux (GAM), dans des groupements communautaires, dans le syndicalisme enfin, brouillant la frontière qui s'était progressivement constituée dans la gauche française entre action politique et action syndicale. Pour beaucoup de ces militants, la CFDT va représenter un pôle commun de référence et de rencontre. La thématique de la planification puis du socialisme démocratique et autogestionnaire qu'elle met en avant à partir des années 1960 la fait de plus en plus apparaître comme un acteur politique. Mais elle est surtout un lieu de formation, *via* notamment les écoles normales ouvrières, qui va faciliter le passage de nombreux syndicalistes au socialisme.

Le milieu des « cathos de gauche » est traversé par d'importants clivages et toutes ses composantes n'éprouvent pas le même intérêt pour le PS. Au moins deux lignes de fracture qui s'entrecroisent peuvent y être repérées. Elles opposent les militants selon la proximité qu'ils entretiennent avec la classe ouvrière et selon leur degré de croyance et de pratique religieuses. La combinaison d'une foi intense et de l'ouvriérisme, typique des prêtres ouvriers et de certains membres de la Jeunesse ouvrière chrétienne (JOC) et de l'Action catholique ouvrière (ACO), conduit plutôt au parti communiste ou, après 1968, au maoïsme [Dressen, 1999]. Le PS, quant à lui, attire davantage des catholiques qui ont cessé de pratiquer et qui proviennent des classes moyennes ou supérieures. Beaucoup sont passés par le syndicalisme étudiant et la Jeunesse étudiante chrétienne (JEC) [Donegani, 1979 ; Chapuis, 1976]. Quant aux syndicalistes de la CFDT qui ont rejoint le PS, il s'agit plus souvent d'employés, de techniciens et de cadres moyens que d'ouvriers, ayant abandonné toute conception intégraliste de la religion. Moins prisonniers d'une vision purement morale de l'engagement, très critiques à l'égard du marxisme et plus prompts à accepter de mettre les mains dans le cambouis de la politique, souvent du fait d'une expérience acquise au sein du PSU, ces militants espèrent beaucoup du nouveau parti socialiste, comme l'illustre le texte de l'appel aux Assises du socialisme lancé par une quarantaine de responsables de la CFDT après l'élection présidentielle de 1974. S'y exprime « la nécessité d'une force socialiste puissante et populaire, insérée dans toutes les luttes sociales dans et hors de l'entreprise, et capable d'être un pôle de rassemblement autour d'un projet socialiste fondé sur l'autogestion. » Michel Rocard saura cristalliser les valeurs et les aspirations de ce courant, même si une partie soutiendra plutôt le CERES (Centre d'études, de recherches et d'éducation socialistes). Les effets de ce rapprochement sont indéniables. Alors qu'en 1973, 11 % des délégués au congrès confédéral de la CFDT étaient membres du PS, ce pourcentage double trois ans plus tard (23 %) pour se stabiliser à 20 % en 1979 et 1982 [Bevort, Labbé, 1992]. Symétriquement, à partir de 1973, les adhérents de la CFDT représentent entre un quart et un tiers des délégués des congrès du PS.

La coexistence entre militants de tradition laïque et militants de tradition chrétienne ne se passe pas toujours bien, tant s'opposent les attentes et les styles militants. La rivalité entre « rocardiens » et « mitterrandistes » alliés au « chevènementistes » exprime autant qu'elle accuse ce clivage. La greffe n'en a pas moins réussi dans beaucoup d'endroits, là où les « chrétiens » étaient en situation de force. Dans les fédérations de l'Ouest de la France, beaucoup des nouveaux dirigeants et élus socialistes proviennent du milieu catholique, à l'image de l'Ille-et-Vilaine où la moitié d'entre eux sont passés par l'Action catholique ou le scoutisme et 42,5 % par la CFDT [Sawicki, 1997, p. 51 *sq.*]. En 1985, 25 % des militants du PS déclarent appartenir à la CFDT, 12 % se disent « catholiques pratiquants » et 35 % « non pratiquants » contre 40 % « sans religion » [Rey, Subileau, 1991].

Le moralisme des « cathos de gauche », leur méfiance à l'égard de la professionnalisation politique, associés chez les militants passés par la JOC au souci de l'action concrète, la suspicion par rapport à l'État ont conduit beaucoup d'entre eux à prendre leurs distances à partir des années 1980 et à se replier sur l'action associative et/ou syndicale. Les relations entre les responsables des organisations ont de même souvent été tendues au cours des années 1980-1990. La proximité des positions du PS et de la CFDT sur de nombreux sujets et la convergence de leur évolution idéologique (soutien à la construction européenne, acceptation de l'économie de marché, réforme de l'État providence, abandon des nationalisations, ouverture au privé du capital des entreprises publiques, réduction du temps de travail...) n'en est pas moins indéniable. De même, si la stratégie de resyndicalisation de la CFDT l'a amenée à prendre ses distances par rapport au PS, des liens demeurent « à la base ». Une enquête menée auprès des adhérents de la CFDT du Nord-Pas-de-Calais en 2001 révèle ainsi que 6 % sont membres du PS et qu'autant y ont appartenu, et que 45 % considèrent le PS comme le parti dont ils se sentent le plus proches. Chez les délégués au congrès fédéral de 1999, le pourcentage d'adhérents du PS s'élève à 18 % et celui des électeurs à 75 % [Duriez, Sawicki, 2003].

La « nébuleuse laïque » et la mouvance catholique de gauche ne sont pas les seuls milieux sociopolitiques par lesquels le socialisme est ancré dans la société française. Dans les campagnes rouges, notamment dans le monde viticole, dès le début du siècle, la proximité a été grande avec les responsables des coopératives et certains syndicalistes agricoles, dont beaucoup sont devenus des leaders locaux du parti socialiste [Sagnes, 1980 ; Judt, 1979 ; Lynch, 2002]. L'émergence du mouvement des paysans-travailleurs au cours des années 1970 (ancêtre de la Confédération paysanne de José Bové), porté par d'anciens jacistes (Jeunesse agricole chrétienne) comme Bernard Lambert ou Bernard Thareau, délégué national du PS à l'agriculture, a contribué à (ré)ancrer le socialisme dans une fraction du monde paysan [Bretonnière et *al.*, 1997]. Les liens entre le syndicalisme de la fonction publique et la SFIO puis le PS, *via* la CGT puis *via* la CGT-FO et le monde mutualiste, ont également toujours été très nombreux et ne sont pas étrangers au rapprochement récent de la FEN et des syndicats autonomes de fonctionnaires dans les années 1990, lequel a débouché sur la création, en 1992, de l'Union nationale des syndicats autonomes (UNSA). Ces réseaux contribuent au fort ancrage électoral et militant du PS au sein du monde des fonctionnaires. S'ils ont été jusqu'à présent peu étudiés, c'est en raison de l'absence d'intégration formelle entre les organisations qui composent ce que, faute de mieux, on a baptisé le milieu partisan socialiste [Sawicki, 1997]. Ce milieu qui fait le lien entre le parti et ses électeurs a subi au cours des vingt dernières années du XXe siècle des changements de grande ampleur qui ne sont pas que la conséquence mécanique du passage prolongé des socialistes aux sommets de l'État. La fin des écoles normales d'instituteurs, l'embourgeoisement du recrutement des enseignants, le déclin des mouvements d'action catholique, la professionnalisation du monde associatif ont tari les principaux viviers militants du socialisme français, sans que de nouveaux groupes ne viennent réellement prendre le relais. Les réseaux familiaux et le passage par les cabinets d'élus tend à s'y substituer. À la veille de son centenaire et en dépit des droits importants qu'il reconnaît à ses adhérents, le Parti socialiste peine ainsi à susciter un réel engouement militant et à renouveler ses élites, faute d'être suffisamment ancré dans les mobilisations sociales qui traversent la société française, faute aussi sans doute d'avoir jamais réussi à se doter de réels instruments de formation et de promotion militantes en direction des classes populaires.

Références bibliographiques

Aubert Véronique, Bergounioux Alain, Martin Jean-Pierre et Mouriaux René (1985), *La Forteresse enseignante. La Fédération de l'éducation nationale*, Fayard, Paris.

Autrement (1977), *À gauche ces chrétiens… Groupuscules isolés ou mouvement d'avant-garde ?*, n° 8, février.

Bacot Paul (1979), *Les Dirigeants du PS*, Presses universitaires de Lyon, Lyon.

Bergounioux Alain et Grunberg Gérard (1992), *Le Long Remords du pouvoir. Le Parti socialiste français 1905-1992*, Fayard, Paris.

Bevort Antoine et Labbé Dominique (1992), *La CFDT : organisation et audience depuis 1945*, La Documentation française, Paris.

Birnbaum Pierre [dir.] (1985), *Les Élites socialistes au pouvoir. 1981-1985*, PUF, Paris.

Bretonnière Bernard, Colson François et Lebossé Jean-Claude (1997), *Bernard Thareau, militant paysan*, L'Atelier, Paris.

Candar Gilles et Prochasson Christophe (1992), « Le socialisme à la conquête des terroirs », *Le Mouvement social*, n° 160, p. 33-62.

Cayrol Roland (1978), « Le PS à l'entreprise », *Revue française de science politique*, vol. 28, n° 2, p. 296-312.

Chapuis Robert (1976), *Les Chrétiens et le socialisme*, Calmann-Lévy, Paris.

Charle Christophe (1994), « Les Normaliens et le socialisme (1867-1914) », *in* Madeleine Rebérioux et Gilles Candar (dir.), *Jaurès et les intellectuels*, L'Atelier, Paris.

Clouet Stéphane (1993), « Les écoles socialistes ont-elles existé ? », *Revue de l'Ours*, n° 211.

Collovald Annie (1985), « La République du militant. Recrutement et filières de la carrière politique des députés », *in* Pierre Birnbaum [dir.] (1985), *op. cit.*, p. 11-52.

Dagnaud Monique et Mehl Dominique (1982), *L'Élite rose, qui gouverne ?*, Ramsay, Paris.

Dion Stéphane (1986), *La Politisation des mairies*, Economica, Paris.

Dogan Mattei (1961), « Political Ascent in a Class Society: French Deputies 1870-1958 », *in* Dwaine Marvick (éd.), *Political Decision-Makers*, The Free Press, Glencoe.

Donegani Jean-Marie (1979), « Itinéraire politique et cheminement religieux : l'exemple des catholiques militants du PS », *Revue française de science politique*, vol. 29, n° 5, p. 693-738.

Dressen Marnix (1999), *De l'amphi à l'établi... Les étudiants maoïstes à l'usine (1967-1989)*, Belin, Paris.

Duriez Bruno et Sawicki Frédéric (2003), « Réseaux de sociabilité et adhésion syndicale : le cas de la CFDT », *Politix. Revue des sciences sociales du politique*, n° 63, p. 17-57.

Duverger Maurice (1976), *Les Partis politiques*, Seuil, Paris (1re éd. 1951).

Esprit (1977), *Les Militants d'origine chrétienne*, n° 4-5, avril-mai.

Gaxie Daniel (1980), « Les logiques du recrutement politique », *Revue française de science politique*, vol. 30, n° 1, p. 5-45.

Georgi Frank (1990), « Les Amicales socialistes d'entreprise en province : le cas de la Fédération du Nord (1936-1939) », *Le Mouvement social*, n° 153, p. 47-61.

Gerstlé Jacques (1979), *Le Langage des socialistes*, Stanké, Paris.

Girault Jacques (1995), *Le Var rouge. Les Varois et le socialisme de la fin de la Première Guerre mondiale au milieu des années 1930*, Publications de la Sorbonne, Paris.

— (2000), « La SFIO et le monde enseignant », *in* Serge Berstein, Frédéric Cépède, Gilles Morin et Antoine Prost (dir.), *Le Parti socialiste entre résistance et République*, Publications de la Sorbonne, Paris, p. 293-306.

— *et al.* [dir.] (2001), *L'Implantation du socialisme en France au XXe siècle. Partis, réseaux, mobilisation*, Publications de la Sorbonne, Paris.

Hainsworth Raymond (1976), « Les grèves du Front populaire de mai et juin 1936. Une nouvelle analyse fondée sur l'étude de ces grèves dans le bassin houiller du Nord et du Pas-de-Calais », *Le Mouvement social*, n° 96, p. 3-30.

Judt Tony (1976), *La Reconstruction du parti socialiste, 1921-1926*, Presses de la FNSP, Paris.

— (1979), *Socialism in Provence 1871-1914. A Study in the Origins of the Modern French Left*, Harvard University Press, Cambridge.

Julliard Jacques (1988), *Autonomie ouvrière. Études sur le syndicalisme d'action directe*, Hautes Études-Gallimard-Seuil, Paris.

Kriegel Annie (1968), *Le Pain et les roses. Jalons pour une histoire des socialismes*, UGE, 10/18, Paris.

Lagroye Jacques, Lord Guy, Mounier-Chazel Lise et Palard Jacques (1976), *Les Militants politiques dans trois partis français (PC, PS, UDR)*, Pedone, Paris.

Lefebvre Rémi (2001a), « Ce que le municipalisme fait au socialisme », *in* Jacques Girault (dir.), *op. cit.*, p. 123-141.

— (2001b), « “Le conseil des buveurs de bière” de Roubaix (1892-1902) », *Politix. Revue des sciences sociales du politique*, n° 53, 2001, p. 87-116.

Lefranc Georges (1977), *Le Mouvement socialiste sous la IIIe République*, Payot, Paris, 2 vol. (1re éd. 1963).

Lynch Édouard (2002), *Moissons rouges. Les socialistes français et la société paysanne durant l'entre-deux guerres (1918-1940)*, Presses universitaires du Septentrion, Villeneuve d'Ascq.

Marrel Guillaume (2001), « Le maire, le parti et la carrière. Implantation municipale, cumul et notification des élus socialistes (1892-1940) », *in* Jacques Girault (dir.), *op. cit.*, p. 143-165.

Ménager Bernard, Ratte Philippe, Thiébault Jean-Louis, Vandenbussche Robert et Wallon-Leducq Christian-Marie [dir.] (1987), *Guy Mollet. Un camarade en République*, Presses universitaires de Lille, Villeneuve d'Ascq.

Mériaudeau Sandra (2001), « Histoire d'une fédération du Parti socialiste SFIO. La Fédération socialiste de l'Ain, 1944-1969 », *Les Notes de la Fondation Jean-Jaurès*, n° 21, Paris.

Monatte Pierre (1976), *La Lutte syndicale*, Maspero, Paris.

Morin Gilles (1990), *De l'opposition socialiste à la guerre d'Algérie au PSA (1954-1960). Un courant socialiste de la SFIO au PSU*, thèse pour le doctorat d'histoire, université Paris-I.

— (2000), « Espace et réseaux socialistes après la Libération : pistes de recherches », *in* Serge Berstein *et al.* (dir.), *op. cit.*, p. 307-323.

— (2001), « Jalons pour l'établissement d'une prosopographie des élus socialistes, 1905-1971 », *in* Jacques Girault (dir.), *op. cit.*, p. 79-95.

Moss Bernard H. (1985), « Aux origines du mouvement ouvrier français. Le socialisme des ouvriers de métier, 1830-1914 », *Annales littéraires de l'Université de Besançon*, Les Belles Lettres, Paris (1re éd. 1976).

Mossuz Janine (1970), *Les Clubs et la politique en France*, Armand Colin, Paris.

Nadaud Éric (1990), « Le renouvellement des pratiques militantes de la SFIO au début du Front populaire (1934-1936) », *Le Mouvement social*, n° 153, p. 9-32.

Nevers Jean-Yves (1983), « Du clientélisme à la technocratie : cent ans de démocratie communale dans une grande ville, Toulouse », *Revue française de science politique*, vol. 33, n° 3, p. 428-454.

Ozouf Jacques, Ozouf Mona, avec Aubert Véronique et Steindecker Claire (1992), *La République des instituteurs*, Hautes Études-Gallimard-Seuil, Paris.

Portelli Hugues (1980), *Le Socialisme français tel qu'il est*, PUF, Paris.

Prochasson Christophe (1993), *Les Intellectuels, le socialisme et la guerre. 1900-1938*, Seuil, Paris.

Quellien Jean (1984), « Un milieu ouvrier réformiste : syndicalisme et réformisme à Cherbourg à la Belle Époque », *Le Mouvement social*, n° 127, p. 65-87.

Rebérioux Madeleine (1997), « Le socialisme français de 1871 à 1914 », *in* Jacques Droz (dir.), *Histoire générale du socialisme. 2. De 1875 à 1918*, PUF, coll. « Quadrige », Paris, p. 133-236 (1re éd. 1974).

Rémy Sylvie (2001), *Les Socialistes indépendants de la fin du XIXe siècle au début du XXe siècle en France*, thèse pour le doctorat d'histoire, université de Limoges.

Rey Henri et Subileau Françoise (1991), *Les Militants socialistes à l'épreuve du pouvoir*, Presses de la FNSP, Paris.

Rioux Jean-Pierre (1979), « Les socialistes dans l'entreprise au temps du Front populaire : quelques remarques sur les Amicales socialistes (1936-1939) », *Le Mouvement social*, n° 106, p. 3-24.

Rousseau Guy (1991), *Le Temps du gouyat, l'enracinement socialiste dans le Puy-de-Dôme (1870-1914)*, Publications de l'Institut d'études du Massif Central, Clermont-Ferrand.

Sadoun Marc (1982), *Les Socialistes sous l'occupation*, Presses de la FNSP, Paris.

— (1988), « Sociologie des militants et sociologie du parti : le cas de la SFIO sous Guy Mollet », *Revue française de science politique*, vol. 38, n° 3, p. 348-369.

Sagnes Jean (1980), *Le Mouvement ouvrier du Languedoc. Syndicalistes et socialistes de l'Hérault de la fondation des bourses du travail à la naissance du parti communiste*, Privat, Toulouse.

Sawicki Frédéric (1997), *Les Réseaux du Parti socialiste. Sociologie d'un milieu partisan*, Belin, Paris.

Subileau Françoise, Ysmal Colette et Rey Henri (1999), *Les Adhérents socialistes en 1998*, Cahiers du Cevipof, Paris.

Trempé Rolande (1971), *Les Mineurs de Carmaux. 1848-1914*, Éditions Ouvrières, Paris.

Wahl Alfred (1979), « Les députés SFIO de 1924 à 1940 : essai de sociologie », *Le Mouvement social*, n° 106, p. 25-44.

Willard Claude (1965), *Le Mouvement socialiste en France (1893-1905) : les guesdistes*, Éditions sociales, Paris.

Winock Michel (1999), « La culture politique des socialistes », *in* Serge Berstein (dir.), *Les Cultures politiques en France*, Seuil, Paris, p. 179-214.

Ziebura Gilbert (1967), *Léon Blum et le Parti socialiste. 1872-1934*, Armand Colin, Paris.

37

Les communistes

BERNARD PUDAL

« ON ENTRE EN QUELQUES minutes dans le parti, mais il est vrai que cela peut prendre très longtemps pour que l'on soit à proprement parler un communiste », écrivait Aragon en 1946 dans *L'Homme communiste*. Pour Annie Kriegel, « un parti communiste, c'est l'enfer de Dante » dont le premier cercle serait « celui des simples membres du parti, celui du peuple communiste » mais dont la « vérité profonde » est à chercher dans le « noyau dur et homogène des clercs que l'on désigne ici d'un qualificatif modeste : les permanents » [Kriegel, 1985]. Ainsi, Louis Aragon et Annie Kriegel, quand ils se donnent pour objet les communistes, tiennent à les différencier suivant leur degré de « qualification », sur leur manière d'être communiste. À juste titre : l'une des dimensions essentielles du communisme français réside dans son corps de militants et cadres. « Les cadres décident de tout », affirmait Staline. À l'image de son plus illustre modèle, Maurice Thorez, le militant communiste idéal, d'origine prolétarienne et lui-même prolétaire, incarne ce « vrai » communiste tourné vers un « avenir radieux », non seulement parce qu'il est censé posséder un sens pratique le prédisposant à être communiste (l'instinct de classe) mais parce qu'il a acquis la culture « marxiste », qu'il s'est débarrassé des empreintes du passé (il a « tué le vieil homme ») et qu'il pratique une vigilance sans défaillance à l'égard de l'« ennemi », le capitaliste, le fasciste, ou du traître, le social-fasciste, le trotskiste. Un tel parcours implique une série d'épreuves et n'est en un certain sens jamais réellement accompli.

« Le » communisme français, au XXe siècle, résulte d'une entreprise d'homogénéisation du corps partisan, principalement de son noyau fondamental (variable suivant les époques, mais de quelques dizaines de milliers), toujours imparfaite, toujours inachevée, qui fut le creuset de la « refonte bolchevique » des hommes et des femmes appelés à devenir de « vrais » communistes. Inventer un « type d'homme » — cet homme nouveau « taillé dans une étoffe à part » (Staline) — suppose non seulement un imaginaire biographique auquel l'identifier et le mesurer, et donc des organismes de sélection, de formation et de contrôle, mais aussi des groupes sociaux susceptibles de constituer les viviers privilégiés des recrutements. Inventer un « type d'homme » implique aussi une institution investie de cette mission : ce sera « le » parti, qui est en effet le cœur de cet imaginaire du « vrai » communiste et l'institution dont les membres sont chargés d'incarner cette représentation et choisis à cette fin.

Mais s'il importe de ne pas sous-estimer la force unifiante de ce projet d'invention de l'homme communiste, qui concerne au premier chef le noyau central du parti communiste, il faut aussi suivre les appropriations variées et différenciées dont il fait l'objet au fur et à mesure du processus de stalinisation et de la crise du modèle stalinien, en fonction des conjonctures politiques et historiques et des systèmes d'alliances, nationales et internationales, qu'elles suscitent. Les « appelés » ne se plient pas au projet communiste sans résistances, contournements, réinterprétations multiples. Il faut alors prendre toute la mesure de la diversité et de la complexité des hommes et des femmes communistes : non seulement à cause des multiples trajectoires et conjonctures d'adhésion, mais aussi parce que sous l'identité nominale du parti, les raisons de l'engagement dans les partis communistes et les façons d'être communiste varient considérablement, comme l'attestent d'ailleurs les défections et les exclusions dont font l'objet les communistes eux-mêmes. Les adhésions des années 1920 ne sont pas semblables aux engagements des périodes unitaires (antifascisme, Résistance, alliances avec les partis socialistes, eurocommunisme). L'acte d'adhérer renvoie à des parcours très différents : adhérer en 1930 est souvent vécu comme un engagement total tandis que le parti de masse, après 1944 et jusqu'aux années 1970, offrira une gamme de modalités d'adhésions, de la simple prise de carte, avec de bien irrégulières cotisations, à l'adhésion totale, en passant par l'adhésion du couple, sorte de signe d'appartenance au peuple communiste, ou l'adhésion plus distanciée des années post-68. Les militants issus des classes populaires, les militants juifs, les femmes, les paysans, les intellectuels, les immigrés, n'entrent donc pas en communisme avec les mêmes traditions de lutte, selon les mêmes matrices d'adhésion ni aux mêmes périodes. L'homme de masse, le syndicaliste par exemple ou le militant du Mouvement de la paix ou de la Fédération sportive et gymnique du travail, l'édile communiste de banlieue, le responsable fédéral ou de section à l'organisation, le volontaire des Brigades internationales et le résistant n'ont pas la même expérience du parti. Un même homme, enfin, peut évoluer durant sa vie militante au gré des ressources culturelles accumulées et de ses expériences sociales et politiques. On ne comprendrait pas la logique des défections successives si l'on ne voyait pas qu'elles concernent des communistes qui, acquérant de l'autonomie, risquent de mettre en cause le fonctionnement stalinien du modèle partisan bolchevique. Le communisme français est aussi façonné par les « cultures » locales, professionnelles, et par « la » culture nationale, et ce d'autant plus qu'à partir de 1934 il s'emploie à combiner son univers théorique et symbolique propre (internationalisme, URSS, classe ouvrière, révolution, marxisme) et d'autres référents théoriques et symboliques (philosophie des Lumières, rationalisme, Révolution française, nation, démocratie « bourgeoise »). À ces « cultures » s'ajoutent des matrices professionnelles qui font qu'un mineur ou docker communiste diffère d'un métallo communiste ou du cheminot communiste. Enfin, l'histoire du parti communiste est évidemment imbriquée à l'histoire nationale par emprunts calculés ou involontaires, par transferts ou métissages. On ne peut comprendre, par exemple, la crise du militantisme communiste sans la rapporter, pour une part, aux transformations du système d'enseignement qui rendent obsolètes les modes anciens de la vocation communiste. Le parti communiste ne doit donc pas être réifié, l'identité nominale ne doit pas faire obstacle à l'étude des multiples usages qu'en font les adhérents.

Afin de donner quelque aperçu de cette histoire dans sa complexité, on suivra un ordre d'exposition tout à la fois chronologique et sociologique. On indiquera comment s'est construit le « parti » et le type de communistes ainsi que les rapports de force entre communistes qui en résultent dans le système d'action communiste ; on évoquera ensuite le peuple des communistes dans ses diverses composantes, de son groupe référent, « la » classe ouvrière, aux autres éléments qui le constituent ; puis on s'interrogera sur les matrices idéologiques communistes et leur degré de coalescence, voire leurs contradictions et leur évolution ; on exposera enfin, succintement, les principales logiques de la dissociation de l'entreprise communiste depuis les années 1960. Dissociation produite par un phénomène d'entropie apparemment irrésistible qui renvoie à ce qu'on pourrait aussi appeler « désagrégation » ou « déclin » du Parti communiste.

LE « PARTI »

Un parti communiste, la Section française de l'Internationale communiste (SFIC), naît à Tours en décembre 1920 à la suite d'une scission majoritaire de la Section française de l'Internationale ouvrière (SFIO). On ne s'attardera pas ici sur la question du profil sociologique de ces militants qui, par leur adhésion à l'Internationale communiste (IC), signifient leur désir de renouveau, comme l'illustre ce vœu formulé dés 1916 par un militant socialiste dans une lettre adressée au député de l'Allier, Pierre Brizon : « Fondez un nouveau parti, le parti prolétaire, mais abandonnez l'étiquette socialiste, car elle est sale et bien sale. » Certainement plus qu'une causalité sociologique simple semble primer une volonté de rupture avec le passé que partagent différents types de militants. Le congrès de Tours va devenir dans l'histoire officielle du PCF l'acte par lequel on passe de « l'ombre à la lumière », comme l'écrira l'historien de parti Jean Fréville. En réalité, la plus grande confusion règne, avant comme après. C'est pourquoi le « choix » de l'IC qu'opère la majorité du parti socialiste est le fait de militants et de dirigeants dont la plupart ne resteront pas communistes.

Néanmoins, ce qui plaide en faveur du congrès de Tours comme acte fondateur, outre que l'« adhésion à l'IC » y est solennellement proclamée, c'est qu'il peut conduire à l'« acteur collectif » inventé et sacralisé par le stalinisme : le « Parti ». Il consacre aussi une autorité qui va progressivement s'imposer à la fois institutionnellement, intellectuellement et matériellement : l'Internationale communiste (1919-1943), puis le Kominform (1947-1956), c'est-à-dire aussi le PCUS (Parti communiste de l'Union soviétique).

Le rôle légitimant de l'Internationale communiste, seule autorité progressivement susceptible de consacrer, d'ordonner (au sens d'imposer la définition de l'ordre interne au parti communiste), ne cessera de croître tout en suivant une pente inscrite potentiellement dans les opérateurs symboliques de regroupement qui ont fonctionné à Tours : « L'acceptation du bout des lèvres des règles du jeu du champ politique ; la suspicion à l'égard de tous les dirigeants ; l'usage de la légitimation russe pour contrebalancer l'emploi par les concurrents d'autres types de ressources politiques ; l'éloge de la discipline transmuée en vertu préjudicielle, et la sublimation, somme toute, de ces partis pris qui rendent possible la prise du parti, en un idéal révolutionnaire » [Pudal, 1989]. Ce qui est en question pour de nombreux militants, et en particulier ceux qui vont faire le parti communiste des années 1920, c'est une « philosophie politique » qui doit s'incarner dans l'organisation. « Nous rêvions, nous avons toujours rêvé de faire un parti où l'on venait pour se dévouer et pas du tout pour faire carrière — c'est ça le fond — et c'est parce que nous avions cette philosophie du parti que nous avons traversé sans faiblir des périodes difficiles qui ont amené un certain nombre au poteau d'exécution » (Fernand Grenier). D'où l'importance et le sens des fameuses 21 conditions d'admission à l'Internationale communiste, qui, dans une conjoncture qualifiée de révolutionnaire, mettent l'accent sur une idéologie de rupture avec les « réformistes » (6e, 7e, 9e, 10e, 15e), sur la nécessité de l'épuration périodique des éléments « intéressés et petits-bourgeois » (13e), en particulier dans la presse et parmi les élus, sur leur remplacement par des « travailleurs sortis du rang » (1er et 2e), sur le refus de se fier à la légalité bourgeoise et le devoir de créer « partout parallèlement à l'organisation légale, un organisme clandestin, capable de remplir au moment décisif, son devoir envers la révolution » (3e), sur la mise en place dans les syndicats et les coopératives, de « noyaux communistes » (9e), sur la reconnaissance du principe d'organisation appelé à devenir le symbole de la spécificité communiste, le centralisme démocratique, ainsi défini : « À l'époque actuelle de guerre civile acharnée, le parti communiste ne pourra remplir son rôle que s'il est organisé de la façon la plus centralisée, si une discipline de fer confinant à la discipline militaire y est admise et si son organisme central est muni de larges pouvoirs, exerce une autorité incontestée, bénéficie de la confiance unanime des militants » (12e) Enfin, de la 14e à la 21e condition, est affirmé le caractère mondial du dispositif partidaire, l'obligation de respecter les décisions des congrès de l'IC et de son comité exécutif, l'adoption du nom du parti, « Parti communiste de... (section de la IIIe Internationale communiste) ». Cette

« philosophie » du parti, la bolchevisation (à partir de 1924) puis la période « classe contre classe » (1928-1932) vont la réaliser, au prix de conflits internes incessants, d'exclusions ou de marginalisations de ceux qui ne peuvent suivre ce nouveau cours, grâce à une ligne politique de démarcation par rapport aux « autres » et de valorisation d'un univers symbolique spécifique, celui de la « classe ouvrière » et de l'internationalisme communiste. Cette période de conflits et de tensions internes, non sans rapports avec les conflits russes, se traduit par un retrécissement du parti dont témoigne l'évolution du nombre d'adhérents dans ces années décisives de formation du « parti » : 109 000 en 1921, 57 000 en 1924, 31 500 en 1930 et l'étiage, 28 800 en 1933. Cette « philosophie » du parti sera finalement au cœur du travail de la commission des cadres qui se met en place en 1932, et du travail de définition du cadre communiste auquel se livre Maurice Thorez.

Cette « philosophie » se traduit d'abord par l'évolution sociologique du corps partisan. L'ouvriérisation des instances dirigeantes (la part des représentants de la classe ouvrière dans le comité central est de 18,75 % en 1920 ; 48,51 % en 1924 ; 47,21 % en 1925 ; 52,17 % en 1936) est évidemment la caractéristique dominante. Elle s'accompagne d'une transformation structurelle de la part relative des catégories socioprofessionnelles au sein de chacune de ses trois grandes strates. Ainsi, si la part des classes moyennes tend globalement à diminuer, passant de 43,72 % en 1920 à 15,71 % en 1936, au sein de ce regroupement, la part relative des fractions les plus proches de la classe ouvrière tend à croître. Les instituteurs (ou équivalents) voient leur taux de représentation fortement décliner : 18,75 % en 1920 et 2,17 % en 1936 alors que les employés aux écritures et de commerce ont, au contraire, tendance à croître puis à se stabiliser (6,25 % en 1920, 5,71 % en 1924, 11,11 % en 1925 ; 6,5 % en 1936). De même, dans les classes supérieures, dont la part relative chute brusquement entre 1920 et 1924 (37,49 % en 1920, 14,26 % en 1924), ce sont les professions libérales (avocats, médecins) et les professions littéraires et artistiques qui sont le plus nettement affectées, passant de 31 % à 4,6 % de 1920 à 1924. Cette évolution globale et ces réorganisations structurelles internes à chacune des trois grandes strates attestent d'un processus, continu et profond, d'homogénéisation du groupe dirigeant, processus encore plus accentué que ne le donnent à voir ces indicateurs dans la mesure où il implique aussi un rapprochement au second degré, entre les membres des différentes strates, fondé sur l'homogénéisation des origines sociales. Cette « ouvriérisation », à la fois objective et mise en scène, s'accompagne d'un rajeunissement des instances dirigeantes : 40 ans en 1920, 34,5 ans en 1925, et 39,6 ans en 1936 (congrès de Villeurbanne). L'évolution de la composition socioprofessionnelle des députés communistes de 1920 à 1936 est très parlante. Alors qu'il n'y a aucun ouvrier en 1920 (sur 13 députés), ils représentent 57,1 % des députés en 1924 (26 députés), 70 % en 1932 (10 députés) et 63,6 % en 1936 (77 députés). L'âge moyen des groupes parlementaires communistes au début de chaque législature est de 45,5 ans (1920), 43,2 ans (1924), 41 ans (1928), 37 ans (1932) et 41,2 ans (1936). L'ouvriérisation et le rajeunissement des instances dirigeantes et des députés se retrouvent dans l'ensemble de l'encadrement communiste, signe d'un profond renouvellement qui se stabilise à partir de 1932, annonçant le vieillissement d'un groupe dirigeant qui durera jusqu'au début des années 1970, avec Maurice Thorez d'abord (1932-1964) puis Waldeck Rochet (1964-1969) au secrétariat général. Quant à Georges Marchais, secrétaire général adjoint en 1969, il incarne l'accès aux instances dirigeantes d'ouvriers promus durant la guerre froide. Cette ouvriérisation, véritable obsession des dirigeants du parti, est réalisée dans l'ensemble des instances dirigeantes, parfois au prix de quelques manipulations propagandistes, jusque dans les années 1970, en particulier dans le groupe des secrétaires de fédération. En 1952, par exemple, 63,2 % des secrétaires fédéraux sont ouvriers [Buton, 1986]. Et en 1979, 46,5 % des adhérents du PCF sont encore ouvriers ou salariés agricoles tandis que l'on compte 25,4 % d'employés et de personnels de service.

L'ouvriérisation résulte d'une volonté politique de promouvoir un encadrement spécifique, de le sélectionner « biographiquement », de le former, de lui permettre de s'accomplir dans l'institution communiste mais à la condition que le « bonheur communiste » soit borné par les limites qu'impose le fonctionnement stalinien du parti. La commission des cadres qui se met en place dans les années 1930 procède à une campagne de collecte d'autobiographies de parti qui débute par le haut de la hiérarchie du parti pour atteindre, mais inégalement, l'ensemble de l'encadrement partisan à la fin des années 1930, devenir systématique et se régionaliser dans l'après-Seconde Guerre mondiale. Le questionnaire biographique français à partir duquel chaque militant doit rédiger son autobiographie est divisé en cinq parties (origine et situation sociale ; situation de parti ; instruction et développement intellectuel ; participation à la vie sociale ; répression et casier judiciaire) regroupant 74 questions en 1933. Ce qui caractérise ce questionnaire, c'est donc son extrême précision, une précision qui n'a pas seulement un sens policier ou politique mais aussi une dimension sociologique très affinée, même si la théorie explicite de la sociologie du cadre communiste n'a évidemment jamais été systématiquement élaborée. La pratique du questionnaire biographique, pour les cadres du parti communiste, est une des modalités de l'intériorisation de sa remise de soi au parti. Elle signifie à l'impétrant que la totalité de son histoire individuelle est désormais sous le regard de l'institution.

Ces récits autobiographiques prennent une place spécifique dans l'ensemble des biographies édifiantes et des productions autobiographiques qui caractérisent l'univers partisan communiste. Le militant est convié, par l'identification biographique, à conduire et à modeler sa destinée, l'autobiographie de Maurice Thorez, *Fils du peuple* (1937, 1949, 1960) fournissant le récit de vie idéal. L'autobiographie rédigée à la demande des responsables aux cadres est un rite d'institution. Elle fait du secret privé un secret d'institution, participant ainsi à édifier la frontière entre un « eux » et un « nous ». Comme acte d'institution, l'autobiographie communiste participe à l'endossement progressif d'une identité partisane complexe : elle est l'une des séquences de la « régénération » du militant et s'inscrit par conséquent dans un travail psychologique, social et politique, de soi sur soi, tout à fait spécifique, qui prédispose les militants les plus enclins à investir l'institution sur ce mode, à reprendre à leur compte une vision cryptique dont les « aveux » constitueront pour certains le point d'orgue [Pennetier, Pudal, 2002 ; Studer *et al.*, 2002].

Dans le cas du PCF, c'est une institution au devenir particulier qui tente d'agréger les militants qu'elle a rencontrés. Elle se caractérise par toute une série de procédures par lesquelles se réalise une conversion de tout l'être, plus ou moins complètement accomplie. En sacralisant l'acte d'adhésion (par le parrainage), la possession de la carte de membre du parti (qu'il ne fallait perdre sous aucun prétexte), en instaurant une fraternité de parti entre « camarades », en initiant tout nouveau membre à la doctrine et à l'histoire du parti et en sacralisant cette initiation, en exigeant un type de comportement (celui du « vrai communiste ») dans tous les domaines de la vie sociale (au travail, en famille, etc.), en érigeant la vigilance et la surveillance en devoir permanent dans un monde environnant perçu comme insidieusement ou ouvertement hostile, en se dotant d'un calendrier festif propre, de sa légende, en faisant évoluer les militants dans la hiérarchie des secrets de parti, le parti communiste stalinien élève une barrière symbolique entre le dehors et le dedans, entre les camarades et les autres. Cette clôture sur l'endogamie partisane est par ailleurs minutieusement auscultée pour tous les militants dotés de responsabilités dont les relations familiales, amicales, professionnelles, les lectures, les loisirs doivent être conformes au rôle attendu du « camarade dans lequel on peut avoir toute confiance ». Seuls ceux pour qui devenir communiste est une « seconde naissance », autrement dit, idéalement, ceux dont tous les actes, mais aussi dans leur for intérieur, se définissent par cette adhérence, sont totalement communistes. Des épreuves (l'autocritique, les sanctions, etc.), tout au long de la carrière militante, viennent éprouver cette fidélité et c'est dans le degré d'accomplissement de cette conversion de tout l'être au service de l'institution que se mesure l'« esprit de parti ». C'est ainsi que, même victimes de la répression stalinienne, certains communistes doivent parcourir un coûteux itinéraire pour réévaluer leur engagement. En instaurant une rupture radicale entre le passé et l'avenir du militant, marquant par des rites le passage de l'extérieur à l'intérieur, en contrôlant tous les aspects de la vie de ses membres, en instaurant un système de privilèges proportionné au degré d'assujettissement, en érigeant la confession et la dénonciation en norme, le parti tend à soumettre entièrement l'individu à l'institution et cherche à remodeler l'identité personnelle et sociale de ses membres. Un certain dédoublement de la personnalité du communiste a fréquemment découlé de ce don de soi au parti : les aptitudes à la critique, fréquentes chez des individus qui perçoivent et dénoncent les injustices sociales, généralement dotés d'esprit critique par la lecture d'ouvrages anticonformistes, furent entièrement focalisées sur le monde extérieur, immunisant le parti, objet de tous leurs investissements libidinaux, les conduisant fréquemment à accepter sans barguigner des changements de ligne politique radicaux (au moment du Pacte germano-soviétique par exemple). On comprend que pour ceux qui furent conduits à déceler progressivement, ou à l'occasion d'un évènement pour eux « révélateur », l'enfermement symbolique dont ils étaient l'objet, la sortie du communisme ait été vécue comme un lent travail de deuil par lequel ne pouvait se reconquérir que pas à pas une nouvelle identité sociale et personnelle.

À l'école du parti

Pour rendre compte de cette emprise, il faut aussi interroger les mécanismes sociaux qui sont à l'origine de ce don de soi. La comparaison avec d'autres types sociaux de vocation est alors éclairante. Le prêtre rural, puis le prêtre-ouvrier et l'instituteur laïque partagent avec l'intellectuel organique communiste, à peu près à la même époque historique, certaines propriétés qu'ils doivent à la similitude des conditions de leur « production » sociale. Les premiers doivent fréquemment à leurs origines populaires d'avoir pu bénéficier d'une scolarité postélémentaire totalement conçue et contrôlée par l'institution qui les a recrutés. Celle-ci, en leur offrant pour seul horizon un service dévoué qui exploitait leur rapport au savoir tout en les promouvant à des positions sociales dotées d'un certain prestige, faisait jouer, en imposant des vocations sacerdotales et enseignantes, des mécanismes sociaux analogues aux mécanismes d'imposition de la vocation de « révolutionnaire professionnel ». Dans chacun des cas, on peut noter que de véritables « disciplines de vie » étaient au cœur des formations dispensées par le petit séminaire, les Écoles normales ou les écoles centrales du PCF, particulièrement les écoles de longue durée, et l'École léniniste internationale (ÉLI). La dimension de la vocation propre au métier de prêtre (rural et *a fortiori* ouvrier) et d'instituteur, tout comme le « bonheur communiste », atteste de la réussite de ces systèmes concurrents de promotion et de formation. Il est d'ailleurs significatif que les dirigeants communistes ont souvent croisé les carrières de prêtre et surtout d'instituteur qui, à un moment donné de leur histoire personnelle, ont pu être un avenir possible ou probable, explicitement envisagé. Dans tous ces cas, tout se passe comme si les institutions recruteuses (État, Église, parti) conditionnaient la promotion sociale qu'elles organisaient à un ensemble d'injonctions orientées par la recherche d'une attitude privilégiée que désigne le mot de « vocation ». L'analyse des capitaux scolaires des cadres et dirigeants communistes confirme cette spécificité. Tous les membres du comité central de 1936 ont effectué leur scolarité primaire élémentaire postérieurement aux lois Ferry (1881-1882), à l'exception de Marcel Cachin. 43,47 % des membres du comité central n'ont qu'une scolarité primaire élémentaire, le plus souvent conclue par un CEP, diplôme encore discriminant à l'époque. 34,77 % ont bénéficié d'une scolarité postélémentaire dans les filières réservées aux enfants des classes populaires (écoles professionnelles, école primaire supérieure, cours complémentaires, École normale). 21,73 % seulement ont le baccalauréat ou un diplôme supérieur. Pour les députés de 1936, du point de vue des ressources scolaires, on a une structure analogue à celle des membres du comité central.

Ainsi, l'analyse fine des capitaux scolaires et des trajectoires marquées par des évolutions professionnelles donne à penser que l'accès au statut d'intellectuel d'institution s'inscrit dans le prolongement d'une histoire sociale personnelle marquée par une mobilité sociale ascendante, avortée, ébauchée, refusée ou « réussie » suivant les cas. Le « cœur » du PCF est donc durant les années 1930-1960 un ensemble d'intellectuels de parti, issus de l'enseignement primaire et postélémentaire primaire, dotés de ressources culturelles suffisantes pour exercer pleinement les tâches intellectuelles liées à leur professionnalisation politique ou à leur militantisme, mais porteurs aussi d'un sens des limites qui les conduit à s'en remettre, en particulier en matière de théorie, aux dirigeants, et à s'interdire de *se* reconnaître un droit de regard sur certaines dimensions de leur propre expérience politique.

Le savoir revendiqué dans les autobiographies des militants et cadres est indissociable pour chacun d'eux d'un rapport au savoir qui résulte de sa trajectoire militante et donc de la représentation de son écart à la norme militante idéale. Il prend place dans un imaginaire scolaire spécifique. Des années 1930 aux années 1970, cette norme militante emprunte au paradigme scolaire son « normativisme » et son imaginaire, non sans résistances de la part de militants qui doivent apprendre souvent à conjuguer cette norme avec leur ouvriérisme et leur anti-intellectualisme. La lecture et la formation militantes font l'objet d'un ensemble de prescriptions portant aussi bien sur les contenus que sur les manières de lire, légitimant certaines postures, en excluant d'autres. Le système de formation interne, avec ses différents niveaux, élémentaire, fédéral, central, international, s'organise avec Étienne Fajon dans les années 1930 pour atteindre son apogée après guerre. L'utopie soviétique, les « écoles du parti », les politiques d'édition, la « vérification » des cadres, les critères d'affectation des militants aux multiples postes que contrôle le PCF, la réorientation doctrinale à partir des années 1932-1933 sur les questions scolaires et pédagogiques, l'enrôlement politique de la littérature (le réalisme socialiste), tout concourt à imposer une autorité pédagogique spécifique au monde communiste qui rend possible et accompagne la « stalinisation » du PCF. Forme spécifique d'un pouvoir de violence symbolique, l'arbitraire culturel que l'on tend à inculquer vise à légitimer la professionnalisation politique des cadres communistes tout en essayant d'en contrôler les usages internes (*loyalty* ou loyalisme et *voice* ou contestation interne) ou externes (conversion des ressources et *exit* ou défection) [Hirschman, 1995]. Ce que permettent de mesurer les autobiographies, c'est tout à la fois l'intériorisation plurielle par les militants de ce modèle scolaire mais aussi leurs distances, critiques ou non, conscientes ou non, au modèle. C'est ce double mécanisme de renaissance et d'autocensure, de don de soi et de remise de soi, qui constitue ces hommes de marbre. Pour eux, le

« Parti » était un monde qui rythmait le temps de vie, de la lecture quotidienne de *L'Humanité* à sa vente le dimanche, des manifestations rituelles (comme celle du 1er mai au mur des fédérés) aux réunions solennelles du parti (congrès, conférences fédérales, etc..) en passant par les mobilisations dues aux échéances électorales et, chaque année, par la fête de *L'Humanité*. Le voyage initiatique en URSS (ou en RDA, en particulier pour les enseignants communistes, ou plus tard à Cuba), le récit de l'histoire du PC d'URSS et des batailles de la Seconde Guerre mondiale, le prestige du cinéma soviétique, le culte de la personnalité des dirigeants au premier rang desquels évidemment Staline, se combinaient à l'invention d'un récit national et populaire où Robespierre et Jacquou le Croquant voisinaient avec les héros communistes de la Résistance (le jeune Guy Moquet, Danielle Casanova, Pierre Sémard, Georges Politzer ou Gabriel Péri). Maurice Thorez s'était érigé le fils de ce peuple en lutte et il incarnait l'ensemble des dimensions de l'identité communiste [Pudal, 2003].

Le « peuple communiste » et ses territoires réels et symboliques

S'il importe de placer au cœur de l'analyse les militants et cadres les plus intégrés à l'univers partisan, il faut aussi inscrire l'étude du PCF dans l'ensemble plus vaste de ses groupes de référence, ceux au sein desquels il puise ses militants et cadres, mais où il trouve aussi ses multiples relais. Le vaste ensemble des adhérents, surtout dans les périodes de recrutement intensif (Front populaire, Libération, période du programme commun), les sympathisants et les compagnons de route, les électeurs fidèles, incarnent ce peuple communiste. « Parti de la classe ouvrière », ce syntagme, qui résulte lui-même de la réussite du travail de représentation du PCF, désigne le groupe de référence fondamental appelé à faire la « révolution », invité plus prosaïquement à apporter ses voix au parti aux différentes élections locales et nationales. À ses « côtés », l'ensemble des « petits » sont conviés au combat (les paysans, les travailleurs, les « gens », voire les pauvres) ainsi que ceux qui peuvent être des alliés, les intellectuels, les ITC (les ingénieurs, techniciens et cadres). D'autres clivages doivent aussi être pris en compte qui constituèrent les assises d'organisations du système d'action communiste : les jeunes, les femmes, les juifs, etc. Rappelons que le PCF connaît son premier décollage électoral au milieu des années 1930, grâce à la pratique unitaire, et devient le premier parti de France sur le plan électoral à la Libération (28,6 % en novembre 1946, 25 % en 1956). Il le restera durant toute la IVe République malgré une érosion déjà amorcée. Le choc du gaullisme le fait passer à partir de 1958 (19,2 %) à un niveau qui oscille entre 20 % et 23 % des suffrages jusqu'en 1981, année où il connaît un affaissement (15,4 % à l'élection présidentielle) qui prélude à un déclin ininterrompu le conduisant au-dessous du seuil des 10 % en 1986 puis à 3,4 % aux élections présidentielles d'avril 2002. S'il est exact que le PCF a vu son audience se développer en milieu ouvrier comme l'attestent ses foyers d'implantation dans les zones industrielles traditionnelles (notamment les mines, la sidérurgie, la métallurgie) avec de solides bastions dans le Nord-Pas-de-Calais, la Lorraine et la banlieue parisienne, il s'est aussi enraciné dans des milieux ruraux ou paysans (Cher, Allier, Corrèze, Lot-et-Garonne) ou sur le pourtour méditerranéen (le « Var rouge ») et doit une part non négligeable de son audience à son implantation chez les ouvriers à statut, les petits fonctionnaires ou assimilés (les cheminots, les postiers, les électriciens et gaziers, les communaux par exemple). Simultanément, de larges pans du groupe ouvrier furent réfractaires à son influence (ouvriers catholiques, des petites entreprises, du monde rural).

Le « moment » communiste en France correspond, si l'on se place du point de vue de l'histoire sociale des ouvriers, à une phase particulière : par rapport à l'Angleterre et à l'Allemagne où les groupes ouvriers sont soudés par une ancienneté de constitution, des traditions de négociation, une culture du travail et une culture ouvrière nettement marquée, « la France est un modèle quasiment inverse, à tel point qu'il n'est guère possible d'assigner un véritable moment de "formation" de la classe ouvrière, celle-ci étant caractérisée par un constant renouvellement et par une forte hétérogénéité [...]. Le Front populaire marque la fin définitive de cette histoire du mouvement ouvrier (la tradition d'« action directe » des ouvriers de métier), et l'émergence de la classe ouvrière industrielle (jusque-là marginalisée) sur la scène politique. Celle-ci, sans traditions, accepte d'emblée les nouvelles règles du jeu et trouve dans le PCF et la CGT les instruments adéquats pour la défense de ses intérêts » [Noiriel, 1986]. La thèse de Gérard Noiriel est forte et n'exclut pas d'autres hypothèses complémentaires : le caractère généraliste de l'enseignement français, l'habilitation républicaine du mode révolutionnaire de changement politique sur le modèle de 1789, le très haut niveau intellectuel d'une fraction « littéraire » des ouvriers d'élite parisiens, mais aussi l'acceptation d'une discipline partisane et personnelle (familiale, sexuelle, amicale, par des ouvriers des usines taylorisées, etc.). « Ce n'est donc pas un hasard s'il a construit ses fiefs surtout dans les lieux clés de la deuxième industrialisation : industrie lourde (mines, sidérurgie, chimie) et régions mono-industrielles, constructions mécaniques et banlieues. Avec l'approfondissement de la division du travail, de nouvelles catégories ouvrières ont fait leur apparition, à la recherche d'organisations et de formes de représentations spécifiques [...]. Dans le cas français, on peut faire l'hypothèse que le parti communiste et ses organisations ont été les grands bénéficiaires de cette mutation. On constate d'ailleurs, dans de nombreux endroits de France, une corrélation évidente entre l'immigration de masse et l'évolution du comportement politique en faveur du PCF. [...] Les succès impressionnants du PCF à partir des années 1950 dans la Lorraine du Fer s'expliquent par l'accession massive des immigrants italiens de la deuxième génération à la citoyenneté » [Noiriel, 1986], phénomène que l'on retrouve à Montargis, à Marseille, à La Seyne-sur-Mer. Surexploités, jeunes, souvent célibataires, ces prolétaires, lorsqu'ils s'engagent dans la lutte politique ont

« tendance à choisir les organisations les plus "révolutionnaires" et sont tentés par l'action violente » [Noiriel, 2001]. Cependant, c'est surtout la deuxième génération, celle qui a réussi son intégration dans les emplois ouvriers plus qualifiés, qui a obtenu sa naturalisation, qui soutiendra le PCF, lui fournissant nombre de ses cadres ouvriers. À Halluin par exemple, autre fief communiste, l'histoire du monde ouvrier local est l'histoire d'une population d'origine flamande en quête d'intégration, mais le PCF sut aussi s'agréger des ouvriers à statut, comme c'est le cas dans les arsenaux (par exemple à Bourges ou à Lanester), dans les chantiers navals (Port-de-Bouc ou La Seyne), les chemins de fer dont nombre des villes dépôts devinrent des municipalités communistes (Les Aubrais, Vierzon, Longueau, etc.). Rien d'étonnant par conséquent si de larges fractions de son électorat se recrutent chez les ouvriers (37 % en 1948 ; 38 % en 1952, 40 % en 1958 et 49 % en 1967, 1973 et 1978). Cette spécificité ouvrière de l'implantation communiste eut d'importants effets sur les organisations syndicales du système d'action communiste, en particulier la CGT que les communistes dominent à partir de la Libération. Même si la théorie de la courroie de transmission sous-estime la complexité des relations entre le PCF et la CGT, cette dernière, avec ses 5 530 000 adhérents en 1946 (2 110 000 en 1953, 1 910 000 en 1969 et seulement 600 000 en 1990) appartint au système d'action communiste avant de s'en détacher partiellement et progressivement dans la dernière décennie, faisant ainsi de la figure du délégué CGT un homme du peuple communiste.

Le cas français se caractériserait donc par une double hétéronomie : en bas, par l'absence de traditions culturelles que seule l'ancienneté du groupe aurait pu forger, en haut par le contact et l'imbrication des ouvriers d'élite avec certaines fractions du champ intellectuel et du champ politique. De ce point de vue, le « parti de la classe ouvrière » selon l'expression devenue label, est bien un parti « iconoclaste en ce qu'il renverse les images traditionnelles sur la France et de la France, celles privilégiant agriculteurs et classes moyennes, hostiles ou indifférentes au monde et au travail ouvriers ; iconoclaste en ce qu'il retouche d'autres images, celles que diffusait la paternalisme patronal, glorifiant l'ouvrier docile et discipliné : le PCF, lui, se proclame représentant de la classe ouvrière qu'il encense, embellit et montre en exemple, revendique une différence ouvrière et fait de celle-ci un motif de fierté, d'espérance, enfin encourage au combat collectif » [Lazar, 1990]. Le métallo et le mineur furent les deux figures de cet imaginaire ouvrier communiste.

Associé au monde ouvrier dans le vaste ensemble du peuple de France, le monde paysan est symboliquement présent dans le logo communiste (la faucille et le marteau). Bien que l'on eut tendance à la sous-estimer parce qu'elle ne correspondait pas à la représentation que le PCF voulait donner de lui-même ou que l'on voulait donner de lui, l'implantation paysanne du PCF fut remarquable dans certaines régions. Elle montre en tout cas des usages spécifiques de la marque communiste bien éloignés du collectivisme agraire soviétique. Les facteurs de cette implantation tenace sont multiples. On peut en imputer quelques motifs à certaines traditions politiques qui tiennent pour une part essentielle au reflux de l'influence religieuse et aux déceptions de la République. Pour Maurice Agulhon, la République mène à la lutte des classes quand la religion perd du terrain car il y a moins de raisons de se résigner : « L'esprit critique forgé et popularisé pour combattre la religion se transpose aisément à la critique de l'ordre social » [Agulhon, 1996]. Des études sur le Limousin, plus récemment des recherches sur le Bourbonnais, ces territoires majeurs de l'implantation rurale du PCF, ont bien montré comment la thématique pacifiste et celle de la lutte contre les « gros », associées très tôt à un communisme qui sut se faire le défenseur de la petite propriété agricole malgré les tensions idéologiques internes que suscitait cette prise de position, rencontrèrent les aspirations des sociabilités rurales dans lesquelles cafetiers, artisans de campagne et instituteurs jouèrent un rôle clé et où avaient souvent émergé un syndicalisme paysan. La Résistance communiste participa aussi à la politisation de paysans qui devinrent communistes. L'absence de bastions ouvriers dans certains départements facilita même l'implantation sur des bases spécifiquement rurales. La Confédération générale des paysans travailleurs (CGPT) ou le Mouvement de défense des exploitants familiaux puis de l'exploitation familiale (MODEF), bien que minoritaires, et *La Terre*, le quotidien communiste longtemps dirigé par Waldeck-Rochet, furent les deux principaux outils de cette influence tandis que des dirigeants habiles comme Renaud Jean ou Marius Vazeilles surent animer cette politique paysanne du PCF. Chaque fois des configurations spécifiques et complexes furent ainsi à l'origine de ces communismes ruraux.

Avec les ouvriers et les paysans, les enseignants, essentiellement ceux du primaire et secondaire public, constituent le troisième grand vivier du peuple communiste. Après la guerre, l'influence des communistes s'accroît parmi les enseignants. Les luttes antifascistes (le Comité de vigilance des intellectuels antifascistes), puis la Résistance, avaient forgé un ensemble de références idéologiques, autour de la paix et de la laïcité, susceptibles de séduire le monde enseignant. Cette configuration se perpétue à la Libération mais cette fois l'implantation dans les professions intellectuelles est sans commune mesure avec celle qui avait caractérisé les années 1930. Elle exige le développement d'un travail partisan spécifique en direction des intellectuels. Se met alors en place dans la foulée du Front national un dispositif complexe d'encadrement avec la création d'une organisation spécifique, l'Union nationale des intellectuels (UNI) qui se propose de fédérer organisations et journaux des professions intellectuelles (Union française universitaire, Mouvement national judiciaire, Union des médecins français, Mouvement national du spectacle, etc.). Des revues — *Action*, *Les Lettres françaises*, *L'Université libre*, *L'École laïque*, *Le Médecin français* ou *Arts de France* — témoignent de cette audience. L'adhésion au PCF de « grands » intellectuels et artistes comme Pablo Picasso, Paul Langevin, Francis Jourdain, Fernand Léger, Frédéric Joliot-Curie ou Paul Éluard symbolise cette implantation réussie dans les milieux intellectuels. L'audience du PCF à l'École normale supérieure est ainsi sans commune mesure avec ce qu'elle fut et ce qu'elle sera. En 1946, 10 % des normaliens seraient, selon certaines estimations, membres du PCF. L'instituteur communiste devait jouer un rôle de premier plan, sans parvenir à supplanter l'instituteur « laïque », souvent socialiste, dans la mythologie de l'école française. Une enquête sur la composition sociale du PCF, effectuée en 1954, dont les résultats furent publiés en 1959, indique néanmoins qu'il y aurait 2 % d'instituteurs parmi les adhérents, ce qui équivaut à plusieurs milliers d'individus (Pierre Roche avance un chiffre de 5 000 à 6 000). Si la guerre froide alimenta la défiance traditionnelle des cadres ouvriéristes à l'endroit des « intellectuels », conduisant la direction du PCF à privilégier pour ce monde les luttes pour la paix, « à partir du milieu des années 1950, se développe un lent processus de réévaluation par les communistes de l'activité syndicale » [Girault, 2002] en milieu enseignant. Bien que la tendance « Unité et action » ne parvint jamais à dominer le Syndicat national des instituteurs, elle y joua le rôle d'une très forte minorité et devint même dominante dans l'enseignement secondaire en 1967 tandis que l'école démocratique (symbolisée par le plan Langevin-Wallon de réforme de l'enseignement, qui fut la référence symbolique majeure du PCF en direction du monde enseignant) devenait le mythe scolaire communiste et que la pédagogie nouvelle acquérait droit de cité avec le Groupe français d'éducation nouvelle et avec Francs Camarades, malgré la perte du mouvement Freinet qui fit l'objet d'une condamnation idéologique en 1949. D'après une première estimation portant sur l'ensemble des comités fédéraux de 1953 à 1968 (soit un nombre total de 2 280 individus), on dénombre 168 instituteurs, 43 institutrices, 92 professeurs, soit un peu plus de 300 enseignants dans des comités dont, pourtant, la composition socioprofessionnelle fait l'objet d'une grande vigilance [Pennetier, Boulland, à paraître]. L'une des dimensions, peu connue mais certainement décisive, de l'influence communiste dans le monde enseignant tient aux phénomènes de mobilité sociale vers l'enseignement des enfants de communistes dont beaucoup se feront un devoir de fidélité pour leur « classe d'origine ». Enfin, notons qu'au fur et à mesure du développement morphologique de l'enseignement supérieur, le PCF s'implanta significativement dans le monde étudiant, mais les tendances hétérodoxes de l'Union des étudiants communistes (UEC) des années 1960 conduisirent la direction du PCF à exclure les minorités dissidentes. C'est donc dans cette période des années 1950 et 1970 que le monde enseignant redevient un vivier privilégié du recrutement et de l'encadrement communiste, même si la propension à la promotion militante est encore contenue dans certaines limites ou masquée par certains subterfuges de présentation.

À ces trois grands viviers de recrutement s'en ajoutent d'autres dont nous ne mentionnerons que les plus signifiants, en particulier les militants juifs et les femmes. Si le « judéo-bolchevisme » — syntagme de la propagande nazie, qui se voulait infâmant en jouant d'un effet de double disqualification — est une ineptie, la question de l'engagement communiste de nombreux juifs, dans l'entre-deux-guerres puis pendant et après guerre, est symptomatique des usages complexes que l'on put faire de la marque communiste. Dans l'entre-deux-guerres, durant la Résistance (particulièrement à la main-d'œuvre immigrée, MOI), après-guerre, de nombreux juifs, ashkénazes puis séfarades, d'ancienne implantation ou issus d'immigrations récentes, ont cru trouver avec le PCF un engagement libérateur. Avant-guerre, en janvier 1934, la « section juive » de la MOI avait lancé un quotidien en langue yiddish, *Naïe Presse* (*Presse nouvelle*), dont le rédacteur en chef était Louis Grojnowski, dirigeant de la MOI, qui était au cœur d'une communauté juive militante, principalement parisienne, dotée de maintes organisations (de jeunesse, culturelle, etc.). À cette première époque où l'on cultivait certaines dimensions de l'identité juive succèdera, après-guerre, une politique d'intégration qui conduisit nombre de militants communistes juifs à mettre en sommeil, à éradiquer ou à conserver marginalement, leur identité. « Certains sont venus au communisme en croyant trouver dans cette voie nouvelle une solution à la question juive, tandis que d'autres, plutôt indifférents au problème juif, ont cru se plonger dans une contre-société universelle et échapper ainsi à un particularisme qu'ils ne voulaient plus porter » [Alexis Spire, 1995]. De ce fait, deux types d'engagement se dégagent : un engagement communautaire, transmis par la famille grâce à une socialisation dans des associations de jeunesse communistes et juives, comme la Commission centrale de l'enfance ; un engagement « sociétaire » qui serait « le résultat d'un déracinement culturel vécu comme une difficulté à se conformer au modèle de la société française » et qui se manifesterait sur le mode de la rupture, du refoulement de la judéité. L'engagement communautaire s'inscrit dans le cadre d'une identité marquée, à la fois vécue et revendiquée, s'exprimant dans des organisations, certes confidentielles, mais spécifiques. L'engagement sociétaire s'inscrit dans une logique d'identité masquée : dissimulation ou dénégation de la judéité. Le changement de nom est la forme la plus radicale de cette dénégation. D'où fréquemment chez ces militants une identité double (dans le for intérieur peut rester vivante l'identité juive). À une identité juive communiste tendue, ambiguë, succèderaient donc un refoulement puis de multiples retours du refoulé... qui prendront bien des visages. D'Eugen Fried, délégué du Komintern en France [Kriegel, Courtois 1997], à Henri Krasucki, en passant par Georges Charpak (prix Nobel), Stanislas Tomkiewicz (pédopsychiatre), Annie Kriegel (historienne), sans oublier Adam Rayski ou les militants du groupe Manouchian, c'est toute une facette essentielle de l'histoire des juifs au XXe siècle qui entretient avec le communisme des liens d'une extrême complexité dont témoignent, sur un mode nostalgique et critique mais non sans autodérision, aussi bien le livre humoristique de Raymond Lévy, *Schwartzenmurtz ou l'esprit de parti* (1976) que le film de Jacques Fansten, *Les Lendemains qui chantent* (1985) ou le récent ouvrage de Jacques Frémontier, *L'Étoile rouge de David* (2002).

Les femmes jouèrent un rôle non négligeable dans le peuple communiste, quantitativement et qualitativement, dans la stricte mesure où le féminisme, sous quelque forme que ce soit, ne faisait pas obstacle aux logiques idéologiques staliniennes. D'où ce paradoxe d'un monde communiste qui fait objectivement une place aux femmes et, subjectivement, préfère en rester à des représentations viriles, confinant les femmes à des rôles subalternes. Comme le note Brigitte Studer [2004], « la célébration du culte de la famille se constate de façon exemplaire dans la mise en scène de la vie du leader du PCF, Maurice Thorez ». Pourtant dès les années 1920, plus encore dans la Résistance, nombreuses furent les femmes qui s'engagèrent dans le communisme, offrant au PCF certaines de ses figures héroïques comme celles de Danielle Casanova ou de Marie-Claude Vaillant-Couturier. Avec des dirigeantes comme Jeannette Thorez-Vermeersch, Claudine Chomat, et bien d'autres, grâce à ses organisations, l'Union des jeunes filles de France ou l'Union des femmes françaises, mais aussi par ses militantes, cette dimension de l'histoire communiste n'est pas négligeable. Le PCF compta en effet assez vite, après la Seconde Guerre mondiale, près de 25 % de militantes, ce qui en fait, aujourd'hui encore, l'un des partis politiques les plus ouverts aux femmes, à la base du moins. Néanmoins, l'instrumentalisation communiste du « féminin », de plus en plus discordante avec les combats féministes, brida cette dimension de l'histoire du communisme français.

On mentionnera enfin pour mémoire d'autres sous-ensembles, fondés sur d'autres clivages, qu'une analyse exhaustive du peuple communiste devrait prendre en compte même s'ils en occupent les marges ou les frontières. En premier lieu, les militants communistes *et* catholiques dont une des figures les plus accomplies sera celle du prêtre-ouvrier. Souvent militants et cadres de la CGT, les prêtres-ouvriers furent considérés suffisamment menaçants pour faire l'objet en 1954 d'une condamnation par Rome. Les « compagnons de route » constituent une autre facette de l'univers communiste : préservés des allégeances partisanes, ils pouvaient, suivant les contextes, bénéficier du système d'action communiste tout en apportant à celui-ci un surcroît de légitimité. Dans les batailles antifascistes durant l'entre-deux-guerres, dans celles pour la paix de la période de la guerre froide, dans le monde intellectuel d'une manière générale, leur rôle ne fut pas négligeable. La Résistance enfin créa des liens entre résistants que les divisions politiques ultérieures ne parvinrent jamais à effacer totalement. En réalité, le PCF pénétra pratiquement tous les milieux sociaux, même à la marge pour les plus éloignés. Cette nationalisation de son influence n'est évidemment pas sans rapport avec l'ambiguïté et l'ambivalence d'une idéologie politique qui se donna pour objet, à partir du Front populaire, d'agréger dans des ensembles aux dosages savants faits de bricolages, des valeurs, des symboles et des mots d'ordre non nécessairement homogènes. Symbolisé par l'alliance du drapeau rouge et du drapeau tricolore, ou par la politique de la main tendue aux catholiques, chaque communiste, suivant son degré d'implication dans l'univers du parti, bricolait l'assemblage qui lui correspondait au mieux.

Bastions et banlieues rouges

L'implantation ouvrière et populaire au sens large, fondée sur tout un réseau d'organisations variées, a rendu possible l'existence dans la durée de territoires « communistes », de « fiefs », à condition néanmoins, là encore, de ne pas réduire tous les acteurs à un même usage du « communisme ». Les études sur l'implantation localisée du communisme tendent à montrer que sous l'« identité communiste », identité d'appareil, identité cérémonielle officielle, bien d'autres intérêts sont en question : identités de réseaux familiaux, de voisinage, survie d'identités locales, défense professionnelle, etc. Comme le souligne Jacques Lagroye, des « recherches récentes ont bien mis en valeur l'originalité de nombreuses sections locales du parti communiste en France. Les pratiques et les valeurs privilégiées à Saint-Nazaire ou à Bobigny par les militants communistes résultent d'anciens modes presque « villageois », longtemps préservés à l'échelon des quartiers, qui ont créé un « communautarisme » entretenu par les activités municipales — au point que, jusqu'aux années 1950, « n'être pas communiste, adhérent ou simple électeur... c'est s'exclure au moins partiellement de toutes les relations de sociabilité locales. L'être, c'est appartenir pleinement à cette "cité rouge" et en partager les conduites spécifiques » [Lagroye, 2002]. La banlieue rouge symbolise ce communisme « réalisé » où la symbiose entre les groupes référents, les militants communistes, les responsables des organisations de masse et les édiles s'affirme dans la revendication d'un monde séparé, protégé, dominé. Le cas de la ceinture rouge parisienne est frappant. En 1935, le PCF dirige 27 municipalités dans la Seine et 55 en Seine-et-Oise. 36 % des conseillers municipaux de la Seine sont communistes. La réussite du communisme municipal repose sur un curieux mélange de discipline partisane et d'initiative des élus. « Les municipalités communistes ont fait face aux nécessités quotidiennes immédiates, inventé et bricolé des solutions dont les conséquences marquent encore les paysages de l'agglomération parisienne. Le parti communiste qui voulait alors l'instauration des soviets en France s'est adapté à la résolution prioritaire de problèmes d'égouts, de voirie, de lotissements défectueux et de gestion municipale » [Fourcaut, 1986]. Dans l'après-guerre, la population de la région parisienne s'accroît, de deux millions d'habitants notamment entre 1954 et 1960, afflux de population auquel les municipalités communistes tentent de faire face en bâtissant des grands ensembles HLM. Les édiles communistes ont pris en charge ces actions : « Le travailleur du bâtiment se pense à même de régler les problèmes de viabilité des zones loties mieux que ses prédécesseurs membres des élites urbaines ; l'ouvrier des services d'intérêt public père de famille originaire de Bretagne a un point de vue ferme sur les colonies de vacances, les patronages, les dispensaires et l'ouvrier métallurgiste syndicaliste se juge en mesure de mobiliser le personnel municipal dans l'intérêt de la population » [Pennetier, 2002]. Le déclin du PCF a atteint évidemment cette dimension essentielle de son implantation : en 1977, on dénombrait

1 465 maires communistes ; ils n'étaient plus que 887 (dont 756 effectivement membres du PCF) en 1995 : 4,4 millions d'habitants relevaient encore du communisme municipal.

Mais plus que toute autre, bien qu'éphémère, la « ville communiste » par excellence fut celle de la fête de *L'Humanité* qui, depuis les années 1930, se tient au mois de septembre dans la proche banlieue de Paris (Garches d'abord, puis Vincennes et La Courneuve principalement). Chaque année, des centaines de milliers de participants sont invités à déambuler au gré des stands des fédérations et des sections du PCF, dans cette ville lieu de rencontre de la « famille » communiste, en empruntant les voies de l'imaginaire communiste (« place de l'amitié entre les peuples », « place de l'unité », « place de la Commune de Paris », « avenue du colonel Fabien », etc.). Longuement préparée en une concurrence partisane où se défient à coup de vignettes vendues militants, cellules, sections et fédérations, elle structure un activisme d'été et annonce la « rentrée sociale ». Moment du lancement des mots d'ordre de l'année, moment festif, moment du discours politique de rentrée sur la scène centrale, moment d'achat des livres du parti à la cité du livre (26 000 en 1970, 100 000 en 1975), moment des retrouvailles entre communistes dispersés géographiquement, la fête de *L'Humanité* célèbre autour de son journal et de sa défense par les comités de défense de *L'Humanité*, ses vendeurs bénévoles du dimanche et ses lecteurs, réguliers ou occasionnels, tout en cherchant à entraîner tous ceux qui subissent la loi de la gravitation communiste et qui peuvent s'agréger au parti au gré des propositions d'adhésions qui émanent de chaque stand, avec insistance et bonhomie. En moyenne, près de 10 000 adhésions, souvent précaires, étaient réalisées en deux jours durant les années 1970 [Gérôme, Tartakowsky, 1988].

De l'*aggiornamento* inachevé à l'échec de la mutation communiste : 1960-2000

À partir de 1956, le PCF entre progressivement dans la deuxième phase de son histoire, introduite par les effets délégitimants consécutifs aux révélations du XXe congrès du PCUS et à l'épuisement de la force propulsive du mouvement communiste international. Ainsi que l'attestent nombre d'indicateurs accompagnés du développement des conflits internes et des symptômes multipliés des désarrois militants, le PCF connaît depuis une évolution critique propice à l'analyse des multiples processus sociopolitiques qui sont au principe des transformations des partis politiques, voire, en l'espèce, de la dissociation de l'entreprise politique elle-même. D'un point de vue analytique, la complexité d'un tel phénomène doit inciter à la plus extrême circonspection. Il est vraisemblable en effet que se réfractent dans la dissociation du PCF, selon des mécanismes *emboîtés* que nous connaissons mal, un ensemble d'évolutions des champs et des marchés politiques (transformations des conditions du métier et du système politiques, évolution du rôle des médias, effets de cycle des mobilisations collectives, etc.), mais aussi d'évolutions sociales dont les effets sur le fonctionnement des entreprises politiques, et sur les modes d'engagement militants, en particulier en milieu populaire, sont manifestes (mutation de l'appareil scolaire et généralisation du modèle secondaire-supérieur, inflation des titres scolaires et dévaluation des filières professionnelles, modifications de la division technique et sociale du travail, transformation des modes de reproduction des groupes sociaux, etc.), sans oublier évidemment tout ce qui tient à la spécificité de l'entreprise communiste elle-même, aux conditions sociohistoriques de son succès relatif en France qui sont *aussi* les conditions de son déclin, aux difficultés de la promotion d'une culture de légitimation d'élites politiques dominées. *Last but not least*, le communisme français s'étiole aussi sous des coups adverses visant son système d'action : disqualification symbolique des ouvriers, dévalorisation systématique des élites communistes d'origine populaire, mépris des cultures populaires, délocalisation — avec les usines — des ouvriers eux-mêmes doublement atteints dans leur estime de soi et dans leur existence objective.

L'histoire même de l'échec continu de toutes les stratégies et tactiques mises en œuvre depuis les années 1960 ainsi que les résultats jugés décevants — au regard de ce qui était espéré — des *aggiornamenti* communistes (1961-1977 et 1994-2002) peuvent mettre sur la voie des facteurs fondamentaux qui sont au principe du déclin communiste. Les directions successives du PCF ont tenté de procéder à des rénovations susceptibles de résoudre la crise du parti et d'assurer la pérennité de l'entreprise communiste dans l'espoir de réunir un jour les conditions d'un développement ultérieur. Du début des années 1960 à la rupture de l'Union de la gauche en 1977, le premier *aggiornamento*, « mouvement complexe où la révision théorique, la pratique des alliances électorales, le renouvellement du personnel dirigeant et le nouveau statut concédé aux intellectuels s'appellent les uns les autres » [Matonti, 2004b], s'est traduit par la refonte de très nombreux invariants rhétoriques de l'édifice doctrinal de l'époque stalinienne et par la recherche de règles nouvelles de fonctionnement interne.

Un rapide bilan des évolutions doctrinales depuis l'époque stalinienne montre l'ampleur des changements. Le XXe congrès du PCUS (1956) ouvre la voie. Dans une première phase, c'est la stratégie politique qui fait l'objet d'un ensemble de réorientations doctrinales. Après l'abandon de la thèse du parti unique (XVIe congrès, 1961), la recherche d'une voie française au socialisme rompant explicitement avec le mimétisme d'octobre 1917, l'accent mis sur le caractère pacifique du passage au socialisme (réitéré avec vigueur en 1964 au XVIIe congrès du PCF), c'est le fonctionnement interne du PCF et en particulier les formes de la collaboration avec les intellectuels qui devient central. La redéfinition des rapports entre intellectuels communistes et cadres dirigeants d'origine populaire au sein du PCF comme « intellectuel collectif » s'officialise en 1966 avec le Comité central d'Argenteuil. Elle se poursuit sur les scènes diverses de l'expression intellectuelle du parti (dans la presse communiste avec des revues chargées de prospecter les avancées théoriques — *La Nouvelle Critique* puis, plus tard l'hebdomadaire *France nouvelle*) ou dans l'ouverture de tribunes dans *L'Humanité* auxquelles collaborent des intellectuels communistes, ou bien dans les lieux institutionnels officiellement chargés de faire avancer la « réflexion théorique » (Institut Maurice-Thorez, Centre d'études et de recherches marxistes, Semaines de la pensée marxiste, Institut de recherches marxistes) ou encore dans l'édition communiste. Ce sont ensuite les liens symboliques et historiques avec le monde soviétique que le PCF tente de reconfigurer au fur et à mesure qu'il est confronté aux révélations sur la terreur stalinienne désormais « incontrôlables » qui sont faites : du film de Costa Gavras, *L'Aveu*, tiré du livre d'Arthur London (1968), par exemple, à *L'Archipel du Goulag* de Soljenitsyne qui symbolise le point de non-retour dans la perception de l'URSS. Parallèlement, les crises du monde communiste (Tchécoslovaquie, Pologne, Chine, etc.) constituent un obstacle de plus en plus rédhibitoire au « rayonnement » du PCF. D'où la mise en scène de la condamnation du stalinisme en 1975, la redéfinition dans les années 1960 puis l'abandon de la notion de « dictature du prolétariat » au XXIIe congrès du PCF, le refus en 1977 de subordonner la stratégie politique aux impératifs de « l'internationalisme prolétarien », l'aveu (1977) que la direction du PCF avait eu connaissance du rapport secret de Nikita Krouchtchev au XXe congrès du PCUS dès 1956, le soutien de Georges Marchais aux ouvrages de l'historien communiste Jean Elleinstein, ainsi que la publication de *L'URSS et nous* — un ouvrage collectif controversé au sein du parti sur cette question épineuse entre toutes du rapport à l'URSS —, la tentation eurocommuniste enfin. Au terme de ces évolutions, il ne restait plus grand-chose de la doctrine de l'époque thorézienne… à l'exception de trois éléments « fondamentaux » : le centralisme-démocratique, la référence au « marxisme-léninisme » et la marque « révolutionnaire ».

En ce qui concerne le peuple communiste, trois logiques fondamentales peuvent être retenues. D'une part, la tendance à persévérer dans son être va se traduire par le maintien du pouvoir interne des cadres d'origine ouvrière. Plus on s'élève dans la hiérarchie partisane plus la part des ouvriers reste importante (52,3 % d'ouvriers au bureau politique en 1976, 59,2 % des premiers secrétaires fédéraux en 1982, 40 % encore en 1976). Ces cadres d'origine ouvrière tiennent l'appareil. Ils ont hérité du capital collectif que leurs prédécesseurs avaient accumulés, parfois quasi familialement, d'où de véritables dynasties communistes. Ce processus de bureaucratisation de l'entreprise communiste tend à modifier les critères de sélection du personnel politique communiste en majorant certaines aptitudes, et notamment la « fidélité » au parti, au détriment d'autres attitudes et aptitudes. L'éviction d'un nombre non négligeable de cadres communistes résistants (de C. Tillon à J. Chaintron, de G. Guingouin à R. Marchadier pour n'en citer que quelques-uns) dans les années 1950 peut s'analyser sociologiquement selon cette logique. Cette tendance ne facilite évidemment pas les capacités d'adaptation du PCF aux évolutions de son groupe de référence, le groupe ouvrier, c'est-à-dire à la montée des OS (ouvriers spécialisés) et à celle des immigrés auprès desquels il aurait pu trouver l'équivalent des ouvriers qu'il avait su promouvoir dans l'entre-deux-guerres et après. C'est la thèse d'Olivier Masclet [2003] qui, dans une étude monographique consacrée à Gennevilliers, des années 1950 à nos jours, conclut : « Tout se passe en effet comme si le PCF et ses représentants locaux avaient méconnu ce nouveau "prolétariat des banlieues", dont une large partie est constituée des fils et filles issus de l'immigration algérienne et marocaine. » Cette clôture de l'espace politique sur l'entre-soi communiste antérieur creuse le fossé entre les élus communistes et les militants des cités qui, par toute leur histoire sociale, étaient plus particulièrement disposés à être des relais auprès des classes populaires.

L'effritement de l'autorité politique des cadres ouvriers et l'érosion de la capacité à contrarier les logiques sociales de recrutement des hommes politiques ouvrent d'autre part des marges de jeu et de promotion interne aux adhérents appartenant aux professions intermédiaires salariées et aux professions intellectuelles. Alors que le tassement électoral caractérise les années 1970, malgré le programme commun, l'accroissement des effectifs militants durant la même période (de 380 000 en 1969-1970 on passe à 520 000 en 1978) [Buton, 1985], suggère que l'organisation communiste est progressivement investie par des agents sociaux qui avaient été engagés dans les mobilisations collectives caractéristiques de Mai 68. L'analyse des délégués aux congrès du PCF et celle de l'évolution de l'appareil communiste, de 1956 à 1986, montrent le retournement de tendance : alors que les ouvriers étaient largement majoritaires, ils sont progressivement concurrencés et souvent remplacés par les « non-manuels » [Courtois, 1986]. En 1967, au XVIIIe congrès, 51 % des délégués sont encore d'origine ouvrière mais plus d'un tiers (34,3 %) sont employés, cadres moyens ou supérieurs, ingénieurs ou techniciens, professeurs ou membres d'une profession libérale [Courtois, Lazar, 2002]. De l'analyse réalisée par François Platone en 1979, il ressort que plus des deux tiers des communistes ont adhéré après 1968 dont 23,3 % après la rupture de l'Union de la gauche. Comparant la structure socioprofessionnelle des « générations » partisanes, il montre que le poids des classes moyennes salariées croît jusqu'à la promotion 1968-1971 (23,9 %) puis décline fortement pour ne plus représenter que 6 % des adhérents 1978-1979. Tout confirme par conséquent l'entrée dans le PCF, après 1968, d'agents sociaux dotés d'un fort capital culturel, progressant très rapidement dans toutes les instances dirigeantes du PCF à l'exception de certaines positions clés de l'institution communiste, le bureau politique, les secrétariats et bureaux de fédérations et les secrétariats de section, menaçant progressivement, directement et indirectement, plus ou moins consciemment, les titulaires des position de pouvoir au sein du PCF. Ces prétendants trouvent chez les intellectuels communistes des représentants plus autonomes. Alors que dans les années 1950, les intellectuels communistes n'étaient guère placés que face à une seule alternative : se soumettre, tout en conservant parfois leur quant à soi, ou se démettre, la gamme des rapports à l'autorité des intellectuels devient plus étendue à partir des années 1960. Surtout, la tâche de production théorique qui leur est confiée permet aux intellectuels, pour la première fois en tant que tels, de participer à l'élaboration de la pensée politique du PCF, sans pour autant devoir se transformer en « professionnels de la politique », c'est-à-dire sans renoncer à une carrière universitaire, d'écrivain ou d'artiste, extérieure au champ communiste. Ce « jeu double » repose sur la conjoncture, mais aussi sur les caractéristiques des intellectuels des années 1960 et 1970. Une partie d'entre eux, plus dotés en ressources universitaires que leurs prédécesseurs, n'ont effectivement pas besoin du réseau parallèle communiste (maisons d'édition, revues, centres de recherche) pour faire carrière. Le PCF est désormais obligé de tenir de plus en plus compte des effets-retour de la relative autonomie des champs de production intellectuels, en particulier universitaires. Ainsi que l'écrit explicitement Francis Cohen dans une note interne au moment du lancement en 1967 de la nouvelle formule de *La Nouvelle Critique*, chargée d'incarner cette nouvelle configuration, « l'autorité réelle parmi les intellectuels communistes n'est pas obligatoirement donnée (sur le plan des idées) par les responsabilités occupées dans le parti, mais bien plus souvent selon une hiérarchie interne aux intellectuels eux-mêmes » [Matonti, 2004b]. Le poids relatif qu'acquièrent les intellectuels au sens large au sein du PCF durant les années 1960 se traduit enfin par l'acuité des débats sur les nouvelles classes moyennes et par les actions spécifiques en direction des ingénieurs, techniciens et cadres (la revue *ITC* est créée en 1969). Ces nouveaux venus importent au sein du parti des rapports au parti qui valorisent le renouveau intellectuel. Le corps militant se désouvriérise donc durant toutes ces années au profit d'autres groupes sociaux, en particulier des « petits » intellectuels anciens et nouveaux, alors que le parti lui-même se renouvelle à 60 % à l'époque du programme commun. L'augmentation des effectifs du parti jusqu'en 1977 prend alors un sens sociologique particulier gros de conflits quand l'audience communiste s'effondre.

Jusqu'en 1977, les conflits internes sont contrôlés et leur expression publique fait l'objet d'une autocensure partielle sur laquelle s'accordent de fait les protagonistes. Les incidents ne manquent pas. Le pilonnage de la brochure du parti sur le thème des libertés dans laquelle une photographie montrait Pierre Juquin (agrégé d'Allemand et membre du bureau politique) serrer la main du dissident soviétique Leonid Plioutch (7 octobre 1976), un savant, témoigne certes de la volonté de Gaston Plissonnier de ne pas heurter le PCUS, mais aussi du refus de la consécration du rôle des intellectuels que symbolisent directement Juquin et Plioutch. Après la rupture de l'Union de la gauche en 1977, les compromis instables et fragiles de la période antérieure cèdent la place à des conflits ouverts, mais aussi à de nombreux départs d'intellectuels, plus ou moins discrets. Les collections, les textes critiques (L. Althusser, J. Elleinstein, etc.), les tentatives de regroupement d'oppositions diverses [Crettiez, Sommier, 2002], font florès mais ne parviennent pas à menacer réellement la direction de Georges Marchais... Peu à peu les intellectuels impliqués par le travail théorique (les universitaires, les chercheurs) se désengagent massivement. L'érosion progressive des positions du parti communiste dans le monde politique, intellectuel et social, se traduit par une atmosphère de fin de règne dont le roman de François Salvaing, *Parti*, publié chez Stock en 2000, peut être considéré comme une chronique fictionnelle subjective à travers le destin croisé de deux intellectuels communistes, dont l'un est un conseiller de Georges Marchais. L'humour noir devient, dans ce contexte, l'une des ressources de ces intellectuels dépités.

Dès lors, l'ensemble du système d'action communiste est l'objet de forces centripètes qui autonomisent et individualisent ses différents segments [Mishi, 2003]. Les revues théoriques, les quotidiens régionaux, disparaissent ou végètent. Les éditions du PCF sont démantelées et cédées. *L'Humanité* connaît une grave crise financière menaçant jusqu'à son existence. L'appareil de formation entre en crise. Bien que les intellectuels organiques communistes aient apparemment réussi à contenir les oppositions dont ils étaient l'objet, le parti communiste ne réussit plus à maintenir son caractère ouvrier. L'enquête de François Platone et Jean Ranger [2000] sur les adhérents communistes en 1997 révèle qu'ils sont désormais moins d'un tiers des membres du PCF. Si le PCF a opposé l'inertie de sa structure idéologique à toute refondation ou mutation, il a aussi perdu sa capacité de promouvoir ses propres intellectuels organiques ouvriers. On comprend alors que Robert Hue et son équipe n'aient pu conduire la « mutation » jusqu'à l'un de ses termes possibles : soit la reconfiguration à l'italienne du parti, soit une reconfiguration « révolutionnaire » ou « radicale », ce qui impliquait dans un cas comme dans l'autre l'ouverture de la compétition interne aux prétendants issus de diverses fractions des classes intermédiaires salariées et aux professions intellectuelles. Dans les deux cas, on mettait fin à la spécificité de l'aventure communiste en France : la promotion d'une élite militante et dirigeante d'origine populaire dans *tous* les postes du système d'action communiste (syndicats, municipalités, associations, presse, etc.), y compris dans les lieux de la production intellectuelle. C'eût été interroger l'inconscient historique de cette aventure, c'est-à-dire pour le moins la nature du mode de légitimation de la « vocation communiste » ou, si l'on veut, du bonheur militant. Pour le moment, aucune reconfiguration partisane n'a donc réussi à enrayer le processus de dissociation de l'entreprise communiste [Lavabre, Platone, 2003]. L'échec de Robert Hue est sanctionné : la présidence du parti est abolie après la déroute électorale de 2002. Au XXXIIe congrès, Marie-Georges Buffet, secrétaire nationale depuis le XXXIe congrès du PCF, occupe le poste sans partage, ce qui reflète à la fois la féminisation du corps partisan (35 % de femmes en 1977, 39,6 % en 1997) mais aussi, pour la première fois depuis la bolchévisation, la promotion à ce poste d'une titulaire d'un diplôme d'enseignement supérieur (Deug d'histoire).

RÉFÉRENCES BIBLIOGRAPHIQUES

AGULHON Maurice (1996), « Généalogie du communisme français », *Histoire vagabonde III*, Gallimard, Paris.

ARAGON Louis (1946), *L'Homme communiste*, Gallimard, Paris.

Buton Philippe (1985), « Les effectifs du PCF, 1920-1984 », *Communisme*, n° 7.

— (1986), « L'appareil de la guerre froide », *Communisme*, n° 10.

Courtois Stéphane (1986), « Les délégués aux congrès du PCF et l'évolution de l'appareil communiste, 1965-1985 », *Communisme*, n° 10.

Courtois Stéphane et Lazar Marc (2002), *Histoire du Parti communiste français*, Thémis, Paris.

Crettiez Xavier et Sommier Isabelle (2002), « Les contestataires communistes », *La France Rebelle*, Michalon, Paris.

Dreyfus Michel *et al.* (2004), *Le Siècle des communismes*, Seuil, coll. « Points » (1re édition, L'Atelier, Paris, 2000).

Fourcaut Annie (1986), *Bobigny, banlieue rouge*, Éditions Ouvrières/PFNSP, Paris.

Girault Jacques (2002), *Des communistes en France (années 1920-années 1960)*, Publications de la Sorbonne, Paris.

Gérôme Noëlle et Tartakowsky Danielle (1988), *La Fête de* L'Humanité, *Culture communiste, Culture populaire*, Messidor/Éditions Sociales, Paris.

Hirschman Albert O. (1995), *Défection et prise de parole, l'espace du politique*, Fayard, Paris.

Kriegel Annie (1985), *Les Communistes français dans leur premier demi-siècle*, Seuil, Paris.

Kriegel Annie, Courtois Stéphane (1997), *Eugen Fried*, Seuil, Paris.

Lagroye Jacques (2002), *Sociologie politique*, PFNSP/Dalloz, Paris.

Lavabre Marie-Claire et Platone François (2003), *Que reste-t-il du PCF ?*, Autrement, Paris.

Lazar Marc (1990), « Damné de la terre et homme de marbre. L'ouvrier dans l'imaginaire du PCF du milieu des années trente à la fin des années cinquante », *Annales ESC*, n° 5.

Masclet Olivier (2003), *La Gauche et les cités*, La Dispute, Paris.

Matonti Frédérique (2004a), « Les intellectuels et le Parti : le cas français » *in* Michel Dreyfus *et al.*, *Le Siècle des communismes*, Seuil, coll. « Points », Paris.

— (2004b), *La Nouvelle Critique, (1967-1978)*, La Découverte, Paris.

Mishi Julian (2003), « La recomposition identitaire du PCF », *Communisme*, n° 72-73.

Noiriel Gérard (1986), *Les Ouvriers dans la société française*, Seuil, Paris.

— (2001), *État, nation et immigration*, Belin, Paris.

Pennetier Claude (2002), « Le mandat municipal dans l'itinéraire militant » *in* Jacques Girault, *Des communistes en France (années 1920-années 1960), op. cit.*

PENNETIER Claude et PUDAL Bernard (2002), *Autobiographies, autocritiques, aveux dans le monde communiste*, Belin, Paris.

PLATONE François et RANGER Jean (2000), *Les Adhérents du Parti communiste français en 1997*, Cahiers du CÉVIPOF, n° 27.

PUDAL Bernard (1989), *Prendre parti (pour une sociologie historique du PCF)*, Presses de la Fondation nationale des sciences politiques, Paris.

— (2003), « Récits édifiants du mythe prolétarien et réalisme socialiste en France (1934-1937) », *in Sociétés et représentations*, « Le réalisme socialiste en France », n° 15.

SPIRE Alexis (1995), *Identités communistes juives après la seconde guerre mondiale*, mémoire de maîtrise, Paris-X-Nanterre.

STUDER Brigitte (2004), « La femme nouvelle » *in* Michel DREYFUS *et al.*, *Le Siècle des communismes* Seuil, coll. « Points ».

STUDER Brigitte, UNFRIED Berthold et HERRMAN Irène [éd.] (2002), *Parler de soi sous Staline*, Colloquium, Éditions de la Maison des sciences de l'homme, Paris.

38

Les syndicalistes

JEANNE SIWEK-POUYDESSEAU

DEPUIS LES ORIGINES, LA MAJEURE partie des syndicalistes appartenait au « peuple de gauche ». Mais cette composante était protéiforme, car le syndicaliste pouvait être anarchiste, gauchiste, communiste, socialiste, radical, et aussi mutualiste, coopérateur, écologiste ou féministe. Il pouvait également se considérer comme syndicaliste d'abord et avant tout. Il existait ainsi une mise en réseau d'appartenances multiples et parfois une sorte de division du travail dans la représentation, certains se sentant plus à l'aise dans le champ syndical, d'autres dans le champ politique ou mutualiste.

Le peuple des gauches, ou les peuples de gauche, disposait donc d'une gamme de représentants multiples, rarement désignés de manière démocratique, mais issus de procédures complexes de cooptation, de guerres de clans pour le pouvoir à tous les niveaux des organisations, sans compter l'autoproclamation par des « entrepreneurs sociaux » décidant de parler en leur nom. Mais de la sorte, s'est effectivement construite une élite représentative de ses mandants, souvent composée de militants désintéressés, désireux de se consacrer au bien commun, à une cause supérieure, à une certaine idée de la solidarité et de l'homme.

La diversité des professions représentées rend difficile l'ébauche d'une figure du syndicaliste. Le plus souvent, pour simplifier et avec un fort accent d'ouvriérisme marxisant, le syndicaliste ouvrier a seul été retenu. Et pour simplifier encore, l'ouvrier de l'industrie privée, alors que ce dernier ne représentait qu'une minorité des syndiqués, mais on considérait alors qu'il représentait l'ensemble des travailleurs. De fait, les syndicats ont toujours été implantés pour l'essentiel dans les grandes entreprises, publiques ou privées, et dans les grands services publics commerciaux ou administratifs. La masse des adhérents appartenait aux catégories d'exécution et d'encadrement moyen, ces derniers étant de plus en plus nombreux au fil du temps. Ainsi, métallurgistes, mineurs, cheminots, postiers, enseignants et fonctionnaires ont-ils été parmi les principales figures du peuple syndical. Par ailleurs, s'il existe une multitude de types syndicaux, du simple adhérent au militant local et au responsable national, le permanent est devenu le modèle du syndicaliste, le plus facile à appréhender, en raison de sa longévité remarquable à la tête des grandes organisations.

Nous donnerons ici quelques éclairages sur ce que fut cette composante des gauches au cours du xxe siècle, de la construction d'une représentation autonome des travailleurs à un parallélisme constant avec les partis de gauche, puis à une institutionnalisation ambiguë avant de se figer dans une bureaucratisation menant à l'éclatement.

La construction d'une représentation autonome du travail

Les syndicalistes du début du siècle ont tenté de construire une solidarité du groupe des travailleurs pensé en termes de lutte de classe entre un prolétariat quasi messianique et une bourgeoisie viscéralement rejetée. Cette classe devait se suffire à elle-même et défendre ses propres intérêts grâce à l'action directe. Les syndicalistes étaient censés représenter la classe ou la profession en tant que telle, sans revendiquer une représentation « démocratique » en termes quantitatifs, abandonnée aux politiques.

Les pionniers du syndicalisme furent souvent des sortes de petits entrepreneurs, constituant un groupement local et tentant de le faire vivre matériellement grâce aux cotisations qui, dans le meilleur des cas, les feraient vivre eux aussi. Il fallait surtout mobiliser les adhérents en propageant les idées du moment sur l'exploitation des salariés par les patrons, la lutte des classes, la nécessaire solidarité professionnelle et l'action collective. La grève, expérimentée par les ouvriers, servait à mobiliser et à créer des syndicats souvent éphémères, mais aboutissait aussi à démobiliser, comme après les grèves des électriciens ou des postiers de 1906 à 1909. La menace de grève générale jouait le rôle de mythe émancipateur.

La Confédération générale du travail (CGT), créée en 1895 et reconfigurée en 1902 avec l'adhésion des bourses du travail, eut bien du mal à s'organiser ; ses effectifs passèrent d'environ 100 000 en 1902 à 300 000 en 1910, soit de l'ordre de 4 % des salariés. Les femmes, qui auraient représenté 36 % de la population active en 1911, ne totalisaient que 9 % des syndiqués et se trouvaient quasi inexistantes dans les congrès et postes de responsabilité.

Les responsables des grandes fédérations et de l'organisation centrale étaient couramment qualifiés de « fonctionnaires syndicaux » puisque, à l'évidence, ils ne travaillaient pas de leurs mains et, objectivement, étaient des employés voués à la gestion, à l'écriture et à la parole, selon les capacités de chacun. Certains d'entre eux étaient, en fait, des déclassés issus de la petite bourgeoisie.

La première période de construction du syndicalisme, au début du siècle, fut marquée par l'opposition entre tendances révolutionnaire, anarcho-syndicaliste et réformiste. Les premiers l'emportaient à la tête de la CGT grâce à un système électoral non proportionnel au nombre d'adhérents, mais les professions les mieux syndiquées, comme celle du livre, étaient réformistes. Entre les deux, s'étageait une grande variété de positions intermédiaires, ou décalées, dans un bricolage idéologique mêlant, entre autres, Marx et Proudhon.

Les syndicalistes révolutionnaires, souvent proches des anarcho-syndicalistes, se distinguaient par leur rejet des partis politiques et leur antiparlementarisme, en prétendant représenter ou incarner, au plus près, le peuple des travailleurs. Ils étaient antiétatistes, anticapitalistes, pacifistes et internationalistes. Ils se disaient en faveur de la lutte des classes, de l'action directe et des minorités agissantes. Adeptes du boycottage et du sabotage, ils prônaient la grève générale pour accéder à une société émancipée.

Le syndicalisme anarcho-révolutionnaire de cette époque a été illustré notamment par Émile Pouget et son journal *Le Père Peinard*, par Victor Griffuelhes, secrétaire général de la CGT de 1901 à 1909, Alphonse Merrheim, secrétaire général de la Fédération des métaux, Georges Yvetot et Émile Pataud, le chef des électriciens qui signa avec Pouget, en 1909, *Comment nous ferons la révolution*. D'une plume acérée et partiale, qui vise parfois juste, deux journalistes, Leclercq et de Fléaux, ont peint « ces messieurs de la CGT » comme des arrivistes, illuminés et extrémistes. Le plus souvent autodidactes, avec une formation économique et sociale lacunaire, ces « meneurs » étaient craints, y compris par les élus de gauche qui devaient composer avec ce pouvoir naissant, sans être en mesure de les instrumentaliser. En effet, au congrès cégétiste d'Amiens en 1906, syndicalistes révolutionnaires et réformistes s'allièrent contre les guesdistes pour défendre l'autonomie à l'égard des partis politiques, tout spécialement des socialistes qui venaient de s'unifier. Ces derniers prirent acte de cette position, en réalité très ambiguë, et la charte d'Amiens devint un mythe fondateur, rarement respecté mais toujours invoqué.

Les syndicalistes réformistes étaient les plus nombreux, notamment parmi les travailleurs du livre, chez les cheminots et certains mineurs qui rejoignirent tous la CGT en 1908. Parmi les principales figures réformistes, il faut évoquer le socialiste positiviste Auguste Keufer, secrétaire général de la Fédération du livre de 1884 à 1920, Eugène Guérard, secrétaire du Syndicats des chemins de fer de 1890 à 1908, Maurice Claverie, secrétaire des employés du gaz puis de la Fédération de l'éclairage en 1905-1906, ou Casimir Bartuel, devenu secrétaire général de la Fédération des mineurs en 1911. Les employés du grand commerce ou des banques étaient également de tradition réformiste, pour partie hors de la CGT ainsi que dans les syndicats chrétiens, difficiles à classer à gauche pour cette période. Les principaux dirigeants de la Fédération des employés CGT, Arthur Rozier et Paul Aubriot, tout comme chez les mineurs, étaient à la fois des professionnels du syndicalisme et de la politique, obtenant des mandats électoraux jusqu'au Parlement.

La majorité des militants, de la base au sommet, appartenaient aux diverses tendances socialistes, y compris hors de la SFIO, et les croisements de courants syndicalistes d'une part, et socialistes d'autre part, n'étaient pas sans provoquer des remous. Ainsi, pour la période 1890-1914, sur deux cents fiches de cheminots recensées au *Dictionnaire biographique du mouvement ouvrier*, on a pu compter cent vingt socialistes, six anarchistes et trois radicaux, dont vingt-sept élus municipaux et quatre députés. À la famille réformiste cégétiste, il faut ajouter les syndicalistes fonctionnaires, policiers et enseignants qui n'avaient pas le droit d'adhérer à la CGT, et qui étaient d'ailleurs peu attirés par la direction révolutionnaire de l'époque. La plupart des animateurs de ces syndicats appartenaient à la mouvance socialiste.

Face à certaines élites politiques d'origine populaire, mais ayant acquis un capital intellectuel, avec ses risques d'embourgeoisement, le militantisme syndical permettait à beaucoup d'accéder à un certain niveau de compréhension du monde économique et social. Il est souvent apparu comme un ascenseur social permettant de ne pas se couper de ses origines. Le « refus de paraître et de parvenir » était, peut-être, une manière de moraliser et de théoriser cette situation. Cependant, il semble que certains militants se replièrent sur la représentation syndicale, faute d'avoir pu déboucher sur une représentation politique. D'autres, au contraire, l'utilisèrent pour mobiliser une clientèle populaire. Beaucoup de syndicalistes constituaient, en fait, un vivier de candidats potentiels pour les élections locales, où il leur arrivait de réussir, et pour les élections nationales, lorsqu'il y avait peu de chances de succès. Ils représentaient, en effet, un volant de professionnels de la parole, toujours utiles dans les préaux d'écoles. Les hommes politiques de la gauche se devaient de s'appuyer sur cette clientèle électorale et sur ses mandataires professionnels, car l'enjeu était décisif. On ne peut qu'évoquer la profonde compréhension que Jaurès manifesta toujours pour le mouvement syndical, y compris en dehors de la CGT.

L'entrée en guerre, en 1914, cristallisa des évolutions sous-jacentes. Léon Jouhaux, élu à la tête de la CGT depuis 1909 en tant que syndicaliste révolutionnaire, accepta la politique de la présence et l'union sacrée, comme la SFIO. La CGT, les socialistes et les coopérateurs créèrent ainsi un Comité d'action pour la défense des intérêts ouvriers et collaborèrent avec Albert Thomas, le secrétaire d'État chargé de l'Armement de 1915 à 1917. De leur côté, les minoritaires opposés à la guerre s'organisèrent avec, en particulier, Pierre Monatte et, dans un premier temps, Merrheim qui se rapprocha ensuite de Jouhaux. Cependant, le mécontentement grandit parmi les ouvriers et les grèves se multiplièrent en 1917. La révolution russe donna un nouvel élan aux minoritaires et la CGT bénéficia alors d'une vague d'adhésions portant ses effectifs à 600 000 en 1918, 1 600 000 même au début de 1919 alors que la SFIO restait à l'écart de ces mouvements.

Les tribulations parallèles des syndicats et partis de gauche

Le parallélisme des formes syndicale et politique se précisa entre les deux guerres. Les syndicalistes continuaient à se penser comme un contre-pouvoir autonome, tout en demandant un fort soutien de l'État pour leurs droits. Les réformistes acceptèrent même de participer à un certain nombre d'instances officielles, en s'imposant comme un groupe intermédiaire, qui n'était plus en situation de monopole dans la représentation sociale des travailleurs.

En effet, la guerre étant finie, les minoritaires, soutenus par un formidable engouement pour la révolution soviétique, passèrent à l'attaque contre Léon Jouhaux et les réformistes. L'agitation et les grèves se démultiplièrent en 1919 et 1920, avec en particulier la grève des cheminots, qui mit au jour les divergences stratégiques des uns et des autres, et se termina par un grave échec. Face à leurs revendications, les responsables de la CGT prônaient le contrôle ouvrier et, en collaboration avec les fonctionnaires, les coopérateurs ainsi que les ingénieurs et techniciens, avaient constitué un conseil économique du travail qui définit un véritable plan de nationalisations industrialisées, gérées de manière tripartite par les pouvoirs publics, les syndicats et les usagers. Enfin, devrait être mis en place un système d'assurances sociales. Ce programme, qui ressemblait fort à un programme politique, ne pouvait être mené à bien qu'avec une coopération parlementaire et, plus précisément, avec l'aile réformiste des socialistes. Après l'agitation de l'année 1920, la CGT fut condamnée par un tribunal à la dissolution, sans conséquence effective. Ses effectifs retombèrent à environ 700 000.

À la SFIO, la bataille entre partisans et adversaires de la IIIe Internationale avait abouti à la scission du congrès de Tours, en décembre 1920. La création du parti communiste entraîna, l'année suivante, la scission de la CGT et la création de la CGTU, le compromis de la charte d'Amiens étant définitivement mort. Après la scission consommée à la fin de décembre 1921, le mouvement ouvrier était exsangue. Les unitaires restaient minoritaires et la CGT maintenue avec Léon Jouhaux se trouvait amputée de l'apport espéré des fonctionnaires. Cependant, les minoritaires des comités syndicalistes révolutionnaires de la CGTU étaient loin d'être unis et, peu à peu, les communistes prirent en main l'appareil au détriment des anarchistes et syndicalistes révolutionnaires. Parmi les fondateurs de la CGTU figuraient Pierre Sémard, Julien Racamond et Gaston Monmousseau, qui fut secrétaire général de 1922 à 1932.

La SFIO se trouvait directement concurrencée par le parti communiste dans sa prétention à représenter le monde ouvrier. Ses élus furent d'ailleurs de plus en plus issus des classes moyennes, notamment les fonctionnaires et instituteurs. Sa seule base ouvrière en termes de mobilisation électorale demeurait à la CGT réformiste de Léon Jouhaux. Cette dernière revendiquait toujours son indépendance, mais il s'établit une sorte de division du travail avec la SFIO et éventuellement certains membres du parti radical. Les uns étaient chargés de la défense des travailleurs en faisant des propositions pour l'élaboration d'un droit social, les autres prenaient en compte les aspirations de cette partie de leur clientèle électorale dans leur action parlementaire. Ce compromis était assez loin du travaillisme à l'anglaise, mais l'objectif était du même ordre, quelles que soient par ailleurs les justifications et théorisations. Du côté communiste, au contraire, la confusion des rôles devint à peu près totale, car l'organisation du parti représentait une force nettement plus solide que la CGTU, et il était exclu qu'il y ait concurrence.

En 1921, la Fédération des fonctionnaires, y compris la grande majorité des instituteurs, mais non les postiers qui avaient adhéré à la CGT à la fin de la guerre, reprit son autonomie pour ne pas avoir à diviser ses forces. Cela lui permit de passer mieux que d'autres ces moments difficiles, aggravés pour les fonctionnaires par l'interdiction de se syndiquer et par les poursuites judiciaires qui en découlaient. Le secrétaire général de la Fédération des fonctionnaires, Charles Laurent, se voulait au-dessus des partis de la gauche, mais les principaux responsables, à tous les niveaux, étaient de sensibilité socialiste et appartenaient souvent à la SFIO. Les instituteurs, avec Émile Glay, Louis Roussel puis André Delmas, constituaient la moitié des effectifs de la fédération et se trouvaient encore plus impliqués à gauche, alors même que leur aile révolutionnaire et communiste était passée à la CGTU. Les enseignants et fonctionnaires jouèrent un rôle non négligeable dans la campagne électorale de 1924 qui aboutit à la victoire du Cartel des gauches. En reconnaissance, Édouard Herriot, dès le mois d'août 1924, leur accorda une reconnaissance de fait en raison de leur représentativité et de leur influence avérée.

De tendance résolument réformiste, la Fédération nationale des fonctionnaires, qui avait adhéré à la CGT en 1920 avant de s'en retirer lors de la scission, retourna à la CGT de Léon Jouhaux en 1927, avec près de 200 000 adhérents, dont 75 000 enseignants. Une petite minorité, spécialement bien implantée au ministère des Finances, resta autonome, proche à la fois de la CGTU et de la *Révolution prolétarienne*, fondée en 1925 par Pierre Monatte. Les liens de la Fédération des fonctionnaires avec les parlementaires socialistes et radicaux étaient constants. En 1932, sur cent fiches de renseignements établies par la préfecture de police, trente-six de ces syndicalistes étaient considérés comme militants ou proches du parti socialiste.

Devant la crise économique, les responsables de la CGT, dont René Belin ainsi que Robert Lacoste à la Fédération des fonctionnaires, développèrent les idées du socialiste belge Henri De Man et fut adopté un plan de la CGT, qui reprenait les anciens projets de nationalisation industrialisée et de Conseil économique du travail. Le rôle de l'État devait aussi être renforcé dans le cadre d'un Conseil supérieur de l'économie, au moment même où les syndicalistes étaient largement impliqués dans le Conseil national économique créé en 1925. Les responsables de la CGTU, dirigée depuis 1932 par Benoît Frachon, manifestaient une hostilité totale à ces thèmes réformistes, ce qui ne les empêcha pas d'entrer nombreux au Conseil national économique en 1936.

Parmi eux, figuraient Ambroise Croizat, Marcel Paul et Henri Raynaud. La *Révolution prolétarienne* demeurait sceptique et la SFIO ne fit preuve d'aucun enthousiasme, avant de reprendre ces idées à la Libération. En effet, Léon Blum ne souhaitait sans doute pas que les socialistes semblent trop dépendants d'une CGT clairement réformiste.

La collaboration entre les syndicats et partis de gauche se resserra devant les menaces fascistes en Europe. Ainsi, la grève générale du 12 février 1934, grève politique et non professionnelle, fut largement suivie, y compris par les fonctionnaires. L'unité syndicale ne se fit cependant pas en un jour, car l'hostilité de la CGT à l'égard des communistes était toujours prégnante. La notion d'indépendance syndicale était au cœur des débats et le cumul des responsabilités entre syndicat et parti était fermement exclu par les confédérés, alors que la pratique en était courante chez les unitaires. Le principe du rassemblement populaire, acquis en juin 1935, regroupant les partis, syndicats et associations de gauche, ne pouvait que faciliter la marche à l'unité syndicale, appuyée par Moscou. Poussés par la base, les congrès de la CGT et de la CGTU acceptèrent le principe de la fusion en septembre, mais chacun resta, en fait, sur ses positions. Au début des années 1930, la CGT comptait environ 530 000 adhérents, dont 435 000 dans les services publics, la CGTU respectivement 258 000 et 140 000. Au congrès de fusion à Toulouse, en mars 1936, le rapport des forces était encore en faveur des confédérés, mais les unitaires prirent vite le dessus grâce aux grèves et aux nouveaux adhérents dans le secteur privé.

Les élections législatives du 5 mai bénéficièrent du large soutien syndical au Comité de rassemblement populaire. Les grèves qui déferlèrent à partir de la mi-mai ne prirent fin qu'un mois plus tard, alors que les services publics continuèrent à fonctionner pour ne pas gêner le gouvernement. Les accords Matignon signés le 7 juin scellèrent la victoire du Front populaire. Le nouveau statut des conventions collectives représenta une avancée considérable du droit du travail, et la réévaluation des salaires un premier gage de justice économique. La semaine de 40 heures, revendication constante depuis le début du siècle, ainsi que les congés payés, complétèrent cette révolution dans la vie quotidienne des travailleurs.

Malgré ses demandes, la Confédération française des travailleurs chrétiens (CFTC), constituée en 1919 et dirigée par Jules Zirnheld et Gaston Tessier, ne fut pas admise aux négociations, mais de jeunes syndiqués s'investirent dans les grèves et la signature des conventions collectives. Jusqu'à la Seconde Guerre mondiale, il est cependant difficile de classer la CFTC à gauche, malgré une culture indiscutablement syndicaliste, contrairement au qualificatif de « jaunes » que lui donnaient volontiers les cégétistes. Une partie de ses adhérents commençaient, sans doute, à s'orienter à gauche.

La CGT passa de 785 000 adhérents après la fusion au congrès de Toulouse à près de quatre millions en un an, les fédérations les mieux implantées, notamment dans les services publics, étant celles qui augmentèrent le moins, la décrue survint assez rapidement. Les rivalités entre unitaires et confédérés n'avaient pas cessé, en particulier entre l'ancien journal unitaire *La Vie ouvrière* et celui de la tendance la plus hostile aux communistes *Syndicats*.

Après la démission du gouvernement Léon Blum en juin 1937, le climat s'alourdit car le patronat cherchait une revanche, et le projet de statut moderne du travail soutenu par la CGT ne vit jamais le jour. Alors que pacifistes et interventionnistes s'opposaient farouchement, Léon Jouhaux, épaulé par la Fédération des fonctionnaires, tenta d'adopter une position centriste, proche de *Syndicats* sur l'indépendance syndicale et des unitaires sur la lutte antifasciste. Après les accords de Munich, le Front populaire agonisant éclata définitivement.

Les décrets-lois de Paul Reynaud, remettant en cause les 40 heures et les salaires, déclencha une riposte loin de faire l'unanimité à la CGT. La grève du 30 novembre 1938 fut un échec et les effectifs de la CGT retombèrent à 2 500 000. La signature du Pacte germano-soviétique, le 23 août 1939, porta le coup de grâce à l'union des confédérés et des unitaires, à la grande satisfaction des pacifistes de *Syndicats*. Malgré les réticences de Jouhaux et de Laurent, les syndicalistes qui n'avaient pas désavoué le pacte furent exclus. Le 26 septembre, le gouvernement Daladier interdit le parti communiste qui devint clandestin, tandis que beaucoup de militants syndicalistes communistes étaient arrêtés. La plupart des fédérations reconstituèrent leur direction mais, avec l'entrée en guerre, les effectifs s'effondrèrent. La Fédération générale des fonctionnaires et ses fédérations constitutives avaient été peu touchées par les exclusions, cependant l'interdiction de tous les syndicats de fonctionnaires par la loi du 15 octobre 1940 fut sans appel. Dès le 16 août, les centrales CGT et CFTC avaient été dissoutes, avec application en novembre, alors que les fédérations et syndicats ouvriers demeuraient tolérés. En 1941, la Charte du travail, élaborée non sans mal avec le concours du ministre du Travail, René Belin, ancien cégétiste de la tendance *Syndicats*, tenta de mettre en place un syndicalisme gouvernemental. Certains syndicats s'organisèrent à la fois en syndicat légal et en syndicat de résistance.

UNE INSTITUTIONNALISATION AMBIGUË

La guerre allait abolir le principe d'une nature fondamentalement différente entre les syndicalistes défenseurs des intérêts particuliers des travailleurs et les politiques défenseurs de l'intérêt général. En effet, comme lors de la Première Guerre mondiale, les syndicalistes furent directement impliqués dans la politique suivie pendant la Résistance. Si une partie des militants de la tendance *Syndicats* ainsi que la CFTC collaborèrent avec le gouvernement de Vichy, bon nombre de responsables des deux confédérations s'organisèrent rapidement contre le nouveau régime. En novembre 1940, un Comité d'études économiques et syndicales publia, à l'initiative de Robert Lacoste et de Christian Pineau, de la Fédération des employés, un manifeste en faveur d'un syndicalisme libre. En opposition à leur ancien camarade René Belin, le manifeste fut signé par neuf responsables de la CGT et trois de la CFTC. À la fin de l'année, une partie d'entre eux participa à la création de Libération-Nord puis de Libération-Sud et, enfin, au Conseil national de la Résistance. Léon Jouhaux fut arrêté en 1941 et ne revint d'Allemagne qu'en mai 1945, tandis que Benoît Frachon était dans la clandestinité depuis 1939. Après l'invasion de l'URSS par Hitler, les clandestins communistes entrèrent dans une véritable résistance à l'occupant.

Le principe de la réunification entre anciens unitaires et confédérés fut acquis au Perreux en 1943, mais les fédérations ne se reconstituèrent que lentement. La lutte était d'abord politique et les syndicalistes furent amenés à collaborer directement avec les représentants des anciens et futurs partis politiques. Les réseaux militants des confédérés, et des unitaires confondus avec les communistes, furent d'un grand secours pour plusieurs réseaux de la Résistance. En mai 1943, Georges Buisson, socialiste et responsable confédéral, fut élu président de l'Assemblée consultative d'Alger, Louis Saillant, de la Fédération du bâtiment, représentant la CGT, et Gaston Tessier, la CFTC, au Conseil national de la Résistance. Au sein du conseil, les deux confédérations participèrent, avec la SFIO et le PC, à la mise au point du programme économique et social qui prévoyait un plan de nationalisations et l'instauration de la Sécurité sociale.

En 1944, le parti communiste chercha à concrétiser le vieux rêve de la grève générale insurrectionnelle, mais la journée du 18 août à Paris, à l'appel de la CGT et de la CFTC, fut une victoire très relative. En effet, la puissance politique et syndicale des communistes était considérée comme une réelle menace par ses alliés. Au lendemain de la Libération, le bureau confédéral unifié comptait cinq anciens confédérés (Bothereau, Buisson, Gazier, Neumeyer et Saillant) et trois unitaires (Frachon, Racamond et Raynaud). Jusqu'au retour de Léon Jouhaux, la CGT fut, en fait, dirigée par Benoît Frachon, associé à Louis Saillant. La mise à l'écart des anciens responsables syndicaux compromis avec Vichy fut systématiquement menée par une commission de reconstitution des organisations syndicales, composée de cinq cégétistes et deux délégués CFTC. Des responsables syndicaux de premier rang, comme Lacoste, Pineau ou Gazier, devinrent députés et ministres SFIO, d'autres prirent des responsabilités dans la haute administration, réduisant d'autant les capacités dirigeantes des confédérés. Le programme du Conseil national de la Résistance fut soutenu par la CGT et la CFTC, en étroite liaison avec les ministres socialistes, communistes et MRP (Mouvement républicain populaire), en particulier sur les nationalisations, les comités d'entreprise, le Conseil économique et social ou la Sécurité sociale. Ainsi, la participation ou la consultation des organisations syndicales fut officialisée dans un grand nombre d'institutions majeures de l'État. Beaucoup d'anciens syndicalistes cégétistes ou CFTC se présentèrent aux élections locales ou nationales, les unitaires continuant à pratiquer le cumul des mandats. Les ministres communistes et anciens unitaires, notamment Ambroise Croizat au Travail et Marcel Paul à l'Industrie, se lancèrent dans la « bataille de la production » et les anciens confédérés se trouvèrent alors à front renversé, n'hésitant pas à lancer des mouvements de grèves.

À la fin de 1945, les confédérés s'organisèrent autour de *Force ouvrière*, nouveau titre pris par le journal *Résistance ouvrière*, contre la « colonisation » communiste. Au congrès de la CGT d'avril 1946, les unitaires obtinrent la majorité des voix pour faire voter de nouveaux statuts renforçant leur hégémonie. Frachon et Jouhaux restaient à la tête de la CGT, qui comptait 3 800 000 adhérents, mais le premier disposait de cadres et de militants beaucoup plus efficaces. Les syndicalistes révolutionnaires et trotskistes étaient toujours marginaux et certains créèrent la Confédération nationale du travail (CNT), dont l'audience demeura faible. Aux élections de juin 1946, le Mouvement républicain populaire (MRP) arriva en premier, avant le parti communiste. Aussi, la CFTC, qui s'était beaucoup développée depuis la Libération, en fut-elle largement confortée, remportant 26 % des voix aux élections des administrateurs de la Sécurité sociale en 1947.

Le départ des ministres communistes du gouvernement Ramadier, en mai 1947, fit basculer la majorité de la CGT dans une opposition bientôt systématique, avec le développement de très nombreuses grèves, facilitées par le fort mécontentement lié à la situation économique. L'aide à la reconstruction du plan Marshall fut alors condamnée avec violence par les anciens unitaires, alors qu'également touchés par la crise économique, les tenants de la tendance Force ouvrière rejetèrent cette agitation pour ne pas cautionner le caractère politique et stratégique de l'entrée dans la guerre froide. La troisième scission de la CGT devenait inéluctable. À la fin de 1947, la scission était effective. Comme en 1921, fédérations et syndicats se scindèrent en deux, ou passèrent en bloc d'un côté ou de l'autre. Le cas le plus significatif fut celui de la Fédération du livre qui resta à la CGT avec les anciens unitaires, de même que quelques individualités comme Saillant ou Le Léap.

En 1948, le parallélisme entre syndicats et partis était retrouvé avec, en outre, l'entrée en scène du MRP et de la CFTC depuis la Libération. Ce jeu à trois était compliqué par la création d'un syndicalisme autonome des enseignants, la FEN (Fédération de l'éducation nationale) majoritairement réformiste amputant Force ouvrière d'une part importante des adhérents fonctionnaires et de cadres locaux. L'osmose entre militants socialistes et syndicalistes enseignants demeura forte, cependant qu'une minorité non négligeable conservait une double appartenance avec la CGT. Pour clarifier les interdépendances, la SFIO décida, en 1957, qu'il ne pouvait y avoir d'adhérents socialistes à la CGT. Cette dernière se voulait syndicat de masse et de classe, politiquement indépendante mais pas neutre ; toutefois, elle eut bien du mal à conserver une courte marge de manœuvre, comme on le vit lors des événements de Hongrie. D'ailleurs, à partir de 1956, deux membres du bureau confédéral de la CGT siégèrent ouvertement au bureau politique du PCF. Durant toute la IVe République et dans le contexte de la guerre froide, la nouvelle CGT fut systématiquement marginalisée par le patronat, les pouvoirs publics et les autres centrales syndicales, alors qu'elle restait de loin la première organisation de salariés. Ainsi, aux élections pour les caisses primaires de Sécurité sociale, de 1950 à 1962, elle recueillait autour de 44 % des voix, la CFTC en avait 21 % et FO 15 %.

En mai 1958, l'ensemble des syndicats manifesta pour la défense de la République contre les factieux d'Alger, mais la majorité de la CFTC et FO acceptèrent le retour du général de Gaulle, alors que la CGT et la FEN s'opposaient au référendum de septembre. Il en était de même de la minorité socialisante de la CFTC qui s'était développée dans le groupe Reconstruction, avec notamment l'enseignant Paul Vignaux et Eugène Descamps. Ils prônaient la « déconfessionnalisation » et l'indépendance à l'égard du MRP, retrouvant des accents proches du syndicalisme révolutionnaire des origines. En liaison avec des groupements de la Nouvelle Gauche, dont le PSU, ils se prononçaient pour un socialisme et une planification « démocratiques ». La guerre d'Algérie les éloignait de la SFIO, de même d'ailleurs que la FEN. Cette longue évolution aboutit à la scission de 1964, la CFDT rêvant d'un vaste regroupement des forces socialistes et syndicales. Le laïcisme de FO et de la FEN ne le permettant pas, l'unité d'action fut alors recherchée avec la CGT en 1966, mais l'accord ne survécut pas aux remous de 1968.

Jusqu'en 1958, FO et la CFTC pouvaient espérer agir auprès de leurs amis respectifs au Parlement, ce qui devint sans effet sous la Ve République. L'action directe par la grève était privilégiée par la CGT, mais pratiquée aussi par les autres centrales, comme en 1953 dans les services publics. Elles participèrent également à la grève des mineurs de 1963, avec le soutien du PCF et de la SFIO. Finalement, la croissance soutenue dans les années 1950 et 1960 masqua la faiblesse des syndicats. Cependant, les contradictions économiques, sociales et culturelles accumulées depuis la guerre amenèrent à l'explosion de 1968. Soutenu de manière diverse par les partis de gauche, ce mouvement de contestation politique au sens large finit, malgré tout, par être encadré par les syndicats, au grand soulagement des pouvoirs publics. Séguy, Bergeron et Descamps furent bien considérés comme les représentants organiques des salariés, au-delà de toute représentativité statistique des adhérents ou des électeurs. De Gaulle crut pouvoir répondre à cette contestation globale en intégrant une représentation professionnelle au Sénat, ce qui fut rejeté par les intéressés au nom de l'indépendance syndicale. Le départ du général fut le contrecoup du séisme de 1968.

De la bureaucratisation à l'éclatement

Progressivement, la fréquentation constante des autorités politiques et administratives a fait des responsables syndicalistes des « fonctionnaires du social » et leur représentation est devenue un métier. En fait, les syndicats sont des superstructures de plus en plus comparables à celles des partis politiques. Le développement des élections professionnelles a encore accru cette proximité, car la survie des uns et des autres dépend d'abord du nombre des voix recueillies. Outre les organes de participation et de consultation au sein des entreprises et des administrations, les conseils de prud'hommes, le Conseil économique et social, les commissions du Plan, la Sécurité sociale, de multiples organismes nationaux ou locaux ont été chargés d'une gestion paritaire ou tripartite en matière d'emploi, de formation, de logement, de chômage ou de retraite. Cette gestion n'a d'ailleurs cessé d'alimenter les controverses sur la responsabilité réelle des uns et des autres.

Après le fiasco du référendum de 1969, la « nouvelle société » de Chaban-Delmas supposait la reconnaissance du fait syndical tel qu'il était. La politique contractuelle mise en place par Jacques Delors, notamment dans le secteur public, fut renforcée par le développement des « droits syndicaux » dans les entreprises et administrations, avec un nombre accru de permanents. Le syndicalisme devenait définitivement un métier. Les relations de FO avec les pouvoirs publics continuèrent à être privilégiées tout au long des années 1970, alors que la CGT, sur une ligne toujours contestataire, et une partie de la CFDT refusaient cette collaboration. Parallèlement, les liens de FO avec le nouveau parti socialiste furent de plus en plus distendus, son alliance avec le parti communiste étant vivement rejetée. La CFDT, qui se voulait autogestionnaire, réclamant la propriété sociale des moyens de production et d'échange, ainsi que la planification, alla même jusqu'à quitter les commissions du Plan en 1970. L'année suivante, Edmond Maire prit la tête de la confédération et tenta de tenir en équilibre la nouvelle alliance avec la CGT et l'agitation de ses courants d'extrême gauche. La signature du programme commun, en 1972, entre le PS, le PCF et le MRG fut approuvée par la CGT, qui prit pour mots d'ordre les nationalisations, la planification et la gestion démocratique. En revanche, malgré une implication de nombreux militants nationaux et locaux, la participation aux Assises du socialisme en 1974 fit craindre à la CFDT une dérive social-démocrate. L'année suivante, Pierre Mauroy appelait les enseignants socialistes à rejoindre la majorité UID (Unité, indépendance, et démocratie) de la FEN, menacée par la tendance communisante U et A qui était adossée à de forts intérêts corporatifs dans le secondaire.

L'entrée dans la crise économique et le chômage aviva les luttes ainsi que la compétition entre la CGT et la CFDT, jusqu'au recentrage de cette dernière en 1978, qui correspondait aussi à la fin de l'entente entre le PS et le PC. Les critiques contre la « politisation » du mouvement syndical devaient restaurer une certaine autonomie. La consultation nationale de 1979 pour les prud'hommes donna des résultats comparables à ceux des élections passées à la Sécurité sociale, soit 42 % pour la CGT, 23 % pour la CFDT et 17 % pour FO. Les résultats du premier tour des élections présidentielles de 1981 fournissent un tableau éclairant des préférences politiques des syndiqués. À la CGT, il y eut 57 % des voix pour Georges Marchais et 22 % pour François Mitterrand ; à la CFDT 50 % pour Mitterrand, 16 % pour l'extrême gauche et 14 % pour Marchais, à FO 33 % pour Mitterrand et 40 % pour Giscard et Chirac réunis (Sofres, sortie des urnes).

L'arrivée de la gauche au pouvoir, en 1981, allait considérablement changer la donne syndicale. L'institutionnalisation de la CGT et de la CFDT devenait plus évidente avec, notamment, la présence de certains militants dans des cabinets ministériels, et surtout la prise en compte de nombre de leurs propositions. FO, toujours aussi anticommuniste, se trouvait exclue du jeu et invoquait d'autant mieux la charte d'Amiens. Des rapports plus étroits furent entretenus avec la droite jusqu'au départ d'André Bergeron en 1989. Son successeur, Marc Blondel, soutenu par certains trotskistes, fut particulièrement critique à l'égard des gouvernements de gauche qui suivirent et rêva d'un rapprochement avec la CGT. Cette dernière, avec à sa tête Henri Krasucki de 1982 à 1992, passa du soutien critique à une franche opposition après le départ des ministres communistes en 1984. Les déclins de la CGT et du PC furent parallèles, la désyndicalisation du secteur privé ayant commencé au milieu des années 1970. La chute du mur de Berlin fut un traumatisme profond pour les militants, mais la structure syndicale résista. Les divisions internes étaient cependant de plus en plus ouvertes sur la stratégie à adopter. Succédant à Louis Viannet en 1999, Bernard Thibault sembla enrayer la chute.

La CFDT, quant à elle, paya également son « accompagnement » des gouvernements de gauche et avec Jean Kaspar en 1988, puis Nicole Notat en 1993, abandonna la référence explicite au socialisme. Elle se présenta comme un bureau d'étude économique et social, largement ouvert aux idées sur les transformations de la société européenne et en prise avec le milieu des cadres publics et privés. Face à une forte désyndicalisation, la CFDT se recentra politiquement en excluant une partie de son aile gauchiste, en particulier dans la santé et aux PTT. Elle tenta alors de constituer un front réformiste avec la FEN, la CFTC et la CGC.

La majorité de la FEN, qui avait participé activement à la politique contractuelle des années 1970 en compagnie de FO dans la fonction publique, soutint fermement les gouvernements socialistes, malgré ses déboires sur la laïcité. Son secrétaire général de 1974 à 1981, André Henry, devint même ministre pour quelque temps. Mais la minorité de plus en plus forte de sa tendance longtemps communisante, particulièrement implantée dans un enseignement secondaire en expansion, aboutit à la scission en 1992. La Fédération des syndicats unitaires (FSU) devint rapidement majoritaire chez l'ensemble des enseignants et la FEN maintenue dût s'allier avec la petite Fédération générale autonome des fonctionnaires (FGAF), bien représentée dans la police, pour fonder une Union nationale des syndicats autonomes (UNSA) syndiquant également dans le privé. Après bien des recompositions, l'UNSA a réussi à devancer la CGT dans la fonction publique de l'État, derrière la FSU. Paradoxalement, la scission évitée en 1948 lors de la guerre froide fut consommée après la chute du mur de Berlin, mais les raisons corporatives étaient au moins aussi importantes que les divergences politiques. Le premier secrétaire général de la FSU, Michel Deschamps, rejoignit le PCF pour les élections européennes de 1999. L'éclatement syndical accompagné de recompositions s'est retrouvé dans bien d'autres secteurs, avec notamment les dissidences gauchistes des syndicats Solidaires-Unitaires-Démocratiques issus de la CFDT, qui ont rejoint d'autres syndicats autonomes comme le Syndicat national unifié des impôts, dans le

Groupe des dix-Solidaires. Sa représentativité n'est pas reconnue au plan national, mais il a su regrouper des déçus des centrales CGT et CFDT dans un projet nettement antilibéral et en phase avec des mouvements « sociétaux » comme Agir ensemble contre le chômage (AC !) ou Attac, pour une taxation des transactions financières.

L'affaiblissement de tous les syndicats a été manifeste après 1981. Les pertes d'adhérents étaient plus anciennes, mais c'est la légitimité même d'une représentation autonome des salariés qui fut atteinte. La volonté réelle du gouvernement Mauroy de fortifier les organisations syndicales, notamment par les lois Auroux, aboutit à l'effet inverse. La professionnalisation et la bureaucratisation des militants appelés à participer à un nombre croissant d'instances les a définitivement coupés d'une base déjà lointaine. Leur fréquentation assidue des responsables politiques et administratifs les a assimilés aux élites du pouvoir, d'autant que les médias contribuaient à mettre en vedette les secrétaires généraux.

Par ailleurs, les dirigeants politiques de gauche ont très rapidement considéré qu'ils étaient les plus légitimes à représenter les intérêts du « peuple de gauche » confondus dans l'intérêt général. Autant les salariés syndiqués étaient utiles pour soutenir les partis dans l'opposition, autant leurs représentants devenaient un obstacle pour définir une politique économique et sociale cohérente. Face au plan de rigueur de 1983, les électeurs de gauche, dans un premier temps, estimèrent que si le gouvernement qu'ils avaient choisi ne pouvait satisfaire leurs demandes, les syndicats ne seraient d'aucun secours, d'où une désyndicalisation accélérée. Le désenchantement atteignit, dans un second temps, les adhérents des partis, avant de toucher directement l'électorat de gauche. Les intermèdes des gouvernements de droite apparurent comme une bouffée d'oxygène pour les syndicats, car les vieilles solidarités pouvaient se renouer avec de nouvelles, comme on le vit dans les grèves de décembre 1995. Mais la désintégration latente se poursuivit jusqu'au séisme de 2002, le gouvernement ayant montré peu d'intérêt pour un réel dialogue social, il est vrai de plus en plus difficile face à la montée des mouvements contestataires. Au premier tour des élections présidentielles de 2002, 72 % des électeurs proches de la CGT votèrent pour les huit candidats classés à gauche et 12 % pour le Front national ; ceux qui se disaient proches de la CFDT étaient respectivement 50 % et 10 % ; ceux de FO 53 % et 15 % (CSA, sortie des urnes).

Certes, le monde du travail n'avait cessé de se complexifier depuis le début du siècle, le bloc ouvrier central s'étant fragmenté au profit de nombreux emplois de service très diversifiés. La solidarité n'avait plus les mêmes raisons d'être entre des classes moyennes devenues centrales et un monde des ouvriers et petits employés se sentant en marge du progrès. Quant à la moitié féminine, sans doute majoritaire, du « peuple de gauche », elle demeure pour une bonne part encore invisible. En l'absence d'un projet mobilisateur clair, des formes de résistance fondées sur des solidarités plus virtuelles que réelles ne suffisent pas à amalgamer un « peuple » à vocation majoritaire. Quel contenu donner aujourd'hui aux idées d'égalité ou de justice sociale ? Aucune réponse cohérente et convaincante n'avait été apportée au tournant du nouveau siècle.

Références bibliographiques

Bergounioux Alain (1975), *Force ouvrière*, Seuil, Paris.

Bergounioux Alain et Grunberg Gérard (1992), *Le Long Remords du pouvoir. Le Parti socialiste français 1905-1992*, Fayard, Paris.

Denis Jean-Michel (2001), *Le Groupe des Dix, un modèle syndical alternatif ?*, La Documentation française, Paris.

Dreyfus Michel (1995), *Histoire de la CGT*, Complexe, Bruxelles.

Dreyfus Michel, Pennetier Claude et Viet-Depaule Nathalie (1996), *La Part des militants*, L'Atelier, Paris.

Georges Bernard, Tintant Denise et Renauld Marie-Anne (1962-1979), *Léon Jouhaux et le mouvement syndical français*, PUF, Paris.

Girault Jacques (1989), *Benoît Frachon, communiste et syndicaliste*, Presses de Sciences-Po, Paris.

— (1996), *Instituteurs, professeurs, une culture syndicale dans la société française (fin XIXe-XXe)*, Publications de la Sorbonne, Paris.

— [dir.] (2001), *L'Implantation du socialisme en France au XXe siècle. Partis, réseaux, mobilisation*, Publications de la Sorbonne, Paris.

Groux Guy et Mouriaux René (1989), *La CFDT*, Economica, Paris.

Lazar Marc (1996), *La Gauche en Europe depuis 1945*, PUF, Paris.

Lefranc Georges (1967), *Le Mouvement syndical sous la IIIe République*, Payot, Paris.

— (1969), *Le Mouvement syndical de la Libération aux événements de mai-juin 1968*, Payot, Paris.

Maitron Jean et Pennetier Claude (1981-1993), *Dictionnaire biographique du mouvement ouvrier français*, et *Cédérom 1789-1939* (1998), Éditions Ouvrières, Paris.

Mouriaux René (1985), *Syndicalisme et politique*, Éditions Ouvrières, Paris.

— (1994), *Le Syndicalisme en France depuis 1945*, La Découverte, Paris.

Prost Antoine (1964), *La CGT à l'époque du Front populaire*, Armand Colin, Paris.

Rosanvallon Pierre (1998, 2e éd.), *La Question syndicale*, Hachette, Paris.

Siwek-Pouydesseau Jeanne (1993), *Les Syndicats des grands services publics et l'Europe*, L'Harmattan, Paris.

— (1996), *Le Syndicalisme des cols blancs*, L'Harmattan, Paris.

— (2001), *Les Syndicats des fonctions publiques au XXe siècle*, Berger-Levrault, Paris.

39

Les coopérateurs

ALAIN CHATRIOT

QUOI DE COMMUN entre un professeur d'économie titulaire d'une chaire au Collège de France, un militant communiste du quartier de Belleville, un viticulteur du Sud de la France et un ouvrier verrier d'Albi, si ce n'est que, dans les années 1920, ils sont tous coopérateurs. Si on distingue souvent les coopératives en fonction de leurs domaines d'intervention — consommation, production, crédit, agriculture — l'appartenance même des coopérateurs à la gauche a été et peut être discuté. Tout au long des deux siècles d'histoire ouverts par la Révolution française et la révolution industrielle, l'univers coopératiste a été socialement et politiquement diversifié. Son développement s'est en effet réalisé, tantôt solidairement, tantôt indépendamment du mouvement ouvrier et du mouvement socialiste. Comme pour les syndicalistes ou les socialistes, décrire les coopérateurs français consiste à réfléchir à la place de la réforme et de l'État dans la culture politique française, au rôle des mobilisations collectives et des grandes figures, aux phases de progrès et aux échecs de ces mouvements, aux projets économiques et aux théories sociales enfin que sous-tend cette proposition alternative au règne du marché.

Se livrer à cette enquête n'est cependant pas chose facile car il semble bien qu'après une production abondante et souvent autocélébratrice, le coopératisme intéresse aujourd'hui peu les spécialistes en sciences sociales à quelques récentes exceptions [Humphreys, 2004 ; Toucas, 2005]. Les analyses qui suivent ne donnent donc pas une véritable synthèse. Un exemple intéressant en est fourni par la difficulté à donner des chiffres pour la population des coopérateurs en France. Si l'on suit Bernard Lavergne, on peut les estimer à 880 000 en 1913 et à 2 millions en 1920 [Lavergne, 1923, p. 64]. Ainsi, quelles que soient les crises ultérieures, il semble bien que la coopération ait tenu un rôle prépondérant dans la France du premier tiers du XXe siècle. Enfin, malgré l'importance des coopératives agricoles (en particulier laitières et viticoles) et des banques coopératives, on s'intéressera, dans l'optique d'une analyse du peuple de gauche, surtout aux coopératives de consommation et dans une moindre mesure aux coopératives de production.

Le projet coopérateur

Les théoriciens comme les militants de la coopération ont très tôt eu le goût d'écrire l'histoire de leurs origines [Gaumont, 1924-1925]. Dans cette logique, centrée sur une volonté de justice dans l'échange et de partage équitable des excédents, la coopération plonge ses racines dans les courants utopistes du XIXe siècle. Les noms de Robert Owen et des ouvriers tisserands de Rochdale en Angleterre, de Buchez, Fourier ou Godin en France sont souvent désignés comme les grands ancêtres. Malgré une diversité des programmes et des origines, il n'en demeure pas moins des éléments fondateurs qui constituent les principes de fonctionnement des coopératives : la ristourne des excédents au prorata des achats, une seule voix par actionnaire aux assemblées générales, le principe de la porte ouverte permettant l'admission de nouveaux membres. Sur cette base alternative au fonctionnement capitaliste se développent des expériences dans plusieurs pays européens. Ainsi la Belgique a connu une expérience précoce et spécifique. En 1880, à Gand, est fondée une coopérative le *Vooruit* (En-Avant). Un de ses fondateurs, Anseele, explique son projet par une formule souvent reprise : édifier « une forteresse pour bombarder la société capitaliste à coups de pommes de terre et de pains de quatre livres ». Cette coopérative connaît rapidement la réussite économique. Son originalité réside dans son fort lien au mouvement socialiste. Émile Vandervelde, un des dirigeants du Parti ouvrier belge n'hésite pas à déclarer que cette coopérative est « la vache à lait du parti » [Verdier, 1981]. Cette situation de subordination révèle que les liens avec le mouvement ouvrier peuvent être ambigus et c'est en réaction à ce modèle que se structure en France une école coopérative spécifique.

L'école de Nîmes, ainsi dénommée au départ péjorativement par un économiste libéral se moquant de ses provinciaux, est formée d'économistes protestants du Sud de la France. Le philanthrope Édouard de Boyve crée plusieurs coopératives au début des années 1880, et en 1885 un premier congrès fonde à Paris une Fédération française des coopératives de consommation. Le milieu nîmois croise alors l'itinéraire d'un économiste, jeune professeur des Facultés de droit, Charles Gide [Pénin, 1997]. Aujourd'hui quelque peu oublié, Gide exerce alors une influence considérable dans le milieu intellectuel républicain et socialiste. Dans un monde marqué par les luttes politiques, sociales et religieuses, il théorise une coopération neutre, refusant tout engagement partisan explicite. Son projet n'est cependant pas modéré, et comme l'exprime un dirigeant coopérateur en 1920, l'objectif est bien celui de constituer une « société économique complète et nouvelle », appelée « république coopérative » [Poisson, 1920, p. 71]. L'intérêt du projet gidien réside dans la volonté d'une coopération émancipatrice, vécue comme une structure d'apprentissage de la démocratie et de l'efficacité économique, qui met à distance à la fois les solutions libérales et le choix de l'étatisme. Par ailleurs, Gide est entouré d'élèves, au premier rang desquels figurent le juriste et économiste Bernard Lavergne qui prolonge les travaux de son maître, ainsi qu'Alfred Nast et Roger Picard. Gide, professeur à l'université de Paris au début du XXe siècle, obtient une chaire temporaire au Collège de France en 1921 financée par les coopérateurs, où il enseigne aussi bien sa théorie coopérative que les expériences françaises et étrangères. Cet élément mérite d'être noté car les coopérateurs tiennent constamment à développer la propagande, l'éducation et l'enseignement coopératif.

Parallèlement à ce travail théorique sur la place de la coopération dans l'économie, les réalités pratiques voient se multiplier progressivement des coopératives de consommation dans toute la France. Elles prennent souvent des noms proclamant leurs sensibilités : la Solidarité, l'Égalitaire, mais surtout la Ruche, l'Abeille, la Prévoyance ou encore l'Émancipatrice ou l'Universelle. L'historien André Gueslin a bien souligné cette « thématique organiciste et solidariste » associée à l'« exaltation de l'épargne » [Gueslin, 1998, p. 287]. Ressemblant aux mobilisations syndicales et socialistes et à leurs internationales, les coopérateurs se regroupent aussi en congrès internationaux dans la dernière décennie du XIXe siècle avec la formation de l'Alliance coopérative internationale. L'originalité du mouvement français doit ainsi être replacée dans les différentes formes prises par les mouvements coopérateurs en Europe et dans le monde [Furlough et Strikwerda, 1999].

Le sens de l'unité des coopérateurs

Sans parler des expériences de coopératives d'essence libérale ou même patronale (comme celle organisée par Michelin à Clermont-Ferrand), les divergences entre les coopératives socialistes et le mouvement fédéré autour des théories de l'école de Nîmes restent notables. Parallèlement à l'Union des coopératives créée en 1885 par les Nîmois, les coopérateurs socialistes se structurent en 1895 sous la forme d'une bourse. Sous l'influence du modèle belge, la bourse se transforme en 1900 en Bourse des coopératives socialistes qui chacune doit consacrer une part de son budget à la propagande politique. Si la coopération peut générer des oppositions entre socialistes (les broussistes en sont partisans contrairement aux guesdistes qui la combattent et dénoncent, tel Alexandre Zévaès, une « blague bourgeoise »), certains d'entre eux s'emparent de la question tels Benoît Malon ou Jean Jaurès.

Jaurès est bien avec Gide, qu'il apprécie, l'homme de la synthèse entre les deux organisations. Jaurès ne conçoit la coopération que dans une optique socialiste unitaire plus large, mais il accepte d'en faire un élément de mobilisation [Prochasson, 1985]. Jaurès explique ainsi le 6 mars 1900 dans *La Petite République* : « L'œuvre d'organisation ouvrière, coopérative et syndicale et l'organisation intellectuelle du prolétariat sont les conditions mêmes de la Révolution et même un commencement de Révolution. » Le leader socialiste est marqué par l'expérience de la verrerie ouvrière de Carmaux. Jaurès est secondé dans sa volonté de rapprochement par les grandes figures d'intellectuels du socialisme que sont alors Eugène Fournière, Albert Thomas, Marcel Mauss et Henri Sellier. Il ne peut s'agir ici de décrire dans le détail les retournements de congrès et les débats innombrables sur cette question au début des années 1910. Un congrès unitaire se tient à Tours en décembre 1912 et on y vote la création de la Fédération nationale des coopératives de consommation. Le pacte d'unité avait été signé le 12 juin 1912 entre autres par Gide, Daudé-Bancel — son secrétaire, un ancien pharmacien —, Lavergne, Poisson et Sellier, et édictait les règles du coopératisme à la française. Il rappelait les principes « formulés par les pionniers de Rochdale », à savoir : « la substitution au régime compétitif et capitaliste actuel d'un régime où la production sera organisée en vue de la collectivité des consommateurs et non en vue du profit ; l'appropriation collective et graduelle des moyens d'échange et de production par les consommateurs associés, ceux-ci gardant dorénavant pour eux les richesses qu'ils auront créées » [Gaumont, 1963]. La question des affiliations partisanes est laissée ouverte, la seule opposition rappelée étant formulée contre les organisations de coopération patronales. L'unité permet un renforcement du poids des coopératives en encourageant une vague de fusions et des économies d'échelle, symbolisées par la création unitaire du Magasin de gros de la Fédération. Le fort débat idéologique resurgit mais sur un mode mineur avec la question du modèle communiste dans les années 1920. Les expériences de coopératives communistes restent cependant limitées. La prise de contrôle de la grande coopérative parisienne, la Bellevilloise, se termine par un échec [Meusy, 2001].

Les coopératives de production connaissent une évolution moins marquante par rapport aux débats politiques de la gauche. La plupart des coopératives célèbres ont été créées au milieu des années 1890 (l'Association des ouvriers en instruments de précision, les charpentiers de Paris, la verrerie ouvrière d'Albi). L'Avenir de Lyon naquit à la fin de la guerre de 1914-1918 : des compagnons du bâtiment, démobilisés et ayant du mal à trouver des emplois, fondèrent cette coopérative en 1919 avec le concours de la municipalité lyonnaise [Demoustier, 1984]. L'entre-deux-guerres a connu un renforcement important de la Chambre consultative qui comptait 200 coopératives adhérentes en 1906 et 411 en 1932 et qui se transforma en Confédération générale des Sociétés coopératives ouvrières de production (SCOP) en 1937.

Les zones d'implantation principales de la coopération de consommation et de production correspondent aux foyers urbains traditionnels du syndicalisme et du monde ouvrier : le Nord-Pas-de-Calais, la région parisienne, le Rhône et la Loire, la Gironde et la Seine-Inférieure. Les campagnes connaissent une diffusion faible à quelques exceptions près (le Doubs ou les Charentes).

La coopération reconnue mais en échec

Au-delà de l'aspect comptable, difficilement évaluable, le prestige de la coopération s'analyse à l'aune de ses soutiens. Indéniablement de nombreuses élites voient dans ce projet un élément acceptable par le réformisme républicain. Des élites politiques diversifiées aux élites intellectuelles, ses promoteurs tiennent des places influentes dans une France de la IIIe République qui célèbre ces formes d'économie sociale au cours des Expositions universelles de 1889 et 1900. Les dirigeants républicains adaptent d'ailleurs la législation sur l'organisation des coopératives (le 18 décembre 1915 pour celles de production et le 7 mai 1917 pour celles de consommation), en structurant la possibilité d'un crédit accordé par l'État. Ces mesures prises en plein conflit mondial soulignent le rôle tenu par les coopératives dans l'effort de guerre et la gestion de la pénurie. Le soutien des intellectuels, phénomène très français lorsque l'on s'intéresse à l'histoire de la gauche dans la longue durée, est ici significatif. En 1921, en tête du premier numéro de la *Revue des études coopératives*, est publié un « Manifeste coopératif des intellectuels et universitaires français » signé non seulement par Charles Gide ou Bernard Lavergne, mais aussi, entre autres, par Marc Bloch, Léon Brunschvicg, Maurice Halbwachs, Ernest Lavisse, Jean Perrin, Charles Rist et François Simiand. Cette reconnaissance se traduit aussi par l'intégration des organisations fédérales des coopératives dans les institutions qui permettent la représentation des intérêts économiques dans l'État.

Outre l'existence d'un conseil supérieur de la coopération depuis février 1918, les coopérateurs participent en 1919 au conseil économique du travail de la CGT et travaillent ainsi sur les nationalisations industrialisées. Ils sont par la suite intégrés dans le Conseil national économique dès sa création en 1925 et la Fédération nationale des coopératives de consommation (FNCC) voit ainsi reconnu son statut d'organisation la plus représentative d'un secteur économique [Chatriot, 2002]. Les figures de proue Charles Gide ou Ernest Poisson s'y font entendre et sont de bons révélateurs du fonctionnement particulier de cette institution de la démocratie sociale française. Plus largement, la présence de la FNCC dans toute une série d'institutions (au Conseil supérieur du travail, à l'Office national interprofessionnel du blé, au Comité national de surveillance des prix ou même à la Banque de France) renvoie à la recherche d'une défense et d'une représentation des consommateurs.

Contrairement à ce que laissent entendre de nombreuses brochures commémoratives, l'histoire de la coopération n'est pas seulement celle de ses succès. Les coopératives ont d'abord connu de très importantes difficultés de fonctionnement. Nées de manques en matière d'administration, d'erreurs de gestion pour ne pas parler de malversations, certaines faillites ont pu constituer des traumatismes à la mesure des espoirs placés par les coopérateurs militants. La durée de vie de certaines coopératives a de ce fait été particulièrement brève. Si les coopératives de consommation parviennent à résister en partie à la crise économique des années 1930 (la banque coopérative connaît cependant de grandes difficultés), les changements dans la distribution et le commerce vont peu à peu les marginaliser ou les obliger à des transformations profondes. Comme les confédérations syndicales, le gouvernement de Vichy dissout la FNCC et le contexte d'occupation réduit fortement l'activité des coopératives. La renaissance à la Libération, malgré la loi générale du 10 septembre 1947, ne se fait pas avec le dynamisme militant des années 1920 et le changement de génération à la tête des organisations coopératives est souvent difficile — les itinéraires des leaders des coopératives sous l'Occupation ont été particulièrement variés distinguant de grands résistants et des collaborateurs du nouveau régime. Ce sont bien finalement la société de consommation et ses nouvelles règles qui font passer au second plan les coopératives de consommation dans la seconde moitié du XXe siècle [Furlough, 1991]. Les coopératives de consommation qui subsistent dans le domaine du commerce non spécialisé ont été obligées de s'aligner sur les méthodes d'organisation et les stratégies de groupes de la grande distribution. Plus largement elles n'ont souvent pas réussi à prendre le tournant des années 1970 et les faillites se sont alors multipliées. Seules des coopératives qui correspondent à un groupe social à forte identité (la CAMIF des enseignants), ou l'ensemble très particulier des coopératives agricoles maintiennent leur puissance. Leurs réalités de fonctionnement diffèrent cependant du projet coopérateur tel que l'avaient porté les réformateurs utopistes de la fin du XIXe siècle.

Aujourd'hui le « moment coopérateur » du premier tiers du XXe siècle peut sembler lointain, et les formes historiques empruntées bien différentes des évolutions sociales et économiques contemporaines. La montée des SCOP après Mai 68 et dans le cadre plus large du thème autogestionnaire comme la vague d'intérêt pour ce type de mouvements connue au cours des années 1970 se sont aujourd'hui retirées [Desroche, 1976]. Ces projets méritent cependant d'être mieux compris pour saisir les investissements tant militants que théoriques dont ils ont fait l'objet. À l'heure des réflexions renouvelées sur l'économie solidaire et des mobilisations sur des formes de consommation éthique et de commerce équitable, l'utopie coopérative est sans doute un des éléments possibles de la culture de la gauche française.

Références bibliographiques

Chatriot Alain (2002), *La Démocratie sociale à la française. L'expérience du Conseil national économique 1924-1940*, La Découverte, Paris.

Demoustier Danièle (1984), *Les Coopératives ouvrières de production*, La Découverte, Paris.

Desroche Henri (1976), *Le Projet coopératif. Son utopie et sa pratique, ses appareils et ses réseaux, ses espérances et ses déconvenues*, Éditions ouvrières, Paris.

Économie et sociologie coopératives. Textes et recherches pour une anthologie provisoire (1977), Société coopérative d'information et d'édition mutualiste, Paris.

FURLOUGH Ellen (1991), *Consumer Cooperation in France. The Politics of Consumption, 1834-1930*, Cornell University Press, Ithaca et Londres.

FURLOUGH Ellen et STRIKWERDA Carl [dir.] (1999), *Consumers against Capitalism? Consumer Cooperation in Europe, North America, and Japan, 1840-1990*, Rowman & Littlefield Publishers, Lanham.

GAUMONT Jean (1924-1925), *Histoire générale de la coopération en France*, 2 vol., L'Émancipatrice, imprimerie coopérative, Paris.

— (1963), *Le Cinquantième Anniversaire de la Fédération nationale des coopératives de consommation*, Fédération coopérative régionale, Paris.

GIDE Charles (2001), *Coopération et économie sociale 1886-1902*, L'Harmattan, Comité pour l'édition des œuvres de Charles Gide, Paris.

GUESLIN André (1998), *L'Invention de l'économie sociale. Idées, pratiques et imaginaires coopératifs et mutualistes dans la France du XIXe siècle*, Economica, Paris.

HUMPHREYS Joshua H. (2004), *Servants of Social Progress. Democracy, Capitalism and Social Reform in France 1914-1940*, Ph. D., New York University, New York.

LAVERGNE Bernard (1923), *Les Coopératives de consommation en France*, Armand Colin, Paris.

LEROY Maxime (1913), *La Coutume ouvrière : syndicats, bourses du travail, fédérations professionnelles, coopératives : doctrines et institutions*, 2 vol., Giard et Brière, Paris.

MEUSY Jean-Jacques [dir.] (2001), *La Bellevilloise (1877-1929). Une page d'histoire de la coopération et du mouvement ouvrier français*, Créaphis, Paris.

PÉNIN Marc (1997), *Charles Gide 1847-1932 l'esprit critique*, L'Harmattan, Comité pour l'édition des œuvres de Charles Gide, Paris.

POISSON Ernest (1920), *La République coopérative*, Grasset, Paris.

— (1922), *Socialisme et coopération*, Rieder et Cie, Paris.

PROCHASSON Christophe (1985), « Jean Jaurès et la coopération », *La Revue de l'économie sociale*, n° III et n° IV, janvier-mars et avril-juin, Paris, p. 31-39 et p. 69-72.

SEGUIN Marie-Thérèse (1995), *Pratiques Coopératives et mutations sociales*, L'Harmattan, Paris.

TOUCAS Patricia (2005), *Les Coopérateurs. Deux siècles de pratiques coopératives*, L'Atelier, Paris.

VERDIER Roger (1981), *La Longue Marche de la coopération. De la verrerie ouvrière au pacte d'unité (1895-1912)*, thèse de 3e cycle en sciences sociales sous la direction d'Henri Desroche, EHESS, Paris.

40

Ligues et associations

EMMANUEL NAQUET

LE CENTENAIRE DE LA LOI du 1er juillet 1901 relative au contrat d'association a permis, au-delà des célébrations officielles, de poser un nouveau regard sur le mouvement associatif [Belorgey, 2000]. Celui-ci avait déjà suscité l'attention d'autres sciences sociales, en particulier de la sociologie [Laville et Sainsaulieu, 1997] et des sciences politiques [Barthélemy, 2000], sans être négligé non plus des juristes. Certes, l'école historique française s'était aussi penchée sur ce champ d'investigation [Rioux, 1988], mais les nouveaux travaux engagés ou achevés depuis ces publications pionnières ont permis de mieux cerner à la fois la diversité, la place et la fonction des associations sur l'échiquier politique, singulièrement à gauche [Andrieu, Le Béguec, Tartakowsky, 2001].

Il reste que, même si l'on se cantonne au « camp du progrès », à la France et au XXe siècle, la multitude des pièces et la variété des tactiques troublent plus d'un observateur. Il n'existe, en effet, pas *une* association paradigmatique, mais *des* associations, dont certaines peuvent précéder les dispositions législatives attachées au nom de Waldeck-Rousseau, et dont les histoires, les projets, les acteurs changent avec les enjeux, se recoupent et/ou s'éloignent. En cherchant à dépasser leur complexité structurelle et leur foisonnement temporel, un constat s'impose quant à l'histoire des gauches : les associations et leurs prolongements ligueurs [Naquet, 2002] jouent pleinement leur partition dans le concert politique hexagonal. Sans conteste, elles participent à l'élaboration des débats idéologiques et des actions politiques en pesant sur les programmes, voire sur les projets politiques, mais aussi en relayant les partis d'opposition ou de gouvernement sur le temps long de la démocratisation de la France contemporaine. L'associationnisme que connaissent les Républiques souligne la contribution à l'espace public de ces organisations qui ne sont, *stricto sensu*, ni des partis ni des syndicats et qui, pourtant, sont les reflets et même les relais d'une culture et d'une participation politiques propres aux gauches.

Des définitions et des déclinaisons à placer dans leur contexte

Le premier obstacle relatif à cet objet non identifié réside, indubitablement, dans ses nombreuses acceptions qui révèlent, avant comme après la loi de 1901, la polysémie du concept. Les sociétés de pensée, clubs, cercles et salons, comme les loges maçonniques qui se multiplient, sous l'Ancien Régime et depuis la Révolution française, signent à la fois l'irruption de vies collectives et leur insertion dans le politique. Outre la sociabilité que le phénomène signale, cette émergence suit un processus de créations et d'affiliations qui, *de facto*, donne à tous ces lieux une place refusée en 1791 par Le Chapelier, en raison de ce que Jean Jaurès a justement appelé l'« individualisme étatiste ».

Cependant, l'association correspond plutôt à un entre-deux de ce type de groupements. Ce n'est pas une loge maçonnique, à la clientèle élitiste et qui relève plutôt d'une société politico-philosophique fonctionnant comme lieu d'échange d'idées et de pratique de solidarités ; ce n'est pas non plus un salon au rôle discriminant, bien qu'elle puisse en prendre la forme. Quant à son recrutement en particulier ou par le dialogue qu'elle peut mener avec les revues, l'association ne prend pas les contours d'un groupe électoral soutenant un candidat, voire un programme, moins encore un parti [Berstein, 1988 ; Huard, 1996], non plus ceux d'un club ou d'une académie, quoiqu'elle soit, à plus d'un titre, une société de connivence. Tout en ne relevant ni de l'authentique syndicat professionnel [Soubiran-Paillet et Siwek-Pouydesseau, 2002] ni d'un simple groupe de pression [Le Béguec, 1995], l'association peut toutefois établir une médiation entre les citoyens et les pouvoirs, entre la société civile et les élus, jouant à la fois sur la faculté d'influence et sur la dynamique de l'action collective.

Pour autant, ce type d'organisation n'est autorisé qu'à partir de 1901 [Rebérioux, 2002]. Aux termes de l'article 291 du Code pénal de 1810, la formation régulière d'une association de plus de vingt personnes sans autorisation est, selon une vision très individuelle des libertés publiques, érigée en délit. Ce texte, appliqué avec rigueur sous l'Empire — qui se souvient des clubs de 1789-1793 — bénéficie d'une application plus tolérante sous la Restauration. Mais si, sous Louis XVIII et Charles X, une échappatoire permet de contourner la législation, les mouvements se fragmentant en sections de moins de vingt personnes et se réunissant de manière irrégulière, la monarchie de Juillet, ne pouvant plus utiliser l'article 291 en raison de l'indulgence des jurys, empêche néanmoins toute activité associative par la loi du 10 avril 1834.

Le Second Empire revient sur le principe de la liberté d'association accordée par la IIe République, rétablit dans toute sa sévérité l'article 291, mais accepte, par la loi du 15 juillet 1852, les associations non politiques comme les sociétés de secours mutuel, puis tolère certaines associations professionnelles de travailleurs à partir de 1862, et même certains comités électoraux dans les derniers mois du régime impérial.

La IIIe République, plus libérale, progresse vers les droits d'association et de réunion, évidemment liés sans être confondus. Avec la loi du 21 mars 1884 sur les syndicats, avec la loi du 1er avril 1898 supprimant tous les contrôles imposés par le décret du 15 juillet 1852 aux structures mutualistes, les associations peuvent se former sans autorisation et s'administrer en toute liberté. Les corps intermédiaires supprimés sous la Révolution réapparaissent avant même Waldeck-Rousseau pour aboutir à quelque quarante-cinq mille associations déclarées en 1900. Celles-ci ne sont pas toujours acceptées : à plusieurs reprises, l'Association internationale des travailleurs (AIT), fondée en 1864, est poursuivie par les tribunaux français et, du côté modéré, la Ligue des droits de l'homme (LDH), créée en 1898, fait l'objet d'un procès l'année suivant sa création. En revanche, bien que — ou parce que — présentée comme le « parti de l'idée républicaine » et même comme le « parti scolaire laïque », la Ligue de l'enseignement suit une belle carrière à partir de 1866, sous le Second Empire et les républiques ultérieures.

À l'enchaînement des régimes juridiques s'ajoutent des allers-retours qui rendent l'approche plus complexe. Un exemple non isolé : l'Alliance républicaine démocratique se déclare association lors de sa fondation, préfère devenir parti en 1911, pour revenir vers l'association en 1926 et retourner à une dénomination partisane en 1933. Ces va-et-vient entre deux substantifs donnent à la structure une plasticité qui lui permet de s'adapter aux contextes politiques, par exemple en intégrant des éléments venus de la mouvance radicale.

Une typologie difficile

La pluralité des associations de gauche au XXe siècle interdit toute classification fine. Est-il possible de distinguer, au sein du champ politique, seul à nous intéresser ici, les associations de type généraliste des associations spécialisées ? Si les premières proposent une vision globale de la cité et les secondes œuvrent plus volontiers pour un objet déterminé, toutes naissent en dehors des partis de gauche, sans pour autant les concurrencer systématiquement.

De toute évidence, certaines correspondent toutefois à des satellites de ces instruments du jeu institutionnel nés du suffrage universel, mais leurs relations parfois conflictuelles avec les forces parlementaires illustrent des projets de société et surtout des logiques d'action et des modes de militantisme fort différents. Si une carte légendée, exhaustive et définitive s'avère encore impossible, tant la construction associative est à la fois éclatée et continue au cours du XXe siècle, on peut d'ores et déjà approcher certains territoires.

Sans plonger dans le XIXe siècle qui connaît cependant son lot d'associations — songeons à la Ligue pour la défense de la République (1887), à la Ligue d'action révolutionnaire pour la conquête de la République sociale (1891), à la

Ligue pour la révision par le peuple (1893) —, le premier XXe siècle est marqué par la recherche de rapprochements, comme en témoignent la création en 1921, par Paul Painlevé, de la Ligue de la République, ou la fondation de la LAURS (Ligue d'action universitaire républicaine et socialiste) par des étudiants partisans de Caillaux comme Pierre Mendès France. Ces associations autorisent ainsi leurs adhérents à dépasser une identification partisane restrictive et à franchir des frontières superficielles. Pour certains militants, l'évolution peut aller jusqu'à son terme, qui est alors le reclassement.

Certaines associations forment aussi des rassemblements des gauches. La LDH en est une authentique illustration, avant 1914 en soutenant le ministère Waldeck-Rousseau puis le Bloc des gauches, en intégrant certaines revendications de l'anarcho-syndicalisme de la Confédération générale du travail (CGT) et en défendant ses dirigeants poursuivis ; en 1924, en participant au succès du premier Cartel, et plus encore, en 1936, en soutenant celui du celui du Front populaire. Cette victoire est obtenue non seulement par son statut officiel non partisan, mais encore et surtout par sa position géométrique centrale : point de rencontres, elle produit un discours républicain et applique une mobilisation pluripartisane qui permet, vaille que vaille, une coexistence des divers courants de gauche, y compris communistes après 1934.

Mais cette situation ne doit pas en occulter une autre : à côté des associations déclarées se constituent des associations de fait, ces coalitions informelles que sont les cartels antifascistes, dans les années 1920 comme après le 6 février 1934, ou ces comités de rassemblement populaire qui se caractérisent par leur spontanéité et illustrent une dynamique du « peuple de gauche ». Demeure la difficulté à cataloguer ces types d'unions à forme associative : d'abord en raison de leur mode de recrutement, dès lors que deux systèmes cohabitent — adhésions individuelles et/ou collectives ; ensuite à cause de leur finalité, qui est de rassembler le clan progressiste dans un but précis — cause à défendre ou échéances électorales. Ces structures d'accueil permettent des ponts et ne se réduisent pas à la forme associative : *La République*, *La Lumière*, le salon d'Aline Ménard-Dorian ou les groupes interparlementaires en sont quelques types parmi d'autres.

L'effervescence de groupements à multiples facettes brouille toute tentative d'établir des galeries de portraits. En conjuguant le politique et l'aide et le secours, certaines associations empêchent toute photo panoramique : le Secours rouge international, devenu Secours populaire, en est un exemple qui, lié à l'idéologie communiste, se rapproche de la Ligue des droits de l'homme à partir de 1934 pour la concurrencer sur son propre terrain. Et si certaines s'attachent à des objectifs humanitaires, d'autres affirment un profil corporatiste : c'est le cas de l'Union fédérale des étudiants, à la vérité annexe estudiantine du PCF.

Cette efflorescence des associations touche aussi les femmes. Ces exclues d'un suffrage dit universel participent à une démocratie limitée [Rosanvallon, 1992, 1998, 2000] grâce aux associations féministes qui leur permettent d'affirmer leur place dans une société politique dominée par les hommes et ses composantes institutionnelles et organisationnelles. Si les mouvements favorables aux droits des femmes restent à l'écart des partis de gauche si peu féministes — que l'on songe au puissant parti radical —, des individualités socialistes et communistes peuvent contribuer à ce combat aux côtés d'associations suffragistes vieillissantes dont la lutte aboutit cependant à la victoire du 21 avril 1944. Le second XXe siècle est dès lors caractérisé par des combats collectifs autres, autour des questions de sexualité, d'avortement, de contraception, et de l'identité en général, sans délaisser le champ du pouvoir.

Cadres et moments associatifs

Si la protohistoire des associations de gauche reste à faire pour le XIXe siècle, il est évident que leur développement s'explique par les mutations qui traversent alors l'espace public. L'apparition du geste électoral entraîne une démocratisation des pratiques politiques accentuée par l'émergence des syndicats et partis. La diffusion d'une culture de masse par l'école et la presse, les mobilités permises par le service militaire et le chemin de fer, qui favorisent également l'ouverture des campagnes, sont autant d'éléments qui élargissent le champ du possible civique et renouvellent les formes d'engagements individuels et plus encore collectifs. La sécularisation de la société, la désacralisation des pouvoirs, le développement de l'opinion publique, l'ancrage de la République et l'émergence d'une démocratie représentative — mais pas seulement — modifient les relations des citoyens à l'État. Les juristes Maurice Hauriou, Léon Duguit ou Maxime Leroy, le sociologue Émile Durkheim ont d'ailleurs saisi ce nécessaire jaillissement, cet « ensemble de noyaux vivaces et sans contraintes » analysé par le biologiste Émile Duclaux, successeur de Louis Pasteur à l'institut éponyme.

La IIIe République reprend donc la conception d'une polarisation de la vie politique entre des électeurs et leurs représentants. Mais si la souveraineté nationale n'est pas partagée, puisque réduite à un face à face entre le citoyen masculin actif et les parlementaires, l'expression de la volonté générale se retrouve aussi dans ces groupements qui fleurissent dès la Belle Époque. En revanche, le bouillonnement qui caractérise la vie sociale dans les camps révolutionnaires et réformistes au tournant des XIXe et XXe siècles marque la prégnance d'une défiance à l'encontre des partis.

Sans aucun doute, celle-ci se retrouve au sein des droites qui, même divisées, bénéficient néanmoins de soutiens (presse, maisons d'édition, groupes parlementaires, etc.) dont les gauches jouissent à un degré moindre. Ces dernières s'appuient donc plus volontiers sur un ensemble partisan, certes divers, mais qui se double de réseaux d'organisations. Ces lieux suppléent ou prolongent les espaces de conquête du pouvoir que modèlent les partis en formation — le parti radical, la SFIO (Section française de l'Internationale ouvrière) et même la mouvance du syndicalisme révolutionnaire, partiellement récupérée par le parti communiste à partir de 1920, un PCF qui s'intègre au système politique français à partir de 1934.

Il reste que dans cette démocratie représentative à forme républicaine, à côté et souvent en concurrence des partis qui structurent le système politique hexagonal, les associations et ligues de gauche ont une légitimité politique qui double celle des partis liée au suffrage universel. Au contraire de leurs consœurs de droite, elles sont pourtant rares à se déclarer — ce qui est significatif —, sauf en cas de scission — le dépôt d'une déclaration est alors clairement politique. Si leurs dirigeants portent leur statut et leur bureau à la préfecture, c'est souvent parce qu'elles deviennent, peu ou prou, des organisations de masse qu'il convient de légaliser : c'est le cas de la Ligue des droits de l'homme.

Cette réticence à entrer dans la voie de la légalité peut s'expliquer, le cas échéant, par leur vocation révolutionnaire. Elle n'est pas sans conséquence pour l'historien : il est difficile de suivre les trajectoires d'associations qui, par opposition au champ partisan traditionnel, refusent de rendre publiques leurs structures et, parallèlement, ne pratiquent pas une politique de conservation de leurs archives, lors même qu'elles n'hésitent pas à s'autocélébrer, comme le montre, depuis plusieurs années, l'usage des commémorations.

Des temps spécifiques et des formes multiples avant 1945...

Malgré ces difficultés, des cycles associatifs peuvent être dégagés qui s'articulent sur l'histoire gouvernementale des gauches. La première moitié du XXe siècle est rythmée par une profusion d'associations qui colorent une véritable mosaïque politique. De la République des fondateurs — et surtout de l'affaire Dreyfus — aux années 1930 s'observe une ère d'associations de masse qui, pour beaucoup, appartiennent à la droite extrême. Tandis que certaines formes héritées s'étiolent [Lalouette, 1997], la LDH et la Ligue de l'enseignement conservent, jusqu'à la Grande Guerre, des positions hégémoniques. Les années 1920 et 1930 sont marquées par une résurgence des associations de gauche.

La mouvance communiste est, à cet égard, sans doute la plus riche : les Amis de l'Union soviétique, l'Association républicaine des anciens combattants, la Ligue contre l'impérialisme et l'oppression coloniale, autant d'organisations qui servent de réserve militante au PCF, sans oublier la nébuleuse pacifiste qui, à partir de 1933, prospère autour d'Amsterdam-Pleyel, du Mouvement de lutte contre la guerre et le fascisme, puis du Rassemblement universel pour la paix.

En cela, certaines organisations suppléent aux faiblesses des mouvements partisans ou les complètent. Il s'agit pour elles d'attirer des générations ou des couches nouvelles : c'est le cas, au sein de la gauche modérée, des Jeunesses laïques et républicaines, vivier du parti radical dans l'entre-deux-guerres, ou de la LAURS, devenue, en 1931, le Cercle d'étudiants de la LDH, refondu dans le large et fantomatique Centre de propagande de la jeunesse, sans omettre les Jeunes équipes unies pour une nouvelle économie sociale ou le Cercle laïque des usagers des auberges de jeunesse. Sur l'aile socialiste, on retrouve le même phénomène avec les Étudiants socialistes.

Parallèlement, d'autres groupements constituent des ententes pour un objectif plus ou moins précis et limité dans le temps, comme le Comité de vigilance des intellectuels antifascistes. Autour des partis de la gauche gouvernementale, qui ne s'arrêtent pas à de simples machines électorales, se tissent donc des espaces et des réseaux de rencontre et d'influence permettant l'accomplissement d'une autre forme de mobilisation politique et sociale et la constitution de réservoirs de cadres et de ressources. Souvent simples courroies de transmission pour le PCF, les associations bénéficient d'une relative indépendance lorsqu'elles relèvent de l'univers non communiste, parce que les responsables socialistes, et plus encore radicaux, ont une conception de l'adhérent et plus encore du militant éloignée du modèle léniniste.

… et un pluralisme accentué tout au long du second XXe siècle

Au lendemain de 1936 et jusqu'à la Ve République, le fleuve associatif connaît un étiage : après Vichy, le régime des partis, qui s'accompagne d'une stabilisation des institutions représentatives et d'une ouverture démocratique avec un suffrage devenu véritablement universel, va dans le sens de la légitimité élective. Les associations de gauche deviennent, dans leur majeure partie, les réceptacles d'autres modes d'engagement et de relations qui battent en brèche la culture d'unité pratiquée pendant le Front populaire et au sein de la Résistance.

Les rapports entre la SFIO et les associations laïques ou de défense des droits de l'homme se sont ainsi dégradés [Morin, 2001], tandis que le PCF reste dominant à gauche et que le parti des classes moyennes, prépondérant dans l'entre-deux-guerres, décline. La normalisation suit des rythmes décalés et propres à chaque organisation, mais la concurrence avec les communistes demeure forte, qui s'appuie sur de nombreux auxiliaires comme le Mouvement des combattants de la paix et de la liberté ou l'Union des femmes françaises.

La fin de la guerre d'Algérie et l'instauration de nouvelles règles du jeu politique entraînent, jusqu'aux années 1970, des formes plus élitaires d'associationnisme, qu'il soit politique — que l'on songe simplement au club Jean-Moulin —, humanitaire ou pour les droits de l'homme — des divers comités au Groupe d'information et de soutien des travailleurs immigrés (GISTI). S'ajoutent des manifestations de rassemblement, comme l'illustrent la Convention des institutions républicaines ou la Fédération de la gauche démocrate et socialiste (FGDS), avec même la sélection d'un candidat unique à la présidentielle de 1965. Voie civique et cheminement électoral peuvent donc se rejoindre dans l'élaboration d'élites politiques, ce que confirme, au demeurant, à l'échelle locale, l'importance des élus municipaux à la base de certaines associations [Agrikoliansky, 2002].

Le retour de la gauche à la tête de la République, à partir de 1981, puis ses échecs électoraux — mais pas seulement — en 1995 et en 2002 provoquent des modalités renouvelées de participation à la vie publique. Les rapports avec les partis et les pouvoirs se trouvent modifiés avec des logiques contradictoires de représentativité et de responsabilité des élus d'une part, de participations et de revendications des associations d'autre part. La croissance associative générale depuis quarante ans — de quelque 10 000 créations annuelles dans les années 1960 à plus de 60 000 aujourd'hui — dévoile une dissociation et une diversification associatives liées à la déstabilisation des structures de la gauche partisane [Ion, 1997 ; Perrineau, 1994].

Des champs et des modes d'intervention pluriels et élargis

La réalité associative très contemporaine, caractérisée à la fois par une configuration moins hexagonale et plus internationale et par une accélération d'urgences sans cesse redéfinies, forme des entrelacs complexes, plus ou moins pérennes. L'avènement d'un nouveau tiers-mondisme, puis la fin de la guerre froide, invitent le mouvement associatif à s'inscrire dans un engagement plus global et d'abord humanitaire (Médecins sans frontières, Médecins du monde, Handicap International...), sans délaisser l'espace national, comme l'enseignent les créations des Restos du cœur ou de Aides.

Le désenchantement par rapport à la politique et la mise à distance, plus forts à gauche qu'à droite, poussent aussi nombre de bénévoles, en quête d'une utilité sociale, à se réclamer d'un combat juridique et/ou moral. Celui-ci est souvent fondé sur une cause particulière : lutte pour les droits des immigrés (SOS-Racisme, France Plus, etc.), sauvegarde de libertés individuelles ou collectives (Avocats sans frontières, Droits devant, Reporters sans frontières, etc.), ou résistance à l'extrême droite (Ras l'front) par exemple. Cette dynamique peut nuire aux associations généralistes inscrites dans une perspective macropolitique, aux syndicats traditionnels débordés par les Confédération paysanne et autres Sud — songeons à AC ! (Agir ensemble contre le chômage) —, voire aux partis critiqués par les militants altermondialistes d'Attac (Association pour la taxation des transactions pour l'aide aux citoyens) qui veulent, selon la formule du philosophe John Holloway, « changer le monde sans prendre le pouvoir ».

Au surplus, l'État républicain, par la voie de l'agrément, a accentué l'institutionnalisation d'une partie du tissu associatif en transformant certains mouvements, humanitaires ou de défense des droits de l'homme, en extensions du bras séculier. Mais le néolibéralisme, la crise de la sphère partisane, les limites imposées récemment à l'État providence provoquent des synergies et remodèlent les démarches et les destinations associatives. Certaines, catégorielles et protestataires, renouvellent la perception politique : Droit au logement (DAL) ou Act Up fédèrent ainsi, de manière plus ou moins incarnée, des logiques de lutte qui, par le recours à l'action directe, tranchent avec la philosophie caritative.

Au-delà de la dénonciation des carences des pouvoirs publics qui se retrouve dans des intitulés qui sont autant de mots d'ordre, ces associations de nouvelle(s) génération(s) expriment une exigence de justice en promouvant une citoyenneté devenue sociale. Certaines recourent à des coordinations concrétisées par des marches qui bouleversent les modes classiques de mobilisation collective et valorisent d'autres formes d'investigation de la *res publica*. Si les associations constituent un niveau infrapolitique de socialisation menant souvent, par paliers, vers la politisation, elles jouent un rôle quand le politique est à critiquer ou à redéfinir, pour éventuellement s'effacer lorsque l'élection redevient d'actualité.

L'aube du XXIe siècle ouvre donc la gamme des questionnements sur notre démocratie de l'opinion. La fonction des associations et des militants face à l'anomie politique, le dégradé qui unit l'engagement et l'apolitisme, la relation au droit, à l'éthique, à l'opinion et aux médias, l'autonomie par rapport aux partis demeurent des interrogations qui attendent les réponses des chercheurs comme des acteurs.

RÉFÉRENCES BIBLIOGRAPHIQUES

AGRIKOLIANSKY Éric (2002), *La Ligue française des droits de l'homme et du citoyen depuis 1945. Sociologie d'un engagement civique*, L'Harmattan, Paris.

ANDRIEU Claire, LE BÉGUEC Gilles et TARTAKOWSKY Danielle [dir.] (2001), *Associations et champ politique. La loi de 1901 à l'épreuve du siècle*, Publications de la Sorbonne, Paris.

BARTHÉLEMY Martine, (2000), *Association ou un nouvel âge d'or de la participation ?*, Presses de Sciences-Po, Paris.

BELORGEY Jean-Michel (2000), *Cent ans de vie associative*, Presses de Sciences-Po, Paris.

BERSTEIN Serge (1988), « Les partis », *in* René RÉMOND (dir.), *Pour une histoire politique*, Seuil, Paris, p. 49-85.

HUARD Raymond (1996), *La Naissance du parti politique en France*, Presses de Sciences-Po, Paris.

ION Jacques (1997), *La Fin des militants ?*, L'Atelier, Paris.

LALOUETTE Jacqueline (1997), *La Libre Pensée en France. 1848-1940*, Albin Michel, Paris.

LAVILLE Jean-Louis et SAINSAULIEU Renaud (1997), *Sociologie de l'association. Des organisations à l'épreuve du changement social*, Desclée de Brouwer, Paris.

LE BÉGUEC Gilles (1995), « Groupes de pression et politique (seconde moitié de la IIIe République) », *in* Jean-François SIRINELLI (dir.), *Dictionnaire historique de la vie politique française au XXe siècle*, PUF, Paris, p. 450-462.

MORIN Gilles (2000), « Espace et réseaux socialistes après la Libération », *in* Serge BERSTEIN *et al.*, *Le Parti socialiste entre Résistance et République*, Publications de la Sorbonne, Paris, p. 307-323.

— (2001), « Le Parti socialiste SFIO et les associations, 1944-1960 », *Associations et champ politique*, *op. cit.*, p. 359-377.

NAQUET Emmanuel (2002), « Les ligues », *in* Vincent DUCLERT et Christophe PROCHASSON (dir.), *Dictionnaire critique de la République*, Flammarion, Paris, p. 739-745.

PERRINEAU Pascal (1994), *L'Engagement politique. Déclin ou mutation*, Presses de Sciences-Po, Paris.

REBÉRIOUX Madeleine (2002), « Les associations », *in Dictionnaire critique de la République*, *op. cit.*, p. 669-675.

RIOUX Jean-Pierre (1988), « L'association en politique », *in* René RÉMOND (dir.), *Pour une histoire politique*, Seuil, Paris, p. 87-120.

ROSANVALLON Pierre (1992), *Le Sacre du citoyen. Histoire du suffrage universel en France*, Gallimard, Paris.

— (1998), *Le Peuple introuvable. Histoire de la représentation démocratique en France*, Gallimard, Paris.

— (2000), *La Démocratie inachevée. Histoire de la souveraineté du peuple en France*, Gallimard, Paris.

SOUBIRAN-PAILLET Françoise et SIWEK-POUYDESSEAU Jeanne (2002), « Les syndicats », *in Dictionnaire critique de la République*, *op. cit.*, p. 799-805.

41

Les féministes

Florence Rochefort

Quelle place accorder aux féministes dans une histoire des gauches au xxᵉ siècle ? Si l'on ne réduit pas ces gauches aux seules organisations qui s'en réclament, il ne fait pas de doute que, comme pour le xixᵉ siècle, le rôle historique des partisans de l'émancipation des femmes doive y être reconnu pleinement. Ils et elles ont joué au sein de ces familles politiques un rôle central dans la prise de conscience de l'inégalité des sexes et dans la transformation d'un modèle militant exclusivement masculin. Leur obstination a permis de compter au nombre des ambitions démocratiques du xxᵉ siècle l'émergence des femmes comme sujet politique, individuel et collectif.

Gauches et féminismes : des liens conflictuels

Même très diverses et confinées dans les marges, ces mobilisations féministes relèvent globalement d'une dynamique de gauche. Né à la fin du Second Empire dans l'opposition à Napoléon III, le mouvement qui s'épanouit tout au long de la IIIᵉ République reste profondément marqué par l'esprit républicain réformateur des premières années où pouvaient se côtoyer gauche socialiste et gauche républicaine [Klejman et Rochefort, 1989 ; Bard, 1995, Rochefort, 2002]. Les questionnements égalitaires et identitaires repris avec une acuité particulière dans les années 1960, sous l'influence critique du *Deuxième Sexe* de Simone de Beauvoir (1949), progressent au sein d'une minorité de gauche [Chaperon, 2000]. Le mouvement de libération des femmes des années 1970, enfin, est profondément ancré dans la nouvelle gauche et dans l'extrême gauche. Il se développe au sein d'une contre-culture nourrie de doctrines révolutionnaires et de psychanalyse critique [Picq, 1993]. Tout au long du siècle, la plupart des acquis pour les femmes sont imputables à ces aiguillons féministes, répétés et tenaces, exercés sur les représentants politiques, de gauche en particulier. Pourtant la question n'est pas si simple.

Tout d'abord, les féminismes excèdent largement cette catégorisation gauche/droite. S'il existe des féminismes de droite (qui ne se revendiquent pas forcément comme tel), les clivages politiques ne sont pas toujours pertinents pour rendre compte d'une dynamique sociohistorique propre et ne recoupent pas systématiquement le degré de radicalisation de l'engagement. Les mouvements féministes et les gauches ont, ensuite, noué des liens pour le moins conflictuels. Qualifiées d'« hystériques », de « castratrices », de « réactionnaires », les militantes des droits des femmes ont affronté une violente stigmatisation qui resurgit régulièrement [Bard, 1999]. L'histoire des féminismes en France s'est, à dessein, depuis les années 1980, démarquée du vocable dépréciatif de « féminisme bourgeois », si usité à gauche depuis son lancement par les socialistes allemands du début du siècle. S'il ne s'agit pas de nier l'importance de la classe moyenne et de la bourgeoisie parmi les militantes, il apparaît nécessaire de mettre en valeur la cohérence, l'originalité et le caractère subversif de ces mouvements revendicatifs selon d'autres critères.

Au cœur des frictions entre les féminismes et les gauches, se loge tout particulièrement la question de la spécificité — voire de l'autonomie — de la cause des femmes, au fondement même de l'analyse féministe. Cela suppose le dépassement ou, plus exactement, le déplacement des oppositions et des catégorisations de classe, leur neutralisation, même provisoire, dans une démarche d'émancipation ou de libération. C'est souvent à une autre conception et une autre pratique de la politique qu'entend aboutir cette logique, réfractaire à la discipline d'un parti quel qu'il soit — sans pour autant échapper aux conflits de pouvoir. Trop réformistes et légalistes pour les libertaires et les révolutionnaires, trop idéalistes et subversifs pour les réformateurs, les féminismes occupent en fait une place tout à fait singulière dans le paysage politique et social.

Horizon utopique, toujours entravé par les aléas des conjonctures, par les indispensables alliances, et surtout par la diversité des femmes elles-mêmes, le postulat d'autonomie, pas plus que celui de « sororité », n'établit l'étanchéité véritable des mouvements féministes. Si ceux-ci n'obéissent pas toujours à l'opposition entre gauche et droite — et les mobilisations de 2000 en faveur de la parité l'illustrent abondamment —, ils ne sont jamais pour autant des champs clos. Forgés d'énergies diverses qui ne renoncent pas à leur particularité, ils sont, malgré tout, pris dans les mailles des enjeux politiques. Les divisions internes deviennent parfois irréductibles au contact de certains événements, la Première Guerre mondiale notamment qui voit les féministes de gauche se démarquer plus nettement. Certaines revendications non consensuelles, celles concernant l'avortement et la sexualité en particulier, ou encore des choix stratégiques, soulignent parfois des clivages gauche/droite. Quand les partis politiques (le parti communiste plus spécialement) s'ouvrent davantage aux femmes et s'engagent dans le débat égalitaire, le marquage partisan est aussi souvent plus net.

Autour d'un noyau dur, qui proclame sa nécessaire autonomie, se côtoient des courants et des personnalités pour qui le féminisme est une priorité parmi d'autres. Le soutien, même ponctuel, de forces sociales et politiques extérieures appartient de fait à une histoire des féminismes. On constate alors souvent, au sein de cette nébuleuse, un hiatus entre un féminisme que l'on peut qualifier de gauche et une gauche féministe qui cherche souvent à délégitimer toute démarche autonome. C'est dans ce maillage conflictuel qu'il faut restituer le rôle des féministes dans une histoire des gauches. Pour cerner ces liens complexes, on reprendra la coupure commode entre les deux moments chronologiques : la première vague féministe, de la Belle Époque à la Seconde Guerre mondiale, puis la deuxième vague — qui s'ébauche déjà dans les années 1960 et s'affirme pleinement des années 1970 à la fin des années 1980.

Les féministes de la première vague (1900-1940)

Le féminisme de la première moitié du XXe siècle est largement épris des idéaux hérités de 1789, portés par les républicains avancés et les socialistes. Ses choix renvoient aux désirs de modernité, de justice, d'égalité, de solidarité et de libertés qui s'opposent frontalement au traditionalisme catholique réactionnaire. Face à l'impact de l'antiféminisme et à la misogynie du « sens commun », l'adhésion au féminisme relève pourtant, pour le ou la militante, d'une exceptionnelle transgression par rapport à l'ordre établi. Elle équivaut à une rupture à l'égard de leur appartenance politique, confessionnelle, associative et culturelle d'origine quelle qu'elle soit — même si certaines d'entre elles prédisposent plus que d'autres à cet engagement (mouvements féminins, protestantisme, etc.).

Hormis lors des rares moments de défense de la République et de la démocratie — comme l'affaire Dreyfus et le 6 février 1934 —, les groupes affichent la plupart du temps une neutralité politique et religieuse pour permettre l'union des forces. La dénonciation du sexisme et un programme d'égalité juridique, en particulier le suffrage des femmes à partir des années 1910 et jusqu'à la fin des années 1930, rapprochent les forces éparses par-delà les divisions théoriques et la diversité des sensibilités féministes. Seul un courant catholique affiche ses options droitières et se désolidarise ouvertement du pacte laïque auquel adhère alors implicitement le reste du mouvement féministe. S'il soutient le vote des femmes, il entend bien limiter son programme pour préserver la structure familiale patriarcale.

Au sein du féminisme laïque, largement majoritaire, un courant modéré se distingue d'un courant radical. Le premier — dont l'éventail de revendications est plus limité et les modèles de féminité proposés plus traditionnels — se situe le plus à droite sur le socle idéologique commun — qui lui-même tend à glisser à droite au cours de la période. Il se rapproche du parti radical ou relève plus globalement d'une nébuleuse réformatrice dont l'esprit novateur, longtemps négligé, tend à s'émousser dans les années 1930. Du côté des féministes radicales (« radicales » entendu comme opposé à « modérées »), toutes ne sont pas engagées dans le combat libre-penseur et néomalthusien comme la grande conférencière Nelly Roussel (1878-1922), ou pleinement mêlées aux arcanes des partis de gauche comme la célèbre doctoresse Madeleine Pelletier (1874-1939) [Sowerwine et Maignien, 1992 ; Bard, 1992] ; certaines mêmes ne sont pas insensibles au nationalisme. Les radicales se distinguent davantage par leur inspiration anticléricale, l'adhésion à un programme plus « intégral » et un engagement plus net pour une femme nouvelle, émancipée de nombre des contraintes qui pèsent sur sa féminité.

Modéré ou radical, le féminisme laïque est, par l'ampleur de son programme revendicatif, une force progressiste de la IIIe République qui relève d'une ambition émancipatrice, libératrice et égalitaire. L'idée d'un accès des femmes à la citoyenneté, progressif ou immédiat, la volonté de leur accorder une pleine autonomie économique, juridique, sociale, intellectuelle, y compris quand elles sont mariées, heurtent de front un ordre traditionnel des sexes que la plupart des héritiers de 1789 refusent fermement de renverser. Au-delà de son caractère apolitique, le féminisme laïque s'apparente par bien des aspects à la gauche et au centre gauche. Son choix de Condorcet comme figure tutélaire pour la première célébration d'un jour suffragiste, le 5 juillet 1914, marque cette identité de gauche républicaine.

Nombre de revendications féministes, concernant le travail, recouvrent encore plus particulièrement le champ des aspirations sociales promu par les gauches, même si un soutien populaire leur fait cruellement défaut. La défense du droit au travail, l'exigence d'un salaire égal pour un travail égal et le refus de la notion de « salaire d'appoint », la volonté d'instaurer la journée de huit heures pour les deux sexes, l'attention portée à la condition des travailleuses, la revendication d'un salaire minimum, d'un partage du travail ménager, de la protection de la mère travailleuse, le soutien aux grévistes, l'encouragement à la syndicalisation, toutes ces revendications sont autant de points de convergence entre des féministes sans appartenance politique, des militantes de sensibilité plus radical-socialiste, des philanthropes plus « maternalistes » et des féministes socialistes ou syndicalistes. Ces dernières s'investissent plus volontiers sur le terrain économique, animent les rubriques « travail » des journaux féministes, enquêtent sur les travailleuses, cherchent à politiser les militantes « bourgeoises » et à rallier des ouvrières. Leur volonté d'infléchir plus à gauche le mouvement féministe se double de rudes batailles pour faire adopter des motions égalitaires au sein de leurs organisations politiques et syndicales. Elles obtiennent des votes de principe et quelques soutiens pour leurs candidatures symboliques aux élections municipales et législatives ; elles ne sont cependant jamais vraiment acceptées comme véritables partenaires politiques.

Ces féministes de gauche se rapprochent aussi volontiers de la libre-pensée, de la franc-maçonnerie, de la Ligue des droits de l'homme et des associations à visée éducative et sociale. Une première génération qualifie même facilement « socialistes » les revendications sociales du féminisme développées notamment dans le quotidien *La Fronde* dirigé par Marguerite Durand (1864-1936). La structuration des gauches au sein de la SFIO (Section française de l'Internationale ouvrière), les pressions internationales puis, plus rudement encore, le développement du parti communiste rendent le double engagement plus conflictuel pour les générations suivantes.

Donner la primeur à la cause des femmes et refuser de limiter leurs actions au nom de la lutte des classes caractérisent l'attitude des féministes de gauche face à une gauche féministe. Elles adhèrent à des formations politiques, comme les y encouragent vivement Madeleine Pelletier, et proposent régulièrement aux socialistes de reprendre le programme d'égalité des sexes, comme dans une lettre ouverte à Jean Jaurès, notamment. Mais elles se méfient de la mauvaise foi des hommes politiques et restent convaincues d'une surexploitation des femmes en tant que femmes et de la nécessité de l'acquisition de droits pour toutes sans attendre la révolution. Leur ambition n'est pas de faire du féminisme un outil de promotion du socialisme ou de créer un féminisme exclusivement socialiste.

Parmi les féministes qui, au sein du socialisme ou du syndicalisme, constituent les fers de lance d'une gauche féministe, beaucoup, telle Marie Guillot [Liszek, 1994], ne conçoivent pas la libération des femmes dans l'état social tel qu'il est. C'est alors non seulement l'ordre des priorités, le choix du programme de revendications, ou la volonté de lier plus étroitement les deux combats qui peuvent opposer les féministes de gauche à une gauche féministe, mais aussi l'idée même d'une émancipation individuelle et collective des femmes qui ne profiterait qu'à elles-mêmes et non à un projet politique. Leurs efforts sont néanmoins patents pour que les gauches incluent l'égalité des sexes à leurs analyses et à leurs stratégies, non sans se heurter à d'immenses difficultés.

Les ambiguïtés du Groupe féministe socialiste, fondé en 1899 par l'ancienne institutrice Élisabeth Renaud (1846-1932) et la couturière Louise Saumoneau (1875-1950) — pourtant peu féministe — laissent présager l'impossible greffe féministe au sein du socialisme de la première moitié du siècle. Le programme laisse peu de place aux revendications égalitaires et affirme davantage l'objectif de rallier les femmes prolétaires au socialisme et de les mettre en garde contre les slogans individualistes d'émancipation des femmes. Le groupe périclite parce que les statuts de la SFIO ne permettent pas sa reconnaissance, mais aussi parce qu'il ne surmonte pas la polémique entre lutte de classes et lutte de sexes qui ira en s'amplifiant dans les années suivantes.

Le Groupe des femmes socialistes, qui se reconstitue en 1913, dispose pourtant à sa fondation d'une nouvelle génération de solides militantes féministes de gauche prêtes à dépasser ces contradictions (Marianne Rauze, Maria Vérone, Caroline Kauffmann, Marguerite Martin, Hélène Brion, notamment). Les rigidités de Louise Saumoneau ont cependant raison de ces bonnes volontés et le groupe se coupe pour longtemps, non seulement du féminisme, mais aussi d'une véritable dynamique féminine. L'historien Charles Sowerwine note combien les états-majors socialistes sont peu attentifs à cette question. À propos des droits des femmes, le camp socialiste manque de détermination, en dépit du soutien plus actif de quelques-uns (René Viviani, Marcel Sembat, Léon Blum). Aussi, dans la coalition du Front populaire, le virulent antisuffragisme des radicaux l'emporte-t-il aisément. La nomination par Léon Blum de trois femmes sous-secrétaires d'État (dont Cécile Brunschvicg présidente de l'Union française pour le suffrage des femmes et membre du Parti radical) est une victoire incontestable, mais elle ne suffit pas à débloquer le veto obstiné du Sénat contre l'égalité politique.

Par bien des aspects, le Parti communiste (SFIC) se présente comme un allié plus effectif du féminisme au Parlement, mais ses revirements et ses crispations idéologiques, ses prétentions hégémoniques et son rejet du féminisme « petit bourgeois » en font aussi un ennemi potentiel. Les quelques personnalités féministes qui le rejoignent dans l'enthousiasme de la révolution russe s'écartent ou sont écartées par la bolchevisation [Bard, 1995]. Le premier élan du parti en faveur de l'émancipation des femmes se traduit par un soutien à la revendication suffragiste. Dès 1925, il permet l'élection et la présence de candidates (illégales) dans des conseils municipaux et l'on doit, dans une large mesure, à l'obstination du communiste Fernand Grenier le vote de l'égalité politique à l'Assemblée consultative provisoire d'Alger le 24 mars 1944. Cette décision est confirmée par l'ordonnance du 21 avril 1944, signée par le général De Gaulle, qui permet dès lors le vote des femmes. Le parti communiste compte aussi parmi les très rares défenseurs du droit à la contraception et à l'avortement (entravés par les lois de 1920 et 1923) avant son spectaculaire revirement familialiste de 1935 qui le coupe des questionnements égalitaires dans le couple, et ce jusque dans les années 1960.

Les syndicats sont, au début du XXe siècle, encore marqués par l'héritage proudhonien du « ménagère ou courtisane » et se montrent souvent hostiles au principe même du travail des femmes et donc *a fortiori* à leur syndicalisation [Zylberberg-Hocquard, 1978]. Même la Fédération féministe universitaire qui offre un rare exemple d'alliance réussie entre syndicalisme et féminisme avant 1914 est interpellée comme « organisation bourgeoise dangereuse pour le prolétariat féminin » dans les colonnes de *L'École émancipée*. C'est l'affaire Couriau en 1913 qui met au jour les carences du milieu syndical sur la question des femmes. Effarés par l'interdiction faite à Emma Couriau d'adhérer à la fédération du Rhône et par l'exclusion de Louis Couriau, son mari, pour avoir pris sa défense, les Couriau alertent les institutrices féministes de la région. Bientôt, tout le mouvement féministe se mobilise et trouve de son côté l'opinion et nombre de personnalités. Dès lors, l'urgence d'accueillir les femmes dans les syndicats et de défendre leurs intérêts comme travailleuses semble évidente. La présence considérable des femmes dans les usines d'armement pendant la Première Guerre mondiale ne fait que renforcer cette conviction. Les moyens de faire adhérer les travailleuses et de les retenir sont, en revanche, plus controversés. Le féminisme apparaît toujours comme un concurrent et ses exigences comme un programme petit-bourgeois qu'il convient de dénigrer pour capter un public féminin. Jeanne Bouvier (1883-1936), couturière devenue permanente syndicale, Charlotte Bonnin (1887-1969), employée des PTT qui conduit avec succès la tête de la lutte pour l'égalité des salaires (1928), offrent les exemples rares de double engagements [Bouvier, 1983 ; Bard, 1995]. L'institutrice Marie Guillot (1880-1934), qui porte la question féministe au sein de la CGT, est, quant à elle, plus partagée et estime qu'il revient aux seuls syndicats d'organiser les ouvrières. Les espoirs féministes résistent difficilement à la division syndicale, au noyautage communiste de la CGTU qui évince Marie Guillot et aux conceptions toujours très masculines du militantisme syndical et politique. Signe de ce laminage, les Groupes féministes de l'enseignement laïque disparaissent en 1933 [Liszek, 1994].

Ces difficultés à faire entendre une problématique féministe face à un familialisme croissant et aux lourds préjugés de genre ne sont certes pas propres aux gauches, mais, contrairement aux droites, elles se figent sur leur prétention à résoudre elles-mêmes l'inégalité des sexes. Il faut attendre la fin des années 1960 et, plus encore, l'émergence du Mouvement de libération des femmes pour que la contestation reprenne au cœur même des gauches.

Les féministes de la deuxième vague des années 1960 à la fin des années 1990

Nombre de ferments du réveil féministe de 1970 sont perceptibles dans les années 1960 [Chaperon, 2000]. Autant les sociologues qui défrichent l'étude du travail féminin que la plupart des militantes du Planning familial (qui succède en 1960 à La Maternité heureuse créée en 1956) se situent dans une mouvance de gauche. Les fondatrices du Mouvement démocratique féminin (MDF), Yvette Roudy, Colette Audry, Marie-Thérèse Eyquem, proche des socialistes, obtiennent le soutien de François Mitterrand, lors de sa campagne présidentielle de 1965, à plusieurs de leurs revendications dont la contraception — fait particulièrement remarquable dans un contexte encore très crispé sur cette question [Jenson et Sineau, 1995 ; Guéraiche, 1999].

L'influence des mouvements noirs et des libérations coloniales, la profonde révolution des années 1968 et du féminisme américain façonnent des prises de conscience féministes plus radicales encore [Fougeyrollas-Schwebel, 1997]. Renverser le patriarcat devient un objectif révolutionnaire en soi. Le groupe Féminin masculin avenir (FMA), qui s'est détaché du MDF pour pousser plus loin l'analyse de l'oppression des femmes, se rebaptise en Mai 68 Féminisme marxisme et action. Un Mouvement de libération des femmes (MLF) émerge, en 1970, en grande partie en rupture avec les analyses et les pratiques militantes masculines du mouvement de Mai 68 [Picq, 1993 ; Voldman, 1985, Zancarini-Fournel, 2002]. La dénonciation du patriarcat comme « ennemi principal » [Delphy, 1998], l'affirmation que « le privé est politique » et la volonté de réappropriation par les femmes de leur corps et de leur (homo) sexualité ouvrent un champ immense de réflexions et d'affrontements [Picq, 1993]. Celles qui se dénomment « féministes révolutionnaires » se démarquent de toute organisation. Dans une culture de la dérision, de la spontanéité et du contre-pouvoir, elles entendent inventer une autre forme politique, non mixte, sans déléguée ni chef, qui puise dans le vécu et dans la parole de chacune la substance même de la contestation.

Les féministes, qui restent liées à leur appartenance d'extrême gauche — au marxisme-léninisme, au trotskisme, à l'anarchisme ou au maoïsme — se différencient en tendance « lutte de classes » au sein du MLF et tentent la transformation interne de leur organisation au prix de lourds conflits allant jusqu'à la rupture. Combiner la critique du marxisme et de la psychanalyse pour cerner l'importance d'une affirmation du féminin jusqu'à l'exploration de la « féminitude » est l'objet de la tendance « Psych et Po », sous la férule de la psychanalyste Antoinette Fouque. Des lesbiennes affirment, elles aussi, leur spécificité révolutionnaire dans le mouvement à travers des groupes et des journaux spécifiques. À la multiplicité des courants, souvent rivaux, et à la variété d'une presse militante imaginative, viennent s'ajouter d'autres initiatives associatives (Choisir fondé par Gisèle Halimi en 1971, la Ligue du droit des femmes fondée par Simone de Beauvoir, Anne Zélinsky et Annie Sugier en 1974) moins rétives aux liens avec le monde politique et prônant des objectifs plus légalistes. Nombre d'expériences de groupes femmes dans les quartiers, les universités, les administrations, les entreprises (le groupe femmes de Lip publie une brochure *Lip au féminin*) témoignent d'une réception nouvelle, plus large et plus profonde, du féminisme. Ils donnent au mouvement une riche hétérogénéité qui ne suffit pas toujours à faire échouer les dérives dogmatiques et sectaires.

Les critiques du sexisme et des modes d'exploitation des femmes, la remise en cause des modèles familiaux conjugaux et sexuels, du partage des tâches dans l'univers domestique, la revendication d'un corps libéré de la domination masculine, de la violence et de l'interdiction légale d'avorter sont autant de défis à relever pour les gauches. Les féministes de toutes tendances jugent avec autant de sévérité tous les camps politiques. Tandis que parmi certains courants de gauche, les procès faits aux féministes ne sont pas moins virulents. Les partisans de la libération sexuelle honnissent les critiques féministes du sexisme, de la prostitution et de la pornographie qu'ils taxent de moralisme puritain. La demande de répression du viol, de réforme du langage, de loi antisexiste passe pour un légalisme intrinsèquement réactionnaire.

Sur le mode du conflit et de la controverse, ces thématiques s'imposent néanmoins dans un plus large public et suscitent même des ralliements. La fondation du Mouvement de libération de l'avortement et de la contraception (MLAC) en 1973 est l'occasion de solliciter une partie de la gauche et de l'extrême gauche. Non seulement le Parti socialiste unifié (PSU) et diverses organisations d'extrême gauche en sont partenaires, mais la Confédération française démocratique du travail (CFDT) accorde à Jeannette Laot l'autorisation de siéger à titre personnel au conseil d'administration [Laot, 1977].

En effet, la contestation féministe et la pratique de la non-mixité gagnent aussi les syndicats et les organisations politiques. Les groupe femmes ou les commissions femmes y développent les critiques du sexisme et des rôles sociaux attribués à chaque sexe. Un nouveau regard est porté non seulement sur le monde du travail, en liens étroits avec le privé, mais aussi sur le « sexe du pouvoir » [Aubert *et al.*, 1986] et le fonctionnement interne du militantisme politique ou syndical [Maruani, 1979 ; *Le Féminisme et ses enjeux*, 1988]. C'est à la rupture qu'aboutissent la plupart des féministes au sein des groupes d'extrême gauche, eux-mêmes en plein reflux [*C'est terrible quand on y pense*, 1982]. Au sein des structures politiques plus anciennes, la critique féministe s'immisce comme jamais auparavant (*Elles voient rouge* au sein du PCF, *Mignonnes allons voir sous la Rose* au sein du PS), sans réussir à ébranler vraiment les cadres traditionnels qui font toujours peu de place aux femmes. François Mitterrand juge cependant bon d'affirmer le soutien des socialistes aux droits des femmes dès 1977 et intègre cette dimension dans ses 110 propositions en 1981 [Jenson et Sineau 1995].

Sa victoire aux élections présidentielles change la donne. Un ministère des Droits de la femme est confié à Yvette Roudy qui trouve à ses côtés nombre de féministes pour élaborer une politique d'égalité des chances. Il revient ainsi à la gauche d'avoir donné les moyens à un féminisme d'État de s'affirmer. Les initiatives sont nombreuses : des études sur les inégalités, des campagnes d'informations sur la contraception et l'interruption volontaire de grossesse (IVG), des sensibilisations à la formation et une loi sur l'égalité professionnelle (1983), une tentative de loi antisexiste, des modifications législatives et réglementaires pour accentuer l'égalité dans le couple, marquer le féminin dans le langage [Jenson et Sineau, 1995 ; Thébaud, 2001]. Supprimé en 1986, le ministère est remplacé par des structures de moindre importance qui, sous les gouvernements de gauche, poursuivent une partie de l'œuvre législative entamée, mais perdent la possibilité de transformations plus profondes.

L'émergence d'un féminisme paritaire au début des années 1990 rend une fois encore la catégorisation des féministes délicate. L'analyse des blocages institutionnels et les différentes propositions de loi se situent d'emblée sur un terrain qui entend confondre droite et gauche dans une même réprobation. L'adhésion de femmes et d'hommes politiques des deux bords n'est d'ailleurs sans doute pas indifférente à la popularité de cette revendication, à un moment de relative lassitude du partage politique traditionnel. Ainsi, inclure les féministes dans une histoire des gauches ne doit pas pour autant les assigner exclusivement à cette place et négliger des éclairages ou catégorisations plus pertinentes pour cerner la complexité des contestations de la domination masculine. C'est en revanche une proposition historique qui, pour les gauches, ouvre une perspective radicalement novatrice pour l'élaboration d'une nouvelle culture politique.

Références bibliographiques

Aubert Nicole, Enriquez Eugène, Gaulejac Vincent de (1986), *Le Sexe du pouvoir*, Épi, Paris.

Bard Christine [dir.] (1992), *Madeleine Pelletier (1874-1939). Logique et infortunes d'un combat pour l'égalité*, Côté-femmes, Paris.

— (1995), *Les Filles de Marianne. Histoire des féminismes 1914-1940*, Fayard, Paris.

— [dir.] (1999), *Un siècle d'antiféminisme*, Paris, Fayard.

Bard Christine et Robert Jean-Louis (1998), « The French Communist Party and Women, 1920-1939: From Feminism to Familialism », *in* Helmut Gruber et Pamela Graves, *Women and Socialism, Socialism and Women. Europe between the two World Wars*, Oxford, New York, p. 321-347.

Bataille Philippe et Gaspard Françoise (1999), *Comment les femmes changent la politique et pourquoi les hommes résistent*, La Découverte, Paris.

Bouvier Jeanne (1983), *Mes mémoires. Une syndicaliste féministe 1876-1935*, La Découverte/Maspero, Paris.

C'est terrible quand on y pense (1982), Galilée, Paris.

Chaperon Sylvie (2000), *Les Années Beauvoir 1945-1970*, Fayard, Paris.

Clio Histoire, femmes et sociétés, « Métiers, Corporations Syndicalismes », 3/1996, *in* Michelle Zancarini (dir.), Presses universitaires du Mirail, Toulouse.

Communistes. Histoire en mouvement (2002), Association de recherche « Femmes et communisme », Jalons pour une histoire, Paris.

Delphy Christine (t. 1 : 1998 ; t. 2 : 2001), *L'Ennemi principal*, Syllepse, Paris.

Duchen Claire (1987), *Feminism in France. From May 68 to Mitterrand*, Hutchinson, Londres.

Fougeyrollas-Schwebel Dominique (1997), « Le féminisme des années 1970 », *in* Christine Fauré (dir.), *Encyclopédie politique et historique des femmes*, PUF, Paris, p. 729-770.

Fraisse Geneviève (2000), *Les Deux Gouvernements : la famille et la cité*, Gallimard, coll. « Folio/essai », Paris.

Gubin Éliane, Jacques Catherine, Rochefort Florence, Studer Brigitte, Thébaud Françoise et Zancarinie-Fournel Michelle [dir.] (2004), *Le Siècle des féminismes*, L'Atelier, Paris.

Guéraiche William (1999), *Les Femmes et la République*, L'Atelier, Paris.

Jenson Jane et Sineau Mariette (1995), *Mitterrand et les Françaises. Un rendez-vous manqué*, Presses de Sciences-Po, Paris.

Klejman Laurence et Rochefort Florence, (1989), *L'Égalité en marche. Le féminisme sous la troisième République*, Presses de la FNSP/Des femmes, Paris.

Knibiehler Yvonne, (1997), *La Révolution maternelle depuis 1945*, Perrin, Paris.

Laot Jeannette, (1977), *Stratégie pour les femmes*, Stock, Paris.

Le Féminisme et ses enjeux, (1988), Édilig, Paris.

Léger Danièle (1982), *Le Féminisme en France*, Le Sycomore, Paris.

Lip au féminin (1977), Syros, Paris.

Liszek Slava (1994), *Marie Guillot. De l'émancipation des femmes à celle du syndicalisme*, L'Harmattan, Paris.

Maruani Margaret (1979), *Les Syndicats à l'épreuve du féminisme*, Syros, Paris.

Picq Françoise (1993), *Libération des femmes. Les années-mouvement*, Seuil, Paris.

Rémy Monique (1990), *De l'utopie à l'intégration : histoire des mouvements de femmes*, L'Harmattan, Paris.

Rochefort Florence (2002), « La République des féministes », *in* Vincent Duclert et Christophe Prochasson, *Dictionnaire critique de la République*, Flammarion, Paris, p. 333-339.

Scott Joan W. (1998), *La Citoyenne paradoxale. Les féministes françaises et les droits de l'homme*, Albin Michel, Paris.

Sowerwine Charles (1978), *Les Femmes et le socialisme*, Presses de la FNSP, Paris.

Sowerwine Charles et Maignien Claude (1992), *Madeleine Pelletier, une féministe dans l'arène politique*, Éditions Ouvrières, Paris.

Thébaud Françoise, (2001), « Promouvoir les droits des femmes : ambitions, difficultés et résultats », *in* Serge Berstein, Pierre Milza et Jean-Louis Bianco (dir.), *Les Années Mitterrand. Les années du changement (1981-1984)*, Perrin, Paris, p. 567-600.

Voldman Danièle (1985), « Mai 68 ou la féministe refusée », *Nouvelle Revue socialiste*, août-septembre, p. 41-47.

Zancarini-Fournel Michelle (2002), « Genre et politique : les années 1968 », *Vingtième Siècle* « Histoire des femmes, histoire des genres », sous la direction de Raphaëlle Branche et Danièle Voldman, juillet-septembre, p. 133-143.

Zylberberg-Hocquard Marie-Hélène, *Féminisme et syndicalisme avant 1914*, Anthropos, Paris.

42

À gauche de la gauche

Daniel Lindenberg

L'extrême gauche d'aujourd'hui ne vit pas dans le même monde que ses aïeux, pourtant pas si lointains dans le temps. En 1936, pour prendre une date symbolique entre toutes, c'est encore le XIXe siècle, et pas seulement au niveau des « représentations ». L'horizon d'attente reste universellement la Révolution, y compris pour beaucoup de réformistes, et la révolte va de soi contre des conditions jugées insupportables (ouvriers travaillant dans des usines-bagnes, « femmes émancipées » au ban de la société, exilés de toutes les dictatures, juifs fuyant les pogroms, aventuriers de toutes sortes). La tradition insurrectionnelle reste vivace — en 1934, aucun militant « sérieux » n'envisage, au témoignage de Pierre Andreu, d'aller à une manifestation sans un revolver — et la violence des cortèges n'a d'égale que celle d'une police qui tire et passe à tabac sans état d'âme. En 1935, lorsque l'on craint un coup de force des Croix-de-Feu, les banlieues prolétariennes qui ceinturent Paris se hérissent de chicanes et les ouvriers organisés en milices patrouillent et filtrent la circulation. Même à droite, cette actualité de la question sociale interpelle et fascine. L'imaginaire blanquiste de la « prise d'armes » relève donc d'une réalité encore vécue, revigorée par le souvenir tout proche de la révolution bolchevique, mais aussi du soulèvement ouvrier des Asturies et de la résistance désespérée de « Vienne-la-Rouge » dans des combats de rue sanglants, deux épisodes de 1934. Les intellectuels ne sont pas condamnés aux substituts lointains s'ils veulent étancher leur soif d'action. Les romans d'André Malraux et de Paul Nizan rendent compte fidèlement du romantisme révolutionnaire de l'époque, même s'ils prennent une certaine distance par rapport à ses facilités.

À la Libération, cette contre-culture révolutionnaire existe encore, malgré une pression de plus en plus forte du PCF. Il existe des espaces de liberté comme les auberges de jeunesse, si importantes pour les rebelles de tous âges [Rajsfus, 1989]. Aujourd'hui nos concitoyens de cinquante ans et plus ont la conscience (parfois mélancolique) d'avoir été la « dernière génération d'Octobre », selon le mot de l'historien Benjamin Stora. Nul ne peut nier l'aspect théâtral, parodique, de Mai 68, même si l'on ne peut l'y réduire. Il ne paraît pas davantage possible de voir dans décembre 1995 une grande poussée utopique. Il s'agissait au contraire de « conserver les acquis », tâche sans doute noble... Or, tout ce qui se situe aujourd'hui dans cet espace un peu imprécis qu'il est convenu de situer à « gauche de la gauche » se réfère à ces deux dates. Malgré tout ce qui a été dit un peu légèrement, ce ne sont pas seulement, après novembre 1989 et août 1991, des mots comme communisme ou révolution, des noms propres comme Marx ou Lénine, qui sont devenus exotiques, mais des notions comme socialisme, voire égalité, qui risquent de devenir « archaïques ».

Que reste-t-il de l'extrême gauche en 2004 ?

Poser la question peut paraître saugrenu. Il n'est bruit que de sa montée en puissance, des « menaces » qu'elle représenterait, électoralement ou idéologiquement, pour la gauche réformiste. Pourtant la « biodiversité » de cet univers politique est en fait très menacée. Aujourd'hui, si l'on met à part le(s) courant(s) libertaires (qui débordent au surplus la catégorie), ce que l'on appelle dans le langage quotidien de la politique l'« extrême gauche » est constitué pour l'essentiel des organisations trotskistes. Les mêmes, ou leurs ancêtres, disputaient en 1936, et encore en 1968, aux « staliniens » (le PCF) la double appellation contrôlée de révolutionnaires et de communistes. Cette position de *challenger* leur était contestée par d'autres : « bordiguistes » et autres « communistes de conseils » au moment du Front populaire, « conseillistes », « situationnistes » et surtout marxistes-léninistes, de filiation « chinoise » ou « albanaise » en Mai 68. Aujourd'hui tous ces rameaux issus du tronc de la IIIe Internationale n'ont plus que de très rares représentants, dépourvus de toute influence réelle. Les trotskistes restent seuls en lice, par forfait, oserait-on dire. Ils n'ont plus à prouver qu'ils sont les seuls détenteurs du *copyright* sur le mot « révolution », qu'une bonne partie d'entre eux utilise de moins en moins, la même remarque étant valable pour l'adjectif « communiste ». À telle enseigne que le plus important groupe trotskiste, la Ligue communiste révolutionnaire (LCR) songe sérieusement à changer de nom. Le rival mimétique a changé, en effet. On ne dispute plus à un parti communiste en déclin le monopole de l'esprit bolchevique, mais à la gauche « réformiste » la qualité de gauche authentique, voire la capacité de mettre en œuvre de « vraies » réformes... Aussi notre tableau de la « gauche de la gauche » portera-t-il en priorité sur les « enfants du prophète », en pleine recomposition politique et idéologique, ou du moins, de plus en plus happés par le « système » démocratico-capitaliste. Si nous parlerons assez longuement des héritiers de Bordiga, c'est moins en raison de leur poids actuel que des postures contradictoires qu'ils ont léguées aux rescapés de l'extrême gauche : évolution antitotalitaire et deuil de la radicalité, ou tentations négationnistes en raison même du refus de faire ce deuil. De même, le maoïsme à la française nous retiendra moins par ses survivances, quasiment inexistantes, que par ses prolongements, parfois inattendus, dans la vie intellectuelle française. Enfin, sous le couvert des mouvements alternatifs, sans- ou altermondialistes, assiste-t-on à l'émergence d'une nouvelle extrême gauche ? Si des figures emblématiques de l'extrême gauche d'hier y sont très présentes, si des dérives violentes, voire terroristes, sont toujours envisageables, ces mouvements forment bien davantage une nébuleuse réformiste dans ses visées majoritaires, très divisée sur le plan doctrinal [Raynaud, 1999] et travaillée davantage par un individualisme compassionnel que par un désir de révolution. Enfin, signalons que nous ferons nôtre la sage précaution sémantique et terminologique recommandée par les jeunes historiens de la revue *Dissidences*, qui s'est spécialisée dans l'histoire de la gauche de la gauche : ne retenir que les dénominations politiques et idéologiques acceptées par les acteurs eux-mêmes. Par exemple : un pabliste ou un lambertiste, au rebours du juif de Sartre, n'est pas une personne que les autres (ses adversaires, les journalistes) appellent ainsi, mais quelqu'un(e) qui, à un moment donné, suit réellement Michel Raptis ou Pierre Boussel. C'est la raison pour laquelle nous bannirons le terme de « gauchiste », qui n'a jamais fonctionné, après 1920 comme après 1968, que dans un contexte de délégitimation polémique.

UN LÉGITIMISME COMMUNISTE : LES HÉRITIERS DE TROTSKI

Ce qui frappe donc à première vue, c'est la belle santé des groupes se réclamant de la tradition trotskiste, dont le poids militant, électoral, syndical, associatif et intellectuel est une des données dont aucune analyse sérieuse de la société française ne peut faire l'économie. Au point que certains observateurs y perdent leur latin, allant jusqu'à parler de « mystère ». D'autres, sans aller aussi loin, déplorent cet « archaïsme » unique dans le monde occidental. Y a-t-il vraiment de quoi s'alarmer ou s'étonner à ce point ? Il s'agit bien du seul courant se réclamant de la pureté du message de Marx et de Lénine, « trahi » par les partis qui s'en réclament, qui ait (tout est relatif) ou dont on puisse dire qu'il ait quelque peu réussi. Mais il faut observer que la « réussite » des trotskismes en France est corrélative de la décomposition d'un parti communiste resté « orthodoxe ». Depuis les premières tentatives (milieu des années 1920), l'histoire de ce courant en France, mais aussi dans le monde, sera celle d'un échec permanent.

Mais qu'est-ce que le « trotskisme » ? Remarquons pour commencer que ceux que l'on labellise ainsi rechignent parfois à l'être, préférant les autonominations comme « opposition de gauche » (niveau politique) et « marxisme révolutionnaire » (niveau idéologique). Tout commence à l'automne 1923, lorsque, Lénine malade et hors jeu, la grande majorité des chefs bolcheviks décident d'écarter Lev Davidovitch Bronstein, dit « Trotski » (1879-1940) de la succession. Trotski, jusqu'à l'exil tout au moins, avait pour les intellectuels un mépris qui ne le cédait en rien à celui des autres bolcheviks (voir sa brochure *Intelligentsia et socialisme*, de 1910). Comme Maxime Gorki à la même époque (voir sa pièce *Les Estivants*), il dénonce les « salonnards » ; comme Lénine il voit leur rôle comme inversement proportionnel à la force du parti. Il y a là un vrai paradoxe, car le trotskisme a dès l'origine été disqualifié par les autres bolcheviks (Lénine y compris jusqu'en 1915) comme une idéologie typique d'intellectuel sans racines. Non sans résonances antisémites parfois : en Russie, « intellectuel cosmopolite » était presque synonyme de… « juif apatride ». L'affinité entre les juifs « déjudaïsés » et le trotskisme a bien été mis en évidence par Isaac Deutscher, premier biographe du « Vieux », ou Annie Kriegel. L'expérience des années 1960 en a apporté une preuve supplémentaire [Hamon et Rotman, 1987]. En tout cas, Trotski lui-même fut toujours sur ce point dans la dénégation… permanente (voir les invectives d'une brochure tardive comme *Leur morale et la nôtre*, même s'il a toujours su quand il fallait flatter l'ego des salonnards). Ce qui compte pour lui, c'est l'énergie des hommes d'action, qui ont compris la nécessité de « chevaucher le tigre » des masses en mouvement, parce que toute hésitation est alors fatale. C'est la leçon de 1905, où Trotski s'est révélé être un émule des Danton et des Blanqui. C'est là qu'il forge sa théorie de la révolution permanente : il s'agit de comprendre pourquoi, contrairement à ce que croient les soi-disant « marxistes orthodoxes », la révolution a plus de chances de réussir dans un pays comme la Russie qu'ailleurs. Ce paradoxe s'explique par la « loi du développement inégal et combiné ». Les pays « arriérés » entrent dans l'ère du capitalisme moderne en court-circuitant les stades antérieurs de l'évolution économique. « L'héritage du passé et l'introduction du capitalisme moderne se télescopent » [Marie, 1971, p. 20]. « Aucune révolution ne peut réussir en Europe si elle ne s'affirme pas purement socialiste dès le début » (*Bilan et perspectives*). Idée commune à Lassalle et à Marx, mais avec laquelle Engels prit ses distances. Comme le montre Nicolas Krasso [1969], la révolution permanente, outre ses résonances romantiques, peut s'entendre en trois sens : on peut « sauter » par-dessus l'« étape » démocratique libérale ; la révolution, même victorieuse, ne s'arrête pas ; la révolution ne peut être que mondiale, si elle reste limitée à un cadre national, elle dépérit. Le modèle explicite derrière la phraséologie marxiste est très probablement celui de la dictature « héroïque » des jacobins.

Longtemps franc-tireur du socialisme russe, Trotski a conquis une légitimité (toujours fragile, malgré les apparences) comme tribun et agitateur génial lors des deux révolutions russes (1905 et février 1917), puis comme commissaire du peuple à la Guerre, organisateur et chef de l'Armée rouge pendant la guerre civile. Il est, en ce début des années 1920, après Lénine, la personnalité bolchevique la plus célèbre, tant en Union soviétique que dans le monde ; il n'est pas le seul à penser que l'héritage lui revient de droit. Mais, précisément de ce fait, on craint qu'il ne veuille exercer un pouvoir sans partage, et l'on ne se fait pas faute de citer maints exemples de son autoritarisme. De fait, l'image de Trotski n'est pas plus « démocratique » que celle de ses compagnons d'armes. N'a-t-il pas écrasé impitoyablement les révoltes populaires, « militarisé le travail », justifié la terreur dans une controverse célèbre avec Kautsky ? Ses adversaires jouent aussi sur d'autres handicaps. En 1904, après avoir lâché au congrès de Londres les bolcheviks dont il avait soutenu la fraction l'année précédente, y gagnant le surnom éloquent de « matraque de Lénine », il écrit un petit brûlot (*Nos tâches politiques*), dans lequel il dénonce le « substitutisme » de Lénine : le parti se substitue au prolétariat, le comité central au parti et, un jour, un homme au comité central. Il se situe pour longtemps dans cette fratrie d'intellectuels de haut niveau dite « hors fractions ». En réalité, la différence entre Trotski, ses partisans et le reste du parti est d'un autre ordre que les oppositions idéologiques conjoncturelles qui masquent des luttes de pouvoir. Le conflit est d'ordre sociologique. Les « interrayons » (*mejraïontsy*, ainsi nommés parce qu'ils n'adhéraient pas à un « rayon », ou fédération, territorial) sont des militants cultivés, européanisés, parlant souvent plusieurs langues, ayant vécu en dehors de Russie. Trotski est un personnage caractéristique de ce point de vue. Tous les témoignages à commencer par le sien propre (voir sa précieuse autobiographie *Ma vie*) le montrent suivant de très près l'actualité littéraire (en France : Malraux, Céline, Malaquais), mobilisant Courteline lorsqu'il s'agit de bureaucratie. Il discute d'égal à égal sur l'art révolutionnaire avec André Breton ou Diego Rivera. Mais il s'épuise à vouloir imiter Lénine, alors que son tempérament est plus celui d'un homme de lettres et d'un visionnaire (parfois) que d'un homme d'appareil.

L'histoire du trotskisme en France fut celle d'un travail de Sisyphe pour mettre ensemble des prolétaires communistes en rupture de parti, des syndicalistes révolutionnaires, des quasi-anarchistes, des aventuriers et de grands intellectuels. « Jusqu'en 1929, écrit Yvan Craipeau, les oppositionnels n'avaient constitué en France que de petites chapelles ». Maurice Paz fait bande à part (*La Libération*, après *Contre le courant*). La Ligue communiste d'Amérique fut fondée pour sa part en septembre 1929, à la suite de circonstances rocambolesques (une fuite au bureau du Komintern met James Cannon, impeccable « orthodoxe » du Parti communiste américain, au courant des discussions au sommet de l'appareil dirigeant). L'« opposition de gauche » n'accepte le qualificatif qu'en 1933. Crise à cette même date : les sectaires, les « archéo-marxistes » grecs par exemple, résistent à ce qu'ils appellent le « centrisme » de Trotski. Les efforts pour attirer les formations social-démocrates de gauche comme l'*Independant Labour Party* sont condamnés au nom du purisme révolutionnaire, proche en fait de la sensibilité bordiguiste dans laquelle certains vont effectivement basculer. Il faut par ailleurs souligner que les individualités qui adhèrent à l'opposition de gauche sont souvent hors normes. Ainsi Raymond Molinier (1904-1994), qui attend son biographe, sinon le romancier qui s'inspirera d'une vie hors du commun. Ouvrier électricien, chauffeur de taxi, patron d'une boîte de contentieux, il part en 1939 pour l'Argentine, pays auquel il reste lié. On peut juger de son énorme pouvoir de séduction en lisant ce portrait : « Raymond Molinier... un robuste gaillard, large d'épaules, une force de la nature, sûr de lui, une tornade vivante que rien n'arrête, surtout aucun obstacle financier » [Craipeau, 1999, p. 96]. Certes au sein du mouvement, les avis étaient partagés : Rosmer supplia même Trotski de « faire le ménage ». Trotski n'obtempéra pas, tout en traitant Molinier d'« aventurier » dans *Leur morale et la nôtre*.

Il existe une énorme ambiguïté sur l'antifascisme, qui n'a jamais été levée du vivant du « Vieux » (surnom affectueux donné à Lev Davidovitch par ses jeunes disciples). Il ne s'agit nullement d'une fin de non-recevoir comme chez les bordiguistes. Trotski analyse avec une lucidité certaine le péril nazi, et ce dès 1931. Il entrevoit avec lucidité le risque de barbarie absolue que comporte l'ascension des hitlériens. Mais prisonnier des schémas intemporels datant de la guerre de 1914 (défaitisme révolutionnaire, antipatriotisme, transformation de la guerre en révolution), lui-même et ses partisans s'enferment dans une impasse.

L'autre impasse majeure est l'analyse de la « nature de l'URSS », selon le vocabulaire consacré. En refusant de voir que Staline est aussi l'héritier de Lénine, que le problème de la démocratie ne peut pas être posé uniquement dans le parti, Trotski est contraint à des contorsions scolastiques telles que la définition de l'URSS comme « État ouvrier dégénéré », ce qui est plus près au demeurant d'Aristote que de Marx, et va sans cesse pousser les militants vers les deux seules solutions logiques : soit aller jusqu'au bout, et considérer que le bolchevisme a accouché d'une contre-révolution, que le capitalisme est rétabli, soit devenir des auxiliaires des « staliniens », qui à leur corps défendant, combattent ce même capitalisme... Cette identification à Lénine conduit aussi Trotski, contre l'avis de beaucoup d'antistaliniens, à vouloir recommencer la stratégie de Zimmerwald (1915) et le redressement d'organisations communistes dévoyées par ses chefs. Ce qui est paradoxal, dans la mesure où, au même moment, les trotskistes qui, selon Staline, ont cessé d'être un courant politique pour devenir une association de criminels, sont traqués dans le monde entier, assassinés ou « jugés » dans les procès de sorcellerie dits « de Moscou », torturés, fusillés — Trotski lui-même est assassiné en août 1940. Mais la priorité n'est pas à la lutte contre Staline. Trotski raille même les humanistes qui voudraient le détourner du culte de la force et des mensonges au nom de la Cause, dans le petit pamphlet intitulé de façon éloquente : *Leur morale et la nôtre* (1938). La même année, après des années de tergiversations, il franchit le Rubicon avec la Conférence fondatrice de la « IVe Internationale » qui se réunit chez Alfred Rosmer, à Périgny (dans la banlieue parisienne) le 3 septembre, en présence de 22 délégués, représentant une douzaine de pays. Le résultat le plus clair fut le Programme de transition, autre élément essentiel de l'identité trotskiste (ajoutons y aussi le mot d'ordre du Front unique ouvrier, qui permet de soutenir, quand il le faut, les Fronts populaires et autres unions de la gauche... avant de constater leur échec programmé). Les premiers mots indiquent clairement qu'il s'agit de recommencer 1914 : « masses » contre « chefs » : « La situation politique mondiale se caractérise par une crise historique de la direction du prolétariat. » S'agit-il, comme le pensent beaucoup, de réaliser les conditions de la « révolution permanente », en présentant des revendications telles que les appareils (sociaux-démocrates ou « staliniens ») soient « débordés » ? S'agit-il même, comme l'a supposé Bernard Poulet dans un récent article, de « déséquilibrer la démocratie elle-même » ? Autre phrase clef, « oubliée » depuis par beaucoup de groupes, tant elle est contraire à l'expérience : « Les forces productives ont cessé de croître », écrite à la veille de progrès technologiques et scientifiques sans précédent ! Il s'agit de « prouver » que les conditions de la révolution prolétarienne étant réunies, c'est uniquement la « trahison » des deux Internationales qui maintient le capitalisme sous perfusion. Contrairement à Lénine, et même à leurs frères ennemis staliniens, les trotskistes semblent avoir souvent eu quelque difficulté à penser la spécificité d'une conjoncture. La négation de l'histoire, parfois appelée « présentisme », est chez ces militants une tentation constante. « L'histoire nous mord la nuque », a dit un jour Daniel Bensaïd, influent dirigeant de la LCR. Le recours actuel au « messianisme », dans la version sécularisée qu'en a donnée Walter Benjamin, est la forme actuelle de cette difficulté à penser la « *verità effetuale delle cose* », comme disait Machiavel, et à donner congé aux utopies.

Un bon exemple en est fourni par le comportement erratique des trotskistes pendant la Seconde Guerre mondiale. En décembre 1939, Trotski écrit que si l'Inde britannique se soulève, il faudra que les travailleurs allemands fassent parvenir aux insurgés l'armement qu'Hitler leur a préparé ! Un pareil aveuglement s'est souvent reproduit au cours des années qui suivent, sans la présence de Trotski. Les trotskistes français donnent parfois l'impression de confondre la Seconde Guerre mondiale avec la Première, pratiquant même à l'occasion la tactique d'infiltration dans les institutions de Vichy (charte du travail) ou les partis collaborationnistes (le RNP – Rassemblement national populaire – de Marcel Déat). Il y a aussi des trotskistes dans la Résistance, d'ailleurs traqués aussi bien par la Gestapo que par les communistes. En février 1944, lors de la réunification des groupes trotskistes, ce sont les thèses « défaitistes révolutionnaires » (du Courant communiste international, CCI) qui l'emportent, avec de légères réserves. On reconnaît que l'impérialisme allemand est « particulièrement oppressif », et l'entrisme est autorisé… chez les FTP. Le « Ils se valent » de *La Vérité* (22 juin 1944) suscite l'indignation des militants. Le courage de ces derniers, dont beaucoup ont résisté, ont été jusqu'à faire, au prix de risques inouïs, de la propagande auprès des soldats allemands, est certain. En général, l'« impérialisme allemand » était au bout du compte jugé pire que l'américain ou l'anglais. Mais les théoriciens restent obsédés par 1914 (éviter la « trahison » patriotique, transformer la guerre en révolution) autant que par 1933. D'où une grande confusion, propice à certains dérapages.

En revanche, les premiers temps de la Libération sont éminemment favorables aux rêves des trotskistes, qui profitent du fait que les communistes soient au gouvernement, dégarnissant du même coup leur gauche. Ils mettent des usines un peu partout en France (méridionale surtout) sous « contrôle ouvrier », créent des « soviets » en région parisienne (Aubervilliers, XIVe arrondissement...). En 1946, lors des élections législatives, les trotskistes dépassent les 5 % dans certaines circonscriptions. Et puis très vite, c'est la traversée du désert, qui va durer vingt ans. Groupuscularisation, scissions, querelles doctrinales byzantines, chute des effectifs vont être le lot des trotskistes, en France et dans le monde. Trois orientations vont cependant émerger : une « ligne » qui privilégie le travail dans la classe ouvrière — on dit souvent « la classe » tout court, pour forger une élite de révolutionnaires. C'est le groupe « Union communiste » créé par David Korner (1904-1976) dit « Barta » pendant la guerre et qui a déclenché la légendaire grève de Renault-Billancourt au printemps 1947. En dehors de Pierre Boussel dit « Lambert », né en 1924, le grand personnage du trotskisme, en France et dans le monde entier, aura été Michel Raptis dit « Pablo » (1911-1996). Il fonde son premier groupe en 1934. Il quitte ensuite la Grèce et s'inscrit en Sorbonne. Membre fondateur de la IVe Internationale, il orchestre l'unification des groupuscules trotskistes français en 1943-1944. Il provoque un coup de tonnerre dans la IVe Internationale à la fin des années 1940 en pleine guerre froide (1951-1952), en décrétant que la « bureaucratie stalinienne » est devenue « objectivement révolutionnaire ». Pablo va rechercher, comme d'autres, un autre « centre » de la révolution. Après la Yougoslavie (1948), il y aura l'Algérie (1962) que Pablo, en utilisant ses réseaux, a contribué à armer, puis Cuba (1958) et, enfin, le Nicaragua (1979). Pierre Frank et Ernest Mandel rompent avec lui en 1962, en raison de son alignement sur Moscou, au moment de la « crise des fusées ». *La Voie communiste* de Denis Berger et Félix Guattari (1956) ouvre des perspectives plus exaltantes que l'entrisme en raison de la crise du PCF (rapport Krouchtchev et révoltes contre la guerre d'Algérie). Le pablisme joint à une extrême sensibilité aux mouvements qui font changer la société, même s'ils sont à mille lieues des usines et du prolétariat (« Tout ce qui bouge est rouge ! »), une tendance romantique et blanquiste portant vers l'aventurisme révolutionnaire.

Le culte de Che Guevara n'est pas alors un thème seulement esthétique, mais la marque de la recherche d'une URSS de substitution... Dès 1958, la révolution cubaine est une divine surprise pour les trotskistes américains. Une vague de romantisme révolutionnaire gagne la LCR, qui retrouve la tradition de Blanqui mêlée de fascination pour les guérilleros latino-américains. Des scènes de guérilla urbaine ont lieu en plein Paris, avec participation active du service d'ordre de la LCR (voir le film très évocateur de Romain Goupil, *Mourir à trente ans*). Des liens sont établis avec l'ERP, une organisation révolutionnaire argentine, et un cadre de Fiat est même exécuté dans le contexte d'une coopération entre les deux mouvements. Par ailleurs, les pablistes fidèles à Raptis (l'Alliance marxiste révolutionnaire) se tournent plutôt vers l' « autogestion », ou, imprégnés de « contre-culture » (*Actuel*, *Vive la révolution*), vers une... « tendance rock-pétard », dont Maurice Najman fut une figure emblématique. Le « pablisme » tend à s'éloigner de plus en plus du trotskisme originel, influençant, avec retard, l'évolution des disciples d'Ernest Mandel (1923-1995), personnalité influente de la politique belge et théoricien du « néocapitalisme », de Pierre Frank (1905-1984), et d'Alain Krivine, un militant des Jeunesses communistes avide d'action, très bon orateur et organisateur devenu trotskiste au cours de la guerre d'Algérie, animateur d'une fraction au sein des Étudiants communistes, qui devient Jeunesses communistes révolutionnaires (JCR) en 1966, à la suite de son exclusion (il a refusé d'appeler à voter pour François Mitterrand).

Le trotskisme a su en effet attirer des intellectuels raffinés comme André Breton, Pierre Naville, David Rousset, etc. Aujourd'hui encore, le poids de la LCR, et il y a peu de temps encore celui des lambertistes n'était pas du tout négligeable dans les milieux artistiques, tout particulièrement ceux du théâtre et du cinéma. Les trotskistes de cette sensibilité « libertaire » sont-ils devenus pour autant de vertueux démocrates sans le savoir ? C'est aller vite en besogne, même si Edwy Plenel dans *Secrets de jeunesse*, voit bien l'évolution qui mène de la révolution à une sorte de réformisme lyrique. Chez Trotski lui-même, l'ouverture à la diversité culturelle, à la transformation des « modes de vie », la lutte contre le *byt* (la « routine ») ne sont pas incompatibles avec la dictature du prolétariat (pas plus que la « critique de la vie quotidienne » chez d'autres marxistes dits « ouverts »). Le courant Lutte ouvrière (LO), qui existe continûment depuis 1956, même s'il a des racines plus lointaines, paraît par sa structure même — des noyaux militants vivant de façon communautaire dont le noyau est toujours un groupe d'entreprise — le plus réfractaire à tout changement, même si de récentes publications ont conduit son chef Robert Barcia, dit « Hardy », à sortir de la clandestinité. Mais une culture électoraliste qui remonte à trente ans (première candidature d'Arlette Laguiller) et le partenariat avec la LCR vont-elles faire entrer LO dans un autre cycle politique ? L'avenir le dira.

Un troisième courant, qui est aujourd'hui organisé dans le Parti des travailleurs, a pour chef charismatique Pierre Lambert, né en 1924. Souvent montré du doigt pour son militarisme et son « machisme », ce courant sur lequel beaucoup d'anciens militants (Jean-Christophe Cambadélis, Benjamin Stora, Philippe Darriulat, le romancier Patrick Gofman) ont témoigné dans des livres de souvenirs a pourtant des spécificités qui ne sont pas négligeables. Il a été d'une intransigeance sans faille vis-à-vis des staliniens, et participé activement à la lutte des « dissidents » de l'Est. Du fait de son anticommunisme, de son choix de participer à la franc-maçonnerie (hérétique du point de vue de Trotski), de son long entrisme dans le parti socialiste (voir la trajectoire de Lionel Jospin), la Libre Pensée, le courant École émancipée chez les enseignants et le syndicat Force ouvrière, le lambertisme est aujourd'hui profondément ancré dans la culture « républicaine » de la gauche française. Il faut y ajouter un respect du travail intellectuel et plus particulièrement universitaire. Un historien éminent comme Pierre Broué en fut longtemps emblématique.

Un fondamentalisme : Bordiga et les siens

Amedeo Bordiga (1889-1970) a formé plusieurs générations de révolutionnaires, mais reste pratiquement un inconnu. Cet ingénieur napolitain fut d'abord un jeune socialiste, antiparlementaire et révolutionnaire comme ses camarades Mussolini et Gramsci. Comme le futur *Duce*, il créa ses propres structures, le Cercle Karl Marx et la revue *Il Socialista*. La révolution d'Octobre fut pour lui une rencontre avec l'absolu politique, qui détermina sa longue existence politique. Fondateur du premier Parti communiste d'Italie, il manifesta son désaccord dès qu'il fut question d'y accueillir les « maximalistes » et de cautionner des expériences qui lui semblent hétérodoxes (aile gauche anti-interventionniste du parti socialiste). La rupture avec Lénine lui-même — jamais clairement avouée — était inévitable, car Lénine avait une stratégie et, en bon machiavelien, admettait des retraites provisoires (la NEP, Nouvelle politique économique), des alliances feintes, des reniements apparents. Bordiga soutint Trotski en 1925 contre les « épigones », mais celui-ci rompit avec Il Prometeo en 1931. Cependant les passerelles subsistèrent longtemps, sinon entre les deux prophètes désarmés, du moins entre leurs troupes (« Bordiga et l'attentisme », *Cahiers Léon-Trotsky*, 1980). La ligne de Bordiga a été définie inlassablement par lui-même dans des formules telles que : « Garder la théorie marxiste intacte, rester toujours soi-même, sans déviation ni hésitation, être prêt à toute éventualité. » On y trouve un refus principiel de la « zone nuageuse » de la politique, qui surenchérit sur Marx. La Marche sur Rome de Mussolini, prélude à son accès au pouvoir, est ainsi caractérisée comme une « crise ministérielle... ». Et d'ajouter : « Il suffit de rester à la fenêtre, et le fascisme tombera quand même. » Face à Staline, il ne faut pas, selon lui, bavarder sur la « bureaucratie », ce n'est pas la bureaucratie qui a pris le pouvoir en Union « soviétique », c'est le capitalisme. Le marxisme, de même, n'a pas été « déformé », il est à reconstruire. Le mot d'ordre est donc de repartir à zéro...

Du point de vue « philosophique », le bordiguisme peut être compris comme l'exacte antithèse de John Locke. Pour ce dernier, la liberté ne peut être qu'individuelle et garantie par la propriété. Pour la « gauche communiste », individu, liberté et propriété ont effectivement partie liée, et c'est solidairement qu'ils doivent être abolis par le « mouvement réel ». Le bordiguisme est la version du communisme qui justifie le plus clairement l'assimilation à la « Gnose » antique opérée par Ernst Voegelin et Alain Besançon : face à un monde entièrement mauvais, il ne reste à opposer que le retrait volontaire (ce que Bordiga fit effectivement, politiquement parlant entre 1930 et 1944), ou la négation de la réalité de ce monde. L'abstention n'est donc pas seulement un mot d'ordre politique vulgaire, c'est une position métaphysique. D'où le fait que le « négationnisme » — qui ne s'applique pas qu'au génocide des Juifs — est sans doute constitutif d'une certaine vision bordiguiste des choses. Dès 1919, le rédacteur d'*Il Soviet* dénie toute réalité particulière au fascisme, considéré comme un simple stade de la démocratie, qui ne peut en aucun cas être préférée à lui. Le refus de l'antifascisme, fondé sur cet aveuglement systématique, est le vrai « fait primitif » ou « générateur » du bordiguisme, beaucoup plus que le refus des élections, et cela bien que dès avant 1914, Bordiga ait été le chef de file d'une « fraction abstentionniste ». À plusieurs reprises (1920, 1945), il accepte la participation électorale, mais jamais les fronts antifascistes, même au moment de la guerre d'Espagne, au risque de désorienter ses propres troupes. Il y a aussi, naturellement, la possibilité de passer compromis avec le monde, et d'abandonner la position gnostique. Tel fut le cas d'Onorato Damen (1893-1979), qui soutint la République espagnole et la Résistance, transgressant ainsi les interdits du maître. Bordiga en vient logiquement à condamner toute lutte ouvrière, parce qu'elle « détourne » de la révolution. Autant dire que nous sommes en face d'une évacuation de l'histoire réelle, jugée « impure » — tout comme le cosmos était pour les gnostiques de l'Antiquité, la création perverse d'un dieu mauvais —, et que la seule conclusion est l'attente de l'Apocalypse. De même, il refuse d'attribuer la moindre spécificité au fascisme, et plus tard au nazisme. Seul le capitalisme existe, seul le prolétariat peut en venir à bout. Tout le reste n'est que poudre aux yeux. Toute alliance avec des éléments « non prolétariens » n'est que trahison, etc.

Il est donc clair qu'il n'y a aucune place, dans cette vision du monde, et tant que l'heure n'a pas sonné, pour la moindre action politique concrète. Quelle est donc la tâche du révolutionnaire ? À maintenir la pureté de la théorie marxiste, garante du programme communiste éternel, son « invariance ». C'est pourquoi Bordiga, malgré quelques tentatives épisodiques de liaisons avec d'autres antistaliniens (Trotski, et surtout Karl Korsch), ne chercha jamais à constituer une Internationale. Il faut bien comprendre que, pour lui, on ne « crée » pas le parti, comme chez Trotski. Le parti existe, comme une idée platonicienne, en dehors de la volonté des individus. Bordiga critique les « replâtrages » doctrinaux du trotskisme. « Il faut s'éloigner et attendre, confie-t-il en 1936, attendre non pas pour cette génération, mais pour les futures générations. » La Seconde Guerre mondiale ne modifie en rien ce point de vue de Sirius : « Brigands affamés contre brigands repus. » Le Parti communiste internationaliste est (re)constitué en 1945, Bordiga n'y adhère officiellement qu'en 1948. « Son œuvre signalisatrice du futur fut inhibée ou masquée par une espèce d'herméneutique révolutionnaire », dit Jacques Camatte. Pour une fois, la métaphore religieuse ne vient pas d'éléments hostiles, d'universitaires « réducteurs », mais d'un disciple. Et l'exégète poursuit : « Cette herméneutique ne se préoccupe pas tant de mettre en évidence le sens caché des mots, que de rétablir le lien exact entre prolétariat et théorie, vue comme un ensemble de lois régissant le devenir de l'humanité au communisme et description de celui-ci » (« Bordiga et la passion du communisme », *Spartacus*, s.d., p. 6). Cette veine est poursuivie aujourd'hui par un de ses disciples français les plus connus, Jacques Camatte. Ce dernier, qui publie depuis des années la revue *Invariance*, a rompu avec l'orthodoxie bordiguiste, qui nie l'individu, et avec Marx lui-même dans la mesure où l'auteur du *Capital*, prisonnier des catégories économiques, n'a pas clairement indiqué que le but final était la réconciliation de l'espèce humaine (*Homo Gemeinwesen*) avec la Nature. La revue, *Transgressions* (1999) est elle aussi marquée par les idées de Camatte. Un autre bordiguiste, Roger Dangeville, s'est fait connaître par ses traductions de Marx (les *Grundrisse* et beaucoup de recueils thématiques). Vers 1967, il se produit une sorte de renaissance bordiguite autour de certains théoriciens passés par le situationnisme ou Socialisme ou Barbarie (SOB), et qui cherchent le Graal de la théorie révolutionnaire pure. C'est ainsi que Jean Barrot publie en 1977 chez Champ libre, un *Mouvement communiste* d'inspiration manifestement bordiguiste. Depuis 1982, il ne semble plus y avoir d'activité bordiguiste en France. En revanche, en Italie, on constate une certaine présence (revue *N + 1*, centre d'archives, Fondation Bordiga, qui octroie des bourses d'études, sites Web).

L'importance du bordiguisme se mesure aussi aux fruits qu'elle a permis de faire mûrir, et qui vont du meilleur, l'antitotalitarisme à travers la revue *Socialisme ou Barbarie*, au pire, le développement du négationnisme.

Tous ceux qui cherchaient une voie révolutionnaire en évitant d'être pris dans la rivalité mimétique staliniens-trotskistes ne pouvaient que trouver sur leur chemin Bordiga et sa *Scriptura Sola*. Mais il est une de ces rencontres qui a eu dans l'histoire des gauches plus de portée que d'autres. Les ex-bordiguistes ont beaucoup apporté à *Socialisme ou Barbarie*, une revue créée en 1949 par un groupe de jeunes gens issus du mouvement trotskiste (Cornelius Castoriadis et Claude Lefort furent les plus connus par la suite) et qui rompent avec ce dernier, car ils refusent à la bureaucratie soviétique tout caractère socialiste, même « déformé ». La *diaspora* bordiguiste a fourni la revue à couverture rouge et blanche en hommes (Daniel Mothé) et en idées. Sans le ralliement de quelques noyaux de la gauche communiste, Socialisme ou Barbarie serait resté un groupe d'intellectuels « bourgeois ». Signalons aussi parmi les bordiguistes plus ou moins épisodiques, le futur grand « marxologue » Maximilien Rubel, l'écrivain d'origine juive polonaise Jean Malaquais, et le futur psychanalyste Jean Laplanche. Socialisme ou Barbarie a disparu en tant que groupe vers 1967, mais sa légende lui a survécu, et beaucoup de petits cénacles la miment encore aujourd'hui, comme d'autres le font avec le mythe de l'Internationale situationniste…

Mais ce sont aussi les bordiguistes en 1960 qui « inventent » ce qui va devenir le « négationnisme » spécifique de l'ultra-gauche, et avant tout celui de la librairie La Vieille Taupe (Auschwitz ou le grand alibi, *Il Programma communista*, 1960). Cette « dérive » comporte une certaine logique. Le fait même de considérer que le fascisme ou le nazisme n'a pas d'existence propre, que ce ne sont là que *flatus vocis* qui ne sont que d'autres noms du capitalisme pourrissant, ne conduisait pas seulement au refus des fronts antifascistes, mais à nier tout ce qui n'entrait pas dans le cadre « invariant » de la théorie. Pour aller plus au fond des choses, la dénégation de la réalité sociale et politique semble bien constitutive du grand refus bordiguiste. En détournant un célèbre aphorisme de Hegel, on pourrait dire que « tout ce qui est irrationnel — du point de vue de la gauche communiste — est irréel ». Ce syndrome n'a pas affecté que le bordiguisme, qui en est évidemment un cas limite. L'épopée des maoïstes français l'a également illustré.

Le maoïsme français et ses pseudomorphoses

Toutes les dissidences « marxistes-léninistes » sont après 1960 des branches du tronc communiste. Certaines ont continué à entretenir avec lui un rapport mimétique, d'autres s'en sont éloignées. Certaines organisations, nées après 1961, à l'instigation du parti chinois engagé dans son « schisme » antisoviétique, n'ont pas survécu à la mort de Mao Zedong, et ont vécu en clones du PCF, version 1950 (Parti communiste marxiste-léniniste de France [PCMLF], Parti communiste révolutionnaire [PCR], ce dernier essentiellement dans la région Rhône-Alpes). Mais aucune n'a connu un destin aussi extraordinaire que l'organisation qui s'est appelée, pendant ses six années à peine d'existence (1968-1974), la Gauche prolétarienne. À l'origine, un personnage, lui-même énigmatique, Louis Althusser (1918-1990). À son instigation surgit du sein de l'Union des étudiants communistes (UEC) une nouvelle scission, menée par des normaliens althussériens plus soucieux d'action que de théorie pure. Ces impatients, exaltés par la grande révolution culturelle prolétarienne, qui ravageait alors la Chine, fondent l'Union des jeunesses communistes marxistes-léninistes (UJCML), et rallient, surtout grâce à une organisation relais, les Comités Vietnam de Base, ceux que l'éclectisme des Jeunesses communistes révolutionnaires (JCR) ne satisfaisaient pas. Ce sont eux et elles les gardes rouges imaginaires que Jean-Luc Godard a croqués sur le vif dans sa *Chinoise* (1967).

Mai 68 allait faire vivre à cette organisation une crise majeure. Persuadée qu'une révolte purement étudiante ne pouvait mener à rien, elle était allée encore plus loin dans le rejet, dénonçant le mouvement étudiant comme le « plus grand complot anticommuniste depuis 1956 ». Cette proclamation, mal vécue par les militants, allait entraîner non seulement un changement de leader — le flambeau passant de Robert Linhart (devenu célèbre en 1975, quand il publie *L'Établi*, version romancée de sa vie aux usines Citroën à la fin des années 1960) à Benny Lévy (1945-2003) —, mais aussi un changement de ligne à 180 degrés. Le fondateur de la Gauche prolétarienne (GP) rompt avec le « théoricisme » althussérien et avec une bonne part du corpus marxiste-léniniste (mais pas en ce qui concerne l'organisation, où le centralisme démocratique perdure...). Il veut désormais unir révolte antiautoritaire — en clair, les aspirations du Mai étudiant à « jouir sans entraves » et à rejeter toute hiérarchie, et révolution prolétarienne. Il rejoint par là, à son insu peut-être, la volonté « situationniste » de réconcilier Bakounine et Marx. La Gauche prolétarienne ne regroupe qu'une minorité de l'ancienne UJCML, qui s'est déchirée à la fin de l'été dans les salles de la rue d'Ulm, mais elle recueille en revanche l'adhésion de certains militants du « 22 mars » nanterrois, et celle d'intellectuels réfractaires au discours « m.l. » (André Glucksmann, Serge July), ainsi que ceux qui appartenaient au cercle normalien très fermé des *Cahiers pour l'analyse*, jusque-là connu surtout pour sa distance très lacanienne devant le politique. Le maoïsme occidental à ses débuts excuse les crimes de Staline, s'il ne les nie pas toujours. On fait souvent grand cas d'une exception maoïste française qui n'a pas suscité un terrorisme de grande ampleur du style Brigades rouges ou Fraction armée rouge. Est-ce dû à une immunité particulière à la France (thèse développée par de nombreux écrits apologétiques) ou est-ce le fruit d'une série de heureux hasards, comme d'autres le suggèrent ? Il faut en tout cas souligner le rôle essentiel de l'ouverture d'une perspective politique inédite ailleurs (programme commun de la gauche en 1972) qui fait revivre positivement l'imaginaire du Front populaire et assèche les rêves de violence.

Cela étant, tous les ex-« maos » des années 1960-1970 ne se rallièrent pas sans douleur à ce que certains appellent la « démocratie moyenne ». Après tout, le groupe Action directe, même très réduit, puisait une partie de ses références dans le vide laissé par l'autodissolution de la GP à l'été 1974. Dans les bureaux de *Libération*, certains sablent le champagne, en 1977 encore, alors que le journal a définitivement rompu les amarres en sortant une « Une » iconoclaste le jour de la mort du Grand Timonier, lorsque les Noyaux armés prolétariens abattent le vigile Tramoni, assassin en 1972 de Pierre Overney, militant mao de Renault-Billancourt. Si certains ont fait un bout de chemin avec la social-démocratie (version chevènementiste plus que « deuxième gauche » en règle générale), cela n'a pas été toujours durable. Moins que leurs homologues venus du trotskisme en tout cas. Les destins politiques sont divers, un certain ton tranchant ou même apocalyptique trahit un certain style de pensée. Tel expert de politique étrangère, aujourd'hui intégré aux *think tanks* néoconservateurs d'outre-Atlantique, tel idéologue du Medef (Mouvement des entreprises de France) sont dans ce cas.

Nouvelles radicalités ou « alterpolitiques » ?

« Un autre monde est possible », proclament les antimondialistes d'hier — devenus « alter… ». La révolution violente n'est plus majoritairement leur horizon ni le marxisme leur boussole. Beaucoup participent de cet individualisme généralisé qui fait que l'on s'enflamme ponctuellement pour une cause, comme on suit un détenu politique à Amnesty International sans s'« engager » à long terme ni encore moins à adhérer à un parti politique pour la vie. Ce militantisme à la carte rend malaisé la distinction entre une vraie adhésion idéologique d'extrême gauche et une simple sensibilité humanitaire. Quant au débat d'idées, rappelons qu'au lendemain de la campagne présidentielle de 1995 et du « mouvement social » en décembre de la même année, un front antilibéral a paru conquérir une grande partie de l'*intelligentsia*. Phares et balises, puis les clubs et fondations se réclamant, qui de Copernic, qui de Marc Bloch, qui de Merleau-Ponty fleurissaient pour terrasser la « pensée unique ». Pierre Bourdieu était salué comme un nouveau Sartre. Mais les fruits n'ont pas tenu la promesse des fleurs. Bourdieu est mort sans successeur. Beaucoup de pourfendeurs de ladite pensée unique (« ultralibérale » ou « social-libérale ») se sont reconvertis en « républicains ». Celui-ci a retrouvé la foi, celui-là a redécouvert la nation, un autre encore semble plus préoccupé désormais de dénoncer dans le « progressisme » un antisémitisme larvé qu'un obstacle à la Révolution.

Y a-t-il, comme certains le craignent et d'autres l'espèrent, une perspective ouverte à l'essor de « nouvelles radicalités » ? Nous n'en sommes guère convaincus. La présence bruyante de quelques derniers propagandistes du bolchevisme ne doit pas masquer le fait que, dans les organisations non gouvernementales (ONG) et les associations qui constituent le gros des troupes altermondialistes ou alternatives, domine un engagement compassionnel qui incite plus à passer d'une cause juste à une autre, qu'à militer en moine-soldat du « grand soir ». À gauche de la gauche, on trouve certes des groupuscules tentés par la violence, tentés comme le terroriste ci-devant marxiste-léniniste, « Carlos », de retrouver dans Al Qaïda la nouvelle figure du révolutionnaire sans patrie ni frontières. Mais pour un Carlos, combien de José Bové qui, disciples du fort peu sulfureux Jacques Ellul, incarnent davantage les aspirations des « alterpolitiques » (ce néologisme se trouve dans *Le Monde* du 2 mars 2004), qu'une véritable eschatologie séculière ? Le succès électoral d'Olivier Besancenot et d'Arlette Laguiller à la présidentielle de 2002, suivi de la nette déconvenue des législatives et du résultat mitigé des régionales de 2004, semble également ériger davantage l'extrême gauche politique comme un contrepoids éventuel, aiguillon ou force de dissuasion selon les cas, destiné à peser sur l'orientation de l'ensemble de la gauche que comme le prélude de nouvelles journées révolutionnaires devant déboucher sur le « grand soir ».

RÉFÉRENCES BIBLIOGRAPHIQUES

BENSAÏD Daniel (2002), *Les Trotskismes*, PUF, coll. « Que sais-je ? », Paris.

BROUÉ Pierre (1988), *Trotski*, Fayard, Paris.

— (1996), *Rakovsky ou la révolution dans tous les pays*, Fayard, Paris.

CALLINICOS Alex (1990), *Trotzkyism*, Minnesota University Press, Minneapolis.

CRAIPEAU Yvan (1971), *Le Mouvement trotskiste en France*, Syros, Paris.

— (1999), *Mémoires d'un dinosaure trotskiste*, L'Harmattan, Paris.

HAMON Hervé et ROTMAN Patrick (1987), *Génération*, Seuil, Paris.

KRASSO Nicolas (1969), « Le marxisme de Trotski », *Les Temps Modernes*, juin-juillet.

Marie Jean-Jacques (1970), *Le Trotskisme*, Flammarion, coll. « Questions d'histoire », Paris.

— (1971), *Trotski et le trotskisme*, Armand Colin, Paris.

Rajsfus Maurice (1989), *Une enfance laïque et républicaine*, Manya, Paris.

Raynaud Philippe (1999), « Les nouvelles radicalités. De l'extrême gauche en philosophie », *Le Débat*, n° 105, mai-août.

Trotski Léon (1967), *Le Mouvement communiste en France*, textes choisis et présentés par Pierre Broué, Minuit, Paris.

43

L'anarchisme au XXe *siècle : de la crise au renouveau*

GAETANO MANFREDONIA

À LA VEILLE DU CONFLIT MONDIAL, en dépit de leurs désaccords sur les moyens, tous les libertaires étaient convaincus qu'un changement radical est possible à plus ou moins brève échéance. La révolution continuait à être perçue comme un objectif réaliste, même pour ceux qui refusaient d'utiliser la violence. Ainsi que le résumait, au tournant du siècle, Élisée Reclus dans *L'Évolution, la révolution et l'idéal anarchique* (1898), « les grands jours s'annoncent. L'évolution s'est faite, la révolution ne saurait tarder ». Cette certitude dans la victoire finale proche était renforcée par la croyance quasi générale dans les capacités d'auto-organisation spontanées des masses, ainsi que par la sous-estimation des forces de résistance de l'État et des classes bourgeoises. Insurrectionnels et syndicalistes partageaient l'idée qu'en face d'un mouvement populaire d'une ampleur exceptionnelle, les classes dirigeantes ne pourraient opposer longtemps une résistance sérieuse. La grève générale, à la limite, pouvait permettre au prolétariat de triompher sans effusion de sang. Comme l'écrivaient très explicitement Émile Pouget et Émile Pataud dans leur roman d'« anticipation sociale », *Comment nous ferons la Révolution* (1909) : « Ce n'est pas à coup de canons que la classe ouvrière a ouvert le feu contre la bourgeoisie. C'est par un acte formidable et simple ; en se croisant les bras. Or, à peine ce geste est-il esquissé que voici le capitalisme secoué par les spasmes symptomatiques de l'agonie. »

La période de bouleversements exceptionnels qui s'ouvre avec le déclenchement de la guerre en 1914 va profondément modifier cette vision optimiste du changement social. Le « court » XXe siècle est, pour les anarchistes aussi, le siècle des désillusions et du désenchantement. D'un côté, la multiplication des crises et des conflits en tout genre (politiques, militaires, économiques, sociaux) montre que leurs espoirs de transformation radicale n'étaient pas une pure chimère. De l'autre, le détournement des aspirations révolutionnaires au profit de dictatures sanglantes, la mise en place de régimes totalitaires vont ébranler bien des certitudes et soulever de nombreuses interrogations sur le bien-fondé de leurs choix tactiques et stratégiques habituels. De plus en plus isolé sur l'échiquier politique, marginalisé au sein du mouvement social, l'anarchisme connaît au cours de la première partie du XXe siècle un déclin certain. Toutefois, contrairement à d'autres composantes socialistes et révolutionnaires, il réussira à surmonter cette crise. Au fil des années, la diversité de ses pratiques, qui ne sont pas toutes liées à la vision ouvriériste ou insurrectionnelle du changement social, va se révéler un atout considérable, en mesure de l'aider à répondre aux défis nouveaux posés par les transformations des conditions politiques et sociales au sein des pays industrialisés, sans pour autant perdre son identité.

La fin des certitudes

Dès 1914, s'ouvre une période de crise pour l'anarchisme qui va conduire beaucoup de ses militants à douter de plus en plus ouvertement d'un certain nombre des présupposés qui fondaient jusque-là leur conception de la révolution sociale. La guerre de 1914, tout d'abord, en révélant que les solidarités nationales avaient tendance à l'emporter sur les solidarités de classes, apporte un premier démenti majeur aux certitudes libertaires. Loin d'être « des formes et des idéaux dépassés », comme l'affirmait encore en mai 1914 l'anarchiste italien Errico Malatesta, les sentiments de patrie et de nationalité se révèlent d'une surprenante vitalité. La lutte de classes sur le terrain économique s'étant montrée insuffisante pour créer un sentiment d'identité commun entre les prolétaires de différents pays, les anarchistes eux-mêmes sont directement concernés par la crise qui secoue alors le mouvement socialiste et ouvrier. Plusieurs figures historiques, dont le russe Pierre Kropotkine, au nom de la lutte contre le militarisme allemand, vont prendre ouvertement position en faveur des pays de l'Entente [Maitron, 1975]. Ces militants ne constituent qu'une toute petite fraction car la grande majorité s'engage résolument dans le camp de la paix. Mais, bien que minimes, ces défections sont révélatrices d'un malaise profond dont souffre le mouvement libertaire français et international sur l'attitude à adopter vis-à-vis des régimes démocratiques dont le sort est loin de leur être indifférent, alors que ceux-ci sont menacés par le militarisme ou la réaction.

Tout aussi déstabilisante apparaît la victoire bolchevique en Russie. Certes, la confiscation de la révolution prolétarienne par une fraction politique confirmait d'une manière éclatante les craintes que les anarchistes avaient formulées depuis toujours à l'encontre de l'usage de la dictature comme outil d'émancipation. Celle que les bolcheviks exerçaient au nom du prolétariat sur le prolétariat n'avait que peu à envier aux pires exactions de l'Ancien Régime. Le rêve d'une société fraternelle et égalitaire s'était mué en un cauchemar. Devant la multiplication de leurs exactions, certains militants, dont le russe Voline, n'hésitent pas à parler de « fascisme rouge » [Boulouque et Gomolinski, 2000].

Les anarchistes, pourtant, ne pouvaient nier l'ampleur de leur défaite. C'était, entre autres, par l'exercice d'une dictature impitoyable que les bolcheviks avaient réussi à venir à bout de la réaction blanche, ce qui, aux yeux des observateurs, pouvait passer pour un désaveu cinglant de leurs thèses antigouvernementales. L'incapacité dont ils avaient fait preuve à infléchir le cours des événements dans un sens antiautoritaire, le peu d'emprise sur les masses en dehors d'épisodes comme le soulèvement paysan de Makhno en Ukraine [Skirda, 1982] les interpellaient directement. Force était de constater que leur bonne volonté et leurs injonctions, afin que les masses prennent directement en main leurs affaires, n'avaient pas pesé lourd face aux appareils répressifs du nouveau pouvoir bolchevique.

En dehors de la Russie, l'écrasement de la révolution en Allemagne et l'arrivée au pouvoir du fascisme en Italie vont renforcer encore d'avantage le sentiment que les solutions tant insurrectionnelles que syndicalistes proposées par les anarchistes pour faire la révolution avaient échouées. L'expérience italienne est particulièrement significative. En effet, tout en étant fortement implantés dans certaines localités, les anarchistes étaient conscients qu'ils restaient une force minoritaire à l'échelle du pays. Incapables de mener à bien la révolution sans le concours des autres forces socialistes et ouvrières, ils s'étaient faits, dès avril 1919, les promoteurs d'une politique de « front unique ». Or cette stratégie d'alliance se révéla elle aussi des plus décevantes. Non seulement elle n'empêcha pas le sabotage du mouvement des occupations d'usines de l'été 1920 par les socialistes réformistes, mais elle se montra incapable de s'opposer à la réaction patronale. Effrayée par l'agitation prolétarienne du « *biennio rosso* », toute une partie de la bourgeoisie soutint les forces extra-légales du fascisme pour opérer une véritable « contre-révolution préventive » qui brisa les forces organisées des travailleurs, même les plus modérées. Pire, une fois arrivé au pouvoir, le fascisme s'attaqua progressivement aux fondements même de l'État libéral et instaura un régime ouvertement totalitaire qui rompait avec l'héritage des Lumières et les principes de 1789 [Manfredonia, 1994].

Les tentatives révisionnistes de l'entre-deux-guerres

Non seulement le changement radical souhaité n'a pas eu lieu, mais la guerre, le bolchevisme et le fascisme montrent que l'idée que les anarchistes se faisaient de la révolution avait échoué. Dans ces conditions, les militants les plus lucides se rendent compte qu'ils peuvent difficilement faire l'économie d'un profond travail de révision idéologique et pratique. Cette prise de conscience est le point de départ de toute une série de débats et de réflexions « révisionnistes » sur la pertinence des mots d'ordre libertaires qui se poursuit pendant de longues années et à laquelle prennent part tous les principaux leaders du mouvement anarchiste en Europe et en Amérique.

Le cas d'Errico Malatesta en Italie est tout à fait révélateur. Le « vieil internationaliste », benjamin de Bakounine à l'époque de l'Association internationale des travailleurs (AIT) antiautoritaire (1872-1878), va s'interroger d'une manière de plus en plus insistante sur les « erreurs », les « manquements » ou bien la « part de responsabilité » des libertaires dans la défaite du mouvement ouvrier qu'il accuse d'avoir péché par optimisme. La faute principale revenant à ses yeux à l'enseignement de Kropotkine dont la surévaluation des capacités d'auto-organisation des masses avait conduit à des simplifications excessives du processus révolutionnaire. Or les expériences de l'après-guerre avaient montré qu'il était illusoire de continuer à espérer, dès le lendemain d'une révolution victorieuse, qu'une société communiste-anarchiste pourrait directement surgir des décombres de l'ancienne. Conscient que les libertaires resteraient longtemps minoritaires, il se prononçait pour une vision plus « graduéliste » du changement social qui allait partiellement dans le sens préconisé par les éducationnistes-réalisateurs. Désormais, même dans le cas de figure fort favorable de la chute du pouvoir existant et du triomphe définitif des insurgés, les anarchistes devaient se « contenter d'avancer graduellement à mesure que s'élève le niveau moral des hommes et que s'accroissent les moyens matériels et intellectuels dont dispose l'humanité » [Malatesta, 1996].

En dépit du caractère iconoclaste de ces prises de positions, Malatesta considérait toujours la rupture révolutionnaire comme étant le préalable incontournable à tout véritable changement social. Au cours de l'entre-deux-guerres, le paradigme de la révolution prolétarienne, partagé aussi bien par les insurrectionnels que par les syndicalistes, reste encore largement dominant. En France, seuls les individualistes, réunis autour du journal *L'En dehors* d'É. Armand, continuent ouvertement à se revendiquer d'une approche éducationniste-réalisatrice et à montrer le caractère obsolète de l'insurrectionnalisme. Tous les militants, d'ailleurs, ne ressentent pas avec la même acuité la nécessité de réviser l'anarchisme. Les opinions sur cette question sont loin d'être unanimes. Si tous sont conscients de la défaite, les avis sur ses causes divergeaient considérablement. Le très large éventail de réponses à la « consultation mondiale » lancée, en décembre 1924, par *La Revue internationale anarchiste* de Paris, sur le thème des « tâches immédiates et futures de l'anarchisme », est là pour l'attester. Le « Groupe d'anarchistes russes à l'étranger » dont faisaient partie Nestor Makhno et Piotr Archinov, en particulier, tout en reconnaissant l'échec du mouvement libertaire, estimait que les causes étaient à rechercher en priorité dans ses divisions idéologiques et organisationnelles. Afin d'y remédier, ce groupe publie, en juin 1926, une « Plate-forme d'organisation » dans laquelle il prône la constitution d'une « Union générale des anarchistes », fondée sur les principes de l'union tactique et idéologique ainsi que sur celui de la responsabilité collective de ses adhérents. Contrairement toutefois à ce que leurs promoteurs avaient espéré, ce projet va soulever de multiples objections, y compris de la part de militants organisationnels de longue date [Manfredonia, 1995].

L'ÉCHEC DE LA RIPOSTE ANARCHO-SYNDICALISTE

En définitive, non seulement les tentatives pour réviser l'anarchisme n'aboutissent pas, mais elles vont, au fil des années, se heurter de plus en plus ouvertement au dogmatisme et à l'intransigeance de nombreux militants fortement opposés à toute remise en cause de ce qu'ils considèrent être les « principes immuables » de ce courant. Rester soi-même, ne pas accepter de compromis ou d'engagements qui puissent lier à l'avenir leur action, tels sont les mots d'ordre qui finissent par s'imposer, fruits tout autant d'un choix idéologique délibéré que d'une situation politique qui ne semble leur offrir guère d'autres possibilités.

Cette attitude est d'autant plus générale que la majorité des libertaires n'a pas encore perdu l'espoir de voir, à plus ou moins brève échéance, s'ouvrir un nouveau cycle de luttes révolutionnaires grâce à la radicalisation de l'action revendicative des travailleurs. Bien qu'affaiblis, les courants anarcho-syndicalistes continuent à occuper, au cours des années 1920 et 1930, une place non négligeable au sein du mouvement ouvrier, ce qui conforte bien des militants dans leurs tentatives de préserver l'autonomie de classe des travailleurs menacée par l'ingérence du patronat et de l'État. Les visées hégémoniques de l'Internationale communiste, en outre, poussent les anarcho-syndicalistes et les syndicalistes révolutionnaires à se regrouper au sein de syndicats à finalité explicitement anarchiste. Ce mouvement aboutit, lors du congrès de Berlin de décembre 1922-janvier 1923, à la relance de l'AIT [De Jong, 2001].

En France, en dépit de l'existence de profonds désaccords sur l'opportunité ou non de prendre le risque de diviser encore davantage les travailleurs, on assiste, en 1926, sous l'impulsion de Pierre Besnard, à la naissance d'une CGT dite « syndicaliste-révolutionnaire » (CGT-SR) qui adhère aussitôt à l'AIT. Mais surtout, confrontés à une situation internationale qui s'assombrit de jour en jour, la majorité des libertaires reste convaincue que la seule chance de s'opposer efficacement au fascisme ou d'empêcher l'éclatement d'un nouveau conflit mondial réside dans la reprise de l'action directe des masses. La seule aussi qui leur aurait permis d'échapper à l'alternative « fascisme ou démocratie » dans laquelle les partis de gauche voulaient les enfermer. Toute leur stratégie au cours des années 1930 reste, en fait, encore largement subordonnée à l'espoir de voir la révolution reprendre sa marche interrompue après 1920. Les événements de l'année 1936, qu'il s'agisse du vaste mouvement revendicatif qui se produit au lendemain de la victoire électorale du Front populaire en France ou le soulèvement populaire du 19 juillet en Espagne contre le coup d'État militaire, prouvent que ces attentes n'étaient pas complètement infondées. En France, sans attendre la réalisation éventuelle des promesses électorales du nouveau gouvernement, la classe ouvrière passe directement à l'action en inaugurant un nouveau type de grève « sur le tas » qui bouscule le pouvoir patronal dans les usines. En Espagne, là où l'influence des anarcho-syndicalistes est prédominante, on assiste, au lendemain de la victoire populaire, à Madrid et dans toute une partie de l'Espagne, à la transformation révolutionnaire de la société espagnole par la collectivisation de pans entiers de l'industrie, du commerce et des transports et par la formation d'un vaste mouvement de collectivités agricoles en Aragon, Castille et Levant [Peirats, 1989].

L'espoir soulevé est immense. Pour la première fois dans leur histoire, exceptée l'expérience particulière de la *makhnovchtchina* en Ukraine, pendant la révolution soviétique, les anarchistes sont en mesure de prouver qu'ils peuvent « faire » l'histoire et non seulement la subir. Cet « été de l'anarchisme » est pourtant de courte durée. Devant les agissements des agents de Staline et l'indifférence des démocraties européennes, les libertaires doivent une nouvelle fois déchanter. Acculés à choisir entre la poursuite de la révolution ou bien la guerre contre le fascisme, ils optent pour la deuxième solution, ce qui les porte à s'engager sur la voie de la collaboration gouvernementale avec les autres forces républicaines. En novembre 1936, la CNT (Confédération nationale du travail) accepte de participer au gouvernement de Largo Caballero. Cette attitude « circonstancialiste », toutefois, ne pourra empêcher ni la mainmise croissante des communistes sur la vie politique du pays ni la victoire finale de Franco. La décision de participer au gouvernement d'union antifasciste est à l'origine d'innombrables polémiques car elle remet en cause le principal postulat de l'anarchisme : le refus de légitimer sous n'importe quel prétexte une forme de gouvernement quelconque. De nombreux libertaires n'hésiteront pas à parler de déviation, voire de trahison de la part des dirigeants de la CNT et de la Fédération anarchiste ibérique (FAI). Certes, il serait excessif d'affirmer que la révolution espagnole a été le « tombeau de l'anarchisme » par son incapacité à résoudre la question du pouvoir révolutionnaire. Il faut pourtant reconnaître que le naufrage de l'intransigeance libertaire en Espagne sonne le glas d'une certaine idée d'un mouvement resté jusque-là toujours fidèle à ses principes. Si la preuve avait été faite qu'une révolution par en bas n'était pas une simple vue de l'esprit, ces événements prouvaient également que l'anarchisme pouvait se montrer faillible [Richards, 1997].

Du déclin au renouveau

Au cours des années 1940 et 1950, les signes du déclin de l'anarchisme sont de plus en plus manifestes tant en France que dans les autres pays d'Europe occidentale. Après 1945, les libertaires se trouvent mis en demeure de choisir entre le discours réformiste et proatlantique prôné par la gauche non communiste et les attaques des partis communistes prosoviétiques. Dans ces conditions, ils vont avoir de plus en plus de mal à faire entendre leur différence et voient leur marge de manœuvre se réduire considérablement. Les problèmes idéologiques et organisationnels non résolus de l'entre-deux-guerres vont refaire violemment surface provoquant de nouveaux conflits et de nouvelles divisions qui réduisent quasiment à néant ce qui reste de l'influence anarchiste dans le mouvement social. Cette perte d'influence est d'autant plus forte qu'au cours de cette période, grâce à la mise en place de l'État providence et l'élévation considérable du niveau de vie, on assiste à l'intégration croissante de vastes secteurs du monde ouvrier. Or cette évolution, en entraînant la perte du sentiment d'appartenance de classe, remet directement en cause un autre des postulats essentiel de l'anarchisme : la croyance dans la capacité des classes ouvrières à mener une action autonome par rapport à l'État et au patronat. Avec le développement de l'État providence, c'est l'idée de travailleurs agissant pour et par eux-mêmes, en vue de l'amélioration immédiate de leur sort et de la préparation révolutionnaire, qui semble devenir obsolète. Après la prise de conscience des insuffisances de l'insurrectionnalisme, c'est au tour de la voie syndicaliste de se voir désavouée par l'évolution sociale.

Jamais depuis sa formation au cours des années 1870, le mouvement anarchiste n'avait été confronté à une telle crise identitaire. Rares toutefois sont les militants qui acceptent une remise en cause radicale de leurs pratiques ou qui suivent Gaston Leval dans sa croisade contre l'utilisation des termes d'« anarchie » ou d'« anarchisme » pour désigner les idées et les pratiques antiautoritaires. Pour cet ancien insoumis de 1914, ces termes étaient immanquablement associés dans l'esprit de la majorité des gens à des actions violentes et purement destructrices. Pour y remédier, il proposait qu'ils soient remplacés par celui de « socialisme libertaire » ou d'« humanisme libertaire ». Or, non seulement ce conseil ne sera pas suivi, mais la majorité des militants va opter encore une fois pour l'immobilisme tant idéologique qu'organisationnel, ce qui conduit le mouvement libertaire à se replier de plus en plus sur lui-même. Incapable d'offrir une réelle alternative en dehors de l'affirmation rituelle des vieilles formules propagandistes ou des positions de principe de toujours, il se cantonne désormais dans un rôle passif de pourfendeur des trahisons communistes ou réformistes sans réelle prise sur les événements. Au fil des ans, il se transforme en un mouvement purement idéologique où la défense de la pureté doctrinale l'emporte sur toute autre considération pratique. Son incapacité à élaborer une position cohérente face au problème de la décolonisation et des guerres de libération nationale est tout à fait symptomatique. Confrontés à une situation largement inédite, les libertaires n'arrivent pas à se démarquer véritablement tant des politiques néocolonialistes défendues par la métropole que des idéologies que proposent les mouvements de libération nationale [Boulouque, 2003].

Dès le début des années 1960, pourtant, il est possible de constater un regain des idées et des pratiques libertaires. Au niveau des idées, la prise de conscience des coûts humains et économiques très élevés des modèles de développement proposés tant à l'Est qu'à l'Ouest va fortement faciliter la redécouverte des solutions anarchistes par un large public de chercheurs et de militants. Les expériences autogestionnaires en Yougoslavie et en Algérie, bien que menées dans un cadre étatique, contribuent à réhabiliter aux yeux de nombre d'intellectuels et de militants de gauche les mots d'ordre, issus de la tradition anarchiste, de gestion directe et de contrôle ouvrier. Si d'un côté ces tentatives autogestionnaires témoignent de l'échec des méthodes purement bureaucratiques et étatiques pour construire le socialisme, de l'autre elles expriment aussi un besoin diffus mais réel d'autres solutions dans lesquelles les producteurs s'engageraient d'une manière plus libre, plus responsable, plus directe.

Au niveau des pratiques, la critique de plus en plus virulente des sociétés de consommation de masse permet de renouer avec les exigences libertaires de transformation globale des relations humaines dans une société régénérée. Les frustrations engendrées par les sociétés d'abondance, en particulier, alimentent une multiplicité de nouvelles formes radicales de contestation qui remettent en cause non seulement la propriété privée ou la gestion des moyens de production, mais également les manières de vivre, d'aimer ou d'être ensemble des individus. Cette nouvelle radicalité et ces nouveaux ferments libertaires vont se manifester avec éclat lors des événements de Mai 68. Refusant de se cantonner dans la simple remise en cause des structures universitaires, les revendications étudiantes évoluent vers la critique de l'ensemble des rouages capitalistes, des institutions étatiques ainsi que des conditions de vie offertes par la société de consommation de masse. Libertaire, Mai 68 l'est également par son caractère spontané, par sa dénonciation des bureaucraties syndicales et étudiantes, par ses slogans appelant à la créativité individuelle et à l'auto-organisation des travailleurs par en bas, sans chefs, rompant avec une tradition étatique et jacobine omniprésente. Mai 68 doit être considéré de ce fait comme le point de départ de toute une série de luttes (féministes, écologistes, contre l'enfermement) qui présentent une dimension libertaire indéniable tant par les objectifs anticapitalistes et antiautoritaires visés que par les moyens utilisés (recours à l'action directe, refus de se laisser récupérer par les partis et les syndicats de gauche ou par les institutions étatiques). Ajoutons à cela l'existence d'un besoin diffus de vivre autrement qui va se traduire par la création d'expériences de type communautaire ou autogestionnaire renouant spontanément avec quelques-unes des préoccupations principales des courants éducationnistes-réalisateurs du début du siècle [Pucciarelli, 1996].

Le résultat de la multiplication de ces luttes et de ces expériences sera la formation rapide d'une mouvance très large qui, tout en ne se réclamant pas toujours explicitement de l'anarchisme, n'épouse pas moins ses exigences antiautoritaires. Ce regain va profiter également aux différents courants traditionnels de l'anarchisme, comme l'atteste la multiplication des initiatives propagandistes en tout genre menées par une myriade de groupements et d'associations au cours des années 1970-1980. Mai 68, toutefois, ne marque pas simplement la fin du déclin de l'anarchisme, mais doit être envisagé également comme le point de départ d'un profond mouvement de renouveau de ses pratiques qui se poursuit sous des formes diverses encore actuellement. La reprise des activités militantes ne se fera pas à l'identique par rapport à la période précédente. Une fois dissipées les velléités révolutionnaires que les événements de Mai avaient fait naître, on va assister à un net infléchissement des pratiques libertaires. Tout en poursuivant ses activités traditionnelles de propagande et d'agitation en vue de la préparation révolutionnaire, le mouvement libertaire va se laisser de plus en plus gagner par la poursuite d'objectifs que l'on peut qualifier sans mal de « réformateurs », même si le mot est rarement prononcé.

Depuis une vingtaine d'années, tout en continuant à refuser le jeu parlementaire ou l'institutionnalisation de leurs luttes, les libertaires ne se cantonnent plus dans un rôle d'éternels opposants, mais s'efforcent de présenter leurs solutions comme des alternatives crédibles et immédiatement applicables pour s'opposer aux logiques économiques et politiques dominantes. Si la rupture révolutionnaire reste toujours « officiellement » l'objectif final poursuivi par la majorité d'entre eux, ils ont tendance à privilégier des luttes qui visent d'abord à préparer l'alternative libertaire grâce à la formation progressive d'une société plus juste et plus libre. La participation aux combats antiracistes, pour la défense des acquis sociaux, de la laïcité ou pour l'égalité effective des femmes et des hommes, leur remise en cause du productivisme agricole et industriel, avec son cortège de pollutions et de gaspillages, sont là pour l'attester. Outre les revendications liées au monde du travail, les anarchistes acceptent aujourd'hui de se prononcer également en faveur de l'acquisition de toute une série de droits jugés fondamentaux pour tous les individus. Qu'il s'agisse de l'éducation, de la culture, des outils de création artistique, de la communication ou de l'obtention de conditions de vie décentes pour tous les exclus, les anarchistes ne négligent plus aucun terrain de lutte qui puisse se rapprocher même de loin de leur idéal émancipateur. Plus récemment encore, dans le sillage de l'anarchiste américain Murray Bookchin, théoricien de l'écologie sociale, d'autres militants prônent l'investissement des libertaires dans la gestion communale afin de faire des municipalités des écoles de démocratie directe en mesure de contrebalancer l'emprise de l'État.

L'action au sein du monde du travail préconisée par les syndicalistes, enfin, a tendance elle aussi à se débarrasser de ses scories insurrectionnelles. Les références mythiques à la grève générale sont ainsi délaissées au profit d'une vision plus constructive visant à préparer le changement social par la généralisation et la diffusion de formes nouvelles de démocratie autogestionnaire. Dans cette optique, il s'agit de réunir les conditions favorables au changement par la multiplication de rapports sociaux autogestionnaires, capables de se substituer aux rapports de production capitalistes, d'où une volonté de plus en plus grande non pas de tout détruire mais de tout vouloir contrôler, maîtriser, transformer.

L'increvable anarchisme ?

Depuis Mai 68, le regain de vigueur de l'anarchisme n'a jamais été démenti. « Il semble évident que la période 1940-1965 marque une longue éclipse plutôt qu'un inexorable déclin » [Bianco, 1988]. Si, du point de vue quantitatif, le nombre de militants reste limité, l'enracinement de la culture politique anarchiste en France est incontestable. La diffusion des thèmes libertaires auprès d'un vaste public de gauche, l'utilisation de l'action directe comme moyen de lutte ou bien le refus persistant de l'institutionnalisation des mouvements sociaux en sont quelques-uns des signes les plus manifestes. Le rôle des anarchistes en tant que minorité agissante est, d'ailleurs, loin d'être négligeable. Qu'il s'agisse de se mobiliser contre l'extrême droite, les menées impérialistes et guerrières ou bien contre les méfaits de la mondialisation néolibérale, leurs capacités d'interventions ne peuvent être niées. Leur plus grande visibilité n'est pas seulement médiatique. En outre, contrairement à la plupart des autres composantes révolutionnaires de la gauche, l'anarchisme a su mieux résister au séisme provoqué par l'effondrement du mur de Berlin. Tandis que pour les premières, le naufrage du communisme remet directement en cause leur raison même d'exister (l'abandon de la conception léniniste du parti et de la dictature du prolétariat entraînant immanquablement la liquidation du trotskisme en tant que courant original), cet événement peut être interprété pour les libertaires comme une sorte de « revanche » venant confirmer, *a posteriori*, le bien-fondé de leurs analyses. Le discrédit actuel vis-à-vis des solutions insurrectionnelles ne les a que partiellement affectés. L'existence, en dehors de l'appel incantatoire à l'action révolutionnaire de la classe ouvrière, d'un projet émancipateur libertaire fondé sur l'individu, constitue un atout majeur qui permet à ce courant de s'adapter aux nouvelles conditions de la société française tout en continuant à rester fidèle à ses mots d'ordre de toujours d'action directe et de révolte sans concessions contre l'ordre social établi.

À l'aube du XXIe siècle, l'anarchisme reste indiscutablement une force de contestation radicale qui a su préserver une grande partie de son originalité et de sa crédibilité. Ce courant n'en est pas moins, lui aussi, à la croisée des chemins. Si le renouveau de ses pratiques ne fait plus guère de doute pour personne, cette mutation ne reste pas moins inachevée. La multiplication des activités et des discours de type éducationniste-réalisateur n'a pas encore abouti à modifier en profondeur la perception que la majorité des militants peuvent avoir du sens de leurs combats [Bellefon, Michels, Pucciarelli, 2001]. L'idée même de l'existence d'un anarchisme réformiste ou réformateur a bien du mal à être acceptée. Pour preuve, si les libertaires sont unanimes pour dénoncer les dérives terroristes et ne rêvent plus de barricades, bien peu sont prêts à renoncer à toute utilisation de la violence comme moyen d'action et de revendication. De même, si l'ouvriérisme étroit, encore largement dominant après 1968, n'est plus de mise aujourd'hui, les organisations anarcho-syndicalistes, telles les différentes CNT en France, continuent à voir dans l'action autonome des « travailleurs » *le* moteur du changement social.

RÉFÉRENCES BIBLIOGRAPHIQUES

BELLEFON Renaud de, MICHELS David et PUCCIARELLI Mimmo (2001), *L'Anarchisme a-t-il un avenir ? Histoire de femmes, d'hommes et de leurs imaginaires*, Colloque international, Toulouse, le 27-28-29 octobre 1999, ACL, Lyon.

BIANCO René (1988), « Bulletin anarchiste (1978-1988) », *Le Mouvement social*, supplément au n° 144, Paris.

BOULOUQUE Sylvain (2003), *Les Anarchistes français face aux guerres coloniales (1945-1962)*, ACL, Lyon.

BOULOUQUE Sylvain et GOMOLINSKI Olivia (2000), « L'anticommunisme libertaire », *Communisme*, n° 62-63, Paris.

JONG Rudolf de (2001), « L'AIT de Berlin. De 1922 à la Révolution espagnole » in *De l'histoire du mouvement ouvrier révolutionnaire : actes du colloque international « Pour un autre futur »*, Éd. CNT région parisienne, Paris.

MAITRON Jean (1975), *Le Mouvement anarchiste en France*, 2 tomes, Maspero, Paris.

MALATESTA Errico (1996), *La Pensée de Malatesta*, textes réunis et présentés par Gaetano MANFREDONIA, Éditions Groupe Fresnes-Antony, Antony.

MANFREDONIA Gaetano (1994), *La Lutte humaine : Luigi Fabbri, le mouvement anarchiste italien et la lutte contre le fascisme*, Éditions du Monde libertaire, Paris.

— (1995), « Le Débat plate-forme ou synthèse », *Itinéraire*, n° 13, consacré à Voline, Chelles.

PEIRATS José (1989), *Les Anarchistes espagnols : révolution de 1936 et luttes de toujours*, Repères-Silena, Toulouse.

PUCCIARELLI Mimmo (1996), *Le Rêve au quotidien : les expériences collectives de la Croix-Rousse (1975-1995)*, ACL, Lyon.

SKIRDA Alexandre (1982), *Nestor Makhno, le Cosaque de l'Anarchie : la lutte pour les soviets libres en Ukraine (1917-1921)*, A.S. [Paris].

RICHARDS Vernon (1997), *Enseignement de la Révolution espagnole*, Acratie, La Bussière.

44

Écologistes et alternatifs

Jean-Paul Deléage

Que sont les mouvements alternatifs ? Que sont les mouvements écologistes ? Il n'est guère possible de répondre à ces questions sans réfléchir à une autre question : que serait le projet d'une société alternative, d'une société écologique ? S'il s'agit surtout ici de retracer l'aventure d'une génération de militants appartenant à des groupes qui, à la fin du XXe siècle, se sont reconnus dans ces mots, écologie et alternative, il est nécessaire d'identifier d'abord leurs racines historiques plus anciennes.

Comment en effet ne pas aborder la question des mouvements écologistes et alternatifs sans l'évocation rapide des pratiques embryonnaires par lesquelles s'organisa la classe ouvrière au XIXe siècle avec des idées qui ne sont pas sans résonance dans ces mouvements dont l'apogée se situe dans les dernières décennies du XXe siècle ? Comment ne pas évoquer le socialisme associationniste de Pierre Leroux, le socialisme utopique de Joseph Proudhon et plus tard l'anarchisme de Pierre Kropotkine qui imprégnèrent les structures initiales des premières mutuelles ouvrières, sans oublier la pensée écologique d'Élisée Reclus, pour comprendre les racines lointaines des courants de la gauche écologique et alternative qui vise aujourd'hui la reconquête d'espaces d'autonomie au sein d'une gauche étatiste et productiviste ? Restituer l'inspiration et les pratiques des mouvements alternatifs et écologistes aujourd'hui sans y reconnaître un certain écho d'une histoire biséculaire serait amputer la réflexion de la compréhension de certaines de ses origines les plus lointaines et profondes [Desroche, 1953 et 1975].

L'une des premières caractéristiques du mouvement socialiste français a été son éclatement : une multiplicité d'organisations dont l'histoire fut scandée par les scissions et les regroupements et marquée par des moments forts ; par de fortes personnalités aussi, comme celle de Jaurès qui contribua à l'unification en 1912 de la Fédération des coopératives de consommation, qui se définissait à l'époque comme un « organe d'émancipation des travailleurs », pour lequel la pédagogie en actes — l'expérimentation sociale, dirait-on aujourd'hui — devait jouer un rôle essentiel. « Expérimentation sociale », l'expression reprit vie à partir des années 1960 pour désigner les tentatives d'auto-organisation des citoyens en vue d'objectifs qui ne sauraient être atteints dans le cadre de l'économie de marché ou du socialisme d'État. Le mot renvoie à des formes démocratiques d'organisation politique et au principe de l'autogestion de structures de productions gérées par les producteurs eux-mêmes. Cette utopie du changement social par l'autonomisation économique de petites unités de production avait été pensée par Pierre Kropotkine au début du siècle qui défendait dans ses ouvrages l'idée d'un ordre social anarchiste dans lequel tout le pouvoir revenait aux petites communautés locales fédérées, l'État central ayant été aboli [Kropotkine, 1906 et 1976]. Ne retrouve-t-on pas cette utopie dans les écrits de Ernst F. Schumacher et ceux de Murray Bookchin ? Le premier surtout, avec son *Small is Beautiful* [Schumacher, 1973], mais aussi le second [Bookchin, 1974] restent des références essentielles pour les mouvements écologistes radicaux. Bookchin n'hésite pas à proclamer que « la fonction la plus essentielle de la technologie doit être de maintenir les portes de la révolution ouvertes à jamais ». Quoi qu'il en soit, il n'est guère possible de penser le futur, l'alternative, « sans une mémoire active de ce que la lutte pour un changement social a eu pour discours et comme action » [Allan Michaud, 1989].

Le tournant des années 1960

Incontestablement, c'est au cours des années 1960 que commencèrent à émerger, au sein des forces de gauche en France, des idées nouvelles rompant tout autant avec la tradition communiste du PCF qu'avec la tradition socialiste incarnée par la SFIO. Avec la « vieille maison » socialiste, la rupture fut consommée lors de la création du PSU (Parti socialiste unifié), à partir d'une critique de la position et de l'engagement de la SFIO dans la guerre d'Algérie. Du côté du PCF, le doute saisit certains intellectuels à l'occasion des crises polonaise et hongroise de l'année 1956, avant que la contestation ne gagne l'ensemble de l'organisation étudiante du parti, l'Union des étudiants communistes (UEC), au début des années 1960. Cependant, alors que l'UEC échouait dans ses projets de transformation du PCF et éclatait rapidement en différents courants dont l'existence était surdéterminée par les fractures internationales et des clivages idéologiques et politiques anciens et puissants dans la tradition communiste (maoïstes, khrouchtcheviens, gramsciens, trotskistes, etc.), le PSU voulut porter certaines aspirations naissantes autour du thème de l'alternative. En témoignèrent les prises de position du parti sur les grandes questions politiques qui traversèrent la gauche lors du mouvement de Mai 68. Ainsi, dans le programme d'action du parti publié en janvier 1971, même si les luttes ouvrières restaient au premier plan, et si l'agriculture et le commerce tenaient une place importante, se remarquait l'insistance portée à la question du cadre de vie. On notera aussi une dizaine d'années plus tard, même si les forces militantes du parti avaient fortement diminué entre-temps, la publication d'un document titré *Pour que le changement se vive au quotidien* (1982). Ce dossier, qui définissait le PSU comme « un parti pour l'autogestion autonome et unitaire », contenait des propositions en faveur de la réduction du temps de travail et de l'émancipation des femmes, pour une croissance sans nucléaire et un traitement particulier de l'agriculture. Le document précisait : « Le PSU ne prétend pas au monopole de la lutte pour l'autogestion, mais il se trouve actuellement être, de par son histoire, la seule organisation politique à lier indissolublement autogestion et socialisme, la seule qui soit susceptible d'unir les vécus autogestionnaires tout neufs, comme ceux du mouvement des femmes, des écologistes et des minorités. » Puis après avoir rappelé l'importance historique de la victoire de la gauche le 10 mai 1981, le parti se présentait comme le garant, au sein du courant populaire, d'une « transition au socialisme autogestionnaire ». Ce document intervenait au terme d'une longue série dans laquelle on relève des titres révélateurs d'une orientation « alternative » : les minorités nationales, les alternatives en Périgord, vivre autrement à Paris, forêts-autogestion, l'expérience autogestionnaire en Pologne, etc.

Les années 1960, qui s'achevèrent avec les évènements de 1968, connurent aussi les prémices d'un mouvement écologiste en France, exclusivement associatif à ses débuts. 1968 catalysa la rencontre de plusieurs courants et mit en scène de nouvelles formes de contestation. C'est en 1968 que fut créée la Fédération des usagers des transports de la région parisienne (FUT). En 1969, la Fédération française des sociétés de protection de la nature (FFSPN) regroupa la Société nationale de protection de la nature, la Ligue de protection des oiseaux et des dizaines d'autres associations à vocation locale ou régionale. Les Amis de la Terre furent fondés en 1970 avec Brice Lalonde. Ce fut aussi une période de profusion de publications alternatives et écologistes avec les magazines à succès *Hara-Kiri-Hebdo, La Gueule ouverte, Le Sauvage* et *L'Agence de presse de réhabilitation écologique (APRE)*. La succession fiévreuse des périodes d'enthousiasme et d'abattement marqua cette presse ainsi que l'absence de continuité dans la recherche de structures théoriques solides, selon la fameuse formule de Pierre Fournier, « grande gueule » consacrée de ce journalisme postgauchiste : « Où on va ? J'en sais rien, mais on y va. » En 1975, Alain Hervé annonça que son journal, *Le Sauvage*, qui s'adressait au lectorat du *Nouvel Observateur*, renonçait à accompagner jusqu'à sa perte un monde fini et préférait enseigner à ses lecteurs comment déceler les signes annonciateurs de la société écologique, après que *La Gueule ouverte* eut décidé qu'« en raison de la crise, la fin du monde était ajournée » [Allan Michaud, 1989].

Ce fut cependant autour d'objectifs concrets que se construisit progressivement le mouvement écologiste. Ainsi, en 1972, près de 10 000 personnes participèrent à la première manifestation en vélo à Paris, à l'appel des Amis de la Terre ; en mai, ils furent plus de 10 000 à Fessenheim contre la construction de la centrale nucléaire sur le Rhin, 20 000 le 14 juillet à Rodez pour protester contre l'extension d'un camp militaire. En 1973, la mobilisation fut nationale en faveur des ouvriers de l'usine Lip, où le PSU comptait de nombreux adhérents, et les idées majeures de la mouvance écologiste et alternative s'enracinèrent en France. Une manifestation sur le Larzac réunit 60 000 manifestants les 25 et 26 août 1973. Dès lors, le Larzac devint la région symbolique d'une lutte récurrente pour l'alternative, qui se nourrissait aussi de la nostalgie d'un passé rural déjà perdu [collectif, *Autogestions*, 1984].

L'espoir de l'alternative pouvait-il affronter avec succès la société productiviste en cherchant ses racines dans un monde rural qui, après avoir été le repoussoir de l'industrialisation était devenu « un fantastique réservoir de fantasmes » selon la belle expression de Danièle Léger et Bertrand Hervieu [Léger et Hervieu, 1983] ? Les deux sociologues critiquaient également la notabilisation des néoruraux : « Une partie d'entre eux, émigrés à la campagne pour changer communautairement la vie en échappant à la société sont ainsi devenus les agents les plus efficaces dans un dispositif étatiquement contrôlé de mise en valeur des espaces désertifiés. » Les références à l'agriculture biologique pouvaient être porteuses de confusion. Ainsi, l'association Nature et Progrès, fondée en 1964 « à droite », reçut une impulsion la poussant vers la gauche après 1968 et se définit lors de son congrès de Vichy, en 1974, comme essentiellement consacrée à la recherche d'une légitimation étatique. Les principes de l'alternative et de l'écologie furent exprimés à la même époque dans un certain nombre d'ouvrages théorisant des idées qui allaient rapidement s'avérer fondatrices pour les nouveaux mouvements sociaux porteurs de l'alternative écologique. En France même, les ouvrages d'André Gorz, *Écologie et Politique* et *Écologie et Liberté* [Gorz, 1975 et 1977] soulignaient que des choix de société n'avaient cessé d'exister sous couvert de choix techniques et que le socialisme ne saurait mieux faire que le capitalisme s'il ne favorisait pas en même temps l'autonomie des communautés et des personnes. « L'expansion de cette autonomie est au centre de l'exigence écologiste. Elle suppose une subversion du rapport des individus à leurs outils, à leur consommation, à leur corps, à la nature », écrivait André Gorz dans la dernière version d'*Écologie et Politique*, publiée en 1977. En 1973 déjà, le premier grand ouvrage du sociologue Ivan Illich (1926-2002), *La Convivialité*, avait été traduit. Dix ans après 1968, le politologue Jean-Luc Parodi estimait « qu'à bien des égards, l'écologisme apparaissait comme l'héritage idéologique enfin structuré du Mai français » [Parodi, 1979]. Son message restait cependant ambigu et en marge du débat politique classique.

1974, L'ÉCOLOGIE ENTRE EN POLITIQUE

L'année 1974 marqua l'irruption de l'alternative écologique dans la vie politique française. Sur le terrain d'abord avec le développement de la lutte antinucléaire en riposte à la décision du gouvernement Messmer d'accélérer la mise en place du programme électronucléaire et surtout peut-être en portant le combat politique sur le plan institutionnel avec René Dumont comme candidat à l'élection présidentielle. La plate-forme électorale porta sur la place publique tous les grands thèmes d'une alternative écologiste : l'épuisement des ressources, le pillage du tiers monde, la croissance de la population, l'urbanisation croissante, la dénonciation de la société de consommation qui asservit doublement les travailleurs. Les conditions politiques d'un réel changement en France auraient commencé « avec la prise en charge par les intéressés eux-mêmes de tous les problèmes les concernant : éducation, auto-organisation des entreprises et des cités, luttes ouvrières, luttes pour la qualité de la vie » [Dumont, 1974]. René Dumont recueillit 1,32 % des voix au soir du 5 mai 1974. Mais à la mi-juin, ce furent près de 3 000 écologistes et 80 associations et collectifs qui se retrouvèrent pour discuter des suites à donner à la campagne présidentielle. Les résultats du rassemblement ne furent pas à la hauteur de l'enthousiasme des participants, puisqu'une seule décision fut prise, « celle de continuer à se revoir en laissant la coordination à ceux qui ont organisé nationalement la campagne de René Dumont, l'*APRE* se chargeant de la communication » [Benhamias, Roche, 1992].

Il s'agissait d'un échec que vinrent bientôt relativiser la reprise des luttes de terrain en 1975, avec un mouvement antinucléaire qui n'était pas encore à son apogée, avec des centaines de groupes locaux se créant sur l'ensemble du territoire, et dont la cible essentielle du mouvement était désormais le surgénérateur de Creys-Malville. Les conflits firent rage entre les différents courants de la mouvance écologiste. Les Assises du mouvement écologique reprirent, début novembre 1975 à Lille, puis en octobre 1976 à Mulhouse. Les divisions et les rivalités entre mouvement écologiste, Réseau des Amis de la Terre, PSU, n'empêchèrent pas de premiers succès électoraux aux élections municipales de mars 1977. Succès d'ailleurs partagé avec le PSU dans ses quelques fiefs historiques de Bretagne. La grande affaire resta cependant la préparation de la mobilisation contre Superphénix prévue le 31 juillet à Malville. La manifestation, qui regroupa 60 000 personnes, se heurta violemment aux CRS et marqua l'apogée du mouvement antinucléaire en France. 50 000 manifestants, écologistes, agriculteurs, antimilitaristes se retrouvèrent en août sur le Larzac. En 1978, la Bretagne subit le traumatisme du naufrage du pétrolier *Amoco-Cadiz* qui pollua plus de trois cents kilomètres de côtes et qui, avec le projet de centrale nucléaire de Plogoff dans le Finistère connu à la mi-septembre, suscita des mouvements de colère dans la région. Les luttes « de terrain » ne désamorçaient pas les conflits groupusculaires pour le contrôle politique d'un mouvement qui y restait profondément allergique. Cette bataille groupusculaire fit rage jusqu'à la désignation de Brice Lalonde comme candidat écologiste aux présidentielles de 1981. Il atteignit le score historique de 3,9 %, le 26 avril 1981, deux semaines avant l'élection de François Mitterrand qu'il salua ainsi : « En élisant François Mitterrand, les Français ont notamment choisi de limiter le programme nucléaire et de transformer la vie politique française [...]. Les écologistes, cinquième force politique du pays, veilleront en toute indépendance au respect de ces choix » [Benhamias, Roche, 1992]. À nouveau cependant, les luttes groupusculaires reprirent le dessus dans un mouvement incapable de définir des axes politiques clairs.

Il fallut attendre les 28 et 29 janvier 1984 pour assister à la naissance des Verts. Le temps pressait pour qu'une liste verte fût présente aux élections européennes de juin, et cette liste se trouva en compétition avec la liste de l'Entente radicale et écologiste (ERE) codirigée par Brice Lalonde. Les Verts décidèrent lors de leur assemblée générale de novembre que l'écologie n'était « pas à marier » pour se relancer dans la course présidentielle. L'écologie du « ni droite ni gauche » représentée par Antoine Waechter l'emporta sur l'écologie de l'alternative rouge-verte représentée par Pierre Juquin avec 3,8 % des voix contre 2,1 %. Les problèmes politiques essentiels ne furent pas réglés pour autant. Après l'échec de la Nouvelle Gauche créée dans le sillage de la campagne de Pierre Juquin, la bataille interne reprit à l'intérieur du parti des Verts entre les partisans du « ni droite ni gauche » et ceux d'un « ancrage à gauche ». Le 18 juin 1989, ce fut le grand succès des élections européennes avec 10,6 % des voix et neuf élus au Parlement européen. La page des luttes fratricides n'était pas tournée pour autant. Fin 1990 fut créée une organisation concurrente, Génération Écologie, proche de la majorité mitterrandienne et dirigée par Brice Lalonde, secrétaire d'État, puis ministre de l'Environnement dans les gouvernements Rocard et Cresson (1988-1992). Chez les Verts, l'ambition de s'imposer à une place majeure de l'échiquier politique croissait, d'autant, que face au discrédit des socialistes en 1992-1993, les sondages étaient très prometteurs. Les deux formations totalisèrent, à parts à peu près égales, 14 % des suffrages aux élections régionales de 1992.

Écotechnologies et écosolidarités

Cependant que le mouvement écologiste s'organisait politiquement, dans une certaine confusion théorique, diverses constantes de l'alternative et de l'écologie persistaient dans la recherche opiniâtre de réponses concrètes au capitalisme. Il convient de souligner deux de ces moteurs de la pensée et de l'action : la recherche fiévreuse d'écotechnologies susceptibles de se substituer à la « mégamachine technologique de la croissance capitaliste » ; la construction de réseaux d'économie solidaire capables de faire face au déploiement de la « logique financière et antisociale de la modernisation capitaliste ». Dans le premier cas, il s'agit de répondre à la question : comment sauver par la technique, écologique évidemment, une société malade de la technique ? Dans le second cas, de faire face au défi : comment sauver par une autre économie, solidaire évidemment, une société malade de l'économisme ?

La tradition était ancienne, nous l'avons évoquée avec les écrits de Pierre Kropotkine : la création d'unités décentralisées de production serait susceptible de favoriser la création de petites unités de producteurs pouvant se fédérer en dehors des, ou contre les « structures centralisées et dominatrices de l'État bourgeois ». Cette idée fit retour en France, après 1968, après avoir été reprise par de nombreux penseurs dans le monde anglo-saxon : Murray Bookchin, mais aussi Peter Harper, Ernst F. Schumacher, Amory Lovins, Jeremy Rifkin, tous héritiers de Lewis Mumford. L'expression la plus achevée de ces thèmes fut développée par Ivan Illich qui défendit l'idée que les techniques, facteurs d'autonomie humaine, se transformaient au-delà de certains seuils en éléments d'aliénation. Selon Michel Chodkiewicz, éditorialiste du mensuel de vulgarisation scientifique *La Recherche*, cette idéologie marqua la fin de l'« âge naïf de la science — celui où les progrès étaient sans retour et les découvertes sans appel » [Chodkiewicz, 1970]. Elle fut représentée en France par un courant éditorial puissant sous l'impulsion de Jean-Pierre Dupuy [Dupuy, 1982] qui dirigea aux éditions du Seuil une collection « Technocritique », dans laquelle il publia un certain nombre d'ouvrages pionniers. En 2003, Dupuy avait repris ces idées dans une célébration joyeuse de la mort récente d'Illich, en soulignant la centralité du concept de contre-productivité : « L'arme principale de la critique illichienne est le concept de contre-productivité. Passés certains seuils de développement, plus croissent les grandes institutions de nos sociétés industrielles, plus elles deviennent un obstacle à la réalisation des objectifs mêmes qu'elles sont censées servir : la médecine corrompt la santé, le transport immobilise, la communication rend sourd et muet, les flux d'information détruisent le sens, le recours à l'énergie fossile qui réactualise le dynamisme de la vie passée menace de détruire toute vie future et, *last but not least*, l'alimentation industrielle se transforme en poison. Nous y sommes » [Dupuy, 2003].

Ces idées si profondément exprimées par Illich heurtaient violemment la culture dominante des deux grands partis de la gauche française à l'époque, mais rencontraient un écho dans les courants multiformes de l'alternative et de l'écologisme. L'une des premières manifestations du tropisme de la mouvance écologiste pour les technologies alternatives fut en 1975 la publication en France du *Catalogue des ressources*, qui dressait la liste de tous les « trucs techniques » permettant de multiples avancées pratiques vers la société écologique. Les Amis de la Terre en furent les promoteurs initiaux. Ainsi, en 1978 fut lancée une campagne pour le recyclage du papier, tandis qu'un aérogénérateur, destiné à fournir en électricité la ferme des Homs, fut installé durant l'été sur le Larzac. Ce à quoi il faudrait ajouter, selon Pierre Samuel, mathématicien très actif au sein des Amis de la Terre, « les expériences de techniques douces en agriculture, la participation à des projets solaires municipaux » (*La Baleine*, septembre 1978). Ces actions s'inscrivirent dans la vision à long terme du tout-solaire, élaboré par des scientifiques pour les Amis de la Terre, le projet Alter. Cette volonté de démontrer le caractère pratique de techniques alternatives plaçait le mouvement écologique dans une posture ambiguë devant la modernité, comme l'a bien montré Jean Chesneaux : « Bien des écologistes se passionnent pour la micro-informatique ou pour la gestion moderne des énergies nouvelles sous le bouclier de l'État » [Chesneaux, 1983]. Du recyclage du papier à la révolution micro-informatique, il ne fut guère de domaines à propos desquels les écologistes n'aient entrevu une échappée alternative et un espoir de libération. Ainsi, lors d'un colloque tenu à Paris en avril 1983, les Amis de la Terre s'expriment dans les termes suivants : « Dans l'informatique et les biotechnologies, il vaudra mieux en prendre qu'en laisser. » Un mot symbolique prit souvent place, dans la mouvance alternative et écologique, aux côtés du mot révolution : le mot informatique. Or il fallut bien constater l'inconsistance de cette « bonne nouvelle », tant ses promoteurs furent incapables de jeter un regard critique sur le bouleversement planétaire qu'annonçaient en effet les progrès foudroyants de cette nouvelle technologie. Si l'on pensait en effet, comme l'écrivait ironiquement Langdon Winner, que chaque citoyen pouvait désormais participer au processus politique à la condition de disposer « d'une bonne console, d'un bon réseau et d'un bon ordinateur » [Winner, 2002], il n'était pas nécessaire de réfléchir à l'imbrication de ce changement technique dans les structures du travail, de l'accumulation du capital ou des dispositifs de pouvoir ; questions éloignées en effet des réflexions des leaders du mouvement écologique.

La solidarité écologique qui renouait avec le terrain de la lutte économique et sociale retrouva certains thèmes du socialisme utopique et se référa explicitement à des méthodes nées des expériences alternatives du mouvement écologique. L'un des exemples les plus probants fut celui de l'Agence de liaison pour le développement des entreprises alternatives (ALDEA), née en 1981, avant de se convertir en Agence de liaison pour le développement d'une économie alternative. Patrice Sauvage, l'un de ses fondateurs, rappela « l'intuition qu'a exprimée l'ALDEA, dès sa fondation, dans son souci de mettre en relation les nouveaux entrepreneurs avec les mutants de l'intérieur » [Sauvage, 1984]. Ce fut en 1983 que naquit l'espoir de l'épargne de proximité avec l'idée des Cigales, ouvrant à trois dispositions légales : « le compte d'épargne en actions (déductibilité fiscale d'une partie de l'épargne), l'avoir fiscal (crédit d'impôt égal à 50 % des dividendes reçus), et le club d'investissement permanent » [Allan Michaud, 1989]. Au nombre de quatre le 1er mai 1984, elles furent 91 à la fin de 1985, 145 en mars 1988. L'action et le discours de l'ALDEA n'échappèrent pas à une certaine ambiguïté et posèrent plusieurs questions : quels étaient l'apport des entreprises alternatives et leur efficacité ? Quelle alternative s'agissait-il de prôner ? Quel devait être le rôle plus global de l'ALDEA dans un projet global non marchand ? À cheval sur une volonté éthique et une réflexion écopolitique, bien des militants de l'ALDEA se retrouvèrent dans le parti des Verts et virent leurs efforts couronnés de succès par la création d'un secrétariat d'État à l'économie solidaire dans le gouvernement de la gauche plurielle dirigé par Lionel Jospin. On peut s'interroger cependant aujourd'hui sur les résultats de cette reconnaissance institutionnelle dans l'avancée réelle vers une économie alternative.

Quelques mois après l'élection de François Mitterrand, un article du quotidien *Le Monde* s'interrogeait sur l'avenir de l'économie alternative et solidaire, en soulignant que si lors des ateliers organisés trois ans auparavant, « l'utopie était encore au poste de commandement [...], aujourd'hui, on s'initi[ait] à la rationalisation des choix budgétaires » (D. Rouard, *Le Monde*, 7 octobre 1981). Depuis une vingtaine d'années, les mêmes projets ressurgissaient de façon récurrente, dans divers domaines de l'activité sociale et économique avec les mêmes rêves, depuis la presse ou l'édition alternative jusqu'à l'agriculture [Deléage, 2003], en passant par toutes les actions relevant de ce qu'on appelle désormais l'« économie solidaire », définie comme l'« ensemble des activités contribuant à la démocratisation de l'économie à partir d'engagements citoyens » [Laville, 1999]. Alain Caillé analysa de son côté l'économie solidaire comme articulant « les logiques du *pour soi* et du *pour autrui*, hybridant les ressources publiques, privées et l'esprit de démocratie » [Caillé, 2001]. L'économie solidaire se situerait donc au cœur de tout projet alternatif puisqu'elle vise à créer simultanément de la richesse, de l'emploi et du lien social tout en préservant l'environnement. Elle s'appuie sur une multitude de structures et constitue aujourd'hui un secteur qui, en France, sort de la marginalité puisqu'il emploie 1,8 million de personnes, soit 7 % de la population active.

L'écologie et la gauche plurielle

La montée en puissance électorale de l'écologie, notamment des Verts, provoqua quelques bouleversements internes, liés à des stratégies d'alliances, à des jeux tactiques et à des investissements personnels très diversifiés. Notre objet n'est pas d'en retracer la chronique, qui appartient à la vie politique française. Lors des élections régionales de 1992, les socialistes avaient été amenés dans le Nord-Pas-de-Calais à élire, sans enthousiasme, la verte Marie-Christine Blandin à la présidence de la région pour éviter que celle-ci ne tombe à droite. En fait, derrière les apparences, commençait ainsi une logique de rapprochement qui devait peu à peu se confirmer. Aujourd'hui, Marie-Christine Blandin est sénatrice verte de son département, rattachée administrativement au groupe socialiste. Le processus fut complexe. Les partis de gauche, et notamment les socialistes, étrillés par les défaites de 1992 et 1993, constatèrent progressivement que Génération Écologie de Brice Lalonde n'était pas la formation solide et alliée sur laquelle ils comptaient. De fait, Génération Écologie glissa vers la droite, au prix de nombreuses scissions, et s'affaiblit malgré la ténacité de son leader, actuellement maire de Saint-Briac, à rester sur la scène politique. Celui-ci doit en outre désormais compter avec une autre personnalité susceptible d'incarner une écologie associée à la droite parlementaire, passée d'ailleurs par sa formation : l'avocate Corinne Lepage, ministre de l'Environnement de 1995 à 1997 et animatrice de Cap 21.

Entre-temps, les Verts s'étaient associés à la gauche. Ils avaient été déçus lors des législatives de mars 1993 par des résultats honorables (4 %), mais inférieurs à leurs espérances comme aux scores de l'année précédente. En novembre 1993, Antoine Waechter, intransigeant défenseur de l'autonomie politique, avait été mis en minorité et Dominique Voynet avait pris la direction de l'organisation. Ces changements ne se firent pas sans trouble ni pertes dans l'opinion. Les élections européennes de 1994 furent marquées par des scores très décevants des écologistes, bien en deçà de leurs attentes (3 % pour les Verts, 2 % pour Génération Écologie, alors que Noël Mamère était élu député européen sur la liste Tapie). Le résultat de Dominique Voynet à l'élection présidentielle de 1995 (3,3 %) ne marqua qu'une très timide reprise. À la tête d'un Mouvement écologique indépendant (MEI), Antoine Waechter ne put quant à lui revenir au premier plan de la vie politique. Les Verts modifièrent leur stratégie et acceptèrent d'entrer dans une logique d'alliance avec les partis de gauche au sein de ce qu'il sera convenu d'appeler la « gauche plurielle » pour la distinguer de l'ancienne « union de la gauche ». Rencontres, entente programmatique sur des bases générales et accord électoral plus précis permirent l'élection de députés verts en juin 1997 : Dominique Voynet dans le Jura, Yves Cochet à Rennes, Guy Hascoët à Roubaix, ainsi que Marie-Hélène Aubert en Eure-et-Loir (contre un projet d'aéroport). Noël Mamère, bien implanté à Bègles, et Jean-Michel Marchand à Saumur rejoignirent rapidement les Verts, auxquels était apparenté André Aschieri dans les Alpes-Maritimes. Dominique Voynet fut ministre de l'Aménagement du territoire et de l'Environnement du gouvernement Jospin (1997-2001) et Guy Hascoët la rejoignit comme secrétaire d'État à l'Économie solidaire en avril 2000. Lorsqu'elle quitta le gouvernement pour reprendre la direction du parti, elle fut remplacée par Yves Cochet (2001-2002). Leur action gouvernementale connut les avatars de toute gestion, les polémiques aussi, notamment au moment du naufrage du pétrolier *Erika*. Les Verts ont-ils influé sur l'action gouvernementale ? Eux-mêmes jugent ne pas avoir été assez entendus. Ils n'ont pesé que très partiellement sur les dossiers de la chasse, de l'eau, des risques industriels et des moratoires sur les organismes génétiquement modifiés (OGM), mais ils ont obtenu l'arrêt du surgénérateur Phénix et l'abandon du canal Rhin-Rhône. Dominique Voynet fit voter la loi d'orientation sur l'aménagement du territoire et le développement durable.

Les Verts sont aujourd'hui une formation politique qui compte des militants (quelques milliers), des élus, dans les différentes instances (notamment celles élues au scrutin proportionnel, dans les élections régionales et européennes, aux municipales aussi avec des gains en 2001). Daniel Cohn-Bendit avait permis en 1999 à la liste verte d'obtenir 9,8 % des suffrages et neuf élus au Parlement européen. Depuis quelques années, les Verts obtiennent régulièrement la deuxième place « à gauche » devant le parti communiste, mais loin derrière les socialistes, et demeurent à un étiage somme toute modeste en regard de leurs ambitions transformatrices initiales. À l'élection présidentielle de 2002, Noël Mamère a obtenu un résultat honorable (5,25 %), comme d'ailleurs Corinne

Lepage (1,9 %), mais sans prise directe, semble-t-il, sur les grandes orientations politiques du pays. Lui-même fut en juin réélu député, ainsi qu'Yves Cochet et Martine Billard à Paris avec le soutien socialiste. Pour le reste, remous organisationnels (accession début 2003 de Gilles Lemaire au secrétariat national, jeux de tendances et controverses sur les alliances ou non et si oui à quelles conditions avec les socialistes) ont continué sans désemparer depuis lors sans qu'il soit possible de risquer un pronostic sur les chances de succès ou de promotion politique des uns et des autres. Les élections régionales de mars 2004 ont permis un nouveau progrès de l'implantation et une augmentation du nombre de conseillers verts élus, avec des responsabilités de gestion, les élections européennes de juin 2004 ont été convenables (7,4 %, 6 élus) mais il n'est guère contestable que la question du rapport entre ces vicissitudes et les objectifs écologiques proprement dits reste largement ouverte.

Repenser l'alternative et l'écologie, un procès sans fin

L'avenir d'une gauche alternative et écologiste semble demander à ses acteurs et militants une nouvelle réflexion. Repenser l'écologie et l'alternative en ce début de XXIe siècle, c'est d'abord et plus que jamais comprendre le monde dans ses continuités et ses ruptures géopolitiques, avec la transformation du monde bipolaire d'après Yalta en celui de l'hyperpuissance américaine après l'effondrement du système soviétique, puis avec la possible émergence d'un nouveau monde multipolaire. C'est estimer que les oppositions idéologiques entre tenants du libéralisme, à droite, et partisans des religions socialistes du « salut terrestre », à gauche, portent essentiellement sur les parts respectives de l'économie de marché et de l'économie administrée nécessaires à une croissance indéfinie. Et nullement sur le contenu, les objectifs et les limites naturelles de cette croissance. C'est le cercle vicieux de ce dogme productiviste que souhaite rompre l'alternative écologiste. Comprendre le monde, c'est encore saisir la multiplicité des contradictions qui le traversent. D'abord sous la forme persistante du conflit séculaire entre le capital et le travail ; cet héritage des socialismes classiques n'est évidemment pas renié, mais la contradiction a pris des formes différentes. La modernisation de la production généralise la fonctionnalisation et la segmentation de la prestation de travail. Avec l'informatisation généralisée, la technique s'élève plus que jamais au-dessus des hommes comme le grand ordonnateur de toute leur existence. La seule fin d'une production de plus en plus déréalisée est la consommation de masse de produits dont la valeur tient désormais à leur image de marque. « L'idéologie de la consommation est le nouveau ciment d'une société atomisée » [Bercellona, 1993].

L'antagonisme entre, d'une part, la soumission à une fonctionnalité marchande dépersonnalisante et, d'autre part, les personnes concrètes chez qui demeure vivace l'exigence de « sens particulier » en termes de solidarité et plus généralement de sentiments, de rapports à un lieu de vie… sont constitutives de cette volonté politique de défendre le « monde vécu » des personnes ainsi que des politiques de l'alternative et de l'écologie. C'est dans cette ligne de réflexion que se situe le dernier ouvrage d'André Gorz, penseur pionnier de l'écologie et de l'alternative en France [Gorz, 2003]. Selon lui, le nouveau mode de perpétuation du capitalisme en gestation consiste à dresser des obstacles à la circulation et à la mise en valeur des connaissances, notamment par la privatisation sur une couche sociale très mince des compétences admises à fonctionner comme du capital cognitif. À partir de la saisie de l'importance de ressources, comme l'intelligence collective, on en vient à une conception autre de la richesse et des buts de l'activité humaine, qu'il s'agit de soustraire de toute urgence à l'hégémonie des catégories économiques. On retrouve ainsi l'intuition de Marx selon laquelle la richesse n'est autre que l'universalité produite dans l'échange universel des besoins, des capacités, des jouissances de tous les individus, dont l'originalité est de définir le dépassement du capitalisme comme un dépassement du productivisme.

L'alternative écologique voudrait viser une société de l'intelligence, couvrant tout l'éventail des facultés humaines, par opposition à la société de connaissance. Aujourd'hui, le projet de la technoscience et d'intelligence artificielle culmine dans celui de vie artificielle et par conséquent la destruction de l'individualité peut nous conduire à la fin du genre humain. Autrement dit, à force de traiter le monde comme un matériau extérieur qu'il s'agit de soumettre à des fins aliénant l'expérience humaine concrète, l'univers ne peut plus être vécu comme un monde commun à l'humanité. Abolir la nature pour en arriver à breveter de nouvelles espèces posthumaines, « tel est l'horizon sur lequel ouvre, au bout du compte, le capitalisme cognitif » [Gorz, 2003].

Références bibliographiques

Allan Michaud Dominique (1989), *L'Avenir de la société alternative*, L'Harmattan, Paris.

Bercellona Pietro (1993), *Le Retour du lien social*, Climats, Castelnau-le-Lez.

Benhamias Jean-Luc et Roche Alain (1992), *Des Verts de toutes les couleurs. Histoire et sociologie du mouvement écolo*, Albin Michel, Paris.

Bookchin Murray (1974), *Pour une technologie libératrice*, Parallèles, Paris.

Caillé Alain (2001), « La société civile mondiale qui vient », *Association, démocratie et société civile*, La Découverte, Paris.

Chesneaux Jean (1983), *De la modernité*, La Découverte/Maspero, Paris.

Chodkiewicz Michel (1970), « *La Recherche* et ses lecteurs », *La Recherche*, n° 1, Paris.

Collectif, « Parties de campagne », *Autogestions* (1984), Privat, Toulouse.

Deléage Estelle (2003), *Au-delà de la tradition et de la modernité : le réseau Agriculture durable. Socio-anthropologie d'un mouvement social paysan de l'Ouest de la France*, thèse de doctorat en sociologie, université de Caen.

Desroche Henri (1953), « Coopératives, communautés et mouvement ouvrier », *Communauté*, n° 2, 3, 6-7, 8, 1953, Paris.

— (1975), *La Société festive*, Seuil, Paris.

Dumont René (1974), *L'Utopie ou la mort*, Seuil, Paris.

Dupuy Jean-Pierre (1982), *Ordres et désordres. Enquête sur un nouveau paradigme*, Seuil, Paris.

— (2003), « Ivan Illich ou la bonne nouvelle », *L'Écologiste*, n° 9 Paris.

Gorz André (1975), *Écologie et Politique*, Galilée, Paris.

— (1977), *Écologie et Liberté*, Galilée, Paris.

— (2003), *L'Immatériel. Connaissance, valeur et capital*, Galilée, Paris.

Kropotkine Pierre (1906), *L'Entraide, un facteur de l'évolution*, Hachette, Paris.

— (1976), « Champs, usines et ateliers », *Œuvres*, Maspero, Paris.

Laville Jean-Louis (1999), *Une troisième voie pour le travail*, Desclée de Brouwer, Paris.

Léger Danielle et Hervieu Bertrand (1983), *Des communautés pour les temps difficiles*, Le Centurion, Paris.

Parodi Jean-Luc (1979), « Le mouvement écologique dans le système des partis français : essai de problématique », *Revue politique et parlementaire*, n° 878, Paris.

Sauvage Patrice (1984), « 23 juin 1984 : décollage d'une alternative ? », *Aldea Journal*, n° 4, mai-juin 1984, Paris.

Schumacher Ernst (1973), *Small is Beautiful*, Blond & Briggs Ldt., Londres (éd. française, Seuil, 1978).

Winner Langdon (2002), *La Baleine et le réacteur. À la recherche des limites de la haute technologie*, Descartes & Cie, Paris.

45

Les mendésistes

Vincent Duclert

Les mendésistes n'auraient jamais existé sans le mendésisme, et le mendésisme sans Pierre Mendès France. Cette évidence n'est pas seulement banale. Elle veut indiquer que le mendésisme, ni doctrine idéologique ni parti professionnel, se définit essentiellement autour d'un homme qui a lui-même porté une expérience et suscité une collectivité. Le style politique de l'homme, révélé dans l'action, reconnu par une partie significative des élites françaises, a permis que le mendésisme survive à la disparition de son inspirateur. Il constitue aujourd'hui une référence intellectuelle et morale pour la gauche, mais aussi, parfois, pour une droite en mal d'idées et de valeurs. L'expérience fondatrice fut celle du gouvernement, de juin 1954 à février 1955 ; la collectivité d'origine fut celle d'hommes et de femmes qui découvrirent avec « PMF » une politique moderne, une République moderne. « Le mendésisme a été très précisément [...] le refus d'une Église, la revanche de l'action » écrivit l'historien et mendésiste Claude Nicolet en se souvenant de juin 1954. « Les premiers discours marqués de Mendès France, les premiers numéros de *L'Express* nous offraient alors quelque chose de singulièrement nouveau : des analyses scientifiques de nos problèmes qui n'étaient plus les éternels exercices d'orthodoxie marxiste, des perspectives d'action qui n'étaient pas fondées sur la "prise de conscience du prolétariat" ou la "conversion au communisme" » [Nicolet, 1959].

Pour comprendre le mendésisme et partant, les mendésistes, il convient cependant d'en identifier plusieurs formes, définies en fonction des acteurs qui les ont construites et des usages qui en ont été faits. Outre le mendésisme international qui n'a pas encore été étudié spécifiquement, mais dont Pierre Mendès France s'est fait l'ardent porte-parole, trois échelles peuvent être observées qui concernent les espaces politique, civique et intellectuel. Mais la caractéristique principale de ces mendésismes réside dans le fait qu'ils sont fortement liés les uns aux autres, sans toutefois constituer un ensemble parfaitement cohérent et homogène. On a pu, à ce titre, évoquer l'existence d'une « *diaspora* mendésiste » [Rotman, *in Pouvoirs*, 1983]. Les échanges et les solidarités confèrent à ce phénomène son originalité et sa valeur. Mais elles le rendent aussi complexe et instable, difficile à étudier en conséquence. Le mendésisme est une convergence plus qu'un regroupement, une dynamique plus qu'un aboutissement, une pratique plus qu'une pensée, un laboratoire plus qu'un parti. Il a varié dans le temps, il s'est reconfiguré, passant de la IVe République parlementaire à la Ve République gaullienne, puis se réfléchissant dans l'expérience mitterrandienne, alors que « tout » opposa ces deux hommes de gauche. Cependant, François Mitterrand prit soin, au lendemain de son élection à la magistrature suprême, de rendre un vibrant hommage à Pierre Mendès France. En se plaçant ainsi sous son aile tutélaire, le nouveau président de la République confirmait la valeur éminemment positive de la référence mendésiste, emblème de modernité et de morale pour la gauche et pour lui-même.

Cette valeur affectée au mendésisme découle de ceux qui se reconnurent en lui et œuvrèrent pour sa construction. Déjà, il réussit à agréger une part non négligeable des élites françaises : l'identité des mendésistes faisait ainsi la qualité du mendésisme. De surcroît, il bénéficia de représentations très valorisantes forgées par les nombreux intellectuels qui s'en revendiquaient et par les acteurs politiques soucieux de réflexion. Rapidement, le mendésisme disposa d'une histoire. Alors même que ses représentants occupaient en France des positions fortes au parti socialiste, dans la haute administration, dans la presse nationale, dans le monde syndical, des travaux furent lancés, souvent par des historiens qui se reconnaissaient eux-mêmes dans le mendésisme. Ils y voyaient la réalisation d'une rencontre souvent espérée entre l'« éthique de responsabilité » et l'« éthique de conviction », pour reprendre la distinction fixée par Max Weber. La capacité du mendésisme à susciter une telle volonté individuelle et collective, en direction de la réflexion comme de l'action, explique son émergence autant que sa persistance. Il démontre la possibilité d'une politique démocratique fondée sur un double mouvement où le politique, d'une part, assume la dimension de la pensée et où, d'autre part, il s'élargit en direction de la société, donnant plus de prix aux milieux d'intellectuels, aux clubs de hauts fonctionnaires ou aux syndicats, mais aussi à des domaines généralement délaissés par les acteurs politiques comme l'organisation de la recherche scientifique ou la réforme de l'État, voire le pari européen.

Le mendésisme inscrit Pierre Mendès France et son action dans l'histoire. Pour autant, il ne se confond ni avec l'un ni avec l'autre. Il pourrait définir *stricto sensu* l'œuvre d'un homme. Or, celle-ci a suscité un intérêt tel qu'elle a engagé autour d'elle et de son auteur, dénommé « PMF » par *L'Express* dans son édition du 3 juillet 1954, de multiples initiatives, espoir et combats qui font que le mendésisme dépasse l'homme politique. Il représente un possible en politique, un mode de distinction, une tension vers le progrès. De ce point de vue, des mendésistes ont pu s'éloigner de Pierre Mendès France, notamment lorsque celui-ci s'opposa au général De Gaulle et à ses choix constitutionnels. Deux conceptions du mendésisme pouvaient ainsi s'affronter, celle qui privilégiait la relation à un homme, ou celle qui construisait une relation avec la méthode mise en œuvre par PMF et ses équipes. Cette dichotomie explique les formes de postérité du mendésisme et sa permanence. Par ses idées, il a représenté un modèle pour des hommes de gauche soucieux d'établir l'action politique sur des bases éthiques, de Michel Rocard à Jacques Delors. La droite aussi put le revendiquer à certains moments de son histoire, ou du moins s'en inspirer. Le gaullisme s'apparente partiellement au mendésisme, ou *vice versa*. Jacques Chaban-Delmas et son projet de « nouvelle société » défendu au début du septennat de Georges Pompidou s'ancraient eux aussi dans cet héritage.

Moins volontaire, moins durable aussi, la référence au mendésisme a constitué souvent un lieu commun de la gauche, et parfois de la droite. François Mitterrand ne s'en est pas privé et, après lui, Lionel Jospin s'en est inspiré pour redonner au socialisme mitterrandien qu'il incarnait une tonalité plus vertueuse et plus courageuse. La référence est commode, attirante, mais elle n'est pas un mendésisme dans la mesure où elle se réduit à des discours, des affirmations, des poses. Faire l'étude des usages de la référence mendésiste ouvrirait d'ailleurs la voie à une histoire en creux des représentations politiques françaises, comme l'esquissa Jean-Pierre Rioux dans son « Tombeau de Pierre Mendès France » [1996]. Mais le mendésisme est tout autre chose. Seule l'approche historienne est capable d'en fixer les caractères originaux de la même manière qu'elle peut établir la valeur historique de cette pratique du politique inscrite dans le monde de la gauche, de la République et de la démocratie, contribuant à en reformuler les enjeux et les possibles.

Aux origines du mendésisme. Un homme, un passé, une volonté

Le mendésisme put compter en premier lieu sur la force d'inspiration que représenta l'itinéraire de Pierre Mendès France, et cela dès ses premiers pas en politique. Pur produit de l'école laïque, juif émancipé et militant étudiant républicain et radical-socialiste, élu plus jeune député de France à Louviers en 1932 à l'âge de vingt-cinq ans, « jeune turc » du parti radical avec Pierre Cot et Jacques Kayser, sous-secrétaire d'État dans le second gouvernement Léon Blum où il prône une active politique d'interventionnisme de l'État, il refuse la défaite en juin 1940 et s'embarque sur *Le Massilia* afin de poursuivre le combat en Afrique du Nord.

Arrêté à Casablanca le 31 août, il est transféré à Clermont-Ferrand et condamné par le tribunal militaire à six ans de prison pour « désertion ». Comme Léon Blum à Riom, il démontre à la cour le caractère de justice politique qu'elle s'apprête à rendre. Il s'évade le 21 juin 1941, et parvient à Londres en mars 1942 où il retrouve Georges Boris et où il rédige un véritable programme de résistance, *Liberté, liberté chérie*. Officier dans une unité aérienne combattante, il participe à de nombreuses opérations, puis il est appelé au Comité français de libération nationale comme commissaire aux Finances. En septembre 1944, il est ministre de l'Économie dans le gouvernement provisoire de la République française de plein exercice dans Paris libéré. Il tente de transformer le ministère en laboratoire de l'action et de la réflexion. Il crée notamment une direction officieuse du Plan qui est confiée à Georges Boris, et multiplie les allocutions radiophoniques pour expliquer sa politique aux Français et dénoncer le piège de la politique d'inflation. Incarnant l'orthodoxie contre un René Pleven plaidant la dérive financière, il est finalement sacrifié en avril 1945 par les arbitrages du général De Gaulle, qui lui donnera pourtant raison, même si les circonstances avaient changé, en décembre 1958 en adoptant le plan Pinay-Rueff d'assainissement des finances publiques. Dans l'immédiat, le député de l'Eure a reconquis sans difficulté ses mandats nationaux et locaux. Isolé dans son parti et au sein de la coalition tripartite, hostile au régime d'assemblée de la nouvelle Constitution, il opte pour des responsabilités d'expert économique, au FMI, à la BIRD, à l'ENA, à la Commission des comptes et des budgets économiques de la nation. Ses convictions keynésiennes l'amènent à concevoir, avec l'ancien commissaire général à la Productivité Gabriel Ardant, un ouvrage sur *La Science économique et l'action* (1954). Il n'hésite pas quand il le peut à défendre des convictions politiques plus générales. Mais ses interventions publiques se veulent marquées du sceau de la responsabilité en politique. Il faut choisir et « expliquer au pays loyalement que tout n'est pas possible en même temps ».

En 1951, Pierre Mendès France devient le patron du Club des jacobins fondé par le jeune radical Charles Hernu pour lancer les bases d'une rénovation à gauche de la République. Le mendésisme commence, à travers de multiples solidarités et réseaux subtils qui s'agrègent autour de cette petite structure. Pierre Mendès France peut ainsi vérifier que les deux décennies qu'il vient de consacrer à la politique et à son pays lui ont apporté un capital humain de grande qualité et forte mobilité. Des intellectuels catholiques d'*Esprit* et de *Témoignage chrétien*, des syndicalistes de la CFTC, des membres de Jeune République, les fondateurs de *L'Express* viennent progressivement à lui, s'identifiant à la volonté qu'il représente et plus encore aux promesses qu'il incarne. À l'Assemblée nationale, il critique sévèrement l'engrenage de la guerre d'Indochine et s'efforce de construire des alternatives parlementaires et gouvernementales. Le 28 mai 1953, alors que la Chambre peine à trouver un successeur à René Mayer dont le gouvernement a été renversé, Pierre Mendès France est appelé en consultation à l'Élysée. Vincent Auriol a noté la teneur de leur entretien. Se dessine déjà, derrière le candidat désigné à la présidence du Conseil, la perspective d'une nouvelle politique fondée sur une nouvelle société. Au vœu du président de la République répond sa lucidité critique : « Je voudrais sortir des sentiers battus. Homme jeune s'appuyant sur des jeunes... vous pouvez faire une nouvelle majorité avec un programme hardi. [...]. Je suis détesté de ce que l'on appelle les "grands" hommes politiques de ce pays. ça m'est égal. J'ai par contre de grands encouragements des jeunes et c'est ce qui compte... On doit utiliser les hommes avec un maximum de chances... Je voudrais servir à quelque chose. » [cité par Lacouture, 1981]. Avec Georges Boris et Jean-Jacques Servan-Schreiber qui vient de lancer *L'Express* le 16 mai précédent, il prépare son discours d'investiture qui sera un programme de gouvernement. Dénonçant l'agitation de couloirs qui l'empêchera d'être investi cette fois-là, inscrivant son action présente et future sous le signe de trois hommes qui ont laissé « une trace ineffaçable » dans sa pensée, Poincaré, Blum et De Gaulle, il lance un appel à la jeunesse « dont le destin est le véritable enjeu de nos débats ».

Pierre Mendès France est battu le 3 juin 1953, mais il triomphe un an plus tard, le 18 juin 1954 à l'issue d'un nouveau discours d'investiture qui a imprimé sa marque sur une jeunesse de gauche en quête d'idéal politique. L'étudiant et futur historien Michel Winock s'en fit le porte-parole dans un livre de souvenirs publié en 1978. « En juin 1954, nous passions le bac quand, sur les ruines de Diên Biên Phu et sur les autres décombres accumulés par des gouvernements de pacotille, invité à prendre en main une situation désastreuse, il avait, de la tribune, proposé à cette Chambre qui l'exécrait un contrat solennel d'un mois. Dans un mois, il aurait fait sortir la France de l'impasse indochinoise, faute de quoi il remettrait sa démission. Comme la guerre d'Indochine comptait déjà sept ans de malheur, on peut deviner l'effet de surprise causé par l'homme qui demandait un mois, rien qu'un mois, pour en finir. C'était comme si, au sein d'une assemblée de notables louis-philippards achevant leur digestion, le fantôme de Saint-Just avait pris la parole et puis la direction de l'État. Le cran, l'audace, l'énergie, un *presto* inaccoutumé dans l'art politique, ce côté "je suis venu, j'ai vu, j'ai vaincu", voilà ce qui nous séduisait en Mendès France. Il n'avait pas l'éclat physique qui séduit ordinairement la jeunesse, c'est par le caractère et la rigueur qu'il émerveillait. »

Les mendésistes historiques

Pierre Mendès France exerça une forte attraction sur les personnes qui l'entourèrent et le servirent, fondée sur le charme et les séductions de l'intelligence. Le rapport qu'il entretenait avec ses nombreux collaborateurs se réalisait aussi sur le mode de l'autorité, parfois de manière extrêmement exigeante, voire implacable : sa correspondance administrative conservée à l'Institut dédié à sa mémoire en témoigne. L'amitié tenait aussi une place importante dans les liens qu'il noua avec ceux qui allaient devenir les fidèles d'entre les fidèles, animateurs décisifs de la pensée et de l'action mendésiste. De Georges Boris qu'il connut jeune étudiant alors que celui-ci dirigeait déjà le périodique militant *La Lumière* et qu'il retrouva dans la brève et fougueuse équipe réunie par Léon Blum au ministère des Finances en 1938, Pierre Mendès France dit de lui qu'« il a été et il est demeuré pour moi un ami incomparable et inoubliable ». « Il disait, se souvint Pierre Mendès France en 1963 dans la préface de *Servir la*

République, livre d'hommage des mendésistes au premier d'entre eux : Je suis né à gauche. Au lycée, il connut les derniers remous de "l'Affaire". [...] Au soir de sa vie, il était toujours exactement dans la même inspiration. Il s'était enrichi d'expérience mais non appauvri de sentiment. L'absence d'usure morale, comme d'ailleurs d'usure intellectuelle, a donné à son existence, jusqu'au dernier jour, une étonnante continuité. » La matrice résistante, celle de Londres, celle d'Alger et celle du cabinet de 1944, comprenait aussi des personnalités comme Gabriel Ardant, François Bloch-Laîné et Jean de Largentaye qui resteront indéfectiblement fidèles à Pierre Mendès France.

Les mendésistes gouvernementaux

Les principaux engagements du discours d'investiture du 18 juin 1954 furent tenus durant les 230 jours d'une expérience gouvernementale qui s'acheva le 5 février 1955. Sa signification va cependant au-delà des bilans les plus flatteurs. Pierre Mendès France transforma l'hôtel Matignon en un laboratoire de l'action publique qui rassembla les équipes initiales autant qu'il jeta les bases d'un mendésiste de gouvernement et au-delà, d'une galaxie mendésiste qui perdura.

Le « système Mendès » installé à la présidence du Conseil reposait en priorité sur la valeur des personnes et la solidarité des compétences. Il constitua pour ces élites une école de formation qui ancra le mendésisme dans l'expérience collective. L'apparente confusion qui pouvait exister entre les différentes sphères de collaborateurs se révéla un atout dans la mesure où les acteurs devaient assumer individuellement les charges et les responsabilités les plus cruciales. Installé au quai d'Orsay, le chef du gouvernement travaille avec une structure légère et très active, une forme de « commando », animée par Georges Boris, Simon Nora dont le père, médecin, avait soigné celui de Pierre Mendès France, et Léone Georges-Picot, ancienne de *L'Express* et future Mme Nora. Georges Boris est, de l'avis des initiés, le chef d'état-major du gouvernement. Flanqué de Stéphane Hessel qu'il a connu à Londres dans la France libre, il se dépense sans compter pour son patron et mobilise à son profit ses nombreux réseaux politiques, économiques, administratifs. Le cabinet du Premier ministre, dirigé par André Pélabon, ressemble lui aussi bien davantage à un *brain-trust* envisagé sur le modèle rooseveltien qu'à la configuration républicaine classique. En font partie Jean-Louis Crémieux-Brilhac, Marcel Delport, Michel Jobert, Jacques Juillet, Paul Legatte, André Neurisse, Jacques Marchandise, ainsi que René de Lacharrière, Jean Saint-Geours, Jean Serisé. En tant que ministre des Affaires étrangères, il s'appuie sur un autre cabinet. Durant les négociations de Genève, il dispose d'un groupe de conseillers sur place. Le ministère des Finances occupé par Edgar Faure est chapeauté par le « groupe des neuf » composé d'experts comme Claude Gruson, Paul Delouvrier, ou Valéry Giscard d'Estaing, à l'époque jeune haut fonctionnaire.

Après le premier cercle des plus proches défini pour beaucoup par l'expérience de la Résisstance et de la France libre, le deuxième cercle des conseillers officiels, vient le troisième cercle de l'entourage symbolisé par Jean-Jacques Servan-Schreiber, Françoise Giroud et leur équipe de *L'Express*. Il se manifeste de manière très régulière et sait apporter sa compétence sur des dossiers précis comme celui de la paix en Indochine. Louis Armand, Roger Stéphane, Alfred Sauvy et Jean-Jacques Servan-Schreiber conseillent directement le président du Conseil à ce sujet. Le rôle de ces acteurs s'avère essentiel dans la politique de communication qu'inaugure Pierre Mendès France pour faire connaître et expliquer ses choix. *Le Monde, France Soir, France Observateur* soutiennent l'action gouvernementale grâce aux influences déterminantes de Pierre Viansson-Ponté, de Roger Stéphane et de Pierre Lazareff. Même *Le Canard enchaîné*, fait exceptionnel, s'engage pour Pierre Mendès France. Cette communication politique à laquelle participe directement le chef de gouvernement par ses « causeries du samedi » à la radio contribue à forger une nouvelle vision de l'État, celle-là même qui constitue le point de convergence des mendésistes gouvernementaux unis dans la volonté de redonner un sens et un pouvoir à l'action publique. Beaucoup de jeunes diplômés de l'ENA, dont certains suivirent les cours de Pierre Mendès France, voient dans son expérience de gouvernement la preuve d'une modernisation possible de l'État et de la République. Ils œuvrent dans les cabinets ou bien dans les institutions dites « de mission » comme le Plan.

Les mendésistes politiques

Malgré la chute de son gouvernement le 5 février 1955, Pierre Mendès France a pu vérifier dans l'exercice du pouvoir la portée de ses projets et considérer les soutiens qu'il a fait naître, tant auprès de l'opinion publique que dans les élites administratives, intellectuelles et politiques. Si les premières lui sont acquises sans trop de difficulté, les secondes doivent être davantage rassemblées, tandis que les troisièmes lui sont désormais nécessaires pour réussir la greffe de la République moderne sur le vieux parti radical. Pierre Mendès France veut donner à ce dernier un rôle clef dans la reconstruction de la gauche non communiste. Il n'a pas changé de position sur la forme que doit prendre l'action politique qui revendiquerait son nom et ses idées. Au-dessus du mendésisme, il y a le radicalisme, c'est-à-dire la République passée, présente et à venir. Pour l'aider, il convient ainsi, comme il l'avait déjà affirmé avant juin 1954, de s'inscrire au Parti radical. Il refuse de s'engager dans l'aventure d'un mouvement qui rappellerait de toute évidence le Rassemblement pour la France (RPF) du général De Gaulle, « cette personnalisation de la politique qui rassemble des gens de droite et des gens de gauche sur le seul nom d'un homme. Je veux bien qu'il y ait des gaullistes. Je déteste que l'on parle de "mendésistes". Ai-je demandé, sur mon nom, un engagement inconditionnel ? Alors je me suis dit qu'il valait mieux relancer, rénover le parti radical. En restant sur les rails radicaux (quitte à influencer le parti), il me semblait que je demeurais d'autant plus clairement à gauche que mon premier mot d'ordre serait l'alliance avec les socialistes et la rupture avec la droite. D'autre part, la tradition, le passé du vieux parti radical, c'était tout de même républicain : contre les forces d'argent, contre ce que l'on appelait les congrégations économiques, pour l'abolition du salariat... Les cadres étaient pervertis, ou en tout cas glissaient vers la droite ; la masse, la base, la "piétaille" comme disaient Herriot, restait indiscutablement de gauche » [*in* Lacouture, 1981].

Méfiants à l'égard des mendésistes, Pierre Mendès France ne compte pas moins sur eux pour réussir sa conquête du parti radical. Emmenée par Charles Hernu et son Club des jacobins, portée par les Jeunesses radicales, cette nouvelle génération de « Jeunes-Turcs » accompagne l'offensive de leur prestigieux aîné. Les mendésistes déclenchent la campagne contre l'état-major du parti et son président administratif Martinaud-Déplat, accusés d'avoir torpillé l'expérience gouvernementale de PMF. Celui-ci peut compter aussi sur le soutien, certes plus ambigu, des « orthodoxes » du parti, notamment les radicaux du Sud-Ouest « qui savent gré à Mendès de ramener le parti à gauche, mais ne le suivront pas dans toutes ses initiatives, en particulier sur la question algérienne » [Baal, 1994]. Un congrès extraordinaire est convoqué salle Wagram le 4 mai 1955. Pierre Mendès France et ses partisans obtiennent la suppression de la présidence administrative, la nomination d'une commission chargée de réviser les statuts du parti et de préparer une plate-forme pour les élections de 1956, et la création d'un poste de premier vice-président, Édouard Herriot, qui soutient l'opération, restant président. L'offensive mendésiste se ressent dans le dynamisme retrouvé du parti. « L'afflux de nouveaux militants modifie l'image de la vieille maison : des jeunes (beaucoup d'étudiants), des femmes, des catholiques de gauche, qui ne s'attendaient pas à adhérer un jour au parti des vieilles barbes misogynes et anticléricales, beaucoup d'enseignants, des cadres séduits par le discours moderniste. [...] La poussée mendésiste est sensible dans des régions qui étaient jusque-là des zones de faiblesse : l'agglomération parisienne, l'Ouest, le Nord-Est » [Baal, 1994].

Le 4 novembre, Pierre Mendès France est élu premier vice-président par le congrès ordinaire avec 63,6 % des suffrages. De nombreux mendésistes entrent au bureau national et les collaborateurs directs de PMF, Pierre Avril, Paul Martinet, Harris Puisais, Georges Scali, « tous issus des Jeunesses radicales ou des Jacobins » [Rizzo, 1993] prennent le contrôle de la rue de Valois. La revendication des grands principes républicains permet d'exclure du parti Edgar Faure après sa décision de procéder à la dissolution de l'Assemblée nationale, le 2 décembre 1955. René Mayer et plusieurs autres néoradicaux sont éliminés à leur tour. La reprise en main du parti radical, le choix de l'alliance à gauche et le crédit personnel de Mendès France dans l'opinion font de ce dernier l'homme clé du Front républicain qui se constitue avec la SFIO de Guy Mollet, l'UDSR de François Mitterrand et les Républicains sociaux de Jacques Chaban-Delmas en vue des élections du 2 janvier 1956. La victoire du nouveau « Cartel des gauches » est celle de Pierre Mendès France. « Pour les mendésistes, les résultats du scrutin doivent conduire leur chef de file une deuxième fois à l'hôtel Matignon, tant a été personnalisée la campagne autour de lui. Intellectuels, milieux de *L'Express*, jacobins, direction radicale, tous se tiennent prêts à tenter une nouvelle aventure reposant cette fois sur des bases plus solides, à savoir une majorité théoriquement plus soudée et plus cohérente » [Rizzo, 1993].

Pour des raisons qui tiennent semble-t-il autant à Pierre Mendès France qu'à Guy Mollet et au président de la République René Coty, pour des raisons qui découlent aussi d'une certaine marginalité du nouveau chef du parti radical dans les grands rapports de force parlementaires, pour des raisons enfin qui touchent à la sensibilité européenne de nombreux députés toujours meurtris par l'échec de la CED (Communauté européenne de défense), c'est finalement le secrétaire général de la SFIO qui est chargé de constituer le gouvernement issu des élections du 2 janvier. Mendès France accepte de devenir ministre d'État sans portefeuille et treize radicaux du nouveau parti se voient offrir des ministères. Partisan loyal de Guy Mollet, il finit cependant par entrer en opposition avec sa politique et la manière dont il administre l'État, plaçant des socialistes à tous les postes clefs. Critiqué par la SFIO, Mendès France l'est aussi par certains députés mendésistes, dont Charles Hernu, qui lui reprochent sa complaisance pour le chef du gouvernement. Cette situation intenable le conduit à la démission, le 23 mai 1956. Il reprend sa liberté de parole, mais ne parvient pas à clarifier sa position sur l'Algérie, à la différence des minoritaires de la SFIO emmenés par Alain Savary, Édouard Depreux, et l'ancien secrétaire national des Étudiants socialistes, Michel Rocard. Les difficultés croissantes du gouvernement de Guy Mollet scellent l'échec du Front républicain qu'incarnait Mendès France. Malgré l'afflux de jeunes et nouveaux militants dont Simone Gros, future assistante de PMF, les mendésistes du parti radical se trouvent affaiblis devant une aile conservatrice qui décide de faire scission en créant une nouvelle formation, le futur Centre républicain. Les radicaux orthodoxes entrent à leur tour dans la contestation en reprochant à Pierre Mendès France son passage à l'opposition à Guy Mollet. Le président de fait constate la quasi-disparition de son autorité sur ses troupes. Il démissionne de la première vice-présidence le 5 mai 1957. Sa conquête du parti radical a échoué. Pire, il se retrouve totalement isolé dans la vie politique. Seuls une dizaine de députés et les cadres qu'il a installés rue de Valois lui restent fidèles, parmi lesquels figurent Paul Anxionnaz, Maurice Bertrand, Charles Hernu, Léon Hovnavian, ou Jacques Kayser. Le mendésisme politique a vécu.

Pierre Mendès France réunit les rescapés de l'aventure réformatrice avec les membres du Centre d'études et d'action et fonde, en janvier 1959, un groupe de centre gauche, le Centre d'action démocratique. Auparavant, en juillet 1958, il avait adhéré à l'Union des forces démocratiques hostile au retour du général de Gaulle et aux nouvelles institutions. Après son exclusion officielle du parti radical, le 11 février 1959, pour cause de double appartenance, Pierre Mendès

France sollicite son passage au Parti socialiste unifié (PSU) qui provient de la scission de la SFIO en septembre 1958. Mal à l'aise dans une formation qu'il juge trop révolutionnaire, il espère néanmoins par là faire évoluer le socialisme vers plus de réalisme et de réformisme. Contrairement au parti radical de 1956, le PSU n'est pas une organisation mendésiste, même si de nombreux militants admirent individuellement Mendès France. Mais son hostilité au général De Gaulle et aux institutions de la Ve République, sa méfiance pour le socialisme militant (au profit d'un humanisme jaurésien), sa répugnance à devenir un chef de courant le marginalisent dans le processus de réunification des organisations socialistes d'une part, dans l'émergence du mouvement de la « deuxième gauche » d'autre part. En mars 1967, la victoire à la députation de Grenoble, ville dirigée par le mendésiste Hubert Dubedout, ne peut être considérée comme une renaissance du mendésisme politique, d'autant que Pierre Mendès France ne parvient pas à se présenter comme une alternative crédible pendant la crise de mai 1968. Pourtant, il s'était préparé avec ses troupes au grand rendez-vous avec la jeunesse, ne cessant par exemple d'appeler à la démocratisation de l'enseignement et à la fin de privilèges de classes qui étouffent la société française.

Mai 1968 sera à la fois le moment d'apogée de PMF et le début d'un déclin politique qui empêchera définitivement les mendésistes de rêver à un grand parti de la gauche rénovée. Le 22 mai, il vote la motion de censure contre le gouvernement et le 27, par sa présence silencieuse au stade Charléty, il affirme sa solidarité avec un mouvement contestataire dominé par les forces d'extrême gauche. Tandis que le PSU glisse vers un « gauchisme » qu'il juge « irresponsable » et qu'au contraire les socialistes comme les communistes le critiquent pour sa participation à Charléty, François Mitterrand le prend de vitesse en annonçant sa candidature à une élection présidentielle rendue nécessaire par la mise en cause du pouvoir gaullien. Si Pierre Mendès France parvient encore à mobiliser, pour sa campagne électorale de juin 1968 à Grenoble, d'importants bataillons mendésistes rajeunis pour l'occasion (Georges Kiejman ou Michel Bon en font partie), il ne réussit pas, face à la vague conservatrice, à triompher de son adversaire gaulliste, Jean-Marcel Jeanneney, lui-même, de surcroît « plus ou moins mendésiste » selon ses dires, ce qui ne l'empêche pas d'être l'homme à qui l'Union démocratique républicaine (UDR) a confié la mission de le faire tomber. La gauche est certes largement battue au niveau national, mais la défaite dépasse le cadre local en achevant de briser la dynamique politique du mendésisme. Les attaques répétées contre des communistes que Mendès France a toujours rejetés hors de sa recomposition rêvée de la gauche lui ont coûté des soutiens électoraux précieux qui ne manqueront pas, plus tard, à un François Mitterrand pourtant moins à gauche que lui.

Méfiant par ailleurs à l'égard d'une personnalisation excessive de la politique et cependant très soucieux de son image et de son rang, Pierre Mendès France a empêché que se constitua autour de lui un vrai pôle militant de la gauche moderne. Si le mendésisme se diffusa largement dans la vie politique, il échoua cependant à exister comme une force politique. Quand bien même l'influence de Pierre Mendès France a été et demeure très importante pour la gauche, et au-delà, les mendésistes politiques comptèrent peu, et ne comptent plus guère aujourd'hui. La raison en tient à la personnalité de leur leader, cultivant souvent la solitude du visionnaire incompris — « le métier de Cassandre » comme l'écrivait Claude Nicolet en 1959 —, mais également à la nature même du mendésisme, plus intellectuel que politique, plus critique que militant. La pensée pour l'action que défendait Pierre Mendès France explique en revanche pourquoi les mendésistes furent nombreux parmi les élites intellectuelles, scientifiques et publiques.

Les mendésistes intellectuels

L'expérience gouvernementale décida elle aussi de la naissance de ce mendésisme intellectuel. Quatre raisons au moins peuvent être invoquées. Pierre Mendès France s'était appuyé à l'hôtel Matignon sur des équipes officielles ou officieuses de conseillers composés d'intellectuels ou de hauts fonctionnaires au profil intellectuel marqué. Son courage personnel devant les difficultés, son souci constant de la pédagogie de gouvernement, sa volonté d'expliquer et de faire comprendre, notamment lors des « causeries du samedi », et au-delà, son style de gouvernement résolument moral, pénétré du besoin d'être en contact direct avec le corps civique et d'expliquer, à la manière d'un Blum ou d'un Roosevelt, que la politique, et sa politique, était un dur métier, mais aussi la seule voie qui demeure pour agir et changer le monde. Ses interventions trouvèrent un écho important chez de nombreux intellectuels qui vérifiaient avec lui la confirmation du modèle wébérien de l'homme politique moderne, réunissant une éthique de conviction à une éthique de responsabilité grâce au « coup d'œil », au style personnel et politique. Ces intellectuels, souvent jeunes, venus du monde de la science ou de l'État, recherchant une nouvelle pensée politique libérée des dogmes idéologiques, furent sensibles à la méthode et aux idées de Pierre Mendès France. Son action spécifique en faveur de la recherche rencontra ainsi les attentes de ceux qui y œuvraient dans ces directions et qui se désespéraient de l'indifférence des gouvernements de la IVe République. De ce point de vue, le colloque de Caen des 1er, 2 et 3 novembre 1956 exprima cette rencontre avec les meilleurs savants et donna une grande visibilité au mendésisme intellectuel. Le choix prôné par Mendès France d'établir un lien entre l'État et la société, entre le savoir et la cité, ne pouvait que séduire des élites soucieuses de leur rôle dans la construction de la démocratie. L'impact des *Cahiers de la République* fondés en avril 1956, la dynamique du club Jean-Moulin créé en juin 1958, le succès de *La République moderne* publiée en 1962 élargissent l'audience du mendésisme dans les milieux intellectuels de la pensée, de la science et du pouvoir.

La force d'attraction du mendésisme sur les intellectuels s'explique par le fait que Pierre Mendès France défendait une conception critique de la politique, qu'il avait fait une place importante aux intellectuels dans ses équipes historiques et gouvernementales, et qu'il avait tenté, comme président du Conseil, des réformes dans le monde de l'école, de l'université et de la coopération internationale. La chute de son gouvernement interrompit cette dynamique. Malgré les efforts de son proche conseiller Jean-Louis Crémieux-Brilhac, placé au cabinet du ministre de l'Éducation nationale René Billières afin de maintenir la pression en faveur des projets mendésiens, les grandes priorités affichées entre juin 1954 et février 1955 sont remises en cause. Pour les défendre, Pierre Mendès France compte sur les nouveaux moyens politiques qu'il cherche à obtenir par sa conquête du parti radical. Mais il se préoccupe aussi de construire une véritable force intellectuelle qui serait mise au service de grands enjeux politiques. Avril 1956 marque ainsi la naissance des *Cahiers de la République*, un outil et un réseau entièrement dédiés à cette tâche.

Cette « revue bimestrielle de politique », dont Mendès France assure la présidence du comité directeur et l'historien Claude Nicolet le secrétariat de rédaction, s'appuie sur un comité de direction composé notamment de Gabriel Ardant, commissaire général à la Productivité, Paul Bastid, professeur à la Faculté de droit, René Billères, ministre de l'Éducation nationale et député radical des Hautes-Pyrénées, René Cassin, vice-président du Conseil d'État, Albert Chatelet, doyen honoraire de la Faculté des sciences de Paris, Jacques Ellul, professeur à la Faculté de droit de Bordeaux, Charles-André Julien, professeur à la Sorbonne, conseiller de l'Union française, Ernest Labrousse, professeur à la Sorbonne, Henri Longchambon, président du Conseil supérieur de la recherche scientifique, Henri-Irénée Marrou, professeur à la Sorbonne, Alfred Sauvy, directeur de l'Institut national d'études démographiques, et Pierre-Henri Simon, professeur à la Faculté des lettres de Fribourg. Un comité de rédaction fait appel au premier cercle des mendésistes, Jean-Louis Crémieux-Brilhac, Stéphane Hessel, Jacques Kayser, ou le géographe Marcel Roncayolo. « La politique est son objet », écrit Pierre Mendès France dans le premier éditorial de la nouvelle revue. « Nous l'entendons, poursuit-il, comme un champ d'études largement délimité, qui ne peut d'ailleurs être isolé comme une spécialité scientifique dans ses frontières, mais où viennent se joindre au contraire les informations et les conclusions des disciplines les plus diverses, dans la mesure où leur aboutissement pragmatique se traduit dans la conception, les structures ou le rôle de l'État. C'est pourquoi l'on trouvera, dans cette livraison et les suivantes, des contributions variées, sans qu'il importe de savoir si elles relèvent de la théorie politique, de l'histoire, de l'économie ou du droit, dès l'instant que l'on peut en tirer profit sur le plan civique. »

Au moment où les *Cahiers de la République* offrent un nouvel espace public aux mendésistes, un second projet emblématique voit le jour. Organisé par Jean-Louis Crémieux-Brilhac et ses amis scientifiques Étienne Bauer (du Commissariat à l'énergie atomique), André Lichnerowicz (du Collège de

France), Jacques Monod (de l'Institut Pasteur), ou Pierre Auger, le « colloque national sur la recherche et l'enseignement scientifiques » s'ouvre dans le grand amphithéâtre de l'université reconstruite de Caen. Il est introduit par une longue allocution de Pierre Mendès France, « Pour une politique nationale de la recherche » et par une série de rapports préparatoires orchestrés par l'équipe de pilotage, confiés à des personnalités décisives comme Robert Debré, Marcel Prenant ou le directeur d'embryologie du Collège de France Étienne Wolff. Jean-Louis Crémieux-Brilhac défend le principe de la « démocratisation de l'enseignement secondaire et technique » comme condition d'une « politique nationale d'expansion de la recherche scientifique ». Le colloque de Caen s'appuie également sur les hommes et les travaux du Conseil supérieur de la recherche scientifique et du progrès technique, mis en place par le gouvernement de Pierre Mendès France et présidé par Henri Longchambon. Les industriels et les patrons de la recherche privée, les parlementaires et les responsables politiques, les journalistes et les administrateurs publics font aussi partie des 250 participants et intervenants des trois journées de novembre 1956 dont les actes principaux sont publiés dans les *Cahiers de la République* avec une perspective critique assumée par Claude Nicolet.

La greffe mendésiste sur les milieux savants, scientifiques, universitaires ou intellectuels, réussit au-delà des espérances et ses effets perdurent sans doute aujourd'hui. Il est vrai qu'entre 1955 et 1958, la concurrence était faible sur ce terrain. Les grandes réalisations gaulliennes en faveur du renouveau de la recherche scientifique française et de sa réorganisation institutionnelle au cœur même de l'État et de la République grâce à la Direction générale de la recherche scientifique et technique (DGRST), à la coordination interministérielle, au Commissariat au plan, ont été permises par le travail des réseaux mendésistes et les engagements de Pierre Mendès France. Ces liens, pourtant, demeurent méconnus en raison de la cassure qui se réalisa dans ces sphères modernisatrices divisées sur l'attitude à adopter après le 13 mai 1958, la formation du gouvernement du général De Gaulle et l'instauration de la nouvelle République. L'hostilité radicale de Pierre Mendès France à l'égard du modèle gaullien n'empêcha pas l'essentiel des intellectuels mendésistes de soutenir l'action du général de Gaulle, tant sur le plan de la politique scientifique que sur celui de la politique algérienne.

Les mendésistes sans Mendès France

La présence des mendésistes dans de multiples lieux de pouvoir et leur capacité à agir indépendamment de l'homme qu'ils admiraient suggérèrent l'existence d'une vaste et influente *diaspora*, moteur de la « deuxième gauche » aussi bien que laboratoire de l'État. Cartographiés par Patrick Rotman [*Pouvoirs*, 1983], les mendésistes étaient à la fois au PSU (Michel Rocard, Pierre Bérégovoy, Alain Savary), dans le syndicalisme réformateur (Edmond Maire), au sein de l'État et des grandes directions des Finances (François Bloch-Lainé, Claude Gruson, Jean

Serisé, Simon Nora, Jean Saint-Geours, Étienne Hirsch), et auprès de nombreux médias comme *Le Monde* (Hubert Beuve-Méry, Raymond Barillon, Maurice Duverger, Pierre Viansson-Ponté), *L'Express* (Jean-Jacques Servan-Schreiber, Françoise Giroud, François Mauriac), *France Observateur/Le Nouvel Observateur* (Roger Stéphane, Jean Daniel), *Esprit* (Jean-Marie Domenach), *Témoignage Chrétien* (Georges Suffert). Les appartenances étaient multiples. Beaucoup se retrouvaient dans des clubs, le club Jean-Moulin bien sûr qui fonctionna jusqu'en 1970, mais aussi les Citoyens 60 de Jacques Delors et de Georges Lavau. Ces mendésistes œuvrèrent pour la plupart au sein des grandes entreprises gaulliennes tout en restant politiquement de gauche. Mais il n'y avait pas contradiction entre le service de l'État tel que l'incarnait la nouvelle République et la fidélité aux convictions mendésistes. Le général de Gaulle sut de son côté les impliquer habilement dans ses projets de réforme et de modernisation [Gaïti, 1998].

Le destin du club Jean-Moulin illustre très clairement cette rapide évolution de mendésistes acceptant de s'éloigner des positions politiques de Pierre Mendès France pour mieux défendre son héritage. Ils sont très nombreux à participer à une aventure qui commence dès le lendemain du 13 mai qui réveille le souvenir de mai 1940, « ces écroulements répétés du régime républicain », comme l'écrira le premier des livres publiés par le club Jean-Moulin en 1961 [Andrieu, 2002]. Tout en conservant son esprit de résistance, l'association évolue rapidement vers une position de soutien critique au général De Gaulle et à son train de réformes. L'enjeu posé par la guerre d'Algérie renforce un mouvement que Pierre Mendès France, enfermé dans des oppositions doctrinaires, comprend mal. Après l'échec du mendésisme politique incarné dans l'impossible renouveau du parti radical, avec la montée en puissance de la contestation minoritaire dans la SFIO qui capte le projet de nouvelle gauche caressée par l'ancien chef du gouvernement, le mendésisme intellectuel se sépare de son promoteur et inspirateur tout en restant fidèle aux principes qu'il lui avait transmis. La publication de *La République moderne* en 1962 et le bref mais intense épisode du « laboratoire grenoblois » de 1966-1968 permirent à Pierre Mendès France de revenir un temps au centre des configurations mendésistes. Pourtant, l'insuccès de sa venue au Parti socialiste unifié et les rapports ambigus entretenus avec le nouveau Parti socialiste de 1971 achevèrent de marginaliser un courant politique de gauche qui n'avait pas réussi à trouver sa place dans la Ve République.

Plus que sur une fidélité politique ou idéologique à Pierre Mendès France, les galaxies mendésistes se structuraient autour d'une pensée de l'action et d'une volonté réformatrice qui s'identifiaient à l'héritage d'un homme qui n'avait trouvé sa place ni dans l'un ni dans l'autre des régimes. Pour autant, l'enseignement de Pierre Mendès France inspirait des convictions plus directement politiques. En 2004, le socialiste et chrétien Jacques Delors, haut fonctionnaire d'origine, reconnaissait volontiers qu'il fut sa référence « citoyenne » : « Ma pente à moi était le service de l'État et le syndicalisme. Mendès m'a donné le goût de la politique. Sa rectitude parfois proche de l'entêtement m'a beaucoup fasciné. » Le retour de celui-ci à une position politique de premier plan, avec le « printemps de

Grenoble » montra la capacité offensive des mendésistes mobilisés pour le soutenir de la même manière qu'il démontra son pouvoir de renouvellement, générationnel notamment. Cette génération nouvelle assura la transmission des idéaux mendésistes jusqu'au cœur de la mitterrandie socialiste. L'Institut Pierre-Mendès-France, créé en 1985 par sa deuxième femme Marie-Claire, née Schreiber-Crémieux, se spécialisa dans l'organisation de colloques d'études où s'exprimèrent de nombreux dirigeants socialistes, de Lionel Jospin à Dominique Strauss-Kahn, d'Élisabeth Guigou à Georges Kiejman et que rejoignirent des historiens de renom, sensibles à la vocation critique de la pensée mendésiste.

LA LEÇON MENDÉSISTE

L'hommage à Pierre Mendès France a aujourd'hui pris la dimension d'un tel rite national que la droite, désormais, ne se prive plus de revendiquer l'héritage de Pierre Mendès France. Le Premier ministre Jean-Pierre Raffarin, dont le père Jean avait appartenu au gouvernement de juin 1954, n'hésita pas, le 3 décembre 2003, à attaquer la gauche au nom de « [sa] famille politique » et « [son] histoire politique — Pierre Mendès France et bien d'autres », déclarant à l'Assemblée nationale qu'« il y a des causes qui sont plus grandes que nous-mêmes et des combats qui méritent de dépasser les clivages partisans ».

Ces usages à fronts politiques renversés obligent à s'interroger sur la postérité exacte du mendésisme. Celle-ci associe une forme rhétorique n'impliquant pas nécessairement d'agir selon des exigences de fond, une forme républicaine impliquant d'agir au contraire en fonction d'idéaux comme la justice sociale, le service public, l'intérêt général, la volonté en politique, et une forme intellectuelle permettant une réflexion critique sur le pouvoir, la politique, l'État, la nation, la citoyenneté. Ces deux dernières formes, si elles n'appartiennent pas en propre à la gauche, contribuent fortement à la construire ou à la reconstruire. Lorsque Jean-Louis Crémieux-Brilhac s'élève, comme en janvier 2004, contre la situation de la politique de la recherche en France, il agit en mendésiste comme un homme de gauche, non pas en raison des attaques qu'il décoche au gouvernement Raffarin (après les avoir décochées au gouvernement Jospin), non pas parce qu'il se réfère à l'âge d'or du colloque de Caen, mais dans la mesure où il oblige à penser la recherche scientifique comme une question politique renvoyant à des enjeux de société, de liberté et de gouvernement. La force politique du mendésisme, ou du moins sa capacité à penser la politique et à l'inspirer, pourront se vérifier, dans l'avenir, bien au-delà des timides manifestations qui ont marqué le cinquantième anniversaire du gouvernement de Pierre Mendès France en juin 2004 et du silence gêné, mais choisi, des partis de gauche dans les premières années du XXIe siècle. Ceux-ci conservent un vrai problème avec l'histoire..

Références bibliographiques

Andrieu Claire (2002), *Pour l'amour de la République. Le club Jean-Moulin 1958-1970*, Fayard, Paris.

Baal Gérard (1994), *Histoire du radicalisme*, La Découverte, Paris.

Crémieux-Brilhac Jean-Louis (1996, rééd. 2001), *La France libre*, Gallimard, Paris.

Daniel Jean et Lacouture Jean (1992), *Le Citoyen Mendès*, Seuil, Paris.

Duclert Vincent (1998), « Le colloque de Caen — 1956. La IVe République et la mobilisation scientifique », *Historiens & Géographes*, n° 361, Paris.

Gaïti Brigitte (1998), *De Gaulle prophète de la Ve République*, Presses de Sciences-Po, Paris.

Lacouture Jean (1981), *Pierre Mendès France*, Seuil, Paris.

Mendès France Pierre (1984-1990), *Œuvres complètes*, 6 vol., Gallimard, Paris.

Nicolet Claude (1959), *Pierre Mendès France ou le métier de Cassandre*, Julliard, Paris.

— (2000), *Histoire, nation, République*, Odile Jacob, Paris.

Pouvoirs (1983), « Le mendésisme », PUF, Paris.

Rioux Jean-Pierre (1987), « Pierre Mendès France modernisateur », *Vingtième Siècle. Revue d'histoire*, n° 15.

— (1996), *Tombeaux pour la gauche*, Presses de Sciences-Po, Paris.

Rizzo Jean-Louis (1993), *Pierre Mendès France et la rénovation en politique*, Presses de la FNSP, Paris.

— (1994), *Pierre Mendès France*, La Découverte, Paris.

Stasse François (2004), *L'Héritage mendésiste*, Seuil, Paris.

Winock Michel (1978), *La République se meurt. Chronique 1956-1958*, Seuil, Paris.

De nombreux colloques ont été consacrés à Pierre Mendès France et au mendésisme. Ils ont été organisés ou co-organisés par l'Institut Pierre-Mendès-France : *L'Expérience Mendès France et le mendésisme* (Fayard, 1985), *Pierre Mendès France et l'économie ; pensée et action* (1989), *Pierre Mendès France et la morale en politique* (1990), *Pierre Mendès France et le rôle de la France dans le monde* (1991), *Pierre Mendès France et l'esprit républicain* (Le Cherche-Midi, 1996), *Éthique et démocratie. L'exemple de Pierre Mendès France* (Le Cherche-Midi, 1998), *Pierre Mendès France et la modernité* (*Matériaux*, BDIC, 2001).

46

La « deuxième gauche »

VINCENT DUCLERT

LORS DU CONGRÈS DE NANTES du Parti socialiste, en 1977, Michel Rocard, l'ancien dirigeant du Parti socialiste unifié, choisit de distinguer et d'opposer deux cultures politiques en œuvre dans la gauche française. « La plus typée, qui fut longtemps dominante, est jacobine, centralisatrice, étatique, nationaliste et protectionniste. » Elle était revendiquée par une classe ouvrière qui exigeait une intervention maximale de l'État, en vertu d'un marxisme d'« exception française », « puisque Marx prônait au contraire le dépérissement de l'État et l'autodétermination des travailleurs » [cité *in* Castagnez-Ruggiu, 1997]. Le CERES de Jean-Pierre Chevènement représentait ainsi à ses yeux une illustration contemporaine de cette gauche éloignée du social et de la démocratie participative. L'autre culture, selon Rocard, est « décentralisatrice », « régionaliste », hostile aux « dominations arbitraires, celle des patrons, comme celle de l'État », favorable au contraire à l'« autonomie des collectivités de base ». C'est la deuxième gauche.

La deuxième gauche, que Michel Rocard incarna plus que d'autres, se caractérise d'abord par son opposition avec la « première ». Aujourd'hui où celle-ci s'est largement ouverte au social-libéralisme, où de son côté la deuxième gauche a conduit une expérience de gouvernement au début du second septennat de François Mitterrand (1988-1991), les différences politiques se sont estompées. La « deuxième gauche » est très largement intégrée à la « première », ou réciproquement, ce qui n'est pas sans poser des problèmes d'identité et d'efficacité. Le gouvernement de Lionel Jospin (1997-2002) a-t-il échoué pour n'avoir pas été assez « deuxième gauche » ou trop « deuxième gauche » ? La question n'est toujours pas tranchée, cette impossibilité à comprendre le « séisme électoral » du 21 avril 2002 étant probablement l'une des marques les plus significatives de la crise profonde que traversent le socialisme français et la gauche toute entière.

Mais la « deuxième gauche » a-t-elle un jour existé politiquement ? On ne peut qu'être frappé, à l'étude de cette histoire, par la situation émiettée, éclatée, des partis qui la composent, plus proches de la nébuleuse que d'une véritable formation partidaire capable de mobiliser des militants, de gagner des élections, de gouverner un pays. À l'exception de l'expérience du gouvernement Rocard et de quelques succès électoraux plus symboliques que durables, le fait d'arme majeur de la « deuxième gauche » fut, à l'heure de sa naissance, son combat victorieux contre la guerre d'Algérie au nom d'une morale démocratique et d'une volonté politique qui la distingua du mouvement mendésiste, incapable de franchir le seuil de la Ve République qui était inacceptable pour Pierre Mendès France. Le succès de Michel Rocard devant le risque de guerre civile en Nouvelle-Calédonie pourrait indiquer, trente ans après son propre engagement contre les camps de regroupement de la guerre d'Algérie [Rocard, 2003], une autre vocation de la « deuxième gauche » après sa capacité critique : celle d'être d'un socialisme d'intervention, de résistance et de combat. Le silence des rocardiens au lendemain du 21 avril 2002 laisserait cependant penser que cette vocation est révolue, du moins sur le plan national, puisque Michel Rocard lui-même fait désormais le pari de l'engagement européen et international.

La troisième caractéristique historique de la « deuxième gauche » réside dans ses liens avec une pensée religieuse et intellectuelle qui affiche sa volonté de comprendre la société et de la réformer par le dialogue et l'intelligence. Un exemple de la portée intellectuelle de la « deuxième gauche » est donné par le parcours de l'historien du politique Pierre Rosanvallon, aujourd'hui professeur au Collège de France, hier rédacteur en chef de *CFDT aujourd'hui* et collaborateur de *Faire*, autant de lieux de réflexion et d'action où il pensa les questions d'association, d'autogestion, de corps intermédiaires dans une interrogation élargie sur les rapports de l'État, de la société et la politique. Loin d'écarter la politique, cette démarche la rendait au contraire possible en lui restituant ses fondements intellectuels et critiques, à la manière de Max Weber étudiant en 1919 « la politique comme profession-vocation ».

Comme pour le mendésisme dont elle partage bien des idées et des fidélités, la « deuxième gauche » survit essentiellement à travers cette vocation intellectuelle. En raison de la nature de la politique de gauche qui revendique, souvent gratuitement, la raison, la vérité et la justice, tout effort pour penser les valeurs et le réel possède un impact politique. La vocation politique de la « deuxième gauche », de ce point de vue, n'est peut-être pas morte.

L'héritage d'un socialisme humaniste et pratique

L'histoire de la « deuxième gauche » appartient à celle du socialisme français tout entier qu'elle éclaire et problématise. Celui-ci s'est fracturé une première fois le 30 décembre 1920, à l'issue du congrès de Tours qui consacra la naissance d'une nouvelle gauche communiste, concurrente et bientôt ennemie de la vieille gauche jaurésienne de la IIe Internationale. Cette rupture découlait de la transformation historique créée par la révolution bolchevique d'octobre

1917 en Russie qui bouleversa la trajectoire des socialismes européens. Pour le cas français, l'avènement du communisme parut faire rejouer un vieux clivage ayant opposé, avant le XXe siècle et la naissance du Parti socialiste unifié (SFIO) de 1905, les conceptions de Jules Guesde à celles de Jean Jaurès telles qu'elles s'exprimèrent, par exemple, dans la fameuse conférence dite des « deux méthodes » (Lille, 26 novembre 1900). Dans le détail, les reclassements furent plus complexes et moins prévisibles. Néanmoins il semble que s'exprima bel et bien une opposition entre un socialisme plus doctrinaire et social et un socialisme plus ouvert et moral. Ce clivage se poursuivit au sein même de la « vieille maison », la SFIO, restée orpheline après sa rupture avec le nouveau Parti communiste SFIC. Cependant, l'ascendant croissant de Léon Blum, parfait héritier de Jaurès, sur un parti socialiste vidé d'une partie de ses forces vives, assura la permanence d'un humanisme politique et éthique. Celui-ci trouva ses limites avec l'expérience du Front populaire, mais il sut renaître dans la Résistance et porter des idéaux socialistes renouvelés à l'aube de la Libération. L'espoir changea de camp avec la victoire de Guy Mollet sur les héritiers de Léon Blum, Daniel Mayer et André Philip. Le parti se rigidifia, la doctrine se referma. Au début des années 1950, une active minorité oppositionnelle se développa, d'abord clandestinement chez les Étudiants socialistes, puis ouvertement dans de nombreuses sphères dirigeantes ou militantes jusqu'à la scission du congrès d'Issy-les-Moulineaux en septembre 1958 et la création du Parti socialiste autonome — SFIO.

Cette seconde rupture intervenue au sein du socialisme décida de l'avènement de la « deuxième gauche ». Mais elle ne se limita pas au seul PSA devenu Parti socialiste unifié (PSU) en avril 1960 par la fusion avec la Tribune du communisme et l'Union de la gauche socialiste (UGS). Les rares succès électoraux de la nouvelle formation et son impossibilité à exister durablement en face du socialisme institutionnel de la SFIO finissante et du parti d'Épinay-sur-Seine (1971) en feraient même un objet secondaire, s'il n'y avait eu d'autres engagements, aussi novateurs sinon plus que l'aventure politique, conduits dans d'autres mondes, religieux, intellectuels, syndicaux. C'est l'ensemble de ces expériences qui forgèrent la « deuxième gauche », en firent son prix pour ses nombreux militants, l'inscrivirent durablement dans l'horizon du socialisme et de la démocratie. Elle devint une référence, positive — « nouvelle gauche » — ou négative « petite gauche », « gauche américaine », « social-technocratie ». Elle s'institutionnalisa au PSA, puis au PSU, fut présente dans de vastes rencontres comme les Assises pour le socialisme de 1974, développa des courants au sein du Parti socialiste de 1971, s'incarna dans le réformisme syndical de la CFDT, suscita de nouvelles organisations aux frontières du socialisme et du libéralisme comme la Fondation Saint-Simon ou la plus récente République des idées... Les formes et contenus de la « deuxième gauche » ont certes beaucoup évolué et varié dans le temps et selon ses animateurs, mais une unité de ton ou d'atmosphère ainsi qu'une conception éthique du politique lui ont donné leur cohérence.

L'épreuve du pouvoir à partir de 1981 fut aussi décisive pour la « deuxième gauche » que pour le socialisme institutionnel. Celui-ci adhéra à l'économie de marché, au concept de société, à la vision libérale de la représentation politique. À mesure que la gauche socialiste voire communiste (avec l'évolution de la CGT notamment ou les rénovateurs du PCF) adoptait les principales valeurs de la « deuxième gauche », celle-ci triomphait, mais disparaissait en même temps. Pleinement reconnue par une première gauche soucieuse de modernité, elle pourrait s'estimer victorieuse. En réalité, elle a perdu ce qui faisait son identité sans donner pour autant au Parti socialiste de François Mitterrand et de Lionel Jospin les moyens de sa refondation. La gauche, socialiste ou communiste, en est réduite à naviguer à vue, au gré des sujets et des alliances, sans projets ni valeurs. L'échec de la première gauche est aussi celle de la « deuxième » au point qu'une « troisième », ou plutôt des « troisièmes gauches », se déclarent un peu partout, vers les sensibilités sociales-libérales, dans les courants écologistes, du côté des mouvements altermondialistes, au sein des recompositions trotskistes, etc.

Préhistoire d'une gauche dissidente

Née en 1958 de la lutte contre la guerre d'Algérie et du refus de la politique algérienne de la SFIO, la « deuxième gauche » a su profiter d'inspirations venues des associations chrétiennes d'avant-guerre et des impulsions fournies sous la IVe République par la CFTC et sa tendance Reconstruction, puis par les multiples groupes militants fédérés en 1957 dans l'Union de la gauche socialiste (UGS).

Le catholicisme libéral est la première des matrices de la « deuxième gauche ». Il est né du ralliement à la République et des enseignements « révolutionnaires » du pape Léon XIII (encyclique *Rerum Novarum*, 1891) mais plus encore de l'affaire Dreyfus et de la constitution d'un pôle catholique dreyfusard. Même si les dreyfusards ne peuvent se résumer à une simple opposition de gauche, il n'en demeure pas moins que l'engagement des chrétiens dans l'Affaire installa une nouvelle composante politique. La mobilisation des protestants contre le nationalisme et l'antisémitisme rejoignit le travail du Comité catholique pour la défense du droit créé par Paul Viollet le 16 février 1899. La Déclaration de principes rédigée par ce dernier établissait les bases d'une politique moderne, laïque et démocratique, fondée sur l'autonomie de la personne et le devoir de solidarité. « N'ayant qu'un but : la défense du droit et des libertés publiques par la recherche de la vérité, écrivaient Paul Viollet et ses proches, [le Comité] recommande à ses amis l'effort personnel qui conduit au développement de l'esprit critique, la lutte contre l'équivoque et le mensonge de quelque nom qu'ils se parent, le respect des personnes et la sincérité dans la discussion. » Cette position morale et intellectuelle récusait toute politique partisane, y compris chez les dreyfusards. Paul Viollet se sépara de la Ligue des droits de l'homme qui n'allait pas assez loin dans la défense du citoyen lorsque celui-ci était un homme d'Église victime d'anticléricalisme. Mais il fut à l'inverse, avec les abbés Pichot et Lemire, avec l'économiste protestant Charles Gide et les socialistes Tarbouriech et Challaye, l'un des promoteurs du Comité de protection et de défense des indigènes. Cette attention portée aux colonisés, dont les droits étaient violés dans l'espace d'une République se proclamant pourtant universelle et civilisatrice, définit un courant de la gauche qui s'affirma définitivement dans son combat contre la guerre d'Algérie, synonyme d'oppression colonialiste et d'arbitraire politique. Les valeurs forgées dans ces sphères chrétiennes démocrates et sociales du premier XXe siècle devaient conduire les précurseurs de la « deuxième gauche » à s'opposer fortement à une gauche victorieuse après la formation du gouvernement d'Émile Combes en mai 1902. La critique de Charles Péguy ou celle de Daniel Halévy sur un dreyfusisme en « décomposition » installa le deuxième terme de cet héritage, celui d'une surveillance de la gauche institutionnelle au nom des idéaux qu'elle faisait sienne et qu'elle oubliait dès son accession au pouvoir.

De cette révolution chrétienne ne survit, comme parti politique et intellectuel, que le Sillon, lui aussi fondé en 1899. Pour son fondateur, Marc Sangnier, le défi présent consistait à mettre les forces vives du catholicisme au service de la démocratie considérée comme une « organisation sociale qui tend à porter au maximum la conscience et la responsabilité civiques de chacun » (*Le Sillon, esprit et méthode*, 1905). Lorsque le Sillon est condamné en 1910 par Pie X pour avoir voulu passer de la « mystique » à la « politique » en promouvant un projet démocratique, Marc Sangnier réagit aussitôt en créant le quotidien *La Démocratie*, puis, deux ans plus tard, la Ligue de la jeune République, pour « une République plus démocratique, plus hardiment réformatrice ». D'une certaine manière, le mouvement clarifiait son projet, d'un côté les Sillons diocésaux sous le contrôle des évêques, de l'autre l'action politique. Celle-ci puisait dans les tendances résolument « de gauche » et « avancées » de la démocratie chrétienne et du catholicisme social, accentuant une séparation qui se faisait jour entre cette « deuxième gauche » et les « démocrates chrétiens » plus modérés, socle futur de la droite centriste. Le rapprochement de la Jeune République avec la Ligue nationale de la démocratie, opéré en 1920, fut de courte durée. La naissance du Parti démocrate populaire en 1924 officialisa cette séparation de la démocratie chrétienne selon un clivage gauche-droite. Marc Sangnier et la Jeune République pouvaient alors exprimer pleinement leurs choix, notamment en faveur d'une nouvelle politique internationale fondée sur la réconciliation franco-allemande, l'organisation de grands congrès pour la paix (Bierville, 1926) et la multiplication de « conférences démocratiques ».

Ces dernières initiatives touchent la jeunesse à laquelle s'intéresse particulièrement le mouvement, très proche dans sa base sociale de la Jeunesse ouvrière chrétienne (JOC) et de la Jeunesse étudiante chrétienne (JEC) apparues dans les années 1920. La JEC, fondée en juillet 1929, par le trio des normaliens Paul Vignaux, Louis Chaudron et Henri-Irénée Marrou, connaît une croissance rapide dans les années 1930 avant de participer à la mobilisation de la jeunesse catholique contre le nazisme avec son *alter ego* féminin (JECF). La résistance à l'Occupation et à la collaboration définit l'attitude de cette gauche chrétienne que ne reconnaît guère la gauche socialiste. Elle s'avère pourtant ferme sur les principes démocratiques autant que patriotiques. La Jeune République, dont les quatre députés présents le 10 juillet 1940 ont refusé les pleins pouvoirs au maréchal Pétain, dirige ses troupes vers les mouvements Combat, Franc-Tireur, Libération ou Résistance. La création de *Témoignage chrétien* par André Mandouze et le père Chaillet vient soutenir cette composante de la résistance fermement ancrée à gauche.

Les nébuleuses de la IVe République

À la Libération, l'éventualité d'une fusion de la Jeune République avec les démocrates chrétiens se repose à nouveau, cette fois dans le cadre du Mouvement républicain populaire (MRP), lancé en novembre 1944, dont Marc Sangnier accepte la présidence d'honneur — « où il voyait l'aboutissement de ses espérances près d'un demi-siècle plus tôt » [Mayeur, 1980]. Une majorité de militants la refuse cependant, choisissant au contraire une alliance avec l'Union démocratique et socialiste de la Résistance (UDSR) et la SFIO de Léon Blum pour les élections d'octobre 1945. Ce rapprochement avec la gauche politique ne dure pas. Dès 1947, la Jeune République, déjà extérieure au tripartisme, affirme son indépendance. Elle représente une gauche démocratique, intellectuelle et dissidente qui soutient Pierre Mendès France en 1954, mais qui refuse la fusion avec le PSA. La formation dans laquelle militèrent Léo Hamon et Jacques Delors prouve sa vocation de laboratoire réformiste de la gauche, à l'instar d'autres expériences ou d'autres mouvements.

Fondée le 2 novembre 1919, la Confédération française des travailleurs chrétiens (CFTC) évolue grâce à la Résistance vers un syndicalisme engagé, soucieux de démocratie économique et sociale. Mais la concurrence communiste freine les progrès de la CFTC. À la tête du groupe minoritaire Reconstruction, Paul Vignaux cherche à déconfessionnaliser le syndicat catholique afin de rassembler les travailleurs non communistes. Eugène Descamps défend même une évolution vers le socialisme. Le travail des minoritaires permet à la CFTC, qui avait déjà accepté l'économie dirigée en 1944, de reconnaître en 1953 le rôle de l'État dans le progrès social. En 1959, la confédération adopte même la notion de « planification économique », proche d'un socialisme humaniste qui consacre le succès des minoritaires. Eugène Descamps devient secrétaire général de la CFTC au congrès de 1961.

La gauche chrétienne, politique ou syndicale, n'est pas la seule à vouloir exister entre le parti communiste et la SFIO. Au début des années 1950, un courant se constitue en rassemblant des socialistes de gauche, des néocommunistes, des chrétiens engagés, des trotskistes, des humanistes, venus pour certains du défunt Rassemblement démocratique révolutionnaire (RDR). Se désignant à partir de 1954 sous l'expression de « nouvelles gauches » (pour se distinguer de la « gauche nouvelle » inventée par Jean-Jacques Servan-Schreiber), il repose essentiellement sur quelques grandes personnalités militantes et intellectuelles comme Claude Bourdet, minoritaire catholique de gauche, journaliste, résistant, ancien du Mouvement pour les États-Unis socialistes d'Europe et du RDR, et Gilles Martinet, ancien communiste et ancien socialiste, journaliste et résistant lui aussi, devenu anticolonialiste et antitotalitaire. Avec Roger Stéphane, les deux hommes fondent *L'Observateur* en 1950, creuset autant que porte-parole pour des « nouvelles gauches » très émiettées. Parallèlement à la transformation de *L'Observateur* en *France Observateur*, des tentatives d'organisation sont menées pour structurer une nébuleuse de courants différents. L'Union progressiste réunit le Parti socialiste unitaire de Martinet, l'Union républicaine et résistante de d'Astier de la Vigerie, l'Union des chrétiens progressistes de Mandouze, des radicaux progressistes. Une seconde formation, le Cartel des gauches indépendantes rassemble quant à lui d'anciens RDR, des ex-MRP ou SFIO, des Jeunes Républicains, des journalistes de *Combat* ou de *Franc-Tireur*. L'ensemble est estimé entre 10 000 et 15 000 militants. Il profite du soutien de la Jeune République et de nombreux journaux et revues, depuis *Le Monde* d'Hubert Beuve-Méry jusqu'à *L'Express* de Jean-Jacques Servan-Schreiber en passant par *Esprit*, *Témoignage chrétien*, *La Nef*, *Les Temps modernes*, etc. Pour autant, les électeurs ne sont guère au rendez-vous.

Sous l'impulsion du mendésisme, les nouvelles gauches trouvent un contexte favorable à leur développement. En mai 1954, un comité de liaison est institué, préalable à la fondation en 1955 du parti des nouvelles gauches qui s'étend aux minoritaires de la CFTC et de la CGT, aux étudiants de l'UNEF, et à de nombreux mendésistes. En décembre 1957, cette base élargie se transforme en Union de la gauche socialiste. Abandonnant un marxisme déjà très contesté, les nouvelles gauches se rapprochent des thèses de Pierre Mendès France sur le socialisme moderne et s'ouvrent à la pensée des minoritaires de la SFIO comme André Philip ou Alain Savary, eux-mêmes très liés à Pierre Mendès France. *France Observateur*, par son rôle de tribune, confronte ces réflexions et fédère ces courants. Le dynamisme des nouvelles gauches encourage les minoritaires socialistes à franchir le pas de la scission en septembre 1958. Mais les conséquences de la création du Parti socialiste autonome sont aussi très importantes pour les nouvelles gauches. L'UGS se rapproche du PSA, entraînant dans le mouvement les Comités d'action socialiste de Viénot et la Tribune du communisme de Jean Poperen et Serge Mallet. La convergence s'amplifie dans la perspective des élections législatives de 1958. La création de l'union des forces démocratiques permet de réunir toutes ces formations, PSA, UGS, Jeune République, et jusqu'aux dissidents de l'UDSR. L'adhésion commune à un socialisme réformiste a favorisé cette évolution que la nouvelle donne gaulliste, et surtout le défi de la guerre d'Algérie ont rendu nécessaire.

Cette dynamique d'unité est cependant contrecarrée par la multiplicité des groupes qui participent de la nébuleuse réformatrice, par leurs pratiques de forte autonomie et leurs tendances aux recompositions permanentes voire à l'atomisation pure et simple, et par des clivages de fait entre une « deuxième gauche » modérée et une « deuxième gauche » plus radicale et plus idéologique qui ne se retrouvent pas facilement, sauf dans des crises comme la guerre d'Algérie.

Le non-conformisme des Étudiants socialistes

Dans les rapprochements multiples qui permirent néanmoins de construire, entre un communisme doctrinaire et un socialisme autoritaire, une nouvelle gauche, les étudiants de la SFIO jouèrent un rôle non négligeable. Après la dissolution par Guy Mollet des Jeunesses socialistes pour cause d'outrage à l'autorité de Paul Ramadier lors des cérémonies du 1er mai 1947, les organisations de jeunesse de la SFIO furent scindées entre travailleurs d'un côté, étudiants de l'autre. Ceux-ci se montrèrent particulièrement indépendants, encouragés en cela par des responsables socialistes comme Gérard Bélorgey, Jacques Boetsch, Georges Brutelle ou Alain Savary. Dès le tournant des années 1950, les étudiants socialistes passent à l'anticolonialisme, d'abord dans le cadre de congrès internationaux ou de colloques tiers-mondistes, puis au contact de la guerre d'Algérie avec une opposition de plus en plus ouverte à Guy Mollet. Les Étudiants socialistes SFIO réussirent à créer à l'intérieur du parti un espace de politisation qui se retrouvait aussi à l'extérieur, par exemple au Centre d'action de la gauche indépendante considéré comme le lointain ancêtre du PSU. L'anticolonialisme, mais aussi l'antistalinisme caractérisaient cette jeunesse étudiante multipliant les expériences politiques aussi bien que syndicales. Michel Rocard, qui accède en 1953 au secrétariat général des Étudiants socialistes, engage le combat avec la majorité conservatrice de l'UNEF dominée par les bataillons de la Corpo de droit de Jean-Marie Le Pen. L'objectif consistait à donner au principal syndicat étudiant « une direction qui fût de gauche sans être communiste ». Ce combat fut gagné en 1956, par un conglomérat dans lequel se trouvaient les socialistes, mais aussi et beaucoup plus nombreux, des éléments de la Jeunesse étudiante chrétienne (JEC), ce qui inscrivit à son passif la suspicion des dirigeants de la SFIO, mais à son actif des liens tissés avec un monde très dynamique où l'on eut l'occasion de rencontrer les futurs dirigeants de la CFDT (alors la CFTC), aussi bien que ceux de la FNSEA – Fédération nationale des syndicats d'exploitants agricoles – (qui militaient dans la Jeunesse agricole catholique, la JAC).

« La leçon de cette bataille gagnée mérite toujours d'être méditée, nota Michel Rocard : dès l'instant qu'une force de gauche a des convictions communes assez fortes pour ne devoir son identité qu'à elle-même, et assez de puissance pour entraîner dans son sillage la mouvance communiste sans en dépendre, elle peut gagner et se révéler efficace et rayonnante. » (*Le Cœur à l'ouvrage*, 1987). La passion syndicale des étudiants socialistes découlait de leur volonté d'action politique. Comme celle-ci leur était interdite par la direction de Guy Mollet, ils se rabattaient sur l'action syndicale (à l'UNEF) ou internationale (avec l'Internationale socialiste). Du côté des communistes, les contacts avec les responsables étudiants n'étaient pas rares, mais ils demeuraient confidentiels. Le plus important cependant fut le rapprochement qui s'opéra avec une gauche chrétienne elle-même indépendante et non conformiste.

La figure de Mendès France et l'aura du mendésisme jouèrent aussi un rôle non négligeable dans l'affirmation des convictions et des volontés. Certains des leaders de la minorité socialiste au sein de la SFIO comptaient parmi les proches de l'ancien président du Conseil, dont Alain Savary. La « deuxième gauche », y compris dans les années où elle émergeait seulement, garda cependant une distance avec PMF. Les raisons en sont multiples. Même si beaucoup se joua à l'extérieur de la SFIO, la « deuxième gauche » est d'abord un socialisme critique quand le mendésisme regarde du côté d'un radicalisme rénové. La question générationnelle joue aussi fortement. Les futurs militants de la « deuxième gauche » ont vingt ans en 1954. Lorsqu'ils arrivent à l'âge des responsabilités, le mendésisme n'existe plus comme alternative politique, à la différence de la « deuxième gauche » qui revendique la modernité et l'avenir. Enfin, l'attitude de Pierre Mendès France au début de la guerre d'Algérie, son hostilité au général de Gaulle et aux institutions de la Ve République, son décalage avec la nouvelle pensée antitotalitaire qui dépasse le simple couple antifascisme/anticommuniste, creusent l'écart entre l'offre mendésiste et le projet de la « deuxième gauche ». Pour autant, nombre de ses militants reconnaissent en privé et public l'influence déterminante de PMF sur leur formation politique et leur volonté d'engagement. De Jacques Julliard à Michel Rocard, Pierre Mendès France incarne le premier moment d'une refondation démocratique de la gauche qui va trouver sa raison d'être dans l'engagement contre la guerre d'Algérie.

Un engagement contre la guerre d'Algérie

Si la décolonisation en Indochine scella le destin politique du mendésisme, la lutte contre la guerre d'Algérie constitua l'événement fondateur de la « deuxième gauche ». Elle représenta une expérience commune qui sut exprimer et rassembler les attentes des nombreux courants de la gauche dissidente. Le fait que ce combat venait après des années de dénonciation du colonialisme, le fait qu'il défendait les idéaux démocratiques les plus proches de la Résistance ou de l'affaire Dreyfus, le fait qu'il mettait en cause une gauche socialiste, communiste et radicale dominée par le nationalisme et la raison d'État, tout concourait à ce que cette « deuxième gauche » en gestation forge son unité ou du moins son identité. Les premières protestations sont l'œuvre de personnalités certes individuelles, mais très représentatives des différents courants qui vont converger en 1958. Claude Bourdet est l'un des premiers à dénoncer l'utilisation de la torture par l'armée française, comme André Mandouze dans *Témoignage chrétien* ou Henri-Irénée Marrou, par ailleurs militant de la minorité de gauche de la CFTC, qui signe dans *Le Monde* une retentissante tribune, « France, ma patrie ». Mais le caractère décisif de cette lutte s'impose lorsque Guy Mollet et son gouvernement optent pour la guerre à outrance.

En janvier 1957, des minoritaires de la SFIO, tels Oreste Rosenfeld, Robert Blum, ou André Seurat, rapidement rejoints par le juriste André Hauriou et l'historien Ernest Labrousse, créent le Comité d'études et d'action pour la paix en Algérie. Leur objectif vise à s'opposer comme socialistes à la guerre. Rapidement, le comité devient la structure d'organisation de la minorité. Alain Savary, Michel Rocard, Albert Gazier s'y investissent. Un rapport signé d'Henri Frenay, mais rédigé par Michel Rocard, est présenté au printemps à la VIe section socialiste de Paris en vue d'agir sur le congrès fédéral de la Seine qui doit préparer le congrès national de Toulouse. Constatant que « la gauche française est pratiquement décapitée par l'impuissance [du] parti » et que « la protestation que la gauche se devait d'exprimer est reprise à la fois par des radicaux et des catholiques, remplaçant le parti de Jaurès défaillant », les deux socialistes proposent l'indépendance de l'Algérie et la fin immédiate des opérations pour « une solution pacifique du problème algérien ».

Alors que le processus menant à la scission des minoritaires s'accélère pendant l'été 1958, Michel Rocard est envoyé en Algérie comme jeune inspecteur des finances après sa sortie de l'ENA. Aidé de quelques hauts fonctionnaires et d'un ancien dirigeant des Étudiants socialistes, il enquête sur les regroupements des populations musulmanes opérés par l'armée française et les conditions de vie dans les camps responsables d'une mortalité effrayante. Achevé en février 1959, son rapport est remis à Paul Delouvrier, délégué général en Algérie. Il en fait parvenir un au général De Gaulle à l'Élysée et un autre au ministre de la Justice, Edmond Michelet. Deux membres du cabinet de celui-ci, dont Joseph Rovan, ancien déporté, militant chrétien proche d'*Esprit*, confient le rapport au *Monde* et à *France Observateur* qui en publient de larges extraits les 16 et 18 avril. Le scandale est immédiat. Même si le nom de Michel Rocard n'est pas rendu public, nombreux sont ceux qui, au PSA, au club Jean-Moulin, n'ignorent pas l'identité de son auteur. Jacques Julliard attribue au rapport Rocard une place de choix dans la conception de l'antitotalitarisme par la « deuxième gauche » : « La première fondation de l'antitotalitarisme en France, ce fut la lutte contre la guerre d'Algérie. Il y a eu des camps en Algérie ; même si, bien entendu, ces camps ne sont pas comparables aux camps nazis ou aux camps staliniens, il reste qu'il y a eu des camps et que, dans l'esprit de beaucoup de gens — il y a eu un rapport qui fait partie de la mythologie de la période : le rapport Rocard sur les camps — il y a eu l'amorce de la réflexion postérieure sur le totalitarisme. » « Michel Rocard, ajoutait-il, faisait sortir cette histoire d'un cadre purement colonial pour l'inscrire dans une perspective plus générale, celle des camps et du totalitarisme » [*in* Duclert, 2003].

L'impact de la guerre d'Algérie est essentiel pour l'avènement de la « deuxième gauche ». Elle révèle d'abord l'archaïsme de la gauche socialiste, communiste et radicale qui se refuse à comprendre le suicide politique et moral auquel mène le choix de la répression. Le refus de la guerre permet aussi de rapprocher dans un même combat des courants de gauche apparemment très dissemblables, mais que finissent par unir des valeurs communes révélées dans l'engagement. Elle démontre enfin la nécessité d'un socialisme dégagé des illusions du marxisme et du nationalisme, ancré dans un réformisme social et intellectuel, décidé à mettre en pratique l'exigence démocratique de la gauche. Cette importance de la guerre d'Algérie explique pourquoi la « deuxième gauche » ne considère pas le retour du général De Gaulle et la transformation des institutions avec la même hostilité que les mendésistes. La séparation se réalise sur ce double enjeu, de la Ve République et de la guerre d'Algérie. Pour autant, leur vision du socialisme est sensiblement très proche.

Une dynamique partitaire. Du PSA au PSU en passant par les « nouvelles gauches »

Au début de l'année 1958, la détermination des minoritaires de la SFIO augmente encore. Ils sont soutenus à l'extérieur du parti par les nouvelles gauches, par la vieille gauche blumiste, et par tous les courants chrétiens et laïcs mobilisés contre la guerre et la torture. À l'intérieur du parti, les mises en demeure se multiplient. Alors que la direction des Étudiants socialistes a été suspendue le 22 octobre 1957, Michel Rocard, Alain Badiou, ou le futur anthropologue Emmanuel Terray s'engagent à démissionner, dans une lettre adressée le 3 juin 1958 aux responsables du Comité d'études et à des élus socialistes parmi les plus engagés dans le combat minoritaire (Raymond Badiou, Édouard Depreux, Daniel Mayer, ou Robert Verdier), si la direction de la SFIO ne prend pas les décisions qui s'imposent. « Nous sommes assez jeunes pour rester encore responsables de notre avenir », écrivent-ils en conclusion. La scission était lancée. La participation de Guy Mollet au gouvernement du général de Gaulle et son ralliement aux nouvelles institutions jugées menaçantes pour la démocratie précipitent la rupture. Elle aboutit le 8 septembre 1958 lors du congrès annuel de la SFIO. L'essentiel des minoritaires la quitte et crée le Parti socialiste autonome SFIO. Alain Savary, avec Édouard Depreux, Robert Verdier, Pierre Bérégovoy et Michel Rocard, en sont les principaux animateurs.

Stratégiquement, les dirigeants du PSA exploitent la veine antigaulliste pour accélérer l'unification des gauches dissidentes, ce qui ne les empêche pas pour certains, comme Michel Rocard, de militer au club Jean-Moulin qui est passé d'une résistance au général de Gaulle à un soutien, critique puis constructif. Durant l'été 1959, des pourparlers sont organisés entre les différentes composantes de l'Union des forces démocratiques, une formation issue des ententes qui ont été nouées pour les élections législatives de 1956 entre les mendésistes, la Jeune République et le parti des « nouvelles gauches » (ex-Comité de liaison), et étendue en décembre 1957 aux communistes dissidents, aux trotskistes, aux radicaux, aux chrétiens progressistes, etc. Au sein de ces « nouvelles gauches » ou gauches dissidentes, « les spécificités idéologiques résistent, mais l'unification est fondée sur une relecture réformatrice et "réaliste" du socialisme de gauche, avec l'espoir de bâtir un parti de "troisième voie" capable de proposer une réforme socialiste du capitalisme » [Tétard, 1995].

Cette volonté des « nouvelles gauches » d'adapter le socialisme rencontre le projet des minoritaires de la SFIO en rupture de ban. Le Parti socialiste unifié (PSU) naît le 3 avril 1960, sur la base d'un vaste regroupement politique, mais en intégrant aussi un fort noyau syndicaliste venu de la CGT, de la CFTC, de la FEN (Fédération de l'éducation nationale), ou de l'UNEF, et se ménageant de puissants relais dans la presse et les revues. La guerre d'Algérie sert d'événement mobilisateur et unificateur. Avec ses 15 000 militants, le PSU est un lieu essentiel d'opposition à la guerre et à l'OAS. Mais lorsque le danger disparaît après les accords d'Évian, des divergences profondes se font jour. Elles séparent le groupe Bourdet-Poperen-Bridier, doctrinaire, favorable à l'autonomie du parti, du groupe Rocard-Heurgon-Martinet plus pragmatique sur le gaullisme et décidé à réussir l'unité, au sein du parti mais aussi à l'extérieur, en direction d'un socialisme institutionnel qui n'est plus que l'ombre de lui-même. Le PSU trouve cependant son unité dans sa capacité à se saisir des questions économiques, sociales et politiques, qui traversent une France en pleine expansion mais privée de véritables alternatives au gaullisme. L'influence du parti est bien supérieure à sa capacité militante. C'est un laboratoire pour la gauche toute entière, et même au-delà.

Les stratégies d'action électorale divisent régulièrement le PSU. Le problème de l'alliance avec la gauche institutionnelle se pose à chaque élection. Le parti décide en 1963 de ne pas soutenir Gaston Defferre, et s'engage finalement, non sans hésitation, en faveur de François Mitterrand lors de l'élection présidentielle de 1965. En 1967, Pierre Mendès France est l'un des quatre députés élus sous les couleurs du PSU (avec le soutien de la Fédération de la gauche démocrate et socialiste [FGDS]). Le congrès qui suit entraîne une grave rupture qui suscite des départs vers le futur parti socialiste. Officiellement créé au congrès d'Alfortville du 4 mai 1969 sous le nom de « nouveau parti socialiste », pris en main par François Mitterrand au congrès d'Épinay-sur-Seine en 1971, le Parti socialiste séduit un nombre croissant de militants et de dirigeants de la « deuxième gauche » lassés des scores électoraux résiduels, des tensions internes, et de l'impasse politique : un « socialisme critique » qui n'a plus aucune prise sur le socialisme tourne à vide.

Mai 68 ne profite pas directement à la « deuxième gauche » faute de proposer une alternative crédible à une jeunesse qui ne regarde pas uniquement vers l'extrême gauche. La radicalisation doctrinaire du PSU est même un échec qui avive les tensions entre les réformistes animés par Michel Rocard et les gauchistes emmenés par Marc Heurgon. L'aura du premier fait un bond lorsqu'il obtient, comme candidat du PSU à l'élection présidentielle, 3,66 % des suffrages et surtout lorsque, soutenu par toute la gauche, il bat en octobre 1969 l'ancien Premier ministre du général De Gaulle, Maurice Couve de Murville, lors d'une élection partielle dans les Yvelines. Mais les problèmes internes du PSU et son impuissance électorale finissent par avoir raison de son impatience quand bien même il réussit, au congrès de Toulouse de décembre 1972, à marginaliser les maoïstes et les trotskistes. Mais Michel Rocard rate l'occasion de créer une nouvelle formation socialiste unitaire. Alors que François Mitterrand a réussi son projet de Parti socialiste, lui-même échoue à convaincre la majorité des militants du PSU de fusionner avec le PS. Il est alors contraint, comme plusieurs milliers d'autres militants, à demander une adhésion individuelle au parti de François Mitterrand. Seule concession aux nouveaux venus, celle de pouvoir organiser les « Assises du socialisme » qui marquent solennellement la rencontre entre « deuxième » et « première gauche ».

Au PSU, la relève assurée, d'abord par Michel Mousel et Bernard Ravenel, puis par Huguette Bouchardeau, l'ouverture à de nouvelles préoccupations (féminisme, homosexualité, écologie, régionalisme, etc.) et la tendance autogestionnaire confirmée ne parviennent cependant pas à donner au parti une capacité de reconquête et de succès. Beaucoup de militants se déplacent vers le PS au cours des années 1980. L'arrivée de dissidents communistes précipite sa disparition acquise au congrès d'Auvers en décembre 1988, lorsqu'il se fond dans l'Alternative rouge et verte (AREV). Le projet intellectuel reste de qualité, mais la base militante est devenue ultraminoritaire et confidentielle. La « deuxième gauche » a vécu, en tout cas sous sa forme institutionnelle.

Un laboratoire pour la gauche ?

Morte institutionnellement, la « deuxième gauche » a continué d'agir. D'abord au sein du Parti socialiste. Les rocardiens ont systématiquement affirmé leur voie dans la vision du socialisme et la pratique du pouvoir. Au congrès de Nantes en 1977, Michel Rocard a dégagé la culture politique de la « deuxième gauche » en la distinguant de la première et en affirmant de nouveaux combats. Elle « refuse la domination de l'État comme celle des patrons, soutient les luttes de toutes les minorités, celle des femmes comme celle des jeunes, des immigrés ou des handicapés », écrit Marc Sadoun [1993] qui reconnaît que ce clivage n'épouse pas pour autant l'opposition historique entre les guesdistes et les jaurésiens. Pour autant, la « deuxième gauche » paraît souvent plus proche des idéaux et des pratiques de la vieille gauche que ne l'est la première gauche, celle du parti de François Mitterrand, plus attachée au pouvoir qu'à ses idées, incapable de revenir sur le passé (algérien notamment) pour mieux regarder l'avenir. Au soir de la défaite de la gauche aux élections législatives de mars 1978, Michel Rocard affirme qu'« un certain style politique, un certain archaïsme politique sont condamnés ». La riposte de François

Mitterrand, allié au CERES de Jean-Pierre Chevènement, entraîne la marginalisation de son adversaire qui se retrouve « droitisé ». Malgré sa popularité dans les sondages et auprès de nombreuses élites, Michel Rocard est à nouveau battu par François Mitterrand dans la course à l'élection présidentielle de 1981.

Le gouvernement de Michel Rocard (1988-1991) et son bilan constituent alors une revanche sur une histoire qui n'avait pas épargné la « deuxième gauche ». Le succès fut cependant de courte durée. La défaite des européennes en 1994 priva Michel Rocard de l'opportunité de se présenter à l'élection présidentielle de 1995. Mobilisée dans la gauche plurielle de Lionel Jospin après la victoire des législatives de 1997, la « deuxième gauche » joua son rôle dans un gouvernement qui lui ressemblait trop, ou pas assez, et qui s'effondra le 21 avril 2002. La « deuxième gauche » apparaît aujourd'hui incapable d'agir dans la reconstruction d'une gauche française qui peine à exister politiquement et intellectuellement, entre une droite de gouvernement et une extrême gauche idéologique.

Le legs de la « deuxième gauche » apparaît plus décisif dans d'autres lieux, d'abord dans les rangs du club Jean-Moulin, ainsi qu'à la CFDT qui fut bien, dans les années 1970 et 1980, un laboratoire pour les idées et une source d'expériences, parfois bien amères comme lorsque Edmond Maire décida du recentrage de la centrale syndicale. Plus récemment, la fondation Saint-Simon et la République des idées, fondée par Pierre Rosanvallon en 2001, ont témoigné d'une volonté affichée d'assurer une certaine postérité intellectuelle à la « deuxième gauche ».

Références bibliographiques

Andrieu Claire (2002), *Pour l'amour de la République. Le club Jean-Moulin 1958-1970*, Fayard, Paris.

Bergounioux Alain et Grunberg Gérard (1992), *Le Long Remords du pouvoir. Le Parti socialiste français 1905-1992*, Fayard, Paris.

Castagnez-Ruggiu Noëlline (1997), *Histoire des idées socialistes*, La Découverte, coll. « Repères », Paris.

Duclert Vincent (2003), « Un rapport d'inspecteur des finances en guerre d'Algérie. Des camps de regroupements au principe de gouvernement », *Outre-mer Revue d'histoire*, n° 338-339.

Duclert Vincent, avec Christophe Prochasson et Perrine Simon-Nahum (2003), *Il s'est passé quelque chose… le 21 avril 2002*, Denoël, coll. « Médiations », Paris.

Fischer Didier (2000), *L'Histoire des étudiants en France de 1945 à nos jours*, Flammarion, Paris.

Georgi Frank [dir.] (2003), *L'Autogestion. La dernière utopie ?*, Publications de la Sorbonne, Paris.

Hamon Hervé et Rotman Patrick (2002), *La Deuxième Gauche. Histoire intellectuelle et politique de la CFDT*, Ramsay, 1982, rééd. augmentée, préface de Nicole Notat, Seuil, coll. « Points », Paris.

Hervieu-Léger Danièle (1973), *De la mission à la contestation. L'évolution des étudiants chrétiens en France (1965-1970)*, Cerf, Paris.

Heurgon Marc (1994), *Histoire du PSU. La fondation et la guerre d'Algérie, 1958-1962*, La Découverte, Paris.

Kesler Jean-François (1978), « La Jeune République, de sa naissance au tripartisme (1914-1947) », *Revue d'histoire moderne et contemporaine*, janvier-mars.

— (1990), *De la gauche dissidente au nouveau Parti socialiste. Les minorités qui ont rénové le PS*, préface de René Rémond, Privat, coll. « Bibliothèque historique », Toulouse.

Leterre Thierry (2000), *La Gauche et la peur libérale*, Presses de Science-Po, coll. « La bibliothèque du citoyen », Paris.

Mayeur Jean-Marie (1980), *Des partis catholiques à la démocratie chrétienne (XIXe-XXe siècles)*, Armand Colin, Paris.

Monchablon Alain (1983), *Histoire de l'UNEF de 1956 à 1968*, PUF, Paris.

Rocard Michel (2003), *Rapport sur les camps de regroupement et autres textes sur la guerre d'Algérie*, Mille et une nuits, coll. « Document », Paris.

Rocard Michel *et al.* (1969), *Le PSU et l'avenir socialiste de la France*, Seuil, Paris.

Rosanvallon Pierre (1976a), *L'Âge de l'autogestion*, Seuil, coll. « Points Politique », Paris.

— (1976b) *Pour une nouvelle culture politique*, Seuil, coll. « Interventions », Paris.

Tétart Philippe (2000), *Histoire politique et culturelle de* France Observateur *(1950-1964). Aux origines du* Nouvel Observateur, 2 t., L'Harmattan, Paris.

— (1995 rééd. 2003), « Nouvelles gauches » et « PSU (Parti socialiste unifié) », *in* Jean-François Sirinelli, *Dictionnaire historique de la vie politique française au XXe siècle*, PUF, coll. « Quadrige », Paris.

Sadoun Marc (1993), *De la démocratie française. Essai sur le socialisme*, Gallimard, Paris.

— (2003), « Deuxième gauche », *in* Jean-François Sirinelli, *Dictionnaire historique de la vie politique française au XXe siècle, op. cit.*

47

Les gaullistes de gauche

YVES BILLARD

Au sein du mouvement gaulliste, il y a toujours eu un groupe de militants distincts du courant principal qui se définissaient comme « à gauche ». Plus à gauche que le parti gaulliste dominant (qu'il s'intitulât RPF, UNR, UDR ou encore RPR), « à gauche du général » même, pour reprendre le titre des *Mémoires* de Jean Charbonnel, et certainement bien plus à gauche que les gouvernements des débuts de la Ve République. Gaullistes et « néanmoins » de gauche ? De gauche et « cependant » gaullistes ? De telles interrogations ont accompagné l'histoire de ce courant, qui a sans cesse dû affronter le scepticisme des autres gaullistes, le déni pur et simple de la gauche « officielle » et les crises d'identité de ses propres hommes.

LES ORIGINES

On distingue pourtant aisément une doctrine originale et cohérente du gaullisme de gauche, à travers de nombreux discours, textes et prises de position de ses hommes, depuis les origines du gaullisme jusqu'à la fin du XXe siècle. Les principaux théoriciens du gaullisme de gauche, René Capitant et Louis Vallon, remontent volontiers à un discours prononcé par le général De Gaulle le 25 novembre 1941 à l'université d'Oxford. Il y évoque l'« association du capital et du travail » sans plus de précisions. Par la suite, le 2 mars 1945, le 7 avril 1947, lors de la fondation du Rassemblement du peuple français (RPF) et surtout le 4 janvier 1948 à Saint-Étienne, le général De Gaulle développa son propos. L'association capital-travail, c'est en premier lieu une « rémunération proportionnée au rendement global de l'entreprise ». *A minima*, dans la législation des années 1960, cette première acception du terme est devenue la « participation » des salariés. En 1948, le général De Gaulle avait donné un autre dessein à cette association du capital et du travail : la codécision, voire la cogestion, le partage du pouvoir dans l'entreprise. Cette dernière avait d'ailleurs été esquissée lors de la création des comités d'entreprise, en février 1945. On connaît le destin modeste de cette institution. De même, la codécision voulue par le gaullisme de gauche n'a jamais connu d'application législative.

Où le général De Gaulle a-t-il puisé son inspiration ? Certains de ses exégètes évoquent l'influence de Marcel Loichot (1912-1982), un patron social et gaulliste, polytechnicien, qui exposa ses vues dans *La Réforme pancapitaliste* (Robert Laffont, 1966). Dans le refus par les chrétiens de gauche d'un antagonisme capital-travail et dans leur recherche d'une « association » des deux facteurs de la production, selon les gaullistes de gauche porteurs des idées du christianisme social, tels Louis Vallon et Léo Hamon. René Capitant, pour sa part, ne craignait pas d'étayer son propos de citations de Marx, dont il reprenait les concepts de « plus-value » et d'« aliénation », tout en refusant celui de « lutte des classes ». Dans ses *Écrits politiques*, il en appelle à « une révolution, oui, parce qu'elle renversera le principe de l'ordre capitaliste » mais « une révolution pacifique, conduisant à l'union sociale, et non à la guerre des classes ». « Union sociale », « union nationale », « rassemblement du peuple français », on a là les thèmes fondamentaux du gaullisme, ceux du général De Gaulle comme de ses partisans de gauche.

Avant toute chose, en effet, les gaullistes de gauche sont des gaullistes, des plus fervents et des plus convaincus. Tous, du moins ceux de la première génération, ont un passé dans la Résistance (René Capitant, Philippe Dechartre, Gilbert Grandval, Léo Hamon, Jean de Lipkowski, Yvon Morandat, Louis Vallon et tant d'autres) ou dans la France libre (Roger Barberot ou le général Billotte, par exemple). Presque tous sont parmi les fondateurs du RPF en 1947. On trouve toutefois quelques chrétiens de gauche qui s'attardent quelques années de plus au MRP (Mouvement républicain populaire), ainsi Edmond Michelet, d'autres qui ont d'abord eu un engagement syndical (Jean Bernasconi, Yvon Morandat) et quelques-uns qui ont milité dans des partis de la gauche « traditionnelle » comme Manuel Bridier (d'abord au parti communiste), Jean-Claude Broustra (à l'UDSR, Union démocratique et socialiste de la Résistance) ou Paul Alduy (à la SFIO) à l'époque du RPF. C'est au sein du RPF toutefois, et donc entre 1947 et 1953, que le courant gaulliste de gauche apparaît, sous la forme d'une minorité organisée.

Le gaullisme de gauche ne se définit en effet que par opposition au courant majoritaire du gaullisme, qu'il se manifeste comme fraction du parti gaulliste ou sous la forme d'un parti dissident. Dès les premières années du RPF, le conflit autour du projet d'« association capital-travail » a permis de distinguer de la majorité du RPF un petit groupe de défenseurs opiniâtres de cette doctrine. L'avant-projet, préparé par Louis Terrenoire et Louis Vallon, s'est heurté, au sein du comité national d'études du RPF, à l'opposition résolue de Raymond Aron, de Gaston Palewski et de Georges Pompidou, tous trois représentatifs d'une pensée « libérale » ou « conservatrice » fortement présente, sinon majoritaire, au sein du mouvement gaulliste. La proposition de loi, déposée par le groupe RPF le 15 mars 1950, n'est donc qu'une version très édulcorée de l'avant-projet publié par ailleurs par Vallon. Ainsi le texte du groupe RPF prévoit-il des contrats d'association capital-travail *facultatifs* et en outre résiliables. Cette semi-défaite doctrinale au sein même du comité d'études du RPF permet de mieux définir la nature des gaullistes de gauche : une tendance structurellement minoritaire du gaullisme. Devant la commission des affaires sociales de l'Assemblée nationale, la proposition de loi s'est attirée les sarcasmes du président (socialiste-SFIO) de la commission. Mis en minorité au sein du mouvement gaulliste et raillés par la gauche classique : ainsi les gaullistes de gauche ont-ils été *définis* dans cette aventure.

De la scission du RPF en 1953 à la résurrection du gaullisme politique en 1958, ces hommes se retrouvent souvent autour de leaders comme Jacques Chaban-Delmas, parmi ceux qui soutiennent Pierre Mendès France en 1954 et le Front républicain en 1956. Dans la période de « traversée du désert » du général et de désorganisation du mouvement gaulliste des dernières années de la IVe République, les gaullistes de gauche ont pris goût aux clubs, aux groupes dissidents (tels ces six députés « républicains populaires indépendants », parmi lesquels Louis Terrenoire et Edmond Michelet) et aux revues d'opinion, notamment les *Cahiers du progressisme* lancés par Louis Vallon en 1953. En 1958, deux petites formations, le Comité républicain et démocratique et le Centre de la réforme républicaine, les regroupent de manière assez confidentielle. Aux élections de novembre 1958, il n'y a, par exemple, pas un seul élu parmi les 80 candidats du Centre de la réforme républicaine.

L'Union démocratique du travail

La formation de l'Union démocratique du travail (UDT) au début de 1959 marque l'apogée du gaullisme de gauche comme force politique organisée. Presque tous adhèrent en effet à ce nouveau parti dirigé par Louis Vallon, Léo Hamon et Gilbert Grandval. L'UDT a compté, dans ses meilleurs jours, 2 500 militants ; cela n'en fait pas un parti de masse, mais c'est bien davantage que les partis, comités ou clubs antérieurs ou à venir. L'UDT se distingue alors nettement de l'UNR (Union pour la nouvelle République), le grand parti gaulliste, non seulement par son programme social, mais aussi par son choix précoce en faveur de l'indépendance algérienne. Cette nouvelle ligne de partage entre gaullistes amène à l'UDT quelques hommes venus de l'aile droite du gaullisme (dont le général Billotte), tandis qu'elle en éloigne définitivement des hommes comme Jacques Soustelle. René Capitant a rappelé l'importance de ce choix constitutif de l'UDT « pour [laquelle] au contraire de Soustelle et Debré, la nation française et la nation algérienne étaient deux nations distinctes, ayant l'une et l'autre droit à l'indépendance ». L'UDT se démarque de la gauche d'opposition, en revanche, par son soutien au général De Gaulle et à la Ve République. Quelques hommes venus de la gauche « classique », jusque-là hors du mouvement gaulliste, adhèrent au nouveau parti, tels Maurice Clavel, Joseph Kessel et l'ancien ministre mendésiste (et maire d'Alger) Jacques Chevallier. Dans l'ensemble toutefois, le gaullisme de gauche a presque toujours recruté dans la mouvance gaulliste, ne diminuant que de quelques individualités les partis de gauche. Il en résulte cette position électorale inconfortable de l'UDT qui ne peut guère que « prendre » des voix à l'UNR et lui faire perdre des sièges, sans pour autant avoir d'élus elle-même. La seule alternative à cette stratégie électorale stérile et délétère, c'est le reniement, c'est-à-dire l'alliance avec l'UNR, le parti de Michel Debré et de Georges Pompidou, dont elle aimerait tant se distinguer pourtant. Ainsi, en vue des élections de 1962, qui s'annonçaient difficiles pour l'ensemble du mouvement gaulliste, l'UDT et l'UNR présentent des candidatures communes, permettant à quinze députés de l'UDT d'entrer au Palais-Bourbon.

L'alliance conclue avec l'UNR en 1962 a logiquement conduit à la fusion-absorption de 1966, voulue par René Capitant, Gilbert Grandval et Léo Hamon, assumée avec résignation par Louis Vallon et refusée par quelques-uns dont Philippe Dechartre qui fonde alors l'Union de la gauche V^e^, aux effectifs groupusculaires. Dans la demi-douzaine d'années qui suit la disparition de l'UDT, le gaullisme de gauche redevient une minorité organisée au sein du principal parti gaulliste qui s'exprime dans l'hebdomadaire *Notre République* ou dans des groupes de réflexion comme Démocratie et travail (dirigé par le général Billotte) ou le Front travailliste (où se croisent Yvon Morandat, Gilbert Grandval ou Jean Mattéoli). C'est pourtant pendant cette éclipse institutionnelle du gaullisme de gauche que fut réalisé l'essentiel de son œuvre législative. Le dépôt par Louis Vallon d'un amendement à l'article 33 de la loi de finances pour 1966 relance l'idée de la « participation ». Dans sa conférence de presse du 25 octobre 1966, le général De Gaulle fait de celle-ci « l'œuvre principale de la troisième législature ». L'amendement Vallon débouche sur l'ordonnance du 17 août 1967 qui introduit l'intéressement des salariés aux bénéfices dans les entreprises de plus de 100 salariés. C'est évidemment un modeste succédané du projet d'association capital-travail conçu à l'époque du RPF : cette œuvre législative reste en retrait sur les idées initiales de Louis Terrenoire, Louis Vallon, René Capitant et du général De Gaulle lui-même, ne serait-ce que parce qu'elle repose sur le volontariat des entreprises qui adoptent le système. Plus tard, en 1968, le général De Gaulle parle d'une « triple participation » aux résultats, au capital et aux responsabilités. Celle-ci aurait dû être le sujet du référendum dont le général De Gaulle avait lancé l'idée à la hâte, au cœur du chaos de mai 1968, et sans aucun succès. Un secrétariat d'État chargé de la Participation est même créé, pour Philippe Dechartre, dans le gouvernement Chaban-Delmas en 1969-1972. Léo Hamon le remplace quelques semaines, comme secrétaire d'État à la Participation et à l'Intéressement (mai-juillet 1972), avant la disparition définitive de la fonction.

Après De Gaulle

La démission puis la mort du général De Gaulle en 1969 et 1970 suscitent parmi les gaullistes de gauche une crise d'identité plus grave encore que dans l'ensemble de la mouvance gaulliste. Ils ne se reconnaissent pas volontiers dans Georges Pompidou. Dès 1970, Louis Vallon est exclu de l'Union des démocrates pour la République (UDR). L'écrivain David Rousset, ancien résistant et déporté, député de l'Isère, en démissionne avec fracas l'année suivante. La politique de la « nouvelle société » menée par le gouvernement Chaban-Delmas maintient quelques années encore une majorité d'entre eux dans le parti gaulliste dominant, mais le renvoi de Chaban-Delmas en juillet 1972 et le tournant « conservateur » pris alors par le président Pompidou conduit à nouveau les gaullistes de gauche vers la dissidence. Groupes, cercles, centres de réflexion et partis aux effectifs parfois insignifiants fleurissent à nouveau, comme avant 1959. Même l'historien qui se délecte de ces entrelacs d'organisations, qui se scindent ou fusionnent à l'envi, se perd un peu dans le paysage du gaullisme de gauche des années 1970. Parmi cette nébuleuse de regroupements, citons : le Front du progrès de Jacques Dauer, le Mouvement social pour la participation de Léo Hamon, l'Union de la gauche Ve de Philippe Dechartre, le Comité de liaison, d'étude et d'action républicaines de Bernard Chenot ou le club Nouvelle Frontière (d'après la revue du même nom) qui a fonctionné de 1968 à 1985. Entre-temps, une génération gaulliste disparaît (Edmond Michelet, René Capitant, Louis Vallon), à laquelle une autre succède, celle de Jean Charbonnel, Pierre Pascal ou Jacques Trorial.

Il revient à Jean Charbonnel, la nouvelle figure de proue du gaullisme de gauche, d'avoir presque réussi à fédérer tout ces groupes. Lancée pendant l'hiver 1976-1977, la Fédération des républicains de progrès réunit la plupart des gaullistes de gauche. Elle est clairement leur réponse à la fondation du Rassemblement pour la République (RPR), à la même époque, qui place le nouveau grand parti gaulliste sous l'autorité de Jacques Chirac, un pompidolien qui avait soutenu Valéry Giscard d'Estaing contre Jacques Chaban-Delmas en 1974. Position claire, doctrine originale et unité du courant : la Fédération dirigée par Jean Charbonnel semble renouer avec l'âge d'or de l'UDT. En nombre de militants et en audience électorale, on en était pourtant loin. En rejoignant lui-même le RPR en janvier 1980, Jean Charbonnel saborde la Fédération, entraînant les gaullistes de gauche dans une nouvelle ère, ininterrompue, de scissions multiples, de ralliements douteux et de marginalité.

L'itinéraire de Jean Charbonnel depuis 1980 permet de situer les errements des gaullistes de gauche confrontés à la gauche au pouvoir. En 1981, il soutient la candidature de Michel Debré, d'autres votent Chirac, certains sont avec Michel Jobert et quelques-uns ont rejoint François Mitterrand dès avant le 10 mai. Charbonnel ne se rallie pas à la majorité de gauche en 1981, au contraire d'Initiative républicaine et socialiste de Léo Hamon, par exemple. En 1986, il est élu député en

Corrèze sur la même liste que Jacques Chirac, mais en 1988, il soutient la candidature de Raymond Barre à la présidentielle. Cela ne l'empêche pas de cofonder, après les législatives de 1988, la France unie, rassemblement de circonstance de gaullistes de gauche (Pierre Pascal, Jacques Trorial) et de revenants du giscardisme (Jean-Pierre Soisson, Michel Durafour, Monique Pelletier) qui se rallient au président Mitterrand et au gouvernement Rocard. Il continue de soutenir les gouvernements socialistes d'Edith Cresson et Pierre Bérégovoy, jusqu'en 1993 où il perd son siège de député. Depuis 1986, des colloques réunissaient la mouvance gaulliste de gauche sans considération de choix partisans : Pierre Bas et Maurice Druon, restés au RPR, y côtoyaient les ralliés au mitterrandisme. En mai 1990, ces hommes fondent la Convention pour la défense des institutions de la Ve République, club de réflexion plutôt qu'*ersatz* de parti.

À proprement parler, les gaullistes de gauche n'existent plus, sous une forme organisée, dans les années 1990. Il y a certes au sein du RPR une aile gauche, incarnée par des hommes tels que Philippe Séguin et François Fillon, mais ce ne sont pas des *dissidents* du principal parti gaulliste. De même trouve-t-on des hommes de cette sensibilité au Rassemblement pour la France de Charles Pasqua ou au Mouvement des citoyens de Jean-Pierre Chevènement, le parti le plus proche, sans doute, de leurs idées. Dans tous les cas, les épigones du gaullisme de gauche n'y sont qu'une minorité inorganisée. Le ralliement de la gauche « classique » aux institutions de la Ve République a retiré au gaullisme de gauche une partie de sa raison d'être. L'affaiblissement du camp marxiste, même sur le champ de bataille idéologique, a indirectement diminué l'intérêt suscité par les doctrines de « troisième voie », cherchant à dépasser l'opposition entre capitalisme et socialisme par des solutions inédites comme « l'association capital-travail ». Que l'on ait pu baptiser « troisième voie » le ralliement du Parti travailliste britannique au capitalisme en dit long sur les bouleversements doctrinaux de la fin du XXe siècle. Dans ce nouveau paysage intellectuel, la doctrine du gaullisme de gauche est comme passée de mode.

Résolument gaullistes par leurs choix institutionnels, non moins résolument de gauche par leur programme social, ils ont réussi à incarner un courant original de la gauche française pendant un tiers de siècle environ. Leurs difficultés chroniques, leur faible nombre et leur échec final ne s'expliquent pas par un manque de cohérence doctrinale. Les sarcasmes rituels des autres hommes de gauche quant au rapprochement des termes « gaullistes » et « de gauche » ne sont aucunement fondés. En revanche, l'histoire de leurs organisations offre le spectacle d'un cimetière de partis, clubs, cercles ou comités, ayant tous échoué, digne des mouvances trotskistes ou écologistes, qu'il faut bien expliquer par une faiblesse structurelle. En marge du mouvement gaulliste, à l'écart de la gauche d'opposition (du moins avant 1981), le gaullisme de gauche n'avait pas d'espace politique suffisant à occuper ; surtout dans un contexte où le scrutin uninominal est prépondérant. En pratique, ils n'ont eu que le choix entre renier leur originalité (ainsi, en 1962 quand l'UDT s'allie à l'UNR ou en 1980 quand Jean Charbonnel rejoint le RPR) ou camper dans une relative marginalité.

Références bibliographiques

Brun Gérard (1986), *Louis Vallon ou la politique en liberté*, recueil de textes, Economica, Paris.

Cahen Bernard (1962), *Les Gaullistes de gauche (mai 1958-août 1962)*, DES faculté de droit de Paris.

Capitant René (1971), *Écrits politiques*, Flammarion, Paris.

Carrez Jean-François et Wiltzer Pierre-Antoine (1962), *Le Gaullisme de gauche*, mémoire IEP de Paris.

Charbonnel Jean (1996), *À la gauche du général*, Plon, Paris.

Hamon Léo (1991), *Vivre ses choix*, Robert Laffont, Paris.

II

L'exercice du pouvoir

48

L'affaire Dreyfus et la gauche

Vincent Duclert

Au même titre que la Révolution française ou la Commune, l'affaire Dreyfus constitue une date majeure pour la gauche en France et dans le monde. Le déchirement des partis anarchistes, socialistes et radicaux, le courage de quelques leaders politiques et parlementaires, la force des avant-gardes intellectuelles et culturelles, la reconnaissance des enjeux d'humanité et de justice dans le combat pour Dreyfus, la première participation d'un socialiste à un gouvernement « bourgeois », celui de la « défense républicaine » de Waldeck-Rousseau, transforment l'Affaire en un événement fondateur d'une nouvelle ère de la gauche. Non sans mal ni difficultés ni complexités ou détours. Le Bloc des gauches issu des élections législatives d'avril-mai 1902 oublia ainsi une grande partie des enseignements de l'affaire Dreyfus : l'anticléricalisme faisait revenir la politique à des ambitions idéologiques dont le combat dreyfusard, précisément, aurait dû montrer le danger, tandis que la demande pour plus de justice demeurait sans réponse. Ni la suppression de la justice militaire ni la réhabilitation du capitaine Dreyfus ne furent ainsi réalisées sous le Bloc des gauches. Si cette dernière, survenue en juillet 1906, grâce essentiellement à Jean Jaurès, et à quelques parlementaires radicaux comme Ferdinand Buisson ou au ministre de la Guerre, le général André, la première mesure en revanche ne fut obtenue qu'après 1981.

L'écart entre l'événement et sa postérité politique explique probablement que sa mémoire s'éleva à la hauteur d'un mythe. Dans les rendez-vous les plus essentiels de la gauche avec la France et avec l'histoire, l'affaire Dreyfus resta présente sous la forme d'un passé glorieux, preuve de fidélité autant que promesse pour des combats futurs. Elle-même avait réveillé l'héritage fondamental de la Révolution française, celui des Droits de l'homme et du citoyen. En s'engageant dans la défense du capitaine Dreyfus, la gauche qui choisit de le faire se donna des rêves et des exigences qui ont véritablement façonné un idéal politique, comme l'exprimèrent Jean Jaurès et Charles Péguy, Léon Blum et Pierre Mendès France, mais aussi nombre de militants ou de sympathisants anonymes. Les commémorations du premier centenaire de l'événement, en 1994, en 1998, en attendant 2006, confirment l'attachement du « peuple de gauche » pour l'affaire Dreyfus, mais aussi la gêne des responsables politiques devant la mémoire d'un passé exigeant, dérangeant, problématique. Si l'affaire Dreyfus est en effet constitutive, hier comme aujourd'hui et probablement comme demain, de l'identité de la gauche, cela découle beaucoup plus de la capacité de cet événement et de son histoire à lui poser des questions de fond que de leur propension à lui fournir une mémoire lisse et glorieuse.

Charles Péguy, l'un des dreyfusards les plus actifs et les plus ardents, avait défini dès 1899 l'impact le plus fort de l'Affaire sur la gauche : « On peut dire que si l'affaire Dreyfus n'avait pas éclaté, le socialisme français pouvait continuer à traîner une existence invertébrée. Un assez grand nombre d'hommes, qui avaient et qui ont sur la vie des idées à peu près opposées, auraient continué à voisiner ensemble sous la commodité des mêmes formules. Mais l'affaire Dreyfus mit les hommes de toutes les formules, et même ceux qui n'avaient aucune formule, en face d'une réalité critique. » En ce sens, toute réflexion sur l'événement, toute recherche sur son histoire contribuent à la rendre vivante. En ce sens aussi, la mémoire de l'affaire Dreyfus prend figure modèle.

Des mémoires vives

L'affaire Dreyfus fait partie du panthéon de la gauche. Sa mémoire est fortement réactivée lors des enjeux politiques nationaux. Et les moments de sa commémoration sont généralement portés par des initiatives de gauche. Au début de la grande bataille qui mena Léon Blum à la victoire en juin 1936, le leader de la Section française de l'Internationale ouvrière (SFIO), ancien dreyfusard dans sa jeunesse, publia ses *Souvenirs sur l'Affaire* (1935), tandis qu'au plus profond de la guerre d'Algérie, des intellectuels de la gauche non communiste s'opposèrent à la dérive guerrière du « national-mollettisme » au nom des valeurs du combat dreyfusard comme Pierre Vidal-Naquet plaçant son *Affaire Audin* (1957) sous le signe des *Preuves* de Jaurès (1898). La publication en 1983 du grand récit de l'avocat radical de gauche Jean-Denis Bredin n'est pas non plus sans lien avec la « vague rose » de 1981 et l'exigence portée au socialisme de gouvernement. Depuis 1903, nombre de personnalités et d'intellectuels de gauche ont discouru au pèlerinage de Médan qui honore chaque dernier dimanche de septembre l'anniversaire de la mort d'Émile Zola survenue en 1902. Si la gauche officielle fut singulièrement absente de la première commémoration du centenaire en 1994 (à l'exception de Jean-Pierre Chevènement), militants et associations furent nombreux à se souvenir de l'Affaire. À l'inverse, en 1998, les cent ans de « J'accuse... » furent commémorés avec une solennité sans précédent. Le président de l'Assemblée nationale Laurent Fabius fit déployer un immense fac-similé du texte sur les murs du Palais-Bourbon, le

Premier ministre Lionel Jospin présida une cérémonie au Panthéon avec le gouvernement au quasi complet (13 janvier), le ministre de l'Éducation nationale Claude Allègre ouvrit une conférence de Jean-Denis Bredin dans le grand amphithéâtre de la Sorbonne, et le ministre de la Défense nationale organisa un hommage à l'École militaire sur les lieux mêmes de la dégradation du capitaine Dreyfus le 5 janvier 1895 (2 février). Le ministre Alain Richard ouvrit son discours par ces mots de Charles Péguy : « Plus cette affaire est finie, plus il est évident qu'elle ne finira jamais. »

La droite s'associa à ces commémorations, avec prudence en 1994, avec netteté en 1998 comme en témoigna la lettre que le président de la République adressa aux descendants des familles du capitaine Dreyfus et d'Émile Zola le 8 janvier 1998. Les vives polémiques qui avaient opposé la droite et la gauche à l'occasion de la relance de l'Affaire par Jaurès en avril 1903 ou de la panthéonisation d'Émile Zola ardemment défendue par Clemenceau en décembre 1906 paraissaient définitivement révolues. La mémoire de l'événement perdait son caractère discriminant pour épouser une vocation plus unanime et partagée. C'était compter sans le besoin de la gauche à vouloir se définir par l'histoire. Engagé dans une vaste bataille avec le président de la République sur le front de la mémoire nationale, soucieux aussi de mobiliser sa majorité plurielle sur les valeurs communes, Lionel Jospin ne résista pas à la tentation de pousser l'offensive sur un plan plus directement politique. Auréolé de la cérémonie du Panthéon, il fit une déclaration qui enflamma les rangs de l'Assemblée nationale le 14 janvier 1998 : « On sait que la gauche était dreyfusarde. On sait aussi que la droite était antidreyfusarde ! Pour Dreyfus, je crois que c'est clair. Pour Dreyfus, on se souvient des noms de Jean Jaurès, de Lucien Herr, de Gambetta, mais j'aimerais qu'on me cite des personnalités des partis de droite de l'époque qui se sont levées contre l'iniquité. » Alors que le tumulte atteignait son comble — les députés de droite appelant à la démission —, Lionel Jospin conclut par un vibrant : « Je rappelle l'Histoire ! »

Devant le scandale que provoquèrent ses déclarations — aggravées par son lapsus entre Gambetta et Clemenceau auquel il semble qu'il songeait en réalité —, le Premier ministre dut présenter ses excuses au Parlement. La droite sortit victorieuse de l'affrontement. Elle s'acharna sur la faute de Lionel Jospin, « qui n'[était] plus digne d'être Premier ministre » pour le RPR Pierre Mazeaud, d'une « cohérence blafarde » [*sic*] pour l'éditorialiste du *Figaro* Paul Guilbert, et elle dénia presque à la gauche la liberté de se revendiquer de l'affaire Dreyfus comme si les camps avaient été égaux devant l'événement. Révolté devant cette thèse de l'équivalence des attitudes, Jacques Julliard prit la défense de Lionel Jospin dans un éditorial du *Nouvel Observateur* (22-28 janvier 1998). « On a eu raison de rappeler que les radicaux et les socialistes ne furent pas d'ardents dreyfusards, et que le plus souvent ils ont voté avec la droite qui, elle, était résolument antidreyfusarde. Mais depuis quand la gauche se réduit-elle à ses partis et à ses hommes politiques ? Car enfin, où se recrutaient les dreyfusards sinon parmi les intellectuels de gauche ? [...] Alors, de grâce, que l'on ne nous raconte pas d'histoires et, surtout, que l'on ne nous la refasse pas, l'histoire ! » Réaffirmant le fondement dreyfusard des valeurs de gauche, Jacques Julliard reconnaissait que la droite républicaine était désormais constituée d'« héritiers modérés de cette tradition ou de ralliés purs et simples », mais que son problème et son « malaise actuel » restaient que « ses valeurs de référence continuent d'appartenir originellement à l'autre camp ».

Un siècle après son déclenchement, l'affaire Dreyfus continuait ainsi de provoquer de singulières déchirures dans le monde politique français. Elle demeure pour la gauche d'un usage aussi tentant que risqué, et le centenaire de la réhabilitation du capitaine Dreyfus, en 2006, ne devrait pas réduire cette tension. La gauche française reste gênée par cette histoire qui la renvoie aussi bien à des compromissions tacticiennes qu'à des héroïsmes individuels. Considérer tous les enseignements de ce grand événement implique d'interroger la relation difficile et jamais résolue entre la gauche et l'histoire.

La force des avant-gardes

Rares furent les Français en général, et les leaders de la gauche socialiste et radicale en particulier, à protester contre le sort fait au capitaine Dreyfus. Seuls certains anarchistes, rejoints par quelques socialistes allemanistes, eurent le courage de dénoncer la campagne antisémite qui avait atteint des sommets après l'annonce de l'arrestation de l'officier français, d'origine juive et alsacienne, le 29 octobre 1894, et de s'opposer à la domination du militarisme dans une question de justice, même militaire. Dans un article du 17 novembre 1894 publié par *La Justice* — dont Georges Clemenceau lui avait ouvert les colonnes —, le jeune écrivain et historien Bernard Lazare soulignait combien l'accusation portée contre le capitaine Dreyfus montrait qu'il s'était créé « depuis quelques années un état d'esprit antisémite », ce qui était « beaucoup plus grave », ajoutait-il, que l'« existence d'un important parti antisémite ». Le 24 décembre 1894, *Le Parti ouvrier* de Jean Allemane fut le premier à ironiser, rappelle Madeleine Rebérioux, sur la « réputation d'infaillibilité » des officiers qui ont condamné Dreyfus. Le 1er février 1895, au lendemain de la cérémonie qui avait vu la foule parisienne massée derrière les grilles de l'École militaire réclamer la mort pour « le juif », Félix Fénéon, directeur de la *Revue blanche*, et Victor Barrucand, publiaient de leur côté une courte note de protestation ainsi formulée : « À l'occasion des fêtes du nouvel an, nous avons eu la dégradation du capitaine Dreyfus et, autour, le noble spectacle de l'immobilité servile des uns et de la fureur lyncheuse des autres. » Se confirmait le rôle des anarchistes dans l'émergence d'élites intellectuels et littéraires nouvelles, par le biais des revues ou des combats communs avec celles-ci comme pour la défense de l'anarchiste Jean Grave [Charle, 1990, p. 126-132], de la même manière que s'établissait leur capacité à se saisir de questions d'État et de justice que d'autres, persuadés du caractère nécessairement vertueux de la République, se refusaient de poser. Le caractère oppressif du régime, qu'eux-mêmes subissaient à travers l'instauration des « lois scélérates », se démontra effectivement à travers cette phase initiale de l'affaire Dreyfus. La légitimité d'un combat « dreyfusard » n'en était que davantage fondée.

La *Revue blanche* était très liée à des intellectuels allemanistes comme Lucien Herr, bibliothécaire de l'École normale supérieure. Ce courant incarné par le petit Parti ouvrier socialiste révolutionnaire (POSR), acceptait ainsi de s'intéresser à des événements qui, sans concerner directement le prolétariat, définissaient des menaces fondamentales que les socialistes ne pouvaient, de leur point de vue, écarter. Seul parmi ces derniers, Jean Jaurès intervint après la condamnation de Dreyfus, non pour le défendre, mais pour appeler à une égalité de justice entre officiers de carrière et simples soldats. Le 24 décembre 1894, au cours d'un débat parlementaire houleux consacré aux suites de la condamnation de l'officier, il déclara que « tous ceux, qui, depuis vingt ans, ont été convaincus de trahison envers la patrie ont échappé à la peine de mort pour des raisons diverses », ajoutant alors qu'« en face de ces jugements le pays voit que l'on fusille, sans grâce et sans pitié, de simples soldats coupables d'une minute d'égarement ». Violemment dénoncé par la droite pour avoir attaqué la « hiérarchie et la discipline dans l'armée », Jaurès est exclu temporairement de la Chambre pour avoir averti ceux qui, « se sentant menacés depuis quelques années dans leur pouvoir politique et dans leur influence sociale, essayent de jouer du patriotisme ». Georges Clemenceau [2001], dans le premier article qu'il consacra à l'affaire Dreyfus, article intitulé « Le traître » et qui parut le 25 décembre 1894, relevait lui aussi l'injustice qu'il y avait à écarter Dreyfus, ou le maréchal Bazaine, de la peine capitale tandis que de « malheureux enfants » coupables d'égarement étaient fusillés après une sentence expéditive de conseils de guerre. Et de conclure : « Pour que l'armée soit une et forte, une seule loi pour tous. Ce fut autrefois une des promesses de la République. Nous en attendons l'effet. »

Anarchistes, socialistes, radicaux. Trois styles, trois analyses, trois engagements. Le seul néanmoins à défendre publiquement le droit à la justice pour un juif fut Bernard Lazare. Mandaté par Mathieu Dreyfus pour rechercher et rendre publiques les preuves de la conspiration dirigée contre son frère, il rédigea un premier mémoire dès juin 1895, puis un second, *Une erreur judiciaire. La vérité sur l'affaire Dreyfus*, cette fois publié en novembre 1896, d'abord à Bruxelles, puis à Paris par les soins de l'éditeur Pierre-Victor Stock. Il y proclamait l'innocence du capitaine Dreyfus et l'illégalité de sa condamnation. Il y demandait la révision de son procès et concluait sur la nécessité de la justice pour tous, fondement du progrès démocratique : « Il est temps de se ressaisir. Qu'il ne soit pas dit que, ayant devant soi un juif, on a oublié la justice. » Bernard Lazare fut violemment attaqué, y compris par des anarchistes comme André Girard dans *Les Temps nouveaux*, mais aussi par *L'Intransigeant* d'Henri Rochefort auprès duquel il avait été rechercher un soutien et par des socialistes comme Alexandre Zévaès dans *La Petite République*. Seul *Le Radical* publia un article favorable, prélude à l'engagement du sénateur Arthur Ranc, vieux compagnon de Gambetta, immédiatement convaincu après une visite de Bernard Lazare vers la fin 1897. Son mémoire lui permit en effet de se rapprocher d'individualités, souvent marquées à gauche, et susceptibles d'entrer dans la bataille qui commençait. Le député gambettiste Joseph Reinach et ses frères Théodore et Salomon lui firent bon accueil, comme Lucien Herr et plusieurs de ses amis anarchistes tel Sébastien Faure qui engagea rapidement son journal *Le Libertaire*. C'est à leur intention, estime Philippe Oriol [2003], qu'il adressa un vibrant appel dans son troisième mémoire publié en novembre 1897 : « Il est des hommes pour qui la liberté et la justice ne sont pas des vains mots. »

Malgré les immenses difficultés qui pesaient sur l'action des quelques défenseurs de Dreyfus pendant ces années 1896-1897, un milieu d'engagement se constitua autour de quelques pôles, pôle progressiste (c'est-à-dire républicain modéré) avec le journal *Le Siècle* de Joseph Reinach et Yves Guyot, pôle radical avec le journal du même nom, mais aussi avec le nouveau quotidien *L'Aurore* confié à Georges Clemenceau au moment où, fin octobre 1897, celui-ci passa à la cause dreyfusarde, pôle anarchiste avec *Le Libertaire, Le Journal du peuple* et *La Revue blanche* des frères Natanson, pôle socialiste-allemaniste avec les jeunes normaliens convaincus par Lucien Herr, de Léon Blum à Charles Péguy, avec les militants ouvriers fidèles à Jean Allemane. Ces petits groupes de gauche et d'extrême gauche, très solidaires les uns les autres, dotés de connexions journalistiques, universitaires, syndicales qui s'étendaient au-delà de l'hexagone, en Belgique, en Suisse, aux Pays-Bas, profitaient également du soutien objectif de personnalités moins politisées, plus individualistes, souvent libérales, acquises elle aussi à la défense de Dreyfus, de l'historien Gabriel Monod à l'écrivain Émile Zola. Le « Syndicat grandit », pouvait alors écrire Clemenceau au lendemain de la publication, dans son propre journal, de « J'accuse... ! » et de l'explosion des « pétitions des intellectuels » imaginées avec succès par Lucien Herr et ses proches. La base militante n'était pas en reste. Une centaine de jeunes anarchistes et allemanistes alla défier les antisémites jusque dans leur meeting du Tivoli Vauxhall le 17 janvier 1898 ; et une troisième pétition, signée par des syndicalistes révolutionnaires comme Ferdinand Pelloutier, protesta contre « les iniquités, les veuleries et lâchetés accomplies journellement par les pseudo-représentants de la justice *civile et militaire* ainsi que des sectes religieuses » et appela à combattre « toute atteinte à la liberté, au droit et à la justice ».

Restait Jaurès, dont l'étoile socialiste et politique montait en France et à l'étranger, et dont le silence fut rompu le jour même de « J'accuse... ! », lors du débat parlementaire qui permit au gouvernement de traîner l'écrivain en cour d'assises. Il ne prit pas directement la défense de Dreyfus, mais il s'autorisa de demander « à vous tous, conservateurs de droite et du centre qui vous dites républicains [...] de ne pas renier le principe même de la République, qui est la subordination du pouvoir militaire au pouvoir civil » et de ne pas tenter, pour sortir de l'impasse, « une diversion contre la presse et les journalistes ». Devant les menaces réitérées du pouvoir à l'encontre des dreyfusards, Jaurès radicalisa sa protestation. Le 22 janvier, toujours à la Chambre, il accusa les républicains, par leur alliance avec les nationalistes et les antisémites, de vouloir « sauver un gouvernement de réaction et de privilèges ». Traité d'« avocat du syndicat », injurié et menacé, Jaurès fut physiquement défendu par le député socialiste Gérault-Richard, directeur de *La Petite République*. Il repartit à l'attaque deux jours plus tard, proclamant que la seule issue qui vaille était d'« aller à la République vraie, à la République du peuple, à la République sociale ! » Très marginal encore parmi des leaders et députés socialistes hostiles à toute intervention, Jaurès fit une déposition très politique au procès Zola, en constatant que « les défaillances parlementaires et gouvernementales [avaient] obligé les citoyens à intervenir et à suppléer, pour la défense de la liberté et du droit, les pouvoirs responsables qui se dérobaient. » (12 février 1898). Mais, avec Arthur Ranc, son collègue très modéré du Sénat Auguste Scheurer-Kestner, et le député radical Gabriel Hubbard, il était le seul représentant de ce qu'on peut appeler la gauche à parler dans les prétoires et les hémicycles.

LA GAUCHE CONTRE DREYFUS

L'engagement public de Jaurès est relativement tardif, comparativement aux intellectuels socialistes qui signent par exemple les pétitions des 14 et 15 janvier 1898. Il est cependant précoce eu égard à l'attitude de la plupart des parlementaires et des dirigeants socialistes. En tant qu'intellectuel, Jaurès avait été convaincu de l'innocence de Dreyfus et du scandale judiciaire de sa condamnation près d'un mois avant son intervention publique. Il était en effet ami de Lucien Herr, de Léon Blum et de nombreux normaliens comme Lucien Lévy-Bruhl ou Salomon Reinach qui lui avaient révélé ce qu'ils savaient. En tant que socialiste, il devait veiller à l'unité politique du mouvement, à un moment où la majorité de ses camarades refusait d'entrer dans un combat qui équivalait à défendre un bourgeois, un officier, voire un juif, des types et des fonctions généralement honnis par la classe ouvrière et ses représentants. L'engagement dreyfusard signifiait aussi venir à la rescousse d'idéaux de liberté et de justice qui avaient souvent servi dans le passé à justifier d'impitoyables répressions contre les militants et à maintenir l'état de misère du prolétariat ouvrier. Le premier moment de la lutte de Jaurès consista donc à distinguer, comme il l'avait déjà fait dans le passé, la République qu'il fallait défendre des républicains qui en combattant toute révision du procès Dreyfus la trahissaient. La tâche était considérable.

Si Jules Guesde avait bien qualifié « J'accuse... ! » de « plus grand acte révolutionnaire du siècle », si le socialiste indépendant Gérault-Richard s'était manifesté, l'essentiel des socialistes considérait de leur intérêt de rester étranger au combat dreyfusard, voire de suivre leur base populaire influencée par le nationalisme et l'antisémitisme. La détestation de certains dreyfusards ultralibéraux comme Joseph Reinach ou Ludovic Trarieux, et la méfiance plus générale pour les intellectuels bourgeois que rejetait par exemple Paul Lafargue, renforçaient ces choix de neutralité. Ils se concrétisèrent pour les guesdistes du Parti ouvrier français par le manifeste du 24 juillet 1898 proclamant que « les prolétaires n'ont rien à faire dans cette bataille qui n'est pas la leur » ; Jules Guesde et ses partisans visaient aussi Jaurès et son engagement dreyfusard, à la veille d'un congrès important pour les partis socialistes. Les amis d'Édouard Vaillant furent plus hésitants, mais conservèrent longtemps une prudente abstention non dénuée de sympathie pour l'opinion antidreyfusarde. De leurs côtés, les « indépendants » de la Chambre avaient pris très tôt les devants. Alexandre Millerand n'hésita pas à relever l'antipatriotisme des dreyfusards le 4 décembre 1897 et signa avec les autres députés socialistes le manifeste du 19 janvier 1898 : considérant l'Affaire comme un affrontement interne à la bourgeoisie pour le contrôle de la République, il appelait le prolétariat à ne « s'enrôler dans aucun des clans de cette guerre civile bourgeoise ».

Ces abstentions et ces refus nombreux furent compensés par la puissance, de Jaurès à Péguy, des engagements socialistes à vocation démocratique. Le premier chercha toujours à comprendre des options idéologiques ou stratégiques qui fragilisaient sa propre position, mais qui se justifiaient notamment par la nécessité de ne pas couper les partis de leur base. Le second, qui avait déclaré le 21 janvier 1898 vouloir « marcher droit » et, contre les parlementaires « soi-disant socialistes », « sauver d'eux l'idéal socialiste », dressa à plusieurs reprises l'acte d'accusation des « autoritaires, des chefs, de Vaillant, de Lafargue et de Guesde » : « Les chefs n'ont pas voulu que le socialisme français défendît les droits de l'homme et du citoyen, parce que l'homme était un bourgeois, défendu par des bourgeois [...] : il ne fallait pas se mêler aux bourgeois courageux, aux bourgeois justes, aux bourgeois humains ; les chefs n'ont pas voulu que le socialisme français défendît les droits de la personne humaine, parce que la personne était celle d'un bourgeois. [...] Aussi qu'est-il arrivé ? Ce qui devait arriver. Pour n'avoir pas défendu les droits de l'homme, les chefs, qui se croyaient socialistes, ont défendu les bourgeois qui violaient ces droits. [...] Telle est sur ces trois hommes la redoutable vérité : ils ont choisi le moment décisif pour trahir leur parti, et, ce qui est beaucoup plus grave, pour trahir l'humanité » (*La Revue blanche*, 15 septembre 1899).

Les chefs socialistes ne furent pas les seuls leaders de gauche à avoir abdiqué de leurs idéaux pour satisfaire des calculs ou des intérêts. Tous les anarchistes ne s'engagèrent pas, à l'image d'un des plus célèbres d'entre eux, Jean Grave, « gardien vigilant de la pure doctrine », qui se tint sur la réserve avec *Les Temps nouveaux*. *Le Père Peinard* d'Émile Pouget agit de même avec son mot d'ordre « notre turbin est autre », tandis que d'autres ironisaient sur le sentimentalisme de Sébastien Faure qui s'était passionné pour la défense d'un bourgeois. Des radicaux versèrent carrément dans l'antidreyfusisme, soit par conviction soit par tactique. Si Henri Brisson obtint, après les aveux et le suicide du lieutenant-colonel Henry le 31 août 1898, l'ouverture d'une instruction de la Cour de cassation sur le procès Dreyfus de 1894, les autres radicaux de son gouvernement s'attaquèrent violemment aux dreyfusards, à commencer par le ministre de la Guerre Godefroy Cavaignac qui invoqua l'existence de pièces accablantes pour Dreyfus lors d'un grand discours de combat le 7 juillet 1898. La Chambre vota l'affichage de cette véritable déclaration de guerre à l'unanimité des députés présents dont tous les radicaux et l'essentiel des socialistes. Cette violente offensive raidit la gauche dreyfusarde. Elle provoqua aussi de réelles inquiétudes dans les milieux libéraux et modérés de la République dont certains représentants avaient rallié la Ligue française pour la défense des droits de l'homme et du citoyen, comme le radical Ferdinand Buisson, ancien collaborateur de Jules Ferry, ou le libéral Francis de Pressensé qui passera rapidement au socialisme.

Un combat victorieux

L'été 1898 constitua un tournant pour les hommes de gauche engagés dans l'affaire Dreyfus. Après sa défaite aux législatives, Jaurès avait rejoint Gérault-Richard à la direction de *La Petite République*. Dès l'offensive de Cavaignac connue, Jaurès s'employa presque quotidiennement à établir l'ensemble des machinations ayant visé Dreyfus, dont la série des faux de la Section de statistique qu'il démontra avant même les aveux de son auteur. Mais, plus encore que ce succès de la méthode historique, Jaurès remporta une autre victoire en concevant, au début de ce qui allait devenir *Les Preuves*, les raisons pour lesquelles un prolétaire devait soutenir un bourgeois comme Dreyfus : « Si Dreyfus a été illégalement condamné et si, en effet, comme je le démontrerai bientôt, il est innocent, il n'est plus ni un officier ni un bourgeois : il est dépouillé, par l'excès même du malheur, de tout caractère de classe ; il n'est plus que l'humanité elle-même, au plus haut degré de misère et de désespoir qui se puisse imaginer. [...] Nous pouvons, sans contredire nos principes et sans manquer à la lutte des classes, écouter le cri de notre pitié ; nous pouvons dans le combat révolutionnaire garder des entrailles humaines ; nous ne sommes pas tenus, pour rester dans le socialisme, de nous enfuir hors de l'humanité » (10 août 1898). Par cette affirmation, Jaurès prouvait que le socialisme ne s'arrêtait pas aux frontières de la lutte des classes et qu'il pouvait prendre en charge l'humanité entière et sa recherche de justice.

L'engagement dreyfusard des socialistes prenait une signification quasi religieuse, en tout cas historique et définitive, au moment où les rangs des étudiants, des intellectuels et des ouvriers grossissaient. Charles Péguy en général victorieux dirigeait ses troupes qui repoussèrent les nationalistes des rues de la capitale et organisait dans les locaux de la librairie Bellais l'un des plus célèbres « foyers invisibles » d'un nouveau socialisme, solidaire, démocratique, idéal. Les meetings se succédèrent, réunissant tous les groupes de la gauche dreyfusarde, des anarchistes de Sébastien Faure et de Pierre Quillard aux radicaux d'Arthur Ranc et de Ferdinand Buisson, tandis que l'influence de la presse grandissait. Après *L'Aurore* de Clemenceau vinrent *Les Droits de l'homme* et *La Fronde* de Marguerite Durand, Séverine et Clémence Royer. Socialement, intellectuellement, culturellement, la gauche se transformait dans ce combat. Elle en sortait rénovée, rajeunie, prête à des combats qui paraissaient illusoires avant l'Affaire, volontaire pour affronter l'antisémitisme, le colonialisme, le militarisme, l'antiféminisme. Mais à l'exception du premier de ces défis, qui fut assumé, les autres furent rapidement oubliés une fois l'Affaire refermée après le procès de Rennes et la grâce accordée à Dreyfus.

Avant ce temps des renoncements dont Charles Péguy se chargea d'écrire l'histoire (*Notre jeunesse* en 1910), la gauche dreyfusarde remporte des succès politiques majeurs, à commencer par la riposte victorieuse à l'agression des bandes nationalistes contre le président de la République le 4 juin 1899 à Longchamp. Un grand défilé réunit le 11 juin près de 100 000 personnes marchant pour la défense de la République. Le lendemain, Édouard Vaillant lance une vive attaque contre le gouvernement de Charles Dupuy coupable de complaisance pour les antidreyfusards. Celui-ci est contraint à la démission après le vote d'un ordre du jour qui dessine les contours d'une nouvelle majorité où le clivage dreyfusard occupe une place centrale. Républicain « gambettiste », Pierre Waldeck-Rousseau s'était révélé par le passé soucieux de justice sociale (loi légalisant les syndicats) et d'une fermeté politique indéniable, notamment contre les boulangistes. Silencieux au début de l'Affaire, il avait vivement dénoncé du haut de la tribune du Sénat le « pouvoir de la menace et de la calomnie, une sorte d'inquisition obscure » qui mettait en danger les droits du citoyen et l'autorité de la justice (22 février 1899). Il envisage cette fois de conquérir l'investiture de la Chambre sur la base d'un gouvernement républicain qui s'ouvrirait pour la première fois à un socialiste, en l'occurrence l'indépendant Alexandre Millerand. Celui-ci est contraint néanmoins de cohabiter avec l'ancien « massacreur » de la Commune, le général de Galliffet, pressenti pour le ministère de la Guerre. Devant l'engagement de Waldeck-Rousseau de former un cabinet de « défense républicaine », Jaurès apporte son appui à la participation. Il est conforté dans son choix par Lucien Herr qu'il rencontre le 23 juin à l'École normale supérieure. Celui-ci avance un argument que Jaurès utilisera maintes fois par la suite, écrit son biographe, Harvey Goldberg : « Quel triomphe pour le socialisme que la République ne puisse être sauvée sans qu'il soit fait appel au parti du prolétariat ! » La victoire est là : non seulement le gouvernement va infliger une sévère défaite politique aux antidreyfusards, mais encore les réformes sociales de Waldeck-Rousseau, sa capacité à négocier lors des grandes grèves du Creusot, sa volonté de combattre le cléricalisme par une laïcité ouverte vont définir une authentique politique de gauche.

UNE POLITIQUE DE GAUCHE

L'histoire de ce gouvernement reste pourtant à faire. Rejetée par la droite, l'œuvre de Waldeck-Rousseau demeure ignorée de la gauche qui lui préfère généralement le « Bloc » du même nom. En son temps, le projet de « défense républicaine » suscita au reste des réactions d'hostilité, de la part de radicaux inquiets du bouleversement de majorité née de l'Affaire comme de la part de socialistes opposés à la participation. Le 22 juin 1899, lorsque les journaux annoncent la formation du gouvernement Waldeck-Rousseau et la présence en son sein d'un socialiste, Vaillant riposte aussitôt en retirant ses députés de l'Union socialiste et en fondant un groupe socialiste révolutionnaire. Puis, avec Alexandre Zévaès, Guesde et Lafargue, il rédige un manifeste rendu public en juillet et qui condamne « la politique prétendue socialiste faite de compromissions et de déviations que depuis trop longtemps on s'efforçait de substituer à la politique de classe ». La controverse prend rapidement une dimension internationale. Les socialistes favorables à la participation, et qui sont aussi ceux qui n'avaient pas failli dans l'affaire Dreyfus, se mobilisent en faveur de la « défense républicaine ». Ils sont rejoints par des radicaux. Le 26 juin, le jour de l'investiture du nouveau gouvernement, René Viviani pour les premiers, Henri Brisson pour les seconds, aident Waldeck-Rousseau à surmonter l'épreuve. À l'attention de l'opposition, Viviani lance : « Il n'y a pas trois politiques en présence ; il y a la politique de défense républicaine, et la politique de trahison. Choisissez ! » Pour la gauche, une telle issue était la confirmation de son rôle politique désormais prédominant en France, au détriment de son orthodoxie idéologique, même si celle-ci conserve de nombreux partisans.

La constitution du gouvernement de « défense républicaine » intervient dans une situation où semble dominer l'atmosphère nationaliste. Outre l'« attentat » d'Auteuil, le montrent l'acquittement triomphal de Paul Déroulède qui déclare au sortir de la cour d'assises vouloir rééditer un coup d'État à Paris, et la réception solennelle du commandant Marchand, le héros de Fachoda [Joly, 1998]. Mais, pour son combat, Waldeck-Rousseau peut compter sur un cabinet resserré et dirigé. « Tout ce qui concerne la politique du cabinet appartient au président du Conseil et à lui seul », explique-t-il. Alexandre Millerand est certes collectiviste, mais il reste aussi, de l'avis en tout cas du grand biographe de Waldeck-Rousseau, Pierre Sorlin, un avocat bourgeois prêt à l'action. Théophile Delcassé garde son poste des Affaires étrangères ; artisan du rapprochement avec l'Angleterre, il a fait montre d'une grande combativité devant les manœuvres du ministère de la Guerre pour impliquer le Quai dans les crimes de bureau commis contre Dreyfus. Le jeune inspecteur des Finances Joseph Caillaux hérite des Finances tandis que d'autres modérés, sur lesquels le chef du gouvernement a une forte ascendance, sont placés dans les ministères principaux. Trois radicaux sont ministres, dont Lanessan au ministère de la Marine. Waldeck-Rousseau se réserve quant à lui l'Intérieur et les Cultes, mais il organise aussi la présidence du Conseil de manière à en faire effectivement le centre du pouvoir gouvernemental. Le vote d'investiture, qui a lieu le 26 juin 1899, est acquis avec 25 voix de majorité. Mais celle-ci augmente tout au long de ses trois années d'existence. Ce succès est le résultat d'un gouvernement et d'un homme qui, tout en agissant à gauche, mènent une politique jugée engagée et cohérente, efficace et pensée.

La clôture de la session parlementaire pendant tout l'été 1899 permet à Waldeck-Rousseau et à son ministre de la Guerre de s'atteler à la tâche prioritaire de la remise au pas de l'armée. Sans aller vers la suppression des conseils de guerre voulue par les socialistes, les anarchistes et les libéraux de gauche, les deux hommes prennent une série de mesures immédiates : sévères sanctions contre les officiers (et les magistrats) qui ont outrepassé leurs responsabilités pendant la crise, réduction des effectifs au ministère et à l'État-major général, réorganisation du Conseil supérieur de la Guerre devenu au fil des années un pouvoir autonome, suppression de la commission de nomination aux emplois et aux grades. Ces mesures qui rétablissent l'autorité civile sur le monde militaire sont acceptées sans protestation, tout comme celles qui concernent le maintien de l'ordre et la lutte contre les nationalistes. Louis Lépine, rappelé comme préfet de police, est chargé d'une enquête sur les manifestations d'Auteuil et de Reuilly. Malgré le manque de preuves formelles attestant de la préparation d'une nouvelle tentative de coup d'État (après celle du 23 février 1899 lors des obsèques du président de la République Félix Faure), le gouvernement procède, dès le 10 août, à l'arrestation de 37 leaders nationalistes, dont Déroulède et ses adjoints, et à la comparution de 17 d'entre eux devant la Haute Cour. Laquelle, par la voix du sénateur Henri Béranger, s'étonne de l'insuffisance des charges. À la demande de Waldeck-Rousseau, le commissaire de la Sûreté Célestin Hennion transmet alors aux magistrats parlementaires un dossier lourdement accusatoire, mais antidaté au 4 août ! Ces méthodes traduisent l'inquiétude du chef du gouvernement : persuadé que Dreyfus sera acquitté par le procès de Rennes qui se déroule au même moment, il souhaite agir sans tarder contre les nationalistes en se dégageant le plus possible du contexte de l'Affaire. Il est, de ce point de vue, bien davantage « dreyfusien » que dreyfusard [Duclert, 1994].

S'il affronte effectivement les antidreyfusards, Waldeck-Rousseau refuse en effet de se lier au passé et va jusqu'à « liquider » l'Affaire, selon Pierre Vidal-Naquet qui estime son action « au plus haut point *politique* ». Après avoir imposé au président de la République la grâce pour Alfred Dreyfus et obtenu sa libération immédiate (le 19 septembre 1899), il se désintéresse de son sort et empêche tout développement judiciaire nouveau en faisant voter un projet de loi d'amnistie acquis définitivement en décembre 1900. À l'inverse, la fin de la crise antidreyfusarde permet à Waldeck-Rousseau de célébrer le « triomphe de la République » lors d'une grande cérémonie d'inauguration de la sculpture monumentale de l'ancien communard Jules Dalou, place de la Nation, le 19 novembre 1899. Malgré le caractère officiel et protocolaire du défilé, où se succèdent corps constitués et corps intermédiaires (des syndicats aux francs-maçons), une foule joyeuse suit le cortège et célèbre Zola, Jaurès et Dreyfus. Sans l'avoir absolument souhaitée, Waldeck-Rousseau a permis cet hommage populaire à la République et à la geste dreyfusarde, comme il veut le succès de l'Exposition universelle de 1900 et le « gigantesque banquet » (Maurice Agulhon) de tous les maires de France, près de 21 000 (sur 35 000) présents à Paris pour des festivités très républicaines. La République est doublement victorieuse, politiquement parce que le gouvernement lui confère le sens d'un combat victorieux, socialement parce qu'une France populaire, à Paris et plus encore en province, lui donne une nouvelle signification démocratique.

Trois grandes volontés définissent les réformes conduites par Waldeck-Rousseau. Elles placent ce moment de « défense républicaine » dans une dynamique de gauche, inscrivant sa marque dans l'histoire. La liberté d'association, par la loi du 1er juillet 1901, supprime la législation répressive (mais guère appliquée néanmoins) qui permettait d'interdire tout groupement de plus de vingt personnes. Début 1899, cette disposition avait été utilisée contre les ligues nationalistes, mais aussi contre la Ligue des droits de l'homme par le gouvernement de Charles Dupuy. La nouvelle loi devient le point de départ d'un mouvement associatif, caractéristique majeure de la France du XXe siècle. Des pratiques sociales et civiques inédites voient le jour. Elles sont le signe d'une politisation croissante et d'une démocratisation de la vie publique. Les partis politiques modernes en découlent. En 1901 naissent ainsi le Parti radical [Baal, 1994] et l'Alliance républicaine démocratique [Sanson, 2003] qui réunit les modérés de la majorité gouvernementale. La laïcité est le second volet de cette politique de gauche. Favorable au Concordat, car il consacre la prééminence de l'État sur l'Église, Waldeck-Rousseau souhaite contrôler la grande partie des prêtres réguliers qui échappent à l'autorité civile. L'affaire Dreyfus l'a convaincu du risque politique que représentent les congrégations, et particulièrement l'enseignement qu'elles dispensent ou les périodiques qu'elles diffusent, pour l'esprit public et l'affirmation de la République. Les assomptionnistes restaient ainsi les champions de l'antisémitisme. La loi sur les associations prévoit donc que les congrégations religieuses y feraient l'objet d'un statut particulier et qu'elles devraient être autorisées. Lors des débats, la gauche socialiste et radicale renforce les obligations qui leur sont faites et le contrôle qui les encadre désormais. Pour Jaurès, la loi n'est qu'un « commencement de combat, un premier effort qui nécessairement devra se continuer ».

Enfin, le gouvernement mène une œuvre sociale qui doit beaucoup à l'action d'Alexandre Millerand mais aussi de Waldeck-Rousseau. Le gouvernement fait voter deux nouvelles lois qui ont pour conséquences de limiter la durée du travail à dix heures (dans les usines où travaillent des adultes et des enfants) ou à douze heures (pour le cas des usines où ne travaillent que des adultes). D'autres mesures sont prises dans les établissements dépendants de l'État afin d'encourager des initiatives du même type dans le privé. Millerand accroît le rôle au Conseil supérieur du travail en l'ouvrant aux représentants ouvriers. La politique sociale de Waldeck-Rousseau se mesure aussi à la manière dont il gère la vague de conflits du travail, particulièrement les grandes grèves du Creusot en 1899 et 1900 lancées par des syndicats guère en harmonie avec les partis socialistes. Le président du Conseil intervient personnellement pour amener la direction de Schneider à la négociation. « Les ouvriers ont confiance dans le ministère. » Libéré des menaces nationalistes, Waldeck-Rousseau ne craint pas le désordre qui pourrait découler de l'usage du droit de grève. Il en défend le principe, tout comme il comprend voire partage les demandes des grévistes. Pour éviter les affrontements, il compte, comme l'explique Pierre Sorlin, « sur le rôle pacificateur des parlementaires socialistes, des journalistes, des militants syndicaux ». Les arbitrages sont fréquents. La grève entre dans un nouveau régime, réformateur et moderne, qui sera cependant de courte durée à cette époque.

LES ACQUIS D'UN ENGAGEMENT

Cette politique triomphe aux élections générales d'avril-mai 1902, mais dans des conditions qui en fait provoquent un changement d'orientation parlementaire. La majorité s'équilibre différemment : les radicaux l'emportent nettement sur les modérés gouvernementaux et c'est assez logiquement que l'un des leurs, le sénateur Combes, va remplacer à la tête du gouvernement Waldeck-Rousseau. Le Bloc des gauches entend mener une politique non plus de « défense », mais d'« action » républicaine. Pour Charles Péguy, les socialistes perdirent alors leur âme, beaucoup plus en tout cas que pendant la période précédente. Les socialistes dreyfusards purent néanmoins conserver certains de leurs idéaux. S'ils n'obtinrent de Waldeck-Rousseau que la grâce et la libération de Dreyfus (19 septembre 1899), décidées dans le bureau de Millerand au ministère du Commerce, Jaurès, quatre ans plus tard, put rouvrir le dossier de la réhabilitation, au nom de la justice et de l'histoire, les 6 et 7 avril 1903, lors d'un mémorable discours tout entier dirigé contre les groupes nationalistes issus de l'Affaire. Cette charge avait aussi un rôle plus politique puisqu'il était nécessaire de remobiliser l'unité socialiste après la crise née de la participation. Alors qu'une première unification avait pu être proclamée en décembre 1899, dans la foulée de la victoire dreyfusarde, au congrès de la salle Japy, une nouvelle scission intervint entre les antimillerandistes, qui formèrent en novembre 1901 (congrès d'Ivry) le Parti socialiste de France avec Jules Guesde et Édouard Vaillant, et les amis de Jaurès et de Paul Brousse qui organisèrent, à Tours en mars 1902, le Parti socialiste français.

Mais l'idée socialiste s'épanouit aussi dans le dreyfusisme né du combat pour la justice et la vérité. Une génération de militants et d'intellectuels émerge, au milieu des multiples initiatives que définit le « socialisme d'éducation » cher à Péguy. Les Universités populaires, un mouvement lancé en 1896 par Georges Deherme, prennent une ampleur exceptionnelle [Mercier, 1986] tandis que les sciences sociales profitent du dynamisme d'institutions nouvelles ou rénovées, ouvertes à tous et à tout sujet, comme le Collège libre des sciences sociales ou l'École des hautes études sociales [Prochasson, 1985]. Le mouvement revuiste est tout aussi déterminant. De grands titres voient le jour, *Le Mouvement socialiste* d'Hubert Lagardelle en janvier 1899, les *Cahiers de la Quinzaine* de Charles Péguy en janvier 1900, *Pages libres* de Charles Guieysse en janvier 1901. Les enseignants forment le gros de ces nouveaux bataillons. Ils reconnaissent dans l'affaire Dreyfus un événement capital comme le montreront les témoignages recueillis par Jacques et Mona Ozouf [1992]. Le socialisme rapproche les jeunes élites intellectuelles – comme celles de l'École normale supérieure où s'épanouit un « socialisme normalien » étudié par Christophe Prochasson [1993] –, du monde ouvrier et syndical. Le XXe siècle commence dans un esprit de fraternité rarement retrouvé depuis, caractéristique de la Belle Époque. Il irrigue les sections de la Ligue des droits de l'homme, les sociétés de libre pensée, les organisations de la jeunesse laïque, les loges du Grand Orient, et les multiples comités républicains qui fleurissent dans tous les départements. Certes, les colonies, les femmes, le monde militaire restent à l'écart de ce renouveau social et intellectuel porté par la gauche tandis qu'à l'extrême droite, l'Action française défend une autre modernité, nationaliste et xénophobe. Les aveuglements et les violences du XXe siècle sont à l'œuvre, alors que l'affaire Dreyfus et de la « défense républicaine » perdent déjà leurs acquis les plus précieux, les plus politiques. Époque véritablement fondatrice, ce temps de l'Affaire est aussi une épreuve de vérité pour la gauche d'aujourd'hui à travers les enjeux posés de l'histoire et de la mémoire.

RÉFÉRENCES BIBLIOGRAPHIQUES

BAAL Gérard (1994), *Le Radicalisme*, La Découverte, coll. « Repères », Paris.

BIRNBAUM Pierre (1994), *La France de l'affaire Dreyfus*, Gallimard, coll. « Bibliothèque des histoires », Paris.

BLUM Léon (1935 rééd. 1981), *Souvenirs sur l'Affaire*, Gallimard ; rééd. coll. « Folio/idées », Paris.

BREDIN Jean-Denis (1983), *L'Affaire*, Julliard ; rééd. Julliard/Fayard, 1993, Paris.

CAHM Éric (1994), *L'Affaire Dreyfus*, Hachette, coll. « Livre de poche Références », Paris.

« Le centenaire de "J'accuse..." ». Allocutions officielles, *Les Cahiers naturalistes*, n° 72, 1998.

CHARLE Christophe (1990) *Naissance des « intellectuels » 1880-1900*, Minuit, Paris.

CLEMENCEAU Georges (1899 rééd. 2001), *L'Iniquité*, Stock, rééd. par Michel DROUIN, Mémoire du Livre, Paris.

DROUIN Michel [dir.] (1994), *L'Affaire Dreyfus de A à Z*, Flammarion, Paris.

DUCLERT Vincent (1994), *L'Affaire Dreyfus*, La Découverte, coll. « Repères », Paris.

— (1998), *Le Parlement et l'affaire Dreyfus*, numéro spécial, *Jean Jaurès cahiers trimestriels*, n° 147.

JAURÈS Jean (1998), *Les Preuves. Affaire Dreyfus*, éd. par Vincent DUCLERT, préface de Jean-Denis BREDIN, introduction de Madeleine REBÉRIOUX, La Découverte, Paris.

JOLY Bertrand (1998), *Déroulède. L'inventeur du nationalisme français*, Perrin, Paris.

MERCIER Lucien (1986), *Les Universités populaires 1899-1914. Éducation populaire et mouvement ouvrier au début du siècle*, Éditions ouvrières, Paris.

ORIOL Philippe (2003), *Bernard Lazare*, Stock, coll. « Biographie », Paris.

OZOUF Jacques et Mona (1992), *La République des instituteurs*, Gallimard/Seuil, coll. « Hautes études », Paris.

PÉGUY Charles (1987), *Œuvres en prose complètes*, éd. par Robert BURAC, Gallimard, coll. « Bibliothèque de la Pléiade », Paris.

PROCHASSON Christophe (1985), *Sur l'environnement intellectuel de Georges Sorel : l'École des hautes études sociales (1899-1911), Cahiers Georges Sorel*, n° 3, Paris.

— (1993), *Les Intellectuels, le socialisme et la guerre, 1900-1938*, Seuil, coll. « L'univers historique », Paris.

REBÉRIOUX Madeleine (1975), *La République radicale ? 1898-1914*, Seuil, coll. « Nouvelle histoire de la France contemporaine », Paris.

— (1983), « Classe ouvrière et intellectuels devant l'Affaire : Jaurès », *in* Géraldi LEROY (dir.), *Les Écrivains et l'affaire Dreyfus*, PUF, Paris.

— (1994), « Anarchistes et socialistes », *in* Laurent GERVEREAU et Christophe PROCHASSON (dir.), *L'Affaire Dreyfus et le tournant du siècle*, BDIC, Nanterre.

SANSON Rosemonde (2003), *L'Alliance républicaine démocratique. Une formation de centre (1901-1920)*, Presses universitaires de Rennes, Rennes.

SORLIN Pierre (1966), *Waldeck-Rousseau*, Armand Colin, Paris.

49

Bloc des gauches et gouvernements radicaux (1902-1914)

GILLES CANDAR

LA RÉPUBLIQUE RADICALE A-T-ELLE EU UNE RÉALITÉ ? L'ouvrage classique de Madeleine Rebérioux, *La République radicale ?* [1975], semble laisser ouvert le débat par son point d'interrogation ultime. Au départ, les choses semblent pourtant claires : les élections de 1902 marquent une victoire des forces de gauche, notamment des radicaux, grâce surtout à la « discipline républicaine ». L'avance en voix reste ténue (le rapport des forces tournant autour de 51/49 %), mais la vie politique de la IIIe République s'organise autour du nombre de parlementaires élus. Quelque 220 députés radicaux et radicaux-socialistes de toutes nuances (27 % des suffrages environ) peuvent s'allier sur leur gauche à une cinquantaine de socialistes et sur leur droite à une petite centaine de modérés favorables à la « défense républicaine », formant ainsi le Bloc des gauches. Ils surclassent nettement les 220 modérés et conservateurs de l'opposition. Après trois années de pouvoir, Waldeck-Rousseau souhaite se retirer, vraisemblablement pour des raisons personnelles et politiques mêlées. Dans ces conditions, il est compréhensible que soit choisi pour lui succéder, et sur sa suggestion, un influent sénateur radical, Émile Combes, alors même que les radicaux étaient en nette minorité dans le gouvernement sortant. Malgré leur victoire, les radicaux ne sont pas trop riches de personnalités susceptibles de se placer au premier plan. Souvent pressenti, Léon Bourgeois préfère exercer une magistrature d'influence (il est d'ailleurs élu président de la Chambre). Henri Brisson a souffert de sa brève expérience de 1898 et de son incapacité à sortir de l'affaire Dreyfus. Clemenceau vient tout juste de rentrer au Parlement (il est élu sénateur du Var en avril grâce à une élection partielle) et son caractère « intraitable » [Becker, 1998] ne semble pas le prédisposer à la conduite d'un gouvernement, forcément divers et reposant sur des alliances, qu'il faut savoir faire vivre et maintenir devant la Chambre et le Sénat.

COMBES ET L'ACTION LAÏQUE

Émile Combes, déjà assez âgé (soixante-sept ans), est un vétéran des luttes républicaines qui dispose d'une solide assise locale dans son département de Charente-Inférieure [Merle, 1995]. Spécialiste des questions maritimes et scolaires, il choisit comme président du Conseil de prendre le portefeuille clef de l'Intérieur, avec les Cultes, puisque la priorité de l'action gouvernementale doit porter sur l'application de la loi sur les associations, sur le règlement de la question des ordres monastiques — les congrégations dans le langage du temps —, et de manière plus large sur les rapports entre l'État, l'Église et la religion. Son gouvernement s'appuie sur une majorité parlementaire, une coalition donc, qui s'organise avec la délégation des gauches au sein de laquelle Jaurès joue le rôle essentiel de « ministre de la parole ». En revanche, aucun socialiste ne participe à ce ministère où ne sont représentés que radicaux et modérés d'« action républicaine », celle-ci étant destinée à se substituer à la « défense républicaine » des temps de Waldeck-Rousseau. Les Finances sont confiées au gambettiste expérimenté Rouvier, ce qui représente un gage de tranquillité pour les milieux d'affaires et notamment l'assurance que la question de l'impôt sur le revenu ne sera pas vraiment mise à l'ordre du jour. Le ministre des Affaires étrangères est toujours Delcassé, lui aussi un ancien gambettiste, plus ou moins radicalisant [Claeys, Pailhès et Pech, 2001].

Le gouvernement Combes se singularise surtout — et passe à la postérité — par la vigoureuse « campagne laïque » qu'il entreprend. Campagne populaire : Combes gouverne en s'appuyant sur les militants, sur les comités locaux. La politique s'organise dans de nouveaux cadres, comme a commencé à le montrer le grand congrès des « forces républicaines, radicales et radicales-socialistes », tenu à Paris en juin 1901, considéré après coup comme marquant la date de naissance des partis en général et du parti radical en particulier [Huard, 1996]. Acclamé au cours de ses déplacements, Combes reçoit d'innombrables adresses de félicitations. Cette popularité se retrouve aux élections : le Bloc remporte en 1904 les élections municipales, pourtant « intermédiaires ». Paris, symboliquement tombé à droite en 1900, repasse à gauche. Ce n'est pas seulement le « suffrage universel » qui approuve Combes. Sans doute, Péguy n'est pas seul à s'insurger contre les choix majoritaires, la « dégradation de la mystique en politique » ou, comme dirait Vincent Duclert [1994], le passage des « dreyfusistes » aux « dreyfusiens ». La mobilisation des intellectuels ne se dément pas pour autant, elle continue, à tort ou à raison, de l'Affaire à la lutte contre l'Église : Anatole France se place en première ligne, Ferdinand Buisson se fait élire député de Paris en 1902, Alain soutient activement le Bloc dans ses articles de *La Dépêche de Rouen*, les historiens Aulard et Seignobos militent et écrivent dans la presse, un jeune professeur de lycée, de sympathies socialistes et laïques, Lucien Febvre, donne une conférence sur Edgar Quinet pour la Ligue de l'enseignement à Bar-le-Duc, etc.

Qu'ont fait Combes et le Bloc pour mériter tant de faveurs ? Ils ont mené combat contre le « mildiou congrégationniste et clérical » [cité par Baal, 1994]. Dès l'été 1902 sont fermés des milliers d'établissements scolaires tenus par des religieux. Les hôpitaux doivent employer un personnel laïque, les prétoires des tribunaux abandonner leurs crucifix. Les autorisations nécessaires en raison de la loi de 1901 sur les associations sont refusées à de nombreuses congrégations religieuses, surtout masculines, qui doivent s'exiler ou disparaître (20 000 personnes sont concernées). La loi du 7 juillet 1904 interdit d'enseignement les congrégations même autorisées. La rupture des relations diplomatiques avec le Vatican est alors effective depuis cinq semaines, après la publication par *L'Humanité* d'une note du secrétaire d'État pontifical, transmise à Jaurès par l'anticlérical prince Albert de Monaco et jugée inacceptable par le gouvernement français. Certes, cette « campagne laïque », vigoureuse, va moins loin que certains l'auraient souhaité : Combes ne suit pas les partisans du monopole de l'enseignement ni ceux qui voulaient interdire les concours d'accès à la fonction publique aux anciens élèves des écoles catholiques, il ne dit pas comme le sénateur radical et professeur à la Sorbonne Eugène Lintilhac : « Il n'y a pas de liberté du citoyen contre l'État. » Sa politique peut se réclamer d'une tradition gallicane ancienne et d'un anticléricalisme, notamment à l'encontre du clergé régulier, lui aussi séculaire. Les établissements religieux peuvent rouvrir sous des formes laïcisées, ce que choisit finalement la majorité d'entre eux. La diminution des effectifs de l'enseignement catholique concernera au total entre un quart et un tiers des effectifs, mais il est vrai que les successeurs de Combes se montreront souvent accommodants.

Longtemps, Combes ne souhaite pas vraiment la séparation des Églises et de l'État. Homme de pouvoir, en accord avec la majorité des responsables politiques, il préfère garder tous les moyens de contrôler étroitement le clergé. La logique de l'affrontement rend cependant inévitable cette revendication classique des programmes républicains depuis au moins le programme de Belleville (1869). Combes entend alors la réaliser en mettant à bas l'Église catholique comme corps constitué et unifié, mais l'évolution de la situation ne lui permet pas de peser sur les débats décisifs de 1905. Il n'en reste pas moins que ses trente et un mois de gouvernement manifestent un « comportement culturel fondamental » [Rebérioux, 1975, p. 116], qui a défini le caractère laïque de la République française du XXe siècle et voulu marquer la victoire de la Raison sur l'Église. C'est du moins ce que pense toute une part du pays, presque unanime à gauche, par exemple quand le président du Conseil inaugure la statue de Renan devant la cathédrale de Tréguier, en accord avec la municipalité concernée, un dimanche à l'heure de la grande messe (13 septembre 1903), en compagnie d'Anatole France et de Marcelin Berthelot. Est-ce toujours le même combat que celui mené aux temps de l'Affaire ? Une rupture, une dérivation sont-elles intervenues ? Le chemin, en tout cas, est suivi avec résolution par le gouvernement, les cadres politiques, les militants, les intellectuels et les électeurs, moment d'accord assez rare, qui ne fut pas très long et qu'il est loisible d'apprécier plus ou moins.

Les succès du Bloc ont duré peut-être deux ans, de 1902 à 1904. Avant même que la « campagne laïque » ne soit couronnée par le vote le 9 décembre 1905 de la loi de séparation des Églises et de l'État, le gouvernement Combes doit se retirer (18 janvier 1905), constatant l'effritement continu de sa majorité parlementaire. Certains de ses membres, soucieux de compromis plus que d'affrontements, s'inquiétaient de sa politique de combat. Les aléas de toute action gouvernementale, les manœuvres des successeurs potentiels (Doumer, Millerand, etc.), les polémiques, tout de même gênantes, sur les méthodes de gouvernement, révélées par exemple par l'« affaire des fiches » (des officiers surveillés et notés par les loges franc-maçonnes), malgré la compréhension de Jaurès (« Sera dupe qui voudra, sera complice qui voudra… »), alors qu'il est difficile de faire vivre un pays en état de tension permanente (l'opposition catholique, les nationalistes et les modérés antigouvernementaux n'avaient guère de raisons de se montrer conciliants), ont affaibli le gouvernement. De plus, si le Bloc exprimait le rassemblement des gauches pour une action laïque, il n'était plus possible depuis déjà bien longtemps de négliger les problèmes sociaux.

Waldeck-Rousseau, l'homme de la loi autorisant les syndicats (1884), le savait bien et il avait complété son dispositif en jouant la carte d'un réformisme social encadré par les pouvoirs publics avec la présence au ministère du socialiste Millerand. Aussi bien les questions de personnes que, sur le fond, l'inorganisation du socialisme français n'avaient pas permis à Combes de prolonger l'expérience. La collaboration jouait à la Chambre, au sein de la délégation des gauches, avec Jaurès, Viviani ou Briand, du Parti socialiste français (PSF, 1902), avec aussi d'ailleurs, hors délégation, plusieurs députés « révolutionnaires » du Parti socialiste de France (PSDF) [Fiechter, 1965], tel Marcel Sembat, spécialiste écouté des questions postales, et de bien d'autres sujets. Mais cela ne suffit pas ou plus. Madeleine Rebérioux [1975, p. 88-90] a noté la montée des grèves en 1904 : quatre millions de journées chômées, avec un millier de grèves qui concernent presque trois cent mille travailleurs. Le record ne sera battu qu'en 1906. Or, sur la politique sociale, il n'y a pas de rassemblement cohérent qui se dessine à gauche, pas d'accord par exemple pour un impôt sur le revenu, que refusent avec plus ou moins de netteté les modérés gouvernementaux de l'Alliance républicaine démocratique [Sanson, 2003], mais aussi nombre de radicaux, pas d'accord sur les réformes à entreprendre, pas même au sein du socialisme français divisé et divers, comme l'a montré l'expérience millerandiste et comme le montrera plus tard le débat sur les retraites ouvrières, pas d'accord non plus sur les méthodes de confrontations sociales (maintien de l'ordre, rôle de l'armée pendant les grèves, droit de manifestation, syndicalisation des fonctionnaires, etc.) alors que le syndicalisme s'organise désormais dans le cadre d'une Confédération générale du travail (CGT) soucieuse d'affirmer un incontestable esprit « de classe », en dehors des débats et des choix propres à la politique républicaine [Julliard, 1988]. Et même dans le cadre de celle-ci, le socialisme « ministériel » de Jaurès et Briand, celui du PSF, s'affaiblit face à ses rivaux du PSDF, mieux placés pour jouer de la critique ou du soutien selon les cas.

Cet ensemble de désaccords divers ne peut que miner le Bloc, même si, pour les élections, sur la question laïque ou sur d'autres terrains, la logique du rassemblement joue toujours. La loi de Séparation se fait ainsi dans un sens plus libéral que l'on aurait pu le penser au plus fort des affrontements de 1903-1904 [Mayeur, 1991 ; Larkin, 2004], grâce à la volonté de compromis du rapporteur Aristide Briand et de plusieurs responsables politiques de premier plan (Jaurès, Barthou, Pressensé...), dans une logique d'entente « à gauche » conciliant les expériences Waldeck et Combes. La gauche est-elle encore au pouvoir après la démission de Combes ? Il serait difficile de voir en son successeur, Maurice Rouvier, homme d'argent et de pouvoir, un homme de gauche malgré son anticléricalisme et son attachement à la laïcité. Mais il s'appuie sur une majorité de gauche, fait voter, outre la Séparation, la loi sur l'assistance aux invalides, la loi ramenant le service militaire à deux ans ; il mène une politique extérieure conciliante (démission de Delcassé et recherche d'un accord avec l'Allemagne sur le Maroc). Il gouverne avec de nombreux ministres radicaux. Sans doute, ceux-ci représentent davantage un radicalisme de gestion, soucieux des intérêts industriels ou coloniaux (Gaston Thomson), que le radicalisme social et porteur de réformes incarné jadis par Clemenceau, Combes ou Pelletan. Ainsi, Étienne Clémentel commence une brillante carrière de ministre à la réputation de technicien compétent [Rousseau, 1998].

Et les socialistes changent eux aussi. Ils ont entrepris, non sans difficultés, de réaliser leur unité sous les auspices de l'Internationale : le congrès constitutif de la Section française de l'internationale ouvrière (SFIO, sigle proposé par Jean Longuet et Albert Willm), appelé plus couramment Parti socialiste unifié (PSU), se tient à Paris du 23 au 26 avril 1905. Ils quittent la délégation des gauches et ne font plus officiellement partie de la majorité gouvernementale. Retraits et désistements de second tour sont toujours possibles, souvent pratiqués, accords parlementaires ou locaux aussi, mais dans des conditions plus difficiles. Le socialisme unifié entend marquer une identité ouvrière et populaire revendiquée avec d'autant plus de force qu'il doit prendre garde à la concurrence syndicaliste, veiller à ses équilibres internes et à son implantation avant d'envisager une hypothétique politique d'alliances à gauche. Avec qui exactement au reste et sur quelles perspectives seraient conclues ces alliances ? Une résurgence du Bloc, avec ou sans Combes, sera souvent évoquée dans la vie politique française jusqu'à la guerre, notamment autour d'un possible gouvernement Caillaux au printemps 1914, mais sans pouvoir sortir à chaque fois du cadre des hypothèses.

Quoi qu'il en soit, en 1906, le pays semble plutôt dans une situation d'attente, préoccupé avant le renouvellement de la Chambre par les suites immédiates de la loi de Séparation dont l'application n'est pas facile (refus de principe du pape Pie X, puisque la séparation n'a pas été négociée, condamnation du projet d'associations cultuelles susceptibles d'entraîner la désagrégation de l'Église, conflits locaux, mais violents [3 morts], lors des inventaires des biens ecclésiastiques, légalement obligatoires, qui provoquent la chute du gouvernement Rouvier). En février 1906, l'élection à la présidence de la République d'Armand Fallières contre Paul Doumer montre que le rassemblement à gauche continue à bien fonctionner sur le plan parlementaire. En mai, les élections législatives accentuent l'avance des gauches par rapport à 1902, chaque famille politique de la majorité de l'ancien Bloc gagnant entre dix et vingt sièges (selon Gérard Baal [1994], 28,5 % pour les radicaux soutenus par le parti, 36 % pour l'ensemble des candidats qui se réclament de son étiquette, 270 députés ainsi dénommés au total).

Clemenceau et le dilemme entre ordre et réforme

L'ancien Bloc existe-t-il toujours ? Comment va s'orienter la législature, et sur quelles forces va s'appuyer le gouvernement ? Ancien président de la délégation des gauches, le sénateur radical Ferdinand Sarrien a présidé un gouvernement de transition (mars-octobre 1906) au sein duquel s'est imposé le ministre de l'Intérieur Georges Clemenceau. Celui-ci fait à nouveau incontestablement figure de chef du radicalisme, même s'il se tient en dehors des cadres du parti proprement dit, de constitution récente et encore peu affirmée, et Jaurès lui-même appelle dans *L'Humanité* à un gouvernement Clemenceau pour que le radicalisme prenne toutes ses responsabilités. L'éditorialiste de *L'Aurore* forme un gouvernement d'apparence « dreyfusarde » avec la nomination symbolique au ministère de la Guerre d'un héros de l'Affaire, le général Picquart. C'est aussi politiquement un gouvernement de gauche, composé de radicaux et de radicaux-socialistes. D'ailleurs, parmi les modérés plus ou moins dreyfusiens susceptibles d'y entrer, Raymond Poincaré, qui avait refusé de faire partie du gouvernement Waldeck-Rousseau, en raison de son ouverture aux socialistes, ne fait pas non plus partie de celui-ci, alors qu'il était ministre des Finances du gouvernement précédent [Roth, 2000]. Sa sensibilité est représentée par Louis Barthou, une autre figure du « centre gauche », aux étiquettes politiques complexes. En revanche, deux socialistes, longtemps très proches de Jaurès, sont nommés à des postes importants : Aristide Briand garde l'Instruction publique, les Beaux-Arts et les Cultes et René Viviani, qui avait été élu membre de la première commission administrative permanente de la SFIO, est ministre du Travail, ministère créé à cette occasion à la suite d'un processus déjà long. Son cabinet est dirigé par Joseph Paul-Boncour, un jeune avocat connu dans les milieux socialistes. Gouvernement de gauche donc, avec une majorité parlementaire, des nominations emblématiques, des personnalités marquantes (outre ceux déjà nommés, Caillaux, Doumergue...) et un chef qui a de l'énergie et le sens de l'autorité. Son programme est pleinement réformateur : il s'agit d'« installer la démocratie au gouvernement » avec, il est vrai, l'intention de lui permettre de « se modérer elle-même » par l'exercice du pouvoir. L'achèvement de l'œuvre laïque (abrogation de la loi Falloux, etc.) doit aller de pair avec de fortes ambitions sociales : impôt sur le revenu, contrats collectifs de travail, retraites ouvrières, généralisation de la journée de dix heures, etc.

Or, ce gouvernement n'est pas resté dans la mémoire collective pour son action de gauche. Si l'opinion a conservé un souvenir du premier gouvernement Clemenceau, c'est certainement celui des « brigades du Tigre », de l'homme d'ordre, éventuellement de ses affrontements avec les mouvements sociaux, à la ville (1er mai 1906, quand il n'est encore que ministre de l'Intérieur, Draveil, Villeneuve-Saint-Georges en 1908 [Julliard, 1965]), dans les mines (Courrières, après une catastrophe qui fait 1 100 morts en mars 1906), face aux fonctionnaires, aux postiers et aux électriciens [Trempé, 1993], à la campagne, contre les viticulteurs du Midi au printemps 1907 [Sagnes, 1982]. Dans les réunions militantes, à gauche, on chante encore souvent de nos jours *Gloire au 17e* de Montéhus, qui salue la rébellion de soldats refusant d'« assassiner la République » en tirant sur leurs frères. Cette mémoire n'est pas contredite par l'historiographie. Celle-ci s'est souvent interrogée sur un éventuel tournant de Clemenceau, mais elle s'accorde en tout cas à considérer que le président du Conseil « s'engagea rapidement dans la voie de la répression » et que son gouvernement fut celui d'une « gestion au quotidien sans grande originalité » [Becker, 1998, p. 45 et 43]. Clemenceau refuse les désordres, la syndicalisation des fonctionnaires, la grève dans les services publics, l'agitation révolutionnaire. Il le dit lui-même aux dirigeants de la CGT : « Mon devoir, c'est de faire de l'ordre. » Cette priorité donnée à l'ordre sur la réforme entraîne bien des conséquences : rupture de plus en plus nette avec les socialistes, trouble d'une partie de la majorité, y compris au parti radical, blocage de toute réforme substantielle dans quelque domaine que ce soit. On aurait ainsi pu imaginer qu'à défaut de fortes avancées sociales, ce gouvernement « dreyfusard », qui achève d'ailleurs la réhabilitation judiciaire du capitaine (mais sans reconstitution de carrière) [Dreyfus, 1998] aurait réalisé des réformes dans le domaine institutionnel ou juridique. Ainsi, une mesure symbolique et pratique forte est envisageable : l'abolition de la peine de mort, voulue jadis par Victor Hugo, à laquelle sont favorables le président de la République, Armand Fallières, qui gracie systématiquement tous les condamnés depuis son élection, Clemenceau lui-même et la plupart de ses ministres. Or, c'est le contraire qui se passe. Après une campagne de presse [Berlière, 2003], un débat parlementaire en novembre 1908 débouche sur un clivage significatif. Clemenceau ne s'engage pas, laissant son garde des Sceaux, Briand, plaider en faveur de l'abolition, comme Jaurès, Deschanel ou l'abbé Lemire. Face à eux, la droite conservatrice, avec Maurice Barrès, le gros des modérés et de nombreux radicaux imposent le rétablissement effectif de la peine de mort [*Cahiers Jaurès*, 1992].

L'ordre avait donc sa logique. Les méthodes de Clemenceau sont peut-être brutales (plusieurs morts dans les affrontements, 300 postiers révoqués en 1906, les chefs de la CGT arrêtés en 1907, etc.), mais l'essentiel réside dans le choix fondamental du maintien de l'ordre, du refus de l'agitation ouvrière et du socialisme, de la révolution sociale et des menaces que celle-ci semble faire peser sur la civilisation, la société, la patrie, la République. Ce choix est opéré par les responsables politiques, mais il paraît approuvé par leurs électeurs et par la plupart des corps intermédiaires. Les alliances dreyfusardes ne jouent plus guère. Le Bloc se disloque. Intellectuels et milieux ouvriers s'éloignent les uns des autres. Le salon de la marquise Arconati-Visconti ferme ses portes à Jaurès. Un autre facteur a pesé, mais il est difficile d'en déterminer la portée exacte : la montée des périls extérieurs et du danger de guerre. Pour Péguy, un tournant décisif a lieu en 1905, avec la crise de Tanger et la démission de Delcassé ; chez Jaurès, c'est en 1904 avec la guerre russo-japonaise ; pour beaucoup, sans doute, avec les conflits balkaniques de 1911-1913, et une détente d'ailleurs au début de 1914 [*Mil neuf cent*, 2001 et *Matériaux...*, 2003]. En tout cas, sur la patrie, sur la politique extérieure, y compris la colonisation en cours au Maroc, l'attitude à adopter en cas de menace de guerre, la déchirure entre les gauches, principalement entre socialistes et radicaux ou républicains socialistes, apparente dès 1905, prend à partir de 1907 les dimensions d'un affrontement irréconciliable aux accents tragiques.

UNE GAUCHE D'ORDRE ?

Les personnes et les tempéraments ne jouent donc pas le premier rôle. Le souple Aristide Briand qui remplace Clemenceau en juillet 1909, confronté aux mêmes problèmes, réagit de manière analogue. Il faut faire barrage, donc s'entendre avec les modérés, reporter à plus tard un éventuel impôt sur le revenu et une politique fiscale susceptible de permettre une politique plus sociale ou de favoriser une amorce de redistribution des revenus, se montrer ferme face aux socialistes et aux syndicalistes. Briand nomme ainsi au ministère des Finances Georges Cochery, qui détenait le même portefeuille sous Méline (1896-1898), et, après les manifestations contre l'exécution de l'anarchiste espagnol Ferrer, préside à l'éclatement de la majorité de gauche du conseil municipal de Paris au profit d'une entente entre radicaux et modérés sur le thème de l'ordre. Lorsque les cheminots paralysent le pays par la grève générale (octobre 1910), il n'hésite pas à les mobiliser et à déclarer qu'il aurait pu aller en cas de besoin jusqu'à l'« illégalité », soulevant l'indignation de ses anciens amis socialistes et provoquant l'émoi d'une part de sa majorité (Viviani, Pelletan, Painlevé, etc.).

C'est une époque d'incertitudes, souvent boudée par l'historiographie, complexe et que semble illustrer l'expression de « mares stagnantes » employée par Briand à l'encontre du mode de scrutin majoritaire. Dans quel sens se font les élections de 1910 ? À l'époque comme aujourd'hui, ce n'est pas très clair, même si le radicalisme marque le pas, et la conclusion est plutôt que beaucoup ressentent le besoin d'une clarification, d'une organisation de la vie politique. Certains cherchent la panacée du côté du mode de scrutin : socialistes, modérés et conservateurs s'allient ainsi, vainement, pour tenter d'imposer aux radicaux, qui, en dehors de quelques exceptions, n'en veulent pas, la représentation proportionnelle. La Chambre et le Sénat s'efforcent de réformer leurs méthodes de travail, d'organiser de manière officielle la vie des groupes politiques et des commissions parlementaires (1910). Longtemps, l'opinion préfère retenir la substantielle augmentation de traitement annuel votée en 1906 par les députés pour eux-mêmes (15 000 francs au lieu de 9 600 précédemment). Toute réforme sociale est-elle donc impossible ? La gauche radicale et radicalisante au pouvoir fait avancer quelques dossiers : le repos hebdomadaire obligatoire, voté sous Sarrien, et dont l'application progressive ne se fait pas sans mal, le rachat — la nationalisation — du Chemin de fer de l'Ouest, déficitaire de longue date. La loi sur les retraites ouvrières et paysannes, votée par la Chambre aux temps finissants du Bloc, sous Rouvier (23 février 1906), doit attendre avril 1910 pour être définitivement adoptée par le Sénat et promulguée. L'âge de la retraite, par capitalisation et préparée par un triple versement des salariés, de l'employeur et de l'État, est entre-temps reporté de soixante à soixante-cinq ans : une part des socialistes et les syndicalistes se déchaînent contre cette « escroquerie » (Bracke) qui empêchera la plupart des ouvriers d'en bénéficier. Jaurès et la majorité des socialistes votent tout de même une loi qui, assurant l'obligation et la triple cotisation, jette les bases d'un droit social à développer [Rebérioux, 1999]. Quant à l'impôt sur le revenu, susceptible de doter l'État des moyens d'une politique sociale, il n'est définitivement adopté après vingt ans de débats que le 15 juillet 1914. Au total, les réalisations sociales de la République radicale apparaissent bien modestes, surtout au regard des ambitions initiales et des formulations solennelles proclamées jadis par Clemenceau ou Pelletan.

Au gouvernement siègent toujours des hommes de gauche… Après Briand, venu du socialisme, se succèdent radicaux et radicalisants : Ernest Monis, Maurice Berteaux, l'homme fort du cabinet (1911), puis Joseph Caillaux (1911-1912), un ancien modéré ministre de Waldeck et de Clemenceau qui est en passe de devenir l'espoir des radicaux-socialistes [Allain, 1978]. En 1912 et 1913, le balancier semble pencher davantage à droite, avec les modérés Poincaré et Barthou qui font voter la loi des trois ans de service militaire (août 1913), très contestée, et pas seulement par l'extrême gauche socialiste et syndicaliste. Tous deux, républicains et laïques, restent toutefois associés à des hommes de gauche, tels Briand et Millerand, d'anciens socialistes, qui évoluent certes, mais aussi des radicaux-socialistes emblématiques comme Léon Bourgeois, le sénateur Pams, Stéphen Pichon, ces deux derniers très liés à Clemenceau, ou encore Théodore Steeg, fils de pasteur, professeur de philosophie et garant d'une laïcité authentique. Même lorsque cherche à s'organiser un centre droit, avant les élections de 1914, celui-ci prend le nom de « Fédération des gauches » et il est animé par deux anciens socialistes (Briand et Millerand) et un centriste, Barthou, qui a choisi de siéger dans le groupe radical. En outre, dès la fin de 1913, des personnalités marquées à gauche, comme Doumergue, et plus encore

Caillaux, devenu président du parti radical-socialiste, reviennent au premier plan et dirigent le gouvernement. Après des élections législatives en avril-mai 1914 favorables à la gauche, socialiste (17 % des suffrages et une centaine d'élus) et radicale-socialiste (168 députés), Viviani, un ancien socialiste qui au contraire de Briand a su garder des relations convenables avec ses camarades de naguère, est rapidement chargé de former le gouvernement. Les ministères continuent donc, pour ce qui est de leur personnel, avec quelques nuances, quelques exceptions, à être orientés à gauche. Au Parlement, dans les assemblées locales, la dominante de gauche ne se dément pas non plus, qu'elle passe par toutes les nuances du radicalisme ou celles de courants associés, venus du républicanisme modéré ou d'un socialisme assagi.

Hommes de gauche, discours de gauche, mais à la politique décidément incertaine. Certes, l'agitation sociale apparaît moins menaçante qu'aux alentours de 1906. Le syndicalisme révolutionnaire se modère sans doute. Au parti socialiste, Gustave Hervé n'est plus depuis 1912 le boutefeu qu'il a été [Heuré, 1997]. Diverses initiatives, des infléchissements, montrent que l'idée d'une majorité incluant les socialistes est envisagée. Mais pour quelles priorités ? Après la Grande Guerre, certains ont pu rêver à ce qu'aurait été une expérience Caillaux-Jaurès, notamment en politique extérieure. La raideur de Poincaré n'aurait pas pu s'imposer de la même façon. Est-ce que cela aurait changé le destin du monde ? Sans doute pas... Mais, outre que ces considérations ne peuvent aller au-delà de ce qu'elles sont, des rêveries, force est aussi de constater qu'en 1912-1914, le problème ne se pose pas aussi facilement. Pour beaucoup, le mode de scrutin est un enjeu plus important que la politique extérieure, dont les orientations ne sont pas toujours débattues au grand jour, et qui ne constituent sans doute pas le sujet qui passionne le plus l'opinion. Les socialistes ont voté contre la déclaration de politique générale de Caillaux en 1911 ; en revanche, ils se sont abstenus face au cabinet Poincaré en 1912, parce que le député lorrain était proportionnaliste. À l'élection présidentielle de 1913, pour la première fois, les socialistes ne jouent pas le jeu de l'unité à gauche. Ils avaient voté Brisson en 1894 et 1895, Loubet en 1899, Fallières en 1906. Cette fois, ils présentent un candidat de principe, Vaillant, et refusent leurs voix à Pams face à Poincaré. Certes, ils avancent d'excellentes raisons : ils auraient voté pour Bourgeois, pas pour un homme lige de Clemenceau, le souvenir des affrontements de 1906-1909 et des méthodes du « Tigre » est trop vif, Poincaré est un républicain de bonne compagnie, dont Pams est d'ailleurs ministre, etc. Leur attitude est donc compréhensible, mais elle illustre aussi les difficultés à reformer une gauche au niveau parlementaire et gouvernemental dans la période qui précède la guerre. Peut-être, en 1914, commence à se faire jour la possibilité d'un dépassement de ces difficultés : en faveur de l'impôt sur le revenu et contre la loi de trois ans de service militaire qu'avaient fait voter l'année précédente Poincaré, Barthou et Briand. Mais la situation internationale ne permet pas à cette esquisse politique de se concrétiser et, encouragés par Poincaré, une bonne part des élus de gauche estime malgré tout nécessaire le maintien des trois ans de service militaire. C'est pour l'assurer que le président de la République, après le gouvernement Doumergue, et un intermède Ribot, met en place le gouvernement Viviani.

Que dire donc du radicalisme au pouvoir ? Certes, il ne l'a jamais exercé seul : il a été plutôt l'axe autour duquel se sont organisées les majorités parlementaires et gouvernementales de la France au début du XXe siècle. Divers, le monde radical et radical-socialiste ne représente jamais plus aux élections qu'un bon tiers des suffrages exprimés. Il n'a bien entendu jamais détenu la majorité absolue à la Chambre ou au Sénat. D'autres forces lui ont été associées et lui-même n'a jamais été en mesure, et n'a peut-être jamais voulu, s'organiser au point de se définir et de prétendre conduire une politique qui aurait été clairement la sienne. Il ne mène pas une politique de parti : il y eut quelques velléités en ce sens, mais pas davantage. Le Parlement dans son ensemble reste le cadre essentiel de la délibération parlementaire, de la fabrication de la loi et de la détermination de la politique du pays. Toutefois, le radicalisme a tout de même constitué la force politique dominante de cette période. Il a aussi procédé à des choix majeurs : l'achèvement de la laïcisation de la France et de l'État, décidée à la fin de 1905, mais dont les suites occupèrent encore plusieurs années le débat public, la gestion gouvernementale de la France de la Belle Époque, faisant vivre les institutions républicaines adoptées au siècle précédent, une France en expansion d'ailleurs, notamment sur le plan économique, une puissance coloniale également, avec une armée qui sera capable de supporter le choc d'août 1914, une stabilité sociale enfin, défendue fermement contre les poussées revendicatrices du monde ouvrier et même, à l'occasion, du monde rural, voire d'autres milieux. Le radicalisme est alors entré en conflit avec le mouvement social et a subi les critiques socialistes. Ces divisions, le maintien global de la répartition des fortunes et de la propriété, la priorité donnée à l'ordre sur la réforme sociale ont contribué à éloigner de la mémoire de la gauche les expériences gouvernementales menées par les radicaux.

Références bibliographiques

Allain Jean-Claude (1978 et 1981), *Joseph Caillaux*, Imprimerie nationale, Paris.

Baal Gérard (1994), *Le Radicalisme*, La Découverte, coll. « Repères », 1994.

Becker Jean-Jacques (1998), *Clemenceau l'intraitable*, Liana Lévi, Paris.

Berlière Jean-Marc (2003), *Le Crime de Soleilland (1907). Les journalistes et l'assassin*, Tallandier, Paris.

Cahiers Jaurès (1992), *Abolir la peine de mort. Le débat parlementaire de 1908*, Paris.

Claeys Louis, Pailhès Claudine et Pech Rémy [dir.] (2001), *Delcassé et l'Europe à la veille de la Grande Guerre*, Archives départementales de l'Ariège, Foix.

Dreyfus Alfred (1998), *Carnets (1899-1907)*, édition établie par Philippe Oriol, Calmann-Lévy, Paris.

Duclert Vincent (1994), *L'Affaire Dreyfus*, La Découverte, coll. « Repères », Paris.

Duroselle Jean-Baptiste (1988), *Clemenceau*, Fayard, Paris.

Fiechter Jean-Jacques (1965), *Le Socialisme français de l'affaire Dreyfus à la Grande Guerre*, Droz, Genève.

Heuré Gilles (1997), *Gustave Hervé. Itinéraire d'un provocateur*, La Découverte, coll. « L'espace de l'histoire », Paris.

Huard Raymond (1996), *La Naissance du parti politique en France*, Presses de Sciences-Po, Paris.

Julliard Jacques (1965), *Clemenceau briseur de grèves*, Julliard, coll. « Archives », Paris.

— (1988), *Autonomie ouvrière. Études sur le syndicalisme d'action directe*, Gallimard/ Seuil, Paris.

Matériaux pour l'histoire de notre temps (2003), *Les Peuples des Balkans face à l'histoire et à leur histoire*, n° 71, BDIC, Nanterre.

Mayeur Jean-Marie (1991), *La Séparation des Églises et de l'État*, Éditions ouvrières, Paris.

— (1997), *La Question laïque*, Fayard, Paris.

Merle Gabriel (1995), *Combes*, Fayard, Paris.

Mil neuf cent [sous la direction de Jacques Julliard et de Christophe Prochasson] (2001), *Y a-t-il des tournants historiques ? 1905 et le nationalisme*, n° 19, Paris.

Rebérioux Madeleine (1975), *La République radicale ? 1898-1914*, Seuil, coll. « Points », Paris.

— (1999), *Parcours engagés dans la France contemporaine*, Belin, Paris.

Roth François (2000), *Raymond Poincaré*, Fayard, Paris.

Rousseau Guy (1998), *Étienne Clémentel (1864-1936)*, Conseil général du Puy-de-Dôme, Archives départementales, Clermont-Ferrand.

Sagnes Jean (1982), *Le Midi rouge. Mythe et réalité*, Anthropos, Paris.

Sanson Rosemonde (2003), *L'Alliance républicaine démocratique. Une formation de centre (1901-1920)*, Presses universitaires de Rennes, Rennes.

Trempé Rolande (1993), « La France ouvrière 1871-1914 », *in* Claude Willard (dir.), *La France ouvrière : histoire de la classe ouvrière et du mouvement ouvrier*, vol. 1 : *Des origines à 1920*, Éditions sociales/de l'Atelier, Paris.

50

Cartel des gauches et gouvernements radicaux (1924-1926 et 1932-1934)

Frédéric Monier

Au lendemain de la Grande Guerre, la question d'un gouvernement de gauche est plus complexe qu'il n'y paraît. Cela tient en bonne part aux chocs en retour du premier conflit mondial, dont on a pu dire qu'il ouvrait le « temps des droites » [Jean-Luc Pinol, 1992] dans un régime voulu et aménagé par la gauche dans les années 1870. Il y a bien un avant et un après 1914, du point de vue du gouvernement du pays. À une gauche prépondérante de 1879 à 1914, comme l'ont noté la plupart des historiens, de Charles Seignobos à René Rémond, succèdent des droites qui occupent le devant de la scène de 1919 à la Seconde Guerre mondiale. Cette inflexion, à l'échelle du demi-siècle, vient entre autres d'une entrée en crise des gauches en 1919-1920.

Le phénomène le plus connu concerne la scission opérée au congrès socialiste de Tours en décembre 1920 entre la nouvelle Section française de l'Internationale communiste (SFIC), soit l'embryon du Parti communiste français, et le Parti socialiste unifié, Section française de l'Internationale ouvrière (SFIO). Cette division politique, qui se double en 1921 d'une division syndicale, entre CGT (Confédération générale du travail) et CGT-U (unitaire), consacre l'apparition d'un parti de type nouveau, dont l'objectif premier n'est pas l'exercice du pouvoir, mais sa conquête révolutionnaire, préalable à l'abolition du régime existant et à la création d'une république française des soviets. En théorie, aux yeux des premiers communistes français, l'entrée de membres du parti au gouvernement signalerait le début d'une phase révolutionnaire.

Ce premier choc en retour de la Grande Guerre va de pair avec un autre phénomène, connu grâce aux travaux de Serge Berstein : le début du reclassement centriste d'une partie de la famille politique radicale, qui est alors dominante au sein de la gauche française. Sous l'effet de plusieurs facteurs — gouvernement avec des hommes de droite de 1914 à 1919 au nom de l'« union sacrée », éloignement électoral des socialistes aux législatives de 1919 —, un certain nombre de radicaux participent à (ou soutiennent) des gouvernements dominés par des hommes de droite de 1919 à 1923. Cette capacité radicale à s'entendre avec une partie des droites, autour de gouvernements dits de « concentration républicaine », n'était certes pas inconnue avant 1914. La Grande Guerre a néanmoins catalysé cette évolution et a avivé les débats internes au radicalisme, en fonction d'une alternative assez simple. Le parti radical-socialiste peut gouverner de concert avec les droites modérées, en estimant que les années 1914-1918 ont ouvert une nouvelle phase du jeu politique, ou bien il peut favoriser une coalition de gauche dont il prendrait la tête, et ainsi renouer avec l'héritage des années 1900, avec l'expérience du Bloc des gauches en particulier.

Ces questions, qui traversent de façon évolutive toute la période, sont particulièrement aiguës lorsque, à partir de 1923, se crée à gauche une dynamique unitaire, préalable à la formation d'un gouvernement de Cartel des gauches, au lendemain des élections législatives du 11 mai 1924.

Le Cartel des gauches

La formation d'un gouvernement de Cartel par le dirigeant du parti radical-socialiste Édouard Herriot en juin 1924 est le fruit d'une sorte de poussée militante, sur fond de rancœurs et d'insatisfaction face aux droites dominantes de 1919 au début de 1924. Il existe bien, à gauche, un mouvement d'opinion « cartelliste », dont les prémisses se situent en 1922 et qui, localement, se fait sentir jusqu'aux élections municipales de 1925. Cette France cartelliste est militante et pousse à une union des gauches. La création d'une Ligue de la République, d'inspiration franc-maçonne, à la fin de 1921, le montre : elle groupe des hommes qui, comme le jeune Marceau Pivert à Sens [Kergoat, 1994], sont peut-être d'abord des membres de la maçonnerie ou de la Ligue des droits de l'homme, avant d'être des membres de partis politiques au sens étroit du terme, soit une dissidence de la SFIO dans le cas de Pivert. D'autres indices vont dans le même sens, ainsi la relance d'un Parti républicain socialiste en 1923, à la demande d'élus et de militants, alors que cette formation avait été mise en sommeil en 1914. De même, les mécontentements de délégués radicaux de gauche lors de différents congrès du parti valoisien, ainsi à Marseille à la fin de 1922, ne sont pas pour rien dans le difficile passage à l'opposition des parlementaires radicaux, qui, bon an mal an, se démarquent à partir du printemps 1923 des hommes de droite avec qui ils ont gouverné depuis le début de la guerre.

Cette France cartelliste est fortement marquée par un héritage combiste, venu des années 1902-1906. Elle est anticléricale, ce qui, dans le contexte, signifie qu'elle répudie la politique de conciliation avec les catholiques menée de 1919 à 1923 au nom du second ralliement et d'une vision droitière de l'union sacrée. Le retour aux normes laïques des années 1900, l'application des règles légales (la Séparation de 1905) à l'Alsace-Lorraine sont des revendications fréquentes. Cet héritage se perçoit également dans des demandes aussi diverses que l'amnistie de Caillaux, Malvy et des condamnés politiques des tribunaux militaires pendant la guerre, la reconnaissance de la liberté syndicale des fonctionnaires ou la réforme de l'enseignement secondaire. On sent bien souvent une volonté de résister à une évolution du régime qui paraît néfaste. C'est le cas pour la pratique du pouvoir : le choc provoqué par l'appel à la révision constitutionnelle lancé par le président de la République Alexandre Millerand à Évreux en octobre 1923, la réprobation de l'appui qu'il prodigue ouvertement à la majorité sortante, tout cela se mêle à la dénonciation du recours, par Raymond Poincaré, à des décrets-lois au début de 1924. Il y a, dans cette France cartelliste, comme une aspiration à un retour à l'orthodoxie républicaine.

Cette France cartelliste a sans doute été souvent d'esprit unitaire. Le cas de Marceau Pivert qui, tout en militant pour une union des gauches, passe, en avril 1924, d'une dissidence socialiste à la SFIO, semble assez parlant. Dans le même ordre d'idées, on peut rappeler le succès du journal *Le Quotidien*, qui se fait en quelque sorte le porte-drapeau de cette France cartelliste, alors que les organes de presse dépendant des partis ne sont pas toujours aussi florissants, ainsi celui de la SFIO, *Le Populaire*, qui cesse de paraître en 1924 et ne resurgit qu'en 1927. Il est vrai que cette tendance unitaire a ses limites : les communistes s'en sont exclus et en ont été exclus dès la fin de 1922, lorsque l'Internationale communiste, Léon Trotsky en tête, a décidé de briser les passerelles unissant les communistes français à la « bourgeoisie radicalisante », en interdisant l'adhésion de communistes à la franc-maçonnerie et à la Ligue des droits de l'homme.

En dépit de cette borne du côté de l'extrême gauche révolutionnaire, cette tendance unitaire des gauches cartellistes s'est trouvée renforcée par le mode de scrutin propre aux élections législatives du 11 mai 1924. Ce scrutin de liste, avec des règles proportionnelles allongées d'une forte dose de prime majoritaire, obligeait à une entente électorale préalable, souvent dans le cadre du département. La discipline républicaine du deuxième tour ne suffisait pas : ce scrutin à un tour poussait les gauches à déposer des listes communes.

Dès les lendemains du 11 mai 1924, il y a comme une part d'illusion entre d'un côté les aspirations à un nouveau Bloc des gauches, jointes à la volonté du président du Conseil, Édouard Herriot, de regrouper les nuances du « parti républicain », et de l'autre côté les réalités électorales et politiques, sensiblement différentes de l'image que les acteurs en ont souvent. Les travaux de Serge Berstein ont souligné ce double décalage. Le premier est électoral : les électeurs du Cartel sont minoritaires dans le pays, même si l'on y adjoint indûment les voix d'extrême gauche, alors que le PCF s'inscrit dans une opposition révolutionnaire à ce gouvernement. Le mode de scrutin a transformé cette minorité en voix en une majorité en sièges à la Chambre des députés. Cependant, la majorité parlementaire ainsi rendue possible n'est encore qu'une majorité relative : pour exister, le gouvernement de Cartel a besoin d'aller chercher l'appui de députés du centre gauche, dont le soutien à terme peut s'avérer aléatoire. En somme, la France cartelliste est minoritaire, au Parlement, mais aussi dans le pays. Or, dès l'automne 1924, l'application de sa politique suscite de très fortes résistances : le projet de loi d'amnistie déposé à la fin de juin 1924 n'est adopté que six mois plus tard, au prix d'une bataille parlementaire usante. Quant aux mesures laïques, elles se heurtent à des mouvements d'opinion très virulents, vite encadrés dans des associations dominées par la droite, de la Fédération nationale catholique dirigée par le général de Castelnau, aux Jeunesses patriotes du député nationaliste Pierre Taittinger. Face à ces manifestations de rue, à ces cortèges, à ces déclarations d'hostilité ou de méfiance, le gouvernement Herriot semble dépourvu d'assise dans la majorité du pays.

Ce décalage, d'origine électorale, entre des mouvements d'opinion hostiles et les ambitions affichées du gouvernement de Cartel se double d'un décalage politique entre les aspirations unitaires de nombreux militants de gauche et les divisions entre partis politiques. En janvier 1924, au congrès de Marseille, la SFIO ne s'est ralliée à l'entente avec les radicaux que de mauvais gré. Il y a à cela plusieurs raisons : défiance à l'égard de radicaux alliés des droites jusqu'alors, volonté de ne pas désorienter des électeurs qui pourraient être tentés par le communisme, préjugés traditionnels contre le ministérialisme et la participation au pouvoir. Cette somme d'inquiétudes explique le caractère très limité de cette union des gauches : il n'y a d'entente qu'électorale, et non politique. Qui plus est, les listes communes, déposées dans cinquante départements, ne mettent pas fin à des situations locales marquées quelquefois par une forte rivalité entre SFIO et parti radical-socialiste.

Au lendemain du 11 mai 1924, les offres faites par les radicaux aux socialistes unifiés, en vue de leur entrée au gouvernement, sont déclinées. Il y a bien un soutien parlementaire socialiste, mais celui-ci est conditionné aux mesures effectivement présentées par le gouvernement Herriot. Or, sur de nombreux points, notamment en matière budgétaire et financière, les étoiles montantes de la SFIO, tel Vincent Auriol, proche de Léon Blum, qui sont favorables à un prélèvement fiscal sur le capital, se trouvent en opposition avec les radicaux. Les divergences entre les deux familles politiques sont-elles plus profondes qu'avant 1914 ? Avant d'apporter des éléments de réponse à cette question, on doit constater que les sujets de friction se multiplient au fil des mois, ainsi sur les solutions à apporter, en 1925, aux soulèvements coloniaux au Maroc et au Proche-Orient.

Cette illusion électorale et politique d'un retour possible au Bloc des gauches va de pair avec un phénomène peut-être moins noté, et qui s'apparente cette fois à un double renoncement. La longévité du ministère Combes, de mai 1902 à janvier 1905, avait été, en partie, permise par l'usage de deux armes politiques. La première, militante, concernait le contrôle de l'administration et des pouvoirs locaux par les membres des comités radicaux, des loges franc-maçonnes, et plus généralement de cette constellation d'associations de gauche qui avait donné au Bloc son assise populaire. Or, pendant l'été 1924, la France cartelliste ne se retrouve pas promue au rang d'organe semi-officiel de pouvoir. Il n'est pas si simple de trouver une raison à cet abandon d'une arme de gouvernement certes très controversée, mais qui avait permis de tenir le pays, alors que, dès l'automne 1924, la tolérance du ministère Herriot et des pouvoirs publics face à des manifestations catholiques, marquées à droite et ouvertement appuyées par la hiérarchie ecclésiale, frappe l'observateur. Si le ministère Combes était un gouvernement de combat, force est d'avouer que le ministère Herriot ne l'a jamais été. Assagissement radical ? Peut-être.

Ce premier renoncement se double, au Parlement, d'un second. La deuxième arme politique employée par Combes, et qui lui avait permis de durer, était la délégation des gauches, soit un organe parlementaire permanent permettant de donner une cohésion politique à une majorité formée de députés divers et de nuances variées. Cette délégation avait été un lieu de pouvoir assis sur une pratique du débat et de l'éloquence, ce qui avait valu à Jean Jaurès son surnom de « ministre de la parole » du cabinet Combes. À l'été 1924, la majorité de Cartel ne se soude pas dans une nouvelle délégation des gauches. Léon Blum n'est pas le « ministre de la parole » du gouvernement Herriot. Ce gouvernement, qui démissionne en avril 1925, ne s'est pas conçu comme le syndic d'une majorité organisée en permanence.

À cette entrée en déshérence du legs combiste s'ajoute une logique d'échec [Jeanneney, 1977]. Elle concerne l'incapacité des gauches radicale et socialiste à s'entendre sur une politique de lutte contre les crises monétaire et financière, dues aux dépenses des années de guerre et de reconstruction. Cette désunion est particulièrement grave, parce que les phénomènes de crise à l'œuvre depuis 1919-1920, comme l'inflation, sont alors relativement nouveaux, et qu'ils prennent de court un personnel parlementaire souvent peu familier de ces questions. Dans le contexte d'une remontée des oppositions de rue à partir de l'automne 1924, ces facteurs défavorables conjuguent leurs effets avec une nette détérioration de la confiance que le public place dans le gouvernement. En effet, contrairement aux droites, les hommes politiques du Cartel ne bénéficient pas de passerelles avec les milieux d'affaires, si bien que ceux-ci, les régents de la Banque de France en particulier, disposent de moyens de pression assez considérables.

Cette difficulté, qui rend compte de la démission d'Herriot en avril 1925, n'est pas surmontée par le recours, de mai 1925 à juillet 1926, au seul dirigeant prestigieux dont dispose la gauche en matière financière, à savoir Joseph Caillaux. Caillaux, mis en accusation par Clemenceau à la fin de 1917, puis condamné en justice avant d'être péniblement amnistié et réintégré en 1924, déçoit quand il n'est pas contesté. Il déçoit les socialistes pour son orthodoxie financière et la facilité qu'il a de s'entendre avec les droites. Il déçoit nombre de radicaux pour les risques politiques qu'il fait courir à la direction du parti, et en particulier pour son opposition à Édouard Herriot. En somme, dès 1925, les droites utilisent les crises monétaires et financières comme un coin pour fragmenter la majorité de Cartel, puis pour faire accepter aux radicaux, sous la menace de la banqueroute, le retour au pouvoir de l'un des grands vaincus des élections du 11 mai 1924, Raymond Poincaré. Son gouvernement d'union nationale, formé en juillet 1926, permet le retour aux affaires des droites, et le passage des radicaux à un exercice du pouvoir de concert avec elles, au nom du double héritage de la concentration républicaine ainsi que de l'union sacrée dont Poincaré a été l'inventeur en août 1914.

Dès le début de l'année 1926, il semble pour plusieurs protagonistes que la formule du Cartel des gauches est révolue, ou sur le point de l'être. C'est le sens d'une intervention de Léon Blum au congrès socialiste de la Bellevilloise en janvier où, pour la première fois, il est question de l'exercice du pouvoir par les socialistes. L'important est que le sentiment d'échec est très net à partir de l'été 1926, d'autant plus qu'Herriot participe, aux côtés de trois autres ministres radicaux, au gouvernement Poincaré. Ce sentiment ne conduit pas tous les contemporains de gauche aux mêmes analyses. Selon les sensibilités et les acteurs, la faillite des gauches au pouvoir est imputée à des facteurs très divers. Dans certains cas, ce sont les adversaires qui sont pointés du doigt, ainsi les régents de la Banque de France, les milieux financiers et plus largement les possédants qu'Herriot rend après coup responsables en désignant le « mur d'argent ». Dans d'autres cas, ce sont les anciens alliés qui sont montrés du doigt : de mauvais alliés socialistes pour certains radicaux, des radicaux prêts à pactiser avec la droite pour certains socialistes. L'essentiel est bien ce sentiment d'amertume, sinon de rancœur, qui explique en partie qu'un nouveau Cartel ne semble plus possible.

Cette mésentente se fait plus claire en 1929. Du côté des radicaux, le congrès du parti qui a eu lieu en novembre 1928 à Angers a opéré un tournant à gauche après l'épisode de juillet 1926. « La formule de l'union nationale » a été condamnée, la « politique de l'union des gauches » approuvée, et les congressistes présents, enlevés par le clan Caillaux ainsi que la gauche radicale, ont porté à la tête du parti un homme jeune, Édouard Daladier. En octobre 1929, celui-ci est désigné pour former un ministère : les radicaux de gauche sont mis au défi de reformer le Cartel. Daladier pense surmonter l'obstacle en faisant à la SFIO, et en particulier à Léon Blum, une offre très consistante de participation à un gouvernement de gauche. Les socialistes, dans ce cabinet Daladier, disposeraient de quatre ministères, dont deux ministères clés, celui des Finances, qui s'était avéré d'une importance stratégique en 1924-1926, ainsi que celui de la Guerre. Or, face à cette offre, les socialistes se divisent. L'offre est acceptée par une majorité de députés socialistes conduits par Marcel Déat, avec le soutien actif de l'aile droite, dite participationniste, de la SFIO, dont la figure tutélaire est Pierre Renaudel. En revanche, le congrès de la SFIO, désavouant cette aile droite, décline l'offre de Daladier, dont la tentative de néo-Cartel échoue.

En somme, l'attitude à avoir vis-à-vis de l'union des gauches, et plus largement face à la question du pouvoir, divise les radicaux entre eux (depuis novembre 1928), mais aussi les socialistes entre eux (depuis octobre 1929), sans même parler du parti républicain socialiste, en état de scission avérée après le congrès de 1927. L'échec du Cartel suscite en fait des ruptures plus profondes que prévu. De façon plus nette qu'en 1926, c'est Léon Blum qui, pour clore les débats à la SFIO, se fait un devoir de repenser « le problème des rapports du socialisme avec les autres partis qui se réclament de la démocratie », indissolublement lié au « problème de l'exercice du pouvoir par le socialisme dans les cadres de la société capitaliste ». Dans un discours prononcé pendant l'été 1929, Blum présente cet « exercice du pouvoir » comme un moyen terme entre une solution à longue échéance, la conquête révolutionnaire du pouvoir, et une fausse solution de courte vue, la participation au pouvoir. La conquête révolutionnaire se trouve maintenue en théorie à l'horizon socialiste, bien qu'elle soit soumise en pratique aux impératifs de la critique des frères ennemis communistes. Quant à la participation à un gouvernement de gauche non socialiste, elle n'est pas non plus écartée en théorie. Pourtant, dépeinte par Blum comme un « mode d'action normale, en attendant de devenir une habitude, en attendant de devenir une routine », elle est condamnée en pratique.

De l'échec du Cartel, Blum tire, si l'on veut, deux leçons. La première est celle des « mouvements de pendule » des radicaux, qui oscillent tantôt à gauche, tantôt à droite. En langage du début du XXIe siècle, on pourrait dire que le parti radical réalise à lui seul l'alternance au pouvoir, selon les jeux d'alliance qu'il privilégie, en fonction de l'évolution des rapports de force internes entre ses ailes droite et gauche. En d'autres termes, « l'exercice du pouvoir en société », comme le dit joliment Blum, n'est pas concevable sans les radicaux. Et de fait, de 1919 à 1940, les radicaux ont toujours participé à cet exercice en société, à l'exception d'une courte période de trois ans et demi, de novembre 1928 à mai 1932 justement. Corollaire de cette première leçon, en forme de doute raisonné, Blum tire de l'échec du Cartel une deuxième leçon, sous forme de ligne de conduite pour l'avenir. « L'exercice du pouvoir » ne peut plus s'envisager que sous la direction des socialistes, si ceux-ci constituent « la fraction la plus importante du seul groupement de partis capable de constituer la majorité ». Dans cette vision des choses, l'exercice du pouvoir implique « un changement — une autre pièce, un autre décor, un autre éclairage », soit ce que Blum nomme, dans le sens courant de l'expression précise-t-il, « une petite révolution ». En d'autres termes, il faut montrer que, même en exerçant le pouvoir, la SFIO reste ce parti de transformation sociale qu'elle prétend être.

LE NÉO-CARTEL

À la veille des élections législatives de mai 1932, le ressort de l'entente politique entre socialistes et radicaux n'est pas brisé, mais fortement détendu. En revanche, le ressort de l'entente électorale reste très puissant dans les esprits. L'abolition du mode de scrutin utilisé en 1924 ne rend plus nécessaire l'élaboration de listes communes. Le retour au mode de scrutin consubstantiel à la démocratie républicaine, soit le scrutin uninominal majoritaire à deux tours, permet de brandir à gauche l'étendard de la discipline républicaine, tout en s'affranchissant des contraintes d'une alliance nationale, qui paraît impossible à réaliser dans le contexte. La pratique de la discipline républicaine reste effectivement très forte dans l'électorat, comme le montre *a contrario* le parti communiste. Engagé, alors, dans une stratégie politique, dite « classe contre classe », de lutte tous azimuts, le PCF refuse la discipline républicaine, en choisissant de maintenir ses candidats, même les plus mal placés, au second tour, et en fermant la porte à tout désistement. Entre le premier et le second tour des législatives, le PCF perd environ la moitié de ses électeurs, preuve que même des voix réputées révolutionnaires partagent une conception unitaire de la gauche.

Cette fois-ci, à la différence des élections du 11 mai 1924, la gauche est majoritaire dans le pays. Plus encore, ses grands équilibres évoluent avec, fait nouveau, des électeurs socialistes plus nombreux que les électeurs radicaux. Cela dit, cette évolution de fond est estompée pour les contemporains par les résultats en termes de sièges à la Chambre des députés. Avec 157 sièges, c'est la plus importante victoire électorale radicale depuis 1919. Au regard des droites (259 sièges environ), il existe, selon Lucien Lamoureux, député de l'Allier et membre de la direction du parti radical, une « majorité étroite » de 333 voix, incluant les socialistes. L'étroitesse n'est pas flagrante : les conditions arithmétiques, si l'on veut, de la création d'un gouvernement de gauche semblent à nouveau réunies. Ce sont, en revanche, les conditions politiques qui font défaut.

L'expression de « majorité naturelle » est de Jean Zay, alors jeune député du Loiret et membre d'une gauche radicale qui, de juin 1932 à février 1934, se montre incapable de peser suffisamment pour qu'un gouvernement de gauche, recueillant l'assentiment des socialistes, voie le jour. Cette formule semble assez révélatrice d'un état d'esprit et d'une politique qui, au-delà du cas personnel de Jean Zay, sont emblématiques de la gauche du radicalisme [Prost, 2003]. Si cette « majorité naturelle » peine à exister après juin 1932, au point que l'expression de néo-Cartel renvoie d'abord à une formule polémique d'usage courant à droite, c'est que, pour suivre un autre dirigeant radical, Édouard Daladier, en juin 1932, il n'existe alors « aucune entente des gauches sur un programme commun ».

L'idée d'un programme de gouvernement, unissant les gauches au lendemain de consultations électorales, renvoie dans le contexte aux pourparlers engagés entre radicaux et socialistes. Ceux-ci, réunis en congrès à Paris du 29 mai au 1er juin, salle Huyghens, mettent comme condition à l'entrée de ministres socialistes dans un gouvernement radical, l'acceptation, par les radicaux, d'un programme en neuf points. Ce programme, baptisé « cahiers de Huyghens », comprend diverses mesures, dont la réduction des dépenses militaires à leur niveau de 1928. Cependant, plusieurs de ces mesures sont conçues comme des points susceptibles de provoquer cette « petite révolution » voulue par Léon Blum en 1929. Citons notamment l'instauration de la semaine de 40 heures sans diminution de salaire, la généralisation des assurances sociales sous contrôle de l'État, la nationalisation des chemins de fer et des assurances, ou encore la création d'offices publics du blé et des engrais.

En un sens, Léon Blum a assoupli sa position par rapport à celle de 1929. Il n'est plus question d'un exercice du pouvoir sous direction politique socialiste, sans doute dans le souci de ne pas provoquer de rupture avec l'aile droite, participationniste, de la SFIO, qui est alors engagée dans une entreprise de redéfinition de la doctrine socialiste, ce que l'on a nommé la tendance « néosocialiste ». En revanche, en soumettant la participation socialiste à un programme commun de gouvernement, Léon Blum use des « cahiers de Huyghens » comme d'un instrument de contrainte, ou de discipline, d'une majorité parlementaire sur le moyen terme. Le programme socialiste en neuf points doit jeter les bases d'un contrat moral de majorité, et empêcher, sauf à se dédire, les radicaux d'aller chercher leurs soutiens où ils le voudraient, en un mot de glisser à droite comme en 1926.

Cette stratégie socialiste se heurte à un refus majoritaire chez les « caciques », jeunes et vieux, du parti radical. Les élections débouchent sur la formation d'un gouvernement dirigé par Édouard Herriot, sans participation socialiste, qui repose sur une autre lecture de l'échec du Cartel. En choisissant comme ministre des Finances Louis Germain-Martin, ancien ministre du Budget dans un gouvernement de droite en 1930, Herriot opte pour une attitude de conciliation à l'égard du « mur d'argent ». La leçon tirée de 1926 est diamétralement opposée à celle de Blum : l'émancipation du gouvernement, vis-à-vis des contraintes de l'union des gauches, est revendiquée, et les terrains d'entente avec les modérés ne sont pas impossibles, en matière financière et budgétaire notamment. Ce choix s'explique par la façon presque obsédante avec laquelle les protagonistes, de gauche comme de droite, lisent les événements de 1932-1933 en fonction de ce qui est vu comme le précédent de 1924-1926. Plusieurs dirigeants de droite modérée, André François-Poncet et Pierre-Étienne Flandin par exemple, spéculent sur la répétition d'un scénario cartelliste, où la banqueroute, fruit de la récession économique sensible depuis 1931, obligerait les radicaux à abdiquer leur pouvoir entre les mains des droites.

Très peu de contemporains échappent à cette lecture analogique, qui fait des difficultés des radicaux au gouvernement en 1932-1933 les signes avant-coureurs d'une faillite politique jugée inéluctable. L'échec d'Herriot, dont le gouvernement doit céder la place en décembre 1932 à des cabinets dirigés par d'autres dirigeants radicaux, ne fait qu'accréditer cette croyance. En décembre 1933, à la faveur d'un vote sur la politique de déflation — la réduction du traitement des fonctionnaires —, l'abstention des socialistes et le soutien accordé par une partie des droites font dire à Léon Blum dans *Le Populaire* que « la concentration est faite ». Comme en 1925-1926 ?

Cette lecture analogique permet également à un certain nombre de contemporains de gauche de minimiser les poussées de mécontentements qui, dans la rue, sont canalisées et encadrées par des associations dominées par les droites, ou l'extrême droite dans le cas de plusieurs ligues. Cette impression d'une répétition, qui a occupé une telle place dans les représentations collectives qu'elle en a laissé sa trace dans l'historiographie française, le « néo-Cartel », a pourtant l'inconvénient d'occulter ce que la situation a, en 1932-1933, d'inédit et d'inquiétant.

Le pays est entré dans une crise bien plus profonde qu'au milieu des années 1920. La récession y est pour beaucoup, qui attise de forts malaises sociaux et exaspère de nombreux contemporains. Ceux-ci sont confrontés, avec l'instabilité ministérielle en 1933, à ce qu'ils considèrent comme un blocage politique insupportable en période d'augmentation des faillites et du chômage : les gouvernements radicaux n'ont pas la majorité parlementaire de leur politique, et ils n'ont pas non plus la politique de leur majorité parlementaire. On ne doit pas sous-estimer ces irritations et ces inquiétudes qui travaillent au corps l'opinion publique. Que l'on se borne à rappeler que, en novembre 1933, le ministre de l'Intérieur, le radical Camille Chautemps, interdit la « marche de la faim » des chômeurs du Nord à Paris, organisée par les communistes, en mettant en avant non l'ordre public — par peur d'une décision impopulaire —, mais un souci humanitaire visant à épargner les chômeurs...

Ces tergiversations radicales suscitent d'autant plus de tensions que la situation politique est extrêmement fragile. À la fin de 1933, la SFIO est confrontée à la crise « néosocialiste » qui se traduit par une scission : de profondes divergences doctrinales se sont jointes à des désaccords, récurrents depuis 1929, sur la question de la participation au pouvoir, pour créer une fracture interne au socialisme français. Quant au parti communiste, presque réduit à l'état de groupuscule ou, comme le dit Maurice Thorez, de « secte » au début de 1932, il est repris en main par une équipe clandestine envoyée par l'Internationale communiste. Reste que, avec une dizaine de députés élus en 1932, il n'a pas de poids réel sur la scène politique. Seul le parti radical est finalement épargné par ces secousses, mais à quel prix ? Le souci de préserver l'unité du parti conduit à une forme d'impuissance.

On peut s'étonner, *a posteriori*, de ce que la question de l'antifascisme, notamment après la prise du pouvoir par Hitler en 1933, n'ait pas rencontré des échos suffisants pour modifier ou atténuer ces clivages politiques. C'est pourtant le cas : alors que les « forces extra-parlementaires », comme les nomme le quotidien maurrassien *L'Action française*, connaissent un essor plus remarquable, à droite et à l'extrême droite, qu'en 1924 et 1925, les initiatives unitaires et antifascistes, à gauche, ne sont le fait que de francs-tireurs en dissidence avec leurs partis. Gaston Bergery, qui quitte le parti radical en mars 1933 pour créer « Front commun », Jacques Doriot, qui, au parti communiste, se fait le défenseur d'un front unique contre le fascisme, sont des isolés.

C'est dans ce climat très assombri que la nuit d'émeutes du 6 février 1934, qui se solde par quinze morts et plus d'un millier de blessés en plein Paris, met un terme aux gouvernements radicaux. Le gouvernement Daladier, pourtant investi la veille par une confortable majorité de gauche, démissionne le 7 février, sur les conseils de nombreux dirigeants du parti. C'est la première fois depuis 1875 qu'un gouvernement cède devant une émeute antiparlementaire. C'est la première fois aussi que la violence catalyse un tel changement politique puisque, quelques jours plus tard, se forme un gouvernement de « trêve des partis » bâti selon la formule de l'union nationale. Sous la direction d'un modéré, Gaston Doumergue, des ministres radicaux, parmi lesquels Édouard Herriot, gouvernent de concert avec des hommes de droite, dont l'un des grands vaincus des élections de 1932, André Tardieu. Finalement, la concentration s'est faite, mais dans des conditions si dramatiques que c'est le régime dans son ensemble qui en est ébranlé.

RÉFÉRENCES BIBLIOGRAPHIQUES

ALLAIN Jean-Claude (1981), *Joseph Caillaux*, t. II, Imprimerie nationale, Paris.

BLUM Léon (1997), *Discours politiques*, présenté par Alain BERGOUNIOUX, Imprimerie nationale, Paris.

BERGOUNIOUX Alain et GRUNBERG Gérard (1992), *Le Long Remords du pouvoir. Le Parti socialiste français (1905-1992)*, Fayard, Paris.

BERSTEIN Serge (1980 et 1982), *Histoire du parti radical*, 2 vol., Presses de la FNSP, Paris.

— (1985), *Édouard Herriot ou la République en personne*, Presses de la FNSP, Paris.

BILLARD Yves (1996), « Un parti républicain socialiste a vraiment existé », *XXe siècle*, n° 51.

COINTET Jean-Paul (1998), *Marcel Déat, du socialisme au national-socialisme*, Perrin, Paris.

DU RÉAU Élisabeth (1993), *Édouard Daladier*, Fayard, Paris.

GHEBALI Éric (1998), *Vincent Auriol, le président citoyen*, Grasset, Paris.

GREILSAMER Ilan (1996), *Blum*, Flammarion, Paris.

JACKSON Julian (1985), *The Politics of Depression in France (1932-1936)*, Cambridge University Press, New York.

JEANNENEY Jean-Noël (1977), *Leçon d'histoire pour une gauche au pouvoir. La faillite du Cartel*, Seuil, Paris.

JUDT Tony (1976), *La Reconstruction du Parti socialiste (1921-1926)*, Presses de la FNSP, Paris.

KERGOAT Jacques (1994), *Marceau Pivert « socialiste de gauche »*, L'Atelier, Paris.

LARKIN Maurice (2004), *L'Église et l'État en France. 1905 : la crise de la Séparation*, Privat, Toulouse.

LACOUTURE Jean (1977), *Léon Blum*, Seuil, Paris.

NÉRÉ Jacques (1985), *Le Problème du mur d'argent : les crises du Franc (1924-1926)*, La Pensée universelle, Paris.

PINOL Jean-Luc (1992), « 1918-1958 : le temps des droites ? », *in* Jean-François SIRINELLI (dir.), *Les Droites en France*, t. 1, Gallimard, Paris.

PROST Antoine (dir.) (2003), *Jean Zay et la gauche du radicalisme*, Presses de Sciences-Po, Paris.

ZIEBURA Gilbert (1967), *Léon Blum et le parti socialiste*, Presses de la FNSP, Paris.

51

Le Front populaire

Frédéric Monier

Des gouvernements de gauche, Cartel de 1924-1926 et néo-Cartel de 1932-1934, des années antérieures aux gouvernements de Front populaire de 1936-1938, s'opère une rupture dont il est difficile de mesurer exactement l'importance. Certains auteurs ont parlé à ce propos de l'apparition d'une « nouvelle économie du politique » [Rosanvallon, 2000]. Les éléments qui plaident en faveur de cette interprétation, soit une expérience gouvernementale d'un type inédit, sont assez nombreux. On peut les énumérer rapidement.

Le premier tient à l'ampleur des processus collectifs de mobilisation et de politisation, qui touchent, selon un terme affectionné par les contemporains, les « masses ». Ces processus de masse, qui apparaissent lorsque la récession économique fait sentir ses effets destructeurs en 1932-1933, s'intensifieraient jusqu'au point culminant de l'été 1936, puis déclineraient, jusqu'au ressaut de la grève de novembre 1938. La conjonction de mouvements sociaux d'une force inédite avec des engagements militants en faveur des gauches serait propre au Front populaire. La comparaison avec des épisodes antérieurs, ainsi au temps du Cartel en 1924, montre effectivement que quelque chose de nouveau se produit au milieu des années 1930.

Deuxième élément à l'appui de cette thèse, le glissement à gauche, voire à l'extrême gauche, qui résulte des élections législatives d'avril-mai 1936. Pour la première fois en France, avec le ministère formé par Léon Blum au début de juin 1936, un gouvernement est dirigé par un socialiste. Pour la première fois, dans cette Chambre des députés élue en 1936, l'extrême gauche révolutionnaire, le parti communiste, se retrouve, non dans l'opposition, mais dans la majorité parlementaire. D'ailleurs, l'expression de « front populaire » elle-même a été inventée par les communistes français. C'est en octobre 1934 que, pour la première fois, Maurice Thorez plaide en faveur d'un « large front populaire antifasciste ». Pendant l'été 1935, le VIIe congrès de l'Internationale communiste, à Moscou, adopte et définit, à l'échelle mondiale, une stratégie politique de front populaire. Sans doute ce glissement à gauche a-t-il ses limites, mais le phénomène inattendu des contemporains est bien là : à partir de 1936, gouvernement de gauche ne signifie plus nécessairement exercice du pouvoir par les radicaux.

Troisième et dernier élément à l'appui de cette thèse, le lien, neuf lui aussi sous cette forme, entre exercice du pouvoir par la gauche et réformes économiques et sociales, fruit, en bonne part, des processus de mobilisation et de politisation de « masse ». Le lien entre gauche et réformes n'est évidemment pas une donnée naturelle, et il faut ici rappeler l'ampleur du travail effectué par des gouvernements de droite, avec puis sans participation radicale, de 1928 à 1932, que ce soit pour les assurances sociales ou pour le logement, entre autres. Au vu de tous ces éléments, on pourrait penser que l'exercice du pouvoir par le Front populaire, expérience alors inédite, s'inscrit dans une rupture avec les processus antérieurs, ceux des années 1924-1934.

Il faut, comme toujours, nuancer très sérieusement une telle thèse, pour plusieurs raisons. La première est que les acteurs sont, comme attendu, les mêmes. Le personnel gouvernant n'est pas profondément renouvelé par les élections de 1936 : on retrouve, dans le ministère dirigé par Léon Blum, des hommes de gauche formés à la politique au temps du Cartel et du néo-Cartel, ainsi, en vrac et sans exhaustivité, Vincent Auriol, Marceau Pivert, Édouard Daladier ou Jean Zay. Les « caciques » du radicalisme, tels Édouard Herriot, président de la Chambre des députés, ou le sénateur Joseph Caillaux, ne sont plus au gouvernement, mais l'on aurait tort de croire que leur pouvoir d'influence est devenu négligeable. On doit, bien sûr, compter avec un renouvellement du personnel politique et, plus encore, militant. Pourtant, en comparaison avec d'autres césures de la France du XXe siècle, celles de 1919 ou de 1944, ce renouvellement de 1936 apparaît assez limité et, dans le meilleur des cas, pourvu d'effets différés.

La part de continuité entre le Front populaire et les expériences antérieures des gauches au pouvoir tient aux hommes, mais aussi à des phénomènes collectifs plus profonds. Parmi eux, on doit signaler le reclassement centriste d'une partie, de plus en plus importante au fil des ans, de la famille politique radicale. Le Front populaire n'échappe pas à la loi d'airain, si l'on ose dire, des « mouvements de pendule » radicaux, dont les oscillations de droite à gauche paraissent se poursuivre presque imperturbablement. Après la phase de droite de 1919-1923, la phase de gauche, avec le Cartel, de 1924-1926, puis de droite, avec Poincaré, de 1926-1928, à nouveau de gauche — avec la « cure d'opposition » et le néo-Cartel — de 1928-1933, encore à droite — après le 6 février — en 1934 et 1935, à gauche avec le Front populaire en 1936 et 1937, enfin à droite en 1938-1940.

En effet, c'est un radical, Édouard Daladier qui, à partir d'avril 1938, prend la direction d'un ministère où des hommes de droite sont réintégrés au gouvernement, et où, en quelques mois, les radicaux glissent d'une coalition politique avec les gauches vers une entente avec une partie des droites, au nom d'une nécessaire union nationale face à la menace de guerre. L'originalité de cette recomposition de 1938 tient au fait que, pour la première fois, elle est dirigée par un radical, et non par un modéré de droite appelé pour les besoins de la cause, comme Raymond Poincaré en 1926 ou Gaston Doumergue en février 1934. Pourtant, le sens général de l'évolution est similaire, sinon identique, car elle aboutit à la dislocation de cette union des gauches d'un nouveau genre, le « Front populaire », au profit d'un gouvernement qui se place sous les auspices de la « concentration républicaine » et de l'union nationale. Le catalyseur de cette recomposition n'est plus une crise financière, comme pendant l'été 1926, ni une crise intérieure violente, comme en février 1934, mais la conjonction d'une crise internationale — celle de Munich — et de mouvements sociaux — la grève de la fin de 1938, durement réprimée. Reste que la « loi du pendule » a de nouveau produit ses effets, contribuant en 1938 à cette démobilisation, sinon à ce désengagement, particulièrement chez les militants.

C'est, au total, dans ce jeu serré de tensions, entre innovations et continuités, que se situe le Front populaire. Le caractère dense, sinon exceptionnel à l'échelle du siècle, de l'épisode explique que, *a posteriori*, il ait contribué à définir une conception originale de l'union politique des gauches, ainsi que de l'exercice du pouvoir. Cette conception, nourrie de la référence à 1936, on la retrouve, de façon tantôt marginale, tantôt centrale, dans les décennies qui suivent. Elle traverse de façon récurrente les préoccupations des hommes de gauche, du milieu des années 1950 (le « front républicain » des élections législatives de janvier 1956) aux années 1970, où, à nouveau, une dynamique d'union des gauches se construit sur le socle d'un programme commun. On pourrait, si l'on osait, parler d'une manière de paradigme du Front populaire, à propos de l'idée que se fait la gauche française de l'exercice du pouvoir au milieu du XXe siècle, disons du milieu des années 1930 au début des années 1980. Compte tenu de cette postérité, politique, sociale et intellectuelle, il vaut la peine, avant de donner un aperçu des réformes, si connues, de 1936, d'examiner avec attention la genèse de cette conception de l'exercice du pouvoir, promise à un si bel avenir.

FRONT POPULAIRE, RASSEMBLEMENT POPULAIRE, UNION DES GAUCHES

Le gouvernement de Front populaire formé par Léon Blum au début de juin 1936 est le résultat d'une dynamique unitaire qui fait sentir ses premiers effets après l'émeute du 6 février 1934. Cela dit, il faut attendre le mois de janvier 1936 pour que l'entente entre les gauches politiques aboutisse. Au vu des épisodes antérieurs, et surtout des difficultés rencontrées en 1932 et 1933, on ne doit pas sous-estimer l'importance de cette phase liminaire.

Au départ, c'est la réaction de peur, éprouvée dans le pays face à l'émeute du 6 février, qui initie le processus de mobilisation collective et de politisation, auquel répond cette dynamique politique qui, à gauche, porte au pouvoir le

Front populaire. De cette peur collective, nous avons de très nombreux témoignages. L'idée prévaut que le régime républicain est en péril, voire que les violences, orchestrées par des membres des ligues nationalistes devant le Palais-Bourbon, étaient le fruit d'une tentative de coup d'État fasciste. Le virage politique effectué par les dirigeants radicaux, qui se rallient à un gouvernement d'union nationale de concert avec les droites, ne calme pas ces appréhensions, nourries d'une inquiétude sur la montée des régimes autoritaires en Europe. Le résultat de ce choc en retour dans l'opinion se lit le 12 février. Un appel à la grève, lancé par la CGT, est largement suivi, et des cortèges et manifestations ont lieu dans 85 départements, mobilisant environ 250 000 personnes. La mobilisation touche un public convaincu que la République est à défendre.

Ce public est habité par une forte aspiration à l'unité de la gauche. On l'a souvent noté à propos des cortèges socialiste et communiste qui, le 12 février, se croisent dans ce haut lieu de la défense républicaine (depuis 1899 au moins) qu'est la place de la Nation à Paris. Le réflexe unitaire est plus net encore dans certaines manifestations de province. Cette mobilisation ample n'est, de façon assez paradoxale, portée par aucune stratégie politique digne de ce nom. Du côté radical on l'a vu, le virage politique vers la droite place le parti en porte-à-faux. Au congrès radical de mai 1934, seule une petite minorité, autour de Gabriel Cudenet, quitte le parti valoisien : la gauche radicale ne fait pas sécession, et n'arrive pas non plus à infléchir le courant majoritaire d'entente avec les droites. Du côté socialiste, l'appui prodigué à la CGT le 12 février est le fruit d'une entente entre Léon Blum et la gauche de la SFIO, autour de Jean Zyromsky et de Marceau Pivert. Tous les socialistes ne se retrouvent pas d'accord sur le contenu politique de la réponse à donner au 6 février. Enfin, du côté communiste, règne une grande confusion : des militants d'une organisation d'anciens combattants proches du PCF ont participé aux manifestations du 6 février, avec des mots d'ordre distincts il est vrai. Dans l'esprit des dirigeants communistes, comme de l'Internationale d'ailleurs, la réponse au 6 février ne peut pas être unitaire : la condamnation politique de Jacques Doriot, partisan d'une telle stratégie, conforte encore ce choix. La participation communiste aux manifestations du 12 février ne met pas un terme à cette attitude [Becker, 1981].

Compte tenu de cette dispersion et de ces hésitations, la réplique antifasciste s'organise donc aussi à côté des partis politiques, dans les syndicats — la CGT pour l'essentiel — mais aussi dans ces associations qui servent, on l'a noté à propos du Cartel de 1924, de laboratoires d'idées à la gauche, soit la franc-maçonnerie et la Ligue des droits de l'homme. Ce sont également les intellectuels qui réagissent, avec la publication le 5 mars d'un appel aux travailleurs, prélude à la création d'un Comité de vigilance des intellectuels antifascistes. Dès le milieu de l'année 1934, on repère, dans ces prises de position, une nébuleuse associative, le plus souvent d'inspiration pacifiste et marquée à gauche, qui sert à la fois de vivier et de moteur au rassemblement populaire en gestation : du Syndicat national des instituteurs aux associations féministes, en passant par la Ligue internationale contre l'antisémitisme et des comités de chômeurs, l'initiative est bien là, qui crée un appel d'air pour des partis encore désunis. En un sens, la lutte antifasciste d'aspiration unitaire, à partir du 12 février 1934, donne des perspectives politiques à des mouvements militants et leur offre, si l'on veut, un second souffle. C'est vrai pour les comités de chômeurs, bien souvent associés dès le début aux comités d'action antifascistes qui apparaissent dans le pays à compter de l'été 1934.

Si l'on adopte cette façon de voir, on peut comprendre ce phénomène assez étrange qu'est le rôle moteur alors joué par un parti communiste resté le plus souvent, depuis 1920, en périphérie du jeu politique traditionnel et dans des relations d'opposition à la République telle qu'elle est. Ce parti est aussi celui qui compte le plus sur les associations et les syndicats pour assurer la croissance de ses effectifs militants et, au-delà, son rayonnement dans une société française qui lui a été, jusqu'alors, hostile dans sa grande majorité.

En mai et juin 1934, un changement politique s'opère au PCF, lié aux évolutions qui se font jour au sommet de l'État soviétique et de l'Internationale communiste, ainsi qu'au rapprochement diplomatique entre la France et l'URSS. Pour la première fois depuis 1920, une entrevue a lieu, le 11 juin, entre dirigeants socialistes et communistes. La direction de l'Internationale communiste (Georges Dimitrov, Dimitri Manouilsky) obtient de sa section française la défense de l'unité à tout prix avec les socialistes, « contre le fascisme qui menace la classe ouvrière », et des actions concertées entre les deux centrales syndicales, CGT et CGT-U (pour unitaire). Ce premier revirement permet des négociations entre les directions des deux partis politiques. Un pacte d'unité d'action contre le fascisme est signé le 27 juillet, après avoir été approuvé par la SFIO. Cette « alliance négative » [Becker, 1981] permet de trouver des terrains d'entente autour de la défense des « libertés démocratiques », en encourageant la constitution, sur le terrain, de comités d'unité d'action antifasciste, avec une forte présence ouvrière. Le succès de cette initiative pousse probablement les communistes à aller un peu plus loin en octobre 1934, en frappant à la porte du parti radical.

Contact est pris avec le grand perdant du 6 février au sein du parti radical, Édouard Daladier. Le 4 octobre 1934, Daladier estime que le « front commun » socialiste et communiste doit s'élargir pour faciliter l'« adhésion de tous : classe ouvrière et classes moyennes contre la montée du fascisme ». Le 9 octobre, Maurice Thorez plaide devant les socialistes pour un rapprochement avec les radicaux, afin de sceller l'« alliance des classes moyennes avec la classe ouvrière ». Il ne s'agit plus exactement du « front commun », dont les perspectives ont été arrêtées en juillet, mais bien d'une union des gauches. Dans un meeting à Nantes le 24 octobre, Maurice Thorez se fait le défenseur d'un « large front populaire antifasciste ». Cette initiative croise des attentes à la gauche du parti radical qui, verbalement, durcit son discours. Daladier, au congrès radical de Nantes à la fin d'octobre, dénonce, nouvelle version du « mur d'argent », les « deux cents familles » censées contrôler et la Banque de France et le pays.

Ce qui naît à la fin de 1934, c'est l'idée d'une alternative politique à venir : les thèmes, le programme possible, « le pain, la paix, la liberté », du Front populaire sont dessinés par l'extrême gauche communiste. Cela dit, il ne s'agit encore que d'une alternative possible, et rien de plus. Deux événements, en 1935, permettent à cette perspective de se clarifier. Le premier est les élections municipales de mai 1935 : alors qu'Édouard Herriot prend nettement ses distances vis-à-vis du fond commun SFIO-SFIC, l'accord de désistement au second tour qui a été passé entre ces deux formations est élargi aux candidats « antifascistes », c'est-à-dire aux radicaux de gauche. Même si la droite contrôle encore environ la moitié des communes après les élections municipales, la dynamique unitaire créée à gauche a profité aux socialistes ainsi qu'aux communistes. La « ceinture rouge » de Paris devient, à la satisfaction de Maurice Thorez, une réalité. En somme, le front commun répond à des attentes de l'électorat.

Le deuxième événement qui permet, en 1935, à cette alternative politique en projet de prendre corps est d'ordre symbolique. Il s'agit de la célébration du 14 juillet 1935. Le ralliement communiste à la fête nationale a été facilité par un deuxième revirement. Au printemps 1935, Staline fait savoir qu'il approuve la « politique de défense nationale » de la France. Plus largement, le Parti communiste français s'engage alors dans une entreprise de réappropriation d'un héritage historique et idéologique, celui du patriotisme jacobin. En parallèle, des efforts sans précédent sont faits pour renouer le dialogue avec la gauche radicale, grâce notamment à des associations, des « organisations de masse », contrôlées, avec plus ou moins de réussite selon les cas, par le PCF.

En somme, la redécouverte du patriotisme républicain, dans sa filiation révolutionnaire, va de pair avec la reconstruction de ce que l'Internationale communiste avait détruit à la fin de 1922, soit les passerelles entre mouvement révolutionnaire et « bourgeoisie radicalisante », celle de la franc-maçonnerie et des intellectuels membres de la Ligue des droits de l'homme. Ce lien est de première importance le 14 juillet 1935, parce que les manifestations qui sont organisées ce jour-là dans la France entière, sous la forme de cortèges, de meetings et de prestations collectives de serment, sont impulsées par une fédération de groupes — associations, syndicats, partis — unis dans un comité national du Rassemblement populaire que préside Victor Basch, intellectuel, ancien dreyfusard, président de la Ligue des droits de l'homme et membre du Parti socialiste.

À la fin de l'année 1935, dans la perspective des prochaines élections législatives, s'accumulent les projets de réformes, sinon les programmes, alors que l'attitude des radicaux n'est pas certaine. Le congrès radical d'octobre 1935 fait pencher la balance à gauche, mais les réticences sont encore très fortes, et le parti valoisien est parfaitement conscient qu'il ne peut continuer sans dommages électoraux à tenir en même temps les deux branches de l'alternative, le ralliement au Front populaire et le soutien aux gouvernements de droite modérée, qui se poursuit depuis la mi-février 1934. C'est en janvier 1936 que les radicaux arrêtent leur choix : la présidence du parti échoit, à nouveau, à Daladier, et le gouvernement de droite de Pierre Laval est renversé.

Il existe plusieurs interprétations possibles de cette alternative politique de gauche, comme le montre, d'ailleurs, le fait que des programmes sont discutés et arrêtés dans quatre lieux différents : le comité de coordination PCF-SFIO, qui publie un texte le 23 septembre 1935, la délégation des gauches — l'organe parlementaire héritage du Bloc ayant été ressuscité sous l'impulsion des communistes en juin 1935 —, le comité national du Rassemblement populaire, qui regroupe plusieurs dizaines, sinon une centaine d'organisations, enfin les commissions du plan mises sur pied à l'initiative de la CGT, avec de nombreux partenaires. Le texte qui a finalement le plus d'importance est celui qui est négocié directement entre PCF, SFIO et parti radical, et publié le 12 janvier 1936, sous la forme d'une liste de « mesures immédiatement applicables » en cas de victoire des gauches.

Quitte à schématiser, disons qu'il existe au moins trois versions possibles de cette entente. La plus réduite est la version radicale. On peut suivre les pas de Jacques Kayser, radical de gauche, représentant permanent de son parti au comité national du Rassemblement populaire qui, sous la surveillance de Daladier, négocie l'entente avec les socialistes et les communistes. Comme l'écrit Aurélien Bouet, « selon Kayser, le Front populaire constitue la forme contemporaine de la défense républicaine des débuts du siècle » [Prost, 2003]. Dans cette optique, le texte publié le 12 janvier 1936 qui, remarque Bouet, « ne prévoit pas d'importantes réformes des structures économiques et sociales du pays », n'est « pas un programme électoral : c'est une simple déclaration qui constate les points d'accords entre les différentes composantes de la coalition ». Cette version des choses, qui renvoie à l'héritage des années 1899-1906, n'est pas propre à Kayser. Un homme comme Victor Basch a des conceptions similaires. Cette idée est forte chez les radicaux de gauche, mais pas chez tous les radicaux : c'est le Front populaire version union des gauches.

La deuxième version possible est celle qui, élaborée par Léon Blum, rencontre le plus large écho dans les rangs socialistes. Elle repose sur le socle des réflexions venues des années 1926-1932, avec, selon Blum, une donnée nouvelle surgie le 6 février 1934. Cette donnée nouvelle, c'est celle d'une nécessaire « occupation », ou « détention » du pouvoir par la gauche en général, et les socialistes en particulier, compte tenu de la menace fasciste de prise du pouvoir par la force qui pèse sur le régime républicain. Cela dit, les objectifs fixés avant 1934 pour l'exercice du pouvoir restent valables : la « petite révolution » dans le cadre du régime existant. Il faut donc obtenir avant les élections l'accord sur un programme conçu, après la tentative de 1932, comme un instrument de discipline majoritaire à terme. Pendant la campagne, au printemps 1936, Blum bataille pour que le texte du 12 janvier 1936 soit reconnu comme la « charte de la majorité ». Dans cette vision des choses, le Rassemblement populaire ressemble à ce que l'écrivain et homme de presse Jean Guéhenno nomme une « formation politique » d'un genre nouveau. C'est le Front populaire dans sa version socialiste : un rassemblement, socle d'une « formation politique » destinée à gouverner.

Une troisième version possible du Front populaire renvoie à la stratégie politique mise au point par le mouvement communiste, avec des jeux extrêmement complexes entre la direction officielle de la section française, sa direction officieuse avec les *missi dominici* de l'Internationale, au premier rang desquels se trouve Eugen Fried, enfin la direction de l'Internationale communiste qui, à Moscou, gère le « parti mondial de la révolution ». Après le VIIe congrès de l'Internationale communiste à l'été 1935, la politique de Front populaire, déclinée dans divers pays — ainsi en Espagne —, s'inscrit dans une stratégie de conquête révolutionnaire à long terme. La finalité ultime, comme le rappelle à plusieurs reprises Maurice Thorez, est l'instauration de la République française des soviets. En somme, le soutien à court terme aux autres forces de gauche et l'attitude de défense antifasciste ne permettent pas, à ce moment-là, d'envisager une éventuelle participation communiste à un futur gouvernement de Front populaire, en dépit d'hésitations chez certains dirigeants français. En revanche, les processus de mobilisation et de politisation collective, ainsi que la radicalisation des mouvements sociaux doivent aboutir, dans un avenir non précisé, à ce que l'« activité extra-parlementaire des masses » prépare les conditions d'une prise révolutionnaire du pouvoir.

Gouverner le mouvement social

Ces accords politiques, qui aboutissent au texte publié en janvier 1936, contribuent à relancer le mouvement social. Les grèves se font plus nombreuses à partir de janvier 1936, et la réunification syndicale, entre CGT et CGT-U, opérée au congrès de Toulouse du 2 au 5 mars 1936, redonne du dynamisme à un syndicalisme français qui, au regard d'autres pays européens, touche des effectifs traditionnellement faibles. Cette imbrication du mouvement social et des processus de politisation s'était fait sentir dès 1933 environ, sur fond de récession économique. Elle se confirme au printemps 1936, lors des deux tours des élections législatives, soit le 26 avril et le 3 mai, mais aussi, entre les deux tours, le 1er mai 1936. Au soir du 3 mai 1936, le déplacement assez modéré des voix aboutit à une victoire électorale des gauches assez inattendue : maintien des petits partis, recul des radicaux (de 159 à 115 députés), forte progression socialiste (de 97 à 146 députés), enfin bond du PCF (de 12 à 72 députés). En somme, les conditions arithmétiques de l'exercice du pouvoir par les socialistes, telles que Léon Blum les avait définies en 1929, sont réunies : la SFIO, qui affirme être l'« axe du Front populaire » dans la Chambre nouvellement élue, peut diriger le gouvernement pour la première fois. L'offre de participation faite aux communistes est déclinée, celle qui est faite aux radicaux est acceptée, le 22 mai.

Il est peu douteux que la direction de la SFIO juge le moment venu pour user du texte de janvier 1936 afin de réaliser ce changement social, synonyme de « petite révolution », tout en respectant scrupuleusement les cadres républicains de la vie politique. Ce respect suppose que le nouveau ministère Blum ne se présente devant la Chambre que le 6 juin 1936, soit un mois après que la victoire politique ait été remportée. C'est pendant ce laps de temps que le mouvement social prend de l'ampleur. Du 11 au 20 mai, des grèves éclatent, avec occupation des locaux souvent. Il s'agit d'éviter le *lock-out* patronal, redouté par les ouvriers et les employés en période de chômage. Plus en profondeur, le mouvement social use de formes d'action collectives nouvelles, suivant une tendance visible, aussi bien dans le monde ouvrier que dans la paysannerie, depuis 1933 environ. Le mouvement de grève s'étend après le 26 mai 1936, jour de la manifestation traditionnelle au mur des fédérés à Paris. Léon Blum, futur chef du gouvernement, est présent. Enfin, à partir de l'investiture du ministère Blum, le 6 juin, la vague de grèves prend une proportion alors inégalée, avec, selon le ministère du Travail, environ 12 000 grèves au mois de juin, et des effectifs de plus de 1 800 000 grévistes, travaillant dans le secteur privé dans leur quasi-totalité. Cet essor sans précédent du mouvement social aboutit à renforcer l'organisation syndicale, de manière presque ahurissante par son ampleur : les effectifs de la CGT passent de 800 000 adhérents en mars 1936 à un peu moins de 4 millions en décembre 1936.

En un sens, on a bien affaire à un processus multiforme de mobilisation, à la fois électorale, syndicale et revendicative : ce processus contribue à précipiter, et à catalyser, la mise en œuvre, en urgence, de réformes politiques par le nouveau gouvernement. De ce point de vue, on doit constater que rien n'a été prévu par le personnel gouvernant et ses alliés politiques, parti communiste inclus, si bien que tout s'effectue dans la hâte et l'improvisation. Dès le 5 juin à la radio, Léon Blum présente comme urgentes trois réformes, dont le choix répond, finalement, aux idées développées par la SFIO depuis 1932, plus qu'au texte de janvier 1936. Ces trois réformes sont la semaine de travail de 40 heures sans diminution du « niveau de vie », l'institution de deux semaines de congés payés, enfin la création obligatoire de conventions collectives, ou contrats collectifs de travail. Annoncés, ces choix, qui ne reflètent pas tous les revendications les plus fréquentes des grévistes (ainsi pour la caisse nationale de chômage ou la réforme des retraites, oubliées), font du gouvernement un acteur clé, et largement improvisé, de la réforme sociale, qui s'engage immédiatement sur un double terrain : celui de la négociation entre partenaires sociaux, celui de l'adoption de nouveaux textes législatifs.

La négociation s'engage, le 7 juin, sous une forme presque inédite en France, entre représentants de la CGT réunifiée et représentants d'organisations patronales, en fait les dirigeants de la Confédération générale de la production française, sous l'arbitrage du gouvernement, Léon Blum présidant la séance. L'accord aboutit, dans la nuit du 7 au 8 juin, à un texte bref de sept articles, qui comporte trois dispositions principales : des hausses de salaire comprises entre

15 % pour les rémunérations les plus faibles et 7 % pour les plus élevées ainsi que l'« établissement immédiat de contrats collectifs de travail » devant respecter quelques principes. Deux d'entre eux sont à noter : *primo*, la reconnaissance de la liberté syndicale, *secundo*, l'élection de délégués du personnel dans les établissements de plus de dix ouvriers. Face à un mouvement social d'une force sans précédent, le patronat a capitulé.

Au Parlement, l'adoption de textes nouveaux se fait, elle aussi, assez vite : le principe des congés payés est acquis le 11 juin, sans réelle résistance politique, de même que l'extension des contrats collectifs, votée elle aussi le 11 juin. L'opposition des droites est plus forte, le 12 juin, pour la réduction de la semaine ouvrée à 40 heures, sans diminution de salaire. Cette activité réformatrice se prolonge jusqu'au 11 août 1936, l'ensemble des textes débattus et votés étant promulgués avant le 29 août 1936. La tradition veut que l'on distingue, pendant cette courte période, trois vagues. La première, outre les trois réformes déjà mentionnées, comprend une mesure coutumière à gauche, l'amnistie, et des réformes attendues : abaissement de l'âge de la retraite et prolongation de la scolarité obligatoire jusqu'à quatorze ans. La deuxième vague débute le 18 juin et concerne des « réformes de structure », soit des projets économiques de grande ampleur, annoncés dès la formation du gouvernement Blum le 6 juin. Ces projets, déposés entre le 18 et le 30 juin, concernent la création d'un office public du blé, demandé par la SFIO dès 1932, le changement de statut de la Banque de France, souvenir de l'échec du Cartel en 1926, la nationalisation des industries de guerre, acceptée du bout des lèvres par les radicaux, enfin un programme de grands travaux, destinés à résorber le chômage, selon des procédés employés dès l'été 1932. Quant à la troisième vague de réformes, du 21 juillet au 11 août, elle groupe huit projets que l'on pourrait qualifier de complémentaires, en matière économique (la caisse des marchés de l'État) et sociale (modification des assurances sociales). Ils précisent une politique réformatrice dont l'ossature générale vient alors d'être dessinée.

L'impression qui domine est que, en l'espace de trois mois, le mouvement social, en prenant appui sur la victoire politique remportée par le Rassemblement populaire le 3 mai, a permis au gouvernement de modifier les termes du contrat social qui régissait, jusqu'alors, le marché du travail salarié. En d'autres termes, l'exercice du pouvoir par le Front populaire s'est d'abord apparenté à un gouvernement du mouvement social, entendu dans un double sens. Le premier, on l'a vu, c'est celui d'un gouvernement des réformes sociales, qui ne sont pas conçues en dehors d'une politique de lutte contre la récession économique, dite politique de reflation. Le deuxième sens de la formule fait écho aux efforts de pédagogie du mouvement social : en effet, celui-ci ne décline pas à partir du 6 juin. Il obéit, en partie au moins, à une logique propre, qui n'est pas une logique révolutionnaire, comme l'ont cru un certain nombre de contemporains, mais plutôt, sans doute, une logique émancipatrice.

Or l'ensemble des acteurs politiques engagés dans le Front populaire tentent de contenir et de canaliser ce mouvement, que personne ne songe à dominer par la force. C'est vrai pour Léon Blum qui, le 14 juillet 1936 à Paris, devant peut-être un million de personnes, s'efforce de demander la modération et la patience. C'est vrai pour les syndicalistes de la CGT. C'est vrai enfin du parti communiste, qui s'est attribué, pour reprendre la formule si célèbre de Paul Vaillant-Couturier, le « ministère des Masses », parti communiste dont le leader, Maurice Thorez, tente de persuader les ouvriers qu'il faut — autre formule célèbre — « savoir terminer une grève » lorsque satisfaction a été obtenue. C'est ce gouvernement du mouvement social qui inspire les procédures de conciliation et d'arbitrage, en cas de conflit social, adoptées par le ministère Blum en décembre 1936. C'est, en un mot, cette forme très particulière d'exercice du pouvoir qui est remise en cause en février et mars 1937, de la « pause » — entendons l'arrêt, annoncé comme provisoire et en fait définitif — du processus de réformes par Léon Blum au drame de la manifestation de Clichy, qui affecte la relation de confiance placée jusqu'alors par nombre de membres des milieux populaires dans ce gouvernement.

RÉFORMER LA RÉPUBLIQUE

Ce gouvernement du mouvement social suppose, aux yeux d'un certain nombre d'acteurs, une réforme de la République. Ce point est moins apparent, pour trois séries de raisons assez variées dont il faut tenir compte pour mieux évaluer, et le Front populaire comme mode de gouvernement, et l'héritage qu'il a pu léguer aux gauches après 1940. La première raison tient au fait que le thème de la réforme de l'État, depuis 1919 au moins, a été un cheval de bataille pour un certain nombre d'hommes de droite. C'est le ministère de « trêve des partis » constitué par Gaston Doumergue au lendemain du 6 février 1934 qui a pris en main cette nébuleuse de projets réformateurs. À l'inverse, dès avant le 6 février 1934, des militants de gauche — et pas uniquement des membres de partis politiques, loin de là — ont pu dénoncer dans cette campagne pour la réforme de l'État une remise en cause, d'abord voilée, puis ouverte, du régime républicain et plus largement de la démocratie. Les émeutes du 6 février ont attisé cette crainte, comme on l'a noté, si bien que le réflexe de défense républicaine et d'aspiration au maintien de la démocratie parlementaire est effectivement très fort à gauche, aussi bien à la SFIO qu'au parti radical, en 1936. Cette posture défensive constitue un blocage, psychologique et politique, à une modification lourde du régime existant, auquel même les communistes paraissent se rallier. N'est-ce pas les parlementaires communistes qui, en 1935, après avoir admis la nécessité d'une défense nationale, exhortent radicaux et socialistes à ressusciter la délégation des gauches à la Chambre ? Pour autant, le Front populaire a constitué un moment fort d'un aménagement des institutions et d'une évolution des pratiques du pouvoir qui ont commencé avant 1936 et se sont poursuivis en 1938 et au-delà.

Il y a une deuxième raison pour laquelle le thème de la réforme de la République, s'agissant du Front populaire, est souvent apparu comme un point second, sinon mineur. C'est que les Français y ont souvent été sensibles à un moment où le processus était déjà largement abouti, soit en 1938. Or l'année 1938 est aussi celle de la dislocation du Front populaire, comme mode d'exercice du pouvoir et comme forme d'union politique entre les gauches. Pour le dire de façon très schématique, les nouvelles pratiques de pouvoir apparues dans les années 1930 sont restées associées dans les esprits de nombreux contemporains au gouvernement de Daladier ou, si l'on veut, à la « dictature Daladier ». Qui plus est, la plupart des observateurs de 1938 ont été « plus sensibles à l'aspect négatif qu'à l'aspect positif des choses, au dérèglement de la machine institutionnelle qu'au raffermissement du pouvoir » [Le Béguec, *in* Rémond, 1977].

Il y a, pour finir, une troisième raison pour laquelle ce thème est passé à l'arrière-plan. L'effort engagé, à ce moment-là, par des hommes de gauche, dont Léon Blum, est resté inabouti. Non pas que tout ait échoué, avant d'être récupéré par Daladier en 1938. Non pas que ces aménagements aient été jugés insignifiants, au regard des critiques faites par des réformateurs de droite — que l'on songe à André Tardieu. Ce seraient là des vues partiales, sinon déformées des processus alors à l'œuvre. Disons plutôt que l'un des points principaux de ces réformes a connu l'insuccès. Au total, ces phénomènes variés et complexes ont eu un résultat convergent, celui d'accréditer l'idée que l'exercice du pouvoir par la gauche était dans le fond synonyme d'immobilisme et d'inefficacité sur le plan du fonctionnement de la machine gouvernementale. À regarder les choses de près, il s'agit bien d'une idée reçue.

Une nouvelle conception du pouvoir politique transparaît dans l'architecture du premier gouvernement Blum. La composition de l'équipe gouvernementale, nombreuse, obéit au dosage, habituel, entre formations de la nouvelle majorité parlementaire. Plusieurs changements sont à remarquer. Dans le fil de ses réflexions venues de son expérience au cabinet de Marcel Sembat pendant la Première Guerre mondiale, Blum reprend certaines innovations des années 1934 et 1935, en leur donnant plus de consistance. Président du Conseil, il ne prend en charge aucun ministère particulier, contrairement à la règle coutumière. Surtout, il renforce les services du secrétariat de la présidence du Conseil et élargit leurs champs de compétence. En outre, Blum crée deux structures gouvernementales nouvelles. La première est un ministère de l'Économie nationale confié au socialiste Charles Spinasse. Celui-ci s'entoure d'experts souvent jeunes, puisés pour la plupart dans un vivier d'anciens polytechniciens, à l'image de Jean Coutrot. L'insuffisance de moyens est patente, au point que l'on a pu parler de « ministre sans ministère » [Margairaz, 1991]. Le même constat est possible concernant la deuxième structure originale créée en juin 1936, soit le sous-secrétariat d'État chargé des Loisirs et des Sports, confié au jeune député socialiste Léo Lagrange [Ory, 1994]. Enfin, le gouvernement Blum fait entrer, pour la première fois, des femmes au gouvernement : Cécile Brunschvicg à l'Éducation nationale (le ministre en titre étant Jean Zay), Irène Joliot-Curie à la Recherche scientifique et Suzanne Lacore à la Protection de l'enfance. Cela dit, le gouvernement Blum s'avère incapable de vaincre les résistances du Sénat, qui bloque l'extension du droit de vote aux femmes.

Cette conception neuve du gouvernement va de pair avec une volonté d'aménagement du régime qui, selon Blum, n'implique pas « le moindre changement à nos chartes constitutionnelles et organiques », et s'apparente plutôt à une sorte de transformation de l'intérieur. Pour simplifier, disons que cette volonté se manifeste dans deux domaines. Le premier est la transformation nécessaire de la République des députés où, écrit Blum, « tous les sentiments s'aigrissent dans une atmosphère commune de monotonie, d'impuissance et d'ennui », en une démocratie des partis. Les obstacles divers liés à la transformation du régime républicain expliquent qu'il s'agisse moins d'ouvrir des grands chantiers, comme la suppression du Sénat, que de fonder un gouvernement parlementaire stable, reposant, un peu sur le modèle politique britannique, sur l'union de plusieurs grands partis politiques. De ce point de vue, on doit rappeler que, comme le dit Blum lui-même, la distinction entre pouvoir exécutif et pouvoir législatif est « une simple fiction de droit ». L'heure est favorable à cette évolution, eu égard aux réformes parlementaires qui, depuis le début des années 1930, ont fait la part belle, à la Chambre des députés, aux groupes politiques, au détriment de cette tradition individualiste si forte dans le parlementarisme français.

Pour autant, le Front populaire n'ouvre pas l'ère de la démocratie des partis ni celle des majorités stables et des gouvernements de législature. Si les raisons profondes de cet échec ne peuvent être exposées ici, il faut tout de même rappeler que les Français ont été effectivement sensibles à l'un des symptômes de cette difficulté, à savoir les tentatives réitérées de gouverner avec des décrets-lois, ces formes volontaires et limitées de dessaisissement de son pouvoir par le Parlement. L'échec de Léon Blum en juin 1937 est provoqué par une demande visant à légiférer par décrets-lois en matière financière, demande refusée par le Sénat, ce qui le contraint à démissionner. De 1936 au printemps de 1938, les gouvernements se réclamant du Front populaire se voient refuser d'utiliser des décrets-lois, au prix d'une instabilité ministérielle et d'une relative impuissance. Cette difficulté se résorbe avec le gouvernement Daladier en 1938, au moment où le Front populaire cesse d'exister. L'essentiel est pourtant que la procédure des décrets-lois n'est qu'un palliatif : elle n'a pas été nécessaire à l'été 1936, pour faire passer des réformes nombreuses et amples. En revanche, une fois l'élan retombé, les décrets-lois sont peu à peu revenus sur le devant de la scène, preuve, si l'on veut, que la Chambre élue en 1936 n'était pas aisément gouvernable dans la durée, et que le projet de création d'un gouvernement stable et pérenne, reposant sur une démocratie des partis de gauche, n'était pas viable.

Il y a, dans cette volonté d'aménagement de la pratique du pouvoir, sinon de réforme de la République, un deuxième point notable. Il ne s'agit plus strictement du Parlement, et de la cohésion politique de la majorité, mais de ce que Blum appelle « une méthode Taylor du gouvernement et de l'administration » du pays. L'une des pièces maîtresses de cette taylorisation est le secrétariat général à la présidence du Conseil, installé à Matignon depuis 1935. Cette instance alors nouvelle est pourvue en juin 1936 d'un secrétaire général, Jules Moch, et de deux sous-secrétaires d'État, dont Marx Dormoy. C'est cet état-major gouvernemental qui centralise, surveille et contrôle un travail devenu considérable. En effet, avec la récession économique au début des années 1930, un certain nombre de questions économiques et sociales, comme celles qui sont liées à la politique de grands travaux et aux problèmes de main-d'œuvre, ou encore de contrôle des flux migratoires et des populations étrangères, ont nécessité des réponses rapides. À ce surcroît de travail entraîné par la crise, s'est ajouté, à partir de juin 1936, la mise en œuvre des réformes.

On doit ainsi rappeler que l'extension des conventions collectives a signifié la mise sur pied, en un peu plus d'un an, de 5 000 contrats collectifs de travail. De même, la loi sur les 40 heures hebdomadaires a dû être précisée, puis aménagée à partir de la fin de 1937, sans pour autant que les règlements d'administration publique aient toujours été très souples. L'essentiel est bien cette augmentation de la masse de travail, qui résulte de la position clé occupée par le gouvernement à l'égard du mouvement social. Dès 1934, il était apparu que les assemblées parlementaires ne pouvaient, sauf décrets-lois, travailler à un rythme suffisant, d'où l'idée de renforcer les services gouvernementaux, et de rationaliser leur travail, en donnant de l'importance à cet état-major, le secrétariat général à la présidence du Conseil. Pour le dire de façon sans doute excessive, c'est avec le Front populaire que naît vraiment la démocratie de l'hôtel Matignon, qui renvoie, on le comprend, à une autre conception de ce que doit être le gouvernement. Cela dit, il ne faut pas donner à ce processus une cohérence *a posteriori*, qu'il n'a sans doute pas eue sur le moment. Les évolutions étaient nettement plus erratiques et plus contradictoires, souvent, sur le court terme.

L'« EXERCICE DU POUVOIR » EN HÉRITAGE

Peut-on, en conclusion, revenir sur cet héritage légué aux gauches françaises du XXe siècle par le Front populaire et, en deçà du premier ministère Blum, sur cette façon de concevoir le gouvernement par la gauche comme une forme spécifique d'exercice du pouvoir ? La formule, en fait la notion elle-même, renvoie à tous les liens des gauches avec le pouvoir politique, de la formation du Cartel en 1924 à l'échec du Front populaire en 1938, en passant par la phase de crise, tantôt larvée, tantôt aiguë, de 1932-1934. De ce point de vue, force est d'admettre que les gauches françaises ont eu pendant longtemps des rapports simples avec ce legs perçu parfois comme une donnée naturelle.

Cela peut se lire, à rebours, dans l'émergence difficile et dans l'audience limitée des analyses historiennes de ces questions de pouvoir. Quitte à schématiser, on peut dire que, jusqu'à la fin des années 1960, l'histoire scientifique de ces gouvernements de gauche peine à exister. Il y a à cela deux raisons lourdes. La première est que cette histoire bouscule un certain nombre de mémoires, tant individuelles que collectives, qui constituent le soubassement des représentations de ces événements passés. Les liens entre mémoire et histoire sont très puissants chez les anciens acteurs, spécialement pour le Front populaire. Que l'on songe à la mise en accusation de Léon Blum au procès de Riom, voulu par le régime de Vichy. Blum, accusé, entre autres, de n'avoir pas tout fait pour « mettre fin aux occupations d'usine » de mai et juin 1936, prépare sa défense, et se fait ainsi, selon ses propres termes, « historien qui étudie les archives sur les événements qui émeuvent sa raison et sa sensibilité ». Dans un ordre d'idées proche, on peut penser au cas de Georges Lefranc, intellectuel, militant de la CGT, pacifiste et anticommuniste qui, pendant la guerre, rallie l'État français de Vichy. Poursuivi en 1944 pour ses sympathies actives en faveur de la révolution nationale, puis innocenté de crimes de collaboration, Georges Lefranc se fait l'historien du Front populaire, auquel il consacre, en 1965 et 1966, deux ouvrages. L'histoire scientifique qui émerge dans la seconde moitié des années 1960 doit tenir compte des anciens acteurs : en témoignent, de façon éloquente, les actes, publiés en 1967, du colloque dirigé par Pierre Renouvin et René Rémond sur *Léon Blum chef de gouvernement*.

Ce passage progressif des historiens professionnels sur le devant de la scène se produit, à la fin des années 1960 et surtout dans les années 1970, à un moment où ces analyses critiques s'imbriquent dans des débats politiques qui, à gauche, se nourrissent, entre autres, de références au Front populaire, avec des usages variés. Est-ce absolument un hasard si l'année 1972 s'avère si faste dans l'historiographie du Front populaire, avec la publication de trois ouvrages sur le sujet ? N'y a-t-il là qu'une complète coïncidence avec la signature, le 26 juin 1972, du Programme commun de gouvernement de la gauche entre le Parti communiste et le Parti socialiste refondé l'année précédente au congrès d'Épinay ? Cela dit, le retour critique des historiens de profession sur ce qu'a pu être l'exercice du pouvoir par la gauche, dans les années 1920 et 1930, ne modifie pas en profondeur des représentations collectives dominées, dans les années 1970, par quelques images souvent légendaires ou pieuses, à même, sans doute, de nourrir — avant 1981 — des espoirs d'alternance et de victoire politique des gauches.

Ce constat est fait par Jean-Noël Jeanneney qui, en 1977, publie son étude sur *La faillite du Cartel (1924-1926)* sous le titre, éloquent, de *Leçon d'histoire pour une gauche au pouvoir*. L'introduction de ce livre gagne à être relue. L'absence de références, dans les années 1970, au précédent du Cartel de 1924 vient, note Jeanneney, de ce que « son héritage est si mince qu'il n'a pu nourrir aucun mythe durable, aucune reconnaissance populaire instinctive et profonde [...]. Il a été comme oblitéré par le Front populaire qui a installé dans l'intervalle ses grands élans, ses grandes fêtes et ses conquêtes réelles [...]. » Est-ce à dire que, dans le fond, c'est le Front populaire comme « mythe durable » qui a importé aux yeux des gauches, et l'a emporté sur des réflexions historiennes, inscrites dans la durée sans se focaliser sur juin 1936, et portées au regard critique sur ce qu'avait pu être l'histoire des gauches au pouvoir ? Sans doute.

L'essentiel est que cette conception de l'exercice du pouvoir, dérivée des débats et des expériences des années 1924 à 1938, et rapportée par la gauche, au fil des ans, à des mémoires ainsi qu'à un vivier d'images mobilisatrices, a commencé à disparaître après le tournant de 1983. On peut, bien entendu, mettre en avant les recours, au moins oratoires, à ce type de références historiques. C'est le cas pour l'hommage verbal rendu à 1936 dans la mise en avant de la réduction du temps de travail hebdomadaire à 35 heures. Les « 35 heures », mesure phare du gouvernement de gauche dirigé par Lionel Jospin et appuyé, de 1997 à 2002, par une majorité parlementaire qualifiée de « plurielle », laissent entendre que la révérence a existé jusque dans les dernières années du XXe siècle, mais avec une valeur purement rituelle. De façon peut-être anecdotique, quoique néanmoins intéressante, on peut noter les propos tenus par le premier secrétaire du Parti socialiste, François Hollande, dans le numéro de décembre 2001 de la revue *Le Banquet* : « Depuis vingt ans — puisque la gauche n'a un rapport avec le pouvoir que depuis vingt ans —, c'est quand même d'elle que sont venus certains sauts qualitatifs. » Le saut de mémoire qui s'opère dans ce cas indique qu'un nouvel événement fondateur — l'arrivée au pouvoir en 1981 — tend à reléguer l'épisode, depuis longtemps mythique, de 1936 parmi les accessoires pittoresques des gauches confrontées à la conquête, ainsi qu'à l'exercice du pouvoir.

En somme, il n'y a plus aucun acteur institutionnel de la vie politique française à pouvoir faire fonds de la notion, ainsi que de la pratique, de l'exercice du pouvoir venue de l'entre-deux-guerres : ni les radicaux, disparus depuis belle lurette, ni les communistes, sous la menace de l'extinction, ni même — on le constate — les socialistes ne le peuvent. Reste, au final, ce plaidoyer pour la réflexion historienne en politique, telle que l'avait formulée Jeanneney en 1977. « Réfléchir sur une grande impuissance et sur des désillusions passées », pour « aider à prémunir contre quelque amère répétition : contribution limitée — mais en somme ambition non petite... ».

RÉFÉRENCES BIBLIOGRAPHIQUES

ALEXANDER Martin et GRAHAM Helen (1989), *The French and Spanish Popular Fronts : Comparative Perspectives*, Cambridge University Press, New York.

BECKER Jean-Jacques (1981), *Le Parti communiste veut-il prendre le pouvoir ?* Seuil, Paris.

BODIN Louis et TOUCHARD Jean (1961-1985), *Front populaire 1936*, Armand Colin, Paris.

BOURDÉ Guy (1977), *La Défaite du Front populaire*, Maspero, Paris.

BRUNET Jean-Paul (1991), *Histoire du Front populaire*, PUF, coll. « Que sais-je ? », Paris.

DANOS Jacques et GIBELIN Marcel (1972-1986), *Juin 1936*, Maspero/La Découverte, Paris.

DELPERRIÉ DE BAYAC Jacques (1972), *Histoire du Front populaire*, Fayard, Paris.

DUPEUX Georges (1959), *Le Front populaire et les élections de 1936*, Armand Colin, Paris.

JACKSON Julian (1988), *The Popular Front in France*, Cambridge University Press, New York.

KERGOAT Jacques (1986), *La France du Front populaire*, La Découverte, Paris.

LE BÉGUEC Gilles et PESCHANSKI Denis [dir.] (2000), *Les Élites locales dans la tourmente*, Éditions du CNRS, Paris.

LEFRANC Georges (1965-1974), *Histoire du Front populaire*, Payot, Paris.

— (1966), *Juin 1936*, Gallimard-Julliard, Paris.

MARGAIRAZ Michel (1991), *L'État, les finances et l'économie (1932-1953)*, t. 1, Comité pour l'histoire économique et financière, Paris.

MONIER Frédéric, *Le Front populaire*, La Découverte, coll. « Repères », Paris, 2002.

MOSSU-LAVAU Janine et REY Henri (1994), *Les Fronts populaires*, Casterman, Paris.

NOGUÈRES Henri (1977), *La Vie quotidienne au temps du Front populaire*, Hachette, Paris.

ORY Pascal (1994), *La Belle Illusion. Culture et politique sous le signe du Front populaire*, Plon, Paris.

PROST Antoine (2003), *Jean Zay et la gauche du radicalisme*, Presses de Sciences-Po, Paris.

RÉMOND René et BOURDIN Janine [dir.] (1977), *Édouard Daladier chef de gouvernement*, Presses de la FNSP, Paris.

RENOUVIN Pierre et RÉMOND René [dir.] (1967-1981), *Léon Blum chef de gouvernement*, Presses de la FNSP, Paris.

ROSANVALLON Pierre (2000), *La Démocratie inachevée*, Gallimard, Paris.

TARTAKOWSKY Danielle (1996), *Le Front populaire*, Gallimard, Paris.

WILLARD Claude [dir.] (1972), *Le Front populaire : la France de 1934 à 1938*, Éditions sociales, Paris.

WOLIKOW Serge (1996), *Le Front populaire en France*, Complexe, Paris/Bruxelles.

52

Les gouvernements de gauche sous la IVe République

JEAN-PIERRE RIOUX

À LA MI-TEMPS DE L'« ANNÉE TERRIBLE » 1947, la gauche au pouvoir sonne creux et elle ne peut plus guère songer à renouer avec les riches heures du Cartel, du Front populaire et de la Libération qui avaient tant rehaussée l'image qu'elle se donnait d'elle-même et de son rôle national, l'une et l'autre à l'avant-garde des progrès démocratiques et sociaux. Que peut-elle faire, par vent contraire, sinon tirer des bords au nom de la défense de cette République, quatrième du nom, qu'elle a tenue sur les fonds baptismaux et au sommet de laquelle est installé depuis le 16 janvier l'un des siens, Vincent Auriol ? Et de quelle maîtrise du cours de l'histoire pourra-t-elle bien arguer, quand la France en voie de difficile reconstruction devient le seul pays d'Europe frappé simultanément par ces deux lames de fond de l'après-guerre, la guerre froide et la décolonisation, que la pensée de gauche ne sait ni comprendre ni, par conséquent, contribuer à endiguer ? Une fois encore, le pouvoir, cet exercice désormais routinier d'une fidélité républicaine tenue pour aussi nécessaire que salvatrice, dénude puis invalide. L'action gouvernementale se mêle ainsi à la crise d'identité militante et à la faiblesse doctrinale pour entretenir l'impuissance politique. Si bien que la gauche ne préservera pas le régime qu'elle prétendait pourtant sauver du cancer algérien qui emporte la République des partis en 1958.

SUR LA DÉFENSIVE

Le renvoi des ministres communistes du gouvernement Ramadier, le 5 mai 1947, a sonné le glas du tripartisme, cette combinaison électorale et parlementaire qui faisait depuis janvier 1946 des trois partis majoritaires, le PCF, la SFIO et le MRP, les juges et les garants de l'intérêt national après le départ du général De Gaulle. Le parti communiste, surpris par la sèche décision de Ramadier, ne mettra cette gifle en forme idéologique qu'à l'automne et fera mine pour un temps de n'avoir aucune vocation à l'opposition stérile. Il n'empêche que, fidélité stalinienne aidant, il s'installe très vite et résolument dans le camp moscoutaire de la guerre froide et n'en bouge plus : il se contente de gérer l'activisme municipal, syndical, social et idéologique qui lui offre sa meilleure rente de situation. À l'autre extrémité du dispositif ex-tripartite, le Mouvement républicain populaire (MRP) est trop soucieux des recompositions à droite et, surtout, trop affaibli par l'irruption tonitruante du Rassemblement du peuple français (RPF) du Général dans la vie publique depuis le 14 avril pour songer à autre chose que survivre au mieux. Les débris du radicalisme et l'Union démocratique et socialiste de la Résistance (UDSR) sont trop peu nombreux et trop divisés pour être autre chose qu'une force d'appoint ou un liant pour majorités de hasard. La SFIO, par conséquent, fait toujours le grand écart et, faute de pouvoir compter encore sur ses alliés déserteurs ou évanescents, assume sans en avoir ni les moyens politiques ni la force parlementaire la charge de défendre aux avant-postes une République menacée par la conjonction des oppositions communiste et gaulliste, tout en poursuivant du mieux possible l'œuvre de progrès social lancée à la Libération.

L'entregent ne lui manque pas. Paul Ramadier, pressenti par Vincent Auriol puis investi par l'Assemblée nationale le 21 janvier 1947, avait déjà su prendre acte du déclin du tripartisme en constituant un gouvernement d'« accord général » où les radicaux, l'UDSR et des indépendants cohabitaient très volontiers avec les trois formations de souche. Le 28 janvier, il a même accepté de se laisser passablement dicter la composition finale de son équipe par les présidents des groupes parlementaires, à la grande fureur d'Auriol, choqué par ce retour des mœurs de la IIIe République. Mais « Ramadiète » sait assumer son sobriquet : il fait accueillir dignement la promesse de l'aide Marshall ; il a résisté au premier assaut social, déjà très rude, du printemps. Surtout, il a compris à temps que les communistes, encore peu chapitrés par Moscou, étaient en porte-à-faux sur l'Indochine et loin d'être innocents dans le déchaînement de la violence sociale qu'entraînent les difficultés économiques et salariales : il a su s'en séparer sans phrases et à temps.

La grande peur d'automne va néanmoins condamner son habileté. Son autorité flotte. Il est harcelé par la SFIO elle-même, chapitrée par son nouveau secrétaire général, Guy Mollet. Auriol le soutient sans espoir et signale dès juillet que « le gouvernement ne paraît pas toujours armé pour faire respecter son autorité ». La ligne de crête économique et sociale devient intenable face à la déferlante de grèves qui prennent allure insurrectionnelle et nul ne sait plus arbitrer entre dirigisme et libéralisme pour sortir de la crise. Toute négociation de fond sur les prix et les salaires se fait aléatoire, alors que la vie quotidienne de la ménagère devient dramatique. Sur l'entrefaite, le PCF, accusé de « crétinisme parlementaire » par Jdanov, passe à l'opposition ouverte en octobre, au moment même où De Gaulle dénonce « les petits partis qui cuisent leur petite soupe au petit coin de leur feu ». Si bien qu'aux municipales du 20 octobre émerge une France électorale grossièrement divisée en trois : le RPF rafle 38 % des voix en bousculant un MRP réduit à 10 % ; le PCF se maintient bien, à près de 30 % des suffrages ; le dernier tiers ramasse péniblement la mise SFIO, radicale et modérée. Non seulement le tripartisme est enterré, mais ce scrutin contraint l'Assemblée à inventer de toute urgence une solution parlementaire, dite de « Troisième Force », qui rassemble tous ceux qui refusent la dissolution et entendent résister à la guérilla ouverte par les gaullistes et les communistes contre la nouvelle République : les démocrates chrétiens affaiblis, les radicaux et les modérés effrayés par le danger communiste et les socialistes en flanc-garde se coalisent.

Contre cette stabilisation résignée au centre, Ramadier ne peut plus rien. Le 22 octobre, un replâtrage de son gouvernement fait long feu. Le 22 novembre, après une dure crise ministérielle, Robert Schuman est investi de justesse en rameutant d'abord ses amis MRP, les modérés et les radicaux : il console la SFIO en confiant à l'un des siens, l'énergique Jules Moch, le soin de rétablir l'ordre depuis la place Beauvau. Ce dernier fera d'ailleurs tout son devoir dans la terrible bataille sociale de novembre-décembre 1947, où l'on a frisé la guerre civile et dont le mouvement syndical est sorti brisé. Mais, à l'évidence, la gauche de gouvernement n'a plus de prise sur le nouveau jeu qui se dessine : la République du moindre mal, celle qui s'obstinera victorieusement à montrer qu'entre communisme et gaullisme, ces extrémismes majoritaires dans le pays, une voie étroite mais de salut public doit être frayée à tout prix, ne doit plus rien, ou presque, aux espoirs de la gauche exprimés en 1944-1946.

La bourrasque sociale passée, les socialistes vont à l'aveuglette, de 1948, année expérimentale de la solution de Troisième Force, à 1952, année tournante qui voit le retour au pouvoir d'une coalition des droites et des modérés sous la houlette d'Antoine Pinay. Ils ne fournissent au mieux que le tiers de la majorité parlementaire et restent en équilibre très instable, comme le prouvent leurs résultats électoraux médiocres aux législatives de 1951 (15,3 % des suffrages), où ils perdent deux millions de voix par rapport à 1945 mais conservent 95 élus grâce aux apparentements. Le dispositif de Troisième Force leur interdit de surcroît tout espoir de revenir à Matignon : Jules Moch en fait la rude expérience en 1949, quand, investi le 14 octobre, il ne peut pas rassembler une majorité sur son nom le 17. Le parti lui-même est moins que jamais de franc secours : sa surface sociale rétrécit et les fonctionnaires tiennent partout la dragée haute, notamment lors du lancement de Force ouvrière issue de la scission syndicale ; les adhésions régressent de 280 000 en 1947 à moins de 130 000 en 1951 — seuil historique qu'un parti socialiste ne franchira plus, jusqu'à nos jours compris. Le décalage s'accroît entre les aspirations des militants, les *oukases* idéologiques du comité directeur, le clientélisme des élus et l'appétit intact des parlementaires ministrables. Les crises internes sont donc légion, dès lors qu'il faut légitimer le partage du pouvoir au sein de la Troisième Force : déclin des Jeunesses suspectées de trotskisme, condamnation des tentations RPF, exclusion de la Bataille socialiste, luttes fratricides à la cité Malesherbes, tout concourt au désenchantement. Et Guy Mollet prend soin de faire reprendre l'antienne : en l'état, le pouvoir est une « duperie ».

Sur pratiquement tous les aspects des politiques gouvernementales à ossature MRP, radicale et UDSR, à l'heure d'Henri Queuille, de Robert Schuman et de Georges Bidault, les socialistes sont en fait à contre-courant. Le coup de Prague de 1948 leur interdit en outre de renouer tout lien avec le PCF et renforce leur anticommunisme. La responsabilité de Paul Ramadier et de Marius Moutet est trop forte dans le déclenchement de la guerre d'Indochine pour qu'ils puissent même influer sur son cours désastreux ni même veiller au grain en Afrique du Nord. Seuls leur atlantisme de raison et leur dévouement à la jeune cause européenne sauvent la face. Humiliés et impuissants, les ministres socialistes pratiquent dès lors, sans démériter, le soutien à éclipse dès 1950, puis désertent en maugréant les allées du pouvoir.

Impavide, le parti a maintenu le difficile et conflictuel partage des tâches qui laissait à Léon Blum, dans ses éditoriaux du *Populaire*, le soin de plaider inlassablement jusqu'en 1950 pour la participation gouvernementale, car le socialisme ne pouvait pas décrocher d'une conjoncture politique imposant de défendre la République, et qui, nonobstant, chargeait Guy Mollet — secrétaire général depuis 1946, très doctrinal mais point dédaigneux de participer lui aussi, et au plus haut niveau, aux gouvernements de Pleven et de Queuille — d'imposer un « néoguesdisme » de lutte des classes mal adapté aux circonstances et dont la promotion sourcilleuse occupa les sections, flatta le patriotisme d'organisation tout en laissant libre cours aux circonvolutions du groupe parlementaire, sans parvenir à dissimuler pour autant l'intense crise d'identité qui travaillait tout au long la gauche républicaine non communiste. Seul l'anticléricalisme et le laïcisme traditionnels, réveillés par la bataille scolaire de 1951, lui ont fait donner le spectacle d'une continuité des idéaux. Mais la crise militante et l'apathie gouvernementale se sont combinées pour entretenir sa léthargie. Le pouvoir par défaut n'a rien relancé.

LE FEU DE PAILLE « PMF »

Pierre Mendès France et le « mendésisme » de soutien à son action firent sortir cette gauche-là de l'hibernation, mais fugacement. C'est qu'en 1953-1956, comme en 1947, la chronologie de l'exercice du pouvoir a été scandée par l'urgence, par le poids de l'événement plus que par un nouveau et franc rapport de force parlementaire, politique ou idéologique qui aurait discrédité les droites et le centre. Autrement dit, plus que jamais la défense républicaine reste à la fois la légitimité et la bouée de sauvetage pour la gauche de gouvernement.

Pierre Mendès France arrive au pouvoir, le 18 juin 1954, précédé d'une solide réputation d'expert et de procureur. Ce radical-socialiste de souche, devenu keynésien et planiste pour cause d'urgence nationale par temps de crise puis de reconstruction, a été membre du gouvernement Blum de 1938 et, surtout, en 1944-1945 le général De Gaulle lui a confié l'Économie nationale, avant de lui préférer René Pleven. Il est resté très isolé au sein de son parti en déliquescence, et qui a pris toujours aussi peu acte du trépas de la « République radicale » dans l'entre-deux-guerres. Après 1945 il est peu intervenu à l'Assemblée, a refusé des portefeuilles, mais a hanté le Fonds monétaire international et les Nations unies, enseigné avec passion à l'École nationale d'administration la modernisation du pays. Surtout, il s'est posé dès 1950 en procureur parlementaire et en Cassandre de presse : adversaire de la Communauté européenne de défense (CED), mais soucieux de construction européenne, accablant le « système », il a postulé hardiment à la « une » du premier numéro de *L'Express*, lancé à sa dévotion en mai 1953, que « la France peut supporter la vérité ». Le 4 juin, il a manqué de 13 voix l'investiture pour Matignon, mais il a pu parler haut et clair, tandis que monte à *L'Express* et dans le pays un « mendésisme » qu'il n'aime guère mais qui séduit une partie de la jeunesse, provoque toute la gauche non communiste et rivalise enfin avec les deux nouveaux « -ismes » qui se partagent depuis 1947 la force d'adhésion et d'entraînement, le gaullisme et le poujadisme.

La chute de Diên Biên Phu le 7 mai 1954 a précipité l'échéance. Une Assemblée aux abois après l'échec de Joseph Laniel s'en remet à lui, un 18 juin, pour inventer des solutions d'urgence. Ce qui est fait : Mendès France établit un échéancier à un mois pour boucler au moins mal la négociation de Genève où se joue la paix en Indochine, personnalise le pouvoir en constituant une équipe ministérielle réduite et en établissant chaque samedi par radio un contact direct avec les Français, enfin séduits ou ébranlés. Les socialistes, écartés, et les communistes, sèchement récusés, se tiennent cois et laissent passer l'orage : le soutien à ce gouvernement de choc et de relance progressiste vient d'abord, dans une résignation qui tient du sauve-qui-peut, d'une géométrie très variable de la droite et du centre, surveillée par les élus SFIO qui, dans leur soutien sans défaillance, passent outre aux atermoiements du parti. PMF montre pendant les sept mois et dix-sept jours concédés par une majorité de plus en plus rétive qu'il est mieux qu'un syndic de faillite et qu'enfin « gouverner, c'est choisir ». Sur l'Indochine, il tient parole : les accords de Genève sont signés le 21 juillet. Dix jours plus tard, le discours de Carthage promet l'autonomie interne à la Tunisie. Le 30 août, le gouvernement décide de faire enterrer le projet de CED, facteur bien inutile de division à l'heure de l'OTAN, quitte à mécontenter définitivement le MRP, une partie des radicaux et même des socialistes, en crise de conscience aiguë sur le sujet. En politique intérieure, il décontingente la production en prévision de l'ouverture d'un marché européen, relance l'intervention de l'État en matière économique et sociale, soutient la recherche scientifique, lance le nucléaire et s'attaque même aux bouilleurs de cru, ce qui suffit à rameuter en décembre contre lui les poujadistes et le *lobby* parlementaire des défenseurs de l'alcool tricolore, bousculés par l'audace de ce « Mendès lolo » : bref, il mène une vraie action de gauche moderne affrontant la réalité d'une

France nouvelle née de la Reconstruction et qui piaffe, lancée à vive allure dans la productivité et la croissance.

Le coup fatal vient de la Tunisie et du Maroc, où les tensions se multiplient et enrayent pour un temps le processus d'indépendance, mais surtout d'Algérie, quand la vague d'attentats de la Toussaint 1954 prend de court, déroute et est mal appréciée. Affirmer « que l'on ne transige pas lorsqu'il s'agit de défendre la paix intérieure de la Nation et l'indépendance de la République », nommer le libéral de gauche Jacques Soustelle gouverneur général à Alger, défendre obstinément les avancées de Genève, de Carthage, régler la querelle de la CED ne suffisent pas : le gouvernement Mendès France est renversé le 5 février 1955 par une coalition haineuse de la droite, des modérés, du MRP et d'une faction radicale. Les socialistes, l'UDSR, les deux tiers des radicaux et quelques gaullistes l'ont soutenu jusqu'au bout, mais sans jamais adhérer au mode inédit d'exercice du pouvoir qui vaut à PMF une trop exceptionnelle et donc inquiétante popularité ni même réfléchir au hiatus fatal qui s'est installé ainsi entre les partis, l'Assemblée et l'opinion. En deux cent trente jours, « quelque chose a tressailli, a vibré, quelque chose qui procède de la volonté et de la foi et qui est le moteur de l'action » : le dernier cri de Pierre Mendès France n'a été entendu ni à droite ni à gauche du « système », partout où manquent et la foi et la volonté.

Reste-t-il au moins le mendésisme ? PMF n'entend certes pas entrer vivant dans la légende d'une gauche au service de la vérité. Il refuse de créer son propre parti et s'empare des restes du parti radical, tente de les régénérer et de les rajeunir. Il tient encore le premier rôle dans la constitution de la coalition de Front républicain qui remporte les élections de janvier 1956. Mais René Coty lui préfère alors Guy Mollet pour Matignon. Ministre d'État, il est aussitôt en désaccord avec son président du Conseil sur la politique algérienne et, plus Cassandre que jamais, il démissionne le 23 mai. Malgré le lancement des *Cahiers de la République*, vrai laboratoire d'idées neuves, malgré le soutien de *L'Express*, malgré tant de ralliements dans la haute fonction publique, l'entreprise ou la jeunesse, le mendésisme, sans espoir de pouvoir, va péricliter, même si son amarxisme tranquille accélère la réflexion sur les frontières à ériger en démocratie contre les totalitarismes, si son mélange de technocratie qui s'impatiente et de fidélité raide au radicalisme d'Alain, son sens du moderne et de l'efficacité contribuent déjà à renouveler en profondeur les modèles culturels de la gauche non communiste. Même s'il reste en mémoire jusqu'à nos jours, vivace et parfois lancinant, « le refus d'une Église et la revanche de l'action » (Claude Nicolet). Le jeu combiné de circonstances imprévues en Algérie et des vices déjà si visibles du régime des partis l'a écarté de l'action sans lui donner le loisir de bâtir une nouvelle Église.

Le paroxysme molletiste

La dissolution de l'Assemblée, le 2 décembre 1955, par Edgar Faure, radical souple et habile successeur de Mendès France à Matignon, mis inopinément en minorité, a sanctionné l'impuissance de la Troisième Force à stabiliser depuis 1951 l'exercice du pouvoir : le parlementarisme de la IVe République, déréglé depuis que le tripartisme originel ne rassemble plus de larges majorités, ne s'est pas adapté aux exigences d'une France qui bouge, s'est désaccordé de l'opinion publique, n'a pas su enrayer le déclin de toutes les formations politiques et a récusé médiocrement les leaders populaires, qu'il s'agisse d'Antoine Pinay ou de PMF. La réserve républicaine ne subsiste plus guère du côté du RPF déconfit et dont les derniers élus ont rallié le « système », mais la poussée du populisme poujadiste depuis l'été 1953 signale violemment beaucoup d'impatience chez les mal-aimés de la modernisation. En rameutant si précipitamment les électeurs, Edgar Faure croit prendre de vitesse et Poujade et Mendès France pour forger enfin une vraie majorité de droite et du centre.

La gauche, elle, est en situation délicate. Le PCF, toujours en guerre froide, a enrayé l'éclaircissement de ses rangs mais, en bonne orthodoxie thorézienne, il ne propose toujours qu'une vision apocalyptique de la « paupérisation relative et absolue du prolétariat » carrément hors de saison. La SFIO, qui récuse désormais violemment le « parti de l'Est », est affaiblie (110 000 adhérents en 1955, soit le chiffre de 1935), inquiète et divisée : son néoguesdisme fait long feu, sa minorité peine à trouver ses marques, elle ne songe pas à devenir social-démocrate, ses élus se lassent d'être au four et au moulin entre Troisième Force et Mendès France. Mais elle est prête, après six ans d'impuissance, à dénoncer conjointement le communisme et la « guerre imbécile et sans issue » en Algérie, tout en promettant comme à l'habitude d'engager une ambitieuse politique sociale. C'est Mendès France qui sauve la mise à cette gauche fracturée et isolée en improvisant un « Front républicain » sans charte ni contrat de gouvernement, mais où les mendésistes seront à l'avant-garde. Cette formulation inespérée séduit aussitôt la SFIO désemparée, l'UDSR en quête de places et, derrière Jacques Chaban-Delmas, les moins découragés des gaullistes. Coiffés du bonnet phrygien, les candidats du Front promettent ainsi, tout en un et sans mode d'emploi, la paix négociée en Algérie, le progrès social, la modernisation accélérée du pays et un sursaut salvateur du « système ».

Malgré une intense campagne, le verdict des urnes est bégayant, à l'image d'un pays désorienté par le tour accablant de la décolonisation et où l'énervement politique et social a monté : aucune majorité indiscutable ne se dessine. En raflant 2 500 000 voix et 11,6 % des suffrages exprimés, le mouvement poujadiste a mordu sur tous les électorats et accru la confusion. Si bien que, même si la droite et le centre l'emportent statistiquement sur la gauche, ils n'ont pas profité autant qu'en 1951 des apparentements et le Front républicain a pu conquérir de nombreux sièges à l'arraché. Les radicaux, l'UDSR et les républicains sociaux chevauchent sur la vague mendésiste, la SFIO résiste honorablement grâce à celle-ci (15,8 %), tandis que le PCF défend ses positions mais gèle encore 25,8 % des voix. Un électeur sur quatre dans le réduit communiste, un sur trois favorable à la Troisième Force, un sur trois séduit par le Front républicain : cette confusion est aggravée par la traduction des suffrages en sièges à l'Assemblée, où arithmétiquement les 89 parlementaires socialistes deviennent malgré eux les arbitres de la situation. Ce que René Coty comprend aussitôt en appelant Guy Mollet plutôt que le leader du Front républicain pour former le gouvernement. Après de très laborieuses tractations, seuls les poujadistes et la droite lui refusent l'investiture, le 5 février 1956. Un socialiste jugé « de bonne volonté » reçoit pour première mission, des électeurs comme de l'Assemblée, de dissiper le cauchemar algérien.

Or dès le 6 février, à Alger, en quelques heures, ce gouvernement de fortune capitule en rase campagne : les Européens activistes défenseurs de l'« Algérie française » et qui craignent d'être « bradés », imposent à Guy Mollet, au fort d'une émeute soigneusement préparée, le renvoi du libéral Catroux nommé au poste de ministre résident. La République est désormais prisonnière des humeurs d'Alger et l'espoir d'une négociation avec la rébellion s'éloigne. Succède à Catroux le socialiste Robert Lacoste, un « réaliste » de Dordogne qui se laisse circonvenir et inaugure un proconsulat qui va lutter sur deux fronts, sans pouvoir tenir ni l'un ni l'autre : gagner militairement la guerre et briser les féodalités économiques et sociales. Cette fuite en avant s'accorde d'ailleurs assez bien avec l'inquiétude de l'opinion et des forces politiques à propos de l'avenir de l'Algérie, que le gouvernement résume désormais dans la formule : « Cessez le feu, élections, négociations ». Le 12 mars, l'Assemblée, communistes compris et à l'exception des poujadistes et de quelques modérés, donne au gouvernement des « pouvoirs spéciaux » qui lui permettent de prendre par décret « toute mesure exceptionnelle en vue du rétablissement de l'ordre ». En vain. Robert Lacoste ne parvient pas à se dégager de la double étreinte des activistes et de l'armée, conscients d'avoir désormais le vent en poupe : la réforme agraire échoue, motiver des élites musulmanes reste aléatoire, la thèse gouvernementale d'une rébellion manœuvrée par le communisme international ne convainc guère. Et la pensée du parti n'est d'aucun secours : au congrès de Lille de juillet 1956, la SFIO entérine la promesse de lutter sur le « double front » des rebelles et des ultras. Insensiblement, le gouvernement s'enferme dans la guerre à outrance, même s'il prend contact en secret avec des émissaires du Front de libération nationale (FLN). Tandis que les renforts affluent (200 000 hommes à l'été 1955, 450 000 à l'été 1957), avec rappel de nouvelles classes et allongement du service militaire de dix-huit à vingt-sept mois, l'armée reçoit carte blanche pour relancer de grandes opérations, réduire le terrorisme urbain, tout en démultipliant, et non sans succès, son action psychologique et son aide administrative et sanitaire.

L'événement, une fois de plus, élargit la faille entre l'action gouvernementale et les principes qu'elle affiche. L'arraisonnement de l'*Athos*, un cargo chargé d'armes cédées par l'Égypte à l'Armée de libération nationale (ALN), le 16 octobre 1956, puis le détournement sur Alger, le 22, de l'avion transportant quatre leaders du FLN qui avait décollé de Rabat, montrent que les militaires n'hésitent plus à forcer la main du pouvoir civil. Au même moment, ce gouvernement socialiste peaufine le dernier acte de la politique de la canonnière au Proche-Orient en mettant au point, avec la Grande-Bretagne et Israël, l'intervention militaire destinée à punir Nasser, qui avait nationalisé le canal de Suez en juillet. Malgré quelques nuances chez Christian Pineau, au quai d'Orsay, cette action punitive a l'heur de plaire au très anglophile président de Conseil, au radical Maurice Bourgès-Maunoury, ministre de la Défense nationale, à Max Lejeune, à Robert Lacoste et, bien entendu, aux militaires. Tous voient en Nasser un fourrier du communisme, un néonazi antisémite et un complice actif du FLN. Obsédés par le souvenir de la reculade de Munich et entêtés de Résistance, ils rêvent de forcer la voie vers une Égypte modérée et laïque au nationalisme assagi et sans fanatisme musulman, vers un État hébreu moderne et socialisant qui apaisera les tensions dans toute la zone. L'expédition franco-britannique de Suez, en novembre, sera néanmoins un fiasco, malgré la victoire militaire d'Israël sur l'armée égyptienne : Américains et Soviétiques sifflent la fin de la récréation et prennent la main au Proche-Orient. Au même moment, l'horizon communiste se bouche encore un peu plus avec l'écrasement par l'Armée rouge, en novembre, de l'insurrection de Budapest.

Il faut toutefois porter au crédit du gouvernement Mollet d'avoir tenté de mettre en œuvre une politique de progrès en bonne conformité avec l'idéal socialiste du moment. Si la bataille laïque pour l'abrogation de la loi Barangé fait long feu, l'ambition de développement économique et social n'est pas un vain mot. Aux Affaires économiques, Robert Lacoste puis Paul Ramadier font preuve d'une belle euphorie keynésienne pour mieux accompagner la croissance, stimuler l'investissement productif, galvaniser le secteur public et tenir les rênes de la planification. Au Travail, l'ancien syndicaliste Albert Gazier dispense aux plus démunis les bienfaits de l'État providence. Dès le 28 février 1956, dans un élan de fidélité au Front populaire, une troisième semaine de congés payés annuels est accordée aux salariés. Les abattements de zone des salaires sont réduits d'un tiers, pour tenter de réduire l'écart de niveau de vie entre la province et la région parisienne. Un Fonds national de solidarité, alimenté par une « vignette »-taxe sur les automobiles et combattu en vain par la droite, lance l'aide aux « économiquement faibles », les vieux, les grands malades et les infirmes. Jusqu'à la fin de l'année 1956, le gouvernement a encore l'espoir, et les moyens financiers, de débloquer d'autres situations d'injustice sociale en faisant adopter une loi-cadre sur le logement, un projet de loi-cadre agricole, un « plan breton » de développement, un allongement de la scolarité et une aide tangible à l'enseignement technique.

Mais tout nouveau train de réforme ne passera plus, faute de crédits suffisants, quand les coûts nouveaux de la guerre en Algérie et à Suez réinstallent l'inflation et le déficit budgétaire, malgré tous les efforts de Ramadier. Cette peur retrouvée de ruiner le franc et le budget a renforcé la détermination de la droite et des modérés à abattre ce gouvernement qu'ils jugent trop dispendieux, trop entêté de réformes sociales coûteuses et, surtout, incapable de restaurer l'ordre d'antan en Algérie. Un seul argument n'est guère utilisé contre lui : sa politique européenne, lucide et bien conduite, qui débouche le 25 mars 1957 sur la signature des traités de Rome instaurant une communauté de l'énergie nucléaire pacifique, l'Euratom, et la communauté économique du Marché commun.

Le printemps 1957 voit fleurir tous les mécontentements. Le peuplement socialiste de l'appareil d'État, les nouveaux projets fiscaux, la réforme projetée de la profession médicale : autant de prétextes pour l'hallali, dans un grand silence de l'opinion qui attend en vain que l'on dissipe le cauchemar algérien. Le 21 mai 1957, une coalition disparate de communistes, de poujadistes, de modérés et de radicaux renverse le gouvernement sur ses projets financiers. Mais nul n'est dupe. Le plus long gouvernement de la IVe République meurt d'épuisement pour n'avoir pas su lever l'incertitude installée depuis le 6 février 1956 : élu pour faire la paix, il a fait la guerre et l'a inscrite dans la chair même de la nation en mobilisant le contingent ; il n'a su relancer ni une négociation avec les « rebelles » ni une franche économie de guerre ; en outre, s'il a fait du social, il n'a pas pu le financer jusqu'au bout. Pire, sa défaite politique est aussi morale. C'est pendant cette direction socialiste de l'action républicaine, et contre elle, que la campagne, marginale mais fortement argumentée, de dénonciation de la torture en Algérie a été la plus virulente et la plus probante. Ce n'est point un hasard si tant d'espoirs de renouveau de la gauche et de mise à mal du « molletisme » qui gangrène la SFIO ont pour première et profonde légitimation, pour toute une génération de militants et de citoyens, le refus de la politique algérienne du gouvernement Mollet. Des radicaux, l'UDSR et la SFIO hanteront encore les gouvernements Bourgès-Maunoury, Gaillard et Pflimlin de 1957-1958, mais sans retrouver prise sur le réel.

Les difficultés et les erreurs de 1957 ne sont certes pas celles de 1947 ou de 1955. Certes, l'événement a bousculé plus que jamais, dans des circonstances que la modernisation économique et sociale du pays permettait d'espérer plus paisibles. De la dégradation de l'air du temps, quand les violences belliqueuses reviennent en force quelques années à peine après la catastrophe de la Seconde Guerre mondiale, la gauche de gouvernement n'est évidemment pas responsable. Elle a défendu sans démériter la République des partis qu'elle avait tant aidé à concevoir et promouvoir en 1946. Mais elle n'a pas su prendre acte du possible rajeunissement de l'exercice du pouvoir qu'annonçait l'expérience Mendès France ni renouveler ses analyses et ses méthodes de travail. Brouillée avec la radicalité du nouveau temps de décolonisation et de guerre froide, désaccordant toujours davantage la réalité de la représentation idéologique et de l'action politique, elle a subi plus qu'œuvré. En mai 1958, elle n'aura rien à légitimer ni proposer, sauf à manifester contre De Gaulle tout en faisant de Guy Mollet, le 1er juin, le ministre d'État d'un dernier gouvernement de la IVe République présidé par son vieil adversaire.

Références bibliographiques

Bédarida François et Rioux Jean-Pierre [dir.] (1985), *Pierre Mendès France et le mendésisme*, Fayard, Paris.

Berstein Serge et Milza Pierre (2000), *L'Année 1947*, Presses de Sciences-Po, Paris.

Bergounioux Alain et Grunberg Gérard (1992), *Le Long Remords du pouvoir. Le Parti socialiste français (1905-1992)*, Fayard, Paris.

Lefebvre Denis (1992), *Guy Mollet, le mal aimé*, Plon, Paris.

Rioux Jean-Pierre (1983), *La France de la IVe République*, 2 vol., Seuil, Paris.

Rizzo Jean-Louis (1993), *Mendès France ou la rénovation en politique*, Presses de Sciences-Po, Paris.

53

Mai 68 ou la gauche à contretemps

DANIELLE TARTAKOWSKY

LES RELATIONS DE LA GAUCHE ET DE LA Ve RÉPUBLIQUE peuvent s'analyser sans mobiliser à l'excès les événements de mai-juin 1968, et les « éphémérides » de ces « 52 jours qui ébranlèrent la France » [Capdevielle, Mouriaux, 1988]. Elles peuvent se retracer sans épiloguer sur le rôle, à l'évidence modeste, d'une gauche politique qui venait à peine d'amorcer sa mue. Les acteurs de mai-juin sont loin de tous se réclamer de la « gauche idéologique » comprise comme le « mouvement qui se reconnaît dans la Révolution française, mais l'estime inachevée et souhaite prolonger l'égalité économique par l'égalité sociale, le changement du système politique par un changement économique » [Duhamel, 1980]. La plupart en relève pourtant et la soudaine résurgence du lexique et de la symbolique révolutionnaire suscite des bannières propres à dispenser la « gauche » d'avoir à jouer ce rôle ou à le lui interdire. Cette révolution culturelle que fut le mouvement de 1968 travaille cependant, en profondeur et durablement, la société française et sa culture (politique comprise), en produisant dès lors des effets différés, à gauche, aussi bien qu'ailleurs.

LA GAUCHE POLITIQUE ET PARLEMENTAIRE MARGINALISÉE

La France, dotée d'un nouveau régime dix ans auparavant, et engagée dans la voie de profondes transformations économiques et sociales, subit en 1968 une crise que l'on peut qualifier de « modernité tardive », pour reprendre une expression qu'emploie Dtelev Peukert à propos de la République de Weimar [Peukert, 1995]. Mai 68 représente en fait un cumul de crises ailleurs dissociées : crise générationnelle et culturelle, largement internationale, crise d'adaptation de la société aux bouleversements qui l'affectent, ainsi que des partis et des syndicats... Ces caractères intriqués correspondent à l'inadéquation des organisations syndicales et politiques aux problèmes auxquels elles se trouvent confrontées depuis le début des années 1960. Si l'on excepte la Confédération française démocratique du travail (CFDT), seule contemporaine du nouveau régime, et la floraison des clubs (qui n'est plus qu'un souvenir en mai 1968), toutes ont vu le jour sous les précédentes républiques, quand différaient notablement les rapports entre l'État et la société, le politique et le social et, par là, les responsabilités dévolues à chacune des organisations. Des problèmes à la teneur politique évidente doivent, dès lors, être pris en charge par des organisations qui n'ont pas ce statut.

La crise débute sur la scène universitaire et donne l'initiative à des formations d'extrême gauche jusqu'alors groupusculaires et à des mouvements relevant de logiques interdisant de les situer sur l'axe qui organise traditionnellement la topographie politique française (Mouvement du 22 mars, situationnistes, etc.). Le terrain d'action et les acteurs sociaux qu'il concerne ne sont pas *terra incognita* pour les formations de gauche. Le PCF et la SFIO disposent, chacun pour leur part, de propositions destinées à répondre aux difficultés qu'occasionnent le passage de l'université d'élite à l'université de masse et l'inadaptation de l'enseignement à des besoins renouvelés. La CFDT et le PSU (Parti socialiste unifié) rangent la jeunesse au nombre des « forces vives » dont ils se réclament. Dans un appel qu'il adresse à cette même « jeunesse », le XXXVIe congrès de la CGT (1967) récuse l'idée d'un antagonisme entre générations, mais admet l'existence de revendications spécifiques. Cependant ces prises en compte n'induisent pas une adhésion nécessaire à des actions étrangères à la culture politique commune de la gauche, par-delà ses contradictions, et, moins encore, à des mouvements qui prétendent, soudain, redéfinir la donne et la norme. Le PCF, une de leurs cibles majeures, associé à la CGT, réagit d'abord avec violence. L'article de *L'Humanité* du 3 mai 1968 dénonçant l'« anarchiste allemand Cohn-Bendit » est resté dans les mémoires. Dans un style moins violent, moins connoté et dans un article qui passe d'ailleurs inaperçu, *Le Populaire* critique également « le gauchisme, ce perpétuel péché des futurs bourgeois réactionnaires ». Celui-ci est accusé de faire « les délices de la droite qui en espère toujours un affaiblissement de la véritable gauche » [Sadoun, 1992]. Ces réserves envers le gauchisme n'excluent évidemment pas une condamnation des brutalités policières, mais c'est au mouvement syndical qu'il revient d'intervenir — ce n'est d'ailleurs pas la première fois dans son histoire. Avec l'effondrement de la gauche non communiste, les initiatives syndicales, face aux guerres coloniales, face au retour de De Gaulle ou contre l'OAS (Organisation armée secrète) , se veulent avant tout des substituts aux partis défaillants. Les perspectives se modifient après la ratification de l'accord CGT-CFDT de 1966, au terme duquel les partis, les élus, les représentants des cultes, hier parties prenantes dans les conflits, seront désormais exclus de l'organisation des manifestations qui rythment les journées d'action unitaires. Cette clause de l'accord répond à l'expresse demande de la CFDT. La même configuration prévaut, de nouveau, en mai 1968, quand il s'agit de répondre à l'appel que l'Union nationale des étudiants de France (UNEF) choisit de lancer, le 8 mai, aux seules confédérations syndicales.

Après la nuit des barricades de la rue Gay-Lussac et les violences qu'elles ont provoquées, la décision de riposter par une journée nationale de grève et de manifestations s'inscrit dans cette nouvelle manière qui vaut aux syndicats d'être devenus les acteurs majeurs, et parfois exclusifs, des mobilisations de masse de toute espèce. Elle est cependant politique au plus haut degré, dès lors qu'elle s'en prend aux agissements de l'« État gendarme » et qu'une série de revendications spécifiques au monde du travail, mettant en cause la politique économique et sociale du gouvernement, sont adjointes à cette exigence première. Les partis de gauche, nonobstant, sont tous écartés de l'organisation de la manifestation du 13 mai, cette fois sur injonction de l'UNEF, et doivent se contenter de la soutenir par des appels distincts. Non sans parfois tenter simultanément de reprendre l'initiative sur le terrain qui leur est propre. Le PCF compose avec la suspicion dont il est l'objet à partir du 8 mai, et, misant sur la carte d'un élargissement social du mouvement, propose à la FGDS (Fédération de la gauche démocrate socialiste) une rencontre. Le PSU, qui adhère au discours radical de ses Étudiants socialistes unifiés et tient ce mouvement pour une « brèche ouverte dans le capitalisme », envisage pareillement, le 12, de discuter d'un programme commun avec la FGDS [Fisera, 1992]. En vain, dans l'un et l'autre cas.

La teneur objectivement politique de la journée est accentuée et sensiblement modifiée par le mot d'ordre « dix ans ça suffit » qui retentit dans la France entière, sans qu'aucune des organisations à l'origine de la journée n'en soit l'initiateur avoué. La CGT et la CFDT l'analysent toutes deux en termes politiques. La première veut y voir une « manifestation d'opposition au pouvoir personnel » et en appelle, le 15, au « remplacement du pouvoir actuel par un gouvernement populaire ». La seconde la tient pour une « manifestation exprimant la volonté de transformation du système économique par le peuple » et adopte, le 16, un texte d'inspiration libertaire et personnaliste se réclamant de structures démocratiques à base d'autogestion qui doivent se substituer à la « monarchie industrielle et administrative ». La CFDT souscrit ainsi à la stratégie autogestionnaire demeurée jusqu'alors minoritaire en son sein.

Le démarrage des grèves avec occupation, puis leur généralisation, qui soudain ressuscite le mythe enfoui de la grève générale, semblent conforter chacune de ces analyses. La CGT estime que le mouvement en cours est susceptible de peser en faveur de la ratification du programme commun de gouvernement réclamé par le PCF. Elle se prononce en faveur d'une table ronde entre partis de gauche et syndicats et tente, vainement, d'en favoriser la tenue. La CFDT considère que la grève ouvre les perspectives autogestionnaires auxquelles elle aspire, en amorçant, parfois, leur mise en œuvre. Elle récuse le principe d'une table ronde partis-syndicats et lui préfère des contacts bilatéraux permettant d'observer comment les partis sauront comprendre l'enjeu que constitue, à ses yeux, le pouvoir étudiant et celui des travailleurs.

LE RETOUR DU POLITIQUE

Le PCF et la FGDS, qui ont déposé le 14 mai une motion de censure, sont réduits à un rôle subalterne. Le PCF peut espérer l'être moins que d'autres grâce à son imbrication avec la CGT, comme à la sociologie de ses membres et de son électorat. Il invite à multiplier les comités d'action « pour un gouvernement populaire et d'union démocratique ». Le 21 mai, la CGT s'entretient aux mêmes fins avec une délégation de la FGDS à laquelle Guy Mollet et François Mitterrand participent, puis, faute d'avancées, envisage favorablement la tenue du « nouveau Matignon » qui s'ouvre à Grenelle, le 24 mai, et s'achève, le 27, par un relevé de conclusions dont les grévistes rejettent massivement les termes, malgré les efforts de conviction des dirigeants de la CGT, dont Benoît Frachon.

La gauche non communiste s'essaie alors même à des recompositions à géométrie variable. L'UNEF, le PSU, des composantes de l'extrême gauche, des fédérations de la CFDT et, moins nombreuses, de FO, se réunissent au stade de Charléty en présence de Pierre Mendès France. Le 28, tandis que le pouvoir gaulliste paraît se déliter, François Mitterrand tient une conférence de presse : il réclame la démission du gouvernement, la dissolution de l'Assemblée nationale et préconise la constitution d'un nouveau gouvernement présidé par Pierre Mendès France et composé de dix membres choisis « sans exclusive et sans dosage périmé », ajoutant qu'il sera personnellement, le moment venu, candidat à la présidence de la République. La CFDT, qui estime que la crise du régime ne peut trouver sa solution dans les forces parlementaires traditionnelles incapables d'intégrer les « forces nouvelles » surgies dans la crise et de répondre à leurs aspirations, voit, pareillement, un recours en Mendès France et, malgré certaines réserves, se prononce pour un gouvernement qui comprendrait, sous sa direction, des membres du PCF et de la FGDS, mais aussi des représentants de ces forces nouvelles et des ministres issus de ses rangs. Des dirigeants de FO s'entretiennent eux-mêmes, par deux fois, avec Mendès France ; avant qu'un communiqué du 29 mai ne réaffirme qu'il « appartient aux formations politiques de chercher des solutions » [Bergounioux, 1992].

La CGT, qui accuse la CFDT de gauchisme autant que de dérive politicienne, réagit en formulant une analyse nouvelle de la grève, destinée, dit-elle, à « répondre à la situation créée par le refus persistant du gouvernement et du patronat de prendre pleinement en considération les revendications et contribuer à un changement politique de progrès social et démocratique ». Ce changement est résumé par le mot d'ordre lancé par le parti communiste « gouvernement populaire », scandé ce même 29 mai dans des manifestations réunies à l'appel de la CGT et du Parti communiste. On assiste au basculement d'un système d'alliance réunissant, depuis 1966, les confédérations syndicales à l'exclusion des partis, à un axe PCF-CGT [Tartakowsky, 1992]. C'est alors que la politique, dans ses formes institutionnelles, reprend brusquement ses droits…

Le 30 mai, le général De Gaulle, trop hâtivement porté disparu, dissout l'Assemblée nationale en même temps qu'il appelle à la défense de la République qu'il déclare menacée, en des termes qui désignent le PCF comme l'adversaire majeur [Tartakowsky, 1997]. Il contraint chacun à accepter l'issue parlementaire ouverte à tous ou à se situer en marge du consensus républicain en se condamnant alors aux conséquences obligées. Seules refusent le combat électoral les formations d'extrême gauche. Les syndicats doivent désormais gérer de front les exigences et temporalités distinctes de la grève, de la négociation et des élections. La CFDT doit, elle-même, en convenir : elle dit vouloir s'efforcer de faire que le grand courant rénovateur animé par les étudiants et les travailleurs parvienne à trouver son expression politique [Georgi, 1992]. Syndicats et partis admettent implicitement, de la sorte, que l'absence de relais politiques institutionnels confère ses limites au mouvement. La gauche politique, introuvable, se donne pour un horizon nécessaire. Que le taux d'abstention n'augmente que légèrement, rapporté aux législatives de mars 1967 (20 % contre 18,9 %), témoigne, sur un autre mode, que le système politique conserve la confiance de l'électorat. La croissance des effectifs de toutes les organisations syndicales va dans le même sens.

JUIN 1968-JUIN 1969 : LA BIPOLARISATION MISE À MAL

Les acteurs politiques mobilisent d'autant plus ostensiblement le vocable de « gauche » que celle-ci s'impose sur la scène parlementaire (Bloc des gauches, Cartel des gauches...) et/ou qu'ils entendent ainsi désigner son unité effective ou revendiquée (Fédération de la gauche, Union de la gauche). La présidentialisation du régime qui s'affirme après 1962 précipite un processus de bipolarisation. Cette évolution constitutionnelle contribue à la résurgence du mot avant que de la chose [Duhamel, 1980]. À l'inverse, les événements de Mai-Juin, qui se déployaient hors de la scène parlementaire, réactivent l'espoir de devenirs alternatifs au régime (socialisme, révolution, etc.). Ils contribuent par là même à son effacement et à mettre à mal les redéfinitions de la gauche, qui s'esquissaient depuis peu. Ce qui survivait d'une « gauche moderne », frappée par l'échec de la candidature Defferre en 1965, disparaît dans la tourmente. Les « jeunes », inscrits par elle au rang des « forces vives », et quelques-uns des meilleurs fleurons de la modernité hier revendiquée (PSU, CNJA, CFDT) ont pris la tête d'un mouvement qui relaie certaines de ses exigences (planification démocratique, décentralisation), mais affirme aussi bien un antiproductivisme résolu et, parfois, un hédonisme individuel antagoniques à ses valeurs. Les pratiques, le discours de classe (et jusqu'à son esthétique et ses mythes, barricades ou Front populaire) opèrent un retour en force qui balaie les théories des « forces vives » ou de la « nouvelle classe ouvrière », submergées par une soudaine « régression marxiste » [Morin, 1978]. La construction alternative à la gauche moderne que fut la FGDS ne résiste pas davantage. Quasi absente de la tourmente, affaiblie par le résultat des élections de juin, puis, le 7 novembre, par la démission de François Mitterrand, elle disparaît sans que nul ne tente de la sauver. En privant, du même fait, le PCF de son nécessaire et potentiel allié. Lors de son comité central de décembre 1968, réuni à Champigny, le parti communiste publie un manifeste censé définir, par une « démocratie avancée », la route vers le socialisme, mais à partir de ce moment, à la suite de l'intervention soviétique en Tchécoslovaquie et des contradictions grandissantes qui déchirent le bloc socialiste, il est en fait réduit à une défensive qui n'aura plus de cesse.

En juin 1968, 235 des 296 ballottages de second tour ont été, discipline républicaine aidant, de type binaire nonobstant des contradictions entre partis de gauche qui pouvaient sembler indépassables. L'élection présidentielle anticipée provoquée, un an plus tard, par la démission du général De Gaulle révèle, à plus fort titre encore, le primat des déterminants d'un système politique restauré dans son plein droit sur ceux que véhiculait Mai 68. Le PCF qui présente son propre candidat en la personne de Jacques Duclos s'intègre (avec un certain succès) dans des mécanismes constitutionnels dont il persiste à rejeter le bien-fondé, et participe par là même au système politique (et, à *la* gauche dont ce système requiert l'avènement). L'extrême gauche, à sa manière, ne se comporte pas très différemment avec la candidature d'Alain Krivine. Le score de 24,1 % des inscrits (31,2 % des exprimés) réalisé par les quatre candidats de gauche (ou d'extrême gauche) quand 27,1 % (32,2 % des exprimés) s'étaient portés sur le nom de François Mitterrand en 1965 témoigne du désaveu d'une opinion favorable à l'unité, qui signifie aussi bien la bipolarisation. Son absence condamne, pour l'heure, la gauche introuvable à l'échec obligé. Elle la contraint, à terme, à renouer le fil interrompu en mai.

Résurgences

Les événements de 1968 ont eu pour effets contradictoires de sensiblement contracter l'assise électorale de la gauche, tout en déplaçant à gauche son centre de gravité. Le poids conservé du Parti communiste (21,5 % des suffrages exprimés) empêche les tentations d'alliances centristes exprimées, en 1969, par la candidature Defferre (à peine 5 %). Le 13 juillet 1969, la naissance du Nouveau Parti socialiste signifie aussi la reprise des contacts avec le PCF et le retour à une stratégie d'union de la gauche, confirmée par le congrès (re)fondateur d'Épinay (juin 1971) et présentée par François Mitterrand comme le meilleur instrument d'un rééquilibrage de la gauche en faveur du nouveau parti. Le rapport des forces contraint, dans l'attente, ce parti à occuper le terrain déserté par ce que l'on appelle alors la « gauche moderne », parfois déjà la « deuxième gauche », celle qui souhaite échapper au vieux clivage socialistes réformistes/communistes révolutionnaires, sans abandonner, pour autant, la référence à la lutte des classes. Il l'oblige à des alliances *a contrario* de ses homologues européens qu'il doit expliquer devant l'Internationale socialiste. La marche à l'unité, désormais, s'accélère. Le 9 octobre 1971, le comité central du PCF adopte un « Programme de gouvernement démocratique d'union populaire » surtitré « Changer de cap ». Le parti socialiste répond, le 11 mars 1972, par « Changer la vie, programme de gouvernement ». Un Programme commun de gouvernement, conclu en juin 1972, est ratifié, un mois plus tard, par les radicaux de gauche qui, avec Robert Fabre, vont constituer le Mouvement des radicaux de gauche (MRG).

Le système, qui pousse à la bipolarisation sous la forme d'une coalition de gouvernement, permet aussi bien un rôle régulateur de l'État et une planification capable d'assurer la satisfaction des besoins sociaux. La place que le programme accorde à la « promotion de la femme », à la jeunesse, au « cadre de vie » et aux « nuisances », à la culture, au droit à l'information ou à la décentralisation entend répondre à quelques-unes des aspirations de Mai sans cependant satisfaire aux revendications des associations qui désormais les relaient : féministes, régionalistes, écologistes, antimilitaristes, homosexuelles, étudiantes ou lycéennes.

La CFDT doit à la sociologie de ses adhérents, à la précocité de son intérêt pour les préoccupations « qualitatives » et à la sensibilité particulière de militants d'origine catholique pour la subsidiarité d'avoir mieux compris que d'autres les aspirations de Mai. Elle participe, sur un tout autre mode, de la radicalisation de la gauche consécutive à Mai. Elle institue l'événement en mythe identitaire [Georgi, 1995], se réclame, lors de son XXXVe congrès (mai 1970), d'une stratégie dite de « lutte de classes » et d'une autre société, pour la première fois qualifiée de socialiste, avec pour « piliers » la planification démocratique, la propriété sociale des moyens de production, l'autogestion de l'entreprise comme de la société entière. Cette organisation estime que le type de développement industriel défendu par le programme commun est aux antipodes des aspirations sociales et culturelles exprimées en Mai et ne saurait conduire à un changement profond de la qualité de la vie dès lors qu'il se refuse à remettre en question les exigences de rentabilité matérielle et de productivité. Elle dénonce le « risque de centralisme autoritaire et bureaucratique et les ressorts essentiellement étatiques » qui excluent un « changement profond des pouvoirs et du rôle de l'État » et regrette sa « vision limitée du changement des rapports sociaux ». La crise de l'extrême gauche, devenue effondrement en 1972, lui vaut de devenir l'épicentre de propositions d'alliances qui se veulent alternatives au dit programme commun : ainsi l'Union des forces populaires qui intégrerait le PSU et l'extrême gauche autogestionnaire à une alliance anticapitaliste se voulant plus radicale [Groux, Mouriaux, 1989]. La CFDT est créditée d'une meilleure prise en compte des « nouveaux mouvements sociaux » et des expressions de contestation radicale, telle l'action des Lip dans laquelle émerge la personnalité de Charles Piaget, dont la candidature fut envisagée à l'élection présidentielle de 1974 et qui aurait pu donner consistance à ce rassemblement « dans l'esprit de Mai », mais il n'en fut finalement rien. L'absence de correspondants politiques conduit à l'étiolement de ces perspectives. Les formations gauchistes semblent déliquescentes. Le PSU est en état de crise chronique : nombreux conflits internes avec diminution de moitié des effectifs entre 1969 et 1973, départ de nombreuses personnalités et retrait de Michel Rocard du secrétariat national en 1973, 2 % des suffrages exprimés aux élections législatives de cette même année. La CFDT apporte donc pour la première fois un « soutien critique » au programme commun lors de ces élections, tandis que le PS et François Mitterrand continuent de construire leur hégémonie au sein de la gauche politique. Cette politique est ratifiée par les 43,3 % au premier tour de la présidentielle de 1974 du « candidat commun de la gauche » et par la tenue à l'automne suivant des Assises du socialisme qui enregistrent le ralliement de Michel Rocard, de responsables PSU et de cadres militants de la CFDT [Krauss, 2002].

La gauche dreyfusarde et la gauche antifasciste se sont constituées à la faveur de crises politiques majeures. En chacune de ces circonstances, s'est effectuée une redéfinition de l'identité de la gauche. Il en va de même avec les événements de Mai. Le parti communiste espère ainsi après 1968 pouvoir miser sur une hégémonie culturelle, pour développer une stratégie nouvelle et tenter de s'opposer au renversement engagé du rapport des forces. Dans une perspective gramscienne implicite (sensible dans sa politique éditoriale), la culture doit être constitutive de sa stratégie et être la condition de la politique à laquelle il aspire. *La Culture au présent* de Roland Leroy paraît, significativement, l'année de la signature du programme commun de gouvernement. Mais, dans une réalité moins chimérique, il perd la compétition avec le Parti socialiste qui récupère les aspirations de la « génération » de Mai 68. Le Parti socialiste a su affirmer au début des années 1970 des conceptions décentralisatrices, antiautoritaires et pragmatiques, empruntées aux aspirations soixante-huitardes. Il le fait dans un cadre partisan restauré, outil d'une évolution vers un « socialisme moderne » et se donne pour une alternative crédible à la droite, mais, en devant tenir compte que le contexte est bientôt marqué par la libéralisation de la société française menée par le nouveau président Valéry Giscard d'Estaing (abaissement du droit de vote à dix-huit ans, loi sur l'IVG, libéralisation de l'ORTF). Une part capitale des aspirations libertaires de Mai 68 est devenue le terreau et le ciment d'une société désormais libérale. Abandonnant dans les faits un certain nombre d'étiquettes, « gauche anticapitaliste », « gauche autogestionnaire », etc., à titres divers filles de Mai, elle se réinvestit en « gauche de gouvernement ». Dans cette mutation de la gauche, Mai 68 et ses effets n'auront été qu'un passage, cependant obligé, un des instruments de la transition.

Références bibliographiques

Bergounioux Alain (1992), « Force ouvrière en Mai 68 », *in* René Mouriaux *et al.*, *1968, exploration du Mai français*, L'Harmattan, Paris, p. 57-74.

CAPDEVIELLE Jacques et MOURIAUX René (1988), *Mai 68, l'entre-deux de la modernité, histoire de trente ans*, PFNSP, Paris.

DUHAMEL Olivier (1980), *La Gauche et la Ve République*, PUF, Paris.

FISERA Vladimir (1992), « Le PSU face à son histoire : le tournant de Mai 68 », *in* René MOURIAUX *et al.*, *op. cit.*, p. 178-216.

GEORGI Frank (1992), « La CFDT en mai-juin 68 », *in* René Mouriaux *et al.*, *op. cit.*, p. 35-56.

— (1995), *L'Invention de la CFDT, 1957-1970*, L'Atelier, Paris.

GROUX Guy et MOURIAUX René (1989), *La CFDT*, Economica, Paris.

KRAUSS François (2002), « Les Assises du socialisme ou l'échec d'une tentative de rénovation d'un parti », *Les Notes de la Fondation Jean-Jaurès*, n° 31, juillet.

MORIN Edgar (1978), « Dix ans après », *Le Monde*, 30, 31 mai, 1er juin.

MOURIAUX René *et al.* (1992), *1968, exploration du Mai français*, L'Harmattan, Paris.

PEUKERT Dtelev (1995), *Crise de la modernité*, Aubier, Paris.

SADOUN Marc (1992), « Un processus fermé : les socialistes dans la FGDS en Mai 68 », *in* René MOURIAUX *et al.*, *op. cit.*, p. 164-177.

TARTAKOWSKY Danielle (1992), « Le PCF en mai-juin 68 », *in* René MOURIAUX *et al.*, *op. cit.*, p. 141-162, suivi de remarques complémentaires de Jean-Jacques BECKER, p. 162-163.

— (1997), *Le Pouvoir est dans la rue*, Aubier, Paris.

54

L'Union de la gauche et l'ère Mitterrand (1965-1995)

ALAIN BERGOUNIOUX ET GÉRARD GRUNBERG

LES TRENTE ANNÉES qui s'écoulent entre la première candidature présidentielle de François Mitterrand en 1965 et l'élection présidentielle de 1995 ont profondément transformé le socialisme français et, plus largement, la gauche française. Au cours de cette période, le Parti socialiste, qui depuis sa naissance n'avait jamais exercé la direction du gouvernement plus de deux années consécutives, a gouverné pendant dix ans tandis que François Mitterrand effectuait deux septennats. Au long remords du pouvoir a succédé l'exercice normal du pouvoir. À l'hostilité aux institutions de la Ve République a succédé l'acceptation, puis la pratique familière de celles-ci. Au rapport passionnel et le plus souvent conflictuel avec le parti communiste a succédé l'union froide avec lui. Enfin, au terme de la période, le Parti socialiste est redevenu le principal parti de la gauche après trente années de domination communiste.

François Mitterrand a été l'acteur central de ces transformations, le personnage clé de cette période et ce n'est pas un privilège indu de centrer ce chapitre sur son action. Son objectif central, sinon unique, a été de conduire sous sa direction la gauche au pouvoir. Trois périodes peuvent être distinguées pour rendre compte de son action au cours de ces trois décennies. La première, de 1965 à 1971, est celle où François Mitterrand a rassemblé les deux conditions nécessaires pour atteindre son but : la conquête de la légitimité présidentielle, puis celle de l'outil partisan. La seconde, du congrès d'Épinay à l'élection de 1981, est celle de l'action et des combats de François Mitterrand pour construire et diriger un grand parti socialiste, nouer les alliances à gauche nécessaires pour gagner les élections et imposer sa stratégie et son pouvoir à la fois à l'extérieur, face au Parti communiste et à l'intérieur face à la « deuxième gauche » et à Michel Rocard. La troisième période est celle de l'exercice du pouvoir, avec ses succès, ses échecs, ses limites et ses excès.

La construction du pouvoir mitterrandien, 1965-1971

Lorsque François Mitterrand se lance dans la bataille de l'élection présidentielle de 1965, il ne dispose d'aucune organisation politique importante et n'est entouré que d'une poignée de fidèles réunis depuis juin 1964 dans la Convention des institutions républicaines. Les leaders de la gauche se méfient de lui et peu le reconnaissent pour leur. Il va surmonter ce handicap par un sens politique et une ambition hors du commun. Ayant pour objectif la conquête du pouvoir, il consacre toutes ses qualités et son énergie à cet unique objectif [Duhamel, 1998]. Il est l'un des seuls hommes politiques de premier plan de l'ancienne classe politique de la IVe République à tirer toutes les conséquences du changement des institutions. La révision constitutionnelle de 1962 portant élection du président de la République au suffrage universel lui apparaît comme une opportunité unique à la fois pour lui-même et pour la gauche. « Depuis 1962, écrira-t-il en 1969 dans *Ma part de vérité*, j'ai su que je serais candidat » [Mitterrand, 1969]. Ayant compris à la fois le caractère central de l'élection présidentielle et la personnalisation du pouvoir résultant de cette révision constitutionnelle, ainsi que les conséquences de celle-ci en matière de système politique — la logique majoritaire et la bipolarisation —, François Mitterrand se positionne clairement comme l'adversaire personnel du général De Gaulle. Après avoir voté contre l'investiture du gouvernement formé par celui-ci le 1er juin 1958, puis voté non au référendum du 28 septembre sur la Constitution de la Ve République, il publie en 1964 son pamphlet, *Le Coup d'État permanent* [Mitterrand, 1964] qui est moins une critique des nouvelles institutions que de la pratique politique de leur fondateur. En se posant comme le leader du camp des républicains contre le « pouvoir personnel », il entame le processus de bipolarisation gauche-droite. Certes, il n'est pas encore question de se réclamer officiellement de toute la gauche, compte tenu de la position d'extériorité qui est encore celle du parti communiste après près de deux décennies de guerre froide. Mais son projet d'union de la gauche est tracé dès 1959. Pour lui, la conquête du pouvoir passe par l'unité des gauches et donc la réintégration des communistes dans le jeu politique national. L'échec de la tentative Defferre au printemps 1965 pour construire une alternative politique au gaullisme par l'union des centres lui laisse le champ libre.

Son coup d'œil politique et les nombreux contacts qu'il entretient dans la classe politique française le convainquent qu'il existe une fenêtre d'opportunité pour mener à bien son projet et avancer l'idée de sa propre candidature. Pierre Mendès France, hostile aux nouvelles institutions, lui a fait savoir qu'il ne serait pas candidat. Guy Mollet, qui n'a ni compris ni accepté les nouvelles institutions, ne souhaite pas engager directement la SFIO dans l'aventure présidentielle et le parti radical cherche également un candidat hors de ses rangs. Enfin, François Mitterrand sait que le nouveau secrétaire général du PCF,

Waldeck-Rochet, souhaite relancer l'union de la gauche. Lors du XVIIe congrès du parti communiste, en mai 1964, il a réaffirmé clairement la nouvelle ligne du parti élaborée à partir de l'année précédente : « Si communistes, socialistes, syndicalistes et autres démocrates sont d'accord sur ces objectifs essentiels, pourquoi ne s'entendraient-ils pas sur la base d'un programme commun, y compris pour la future élection présidentielle ? » [Courtois et Lazar, 1995]. François Mitterrand déclare sa candidature le 9 septembre. Il ne pouvait pas encore reprendre à son compte l'idée d'un programme commun de la gauche, mais il propose dans sa conférence de presse du 21 septembre 1965 sept options fondamentales sur lesquelles le parti communiste aurait à se déterminer. Waldeck-Rochet ne souhaitait pas présenter un candidat du parti communiste à l'élection présidentielle et il approuva les propositions de François Mitterrand. Le même mois, il abandonnait l'exigence d'un programme commun et se ralliait à la fois à l'idée d'une « plate-forme acceptable par tous les démocrates » et à la candidature de François Mitterrand qu'il fit avaliser par le comité central du parti communiste le 23 septembre, sans abandonner pour autant « la grande idée du programme commun à tous les partis et organisations démocratiques ».

Avec le ralliement du Parti socialiste unifié (PSU), le 17 octobre, François Mitterrand devient le candidat unique de la gauche à l'élection présidentielle. Le 5 décembre, le général De Gaulle est mis en ballottage au premier tour de l'élection présidentielle, tandis que François Mitterrand arrive en deuxième position avec 32 % et peut donc affronter seul au second tour le fondateur de la Ve République. Obtenant 45 % des suffrages exprimés au second tour le 19 décembre, il remporte un succès dont les conséquences seront décisives pour l'avenir de la gauche française et pour son destin politique personnel. La gauche, unie, peut espérer un jour remporter une élection présidentielle et elle dispose d'un candidat pour y parvenir. Cette crédibilité présidentielle de François Mitterrand sera son principal atout lors des décennies suivantes. Elle lui permettra en outre d'opérer le ralliement progressif de la gauche aux institutions de la Ve République.

Pour conquérir le pouvoir, François Mitterrand ne pouvait pas seulement compter sur sa qualité récente de candidat de la gauche à l'élection présidentielle. En homme politique expérimenté, il savait qu'il lui fallait rassembler les organisations partisanes de gauche de manière durable, en commençant par ce que l'on appelait alors la gauche non communiste. Dès le lendemain de sa déclaration de candidature, il obtenait des principales formations de celle-ci la signature de la charte de la Fédération de la gauche démocrate et socialiste (FGDS). Le 9 décembre, entre les deux tours de l'élection présidentielle, il en devenait le président. Les partis politiques l'intéressaient davantage comme outils pour la conquête et l'exercice du pouvoir que comme porteurs de projets de société et défenseurs de doctrines. Il voulait d'abord rassembler. La création de la FGDS fut de ce point de vue un incontestable succès. Celle-ci aborda dans l'unité les élections législatives de 1967 et avec 19 % des suffrages exprimés et 121 députés élus ou réélus, elle prouva que la méthode mitterrandienne était la bonne. Par ailleurs, l'alliance électorale avec le parti communiste avait bien fonctionné pour les deux organisations. L'année 1968, *annus horribilis* pour le nouveau leader de la gauche, faillit tout compromettre et mit au jour les trois faiblesses de son projet de rassemblement.

La première de ces faiblesses, dans le contexte de Mai 68 qui marquait une radicalisation de la gauche, était le caractère trop institutionnel et trop traditionnel de son projet, le regroupement de partis considérés comme archaïques par les nouvelles générations de militants. Le développement d'une « deuxième gauche » autogestionnaire, antitotalitaire et voulant représenter la société civile contre l'État donnait un coup de vieux à la construction mitterrandienne. François Mitterrand en garda une rancune tenace envers les acteurs du mouvement de Mai. La seconde de ces faiblesses résidait dans la méfiance du Parti communiste ravivée après que, le 28 mai, François Mitterrand, eut annoncé de manière précipitée et imprudente, la vacance du pouvoir et fait part de son intention d'être candidat à la prochaine élection présidentielle. La troisième faiblesse tenait à la fragilité de la construction de la FGDS et au refus des leaders de la gauche non communiste de laisser le champ libre à François Mitterrand pour fédérer sous sa direction les différentes organisations concernées. Profitant de la grave erreur politique du président de la FGDS, après le triomphe gaulliste des élections de juin, ses partenaires de la Fédération, et d'abord Guy Mollet, le mirent dans une situation politique qui le conduisit à abandonner la présidence de celle-ci en novembre.

À la fin de l'année 1968, François Mitterrand est presque revenu à son point de départ. La gauche est à nouveau en ordre dispersé et il est une fois encore isolé et sans perspective politique. La création du Nouveau Parti socialiste, en 1969, se fait sans lui tandis que le PSU, tirant avantage de la dynamique de Mai, se prend à nouveau à espérer jouer un rôle de premier plan dans la recomposition de la gauche. Dans cette situation qui aurait pu se révéler fatale pour l'ancien candidat de la gauche à l'élection présidentielle, celui-ci demeure pour l'essentiel fidèle à son projet. Mais il en redéfinit certains termes. De l'échec de la FGDS et de la radicalisation de Mai 68, il tire trois enseignements fondamentaux qui vont guider sa tactique au cours des années suivantes. Les tentatives de fédération de la gauche républicaine sont vaines et il lui faut se situer clairement dans le courant socialiste. Il lui faut tenter de s'emparer de la direction du mouvement socialiste afin de disposer d'un outil pour la prise du pouvoir. L'alliance avec le parti communiste doit devenir centrale dans sa stratégie et passe par la signature avec lui du programme commun réclamée par celui-ci. Une fois de plus les circonstances d'une part, son coup d'œil et son habileté manœuvrière d'autre part vont lui permettre de renverser le cours des événements. Les circonstances sont à la fois le désastre socialiste à l'élection présidentielle de 1969 — 5 % des suffrages pour le candidat socialiste Gaston Defferre — et l'absence de dynamique du Nouveau Parti socialiste, immobilisé par la volonté de ses dirigeants de mener jusqu'au bout le débat idéologique avec le frère ennemi communiste et par son peu de crédibilité due à son absence de perspective de prise du pouvoir. François Mitterrand réalise alors son deuxième coup de génie tactique après sa candidature de 1965, son action victorieuse lors du congrès d'Épinay du parti socialiste auquel participe la Convention des institutions républicaines. Face à Guy Mollet et à Alain Savary, il dispose d'un avantage décisif : il présente une stratégie claire et crédible et dispose toujours du capital acquis en 1965. Remportant la victoire au congrès grâce au soutien conjoint de bastions traditionnels classés à la droite de la défunte SFIO, et de la gauche du parti, le CERES (Centre d'études, de recherches et d'éducation socialistes) de Jean-Pierre Chevènement, il devient en juin 1971 le chef du socialisme français. Il le demeurera pendant près d'un quart de siècle.

Au cours du congrès d'Épinay, François Mitterrand a montré une maîtrise remarquable de la tactique partisane. Préoccupé d'abord par les questions politiques et non idéologiques, François Mitterrand pour atteindre ses objectifs est prêt à assumer pour partie la radicalité qui s'est exprimée en Mai 68. À Épinay, il va reprendre à son compte l'orthodoxie doctrinale dominante pour pouvoir provoquer trois ruptures essentielles avec la tradition socialiste [Bergounioux et Grunberg, 1992]. L'orthodoxie, il s'en fait le porte-parole : « Violente ou pacifique, déclare-t-il, la révolution, c'est d'abord une rupture. Celui qui n'accepte pas la rupture avec l'ordre établi… avec la société capitaliste, celui-là, je vous le dis, il ne peut pas être adhérent au Parti socialiste. » Derrière ce discours de nature à rassembler derrière lui les militants, il annonce déjà les véritables ruptures. D'abord sur la question du pouvoir. « Maintenant que notre parti existe, je voudrais que sa mission soit d'abord de conquérir. En termes un peu techniques, on appelle ça la vocation majoritaire de ce parti. Je souhaite que ce parti prenne le pouvoir […]. Déjà le pêché d'électoralisme ! Je commence mal. » D'où la seconde rupture, celle qu'il opère avec la vieille distinction socialiste entre l'exercice du pouvoir (en régime capitaliste) et la conquête du pouvoir, c'est-à-dire l'instauration du socialisme. Désormais le parti est d'abord un outil pour la conquête du pouvoir. Il doit renoncer à donner la priorité aux discussions interminables sur le programme et sur les fins. Il doit s'apprêter à devenir un parti de gouvernement. Troisième rupture, celle de la relation passionnelle du socialisme avec le parti communiste. Libre de toute hérédité marxiste et socialiste, François Mitterrand ne rêve pas d'effacer Tours ni de changer le parti communiste. Son approche purement pragmatique ne tient compte que des rapports de force. Il a besoin de l'alliance avec le parti communiste pour conquérir le pouvoir et compte bien prendre l'ascendant sur lui en refondant le parti socialiste. Dans le texte de sa motion au congrès d'Épinay, prenant le contre-pied de Mollet et Savary, il écrit que « le dialogue avec le parti communiste ne doit pas être mené à partir des thèmes imprécis d'un débat idéologique. Il portera sur les problèmes concrets d'un gouvernement ayant mission d'aborder la transformation socialiste de la société ». Il ouvre ainsi une véritable perspective stratégique à une gauche jusque-là divisée et désemparée.

« TENIR BON » (1971-1981)

Au cours des dix années qui ont suivi le congrès d'Épinay, Mitterrand a poursuivi son dessein avec acharnement, dans des conditions qui n'ont cessé de se dégrader à partir de l'automne 1974, aussi bien à l'intérieur de son parti que dans ses relations avec le parti communiste. La victoire de 1981 était loin d'être écrite dans la période qui l'a précédée. Le Parti socialiste, après Épinay, a connu un développement militant et électoral remarquable. En 1970, le PS comptait 70 000 adhérents ; à la veille de l'élection présidentielle de 1981 il en comptait près de 200 000. Aux élections législatives de 1968, la FGDS avait obtenu 16,5 % des suffrages exprimés. Aux élections législatives de 1973, le PS obtient seul près de 20 %, soit deux points de moins que le PCF. Le PSU, avec 2 % des suffrages, voit ses espoirs s'évanouir. À l'élection présidentielle de 1974, le parti communiste, le Parti radical de gauche (PRG) et le PSU soutiennent dès le premier tour la candidature de François Mitterrand. Cette fois-ci, celui-ci n'est plus le candidat des partis de gauche, il est le candidat socialiste soutenu par les autres partis de gauche. Contre Valéry Giscard d'Estaing au second tour, il manque de peu la victoire avec 49 %. Cet échec est vécu par la gauche comme une promesse de victoire prochaine. 1974 marque un immense succès personnel pour François Mitterrand. Il est désormais le leader incontesté de la gauche. La route du pouvoir semble désormais dégagée.

Mais le premier secrétaire du Parti socialiste sait qu'il doit encore élargir l'assise militante et électorale de son parti. Le nouveau président de la République représente la modernité et s'engage dans la voie des réformes de société. La « deuxième gauche », malgré ses faiblesses, représente au niveau politique la dynamique de Mai et son leader Michel Rocard a acquis une réelle popularité. Malgré son aversion pour les soixante-huitards, François Mitterrand se laisse convaincre par Pierre Mauroy d'achever la réunification des socialistes en organisant les Assises du socialisme qui permettent l'entrée dans les PS des militants de la « deuxième gauche » — PSU, CFDT et mouvement associatif — qui ont tiré un trait sur l'aventure du PSU et décidé de rejoindre le PS derrière Michel Rocard. Les assises, organisées en octobre 1974, vont contribuer au développement du Parti socialiste. Une partie des jeunes générations appartenant aux nouvelles couches moyennes salariées en pleine expansion vont se rapprocher du Parti socialiste. Elles sont porteuses des valeurs de Mai, en particulier celles de la libéralisation des mœurs, du libéralisme culturel. Et dans une partie importante de leurs membres, la vieille orthodoxie de gauche, teintée d'un marxisme remis au goût du jour, coexiste avec ces nouvelles valeurs individualistes. Aux élections législatives de 1978, ces couches sociales voteront en plus grand nombre pour le PS que pour les partis de droite. La recomposition sociale du socialisme est en bonne voie. En outre, les progrès réalisés dans certaines régions de tradition catholique où s'est développé un militantisme catholique de gauche, à la CFDT et au PSU, permettent au socialisme français de sortir de ses bastions géographiques traditionnels. La mue du Parti socialiste est largement entamée.

Symétriquement, l'alliance passée avec le parti communiste ancre à gauche le Parti socialiste, ancrage réclamé par les militants et les électeurs socialistes. François Mitterrand, désormais le patron du Parti socialiste, décide d'accélérer le processus d'élaboration d'un programme commun avec le parti communiste. L'alliance avec le parti communiste fait partie de l'identité du parti né à Épinay. À tort ou à raison, Guy Mollet incarnait pour les nouvelles générations les alliances au centre, la Troisième Force, la trahison du projet socialiste. Pour nombre de socialistes, l'alliance avec les communistes était une assurance contre la « social-démocratisation » du parti, c'est-à-dire, pour eux, sa dérive vers la droite. Le parti communiste était une sorte de point de repère, d'« amer remarquable ». Là où il était, était la gauche. François Mitterrand voyait les choses différemment. Comme il le déclara en 1972 devant le congrès de l'Internationale socialiste : « Notre objectif est de refaire un grand Parti socialiste sur le terrain occupé par le parti communiste. » Mais, quelle que soit la différence des idées et des objectifs au sein des socialistes et la coexistence d'une vision fusionnelle et d'une vision froide de l'union avec les communistes, l'union de la gauche fédérait le Parti socialiste. Ainsi, le cycle d'Épinay, ouvert en 1971, devait-il, dès l'année suivante, être marqué par la signature d'un Programme commun de gouvernement de la gauche.

Les négociations avec les communistes avancèrent en effet rapidement car de part et d'autre, certes avec des appréhensions, la volonté politique existait et les deux partis s'accordaient pour accroître sensiblement le rôle de l'État dans les domaines économique et social. Elles achoppèrent un moment sur trois points : l'étendue des nationalisations, la politique étrangère et les institutions. Sur le premier point, les socialistes, tout en acceptant un nombre élevé et significatif de nationalisations, refusèrent une partie des propositions communistes. En matière de politique étrangère, François Mitterrand ne céda ni sur l'appartenance de la France à l'Alliance atlantique ni sur la construction européenne. Enfin, sur le terrain institutionnel, coexistèrent deux lectures, l'une plus favorable à l'autorité de l'exécutif, celle de François Mitterrand, et l'autre plus favorable à une vision parlementaire, celle des communistes qui craignaient une présidence forte qu'ils savaient ne pas avoir vocation à occuper. Finalement l'accord fut signé le 26 juin 1972 et ceux des radicaux qui acceptèrent l'alliance avec les communistes s'y rallièrent le mois suivant. François Mitterrand avait fait des compromis très significatifs. Mais il ne transigea pas sur ce qui était l'essentiel à ses yeux : la possibilité d'être élu président de la République et de gouverner un pays inséré dans une économie capitaliste, appartenant au camp occidental et doté de nouvelles institutions auxquels les Français semblaient attachés. Les communistes jouèrent pleinement le jeu dans un premier temps. Leur score des élections législatives de 1973 demeura plus élevé que celui des socialistes. Georges Marchais, le secrétaire général du PCF, fit la campagne présidentielle de François Mitterrand. Le parti communiste s'ouvrit et commença à réorienter une partie de son discours vers les classes moyennes. Les choses commencèrent cependant à se gâter quelques semaines après l'élection présidentielle.

Dès octobre 1974, des élections législatives partielles indiquèrent que le parti socialiste progressait et dépassait le parti communiste. La direction du parti communiste se vit alors prise entre deux feux. D'un côté la dynamique unitaire était forte, y compris dans l'électorat communiste, et le parti était très engagé dans la politique d'union. De l'autre, le risque de voir le Parti socialiste supplanter électoralement le parti communiste était considéré comme d'une extrême gravité, d'autant qu'une partie de la direction n'avait aucune confiance dans le Parti socialiste, que l'entrée de la « deuxième gauche » dans le Parti socialiste, issue de la radicalisation de Mai, faisait craindre une surenchère socialiste et que Moscou préférait Giscard et les gaullistes à un Mitterrand considéré comme un atlantiste. Durant les sept années suivantes, les communistes tentèrent, finalement sans succès, d'échapper à ce que beaucoup d'entre eux considéraient désormais comme un piège mortel. Le PS fut accusé de « glisser à droite ». Pour les communistes, l'union était désormais un « combat » et ils tentèrent de substituer à l'union de la gauche l'Union du peuple de France. Ils revinrent à un discours ouvriériste, marginalisant les dirigeants communistes parisiens qui avaient développé un discours nouveau en direction des classes moyennes. La polémique fut contenue partiellement jusqu'en 1977. Alors, le PC profita de la négociation de l'actualisation du programme commun pour se livrer à une surenchère de plus en plus forte. Pour François Mitterrand, la nouvelle ligne communiste représentait un très grave danger, elle risquait de compromettre l'édifice politique patiemment construit depuis le début de la Ve République. Elle pouvait conduire à la défaite électorale et à l'échec de son projet. Il analysa lucidement la nouvelle situation. « Je n'ai pas été surpris, écrivit-il en 1977, par la crise actuelle, même si j'en ignorais le moment. L'Union de la gauche, pour l'emporter, pour s'imposer devait passer par deux phases. La première facile, harmonieuse, correspondait à la période où les communistes n'imaginaient pas le rééquilibrage possible. La deuxième, heurtée, douloureuse, était fatale dès que les socialistes étaient devenus, grâce à l'union et à leur propre renouveau, la première force politique française. Nous y sommes. » Puisque les communistes préfèrent rompre que d'accepter la prééminence socialiste, François Mitterrand se donne et donne aux socialistes son mot d'ordre pour la période à venir : « Tenir bon ». « Les communistes, avec leur mot d'ordre de l'union du peuple de France, explique-t-il, veulent à l'évidence éviter le dialogue PC-PS qui ne leur est pas favorable. À nous, par nos initiatives, de les empêcher de le rompre. » Il ne put cependant éviter la rupture lorsqu'il fut évident que le parti communiste ne se servait plus de cette actualisation que pour faire de la surenchère. Cette rupture intervint dans la nuit du 22 au 23 septembre 1977. L'année suivante, le parti communiste contribuait au premier chef et délibérément à la défaite législative de la gauche alors que la victoire semblait presque acquise. En 1979, Georges Marchais défendit de manière tonitruante l'invasion de l'Afghanistan par l'URSS. La reprise en main du Parti communiste français par les Soviétiques semblait clairement établie. L'union semblait morte. Mais Mitterrand décida de rester fidèle à la ligne qu'il avait tracée, « tenir bon ». Il comptait sur les caractéristiques propres de l'élection présidentielle pour redonner une chance à la gauche et donc à lui-même. Puisque qu'il ne disposait pas de stratégie alternative, il serait « unitaire pour deux ». Il irait jusqu'au bout du chemin tracé. Les électeurs décideraient. Le programme commun était mort, certes, mais pas l'union de la gauche. Quant à la supériorité électorale des socialistes sur les communistes, les élections de 1978 avaient montré qu'elle était cette fois-ci avérée avec 24 % contre 21 % au parti communiste. Le 26 avril 1981, au premier tour de l'élection présidentielle, François Mitterrand obtenait 26 % des suffrages tandis que Georges Marchais n'en obtenait que 15 %.

Durant les dix années qui séparent la prise du pouvoir par François Mitterrand au Parti socialiste de son élection à la présidence de la République, les difficultés rencontrées par lui ne furent pas limitées à ses relations avec le parti communiste. Malgré sa victoire du congrès d'Épinay et son poids décisif dans le parti, son pouvoir au sein du Parti socialiste fut remis en cause et il dut batailler ferme pour l'assurer définitivement. Durant cette période, l'affrontement entre lui et Michel Rocard allait transformer profondément le Parti socialiste et, paradoxalement, renforcer son statut de parti présidentiel, donc sa crédibilité. Entre 1975 et 1978 se mirent en place les modalités de fonctionnement interne du parti socialiste. Celui-ci fut structuré très fortement en courants politiques ayant chacun à sa tête l'un des principaux chefs du parti. Les principaux courants étaient animés par François Mitterrand, Pierre Mauroy, Michel Rocard et Jean-Pierre Chevènement. Le premier secrétaire occupait le centre, s'alliant tantôt avec le « courant des Assises », celui de la « deuxième gauche », contre les surenchères du CERES, tantôt avec ce dernier pour contrer les tendances « révisionnistes » du courant des assises. En 1975, au congrès de Pau, Mitterrand affronta Chevènement qui lui reprochait de ne pas avoir une attitude assez ouverte à l'égard du Parti communiste, et de soutenir au Portugal le socialiste Soares contre le Mouvement des forces armées et le Parti communiste. Il l'emporta et le CERES fut rejeté dans la minorité du parti. À partir de 1977 et la renégociation du programme commun, où Michel Rocard préconisa une attitude de fermeté à l'égard des communistes, notamment sur le niveau d'augmentation du SMIG et sur les nationalisations, les gauches du parti redoublèrent leurs attaques contre la « gauche américaine », c'est-à-dire la « deuxième gauche » dont le CERES disait qu'elle était caractérisée par « son acquiescement implicite à l'asservissement de nos décisions et de nos mœurs à celles de l'Empire américain ».

Ce débat idéologique se doubla à partir de 1978 d'un autre débat, relatif à la question du pouvoir, celui de la candidature socialiste à l'élection présidentielle. Michel Rocard, encouragé par sa forte popularité dans le pays et par ce qui apparaissait comme la faillite de la stratégie mitterrandienne (rupture de l'union de la gauche et défaite inattendue aux élections législatives) décida de se mesurer à François Mitterrand pour la candidature socialiste à l'élection présidentielle. À partir de ce moment les débats internes au Parti socialiste furent, de manière inextricable, à la fois de nature idéologique et personnelle. Mitterrand, bousculé par Rocard, passa alliance avec la gauche du parti contre Rocard et Mauroy. Les défenseurs de la « ligne d'Épinay », emmenés par le premier secrétaire stigmatisèrent le révisionnisme rocardien, en particulier la réévaluation du rôle du marché dans la régulation économique, la critique de l'alliance avec les communistes, le choix d'une gestion sociale de l'économie de marché, c'est-à-dire pour eux la « social-démocratisation » du Parti socialiste. Le congrès de Metz du parti en 1979 marqua l'apogée de ce conflit. Les thèses et les hommes s'y affrontèrent durement. François Mitterrand dut mobiliser tous ses soutiens pour contenir l'offensive rocardienne. Il remporta le congrès. Michel Rocard, admettant ainsi implicitement que l'un des enjeux du congrès était la question de la candidature à l'élection présidentielle, annonça publiquement qu'il ne serait pas candidat contre François Mitterrand à l'élection présidentielle.

Le Parti socialiste avait ainsi tranché une sorte de primaire présidentielle. Le congrès de Metz eut donc plusieurs enjeux centraux. Le Parti socialiste était devenu pleinement un parti présidentiel. Implicitement, il acceptait plus que jamais le caractère incontournable et déterminant de l'élection présidentielle dans le système politique français. Il désignait le candidat socialiste à cette élection et tranchait d'éventuelles compétitions. Il devenait donc avec le RPR (Rassemblement pour la République) l'autre grand parti présidentiel. La défaite de Michel Rocard, qui tint sa promesse en 1981, marqua en réalité l'échec politique de la « deuxième gauche ». Cette défaite conforta le pouvoir de François Mitterrand sur le Parti socialiste et lui permit de se présenter à l'élection présidentielle de 1981 avec un Parti socialiste uni derrière lui. Mais ce congrès avait gauchi, plus que François Mitterrand ne le souhaitait sans doute lui-même, la ligne politique du parti. Le projet socialiste de 1980 en porta la trace. Les « 110 propositions » qui constituèrent le programme du candidat ne le corrigèrent que partiellement.

À la veille de 1981, le ralliement des socialistes et d'abord du premier d'entre eux aux institutions s'accélère. La posture présidentielle du premier secrétaire lui permet d'éluder la question d'une éventuelle participation communiste au gouvernement en cas de victoire de la gauche. Interrogé sur la composition de la future majorité parlementaire et sur l'éventualité d'un accord avec le PCF, il répond dans *Le Monde* du 16 mai 1981 : « Vous vous trompez d'élection. Il s'agit d'élire un président de la République. Il ne s'agit pas pour l'instant de constituer un gouvernement sur la base d'une nouvelle majorité [...]. J'ai personnellement le sentiment qu'élu président de la République, la majorité se formera le 10 mai. » L'utilisation de la notion de majorité présidentielle à son bénéfice marquait le dernier pas de l'adhésion non seulement aux principes, mais aussi au fonctionnement gaullien des institutions. Il ajoutait : « Je dissoudrai quand je le déciderai [...]. J'ai l'intention de faire procéder à des élections avant le 1er juillet [...]. On ne peut pas mener une autre politique sans une nouvelle majorité. » Dans une interview au *Monde* le 2 juillet 1981, il prononçait sa fameuse phrase : « Les institutions n'étaient pas faites à mon intention, mais elles sont bien faites pour moi. » François Mitterrand s'apprêtait ainsi à mettre ses pas dans ceux du général De Gaulle, c'est-à-dire à exercer dans leur plénitude les pouvoirs que la Constitution lui conférerait une fois élu.

Le pouvoir 1981-1995

Il ne faut pas sous-estimer la portée de la victoire de François Mitterrand à l'élection présidentielle le 10 mai 1981. Elle a soulevé de grandes attentes dans l'électorat de gauche qui n'avait connu que l'opposition depuis vingt-trois ans — et des craintes réelles dans l'autre partie de la France, tout particulièrement au sein du patronat. Les résultats du premier tour de l'élection présidentielle ne montraient pas une réelle percée de la gauche — elle n'avait regroupé que 47 % des voix et était de plus fortement divisée. Mais l'onde de choc du 10 mai démoralisa l'électorat de droite et provoqua une forte mobilisation à gauche — le parti communiste ayant été contraint par ses résultats médiocres à appeler à voter Mitterrand, quel que fût le sentiment de sa direction.

Le succès cette fois massif aux élections législatives le mois suivant (38 % des suffrages exprimés) a changé profondément les données politiques pour la gauche par rapport aux « exercices » passés du pouvoir. Avec une majorité absolue à l'Assemblée nationale pour le seul Parti socialiste, François Mitterrand bénéficia d'une grande latitude d'action. Il a choisi d'emblée de préserver la primauté présidentielle et d'utiliser toutes les ressources de la Ve République. Ses engagements présidentiels devaient être la « charte de l'action législative ». Le Premier ministre, Pierre Mauroy, ne dépendait que de lui. Avec des hommes proches, Lionel Jospin pour le Parti socialiste, Louis Mermaz à la présidence de l'Assemblée, Pierre Joxe à la tête d'un groupe parlementaire socialiste et d'autres à différentes responsabilités éminentes au sein même du gouvernement, il a voulu contrôler tous les lieux de pouvoir. Il a souhaité rassembler au gouvernement toutes les composantes de la gauche, au premier rang desquelles le parti communiste qui ne voulait pas être marginalisé, pour les associer à la politique qui allait être menée.

La manière d'aborder ce nouvel exercice du pouvoir correspondait aussi au sentiment, répandu à gauche en 1981, qu'il fallait aller vite pour changer les choses avant que les inerties reprennent le dessus et que les contre-attaques de la droite et du patronat ne se déclenchent. Le souvenir de 1936 était là, prégnant. Les institutions de la Ve République pouvaient donc être une protection. Cela explique largement la lecture fortement instrumentale de la Constitution qui a été faite par François Mitterrand et les socialistes durant ces années et l'« oubli » des réformes institutionnelles annoncées dans les « 110 propositions ».

Les années 1981-1982, ont vu une effervescence réformatrice. Tous les domaines ont été couverts. Les socialistes avaient le sentiment d'être à l'avant-garde du socialisme européen. Les réformes ont été d'inégale importance : les unes ont été éphémères, mais d'autres ont profondément marqué le pays et ont été pérennes, l'abolition de la peine de mort, les lois de décentralisation, l'instauration d'un impôt sur les grandes fortunes, la fin des juridictions d'exception, la priorité culturelle, la libéralisation de l'audiovisuel et la création d'une autorité de régulation, etc.

L'essentiel cependant se joua sur le terrain économique et social. Le gouvernement de Pierre Mauroy voulut mener une politique fondée sur la relance de la consommation pour renouer avec la croissance, sur le renforcement du secteur public pour reconquérir le marché intérieur en reconstituant des filières industrielles, sur l'extension des droits salariés. Une relance prudente releva principalement les ressources des plus démunis avec une augmentation de 10 % du SMIC, de 25 % des allocations familiales, de 20 % des *minima* vieillesse. L'âge de la retraite fut abaissé à soixante ans, la durée légale hebdomadaire du travail ramenée à 39 heures, une cinquième semaine de congés payés accordée. Les nationalisations donnèrent lieu à un vif débat au sein du gouvernement : Mitterrand et Mauroy tranchèrent pour des nationalisations à 100 %, pour l'inclusion des grandes banques et une indemnisation au cours du marché. Elles ont conduit finalement le secteur public à représenter 24 % de l'emploi total et 17 % du PNB (contre 11 % en 1980). Le budget de 1982 a fortement augmenté l'investissement public et accru l'emploi public.

Ces réformes faisaient de l'État un véritable « chef d'orchestre ». Elles mettaient ainsi au jour le fonds de la culture dominante de la gauche française. Les lois Auroux de 1982 entendirent bien donner un rôle plus important aux syndicats — en établissant notamment une obligation annuelle de négociation dans les entreprises. Mais elles eurent peu d'influence concrète. Les réformes de l'« état de grâce » trahissaient en outre une vision essentiellement hexagonale. La politique de 1981 s'est cependant heurtée rapidement à une double contrainte, une contrainte commerciale, avec la hausse des importations et la faiblesse des exportations, une contrainte monétaire, avec des attaques répétées contre le franc, dès juin 1981, en août et septembre, puis en juin 1982. En 1981, l'économie française tournait déjà au ralenti, avec une hausse continue du chômage, une forte inflation et une faiblesse des investissements. Le pari tenait dans l'arrivée d'une reprise économique internationale qui viendrait relayer la relance française. C'est le contraire qui se produisit. La désinflation mondiale s'accentua faisant monter les taux d'intérêts. François Mitterrand plaida en vain au sommet de Versailles en juin 1982 la cause de la croissance. Les réformes de structure qui coûtaient davantage aux finances publiques étaient à cette date loin de pouvoir tirer l'ensemble de l'économie.

La politique changea dès lors de cap. La rigueur financière et économique fut mise en œuvre par étapes dès juin 1982 à mars 1983. Un débat prit corps au sommet de l'État pour accepter ou non un nouveau cours de la politique, tournant le dos nettement à l'idée de rupture avec le capitalisme. Il est peu vraisemblable que François Mitterrand ait sérieusement pu décider d'isoler la France dans un protectionnisme à l'ancienne qui n'aurait pas fait, de toute manière, l'économie d'une austérité financière. Mais il laissa planer le doute jusqu'après les élections municipales de mars 1983, pour ménager sans doute une opinion en voie de retournement, et dans la perspective de négocier avec le gouvernement allemand une stabilisation conjointe du franc et du mark.

Le plan de rigueur de mars 1983 fut sans aucun doute le tournant politique du septennat, même s'il fut nié comme tel. Le troisième gouvernement Mauroy, où Jacques Delors était conforté dans la politique qu'il prônait depuis l'automne 1981, mit en œuvre une politique de désinflation, amenant notamment une désindexation des prix et des salaires, de réduction des déséquilibres extérieurs, de modernisation industrielle, avec d'importantes restructurations menées par le nouveau ministre de l'Industrie Laurent Fabius, qui remplaçait Jean-Pierre Chevènement démissionnaire depuis février 1983. Les entreprises nationalisées reçurent dès lors clairement une fonction de modernisation économique. La loi sur l'épargne de janvier 1983 et la loi bancaire de janvier 1984 préparèrent la libéralisation du marché financier qui fut achevée dans les années suivantes.

Le changement était complet par rapport au projet de 1981. Les résultats commencèrent à être visibles à la fin de la législature. Ils étaient paradoxaux pour la gauche : d'un côté, une inflation maîtrisée, un déficit budgétaire contenu, une balance commerciale améliorée, des investissements à la hausse ; de l'autre, un chômage croissant, une remontée des profits et une baisse des salaires dans le partage de la valeur ajoutée, l'envol des cours de bourse…

Ce cadre politique nouveau a commandé toute l'évolution ultérieure de la gauche. Les gouvernements successifs ont mis en œuvre une modernisation des structures de l'économie française qui est allé loin dans la libéralisation. Dans l'immédiat, des évolutions divergentes se firent jour dans les partis de la gauche. Le débat demeura maîtrisé au sein du Parti socialiste malgré des désaccords réels. L'offensive du CERES, qui défendait une « autre politique », ne rassembla que 18 % des votes militants au congrès de Bourg-en-Bresse en octobre 1983. Les dirigeants socialistes, tout en maintenant que les perspectives politiques n'avaient pas changé — Lionel Jospin parlait d'une « parenthèse » —, mirent en avant la nécessité de la durée. Le parti communiste critiquait le nouveau cours économique depuis l'été 1982. Il ne soutenait que du bout des lèvres, « ses » ministres. Une réunion « vérification » en décembre 1983 ne changea rien. La direction communiste mit de plus en plus l'accent sur le rôle du parti dans le soutien des luttes menées notamment par la CGT.

Pour maintenir la mobilisation du « peuple de gauche », Pierre Mauroy mit en avant deux objectifs, une loi sur la presse contre la concentration monopoliste, visant le groupe Hersant, dont les journaux soutenaient la droite, la conclusion de la négociation sur la création d'un « grand service public de l'éducation nationale » qui avait été entamée dès juin 1981. Mais sur les deux tableaux, il connut l'échec. La loi sur la presse, mal préparée, tourna court. L'importante mobilisation d'une part de l'opinion tout au long du premier semestre de l'année 1984, appuyée par la droite, contre un monopole d'éducation qui paraissait priver les parents d'un recours possible pour leurs enfants, changea les données de la question scolaire. La décision par François Mitterrand de retirer le projet de loi d'Alain Savary en juillet 1984 entraîna la démission du ministre de l'Éducation nationale et de Pierre Mauroy. Le gouvernement était de toute façon usé par l'application d'une politique salariale restrictive, les mécontentements provoqués par les restructurations industrielles dans les charbonnages et la sidérurgie, les difficultés à prendre la mesure du débat sur l'immigration, exploité par le Front national et repris par la droite. Aux élections européennes de juin 1984, le PS ne regroupa que 20,75 % des voix et le PCF 11,2 % alors qu'apparaissaient deux partis écologiques et que le Front national attirait une part significative de l'électorat populaire et trouvait une audience qu'il n'avait jamais eue auparavant.

Pour reprendre l'initiative, François Mitterrand appela Laurent Fabius à former un nouveau gouvernement. Le prix à payer fut la décision communiste de ne plus « participer ». Elle ne fut pas prise sans débat. Mais il était difficile aux communistes de demeurer quand Pierre Mauroy « tombait à gauche »... Le retour à une « politique dure » ne trancha pas pourtant les contradictions communistes. Les accords électoraux demeuraient avec le Parti socialiste. Une opposition interne grandit au sein du parti, notamment derrière Pierre Juquin, alors que les résultats électoraux continuaient de stagner.

La redéfinition de la politique socialiste revêtit trois dimensions. Laurent Fabius et son gouvernement voulurent incarner pleinement la modernisation de l'économie et de la société. Pierre Bérégovoy, ministre de l'Économie et des Finances, conduisit une politique de « désinflation compétitive » qui renforça la libéralisation industrielle, commerciale et financière. Une politique d'accompagnement social fut parallèlement mise en œuvre avec notamment la création des Travaux d'utilité collective. François Mitterrand lui-même s'investit fortement dans la politique européenne. À partir du sommet de Fontainebleau de juin 1984, et surtout avec la nomination de Jacques Delors à la présidence de la Commission européenne en janvier 1985, l'engagement européen tendit à devenir le « grand dessein » de la politique française. L'Europe fut présentée comme la seule réponse à la nouvelle situation du monde, et justifiait le tournant de 1983. Face à l'extrême droite et contre la droite, les socialistes ravivèrent les valeurs de l'« antifascisme ». L'Élysée soutint ainsi directement la création de SOS racisme à l'automne 1984. Mais ces initiatives ne changèrent pas les équilibres du discours socialiste qui tendit à additionner les objectifs comme le montra le congrès de Toulouse à l'automne 1985 malgré la progression du courant de Michel Rocard qui demandait une révision doctrinale assumée.

Cette politique de reconquête de l'opinion a porté des fruits. Mais les élections cantonales de mars 1985 ont montré que la gauche demeurait minoritaire. Cette situation conduisit François Mitterrand à faire adopter un mode de scrutin départemental à la proportionnelle pour limiter le succès prévisible de la droite aux élections législatives de mars 1986 — au prix de l'élection de députés du Front national. Le Parti socialiste obtint 31,6 % des suffrages exprimés — et le Parti communiste, 9,6 % — ce qui laissait une réelle marge de manœuvre au président de la République. Celui-ci fut l'acteur majeur de la « cohabitation » pendant les années 1986-1988. Exerçant toutes ses prérogatives, usant d'une influence arbitrale dégagée des responsabilités gouvernementales, il mit à profit les erreurs du gouvernement de Jacques Chirac pour renouer avec la popularité. L'imitation par la droite des politiques libérales en vogue aux États-Unis et en Angleterre facilita la tâche d'un socialisme modéré mettant en avant les vertus d'une « société d'économie mixte ». Le Parti socialiste suivit cette stratégie. Mais il ne mena ni une réflexion approfondie sur le bilan de la législature ni un travail approfondi pour élaborer un nouveau projet. Le congrès de Lille en 1987 se déroula dans l'unanimité.

La campagne présidentielle de 1988 fut le fait de François Mitterrand, au point d'entraîner le « départ en vacances » pendant quelques jours de Lionel Jospin... Sa *Lettre à tous les Français* qui servit ce programme était loin des « 110 propositions » de 1981. Elle avançait quelques propositions de réforme, un revenu minimum d'insertion et un crédit-formation notamment. Mais, pour l'essentiel, elle s'inscrivait dans la politique menée depuis 1984 — le thème de la « France unie » illustrait l'intention. La réélection de François Mitterrand fut large avec 34,1 % des voix au premier tour, soit 8 % de plus qu'en 1981, le Parti communiste ne recueillant que 6,8 % des suffrages exprimés et le « dissident » Pierre Juquin 2,1 %, et surtout avec 54,02 % au deuxième tour contre Jacques Chirac.

La crise du mitterrandisme

Les débuts du second septennat de François Mitterrand montrèrent cependant que les socialistes demeuraient isolés. Ils n'obtinrent qu'une majorité relative aux élections législatives avec 36,4 % des suffrages exprimés. Les communistes, avec 11,6 % des voix, adoptèrent une attitude le plus souvent critique. L'« ouverture » que François Mitterrand voulut, en chargeant le nouveau Premier ministre, Michel Rocard, de la mettre en œuvre, ne rallia que des personnalités centristes qui ne purent la traduire en une réelle force politique. Tous les gouvernements de la législature jusqu'en 1993 ont dû chercher leur majorité au coup par coup, à gauche ou au centre, en présumant du peu de probabilité d'une conjonction des oppositions de droite et des communistes.

La nomination de Michel Rocard avait laissé augurer un nouveau dynamisme. Il entendait donner vie à « une société solidaire en économie de marché » en assurant les conditions de la compétitivité économique, en poursuivant la modernisation de la société, par une priorité donnée particulièrement à l'éducation, en mettant l'accent sur l'amélioration de la vie quotidienne. Le règlement du conflit calédonien fut porté au crédit du gouvernement. Plusieurs réformes notables virent le jour, le revenu minimum d'insertion, la contribution sociale généralisée, la loi sur la solidarité urbaine. Mais, dès l'automne 1988, l'augmentation de la croissance et l'amélioration relative de la situation de l'emploi mirent aux prises le gouvernement avec une série de conflits sociaux revendicatifs qu'il voulut traiter cas par cas. Michel Rocard n'arriva pas à établir un contrat d'ensemble avec les syndicats et le patronat, mettant en balance l'emploi, les salaires, la protection sociale. La « deuxième gauche » y perdit de son crédit. À partir du printemps 1990, le climat s'alourdit, notamment en raison du discrédit jeté sur les socialistes par le dévoilement de son système illégal de financement — l'affaire Urba. Mais ce fut la crise interne du parti qui pesa le plus lourd.

La fêlure, apparue dans la campagne législative de 1986 entre Lionel Jospin, le premier secrétaire, et Laurent Fabius, le Premier ministre, s'aggrava. Le courant mitterrandiste majoritaire, qui avait assuré l'équilibre du parti depuis 1971, éclata. Même après sa victoire présidentielle, François Mitterrand ne put imposer Laurent Fabius à la tête du parti. Pierre Mauroy, soutenu par Lionel Jospin, fut élu. Le congrès de Rennes en mars 1990 vit des affrontements politiques d'une rare violence, à l'issue desquels les trois grands courants, ceux de Laurent Fabius, de Lionel Jospin, de Michel Rocard ne purent arriver à une synthèse. Un accord ultérieur de replâtrage n'apporta aucun remède réel.

Le Parti socialiste, au début des années 1990, a connu ainsi un phénomène de désidéologisation et d'atomisation. Cela explique qu'il n'ait guère pu mettre à profit la crise du communisme international provoqué par l'effondrement de l'URSS de 1989 à 1991. La tentative de Pierre Mauroy au congrès de l'Arche, en décembre 1991, de définir une doctrine socialiste adaptée aux temps nouveaux fut prudente et ne fut pas réellement prise en compte par les socialistes. Les communistes, quant à eux, furent placés devant le dilemme de tirer les leçons de l'échec de l'effondrement de l'URSS, au risque de perdre leur identité. Leur affaiblissement dans la société, qui tenait tout autant à la crise du monde ouvrier et à l'émergence de nouveaux modes de vie et de valeurs, s'en trouva accru.

Le rôle de Michel Rocard au congrès de Rennes accentua la défiance de François Mitterrand qui le contraignit à la démission en mai 1991. La tentative d'Édith Cresson, appelée à le remplacer, d'imposer un nouveau style, un « dialogue fracassant », alliant la volonté industrialiste et un ton populiste tourna vite court. Ses maladresses, la rivalité avec Pierre Bérégovoy, les critiques des dirigeants socialistes, le peu de soutien de Laurent Fabius, nouveau premier secrétaire depuis janvier 1992, surtout la dégradation de la situation économique, avec la remontée du chômage, autant de handicaps qui ne furent pas surmontés. Les élections régionales de mars 1992 marquèrent un véritable effondrement pour la gauche — alors que les deux partis écologistes, les Verts et Génération écologie, atteignaient 14,7 % des voix et que le Front national affirmait sa permanence.

Pierre Bérégovoy accéda à Matignon en avril. La tâche était difficile. Le délai était court avant les élections législatives. La force manquait pour faire aboutir des réformes nouvelles : le gouvernement dut renoncer à une réforme fiscale sur la taxe d'habitation, à une réforme des institutions, à une réforme du régime des retraites. Le débat européen sur la ratification du traité de Maastricht en septembre révéla les inquiétudes de l'opinion et les divisions de l'électorat de gauche. Les socialistes menèrent campagne pour le « oui » avec le RPR et l'UDF, les communistes pour le « non » avec divers courants « souverainistes » (Charles Pasqua, Philippe Seguin, Jean-Pierre Chevènement...) le Front national et l'extrême gauche. Le « oui » l'emporta de justesse avec 51 % des suffrages exprimés. Mais le « non » était majoritaire dans les milieux populaires. Les affaires de nature diverse, une atmosphère de corruption frappant des proches du président, et les révélations sur le passé à Vichy de François Mitterrand alourdirent encore le climat.

Les socialistes allèrent seuls aux élections législatives. Aucun accord ne put être conclu avec les partis écologistes. Le recul fut historique : 19,2 % des suffrages exprimés pour le PS et ses alliés proches, 67 élus seulement contre 288 députés sortants, avec 9,3 % des voix pour les communistes, dont 12 % seulement du vote ouvrier contre 36 % en 1978 et 10,74 % des voix pour les écologistes, sans aucun élu. La victoire de la droite était cette fois complète. La deuxième « cohabitation », qui commença en mars 1993 et s'acheva en mai 1995 avec le départ de François Mitterrand, n'eut donc pas les caractères de la première. Malade, le président avait moins d'influence. Les deux principaux partis de la gauche étaient cette fois à reconstruire, à différents degrés, tant du point de vue de leurs idéologies et de leurs stratégies que de leur organisation.

Georges Marchais quitta le secrétariat général du parti communiste au XXVIIIe congrès, en janvier 1994. Il avait pris la tête d'un parti qui jouait un rôle majeur dans la vie politique ; il laissait une formation relativement marginalisée qui n'avait plus une représentation réellement nationale, qui voyait son pouvoir municipal entamé et son influence syndicale réduite, qui, vingt-cinq ans après Mai 68, connaissait à nouveau la concurrence de partis et de mouvements d'extrême gauche présents dans les mouvements sociaux et dans les syndicats. La tâche de son successeur Robert Hue, un élu jusque-là peu connu, s'avérait ardue pour redonner une identité communiste démocratique à un parti qui avait à ce point adopté le « modèle » soviétique et qui ne pouvait maintenir son réseau d'élus que par des accords électoraux avec les socialistes. Les 8,73 % des suffrages exprimés de Robert Hue à l'élection présidentielle de 1995, marquant une légère progression par rapport à 1988, montraient l'étendue des problèmes, alors qu'Arlette Laguiller, la candidate de Lutte ouvrière, dépassait les 5 % pour la première fois.

Le Parti socialiste s'enfonça dans la crise interne jusqu'à l'élection présidentielle de 1995. Jean-Pierre Chevènement, fort critique depuis longtemps, qui avait pris position contre le traité de Maastricht, fit scission après les élections législatives pour fonder le Mouvement des citoyens. L'absence d'une réelle majorité dans le Parti socialiste même fragilisa Laurent Fabius qui fut contraint à la démission en avril 1993. Michel Rocard, qui lui succéda, avait une position fragile : si la coalition qui le soutenait était incertaine, la défiance à son égard de François Mitterrand en revanche était certaine. Malgré une tentative de rénovation avec la tenue d'états généraux des militants en juillet et l'ouverture d'Assises de la transformation sociale pour renouer un dialogue avec d'autres forces de gauche, les écologistes, les Verts notamment, qui avaient choisi en 1994 un ancrage affirmé à gauche, après le départ d'Antoine Waechter, et divers communistes oppositionnels, et des élections cantonales favorables, il ne put survivre au revers des élections européennes en juin, où la liste qu'il conduisit n'obtint que 14,6 % des voix, talonnée par celle de Bernard Tapie, devenu radical, directement encouragée par François Mitterrand.

Un nouveau premier secrétaire, Henri Emmanuelli, élu par une coalition « antirocardienne », affirma la volonté d'un « tournant à gauche » au congrès de Liévin à l'automne. Mais l'ambiguïté demeurait. Ce même congrès, en effet, fit appel à Jacques Delors, social-démocrate affirmé, pour une candidature à l'élection présidentielle. Son retrait en décembre ouvrit une primaire interne entre Henri Emmanuelli et Lionel Jospin, soutenu particulièrement par Pierre Mauroy, Dominique Strauss-Kahn et les « rocardiens ». Le vote militant avantagea Lionel Jospin. Les résultats de l'élection où le candidat socialiste fut en tête au premier tour et réussit à regrouper 47,3 % des suffrages exprimés au second tour face à Jacques Chirac montrèrent que le Parti socialiste demeurait alors le parti de l'alternance à gauche.

Ces trente années ont profondément changé la gauche. C'est elle qui a paradoxalement conduit l'ouverture et l'adaptation de l'économie française, qui a libéralisé le vieil État « colbertien », qui a légitimé les institutions de la Ve République, qui a fait du projet européen le « grand dessein » de la France. Elle a cherché cependant à mener ces politiques en maintenant et en élargissant la protection sociale. Et d'importantes réformes ont vu le jour qui avaient été beaucoup débattues dans les années d'opposition et qui ont été réalisées après 1981.

Mais les points traditionnels de repère étaient brouillés. D'autant plus que les années de pouvoir ont correspondu à des changements majeurs dans le monde. L'effondrement de l'URSS a clos la période historique ouverte par la révolution d'Octobre. La mondialisation a entraîné les vieux États-nations dans des évolutions qui ont limité leurs capacités d'action. Il n'était donc guère étonnant qu'en 1995 la gauche ne ressemblât pas à celle de 1965. Les rapports de force s'étaient inversés entre communistes et socialistes. L'idée communiste paraissait avoir perdu sa consistance. Les socialistes avaient mené des politiques qui les rapprochaient des autres social-démocraties contemporaines qu'ils critiquaient avant 1981. Les évolutions électorales rapides après 1981 ont traduit un « affolement » de l'opinion. Des nouvelles forces sont apparues, des mouvements écologistes voulant rejeter dans le passé « productiviste » la gauche partisane, le Front national qui a influencé une part croissante d'un électorat populaire désorienté.

La force de François Mitterrand dans toute cette période, dans l'opposition et au cours de son premier septennat tout au moins, fut d'avoir constamment adapté sa stratégie et ses discours pour tenir compte des évolutions de la réalité et de l'opinion. Sa « boussole » — celle qu'il a proposée aux socialistes — fut avant tout la recherche et la conservation du pouvoir. Il utilisa l'arme des institutions qu'il avait pourtant condamnées, pour se donner des marges de jeu nécessaires selon les conjonctures. Être le moins contraint possible : telle fut sa règle de conduite constante, qui explique qu'après 1981, il n'ait jamais voulu imprimer une cohérence idéologique et doctrinale au socialisme français pour redéfinir son identité dans une période pourtant nouvelle. Il considérait sans doute, et non sans raison, que les contradictions des socialistes et de la gauche rendaient une révision politique assumée problématique et qu'il fallait dès lors mieux privilégier seulement la réduction des discordances et insister sur tel ou tel objectif selon les circonstances. Sa volonté de contrôler le Parti socialiste était plus forte que son souci d'assurer le renouvellement de l'idée socialiste.

Ce « modèle » d'adaptation rencontra cependant ses limites dans le second septennat et les contradictions finirent par l'emporter en dissociant les différents éléments du pouvoir mitterrandien. À la fin de l'année 1994, la situation de la gauche paraissait sombre. Cependant comme en 1965 où les résultats de l'élection présidentielle furent inattendus, au printemps 1995 ce fut, une nouvelle fois, le suffrage universel qui forgea une situation politique nouvelle.

Références bibliographiques

Attali Jacques (1991-1995) *Verbatim* I, II, III, Fayard, Paris.

Becker Jean-Jacques, avec la collaboration d'Ory Pascal (2002), *Crises et alternances 1974-2000*, Seuil, Paris.

Bergounioux Alain et Grunberg Gérard (1992), *Le Long Remords du pouvoir. Le Parti socialiste français (1905-1992)*, Fayard, Paris.

Berstein Serge, avec Rioux Jean-Pierre pour le tome 2 (1989 et 1995), *La France de l'expansion*, 2 t., Seuil, Paris.

Berstein Serge, Milza Pierre et Bianco Jean-Louis (2001), *François Mitterrand. Les années du changement 1981-1984*, Perrin, Paris.

Courtois Stéphane et Lazar Marc (1995), *Histoire du Parti communiste français*, PUF, Paris

Duhamel Éric (1998), *François Mitterrand, l'unité d'un homme*, Flammarion, Paris.

DUHAMEL Olivier (1993), *La Gauche et la Vᵉ République*, PUF, Paris.

FAVIER Pierre et MARTIN-ROLAND Michel (1990-1999), *La Décennie Mitterrand*, 4 vol., Seuil, Paris.

KERGOAT Jacques (1997), *Histoire du Parti socialiste*, La Découverte, Paris.

MITTERRAND François (1964), *Le Coup d'État permanent*, Plon, Paris.

— (1969), *Ma part de vérité*, Fayard, Paris.

PORTELLI Hugues (1992), *Le Parti socialiste*, Montchrestien, Paris.

VÉDRINE Hubert (1996), *Les Mondes de François Mitterrand. À l'Élysée (1981-1995)*, Fayard, Paris.

55

La gauche plurielle (1995-2002)

Jean-Jacques Becker

Il est rare que la gauche au pouvoir n'ait pas été désignée par une formule — Bloc des gauches, Cartel des gauches, Front populaire, union de la gauche, gauche plurielle —, preuves s'il en est qu'il n'a jamais existé « une » gauche, mais bien « des » gauches et que, chaque fois ou presque, qu'une gauche a gouverné, elle a eu besoin d'être aidée par une autre ou des autres gauches. La gauche plurielle ne s'est pas dénommée ainsi d'entrée. De « majorité plurielle », c'est ensuite, dans le langage courant, qu'elle est devenue gauche plurielle, plus précisément en 1999, d'après l'index de *L'Année politique*. Ce changement n'était pas sans conséquence : on passait ainsi d'une acception seulement gouvernementale à une acception politique, facilitée par le fait que les Verts se reconnaissaient maintenant de gauche.

La constitution de la majorité plurielle

À la suite de la déroute des élections de 1993 — seuls 68 députés socialistes et apparentés avaient été élus, ainsi que 24 communistes contre une majorité de 485 députés de droite —, c'est véritablement la majorité de gauche de 1981 qui avait perdu le pouvoir. Le Parti socialiste n'espérait pas grand-chose des élections présidentielles de 1995. Il n'avait même plus de candidat pour succéder à François Mitterrand, surtout depuis que Jacques Delors — pourtant crédité de chances sérieuses — avait annoncé le 11 décembre 1994 qu'il ne le serait pas. Il était convaincu qu'il ne parviendrait pas à gouverner avec un Parti socialiste qui, lors de son congrès à Liévin (18-20 novembre 1994), venait d'adopter un programme très « gauchi ». Le refus de Jacques Delors semblait ouvrir un boulevard au Premier ministre Édouard Balladur que l'opinion et les sondages donnaient maintenant facilement victorieux. Le Parti socialiste ne pouvait pourtant pas se passer de candidat. Pendant quelques jours, Jack Lang crut son heure venue, mais se rendit vite compte qu'il n'aurait guère de soutiens, d'autant que le nouveau premier secrétaire du parti, âme du programme de Liévin, Henri Emmanuelli, pensait que c'était à lui d'être le candidat des socialistes. Il fut donc vivement contrarié quand un des hiérarques du parti, à ce moment officiellement retiré de la vie politique, Lionel Jospin, annonça sa candidature. Laurent Fabius qui ne pouvait être candidat pour le moment, à la suite de l'affaire du sang contaminé, mais n'y renonçait pas pour l'avenir, ne pouvait qu'être également gêné par le retour au premier plan de son vieil adversaire, il était donc très favorable à la candidature Emmanuelli. Les deux candidats déclarés menèrent une dure campagne à l'intérieur du parti dont Lionel Jospin sortit largement victorieux. Pour les militants, il était seul à avoir une carrure présidentielle. Son retour sur la scène rendit un peu espoir au Parti socialiste, encore que les commentateurs ne pensaient pas qu'il serait présent au second tour, d'autant qu'il n'était pas seul candidat à gauche. Il y avait un candidat communiste, le tout nouveau secrétaire « national » Robert Hue, une candidate écologiste, Dominique Voynet, et une candidate trotskiste, la déjà inusable Arlette Laguiller. Tous les yeux étaient tournés vers le duel Chirac-Balladur, mais pendant que les candidats de la droite, au surplus issus du même parti, se déchiraient, Lionel Jospin, bon orateur et fin stratège, entrait en lice tardivement, faisait une campagne discrète, s'installait dans l'opinion de gauche et, démentant tous les sondages, arrivait en tête, précédant Jacques Chirac et Édouard Balladur. La surprise fut considérable encore qu'elle s'expliquait par le simple fait que, contrairement aux prévisions, la candidature de Balladur, après avoir été dépassée dans les sondages par celle de Chirac, ne s'était pas écroulée (comme Chaban-Delmas en 1974) et venait finir très près de lui — les voix de droite se trouvaient ainsi partagées à peu près par moitié —, sans compter les 15 % du Front national dont une partie majoritaire de l'électorat venait de la droite. Une autre explication plus fondamentale, de caractère politique et sociologique, est que lorsque la gauche — ou la droite — subissent des défaites sévères pour des raisons conjoncturelles, leur électorat, qui s'est abstenu ou même a été voté sur ses marges pour l'autre camp, n'a pas disparu pour autant : il suffit qu'il se remobilise pour réapparaître, c'est ce qui se produisit pour l'électorat de gauche en 1995, d'autant que Lionel Jospin apparaissait comme un candidat crédible. Tout en incarnant d'ailleurs l'héritage de la gauche dans son ensemble, il ne cachait pas souhaiter prendre quelques distances avec les aspects contestables à ses yeux du mitterrandisme et avec ceux qui l'avaient le plus incarné.

Au second tour, Jacques Chirac l'emporta, mais le « peuple de gauche » avait montré son existence en donnant à Lionel Jospin plus de 47 % des suffrages exprimés. Ce ne serait toutefois que dans trois années que la gauche avec les élections législatives pourrait en appeler de ses défaites, sauf surprise improbable. Cette surprise, Jacques Chirac allait l'offrir à Lionel Jospin.

Le début du septennat avait été très rapidement tumultueux : la situation économique et financière interdit d'abord de donner suite aux promesses de la campagne électorale tendant à réduire la « fracture sociale » et la volonté de réformer la Sécurité sociale provoqua les grandes grèves de 1995 et presque la paralysie du pays à la suite de la grève des cheminots. Le président de la République et son Premier ministre, Alain Juppé, furent frappés d'une très grande impopularité. Elle les convainquit que les élections législatives de 1998 seraient perdues et qu'il valait mieux précéder l'échéance. À vrai dire, la situation était en train de s'améliorer, mais Jacques Chirac était porteur d'une culture où l'appel au peuple était normal. Premier ministre de Valéry Giscard d'Estaing en 1976, il lui avait recommandé de dissoudre l'Assemblée nationale, le président de la République avait refusé, Chirac avait démissionné et, contre toute attente, Giscard d'Estaing avait remporté les élections législatives de 1978. La leçon n'avait pas servi. Devenu à son tour président de la République, Jacques Chirac, fortement conseillé par le secrétaire général de l'Élysée Dominique de Villepin, n'allait pas laisser passer une nouvelle fois l'occasion. En 1997, il prononçait la dissolution d'une Assemblée où il disposait pourtant d'une énorme majorité et perdait les élections. Il les perdait cependant d'assez peu — au second tour, la gauche avait obtenu 48,28 % des suffrages exprimés contre 46,02 à la droite —, mais ces faibles différences en voix provoquèrent de grandes différences en sièges. Globalement la droite avait perdu 217 sièges, au profit de la gauche qui avait reçu l'aide non négligeable des triangulaires imposées par le Front national qui avait maintenu ses candidats dans 78 circonscriptions. Dans un certain nombre d'entre elles, sans que dans ce domaine, il existe de certitudes absolues, la gauche devait sa victoire à cette situation.

Mais si la gauche était victorieuse, le Parti socialiste ne disposait avec les radicaux de gauche que de 259 sièges (majorité absolue 289), les autres se répartissant entre le parti communiste (36), le Mouvement des citoyens (7), les Verts (7) et divers gauche (9), ce décompte pouvant très légèrement varier en fonction d'étiquettes indécises. Le plus important est qu'ils se répartirent en trois groupes, les socialistes évidemment, les communistes et le groupe « radical, citoyen et vert ». Cette répartition n'était pas de nature à faciliter la vie de la gauche plurielle au niveau parlementaire. Pour disposer de la majorité absolue, le Parti socialiste avait au moins besoin du concours des communistes, mais aussi d'une partie du troisième groupe. En théorie, comme il était peu probable que les voix communistes se coalisent avec celles de la droite — encore que cela puisse arriver sur tel ou tel vote —, Lionel Jospin aurait pu constituer un gouvernement minoritaire. Il préféra une formule où les différentes forces de gauche seraient représentées. Ce fut lui qui utilisa la formule de « majorité plurielle » pour définir les « différentes sensibilités » qui cohabitaient à l'intérieur d'un gouvernement comprenant dix-huit socialistes, trois communistes (Jean-Claude Gayssot aux Transports, Marie-Georges Buffet aux Sports et Michèle Demessine au Tourisme), trois radicaux de gauche (Émile Zuccarelli à la Fonction publique, Bernard Kouchner à la Santé et Jacques Dondoux au Commerce extérieur), une écologiste (Dominique Voynet), un membre du Mouvement des citoyens (Jean-Pierre Chevènement à l'Intérieur). La répartition plurielle s'était étendue au Parti socialiste en donnant toutefois la part du lion aux amis de Lionel Jospin et de Michel Rocard. Tous les grands barons du mitterrandisme, Laurent Fabius, Jack Lang, Henri Emmanuelli, et même Michel Rocard avaient été écartés. Sur les vingt-six membres du gouvernement, il n'y avait que onze anciens ministres. Les personnalités de premier plan étaient peu nombreuses (Dominique Strauss-Kahn aux Finances, Martine Aubry à l'Emploi, Élisabeth Guigou à la Justice). Les courants « fabiusiens » (Christian Pierret à l'Industrie) et « emmanuellistes » (Jean-Pierre Masseret aux Anciens combattants) n'avaient chacun qu'un seul représentant, la gauche socialiste, aucun. Il ne s'agissait cependant pas d'une coalition où différentes forces plus ou moins équivalentes se mettent d'accord dans un but commun, mais d'une formule plus proche de celle de 1981 où un parti largement dominant (même s'il est lui-même divisé) s'agrège un certain nombre de satellites.

La gauche plurielle au pouvoir (1997-2002)

Une vue rétrospective de la période donne du gouvernement de la majorité plurielle une vision idyllique. Mise à part les contraintes désagréables de la cohabitation — une cohabitation qui pour la première fois n'était plus prévue pour deux, mais pour cinq ans et dont les effets n'étaient pas négligeables en politique internationale —, tout semble lui avoir souri : une opposition en lambeaux et surtout la divine surprise d'un retour de la croissance qui assure à la France trois années de stabilité économique et de croissance, 1998, 1999, 2000. Sans rappeler celui, négatif, de 1993 (– 0,9 %), qui explique le désastre socialiste de cette époque, le taux de croissance avait touché le fond de nouveau en 1996 (1,1 %) pour remonter en 1997 (1,9 %), puis se stabiliser au-dessus de 3 % (3,4 % en 1998, 3,2 % en 1999, 3,8 % en 2000), avant de s'effondrer en 2001 (1,8 %) et en 2002 (1,9 %) [*L'Année politique 2002*, p. 535]. Un des effets principaux de la croissance économique avait été la baisse, assez lente d'ailleurs, du chômage. Les demandeurs d'emploi dépassaient légèrement les trois millions en décembre 1997 (3 027 000), leur nombre descendait ensuite sous la barre des trois millions (2 899 000 en décembre 1998, 2 773 000 en décembre 1999) pour connaître une très forte décrue en 2000 (2 164 000). Ils étaient alors moins de 10 % de la population active (9,2 %), alors qu'ils étaient 12,2 % en 1997. On pouvait espérer bientôt être en dessous de la barre des deux millions. Il n'en fut d'ailleurs rien. Au cours de l'année 2001, le chômage atteint son point le plus bas au mois de mars (2 079 400 demandeurs d'emplois, soit un taux de chômage de 8,7 %), puis il commence à remonter à partir du printemps ; il y avait en décembre 2001, 2 212 100 demandeurs d'emploi (9 %), en décembre 2002, ils étaient 2 306 800 (9,1 %).

Parallèlement aux bons résultats économiques, la cote de popularité du Premier ministre est impressionnante. Pour la SOFRES, elle culmine à 71 % en août-septembre 1998 pour ne pratiquement jamais descendre au-dessous de

60 %, sauf circonstance particulière, comme le mouvement des chômeurs. Pendant trois ans, depuis juin 1997, la cote de popularité de Lionel Jospin s'établit à une moyenne de 63 %, dépassant celle de tous les Premiers ministres de la Ve République. Le plus populaire d'entre eux, Édouard Balladur n'atteignit qu'une moyenne de seulement 60 % et son gouvernement ne dura que deux ans. Cette stabilité profite paradoxalement aussi au président de la République dont la cote — inférieure à celle de son Premier ministre — s'établit néanmoins à un niveau élevé, traduisant en quelque sorte le goût des Français pour cette hérésie constitutionnelle qu'est la cohabitation…

Cet âge d'or du gouvernement Jospin, couronné par la victoire française dans la coupe du monde de football de 1998, fut-il un âge d'or de la gauche ? On est surpris, bien au contraire, que, dans le cadre de la majorité devenue gauche plurielle, les formations de gauche n'aient cessé de se livrer dès l'origine une véritable guerre de tranchées, sans compter les affrontements à l'intérieur de presque chacune de ces formations. Au sein du Parti socialiste, c'est le porte-parole de la gauche socialiste, Julien Dray qui, dès septembre 1997, profite du Conseil national pour critiquer sévèrement la politique suivie. Sa divergence n'est pas vénielle, c'est une « divergence de fond » sur l'ampleur et la rapidité des changements à opérer. L'action de gouvernement n'est pas adaptée aux urgences de la situation, en particulier dans le domaine du chômage. Du côté des Verts, si leur ministre Dominique Voynet veut jouer la carte de la solidarité gouvernementale, elle est vivement accusée par les militants de son parti de céder trop souvent aux autres membres du gouvernement. C'est cependant des communistes dont viennent les ruades les plus fortes. Le secrétaire national du parti Robert Hue a choisi sans ambiguïtés la carte de la solidarité gouvernementale — il croit que c'est la seule planche de salut pour un parti communiste qui est durablement au-dessous de 10 % des suffrages exprimés —, mais l'époque du monolithisme est également bien passée et sa stratégie n'est approuvée ni par son prédécesseur Georges Marchais (qui disparaît quelques semaines plus tard en novembre 1997), l'homme qui l'a choisi et dont on pouvait croire qu'il ne serait que la marionnette, ni par les « orthodoxes » qui le prennent vivement à partie. Inimaginable dans le passé, Robert Hue est fortement sifflé lors de la fête de *L'Humanité*. L'opposition porte en priorité sur les privatisations, acceptées ou prévues par le gouvernement. En d'autres termes, une partie des communistes accuse leur secrétaire national de pactiser avec le « capitalisme ».

Ces fragilités de la majorité plurielle sont particulièrement visibles dès la fin de l'année 1997. Plus que les questions économiques, ce sont les questions de nationalité et d'immigration qui provoquent ces querelles. Pour une partie de la majorité plurielle, il fallait abroger purement et simplement les lois Debré et Pasqua. Ce n'est pas la voie que choisissent Élisabeth Guigou, garde des Sceaux, pour les questions de nationalité et Jean-Pierre Chevènement, ministre de l'Intérieur, pour celle de l'immigration, qui préfèrent les amender. Conséquence : lors du vote de la loi sur la nationalité les Verts et la plus grande partie des communistes s'abstiennent. Circonstance aggravante : la direction du parti communiste avait décidé que le vote devrait être positif. Nonobstant, 26 députés communistes s'abstiennent, montrant ainsi les limites vite atteintes de l'autorité de Robert Hue. De même lors du vote de la loi sur l'immigration, Verts et communistes s'abstiennent une nouvelle fois. Du côté des Verts, l'opposition à la politique du gouvernement est telle que le seul ministre « vert », Dominique Voynet, lors d'un conseil national interrégional le 6 décembre, doit durement batailler pour faire repousser une motion qui entendait lui faire quitter le gouvernement. Le même jour, le Premier ministre Lionel Jospin devait rappeler fermement à la majorité plurielle qu'elle avait un devoir de solidarité envers la politique gouvernementale.

Cette guérilla permanente ne va pas jusqu'à la rupture. L'année 1998 débute en fanfare avec le mouvement des associations de chômeurs, qui avait en fait commencé dès la fin de 1997. Les collectifs de chômeurs réclament une prime d'urgence, en même temps que le relèvement des *minima* sociaux et, pour appuyer leurs revendications, ils multiplient les occupations d'antennes des Assedic. Le gouvernement s'était d'abord peu préoccupé de ce mouvement qui prend de l'extension au début de 1998 et divise les ministres. Tandis que Martine Aubry, ministre de l'Emploi, condamne des occupations illégales, Dominique Voynet les approuve et Marie-Georges Buffet trouve le mouvement complètement « légitime ». Les syndicats se divisent également : le mouvement est appuyé sur la CGT, tandis que la secrétaire de la CFDT Nicole Notat, présidente de l'UNEDIC, s'élève contre un mouvement « manipulé ». Lionel Jospin s'emploie à le désamorcer : il prend une position différente de ses ministres Martine Aubry et Dominique Strauss-Kahn, rappelle les membres de son gouvernement à la solidarité, tout en faisant évacuer les locaux occupés... La majorité plurielle s'est clairement divisée entre Verts et communistes d'un côté, socialistes, radicaux de gauche et Mouvement des citoyens de l'autre.

Tout au long de l'année, les divergences avaient porté sur ce que devrait être une politique de gauche dans le domaine économique et social. Par nature, le PCF s'en voulait le porte-parole : Robert Hue cherche autant qu'il est possible à éviter les dissensions avec le Parti socialiste et surtout avec le chef du gouvernement, mais il est menacé par l'opposition à l'intérieur de son parti. Il est en permanence pris entre deux feux. Il est en particulier l'objet des violentes attaques du député de la Somme, Maxime Gremetz, qui entend se dresser, comme il dit le 30 juin, contre les « pratiques staliniennes » du Parti socialiste à l'égard de ses alliés.

Dans la pratique, les discussions portent essentiellement sur le « partage des fruits de la croissance » et sur la fiscalité. La reprise a produit des excédents budgétaires. Qu'en faire ? Pour le ministre des Finances, une attitude classique le conduit à souhaiter qu'ils soient largement utilisés au remboursement des déficits, option combattue en particulier par le député vert Yves Cochet qui veut les utiliser pour relever les *minima* sociaux. Sur cette première discussion s'en greffe une autre : le PCF souhaite une augmentation de la fiscalité sur le patrimoine et assujettir les biens professionnels à l'impôt de solidarité sur la fortune (ISF). Comme il le déclare au mois de juillet, c'est la manière pour la gauche plurielle de manifester sa volonté de « changer la société ». À cela, quelle qu'en soit la forme, Dominique Strauss-Kahn, appuyé par le Premier ministre, est tout à fait opposé. À l'automne 1998, le débat est clair : les opposants, communistes ou Verts principalement, réclament une politique plus à gauche. Lionel Jospin est conscient de la profondeur des différends : plusieurs éditorialistes affirment qu'il est justement décidé à engager cette politique plus marquée à gauche ; mais malgré ses efforts pour « gauchir » le budget afin de resserrer la majorité plurielle, le président du groupe communiste à l'Assemblée, Alain Bocquet, veut s'opposer à son approbation à l'inverse de Robert Hue — pour finalement ne s'abstenir que sur certains points.

Dans la pratique, chaque année voit se reproduire les mêmes différends auxquels viennent s'en adjoindre d'autres plus conjoncturels. En 1999, dès le mois de janvier, les problèmes de sécurité, qui avaient déjà vu le ministre de l'Intérieur Jean-Pierre Chevènement et la garde des Sceaux Élisabeth Guigou s'affronter à plusieurs reprises en 1998, ressurgissent à la suite des violences de fin d'année dans de nombreuses villes et du retour de Jean-Pierre Chevènement écarté du gouvernement pendant plusieurs mois par un accident de santé. Tandis que Jean-Pierre Chevènement réclame des peines d'incarcération et d'éloignement pour les jeunes récidivistes, Élisabeth Guigou est favorable à des mesures préventives et éducatives. Jean-Pierre Chevènement multiplie les appels à la fermeté, mais d'abord tenté de le suivre, Lionel Jospin repousse ensuite les mesures d'éloignement des récidivistes.

Pendant l'été 1999, le débat sur les fruits de la croissance refait surface : il oppose d'abord les deux principaux spécialistes socialistes de l'économie, Laurent Fabius, président de l'Assemblée nationale, et Dominique Strauss-Kahn. Pour le premier, il faut utiliser ces excédents à alléger les impôts des ménages, à réduire la dette publique et à financer les retraites, alors que pour le second il faudrait surtout les consacrer à alléger les charges des entreprises. Quant à Dominique Voynet, elle entend qu'on les utilise pour améliorer le sort des « catégories les plus précaires » et Jean-Claude Gayssot pour abaisser la TVA. Autre question récurrente : la politique du gouvernement est-elle suffisamment à gauche ? À l'occasion des élections européennes en juin 1999, Lionel Jospin se déclare satisfait de son bilan, alors que Robert Hue, tout en approuvant une série de mesures, le conteste à la fois dans le domaine de l'emploi, dans ceux des privatisations et de la défense du service public. Mais la plus grande crise dans ce domaine survient à propos de l'annonce par Édouard Michelin, le 8 septembre 1999, du licenciement de 7 500 employés et des bons résultats du groupe, qui provoque une tempête. Tandis que le Premier ministre avalise le caractère nouveau de l'économie en affirmant somme toute qu'il n'y peut rien, communistes, Verts, MDC (Mouvement des citoyens) et gauche socialiste protestent vivement. Ce qui conduit Lionel Jospin, quelques jours plus tard, à Strasbourg devant les parlementaires du PS à rectifier le tir en proposant toute une série d'idées pour lutter contre la mondialisation et en particulier contre les licenciements économiques abusifs.

L'engagement au Kosovo constitue un nouvel objet de désaccord. Lionel Jospin calque son attitude sur celle du président de la République, alors qu'il soulève une forte contestation à la fois des communistes, des Verts et de Jean-Pierre Chevènement qui va même jusqu'à diffuser auprès des autres ministres un manifeste récusant les fondements philosophiques du recours à la guerre [*L'Année politique 1999*, p. 50]. Robert Hue participe à une manifestation organisée par l'extrême gauche (Lutte ouvrière, Ligue communiste révolutionnaire). La droite verse du sel sur la plaie quand Philippe Seguin déclare qu'il est impensable que le gouvernement soit divisé « lorsque la France est en situation de guerre ». Mais si les frappes aériennes qui ont lieu depuis mars 1999 soulevaient déjà des objections très fortes chez certains, l'affaire devient aiguë quand il est question d'offensives terrestres. Le MDC, par la voix de son président Georges Sarre, annonce que ce serait pour son mouvement une raison de quitter le gouvernement (encore que Jean-Pierre Chevènement soit plus réservé sur ce point), il en est de même pour les communistes, mais pas pour les Verts...

Il va presque sans dire que chaque occasion est bonne pour les participants de la gauche plurielle, en particulier pour les formations les plus minoritaires, de rompre des lances et de s'adresser quelques amabilités. Ainsi quand le 27 mai 1999, Dominique Voynet estime que « sans les Verts », la « majorité plurielle sentirait la naphtaline », Jean-Pierre Chevènement lui répond qu'il préfère la « bonne vielle naphtaline » à la « poudre de perlimpinpin ». Quelques jours plus tard, il traite l'idéologie des écologistes d'« idéologie fin de siècle », en réponse de quoi Daniel Cohn-Bendit lui suggère de « prendre sa retraite »... Dans ces conditions, la question pour les Verts de rester au gouvernement ou de le quitter ressurgit de façon également récurrente. Le débat est particulièrement fort lors de leur université d'été à Lorient au mois d'août. Une fois de plus Dominique Voynet plaide pour rester au gouvernement, quitte à modérer le programme écologiste alors que Daniel Cohn-Bendit (qui n'est pas suivi par la majorité des militants) pense le contraire : les Verts ne doivent cesser de manifester leur indépendance par rapport au gouvernement et lors des élections par rapport au Parti socialiste.

L'année suivante en 2000 revient le débat sur le positionnement à gauche du gouvernement. À l'intérieur du Parti socialiste, Henri Emmanuelli tente de s'associer à la gauche socialiste pour créer un pôle d'opposition au « social-libéralisme » incarné à ses yeux par Laurent Fabius, nouveau ministre des Finances. Il est un fait que Laurent Fabius entend maintenir la maîtrise des finances publiques et qu'il s'oppose également très vivement à Martine Aubry qui souhaite plus d'avancées sociales. De son, côté, en ce même mois de septembre à la fête de *L'Humanité*, Robert Hue réclame un « véritable examen de conscience de la gauche » et le retour à une politique de réformes sociales. À la fin de 2000, *L'Année politique* résume la situation de la façon suivante : « Le mois d'octobre a vu se multiplier les difficultés au sein de la “majorité plurielle”, notamment sur la question de la politique budgétaire et fiscale. Le PC revendique une augmentation de 3 % du SMIC au 1er janvier 2001 ; les Verts demandent une hausse des *minima* sociaux, des mesures en faveur des économies d'énergie et des transports non polluants et l'introduction d'une dose de représentation proportionnelle dans le mode de scrutin législatif ; le MDC exige que soit remis en cause le processus de Matignon sur la Corse et demande l'inversion du calendrier électoral de 2002. M. Jean-Michel Baylet, président du Parti radical de gauche (PRG), souhaite que son parti soit "plus et mieux écouté" » (p. 138).

Bien entendu, comme nous le verrons, des résultats électoraux médiocres n'arrangent pas les choses et au mois de mai 2001, pour à nouveau « ressouder » sa majorité, Lionel Jospin reçoit tous les dirigeants pour un concert de doléances. Jean-Pierre Chevènement estime « qu'on ne fera pas l'économie d'un débat rude », et il affirme que le Premier ministre « incarne de moins en moins l'équilibre de la majorité », Robert Hue « critique la politique sociale du gouvernement », Dominique Voynet reste tout à fait partisane de la majorité plurielle, mais estime « qu'il serait temps que les partis travaillent tous ensemble à un projet ». Jean-Michel Baylet s'en prend aux Verts, aux communistes et au MDC « qui exigent des choses déraisonnables du gouvernement avec leur tir croisé sur les plans de licenciement » et risquent ainsi de « faire exploser la gauche »...

Cette bataille permanente à l'intérieur de la majorité plurielle, bataille à géométrie variable, parce que s'il y avait des lignes de fracture assez nettes, ce n'était pas toujours les mêmes contre les mêmes, n'empêcha pas le gouvernement de gouverner. Outre l'essentiel, c'est-à-dire la bonne santé économique du pays, une série de mesures importantes sont à mettre à son actif : la création des emplois-jeunes, celle du PACS (pacte civil de solidarité), la parité hommes-femmes en politique, l'institution de la CMU (couverture maladie universelle). Mais si une mesure doit rester emblématique du gouvernement de la gauche plurielle, ce fut l'abaissement de la durée légale du travail à 35 heures. À l'origine Lionel Jospin n'était pas très favorable à une mesure dont il craignait les conséquences économiques, mais il se laissa convaincre du bienfait de ses conséquences sociales. À l'origine, les 35 heures reposaient sur l'idée du « partage du travail », c'est-à-dire de pouvoir être une arme efficace contre le chômage. Dans la pratique, il apparut très vite que le monde ouvrier n'était pas prêt à partager le travail, c'est-à-dire à accepter une diminution de salaire. Dans ces conditions, son objectif principal passa à l'arrière-plan et les chiffres sur les emplois qu'ils auraient créés sont tout à fait controversés. En revanche, l'idée de l'amélioration des conditions de vie des salariés devint l'argument préféré. D'où le destin curieux des 35 heures souvent regardées avec méfiance par les ouvriers alors qu'une fraction des classes moyennes salariées qui, à défaut de ne faire réellement que 35 heures, peut profiter de journées plus ou moins nombreuses de RTT (réduction du temps de travail), en est fort satisfaite.

La dislocation de l'équipe gouvernementale

Il est à peu près inévitable qu'un gouvernement qui dure longtemps connaisse des changements pour des raisons diverses, mais le gouvernement Jospin se trouva privé progressivement de ses plus fortes personnalités.

Le premier à partir fut le talentueux ministre des Finances et de l'Économie, Dominique Strauss-Kahn qui démissionna le 2 novembre 1999. Les causes de sa démission n'avaient rien à voir avec son activité ministérielle et il fut lavé par la suite par la justice des accusations portées contre lui. En recevant des honoraires élevés pour une intervention professionnelle dont on n'était même pas sûr qu'elle ait eu lieu, il s'était trouvé mêlé à une série de délits que l'on reprochait à la direction de la MNEF (Mutuelle générale des étudiants de France). Considéré un peu comme anecdotique, le départ de Dominique Strauss-Kahn — le Premier ministre ne semble pas avoir fait des efforts exagérés pour le retenir — « avait privé le gouvernement d'une de ses personnalités les plus capables et les plus médiatiques » [René Rémond, *L'Année politique 1999*]. Pour le journal britannique, le *Financial Times*, il était le véritable auteur du redressement économique bien davantage que le Premier ministre, il avait su réaliser une gestion équilibrée et bien que qualifié de « droite » par certains de ses amis politiques, il était le garant de l'équilibre du gouvernement faisant contrepoids aux tendances de gauche de Martine Aubry. Son succès avait été tel que l'on ne lui reprochait même pas d'avoir accru les prélèvements obligatoires les portant à leur record historique de 45,3 % du PIB en 1999.

Le deuxième grand ministre à devoir s'en aller fut le ministre de l'Éducation nationale Claude Allègre, le 27 mars 2000. Bouillonnant d'idées, à vrai dire plus souvent appréciées à droite qu'à gauche, il s'en était pris avec virulence aux enseignants, à leurs syndicats, à l'administration de l'Éducation nationale, aux manuels et la liste n'est pas exhaustive… Progressivement, il s'était mis à dos tout le corps éducatif dans lequel la gauche plurielle recrutait de gros bataillons d'électeurs. Grèves, manifestations de lycéens tumultueuses en 1998 et en 1999, le sommet est atteint avec la véritable guerre qui oppose le ministre aux enseignants de Seine-Saint-Denis. Chacune des réformes qu'il entreprend, bonne ou mauvaise, soulève des tollés et échoue. Le Premier ministre, dont il est l'ami personnel et qui a fait longtemps comme s'il ne s'apercevait de rien, malgré les protestations à l'intérieur des partis socialiste et communiste, le renvoie à l'occasion d'un remaniement ministériel, après qu'une élection partielle — dans la Sarthe — a montré les conséquences électorales que commençait à entraîner son maintien.

Le troisième à partir fut le ministre de l'Intérieur, Jean-Pierre Chevènement, qui avait quitté le Parti socialiste pour fonder le Mouvement des citoyens en 1992-1993. Dans le gouvernement, il n'avait cessé d'incarner la fermeté face à la violence. Depuis qu'en mars 1998, il avait dénoncé les « petits sauvageons », il s'était perpétuellement opposé au « laxisme » représenté par la garde des Sceaux

Élisabeth Guigou, mais malgré toute une série de polémiques — sur la question des « sans-papiers », il avait été continuellement la cible des Verts —, ce n'est pas là-dessus qu'il partit. La rupture eut lieu sur le problème corse. Sa position sur la Corse était claire : la Corse devait rester dans la République et l'état de droit devait être rétabli dans l'île. À la suite de l'assassinat du préfet Érignac par des nationalistes (6 février 1998), il nommait un préfet à poigne, Bernard Bonnet, qui menait une politique très active pour traquer les illégalités dans tous les domaines. Malencontreusement pour Jean-Pierre Chevènement, sa mission s'achevait de façon burlesque par la tentative d'incendie par des gendarmes d'un restaurant de plage en avril 1999. Le Premier ministre reprenait le dossier et de longues discussions se déroulaient pour aboutir au processus dit « de Matignon » qui devait conduire la Corse à l'autonomie... Une bonne partie de la gauche corse n'approuvait pas ce processus, les radicaux de gauche autour d'Émile Zuccarelli, ministre de la Fonction publique (qui devait y perdre son portefeuille) et élu de Bastia, les communistes, beaucoup de socialistes. Mais l'adversaire le plus déclaré en fut le ministre de l'Intérieur qui avait averti à plusieurs reprises son ami Lionel Jospin qu'il ne pourrait admettre les concessions faites. Il quittait le gouvernement le 28 août 2000.

Dans les mois suivants, deux autres des fortes personnalités du gouvernement partaient également. Martine Aubry le 18 octobre 2000 et Dominique Voynet le 10 juillet 2001. Pour Martine Aubry, les raisons invoquées étaient de vouloir se consacrer à sa candidature à la mairie de Lille et à sa vie privée. Elle avait livré les années passées un épuisant combat pour donner vie aux 35 heures (une première loi avait été votée le 19 juin 1998 et une seconde le 15 décembre 1999). Non seulement l'application avait suscité un nombre infini de problèmes, mais des discordes également au sein de la majorité où les communistes faisaient inscrire dans la deuxième loi des dispositions destinées à rendre plus difficiles les licenciements, dispositions annulées dès janvier 2000 par le Conseil constitutionnel, ce qui n'était pas de nature à améliorer les rapports entre communistes et socialistes. En outre l'année 2000 voyait un déferlement de plans sociaux qui embarrassaient d'autant plus le gouvernement qu'ils n'étaient pas toujours provoqués par le ralentissement de la croissance. Pour Martine Aubry, un autre danger se profilait, un dossier terrible risquait de lui échoir bientôt, celui de la réforme de l'Unedic, c'est-à-dire de l'assurance-chômage. Quant à Dominique Voynet, elle entendait pouvoir se consacrer à son parti où progressivement sa présence au gouvernement avait affaibli son autorité.

En un peu plus d'un an, le gouvernement de la gauche plurielle avait perdu le plus clair de son armature. Certes les ministres démissionnaires ou renvoyés avaient été remplacés, Dominique Strauss-Kahn par Laurent Fabius, après un intermède Christian Sautter, Claude Allègre par Jack Lang mais, sans compter que les nouveaux ministres avaient des visions différentes de leurs prédécesseurs, ce changement traduisait le retour aux affaires de « grands barons » du mitterrandisme avec qui justement Lionel Jospin avait voulu prendre ses distances. Des nominations qui avaient pour but de resserrer le Parti socialiste, mais qui affaiblissaient l'image de la « gauche plurielle ».

La chute de la gauche plurielle

Succès ou échecs, en définitive c'est l'électorat qui en décide (même si l'on peut quelquefois contester la pertinence de son jugement). Ce qui était bien l'avis de Jean-Marie Colombani dans son éditorial du *Monde* (17 mars 1998) à la suite des élections régionales et cantonales du 15 mars et intitulé « La confiance introuvable ». « Un gouvernement sérieux, moralement convenable, apte au dialogue et conscient des urgences sociales, fort de quelques indices — croissance et emploi — encourageants : tout semblait indiquer que le comportement électoral en serait affecté, que les Français en tiendraient compte et voteraient, eux aussi, à l'encourager. Mais pour le moment rien n'y fait. » Et de souligner l'abstention record (41,96 %), l'enracinement « inexorable » de l'extrême droite... Quant aux différentes formations de la gauche plurielle, elles ne rassemblaient que 36,48 % des suffrages, soit un recul de 5,77 % par rapport à 1997 qui semblait se faire au profit de l'extrême gauche.

Un peu plus d'un an plus tard, le 13 juin 1999, les élections européennes étaient moins décevantes pour la gauche qui obtenait 38,47 %, encore que les résultats pouvaient encore compliquer le fonctionnement de la gauche plurielle. La liste conduite par François Hollande et rassemblant socialistes, radicaux de gauche et Mouvement des citoyens obtenait en effet un résultat convenable (21,88 %), mais le parti communiste, qui attendait monts et merveilles de la liste très ouverte conduite par Robert Hue, connaissait une grave déconvenue (6,83 %). Cela ne pouvait que le conduire à se montrer plus agressif, d'autant que les bons résultats de la liste trotskiste (Lutte ouvrière et ligue communiste : 5,23 %) montraient que l'électorat communiste glissait de plus en plus vers elle. D'un autre côté, le succès obtenu par la liste écologiste dont Daniel Cohn-Bendit avait pris la tête (9,76 %) poussait les Verts à exiger une plus grande place dans la coalition.

Cependant, après ces élections européennes, la gauche plurielle pouvait développer sa politique en paix puisque les prochaines élections, les municipales, n'avaient lieu qu'en 2001. On pouvait d'ailleurs penser qu'elles ne seraient que le tremplin de Lionel Jospin pour la victoire aux élections présidentielles. À la fin de 1999, le futur succès de la tête de la gauche plurielle paraissait peu discutable. C'était peu tenir compte d'une part des dissensions permanentes à l'intérieur de la gauche plurielle qui ne pouvaient manquer à la longue d'affecter l'électorat et, plus important peut-être encore (mais ce n'était évidemment pas prévu alors), le retournement de la conjoncture à partir de 2001 qui marquait une reprise de la progression du chômage liée à la chute de la croissance. L'âge d'or de la « gauche plurielle » était bel et bien terminé.

Sondages à l'appui, les élections municipales étaient pourtant annoncées comme devant provoquer une vague « rose ». Le premier tour donnait en fait un sérieux avertissement. *Le Monde* titrait : « Entre gauche et droite, rien n'est joué » (13 mars 2001) et, après le second tour, il se contentait d'un titre en demi-teinte : « Malgré Paris et Lyon, la gauche est sur la défensive ». En fait, il n'en était rien : la gauche avait connu une sévère défaite en partie dissimulée par ses victoires à Paris et à Lyon. Or ces victoires allaient à l'encontre de la tendance générale. À Paris, on n'avait pas assez observé que la victoire socialiste ne faisait que couronner le recul permanent de la droite depuis plus de dix ans. Au surplus, s'il était un endroit où la politique de la gauche plurielle était populaire, c'était Paris où la très importante population de cadres profitait de la réduction du temps de travail sans souffrir de ses inconvénients. Quant à la victoire de la gauche à Lyon, elle était largement la conséquence des divisions de la droite, même si en matière électorale, il est toujours un peu aventuré de ne pas rechercher les causes réelles d'une victoire ou d'un échec d'abord dans le comportement des électeurs. En tout cas, ni Paris ni Lyon n'étaient représentatifs de l'évolution politique du pays. En revanche pour l'ensemble de la France, la défaite de la gauche contenait un avertissement d'autant plus sévère qu'être ministre de la gauche plurielle ou l'avoir été avait été une circonstance aggravante : Jean-Claude Gayssot était battu à Béziers, Pierre Moscovici à Montbéliard, Dominique Voynet à Dôle, Élisabeth Guigou à Avignon, Jack Lang à Blois, Catherine Trautmann à Strasbourg… Au total la droite gagnait 24 villes de 30 000 habitants et n'en perdait qu'une, elle gagnait six villes de plus de 100 000 habitants en n'en perdant également qu'une. Martine Aubry n'était que péniblement élue à Lille pour succéder à Pierre Mauroy. La défaite était particulièrement sensible pour le parti communiste qui perdait les quelques villes importantes qu'il administrait encore en province, ne conservant que la plupart de celles de la banlieue parisienne.

Le plus étonnant est que cette sévère défaite n'ait pas été intégrée dans les calculs de la gauche plurielle pour les élections présidentielles de l'année suivante. La volatilité du vote en France depuis une vingtaine d'années l'aurait justifié si les deux consultations n'avaient pas été aussi proches l'une de l'autre. La raison en est peut-être que les sondages restaient favorables à Lionel Jospin, même s'ils avaient connu un certain effritement et sans tenir compte qu'au cours des années la cote de Jacques Chirac n'avait cessé de remonter pour atteindre et quelquefois dépasser celle du Premier ministre. Comme le faisait remarquer Didier Witkowski [*in* Duhamel et Méchet, 2001, p. 11] : « Jacques Chirac est un miraculé perpétuel. Les trois dernières années confirment cette capacité exceptionnelle de rebondissement quels que soient les échecs […]. Le plus grave, la dissolution de 1997, aurait pu lui être fatal. Pourtant, un an plus tard, il retrouve une popularité qui lui faisait défaut depuis les premiers mois de son septennat. » Et ajoute nos auteurs : « Le premier élément qui frappe l'observateur le moins attentif lorsque l'on passe en revue ces trois dernières années, c'est le parallélisme étonnant des deux courbes de popularité de Chirac et Jospin » (p. 19). La lecture des sondages montrait également que les Français appréciaient la compétence du Premier ministre, mais qu'ils estimaient que les capacités d'homme d'État de Jacques Chirac, la sympathie qu'il dégageait, sa séduction même étaient bien supérieures [Duhamel et Méchet, 2001, p. 280].

C'était aussi ne pas tenir compte que les effets de cette contestation permanente qu'avait été la vie de la gauche plurielle ne pouvaient qu'être renforcés par de mauvaises élections municipales, chacun rendant l'autre responsable de la défaite. Une nouvelle occasion de se diviser fut la chronologie des grandes élections à venir. Le quinquennat venait d'être adopté dans une assez large indifférence (70 % d'abstentions lors du référendum qui l'avait approuvé par 73 %... des votants), mais, héritage de la dissolution de 1997, dorénavant (sauf disparition ou démission du président de la République ou dissolution de l'Assemblée), l'élection présidentielle et les élections législatives auraient lieu à peu près au même moment. Par qui commencer ? Pour les socialistes assurés de leur victoire par la présidentielle, ce qui supposait une inversion du calendrier prévu, et qui entraînerait ensuite un bon résultat aux élections législatives, pour les communistes et les Verts, par les législatives qui devraient les mettre en meilleure situation, pensaient-ils, face à leur puissant allié. Il va sans dire que rien ne prouvait la valeur de ces supputations. Néanmoins, les socialistes l'ayant emporté et la décision prise de commencer par l'élection présidentielle (contre l'avis du président sortant Jacques Chirac), les composantes de la gauche plurielle ne pouvaient manquer de vouloir s'affirmer au premier tour avant un second tour dont personne ou presque ne doutait qu'il opposerait Lionel Jospin et Jacques Chirac. D'où une multiplication des candidatures à gauche : outre trois candidats trotskistes, qui n'avaient jamais fait partie de la gauche plurielle, celle-ci (présente ou passée) alignait non seulement le candidat socialiste, mais un candidat communiste (Robert Hue), un candidat écologiste (Noël Mamère), une radicale de gauche (Christiane Taubira) et surtout Jean-Pierre Chevènement, au nom d'un Pôle républicain qui entendait dépasser les différences droite-gauche et représenter la République. Conforté par les premiers sondages, il croyait même qu'il pourrait être au second tour... Le nombre des candidatures de gauche était évidemment l'expression de l'auberge espagnole qu'avait constituée la gauche plurielle

Les candidatures étaient également nombreuses à droite : outre l'extrême droite du Front national (qui puise une partie minoritaire de son électorat à gauche) et des scissionnistes du Mouvement national républicain (MNR) de Bruno Mégret, il y avait François Bayrou (pour l'UDF ou ce qu'il en restait), Alain Madelin pour les libéraux les plus convaincus, Jean Saint-Josse pour les chasseurs (dont une fraction de l'électorat était également de gauche...), Corinne Lepage (pour les écologistes de droite), Christine Boutin (pour les valeurs familiales)... Malgré les sondages médiocres des deux compétiteurs annoncés du deuxième tour, l'arrivée en deuxième position derrière Jacques Chirac de Jean-Marie Le Pen distançant Lionel Jospin stupéfia et permit une victoire inespérée par son ampleur (82,15 % des voix) du président de la République sortant.

La gauche plurielle n'avait pas encore bu le calice jusqu'à la lie, puisqu'il fallait maintenant affronter les législatives. La gauche plurielle pouvait espérer encore renverser la tendance et en quelque sorte ouvrir une nouvelle phase de cohabitation. Cet avenir dépendait de l'analyse qui était faite du 21 avril. Pour Lionel Jospin, l'explication était technique, suivant en cela le directeur du *Monde*, Jean-Marie Colombani, qui voyait une seule cause à la défaite l'« absurde dispersion de la gauche » (23 avril 2002) ; sans la candidature de Jean-Pierre Chevènement et de Christiane Taubira, il était deuxième et gagnait le second tour, mais en politique les explications sont rarement techniques (même s'il a pu arriver que telle modification dans un système électoral ait joué son rôle). En fait, les tenants de la gauche plurielle se divisaient en deux courants, ceux qui croyaient que le gouvernement s'était éloigné des aspirations populaires, n'avait pas fait une politique « assez à gauche », ceux qui croyaient qu'au contraire le gouvernement n'avait pas su saisir les sentiments en profondeur d'une société française qui n'était plus celle de l'ancien temps et pour qui des problèmes comme celui de la sécurité étaient essentiels, d'un côté les Verts, les communistes, la gauche socialiste, de l'autre le reste des socialistes.

Face à une droite rassemblée par la victoire des présidentielles, la gauche plurielle accablée par sa défaite n'en était que plus divisée. Les législatives allaient cependant apporter de nouvelles surprises : si dès le premier tour il était évident que ne se produirait pas un sursaut de la gauche (*Le Monde* titrait déjà : « Chirac vers la majorité absolue »), il n'était pas écrit que les extrêmes qui avaient joué de part et d'autre un rôle de premier plan au premier tour des présidentielles s'effondreraient. Qu'il s'agisse des trotskistes ou du Front national, ils perdaient pour les premiers les deux tiers de leurs voix, pour le second environ la moitié — contrairement à 1997, il n'allait jouer aucun rôle au second tour. Mais l'effondrement était le même pour les composantes de la gauche plurielle en dehors du Parti socialiste, le parti communiste, avec moins de 5 % des voix, ne faisait guère mieux que Robert Hue à la présidentielle (qui allait au surplus perdre son siège de député à Argenteuil), les Verts faisaient encore moins bien (et Dominique Voynet perdait aussi son siège), le Pôle républicain était réduit à peu près à rien (aucun de ses députés, y compris Jean-Pierre Chevènement, ne conservait son siège, sauf Jacques Desallangre, maire de Tergnier, mais qui s'était présenté comme divers gauche). Seul le PS résistait en évitant avec un peu plus de 25 % des voix la débâcle de 1993 (17,6 %), mais en laissant sur la route beaucoup des ténors de la gauche plurielle. La défaite la plus emblématique était celle de Martine Aubry dans le Nord. La très récente nouvelle mouture de la saga gaulliste, l'UMP (Union pour la majorité présidentielle, transformée après la victoire en Union pour un mouvement populaire), pouvait ainsi emporter à elle seule la majorité absolue des sièges à l'Assemblée nationale.

Il n'était pas en soi étrange qu'au bout de cinq ans de pouvoir, la gauche plurielle l'ait perdu. Pour des raisons diverses depuis l'origine de la République, peu de formules de gauche avaient même connu une aussi longue présence au pouvoir. Ce qui était le plus étonnant était l'ampleur de la défaite dont l'explication dernière est assez simple. La gauche au pouvoir, comme toujours, ce furent les gauches au pouvoir. Malgré les efforts — à vrai dire intermittents — de son chef, la gauche plurielle n'a jamais réussi à véritablement faire passer ce qui la réunissait devant ce qui la divisait. Quand vinrent les élections présidentielles, ce n'était plus une gauche « plurielle » qui les affronta, mais une gauche « dispersée », non pas seulement au niveau des candidats, comme certains ont voulu le croire ou le faire croire, mais une « gauche dispersée » au niveau des électeurs et de leurs attentes.

Références bibliographiques

BECKER Jean-Jacques (avec la collaboration de Pascal ORY) (2002), *Crises et alternances (1974-2000)*, Seuil, coll. « Nouvelle histoire de la France contemporaine », Paris.

DUHAMEL Olivier et MÉCHET Philippe (1997 à 2002), *SOFRES L'état de l'opinion*, Seuil, Paris

ENCYCLOPÆDIA UNIVERSALIS (1998 à 2003), Universalia, Paris.

L'ANNÉE POLITIQUE, ÉCONOMIQUE ET SOCIALE, 1997, 1998, 1999, 2000, 2001, 2002, Éditions Événements et tendances, Paris.

L'ÉTAT DE LA FRANCE (1997 à 2003), La Découverte, Paris.

RÉMOND René, avec la collaboration de Jean-François SIRINELLI (2003), *Le Siècle dernier (1918-2002)*, Fayard, Paris.

III

La gauche, la nation et les guerres

56

La gauche et la Grande Guerre

Jean-Jacques Becker

Curieux paradoxe : belliqueuse dans la première partie du siècle précédent, devenue massivement pacifique au début du xxe siècle, la gauche allait devoir affronter la plus grande guerre que la France ait connue. Quand elle éclata à la suite de la crise de juillet 1914, le gouvernement était un gouvernement de gauche. Ce n'était pas à vrai dire étonnant, car depuis 1880 ce fut le plus souvent le cas, même si c'était une gauche modérée. Néanmoins si la gauche était au pouvoir en 1914, ce n'était pas toutes les gauches : depuis que l'Internationale avait condamné la participation à des gouvernements bourgeois en 1900 et en 1904, il n'était plus question pour des socialistes, comme l'avait fait Millerand, d'être ministres, sans parler de la CGT qui, dominée par les syndicalistes révolutionnaires, était un adversaire farouche de la gauche de gouvernement.

L'Union sacrée

En 1913, la France avait connu sa plus grande controverse politique depuis les débats du début du siècle sur la séparation de l'Église et de l'État. Le gouvernement Barthou avait préparé un projet de loi ramenant à trois ans le service militaire réduit à deux ans par les radicaux en 1905. Si une majorité de la gauche comprenant les socialistes et une partie des radicaux s'y était opposée, la loi avait été votée en août 1913, mais la discussion avait rebondi avec les élections législatives d'avril-mai 1914 qui avaient d'ailleurs donné un résultat paradoxal et ambigu. La majorité des électeurs avaient voté pour des candidats approuvant les trois ans qui perdaient néanmoins une cinquantaine de sièges. Ils restaient majoritaires, mais comme un certain nombre de députés de gauche étaient favorables aux trois ans, c'était en définitive la gauche, dans sa majorité hostile aux trois ans, qui avait gagné les élections. Cette victoire était due en particulier à la progression très forte des socialistes qui gagnaient une trentaine de sièges. Le vote avait été sans aucun doute orienté à gauche. Le président de la République Raymond Poincaré, désireux de sauver les trois ans, envers et contre tout, avait bien essayé de nommer un président du Conseil à la fois de droite modérée et adversaire des trois ans, Alexandre Ribot, mais il avait été immédiatement renversé. Poincaré avait dû se résigner à suivre les indications du scrutin en appelant à la tête du gouvernement un homme de gauche, le républicain-socialiste René Viviani qui avait voté contre les trois ans. Mais, conscient de l'ambiguïté de la situation — la majorité des députés restait favorable au maintien des trois ans, même s'il était vraisemblable qu'il ne se serait plus trouvé de majorité pour les voter si ce n'était déjà fait —, il constituait un cabinet comprenant dix ministres qui avaient voté pour les trois ans, cinq contre et deux qui s'étaient abstenus... [Becker, 1977, p. 82]. Les radicaux étaient en fait très divisés et affaiblis, d'autant que leur chef de file Joseph Caillaux, qui avait fait voter en octobre 1913 le programme de Pau qui condamnait les trois ans, était pour le moment hors-jeu à la suite de l'assassinat par sa femme du directeur du *Figaro*, Gaston Calmette. Quant au maintien ou à l'abrogation de la loi sur les trois ans, il apparaissait en réalité qu'il était urgent d'attendre, ce que traduisait une formule de Viviani disant qu'il faudrait sans doute réviser la loi de trois ans, mais quand la situation internationale le permettrait. Formule d'ailleurs inacceptable pour beaucoup de partisans des deux ans qui estimaient que la loi, bien loin de favoriser la défense nationale, la compromettait, en sous-estimant le rôle des réserves et en sous-entendant que les seuls soldats vraiment utilisables étaient les soldats d'active. C'était d'ailleurs bien l'opinion de l'état-major. La formule de Viviani, sans en avoir l'air, condamnait la campagne des partisans des deux ans, ce qui n'échappa pas à Jaurès qui écrivit : « Ce propos était un outrage, une insultante moquerie » (*L'Humanité*, 7 juin 1914). D'ailleurs ce gouvernement de gauche ne recevait pas le soutien des socialistes et il était investi par la gauche radicale et le centre droit pendant que le reste de la droite s'abstenait. Tout cela n'avait d'ailleurs pas une très grande importance, dans la mesure où il n'y avait aucun signe d'un conflit international dans l'immédiat. Le gouvernement Viviani apparaissait en quelque sorte comme un gouvernement de vacances et les choses sérieuses, entre autres la révision des trois ans, seraient nécessairement reprises à la rentrée d'octobre.

Malgré une atmosphère internationale plutôt sereine — l'attentat de Sarajevo le 28 juin ne l'avait pas modifiée ; après un bref moment d'intérêt, personne ou presque n'avait cru qu'il pourrait avoir d'importantes conséquences — la lutte pour la paix restait à l'ordre du jour des forces ouvrières. Depuis des années, la CGT avait proclamé que la seule chose qu'il y avait à faire en cas de menace, et encore davantage en cas de déclaration de guerre, était la grève générale révolutionnaire. En 1914, la CGT était certes en très net déclin — sa prise sur le monde ouvrier était finalement assez faible —, elle n'en conservait pas moins un discours très clair et très provoquant, même si elle s'était faite plus discrète depuis quelque temps [Kriegel et Becker, 1964].

Quant aux socialistes, ils continuaient à débattre de l'attitude à prendre en cas de menace de guerre. Leur problème immédiat était de préparer le congrès de l'Internationale qui devait se tenir au mois d'août à Vienne (Autriche). La question de la défense de la paix n'était pas la seule question à l'ordre du jour, mais cela faisait des années que les socialistes n'arrivaient pas à se mettre d'accord sur autre chose que des formules très générales. C'était en réalité la conséquence de l'opposition entre la social-démocratie allemande, la plus puissante de l'Internationale, qui ne croyait absolument pas que l'on puisse faire quelque chose d'autre que des démonstrations pacifiques en cas de menace de guerre, qui ne pensait pas du tout une grève générale possible, et une partie de la social-démocratie française qui ne savait pas si un tel projet était réalisable, mais qui estimait néanmoins qu'il fallait mettre sur pied un projet de grève générale en cas de menace de guerre. Depuis le congrès de Copenhague de l'Internationale en 1910, le socialiste français Édouard Vaillant et le mineur socialiste britannique James Keir-Hardie avaient proposé un amendement ainsi rédigé qui avait été renvoyé au congrès suivant : « Le congrès considère comme particulièrement efficace contre la guerre, la grève générale ouvrière, surtout dans les industries qui fournissent à la guerre ses instruments (armes, munitions, transports). »

Pour en discuter, un congrès extraordinaire du parti socialiste avait été convoqué à Paris pour les 17, 18, 19 juillet 1914. Deux tendances s'y opposèrent, celle de Jules Guesde proche de celle des sociaux-démocrates allemands et celle de Jaurès qui ne pensait probablement pas que la grève générale était possible, mais qui estimait de bonne pédagogie d'en parler pour l'avenir, d'autant plus que cette discussion était parfaitement académique en l'absence de menace sérieuse. Jaurès l'emporta et fit adopter une motion d'ailleurs assez différente de l'amendement Keir-Hardie-Vaillant : « Entre tous les moyens employés pour prévenir et empêcher la guerre et pour imposer aux gouvernements le recours à l'arbitrage, le congrès considère comme particulièrement efficace la grève générale ouvrière, simultanément et internationalement organisée, dans les pays intéressés, ainsi que l'agitation et l'action populaire sous les formes les plus diverses. »

Il est évident que cette motion était inapplicable ; comment organiser, dans les conditions de l'époque, une grève générale de façon simultanée dans les pays intéressés ? Mais elle était très importante parce qu'elle mettait en évidence une idée qui par la suite devait être très à l'honneur, celle de l'arbitrage. Sous une apparence révolutionnaire, c'était plus tôt une philosophie « humaniste » que développait cette motion. Jaurès d'ailleurs l'affirmait avec force. Si l'opposition à une guerre éventuelle échouait, les socialistes se devaient de participer à la défense de la nation.

Personne n'imaginait au demeurant qu'il faudrait passer aux travaux pratiques moins de quinze jours plus tard. La motion qui venait d'être votée et qui devait être présentée au congrès de l'Internationale n'avait pas de valeur exécutoire. Le seul texte qui engageait les socialistes était une motion votée à

Stuttgart en 1907 qui invitait les socialistes si une guerre menaçait d'éclater de « faire tous leurs efforts pour empêcher la guerre » et si la guerre éclatait néanmoins de « s'entremettre pour la faire cesser promptement ».

Lorsque le 23 juillet 1914, l'Autriche-Hongrie adresse un ultimatum à la Serbie et qu'en quelques jours une guerre européenne menace, socialistes et syndicalistes français réagissent dans l'esprit de leurs programmes respectifs. Sans recourir à la grève générale à laquelle à peu près personne ne pense, les syndicalistes organisent des manifestations importantes et quelquefois violentes comme celle du 29 juillet à Paris, tandis que les socialistes multiplient les meetings à travers la France, l'apposition d'affiches, les distributions de tracts pour s'opposer à la guerre menaçante. Certains dirigeants comme Édouard Vaillant trouvent d'ailleurs que l'on n'en fait pas assez, qu'il faut appliquer avec plus de vigueur les résolutions des congrès. Jean Jaurès, convaincu du pacifisme du gouvernement français, souhaite aussi qu'un vaste mouvement se développe en France pour maintenir le gouvernement dans cette voie, pendant que les socialistes allemands feraient la même pression sur leur gouvernement. Cela exigeait en particulier que les syndicalistes cessent de faire cavaliers seuls, qu'ils renoncent à leurs idées insurrectionnelles pour se rallier à la stratégie pacifique des socialistes. Ce qu'ils firent après certaines hésitations.

Mais cette stratégie ne pouvait atteindre son objectif que si elle se déroulait de façon internationale. Le 25 juillet Jean Jaurès était à Lyon dans le quartier de Vaise où il soutenait la candidature à une élection partielle du socialiste Marius Moutet. Dans le discours qu'il prononça, le dernier en France, il montre une inquiétude grandissante, mais le bureau de l'Internationale socialiste est convoqué pour le 29 à Bruxelles, afin que les socialistes puissent prendre les mesures qui s'imposent. Au jour dit, tous les principaux dirigeants socialistes européens, sauf Lénine, se retrouvent à Bruxelles [Haupt, 1965] : si d'abord le pessimisme des responsables autrichiens jette un froid, les interventions des autres chefs socialistes, en particulier allemands, vont à peu près toutes dans le même sens : le mouvement socialiste a les moyens de prendre la tête des peuples pour empêcher la guerre. Le soir, au Cirque royal de Bruxelles, le discours de Jaurès est acclamé [Stengers, 1965]. Les décisions prises par les socialistes montrent qu'ils ont le sentiment que la crise va durer un certain temps et qu'il est donc possible aux peuples de peser de tout leur poids. Le Bureau socialiste international (BSI) décide de transférer à Paris le congrès de l'Internationale, d'en avancer la date du 23 au 9 août, de poursuivre et d'intensifier les démonstrations pour obtenir un règlement arbitral du conflit austro-serbe, de demander aux prolétaires allemands et français de faire les pressions les plus énergiques sur leurs gouvernements pour que l'un modère l'Autriche, et l'autre la Russie.

Mais pendant que les socialistes délibéraient, les événements couraient. Lorsque le 30 juillet, Jaurès débarque du train à Paris en fin d'après-midi, les nouvelles lui font pousser un cri d'angoisse. Le lendemain, il multiplie les démarches auprès des gouvernants français, plus ou moins convaincus qu'il n'y a plus rien à faire, et il s'énerve de leur apathie. Avant d'écrire son article quotidien pour *L'Humanité* dont il était le directeur, il va dîner au café du Croissant où il est assassiné par un jeune nationaliste, Raoul Villain. Le gouvernement français qui délibérait au même moment craint une réaction violente, mais malgré l'immense émotion dans les milieux socialistes, rien ne se produit. Le lendemain 1er août, la nouvelle de l'assassinat est bien vite estompée par l'annonce dans l'après-midi de la mobilisation générale.

Qu'allaient faire les socialistes et les syndicalistes ? Ils ne peuvent qu'accompagner l'opinion du pays, l'opinion de gauche, l'opinion ouvrière (avec peut-être quelques nuances), à savoir que la seule chose à faire maintenant est de défendre le pays. L'ancien extrémiste socialiste, Gustave Hervé, a capté cette attitude en proclamant dans le numéro du 1er août de son journal *La Guerre sociale*, « Défense nationale d'abord. Ils ont assassiné Jaurès, nous n'assassinerons pas la France ». Le lendemain 2 août, le parti socialiste se rallie clairement à la défense nationale dans un meeting tenu salle Wagram et qui, à l'origine, devait être un meeting pour la paix. Le vieux communard Édouard Vaillant donne le ton : « En présence de l'agression, les socialistes rempliront tout leur devoir, pour la patrie, pour la République, pour l'Internationale. »

En réalité, davantage que ce meeting rassemblant des socialistes, la manifestation la plus importante du ralliement du mouvement ouvrier à la défense nationale eut lieu au matin du 4 août, à l'occasion des obsèques de Jean Jaurès. Le gouvernement avait souhaité que ce soit un moment d'union nationale. L'union alla loin, puisqu'outre tous les corps constitués, les présidents de la Chambre et du Sénat, la plupart des ministres, le président du Conseil René Viviani, une foule immense, était là aussi Maurice Barrès, entouré de membres de la Ligue des patriotes. Le florilège des attaques sans mesure et des accusations infamantes contre Jaurès dues à beaucoup de ceux qui se pressaient à ses obsèques serait long à dérouler, mais parmi toute une série de discours, celui du secrétaire général de la CGT, Léon Jouhaux, frappa le plus les auditeurs. Il cria sa haine de la guerre, du militarisme, de l'impérialisme, mais les responsables du conflit, ce sont les empereurs d'Autriche et d'Allemagne. « Empereurs d'Allemagne et d'Autriche-Hongrie, hobereaux de Prusse et grands seigneurs autrichiens qui, par haine de la démocratie, avez voulu la guerre, nous prenons l'engagement de sonner le glas de votre règne. » Cet engagement, il le prenait « au nom de ceux dont je suis qui partiront demain et qui sauront remplir leur devoir ». Jouhaux, le dirigeant de l'organisation qui avait fait son leitmotiv de l'antipatriotisme et de l'antimilitarisme, revenait de loin. Il avait été littéralement porté par la vague de patriotisme qui soulevait le pays [Becker, 1994].

Cette attitude de la gauche ouvrière peut paraître surprenante. Comment en si peu de temps avait-elle oublié tout ce qu'elle avait dit sur l'origine des guerres ? Pour la gauche, comme pour l'ensemble du pays, un élément dominait tout, l'idée de l'agression allemande (elle ignorait évidemment que l'opinion allemande était tout aussi convaincue d'avoir été dans la nécessité de prendre les devants face au projet d'agression attribué à ses adversaires...). Ce qui était vrai pour l'opinion ouvrière l'était encore davantage pour le reste de la gauche, la gauche radicale.

Le 4 août dans l'après-midi, Viviani lisait à la Chambre des députés un message du président de la République Raymond Poincaré, mais qui, suivant l'usage, avait préalablement été discuté et approuvé par le Conseil des ministres. C'est dans ce message que se trouvait la formule de l'Union sacrée, même si elle n'entra dans le langage courant qu'avec un certain décalage. Cette séance du 4 août n'avait pas pour seul but de célébrer l'union de la nation française, mais de voter un certain nombre de mesures dont les crédits de guerre. Toutes furent votées à l'unanimité, ce qui fut un cas à peu près unique chez les belligérants. En Allemagne, les députés socialistes votèrent certes tous les crédits de guerre, mais uniquement par discipline de groupe — une forte minorité avait souhaité ne pas le faire. En Russie, les différents groupes socialistes, suivant des modalités diverses, ne les votèrent pas, plusieurs socialistes anglais, en particulier James Keir-Hardie, refusèrent de se joindre à l'unanimité nationale, même en Serbie les deux socialistes ne s'associèrent pas au vote des autres députés.

Pour la gauche radicale, bien que pacifique, manifester son patriotisme dans ces circonstances n'était en rien contradictoire avec ses prises de position antérieures. Un seul problème se posait réellement : le sentiment d'union qui soulevait le pays devait-il se traduire par un gouvernement d'union nationale ? À souligner que là encore, ce type de problème ne s'est réellement posé qu'en France. Le Premier ministre britannique ne voyait pas en quoi les événements pouvaient justifier un remaniement ministériel et, ni en Allemagne ni en Russie, évidemment il ne fut question de modifier le gouvernement dans le sens d'un élargissement vers sa gauche.

En fait, pour la gauche radicale française, deux extensions de l'assise du gouvernement étaient possibles, sur sa gauche et sur sa droite, mais jusqu'à un certain point, il n'était pas question, malgré le souhait du président de la République, d'introduire dans le gouvernement des représentants de la droite cléricale. Le gouvernement devait rester à gauche et laïque. Sur la droite, le remaniement se manifesta par l'entrée dans le gouvernement d'une sorte de gauche nationaliste. Un certain nombre d'hommes venus souvent de la gauche, voire du socialisme comme Aristide Briand et Alexandre Millerand, avaient créé avec Louis Barthou et d'autres avant les élections de 1914 un groupe baptisé Fédération des gauches dont le programme était essentiellement la défense active de la loi de trois ans. Ce sont eux qui pour l'essentiel entrent au gouvernement, Briand à la Justice, Millerand à la Guerre, Delcassé aux Affaires étrangères, ainsi qu'un sénateur de centre droit Ribot aux Finances. Sur sa gauche, le président du Conseil ne voyait pas d'obstacle à faire entrer des socialistes… s'ils le voulaient. Il y avait évidemment une grande différence pour des socialistes, dont la doctrine était de refuser de participer en temps normal à un gouvernement bourgeois, entre se rallier à la défense nationale et participer au gouvernement. Ce fut donc de façon particulièrement solennelle que les socialistes justifièrent l'entrée dans le gouvernement de Jules Guesde comme ministre sans portefeuille et de Marcel Sembat, comme ministre des Travaux publics. Le manifeste publié le 28 août en première page de *L'Humanité* était signé du groupe socialiste au Parlement, de la commission administrative permanente (CAP) et du conseil d'administration du journal. Il expliquait que c'était le résultat d'une décision unanime des organismes dirigeants, qu'il ne fallait pas confondre cette démarche avec une « ordinaire participation à un gouvernement bourgeois », car c'était de l'« avenir de la nation qu'il s'agissait aujourd'hui. Il était nécessaire que l'« unité nationale, dont la révélation réconfortait tous les cœurs au début de la guerre, manifeste toute sa puissance ». Les renseignements généraux rapportaient qu'ils n'avaient enregistré aucune opposition à cette démarche dans les milieux socialistes.

La gauche radicale perd son identité

Pour la gauche radicale, l'épreuve de la guerre allait être d'autant plus paradoxale qu'elle était la principale force politique de la France de 1914, mais qu'aucun des cinq présidents du Conseil qui se succédèrent ne fut radical, qu'il ne cessa d'y avoir des ministres radicaux dans les gouvernements successifs, mais que leur nombre ne cessa de diminuer et que l'influence du parti radical décrut de façon constante et qu'au plan politique les quatre années de guerre furent marquées par un glissement continu vers la droite.

Déjà, le premier remaniement du 26 août avait enlevé cinq portefeuilles ministériels au parti radical, mais à vrai dire, dans les premiers mois de la guerre, le gouvernement avait perdu une grande part de son pouvoir au profit de l'état-major, systématiquement soutenu par le ministre de la Guerre Alexandre Millerand. Cette situation ne commença à se modifier qu'avec le retour du gouvernement à Paris en décembre après son exil bordelais et avec la progressive mise sous tutelle de Millerand par quatre sous-secrétaires d'État, dont Albert Thomas, troisième socialiste à entrer au gouvernement le 18 mai 1915 avec la charge de l'artillerie et des équipements militaires, c'est-à-dire la plus grande part de l'industrie de guerre. Mais, quand un nouveau gouvernement fut constitué (sans que Viviani ait été mis en minorité) et qu'il fut dirigé par Aristide Briand d'octobre 1915 à décembre 1916, l'entrée de la droite catholique discrètement monarchiste avec Denys Cochin marqua au nom de l'Union sacrée un incontestable glissement à droite, d'autant que le maintien au ministère de l'Intérieur de la principale personnalité radicale du gouvernement Louis Malvy avait été vivement contesté. Ce glissement à droite s'affirmait avec un deuxième gouvernement Briand (décembre 1916-mars 1917) où Denys Cochin restait, tandis que les deux ministres socialistes Guesde et Sembat le quittaient, départ en partie compensé par la promotion d'Albert Thomas devenu ministre de l'Armement et des Fabrications de guerre et l'arrivée d'un jeune radical de grand avenir, Édouard Herriot, même si son ministère du Ravitaillement fut alors une tâche bien ingrate [Berstein, 1985]. Le glissement à droite fut néanmoins confirmé lors de la démission de Briand. Le nouveau gouvernement dirigé par Alexandre Ribot est clairement orienté au centre droit. Malvy a pu encore se maintenir au ministère de l'Intérieur, mais il est bientôt l'objet des attaques très violentes de Clemenceau qui l'accuse d'être responsable de la progression du pacifisme et fait remonter sa responsabilité à son refus d'appliquer le carnet B en août 1914. Sous la violence de l'attaque, Malvy est conduit à la démission et entraîne dans sa chute l'ensemble du gouvernement. On pourrait croire alors à un coup de barre à gauche, puisque le nouveau chef de gouvernement, Paul Painlevé, républicain-socialiste, est le président du Conseil le plus à gauche depuis le début de la guerre, mais on est en fait en pleine confusion. Attaqué sur sa gauche par les socialistes qui lui reprochent d'avoir conservé comme ministre des Affaires étrangères Alexandre Ribot à qui ils reprochent d'avoir refusé leurs passeports aux délégués qui voulaient aller à la conférence socialiste de Stockholm (voir *infra*) et par la droite qui lui reproche sa faiblesse envers le pacifisme, il est renversé — le seul gouvernement à subir ce sort tout au long de la guerre — au bout de deux mois à peine, ouvrant la route au gouvernement Clemenceau. Les socialistes qui avaient déjà rompu l'Union sacrée, au plan politique du moins, en ne soutenant pas Painlevé font de même avec Clemenceau — un homme que beaucoup d'entre eux détestent particulièrement depuis son gouvernement de 1906 à 1909, encore que dans un cas comme dans l'autre Albert Thomas aurait bien poursuivi son activité ministérielle. Clemenceau fut investi par une majorité de 418 voix, les voix contre ou en abstention étant celles des socialistes et de quelques radicaux. La plupart des radicaux apportèrent leurs voix à Clemenceau et il choisit d'ailleurs beaucoup de ses ministres parmi eux. Mais dans la réalité, cela ne leur donnait aucune influence parce que Clemenceau gouvernait pratiquement seul avec quelques fidèles et que cela ne l'empêcha pas de poursuivre les dirigeants radicaux, comme Malvy et surtout Joseph Caillaux.

Comment peut-on expliquer cette occultation progressive de la principale force politique de la gauche française ?

La première explication concerne presque toutes les formations politiques, leur mise en sommeil, mais c'était particulièrement dommageable pour les radicaux. La puissance du parti [Berstein, 1980] tenait à son groupe parlementaire, mais aussi à la masse de ses militants, de ses comités, à ses fédérations. Même si les liens n'étaient pas toujours très visibles entre les masses radicales et leurs parlementaires, il y avait tout de même une espèce de symbiose mentale. Or le parti radical a pratiquement disparu avec la guerre. Comme les autres formations, il a été évidemment vidé d'une partie de ses militants par la mobilisation, mais il a été victime chez ceux qui restaient de l'idée qu'il y avait incompatibilité entre la vie politique et la guerre. Même les organismes dirigeants comme le comité exécutif ne se réunissent plus, d'autant que le président du parti Joseph Caillaux avait vu monter contre lui dans le pays une vague d'impopularité et était contraint à une certaine discrétion. Le premier congrès du parti radical pendant la guerre n'eut lieu qu'en octobre 1917 et sa simple tenue fut loin de faire l'unanimité chez les radicaux. Le principal journal radical, *La Dépêche* de Toulouse, trouva cette réunion inopportune et les gros bataillons radicaux du Centre et du Sud-Ouest s'en désintéressèrent. Il est d'ailleurs significatif que les participants à ce congrès eurent conscience de cette marche vers l'inexistence de leur parti, certains congressistes réclamèrent la formation d'un gouvernement de « démocratie sociale », c'est-à-dire radical et socialiste. Le sénateur du Nord Charles Debierre, figure de l'aile gauche du parti, fut élu président, mais tout cela fut sans lendemain. L'atmosphère de suspicion, qui entourait leurs chefs Malvy et Caillaux, même s'ils s'en étaient désolidarisés, n'était pas de nature à favoriser l'influence des radicaux.

Le terreau dans lequel le parti radical puisait sa force était la démocratie. Or par la force des choses bien des aspects de la démocratie avaient été mis à mal par la guerre. L'absence d'élections, la censure de la presse qui s'étend bien au-delà des informations militaires, l'état de siège plus ou moins étendu suivant les moments qui donne des pouvoirs considérables à l'autorité militaire, y compris dans le domaine judiciaire… sont une série d'éléments qui font disparaître la substance même du radicalisme.

Une troisième explication est dans le changement de nature de l'Union sacrée, sans que les radicaux parviennent à s'en extirper. L'Union sacrée au début de la guerre avait été une « pratique » imposée par les circonstances. Le terme qui l'aurait le mieux défini était celui de trêve dans l'activité des partis, trêve justifiée par les impératifs de la défense nationale, mais qui ne devait être que de courte durée puisque tout le monde ou presque pensait que le conflit serait violent, mais bref. Cette trêve était donc du domaine de la pratique, pas de l'idéologie et les différentes sensibilités continuaient à exprimer leurs opinions, avec modération cependant, modération quelquefois relative quand par exemple Maurice Barrès écrivait : « Quand je me retourne vers les mois passés qui furent remplis de tant d'ignominies, je me dis : comment de ce cloaque est donc sortie cette France si pure ? » (*Écho de Paris*, 20 août 1914). Mais, d'une certaine façon la République y trouvait son compte parce que les circonstances remettaient à l'honneur les grandes heures de la Révolution. Dans une première période, le souvenir de la Révolution [Becker, 1988a], l'exemple des grands ancêtres sont omniprésents, surtout dans la presse de gauche, avec un peu plus de circonspection dans la presse de droite. Le sommet en est marqué par le transfert le 14 juillet 1915 des cendres de Rouget de l'Isle aux Invalides. Par la suite, il faut bien le dire, le souvenir de la Révolution devint de plus en plus rare. L'Union sacrée des premiers temps n'avait été aucunement une capitulation de la gauche face au nationalisme, devant les valeurs et les références de la droite, mais il était inéluctable qu'avec le temps la nature de l'Union sacrée change. À partir du moment où elle se perpétuait, elle eut tendance à devenir une idéologie et une idéologie de droite. L'Union sacrée en effet par son refus de ce qui divise, de ce qui sépare, favorisait, sans même qu'il soit besoin d'en prendre conscience, les forces de « conservation » et en particulier les forces de conservation sociale par rapport aux forces de mouvement, aux forces de progrès. De cette situation, le parti radical fut particulièrement la victime. Alors que, comme on l'a vu, tous les gouvernements comprennent une forte proportion de radicaux, le radicalisme n'apparaît absolument pas comme le porte-drapeau de l'Union sacrée. Serge Berstein l'a souligné : l'Union sacrée « se solde pour lui par une perte d'identité quasi totale dans le consensus presque général que connaît la France en guerre » [1980, p. 89]. L'attitude envers la révolution bolchevique est caractéristique. En tant qu'hommes de gauche, ils auraient pu y déceler, au moins momentanément, des aspects de progrès social, ils n'y voient aucun aspect russe, mais seulement une manœuvre allemande (ce qui était assez largement l'opinion de l'ensemble des Français). Même remarque à propos des discussions sur les buts de guerre. Sur l'Alsace-Lorraine, le consensus était sans failles. Comme l'a écrit Marc Bloch [1946], « l'image de l'Alsace-Lorraine surgit brusquement, dès les premiers combats de 1914, de l'ombre discrète où, quelques jours plus tôt, on la voyait encore ensevelie », mais quand, sous le ministère Briand, on agite l'idée d'une mainmise sur la rive gauche du Rhin, il n'y a pas de désaveu des radicaux. En fait on ne distingue plus chez les radicaux aucune des spécificités qui faisaient ce qu'ils étaient.

Les troubles du mouvement ouvrier

Si la gauche radicale fut littéralement anesthésiée par la guerre, en fut-il de même pour l'autre fraction de la gauche, la gauche « ouvrière » ?

Son problème était à peu près inverse de celui des radicaux. Pour ces derniers, le patriotisme allait de soi, il leur était difficile de se montrer originaux par rapport au patriotisme général. Pour le mouvement ouvrier, son référent n'était pas la nation, mais la classe. D'où, comment être fidèle à la classe et à la nation en même temps ? Il serait erroné de croire que cette difficulté ait échappé. Une réponse catégorique fut donnée très vite par Édouard Vaillant : « Question posée : dans cet accord unanime des Français, le parti socialiste n'efface-t-il pas ses traits caractéristiques et ne se confond-il pas avec les partis bourgeois ? Réponse : en luttant pour son indépendance, la France lutte pour la paix du monde, de sorte que devoir patriotique et devoir socialiste se fortifient l'un par l'autre » (*L'Humanité*, 11 septembre 1914).

Dans un premier temps, août et septembre 1914, les traces d'opinions divergentes sont très rares. Néanmoins, malgré les circonstances et le départ pour l'armée d'un très grand nombre de militants, davantage chez les syndicalistes plus jeunes en moyenne que les socialistes, tant le parti socialiste que la CGT continuent d'exister, de tenir des réunions, même si elles sont peu nombreuses, surtout en province, et ne drainent que peu de participants. Les organismes dirigeants se réunissent, même s'ils se préoccupent davantage des questions matérielles qui se posent à la population que de questions proprement politiques.

D'ailleurs il n'y a pas de déclaration officielle du parti socialiste entre le 27 août (entrée de ministres socialistes au gouvernement) et le 25 décembre 1914. Les journaux continuent leur parution, *L'Humanité* où à la direction Pierre Renaudel a remplacé Jaurès, ou *La Bataille syndicaliste*, mais avec un nombre de lecteurs réduit, surtout pour l'organe syndical. *La Bataille syndicaliste* avait du mal à assurer son existence avant la guerre avec un tirage de 46 000 exemplaires qui est réduit maintenant à 20 000 dont seulement deux tiers sont vendus.

L'activité la plus originale dans cette période du parti socialiste et de la CGT est de créer un comité d'action [Horne, 1983] qui se divise en plusieurs commissions spécialisées dans les divers problèmes du moment, en particulier celle du travail pour les questions de chômage et de salaire. Plus que le rôle réel de ce comité d'action, ce qui était remarquable, c'est que pour la première fois de leur histoire parti socialiste et CGT décidaient de travailler ensemble. C'était évidemment tout à fait contradictoire en ce qui concerne la CGT avec la charte d'Amiens, mais évidemment dans les circonstances du moment, cela n'apparut pas comme de grande importance.

Néanmoins, si les dirigeants du parti socialiste et la plupart les dirigeants syndicalistes jouent totalement le jeu de l'Union sacrée, un certain nombre de dirigeants syndicalistes entendent ne pas tomber dans la « collaboration de classe ». C'est le cas d'Alphonse Merrheim, le secrétaire du Syndicat des métallurgistes dont l'opposition envers les pratiques de Jouhaux, le secrétaire général de la CGT, grandit dès le mois de septembre 1914. Mais la donne allait surtout changer avec la prolongation de la guerre. Quand il est apparu, même si l'on continuait de croire à une guerre brève, qu'elle durerait tout de même plus longtemps que prévu, certainement des mois plutôt que des semaines, que l'on eut le sentiment que les pertes étaient énormes, même si on ne les connaissait pas, et que, sur un autre plan, la vie économique un moment pratiquement suspendue reprenait avec une grande vigueur pour fabriquer les matériels de guerre indispensables, que des ouvriers mobilisés étaient renvoyés en grand nombre dans les entreprises, il était impossible pour le mouvement ouvrier de ne pas en subir les contrecoups.

Les premières manifestations d'opposition à la politique des majorités socialistes et syndicales apparurent clairement à l'automne 1914. Le texte le plus retentissant — du moins pour l'histoire du mouvement ouvrier, car surtout avec la censure, il n'eut guère de possibilité d'être connu — fut celui publié par un membre du comité confédéral de la CGT, Pierre Monatte et tout simplement intitulé : « Pourquoi je démissionne du Comité confédéral ? » Il reprochait à la direction de la CGT d'avoir renié ses principes, d'avoir abandonné l'indépendance syndicale en acceptant de collaborer avec le gouvernement et de n'accomplir en rien le devoir de la classe ouvrière de s'entremettre pour faire cesser promptement la guerre au cas où elle aurait éclaté. Diffusé par lettres individuelles auprès de nombreux dirigeants syndicaux, ce manifeste n'obtint qu'assez peu de réponses, mais il montrait qu'à l'intérieur de la direction de la CGT, il y avait maintenant deux tendances, une tendance « défense nationale » avec Jouhaux, une tendance « pacifiste » (encore qu'elle ne disait guère comment rétablir la paix) avec Merrheim. Cette tendance est prolongée par un groupe réuni autour d'une publication syndicale, *La Vie ouvrière*, dont la grande originalité est d'avoir été animée par Trotski arrivé en France le 20 novembre 1914 après son expulsion d'Autriche. Il va de soi que les échos de l'activité de ce groupe qui comprenait aussi Merrheim restèrent extrêmement limités.

Quelques frémissements se font également sentir dans le parti socialiste dès l'automne 1914, du fait du groupe socialiste d'Oyonnax ou de la publication d'articles d'un ton différent dans *Le Midi socialiste* ou *Le Populaire du Centre*. Mais le mouvement ne prit réellement de l'importance qu'avec la conjonction de l'action d'une importante fédération socialiste, celle de la Haute-Vienne et d'une personnalité, Jean Longuet, député de la Seine et surtout petit-fils de Karl Marx [Candar, 1995]. La Fédération de la Haute-Vienne dans le texte qu'elle établit le 15 mai 1915 ne demandait pas la fin de la guerre à tout prix, mais d'appliquer la résolution du congrès de Stuttgart de « s'entremettre pour la faire cesser promptement », cette intervention ne pouvant se faire que par l'intermédiaire de l'Internationale. Il se constitua alors une tendance à l'intérieur du parti socialiste, appelée la « minorité » dont Jean Longuet [Becker, 1988b] devint la figure de proue. Pour la CAP, les propositions de la Fédération de la Haute-Vienne étaient inacceptables parce qu'il était impossible de réunir l'Internationale dans les conditions du moment et qu'il fallait éviter de terminer la guerre de façon ambiguë : il était nécessaire d'éliminer d'abord le responsable, c'est-à-dire le militarisme prussien, et pour cela il fallait accepter une guerre peut-être longue. Entre la minorité et la majorité, les positions étaient fixées d'entrée et elles ne devaient plus guère changer. D'un côté il fallait accepter cette guerre jusqu'au bout, de l'autre il fallait chercher les voies de la paix. Pendant toute la durée de la guerre, la minorité ne devait cesser de se renforcer au détriment de la majorité, mais ce fut néanmoins seulement lors du conseil national des 28-29 juillet 1918 qu'une motion Longuet l'emportât sur une motion Renaudel par 1 344 voix contre 1 172. Lors du congrès suivant (6-9 octobre 1918), l'ancienne minorité prenait la direction du parti. En fait la guerre était alors à peu près terminée. Le long combat de la minorité socialiste n'avait en apparence rien changé, mais dans la pratique il avait contribué — contrairement à ce qui s'était passé pour le parti radical — à affirmer une identité socialiste dans le cadre de l'Union sacrée.

Toutefois, sauf au niveau du vocabulaire, ce qui avait séparé la minorité de la majorité n'était pas très important. Comme l'a souligné Annie Kriegel [1964, ch. III], plus qu'une victoire de la minorité sur la majorité, c'était dans la pratique le rassemblement de la majorité du parti socialiste au centre rejetant les extrémistes de « droite » et de « gauche », les jusqu'au-boutistes de la guerre et les jusqu'au-boutistes de la paix.

D'autres courants plus radicaux avaient en effet existé parallèlement, dont l'originalité était leur genèse internationale. Du fait de la guerre, les antagonismes nationaux s'étaient immédiatement reproduits sur le plan international. Les socialistes de l'Entente, en particulier les Français, refusaient catégoriquement de rencontrer les socialistes des puissances centrales. Dans ces conditions Camille Huysmans, le président belge du Bureau socialiste international estimait que l'Internationale ne pouvait rien faire. C'est donc en dehors d'elle et contre l'avis des socialistes français que les premières réunions internationales ont lieu. À l'initiative d'un socialiste suisse Robert Grimm et d'un menchevik russe Yurii Martov, deux réunions eurent lieu dans des villages suisses, à Zimmerwald (5-8 septembre 1915) et à Kienthal (24-30 avril 1916) [Rebérioux, 1974]. À Zimmerwald, les délégués français qui ne représentaient que les groupes pacifistes très peu importants ne furent pas des socialistes, mais les syndicalistes Alphonse Merrheim et Albert Bourderon, secrétaire de la fédération du tonneau (qui d'ailleurs était aussi socialiste) ! Quand à celle de Kienthal, les délégués français y étaient bien socialistes, c'était trois parlementaires, les députés, Jean Raffin-Dugens, Alexandre Blanc et Pierre Brizon, mais ils ne représentaient aucunement le groupe parlementaire socialiste. Par ailleurs ces conférences (organisées clandestinement) ne regroupaient qu'un tout petit nombre de militants, 38 à Zimmerwald, 44 à Kienthal, ce qui ne les empêcha pas d'être très divisées entre pacifistes qui voulaient simplement trouver les chemins de la paix et révolutionnaires. Ce sont les premiers qui l'emportèrent de façon plus nette à Zimmerwald qu'à Kienthal. Le manifeste issu de la conférence de Zimmerwald se contentait d'appeler au rétablissement de la paix entre les peuples, sans annexions. Mais même ces textes relativement modérés qui, malgré tout condamnaient les pratiques de l'Union sacrée, furent violemment rejetés par la SFIO (Section française de l'Internationale ouvrière). Il s'agissait d'après elle d'une « propagande contraire aux intérêts de la défense nationale ». On ne peut évidemment négliger qu'en ce qui concerne la conférence de Kienthal, elle se déroule au moment où les yeux des Français sont fixés sur Verdun. En outre, l'idée de la paix sans annexions supposait le renoncement à l'Alsace-Lorraine qui était redevenue la revendication majeure de l'ensemble de l'opinion française…

L'influence de ces conférences sur l'opinion française globale fut à peu près nulle, ne serait-ce qu'à cause de la censure : personne ou presque n'en entendit parler. En revanche, elles ne furent pas sans exercer un certain effet dans le mouvement ouvrier. En France, le courant zimmerwaldien, animé principalement par des syndicalistes souvent anarchistes, fut à l'origine de deux organisations, le Comité pour la reprise des relations internationales (CRRI) qui voit le jour en janvier 1916 et d'où se détache le Comité de défense syndicaliste pendant l'été. Si le premier comprend aussi des socialistes, le second est composé uniquement de syndicalistes. Ces organismes ne s'affichent pas comme défaitistes, mais ils contestent l'Union sacrée considérée comme une simple collaboration de classes et ils peuvent, bien davantage que la tendance Longuet, être qualifiés de pacifistes, et assez largement de révolutionnaires.

Un des objectifs du Comité de défense syndicaliste était de prendre le contrôle de la CGT, mais il y échoua. Première raison, il ne pouvait reprocher à la direction de CGT une appartenance à l'Union sacrée dont il s'était progressivement détachée : ainsi lors de la conférence confédérale de décembre 1917, il réclamait une conférence internationale ouvrière pour la paix et définissait une politique sans concessions des intérêts ouvriers. Seconde raison, les pacifistes comme Merrheim, qui rejetaient l'hypothèse révolutionnaire ne manifestaient guère de sympathie pour un groupe qui entendait s'inspirer des bolcheviks. Conséquence, lors du congrès de la CGT de juillet 1918, Merrheim rejoignait la majorité confédérale qui l'emportait par 908 voix contre 253 et 46 abstentions [Kriegel, 1964, p. 220-221].

L'autre objectif du Comité de défense syndicaliste avait été de susciter et d'entraîner dans la lutte contre la guerre des mouvements de grève. Jusqu'à la fin de 1916, les grèves avaient été rares en France. Bien que domaine du non-dit, il existait une sorte d'interdit moral de faire grève en temps de guerre. À partir de la fin de 1916 et du début de 1917 toutefois, l'atmosphère changea : alors que sévissait la « vie chère », l'augmentation de plus en plus rapide des prix, les ouvriers ne pouvaient ignorer que les patrons d'usines anciennes et souvent récentes qui tournaient à plein régime faisaient de gros bénéfices. Il n'était donc plus illégitime pour eux de revendiquer des augmentations de salaires. Un premier mouvement de grèves eut lieu au début de l'année 1917 dont le signal fut donné par les ouvrières qui ne travaillaient pas pour la guerre, les ouvrières de la haute couture [Becker, 1988c], mais un deuxième mouvement eut lieu au printemps, surtout animée par les ouvrières et qui gagna de nombreux établissements travaillant pour la défense nationale. Traduction également de la grave crise multiforme que traversait la France en ce printemps 1917, ces mouvements de grève étaient néanmoins très majoritairement revendicatifs et assez rarement politiques. Des augmentations de salaires importantes et la création de délégués d'ateliers dans les usines mirent fin à ces mouvements.

Le mouvement social prit en 1918 une allure différente : de grandes grèves se déroulèrent au printemps dans la région parisienne, dans la région de la Loire, le principal centre de fabrication d'armement, mais aussi dans le Gard, dans l'Isère, à Lyon... Ils étaient clairement politiques et les mots d'ordre furent souvent « la grève jusqu'à la paix ». Ils n'étaient pas spontanés comme ceux de l'année précédente, mais organisés par le Comité de défense syndicaliste qui chercha, sans y réussir vraiment, à les coordonner... Les deux principaux mouvements, ceux de la région parisienne et ceux de la Loire, entraînèrent assez largement les ouvriers qui travaillaient pour la défense nationale, mais ils furent loin de toucher l'ensemble du monde ouvrier. Leur échec fut néanmoins principalement dû au fossé entre les dirigeants de ces grèves et les masses ouvrières : les premiers étaient souvent, qu'ils le disent ou non, défaitistes, ce qui n'était pas le cas des secondes. Au total cependant la France avait tout de même connu une ébauche de mouvement révolutionnaire, il était arrivé qu'il soit fait référence aux soviets.

Les révolutions russes avaient-elles eu une influence sur les gauches ouvrières françaises ? Ces dernières, dans leur masse, ne semblent pas avoir réagi de façon très différente du reste de l'opinion française. La révolution de février d'abord fut bien accueillie parce qu'elle semblait faire de la Russie un pays démocratique où les influences germaniques seraient battues en brèche, ce qui signifiait une participation plus active à la guerre. En réalité, les ministres socialistes français et anglais envoyés immédiatement en Russie, ainsi que des délégués du parti socialiste comme Marcel Cachin ne furent pas très bien reçus. Les socialistes russes n'étaient pas sur la ligne de l'Union sacrée. Même s'ils n'étaient pas partisans d'une paix séparée, ils entendaient montrer plus de détermination à chercher les voies de la paix. Les socialistes russes du soviet de Petrograd étaient de tendance zimmerwaldienne et ils se joignirent à une série d'initiatives de socialistes américains, scandinaves et néerlandais, etc. pour proposer une réunion socialiste internationale qui aurait lieu à Stockholm. Après bien des tergiversations, les socialistes français avaient décidé à l'unanimité de s'y rendre, ce qui dissimulait de nombreuses divergences entre ceux qui espéraient que de cette réunion pourrait sortir la paix et ceux qui n'y voyaient qu'une manœuvre allemande. Pour les principaux dirigeants socialistes français, Pierre Renaudel, Jules Guesde, cela devait être surtout l'occasion de montrer la mauvaise foi des socialistes allemands. Prévue pour le mois de septembre 1917, la conférence n'eut finalement pas lieu, tout simplement parce que les gouvernements des pays alliés refusèrent leurs passeports aux socialistes de leurs pays respectifs et qu'il n'y eut pas la moindre tentative des délégués de passer outre. En fait, si la conférence avait suscité des espoirs certains chez beaucoup de socialistes, cela n'avait pas été relayé par un mouvement important dans le pays. L'opinion, malgré ses hauts et ses bas, surtout ses bas en 1917, restait attachée à une paix victorieuse et croyait peu à un compromis possible.

Restait l'hypothèse révolutionnaire à l'instar des bolcheviks victorieux en Russie quelques semaines plus tard. Mais il n'y eut guère de manifestations de sympathie pour une Russie qui laissait ses alliés seuls dans la guerre. Certes, comme on l'a dit, pendant les grèves de 1918, on entendit de temps à autre des saluts à la révolution bolchevique, des souhaits d'une victoire des soviets en France. Certes le journal du député kienthalien Brizon, *La Vague*, connaît à ce moment le succès et il dénonce l'antibolchevisme. Mais cela ne pesa pas d'un très grand poids par rapport à l'ensemble de l'opinion publique...

Avant la guerre, celui qui allait devenir un ministre d'Union sacrée, Marcel Sembat, avait publié un livre qui connut un certain succès : *Faites un roi, sinon faites la paix*. C'était l'affirmation que la République n'avait pas pour vocation de faire la guerre, et la République, c'était d'abord la gauche. Marcel Sembat avait vu juste. Engagée alors que la gauche était au pouvoir, la guerre avait été marquée jour après jour par la « dérive droitière » de l'Union sacrée [Becker, 1988a]. Alors que la France de 1914 baignait assez largement dans les valeurs de la gauche, c'était maintenant les valeurs de la droite qui l'emportaient. D'ailleurs progressivement la gauche avait été rejetée dans l'opposition ou la domesticité alors que le gouvernement Clemenceau était solidement soutenu par la droite, même si beaucoup d'hommes de droite continuaient à détester son chef... La gauche au surplus avait en quelque sorte éclaté. Tandis que le parti radical avait perdu son âme dans la guerre, socialistes et syndicalistes avaient su se dégager de l'Union sacrée et affirmer leur identité. Certes ils étaient extrêmement divisés, mais il n'est pas sans importance de constater que malgré les terribles tensions qu'ils avaient connues, ni le parti socialiste ni la CGT, n'avaient éclaté. Un très large fossé s'était ainsi institué entre les socialistes d'un côté et les radicaux de l'autre. La gauche en quelque sorte sortait en miettes de la guerre et le triomphe, pour la première fois depuis quarante ans, d'une majorité de droite avec le Bloc national, même si elle était, elle-même, plus complexe que l'on ne l'a dit — certains radicaux en ont fait partie — était dans la logique des choses. La guerre avait au moins pour le moment fait passer la majorité des Français de la gauche à la droite.

RÉFÉRENCES BIBLIOGRAPHIQUES

BECKER Jean-Jacques (1977), *1914, Comment les Français sont entrés dans la guerre*, Presses de la Fondation nationale des sciences politiques, Paris.

— (1980), *Les Français dans la Grande Guerre*, Robert Laffont, Paris.

— (1988a), *La France en guerre 1914-1918 : la grande mutation*, Complexe, Bruxelles.

— (1988b), « Jean Longuet et l'Union sacrée », *in* Gilles CANDAR (dir.), *Jean Longuet, la conscience et l'action, Revue politique et parlementaire*-Presses universitaires de France, Paris.

— (1988c), « Le souvenir de la Révolution pendant la guerre de 1914 », *in* Jean EHRARD et Christian CROISILLE (dir.), *La Légende de la Révolution*, Publications de la Faculté des lettres de Clermont-Ferrand, Clermont-Ferrand.

— (1994), « Jouhaux, le 4 août devant la tombe de Jaurès », « Les midinettes en grève à Paris », *in 14-18, la très grande guerre*, Centre de recherche de l'Historial de Péronne-*Le Monde*-Éditions, Paris.

— (1997), *1917 en Europe, l'année impossible*, Complexe, Bruxelles.

BECKER Jean-Jacques et AUDOIN-ROUZEAU Stéphane (1995), *La France, la nation, la guerre, 1850-1920*, Sedes, Paris.

BECKER Jean-Jacques et BERSTEIN Serge (1990), *Victoire et frustrations (1914-1929)*, Seuil, Paris.

BERSTEIN Serge (1980), *Histoire du parti radical*, t. I, Presses de la Fondation nationale des sciences politiques, Paris.

— (1985), *Édouard Herriot ou la République en personne*, Presses de la Fondation nationale des sciences politiques, Paris.

BLOCH Marc (1946), *L'Étrange défaite*, Éditions Franc-Tireur, rééd. Gallimard, coll. « Folio », Paris, 1990.

Candar Gilles (1995), *Jean Longuet (1876-1938), SFIO et IIe Internationale*, université de Paris-VIII, Saint-Denis.

Haupt Georges (1965), *Le Congrès manqué*, François Maspero, Paris.

Horne John (1983), « Le comité d'action CGT et PS », *Le Mouvement social*, nº 122, Paris.

Kriegel Annie (1964), *Aux origines du communisme français (1914-1920), contribution à l'histoire du mouvement ouvrier français*, Mouton, 2 vol., Paris-La Haye.

Kriegel Annie et Becker Jean-Jacques (1964), *1914, la guerre et le mouvement ouvrier français*, Armand Colin, Paris.

Rebérioux Madeleine (1974), « Le socialisme et la première guerre mondiale », *in* Jacques Droz, *Histoire générale du socialisme*, t. 2, Presses universitaires de France, Paris.

Stengers Jean (1965), « Le dernier discours de Jaurès » *in* Actes du colloque *Jaurès et la nation*, Publications de la Faculté des lettres de Toulouse, Toulouse.

57

La gauche et l'héritage de la Grande Guerre

Annette Becker

S'il est une approche paradoxale sur le caractère multiple des gauches, c'est bien celle de l'héritage de la Grande Guerre. Dans les années 1920 et 1930, les anciens combattants étaient des hommes jeunes, qui avaient appartenu à toutes les tendances politiques avant le conflit. On aurait pu penser que l'Union sacrée scellée par la mort ou la blessure, physique et psychique, de millions de Français, se prolongerait dans un consensus du souvenir de l'épreuve. Ce fut le cas pour une partie de la gauche seulement, et dans ce domaine plus que dans d'autres peut-être, ce sont des gauches qui se détachent, et parfois s'affrontent violemment, dès 1919, et jusqu'à aujourd'hui. Dans l'entre-deux-guerres, le pacifisme militant puis les différentes façons d'être antifasciste et/ou prosoviétique, forment l'arrière-plan des réflexions. Les résistants de la Seconde Guerre mondiale, en choisissant souvent le symbole des monuments aux morts comme lieu de rassemblement public ou secret, insistent sur un patriotisme républicain soudé dans la Grande Guerre, en opposition au maréchalisme. Après 1945, sur un fort consensus d'oubli — la Grande Guerre n'est plus que le lointain souvenir d'une cause jugée sans grandeur par rapport à l'antinazisme —, certains, en parallèle avec les guerres de décolonisation, reviennent au sacrifice des soldats pour le dénoncer comme absurde. Dans la littérature et surtout dans le cinéma, la figure des « fusillés pour l'exemple » et les luttes de la gauche, en particulier de la Ligue des droits de l'homme (LDH), pour les réhabiliter, prennent une importance infiniment plus grande que la réalité statistique et humaine de leur tragédie. Dans cette lignée, les commémorations de 1998 et leurs prolongements jusqu'au 11 novembre 2003 sont un exemple passionnant. Ainsi la Grande Guerre, est devenue ou redevenue, pour les gauches, un « passé qui ne passe pas ».

D'abord le deuil…

Le premier héritage de la guerre, c'est d'abord le deuil. Massivement, le « peuple de gauche », comme l'ensemble des Français, s'associe aux cultes des morts, passant des temps de consentement à la souffrance aux temps de consentement à la mémoire. Mais, les spécificités du messianisme de la « der des ders » et les divisions entre pacifistes (en nombre infime pendant la guerre, désormais de plus en plus nombreux) apparaissent dès alors.

Les fêtes de la victoire du 14 juillet 1919 ont été la plus grande manifestation d'après-guerre. L'Union sacrée proclamée par Poincaré en août 1914, quels qu'aient pu être ses heurs et malheurs pendant et après le conflit, se prolonge en une dualité intense, entre joie de la victoire et tristesse qu'elle ait dû être si chèrement payée. Certains socialistes critiquent les festivités, voire les rejettent en bloc. Ils se déchaînent contre les autorités de l'État et la militarisation jugée abusive des cérémonies. *L'Humanité* insiste sur l'hypocrisie d'un régime qui ne fait guère cas de ses concitoyens, dans la paix comme dans la guerre : « À l'heure où paraîtront ces lignes, d'innombrables détachements de combattants authentiques commenceront à se masser au long des avenues parisiennes pour regarder défiler la collection magnifique de ceux qui les envoyaient au combat. […] Cependant les grands chefs s'assureront que leurs épées ne sont pas collées au fourreau par la rouille et chercheront le geste large avec lequel on salue au cinéma. » On retrouve ici la haine partagée pendant la guerre par les soldats et les officiers de première ligne pour les « planqués » de l'état-major. Mais cela va plus loin que cela. Derrière le refus d'une victoire aussi injustement volée à ceux qui l'ont acquise se profile un but politique. Le même jour, le conseil national du parti socialiste examine les clauses du traité de paix et l'on imagine sans mal qu'il le refusera. La fausse célébration d'une fausse paix n'annonce-t-elle pas que seuls les socialistes de la nouvelle majorité sauraient mener le pays et honorer ses morts ? Mais, face aux millions de personnes qui applaudissent au défilé officiel, on ne peut que s'interroger. Un contre-défilé organisé par la Fédération ouvrière des mutilés ne réunit aux dires de *L'Humanité* que 250 personnes et le journal en viendrait presque à se réjouir que l'intervention musclée de la police lui permette d'en faire état.

De 1919 à 1939, la figure de Jaurès allait en permanence être rappelée par la gauche, d'abord par rapport à la guerre passée, puis à la guerre à venir. En 1919, les socialistes évoquent avec ferveur l'assassinat de Jean Jaurès cinq ans auparavant. Le 29 mars, son assassin, Villain, a été acquitté, provoquant « stupeur et émotion » chez les socialistes et dans l'opinion en général. Jusqu'au 9 avril, le verdict et les manifestations multiples qu'il entraîne font tous les jours la une de *L'Humanité*. Le 6 avril, 300 000 manifestants rendent hommage à Paris à la mémoire de Jaurès et l'on remet une palme commémorative à sa femme et à sa fille. Le 31 juillet, les socialistes associent le souvenir de l'assassinat de Jaurès et les millions de morts qui lui ont succédé sous la forme d'un concert et d'une matinée poétique au Trocadéro. « Les morts furent présents parmi nous en toute pureté... Frères tués, nous n'avons pas oublié le pacte qui nous lie ni le son de vos dernières paroles. Il ne s'agissait pas d'un cénotaphe : car notre âme n'est pas un tombeau vide... Gens qui dansiez dans les rues pendant la veillée funèbre ou qui pensez être quittes envers les victimes pour les avoir saluées de la même épée qui les avait conduites à la mort, écoutez le récit d'une autre fête. » Des intellectuels donnent le ton politique, mais offrent aussi la voie de la distinction dans le culte des morts. Que l'art allemand, avec le choix de Wagner, et de l'Autrichien Stefan Zweig, fût-il l'ami personnel de Romain Rolland, soit à l'honneur, en dit long sur ce qui sépare les pacifistes militants de ceux qui avaient entassé les piles de canons pris à l'ennemi sur les Champs-Élysées le 14 juillet.

Le plus frappant dans cette cérémonie, c'est la forme de ferveur qu'elle représente. Le vocabulaire est choisi avec soin dans la gamme du religieux, c'est-à-dire ce qui relie les hommes. Ce qu'il reste de l'Union sacrée en 1919, c'est cet immense souffle de ferveur pour la France né en 1914, vécu dans l'intensité et le désarroi à travers les années de guerre. La « distinction » des socialistes, leur singularité, se retrouve au moment de l'inhumation du soldat inconnu le 11 novembre 1920. Le 8 novembre, à la Chambre des députés, le porte-parole du groupe, Bracke, dénonce les manœuvres du gouvernement qui, tout en faisant croire qu'il tient à associer le cinquantenaire de la République au transfert du soldat inconnu, transforme le tout « en une fête militaire des états-majors ». *L'Humanité* est alors dirigée par Marcel Cachin qui a repris en main et renouvelé sa rédaction, s'appuie sur l'aile la plus militante de la nouvelle majorité et s'apprête à voter un mois plus tard l'adhésion à l'Internationale communiste, il n'est donc pas étonnant que les cérémonies du gouvernement, la « mascarade funèbre du 11 novembre », y soient vilipendées : « Amortissez-le votre mort inconnu... Volez-le nous notre camarade, et commandez les tangos funèbres, les gueuletons funèbres, et les pillages funèbres... Comme les morts de pierre des danses macabres [...]. Votre soldat inconnu vous prend par la main et vous guide vers le trou où l'Histoire veut que vous et vos lauriers de papier peint alliez pourrir. »

L'inconnu décrit par cette gauche antimilitariste et aussi anticléricale est paradoxalement un Christ méprisé qui reçoit crachats et coups. Des syndicalistes trouvent des accents pauliniens pour rallier leur cause : « Qui que tu sois, camarade, ouvrier, paysan, employé, catholique ou juif, protestant, franc-maçon, athée, ta religion c'est la nôtre : celle des instruments anonymes que nous sommes aux mains de bénéficiaires sans honneurs, celle des hommes dont on profite jusqu'à la mort... et même au-delà. Camarade aimé, anonyme victime immolée à tous les profiteurs sacrilèges, vampires sinistres, assassins prédestinés. »

Ces militants continuent à se poser en représentants de tous ceux qui ont eu l'impression de « s'être fait avoir » par la guerre et surtout par les conséquences de la victoire, confisquée aux combattants par les « militaro-politiques ». Or, l'inconnu a été reconnu, y compris par le peuple de gauche et c'est finalement le correspondant du journal socialiste qui fait la description la plus poignante de l'inconnu, si connu des millions qui l'avaient aimé, côtoyé et perdu : « Peut-être est-il tombé près de moi en Artois, en Champagne, ou à Verdun. Peut-être m'avait-il montré les portraits de son père et de sa mère, de sa femme et de ses enfants pendant nos longues stations aux tranchées ? »

La République pouvait s'autocélébrer, la ferveur restait aux anonymes qui l'avaient défendue et sauvée, qu'ils fussent de gauche ou de droite. C'est pour cela aussi que l'on érige partout des monuments aux morts dans les communes. Quelle que soit la couleur politique des électeurs, tous sont des citoyens en deuil. Les refus sont très rares, mais intéressants par leur marginalité même. À Lyon, certains s'interrogent : « Élèveriez-vous des monuments à la lèpre ? » De même, à Lens, à Carvin, villes minières entièrement détruites par la guerre, les socialistes majoritaires l'emportent en 1921 sur les communistes décidés à ne pas voter le « budget des morts » : « Plus tard, quand nos ruines auront disparu, rien ne rappellera plus la guerre. Mais il faut pourtant que les générations de demain sachent ce qu'elle nous a coûté pour la haïr davantage. [...] Je considèrerais comme un crime antisocialiste que de se refuser à rappeler le nom des victimes de la guerre. » Ainsi ces socialistes rappellent que, pour eux comme pour l'ensemble des Français la pédagogie de la « der des ders » doit passer par le rappel de la tragédie dans l'espace public. Une tragédie humaine mais un effort patriotique que ne renie alors qu'une partie infime de la gauche.

En 1920, la gauche socialiste majoritaire eût préféré que le soldat inconnu fût inhumé au Panthéon, d'où la cérémonie parallèle où le cœur de Gambetta fut déposé dans ce temple de la République : on rappelait en même temps le cinquantième anniversaire de la proclamation de 1870 dont la Grande Guerre était bien l'accomplissement humain exemplaire. Il n'est donc pas étonnant qu'en 1924 le Cartel des gauches propose l'inhumation au Panthéon de Jaurès : au moment où la gauche radicale et socialiste au pouvoir se heurte à l'opposition de la droite, le rappel de Jaurès peut-être une bonne façon de mobiliser un maximum de Français, quand les Jeunesses patriotes, par exemple, commémorent bruyamment la bataille, le « miracle », de la Marne. Bien évidemment les communistes s'y opposent, « refusent de multiplier les images saintes à l'usage des fidèles leurrés » [Cohen, 1999]. Les communistes veulent utiliser Jaurès pour leur cause immédiate et repoussent le conflit dans le lointain. Et pourtant n'était-ce pas l'horreur de la guerre qui avait poussé en 1920 les plus radicaux des anciens combattants vers le communisme ?

Le cortège communiste, lors du transfert de Jaurès au Panthéon, est révolutionnaire, loin du cortège officiel du Cartel des gauches, plus compassé. Et s'ils pensent à l'assassinat de Jaurès par rapport à la guerre, ce n'est que dans la critique acerbe de la cérémonie conduite par « tous ceux qui après l'avoir injurié, désigné presque aux coups de l'assassin, et saboté sa mémoire en l'inféodant aux émasculés de l'Union sacrée pour la grande boucherie capitaliste, vont lui infliger la suprême injure du contact des maréchaux de l'Empire et des procurateurs de la République du Veau d'Or ! » (*L'Humanité*, 22 novembre 1924). On est bien loin de la vision qu'en donne *L'Œuvre*, journal radicalisant, qui veut « une religion pour le peuple » et mêle le culte de Jaurès et celui du soldat inconnu : « Le soldat inconnu à l'Arc de triomphe, Jaurès au Panthéon : par ces deux grands gestes du culte des morts, le peuple de France a montré deux fois son âme : il a signifié sa religion où s'allient par un double symbole, la patrie et l'humanité. Jaurès est ce magnifique apôtre. [...] Il a vécu en saint, il est mort en martyr. » Socialistes, communistes, radicaux, trois sensibilités de gauche face à la mort de masse, auxquelles il faut rajouter celle des pacifistes intégraux, parfois membres des partis susdits, parfois pas, leur unique passion étant la paix que les partis politiques organisés trahissaient à leurs yeux incessamment.

Le grand combat des années 1920 va être celui de la réhabilitation des condamnés « pour l'exemple », surtout ceux des années 1914-1915, victimes d'officiers débordés, incompétents, et d'une justice militaire expéditive. C'est avant tout la Ligue des droits de l'homme qui mène les combats, avec des associations d'anciens combattants. On oublie plus souvent le rôle considérable de la ligue pour les familles des fusillés et surtout pour tous ceux, bien plus nombreux, qui furent condamnés, en particulier après les refus d'obéissance de 1917, aux bagnes de la République, et furent des morts-vivants, parfois pendant des décennies.

Pacifisme et antifascisme

La perception des gaz de combat et de l'armement en général, ainsi que l'attitude face à la guerre d'Espagne sont un bon observatoire, dans les années 1930, pour juger de la prégnance de la Grande Guerre sur les différentes composantes de la gauche. Les pacifistes intégraux, par exemple, refusent les exercices de défense passive : jouer au loup, pour eux, c'est appeler le loup, la guerre. Les communistes, eux aussi, projettent leur perception des armes dans l'avenir autant que dans le passé. D'une façon générale, il y a un fort rejet de tout ce qui est militaire dans la jeunesse de gauche, en particulier étudiante [Sirinelli, 1988]. Le 1er août 1930, *L'Humanité* rend compte de manifestations ouvrières dans l'industrie chimique : « Les ouvriers des bagnes chimiques manifesteront aujourd'hui contre les préparatifs de guerre. Les usines chimiques non seulement fabriquent le matériel et les gaz qui constituent l'armée principale de la guerre, mais à son déclenchement elles deviendront le premier objectif des avions à bombardement... Lutte contre la guerre impérialiste et pour la défense de l'URSS. »

La guerre d'Espagne, en agrandissant les fissures du Front populaire déchiré entre intervention et non-intervention, a été le lieu du naufrage : celui des démocraties de plus en plus dépassées devant les dictatures de plus en plus cyniques. Léon Blum prononce en 1936 à Soissons, en inaugurant une stèle pour le fils de Jaurès, Louis, tombé non loin de là en 1918, un discours qui explique son refus de la guerre par la catastrophe du début du siècle : « Ce n'est pas la guerre qui est révolutionnaire, c'est la paix. » En citant Jaurès, Blum se démarque des militants qui veulent aller se battre en Espagne et réclament l'intervention de la France, et s'oppose aussi aux pacifistes, même quand ils sont membres de son parti ou de la Ligue des droits de l'homme, groupés dans les différents comités de vigilance contre le « piège de la guerre pour la justice », et aux communistes. Mais comment concilier cette certitude de la victoire du camp du droit et de la moralité quand les dictatures l'emportent ? Les pacifistes intégraux se consacrent uniquement à lutter contre le traité de Versailles et la Société des Nations (SDN). 1933 n'est pas une rupture pour eux car ils ne veulent jamais reconnaître en Hitler le belliciste : eux qui haïssent la guerre de toute leur âme vont paradoxalement, dès 1933, choisir en quelque sorte une forme de rencontre trouble avec le nazisme qui, pour certains d'entre eux, les entraînera dans une spirale, « du champ magnétique des fascismes » [Burrin, 1986] à la collaboration. Le pacifisme fondé sur les horreurs de la Grande Guerre aurait pu rapprocher les différents courants de la gauche face à la question de la paix, mais dans la réalité les pacifistes jusqu'au-boutistes privilégiaient la paix à tout autre combat, fût-il celui de l'antifascisme. Roger Martin du Gard a donné une belle forme littéraire — anachronique — à leur foi, en créant le personnage de Jacques Thibault de *L'Été 14*, septième volume, paru en 1936, de la série commencée en 1922. « Tout, plutôt que la guerre [...] même l'occupation du territoire par l'invasion ennemie. [...] Je me refuse à toute guerre, qu'elle soit baptisée juste ou injuste. » En revanche, Romain Rolland quitte le Comité de vigilance des intellectuels antifascistes (CVIA) et rejoint, de fait, le camp des « bellicistes » : il y a que, pour lui, 1939-1940 n'était pas 1914.

Ainsi l'héritage de la Grande Guerre forge les combats de la gauche après 1933. Les uns comprennent la logique du nazisme : d'infraction en infraction au traité de Versailles, l'ancien combattant Hitler ne poursuit que sa propre logique d'expansion, fondée sur la « politique de déportation et de repopulation » dont l'ancien combattant devenu le « soldat inconnu allemand » parlait dès *Mein Kampf*. Les autres haïssent tout autant le nazisme mais pensent que le traité de Versailles est bien un *diktat* et que, ses clauses les plus insupportables une fois supprimées, l'Europe trouvera un nouvel équilibre, sans guerre. Ils se persuadent que les concessions apporteront la vraie victoire, c'est-à-dire la paix conservée ; pour cela, ils ont besoin de s'illusionner sur Hitler et les Allemands. Alain, par exemple, le dit en 1935 : « Il n'y a qu'un piège, qui est celui de la guerre juste, que l'on appelle aussi la dernière des guerres. Ainsi, plus la guerre dont il est question apparaît comme juste, plus vous devez vous méfier et refuser l'enthousiasme et peser tout avec le soupçon des usuriers. Faute de cette précaution, tout va recommencer : les mêmes massacres vont recommencer et les mêmes discours. »

À la fin des années 1930, sortent sur les écrans les deux films symboles de la période, *La Grande Illusion* de Jean Renoir (1937) et le deuxième *J'accuse* d'Abel Gance (1938). Si Jean Renoir, l'auteur de *La Marseillaise*, est bien considéré comme faisant partie de la gauche, ce n'est pas forcément le cas de Gance ; mais les deux films disent, de manière cinématographiquement opposée, que la Grande Guerre a été une catastrophe, et qu'il est impensable que l'on puisse envoyer de nouveau des hommes à la mort. Les dernières cérémonies du 11 novembre « en paix », celles de 1938, sont souvent perçues par la gauche comme des antirassemblements du Front populaire, même si Lucien Sampaix écrit dans *L'Humanité* que l'« éclat des fêtes de l'armistice a montré la volonté du peuple français de défendre la paix dans l'indépendance » [Rémond, Bourdin, 1978]. D'ailleurs le drame de tous en 1938-1940 dépasse totalement les fractures gauche/droite, « pacifistes », « bellicistes ». La bipolarisation profonde de la gauche est induite par le rapport au communisme dans le contexte d'une guerre possible. Peut-on s'allier largement et donc aussi avec l'Union soviétique ? Les « bellicistes » sont vus comme ceux qui, au nom soi-disant de l'antifascisme ou de l'hitlérisme, se vendent aux communistes... Puis vient le temps du Pacte germano-soviétique.

La mémoire et ses usages

Pendant la Seconde Guerre mondiale, il n'est pas indifférent que le 11 novembre, l'Arc de triomphe, les monuments aux morts, comme celui d'Oyonnax en 1942, soient choisis comme lieu de rassemblement, de manifestation, de proclamation d'une unité nationale bafouée par les nazis et leurs collaborateurs. Mais on serait bien en peine de définir une sensibilité spécifiquement de gauche dans ces choix. C'est avec les décolonisations et surtout la guerre d'Algérie que les militants, issus de la même mouvance que dans les années 1920 et 1930, surtout la Ligue des droits de l'homme, vont se manifester de nouveau par rapport à la Grande Guerre. Et il n'est pas étonnant que les « fusillés » et les « mutins » (au sort très différent souvent confondu d'ailleurs) soient remis à l'ordre du jour : non plus pour une campagne de réhabilitation, il était trop tard, mais dans un but politique avoué, celui de comparer leur sort à celui des insoumis de la guerre d'Algérie. Le prétexte est donné par des œuvres cinématographiques, toutes dues à des étrangers, *Les Sentiers de la gloire* de Stanley Kubrick (1957), *Pour l'exemple* de Joseph Losey (1964) et, plus tardivement, *Les Hommes contre* de Francesco Rosi (1970). Les trois cinéastes ont utilisé des récits publiés dans les années 1930, et ont dit, chacun à leur façon, l'horreur que cette guerre leur inspirait. Si le film de Kubrick a reçu le plus de publicité en France, c'est parce qu'il était inspiré par un mélange d'épisodes de fusillés (pour certains réhabilités dans les années 1920) des années 1914-1915 repris par l'écrivain canadien Humphrey Cobb. En pleine guerre d'Algérie, au moment où la justice revient aux cours martiales et diminue les droits des prévenus, le film est logiquement interdit par un gouvernement inquiété par tout ce qui pourrait donner des arguments aux adversaires de sa politique ; il le fut jusqu'en 1975. Pour le voir, il faut se rendre en Belgique, ce qui veut dire que pratiquement personne, à part des militants très engagés, ne peut connaître le contenu du film, sauf les journalistes, à commencer par ceux du *Canard enchaîné*, qui, comme dans les années 1930, mènent le combat pour la réhabilitation et la réflexion sur les condamnés « pour l'exemple ». Le contenu de la discussion sur l'armée et ses méthodes à ce moment-là est frappant par le total désintérêt que manifestent ces militants pour le sort des colonisés eux-mêmes, les « corvées de bois », les tortures. Si un parallèle est fait entre Grande Guerre et guerres de décolonisation, c'est seulement du côté français, en un antimilitarisme banal. En revanche, le sort des Algériens eux-mêmes n'est jamais évoqué, de la même façon que dans les années 1920 et 1930 le rappel de l'engagement des troupes coloniales avait été à peu près inexistant. Pour la première fois, cela ne sera pas le cas dans les années 1990, quand la gauche plurielle au pouvoir, en accordant la légion d'honneur à tous les anciens combattants venus des anciennes colonies, les sortira officiellement de l'oubli.

C'est en effet alors qu'au nom du « devoir de mémoire », hérité de la réflexion sur la Seconde Guerre mondiale, un retour spectaculaire de la Grande Guerre dans la conscience collective s'est produit en France. Quatre-vingts ans après l'armistice, on prenait de plus en plus conscience qu'il s'agissait de rappeler la fin des combats, mais ni la fin du conflit ni la fin de la guerre. Et si, d'une certaine façon, il y avait consensus sur la souffrance et le deuil, comme depuis l'érection massive des monuments aux morts dans les années 1919-1922, tous les autres aspects de la compréhension de la guerre restaient conflictuels. Que pouvait faire la Ve République, en temps de cohabitation ? D'un projet ouvert et fort, une commande publique à cinq artistes contemporains sur le thème de la fin de la Grande Guerre, est née une polémique qui a montré que cette très longue mémoire et ses refoulements ou ses oublis symétriques continuent de hanter la France. Pourquoi Lionel Jospin, en 1998, a-t-il choisi le Chemin des Dames, symbole des refus d'obéissance de 1917, pour commémorer la fin de la Grande Guerre en 1918 ? Dans une période de cohabitation, Verdun, devenu « présidentiel » par la symbolique du site premier de la Grande Guerre dans la mémoire de la nation et les commémorations de François Mitterrand en 1984 et de Jacques Chirac en 1996, était à écarter. De plus, le Premier ministre socialiste voulait montrer sa fidélité à la mémoire de son père, originaire des territoires occupés, brassard rouge ayant été déporté à seize ans comme travailleur forcé pendant la Grande Guerre, devenu pacifiste intégral jusque dans la Seconde Guerre mondiale. Dans son discours du 5 novembre 1998 au Chemin des Dames, Lionel Jospin, parle d'un « lieu sacré », puis cite Blaise Cendrars : « L'écho de ce cri ne doit pas s'évanouir. » Il a situé ainsi les enjeux qui étaient les siens, et ceux de la gauche au pouvoir, ceux d'une loyauté patriotique non sans critique des errements du passé. Il a tenté de dire cette guerre en mettant l'accent sur les souffrances, les tragédies de la blessure et de la mort. « Craonne est cet endroit où une armée d'élite, qui avait déjà durement et glorieusement combattu, une armée choisie pour sa bravoure, fut projetée sur un obstacle infranchissable — 200 mètres de buttes et de crêtes, balayées par le souffle mortel de l'artillerie et des mitrailleuses. Certains de ces soldats, épuisés par des attaques condamnées à l'avance, glissant dans une boue trempée de sang, plongés dans un désespoir sans fond, refusèrent d'être des sacrifiés. » Rien ici, qui ne respecte fidèlement l'histoire de cette attaque mal menée et cruellement inutile que content les historiens d'aujourd'hui, même si les mutineries n'ont jamais eu lieu en première ligne... Si le Premier ministre socialiste a été tellement attaqué, c'est que, dans les années 1990, la plupart des expressions commémoratives ont poussé au paroxysme les processus d'instrumentalisation des soldats de 1914-1918, et que chacun a voulu pousser ses pions à ce moment, oubliant et l'histoire et les œuvres commandées par l'État aux artistes qui n'étaient plus que les prétextes de cette polémique franco-française. En effet, depuis quatre-vingts ans, les uns n'ont vu que des héros et ont tu les souffrances, cela fut souvent le cas à droite, les autres n'ont vu que des victimes et ont tu le consentement, « à gauche de la gauche ». Le parti communiste reprenait même à cette occasion sa geste autour du dernier couplet de la *Chanson de Craonne*, popularisée dans les années 1920 avec Paul Vaillant-Couturier, dont le texte est devenu éponyme de brutalité capitaliste et de boucherie inutile :

Ceux qu'ont le pognon, ceux-là r'viendront
Car c'est pour eux qu'on crève
Mais c'est fini car les troufions
Vont tous se mettre en grève.

Les « mutins » de 1917, année des révolutions russes, seraient ainsi des précurseurs, ils ont « ouvert le grand livre de la révolte contre l'ordre imbécile acharné à perpétuer une oppression promise un jour ou l'autre à la défaite : on retrouvera dans cette cohorte les résistants à Vichy, les marins et les dockers contre la guerre d'Indochine, les insoumis et les opposants à la guerre d'Algérie... » (tract du PCF, novembre 1998).

Chacun a tellement peur de ne pas avoir assez souffert dans ce siècle de la guerre totale que la « concurrence des victimes » prend une dimension d'urgence que trahit la démesure et l'anachronisme du vocabulaire. Pour les pacifistes militants, non seulement les combattants n'avaient été que des victimes non consentantes, mais, plus encore, les révoltés étaient désormais les seuls héros véritables. Les « mutins » de 1917 n'avaient-ils pas été, par leur révolte même, les précurseurs de l'unité européenne ? Noël Genteur, maire de Craonne répondant à Lionel Jospin : « La dignité que vous rendez, aujourd'hui, aux poilus est à la mesure de votre humanité », rappelle qu'eut lieu au Chemin des Dames le « premier crime contre l'humanité resté impuni ». Démesure de la pensée et du vocabulaire qui trahit cependant la vraie cicatrice de la mémoire, et le retournement de la perception des soldats, chez certains, en moins d'un siècle. De patriotes exemplaires et citoyens actifs — encore que les gauches des années 1920 et 1930, des revues comme *Clarté* et *Europe* ne les aient pas toujours vus ainsi —, ils sont devenus exclusivement des victimes.

Ainsi la cécité sur la violence exprimée par les combattants culpabilisés et traumatisés s'est prolongée parmi les générations de l'entre-deux-guerres, de gauche comme de droite, qui n'ont pas perçu l'irradiation du monde par la culture de violence issue de la Grande Guerre. Et pourtant la « brutalisation » les avait rejoints irrémédiablement [Mosse, 1999], elle était désormais inscrite au cœur des sociétés. Mais s'il a fallu attendre près de quatre-vingts ans pour réfléchir à ce phénomène, c'est que le poids du deuil et celui du pacifisme l'ont emporté. On a plus écrit — et rêvé — sur les trêves de Noël et sur les fraternisations que sur la haine de l'ennemi. On a plus réfléchi aux quelques milliers de « mutins » et aux « fusillés pour l'exemple » qu'aux millions de soldats consentants et souffrants. Ainsi n'est-ce pas le hasard si l'on n'a retenu du discours de Lionel Jospin que ce seul aspect : « Que ces soldats "fusillés pour l'exemple" au nom d'une discipline dont la rigueur n'avait d'égale que la dureté des combats, réintègrent aujourd'hui, pleinement, notre mémoire collective. » En réalité, au moins à gauche, les « mutins » et les « fusillés pour l'exemple » n'ont pas réintégré la mémoire collective en 1998. Depuis les années 1920, ils ont été au cœur du processus de refus de la guerre, des militaires, et de l'histoire jugée sainte et fausse du patriotisme des combattants de 14-18.

Car, aussi douloureux cela soit-il, il est plus facile d'accepter que son grand-père ou son père ait été tué au combat que d'admettre qu'il ait pu tuer lui-même. Dans la conscience mémorielle, mieux vaut être victime qu'agent de souffrance et de mort. Celle-ci, toujours reçue, toujours anonyme, n'est jamais donnée ; on en est, toujours, la victime. À moins que l'on ne soit celle de ses chefs, promus ordonnateurs du massacre. Dans le XXe siècle devenu le temps de la tragédie par excellence où l'on se doit de s'identifier à des victimes et donc d'identifier les bourreaux, la dialectique mutins/généraux bouchers s'imposait d'elle-même. Mais en faisant ainsi des combattants des sacrifiés offerts à l'horreur militaire, le processus de victimisation des soldats a empêché la réflexion sur les civils, véritables victimes nouvelles du conflit, mais aussi sur les combattants eux-mêmes, trahis une nouvelle fois sur la question essentielle de leur consentement et de leurs souffrances. Car c'est bien l'articulation entre l'acceptation de la violence et le niveau de souffrance subi qui a été mal perçue, et dans la mémoire, ce qui est normal, et par une certaine historiographie de gauche ou d'extrême gauche, ce qui l'est moins [Offenstadt, 1999].

Pourtant, Lionel Jospin le rappelait en 2001 : « Il nous faut lutter contre l'oubli et contre la déformation des faits. Nous devons savoir regarder notre Histoire en face. [...] À l'occasion des cérémonies du 80e anniversaire de l'armistice de 1918, j'ai affirmé une première fois l'exigence de vérité. Lors de ma visite à Craonne, sur le Chemin des Dames, j'ai souhaité que le souvenir des soldats qui, après avoir durement combattu, avaient refusé d'être sacrifiés de façon irresponsable soit pleinement réintégré dans la mémoire collective. » Dans les années 1990, s'est révélé que, contrairement à ce que l'on avait cru, la Grande Guerre continuait à diviser la droite et la gauche et différentes gauches. L'historiographie parlait de violences, de cruautés, d'accusations réciproques de barbarie, de souffrances et de consentements, au moment où l'on faisait l'Europe main dans la main. On a donc reporté dans les polémiques franco-françaises ce qu'il n'était plus possible de dire dans le domaine du franco-allemand.

RÉFÉRENCES BIBLIOGRAPHIQUES

AUDOIN-ROUZEAU Stéphane (2001) *Cinq Deuils de guerre*, Noésis, Paris.

BECKER Annette (2003), *Maurice Halbwachs. Un intellectuel en guerres mondiales, 1914-1945*, Agnès-Viénot Éditions, Paris.

BLUM Léon (1964), *Œuvres*, t. IV, 1, 1934-1937, Albin Michel, Paris.

BURRIN Philippe (1986), *La Dérive fasciste, Doriot, Déat, Bergery, 1933-1945*, Seuil, Paris.

COHEN Évelyne (1999), *Paris dans l'imaginaire national de l'entre-deux-guerres*, Publications de la Sorbonne, Paris.

LUZZATTO Sergio (1996), *L'Impôt du sang, la gauche française à l'épreuve de la guerre mondiale*, Presses universitaires de Lyon, Lyon.

MOSSE George L. (1999), *De la Grande Guerre au totalitarisme. La brutalisation des sociétés européennes*, Hachette/Littératures, Paris (traduit de l'anglais *Fallen Soldiers. Reshaping the Memory of the World War*, Oxford University Press, 1990).

OFFENSTADT Nicolas (1999), *Les Fusillés de la Grande Guerre et la mémoire collective (1914-1999)*, Odile Jacob, Paris.

PROST Antoine (1986), *Les Anciens Combattants et la société française*, 3 vol., Presses de la Fondation nationale des sciences politiques, Paris.

RÉMOND René et BOURDIN Janine (1978), *La France et les Français en 1938-1939*, Presses de la Fondation nationale des sciences politiques, Paris.

SIRINELLI Jean-François (1988), *Génération intellectuelle. Khâgneux et normaliens dans l'entre-deux-guerres*, Fayard, Paris.

58

La gauche et l'empire colonial avant 1945

EMMANUELLE SIBEUD

L'HISTOIRE DES RELATIONS entre la gauche française et l'empire colonial avant 1945 semble tissée de malentendus, de contradictions et de brusques revirements. Entre les familles politiques qui composent alors la gauche, les divergences en matière coloniale sont à la fois profondes et fluctuantes. Est-ce à dire qu'il n'existe pas de sensibilité coloniale de gauche et que l'exercice de la domination outre-mer aurait eu le douteux privilège de transcender les clivages politiques métropolitains en commençant par le clivage droite/gauche ? Cette hypothèse est problématique. Elle est en fait l'ultime avatar de l'Union sacrée à la mode impériale, incessamment, et donc infructueusement, réclamée par un « parti colonial » qui aurait bien voulu convaincre les gouvernants que les questions coloniales sont trop sérieuses pour être débattues publiquement, et les gouvernés qu'ils doivent adhérer à une propagande infantilisante. De façon plus insidieuse, elle suggère que la gauche, ou plutôt les gauches auraient été incapables de gérer le « problème » colonial, faute d'adopter une ligne cohérente. Cette critique est immédiate : les droites ne manquent pas de se draper dans un recueillement patriotique élargi à l'échelle de la « plus grande France ». Mais elle résonne encore dans les reconstitutions téléologiques qui veulent à toute force identifier la gauche et l'anticolonialisme en faisant à l'une et à l'autre un fort mauvais procès.

On voudrait montrer au contraire que se construit à partir des scandales du Congo en 1905 une sensibilité de gauche caractérisée par le souci de politiser des questions coloniales, qui le sont peu, par la conviction qu'il faut réformer le système colonial, au risque de l'abolir, portée enfin par une génération de spécialistes qui font leurs premières armes dans l'ombre de Jean Jaurès et deviennent ensuite les infatigables avocats des réformes coloniales et des populations soumises à la domination française. Pour comprendre cette dynamique, qui donne son unité à la première moitié du XXe siècle, il faut écouter avec la même attention les protestations anticolonialistes et les plaidoyers réformistes. Les positions choisies, les modes d'action mis en œuvre font cependant apparaître des inflexions. La fin de la guerre marque un premier tournant qui coïncide avec la rupture majeure du congrès de Tours en 1920. S'ouvre alors une période d'hésitations et de dissensions qui durent jusqu'au début des années 1930. Elles dégagent laborieusement, en théorie et en pratique, l'espace nécessaire à la construction de la politique coloniale du Front populaire, qui est inégalement appliquée et assumée, mais qui dessine un cadre assez solide pour résister à la forte réaction imposée par le régime de Vichy et ressurgir lors de la conférence de Brazzaville en 1944.

Les mêmes questions habitent ces trois moments successifs : comment intégrer les questions coloniales dans une politique de gauche et comment gérer concrètement la domination lorsque l'on est au pouvoir ? Quelle place faire aux populations dominées, dans la cité, mais aussi dans les appareils des partis ? Comment penser l'avenir, que le lien subsiste ou au contraire se défasse ? Les réponses diffèrent d'un moment à l'autre, mais aussi d'une composante de la gauche à l'autre, sans jamais se figer pourtant sur des positions irrévocables. D'où des conversions, réciproques ou non, des conversations et des interrogations que l'on replacera dans leurs contextes idéologiques et événementiels en accordant une attention particulière à la longue phase de gestation des années 1920 et aux modalités nouvelles d'action qu'elle voit apparaître.

La dynamique réformiste (1905-1920)

Le 31 octobre 1905, de concert avec le Comité de protection et de défense des indigènes, la Ligue des droits de l'homme (LDH) organise un meeting à Paris pour dénoncer « les illégalités et les crimes du Congo ». Il s'agit des crimes commis au Congo français par les sociétés concessionnaires qui sont de même nature que ceux dévoilés depuis 1904 à propos de l'État indépendant du Congo, propriété du roi des belges Léopold II (travaux forcés, mauvais traitements, homicides). Bien que la tonalité soit avant tout républicaine, ce sont deux députés socialistes de premier plan, le président de la LDH Francis de Pressensé et Gustave Rouanet, qui prennent la parole, appuyés par l'intervention « au nom du prolétariat » de l'avocat martiniquais Joseph Lagrosillière. Cette forte présence socialiste est d'autant plus remarquable que font défaut les élus de la gauche républicaine (Ferdinand Buisson et Lucien Hubert, grand spécialiste des questions coloniales) ou radicale (Georges Clemenceau) que la ligue et le comité ont pourtant invités. Elle témoigne de plusieurs évolutions convergentes. Celle des socialistes tout d'abord qui sont en train d'apprivoiser leurs incertitudes et de formuler une alternative claire entre la condamnation de la domination coloniale au nom de la théorie marxiste, telle que la propose Paul Louis, et une adhésion très critique au fait colonial qui impose une participation effective à la définition d'une véritable politique coloniale. Celle des radicaux et des radicaux-socialistes qui rallient plus silencieusement les réseaux colonialistes. Celle enfin d'une opinion publique régulièrement conviée depuis 1889 aux grandes parades exotico-coloniales des expositions universelles, mais également capable de compatir aux malheurs des insurgés indigènes de Margueritte jugés à Montpellier en 1903 [Ageron, 1968].

Les réactions des sections de la LDH aux révélations des atrocités commises au Congo sont en petit nombre, mais elles dessinent les contours d'une sensibilité coloniale nouvelle. Celle-ci admet que la domination, imposée à des peuples qui seraient encore incapables de se gouverner eux-mêmes, est un fait établi et incontestable et elle réclame avec la commission coloniale spécialement constituée au congrès de juin 1906 « un programme républicain d'action coloniale ». Seize sections réagissent sur un total de cinq cents environ dont cinq avant le meeting. Ainsi la section de Foix demande le 11 mars 1906 que « l'ère des conquêtes soit close », que l'on accorde l'autonomie aux « vieilles colonies » et que « nos colonies, que l'on ne peut encore songer à *rendre autonomes*, telle que par exemple notre colonie africaine du Congo, soient administrées dans un *sentiment tout nouveau d'équité et de justice* ». Pressensé transforme ce qui était au départ une protestation ponctuelle en un thème de combat décisif pour la ligue. Jusqu'à sa mort en 1914, il dénonce sans relâche la subversion introduite dans le fonctionnement démocratique par une gestion coloniale qui échappe à tout contrôle républicain et les menaces que les « aventures coloniales » font peser sur la paix. Il est rejoint par Jaurès qui combat avec la même constance l'expansion française au Maroc et qui intègre de façon plus marginale le projet, d'ailleurs bien flou, de définir une politique coloniale positive [Haupt et Rebérioux, 1967]. En s'identifiant à la sensibilité nouvelle qui a cristallisé en 1905, ils l'ancrent à gauche et ouvrent un nouvel espace de débats, ce qui les expose immédiatement à la vindicte des réseaux qui considèrent l'empire comme leur pré carré. Ainsi la ligue affronte en 1908 les francs-maçons qui sont très puissants dans l'administration coloniale et défendent la politique répressive de Victor Augagneur à l'encontre des églises protestantes malgaches. La ligue qui proteste au nom de la liberté de conscience est accusée de réagir en *lobby* protestant et certaines sections sont incitées à se dresser contre le comité central, d'où le congrès houleux de 1908 où s'affrontent Pressensé et Augagneur par sections interposées.

Cet investissement des questions coloniales est peu théorisé. L'analyse de Paul Louis comme la motion du congrès international socialiste de Stuttgart en 1907 en faveur d'une politique coloniale rationnelle restent confidentielles. Elles sont en outre complexes. Paul Louis hésite entre deux attitudes, d'un côté il dénonce le colonialisme ultime avatar du capitalisme, de l'autre il y voit un formidable accélérateur pour l'unité de « tous les souffrants, tous les écrasés du monde » (Paul Louis, *Le Colonialisme*, 1905, p. 110). La motion de Stuttgart s'inspire des idées du socialiste hollandais van Kol qui participe depuis 1900 aux débats français sur la colonisation, mais qui n'a pas vraiment de relais dans les réseaux socialistes français. Cependant, à la Chambre, les députés socialistes s'imposent petit à petit comme des interlocuteurs obligés, passant du registre classique de la dénonciation au soutien actif des initiatives réformistes, en particulier lors de la longue campagne libérale contre le régime de l'indigénat en Algérie (1910-1914). Cet intérêt nouveau pour l'empire accompagne donc la transformation de la SFIO en puissant parti parlementaire (54 députés en 1906 et 104 en 1914). Pour autant, on ne saurait le réduire à une adaptation réaliste aux responsabilités nouvelles qui se profilent. D'une part, il repose sur une réflexion de fond sur la diversité culturelle liée à la renaissance de l'ethnographie autour de Marcel Mauss, socialiste et collaborateur de *L'Humanité*. D'autre part, il remplit très exactement la mission définie en 1905 en ouvrant concrètement des débats contradictoires et démocratiques sur les questions coloniales, dont les nouveaux spécialistes coloniaux de gauche deviennent les champions, en particulier Maurice Viollette, député républicain-socialiste de Dreux depuis 1902 [Gaspard, 1991] et Marius Moutet, avocat, membre de la LDH et collaborateur de Pressensé, élu député SFIO du Rhône en 1914 avec le soutien personnel de Jaurès. Ces nouveaux spécialistes occupent en fait une place qui est à prendre. Avec la conquête du Maroc, les droites ont basculé dans une adhésion sans réserve à l'empire, ce qui restreint considérablement la marge de manœuvre des libéraux du centre droit qui ont maintenu avec une grande constance, depuis les années 1880, un discours politique et critique sur la colonisation. Les radicaux, qui sont passés sans transition de la vitupération à la gestion, voire à l'affairisme colonial, sont réduits au silence par leur reniement implicite. Ainsi leur nouveau spécialiste colonial, Albert Sarraut, commence par l'action en devenant résident général de l'Indochine entre 1911 et 1913. Ce qui dessine un partage des tâches confirmé par la Première Guerre mondiale : les radicaux sont aux affaires et les socialistes constituent l'avant-garde qui propose au Parlement les réformes nécessaires pour une gestion plus républicaine des populations dominées. Dès 1915, Viollette soumet un projet de loi élargissant l'accès à la citoyenneté aux élites indigènes en Algérie qui préserve dans certains cas le statut personnel musulman. En 1918, c'est Moutet qui est chargé par Clemenceau de rédiger un nouveau projet d'élargissement qui intègre les combattants indigènes algériens.

Cette forte implication des élus se contente en fait d'ajouter une tonalité de plus dans la gamme des positions et des discours de gauche sur la colonisation. Elle est étroitement circonscrite et, comme pour les autres manifestations critiques hostiles au colonialisme, repose sur une poignée d'auteurs dont les convictions et l'engagement varient. Le revirement le plus spectaculaire est celui de Gustave Hervé, mais Paul Vigné d'Octon, député de Lodève (1893-1906) et chroniqueur à *La Guerre sociale* jusqu'en 1912, oscille lui-aussi entre le statut d'imprécateur et celui, qu'il n'obtient pas d'ailleurs, d'expert ès affaires coloniales. Ces positions antagonistes n'ont pas la même audience auprès du peuple de gauche. Alors que l'anticolonialisme bénéficie d'un enracinement ancien et coïncide avec un pacifisme qui s'inquiète à juste titre des tensions suscitées par les rivalités coloniales, la dynamique réformiste ne peut compter que sur une compassion circonstancielle qui ne résiste guère au vieil argument des besoins métropolitains en produits coloniaux et butte en particulier sur la présence en Algérie d'électeurs dont une partie vote à gauche et nie la spécificité de sa situation. Entre 1906 et 1912, la mobilisation contre la conquête du Maroc montre clairement les limites de l'attention accordée par les militants et les électeurs aux questions coloniales. Les réunions défendant le droit du Maroc à l'indépendance rassemblent au mieux quelques centaines de personnes. En revanche, la manifestation du 24 septembre 1911 qui reprend un mot d'ordre anticolonialiste et antimilitariste classique : « Le Maroc ne vaut pas les os d'un ouvrier », en mobilise plusieurs milliers, entre 18 000 (selon la police) et 60 000 (selon les organisateurs) [Oved, 1984].

Ce décalage entre les dirigeants et l'électorat apparaît aussi dans les contacts noués avec les populations colonisées. Dès les années 1910, l'apparition de partis nationalistes en Indochine, en Tunisie, en Algérie et au Sénégal, qui s'inscrivent eux aussi dans une perspective réformiste ouvre des possibilités nouvelles de dialogue pour les dirigeants métropolitains. Sur le modèle des Jeunes-Turcs, des groupes de Jeunes-Tunisiens et de Jeunes-Algériens s'organisent à partir de 1906-1907. Ils sont rejoints en 1908 par les Jeunes-Sénégalais qui remportent une éclatante victoire en 1914 avec l'élection de Blaise Diagne comme député du Sénégal (Diagne siège à gauche, mais sans étiquette). Tous réclament des réformes dans une logique d'assimilation. La situation est plus complexe en Indochine où le réformisme est débordé par des courants révolutionnaires qui s'inspirent de l'expérience japonaise puis chinoise et par des mouvements paysans, durement réprimés. Ce qui confirme d'ailleurs la gauche réformiste métropolitaine dans son rôle d'avocate des populations. À l'inverse, l'arrivée en métropole, pendant la Première Guerre mondiale, de travailleurs coloniaux réquisitionnés et sous-payés suscite, parmi les militants, en particulier syndicaux, des réactions hostiles qui vont jusqu'au racisme [Dornel, 1995].

L'imbroglio des perspectives nouvelles au début des années 1920

La dynamique réformiste résiste à la guerre mais elle est considérablement infléchie. En particulier l'octroi de la citoyenneté à certaines catégories d'« indigènes » change de sens. En 1914, il s'agissait de mettre en œuvre des droits fondamentaux momentanément suspendus dans l'attente d'une évolution culturelle et sociale des populations colonisées. En 1918, l'accès à la citoyenneté est devenu une récompense pour services rendus à la métropole ; autrement dit, il n'est plus un droit acquis à tous, mais un privilège qui se mérite. Ainsi, Marius Moutet présente la réforme qu'il propose comme « une politique de confiance de la métropole envers la population indigène, confiance légitimée par l'attitude de cette population pendant la guerre » (*Rapport au nom de la commission des affaires étrangères, des protectorats et des colonies chargée d'examiner les propositions de loi concernant l'accession des indigènes aux droits civils et politiques*, séance du 1er mars 1918, p. 171). Le malthusianisme de la loi de 1919, qui s'applique seulement à l'Algérie et concède du bout des lèvres quelques droits politiques strictement locaux à une minorité de privilégiés, est inscrit dans ce changement subreptice de contenu. La reconnaissance des sacrifices consentis pendant la guerre par les soldats coloniaux se renferme donc comme un piège sur les populations colonisées et sur leurs avocats. Les premières ne peuvent espérer d'autres droits que ceux que la métropole voudra bien leur consentir à titre individuel et de façon arbitraire. Les seconds ont involontairement rejoint des positions contraires aux principes qu'ils défendaient avant guerre. Ce recul des principes est sensible même à la Ligue des droits de l'homme qui se consacre en priorité aux anciens combattants indigènes et qui décide de se doter d'une « commission coloniale », acceptant ainsi que les questions coloniales redeviennent des questions techniques réservées aux experts en dehors de tout débat politique.

Il est bien difficile au début des années 1920 de lutter contre une propagande coloniale qui a enfin trouvé les moyens de ses ambitions à la faveur de la mobilisation intellectuelle imposée par la guerre. L'exaltation du soutien que les colonies auraient diligemment apporté à la métropole et le thème de la « plus grande France » ponctuent un bruyant discours triomphaliste qui rend inaudibles les voix dissonantes. Les radicaux en profitent pour afficher clairement un colonialisme de bon aloi, bien servi par Albert Sarraut qui leur fournit un catéchisme avec son projet irréalisé (et donc indéfiniment reconductible) de *Mise en valeur des colonies françaises* (1922) et un inusable ministre. Le parti colonial se reconstitue autour de lui après les élections de 1919. À l'inverse, la défaite socialiste fragilise les positions de Viollette et de Moutet qui ne sont pas en mesure d'ébranler cette bonne conscience renforcée par la conviction que la reconstruction en métropole est une priorité absolue. L'ouverture vient de l'extérieur. En 1918, le cinquième des quatorze points du président Wilson suggère en effet que les « revendications coloniales » doivent recevoir un traitement international. Dès lors, le consensus mou autour de la « plus grande France » devient affaire de patriotisme et la menace de nourrir les critiques internationales étouffe un peu plus toute discussion de la politique coloniale française.

La création en 1919 de « mandats » qui entérinent l'accaparement par la France et par la Grande-Bretagne des anciennes colonies allemandes et des anciennes provinces de l'Empire ottoman au Levant, montre de toute façon que le droit des peuples à disposer d'eux-mêmes ne s'applique pas aux colonisés, du moins aux yeux des Européens et de la Société des Nations. Elle confronte aussi les réformistes français aux limites de leur engagement. Ils n'ont rien à dire de l'annexion des colonies allemandes et c'est à Wilson que les nationalistes, Abdelazziz Taalbi (Tunisie), l'émir Khaled (Algérie) et Nguyen Ai Quoc (le futur Ho Chi Minh) pour l'Indochine, adressent leurs demandes de réformes. Clemenceau peut patronner en 1919 un congrès panafricain dont toute analyse critique de la domination coloniale française a été bannie par avance. Il est présidé par l'Américain William B. Dubois et par Blaise Diagne, devenu le chantre quasi officiel de l'assimilation depuis qu'il a été chargé en 1918 du recrutement des tirailleurs sénégalais. Cette incapacité à penser les questions coloniales, qui est l'un des symptômes de la crise de la gauche socialiste au sortir de la guerre, prend un autre sens avec la scission du congrès de Tours en décembre 1920.

La lutte active contre le colonialisme devient la huitième des vingt et une conditions à remplir pour adhérer à la IIIe internationale (Komintern) fondée à Moscou en mars 1919. Pourtant les questions coloniales sont escamotées lors du congrès de Tours et on trouve finalement des anticolonialistes et des réformistes du côté communiste aussi bien que du côté socialiste. Tous sont en fait figés dans des positions anachroniques qui ne tiennent pas compte des bouleversements du contexte international. L'ajustement est tardif et rude du côté communiste. Il faut près de deux années aux sections algériennes, qui ont choisi l'adhésion, pour comprendre ce qu'implique la huitième condition. Et lorsqu'elles rejettent « L'appel pour la libération de l'Algérie et de la Tunisie » publié par le Komintern en mai 1922, elles entrent dans le cycle des exclusions qui saignent à blanc le parti communiste en Algérie et en métropole. En 1920, la SFIO avait 1 000 adhérents en Algérie, en 1932, le Parti communiste français n'en a plus que 150 [Ageron, 1972]. La SFIO, qui retrouve assez vite une partie des positions perdues en décembre 1920, renoue plus facilement avec le réformisme ; il est mis à mal cependant par la désertion des représentants des colonisés qui se sont tournés vers le Komintern ou vers le nationalisme. Jusqu'en 1924 au moins, les gauches françaises sont prises au piège de cet ensemble de contradictions qui contient pourtant les éléments du renouveau ultérieur de leurs discours sur les questions coloniales.

Que faire ?

Répondant aux mises en demeure du Komintern en 1924, les communistes tentent de susciter en métropole une mobilisation de masse contre l'intervention des troupes françaises dans la guerre du Rif. Du fameux télégramme de félicitations envoyé à Abd El Krim en septembre 1924 à la grève générale à moitié réussie du 12 octobre 1925 en passant par le « comité d'action » dirigé par Maurice Thorez et par les violents discours de Jacques Doriot à la Chambre, tout est mis en œuvre pour dénoncer la guerre. Le bilan est complexe. La campagne communiste tourne court dès la fin de l'année 1925, elle n'empêche pas la défaite d'Abd El Krim en mai 1926 et vaut finalement au PCF une nouvelle condamnation du Komintern. De même, la grève du 12 octobre 1925 montre les limites d'une mobilisation restreinte aux réseaux communistes. Cependant, l'action communiste contre la guerre du Rif a clairement politisé un anticolonialisme diffus et au fond passif. Il est vrai qu'elle a beaucoup joué sur la confusion récurrente entre antimilitarisme et anticolonialisme et qu'elle a pu apparaître, surtout aux yeux des anticommunistes, comme le prolongement de l'action menée en 1923 contre l'occupation française de la Ruhr qui a permis au PCF de faire irruption sur la scène politique nationale. Néanmoins, elle renoue avec une forme active d'intervention dans les questions coloniales, consolide les liens avec les militants originaires des colonies présents en France et a un écho certain dans le Maghreb et dans les mandats du Levant.

Communistes et socialistes sont en fait confrontés aux mêmes difficultés. Leur électorat n'est pas prêt à se mobiliser pour défendre l'émancipation des peuples colonisés et les options de leurs militants restent divergentes et fluctuantes. Leurs spécialistes des colonies continuent à intervenir à la Chambre mais ils sont traités en parias : Moutet est marginalisé dans la commission « Algérie, colonies, protectorats » et les députés communistes sont stigmatisés pour cause d'antipatriotisme. Ainsi est-il significatif que ce soit en Algérie (à Constantine en 1927) et dans la bouche d'Albert Sarraut qu'apparaisse la paraphrase de la formule de Gambetta : « Le communisme, voilà l'ennemi. » Les radicaux en revanche se sont emparés de la gestion coloniale et du réformisme qu'ils vident de tout contenu en multipliant les fausses promesses ou les commissions fantômes et en abandonnant Maurice Viollette, nommé gouverneur général de l'Algérie en 1925, à la vindicte des colons. Les réformes politiques promises dès 1919 en Indochine se résument à la création tardive de conseils consultatifs de notables, la commission des réformes en Tunisie, créée par Herriot en 1924, est aux mains du résident général et refuse tout dialogue avec les nationalistes réformistes du Destour, enfin les délégations financières algériennes refusent les crédits nécessaires aux réformes sociales de Viollette parce qu'elles concernent les indigènes et obtiennent finalement son départ fin 1927 au terme d'une campagne calomnieuse. Ce travail de sape détermine en partie la révision des positions socialistes, entravée et embrouillée cependant par leur volonté de les démarquer des positions communistes. Ainsi, tout en condamnant la campagne communiste, les socialistes rompent symboliquement le Cartel des gauches en refusant de voter les crédits nécessaires à la guerre du Rif début novembre 1925. Au congrès national de 1927, ils excluent momentanément le député de Clermont-Ferrand, Alexandre Varenne, qui a accepté le poste de résident général en Indochine en 1925 sans l'accord de son parti. Ils renouent avec la dénonciation des abus coloniaux en suivant le réquisitoire d'André Gide sur le Congo, longuement commenté par Léon Blum en juillet 1927 dans *Le Populaire* et peuvent ainsi adhérer pleinement aux déclarations du troisième congrès de l'Internationale ouvrière socialiste en 1928 en faveur de l'émancipation immédiate ou graduelle de tous les peuples colonisés.

Le PCF et la SFIO partagent une autre caractéristique dont il faut mesurer la complexité pour comprendre leurs évolutions contrastées et en apparence contradictoires. Leurs liens avec les peuples colonisés se sont resserrés pour des raisons et selon des modalités différentes. D'une part, les travailleurs et les étudiants originaires des colonies sont plus nombreux en France. En 1924, les Nord-Africains sont 100 000, alors que les Vietnamiens (8 500 environ), et les Africains (2 500 environ en 1926) sont plus marginaux. D'autre part, l'évolution des mouvements politiques et sociaux, en Afrique du Nord et en Indochine surtout, sollicite l'attention des spécialistes socialistes et communistes. La politique du PCF est la plus consistante : dès 1921 il possède un comité d'études coloniales (qui devient la commission coloniale en 1924), en 1922, il parraine la création de l'Union intercoloniale qui donne une tribune, *Le Paria*, aux « indigènes habitant en France » et soutient leurs initiatives syndicales et politiques. Cependant le PCF est pris entre cette logique d'encadrement pédagogique, qui s'inscrit bon gré mal gré dans le cadre impérial national, et la stricte application des directives successives et contradictoires du Komintern. Les militants coloniaux jouent de cette dualité si bien que la conversion au marxisme des militants vietnamiens, la logique panafricaine de la Ligue de défense de la race nègre et le développement de l'Étoile nord-africaine créée par des militants algériens en 1926 passent par l'Union intercoloniale mais lui échappent largement. La logique internationaliste semble triompher en 1927 avec la fondation de la Ligue anti-impérialiste internationale, mais elle est très vite réduite à l'impuissance. Les socialistes proposent un soutien plus informel qui repose avant tout sur des implications et des liens personnels. La création tardive en 1925 d'une commission coloniale à l'intérieur de la SFIO ne modifie pas ce fonctionnement qui permet de concilier le colonialisme à peine tempéré des importantes sections coloniales algériennes, l'adhésion critique de Moutet qui demande inlassablement que la mission civilisatrice soit remplie, enfin l'anticolonialisme de Jean Longuet qui réclame avec la même constance l'émancipation, immédiate ou par étapes des peuples colonisés et qui s'engage en particulier aux côtés des Jeunes-Marocains. Il se prononce contre la guerre du Rif en 1924-1925 et passe au début des années 1930 le relais à son fils qui anime entre 1932 et 1936 la revue *Maghreb* avec les Jeunes-Marocains [Candar, 2000].

En simplifiant un peu, si les communistes offrent un encadrement politique nouveau, les socialistes continuent à servir d'avocats aux peuples colonisés et à leurs dirigeants. La convergence de leurs protestations, en particulier en 1930-1931 contre la répression qui s'abat sur l'Indochine après la mutinerie de Yen Bay et les insurrections paysannes, suggère qu'ils sont conscients de la complémentarité de leurs combats. La défense des insurgés vietnamiens repose en effet sur les interventions légales de Moutet et sur le « comité d'amnistie » créé en 1933 par des intellectuels comme Romain Rolland ou Paul Langevin dont l'action est relayée par le PCF. On leur fait donc un mauvais procès en les accusant *a posteriori* d'avoir privilégié leurs différends métropolitains et surtout d'avoir abandonné la partie au début des années 1930 face aux assauts conjugués de la propagande impériale qui triomphe à l'Exposition coloniale de Vincennes en 1931 et de la crise économique. Sans doute l'argument économique du repli nécessaire sur l'empire joue-t-il dans la réappropriation en cours du réformisme colonial par la gauche communiste et socialiste. Mais il n'est que le complément, d'ailleurs consensuel, d'une détermination plus profonde. Faut-il mesurer ce que socialistes et communistes ignorent ou ne voient pas, ou au contraire souligner que les influences croisées, de la Chine et du Japon en Indochine, du kémalisme et du réformisme musulman au Maghreb, du panafricanisme en Afrique, et l'apparition de nouvelles formes d'action (par exemple le terrorisme et les grèves scolaires en Indochine) compliquent singulièrement la lecture d'un ensemble extraordinairement varié de résistances et de contestations ? En accompagnant, de façon certes imparfaite et parfois bien peu perspicace, les évolutions de leurs interlocuteurs colonisés, ils se placent dans la perspective d'une émancipation graduelle. Et la création en 1931 d'un Parti communiste indochinois séparé leur est au fond plus étrangère que ce réformisme colonial qui a trouvé un second souffle. Vidé de tout contenu, mais non de son sens, par les manœuvres des radicaux, il est redevenu un projet séduisant dans lequel chacun peut librement inscrire des options plus ou moins conciliables. Ainsi l'idée de « réforme coloniale » est réinvestie en force et dans un certain désordre par les artisans du Rassemblement populaire au début des années 1930. Elle devient le programme mais aussi le projet partiellement mis en œuvre par le gouvernement du Front populaire et dessine les contours d'une politique coloniale de gauche en gestation depuis 1905. Le revirement du PCF est évidemment le plus remarquable puisqu'il passe de l'idée d'évacuation immédiate au constat, fait par Maurice Thorez en 1937, que le droit au divorce n'oblige pas à divorcer. Il obéit au changement de tactique du Komintern qui abandonne en 1935 la lutte classe contre classe pour privilégier les fronts communs antifascistes, mais il se greffe sur l'évolution souterraine décrite ci-dessus.

Le Front populaire et l'invention d'une politique coloniale de gauche

La brochure *La France en face du problème colonial*, éditée en 1936 par le Comité de vigilance des intellectuels antifascistes (CVIA), donne le ton de ce retour au réformisme. L'argument de fond est le même : « Il faut donc que les Français — comme tous les peuples colonisateurs — prennent une conscience précise de leurs écrasantes responsabilités. Il faut qu'ils regardent en face le drame de la colonisation, et qu'ils entendent la rumeur de souffrances et de haines qui grandit contre la politique menée aux colonies par leurs gouvernements. Il faut enfin qu'ils se décident à formuler leur volonté à ce sujet », l'urgence des réformes en plus. Ces réformes « générales, profondes et hardies » ont quatre objectifs : créer une législation spéciale protégeant les indigènes, promulguer les lois démocratiques républicaines dans toutes les colonies, limiter le pouvoir des gouverneurs, enfin donner des droits politiques et une représentation aux indigènes. Elles proposent donc une assimilation intégrale des populations dominées et elles sont dans le droit fil du plaidoyer de Viollette prédisant en 1931 dans *L'Algérie vivra-t-elle ? Notes d'un ancien gouverneur général*

(Alcan, 1931) que l'Algérie « vivrait » à condition de développer un « programme d'assistance » pour « adoucir les misères, se pencher sur les foyers douloureux, s'efforcer de relever l'homme et de ne pas le laisser accabler par la fatalité, même si la fatalité est pour lui la conséquence de ses traditions ».

La confusion des genres (intégration politique ou assistance sociale et médicale) montre l'ampleur des malentendus. Sur le plan théorique, les intellectuels du comité de vigilance oscillent entre une vision politique des indigènes comme des citoyens en devenir auxquels doit s'appliquer la loi commune et une compréhension savante de leurs cultures qui justifie au contraire que leur soient imposés une législation et un encadrement spécifiques. En pratique, ils s'indignent des dérogations aux principes républicains imposées par l'exercice de la domination, mais ils veulent croire à l'utopie d'une colonisation vraiment civilisatrice. Cette illusion a été puissamment entretenue par leur universalisme militant que l'apparition du communisme a renforcé. Mais aussi par la longue phase de latence qui est venue interrompre à partir de 1914 le combat engagé par la gauche socialiste pour la politisation des questions coloniales. Ainsi le gouvernement du Front populaire est investi d'une mission morale autant que politique : définir une « colonisation altruiste » qui accomplisse enfin le vœu formulé en 1909 par Félicien Challaye : que la colonisation se justifie « moralement, par ses bienfaits » (*Le Congo français. La question internationale du Congo* ?, Alcan, 1909).

Devenu ministre des Colonies, Moutet entend tirer les leçons des mandats impuissants et interrompus de Viollette en Algérie et de Varenne (réintégré par la SFIO dès 1931) en Indochine. Il affirme son autorité sur l'appareil administratif en convoquant en novembre 1936 une conférence des gouverneurs généraux, point de départ d'une collaboration plus étroite entre le ministre et les « proconsuls » de l'empire, les gouverneurs généraux dépositaires des pouvoirs de la République sur le territoire de leur fédération, qui concentrent tous les pouvoirs entre leurs mains et détiennent un droit de veto extraordinaire puisqu'ils peuvent décider de promulguer ou non les décrets d'application des lois métropolitaines. En même temps, il affiche clairement ses options politiques en allant en personne installer le gouverneur socialiste Marcel de Coppet à la tête de l'Afrique occidentale française (AOF) en septembre 1936. Pour déjouer les pressions prévisibles des colons et des milieux économiques coloniaux, la Chambre renforce les pouvoirs de la commission parlementaire de l'Algérie, des colonies et des protectorats et l'investit d'une mission d'investigation générale outre-mer. Mais la commission est très vite paralysée par sa taille (42 membres dont 15 parlementaires entourés d'experts recrutés dans tous les cercles compétents) comme par l'ampleur de sa mission, et son action se réduit finalement à l'envoi d'une sous-commission dirigée par Lagrosillière en Algérie en mars-avril 1937 et de deux enquêteurs isolés, André Gide et André Philip. Enfin le haut comité méditerranéen et de l'Afrique du Nord créé en 1935 prend consistance sous la direction de Charles-André Julien, Maurice Viollette est nommé ministre d'État, chargé de l'Algérie, et Pierre Viénot coordonne au ministère des Affaires étrangères la politique dans les mandats du Levant. Cette affirmation de la primauté de la politique sur la gestion administrative repose aussi sur des hauts fonctionnaires coloniaux, confirmés comme Jules Brévié nommé gouverneur général de l'Indochine, ou plus jeunes comme Robert Delavignette, directeur de cabinet de Moutet, puis nommé à la tête de l'École nationale de la France d'outre-mer réorganisée en 1937. Il reste que ce volontarisme frotté de réalisme trébuche sur des obstacles structurels : Viollette ne dispose d'aucun relais administratif pour conduire l'élargissement de la citoyenneté en Algérie qui est pourtant la réforme emblématique du Front populaire, et surtout sur la nécessité et la complexité du dialogue avec les populations colonisées.

Celles-ci adhèrent avec enthousiasme à la double promesse de réformes en profondeur et d'une véritable politique coloniale. Au Maghreb et en Indochine, des rassemblements populaires demandent l'ouverture de « congrès » qui instaureraient un dialogue officiel entre les organisations politiques indigènes, les autorités locales et le pouvoir politique métropolitain. Des grèves accompagnent le mouvement et le portent même entièrement en Afrique occidentale. Elles formulent des revendications économiques et sociales, mais elles prennent aussi un sens politique en réclamant l'application aux colonies d'une liberté républicaine fondamentale : la liberté d'association dont découle la liberté syndicale. Très vite en Indochine, puis au Maghreb, l'ampleur de ces mobilisations déborde le cadre étroit des réformes mises en œuvre ou seulement envisagées. Malgré l'amnistie accordée aux prisonniers politiques vietnamiens en août 1936, les prisons se remplissent de nouveau à l'automne avec l'arrestation des dirigeants des centaines de comités d'action créés pour obtenir la formation d'un congrès indochinois qui ferait ses doléances à la commission d'enquête parlementaire [Hémery, 1977]. La vague de grèves (500 à 600) d'octobre 1936 à juillet 1937 conduit à amputer la politique sociale : la liberté syndicale est exclue du code du Travail promulgué en décembre 1936. Le scénario est semblable en Tunisie. L'envoi d'un gouverneur civil et libéral qui rétablit le droit d'association et la liberté de la presse, suscite un militantisme vigoureux qui profite à la CGT (40 000 adhérents fin 1936), mais aussi et surtout au Néo-Destour réorganisé en 1934 par Habib Bourguiba (70 000 membres et 480 sections en octobre 1937). Les premiers contacts sont cordiaux, mais le réformisme patine et de sa paralysie naît la logique d'affrontement du début de l'année 1938 lorsque les grèves sont réprimées dans le sang et les dirigeants du Néo-Destour arrêtés [Colas, 1999].

L'élan réformiste du Front populaire se brise donc sur le dynamisme des réponses des colonisés, ce qui met au jour une de ses principales contradictions. En donnant priorité au développement économique et social, il renvoie en effet dans les limbes l'émancipation politique, même graduelle, des populations qu'il prend en charge. Cependant ce glissement de la politique à la politique sociale et le choix qu'il implique pour l'évolution proposée aux populations colonisées, ne sont pas vraiment assumés. Ainsi en Afrique occidentale française, la politique se restreint à la visite éclair de Moutet en septembre 1936 et aux décisions du gouverneur général (et socialiste) Marcel de

Coppet qui tolère dans un premier temps l'essor informel d'une vie associative intense, puis la rétrécit considérablement en décrétant en mars 1937 une liberté syndicale réservée aux sujets indigènes justifiant d'un niveau d'étude accessible à une infime minorité : il faut parler, lire et écrire le français et justifier d'un certificat d'études primaires ou équivalent pour pouvoir se syndiquer. La question du travail devient par défaut le seul enjeu légitime, ce qui permet de ratifier enfin la convention de la Société des Nations contre le travail forcé (en suspens depuis 1930) et d'imposer des esquisses locales de code du Travail, mais renforce aussi l'encadrement colonial, en particulier en direction des paysans embrigadés dans un réseau contraignant de sociétés mutuelles qui doivent servir de base à une colonisation « indigène » [Cooper, 1996]. Un nouveau discours indigénophile s'impose donc, dominé par un néoromantisme d'inspiration ruraliste qui assimile tous les Africains aux « paysans noirs » décrits par Delavignette. Convaincue de garantir le « bien-être » et le « progrès » de ses « sujets », l'administration prétend incarner à elle seule la « colonisation altruiste » et refuse tout dialogue. Comme en Indochine et en Tunisie, cet autisme administratif conduit tout droit à l'affrontement : la répression de la grève des cheminots de Thiès (Sénégal) en septembre 1938 est sanglante et elle met un terme au mandat de de Coppet [Bernard-Duquenet, 1977].

Une autre contradiction apparaît autour du fameux projet Blum-Viollette qui montre que vie politique locale et vie politique métropolitaine ne sont pas solubles l'une dans l'autre. En Algérie, la SFIO et le PCF ont enregistré une progression importante aux législatives de juin 1936 (44 % des voix pour le Front populaire qui remporte 4 des 10 sièges dont 2 pour la SFIO, il manque quelques centaines de voix seulement pour qu'un député communiste soit élu) et ils ont triplé leurs effectifs au cours de l'été 1936. En réaffirmant la prééminence du Parlement métropolitain sur une administration coloniale aux velléités autocratiques et sur les groupes de pression coloniaux, la gauche socialiste et communiste croit se donner les moyens de résoudre les contradictions et les tensions de la situation coloniale. Déposé à la Chambre en octobre 1936 sous la double signature de Blum et de Viollette, le projet de loi élargissant l'accès à la citoyenneté pour les indigènes musulmans en Algérie devient immédiatement l'emblème de la politique coloniale du Front populaire. Il est en fait très modéré : il s'inscrit dans la logique méritocratique de 1919, il s'agit de proposer la citoyenneté aux Algériens éduqués ou influents et à ceux qui ont bien servi la France, et prévoit d'intégrer environ 20 000 citoyens musulmans dans le collège européen pour arriver progressivement à la parité entre électeurs musulmans et européens dans le cadre d'un collège unique. Mais il catalyse les oppositions. Le rapport de la mission Lagrosillière qui parcourt l'Algérie en mars-avril 1937 montre que le projet bénéficie pourtant de soutiens populaires parmi les indigènes, et aussi dans la population européenne. Mais cette dynamique informelle se heurte à l'activisme du sénateur radical d'Alger, Jacques Duroux qui menace Paris d'une rébellion des élus locaux [Planche, 1991]. Avec ses collègues élus d'Algérie, il est soutenu par les radicaux à la

Chambre et au gouvernement par le sous-secrétaire d'État à l'Intérieur, le radical Raoul Aubaud, qui cautionne l'inertie administrative locale face à l'agitation orchestrée par l'extrême droite. Les Algériens musulmans adhèrent au projet dans un premier temps et l'associent aux revendications portées par le premier congrès musulman organisé à Alger le 7 juin 1936. Son enterrement par la commission du suffrage universel, qui renvoie sans cesse sa discussion, les convainc définitivement qu'aucune place ne leur sera faite dans la vie politique locale et métropolitaine. Dès janvier 1937 la dissolution de l'Étoile nord-africaine brise le rêve commun d'un front uni entre la gauche métropolitaine et les différentes fractions nationalistes algériennes et ouvre de nouveaux malentendus, en particulier avec le PCF qui plaide pour la construction d'une « nation algérienne » solidaire de la nation française.

Au moment de la démission du gouvernement Blum en juin 1937, ces blocages coloniaux semblent justifier l'impression de « révolution ratée ». Pourtant il faut nuancer le bilan. D'une part, les échecs sont à la mesure des changements introduits et le Front populaire fait des expériences tout à la fois amères, pour les colonisateurs et plus encore pour les colonisés, et riches d'enseignements sur le long terme pour les uns comme pour les autres. D'autre part, en essayant de donner corps à la « colonisation altruiste », la gauche française s'approprie enfin l'empire colonial, délaissant et la tentation récurrente de l'occultation pure et simple du problème colonial et les recommandations plus ou moins adaptables d'un internationalisme qui fait trop volontiers abstraction des réalités. Elle n'a pas entièrement renoncé à l'anticolonialisme, mais elle se reconnaît une responsabilité irrécusable dans une évolution aussi complexe qu'hétérogène, au risque de se fourvoyer dans ses impasses. De même, elle adhère à l'image rassurante d'un empire colonial inaliénable, rempart ultime contre la menace fasciste, mais elle affirme aussi que la domination comprend des obligations qui ne sauraient se résoudre à des clauses rhétoriques. Cette exigence est reprise, sous une forme modérée, à la conférence de Brazzaville en janvier 1944 et le retour de Moutet au ministère des Colonies en 1946 confirme la continuité entre les premières réalisations du réformisme de gauche et un discours sur le développement qui est l'ultime justification de la colonisation. La politique coloniale de gauche devient ainsi la seule ligne de défense possible de la domination après 1945, ce qui accentue encore ses contradictions internes. En d'autres termes, la gauche a bien réussi à faire entrer l'imagination politique au ministère des Colonies, mais sans en maîtriser ni même en prévoir toutes les conséquences. Cependant son évolution heurtée en matière coloniale laisse un autre héritage, plus constructif. En accordant en 1936 une reconnaissance éphémère mais effective à des interlocuteurs coloniaux qui étaient depuis plusieurs décennies des compagnons de route, elle a amorcé un dialogue qui permet en métropole de commencer à penser une décolonisation négociée et qui est dans toutes les colonies un tournant important des émancipations en marche. Ce qui explique aussi que malgré les affrontements, les déceptions et les malentendus qui jalonnent les relations de la gauche française avec les populations colonisées entre 1905 et 1945, elle demeure la famille spirituelle à laquelle se rallient majoritairement les nouveaux représentants élus de l'empire en 1946.

RÉFÉRENCES BIBLIOGRAPHIQUES

AGERON Charles-Robert (1968), *Les Algériens musulmans et la France (1871-1919)*, PUF, Paris.

— (1972), « Les communistes français devant la question algérienne de 1921 à 1924 », *Le Mouvement social*, nº 78, Paris.

— (1973), *L'Anticolonialisme en France de 1871 à 1914*, PUF, « Dossiers Clio », Paris.

— (1990), « Les colonies devant l'opinion publique française (1919-1939) », *Revue française d'histoire d'outre-mer*, LXXVII, nº 286, Paris.

BERNARD-DUQUENET Nicole (1977), « Les débuts du syndicalisme au Sénégal au temps du Front Populaire », *Le Mouvement social*, nº 101, Paris.

BIONDI Jean-Pierre et MORIN Gilles (1992), *Les Anticolonialistes (1881-1962)*, Robert Laffont, Paris.

BROCHEUX Pierre et HÉMERY Daniel (1995), *Indochine. La colonisation ambiguë, 1858-1954*, La Découverte, coll. « Textes à l'appui », Paris.

CANDAR Gilles (2000), « *Maghreb*, une revue franco-marocaine contre le protectorat, 1932-1936 », *La Revue des revues*, nº 29, Paris.

CHAFER Tony et SACKUR Amanda [éd.] (1999), *French Colonial Empire and the Popular Front*, MacMillan, Basingstoke.

COLAS Alejandro (1999), « The Popular Front and Internationalism: the Tunisian Case in Comparative Perspective », *in* Tony CHAFER et Amanda SACKUR (éd.), *op. cit.*

COOPER Frederick (1996), *Decolonization and African Society. The Labor Question in French and British Africa*, CUP, coll. « African Studies », Cambridge.

DEWITTE Philippe (1985), *Les Mouvements nègres en France, 1919-1939*, L'Harmattan, coll. « Racines du présent », Paris.

DORNEL Laurent (1995), « Les usages du racialisme. Le cas de la main-d'œuvre coloniale en France pendant la Première Guerre mondiale », *Genèse*, nº 20, Paris.

DREYFUS Michel (1982), « La ligue contre l'impérialisme », *Communisme*, nº 2, Paris.

GASPARD Françoise [éd.] (1991), *De Dreux à Alger : Maurice Viollette (1870-1960)*, L'Harmattan, Paris.

HAUPT Georges et REBÉRIOUX Madeleine [dir.] (1967), *La IIe Internationale et l'Orient*, Cujas, Paris.

Hémery Daniel (1975), « Du patriotisme au marxisme : l'immigration vietnamienne en France », *Le Mouvement social*, n° 90, Paris.

— (1977), « Aux origines des guerres d'indépendance vietnamienne : pouvoir colonial et phénomène communiste en Indochine avant la Seconde Guerre mondiale », *Le Mouvement social*, 1977, n° 101, Paris.

Koulakssis Ahmed (1991), *Le Parti socialiste et l'Afrique du Nord de Jaurès à Blum*, Armand Colin, Paris.

Leguennec Nicole (1972), « Le Parti communiste et la guerre du Rif », *Le Mouvement social*, n° 78, Paris.

Liauzu Claude (1982), *Aux origines des tiers-mondistes. Colonisés et anticolonialistes en France, 1919-1939*, L'Harmattan, Paris.

Naquet Emmanuel (1995), « Félicien Challaye (1875-1967). Itinéraire d'un boursier anticolonialiste et pacifiste », *in* Jeanne Beausoleil et Pascal Ory (éd.), *Albert Kahn, 1860-1940. Réalités d'une utopie*, Musée Albert-Kahn, Boulogne (92).

Oved Georges (1984), *La Gauche française et le nationalisme marocain, 1905-1955*, 2 t., L'Harmattan, Paris.

Planche Jean-Louis (1991), « Le projet Blum-Viollette au temps du Front populaire du Congrès musulman », *in* Françoise Gaspard (éd.), *De Dreux à Alger, op. cit.*

Semidei Manuela (1968), « Les socialistes français et le problème colonial entre les deux guerres (1919-1939) », *Revue française de science politique*, Paris.

Stora Benjamin (1987), *Nationalistes algériens et révolutionnaires français au temps du Front populaire*, L'Harmattan, Paris.

59

Les gauches, l'antifascisme et le pacifisme pendant les années 1930

SERGE WOLIKOW

L'ANTIFASCISME ET LE PACIFISME ont été des témoins forts dans l'histoire des sensibilités et des cultures politiques en France au cours du XXᵉ siècle. Leur histoire ne se confond pas avec celle des partis de gauche, mais s'inscrit pour une grande part dans l'espace socioculturel de la gauche entendue de manière large. Ils ont chacun une histoire spécifique que l'on peut dérouler selon des rythmes et avec des modalités différentes. Si les années 1920 sont celles de la floraison internationale du pacifisme sous des formes diverses, la décennie suivante correspond à la diffusion de l'antifascisme, notamment en France, comme référence politique et culturelle largement répandue à gauche, tandis que le pacifisme accentue sa différenciation avant d'entamer une dérive qui le déplace vers la droite de l'échiquier politique.

Depuis le début des années 1930, les deux histoires se croisent sans se confondre : elles ont en commun de marquer l'importance des événements internationaux au sein de l'histoire politique française. Leur définition elle-même renvoie à des événements passés, envisagés sur une scène qui déborde largement le cadre national. Le pacifisme comme l'antifascisme entrelacent expérience nationale française et omniprésence du contexte international dans la vie politique française. Ils participent d'une mémoire de la Première Guerre mondiale qui, dans la société française, à la différence de l'Allemagne, de la Grande-Bretagne ou de l'Italie, s'est forgée en fonction de deux données contradictoires indissociables : l'expérience de la victoire d'un côté, d'immenses pertes démographiques de l'autre. Ils s'enracinent également dans la protestation contre la guerre. Les proclamations antimilitaristes, pacifistes, au début de cette première décennie d'après le conflit mondial, sont situées pour l'essentiel du côté de l'extrême gauche, elle-même identifiée à l'action contre la guerre. Cependant, les partis de gauche, loin d'avoir des positions communes, se distinguent fortement dans la manière d'entendre le pacifisme, puis l'antifascisme, de sorte qu'au début des années 1930, leurs différences sur ce point sont à la mesure de leur désunion d'ensemble. Leur histoire au cours de cette décennie ne rompt pas avec cette diversité, mais ces divisions sont un temps masquées par des convergences dans le cadre desquelles le pacifisme comme l'antifascisme connaissent des remaniements d'importance.

La rencontre des deux préoccupations s'opère à travers des alliances entre diverses organisations parmi lesquelles les partis politiques jouent un rôle variable selon les rythmes et les enjeux de la vie politique, marquée de façon récurrente par les échéances électorales et les péripéties de l'activité parlementaire. Autrement dit, le pacifisme et l'antifascisme ont une histoire qui recoupe celle des partis de gauche dans la mesure où ceux-ci s'en emparent et contribuent à les faire évoluer. Pour l'essentiel, dans la période qui nous concerne, ils se situent effectivement à gauche dans le système politique, encore qu'une partie du centre droit, dès la fin des années 1920, affirme tout à la fois son pacifisme et son attachement conservateur et que le pacifisme imprègne l'immense majorité de la population française, de gauche ou de droite. Si pacifisme et antifascisme sont pris néanmoins en charge par les partis de gauche, il faut également tenir compte des différents mouvements sociaux et culturels qui les incarnent. Ceux-ci se sont en effet structurés selon des modalités autonomes et distinctes des partis par le biais de comités et de mouvements. Leurs réunions et congrès comme leurs journaux ou revues témoignent d'une activité dont la richesse est souvent bien supérieure à ce qui était le lot quotidien de la vie partisane.

Il faut également souligner qu'au long des années 1930, le pacifisme connaît un fléchissement comme mouvement organisé et que ses références politiques se brouillent puisqu'il se défait quelquefois de ses attaches de gauche : l'entente avec l'Allemagne hitlérienne chez les pacifistes intégraux est justifiée par une conception radicale du pacifisme qui autorise également ses convergences avec des forces de droite également pacifistes. En somme, si les valeurs de paix continuent de dominer à gauche, la théorisation pacifiste y perd une grande partie de sa force, la gauche étant plus sensible désormais au danger fasciste.

L'antifascisme, à l'inverse du pacifisme, durant ces mêmes années 1930 reste solidement ancré à gauche, ce qui ne signifie pas qu'il n'y ait pas des différences sur la manière de l'entendre. Les organisations maintiennent des registres différents et surtout peuvent connaître de grandes évolutions comme le parti communiste qui passe de l'antifascisme antiguerre à la perspective de la guerre antifasciste, de l'antifascisme de classe à l'antifascisme démocratique. Les socialistes évoluent vers un antifascisme comme moyen de défendre la paix et les radicaux le voient comme une défense de la République. L'antifascisme révolutionnaire de l'extrême gauche s'oppose lui à l'antifascisme national et réformiste de la gauche du Front populaire… Cette histoire s'affirme à travers de moments forts (congrès antifascistes de 1932 à 1935, manifestations de masse, discours et prises de positions de Thorez, Blum ou Daladier, conflits internationaux, en Éthiopie ou en Espagne qui mettent à l'épreuve les engagements de la gauche et révèlent ses divisions).

Reconfigurations du pacifisme et de l'antifascisme

L'évolution de la situation internationale prend à revers les forces politiques de gauche. Les espoirs dans une pacification mondiale qui les avaient amenées à soutenir avec plus ou moins de vigueur le pacte Briand-Kellog bannissant la guerre s'évanouissent. La politique de désarmement, enjeu diplomatique, devient un moyen pour le gouvernement allemand de faire valoir ses prétentions. Ce nouveau climat international affaiblit la position des forces qui avaient défendu une diplomatie fondée sur la sécurité collective. Le pacifisme modéré perd de son souffle au vu des événements allemands et du tour pris par les négociations sur le désarmement et l'« égalité des droits ». À gauche, radicaux et socialistes sont également partagés sur la ligne à tenir : entre les idéaux pacifistes et l'inquiétude devant les nouveaux périls, les prises de position sont hésitantes et variables. Dans le parti radical, le courant rénovateur s'oppose violemment à Herriot qui l'a marginalisé. Une gauche radicale réclame, après la victoire électorale de 1932, l'annulation des dettes de guerre et la promotion de la SDN. Dans le parti socialiste, les divisions les plus notables touchent davantage à l'appréciation du fascisme qu'à la politique internationale proprement dite. La question de la participation ministérielle est au centre des débats. L'exclusion des néosocialistes à la fin de 1932 atteste que la SFIO affirme majoritairement derrière Léon Blum et avec une aile gauche importante conduite par Zyromski le refus de toute compromission avec les idées fascistes. Pour autant la SFIO sort affaiblie de cet épisode et nombreux sont ses militants qui manifestent, au début de 1933, la volonté d'action antifasciste en réponse à la victoire du nazisme en Allemagne.

Les communistes, engagés dans l'antimilitarisme et la dénonciation de la guerre impérialiste dont l'URSS prétendait qu'elle la menaçait depuis 1927, avaient vu d'abord dans la nouvelle situation la confirmation de leur prédiction [Vidal, 2002]. Ils inscrivent leur action dans la perspective définie par l'Internationale communiste (IC) qui a fait de la France le chef de file de l'impérialisme international. Le danger d'une guerre impérialiste contre l'URSS — en réalité parfaitement imaginaire —, à l'instigation de la France, est régulièrement dénoncé par les instances de l'IC. Lors du XIe plénum de son comité exécutif, en avril 1931, le PCF est à nouveau critiqué pour n'avoir pas assez agi sur le terrain de la lutte antimilitariste. Pourtant, depuis 1929, il n'a pas cessé de répercuter les mots d'ordre de l'IC contre le danger d'une nouvelle guerre impérialiste, par exemple lors de la journée du 1er août. Cette ligne, fondée sur l'affirmation d'une « fascisation » progressive de la démocratie parlementaire, conduit les partis communistes à voir ou à vouloir voir dans les progrès des organisations nazies en Allemagne ou la montée des tensions internationales des signes prémonitoires d'une prochaine crise révolutionnaire. La diplomatie soviétique, attentive à l'évolution des rapports de forces, amorce cependant une inflexion qui la rapproche de la France avec laquelle l'URSS signe un pacte de non-agression, à l'automne 1932. Il prend à contre-pied le PCF invité cependant par l'IC à ne pas dévier de ses positions hostiles à la défense nationale [Santamaria, 2002].

Malgré sa victoire lors des élections de 1932, la gauche socialiste et radicale reste divisée sur la politique à mener. La diplomatie de la sécurité collective s'essouffle au moment même où des conflits nouveaux se développent, d'abord en Extrême-Orient avec l'attaque japonaise sur la Mandchourie. Le pacifisme, diffus dans la gauche non communiste commence à être perturbé par ces évolutions : quelle attitude tenir par exemple devant la tournure prise par les négociations engagées sur le désarmement ?

Les événements politiques d'Allemagne et d'Autriche ont un impact considérable sur l'opinion publique de gauche en France. De longue date, les forces de gauche avaient l'habitude de se mobiliser pour dénoncer la « terreur blanche » dans les pays balkaniques ou en Italie fasciste. La montée du nazisme provoque, dès 1932, émotion et inquiétude. En dépit de son analyse du nazisme prélude à la révolution, l'IC incite le PCF à lancer une initiative par l'entremise d'Henri Barbusse en vue de réaliser une mobilisation internationale contre la guerre et le fascisme. Ce mouvement international connaît durant l'été 1932 un succès relatif en France puisqu'il réussit à entraîner aux côtés des cadres communistes des militants issus du mouvement syndical et certains socialistes. Le congrès d'Amsterdam maintient cependant les thèses communistes sur la fascisation des démocraties européennes et la préparation de la guerre par les impérialismes [Carre-Prézeau, 1993]. Les mois suivants, les difficultés du mouvement à se structurer apparaissent inséparables des contrecoups provoqués par l'arrivée d'Hitler au pouvoir. Si elle suscite une large émotion dans toute la gauche française, elle est l'objet de lectures différentes par les diverses organisations. Des tentatives de ripostes, engagées en février-mars 1933 sous forme de meetings communs, tournent courts du fait de l'opposition des deux Internationales. Le présidium de l'IC, dans un communiqué publié par *L'Humanité*, impute à la social-démocratie allemande la responsabilité de la victoire hitlérienne [Wolikow, 1996]. Il renouvelle son jugement optimiste sur les perspectives révolutionnaires en Allemagne. Lors du XIIIe plénum de l'IC, réuni en décembre 1933 à Moscou, cette appréciation qui insiste sur la perspective révolutionnaire comme seule alternative au fascisme est à nouveau rappelée. La direction du PCF est critiquée pour ses hésitations à défendre la politique suivie par l'IC en Allemagne et surtout ses initiatives intempestives en direction du parti socialiste en France. André Marty est chargé de rectifier la ligne de *L'Humanité* tandis que la direction du parti avec Thorez est blâmée pour son opportunisme. Du côté socialiste, la conférence de l'Internationale ouvrière socialiste qui se tient à Paris durant l'été 1933 est le théâtre de forts désaccords [*Cahiers Léon Blum*, 2003]. La politique de front unique envisagée par la gauche est critiquée par la majorité qui finalement interdit toute initiative de ce genre [Dreyfus, 1991]. La relance par le PCF du mouvement Amsterdam débouche difficilement sur la tenue d'un nouveau congrès antifasciste qui se déroule salle Pleyel, à Paris, sans renouveler cependant la problématique de l'antifascisme toujours associée à la critique de la démocratie, d'où l'impossibilité d'élargir le cercle des membres du mouvement. Profitant des difficultés communistes et socialistes, le député Gaston Bergery lance un front commun plus ouvert en associant la défense de la démocratie à la lutte contre le fascisme et la guerre. Les communistes dénoncent l'entreprise sans pouvoir réellement l'endiguer.

L'approfondissement de la crise politique en France durant l'hiver 1933-1934 modifie la situation. Dans un premier temps, la division et le fractionnement de la gauche progressent. Le radicalisme, divisé entre réformateurs modernisateurs et modérés, est affecté par des scandales qui ternissent son image et déçoit une partie notable de son électorat comme l'attestent les élections partielles. Lorsque Daladier démissionne, au lendemain du 6 février, malgré le soutien de la Chambre des députés, le parti radical accepte d'entrer dans un gouvernement d'Union nationale. Ce revirement non seulement ne reçoit pas l'assentiment de la SFIO, mais celle-ci propose au contraire de défendre la démocratie en engageant Daladier à ne pas démissionner. La gauche socialiste, derrière Zyromski, propose dès le 7 février 1934, aux fédérations communistes de la région parisienne, une riposte commune. Finalement, après le refus communiste et la formation d'un gouvernement d'Union nationale, la SFIO approuve le mot d'ordre de grève générale lancé par la CGT pour le 12 février. Le PCF a été pris à revers par le déroulement des événements. Dans un premier temps, le 6 février, conformément aux orientations de l'Internationale communiste, il avait fait chorus en dénonçant la démocratie bourgeoise et sa « fascisation ». Sans revenir sur la ligne officielle, il s'engage, les jours suivants, dans l'action contre le nouveau gouvernement de droite, puis se rallie à son tour, avec la CGTU, au mot d'ordre de grève et manifeste contre le fascisme.

Le 12 février voit la combinaison inédite d'un puissant mouvement de grève avec de multiples manifestations sur l'ensemble du territoire national et la naissance d'un antifascisme de masse, à la fois ouvrier et démocratique [*Cahiers Léon Blum*, 2003]. Depuis 1933, tirant la leçon des événements allemands, la CGT avait envisagé de lancer un mot d'ordre de grève « contre les menaces du fascisme et pour la défense des libertés politiques ». La CGTU, ralliée à cette initiative, appelle au succès de la grève « revendicative et politique... pour la dissolution des ligues fascistes, l'arrestation immédiate de Chiappe, Frot, Daladier (*sic*) ». Ces différences de langages renvoyaient à des divergences qui n'avaient cessé d'agiter le monde syndical depuis le début du siècle. La réussite de la grève du 12 février 1934 est d'autant plus remarquable qu'elle a lieu dans une situation de crise peu propice aux débrayages. De fait, elle se présente comme une démonstration dont le contenu est essentiellement démocratique et républicain : les salariés à statut, les fonctionnaires, mais aussi les ouvriers du bâtiment et ceux de la métallurgie sont les plus nombreux dans une grève qui se déroule alors que l'activité économique tourne au ralenti. La CGT estime le nombre des grévistes à près d'un million en région parisienne. Même si une estimation précise reste difficile, on peut avancer que des centaines de milliers de salariés ont arrêté le travail ce jour-là. Des manifestations se déroulèrent non seulement à Paris, mais dans l'ensemble du pays. Selon le décompte de Danièle Tartakowsky [1994], le 11 et le 12 février, il y eut 274 manifestations concernant 85 départements. Pour la première fois se produit, dans le même moment, un mouvement étendu au pays tout entier avec des défilés le plus souvent unitaires. C'est cependant la manifestation parisienne, composée à l'origine de deux cortèges distincts qui est la plus significative car elle est marquée par la convergence des manifestants qui, malgré les divergences entre organisations ouvrières, se rassemblent place de la Nation, lieu symbolique s'il en est. Très nombreux (environ 100 000), ils traduisent de manière emblématique le rapprochement entre les différents courants du mouvement ouvrier symbolisés par les discours de Léon Blum et Marcel Cachin. La réussite de cette journée donne confiance aux militants des organisations ouvrières et stimule de nombreuses initiatives unitaires qui viennent troubler la stratégie des principales organisations. Elles ouvrent ainsi la voie à la construction d'un nouvel antifascisme auquel reste associée la dénonciation de la guerre.

La mobilisation des intellectuels s'effectue également en liaison avec les mots d'ordre de la gauche politique et syndicale, mais selon des formes et des modalités autonomes. La création du Comité de vigilance des intellectuels antifascistes (CVIA) en témoigne [Racine, 1986]. Constitué sur la base d'un manifeste lancé par des universitaires et des écrivains tels Alain, Langevin ou Rivet, le CVIA connaît un rapide succès dès le mois de mars. Il concurrence et complète le mouvement contre la guerre et le fascisme, Amsterdam-Pleyel, qui, animé par les communistes, multiplie cependant ses comités locaux dans le monde ouvrier avant d'organiser en mai un Rassemblement national antifasciste qui se donne comme objectif de regrouper les différents comités antifascistes constitués dans le pays. Le CVIA associe de façon explicite la dénonciation du fascisme, la critique du capitalisme et la lutte contre la guerre dans un appel qui apporte soutien et appui des intellectuels, même si le terme en tant que tel n'apparaît pas, à l'action engagée par le monde ouvrier. « Unis, par-dessus toute divergence, devant le spectacle des émeutes fascistes de Paris et de la résistance populaire qui seule leur a fait face, nous venons déclarer à tous les travailleurs, nos camarades, notre résolution de lutter avec eux pour sauver contre une dictature fasciste ce que le peuple a conquis de droits et de libertés publiques. Nous sommes prêts à tout sacrifier pour empêcher que la France ne soit soumise à un régime d'oppression et de misère belliqueuses. » En quelques semaines, le manifeste remporte un succès important puisqu'il rassemble plus de 2 000 signatures pour atteindre à la fin de l'année le chiffre de 6 000.

Au sein de la SFIO, la direction du parti, inquiète des progrès de son aile gauche, favorable à des actions communes avec le PCF, repousse le congrès de plusieurs mois. Malgré tout, lorsque celui-ci se tient en mai à Toulouse, le courant favorable à l'action commune antifasciste regroupe le tiers des délégués. La CGT marque ses réticences devant une coordination durable de l'action antifasciste : sa direction, influencée par les courants proches des néosocialistes, affirme son souci d'élaborer un programme économique propre au syndicalisme et n'est pas insensible aux thèses de la réforme de l'État dont le gouvernement Doumergue se réclame officiellement. Le PCF, qui a infléchi en pratique ses positions à l'occasion des événements de février, maintient l'essentiel de ses analyses, en même temps qu'elles se heurtent aux vives critiques de Doriot. De façon tout à fait contradictoire, la direction du PCF conserve sa ligne critique contre le parti socialiste et la République. Que ce soit à l'occasion des enterrements, dans des discours parlementaires ou dans *L'Humanité*, les dirigeants communistes renouvellent leur dénonciation de la SFIO tout en célébrant le front unique antifasciste. Leur analyse de la situation reste inchangée : « L'unité d'action des travailleurs contre le fascisme n'a pas pour but de consolider une République qui se fascise, quelle soit avec Daladier ou avec Tardieu-Marquet » (Paul Vaillant-Couturier, 7 mars 1934). L'activité du parti a suscité cependant bien des discussions dans le bureau politique, puis dans le comité central réuni le 15 mars. La tonalité des articles de *L'Humanité* qui, les 6 et 7 février, avait en priorité réservé ses critiques à l'adresse du gouvernement Daladier qualifié de « fusilleur » est très rapidement mise en cause. Fried, le représentant de l'IC, explique la nécessité de dénoncer en priorité la droite réactionnaire en la distinguant des socialistes fussent-ils « néos » (bureau politique, 22 février). Moins de quinze jours après les événements, Monmousseau reconnaît, devant le présidium à Moscou, que le parti a critiqué à tort Daladier : « C'est clair que la position de notre parti n'était pas juste et qu'il fallait attaquer le gouvernement Daladier parce qu'il n'avait pas suffisamment fait donner sa police contre les fascistes » (réunion du 17 février 1934, archives Rgaspi, 495 2 178). Le débat interne prend une tournure beaucoup plus vive lors d'une réunion du comité central où Doriot soutenu par Jerram, dirigeant du mouvement Amsterdam-Pleyel, et par Renaud Jean, grande figure du communisme paysan, accuse la direction du PCF d'avoir été à la remorque des événements et préconise une entente avec le parti socialiste [Wolikow, 1996]. Ces critiques, bien que minoritaires au niveau de l'appareil du parti, ne sont pas sans écho notamment parmi les intellectuels communisants associés à la création du comité de vigilance.

La direction du parti louvoie d'autant plus que l'IC s'interroge elle-même sur la conduite à tenir comme en témoignent les réunions de ses différentes instances. Elle prend son parti de la naissance du CVIA auquel les intellectuels communistes adhèrent dès la fin mars. Le mouvement Amsterdam-Pleyel, dont la direction est désormais assurée par un dirigeant de la CGTU, Racamond, se propose d'associer des comités antifascistes à la préparation du Rassemblement national organisé pour le 20 mai [Carre-Prézeau, 1993]. À l'issue de cette manifestation, le mouvement contre la guerre et le fascisme s'adresse à la SFIO qui décline l'invitation, mais accepte que sa fédération de la Seine participe à une coordination de l'action antifasciste. L'affrontement entre Doriot et Thorez contribue toutefois à figer sa position à l'égard de la SFIO d'autant que ce dernier reste sous le coup des critiques de l'Internationale lors du XIIIe plénum, en décembre, concernant les « controverses » qu'il avait envisagé d'organiser avec les socialistes en 1933. Thorez répondant à l'invitation de la direction de l'IC se rend seul à Moscou, alors que Doriot est resté en France. Il arrive à Moscou au moment où les orientations politiques de l'IC subissent une importante transformation en liaison avec des changements au plus haut niveau de l'organisation internationale. Confronté de près à l'expérience allemande, Georges Dimitrov, qui a pris, dès le début avril, la direction de l'IC, est convaincu que les communistes doivent mener autrement la lutte antifasciste. Les événements de février en France et en Autriche ont montré que la social-démocratie pouvait s'engager dans des mouvements antifascistes de masse. À Thorez, Dimitrov explique que le PCF doit combattre le sectarisme et élaborer des mots d'ordre acceptables par de larges masses. Devant le présidium de l'IC, le 16 mai 1934, Manouilsky évoque la possibilité pour le PCF de s'adresser directement à la direction du parti socialiste : « Quand les fascistes convoquent une réunion, adresser un appel au CC de la social-démocratie en disant ; voilà, sur telle base nous sommes prêts pour engager une lutte commune contre le fascisme qui menace la classe ouvrière » (archives Rgaspi 495/2/180). Durant le mois de juin, l'infléchissement des analyses de l'IC se prolonge et s'élargit. Dimitrov qui présidait la commission préparatoire du prochain congrès modifie les thèses de l'IC à propos de l'action antifasciste. Il remet en cause la théorie du social-fascisme, adoptée depuis 1929, qui faisait de la social-démocratie le principal soutien social de la bourgeoisie et considérait ses tendances de gauche comme les plus dangereuses. Il préconise en conséquence un changement complet de tactique des communistes à l'égard des partis socialistes et des syndicats réformistes. Cette inflexion dans l'évolution de la politique du PCF a permis la mobilisation antifasciste en France. Le PCF avait été depuis le début de 1933 soumis à des critiques serrées qui avaient abouti au désaveu de la direction. Si Thorez était resté en place, les responsables de *L'Humanité* et de l'organisation avaient été écartés au profit de Marty et de Gitton, chargés de redresser la politique du parti. On comprend dès lors mieux la prudence et l'embarras de Thorez. Après un premier appel adressé directement à la SFIO en faveur d'une action commune pour la défense de Thaelman, le discours du PCF évolue très rapidement à la faveur des premières négociations engagées avec les socialistes et au cours même de sa conférence nationale du 23 au 26 juin 1934 sur injonction directe de Moscou.

La gauche à l'épreuve des transformations de l'antifascisme (été 1934-1935)

En l'espace d'une année, l'antifascisme, jusqu'alors objet de controverses et de débats, devient le ciment qui rassemble la plus grande partie de la gauche, dans la rue et dans les urnes. Bien que cette évolution ait une portée internationale, la situation française présente la spécificité d'une alliance politique électorale fondée sur l'antifascisme puisque celui-ci est au centre tout à la fois du mot d'ordre et du programme de Front populaire. Il y a donc eu un véritable retournement de la situation au sein même de la gauche.

Le mouvement, même s'il apparaît rapide à l'échelle historique, est loin d'être linéaire. L'édification de ce que l'on peut caractériser comme un nouvel antifascisme résulte d'un processus de convergence idéologique entre les diverses approches de l'antifascisme, présentes et concurrentes jusqu'alors au sein de la gauche. Elle s'appuie également sur une mobilisation populaire qui imbrique de façon originale aspirations sociales et politiques : ses manifestations multiples et fréquentes sous des formes variées, défilés, meetings ou grèves scandent un mouvement dont la référence antifasciste cristallise l'identité de la gauche en 1935. Il n'y a pas de doute que le changement d'attitude du parti communiste, la volonté de défendre les libertés démocratiques, dans le cadre d'une course de vitesse avec le fascisme, la proclamation par Thorez de l'attachement des communistes à leur nation, ont joué un rôle très important. Désormais l'attaque contre la démocratie bourgeoise n'est plus interprétée comme le prélude à une situation révolutionnaire, mais comme la voie ouverte à l'écrasement du mouvement ouvrier et révolutionnaire, d'où l'importance pour celui-ci de défendre les libertés démocratiques. Dans la nouvelle orientation ainsi esquissée, il existe entre les thèmes revendicatifs et la perspective politique révolutionnaire un objectif intermédiaire de caractère démocratique et social autour duquel l'entente peut se réaliser beaucoup plus facilement avec les socialistes. *Le Populaire* du 16 juillet annonce que « le parti socialiste accepte l'offre d'action commune contre le fascisme et la guerre ». Le 27 juillet 1934, les deux partis signent un pacte d'unité d'action qui prévoit l'organisation commune d'une « campagne dans tout le pays » afin de mobiliser contre les ligues et obtenir leur dissolution, afin « d'agir contre les préparatifs de guerre, les décrets-lois et contre la terreur fasciste en Allemagne et en Autriche ».

Quelques mois plus tard, en octobre, au surlendemain du premier tour des élections cantonales, Thorez présente des propositions nouvelles : « Nous sommes prêts, déclare-t-il, à aider et à soutenir tout effort réel pour le maintien des libertés démocratiques, pour la résistance aux attaques des bandes fascistes. Nous avons jeté l'idée d'un vaste rassemblement populaire. » Ce dont *L'Humanité* rend compte sous un titre double et en partie inédit : « À tout prix, battre le fascisme. Pour un large Front populaire antifasciste. » Le terme occupe désormais la une du journal presque quotidiennement. Thorez, le 24 octobre, dans un meeting à Nantes, où le congrès du parti radical allait se réunir, renouvelle et explicite sa proposition d'élargir l'unité d'action au parti radical. Quelques semaines plus tard, il expose le projet de Front populaire devant la Chambre des députés. Cette initiative prolonge sans doute les orientations qui affirmaient la nécessité de barrer la route au fascisme et de prendre en compte les revendications des classes moyennes comme celles de la classe ouvrière. Pourtant, en termes strictement politiques, le changement est d'importance. Le

PCF ne misait plus sur la désagrégation du radicalisme qui risquait de profiter à l'extrême droite bien plus qu'à la gauche, mais se propose désormais de se rapprocher du parti radical. Il reste qu'en envisageant une telle alliance avec un parti à l'évidence non ouvrier, le PCF prenait une initiative forte d'autant qu'il s'agissait, non d'une petite organisation, mais du parti le plus important. Une analyse rapide de la situation politique pouvait laisser penser que le parti communiste fort, au maximum, de ses 40 000 membres et de ses 9 députés, s'engageait dans une aventure au-dessus de ses moyens. En l'occurrence c'est un peu le point de vue de la direction de l'IC qui a appuyé, depuis le mois de juillet, la politique du PCF, notamment en matière électorale, mais qui reste sceptique sinon inquiète devant ses nouvelles initiatives (*cf.* Manouilsky au présidium du 9 décembre 1934, archives CRCDEHC 495-2-192).

Il restait toutefois un domaine où le PCF n'avait pas encore modifié sa position, c'était celui de la défense nationale et de l'armée. À l'annonce des projets de prolongation du service militaire à deux ans, les communistes engagent d'ailleurs une campagne de mobilisation et annoncent leur opposition à l'accroissement des dépenses militaires. Quelque temps plus tard, le président du Conseil, Laval, est à Moscou où il signe un pacte d'assistance avec l'URSS et obtient de Staline une déclaration favorable à la politique de défense nationale de la France. Le PCF, pris à contre-pied, placarde sur les murs de France une affiche où il affirme : « Staline a raison. » Dès lors, tout en refusant encore de voter les crédits militaires, le PCF célèbre la défense de l'indépendance nationale et réitère ses propositions en faveur d'une alliance large à l'adresse de toutes les organisations de gauche.

Au sein de la SFIO, les initiatives du PCF suscitent de nouveaux clivages dans la gauche à propos du rapport guerre/antifascisme, de la priorité relative de l'un par rapport à l'autre. Dans un premier temps en juillet 1934, la gauche du parti avait relayé et appuyé les propositions communistes en faveur de l'action commune et obtenu l'appui de Léon Blum. À l'automne 1934 et au début de 1935, les réponses socialistes aux propositions de Front populaire du PCF restent prudentes et réservées, Paul Faure, le secrétaire de la SFIO, marquant sa défiance. La gauche de la SFIO est divisée sur la conduite à tenir à propos de la défense nationale au lendemain des positions nouvelles adoptées par le PCF. Une partie, derrière Zyromski, accepte l'idée d'une action militaire possible contre le fascisme tandis qu'une autre, derrière Marceau Pivert, s'affirme comme Gauche révolutionnaire en refusant toute entorse à ses convictions pacifistes. Elle se rapproche en cela des critiques des dissidents communistes du syndicalisme révolutionnaire, conduits par Monatte ou Martinet qui dénoncent ce qu'ils estiment être une nouvelle dérive nationaliste du mouvement ouvrier et en appellent à un nouveau Zimmerwald [Hohl, 2001].

Chez certains radicaux, la dimension républicaine et jacobine de l'antifascisme proposé désormais par les communistes fait écho à des préoccupations anciennes. Kayser ou Cot sont favorables à l'alliance franco-soviétique dont Herriot, par ailleurs très prudent, est également un défenseur. Le parti radical, dans la perspective des élections municipales, se trouve écartelé entre ses engagements gouvernementaux et ses intérêts électoraux. Le souci de conserver localement ses appuis à gauche pousse un nombre important d'élus à se démarquer du gouvernement, ce qui leur permet d'obtenir des désistements des autres candidats de gauche. Ces désistements permettent aux partis de gauche de remporter les élections municipales de 1935.

Les mouvements antifascistes : l'émergence progressive d'un antifascisme démocratique de masse

Du 12 février 1934 au 14 juillet 1935, de multiples manifestations témoignent d'un engagement populaire autour des mots d'ordre antifascistes : les manifestations commémoratives, comme celle de février 1935, celle du 1er mai, celle en souvenir de la Commune de Paris, le 25 mai, rassemblent des centaines de milliers de manifestants. Les comités antifascistes rattachés à différents mouvements se multiplient ainsi que des initiatives diverses qui manifestent dans différents milieux la volonté de l'action commune. Parmi celles-ci, il faut faire une place à part au Congrès international des écrivains pour la défense de la culture qui se tient à Paris du 21 au 25 juin 1935 à l'initiative de l'Association des écrivains et artistes révolutionnaires [Terroni, 2002].

Le Rassemblement populaire, en gestation difficile depuis le début de l'année 1935, prend consistance à l'occasion du 14 juillet. À l'origine, le Comité de lutte contre la guerre et le fascisme prévoyait une vaste concentration antifasciste à Paris afin de riposter aux démonstrations des Croix-de-Feu et d'unifier, au plan national, toutes les forces antifascistes dans un Comité central d'unité d'action antifasciste. La date initiale fixée à la Pentecôte est reportée en raison des congrès du parti socialiste et de la Ligue des droits de l'homme. Le choix du 14 juillet, soutenu par les comités locaux, est approuvé par la CGTU et le PCF. Cette initiative du mouvement Amsterdam-Pleyel change d'échelle à l'occasion d'une réunion convoquée, le 17 juin, au siège de la LDH. Les nombreux partis et mouvements qui s'y retrouvent tombent d'accord pour mettre sur pied un comité d'organisation placé sous la présidence de Victor Basch de la LDH, avec deux secrétaires, Octave Rabaté d'Amsterdam-Pleyel et Pierre Gérôme du CVIA. Il s'élargit non seulement à la CGTU et à la CGT, mais également à la SFIO et au parti radical qui, par ses leaders de gauche comme Jean Zay ou Jacques Kayser, soutient cette entreprise et à laquelle Daladier apporte, lors d'un meeting du CVIA à la Mutualité, sa caution publique. Prenant la parole à côté de Léon Blum et de Maurice Thorez, celui-ci approuve une alliance des partis de gauche contre le fascisme tout en traçant un programme de lutte contre la crise et les « 200 familles » [Berstein, 1982]. Le comité d'organisation décide d'« organiser sur l'ensemble du territoire, à l'occasion du 14 juillet, une fête populaire de la République et le rassemblement de tous les citoyens pour la défense des libertés démocratiques, du pain des travailleurs et de la paix » en précisant que « dès à présent est prévue à Paris une double manifestation : un cortège populaire et les Assises de la Paix et de la Liberté » [Carre-Prézeau, 1993, p. 411]. Les élections municipales, l'alliance franco-soviétique, la dernière crise parlementaire ainsi que les liens noués entre les partis de gauche à cette occasion, avaient modifié la situation et conforté les courants favorables au Rassemblement populaire au sein des différentes organisations jusqu'alors réticentes. Le succès des rassemblements est aussi bien quantitatif que qualitatif. Des manifestations dans tout le pays rassemblent plus d'un million de manifestants, ce qui situe leur succès au niveau des démonstrations du 12 février 1934 et marque un tournant dans les rapports du mouvement ouvrier et de la commémoration du 14 juillet devenue depuis longtemps l'apanage des forces nationalistes et conservatrices [Tartakowsky, 1994]. Le rassemblement parisien est de ce point de vue le plus explicite. Le matin du 14, le rassemblement dans le stade vélodrome de Buffalo, à Montrouge, regroupe les délégations venues de tous les départements et celles qui représentent les quarante-huit organisations participantes à ces Assises de la paix et de la liberté. Parmi les discours des différents porte-parole, deux marquent plus particulièrement l'assistance qui leur était assez largement acquise. D'abord celui de Jacques Duclos qui célèbre la réconciliation entre *La Marseillaise* et *L'Internationale* et souligne l'attachement des communistes aux traditions républicaines : « Nous qui luttons sous les plis du drapeau rouge, nous sommes heureux de voir à nos côtés des combattants de la liberté qui arborent le drapeau tricolore dont nos ancêtres firent l'emblème de la grande Révolution française et que l'on vit souvent voisiner sur les barricades avec notre drapeau rouge. Nous voyons dans le drapeau tricolore le symbole des luttes du passé et dans notre drapeau rouge le symbole des luttes et des victoires futures. » Ensuite, celui d'un autre responsable communiste, Octave Rabaté, qui lit le serment que tous les participants vont prêter par lequel ils affirment leur détermination à défendre la paix et la liberté. « Nous faisons le serment de rester unis pour défendre la démocratie, pour désarmer et dissoudre les ligues factieuses, pour mettre nos libertés hors de l'atteinte du fascisme. Nous jurons, en cette journée qui fait revivre la première victoire de la République de défendre les libertés démocratiques conquises par le peuple de France, de donner du pain aux travailleurs, du travail à la jeunesse et, au monde, la grande paix humaine. » [Lefranc, 1965, p. 82.] Après ce cérémonial du matin, directement inspiré par la fête de la Fédération, ce fut, l'après-midi, un immense cortège de la Bastille à la Nation le long de ce parcours urbain qui répondait à celui des Champs-Élysées traditionnellement réservé aux ligues [Amalvi, 1984]. Ce jour-là, les Croix-de-Feu qui avaient appelé à défiler avec le soutien de Laval se retrouvent à quelques dizaines de milliers tandis que les forces antifascistes regroupent plusieurs centaines de milliers de manifestants dont certains sont costumés en sans-culottes, d'autres portent de multiples drapeaux rouges et tricolores, tandis que diverses fanfares jouent des chants républicains et révolutionnaires. De grandes pancartes décorées par des bonnets phrygiens précèdent le cortège qui s'achemine vers la place de la Nation où les manifestants se retrouvent avant de se disperser forts du succès de cette journée qui a dépassé peut-être celle du 12 février en ampleur et en puissance symbolique.

Pour tous ceux qui, à gauche, avaient été réticents devant le projet de Front populaire, cette journée démontrait le bien-fondé d'une proposition qui réussit à élargir l'action antifasciste au-delà des rangs du mouvement ouvrier. Le comité d'organisation, en principe circonstanciel puisqu'il avait été monté le temps d'une manifestation, se transforme ensuite en Comité national du Rassemblement populaire qui se donne comme objectif la pérennisation de cette alliance. En quelques mois, dans les partis de gauche, les termes du débat autour de la guerre et du fascisme avaient profondément évolué.

Chez les communistes, la dénonciation primordiale de la guerre était associée jusqu'alors à celle d'un fascisme identifié au capitalisme. Désormais, le fascisme est défini de manière restrictive comme une forme politique réactionnaire spécifique qui met en cause des libertés démocratiques. Cette analyse reprise et généralisée par Dimitrov, devant le VIIe congrès de l'IC, débouche sur la défense de la démocratie politique elle-même. Pour Thorez, la dénonciation de la guerre devient subordonnée à celle du fascisme, et la critique de la démocratie parlementaire disparaît de même que celle de la politique de défense nationale. Pour les socialistes, engagés dans la dénonciation du fascisme, la défense des revendications sociales est une donnée désormais admise, notamment en raison de l'engagement syndical dans les manifestations antifascistes. Les radicaux eux-mêmes, en dénonçant, avec Daladier, les « 200 familles », associent la défense républicaine antifasciste à la critique des grands intérêts privés. Le 14 juillet 1935 constitue donc le moment décisif où se noue le rassemblement de la gauche politique, sociale et culturelle : de ce point de vue, il est autant un aboutissement que le départ d'une nouvelle étape, puisqu'il ouvre la voie d'une alliance électorale de la gauche et la place devant de nouvelles responsabilités.

La gauche entre l'antifascisme de combat et le pacifisme intégral (1936-1937)

La dynamique du Rassemblement populaire introduit, dès l'été 1935, des transformations dans le champ de la politique française : les partis qui étaient travaillés par les divisions et connaissaient depuis plusieurs années une perte d'influence au profit des mouvements, des comités ou des ligues, structurent à nouveau la vie politique et gagnent en cohérence interne. Les organisations politiques et syndicales engagent des pourparlers qui débouchent sur un programme électoral commun adopté au début de 1936. De fait, si les partis de gauche, communistes, socialistes et radicaux notamment, ont été les premiers signataires d'un accord laborieusement négocié, ils sont appuyés par les autres organisations du Rassemblement populaire, qu'elles soient culturelles, sportives ou syndicales. Ces dernières poursuivent par ailleurs des négociations dont l'objectif spécifique est la réunification de la CGT et de la CGTU, réalisée et proclamée en mars 1936. Les mouvements et les comités, qui constituent leurs structures de base, n'exercent plus la même attractivité, dès lors que les partis et les syndicats deviennent les initiateurs d'une orientation mobilisatrice. Ceux-ci connaissent en 1936 une embellie sans précédent puisque c'est par centaines de milliers que les adhérents se comptent aux partis socialiste et communiste tandis que la CGT regroupe après les grèves de mai-juin plus de quatre millions d'adhérents à la fin de 1936 [Wolikow, 1996].

Si l'antifascisme est à la base des programmes d'unification politique et syndicale, la part faite à la guerre est beaucoup moins explicite. La dénonciation et l'action contre le fascisme sont désormais au premier plan des préoccupations des organisations alors que la guerre, bien qu'évoquée, perd de son acuité. Programmes d'action et mobilisations populaires s'inscrivent dans un contexte pourtant marqué par des conflits internationaux et des tensions diplomatiques : la guerre d'Éthiopie, la remilitarisation de la Rhénanie, la guerre d'Espagne. Ces événements affectent l'activité des forces de gauche désormais incertaines face à des perspectives de guerre associées aux entreprises internationales, principalement d'Hitler. Les divisions des forces de gauche ont une dimension internationale propre comme l'atteste, au moment où se discute le programme du Front populaire, l'échec de la mobilisation contre la guerre d'Éthiopie. La politique de sécurité collective, l'éloge de la Société des Nations (SDN) sont devenues des références communes à tous les partis de gauche ainsi qu'en témoigne la partie consacrée à la « défense de la paix » par le programme du Rassemblement populaire. On y trouve un subtil dosage entre les préoccupations des trois principaux partis de la gauche. Les mesures concernant la politique étrangère de la France préconisent le désarmement et la défense de la sécurité collective, mais envisagent également la « nationalisation des industries de guerre et la suppression du commerce privé des armes », ainsi que l'« extension, notamment à l'Europe orientale et centrale, du système des pactes ouverts à tous, suivant les principes du pacte franco-soviétique ». Pour autant, des divergences ou des contradictions persistent au sein des différentes forces de gauche. Paradoxalement, le tournant du Front populaire n'a pas apporté de solution claire de ce point de vue même chez les communistes, alors que des clivages s'affirment chez les socialistes et les radicaux.

Lors de la guerre d'Éthiopie, de l'automne 1935 au printemps 1936, toute la gauche s'est retrouvée, après quelques hésitations initiales, pour condamner la diplomatie française et ses atermoiements complices à l'égard de Mussolini. La gauche française fut dans ce domaine à l'origine de démarches et d'initiatives en vue d'une action concertée entre les Internationales ouvrières. Cependant une délégation du PCF, forte de ses accords avec les socialistes français et mandatée par l'IC, ne réussit pas à obtenir un engagement de l'IOS dominée par des partis socialistes hostiles à toute action commune avec les partis communistes [Procacci, 1981]. En fait, derrière l'accord unanime pour défendre la sécurité collective se cachaient des divergences. Du côté communiste, la diplomatie de l'URSS restait très prudente : à la fin de la guerre, en mars 1936, Staline releva que l'agression italienne n'était qu'un simple « épisode » finalement mineur face aux dangers que représentaient la politique allemande en Europe ou japonaise en Extrême-Orient. Au sein de la SFIO ou du CVIA, des courants pacifistes affirmaient leur réticence devant toute politique de fermeté passant par des sanctions ou une intervention militaire. De même, les radicaux n'étaient pas prêts à défendre une diplomatie interventionniste fût-ce dans le cadre de la SDN, tandis que les communistes et une partie des socialistes avec Blum et Zyromski préconisaient des initiatives internationales. Ainsi, à gauche, le spectre des positions continua de se diversifier durant les mois qui précédèrent la victoire électorale du Front populaire. Même si la thèse défendue par les communistes selon laquelle « le fascisme c'est la guerre » gagnait du terrain dans l'opinion de gauche contre ceux qui renouvelaient leur opposition à toute guerre, cela n'induisait pas un bouleversement des attitudes politiques. Face à l'occupation militaire de la Rhénanie par les troupes allemandes, quelques semaines avant les élections, les partis de gauche adoptèrent peu ou prou une attitude dilatoire qui associait la fermeté des propos et la modération des mesures préconisées. Tous dénoncèrent la politique hitlérienne, mais réaffirmèrent leur souci de ne pas s'engager dans une aventure militaire. Pourtant cette unanimité n'était que de façade, car de nouvelles tensions se manifestèrent en plusieurs circonstances aussi bien dans la CGT que dans le CVIA. Elles annonçaient des divisions qui s'approfondirent dès l'automne 1936 lorsque le gouvernement de Front populaire et l'ensemble des forces de gauche se trouvèrent confrontées à la guerre en Espagne.

On assiste ainsi à une redistribution des prises de position qui contribue à dissocier antifascisme et pacifisme. Depuis le début des années 1930, les organisations pacifistes avaient accentué leur critique de la diplomatie dite de Genève, fondée sur la sécurité collective et la croyance dans la politique de la SDN. La Ligue internationale des combattants pour la paix, créée en 1931, la plus notable, regroupait environ une dizaine de milliers de membres [Defrasne, 1994]. Après avoir participé aux actions « contre la guerre impérialiste » lors du lancement du congrès d'Amsterdam, elle s'éloigna des communistes violemment critiqués pour leur tournant en faveur de la défense nationale. Ces pacifistes rejoignaient ainsi les courants d'extrême gauche qui, dans le mouvement syndical ou dans le parti socialiste, dénonçaient le retour à l'Union sacrée et appelaient à la constitution d'un nouveau Zimmerwald. Pendant deux années, de l'hiver 1935 à l'hiver 1937, ils réaffirment des conceptions pacifistes au risque de s'éloigner d'un antifascisme qu'ils dénigrent comme une forme nouvelle du bellicisme incarné par les communistes. Ainsi, au moment du Front populaire, la gauche française est travaillée par une fêlure considérable.

Lorsque les pacifistes au sein du CVIA s'opposent à son orientation antifasciste qui, selon eux, mène à la guerre, ils se prononcent pour un pacifisme intégral et exclusif qui les conduit, avec Félicien Challaye, à prôner le compromis à tout prix.

Challaye polémique ainsi avec la Ligue internationale contre l'antisémitisme (LICA) de Bernard Lecache, au début de 1936, à propos des réfugiés allemands, dont il juge qu'ils « entretiennent un dangereux esprit d'hostilité contre l'Allemagne actuelle » [Racine, 2003]. Cette position provoqua le départ de ceux qui tels Langevin acceptaient l'idée d'un antifascisme de combat et l'alliance franco-soviétique. René Maublanc dans un pamphlet dénonce ceux qui « antifascistes en politique intérieure... en arrivent à paraître profascistes en politique extérieure » [Maublanc, 1936]. Ces débats parmi les intellectuels engagés dans les combats du pacifisme et de l'antifascisme s'amplifient avec la guerre d'Espagne. Ceux qui mettent en avant un « pacifisme intégral » refusent désormais un antifascisme qui revêtait alors une dimension combative effective. Que ce soit au nom d'un pacifisme opposé à toute guerre ou au nom de convictions révolutionnaires refusant de distinguer parmi les États capitalistes, les pacifistes intégraux se retrouvent avec tous ceux qui minorent la gravité de la menace hitlérienne. Conservant ou reprenant la grille de lecture qui avait été celle de l'extrême gauche communiste jusqu'en 1935, ces pacifistes assimilent antifascisme, nationalisme et bellicisme pour plaider en faveur d'une politique d'entente européenne. Cette gauche pacifiste qui rassemble la gauche révolutionnaire de Pivert, une minorité conséquente de syndicats de la CGT, derrière notamment le syndicat des instituteurs, rejoint les positions d'une partie des radicaux et de l'appareil socialiste, derrière Paul Faure, hostiles à une confrontation directe avec l'Allemagne hitlérienne. À l'inverse, émerge une gauche antifasciste qui met en avant la défense de la démocratie et la nécessité du combat y compris militaire contre le fascisme sous ses différentes formes. On y retrouve notamment le parti communiste, mais aussi la Bataille socialiste de Zyromski, des socialistes « majoritaires » tels Jean Longuet, de gros bataillons de la CGT et une fraction des intellectuels qui ont quitté le Comité de vigilance pour s'engager dans de nouvelles organisations comme Paix et Liberté. Des hommes comme Romain Rolland ou Jean Guéhenno, pacifistes de longue date, prennent leur distance à l'égard du pacifisme intégral et acceptent l'idée d'un engagement antifasciste qui, au plan international, implique une politique de fermeté et de riposte à l'Allemagne comme à l'Italie. Le soutien aux républicains espagnols soude cette gauche antifasciste qui réclame du gouvernement qu'il place la France à leurs côtés. Le même Gabriel Péri qui avait encore marqué, dans *L'Humanité*, ses réserves devant une intervention militaire française contre la remilitarisation de la Rhénanie (« Sauver la paix contre le fascisme », 20 mars 1936), dénonce, en décembre au nom du groupe parlementaire communiste, la politique de non-intervention en Espagne (« Le parti communiste et la paix », 6 décembre 1936). Le PCF, pour la première fois vote le budget de la défense nationale et soutient de fait l'effort de réarmement lancé par le gouvernement de Léon Blum.

Ces nouveaux clivages, au sein de la gauche, autour de l'antifascisme et du pacifisme, restent en partie masqués par la victoire électorale du Front populaire et la formation d'un gouvernement qui s'appuie sur une majorité parlementaire, large à la Chambre des députés, mais sans réalité au Sénat. La politique du gouvernement Léon Blum, tiraillée par des préoccupations contradictoires, se réfère à la diplomatie de la sécurité collective au moment où celle-ci vole en éclat. Le parti socialiste, désormais chargé des responsabilités gouvernementales, concilie avec difficulté sa culture pacifiste et son engagement antifasciste. Le gouvernement de Front populaire ne subit pas seulement le poids de la diplomatie britannique, mais aussi celui du parti radical dont est membre Yvon Delbos, le ministre des Affaires étrangères. Lorsque Léon Blum plaide pour la non-intervention des différentes puissances européennes en Espagne, il le fait au nom de la sécurité collective et de son attachement à la cause de la paix. Il s'appuie de ce point de vue sur des sentiments mêlés parmi l'électorat de gauche, mais prend de nombreux militants socialistes à contre-pied. Même les courants pacifistes de gauche n'envisagent pas de rester l'arme au pied face aux événements espagnols.

Le parti communiste négocie paradoxalement mieux le tournant de l'antifascisme démocratique [Wolikow et Ruget, 1998]. Cette thématique qui suscite l'incompréhension de l'extrême gauche antistalinienne rencontre un écho dans le monde ouvrier auquel cette politique offre la possibilité d'associer le combat social et le combat démocratique. Que cet antifascisme démocratique ait permis aux communistes d'obtenir un soutien à la politique de l'URSS qui s'engage alors, sous l'impulsion de Staline, dans une vague de terreur sans précédent, n'est pas le moindre paradoxe tragique de cette époque où les antifascistes avaient toutes les indulgences pour la politique soviétique tandis que les pacifistes minimisaient la politique de guerre développée par Hitler ! Même si l'antifascisme fut très largement utilisé à son profit par le parti communiste, [Furet, 1995], il n'en reste pas moins que cet antifascisme démocratique a été véritablement vécu par les larges fractions du « peuple de gauche ». Ses combats diffusent, au sein même de la gauche, une culture politique qui transcende les organisations. Cette culture, qui associe la défense démocratique, la lutte sociale et imagine comme possible une guerre antifasciste, se forge au travers des crises internationales à partir de 1936 [Groppo, 2000]. La gauche, qui, dans un premier temps, avait réussi, en 1935, à faire son unité autour d'un antifascisme associé à la lutte contre la guerre, ne parvient plus à combiner ses différents héritages : la recomposition qui semblait s'amorcer vole en éclat, une nouvelle spirale de division s'ouvre en 1938. Les clivages entre pacifisme et antifascisme vont rejouer encore face à la guerre menaçante, puis après le déclenchement du conflit, mais l'antifascisme, tel qu'il avait été vécu pendant les années 1930, ne renaît pas à l'identique. Malgré le Pacte germano-soviétique, il redeviendra progressivement une référence pour la Résistance pendant la période de l'Occupation.

Références bibliographiques

Amalvi Christian (1984), « Le 14 juillet », *in* Nora Pierre (dir.), *Les Lieux de mémoire*, t. 1 : *La République*, Gallimard, Paris.

Berstein Serge (1982), *Histoire du Parti radical*, t. 2 : *Crise du radicalisme*, Presses de la FNSP, Paris.

Cahiers Léon Blum (2003), *Naissance d'une coalition antifasciste. Février 1934*, Robert Verdier (dir.), articles de Bruno Groppo, Frédéric Monier, Gilles Vergnon et Philippe Nivet, discours de Blum à la conférence de l'IOS, 23 août 1933, Paris.

Carre-Prézeau Jocelyne (1993), *Amsterdam-Pleyel (1932-1939), Histoire d'un mouvement de masse*, thèse de doctorat, université de Paris-VIII.

Defrasne Jean (1994), *Le Pacifisme en France*, PUF, Paris.

Dreyfus Michel (1991), *L'Europe des socialistes*, Complexe Bruxelles.

Furet François (1995), *Le Passé d'une illusion, essai sur l'idée communiste au XXe siècle*, Robert Laffont, Paris.

Groppo Bruno (2000), « Fascismes, antifascismes et communismes », in *Le Siècle des communismes*, L'Atelier, Paris.

Hohl Thierry (2001), *L'Identité politique des courants et tendances de gauche de la SFIO du congrès de Tours au début de la IVe République*, thèse de doctorat, université de Bourgogne, Dijon.

Lefranc Georges (1965), *Histoire du Front populaire*, Payot, Paris.

Maublanc René (1936), *Le Pacifisme et les intellectuels*, Bureau d'éditions, Paris.

Procacci Giuliano (1981), « La "lotta per la pace" nel socialismo internazionale alla vigilia della seconda guerra mondiale », in *Storia del Marxismo*, vol. 3, t. 2, Einaudi, Turin.

Racine Nicole (1986), « Le Comité de vigilance des intellectuels antifascistes (1934-1939) », *in* Jean Bouvier (dir.), *La France en mouvement, 1934-1938*, Champ Vallon, Seyssel.

— (2003), « Intellectuels pacifistes et antifascistes devant les menaces de guerre (1933-1939) », *in* Hélène Fréchet (dir.), *La société, la guerre et la paix de 1911 à 1946*, Éd. du Temps, Nantes.

Santamaria Yves (2002), *L'Enfant du malheur, Le Parti communiste français dans la lutte pour la paix (1914-1947)*, Seli Arslan, Paris.

Tartakowsky Danièle (1994), *Les Manifestations de rue en France, 1918-1968*, thèse de doctorat d'État, université de Paris-I.

Terroni Sandra (2002), *Per la difesa della cultura*, Cagliari.

Vidal Georges (2002), *Le Parti communiste français et la Défense nationale à l'époque du Front populaire, De l'antimilitarisme révolutionnaire à l'armée républicaine (1934-1939)*, thèse de doctorat, université de Montpellier-III.

Wolikow Serge (1996), *Le Front populaire en France*, Complexe, Bruxelles.

— (2001), *L'Internationale communiste, 1919-1943, Jalons, in Komintern : l'histoire et les hommes, Dictionnaire biographique de l'Internationale communiste*, L'Atelier, Paris.

Wolikow Serge et Ruget Annie (1998), *Antifascisme et nation. Les gauches européennes au temps du Front populaire*, EUD, Dijon.

60

La gauche de Munich à l'armistice

Noëlline Castagnez

En abandonnant la Tchécoslovaquie à l'expansionnisme hitlérien, la conférence de Munich des 29 et 30 septembre 1938 laissa, dans la mémoire collective, le souvenir d'une reculade honteuse et d'un véritable fiasco diplomatique. Pour ses contemporains, cette crise révélait plutôt toute la complexité et l'ambivalence du choix pacifiste face au risque de guerre. La veille, la mobilisation avait placé plus d'un million de Français sous les drapeaux. La France devait-elle honorer ses engagements envers son alliée tchécoslovaque à qui elle avait promis son assistance militaire en cas d'agression ? Ou bien devait-elle se rallier à la politique d'apaisement préconisée par le cabinet britannique de Neville Chamberlain afin d'éviter un nouveau massacre ? Le président du Conseil, le radical Édouard Daladier, animé par un pacifisme d'ancien combattant et le désir d'obtenir un répit, finit par apposer avec amertume sa signature au bas des accords et reçut un accueil enthousiaste à son retour. Mais la fracture entre munichois et antimunichois allait bouleverser la vie politique pour plusieurs années, et se superposer au traditionnel clivage entre la gauche et la droite, avec des pacifistes et antifascistes de gauche et des pacifistes et nationalistes de droite. Alors que les Français étaient plus profondément divisés qu'au moment de l'affaire Dreyfus, comment les forces du Rassemblement populaire, l'appellation officielle du Front populaire, allaient-elles réagir aux accords de Munich, dans l'immédiat et à plus long terme ? Déjà ébranlées par la chute du cabinet Léon Blum en avril, il n'était pas certain qu'elles puissent faire survivre un Front populaire antifasciste face au risque d'une guerre imminente. Car au-delà de l'irrépressible soulagement d'échapper à une nouvelle boucherie héroïque, quelle attitude, pacifiste, anticommuniste ou antifasciste, allaient-elles adopter à travers le prisme de la politique extérieure ?

La fracture de Munich

Au moment de la conférence, les différentes tendances de la diplomatie et de l'opinion publique françaises trouvèrent leur traduction à gauche. Si les munichois étaient majoritaires, les motivations des uns et des autres pouvaient être diverses, voire contradictoires. Les partisans de l'apaisement, incarné par le ministre des Affaires étrangères Georges Bonnet, voulaient sauver la paix à tout prix, quitte à abandonner l'Europe centrale à Hitler. Cette stratégie n'était pas dénuée d'arrière-pensée — l'objectif était finalement de faire barrage à l'URSS. Cette dimension anticommuniste du consentement munichois fut aussi l'un des facteurs qui détermina plus tard le glissement de certains hommes de gauche vers la collaboration. Sur la marge et dérivant à droite, le mouvement frontiste de l'ancien radical Gaston Bergery, qui saluait en Munich la levée de l'hypothèque communiste, en fut un bon exemple. Se voulant à la fois anticapitaliste et antifasciste, il appela, dans *La Flèche* du 21 octobre 1938, à la formation d'un « gouvernement de salut public », qui s'opposerait aux « trusts » et aux communistes et œuvrerait pour la paix [Burrin, 1986]. Si, à l'inverse, le refus de Munich prédisposa souvent à l'entrée en Résistance, à l'image du journaliste socialiste Pierre Brossolette, il convient de ne pas ignorer tous les munichois convaincus, dont le seuil de tolérance fut pourtant atteint avec la défaite ou le régime de Vichy, comme Félix Gouin qui refusa les pleins pouvoirs à Pétain. Dans cette société traumatisée par la Grande Guerre, le rejet viscéral ou l'acceptation du risque de guerre étaient des ressorts éminemment personnels qui échappaient à toute discipline partisane. De sorte que le doute n'épargna presque aucune formation.

La Section française de l'Internationale ouvrière (SFIO), en proie à une véritable scission morale, en est le plus parfait exemple. Son secrétaire général, Paul Faure, était le chef de file d'un courant conjuguant un pacifisme traditionnel dans le parti, héritier du « Plus jamais ça ! », et un anticommunisme systématique depuis la scission de Tours en 1920. Les paul-fauristes s'exprimaient dans *Le Socialiste*, où ils dénonçaient régulièrement le « complot » stalinien et réclamaient la révision des traités. Avant la conférence, dans *Le Populaire*, Paul Faure souhaitait qu'un « esprit de compréhension, de conciliation et de concession » préside aux débats, alors que Léon Blum se sentait partagé « entre un lâche soulagement et la honte » (20 septembre 1938). La majorité de son groupe parlementaire acceptant de ratifier les accords le 4 octobre, il convainquit ses amis antimunichois, comme Jules Moch, de se montrer disciplinés, seul le député de la Côte-d'Or Jean Bouhey osant déroger à la règle sacrée de l'unité. Léon Blum reçut néanmoins le soutien de la tendance Bataille socialiste de Jean Zyromski, qui avait tant critiqué sa politique de non-intervention en Espagne et qui était favorable à l'unité d'action avec le PCF afin de poursuivre le combat antifasciste. Léon Blum rompit alors avec le pacifisme inconditionnel, en fondant la sécurité collective sur le respect des alliances et un réarmement immédiat. De sorte qu'au congrès de décembre 1938, à Montrouge, les partisans de la fermeté l'emportèrent sur les tenants de l'apaisement, en dépit du renfort de Redressement, la tendance de Ludovic Zoretti et de Georges Albertini. Les positions des « bellicistes » et « pacifistes bêlants » — tels qu'ils se nommaient désormais entre eux — devenaient inconciliables, mais dans un souci unitaire les blumistes laissèrent le secrétariat général à Paul Faure. Les premiers, avec Georges Monnet, Pierre Viénot et Daniel Mayer, lancèrent une publication, *Agir*, en février 1939, alors que les seconds se dotaient le mois suivant du *Pays socialiste par la liberté, par la paix*. Ces derniers soupçonnaient toute politique de fermeté de faire le jeu de l'URSS et donc de sa stratégie révolutionnaire de déstabilisation intérieure. Après l'entrée des Allemands à Prague le 15 mars, Léon Blum et ses amis espérèrent en vain leur conversion. Mais, héritiers d'un strict matérialisme historique d'inspiration guesdiste, les paul-fauristes s'obstinaient à ignorer la nature singulière et raciste du nazisme, à n'y voir qu'une forme renouvelée du pangermanisme, et à l'interpréter comme un signe avant-coureur de la dégénérescence du capitalisme. Seul un réflexe unitaire empêcha le congrès de Nantes de mai 1939 de déboucher sur une scission, car la motion qui y fut votée souscrivait à une politique de réarmement et au respect des alliances [Sadoun, 1982 ; Castagnez, 2004].

La Confédération générale du travail (CGT) était également perturbée depuis l'été 1938, toutes les divergences contenues depuis la réunification avec la CGTU en 1936 refaisant surface. Les antiunitaires, derrière le secrétaire adjoint, René Belin, le secrétaire général du Syndicat national des instituteurs (SNI), André Delmas, et Georges Dumoulin, secrétaire de l'Union départementale du Nord, avaient créé la tendance Syndicats en octobre 1936. Ils dénonçaient « la colonisation » de la CGT par les communistes et leur « bellicisme ». Face à eux, le secrétaire confédéral, Léon Jouhaux, et le secrétaire administratif, Robert Bothereau, critiquaient de plus en plus l'esprit de Munich, sans s'aligner pour autant sur les unitaires communistes, menés par Benoît Frachon. Lors du congrès de Nantes de novembre 1938, les délégués se divisèrent. Les unitaires voulaient organiser un « Front de la paix » antifasciste, alors que Mathé, des PTT, dotait le pacifisme intégral d'une formule restée célèbre, en déclarant : « Plutôt la servitude que la guerre, parce que la servitude on en sort et que de la guerre on n'en revient pas » [Dreyfus, 1986 ; Le Crom, 1995].

L'influence du philosophe Alain et d'autres membres du Comité de vigilance des intellectuels antifascistes (CVIA), comme Léon Émery ou Michel Alexandre, se faisait également sentir. Dans la mesure où leur pacifisme se voulait le prolongement de leur lutte contre le fascisme, Munich les conforta dans l'idée que la résistance intellectuelle et morale à la guerre était bien le fondement de l'antifascisme : à leurs yeux, une révision plus rapide des traités aurait permis d'endiguer la montée du nazisme [Racine-Furlaud, 1985]. Déserté par Paul Langevin puis par Paul Rivet qui désapprouvaient cette orientation, le CVIA collabora à un *Cahier d'information du militant*, destiné à développer la résistance à l'idée de guerre, avec le SNI, en octobre 1938. En outre, Michel

Alexandre et Léon Émery créèrent un Comité syndical d'action contre la guerre (CSACG), bientôt épaulé par la Gauche révolutionnaire de Marceau Pivert. Cette tendance d'extrême gauche de la SFIO avait autrefois proclamé son « défaitisme révolutionnaire » avec le mot d'ordre : « Pas un sou, pas un homme pour l'armée nationale ! » Mais devenue le PSOP (Parti socialiste ouvrier et paysan) en juin 1938, elle s'était ralliée au « pacifisme révolutionnaire » et menait surtout campagne contre le caractère impérialiste de la guerre et les sirènes antifascistes qui conduiraient à une néfaste union sacrée. Au lendemain de la mobilisation du 24 septembre 1938, le CSACG et le PSOP signèrent une affiche réclamant des négociations immédiates. Et le pivertiste Lucien Hérard salua, en Munich, « une paix fragile, éphémère, bourgeoise et capitaliste, mais tout de même une paix ». Un Centre de liaison contre la guerre fut alors lancé avec le PSOP, le CVIA, le CSACG et divers groupuscules. Toutefois, à partir de mars 1939, les pivertistes se divisèrent eux aussi, les uns persistant à ne pas croire à la fatalité de la guerre, les autres, tels Daniel Guérin et Jean Rous, voulant transformer la « guerre impérialiste » en une guerre civile qui leur permettrait de prendre le pouvoir [Joubert, 1977].

Entre consentement et refus, le radical Édouard Daladier était représentatif de ceux qui, sans être dupes, voulaient obtenir un répit, parce qu'ils étaient convaincus que la France n'était pas prête et qu'elle courait au désastre. La famille radicale, à l'exception de quelques antimunichois comme Pierre Cot ou Jean Zay, reçut donc Munich avec soulagement, mais se garda de pavoiser. Ses parlementaires ratifièrent les accords le 4 octobre 1938 et octroyèrent le lendemain les pleins pouvoirs à Édouard Daladier, auquel ils apportèrent dès lors un soutien sans faille [Berstein, 1986]. Le XXXVe congrès du parti radical, qui se tint à Marseille du 26 au 30 octobre, dénonça le « bellicisme démagogique » des communistes. Mais, dans le même temps, les radicaux prenaient leurs distances à l'égard de l'ultrapacifisme d'un Pierre-Étienne Flandin. Progressivement, Édouard Daladier joua de son immense popularité pour afficher sa fermeté, se démarquer de Georges Bonnet, notamment après l'invasion de Prague, dans son discours du 29 mars 1939, où il déclara que tout nouveau coup de force serait considéré comme un *casus belli*. Dans le Midi, *La Dépêche* des frères Sarraut traduisit bien cette évolution des radicaux, en exaltant l'entente franco-britannique et le bien-fondé des accords à l'automne 1938, puis en marquant un net raidissement à partir de mars 1939. Ce basculement dans le camp de la fermeté devint patent avec l'indignation provoquée par l'article du 4 mai du néosocialiste Marcel Déat, qui refusait de « mourir pour Dantzig ».

Le PCF était donc la seule formation de gauche intégralement antimunichoise, ce qui lui valut d'être traité de « fauteur de guerre » par ses adversaires de droite comme de gauche. Depuis le VIIe congrès de l'Internationale communiste en 1935, sa stratégie avait consisté à lutter contre l'expansionnisme hitlérien par un système de sécurité collective regroupant les démocraties capitalistes et l'URSS. Or Munich signait la faillite de cette option et ouvrait une ère menaçante pour les Soviétiques. En refusant la ratification des accords le

4 octobre 1938, le PCF se coupa de ses anciens alliés, alors même que Maurice Thorez, son secrétaire général, proposait un gouvernement de Front populaire resserré et s'écriait le 7 octobre : « À la porte Daladier-Bonnet ! » [Courtois et Peschanski, 1987]. Dès lors l'anticommunisme fut non seulement admis, mais s'institutionnalisa dans la vie politique française. L'isolement du parti s'aggrava par paliers, parce qu'il n'avait pas réussi à faire reconnaître son image de parti national, indépendant de la ligne soviétique [Laborie, 1986].

La liquidation du Front populaire

La crise de Munich passée, le gouvernement de Daladier, qui s'était engagé en août 1938 à « remettre la France au travail » au nom du redressement national, trouva à droite les appuis qu'il avait perdus sur sa gauche. Le 10 novembre, en réaction au vote antimunichois des parlementaires communistes, les radicaux quittèrent officiellement le Comité national du Rassemblement populaire. Les décrets-lois adoptés, deux jours plus tard, par Paul Reynaud, le nouveau ministre des Finances, inaugurèrent alors une politique de reprise en main de la classe ouvrière et de liquidation des acquis du Front populaire. Ils provoquèrent une telle colère qu'une trêve intervint entre les socialistes et les communistes, et que la CGT crut un temps pouvoir relancer la dynamique du Rassemblement populaire.

Le congrès de la CGT à Nantes, du 14 au 16 novembre, enregistra une progression des unitaires et vota une résolution d'action pouvant aller si nécessaire jusqu'à la « cessation collective du travail ». Le 21 novembre, les premières grèves éclatèrent aux aciéries de Denain-Anzin dans le Nord, puis gagnèrent Renault à Boulogne-Billancourt, à Rouen, Nantes et Bordeaux. Mais les usines furent rapidement évacuées par la troupe. Or les communistes étaient décidés à jouer quitte ou double pour reprendre l'initiative politique. Ce même 21 novembre, Maurice Thorez exposa devant le comité central un « programme de gouvernement de la France » où, se référant au Front populaire, il en appelait à l'alliance des classes moyenne et ouvrière et proposait des innovations économiques, telles que les nationalisations. Parallèlement, les communistes firent pression sur Léon Jouhaux et, le 25 novembre, devant la détermination de sa base, la CGT lança officiellement un appel à la grève générale pour le 30 novembre. Cette journée se voulait à la fois une grève interprofessionnelle contre les décrets-lois, un ultime sursaut du Front populaire, et une protestation contre les accords de Munich. Mais cette pluralité d'objectifs affaiblit la mobilisation, et deux millions seulement des cinq millions de syndiqués se mirent en grève. Le mouvement syndical pâtissait en outre de ses divisions récentes sur Munich et avait enregistré un recul du dixième de ses effectifs, depuis le début de l'année 1938, y compris dans le Nord et le Pas-de-Calais. La grève fut donc un échec, particulièrement visible dans les transports parisiens, et fut très sévèrement réprimée, surtout par le patronat, décidé à en découdre et à prendre sa revanche sur juin 1936. Sur le front politique, les socialistes avaient certes basculé dans l'opposition, mais Édouard Daladier disposait d'une nouvelle majorité de centre droit. Le Front populaire était bel et bien mort et le PCF avait perdu son pari.

Même si la belle époque de l'envolée militante de 1936-1937 était derrière lui, le PCF demeurait encore la première force partisane organisée avec 280 000 adhérents à l'été 1939 (contre 330 000 deux ans plus tôt). Le recul était antérieur à sa prise de position antimunichoise, mais l'échec de novembre l'avait amplifié. Début 1939, le parti déploya de gros efforts pour enrayer la chute de ses effectifs et surtout sortir de l'isolement politique où les autres forces voulaient le confiner. Or l'aggravation de la situation internationale lui permit de repasser à l'offensive, l'entrée d'Hitler à Prague le 15 mars 1939 lui donnant raison en ce qui concernait la conférence de Munich. Tenant pour acquise une alliance entre les démocraties et l'URSS, Maurice Thorez put réclamer « un gouvernement à la fois de Front populaire et de défense nationale ». Au printemps, alors que se menaient les négociations qui devaient concrétiser une alliance entre la France, la Grande-Bretagne et l'URSS, les communistes entreprirent, dans *L'Humanité*, d'approuver — très provisoirement — Léon Blum et d'encourager le gouvernement à se rapprocher de l'URSS. Cette dynamique fut brutalement interrompue par l'annonce du Pacte germano-soviétique, le 23 août 1939, qui plongea tout le monde, y compris les communistes, dans une profonde stupeur.

L'onde de choc du Pacte germano-soviétique

Les démocraties occidentales furent prises de vitesse par Ribbentrop, le ministre des Affaires étrangères allemand, qui signa avec Staline un pacte de non-agression, complété par un protocole secret, prévoyant le partage de la Pologne et l'annexion de la Finlande par les Soviétiques. Considéré comme une trahison, ce pacte suscita une indignation quasi unanime, y compris chez certains parlementaires et intellectuels communistes, comme Paul Nizan, qui quittèrent le parti. La lutte contre le communisme devint même prioritaire pour certains, et leur masqua encore un peu plus le danger hitlérien.

Les paul-fauristes ne pouvaient certes plus accuser les partisans de la fermeté de philosoviétisme et ils étaient quelque peu déstabilisés de se voir rejoints dans le camp pacifiste par les communistes. Mais dans leur ensemble, les anticommunistes se trouvaient confortés dans leur analyse du complot et exigeaient que les « agents de l'étranger » soient mis hors d'état de nuire. À la CGT, la majorité condamna d'abord le pacte puis, après l'invasion de la Pologne, le 18 septembre, exclut tous ceux qui refusaient de s'en désolidariser, comme Benoît Frachon. Parallèlement, le gouvernement fit saisir *L'Humanité* dès le 25 août, puis lança au Parlement une procédure pour interdire le PCF. Léon Blum, qui n'en condamnait pas moins sévèrement le pacte, considérait que les communistes n'étaient justifiables que devant la « conscience publique », mais il ne put convaincre son groupe de refuser ces mesures autoritaires. Pour la première fois depuis Munich, Léon Blum cédait de l'audience à Paul Faure qui déclarait les communistes coupables d'une triple trahison « envers la France, envers la République, envers la classe ouvrière et le socialisme ». Le 26 septembre, le PCF était officiellement dissous et devait entrer, sans aucune préparation, dans la clandestinité. De nombreux militants (près de 3 400) furent arrêtés, parmi lesquels trente-six parlementaires qui furent déchus de leur mandat le 16 janvier 1940. Le 10 avril, ce fut un ministre socialiste, Albert Sérol, garde des Sceaux du gouvernement Reynaud, qui promulgua un décret condamnant à mort « tout Français qui aura participé sciemment à une entreprise de démoralisation de l'armée ou de la nation ». Dans la foulée, la répression gouvernementale frappa également le PSOP. Inculpé, Marceau Pivert demeura aux États-Unis où il était en voyage, puis passa au Mexique, et André Guérin se réfugia au secrétariat du Front ouvrier international à Oslo.

Devant l'imminence de la guerre, les pacifistes de gauche tentèrent d'ultimes démarches. Avec l'accord de Paul Faure, le 27 août 1939, Fernand Roucayrol rencontra le Premier ministre belge, Paul-Henri Spaak, pendant que le secrétaire général du SNI, André Delmas, et Maurice Paz, membre de la commission administrative permanente (CAP) de la SFIO, intervenaient auprès d'Henri De Man, président du Parti ouvrier belge. Leur but était de les rallier à un manifeste pacifiste international. Mais par crainte de compromettre la neutralité de la Belgique, ceux-ci refusèrent. André Delmas dut se contenter de lancer un « Appel pour la paix » au nom du SNI et des fédérations pacifistes de la CGT, le 28 août. D'autres socialistes, tels que Ludovic Zoretti ou Georges Dumoulin, signèrent le « Manifeste pour la paix immédiate » de l'anarchiste libertaire Louis Lecoin, le 13 septembre. Les paul-fauristes continuèrent à publier *Le Pays socialiste* jusqu'en juin 1940, et ajoutèrent au combat pour la paix la défense d'une « politique sociale nécessaire à la conduite de la guerre : [...] sauvegarde des droits syndicaux et des libertés publiques », se refusant à laisser le terrain de la lutte des classes aux seuls communistes. Leur haine contre leurs frères ennemis s'exprimait sans plus aucune retenue, Édouard Depreux — alors mobilisé et sous un pseudonyme — écrivant le 29 mars 1940 : « Le peloton d'exécution pour ces traîtres à la classe ouvrière, à la paix, à la démocratie ne constituerait pas un châtiment excessif... Douze balles dans la peau des complices de Hitler ! »

Depuis le pacte, en effet, la stratégie du PCF devenait difficile à suivre [Narinski, 1993]. Le 25 août 1939, Maurice Thorez expliqua au groupe parlementaire que le pacte avait permis de dissoudre le bloc des agresseurs anticommunistes et que la porte restait ouverte à une alliance entre la France, la Grande-Bretagne et l'URSS. En tout état de cause, si les nazis agressaient la France, les communistes seraient au premier rang pour la défendre. De fait, pendant un mois, ils semblèrent adhérer à la défense nationale : leurs députés votèrent les crédits de guerre le 2 septembre et les militants partaient au front dès qu'ils étaient mobilisés. L'invasion de la Pologne le 17 septembre, conformément au protocole secret, en choqua plus d'un, convaincus désormais que non seulement le pacte menait à la guerre, mais qu'en outre l'URSS se faisait la complice d'Hitler. Une vague de démissions frappa alors le parti, déjà affaibli par la mobilisation de près de 200 000 militants. Pourtant, les dirigeants français tardaient à opérer le revirement voulu par Staline soit par manque d'informations, soit par mauvaise volonté. Au lendemain du deuxième Pacte germano-soviétique conclu le 28 septembre, le tournant fut pris le 1er octobre 1939 avec « La lettre au président Herriot » des parlementaires, dits désormais Ouvriers et Paysans, qui condamnait la « guerre impérialiste ». La répression contribuait, en effet, à conforter l'idée que la guerre favorisait la lutte contre la classe ouvrière. Le parti ne préconisa pas réellement un défaitisme révolutionnaire actif dans l'armée ou dans les usines d'armement. Il développa néanmoins une propagande démoralisatrice à l'intention des soldats dans *Le Trait d'union des soldats, ouvriers, paysans* et donna quelques consignes de sabotage, ceci afin de contraindre le gouvernement à modérer ses élans contre l'URSS [Buton, 1993]. Mais il organisa surtout une vaste campagne en faveur de la paix immédiate. Or il se faisait ainsi, involontairement, l'écho des pacifistes intégraux, et brouillait son image de grand parti national et antifasciste. De sorte que, pendant la « drôle de guerre », la grande masse des adhérents déserta sans bruit le parti et la plupart des élus le renièrent pour conserver leur mandat, même si l'appareil central lui resta fidèle. Benoît Frachon, alors que Jacques Duclos était à Bruxelles, tenta en effet de maintenir coûte que coûte l'organisation en vie. *L'Humanité* multiplia ses anathèmes contre les « renégats » et les socialistes, exprimant sa haine du « city-oyen » Blum, en particulier avec la plume d'André Marty. En janvier 1940, *Les Cahiers du bolchevisme* publièrent un éditorial autocritique, justifiant l'évolution du parti et expliquant aussi pourquoi la voie léniniste du défaitisme révolutionnaire n'était pas adaptée. La direction tenta également de faire du procès des députés communistes, traduits devant le tribunal militaire de Paris du 20 mars au 4 avril 1940, une tribune politique, en vain, puisque celui-ci se déroula à huis clos. En tout état de cause, la *blitzkrieg* allait rapidement mettre un terme à toute spéculation pacifiste.

Face à la débâcle, un sursaut patriotique ?

La situation internationale se dégradant, une partie des radicaux et les socialistes investirent Paul Reynaud. Six socialistes, dont le dauphin de Léon Blum, Georges Monnet, acceptèrent de participer à son gouvernement. Mais sous le coup de la défaite, la gauche, incapable de faire front, acheva de se dissoudre.

Pour la deuxième fois de son histoire, la SFIO s'était montrée impuissante à enrayer la marche à la guerre. Deux jours après la percée allemande du 10 mai, elle tint son dernier conseil national, puis fut mise en sommeil par une circulaire de son secrétaire général adjoint, Jean-Baptiste Séverac, désespéré et convaincu qu'il n'y avait plus rien à faire. Au Conseil des ministres du 12 juin, les ministres socialistes n'étaient déjà plus unanimes à soutenir Paul Reynaud face à son vice-président, le maréchal Pétain, qui voulait un armistice. À la demande de Léon Blum, deux d'entre eux, André Février et Albert Rivière, demeurèrent dans le cabinet Pétain, constitué à Bordeaux le 16 juin, avec pour objectif d'éviter le pire. Léon Blum, en butte à un antisémitisme de plus en plus virulent, y compris chez les socialistes, était isolé et ne put comme il le souhaitait gagner l'Afrique du Nord. L'armistice rapprocherait de lui et de ses fidèles plusieurs anciens paul-fauristes, comme Édouard Depreux, mais pour l'heure la plupart des militants, attentistes ou dégoûtés, considéraient désormais leur parti comme mort. Dès la fin du mois de juin 1940, néanmoins, des membres de la Bataille socialiste, tel qu'Henri Barré, rejoignirent des anciens du PSOP et, avec Jean Rous, constituèrent le mouvement L'Insurgé en région lyonnaise, préfigurant la résistance polymorphe de nombreux socialistes [Castagnez, 2004].

Quant au PCF, il infléchit peu à peu sa position. Six jours après l'offensive allemande du 10 mai, *L'Humanité* titrait : « Il faut mater les brigands impérialistes ». Le 21 mai, le journal publiait « Nous accusons ! » de Maurice Thorez, lequel avait déserté son unité pour rejoindre Moscou le 4 octobre. Il y dénonçait pêle-mêle Édouard Daladier, Georges Bonnet, Léon Blum et Louis-Oscar Frossard. Enfin, une « Déclaration du Parti communiste de France », élaborée à Moscou du 4 au 19 juin, juste avant la chute de Paris, fut publiée, avec l'accord de l'Internationale, dans *The Communist International* en juillet. Ses rédacteurs, Maurice Thorez, André Marty, Arthur Ramette et Raymond Guyot y imputaient l'entière responsabilité de la défaite à la bourgeoisie qui, au lieu d'organiser la défense du pays, s'était consacrée à lutter contre la classe ouvrière. Ils en appelaient à la formation d'un gouvernement du peuple, qui prendrait des mesures contre la réaction, et dressaient l'étendard de la liberté : « Nous lutterons contre l'assujettissement de notre peuple par les envahisseurs, des impérialistes étrangers » [Narinski, 1993]. Le 22 juin, l'Internationale ordonnait au comité central de démasquer les traîtres, y compris socialistes, de résister aux actes de brigandage des Allemands et surtout d'éviter tout signe de coopération avec l'occupant. Mais cet avertissement arriva en France trop tard. Devant l'invasion, la direction parisienne du parti, avec Benoît Frachon, avait rejoint Bordeaux, alors que l'équipe bruxelloise de Jacques Duclos rentrait à Paris. Or celle-ci se compromit en tentant d'obtenir des autorités allemandes la parution légale de *L'Humanité*, par l'intermédiaire de Maurice Tréand. Lorsque cette démarche fut connue par l'Internationale, elle fut sévèrement condamnée, mais Moscou préféra dédouaner Jacques Duclos, qui faisait fonction de secrétaire général par intérim, et considérer qu'il s'agissait d'une faute individuelle négligeable [Bourderon, 2001]. Néanmoins, il fallut attendre l'attaque de l'URSS par les Allemands en juin 1941 pour que les communistes français retrouvent clairement leur ligne antifasciste. Si le réflexe patriotique, bientôt relayé par le réflexe républicain, joua à l'échelle des individus, il ne suffit pas à redonner force et cohérence à la gauche puisqu'il pouvait être partagé avec un patriotisme républicain de droite ou du centre. La gauche telle qu'elle avait pu exister au moment du Front populaire ne pouvait donc se reconstituer telle quelle.

Si la gauche française fut dans sa majorité munichoise, à l'image de l'opinion publique, les signes de son effritement étaient déjà manifestes à l'automne 1938. Les munichois, en effet, déclinèrent toute la gamme du pacifisme, du viscéral à l'apaisement, en passant par le défaitisme révolutionnaire, alors que les antimunichois conjuguaient à des degrés divers antifascisme et philosoviétisme. Les organisations résistèrent difficilement à de telles forces centrifuges : la SFIO se déchira entre blumistes, partisans de la fermeté, et paul-fauristes, pacifistes doctrinaux ; le PSOP vit s'opposer les défaitistes révolutionnaires aux pacifistes intégraux ; et les communistes, en refusant de ratifier les accords de Munich, entamèrent un processus de marginalisation. La politique de réaction sociale entreprise par les radicaux aurait peut-être pu ressusciter sur sa gauche une dynamique de Front populaire, mais l'échec de la grève générale de novembre 1938 mit fin à cet espoir. Le choc majeur du Pacte germano-soviétique d'août 1939 ajouta à la confusion. L'anticommunisme, porté à son paroxysme, conduisit certains paul-fauristes à craindre plutôt Staline qu'Hitler, alors que le brutal abandon de sa ligne antifasciste fit perdre sa crédibilité au PCF. Chacune des composantes de la gauche se désagrégea donc, selon un rythme qui lui était propre. Alors que les radicaux, figés dans leur inconditionnel soutien au gouvernement, n'avaient presque plus d'existence autonome, les socialistes avancèrent inexorablement vers une scission tacite, et le PCF, soumis à la stratégie de l'Internationale et changeant fréquemment de cap, se vida de sa substance militante. De sorte que la gauche était déjà en voie de disparition lorsque la plupart des parlementaires du Front populaire accordèrent les pleins pouvoirs à Pétain le 10 juillet 1940.

Références bibliographiques

Azéma Jean-Pierre (1990), *1940. L'année terrible*, Seuil, Paris.

Berstein Serge (1986), « Les radicaux : il existe désormais un ennemi à gauche », *in* Azéma Jean-Pierre, Prost Antoine et Rioux Jean-Pierre, *Le PCF des années sombres (1938-1941)*, Seuil, Paris, p. 54-61.

Bourderon Roger (2001), *La Négociation. Été 1940 : crise au PCF*, Syllepse, Paris.

Boursier Jean-Yves (1992), *La Politique du PCF 1939-1945. Le PCF et la question nationale*, L'Harmattan, Paris.

Burrin Philippe (1986), *La Dérive fasciste. Doriot, Déat, Bergery (1933-1945)*, Seuil, Paris.

Buton Philippe (1987), « Organisation et implantation du parti légal à l'organisation clandestine », *in* Azéma Jean-Pierre, Prost

Antoine et Rioux Jean-Pierre, *Les Communistes français de Munich à Chateaubriand (1938-1941)*, Presses de la FNSP, Paris.

— (1993), « Le parti, la guerre et la révolution (1939-1940) », *Communisme*, n° 32-33-34, p. 41-67.

Castagnez Noëlline (2004), *Socialistes en République. Les parlementaires SFIO de la IVe République*, Presses universitaires de Rennes, Rennes.

Collectif (1975), *La France sous le gouvernement Daladier d'avril 1938 à septembre 1939*, Presses de la Fondation nationale des sciences politiques, Paris.

Courtois Stéphane (1987), « Les communistes et l'action syndicale », *in* Azéma Jean-Pierre, Prost Antoine et Rioux Jean-Pierre, *Les Communistes français de Munich à Chateaubriand (1938-1941)*, Presses de la Fondation nationale des sciences politiques, Paris.

Courtois Stéphane et Peschanski Denis (1987), « La dominante de l'Internationale et les tournants du PCF », *ibid.*

Dreyfus Michel (1986), « Syndicats nous voilà ! Le syndicalisme vichyssois à travers un journal : *Au travail* », *in* Peschanski Denis (dir.), *Vichy 1940-1944. Archives de guerre d'Angelo Tasca*, éd. CNRS-Feltrinelli, Paris-Milan, p. 93-110.

Joubert Jean-Paul (1977), *Révolutionnaires de la SFIO*, Presses de la FNSP, Paris.

Laborie Pierre (1986), « Image et crise d'identité du PCF », *in* Azéma Jean-Pierre, Prost Antoine et Rioux Jean-Pierre, *Le PCF des années sombres (1938-1943)*, Seuil, Paris.

Le Crom Jean-Pierre (1995), *Syndicats nous voilà ! Vichy et le corporatisme*, L'Atelier, Paris.

Narinski Mikhail (1993), « Le Komintern et le parti communiste français 1939-1941 », *Communisme*, n° 32-33-34, p. 11-27.

Racine-Furlaud Nicole (1985), « Pacifistes et antifascistes. Le Comité de vigilance des intellectuels antifascistes », *in* Roche Anne (dir.), *Des années trente. Groupes et ruptures*, CNRS, Paris.

Sadoun Marc (1982), *Les Socialistes sous l'Occupation. Résistance et collaboration*, Presses de la Fondation nationale des sciences politiques, Paris.

61

La gauche, Vichy et la Résistance

Laurent Douzou

« Les Français continuent à penser Vichy avec plus de mémoire que d'histoire et tout laisse supposer qu'il en sera longtemps ainsi. » Ce diagnostic en forme d'avertissement formulé par Pierre Laborie [2001, p. 25] dit bien l'extrême difficulté à penser scientifiquement Vichy. La difficulté s'accroît encore quand se mêlent à l'analyse d'autres variables aussi chargées d'affects et d'enjeux politiques et idéologiques que la « gauche » et la « Résistance ». Non que le dénouement des années sombres ait été mystérieux quant à la façon dont, couramment à la Libération, on dressait dans l'instant le bilan de la période sous l'angle de la gauche, de la Résistance et de Vichy. La gauche était triomphante, la Résistance honorée, l'État français de Vichy unanimement rejeté. Le 21 octobre 1945, aux premières élections générales tenues depuis 1936, le Parti communiste français (PCF) devenait le premier parti de France, avec plus de cinq millions d'électeurs, soit 26,1 % des suffrages exprimés et 148 élus à l'Assemblée constituante. La Section française de l'Internationale ouvrière (SFIO) recueillait, quant à elle, plus de 4 700 000 voix, soit 24,6 % des suffrages exprimés et 135 sièges. Si l'on ajoute à ce tableau le remarquable score — près de cinq millions de voix et 143 élus — d'un Mouvement républicain populaire (MRP) progressiste et réformiste, la gauche était très largement majoritaire. La seule force de gauche qui fut en régression était le parti radical qui n'avait que 31 élus avec un peu plus de 1 700 000 voix. Le 10 novembre 1946, aux élections de l'Assemblée nationale, le PCF amplifiait encore son succès en obtenant 28,3 % des suffrages exprimés.

Les gauches et Vichy

L'image d'un régime de Vichy « uniformément noir, monolithique dans son abaissement devant l'occupant et dans sa politique d'oppression des Français »

[Burrin, 1997, p. 2469] prévalait alors. La droite et la gauche étant demeurées « les catégories primordiales de l'identité politique » [Gauchet, 1997, p. 2546], l'opinion fit de la gauche l'incarnation de l'héroïsme résistant tandis que la droite assimilée à l'État français de Pétain se trouvait complètement discréditée. Cette dichotomie tranchée ne devait pas résister longtemps aux tiraillements de la guerre froide. Les questionnements sur l'attitude en 1940 et 1941 d'un PCF qui dominait de son imposante stature les paysages politique et intellectuel au sortir de l'épreuve des années troubles ont, de fait, longtemps éclipsé toute autre interrogation relative à la gauche. La chute du mur de Berlin, l'implosion de l'URSS, la perte d'influence — pas seulement électorale — du parti communiste auraient pu vider ces interrogations de leur contenu passionnel ; il n'en a rien été et la question reste brûlante au début de ce XXIe siècle. Quant à la Résistance, son devenir mémoriel depuis 1944 a été complexe et, tout bien pesé, passablement chaotique. « La République du silence » célébrée par Sartre en septembre 1944 dans le premier numéro légalement paru des *Lettres françaises* fut d'emblée saluée pour avoir incarné la France qui s'était battue, celle qui avait relevé crânement le gant face à des forces infiniment supérieures. Elle fut d'emblée créditée de l'appui massif d'une opinion tenue pour très majoritairement résistante. Mais elle fut aussi, très tôt, suspectée de servir d'imparable alibi pour embellir une réalité qui avait été autrement complexe qu'une levée en masse — au moins spirituelle — contre l'occupant et Vichy. On dénonça donc, chez les nostalgiques de Vichy d'abord, de façon plus diffuse ensuite, ce qu'on appela le « résistancialisme ». Mais, pour la Résistance, les véritables difficultés à se montrer pour ce qu'elle avait été étaient autres et beaucoup plus redoutables. Elles tenaient à la nécessité de trouver un mode d'écriture et de témoignage adapté à une réalité difficile à retranscrire d'une part, à l'impossibilité de dire vraiment ce qu'elle avait été et ce qu'elle avait représenté : ou bien, elle cultivait sa singularité minoritaire et se distinguait de la majorité des Français par une altérité qui la rendait peu susceptible de les fédérer autour de sa mémoire ; ou bien, elle se présentait comme partie d'un tout large, et alors elle diluait ses spécificités les plus essentielles [Frank, 1993, p. 489].

Voilà donc le lecteur prévenu ! Le territoire sur lequel nous nous aventurons ici est truffé de pièges, de représentations vivaces et passionnées qui rendent toute analyse suspecte, renvoyant immanquablement son auteur à la question de savoir quel est, dans la double acception du terme, son parti pris : est-il mû par une sympathie partisane ou idéologique compréhensible mais mère de cécité ? Veut-il faire table rase de l'héroïsme résistant pour étudier ce phénomène comme n'importe quel autre en se défiant au plus haut point de sa dimension héroïque ou légendaire ?

Pour ne pas chausser ces lunettes idéologiques, il faut prendre conscience de ce que les catégories avec lesquelles nous avons tendance à penser le passé des années noires n'ont pas nécessairement été celles que les contemporains ont mises en œuvre, singulièrement dans les premiers temps consécutifs à la défaite. Après le véritable séisme que fut pour les Français de 1940 l'humiliante et foudroyante défaite de leur pays qu'ils croyaient bien armé pour faire face à un conflit, des répliques contribuèrent à accroître la confusion extrême qui prévalait alors. Il n'est que de lire Charles d'Aragon se remémorant le sombre hiver 1940-1941 en zone sud : « Je revois ce qu'était à cette époque la France méridionale, la France de Vichy. Être opposant alors, c'était se vouer à l'isolement. C'était rompre avec le plus grand nombre. [...] La France n'avait donc rien d'une cavale indomptable et rebelle lorsque le pâle soleil de la Révolution nationale est venu remplacer celui de Messidor. Bien des gens ont cependant senti dès lors naître leur vocation de résistant. Ils n'y ont certainement pas été portés par l'enthousiasme ambiant » [d'Aragon, 1971, p. 1156].

Dans une France assommée par la défaite, déboussolée, c'est-à-dire privée des points de repère du temps de l'exercice codifié de la démocratie parlementaire, les notions de droite et de gauche n'étaient pas seulement récusées par le nouveau pouvoir en place ; elles semblaient avoir été anéanties par le cataclysme vécu par tout un chacun. On cite souvent, pour illustrer le sursaut de conscience des pionniers de la Résistance, l'exemple du démocrate-chrétien Edmond Michelet confectionnant et distribuant seul à Brive, le 17 juin 1940, un tract qui reprenait des citations de Péguy empruntées à *L'Argent suite* : « Celui qui ne se rend pas a raison contre celui qui se rend, c'est la seule mesure, et il a raison absolument, je veux dire que la raison qu'il en a est un absolu [...]. Celui qui ne se rend pas est mon homme, quel qu'il soit, d'où qu'il vienne, et quel que soit son parti [...]. Celui qui se rend est mon ennemi. Et je le hais d'autant plus que par les jeux des partis politiques il prétendrait s'apparenter à moi. [...] Celui qui ne rend pas une place peut être tant républicain qu'il voudra et tant laïque qu'il voudra. J'accorde même qu'il soit libre-penseur. Il n'en sera pas moins petit cousin de Jeanne d'Arc. Et celui qui rend une place ne sera jamais qu'un salaud, quand bien même il serait marguillier de sa paroisse. »

Ce florilège disait, mieux que de longs discours, la sorte de table rase à partir de laquelle il fallait désormais tenter de bâtir quelque chose sans que quiconque fût alors en mesure de préciser davantage. Qu'il ait été concocté avant même cet autre séisme que fut le vote du 10 juillet 1940 donne la mesure du champ de ruines sur lequel a été enfantée l'action résistante. Quant au fait qu'Edmond Michelet ait, avec des moyens dérisoires et seul, rédigé ce tract, il renvoie au rôle décisif joué, dans la phase pionnière de la Résistance, par des individualités. Esseulés, isolés, les premiers résistants ont agi comme si tout était à réinventer et ils n'ont, pour la plupart d'entre eux, pas puisé dans le fonds commun du répertoire des attitudes réputées de gauche ou de droite.

C'est paradoxalement Vichy, que ce flou servait pourtant, qui travailla le plus efficacement à réactiver cette géographie mentale par sa nature même d'une part, par les effets d'une propagande omniprésente et d'une répression incessante d'autre part.

Il apparut vite que Vichy ouvrait grand la voie à une régression politique, idéologique et morale que Pierre Brossolette qualifiait joliment, dans un rapport d'avril 1942 adressé à la France libre, de « sous-mac-mahonisme, monarchisme honteux pour petits-bourgeois de province » [Brossolette, 1998, p. 125]. Le régime représentatif avait fait place à « une sorte de monarchie sans roi, traditionaliste et religieuse, évoquant un peu le septennat de Mac-Mahon, un peu l'année préimpériale du prince président, sur fond de mythe vieille France de l'avant 1789 » [Agulhon, 1990, p. 298]. Dans les premiers mois de son existence, l'État français rencontra un écho favorable jusques et y compris dans la fraction de l'opinion habituellement influencée par la gauche. Il y avait tout de même eu huit parlementaires communistes dissidents pour voter oui le 10 juillet 1940 [Wieviorka, 2001, p. 114] et sur les 132 parlementaires socialistes présents, seuls 36 avaient voté non, pour ne rien dire des radicaux-socialistes dont les 208 présents n'avaient donné que 27 non.

L'adhésion au régime était d'autant plus possible qu'il n'était pas dénué de contradictions, oscillant entre culture traditionaliste et volonté de modernité. Mais le traditionalisme dominait et le retour du balancier, cinquante ans exactement après un Ralliement qui avait voulu calmer des passions exacerbées, fut si brutal que, dès 1941, puis fortement en 1942, « ce comprimé de ce qu'il y avait de plus borné et de plus nocif dans le programme de l'Action française a dressé contre soi tout ce qui, en France, ne prend pas M. Pujo pour un Montesquieu, l'antisémitisme pour un retour à la foi et la résurrection des "provinces", des "secrétaires d'État", de toutes les institutions du XVIIe siècle pour une innovation féconde » [Brossolette, 1998, p. 125]. Par ses outrances mêmes, la réaction ne tarda pas à ressusciter une manière de respect pour la République. Les historiens ont, il est vrai, depuis lors montré que Vichy abritait une pluralité de courants qui définissaient une sorte de « dictature pluraliste » [Hoffmann, 1974, p. 18]. S'ils estiment très majoritairement que ce régime liberticide ne fut pas fasciste, au sens précis du terme, ils le qualifient bien de régime de droite, par le rejet des valeurs fondatrices de la gauche, à commencer par les principes de 1789. Même si la ligne de partage que créa Vichy était plus complexe que la classique opposition entre droite et gauche, vue des rangs résistants de cette dernière, sa nature réactionnaire et droitière ne faisait aucun doute.

Simultanément, Vichy réintroduisit les lectures partisanes d'antan en martelant très tôt le thème d'une gauche responsable de tous les maux du pays. Dès le 13 août 1940, Pétain évoquait dans une allocution radiodiffusée « la démoralisation et la désorganisation qui, comme une gangrène, avaient envahi le corps de l'État en y introduisant la paresse et l'incompétence, parfois même le sabotage systématique aux fins de désordre social ou de révolution internationale » [Pétain, 1989, p. 73]. Et le chef de l'État français d'élargir chronologiquement et thématiquement une analyse qui mettait en accusation la IIIe République dans son ensemble : « Pendant les trois quarts de siècle qui ont précédé la guerre, le régime auquel étaient soumis les Français avait pour principal ressort la culture du mécontentement. » [Pétain, 1989, p. 78.] Que cet argumentaire ait fait mouche auprès de l'opinion, on en a maintes preuves. Ainsi de la prise de position de la conférence épiscopale de zone non occupée, présidée le 31 août 1940 à Lyon par le cardinal Gerlier : « La victoire accordée par miracle à nos armes insuffisantes et à nos armées dépouillées par soixante ans de laïcité de leurs valeurs spirituelles eût été un contresens et nous eût entraînés dans de plus graves erreurs de pensée et de conduite. Il importe donc de montrer au peuple le rôle providentiel et bienfaisant de la défaite. » C'était faire écho à la condamnation par Philippe Pétain, le jour même de l'entrée en vigueur de l'armistice, des « mensonges qui vous ont fait tant de mal ».

La même réceptivité aux idées ressassées par le vainqueur de Verdun s'observe chez certains des groupes de résistance en voie de constitution en 1940 et 1941. Tel était le cas pour le général Cochet qui, dans un appel à la résistance diffusé en septembre 1940, écrivait : « Le Maréchal, dont la tâche est rude, et qui donne l'exemple de l'abnégation, pourra d'autant mieux résister aux exigences allemandes et jeter les fondements d'une France nouvelle pleine d'espérance et d'avenir, qu'il pourra s'appuyer sur une opinion ferme et unanime. » On trouve un soutien du même ordre, en juin 1941, dans les pages des *Petites Ailes* de zone sud, feuille créée et dirigée par Henri Frenay : « La France joue sa vie sur un coup de dés. Nous ne nions pas la probité de ceux qui jouent pour nous. Nous sommes convaincus qu'ils sont sincères. Nous prions Dieu pour qu'ils ne se trompent pas et surtout pour qu'on ne les trompe pas. »

Plutôt que de multiplier les textes de cet acabit, mieux vaut relever que, de l'épiscopat à certains des cercles les plus déterminés des premiers résistants, le désastre de mai-juin 1940 brouilla durablement l'ordonnancement de la vie et du combat politiques. Certes, la phase d'état de grâce dont jouit Pétain fut de courte durée. Tançant la population française dans son discours du « vent mauvais », le 12 août 1941, ce dernier exhalait sa rancœur et se faisait menaçant à l'endroit des « troupes de l'ancien régime », « maçonnerie, partis politiques dépourvus de clientèles, mais assoiffés de revanche, fonctionnaires attachés à un ordre dont ils étaient les bénéficiaires et les maîtres » [Pétain, 1989, p. 166].

En définitive, en pratiquant précocement une politique de répression et d'exclusion, l'État français contribua donc puissamment à redonner un sens aux clivages qui avaient structuré la vie politique française depuis 1789 : « Il n'est pas douteux qu'un des principaux résultats de la législation de Vichy et de sa répression fut de fournir la base d'une mentalité de Front populaire aux forces ouvrières et aux forces de gauche » [Kedward, 1989, p. 131].

En poursuivant les communistes, en bâillonnant les syndicats, en s'en prenant aux Juifs, aux francs-maçons, le gouvernement de Vichy fit rejouer de vieux clivages. Tout montrait que cette politique, loin de ne caractériser que les premiers temps de la révolution nationale, était appelée à prendre de l'ampleur. L'assassinat de l'ancien ministre de l'Intérieur du Front populaire, Marx Dormoy, le 26 juillet 1941, par des hommes du Parti populaire français (PPF) de Doriot et d'anciens cagoulards, était un signe de ce que la revanche sur le Front populaire était bien à l'ordre du jour. Dans une veine ironique, c'est ce que relevait la feuille clandestine *Libération de zone sud* dans son deuxième numéro en août 1941 : « Assassiné, Dormoy ? Qu'est-ce qui le prouve ? Pour nous, qui, avec

Gringoire et tous les journaux authentiquement indépendants, ne sommes pas disposés à tomber dans les panneaux du *Frente Popular*, nous nous en tenons à la version proposée à tout hasard, au soir de l'explosion, par l'"Office français (qu'il dit) d'information" : Marx Dormoy s'est suicidé — et s'est suicidé à la bombe à retardement. Ce qui prouve une fois de plus le machiavélisme diabolique de l'ancien ministre de Blum. »

Si l'on pouvait encore dans l'été 1941 nourrir des doutes sur la volonté de Vichy de mettre le Front populaire au banc des accusés, le procès de Riom les leva définitivement. Entamée très tôt, la procédure, qui permit d'inculper notamment Léon Blum et Édouard Daladier, aboutit le 19 février 1942 à l'ouverture du procès des « responsables » de la défaite. Léon Blum y fit le procès du procès et pointa les responsabilités du maréchal Pétain. Il réfuta l'accusation dont il était l'objet et revendiqua pleinement la politique dont il avait assumé la charge : « Cette œuvre à laquelle on impute en ce moment tant de méfaits, tant de maléfices, j'y pense, moi, avec beaucoup d'émotion. Je ne suis pas sorti souvent de mon cabinet ministériel pendant la durée de mon ministère ; mais chaque fois que j'en suis sorti, que j'ai traversé la grande banlieue parisienne et que j'ai vu les routes couvertes de théories de tacots, de motos, de tandems, avec des couples d'ouvriers vêtus de pull-overs assortis et qui montraient que l'idée de loisir réveillait même chez eux une espèce de coquetterie naturelle et simple, tout cela me donne le sentiment que, par l'organisation du travail et des loisirs, j'avais malgré tout apporté une espèce d'embellie, d'éclaircie dans des vies difficiles, obscures, qu'on ne leur avait pas seulement donné plus de facilités pour la vie de famille, mais qu'on leur avait ouvert la perspective d'avenir, qu'on avait créé chez eux un espoir » [Lacouture, 1977, p. 312-313].

Mieux, pourtant rudement malmené par le PCF, Blum refusa de le critiquer, déclarant le 11 mars 1942 : « Je n'oublie pas que, dans la zone occupée, le parti communiste fournit sa large, sa très large part d'otages et de victimes. J'ai lu l'autre jour, dans une liste d'otages donnée par un journal, le nom du petit Timbaud. J'ai très bien connu Timbaud : c'était un secrétaire de l'Union des syndicats métallurgiques de la région parisienne. Je l'ai vu souvent et j'ai été bien souvent en bataille avec lui. Seulement, il a été fusillé et il est mort en chantant *La Marseillaise*... *La Marseillaise* de Hugo, "ailée et chantant dans les balles..." C'est comme cela qu'est mort le petit Timbaud et que sont morts beaucoup d'autres. Alors, pour ma part, en ce qui concerne le parti communiste, je n'ajouterai rien » [Lacouture, 1977, p. 479].

Le procès prit si vilaine tournure pour le pouvoir en place qu'il fut suspendu *sine die* le 11 avril 1942. C'était trop tard : il avait enclenché une dynamique forte, en particulier grâce aux sténographies des audiences dont les socialistes résistants avaient fait des tracts avant qu'une brochure du Comité d'action socialiste regroupe l'ensemble des textes des interventions de Blum. La gauche socialiste retrouvait ainsi ses marques, « faisant peau neuve en reprenant vie » [Michel, 1979, p. 315].

C'est que, de l'été 1940 au printemps 1941, les diverses composantes de la gauche avaient parcouru beaucoup de chemin. On peut dire que, comme l'écrivait Pierre Mendès France dans un ouvrage publié aux États-Unis en 1943, « la crise n'a[vait] été épargnée à aucun parti » [Mendès France, 1943, p. 530]. Les partis politiques et les organisations syndicales ayant été disloqués par les événements, puisque la ligne de fracture passait en leur sein mettant aux prises partisans et adversaires de Vichy (Gitton faisant pendant à Péri au PCF, Spinasse à Blum à la SFIO, les frères Sarraut à Paul Bastid au parti radical, René Belin à Léon Jouhaux à la CGT), les militants qui contestaient le régime en place et voulaient « faire quelque chose » avaient dû remonter la pente et, pour ce faire, concevoir une action qui n'avait pas de précédent. Le coup de tonnerre de 1940 était, en effet, venu se greffer sur une profonde crise d'identité nationale. En sorte que l'avènement du régime de Vichy ne pouvait s'interpréter comme le résultat d'une manœuvre parlementaire orchestrée de main de maître par Laval en juillet 1940, il exprimait en réalité une fracture interne à la fois politique, sociale et mentale.

Pour la colmater, il fallut émerger graduellement. Et d'abord, en conscience émerger ; c'est à quoi correspondit la phase dominée par des individualités. Ensuite, trouver des modes d'action et d'expression ; c'est le moment où des noyaux rassemblant ces individualités se constituèrent autour de la publication de tracts, puis de journaux clandestins. Enfin, s'assurer des concours ; c'est la période où, pour diffuser, des groupements tentèrent de trouver des points de chute.

Les gauches dans la Résistance

Parallèlement aux efforts des cadres et militants des partis de gauche, que l'on évoquera plus avant, des organisations virent ainsi le jour qui innovaient radicalement en définissant une ligne et en effectuant un recrutement qui ne se situaient pas dans la perspective de la logique du classique affrontement entre droite et gauche. Les mouvements — c'est ainsi que l'on dénomma ces groupements apparus en zone sud dans l'été 1941 — correspondaient de la sorte parfaitement à l'état d'esprit qu'Edmond Michelet avait défini — en même temps qu'il l'appelait de ses vœux — dès le 17 juin 1940. Certes, on peut, à distance, classer schématiquement lesdits mouvements en fonction de la ligne de partage droite/gauche : Combat ou l'Organisation civile et militaire étaient incontestablement plus droitiers que Libération-Nord ou Franc-Tireur. On ferait cependant une grave erreur en s'en tenant à cette approche pour les caractériser. D'abord, parce que l'évolution extrêmement rapide de la situation au fil des mois rendit caduc un tel classement et que l'ignorer reviendrait à plaquer, au prix d'un regrettable anachronisme, les catégories du temps de paix sur une époque troublée et changeante. Ensuite, parce que les mouvements n'étaient pas des organismes monolithiques ; en fonction des régions, leur identité fluctuait beaucoup. Pour ne prendre qu'un exemple, dans la région de Montpellier, Combat était représenté par Gilbert de Chambrun qui incarnait une tendance philocommuniste tandis que Libération-Sud avait pour chef Francis Missa qui pouvait passer pour le prototype du notable de gauche modéré ; en somme, dans cette région, Combat se situait nettement plus à gauche que Libération. C'est ce que suggère, en brossant une scène qui ne manque pas de piquant, Gilbert de Chambrun : « À Villefranche-de-Rouergue, j'observai la disparité des recrutements. Missa vint avec un vieux professeur à la barbe grise et un commerçant assez corpulent ayant dépassé la cinquantaine, tandis que j'étais accompagné d'un directeur de cinéma de moins de quarante ans et d'un jeune ouvrier de proportions athlétiques. Les deux délégations me parurent se situer sur des plans différents. Les premiers se préoccupaient surtout, me sembla-t-il, de la lutte politique contre le régime de Vichy et les seconds, des actions de sabotage qu'ils avaient déjà commencées contre les troupes allemandes. Ils ne parlaient pas exactement le même langage. On réussit néanmoins à les rapprocher et à leur confier la responsabilité commune des Mouvements unis de la Résistance (MUR) pour la circonscription » [de Chambrun, 1982, p. 112]. L'identité des mouvements fluctuait également beaucoup en fonction des titulaires des différents secteurs d'activité au niveau national : Marcel Degliame, cadre communiste non déclaré et membre de la direction de Combat, pouvait aisément en remontrer à nombre de ses homologues du mouvement Libération-Sud, pourtant réputés incarner une ligne plus à gauche. Dernier élément à prendre en compte : les mouvements, nés hors des partis, souvent en réaction contre eux, ne purent longtemps les ignorer.

Si un parti radical moribond ne constituait pas un obstacle au développement des mouvements — « Y a-t-il quelqu'un qui accepte aujourd'hui de mourir pour le radicalisme ? » écrivait Frenay dans *Combat* —, il en allait très différemment pour les partis socialiste et communiste.

Plus solide et plus homogène dans son recrutement que le parti radical, la SFIO avait éclaté après la défaite de 1940 en collaborateurs, vichystes et résistants. Marcel Déat, Angelo Tasca et Daniel Mayer représentaient cette atomisation. Si le cas de Déat, ardent collaborationniste, ne relève pas des catégories de la gauche, celui d'Angelo Tasca invite à la réflexion. Le journal qu'il tint pendant les années noires fourmille d'informations sur le microcosme vichyssois vu de l'intérieur. Le tableau qu'il dresse fait la part belle à la composante de gauche du régime et à certains héritiers de l'esprit des années 1930. Son point de vue est précieux en raison de l'itinéraire personnel de ce militant et dirigeant de la gauche italienne. Cofondateur du parti communiste d'Italie, exclu en 1929, il était devenu une des têtes pensantes du parti socialiste italien en même temps qu'un proche de Léon Blum, accessoirement chroniqueur de politique internationale au *Populaire*. Présent à Vichy entre 1940 et 1944, il fut vichyste et résistant simultanément. À la fin du mois de juin 1941, il écrivait : « Le problème actuel du gouvernement, de l'État et de la nation en France est celui de dépasser la division traditionnelle de gauche et de droite ; le problème, en somme, de la troisième force. » [Bidussa, Peschanski, 1995, p. 62.] La même conviction inspirait René Belin, longtemps présenté comme le dauphin de Léon Jouhaux. Ce syndicaliste chevronné accepta, le 14 juillet 1940, le portefeuille de la Production industrielle et du Travail à Vichy. Le 23 février 1941, il devenait secrétaire d'État au Travail jusqu'au retour de Laval le 18 avril 1942. Il était alors convaincu qu'il n'existait plus ni droite ni gauche et qu'il pourrait protéger le mouvement syndical. Signataire de la loi qui, le 16 août 1940, dissolvait les organismes interprofessionnels patronaux et ouvriers, promoteur de la Charte du travail d'octobre 1941, il soutint Vichy avec une belle constance. Tout autre fut l'attitude de Léon Jouhaux qui, assigné à résidence, opta pour la résistance, n'hésitant pas à l'automne 1941 à préconiser le ralliement des militants et cadres qui lui étaient restés fidèles au mouvement Libération de zone sud qu'il aida de la sorte vigoureusement à développer ses ramifications. Également aux antipodes de la soumission au nouveau régime, Daniel Mayer ne ménagea pas ses efforts pour reconstituer le parti socialiste dans la clandestinité et y porter ses couleurs alors même que la majorité de l'appareil du parti s'était ralliée à Vichy. Le Comité d'action socialiste (CAS) qu'il créa en mars 1941 avec quelques camarades (Henri Ribière, au premier chef) monta en puissance et put, notamment après la reparution du *Populaire* au lendemain de l'ajournement du procès de Riom, essaimer. En 1943, le CAS cédait la place à la dénomination à nouveau revendiquée de parti socialiste. Si la SFIO en raison d'une « mémoire à éclipses » contribua elle-même après guerre à la « dévalorisation de la résistance socialiste », participant à « sa relégation au rang des contributions modérée et chrétienne », il demeure que la part prise par les socialistes à l'action résistante fut importante [Sadoun, 1982]. Présents dans les réseaux, les mouvements et l'activité labellisée partisane, les socialistes résistants eurent vraiment à cœur de redorer par l'action le blason de leur parti. Le concours efficace que nombre de leurs cadres intermédiaires prêtèrent sans barguigner aux mouvements joua paradoxalement à minimiser leur influence en tant que socialistes. Réticent, en raison même de ses « pratiques et attitudes avant guerre » consistant en une « effective adhésion à la hiérarchie des normes du système politique et de la société », à l'action immédiate ou à l'action de masse, le parti socialiste se comporta plus comme « une société secrète que comme un parti clandestin » : il se ferma aux tièdes et aux tard venus, ce qui limita son audience [Guillon, 1995, p. 381-396]. Il reste que, par la part qu'ils prirent au combat et à sa théorisation — on pense ici à leur contribution à l'élaboration du programme d'action du Conseil national de la Résistance [Andrieu, 1984, p. 31-37] —, les socialistes aidèrent à ressusciter une gauche bien mal en point en 1940.

On a vu qu'en mars 1942 Léon Blum, en même temps qu'il évoquait le lourd tribut « d'otages et de victimes » acquitté par le PCF, saluait la figure et la mémoire de Jean-Pierre Timbaud, militant communiste et dirigeant en région parisienne de la Fédération CGTU, puis CGT des travailleurs de la métallurgie, fusillé à Châteaubriand le 22 octobre 1941. C'était bien le signe que, dès cette époque, l'appareil du PCF avait en grande partie remonté le handicap qu'avaient constitué son soutien au Pacte germano-soviétique du 23 août 1939, sa ligne politique affichée dès lors de lutte contre la « guerre impérialiste », la démarche faite auprès de la Propagandastaffel pour faire reparaître au grand jour en juin 1940 *L'Humanité*. L'histoire, telle qu'elle s'est écrite à partir de la Libération, a été moins bonne fille que le chef de la SFIO en 1942. Faisant montre d'une sollicitude dont on a pu relever avec justesse qu'elle était « rarement innocente » [Azéma *et al.*, 1986, p. 8], elle a focalisé sur l'attitude du PCF entre 1939 et 1941, sur la stratégie que son appareil avait adoptée à partir de 1941 et sur l'influence qu'il avait acquise par la suite en posant la question des fins qu'il poursuivait.

Le fait est que l'évolution du PCF fut complexe parce qu'il tint simultanément plusieurs fers au feu. Reconstituant patiemment ses réseaux dès l'été 1940, il était présent lors de la manifestation étudiante du 11 novembre 1940 place de l'Étoile à Paris. Daniel Decourdemanche [Jacques Decour], Georges Politzer et Jacques Solomon faisaient paraître les quatre feuillets ronéotypés de *L'Université libre* tirés à mille exemplaires au lendemain de cette manifestation violemment réprimée par les Allemands. Avant la fin de l'année, quatre numéros étaient sortis. En février 1941, le premier numéro de *La Pensée libre* voyait à son tour le jour. En attendant la création des *Lettres françaises* (septembre 1942), ces intellectuels communistes « insoumis-orthodoxes », selon l'expression d'Anne Simonin, avaient pris date. Tout comme les mineurs du Nord-Pas-de-Calais qui avaient mené une grève dure du 27 mai au 10 juin 1941 en s'affrontant aux troupes d'occupation qui avaient sévi avec une extrême violence. Il faudrait aussi évoquer l'activité résistante précoce, libre et déterminée d'un Charles Tillon ou d'un Georges Guingouin, pour ne rien dire des militants qui avaient, de leur propre autorité, rejoint les groupes résistants non communistes en train de sourdre (des frères Vernant à Marcel Degliame). La diffusion, au printemps de 1941, avant l'invasion du territoire soviétique par les nazis, d'un appel du PCF pour former un Front national de l'indépendance de la France achevait de souligner qu'avant l'entrée en lice de l'appareil de direction clandestin, tous les éléments étaient réunis pour qu'une organisation pourchassée, décimée et rongée par les doutes sur la ligne issue du Pacte germano-soviétique cédât la place à une machine de guerre doublement efficace : dans la lutte d'une part, dans l'art de tirer politiquement parti de cet engagement d'autre part. C'est bien ce que signifiaient en mars 1942 les paroles d'hommage de Léon Blum au parti communiste et à Jean-Pierre Timbaud. Car l'entrée en résistance ès qualités du PCF fut fracassante avec l'attentat meurtrier perpétré en plein Paris le 21 août 1941 par Pierre Georges, première signature d'une longue liste d'actions armées, doublées d'une intense activité revendicative.

Tactiquement habile parce qu'elle ménageait un éventail de solutions possibles, cette présence sur plusieurs fronts qui recouvrait des attitudes passablement différentes — non sans laisser une appréciable marge de manœuvre ici ou là à de fortes individualités — était, pour un parti où la hiérarchie et la discipline n'étaient pas de vains mots, politiquement dangereuse. Ainsi s'explique sans doute que l'immense majorité des francs-tireurs — au sens premier du terme — qui avaient, de leur propre initiative, entrepris une action résistante, n'aient pas fait après guerre carrière dans l'appareil et aient même, pour certains d'entre eux, été traînés dans la boue. « Profondément modifiés dans leur façon d'être communistes » [Vernant, 1996, p. 26], ayant eu l'occasion de se frotter, dans une expérience où l'on jouait sa vie, à d'autres militants venus d'horizons divers, ils étaient porteurs d'un irénisme qui sentait le soufre. Sur le moment, la volonté d'en découdre de ces antifascistes convaincus et patriotes ardents, leur indépendance aussi avaient été utiles, servant cette nouvelle image de soi que le parti communiste entendait donner. D'où la séduction exercée sur quantité de catégories professionnelles et de couches sociales que la politique unitaire et sectorielle tout à la fois de l'organisation de masse qu'était le Front national mit en situation d'agir. Il n'est pas douteux non plus que la détermination du parti et de ses membres, qui conduisit nombre d'entre eux à sacrifier leur vie, impressionna vivement leurs camarades résistants non communistes, ne contribuant pas peu à forger et à conforter jour après jour un prestige dont le lecteur éprouvera quelque difficulté, soixante ans plus tard, à se représenter l'éclat et l'attrait.

Vis-à-vis de Vichy, l'attitude du PCF fut de constante opposition. Il n'est que de lire le texte publié dans *The Communist International* en septembre 1940 sous la signature de Maurice Thorez lui-même : « C'est contre les Pétain, Laval et Cie, les principaux responsables de la défaite, les agents du capital et les serviteurs zélés des autorités étrangères que la colère du peuple français doit se déchaîner dans toute sa force et toute sa violence. » [Courtois, 1980, p. 146.] En décembre de la même année, la condamnation de la politique inaugurée officiellement par la rencontre de Montoire, le 24 octobre, était sans appel. *L'Humanité* s'en prit régulièrement dans l'hiver 1940-1941 à la personne de « Pétain-la-Faim », ce qui n'était pas l'attitude la plus évidente à tenir compte tenu du maréchalisme dans lequel baignait l'opinion. Le 15 août 1941, *L'Humanité* dénonçait, à propos de l'assassinat de Marx Dormoy, dans Vichy « un gouvernement de terroristes ». Compte tenu de la répression anticommuniste féroce menée par Vichy, dès le début puis avec une intensité croissante, rien d'étonnant à ce que le PCF n'ait jamais nourri d'illusions à son propos.

Ce qui est plus intéressant, c'est l'évolution qui conduisit un parti passablement malmené et affaibli pendant la période de la « drôle de guerre » à abandonner une ligne sectaire pour épouser un discours et une pratique unitaires, tant vis-à-vis des autres composantes de la Résistance intérieure que du général De Gaulle. Faite de concessions et d'une indéniable habileté tactique, cette politique d'union aboutit, comme on sait, à regrouper en mai 1943 au sein du Conseil national de la Résistance, partis, syndicats et mouvements résistants. L'union, ce n'était pas le renoncement à l'émulation et à la concurrence. C'était un combat dans lequel chacun tentait de prendre la position la plus favorable tout en ménageant une dynamique commune. Le parti communiste ne chercha jamais autant à pousser son avantage qu'à partir du moment où l'unification de la Résistance se réalisa. Le phénomène inquiéta vivement en 1943 et, plus encore, en 1944, les dirigeants socialistes et les chefs de file des mouvements ; il y eut même dans cette mouvance au printemps 1944 une véritable psychose dans « une atmosphère angoissante de noyautage et de conspiration » [Bourdet, 1975, p. 297] pour les non-communistes, tant le PCF, à travers l'outil syndical et des organisations de masse qu'il contrôlait, semblait chaque jour un peu plus en position de force dans la perspective d'une Libération où nul ne pouvait préjuger de ce qu'il ferait. Les craintes des résistants non communistes étaient d'autant plus vives que certains des leurs clairement situés à droite sur l'échiquier politique — tels Jacques Bounin ou Jean de Vogüe — subirent de la part du PCF ce « phénomène d'attraction massive, de véritable gravitation politique » [Bourdet, 1975, p. 280]. Outre la dextérité manœuvrière des hommes de l'appareil, jouèrent sûrement dans ce pouvoir d'attraction, parfaitement inconcevable en 1939, l'immense prestige de l'Armée rouge et, plus encore, la révélation des qualités éminentes de dévouement et de courage dont les militants communistes, que beaucoup découvraient à cette occasion, firent montre face à une répression féroce.

Le mouvement ouvrier — ou la gauche, comme on voudra — avait alors une solide mémoire ; il n'était pas de militant digne de ce nom qui ne connût sur le bout des doigts l'histoire des congrès, des motions qui y avaient été déposées, qui ne sût sur quels points essentiels portaient les divergences. Il n'y a en conséquence pas lieu de s'étonner des rivalités internes à la gauche constatées pendant la Résistance ; elles ne faisaient, dans un contexte singulier, que raviver des désaccords connus qui renvoyaient chacun à sa nature profonde. À ces vieilles querelles venait s'ajouter une querelle de suprématie entre les partis antérieurs à la guerre et des mouvements portés à estimer qu'ils incarnaient l'avenir. Bref, de quelque côté que l'on portât le regard, la miraculeuse unification politique et militaire de la Résistance française s'accompagna de beaucoup de peurs et d'arrière-pensées. Le seul point sur lequel l'accord régnait unanimement entre 1942 et 1944, c'était la condamnation du « régime de basse réaction instauré par Vichy », selon les termes du programme d'action adopté par le Conseil national de la Résistance le 15 mars 1944. Une condamnation sans appel et, d'une certaine manière, devenue sans objet tant il est vrai que la lutte idéologique acharnée que ne cessèrent de se livrer Vichy et la Résistance intérieure tourna à l'avantage de cette dernière qui, dans tous les domaines, rendit coup pour coup, finissant par éclipser Vichy sans coup férir à la Libération en perçant ce mirage, un temps si trompeusement séduisant, comme une vulgaire bulle de savon.

Il faut cependant traiter un dernier point pour tenter d'être complet : l'attitude de la France libre et de son chef à l'endroit de la gauche. Le 24 octobre 1940, le syndicaliste Henri Hauck, membre du groupe Jean-Jaurès au sein de la France libre, adressait cette note au général De Gaulle : « J'entends bien que le mouvement des Forces françaises libres s'est présenté dès le début comme un mouvement non politique. Mais le développement même des FFL nous crée des responsabilités nouvelles, tandis que le mouvement populaire national et antifasciste de résistance pose des problèmes nouveaux : nous sommes arrivés à un moment où le silence persistant sur nos buts et nos sentiments serait interprété, que nous le voulions ou non, comme une attitude de "droite" et risquerait de compromettre le succès de l'œuvre que, sous votre direction, nous avons entreprise » [Barré, 2003, p. 115-116]. La note revint à son auteur avec cette brève observation du colonel Fontaine : « Vu. Je fais toutes réserves sur les conclusions. » Le fait est que la France libre fit durablement toute réserve sur cette épineuse question. Il fallut attendre le voyage de Christian Pineau à Londres en mars 1942 pour que le général De Gaulle délivrât, dans la douleur, un texte qui donnait des gages à la gauche syndicale et politique. Le poste de commissaire à l'Intérieur confié au socialiste André Philip, peu de temps après, en juillet 1942, l'arrivée à Londres en janvier 1943 de Fernand Grenier comme émissaire qualifié du PCF, l'aval accordé à quantité de décisions engageant l'avenir dans le cadre du CNR, tout cela concourut, non sans que le commissaire en mission qu'était Jean Moulin jouât un rôle actif dans ce domaine, à dessiner graduellement des contours réformateurs et progressistes au général De Gaulle.

Le centre de gravité de la Résistance, à l'intérieur comme à l'extérieur, glissa ainsi graduellement à gauche. Cette évolution ne tranchait en rien, comme les résistants de l'intérieur devaient en faire l'amère constatation au moment de la Libération, la question de savoir quel rôle serait dévolu aux acteurs de la lutte clandestine. Avec le retour à l'ordre et le rétablissement de la légalité républicaine, ils furent sommés de rentrer dans le rang. Dès lors, même si la gauche triomphait électoralement et dominait idéologiquement dans le pays, les cartes étaient rebattues : auréolée de prestige, la gauche redevenait tout de même, on le mesure mieux à distance, une catégorie parmi d'autres et reprenait son combat de Sisyphe.

Références bibliographiques

Agulhon Maurice (1990), *La République. De Jules Ferry à François Mitterrand. 1880 à nos jours*, Hachette, Paris.

Andrieu Claire (1984), *Le Programme commun de la Résistance. Des idées dans la guerre*, Éditions de l'Érudit, Paris.

Aragon Charles d' (1971), « L'hiver le plus long », *Esprit*, n° 404, juin 1971.

Azéma Jean-Pierre, Prost Antoine et Rioux Jean-Pierre [dir.] (1986), *Le Parti communiste français des années sombres, 1938-1941*, Seuil, Paris.

Barré Jean-Luc (2003), *Devenir de Gaulle, 1939-1943. D'après les archives privées et inédites du général de Gaulle*, Perrin, Paris.

Bidussa David et Peschanski Denis (1995), *La France de Vichy. Archives inédites d'Angelo Tasca*, Feltrinelli, Milan.

BOURDET Claude (1975), *L'Aventure incertaine. De la Résistance à la Restauration*, Stock, Paris.

BROSSOLETTE Pierre (1998), *Résistance (1927-1943)*, textes rassemblés et commentés par Guillaume PIKETTY, Odile Jacob, Paris.

BURRIN Philippe (1997), « Vichy », *in* Pierre NORA (dir.), *Les Lieux de mémoire*, Gallimard, Paris, coll. « Quarto », vol. 2, p. 2467-2487.

CHAMBRUN Gilbert de (1982), *Journal d'un militaire d'occasion*, Avignon, Aubanel.

COURTOIS Stéphane (1980), *Le PCF dans la guerre. De Gaulle, la Résistance, Staline...*, Ramsay, Paris.

FRANK Robert (1993), « La mémoire empoisonnée », *in* Jean-Pierre AZÉMA et François BÉDARIDA (dir.), *La France des années noires*, Seuil, Paris, vol. 2, p. 483-514.

GAUCHET Marcel (1997), « La droite et la gauche », *in* Pierre NORA (dir.), *Les Lieux de Mémoire*, *op. cit.*, vol. 2, p. 2533-2601.

GUILLON Jean-Marie (1995), « Les socialistes en résistance. Un comportement politique », *in* Laurent DOUZOU, Robert FRANK, Denis PESCHANSKI et Dominique VEILLON (dir.), *La Résistance et les Français : villes, centres et logiques de décision*, IHTP-CNRS, Paris.

HOFFMANN Stanley (1974), *Essais sur la France. Déclin ou renouveau ?*, Seuil, Paris.

KEDWARD Harry Roderick (1989), *Naissance de la Résistance dans la France de Vichy. Idées et motivations, 1940-1942*, Champ Vallon, Seyssel.

LABORIE Pierre (1990, rééd. 2001), *L'Opinion française sous Vichy*, Seuil, Paris.

LACOUTURE Jean (1977), *Léon Blum*, Seuil, Paris.

MENDÈS FRANCE Pierre (1943), *Liberté, Liberté chérie...*, Didier, New York.

MICHEL Henri (1979), *Le Procès de Riom*, Albin Michel, Paris.

PÉTAIN Philippe (1989), *Discours aux Français, 17 juin 1940-20 août 1944*, édition établie par Jean-Claude BARBAS, Albin Michel, Paris.

SADOUN Marc (1982), *Les Socialistes sous l'Occupation. Résistance et collaboration*, Presses de la FNSP, Paris.

TOUCHARD Jean (1977, rééd. 1981), *La Gauche en France, 1900-1981*, Seuil, Paris.

VERNANT Jean-Pierre (1996), *Entre mythe et politique*, Seuil, Paris.

WIEVIORKA Olivier (2001), *Les Orphelins de la République. Destinées des députés et sénateurs français (1940-1945)*, Seuil, Paris.

62

La gauche à la Libération

JEAN-JACQUES BECKER

LES ÉLECTIONS DE 1936, les dernières élections nationales avant la guerre, avaient vu la victoire de la gauche. En soi, ce n'était pas original. La gauche avait déjà gagné les élections de 1924 et de 1932 [Mayeur, 1984]. Plus original fut le désistement réciproque (pas toujours respecté) qui avait eu lieu au second tour entre les candidats des trois principales formations de gauche (parti communiste, parti socialiste, parti radical) et d'une série de petits partis proches. Surtout, le parti communiste participait pour la première fois à ce système de désistement qui permit à la gauche, en réalité au PCF, de gagner de nombreux sièges. Avec 5 420 790 voix et 45,94 % des électeurs inscrits — la droite qui avait obtenu 4 233 928 voix reculait légèrement de 37,35 % à 35,88 % —, la gauche obtenait 376 députés contre 222 à la droite. Le parti communiste passait de 10 à 72 députés, le parti radical (avec 115 sièges) en perdait près d'une quarantaine et le parti socialiste avec 146 sièges (97 en 1932) le dépassait [Monier, 2002, p. 39]. Première formation de gauche depuis le début du siècle, le parti radical avait été devancé par le parti socialiste, non seulement en sièges, mais légèrement en voix : les radicaux étaient passés de 20,07 % des inscrits à 16,57 %, les socialistes de 17,63 % à 16,92 %, tandis que les communistes s'élevaient de 6,78 % à 12,45 %.

Au niveau des forces de gauche, l'enseignement des élections de 1936 était donc clair : le radicalisme était en recul, le socialisme atteignait la première place, mais sans progresser de façon importante, le communisme était en très forte expansion. Neuf années plus tard, la guerre n'avait-elle été qu'une parenthèse dans une évolution progressive de la France ou avait-elle provoqué des mutations fondamentales ? Pouvait-on prolonger les courbes de l'avant-guerre ou repartait-on à neuf ? [Becker et Berstein, 1981], ou troisième hypothèse, les gauches à la Libération procédaient-elles un peu des deux ?

La gauche et la Résistance

La ou les réponses étaient évidemment liées à une question essentielle : quelle place la Résistance allait-elle prendre dans la vie politique française ?

L'inspiration du programme du Conseil national de la Résistance (CNR) était incontestablement très à gauche. Cela n'allait pas sans ambiguïtés, parce que le CNR avait été créé en mai 1943 à l'initiative du général De Gaulle, lui-même homme de droite, et qu'il avait souhaité qu'y figurent, outre les représentants de différentes formations de la Résistance, des représentants des divers partis politiques, donc de gauche, mais aussi de droite, comme l'Alliance démocratique ou la Fédération républicaine. Ambiguïté aussi, parce que, même en laissant de côté l'opposition entre résistance extérieure souvent à droite et résistance intérieure plutôt à gauche, cette dernière comprenait de très nombreux mouvements dont certains étaient réputés de droite, telle l'Organisation civile et militaire (OCM). Sans compter encore que les résistants actifs n'étaient qu'une faible minorité par rapport à l'ensemble de la population, même de gauche, que l'adhésion à tel ou tel mouvement avait souvent été le fait du hasard et que beaucoup de résistants n'avaient eu comme ambition que de combattre pour la libération de la France, sans manifester de conviction politique particulière.

La Résistance pouvait-elle dans ces conditions se transformer en une sorte de grand rassemblement de gauche sur lequel serait fondée la vie politique nouvelle ? Il y eut des tentatives en ce sens : de la masse des mouvements de résistance, deux grandes organisations avaient émergé, le Front national et le Mouvement de libération nationale (MLN). Le premier était sous l'influence directe du parti communiste, même si tous ses adhérents n'étaient pas communistes ; quant au second, résultat du regroupement de toute une série de mouvements, il était assez hétérogène avec une fraction communisante, une autre socialisante et une troisième gaulliste. Une organisation nouvelle de la vie politique passait nécessairement par la fusion de ces deux grandes organisations. Le parti communiste y poussait fortement. Déjà maître du Front national, il pouvait espérer assurer ainsi son influence sur l'ensemble de la Résistance. Effectivement, lors de son congrès national (30 janvier-3 février 1945), le Front national se déclara favorable à ce projet, mais, quelques jours plus tôt (23-28 janvier 1945), le MLN, dont les fédérations départementales avaient voté dans des sens contradictoires, rejetait la fusion par 250 mandats contre 110. Tandis que la minorité communiste ou communisante, avec des hommes comme Maurice Kriegel-Valrimont, Pierre Hervé ou Emmanuel d'Astier de la Vigerie, votait pour la fusion, socialistes et gaullistes votaient contre, avec en particulier Jacques Baumel, André Malraux, André Philip ou Philippe Viannay.

Suite à cet épisode, le MLN éclatait : une minorité, ceux déjà cités, mais aussi Albert Bayet, Pascal Copeau, Marcel Degliame-Fouché, le général Alfred Malleret-Joinville...) faisaient scission en juin-juillet 1945 et se regroupaient avec le Front national dans le Mouvement unifié de la renaissance française (MURF). Presque uniquement communiste, ce mouvement n'avait pas beaucoup de raison d'être. Il s'étiola rapidement pour finalement s'évanouir. Quant à la majorité du MLN, elle eut comme ambition de créer en juin 1945 un nouveau parti symbolisant la Résistance. Ce fut l'Union démocratique et socialiste de la Résistance (UDSR). Les créateurs du mouvement condamnaient la IIIe République et ses classes dirigeantes, ils voulaient assurer l'émergence d'une nouvelle élite issue de la Résistance et constituer une vaste formation travailliste qui dépasserait les clivages traditionnels entre laïques et chrétiens. Leur ambition était d'occuper le vaste espace entre le parti communiste et la droite [Duhamel, Forcade, 2000, p. 16]. L'USDR se plaçait ainsi clairement à gauche, elle se voulait « socialisante » [Duhamel, 2000, p. 26].

Il y avait toutefois une difficulté, la place était déjà occupée par le parti socialiste. Dès les premières élections du 21 octobre 1945, la sentence était claire : associée à ce qui restait du radicalisme, l'UDSR n'obtenait que 10 % des suffrages exprimés. Contrairement au MURF, l'UDSR se survécut néanmoins pendant toute la IVe République. Elle fut une petite formation charnière, servit de structure politique à différentes personnalités, pas forcément de gauche, et apporta souvent aux gouvernements les voix qui leur manquaient. Elle fut surtout une « pépinière » de ministres. Une de ses illustrations, François Mitterrand, qui n'y adhéra qu'en 1947 — il n'en est pas un fondateur contrairement à la légende [Duhamel, 1998, p. 23] —, avait été élu député en 1946 dans la Nièvre par un électorat très marqué à droite.

La Résistance avait donc échoué à se transformer en force politique. Les explications en sont diverses, mais il y en a une d'essentielle : la Résistance avait plutôt une sensibilité de gauche. Or, à gauche, il existait déjà des partis qui n'avaient aucune intention de s'effacer. Il ne pouvait y avoir en même temps de grands partis et un grand mouvement issu de la Résistance. On pourrait imaginer qu'une puissante poussée populaire aurait pu obliger les partis à s'effacer devant la Résistance. La nature du parti communiste rendait cette hypothèse à peu près invraisemblable. Le PCF, qui ne pouvait imaginer un instant de se fondre dans une autre entité, développa au contraire une très grande activité pour utiliser la Résistance à son profit. Dans les semaines et les mois qui suivirent la Libération, il déploya une propagande de tous les instants, visant à s'identifier à la Résistance. Il n'y réussit que trop bien, mais avec un effet boomerang. Certes, depuis qu'en juin 1941 le parti communiste avait lancé ses forces — très faibles à l'origine — dans la Résistance — à titre individuel des communistes s'y sont engagés plus tôt —, il y avait joué un rôle très important, mais pas hégémonique, loin s'en faut — le recrutement des « milices patriotiques » fut considérablement accéléré après la Libération — et son activisme inquiéta suffisamment les autres résistants, beaucoup plus nombreux qu'il ne voulait bien le dire, pour qu'ils prennent leurs distances. Même effet sur l'opinion publique globale qu'elle détourna souvent de la sympathie qu'elle pouvait avoir pour la Résistance. Pour un parti révolutionnaire comme le parti communiste, les circonstances auraient pu en effet lui permettre de tenter de s'emparer du pouvoir. Depuis plus d'un demi-siècle, les communistes, chaque fois que la question est posée, jurent leurs grands dieux que, non seulement ils ne l'ont pas voulu, mais qu'ils n'y ont même pas pensé. Position à vrai dire insoutenable, même s'il est vrai que la situation géographique de la France, sa libération par les Anglo-Américains et la présence du général De Gaulle, soutenu par une immense popularité, auraient rendu l'opération difficile.

De son côté, le parti socialiste n'aida pas non plus à la constitution d'un grand mouvement de la Résistance. Pour les socialistes, le problème ne se posait pas de la même manière que pour les communistes. Les militants socialistes avaient été fort nombreux dans la Résistance [Sadoun, 1982], mais ne s'étaient pas regroupés, sauf dans une certaine mesure dans le mouvement Libération-Nord. Présents dans toutes les organisations de résistance depuis le Front national jusqu'à l'OCM, ils n'occupèrent que peu de postes de direction. Par voie de conséquence, le rôle des socialistes dans la Résistance en fut fortement minoré. Même quand le parti socialiste fut reconstitué par Daniel Mayer à la fin de 1943, les responsables socialistes se confinèrent dans un rôle politique, de sorte que le parti apparut comme en retrait par rapport à la Résistance. Ceux qui participaient à l'action résistante ne le faisaient pas dans le cadre du parti socialiste. À la Libération, le parti socialiste se trouva confronté à un dilemme. Aider à la constitution d'un grand parti de la Résistance, c'était à terme bref provoquer assurément la disparition de la Section française de l'Internationale ouvrière (SFIO). Il n'y avait pas de place pour les deux, c'était l'un ou c'était l'autre. Animer un grand parti de la Résistance, c'était prendre le risque de s'y dissoudre, de disparaître. Les socialistes s'y refusèrent pour deux raisons.

La première, dont il ne faut pas négliger l'importance, fut le patriotisme de parti. On se refusait à laisser disparaître ce à quoi on avait souvent consacré sa vie. Pour beaucoup, il fallait d'abord sauver le parti. Quand un délégué de l'Aube s'écrit « le parti d'abord » lors du congrès de novembre 1944, il exprime assez bien la pensée d'un très grand nombre de ses camarades [Borg 1980, p. 67]. Mais il y avait une seconde raison. Quel serait le contenu idéologique du nouveau parti ? Serait-ce un travaillisme à la française ? Une première objection était que si le travaillisme avait pu se développer dans le Royaume-Uni, c'était en partie grâce à l'absence d'un parti communiste important. La répugnance des Anglo-Saxons envers le communisme avait été décisive, mais ce n'était pas le cas en France. Une deuxième tenait à la tradition française. En schématisant à peine, le parti socialiste se définissait par son adhésion au marxisme et à la laïcité, à vrai dire à l'anticléricalisme. Or comment, même en faisant abstraction du parti communiste, créer ce grand mouvement issu de la Résistance sans l'étendre en particulier à la mouvance chrétienne. Au fond, au niveau doctrinal, tous les socialistes étaient d'accord, même si, en apparence, il existait deux tendances à l'intérieur de la direction socialiste, l'une incarnée par Daniel Mayer qui militait pour l'ouverture du parti aux membres de la Résistance, l'autre représentée par Salomon Grumbach et Élie Bloncourt qui rejetait toute fusion « qui dégraderait la physionomie du parti » [Sadoun, 1982, p. 223]. D'ailleurs, Léon Blum qui était encore retenu en Allemagne au moment où ces problèmes étaient discutés, devait dire par la suite son avis : « Il faut, à la fois que nous donnions l'impression de la continuité et l'impression du renouvellement. Il faut que nous montrions tout à la fois que nous sommes toujours le parti socialiste, le même parti socialiste et que nous sommes en même temps un parti socialiste renouvelé, rajeuni, transformé. Oh ! non pas dans la doctrine. Nous pourrons avoir, quand nous entreprendrons le travail, des modifications à introduire dans la présentation, dans l'expression de la doctrine, mais, sur le fond, nous n'avons rien à changer » [*ibid.*, p. 226]. Dans ces conditions, les différentes tentatives pour créer ce parti travailliste à partir des mouvements de résistance se perdirent rapidement dans les sables. Pour des raisons à peu près contraires à celles du parti communiste, le parti socialiste fut un frein majeur à la naissance d'un grand mouvement politique de la Résistance.

L'échec de la Résistance à donner naissance à une grande formation politique n'est en réalité pas surprenant. « Le combat commun pendant la guerre, créateur de solidarités à ce moment, était-il capable de produire, une fois le conflit terminé, un ciment assez solide pour que les forces politiques s'organisent autour de lui ? » [Becker et Berstein, 1981]. En revanche, ce qui devait l'emporter, n'était-ce pas la culture politique qui plonge ses racines dans un lointain passé historique ?

Des rapports de force nouveaux

À défaut de permettre de créer un grand mouvement de gauche nouveau, les bouleversements de la guerre n'avaient-ils pas modifié les rapports de force entre les partis politiques de la gauche ancienne ? Le moment n'était-il pas d'ailleurs venu de résorber la scission du congrès de Tours de 1920 et de rétablir l'unité des forces ouvrières ? Les syndicalistes avaient montré la voie. En avril 1943, à la suite d'une rencontre au Perreux, dans la banlieue parisienne, de quelques ex-confédérés de l'ancienne CGT et de quelques ex-unitaires de l'ancienne CGTU, la décision de réunifier la CGT avait été prise. Cette réunification ne se fit pas sans méfiance. Pour éviter toute surprise, le contingent des représentants des deux tendances à l'intérieur du bureau confédéral était strictement fixé : il était de cinq ex-confédérés contre trois ex-unitaires. Mais, dans la pratique, on était pourtant rapidement passé à la parité dans la mesure où Louis Saillant ex-confédéré était (entre-temps) devenu communisant. La situation était encore plus paradoxale puisque, avant le retour de Léon Jouhaux encore en Allemagne, les deux secrétaires généraux qui se partageaient la direction de la CGT étaient Benoît Frachon qui était officiellement communiste et Louis Saillant. La réalité était que la CGT était en train d'être conquise par les communistes [Becker, 1981, p. 179], mais, dans l'immédiat, cela pouvait paraître un encouragement à la réunion des forces ouvrières.

Le parti socialiste, en cette « année zéro de l'anticommunisme » [Becker et Cœuré, à paraître], se montrait unitaire pour deux pour reprendre une formule affectionnée... par les communistes. Si le 27 août 1939, *Le Populaire* avait écrit · « Il y a moins de honte à être munichois que stalinien », le 22 décembre 1944, il comprenait très bien les raisons du Pacte germano-soviétique. Le 9 novembre de la même année, *Le Populaire* avait même publié un texte où le comité exécutif du parti et la délégation socialiste à l'Assemblée consultative exprimaient « à l'occasion de la fête nationale soviétique, au grand peuple russe, à son héroïque armée victorieuse et à son chef le maréchal Staline, la reconnaissante admiration des travailleurs et du peuple socialiste de la France [...] ». Certes, il est nécessaire de distinguer entre les sentiments portés à l'Union soviétique dans l'atmosphère de la victoire et ceux portés aux communistes locaux. Pour beaucoup de militants socialistes, une grande méfiance subsistait envers les communistes, et leur prétention d'être la Résistance à eux seuls n'était pas pour la dissiper. Il n'en reste pas moins que, chez les dirigeants socialistes et en particulier chez Daniel Mayer, la conviction existait que le moment était venu de réaliser la réunification. Toutefois, si lors du congrès d'août 1945, Daniel Mayer « suppliait » encore ses camarades de ne pas être blessants envers les communistes en les accusant « d'être à la solde de Moscou », de « recevoir des ordres », car ajoutait-il : « Je vous avouerai [...] pour ma part que je ne crois pas que cela soit vrai : je ne crois pas que le parti communiste reçoive des ordres de Moscou. Je crois que les militants du parti communiste ne reçoivent pas de subsides de Moscou et je m'élève contre ce qui est, en réalité, un relent de la propagande hitlérienne », le projet de réunification, lui, était renvoyée aux calendes grecques... !

Que s'était-il passé ? Pendant la guerre, c'est le parti socialiste alors dirigé par Daniel Mayer, un jeune journaliste du *Populaire* peu connu, qui avait proposé au parti communiste de réaliser l'unité ouvrière, mais comme le parti socialiste ne comptait guère, alors que le parti communiste jouait un rôle grandissant dans la Résistance, cette proposition fut alors écartée par les responsables communistes. Que l'on suive Maurice Agulhon [1976] ou Marc Sadoun [1982], l'explication est à peu près la même : il y avait contradiction entre le parti communiste tout entier engagé dans l'action résistante et le parti socialiste, dont des membres étaient également engagés dans l'action résistante, mais qui, en tant que parti, estimait avoir un rôle politique à jouer concernant essentiellement l'après-libération. En outre, le PCF entendait — disait-il — ne rien faire qui puisse être néfaste au combat national. Comme un responsable communiste, Auguste Gillot, l'expliqua à Daniel Mayer dans une réunion du 24 septembre 1943 : « Nous rejetons tout ce qui pourrait donner une allure de classe à notre lutte actuelle pour ne pas donner un motif de division entre Français. Entendez-moi bien, il s'agit de ne pas nuire à notre but commun qui est la lutte contre l'envahisseur. Tout ce qui semblerait être une action spécifiquement ouvrière serait un prétexte à une propagande anticommuniste qui nuirait à l'action commune » [Sadoun, 1982, p. 199].

On a évidemment un peu de mal à croire à cette raison, d'autant que, dans les conditions de la clandestinité, la plus grande part de la population n'en aurait rien su. En quoi d'ailleurs un rapprochement entre socialistes et communistes aurait-il été un obstacle au combat national ? D'ailleurs le parti communiste ne rejetait pas les militants socialistes qui souhaitaient y adhérer.

Quoi qu'il en ait été réellement, après la Libération, le parti socialiste relança sa campagne unitaire. Lors du congrès national extraordinaire des cadres des fédérations socialistes reconstituées dans la Résistance (9-12 novembre 1944), à la suite du rapport présenté par Jules Moch, les délégués à l'unanimité offrent au parti communiste de réaliser l'unité ouvrière. Les communistes avaient alors d'autres préoccupations, ils étaient engagés dans une tonitruante campagne de défense des milices patriotiques que le gouvernement entendait désarmer, ils ne se précipitèrent pas pour saisir la perche qui leur était tendue. Il fallut attendre le retour de Maurice Thorez pour que les choses changent. Comme l'a bien montré Maurice Agulhon [1976], il y avait bien des différences de comportement entre les communistes résistants de l'intérieur dont la tête de file était Jacques Duclos, les communistes qui s'étaient rassemblés à Alger autour d'André Marty et Maurice Thorez qui passa la guerre en Union soviétique. Quand il rentre en France, amnistié par le général De Gaulle de la peine qu'il avait encourue pour avoir déserté à l'automne 1939 — il atterrit au Bourget le 27 novembre 1944 —, il vient d'avoir un long entretien avec Staline et il impose immédiatement un changement de stratégie [Becker, 1981, p. 152]. L'offre socialiste, pour la première fois depuis bientôt deux ans, est retenue. Le 4 décembre 1944, délégués socialistes et communistes se rencontrent et constituent un comité d'entente. Quelques jours plus tard, le 19 décembre, ce comité envisage de discuter de la réalisation de l'unité organique des deux partis.

Contrairement à ce qui s'était passé jusqu'alors, le parti communiste pousse vigoureusement, maintenant, dans le sens de l'unité des deux partis. Lors de la réunion du comité central, en janvier 1945, Maurice Thorez proclame : « Nous allons vers la constitution d'un grand parti ouvrier national. » Mais que serait ce grand parti ouvrier ? Pour les communistes, il était clair qu'il devait être le décalque du PCF, quant à ses principes et à son organisation. Cela signifiait que le nouveau parti serait de type bolchevik. Quand le 12 juin 1945, le parti communiste publia son projet, les responsables socialistes furent atterrés. Ce qu'on leur demandait, c'était de bien vouloir être absorbés. À la réflexion, c'est la surprise des socialistes qui est la plus étrange. Comment avaient-ils pu penser que le parti communiste accepterait de se saborder pour devenir une sorte de parti social-démocrate ?

Néanmoins, se sentant le vent en poupe, pensant probablement avoir pris le parti socialiste au piège, le parti communiste faisait le forcing pour l'acculer au type d'unité qu'il souhaitait. Lors de son X^e^ congrès (du 26 au 30 juin 1945 à Paris), l'éloquent orateur qu'était Jacques Duclos entonna un véritable hymne à l'unité qui se terminait par « Unité, unité, unité. L'Unité doit être, elle sera ». Les dirigeants communistes croyaient-ils parvenir à leurs fins ? En vérité, à l'inverse de Daniel Mayer et d'un certain nombre de responsables nationaux, les militants socialistes ne montraient pas une telle inclination à s'unir aux communistes. Le vote à l'unanimité du mois de décembre ne pouvait dissimuler que ceux qui avaient pris parti avec détermination pour l'unité ouvrière étaient rares, quatre intervenants au total, Élie Bloncourt, Salomon Grumbach, Pierre Lambert, François Tanguy-Prigent. Tous les autres intervenants avaient été hostiles ou n'y croyaient pas [Borg, 1980, p. 59]. Au surplus, entre-temps, Léon Blum était rentré et il se montrait très réticent envers l'unité telle qu'elle se présentait. Mais, comme le remarquait *L'Année politique* (1944-1945, p. 275), il était possible que sa position ne soit pas suivie par les délégués au congrès, car les votes lors des congrès socialistes présentaient un « certain caractère d'imprévu ». Ce devait bien être son sentiment car Léon Blum ne consacra pas à la question moins de dix-huit articles dans *Le Populaire* entre le 5 juillet et le 15 août 1945.

Pour le parti communiste, quel que soit le résultat, il ne pouvait que lui être favorable. Ou bien une majorité se dessinerait à l'intérieur du parti socialiste en faveur des propositions communistes, ou bien si ce n'était pas le cas, le parti socialiste qui avait dans un premier temps proposé l'unité pour ensuite la refuser se trouverait affaibli par ce pas de clerc. De fait, lors du congrès de la SFIO du 12 au 15 août 1945, c'est le même Jules Moch qui, porte-parole de la motion sur l'unité lors du congrès précédent, proposait que l'unité organique soit rejetée pour le moment. Cette nouvelle proposition obtint une énorme majorité, 10 112 mandats contre 274 et 212 abstentions, mais là encore l'aspect purement comptable cachait que les discussions avaient été très âpres et certains socialistes avaient conscience du risque qui était pris avec le rejet. Pierre Bloch, un membre important du comité directeur, mettait en garde les délégués : « Nous n'avons pas le droit de décevoir l'immense majorité des travailleurs » (*Année politique*, 1944-1945, p. 277). Le parti socialiste ne rompait pas les négociations, mais l'unité ouvrière n'avait pas davantage été réalisée que pendant le Front populaire et doit-on souligner qu'il n'y eut plus jamais (du moins jusqu'au moment où ces lignes sont écrites) de tentative d'unité ? Il subsistait deux partis « ouvriers », le parti communiste et le parti socialiste. Malgré la guerre, sur ce point au moins, les cadres de la vie politique n'avaient pas changé à gauche, la « rénovation » avait échoué.

Il n'en était pas de même en ce qui concerne les rapports des forces en particulier électoraux. On pouvait facilement imaginer que le parti radical, considéré souvent comme le symbole d'une IIIe République qui s'était achevée par le désastre de 1940, sortirait en piteux état de la période de la guerre, mais la place occupée par le parti communiste dans la Résistance et dans l'exaltation de la Résistance se traduirait-elle au plan électoral ? Le parti socialiste, dont Léon Blum affirmait qu'il était le « maître de l'heure » (à vrai dire, il parlait du socialisme, ce qui n'était pas tout à fait la même chose), allait-il le démontrer ? L'idée socialiste démocratique devait-elle connaître un triomphe [Lindenberg, 2000], d'autant que les compromissions de la droite avec le régime de Vichy l'avaient mise, au moins momentanément, presque hors jeu ? Des inconnues supplémentaires étaient les effets du vote des femmes, établi pour la première fois en France, ainsi que ceux du scrutin proportionnel.

Conformément aux pronostics, le radicalisme (pourtant associé à l'UDSR) ne recueillait qu'un peu plus de 10 % des suffrages exprimés, la droite (les modérés, suivant le terme utilisé alors) un peu plus de 15 %, mais une formation nouvelle, le Mouvement républicain populaire (MRP), dont les dirigeants, ce qui était à peu près inédit en France jusque-là, se présentaient comme des chrétiens de gauche, en tout cas résistants, recueillait près de 24 % des suffrages. Il n'était pas besoin d'analyses électorales savantes pour comprendre que l'électorat de droite y avait trouvé largement refuge…

Quant au parti socialiste, il connaissait une immense déception : son résultat n'était pas déshonorant, mais avec 23,35 % des suffrages et 4 491 000 voix, il n'arrivait qu'en troisième position derrière le MRP (4 580 000 voix) et surtout derrière le PCF (5 024 000 suffrages et un peu plus de 26 % des voix).

Néanmoins, même sans les radicaux, la gauche l'emportait largement — les deux partis « marxistes » disposaient de la majorité absolue en sièges (305 sur 586). Mais cette gauche victorieuse était-elle finalement la même que celle de l'immédiat avant guerre ou, au contraire, étaient-ce des partis communiste et socialiste nouveaux qui la composaient ?

Des partis de gauche nouveaux ?

À première vue, le parti communiste était bien différent de celui d'avant-guerre. À partir de septembre 1939, et pendant l'année 1940, il s'était désagrégé et avait perdu la plus grande part de ses adhérents. Par la suite certains revinrent dans la Résistance et nombreux furent également ceux qui rentrèrent au bercail… après la Libération. Il faut tenir compte aussi des pertes subies pendant la guerre, pertes dont le chiffre est inconnu — celui des 75 000 fusillés est totalement mythique —, mais qui étaient certainement de plusieurs milliers. N'importe comment les militants d'avant-guerre étaient noyés dans le nombre considérable des adhérents récents. Lors du congrès de juin 1945, les chiffres suivants avaient été donnés : en 1937, les membres du parti étaient 338 127 et, en 1945, 544 921, 206 794 en plus, ce qui correspondait à une augmentation de 61 %, et ce n'était qu'un début. En décembre 1945, ils étaient 775 342. La progression s'arrêta alors, mais si l'on y ajoute les 188 000 membres de l'Union de la jeunesse républicaine de France (UJRF, anciennement Jeunesse communiste) et les 64 000 de l'Union des jeunes filles de France (UJFF) — les uns et les autres étaient souvent très proches du parti communiste, sans en principe en être membres —, on dénombrait alors près d'un million de communistes. Non seulement les effectifs du parti communiste avaient beaucoup changé, mais leur répartition sur le territoire national était également très différente [Becker, 1981, p. 171 et 172].

Avant la guerre, plus du tiers des membres du parti, 115 000, se trouvaient dans la région parisienne, ils n'étaient plus en 1945 que 92 000. En revanche, le parti communiste était implanté à peu près partout en France et il avait connu des progrès spectaculaires dans des régions où il était très faible ou inexistant avant la guerre. Pour ne prendre que cet exemple, on ne dénombrait que 260 communistes en Haute-Loire, ils étaient maintenant 2 800, dix fois plus. Il était devenu par son implantation un parti « national » et particulièrement présent dans beaucoup de régions rurales. Ces adhérents devenus si nombreux ne représentaient guère plus de 16 % de son électorat... Par le nombre de ses adhérents, par le nombre de ses électeurs, il était sans aucun doute devenu après la Libération la force politique dominante, ce qu'il n'était pas avant guerre.

Était-il pour autant une force politique nouvelle [Becker, 1983] ? On le sait, un parti communiste, c'est d'abord un appareil. Quelles que soient les péripéties, tant que l'appareil existe, le parti existe. C'est grâce à son appareil que le parti presque anéanti de 1940 avait pu retrouver et développer sa puissance quand les circonstances étaient devenues plus favorables.

Comme le reste du parti, le groupe parlementaire avait beaucoup changé. D'abord parce que le groupe parlementaire élu en 1936 avait connu en 1939-1940 une vague de départs, 24 sur 72. Trois députés avaient au surplus été tués par les Allemands (Charles Michels, Gabriel Péri, Jean Catelas). Parmi les députés de 1945, ils ne sont plus que 35 à avoir siégé avant la guerre. Ensuite parce que, avec plus de 180 députés, le groupe s'était beaucoup accru. Par la force des choses, le changement était considérable. L'âge moyen était passé de quarante et un ans à trente-neuf ans, mais une étude plus fine montre que par l'âge, ces députés se divisaient en deux groupes, le premier plus âgé composé des « survivants » de l'avant-guerre, le second plus jeune issu le plus souvent de la Résistance. Sa composition sociologique était également très différente. Si les agriculteurs n'étaient guère plus nombreux en proportion, le pourcentage d'ouvriers qui faisait du groupe d'avant-guerre un ensemble très prolétarien avait fortement diminué au bénéfice des professions du tertiaire, employés et enseignants — les instituteurs étaient maintenant la catégorie la mieux représentée. Le renouvellement était incontestable pour les députés.

Mais, dans l'appareil d'un parti communiste, le groupe parlementaire compte peu, sauf pour ceux de ses membres qui occupent en même temps des fonctions dirigeantes — ils sont d'ailleurs assez nombreux parce que le parti veillait à ce que ses principaux dirigeants soient élus, ce qui, à la Libération, avec le système proportionnel était assez aisé.

Le changement fut-il le même au niveau des organes de direction ? Le comité central qui comprenait cinquante et un membres (titulaires et suppléants) avant la guerre en comptait naturellement davantage en 1945, soixante-dix désignés lors du congrès de juillet 1945. Parmi eux, il y avait d'abord le groupe compact de ceux d'avant-guerre : vingt-huit. Parmi les vingt-trois manquants, on ne comptait que quatre dissidents, six morts pendant la guerre et quelques-uns que les statuts de la CGT empêchaient dorénavant de siéger au comité central. Il y avait aussi quelques cas particuliers dont le plus célèbre fut celui de Maurice Tréand qui, chargé de conduire les négociations avec les Allemands pour la reparution de *L'Humanité* en 1940, avait dû être écarté (il n'était pas pour autant considéré comme ayant démérité et, lorsqu'il mourut des années plus tard après que, pendant toutes ces années, le PCF eut subvenu à ses besoins, les principaux dirigeants communistes participèrent discrètement à ses obsèques...). Quant aux quarante-deux nouveaux, la moyenne d'âge, plus élevée que celle d'avant-guerre, indique qu'ils ont été principalement recrutés parmi les militants de cette époque. D'ailleurs, contrairement au groupe parlementaire, même si en particulier les enseignants y sont proportionnellement plus nombreux qu'avant-guerre, le comité central reste majoritairement ouvrier.

Si le renouvellement était donc plus faible au niveau du comité central, c'était encore plus vrai à celui du bureau politique. Des neuf membres de 1937, six l'étaient encore en 1945. Quant aux trois autres, l'un avait rompu ave le parti communiste qui l'avait fait abattre pendant la guerre (Marcel Gitton), un second avait été fusillé par les Allemands (Pierre Semard) et le troisième (Gaston Monmousseau) avait dû quitter un poste incompatible avec ses fonctions syndicales. Quant aux six nouveaux (le bureau politique a été porté à douze membres), ils appartenaient tous au comité central avant la guerre. Il n'y a donc guère renouvellement, même si la moyenne d'âge a tout naturellement augmenté. En revanche de 66 %, les ouvriers sont passés à seulement 50 %. La profession indiquée pour les membres du bureau politique était en général celle d'une activité professionnelle assez lointaine ou rarement exercée, cela soulignait néanmoins un affaiblissement du caractère prolétarien du parti. Quant au secrétaire général dont la fonction est décisive au PCF, il était le même avant et après en la personne de Maurice Thorez, sauf qu'entre-temps l'apprenti guidé par des militants « internationaux » dont le plus célèbre fut Eugen Fried, était devenu un homme mûr, qui, à la suite de son long séjour en URSS, jouissait de la confiance personnelle de Staline.

Au total, au fur et à mesure que l'on s'élevait dans la hiérarchie du parti, les signes de renouvellement étaient de plus en plus ténus. Nouveau par son poids dans la vie politique française et à l'intérieur de la gauche, il ne l'était guère dans sa nature. Même si un certain renouvellement avait eu lieu pour les hommes, il n'y avait aucun changement ni au niveau de la doctrine ni à celui de l'organisation. Il était toujours une formation disciplinée, monolithique et fortement hiérarchisée. Peut-être davantage même. Le parti communiste avait perdu le zeste d'anarchie que certains militants avaient conservé de leur passé et accru un caractère militaire que la participation à la Résistance avait favorisé.

Les changements du parti socialiste empruntèrent des voies très différentes de celles du PCF. Son premier problème — et quel problème — fut celui de l'épuration. Non pas que le parti communiste ne l'ait pas eu aussi, mais il l'avait réglé pendant la guerre même. Cette épuration n'avait pas été du domaine du discours — il avait fait exécuter, comme nous l'avons déjà dit pour Gitton, un certain nombre de ses dissidents —, en tout cas il ne lui était pas apparu nécessaire d'en faire un problème public.

Pour le parti socialiste au contraire, la question du renouvellement se posa d'abord lors de l'épuration. Le groupe parlementaire tenait une grande place. Sous l'impulsion de Daniel Mayer, se refusant à considérer les problèmes de circonstances, il allait subir les effets d'une épuration menée avec une très grande brutalité. Partant du principe que la masse du parti était restée fidèle et patriote, ce furent d'abord les députés qui furent les victimes expiatoires et considérés comme s'étant mis « hors du socialisme et hors même de la démocratie » [Sadoun, 1982]. Le vote du 10 juillet 1940 devint le premier critère de l'épuration [Castagnez-Ruggiu et Morin, 2000] et la règle fut appliquée avec une extrême sévérité. Des 168 parlementaires socialistes de 1940, 86 furent exclus définitivement, 11 autres suspendus de mandat pendant une législature et deux soumis à une enquête complémentaire. Dans le prolongement, tous les élus, conseillers municipaux, maires et conseillers généraux demeurés à leur poste depuis le 25 juin 1940 sans autorisation explicite du parti, tous ceux qui par leurs actes ou leurs écrits avaient témoigné de leur confiance à l'État français ou à l'occupant — cela allait de soi — furent également frappés. Plus de la moitié des membres de la commission administrative permanente (CAP) de 1939 furent formellement exclus ou démissionnèrent. Il en fut de même du tiers des secrétaires fédéraux, Beaucoup d'élus socialistes ainsi sanctionnés, même quand ils étaient par ailleurs titulaires d'authentiques titres de résistance, eurent bien du mal à le faire reconnaître par leur parti.

L'épuration en revanche devint de plus en plus sélective au fur et à mesure qu'on descendait les échelons de la hiérarchie, traduction de ce que le parti subissait cette terrible épuration plus qu'il ne l'acceptait. Au plan local ou régional une forte tendance dite « sentimentale » se développa pour limiter ces rigueurs.

Les dirigeants du parti socialiste étaient très fiers de cette épuration qui, en quelque sorte, faisait de lui la force politique qui s'identifiait à la France, une France épurée et rajeunie. En novembre 1944, Édouard Depreux le proclamait : « Le parti se présente devant vous épuré, rajeuni, rénové, trempé par l'épreuve qui lui a permis de discriminer les socialistes sincères, convaincus et les quelques arrivistes qui avaient pu se glisser parmi nous » [Roussellier, 2000, p. 66-67]. C'était en réalité une vue de l'esprit : cette épuration provoqua de graves remous et des rancunes durables, qui ne furent pas éliminés en quelques jours, comme le pensait Daniel Mayer, d'autant que beaucoup d'« épurés » pouvaient estimer qu'ils n'avaient pas eu une attitude différente de celle de l'immense masse des Français, y compris des socialistes. En outre, dans cette quête d'un statut moral, il fut surtout retenu, quoi qu'il ait été dit, que les défaillances n'avaient pas été le fait de quelques-uns, mais que le parti avait été profondément gangrené.

Cette autodestruction aurait cependant pu être bénéfique, si l'épuration des anciens avait été compensée par une vague de nouveaux arrivants. Or, c'est le contraire qui se produisit. Parallèlement à cette autoflagellation, le parti se referma sur lui-même. L'un de ses plus importants dirigeants, André Philip s'inquiétait ainsi : « S'il y a pour nous un risque, ce serait peut-être celui d'un succès trop grand et trop rapide, car il risque d'amener à l'intérieur du parti des adhérents faussement acquis au véritable socialisme, voire des anciens radicaux ou républicains en mal de rachat politique » [Roussellier, 2000, p. 63]. L'arrivée de résistants qui n'étaient pas déjà membres du parti socialiste fut d'autant plus restreinte qu'il leur fut appliquée la règle des cinq ans d'ancienneté qui permettaient seulement d'accéder à des postes de responsabilités ou à des candidatures... En réalité, faute de cadres, cette réglementation ne put être appliquée partout [Castagnez-Ruggiu, Morin, 2000, p. 49]. Néanmoins, parmi les 40 % de cadres nouveaux après la Libération, il n'y eut que 6 % de nouveaux adhérents [Castagnez-Ruggiu, Morin, 2000, p. 51] ! Suivant une formule de Léo Hamon, le parti socialiste accomplit l'exploit de changer beaucoup d'hommes, et de se « reconstruire à l'identique » [Lindenberg, 2000, p. 19]. Certes, de nouveaux dirigeants vinrent de la base — peu nombreux d'ailleurs, 9 % seulement —, Daniel Mayer ou Guy Mollet étaient tout à fait inconnus avant la guerre, mais dans l'ensemble l'épuration conduisit à un appauvrissement certain du parti, puisqu'il n'y eut guère arrivée de forces nouvelles.

Cette résistance au changement affecta également les symboles de l'organisation et de la doctrine [Cépède, 2000]. Le premier symbole mis en cause fut celui du nom. Dans l'éditorial du *Populaire* du 9 novembre 1944, à propos du congrès qui allait s'ouvrir, Daniel Mayer s'interrogeait : « Premier congrès du parti reconstitué ? XXXVIIe congrès de la SFIO ? » Beaucoup trouvaient que l'étiquette SFIO était lourde à porter. Témoignage de l'hésitation, ce congrès de novembre 1944 ne reçut pas de numéro, mais le premier « vrai » congrès au mois d'août 1945 fut le XXXVIIe et la SFIO resta la SFIO... De même, l'idée de remplacer par le bonnet phrygien les trois flèches comme insigne du parti — insigne d'ailleurs assez récent dont l'utilisation avait commencé en 1934 — échoua.

Quant à l'organisation, la question était de savoir comment donner au parti socialiste une efficacité qu'il n'avait pas dans le passé. Son inefficacité tenait en particulier à sa direction bicéphale entre une CAP élue à la proportionnelle des courants et un comité national composé des secrétaires de fédérations qui n'hésitait pas à se substituer aux congrès... En novembre 1944 [Morin, Pradoux, 1998], il fut décidé que la CAP disparaissait au profit d'un comité directeur dont les membres seraient élus au scrutin majoritaire et qui recevrait également les pouvoirs du comité national. Ces innovations purent se maintenir un certain temps, malgré l'opposition d'un parti profondément provincial et qui redoutait la toute-puissance d'un comité directeur considéré comme plus « résistant » que socialiste, mais dès février 1946 le conseil national fut rétabli...

Cette résistance au changement se manifesta également au plan doctrinal. Léon Blum rentré d'Allemagne avait été chargé d'établir une nouvelle charte du parti. Il affirmait la fidélité au marxisme, mais il ne conservait ni la dictature du prolétariat ni même la lutte des classes. Le socialisme humaniste que proposait Léon Blum n'avait plus comme objectif le progrès de la seule classe ouvrière, mais l'intérêt général de la nation. Ses propositions révisaient sans aucun doute profondément la doctrine du parti socialiste, elles la révisaient même si profondément que, lors du congrès d'août 1945, l'émotion fut telle que l'examen du projet fut renvoyé à plus tard et qu'il fut enterré l'année suivante en 1946. Daniel Mayer considéré comme l'élève de Léon Blum était évincé par Guy Mollet et on revenait aux valeurs traditionnelles du socialisme. Tout révisionnisme était renvoyé à plus tard. Comme le disait dans une formule choc, le nouveau chef du parti socialiste : « Si les classes moyennes se prolétarisent, c'est à elles de venir au socialisme, et non au socialisme d'aller à elles » [Quilliot, 1972].

À vrai dire, il ne faut probablement pas exagérer l'attachement à l'ancienne doctrine de tant de congressistes, beaucoup d'entre eux entendaient davantage faire payer à Daniel Mayer l'épuration du parti que ses « errements » doctrinaux, mais les conséquences en furent considérables, car c'était en fait proclamer que l'on allait continuer comme d'habitude dans la voie si souvent reprochée au parti socialiste, parler d'une façon, agir d'une autre... Marc Sadoun, a pu conclure avec sévérité que les trois maîtres-mots du parti socialiste étaient « continuité », « sclérose », « résistance au changement » [1982, p. 241], avec circonstance aggravante que l'épuration l'avait privé d'une partie de ses meilleurs talents et que la fermeture aux nouveaux ne lui avait pas permis d'en acquérir d'autres...

Même si l'étoile du parti radical avait un peu pâli avant la guerre, il demeurait tout de même une force de gauche considérable, sans qui par exemple le Front populaire n'aurait pas été possible. Qu'en restait-il en 1945 ? [Berstein, 1979 ; de Tarr, 1961]. À peu près rien, d'autant qu'avec un certain panache suicidaire, il entendait envers et contre tout défendre la Constitution de la IIIe République et que le vote des femmes qu'il avait toujours combattu l'handicapait encore davantage. Pour le reste, il était opposé à toute libéralisation aux colonies, il était pour la non-intervention de l'État dans l'économie, il était contre les nationalisations... Dans tous les domaines, il prenait le contre-pied de l'opinion. Il apparaissait, comme une « force politique en rupture avec la France nouvelle » [Berstein, 1979, p. 19]. Dans ces conditions, lors des élections d'octobre 1945, ses candidats n'obtinrent que 5 % à 6 % des voix. Sauf Édouard Herriot, tous ses dirigeants, Daladier, Mendès France, Queuille furent battus, même à la proportionnelle. Le parti radical se maintint pourtant aux limites de la gauche grâce à un courant partisan d'un rapprochement avec les autres formations de gauche et surtout avec le parti communiste, mais, en avril 1946, lors de son congrès de Lyon, cette aile « communisante », autour de Pierre Cot, Robert Chambeiron, Albert Bayet, fut exclue. Même s'il conservait dans ses rangs des hommes de gauche comme Mendès France, il apparaissait comme une formation de centre droit, voire quelquefois franchement de droite, et son histoire n'appartenait plus — au moins pour le moment — à celle de la gauche. Néanmoins il parvint à maintenir son existence en fédérant autour de lui, outre une UDSR très composite, une série de petites formations dont certaines n'avaient pas été sans liens avec Vichy et avec lesquelles il constitua le Rassemblement des gauches républicaines (RGR).

Aux questions posées au début de cet article, les réponses sont claires : d'un côté, on peut prolonger les courbes de 1936 avec une progression impétueuse du parti communiste et une stagnation hésitante du parti socialiste ; de l'autre, la gauche a été profondément modifiée par la presque disparition de sa principale force, le courant radical. La gauche est donc bien différente de ce qu'elle était avant la guerre. Différentes par ses structures, elle est différente aussi par son contenu. Certes, avant la guerre, l'aspiration au progrès social était déjà très présente, mais il n'était pas la principale préoccupation de toute la gauche. Maintenant, il l'est incontestablement, même s'il ne l'est pas de la même façon pour tous. De façon un peu restrictive, on pourrait dire que son principal liant d'alors, la laïcité, est encore très fort au niveau des mentalités, mais qu'il a perdu malgré tout de son importance relative. C'est d'ailleurs au niveau des mentalités que finalement la gauche a le plus changé, et c'est probablement pour ne pas l'avoir compris, ne pas l'avoir senti, ne pas avoir su autrement que dans des mots traduire les sentiments nouveaux du « peuple de gauche » que le parti socialiste qui se croyait encore la moelle épinière de la gauche, va entrer dans une maladie de langueur, dans une sorte de dépression qu'il mettra plusieurs dizaines d'années à surmonter...

RÉFÉRENCES BIBLIOGRAPHIQUES

AGULHON Maurice (1976), « Les communistes et la libération de la France », *in La Libération de la France*, Actes du colloque tenu à Paris du 28 au 31 octobre 1974, Éditions du CNRS, Paris.

BECKER Jean-Jacques (1981), *Le Parti communiste veut-il prendre le pouvoir ? La stratégie du PCF de 1930 à nos jours ?*, Seuil, Paris.

— (1983), « Le Parti communiste français », *in Les Élites in Francia et in Italia negli anni quaranta*, Mélanges de l'École française de Rome, tome 95.

BECKER Jean-Jacques et BERSTEIN Serge (1981), « Modernisation et transformation des partis politiques au début de la IVe République », *in* colloque *La France en voie de modernisation (1944-1952)*, Fondation nationale des sciences politiques (4-5 décembre 1981), multigraphié.

BECKER Jean-Jacques, DUCLERT Vincent, CALLU Agnès et GILLET Patricia [dir.] (1997-1998), « La IVe République. Histoire, recherches et archives », *in* Centre historique des archives nationales-*Historiens Géographes*, n° 357-358-361.

Berstein Serge (1979), « La politique des partis sous la IVe République », *in La IVe République*, Actes du colloque de l'Université de Paris-I, Éditions du CNRS, Paris.

Berstein Serge, Cépède Frédéric, Morin Gilles et Prost Antoine [dir.] (2000), *Le Parti socialiste entre Résistance et République*. Publications de la Sorbonne, Paris.

Blum Léon (1945), *Les Devoirs et les tâches du socialisme*, Éditions de la liberté, Paris.

Borg G. (1980), *Le Parti socialiste, la tentative de renouveau*, mémoire de maîtrise sous la direction de Serge Berstein, Paris-X-Nanterre.

Castagnez-Ruggiu Noëlline et Morin Gilles (2000), « Le parti issu de la Résistance », *in* Serge Berstein *et al.* [dir.] (2000), *Le Parti socialiste…, op. cit.*

Cépède Frédéric (2000), « L'identité du parti socialiste, permanence et ruptures », *ibid.*

Duhamel Éric (1998), *François Mitterrand, l'unité d'un homme*, Flammarion, Paris.

— (2000), *Histoire politique de la IVe République*, La Découverte, Paris.

Duhamel Éric et Forcade Olivier (2000), *Histoire et vie politique en France depuis 1945*, Nathan, Paris.

Lindenberg Daniel (2000), « L'idée socialiste en 1945 », *in* Serge Berstein *et al.* [dir.] (2000), *Le Parti socialiste…, op. cit.*

Mayeur Jean-Marie (1984), *La Vie politique sous la IIIe République*, Seuil, Paris.

Monier Frédéric (2002), *Le Front populaire*, La Découverte, coll. « Repères », Paris.

Morin Gilles et Pradoux Martine (1998), « Daniel Mayer, l'idéal et le réel en politique », *Matériaux pour l'histoire de notre temps*, Nanterre.

Quilliot Roger (1972), *La SFIO et l'exercice du pouvoir*, Fayard, Paris.

Roussellier Nicolas (2000), « L'idée de la France selon les socialistes (été 1944-janvier 1946) », *in* Serge Berstein *et al.* [dir.] (2000), *Le Parti socialiste…, op. cit.*

Sadoun Marc (1982), *Les Socialistes sous l'occupation. Résistance et collaboration*, Presses de la Fondation nationale des sciences politiques, Paris.

Tarr Francis de (1961), *The French Radical Party from Herriot to Mendès France*, Oxford Univerty Press, Londres.

63

La gauche et la guerre froide

Anne Dulphy

Entendue dans son acceptation la plus stricte, entre 1947 et 1953, la guerre froide constitue une étape décisive dans l'histoire de la gauche française. En premier lieu, moment d'intense confrontation entre les deux blocs pendant lequel la crainte d'un conflit ouvert est permanente, elle se caractérise par la prégnance des enjeux internationaux dans la vie politique nationale ; elle participe donc à l'internationalisation du monde de l'après-guerre, et se traduit par l'étroite imbrication des questions intérieures et extérieures dans la vie des partis. Par ailleurs, cette guerre idéologique d'ampleur mondiale creuse un fossé au sein du mouvement ouvrier — scission syndicale, affrontement haineux entre la SFIO et le PCF rendant définitivement caduques les perspectives d'unité — dont les effets sont considérables : alors que le socialisme était « maître de l'heure » à la Libération, que le parti communiste s'affirmait comme la principale force politique, la guerre froide ouvre une longue phase de déclin partisan et syndical. Isolés, le PCF et les organisations de masse qui l'entourent se définissent comme un élément moteur du puissant mouvement communiste mondial dont l'URSS est le guide, et toute leur action relève de cette dimension téléologique et d'une analyse internationale. Contrainte de constater la vanité de ses espoirs internationalistes, la SFIO se range dans le camp atlantique et participe à la coalition de troisième force centriste jusqu'aux législatives de juin 1951, ses convictions idéologiques s'effaçant derrière la défense des intérêts nationaux ; tout au long de la IVe République, elle participe à cette « majorité élargie » de politique extérieure qui consiste à rallier tous les suffrages parlementaires autres que communistes ou apparentés, avec pour ciment principal l'antisoviétisme [Pondaven, 1973, p. 81]. La logique de guerre froide s'impose donc sans recours, comme est forcée de le constater la gauche indépendante, progressiste et neutraliste.

Une entrée contrainte en guerre froide

Une série d'événements scande le début de la guerre froide en 1947 : proclamation de la doctrine Truman visant à l'endiguement du communisme, échec de la conférence de Moscou, mise en place du plan Marshall, rapport Jdanov sur la division du monde en deux camps irréconciliables… Les spécialistes des relations internationales et les historiens de la vie politique française s'accordent à considérer que le tournant se situe en septembre 1947, lors de la création du Kominform qui consomme le divorce entre les deux blocs et imprime ses effets au plan national ; il convient néanmoins de souligner que, pour les milieux dirigeants — dont font alors partie les socialistes — et pour la majorité de l'opinion, le processus d'acceptation est graduel et ne s'achève vraiment qu'en 1950 avec la guerre de Corée.

L'année 1946 constitue une première étape à ne pas omettre, comme l'indique la manière dont Winston Churchill, le 5 mars à Fulton, tira les leçons de la poussée soviétique en Europe de l'Est et en Asie occidentale : « De Stettin, dans la Baltique, à Trieste, dans l'Adriatique, un rideau de fer est descendu à travers le continent. » Dans ce contexte dégradé, le PCF prône l'amitié bilatérale avec l'URSS tout en la défendant avec vigueur contre les campagnes hostiles ; il souligne le péril représenté par les impérialismes américain et britannique, le premier tendant à prendre la relève du second comme menace principale. Le 8 août, son Bureau politique constate que, « sur le plan de la politique extérieure, les tendances antisoviétiques des Anglo-Saxons s'affirment et que, sous différents aspects, les mêmes tendances s'expriment en France dans l'anticommunisme », notamment socialiste [Courtois et Lazar, 1995, p. 228-230]. Un raidissement est également opéré en matière esthétique à l'automne, qui conduit Annie Kriegel [1991] et Marc Lazar [1992] à parler d'une entrée en guerre froide sur le plan idéologique, mais non politique, le système international n'étant pas encore perçu comme figé.

La signature des accords Blum-Byrnes, le 28 mai 1946, constitue un bon observatoire : la France en tira l'annulation de 2,8 milliards de dollars de dettes au titre du prêt-bail, le paiement des livraisons en cours par 420 millions auxquels s'ajoutait la valeur des surplus laissés dans l'hexagone, un prêt de 650 millions de l'Export-Import Bank et la promesse d'un crédit de 500 millions de la Banque internationale pour la reconstruction et le développement (BIRD) ; en contrepartie, elle renonçait au protectionnisme et signait des dispositions annexes concernant la diffusion des films américains selon un régime de contingentement d'écran. La ratification parlementaire fut unanime, le 1er août, le débat portant essentiellement sur le libre-échange, accepté par une délégation et un gouvernement dirigés par des socialistes — Léon Blum et Félix Gouin —, alors que les communistes craignaient qu'il ne mette en cause l'indépendance nationale. La polémique politique sur la dépendance aliénante qu'aurait imposée le tuteur américain avec l'accord des milieux dirigeants s'est longtemps poursuivie, mais la plupart des historiens évoquent au contraire une contribution temporaire, mais essentielle, au relèvement économique national [Wall, 1987]. Si l'impérialisme culturel des États-Unis a été stigmatisé dès le débat parlementaire par les élus du PCF, sa presse ne s'empare avec violence de la question qu'à l'été 1947, dépeignant Léon Blum comme l'aile marchante du parti américain [Kriegel, 1968a, p. 241] ; le parti relaie la mobilisation des professionnels en décembre et joue un rôle déterminant dans l'organisation et le succès de leur manifestation le 4 janvier 1948 [Hubert-Lacombe, 1996]. Sa critique ne s'est donc amplifiée et durcie qu'après la rupture du tripartisme et, plus encore, après le déclenchement de la guerre froide dans laquelle les accords ne s'inscrivaient pas.

La création du Kominform met un terme à une séquence pendant laquelle le PCF n'a été inséré dans aucune structure collective du mouvement communiste, puisque la dissolution du Komintern date de mai 1943. Le relâchement de ses liens avec le PCUS a conduit certains historiens à parler de « nationalisation » politique ; d'autres soulignent au contraire le maintien de rapports de subordination qui redeviennent patents à partir de 1947. Ainsi la divergence très exceptionnelle entre les deux partis frères sur la question allemande, le PCF soutenant les revendications du Quai d'Orsay — internationalisation de la Ruhr et rattachement de la Sarre — alors que les Soviétiques prônaient une Allemagne unifiée, peut soit être interprétée dans une perspective nationaliste, dont témoignerait la petite Allemagne « sans rêves » et « sans espace » que Marcel Cachin appelait de ses vœux, soit, beaucoup plus vraisemblablement apparaître plutôt tactique, au service du mouvement communiste international, dans le but de susciter une discorde entre la France et l'Angleterre et d'empêcher la création d'un État occidental [Buton, 1994].

Au plan national, la rupture de mai 1947 a été provoquée par des divergences d'ordre intérieur, mais le fossé s'était creusé à propos de questions relevant de la sphère extérieure. La tension internationale avait en effet grandi du fait de la détérioration de la situation en Indochine fin 1946, déclenchant la guerre, de la création de la bizone en Allemagne par l'accord anglo-américain du 2 décembre, entérinant la rupture de la grande alliance, de l'engagement des États-Unis à arrêter le totalitarisme communiste en apportant une aide financière importante aux pays désireux de conserver leur liberté, proclamé par le président Truman le 12 mars 1947, enfin de la mise en œuvre de cette doctrine du *containment* au profit de la Grèce et de la Turquie. Le 22 mars, les députés communistes s'abstiennent lors du débat relatif à l'Indochine, mais pas les ministres, solidaires du gouvernement ; le 17 avril, le Bureau politique publie une résolution condamnant la politique menée dans l'Union française, en particulier la répression des nationalistes malgaches. Le 27 mars, il a stigmatisé le danger d'expansion en Europe et au Proche-Orient de l'impérialisme américain, prêt à « fomenter la guerre civile dans certains pays ». L'échec de la conférence des Quatre à Moscou, du 10 mars au 25 avril, ajoute encore au malaise, puisque Georges Bidault y a constaté la vanité de compter sur une décentralisation politique de l'Allemagne et sur l'internationalisation économique de la Ruhr, même s'il a obtenu, grâce à un accord tripartite occidental, des livraisons de charbon, ainsi que le rattachement économique et monétaire de la Sarre. Dans *Les Cahiers du communisme* de mars-avril, Jacques Duclos y voit l'abandon des « droits aux réparations pour un plat de lentilles » et une amorce d'inféodation, mais, dans le numéro suivant, Pierre Courtade minimise le risque de rupture Est-Ouest car il impliquerait pour la France l'alignement atlantique. C'est la prise de conscience du profond mécontentement de la classe ouvrière qui met fin à cette politique d'équilibrisme, au travers de la grève déclenchée le 25 avril dans les usines Renault de Billancourt par des groupes trotskistes. Après avoir dénoncé le mouvement, la CGT le contrôle le 29, puis, pour éviter d'être débordé à gauche, le PCF le soutient le 30. Le 4 mai, son groupe parlementaire refuse la confiance au gouvernement. Les ministres communistes sont immédiatement destitués ; Georges Marrane, qui n'a pas pris part au vote de l'Assemblée puisqu'élu au Conseil de la République, fait parvenir sa démission. Le *Journal officiel* annonce la nouvelle le lendemain. La thèse d'un complot anticommuniste obéissant aux injonctions de l'impérialisme américain, formulée seulement à partir de la fin août par le PCF, s'est élaborée *a posteriori* : elle s'appuie sur un contexte international surdéterminé par les débuts de la guerre froide, et sur les exclusions concomitantes des communistes du pouvoir en Belgique, le 19 mars, et en Italie, le 13 mai. Selon Annie Lacroix-Riz [1994], un « piège » a été tendu au PCF, sur suggestion américaine. Pour Irwin Wall, qui s'inspire d'un rapport de l'ambassadeur à Paris Jefferson Caffery, « la politique suivie par Truman [...] a joué [...] un rôle déterminant en ce qu'elle a créé le climat international indispensable à la décision des socialistes » [Wall, 1989, p. 111]. Toutefois, s'il est clair que la présence de communistes au gouvernement inquiétait Washington et que leur éviction était souhaitée de longue date, rien ne permet d'attester une nouvelle pression impérieuse en ce sens [*ibid.*, 1989] ; Paul Ramadier, Vincent Auriol, Jules Moch et Roger Quilliot l'ont également démenti dans leurs ouvrages. Le PCF semble avoir pris le risque d'une crise ministérielle ponctuelle, qui a de fait soulagé les militants — comme en témoigne Pierre Daix [1976] — tant la gestion progressiste des affaires devenait inconciliable avec l'identité révolutionnaire [Becker, 1981].

Pour autant, comme le confirme le XIe congrès tenu à Strasbourg fin juin, le PCF persiste à se considérer comme « un parti de gouvernement, un parti conscient de ses responsabilités devant le pays » ; son exclusion est une affaire d'ordre intérieur, que résoudra la formation d'« un gouvernement véritablement démocratique où les communistes occuperaient une place conforme aux indications du suffrage universel ». La tactique des grèves tournantes a pour but de le favoriser. Son appréciation de l'évolution internationale connaît en revanche une certaine évolution. De prime abord, il a considéré le plan Marshall sans hostilité, au nom de l'« entente nécessaire entre alliés » et du « relèvement » national ; c'est à ce titre que, le 27 juin, Maurice Thorez dément la formule de « piège occidental » que la presse du parti lui a prêtée. Mais la conférence des Seize réunie à Paris le 12 juillet qui, en raison du rejet opposé par le « camp socialiste », cantonne l'aide à l'aire occidentale, le conduit à aiguiser ses critiques. Le thème de l'impérialisme américain expansionniste s'impose au cours de l'été et rend impérieuse la défense de l'URSS et des démocraties populaires. Toutefois, le 23 juillet, fidèle à une stratégie politique qui consiste à éviter que la France ne dérive dans l'orbite atlantique, Maurice Thorez refuse encore la « vue pessimiste » selon laquelle le monde est coupé « en deux blocs antagonistes et irréductibles, condamnés à se heurter dans une effroyable guerre ».

À la conférence de Sklarska Poreba réunissant les responsables des neuf principaux partis communistes européens du 22 au 28 septembre 1947, Jacques Duclos se situe donc dans la continuité de la thématique du PCF, tout en déplorant que « la France s'oriente de plus en plus vers le bloc occidental et se transforme en un satellite des pays anglo-saxons ». Or, on le sait, le rapport présenté par Andreï Jdanov le 25 prend les représentants français et italiens de court en brossant une nouvelle carte géopolitique du monde caractérisée par deux camps, l'un impérialiste et antidémocratique, représentant une menace expansionniste et belliciste, l'autre anti-impérialiste et démocratique, œuvrant à la préservation de la paix ; il impose un revirement complet de ligne en fixant pour objectifs prioritaires l'opposition aux États-Unis et à ses alliés inféodés, la lutte contre les menaces de guerre, le combat en faveur de l'URSS et la défense de l'indépendance nationale. De plus, dans son volet secret, il constitue un réquisitoire virulent, repris par les autres participants, contre les partis communistes français et italien pour leur incapacité à s'emparer du pouvoir et pour leur légalisme qui contraint ceux-ci à une autocritique. La réunion débouche sur la création du Bureau d'information des partis communistes, ou Kominform, qui met officiellement fin à la grande alliance et ouvre la guerre froide ; elle réaffirme la primauté révolutionnaire et internationaliste dans le mouvement communiste, inscrivant l'action des partis occidentaux dans un ordre strictement international derrière l'URSS. Le discours du PCF reflète immédiatement ce virage avant que le comité central des 29-30 octobre ne l'officialise en engageant une offensive résolue contre la politique d'asservissement du « parti américain », particulièrement les anciens alliés socialistes contre lesquels est lancée la violente campagne qui marquera toute l'ère kominformienne [Marcou, 1977].

La SFIO n'a pas non plus voulu la rupture, bien que deux de ses membres, Vincent Auriol à la présidence de la République et Paul Ramadier à celle du Conseil, aient joué un rôle décisif dans le renvoi des ministres communistes. Interprétant le refus de voter la question de confiance comme une épreuve de force, ils entendaient utiliser les prérogatives constitutionnelles pour ne pas céder, tout en évitant une crise de régime dans un contexte de péril gaulliste. Tel était en effet à leurs yeux le risque ouvert par la solution politique défendue par Guy Mollet, la démission collective du gouvernement, fondée sur la motion dont il avait appuyé le vote — avec seulement 119 mandats de majorité — le

4 décembre 1946 et qui interdisait à la SFIO d'entrer dans une alliance politique excluant le PCF. Le 4 mai, cette position est partagée par douze membres du comité directeur contre neuf — dont Édouard Depreux, Salomon Grumbach, Daniel Mayer, André Philip et François Tanguy-Prigent ; pour le secrétaire général, il s'agissait à la fois de prendre acte de la rupture de la coalition, de dégager la responsabilité socialiste en maintenant la solidarité ouvrière, enfin de préserver le parti de l'impopularité de l'action gouvernementale placée sous le feu de la critique communiste. Mais il accepte que le groupe parlementaire soit consulté et, par soixante-neuf députés contre neuf, celui-ci préconise au contraire un remaniement ministériel jusqu'au conseil national du 6 mai ; réuni à nouveau, le comité directeur entérine cette solution par dix voix contre neuf, puis le conseil national par 2 529 mandats contre 2 125. Comme l'a noté Alain Bergounioux, ce débat tendu s'est articulé autour de la participation en fonction de deux logiques, la défense de la République ou la sauvegarde du parti, non autour de la rupture proprement dite avec les communistes, perçue comme conjoncturelle et provisoire [*Guy Mollet*..., 1987, p. 387-391]. Si se répand la conviction que la collaboration avec le PCF est pour l'heure impossible, il n'est pas question — comme le précise Léon Blum dans *Le Populaire* du 8 mai — d'« entamer ou préparer une politique nouvelle risquant d'aboutir à la constitution d'un bloc anticommuniste en France, d'un bloc antisoviétique dans le monde » [Blum, 1958, p. 411].

La SFIO reste donc dans la continuité de ses conceptions de l'immédiat après-guerre, fondées sur la sécurité collective assurée par l'établissement de réalités internationales — l'ONU avant tout — dépassant les nationalismes ; ainsi inscrivait-elle dans un cadre européen le sort de l'Allemagne, sans démembrement, mais avec « nationalisation internationale » de la Ruhr, occupation militaire et désarmement, système de réparations [Blum, 1958, p. 229]... Elle conciliait vocation internationaliste et intérêt national en conférant à la France une fonction médiatrice entre les grandes puissances. Aussi ne peut-elle que rejeter la logique de guerre froide qui remet en cause sa stratégie. C'est pourquoi le discours du président Truman, perçu comme un défi à l'URSS, a suscité des réactions défavorables. Le plan Marshall est aussi envisagé dans cette perspective : le 6 juillet, alors que la conférence de Paris s'est conclue le 2 juillet sur une fin de non-recevoir soviétique, une résolution du conseil national insiste encore sur la nécessité pour tous les États européens, à commencer par l'URSS, de saisir cette « occasion unique » ; au XXXIXe congrès tenu à Lyon mi-août, une large majorité s'accorde à considérer qu'il offre à l'Europe une chance de « revivre par ses propres forces » en apportant les moyens de la reconstruction et en étant une incitation à l'unité. Il n'est donc pas compris comme une cassure irrémédiable et s'accompagne d'un appel à construire une Troisième Force internationale dont Guy Mollet précise les contours dans une série d'articles publiés par *Le Populaire* : il s'agit d'un appel lancé à toute la gauche, communiste comprise, à refuser un conflit bipolaire. Le choc représenté par la création du Kominform ne met pas un terme à cette ambition mais la recentre, bon gré mal gré, selon la même logique qui devait déboucher sur la coalition gouvernementale inscrite dans l'espace entre PCF et RPF. « La majorité des citoyens français ne veulent être ni communistes ni gaullistes, tout comme la majorité des citoyens du monde ne veulent être ni des protégés américains ni des sujets soviétiques » ; ce parallèle est tracé par Léon Blum dans un discours prononcé le 16 octobre au Vélodrome d'hiver. Toutefois, en raison du strict équilibre qu'il maintenait entre les deux périls internes, il échoue à obtenir l'investiture fin novembre ; le gouvernement de Troisième Force est conduit par un MRP, Robert Schuman, la SFIO devenant « du même coup l'aile gauche d'une majorité glissant à droite » [Quilliot, 1972, p. 227], comme le craignait Guy Mollet, qui se fait néanmoins le porte-parole d'une formule justifiée par la défense des institutions républicaines. Quant au concept de Troisième Force internationale, le comité directeur lui donne en janvier 1948 pour contenu théorique les États-Unis socialistes d'Europe ; il témoigne d'une volonté persistante de se situer « entre le capitalisme américain expansionniste et le communisme totalitaire et impérialiste des soviets », sans adopter pour autant une posture neutraliste [Bossuat, 2001] ; par sa détermination à ne pas voir dans la perspective d'un conflit une fatalité, il est aussi ancré dans une tradition de gauche pacifiste [Berstein *et al.*, 2000]. Le coup de Prague du 25 février 1948 en montre vite la vanité et marque l'irrémédiable entrée en guerre froide non seulement de la SFIO, mais du Comité de la conférence socialiste internationale (COMISCO) structuré en novembre 1947 qui, après la rupture avec les partis liés aux communistes à la conférence de Londres en mars 1948, trouve sa cohérence idéologique dans la défense du socialisme démocratique. Le discours sur la Troisième Force indépendante entre les deux blocs n'est pas pour autant devenu caduc, mais l'alignement atlantique a pris le pas en 1949.

Synonyme de divorce entre les deux formations de gauche, l'installation dans la guerre froide marque également de son empreinte leur activité. Après que la SFIO eut basculé dans un des deux camps début 1948, la politique étrangère ne donne pas matière à des lignes de clivage comme avant guerre, mais suscite le consensus ; il est vrai que le parti s'était séparé de son extrême gauche en 1947. Quant au PCF, campé dans une opposition sectaire et exclu du jeu politique national, son action obéit exclusivement à des « objectifs intermédiaires » d'ordre international [Martelli, 1981, p. 340].

Un front intérieur de guerre froide : atlantisme, internationalisme prolétarien, neutralisme

Face à l'affrontement bipolaire de guerre froide, la gauche française se fracture en trois sensibilités d'inégale importance.

Le passage de la SFIO et de ses dirigeants à l'atlantisme est scandé par le pacte de Bruxelles signé le 17 mars 1948 et par l'Alliance atlantique conclue le 4 avril 1949. Après s'être opposés à ce qu'un système militaire double le plan Marshall et avoir consacré leurs efforts à l'organisation d'une « Europe unie et indépendante... ouverte à tous les peuples du continent », ils sont conduits par la consolidation des démocraties populaires à ancrer l'Europe unie dans le monde occidental, appelant en 1949 à une « fédération de tous les peuples libres ». Le congrès de mai 1950 spécifie que cette dernière « ne saurait se complaire, entre les États-Unis et la Russie, dans la dangereuse illusion d'une impossible neutralité. Elle fait partie de cette communauté atlantique qui, après avoir à deux reprises sauvé le monde de la dictature, se trouve seule aujourd'hui en mesure de défendre la démocratie ». C'est alors seulement que le terme d'atlantisme est revendiqué [Bossuat, 2001], puis se banalise avec le déclenchement de la guerre de Corée le mois suivant. Le blocus de Berlin-Ouest par les Soviétiques, de juin 1948 à février 1949, a fait figure d'accélérateur, la trizone occidentale étant admise comme « inévitable » malgré une réticence très nette à la division de l'Allemagne. L'approbation unanime du traité de l'Atlantique nord par le groupe socialiste, le 26 avril 1949, a consommé ce choix qui joue sur plusieurs ressorts. Une sympathie pour le pays issu de l'autre grande révolution de la fin du XVIIIe siècle, avec lequel existe un accord sur les principes fondamentaux que sont la démocratie représentative fondée sur le multipartisme, la liberté d'entreprise, le respect des instances internationales... Un impératif de sécurité, seule la protection des États-Unis — et en particulier la présence de leurs soldats — étant susceptible de faire barrage à l'expansionnisme soviétique.

Guy Mollet a insisté sur cette nécessité stratégique, qui fonde la conversion socialiste à l'atlantisme, en stigmatisant l'URSS comme « seule puissance agressive » face à laquelle se dresse le « monde libre » ; cette orientation internationale, qui relève de la sécurité collective, est chez lui inséparable d'un « combat politique intérieur très dur contre les communistes », comme l'a relevé Léo Hamon [*Guy Mollet...*, 1987, p. 532]. Il est ainsi devenu l'un des militants de ce que Patrice Buffotot a qualifié de « socialisme atlantique » [*ibid.*, p. 509-510], patent lors du débat sur la Communauté européenne de défense (CED) : parmi les lignes d'affrontement sur la défense intégrée, l'une concerne la « mise en tutelle militaire de la France par les États-Unis » dénoncée par Max Lejeune ; au contraire, le secrétaire général est prêt à accepter des concessions en matière de souveraineté nationale afin de ne pas briser la solidarité occidentale. C'est aussi pour cette raison qu'il demande, immédiatement après le rejet synonyme de crise aiguë à la SFIO, la ratification des accords de Londres, qui restauraient la souveraineté de la RFA, et de Paris, lesquels précisaient les modalités de la contribution de l'armée nationale allemande reconstituée à la défense occidentale. Cette consigne est suivie dans le premier cas le 12 octobre 1954, tandis que les indisciplines constatées le 30 décembre sont sanctionnées par des exclusions. La remilitarisation de la RFA, dans la CED ou dans l'OTAN (Organisation du traité de l'Atlantique nord), bien que consacrant la faillite d'une solution supranationale, telle que l'avait conçue Léon Blum en 1945 dans *À l'échelle humaine*, conjure en effet le risque d'une réunification neutralisée et révèle la priorité qu'avec la majorité du parti Guy Mollet accorde au péril soviétique. Le secrétaire général a même participé avec Antoine Pinay à la réunion fondatrice, le 25 septembre 1952, du groupe de Bilderberg dont l'objectif était d'identifier et d'atténuer les tensions transatlantiques [Aubourg, 1999]. Dans sa contribution, tout comme dans son rapport préparatoire à la première réunion de mai 1954, il évoque la question conflictuelle du réarmement, distinguant l'approche défensive des Européens « dans l'esprit d'empêcher la guerre », à l'image de leurs liens avec les États-Unis, de l'attitude plus combative de ces derniers, « avec l'arrière-pensée de faire une guerre de refoulement » [Lefebvre, 1992, p. 158-159]. Pour lui, comme pour l'ensemble de la SFIO, la dissuasion s'inscrit dans la tradition socialiste d'opposition à tout conflit préventif. C'est aussi valable pour Jules Moch qui a exercé des responsabilités particulières dans ce domaine, comme ministre de la Défense nationale de juillet 1950 à août 1951. Alors qu'avec Christian Pineau et Daniel Mayer, il témoignait encore en Conseil des ministres, en mars 1949, de la crainte que le Pacte atlantique ne donne au camp occidental l'allure de l'agresseur, il a vécu une deuxième prise de conscience, après le coup de Prague, avec l'offensive coréenne : « La Russie n'a pas écarté la guerre à tout jamais » ; aussi lance-t-il à l'automne 1950 un programme de réarmement sans précédent, avec allongement de la durée du service, qui rompt avec l'orthodoxie en temps de paix et suscite la réserve d'une forte minorité au comité directeur [Méchoulan, 1999]. Pourtant, les socialistes « ont applaudi à (la) réaction » des États-Unis, puis de l'ONU, contre l'agression de la Corée du Sud.

Si un atlantisme « de sécurité et de raison » [Bossuat, 2001, p. 16] s'impose de manière quasi consensuelle à la SFIO comme fruit de la guerre froide, il conviendrait en effet de rendre compte des interrogations qu'il suscite à l'occasion : comment concilier postulat internationaliste et soumission inévitable au protecteur américain ? Comment éviter une « France sous influence » et préserver son indépendance ? Par l'irritation dont il témoigne devant certaines injonctions alliées, *Le Journal du septennat* du président Vincent Auriol renvoie à la problématique de la dépendance politique, une nouveauté par rapport à l'avant-guerre et même à l'immédiat après guerre. Même si Léon Blum lui dénie toute pertinence au fil de ses éditoriaux [1963], même si, *a posteriori*, elle n'est pas jugée représentative de l'état d'esprit général des socialistes par les témoins [*Cahiers Léon Blum*, 1987, p. 35-36], c'est bien ce thème qui les a mis en position d'accusés par rapport à la gauche neutraliste, minoritaire mais influente. Autour de 1950, émane en effet de la gauche indépendante — chrétiens de gauche, gauchistes, progressistes philocommunistes... — des courants de pensée amalgamés par leurs adversaires sous l'étiquette de « neutralisme ». La difficulté à donner une définition positive à une position qui se caractérise avant tout par le refus de la logique de guerre froide, son postulat pessimiste, sa grande diversité expliquent son caractère peu mobilisateur pour l'opinion, comme en témoigne le cuisant échec des candidats du Cartel des gauches indépendantes et neutralistes, constitué par la rédaction de *L'Observateur*, aux législatives de 1951. Il concerne surtout des intellectuels et le lectorat de certains organes de presse, autour de thèmes qui constituent un terreau commun : refus du dualisme international, stratégie de paix, procès du conformisme atlantique, retour à une politique d'indépendance nationale...

Le 5 avril 1946, Hubert Beuve-Méry a intitulé « neutralité » un article de *Temps présent* ; il s'agit en fait plutôt de non-alignement entre les deux camps, d'aspiration à un ensemble européen autonome que la bipolarisation rend de plus en plus illusoire lorsque, immédiatement après la signature du Pacte atlantique, ce qui fut appelé la querelle du neutralisme est à son apogée dans *Le Monde*. Elle a été ouverte par la plume d'Étienne Gilson — qui plaide pour le désengagement de la France et, sceptique sur l'automaticité d'une intervention américaine en cas d'agression soviétique, pour la maîtrise de sa propre défense — et par celle du directeur lui-même, sous le pseudonyme de Sirius ; pour sa part, ce dernier admet la légitimité de l'Alliance atlantique face au « totalitarisme soviétique », mais dénonce une logique de guerre, une escalade agressive : « Le réarmement de l'Allemagne est contenu dans le pacte de l'Atlantique comme le germe dans l'œuf », écrit-il dès le 6 avril 1949, ajoutant qu'il serait en revanche « normal » dans une Europe intégrée [Jeanneney et Julliard, 1979, p. 86-92].

Cette position de non-alignement armé est à certains égards assez proche de celle d'*Esprit* qui récuse du reste le terme de neutralisme parce qu'il présuppose une structure de guerre [Winock, 1996, p. 286-305]. Or la revue stigmatise la « psychose d'insécurité » qui conduit chacun des deux camps à se consolider toujours davantage par peur d'un conflit qu'ils risquent ainsi de provoquer. La responsabilité de l'URSS est prise en compte, puissance dominante imposant son joug dans sa zone d'influence, de même que celle des communistes pratiquant la politique du pire face au plan Marshall ; ce dernier n'a pas été condamné en tant que tel, pour son contenu « purement économique » au demeurant indispensable, mais parce qu'il signifie la vanité des espérances révolutionnaires et implique une intégration de l'Europe occidentale dans un bloc atlantique vassalisé par les États-Unis. La signature du pacte a conforté cette analyse, suscitant une opposition d'autant plus « totale » que la protection américaine, synonyme de mise au pas, est jugée fallacieuse. Déclarant « la guerre préventive à la troisième guerre mondiale », Emmanuel Mounier et son entourage préconisent que la France rompe l'engrenage des pactes sans pour autant désarmer unilatéralement. L'action militante pour la paix est en conséquence une priorité, qu'il s'agisse de favoriser la compréhension entre les peuples, de soutenir Garry Davis, cet ancien pilote de guerre américain qui déchira en 1948 son passeport pour réclamer à l'ONU la « citoyenneté mondiale », ou de participer au Mouvement de la paix. Le PCF rompit ce front commun début 1950 par une réplique violente aux articles publiés dans la revue sur le procès Rajk et sur la Yougoslavie titiste. C'est dans cette même optique pacifiste que fut publié un « Manifeste contre le réarmement allemand » avec la contribution de Claude Bourdet, reflétant un principe ralliant toutes les composantes du neutralisme autres que pro-occidentale, la neutralisation de l'Allemagne par la réunification, qui correspondait aux propositions soviétiques.

Lancé en avril 1950 par Claude Bourdet, Gilles Martinet et Roger Stéphane, l'hebdomadaire *L'Observateur* apparaît comme le catalyseur du socialisme dissident de gauche et incarne un neutralisme résolument pacifiste. D'abord construit sur une position politique et morale de retrait, ce dernier prend un caractère plus actif et partisan avec le déclenchement de la guerre de Corée qui accroît l'américanophobie de la rédaction et conforte l'Est comme « camp de la paix ». Claude Bourdet en convient en septembre 1950 : « Le neutralisme sert la politique russe dans la mesure précise où l'URSS, en ce moment, craint la guerre mondiale et, à cela, nous consentons bien volontiers. » [Winock, 1997, p. 485.] Même si une ligne de faille interne — illustrée par le binôme Bourdet-Martinet — sépare les neutralistes intégraux des philocommunistes, le périodique entretient donc un compagnonnage atypique jusqu'en 1952, donnant une représentation positive du bloc soviétique tout en en connaissant les excès, mais les critiques ne se font vraiment jour qu'après la mort de Staline [Tétart, 2000, p. 485].

Enfin, le mouvement progressiste autour de Pierre Cot, de Gilbert de Chambrun, d'Emmanuel d'Astier de la Vigerie..., apparentés au groupe parlementaire du PCF, professe un neutralisme procommuniste. Le manifeste des députés de l'Union républicaine et résistante, qui refuse en octobre 1947 tout choix entre les blocs, se caractérise par une tonalité anti-américaine marquée. Le programme de politique extérieure de l'Union progressiste, créée en décembre 1950, est fondé sur le « neutralisme actif », une formule imaginée par Pierre Cot pour se démarquer de la terminologie communiste d'indépendance nationale tout en récusant toute neutralité passive ; il devait regretter ce choix en 1952, source de confusion puisque l'action commune avec le PCF est considérée comme une nécessité absolue. Dans la biographie qu'elle lui consacre, Sabine Jansen [2002] retrace son rôle dans l'« internationale progressiste qui se dessine en réaction à la guerre froide » ; il est notamment à l'origine de la lettre ouverte adressée à Staline, le 12 mai 1948, par l'ancien vice-président des États-Unis Henry A. Wallace et publiée dans *L'Humanité*, qui énonce les conditions nécessaires pour instaurer l'« âge de paix » : outre les modalités de coexistence et d'échange entre systèmes différents, y figure la réduction générale des armements. Pierre Cot mène campagne contre le plan Marshall, manœuvre des États-Unis pour assurer leur domination économique, contre le Pacte atlantique, qui accroît l'insécurité en légitimant la formation d'une coalition adverse à l'Est et satellise la France, contre la ratification des accords de Londres et de Paris, qui fait courir le risque de l'hégémonie allemande. Il prend une part très active au Mouvement de la paix ; en 1954, il est le quatrième Français à être honoré par le prix Staline de la paix.

Pour compléter cette typologie neutraliste, il convient d'évoquer la revue *Les Temps modernes* jusqu'à ce que Jean-Paul Sartre y publie en juillet 1952 la première partie de son article « Les communistes et la paix » ; trois ans après que, laminée par la guerre froide, a tourné court la brève tentative du Rassemblement démocratique révolutionnaire (RDR) pour créer une troisième voie de gauche, socialiste, internationaliste et antitotalitaire, il inaugure quatre années de compagnonnage de route avec le PCF et marque sa rupture avec Maurice Merleau-Ponty, Claude Lefort et Albert Camus.

Le combat pour la paix est en effet le vecteur privilégié et identitaire de l'action communiste, inscrite par la guerre froide dans la sphère internationale. Il est l'une des priorités affichées par le Kominform à sa troisième conférence, en novembre 1949, tant l'accentuation de la lutte entre les deux blocs a renforcé la psychose de guerre ; dans son rapport, Mikhaïl Souslov y théorise la stratégie des PC en les appelant à prendre la tête des forces démocratiques de paix dans des « associations sociales de masses [...] [afin de] les orienter et de leur donner un caractère agissant » [Marcou, 1977, p. 100-103]. Cette entreprise est scandée par plusieurs étapes : un Congrès mondial des intellectuels pour la paix se tient à Wroclaw fin août 1948, puis un Congrès mondial des partisans de la paix, organisé en avril 1949 simultanément à Paris et à Prague, désigne un bureau du Comité mondial des partisans de la paix à la tête duquel est placé le physicien communiste Frédéric Joliot-Curie (membre du parti communiste) ; choisie comme emblème, la colombe dessinée par Picasso — adhérent du PCF depuis 1944 — s'affirme comme un symbole universel. C'est alors que Charles Tillon, membre du Bureau politique, est chargé de fusionner l'échelon français avec les Combattants de la paix et de la liberté qu'il avait pris l'initiative de créer avec de nombreux résistants en février 1948 pour dénoncer une « libération trahie » à l'intérieur par les menaces pesant sur la République comme à l'extérieur par le redressement allemand, et au sein desquels, lors des assises nationales de novembre, le poids des communistes s'était accru. Ce Mouvement de la paix, avec le compagnon de route Yves Farge à sa tête, relève d'une direction internationale qui prend en 1950 le nom de Conseil mondial de la paix présidé par Frédéric Joliot-Curie jusqu'à sa mort en 1958. Le 16 mars, à Stockholm, est lancé l'appel pour l'« interdiction absolue de l'arme atomique » qui témoigne de l'acuité revêtue par le problème nucléaire. Grâce à la force œcuménique de l'argumentaire dans un contexte où la bombe rend palpable la menace d'un troisième conflit mondial, à l'activisme des militants, la pétition aurait recueilli 14 millions de signatures dans l'hexagone, les historiens avançant plutôt un total de 9,5 [Le Cour Grandmaison, 1988] ou de 12 millions [Buton, 1993b]. En effet, dès le 30 septembre 1948, année charnière par la signature du pacte de Bruxelles et le début des négociations transatlantiques en vue d'élaborer un système de défense occidental, le Bureau politique français a fait sienne la directive pacifiste et l'a traduite dans une déclaration intitulée : « Le peuple de France ne fera jamais la guerre à l'Union soviétique. » En février 1949, Maurice Thorez bouleverse l'ordre du jour de la conférence fédérale de la Seine pour proclamer que « La paix, la lutte pour la paix est aujourd'hui la question décisive ». Il revient enfin au XIIe congrès, tenu à Gennevilliers au début du mois d'avril 1950, de lancer la « grande bataille pour la paix et l'indépendance nationale », avec pour slogan « la paix est comme suspendue à un fil ». La CGT s'aligne lors de son XXVIIIe congrès de juin 1951 [Dreyfus, 1995]. Le Mouvement de la paix est l'organisation qui a eu le plus de succès, fédérant la mouvance pacifiste, progressiste, neutraliste et internationaliste autour du PCF ; il s'agit ainsi d'un des vecteurs d'engagement des chrétiens attirés par le marxisme — prêtres-ouvriers, signataire de l'appel de Stockholm rassemblés dans *La Quinzaine*... — et qui sont la cible du Saint-Siège dans la première moitié de la décennie 1950. Dans la pratique, toutefois, il épouse étroitement la diplomatie soviétique et est soumis aux directives kominformiennes. Pour preuve, l'arrêt brutal de la campagne française contre le réarmement allemand — avec 2 millions de signatures collectées entre fin décembre 1950 et fin février 1951 —, encore activement soutenue le 14 février par Jacques Duclos devant le comité central, au lendemain de la *Déclaration sur les problèmes de la paix* de Staline, le 17 février, préfigurant ses thèses sur la coexistence pacifique par la proposition d'un pacte entre les cinq grandes puissances. De même les pratiques de rassemblement alternent-elles avec des « actions concrètes » exclusivement communistes.

Ce thème central se décline en deux volets complémentaires qui résument son postulat : le soutien à l'URSS garante de la paix ; la condamnation du bellicisme américain qui la menace. En cette période de bipolarisation Est-Ouest, l'internationalisme prolétarien est plus que jamais une norme de fonctionnement du PCF. Utopie incarnée, « seule promesse » selon le titre d'une ode de Paul Éluard, l'URSS est un modèle qui inspire un attachement indéfectible et dont la politique extérieure impose un soutien sans faille, tandis que les démocraties populaires sont autant de paradis secondaires. « Homme de la paix et du socialisme », Staline est l'objet d'un culte sans égal dont témoigne la célébration de son 70e anniversaire, décrite par son organisateur, Jean Chaintron, comme une « campagne de guerre » destinée à exercer la fidélité. Il faut en effet mériter l'« épithète enthousiasmant de stalinien » au sein d'un parti-secte, discipliné et fanatisé, monolithique et épuré, dont rendent compte les mémoires des « ex » ; à sa tête, Maurice Thorez est glorifié comme « meilleur stalinien de France ». Le PCF se veut une pièce maîtresse du Kominform sans pour autant lui faire de référence expresse : il délègue à l'automne 1947 Georges Cogniot à Bucarest comme membre permanent de son secrétariat politique, et il est celui qui fournit le plus d'articles à sa revue *Pour une paix durable, pour une démocratie populaire* — 58 entre novembre 1947 et fin 1950 [Marcou, 1977]. De même, la quasi-totalité des organisations de masse rattachées au mouvement communiste international est confiée à ses membres ou à des compagnons de route : entre autres exemples, Louis Saillant est à la tête de la Fédération syndicale mondiale, Jacques Denis de la Fédération mondiale de la jeunesse démocratique, Eugénie Cotton de la Fédération démocratique internationale des femmes, Joë Nordmann de l'Association internationale des juristes démocrates... Le pendant, l'antiaméricanisme, a une déclinaison bien connue qui n'appelle pas non plus d'amples développements [Winock, 1986]. Il s'agit tout d'abord de dénoncer le plan d'assujettissement de la France aux États-Unis dans les domaines économique, stratégique, politique... Ainsi est-ce autour du mot d'ordre « non au plan Marshall » que s'effectue le tournant kominformien du PCF ; la volonté d'annihiler l'aide est au cœur des grèves politiques de la fin 1947, après sa condamnation par la majorité du comité confédéral de la CGT le 12 novembre, et de l'« année terrible » 1948 [Valentin, 1985]. Permettant au parti de démontrer sa capacité de mobilisation ouvrière, cet objectif allie une dimension internationale patente à la prise en compte de la réalité hexagonale : les directives renvoient à la défense de l'indépendance nationale, avec une captation de la mémoire de la Seconde Guerre mondiale à travers le thème de l'« occupation ». Le PCF incarne par conséquent une « nouvelle résistance » face aux États-Unis impérialistes, assimilés au fascisme, mais aussi face aux autorités de la IVe République, leur allié fantoche ; cette thématique patriotique est également utilisée pour dénoncer la collusion de ces dernières avec les « revanchards allemands ». Il s'agit là d'une attitude conforme aux injonctions de Jdanov : œuvrer à un rassemblement patriotique « pour la sauvegarde de la souveraineté nationale » qui marque cependant la pérennité, infléchie par la guerre froide, d'une culture politique à couleur nationale forgée dans la Résistance et séduisante pour les militants de la Libération. Dans ce cadre, la rhétorique anti-impérialiste est bien sûr mobilisée, avec la description d'une France « protectorat » américain à l'« économie semi-coloniale ». Quant à la bataille idéologique et culturelle contre les États-Unis, le parti dispose de troupes grâce au magistère qu'il exerce sur nombre d'intellectuels [Verdès-Leroux, 1983] ; sa dénonciation d'une américanisation préjudiciable à la culture nationale lui assure toutefois un écho au-delà de ses seuls sympathisants.

Une fois le « grand schisme » consommé, le PCF se place donc en marge de la politique extérieure de la IVe République dont il flétrit le bellicisme en Indochine, dans la constitution d'un potentiel de guerre ouest-européen auquel contribuerait le réarmement allemand... Les manifestations protestataires avec lesquelles il renoue en 1949 après les avoir abandonnées en 1934 en sont les « modalités spécifiques », hors du système parlementaire, comme l'a montré Danielle Tartakowsky [1997] : huit sont organisées dans la capitale de février 1949 à la fin de l'année — contre le président Truman le 11 mars, contre le général Bradley le 5 août... Après le rapport Souslov, les actions collectives à teneur politique se multiplient et permettent de dégager des caractéristiques propres à la période de guerre froide. Elles relèvent d'impératifs stratégiques énoncés par le Kominform : lutte contre l'impérialisme fauteur de guerre, personnifié entre autres le 23 janvier 1951 par Eisenhower, ou répressif, avec le cas emblématique des époux Rosenberg ; combat pour la paix, notamment en solidarité avec Frédéric Joliot-Curie révoqué fin avril 1950 de son poste de haut commissaire à l'Énergie atomique. Elles s'inscrivent dans le rapport des forces internationales, et cette extériorité les dote de pratiques en rupture avec la culture politique dominante, notamment la violence urbaine. Le rôle de Raymond Guyot, premier secrétaire de la fédération de la Seine et responsable de la politique extérieure au comité central, dans ces directives volontaristes a été souligné. Le 28 mai 1952, la manifestation contre le général Ridgway étudiée par Michel Pigenet [1992] apparaît comme un archétype, même si elle correspond à une parenthèse dans la montée en puissance du thème de la coexistence pacifique depuis début 1951. Elle s'inscrit à un double titre dans une logique extérieure de guerre froide. Nommé à Paris à la tête des forces de l'Organisation du traité de l'Atlantique nord (OTAN), « Ridgway la peste », « général microbien », est l'ancien commandant du corps expéditionnaire de l'Organisation des Nations unies (ONU) en Corée et il est à ce titre impliqué dans le réquisitoire contre l'utilisation d'armes bactériologiques qui, cette même année, a relancé la mobilisation communiste contre le conflit. Le contexte immédiat présente par ailleurs un double danger pour l'URSS qui justifie de recourir au combat de classe car il est marqué par la signature le 26 mai des accords de Bonn accordant à la République fédérale d'Allemagne (RFA) sa pleine souveraineté et par celle du traité de Paris instituant la CED le lendemain. En parallèle, la thématique de la résistance à l'occupant permet de mobiliser la symbolique nationale. Il s'agit de la dernière manifestation de masse délibérément violente dans l'histoire du PCF, suivie dès juin d'un tournant autocritique du comité central qui fait primer les luttes revendicatives sur la paix et le rassemblement unitaire sur une pratique minoritaire ultra-gauche. Cette évolution peut être rapprochée de la transition vers la « coexistence pacifique du capitalisme et du communisme » ouverte par Staline lorsque, en avril 1952, il employa cette formule devant des journalistes américains ; dans *Les Problèmes économiques du socialisme en URSS*, écrits pour le congrès du PCUS en septembre, il a redit qu'une confrontation entre les deux camps lui paraissait peu plausible et, déniant toute visée révolutionnaire au Mouvement de la paix, l'a invité à une large ouverture démocratique au service du maintien de la paix.

Conclusion : la guerre froide franco-française et ses effets

À l'évidence, la guerre froide est synonyme d'affrontement au sein de la gauche française. En premier lieu, elle a contribué à la scission de la CGT-Force ouvrière fin 1947 qui, certes, relève avant tout de la permanence de deux options syndicales dans le mouvement ouvrier, mais dont la rupture s'est consommée autour de la question des grèves politiques. De plus, la discussion sur le plan Marshall a exacerbé les tensions entre unitaires et confédérés — qui l'ont estimé « utile » sous certaines conditions — au cours du comité confédéral national des 12 et 13 novembre 1947, et la tendance minoritaire de Léon Jouhaux a bénéficié d'une assistance financière des États-Unis par le biais de l'American Federation of Labor — *via* son représentant à Paris dès l'automne 1945, Irving Brown [Wall, 1989, p. 148-158] — et de la CIA. À l'exception de la Bataille socialiste vite exclue, la SFIO s'est félicitée de l'affirmation d'un

« syndicalisme libre, démocratique et autonome » dont elle était proche, mais nombre de ses militants devaient renoncer à leur engagement politique au nom de l'autonomie syndicale, la privant de recrutement ouvrier, tandis que la CGT se revendiquait comme la courroie de transmission du PCF. La scission syndicale trouve son expression internationale en janvier 1949 avec la création de la Confédération internationale des syndicats libres (CISL), tandis que la CGT reste membre de la Fédération syndicale mondiale (FSM) expulsée de Paris en 1951.

Cette situation est à bien des égards une projection du divorce politique entre la SFIO et le PCF. Pour ce dernier, l'heure est à la « condamnation du fait socialiste », puisque l'acceptation de l'aide américaine a rangé la première dans le camp impérialiste et réactionnaire selon la dichotomie jdanovienne ; elle se traduit par un vocabulaire d'invectives haineuses, dont « agent d'exécution de l'Amérique », « serf vendu » ou « fauteur de guerre » renvoient directement aux questions internationales. Cette aversion a son pendant à la SFIO, dans un contexte où l'anticommunisme redevient prégnant après la parenthèse des années 1944 à 1947 ; dans le cas socialiste, il est perceptible dès 1946, avant même que la guerre froide ne confère une nouvelle actualité à l'anathème « parti de l'étranger », mais sans que la rupture avec le PCF ne soit pour autant désirée. Une fois celle-ci induite par la bipolarisation, la lutte contre le communisme s'impose en priorité à la SFIO comme au reste de l'échiquier politique. Dès le 3 juin 1947, Paul Ramadier accuse le « chef d'orchestre clandestin » des mouvements sociaux de contester la politique économique dans un but politique ; le 21 novembre, Léon Blum affirme dans son discours d'investiture que le « communisme international a ouvertement déclaré la guerre à la démocratie française » ; André Philip voit dans les grèves politiques de 1948 la « première manifestation de guerre froide engagée par la Russie contre la France »... Dans un discours prononcé le 16 novembre 1948 à l'Assemblée et repris sous forme de brochure diffusée à un million et demi d'exemplaires, *Le Communisme et la France*, Jules Moch dénonce l'entreprise de déstabilisation, à résonance internationale contre le plan Marshall et nationale contre le gouvernement qui l'accepte, poursuivie sur injonction soviétique. Ministre de l'Intérieur de novembre 1947 à février 1950, il place sa politique sous le signe de la « fermeté républicaine » et mène contre les mouvements sociaux une politique répressive avec recours à l'armée. Non content de démanteler par des expulsions les « cinquièmes colonnes » aux ordres des pays de l'Est, il se montre inquiet de la collusion établie au sein d'une vaste organisation paramilitaire avec des « professionnels de l'agitation » accueillis comme immigrés ou réfugiés, regroupés dans des unités reconstituant les « Brigades internationales » [Auriol, 1970], et laisse à son successeur les bases de mesures coercitives à l'encontre de communistes étrangers, mises en œuvre en septembre 1950 [Dulphy, 2002]. Des révocations de militants français sont également décidées, des interdictions prononcées.

Au terme de cette analyse, il n'est pas surprenant que la guerre froide corresponde à une période de déclin pour la gauche française. Les effectifs serviront de révélateurs. La décrue est considérable pour la CGT dès 1948 et demeure ininterrompue jusqu'en 1954. Confiné dans un ghetto, le PCF compte 760 000 adhérents en décembre 1947, contre un maximum de 814 000 un an avant, et ceux-ci ne sont plus que 330 000 en 1952, soit une hémorragie de 57 % en cinq ans ; sa débâcle reflète l'impasse dans laquelle il se trouve, sans programme crédible ni d'autre prise que l'agitation de masse, mais il demeure le premier parti national et bloque le jeu politique. Riche de 325 000 membres fin 1946, la SFIO en a seulement 150 000 en 1949 ; la « spirale participationniste », selon l'expression de Denis Lefebvre, a été source de discrédit car peu cohérente avec le repliement doctrinal concomitant, et le parti ne s'est retrouvé en accord avec sa culture d'opposition qu'après les législatives de juin 1951, une fois affaibli. Ouverte par la mort de Staline le 5 mars 1953 et l'armistice en Corée le 27 juillet, la transition vers l'ère de la détente ne modifie pas réellement ce constat. Certes, elle permet aux socialistes de rester fidèles à l'Alliance atlantique tout en renouant un dialogue malaisé avec l'Est : une délégation de la SFIO — la première depuis le congrès de Tours [Quilliot, 1972, p. 568-576] — puis une du Front républicain se rendent en URSS en mai 1956. Mais, du côté des dirigeants communistes, le maintien d'une « idéologie outrancière qui... dessert » la coexistence pacifique amorcée en 1953 [Hervé, 1956, p. 143], la crispation face à la déstalinisation lancée par le XXe congrès du PCUS en février 1956, puis le soutien à l'intervention soviétique en Hongrie les enferment dans un isolement accru par la dissidence d'intellectuels, interrompant leurs timides ouvertures vers un front unique de la gauche ; aucune analyse n'est lancée au sein du parti sur son mode de fonctionnement, la notion de stalinisme n'étant abordée que dans la décennie 1970.

Références bibliographiques

Auriol Vincent (1970), *Journal du septennat 1947*, Armand Colin, Paris.

Aubourg Valérie (1999), *Histoire(s) socialiste(s)*, n° 1, novembre.

Becker Jean-Jacques (1981), *Le Parti communiste veut-il prendre le pouvoir ?*, Seuil, Paris.

Berstein Serge, Cépède Frédéric, Morin Gilles et Prost Antoine (2000), *Le Parti socialiste entre Résistance et République*, Publications de la Sorbonne, Paris.

Blum Léon (1958 et 1963), *L'Œuvre de Léon Blum*, t. 6-1 : *1945-1947*, t. 6-2 : *1947-1950*, Albin Michel, Paris.

Bossuat Gérard (2001), « L'atlantisme de la SFIO », *Histoire(s) socialiste(s)*, décembre.

Buton Philippe (1993a), *Les Lendemains qui déchantent. Le Parti communiste français à la Libération*, Presses de la FNSP, Paris.

— (1993b), « Le pacifisme communiste de la Seconde Guerre mondiale à la guerre froide », *in* Maurice Vaïsse (dir.), *Le Pacifisme en Europe des années 1920 aux années 1950*, Bruylant, Bruxelles, p. 303-324.

— (1994), « L'entretien Frachon/Souslov 19 juin 1946 », *Communisme*, n° 35-37, p. 31-35.

Cahiers Léon Blum (1987), « La SFIO et la politique extérieure de la France entre 1945 et 1954 ».

Courtois Stéphane et Lazar Marc (1995), *Histoire du Parti communiste français*, PUF, Paris.

Daix Pierre (1976), *J'ai cru au matin*, Robert Laffont, Paris.

Dreyfus Michel (1995), *Histoire de la CGT. Cent ans de syndicalisme en France*, Complexe, Bruxelles.

Dulphy Anne (2002), *La Politique de la France à l'égard de l'Espagne de 1945 à 1955*, ministère des Affaires étrangères, Paris.

Fallachon Philippe (1972), « Les grèves de la Régie Renault en 1947 », *Le Mouvement social*, n° 81.

Guy Mollet, un camarade en République (1987), Presses universitaires de Lille, Villeneuve-d'Ascq.

Hervé Pierre (1956), *La Révolution et les fétiches*, La Table ronde, Paris.

Hubert-Lacombe Patricia (1996), *Le Cinéma français dans la guerre froide 1946-1956*, L'Harmattan, Paris.

Jansen Sabine (2002), *Pierre Cot, un antifasciste radical*, Fayard, Paris.

Jeanneney Jean-Noël et Julliard Jacques (1979), Le Monde *de Beuve-Méry ou le métier d'Alceste*, Seuil, Paris.

Kriegel Annie (1968a), « Un phénomène de haine fratricide. Léon Blum vu par les communistes », in *Le Pain et les roses. Jalons pour une histoire des socialismes*, PUF, Paris.

— (1968b), « Bureaucratie, culte de la personnalité et charisme. Maurice Thorez, secrétaire général du PCF (1900-1964) », in *Communismes au miroir français*, Gallimard, Paris, p. 129-160.

— (1991), *Ce que j'ai cru comprendre*, Robert Laffont, Paris.

Lacroix-Riz (1994), « La grève d'avril-mai 1947 de la régie Renault : des événements dans leur contexte général », *Cahiers d'histoire de l'Institut de recherches marxistes*, n° 56, p. 91-136.

Lazar Marc (1992), *Maisons rouges. Les partis communistes français et italien de la Libération à nos jours*, Aubier, Paris.

Le Cour Grandmaison Olivier (1988), « Le Mouvement de la paix pendant la guerre froide : le cas français (1948-1952) », *Communisme*, n° 18-19, p. 120-138.

Lefebvre Denis (1992), *Guy Mollet, le mal aimé*, Plon, Paris.

— (1994), « Les socialistes et les grèves minières de 1948 », *Communisme*, n° 35-37.

Marcou Lily (1977), *Le Kominform*, Presses de la FNSP, Paris.

Martelli Roger (1981), « Le PCF et la "guerre froide" 1947-1953 », *in* Roger Bourderon *et al.* (dir.), *Le PCF. Étapes et problèmes 1920-1972*, Éditions sociales, Paris.

Méchoulan Éric (1999), *Jules Moch, un socialiste dérangeant*, Bruylant, Bruxelles.

Pigenet Michel (1992), *Au cœur de l'activisme communiste des années de guerre froide. « La manifestation Ridgway »*, L'Harmattan, Paris.

Pondaven Philippe (1973), *Le Parlement et la politique extérieure sous la IVe République*, PUF, Paris.

Quilliot Roger (1972), *La SFIO et l'exercice du pouvoir 1944-1958*, Fayard, Paris.

Tartakowsky Danielle (1997), « Les manifestations parisiennes pendant la guerre froide », *Historiens et géographes*, n° 357-358.

Tétart Philippe (2000), *Histoire politique et culturelle de* France Observateur, t. 1, L'Harmattan, Paris.

Valentin Marie-Renée (1985), « Les grèves des cheminots français au cours de l'année 1947 », *Le Mouvement social*, n° 130, janvier-mars.

Verdès-Leroux Jeannine (1983), *Au service du parti. Le parti communiste, les intellectuels et la culture (1944-1956)*, Fayard/Minuit, Paris.

Wall Irwin (1987), « Les accords Blum-Byrnes, la modernisation de la France et la guerre froide », *Vingtième siècle. Revue d'histoire.*

— (1989), *L'Influence américaine sur la politique française 1945-1954*, Balland, Paris.

Winock Michel (1986), « La guerre froide », *in* Denis Lacorne *et al.* (dir.), *L'Amérique dans les têtes. Un siècle de fascination et d'aversion*, Hachette, Paris.

— (1996 rééd.), *« Esprit ». Des intellectuels dans la cité (1930-1950)*, Seuil, coll. « Points », Paris.

— (1997), *Le Siècle des intellectuels*, Seuil, Paris.

64

La gauche et la décolonisation

SYLVIE THÉNAULT

NÉS LA PLUPART DU TEMPS dans l'entre-deux-guerres, les mouvements nationalistes ont été encouragés par la Seconde Guerre mondiale. La débâcle française de la « drôle de guerre » les a stimulés, ainsi que le renforcement du principe du droit des peuples à disposer d'eux-mêmes, diffusé par les Américains après leur débarquement en Afrique du Nord et inscrit dans la charte de l'Atlantique, puis dans celle des Nations unies. La lutte pour la liberté, par ailleurs, a justifié le combat contre le nazisme, auquel les troupes coloniales ont participé, et certains territoires, occupés par l'ennemi allemand ou japonais, ont été coupés de la France. Dans ce contexte, en 1945, les revendications anticoloniales s'affirment, gagnent en audience et essaiment outre-mer.

Le 2 septembre 1945, le Viêt-minh proclame ainsi la République démocratique du Viêt-nam et, tandis que la guerre s'y installe, partout ailleurs des organisations combattant le *statu quo* colonial se forment, croissent et se multiplient : parti de l'Istiqlal marocain, Néo-Destour et Union générale des travailleurs tunisiens (UGTT), Mouvement pour le triomphe des libertés démocratiques (MTLD) et Union démocratique du manifeste algérien (UDMA), Mouvement démocratique de la rénovation malgache (MDRM), Rassemblement démocratique africain (RDA), Union des populations camerounaises (UPC)...

Neuf ans après, alors que la guerre éteinte dans l'ancienne Indochine se rallume en Algérie, les populations colonisées se sont elles-mêmes soulevées dans le Nord-Constantinois, au Cameroun, à Madagascar, en Côte d'Ivoire, dans le Cap Bon tunisien et à Casablanca. En 1962, finalement, au prix de deux guerres meurtrières, après d'âpres négociations pour le Maroc et la Tunisie, et au terme d'une lente évolution constitutionnelle pour l'Afrique, la décolonisation française est pratiquement achevée. Restaient les Comores, Djibouti et les Nouvelles-Hébrides, qui ont accédé à la souveraineté entre 1975 et 1980, tandis que le statut de DOM-TOM a maintenu dans le giron français les Antilles, la

Guyane, la Réunion et de multiples possessions éparpillées sur le globe. Seule la Nouvelle-Calédonie, arguant d'une autonomie insuffisante, a obtenu en 1986 son inscription à l'ONU sur la liste des territoires à décoloniser. Elle a fait resurgir une question considérée comme réglée et dépassée.

La décolonisation relèverait ainsi d'un processus historique, au sens d'une transformation que l'action des hommes ne pouvait contrarier. Elle résulterait d'un vaste mouvement de progrès dans l'émancipation des peuples colonisés, un mouvement mondial dépassant le cadre français et ses acteurs. Elle s'est, en effet, développée au mépris des alternances entre droite et gauche au pouvoir, une grande partie des territoires sortant de la souveraineté française sous la conduite du général De Gaulle, après l'action menée à l'Outre-mer par Gaston Defferre. Aucune corrélation ne peut être établie entre les périodes où les formations de gauche ont exercé des responsabilités dans la direction de la France et les progrès de la décolonisation, à une exception près : Pierre Mendès France, avec les accords de Genève mettant fin à la guerre d'Indochine et l'enclenchement de l'indépendance tunisienne, fondatrice d'un modèle applicable au Maroc.

Pour le reste, les gouvernements auxquels la gauche a participé, ou ceux qu'elle a dirigés, ont assumé guerres et répressions. Ainsi, les communistes ont été au gouvernement jusqu'en mai 1947, pendant la répression du soulèvement dans le Nord-Constantinois, le déclenchement de la guerre d'Indochine et les deux premiers mois de l'insurrection malgache. Les socialistes, eux, ne sont passés dans l'opposition qu'en 1952 et ils ont directement géré le portefeuille de l'Outre-mer avec Marius Moutet, Gaston Defferre et Paul Ramadier en 1946-1947. C'est ensuite le gouvernement de Guy Mollet, rassemblant les socialistes, les radicaux et l'Union démocratique et socialiste de la Résistance (UDSR), qui, en 1956, a enlisé la France dans le bourbier algérien après avoir obtenu, avec le soutien des parlementaires communistes, les pouvoirs spéciaux. François Mitterrand, enfin, ministre UDSR de la France d'outre-mer en 1950-1951, responsable de l'Intérieur, puis de la Justice dans les premières années de la guerre d'Algérie, a suivi la même politique. Les forces de gauche n'auraient-elles pas eu le sens de l'Histoire ? Comment les distinguer d'une droite prenant acte, avec réalisme, de la nécessité de décoloniser pour conserver le rang international de la France ?

Pourtant, la décolonisation a mobilisé, à gauche, l'énergie de militants qui ont combattu la torture, approuvé les soldats insoumis ou déserteurs, dénoncé la répression des nationalistes, soutenu leurs revendications, exprimé leur solidarité dans des réseaux actifs à leurs côtés ou dans des comités à l'origine de multiples meetings, publications, déclarations, pétitions... Dans l'unité dépassant le cadre syndical ou dans une désunion classique, localement ou nationalement, les journées d'action contre la guerre d'Indochine ou d'Algérie ont de même ponctué la chronologie des années 1945-1962. Les partis au pouvoir ont ainsi connu des ruptures en leur sein, tandis que des militants dégagés de toute responsabilité dans la gestion des affaires du pays étaient libres de s'engager au nom d'idéaux variés : « dreyfusards », « bolcheviks », « tiers-mondistes », pour reprendre une typologie chère à Pierre Vidal-Naquet [1986]. Du cœur des organisations à leurs minorités et en dehors d'elles, la gauche a décliné toute sa diversité face à la décolonisation.

Cette diversité reproduit en effet des coupures structurelles au sein des gauches, entre gauche au pouvoir et gauche militante, gauche communiste et non communiste, organisations et hommes de gauche indépendants. Elle s'est aussi construite au fur et à mesure que la décolonisation gagnait de l'ampleur. En effet, les communistes ont rompu avec l'anticolonialisme de principe qui caractérisait leur idéologie révolutionnaire et internationaliste initiale, tandis que le reste de la gauche a soutenu la colonisation au nom de la mission civilisatrice de la France. En 1945, les forces de gauche sont, par conséquent, démunies de projet anticipant l'émergence des revendications indépendantistes et prévoyant une réponse adéquate. Dès lors, leur gestion de la décolonisation, dans les années suivantes, est restée prisonnière d'une évaluation pourtant démentie par les événements. Ceux qui militaient pour dénoncer la répression ont, eux, avec le temps, contribué à remodeler les forces de gauche par l'émergence d'une frange radicale.

Évaluer l'événement...

En 1945, l'indépendance était perçue comme une aventure risquée et, contre cette perspective d'un avenir inconnu, ouvert à tous les possibles, de multiples dangers étaient égrenés comme autant d'arguments pour s'y opposer. Les communistes voyaient ainsi la main des « hitlériens d'Algérie » derrière l'agitation qui gagnait le pays et, logiquement, ils ont analysé les soulèvements de Sétif et de Guelma comme une « provocation » entretenue par les « fonctionnaires vichystes », dans le but de creuser le fossé entre les « Musulmans » et la France [Durand, 1986, p. 224-225]. Puis, l'ennemi américain se substituant à l'ennemi fasciste, le PCF martela que le départ de la France livrerait ses anciennes possessions à la convoitise des trusts et de l'impérialisme des États-Unis, pays « où sévit le lynchage des nègres », pour reprendre les mots d'Étienne Fajon au congrès national du parti en 1947 [Oved, 1984, p. 249]. Le PCF jouant la carte nationale, l'anti-impérialisme visant les Américains a supplanté un anticolonialisme n'épargnant pas la France.

La libération de la domination française n'assurerait donc à ses colonies qu'une indépendance factice. Au mot d'ordre sans équivoque d'« indépendance » est d'ailleurs opposée la chimère d'une « indépendance réelle » : la rupture avec la France ne garantirait pas l'émancipation des peuples colonisés dans une souveraineté pleine et entière car, débarrassés du joug français, ils tomberaient immédiatement sous un autre, extérieur ou... intérieur. Les socialistes insistaient en effet sur l'immaturité sociale et politique des colonies où les populations seraient abandonnées à l'oppression des féodaux et d'un pouvoir non démocratique, voire tyrannique et violent. Rempart contre toute autre influence étrangère, la souveraineté française serait donc un moindre mal. Elle pourrait même être un progrès, en œuvrant pour une promotion sociale, économique et politique des peuples qu'elle a placés sous sa responsabilité. C'est sur ce socle commun de fausses certitudes que les gauches ont fondé leur approche de la décolonisation qui, finalement, n'a pas été pensée, puisqu'aucun programme n'a prôné la disparition de la souveraineté française sur ses colonies.

Vue d'aujourd'hui, cette attitude relève d'un aveuglement têtu. Cependant, au moment où elle s'est produite, la décolonisation s'est présentée, aux yeux des contemporains, comme une multitude de revendications, mouvements, soulèvements éparpillés géographiquement et se succédant dans le temps, avec plus ou moins de distance, plus ou moins d'homogénéité. Elle ne constituait pas, alors, une catégorie construite, rassemblant des événements sur un critère commun : conduire les colonies vers l'indépendance. Il fallait du temps pour en prendre conscience, admettre ce bouleversement majeur, alors que tous acceptaient l'existence de l'empire, au nom de la grandeur de la France. En outre, de multiples éléments interféraient pour brouiller cette évolution.

Le rapport des partis de gauche avec les réalités coloniales passait en effet par la médiation de leurs fédérations implantées dans les colonies, qui freinaient toute modification d'un *statu quo* garant du destin personnel de leurs propres adhérents, nés ou vivant outre-mer. L'existence d'un peuplement français s'est ainsi imposée comme une donnée fondamentale dans l'attitude des partis métropolitains face à la décolonisation, d'autant que les coloniaux influençaient les débats internes. Chez les socialistes, la fédération de Tunisie, qui envisageait la suppression du protectorat par étapes, sans prévoir l'indépendance, défendait le programme le plus « ambitieux » [Julien, 1985, p. 26]. Ailleurs, les locaux arguaient de leur connaissance du terrain pour s'opposer fermement aux projets de réformes perçus comme trop audacieux et préparés par des métropolitains ignorant tout de la société coloniale. Ils se targuaient de défendre l'amitié entre les peuples, contre la rupture souhaitée par les nationalistes, assimilée à de la haine, voire à du racisme. Poussés par la défense de leur situation acquise, ils ont pu aussi réclamer et soutenir une répression sans réserve. Au parti radical, cette ligne l'a emporté grâce au poids des fédérations maghrébines, dominées par l'Algérois Henri Borgeaud et le député de Constantine René Mayer, très souvent ministre, président du Conseil en 1953.

Les communistes, de leur côté, ont été pris entre deux feux : sensibles aux revendications des colonisés, qu'ils considéraient comme des opprimés à défendre, réprimés pour leur dénonciation de la répression, ils n'étaient pas pour autant alliés aux nationalistes qui, d'ailleurs, ne le souhaitaient pas. Le PCF défendait la légitimité de la présence des Français, nés et vivant aux colonies, dans les futurs États indépendants, ce qui créait un fossé difficilement franchissable. En Algérie, le parti communiste algérien (PCA) a ainsi été dissout par les autorités françaises quelques mois après le début de la guerre, mais ses militants n'ont pu s'engager qu'à titre personnel aux côtés du FLN, intransigeant à leur égard.

Contrepoids potentiel, le point de vue des colonisés était à la fois insuffisant et négligé. Insuffisant, car les nationalistes ont refusé de lier leur destin à celui des partis de gauche, trop frileux sur les revendications anticoloniales à leurs yeux. C'est pourquoi les nationalistes n'ont guère développé de stratégie à l'adresse des partis de gauche, pour influencer leur analyse. Tout effort en ce sens était considéré comme vain, en particulier par leur base populaire pour qui, de droite ou de gauche, les partis français restaient ceux du colonisateur. En outre, les nationalistes devaient garder leur liberté pour négocier avec tout gouvernement, y compris de droite.

Sans être indépendantiste, le choix d'Aimé Césaire, qui a quitté le parti communiste martiniquais pour fonder le Parti progressiste martiniquais en 1958, libre de toute affiliation métropolitaine, reposait sur un constat plus radical : l'ostracisme des organisations de gauche à l'égard des revendications spécifiques à l'outre-mer freinait leur aboutissement, notamment en raison d'un racisme que l'écrivain n'a cessé de dénoncer. Il est vrai que les élus d'outre-mer, membres de partis métropolitains, qui ont intégré l'arène parlementaire après la Seconde Guerre mondiale, l'ont payé d'un rapport de forces défavorable. Ils ont ainsi été des « éléments de manœuvre dans le jeu national » [Domergue, *in* Ageron et Michel, 1992, p. 125]. La SFIO (Section française de l'Internationale ouvrière), par exemple, s'est opposée à ses parlementaires africains, emmenés par Lamine Gueye, député du Sénégal-Mauritanie, qui demandaient un renouvellement de l'Assemblée de l'Union française, car elle craignait d'y perdre des sièges. Léopold Sédar Senghor, qui a quitté le comité directeur en 1948, a d'ailleurs créé un groupe apparenté au MRP (Mouvement républicain populaire), le groupe des Indépendants d'outre-mer, que menacèrent alors de rejoindre les déçus de la SFIO.

Au contraire des autres partis représentant les colonisés, le Rassemblement démocratique africain (RDA), sous la conduite de Félix Houphouët-Boigny, a recherché des alliances métropolitaines. Ses députés ont ainsi été apparentés aux communistes avant de s'en défaire pour rejoindre l'UDSR de François Mitterrand, qui leur promettait une plus grande marge de manœuvre et s'ouvrait à l'idée d'une autonomie au sein d'un ensemble fédéral. Ainsi naissait, dans un intérêt réciproque, un « groupe charnière avec lequel les gouvernements de la IVe République devaient compter » [Lisette, 1983, p. 200]. Le RDA gagnait également à se séparer des communistes, pour convaincre qu'une libération de l'Afrique ne la livrerait pas au bloc soviétique. Par la suite, Félix Houphouët-Boigny a été de tous les gouvernements à compter de février 1956, de gauche comme de droite, jusqu'aux indépendances obtenues en 1960. Si cette stratégie a divergé des autres par l'inscription volontaire dans le jeu politique métropolitain, elle reposait aussi sur le refus de se lier exclusivement à gauche, pour garder une liberté favorable à la progression des revendications du RDA.

… parmi d'autres préoccupations prioritaires

Cependant, la décolonisation n'étant pas un problème isolé, le comportement des forces de gauche n'a pas été déterminé uniquement par leur appréciation de l'indépendance et de la colonisation ou leurs rapports avec les Français des colonies et les nationalistes. Elle est arrivée parmi un ensemble d'événements considérés comme prioritaires et offrant une grille de lecture privilégiée. Les préoccupations métropolitaines ont ainsi primé dans les prises de position sur la scène politique nationale et la guerre froide s'est imposée dans les analyses.

Sur le plan militaire, en effet, la Seconde Guerre mondiale a prouvé que les possessions coloniales fondaient la puissance de la France, présente de la Méditerranée au Pacifique en passant par l'Atlantique et l'océan Indien. Utile dans un passé proche, cette dimension stratégique est restée d'actualité à l'heure où la guerre froide se profilait, puis s'installait. Cet enjeu a pesé sur les radicaux et les socialistes, motivés par un anticommunisme ancien, ravivé par la conjoncture d'un monde bipolaire. Leur position sur la guerre d'Indochine a également été tributaire du double combat de l'adversaire, mêlant libération nationale et projet révolutionnaire. Les trois voyages d'Alain Savary en Indochine, en 1949-1950, ont ainsi divisé le comité directeur de la SFIO, partagé entre anticommunisme et réalisme, face à la progression du Viêt-minh [Dalloz, 1997]. Après avoir cru que Bao Daï pourrait fédérer les Vietnamiens hostiles au communisme, la SFIO s'est ralliée à l'idée que la paix devait être négociée avec Ho Chi Minh, quitte à enchaîner sur un nouveau conflit impliquant des forces internationales, le Viêt-minh lui-même bénéficiant des appuis chinois et soviétique. Une fois l'indépendance acquise, cette guerre perdait son caractère colonial pour se réduire à un conflit de guerre froide.

Au contraire, les communistes ont reconnu la République démocratique du Viêt-nam et Hô Chi Minh comme l'unique interlocuteur valable, le recours à Bao Daï étant postérieur à leur départ du gouvernement. Suivant un large spectre, leur argumentation est allée de l'impossibilité de gagner une guerre engageant l'ensemble de la paysannerie vietnamienne à l'illégitimité d'un combat mené pour le compte des appétits financiers de la Banque d'Indochine. Le PCF a multiplié les manifestations, les réunions et les distributions de tracts, tandis que la CGT a popularisé, chez les dockers, le refus d'embarquer les armes à Marseille, Dunkerque, au Havre et même à Oran ou Alger [Ruscio, 1984]. Sans prôner l'insoumission, Henri Martin, jeune FTP engagé dans la marine française et emprisonné pour son opposition à la guerre, a été érigé en symbole de l'action communiste pour laquelle d'autres militants ont été poursuivis.

Cependant, la guerre froide a également motivé des prises de position favorables à des nationalistes ne se revendiquant pas du communisme. Au Maroc, la présence de bases américaines a ainsi contribué au ralliement du parti communiste local à l'indépendance, le seul au Maghreb à adopter une telle position. Sa composition l'explique en partie, les Marocains, emmenés par Ali Yata, y exerçant une forte influence sur les adhérents et les dirigeants français. Mais surtout, la crainte de voir l'Istiqlal jouer du seul soutien américain a infléchi la position communiste. Éventuel relais aérien pour les États-Unis dans une guerre contre l'URSS et marché économique pour hommes d'affaires venus d'outre-Atlantique, aux contacts déjà fructueux avec les notables du pays, le Maroc ne devait pas être abandonné au camp ennemi [Oved, 1984].

Enfin, les affaires métropolitaines ont toujours supplanté la décolonisation aux yeux des partis de gauche, confrontés à la question de la participation ou du soutien à un gouvernement. Ils étaient ici au diapason de l'opinion pour qui l'outre-mer relevait de l'inconnu et du secondaire. Après guerre, les enquêtes de l'INSEE ont révélé la formidable méconnaissance des Français sur l'histoire et la géographie des territoires membres de l'Union française [Ageron, *in* Ageron et Michel, 1986]. En outre, en 1953, alors que les troupes françaises combattaient en Extrême-Orient depuis huit ans, 22 % des habitués de la presse quotidienne ne lisaient jamais les nouvelles du front indochinois et 48 % « de temps en temps » seulement [Ruscio, 1985, p. 200]. Pendant la guerre d'indépendance algérienne, de même, les Français se sont résignés très tôt à une évolution de l'Algérie française, avant d'approuver la politique du général De Gaulle, témoignant ainsi d'un attachement très relatif à leurs trois départements de la rive sud de la Méditerranée. Cette guerre a d'ailleurs mobilisé en faveur de la paix et des négociations, sur des mots d'ordre brandissant les dangers qu'elle faisait courir aux métropolitains : ils risquaient leur vie dans le contingent, perdaient leurs libertés sous les coups d'une armée entrée en rébellion contre le pouvoir et voyaient leur pays s'avilir par l'usage de la torture. Ce type d'arguments a fondé l'opposition constante du PCF à la politique algérienne du général De Gaulle qui, pourtant, a fait aboutir l'indépendance.

Dans cette logique privilégiant les préoccupations métropolitaines, la rupture du tripartisme en mai 1947 a été déclenchée par des désaccords sur la politique économique et sociale du gouvernement, et non sur la conduite de la guerre d'Indochine ou la répression de l'insurrection malgache qui avait éclaté deux mois plut tôt. Considérant comme nécessaire la participation des communistes au gouvernement pour accentuer la « démocratisation » du pays qu'il estimait en cours, Maurice Thorez, vice-président du Conseil, avait auparavant contribué à l'élaboration des instructions envoyées au haut commissaire en Indochine, dont la partie militaire encadra le lancement d'opérations [Ruscio, 1985]. De même, refusant dans un premier temps de voter les crédits militaires, les députés communistes s'y étaient résolus par solidarité avec le gouvernement. En 1956, une logique identique a présidé au vote des pouvoirs spéciaux : obligé de poser la question de confiance pour les obtenir, Guy Mollet a exercé une forte pression sur les communistes qui lorgnaient du côté du Front républicain pour sortir de leur isolement.

L'attitude des députés socialistes pendant la guerre d'Indochine a procédé, elle aussi, de calculs sur l'opportunité de participer à la gestion du pays : ils ont ainsi voté les crédits militaires jusqu'en 1951, se sont abstenus en 1952, lorsque la SFIO est passée dans l'opposition, puis les ont rejetés. Les subtils montages ministériels et les alliances parlementaires, encouragés par les institutions de la IVe République, ont primé sur l'appréciation de la politique gouvernementale en matière coloniale.

Réformer, réprimer…

Contre les revendications d'indépendance, chacun opposait une alternative à la rupture avec la France. Inscrite de longue date dans la culture politique de la gauche française, notamment dans son ancrage républicain, l'assimilation a cédé la place à des projets de fédération ou d'association. Le PCF, quant à lui, remettait au mouvement ouvrier le soin d'assurer l'émancipation des colonisés, considérés comme opprimés à l'identique de tous les prolétaires. C'est à ce titre qu'il apparaissait comme le plus en pointe sur les revendications anticoloniales, sans pour autant satisfaire les nationalistes. Les dirigeants du parti mobilisaient en effet la référence léniniste à leur profit, en reprenant l'idée que le « droit de divorcer » n'était pas une « obligation », à ceci près que, chez Lénine, la décision appartient aux seuls colonisés [Ruscio, 1985].

Sur ces divergences idéologiques, un consensus soudait cependant l'ensemble de la gauche dans l'action : la nécessité de réformer l'empire. Leur gestion de la décolonisation a suivi cette ligne directrice. Dès décembre 1945, Marius Moutet, ministre de l'Outre-mer, regrettait ainsi le « sens péjoratif » du terme « colonisation », auquel il entendait donner « un sens honorable, en appelant le socialisme à le redéfinir » [Morin, 1992, p. 102]. Dans cet esprit, la départementalisation des vieilles colonies, ardemment défendue par les communistes locaux et votée à l'unanimité en mars 1946, ne constitue pas une « autre décolonisation » [Deville et Georges, 1996], mais plutôt une autre colonisation, car il s'agissait bien de maintenir la souveraineté française, même si elle prenait une forme rénovée, la débarrassant de son caractère autoritaire. Saluée par les Antillais sur le moment, surtout qu'elle venait après une politique de discrimination raciale sous Vichy, la départementalisation n'a pas empêché la tentation indépendantiste de naître plus tard, dans les années 1960-1970.

Cette ambition réformatrice reposait sur l'ignorance du fait national. À partir du moment où ils s'inscrivaient dans un cadre français, simples mesures ou bouleversements de plus grande ampleur ne répondaient plus aux aspirations des nationalistes. Même si ces derniers prospéraient sur la misère, l'inégalité et l'infériorité inhérente au statut de sujet colonial, ils réclamaient avant tout la reconnaissance d'une identité collective distincte de celle de la France. C'est pourquoi au Maroc, en Tunisie et en Algérie, les nationalistes ont rejeté les réformes, y compris les plus progressistes, qui ont fleuri après guerre. Les débats chez les communistes autour de l'existence d'une nation algérienne montrent cependant qu'ils avaient conscience de cette faiblesse : une politique de réforme ne pouvait l'emporter qu'en l'absence de sentiment national. Nié dans ses fondements propres, son développement était d'ailleurs considéré comme l'échec d'une France incapable d'appliquer outre-mer ses grands principes libéraux, égalitaires et fraternels.

Les insurrections, témoignant de la popularité du sentiment anticolonial, étaient dénaturées et minimisées. Perdant ainsi toute légitimité, elles pouvaient être réprimées : « Il n'y a pas de révolte militaire à Madagascar ! » clamait ainsi le président du Conseil socialiste Paul Ramadier en avril 1947. « Ça, nous ne pouvons pas l'accepter ! Il y a eu simplement des incidents » [Tronchon, 1974, p. 55]. À la répression militaire s'est ajoutée une répression politique, le MDRM étant dissout et ses élus poursuivis, après la levée de leur immunité votée par tous les parlementaires à l'exception des autres élus d'outre-mer et des communistes qui avaient, à ce moment, rompu avec le tripartisme.

Si les gauches ont réprimé, cependant, c'était aussi dans l'illusion de réaliser ensuite leurs projets. Il fallait que l'ordre règne pour agir. Réformer et réprimer allaient ainsi de pair pour maintenir la souveraineté française. Pourtant, l'organisation d'enquêtes sur la répression, dont la légitimité ou les formes étaient contestées, a révélé le malaise de la gauche face aux violences coloniales. Elles ruinaient, en effet, sa perception positive de la souveraineté française et son projet réformateur. Gaston Defferre a ainsi été envoyé par son ami Marius Moutet à Madagascar en juin-juillet 1947, pour lui rendre compte personnellement des atrocités de la répression [Tronchon, 1974]. Dix ans plus tard, les mendésistes ont également organisé une mission à destination de l'Algérie, mise en échec par le ministre résidant socialiste Robert Lacoste, pour qui le rétablissement de l'ordre primait.

La guerre d'indépendance algérienne a porté à son paroxysme le lien entre réforme et répression. Après le statut de l'Algérie, voté en 1947, mais non appliqué, elle a réactivé ces intentions réformatrices, sous la pression de l'insurrection des nationalistes qui, contrairement au *leitmotiv* des gouvernements de la IVe République, ne désarmaient pas. Les présidents du Conseil radicaux de toutes tendances, Pierre Mendès France, Maurice Bourgès-Maunoury et Félix Gaillard, ont ainsi soumis à l'Assemblée des mesures, plus ou moins ambitieuses, plus ou moins convaincantes, peut-être, mais témoignant de la même logique et leur valant d'être renversés, faute de rallier leurs fragiles majorités sur un contenu consensuel. Le socialiste Guy Mollet, quant à lui, a prévu dans la loi dite des « pouvoirs spéciaux » un « programme d'expansion économique, de progrès social et de réformes administratives », utilisé par les communistes pour justifier leur approbation. Tous les gouvernements ont cependant considéré que la réalisation des réformes était subordonnée au retour à l'ordre, donnant alors la priorité à l'action répressive.

… négocier ?

Hormis le Cameroun, théâtre d'une guérilla de 1955 à 1960, la décolonisation africaine est la seule à avoir été encadrée par les modifications institutionnelles de la IVe et de la Ve Républiques. De l'Union française à la Communauté organisée par la Constitution de 1958, l'évolution a suivi, non sans mal et sans que cela ait été forcément prévu à l'origine, le chemin d'une participation accrue des Africains à la gestion de leurs affaires, jusqu'aux indépendances en 1960. Dans un premier temps, l'Union française a été inscrite à l'unanimité dans le second projet de constitution soumis aux Français en 1946. Entre fédéralisme et assimilationnisme, elle satisfaisait les gauches sur l'idée d'une adhésion librement consentie entre la France et les territoires membres de l'Union, ainsi que sur la promesse de l'égalité politique entre tous les citoyens. Elle remodelait les relations entre la métropole et ses colonies, sous quatre formes : cadre départemental rattaché à la métropole pour l'Algérie, départements d'outre-mer, territoires d'outre-mer et États associés pour les autres. Elle s'est accompagnée, en outre, de plusieurs lois émancipatrices, à l'initiative du RDA ou de Lamine-Gueye, comme l'abolition du travail forcé.

La gauche a ensuite directement contribué à la décolonisation africaine par la loi-cadre de 1956, présentée par Gaston Defferre, alors ministre de la France d'outre-mer. Instaurant le suffrage universel et le collège unique, cette loi a créé des conseils de gouvernement dans l'Afrique subsaharienne sous domination française, ainsi qu'à Madagascar. La SFIO est cependant restée très partagée sur l'indépendance. Au congrès de septembre 1958, aux regrets d'avoir laissé le général De Gaulle en parler officiellement le premier, était ainsi objecté l'argument traditionnel de l'immaturité politique des peuples africains [Domergue, *in* Ageron et Michel, 1992].

Ces débats témoignent du malentendu sur lequel a reposé cette forme institutionnelle de décolonisation. Du côté français, en effet, ces réformes n'étaient pas conçues pour aboutir à l'indépendance, mais seulement, au mieux, à la construction d'un ensemble fédéral, sur un principe agréé à gauche : l'émancipation politique, progressive, des colonisés. Il pouvait alors y avoir désaccord et terrain d'entente avec les partis représentant les colonisés. En effet, si certains, comme le MDRM, ont été déçus par l'Union française, d'autres, comme le RDA, soutenaient l'option fédéraliste. L'ambiguïté étant maintenue sur la finalité de ces constructions institutionnelles, elles ont pu, dès lors, constituer autant d'étapes vers les indépendances. La guerre d'Algérie a joué un rôle dans ce processus, en occupant les gouvernements à partir de 1954 car, de ce fait, la décolonisation de l'Afrique et de Madagascar devait s'opérer sans engager une épreuve de force.

Pierre Mendès France se distingue dans cet ensemble. Il a en effet été jusqu'à démissionner du gouvernement Guy Mollet, manifestant ainsi son désaccord avec la politique algérienne gouvernementale. Les dissensions croissantes autour de sa politique l'avaient cependant libéré d'un devoir de solidarité partisan et ministériel. Sa décision entérinait une évolution, déjà très entamée, de scission du parti radical entre ses partisans et ses opposants, qui l'accusaient de défaitisme, comme aux temps de la guerre d'Indochine. Par ailleurs, anti-communisme, priorité aux questions métropolitaines et volonté de réformer l'animaient également.

Dès 1950, Pierre Mendès France avait préconisé des contacts avec Ho Chi Minh car il jugeait la guerre contraire aux intérêts de la France. Il considérait qu'elle freinait la modernisation du pays en mobilisant ses ressources, qu'elle contrariait le déploiement de son armée en Europe au profit du bloc occidental et que la lutte contre le communisme devait privilégier le terrain européen plutôt que les lointains confins du Sud-Est asiatique [Ruscio, 1985]. C'est également au nom d'un recentrage sur l'Europe et la modernisation de la France que Pierre Mendès France a conçu sa politique à l'égard du Maghreb dont il n'envisageait pas, comme le reste de la gauche, l'indépendance.

Promettant l'« exercice interne de la souveraineté » dans son discours à Carthage le 31 juillet 1954, il a fondé un « modèle tunisien » de négociations en vue d'une autonomie sauvegardant les intérêts français [Guillen *in* Bédarida et Rioux, 1985]. D'un côté, en effet, l'indépendance était réclamée par Habib Bourguiba en Tunisie, Omar Abdeljalil et Abderrahim Bouabid au Maroc et, de l'autre, le *statu quo* était condamné par les résistances armées ou les manifestations populaires. Entre ces deux options nuisibles à la France, Pierre Mendès France a cherché une voie moyenne. C'est le rapport de forces créé par les nationalistes tunisiens et marocains qui l'a ensuite détournée vers l'indépendance, d'autant que la guerre en Algérie ouvrait un front gênant les négociateurs français.

La particularité de Pierre Mendès France est d'ajouter un pan au diptyque liant réforme et répression : la négociation. Alors que les gouvernements confrontés à la guerre d'Indochine ou la guerre d'Algérie glosaient sur l'impossibilité de trouver un interlocuteur valable ou proposaient des conditions de discussion inacceptables pour l'adversaire, Pierre Mendès France a admis les nationalistes comme représentants légitimes des peuples dont ils se réclamaient, et il a su élaborer une plate-forme pour entamer des négociations. Il lui fallait lever l'hypothèque de la décolonisation pour espérer réaliser son ambitieux programme de modernisation de la France. Là était la priorité.

Militer pour dénoncer la répression, dans la diversité…

La dénonciation de la répression a motivé une opposition croissante et de plus en plus radicale contre la politique gouvernementale. Journalistes trouvant une tribune dans la presse issue de la Résistance, intellectuels, avocats, adhérents des partis de gauche où ils ont animé une contestation allant parfois jusqu'à la rupture, ces anticolonialistes formaient une « nébuleuse » dont le « centre de gravité » ne se situait pas, cependant, « à gauche toute », avant la guerre d'Algérie [Rivet, 1997, p. 7]. L'épithète accolée aux chrétiens et certains avocats concernés dit bien leur ancrage : « progressistes », parce que, tournés vers l'avenir, ils plaçaient l'amélioration de la condition des colonisés au centre de leurs préoccupations. Tous ne défendaient pas, cependant, les mots d'ordre indépendantistes, soutenus seulement, après la Seconde Guerre mondiale, à l'extrême gauche, par les libertaires, à l'image de Daniel Guérin, ou les trotskistes. Manœuvrant les Jeunesses socialistes jusqu'à leur dissolution en 1947, ces derniers en firent ainsi un pôle de solidarité pour les colonisés. Pour d'autres, en revanche, la dénonciation de la répression visait à éviter la rupture des colonisés avec la France.

La cause anticoloniale a ainsi rassemblé, parmi d'autres, des hommes aussi divers qu'André Mandouze et Robert Barrat à *Témoignage chrétien*, Jean-Marie Domenach et Henri-Irénée Marrou à *Esprit*, Claude Bourdet à *Combat* puis à *France Observateur* avec Gilles Martinet, Jean-Paul Sartre aux *Temps modernes*, François Mauriac à *L'Express* à partir de 1953… L'itinéraire de Robert Barrat illustre la continuité de leur engagement : il a en effet reconnu très tôt la légitimité du Viêt-minh, voyagé dans le monde arabe avec Louis Massignon en 1949, dénoncé la répression au Maghreb dans *Justice pour le Maroc*, publié au Seuil en 1953, avant d'être poursuivi, deux ans plus tard, pour ses contacts avec le FLN. Il trouva ensuite refuge dans la presse clandestine, à *Vérité-Liberté*, et s'engagea pour l'insoumission avec le Manifeste des 121, en 1960.

À l'intérieur de la SFIO, André Philip, Robert Verdier, Alain Savary, qui lui aussi démissionna du gouvernement de Guy Mollet, Charles-André Julien, Oreste Rosenfeld, ou encore Édouard Depreux ont incarné, dès la fin des années 1940, une option d'ouverture envers les revendications exprimées outre-mer. Jean et Marie Rous, venus du trotskisme comme Yves Dechézelles, en représentaient l'aile gauche [Biondi, 1992]. Les militants communistes, quant à eux, ont pu s'engager sans rompre avec leur parti, au nom de la défense des opprimés. La crédibilité du PCF a cependant souffert des atteintes aux droits de l'homme en URSS et de ses interventions dans ses pays satellites, en particulier en 1956 avec les crises simultanées de Suez et Budapest. La présence des communistes dans un comité, à un meeting ou au bas d'une pétition était déterminante dans la décision de se joindre ou de rejeter l'initiative proposée. L'anticommunisme créait ainsi une ligne de fracture.

Au-delà d'une diversité de valeurs, d'objectifs, d'appartenances partisanes et de degré dans l'engagement, les anticolonialistes se sont trouvés un dénominateur commun, d'une guerre de décolonisation à l'autre : publier a été leur mode d'action privilégié, le comité leur mode d'organisation favori, et le combat contre les atteintes aux droits de l'homme une motivation consensuelle. En liaison avec le MDRM, un Comité franco-malgache a ainsi été créé dès 1946 par Jean de Lorme, membre de la Ligue des droits de l'homme, qui renvoya sa légion d'honneur pour protester contre le procès fait aux parlementaires du mouvement [Tronchon, 1974]. Un de leurs avocats, Pierre Stibbe, en démonta les mécanismes dans *Justice pour les Malgaches*, paru au Seuil en 1955, et un Comité pour l'amnistie des condamnés outre-mer a été formé sous la présidence de Louis Massignon.

La guerre d'Indochine, quant à elle, a inauguré les campagnes de presse dénonçant l'usage de la torture, dans *Témoignage chrétien* le 29 juillet 1949, les pétitions avec le texte de soutien à Henri Martin, signé notamment par Simone de Beauvoir, Jean Cocteau, Louis Martin-Chauffier, Jacques Prévert ou encore l'appel pour la paix lancé depuis Lyon par des catholiques tels André Latreille, Joseph Folliet, Jean Lacroix, Joseph Vialatoux... Elle a aussi vu naître un Comité d'études et d'action pour le règlement pacifique de la guerre au Viêt-nam et se multiplier les meetings, conférences et rassemblements pour la paix. À l'initiative de François Mauriac et Louis Massignon, le plus important s'est tenu à Paris, au cloître Saint-Séverin, le 14 juin 1954, pour soutenir l'appel lyonnais [Rousseau, 2002].

Depuis un an d'ailleurs, François Mauriac et Louis Massignon se côtoyaient au Comité France-Maghreb, fondé par solidarité avec les Marocains. La diversité de ses membres reflétait celle des pourfendeurs de la répression : Robert Barrat, Claude Bourdet, Alain Savary, Jean Rous, Daniel Guérin, Charles-André Julien... [Rivet, 1997]. De leur côté, les avocats ont continué de plaider outre-mer en défendant les Algériens de la branche paramilitaire du MTLD, décapitée par la police en 1950, et les Africains du RDA, arrêtés après les manifestations de 1949-1950. À la SFIO, les motions contestataires et ruptures se situent aussi à la charnière des deux décennies. Yves Dechézelles l'a ainsi quittée en 1947 tandis qu'en septembre 1948, des députés socialistes ont demandé l'arrêt du procès à Madagascar. Affrontant un refus, Jean Rous et Léopold Sédar Senghor l'ont alors quittée à leur tour [Biondi, 1992].

... et jusqu'à la rupture

La guerre d'Algérie a décuplé les engagements et les ruptures. Les polémiques autour de la torture ont ainsi emporté un éventail plus large de la presse, tandis que les publications de brochures et témoignages se sont multipliées. Avec, entre autres, Pierre Vidal-Naquet, Laurent Schwartz et Madeleine Rebérioux, le Comité Maurice Audin a rassemblé des militants de gauche de toutes tendances. Il s'est constitué comme lieu de critique et d'initiatives diverses pour dénoncer les méthodes des forces de l'ordre : soutenance de thèse *in abstentia* du disparu en décembre 1957, parution de *L'Affaire Audin*, chez Minuit en 1958, procès en diffamation contre *La Voix du Nord*, en 1960, auxquels se sont ajoutés les meetings, les manifestations, les brochures et la publication de *Vérité-Liberté*.

La guerre d'Algérie a aussi innové en raison des saisies touchant les journaux et les livres : une presse clandestine, notamment *Témoignages et documents*, a vu le jour et les maisons d'édition, comme Minuit ou Maspero, ont payé leur tribut au soutien de la cause algérienne. Pendant cette période, l'anticolonialisme a couvert un spectre plus large, l'Union nationale des étudiants de France (UNEF) basculant à gauche, tandis que la Confédération française des travailleurs chrétiens (CFTC) a formé des syndicalistes algériens. Enfin, une forme d'action nouvelle est apparue : l'engagement au service des indépendantistes avec les « porteurs de valise », à l'image des réseaux animés par Francis Jeanson et Henri Curiel. Ici, la dénonciation de la répression n'épuisait plus le registre anticolonial. La revendication indépendantiste elle-même était légitimée.

Moment paroxystique, cette guerre rassemblait tous les ingrédients pour radicaliser les engagements : envoi du contingent, graves et importantes répercussions en métropole mettant le pouvoir en péril, peuplement européen plus important qu'ailleurs... Mais le temps a aussi produit ses effets. Cette guerre est intervenue après la guerre d'Indochine, au moment où des pourparlers étaient engagés au Maroc et en Tunisie et pendant l'évolution du statut des possessions africaines. La cause anticoloniale portait alors une nouvelle génération de militants, arrivés en politique au moment où la décolonisation s'enclenchait et témoins de son développement depuis plus de dix ans. Accédant à la conscience politique en même temps que la décolonisation se produisait, elle leur apparaissait comme une source de mobilisation primordiale. Critiquant les forces de gauche dans leur gestion gouvernementale, ils les sommaient d'évoluer dans leur approche de l'événement.

À l'opposé, des hommes de la génération précédente se sont entêtés dans la défense de l'Algérie française, jusqu'à fonder en 1961 un « Comité de gauche pour le maintien de l'Algérie dans la République française », rassemblant, entre autres, les socialistes Robert Lacoste et Max Lejeune, les radicaux Maurice Bourgès-Maunoury, André Morice et Albert Bayet, vice-président d'honneur de la Ligue des droits de l'homme. L'appellation de leur comité dit bien leur conception jacobine de la République, mais quantité d'autres facteurs ont joué : négation d'un sentiment national, départ inconcevable des Français d'Algérie, espérance en une solution réformatrice, rejet du FLN, laïcisme. L'Algérie française a trouvé leur agrément contre un projet indépendantiste qui ferait tomber la dernière pièce maîtresse d'un empire français sur la voie du déclin, la décolonisation l'ayant déjà grandement amputé.

Les militants opposés à la guerre ont pu, eux, aller jusqu'à la rupture avec leurs partis. Au PCF, au moment du vote des pouvoirs spéciaux, des députés ont dû s'expliquer devant leur base, des étudiants ont imprimé des brochures dénonçant la loi et de vives tensions ont secoué la tête du parti. Avec l'envoi massif du contingent et la poursuite d'un conflit aux méthodes controversées, l'insoumission a ensuite détaché du PCF de jeunes recrues qui refusaient de suivre la ligne officielle d'un travail militant à mener de l'intérieur même de l'armée. Instituteur communiste, Jean-Louis Hurst s'est ainsi réfugié en Suisse et a fondé Jeune résistance, pour soutenir les déserteurs. C'est dans ce creuset de l'opposition à la politique communiste face à l'indépendance algérienne, que s'est formée une extrême gauche révélée en Mai 68.

Dans les rangs socialistes, la contestation s'est accentuée en 1957, avec une motion pour la paix déposée par André Philip. La persévérance de cette minorité interne, contre la majorité ralliée à Guy Mollet, a abouti à la création du Parti socialiste autonome (PSA) en 1958, devenu deux ans plus tard le Parti socialiste unifié (PSU), avec l'alliance de l'Union de la gauche socialiste (UGS), de la Nouvelle Gauche et des mendésistes [Morin, 1992]. Véritable photographie de la famille anticolonialiste, son premier comité politique national rassemblait notamment André Philip, Jean Rous, Alain Savary, Robert Verdier, Daniel Mayer, président de la Ligue des droits de l'homme très engagé contre la guerre menée aux indépendantistes algériens, Claude Bourdet, ainsi que les avocats Pierre Stibbe et Yves Dechézelles. Gilles Martinet et Édouard Depreux assuraient, avec Henri Longeot, le secrétariat national du nouveau parti.

En l'absence de projet l'anticipant, la décolonisation a été traitée comme une question soumise à d'autres impératifs et dans l'objectif d'un maintien de la souveraineté française, sous une forme rénovée. L'illusion d'une colonisation bénéfique a ainsi maintenu les gauches dans une politique niant le fait national et en réprimant les manifestations. Cependant, avec le temps et l'approfondissement du conflit franco-algérien, la décolonisation a mené à sa consécration une gauche très minoritaire, formée dans la lutte contre les guerres et répressions coloniales, active de longue date aux côtés des indépendantistes de tous territoires. La décolonisation a ainsi été, pour les forces de gauche, une source de ruptures puis de recomposition. Confrontées à l'événement, les forces de gauche en ont subi les répercussions pour en sortir transformées. Une transformation réversible, cependant : l'Union de la gauche ayant refondu dans un même ensemble ces forces éparses, la gestion de la crise calédonienne par les socialistes dans les années 1980 a rejoué, à trente ans d'intervalle, une partie du scénario passé.

Le programme de l'Union de la gauche reconnaissait le « droit à l'autodétermination des peuples des DOM et des TOM » et prévoyait la discussion de « nouveaux statuts » avec les « représentants des populations concernées », pour répondre à leurs « aspirations » [Mariette, 1999, p. 88]. C'est donc à tort qu'en 1981, l'Union calédonienne de Jean-Marie Tjibaou a assimilé le candidat Mitterrand à l'« indépendance kanak socialiste » [Raluy, 1990, p. 179]. Sur ce malentendu, les projets de réformes ont avorté et l'engrenage des violences a manifesté l'ampleur de la désillusion indépendantiste ainsi que le refus de toute évolution chez les colons. Représentés par le Rassemblement pour la Calédonie dans la République (RPCR) de Jacques Lafleur, ces derniers accordaient également des suffrages de plus en plus nombreux au Front national. Cependant, la radicalisation des indépendantistes étant stoppée par l'assassinat d'Eloi Machoro, tué par le Groupe d'intervention de la gendarmerie nationale (GIGN), en 1985, les accords de Matignon ont pu être signés le 26 juin 1988 par Jacques Lafleur et Jean-Marie Tjibaou, sous l'égide de Michel Rocard, Premier ministre. Prévoyant un référendum d'autodétermination dix ans plus tard, après une réforme des institutions du territoire, ces accords ont été suivis par les accords de Nouméa, le 5 mai 1998, qui renvoient le choix de l'indépendance à une nouvelle consultation entre 2014 et 2018.

Si certains ont reconnu l'empreinte de Michel Rocard, ancien membre de la minorité SFIO et du PSU, dans l'extinction de la crise calédonienne, il faut aussi souligner que les années 1980-1990 ont vu, d'une façon générale, s'essouffler les revendications indépendantistes dans les DOM-TOM. Ainsi, à partir de 1989-1990, les dirigeants issus de l'Union populaire pour la libération de la Guadeloupe (UPLG) et du Mouvement indépendantiste martiniquais (MIM), Jean Barfleur et Alfred Marie-Jeanne, ont rassemblé les suffrages de nombreux Antillais pour exprimer leurs inquiétudes. Mais c'est précisément l'abandon d'un discours radicalement indépendantiste qui leur a permis d'être élus à diverses fonctions [Mariette, 1999]. L'environnement international explique cette évolution, la mondialisation n'offrant aucun espoir aux économies sous-développées. La délégation d'habitants de l'île d'Anjouan, dans l'archipel des Comores, venue à Paris en décembre 1998 pour demander au Quai d'Orsay le retour d'une tutelle française, a même suscité l'invention d'un nouveau terme : la « recolonisation ».

Références bibliographiques

Ageron Charles-Robert (1991), *La Décolonisation française*, Armand Colin, Paris.

Ageron Charles-Robert et Michel Marc [dir.] (1986), *Les Chemins de la décolonisation de l'empire français*, 1936-1956, CNRS, Paris.

— (1992), *L'Afrique noire française : l'heure des indépendances*, CNRS, Paris.

Bédarida François et Rioux Jean-Pierre [dir.] (1985), *Pierre Mendès France et le mendésisme*, Fayard, Paris.

Biondi Jean-Pierre, avec la collaboration de Gilles Morin, (1992), *Les Anticolonialistes*, Robert Laffont, Paris.

Branciard Michel (1984), *Un syndicat dans la guerre d'Algérie. La CFTC qui deviendra la CFDT*, Syros, Paris.

Dalloz Jacques (1997), « Alain Savary, un socialiste face à la guerre d'Indochine », *Vingtième Siècle, revue d'histoire*, n° 53.

Deville Robert et Georges Nicolas (1996), *Les Départements d'outre-mer, l'autre décolonisation*, Gallimard, Paris.

Durand Pierre (1986), *Cette mystérieuse section coloniale : le PCF et les colonies, 1920-1962*, Messidor, Paris.

Hamon Hervé et Rotman Patrick (1982), *Les Porteurs de valise*, Seuil, Paris.

Julien Charles-André (1985), *Et la Tunisie devint indépendante*, Jeune Afrique, Paris.

Lisette Gabriel (1983), *Le Combat du RDA*, Présence africaine, Paris/Dakar.

Maquin Étienne (1990), *Les Socialistes et la guerre d'Algérie*, L'Harmattan, Paris.

Mariette José (1999), *La Gauche antillaise sous la Vᵉ République*, Éditions des écrivains, Paris.

Mathieu Jean-Luc (1988), *Les DOM-TOM*, PUF, Paris.

Moneta Jacob (1971), *Le PCF et la question coloniale*, Maspero, Paris.

Morin Gilles (1992), *De l'opposition socialiste à la guerre d'Algérie au Parti socialiste autonome (1954-1960). Un courant socialiste de la SFIO au PSU*, thèse dactylographiée, université de Paris-I.

Nordmann Jean-Thomas (1972), *Histoire des radicaux 1820-1973*, La Table Ronde, Paris.

Oved Georges (1984), *La Gauche française et le nationalisme marocain 1905-1955*, t. 2, L'Harmattan, Paris.

Pattieu Sylvain (2002), *Les Camarades des frères. Trotskistes et libertaires dans la guerre d'Algérie*, Syllepse, Paris.

Raluy Antonio (1990), *La Nouvelle-Calédonie*, Karthala, Paris.

Rioux Jean-Pierre [dir.] (1990), *La Guerre d'Algérie et les Français*, Fayard, Paris.

Rivet Daniel [dir.] (1997), *Le Comité France-Maghreb : réseaux intellectuels et d'influence face à la crise marocaine*, *Cahiers de l'IHTP*, nº 38.

— (2002), *Le Maghreb à l'épreuve de la décolonisation*, Hachette, Paris.

Rousseau Sabine (2002), *La Colombe et le napalm. Des chrétiens français contre la guerre d'Indochine et du Viêt-nam, 1945-1975*, CNRS, Paris.

Ruscio Alain (1984), *La CGT et la guerre d'Indochine*, Institut CGT d'histoire sociale, Lyon.

— (1985), *Les Communistes français et la guerre d'Indochine, 1944-1954*, L'Harmattan, Paris.

Tronchon Jacques (1974), *L'Insurrection malgache de 1947*, Maspero, Paris.

Vidal-Naquet Pierre (1986), « Une fidélité têtue. La résistance française à la guerre d'Algérie », *Vingtième Siècle, revue d'histoire*, nº 10.

— (1998), *Mémoires*, t. 2 : *Le Trouble et la lumière, 1955-1998*, Seuil/La Découverte, Paris.

65

La gauche et l'Europe

ROBERT FRANK

L'EUROPE EST-ELLE UNE IDÉE de gauche ? À relire le célèbre discours de Victor Hugo sur les « États-Unis d'Europe » prononcé le 21 août 1849, on serait tenté de répondre par l'affirmative. Très tôt, l'Europe est une idée généreuse attachée à celle de paix et à la lutte contre toutes les dérives du nationalisme. Pourtant, on devine ce que cette affirmation a de réducteur. La gauche n'a pas le monopole de l'Europe, loin s'en faut ; la droite, en effet, ne se limite pas au nationalisme belliciste, et une partie d'elle — des libéraux aux démocrates chrétiens — milite depuis longtemps pour la cause européenne. Bien plus, la gauche a toujours été divisée sur la question, et elle compte de nombreux antieuropéens, les communistes en particulier. Si les proeuropéens de gauche ont joué un rôle essentiel dans la construction européenne, ils ont dû se battre âprement à l'intérieur de leur propre camp, contre les adversaires de l'idée et contre ceux qui approuvent l'idée, mais contestent la méthode par laquelle celle-ci est réalisée. En mai 2004, Daniel Cohn-Bendit ne s'est-il pas écrié : « Si on avait attendu la gauche, l'extrême gauche, les bien-pensants qui, au nom d'une Europe meilleure, ont refusé les petits pas de la construction européenne, on aurait encore en Europe des États-nations rivaux. » Et de « dire merci » aux pères de l'Europe, y compris les De Gaulle, Kohl et Giscard, « même si ce n'est pas notre culture » [Auffray, 2004].

Il s'agit bien d'une question de culture politique. L'Europe est précocement un des combats de la gauche, un combat symbolique et mythique, de Hugo à Mitterrand, mais elle a eu du mal à s'intégrer complètement dans la culture de gauche, car elle n'a jamais impliqué toute la gauche, pas plus qu'elle ne l'a concernée exclusivement. De fait, elle a été un objet de débat permanent au sein des trois ou quatre gauches françaises : la gauche républicaine et radicale, précocement militante de l'Europe, les socialistes dans un premier temps plus internationalistes qu'européistes, puis relativement divisés sur la question, et les communistes, ainsi que les groupes d'extrême gauche, relativement unis dans le refus de la construction européenne.

Diversité des cultures européennes de gauche

L'aventure commune entre la gauche et la cause européenne naît sans doute avec le rêve romantique d'Europe de Victor Hugo. Le discours de 1849, prononcé en ouverture du premier Congrès de la paix, a un retentissement national et international. Hugo, en prophète visionnaire, annonce la réunion des différents peuples européens (« Vous France, vous Russie, vous Italie, vous Angleterre, vous Allemagne ») comme étant aussi inéluctable que la fusion des provinces (« la Normandie, la Bretagne, la Bourgogne », etc.) qui ont fait la France. Il lie européisme et pacifisme, comme l'ont d'ailleurs fait ses prédécesseurs qui ont chanté l'unité de l'Europe dans les siècles passés. Il ancre l'idée dans la culture romantique et républicaine de gauche, à laquelle il ajoute une touche réaliste de culture libérale. Importante est en effet sa conception très moderne de construction européenne, à la fois économique, culturelle et politique : « Un jour viendra où il n'y aura plus d'autres champs de bataille que les marchés s'ouvrant au commerce et les esprits s'ouvrant aux idées. Un jour viendra où les boulets et les bombes seront remplacés par les votes, par le suffrage universel des peuples, par le vénérable arbitrage d'un grand sénat souverain qui sera à l'Europe ce que le Parlement est à l'Angleterre, ce que la Diète est à l'Allemagne, ce que l'Assemblée législative est à la France ! »

Cela dit, ramenons à de justes proportions l'influence de Hugo sur sa propre époque. Lui-même ne donnait pas priorité à son engagement européen qui, pour être enflammé, passait en seconde ligne, après le coup d'État de Louis Napoléon Bonaparte, derrière son combat pour la République. Puis, la guerre de 1870-1871 constitue une rupture pour le poète. Choqué par la prise de l'Alsace-Lorraine par les Allemands, il refuse désormais de se rendre aux Congrès de la paix tant que cette injustice n'est pas réparée. Au temps du romantisme, les concepts d'Europe et de nation n'étaient pas incompatibles, bien au contraire. Les nations devaient d'abord acquérir leur indépendance ou leur unité, puis se fédérer, ce qui fait que l'Europe était un rêve explicitement situé dans un avenir presque lointain, celui du siècle suivant. Ernest Renan dans sa célèbre conférence de 1882, « Qu'est-ce qu'une nation ? », entrevoit aussi une confédération européenne après le temps des nations, mais pour le siècle suivant. À la fin du siècle, les nationalismes changent de nature et de dimension. Le courant qu'avait incarné Victor Hugo a du mal à survivre. En 1867, au Congrès de la paix de Genève, s'était créée la Ligue internationale de la paix et de la liberté, dont l'organe officiel était intitulé *Les États-Unis d'Europe*. L'inspiration se voulait hugolienne et kantienne à la fois, avec une devise significative : *si vis pacem, para libertatem et justitiam* [Petricioli *et al.*, 2004]. Cette ligue voit cependant son influence décliner. Si le pacifisme se maintient, son cadre de référence n'est pas nécessairement l'Europe. Dans la mouvance républicaine et radicale, les juristes jouent un rôle important pour développer un pacifisme juridique : la paix par le droit. Au début du siècle, Léon Bourgeois, radical, développe son idée de Société des Nations (SDN), à portée plus universelle qu'européenne.

Plus à gauche et au début du XXe siècle, les socialistes s'engagent pour la paix et Jean Jaurès se fait le champion de cette campagne. Mais, leur cadre est celui de l'Internationale, et l'Europe apparaît peu dans cette lutte. Lorsqu'il en est question, c'est pour affirmer la priorité de la lutte pour le socialisme : « [Nietzsche] affirme sans cesse que l'homme nouveau doit être avant tout "un bon Européen", que l'Europe va vers l'unité, et qu'il faut qu'elle y aille. Mais comment Nietzsche lui-même pourrait-il nier que c'est l'action du prolétariat socialiste qui est dès maintenant, et qui sera de plus en plus la force décisive d'unification de l'Europe et du monde ? » [Jaurès, 1905]. Voilà dite la messe socialiste, une messe souvent entendue tout au long du XXe siècle, une question souvent récurrente dans tous les débats du socialisme français : le « contenu » — la société socialiste — doit l'emporter sur le « cadre » — l'Europe —, ce qui donne *de facto* la priorité au cadre installé et qui paraît le plus naturel : le cadre national.

Après la Grande Guerre, la situation change fondamentalement. Le cadre européen vient sur l'avant-scène d'une façon spectaculaire. Les massacres de 1914-1918 ont traumatisé les esprits, et redonné de la force à un pacifisme, tant sentimental — diffus dans toute la société — qu'idéologique — ancré à gauche. La « conscience européenne » devient un sentiment de nécessité vital d'unifier l'Europe, fondé sur une perception de l'urgence : l'unité doit éviter le retour de la catastrophe sanglante. *S'unir ou mourir* est le titre significatif du livre de Gaston Riou en 1929. Il en résulte la naissance d'un authentique mouvement européen, le premier dans l'histoire, avec ses associations — la plus connue est celle de Richard Coudenhove-Kalergi —, ses intellectuels engagés, l'implication d'hommes d'affaires et d'hommes politiques.

La gauche française a joué un grand rôle dans ce premier mouvement européen des années 1920, avec cependant quelques ambiguïtés remarquables. D'abord, radicaux et socialistes ont pris fait et cause pour la Société des Nations dès 1919. Léon Bourgeois, père spirituel de la SDN, devient le représentant français au Conseil de la nouvelle institution et vice-président de l'Assemblée. Derrière lui, les radicaux et leurs alliés proches — la « nébuleuse radicale » — sont très présents dans les « milieux genevois » [Berstein, 1987]. Or, ces milieux sont également en grande partie — pas entièrement — des milieux qui œuvrent pour l'unité européenne. Il est vrai que la cause de l'Europe et celle de la SDN convergent vers le même but, la paix, qu'elle implique le choix des mêmes moyens, avec la même vision volontairement « idéaliste » en relations internationales : la coopération, la concertation organisée, voire une plus grande intégration, mondiale ou européenne. Ces conceptions doivent remplacer les deux notions classiques du « réalisme », le rapport de forces et l'équilibre des puissances. Ces deux notions, aux yeux des pacifistes, ont favorisé la course aux armements, la constitution des blocs et abouti à l'engrenage infernal de l'été 1914 et la guerre. De plus, la SDN est elle-même dominée par les pays européens, et les milieux genevois sont de ce fait des milieux « européens », aux deux sens du mot, géographique et politique, où la gauche française, radicale et socialiste, tient sa place.

Ces milieux sont maintenant bien connus [Manigand, 2003 ; Guieu, 1997]. Ils se structurent autour de réseaux mêlant hommes politiques, patrons, écrivains, scientifiques, juristes, économistes, et s'appuient sur des salons, des associations, des revues. Parmi ces dernières, on sait l'importance de *L'Europe nouvelle*, hebdomadaire dirigé par Louise Weiss. On retrouve ce mélange d'universalisme autour de la SDN et d'européisme par défaut : l'échec du protocole de Genève en 1924 est déterminant dans l'« européanisation » de l'universalisme originel de beaucoup de pacifistes. Ce projet de protocole, élaboré par les gouvernements français et britannique de gauche (Herriot et MacDonald), devait réviser le pacte de la SDN, donner à celle-ci plus d'efficacité et lui fournir plus de possibilités d'intervention contre les agresseurs possibles. Mais après leur victoire électorale, les conservateurs britanniques refusent le protocole. Dès lors, beaucoup de pacifistes de gauche estiment qu'il convient d'ancrer davantage leurs projets à un échelon non plus universel, mais régional, et donc européen. Beaucoup d'intellectuels de gauche s'engagent pour cette Europe, tels Jules Romains, Julien Benda, Gaston Riou, Francis Delaisi, ou le juriste Georges Scelle. Certains sont entraînés dans l'aventure de l'Union paneuropéenne de Richard Coudenhove-Kalergi, qui rassemble libéraux, chrétiens et personnalités de la gauche modérée. Mais beaucoup aussi, parfois les mêmes, préfèrent adhérer à un groupement plus clairement identifiable à gauche, la Coopération européenne, fondée par Émile Borel à partir de 1927.

Édouard Herriot va jusqu'à parler d'« États-Unis d'Europe », reprenant la formule de Hugo, diffusée également par Coudenhove-Kalergi, mais ses faveurs pour la SDN et l'Angleterre le rapprochent davantage d'Émile Borel. Aristide Briand se rattache à ce mouvement de pensée. Ancien révolutionnaire, ancien socialiste, ancien homme de gauche, gouvernant à droite dans le cadre du Bloc national en 1921-1922, Briand est nommé ministre des Affaires étrangères en 1925 dans un gouvernement du Cartel des gauches et le reste jusqu'en 1932, dans des gouvernements d'union nationale, puis des gouvernements de centre droit. Sa politique extérieure de rapprochement avec l'Allemagne convient mieux à la gauche qu'à la droite, même si celle-ci finit par s'y rallier. Il accepte de parrainer différentes associations du mouvement européen, tant la Coopération européenne que l'Union paneuropéenne. Son discours du 5 septembre 1929 devant l'assemblée de la SDN sur « une sorte de lien fédéral » à établir entre les peuples européens est unanimement applaudi et, sur la demande de l'organisation internationale, il fait rédiger un « Mémorandum sur l'organisation d'un régime d'union fédérale européenne » en mai 1930. Le plan Briand, même si Coudenhove-Kalergi se vante de l'avoir influencé, porte plutôt la marque des idées de Borel, de la Coopération européenne et donc de l'esprit de Genève [Fleury, 1998 ; Frank, 1998].

La situation est plus complexe du côté des socialistes français. Ils sont également des militants actifs de la SDN et de la sécurité collective. Non sans problème parfois puisque Joseph Paul-Boncour, délégué de la France auprès de la SDN, doit démissionner en novembre 1928 de sa fonction [Manigand, 2003]. Les considérations de politique intérieure jouent sur les positions de la Section française de l'Internationale ouvrière (SFIO) vis-à-vis de la SDN, atténuant parfois sa ferveur à l'égard de l'esprit de Genève. *A fortiori*, la conscience européenne des socialistes bute contre certaines considérations idéologiques. Au nom de la paix à défendre, ils sont favorables à l'idée d'Europe, mais celle-ci n'est pas prioritaire, passant derrière leur internationalisme traditionnel — l'espace de référence reste l'univers — et derrière d'autres objectifs plus urgents. Léon Blum participe au mouvement européen, puisqu'il accepte de se joindre aux manifestations organisées par Coudenhove-Kalergi, et devient l'un des présidents français, avec Louis Loucheur et Joseph Barthélemy de la section française du mouvement paneuropéen en 1927. En même temps, pourtant, il se montre distant, voire critique face au plan Briand. Il considère qu'il faut au préalable « émouvoir les sensibilités, les imaginations, les passions ». Pensant à l'Italie de Mussolini, il met en garde contre une Europe qui ne tienne pas compte de la différence entre régime démocratique et régime fasciste. Envisageant une armée internationale, il demande qu'elle ne soit pas de métier, sinon elle serait dangereuse pour la démocratie ; or, tout cela ne sera possible que dans une Europe socialiste ou un monde socialiste, ce qui suppose une révolution conduisant le socialisme au pouvoir [Girault, Ziebura, 1995]. Puis, avec la grande crise, le principe du désarmement l'emporte chez lui sur toute autre considération, ce qui lui vaut un différend avec certains socialistes qui quittent le parti comme Paul-Boncour. Quant à la construction économique d'un ensemble européen, semble-t-elle urgente à Léon Blum ? « Je ne le pense pas pour ma part. [...] Vouloir organiser économiquement l'Europe sur un plan de solidarité collective avant de l'avoir désarmée, avant d'avoir exclu l'idée de la guerre possible, c'est bâtir sans fondement, c'est bâtir sur le sable [...], il faut désarmer d'abord » [Blum, 1972]. Le socialisme d'abord, le désarmement d'abord, le flottement entre vision internationaliste et vision européiste freinent assurément l'ardeur de Blum et de la SFIO en faveur de l'unité de l'Europe.

Au moins, chez les communistes, la situation est beaucoup plus claire. Ils refusent tout simplement l'idée de construction d'une Europe, qui ne peut être que capitaliste et antisoviétique. L'opposition à la guerre, également bien ancrée chez eux, se traduit par un pacifisme contestataire à l'égard de la SDN et de l'idée européenne. Quant à leur internationalisme, il a pour horizon la défense de l'URSS, « patrie du socialisme ». Certes, en 1923, les amis de Romain Rolland créent la revue *Europe*. Mais, à cette date, l'auteur d'*Au-dessus de la mêlée*, à la différence d'Henri Barbusse, est très critique à l'égard du parti communiste, et la revue, pacifiste, tient ses distances par rapport au parti, du moins jusqu'en 1936, date à laquelle, face au danger hitlérien, elle choisit le compagnonnage de route [Racine, 1993]. De toute façon, quelle que soit la période, malgré son nom, la revue ne se sent aucunement impliquée par la question de l'unité européenne.

Pendant les années 1930, la dépression économique, le retour des égoïsmes nationaux, l'échec du plan Briand, l'arrivée de Hitler au pouvoir sont autant d'événements et de phénomènes qui mettent en crise l'idée d'Europe. Le sentiment d'urgence se modifie, et les discussions à gauche portent davantage sur le dilemme entre pacifisme et antifascisme. Le débat se situe dans l'espace national, comme espace de référence, avec la question des alliances entre États à contracter ou à rejeter, mais sans référence à l'espace européen en tant que tel. La guerre change la donne. Il y a d'abord, à la fin 1939 et au début 1940, la velléité chez Daladier et certains milieux radicaux de penser à l'unité de l'Europe après la victoire, une Europe qui serait construite par les alliés sur un mode financier, monétaire et économique dans un premier temps, puis politique. Après la défaite française et l'invasion de l'URSS, Hitler annonce une « Europe nouvelle », antibolchévique, « purifiée » de ses juifs et de ses communistes. Certains anciens européistes de gauche sont tentés par la sinistre aventure, tels Francis Delaisi ou Gaston Riou, qui entrent dans la voie du collaborationnisme, persuadés de s'inscrire dans le droit fil du plan Briand et de voir Hitler réussir là où les démocraties ont échoué [Bruneteau, 2003], alors qu'Émile Borel, lui, en dépit de son âge, entre en Résistance dans l'Aveyron. Malgré la captation de l'idée européenne par l'Allemagne nazie, certains mouvements résistants mettent l'unité de l'Europe à l'ordre du jour, ce qui provoque des changements, non chez les radicaux, déjà attachés à la cause, mais en net déclin, non chez les communistes, toujours hostiles, mais chez les socialistes.

Léon Blum joue un rôle important dans cette mutation des socialistes. Emprisonné au château de Bourassol, puis au fort du Portalet, il écrit à l'automne 1941 un essai qui sera publié sous le titre d'*À l'échelle humaine*. Tirant les leçons du passé récent, il préconise la création d'un « Corps international », doté d'institutions propres et d'une puissance suffisante, « franchement et hardiment installé comme un État suprême ». Les nations lui délégueraient une partie de leur souveraineté, et cette « souveraineté supérieure », ce « super-État », serait capable d'imposer sa volonté aux nations réfractaires. Dans ce texte audacieux, Blum se déclare donc favorable à la notion de supranationalité. Ce tournant institutionnel, qui a lieu pendant la Seconde Guerre mondiale, est essentiel. *À l'échelle humaine* est devenu pour les socialistes un livre mythique, légitimant et fondant l'approfondissement de leur engagement pour l'Europe. En réalité, il convient de relativiser ce tournant sur un point important. L'espace auquel se réfère Blum ne s'est pas fondamentalement modifié : il envisage une organisation plus mondiale qu'européenne, même s'il y voit une utilité essentiellement pour l'Europe et la paix en Europe [Girault, 1990-1991]. Cette hésitation entre les espaces de référence se retrouve dans d'autres documents socialistes [Bossuat, 1990-1991]. Les discussions sur l'ONU (Organisation des Nations unies), à la sortie de guerre, confortent l'idée des socialistes qu'il faut raisonner au niveau mondial, et non seulement européen. Mais, les déceptions surviennent très tôt : la nouvelle organisation n'est finalement pas dotée d'une force armée internationale, malgré les efforts de Paul-Boncour ; elle s'avère rapidement impuissante, surtout lorsque la rupture entre les deux superpuissances entraîne la guerre froide. Dès lors, ce qui n'est pas possible de réaliser pour l'univers, il est urgent de le faire pour l'Europe.

Engagement et divisions socialistes dans la construction européenne

Au lendemain de la Seconde Guerre mondiale, on assiste au deuxième âge d'or du mouvement européen après celui des années 1920, avec toutefois quatre différences majeures entre les deux. Les intellectuels, ceux de gauche en particulier, s'impliquent moins dans ce combat. L'engagement d'Albert Camus pour une fédération européenne est bien éphémère, et celui de Jean-Paul Sartre l'est encore plus au sein du Rassemblement démocratique révolutionnaire (RDR) qui, créé en février 1948, appelle de ses vœux, pendant un temps très court, une Europe forte et indépendante des deux blocs. Le propre de l'intellectuel, en particulier celui de gauche, est d'être animé par l'amour de l'universalité. L'Europe pouvait paraître une cause universelle dans les années 1920, parce que liée à celle de la paix générale. Ce n'est plus le cas après 1945, et les grandes causes de l'humanité sont désormais celles de la guerre froide et de la décolonisation, en regard desquelles l'horizon européen apparaît comme étroit et mesquin [Morin, 1987]. En second lieu, la démocratie devient une condition d'entrée dans la future organisation européenne, ce qui n'était pas le cas au temps du plan Briand et ce qui avait valu des critiques de la part de Léon Blum. Troisièmement, du fait de la guerre froide et de la communisation rapide de la partie centre orientale du continent, l'« Europe » se réduit à l'Europe occidentale. Enfin, les débats sur les institutions quittent le flou artistique dans lequel ils se cantonnaient pour opposer désormais « unionistes », prêts à unir les États, mais en acceptant le moins de délégation de souveraineté possible, et « fédéralistes », partisans d'une autorité fédérative au-dessus des États. La gauche française prend part à ce débat qui culmine au congrès de La Haye en mai 1948. Les radicaux, présents ou non à ce congrès, sont divisés selon des critères générationnels, Herriot et Daladier, plutôt proches des unionistes, et Maurice Faure des fédéralistes. Les socialistes, influencés par Léon Blum, adhèrent aux thèses fédérales toutes tendances confondues, qu'il s'agisse de Daniel Mayer et des blumistes qui ont perdu la direction du parti au congrès d'août 1946 ou de Guy Mollet, le nouveau secrétaire général. En 1947, dans la floraison des groupements européistes, naît le Comité pour les États-Unis socialistes d'Europe où André Philip joue le rôle le plus important du côté français.

Le véritable tournant se situe autour de 1948. Auparavant, il subsistait deux blocages qui freinaient l'engagement socialiste pour l'Europe. L'un est géopolitique : l'hésitation déjà mentionnée entre l'européisme et l'internationalisme ; l'autre « chronopolitique » : la volonté ou la velléité de voir l'avènement du socialisme ou du moins l'entrée dans un processus de socialisation avant l'entrée en construction européenne. En avril 1948, à la conférence de Stresa, devant l'Internationale socialiste, Léon Blum montre bien l'évolution de sa vision géopolitique, et il l'explique : « C'est au nom de ce même dogme que l'on a introduit dans la charte de San Francisco des dispositions funestes, comme celle du veto, qui paralysent sous nos yeux l'action de l'ONU et qui nous réduisent aujourd'hui à chercher dans le fédéralisme européen un recours partiel contre la carence de l'organisation internationale. » Quant à la question chronopolitique, un grand débat a lieu encore en 1948 à ce sujet. Le Comité pour les États-Unis socialistes d'Europe, attaché à la priorité au socialisme — ou, pour les travaillistes au pouvoir, aux réformes sociales en cours — refuse de répondre à l'invitation au congrès de La Haye du mois de mai, et ce, malgré les efforts d'André Philip. Les socialistes français, contrairement au Labour Party, autorisent leurs adhérents à s'y rendre à titre individuel. Le grand basculement a lieu en novembre lorsque le comité accepte d'adhérer au Mouvement européen issu du congrès de La Haye et change d'appellation d'une façon significative : de Comité pour les États-Unis socialistes d'Europe, il devient le Mouvement socialiste pour les États-Unis d'Europe (MSEUE). Désormais, le projet européen a obtenu sa priorité sur l'instauration du socialisme. Après le déchirement Est-Ouest et l'échec de l'ONU, le rêve de changer le monde se mue donc en rêve de construire l'Europe. Pour les socialistes, l'année 1948 a été, toutes proportions gardées, ce qu'a été l'année 1924 pour les radicaux, lorsque l'échec du protocole de Genève avait également « européanisé » leur universalisme originel.

André Philip a joué un grand rôle dans cette mutation, tant au MSEUE qu'il préside à partir de 1949, qu'au sein de la SFIO avec l'aide de Léon Blum. L'éclatement de la guerre froide a constitué un contexte favorable. La peur du communisme et de l'URSS n'a pas été le facteur déterminant pour la plupart des socialistes, facteur qui est d'ailleurs un peu surestimé dans certaines explications de la multiplication de projets de construction européenne à partir de la fin des années 1940. C'est moins la cause de la guerre froide qu'une de ses conséquences qui a pesé dans la balance, à savoir l'aide américaine. C'est moins Staline le père de l'Europe, par la peur inspirée, que Marshall ou Truman par l'aide accordée. Les socialistes français — à la différence évidemment des communistes — approuvent le plan Marshall. Ils y voient le moyen de retrouver la croissance sans laquelle aucune réforme sociale n'est possible, ainsi que l'occasion d'unir les Européens, puisque les Américains poussent dans cette direction, en en faisant une condition de leur aide. À la conférence de Stresa (1948), Léon Blum paraphrase et adapte le discours de Marshall, tout en rappelant, avec des accents du congrès de Tours de 1920, les vertus de la démocratie face à la dictature communiste : « Selon nous, la réalisation du socialisme n'est pas conditionnée par la généralisation de la misère, mais bien au contraire par l'extension continue du bien-être. La prospérité est mère du socialisme de même [...] qu'elle est mère de la paix. » Blum assume donc le fait que travailler pour l'Europe, c'est travailler pour le socialisme. Il devine que les États-Unis recherchent la consolidation du capitalisme, mais lui, comme la majorité des socialistes français, pensent que l'Europe du plan Marshall est aussi un contexte favorable et l'Organisation européenne de coopération économique (OECE), un cadre approprié, plus que les cadres nationaux, pour faire avancer les réformes sociales et la planification. La SFIO accepte de travailler avec les autres forces politiques européistes, ce qui suscite des débats passionnés. À la conférence économique de Westminster, qui se tient en avril 1949 sous les auspices du Mouvement européen, la discussion est vive entre partisans de l'Europe libérale et ceux de l'Europe socialiste, comme elle l'avait été un an auparavant entre unionistes et fédéralistes à La Haye, sans que les deux clivages se recoupent d'ailleurs. Grâce en partie à André Philip, un compromis est adopté : une libéralisation du marché est préconisée, avec des projets d'unions douanières, mais des organismes de planification supranationaux également.

Les socialistes approuvent également la création du Conseil de l'Europe en 1949. Blum salue même l'événement avec enthousiasme. On espère y faire adopter par l'Assemblée consultative des idées de planification économique au niveau européen. Les socialistes veulent même une « socialisation internationalisée » de la Ruhr [Bossuat, 1990-1991] et André Philip souhaiterait que ce bassin industriel soit « le premier exemple de création d'une industrie intereuropéenne, gérée par tous les États de l'Europe occidentale au bénéfice commun de notre continent » [Frank et Lafféach, 2004]. La SFIO réussit ainsi à concilier son européisme, son socialisme et sa volonté de contenir la puissance allemande. Après l'échec de ce projet, la sous-commission de l'industrie, de l'agriculture et du ravitaillement du Conseil de l'Europe, sous l'influence d'André Philip, adopte une résolution le 13 décembre 1949, préconisant la création d'une autorité européenne du charbon et de l'acier. À travers Philip, la gauche française, du moins la gauche non communiste, a joué un rôle indirect dans ce qui sera le début de la construction effective de l'Europe, précisément par une Communauté européenne du charbon et de l'acier (CECA).

Un rôle indirect seulement, car la culture parlementaire des socialistes des IIIe et IVe Républiques les pousse à privilégier le Conseil de l'Europe. Au contraire, Jean Monnet, constatant l'impuissance de ce dernier et la non-entente entre Français et Britanniques à l'OECE, reprend l'idée du charbon et de l'acier, mais innove fondamentalement en passant par les gouvernements et en inventant une méthode nouvelle. Celle-ci est fonctionnaliste, sectorielle et prudente — un secteur limité pour la construction européenne — mais aussi très ambitieuse politiquement — une haute autorité supranationale. De plus, l'horizon tracé est celui d'une Europe franco-allemande plutôt que franco-britannique. Les socialistes français acceptent le projet, car ils partagent finalement les mêmes déceptions : ils critiquent la frilosité de leurs camarades travaillistes, regrettent que leurs propositions de planification européenne soient rejetées à l'OECE comme au Conseil de l'Europe. Ils approuvent ainsi la déclaration Schuman du 9 mai 1950 ainsi que le traité de la CECA en 1951. Cette communauté, qui donne naissance à l'Europe des Six, prévoit un compromis entre libéralisme économique et planification européenne. L'influence d'André Philip a encore été essentielle pour vaincre l'opposition de Paul Ramadier, pourtant « européiste », mais hostile à toute concession aux libéraux, ainsi que les réticences formulées par Guy Mollet au début du débat : le professeur d'anglais a dû se résigner à une CECA sans l'Angleterre, puis s'est engagé plus résolument à son tour dans l'aventure européenne. Trop de libéralisme, l'absence des Britanniques, voilà des éléments qui ont longtemps freiné nombre de socialistes dans leur engagement pour la construction européenne telle qu'elle se profile à partir de 1950.

Le plan Pleven d'armée européenne, inspiré également par Jean Monnet, est présenté le 24 octobre 1950, quelques mois après le plan Schuman. En mai 1952, il débouche après de longues négociations sur le traité de Communauté européenne de défense (CED). Le contexte international est connu : les Américains, impliqués en Asie dans la guerre de Corée, souhaitent que l'Europe occidentale contribue davantage à sa propre sécurité en acceptant le réarmement de la République fédérale d'Allemagne. La CED apparaît donc à la fois comme un moyen de diluer l'armée allemande dans une armée européenne, pour rendre plus acceptable le réarmement allemand, et une bonne occasion pour faire avancer la construction de l'Europe. L'affaire divise profondément la France, et en particulier la gauche française. L'hostilité des communistes est totale et radicale. Ils déchaînent une propagande « anticédiste » en jouant en particulier sur le spectre du retour de l'Allemagne militariste et nazie. À ce titre, le débat sur la CED révèle certains infléchissements dans la culture politique communiste. Depuis le Front populaire, puis la Résistance, le PCF avait intégré le sentiment patriotique à son internationalisme, avait réconcilié le drapeau tricolore avec le drapeau rouge. En 1952-1954, cette évolution se poursuit : le patriotisme du PCF vire au nationalisme agressif, essentiellement anti-allemand. Il faut dire que la cible est trop belle : dans la bataille d'images de la guerre froide, il est plus facile de diaboliser l'Allemand, l'ancien occupant, que l'Américain, le libérateur. La CED est une belle opportunité d'opérer un transfert d'images de l'« ennemi principal », si difficile à noircir, vers l'ennemi héréditaire, dont la haine perpétuée constitue un bon fonds de commerce politique. L'Europe en construction peut être identifiée à une Europe allemande, donc une Europe haïssable.

Si les communistes sont unis dans le débat, les radicaux et les socialistes se divisent. Pour les premiers, on retrouve la différence générationnelle : les deux Édouard, Herriot et Daladier, rejettent la CED par hostilité au réarmement allemand, alors que les plus jeunes, autour de Maurice Faure, militent pour la CED. Pierre Mendès France a une position intermédiaire, plutôt négative, non point du fait de la peur de l'Allemagne mais du fait de l'absence de l'Angleterre, un argument assez couramment employé aussi chez les socialistes. Président du Conseil en 1954, il fait renégocier certains termes du traité et soumet le traité, sans le défendre vraiment, à la ratification de l'Assemblée nationale qui, le 30 août 1954, vote la question préalable, reportant la discussion *sine die*, ce qui revient à un rejet pur et simple. Certains radicaux ne pardonneront pas à Mendès d'avoir laissé faire ce « crime du 30 août ». Ainsi, Maurice Faure joue un rôle important dans la chute de son gouvernement en février 1955.

Ce sont les divisions de la SFIO qui ont pesé d'un poids essentiel dans l'échec de la CED. D'un côté Guy Mollet, le secrétaire général, obtient de la majorité du parti l'approbation du traité. Du côté des minoritaires anticédistes, soutenus par Vincent Auriol, président de la République, on trouve Max Lejeune, Jules Moch, Daniel Mayer, Alain Savary, Robert Verdier avec des arguments variés : danger du réarmement allemand, nécessité de jouer la détente et de répondre positivement à l'offre soviétique de négociation sur une Allemagne unifiée, neutre et démilitarisée, ce qui permettrait d'harmoniser les positions de la SFIO et du Sozialdemokratische Partei Deutschlands (SPD), absence de la Grande-Bretagne [Frank, 2002]. Ils ne sont pas pour autant hostiles à la construction de l'Europe et à la CECA — certains approuvent même le principe de la communauté politique européenne discutée parallèlement —, ce qui les différencie des anticédistes communistes ou gaullistes. Lors des congrès SFIO à Montrouge en mai 1952, Asnières en juillet 1953, Puteaux en mai 1954, Asnières encore en juillet 1954, les débats sont rudes. À Puteaux, la ratification du traité est approuvée par 1 969 mandats contre 1 215 et 266 abstentions [Bossuat, 1998]. Bien que le parti ait pris position et que la liberté de vote ait été refusée, le 30 août 1954 à l'Assemblée nationale, une petite majorité de députés socialistes se prononcent contre la CED (53 contre 50). Sans ces voix et s'il y avait eu discipline de vote, le traité n'aurait pas été rejeté. En ce sens, la division des socialistes a grandement contribué à l'échec de la CED.

Il ne faut cependant pas exagérer le poids de la question européenne dans la division des socialistes. Certes, Daniel Mayer, Max Lejeune ou Jules Moch sont sanctionnés pour indiscipline. Mais tout rentre vite dans l'ordre. Les sanctions sont levées en 1955 et beaucoup de socialistes qui ont refusé la CED à cause du réarmement allemand acceptent ce dernier dans le cadre de l'Union de l'Europe occidentale (UEO), négocié par Mendès France, puis de l'OTAN (Organisation du traité de l'Atlantique nord). De fait, l'« ambiance » a changé et la présence des Britanniques dans la nouvelle organisation répond à une des critiques des détracteurs socialistes de la CED. L'unité de la SFIO se retrouve donc facilement au moment de la relance européenne de 1955 sur les bases d'une Europe *a minima*, une Europe économique, et lors des négociations qui conduisent aux traités de Rome. Pendant cette période, la personnalité de Guy Mollet s'affirme, puisqu'il gagne les élections de 1956 et devient président du Conseil. L'opposition à sa politique au sein de son parti ou au sein de ses alliés radicaux se manifeste sur d'autres questions que la construction européenne : c'est sa politique algérienne qui suscite la démission de Pierre Mendès France, puis celle d'Alain Savary ; c'est son action lors de la crise de Suez qui lui valent l'hostilité de nombreux militants et dirigeants comme Daniel Mayer, ceux-là mêmes qui s'étaient opposés à lui lors du débat sur la CED. Mais sur la mise en place du Marché commun, hormis les réticences de Mendès, la gauche non communiste se retrouve relativement unie.

Le gouvernement de Guy Mollet, qui a laissé tant de mauvais souvenirs dans la mémoire de gauche, a réussi cependant dans un domaine fondamental : la négociation d'Euratom et du Marché commun, inscrits dans les deux traités de Rome du 25 mars 1957. Le président du Conseil, le ministre des Affaires étrangères, le socialiste Christian Pineau, son secrétaire d'État chargé des affaires européennes, le radical Maurice Faure doivent imposer leur volonté à nombre de diplomates du Quai d'Orsay et de hauts fonctionnaires pour arriver à leurs fins [Sayer, 1998 ; Riondel, 1999]. Certes, il s'agit d'ouvrir les frontières, d'établir une union douanière, mais ce libéralisme économique est compensé par la dimension sociale du Marché commun, par le fait que les syndicats ont été consultés tout au long des négociations, par l'affirmation du principe de politiques communes. L'inclusion des territoires d'outre-mer dans l'espace douanier obtenu par la France semble donner vie à un rêve caressé depuis de nombreuses années, celui d'« Eurafrique ». Cette idée revient momentanément à la mode au milieu des années 1950, dans une France qui veut à la fois s'engager dans l'aventure européenne sans être encore tout à fait prête à se dégager des territoires africains. François Mitterrand, à l'Union démocratique et socialiste de la Résistance (UDSR), ne conçoit pas une politique européenne de la France qui ne soit pas liée à sa politique africaine [Duhamel, 1998]. À la SFIO, l'idée d'Eurafrique est défendue par Marius Moutet, socialiste attaché à l'Union française [Gratien, 2004], par Gaston Defferre, ministre de la France d'outre-mer (1956-1958). Alain Savary, qui est davantage enclin à accepter les logiques de la décolonisation, voit dans cette inclusion un facteur favorable à la lutte contre le sous-développement. Bien qu'il ait démissionné en octobre 1956 de son poste de ministre, en protestation contre l'arrestation des chefs du Front de libération nationale (FLN) dans ces conditions contraires au droit, Savary est choisi quelques mois plus tard par Guy Mollet pour être rapporteur à l'Assemblée nationale pendant le débat de ratification du traité de Rome en juillet 1957. C'était donner une caution de « gauche » à l'institution de la Communauté économique européenne (CEE) en faisant appel à un ancien opposant à la CED. En 1956-1957, les contradictions européennes des socialistes étaient résolues. Mieux sans doute que chez les radicaux, où Pierre Mendès France, dans une situation d'ailleurs de plus en plus inconfortable au sein de cette formation, se montre très critique à l'égard du Marché commun : dans son discours de janvier 1957, il soutient avec force que l'économie française n'est pas prête à affronter la concurrence européenne.

Le retour du général De Gaulle au pouvoir divise la gauche. Les plus « européens », ceux de la gauche la plus « modérée », se rallient à lui, alors que Daniel Mayer, Mendès France et, bien entendu, les communistes s'opposent au nouveau régime. À l'évidence, la question européenne compte peu dans la crise et les clivages de 1958, puisque, en cette matière, De Gaulle, le virulent anticédiste, est plus proche de ceux qui refusent son retour que de Guy Mollet qui participe pourtant à son gouvernement. D'ailleurs, celui-ci est favorablement surpris, car De Gaulle accepte le traité de Rome, joue le jeu de la CEE et la renforce, du moins jusqu'en 1962. À partir de cette date, au contraire, il prend ses distances par rapport à la construction européenne, surtout après l'échec du plan Fouchet. Lors de sa conférence de presse du 15 mai 1962, il condamne l'Europe supranationale et brocarde ceux qui pensent ou parlent en « espéranto ou en volapük intégré ». En signe de protestation, cinq ministres MRP (Mouvement républicain populaire) démissionnent du gouvernement. Dès lors, un axe paraît s'établir, encouragé par Jean Monnet, entre eux et la SFIO, c'est-à-dire entre les démocrates-chrétiens et les socialistes, principales forces européistes depuis 1945. Ce rapprochement entre le centre et la gauche non communiste contre la politique européenne du général est favorisé par les coups d'éclat de ce dernier : le non à l'Angleterre en 1963, qui choque l'anglophilie de la gauche radicale et socialiste, et la « crise de la chaise vide » en 1965. Le socialiste Gaston Defferre aurait pu incarner une telle alliance des europhiles, mais il doit renoncer à sa candidature à la présidence de la République. Une autre configuration se dessine en 1965, avec, d'un côté, la candidature unique de la gauche de François Mitterrand, alliant radicaux, socialistes et communistes, et, de l'autre, celle de Jean Lecanuet pour le centre droit et une partie de la droite. Celui-ci met l'Europe au cœur de sa campagne, alors que celui-là, pourtant attaché explicitement à la cause européenne, se montre prudent à cause de son alliance avec le PCF [Duhamel, 1998].

De toute façon, les positions sont figées pour longtemps à gauche sur l'Europe, communistes d'un côté, non-communistes de l'autre, et la volonté d'union de la gauche oblige à mettre une sourdine au débat européen. Pendant les « années 68 », l'Europe n'est pas au centre de l'actualité, contrairement aux années 1962-1965, et encore moins de la pensée contestataire. Daniel Cohn-Bendit peut avoir déjà un horizon européen : son espace de référence n'est pas tant celui de la construction de la petite Europe que celui des remises en question des autorités en place, capitalistes ou communistes, à Paris, à Berlin, ou à Prague. Dans les débats du nouveau Parti socialiste, qui succède à la SFIO en 1969-1971, l'Europe n'apparaît pas comme un enjeu prioritaire. Georges Pompidou contribue à relancer la construction européenne, en acceptant l'entrée de la Grande-Bretagne dans le Marché commun. Une fois le traité d'adhésion signé, il organise un référendum en 1972 qui révèle à nouveau les divisions de la gauche sur l'Europe : les communistes font campagne pour le non ; les socialistes se réjouissent ironiquement de voir les gaullistes approuver enfin l'ouverture de la CEE au Royaume-Uni, qu'eux-mêmes avaient souhaitée depuis longtemps, mais ils dénoncent la manœuvre présidentielle, « une manœuvre politique dont l'objet principal est de diviser l'opposition », et recommandent l'abstention ou le vote blanc. À bien des égards, dans tous les camps d'ailleurs, la politique intérieure l'emporte sur l'enjeu européen.

Le nouveau Parti socialiste, la gauche et l'Europe

Précisément, l'actualité de la politique intérieure pour la gauche française est son union. En 1972, la signature du programme commun de la gauche entre communistes et socialistes, auxquels s'adjoignent les radicaux de gauche, marque un tournant important. Le PCF en effet doit accepter l'idée qu'un gouvernement de la gauche unie puisse développer sa politique dans le cadre de la construction européenne et de la CEE. Il s'agit sans doute moins d'un ralliement que d'une résignation, mais voilà sans doute une hypothèque levée au sein de la gauche. En contrepartie, le PS a adhéré à une stratégie économique et sociale de rupture, abandonnant le modèle « social-démocrate » dominant en Europe. L'influence notamment du CERES (Centre d'études, de recherches et d'éducation socialistes) de Jean-Pierre Chevènement a été déterminante, mais ce changement stratégique peut à terme entrer en contradiction avec la construction européenne. L'unité de la gauche est brisée en 1977, mais les grands axes programmatiques demeurent et ce ne sont pas les questions européennes qui sont à l'origine directe des difficultés.

De fait, l'Europe reste périphérique dans les débats pendant les années 1970. Certes, des changements se font sentir dans le mouvement intellectuel. La crise pétrolière et économique qui assombrit tous les horizons, l'effet Soljenitsyne en 1974 avec la parution en français de l'*Archipel du goulag*, le déclin rapide du marxisme, ainsi que du tiers-mondisme, ouvrent une véritable « crise du futur ». Aucune des grandes causes qui, pendant les Trente Glorieuses, paraissaient annoncer un « avenir radieux », ne semble plus ni belle ni valide. Désormais, l'Europe, qui pendant la période précédente apparaissait comme un horizon étriqué, peut redevenir, comme pendant les années 1920, un espace légitime d'espérance. Un peu par défaut, nombre d'intellectuels de gauche, comme Edgar Morin, substituent un choix européen à leurs engagements passés [Morin, 1987]. Cette tendance, d'abord timide, n'a pas d'effet immédiat sur la vie politique. En 1978, François Mitterrand écrit encore « L'Europe sera socialiste ou ne sera pas » [Duhamel, 1998, p. 121]. Dès les premières élections au suffrage universel direct du Parlement européen en 1979, les enjeux de politique intérieure l'emportent sur le débat européen. La liste de Georges Marchais réussit à rassembler encore 20 % de voix, dernier bon score pour le PCF, et celle de François Mitterrand 23 %.

Pendant la campagne présidentielle de 1981, l'Europe tient peu de place dans la confrontation. Trois seulement des 110 propositions de François Mitterrand la concernent. Mais elles sont écrites avec force, et le candidat ne manque pas d'inscrire ses convictions européennes, ne serait-ce que pour montrer la différence avec les communistes et trancher le débat intérieur au sein du PS, afin de contenir les tendances antieuropéennes du CERES. Une fois élu président de la République, François Mitterrand applique son programme économique et social de gauche, tout à fait en divergence avec la politique des partenaires de la France au sein de la CEE et du Système monétaire européen (SME). La suite est connue : après trois dévaluations, la troisième ayant lieu en mars 1983, le président est confronté à un grand dilemme. Faut-il continuer la politique de réformes et, dans ce cas sortir la France du SME ? Ou faut-il décider le maintien du pays dans le système européen et, dans ce cas, abandonner la politique économique et sociale « de gauche » ? Mitterrand opte pour la seconde solution. Dès lors, la politique de la gauche française au pouvoir, sous son égide, donne priorité d'une façon spectaculaire à l'Europe, depuis la relance européenne de la conférence de Fontainebleau en 1984, la nomination de Jacques Delors à la présidence de la Commission en 1985, l'Acte unique de 1986, et les négociations qui conduisent au traité de Maastricht en 1992, dans l'euphorie relative qui suit la chute du mur de Berlin et la fin des régimes communistes à l'Est.

Il y a plusieurs façons d'interpréter le tournant de 1983. Pierre Mauroy, le Premier ministre, raconte comment il a joué un rôle important pour convaincre François Mitterrand de choisir l'Europe et comment, pendant ces quelques journées du mois de mars, après de longues après-midi de discussions, il croisait en sortant de l'Élysée les « visiteurs du soir » venus plaider la cause inverse auprès du président. Jacques Attali pense que ce dernier a réellement hésité entre les options de Pierre Mauroy et de ses conseillers d'une part, et celles de Jean-Pierre Chevènement et de Pierre Bérégovoy d'autre part — ce dernier changera de position par la suite. Jean Lacouture considère au contraire que son parti était pris depuis longtemps, qu'il a feint d'hésiter pour créer un psychodrame, théâtraliser sa décision de maintien dans le SME pour donner une signification symbolique et politique au nouveau changement de cap. Les archives semblent confirmer cette dernière interprétation. Si le tournant symbolique et politique a lieu en 1983, de nombreux infléchissements se situent auparavant. Dès 1981, tout est fait pour que le déficit budgétaire, certes important, soit contenu et limité pour rassurer les Allemands et sauvegarder le couple franco-allemand dans la dynamique européenne [Frank, 2001]. Ainsi les incidences de la « relance Mauroy » sur le PIB en 1981 furent plus faibles que celles de la « relance Chirac » en 1975 [Asselain, 2001]. D'autre part, la rigueur, c'est-à-dire les premières libertés prises par rapport à une « politique de gauche », commence dès 1982. Cette chronologie nous pousse à nuancer certaines des conclusions du regretté Éric Duhamel dans son essai brillant sur François Mitterrand. Il est vrai que ce dernier fut plus un Européen de raison qu'un « Européen intégriste » ou « mystique ». Il est exact également qu'il fut au moins autant « Africain » qu'« Européen » dans les années 1950, d'où sa foi dans l'Eurafrique. Il est vrai enfin qu'il a donné priorité à sa stratégie de gauche dans les années 1965-1981 sur sa stratégie européenne, afin d'arriver au pouvoir grâce à l'alliance avec les communistes antieuropéens. Nul doute aussi qu'il chercha à remplacer la mystique de gauche par une mystique européenne à partir de 1983-1984 pour cacher certains échecs et construire un nouveau charisme présidentiel. Mais cela n'empêche pas des convictions intimes dès avant 1983, et ce, depuis le congrès de La Haye auquel il participa en 1948. Au sein de son parti de l'époque, l'UDSR, il approuva la CECA, montra ses réserves sur la CED, s'abstint lors du vote du 30 août 1954 en tant que ministre du gouvernement Mendès et se rallia à la CEE. Si l'enthousiasme ne fut pas au rendez-vous, c'est que précisément il eût préféré faire précéder la CED ou l'Europe de la défense par une Europe politique, et compléter la CEE par d'autres projets : une monnaie européenne et une Europe sociale, projets auxquels il pense encore avec une belle constance dans les années 1980. En 1981, il a sans doute l'illusion de pouvoir concilier politique européenne et politique de gauche, non seulement en surveillant les limites à ne pas franchir en matière de politique de relance, mais aussi en tentant d'obtenir dès 1981 de ses partenaires, le social-démocrate Helmut Schmidt en tête, l'institution d'une « Europe sociale ». À ses yeux, celle-ci pourrait atténuer la « divergence » entre politique française et politique des autres membres de la Communauté. L'échec de cette proposition et le constat de l'impossibilité de la France de conduire seule une politique de gauche en Europe le conduisent à la décision de 1983 : ce fut le choix entre deux convictions qu'il espérait jusqu'alors conciliables, et il opta pour la plus réaliste ; ce fut un choix d'une nouvelle priorité, mais non l'invention *ex nihilo* d'une nouvelle politique destinée à remplacer une autre.

Le traité de Maastricht qui comprend, entre autres choses, des idées chères à Mitterrand depuis longtemps — la monnaie unique, le principe formel d'une Europe sociale — a divisé la France, et en particulier la gauche. La comparaison peut être faite avec le débat de 1953-1954 sur la CED. La continuité est assez saisissante. Dans les deux cas, on retrouve l'unité du parti communiste dans le refus des traités de 1952 et de 1992. Les socialistes sont à nouveau divisés, une majorité favorable, et une minorité hostile. Mais les différences sont appréciables. En 1992, le parti dominant à gauche n'est plus le PCF, mais le PS. Au sein de ce dernier, la minorité anti-Maastricht ne ressemble pas vraiment à la minorité anticédiste au sein de la SFIO. L'ancien CERES, devenu Socialisme et République en 1986, se transforme en Mouvement des citoyens (MDC) en 1992 à l'occasion du référendum sur Maastricht, et fait campagne pour le non en contradiction avec le reste du parti. La ratification est certes obtenue à une courte majorité, mais les anti-Maastricht socialistes ne sont pas en position de la faire échouer. Lorsque le MDC quitte le PS en 1993, il emporte avec lui seulement trois députés. Au contraire, les anticédistes, minoritaires dans les rangs militants de la SFIO, étaient légèrement majoritaires au sein du groupe parlementaire et leur vote a été déterminant dans l'échec de la CED. Surtout, le fond de la discussion a changé. Daniel Mayer, Alain Savary et les autres votaient contre le projet de défense européenne, parce qu'ils refusaient le réarmement allemand, souhaitaient la détente avec l'URSS, ainsi qu'une meilleure association de la Grande-Bretagne à l'Europe. Ils ne se battaient pas pour une politique de souveraineté ; au contraire, ils souhaitaient qu'une réforme institutionnelle politique ambitieuse précédât — comme Mitterrand à l'époque — tout projet de défense commune. On comprend que leur opposition à un projet européen fut conjoncturelle et n'empêcha pas leur adhésion aux projets suivants ni leur opposition aux conceptions du général De Gaulle jugées trop nationalistes en matière européenne dans les années 1962-1969. En 1992, l'opposition de Jean-Pierre Chevènement à Maastricht est structurelle, car ce traité hypothèque à ses yeux l'indépendance du pays — la conception gaullienne en politique extérieure exerce sur lui une influence certaine — et empêche la France de faire une politique authentiquement orientée à gauche. Cette scission du MDC ne met pas en danger le PS. Mais cette opposition à l'Europe au sein du socialisme français a un certain écho dans l'électorat de gauche du fait du contexte d'euroscepticisme des années 1990. D'où la difficulté pour le PS de définir une politique européenne audacieuse. D'autant qu'à droite, une révolution s'est opérée : les gaullistes anticédistes en 1954 sont au contraire, du moins dans leur majorité, pro-Maastricht en 1992, au prix de certaines scissions ou oppositions de la part de souverainistes.

Après Maastricht, un fait nouveau apparaît clairement dans les consciences de gauche : l'Europe est devenue plus fondamentalement libérale. Loin est le temps de la CECA et de la première CEE comportant des espaces possibles de planification ou d'orientation économique. La dérégulation l'emporte, et l'Union économique et monétaire donne plus de pouvoir aux experts de la Banque centrale européenne qu'aux décideurs politiques. Ainsi, au moment même où le gaullisme majoritaire accepte plus de dynamisme dans sa politique européenne, beaucoup à gauche sont tentés par l'opposition à l'Europe, par rejet d'une mondialisation ultralibérale à laquelle l'Union paraît s'identifier. D'où, à la fin des années 1990, un risque de chassé-croisé dans le sens contraire de celui qui s'est produit outre-Manche. Le parti conservateur, historiquement le parrain de l'entrée de la Grande-Bretagne dans la Communauté, est devenu le champion de l'euroscepticisme, alors que la gauche travailliste, plus réticente d'abord, est avec Tony Blair relativement plus audacieuse en matière européenne. En France, le PS, qui a été une des principales forces, avec la démocratie chrétienne, à faire progresser la construction de l'Europe, pourrait être bloqué par l'impopularité de la dimension libérale de l'Union, alors que la droite, plus unie désormais en matière européenne, pourrait devenir la principale force motrice dans ce domaine. D'où les difficultés du gouvernement de Lionel Jospin qui, tout en ayant conscience de ce risque de chassé-croisé, doit gérer la cohabitation avec Jacques Chirac, les divisions au sein de la gauche plurielle — qui comprend désormais une nouvelle composante, les Verts, résolument proeuropéens face aux positions eurocritiques du PCF et du MDC —, ainsi que les tensions au sein du PS lui-même à propos de l'Europe. Au discours audacieux de Joshka Fischer, ministre Vert allemand des Affaires étrangères, réclamant en 2000 une fédération pour l'Europe, Lionel Jospin ne répond qu'un an plus tard, en mai 2001 : il s'engage en faveur de la « fédération d'États-nations » préconisée par Jacques Delors, une formule qui, à la fois, se veut audacieuse et entend se démarquer du fédéralisme à l'allemande. Jacques Chirac s'est également rallié à cette notion ambivalente et, comme des reproches de « tiédeur » sont adressés à l'engagement européen de Lionel Jospin, le PS entend démontrer que sa conception est plus fédérale que celle du président de la République dont l'approche reste très intergouvernementale. Le socialiste Pierre Moscovici, à l'occasion de l'installation de la Convention sur l'avenir de l'Europe et du bicentenaire de Victor Hugo en 2002, avance même la formule plus téméraire du poète, celle d'« États-Unis d'Europe ». La Convention européenne, présidée par Valéry Giscard d'Estaing, rédige en 2003 une Constitution qui, « imparfaite mais inespérée », ne va pas jusqu'à établir ce type de fédéralisme. Au moment de sa ratification, la gauche retrouve ses divisions traditionnelles, et ce débat constitutionnel en 2005 accroît les tensions au sein du PS au point de le plonger dans une crise d'une gravité bien plus profonde que celle de 1954 lors du débat sur la CED. La référence à Victor Hugo en 2002 est significative, à la fois porteuse de déchirements et de ferments d'union au sein de la gauche future. La boucle est bouclée, ou presque : l'Europe hugolienne se voulait républicaine, fédérale et libérale, y compris sur le plan économique ; et si l'Europe d'aujourd'hui n'est pas vraiment fédérale, elle est certainement démocratique et libérale. Et le socialisme dans tout cela ? N'a-t-il été qu'un épiphénomène d'un siècle, entre Hugo et nous, dont la disparition est en majorité acceptée par les socialistes eux-mêmes, au grand dam de la gauche de la gauche et de la gauche du PS ? C'est oublier que la gauche, en France et en Europe, par son action directe dans des gouvernements, ou par pression indirecte dans l'opposition, a contribué à la construction d'un modèle économique et social spécifiquement européen, différent du modèle américain. La défense et le développement de ce modèle original, non plus au seul niveau national, mais au niveau de l'Union, peuvent constituer des éléments d'unité dans une gauche si prompte à se diviser sur l'Europe.

L'histoire de la gauche française face à l'Europe éclaire la notion de « culture politique ». Celle-ci ne se réduit pas aux seules idées, représentations et visions du monde, elle englobe aussi les pratiques, les héritages et les mémoires d'action. Pour le PCF, les choses sont simples : la construction européenne ne s'est en aucune façon intégrée dans la culture communiste, ni au niveau des idées, de l'imaginaire, ni au niveau des pratiques et de l'action. Et ce, même si un pacte de non-agression est accepté depuis 1972, tournant important malgré tout dans l'évolution de ce parti. Pour les radicaux, se réclamant de l'héritage de Hugo, l'idée d'Europe apparaît très tôt, prenant même le relais de leur vision universelle de la SDN. L'engagement européen devient action très tôt, puisqu'ils œuvrent en faveur du plan Briand de 1929-1930. Après 1945 ou 1948, la culture radicale européenne ne se distingue guère de celle des socialistes. Pour ces derniers, l'idée d'Europe se développe dès les années 1920, mais elle reste en concurrence longtemps avec leur internationalisme traditionnel. Les « pratiques » européennes et l'action pour l'Europe viennent plus tardivement : critiques à l'égard du plan Briand, ils ne font passer leur européisme avant leur internationalisme qu'après leur tournant de 1948. Dès lors, ils sont des acteurs directs de la construction européenne dans les années 1950, à un moment où leurs amis travaillistes britanniques et sociaux-démocrates allemands étaient hostiles à l'Europe. Dans cette mutation, ont joué un rôle essentiel Léon Blum, puis Guy Mollet. À bien des égards, la culture du nouveau PS de 1969-1971 se construit contre les mauvais souvenirs laissés par ce dernier (l'Algérie, Suez) et contre la culture de la vieille SFIO. Elle aurait donc pu rejeter la culture européenne finalement acquise par cette dernière, et l'alliance avec le parti communiste aurait pu favoriser ce rejet. Il n'en a rien été, ce qui montre la profondeur du travail d'acculturation, même si la stratégie de rupture avec le capitalisme a pu mettre au second plan l'action européenne. Cette culture européenne socialiste, du moins pour la majorité des militants, rejaillit après le tournant décisif de 1983.

Le socialisme français a été une des deux grandes forces politiques proeuropéennes en France après 1945. De la même façon que la démocratie chrétienne a bataillé pour « européaniser » la droite, les socialistes ont dû lutter pour faire accepter l'Europe par la gauche. Mais, alors que les démocrates-chrétiens, avec leurs alliés libéraux, sont unis sur le sujet, il n'en est pas de même pour la SFIO, puis le PS dont la campagne référendaire de 2005 révèle une véritable crise d'identité. Il reste de tout cela une dichotomie de la vie politique française, entre un espace national avec le débat droite-gauche, et un espace européen où les clivages passent à l'intérieur de la droite, à l'intérieur de la gauche et à l'intérieur du PS. Si beaucoup d'hommes et de femmes de gauche risquent de se reconnaître dans un des slogans des élections européennes de 2004, « L'Europe a besoin de la gauche », l'inverse est vrai aussi : la gauche française a besoin de l'Europe, car celle-ci a favorisé les nécessaires mutations de celle-là, qui ne se sont pas effectuées sans heurts, sans rejets. De fait, l'Europe est à la fois la mesure de la modernisation de la gauche et le catalyseur de ses déchirements.

RÉFÉRENCES BIBLIOGRAPHIQUES

ASSELAIN Jean-Charles (2001), « L'expérience socialiste face à la contrainte extérieure », *in* Serge BERSTEIN, Pierre MILZA, Jean-Louis BIANCO (dir.), *François Mitterrand. Les années du changement (1981-1984)*, Perrin, Paris.

AUFFRAY Alain (2004), « Cohn-Bendit prédicateur de la cause européenne », *Libération*, 28 mai 2004, p. 13.

BERSTEIN Serge (1987), « Le milieu genevois dans la France de l'entre-deux-guerres », *in Les Internationales et le problème de la guerre au XXe siècle*, université de Milan/École française de Rome, 1987, p. 321-334.

BLUM Léon (1972), « Le désarmement et la crise économique », 1930-1931, *in* « Les problèmes de la paix », *L'Œuvre de Léon Blum*, vol. 1928-1934, p. 144-147, Albin Michel, Paris.

BOSSUAT Gérard (décembre 1990-février 1991), « Léon Blum et l'organisation nouvelle de l'Europe après la Seconde Guerre mondiale », *Cahiers Léon Blum*, n° 28-29.

— (1998), « La campagne de Daniel Mayer contre la CED », *Matériaux pour l'histoire de notre temps*, n° 51-52, juillet-décembre.

BRUNETEAU Bernard (2003), *L'Illusion européiste. Les représentations de l'Europe chez les intellectuels de la France de Vichy*, Éditions du Rocher, Monaco.

DUHAMEL Éric (1998), *François Mitterrand, l'unité d'un homme*, Flammarion, Paris.

FLEURY Antoine [dir.] (1998), *Le Plan Briand d'union fédérale européenne : perspectives nationales et transnationales avec documents*, Peter Lang, Berne.

FRANK Robert (1998), « Les contretemps de l'aventure européenne », *XXe siècle. Revue d'histoire*, n° 60, octobre-décembre, p. 82-101.

— (2001), « L'"effet Mitterrand" à l'étranger, 1981-1982 : un "état de grâce", un jeu de miroir et une politique extérieure de l'image », *in* Serge BERSTEIN, Pierre MILZA, Jean-Louis BIANCO (dir.), *François Mitterrand, op. cit.*

— (2002), « Alain Savary et l'Europe », *in* Serge HURTIG (dir.), *Alain Savary : politique et honneur*, Presses de Sciences-Po, Paris.

FRANK Robert et LAFFÉACH François-Xavier (2004), *André Philip et l'Europe*, dans un livre collectif sur André Philip à paraître en 2004.

GIRAULT René (décembre 1990-février 1991), « Pour une relecture de *À l'échelle humaine* », *Cahiers Léon Blum*, n° 28-29.

GIRAULT René et ZIEBURA Gilbert [dir.] (1995), *Léon Blum socialiste européen*, Complexe, Bruxelles.

GRATIEN Jean-Pierre (2004), *Marius Moutet, de la question coloniale à la construction europeénne (1914-1962)*, thèse de doctorat, université Paris-I-Panthéon-Sorbonne.

GUIEU Jean-Michel (1997), « Émile Borel et la "Coopération européenne". Pacifisme genevois et idée européenne des années 1920 aux années 1940 », mémoire de DEA, université Paris-I-Panthéon-Sorbonne.

JAURÈS Jean (1905), discours non prononcé, publié par *L'Humanité* et *Vorwärts*, 7 juillet.

MANIGAND Christine (2003), *Les Français au service de la Société des Nations*, Peter Lang, Berne.

MORIN Edgar (1987 rééd. 1990), *Penser l'Europe*, Gallimard, Paris.

PETRICIOLI Marta, CHERUBINI Donatella et ANTEGHINI Alessandra [dir.] (2004), *Les États-Unis d'Europe, un projet pacifiste*, Peter Lang, Berne.

RACINE Nicole (1993), « La revue *Europe* (1923-1939). Du pacifisme rollandien au compagnonnage de route », *Matériaux pour l'histoire de notre temps*, janvier-mars, Nanterre.

Riondel Bruno (1999), *Maurice Faure, un artisan de la construction européenne*, Presses universitaires du Septentrion, Villeneuve-d'Ascq.

Sayer Ghislain (1998), *Le Quai d'Orsay et la construction de la Petite Europe : l'avènement de la Communauté économique européenne, 1955-1957*, mémoire de maîtrise, université Paris-I-Panthéon-Sorbonne.

IV

La gauche, la révolution et les institutions

66

De Lénine à Marcos : modèles étrangers pour la gauche ?

FRANÇOIS HOURMANT

DE LÉNINE À MARCOS, de Staline à Mao, de Castro à l'oncle Hô, du Che à Tito : l'histoire de l'Internationale révolutionnaire n'est pas dissociable de cette litanie de noms et de figures tutélaires qui a nourri l'imaginaire et les représentations de la gauche française, alimentant sans relâche le cycle des passions et des projections idéologiques. Tenter de retracer les perceptions étrangères de la gauche permet d'identifier trois grands modèles qui fixent les lignes chronologiques et politiques de cette géographie mimétique et fantasmatique : l'appel des soviets, les tropismes tiers-mondistes, le mystère chinois. Toutefois, la lecture qui s'opère est une lecture palimpseste qui invite à voir, derrière ces expériences historiques, moins des pays réels que des pays imaginaires et qui deviennent alors le support des espoirs de la gauche et de l'extrême gauche française, de ses intellectuels comme de ses militants.

Ces phénomènes d'adhésion et d'engagement ne furent jamais univoques. Ces lieux de projections idéalisées sécrétèrent aussi à gauche une histoire riche en polémiques et en scissions (les rapports complexes et passionnels des surréalistes à l'égard du PCF et de Moscou), ruptures et dissidences (Maurice Merleau-Ponty dénonçant dans *Les Aventures de la dialectique* en 1955 le despotisme stalinien et rompant tout à la fois avec Jean-Paul Sartre et avec la stratégie des « compagnons de route »), volte-face et palinodies (Philippe Sollers passant sans transition du soutien au PCF en 1968 au maoïsme trois ans plus tard), abjurations (l'ex-gauchiste André Glucksmann instruisant le procès du marxisme comme générateur du totalitarisme et soulignant que « le marxisme ne produit pas seulement des paradoxes scientifiques mais des camps de concentration »).

Enfin, ces modèles successifs d'achèvement dessinent à grands traits les contours invariants d'une utopie. Ils dévoilent tout à la fois l'étonnante unité des représentations et la constance des attitudes hexagonales en quête de paradis incarnés. À cet égard, la diversité des mythologies politiques ne saurait occulter complètement la permanence des attentes pas plus que la stéréotypie des pratiques et des postures voire leur inlassable réitération.

L'appel des soviets

« La grande lueur née à l'Est » en 1917 que prophétisait Jules Romains allait embraser l'imaginaire et les représentations de la gauche française tout au long du siècle. La révolution d'Octobre initiait un phénomène sans précédent : en s'efforçant de faire advenir une société sans classes et de construire un homme nouveau, elle allait servir de modèle pour les militants, les intellectuels et les hommes politiques de gauche et d'extrême gauche en France qui succombèrent aux sirènes des soviets. Il convient toutefois de ne pas surestimer l'attraction soviétique dans les années 1920. Rares sont en effet les intellectuels qui, à l'instar de Henri Barbusse, se convertirent au bolchevisme sans hésitation. Peu nombreux furent ceux qui rejoignirent les rangs de la Section française de l'Internationale communiste (SFIC) à cette époque. Il faudra attendre la décennie suivante pour voir l'expérience soviétique aimanter massivement, sur fond de crise économique et sociale, de combat antifasciste, et à travers la posture du « compagnon de route » campée par Romain Rolland ou André Gide, les sympathies des intellectuels comme des militants. À cette date néanmoins se cristallise un antagonisme grandissant entre le Vieux Monde « en proie au mal des vieillards » [Chadourne, 1932] et le Nouveau qui s'édifiait sous la férule de Lénine, puis de Staline, porteur d'un espoir de régénération universelle. Jean-Richard Bloch diagnostiqua avec acuité cette césure. Pour lui, comme pour beaucoup d'autres, l'Union soviétique représente « l'une des deux moitiés de notre univers symbolique ». Elle incarne ce « nouvel âge de l'humanité » [Bloch, 1930] et irradie de mille feux : elle est le symbole de la révolution, terre d'utopie, exacte antinomie du capitalisme. Elle apparie « le modèle et le rêve » [Lazar, 2002] et finit par devenir un mythe politique qui cristallise les aspirations les plus hétérogènes.

Trois grandes phases peuvent être décelées dans les relations complexes qui se nouent entre la gauche et l'extrême-gauche française et la Russie des soviets. La première phase (1917-1926) coïncide avec la mise en place du système soviétique, les débuts de la révolution, les atermoiements entre le communisme de guerre et ensuite la Nouvelle Politique économique (NEP). Cette *vita nuova* fascine par ses avancées sociales et culturelles. C'est l'image d'un « éden social » [de Monzie, 1924, p. 125] qui se trouve le plus souvent vulgarisée en France. L'esprit d'innovation touche le domaine des arts et de la culture. Le jeune régime se lance dans une politique d'alphabétisation et insiste sur son œuvre d'instruction publique. Par ailleurs, cette politique éducative se double d'une politique de l'enfance et d'émancipation des femmes. L'Institut de protection de la mère et de l'enfant à Moscou, les crèches d'usines et de quartiers sont érigés en exemple. La législation va dans le même sens et facilite le divorce et l'avortement, protège la mère célibataire et le travail des femmes. Cette ambition révolutionnaire de suppression des classes attestée par cette politique d'émancipation sociale est perceptible dans la mise en place d'une justice nouvelle vantée pour son exemplarité puisqu'elle vise moins à punir qu'à rééduquer. C'est par cette dimension sociale plus que par ses avancées économiques que l'Union soviétique est érigée en foyer de contagion révolutionnaire dans le monde et qu'elle séduit en France [Cœuré, 1999].

La seconde phase, qui commence dix ans après la révolution, est marquée par des changements saisissants dans les perceptions du modèle soviétique. En quelques années, le répertoire d'images de l'URSS stalinienne se trouve profondément renouvelé. La dimension sociale s'estompe alors et laisse la place à l'exaltation du modèle économique. Les succès proclamés de l'industrialisation et de la collectivisation des terres diffusent l'image d'une puissance mondiale économique. Comme le souligne David Caute [1973], de toutes les nouveautés de l'ère stalinienne, c'est le culte de la planification qui a suscité le plus d'enthousiasme. Cette fascination est aussi indissociable de l'admiration pour les réalisations industrielles grandioses : barrage et centrale électrique du Dnieprostroi, usines de tracteurs géants de Rostov-sur-le-Don et d'automobiles de Nijni-Novgorod, complexe métallurgique de Magnitogorsk. Enfin, l'exemplarité de l'expérience passe par l'exaltation de la figure de l'ouvrier, homme de fer ou homme de marbre [Lazar, 1990], puis par celle de ces nouveaux héros que sont les *oudarniki*, ces ouvriers de chocs. L'apparition, fin 1935, de cet emblème du soviétisme qu'est le mineur Stakhanov et des défis à la production que lancent les « surhommes » parachèvent le travail d'idéalisation ennoblissante. Enfin la thématique de la paix et du combat antifasciste, priorité à partir de 1934, contribue à angéliser l'Union soviétique et à minorer en France l'impact des purges staliniennes, des grands procès, estompe l'impact de la grande famine ukrainienne et de l'asservissement généralisé du peuple. L'antifascisme comme vertu cardinale recèle un pouvoir de persuasion décuplé qui essaime bien au-delà des limites du parti communiste français [Furet, 1995]. Le philosoviétisme dépasse les marges du pôle progressiste. Jusqu'alors contrepoids au capitalisme et à l'impérialisme, le régime des soviets bénéfice par cet engagement d'une indulgence politique voire d'une sympathie étendue. Malgré le désenchantement passager initié par les récits de Gide, *Retour de l'URSS* et *Retouches à mon Retour de l'URSS*, il faut attendre la signature du Pacte germano-soviétique à Moscou le 23 août 1939 pour que soient répudiées, de façon fugitives d'ailleurs, les espérances investies.

La troisième et dernière phase coïncide avec l'après-guerre et se fonde d'abord sur le rôle joué par l'Union soviétique dans l'écrasement du nazisme et dont la bataille de Stalingrad reste le symbole prégnant. Auréolée par son engagement et par le sacrifice de millions de soldats de l'Armée rouge, oubliée la collusion des totalitarismes, l'Union soviétique se pose en défenseur du monde libre et incarne encore aux yeux du plus grand nombre l'espoir de la Révolution. Jean-Paul Sartre, soucieux de ne « pas désespérer Billanccurt », proclame en 1954, à la suite de son voyage au pays des soviets, que la « liberté de critique est totale en Union soviétique ». Pendant une dizaine d'années, de 1945 à 1956, l'expérience soviétique reste pour une large fraction de la gauche le modèle de référence même si quelques voix contestataires et dissidentes s'élèvent. Celles des écrivains regroupés autour de la revue *Arguments* (Edgar Morin, Kostas Axelos, Pierre Fougeyrollas, Jean Duvignaud, Colette Audry et Joseph Gabel) ou encore celles des animateurs du groupe originellement trotskiste *Socialisme ou barbarie* — Cornélius Castoriadis et Claude Lefort en particulier — qui, alimentant un courant autogestionnaire d'extrême gauche, entreprennent une critique radicale du stalinisme et de ses pratiques, voyant dans la bureaucratie une « classe dominante et exploiteuse au sens plein de ce terme. » Celles enfin de ceux qui se tournent vers la Yougoslavie de Tito qui, non content de se dresser contre le grand frère soviétique, propose un modèle alternatif de développement tout en attestant d'un incontestable ancrage à gauche.

Les tropismes tiers-mondistes

Après le double choc de l'année 1956 — intervention des troupes du pacte de Varsovie à Budapest et diffusion du rapport secret de Khrouchtchev amorçant la déstalinisation —, les raisons d'espérer en l'Union soviétique subirent un coup important. Les critiques du régime stalinien, longtemps tues, se multiplièrent et l'échec de l'URSS, devenu patent, imposa la définition d'un nouvel objet d'investissement révolutionnaire. Cuba devint rapidement un lieu de projection et d'aimantation particulièrement séduisant, confirmant aux yeux de ses zélateurs que le modèle de transformation socialiste rêvé par Marx n'était pas annihilé par le précédent soviétique. La Havane devint alors l'épicentre théorique et pratique de la révolution, dans une version tropicalisée, et ouvrit la voie à l'épopée tiers-mondiste. Avec Cuba, puis le Vietnam, c'est un triple transfert qui s'opéra [Ory et Sirinelli, 1992]. Géographique : les regards se tournèrent désormais vers des contrées exotiques et délaissèrent l'Union soviétique ; idéologique : du soviétisme au castrisme et au maoïsme ; sémantique enfin : de l'exaltation du prolétariat rédempteur aux « damnés de la terre » [Fanon, 1961]. C'est d'ailleurs à La Havane, en 1966, que se tint la conférence tricontinentale, marquant l'essor des luttes révolutionnaires anti-impérialistes avant que la guerre du Vietnam ne soit érigée en symbole politique, celui de la résistance des peuples opprimés, suscitant en France, comme dans la plupart des pays occidentaux, un vaste mouvement de solidarité.

Mais le point de départ de ce tiers-mondisme reste bien Cuba. De 1960 à 1969, ce furent trois vagues d'enthousiasme qui vinrent s'échouer sur les rivages caribéens [Verdès-Leroux, 1989]. La première est indissociable de la naissance du nouveau régime et de l'aventure castriste dans la Sierra. La seconde s'affirme à partir de 1965, date à laquelle débute le mythe guévariste, relayé d'ailleurs par l'émergence du combat vietnamien et l'appel du Che à

« créer deux, trois… de nombreux Vietnam ». Elle culmine avec la disparition de Guevara dans les maquis boliviens, véritable geste fondatrice de la légende. La troisième et dernière vague reste liée à la tenue à La Havane de deux manifestations réunissant les militants gauchistes de nombreux pays : le Salon de Mai en août 1967 et le Congrès culturel de janvier 1968.

Comme pour l'Union soviétique, Cuba offrit aux visiteurs français, et en particulier à Jean-Paul Sartre et à Simone de Beauvoir qui visitèrent l'île en 1960 [Sartre, 1960], le spectacle des réalisations et des avancées nombreuses. Sartre manifesta dans ses écrits l'éblouissement qu'il éprouva pour ce socialisme à visage si humain, fixant l'image à peine voilée du paradis, imposant les contours nouveaux d'un rêve ancien, s'extasiant sur la jeunesse des leaders et l'expérience de la démocratie directe. Quant à l'écrivain Henri Alleg, il résuma les acquis et les raisons de l'admiration du modèle cubain en Occident : « L'exploitation de l'homme par l'homme liquidée, la terre distribuée, le chômage presque annihilé, les bidonvilles détruits et les nouvelles maisons construites, l'analphabétisme vaincu, tout cela en trois ans. Les Cubains sentent que c'est avant tout leur œuvre, celle qu'il faut défendre et poursuivre » [Alleg, 1963, p. 160].

Mais les considérations idéologiques ne suffisent pas pour rendre compte de l'attraction cubaine. La nature enchanteresse, la générosité et la chaleur des Cubains contribuèrent à aviver la répulsion à l'égard du modèle soviétique, terne et bureaucratique. L'attrait de la révolution castriste reposait en bonne part sur la représentation hédoniste qui marquait bon nombre de témoignages. « C'est le peuple du rythme et la haine ne résiste pas au rythme », énonça de façon définitive Jean Daniel dans une interview à *L'Express* [Daniel, 1963]. Fêtes, mambo et sensualité aidèrent à construire l'image irénique de la Cuba castriste. Terre de l'avenir festif et voluptueux, Cuba la resta jusqu'à ce qu'une série d'éléments viennent ternir l'image embellie et détourner les regards des thuriféraires les plus convaincus. Deux facteurs contribuèrent à éroder le mythe.

Après l'exaltant Congrès culturel de janvier 1968, les choses évoluèrent rapidement. Dès le 23 août 1968, les prises de position et le soutien accordé par Castro en faveur de l'intervention militaire des troupes du pacte de Varsovie en Tchécoslovaquie dessillaient les yeux de ceux qui s'intéressaient encore à Cuba. Le printemps de Prague n'était pour le *lider maximo* qu'une perversion, un « ramollissement » de l'esprit révolutionnaire qui menait droit au capitalisme et à l'impérialisme. Puis l'affaire Padilla suscita au sein de l'intelligentsia des doutes et des hésitations avant de se transformer en condamnation du régime. Arrêté en mars 1971, l'écrivain Ernesto Padilla s'adonna peu de temps plus tard à une autocritique dans le plus pur style des aveux des boukhariniens et des trotskistes du temps de la grande terreur. Par ailleurs, et à cette date, en 1971, un nouvel astre, dégagé des scories de la grande révolution culturelle prolétarienne, brillait déjà de mille feux.

Le miracle chinois

Après Moscou et La Havane, Pékin constitua en effet le troisième grand pôle attractif et alternatif du communisme. Cet engouement pour l'Orient rouge fut beaucoup plus massif que pour les horizons cubains et il advint de façon brutale. Jean-Luc Domenach estime que « la Chine populaire n'a subitement cessé d'être ignorée que pour enthousiasmer » [Domenach, 1985, p. 240]. Dans l'après-Mai 68, la Chine, polymorphe et ambivalente, engendra des poussées d'émotions et de ferveurs qui s'exercèrent au-delà des frontières étroitement circonscrites de l'extrême gauche. La sinophilie transcenda les clivages politiques les mieux établis et permit à Alain Peyrefitte de rencontrer un vrai succès de librairie avec un récit de voyage, *Quand la Chine s'éveillera... le monde tremblera* [Peyrefitte, 1973]. De façon moins prophétique, mais avec autant d'enthousiasme, nombreux furent les voyageurs qui souscrivirent au constat de Roger Massip selon lequel *La Chine est un miracle* [Massip, 1973]. Rares furent, *a contrario*, ceux qui, tels Simon Leys dans sa célèbre trilogie, *Les Habits neufs du président Mao*, *Ombres chinoises* et *Images brisées* [Leys, 1976, 1977, 1978], dénoncèrent tout à la fois la nature totalitaire du régime maoïste et les aveuglements de l'intelligentsia de gauche sur la Chine, ce théâtre d'ombres et le « maoïsme mondain » [Grémion, 1985] bien représenté par les tribulations de la revue *Tel Quel* en Chine en 1974 (Philippe Sollers, Julia Kristeva, Marcelin Pleynet, Roland Barthes et François Wahl).

Cette séduction chinoise repose sur des mécanismes comparables à ceux qui fonctionnèrent pour Cuba. Elle se fonde d'abord sur la conviction que l'expérience maoïste a corrigé et rectifié les erreurs de l'Union soviétique, comme l'industrialisation lourde à outrance aux dépens du développement de l'agriculture, entraînant la famine et la persécution des paysans, la déviation bureaucratique et l'économisme. « L'art de déplacer les montagnes » fit également l'admiration des thuriféraires maoïstes : le pont de Nankin, la célèbre commune populaire de Tachai, les Écoles des cadres du 7 mai furent les vitrines de l'exploit maoïste et les symboles de son ambition prométhéenne.

Par ailleurs s'imposa massivement l'image d'un monde purifié, ordonné et égalitaire. Remodelée suivant les principes du *Petit Livre rouge*, la société chinoise fut souvent dépeinte comme un « océan de pureté » [Macciocchi, 1971, p. 127], exempte des vices et des tares constitutives des sociétés bourgeoisies et capitalistes (prostitution, vols et criminalité, chômeurs, mendiants, pauvreté). Ce phalanstère chinois fascina enfin par son souci égalitaire, par cette armée populaire dénuée de galons où la hiérarchie semblait abolie, par la place accordée à la libération féminine, suivant en cela le principe édicté par le Grand Timonier selon lequel « les femmes doivent conquérir la moitié du ciel ».

Mais au delà de ce contre-modèle, la Chine offrit aussi l'image de l'altérité radicale, pays de mystère et de merveilleux. Ce qui fit la spécificité de l'utopie maophile par rapport aux autres modèles alternatifs fut la tension créée par le contraste ou le choc entre le familier (ici) et l'exotique (là-bas), l'ordinaire et l'extraordinaire. Cette double dimension mystérieuse et merveilleuse de la Chine maoïste se donne à voir de façon exemplaire dans les miracles de l'acupuncture, médecine traditionnelle annexée par le régime maoïste et érigée en modèle de modernité et d'ouverture du régime, attestant sa capacité à unir le passé et l'avenir dans la construction d'un homme nouveau. Le témoignage recueilli par Maria-Antonietta Macciocchi révèle cet émerveillement : « Je m'appelle Yen Na-sha. J'ai seize ans. Quand j'avais deux ans, j'étais sourde-muette. Liu Shao-shi ayant suivi une ligne révisionniste dans le domaine de la médecine, les grands hôpitaux n'étaient pas au service des paysans pauvres... Mao a envoyé les soldats de l'Armée populaire de libération pour guérir la surdité et le mutisme. Après un an de traitement, je puis entendre et je peux crier : Vive le président Mao » [Macciocchi, 1971, p. 344.].

Plus encore que pour l'Union soviétique ou Cuba, la Chine de Mao avait quelque chose à offrir à chacun : pour le puritain, une vie dure et simple ; pour l'esthète, des centaines d'années de culture raffinée marquée par la calligraphie, la musique, la littérature, l'architecture ; pour le révolutionnaire, un régime marxiste-léniniste ; mais pour la plupart des visiteurs, c'était aussi et surtout un pays de mystères, de beauté, d'ordre, un peuple digne, une nation qui réunissait en un mot toutes les vertus et les valeurs qui faisaient cruellement défaut aux sociétés occidentales en proie à la consommation de masse et au matérialisme. La Chine fonctionna bien comme page blanche sur laquelle, au-delà de la gauche et l'extrême gauche françaises, nombreux furent ceux qui réinvestirent leurs rêves et leurs aspirations les plus hétéroclites jusqu'à ce que la mort de Mao et la chute de la « bande des quatre » signe la péjoration brutale des modèles marxistes de substitution, entraînant la corrosion des modèles révolutionnaires de rechange qui avait pris le relais de l'Union soviétique à partir de 1956.

Utopie et Avenir radieux

Changeantes et immuables, les perceptions étrangères de la gauche française agissent aussi comme révélateurs, fixant les contours de schémas convergents, trop invariants dans la forme et dans le temps pour n'être que pures coïncidences. Elles dévoilent l'existence d'un socle mythologique qui passe par la recherche de la cité idéale et la fabrique de l'homme nouveau. Les pays communistes fonctionnent comme puissant stimulant pour l'imagination. Chacun construit, à partir des informations sélectionnées, la représentation la plus conforme à son imaginaire et à ses aspirations. Mais cette quête proprement utopique de table rase radicale sur laquelle s'édifierait un monde complètement remodelé entre en synergie avec toutes les représentations idéalisées qui ne sont pas sans consonances avec la tradition utopique elle-même.

Plusieurs traits constitutifs du genre utopique sont en effet décelables dans ces représentations mythologisantes. En situation d'autarcie, ces pays communistes sont caractérisés par une constante essentielle du genre : la répudiation de l'argent et le mépris de l'or. Générateur d'inégalités et d'injustice en utopie, le système monétaire et l'aspiration au profit se trouvent eux aussi dévalués, répudiés, voire abolis, dans les pays exaltés puisqu'ils contribuent à rompre l'uniformité et la symétrie des conditions indispensables au sein de la cité idéale. Particulièrement ostentatoire dans les perceptions de l'Union soviétique durant le communisme de guerre, période pendant laquelle l'argent avait purement et simplement disparu de la vie soviétique, ce mépris de l'argent transparaît dans de nombreux autres témoignages favorables à l'expérience menée à l'Est et renouvelée en Chine et à Cuba. Cette condamnation de l'argent-roi et du profit afférent, symboles de l'univers capitaliste, débouche sur une exaltation de ce monde nouveau qui se refuse à glorifier le commerce.

Parmi les autres caractéristiques majeures de l'utopie, la régularité, le goût de la symétrie et de l'agencement géométrique, signes visibles du contrôle total et reflet de l'amour de l'ordre, manifestent l'omniprésence de la règle juste énoncée par le personnage du législateur. Sous des noms divers (Utopos chez More, Hoh le métaphysicien chez Campanella, le grand Salomon chez Bacon), c'est toujours le même personnage qui provoque la reconnaissance ou la vénération du peuple. De la même façon que l'utopie communiste de Cabet dépeint Icar, le héros fondateur, sous les traits du saint, du guerrier, du militant révolutionnaire, les dirigeants communistes cumulent les qualités les plus contradictoires. Barbusse décrit Staline comme « l'homme à la tête de savant, à la figure d'ouvrier, et à l'habit de simple soldat » [Barbusse, 1935, p. 87]. Michelle Loi exalte, quant à elle, les qualités prodigieuses du Grand Timonier : « Mao le soldat, Mao le théoricien, Mao le poète, Mao le président, Mao le révolutionnaire » [Loi, 1973, p. 147]. Cette similitude n'a d'ailleurs pas échappé à André Reszler qui souligne bien le fait qu'Icar est un « homme du livre, il formule dans un petit livre — véritable ancêtre du *Petit Livre rouge* de Mao — les principes d'une société égalitaire idéale. [...] Déifié après sa mort, [...] ses statues, ses bustes, effigies envahissent la place publique et les maisons particulières » [Reszler, 1980, p. 82-83].

La volonté d'unanimité complète d'un peuple uni derrière son chef suppose l'éradication ou l'occultation de toutes les sources de conflits, de passions et de revendications. Cette aspiration puissante à l'uniformité entraîne l'égalité des citoyens et la suppression des classes sociales traditionnelles. Marquée par un dirigisme strict, l'utopie légifère sur tous les aspects de la vie quotidienne, dans un ballet permanent de réglementation et d'uniformisation qui annihile tout initiative personnelle. Cet interventionnisme de l'État débouche évidemment sur le collectivisme. Le mariage fait l'objet de règlements précis, la propriété privée a disparu, l'État fournit à chacun les moyens de subsistance par la distribution des produits de première nécessité dans les magasins d'État. Délivré de toute jouissance individuelle, l'individu trouve son bonheur dans le bonheur collectif et dans un dévouement au service de la cause révolutionnaire. Ainsi s'opère, comme en utopie, la disparition de l'individu au profit d'un être socialisé qui excelle à se dissoudre dans un corps social parfaitement homogène.

Dans cette volonté de restructuration de la société et de fondation d'un homme nouveau, les pays communistes, à l'image des utopistes, ne manquent pas de faire une place centrale à l'éducation. Depuis Platon, ce rôle dévolu à l'éducation et à la pédagogie reste un ressort essentiel aux mains de l'État qui peut ainsi façonner les individus afin d'imposer cette aspiration de cohésion et d'unanimité qui structure le monde utopique et qui rend obsolète les forces de l'ordre, comme dans les représentations idéalisées du monde communiste. Grâce à l'éducation, parfaitement adaptée à l'esprit communautaire, les plaies et les vices des sociétés occidentales ont disparu. C'est un monde purifié, débarrassé de ses déviants, un corps sain, régénéré par les acquis du marxisme-léninisme : d'où l'importance dévolue à la visée pédagogique et édifiante jusque dans les prisons ou les camps tel celui de Bolchevo, « commune de travail » réservée aux jeunes criminels, créée sur l'initiative de Dzerjinksi, fondateur de la Tcheka, et parrainée par Gorki. Exhibée à tous les voyageurs, de Romain Rolland à André Gide, élément central de ce « village Potemkine » mis sur pied par les autorités soviétiques à des fins de propagande [Kupferman, 1979], elle symbolisait la « rééducation par le travail et l'effort ».

Enfin, la résurgence utopique n'est pas séparable d'une critique radicale des sociétés occidentales. En soulignant à volonté l'écart absolu entre notre monde imparfait et la perfection utopique et en insistant sur cette hétérogénéité, les perceptions de l'URSS, de Cuba ou de la Chine réactualisent la vision polaire, manichéenne du mythe qui se trouve aussi au cœur du projet utopique.

Romantisme révolutionnaire et projections héroïsantes

Au-delà des réalisations grandioses et des modèles d'achèvement, c'est aussi la geste héroïque et parfois sacrificielle de quelques figures emblématiques métamorphosées en légendes qui allait féconder cet enchantement révolutionnaire et alimenter ce désir d'illusions. Tricontinentale, révolution cubaine, combat héroïque des Vietnamiens, guérilla bolivienne et, ultime avatar, longue marche des rebelles zapatistes du Chiapas : autant d'événements qui ont scandé la révolte triomphale des peuples exploités contre leurs oppresseurs. Plus encore, ils ont aimanté l'attention de l'Occident, suscitant l'admiration de la jeunesse française, motivant par exemple l'engagement d'un jeune normalien nommé Régis Debray auprès du « Che ». L'épopée tiers-mondiste est intimement liée au culte romantique qu'incarnent le *lider maximo* et plus encore sans doute le « Che ».

Dans le panthéon révolutionnaire, les deux leaders cubains occupent une place éminente, cristallisants les projections héroïsantes et captant les énergies théoriciennes et militantes. L'un comme l'autre fascinèrent et fascinent encore.

Figures d'intellectuels ayant franchi le pas, ils sont devenus des acteurs de l'histoire. Loin de n'être qu'un contemplatif ou un critique de la société, Fidel Castro a pu exhiber de nombreux titres de gloire : homme d'action, vrai révolutionnaire, combattant de la guérilla dans les montagnes, emprisonné, évadé, tribun sachant galvaniser les Cubains, mais aussi les voyageurs, il distillait une image de virilité et d'héroïsme consommé. Ses discours épiques, souvent comparés à une « sorte de poème avec de longues répétitions » (*Le Monde*, 1er janvier 1963), symbolisent son charisme. Mais plus que Castro, incarnation du *condottiere* moderne, c'est bien Ernesto « Che » Guevara qui reste la figure héroïque exemplaire. Il allait s'afficher en *poster* sur les murs des cités universitaires du monde occidental, alimenter une célébration nostalgique auprès de la jeunesse occidentale et sécréter un amas de reliques. Cette fétichisation de Guevara, immortalisé par le photographe Korda, inlassablement comparé par la presse à la figure christique (le treillis, le béret et l'étoile en plus), devint l'incarnation radieuse et prométhéenne de la révolution en marche. Cette photographie allait contribuer à enraciner, à internationaliser et à publiciser l'héroïsme naissant. Sa mort violente, dans le maquis bolivien en 1967, parachèverait l'entreprise d'édification, opérant la transfiguration du héros en martyr. Depuis sa prison bolivienne, Régis Debray déclara que « le "Che" n'est pas mort pour les révolutionnaires, parce qu'ils le portent chacun au dedans d'eux-mêmes » [Debray, 1967].

Cette épure héroïque et tiers-mondiste se poursuit et se duplique aujourd'hui dans l'épopée du sous-commandant Marcos. Alors que le génocide perpétré par Pol Pot sur son peuple semblait avoir refermé à jamais la parenthèse des illusions messianiques, la figure du « vengeur masqué » du Chiapas atteste l'existence d'une flamme révolutionnaire jamais complètement éteinte, d'une aspiration diffuse et latente qui, au sein des opinions occidentales, serait prompte à réenchanter le monde au nom d'idéaux révolutionnaires et sous l'égide d'un leader charismatique. Figure mimétique du « Che », Marcos ne néglige pas les symboles : humble « sous-commandant », il exhibe une cagoule à la place du béret. Si le « Che » incarnait une icône, voire une figure christique, le sous-commandant, désincarné derrière son passe-montagne, devient une allégorie, celle du combat sans cesse renaissant contre l'hydre de l'oppression.

Recherche inassouvie de cités idéales et romantisme révolutionnaire fécondent ainsi cette quête de salut mystico-politique, à dimension messianique, qui sous-tend les prises de positions et le travail de construction de représentations de la gauche et l'extrême gauche tout au long du siècle, cette propension compulsive à trouver des modèles d'achèvement sur lesquels elle puisse projeter de façon récurrente ses attentes et ses chimères, son irrépressible besoin de croire au pays de l'Avenir radieux [Hourmant, 2000]. D'où aussi cette logique de répétition à l'œuvre. À l'ombre de ces mythologies politiques se dévoilent des modèles éprouvés qui réactivent des mécanismes déjà anciens. Cette grammaire idéologique et ces postures intellectuelles ne sont pas neuves : voyages et témoignages qui se cristallisent dans un genre canonique — le retour d'URSS, puis de Cuba et de Chine ; désir de soumission volontaire et adhésion au culte de la personnalité ; rage pour l'ordre et fascination pour la violence ; volonté de plier la réalité, qu'elle soit soviétique, cubaine ou chinoise, à la logique d'un système et d'une idéologie ; transferts révolutionnaires, compagnonnage de route et engagement à distance des intellectuels et des militants ; forme aiguë de cécité et de surdité qui culmine dans le « somnambulisme idéologique » [Verdès-Leroux, 1985] ou dans l'« hémiplégie intellectuelle » [Lefort, 1971] ; « opium » idéologique [Aron, 1968] et culture romantique de la révolution qui cumule lectures hystérisées et va-et-vient géographique et mental entre ici et là-bas, entre la perception de la société française qu'il s'agit de régénérer et la terre promise exaltée à distance, mouvement duel et brownien entre indignation et admiration.

RÉFÉRENCES BIBLIOGRAPHIQUES

ARON Raymond (1968), *L'Opium des intellectuels*, Gallimard, coll. « Idées », Paris, (1re édition 1955).

ALLEG Henri (1963), *Victorieuse Cuba. De la guérilla au socialisme*, Minuit, Paris.

BARBUSSE Henri (1935), *Staline. Un monde nouveau vu à travers un homme*, Flammarion, Paris.

BLOCH Jean-Richard (1930), « La Russie est-elle encore une patrie ? », *Europe*, nº 15, novembre.

CAUTE David (1973), *Les Compagnons de route. 1917-1968*, Laffont, Paris.

CHADOURNE Marc (1932), *L'URSS sans passion*, Plon, Paris.

CŒURÉ Sophie (1999), *La Grande Lueur à l'Est. Les Français et l'Union soviétique. 1917-1939*, Seuil, Paris

DANIEL Jean (1963), « Avec Castro à l'heure du crime », *L'Express*, 28 novembre.

DEBRAY Régis (1967), *Le Monde*, 13 octobre, déclaration à l'AFP.

DOMENACH Jean-Luc (1985), « La Chine ou les tribulations du totalitarisme », *in* Madeleine GRAWITZ et Jean LECA (dir.), *Traité de science politique*, PUF, Paris.

FANON Frantz (1961), *Les Damnés de la terre*, Maspero, Paris ; nouvelle édition La Découverte, Paris, 2003.

FURET François (1995), *Le Passé d'une illusion. Essai sur l'idée communiste au XXe siècle*, Robert Laffont/Calmann-Lévy, Paris.

GIDE André (1978) *Retour de l'URSS* suivi de *Retouches à mon Retour de l'URSS*, Gallimard, coll. « Idées » (1re édition 1936 et 1937), Paris.

GRÉMION Pierre (1985), *Paris-Prague. La gauche face au renouveau et à la régression tchécoslovaques. 1968-1978*, Julliard-Commentaire, Paris.

Hourmant François (2000), *Au pays de l'Avenir radieux. Voyages des intellectuels français en URSS, à Cuba et en Chine populaire*, Aubier, Paris.

Kupferman Fred (1979), *Au pays des soviets. Le voyage français en Union soviétique. 1917-1939*, Gallimard, Paris.

Lazar Marc (1990), « Damné de la terre et homme de marbre. L'ouvrier dans l'imaginaire du PCF du milieu des années trente à la fin des années cinquante », *Annales ESC*, (5), p. 1071-1096.

— (2002), *Le Communisme, une passion française*, Perrin, Paris.

Lefort Claude (1971), « La méthode des intellectuels progressistes », *Éléments d'une critique de la bureaucratie*, Droz, Genève.

Leys Simon (1976), *Images brisées*, Robert Laffont, Paris.

— (1977), *Les Habits neufs du président Mao*, Champ Libre (1re édition 1971), Paris.

— (1978), *Ombres chinoises*, Robert Laffont (1re édition 1974), Paris.

Loi Michelle (1973), *L'Intelligence au pouvoir. Un monde nouveau : la Chine*, Maspero, Paris.

Macciocchi Maria-Antonietta (1971), *De la Chine*, Seuil, Paris.

Massip Roger (1973), *La Chine est un miracle*, Grasset, Paris.

Monzie Anatole de (1924), *Du Kremlin au Luxembourg*, Delpeuch, Paris.

Ory Pascal et Sirinelli Jean-François (1992), *Les Intellectuels en France de l'affaire Dreyfus à nos jours*, Armand Colin, Paris.

Peyrefitte Alain (1973), *Quand la Chine s'éveillera… le monde tremblera*, Fayard, Paris.

Reszler André (1980), « Mythe et utopie », *Revue européenne des sciences sociales*, n° 53, p. 75-84.

Sartre Jean-Paul (1960), « Ouragan sur le sucre », *France-Soir*, 29 juin-15 juillet.

Verdès-Leroux Jeannine (1985), *Le Réveil des somnambules. Le parti communiste, les intellectuels et la culture (1956-1985)*, Fayard, Paris.

— (1989), *La Lune et le Caudillo. Le rêve des intellectuels et le régime cubain (1957-1971)*, L'Arpenteur, Paris.

67

Communisme et anticommunisme

Sophie Cœuré

Curieux destin que celui du terme « anticommunisme ». Pour n'avoir véritablement vécu qu'une soixantaine d'années — si l'adjectif et nom « anticommuniste » semble être apparu en même temps que le premier communisme, vers 1840, le terme d'« anticommunisme » ne fut d'usage courant que de la fin des années 1920, voire des années 1930, à celle des années 1980 [Rey, 1992 ; Bourgeois, 2000] —, il n'en peut pas moins être considéré comme « une des clés d'explication de la France depuis la Première Guerre mondiale » [Berstein et Becker, 1987]. La particularité première de l'anticommunisme, par rapport à d'autres mobilisations fondées sur un refus partagé, fut incontestablement d'avoir été largement construit par son adversaire lui-même, le parti communiste français. L'anticommunisme naquit en effet en même temps que le communisme au sens où nous l'emploierons désormais, c'est-à-dire la force politique cristallisée et dirigée par le parti communiste français (SFIC, Section française de l'Internationale communiste, puis PCF) en 1920. Il s'agit donc de s'interroger sur la particularité d'un parti qui, à gauche, s'est défini presque aussi fortement par la lutte contre ses ennemis, rassemblés sous l'étiquette unique d'« anticommunistes », que par son projet. Instrument de combat du PCF, l'anticommunisme marqua aussi l'efficace appropriation par celui-ci du terme de « communisme », en un combat inégal avec les communistes dissidents. Le Cercle communiste démocratique des années 1930 ou la Ligue communiste révolutionnaire des années 1970 seront ainsi comptés, par une victoire quasi posthume du PCF, parmi les forces « anticommunistes ». Cette « formule déposée par le mouvement communiste » [Becker, 2000a] évolua en fonction d'enjeux intérieurs à la France, mais aussi des relations réelles et perçues entre le communisme français et l'Union soviétique, en lien étroit avec d'autres catégories apparues simultanément, tel l'antisoviétisme, ou plus tardivement, comme l'antifascisme, l'antitotalitarisme ou l'antistalinisme.

Ainsi s'efforcera-t-on de suivre, au fil de ce court XXe siècle, l'évolution des anticommunismes tels qu'ils furent successivement désignés par le parti communiste français, et des refus ou des oppositions au communisme qui voulurent se définir par eux-mêmes. On s'attachera à rassembler les lignes de force encore éparses — les rares synthèses portant sur l'entre-deux-guerres [Berstein et Becker, 1987] ou sur les années 1950 [Grémion, 1995] — des anticommunismes des gauches et des extrêmes gauches. On s'interrogera sur leur relation dialectique avec cette étiquette, plus souvent refusée que revendiquée, et sur leur impossible alliance face à la force de frappe partisane et idéologique du PCF. Le jeu des accusations et des catégories stigmatisantes, dont les contemporains usèrent largement dans le combat politique écrit et oral, signale la difficulté à faire une sociologie politique de l'anticommunisme, dont l'étude n'a jamais été véritablement tentée. L'opprobre jetée sur le terme même par le PCF et l'absence de mouvement anticommuniste constitué comme tel, *a fortiori* comme parti ou comme force électorale, ont certes empêché le traitement quantitatif et la délimitation de grands massifs d'opinion, mais la longue illégitimité de l'anticommunisme, y compris dans les milieux universitaires, n'a pas été sans jouer son rôle dans la rareté des recherches sur cette question avant la dernière décennie du XXe siècle. Quelques grandes figures intellectuelles, parmi lesquelles les « ex » du parti forment une catégorie particulière, jouent ainsi un rôle essentiel dans la compréhension de l'anticommunisme de gauche, caractérisé par le petit nombre de ceux qui tentèrent de le penser et de le diffuser.

L'invention de l'anticommunisme et le spectre d'Octobre (1917-1934)

L'antibolchevisme, précurseur en bien des points de l'anticommunisme, naît dès la mise en place du pouvoir bolchevique à Petrograd, puis à Moscou nouvelle capitale de la République soviétique. C'est en effet dans le contexte de l'intervention alliée dans la guerre civile russe, et notamment de la France aux côtés des adversaires du bolchevisme, que se met en place un premier discours politique à destination des opinions de gauches étrangères [Cœuré, 1999]. Lénine oppose en novembre 1918 le « bacille du bolchevisme » à la « muraille de Chine » élevée par les capitalistes étrangers. Les premiers communistes français de Russie, les délégués aux congrès fondateurs de l'Internationale communiste en 1919 et 1920 relaient alors auprès des radicaux, des socialistes et des libertaires français les appels à la solidarité pour défendre le jeune régime combattu et diffamé par la bourgeoisie, et briser le blocus matériel et intellectuel qui l'entoure. L'antibolchevisme de droite incarné par l'affiche de « l'homme au couteau entre les dents » joue un rôle incontestable dans la victoire du Bloc national aux élections de 1919. Le répertoire d'images négatives de la Russie révolutionnaire — anarchie économique, tyrannie, terreur, disparition des valeurs morales — qui se met alors en place sera utilisé jusqu'au début des années 1930 pour appuyer la dénonciation par la droite du danger de « bolchevisation de la France ». Dans le même temps, et quelle que soit la focale des sources d'observation — presse, rapports de police, correspondances privées… —, la révolution russe suscite dans le mouvement ouvrier français un mouvement général de curiosité favorable, d'espoir et de défense [Kriegel, 1964] qui n'oblitère pas toutefois les premières critiques portées sur l'absence de démocratie en Russie, notamment par les socialistes Jean-Baptiste Séverac et Albert Thomas.

Si la défense de la République des soviets marque l'ensemble des interventions au congrès de Tours, en décembre 1920, si Léon Blum tente de minimiser la scission, simple « querelle de famille » entre frères divisés, l'unanimité de ce premier « anti-antibolchevisme » défensif à gauche se trouve remise en cause par la naissance d'un parti de type nouveau, Section française de l'Internationale communiste (IC ou Komintern). Les « 21 conditions » imposées par la direction de l'IC à l'admission des sections nationales impliquent simultanément la création d'un « appareil d'organisation illégal », une « discipline de fer » dans le cadre du centralisme démocratique, la purge régulière des « éléments petits-bourgeois », l'aide et secours à la République des soviets [citées par Santamaria, 1999]. Jusqu'en 1934, le PCF se construit comme un isolat dans la vie politique française, malgré la tentative de « front unique » en 1925-1926. Militants et dirigeants sont éprouvés à l'aune d'une culture de combat obsidionale qui se construit en miroir de l'« *habitus* anticommuniste » [Monier, 2000] de l'État, et des tentatives successives pour proposer une réponse répressive légale au danger politique et social tel qu'il est perçu par les gouvernements et la magistrature. L'argumentaire anticommuniste de droite, appuyé sur la peur de la révolution, développe les thèmes d'un parti antipatriotique et étranger aux valeurs nationales, amenant Albert Sarraut, ministre radical de l'Intérieur du gouvernement Poincaré, à dénoncer en avril 1927 cette « entreprise universelle de désagrégations nationales et sociales. [..] le communisme, voilà l'ennemi ! » L'anticommunisme s'impose dans les imaginaires sociaux pour y jouer un rôle sans doute bien supérieur au poids réel du PCF mesuré à l'aune électorale, et contribue en retour à forger l'identité militante.

Dans le cadre de plus en plus directif imposé par Moscou, notamment après l'arrivée en France en 1931 de l'émissaire de l'IC auprès du PCF, Eugen Fried, se noue alors une rhétorique serrée qui lie en une solidarité obligée les cinq termes suivants : la défense du parti communiste, de la paix, de la classe ouvrière, de la légitimité marxiste et du régime soviétique. Ce discours s'accompagne de l'invention de ce que Raymond Aron [1955] appellera plus tard les « techniques d'action » et les « techniques d'infiltration » du PCF, avec notamment l'appel à la solidarité ouvrière face à la répression qui frappe les communistes, la violence physique et verbale, l'amalgame entre toute critique de gauche et l'ennemi de droite, « fasciste », « impérialiste » et « capitaliste ». Il ne s'agit pas, pour autant, uniquement de menaces ou de chantage du PCF, mais aussi de sensibilités politiques qui, par exemple chez les paysans de Dordogne et du Limousin [Boswell,

1998], bloquent l'expression de critiques envers la doctrine ou le fonctionnement du parti, en reconnaissant le communisme comme le meilleur défenseur de la paix, de la justice sociale, et surtout comme le porte-parole français d'une révolution russe qui prend peu à peu figure de mythe. La question de l'URSS, patrie de la révolution prolétarienne, s'impose en effet dans cette période comme le point d'achoppement d'une mise en action politique cohérente d'un anticommunisme qui se développe en ordre dispersé à gauche. Ainsi chez les radicaux : si le net rejet idéologique du communisme décline quelques valeurs fortes de la République — défense de la patrie, de la propriété, des libertés, de l'œuvre coloniale —, Édouard Herriot est le premier, au retour de son voyage à Moscou de 1922, à défendre la reconnaissance de l'URSS par la France en 1924 et ne se départit pas d'une attitude pragmatique envers les soviets, tant sur le plan économique que diplomatique. Bien des sympathisants radicaux s'engagent dans les associations de rapprochement avec l'Union soviétique [Cœuré, 1999]. Mais le philosoviétisme anticommuniste ainsi esquissé et vécu, qui introduit un coin dans l'équivalence absolue posée par le PCF entre la défense du parti et celle de l'URSS, ne peut déjà plus être politiquement formulé. Le problème de l'anticommunisme se pose beaucoup plus crûment encore pour la SFIO. L'âpre controverse doctrinale [Berstein et Becker, 1987 ; Winock 1999], dans laquelle la dénonciation des erreurs et des crimes du bolchevisme (particulièrement la persécution des socialistes révolutionnaires en Russie) répond aux accusations de « social-fascisme » répétées par le PCF, s'accompagne bien souvent d'affrontements entre militants. Mais les militants ou électeurs socialistes, qui partagent avec les communistes l'objectif de l'instauration d'une société socialiste dans l'avenir, savent aussi que les dirigeants du parti n'ont pas tous abdiqué l'espoir de réconciliation entre frères ennemis initié par Léon Blum à Tours. Ils devraient donc, alors que le discours communiste s'efforce de les en empêcher, réussir à opérer une délicate dissociation entre le présent et le passé, entre d'un côté la critique argumentée de l'expérience soviétique telle qu'elle est portée notamment dans *Le Populaire* par le social-démocrate russe exilé Oreste Rosenfeld, de l'autre la fidélité au prolétariat russe libéré, incarné par la figure de Lénine. La critique du parti communiste par la SFIO ne peut dès lors se cristalliser en « anticommunisme » revendiqué, pas plus que ne le peut, par des mécanismes intellectuels et affectifs analogues, celle des libertaires. Développant un argumentaire critique du marxisme, puis une condamnation réitérée et bien documentée du système soviétique dès 1918-1920, mais défendant un projet de société « communiste » et révolutionnaire, les anarchistes français sont de surcroît handicapés par leur refus de s'insérer dans le jeu des institutions démocratiques [Boulouque et Gomolinski, 2000].

Ces années de jeunesse d'un parti communiste français qui « se construit en s'épurant » [Dreyfus, 1990] sont enfin celles qui voient le premier et décisif échec des dissidents et des exclus à reconstruire un communisme hors de la IIIe Internationale. La variété des modalités des départs, individuels ou massifs (au moins une dizaine de milliers de membres pour un parti qui en a 55 000, à la suite de l'interdiction faite aux communistes d'appartenir à la franc-maçonnerie ou à la Ligue des droits de l'homme en 1923), la diversité des divergences, tant doctrinales que de tactique syndicale, municipale, etc., donnent à la population des ex-communistes son extrême hétérogénéité. Cette génération des pionniers du parti a cependant pour point commun, à l'échelle des dirigeants tout au moins, sa volonté de poursuivre la lutte pour un autre parti ou d'autres structures communistes [Panné 1993 ; Charpier, 2002] : le parti communiste unitaire de Louis-Oscar Frossard, devenu Union socialiste communiste, puis Parti socialiste communiste, la revue « communiste-syndicaliste » qu'est *La Révolution prolétarienne* fondée par Alfred Rosmer et Pierre Monatte en 1925, ou encore le Cercle communiste Marx-Lénine, puis Cercle communiste et démocratique de Boris Souvarine et Colette Peignot, rompant avec la Ligue communiste créée par les trotskistes français en 1930. Stigmatisés comme « anticommunistes » par le PCF — qui leur réserve largement, dans cette période, le terme lui-même —, tous s'en défendent vigoureusement pour dénoncer à leur tour les « soi-disant partis communistes [...] annexes de l'État soviétique » (Boris Souvarine). Mais les divisions politiques et personnelles, l'absence de l'organisation rigoureuse et de l'appui financier que Moscou met en place au même moment dans la section française de la IIIe Internationale, la diffamation des « traîtres » et « renégats » qui quittent le parti ou en sont exclus, ne permettent à aucune opposition de capter au détriment du PCF la jeune légitimité du « communisme » et de la révolution russe. L'anticommunisme de gauche qui émerge alors demeure honteux et divisé ; il sera aisément vaincu ou neutralisé par l'alliance antifasciste, constituant un « patrimoine de la gauche antistalinienne » [Bourgeois, 2000] qui allait demeurer inutilisé pendant plusieurs décennies.

L'IMPOSSIBLE ANTICOMMUNISME DE GAUCHE : LA PUISSANCE DE L'ANTIFASCISME (1934-1947)

Ces facteurs de faiblesse de l'anticommunisme des gauches françaises structurent encore largement les années 1930, avec toutefois un équilibre des forces substantiellement modifié par l'apparition de l'antifascisme, nouvel argument et nouvel enjeu dans les décisions partisanes et individuelles, après les revirements tactiques de la diplomatie soviétique envers les démocraties, et de l'Internationale communiste envers les gauches occidentales [Ceplair, 1987 ; Dullin, 2001]. Bâtis entre le début des années 1930 et 1939, cristallisés dans la politique des Fronts populaires, le discours antifasciste communiste et les modes d'action qui l'accompagnent vont résister au rapprochement soviéto-hitlérien et au retour de la « lutte anti-impérialiste » en 1939-1941 pour s'épanouir avec la Résistance. Le parti communiste tentera alors de les perpétuer après 1947 par un transfert du fascisme hitlérien au « fascisme américain ». L'antifascisme apparaît au moment du Front populaire comme le dénominateur commun de l'alliance du PCF avec des partis de gauches, socialistes ou radicaux, récemment vilipendés. Un même discours cimente les valeurs renouvelées d'un communisme français républicain et patriote, la lutte contre l'ennemi fasciste intérieur ou extérieur, et la défense du sanctuaire soviétique dont l'image s'identifie progressivement avec celle du vainqueur du nazisme. L'organisation en cercles concentriques, allant du centre aux organisations de masse, aux comités et aux réseaux intellectuels prestigieux, guidés explicitement ou clandestinement par le PCF et le Komintern, se met en place avec des moyens financiers et humains inégalés entre 1931 et 1939, période qu'Arthur Koestler [1950], qui en avait été l'un des acteurs, évoquera comme la « décade rose... saturée de congrès d'écrivains progressistes, de théâtres expérimentaux, de comités pour la paix et contre le fascisme, de sociétés de relations culturelles avec l'URSS ».

Dans l'agenda de l'anticommunisme français, la réception par l'opinion de gauche de la réponse communiste et soviétique à la menace fasciste, enjeu européen avec l'arrivée d'Hitler au pouvoir et les guerres d'Éthiopie et d'Espagne, enjeu intérieur avec la journée du 6 février 1934, marque alors un tournant. Elle structurera durablement l'identité politique de plusieurs générations militantes. Le pacte d'unité d'action signé entre le PCF et la SFIO le 27 juillet 1934 devient la date symbolique du combat commun. La dénonciation de l'instrumentalisation de l'antifascisme, cheval de Troie du Komintern et de l'Armée rouge réunis, devient dans le même temps, symétriquement, un argument de l'anticommunisme de droite, largement utilisé dans les débats politiques du Front populaire puis par les doctrinaires de Vichy, bien avant de devenir un sujet de débats historiographiques [Berstein et Becker, 1987 ; Furet, 1995]. L'alliance antifasciste des années 1930-1940 se construit ainsi à la fois sur des valeurs partagées, transcendant l'opposition entre régimes bourgeois et socialiste, et sur une « force d'intimidation » (François Furet) politique et sentimentale qui désigne comme fasciste toute critique de l'Union soviétique comme du communisme. Profondément ressentie, vécue sur le terrain par des contacts avec un PCF aux effectifs décuplés, la nécessité d'une politique unitaire antifasciste à gauche étouffe l'écho de l'interrogation sur les procès de Moscou émise en ordre dispersé à gauche, limite la critique portée par les retentissants « retours d'URSS » d'André Gide ou du mineur CGT Kléber Legay [Cœuré, 1999], et stérilise l'expression des divergences théoriques entre marxisme et léninisme. Elle laisse peu d'espace aux oppositionnels qui, tel Boris Souvarine, ne souhaitent ni cautionner les organisations de masse considérées par lui comme des annexes du parti ni gagner la SFIO où se rejoignent de nombreux dissidents du parti communiste, comme par exemple André Ferrat après l'échec du groupe Que faire et du *Drapeau rouge*, « journal communiste révolutionnaire » [Dreyfus, 1990]. Les divergences d'analyse de la nature du régime soviétique, mais surtout de la politique de Front populaire accentuent également la désunion de l'« opposition de gauche » trotskiste et la faiblesse de la IVe Internationale fondée en 1938, dont sera par exemple écarté le Parti communiste internationaliste, né en 1936. Affaibli par les coups portés depuis Moscou au trotskisme européen, qui aboutiront à l'élimination physique de son chef au Mexique en 1940, le trotskisme français ne rassemble en 1939 que quelques centaines de militants. C'est l'échec d'une opposition au PCF qui aurait voulu capter la légitimité du mot même de « communisme » et de la puissance émotionnelle du souvenir d'Octobre.

Point fort de l'anti-anticommunisme, le lien entre les orientations du PCF et la politique extérieure de l'Union soviétique devient cependant dans le même temps son talon d'Achille. Si la peur du désordre social contribue largement à la conquête du parti radical par l'anticommunisme entre 1936 et 1939 et à l'échec de Léon Blum [Berstein et Becker, 1987], la menace d'un « parti de l'étranger » portant la guerre en France pour des intérêts extérieurs à ceux de la nation est bien l'obstacle majeur à l'unanimisme antifasciste. L'articulation entre enjeux intérieurs et extérieurs devient plus évidente avec la signature d'un pacte franco-soviétique en 1935. Malgré les efforts dialectiques et organisationnels du Komintern (avec le Rassemblement universel pour la paix, le RUP) pour lier « front de la paix » et possibilités de guerre, le retournement stratégique du PCF sur la question de l'antimilitarisme, du patriotisme, de la sécurité et d'un réarmement français désormais appuyé par Staline, est une épreuve pour bien des militants communistes imprégnés du souvenir vécu ou transmis de la « grande boucherie » de 1914-1918. Il renforce la méfiance de l'extrême gauche libertaire et nourrit — sans en épuiser tous les mécanismes — la lutte contre le « bellicisme moscoutaire » menée par l'ex-communiste Jacques Doriot depuis 1934 et l'argumentaire anticommuniste du Parti populaire français (PPF) [Burrin, 1986 ; Santamaria, 2002]. L'anticommunisme et le pacifisme se rencontrent alors d'une manière inédite à gauche, particulièrement chez les instituteurs et les intellectuels, entraînant ruptures et crises au Comité de vigilance des intellectuels antifascistes (CVIA) ou à la Ligue des droits de l'homme (LDH). La crise tchécoslovaque et les accords de Munich en 1938 aggravent les dissensions à l'intérieur de la gauche. La défense de la paix est au cœur des tendances qui s'expriment à la SFIO, divisée par le néosocialisme de Marcel Déat, menée au bord de l'éclatement par Paul Faure et Jean-Baptiste Séverac, ou à la CGT avec l'hebdomadaire *Syndicats* de René Belin, même si cet anticommunisme de gauche se nourrit aussi des divergences idéologiques et de la méfiance envers la prise de contrôle progressive par le PCF des partis, des syndicats et des organisations. C'est cette ligne de fracture qu'il faut explorer pour comprendre le glissement, pendant le second conflit mondial, d'une minorité de la gauche française fidèle au pacifisme intégral vers un anticommunisme cette fois revendiqué, légitimé par les pouvoirs publics vichystes, et qui devient pour certains une étape vers la complicité collaborationniste.

Entre le Pacte germano-soviétique et l'invasion de l'URSS par Hitler en juin 1941, la France connaît un moment d'apogée anticommuniste, résultat d'abord de la répression inaugurée par le gouvernement de Daladier. L'interdiction du PCF et des organisations de masse est suivie de milliers d'arrestations et du procès des députés poursuivis pour avoir soutenu les propositions de paix d'Hitler en octobre 1940. L'effondrement de l'organisation s'accompagne d'une profonde crise intérieure liée à l'abandon de la ligne antifasciste et aux analyses du Komintern de la « guerre impérialiste » renvoyant dos à dos, tels deux « gangsters », les démocraties et l'Allemagne nazie. Pour autant, les militants et les élus qui quittent alors le parti par flux successifs sont loin d'être mécaniquement récupérés par l'éphémère Parti ouvrier et paysan français créé par l'ancien membre du bureau politique Marcel Gitton ni par le PPF de Jacques Doriot, malgré ses efforts pour capter les déçus du communisme dont il espère qu'ils connaîtraient le même symptôme de retournement et de vengeance que lui et pourraient le suivre dans sa croisade contre le bolchevisme. Ces années sont bien souvent vécues à gauche comme un moment d'attente et d'épreuve, soldé avec soulagement pour certains, avec difficultés pour les militants les plus marqués par l'internationalisme et le pacifisme de gauche [Burrin, 1986 ; Santamaria, 2002], par le retour à un combat antifasciste cette fois armé, concilié sans ambiguïtés avec la défense de la patrie. L'engagement communiste dans la lutte intérieure s'accompagne de l'efficacité du PCF clandestin pour le contrôle des mouvements et des réseaux, et d'une reconstruction mémorielle précoce opérée sur la période 1939-1941. Il entreprend de donner au parti communiste un monopole politique et moral sur la Résistance et gomme notamment le rôle des mouvements résistants qui s'enracinaient dans des tentatives de synthèse à la fois nationalistes, anticommunistes et anticapitalistes, issues des années 1930. De nouveau et pour longtemps, le rapport entre droites et gauches est polarisé autour du fascisme et du communisme [Furet, 1995].

Dans la France de la Libération, le pacte qui lie la défense du communisme, de l'URSS et des valeurs de l'antifascisme, refondé dans le souvenir des martyrs français et soviétiques, semble conforté par l'accord diplomatique signé par De Gaulle en 1944. Ces années d'immédiat après guerre voient le PCF renoncer à l'insurrection sans pour autant abandonner l'idée d'une « démocratie nouvelle et populaire » [Buton, 1993], entrer au gouvernement, et se placer à la tête de la bataille de la production. La conciliation heureuse par le communisme de la « passion soviétique », avec la « passion du social » et la « passion française » [Lazar, 2002] enracinée dans la mythologie de la Révolution française et de la République, fait efficacement obstacle à l'expression de l'anticommunisme. Chez les intellectuels, hantés par le spectre de la trahison, l'expression critique de ce « parti pas comme les autres » devient quasi impossible. « L'anticommunisme est la force de cristallisation nécessaire et suffisante d'une reprise du fascisme », peut ainsi écrire Emmanuel Mounier dans la revue *Esprit* en 1946 [cité par Khilnani, 1993]. L'alliance de l'influence au sein même de l'État et de la légitimité nationale permet au PCF, réutilisant l'argumentaire de l'« hitléro-trotskisme » testé après les procès de Moscou, de favoriser l'étroite surveillance des trotskistes qui refusent toujours de répudier la stricte équivalence entre fascisme expansionniste et capitalisme impérialiste, et de combattre leurs quelques listes aux élections de 1945 et 1946. La répudiation du pacifisme par le « national-thorézisme » [Annie Kriegel, *in* Courtois et Lazar, 1991] sert aussi au

PCF dans sa rivalité avec les socialistes. La SFIO participe du mouvement général de philosoviétisme et peine à se reconstruire malgré l'épuration rigoureuse, menant notamment à l'exclusion des paul-fauristes, organisée par le secrétaire général Daniel Mayer. L'alliance gouvernementale tripartite, concrétisée par des réformes économiques et sociales qui semblent offrir sa revanche au Front populaire, la ferme dénonciation de l'anticommunisme par Daniel Mayer ne suffisent pas cependant à annihiler les réticences à l'« unité organique », qui, telle que la proposait le parti communiste, aurait signifié en réalité une absorption pure et simple, et que rejette le congrès de la SFIO d'août 1945. La réflexion sur le marxisme menée par Léon Blum avec *À l'échelle humaine*, sa dénonciation du PCF « parti nationaliste étranger », les attaques menées dans *Le Populaire* par André Le Troquer, rappelant le Pacte germano-soviétique et la désertion de Maurice Thorez en URSS pendant la guerre, ou celles d'Édouard Daladier, qui relance le débat sur le Pacte germano-soviétique, marquent nettement une « remontée de l'anticommunisme » [Becker, 2000b] à gauche. Un anticommunisme que le retournement politique de 1947 ne fera pas totalement sortir de l'ambiguïté.

Les ambiguïtés de l'anticommunisme de gauche : l'« interminable ravaudage » (1947-1974)

La crise ministérielle de mai 1947 et l'exclusion des ministres communistes par Paul Ramadier, l'entrée du communisme international dans la guerre froide symboliquement marquée par la naissance du Kominform en septembre de la même année et le refus par l'URSS du plan Marshall inaugurent une période marquée, pour le PCF, par l'alliance paradoxale de la puissance apparente — il demeure sans discontinuité, jusqu'aux élections législatives de 1973, le premier parti de la gauche française — et de l'isolement. La solidité de la « contre-société » communiste, numériquement et géographiquement beaucoup plus étendue que dans les années 1930, s'appuie sur les mécanismes déjà éprouvés de l'obéissance militante, ainsi explicitée par Maurice Thorez en juillet 1956 : « Nous ne reconnaissons pas aux hommes dont les interventions à l'intérieur du parti convergent avec les attaques lancées du dehors par nos ennemis la liberté de propager dans nos rangs leurs conceptions destructives et anticommunistes. Mieux, nous prenons la liberté de les mettre hors du parti » [cité par Fauvet et Duhamel, 1964]. L'attraction des organisations de masses et d'une CGT qui a bien surmonté les résistances à l'emprise communiste exprimées par la scission de Force ouvrière en 1948, l'image favorable de la gestion de ses municipalités par le parti pallient quelque peu l'effet de ghetto créé par son extrême agressivité politique et son projet même. « Il y a trop de paysans propriétaires et de petits bourgeois hostiles aux rouges pour que, dans les campagnes les moins évoluées, le parti des mécontents rallie plus qu'une importante minorité. La volonté de maintenir un certain style de vie s'affirme dans toutes les classes de la population assez fortement pour que les départements de civilisation industrielle n'accordent pas aux communistes beaucoup plus que le tiers des suffrages », annonce lucidement Raymond Aron dans *L'Opium des intellectuels* en 1955. L'« ingénierie sociale » [Santamaria, 2002] du parti s'articule avec une idéologie qui manie plastiquement les arguments de la mémoire résistante, de la dénonciation d'un fascisme identifié à l'ennemi du moment (les partisans de Tito en 1948, De Gaulle en 1958), de la lutte contre la guerre impérialiste, assimilée à l'atlantisme et à la politique étrangère américaine. Elle s'articule également avec la solidarité envers ceux qui sont présentés comme les victimes de l'anticommunisme international, ainsi les époux Rosenberg aux États-Unis. Les artistes et intellectuels communistes jouent un rôle important dans ce dispositif et forment un cercle si prestigieux, que l'on a longtemps pu croire, à tort, qu'ils étaient majoritaires [Verdès-Leroux, 1983 et 1985]. Le magistère communiste sur l'*intelligentsia* française s'exprime fréquemment par l'invective, que l'on songe à l'insuccès des romanciers réalistes socialistes français attribué par eux-mêmes à l'« anticommunisme sectaire », ou au fameux et tardif « un anticommuniste est un chien » de Jean-Paul Sartre, mettant en scène, douze années après, sa « conversion » au communisme pendant la guerre de Corée [Sartre, 1964]. Il se lira longtemps dans la défense inconditionnelle du mythe d'Octobre et des succès économiques soviétiques. Les neutralistes des années 1950, le philosophe Maurice Merleau-Ponty prônant l'« a-communisme » et les progressistes de la revue *Les Temps modernes* refusant de choisir entre États-Unis et URSS font partie de ces « Ponce-Pilate de l'histoire » [Pierre Emmanuel dans *Esprit* en 1956, cité par Grémion, 1995] qui bâtissent un glacis protecteur du communisme. Ainsi, le refus du communisme par les trois quarts de l'électorat français, les poursuites judiciaires et policières accompagnées de menaces d'interdiction du PCF, les sévères crises internes du parti et les atteintes répétées à l'image de l'URSS ne rompent pas le tabou politique et moral de l'anticommunisme, qui donnait à Raymond Aron l'occasion d'écrire au début des années 1950 : « Aujourd'hui, le parti communiste empêche la formation d'une gauche non stalinienne » [Aron, 1955].

Raymond Aron soulignait dans ce même ouvrage, comme une victoire du PCF, l'absence d'« authentiques discussions » dans un espace idéologique fait de « monologues alternés », remarque qui fait écho à celle de Louis Aragon, réagissant aux ironiques remarques de François Mauriac et de quelques autres sur son poème « Il revient », écrit au retour de Maurice Thorez alors soigné en Union soviétique : « Devant leur anticommunisme, j'avoue que je me suis senti aussi stupide que les gens de Vichy devant le patriotisme. Que voulez-vous, l'anticommunisme est un "sentiment" qui m'est fermé » [Aragon, 1953]. L'ébranlement de ce cloisonnement peut toutefois être éprouvé à l'aune de deux dangers qu'affronte le parti communiste. Il est menacé successivement dans sa volonté d'incarner la démocratie et l'espérance révolutionnaire, avec la menace inédite de la construction d'un antisoviétisme antitotalitaire d'une part, et, de l'autre la concurrence déjà éprouvée, mais profondément renouvelée par les évolutions internationales et intérieures, qu'allait lui porter l'extrême gauche dans le champ même du marxisme et du « communisme ». L'élaboration d'une pensée critique du système soviétique dans sa dimension répressive s'appuie en effet, dans les années 1950, sur un contexte international qui renouvelle et renforce l'un des points forts de l'argumentaire anticommuniste qu'est la soumission du PCF à l'URSS. La division de l'Europe en deux blocs, les crises successives de sa partie communiste (les condamnations à mort des dirigeants hongrois et bulgares en 1948, la scission titiste, la répression des grèves à Berlin en 1953, puis de l'insurrection hongroise, et l'autocritique antistalinienne vécue par l'URSS avec le rapport Khrouchtchev en 1956, l'échec de la rénovation tchécoslovaque en 1968), mais aussi l'occultation du génocide des Juifs d'Europe dans la relecture de la guerre mondiale faite par les partis communistes [Chaumont, 1997] contribuent à détruire l'espace d'une fraternité européenne antifasciste partagée. La gauche française se met à douter, selon des rythmes inégaux, du bonheur soviétique, et trouve des éléments de débat dans des témoignages venus de l'intérieur même du système, dont la diffusion est sans commune mesure avec celle des ouvrages critiques de l'avant-guerre : *Le Zéro et l'Infini* d'Arthur Koestler en 1945, *J'ai choisi la liberté* de Victor Kravchenko en 1947 [vendus respectivement à 420 000 et 503 000 exemplaires en dix ans, d'après Judt, 1992], *Le Dieu des ténèbres (The God that Failed)*, en 1950, dans lequel Arthur Koestler, Ignazio Silone, Richard Wright, André Gide, Louis Fischer, Stephen Spender proposent la première autocritique de l'antifascisme européen, ou encore *La Pensée captive. Essai sur les logocraties populaires* par Czeslaw Milosz en 1953. Dans le même temps, la politique culturelle et idéologique américaine finance et parfois suscite les initiatives qui tentent de dégager la gauche européenne, et particulièrement ses intellectuels, de l'attraction communiste [Grémion, 1995 et 2000]. Il s'agit d'éviter d'entrer dans le jeu d'une réponse inversée à la propagande communiste, qu'incarnaient par exemple les affiches et brochures du mouvement Paix et Liberté, opération lancée au début de la guerre de Corée par René Pleven en réponse au Mouvement des partisans de la paix et coordonnée par le secrétaire général du Rassemblement des gauches républicaines, Jean-Paul David. Les années 1950 et 1960 voient naître des revues qui ont pour point commun la rencontre parfois durable, parfois ponctuelle, entre des anticommunismes politico-intellectuels d'origine très diverse : socialistes et ex-communistes comme Angelo Tasca fondent ainsi ensemble *Franc-Tireur* ; transfuges du PC et dissidents du trotskisme se retrouvent sur d'autres bases à *Socialisme ou Barbarie* (1949) de Cornelius Castoriadis et Claude Lefort, ou plus tard à *Arguments* (1956). David Rousset, ancien du trotskisme et de l'éphémère Rassemblement démocratique révolutionnaire, rejoint des oppositionnels de longue date du PC (Boris Souvarine, fondateur du *Contrat social* en 1957) ou beaucoup plus jeunes (Annie Kriegel, François Furet), des socialistes, des libéraux (Raymond Aron), des gaullistes et des démocrates-chrétiens dans la revue phare du Mouvement pour la liberté de la culture qu'est *Preuves* (1950).

La pertinence de la dénonciation du système concentrationnaire, de la critique de la société soviétique « bureaucratique » ou « totalitaire » et de la réflexion sur la démocratie, alliée à l'influence intellectuelle de personnalités comme Raymond Aron, Isaac Deutscher, puis François Fejtö, participent de la naissance, dans les années 1960, d'une « deuxième gauche » qui ne se voudrait ni colonialiste ni communiste, et s'exprime par exemple dans *Esprit*, s'éloignant du philocommunisme à la fin des années 1950 [Rieffel, 1993]. Pour autant, le contrepoids politique proposé à l'attraction du communisme ou du progressisme demeure faible, d'autant que cet anticommunisme hétérogène est aisément critiqué (ainsi par Jean-Paul Sartre pour qui *Preuves* est une « revue pétainiste » [cité par Grémion, 1995]) pour les financements de la CIA, révélés dans les années 1960, ou les alliances souterraines avec d'anciens pacifistes collaborateurs comme Georges Albertini, ancien chef de cabinet de Marcel Déat et fondateur du *Bulletin d'études et d'informations politiques internationales* (BEIPEI), devenu *Est-Ouest*. Ce vivier intellectuel ne vient qu'imparfaitement nourrir le pôle nouveau de l'anticommunisme de gauche qu'est le syndicat Force ouvrière, marqué lui aussi par la concurrence entre diverses sensibilités — socialistes, d'extrême gauche ou conservatrices —, et handicapé par un faible potentiel d'action [Bergounioux, 1982]. La gauche institutionnelle traditionnelle, socialiste et radicale, demeure dans son rapport avec l'Union soviétique, dominée par l'admiration et le pragmatisme (Édouard Herriot faisant mettre en berne le drapeau de l'Assemblée nationale à la mort de Staline). Après avoir pris acte du changement de donne instauré par la Ve République, la recherche d'une perspective majoritaire passe d'autant plus par l'union de la gauche et l'unité d'action syndicale. La politique de rapprochement électoral menée dès 1962, le « dialogue idéologique » engagé en 1964 par la SFIO, qui vient éroder l'anticommunisme doctrinal établi en 1920, ne semblent pas contradictoire avec l'accueil d'exclus du communisme comme Auguste Lecœur ou Pierre Hervé et sont facilités par la présence d'hommes nouveaux comme Waldeck-Rochet et François Mitterrand [Bergounioux, 1996]. L'émergence du gauchisme et la crise de 1968 interrompent ce mouvement politique qui, une nouvelle fois, semblait sceller le refus de l'anticommunisme. En bousculant le jeu électoral et en offrant, en dehors des grands partis, une critique du PCF qui se saisit de la composante utopiste de la gauche que celui-ci monopolisait depuis cinquante ans, les mouvements gauchistes rejettent le parti dans l'archaïsme et le conservatisme. La séduction touche nombre d'intellectuels, au premier rang desquels Jean-Paul Sartre, entraînant *Les Temps modernes* dans le soutien au maoïsme. Le terme de « stalinien » devient une injure courante à gauche, et Louis Aragon, hué par les étudiants à l'Odéon début mai 1968, est l'un des premiers à en faire l'expérience. Les choix du PCF en mai-juin 1968 contraignent le parti à un difficile numéro d'équilibre, réaffirmant sa vocation révolutionnaire contre les accusations de trahison, mais demeurant dans la compétition électorale pour désamorcer la campagne anticommuniste qui se développe à droite et le désigne comme fauteur de la guerre civile. Sans être au cœur d'un combat dirigé d'abord vers la révolution, contre l'État colonialiste et capitaliste, contre les « fafs » d'extrême droite, la critique du PCF et de son « révisionnisme » demeure l'un des plus petits dénominateurs communs des mouvements trotskistes (ainsi la Ligue communiste née en 1969), maoïstes ou libertaires. La faiblesse des appareils, les multiples scissions, la divergence des analyses du stalinisme, la concurrence dans la revendication de l'héritage léniniste et de l'antifascisme les empêchent cependant de revendiquer un « anticommunisme » marqué à droite et de représenter une réelle concurrence pour le PCF. Celui-ci récupère même une partie des dividendes de la réactivation du mythe révolutionnaire, avec une nouvelle génération de jeunes adhérents, pour partie déçus du gauchisme. Le nouveau secrétaire général (adjoint en 1970, secrétaire général en 1972) du parti, Georges Marchais, relance avec succès la stratégie d'union de la gauche. Le parti communiste a une nouvelle fois triomphé de l'anticommunisme et isolé la concurrence gauchiste : en 1972, Jacques Duclos peut même se permettre de participer à un meeting commun de la gauche protestant contre la dissolution de la Ligue communiste [Charpier, 2002]. Il lui reste à renouveler une image durablement vieillie, à la fois par l'incapacité du parti à prendre en compte les mutations culturelles et sociales exprimées en 1968, et par la nouvelle crise de confiance des intellectuels envers l'« internationalisme prolétarien », marquée par la vague de débats internes et de départs qui suit l'invasion de la Tchécoslovaquie par l'Armée rouge [Grémion, 1985]. La gauche française poursuit ainsi l'« interminable ravaudage » [Furet, 1995] qui, entamé dans les années 1950, allait lui permettre de continuer à s'inscrire dans un patrimoine partagé avec le communisme, au-delà de toutes les divisions et de tous les « révisionnismes » des partis communistes européens.

L'anticommunisme exorcisé ? (1974-2002)

« L'embellie du communisme » [Courtois et Lazar, 1995] qui marque le début des années 1970 s'appuie sur une modernisation des modes de propagande du PCF, symbolisée par l'attitude de Georges Marchais envers les médias bourgeois. C'est en 1974 que l'image positive du PCF connaît son pic historique, avec 40 % de « bonnes opinions », contre 40 % également de « mauvaises » [Santamaria, 1999]. L'*aggiornamento*, pour reprendre un terme à la mode dans cette décennie, de la doctrine et du rôle du PCF dans le mouvement communiste international se nourrit de l'alliance entre PC et PS et d'une efficace insertion dans la vie politique, qui contraste avec l'isolement sectaire et violent de l'extrême gauche. Le renoncement au principe de la dictature du prolétariat en janvier 1976 s'accompagne de la participation à la réflexion sur l'eurocommunisme et de prudentes critiques de la politique soviétique et du stalinisme (Georges Marchais utilise officiellement le mot pour la première fois en 1975) comme « déviation » du socialisme. Avec François Mitterrand et le programme « Changer la vie », les déchirements doctrinaux hérités de Léon Blum s'effacent ; l'anticapitalisme et les références marxistes réaffirmées par les socialistes semblent légitimer le rapprochement entre PC et PS, où l'abandon tactique de l'anticommunisme entraîne quelques départs d'anciens militants de la SFIO, compensés par un large courant d'adhésions [Bergounioux et Grunberg, 1996]. L'efficacité de l'encadrement communiste et de sa pénétration dans les milieux culturels demeure sans égal. C'est en vain que le PS tente de les imiter par des structures successives d'« action culturelle » [Rieffel, 1993], d'autant que le PCF bénéficie également, avec retard, de l'ébullition des réflexions marxistes — pourtant largement développées en dehors de lui ou contre lui. La « marxisation » en profondeur des enseignants du secondaire caractérise en effet les années 1970 au moment où, comme le souligne Raymond Aron en 1983, la « haute *intelligentsia* » quitte les rivages du marxisme-léninisme pour « redécouvrir l'anticommunisme de la veille ou de l'avant-veille » [Aron, 1983].

Si Aron, du haut de ses « cinquante ans de réflexion politique », peine à voir les éléments de renouvellement de la vie politique française, il n'a pas tort de souligner que ce n'est pas tant la nouveauté des argumentaires critiques qui caractérise la seconde moitié des années 1970 et les années 1980 que leur réception médiatique et sociale massive, qui fait perdre pour la première fois au Parti communiste français l'initiative du débat et le place sur la défensive. Le mode argumentaire du PCF demeure en effet inchangé : affirmation d'une homogénéité intérieure (plus difficile cependant depuis l'abandon officiel des exclusions de dissidents en 1978), stigmatisation des critiques — ainsi les travaux de Jean-François Revel sont-ils qualifiés par Jean Elleinstein en 1976 d'« anticommunisme délirant » [Verdès-Leroux, 1985] —, désignation de tabous partagés et d'adversaires communs. L'« ennemi américain » [Roger, 2002] demeure le premier d'entre eux, et relaie l'anticolonialisme dans une solidarité renouvelée de la gauche française face à l'anticommunisme violent porté par les États-Unis en Amérique latine. En 1973, *Les Cahiers de l'Institut-Maurice-Thorez* [Duma et Varin, 1973] proposent un premier bilan de l'anticommunisme — qui « ne peut être que primaire » — par des historiens communistes, plaçant au premier plan son « caractère de classe » et puisant indifféremment dans la presse gaulliste, MRP, socialiste et d'extrême gauche un florilège de ses thèmes clés : dénonciation du parti de l'étranger, de la dictature, du sabotage, de la subversion, recours à l'antisoviétisme. L'article revient plus longuement sur la remise en cause du rôle du parti dans la Résistance. Car la mythologie antifasciste, autre élément essentiel du combat moral et politique partagé qui demeurait indispensable pour faire écran à l'anticommunisme de gauche, s'effrite dans ces années-là. L'effet de génération rend moins présent le prestige de la Résistance. Au brouillage de l'image antifasciste du PCF, engendré par ses crises internes elles-mêmes avec les exclusions successives d'anciens résistants dans les années 1950 et 1960 dans les affaires Lecœur, Guingouin, Tillon, Servin et Casanova, s'ajoute de plus, après 1970, la polémique, relayée à la fois par l'extrême gauche et l'extrême droite, sur le travail — volontaire ou non ? — de Georges Marchais en

Allemagne pendant la Seconde Guerre mondiale. Le PCF se voit ainsi moins bien armé pour résister au retour en force de la question du totalitarisme et à l'ombre portée de la comparaison entre nazisme et communisme. Le débat sur la répression politique et le système concentrationnaire vient cette fois d'hommes et de femmes qui, contrairement aux années 1950, sont reçus comme légitimes dans la vie politique française [Judt, 1992] : la parole critique ne vient pas d'ex-communistes hongrois, polonais ou grecs, mais de l'intérieur même du monde soviétique, et se fait entendre, après les premières expulsions de dissidents, directement en Occident. Le nom d'Alexandre Soljenitsyne, dont le premier tome de *L'Archipel du goulag* se vend en trois mois à 300 000 exemplaires en 1974, symbolise pourtant la difficulté qu'éprouve la gauche française à briser le tabou de l'antisoviétisme [Verdès-Leroux, 1985 ; Vaissié, 2000]. La mise en œuvre par le parti communiste du discours éprouvé alliant le discrédit (avec l'assimilation appuyée de Soljenitsyne à l'extrême droite) et la dénonciation d'une « campagne antisoviétique » trouve des échos dans la presse et les partis de gauche. Quant à l'anticommunisme de la droite au pouvoir, il demeure virulent (Michel Poniatowski, ministre de l'Intérieur, qualifiant en 1975, le PCF de parti « fascisant et totalitaire » [cité par Revel, 1976]), mais Valéry Giscard d'Estaing est loin de franchir le pas de l'antisoviétisme en politique extérieure. La gauche et l'extrême gauche, particulièrement actives dans l'accueil des premiers exilés [Charpier, 2002], s'efforcent en vain de repérer les « bons dissidents » restés marxistes, comme le mathématicien Leonid Plioutch qui se verra assigner un temps ce rôle. Les dissidents venus d'URSS expriment à l'inverse avec force le refus du choix obligé d'un camp, qui avait marqué la vie politique occidentale depuis 1945 : en 1976, Vladimir Boukovski proclame qu'il n'appartient ni au camp des réactionnaires ni à celui des révolutionnaires, mais au « camp de concentration ». En cela, ils permettent, non pas la fusion, mais la rencontre dans l'opinion et les médias de trois anticommunismes. C'est d'abord celui des « ex » du PCF, intellectuels ou « fils du peuple », dont les autobiographies se multiplient dans les années 1970 [Bernard Pudal, *in* Pennetier et Pudal, 2002], c'est ensuite celui des libéraux antitotalitaires, confortés dans leurs appels à la vigilance contre la menace soviétique par l'agressivité de l'URSS en Afghanistan (1979) et en Pologne (1981) et relayés par de nouveaux ouvrages et de nouvelles revues (*Les Origines du totalitarisme* d'Hannah Arendt, publié à New York en 1951, tardivement traduit en trois volumes chez trois éditeurs différents en 1972, 1973 et 1982, *Commentaire* en 1978), c'est celui enfin des « nouveaux philosophes ». Pour la plupart anciens maoïstes, ceux-ci font émerger, avec un succès éditorial considérable, une pensée radicalement critique du marxisme et d'une révolution exorcisée [Khilnani, 1993], qui se tourne vers le nouvel idéal des droits de l'homme. Si la désignation par le PCF d'un complot bourgeois ou « giscardien » semble tourner à vide, c'est bien l'édifice compact de l'anti-anticommunisme de gauche qui se fissure avec André Glucksmann dénonçant dans *La Cuisinière et le mangeur d'hommes* (1975) l'accord de l'homme de gauche et de l'homme de droite pour identifier l'État soviétique avec le socialisme, ou Jean-François Revel, prônant alors un « socialisme antistalinien » et demandant pourquoi, en système pluraliste, il serait impossible d'être anticommuniste en politique extérieure et procommuniste en politique intérieure, voire l'un et l'autre successivement [Revel, 1976, chapitre « La peur de l'anticommunisme »].

Ce nouvel ébranlement du mythe soviétique n'est sans doute pas étranger à la rupture de l'union de la gauche en 1977 et au nouveau courant de départs du PCF qui suit les élections de 1978. La « resoviétisation » du PCF [Santamaria, 1999], la proclamation fin 1978 par Georges Marchais du « bilan globalement positif du socialisme », l'échec de l'expérience gouvernementale des communistes en 1981-1984 contribuent à l'érosion militante et électorale du PCF. Celui-ci ne peut profiter du regain de la mobilisation « antifasciste » contre le Front national qui, dans les années 1980 et au début des années 1990, bénéficie d'abord à l'extrême gauche. Il reste que le ciment que représente pour la gauche l'existence d'ennemis communs fait longtemps obstacle à l'idée, pourtant développée avec succès dans les années 1970, que le communisme serait l'adversaire de la démocratie et des droits de l'homme, et non plus du capitalisme et de l'oppression. L'espoir d'une réforme intérieure du système soviétique, et d'un socialisme à « visage humain » qui maintiendrait l'alternative idéologique et géopolitique à la puissance américaine, renaît avec l'arrivée de Mikhaïl Gorbatchev au pouvoir et la *perestroïka*. En affirmant, non sans paradoxe, qu'en 1989, l'anticommunisme est « sans doute » plus universellement condamné qu'aux temps de l'antifascisme victorieux, François Furet [1995] a le mérite de mettre l'accent sur la pérennité de la « promesse d'origine » et de la « mythologie molle » d'Octobre. Pour que soit engagé décisivement le processus de rupture du lien implicite entre une gauche forte et un anticommunisme faible, il faudra en réalité attendre les années 1989-1991 et la disparition pure et simple de la référence soviétique et des régimes socialistes en Europe, qui marque aussi, plus concrètement, l'amenuisement des moyens financiers dont disposait le PCF dans sa lutte contre l'anticommunisme. L'effacement du marxisme comme référence intellectuelle et politique, la marginalisation progressive du Parti communiste français et des fondements économiques et sociaux de son système d'action [Lazar, 2002 ; Pudal, 2002], qui s'insèrent dans des processus beaucoup plus larges de crise de l'affiliation partisane et idéologique, marquent-ils pour autant une victoire de l'anticommunisme ?

Si l'anticommunisme triomphe à gauche, c'est par l'effacement même du terme, qui signale la disparition d'un affrontement longtemps placé au cœur du champ politique français. Le Parti socialiste cesse le dialogue privilégié avec le PCF pour n'en faire qu'une force d'appoint de la gauche plurielle. La réorientation doctrinale et tactique du PS, qui ne place plus les classes populaires au centre de sa « culture de gouvernement », participe à la disqualification symbolique de la classe ouvrière, base même du parti communiste depuis 1920 [Pudal, 2002], mais c'est sans triomphalisme que les socialistes prennent acte de la revanche posthume de Léon Blum sur sa défaite au congrès de Tours. L'extrême gauche trotskiste, qui ne se place ostensiblement même plus en posture de concurrence avec le PCF, capte les courants de radicalité révolutionnaire et s'empare — dans le cas de Lutte ouvrière — de la terminologie du « prolétariat », abandonnée par le PCF. Au fil des refondations et des reconstructions du PCF, sa construction de l'« anticommunisme » se dissout en autant d'anticommunismes multiples que la gauche, y compris à l'intérieur même du parti, connaît d'identités disjointes [Leclercq, 2002]. La typologie des « ex » en quatre catégories (désengagement, passage à la droite anticommuniste contre le communisme « mal absolu », retour au socialisme démocratique anté-léniniste, recherche du « bon » bolchevisme dans le gauchisme) que proposait Maurice Agulhon [1987] semble bien appartenir à l'histoire

C'est en effet sur le terrain de l'histoire et de la mémoire que se déplace, dans les dernières années du XXe siècle, l'affrontement entre communisme et anticommunisme. Mettant fin aux amnésies successives qui avaient effacé les « révélations » sur la nature répressive du régime soviétique et soigneusement disjoint, depuis les années 1970, les discussions historiques sur le totalitarisme puis sur l'attitude du PCF pendant la Seconde Guerre mondiale, du débat qui se développait au même moment sur Vichy et le fascisme français [Traverso, 2001], la gauche redécouvre son patrimoine antitotalitaire peuplé de quelques hautes figures de penseurs et de témoins, Simone Weil, Boris Souvarine ou encore Jacques Rossi, ancien kominternien déporté au goulag. L'histoire savante française s'empare pour la première fois de la comparaison entre fascisme et communisme et de la question de la violence politique en URSS. L'écho médiatique de la polémique suscitée par le *Livre noir du communisme*, dirigé par Stéphane Courtois (avec Nicolas Werth, Jean-Louis Panné, Andrzy Paczkowski, Karel Bartosek, Jean-Louis Margolin) en 2000 [Revel, 2000 ; Courtois, 2002] s'enracine dans la difficulté de la gauche, et non pas seulement de ses intellectuels, à renoncer aux utopies globales et aux causes généreuses qui avaient porté des générations militantes, et à vivre l'échec du communisme, tel qu'il avait été défini en 1917-1920, autrement que comme une restauration culturelle de la droite et une capitulation face à l'ultralibéralisme triomphant. Construit depuis 1920 comme un horizon d'attente éclaté dont les éléments doctrinaux, politiques et symboliques n'ont jamais pu se rejoindre pour faire pièce à un anti-anticommunisme puissant et cohérent, l'anticommunisme de gauche triomphe par défaut. Il disparaît dans la même indifférence politique que le PCF, sans avoir encore bâti une mémoire qui puisse dialoguer sereinement avec l'histoire.

Références bibliographiques

Agulhon Maurice (1987), « Vu des coulisses », *in* Nora Pierre (dir.), *Essais d'ego-histoire*, Gallimard, Paris, p. 9-59.

Aragon Louis (1953), *L'Homme communiste (II)*, Gallimard, Paris.

Aron Raymond (1955), *Polémiques*, Gallimard, Paris.

— (1983), *Cinquante ans de réflexion politique. Mémoires*, Julliard, Paris.

Becker Jean-Jacques (2000a), « Dossier "Aspects de l'anticommunisme". Avant-propos », *Communisme*, n° 62-63, L'Âge d'homme, Paris, p. 3-10.

— (2000b), « L'anticommunisme de la SFIO », *in* Bertsein Serge *et al.* (dir.), *Le Parti socialiste entre Résistance et République*, Publications de la Sorbonne, Paris, p. 193-203.

Bergounioux Alain (1982), *Force ouvrière*, Seuil, coll. « Points », Paris.

Bergounioux Alain et Grunberg Gérard (1996), *L'Utopie à l'épreuve*, de Fallois, Paris.

Berstein Serge et Becker Jean-Jacques (1987), *Histoire de l'anticommunisme en France*, t. 1 : *1917-1940*, Olivier Orban, Paris.

Boswell Laird (1998), *Rural Communism in France (1920-1939)*, Cornell University Press, Ithaca et Londres.

Boulouque Sylvain et Gomolinski Olivia (2000), « L'anticommunisme libertaire », *Communisme*, n° 62-63, L'Âge d'homme, Paris, p. 29-40.

Bourgeois Guillaume (2000), « Les ex-communistes français et l'anticommunisme. 1920-1940 », *Communisme*, n° 62-63, L'Âge d'homme, Paris, p. 13-28.

Burrin Philippe (1986), *La Dérive fasciste. Doriot, Déat, Bergery. 1933-1945*, Seuil, coll. « L'univers historique », Paris.

Buton Philippe (1993), *Les Lendemains qui déchantent. Le PCF à la Libération*, Presses de la FNSP, Paris.

Ceplair Larry (1987), *Under the Shadow of War, Fascism, Antifascism and Marxists, 1918-1939*, Columbia University Press, New York.

Charpier Frédéric (2002), *Histoire de l'extrême gauche trotskiste de 1929 à nos jours*, Éditions n° 1, Paris.

Chaumont Jean-Michel (1997), *La Concurrence des victimes. Génocide, identité, reconnaissance*, La Découverte, Paris.

Cœuré Sophie (1999), *La Grande Lueur à l'Est. Les Français et l'Union soviétique (1917-1939)*, Seuil, coll. « Archives du communisme », Paris.

Courtois Stéphane [dir.] (2002), *Du passé faisons table rase. Histoire et mémoire du communisme en Europe*, Robert Laffont, Paris.

Courtois Stéphane et Lazar Marc [dir.] (1991), *Cinquante ans d'une passion française, De Gaulle et les communistes*, Balland, Paris.

— (1995), *Histoire du Parti communiste français*, Presses universitaires de France, coll. « Thémis histoire », Paris.

Dreyfus Michel (1990), *PCF. Crises et dissidences*, Complexe, Bruxelles.

Dullin Sabine (2001), *Des hommes d'influences. Les ambassadeurs de Staline en Europe (1930-1939)*, Payot, Paris.

Duma Jean et Varin Jacques (1973), « L'anticommunisme, variations sur une permanence », *Cahiers de l'Institut-Maurice-Thorez*, nouvelle série, 2, janvier-février-mars 1973, p. 68-86.

Fauvet Jacques et Duhamel Alain (1964 rééd. 1977), *Histoire du PCF (1920-1970)*, Fayard, Paris.

Furet François (1995), *Le Passé d'une illusion. Essai sur l'idée communiste au XXe siècle*, Robert Laffont/Calmann-Lévy, Paris.

Glucksmann André (1975), *La Cuisinière et le mangeur d'hommes*, Seuil, Paris.

Grémion Pierre (1985), *Paris/Prague, la gauche face au renouveau et à la régression tchécoslovaque (1968-1985)*, Julliard, Paris.

— (1995), *Intelligence de l'anticommunisme. Le congrès pour la liberté de la culture à Paris. 1950-1975*, Fayard, Paris.

— (2000), « Regards sur la diplomatie américaine des idées pendant la guerre froide », *Communisme*, n° 62-63, L'Âge d'homme, Paris, p. 57-84.

Judt Tony (1992), *Un passé imparfait. Les intellectuels en France (1944-1956)*, Fayard, Paris.

Khilnani Sunil (1993), *Arguing Revolution. The Intellectual Left in Postwar France*, Yale University Press, New Heaven et Londres.

Koestler Arthur, Silone Ignazio, Wright Richard, Gide André, Fischer Louis et Spender Stephen (1950), *Le Dieu des ténèbres*, introduction par Richard Crossman, postface de Raymond Aron, Calmann-Lévy, Paris.

Kriegel Annie (1964), *Aux origines du communisme français (1914-1920)*, Mouton, Paris-La Haye.

Lazar Marc (2002), *Le Communisme, une passion française*, Perrin, Paris.

Leclercq Catherine (2002), « L'identité partisane au prime de la désidentification. Une approche microscopique du désengagement au PCF », Colloque de l'Association française de science politique, 31 janvier et 1er février 2002, en ligne sur le site Web de l'AFSP.

Monier Frédéric (2000), « L'État face à la contestation communiste », *in* Marc Olivier Baruch et Vincent Duclert (dir.), *Serviteurs de l'État. Unie histoire politique de l'administration française (1875-1945)*, La Découverte, coll. « L'espace de l'histoire », Paris, p. 427-438.

Panné Jean-Louis (1993), *Boris Souvarine. Le premier désenchanté du communisme*, Robert Laffont, Paris.

Pennetier Claude et Pudal Bernard [dir.] (2002), *Autobiographies, autocritiques, aveux dans le monde communiste*, Belin, Paris.

Pudal Bernard (2002), « La beauté de la mort communiste », *Revue française de sciences politiques*, vol. 52, n° 5-6, octobre-décembre, p. 545-559.

Revel Jean-François (1976), *La Tentation totalitaire*, Robert Laffont, Paris.

— (2000), *La Grande Parade, essai sur la survie de l'utopie socialiste*, Plon, Paris.

Rey Alain [dir.] (1992), *Dictionnaire historique de la langue française*, Éditions Le Robert, Paris.

Rieffel Rémy (1993), *La Tribu des clercs. Les intellectuels sous la Vᵉ République*, Calmann-Lévy, Paris.

Roger Philippe (2002), *L'Ennemi américain. Généalogie de l'antiaméricanisme français*, Seuil, Paris.

Santamaria Yves (1999), *Histoire du Parti communiste français*, La Découverte, coll. « Repères », Paris.

— (2002), *L'Enfant du malheur. Le Parti communiste français et la lutte pour la paix (1914-1947)*, Seli Arslan, Paris.

Sartre Jean-Paul (1964), *Situations IV*, Gallimard, Paris.

Traverso Enzo [éd.] (2001), *Le Totalitarisme. Le XXᵉ siècle en débat*, Seuil, coll. « Points essais », Paris.

Vaissié Cécile (2000), « Les chèvres, les choux et les canards sauvages. Les ambiguïtés françaises face à la dissidence soviétique », *Communisme*, n° 62-63, L'Âge d'homme, Paris, p. 163-172.

Verdès-Leroux Jeannine (1983), *Au service du parti. Le Parti communiste, les intellectuels et la culture (1944-1956)*, Fayard/Minuit, Paris.

— (1985), *Le Réveil des somnambules. Le parti communiste, les intellectuels et la culture (1956-1985)*, Fayard, Paris.

Winock Michel (1999), « La culture politique des socialistes », *in* Berstein Serge (dir.), *Les Cultures politiques en France*, Seuil, coll. « L'univers historique », p. 179-214.

68

La gauche, les institutions et le gaullisme

ODILE RUDELLE

L'HISTOIRE DES RAPPORTS entre la gauche et le gaullisme constitutionnel est l'histoire d'un paradigme qui s'épuise au profit d'un autre qui revient et dont la vertu avait été oubliée. Le paradigme qui disparaît est celui d'une gauche institutionnelle qui, née en septembre 1789, s'écoule jusqu'à la IVe République en passant par la crise de 1877, l'affaire Dreyfus, le Front populaire et la Résistance. Le paradigme qui revient est celui d'une France politique et constitutionnelle, allant de l'édit de Nantes (1598), premier texte européen de coexistence civique garantie par les tribunaux, à aujourd'hui, en passant par la Révocation (1685), la Déclaration des droits de l'homme d'août 1789, les lois de 1875, l'appel du 18 juin, le rétablissement de la légalité républicaine d'août 1944, la loi constitutionnelle de juin 1958, la Constitution de septembre 1958 révisée en octobre 1962 et les décisions d'un Conseil constitutionnel qui se sont succédées depuis juillet 1971 pour dire la conformité des lois aux principes d'une Constitution votée par un peuple souverain qui approuve ou refuse.

TEMPS ET CONTRETEMPS, FRANCE LIBRE ET RÉSISTANCE, REFUS ET POSTÉRITÉ

L'histoire des rapports entre la gauche républicaine et le gaullisme constitutionnel est l'histoire de la transformation d'un civisme dit républicain en un civisme constitutionnel. Elle relève du sentiment autant que de la raison puisque, au-delà des hommes et des femmes habitant « la France et ses colonies » comme disait le vieux langage républicain, elle évoque l'engagement patriote au service de la Liberté ainsi que le concours démocratique d'un peuple appelé à donner son sentiment. Tel fut le cas des référendums constituants des années 1945-1946 comme des premières années de la Ve République. À la Libération, les conditions du rétablissement de la légalité républicaine décidées par l'homme du 18 juin ont été ratifiées, mais ses propositions constitutionnelles ont été rejetées par une gauche unanime. Il faudra donc la crise de mai 1958 pour que les propositions de 1946 soient votées dans la loi d'orientation du 3 juin 1958 avant d'être inscrites dans la Constitution de septembre : séparation effective de pouvoirs issus du suffrage universel ; responsabilité devant le Parlement ; contrôle d'une autorité judiciaire indépendante ; rapports avec l'outre-mer. Le peuple français vote « oui » à 80 %, les électeurs de gauche se divisant, en 1958 sur les conditions du retour du Général, en octobre 1962 sur l'élection directe du président votée à 61 % et à nouveau en décembre 1965 lors de la première élection présidentielle où le Général est mis en ballottage. Après la tempête de mai 1968, l'unité de la gauche se refait en avril 1969 pour refuser la participation organique et régionale, proposée par le Général, qui démissionne alors. Ancien Premier ministre n'ayant pas fait de Résistance, Georges Pompidou est élu président en juin et Gaston Palewski, vieux compagnon et président du Conseil constitutionnel, a le champ libre pour élargir le contrôle des lois à la conformité aux « principes fondamentaux reconnus par les lois de la République ». Le gaullisme constitutionnel s'enracine alors dans le droit positif, dans des conditions impensables pour une gauche issue de septembre 1789.

Pour la gauche républicaine, le gaullisme constitutionnel a été une énigme. Né de la guerre, appelant à la continuité des armes, le chef de la France libre a gagné le ralliement de la gauche patriote et républicaine jusqu'à la victoire de mai 1945. Mais dès que cesse l'urgence, le fossé se creuse et le malentendu s'installe. À l'Assemblée consultative d'Alger et de Paris, tous les partis de gauche — parti communiste, parti socialiste, parti radical et même le nouveau parti des démocrates chrétiens — demandent, tout comme Albert Camus, éditorialiste à *Combat*, la responsabilité du gouvernement devant l'Assemblée constituante à élire. Aucun n'admet qu'un *quitus* envers l'action passée se transforme en une confiance qui, soumise au contrôle d'une Cour suprême, serait limitée aux mois de rédaction d'une Constitution à soumettre au peuple. La rupture se produit en juin 1945. Sûre de sa tradition représentative, la gauche résistante ne s'interroge guère sur les ambiguïtés d'une solidarité résistante et sa difficulté à devenir majorité gouvernementale : sera-t-elle « antifasciste » avec un PCF laïc et républicain ? « travailliste » avec les socialistes qui ont découvert les chrétiens dans la Résistance ? Ou « social-libérale » comme l'écrit Michel Debré qui, tout comme De Gaulle, redoute la confusion entre patriotisme résistant et communisme marxiste ?

La IVe République naquit de ces ambiguïtés : sans le général De Gaulle et dans le sillage d'une gauche régénérée par la Résistance. Ses chefs sont Léon Blum, revenu de Buchenwald, Vincent Auriol, qui a rallié la République française d'Alger, Georges Bidault qui a succédé à Jean Moulin à la tête du Conseil national de la Résistance (CNR), tous également discrets sur les conditions du séjour à Moscou et du retour en France de Maurice Thorez, secrétaire général du PCF. Exclu du débat constitutionnel par le démocrate chrétien François de

Menthon, au motif qu'il n'est pas élu du suffrage universel, le général De Gaulle démissionne en janvier et assiste silencieux à la victoire du non de mai 1946, qui refuse la Constitution présentée par le PCF et la SFIO. Simple citoyen, le général De Gaulle parle à Bayeux en juin et à Épinal en septembre, où l'hommage à Jules Ferry est prétexte à rappeler l'obligation de la continuité d'un État « juste et fort » quant à l'organisation de l'Union française. Sans succès. En octobre 1946 la Constitution de la IVe République est votée : l'Assemblée nationale est seule à voter la loi, rédigée par des députés élus à la représentation proportionnelle. Pour obtenir la révision de ces institutions par les voies de la légalité, le général De Gaulle lance en avril 1947, le Rassemblement du peuple français (RPF) en demandant dissolution et vote d'une loi électorale majoritaire. La gauche croit revoir Boulanger, ou pire encore. Dans le climat de guerre froide, le combat est terrible. Haine et mauvaise foi s'étalent. Les élections de 1951 sont décevantes pour les gaullistes mais, rendus à leur liberté en 1953, les élus RPF se retrouvent en décembre 1953 pour élire René Coty, président d'une République dont, comme Pierre Mendès France et Gaston Monnerville, il avait combattu, non les principes, mais l'organisation interne des pouvoirs.

Quand en mai 1958, survient la crise militaire de l'Algérie française, le président Coty fait appel au « plus illustre des Français » pour former le gouvernement, réviser les institutions et faire la paix. Secrétaire général de la SFIO, Guy Mollet entre au gouvernement et vote la Constitution ainsi que Gaston Defferre et le parti radical de Félix Gaillard. Le parti communiste vote « non », ainsi que Pierre Mendès France, François Mitterrand et Daniel Mayer, ancien secrétaire général de la SFIO clandestine qui, en août 1946, avait été mis en minorité par Guy Mollet prônant la rigueur du marxisme ! Sans majorité depuis le renvoi des ministres communistes, la IVe République allait montrer à quel point le régime d'assemblée était incapable de traiter la question algérienne. Aussi l'autodétermination de 1959 et l'indépendance de l'Algérie de 1962 seront-elles publiquement proposées par le chef de l'État et votées par des référendums populaires auxquels la gauche a participé.

La gauche avait espéré que la fin de la guerre d'Algérie ramènerait le régime parlementaire traditionnel. Mais, après l'attentat du Petit-Clamart et le référendum d'octobre 1962 sur l'élection directe du président, des élections législatives triomphales confortent l'autorité du président de la République. En janvier 1964, celle-ci est même théorisée lors d'une conférence de presse présidentielle en des termes récusés par une gauche toujours aussi hostile à ce pouvoir irresponsable devant les élus. François Mitterrand le dit avec brio à l'Assemblée avant de comprendre en 1965 que l'institution pourrait devenir un instrument pour bâtir l'union d'une gauche gouvernementale, puisque le droit de dissolution du pouvoir exécutif peut faire espérer la victoire d'une majorité parlementaire pour soutenir un programme commun de gouvernement. Après l'essai de 1965 et la déception de 1974, la gauche réussit en 1981 la grande alternance par le canal d'institutions que le peuple s'est apropriées. Non sans surprise pour une gauche républicaine étonnée de découvrir à quel point les équilibres ont été modifiés par l'émergence d'un « constitutionnalisme républicain » si différent du patrimoine institutionnel d'une gauche née en septembre 1789 du refus d'une chambre haute et d'un pouvoir exécutif doté du droit de veto.

Le peuple français s'était rallié à ces nouvelles conceptions, jouant le jeu de l'enracinement : en décembre 1965, le ballottage du Général montre que les temps ordinaires de la démocratie sont revenus ; en mars 1967, les législatives ne sont gagnées que de justesse par son parti et, en mai 1968, la révolte de la jeunesse universitaire illustre le fossé qui sépare un vieux soldat d'une université, éclatant sous la vague démographique de jeunes mobilisés contre la guerre du Vietnam, aussi bien que contre l'immobilisme mandarinal. Trois semaines de crise et une disparition théâtrale précèdent une dissolution et la victoire législative du Premier ministre. Un an plus tard, le chef de l'État essaie de reprendre la main avec un référendum sur la régionalisation et la participation de façon à faire entrer les organisations socioprofessionnelles dans un Sénat renouvelé. Le peuple refuse cet avatar de Constitution organique et De Gaulle démissionne. En mai 1946, le non de la droite avait obligé à instituer, aux côtés de l'Assemblée nationale, un Conseil de la République qui s'était avéré utile lors de la crise de mai 1958. En avril 1969, le non de la gauche débouche sur la succession paisible de l'« homme des tempêtes » puisque, démissionné depuis un an, Georges Pompidou est élu en juin, au second tour, contre Alain Poher, président du Sénat soutenu par les socialistes, mais non par les communistes.

Retiré dans le silence de Colombey, le général De Gaulle meurt en novembre 1970. La mémoire patriotique était intacte, le conflit constitutionnel également. Car les partis de gauche continuaient de refuser une « séparation des pouvoirs » où, responsable devant le Parlement, le gouvernement « procède » du président, chargé de veiller au « respect de la Constitution », au « fonctionnement régulier des pouvoirs publics » et à « la continuité de l'État » comme l'écrit l'article 5 de la Constitution. Ce nouvel équilibre était jugé par trop contraire aux souvenirs et à l'imaginaire forgé par les multiples « journées » révolutionnaires qui avaient institué le régime parlementaire.

Soucieux d'harmonie sociale, le général De Gaulle avait proposé l'« association capital-travail » en 1947 et la « participation des forces vives » en 1969. Ainsi l'avaient souhaité Guizot et Albert de Broglie, Paul Deschanel et Marc Sangnier lus dans sa jeunesse. Tout comme Jean Jaurès plaidant la démocratie sociale dans *L'Armée nouvelle*. L'avenir serait autre car l'échec du référendum et l'élection de Pompidou vont se transformer en chance pour une Justice constitutionnelle qui va donner à la République ce pouvoir normatif, aujourd'hui considéré comme indispensable à toute démocratie. Tel va être le destin du Conseil constitutionnel qui, créé en 1958 pour trancher de la séparation du domaine de la loi de celui du règlement, découvre le corollaire de la garantie des droits, inscrit dans l'article 16 de la Déclaration de 1789 : « Toute société dans laquelle la garantie des droits n'est pas assurée ni la séparation des pouvoirs déterminée n'a point de constitution. »

Le changement décisif a lieu le 1er juillet 1971 lorsque le Conseil constitutionnel est saisi par le président du Sénat, Alain Poher, centriste et ancien résistant, au sujet d'une modification de la loi de 1901 sur les associations. Le projet prévoyait un contrôle *a priori* des associations, afin de gêner les reconstitutions d'associations dissoutes qui se reformaient souvent sous la protection de personnalités telles que Simone de Beauvoir. Datée du 16 juillet 1971, cette décision du Conseil constitutionnel sera fondatrice. Censurant le projet gouvernemental, elle déclare la liberté d'association « principe fondamental reconnu par les lois de la République », ce qui, à terme, intégrait la Déclaration des droits de 1789 et le Préambule de 1946 au « bloc de constitutionnalité ». Consacrant le droit de recours d'une minorité politique, la décision a mis en lumière le rôle du président du Conseil constitutionnel, Gaston Palewski (1965-1974) proche du colonel De Gaulle depuis 1936, ancien de la *France libre* et ministre des premiers gouvernements Pompidou.

Georges Pompidou meurt en avril 1974. Élu président, Valéry Giscard d'Estaing élargit ce droit de recours en accordant le droit de saisine du Conseil constitutionnel à tout groupe de soixante députés ou sénateurs. Votée en octobre par le congrès de Versailles, la procédure est inaugurée par les parlementaires socialistes campés dans l'opposition depuis quinze ans. Tantôt à leurs dépens, quand la liberté d'enseignement est confirmée en 1977. Plus souvent à leur satisfaction quand seront validés l'interruption de grossesse, le droit de grève ou l'élection au suffrage universel du Parlement européen.

Président de la République, François Mitterrand découvre vite que le vieux légicentrisme a vécu. Et l'auteur du *Coup d'État permanent*, publié en 1964, fera soumission en avril 1986. Le mois précédent, le rétablissement de la proportionnelle n'avait pas évité l'échec de la gauche aux législatives, de sorte que le chef de l'État avait nommé Premier ministre Jacques Chirac qui, entre le Front national et la gauche républicaine, avait gagné la bataille du suffrage universel. Commence alors ce que la presse appellera « cohabitation » alors qu'il s'agit de « coexistence » à l'intérieur d'une Constitution, de séparation de pouvoirs dont les règles réciproques sont rappelées le 8 avril 1986 dans un message présidentiel lu devant la nouvelle Assemblée : « La Constitution, rien que la Constitution, toute la Constitution » et François Mitterrand de préciser que les pouvoirs du chef de l'État « ne sont en rien affectés par la consultation législative » ni ceux du Conseil constitutionnel « qui doit pouvoir se prononcer en connaissance de cause ». Aux côtés de l'Assemblée élue, les pouvoirs du président et l'existence du Conseil constitutionnel, si contestés, étaient honorés et mis à leur place.

La banalisation de l'alternance au pouvoir de forces également légitimes apprivoise le nouveau régime du constitutionnalisme républicain où la confiance électorale est soumise aux principes généraux du droit. Passant des institutions — organisation des pouvoirs publics par la séparation des pouvoirs — à la Constitution — principes fondamentaux reconnus par les lois de la République — le gaullisme constitutionnel a montré une faculté d'adaptation dont la gauche avait douté. Pour le comprendre il faut réaliser que, dans sa jeunesse, De Gaulle avait été formé par la lecture de la revue *Le Correspondant*, revue des catholiques libéraux qui, de 1910 à 1914, avait vécu un véritable été de la Saint-Martin grâce à Bernard de Lacombe, fils de Hilaire de Lacombe qui avait plaidé la Séparation. En effet, une fois votée la séparation des Églises et de l'État, et devant la « montée des périls », *Le Correspondant* avait espéré que le vote de la représentation proportionnelle sonnerait la fin de l'ostracisme gouvernemental dont étaient victimes ces catholiques modérés, rédacteurs des lois constitutionnelles de 1875 mais exclus du pouvoir depuis la crise de 1877. Réfléchissant en termes de majorités politiques face à des minorités religieuses, régionales ou sociales, *Le Correspondant* soutenait Poincaré ou Paul Deschanel, ce dernier qui, dans *L'Organisation de la démocratie*, se prononce en faveur de la proportionnelle et de l'action syndicale. Ainsi Jean Jaurès est-il également salué puisque, contre la logique du Bloc des gauches, le député socialiste mène le combat proportionnel, regrettant en 1910, comme en 1889, l'absence d'une Constitution permettant des alternances électorales où la minorité socialiste serait libérée du poids de « majorités républicaines » élues sans vrai programme.

Légitimisme constitutionnel et combat constitutionnel de la représentation proportionnelle

Les années 1910-1913 sont celles du combat perdu de la réforme électorale. Le scrutin majoritaire est défendu par les radicaux, tels Clemenceau et Combes qui, du Sénat, se posent en défenseur de la « tradition républicaine », tandis que le scrutin proportionnel est voulu par des républicains modérés (Abel Ferry, Raymond Poincaré), des députés venus de la gauche socialiste ou laïque (Aristide Briand et Ferdinand Buisson) ou par des socialistes qui n'ont pas peur de chercher des alliés auprès de la droite catholique. Après le renouvellement de 1910, la nouvelle Chambre paraît favorable : elle vote en 1912 la représentation proportionnelle qui, l'année suivante, échouera devant le Sénat.

Ce combat pour la proportionnelle est mené avec grand talent par *Le Correspondant* qui, en 1910, était la lecture d'une famille où Charles De Gaulle a vingt ans. Fondé en 1829 par des légitimistes ouverts à la modernité, ce « recueil » avait été fidèle à la Charte de 1815 et, hostile aux Orléans, avait été favorable à la « réforme électorale » comme à la République de 1848 qui avait constitutionnalisé la liberté de l'enseignement. Hostile au coup d'État de décembre 1851, *Le Correspondant* était « refondé » en 1855 par Albert de Broglie, petit-fils de Germaine de Staël, fils de Victor, qui y apporte la tradition historique et constitutionnelle de Benjamin Constant avec l'héritage de l'édit de Nantes (1598) accordant à la minorité protestante, la liberté de conscience ainsi que, garanti par les tribunaux, l'égal accès aux emplois, écoles, universités, hôpitaux. De sorte qu'ici, la Révocation de l'édit de Nantes (1685) est le mythe fondateur d'une liberté civique rétablie par la Déclaration de 1789 sans que l'Assemblée unique de la Constitution de 1791 n'ait réussi à la faire vivre. En 1875, les catholiques de l'Assemblée nationale élue en février 1871 se divisent : d'un côté les orléanistes qui se joignent aux républicains de Gambetta pour voter, en janvier, la République et, en février et juillet, les lois constitutionnelles ; celles qui organisent les rapports du président, doté du droit de dissolution après avis du Sénat, et d'une Chambre, issue du suffrage universel et devant laquelle les ministres sont responsables. De l'autre côté il y a, très bruyants, les bonapartistes et, plus discrets, les légitimistes constitutionnels qui, tels le vicomte de Meaux gendre de Montalembert, restent favorables à une dissolution sans condition. Telle est la tradition constitutionnelle dont, après la crise de 1877, *Le Correspondant* sera le vigilant gardien.

Hostile à la laïcité scolaire de Jules Ferry et convaincu, à la différence de la famille De Gaulle, de la culpabilité du capitaine Dreyfus jusqu'à ce que la Cour de cassation de 1906 dise le Droit, *Le Correspondant* retrouve lucidité et audience dans les années 1910-1914 grâce à la plume de Bernard de Lacombe. Chartiste et biographe tant de Catherine de Médicis, reine des guerres de Religion, que de Talleyrand évêque d'Autun, Lacombe sait que ce dernier a été le rédacteur de l'article 6 de la Déclaration de 1789, proclamant la triple égalité des citoyens devant une justice, qui « protège ou punit », devant l'accès aux emplois publics et, partagée avec les représentants, pour « la formation de la loi ». Publiés en 1892 par Albert de Broglie, les *Mémoires* de Talleyrand avaient donné le sens de cette belle synthèse : doter le pouvoir exécutif du moyen de faire « appel au peuple » des « exagérations » d'Assemblées, vite tentées de se croire éternelles. Mais aussitôt contestés par Alphonse Aulard, ces *Mémoires*, aujourd'hui validés, ne seront lus que par de rares initiés — tel Jaurès, nous le verrons, qui les citera, mais sans s'en servir pour justifier ni la « souveraineté du peuple » ni le recours contre des majorités abusives.

LE CONSTITUTIONNALISME DE JEAN JAURÈS

Élu député républicain en 1885, six mois après la chute infâmante de Jules Ferry, Jaurès est battu en 1889, réélu en 1893 comme socialiste, battu en 1898 comme dreyfusard. Réélu en 1902, il bataille pour une laïcité de séparation et, à partir de 1906, pour une réforme électorale proportionnelle qui libérerait les socialistes de la tutelle « laïque et républicaine » des radicaux. Auteur d'une thèse qui cherche les origines du socialisme allemand chez Luther, Kant, Fichte et Hegel (1891) Jaurès comprend la querelle de la minorité protestante contre l'orthodoxie catholique. Il comprend aussi le problème constitutionnel de la France de 1789 au travers de Talleyrand dont il cite les *Mémoires* sans mentionner cependant son rôle dans l'article 6 de la Déclaration. Mais il a parfaitement saisi son raisonnement constitutionnel comme le montre l'analyse de l'appel au peuple qu'il fait deux fois : à propos de l'article 6 de la Déclaration et à propos de la tentative des girondins proposant, sans succès, de soumettre la condamnation du roi par la Convention, à l'appel au peuple. Et l'on sent que la procédure a sa faveur, même s'il admet que, dans le climat de l'époque, elle aurait servi les privilégiés plutôt que le peuple.

La vraie modernité de Jaurès est de comprendre que l'absence de Constitution est préjudiciable au socialisme qui n'arrivera pas à mettre sur agenda les problèmes sociaux tant que l'arène parlementaire restera gelée par des oppositions entre « Révolution » et « contre-Révolution » qu'il déclare factices puisque la République est fondée depuis quarante ans, la laïcité de l'école votée depuis trente ans et la séparation des Églises et de l'État, acquise depuis 1905. Conscient du péril populiste — Boulanger en 1889, le nationalisme en 1898, l'action directe ensuite —, Jaurès veut orienter les « masses profondes » vers la République de l'association « démocratique » et « progressive ». Mais que faire si le suffrage universel voit sa force brisée par la division entre arrondissements administratifs, de sorte que la souveraineté nationale se dissout au point de ne plus être qu'une addition de majorités « locales, troubles, faibles », voire « immorales », dit-il en juin 1911, en plein débat sur la représentation proportionnelle ? La lutte était rude, d'autant que les radicaux divisaient la question pour vider la réforme de son sens. Conformément au vœu des électeurs de 1910, le scrutin de liste avait alors été voté mais restaient encore en suspens d'une part la définition de la circonscription — département ? groupe de départements ? régions ? — et d'autre part les modalités du calcul — quotient ? restes ? apparentements ? un tour ? deux tours ? Votée à la Chambre en 1912, Poincaré étant président du Conseil, la représentation proportionnelle est refusée par le Sénat de 1913 où Jules Jeanneney fait alors des débuts très remarqués. En 1919, au temps du ministère Clemenceau, la proportionnelle sera finalement votée. Mais, inscrite dans le département et dotée d'une prime majoritaire, elle ne cherche pas à faire du neuf, à la différence de la SFIO qui inscrit à son programme la réforme électorale, le vote des femmes et le référendum. En 1945 le général De Gaulle, estimant que la décadence de la IIIe République a commencé en 1919, décidera que l'Assemblée à élire en octobre 1945 sera élue à la proportionnelle départementale. Il aura le soutien du parti communiste, de la SFIO et du Mouvement républicain populaire (MRP), mais ni celui du parti radical ni celui de René Capitant ou de Michel Debré.

À travers la lutte pour la proportionnelle, Jaurès a approfondi sa pensée constitutionnelle. À l'héritage de Gambetta et Ferry, il ajoute après 1901 l'expérience d'une société de libre association où le parti socialiste ne veut plus servir d'appoint à « la défense de la Révolution, de la République ou de l'école laïque », drapeaux qui retardaient la solution de problèmes tels que « l'alcoolisme, les retraites ouvrières, les assurances sociales, le repos hebdomadaire ou la limitation du travail à domicile ». Et Jaurès de montrer le privilège parlementaire d'une bourgeoisie républicaine, élue de l'arrondissement grâce à ses appuis où elle est responsable des « nominations et révocations, des faveurs et des violences, des actes de justice comme des actes d'arbitraire » dit-il en 1889 pour expliquer la fièvre boulangiste. Il a médité l'échec de Gambetta trahi par les orléanistes une fois acquis le vote de la République sénatoriale par les trois lois de janvier, février et juillet 1875. Dès novembre, le vice-président du Conseil Buffet avait rompu l'équilibre entre suffrage indirect du Sénat et suffrage direct de la Chambre des députés, et imposé, contre Albert de Broglie, le retour au scrutin d'arrondissement à deux tours. Inventé en décembre 1851 par le président parjure, ce scrutin combinait le rétablissement du suffrage universel avec la mobilisation du sous-préfet, l'un pour légitimer le coup d'État, et l'autre pour organiser de « bonnes » élections. Scandalisé, Gambetta avait cherché une revanche. Et, à défaut du scrutin de liste départemental qui lui est refusé, il l'avait trouvée dans l'élection des sénateurs à vie de décembre 1875, majoritairement républicains. En effet, ancrés dans le peuple catholique et furieux du vote de la République, les légitimistes étaient favorables au scrutin de liste. Leur rancœur servit alors d'instrument pour faire élire 75 sénateurs à vie qui, en majorité bons républicains, se révélèrent précieux lorsque Jules Ferry, fidèle à la République perpétuelle de 1848, fit voter en 1884, l'article interdisant la révision constitutionnelle de la « forme républicaine de gouvernement ». En novembre 1940, la déclaration de Brazzaville prendra appui sur cet article pour dénier toute légalité au vote du 10 juillet : « En Droit, la République a continué » écrira l'ordonnance sur le rétablissement de la légalité républicaine du 9 août 1944.

Gambetta avait échoué. Il meurt en 1882 et son ancien ministre, Waldeck-Rousseau, devenu celui de Ferry, fera voter en 1885 le scrutin de liste départemental qui fera la brève fortune de Boulanger. Saisis de peur, les républicains votent en février 1889 le retour à l'arrondissement. Jaurès s'y oppose argumentant qu'il y a des « défaites réparables et des victoires sans issue ». Fort de l'exemple des années 1870, il rappelle comment la République du 4 septembre, armée du scrutin de liste départemental, a surmonté la défaite de février 1871 et gagné la revanche des républicains de gouvernement. Était-il jeune et idéaliste, comme cela lui fut reproché ? ou avait-il raison de croire en la solidité de lois constitutionnelles, capables d'accueillir l'alternance de forces électorales ? Nul ne peut dire. Ce qui est certain, c'est son souci de la « démocratie obscure », sa perception de « nappes souterraines », extérieures aux « manifestations d'opinion de surface », son rappel d'une « majorité qui se tait » avant de juger la « minorité qui parle » au nom d'une « tradition républicaine » dont en 1911 il déclarera qu'elle n'est plus que la vitesse acquise d'un « vieil État centralisé et bureaucratique ».

Au vieil esprit d'orthodoxie jacobine, Jaurès oppose la liberté de l'« esprit d'association » organisant la « force généreuse et grandiose des multitudes passionnées ». Il évoque Gambetta allant devant les foules de « bourgeois et d'ouvriers prêcher l'évolution progressive qui demandait la création d'un grand parti permanent », à la différence de Clemenceau, « homme seul », « sans parti ni programme », qui a renversé Ferry en 1885, sans rien faire des 150 députés élus sur son nom. « Comète » il disparaît, revient en 1906, « ponctuant un silence prolongé par quelques boutades trimestrielles ». Et Jaurès d'accuser le parti radical-socialiste de refuser tout programme, de façon à permettre à ses candidats d'être élus au second tour, tantôt avec les voix socialistes adeptes de la socialisation intégrale du capital, tantôt avec les voix républicaines hostiles à l'impôt sur le revenu. Jaurès ne raisonne évidemment pas en termes de légitimisme constitutionnel, mais en termes de souveraineté d'un peuple, empêché de s'exprimer en raison des privilèges d'élus usant de mots devenus sans signification. C'est en ce sens que l'on peut comparer ses discours aux analyses d'un capitaine qui, du fond de ses tranchées, stigmatisait en 1916 non pas « la » République mais le « régime républicain-parlementaire » inapte à décider.

La tactique de la peur qui est celle de « dangers » à dénoncer — « défense de l'École », « défense de la République » — est analysée par Jaurès en termes proches de ceux du *Correspondant*. Elle sera d'ailleurs reprise aux élections municipales d'avril 1945 par les communistes qui bâtissent des listes « laïques et républicaines » avec les radicaux et contre les socialistes. Ce qui a pesé dans le choix proportionnel de 1945 comme le Général l'écrira à Michel Debré en juillet 1946. Sans compter la réponse du peuple français invité à donner trois réponses le même jour d'octobre 1945 et qui, faute de parti constitutionnel ou gaulliste, répond oui aux référendums proposés par le gouvernement, tout en dispersant ses voix sur des partis décidés à faire prévaloir des vues contraires.

Régime personnel, légitimisme constitutionnel, gaullisme constitutionnel

L'histoire des rapports entre la gauche, les institutions et le gaullisme est celle du conflit entre deux mémoires politiques : l'ancienne, restée en déshérence, et la nouvelle qui se voit en « tradition ». Figée dans des traumatismes devenus modèles, la mémoire républicaine n'a pas de procédure autre que celle de l'élection des représentants. À la différence de la mémoire constitutionnelle qui, grâce aux recours référendaires ou judiciaires, se montre apte à lier ou délier références et souvenirs, de façon à mettre la « tradition » au service de l'avenir. Ainsi du général De Gaulle qui, assumant l'Ancien Régime et la Révolution, refuse la cessation des combats, l'abdication des élus, la collaboration avec l'ennemi pour assumer un pouvoir exécutif constitutionnel qui se dit militaire, provisoire et fidèle aux lois de la République. Séparée des représentants, cette continuité du pouvoir exécutif, en avril 1944, instaure une « organisation provisoire des pouvoirs publics » où les femmes sont électrices et éligibles, et en août, rétablit en « France continentale », comme en outre-mer depuis un an, une « légalité républicaine » qui rend aux Français — communistes, gaullistes, juifs et francs-maçons — les droits civiques dont Vichy les avait privés. À l'initiative de Vincent Auriol suivi par l'Assemblée consultative d'Alger, ce pouvoir avait pris, à la veille du débarquement allié en France, le titre de gouvernement provisoire de la République française. Son président, à son arrivée à Paris, le 25 août 1944, refuse de proclamer une République qui a continué, se contentant d'espérer que le peuple français, instruit par l'expérience et ramené dans le camp des vainqueurs, acceptera pour la future IVe République, les pouvoirs séparés et équilibrés qui avaient fait défaut à la France depuis... 1789.

La mémoire républicaine est troublée : patriote, elle prend son point de départ en 1792 ; constitutionnelle, elle continue avec la révolution de 1848 qui récupère l'héritage de 1789 ; et, révolutionnaire, elle honore le 4 septembre 1870 qui proclame la République, au lieu de rétablir celle qui, déclarée perpétuelle en 1848, avait été abolie par le coup d'État. La mémoire républicaine exalte la patrie et la démocratie représentative et se nourrit de victoires électorales contre cléricaux, royalistes, bonapartistes, nationalistes, fascistes. Faute de recours direct au peuple, cette structure binaire de l'opinion, relayée par l'Instruction publique, a gouverné une IIIe République électorale où la légitimité de gauche a gagné toutes les élections du suffrage universel masculin. En mai 1946, le rejet par référendum du premier texte constitutionnel de la IVe République montre que le privilège a vécu. Sous le triple poids de la défaite, du vote des femmes et d'un parti communiste rejeté par les trois quarts de la population, la gauche se découvre minoritaire devant le peuple des hommes et des femmes.

Simple citoyen et resté silencieux, le général De Gaulle se prend à espérer que cette majorité pourrait devenir constitutionnelle : il parle en juin 1946 à Bayeux, esquissant l'architecture souhaitée et, en août, ajoute une demande de référendum sur le scrutin majoritaire, contrairement à ce qui avait été choisi en 1945. Si le gaullisme constitutionnel a désormais sa charte, il s'oppose à une gauche qui ne se reconnaît ni dans les souvenirs évoqués ni dans les périls annoncés quand il raconte que, sept fois envahie depuis 1789, la France a connu treize régimes dont trois Républiques finissant en « dictatures », concluant que cette « perpétuelle effervescence politique » doit être « compensée » par une organisation de pouvoirs publics « séparés et équilibrés », un « arbitrage national qui fasse valoir la continuité », car l'existence de la France et de son Union française est « bel et bien en jeu ». Plus facile à comprendre en 2002 qu'en 1946, le discours de Bayeux était un appel aux socialistes constitutionnels qui, tel Vincent Auriol, son ancien ministre, l'avaient aidé à Alger en 1944 ou à Paris en 1945, comme ils l'aideront en 1958, mais non en 1946. Président de l'Assemblée constituante, Auriol avait en avril 1946 tenté de modérer Guy Mollet, partisan de l'unité d'action avec les communistes, en proposant une conciliation avec le MRP qui voulait une seconde chambre, un président élu par un collège plus large que l'Assemblée du suffrage universel et un contrôle de constitutionalité. L'échec avait été total devant les élus et devant les électeurs : en octobre 1945 déjà, les socialistes ont la mauvaise surprise de se découvrir troisième (23,4 %) derrière le PCF (26,2 %) et le MRP (23,9 %). Le 2 juin 1946 l'écart se creuse encore, puisque la SFIO n'a plus que 21 % des voix, loin derrière le PC (25,9 %) et le MRP devenu premier (28 %). Associée à une œuvre constitutionnelle, la SFIO décline pour vingt ans : 14,6 % en 1951 et 15,7 % en novembre 1958, en dépit du soutien de Guy Mollet au « Oui ». Le fond est atteint en novembre 1962 avec les 12,6 % des voix aux élections qui suivent le référendum sur l'élection directe, refusée par un Guy Mollet qui s'estime trahi.

Les socialistes vont retrouver la confiance du corps électoral en s'opposant au général De Gaulle d'abord, à la Constitution de la Ve République ensuite. De sorte que, refondé en 1971, le Parti socialiste oublie l'importance de sa contribution à un renouveau constitutionnel qui peut se résumer en quatre dates : 1919, 1936, 1945, 1958. Dès 1919, Léon Blum [1972], conseiller d'État, distinguait le commandement administratif de la direction du travail législatif ; distinction qu'il pense toujours nécessaire en 1936 lorsque sont republiées ses *Lettres sur la réforme gouvernementale* et qui est reprise en 1958 par Michel Debré qui ira plus loin puisqu'il dote le gouvernement de 1958 de ces deux prérogatives. En 1945, c'est Vincent Auriol qui avait convaincu ses camarades de la nécessité d'accepter le référendum constitutionnel. En juin 1958, c'est Guy Mollet qui convainc la SFIO, Ramadier et enfin Defferre, du bien-fondé du nouvel équilibre : pouvoirs séparés et issus du suffrage universel ; gouvernement responsable devant le Parlement ; indépendance d'une autorité judiciaire, garante des libertés définies en 1946 comme en 1789 ; organisation des rapports de la République avec les peuples associés. Aidé de Pierre Pflimlin (MRP), Guy Mollet introduit la rationalisation qui transforme la question de confiance en motion de censure et rappelle la nécessité d'une référence aux droits civiques et sociaux de 1789 et 1946.

Les électeurs votent oui sans plus voter pour les socialistes de 1958 que pour ceux de 1946. En juin 1946, Vincent Auriol, réélu président de la deuxième Assemblée constituante, et Léon Blum, éditorialiste au *Populaire*, s'étaient donnés la main pour liquider en deux jours les espoirs constitutionnels du Général. Sans parti, ce dernier se découvre sans relais dans l'Assemblée constituante, laquelle avait porté à la tête du gouvernement Georges Bidault qui, ancien chef du CNR, se sentait assez fort pour doter la France d'une charte sociale et gouverner avec une gauche dont le MRP ne voulait pas se séparer. Pour retrouver le climat de l'époque, il faut relire Léon Blum et voir comment le passé devient frein, comment la sacralisation de la souveraineté transforme le suffrage universel en spectre, et d'autant qu'il ne dit mot du rôle joué en Amérique par une Cour suprême qu'André Philip avait, en vain, essayé d'acclimater en France, sous le nom de Comité constitutionnel :

« Le discours de Bayeux, écrit Blum, se déduit tout entier de la séparation des pouvoirs, c'est-à-dire du partage de la souveraineté entre un Exécutif et un Législatif également délégataires du peuple, bien qu'à des titres différents. Dans ce système, le président de la République ne serait pas seulement le chef symbolique de l'État, mais le chef effectif du gouvernement et de l'administration, le président du Conseil se trouvant, par contre, réduit au rôle d'un fondé de pouvoirs, d'un homme de confiance, d'un porte-parole vis-à-vis du Parlement. Et ce partage de souveraineté entre l'Exécutif et le Législatif serait encore aggravé par le partage du pouvoir législatif entre deux Chambres, d'origines différentes, mais dotées d'attributions analogues.

« J'ajoute que, pour un chef de l'Exécutif ainsi conçu, l'élargissement du collège électoral ne saurait suffire. Toute souveraineté émanant nécessairement du peuple, il faudrait descendre jusqu'à la source de la souveraineté, c'est-à-dire remettre l'élection du chef de l'Exécutif au Suffrage universel, comme dans la Constitution américaine, comme dans la Constitution française de 1848. Là est la conclusion logique du système ; là serait aussi l'unique moyen de le fonder en droit. Mais en France, où le passage du pouvoir présidentiel au pouvoir personnel, comme dit Auriol, est un des périls connus et éprouvés qui menacent la démocratie, l'attribution du pouvoir exécutif à un homme par le Suffrage universel s'appelle le plébiscite.

« Quoi qu'il en soit, le discours de Vincent Auriol et l'accueil de l'Assemblée ont vérifié mon facile pronostic. Ce n'est pas dans la direction du discours de Bayeux que la Constituante pourra chercher la solution d'accord rapide que l'opinion appelle et dont tous les partis sentent aussi vivement la nécessité » [Blum, 1958, p. 217-218, article du 21 juin 1946].

Léon Blum pense le suffrage universel en termes de souveraineté déléguée et non en termes de recours. Loin de Jaurès, il oscille de la République de 1848 à la défense républicaine de Waldeck-Rousseau et, rallié à la *France libre* militaire, il pense l'abdication de 1940 en termes marxistes de défaillance de la bourgeoisie, non en termes civiques de droits de l'homme bafoués. Contre le général De Gaulle et avec le soutien des PC, SFIO et MRP, la Constitution de la IVe République est votée en octobre 1946, à la minorité de faveur puisque, compte tenu des abstentions, les oui du succès sont moins nombreux que les non du refus de mai. Élue à la proportionnelle, la future Assemblée sera donc seule à voter la loi. En avril 1947, De Gaulle lance le parti qu'il a refusé en 1945 et demande la dissolution. Il échoue, comme il échoue aux élections législatives de 1951 à obtenir une majorité acceptant un pouvoir séparé du Parlement. En 1953, face à la détérioration de la situation en Afrique du Nord, il rend leur liberté aux élus du RPF, et en 1955, annonce son retrait. En janvier 1956, le résultat des élections proportionnelles qui ont eu lieu après la dissolution décidée par Edgar Faure ouvre une période d'incertitude et d'autant que la guerre qui s'installe en Algérie transforme son silence en recours.

Le choc entre la gauche et le gaullisme constitutionnel pouvait-il être évité ? Compte tenu des siècles séparant mémoire constitutionnelle et mémoire républicaine, on peut en douter. Beaucoup d'explications ont néanmoins été avancées : intronisés au CNR de 1943, les partis politiques ont été paralysés par le poids accordé au parti communiste, le refus de créer un parti gaulliste en 1945, le choix de référendum couplés avec la proportionnelle, une politique du rang extérieur inappropriée, etc. En fait, il fallut la longue crise algérienne, pour illustrer de 1946 à 1958, l'impasse d'une tradition républicaine exclusivement représentative et l'avantage d'une parole exécutive, séparée des élus, capable de faire appel au peuple ou à la justice.

L'ordre public assuré par un pouvoir exécutif garantissant l'accès à la propriété privée et à la justice est celui qu'Albert de Broglie avait proposé en 1861, au retour d'un voyage en Algérie. Michel Debré l'appliquera en décembre 1959 pour l'égalité d'accès à un enseignement privé, soumis aux principes de 1789. Quant à Charles De Gaulle, il l'avait rétabli à la Libération, installant cours de justice et chambres civiques pour hâter le retour vers la régularité de la légalité républicaine. Il aura l'occasion de le préciser encore en août 1947 lorsque, sollicité de donner son avis sur le statut de l'Algérie débattu dix-huit mois après qu'il a été exclu du débat constitutionnel, il accepte de soutenir le projet présenté par Paul Ramadier, président du Conseil socialiste qui avait démissionné les ministres communistes en mai. Revenant sur l'ordonnance civique de 1944, le statut prévoyait deux collèges, une Assemblée algérienne divisée en deux et un gouverneur chargé d'arbitrer. Le président du RPF accepte l'architecture, non sans rappeler que l'essentiel est « d'organiser le travail en commun des Algériens d'origine française ou européenne et des Algériens musulmans » et que, pour ce faire, le préalable voudrait que Paris soit doté d'un pouvoir juste et fort. Mais dans la confusion de ce climat de guerre contre le pouvoir personnel, qui a l'oreille assez fine pour entendre la musique propre au légitimisme constitutionnel ? En tout cas pas Ramadier, ancien ministre du Général qui, venu un soir à Colombey pour le prévenir que les honneurs militaires ne seraient plus rendus à celui qui était devenu chef de parti, s'entend répondre, d'après Gaston Palewski : « Voyez-vous, vous autres socialistes, vous avez eu tort de m'acculer au départ. Vous aviez besoin de moi pour reconstruire la République. Sans moi, vous n'y arriverez pas. Il aurait fallu me faire partir après, et non avant que ce fut réalisé. » « Vous avez peut-être raison », aurait répondu celui qui se ralliera en 1958.

Après le non d'avril 1969, le régime connaîtra toutefois une évolution imprévue, avec un nouvel équilibre entre le suffrage universel et le recours constitutionnel.

La postérité : la démocratie du constitutionnalisme républicain

De 1945 à 2002, l'histoire des rapports entre la gauche et le gaullisme constitutionnel passe par les référendums, les élections présidentielles et législatives comme par les décisions du Conseil constitutionnel, saisi pour juger de la conformité de lois votées par des majorités de plus en plus alternatives. Répondant à l'initiative du général De Gaulle, les socialistes ont légitimé la procédure référendaire (1945), les institutions de 1958, mais refusé en 1962 l'élection directe du chef de l'État, acceptée dix ans plus tard par le Parti socialiste refondé à Épinay. En revanche, les socialistes ont voté la séparation de la France d'avec l'Algérie (1961-1962) et l'adhésion de la République à l'Europe de Maastricht (1992) qui a nécessité une révision constitutionnelle, alors qu'ils s'étaient abstenus lors du référendum de 1972 sur l'adhésion anglaise et que les communistes s'y étaient opposés. Enfin, nommé en 1986 à la présidence du Conseil constitutionnel pour neuf ans, Robert Badinter a affermi la magistrature nationale et l'audience internationale du Conseil, traversant deux cohabitations dont la seconde a ouvert le chantier de révisions constitutionnelles sur la justice. Ainsi la gauche de tradition parlementaire découvrait-elle les vertus d'une démocratie constitutionnelle à laquelle André Philip avait pensé pendant les années héroïques de la Résistance, à Londres ou Alger.

En 1981, l'élection de François Mitterrand, sonne l'heure de la grande alternance du pouvoir exécutif. Suivie de la dissolution de l'Assemblée nationale, elle entraîne la victoire d'une majorité législative pour soutenir le gouvernement de Pierre Mauroy. À la différence de Pierre Mendès France, le Premier secrétaire du PS de 1971 a rallié la gauche unie à sa stratégie de conquête électorale d'un pouvoir exécutif séparé des représentants et il peut recommencer avec succès en 1988. Tandis qu'en 1995 et 2002, les Premiers ministres, Édouard Balladur et Lionel Jospin, échouent à transformer leur majorité parlementaire en majorité nationale. Jacques Chirac est élu en 1995 et réélu en 2002. Cette fois, le résultat fut d'autant plus amer pour les socialistes qu'avec le quinquennat ratifié en 1999 et l'inversion du calendrier votée pour que la présidentielle précède les législatives, Lionel Jospin pensait avoir rétabli le fonctionnement d'institutions déclarées affaiblies par cinq années de cohabitation. Sans prévoir qu'en suivant les suggestions du centre parlementaire plutôt que celles de ses alliés, il ferait éclater la majorité plurielle au point de mettre Jean-Marie Le Pen en place pour le second tour et d'être lui-même hors jeu.

Chef d'une extrême droite rappelant les plus mauvais souvenirs, le président du Front national est aussi loin des valeurs de la tradition républicaine que des procédures de confiance démocratique et de justice constitutionnelle introduites par le gaullisme. Bien qu'en raison des « affaires », le procès de Jacques Chirac devant la Haute Cour ait été demandé par quelques « jeunes loups » socialistes, les chefs de la gauche ont le courage civique d'appeler à voter pour lui et, dès le lendemain, sont suivis par la jeunesse qui descend dans la rue et fait une fête de ce ralliement. Ainsi Jacques Chirac, qui avait rétabli en 1986 le scrutin majoritaire aboli par Laurent Fabius en 1985, voté en 1992 le traité de Maastricht signé par François Mitterrand et reconnu en juillet 1995 la responsabilité de la France dans la tragédie juive de la guerre, est-il érigé en héraut d'une légitimité qui est rapport à un temps de justice. Légitimité qu'il faut distinguer de la légalité qui sera celle des députés élus dans les jours suivants puisque, cinq ans plus tard, leurs votes seront soumis au jugement du peuple. À la différence des années 1945-1946 et encore des années 1958-1962, les électeurs de gauche, dès lors qu'ils sont clairement informés des enjeux, adhèrent maintenant à la logique législative de délégation gouvernementale : ainsi, entre le premier tour présidentiel d'avril et le premier tour législatif de juin 2002, la gauche de gouvernement progresse-t-elle de 27 % à 37 % des exprimés. Tandis que, glissant de 10,4 % à 2,8 %, l'extrême gauche protestataire est exclue d'un second tour où la gauche gouvernementale est seule à obtenir des sièges.

Jusqu'en 1940, la gauche a eu la légitimité, la légalité républicaine et les valeurs de la République, conquises contre le bonapartisme, le cléricalisme ou le fascisme. Sans se soucier des procédures constitutionnelles assurant le peuple du respect de ces valeurs par les représentants, dès lors qu'il s'agirait de religieux, de femmes ou des musulmans d'Algérie, comme Jean Jaurès l'avait vu en son temps. Le 18 juin, le légitimisme du général De Gaulle a appelé à la continuité d'un patriotisme militaire et constitutionnel s'inscrivant dans le sillage de 1789 et de la fidélité aux lois de la République, sans avoir peur d'ajouter que la France aurait besoin d'une Révolution, compte tenu de la faillite des vieux chefs. Une fois la victoire acquise, il a proposé des procédures de recours démocratique et judiciaire, dont la gauche attendra sa mort pour admettre la validité. Or si la gauche des années 1940 s'est ralliée pour que la France soit présente au jour de la victoire, tout comme celle des années 1960 s'est ralliée pour voter la réorientation de la politique française d'Afrique en Europe, Charles De Gaulle a été vu comme un « grand Français » et non comme l'expression d'une politique civique restée en jachère. Si bien que François Mitterrand sera élu, et réélu, président de la Ve République, en mobilisant la mémoire antibonapartiste : celle de l'« Union de la gauche » contre le « pouvoir personnel » de 1981 ; celle de la « France unie » contre les « factions » de 1988.

L'échec d'avril 2002 devrait conduire la gauche républicaine à s'interroger sur le rapport au temps constitutionnel d'une France politique qui soit de justice. De façon à prendre conscience, comme Norbert Elias nous a appris à le voir, de l'ancienneté et de la solidité d'une mémoire de coexistence civique, vieille de quatre siècles et non plus de deux.

Références bibliographiques

Blum Léon (1958), *Naissance de la IVe République, la vie du parti et la doctrine socialiste*, in *L'Œuvre de Léon Blum 1945-1947*, Albin Michel, Paris.

— (1972), *Lettres sur la réforme gouvernementale (1919)*, in *L'Œuvre de Léon Blum 1914-1928*, Albin Michel, Paris.

Capitant René (2004), *Écrits d'entre-deux-guerres (1928-1940)*, réunis par Olivier Beaud, université Panthéon-Assas (Paris-I), LGDJ, Paris.

Crémieux-Brilhac Jean-Louis (1996), *La France libre*, Gallimard, Paris.

Debré Michel (1947), *La Mort de l'État républicain*, Gallimard, Paris.

De Gaulle Charles (1954, 1956, 1959), *Mémoires de guerre*, 3 t., Plon, Paris.

— (1980), *Lettres, notes et Carnets (1905-1939)*, t. I et II, Plon, Paris.

DESCHANEL Paul (1910), *L'Organisation de la démocratie*, Fasquelle, Paris.

DUHAMEL Olivier (1993), *La Gauche et la Ve République*, PUF, coll. « Quadrige », Paris.

ELIAS Norbert (1996), *Du temps*, Fayard, Paris.

FONDATION CHARLES DE GAULLE (1996), *Le Rétablissement de la légalité républicaine*, Complexe, Bruxelles.

— (1997), *Le Discours d'Épinal*, Economica, Bruxelles.

— (1999), *L'Avènement de la Ve République*, Armand Colin, Paris.

— (2001), *Charles de Gaulle, la jeunesse et la guerre*, Plon, Paris.

—(2002) CD-Rom : *La France au combat* : (*Journal officiel de la France libre et de la France combattante*, 1940-1945)

JAURÈS Jean (1968-1973), *Histoire socialiste de la Révolution française*, 6 t. plus un index, édités par Albert SOBOUL (1re éd. Rouff, 1900-1903), Éditions sociales, Paris.

— (1992), *L'Armée nouvelle*, 2 t., présentation par Jean-Noël JEANNENEY (1re éd. Rouff, 1911), Imprimerie nationale, Paris.

LE CORRESPONDANT (1910-1914) : Chroniques politiques de Bernard de Lacombe.

PALEWSKI Gaston (1988), *Mémoires d'action*, présentation par Éric ROUSSEL, Plon, Paris.

RUDELLE Odile (1990), *De Gaulle pour mémoire*, Gallimard, Paris.

— (1999), « La démocratie en France de 1919 à 1989 » *in* Hélène FRÉCHET, *La Démocratie aux États-Unis et en Europe, 1919-1989*, Éditions du Temps, Paris.

— (2000), « Le vote du statut de l'Algérie » *in* Serge BERSTEIN et Pierre MILZA, *L'Année 1947*, Presses de Sciences-Po, Paris.

69

La gauche, le libéralisme politique et les droits de l'homme

ÉRIC AGRIKOLIANSKY

« QUI ÉTAIENT-ILS LES ENNEMIS de Dreyfus ? Regardez-les, ils ne sont pas difficile à voir, ils sont encore là [...]. Ils ont une certaine forme d'éternité, leurs fils en esprit, leurs filles en esprit. La société de l'époque a su se reproduire jusqu'à nous » [François Mitterrand, 10 octobre 1976, cité par Winock, 1990, p. 157]. Comme le suggère cette formule de François Mitterrand, une grille de lecture de l'histoire politique française semble s'être imposée dans l'espace politique et dans une partie du champ de l'histoire contemporaine. Celle-ci repose sur l'opposition entre « deux France » [Epstein, 2001]. La première, des antidreyfusards à l'extrême droite contemporaine, incarnerait la permanence des forces réactionnaires faisant du nationalisme xénophobe, de la défense de l'ordre naturel et du rejet des droits de l'homme leur credo. La seconde, dont le dreyfusisme constituerait le modèle séminal, se caractériserait, au contraire, par la défense d'un universalisme de la raison et par un attachement indéfectible aux droits de l'homme considérés comme le fondement de l'ordre politique républicain. Le modèle des « deux France » constitue un cadre d'analyse qui structure implicitement nombre de réflexions, savantes ou profanes, sur l'histoire politique française du XXe siècle. Sa force tient, sans doute, à la limpidité et à la portée pratique des césures qu'elle met au jour. La croyance en l'existence de principes rémanents qui opposeraient deux « cultures politiques » sert en effet de trame pour penser la permanence, supposée, de l'affrontement entre une droite et une gauche, c'est-à-dire entre un camp de l'ordre et de l'autorité contre un camp de la justice et de la liberté.

Or les positions des partis et des hommes de gauche à propos des droits de l'homme et du citoyen sont plus complexes et ambivalentes que ne le laisse supposer ce modèle. Du dreyfusisme à la sacralisation de l'État de droit par François Mitterrand dans les années 1980, le raccourci historique est trompeur : les gauches (le pluriel est ici indispensable) ont, en effet, entretenu un rapport ambigu et mouvant à ces questions, érigeant parfois les droits de l'homme en valeur suprême, les considérant à d'autres périodes comme des garanties trompeuses ou insuffisantes, distinguant souvent plusieurs catégories de droits de valeur inégale. Les discours de gauche à propos des droits ne peuvent être décrits à travers un schéma simple et linéaire et c'est une histoire heurtée, faite de renversements et parfois de contradictions, qu'il faut retracer.

Cette histoire commence, bien sûr, par l'affaire Dreyfus, moment où se forgent deux pensées des droits, l'une, radicale, privilégiant la protection des libertés publiques, et l'autre, socialiste, mettant l'accent sur la promotion des droits économiques et sociaux. Cette césure entre les partisans de l'égalité économique et ceux de la liberté politique est évidemment essentielle. Elle est au cœur des conflits qui opposeront communistes, radicaux et socialistes tout au long du siècle. Il faut cependant prendre garde à ne pas la réifier en cédant à la tentation de la *rétrodiction*, qui consisterait à attribuer au passé une cohérence rétrospective en partie artificielle. D'abord, parce que le débat entre les promoteurs des libertés républicaines et ceux de l'égalité économique ne se fige pas dans des traditions immuables, et qu'il existe une pluralité de conceptions des droits défendues au sein des partis de gauche qui se croisent et s'entremêlent au-delà des frontières idéologiques ou organisationnelles (qu'on songe aux conflits internes qui courent tout au long du siècle au sein du mouvement socialiste à ce propos). Ensuite, parce les droits ne renvoient pas à une essence, mais s'incarnent dans des configurations idéologiques en constant renouvellement qui portent sur des enjeux hétérogènes (de la défense de la République à l'intégration des immigrés ou à la lutte contre l'exclusion). L'histoire des discours de gauche sur les droits est ponctuée de moments forts, caractérisés par l'évolution des rapports de force partisans ou des clivages idéologiques, au cours desquels ils sont repensés et reformulés (notamment les années 1920, le Front populaire, les débuts de la IVe République, la guerre d'Algérie, l'Union de la gauche et le premier septennat de Mitterrand...).

Restituer l'évolution des configurations idéologiques associées aux droits de l'homme implique néanmoins de s'intéresser tant aux productions idéologiques qu'à leurs conditions sociales et historiques de production : le sens conféré à ces principes dépendant à la fois de l'existence de traditions de pensées inégalement objectivées et des caractéristiques des contextes dans lesquels ils sont énoncés. Plutôt que de dresser un catalogue (même raisonné) des positions de gauche sur le sujet, il s'agit de réfléchir aux conditions dans lesquelles des acteurs politiques, des intellectuels, ou des « entrepreneurs de morale » ont incorporé (sous forme de croyances), proclamé (sous forme de discours ou de règles de droit), voire instrumentalisé (à des fins de légitimation) cet ensemble plus ou moins cohérent de représentations et de principes normatifs que constituent les « droits de l'homme et du citoyen ». Cette perspective ne doit certes pas conduire à ignorer les continuités qui traversent le siècle (comme cette propension à faire des droits un discours légitimant et naturalisant l'union de « la » gauche), mais invite à les traiter à travers les mécanismes par lesquels les acteurs eux-mêmes produisent cette continuité.

L'affaire Dreyfus : un événement fondateur ?

La première décennie du XXe siècle constitue une riche période d'effervescence créatrice pour le discours des droits de l'homme [Rebérioux, 1975]. Si ce moment est fondateur, c'est qu'il est à la fois marqué par l'affirmation d'une pensée des droits de gauche et par l'apparition de tensions et de contradictions qui travailleront durablement l'attitude des partis et des hommes de gauche à ce propos. Contrairement à ce que laisse croire une mémoire simplifiée de l'Affaire, les premiers dreyfusards ne se sont pas recrutés majoritairement chez les socialistes ou les radicaux. Si le radicalisme puise à la source républicaine une attention particulière aux libertés politiques, le mouvement ouvrier entretient, en revanche, depuis le XIXe siècle, une relation ambiguë à la question des droits de l'homme. Les racines intellectuelles des socialistes français (de Saint-Simon à Proudhon) les conduisent à se méfier de ces droits « individualistes » axés sur les libertés politiques ou entérinant le principe de la propriété privée, et, de ce fait, bien éloignés des revendications ouvrières, collectivistes et révolutionnaires. La diffusion du marxisme en France, notamment par les guesdistes, contribue également à renforcer l'idée selon laquelle les droits civils et politiques sont pour l'essentiel une mystification idéologique profitant à la bourgeoisie et ayant pour principal effet d'éloigner la classe ouvrière des vrais combats (l'exploitation économique). Il faut de plus souligner que l'antisémitisme n'est pas absent de discours socialistes dans lesquels la lutte contre la bourgeoisie est parfois assimilée à la haine des « capitalistes juifs ».

Au moment de l'affaire Dreyfus, une partie importante du mouvement socialiste, en particulier les guesdistes, reste, on le sait, très hostile à l'engagement dreyfusard et à l'incorporation des revendications en termes de garanties des droits individuels qui accompagnent le mouvement : « Prolétaires, ne vous enrôlez dans aucun des clans de cette guerre civile bourgeoise ! », proclame par exemple le groupe parlementaire socialiste en janvier 1898. L'engagement progressif (à partir de 1898) d'une partie des socialistes (avec Jaurès et Millerand) et des radicaux dans l'affaire Dreyfus fait, donc, figure de moment clef au cours duquel se redéfinissent durablement les positions [Duclert, 1994]. C'est en effet au tournant du siècle que se cristallisent les principes organisateurs d'une pensée des droits et libertés au sein du mouvement radical et chez les socialistes. Avant d'en examiner les détails, il faut s'arrêter sur le contexte politique qui permet cette reformulation. Ce curieux retournement par lequel les gauches (des radicaux aux anarchistes) deviennent les défenseurs de la légalité et de la morale républicaine est, en effet, rendu possible par un processus de reconfiguration des clivages partisans reposant sur une redéfinition de la césure droite-gauche et de l'attitude à l'égard du régime républicain. Les menaces qui pèsent sur les institutions (comme en témoigne le coup d'État avorté de Déroulède en 1899) et l'acculturation progressive des appareils partisans radicaux et socialistes aux règles du jeu politique de la IIIe République ont contribué à rendre plausible la conquête électorale du pouvoir (contre les « notables ») dans le cadre d'une alliance fondée sur la défense républicaine (du gouvernement de Waldeck-Rousseau en 1899 à la constitution du gouvernement radical de Combes en 1902). Ce qu'expérimentent radicaux et socialistes à l'occasion de l'affaire Dreyfus, et qui précipite en partie leur engagement dans l'affaire, c'est que la défense des principes démocratiques et des libertés républicaines peut constituer un terrain d'accord pour « une » gauche coalisée pour la conquête électorale du pouvoir.

L'engagement pour la défense des droits de l'homme fut donc associé, à la naissance du siècle, au principe de l'union de la gauche et, finalement, à l'idée fondamentale qu'il existe « une » gauche, c'est-à-dire un patrimoine de principes communs aux socialistes révolutionnaires et aux républicains réformistes et ce au-delà de leurs divergences, pourtant profondes, sur les problèmes économiques et les stratégies de conquête du pouvoir. Cette logique marquera durablement les conditions d'usage de cette catégorie : c'est lorsque l'union est nécessaire ou souhaitable, et en particulier lorsque les institutions républicaines paraissent menacées, que le thème des droits de l'homme réapparaît comme une référence légitime de l'union (dans les années 1930 ou encore au cours de la décennie 1970). Cette association n'est évidemment pas naturelle, même si en enchaînant les maillons d'une histoire allant de la Révolution à Dreyfus, puis au Front populaire et à la Résistance, elle se donne à voir comme allant de soi. Elle découle notamment du travail social et politique qui permet, tout au long du siècle, de maintenir et de renouveler la mémoire de l'affaire Dreyfus et sa signification politique (qu'on songe aux contributions des porte-parole des gauches à l'histoire de l'Affaire, comme les *Souvenirs de l'Affaire*, que rédige Léon Blum en 1935, ou encore au rôle joué par la Ligue des droits de l'homme (LDH) dans ce travail de constitution d'une mémoire commune à la gauche).

Le radicalisme (1901-1939) : un humanisme républicain ?

Si les droits de l'homme servent, depuis Dreyfus, de cadre cognitif pour penser et légitimer l'appartenance à « la » gauche, leur singularité repose cependant aussi sur l'importance des débats qu'ils suscitent. La référence consensuelle aux droits et libertés masque en fait de notables divergences. On peut ainsi esquisser deux formulations idéal-typiques de ce que sont les droits et de la manière de les défendre qui délimitent l'espace du pensable pour les défenseurs des droits dans la première moitié du siècle.

La première peut s'identifier à l'humanisme républicain qu'expriment les fondateurs du parti radical (à l'occasion des débats du congrès fondateur de 1901 ou du congrès de Nancy de 1907, ou encore dans l'œuvre de Léon Bourgeois), dont on peut esquisser les contours mais aussi souligner quelques zones d'ombre. La « morale radicale » se définit par la double référence à l'humanisme et au rationalisme : « Le parti radical a un but, explique Léon Bourgeois en 1908 (préface à *La Politique radicale* de Ferdinand Buisson), il veut organiser politiquement et socialement la société selon les lois de la raison [...]. Il part du fait indiscutable de la conscience. Il en tire la notion morale et sociale de la dignité de la personne humaine. » Raison et dignité de l'homme, voilà deux principes fondamentaux de la pensée radicale des droits individuels. Le développement de la science, l'instruction primaire laïque et obligatoire, contre l'obscurantisme religieux, l'amélioration des conditions matérielles d'existence, en un mot le progrès, sont ainsi considérés comme de puissants facteurs d'émancipation des individus. Cette foi dans la raison est cependant ambivalente, puisqu'elle constituera aussi un puissant argument légitimant la colonisation. Pétries de l'idée de la supériorité de la civilisation européenne, et surtout très impliquées dans le gouvernement colonial, les élites radicales considèrent que la colonisation n'est pas une atteinte aux droits des indigènes, mais plutôt la condition de la garantie de ces droits, à l'image d'Albert Sarraut qui exalte en 1931 (*Grandeur et servitude coloniale*) « l'œuvre collective de solidarité », accomplie par la France dans ses colonies qui ne relève que d'un souci d'« altruisme » : « il n'y a plus comme au début droit du plus fort, mais bien droit du fort à aider le faible ».

Sur le plan de l'organisation de la société, les droits de l'homme sont ensuite conçus comme les droits du citoyen dans ses relations à la puissance publique. Droits face aux institutions répressives de l'État (outre l'abolition de la peine de mort, le programme de Nancy de 1907 réclame « une justice rapide et égale pour tous » et l'indépendance des juges). Droit de suffrage et droit d'association sont également défendus par les leaders radicaux du début du siècle, qui, eux-mêmes inscrits dans le processus de modernisation de l'action politique (le parti radical est le premier grand parti structuré au niveau national), opposent à la représentation notabiliaire, la libre organisation des citoyens pour la conquête électorale du pouvoir. Ce droit d'association est d'ailleurs conçu comme devant être étendu aux regroupements sectoriels (dont le monde ouvrier) et plus largement conçu comme le meilleur dispositif permettant l'intégration pacifique des groupes sociaux au gouvernement de la raison, à condition toutefois qu'ils respectent la légalité (le programme de Nancy de 1907, condamne ainsi toute « manifestation violente »). D'un point de vue institutionnel, le vote et plus largement les principes du « gouvernement représentatif » sont exaltés. Les radicaux affirment la suprématie de l'institution parlementaire contre toute velléité de renforcement de l'exécutif, mais aussi contre l'idée d'une constitutionnalisation des droits de l'homme qui limiterait la souveraineté du Parlement. La promotion d'une conception de l'égalité fondée sur la figure d'un homme-citoyen qui ne connaît d'autres attaches que le cadre national conduit cependant à entendre les droits de l'homme au sens strict, non de personnes humaines, mais du genre masculin. Les radicaux restent ainsi constamment hostiles aux droits politiques des femmes (les adhésions féminines au parti ne seront tolérées qu'à partir des années 1920 !), à la fois parce que le suffrage féminin est soupçonné d'être soumis à l'influence cléricale et parce qu'il heurte un système de représentations qui n'accorde le citoyen qu'au masculin. « Ce n'est pas dire que leur cerveau soit de qualité inférieure, seulement leur cerveau tel qu'il fut façonné par la nature ou revu par la civilisation n'est pas ouvert aux problèmes du forum [...] » précise Arthur Huc (*Hommes et doctrine*, 1935).

Si les droits civiques et politiques constituent le noyau de la doctrine, les radicaux ne sont cependant pas totalement indifférents aux droits sociaux. La répression violente par Clemenceau des mouvements syndicaux durant sa présidence du Conseil (1906-1909) a légué l'image d'un mouvement hostile aux revendications populaires, et d'une façon générale plus attaché à la liberté qu'à l'égalité. Si les acquis sociaux des gouvernements radicaux de la première moitié du siècle restent maigres, une partie de la pensée radicale intègre néanmoins la question sociale. *Le Solidarisme* de Léon Bourgeois (1895) manifeste parfaitement comment l'attachement à la liberté économique et à la propriété individuelle s'articule à la promotion d'une régulation étatique du social. L'État se voit ainsi conféré la tâche de réparer les injustices qui découlent des inégalités de condition. La notion de « service public », développée par Léon Duguit, qui se situe dans le double sillage du solidarisme et du durkheimisme, se fonde justement sur cette idée que l'action concertée de l'État, mais un État déconcentré et non coercitif, doit pouvoir remplacer l'initiative privée. Les radicaux rejettent certes le collectivisme, mais promeuvent la disparition du salariat par l'accession des ouvriers à la propriété individuelle des moyens de production.

Socialistes et communistes à l'épreuve des droits de l'homme, de Jaurès au Front populaire

La morale radicale, humaniste et républicaine, ne constitue cependant qu'une figure du discours sur les droits de l'homme au sein des gauches. Une seconde conception, là encore complexe et plurielle, se forge en effet au sein du mouvement socialiste au moment de l'affaire Dreyfus. Elle articule de manière originale la défense des libertés républicaines et la contestation de la légalité capitaliste.

La publication par Jean Jaurès à la fin de l'été 1898 de l'ouvrage *Les Preuves* fait figure d'acte fondateur [Rebérioux, 1999]. Ce livre, dans lequel il dénonce les illégalités entachant la condamnation de Dreyfus (qui touchent « aux libertés essentielles de tous les citoyens »), est l'occasion pour Jaurès d'expliciter une distinction décisive pour la pensée socialiste dans la « légalité capitaliste et bourgeoise » entre, d'une part, ce « qui consacre les privilèges de la propriété capitaliste », avec laquelle « il faut rompre » et, d'autre part, les « modestes garanties, peu à peu conquises par le long effort des siècles et la longue suite des révolutions » qu'il faut défendre et promouvoir. « Nous socialistes révolutionnaires, nous voulons dans la légalité d'aujourd'hui abolir la portion capitaliste et sauver la portion humaine. » Si la pensée de Jaurès a tenu une telle place dans le panthéon des idées socialistes, c'est qu'elle permet de distinguer deux catégories de droits (les droits civils et politiques classiques et les droits sociaux) et d'affirmer, dans le même mouvement, la compatibilité entre ces droits. Cette synthèse séminale entre socialisme et République reflète sans doute la trajectoire de son promoteur (un intellectuel qui fut républicain avant d'être socialiste) et les spécificités de la conjoncture historique dans laquelle elle est produite, moment où les porte-parole du mouvement ouvrier français doivent légitimer la coexistence de deux voies pratiques d'action politique : l'action ouvrière potentiellement révolutionnaire (par le syndicalisme, par la grève) et la représentation parlementaire.

Si la synthèse jaurésienne est essentielle, elle ne doit cependant pas masquer les tensions qui vont continûment diviser le mouvement ouvrier à propos des droits de l'homme jusqu'à 1939. Dès 1900, on l'a dit, les socialistes sont en désaccord à propos de la voie républicaine et de la place à accorder à la défense des droits et libertés (les guesdistes sont les plus hostiles au dreyfusisme). Si les conflits sur cette question s'apaisent après 1905 et la création d'une formation unitaire (la SFIO), quelques voix dissidentes minoritaires subsistent néanmoins jusqu'à la guerre (les « syndicalistes » comme Lagardelle ou la tendance « insurrectionnelle » des « hervéistes ») et critiquent toute alliance entre le socialisme et l'État bourgeois. C'est, évidemment, avec la scission de 1920 et la création du Parti communiste français (PCF), que se (re)développe un discours rejetant radicalement les droits et libertés publiques. Les 21 conditions imposées par l'Internationale communiste (IC) au congrès de Tours conduisent à opposer l'humanisme socialiste à l'intransigeance bolchevique qui rejette le pluralisme démocratique. Léon Blum dénonce ainsi lors du congrès la conception générale de l'action politique promue par l'IC faisant de « l'application de la terreur, toujours combattue par la doctrine socialiste [...], l'instrument normal du gouvernement prolétarien ». La radicalisation du PCF au cours des années 1920, tant liée à la bolchevisation impulsée par l'IC qu'à la répression croissante dont fait l'objet le parti, conduit sa direction à rejeter non seulement la voie réformiste, mais surtout les références à la Révolution française, aux droits de l'homme et aux libertés politiques (le Komintern avait d'ailleurs déjà exigé en 1922 l'exclusion de francs-maçons et d'adhérents de la Ligue des droits de l'homme [Bodin, Racine, 1972]).

La SFIO après la scission de 1920 tient une position ambiguë qui reflète à la fois l'hétérogénéité de ses élites et l'ambiguïté de sa position, entre l'opportunisme gouvernemental des radicaux et l'intransigeance communiste. Si une génération formée au tournant du siècle qui est venue au socialisme à travers l'affaire Dreyfus (comme Léon Blum ou Victor Basch) a durablement incorporé l'exigence humaniste de la défense des droits et libertés, une partie de la direction du parti, attachée au guesdisme, promeut en revanche un marxisme intransigeant. L'évolution de la vie politique, dans les années 1930, conduit néanmoins à redonner une nouvelle pertinence à la défense des libertés et de la légalité. La multiplication des opportunités d'alliance de gouvernement (et le renforcement électoral des socialistes au détriment des radicaux) amène d'une part à réévaluer l'option réformiste. C'est d'autre part, comme lors de l'affaire Dreyfus, l'activisme des forces antiparlementaires (les ligues qui démontrent en février 1934 que le régime peut être menacé) et la nécessité d'un Front populaire contre le fascisme — et pour accéder au pouvoir — qui suscite ce retour aux sources. En distinguant conquête (révolutionnaire) du pouvoir, exercice de celui-ci (par une majorité socialiste) et « occupation du pouvoir » à titre défensif pour sauvegarder les « libertés démocratiques et ouvrières », Blum replace la question de la défense républicaine au centre de la stratégie socialiste (il en fait après le 6 février 1934 le centre de gravité de ses appels à l'union [Verdier, 2003]). La référence aux droits et aux libertés constitue ainsi un thème central de l'union qui conduira au Front populaire, pour les socialistes, mais aussi pour les communistes. Lorsque le principe de la participation du parti à un front des gauches est entériné, les dirigeants communistes font de la défense des droits et libertés l'un de leurs principaux arguments, à l'image de Maurice Thorez exaltant, en novembre 1934, à la tribune de la Chambre des députés, « nos pères qui se battirent pour défendre le capitaine Dreyfus » ou de Jacques Duclos qui, lors du défilé unitaire du 14 juillet 1935, entonne le vibrant couplet de *La Marseillaise* : « Liberté, liberté chérie, combats avec tes défenseurs. » En ce sens, 1936 constitue une nouvelle étape de formalisation des droits de l'homme en référence symbolique légitimant, par ses échos historiques (de la Révolution à Dreyfus), l'union de la gauche contre les ennemis de la République.

La constitution d'un gouvernement de Front populaire, le 5 juin 1936, conçu comme une « occupation » du pouvoir ne visant pas à changer les cadres de la société, va surtout entériner l'idée que l'accès au gouvernement permet non seulement la défense de la République (interdiction des ligues factieuses), mais surtout la conquête de droits économiques et sociaux (congés payés, droit aux loisirs et à la culture, etc.). Il faut d'ailleurs souligner combien l'expérience de 1936 contribua à affermir la consistance des droits sociaux, en manifestant qu'ils ne se réduisaient pas aux questions, certes essentielles, de protection sociale et de droits syndicaux, mais englobaient plus largement un « droit à la vie » qui renvoie, par exemple dans le complément à la déclaration de 1789 élaboré par la Ligue des droits de l'homme en 1936, au droit à la subsistance, mais aussi aux loisirs et à la culture. La « pause » dans les réformes, à partir de février 1937, puis le délitement du gouvernement Blum n'empêcheront cependant pas que se constitue une mémoire mythique du Front populaire qui légitima durablement pour une partie du mouvement socialiste l'équation entre l'exercice pacifique du pouvoir, la défense de la démocratie et la conquête de droits nouveaux.

Les droits de l'homme au-delà des partis : ligues et intellectuels

Il serait simplificateur de réduire la défense des droits de l'homme à l'espace des discours partisans sur le sujet. D'abord parce que la logique de la compétition politique, en subordonnant la défense des libertés aux stratégies d'alliance et de conquête du pouvoir, tend à les constituer en discours plus programmatiques que pratiques. Ensuite, parce que les thèmes qui sont attachés par les acteurs aux droits de l'homme et aux libertés dépassent souvent le cadre des affrontements politiques conjoncturels (qu'il s'agisse de la question de la paix entre les nations, de la protection des droits des citoyens face à la justice ou à la police, des droits des fonctionnaires, etc.). Enfin, et surtout, parce que la défense des droits de l'homme s'est construite au moment de l'affaire Dreyfus autour d'une mobilisation qui dépasse largement le champ politique et qui fait de l'intellectuel une figure essentielle de ce combat [Charle, 1990].

De ce fait, les mobilisations en faveur des droits et de libertés naissent le plus souvent hors du champ politique proprement dit. L'activisme protestataire des intellectuels qui s'érigent en garant des droits et libertés publiques [Sirinelli, 1990] débouche, par exemple au lendemain du 6 février 1934, sur la constitution d'un Comité de vigilance des intellectuels antifascistes (CVIA), qui préfigure le Front populaire par sa composition et la structure de son discours (l'appel aux « travailleurs » pour la défense des libertés publiques). De la même manière, la constitution en 1928 de la Ligue internationale contre l'antisémitisme (LICA), animée par Bernard Lecache, contribue, au cours des années 1930, au développement de la lutte contre les violences antisémites. Même le mouvement communiste participe à ces mobilisations pour les droits, par exemple à travers le Mouvement de lutte contre la guerre et le fascisme (Amsterdam-Pleyel) fondé en 1933 [Prézeau, 2001] ; ou encore par l'action du Secours rouge français, fondé en 1925 et affilié au Secours rouge international, qui vise à fournir une aide, notamment juridique, aux militants victimes de la répression.

Le cas exemplaire de la Ligue des droits de l'homme et du citoyen mérite, enfin, une attention particulière. Créée en 1898 par des dreyfusards politiquement modérés (Ludovic Trarieux en est le premier président), cette « vigie » de la République devient rapidement une organisation de masse — près de 180 000 adhérents au début des années 1930 — [Rebérioux, 1998], qui recrute, sans doute (les données sociographiques manquent), dans les couches nouvelles de salariés scolarisés (en particulier chez les enseignants), et qui est surtout liée aux milieux socialistes et radicaux. L'action de l'association montre comment se constitue à l'intersection du socialisme et du radicalisme un ensemble de principes qui érigent la défense des droits des individus face à l'État en références identitaires pour « la » gauche. Le fonctionnement de la justice (statut des magistrats, procédure pénale, campagnes contre la peine de mort, etc.) ou de l'armée (la réhabilitation des fusillés de la Grande Guerre), les interventions dans les affaires individuelles, notamment à propos des erreurs judiciaires (à travers l'activité d'un important service juridique), contribuent ainsi à fonder un sens commun des droits. Les conflits qui déchirent à plusieurs reprises la ligue témoignent cependant aussi de la fragilité de ce consensus. En 1909-1910, 25 000 ligueurs quittent l'association (sans doute pour l'essentiel les sympathisants radicaux) après que Francis de Pressensé, président socialiste de la ligue (1903-1914), ait pris position en faveur des droits syndicaux et du droit de grève des postiers. Dans les années 1930, une minorité défendant un « pacifisme intégral », notamment regroupée dès 1916 au sein de la Société documentaire et critique sur la guerre [Naquet, 1993], s'organise en pôle critique et contestataire. Ses représentants au sein de la ligue (Michel Alexandre, Félicien Challaye notamment), refusant tout conflit armé même contre le fascisme et toute alliance avec l'Union soviétique (surtout si elle conduit à ignorer les violations des droits de l'homme en URSS), rompent en 1937 avec l'association (présidée depuis 1926 par Victor Basch) entraînant avec eux environ un cinquième des adhérents (soit plus de 30 000 personnes). Le conflit dépasse cependant la seule question du pacifisme, portant aussi sur la question coloniale : Félicien Challaye, militant anticolonial, défend au congrès de 1931 de la ligue une motion qui condamne globalement le fait colonial et qui sera finalement mise en minorité (par le texte défendu par Albert Bayet et Maurice Viollette qui affirme les vertus d'une colonisation civilisatrice... [Biondi, Morin, 1992]). L'itinéraire ultérieur de quelques figures de cette minorité (comme Challaye qui, suivant les dérives des néosocialistes, collabora sous l'Occupation) invite cependant à reconsidérer le poids de la référence aux droits de l'homme au sein de la gauche française dans l'entre-deux-guerres [Epstein, 2001]. Ce que manifestent ces itinéraires de radicalisation, n'est-ce pas aussi que les droits à la veille de la Seconde Guerre mondiale constituent une figure de rhétorique certes essentielle, mais qui ne conditionne plus guère la socialisation politique et les choix qui en découlent ?

DÉCLIN ET RENOUVEAU DU MODÈLE DREYFUSARD : DE LA LIBÉRATION À LA GUERRE D'ALGÉRIE (1946-1962)

La Libération et la mise en place des institutions de la IVe République ouvrent une nouvelle séquence dans l'histoire des discours de gauche sur les droits de l'homme. Au lendemain des atrocités commises par les nazis et de la suspension des principes démocratiques les plus élémentaires par le régime de Vichy, un accord semble en effet s'établir au sein de la gauche résistante pour considérer que les droits de l'homme et du citoyen constituent des principes qui sont au fondement de l'ordre politique républicain. La proclamation par les constituants de 1946, dans le Préambule de la Constitution, des « droits inaliénables et sacrés » de « tout être humain », et la réaffirmation des droits et libertés énoncés par la Déclaration de 1789 [Koubi *et al.*, 1996], manifestent bien ce consensus tacite. Que les droits de l'homme soient placés au fronton de l'édifice institutionnel de la IVe République ne signifie cependant pas qu'ils ne fassent plus l'objet de débats. Si des désaccords persistent, le clivage fondamental s'est cependant déplacé : c'est, en effet, moins la question de la légitimité des droits et des libertés proclamés en 1789 qui est au centre du débat politique que celle de l'actualisation de ces droits et de leur extension à des droits-créances. Le préambule de la Constitution de 1946 laisse, on le sait, une large place aux droits économiques et sociaux qui polarisent les discussions au sein de l'Assemblée constituante (communistes et socialistes en étant les plus fervents partisans).

La principale conséquence de ce renouvellement est de modifier sensiblement les logiques de l'engagement pour la défense des droits, qui vise dès lors moins la limitation et le contrôle des prérogatives étatiques, que l'extension de l'intervention de l'État providence dans la vie économique et sociale. L'institutionnalisation relativement consensuelle des droits classiques s'accompagne alors d'une démobilisation des défenseurs des droits de l'homme, comme en témoigne la spectaculaire décroissance des effectifs de la Ligue des droits de l'homme à la Libération (le nombre de ses adhérents chute à moins de 20 000 en 1947 et ne dépassera plus ce niveau). Alors que les syndicats connaissent à la même période une embellie spectaculaire, le modèle dreyfusard de l'engagement intellectuel pour la défense des droits-libertés semble perdre temporairement de son actualité, dans un contexte de plus marqué par la faible visibilité de l'extrême droite antisémite et antirépublicaine.

Avec le développement des luttes anticoloniales, les droits de l'homme reviennent au centre du débat, mais moins comme une revendication porteuse d'unité que comme un ferment de conflits. La participation de la majorité de la SFIO à la politique répressive en Algérie et les ambiguïtés du PCF à ce sujet relancent ainsi le débat sur les libertés publiques. Celui-ci se traduit d'abord par une recomposition de l'espace partisan, avec la constitution en 1960 du Parti socialiste unifié (PSU), futur pôle de la nouvelle gauche, qui structure des groupes (« blumistes » dissidents de la SFIO, catholiques de gauche du Mouvement de libération du peuple, dissidents communistes) qui ne se reconnaissent ni dans le modèle révolutionnaire soviétique ni dans la voie gouvernementale privilégiée par la SFIO de Guy Mollet. En plaçant initialement la sauvegarde des libertés publiques au cœur de ses revendications et en s'ouvrant ensuite progressivement, sous l'influence de ses composantes d'extrême gauche, aux droits des minorités, le PSU marque en ce sens le renouveau d'une réflexion politique sur les droits des individus.

Au-delà de l'espace partisan, la défense des libertés classiques est, ensuite, réévaluée par l'engagement des intellectuels qui prennent position contre les violations des droits civils et politiques en Algérie [Rioux, Sirinelli, 1991]. Dans un article, désormais classique, Pierre Vidal-Naquet a souligné la prégnance du modèle dreyfusard dans les milieux intellectuels socialistes, communistes ou trotskistes, pour penser la lutte contre la répression en Algérie [Vidal-Naquet, 1986]. L'affaire Audin, du nom de cet enseignant communiste abattu après son interrogatoire par l'armée française en Algérie en juin 1957, montre comment de nouveaux intellectuels, comme Pierre Vidal-Naquet lui-même, Madeleine Rebérioux, alors membre du PCF, ou encore Laurent Schwartz, militant trotskiste, réinvestissent à la fin des années 1950 la référence à l'affaire Dreyfus pour dénoncer la politique française et instruire le procès de l'armée (on trouve dans le cas de Maurice Alleg, qui dénonce en 1961 dans *La Question* la pratique systématique de la torture, un exemple similaire). Les avocats participent eux aussi à ce mouvement, comme Yves Dechézelles, Joë Nordmann, Pierre Stibbe, ou Jacques Vergès qui s'engagent dans la défense des militants nationalistes traduits devant les juridictions militaires [Biondi et Morin, 1992 ; Thénault, 2001]. Le recours au droit (parfois pour le subvertir, comme dans le cas du procès de rupture que préconise Jacques Vergès, à la suite d'un autre avocat communiste, Marcel Willard), l'appel à la raison et à la démarche historique pour dénoncer les exactions et les mensonges des institutions répressives (comme dans *L'Affaire Audin* de Pierre Vidal-Naquet), contribuent donc à redonner aux intellectuels une place centrale dans les mobilisations pour la défense des libertés.

De l'anticolonialisme à l'antiracisme

Si ce travail de mise en continuité historique (de l'affaire Dreyfus à la guerre d'Algérie) est essentiel, il faut néanmoins souligner que les mobilisations de la guerre d'Algérie constituent aussi un point d'inflexion marquant l'émergence d'une réflexion systématique sur les discriminations racistes [Lloyd, 1998]. La critique de la domination coloniale (notamment à travers les œuvres de Frantz Fanon ou d'Albert Memmi) participe ainsi à une reformulation et à un déplacement de la lutte antiraciste : elle concerne désormais de nouvelles catégories de victimes (les travailleurs immigrés issus des anciennes colonies françaises et leurs enfants) et vise, au-delà de la dénonciation de la violence, à revendiquer l'égalité des droits. Le rôle joué par le Mouvement contre le racisme et pour l'amitié entre les peuples (MRAP, créé en 1949 et lié au parti communiste) au cours des années 1960 illustre bien comment la discrimination raciale devient un objet de revendication qui s'articule à la question républicaine de l'égalité et se décline en termes de droits (des campagnes contre les « refus de service » au vote de la loi de 1972 sanctionnant juridiquement les discriminations). C'est au tournant des années 1970 que la question des droits des immigrés acquiert une place centrale dans le débat public [Siméant, 1998]. Ce ne sont d'ailleurs pas tant les grands partis de gauche, que l'extrême gauche (le PSU ou les maoïstes) et des associations (pour certaines liées aux mouvements chrétiens) qui sont à la pointe de cette action : comme en témoigne la création du Groupe d'information et de soutien des travailleurs immigrés (GISTI, fondé en 1972) ou de la Fédération de soutien aux travailleurs immigrés (FASTI, créée en 1966-1967) qui formalisent les revendications relatives au sort des immigrants illégaux (les « sans-papiers ») ; ou comme le manifeste l'émergence de mobilisations des travailleurs immigrés eux-mêmes (création, en 1970, du Mouvement des travailleurs arabes, lié à la Gauche prolétarienne ; grèves des loyers des foyers Sonacotra à partir de 1975). Si le PS et le PCF restent absents de ces débats durant les années 1970, la croissance de l'extrême droite après 1981 et la radicalisation de la droite parlementaire sur la question de l'immigration incitent cependant progressivement la gauche de gouvernement à investir le terrain de la lutte contre le racisme. La création, en 1984, de SOS-Racisme par une minorité du parti socialiste issue du trotskisme, et les mobilisations parallèlement menées contre le renouveau de l'extrême droite, placent la lutte contre les discriminations racistes au-devant de la scène. Elle constitue le principal objet de revendication en termes de droits de l'homme durant le premier septennat de François Mitterrand.

De l'Union de la gauche à l'État de droit : les libertés publiques au centre du débat

Au cours des années 1960, dans le sillage de la guerre d'Algérie et alors que se construit la logique présidentielle du régime de la Ve République, la question des libertés publiques redevient pour les promoteurs de l'Union de la gauche un cadre cognitif essentiel pour énoncer la naturalité de l'affrontement bipolaire entre *une* droite et *une* gauche. François Mitterrand, candidat unique de la gauche à l'élection présidentielle de 1965, fait ainsi, dès 1964 dans *Le Coup d'État permanent*, de la défense des libertés publiques l'un de ses principaux thèmes de campagne, identifiant « la » gauche à la défense des droits et libertés et assimilant le gaullisme à un avatar de la tradition bonapartiste et autoritaire de « la » droite française. Cette logique reste, jusqu'en 1981, une pièce centrale du dispositif argumentaire mis en place par le futur président pour énoncer la naturalité d'une union dont il fait la clef de sa stratégie électorale. L'importance acquise par la question des droits de l'homme dans le discours des gauches au cours de la décennie 1970 reflète, de plus, les dynamiques produites par l'émergence d'un discours concurrent, le « libéralisme avancé » de Valéry Giscard d'Estaing, dont socialistes et communistes cherchent à se démarquer et par la croissance des critiques du modèle soviétique (publication de *L'Archipel du goulag* d'Alexandre Soljenitsyne en 1974 ; mouvement des « nouveaux philosophes »). Le PCF, dans le cadre de l'alliance conflictuelle qui le lie au Parti socialiste (qui revendique le rôle de garant au sein de l'union des libertés démocratiques), renonce ainsi à des pans entiers de son programme (abandon de la dictature du prolétariat en 1976), et produit une réflexion théorique sur l'actualisation de la Déclaration de 1789 intégrant libertés publiques et droits sociaux (c'est la « déclaration des libertés » *Vivre libres* publiée en 1975).

Si le radicalisme révolutionnaire de l'extrême gauche de l'après 1968 ne constitue pas, *a priori*, un terrain idéologique très propice à l'épanouissement de revendications en termes de libertés publiques, l'effloraison revendicative de cette période influe néanmoins fortement sur l'évolution de la réflexion sur la question des droits. D'une part, parce que les revendications non matérielles promues par les « nouveaux mouvements sociaux » (droit à l'autonomie individuelle, égalité homme-femme, liberté sexuelle par exemple) conduisent à dépasser et à reformuler la conception des droits sociaux. D'autre part, parce que la répression des groupes d'extrême gauche, de la loi « anticasseurs » à la loi « sécurité et liberté », donne aux grands partis de gauche un argument essentiel pour critiquer le pouvoir sur le terrain du respect de la légalité et de la violation des libertés publiques.

Cette effervescence à propos des libertés publiques dans la décennie 1970 manifeste, en ce sens, aussi un mouvement plus profond d'acculturation progressive des élites de gauche aux logiques du droit tout court. Avant 1939, la question des droits de l'homme est en effet très généralement disjointe du problème de ses garanties juridiques. Si la Déclaration de 1946 constitue une première évolution, c'est surtout le travail de juristes et les mobilisations des professions judiciaires dans les décennies qui suivent, qui contribuent à articuler les droits au droit. Ces mobilisations se traduisent par la création de syndicats de professions judiciaires après 1968 (le Syndicat de la magistrature, le Syndicat des avocats de France ou le Mouvement d'action judiciaire) dans lesquels socialistes, communistes mais aussi trotskistes et maoïstes jouent un rôle déterminant. Elles se manifestent aussi par la multiplication des procès politiques résultant des poursuites engagées contre des militants d'extrême gauche, notamment devant les juridictions d'exception et par l'activisme des avocats qui les défendent, comme Henri Leclerc. Les tentatives de l'extrême gauche pour refonder, en 1970, un Secours rouge prenant en charge la défense des militants, ou l'investissement de l'arène judiciaire dans de nombreuses luttes sociales (droits des soldats, des militants indépendantistes, des paysans, des victimes d'accident du travail, etc.) contribuent également à faire du judiciaire une voie alternative d'action politique. Sur un plan plus institutionnel, les luttes engagées par la gauche pour la ratification, sans réserves, de la Convention européenne des droits de l'homme (qui n'interviendra qu'en 1981), ou encore la constitutionnalisation, par le Conseil constitutionnel en 1971, du préambule de la Constitution (qui se réfère aux Déclarations de 1789 et de 1946) participent, également, à ce processus de juridicisation de la question des droits de l'homme.

La confiance placée dans le droit pour garantir les droits atteint son apogée avec la victoire de la gauche en 1981. Le nouveau garde des Sceaux, Robert Badinter, réalise une série de réformes (abolition de la peine de mort, abrogation de la loi Sécurité et liberté, suppression des juridictions d'exception, etc.) qui sont présentées comme les étapes de la réalisation d'un « État de droit » [Chevallier, 1994]. C'est en 1984, moment de crise pour la gauche au pouvoir, que la protection juridique des droits de l'homme va devenir une pièce centrale de l'argumentaire socialiste (rapport Blandine Barret-Kriegel sur l'État de droit en 1984). La nomination de Robert Badinter à la présidence du Conseil constitutionnel (1986-1995) et son influence sur l'émergence d'une jurisprudence des droits et libertés parachèvent ce processus de juridicisation qui s'accompagne, d'ailleurs, d'un fléchissement de l'intérêt pour la question de l'articulation entre libertés publiques et droits économiques et sociaux.

Les droits sans la politique ?

Le succès du thème de l'État de droit (qui lie la protection des droits individuels à l'existence de garanties juridiques) ne se limite cependant pas aux partis de gauche, mais semble gagner l'essentiel de l'espace partisan. Si l'on excepte la lutte contre le racisme, et les mobilisations de la première cohabitation (1986-1988), la juridicisation des droits semble en ce sens s'accompagner d'un apaisement relatif, à la fin des années 1980, des affrontements idéologiques sur la question des libertés publiques. En constituant les droits individuels en règles communes et sacralisées, le droit participe en ce sens aussi à la neutralisation d'un enjeu qui se trouve alors, partiellement, placé au-dessus du débat partisan.

L'internationalisation croissante de la question des droits de l'homme a, sans doute, également contribué à ce mouvement de dépolitisation des droits, au moins à partir des années 1970. Après 1945, la codification internationale des droits de l'homme s'est considérablement développée (Déclaration universelle des droits de l'homme en décembre 1948 ; Convention européenne de sauvegarde des droits de l'homme et des libertés fondamentales en 1950, etc.). Les engagements militants pour la protection internationale des droits de l'homme se sont également multipliés [Korey, 1998]. Le succès militant, médiatique et institutionnel que connaît Amnesty International (association créée en Angleterre en 1961, qui reçoit en 1977 le prix Nobel de la paix et qui compte dans la décennie 1980, 250 000 membres et 150 salariés à travers le monde), tout comme la renaissance, sous l'impulsion de la Ligue française, de la Fédération internationale des droits de l'homme (FIDH) à partir de la fin des années 1960, en témoignent parfaitement. Le cas d'Amnesty est particulièrement intéressant, puisqu'il illustre comment s'est progressivement développée une nouvelle représentation du combat pour les droits qui se fonde sur le principe d'une stricte neutralité politique. Dans l'immédiat après guerre, les mouvements anglo-saxons de défense internationale des droits (comme l'International Commission of Jurists) s'étaient constitués dans la logique de la guerre froide et à partir d'une stratégie de mise en cause des pays communistes [Dezalay, Garth, 2002]. La création, en France, en 1946 de l'Association internationale des juristes démocrates, animée par l'avocat communiste Joë Nordmann, qui dénonçait les violations des droits aux États-Unis (par exemple à l'occasion de l'affaire Rosenberg), s'inscrivait dans la même logique. Or, les années 1960 sont marquées par la montée en puissance d'une vision neutre des droits, focalisée sur les libertés publiques et l'aide aux victimes, dont la politique d'Amnesty illustre la prégnance (refus de prendre position dans les débats politiques internes des pays concernés, politique de parité Est-Ouest dans les parrainages de prisonniers politiques). Le développement, dans les années 1970, de l'action humanitaire (à travers les mouvements, en particulier médicaux, « sans-frontièristes ») renforce la tendance : ce n'est plus la mise en cause des responsabilités politiques qui prime, mais l'aide directe et pragmatique aux victimes. Le développement au milieu des années 1980 des Restos du cœur en France (qui revendiquent 40 000 bénévoles) montre également l'écho d'une telle conception caritative qui centre la défense des droits sociaux sur l'aide concrète et apolitique aux « exclus » et affirme le primat du « bénévolat » sur le « militantisme ».

Si la tendance à la dépolitisation du combat pour les droits est bien réelle, elle n'est cependant que partielle car équilibrée par des tendances antagonistes, comme en témoigne le développement dans la France des années 1990 de mobilisations pour la défense de la « citoyenneté sociale », l'un des principaux thèmes d'action de la Ligue des droits de l'homme à cette période, et surtout par l'apparition de mouvements de lutte pour les « sans-droits » (sans-logement, sans-travail, sans-papiers, etc.) [Mouchard, 2001]. Des organisations, issues de la gauche ou de l'extrême gauche, comme Droit au logement (créé en 1990), Agir ensemble contre le chômage (1993), Droit devant (1994) ou les différents collectifs de défense des sans-papiers (qui apparaissent à partir de 1996), contribuent ainsi à reformuler la question de l'exclusion en termes de lutte pour des droits relevant d'une action militante et pas simplement d'une assistance bénévole. Ces mouvements sont d'autant plus intéressants, qu'en participant activement, à la fin des années 1990, aux luttes contre la mondialisation néolibérale, ils contribuent également à la repolitisation d'une action internationale en faveur des droits qui ne se limite pas à la défense des prisonniers politiques mais qui vise à opposer au « néolibéralisme » des droits universels (droits à la santé, à l'éducation, à un environnement sain, à une justice globale, etc.).

Les droits de l'homme constituent donc pour les gauches au XXe siècle un discours à double sens. Thème ponctuant les appels à l'union, ils représentent aussi, et indissociablement, un terrain de désaccords et d'affrontements. Or, c'est peut-être dans cette polysémie qu'il faut chercher l'une des causes de l'importance accordée à cette question par les hommes de gauche. Le langage des droits permet en effet à la fois de promouvoir un patrimoine de références communes et d'exprimer dans le même mouvement des différences dans l'offre électorale. Cette dimension symbolique du discours des droits ne reflète cependant pas une quelconque essence, mais manifeste au contraire combien ce thème est articulé aux logiques du champ politique. S'il est possible de distinguer des traditions (entre, notamment, les défenseurs des libertés publiques et les promoteurs des droits économiques et sociaux), ces clivages sont mouvants et constituent les pôles d'un *continuum* sur lequel varient tout au long du siècle les positions des acteurs. En ce sens, la logique de leurs prises de position manifeste moins la prégnance de traditions idéologiques immuables (« un » humanisme républicain ou « un » radicalisme révolutionnaire) que les évolutions de la compétition politique et de l'espace des discours concurrents sur la question.

RÉFÉRENCES BIBLIOGRAPHIQUES

BIONDI Jean-Pierre et MORIN Gilles (1992), *Les Anticolonialistes (1881-1962)*, Robert Laffont, Paris.

BODIN Louis et RACINE Nicole (1972), *Le Parti communiste français pendant l'entre-deux-guerres*, Presses de la FNSP, Paris.

CHARLE Christophe (1990), *Naissance des « intellectuels »*, Minuit, Paris.

CHEVALLIER Jacques (1994), *L'État de droit*, Montchrestien, Paris.

DEZALAY Yves et GARTH Bryant G. (2002), *La Mondialisation des guerres de palais*, Seuil, Paris.

DUCLERT Vincent (1994), *L'Affaire Dreyfus*, La Découverte, Paris.

EPSTEIN Simon (2001), *Les Dreyfusards sous l'Occupation*, Albin Michel, Paris.

KOREY William (1998), *NGOs and the Universal Declaration of Human Rights*, Macmillan, New York.

KOUBI Geneviève *et al.* (1996), *Le Préambule de la Constitution de 1946*, PUF, Paris.

LLOYD Catherine (1998), *Discourses of Antiracism in France*, Ashgate, Aldershot.

MOUCHARD Daniel (2001), *Les « Exclus » dans l'espace public. Mobilisations et logiques de représentation dans la France contemporaine*, thèse pour le doctorat en science politique, Institut d'études politiques, Paris.

NAQUET Emmanuel (1993), « La société d'études documentaires et critiques sur la guerre. La naissance d'une minorité pacifiste au sein de la Ligue des droits de l'homme », *Matériaux*, n° 30.

PRÉZEAU Jocelyne (2001), « Le Mouvement de lutte contre la guerre et le fascisme : Amsterdam-Pleyel (1934-1939) », *in* ANDRIEU Claire, TARTAKOWSKY Danielle et LE BÉGUEC Gilles (dir.), *Associations et champ politique. La loi de 1901 à l'épreuve du siècle*, Publications de la Sorbonne, Paris.

REBÉRIOUX Madeleine (1975), *La République radicale ?*, Seuil, Paris.

— [dir.] (1998), « Les droits de l'homme en politique », *Le Mouvement social*, n° 183.

— (1999), *Parcours engagés dans la France contemporaine*, Belin, Paris.

RIOUX Jean-Pierre et SIRINELLI Jean-François (1991), *La Guerre d'Algérie et les intellectuels français*, Complexe, Bruxelles.

Siméant Johanna (1998), *La Cause des sans-papiers*, Presses de Sciences-Po, Paris.

Sirinelli Jean-François (1990), *Intellectuels et passions françaises*, Fayard, Paris.

Thénault Sylvie (2001), *Une drôle de justice. Les magistrats dans la guerre d'Algérie*, La Découverte, Paris.

Verdier Robert [dir.] (2003), « Naissance d'une coalition antifasciste. Février 1934 », *Cahiers Léon Blum*, n° 34.

Vidal-Naquet Pierre (1986), « Une fidélité têtue. La résistance française à la guerre d'Algérie », *Vingtième Siècle*, n° 10.

Winock Michel (1990), « Les affaires Dreyfus », *in Nationalisme, antisémitisme et fascisme en France*, Seuil, Paris.

70

La gauche et l'État

Marc Olivier Baruch

Pour traiter de la gauche dans son rapport à l'État, deux approches sont possibles. La première se proposerait d'appréhender l'État dans son acception la plus large, en prenant en compte non seulement son cadre structurel, mais aussi les fonctions dont il s'est progressivement chargé au cours du XXe siècle [Leroy-Beaulieu, 1911 ; Rosanvallon, 1990]. Les chantiers seraient alors multiples, mobilisant toutes les formes de l'histoire : histoire intellectuelle du politique, qui opposerait, en première approche, le libéralisme, doctrine du trop d'État, au socialisme, doctrine du recours à l'État, mais aussi histoire politique, autour de la question de la conquête et de l'exercice du pouvoir par la gauche, histoire administrative des spécificités de la conduite de l'État par les gouvernants socialistes, histoire socio-économique aussi des relations entre la gauche et l'État interventionniste, que d'autres auteurs analysent dans cet ouvrage. Mais cette approche aurait dû aussi mettre en lumière bien des thèmes qui auraient eu leur place dans cet ouvrage, envisageant le rapport du « peuple de gauche » à des sujets aussi essentiels que l'impôt, la protection sociale, la question scolaire, ou encore l'armée, la police et la justice. C'est ainsi toute la place de la gauche au sein de la société française, et l'évolution de cette place au cours du siècle passé, qui serait le sujet de la présente contribution.

Mais, à ce risque de trop-plein s'oppose, forme de paradoxe, une tentation du vide, qui ferait de la question de l'État un non-sujet. Il y a une dizaine d'années, une approche comparable, vue du côté des droites, ne conduisait-elle pas à douter de l'existence même d'une vision de droite de la fonction publique [Bouretz, 1992] ? Le clivage politique gauche-droite s'effacerait ainsi face à la question de l'État : malgré la vigueur des oppositions rhétoriques, on ne cesserait d'assister à un appel en toutes circonstances à l'État, *leitmotiv* de la société française pouvant être lu comme la trace qu'y a laissée la notion de bien commun apparue au Moyen Âge [Guéry, 1993]. Cet héritage de la très longue durée, donc cette absence de réel débat de fond, pourrait contribuer à expliquer le paradoxe entre une réelle vigueur du débat doctrinal sur l'État, notamment dans les premières décennies du siècle et à nouveau dans les années 1970, et la faiblesse de la réflexion menée de l'intérieur de l'appareil d'État par la gauche une fois arrivée au pouvoir. Notons aussi, en ouverture, que l'utilisation de l'article défini (*la* gauche) pose évidemment question : le caractère « pluriel » de la gauche ne date pas de la décennie 1990. Les moments n'ont de fait pas manqué, au cours du XXe siècle, où la partie de la gauche qui était au pouvoir lutta, souvent avec une réelle vigueur née de l'importance des enjeux politiques et sociaux en cause, contre celle qui n'y était pas : Clemenceau briseur de grèves, Jules Moch contre le parti communiste ou encore l'opposition de gauche à la politique algérienne de Guy Mollet en constituent d'éloquents exemples. On tentera donc en premier lieu d'aborder la multiplicité, voire la plasticité, des doctrines de gauche sur l'État avant d'analyser les évolutions, voire les glissements, que subissent ces doctrines lorsqu'elles sont confrontées à l'exercice du pouvoir.

Les gauches sur l'État

S'agissant de l'État, l'ensemble des gauches revendiquent un double héritage historique, celui de la Révolution française et celui de 1848. Du premier naît l'attachement marqué pour le jacobinisme, concept certes doté d'une certaine élasticité sémantique, mais entendu comme posant en modèle politique la « figure centrale de l'autorité publique souveraine et indivisible, dominant la société civile » [Furet, 1988b, p. 757]. L'échec de la révolution sociale, en juin 1848, non seulement confirme, comme l'écrit alors Marx, que rien n'est à attendre de l'État bourgeois — sentiment que l'aventure désastreuse de la Commune ne fera qu'accentuer — mais aussi contribue à enraciner dans la pensée socialiste l'idée que le changement de la société passe par la conquête de l'État [Furet, préface à Judt, 1987, p. V]. Un État qui doit rester fort, afin de jouer pleinement son rôle de redistributeur et de réducteur d'inégalités, donc un État dont la puissance viendrait de sa centralité, qu'il convenait en conséquence de protéger contre tout risque de démembrement [Hazareesingh, 2002, p. 6].

Pensée comme un « bloc », la Révolution constitua le réservoir de modèles politiques communs à l'ensemble de la gauche, avec deux conséquences majeures. En posant comme source unique du pouvoir la souveraineté du peuple, la Déclaration des droits de l'homme — du moins dans la lecture qu'en donnèrent les majorités de gauche ou de centre gauche installées aux leviers de la IIIe République à partir de la fin de la décennie 1870 — imposa le dogme selon lequel, déléguée à ses représentants, la souveraineté n'était susceptible d'aucune borne. La loi pouvait tout, le parlementarisme ne devait connaître aucune limitation. L'aventure du 16 mai 1877 — qui avait vu le président de la République Mac-Mahon tenter d'imposer à la Chambre son président du Conseil — ravivait les souvenirs d'appel au peuple et d'exercice du pouvoir personnel caractéristiques du Second Empire. Son échec eut pour conséquence durable de conforter les préventions de la gauche contre tout accroissement des pouvoirs de l'exécutif, en excluant *de facto* le droit de dissolution confié au président de la République par le compromis institutionnel de 1875, qui entendait poser un contrepoids aux larges prérogatives données au législatif. Dans l'entre-deux-guerres Léon Blum s'opposa ainsi aux essais de rééquilibrage des pouvoirs tentés en 1924 par le président de la République Millerand puis en 1931 par le président du Conseil Tardieu [Blum, 1972]. En outre, la gauche parlementaire ne pouvait que s'opposer à l'idée même d'un contrôle de constitutionnalité de la loi, avancée par l'ensemble de la doctrine juridique qui militait, au tournant du siècle, pour l'État de droit, plus juste à ses yeux que l'État légal dont la IIIe République fournissait l'idéal-type [Redor, 1992].

La gauche et la destruction de l'État

Privilégiant, au long du XIXe siècle, l'idéal d'égalité sur celui de liberté, la pensée socialiste ne rejetait pas le concept de dictature du gouvernement révolutionnaire, préfigurant un État résolument interventionniste dans le domaine économique et social [Furet, 1988a, p. 583]. Le communisme se situa dans cette continuité, en lisant dans le jacobinisme l'idéal bolchevique du parti avancé capable de conduire la révolution prolétarienne [Furet, 1988b, p. 760]. Pour autant, la conquête de l'État n'était pas une fin en soi. Le contrôle des appareils administratif, policier et militaire, nécessaire dans la période de transition qui précède l'établissement effectif de la dictature du prolétariat, ne pouvait être que transitoire. Dans la future société sans classes, l'État n'avait plus lieu d'être, dans la mesure où, comme l'écrivait Lénine dans *L'État et la Révolution*, « la classe ouvrière [devrait] briser la machine toute prête, et ne pas se borner à en prendre possession ».

La conception de l'État comme n'étant que le moyen par lequel la classe économiquement dominante renforce sa puissance d'exploitation de la classe dominée fut longtemps la seule admise par les groupes se réclamant du marxisme. En même temps qu'elle interdisait de penser véritablement l'État, cette idée fut à la base du clivage qui opposa, avant 1914, les différentes sensibilités du socialisme français autour de la question du réformisme. En 1920, les vingt et une conditions d'adhésion à la IIIe Internationale rejetèrent avec vigueur la légalité bourgeoise, en exigeant la rupture complète et définitive avec le réformisme.

Né de cette scission de la famille socialiste, le parti communiste fit sien le principe de lutte virulente contre l'État bourgeois, en défendant strictement la tactique « classe contre classe » décidée par l'Internationale communiste. À partir du milieu des années 1930, la crainte d'une extension du « fascisme » conduisit l'Internationale à envisager des alliances tactiques de type Front populaire, de sorte que la pensée du PCF sur l'État bifurqua. Elle devait par la suite suivre des parcours pour le moins sinueux, du soutien sans participation apporté au Front populaire à la participation, jusqu'à 1947, aux gouvernements de la Libération, puis, après une longue période d'opposition à la IVe et à la Ve Républiques, à l'entrée dans les équipes ministérielles aux affaires entre 1981 et 1984, puis entre 1997 et 2002. Tout se passait comme si la participation de ministres communistes au gouvernement était moins une conséquence qu'une cause d'une modification radicale de la nature même de l'État : hier — et à nouveau demain — instrument de domination de la classe ouvrière, ce dernier constituait aujourd'hui l'outil indispensable à l'amélioration de sa condition. Si ces prises de position à géométrie variable reflétaient avant tout les évolutions du jeu politique, elles n'en traduisaient pas moins l'absence de réflexion véritable du PCF sur la question de l'État, toujours pensé uniquement comme un instrument aux mains des forces économiques dominantes. Si la théorie du capitalisme monopolistique d'État permettait de prendre en compte l'évolution du paysage économique intervenue avec le Front populaire, les nationalisations de la Libération et la planification à la française, l'État restait un bloc au sein duquel il était inutile de chercher à discerner logiques propres ou motivations des acteurs [Birnbaum, 1985].

Les années 1970 devaient néanmoins être celles d'une évolution de la vision communiste de l'État, sous le double effet de l'efflorescence de la philosophie politique et de la crédibilité de la gauche à exercer le pouvoir. On assista ainsi à l'abandon brutal de l'idée de dictature du prolétariat, abandon que motivaient plus des raisons stratégiques qu'une quelconque réflexion doctrinale [Lazar, 1992, p. 294-297]. Ce décrochage idéologique n'en coïncidait pas moins avec un renouveau de la pensée marxiste sur l'État, lié tant aux travaux de Louis Althusser sur les appareils idéologiques d'État qu'à la redécouverte de l'œuvre de Gramsci : pour le philosophe italien, loin de se limiter à la seule destruction de l'État, qui n'était qu'un élément du « bloc historique » agglomérant infra- et superstructure, la révolution devait se construire moins sous la forme d'une « guerre de mouvement [que d'] une guerre de positions investissant les tranchées et fortifications de la société civile » [Buci-Glucksmann, 1975].

La pensée de gauche sur l'État restait par ailleurs très marquée par les travaux de Michel Foucault sur les modalités d'apparition et de montée en puissance des institutions étatiques d'enfermement et de contrainte : l'asile, la prison, l'appareil judiciaire apparaissaient comme autant d'instances dont le fonctionnement demandait à être démonté, l'analyse n'étant pas à cet égard séparable de l'action, comme le souligne l'implication de Foucault dans le Groupement d'information sur les prisons (GIP). Dans sa lignée, la gauche intellectuelle française des années 1970 fut très attachée à mettre en évidence les rapports de pouvoir et de domination, pas nécessairement transparents, à l'œuvre dans les institutions publiques.

La gauche et la transformation de l'État

En réponse à l'analyse marxiste posant la destruction de l'État comme l'une des fins de la Révolution, toute une partie du socialisme français reste attachée au principe de l'autonomie du politique à l'égard de l'économique. Jaurès est son mentor, aux yeux duquel l'État républicain, en se fondant sur la démocratie et les droits de l'homme, reste certes l'instrument de la classe bourgeoise, mais change de nature. À la fois reflet et modérateur des rapports de classe existant dans la société, l'État n'en était pas pour autant cette « idole monstrueuse et impénétrable qui, de son poids toujours égal et de son ombre immobile, opprime uniformément les générations jusqu'à l'heure où les prosternés, se relevant soudain, la renversent d'un coup » [*Jean Jaurès...*, 1998].

Neutre par lui-même dans sa fonction d'« agent régulateur de la conquête graduelle et légale du pouvoir » (Jaurès), l'État était contraint, dans la mesure où la puissance du prolétariat ne cessait de s'accroître, de laisser un espace aux conquêtes sociales. La classe ouvrière, comme les classes moyennes, ne devaient donc pas hésiter à utiliser les institutions existantes comme mode d'accès progressif à la société sans classe, but ultime du combat pour le socialisme. On conçoit à quel point une telle théorie s'opposait à la conception directement issue du marxisme, d'un État purement déterminé par les rapports de production. Guesde, qui en était le porte-parole au sein du socialisme français, critiqua aussi bien l'engagement dreyfusiste de Jaurès que la participation du socialiste Millerand au gouvernement Waldeck-Rousseau.

Guesde avait aussi condamné, quelques années plus tôt, les « possibilistes » qui, derrière Paul Brousse, envisageaient le socialisme municipal comme étape de l'accès des classes dominées au pouvoir [Castagnez-Ruggiu, 1997, p. 58-59]. Le vecteur devait en être la municipalisation, sous forme de régies, des monopoles détenus par des sociétés privées en matière d'eau ou de transports, par exemple. La réflexion valait aussi au niveau national puisque, comme l'expliquait l'un des plus éminents représentants de la pensée juridique de gauche, Léon Duguit, l'État devait être perçu moins comme le dépositaire par essence d'une quelconque puissance souveraine que comme le vecteur permettant la fédération de services publics utiles à la communauté [Herrera, 2003]. De ces services publics, Jaurès devait se faire l'ardent défenseur, notamment lors du débat très vif de 1911 autour de la question du rachat par l'État des chemins de fer de l'Ouest : « Les services publics démocratisés peuvent et doivent avoir ce triple effet d'amoindrir la puissance du capitalisme, de donner aux prolétaires plus de garanties et une force plus directe de revendication et de développer en eux, en retour des garanties conquises, ce zèle du bien public qui est une première forme de la moralité socialiste et la condition même d'un ordre nouveau » [cité par Trempé, 1998, p. 15].

Cet attachement au service public et au rôle redistributeur de l'État trouvait des résonances au sein d'une autre famille de la gauche française, le radicalisme.

Le solidarisme, dont Léon Bourgeois s'était fait le porte-parole, considérait en effet l'État comme le vecteur que se donnait toute société humaine pour garantir le contrat implicite passé entre ses membres : « Il s'agit seulement pour la démocratie d'obtenir une estimation exacte des apports et des prélèvements de chacun. L'État […] devra donc donner à ceux qui sont créanciers et faire payer ceux qui sont débiteurs » [cité par Nicolet, 1957, p. 27]. Pour autant, les radicaux réaffirmaient, comme par exemple lors du congrès de Nancy de 1907, leur attachement à la propriété individuelle, dont ils se proposaient certes de limiter les abus. La voie n'en était pas moins étroite entre cet État garant de la solidarité sociale et celui que défendait un autre homme clé de la vision radicale de l'État, le philosophe Alain. Il convenait, aux yeux de ce dernier, de strictement limiter ses pouvoirs, en veillant à ce que les parlementaires effectuent avec rigueur leur mission première de contrôleurs scrupuleux de toute instance de pouvoir, à commencer par les institutions de l'État [Alain, 1926]. En outre, la transformation durable, dès le début du siècle, du radicalisme en parti pivot des coalitions gouvernementales fit de lui un acteur plus impliqué dans la gestion de l'État que dans sa transformation.

Cette dernière fut donc largement portée par les socialistes, et par celui qui en fut le leader incontesté, Léon Blum. À la différence de nombre des hommes politiques de son temps, Blum connaissait bien l'État, pour avoir été pendant plus de vingt ans membre du Conseil d'État, notamment dans les fonctions essentielles de commissaire du gouvernement, magistrat chargé de proposer les évolutions jurisprudentielles visant à adapter le droit public aux nouvelles donnes politiques et sociales. Attaché, comme on le verra plus loin, à la modernisation de l'État, il fut durant toute sa carrière soucieux de bâtir un État capable de concilier l'objectif d'une société socialiste avec le respect de la démocratie parlementaire. Il prônait dès 1903 la reprise en main par l'État, soit de services publics qui lui avaient échappé pour des raisons historiques, tels les officiers ministériels, soit d'industries privées (sucre, pétrole et alcools) dont la concentration excessive entre un petit nombre d'industriels aboutissait à des monopoles de fait [Blum, 1954].

Le leader socialiste avait alors précisé sa vision de l'État : s'inspirant du fédéralisme économique dont Paul-Boncour s'était fait le théoricien, il proposait un « État nouveau qui ne [soit] plus un pouvoir d'autorité, de commandement, mais l'organe de coordination et de régulation des groupes professionnels » [Blum, 1972, p. 20]. Très proche de la pensée de Duguit, l'État idéal que Blum appelait de ses vœux se présenterait comme composé « [d'] un certain nombre de petits états techniques dont les organisations professionnelles formeraient nécessairement la base » [cité par Grégoire, 1954, p. 57]. Cette vision, sans doute « incompatible avec la logique de l'État particulier qui a été construit en France » [Birnbaum, 1985, p. 152], ne cessa pourtant de peser dans le bagage intellectuel d'une partie de la gauche française du XXe siècle. La vision jaurésienne d'un État « où la frontière société civile-administration tendrait à s'effacer dans une sorte d'autogestion ou de cogestion généralisée » [Charle,

1998, p. 55] restait présente chez Blum, et connut une nouvelle jeunesse dans les années 1970. Le débat tourna alors autour des notions d'autogestion et de démocratie de proximité, moyen le plus efficace pour lutter non seulement contre l'État bureaucratique, comme le proposaient par ailleurs quelques voix à droite, mais aussi contre l'État technocratique, autrement plus puissant, engendré par le développement de la société industrielle [Touraine, 1979].

À la fin de cette décennie pourtant, un conflit avait été tranché au sein du parti socialiste entre le courant jacobin et interventionniste, qui donnait à l'État un rôle essentiel dans les processus de transformation sociale, et celui qui, porté par la « nouvelle gauche », lui demandait d'être surtout l'arbitre permettant le jeu harmonieux de pouvoirs confiés aux structures de base de la société civile, à commencer par les collectivités locales et les associations. Le périmètre et les modalités des nationalisations, thèmes autour desquels se cristallisa ce conflit, conduisirent à la proposition d'une extension massive du secteur public, qui se réalisa après l'élection à la présidence de la République de François Mitterrand. Déjà périmée quand elle fut mise en œuvre, cette politique ne fut pas reconduite après la seconde alternance, en 1988. Loin de revenir sur les privatisations conduites par Jacques Chirac et Édouard Balladur, les propositions en la matière du président réélu tournaient autour du « ni-ni » (ni nationalisations ni privatisations), approche certes pragmatique mais dont les fondements doctrinaux apparaissaient pour le moins fragiles.

Les gauches dans l'État

Mais la question de l'État n'était pas seulement doctrinale. Au pouvoir ou dans l'opposition, la gauche, et tout particulièrement la SFIO, pouvait d'autant moins se désintéresser du fonctionnement de l'appareil d'État qu'elle comptait les fonctionnaires parmi ses plus constants soutiens [Judt, 1987, p. 145]. La critique qu'elle adressait à la machine administrative était de deux ordres, comme s'en faisaient par exemple écho, au lendemain de la Seconde Guerre mondiale, le livre-charge d'André Ferrat, ancien communiste ayant migré vers le parti socialiste, *La République à refaire*, et la préface que lui donna André Philip, figure du parti socialiste d'alors [Ferrat, 1945]. Le bilan, qui datait en fait de l'immédiat avant-guerre, était sévère. L'année durant laquelle le Front populaire, dans sa version blumienne, avait été effectivement aux affaires n'avait guère permis d'ébranler les basiliques du conservatisme bureaucratique. Les structures mêmes de l'État, héritées du bonapartisme et donc bien peu démocratiques dans leur essence, n'avaient pas été touchées, pas plus que n'avaient été modifiées l'origine sociale et les inclinations politiques des hauts fonctionnaires, qui en faisaient les ennemis naturels des gouvernements de gauche. Dans quelle mesure alors était-il possible d'imaginer une conception du service de l'État passant à la fois par une rénovation volontariste de l'appareil administratif et par une démocratisation franche de la fonction publique ?

C'est son optimisme foncier qui conduisait Jaurès à estimer que « Napoléon a[vait] subi une double défaite : défaite militaire, défaite politique. Politiquement et socialement, tout son système d'idées est à bas, toute sa combinaison est morte » [Jaurès, 1915, p. 71]. Presque un siècle plus tard, nous constatons au contraire la vigoureuse santé de grandes institutions d'État créées sous le Consulat ou l'Empire — administration préfectorale, Conseil d'État, Banque de France, Cour des comptes — qui s'autocélèbrent à l'occasion de leur bicentenaire. Les grandes ruptures politiques impliquant la gauche au cours du dernier siècle — Front populaire, Libération, arrivée de la gauche au pouvoir en 1981 — ne se sont pas traduites par des refontes significatives de l'appareil d'État. À une exception près toutefois, et qui est d'importance : la politique de décentralisation voulue par François Mitterrand et conduite par Gaston Defferre.

Il s'agissait certes là de l'aboutissement d'une évolution de la gauche, poussée au long des années 1970 à se « déjacobiniser » sous l'effet de l'irrépressible tendance à l'autonomisation de la société civile. En se plaçant dans une logique de rupture avec les avancées timides mises en œuvre par les gouvernements de droite qui l'avaient précédé, le pouvoir socialiste, incarné ici par deux hommes politiques issus de la IVe République, pouvait aussi donner l'impression d'effacer l'immobilisme dont cette République avait fait preuve en matière d'organisation du territoire. En mars 1946, l'Assemblée constituante adopta, sur le rapport de Maurice Thorez alors vice-président du Conseil, la suppression des commissaires de la République, apparus à la Libération mais présentés comme les successeurs des préfets régionaux de Vichy. Cette renonciation à une politique de remodelage de la structure institutionnelle du pays allait être suivie par un conservatisme du même ordre, s'agissant de la décentralisation. En contradiction avec les articles 85 à 89 de la Constitution du 27 octobre 1946, relatifs aux collectivités territoriales, les lois portant accroissement des libertés locales ne furent en effet jamais votées par les assemblées de la IVe République.

Pendant plus d'un siècle, le modèle bonapartiste d'administration territoriale persista en République. L'essentiel du pouvoir local resta ainsi dévolu aux préfets, alors même que les réformateurs, juristes ou praticiens de la haute administration, n'avaient de cesse, depuis le début du siècle, de dénoncer, tel Henri Chardon, ces « hybrides amalgamant de manière plus ou moins occulte [...] la politique à l'administration » ou, avec Gaston Jèze, ces « ennemis naturels des libertés publiques, dignes héritiers des préfets autoritaires du Premier et du Second Empire » [Azimi, 2000]. Pour autant la IIIe République vit se construire un modèle d'accommodement entre le pouvoir d'État détenu par les préfets et les clientélismes locaux. Du bas en haut de la pyramide, le radicalisme s'y trouvait représenté, par ses notables issus des comités, par ses sénateurs, « farouches gardiens de l'institution préfectorale [Ferrat, 1945, p. 29] et, aussi souvent que possible, par la détention du ministère de l'Intérieur. Patelins et autoritaires, à l'image du Worms-Clavelin croqué par Anatole France dans *L'Orme du mail*, les préfets restaient les chefs hiérarchiques de l'ensemble du personnel d'État en fonction dans le département, y compris les instituteurs.

Les radicaux tenaient en effet à ce que l'autorité ferme des préfets, plus que celle trop conciliatrice à leurs yeux des recteurs, maintienne sur les formateurs de la jeunesse le contrôle politique et idéologique susceptibles de contrebalancer les influences qu'aurait pu avoir l'Église en matière scolaire [Chanet, 2000].

Le modèle préfectoral ne fut pas modifié par la IVe République, au cours de laquelle le ministère de l'Intérieur échut à plusieurs reprises au parti socialiste. Il fallut attendre l'alternance de 1981, et la décentralisation, pour voir effectivement remis en cause leur « pouvoir périphérique », construit sur la double fonction de représentant de l'ensemble du gouvernement dans leur département et de défenseur des intérêts de celui-ci auprès des administrations centrales [Grémion, 1976]. Pour autant, une fois passés les temps difficiles de mise en œuvre de la décentralisation, les préfets réussirent rapidement à compenser la *diminutio capitis* qui en résultait inévitablement pour eux. Retrouvant, au bout de quelques années seulement, leur nom traditionnel — la gauche de 1982 avait choisi, rupture symbolique, de changer leur titre en celui de « commissaire de la République », souvenir de 1848 autant que de 1944 —, les préfets regagnèrent largement leur activité et leur influence, grâce à la politique de déconcentration administrative poursuivie par les gouvernements des vingt dernières années, toutes étiquettes confondues.

De même ne vit-on guère de rupture, au cours des quinze années de pouvoir effectif de la gauche depuis 1981, en ce qui concerne les grands corps de l'État. Durant cette période, la principale innovation les concernant fut la création de relais régionaux — cours administratives d'appel, chambres régionales des comptes — qui évitèrent l'engorgement de l'institution centrale — Conseil d'État, Cour des comptes — en même temps qu'elles la renforçaient en lui donnant la mission de piloter le réseau ainsi créé. Mais il s'agissait plus là d'effets de la décentralisation que d'un choix proprement politique. En revanche, la gauche ne se montra guère hardie pour mettre à bas le système de castes né de l'accaparement des emplois de direction de la haute fonction publique par des hommes, et plus récemment par des femmes, issus de ces grands corps. Les engagements du programme commun en la matière (« les corps de contrôle et les juridictions administratives seront effectivement spécialisés, l'appartenance à ces organismes ne devra conférer aucun privilège dans l'accession aux postes de responsabilité dans la fonction publique » [*Programme commun*, 1972, p. 161]) apparaissaient à la fois datés — en 1981, 1972 semblait lointain — et inadaptés : comme leurs devancières de droite, les nouvelles élites au pouvoir se recrutèrent majoritairement au sein des grands corps, le principal changement étant la montée en puissance de la Cour des comptes au détriment de l'inspection des Finances, évolution certes pleinement ressentie au sein des corps concernés, mais dont on admettra qu'elle ne modifia pas de manière essentielle la place des grands corps dans l'administration de l'État. Perceptible au niveau des cabinets ministériels, la substitution partielle à la haute fonction publique professionnelle d'un personnel issu du militantisme politique ou syndical toucha peu les emplois directoriaux de la fonction publique : « La révolution administrative n'a pas eu lieu » [Lochak, 1985].

De fait, comme ce fut le cas sous la IVe République, la gauche de gouvernement des deux dernières décennies du xxe siècle se révéla plus désireuse d'utiliser toutes les ressources de l'État que de réformer celui-ci, jusque dans celles de ses instances qu'elle avait dénoncées lorsqu'elle était dans l'opposition. Les renseignements généraux, police politique que le gaullisme n'avait certes pas inventée, ne furent pas démantelés, et l'on sait que dès le milieu de la décennie 1980 il fut fait grand usage de procédés de basse police (ainsi des écoutes téléphoniques) peu conformes aux valeurs de liberté que la gauche entendait défendre. Un utilitarisme similaire joua en ce qui concerne l'organisation intérieure de l'État : même transféré du Louvre à Bercy, le ministère des Finances garda sa place prépondérante dans la hiérarchie des administrations, et le directeur du Budget le rôle, discret mais efficace, de « patron » de l'administration française [Goetze, 1997]. La prétention de « gouverner autrement » relevait plus, dans ces circonstances, de l'incantation que de la mise en œuvre d'une pratique effective. En devenant gestionnaires des affaires publiques, les forces de gauche ne purent empêcher — à supposer qu'elles l'aient effectivement souhaité — le poids de la logique étatique de limiter sensiblement leur marge de manœuvre.

Pourtant deux hommes d'État issus de la gauche tentèrent, au cours du xxe siècle, d'améliorer de l'intérieur le fonctionnement de l'État. Compte tenu de leur capacité de rassemblement, de leur charisme aussi dont les effets se firent sentir bien après la fin de leur passage au pouvoir, somme toute assez bref, il n'est pas illégitime de parler, s'agissant de l'empreinte laissée par la gauche sur l'État, d'un moment Blum et d'un moment Mendès France.

Léon Blum était un homme de l'État. L'expérience qu'il acquit, durant la Première Guerre mondiale, à la tête du cabinet du ministre socialiste des Travaux publics, Marcel Sembat, l'avait conduit à proposer, en 1918, un programme pragmatique de réforme gouvernementale qu'il s'efforça de mettre en œuvre lors de son arrivée au pouvoir en juin 1936. L'autorité du président du Conseil, y estimait-il notamment, devait pouvoir s'exercer pleinement [Blum, 1936] ; à cette fin, délesté de la responsabilité d'un département ministériel, le chef du gouvernement devait être doté de services chargés de veiller à l'efficacité de l'activité gouvernementale. Certaines des idées de Blum avaient été reprises à la fin de 1934 par le modéré Pierre-Étienne Flandin, alors président du Conseil. Il dota la présidence du Conseil d'un centre de gravité, l'hôtel Matignon, et créa de manière stable un organisme brièvement apparu durant la Première Guerre mondiale [Renouvin, 1925, p. 89-90], le secrétariat général du gouvernement, équipe légère de jeunes hauts fonctionnaires, chargés de veiller à la coordination interministérielle. Avec l'arrivée au pouvoir du Front populaire, et la nomination de Jules Moch comme secrétaire général, cette instance prit une importance particulière, en raison de l'ampleur du travail gouvernemental et législatif qui permit le vote, durant le seul été 1936, de plus de vingt lois concrétisant des promesses électorales du Front populaire [Moch, 1971, p. 392-393]. Même si le modèle fut dans les faits moins huilé qu'il ne l'était sur le papier [Roussellier, 2000], il permettait de démontrer que, comme l'avait toujours affirmé Blum, il n'y avait pas incompatibilité théorique entre conduite efficace des affaires publique et régime parlementaire.

Pierre Mendès France fut encore moins longtemps au pouvoir, entre juin 1954 et février 1955, que ne l'avait été Léon Blum, mais son influence fut décisive sur plusieurs générations de hauts fonctionnaires. Elle le fut notamment sur celle, encore aux affaires dans la décennie 1970, dont François Bloch-Laîné est l'emblème, proche des positions de Mendès France sans pour autant participer directement à l'expérience mendésiste. Dans le dialogue qu'il mène avec l'historien Jean Bouvier sur la politique économique française dans les dix années qui suivirent la fin de la Seconde Guerre mondiale, ce haut fonctionnaire marqué par un double engagement, à gauche et dans le christianisme social, souligne combien le moment Mendès France, qu'il oppose à l'expérience Pinay de deux ans antérieure, apparut novateur [Bloch-Lainé et Bouvier, 1986]. Il redonnait en effet le sentiment que l'exercice de la volonté et la capacité de choix pouvaient guider une politique, et que l'intérêt général pouvait l'emporter sur les intérêts particuliers, comme en témoignaient les campagnes menées par le président du Conseil contre le lobby des betteraviers ou celui de l'alcool. Ce souffle de modernité, « mélange d'antidémagogisme (ou de vigueur) en matière financière, de respect pour l'initiative productive même d'origine privée, et de planisme et de dirigisme souple » [Hoffmann, 1983, p. 36] se diffusa dans la haute administration, et l'on en retrouve des traces dans l'attitude des élites administratives sous le gaullisme [Gaïti, 1998, p. 263-309].

La tentative volontariste de Pierre Mendès France s'était articulée autour d'un nouveau rapport au pouvoir dans l'État. Le président du Conseil s'était en effet doté, dans son équipe de l'hôtel Matignon, de jeunes hauts fonctionnaires, tels Simon Nora, Michel Jobert ou Jean Saint-Geours, chargés d'aiguillonner les ministres dont l'ardeur réformatrice se serait révélée limitée [Mendès France, 1987, p. 157]. Cette énergie fut certes insuffisante pour modifier en profondeur le fonctionnement de la République, les majorités politiques étant trop versatiles pour que des changements de structure fussent effectivement mis en œuvre. L'expérience Mendès France soulignait aussi l'usure institutionnelle du régime, et l'impossibilité pour lui de se réformer de l'intérieur. Aux alternatives portées par la droite lorsqu'elle proposait un exécutif fort — Tardieu dans les années 1930, De Gaulle dès le discours de Bayeux, en 1946 —, la gauche opposa son respect du régime parlementaire, le seul à être véritablement républicain à ses yeux. Sa capacité, indiscutable, à s'installer, après 1981, dans les institutions de la Ve République, qu'elle avait vivement critiquées jusque-là, confirma qu'à ses yeux réforme de l'État signifiait moins réforme constitutionnelle que mesures de simplification administrative. Ainsi en fut-il du programme de « modernisation du service public » conduit à partir de 1988 par Michel Rocard, dirigeant politique fortement marqué par le mendésisme. Mise à part l'amélioration de la grille indiciaire de traitement des fonctionnaires, les réformes conduites dans le cadre de ce programme furent anodines. Au total, il apparaît donc que, sauf en matière de décentralisation, la gauche a utilisé les structures de l'État plus qu'elle ne les a rénovées.

Les fonctionnaires : démocratisation ou politisation ?

Qu'en fut-il du second axe d'action de la gauche dans l'État, la démocratisation de la fonction publique ? On connaît le point de départ, que rappelait encore Paul Quilès lors du congrès tenu par le Parti socialiste à Valence en octobre 1981 : « La naïveté serait de laisser en place des gens qui sont déterminés à saboter la politique voulue par les Français. Il ne faut pas non plus dire : "Des têtes vont tomber", comme Robespierre à la Convention, mais il faut dire lesquelles et le dire rapidement. » La comparaison choqua, mais le fond n'était pas neuf. Cartel des gauches, Front populaire, Libération, les moments ne manquèrent pas dans l'histoire de la France contemporaine où des gouvernants de gauche s'estimèrent trahis par les élites administratives théoriquement placées sous leur ordre. Par son essaimage dans le monde financier, l'inspection des Finances était particulièrement visée : ne pilotait-elle pas un réseau d'institutions financières publiques, semi-publiques et privées capable de bâtir en un temps record le « mur d'argent » contre lequel avait buté Herriot en 1926 ? En 1957 encore, Michel Rocard, à la fin de sa scolarité à l'ENA reçut de son patron en politique, Alain Savary, l'ordre de rejoindre l'inspection des Finances et non le Conseil d'État, au motif qu'il fallait à tout prix pénétrer la haute administration financière, bastille qui avait fait échouer l'expérience Blum [Rocard, 2003, p. 178].

Mais si les gouvernements de gauche se préoccupaient de la loyauté des hauts fonctionnaires, un problème plus vaste se posa durant toute la première moitié du XXe siècle, la recherche de l'équilibre à trouver entre droits du fonctionnaire en tant que citoyen et devoirs du fonctionnaire en tant que serviteur de l'État. La gauche, dans l'opposition ou au pouvoir, eut ainsi à se prononcer sur trois questions qui n'en faisaient qu'une, le statut des fonctionnaires, leur droit à se regrouper en syndicats et la grève dans les services publics.

Pour qui connaît le statut actuel des fonctionnaires, souvent présenté comme excessivement protecteur et à ce titre parfois remis en cause par la frange la plus libérale de la droite, les débats intervenus entre 1900 et 1945 autour de la question statutaire peuvent paraître s'être joués à fronts renversés. Sur l'ensemble de la période, la proposition de statut émana plutôt des modérés et de la droite, qui insistèrent sur le caractère non contractuel du lien entre l'État et ses agents, qui créait des sujétions particulières à leur endroit. La gauche de son côté s'élevait contre toute atteinte aux libertés des fonctionnaires. C'est que le statut était par essence double, regroupant « l'ensemble des mesures destinées tout à la fois à protéger le fonctionnaire contre l'arbitraire de l'État et à assurer à l'État, en soumettant le fonctionnaire à une discipline sévère, l'exercice de sa mission naturelle, c'est-à-dire la marche des services publics » [Rougié, 1911, p. 21]. Selon que l'accent serait mis sur le premier aspect ou sur le second, l'idée de statut, intimement liée au demeurant à l'évolution politique et sociale du pays, changerait radicalement de nature, et donc de défenseurs.

C'est avant la Première Guerre mondiale que les débats sur ce sujet furent à la fois les plus riches au plan théorique et les plus animés au plan politique. Les fonctionnaires, qui n'avaient pu obtenir le droit de se regrouper au titre de la loi Waldeck-Rousseau de 1884 sur les syndicats, le déduisirent de la loi de 1901 sur les associations. Le dispositif fit tache d'huile : à la fin de la première décennie du siècle, il existait des associations de fonctionnaires dans pratiquement tous les ministères. Dans les milieux les plus proches du monde ouvrier, notamment les postiers, le modèle était clairement celui du syndicalisme révolutionnaire, ne reculant pas devant l'arme de la grève pour faire plier l'État patron. Lui répondait, des radicaux aux socialistes, la revendication des pleins droits civiques et des droits du travail : le congrès du parti radical demanda ainsi, en 1907, que fût « donn[é] aux fonctionnaires civils de tout ordre un statut garantissant leurs libertés civiques, la justice dans l'avancement et la plénitude de leurs droits, y compris le droit d'association » [cité par Nicolet, 1957, p. 49]. En même temps qu'il réprimait sévèrement, au printemps 1909, la grève des postiers parisiens, le gouvernement Clemenceau déposa un projet de statut conférant au gouvernement un pouvoir exorbitant en matière disciplinaire [Rougié, 1911, p. 193-195], auquel le groupe socialiste de la Chambre répliqua par un contre-projet « affirmant que les fonctionnaires devaient avoir les mêmes droits que les autres citoyens » [Siwek-Pouydesseau, 2000, p. 218].

Admis par les juristes de gauche, mais critiqué par Durkheim [Birnbaum, 1976], le syndicalisme des fonctionnaires s'organisa à partir de 1909 au sein de la Fédération générale des fonctionnaires (FGF). Se désolidarisant du syndicalisme révolutionnaire prôné par son extrême gauche, elle milita pour une défense corporative des fonctionnaires, faisant sienne la revendication de statut désormais demandée par les réformistes modérés comme moyen de lutter contre l'arbitraire ministériel. Animée par des dirigeants proches de la gauche — Charles Laurent, Robert Lacoste —, la FGF bénéficia durant l'entre-deux-guerres de son appui. Le Cartel des gauches en fit un partenaire effectif de l'administration, le Front populaire allant plus loin, en terme d'intentions tout au moins, en engageant la réforme législative, inachevée, qui aurait dû permettre la reconnaissance juridique du syndicalisme des fonctionnaires. Léon Blum s'était en effet toujours montré un farouche défenseur des droits des fonctionnaires, notamment face à la menace d'un statut autoritaire brandie par Tardieu, ministre de la réforme administrative au sein du cabinet Doumergue né de l'émeute du 6 février 1934 [Monnet, 1993, p. 347].

La question de la grève, dont les juristes soulignaient dès le début du siècle combien elle pouvait constituer une menace pour l'ordre public, resta de fait longtemps théorique, une fois passée la vague de 1906-1909 [Siwek-Pouydesseau, 1989]. Si le Front populaire en admit *de facto* le caractère licite — que Blum avait revendiqué de longue date [Blum, 1929] —, c'est un gouvernement dirigé par un homme de gauche, le radical Édouard Daladier, qui réprima avec fermeté la grève organisée en novembre 1938 par la CGT pour protester contre les mesures prises par le ministre des Finances Paul Reynaud. Cette tendance autoritaire allait se manifester dans des projets de statut élaborés dans l'immédiat avant-guerre et compterait, avec d'autres, parmi les inspirations du statut promulgué par Vichy à l'automne 1941 [Baruch, 1997]. Ce texte, qui intégrait aussi les exclusions raciales et politiques voulues par l'État français, fut bien entendu abrogé à la Libération, et remplacé, deux ans plus tard, par la loi du 19 octobre 1946 portant statut général des fonctionnaires.

Préparé par un ministre communiste, Maurice Thorez, ce texte comprenait deux dispositions essentielles. D'une part, il posait la distinction du grade, attribut du fonctionnaire dès sa titularisation dans un corps, de l'emploi dans lequel ce fonctionnaire était affecté ; il devenait donc impossible de licencier un agent du simple fait de la suppression de l'emploi qu'il occupait [Plantey, 1956, p. 259]. Cette disposition, qui peut sembler technique, constituait une réelle avancée en matière d'indépendance des fonctionnaires, ces derniers devenant titulaires de leur grade, et étant donc assurés de la sécurité de leur emploi — hormis les cas, aujourd'hui rares mais encore fréquents à la fin des années 1940, de vote d'une loi de dégagement des cadres. D'autre part, le statut général mettait enfin le droit en accord avec le fait sur la question des syndicats de fonctionnaires, faisant ainsi basculer la défense du statut dans le camp de la gauche. Le syndicalisme des fonctionnaires était en effet officiellement reconnu, avec l'implication des organisations syndicales représentatives dans la gestion des personnels de l'État sur la base du paritarisme. Ce mode de gestion sera étendu dans le nouveau statut, élaboré entre 1981 et 1983 par un autre ministre communiste, Anicet Le Pors. Mais aucun de ces deux statuts ne définissait de manière positive l'étendue du droit de grève des fonctionnaires. Le préambule de la Constitution de 1946 — repris dans la Constitution de 1958 — en posait le principe, mais « dans le cadre des lois qui le réglementent » ; or ces lois ne furent jamais prises en ce qui concerne la fonction publique, de sorte que le Conseil d'État continua à bâtir, comme il l'avait depuis 1909, une construction empirique pour déterminer la légalité de la grève dans les services publics [Long, 2003, p. 414-424] — sujet qui reste un des points les plus marqués du clivage droite-gauche à propos de la fonction publique.

Anicet Le Pors fut aussi le promoteur de la réforme apportée par la gauche au recrutement des hauts fonctionnaires, avec la création du « troisième concours » ouvert à l'ENA pour permettre à des militants associatifs ou syndicaux d'entrer dans les cadres supérieurs de l'État. Critiquée par l'opposition de droite qui y voyait un vecteur de politisation de la haute fonction publique, la mesure fut abrogée en 1987 lors de la première alternance, pour réapparaître, sous une forme amendée, en 1990. La réforme était importante au plan symbolique, mais ne corrigeait qu'à la marge les inégalités de recrutement de la haute fonction publique, qui privilégie toujours les milieux socialement et intellectuellement dominants. L'ambition était grande pourtant, quand l'ENA fut créée à l'automne 1945, de rompre avec le recrutement de classe caricaturalement caractéristique des grands corps d'avant-guerre. Comme le souligna l'exposé des motifs de l'ordonnance du 9 octobre 1945, l'école devait conduire à améliorer la qualité de la fonction publique, tout en étant en mesure d'accueillir « tous ceux qui, sans distinction de rang et de fortune, sans cooptation ni favoritisme, s'y montrent aptes » [École nationale d'administration, 1952, p. 6]. Sa création fut approuvée par les ministres de gauche du gouvernement provisoire, qui attendait du nouvel établissement la disparition du mandarinat. On sait ce qu'il en fut. Le pamphlet grinçant de Jean-Pierre Chevènement, publié sous pseudonyme au premier trimestre de 1968, dénonçait une école tout juste bonne à former les « intendants du néocapitalisme » [Mandrin, 1968]. La même année, un groupe de hauts fonctionnaires, pour l'essentiel issus du club Jean-Moulin, énonçait une vigoureuse critique du fonctionnement de l'État, en se demandant par exemple s'il était « raisonnable que quelques grands concours, organisés pour de très jeunes gens, sur des matières purement scolaires, déterminent de façon exclusive et définitive ceux qui présideront aux destins de l'État leur vie durant » [Alphandéry, 1968, p. 39].

Si la réforme, en 1945, avait pu être menée tambour battant par Michel Debré, fort de l'appui de Jules Jeanneney, ministre d'État chargé du dossier, et surtout de celui du général De Gaulle, c'est qu'elle ne s'appuyait pas sur rien. Depuis près de dix ans en effet, des tentatives avaient été faites pour corriger le recrutement de la haute fonction publique de ses deux principaux défauts, la parcellisation et l'injustice sociale qui découlait du passage pratiquement obligé, pour qui voulait entrer dans un des grands corps de l'État, par l'École libre des sciences politiques (ELSP), établissement d'enseignement privé créé par Émile Boutmy en 1870. Jean Zay, ministre de l'Éducation nationale du Front populaire, avait ainsi déposé dès août 1936 un projet de loi créant à la base une École d'administration et au sommet un Centre des hautes études administratives, dispositif qui, à en croire l'exposé des motifs du texte, aurait permis de lutter contre l'accaparement des hautes fonctions publiques par les enfants de la bourgeoisie [Charle, 1993, p. 222]. Le texte se perdit dans le maquis de la procédure parlementaire, mais l'alerte avait été chaude pour l'ELSP, qui avait alors mobilisé les puissants soutiens dont elle disposait dans l'État. Il en alla de même après la Libération : alors que la gauche, conduite par Pierre Cot, André Philip et Georges Cogniot, réclamait son expropriation, une forme de transaction, menée par Debré avec l'appui du général De Gaulle la confirma sinon dans son statut, du moins dans sa vocation implicite de préparation au concours d'entrée dans la haute fonction publique [Charle, 1991 ; Nord, 2002].

Malgré ce monopole de fait de Sciences-po comme point de passage obligé vers l'ENA, la formation des futurs hauts fonctionnaires n'en était pas moins très différente de celle qu'avait reçue leurs homologues d'avant-guerre. Le contexte politique et social jouait, et aussi le fait que deux concours d'entrée avaient été réservés aux combattants de la Résistance et des Forces françaises libres, qui allaient apporter un état d'esprit fait de tout autre chose que d'études juridiques ou financières approfondies. Sans compter que l'épreuve de la guerre avait modifié la perception des réalités économiques ; en rupture avec le libéralisme bon teint de l'ELSP d'avant-guerre, le corps enseignant de la nouvelle école, formé notamment de hauts fonctionnaires en poste dans les administrations économiques, contribua à diffuser la pensée keynésienne. L'ENA des premiers temps apparaît ainsi plutôt marquée à gauche, tant par le climat intellectuel qui y régnait que par l'appartenance d'un nombre important de ces élèves aux partis de gauche, notamment au parti communiste. Ainsi, dans la promotion Croix de Lorraine (1947), onze élèves sur quatre-vingt étaient inscrits au parti. Claude Alphandéry, qui fut l'un d'eux, fut vivement incité à se présenter à l'ENA au motif que « le parti [avait] besoin de hauts fonctionnaires pour prendre en main l'État ». Jean Chaintron, ancien préfet de la Libération qui était son mentor au comité central, lui recommanda en outre la patience : « Il faudra peut-être trois ans, peut-être cinq ans, avant de réunir les conditions propres à une prise de pouvoir » [Alphandéry, 1999, p. 41-42]. Il fallut certes beaucoup plus, d'autant qu'après l'éclatement du tripartisme, la IVe République entendit mener une politique de lutte contre les communistes présents dans l'État. Le Conseil d'État dut rappeler la République au respect de la neutralité du service public en annulant, en mai 1954, la décision gouvernementale de ne pas autoriser quatre étudiants à faire acte de candidature à l'ENA, au motif implicite qu'ils étaient communistes [Long, 1996, p. 513-520].

C'était là poser une limite, au moins juridique, à l'extension de la politisation des nominations jusque dans la moyenne administration. Les temps n'étaient plus ceux de la défense républicaine telle que l'exposait Émile Combes, alors ministre de l'Intérieur, dans sa circulaire du 20 juin 1902 aux préfets : « Si, dans votre administration, vous devez la justice à tous, votre devoir vous commande de réserver les faveurs dont vous disposez à ceux de vos administrés qui ont donné des preuves non équivoques de fidélité aux institutions républicaines » [cité par Bouretz, 1992, p. 366]. Mais il s'agissait plus là de la distribution des multiples prébendes dont un préfet pouvait disposer que de la nomination des hauts fonctionnaires, critère à l'aune duquel se juge la politisation de la haute administration [Mény, 1987].

Celle-ci se réalisa d'abord au moyen des épurations. Sans entrer dans le détail de celles menées dans la première décennie de la IIIe République, rappelons qu'elles permirent de faire entrer dans l'État les « couches nouvelles » au détriment des fonctionnaires ayant servi l'Empire ou l'Ordre moral [Machelon, 1976 ; Gerbod, 1977]. Mais, parallèlement, une tendance à la méritocratie apparut dès les premières années du siècle, avec l'accroissement du taux de recrutement interne dans des administrations aussi sensibles que le Conseil d'État ou le corps préfectoral [Chagnollaud, 1991]. Elle coexistait avec la fonction d'accélérateur de carrière que constituait un passage par un cabinet ministériel, mode de promotion dénoncé dès 1914 par Robert de Jouvenel dans *La République des camarades*, constant depuis lors, et qui ne fit que croître grâce à la stabilité gouvernementale que connaît la Ve République.

Sous la IVe République en effet, l'instabilité des combinaisons gouvernementales — même si elle n'était pas incompatible avec la confirmation d'un même homme, ou à tout le moins d'un même parti dans un département ministériel — pouvait contribuer à faciliter la pérennisation de hauts fonctionnaires maîtrisant la technicité de leur métier et capables d'assurer une forme de continuité des politiques. Le dispositif changea de nature avec l'avènement d'un exécutif fort sous la République gaullienne, puis sous celles qui lui ont succédé. On assista alors à la montée en puissance d'un modèle ENA-haute fonction publique-cabinet-élection, mode de constitution des élites politico-administratives qui ont largement gouverné la France au cours des dernières décennies. Mais le sujet qui nous préoccupe ici est moins l'entrée massive, pour des raisons sociologiques autant que juridiques, des hauts fonctionnaires aux emplois de direction politique de l'État que le reproche adressé de manière récurrente aux gouvernements nouvellement installés de procéder à des formes de chasse aux sorcières, en évinçant massivement les titulaires d'emplois de direction nommés par leurs prédécesseurs.

Le phénomène n'est pas neuf — Guizot se vantait déjà, en 1830, du profond renouvellement qu'il avait mis en œuvre dans l'administration préfectorale — et il reste cantonné aux quelques centaines de fonctionnaires nommés discrétionnairement, qui doivent, exercice difficile, concilier leur engagement au service de l'État et le contact, *via* notamment le cabinet du ministre, avec la sphère politique [Bloch-Lainé, 1987]. Pour autant, il est net que l'alternance politique de 1981 conduisit à des rotations massives, d'autant plus remarquées qu'elles intervinrent de manière groupée, dans les premiers mois d'exercice du nouveau pouvoir et qu'elles s'accompagnèrent, l'année suivante, d'une fournée de nominations aux postes rémunérateurs de dirigeants des entreprises nouvellement nationalisées. Mais les directeurs des administrations centrales, on l'a vu, furent pour l'essentiel recrutés dans les mêmes viviers que ceux auxquels avait recouru la droite. En outre, on ne constata aucune intention de politiser les échelons intermédiaires, notamment les niveaux de sous-directeurs et de chefs de bureau, soutiers de la machine administrative. Tout au plus le pouvoir de gauche augmenta-t-il, avant les élections législatives de 1986, le taux de nomination au tour extérieur dans les inspections générales, réforme offrant au gouvernement la libre disposition d'emplois confortables et rémunérateurs. L'opposition d'alors, qui avait protesté contre la réforme, s'en accommoda une fois revenue aux affaires. Mais dans l'ensemble, il y eut évolution plus que révolution, les gouvernements de gauche se gardant bien de remettre en cause les règles non écrites qui régissent la marche de l'appareil d'État, telles « [celles] qui font de certaines directions la chasse gardée de certains corps » [Lochak, 1985, p. 184].

C'est sans doute cette acceptation implicite — quand bien même elle aurait été résignée — des principes, dits ou tacites, qui rigidifient le fonctionnement de l'État en France qui fait le plus douter de la volonté, ou de la capacité, de la gauche à « gouverner autrement ». À la base de ces principes demeure le modèle bonapartiste d'un État organisé de manière pyramidale, qui ne correspond plus aujourd'hui aux fonctions des administrations centrales compte tenu des tendances irréversibles à la déconcentration et à la décentralisation. Il n'en fut pas moins maintenu, voire accru — et on sait que l'augmentation des effectifs de fonctionnaires est l'une des critiques les plus volontiers retenues envers la gauche au pouvoir, même si on ne saurait appréhender le rôle d'un État par sa seule pesée. Le manque d'audace des plus récents gouvernements de gauche en matière de réforme de l'État — qu'on pense par exemple à la spectaculaire reculade de Lionel Jospin lorsque la réorganisation des administrations financières se heurta à une opposition syndicale affirmée — a contribué à faire de ce thème un des chevaux de bataille de la droite. À l'issue d'un siècle où elle a largement détenu les responsabilités du pouvoir, la gauche semble en effet avoir renoncé à la triple ambition — transformation, modernisation, démocratisation — dont elle était porteuse en matière de rénovation de l'État. Il n'est guère surprenant, en conséquence, que la question de l'État apparaisse aujourd'hui, surtout si on la met en perspective avec les analyses de Jaurès ou de Blum, comme une forme d'impensé de la gauche.

RÉFÉRENCES BIBLIOGRAPHIQUES

ALAIN [Émile Chartier, dit] (1926), *Le Citoyen contre les pouvoirs*, Sagittaire, Paris.

ALPHANDÉRY Claude (1999), *Vivre et résister*, Descartes et Cie, Paris.

ALPHANDÉRY Claude *et al.* (1968), *Pour nationaliser l'État*, Seuil, Paris.

AZIMI Vida (2000), « De la suppression des préfets : chronique d'une mort ajournée », *in* BARUCH Marc Olivier et DUCLERT Vincent (dir.), *Serviteurs de l'État : une histoire politique de l'administration française, 1875-1945*, La Découverte, Paris.

BARUCH Marc Olivier (1997), *Servir l'État français. L'administration en France de 1940 à 1944*, Fayard, Paris.

BIRNBAUM Pierre (1976), « La conception durkheimienne de l'État : l'apolitisme des fonctionnaires », *Revue française de sociologie*, vol. XVII, n° 2, p. 247-258.

— [dir.] (1985), *Les Élites socialistes au pouvoir*, PUF, Paris.

BLOCH-LAINÉ François (1987), « Problématique actuelle du service de l'État en France », *in* BLOCH-LAINÉ François et ÉTIENNE Gilbert (dir.), *Servir l'État*, Éditions de l'École des hautes études en sciences sociales, Paris.

Bloch-Lainé François et Bouvier Jean (1986), *La France restaurée, 1944-1954 : dialogue sur les choix d'une modernisation*, Fayard, Paris.

Blum Léon (1929), « La grève dans les services publics », *Le Populaire*, 9 juin 1929.

— (1954 [1902]), « Les monopoles, 1902-1903 », in *L'Œuvre de Léon Blum 1891-1905*, Albin Michel, Paris, p. 509-536.

— (1936 [1918]), *La Réforme gouvernementale*, Grasset, Paris.

— (1972), *L'Œuvre de Léon Blum 1928-1934*, Albin Michel, Paris.

Bouretz Pierre (1992), « Le fonctionnaire », *in* Sirinelli Jean-François (dir.), *Histoire des droites*, t. III, Gallimard, Paris.

Buci-Glucksmann Christine (1975), *Gramsci et l'État : pour une théorie matérialiste de la philosophie*, Fayard, Paris.

Castagnez-Ruggiu Noëlline (1997), *Histoire des idées socialistes*, La Découverte, coll. « Repères », Paris.

Chagnollaud Dominique (1991), *Le Premier des ordres, les hauts fonctionnaires XVIIIe-XXe siècle*, Fayard, Paris.

Chanet Jean-François (2000), « Les instituteurs entre État pédagogue et État patron, des lois républicaines aux lendemains de la Grande Guerre », *in* Baruch Marc Olivier et Duclert Vincent (dir.), *Serviteurs de l'État*, *op. cit.*

Charle Christophe (1991), « Savoir durer : la nationalisation de l'École libre des sciences politiques, 1936-1945 », *Actes de la recherche en sciences sociales*, n° 86-87, p. 99-105.

— (1993), « Les grands corps », *in* Nora Pierre (dir.), *Les Lieux de mémoire*, t. III, vol. 2, Gallimard, Paris, p. 195-235.

— (1998), « La question de l'État chez les socialistes », *Jean Jaurès cahiers trimestriels*, n° 150, p. 44-57.

École nationale d'administration (1952), *Rapport du directeur de l'École nationale d'administration à son conseil d'administration 1945-1952*, Imprimerie nationale, Paris.

Ferrat André (1945), *La République à refaire*, Gallimard, Paris.

Furet François (1988a), « Gouvernement révolutionnaire », *in* Furet François et Ozouf Mona, *Dictionnaire critique de la Révolution française*, Flammarion, Paris, p. 574-585.

— (1988b), « Jacobinisme », *ibid.*, p. 751-762.

Gaïti Brigitte (1998), *De Gaulle, prophète de la Ve République*, Presses de Sciences-Po, Paris.

Gerbod Paul *et al.* (1977), *Les Épurations administratives*, Droz, Genève.

Goetze Roger (1997), *Entretiens avec Roger Goetze, haut fonctionnaire des finances, Rivoli-Alger-Rivoli, 1937-1957*, Comité d'histoire économique et financière de la France, Paris.

Grégoire Roger (1954), *La Fonction publique*, Armand Colin, Paris.

Grémion Pierre (1976), *Le Pouvoir périphérique*, Seuil, Paris.

Guéry Alain (1993), « L'État : l'outil du bien commun », *in* Nora Pierre (dir.), *Les Lieux de mémoire*, *op. cit*, p. 819-867.

Hazareesingh Sudhir (2002), *The Jacobin Legacy in Modern France*, Oxford University Press, Oxford.

Herrera Carlos Miguel [dir.] (2003), *Les Juristes face au politique : le droit, la gauche, la doctrine sous la IIIe République*, Kimé, Paris.

Hoffmann Stanley (1983), « Le confluent des modernités », *Pouvoirs*, nº 27, « Le mendésisme », PUF, Paris, p. 31-37.

Jaurès Jean (1915 [1910]), *L'Armée nouvelle*, Éditions de L'Humanité, Paris.

Jean Jaurès cahiers trimestriels (1998), nº 150, « Jaurès et l'État », Actes du colloque de Castres, 9-10 octobre 1997.

Judt Tony (1987), *Le Marxisme et la gauche française 1830-1981*, Hachette, Paris.

Lazar Marc (1992), *Maisons rouges : les partis communistes français et italien de la Libération à nos jours*, Aubier, Paris.

Leroy-Beaulieu Paul (1911 [1889]), *L'État moderne et ses fonctions*, Alcan, Paris.

Lochak Danièle (1985), « La haute administration à l'épreuve de l'alternance : le cas des directeurs d'administration centrale », *in* Birnbaum Pierre [dir.] (1985), *op. cit.*, p. 178-188.

Long Marceau *et al.* (2003), *Grands Arrêts de la jurisprudence administrative*, 14e édition, Dalloz, Paris.

Machelon Jean-Pierre (1976), *La République contre les libertés ?*, Presses de la FNSP, Paris.

Mandrin Jacques [Jean-Pierre Chevènement *et al.*] (1968), *L'Énarchie ou les mandarins de la société bourgeoise*, La Table Ronde, Paris.

Mendès France Pierre (1987), *Œuvres complètes*, t. 4 : *Pour une République moderne*, Gallimard, Paris.

Mény Yves (1987), « À la jonction du politique et de l'administratif : les hauts fonctionnaires », *Pouvoirs*, nº 40, « Des fonctionnaires politisés ? », Presses universitaires de France, Paris, p. 5-23.

Moch Jules (1971), *Le Front populaire grande espérance*, Perrin, Paris.

Monnet François (1993), *Refaire la République : André Tardieu, une dérive réactionnaire (1876-1945)*, Fayard, Paris.

Nicolet Claude (1957), *Le Radicalisme*, PUF, Paris.

Nord Philip (2002), « Reform, Conservation and Adaptation: Sciences-Po, from the Popular Front to the Liberation », *in* Hazareesingh Sudhir (2002), *op. cit.*, p. 115-146.

Plantey Alain (1956), *Traité pratique de la fonction publique*, Librairie générale de droit et de jurisprudence, Paris.

Programme commun de gouvernement du Parti communiste français et du Parti socialiste (1972), Éditions sociales, Paris.

Redor Marie-Joëlle (1992), *De l'État légal à l'État de droit. L'évolution des conceptions de la doctrine publiciste française, 1879-1914*, Economica/Presses universitaires d'Aix-Marseille, Paris/Aix-en-Provence.

Renouvin Pierre (1925), *Les Formes du gouvernement de guerre*, Presses universitaires de France, Paris.

Rocard Michel (2003), *Rapport sur les camps de regroupement et autres textes sur la guerre d'Algérie*, Mille et une nuits, Paris.

Rosanvallon Pierre (1990), *L'État en France*, Seuil, Paris.

Rougié P. (1911), *Étude sur le statut des fonctionnaires (projet de loi du 25 mai 1909, titre premier)*, A. Pedone, Paris.

Roussellier Nicolas (2000), « Léon Blum et la réforme de l'État, 1936-1947 », *Recherche socialiste*, n° 10, p. 72-82.

Siwek-Pouydesseau Jeanne (1989), *Le Syndicalisme des fonctionnaires jusqu'à la guerre froide (1848-1948)*, Presses universitaires de Lille, Lille.

— (2000), « Les syndicats et le statut des fonctionnaires », *in* Baruch Marc Olivier et Duclert Vincent (dir.), *Serviteurs de l'État*, *op. cit.*

Touraine Alain (1979), *Mort d'une gauche*, Galilée, Paris.

Trempé Rolande (1998), « Jaurès, l'État, la réforme et la révolution », *Jean Jaurès cahiers trimestriels*, n° 150, p. 5-18.

71

La gauche et la prise du pouvoir

PHILIPPE BUTON

ÉTUDIER LA RELATION QU'ENTRETIENT la gauche française avec la prise du pouvoir soulève de nombreuses difficultés. Pour la gauche, le rapport au pouvoir a toujours constitué l'élément central de son action et pourrait ainsi facilement nous faire dériver vers une histoire générale de la gauche. Heureusement, le rapport au pouvoir n'est pas synonyme de prise du pouvoir. Au sens strict, tel qu'il est utilisé par notre objet d'étude, le concept de prise du pouvoir ne renvoie ni à l'usage du pouvoir ni à la participation au pouvoir. Il désigne la conquête du pouvoir dans le but de transformer radicalement le système politique, économique et social. Ce concept s'identifie donc avec l'affirmation révolutionnaire. Aussi n'appartient-il pas au capital doctrinal des radicaux — leur étude restera donc succincte —, alors qu'il constitue pendant longtemps l'horizon identitaire des communistes, de tous les extrémismes de gauche, mais également des socialistes français.

Même ainsi limité, le sujet reste ample, en raison du caractère pluriel de la gauche, mais aussi des évolutions qu'a connues chacune de ses familles au cours du siècle. Pour demeurer dans les limites de cette contribution, nous concentrerons notre réflexion sur trois aspects, le rapport de la gauche à la prise du pouvoir lorsque commence le XXe siècle, ce qui nous permettra de définir le modèle politique qui se dégage alors, ensuite comment ce modèle a affronté les perspectives de prise du pouvoir qui se sont offertes : d'abord la grève générale et la voie électorale, puis la guerre civile, la tentation putschiste, la médiation antifasciste et la guérilla, enfin, la disparition de cet équilibre politique au cours des dernières décennies du XXe siècle. En dernière instance, interroger la fréquente dissociation des discours et des actes, c'est éclairer la nature de l'obsessionnel mythe révolutionnaire de la gauche française au XXe siècle.

Un héritage et un modèle

Lorsque s'ouvre le siècle dernier, le rapport de la gauche au pouvoir reste largement tributaire du lourd héritage du XIXe siècle, que l'on peut résumer par un paradoxe puisque se concilient la force du mythe révolutionnaire et la victoire de la démocratie. Le premier élément renvoie aux racines mêmes de la gauche qui plongent dans la Révolution française. À ce moment, le concept de révolution change de sens : au lieu de représenter comme en Grande-Bretagne le retour à un ancien ordre des choses, à l'image de la révolution astronomique, il devient l'acte fondateur d'une ère nouvelle et, par projection, l'horizon eschatologique du bonheur futur. Mais l'histoire de la gauche française a durci cette fascination originelle pour l'idée de révolution. Partout en Europe, la gauche dans son ensemble, mouvement ouvrier compris, a dû lutter pour combattre l'Ancien Régime, le despotisme et le « féodalisme ». De ce fait, la lutte pour la démocratie libérale constituait son objectif premier. Pas en France, où la gauche socialiste et le mouvement social trouvaient en face d'eux le libéralisme triomphant de la monarchie de Juillet ou la démocratie autoritaire du Second Empire. Pire même, en France, la République fut nominalement le régime qui enterra dans le sang les plus grandes révoltes ouvrières du siècle, celles de juin 1848 et de la Commune de Paris. Toute cette histoire a conféré à la gauche française une double particularité au regard de la plupart de ses homologues européens : la forte attraction du mythe révolutionnaire et la méfiance instinctive à l'égard de la démocratie politique. Entre autres conséquences, la gauche française s'est dès lors caractérisée par son obsession de la prise du pouvoir, forme politique de sa soif d'absolu. Elle politisait toutes les questions et radicalisait toutes les réponses, intégrant ainsi dans l'espace politique toute une série d'éléments dépolitisés par la droite et/ou l'opinion publique. Pour un homme de gauche, toutes les questions dites de société étaient des questions politiques soit parce qu'elles accusaient le système économique présenté comme la source des multiples maux sociaux, soit au minimum parce qu'elles interpellaient le gouvernement, incapable de traiter correctement, c'est-à-dire socialement, le problème. Dans le même temps, la gauche française radicalisait les solutions proposées. Le compromis devenait synonyme de compromission, le réalisme celui de soumission. La soif d'absolu de la gauche, son refus des demi-mesures, l'amena à considérer que rien n'était acquis tant que tout ne l'était pas, que seule la conquête radicale du pouvoir absolu permettrait à la volonté de changement de triompher. Tout cela conduisit à une perception originale des deux grandes options de la prise du pouvoir : celle de la rupture violente et celle du combat pacifique ; le camp de la Révolution, qui ne parle que de prendre le pouvoir, et celui de la réforme, qui ne vise qu'à conquérir des pouvoirs. Il est frappant de voir combien, dans l'histoire de la gauche française au XXe siècle, la première option fut reçue avec bienveillance, quand la seconde fut appréhendée avec méfiance.

Cette force du mythe révolutionnaire peut pourtant apparaître paradoxale car, à l'aube du XXe siècle, le fait dominant reste bien le second aspect : la victoire de la démocratie. La Commune de Paris fut la dernière véritable tentative révolutionnaire française à l'issue de laquelle l'installation définitive de la République asphyxia le feu révolutionnaire. Tout d'abord, la régulation sociale permit tant bien que mal une amélioration des conditions d'existence des ouvriers français, tandis que l'enrichissement économique provoquait l'éclosion d'une abondante classe moyenne favorable à l'apaisement des passions. Surtout, la perception de la démocratie comme arme de transformation politique et sociale fraya progressivement son chemin ; le suffrage universel avait « tué les barricades » [*Le Temps*, 25 mai 1898, cité par Rebérioux, 1991, p. 110]. Malgré cela, la force de ce mythe révolutionnaire provoqua l'inachèvement de la victoire démocratique, non reconnue et non assumée. De telle sorte que s'établit à ce moment, dans le domaine de la prise du pouvoir, un équilibre politique qu'il est possible de modéliser. Des résurgences de millénarisme révolutionnaire apparaissent épisodiquement, tout en étant contenues par la dominance de l'option réformiste. Mais ce réformisme demeure honteux, et l'espoir transformateur se réfugie dans la figure de la Révolution symbolique. Cet équilibre politique reste certes instable, mais cela ne l'empêche pas de perdurer jusque dans les dernières décennies du XXe siècle malgré les secousses révolutionnaires qui se sont produites.

Le suffrage universel, le Grand Soir et la « vieille taupe »

Le phénomène majeur des années antérieures à la Première Guerre mondiale demeure bien la conquête du pouvoir par la gauche, en l'occurrence par la gauche radicale. Mais, comme on l'a signalé en introduction, la conquête ne signifie pas la prise du pouvoir, et ce dernier concept n'appartient ni à l'horizon idéologique ni au langage de la sensibilité radicale. Celle-ci poursuit plutôt un double but : occuper des pouvoirs pour effectuer des réformes et réaliser une progressive dilution du pouvoir d'État, toujours suspecté d'attenter aux libertés citoyennes. Les radicaux revendiquent solennellement ce réformisme tranquille en déclarant, lors du congrès de fondation du parti radical en 1901, que pour la réalisation de leur programme, « nous attendons tout du suffrage universel mis en pleine possession de lui-même et de son autorité légitime » [cité par Nordmann, 1977, p. 46]. La même acceptation des règles du jeu républicain s'observe chez le parti socialiste. Mais lui ne renonce pas pour autant à la geste révolutionnaire. La révolution désignerait ainsi l'aboutissement du chemin, non le chemin lui-même. Elle signalerait un but — la transformation du système de propriété, ce qui sépare les socialistes des radicaux — tandis que la voie électorale représenterait le moyen de l'atteindre. En effet, les socialistes font leur une vision pacifique de la prise du pouvoir, désormais perçue comme la conquête progressive de l'État grâce au suffrage universel car, comme l'écrit Jean Jaurès dans *La Petite République* le 21 juillet 1903, en « démocratie républicaine, aucun obstacle intérieur ne s'oppose à l'avènement légal du socialisme » [cité par Rebérioux, 1977, p. 377].

Malgré cette acceptation du système démocratique chez certains, il n'en demeure pas moins que l'ombre du mythe révolutionnaire plane toujours sur la gauche française pendant cette période, et cela se traduit de plusieurs façons. La démocratie demeure ainsi fortement contestée par quelques groupes révolutionnaires, minoritaires certes, mais bruyants. Dans le parti socialiste d'alors, deux courants envisagent la prise du pouvoir par la violence ; deux courants qui, par-delà leurs divergences, partagent la même volonté de servir de trait d'union entre le socialisme et le syndicalisme. Le premier courant, incarné par Gustave Hervé, publie, à partir de décembre 1906, un hebdomadaire de quatre ou de six pages, *La Guerre sociale*, au ton incisif. Il se veut l'organe d'agitation de l'extrême gauche, qu'elle soit issue de l'anarchisme, du syndicalisme révolutionnaire ou du courant autoproclamé insurrectionnel de la Section française de l'Internationale ouvrière (SFIO). *La Guerre sociale* rencontre un succès certain, tirant à environ 20 000 exemplaires la première année pour atteindre 50 000 exemplaires lors de son apogée en 1911. Cependant, cette tendance n'obtient qu'une représentation modeste au sein de la SFIO, n'occupant d'importantes fonctions que dans deux fédérations, celles de la Seine et de l'Yonne. L'ambition des militants du second courant est de fournir une armature théorique au syndicalisme révolutionnaire, et leur principale activité demeure la confection d'une revue intellectuelle de bonne facture mais d'audience limitée, *Le Mouvement socialiste*, dans laquelle écrivent en particulier Édouard Berth, Hubert Lagardelle et Georges Sorel.

Mais, au-delà du cercle de ces publications, l'essentiel de la clientèle révolutionnaire se situe dans le syndicalisme révolutionnaire lui-même. Cette conception pansyndicaliste, qui triomphe dans la Confédération générale du travail (CGT) avec le vote de la charte d'Amiens en octobre 1906, voit dans la confédération ouvrière un véritable parti révolutionnaire du travail qui prendra le pouvoir grâce à une arme qui lui est propre : la grève générale. Celle-ci apparaît donc comme une voie originale, ouvrière, de prise du pouvoir, alternative à la voie légale de la petite et moyenne bourgeoisie radicale ou socialiste.

Il est vrai que le syndicalisme révolutionnaire français peut aussi être interprété différemment. Si l'on adopte un regard fonctionnaliste en l'inscrivant dans la longue histoire de la revendication ouvrière française, il représenterait alors une des premières formes de pacification sociale. À tout prendre, l'édification d'une confédération syndicale — du moins tant qu'elle ne donne pas le signal de l'assaut frontal — signifie un moindre mal, comparé à la sécession émeutière permanente ou aux pratiques terroristes récurrentes. La démocratie, en essayant d'encadrer, par la loi et l'usage, les pratiques revendicatrices, grévistes et syndicales permet à l'assagissement réformiste de cheminer en sous-main. Pour filer la métaphore chère à Marx, la « vieille taupe » fait souterrainement son œuvre, mais celle-ci demeure l'antithèse des souhaits de l'auteur du *Capital*. L'atténuation de l'état de sécession interne et la progressive acceptation des règles démocratiques et du cadre national se frayent un chemin, lentement mais sûrement. La CGT adopte, quelques années avant 1914, un regard nouveau sur le parti socialiste, sur l'État et sur les voies de la transformation sociale. Mais il est vrai que cette mutation se fit silencieusement, en conservant le langage révolutionnaire des origines, nouveau signe de la prégnance du mythe révolutionnaire en France.

Cette prégnance eut une autre conséquence : la mauvaise conscience du réformisme. La crise dite du révisionnisme au tournant du siècle en est une manifestation. Les innovations doctrinales du socialiste allemand Edouard Bernstein — son ouvrage de 1899, *Les Prémisses du socialisme*, est traduit dès 1900 en France — sont vertement condamnées par son parti, mais aussi par le socialisme international. Cette même année 1899, un socialiste, en l'occurrence un Français, Alexandre Millerand, entre pour la première fois dans un gouvernement « bourgeois », participation qui provoque une ample querelle politico-doctrinale, achevée temporairement en 1904 par le vote de l'exclusion de Millerand du Parti socialiste français. Il est clair qu'au centre de la querelle révisionniste se niche la question de la prise du pouvoir. Contre toutes ces innovations théoriques ou pratiques, se dresse la fidélité au dogme marxiste tel qu'il s'est progressivement défini : assurer la défense au jour le jour des intérêts organisationnels, municipaux et parlementaires du parti, cumulée à la volonté de ne pas se compromettre dans une gestion directe de l'État, mais d'attendre la catastrophe économique finale du capitalisme et/ou la majorité absolue de l'électorat. Encore en 1913, un militant socialiste aussi réformiste qu'Albert Thomas écrit qu'il faut que la SFIO s'affirme comme « un parti capable, en réalisant la révolution socialiste, de faire plus qu'aucun autre la prospérité et la grandeur du pays » [Thomas, 1913, p. 30]. Cet amour du verbe révolutionnaire chez des militants qui ne le sont pas, ou qui ne le sont plus, traduit la force du mythe révolutionnaire dans une scène politique en voie de pacification.

Enfin, la coexistence de ces deux faits à première vue contradictoires — le maintien de l'eschatologie révolutionnaire comme marqueur identitaire et le ralliement à la démocratie comme horizon politique — induit un ultime phénomène : l'apparition d'une figure promise à un bel avenir, la révolution symbolique. L'analyse des textes de la gauche révèle que deux éléments traditionnels du discours politique ont pratiquement disparu au XXe siècle : celui de la société idéale à construire et celui des moyens nécessaires pour y parvenir. Au regard du siècle précédent, il n'existe plus de penseurs utopiques aussi prolixes que Fourier ou Cabet. Il n'existe plus non plus d'agitateurs comme Blanqui pour décrire par le menu la contraignante tactique de l'érection des barricades et de la guerre de rues. Ces deux dimensions, désormais largement absentes, sont unifiées sous un seul vocable : révolution. Un mot toujours présent mais jamais défini ; la référence est devenue purement mythique et identitaire. Comme l'écrit avec bonheur Raymond Aron, « l'expression suscite des émotions, elle appelle des souvenirs ou des rêves : nul ne saurait la définir » [Aron, 1955, p. 54]. Si la gauche française, dès le début du XXe siècle, utilise à satiété le concept de révolution sans en préciser le contenu, c'est parce qu'elle estime que sa définition va de soi. Elle raisonne par analogie. En France, dans la sphère idéologique de gauche, la révolution s'incarne alors dans cinq événements historiques : le 14 juillet 1789, les Trois Glorieuses, février 1848, le 4 septembre 1870, le 18 mars 1871. Prenons les bornes extrêmes. Le 14 juillet 1789 : près de 100 attaquants de la Bastille ont trouvé la mort, auxquels ont répondu une dizaine d'exécutions de l'autre côté. Le 18 mars 1871, deux généraux sont fusillés. Ce sont ces images qui se figent dans la vulgate de la gauche au XXe siècle. Parfaitement topique de la perception coutumière de la révolution apparaissent les souvenirs de Louise Michel : « Tandis que le général Lecomte commande feu sur la foule, un sous-officier sortant des rangs se place devant sa compagnie et plus haut que Lecomte crie : "Crosse en l'air !" Les soldats obéissent. C'était Verdaguerre, qui fut, pour ce fait surtout, fusillé par Versailles quelques mois plus tard. La révolution était faite » [cité par Lejeune, 1977, p. 153]. En 1909, Émile Pouget et Émile Pataud publient un « roman d'anticipation sociale » qu'ils intitulent *Comment nous ferons la révolution*, et qui éclaire parfaitement la vision du Grand Soir chez ces syndicalistes révolutionnaires : grèves, manifestation, répression, grève générale, mutinerie des soldats. Comme l'écrivent clairement Pouget et Pataud : « Ce n'est pas à coups de canon que la classe ouvrière a ouvert le feu contre la bourgeoisie. C'est par un acte formidable et simple : en se croisant les bras. » Dans *La Guerre sociale* elle-même, André Bruckère, un socialiste insurrectionnel, offre la même conception de la révolution en écrivant que les « syndicats sont les organes révolutionnaires qui transformeront la société par la grève générale et insurrectionnelle, dès que la conscience ouvrière sera suffisamment développée et qu'un nombre assez grand de prolétaires en uniforme sera acquis, dans l'armée, à la cause révolutionnaire » (*La Guerre sociale*, 26 février 1908). Enfin, un des pères du concept de grève générale, Fernand Pelloutier, tout en s'opposant à une vision strictement pacifique de cette pratique, participe pleinement de cette croyance en une action épargnant la révolution violente par la submersion généralisée du pouvoir en place : « Partant de ce principe que la révolution prochaine devra à la fois démontrer la souveraineté du travail et l'inutilité d'un gouvernement, on s'est convaincu qu'elle devait être due à un mouvement qui fût exclusivement l'œuvre du travail, qui eût auparavant nécessité le groupement et l'instruction économique des travailleurs, dont l'universalité paralys(era), en le divisant pour ainsi dire à l'infini, l'effort contre-révolutionnaire du pouvoir central » [Fernand Pelloutier, « L'action populaire, ses raisons, ses ressources », *L'Ouvrier des deux mondes*, n° 15, mai 1898, cité par Julliard, 1971, p. 82]. En résumé, la représentation coutumière de la révolution, ce n'est pas la mort, ce n'est pas la guerre civile, c'est un acte presque symbolique, une pichenette qui abrège l'agonie d'un pouvoir déliquescent. La grève générale, par la quasi-unanimité qu'elle signifie, est une interprétation démocratique, et de fait pacifique, de la révolution violente.

Certains révolutionnaires étaient conscients des limites utopiques de cette conception de la prise du pouvoir. Ainsi, en 1907, lors du congrès anarchiste d'Amsterdam, une discussion passionnante opposa Pierre Monatte et Errico Malatesta sur cette question de la grève générale. Tandis que le syndicaliste français présentait une motion conforme à la vision de Pelloutier, Malatesta lui opposa un autre texte précisant que la « destruction de la société capitaliste et autoritaire peut se réaliser seulement par l'insurrection armée et l'expropriation violente et que l'emploi de la grève plus ou moins générale et le mouvement syndicaliste ne doivent pas faire oublier les moyens plus directs de lutte contre la force militaire des gouvernements » [reproduit par Mercier-Vega, 1978, p. 29-31]. Il n'est pas impossible que le courant sorélien soit également conscient des ambiguïtés syndicalistes révolutionnaires. D'où son insistance à souligner la dimension violente et vitaliste de la pratique gréviste. Ainsi Édouard Berth dans son livre de 1908, *Les Nouveaux Aspects du socialisme*, s'appuyant sur Proudhon et Nietzsche, fait l'apologie de la guerre qui permet à l'homme de se dépasser et de tendre au sublime, souligne que la « Révolution (française) ne doit pas son prestige héroïque aux travaux des assemblées ni même aux grandes journées ; c'est comme épopée militaire qu'elle a vécu longtemps au cœur du peuple » et, observant que le « patriotisme révolutionnaire a vécu », assimile la pratique gréviste à l'activité guerrière qui révolutionne les hommes : « Par leur soudaineté, leur hardiesse, la discipline merveilleuse qu'elles décèlent parmi l'armée des travailleurs, elles prennent une allure de plus en plus guerrière ; elles sont, sur le terrain social, une véritable transposition de la guerre » [Berth, 1908, p. 60].

Au demeurant, ces ambiguïtés de la révolution symbolique sont indéniables car, si l'on raisonne en termes de périodes révolutionnaires, la réalité est différente de ces projections mémorielles lénifiantes. La Révolution française n'est pas réductible au 14 juillet. C'est aussi environ 17 000 guillotinés, au moins autant de massacrés, sans compter les près de 200 000 morts de la guerre de Vendée. Le 18 mars 1871, c'est également la Semaine sanglante et ses dizaines de milliers de morts. Pourtant, en dépit de son caractère hémiplégique, la révolution symbolique incarna pendant tout le XXe siècle la quasi-totalité de l'espérance millénariste de la gauche française. Elle rencontra cependant des adversaires. D'une part ceux qui voulurent abandonner ses ambiguïtés pour engager *hic et nunc* le fer révolutionnaire ; d'autres à l'inverse qui voulaient abandonner le mythe de la révolution et mettre les paroles en accord avec les actes. Toute l'histoire de la gauche au XXe siècle peut aussi se lire comme l'histoire de cette lutte entre ces trois acteurs.

Élections, grève générale et guerre civile

Le principal phénomène de la période immédiatement postérieure au premier conflit mondial réside dans le fait que, pour la première fois dans le siècle, l'heure de la prise révolutionnaire du pouvoir semble avoir sonné. Cette volonté révolutionnaire s'explique en grande partie par l'échec des tentatives réformistes de conquête du pouvoir, dans la version majoritaire modérée — celle du parti radical — comme dans la version socialiste.

Le parti radical, qui avait pratiquement disparu pendant le conflit, tente pour l'essentiel de préserver l'alliance de guerre, et il se retrouve d'abord de fait intégré à la droite, puis englué dans les rets du Bloc national. Au total, la défaite est sévère puisque les députés radicaux ne sont plus que 82 en 1919, contre 165 en 1914 [Berstein, 1980]. Cette impasse des radicaux semble légitimer les stratégies de rupture de l'Union sacrée et de renouveau des luttes sociales et politiques dans la perspective de la prise du pouvoir. Pour la gauche française qui se réclame du mouvement ouvrier, l'heure est à la fois au traumatisme issu de la guerre, à l'espoir induit par la révolution russe, et à l'offensive symbolisée par l'afflux de nouveaux militants. C'est dans cette conjoncture favorable que le mouvement ouvrier français expérimente, sans succès, les deux formes de prise du pouvoir qu'il avait progressivement élaborées au cours des décennies précédentes : la stratégie socialiste puis la stratégie syndicaliste révolutionnaire [Kriegel, 1964a et b].

L'échec de la stratégie électorale réformiste se produit en novembre 1919 à l'occasion des premières élections législatives de l'après-guerre. Le parti socialiste enregistre une sévère décrue de son groupe parlementaire : 68 députés contre 104 sortants. La crédibilité d'une conquête pacifique du pouvoir en ressort sérieusement entamée. Heureusement, la seconde stratégie, celle du syndicalisme révolutionnaire, demeure. Après les premières vagues grévistes de mai 1917 et de mai 1918, de plus importants mouvements surgissent de mai à juillet 1919, et surtout à partir du 1er mai 1920 qui semble donner le signal de la grève générale, tant annoncée depuis plus de vingt ans. Procédant par vagues, la direction de la CGT lance la grève chez les cheminots le 1er mai, chez les mineurs, les marins et les dockers le 3 mai, chez les métallos, dans le bâtiment, les transports et l'électricité le 10 mai. À l'apogée du mouvement, on recense environ un million et demi de grévistes. Mais le gouvernement utilise la manière forte : réquisition, révocation de milliers de cheminots, arrestation de dirigeants syndicaux, procédure d'interdiction de la CGT. Au bout de trois semaines, celle-ci appelle à la reprise du travail : la stratégie syndicaliste révolutionnaire a elle aussi échoué. Gravement fragilisée par les conséquences de la guerre, anxieuse devant des échéances virtuellement révolutionnaires, désarmée devant l'échec de ses outils traditionnels, la gauche ouvrière française se rallie à la seule alternative qui subsiste : le bolchevisme, dont l'intransigeance doctrinale semble avoir été la condition de son succès en 1917.

Cette attirance pour la révolution bolchevique signifie-t-elle un ralliement à la conception bolchevique de la prise du pouvoir ? Cette dernière reste profondément originale, en totale rupture avec les autres modèles proposés par le mouvement ouvrier européen. On peut la résumer par le concept de guerre civile [Colas et Courtois *in* Courtois, 2001 ; Buton, 2001b]. En effet, le déclenchement de la Première Guerre mondiale radicalise la pensée de Lénine. Avant 1914, Lénine envisage la conquête du pouvoir sous la forme d'une Révolution française revisitée par la Commune de Paris : une série de manifestations plus ou moins armées, de pratiques terroristes de masse, s'achevant par des affrontements culminant dans une insurrection généralisée. À partir du déclenchement de la guerre, son modèle devient la projection politico-militaire de la guerre en cours, la transformation de la guerre impérialiste en guerre civile. Si le bolchevisme représente donc indiscutablement une voie inédite de conquête du pouvoir, reste la question centrale : quel rôle joua cette stratégie nouvelle — la guerre civile — dans le ralliement du Parti communiste français (PCF) à l'Internationale communiste ? Négligeable de toute évidence. Observons en premier lieu que les textes les plus significatifs de Lénine sont pratiquement tous inconnus en France, même des militants les plus engagés dans le soutien à la révolution d'Octobre. De plus, la situation russe est très tardivement et médiocrement connue, ce qui permet de véritables interprétations fantaisistes de l'expérience bolchevique [Willard, 1975]. L'étude des documents du congrès de Tours confirme cette impression de méconnaissance de la réalité du projet bolchevique. Trois motions s'opposent lors du congrès mais, dans cet affrontement, la question de la prise du pouvoir ne constitue pas l'élément le plus discriminant. Même Léon Blum, dans son remarquable décryptage de la conception communiste, ne met pas en avant la colonne vertébrale du bolchevisme qu'est la guerre civile. Cette absence est confirmée par l'étude des interventions effectuées à Tours par les délégués favorables ou hostiles à l'adhésion à l'Internationale communiste. La principale motivation des premiers reste la volonté de rupture avec le réformisme, identifié aux compromissions des élus, surtout des parlementaires, et à l'absence de discipline, d'unité et de sérieux. La deuxième motivation demeure la condamnation de ce que l'on nomme alors le « socialisme de guerre », la trahison des idéaux socialistes et internationalistes sur l'autel de l'Union sacrée. La troisième motivation est le soutien à la révolution russe. Mais ce dernier élément ne renvoie que médiocrement à la notion de modèle politique alternatif précis et détaillé. Il s'agit la plupart du temps d'une exigence de fraternité internationale et de solidarité élémentaire avec une révolution socialiste. L'étude de l'iconographie communiste confirme que l'innovation bolchevique concernant la prise du pouvoir n'est pas réellement perçue et que la figure du Grand Soir de la révolution symbolique continue d'occuper l'imaginaire militant [Buton, 2001a].

Du reste, à Tours, les réticences de ceux qui refusent d'adhérer à la IIIe Internationale ne concernent pas la conception de la prise du pouvoir, mais plutôt le mode d'organisation du parti, le maintien de son unité et le refus des exclusions exigées par le Komintern. En outre, leurs interventions démontrent la force intacte du mythe révolutionnaire. Ainsi l'insistance de Blum pour maintenir le verbe révolutionnaire — y compris en acceptant la dictature du prolétariat et le refus révolutionnaire de la légalité formelle — demeure frappante. Il ne faut donner aucune prise à l'accusation de « trahison réformiste ». Ce tableau général n'est que marginalement modifié au cours de la période suivante.

La tentation putschiste

Le phénomène essentiel des années 1920 réside dans la volonté du Komintern de sortir de l'ambiguïté, de transformer le parti socialiste, formellement rallié à l'Internationale communiste, en un véritable parti de type bolchevique. Cette bolchevisation comporte de multiples aspects, certains spécifiquement liés à notre sujet. De façon largement implicite se diffuse alors un nouveau modèle de conquête violente du pouvoir, un « modèle 1917 » entendu comme un hybride de putsch et de guerre civile conséquente. En relation avec cette nouvelle vision de la prise du pouvoir, tout un phénomène de militarisation du combat politique se met en place. Partout, les partis communistes créent des services d'ordre musclés et entraînés, à l'image des Centuries prolétariennes ou des groupes de défense antifascistes en France. Les manifestations communistes adoptent une inédite structure paramilitaire : signes distinctifs, voire simili-uniformes, déplacements ordonnés et géométriques, marche au pas cadencé. Pour les aider, les airs martiaux sont sollicités ; toute une culture de la violence s'étale avec complaisance. Dans le patrimoine de la chanson ouvrière, les ballades et complaintes, tel *Le Temps des cerises*, se réfugient dans les soirées privées, tandis que l'espace public retentit de l'appel au combat de *La Jeune Garde* de Montehus : « Élevés dans la souffrance, oui, nous saurons vaincre ou mourir. Nous travaillons pour la bonne cause, pour délivrer le genre humain ; tant pis si notre sang arrose le pavé sur notre chemin. Prenez garde, prenez garde, vous les sabreurs, les bourgeois et les curés, voilà la jeune garde, qui descend sur le pavé. » En outre, on y ajoute d'autres chants encore plus martiaux. Par exemple, *Le Front des travailleurs*, paroles de Bertolt Brecht : « Marchons au pas, marchons au pas, camarades, vers notre front » ; ou encore *L'Appel du Komintern* qui sanctifie le sacrifice : « Au pas cadencé, pour l'assaut avancez… Le sang de nos frères réclame vengeance, plus rien n'arrêtera la colère des masses. Nous ne craignons pas les tortures ni la mort, en avant, prolétaires, soyons prêts, soyons forts. » La violence ne demeure pas toujours symbolique, et les armes par destination, cannes ou hampes de drapeaux, envahissent les cortèges, tandis que les affrontements se multiplient, avec les adversaires politiques généralement, avec les forces de l'ordre plus rarement. En 1924 et en 1925, le service d'ordre communiste utilisa des armes à feu contre des anarchistes, puis des membres des Jeunesses patriotes, occasionnant quatre morts.

Surtout, un certain nombre d'indices laissent supposer qu'une tentation putschiste n'a pas épargné le communisme français [Audoin-Rouzeau, 1983 ; Monier, 1998 ; Santamaria, 2002]. De 1925 à 1927, le PCF publie une revue spécialisée, *Le Militant rouge*, consacrée en principe à l'étude historique des insurrections passées mais qui, à l'évidence, cherche à préparer le futur soulèvement du prolétariat français. De façon très significative, la revue republie l'étude insurrectionnelle détaillée de Blanqui, *Instructions pour une prise d'armes*. Or écrivent dans cette revue, semble-t-il dirigée par un général soviétique envoyé de Moscou, d'éminents dirigeants tels Paul Vaillant-Couturier ou Jacques Duclos. Peu de temps après, une nouvelle revue spécialisée dans la guerre révolutionnaire voit le jour, *Front rouge*. Mais les publications officielles du PCF s'imprègnent d'une thématique identique. En 1928, la maison d'édition du parti édite une brochure qui vise à constituer et à éduquer des petits groupes de combat. En mars 1931, *L'Internationale communiste* — la revue du Komintern éditée à Paris — publie une étude consacrée à « Lénine, théoricien et praticien de l'insurrection armée ». Quatre mois plus tard, la même revue se consacre aux « problèmes d'organisation de l'illégalité révolutionnaire ». Au même moment est publié, sous le pseudonyme de A. Neuberg et rédigé essentiellement par le dirigeant communiste allemand Hans Kippenberger, avec l'aide d'Hô Chi Minh et de Toukhatchevsky, un ouvrage intitulé *L'Insurrection armée*, qui réhabilite à nouveau Blanqui et qui expose abondamment la technique militaire du futur putsch communiste. Cet ouvrage, publié en France avec une préface du comité central du PCF, affirme que « chaque membre du parti est un soldat de la guerre civile », et que tout communiste se doit de posséder une arme. Partout, une véritable fascination de la violence se fait jour. Le parti organise des manifestations illégales, préparées clandestinement et, dans leurs comptes rendus, *L'Humanité* insiste sur les affrontements, les policiers à terre, blessés, la volonté des militants de se battre par tous les moyens, etc. Certes, le PCF n'ira jamais aussi loin que ses homologues d'Europe centrale ou orientale dans la pratique de la violence. La voie empruntée n'en demeure pas moins tout à fait inédite et fort dangereuse. Mais les résultats de cette politique aventuriste sont catastrophiques. Le parti se marginalise et ses rangs s'éclaircissent rapidement. Englué dans de nombreuses affaires d'espionnage, il apparaît de plus en plus comme un simple instrument au service d'une puissance étrangère. La tentative de passer de la revendication révolutionnaire symbolique à la préparation révolutionnaire réelle a échoué.

De son côté, la stratégie socialiste n'apparaît guère plus efficace. Le parti se trouve alors dépourvu de véritables perspectives de prise du pouvoir et son aile droite apparaît bien la seule à lui offrir une solution concevable pour y accéder : participer à un gouvernement radical. Mais le mythe révolutionnaire continue d'inhiber les socialistes français : le tout ou rien demeure leur alternative, comme le montre en creux la relation, faite *a posteriori* par Léon Blum, de la divergence d'appréhension qu'il entretenait avec Ramsay MacDonald, le Premier ministre travailliste en 1924 : « Vous dites : il faut que nous prenions le pouvoir pour montrer à l'Angleterre que, quand nous serons là, rien ne sera changé. Pour nous, au contraire, l'obligation serait de montrer que tout est changé » [cité par Bergounioux, Grunberg, 1992, p. 137]. En 1926, pour résoudre, ou calmer, la crise interne, Léon Blum recourt à la rhétorique doctrinale en avançant un distinguo subtil entre conquête et exercice du pouvoir. S'inscrivant dans la démarche qui fut la sienne au congrès de Tours, il réitère ses proclamations révolutionnaires en soulignant que le parti socialiste est bien un parti révolutionnaire, car son but, c'est la conquête du pouvoir, autrement dit la transformation des rapports de propriété, y compris par la voie illégale. Mais, puisqu'il avait continûment affirmé que cet objectif nécessitait d'amples conditions préalables, cette prise du pouvoir risquait bien de ressembler à l'horizon perpétuellement fuyant. D'où son innovation sémantique. En introduisant le concept d'exercice du pouvoir, il rendait possible un proche accès à la direction du gouvernement, cette fois-ci sans remettre en cause les structures de propriété, mais afin d'effectuer des réformes, à la fois ambitieuses et limitées, la morale socialiste interdisant d'avance de procéder comme les bolcheviques, autrement dit de passer subrepticement de l'exercice à la conquête du pouvoir : « En ce qui concerne la conquête révolutionnaire du pouvoir, je n'admets pas que la classe ouvrière soit limitée par aucune espèce de légalité [...]. Mais je déclare catégoriquement que je le suis en ce qui concerne l'exercice du pouvoir. Je pense que si, par l'effet du jeu parlementaire dans le cadre des institutions existantes, dans le cadre de la situation actuelle, nous étions appelés à exercer le pouvoir, nous devrions l'exercer légalement, loyalement, sans commettre cette espèce d'escroquerie qui consisterait à profiter de notre présence à l'intérieur du gouvernement pour transformer l'exercice du pouvoir en conquête du pouvoir » [Blum, 1926, p. 22-23]. Quelques années plus tard, au nom de la même analyse, les mêmes propositions de participation au gouvernement radical, issues de la droite du parti (ceux qui entrent dans l'histoire sous le nom de néos), sont rejetées. Ainsi, alors même que le rapport des forces s'est complètement inversé depuis le congrès de Tours et qu'il se trouve désormais clairement en faveur de la gauche socialiste, celle-ci se refuse toujours à s'affirmer explicitement réformiste. En outre, cette force du mythe révolutionnaire est grandement réactivée lors de la période suivante, celle du Front populaire et de la Résistance.

Antifascisme, Résistance et démocratie populaire

Ce qui confère son unité à cette séquence reste l'élaboration, par tâtonnements successifs, d'une nouvelle stratégie de prise du pouvoir par le mouvement communiste. Il se déploie alors une nouvelle dissociation du dire et du faire, mais dans un rapport inverse à la coutume des socialistes. À partir de 1934, le PCF abandonne son discours gauchiste, n'offre plus que des objectifs limités, non révolutionnaires. Mais il espère que, par la logique de l'expérience politique, celle-ci se transformera en une véritable prise communiste du pouvoir.

Comme le déclare Thorez en janvier 1936 : « Les bavards "gauchistes" ne savent pas que les bolcheviks, sous la direction de Lénine, conduisirent la classe ouvrière au pouvoir, en inscrivant sur leur drapeau, comme premier mot d'ordre : *Du pain* » [Thorez, 1953, p. 76]. Le PCF adopte alors une posture strictement défensive (lutte contre le fascisme, puis contre l'occupant), affirmant seulement défendre la démocratie tout en l'améliorant, deux aspects résumés par les nouveaux concepts avancés par le communisme international, ceux de démocratie populaire ou de démocratie nouvelle. Cela se traduit par un regard inédit sur l'État — à partir de 1937, le PCF est favorable aux nationalisations et, à partir de 1938, favorable à la participation gouvernementale. Et, pour la première fois, il entre dans un gouvernement français, au mois d'avril 1944.

Naturellement, cet assagissement apparent n'est pas sans susciter l'ire des courants d'extrême gauche qui reprochent aux communistes d'avoir renoncé à la prise du pouvoir, analyse longtemps largement validée par l'historiographie [Robrieux, 1980 ; Bourderon *et al.*, 1981 ; Wolikow, 1996], malgré quelques voix discordantes [Kriegel, 1974 ; Becker, 1981 ; Buton, 1993a]. Il est vrai que, pendant toute cette période, l'objectif prioritaire du PCF n'est pas la prise du pouvoir, mais la défense de l'Union soviétique. Lorsque ces deux objectifs s'opposent, comme lors de la « drôle de guerre », le premier est sacrifié [Buton, 1993b]. Mais tout est fait pour qu'ils coïncident. La perspective stratégique qui s'impose alors, certes non explicitement, est celle qui triomphe à l'est de l'Europe à la Libération, mais au cours de deux étapes distinctes. Pendant la Résistance, le projet communiste de prise du pouvoir comporte un schéma idéal inspiré des expériences de 1793 et de 1917 : une Résistance puissante et dirigée par les communistes édifiera un second pouvoir et imposera sa prééminence sur le général De Gaulle grâce à la réussite de l'insurrection nationale, grâce à l'essor du mouvement de masse et grâce à l'épuration patriotique qui éliminera les adversaires toujours suspects de tiédeur ou de trahison. En appliquant ce schéma, le PCF a engrangé d'imposants succès, bien en deçà cependant de ses objectifs, puisqu'il n'a réussi à prendre le pouvoir, très temporairement, que dans un seul département (la Corse) et en s'alliant, pour cela, avec le préfet de Vichy, nouveau signe comme aurait dit Lénine, que la révolution n'est pas aussi droite que la perspective Nevsky [Buton, 2004]. Mais sur le continent, sa tentative demeure largement obérée par l'échec de l'insurrection nationale et par les efforts conjugués de certaines forces non communistes, De Gaulle naturellement, mais aussi certains dirigeants des mouvements de résistance et surtout les socialistes. Ceux-ci apportent une aide considérable au chef du gouvernement provisoire afin d'affirmer l'autorité de l'État face aux initiatives hétérodoxes du PCF ou de certains résistants. Progressivement, De Gaulle assoit solidement son pouvoir et Staline décide de solder les comptes et d'imposer au PCF un brusque tournant. Il faut que le parti français comprenne que le temps n'est plus à l'affrontement, mais à la conciliation avec De Gaulle. Le 19 novembre 1944, Joseph Staline reçoit Maurice Thorez. Il apparaît nettement critique vis-à-vis des communistes français et il résume sa pensée avec concision : « Le camarade Staline explique qu'il a abordé cette question parce qu'il lui semble que les communistes n'ont pas encore compris que la situation a changé en France. Les communistes n'en tiennent aucun compte et continuent à suivre l'ancienne ligne alors que la situation a changé. [...] Entre temps la situation est différente, nouvelle, favorable à De Gaulle. La situation a changé et il faut opérer un tournant. Le PC n'est pas assez fort pour pouvoir frapper le gouvernement à la tête » [Buton, 1996].

Après le départ du général De Gaulle, en janvier 1946, le PCF tente une seconde opération de prise du pouvoir, essentiellement fondée sur le noyautage de l'appareil d'État et sur un certain nombre de réformes institutionnelles et constitutionnelles, afin de construire une « démocratie nouvelle et populaire ». C'est cette politique qui triomphe à l'est de l'Europe, mais en France l'absence de pressions soviétiques ne permet au parti que d'occuper temporairement des positions de pouvoir, progressivement rognées par ses adversaires, notamment socialistes. Car les années postérieures à la Seconde Guerre mondiale représentent un moment phare dans l'histoire du parti socialiste. Il n'a jamais été aussi présent au sommet de l'État (il occupera l'Élysée, la présidence de l'Assemblée et parfois celle du gouvernement) et la plupart des réformes économiques et sociales réalisées proviennent directement de son patrimoine idéologique.

Et pourtant, nouvelle illustration du tropisme déjà évoqué, le malaise à l'intérieur du parti n'a peut-être jamais été aussi grand. La première raison en est précisément ces réussites gouvernementales, qui semblent transformer le parti en un simple gestionnaire du capitalisme et lui faire oublier la nécessaire destruction de celui-ci. Une autre raison réside dans la nouvelle offensive révisionniste qui se déploie depuis 1945. Mais cette fois-ci, la volonté d'abandon du verbe révolutionnaire, de ralliement au réformisme et à l'humanisme, ne provient pas d'une minorité de droite comme avant guerre, mais de la figure de proue, incontestée du parti : Léon Blum. Il publie à la Libération un ouvrage écrit pendant la guerre, *À l'échelle humaine*. Ce livre est resté célèbre par son approche humaniste, mais il modifie aussi sensiblement la conception socialiste de la prise du pouvoir. Léon Blum y abandonne définitivement l'alternative du tout ou rien, même dans sa forme atténuée de la différenciation entre la conquête et l'exercice du pouvoir. Cependant, une nouvelle fois, la force du mythe révolutionnaire empêche la mue réformiste de se déclarer. La direction du parti est renversée grâce à une alliance conjoncturelle de toutes les oppositions de gauche, et la victoire de Guy Mollet redonne de beaux jours à la schizophrénie socialiste habituelle mariant un discours révolutionnariste à une pratique on ne peut plus modérée, avant que cette même contradiction ne s'achève dans le discrédit à l'occasion de la guerre d'Algérie.

« Une seule solution : la Révolution ! »

La décennie suivante, marquée par les événements de Mai 68, enregistre, pour la dernière fois, le déploiement dans toute son ampleur du mythe révolutionnaire. Pour la question qui nous occupe, le phénomène gauchiste occupe une place de premier plan parce qu'il réactive deux des figures majeures que nous avons déjà observées : la révolution symbolique d'une part, et une nouvelle tentative de véritable résurrection révolutionnaire, d'autre part.

Qu'on l'appelle « introuvable » [Aron, 1968] ou « indifférente » [Lipovetsky, 1983], la nature symbolique, voire parodique, de Mai 68 est bien connue [*Pouvoirs*, nº 39, 1986]. Cette nature des événements de Mai explique à la fois leur réalité somme toute peu meurtrière et leur réussite politico-culturelle à long terme. Tout en empruntant souvent le verbe le plus dogmatique hérité de la sédimentation des multiples « ismes », les aspirations libérale et libertaire se sont progressivement imposées, secouant pour le meilleur et pour le reste le conformisme étouffant des années 1960, rejetant l'alternative communiste orthodoxe pour soit dynamiser le capitalisme libéral par un individualisme échevelé, soit investir de nouveaux champs de régulation sociale et d'offre politique, dans le domaine de l'écologie, du féminisme et de la gauche ou, tout simplement, dans les multiples segments de la société civile, tournant ainsi le dos radicalement au mythe révolutionnaire de la prise du pouvoir.

Mais ce constat ne désigne que la fin du voyage. Car, au cours de celui-ci, une véritable résurgence révolutionnaire s'est produite, réactivant certaines des options stratégiques préexistantes (la guerre civile et la tentation putschiste) pour remettre à l'ordre du jour à la fois le mythe révolutionnaire et la pratique de la violence. En effet, au cours de la décennie qui a suivi Mai 68, une véritable tentative d'accommodation de la violence révolutionnaire et de désengagement démocratique, préalable au déclenchement de l'affrontement armé, s'est produite [Sommier, 1998]. Cette tentative a revêtu une triple forme. D'une part la publication de textes pseuso-théoriques ou historiques qui visaient à acclimater les militants à la nécessité de la lutte armée. D'autre part, la vulgarisation d'une double projection pédagogique : une projection temporelle par l'exaltation analogique de luttes armées du passé, une projection spatiale par la salutation exemplaire d'affrontements armés du présent.

Sur le premier point, l'observateur est frappé par la concomitance de la publication de nombreux textes qui, derrière une façade historique ou théorique, exaltent la violence, légitime et nécessaire. En 1970, les trotskistes rééditent chez Maspero l'ouvrage déjà publié en France en 1931, *L'Insurrection armée* de Neuberg. L'année d'après, c'est un ouvrage de même facture qui est réédité chez le même éditeur, *Théorie de l'insurrection* d'Emilio Lussu. Toujours en 1971, un maoïste, Patrick Kessel, publie un recueil de textes de responsables militaires de la Commune de Paris, anthologie dont la visée ne se limite pas aux seules analyses historiques [Cluseret-Rossel, 1971]. Encore un an et, en 1972, Gilbert Mury, intellectuel communiste rallié au maoïsme, édite une anthologie d'Engels, sous le titre *Théorie de la violence*, accompagnée d'une longue préface de soixante-dix pages dans laquelle il exalte le souvenir de la lutte des paysans chinois encadrés par le Parti communiste chinois (PCC) de Mao à la fin des années 1920 et toutes les formes de violence populaire exercée contre les exploiteurs. Là encore, le but n'est nullement la recherche historico-théorique mais bien la préparation pédagogique de la lutte armée.

Dans le même temps, deux expériences historiques sont particulièrement sollicitées : la Commune de Paris et la Résistance. L'exemple de la Commune est systématiquement mis en avant pour montrer le caractère inéluctable de l'affrontement armé, soigneusement préparé par la bourgeoisie, à l'image d'Haussmann dont la seule motivation aurait été d'anticiper la future confrontation militaire entre la bourgeoisie et le prolétariat. À ce dernier de faire de même. En 1971, pour le centième anniversaire de la Commune, le Parti communiste marxiste-léniniste français-Front rouge tire ainsi une des leçons de la Commune : « Quel est le secret de la première insurrection prolétarienne victorieuse de l'Histoire, la première qui n'a pas remis le pouvoir à la bourgeoisie après l'avoir conquis de vive force ? Il est très simple : six mois de siège, de guerre et de manœuvres du gouvernement ont fait comprendre à l'ouvrier qu'il ne doit compter que sur une chose : son fusil ? » (*Gare à la revanche, la Commune vaincra !*, Lyon, 1971, p. 12).

La deuxième expérience historique particulièrement sollicitée est celle de la Résistance. Si l'exemple de la Commune de Paris fut principalement instrumentalisé par les courants trotskiste et mao-stalinien, c'est le courant mao-spontanéiste qui fut le principal vecteur de cette version du mythe révolutionnaire. Lors de son comité national d'octobre 1969, la Gauche prolétarienne établit un parallèle entre ce que les maoïstes appellent l'« ancienne Résistance » et la « nouvelle Résistance ». À partir de ce moment, l'organisation maoïste développe une analyse qui présente la France d'après 1968 dans une situation similaire à celle de l'Occupation. Conformément au mot d'ordre de 68 « CRS-SS », les policiers représenteraient les forces armées des nouveaux occupants, l'autoritarisme gaulliste et pompidolien renouerait avec les techniques de l'autoritarisme de Vichy et les révisionnistes du PCF incarneraient les nouveaux collaborateurs. Sans aller jusqu'à cette étroite analogie, tous les groupes maoïstes participent de cette tendance. En 1971, le PCmlF-Front rouge parle de la « fascisation » de la France. Quelque temps plus tard, c'est son rival, le PCMLF-Humanité rouge qui fait de même. De son côté, Jean-Paul Sartre, alors compagnon de route de la Gauche prolétarienne, déclare que « le pouvoir n'est pas encore fasciste, mais sa police l'est déjà ». C'est ainsi toute une symbolique qui se déploie. La Gauche prolétarienne met sur pied un groupe armé clandestin qui prend le nom de Nouvelle Résistance populaire (NRP), et elle adopte un chant officiel intitulé « Le chant des nouveaux partisans » qui vulgarise toute cette thématique de la violence nécessaire et notamment un des hauts lieux de la mémoire gauchiste, la « trahison » du PCF en 1944-1945 et sa future revanche : « La violence est partout, vous nous l'avez apprise. Patrons qui exploitez, et flics qui matraquez. Mais à votre oppression nous crions Résistance… [Le] peuple se prépare à reprendre les armes que des traîtres lui ont volées en 45. Oui, bourgeois, contre vous, le peuple veut la guerre. » Tous les groupes maoïstes partent alors à la recherche des anciens Francs-tireurs et partisans (FTP), censés représenter la pureté révolutionnaire contre la direction traître du PCF. Ainsi, le Parti communiste révolutionnaire marxiste-léniniste (PCRml), décide de présenter comme candidat à l'élection présidentielle de 1974 André Roustan, un ancien FTP, alors même que celui-ci n'est pas alors un des véritables dirigeants du parti. Tous ces groupes éditent également des brochures de formation qui parlent de la Seconde Guerre mondiale, de la résistance communiste, de la Libération trahie, etc. Or cette thématique a sa logique politique. Comme l'a écrit *a posteriori* Alain Geismar : « Penser la politique en termes militaires, cela renvoie nécessairement, en France, à l'imaginaire de la Résistance » [Geismar, 1981, p. 53]. Au demeurant, Alain Geismar est bien placé pour formuler cette remarque, puisqu'il est l'auteur d'un des principaux ouvrages, dont le but clairement affiché est de ramener les gesticulations petites-bourgeoises de Mai dans les eaux glacées du modèle chinois de la guerre civile. Dans l'ouvrage qu'il publie en 1969, avec Serge July et Erlyn Morane, *Vers la guerre civile*, l'introduction se termine par ces mots : « Mai, en France, c'est le début d'une lutte de classe prolongée. Voici les premiers jours de la guerre populaire contre les expropriateurs, les premiers jours de la guerre civile » [Geismar, July, Morane, 1969, p. 17], et tout le livre révèle que la formule n'est nullement métaphorique, en particulier par les références historiques à la lutte antinazie des communistes. Car toute cette logique reste lourde de dangers. Elle vise en effet à permettre aux militants de franchir le pas de la violence armée, de valoriser politiquement la lutte présente par l'assimilation aux heures glorieuses du passé, bref de faire oublier la différence entre fascisme et démocratie, entre Occupation et indépendance. En effet, la Résistance est le seul moment où la violence populaire armée est incontestablement légitimée, y compris dans les sphères non révolutionnaires ou communistes.

Toutefois, dans cette question de l'accommodation progressive à la violence, toutes les forces gauchistes ne marchent pas du même pas, et deux attitudes contrastées s'opposent. D'un côté, certains groupes laissent de côté la question de la révolution armée. Celle-ci apparaît seulement épisodiquement, et sous une forme très euphémisée. C'est le cas, pour les trotskistes, de Lutte ouvrière et des tendances pabliste, posadiste et lambertiste, ainsi que, pour les maoïstes, des groupes mao-staliniens, à l'exception de l'épisode 1971 du PCmlF-Front rouge. En revanche, d'autres forces s'engagent dans un processus d'acclimatation de la violence, prélude à la lutte armée. Deux groupes vont assez loin dans cette dérive militariste : la Ligue communiste — la tendance frankiste des trotskistes — et la Gauche prolétarienne, autrement dit la tendance mao-spontanéiste.

Il est frappant de voir que cette acceptation pédagogique de la violence armée se fait en grande partie par le miroir des luttes étrangères et le processus est, dans les deux cas, identique. On commence par exalter la juste lutte du peuple X. On effectue ensuite un parallèle, plus ou moins explicite, entre la situation de ce peuple X et la situation française. Ce qui débouche sur une perspective proche de la lutte armée. Pour autant, derrière cette similitude rhétorique demeurent quelques nuances secondaires. Chez les trotskistes, les références majeures sont prises au Vietnam et en Amérique latine, secondairement en Palestine. Ainsi, dans un grand article de deux pages, publié dans *Rouge*, fin décembre 1968, et titré « Guerre civile continentale en Amérique latine », transparaît l'idée que la situation actuelle de l'Amérique latine est le futur de la France et que le débat stratégique latino-américain (théorie du foyer de guérilla, théorie gradualiste, guérilla urbaine ou guérilla rurale) n'est pas seulement un simple débat exotique mais l'amorce de ce qui attend les militants français (*Rouge*, n° 8, 24 décembre 1968). La brochure de la Ligue communiste, *Auto-défense ouvrière*, publiée début 1973, et dont le sous-titre est *De l'autodéfense ouvrière à l'armement des travailleurs* reste, à cet égard, particulièrement significative. Cette brochure, spécifiquement consacrée à la France, est ornée de quatre photos. Deux concernent le présent des luttes ouvrières violentes qui ont eu lieu en France ; les deux autres renvoient de fait à l'avenir. La première montre une milice ouvrière armée allemande allant affronter les Corps francs en 1920, la seconde représente des mineurs boliviens marchant vers La Paz des bâtons de dynamite dans les mains.

Du côté des maoïstes maintenant, les références majeures sont les exemples vietnamien et palestinien, secondairement irlandais et indien. Contentons-nous de ce seul dernier exemple. Pendant l'été 1971, la Gauche prolétarienne réunit une école ouvrière centrée essentiellement sur l'acclimatation de la lutte violente. Au cours de cette session de formation, sont étudiés deux textes maoïstes indiens. Or ces textes introduits et résumés avec l'*imprimatur* de la direction de la Gauche prolétarienne ne sont, ni plus ni moins, que des appels à impulser une campagne terroriste. Voici un court extrait de l'introduction rédigée par les militants français : « Les actions directes de justice populaire préparent des soulèvements populaires : les actions telles que la moisson des terres d'un propriétaire foncier et la cogne de masse avec ses flics, ainsi que les actions d'"élimination des ennemis de classe" préparent des soulèvements populaires locaux. » Et, au même moment, les maoïstes sont engagés dans leur propre spirale violente. Ainsi, le bulletin intérieur de la Gauche prolétarienne, après avoir présenté la première action violente à Renault (un chef frappé par un commando armé de chaînes de vélo, attaque accompagnée d'une distribution de tracts), conclut : « Si on pense à créer des GOAF [Groupes ouvriers antiflics] dans cinquante usines, si notre objectif c'est construire la milice ouvrière, c'est pas pour jouer. C'est parce qu'on veut prendre le pouvoir. » Puis il passe à l'analyse de la phase suivante, l'horizon proche, le recours aux armes : « Les camarades de la NRP ont pour mission de se faire tirer dessus et de n'utiliser leurs armes à feu qu'en dernier recours pour éviter l'anéantissement. [...] Après un bond dans le soulèvement des masses et dans le nouveau fascisme, la NRP donnera le signal de la lutte armée. »

Dans la réalité, aussi bien chez les trotskistes que chez les maoïstes, la décélération intervient avant le décisif passage à l'acte et, à l'inverse des situations allemande et italienne, la révolution symbolique demeurera la figure révolutionnaire hégémonique, avant de disparaître elle-même dans l'acculturation démocratique des dernières décennies du XXe siècle.

À la fin du siècle dernier, le tableau politique et idéologique a été profondément bouleversé, au regard de sa longue histoire séculaire. Cet aspect est suffisamment connu pour nous permettre d'en rappeler les seules grandes tendances. En premier lieu, la disparition de cet ensemble parfaitement structuré qui — sous l'appellation de révolution — liait en gerbe horizon eschatologique, classe messianique et violence régénératrice. Même les groupes issus de cette tradition politique — le PCF, la LCR, LO et SUD, ainsi que les altermondialistes et, partiellement, les Verts — ne cultivent plus l'extériorité sociale et politique, le mythe du tout ou rien. Sans négliger les quelques ambiguïtés résiduelles, pour l'essentiel, la perspective de la prise du pouvoir est délaissée au profit des conquêtes partielles de multiples pouvoirs afin de transformer, ici et maintenant, une réalité perfectible sans attendre la table rase d'Eugène Pottier ou la feuille blanche de Mao Zedong. Surtout, le soubassement culturel lui-même a été profondément bouleversé, et la révolution symbolique, patrimoine d'une bonne partie des générations précédentes, s'est effacée, largement distancée par le discours humanitaire des droits de l'homme. Même la social-démocratie a apporté sa contribution à cette évolution. Après des décennies d'hésitations et de refus, les socialistes appellent un chat par son nom, et ils cessent de badigeonner leur pratique réformiste par un vernis révolutionnariste.

Si, aujourd'hui en France, le mythe révolutionnaire de la prise du pouvoir surgit encore — sous forme de préparation active comme dans une version symbolique —, ce n'est plus tellement dans la sphère idéologique de la gauche qu'il convient de le chercher, mais plutôt dans les courants politico-religieux, tel l'islamisme radical, Ilich Ramirez Sanchez, dit Carlos, représentant la tentative tragique et pathétique de la transmission du témoin révolutionnaire d'un cycle de croyances achevé à un autre en pleine floraison [Dilas-Rocherieux, 2004].

RÉFÉRENCES BIBLIOGRAPHIQUES

Sources et recueils de documents

BERTH Édouard (1908), *Les Nouveaux Aspects du socialisme*, Rivière, coll. « Bibliothèque du mouvement socialiste », Paris.

BLUM Léon ([1926] 1997), *Discours politiques*, Imprimerie nationale, coll. « Acteurs de l'histoire », Paris.

CLUSERET-ROSSEL (1971), *1871, la Commune et la question militaire*, UGE, coll. « 10/18 », Paris.

GEISMAR Alain (1981), *L'Engrenage terroriste*, Fayard, Paris.

GEISMAR Alain, JULY Serge et MORANE Erlyn (1969), *Vers la guerre civile*, Éditions et publications premières, 1969, Paris.

HERVÉ Gustave, ALMEREYDA Miguel *et al.* (1999), *La Guerre Sociale. Un journal « contre ». La période héroïque : 1906-1911*, Les nuits rouges, s.l.

Mercier-Vega Luis (1978), *L'Anarcho-syndicalisme et le syndicalisme révolutionnaire*, Spartacus, Paris.

Neuberg A. (1931), *L'Insurrection armée*, Editions de la SFIC, Paris.

Portis Larry (1982), *Georges Sorel. Présentation et textes choisis*, François Maspero, coll. « PCM/Histoires », Paris.

Pouget Émile et Pataud Émile (1909), *Comment nous ferons la révolution*, Tallandier, rééd. Syllepse, 1995, Paris.

Les Problèmes de l'autodéfense : quelques leçons (1928), Bureau d'éditions, Paris.

Sanchez Ilich Ramirez, *Carlos* (2003), *L'Islam révolutionnaire*, Éditions du Rocher, Monaco.

Thomas Albert (1913), *La Politique socialiste*, Rivière, coll. « Les documents du socialisme », Paris.

Thorez Maurice (1953), *Œuvres, 1930-1950*, 23 t., Éditions sociales, Paris.

Études

Aron Raymond (1955), *L'Opium des intellectuels*, Calmann-Lévy, rééd. Hachette, « Pluriel » 2002, Paris.

— (1968), *La Révolution introuvable : réflexions sur les événements de Mai*, Fayard, Paris.

Audoin-Rouzeau Stéphane (1983), « Le Parti communiste et la violence », *Revue historique*, n° 546, avril-juin.

Becker Jean-Jacques (1981), *Le Parti communiste veut-il prendre le pouvoir ? La stratégie du PCF, de 1930 à nos jours*, Seuil, Paris.

Bergounioux Alain et Grunberg Gérard (1992), *Le Long Remords du pouvoir. Le Parti socialiste français, 1905-1992*, Fayard, Paris.

Berstein Serge (1980), *Histoire du parti radical*, t. 1 : *La recherche de l'âge d'or*, Presses de la FNSP, Paris.

Bourderon Roger *et al.* (1981), *Le PCF, étapes et problèmes, 1920-1972*, Éditions sociales, Paris.

Buton Philippe (1993a), *Les Lendemains qui déchantent. Le Parti communiste français à la Libération*, Presses de la FNSP, Paris.

— (1993b), « Le Parti, la guerre et la révolution, 1939-1940 », *Communisme*, n° 32-34.

— (1996), « Méthodologie et historiographie de la stratégie communiste à la Libération. L'entretien Thorez-Staline du 19 novembre 1944 », *Communisme*, n° 45-46.

— (2001a), « Dessinateurs et graphistes dans les années 1920 », *in* Fabienne Dumont, Marie-Hélène Jouzeau et Joël Moris (dir.), *Jules Grandjouan. Créateur de l'affiche politique illustrée en France*, Somogy, Paris.

— (2001b), *Communisme : une utopie en sursis ? Les logiques d'un système*, Larousse, Paris.

— (2004), *La Joie douloureuse. La libération de la France*, Complexe, Bruxelles.

COURTOIS Stéphane [dir.] (2001), *Quand tombe la nuit. Origines et émergence des régimes totalitaires en Europe*, L'Âge d'homme, Paris.

DILAS-ROCHERIEUX Yolène (2004), « Communisme, révolution, islamisme. Le credo d'Ilich Ramirez Sanchez », *Le Débat*, nº 128, janvier-février.

HEURÉ Gilles (1997), *Gustave Hervé, itinéraire d'un provocateur*, La Découverte, Paris.

JULLIARD Jacques (1971), *Fernand Pelloutier et les origines du syndicalisme d'action directe*, Seuil, coll. « Points », Paris.

KRIEGEL Annie (1964a), *Aux origines du communisme français (1914-1920). Contribution à l'histoire du mouvement ouvrier français*, Mouton, Paris-La Haye.

— (1964b), *Le Congrès de Tours (1920)*, Julliard, coll. « Archives », Paris.

— (1974), *Communismes au miroir français*, Gallimard, coll. « Bibliothèque des histoires », Paris.

LEJEUNE Paule (1977), *Eugène Varlin. Pratique militante et écrits d'un ouvrier communard*, François Maspero, Paris.

LIPOVETSKY Gilles (1983), *L'Ère du vide*, Gallimard, Paris.

POUVOIRS (1986), « Mai 68 », nº 39.

MONIER Frédéric (1998), *Le Complot dans la République. Stratégies du secret de Boulanger à la Cagoule*, La Découverte, Paris.

NORDMANN Jean-Thomas (1977), *La France radicale*, Gallimard/Julliard, Paris.

REBÉRIOUX Madeleine (1999), « Les tendances hostiles à l'État dans la SFIO (1905-1914) » (1968), « Jaurès et le marxisme » (1977), « Manifester pour Ferrer, octobre 1909 » (1991), repris dans Madeleine REBÉRIOUX, *Parcours engagés dans la France contemporaine*, Belin, coll. « Socio-Histoires », Paris.

ROBRIEUX Philippe (1980), *Histoire intérieure du parti communiste. 1920-1945*, Fayard, Paris.

SAND Shlomo (1985), *L'Illusion du politique : Georges Sorel et le débat intellectuel 1900*, Paris, La Découverte, Paris.

SANTAMARIA Yves (2002), *L'Enfant du malheur. Le Parti communiste français dans la lutte pour la paix (1914-1947)*, Seli Arslan, Paris.

SOMMIER Isabelle (1998), *La Violence politique et son deuil. L'après 68 en France et en Italie*, Presses universitaires de Rennes, Rennes.

WILLARD Claude (1975), « La connaissance de la révolution russe et de l'expérience soviétique par le mouvement ouvrier français en 1918-1919 », *Cahiers d'histoire de l'Institut-Maurice-Thorez*, nº 12-13, Paris.

WOLIKOW Serge (1996), *Le Front populaire en France*, Complexe, coll. « Questions au XXe siècle », Bruxelles.

72

Les gauches et l'économie

PATRICK FRIDENSON

EST-IL VRAIMENT UTILE DE SE DEMANDER ce que les gauches ont pensé de l'économie en France au cours du XXe siècle et quelle politique économique et financière elles ont menée lors de leurs passages au pouvoir ? Nombreux sont ceux, citoyens, chercheurs, experts qui ne le pensent pas. Les uns considèrent qu'en matière économique, les gauches au pouvoir abandonnent tôt ou tard les idées mûries dans l'opposition. Elles ne prennent pas le pouvoir, elles sont prises par le pouvoir. Renonçant à « changer la vie », elles sèment ainsi la déception et le scepticisme à l'égard du politique. Les autres estiment, au contraire, que les politiques économiques et financières ne sauraient obéir à des choix partisans et doivent être guidées par le souci de l'intérêt général et de l'efficacité.

Le premier de ces deux discours est relayé par les membres les plus contestataires des gauches elles-mêmes et des organisations syndicales de salariés. Le second émane toujours des droites et du patronat, mais il trouve parfois de l'écho au sein des gauches. Ainsi le Premier ministre anglais Tony Blair, dans un discours à l'Assemblée nationale en 2003, a-t-il assuré aux députés que la gestion de l'économie « n'est ni de gauche ni de droite, elle est bonne ou mauvaise ».

Les historiens ont leur mot à dire sur la question. Il ne consiste pas seulement à chercher les raisons des particularités des gauches françaises en ce qui concerne l'économie, puis à tirer le bilan de leur œuvre, sinon intellectuelle du moins politique, à ce sujet — un bilan sans doute moins négligeable qu'il n'y paraît. Il est aussi de se demander si les gauches ont appris au fil du siècle ou si elles n'ont obéi qu'à leurs idéologies, comment elles ont perçu la position économique internationale de la France et l'ont inscrite dans leurs perspectives d'ensemble, comment elles ont déplacé le curseur entre l'État et le marché au sein de la nation, et enfin si la thématique plus récente du développement durable peut venir à bout du productivisme foncier de la majorité des dirigeants successifs des gauches françaises.

La longue durée des représentations dominantes

Au cours du XXe siècle, la gauche a souvent tendance à voir l'économie à travers des mythologies élaborées au cours des siècles précédents. L'opposition construite au long de l'Ancien Régime puis de la Révolution française par les paysans et les artisans entre les petits et les gros n'a pas disparu à mesure que la France s'est industrialisée. Elle a pris une nouvelle force à partir des années 1840 avec le mythe des féodalités financières qui mettraient en coupe réglée non seulement les marchés, mais encore la société et la politique. En 1869, le proudhonien Georges Duchêne lance le premier un chiffre : celui de 183 individus qui concentreraient entre leurs mains un « empire industriel ». Par la suite, des publicistes ont transformé ce mythe en celui des « deux cents familles », contre lesquelles les radicaux (Daladier en tête) et le reste de la gauche se sont dressés au cours de l'entre-deux-guerres. L'idée d'une économie dominée par une petite caste jalouse de ses privilèges et donc, faisant bande à part, infidèle à l'héritage républicain, persiste au début du XXIe siècle. On lit souvent aujourd'hui qu'Ernest-Antoine Seillière et le Medef seraient à la tête de la France. La pénétration sur le marché français de multinationales étrangères, l'essor simultané de multinationales françaises ont alimenté à gauche les mêmes dénonciations dont le roman *L'Imprécateur* de René-Victor Pilhes (1974), puis les mouvements altermondialistes apparus durant les années 1990 se sont fait une spécialité.

Une bonne partie des gauches se représente ainsi politiquement l'économie au XXe siècle dans des termes binaires. La fréquente exclusion sociale dont les ouvriers industriels et agricoles, voire les petits paysans, font l'objet de la part des dominants nourrit la perception d'un monde coupé en deux blocs : « eux » et « nous ». Le discours ouvrier des années 1871-1914 offre ainsi trois visions hostiles des patrons, toutes trois remodelées à partir des discours populaires de l'Ancien Régime à l'égard de l'aristocratie et du haut clergé. Ce sont des oppresseurs, despotes et tyrans. Ils sont fainéants, ventripotents et jouisseurs. Ils se comportent en exploiteurs, voleurs et vampires. Dès lors le syndicalisme ouvrier de la CGT (fondée en 1895) considère les chefs d'entreprise comme des « coupables » responsables de l'injustice sociale et les entreprises comme le siège de « trésors cachés » permettant de satisfaire les revendications des salariés. On aurait tort de croire que cette culture sociale de défense et de conquête est l'apanage des seuls syndicalistes révolutionnaires. Leurs camarades réformistes la partagent malgré leurs divergences. Des syndicalistes elle s'étend aux organisations politiques. Le parti communiste l'a érigée en système. Faire payer les riches, faire rendre gorge aux patrons sont devenus ses deux mots d'ordre favoris, que les groupes d'extrême gauche ont repris à leur compte. Dans cette perspective, la pensée économique des gauches considère *a priori* comme légitimes les revendications des salariés. De même, elle juge souhaitable l'augmentation des impôts sur les revenus et la fortune (mais non sur la consommation qui procure la majorité des recettes fiscales).

À partir de la défaite de la France face à la Prusse en 1870, les impôts sur les revenus connaissent une progression relative. Mais le débat public fait de leur réforme à partir de 1890 un thème politique majeur. Il s'agit à la fois de financer l'augmentation des besoins de l'État et d'assurer la « démocratie sociale » en passant d'impôts directs fondés sur la présomption des signes extérieurs à la déclaration des revenus, la personnalisation de l'impôt, la progression des taux. La réforme la plus complète et la plus rationnelle, préparée par le radical Joseph Caillaux, n'aboutit que grâce à la menace de guerre puis à la guerre et en trois temps : loi de mars 1914 sur l'impôt foncier non bâti, loi de juillet 1914 créant l'impôt progressif général sur le revenu, loi de juillet 1917 mettant en place les impôts cédulaires sur les divers types de revenus. Depuis, la pratique fiscale des gauches — à défaut de l'impôt sur le capital, cher à une partie des gauches dans les années 1920 — n'a connu qu'une innovation majeure, à forte charge symbolique : l'impôt sur les grandes fortunes, voté en 1981 par le Parlement à l'initiative du gouvernement de la gauche unie dirigé par Pierre Mauroy, abrogé par la droite en 1986 et réinstauré par la gauche en 1988 sous le nom d'impôt de solidarité sur la fortune.

Le dernier mythe qui a cours à gauche est celui du mur d'argent. Il s'agit de l'« organisation préméditée et systématique de l'évasion des capitaux » pour mettre en échec le Cartel des gauches au pouvoir de 1924 à 1926, grâce à l'accentuation de la crise du franc et de l'inflation. Cette croyance que lorsque la gauche au pouvoir comporte des « socialistes » en son sein, elle se heurte à l'hostilité nationale et internationale des milieux d'affaires qui ne laisse comme porte de sortie que le retour à une politique de droite a été formulée par les radicaux pour justifier leur échec financier et politique. Elle se fonde sur une réalité : les campagnes alarmistes des milieux d'affaires contre la gauche au pouvoir. Elle considère comme idéologiques les mouvements de capitaux, alors qu'ils obéissent avant tout à des calculs rationnels sur l'avenir des monnaies. Elle jette un voile pudique sur les faiblesses successives des gouvernements de gauche : divergences entre radicaux au gouvernement et socialistes au Parlement, mais aussi entre radicaux eux-mêmes « incapables de s'entendre entre eux sur une politique de redressement financier ». De cette crise dramatique reste l'idée courante que toute expérience de gauche est sous les feux de la spéculation internationale et que les marchés des changes fixent les bornes des politiques nationales.

Est-ce à dire pour autant que les conceptions économiques ou les politiques des gauches reposent uniquement sur des mythologies ? Il y a là un pas à ne pas franchir. D'abord, dans l'opposition comme au pouvoir, les gauches bénéficient du concours de praticiens de l'économie et de la finance. On trouve parmi eux une minorité de patrons de gauche. Alfred Mascuraud, fondateur puis président de la Chambre syndicale de la bijouterie française, rassemble de 1899 à 1918 des industriels proches de Waldeck-Rousseau, puis du radicalisme. Le banquier Horace Finaly (à Paribas) soutient le Cartel des gauches, puis douze ans plus tard les gouvernements du Front populaire. Jean Riboud, dirigeant de la firme industrielle Schlumberger, fournit jusqu'à sa mort précoce des avis écoutés à François Mitterrand. De même, au sein de l'appareil d'État, des techniciens avisés fournissent les gauches en idées et projets pendant les périodes de traversée du désert, notamment par le canal de clubs ou (au parti socialiste) de groupes d'experts, puis ils mettent leur sens de l'État ou leur désir de promotion au service des gouvernements de gauche qui se constituent. Ensuite, tout au long du XXe siècle, des professeurs et des chercheurs de sciences économiques et de gestion apportent aux hommes politiques, aux partis, aux gouvernements et aux administrations qui se réclament de la gauche le réservoir de leurs recherches et le poids de leurs certitudes scientifiques. Certains franchissent même les barrières et deviennent conseillers des ministres ou parlementaires. Aucun n'atteint cependant la renommée des économistes de gauche actifs dans les pays étrangers. Enfin, les gauches sont constamment à l'affût de ce qui se passe, précisément, hors de France. Tour à tour la Grande-Bretagne, l'Allemagne, les États-Unis, la Suède ont constitué des sources d'inspiration. Le livre sur *La Question agraire* de Karl Kautsky, paru en 1899, a été traduit en français en 1900. Jaurès, qui « a lu et relu Marx, préfacé et lu Kautsky, lu Bernstein aussi [...], a minutieusement annoté Rosa Luxemburg » sur un « exemplaire en allemand de *L'Accumulation du capital* », a connu par les revues en allemand les thèses de l'économiste socialiste allemand Rudolf Hilferding à propos de la mondialisation, dominée, selon lui, par le « capital financier » (titre de son maître-livre publié en 1910, et traduit en français en 1970) [Rebérioux, 1989]. L'idée de plan a fait son chemin dans le syndicalisme et le socialisme français des années 1930 à partir des travaux de l'Autrichien Victor Adler, de la Socialist League britannique et du Belge Henri De Man. Les positions économiques des trotskistes français depuis 1945 ont été nourries de la lecture de l'économiste belge Ernest Mandel. Le thème de l'autogestion a émergé dans les années 1960 à la suite de contacts intellectuels, politiques et syndicaux avec la Yougoslavie. Les organisations internationales — Bureau international du travail (BIT), Société des Nations (SDN), Organisation des Nations unies (ONU), etc. — ont également alimenté les réflexions des gauches non communistes.

Le point commun entre toutes les gauches quand elles traitent de l'économie française au XXe siècle reste celui de leurs prédécesseurs du XIXe siècle : agrandir le gâteau et mieux le partager. C'est bien sûr la pensée constante des radicaux. Elle les amène aussi, comme la majorité des membres des gauches, à être des partisans de l'expansion coloniale de la France jusqu'aux années 1950. Mais dès 1895-1896 Jaurès prend soin d'indiquer que les socialistes ne sont pas « les amants exclusifs d'une plus juste répartition » et que « le problème de la production dominait leur pensée ». Il exprime donc en 1903 son admiration pour Saint-Simon qui a vu « la justice non pas dans l'appauvrissement des hommes mais dans la généralisation de la richesse dans une société harmonieuse et organisée » [Rebérioux, 1989]. Cet industrialisme saint-simonien est rejoint par le productivisme des courants marxistes et notamment des communistes. Il va culminer chez ceux-ci dans le culte de l'électricité nucléaire (cependant lancée en 1954 par le radical Pierre Mendès France) au cours du dernier tiers du siècle. Cette orientation fondamentale (complétée par la volonté de réduire le temps de travail au profit de l'emploi et des loisirs en contrepartie de l'effort productif des salariés, même si ce n'est pas à gauche qu'est née au XIXe siècle la réduction du temps de travail par la loi, et d'accorder aux salariés de nouveaux droits dans les entreprises [Steinhouse, 2001], allant jusqu'à la cogestion, imaginée à la Libération par certains, puis à l'autogestion) a trois conséquences.

Dans la vision économique des gauches la transformation de l'agriculture occupe la portion congrue. On comprend ainsi que le Parti ouvrier de Jules Guesde ait présenté en 1892 un programme de revendications immédiates en faveur des petits exploitants, puis ait ajouté en 1894 un préambule doctrinal distinguant simplement les petits propriétaires des « parasites de la grande propriété », après un rapport du gendre de Marx, Paul Lafargue, qui proclamait : « Le petit champ est l'outil du paysan comme la varlope est celui du menuisier et le bistouri celui du chirurgien. » La cause à défendre est celle du petit propriétaire exploitant. Sur cette ligne se détachent à la SFIO Adéodat Compère-Morel entre 1907 et 1933, puis Georges Monnet qui révise l'orthodoxie de son prédécesseur dans les années 1930, François Tanguy-Prigent après la Libération, au PS Louis Le Pensec dans les années 1990, au PCF Renaud Jean de 1920 à 1940, puis Waldeck-Rochet. Le devenir de l'agriculture après la fin du capitalisme reste flou. Un Renaud Jean pense que les grandes propriétés devraient être collectivisées et cultivées par les salariés, les fermiers et les métayers. Le court terme préoccupe davantage. Il s'agit d'abord de réguler les cours des produits agricoles de manière à garantir les revenus des paysans. De là naît chez les socialistes à partir de 1930 l'idée d'un Office national du blé, du vin et des engrais [Margairaz, 1991, p. 125-127]. Au PCF, Renaud Jean partage dès 1929 cette revendication, pourtant typiquement réformiste. Dans le même esprit, à partir des années 1930, les partis de gauche non communistes ont vu d'un bon œil l'essor des coopératives laitières et viticoles. Toutes les gauches demandent enfin un statut des fermiers et métayers. Contrairement à l'Office national du blé, il n'arrive pas à passer au Parlement au temps du Front populaire. Le « ministre paysan » Tanguy-Prigent le fait aboutir à la Libération par une loi de 1946. On lui doit aussi un actif soutien aux structures coopératives, qui a contribué aux mutations de l'agriculture française des années 1950-1960.

En second lieu, il y a débat sur le rôle économique de l'État. Si une minorité songe à une société sans État, une autre minorité, qui partage la « culture politique de la généralité » fondée à la Révolution [Rosanvallon, 2004], penche depuis les années 1840 pour la nationalisation de firmes privées en position dominante et pour l'expansion du secteur public. Grâce au soutien des salariés de ces entreprises qui y voient pour eux l'assurance d'un avenir meilleur, le thème des nationalisations gagne peu à peu du terrain au cours du siècle, malgré sa charge réformiste ou étatiste : chez les Jeunes-Turcs radicaux comme Cot ou Mendès France, chez les socialistes dans le sillage notamment d'Albert Thomas, enfin chez les communistes sur la base des positions prises par le philosophe Georges Politzer en 1937, un temps remises en cause pendant la guerre au nom d'un objectif de « destruction » des trusts et finalement incorporées dans l'arsenal des revendications [Fridenson, 2002]. La réflexion sur le devenir des entreprises change cependant à partir du milieu des années 1960, lorsque deux fédérations très différentes de la CFDT : l'Habillement Cuir Textiles et la Chimie adoptent l'idée d'autogestion des entreprises à socialiser. Cette gestion des entreprises par leurs salariés, avec des conseils d'atelier, amplifie des idées présentes dès la Commune de Paris. Elle scelle surtout l'abandon d'une économie centralisée et étatique. La CFDT la reprend à son compte comme « perspective » au cours du mouvement social de 1968, le 16 mai, avant de l'approfondir et de la détailler en parallèle aux actions revendicatives novatrices de la décennie qui suit. Le PSU lui aussi l'adopte. En raison de la nouveauté et de la popularité de ce mot d'ordre dans les années 1970, tour à tour, le Parti socialiste, qui face aux communistes cherche à s'implanter dans les entreprises puis à accueillir des cédétistes [Bachelot, 1997], la CGT et même le PCF, qui cherchent à se refaire une santé chez les salariés les plus combatifs, s'y rallient. Mais chacun à leur façon. L'autogestion est devenue une auberge espagnole.

En dernier lieu, la monnaie n'est pas sacralisée comme elle l'est parfois à droite. Radicaux et socialistes n'ont certes pas eu recours à l'inflation ou à la dévaluation de grand cœur, mais ils s'en accommodent longtemps dans l'intérêt de la croissance économique. Ce n'est que peu à peu qu'une réflexion monétaire s'affirme à gauche. On en relèvera ici deux étapes. Dans la France libre en 1943, le socialiste Robert Marjolin et le radical René Mayer ont pris position pour que la monnaie serve désormais la modernisation et constitue le socle de la construction européenne. En 1982, le ministre des Finances socialiste Jacques Delors a opté pour la désinflation, devenue la règle en France et consolidée sous son successeur Pierre Bérégovoy par la politique du franc fort, maintenue malgré son coût social jusqu'à l'entrée en vigueur de l'euro.

Sur les relations économiques internationales, précisément, il n'y a pas d'accord au sein des gauches. Dès le début du siècle, un débat oppose ceux qui sont partisans d'une forte protection douanière et d'un contrôle des flux de capitaux à d'autres qui, comme Jaurès à partir de 1909, souhaitent atténuer progressivement, dans le cadre d'un large accord international, les tarifs protectionnistes mis en place et ainsi adapter la France « à l'ampleur du marché universel », jugeant normale l'exportation des capitaux car toute politique de défiance envers l'étranger serait « misérable ». Ce clivage se perpétue au sein des gauches françaises jusqu'à la fin du XXe siècle.

En d'autres termes, les divergences sur le régime futur de la propriété des moyens de production et d'échange avec la gamme des solutions qui partagent les partis de gauche — du respect de la propriété individuelle aux coopératives (il y en a eu de socialistes et même de communistes), des nationalisations aux collectivisations ou à l'autogestion — ont beau avoir été importantes, elles ne constituent qu'une partie des réflexions et plus encore des réalisations élaborées par les gauches.

Les réalisations

Si une partie de l'action des gauches au pouvoir s'est cantonnée en fait à la gestion du pays au jour le jour, une partie des réalisations se sont toutefois efforcées de mettre en application les programmes élaborés avant les élections.

Il en va ainsi du niveau des communes. Je me limiterai ici aux municipalités à dominante socialiste ou communiste. La première municipalité socialiste a été Commentry (Allier) en 1882. À partir de 1892, le mouvement s'étend avec l'espoir d'élargir le domaine de la résistance au capitalisme et de créer une enclave protégée. Une pratique économique de gauche s'est ainsi étendue à l'échelon local. Elle comporte en général quatre rubriques : la modification des finances municipales ; l'essor d'activités publiques (surtout dans les domaines de l'eau, du gaz, de l'électricité et des transports en commun) ; l'ouverture de bourses du travail ; la réforme et l'extension de l'assistance publique : maternités, crèches, sanatoriums, maisons de retraite. Par la suite, elle s'est élargie aux logements sociaux, pour lesquels les municipalités de gauche ont fait des efforts supérieurs aux autres, et à des entreprises d'activités culturelles. Ces activités ont pris la forme soit de régies municipales, soit de sociétés d'économie mixte. Le communisme municipal, pour l'essentiel, a mis ses pas dans ceux du socialisme municipal.

Au niveau national, les gauches ont exprimé leurs perspectives d'action économique sous la forme de programmes ou manifestes énoncés en général lors d'élections législatives ou présidentielles. Il s'agit là d'un point de passage obligé inauguré au XIXe siècle (par la Montagne en 1849, par les radicaux en 1869 avec le programme de Belleville, par les Internationales socialistes). Au XXe siècle, un élément nouveau est constitué par l'influence des syndicats dans l'élaboration de ces programmes. En voici quelques exemples frappants. Les premiers de ces textes sont, du reste, cosignés par la CGT. Il en va ainsi du programme que le Comité d'action — structure créée au début de la Première Guerre mondiale entre socialistes et cégétistes — publie en 1916 et qui va inspirer tous les programmes politiques de l'entre-deux-guerres. Il porte en réalité la marque des syndicalistes. Le premier programme commun aux différentes gauches, appelé à l'époque programme du Rassemblement populaire et publié en janvier 1936, résulte d'une invitation de la CGT en direction des partis et a pour point de départ le plan d'économie dirigée et de réformes de structure élaboré par la CGT d'avril 1934 à septembre 1935.

Le programme du Conseil national de la Résistance (CNR) a beau avoir été signé par toutes les tendances de la Résistance, de la droite au PCF et à la CGT, il se situe au fond dans cette tradition, non seulement par son appartenance au genre, mais encore par le fait qu'il a été demandé dès janvier 1943 par les socialistes (dont le « programme minimum » évoque rien moins que l'« abolition progressive de la concurrence et du profit ») et surtout par son contenu final, adopté le 15 mars 1944. Il réclame un « ordre social plus juste » fondé sur la « garantie d'un niveau de salaire » minimum, la « sécurité de l'emploi », une « réglementation des conditions d'embauchage et de licenciement », un « plan complet de sécurité sociale » et la garantie d'une retraite pour tous. Il exige l'« éviction progressive des grandes féodalités économiques et financières » grâce au « retour à la nation » des sources d'énergie, des mines, des assurances et des banques.

Après-guerre, les programmes des gauches sont l'apanage des seuls partis politiques, mais le soutien que le plus grand des syndicats, la CGT, dirigée désormais par des militants communistes, est susceptible de leur apporter sans en être formellement signataire pèse sur leur contenu. Il en va ainsi du plus célèbre de tels engagements publics, le programme commun de la gauche, adopté en 1972 avant les législatives de 1973 et maintenu contre vents et marées jusqu'en 1981.

Le passage des programmes aux actes a nécessité une forte virtuosité dialectique de la part non pas des radicaux, mais — à partir de 1914-1918 — des socialistes, puis — au cours des années 1930 et 1940 — des communistes. Gouverner, ce n'est donc pas faire la révolution, mais cela peut aboutir à opérer des réformes de structure. Encore faut-il que ces réformes soient cohérentes entre elles et choisies de façon opportune par rapport à l'éventail des possibilités et aux nécessités de la conjoncture et du contexte international. D'où, à partir d'idées formulées en 1914-1918, puis dans l'entre-deux-guerres, surtout à gauche, la naissance d'abord d'un Conseil national économique représentant producteurs et consommateurs (1925) et ensuite d'un outil de prospective et d'action gouvernementales dans la concertation avec les « partenaires sociaux » : la planification, idée initialement combattue par la majorité des socialistes au nom de la distinction entre la cité idéale, à maintenir dans sa pureté, et la recherche de solutions intermédiaires, forcément dégradées. Elle est mise en œuvre après guerre par la IVe République.

On peut attribuer aux gauches — radicales, puis socialistes — lorsqu'elles ont été au pouvoir un rôle majeur, bien que non exclusif, dans l'édification ou l'expansion du réseau des services publics économiques qui ont soutenu la croissance de l'économie française : l'énergie ; les communications ; les transports ; la monnaie, le crédit et l'épargne. Ces services sont définis comme permettant aux citoyens d'être égaux par rapport à eux dans l'espace, l'accès au service et les tarifs. Leur fonctionnement est caractérisé en principe par la fiabilité, la sécurité, la continuité. Les gauches apportent en général un soutien budgétaire privilégié à des services publics non directement économiques comme l'éducation et la culture ou plus récents comme la recherche scientifique (il suffit de penser à Pierre Mendès France ou à Jean-Pierre Chevènement) ou la formation professionnelle ou continue (à laquelle le nom de Jacques Delors est attaché). Ces services publics prennent la forme d'administrations, d'entreprises créées *ex nihilo* ou de sociétés privées qui sont nationalisées. On remarquera aussitôt qu'en ce qui concerne la santé et la protection sociale ou encore le logement, les services publics nationaux qui ont été mis en place par la France comme contrepartie à l'intensification des productions industrielle et agricole sont beaucoup moins marqués par l'empreinte directe des gauches et peuvent davantage être évalués comme une œuvre multipartisane. À la Libération par exemple, il est clair que jusque-là la protection sociale n'a jamais tenu une place majeure dans la pensée des partis de gauche ni même dans celle des syndicats. Le parti communiste y voit longtemps une « chicanerie bourgeoise » destinée à désarmer la combativité ouvrière et à spolier une partie du salaire des ouvriers. Les gauches interprètent initialement la Sécurité sociale dans les termes de la concrétisation d'un droit au travail. Ce sont donc d'autres acteurs qui poseront la question d'un droit à la santé.

Néanmoins les nationalisations ont aussi concerné des firmes privées de secteurs restés concurrentiels, par exemple dans l'armement, la construction aéronautique, puis dans l'automobile, la banque, les assurances, la sidérurgie, l'électronique, la chimie.

Toujours dans le bilan des réalisations, il convient de faire une place spéciale à un sujet sans cesse controversé, économiquement comme politiquement : la fiscalité. Le principal impôt dû à la gauche, l'impôt sur le revenu, fait actuellement l'objet d'une réévaluation à la hausse. Il est désormais crédité d'avoir empêché le rétablissement de la concentration « astronomique » des patrimoines qui existait en France à la veille du premier conflit mondial. Les revenus du capital sont devenus de plus en plus des revenus d'appoint au lieu d'être un moyen d'existence, ce qui « n'a pas entravé le développement économique ». Cependant les autres inégalités sont demeurées [Piketty, 2001].

Au plan des relations économiques internationales, les gauches sont d'abord à l'origine — avec les socialistes Vincent Auriol et Léon Blum, qui lancent l'idée en 1922 — de la Banque des règlements internationaux, installée à Bâle depuis 1930. Conçue pour contribuer à la liquidation des réparations de guerre dues par l'Allemagne, elle est devenue un autel pour la coopération entre banques centrales et la fourniture de services à des opérations financières internationales. Surtout les gauches ont joué un rôle éminent sous la IVe République dans la définition et la mise en place de la nouvelle architecture économique européenne. Son ampleur a été révélée par des recherches récentes. Au premier plan apparaît la contribution du socialiste André Philip, universitaire (économiste), député, ministre. Ses motivations ne sont pas principalement politiques (visées anticommunistes ou souci de réconciliation franco-allemande), comme on aurait pu le croire, mais d'abord économiques. Entre les différents projets européens qui circulent depuis l'entre-deux-guerres (Europe des cartels, Europe zone de libre-échange ou Europe politique fédérale), c'est lui qui a peu à peu trouvé la solution capable de réunir un consensus viable aux plans national et international. André Philip dégage l'idée que la construction de l'Europe doit commencer par l'économie. Il s'agit d'instaurer une vraie concurrence entre producteurs de certains produits au bénéfice des consommateurs, sous le contrôle d'une autorité supranationale. Cette ligne a séduit le commissaire au Plan, le centriste Jean Monnet, et, à son tour, elle a inspiré le plan du ministre MRP Robert Schuman du 9 mai 1950 qui a abouti au premier pas concret vers l'Union européenne : la Communauté européenne du charbon et de l'acier (CECA). Ainsi s'est nouée la convergence entre les courants démocrates-chrétiens et sociaux-démocrates qui a rendu possible la naissance de l'Union européenne. Là ne s'est pas arrêtée la contribution d'André Philip. On lui doit une importante activité en faveur de la ratification par la France du traité du 18 avril 1951 instituant la CECA, car en raison des divisions entre industriels d'une part, entre hommes politiques d'autre part, cette ratification était loin d'être assurée. S'il faut insister sur cet épisode, ce n'est pas seulement en raison de son importance pour l'Europe, mais aussi pour ce qu'il dit sur la persistance d'une des visions de l'économie au sein des gauches. L'historien allemand Matthias Kipping voit avec raison en André Philip un libéral, dans le sens non pas du néolibéralisme d'aujourd'hui, mais d'une économie de marché au sein de laquelle l'État défend une certaine idée de l'intérêt général (ici un accroissement de la productivité et de la production pour le bien-être de tous) face aux intérêts particuliers (ici représentés par les cartels des producteurs d'acier). On retrouve un fil conducteur qui va d'Albert Thomas au début du siècle précédent à Dominique Strauss-Kahn aujourd'hui : la volonté de résister à ce que ces hommes de gauche perçoivent comme une mainmise croissante des intérêts particuliers sur l'État.

Le retour des gauches au pouvoir en 1981, après vingt-trois ans de traversée du désert, a produit une politique économique axée sur une relance de la consommation et sur un renforcement massif du secteur public à coup de nationalisations à 100 % de firmes concurrentielles et du développement de filières compétitives dans le cadre d'un « socialisme industriel » mûri dans les années d'opposition. Faute d'avoir été accompagnée d'une dévaluation, cette politique dont le coût pesait sur les finances de l'État a amené en 1982-1983 le gouvernement à en venir à une politique de « rigueur », puis à devoir opérer des choix cornéliens. Le dilemme se trouva alors posé dans les termes suivants : ou bien sortir des disciplines financières européennes élaborées dans les années 1970 afin de préserver l'indépendance, voire la radicalité des politiques suivies, comme le conseillèrent à François Mitterrand en mars 1983 des « visiteurs du soir » à l'Élysée, aussi bien industriels que politiques ; ou bien jouer la carte de la croissance par le renforcement de l'insertion de la France dans la construction européenne, comme le préconisaient conjointement deux des dirigeants socialistes, le Premier ministre Pierre Mauroy et le ministre de l'Économie et des Finances Jacques Delors, ainsi qu'une grande partie des conseillers économiques de l'Élysée. Après réflexion et hésitation, le président Mitterrand opta pour ce second point de vue. Il porte dès lors aux yeux de l'opinion la responsabilité d'avoir pour ainsi dire « converti la gauche au capitalisme » [Rosanvallon, 2001].

La nouvelle donne

Le choix de l'intégration européenne accompli par la majorité des socialistes en mars 1983 a ouvert une nouvelle période. Désormais l'essentiel des gauches de gouvernement en matière économique et financière privilégie des politiques compatibles avec l'approfondissement de l'unification de l'Europe. De façon symbolique, l'un des artisans de la nouvelle orientation, Jacques Delors, devient en janvier 1985 président de la Commission Européenne (et le reste jusqu'en décembre 1994). Après des conversations avec de grands industriels européens, il reprend bien des points du programme d'une Europe de la concurrence élaboré par l'European Round Table, club de réflexions des multinationales européennes fondé en 1982. Il prépare la relance européenne de la fin des années 1980 avec une commission spéciale, et en contact avec l'Association pour l'Union européenne et monétaire (qui réunit à la fois Helmut Schmidt, Valéry Giscard d'Estaing et différentes personnalités, et a aussi des relations étroites avec l'entourage du président Mitterrand). Elle débouche sur le passage à la pleine unification économique et monétaire de l'Europe, négocié par les gouvernements dans le traité de Maastricht et ratifié de justesse par la France en 1992.

Ce réalisme gestionnaire, qui va être peu à peu clairement assumé (et dont un de ses artisans, Jean-Paul Huchon, a écrit en 2004 que, dans sa version rocardienne, il n'échappe pas toujours à la tentation d'« être des producteurs d'usines à gaz »), signe une coupure d'autant plus nette avec le passé qu'au sein de la société civile, toujours en 1983, à la CFDT le secrétaire général Edmond Maire abandonne la perspective de l'autogestion. Pour autant l'analyse des politiques effectivement suivies depuis lors par les gauches au pouvoir ne peut se réduire au suivi d'une simple continuité par rapport à ce tournant de 1983. Il faut prendre en compte les évolutions qui se font jour dans l'économie et la société. Il faut aussi avoir à l'esprit la double radicalisation qui intervient dans le champ politique dans le temps même où le social-réalisme l'emporte et où le communisme français accélère son déclin : le déplacement des écologistes sur l'échiquier puis la naissance de l'altermondialisme.

La constitution des écologistes en 1984 en un parti politique, les Verts, puis son ancrage à gauche ont donné à l'écologie politique une influence accrue à la fois dans le pays et dans ses rapports avec les partis classiques de la gauche. Certes la sensibilité écologique s'est développée dès les années 1960, autour des problèmes du nucléaire, et a été une des bénéficiaires de l'élan du mouvement de 1968, prolongé dans de grandes manifestations de masse au cours des années

1970 comme Creys-Malville. À la suite des premières mesures prises par les gauches dès 1981 — plus symboliques que profondes —, la montée des Verts a vite eu un impact sur les pouvoirs publics au niveau local et régional. Au plan national, les Verts ont amené le président Mitterrand et les gouvernements de gauche à ne plus tout sacrifier au tout nucléaire, à renforcer l'action pour les transports en commun, à modifier la politique de l'eau, à réformer la politique d'aménagement du territoire. Ils ont constamment poussé à une forte réduction du temps de travail. Ils se sont opposés aux organismes génétiquement modifiés. Au niveau international, ils ont incité les gauches de gouvernement à mener une politique de sommets mondiaux dans les années 1990, à Rio puis à Kyoto, pour tenter de lier l'ensemble des pays dans une lutte contre les atteintes à l'environnement (en particulier l'effet de serre) et pour un autre mode de croissance, bientôt baptisé développement durable.

La naissance de courants altermondialistes va assurément dans le même sens. Incarnés en France dans l'association Attac et la Confédération paysanne, ils ont le soutien d'une partie des syndicats et de l'extrême gauche, mais surtout un grand écho dans la jeunesse et les classes moyennes. En participant à des forums mondiaux, en prenant le parti des pays du Sud, qui avait déjà motivé les groupes favorables à la décolonisation dans les années 1950-1960, ils souhaitent une réorientation des accords économiques internationaux, notamment de l'Organisation mondiale du commerce (OMC) et de la construction européenne. Ils amplifient la critique du libéralisme que la majorité des gauches traditionnelles délaisse désormais.

Les gauches de gouvernement entre 1983 et 2002 se trouvent ainsi prises sur le plan économique et financier dans une contradiction croissante qui va culminer lors du premier tour de l'élection présidentielle le 21 avril 2002.

D'un côté, elles vont jusqu'au bout du choix de l'Europe fait en 1983. Elles réhabilitent les entreprises, jusque-là souvent méconnues ou honnies par une grande partie du « peuple de gauche ». Elles accomplissent une œuvre forte de modernisation du système bancaire et boursier ainsi que de services publics comme les télécommunications, de libéralisation du contrôle des prix et des mouvements de capitaux, d'accueil de l'investissement étranger (y compris au sein d'une « vache sacrée » des nationalisations de la Libération : Renault), de promotion de l'effort technologique et des exportations à laquelle il faut associer les noms de Jacques Delors et Pierre Bérégovoy, puis de Michel Rocard, Dominique Strauss-Kahn, Christian Sautter et Laurent Fabius. La politique monétaire de franc fort implique l'acceptation de fait d'un niveau élevé de chômage. Dans le même esprit, les gauches franchissent ensuite une étape majeure avec la préparation du passage à une monnaie européenne : l'euro — achevé le 1er janvier 2002 et en réalité situé à un niveau moins rigide que son prédécesseur. À partir de 1997, s'y ajoute une rupture dont la charge symbolique est particulièrement forte : la poursuite des privatisations d'entreprises publiques entamées par les gouvernements de droite depuis leur premier retour. Certes elle s'accompagne de moyens financiers conséquents accordés aux entreprises publiques subsistantes (et du sauvetage de Thomson) : 20 milliards d'euros. Mais elle est menée avec un zèle tel, sous l'effet sans doute des contraintes budgétaires, que le montant des privatisations des gouvernements Jospin atteint le double : 40 milliards d'euros. Il dépassait toujours au 2 juin 2004 (comme le constate avec ironie l'éditorialiste du quotidien économique *Les Échos* sous le titre : « Ah, si la droite privatisait aussi bien que la gauche ! ») celui des dénationalisations à la fois des gouvernements de droite qui les ont précédés et de ceux qui les ont suivis.

D'un autre côté, sous l'effet des tendances profondes au sein de la société — exclusion, chômage de masse — et des pressions syndicales, écologistes et altermondialistes, les mêmes gauches de gouvernement (de 1997 à 2002 socialistes, radicaux, communistes et écologistes) mènent une politique sociale et en partie écologiste qui n'est assurément pas celles des gouvernements de droite. On pense bien sûr aux emplois jeunes et à la réduction du temps de travail hebdomadaire à 35 heures, suggérée avant les élections par Dominique Strauss-Kahn et menée à bien par Martine Aubry grâce à deux lois en 1998 et 2000 [Fridenson et Reynaud, 2004]. Ces mesures provoquent un divorce entre les gauches et le syndicalisme des patrons. Néanmoins elles portent elles aussi la marque des changements intervenus. Les emplois jeunes sont des emplois de droit privé. Les 35 heures, si elles bénéficient d'une aide de l'État et permettent la sauvegarde de 300 000 emplois ainsi qu'une avancée du temps libre des salariés, consacrent aussi la flexibilité accrue du travail.

Le grand écart : tel est le terme qui peut s'appliquer à la mutation intervenue dans les politiques économiques et financières des gauches à la fin du XXe siècle, qui met à mal le désormais classique compromis social-démocrate entre le capital et le travail. Le XIXe siècle avait vu échouer en France l'hypothèse d'un socialisme catholique. Le XXe siècle, lui, a porté en terre, à son tour, les différentes interprétations du marxisme qui avaient servi de référence ou de « discours critique » [Pouch, 2001] aux organisations de gauche lorsqu'elles pensaient l'économie. Les utopies socialistes, communistes et autogestionnaires ont été remisées par les gauches de gouvernement au rang des accessoires de musée. Seuls paraissent compter, dans le cadre d'une régulation keynésienne libéralisée, la croissance, la compétitivité des entreprises et l'emploi (les trois piliers du *Livre blanc* de J. Delors adopté par le Conseil européen en 1993) et en partie le respect de l'environnement. Cette réduction des écarts entre gauches et droites peut s'interpréter positivement comme la fin des doubles langages antérieurs (qui, eux, se situaient dans la lignée du mollétisme depuis 1946) et comme le réalisme d'une compréhension des conditions de l'insertion accrue de la France au sein de l'économie mondiale. En même temps, elle correspond à la montée des classes moyennes salariées au sein des sociétés industrielles et donc de la France. Elle pose cependant cruellement aux gauches plusieurs questions majeures : l'avenir des exclus, des chômeurs, d'une partie des ouvriers, dont du coup les préférences politiques oscillent désormais d'une élection à l'autre, quand bien même une partie d'entre eux ne s'abstiennent pas ; les perspectives offertes aux salariés des trois fonctions publiques, qui perdent ainsi leur rôle jadis central dans la pensée et l'action des gauches ; la refondation de l'identité des gauches dans le nouvel ordre mondial.

RÉFÉRENCES BIBLIOGRAPHIQUES

ANDRIEU Claire, LE VAN Lucette et PROST Antoine [dir.] (1987), *Les Nationalisations de la Libération. De l'utopie au compromis*, Presses de Sciences-Po, Paris

BACHELOT Carole (1997), *Les Socialistes en entreprise. Une histoire des sections et groupes socialistes d'entreprise (1969-1981)*, mémoire de maîtrise d'histoire, université Paris-I.

BERGER Suzanne (2003), *Notre Première Mondialisation : leçons d'un échec oublié*, Seuil, coll. « République des idées », Paris.

BERGOUNIOUX Alain et GRUNBERG Gérard (1992), *Le Long Remords du pouvoir*, Fayard, Paris.

BERSTEIN Serge (1980-1982), *Histoire du parti radical*, 2 vol., Presses de la FNSP, Paris.

BERSTEIN Serge, MILZA Pierre et BIANCO Jean-Louis [dir.] (2001), *François Mitterrand. Les années du changement, 1981-1984*, Perrin, Paris.

BIARD Jean-François (1985), *Le Socialisme devant ses choix : la naissance de l'idée de plan*, Publications de la Sorbonne, Paris.

BLOCH-LAINÉ François et BOUVIER Jean (1986), *La France restaurée : 1944-1954. Dialogue sur les choix d'une modernisation*, Fayard, Paris.

CASANOVA Jean-Claude et LÉVY-LEBOYER Maurice [dir.] (1991), *Entre l'État et le marché : l'économie française des années 1880 à nos jours*, Gallimard, Paris.

CHATRIOT Alain (2002), *La Démocratie sociale à la française. L'expérience du Conseil national économique, 1924-1940*, La Découverte, Paris.

COURTOIS Stéphane et LAZAR Marc (2000), *Histoire du Parti communiste français*, 2e éd., PUF, Paris.

DARD Olivier (1998), « Économie et économistes des années 1930 aux années 1950 : un tournant keynésien ? », *Historiens et géographes*, n° 361, mars-avril.

— (2002), *Le Rendez-vous manqué des relèves des années 1930*, PUF, Paris.

DROZ Jacques [dir.] (1972-1978 et 1997), *Histoire générale du socialisme*, PUF, Paris.

DUMONS Bruno et POLLET Gilles (1994), *L'État et les retraites. Genèse d'une politique*, Belin, Paris.

FRIDENSON Patrick (2002), « Les entreprises publiques », *in* DUCLERT Vincent et PROCHASSON Christophe [dir.], *Dictionnaire critique de la République*, Flammarion, Paris.

Fridenson Patrick et Reynaud Bénédicte [dir.] (2004), *La France et le temps de travail 1814-2004*, Odile Jacob, Paris.

Georgi Frank [dir.] (2003), *Autogestion : la dernière utopie ?*, Publications de la Sorbonne, Paris.

Gueydan Geneviève (1985), *Les Idées économiques de la* Révolution prolétarienne, *revue syndicaliste révolutionnaire 1925-1939*, mémoire de maîtrise d'histoire, université Paris-I.

Jeanneney Jean-Noël (1977 et 2003), *Leçon d'histoire pour une gauche au pouvoir. La faillite du Cartel (1924-1926)*, Seuil, Paris.

Le Van-Lemesle Lucette (2004), *Le Juste ou le riche : l'enseignement de l'économie politique, 1815-1950*, CHEFF, Paris.

Lynch Édouard (2002), *Moissons rouges. Les socialistes français et la question paysanne dans l'entre-deux-guerres*, Presses universitaires du Septentrion, Villeneuve-d'Ascq.

Margairaz Michel [dir.] (1989), *Pierre Mendès France et l'économie*, Odile Jacob, Paris.

Margairaz Michel (1991), *L'État, les finances et l'économie. Histoire d'une conversion 1932-1952*, CHEFF, Paris.

Piketty Thomas (2001), *Les Hauts revenus en France au XXe siècle. Inégalités et redistributions 1901-1998*, Grasset, Paris.

Pouch Thierry (2001), *Les Économistes français et le marxisme. Apogée et déclin d'un discours critique (1950-2000)*, Presses universitaires de Rennes, Rennes.

Rebérioux Madeleine (1989), « Jaurès devant le problème de la croissance industrielle au début du XXe siècle », *in* Ulrike Brummert (éd.), *Jean Jaurès. Frankreich, Deutschland und die zweite Internationale am Vorabend des ersten Weltkrieges*, Gunter Narr, Tübingen, p. 195-209.

Rebérioux Madeleine et Fridenson Patrick (1974), « Albert Thomas, pivot du réformisme français », *Le Mouvement social*, n° 87, avril-juin, p. 85-97.

Rosanvallon Pierre (2001), « A-t-il converti la gauche au capitalisme ? », *L'Histoire*, dossier Mitterrand, avril, p. 64-65.

— (2004), *Le Modèle politique français. La société civile contre le jacobinisme de 1789 à nos jours*, Seuil, Paris.

Steinhouse Adam (2001), *Workers' Participation in Post-liberation France*, Lexington Books, Lanham.

73

Mai 68 dans la pensée

MICHEL FEHER

QUE FAUT-IL RETENIR DE MAI 68 ? Trente-cinq ans plus tard, répondre à cette question consiste moins à établir un critère de sélection des archives qu'à déterminer ce que l'actualité doit encore aux célèbres « événements ». Or loin d'être réservé à quelques nostalgiques, un pareil exercice s'impose à toutes celles et à tous ceux qui estiment que la restauration de l'État providence et l'instauration de la dictature du prolétariat constituent des perspectives dont un engagement à gauche ne peut plus se satisfaire. Les promoteurs d'un *aggiornamento* des deux grandes traditions socialistes s'accordent en effet pour reconnaître l'incidence de Mai 68 sur l'objet de leurs propres efforts. En revanche, ces mêmes partisans d'une réévaluation des coordonnées de la gauche sont bien loin de s'entendre sur le mode de persistance qu'il convient d'attribuer à ce moment d'effervescence déjà ancien : faut-il l'envisager comme une promesse à ranimer, comme un chantier à poursuivre, comme une réalité à entériner, ou encore comme un obstacle à lever ? Parce que ces différentes options enveloppent autant d'orientations politiques, prendre appui sur elles permet d'esquisser une typologie des perspectives qui briguent la succession des progressismes d'antan.

LA PERSISTANCE DES ÉVÉNEMENTS

Les pages qui suivent vont donc s'attacher à un double projet : il s'agira, d'une part, d'identifier les aspects de Mai 68 que les discours de substitution aux socialismes déchus estiment toujours actuels et, d'autre part, de distinguer ces mêmes discours en fonction des jugements, positifs ou sévères, que chacun d'eux porte sur le legs de Mai 68. Parmi les revendications d'héritage, on verra qu'il existe trois raisons très contrastées de rendre grâce à la postérité des événements de Mai : ceux-ci peuvent être salués pour avoir soustrait l'action révolutionnaire à l'emprise étouffante des partis d'« avant-garde », mais aussi pour avoir ouvert le chemin à un style de radicalité politique délivré de la notion de révolution, et enfin pour avoir favorisé l'essor d'un réformisme capable de pallier l'épuisement de la social-démocratie. Quant aux lectures critiques de Mai 68, ou du moins de ses conséquences, elles comportent deux variantes bien distinctes : l'une qui stigmatise la complaisance narcissique des « enragés » de Mai et leur impute d'avoir grandement contribué à plonger la gauche dans l'oubli de l'intérêt général ; l'autre qui souligne plutôt les effets pervers d'une revendication d'autonomie dont le capitalisme a su tirer parti pour trouver un nouveau souffle.

Ces conceptions pour le moins divergentes de l'actualité des événements de Mai ne sont pas toutes apparues en même temps : ainsi l'expérience de Mai 68 se trouve-t-elle investie dans le renouvellement de la pensée révolutionnaire dès le début des années 1970, tandis que son association à l'essor de luttes irréductibles à l'alternative entre réforme et révolution date plutôt de la seconde moitié de cette même décennie. C'est ensuite au cours des années 1980 que les semaines de gloire du « gauchisme » vont être successivement liées à l'émergence d'un réformisme soucieux de conjuguer autonomie et solidarité, puis à l'affirmation d'un individualisme symptomatique de la dépolitisation croissante des sociétés démocratiques. Enfin, la thèse qui impute à l'esprit de Mai d'avoir offert un nouveau mode de justification à l'exploitation capitaliste trouve sa première formulation à la fin des années 1990.

D'une pareille chronologie, qui se confond largement avec l'histoire intellectuelle française de la fin du XXe siècle, il ne faudrait pas conclure trop vite que les évaluations du bilan de Mai 68 se détériorent avec le temps ni que leur évolution traduit le discrédit progressif des perspectives de rupture avec la démocratie libérale. À l'encontre de tout verdict de ce genre, on constatera, d'une part, que trente-cinq ans après les faits, les estimations les plus anciennes ne sont pas nécessairement celles qui ont le plus mal vieilli — d'autant qu'elles ont bénéficié d'importants travaux de rénovation, notamment au cours des années 1990 — et, d'autre part, qu'il n'est pas moins imprudent de tenir la bienveillance envers Mai 68 pour un gage de radicalité que de considérer la défiance à l'égard de son héritage comme une preuve de modération ou de conservatisme.

Pour autant que la typologie proposée ci-dessus soit pertinente, elle indique que la grande contestation de 1968 occupe une place longtemps réservée à la Révolution de 1789. Pendant deux siècles, en effet, celle-ci s'est vue attribuer une rémanence, voire une forme d'inachèvement, dont la nature faisait l'objet d'intenses controverses : ainsi d'aucuns affirmaient que la France postrévolutionnaire souffrait toujours des excès de la Terreur, d'autres au contraire qu'elle ne s'était jamais remise de la trahison thermidorienne, d'autres encore qu'il lui restait à instruire le procès du centralisme que les jacobins avaient repris à l'Ancien Régime. Chacune de ces appréciations permettait alors de montrer comment le dévoiement, l'interruption ou l'archaïsme de la Révolution affectait le présent et, par conséquent, comment l'avenir dépendait de la compréhension de ce passé non révolu. Les années 1789-1794 ont-elles cessé d'informer les débats sur les enjeux politiques actuels ? Telle est, on le sait, la thèse de François Furet, pour qui la Révolution aurait été définitivement achevée l'année de son bicentenaire, avec la défaite, par Empire soviétique interposé, de tous ceux qui s'obstinaient à y célébrer autre chose que la Déclaration des droits de l'homme et du citoyen [Furet, 1999]. Sans doute les historiens sont-ils loin de s'être tous ralliés à la présentation que Furet donne de l'épisode révolutionnaire et de ce qu'il convient d'en retenir. Ce n'est pourtant pas faire injure aux opposants les plus déterminés d'une vision libérale de l'Histoire que d'affirmer qu'ils ne misent guère sur une réhabilitation du Comité de salut public pour fournir de nouvelles lumières à la gauche. En revanche, l'actualité prêtée à Mai 68 n'a aucunement souffert des événements de 1989. Qu'ils la jugent stimulante ou déplorable, ses interprètes tendent même à suggérer que l'effondrement des régimes socialistes l'a fait ressortir plus clairement encore. Aussi peut-on avancer que les ruminations qu'elle suscite n'ont pas seulement survécu à celles qui portaient sur l'actualité de la Révolution, mais qu'elles leur ont véritablement succédé.

Outre la conviction que les événements de Mai n'appartiennent pas uniquement au passé, les exégèses qui leur sont consacrées ont également en commun d'attribuer leur influence persistante au motif de révolte dont ils ont assuré la promotion. Les discours « post-soixante-huitards » se distinguent en effet de leurs prédécesseurs par le type d'indignation qu'ils privilégient : alors que le « camp du progrès » cherchait traditionnellement à mobiliser ses troupes contre l'exploitation inhérente aux rapports de production capitalistes, pour leur part, les mouvements immédiatement issus de Mai 68 vont davantage mettre l'accent sur l'assujettissement auquel sont exposés les membres d'une société alternativement appelée bourgeoise, marchande, « de consommation » ou « du spectacle ». Loin de réduire cette option stratégique à un trait d'époque, les divers postulants à la rénovation intellectuelle de la gauche considèrent toujours l'attention prioritaire accordée aux procédures de sujétion comme un effet de Mai 68. Aussi la tiennent-ils pour la raison principale de revendiquer ou au contraire de dénoncer l'héritage des événements de Mai. Avant de recenser les traitements dont a bénéficié cette inflexion de la pensée critique, il reste toutefois à mieux saisir comment la problématique de l'assujettissement a vu son sort se nouer au printemps des barricades et de la grève générale.

LA RAISON DE SE RÉVOLTER

Manifeste en 1968, la dévaluation d'une stratégie révolutionnaire greffée sur le seul concept d'exploitation résulte de douze années de tensions au sein du corps de doctrine marxiste. L'année 1956 s'avère en effet particulièrement riche d'épreuves infligées aux militants progressistes : elle débute par la présentation du rapport Khrouchtchev au XXe congrès du Parti communiste de l'Union soviétique, elle voit ensuite les députés du Parti communiste français se joindre à leurs collègues socialistes pour accorder les « pouvoirs spéciaux » au gouvernement Guy Mollet, et elle s'achève avec l'invasion de la Hongrie par les troupes du pacte de Varsovie. Parmi les disciples français de Marx, d'aucuns n'ont certes pas attendu ces événements pour fustiger le stalinisme et pour réclamer davantage de solidarité avec les mouvements de lutte contre le colonialisme. 1956 ne marque pas moins un tournant, dans la mesure où l'exposition des maux du socialisme « réel » entre désormais en résonance avec l'intensification des guerres de libération nationale pour contraindre les marxistes les plus conséquents à s'interroger conjointement sur l'oppression exercée par les bureaucraties de l'Est et sur la démobilisation qui affecte la classe ouvrière de l'Ouest. Or, dans les deux cas, ce sont bien les insuffisances heuristiques de la notion d'exploitation qui vont peu à peu apparaître : d'une part, tant les révélations de Khrouchtchev sur l'ère stalinienne que l'écrasement de l'insurrection hongroise établissent clairement que l'appropriation collective des moyens de production ne suffit pas à émanciper le peuple. D'autre part, le contraste entre la détermination des colonisés à se libérer et l'asthénie dont témoignent les travailleurs métropolitains — en dépit du retard économique et de l'apparente « immaturité » idéologique des premiers — conduit à penser que l'approfondissement des contradictions objectives du capitalisme n'est pas un ferment très sûr de la dynamique révolutionnaire. Force est par conséquent de constater qu'une analyse qui tient l'exploitation capitaliste à la fois pour la cause nécessaire de l'injustice sociale et pour la cause suffisante de la mobilisation du prolétariat ne permet pas davantage d'expliquer comment la révolution se dévoie que de comprendre pourquoi les travailleurs s'en détournent.

Pour remédier à cette double carence, c'est d'abord la notion d'« aliénation » qui va être sollicitée. Il s'agit d'un terme qui figure déjà chez le « jeune Marx » mais auquel les circonstances vont conférer une portée inédite : il reçoit en effet pour mission de rendre compte des caprices d'une Histoire dont la lutte des classes doit demeurer le moteur, mais, qu'à lui seul, le point de vue du régime de propriété peine à éclairer. À cette fin, outre la perte d'autonomie que le capitalisme fait subir à tous ceux qu'il prive du choix et du produit de leur activité, l'aliénation va être associée à la contrepartie d'une telle dépossession de soi. Seront donc qualifiées d'« aliénantes », les pratiques et les institutions affectées à deux grandes catégories d'opérations : d'une part les « séparations » telles que la hiérarchisation des travaux, la parcellisation des tâches et la segmentation de la vie quotidienne, c'est-à-dire des découpages qui ont pour effet de rendre les travailleurs aussi étrangers à leur propre existence que spoliés de leurs réalisations ; et, d'autre part, les « représentations » destinées à dissocier l'expérience de la dépossession de l'oppression dont elle procède, que ce soit en la rapportant aux rigueurs distinctives de la condition humaine, en l'imputant aux agissements funestes d'un ennemi extérieur, ou encore en l'assimilant à une demande conforme aux intérêts marchands. Autrement dit, le capitalisme n'aliène pas seulement les ouvriers en les soumettant aux conditions matérielles et juridiques de leur exploitation, mais aussi en amenant chacun d'eux à trouver sa dignité dans le dénuement où il est jeté, à reconnaître sa liberté dans la disposition d'une force de travail dont il loue l'usage sans décider de son affectation et à identifier ses aspirations aux marchandises que la valeur d'échange de son labeur lui permet d'acquérir.

Discerné de longue date par les disciples de Marx, l'appareillage chargé de la conformation des subjectivités au type du « travailleur libre » n'en demeurait pas moins relégué à la « superstructure » de l'ordre bourgeois. À ce titre, il était tenu pour incapable de résister à la contradiction croissante entre le développement des forces productives et l'appauvrissement relatif des producteurs, et il n'avait pas davantage vocation à subsister dès lors que la collectivisation des moyens de production supprimerait les causes objectives de l'exploitation. La subordination de l'aliénation au sort de l'infrastructure économique va cependant être remise en cause, entre 1956 et 1968, à la faveur des difficultés auxquelles la conjoncture politique expose les défenseurs du matérialisme historique. Pour conjurer la crise doctrinale qui les menace, les marxistes les plus audacieux font en effet l'hypothèse que le peu d'empressement des travailleurs occidentaux à se soulever et la confiscation du pouvoir ouvrier par les bureaucrates de l'Est renvoient l'un comme l'autre au perfectionnement, à la dissémination et à l'harmonisation croissantes des moyens qui assurent la soustraction des individus à la conduite de leur propre vie. En conséquence, ils considèrent que la reprise du processus révolutionnaire dans les pays développés exige à la fois que ce dispositif d'assujettissement soit analysé à nouveaux frais et que sa mise à jour suscite une mobilisation spécifiquement dirigée contre ses effets.

Inverser l'ordre des préséances stratégiques en faveur de l'aliénation ne revient évidemment pas à nier ou à minimiser la réalité de l'exploitation. Il s'agit plutôt de soutenir qu'à l'âge du capitalisme avancé, la production de subjectivités aliénées est la condition qui permet à la captation du travail non rémunéré de se reproduire sans rencontrer d'opposition majeure. Dès lors, pour ranimer l'espoir d'une authentique émancipation, ce sont bien les procédures de dessaisissement et de confinement de l'existence qui doivent faire l'objet d'une critique radicale et prioritaire ; à savoir les techniques de coercition, de dressage, de surveillance, mais aussi de stimulation et de distraction, à travers lesquelles les classes dirigeantes — bourgeoise ou bureaucratique — régissent véritablement la société. En accordant la primauté au joug qu'impose le capitalisme sur l'entreprise d'extorsion de la plus-value qui lui est d'ordinaire associée, les partisans d'une rénovation de la stratégie révolutionnaire ne se proposent pas seulement de rendre compte de la résistance du capitalisme occidental et de l'usurpation du socialisme par les bureaucrates soviétiques. Leur objectif principal consiste à jeter les bases théoriques d'un front commun à tous ceux qui refusent de se laisser subjuguer. Un tel refus constitue en effet une forme de passerelle entre les révolutionnaires du tiers monde et leurs homologues potentiels dans les pays développés, puisqu'il s'applique à la fois aux peuples en lutte contre les armées coloniales et impérialistes, au sous-prolétariat et aux minorités en butte aux discriminations et aux traques policières et aux petits-bourgeois rétifs à un conditionnement idéologique qui les invite à prendre les moyens de leur soumission pour les objets de leurs désirs.

En dépit de sa vocation à répondre aux troubles que la décolonisation et la déstalinisation jettent sur les militants se réclamant du socialisme, force est d'admettre que, avant 1968, la subordination du rejet de l'exploitation à celui de l'aliénation est une opération intellectuelle et politique qui demeure marginale. Elle est en particulier nettement moins prisée en France qu'au sein des « nouvelles gauches » allemande et américaine, c'est-à-dire de mouvements où la pensée des philosophes de l'École de Francfort joue un rôle considérable [Trebitsch, 2000 ; Gilcher-Holtey, 2000]. De plus, la petite minorité d'auteurs français qui s'y adonnent sont souvent liés à des revues rivales, telles que *Socialisme ou Barbarie*, *Arguments* ou *Internationale situationniste*, de sorte que leurs querelles intestines tendent à réduire le rayonnement de leurs thèses [Gilcher-Holtey, 1995 ; Gottraux, 1997 ; Rieffel, 1993]. En revanche, celles-ci vont connaître un succès aussi ample que soudain dès le début des événements de Mai. On peut en effet avancer qu'il n'y a pas de trait plus distinctif de cette période que celui d'avoir imposé la volonté de ne pas être subjugué comme le premier moteur de toute contestation.

La résonance que l'effervescence de 1968 octroie à la critique de l'aliénation s'explique en partie par le profil des acteurs de Mai. Ainsi, au sein du mouvement étudiant, les éléments les plus engagés sont souvent ceux dont la formation intellectuelle est porteuse d'aspirations que la société industrielle des « années Pompidou » semble peu susceptible de satisfaire. De leur côté, les fers de lance des grèves et des occupations d'usines se recrutent essentiellement parmi des jeunes ouvriers spécialisés (OS) qui sont à la fois plus scolarisés que leurs aînés et néanmoins promis à une existence aussi rigoureuse [Bourdieu, 1984]. Les « enragés » des deux bords s'avèrent par conséquent enclins à délaisser les revendications relatives à la valeur d'échange de leur force de travail pour faire porter leur indignation sur les contraintes et les leurres dont usent les représentants de l'« ordre établi » pour réduire leurs existences à un enchaînement de tâches et de satisfactions également abrutissantes. Par ailleurs, l'essor d'une critique destinée à embrasser les diverses modalités de la violence capitaliste va bénéficier de l'intensification de l'opposition à la guerre du Vietnam. Depuis 1965, l'intervention américaine en Asie du Sud-Est revêt une importance croissante au sein d'une extrême gauche qui, tout en défendant des positions voisines de celles du parti communiste, tient le combat des maquisards du Sud pour la résistance d'un peuple du tiers monde au joug impérialiste plutôt que pour un affrontement entre le bloc occidental et son rival socialiste. Or, le soutien des anti-impérialistes français aux combattants vietnamiens va prendre un tour réellement identificatoire à partir de mars 1968 — soit à la suite de l'offensive du Têt — lorsqu'une succession de manifestations heurtées donne corps à l'hypothèse d'une continuité entre la guerre infligée aux uns et la répression policière subie par les autres [Dreyfus-Armand et Portes, 2000 ; Ross, 2002].

Si elle s'impose bien comme le prisme de prédilection des protagonistes de Mai 68, la critique de l'aliénation ne manque pas d'être affectée en retour par le déroulement et l'issue des événements. Ceux-ci ont d'abord pour effet d'approfondir la fracture entre les promoteurs d'une révolte contre la condition de travailleur et les tenants d'un combat motivé par les conditions et la rémunération du travail. Décidés à conjurer l'influence que l'agitation printanière confère aux premiers, les seconds vont déployer des efforts considérables pour empêcher la jonction des mouvements étudiant et ouvrier, puis pour ramener ce dernier dans l'orbe des revendications salariales. La reprise progressive du travail, au cours du mois de juin, témoigne du succès de cette entreprise de conjuration. Confrontés à un retour à l'ordre qu'ils perçoivent comme le résultat d'une alliance entre l'État bourgeois et les organisations « révisionnistes » — c'est-à-dire la CGT et le PCF —, certains groupes gauchistes tentent alors de réagir en pénétrant le monde syndical et en encourageant leurs militants à « s'établir » en usine : pour ces missionnaires de la révolution, il s'agit d'aider les ouvriers à se soulever contre les deux types de « chefs » qui s'appliquent à les subjuguer, à savoir les agents de maîtrise au service du capital et les délégués syndicaux inféodés au révisionnisme. Bien que de telles tentatives se révèlent peu concluantes, la querelle relative à la préséance entre l'aliénation par le travail et l'exploitation des travailleurs va, quant à elle, subsister à leur abandon : ainsi, tout au long des années 1970, c'est bien elle qui structure l'opposition entre les partisans de l'autogestion ouvrière des entreprises et les défenseurs de l'administration étatique du socialisme [Mallet, 1970 ; Rosanvallon et Viveret ; 1977 ; Mouriaux *et al.*, 1992 ; Georgi, 2000].

Le second effet de retour des événements de Mai sur la critique de l'aliénation consiste en une extension de son champ d'application. Plus précisément, l'attention prioritaire recueillie par les procédures de sujétion va bientôt déborder des seuls rapports de classe pour s'étendre aux autres types de subordination sur lesquels repose la reconduction de l'ordre social : soumission des femmes aux hommes, emprise des parents sur leurs enfants, autorité de l'État sur ses administrés, contrôle des institutions sur leurs usagers, marginalisation des minorités culturelles, ethniques et sexuelles, etc. Si certaines de ces problématiques faisaient déjà partie des motifs d'indignation de la gauche, ce n'est pourtant qu'à partir de 1968 qu'elles vont réellement s'émanciper, sinon de la lutte des classes du moins de la tutelle des rapports de production. Ainsi l'affectation des deux sexes à des rôles et des dispositions distincts cesse d'être exclusivement conçue comme le moyen de reproduire l'inégalité des salaires et l'inéquitable répartition des tâches domestiques : désormais, il s'agit plutôt d'envisager la surexploitation du travail féminin comme une conséquence des contraintes et des incitations qui attachent les femmes à leur condition subalterne. D'une manière générale, la contestation foisonnante de Mai 68 va exposer la notion de subjectivité aliénée à une multiplicité de perspectives critiques : outre les traits distinctifs sur lesquels s'appuient les mécanismes de subordination — classe, sexe, âge, race, etc. — seront explorés les domaines d'activité où l'aliénation s'opère — le travail, mais aussi l'éducation, la sexualité, le langage, etc. —, les opérations dont elle procède — la division des communautés, la hiérarchisation des différences, l'homogénéisation des singularités, etc. — et les modalités de son actualisation — de la violence physique aux techniques d'endoctrinement et de stimulation psychique.

LE SOUCI D'AUTONOMIE

Lorsqu'elle émerge des événements de Mai, la notion d'aliénation ne décrit rien moins que la condition qui dispose les individus à se reconnaître dans l'ensemble des prestations, des privations et des soumissions auxquelles ils sont pressés de consentir. Or, en imputant à un égarement la disposition des hommes et des femmes à se laisser subjuguer, les propagateurs de la contestation soixante-huitarde sont logiquement conduits à considérer que se dérober à la sujétion reviendrait à renouer avec un état authentique de la subjectivité. Bien qu'une telle perspective ait brièvement connu un certain succès, notamment parmi les lecteurs les plus enthousiastes d'Herbert Marcuse, l'invocation d'une constitution naturelle de l'humanité ne tardera pas à paraître trop « rousseauiste » pour convenir à l'inventivité célébrée par les révoltés des barricades [Marcuse, 1968, 1969]. Dans leur majorité, ceux-ci se sont en effet gardés de tremper leur dénonciation du conformisme dans une quelconque nostalgie : plutôt que de redécouvrir une authenticité trahie, ils se sont préoccupés d'inventer des formes de subjectivité inédites, c'est-à-dire de forger des nouveaux rapports à eux-mêmes et aux autres. C'est donc au peu d'attrait que leur ont inspiré les références à la nature, à l'origine ou à l'authenticité — voire à la défiance qu'ont pu éveiller des termes tels que dénaturation, déclin ou dégénérescence — qu'il appartient d'avoir précipité la dissociation entre les notions d'assujettissement et d'aliénation.

À mesure qu'ils entérinent ce divorce, les mouvements impulsés par les événements de 1968 vont présider à un remarquable réaménagement des registres de conflictualités. À côté des différends relatifs à la souveraineté des personnes et à la propriété des biens, ils donnent consistance à un troisième ensemble de contestations, essentiellement motivées par la normativité des conduites. De tels litiges ne voient pas des citoyens opposer leurs droits inaliénables à la légitimité dont l'État pare son autorité et ils n'impliquent pas davantage des travailleurs faisant valoir leurs intérêts collectifs à des propriétaires : ils confrontent plutôt ce que Michel Foucault appellera des « gouvernés » aux instituteurs et garants de normes destinées à exclure de la délibération publique — autrement dit, à faire passer pour « normales » — la qualification et la disqualification de certaines manières de se conduire. Souvent imbriqués dans les conflits concrets, ces trois registres de conflictualité se différencient avant tout par les modes opératoires des pouvoirs contestés. Ainsi, les normes qui régissent les conduites trouvent leur efficacité en disparaissant comme telles : plus précisément, elles ne suscitent aucune résistance tant que celles et ceux qui s'y conforment ont l'impression que le comportement qu'ils adoptent ou que le regard porté sur eux est normal — à savoir naturel, évident ou au moins inévitable — plutôt que normé. La normativité s'oppose donc au pouvoir des lois, puisque celles-ci ne fonctionnent qu'en s'exhibant — au point que nul n'est censé les ignorer —, mais elle se distingue aussi de l'emprise des contrats, puisque ceux-ci impliquent la revendication d'un choix personnel dont l'adhésion à la normalité fait précisément l'économie. Réciproquement, le désir d'autonomie qui informe la critique des normes — désir d'élargir le champ d'évaluation et d'expérimentation de sa propre existence — se différencie à la fois de la revendication libérale de liberté, conçue comme la défense d'un patrimoine juridique inviolable, et du souci socialiste d'égalité, réalisée par la restitution aux travailleurs du choix et des fruits de leur activité productive.

UNE RÉVOLUTION SANS PROTOCOLE

Si les légataires présomptifs de 1968 sont unis par la priorité qu'ils donnent à la problématique de l'autonomie, ils vont en revanche se séparer sur la manière de politiser les fins de non recevoir que certains groupes d'individus opposent aux représentations normatives de leur condition. Leurs divergences portent en particulier sur l'articulation qu'il convient d'établir entre les contestations suscitées par les dispositifs de sujétion et les conflits motivés par l'exploitation : ainsi d'aucuns maintiennent qu'en dépit de leur diversité, les révoltes contre les normes ont toutes l'abolition du capitalisme pour horizon ; d'autres estiment au contraire que les exigences d'autonomie et de solidarité sont également légitimes mais structurellement conflictuelles ; enfin, d'autres encore s'interdisent de préjuger de la destination poursuivie par les luttes contre les modes de sujétion et par conséquent renoncent à statuer sur leur convergence stratégique, ou à l'inverse sur leur opposition structurelle, avec le combat contre l'exploitation. Si, trente-cinq ans après 1968, chacune de ces trois approches conserve ses partisans, il est en revanche indéniable que la revendication de l'esprit de Mai s'est d'abord traduite par une injonction à renouveler une pensée que l'on peut appeler « révolutionnaire », au sens où elle demeure habitée par le souci de hâter la disparition du capitalisme.

Or, dans l'immédiat après-68, l'établissement d'un régime de convergence entre les contestations nouvelles et la lutte des classes présente une difficulté considérable. En effet, si l'on admet, comme le marxisme y invite, que la suppression des rapports de production capitalistes exige des prolétaires qu'ils conquièrent le pouvoir d'État, alors il faut bien se résigner à l'existence d'organisations capables d'accomplir une telle conquête : promouvoir la révolution nécessiterait donc de s'accommoder de partis et de syndicats qui demeurent non seulement fondés à instituer une hiérarchie fonctionnelle entre les représentants des travailleurs et ceux qu'ils représentent, mais également habilités à plier les aspirations des seconds aux intérêts que les premiers déclarent prioritaires. Autrement dit, il ne pourrait y avoir de combat efficace contre l'exploitation qui ne reconduise l'assujettissement de celles et de ceux qu'il prétend émanciper, puisque l'efficacité requise pour détruire l'hégémonie de la bourgeoisie impliquerait la constitution d'une nouvelle classe dirigeante investie à la fois du droit de régir la société et du pouvoir d'homogénéiser l'expérience des hommes et des femmes qu'elle dirige.

S'ils sont déterminés à conjurer le sort bureaucratique qui semble promis aux révolutions « sérieuses », les dépositaires de la promesse révolutionnaire de 68 n'entendent pas moins repousser les accusations de frivolité généralement portées contre les révoltes joyeuses — accusations telles que celles de faire le jeu de l'adversaire de classe ou de détourner le prolétariat de ses objectifs prioritaires. Aussi vont-ils reprendre à leur compte la phobie de la délégation manifestée par les acteurs de Mai — c'est-à-dire leur double refus d'être commandé par quiconque et d'être assigné à une identité fixe — mais non sans s'employer à montrer que malgré l'hétérogénéité qui les caractérise, les résistances aux procédures de sujétion n'ont pas besoin d'être sélectionnées et disciplinées par des instances représentatives pour nouer une alliance harmonieuse avec le combat contre l'exploitation. Autrement dit, il s'agit de proclamer que, livrées à leurs propres pentes, les causes des femmes, des minorités, des travailleurs et des « damnés de la Terre » tendent toutes vers un même horizon révolutionnaire. Ce pari sur la sympathie objective entre les manifestations d'autonomie et le combat pour l'émancipation donne bientôt naissance à deux types de discours substantiellement très différents, mais qui ont en commun d'associer la dynamique de la révolution à la résistance qu'un affect élémentaire oppose aux représentations préposées à son étouffement.

Initialement formulé par Gilles Deleuze et Félix Guattari, le premier de ces deux discours postule l'existence d'une propension à la création qui réside en chacun sans appartenir à personne et qui constitue le principe moteur de toute production [Deleuze et Guattari, 1972]. Toutefois, parmi les actualisations de cette puissance créatrice, les auteurs de *L'Anti-Œdipe* distinguent des inventions d'un genre particulier dont le dessein consiste à capturer et à contrôler la créativité disséminée dans l'espace social. Afin d'accomplir leur œuvre, Deleuze et Guattari expliquent que ces dispositifs d'absorption de l'inventivité collective produisent des représentations destinées à les faire admettre comme des « créanciers » aux comptes desquels toutes les manifestations de la propension créatrice doivent être créditées : ainsi la famille œdipienne se targuerait de prêter leurs désirs à ses membres, l'État bourgeois de concéder leurs libertés à ses administrés et le capital de créer la richesse en s'investissant. Pour autant qu'elles s'avèrent efficaces, de telles représentations ont donc pour effet d'amener les hommes et les femmes qu'elles informent à se reconnaître comme les débiteurs d'une créativité dont ils sont pourtant les agents. Bien plus, cette reconnaissance de dette les conduit aussitôt à trouver leur intérêt dans la soumission de leur activité créatrice aux conditions de prêt fixées par les créanciers : ils s'efforceront donc tantôt de plier leurs conduites aux interdits dont la famille exige le respect pour permettre à ses membres de désirer « normalement », tantôt de réprimer tout acte susceptible d'attenter à la souveraineté de l'État — c'est-à-dire d'empêcher celui-ci de leur offrir la jouissance de leurs libertés — et tantôt de censurer celles de leurs initiatives que le capital n'est pas en mesure de valoriser. Définie de la sorte, force est de constater que l'exploitation capitaliste suscite des luttes qui ne diffèrent pas essentiellement des combats livrés aux autres dispositifs de captation de la créativité : au même titre que les résistances opposées aux machinations de la famille et de l'État, l'émancipation des travailleurs participerait d'un mouvement général de désendettement des processus créatifs ; soit un mouvement auquel Deleuze et Guattari accolent le qualificatif de « révolutionnaire ».

Le second discours destiné à concilier la lutte contre l'exploitation capitaliste et les revendications d'autonomie issues de Mai rassemble des auteurs qui, tels Jacques Rancière ou Alain Badiou, ont en commun d'avoir élaboré la première mouture de leur discours au milieu des années 1970, alors qu'ils étaient encore des militants maoïstes [Rancière, 1974 ; Badiou et Balmès, 1976]. À leurs yeux, l'Histoire est mue par un combat entre deux affects : à la soif d'égalité qui anime les masses populaires — soif qui s'exprime par une aversion aussi implacable pour la propriété privée que pour l'État, de sorte que seul l'avènement du communisme est en mesure de l'étancher — s'oppose la détermination des classes dominantes à conjurer l'aspiration égalitaire de ceux qu'elles exploitent et oppriment. Pratiquement, cette conjuration se traduit sans doute par une répression brutale mais aussi par le déploiement d'appareils idéologiques — institutions familiales, religieuses, scolaires... — dont l'intégration est assurée par l'État et qui s'occupent de produire des représentations capables de déjouer le désir d'égalité. Ainsi de telles représentations s'efforceront-elles tantôt de justifier l'inégalité, en l'appuyant sur des présupposés métaphysiques ou au contraire en la réduisant à une simple nécessité pratique, et tantôt de dénier son existence, en la faisant passer pour une simple différence ou en la présentant comme la conséquence d'une égalité plus profonde : à ces quatre flexions du fonctionnement de l'idéologie, correspondent notamment — et respectivement — l'onction, divine ou populaire, qui légitime la souveraineté de l'État, la rationalité qui préside à l'organisation hiérarchique du travail et de la transmission du savoir, le dessein naturel qui détermine la répartition sexuée des tâches et l'égalité tant juridique que morale qui justifie le mode de production capitaliste. Soumise à ces multiples entreprises de dévoiement, l'aspiration égalitaire des masses riposte en investissant les formes conçues pour perpétuer le consentement des dominés à l'inégalité. Plus précisément, les mouvements révolutionnaires s'emparent des représentations qui s'attachent à conjurer l'avènement de l'égalité en sorte de les retourner contre elles-mêmes, c'est-à-dire de leur faire figurer l'antagonisme irréconciliable qu'elles ont précisément pour fonction de masquer. Par conséquent, loin de constituer une diversion « petite-bourgeoise » ou un combat périphérique, l'exposition corrosive que les contestations « soixante-huitardes » infligent aux modes de légitimation de l'autorité, aux formes de rationalisation des hiérarchies et aux tentatives de naturalisation des discriminations ne participent pas moins de la lutte du peuple pour l'égalité que la critique prolétarienne de la démocratie bourgeoise.

Des luttes sans fin

La seconde moitié des années 1970 s'avère particulièrement ruineuse pour les espoirs investis dans le militantisme révolutionnaire : tandis que le discrédit qui frappait déjà le socialisme soviétique s'étend bientôt aux régimes issus des guerres de libération nationale et à la révolution culturelle chinoise, pour leur part, les gauchismes occidentaux s'étiolent ou sombrent dans le terrorisme. Or, même s'il n'est pas indispensable de pouvoir brandir un modèle exemplaire d'insurrection pour continuer à croire en une rupture définitive avec le capitalisme, force est néanmoins d'admettre que l'accumulation des déceptions s'avère peu propice à l'entretien de la flamme militante. En France, cette atmosphère de désenchantement se manifeste d'une part sur la scène médiatique, où l'abjuration de la foi révolutionnaire par d'encore jeunes ex-gauchistes — et dans une moindre mesure par d'anciens communistes — constitue un spectacle particulièrement prisé, et d'autre part dans le champ de la politique professionnelle, où la concomitance entre un scepticisme croissant à l'égard du désir d'une révolution socialiste et la probabilité non moins croissante d'un succès électoral de l'union de la gauche incitent nombre d'intellectuels progressistes à se rapprocher des cercles susceptibles de bientôt parvenir au pouvoir. Ce contexte de recomposition stratégique ne se traduit pas encore par une allégeance inconditionnelle aux pratiques et aux institutions qui définissent les démocraties occidentales. Plutôt qu'une répudiation de toute critique radicale — caractéristique de la décennie suivante —, ce qui distingue la fin des années 1970 relève d'une désaffection de l'horizon révolutionnaire où les militants de l'immédiat après-Mai rêvaient de voir converger toutes les révoltes. Une pareille évolution ne signifie aucunement que l'esprit de Mai cesse de souffler : toutefois, ce qu'il évoque désormais consiste moins en une promesse de conciliation entre les résistances aux modes d'assujettissement et le combat contre l'exploitation qu'en une invitation à préserver la singularité de chaque contestation. Autrement dit, la deuxième manière de poursuivre l'élan de 1968 implique non seulement une promotion des luttes pour l'autonomie, mais également un appel à respecter l'autonomie des luttes.

Les auteurs qui vont s'appuyer sur ce nouveau rapport aux événements de 1968 prêtent à ceux-ci d'avoir promu un type d'activisme aussi étranger à la perspective d'une prise de pouvoir qu'à l'ambition de collaborer avec la classe politique en place. Sans doute les héritiers de la promesse révolutionnaire de Mai 68 témoignent-ils déjà d'une profonde défiance à l'égard du stade « socialiste » de la révolution. Il reste qu'au moment où ils formulent les premières versions de leurs discours, tant les promoteurs de la libération des propensions créatrices que les partisans de l'assouvissement des aspirations égalitaires demeurent fidèles à l'horizon révolutionnaire du combat politique. Les uns et les autres s'accordent en effet pour penser que les mouvements impulsés par leur affect de prédilection et les représentations destinées à les conjurer dessinent deux fronts solidaires dont l'antagonisme a pour enjeu ultime la suppression de l'État — conçu comme le pôle d'intégration des représentations captatrices de créativité ou reproductrices de l'inégalité. En revanche, la deuxième série de légataires de Mai sait gré aux événements de 1968 d'avoir favorisé l'apparition d'un climat intellectuel où, sans rien céder à un réformisme respectueux des institutions existantes, les luttes politiques peuvent être envisagées indépendamment d'une téléologie révolutionnaire.

Parmi les discours correspondant à cette inflexion de la pensée critique, il en est un qui se réclame avant tout de la lucidité. Pour Pierre Bourdieu, en effet, si l'éventualité d'une disparition de toutes les formes de domination ne peut constituer l'horizon à partir duquel les conflits doivent être pensés, c'est avant tout parce qu'elle est hautement improbable. Bourdieu attribue l'improbabilité d'une coalescence révolutionnaire des griefs à deux raisons principales. En premier lieu, il insiste sur ce qu'il nomme la « division du travail de domination » entre une pluralité de champs — champs politique au sens strict, économique, juridique, médical, journalistique, scolaire, etc. [Bourdieu, 1997]. Ces divers secteurs, qui participent sans doute d'une même entreprise de reproduction de l'ordre social, s'avèrent néanmoins de plus en plus autonomes dans la mesure où les différents types de capitaux qu'ils mettent en circulation — capitaux financier, culturel, social, symbolique, etc. — ne répondent pas aux mêmes critères d'acquisition et de valorisation [Bourdieu, 1982]. En conséquence, le sentiment de solidarité que le souci de perpétuer leur domination inspire aux dominants de chaque champ se voit partiellement compensé par la compétition que se livrent les élites sectorielles pour assurer la suprématie de la distinction particulière que confère le capital qu'elles possèdent. Or, les mêmes raisons qui permettent aux dépossédés de tirer parti des divisions entre possesseurs de capitaux tendent également à diversifier leurs propres intérêts et par conséquent à entraver leur solidarité. En second lieu, Pierre Bourdieu laisse également entendre que l'improbabilité d'une mobilisation unitaire et révolutionnaire des dominés procède de l'ambivalence affective qui préside à leurs révoltes. Celles-ci lui paraissent menées par des hommes et des femmes qui ont déjà incorporé les attentes et les résignations conformes à un régime de distribution inégale des ressources, mais qui se voient soudain privés des compensations que leurs efforts et leurs renoncements les autorisaient à escompter [Bourdieu, 1984, 1998]. Or, des rebellions suscitées par la dépréciation d'un exercice de soumission à l'ordre social entretiennent nécessairement une relation équivoque avec ce qu'elles contestent : celles et ceux qu'elles mobilisent sont en effet partagés entre un élan qui les pousse à dénoncer les épreuves auxquelles ils se sont pliés en vain et un compréhensible dépit qui les incline à réclamer la réévaluation du prix de leur sujétion. Bref, qu'il s'agisse de conflits d'intérêts entre les mouvements sociaux ou de la tension interne dont chacun d'eux est affecté, les diagnostics que risque Pierre Bourdieu ne permettent guère de prophétiser la coalition des dominés que le sociologue souhaiterait pourtant appeler de ses vœux : ils indiquent plutôt que la complication croissante de l'espace social a pour double effet de multiplier les angles de lutte et en même temps de faire obstacle à leur intégration.

Non content de tenir pour improbable que les états de domination qui structurent les champs sociaux soient un jour définitivement supprimés, Michel Foucault définit une perspective où s'interroger sur une pareille éventualité n'a plus guère de sens. Le discours qu'il développe, dès le milieu des années 1970, traduit donc moins un scepticisme de fait qu'un divorce de principe avec l'idée d'un horizon révolutionnaire commun aux mouvements d'émancipation et de libération. En guise de rupture, il élabore une manière d'interroger la politique où les questions de savoir qui détient le pouvoir et à qui il profite sont subordonnées au souci de comprendre comment il s'exerce [Foucault, 1994]. L'auteur de *Surveiller et Punir* porte en effet son attention sur ce qu'il appelle les « relations de pouvoir » et qu'il définit comme l'ensemble des jeux stratégiques visant à agir sur les actions des autres, à diriger et à modifier leurs conduites, à structurer leur champ d'actions possibles [Foucault, 1975, 1976]. Bien que de telles techniques soient extrêmement diverses, il est néanmoins possible de leur attribuer les caractères suivants. Premièrement, loin de s'exercer exclusivement entre le sommet et la base de la société, les relations de pouvoir sont coextensives à l'espace social. Sans doute les agents de la puissance publique et les détenteurs de capital comptent-ils parmi leurs utilisateurs privilégiés. Il reste que des techniques destinées à infléchir les conduites des autres ne sont pas moins convoquées par l'amour, l'amitié ou la pédagogie que par la vie politique et l'organisation du travail. Aussi ne se confondent-elles pas plus avec un attribut des appareils privatifs de liberté qu'avec un instrument de perpétuation des inégalités. Deuxièmement, le pouvoir conçu de la sorte n'a aucune vocation à disparaître : il est en effet peu envisageable d'en finir avec les efforts que font les hommes pour influencer leurs semblables, que ce soit à la faveur d'une libération conduisant à l'abolition de l'État ou d'une émancipation qui mettrait un terme à l'hégémonie des classes dominantes. Enfin, troisièmement, les relations de pouvoir ont beau représenter une dimension irréductible de la vie sociale, elles ne sont pas moins amenées à rencontrer des résistances. Bien plus, Michel Foucault rappelle que le pouvoir s'exerce sur des êtres libres de ne pas se laisser gouverner, de sorte qu'il n'a en réalité d'autre objet que de prévenir ou de plier des résistances. Réciproquement, celles-ci peuvent sans doute être conjurées ou brisées, mais elles peuvent aussi anticiper les manœuvres qui les visent, ou encore les contrer et, ce faisant, renverser la situation à leur avantage.

Examinant de plus près l'anatomie des résistances, Michel Foucault se garde bien de rapporter leur émergence et leurs succès éventuels à la force indomptable d'une liberté « sauvage », issue d'un en deçà du pouvoir, ou aux progrès d'une aspiration à établir le règne de l'égalité, situé dans un au-delà du pouvoir. Le seul affect commun qu'il attribue à ceux et celles qui résistent relève de l'« intolérance », mais d'une intolérance suscitée par un mode de gouvernement particulier ; autrement dit, ce qui pousse à résister n'est pas tant une allergie au pouvoir en général qu'une volonté ponctuelle de ne pas être gouverné *ainsi* [Foucault, 1978]. Selon Michel Foucault, il existe en effet plusieurs raisons de trouver que des relations de pouvoir sont intolérables : ce peut être parce qu'elles interdisent l'accès à certains statuts ou dénient la jouissance de certains droits, mais aussi parce qu'elles ont pour résultat d'extorquer du travail et de confisquer son produit, ou encore parce qu'elles somment les individus de se reconnaître dans des identités qui appauvrissent leur expérience et les exposent à une « inquisition administrative ou scientifique » [Foucault, 1994, p. 227]. Afin que ces « intolérances » se cristallisent en véritables résistances, il faut alors que ceux ou celles qui les éprouvent parviennent à inventer des manières particulières de se gouverner pour ne pas l'être, c'est-à-dire à se doter d'une subjectivité capable d'échapper au mode d'assujettissement estimé intolérable. Or, dans la mesure où il ne leur assigne pas de source ou de fin commune et extérieure aux relations de pouvoir, Michel Foucault soutient que les formes d'autonomie auxquelles correspondent ces inventions ne sont pas moins singulières que les techniques de gouvernement qu'elles s'emploient à déjouer. Entre les différentes manières de se construire par soustraction à un régime de pouvoir, les relations seront donc variables et peu prévisibles : d'une part, la diversité des motivations et la contingence des modes de construction dont sont issues les résistances ne permettent guère de préjuger de leur solidarité ou de leurs litiges ; d'autre part, une résistance est un jeu stratégique de même nature que le rapport de pouvoir auquel elle tente d'échapper, de sorte que son éventuelle victoire est porteuse de nouvelles techniques de gouvernement qui peuvent à leur tour s'avérer intolérables. Bref, c'est bien en raison de l'inextricable intimité des relations entre résistance et pouvoir que Michel Foucault appelle à penser le second en termes de danger permanent et générateur de « batailles perpétuelles », plutôt que sous la figure du mal à abolir à l'issue d'une « lutte finale ».

Une société sans représentants

Les deux premières familles de pensées qui revendiquent l'héritage de 68 se distinguent respectivement par leur détermination à préserver la révolution du sort bureaucratique promis à tous les socialismes d'État et par le souci de protéger la spécificité des résistances des contraintes qu'impose leur inscription dans un destin révolutionnaire commun. L'irruption des luttes suscitées par le pouvoir normatif, et plus encore l'aptitude de leurs promoteurs à en souligner la spécificité sont donc parvenues à mettre en cause la primauté que toutes les sensibilités de gauche accordaient jusque-là aux intérêts et aux classes qui en retirent leur conscience. Mais pour autant, la critique des normes n'a pas postulé à la succession du socialisme. Plus généralement, si les quêtes d'autonomie nourries par 1968 se sont bien ajoutées aux résistances « libérales » à la raison d'État et aux luttes « socialistes » contre la captation du travail, elles n'ont jamais prétendu se substituer à elles : leur essor correspond plutôt à une brève période où, pour être entendues, les contestations ne devaient déjà plus faire la preuve de leur conformité aux objectifs prioritaires du prolétariat mais où elles n'étaient pas encore tenues de montrer leur respect inconditionnel envers des principes et des institutions réputés garants de la liberté de contester. Pour rendre compte de la brièveté de ce moment, il faut alors s'intéresser au retour du droit qui va y mettre fin.

Dans la seconde moitié des années 1970, les droits de l'homme font l'objet d'une exaltation croissante. Entamé avec la traduction de *L'Archipel du goulag*, le renouveau de leur prestige ne cesse ensuite de s'affirmer, d'une part grâce aux accords d'Helsinki — dont les dissidents de l'Est tirent parti pour faire entendre leur voix — et d'autre part avec l'accumulation des révélations sur le maoïsme « réel » et la découverte de la folie meurtrière des Khmers rouges. À mesure que le bilan des bureaucraties socialistes s'alourdit, les refondateurs d'une gauche démocratique ont beau jeu de récuser les critiques qui se bornent à fustiger le « révisionnisme », c'est-à-dire à pointer les dévoiements tragiques et répétés d'une doctrine sans reproche. Pour leur part, ils s'emploient plutôt à montrer que les crimes des régimes se réclamant du communisme procèdent précisément du mépris que le marxisme n'a cessé d'afficher à l'égard de ce qu'il considère comme le formalisme juridique de l'idéologie bourgeoise. Or, à la différence des contestataires de la normativité, les nouveaux champions des droits de l'homme ne se contentent pas de mettre en cause le privilège des rapports d'intérêts : en faisant du combat « antitotalitaire » leur perspective prioritaire, ils n'hésitent pas à se poser en repreneurs exclusifs de la pensée critique.

Pour les auteurs qui se proposent de dresser le procès du totalitarisme sans cesser d'appartenir à la gauche, voire en se présentant comme la relève des sensibilités de gauche compromises avec la notion marxiste de révolution, trois types de discours doivent être impérativement évités. Premièrement, il leur faut rompre avec les demi-mesures de ceux qui, tout en condamnant la dérive bureaucratique et policière des régimes de dictature du prolétariat, ne leur reprochent au fond que la brutalité des moyens qu'ils mettent en œuvre pour parvenir au socialisme. Deuxièmement, la détermination à ne pas transiger sur la nature totalitaire des partis léninistes et des « démocraties populaires » ne peut déboucher sur une simple conversion à la « défense du monde libre » — soit à une pure célébration du libéralisme économique et politique — sauf à substituer le désir de quitter la gauche à l'ambition de la réformer. Enfin, troisièmement, une pensée antitotalitaire aspirant à demeurer politique doit encore se séparer du romantisme, médiatiquement porteur mais promis à un essoufflement rapide, de ceux qui ne voient dans le totalitarisme que l'actualisation la plus parfaite du pouvoir d'État ; autrement dit, il s'agit de récuser la notion d'une puissance publique toujours vouée à l'écrasement de la liberté privée et sévissant aussi, bien que sous une forme atténuée, dans les sociétés démocratiques.

Afin de répondre à cette triple exigence — intransigeance à l'égard du progressisme, fidélité à la gauche, refus de la posture complaisante et dépolitisée du rebelle solitaire face au monstre froid — les promoteurs du discours antitotalitaire vont invoquer une opposition fondamentale entre les deux types d'États qu'ils définissent comme modernes, c'est-à-dire fondés sur la souveraineté du peuple. D'un côté, écrit à ce propos Claude Lefort, les États totalitaires se caractérisent moins par la dictature qu'ils imposent que par le projet dont celle-ci s'autorise [Lefort, 1979, 1981] : loin que l'oppression qu'ils exercent puisse se ramener à une rémanence du vieux despotisme, soit à un régime fondé sur la distance infranchissable entre la caste dirigeante et ses administrés, le péril propre au totalitarisme réside non seulement dans sa vocation à représenter adéquatement le peuple, mais encore dans sa prétention de lui faire éprouver son unité et son authenticité. De l'autre côté, les États démocratiques ne demeurent tels que dans la mesure où les sociétés qu'ils régissent disposent des moyens nécessaires pour empêcher leurs mandataires politiques de s'instituer en représentants autorisés de leur expérience. Autrement dit, les démocraties se distinguent par l'institution d'une société proprement irreprésentable, même si elle se compose des mêmes individus que le peuple souverain qui élit ses représentants dans les assemblées ou à la tête de l'exécutif. Cette société, dite « civile », au sens où aucune autorité politique n'est fondée à s'exercer en son nom, ne se définit que par les droits dont ses membres peuvent se prévaloir face à un État simultanément requis de les garantir et de se reconnaître contraints par eux. Au-delà de la protection qu'ils offrent aux individus, les droits de l'homme se voient donc préposés au maintien d'une division ineffaçable, mais également d'une articulation nécessaire entre la société et l'État : leur fonction sociale est à la fois d'empêcher le second de s'identifier à la première et de le contraindre à la prémunir contre sa propre fragmentation en communautés et corporations exclusives. Mais s'ils protègent bien la société civile des tentatives de représentation et de décomposition dont elle est l'objet, les droits de l'homme autorisent aussi les membres de la société — individuels et collectifs — à se constituer en plaideurs habilités à défendre leurs prérogatives et même à réclamer leur extension : ainsi serait-ce au nom de leurs droits fondamentaux et inaliénables que d'aucuns pourraient s'insurger contre les normes biaisées qui soumettent leurs conduites à des discriminations et que d'autres pourraient dénoncer les contrats iniques qui lèsent leurs intérêts.

Force est alors de constater que dans sa formulation initiale, l'antitotalitarisme de gauche se propose bien moins de rendre les armes de la raison au libéralisme que d'user de l'irrecevabilité de la critique marxiste des droits de l'homme pour ramener dans le giron d'une démocratie réhabilitée les revendications d'autonomie et les luttes contre l'exploitation. Principalement nourri de méditations sur le socialisme « réel », le discours antitotalitaire fait néanmoins une place considérable aux événements de 1968 : aux yeux de Claude Lefort, mais aussi d'Alain Touraine ou de Pierre Rosanvallon, le printemps des barricades constitue rien moins que la manifestation de la société civile dans son « irreprésentabilité » ; il fournit par conséquent une formidable occasion de ressourcer la démocratie. Pour la troisième famille de légataires des événements de Mai, ceux-ci n'évoquent pas tant une promesse à tenir ou des chantiers à poursuivre qu'une réalité à entériner — l'autonomie de la société civile — en la dotant des formes politiques qui lui conviennent [Lefort, 1981 ; Rosanvallon et Viveret, 1977 ; Touraine, 1968, 1978].

Initialement déterminés à adapter la critique des normes et le refus de l'exploitation aux conditions de conjuration de la menace totalitaire, les inspirateurs de ce qu'on appelle alors la « deuxième gauche » n'eurent jamais l'occasion d'œuvrer à la réalisation pratique d'une telle synthèse. La candidature de François Mitterrand en 1981 et ses conséquences — à savoir la fidélité des socialistes à leur alliance prioritaire avec le PCF, le maintien du programme de nationalisations et la prudence du gouvernement français face aux évolutions en Europe de l'Est — vont en effet écarter les militants antitotalitaires des coulisses du pouvoir, tout au moins jusqu'au changement de cap de 1983. Sans doute leur perspective reçoit-elle un bien meilleur accueil après le départ des ministres communistes, c'est-à-dire lorsque le thème de la « modernisation de la société » se substitue définitivement à celui de la « rupture avec le capitalisme ». Cependant, le travail d'adaptation qui leur est alors demandé, et auquel nombre d'anciens pionniers de la critique du totalitarisme vont effectivement s'atteler, n'a plus du tout pour objet de démontrer la réceptivité des procédures de la démocratie libérale aux revendications les plus radicales — moyennant leur retranscription dans le langage des droits constitutifs de l'autonomie de la société. Bien au contraire, ce qui leur vaut, dès le milieu des années 1980, de s'imposer comme les experts les plus sollicités par les dirigeants socialistes n'est autre que leur faculté de plier leur discours et ses valeurs directrices aux requêtes du « réalisme » et de ses rigueurs. Plus précisément, la raison de leur succès auprès des élites gouvernementales réside dans leur aptitude à porter la

« flexibilité » des conditions d'emploi et la liberté de circulation des capitaux au compte des besoins d'autonomie de la société civile.

DES INDIVIDUS SANS ÉGARDS

C'est au milieu des années 1980 qu'un certain nombre d'auteurs revendiquant un ancrage à gauche commencent à aborder l'héritage de Mai comme un obstacle à lever. Bien que mâtinée d'une certaine nostalgie, leur hostilité est sans rapport avec le ressentiment des cadres du PCF. À l'instar des guides intellectuels de la « deuxième gauche » — avec lesquels ils vont longtemps collaborer, notamment au sein de la Fondation Saint-Simon et dans les pages des revues *Esprit* et *Le Débat* —, les nouveaux critiques des sensibilités issues de 1968 se situent clairement dans le camp d'une « modernité » dont la gestion étatique de l'économie est exclue. Cependant, tout en se réjouissant du discrédit définitif où les différentes formes de dictatures du prolétariat leur semblent tombées, ils estiment qu'il n'y a rien de bon à attendre des replis communautaires et de l'individualisme exacerbé qui, sous l'appellation gratifiante de « revendications d'autonomie », viennent pallier la dissipation des espoirs investis dans la construction du socialisme. Aussi attachés aux droits de l'homme et à la séparation du civil et du politique que les champions du combat antitotalitaire, les premiers détracteurs de Mai considèrent néanmoins que le respect de ces fondements incontestables ne suffit pas à protéger les sociétés démocratiques des passions corrosives qu'elles nourrissent en leur sein — et que l'effacement de la menace représentée par le totalitarisme contribue à libérer. Pour saisir la relation que les discours de cette obédience établissent entre la propension de la démocratie à se retourner « contre elle-même » et les événements de Mai, on peut sans doute se tourner vers les essais explicitement consacrés à l'évaluation critique de 68 [Ferry et Renaut, 1985 ; Le Goff, 1998]. De tels ouvrages se révèlent pourtant moins instructifs que les travaux à spectre plus large qui les informent, et en particulier des thèses de Marcel Gauchet sur la dépolitisation des démocraties.

Selon l'auteur de *La Démocratie contre elle-même*, le phénomène essentiel auquel l'analyse des démocraties modernes doit être rapportée consiste en un individualisme sans cesse plus dépolitisé, dans la mesure où la liberté croissante du sujet privé s'accompagne du désintérêt non moins croissant que le citoyen éprouve pour la chose publique. Or, dans cette perspective, il reviendrait paradoxalement à un événement d'allure à la fois « hyperpolitique » et insurrectionnelle, à savoir Mai 68, d'avoir précipité la coïncidence entre la réhabilitation de la démocratie et la dépolitisation de ceux qui la plébiscitent. Plus spécifiquement, les acteurs du printemps des barricades auraient impulsé le basculement des forces vives de la gauche française d'un état de fascination pour l'illusion idéologique vers un sentiment d'irresponsabilité à l'égard de l'intérêt général.

Non contents de renvoyer dos à dos le paternalisme archaïque de la société gaulliste et l'allégeance réclamée par les organisations totalitaires, les mouvements post-soixante-huitards en seraient venus à juger abusives toutes les formes de disciplines exigées par l'action collective, qu'il s'agisse de la délégation volontaire d'autorité ou de la limitation raisonnée des revendications en fonction d'un avenir commun à frayer. Sans doute, admet volontiers Marcel Gauchet, ce rejet des contraintes inhérentes à un authentique engagement s'est-il fait passer pour autre chose qu'un retrait de la politique : ainsi, les premiers légataires de Mai auraient affecté de croire à la convergence révolutionnaire de leurs aspirations hétéroclites et particularistes, tandis que leurs successeurs immédiats se seraient drapés dans la dignité dont peuvent se prévaloir tous ceux qui résistent à une forme de pouvoir. Toutefois, en dépit des postures assumées par les uns et les autres, le cofondateur du *Débat* perçoit les contestations de l'après-Mai comme le déchaînement de ce que François Furet appelle les « passions démocratiques », c'est-à-dire les protestations narcissiques d'individus imbus de leur particularité contre l'austère condition d'administré quelconque auquel les réduit l'État de droit — laquelle condition n'est pourtant que le revers de leur singularité individuelle [Furet, 1992]. Même leur conversion assumée aux droits de l'homme et aux vertus de la démocratie n'aurait pas suffi à enrayer la dépolitisation proprement « égotiste » des héritiers de Mai 68 : car si ceux-ci ont bien fini par troquer leurs fantasmes de révolution et de résistance pour une défroque de citoyens respectueux des procédures de la démocratie, Marcel Gauchet considère néanmoins qu'ils ne leur ont prêté allégeance que pour aussitôt les saturer de plaintes concernant les oppressions, les discriminations et les spoliations dont chacun d'eux s'estime la victime.

Tel que l'envisagent les premiers détracteurs de Mai 68, un pareil oubli de l'intérêt général revêt des formes multiples : hédonisme consumériste maquillé en revendications libertaires, replis corporatistes ou catégoriels sur des avantages acquis, jérémiades féministes et minoritaires concernant tantôt l'occultation d'une inégalité de traitement et tantôt la méconnaissance d'une différence de culture, angélisme des zélateurs des droits de l'homme qui sacrifient la complexité des situations concrètes à l'exaltation gratifiante de leurs principes. Dans tous les cas, les plaideurs se borneraient à réclamer ce qu'ils estiment être leur dû spécifique, à titres d'individus ou de communautés regroupées autour de leurs plaintes ; or, aux yeux de Marcel Gauchet, seule une délibération sur leurs devoirs réciproques favoriserait l'avènement d'une société démocratique suffisamment mûre pour donner à ses membres la conviction qu'ils participent à une entreprise commune, mais sans pour autant les replonger dans l'illusion idéologique qu'une fin déjà déterminée justifie leurs efforts. À la différence de Claude Lefort, l'auteur de *La Démocratie contre elle-même* ne voit donc dans l'autonomie de la société civile qu'une condition nécessaire mais insuffisante au bon fonctionnement de la démocratie : pour que celle-ci conjure les forces centrifuges qui l'agitent, il faudrait encore que les citoyens qui la composent soumettent l'expression de leur incomparable individualité à une véritable ascèse civique.

Celle-ci demeure-t-elle compatible avec une sensibilité de gauche ? Ses partisans, tel Marcel Gauchet lui-même, en sont persuadés : car en rejetant avec une même vigueur les idéologies totalitaires et les complaisances narcissiques qui leur ont succédé, il ne s'agirait en somme que de se donner les moyens de renouer avec la perspective d'un projet collectif.

Tout autre est le second regard critique porté sur l'héritage de 68. Ses promoteurs, Luc Boltanski et Ève Chiappello, écrivent *Le Nouvel Esprit du capitalisme* [1998] à un moment où l'actualité politique et sociale offre de nouvelles opportunités à des pensées moins inconditionnellement attachées aux vertus de la démocratie libérale que celles des champions de la société civile ou des défenseurs de l'intérêt général. La fin des années 1990 voit en effet une remarquable résurgence des contestations dans les trois registres de conflictualité mentionnés plus haut : contestations des normes d'abord, notamment relatives au genre et à la sexualité, mais aussi de la raison d'État, en particulier sur des questions telles que l'immunité des gouvernants et les droits des immigrés, et enfin de la primauté des intérêts marchands, par les réseaux d'associations coalisées contre l'hégémonie néolibérale. À la faveur de cette brève période, un certain nombre de fidèles des audaces de Mai trouvent à la fois un regain d'audience et une occasion de réactualiser leurs perspectives. Toutefois, c'est aussi à ce moment que Luc Boltanski et Ève Chiappello adressent un tout autre message à la gauche radicale renaissante : loin d'appeler celle-ci à reprendre le flambeau de Mai 68, ils s'efforcent de la persuader du rôle considérable que les pensées se réclamant de Mai ont joué dans la constitution d'un « nouvel esprit du capitalisme ».

Initialement, concèdent Luc Boltanski et Ève Chiappello, la grande vague de contestations impulsée par les événements de Mai 68 a bien suscité de profondes inquiétudes dans le milieu des détenteurs de capitaux : en visant davantage la sujétion par le travail que l'exploitation des travailleurs, les critiques du capitalisme ont même exposé celui-ci aux limites de ses propres techniques de conjuration et d'apaisement des tensions sociales. Confrontés au mécontentement persistant de l'après-Mai — avec son lot de grèves intempestives, d'occupations d'usines, voire de sabotages de l'outil de travail — les gardiens de l'ordre marchand ont d'abord tenté de le traduire dans le langage familier des revendications salariales. Toutefois, cette stratégie de traduction des critiques « qualitatives » en termes quantitatifs de rémunération et de sécurité du travail s'est rapidement révélée inapte à la restauration du monde stable et prévisible d'avant 1968. Si le capitalisme est néanmoins parvenu à rétablir son hégémonie, voire à instituer un rapport de forces nettement plus favorable à son expansion que celui qui prévalait au cours des « Trente Glorieuses », les auteurs du *Nouvel esprit du capitalisme* avancent qu'il ne le doit pas seulement à la crise économique de la fin des années 1970, c'est-à-dire à une conjoncture où le refus du travail ne constituait plus une menace aussi angoissante pour les propriétaires de l'appareil de production. Aux yeux de Luc Boltanski et d'Ève Chiappello, le retournement de tendance du début des années 1980 est largement redevable à l'émergence d'une nouvelle forme de traduction du discours contestataire nourri par Mai : au lieu de conjurer les aspirations à un autre mode de vie en réévaluant le prix de la soumission des travailleurs à leur condition présente, il s'agit désormais de montrer que l'autonomie tant désirée par les mouvements post-soixante-huitards ne s'oppose en rien à la valorisation capitaliste.

Selon Luc Boltanski et Ève Chiappello, la critique des normes menée par les premiers légataires de 68 a eu pour effet principal de corroder deux types de liens : d'une part les adhésions aux organisations préposées à la défense des intérêts d'une classe sociale — et plus particulièrement aux partis et syndicats ouvriers — dans la mesure où ces organisations incitent leurs membres à se conduire de manière conforme à l'objectif d'émancipation qu'ils sont censés poursuivre ; d'autre part les formes de piété qui rattachent des individus à une collectivité définie par le sang, le sol, la foi ou la tradition, dans la mesure où l'appartenance à de tels groupes doit être confirmée, ou plus exactement récapitulée, par un ensemble de comportements plus ou moins stéréotypés. Bien que les assauts subis par ces deux modes d'identification aient d'abord été lancés au nom d'une extension du domaine des luttes révolutionnaires, les auteurs du *Nouvel Esprit du capitalisme* soutiennent que les dommages qu'ils ont infligés ont respectivement atteint les capacités de résistance à l'exploitation et les fondements théoriques d'un refus de l'aliénation. Autrement dit, le véritable pouvoir corrosif des critiques de l'après-Mai se serait exercé sur la discipline nécessaire à la mobilisation des exploités en vue d'un but commun et sur les attachements — territoriaux, familiaux, communautaires… — requis pour stigmatiser l'œuvre destructrice du capitalisme.

Les thuriféraires de la liberté d'entreprendre ne se sont pas bornés à tirer passivement parti des corrosions subies par les thématiques traditionnelles de leurs adversaires, qu'il s'agisse de la demande de sécurité, exigée en compensation minimale de l'exploitation, ou de la défense de l'authenticité, opposée à l'extension indéfinie des rapports marchands. Pour Luc Boltanski et Ève Chiappello, la valorisation post-soixante-huitarde de l'autonomie, c'est-à-dire du refus des sujétions justifiées par la promesse d'une destination ou par la garantie d'une appartenance, a véritablement permis de forger un ethos capitaliste inédit. L'articulation majeure de cette éthique empreinte d'aversion pour toutes les bureaucraties n'est autre que la polarité entre une flexibilité toujours admirable et une rigidité nécessairement déplorable. Préférer la mobilité à la stabilité, la disponibilité à la fidélité, le risque à la sûreté, les projets à la carrière, les affinités au respect de la hiérarchie, telles sont en effet les injonctions que les auteurs du *Nouvel Esprit du capitalisme* extraient d'une imposante littérature destinée à former les « managers » de la fin du XXe siècle. Le recyclage de certains mots d'ordre de l'après-Mai aurait donc muni le capitalisme d'une stratégie discursive particulièrement performante : car en drapant dans un éloge de la créativité et du non-conformisme la destruction des compromis sociaux obtenus sous l'égide de l'État providence, les apôtres de la souplesse et du délestage identitaire auraient non seulement pris à revers les critiques les plus radicaux de la vieille normativité bourgeoise, mais également facilité la reconversion professionnelle d'un nombre considérable d'anciens contestataires de 68.

S'ils insistent sur l'efficacité d'une pareille entreprise, Luc Boltanski et Ève Chiappello se gardent bien de la réduire à une opération d'habillage idéologique d'un capitalisme aux ressorts inchangés. Au contraire, ils considèrent que les nouveaux agents du capital sont réellement à la poursuite de l'autonomie et de ses attributs et que la mise en œuvre de cette quête institue une forme originale d'exploitation. Ils avancent en effet que dans le monde capitaliste issu de la crise des années 1970, la puissance n'est plus tant une affaire de propriété ni même de pouvoir décisionnaire, mais avant tout d'une faculté de se connecter. En particulier, il s'agit d'accéder plus vite que les autres à des gisements d'informations, ce qui implique à la fois de disposer des moyens qui permettent d'être toujours mobile, de limiter autant que possible les attaches qui empêchent d'être disponible et de nouer les relations qui promettent d'être fécondes en renseignements. Or, pour atteindre cette forme particulière d'autonomie, les auteurs du *Nouvel Esprit du capitalisme* affirment qu'il est nécessaire d'exploiter une intendance : car celle-ci est à la fois indispensable aux mouvements incessants des puissants et privée des fruits de leurs connexions. Bien plus, Luc Boltanski et Ève Chiappello soutiennent que les gains en autonomie obtenus par les protagonistes du nouveau capitalisme sont la cause directe de la précarité endurée par leurs intendants : menacés par l'infidélité dont les premiers sont capables, puisqu'ils ont la faculté de se « délocaliser » à leur gré, les seconds payeraient d'une mobilité forcée — multiplications des emplois temporaires, nécessité de modifier son lieu de résidence... — la mobilité choisie des premiers. Pour autant que l'on admette la pertinence de cette nouvelle formule de l'exploitation, force est aussitôt de reconnaître que la régénérescence d'une pensée de gauche ne peut guère passer par une reprise de la critique des normes entamée en 68. À rebours des sensibilités de l'après-Mai, le diagnostic rendu par *Le Nouvel Esprit du capitalisme* débouche plutôt sur un appel à réhabiliter les notions de sécurité et d'authenticité, parce que celles-ci représentent la meilleure résistance à la tyrannie de la flexibilité et le plus sûr rempart contre la captation capitaliste de l'espace mondial et du temps de la vie.

Promesse d'une révolution sans guide ni protocole, ébauche d'un champ de batailles politiques réfractaire à tout horizon, affirmation d'une société civile allergique à la représentation, émergence d'un individualisme imbu de son irresponsabilité, ou encore instrument inattendu de la réhabilitation du capitalisme : c'est peu dire que les discours qui s'ingénient à redéfinir la pensée de gauche ne portent pas le même jugement sur l'actualité persistante des événements de 68. Il reste que les uns et les autres s'accordent au moins sur deux points : d'une part pour soutenir que ce qui demeure actuel dans l'héritage de Mai est bien la question de l'assujettissement, elle-même entée sur la tension entre normes et autonomie, d'autre part pour constater l'importance d'une telle problématique dans l'effacement des socialismes tels que les ont définis les diverses « Internationales » d'origine marxiste. S'il ne peut être question de prévoir l'avenir de ces interprétations du legs de 68, on peut en revanche avancer que celles-ci n'ont pas fini de se disputer le sort intellectuel de la gauche française.

RÉFÉRENCES BIBLIOGRAPHIQUES

BADIOU Alain et BALMÈS François (1976), *De l'idéologie*, Maspero, Paris.

BOLTANSKI Luc et CHIAPPELLO Ève (1998), *Le Nouvel Esprit du capitalisme*, Gallimard, Paris.

BOURDIEU Pierre (1982), *Ce que parler veut dire*, Fayard, Paris.

— (1984), *Homo Academicus*, Minuit, Paris.

— (1997), *Méditations pascaliennes*, Seuil, Paris.

— (1998), *Contre-feux*, Seuil, Paris.

DELEUZE Gilles et GUATTARI Félix (1972), *L'Anti-Œdipe. Capitalisme et schizophrénie, I*, Minuit, Paris.

DREYFUS-ARMAND Geneviève et PORTES Jacques (2000), « Les interactions internationales de la guerre du Vietnam et Mai 68 », *in* Geneviève DREYFUS-ARMAND, Robert FRANK, Marie-Françoise LÉVY, Michelle ZANCARINI-FOURNEL (dir.), *Les Années 68. Le temps de la contestation*, Complexe, Bruxelles.

FERRY Luc et RENAUT Alain (1985), *La Pensée 68. Essai sur l'anti-humanisme contemporain*, Gallimard, Paris.

FOUCAULT Michel (1975), *Surveiller et punir. Naissance de la prison*, Gallimard, Paris.

— (1976), *La Volonté de savoir. Histoire de la sexualité*, t. I, Gallimard, Paris.

— (1978), « Qu'est-ce que la critique ? », *in Bulletin de la Société française de philosophie*, Paris.

— (1994), « Le sujet et le pouvoir » [1982], *in Dits et écrits 1954-1988, tome IV*, Gallimard, Paris.

FURET François (1992), « L'utopie démocratique à l'américaine », *Le Débat*, mars-avril, Paris.

— (1999), « 1789-1917 : aller et retour », *Le Débat*, novembre-décembre 1989, repris *in La Révolution française en débat*, Gallimard, Paris.

GAUCHET Marcel (1985), *Le Désenchantement du monde. Une histoire politique de la religion*, Gallimard, Paris.

— (2002), « Pacification démocratique, désertion civique », *Le Débat*, mai-août 1990, repris in *La Démocratie contre elle-même*, Gallimard, Paris.

GEORGI Frank (2000), « « Vivre demain dans nos luttes d'aujourd'hui » : le syndicat, la grève, l'autogestion en France (1968-1988), *in* Geneviève DREYFUS-ARMAND *et al.*, *op. cit.*

GILCHER-HOLTEY Ingrid (1995), « *Die Phantasie an die Macht* ». *Mai 1968 in Frankreich*, Suhrkamp, Francfort.

— (2000), « La contribution des intellectuels de la Nouvelle Gauche à la définition du sens de Mai 68 », *in* Geneviève DREYFUS-ARMAND *et al.*, *op. cit.*

GOTTRAUX Philippe (1997), Socialisme ou Barbarie. *Un engagement politique et intellectuel dans la France de l'après-guerre*, Payot, Lausanne.

LEFORT Claude (1979), *Éléments d'une critique de la bureaucratie*, Gallimard, Paris.

— (1981), *L'Invention démocratique*, Fayard, Paris.

LE GOFF Jean-Pierre (1998), *Mai 68. L'héritage impossible*, La Découverte, Paris.

MALLET Serge (1970), « L'après-Mai 68 : grèves pour le contrôle ouvrier », *Sociologie du travail*, juillet-décembre.

MARCUSE Herbert (1968), *L'Homme unidimensionnel. Essai sur l'idéologie de la société industrielle avancée*, Minuit, Paris.

— (1969), *Vers la libération*, Minuit, Paris.

MOURIAUX René, PERCHERON Annick, PROST Antoine et TARTAKOWSKI Danielle (dir.) (1992), *1968, Exploration du Mai français, I : Terrains* et *II : Acteurs*, L'Harmattan, Paris.

RANCIÈRE Jacques (1974), *La Leçon d'Althusser*, Gallimard, Paris.

RIEFFEL Rémy (1993), *La Tribu des clercs. Les intellectuels sous la Ve République*, Calmann-Lévy, Paris.

ROSANVALLON Pierre et VIVERET Patrick (1977), *Pour une nouvelle culture politique*, Seuil, Paris

ROSS Kristin (2002), *May'68 and its Afterlives*, University of Chicago Press, Chicago ; trad. fr., *Mai 68 et ses vies ultérieures*, Complexe/Monde diplomatique, Paris, 2005.

TOURAINE Alain (1968), *Le Mouvement de Mai ou le communisme utopique*, Seuil, Paris.

— (1978), *La Voix et le Regard*, Seuil, Paris.

TREBITSCH Michel (2000), « Voyages autour de la révolution. Les circulations de la pensée critique de 1956 à 1968 », *in* Geneviève DREYFUS-ARMAND et *al.*, *op. cit.*

V

Les cultures de la gauche

74

Le marxisme au XXe siècle

DANIEL LINDENBERG

Le siècle dernier a vu le marxisme aller du Capitole à la roche Tarpéienne. De religion (« séculière ») d'État, idéologie dominante des avant-gardes dans de nombreux pays, nourrissant les aspirations d'une jeunesse révoltée, inspirant écrivains et artistes, au discrédit, et ce qui est sans doute pire, à l'indifférence, voire à l'oubli. En réalité, il ne faut pas méconnaître l'essentiel, qui est le déclin irrémédiable d'une théorie atteinte à mort par les révoltes ouvrières (Pologne, Hongrie) contre des États « ouvriers » qui justifiaient leur pouvoir absolu par cette même théorie, qui n'en tolérait aucune autre, sauf entre les lignes. Certes, la chute du mur de Berlin n'a pas entraîné *ipso facto* la disparition des communismes et de leurs idéologies. Les choses ne se passent pas aussi mécaniquement. Mais, avec quinze années de recul, on ne reconnaît plus rien du paysage ancien. Dans les partis communistes européens, pour ne prendre que cet exemple, le dernier carré léniniste se rétrécit de jour en jour. Mais pas seulement chez eux, même pour une organisation trotskiste comme la Ligue communiste révolutionnaire (LCR), la question du marxisme n'est plus un tabou. On pourrait aller jusqu'à dire qu'à l'instar de certaines religions, il subsiste plus comme une « orthopraxie » (un système de rites à accomplir) que comme une « orthodoxie » (un ensemble de croyances partagées). Beaucoup d'anciens marxistes-léninistes ou de ci-devant « marxistes-révolutionnaires » ont abandonné, en catimini, ou plus ou moins solennellement, l'idée de révolution violente, et aussi l'organisation militarisée et le centralisme démocratique. Contrairement aux espérances de certains, qui n'étaient fondées, on le constate, que sur l'autosuggestion, la chute des régimes communistes d'Europe n'a nullement remis en selle le « vrai » Karl Marx. Il ne suffisait pas de jeter Lénine, voire Engels, par-dessus bord, pour changer ces faits têtus : pour les peuples du « Nord » de la planète, le naufrage du communisme soviétique est aussi celui de son « grand récit » ; pour ceux du Sud, l'émancipation a pris d'autres couleurs, politico-religieuses par exemple. Privé de sa dimension prophétique par le verdict même du seul tribunal dont il se sentait justiciable (l'Histoire), Marx n'est plus aujourd'hui qu'un économiste, un sociologue, un philosophe parmi d'autres. Ce qui n'est pas rien, bien sûr. Mais quelle peut être aujourd'hui la place du marxisme (un mot inventé par ses adversaires, il faut le rappeler) dans un monde qui ne croit plus au salut par la théorie (sauf dans le cas, parodique, de la *french theory* des campus américains...) quelle qu'elle soit ? Le cycle historique du marxisme, comme Michel Foucault le prévoyait dès 1966, semble bien achevé.

Vie et mort du « marxisme orthodoxe »

Après la mort de Marx (1883), puis celle d'Engels (1895), le terme « marxisme », jusque-là d'usage essentiellement polémique, acquiert un statut officiel dans l'*establishment* socialiste européen. Le « marxisme orthodoxe », défendu par les rédacteurs de la *Neue Zeit*, revue théorique officieuse de la social-démocratie allemande, s'affirme définitivement au tournant du siècle face au « révisionnisme » affirmé de Bernstein. C'est un fait que les sciences sociales se sont bâties en Allemagne, de Werner Sombart à Max Weber, sur un dialogue avec Marx, et même sur une certaine réception critique de ses thèses. On connaît aussi, vers 1900, l'essor du « marxisme légal » en Russie, et la saga du « marxisme théorique » en Italie, telle que Croce, qui en fut un des protagonistes, l'a rapportée. Mais la « théorie » n'est pas l'obsession des chefs pragmatiques de la social-démocratie européenne, encore moins des syndicats auxquels ils sont peu ou prou liés. La seule exception se situe dans l'empire tsariste, ce qui n'est guère surprenant. L'empire tsariste est marqué par la « persistance de l'Ancien Régime », et la modernité y fait difficilement son chemin. Au départ, la social-démocratie y a été traversée de courants révisionnistes ou « économistes », c'est-à-dire préoccupée de réformes et d'améliorations graduelles de la condition ouvrière. Mais, en Russie, l'activité politique est alors par définition clandestine, et l'*intelligentsia* révolutionnaire russe fétichise la « théorie ». Dans l'empire du tsar, les écrits de Marx, d'Engels, de Karl Kautsky sont lus et commentés comme nulle part ailleurs, après ceux de Schelling et de Hegel vers 1830. C'est donc là que résiste à la vague « révisionniste » un marxisme qui continue de penser que la lutte syndicale pour les droits et les réformes ne sont que des leurres. Rosa Luxemburg et Lénine organisent, qui en Pologne « du Congrès » [la partie de la Pologne occupée par la Russie], qui en Russie, des partis centralisés de révolutionnaires professionnels, non contaminés par l'illusion démocratique. Rosa Luxemburg est certes plus « mouvementiste », comme on dirait aujourd'hui, et prône la « grève de masse ». Mais il ne faut pas mythifier sa différence avec Lénine. Elle est certes plus « occidentale » que lui : ses relations personnelles avec Kautsky la servent, son activité est en Allemagne, son livre sur *L'Accumulation du capital* (1913) la consacre comme théoricienne. La guerre mondiale donne leur chance à ces deux marginaux. Alors que le *Kriegsmarxismus* (« marxisme de guerre » des ralliés aux unions sacrées) se déconsidère par ses excès, des reclassements se produisent, favorables à la remontée des idées pacifistes (conférences de Zimmerwald en 1915 et de Kienthal en 1916), et bientôt révolutionnaires.

LE MARXISME DE LA IIIᵉ INTERNATIONALE

Après la prise du pouvoir par les bolcheviks en Russie en novembre 1917, le marxisme devient pour la première fois la doctrine officielle d'un État. Lénine et les siens sont persuadés à la fois d'avoir restauré le marxisme dans sa pureté, en éliminant les scories réformistes et « révisionnistes », et de l'avoir fait passer à un stade supérieur, celui de la vérification pratique, puisque la dictature du prolétariat est désormais, à leurs yeux, une réalité. La théorie de Marx, « toute-puissante parce qu'elle est vraie » (Lénine), occupe une place si stratégique dans le pouvoir absolu de l'État-parti, que l'on a pu parler, à propos de l'Union soviétique et de ses succédanés, d'« idéocratie », pour indiquer que l'on était sorti du cas de figure classique où un État était justifié par une idéologie, pour entrer dans un univers nouveau où une idéologie « avait » un État. Un dogme obligatoire peut difficilement faire l'objet d'un libre examen. Cela explique le destin de la « marxologie » en Union soviétique. Bien partie sous la houlette de savants authentiques comme David Riazanov dans les premières années de la révolution, elle se brisa, en tant que projet scientifique, contre les nécessités de fabriquer de toutes pièces ce que Zinoviev baptise dès 1924, dans le cadre de la lutte pour le pouvoir idéocratique, « marxisme-léninisme ». Le problème n'est plus de savoir « ce que Marx a vraiment dit », et d'amener, comme le faisaient Riazanov et ses collaborateurs, à l'Institut du marxisme, le maximum de manuscrits de Londres ou d'ailleurs, mais de faire coïncider un Marx bolchévisé à la nouvelle orthodoxie. D'où la nécessité d'occulter tout ce qui, dans le corpus marxien ou engelsien, pourrait donner des arguments aux ennemis mortels de l'idéocratie, anarchistes, sociaux-démocrates ou trotskistes. Ainsi la discussion, pourtant prometteuse, sur les esquisses de Marx concernant un possible « mode de production asiatique » est brutalement interrompue en 1931, car l'évocation d'un « despotisme oriental » où l'État est l'unique propriétaire de la terre et des moyens de production pourrait évoquer des réalités très contemporaines à des esprits « mal tournés ». Les théoriciens du bolchevisme élaborent un système complet, destiné à l'enseignement, à la formation des cadres, ceux de l'État « prolétarien » (l'« Église triomphante », comme diraient les théologiens chrétiens) aussi bien que ceux de l'Internationale communiste (L'« Église militante »). Il y a le « matérialisme historique » (*histmat* dans le jargon soviétique, friand d'acronymes) qui correspond au champ des sciences sociales et le « matérialisme dialectique » (*diamat*) qui occupe le champ de la philosophie. Tout cela prend une allure scolastique, inconnue bien entendu de Marx, où l'on retrouve l'esprit spinoziste de Plékhanov, plutôt que le style un peu autodidacte d'Engels ou de Kautsky. Il reste de nombreuses questions non résolues : le *diamat* est-il une méthode, ou s'applique-t-il réellement au monde sensible, au Cosmos, ou en d'autres termes est-ce qu'il y a une « dialectique de la nature » ? De même convient-il de se rattacher au matérialisme des Lumières ou au romantisme, à l'idéal scientifique galiléen ou à celui de Goethe et de Hegel ? Quel peut-être le statut de la psychanalyse ? Pendant ce temps les derniers Mohicans du « marxisme de la IIe Internationale », bousculés sur leur gauche, mais aussi sur leur droite (Henri de Man, Marcel Déat et leur néorévisionnisme « éthique » ou « organisateur » ne les ménagent pas), ne se faisaient pas faute de souligner le caractère « antimarxiste », « blanquiste » et terroriste de l'expérience soviétique (Karl Kautsky [1922] reprend certains arguments déjà avancés par Léon Blum à Tours en 1920). La publication du livre d'Henri de Man, *Au-delà du marxisme* (le titre allemand était *Zur Psychologie des Sozialismus*), précipite la fin du « marxisme de la IIe Internationale ». La somme de Karl Kautsky, *La Conception matérialiste de l'histoire* (1929), n'est remarquée que par les communistes qui s'en gaussent. Seul l'« austro-marxisme » des militants de la social-démocratie autrichienne, comme son nom l'indique, a une réelle fécondité théorique (liée aux impressionnantes réalisations sociales, éducatives, culturelles, urbanistiques de « Vienne-la-Rouge »). Les livres d'Otto Bauer, de Karl Renner, de Max Adler sont traduits dans toutes les langues. En France, une génération d'étudiants, lecteurs comme Léon Blum des écrits austromarxistes, illustre à la même date la tradition du « socialisme universitaire » des Herr et des Andler. Ce fut la dernière. Lévi-Strauss (dont le diplôme d'études supérieures portait sur le matérialisme historique et qui publia ses premiers comptes rendus dans *La Nouvelle Revue socialiste* de Jean Longuet et Louis-Oscar Frossard) rompt avec le socialisme marxiste en 1934 et part pour le Brésil. L'Allemagne des sociologues-philosophes sera le Brésil du jeune Raymond Aron. Désormais, c'est le trotskisme ou le planisme à la De Man, ou bien encore le révisionnisme à résonances saint-simoniennes de Marcel Déat, qui attirent les jeunes pousses du socialisme. Sans compter la tentation communiste. Il y a bien longtemps, lorsque le Front populaire entre en scène, que Moscou se prépare à recueillir l'héritage, au nom d'un marxisme qui n'a que peu de choses à voir avec celui des Kautsky et des Guesde.

Mais le marxisme soviétique, s'il a connu la tentation de la table rase, a très vite compris le parti qu'il pouvait tirer de la « destruction de la raison » et de tout l'héritage culturel « progressiste » entreprise par les fascismes. Mussolini et surtout Hitler veulent-ils revenir en deçà de 1789, voire de l'universalisme évangélique ? Les communistes européens, après le tournant frontiste de 1935, puis dans la Résistance, se posent en héritiers des Lumières, de la révolution scientifique (c'est le sens du célèbre discours en Sorbonne de Maurice Thorez sur Descartes de 1937), enfin « tendent la main » aux croyants. Leurs nouveaux auteurs de prédilection sont Diderot, La Mettrie, Dom Deschamps, Beaumarchais, mais ils n'oublient pas Jeanne d'Arc dans ce nouveau panthéon. L'extrême gauche n'est pas en reste. L'historien « intellectuel organique » de l'École émancipée, Maurice Dommanget, exhume le curé Meslier, « athée, matérialiste et révolutionnaire sous Louis XIV ». Le marxisme n'est plus seulement l'« héritier de la philosophie classique allemande » (Engels, Kautsky), il l'est aussi des « philosophes » français. L'écrivain de gauche, ou simplement dissident (Hugo, Maupassant, Zola) est sacralisé par le « parti de la classe ouvrière » et massivement édité dans les pays du socialisme réel.

Le triomphe de l'Armée rouge sur l'hydre nazie rejaillit sur l'image de l'URSS et multiplie les raisons, dans presque toutes les couches de la société occidentale, d'adhérer à son idéologie. En dehors des ouvriers, des paysans et des enseignants communistes, bastions traditionnels, on voit des grands patrons et des technocrates fascinés par la rationalité du Plan, des intellectuels et des artistes séduits par une société anti-utilitariste, des chrétiens sensibles au refus de l'individualisme, verser dans une soviétophilie qui impose naturellement l'idée, plus tard thématisée par Sartre, du marxisme comme horizon indépassable de l'époque. Après la victoire de l'URSS contre l'Allemagne nazie, le prestige du marxisme soviétique est au plus haut. Pour la première fois, il imprègne la vision du monde de nombreux intellectuels, même de ceux qui ne sont ni communistes ni même « compagnons de route ». En France, en Italie, mais aussi en Grande-Bretagne et aux États-Unis, où les partis communistes restent très minoritaires, se développent parmi les intellectuels une véritable culture marxiste, du cinéma à l'urbanisme, en passant par les études philosophiques, historiques, et, naturellement, les sciences économiques et sociales. Les philosophes (Jean-Toussaint Desanti, le vietnamien Tranc-Duc-Thao, et des non-communistes comme Sartre ou les jeunes Claude Lefort et Jean-François Lyotard) tentent une synthèse entre la phénoménologie de Husserl et le marxisme. Les historiens utilisaient des convergences, tout à fait réelles au demeurant, avec l'« École des *Annales* ». Mais cet âge d'or est très tôt fragilisé par les événements. L'année 1956 est décisive, parce que les crimes de Staline sont révélés au monde par Nikita Khrouchtchev au XXe congrès du Parti communiste d'Union soviétique (PCUS) et que la révolution anticommuniste hongroise est écrasée par les chars soviétiques en novembre de la même année. Le reflux des intellectuels commence alors dans le monde entier, mais il prend souvent la forme trompeuse d'une nouvelle jeunesse pour le « révisionnisme » qui a pignon sur rue dans la Pologne de Wladislaw Gomulka (Leszek Kolakowski), mais aussi en France (la revue *Arguments* d'Edgar Morin et de Kostas Axelos). On recherche un Marx non pollué par le stalinisme, humaniste, démocrate, voire, à l'imitation du trotskisme, un Lénine qui aurait livré un hypothétique « dernier combat » contre l'affreux Géorgien, responsable de tout le mal. En Occident, on cherche, non sans naïveté, un autre modèle et un autre marxisme, revenu à sa « pureté » originelle, successivement chez les Yougoslaves de Tito, les Cubains de Castro et Guevara, et — à partir de la rupture sino-soviétique de 1960 — les Chinois de Mao Zedong. Pendant toute cette période, la production « théorique » du marxisme-léninisme, qui ne peut séduire que les convaincus, tant son niveau est affligeant (voir les grossières sorties de Jdanov sur l'art moderne), importe moins que les quelques thèmes bien orchestrés qui font mouche, comme l'idée de la supériorité de l'économie planifiée (Bettelheim, Sauvy) ou le souvenir de Stalingrad. De même, ce sont les récits héroïsés sur les révolutions chinoise et cubaine qui « tirent » les textes, souvent d'une grande banalité moralisante ou volontariste, de Mao ou de Guevara. Du moins il y a encore production ou du moins diffusion massive de textes anciens sous formes de *readers* pour révolutionnaires (*Le Petit Livre rouge* de Mao). Mais qui lit dans les années 1960 ou 1970, les « œuvres » de Khrouchtchev, de Brejnev, de Tchernenko [1984], ou encore de Mikhaïl Souslov, éternel idéologue en chef du Parti ? La « langue de bois » a remplacé l'idéocratie, qui ne fonctionne plus, et le « marxisme » n'évoque plus, hors d'une poignée d'intellectuels comme Jaurès Medvedev, que l'ennui de cours obligatoires…

Le temps des schismatiques et des hérétiques

Lié à la direction soviétique, le marxisme de la IIIe Internationale produit mécaniquement ses hérétiques ou, dans la langue de bois, ses déviationnistes (qui évidemment sont convaincus d'être les vrais orthodoxes face à la déviation stalinienne). L'exclusion de Trotski des instances dirigeantes de l'État (1925), puis du Parti (1927) est justifiée *a posteriori* par des réfutations scolastiques des thèses sur la « révolution permanente », tandis que le « prophète » (ainsi que l'a appelé son biographe Issac Deutscher) contre-attaque en déclarant impossible la construction du « socialisme dans un seul pays », ce qui est un énoncé dépourvu de sens, puisque, comme l'avenir l'a confirmé, l'Union soviétique n'était pas un pays, mais un Empire à géométrie variable. Le refus d'affronter la réalité originale du régime soviétique est bien la « croix » du trotskisme en tant que théorie. Léon Davidovitch s'est ingénié, sauf peut-être dans les derniers mois de sa vie, où il use du vocable « totalitaire » pour désigner la Russie stalinienne, à distinguer la « substance » du régime soviétique, dont le caractère socialiste est au-dessus de toute discussion, de l'« accident » réversible que constitue à ses yeux le « stalinisme ». Le trotskisme est une « théorie à moyenne portée », comme dit Robert Merton, qui manque la réalité empirique et la profondeur du concept. Communiste français de la première heure, Boris Souvarine tente d'expliquer ce qui se passe en URSS, non pas par la bureaucratisation et la dégénérescence d'un corps sain, mais par la logique de l'État-parti et le génie manœuvrier de Staline, ce à quoi Trotski se refuse (Staline, 1935). Par ailleurs, lorsque des États du « socialisme réel » — ainsi Brejnev appelait-il le communisme au pouvoir — sont excommuniés par l'URSS, ils justifient *a posteriori* leur différence, alors que la différence n'a rien d'idéologique. C'est ainsi qu'ont été inventés l'« autogestion » yougoslave (1948) et la « révolution culturelle » chinoise (1966), qui ont tant fasciné les fondamentalistes, surtout occidentaux, de la révolution. Le trotskisme par contre n'avait pas de pays. Il était lié au charisme d'un homme. En tant que théorie, il a eu le privilège, non seulement d'avoir attiré, mais pas obligatoirement retenu, plusieurs générations de révoltés aux destins souvent éclatants, et aussi d'avoir été pris comme objet de réflexion par de grands penseurs, tel Merleau-Ponty, qui ne fut jamais trotskiste, ou de son disciple Claude Lefort, qui le fut. Ce ne fut pas en raison de sa profondeur conceptuelle, mais plutôt de ses apories. Cela n'a pas empêché la théorie en question de reparaître, sans que l'on soit obligatoirement conscient de son origine, à chaque fois que l'on a tenté de concilier l'inconciliable, en gros la foi dans le sens de l'Histoire et l'aspiration à la liberté ou à la démocratie. C'est ce que Jean-Claude Milner appelle, dans sa terminologie personnelle, le « progressisme ». Toutes les tentatives, après 1956, 1968 (les chars russes écrasent le printemps de Prague) et 1989-1991, de donner au marxisme un « visage humain », antibureaucratique, voire « libertaire » sont récurrentes, et elles s'inspirent toutes du catéchisme trotskiste. Or les contradictions insurmontables de ce dernier pèsent sur quiconque veut concilier la « dictature du prolétariat » (« dictature sur le prolétariat » selon le mot célèbre de Léon Blum, repris par bien d'autres) et la « démocratie bourgeoise ». Sartre et une grande partie de la gauche intellectuelle en Occident l'ont éprouvé à leurs dépens. Les socialistes français d'après la « refondation » d'Épinay (1971) aussi, et ce chapitre n'est toujours pas tout à fait clos comme le prouvent les échanges entre Tony Blair et Lionel Jospin à un récent congrès de l'Internationale socialiste (Paris, novembre 1999). Encore faut-il préciser que, dans ce cas, il s'agit du vieux marxisme de Karl Kautsky et de Jules Guesde, qui est une autre version possible de l'héritage de Marx. Le marxisme-léninisme est une invention... de Lénine. Le marxisme de la IIe Internationale s'est réconcilié depuis longtemps avec le marché et la démocratie représentative. Le dernier Marx l'avait peut-être fait. Le dernier Engels l'a dit, pour son compte, de façon tout à fait explicite. Le PCF, qui insufflait jadis toute sa force de persuasion et d'intimidation au dogme « marxiste-léniniste », se survit péniblement, avec une influence, électorale ou simplement mobilisatrice, en chute libre. Pour tenter une parade, il affiche ouvertement, avec Robert Hue, sa préférence pour l'« évolution révolutionnaire » de Jaurès, soit, en termes plus crus, son réformisme. L'extrême gauche, trotskiste ou « antimondialiste », se nourrit plus de mythes à la Sorel (José Bové « démontant » le « Mac-Do » de Millau) que de croyances à la chute tendancielle du taux de profit.

Le marxisme soviétique avait aussi ses *outsiders*, dans le *no man's land* entre orthodoxie et hérésie, mais revenant toujours en définitive dans le giron de l'Église communiste. Un philosophe hongrois, légendaire de son vivant, Georges Lukacs, en est le paradigme. Admiré dans sa jeunesse par Max Weber et Thomas Mann, il avait été pris par Maurice Merleau-Ponty, dans ses *Aventures de la dialectique*, comme l'archétype de l'ultra-bolchevisme, dont Sartre n'était, selon Merleau-Ponty, qu'un épigone. Il fut en tout cas le seul penseur européen de premier plan à s'être rallié au communisme dès décembre 1918. Il n'est sans doute pas superflu de le présenter au lecteur, dans la mesure où la débâcle du communisme en Europe, l'a fait, lui et quelques autres, tomber dans un semi-oubli aussi peu justifié que l'immensité de sa réputation passée. Comme beaucoup de juifs hongrois très assimilés, le jeune Lukacs se pénètre à Budapest dans les années 1910 de l'esprit de la poésie d'Endre Ady, idole de la jeunesse judéo-magyare. Membre de diverses sociétés de la jeunesse d'avant-garde, il fait également partie du cercle de Max Weber à Heidelberg où il poursuit ses études de philosophie. Avant 1914, il est donc un esthète « pré-existentialiste », pétri de Dostoïevski et de Kierkegaard. C'est la guerre qui le jette comme beaucoup d'autres dans les bras du bolchevisme. Il voit d'abord dans ce dernier un « problème moral », qu'il résout par l'acceptation gnostique du Mal extrême, si l'Émancipation peut en résulter. En 1919, Lukacs participe, en tant que commissaire du peuple à la Culture, au premier régime communiste en Hongrie (mars-août 1919), dirigé par Belà Kun, régime dit aussi (le langage n'est pas innocent) « commune de Budapest ». Réfugié à Vienne, il commence à écrire une série d'articles qui, réunis en volume en 1922, forment un des ouvrages les plus mystérieux de la pensée marxiste : *Histoire et conscience de classe* [Lukacs, 1960]. Ce livre pourrait passer pour une version en langage marxiste-léniniste de *La Cité de Dieu* de saint Augustin. La cité du prolétariat, comme la cité de Dieu chez le grand docteur africain, est mêlée, inextricablement, dans la réalité, à son autre, la cité bourgeoise (la cité du Diable chez saint Augustin). Mais elles n'ont, ontologiquement, rien à voir l'une avec l'autre. La pensée de Lukacs est restée profondément religieuse jusque dans son engagement communiste, qu'il vit de façon « gnostique ». Il faut s'enfoncer dans le Mal pour parvenir au salut, explique-t-il dans *Le Problème moral du bolchevisme*. Rien d'étonnant donc à ce que le Komintern condamne le livre, trop peu « matérialiste ». L'auteur accepta la condamnation et s'opposa, pendant un demi-siècle, à toute tentative de réédition. En France où le bibliothécaire de l'École normale supérieure, le socialiste Lucien Herr, le fait acheter dès sa parution (mais dès 1911 Lukacs avait une réputation dans le milieu parisien, grâce à Charles Andler, *alter ego* de Lucien Herr), le livre maudit devient aussi un livre incontournable, parmi les quelques centaines d'intellectuels qui comptent en ces matières. Henri Lefebvre le lit, à New York où il est allé rendre visite à Norbert Guterman, dès 1935. Merleau-Ponty a lu, lui aussi, *Histoire et conscience de classe* comme le prouve la lecture des *Aventures de la dialectique*. Surtout Lukacs après la Seconde Guerre mondiale dispose d'un vulgarisateur infatigable, Lucien Goldman. Grâce à Henri Lefebvre, à Lucien Goldmann, et à Merleau-Ponty (qui popularise l'expression « marxisme occidental » et l'y inclut), Lukacs acquiert un prestige de « marxiste critique » ou « ouvert », bien abusif si l'on pense au stalinien zélé qu'il continue d'être. C'est d'ailleurs son œuvre « orthodoxe » qui circule sur les problèmes de la littérature (Lukacs prône le « réalisme critique », ce qui est une façon de refuser toute « littérature prolétarienne »). Comme Louis Aragon, auquel on peut valablement le comparer, Lukacs était passé virtuose dans l'art de savoir jusqu'où il ne pouvait pas aller trop loin… tout en se ménageant des espaces de liberté par rapport à une piétaille d'apparatchiks qu'il méprisait. *Histoire et conscience de classe* reste une légende dont on ne connaît longtemps que les citations que Goldmann en fait dans ses articles, publiés dans *Les Temps modernes*, la *Revue de métaphysique et de morale*, la *Revue d'esthétique*, *Critique*, la *Revue d'Allemagne*, *Études germaniques*, etc. Mais c'est surtout chez les francs-tireurs du marxisme allemand que le livre hérétique malgré lui suscite l'enthousiasme. Les lecteurs retiennent surtout de ce livre terriblement ardu, qui exige pour être compris une connaissance de toute la philosophie allemande depuis Kant, l'analyse de la « réification ». Lukacs s'appuie en fait, sur l'analyse, très obscure, du « fétichisme de la marchandise » chez Karl Marx, et il la relie, par un coup de force conceptuel, à la critique de la « chose en soi » de Kant par ses compétiteurs métaphysiques, à savoir Fichte et Hegel. Le résultat le plus clair est de pouvoir présenter le monde capitaliste comme un monde où la logique de la production marchande a envahi tous les aspects, y compris les plus élémentaires, de l'existence humaine. Ainsi le temps se « spatialise », devient une « chose » de même que les relations humaines en général, tandis que les « marchandises », qui ne sont que des choses, semblent vivre d'une vie propre (voir l'ouvrage classique de Gabel [1962]).

On retrouve, dans un langage certes différent, la même thématique chez Henri Lefebvre [1958], vieux disciple de Schelling, influencé par Bergson, et dont le marxisme s'est toujours ressenti de cette imprégnation romantique. Lukacs a porté au mythe prolétarien les coups les plus rudes. En plaçant l'engagement révolutionnaire à la hauteur d'un acte de foi, dans la grande tradition chrétienne (Tertullien, Augustin, Pascal...), il ruine toute idée de « démontrer » scientifiquement la « nécessité » de la dictature du prolétariat. Après lui, ne peut subsister qu'une conception « décisionniste » de la politique (ses admirateurs de la revue américaine *Telos*, comme nombre d'ex-gauchistes français ou italiens, ont donc logiquement rallié la pensée de Carl Schmitt). Chez Karl Korsch (1896-1961), une autre version du « gauchisme théorique » a subi la répression des grands inquisiteurs du Komintern. Comme Lukacs, ce juriste de formation vient de la philosophie classique (Kant). Mais pendant la révolution de 1918, il devient une sorte d'intellectuel organique des *Arbeiterrte* (conseils ouvriers). Cet ouvriérisme colore aussi son grand livre *Marxisme et Philosophie*, qui fait scandale, car il met le prolétariat et son « mouvement réel » au-dessus du Parti. Ce logicien, proche des « néopositivistes » viennois, ne tarde pas à affirmer qu'il faut « appliquer la conception matérialiste de l'histoire à elle-même » [Korsch, 1930], préfigurant les thèses de *Socialisme ou Barbarie*. Au moment où se fonde cette revue iconoclaste, Korsch tire définitivement sa révérence : « Toutes les tentatives pour rétablir la doctrine marxiste comme un tout dans sa fonction originelle de théorie de la révolution sociale de la classe ouvrière sont aujourd'hui des utopies réactionnaires » [Korsch, 1950].

Cette évolution contraste avec un autre filon qui date lui aussi des années 1920. Amedeo Bordiga (1888-1970), fondateur du Parti communiste italien (PCI), a bâti sa résistance à tous les « tournants » de l'Internationale communiste, dès 1921, sur l'idée d'invariance de la théorie marxiste, dépôt précieux que tout révolutionnaire doit conserver en l'état, en attendant le Grand Soir...

Il s'oppose de toutes ses forces à un autre dirigeant du PCI, Antonio Gramsci, dont le marxisme est certes suspect d'alliages suspects. Non seulement le Sarde Gramsci est le disciple impénitent des grands penseurs « idéalistes » italiens, Benedetto Croce et Giovanni Gentile — qui ont tous deux commencé par réfléchir sur Marx, il faut le noter —, mais il a été un lecteur passionné des grands noms français de la culture antipositiviste (Bergson, Péguy, Sorel), et il a récusé le marxisme soviétique sous sa double forme stalinienne (ou « boukharinienne ») et trotskiste. Aux antipodes donc, de Bordiga, qui est passionné des sciences de la nature et met tous ses espoirs dans la technique aux possibilités illimitées (un des journaux bordiguistes s'appela d'ailleurs *Prometeo*). Le grand dirigeant Togliatti utilisa le « gramscisme » plus tard, pour séduire les intellectuels — dont Grasmci avait souligné le rôle décisif en « Occident » —, et pour faire pièce aux Soviétiques sans jamais rompre avec eux. Du bordiguisme sortirent des exégètes connus du marxisme, tel Roger Dangeville (voir ses morceaux choisis de Marx édités en poche chez Maspero) et surtout Maximilien Rubel, éditeur des *Œuvres* de Marx dans la Pléïade, qui entendit un jour, n'en croyant pas ses oreilles, Korsch lui confier que Bakounine était beaucoup plus important que Marx… Ce ne sont pas les discussions entre herméneutes qui ébranlèrent la forteresse, mais bien le « mouvement réel ». Dès l'annonce de la mort de Staline (mars 1953), les révoltes se succédèrent dans les camps soviétiques (Vorkouta). En 1956, le rapport Khrouchtchev dénonce, à huis clos, mais il y a aussitôt des fuites, les crimes de Staline, et la révolution hongroise est une heure de vérité pour la religion séculière.

LE DÉCLIN DU MARXISME (1956-1991)

1956 a été véritablement l'*annus horribilis* du communisme, et par voie de conséquence du marxisme-léninisme. Dès la fin juin, les ouvriers de Poznan (Pologne) se soulevaient, portant un coup très grave à l'autre mythe moteur du communisme : l'identité de la classe ouvrière avec le parti léniniste. Mais Poznan, où les prolétaires soumettaient à la « critique des armes » la « nouvelle classe » que venait de dénoncer Milovan Djilas, compagnon de Tito, dans un livre fracassant paru l'année précédente, n'était qu'une répétition générale. En octobre 1956, survenait un événement inouï : pour la première fois, le peuple renversait un pouvoir communiste. Les retombées de la brève révolution hongroise (23 octobre-10 novembre) furent incalculables. Elle donna un tonus nouveau à tous les anticommunistes de gauche qui refusaient la triste logique sartrienne d'identification fatale entre prolétariat et communisme réel. C'est au contraire l'antitotalitarisme de Camus (*L'Homme révolté*, 1951), d'Orwell (*1984*, 1948), d'Hannah Arendt (*Les Origines du totalitarisme*, 1952) ou des philosophes de *Socialisme ou Barbarie* qui se trouvait légitimé par cette révolution qui mettait à bas tous les mensonges véhiculés par les mots « dictature du prolétariat », « État ouvrier et paysan ». Venait évidemment la question difficile de l'interprétation, par où s'engouffraient les vieilles illusions de l'ultra-gauche. Les trotskistes trouvaient leurs marques en parlant uniquement des conseils ouvriers et de la « révolution politique » contre la bureaucratie, laissant dans l'ombre le fait que l'immense majorité des insurgés ne voulaient pas plus du « vrai communisme » que de sa « déviation bureaucratique » prétendue. L'ultra-gauche, les luxemburgistes (parmi lesquels on peut compter d'une certaine manière une Arendt toujours nostalgique de Rosa Luxemburg et de la révolution spartakiste), rêvait aussi d'une floraison de conseils, d'une démocratie directe « athénienne » qui ne reflétait probablement pas un mouvement où les libéraux et sociaux-démocrates, classiquement parlementaires, côtoyaient la droite nationaliste et les paysans qui voulaient retrouver leurs terres. La charge explosive du mouvement fut telle que Sartre et les intellectuels français prosoviétiques en furent ébranlés pour quelques mois, avant que ne se produise le « regel » observé par Edgar Morin. Le rôle que jouent alors *Les Temps modernes*, la revue de Jean-Paul Sartre et de Simone de Beauvoir, pour maintenir l'espoir d'un marxisme « à visage humain » ne saurait être oublié. Le marxisme « révisionniste » des Polonais y est comme chez lui, comme plus tard celui des acteurs du printemps de Prague. Mais le déclin des *Temps modernes*, même s'il n'apparaît pas sur le moment, est déjà commencé. En 1956, Sartre ne saisit pas l'occasion de se débarrasser de la défroque du compagnon de route du socialisme réel. Il est vrai que son ralliement ne datait que de quatre ans, et lui avait valu des ruptures douloureuses (Camus, Merleau-Ponty). Il est vrai aussi que l'idée d'un marxisme philosophique ou littéraire acceptant toutes les avanies des bureaucrates pour ne pas rompre le lien mystique avec le prolétariat n'était pas de son invention. Aragon l'avait précédé dans cette voie. Comme l'auteur de la *Critique de la raison dialectique*, celui de *La Semaine sainte* encourageait les hérétiques sans en être un lui-même, du moins jusqu'à ce qu'ils rompent l'un et l'autre avec le communisme soviétique. Était-ce pour autant l'heure du trotskisme et des vrais dissidents ? Les trotskistes l'ont cru. Ils ont eu raison en tant que force politique, mais sur le plan idéologique, rien n'est moins sûr. Sur ce plan, c'est bien ceux qui ne croient plus aux mythes léninistes (Marx reste pour une génération encore au-dessus de tout soupçon) qui sortent du ghetto des petites sectes. Ainsi ne s'étonnera-t-on point du renforcement des groupes comme SOB (c'est sous ce sigle que désormais fut connu le noyau de militants regroupés autour de la couverture rouge et blanche de la revue, déjà citée plusieurs fois, *Socialisme ou Barbarie*). De même l'Internationale situationniste n'a pas tout à fait par hasard pour date de naissance l'année 1957. Les figures historiques de l'ultra-gauche encore de ce monde voient revenir une curiosité, des interviews, des demandes d'ordre érudit ou même politique dont l'Italien Bordiga (qui meurt en 1970), l'Allemand Korsch (mort en 1961) ou le néerlandais Pannekoek (disparu en 1960) avaient perdu depuis longtemps l'habitude. De curiosités de l'histoire du mouvement ouvrier, les anarcho-marxistes, qui unissent dans une même admiration Marx et Bakounine, mais rejettent Lénine sans appel, redeviennent un courant vivant, proche de SOB et des survivants du

POUM espagnol. C'est dans leur revue française *Noir et Rouge* que les frères Cohn-Bendit, Gabriel et Daniel, firent leurs premières armes.

La crise du léninisme consécutive à la « Hongrie » donne également naissance à une autre revue anticipatrice : *Arguments*. Il s'agit en effet, rétrospectivement, d'un véritable Gotha des « intellectuels de gauche », passés, présents… et à venir. Encore faut-il attendre son deuxième manifeste pour voir l'intention hérétique nettement affirmée, au-delà des phrases convenues sur la « libre confrontation ». Il faut aussi attendre les numéros 4 et 5 (1957) pour avoir un premier débat sur la « philosophie marxiste » (Kostas Axelos, Yvon Bourdet, Robert Misrahi, Edgar Morin). Comme dans *Esprit* en 1948 (marxisme scolastique et marxisme ouvert), on semble y croire encore à la possibilité d'une réforme interne du système. Cependant, le débat avec *Socialisme ou Barbarie* montre que les argumentistes, en particulier Morin (qui publie un article intitulé « Solécisme ou barbarisme »), s'écartent décidément de ce que Morin appelle le « millénarisme » de SOB, « hypnotisée » par la classe ouvrière et « oubliant » tous les autres groupes sociaux. Avec le n° 14 (2e trimestre 1959) sonne l'heure de la grande révision. Le mot tabou est lâché, et la « magie » du marxisme (à rapprocher de l'hypnose dont parlait Morin) sur les cerveaux des intellectuels de gauche mise en cause par François Fejtö (*Réflexions d'un révisionniste*) cesse de jouer. La même livraison de la revue comprend un ensemble d'articles sur Kronstadt, très critiques vis-à-vis de Lénine et de Trotski, qui ont ordonné l'écrasement des marins (en 1921) soulevés contre leur dictature. Rappelons que c'était aussi les marins de Kronstadt qui avaient pris, en « Octobre » 1917, le palais d'Hiver… Il s'agit d'un sacrilège majeur, visiblement prémédité. Soulever l'« affaire de Cronstadt » était la spécialité des anarchistes, ou « pire » encore, des sociaux-démocrates, qui y voyaient la preuve de ce que les soviets n'avaient plus le pouvoir, que l'Union soviétique n'avait jamais été ce qu'elle prétendait être, un État gouverné par le peuple, un « État ouvrier ». Contre cette affirmation, qui paraît aujourd'hui triviale, les marxistes faisaient front, les trotskistes étant les plus frénétiques, puisque leur père fondateur était directement impliqué dans la répression des matelots insurgés. *Socialisme ou Barbarie* elle-même n'osa poser le problème qu'au terme de son évolution, en janvier-février 1964. Donc Morin et ses amis savaient qu'en publiant ce numéro (ils se sont alors séparés de leurs amis italiens, marxistes « ouverts », de *Ragionamenti*), ils larguaient les amarres avec le marxisme dit « ouvert » qu'ils avaient pratiqué en fait depuis 1948 (crise yougoslave) pour beaucoup d'entre eux. Leur évolution est parallèle à celle des révisionnistes polonais (Leszek Kolakowski, Jan Kott), avec lesquels ils ont des liens d'amitié. De ce point de vue, *Arguments* anticipe ce que sera l'évolution de beaucoup de jeunes « gauchistes », juste après 1968. D'où les réimpressions successives de la revue, d'abord par Christian Bourgois, ensuite sous forme de reprint par les éditions Privat de Toulouse.

Au départ, *Arguments* se situait dans une problématique peu explorée en France : celle du révisionnisme de type bernsteinien. Sauf qu'en France, il n'y avait pas de tradition « révisionniste » suivie. En dehors de Charles Andler, et de Marcel Déat première manière, on ne peut citer que des communistes exilés comme Angelo Tasca (italien) ou Lucien Laurat (autrichien). Le « qu'en-dira-t-on communiste » (Léon Blum) avait encore rendu le mot « révisionniste » plus obscène que jamais. Le soin de critiquer Marx, sur le plan philosophique, était laissé aux catholiques (Baroli, Piettre, les pères Bigo, Calvez, Wetter). En réalité, c'est chez des précurseurs comme Boris Souvarine et Victor Serge qu'il faudrait chercher les premiers signes d'un « marxisme critique » appelé à se développer en critique du marxisme. À signaler aussi les analyses d'une Simone Weil, qui, dès 1938, en réponse à une enquête sur le thème inusable : « Faut-il réviser le marxisme ? », répondait sans ambages : « À mes yeux, ce ne sont pas les événements qui imposent une révision du marxisme, c'est la doctrine de Marx qui, en raison des incohérences et des lacunes qu'elle renferme, est et a toujours été très en dessous du rôle qu'on a voulu lui faire jouer » [Weil, 1999, p. 357]. Cette critique plus radicale réapparaît dans *Socialisme ou Barbarie* (1948-1966), qui identifie peu à peu, sans perdre la foi révolutionnaire, les germes « totalitaires » de l'expérience soviétique, après avoir fait son deuil de la double nature de l'URSS, bureaucratisée, mais fondamentalement socialiste, et autres « mystères » (au sens théologique) de la soviétologie propre à la IVe Internationale. Et pourtant, si l'on se fiait aux seules apparences, les marxismes vivaient dans les années 1960 un nouvel âge d'or. Certains kiosques du Quartier latin vendaient côte à côte les revues « bordiguistes », « posadistes », « pablistes », « lambertistes », « frankistes », marxistes-léninistes de tendance albanaise, chinoise… La prise de conscience vient à maturité lors de la deuxième « année terrible » du communisme, 1968 (mouvements étudiants et intervention militaire du pacte de Varsovie contre le printemps de Prague et son socialisme à visage humain). À Paris, on pratique apparemment la surenchère révolutionnaire, mais le nom de Marx, il faut le remarquer, est systématiquement accolé à ceux de Bakounine, de Fourier, d'Antonin Artaud, voire de Sade ; à Prague, on le rejette, mais l'effet est le même.

Le père jésuite Cottier et Kostas Papaioannou avaient depuis longtemps, dans l'indifférence absolue, mis en lumière une veine romantique du marxisme. Veine qu'un mouvement curieux, l'Internationale situationniste, réactualisa à partir de 1957, sous l'impulsion d'un chef charismatique, Guy Debord (1930-1994). Mais Guy Debord était-il marxiste ? La réponse à cette question est moins évidente qu'il n'y paraît. Debord et ses premiers fidèles sont, au départ, des bohèmes de Saint-Germain-des-Prés, affiliés à un des surgeons lointains du surréalisme (ce surréalisme en tout cas qui se voulait « au service de la Révolution »), l'Internationale lettriste. Dès les années 1950, la « gauche lettriste » opposait à l'exaltation néoromantique de l'inconscient, caractéristique du surréalisme orthodoxe, un programme fondé sur « la construction concrète d'ambiances momentanées de la vie, et leur transformation en une qualité passionnelle supérieure ». La vie devait devenir un « huitième art ». À partir de ces prémisses, il était tout à fait logique qu'il y ait rencontre entre

Guy Debord et le philosophe communiste Henri Lefebvre, dont le projet fut toujours une « critique de la vie quotidienne ». Lefebvre, qui avait avec ses amis de *Philosophies* inventé l'existentialisme dès les années folles, avait toujours pensé, contre toute la tradition marxiste, qu'il ne fallait pas seulement « critiquer » l'économie et la politique, mais « changer la vie », ici et maintenant. Il semble que grâce à Lefevre, Debord ait pris connaissance de certains textes fondamentaux du jeune Marx. L'année suivante, Debord rejoignit le groupe *Socialisme ou Barbarie.* Ce fut l'autre rencontre décisive grâce à laquelle Debord s'immunisa définitivement contre toute nostalgie bolchevique ou tiers-mondiste. Debord fut deux ou trois ans adhérent de SOB et parcourut un bout de chemin avec certains militants à la recherche, comme lui, d'une orientation révolutionnaire inédite. La tentative n'eut pas de lendemain, en raison semble-t-il du manque d'intérêt de Castoriadis pour ce groupe de « dadao-clochards ». Et il est vrai que ni Lefebvre ni SOB ne purent entamer le fond libertaire irréductible du groupe en question, qui se traduisit par une admiration ouvertement proclamée envers Bakounine, les « en dehors » de 1900, les anarchistes de la guerre d'Espagne... Ce qui lui permit d'être remarquablement en phase avec le mouvement de Mai 68, à rebours des groupes néoléninistes.

L'été indien du marxisme : Althusser

Depuis 1962, environ, une sourde rumeur provenait des murs de l'École normale supérieure de la rue d'Ulm. Un professeur de philosophie charismatique y réconciliait le marxisme et le léninisme avec les plus récentes conquêtes des sciences. Louis Althusser fut un coup de tonnerre dans la mesure où il récusait justement la filiation idéalisme allemand/socialisme français, pour la remplacer par un tout autre album de famille où Marx donnait la main aux grands découvreurs de « continents » scientifiques, d'Euclide à Freud, en passant par Galilée. Les marxistes, réformés par le nouveau Luther, se retrouvaient frères des Bachelard, des Canguilhem, des Koyré, et non plus des Jdanov ou des Kojève. Mais pour l'heure, Althusser était pris en tenaille entre le déclin de sa phénoménologie existentielle qui laissait chaque jour des plumes devant l'offensive des « sciences humaines », et l'obscurité de son « marxisme » qui, à l'évidence, n'avait pas grand-chose à voir, en dehors du coup de chapeau théâtral (« horizon indépassable de notre temps ») avec celui des textes sacrés. L'idée d'un « continent » scientifique nouveau, découvert par Marx, laissait à charge pour d'autres (Althusser lui-même, à la suite de Canguilhem, Foucault) d'expliciter le sens de la découverte. Or, la lecture althussérienne de Marx conduisit... à la décomposition du marxisme. L'apprenti-sorcier dut d'ailleurs convenir, à la fin de son existence tourmentée, que marxisme et rationalité scientifique ne faisaient pas forcément bon ménage. Dans l'étonnant destin du marxisme occidental, les années 1970 avaient sans doute été une gigantesque « journée des dupes ». En 1973, Guy Lardreau, militant de la Gauche prolétarienne et philosophe, publiait *Le Singe d'Or* au Mercure de France, avec une préface de François Châtelet. Il s'agit d'une déconstruction en bonne et due forme du matérialisme historique. L'intéressant est qu'elle vienne d'un ancien althussérien qui retourne contre le marxisme les arguments du Maître (scientificité, rigueur). Deux ans plus tard paraît la sévère *Leçon d'Althusser*, qui venant d'un des auteurs qui avaient signé *Lire Le Capital*, Jacques Rancière, fait quelque bruit. Notre *Marxisme introuvable* [1975] procédait d'un état d'esprit semblable, avec une volonté plus marquée de « sauver » le « vrai » marxisme.

Louis Althusser ne fut pas le premier intellectuel catholique à passer du progressisme à l'engagement communiste. De même, l'intérêt actuel des derniers marxistes pour la théologie de la Libération n'est pas tombé… du ciel. Jaurès déjà s'intéressait aux campagnes du « moderniste » Loisy, et Ernst Bloch se passionnait pour l'athéisme dans le christianisme et les prédicateurs mystiques comme Savonarole et Münzer, voire au « faux Messie » Sabbataï Tsvi dans le monde juif du XVIIe siècle. C'est dire qu'il s'agit d'une très ancienne histoire. Après l'échec de 1905, certains révolutionnaires cherchent une fondation plus assurée au marxisme que les variations néoschellingiennes d'Engels. Certains la cherchent du côté de théories anthropologiques de leur cru, comme le bolchevik Bogdanov, un temps rival de Lénine. D'autres, bolcheviks ou non, n'hésitent pas à mettre en cause le matérialisme lui-même et veulent s'appuyer sur une religiosité d'un type nouveau. Ces « chercheurs de Dieu » ainsi qu'on les surnomme, ont leurs équivalents après 1918 en Allemagne, lorsqu'un Ernst Bloch adhère au communisme sans renoncer à ses préoccupations théologiques (*Thomas Münzer*, 1921), ou plus précisément, en poursuivant sa quête d'une politique révolutionnaire « cachée » sous l'écorce théologique ou mystique. Walter Benjamin, on le sait, le suivit dans cette voie « théologico-politique ». En France, le mouvement Jeunesse de l'Église a comme principaux théoriciens le père dominicain Maurice Montuclard et le jeune philosophe Louis Althusser. La critique catholique du marxisme est ambiguë : elle peut être une fin de non-recevoir (Cottier, Fessard, Lubac), plus compréhensive (Calvez), mais elle peut aussi rechercher la concordance avec la foi (Chenu, Desroches) ; elle témoigne en tout cas de ce que la confrontation entre le kérygme christique et le matérialisme historique est la grande affaire des théologiens de 1950. Le marxisme du XXe siècle a été pour une bonne part une affaire de chrétiens. C'est là encore un trait qui rapproche 1968 de 1848. Déjà en cet âge romantique, rencontrait-on sans doute ce qu'Edgar Morin appelle des chrétiens « torréfiés ». Mais les ressemblances entre les effusions d'un Buchez, d'un Lamennais, des ouvriers du journal *L'Atelier* pendant ces journées fiévreuses où le clergé bénit les arbres de la Liberté, où l'on n'entend parler que de Christ ouvrier et le christo-gauchisme de Mai 68 sont frappantes. Certes le terrain avait été bien préparé. Les brandons mal éteints de la crise des prêtres-ouvriers (1952-1954) couvaient encore sous la cendre. Des communautés comme celle du Petit-Clamart ou de l'avenue d'Italie (dominicains) avaient beaucoup d'influence à travers une foule de réseaux discrets. Héritières du père Lebret (mort en 1966) et du concile Vatican II, une nébuleuse de revues, de commissions, de colloques, d'assemblées chrétiennes œuvraient pour l'aide au développement dans un esprit parfois très militant, rejoignant ainsi les secteurs les plus radicalisés de l'Action catholique ouvrière, de la Jeunesse ouvrière chrétienne (JOC), de la CFDT même, fraîchement déconfessionnalisée. Comme leurs ancêtres de 1848, à dire vrai beaucoup moins nombreux qu'eux, fascinés par le saint-simonisme et le fouriérisme, les jeunes chrétiens de gauche se jetaient avec enthousiasme dans l'eschatologie marxiste, ce qui horrifiait André Philip ou Jacques Ellul, qui y reniflaient la vieille tentation catholique de l'Apocalypse. Des groupes de croyants produisaient leurs propres manuels de « matérialisme historique », inspirés par Althusser et les brochures dont les ambassades chinoises et albanaises inondaient le Quartier latin. Certes le « dialogue » entre marxistes et chrétiens n'était plus une chose nouvelle. On lui devait des exposés classiques, comme *La Signification du marxisme*, d'Henri Desroches (1949), ou *La Pensée de Karl Marx*, du père jésuite Jean-Yves Calvez (1956). Mais, depuis 1965 environ, il ne s'agissait plus de dialogue, mais d'un nouveau « politique d'abord », orienté à l'extrême gauche cette fois. Des revues qui étaient autant de brûlots appelaient à la subversion totale d'un monde dominé par Mammon (franciscains de Frères du monde, groupe *La Lettre*, à forte coloration dominicaine, jésuites se réjouissant des accents spiritualistes de la révolution culturelle chinoise : « transformer l'Homme dans ce qu'il a de plus profond », protestants radicalisés du *Semeur*, etc.)

MARX SANS LE MARXISME

Marxisme du XXe siècle ou *Marxisme de notre temps*. Ce furent là des titres de livres qui défrayèrent la chronique il y a une quarantaine d'années. On ne les comprendrait plus aujourd'hui. Ont pris leur place des ouvrages d'auteurs qui se réclament toujours du marxisme révolutionnaire, où brillent les mots qui hier auraient suscité railleries ou commisération : « utopie », « espérance ». Péguy, Benjamin, les surréalistes, le judaïsme libertaire, la théologie de la libération, voire l'islam politique : voilà les nouveaux « classiques du peuple » venus revigorer une orthodoxie défaillante. Ce rapprochement avec des courants que les révolutionnaires traitaient autrefois, non sans dédain, d'idéalistes, voire de spiritualistes se retrouve aussi chez un Daniel Bensaïd, dont la réflexion tourne depuis des années autour de figures comme Jeanne d'Arc, Péguy, Walter Benjamin, tandis qu'un Michaël Löwy explore les potentialités anticapitalistes de la mystique juive contemporaine, de la théologie latino-américaine de la libération, du romantisme et de ses épigones surréalistes ou situationnistes... Aujourd'hui, ce n'est d'ailleurs pas seulement au sein du mouvement trotskiste que se manifeste une volonté de revitaliser le marxisme en l'abreuvant à des sources mystiques juives, chrétiennes ou, pourquoi pas, islamiques, mais également dans la nébuleuse altermondialiste, et dans les rangs de ce qui reste du PCF.

Le livre de Jacques Derrida [1991], *Spectres de Marx*, est caractéristique d'une nouvelle époque où Marx est devenu un « grand penseur » que l'on peut étudier sans croire aucunement qu'il soit porteur de la « vérité sociale », comme on disait vers 1880. Car s'il y a des spectres qui hantent l'Europe, ce ne sont plus ceux du communisme, évoqués dans le *Manifeste* éponyme. Le « retour » de Marx dont on fait périodiquement grand bruit dans les gazettes n'a rien à voir avec un retour du marxisme. Il n'est que d'observer les idéologies en vogue dans la nébuleuse altermondialiste et l'évolution de penseurs marxistes des années 1970 comme Étienne Balibar ou Antonio Negri, pour lesquels Spinoza, Deleuze ou Carl Schmitt ont au moins autant d'importance que l'auteur du *Capital*. Le « marxisme analytique », en vogue dans certaines universités américaines, illustre d'une autre manière cette banalisation de Marx et du marxisme, plus introuvable que jamais... De même qu'Althusser avait voulu intégrer le socialisme scientifique dans le mouvement structuraliste des sciences humaines, des universitaires anglo-saxons ont conçu le projet, un peu incongru pour nos habitudes, de faire du matérialisme historique un cas particulier de la philosophie analytique dominante sur les campus d'outre-Manche ou d'outre-Atlantique. Il faut voir l'audace de cette transplantation. Selon l'opinion reçue, canonisée par la célèbre critique de Popper, le marxisme est un héritier de ce qu'il y a de pire dans la « philosophie continentale », à savoir Hegel. Le marxisme aurait radicalisé Hegel et mourrait avec lui de la même maladie qui consiste à prendre les mots pour les choses. On peut d'autant mieux tenir ce point de vue qu'il correspond exactement à ce que disent depuis toujours les pères fondateurs et la Vulgate. Voir par exemple le célèbre aphorisme d'Engels : « Le prolétariat allemand est l'héritier de la philosophie classique allemande. » Mais il en est qui veulent justement « sauver le marxisme », en le purgeant, dans le plus pur esprit de la philosophie néopositiviste, de toute trace d'utopie ou de romantisme. La vieille fracture entre dialecticiens de la nature et héritiers du matérialisme « bourgeois » réapparaît. Les seconds peuvent se réclamer d'un autre Marx, le Marx « scientiste » (au moins au niveau de l'intention) du *Capital*. On voit des revues comme *Actuel Marx* s'intéresser plus à Rawls et à Habermas qu'aux classiques du marxisme. Certains sont d'ailleurs passés explicitement de Marx à Rawls, ainsi le philosophe Salvatore Veca en Italie. La lecture de Marx peut aussi prendre le sens (dans le monde anglo-saxon surtout) d'une intégration dans une philosophie scientifique tournant le dos à toute eschatologie. Aujourd'hui les universités américaines (Chicago et Harvard, en particulier) sont riches de chercheurs qui ont depuis longtemps cessé de suivre Marx aveuglément dans sa critique de l'économie politique, mais voient en revanche en lui l'auteur d'une synthèse historique majeure, même si elle est à réinterpréter et à revoir, sur la succession des modes de production comme clef de l'histoire humaine et l'exploitation comme fondement d'une théorie des classes sociales. On parlera à leur propos de marxisme « analytique », pour mieux l'opposer au marxisme

« continental », entaché d'obscurités hégéliennes. Ce refus de rattacher Marx à l'idéalisme allemand, à la métaphysique, est encore un point qui rappelle les mirages « structuralistes » des années 1960. Ces dernières ont laissé dans la société française un héritage intellectuel tenace (héritage qui déborde largement les « intellectuels » patentés) que symbolisent aujourd'hui les deux noms de Bourdieu et de Foucault. D'où l'inutilité, sans doute, d'un marxisme analytique en France. Foucault d'ailleurs et sa « biopolitique », indiscutablement de facture nietzschéenne, ne sont-ils pas devenus aujourd'hui les références théoriques à gauche de la gauche, à Princeton comme à Paris ?

RÉFÉRENCES BIBLIOGRAPHIQUES

DERRIDA Jacques (1991), *Spectres de Marx : l'état de la dette, le travail du deuil et la nouvelle Internationale*, Galilée, coll. « La philosophie en effet », Paris.

GABEL Joseph (1962), *La Fausse Conscience, essai sur la réification*, Minuit, coll. « Arguments », Paris.

KAUTSKY Karl (1922), *Le Bolchevisme dans l'impasse*, PUF, coll. « Quadrige », Paris, 1982.

— (1929), *La Conception matérialiste de l'histoire.*

KORSCH Karl (1930), *Marxisme et Philosophie*, Minuit, coll. « Arguments », Paris, 1964.

— (1950), « Dix thèses sur le marxisme aujourd'hui », *Arguments III*, n° 16, 1959.

LARDREAU Guy (1973), *Le Singe d'or : essai sur le concept d'étape du marxisme*, préface de François CHÂTELET, Mercure de France, Paris.

LEFEBVRE Henri (1958), *Critique de la vie quotidienne*, L'Arche, Paris.

LINDENBERG Daniel (1975), *Le Marxisme introuvable*, Calmann-Lévy, coll. « Ordre des choses », Paris.

LUKACS Georg (1960), *Histoire et conscience de classe : essais de dialectique marxiste*, Minuit, coll. « Arguments », Paris.

LUXEMBURG Rosa (1913), *L'Accumulation du capital*, 2 t., François Maspero, Paris, 1967.

MAN Henri de (1927), *Au-delà du marxisme*, L'Églantine, Paris.

MERLEAU-PONTY Maurice (1945), *Les Aventures de la dialectique*, Gallimard, coll. « Folio », Paris, 2000.

TCHERNENKO Constantin (1984), *Le peuple et le parti ne font qu'un*, Plon, Paris.

WEIL Simone [1999], *Œuvres choisies*, Florence de LUSSY (dir.), Gallimard, coll. « Quarto », Paris.

75

Anticléricalisme et laïcité

Jacqueline Lalouette

Avant la Première Guerre mondiale, la vie politique française avait été profondément marquée par les combats laïques et anticléricaux, dans lesquels le Grand Orient et la Grande Loge de France, les associations de Libre Pensée, la Ligue des droits de l'homme, les radicaux et certains courants socialistes — les allemanistes notamment — avaient joué un rôle moteur. Grâce à l'Union sacrée, le climat s'apaisa durant la guerre et après la cessation des hostilités. Mais, liés à la laïcité de l'État, au statut de l'Alsace-Moselle ou à l'école privée, les conflits reprirent, marquèrent l'entre-deux-guerres et resurgirent après la Libération.

Après les affrontements de la période 1948-1960, la laïcité cessa un temps de susciter des débats d'ampleur nationale. D'après des militants laïques et des historiens de la laïcité, elle passa même pour une marotte d'esprits sectaires ; Jean Cornec [1977] s'irritait d'être considéré « comme un cœlacanthe ». Les analyses relatives à l'échec de l'école laïque, accusée de reproduire les inégalités sociales et d'être un instrument de la bourgeoisie, étaient en partie responsables de ce discrédit. Jouèrent aussi l'évolution de l'Église catholique et le comportement des partis de gauche, qui s'attachèrent de manière quasi exclusive, comme le souligne Maurice Agulhon, au rôle de la lutte des classes en négligeant les combats d'une autre nature : « Ainsi, sur le front, dégarni ou mal défendu, du souvenir laïque, la culture religieuse globale regagne[a] indéniablement du terrain » [*Humanisme*, 1990]. Au début des années 1980, le réveil de la « guerre scolaire » redonna à la laïcité un caractère d'actualité ; Michel Bouchareissas s'en félicita dans *L'École libératrice* du 23 juin 1984 et remarqua, non sans ironie, qu'un jeu nouveau, celui du « plus laïque que moi, tu meurs », se pratiquait désormais au sein de la gauche. À partir de la fin des années 1980, les questions relatives à l'enseignement du « fait religieux » et à l'expression des croyances religieuses à l'école réactivèrent les préoccupations laïques. Parallèlement, les positions de certaines organisations musulmanes et l'hostilité de l'Église catholique au vote d'une loi sur les signes religieux rendirent de la vigueur à l'anticléricalisme, auquel certaines associations ou certains groupuscules n'avaient jamais renoncé, et qui avait déjà resurgi antérieurement, dans diverses circonstances.

LES RAPPORTS ENTRE LA LAÏCITÉ ET L'ANTICLÉRICALISME

Traiter conjointement de la laïcité et de l'anticléricalisme pose quelques problèmes méthodologiques. Il est malaisé de définir clairement ces deux mots : la laïcité est-elle un concept, un principe, une valeur ou un cadre juridique ou une idéologie, politique, sociale, morale ? [Macherey, 1991]. Elle est traditionnellement analysée sous ses angles philosophique et juridique ; sont ainsi affirmées les prérogatives de la raison et de la liberté de conscience par rapport aux croyances et aux dogmes et celles de l'État et des citoyens par rapport aux Églises. Mais, dès que l'on veut cerner plus précisément sa nature, les divergences, voire les contradictions, s'accumulent. En 1992, Claude Nicolet signala que le miroir tendu à la laïcité renvoie des « figures souvent brisées, et d'une étonnante disparité », car chacun la voit « à son image ». Règle juridique fondant l'aconfessionnalité de l'État, la laïcité est parfois présentée comme une forme de neutralité. Pour de nombreux militants laïques, au contraire, elle doit être engagée. Jean Cornec repousse une laïcité qui serait une « neutralité émasculante » [1977] ; Jean-Robert Ragache écrit que la « laïcité n'est pas neutralité mais combat, car son principe fondamental, la liberté de conscience, est toujours menacé » [*Humanisme*, 1990]. Mais n'est-il pas paradoxal, du moins en apparence, de présenter la laïcité comme un combat et d'affirmer qu'elle est le seul dispositif permettant à des individus et à des groupes ne partageant ni la même foi ni les mêmes convictions philosophiques de vivre ensemble ?

Pour Albert Bayet, la laïcité était « d'abord et essentiellement la liberté de conscience entrant dans les lois et les mœurs », alors que Joseph Lafuste [1993] la considère non comme la liberté de conscience elle-même, mais comme sa garantie ; à l'inverse, lors des récents débats sur le port des signes religieux à l'école, nombre de personnes ont dénoncé la contradiction existant entre laïcité et liberté de conscience. Précisément, Claude Nicolet [1992] appelle tous les citoyens, y compris les militants laïques, à préserver la liberté en cultivant la « laïcité intériorisée », seule capable de tuer « le petit "monarque", le petit "prêtre", le petit "important", le petit "expert" qui prétendra s'imposer aux autres ou à lui-même par la contrainte, la fausse raison, ou tout simplement la paresse et la sottise ». Pour Gérard Fath [1997] aussi, la laïcité est avant tout une « posture de vigilance mentale ».

De son côté, la Ligue de l'enseignement développa l'idée d'une laïcité « plurielle » ou « nouvelle » ou « ouverte », susceptible d'accueillir des valeurs qui lui étaient traditionnellement étrangères. Cet *aggiornamento* suscita l'hostilité de nombreux militants laïques, qui y virent une trahison de l'idéal laïque originel. Pour Patrick Kessel, ancien Grand Maître du Grand Orient de France, et pour bien d'autres auteurs, cette laïcité ouverte est vidée de sa substance. Mais, d'après Étienne Balibar [1991], « les deux notions de "laïcité" ainsi désignées sont beaucoup plus complémentaires qu'elles ne sont incompatibles » et correspondent à deux niveaux différents ; le discours sur la laïcité ouverte se rapporte à la société civile, alors que l'autre discours renvoie à l'État ; c'est « cette symétrie [qui] nourrit des méfiances, voire des procès d'intention ». De son côté, Jean Boussinesq [1998] plaide en faveur d'une laïcité qui ne soit plus « la laïcité d'abstention de l'État », mais « une laïcité de confrontation, de débat, qui est celle de la société civile, en tant que distincte de la puissance publique ».

Une autre question se pose : la laïcité doit-elle s'appliquer exclusivement aux rapports entre l'État et les Églises ou doit-elle s'étendre à d'autres domaines ? Dès l'entre-deux-guerres, des militants laïques ont jugé que la laïcité et le capitalisme sont antagoniques, que la laïcité est consubstantielle à la démocratie et que celle-ci ne peut aller de pair avec les injustices sociales. Alors qu'il était secrétaire du groupe socialiste de la Chambre des députés, Marcel Déat défendit ce point de vue : « Nous sommes quelques-uns à estimer que la lutte contre l'Église, contre le catholicisme, contre l'action catholique, est avant tout, aujourd'hui, qu'on le veuille ou non, un aspect de la lutte sociale [...] parce que l'Église a lié son sort à celui de la bourgeoisie et que, quand nous faisons effort pour libérer le Travail, nous rencontrons l'Église sur notre chemin » [Groupe fraternel de l'enseignement, 1928]. À l'époque, cette position n'était pas admise par la majorité des militants laïques et Marcel Déat lui-même rappela les critiques qu'elle soulevait : « On nous dit : "Vous mêlez la laïcité avec la lutte des classes, pour l'appeler par son nom. Cela est inefficace et dangereux. Parlez-nous au contraire, d'une pensée laïque et militante, athée. Le problème social n'est vraiment pas un terrain où poursuivre la lutte contre l'Église." » Quelques années plus tard, Marceau Pivert exposa à son tour les principes de la « laïcité prolétarienne », présentée comme la « protestation permanente d'une classe en mouvement contre toutes les forces qui tendent à la paralyser » ; conscient que cette laïcité-là provoquerait les « fureurs des conservateurs sociaux », Pivert [1932] pensait que les « neutralistes et les cléricaux » se ligueraient contre elle. Aujourd'hui, la nécessité de lier laïcité et luttes sociales semble être adoptée majoritairement, si ce n'est unanimement, au sein du camp laïque. En 1995, réunis en congrès à Clermont-Ferrand, les militants de la Ligue de l'enseignement estimèrent que la laïcité doit inclure la justice sociale, car parler du « vivre ensemble » sur fond de misère, d'exclusion et de chômage équivaut à une provocation. Le mot de « laïcité » s'applique maintenant à des réalités sociétales. Un *Livre blanc de la laïcité* édité par le Grand Orient de France en novembre 2001 la définit comme « une attitude dont les champs d'application recouvrent tous les aspects de la société » et inclut, par exemple, la « laïcisation du "statut des corps" (amour et sexualité, mort, maladie) » parmi les « champs d'application nouveaux ».

Et dira-t-on comme Max Gallo [*Humanisme*, 1990] — une telle position tend aussi à se répandre — que la « laïcité est intrinsèquement liée à la République », que celle-ci est « par essence et de naissance laïque » ? Mais alors, comment considérer la IIe République qui établit le suffrage dit « universel », abolit l'esclavage et la peine de mort en matière politique, mais fut tout sauf laïque ? Et, questionne Jean Boussinesq [1998], que dire des Républiques non démocratiques, mais laïques, comme la Turquie ? Guy Haarscher [2004], quant à lui, demande si l'on doit refuser le bénéfice de la laïcité à des États comme le Royaume-Uni ou le Danemark, deux monarchies constitutionnelles, qui plus est, dotées d'une religion d'État, mais dans lesquelles les « grandes libertés fondamentales concernant la laïcité *sensu lato* (de conscience, d'expression, de culte, d'association, d'enseignement) sont tout aussi bien respectées qu'en France » ?

Enfin, il est courant de lire que la laïcité « à la française » n'appartient pas à un système de « piliers », comme en Belgique, où la laïcité constitue un courant de pensée parmi d'autres, mais qu'elle s'impose à tous. Cela est vrai sous l'angle institutionnel et légal. Mais, sous l'angle philosophique, la laïcité peut bien être considérée comme le dénominateur commun d'une famille de pensée, à laquelle tous les Français ne sont pas tenus d'appartenir. D'ailleurs, on observe chez certains membres de la famille laïque — au sens philosophique du terme — une propension à « sacraliser » la laïcité ; Evry Schatzman [1981] notait l'existence d'un héritage religieux inconscient propre à introduire de la religiosité là où, en apparence, triomphe la laïcité.

Quant au terme d'« anticléricalisme » — de même que l'adjectif « anticlérical » —, il recouvre des acceptions parentes, mais différenciées. L'anticléricalisme est d'abord la volonté de s'opposer au cléricalisme, c'est-à-dire aux empiètements du pouvoir spirituel sur le pouvoir temporel, pour user d'expressions classiques. Cette définition, en apparence simple, n'est pas sans poser problème : qui peut dire, en toute objectivité, où passe la limite dont le franchissement permet à l'un des deux pouvoirs d'accuser l'autre d'une immixtion indue ? Puis « anticléricalisme » a pris un sens extensif pour s'appliquer aux attaques diverses contre l'existence de Dieu, contre les dogmes, les croyances et les Écritures — l'anticléricalisme se fait alors antireligion, anticatholicisme ou antichristianisme —, mais aussi contre les ecclésiastiques, quand bien même ceux-ci s'en tiendraient à leurs attributions.

Visant à défendre l'État et les citoyens contre les empiètements, réels ou supposés, des Églises et des religions, la laïcité est obligatoirement anticléricale, au premier sens du terme ; un tract du Comité national d'action laïque, diffusé le 26 avril 1990, le reconnaît d'ailleurs implicitement : « mais la laïcité n'est pas forcément l'incroyance. Elle ne se limite pas non plus à l'anticléricalisme ». À certaines époques, les militants laïques versent aisément dans les deux dernières formes d'anticléricalisme, alors qu'à d'autres moments, tout en défendant les droits de l'État et des citoyens, ils se montrent respectueux des religions et des Églises. Par ailleurs, parmi les mouvements laïques, certains sont intolérants envers tout ce qui a trait à la foi, à la piété ou aux clergés, et d'autres non ; enfin, à l'intérieur d'un même mouvement, tous les individus n'adoptent pas les mêmes comportements.

Depuis plusieurs décennies, le terme de « cléricalisme », beaucoup moins usité désormais qu'il ne le fut au plus fort des luttes anticléricales, a subi une nette évolution et ne se rattache plus au seul domaine des religions ; il possède désormais aussi une signification sociale. Logiquement, le mot d'« anticléricalisme » a évolué lui aussi. Ainsi, l'Union des familles laïques présente la laïcité comme indissociable d'un anticléricalisme tourné contre tous les cléricalismes, qu'ils soient financiers, éthiques ou religieux ; en d'autres temps, on aurait parlé de « bastilles » ou de « *lobbies* ». Il n'est pas certain que ces extensions de sens, qui aboutissent à ce que l'on peut considérer comme des abus de langage, rendent les débats plus clairs.

Mais présenter l'anticléricalisme et la laïcité et leurs rapports ne saurait se réduire à esquisser des définitions ou à exposer des conceptions philosophiques et juridiques, qui seraient restées lettre morte si des mouvements influents n'agissaient pour les faire triompher et les défendre.

La mouvance laïque et anticléricale

Progressivement, que ce soit après la Première ou après la Seconde Guerre mondiale, furent fondés de nouveaux organismes laïques et anticléricaux. Luttant aux côtés de ceux qui existaient avant 1914, ils forment un ensemble diversifié, dont l'action est soutenue par les partis politiques de gauche — dont il faudrait étudier en détail toutes les variations — et par la Fédération de l'éducation nationale (FEN) ou la Fédération syndicale unitaire (FSU), mais aussi par d'autres centrales syndicales, que nous n'avons pas à présenter ici.

Désorganisée durant la Première Guerre mondiale, la Libre Pensée se reconstitua lentement durant l'entre-deux-guerres. Outre la Fédération nationale des libres-penseurs de France et des colonies (FNLPFC), fut fondée l'Union fédérale des libres-penseurs révolutionnaires de France, proche du parti communiste, qui s'appela par la suite Association des travailleurs sans Dieu (ATSD) ; les deux organismes fusionnèrent en 1936. En 1940, la Libre Pensée dut cesser toute activité. Après la Libération, se constitua la Fédération nationale de la Libre Pensée (FNLP). Actuellement, la plupart des sociétés locales lui sont affiliées, mais, la jugeant colonisée par des trotskistes, certains de ses membres la quittèrent pour fonder l'Association des libres-penseurs de France. En juin 1998, se constitua un petit groupe parlementaire des Amis de la Libre Pensée comptant onze députés et trois sénateurs, auxquels se joignirent trois membres du Conseil économique et social et deux anciens parlementaires. Les sociétés de Libre Pensée demeurent vigoureusement anticléricales et antireligieuses, toutes les religions étant considérées comme des obstacles à l'émancipation de la pensée. En 1976, elles ont lancé l'opération « Crayon rouge » : les libres-penseurs ayant reçu le baptême demandent au curé de la paroisse où la cérémonie se déroula d'inscrire dans les registres paroissiaux la mention « a renié son baptême ». Dans une société déchristianisée, les cérémonies civiles des libres-penseurs ont perdu de leur importance et de leur signification, mais les banquets du vendredi saint ont encore cours ; le 9 avril 2004, 55 banquets ont réuni près de 3 000 convives (*La Raison*, juin 2004). Certaines manifestations en l'honneur de « martyrs de la Libre Pensée », le chevalier de la Barre par exemple, sont toujours organisées.

Puissante et assez forte numériquement à la fin de l'entre-deux-guerres, la franc-maçonnerie fut interdite par les lois du 13 août 1940 et du 11 août 1941. Après la Libération, il fallut plus de vingt ans pour reconstituer les effectifs, puis les obédiences maçonniques, anciennes ou nouvellement créées, connurent un grand essor. La laïcité — qui n'exclut pas la référence au Grand Architecte de l'Univers, obligatoire pour les loges de la Grande Loge de France et adoptée par une minorité de loges du Grand Orient — demeure un principe fondamental pour les principales obédiences. Mais les maçons ont globalement répudié leur anticléricalisme d'avant la Seconde Guerre mondiale : « Le temps des injures est révolu », constatait Michel Barat en 2002. Un dialogue s'est instauré entre quelques personnalités de la hiérarchie catholique, comme Mgr Thomas, évêque de Versailles, et des francs-maçons ; en 1987, l'Institut d'études et de recherche sur la franc-maçonnerie (IDERM) et le Service incroyance et foi organisèrent un colloque en commun. Malgré ces rapprochements, des réserves demeurent, de part et d'autre. Pour Michel Barat [2002], ancien Grand Maître de la Grande Loge de France, la position de l'Église catholique face à la franc-maçonnerie est « janusienne ».

Attachée aux valeurs laïques, la Ligue des droits de l'homme conserva pendant plusieurs décennies l'anticléricalisme de ses origines. En 1937, elle condamna l'ouverture d'écoles congréganistes, en violation de la loi du 7 juillet 1904 ; la même année, lors de son congrès, elle demanda au gouvernement du Front populaire d'abroger la loi Falloux, d'assurer le respect de la liberté de conscience et de la neutralité dans l'armée, de prendre des mesures de sauvegarde en faveur de l'école laïque et de lutter « contre les menées factieuses du clergé en Alsace ». La Ligue de l'enseignement avait, elle aussi, été désorganisée pendant la Première Guerre mondiale ; aux lendemains de la victoire, elle souffrit d'une certaine désaffection, mais les conflits des années 1924-1925 lui redonnèrent de la vigueur. Pendant l'entre-deux-guerres, « elle s'imposa comme la grande organisation du combat laïque et de progrès » [Tournemire, 2000] et défendit la thèse de la nationalisation de l'école. Dissoute sous Vichy, elle se reconstitua à la fois en métropole, dans la clandestinité, sous la direction d'Albert Bayet, et en Algérie. Après des années de fort dynamisme, la ligue rencontra désillusions et difficultés. En 1986, elle lança une réflexion sur la nature de la laïcité et, en 1989, l'affaire des foulards lui suggéra le projet des « assises de la laïcité plurielle ». Quant à l'Union rationaliste, fondée en 1930 par Paul Langevin et d'autres scientifiques, elle se donna pour « tâche essentielle de faire connaître au public les grandes découvertes de la science contemporaine, les problèmes posés par ces découvertes, l'esprit et les méthodes du travail scientifique » ; elle entendait aussi « éveiller chez le citoyen l'esprit critique » et assurer le triomphe de la raison. Elle a toujours soutenu la cause laïque.

Depuis la Libération, bien d'autres organismes ont été fondés pour la défense des valeurs laïques. En 1946, fut fondé le Cartel d'action laïque (CAL), qui précéda le Comité national de défense laïque, constitué en 1951, d'où sortit, en 1953, le Comité national d'action laïque (CNAL) ; outre les syndicats enseignants, la Ligue de l'enseignement et les délégués départementaux de l'Éducation nationale, y est représentée la Fédération des conseils des parents d'élèves des écoles publiques (FCPE), elle-même issue, en 1947, des Conseils de vigilance des parents des élèves des écoles publiques. En 1954, à l'initiative du Grand Orient de France, fut fondé le Centre d'action européenne démocratique et laïque (CAEDEL) — désormais nommé Europe et laïcité — attaché à la formation d'une laïcité européenne, mais dont les statuts prévoient aussi de « défendre le principe constitutionnel des institutions de la République française ». En 2000, le CAEDEL et le Comité laïcité-République, créé en 1990, décidèrent de travailler en commun. Créée en 1993, l'association Initiative républicaine est, elle aussi, proche du Grand Orient de France ; cette organisation entend restructurer la gauche française et rassembler laïques et républicains. En 1994, s'est mis en place le Centre national d'études laïques. En 1995, à l'initiative de la Grande Loge de France, du Parti socialiste (PS), du Parti communiste français (PCF), du Mouvement contre le racisme et pour l'amitié entre les peuples (MRAP), du parti radical, de la Confédération française démocratique du travail (CFDT), a été créé le Carrefour laïque de vigilance, de réflexion et d'action. Héritier du Mouvement des Citoyens, qui avait été créé en 1992 par Jean-Pierre Chevènement, le Mouvement républicain et citoyen (MRC), formé au mois de janvier 2003, proclame que ses valeurs sont les valeurs fondamentales de la République, c'est-à-dire la laïcité, l'égalité et la liberté. Cette liste n'épuise d'ailleurs pas l'ensemble des organismes qui forment la mouvance laïque.

En 1967, les militants laïques appartenant à la FCPE ou à la Ligue de l'enseignement décidèrent de porter le combat laïque sur le terrain des associations familiales, jusqu'alors dominées par des associations confessionnelles, catholiques ou protestantes. Ils créèrent le Conseil national des associations de familles laïques (CNAFAL), d'où sortit, en 1969, une association plus radicale, l'Union des familles laïques (UFAL).

Aux associations de défense de la laïcité s'ajoutent des groupements dont l'antireligion et l'anticléricalisme balayent un spectre assez large, mais qui ne représentent pas des forces numériquement importantes et ne sont guère représentatifs. Le 27 août 1973, l'Union des athées, créée en 1970, a déposé ses statuts, par la suite modifiés à diverses reprises. Ses membres regardent les croyances comme des « obstacles aux progrès de l'esprit humain », veulent faire triompher une « conception matérialiste et scientifique de l'univers » et défendre la « laïcité de l'État ». En 1980, s'est formé un Comité de liaison de l'athéisme ; considérant que les juifs, les musulmans et les Arméniens bénéficient de jours de congé supplémentaires, ses adhérents demandent qu'un jour propre soit attribué aux athées. À Besançon, des athées obéissent au vieux cri de guerre anticlérical, « CROA », qui est en même temps le sigle de leur groupe, nommé Cercle des résistants à l'oppression des agenouillistes.

Les mouvements de jeunesse occupent une place importante dans la mouvance laïque. Aux Éclaireurs de France fondés en 1911, s'ajoutèrent les Faucons rouges en 1928 ou encore les sections enfantines de l'ATSD. En 1933, le Centre laïque des auberges de jeunesse (CLAJ) vit le jour, créé par Cécile Grunebaum-Ballin, en collaboration avec la Ligue de l'enseignement, le Syndicat national des instituteurs (SNI), la Fédération générale de l'enseignement, ancêtre de la FEN ; trois ans plus tard, furent fondés les Centres d'entraînement aux méthodes actives (CEMEA). En 1946, Pierre François mit sur pied l'organisation des Francs et Franches Camarades, dans le but de « former des hommes libérés des emprises irrationnelles » (*Camaraderie*, novembre 1946). Ces divers organismes promeuvent les valeurs de la laïcité auprès de l'enfance et de la jeunesse, forment de futurs citoyens et préparent pour l'avenir le recrutement de militants laïques ; leurs animateurs acquièrent un sens des responsabilités qu'ils peuvent ensuite réinvestir dans un autre secteur du combat laïque.

Il convient de ne pas oublier la gauche chrétienne, qui s'associa aux combats laïques ; on évoquera ainsi le SGEN (Syndicat général de l'éducation nationale) et la CFDT, *Témoignage chrétien* (*TC*) et des hommes comme Georges Montaron ou André Mandouze. Au mois de février 1984, *TC* lança l'opération « Nous les cathos de la laïque » : il s'agissait de reconnaître la « valeur fondamentale de l'enseignement public », d'affirmer haut et fort que les chrétiens scolarisant leurs enfants à l'école publique ne sont pas des « chrétiens de seconde zone » et de s'étonner de l'attitude des évêques participant aux manifestations organisées en faveur de l'école privée. En 1984 et en 1994, les « cathos de la laïque », ainsi que le syndicat des enseignants du privé, figurèrent dans les manifestations organisées par les forces laïques.

Enfin, il ne faut pas négliger le rôle de la presse. Outre les organes d'associations, de partis, de syndicats importants et lus par des milliers d'adhérents, les publications des groupes d'extrême gauche — comme *Le Monde libertaire* ou *Combattre pour le socialisme*, organe du Comité pour la construction de l'Internationale ouvrière révolutionnaire — ont une orientation anticléricale marquée ; c'est aussi le cas de journaux indépendants, comme le *Canard enchaîné* ou *Charlie-Hebdo*. Les caricatures tiennent une place importante ; mieux que de longs discours, elles offrent des analyses que l'œil du lecteur saisit instantanément. Ainsi, contemporaine de la loi Debré, une publication du CNAL propose un dessin représentant un évêque en train de kidnapper Marianne, vêtue en écolière, et de la traîner vers une potence, dont la corde a été remplacée par un rosaire. Dans le *Bulletin des Athées du Centre-Ouest* du premier trimestre 1990, un dessinateur, « JPF », a représenté un évêque qui dit à un mollah : « Toutes mes félicitations ! Dans l'affaire du foulard vous avez joué magnifiquement », et le mollah de répondre : « Ah ! vous avez vous-même été extraordinaire lors de *La Dernière Tentation du Christ.* »

Combats pour l'école laïque

Tout au long du XXe siècle, la question laïque se posa essentiellement à propos de l'école. Dès les lendemains de la Première Guerre mondiale, des aménagements furent apportés à la laïcité du système scolaire. Le 25 juillet 1919, fut promulguée la loi Astier permettant le versement de subventions à l'enseignement professionnel privé. Des écoles congréganistes rouvrirent ; le mouvement des Davidées, composé d'institutrices catholiques enseignant dans les écoles laïques, se développa. À partir de 1929, *L'École libératrice* créa une rubrique intitulée « Défense laïque », qui se transforma en « Action laïque » en 1936. Lors du congrès socialiste de la SFIO de Marseille, au mois de juillet 1937, une session fut consacrée à la « défense laïque ». Quelques délégués, Brenier de l'Isère, Tiéphaine de la Loire-Inférieure, Caumes de l'Aveyron, Ascenzio du Maine-et-Loire s'inquiétèrent de la « politique de concessions » pratiquée par la gauche ; « il faut faire de l'anticléricalisme », asséna Caumes, tandis que Tiéphaine dénonça l'ouverture d'un grand nombre d'écoles privées dans les départements de l'Ouest, au détriment de l'école laïque, qui avait perdu, affirma-t-il, 35 000 élèves en quelques années. Le 16 novembre 1938, *L'École libératrice* lança un appel en faveur de l'école laïque qui, selon elle, était en danger.

À la Libération, les militants laïques jugèrent que le gouvernement tardait à restaurer la laïcité de l'école, d'où la création du CAL et des Conseils de vigilance des parents des élèves. Puis « la hache de la guerre scolaire » fut déterrée en 1948, le Rassemblement populaire français (RPF) ayant trouvé là un excellent moyen de séparer les partenaires de la Troisième Force. Après la querelle « des kermesses », qui vit des responsables catholiques refuser de payer une taxe réclamée par le fisc sur les recettes de kermesses organisées au bénéfice des écoles privées, après des troubles suscités par la nationalisation des écoles des Houillères, le décret signé le 22 mai 1948 par Germaine Poinso-Chapuis, ministre MRP (Mouvement républicain populaire) de la Santé, mit le feu aux poudres ; ce texte autorisait les associations familiales à recevoir des subventions, versées par les collectivités locales, et à les répartir entre des familles adhérentes éprouvant des difficultés pour élever leurs enfants, quand bien même ceux-ci fréquenteraient une école privée. Dès lors, le conflit scolaire empoisonna la vie politique du pays. Le 18 juillet 1948, se tinrent les états généraux de la France laïque organisés par la FEN, le SNI, la FNLP, le comité de laïcité du Grand Orient de France, la Ligue de l'enseignement, l'Union rationaliste, la CGT, la SFIO, divers mouvements de jeunesse, etc. — vingt-sept organisations au total — qui entendaient ainsi répondre aux « campagnes contre l'école de la République ». Clément Durand, secrétaire de la commission d'Action laïque du SNI, énuméra toutes les mesures prises en faveur de l'école privée et demanda qu'aucune subvention ne pût désormais « être affectée à l'école privée par les collectivités publiques ». Adrien Lavergne, de la FEN, dressa un sombre tableau de l'état matériel de nombreuses écoles publiques privées d'eau, d'éclairage ou de cour de récréation et communiqua des listes de communes situées en Vendée ou dans la Loire-Inférieure ne possédant pas d'école publique. Ces états généraux furent considérés comme le prélude à une campagne nationale en faveur de l'école laïque, qui devait devenir l'« école de tous les enfants de France » ; un parrainage pour les « écoles déshéritées » fut organisé.

En septembre 1951, deux lois favorables à l'enseignement privé furent votées. La loi Marie, du nom du ministre radical de l'Éducation nationale du gouvernement Pleven, accorda le bénéfice des bourses de l'État aux meilleurs élèves de l'enseignement secondaire privé ; la loi Barangé, du nom d'un député catholique MRP, créa une allocation scolaire, d'un très faible montant, dont les élèves de l'enseignement privé pouvaient bénéficier au même titre que ceux de l'enseignement public. De 1952 à 1955, suivirent divers autres textes relatifs aux établissements privés, qu'il s'agît des écoles maternelles (loi Gabelle), des cours complémentaires (décret Houdet) ou de l'enseignement supérieur (loi Tanguy du Pouët). Pour le CNAL, il s'agissait de mauvais coups portés contre l'école publique ; le 30 septembre 1952, réunis sur la tombe de Jules Ferry, ses militants s'engagèrent à lutter pour le rétablissement des lois laïques sur tout le territoire de la République. En 1953, Maurice Deixonne demanda « la mise en sommeil légal » de toutes les lois favorables à l'enseignement privé et reprit le vieux thème des « deux jeunesses » pour regretter qu'une partie de la jeunesse française fût élevée « en vase clos », à l'écart du reste de la jeunesse française.

Sous la Ve République, une commission de douze membres, présidée par Pierre-Olivier Lapie, fut chargée de l'« étude des rapports entre l'État et l'enseignement privé ». Siégeant du 25 juin au 29 octobre 1959, elle entendit Albert Bayet, Jean Cornec et Denis Forestier, du SNI ; lors de son audition, Geroges Lauré, de la FEN, déclara que seule l'école laïque peut « être le creuset d'une communauté faite d'hommes libres acceptant de vivre ensemble malgré leur diversité ». Michel Debré confia le soin de régler la question scolaire à André Boulloche, ministre socialiste de l'Éducation nationale, qui, s'estimant trahi, démissionna avant le vote de la loi. Toute la gauche laïque se mobilisa contre le projet de loi désormais appelé Debré. Au mois de novembre, cinq députés communistes, Maurice Thorez, François Billoux, Waldeck-Rochet, René Cance et Pierre Villon, déposèrent une proposition de loi « pour la nationalisation de l'enseignement ». Le 6 décembre, des manifestations pour la « défense de l'école laïque » rassemblèrent des milliers de personnes, 100 000 à Paris, 70 000 dans diverses villes de province. Le 21 décembre 1959, Jean Cornec écrivit au général De Gaulle pour lui rappeler l'engagement des enseignants dans les FFI et les FTP, à une époque où les cardinaux Gerlier et Suhard étaient au mieux avec Vichy. Une nouvelle journée de défense laïque fut organisée le 22 décembre. La veille, était paru dans *L'Humanité* un dessin de Jean Effel représentant Marianne en écolière, écrivant au tableau : « Ne nous désunissez pas dès l'enfance. Une seule école accueillante à tous les petits Français. » En dépit de cette mobilisation, la loi fut adoptée le 29 décembre 1959. Au Sénat, Georges Cogniot dénonça « une loi de peur et de haine » ; pour Maurice Deixonne, cette loi devait devenir une loi « aussi tristement célèbre que la loi Falloux ». Lancée le 13 février 1960, à l'initiative du CNAL, une pétition nationale circula à travers toute la France et recueillit 10 813 697 signatures. Le 19 juin 1960, 24 000 délégués des pétitionnaires se rassemblèrent porte de Versailles, à Paris. L'après-midi, un meeting fut organisé dans le bois de Vincennes. L'Union des syndicats CGT de la Seine avait demandé à ses adhérents d'y participer ; *L'Humanité* du 20 juin 1960 évalua la foule à 400 000 personnes. Lors de cette « journée laïque », fut lu un serment solennel par lequel les tenants de la laïcité promirent « de manifester en toutes circonstances et en tous lieux [leur] irréductible opposition à cette loi contraire à l'évolution historique de la nation, de lutter sans trêve et sans défaillance jusqu'à son abrogation et d'obtenir que l'effort scolaire de la République [fût] uniquement réservé à l'école de la Nation, espoir de notre jeunesse ».

En 1972, le « programme commun de gouvernement » prévoyait que « tous les secteurs de l'enseignement initial et une part importante de l'éducation permanente ser[aient] réunis dans un service public unique et laïque », que le « bénéfice des lois laïques ser[ait] étendu à tout le territoire (y compris Alsace-Moselle) » et que « dès la première législature, les établissements privés — qu'ils [fussent] patronaux, à but lucratif ou confessionnels — percevant des fonds publics ser[aient] en règle générale nationalisés », leurs personnels non ecclésiastiques pouvant choisir d'être intégrés dans le service public. Mais la gauche n'était alors pas au pouvoir et, en 1977, la loi Guermeur consentit de nouveaux avantages aux écoles privées. L'opposition parlementaire fit déférer cette loi devant le Conseil constitutionnel ; le 23 décembre 1977, celui-ci reconnut la liberté de l'enseignement comme un « principe fondamental de la République ». La Libre Pensée, quant à elle, se déclara en état d'« insurrection laïque ». En mars 1981, le candidat à la présidence de la République François Mitterrand annonça, qu'en cas de victoire, il veillerait à la mise en œuvre de « dix mesures pour l'école », parmi lesquelles figurait la formation d'un « grand service public, unifié et laïque de l'Éducation nationale ».

Après la victoire de la gauche aux élections présidentielles de 1981, le soin de réaliser ce programme échut à Alain Savary, ministre de l'Éducation nationale dans le gouvernement Mauroy. La guerre scolaire se ralluma. Les associations des parents d'élèves des écoles libres ayant réuni 100 000 personnes à Pantin en avril 1982, le CNAL rassembla 250 000 ou 300 000 auditeurs au Bourget, le 10 mars 1982, à l'occasion du premier centenaire des lois Ferry. Il fallut au ministre de l'Éducation nationale plus de deux années de réflexion et de consultations diverses pour élaborer un projet de loi acceptable pour les forces laïques et pour les représentants de l'enseignement catholique, délai très long, qui contribua peut-être à l'échec final. Mais, admises par les rocardiens et la « deuxième gauche », les idées du ministre heurtaient de nombreux socialistes et inquiétaient les associations laïques qui y voyaient la consécration du dualisme scolaire. Paul Gourdot, Grand Maître du Grand Orient de France, écrivit à François Mitterrand pour lui rappeler ses promesses en matière scolaire ; les propositions de Savary, disait-il, consacraient l'existence de deux systèmes scolaires et correspondaient à une forme de reniement et de trahison. Les 21-22 décembre, le Conseil national du Syndicat national des instituteurs et des professeurs d'enseignement général de collège (SNI-PEGC) exprima ses inquiétudes et lança l'opération « Vérité de l'école laïque », destinée à désamorcer la campagne de dénigrement lancée contre l'enseignement public par la presse de droite.

Le 25 octobre 1983, le bureau national du SNI-PEGC condamna l'« absence de toute référence à la perspective de mise en œuvre d'un service public unifié et laïque de l'Éducation nationale » dans le projet Savary et proclama que seule la « fin du dualisme subventionné » pourrait marquer la volonté d'établir la paix scolaire. Durant les mois de novembre et de décembre 1983, le CNAL organisa des manifestations à Yssingeaux, Chauny, Épinal, Nantes, Rodez, Arpajon et Marseille. À Yssingeaux — seule sous-préfecture de France dépourvue d'un établissement d'enseignement secondaire public — Jean-Claude Barbarant, secrétaire général du SNI, releva la confusion entretenue par la droite entre les mots de « liberté » et de « libéralisme ». À Nantes, devant 100 000 personnes, Michel Bouchareissas dénonça l'« appropriation du mot de "liberté" par les puissances d'argent » et présenta la « droite conservatrice » comme l'« héritière de Thiers, de Montalembert, de Pétain ». De janvier à mars se déroulèrent des manifestations en faveur de l'école privée, auxquelles les organisations laïques répondirent par une série d'environ 90 manifestations, toutes organisées le 25 avril 1984, à la même heure, « contre les mitres d'écoles » (*Le Canard enchaîné*, 25 avril 1984). *L'École libératrice* du 5 mai décrivit d'« immenses foules pacifiques et exigeantes », évaluées au total à deux millions de manifestants ; cependant, l'opposition au projet Savary s'exprima dans certains cortèges par des slogans comme « Savary, entends-tu, les laïques sont dans la rue » et un anticléricalisme digne de *La Calotte* inspira quelques manifestants, qui, grimés en ecclésiastiques, parodièrent des scènes religieuses. Pendant ce temps, le CNAL multipliait ses contacts avec le PS, le PCF, le MRG, la CGT, la CFDT, FO, les groupes parlementaires socialiste et communiste. Ses représentants furent reçus à l'Élysée le 4 mai, à Matignon, le 16 mai. Cinq jours après, la discussion du projet Savary commença à l'Assemblée nationale ; dans la nuit du 22 au 23 mai furent votés les amendements proposés par la commission Laignel. Les principales modifications portèrent sur le financement des établissements privés sous contrat d'association, désormais subordonné à la titularisation d'au moins la moitié de leurs enseignants, et ce dans un délai de six ans. La droite estima qu'il s'agissait d'une intégration de fait qui, à la longue, s'avérerait contraire au « caractère propre » des établissements privés. Comme l'a souligné Antoine Prost, ces mesures, très techniques, arrivaient après le vote de la loi de décentralisation du 2 mars 1982, et risquaient d'alourdir la gestion des communes. Le 24 juin 1984, la manifestation de soutien à l'enseignement privé, organisée à l'initiative des associations de parents d'élèves de l'enseignement libre (APEL), rassembla à Paris plus d'un million de personnes, qui, selon *Le Canard enchaîné* du 27 juin 1984, défilèrent « au pas de l'ouaille ». Le 12 juillet suivant, François Mitterrand annonça le dépôt d'un nouveau projet de loi, ce qui équivalait au retrait du texte d'Alain Savary, lequel décida de démissionner, entraînant la démission du gouvernement Mauroy. Le nouveau Premier ministre, Laurent Fabius, confia le portefeuille de l'Éducation nationale à Jean-Pierre Chevènement ; celui-ci revint à la loi Debré, qui fut « dépoussiérée et améliorée » (*TC*, 17-23 septembre 1984). Le CNAL dénonça les pièges d'une pseudo-parité entre le public et le privé. Jacqueline Marchand [1984], de l'Union rationaliste, se montra très pessimiste quant à l'évolution du système scolaire français : « C'est tout l'effort libérateur de la pensée française, de Bayle à Jules Ferry, de Voltaire à Condorcet, de Diderot à Ferdinand Buisson, qui est honni et considéré comme périmé, sinon comme criminel, quand l'État prend à sa charge un enseignement dogmatique dans son essence, même s'il a considérablement modernisé ses méthodes ».

Le calme revint et les deux camps finirent par considérer qu'une sorte d'équilibre s'était instauré dans le système scolaire français. Les accords Lang-Cloupet et leur décret d'application, en mars 1993, furent toutefois mal accueillis par le camp laïque. Mais la guerre scolaire reprit vraiment durant l'automne 1993, lorsque le député Bruno Bourg-Broc proposa l'abrogation de l'un des rares articles de la loi Falloux encore en vigueur, celui qui limitait le financement des écoles privées par les collectivités locales. Les organisations laïques ne pouvaient l'admettre et, dans une curieuse bataille à fronts renversés, elles se mobilisèrent pour défendre l'article 69 de cette loi que la gauche avait toujours honnie. Elles organisèrent une gigantesque manifestation, moins importante toutefois que la manifestation pour l'école privée du 24 juin 1984, qui se déroula à Paris le 16 janvier 1994. Fait exceptionnel, de nombreux francs-maçons défilèrent avec leur décor. Certaines banderoles offraient des slogans anticléricaux éprouvés au fil du temps, comme le classique « À bas la calotte » ; d'autres inscriptions étaient au goût du jour, par exemple « 1 fr la capote. Pas un sou pour la calotte », ce qui permettait de stigmatiser indirectement l'enseignement moral de Jean-Paul II. Le 15 janvier, le Conseil constitutionnel avait déclaré irrecevable l'abrogation de l'article considéré ; la manifestation fut donc en quelque sorte inutile — elle pouvait difficilement être annulée à la dernière minute —, mais elle fut symboliquement très importante. Depuis, il est apparu clairement que les Français ne veulent pas de la guerre scolaire. La grande majorité des élèves sont scolarisés dans l'enseignement public qui compte 12 millions d'élèves sur un total de 14, mais un nombre non négligeable d'entre eux, environ 40 %, effectuent un passage dans l'enseignement privé. L'inscription dans un établissement privé est convoitée par un nombre de familles qui s'est fortement accru à partir de 2003. À la rentrée 2005, l'enseignement catholique aurait dû refuser d'inscrire 20 000 nouveaux élèves. Les militants laïques ont dû accepter cette évolution ; une partie d'entre eux ne regardent plus la loi Debré comme une loi antilaïque, mais considèrent toujours que l'enseignement privé devrait être soumis aux mêmes contraintes que l'enseignement public, alors que le « caractère propre » de ses établissements est source d'une plus grande liberté, notamment dans le choix des professeurs et des élèves. Par ailleurs, de l'aveu même du secrétaire général du CNAL, Jean-Louis Biot, des problèmes, comme l'échec scolaire ou l'intrusion du monde marchand dans le système éducatif, sont désormais prioritaires par rapport à l'existence d'un enseigement sous contrat.

Combats pour la laïcité de l'État et l'identité laïque de l'Europe

Mais la lutte pour la laïcité concerna aussi l'État français, considéré dans sa globalité, et l'Europe. En 1920, alors que le Bloc national et la Chambre bleu horizon étaient désireux de renouer des liens diplomatiques avec le Saint-Siège — ce qui fut fait en 1921 —, les radicaux, du moins ceux qui ne s'étaient pas ralliés au Bloc, et les socialistes s'opposèrent à un tel projet. Le 16 octobre 1920, à la Chambre, Herriot estima que la loi de Séparation était « menacée, attaquée », que la restauration de liens avec la Rome pontificale serait préjudiciable à la dignité et à la liberté de la France : « Quand la République française parle aux nations du monde, elle leur parle, non à genoux, mais debout. » En 1924, après la victoire du Cartel des gauches et la nomination d'Édouard Herriot à la présidence du Conseil, la politique religieuse de la France connut un revirement. Le 17 juillet 1924, Herriot annonça sa décision de supprimer l'ambassade française au Vatican, d'appliquer strictement les lois de 1901 et de 1904 relatives aux congrégations et d'introduire la législation républicaine dans les départements recouvrés. Cette politique, rappelant l'anticléricalisme du temps de Waldeck-Rousseau et de Combes, inquiéta vivement l'Église ; en mars 1925, les cardinaux publièrent leur célèbre « manifeste ». Le député radical-socialiste Cazals demanda au gouvernement quelle attitude il comptait adopter. Dans sa réponse, Édouard Herriot rappela que Jésus avait chassé les vendeurs du temple, alors que les catholiques du XXe siècle, eux, cherchaient un appui auprès de la haute finance, et opposa le « christianisme des banquiers » au « christianisme des catacombes ». Ces propos déclenchèrent une bagarre homérique et l'évacuation de la Chambre des députés. Le successeur d'Herriot, le républicain-socialiste Paul Painlevé, renonça, dans l'immédiat, précisa-t-il, à faire appliquer les lois laïques dans les départements alsaciens et la Moselle.

À l'époque du Front populaire, en décembre 1935, les militants laïques se regroupèrent au sein d'un Front laïque, auquel adhérèrent une vingtaine d'associations (Ligue des droits de l'homme, Ligue de l'enseignement, Fédération générale de l'enseignement, SNI, Union rationaliste, parti radical-socialiste, Association des travailleurs sans Dieu, CLAJ, etc.). Le Front laïque souhaitait obtenir la fermeture de l'ambassade au Vatican et celle des écoles congréganistes, la suppression de toutes les subventions versées à des associations présentant un caractère confessionnel. Pour la *Lutte antireligieuse et prolétarienne*, organe de l'ATSD, ces objectifs ne pourraient être atteints que par une intensification de la lutte contre le fascisme, principal allié du cléricalisme. Mais n'y avait-il pas quelque contradiction entre l'appartenance des communistes au Front laïque et la « politique de la main tendue [aux travailleurs catholiques] » lancée par Maurice Thorez, Marcel Cachin et Florimond Bonte en 1936 ?

L'action des divers gouvernements constitués à partir de 1936 ne correspondit pas aux attentes du camp laïque ; en 1977, Jean Cornec dénonça rétrospectivement le laxisme des gouvernements des années 1936-1939. En effet, le Front populaire n'ayant pas mis fin aux relations entre la France et le Saint-Siège, Léon Blum se rendit à la nonciature pour l'anniversaire de l'intronisation de Pie XI ; le 8 juillet 1937, le légat *a latere* du pape Pie XI, Mgr Pacelli, vint en France pour l'inauguration de la basilique de Lisieux, et fut reçu avec les plus grands honneurs ; à l'occasion de l'Exposition internationale de 1937, le gouvernement offrit au Saint-Siège l'autel du pavillon pontifical. Le parti radical fit plus que lâcher du lest ; César Campinchi, président du groupe radical à la Chambre des députés, déclara : « Nous ne sommes plus anticléricaux », et Camille Chautemps estima que le conflit entre l'État et l'Église relevait du passé ; en 1939, Édouard Daladier se préoccupa du financement des écoles privées. Pour sa part, la SFIO conserva une forte vigilance anticléricale, mais les actes gouvernementaux de Léon Blum ne la reflétèrent guère. Durant toutes ces années, les libres-penseurs furent en proie à l'amertume et au désenchantement.

Le contrôle du respect de la laïcité de l'État reprit sous la IVe République. Le 18 juillet 1948, l'une des revendications des états généraux de la France laïque visait au strict respect de la séparation des Églises et de l'État : les autorités ecclésiastiques ne devaient plus être invitées à des cérémonies d'ordre public ni les représentants de l'État « assister à titre officiel à des manifestations confessionnelles ». En 1953, le député socialiste Maurice Deixonne se dit « choqué » de voir le nonce présider des cérémonies religieuses, comme s'il était « le chef de l'Église de France et non l'ambassadeur d'une puissance étrangère ».

Cependant, durant ces mêmes années 1950, la loi du 9 décembre 1905 parut dépassée ; il sembla nécessaire d'en réviser les modalités et de régler les problèmes pendants entre Paris et le Saint-Siège, thèse à laquelle se rallièrent des anticléricaux notoires, comme Maurice Deixonne lui-même. Quelques personnalités politiques et des représentants du Vatican cherchèrent alors à élaborer un accord d'ensemble, englobant le statut des congrégations, la question scolaire, les rapports entre l'Église et l'État, le statut de l'Alsace-Moselle, etc. Après un temps d'arrêt, les négociations reprirent en 1956, sous la présidence de Guy Mollet ; le processus fut interrompu par le 13 mai 1958. En 1959, Maurice Deixonne regretta ce dénouement ; cet homme, à l'indéniable anticléricalisme, se trouva, comme il le dit lui-même, en butte à des « sectaires » qui l'accusèrent de « méditer un nouveau concordat ». Mais, demanda-t-il, « puisque nous avons un ambassadeur au Vatican, et un nonce apostolique à Paris, serait-il excessif d'envisager un instrument diplomatique — qu'on l'appelle traité, accord, convention, *modus vivendi* ou tout autre vocable que l'on pourra trouver — pour régler, dans la dignité et dans l'intérêt des Hautes Parties contractantes, tous les litiges que les années et parfois les siècles ont pu accumuler sur leur route ? »

La France conserva donc le régime de Séparation fixé par les lois de 1905, 1907, 1908 et 1924. L'article Ier de la Constitution de 1946 — « La France est une République une et indivisible, laïque, sociale et démocratique » — devint l'article 2 de celle de 1958. Dans les premiers temps de la Ve République, les militants laïques toléraient d'autant moins les atteintes à la laïcité de l'État qu'ils appartenaient à des partis politiques ou des syndicats qui s'étaient déclarés hostiles au retour du général De Gaulle. La présence du président de la République ou de membres du gouvernement dans une église, à l'occasion d'obsèques ou de toute autre cérémonie religieuse, amena des critiques sous la présidence de De Gaulle comme sous celle de ses successeurs. Les occasions ne manquèrent pas. Ainsi, ce n'est qu'un exemple — qui inspira Moisan, dessinateur au *Canard enchaîné* —, au mois de mai 1964, en présence du légat pontifical et des chevaliers du Saint-Sépulcre, De Gaulle assista aux cérémonies du huitième centenaire de Notre-Dame de Paris, accompagné de Jacques Chaban-Delmas, président de l'Assemblée nationale, de Mme Cardot, vice-présidente du Sénat, et de nombreux membres du gouvernement. Pour Étienne Pion [1991], ancien vice-président de Solidarité laïque et vice-président du Centre d'action européenne démocratique et laïque (CAEDEL), la présence à une grand-messe pontificale est un comportement inacceptable « de la part d'un représentant officiel d'un État laïque, dans l'exercice de ses fonctions tout au moins ». Constatant que les funérailles consécutives aux grandes catastrophes se déroulent « sous l'égide de l'État » et comportent « un office religieux interconfessionnel », où « les familles agnostiques » ne peuvent, et pour cause, être « représentées en tant que telles », Maurice Agulhon se demande si, pour assurer une véritable égalité entre tous les citoyens, l'État ne devrait pas organiser exclusivement des cérémonies civiles, « le consortium des clergés restant libre, bien entendu, d'organiser ensuite ce qu'il veut ». D'après lui, les cérémonies interconfessionnelles célébrées en présence de représentants de l'État introduisent « la confusion entre la laïcité et l'œcuménisme théologique, comme si la liberté spirituelle était suffisamment assurée dès lors qu'il existe plusieurs religions ! » [Bonafous, Fiala, 1991].

Toute ligne budgétaire affectée à un objet à caractère — directement ou indirectement — cultuel est dénoncée comme contraire au principe énoncé par l'article 2 de la loi de 1905 (« La République ne reconnaît, ne salarie ni ne subventionne aucun culte ») ; tout séjour officiel de personnalités politiques au Vatican est jugé inacceptable, si le motif du voyage n'est pas purement diplomatique. Jack Lang fut critiqué pour avoir subventionné la construction de la cathédrale d'Évry ; à l'automne 2003, l'opposition reprocha à Jean-Pierre Raffarin et à Bernadette Chirac — qui représentait son époux — de s'être rendus à Rome, aux frais de la République, pour le vingt-cinquième anniversaire du pontificat de Jean-Paul II et la cérémonie de béatification de Mère Teresa. *Le Canard enchaîné* du 22 octobre 2003 donna quelques informations sur le coût de ce voyage, le Parti socialiste demanda des explications d'ordre budgétaire et le sénateur socialiste

Michel Charasse ironisa sur la « présidence de la République qui se met à payer des pèlerinages ».

Les voyages du pape en France sont encore plus mal perçus. L'apostrophe « France, qu'as-tu fait de ton baptême ? » lancée par Jean-Paul II depuis Le Bourget, en 1980, provoqua une levée de boucliers. En 1990, Étienne Pion reprocha à Michel Rocard d'avoir accueilli Jean-Paul II en Alsace par ces mots : « Très Saint-Père, je vous accueille en cette terre concordataire. » En 1996, le séjour du souverain pontife à Reims, pour la célébration du XVe centenaire du baptême de Clovis, fut précédé de visites à Tours, à Saint-Laurent-sur-Sèvre, patrie de saint Louis-Marie Grignon-de-Montfort, et à Sainte-Anne d'Auray, tous lieux situés dans un vaste ouest qui rappelle à la France républicaine la contre-révolution et la chouannerie. À la création du Comité national de commémoration, présidé par Marceau Long, auquel appartenaient des parlementaires, des historiens, mais aussi des prélats et des hauts représentants du protestantisme et du judaïsme, répondit la création d'organisations hostiles aux solennités rémoises. Fondé à l'initiative du Grand Orient de France, le Comité Valmy organisa un rassemblement sur la célèbre butte, symbole de la victoire des armées révolutionnaires. Un comité national, au nom significatif de « Clovis n'est pas la France », fut mis sur pied par le réseau Voltaire et rassembla plus de soixante-quinze organisations différentes. À Reims, une association « Agis » obtint du tribunal administratif de Châlons-sur-Marne l'annulation des subventions versées par la municipalité rémoise pour la célébration de la cérémonie religieuse. Avant même la venue du pape, le 2 septembre, une petite bombe explosa dans la crypte de l'église de Saint-Laurent-sur-Sèvre, dans laquelle fut retrouvé le message suivant : « *in nomine pape boum* ». Lors du passage de Jean-Paul II à Tours, des inscriptions proclamaient : « Dieu est mort, qu'attends-tu pour le rejoindre, Jean-Paul ? » À Dijon, le 21 septembre, un collectif d'initiative laïque formé par une petite vingtaine d'associations et de partis, parmi lesquels le PS, le PCF, la LCR, le Mouvement des citoyens (MDC), organisa une manifestation « pour le respect de la séparation des Églises et de l'État, contre le financement par l'impôt de la venue du pape, contre le retour à l'ordre moral ». Le 22 septembre, de huit à quinze mille personnes (selon les sources), parmi lesquelles figuraient Jean Poperen, Julien Dray et Jean-Luc Mélenchon, se rassemblèrent sur la place de la République à Paris pour protester contre le voyage pontifical. *Charlie-Hebdo* consacra sa couverture des numéros du 11 et du 18 septembre à Jean-Paul II, caricaturé par Gébé et par Cabu ; dans le numéro du 18 septembre, onze pages, empreintes d'un anticléricalisme violent et obscène, sont consacrées au pape — on se dispensera de décrire le traitement qu'une jeune femme accorte fait subir au pape, sous le crayon de Cabu. Un « chemin de croix de la laïcité » s'y déroule en 24 dessins commentés, retraçant les grandes étapes de l'histoire de l'Église et la lente conquête de la laïcité contre la papauté et le clergé.

Au fil des décennies, les partisans de l'extension du régime de séparation des Églises et de l'État à l'ensemble du territoire de la République font régulièrement entendre leurs revendications. Ainsi, lors des congrès annuels de la FEN, la demande de suppression du statut spécifique de l'Alsace-Moselle est traditionnellement votée. Le 8 décembre 2001, un colloque consacré à la laïcité de l'école et de l'État dans ces trois départements se tint à Strasbourg, avec le concours, notamment, de la Fédération nationale de la Libre Pensée et du CAEDEL.

Sont encore dénoncées les pressions exercées par l'Église en matière d'éthique — qu'il s'agisse du retrait de la pilule abortive, du refus du préservatif pour lutter contre le sida, des positions relatives à l'euthanasie — et ses « *oukases* » relatifs aux films qu'elle juge blasphématoires, comme *La Dernière Tentation du Christ* de Martin Scorsese (1988).

Aux débats sur la laïcité de l'État, peuvent être rattachés ceux sur la laïcité de l'Europe, nés dès les années 1950, qui resurgirent à propos de la Constitution européenne et de la référence au christianisme dans ce texte. Le 21 juin 1998, une manifestation pour la défense de la laïcité en Europe s'est déroulée à Bruxelles ; y participaient l'Union des athées, le Comité laïcité-République, la FNLP, le CROA. Par ailleurs, des militants laïques souhaitent que le Saint-Siège perde son statut d'observateur auprès de l'ONU ; ils estiment, qu'une organisation religieuse n'étant pas un État, le Saint-Siège devrait être considéré comme une ONG ; en 1998, des lettres ont été envoyées en ce sens à Kofi Annan par des militants laïques français et luxembourgeois.

Nouveaux problèmes

Lors des derniers heurts entre le public et le privé, un nouveau problème — on ne savait pas encore quelle ampleur il prendrait au début du XXIe siècle — s'était déjà posé : celui du port du « foulard islamique », qui, dès l'origine, divisa la gauche et continue de la diviser. Les partisans d'une position ferme, pouvant aller jusqu'à l'exclusion des jeunes filles voilées, disent lutter non seulement pour le respect de la laïcité, mais aussi contre le communautarisme et contre l'oppression subie par les femmes. Les tenants d'une attitude plus souple considèrent l'interdiction du port du voile et les sanctions comme une atteinte à la liberté de conscience ou à l'égalité des droits, comme une forme d'oppression d'une minorité : « La laïcité protectrice des minorités d'hier, viendrait-elle au secours de la culture dominante ? », demandait Jean-Louis Rollot dans un « point de vue » publié par *Pourquoi*, revue de la Ligue de l'enseignement, en décembre 1989. Pour cet auteur, accepter le port du voile ne correspondait pas à un « renoncement aux principes laïques » ; pour lui, le débat provoqué par l'« affaire de Creil » traduisait la « peur de l'autre ». La fracture passe au sein même des divers organismes composant la mouvance laïque, mais certains se sont montrés plus hostiles ou réservés que d'autres au vote de la loi sur le port des signes religieux, adoptée le 15 mars 2004. Au mois de juillet 2003, un appel signé par des « militants associatifs laïques et féministes » a rappelé que les lois de 1881, 1882 et 1886 ont laïcisé les programmes scolaires, le personnel enseignant et les locaux, mais n'ont soufflé mot des élèves ; c'est en accueillant les jeunes filles voilées à l'école laïque, lit-on encore dans ce texte, que l'on peut les aider à s'émanciper, alors qu'une exclusion les voue à l'oppression. Cet appel a recueilli les signatures de nombreux membres de la Ligue des droits de l'homme, dont deux présidents d'honneur, Henri Leclerc et Françoise Séligmann, et celles de membres du Syndicat national des enseignements du second degré (SNES), du PCF, du MRAP, de la Ligue de l'enseignement, de la FCPE et de personnalités dont l'attachement à la laïcité ne peut être mis en doute, comme Étienne Balibar ou Pierre Vidal-Naquet. Au mois d'octobre 2003, la FCPE a diffusé un texte déplorant la focalisation du débat sur le port du foulard islamique, qui risque de stigmatiser ou d'humilier l'ensemble d'une communauté ethnique ou religieuse ; la FCPE estime que l'affaire du foulard ne doit pas consacrer la prééminence d'une religion — on devine laquelle — et demande qu'à cette occasion le statut de l'école en Alsace-Moselle soit réexaminé.

À l'inverse, les positions de certaines personnalités du PS sont très fermes. En mai 2003, à Dijon, au congrès du PS, Laurent Fabius s'est clairement prononcé pour une loi, estimant que l'« école républicaine ne peut pas devenir le terrain d'expérimentation de ceux qui confondent politique et religion » (*Le Monde*, 18-19 mai 2003). « Un signe fort destiné à protéger la laïcité », c'est ce que Pierre Mauroy a demandé à la commission Stasi, « les signes de dérèglement » lui semblant être devenus trop importants (*Le Monde*, 9-10 novembre 2003). Lui aussi auditionné par la commission Stasi, Georges Sarre, membre du Mouvement républicain et citoyen et fondateur du Club Laïcité du XIe arrondissement de Paris, a souligné la nécessité de lutter contre la montée des communautarismes, plus encore que contre celle des intégrismes, et rappelé que, lorsqu'il était député, il avait proposé, le 19 janvier 2000, une loi interdisant le port de tout insigne religieux à l'école. La Grande Loge féminine de France a, elle aussi, choisi le camp de la laïcité la plus stricte. Quoi qu'il en soit, cette attention portée au port du foulard ne doit pas amener à penser que les préoccupations laïques ne s'appliquent plus au catholicisme. En décembre 1989, *Pourquoi* recommandait la vigilance « à l'égard des forces religieuses et principalement de l'Église catholique ». Une loi sur les signes religieux ostensibles a finalement été adoptée le 15 mars 2004.

Qu'il s'agisse de la laïcité de l'État ou de celle de l'école, des évolutions majeures se sont produites dans le cours du XXe siècle. Désormais, la laïcité n'est plus le « signe du camp de gauche » [Mayeur, 1997] ; toutefois, héritage des périodes antérieures, les divers organismes regroupant les militants laïques sont ancrés à gauche. Inscrite dans la Constitution, la laïcité est pleinement acceptée et défendue par les familles politiques de droite ; de son côté, la gauche a globalement fini par accepter que l'État subventionne les établissements privés sous contrat sans considérer pour autant que la laïcité institutionnelle est violée. Enfin, les débats les plus récents sont, pour l'essentiel, nés de problèmes ou de considérations — l'identité de l'Europe, la place de l'Islam en France, la compatibilité, ou l'incompatibilité, entre l'Islam et la laïcité — qui n'existaient pas lorsque les forces républicaines mirent en place le dispositif laïque en séparant l'école de l'Église, puis les Églises de l'État. Entendu dans son sens strict, l'anticléricalisme demeure le fondement premier de la laïcité, sans que cela entraîne obligatoirement de tensions entre l'État et l'Église catholique, dont le jugement sur la laïcité a profondément évolué. Quant aux autres aspects de l'anticléricalisme, ils ont fortement régressé et ne correspondent plus qu'à une petite minorité, mais n'ont pas disparu ; intrinsèquement, leurs formes d'expression ne sont sans doute pas plus agressives qu'elles ne l'étaient au XIXe siècle, ou au début du XXe siècle, mais, l'évolution des mœurs et de la satire politique aidant, elles ont pris un caractère ouvertement provocateur, que traduisent bien certaines caricatures.

RÉFÉRENCES BIBLIOGRAPHIQUES

BALIBAR Étienne (1991), « Faut-il qu'une laïcité soit ouverte ou fermée ? », *in* « Laïc, laïque, laïcité », *Mots. Les langages du politique*, n° 27, juin.

BARAT Michel (2002), « Écossaise, spiritualiste et masculine : ainsi demeure la Grande Loge de France. Un entretien avec Michel Barat, Grand Maître de la Grande Loge de France », *La Chaîne d'union, 1900-2000. Cent ans qui ont changé la franc-maçonnerie*, n° spécial, automne, p. 101-118.

BAUBÉROT Jean (2003), *Histoire de la laïcité en France*, PUF, coll. « Que sais-je ? », Paris, 2000.

BAUBÉROT Jean, GAUTHIER Guy, LEGRAND Louis et OGNIER Pierre (1994), *in* Yves LEQUIN (dir.), *Histoire de la laïcité*, CRDP de Franche-Comté, Besançon.

BONNAFOUS Simone et FIALA Pierre (1991), « Entretien avec Maurice Aghulon », *in* « Laïc, laïque, laïcité », *Mots. Les langages du politique*, n° 27, juin.

BOUSSINESQ Jean (1998), « Le débat français actuel : nouvelles questions posées à la laïcité », *Laïcité : « fait et à faire ». Les idées en mouvement*, supplément au n° 58, avril, p. 11-14.

COQ Guy (1985), *Laïcité et République. Le lien nécessaire*, Félin, Paris.

COQ Guy et FATH Gérard (1997), *La Laïcité : doit-elle s'imposer ? Principe, exigence et tâche*, CRDP de Lorraine, coll. « L'éducation en question », n° 5.

CORNEC Jean (1977), *Pour l'école libre. Défense et illustration de la laïcité*, Robert Laffont, Paris.

DEIXONNE Maurice (1953), « Pour l'enseignement laïque », *Cahiers laïques*, n° 16, juillet-août.

— (1959), *La Nouvelle Vague cléricale*, Librairie des municipalités, Paris.

États généraux de la France laïque du 18 juillet 1948. Préparation des 2e états généraux de la France laïque. 10-11 avril 1949, supplément au *Bulletin* n° 18 du Syndicat des instituteurs de l'Aveyron.

FRANCHI Anne-Marie, MORINEAU Michel et GAUTHIER Guy [dir.] (1989), « Une laïcité pour l'an 2000 », *Pourquoi*, n° 249, décembre.

Groupe fraternel de l'enseignement, *La neutralité scolaire est-elle possible ? Qu'est-ce que la laïcité ?*, conférence éducatrice faite le 28 novembre 1928 par Émile Glay, secrétaire du Syndicat des instituteurs, Marcel Déat, secrétaire du groupe socialiste (SFIO) à la Chambre des députés, Albert Bayet, s. l, 1928.

Haarscher Guy (2004), *La Laïcité*, PUF, Paris, 1996.

Humanisme, Assises internationales de la laïcité, n° 193, octobre 1990.

Lafuste Joseph (1993), « Propos », *Laïcité. Un regard libérateur pour une action libératrice*, Grand Orient de France, p. 3-8.

Lalouette Jacqueline (2002), *La Libre Pensée en France. 1848-1940*, préface de Maurice Agulhon, Albin Michel, Paris, 1997.

Lecourt Robert (1978), *Entre l'Église et l'État. Concorde sans concordat. 1952-1957*, Hachette, Paris.

Lequiller Pierre (1992), *La Guerre scolaire n'aura pas lieu*, Criterion, Paris.

Macherey Pierre (1991), « Philosophies laïques », *in* « Laïc, laïque, laïcité », *Mots. Les langages du politique*, n° 27, juin.

Marchand Jacqueline (1984), « La laïcité en 1984 », *Raison présente*, n° 71, 2e trimestre.

Mayeur Jean-Marie (1997), *La Question laïque. XIXe-XXe siècle*, Fayard, Paris.

Nicolet Claude (1992), *La République en France. État des lieux*, Seuil, Paris.

Pion Étienne (1991), *L'Avenir laïque*, préface de Max Gallo, Denoël, Paris.

Pivert Marceau (1932), *L'Église et l'école. Perspectives prolétariennes*, préface de Léon Blum, éditions Eugène Figuière, Paris.

Poucet Bruno [dir.], *La Loi Debré. Paradoxes de l'État éducateur*, préface de Jacky Beillerot, Amiens, CRDP,

Poulat Émile (1997), *La Solution laïque et ses problèmes. Fausses certitudes. Vraies inconnues*, Berg International, Paris.

Prost Antoine (2002), « La loi Savary : les raisons d'un échec », *in* Serge Hurtig (dir.), *Alain Savary. Politique et honneur*, Presses de Sciences-Po, Paris, p. 261-286.

« Pour la laïcité en Europe », *La Raison*, n° 443, juillet-août 1998, p. 15-18.

Savary Alain, avec la collaboration de Catherine Arditti, (1985), *En toute liberté*, Hachette, Paris.

Schatzman Evry (1981), « La laïcité dans la cité », *Cahiers rationalistes*, n° 365, janvier, p. 122-124.

Tournemire Pierre (2000), *La Ligue de l'enseignement*, Milan, coll. « Les essentiels », Paris.

76

La gauche, les mœurs et la morale

CHRISTOPHE PROCHASSON

REVENDIQUANT un avant-gardisme politique, la gauche peut-elle se reconnaître aussi à des positions morales avancées ? On sait que l'être-politique qui semble définir l'homme de gauche s'appuie sur un idéal moral, la justice, qui lui impose, au premier chef, d'être vertueux. Mais sa vertu peut-elle être celle de tout un chacun dès lors que l'*ethos* de gauche prétend d'abord libérer l'individu des pesanteurs sociales, économiques, mais aussi morales qui l'enserrent et l'étouffent ? Ou, pour le dire autrement, la vertu de l'homme de gauche est-elle autre chose qu'une espèce de fidélité à soi et aux principes qui fondent l'engagement politique ? La question est d'autant plus épineuse que pour y répondre, il convient non seulement de faire éclater l'unité même de la gauche, mais aussi la cohérence apparente des familles politiques qui la composent sur d'autres terrains. Quand elle touche au privé, l'histoire politique semble se dissoudre dans l'acide des choix personnels. Et pourtant, il n'est pas si sûr que les idéologies soient sans relation avec de telles interrogations même s'il est juste de faire le tri entre ce qui relève des composantes prédispositionnelles, liées aux appartenances idéologiques, et ce qui appartient aux logiques de situation, renvoyant à l'histoire propre de chaque individu. Cette mise en garde faite, il n'est sans doute pas trop téméraire de dégager quelques grandes tendances qui semblent dessiner une courbe où se lit une histoire des relations entre la gauche et les mœurs de son temps, une fois admises toutes les tensions et toutes les contradictions possibles résultant des aménagements que chacun tente d'établir avec le système de normes auquel il est soumis. Dans le cas du parti communiste, Annie Kriegel n'avait pas tort de signaler que l'étude des différentes gammes de l'adhésion, qui ne reflétaient pas toutes la même intensité, constituait le « problème le plus captivant ». Sans doute, pour la suivre encore, faudrait-il déterminer plus justement le « degré de réforme personnelle auquel incite le fait d'adhérer au communisme » et ne point s'en tenir aux textes prescriptifs [Kriegel, 1985, p. 169]. Telle sera en conséquence l'une des limites posée aux réflexions qui suivent.

Militer et moraliser

Une morale militante, faite d'une intransigeante rigueur en matière de mœurs et fondée notamment sur l'honnêteté personnelle des militants, leur désintéressement et leur abnégation, semble avoir longtemps dominé l'ordre des prescriptions et des affichages qui définirent la gauche. « S'engager dans une entreprise collective, écrit la socialiste Colette Audry, revient toujours, non seulement à faire comme si, mais à sentir comme si l'avenir tout entier du mouvement dépendait de soi » [Audry, 1976, p. 12]. Les nuances ne manquent pas, mais une même culture du don de soi en vue de l'amélioration du sort des plus faibles a longtemps constitué une ligne commune de comportements. Que cette morale militante, qui n'est pas d'ailleurs sans évoquer les composants d'une morale religieuse, ait été souvent brouillée par la contradiction des actes, n'ôte rien à la fonction d'idéal régulateur dévolue à cette morale dont la gauche eut sans doute plus besoin que la droite. Une phrase restée célèbre lancée par Valéry Giscard d'Estaing à François Mitterrand, au cours du débat télévisé qui l'opposait à ce dernier entre les deux tours de l'élection présidentielle de 1974 — « Monsieur Mitterrand, vous n'avez pas le monopole du cœur » — mettait le doigt sur cette ancienne éthique militante à laquelle la durable expérience du pouvoir des années 1980 et 1990 mit fin. Il était jusqu'alors admis, assez naturellement, y compris par ses adversaires qui se ruaient sur les exceptions convoquées pour « confirmer la règle », que la gauche était vertueuse parce qu'elle était généreuse. Lorsqu'elle se faisait faute de l'être, elle n'était plus la gauche.

Cette morale est ancienne. Les grandes figures qui composent le panthéon de la gauche au XXe siècle doivent pouvoir être sollicitées pour l'illustrer : lisons les biographies militantes de Jaurès, de Blum ou de Mendès France, toutes visant à l'édification du « peuple de gauche », lisons aussi celles, du côté communiste, de Thorez, « fils du peuple », selon le titre de son autobiographie, rédigée avec l'aide de l'écrivain Jean Fréville ; évoquons la présentation officielle de la vie de Jacques Duclos, humble ouvrier boulanger s'étant consacré tout entier à la défense de ses semblables, et de quelques autres de moindre envergure, mais dont pour chacun il était dit et décrit qu'ils avaient été « dévoués », « tenaces », « courageux », « honnêtes », « altruistes ». Si quelques-uns firent exception — Guy Mollet, victime de la guerre d'Algérie, ou Georges Marchais trébuchant sur un sombre passé qui le vit travailler en Allemagne durant les années d'Occupation —, il n'est pas anodin de remarquer que d'autres tentèrent encore de sauver cette morale d'exception après la dérive morale subie par la gauche socialiste dans les deux dernières décennies du XXe siècle : face à son adversaire François Mitterrand, devenu l'incarnation du socialisme roué, Michel Rocard résistait aux compromissions, quitte à compromettre sa propre carrière politique. D'origine protestante comme lui, Lionel Jospin se bâtit aussi la réputation d'un homme probe au prix de raideurs qui contribuèrent sans doute à affaiblir ses capacités politiques. Telles furent tout au moins les registres dominants de la représentation que l'on pourra apprécier, par ailleurs, à l'aune des pratiques politiques des uns et des autres.

Ce sont les premiers militants ouvriers qui forgèrent cette morale du désintéressement et de l'altruisme, vite polluée par la rencontre entre le socialisme, cette invention sortie des rangs de la bourgeoisie intellectuelle, et le mouvement ouvrier qui prêcha longtemps en France la nécessité d'une pureté de classe, seule garante de l'intégrité morale du mouvement. La stigmatisation du socialisme parlementarisé ou celle des intellectuels au sein du syndicalisme d'action directe dans les toutes premières années du siècle reposent souvent sur la dénonciation de la corruption morale que l'un et l'autre engendrent chez les militants. On retrouve ce type de discours au sein du parti communiste, surtout dans les années 1920, mais aussi en toutes ses périodes de repli. Il ne fut d'ailleurs pas le seul à cultiver ce répertoire qui lui permettait de se créditer d'une intégrité morale incontestable. Léon Blum, lui aussi, « associait un socialisme de l'éthique à une conception très intégriste du parti-classe » [Sadoun, 1993, p. 89]. Une morale ouvriériste fut le lot commun de la gauche française et en fut même comme sa maladie. Elle fonda une supériorité morale qui la dispensa souvent d'approfondir, d'enrichir ou d'adapter sa pensée politique. Être hostile à la gauche revenait tout simplement à être cynique ou immoral : l'argument ne manqua pas d'efficacité dans les rangs communistes lorsqu'il s'agissait de combattre l'anticommunisme.

L'éloignement du pouvoir, et plus encore la brièveté des expériences gouvernementales favorisèrent cette autorité morale. Pour le militant socialiste, l'expérience du pouvoir est toujours celle de la conscience malheureuse car elle « met à mal la perfection de son univers » [Sadoun, 1993, p. 75]. Dès lors on comprend pourquoi les années 1980 sonnèrent définitivement le glas du militant vertueux, même si l'année 1956 (XXe congrès du PCF et intervention soviétique en Hongrie pour les communistes, Suez et guerre d'Algérie pour les socialistes) avait déjà marqué, pour beaucoup de militants et d'électeurs de gauche, comme une faillite morale dont le socialiste chrétien André Philip s'était fait l'un des plus virulents dénonciateurs en rappelant que le socialisme se caractérisait essentiellement « par *l'affirmation de valeurs morales démocratiques*, que chaque socialiste s'efforce d'abord de vivre vraiment dans son existence personnelle, familiale et sociale » [Philip, 1957, p. 198]. Ce temps-là semblait désormais passé : le socialisme était « trahi ».

Ce fut sans doute l'une des principales difficultés rencontrées par la gauche à la fin du XXe siècle que celle qui la conduisit à devoir renoncer au monopole de la vertu. Les militants n'avaient pas été seulement des enseignants, des femmes et des hommes qui délivraient, pour reprendre le mot de Fernand Pelloutier, le secrétaire général de la Fédération nationale des bourses du travail au début du siècle, la « science de leur malheur » à tous ceux qu'accablait l'ordre social. Moralistes par définition, dénonçant l'hypocrisie au mieux, le cynisme et la cruauté au pire, des possédants, ils avaient été aussi des exemples. Nulle frontière ne démarquait leur vie privée de leur vie publique : dans le *Bulletin intérieur* de la SFIO de mai 1953, André Bidet écrivait : « On est militant vingt-quatre heures sur vingt-quatre, ou alors on n'est pas digne d'appartenir au parti socialiste. On est militant dans tous les actes de sa vie, de sa vie publique, de sa vie professionnelle, je dirai même de sa vie privée » [cité par Sadoun, 1993, p. 226]. Les cadres, les leaders, les chefs, ceux qui aux yeux de tous *incarnaient* le mouvement devaient davantage encore répondre à cette exigence et pousser à son stade ultime la morale qui préside à l'ascèse militante. En 1955, un député socialiste se flatte ainsi de rester fidèle à la ligne de conduite qui légitime son statut : « Honnête dans la vie privée, honnête dans la vie publique » [cité par Sadoun, 1993, p. 223].

La représentation du militant en homme exceptionnellement vertueux était si forte que ceux qui y dérogeaient étaient pointés du doigt. Il arrivait à d'autres d'avouer leurs fautes et d'esquisser la contrition. Les Mémoires d'un grand militant, socialiste puis communiste, rédigées durant les années 1920 et 1930, Charles Rappoport, contiennent de tels aveux. Russe naturalisé français grâce à la présence d'Alexandre Millerand au sein du gouvernement Waldeck-Rousseau, Rappoport ne fut pas épargné. On soulignait que ce marxiste, adversaire du ministérialisme, en avait pourtant personnellement touché quelques dividendes. Lui-même ne fait guère preuve d'indulgence lorsqu'il confie quelque brèche dans sa morale : « L'égoïsme n'abandonne jamais même ceux qui en ont le moins possible » [Rappoport, 1991, p. 163].

Des deux volets de la culture politique dominante de la gauche en France, la science et la morale, on n'a souvent retenu que le premier. Or l'un ne va pas sans l'autre et cette étrange alliance explique pour une grande part toute la dynamique sociale d'une famille politique qui eut ses hauts et ses bas précisément selon l'état de ce couple. Lorsque la science est seule, la gauche n'est plus qu'une technocratie sans âme, incapable de convaincre ceux qu'elle prétend représenter. À l'inverse, une posture morale, à l'abri de l'examen de la raison, fait du militant un vecteur de prêchi-prêcha, soumis au péril de la comparaison, toujours possible, entre ses propos et sa propre existence. On devine ici tout ce qu'il y a d'analogue entre le militant politique et le missionnaire religieux ou le prêtre : on ne s'est d'ailleurs pas fait faute de le relever, le plus souvent pour en dénoncer les impostures ou les aveuglements. Le recours au registre religieux n'est sans doute pas seulement métaphorique : il aide à comprendre. Ancienne militante du parti communiste, Dominique Desanti passe aux aveux dans un ouvrage qu'elle dit avoir écrit « pour montrer comment et pourquoi, quand vient le besoin de croire, on peut refuser toute information qui pourrait détruire ou ternir la foi » [Desanti, 1975, p. 206]. Le parti communiste n'est pas le seul à susciter de telles références. Dans le texte déjà cité, Bidet illustre ce qui pourrait bien passer pour une morale sacrificielle explicitement adossée à une culture religieuse : « On ne donne rien au parti si on ne lui sacrifie pas quelque chose. C'est un des apôtres qui disait : "Le Christ est une puissance en moi." Que le socialisme soit une puissance en chacun de nous » [cité par Sadoun, 1993, p. 226]. Il convient donc que le militant soit toujours à l'avant-garde de la société. Pour occuper efficacement cette délicate posture, il se doit de conjuguer bien des avant-gardismes : ceux du savoir, de la morale et, parfois même, si l'on en croit les plus exigeants d'entre eux, et pas seulement parmi les communistes, de la culture.

L'exemplaire vie militante, toute faite de renoncement à soi et à toute espèce de vie privée, connut bien des exceptions. L'avènement de la société des loisirs, dont elle est presque contemporaine, annonça en quelque sorte sa défaite. L'espoir de voir émerger un homme régénéré par l'activité militante trahissait, qui plus est, une singulière théorie : celle qui plaçait les déterminants idéologiques au-dessus des déterminants sociaux. Aussi pur pût-il être, le militant n'en était pas moins un homme de son temps, soumis à ses travers comme à ses tentations. Le clergé politique est un clergé séculier : il peine à se dégager du monde qu'il conteste et dont il partage la matière. Que le parti communiste ait été longtemps défini par ses adversaires, aussi bien que par ses dirigeants, comme un « parti pas comme les autres », puisqu'il aspirait à constituer une « contre-société », n'affaiblit en rien cette remarque. On a déjà pu remarquer qu'une contre-société ne pouvait jamais se mettre tout à fait hors des normes de la société dominante à laquelle elle s'opposait [Pizzorno, 1993]. Annie Kriegel rappelait que même si le parti communiste avait pour objectif affiché de renverser la société établie, il n'en imposait pas moins à ses propres militants un conformisme extrême, sans doute plus durement que ne le fit jamais le parti socialiste, au recrutement plus petit-bourgeois et plus intellectuel, et à la différence de la dissidence anarchiste avide de rupture immédiate dans tous les domaines de la vie sociale : « Les "originaux", si nombreux dans les structures anarchistes — bâtards, bossus, pédérastes, collectionneurs de papillons, drogués, fétichistes, tous ceux que leur problème personnel obsède, toutes les minorités culturelles, sexuelles, philosophiques, ceux qui "aiment trop", que ce soit la musique, le cinéma ou le camping, ne se trouvent pas à l'aise dans les organisations communistes » [Kriegel, 1985, p. 210].

Naître et mourir

À partir du cas des choix démographiques faits par le PCF au cours de son histoire, on mesure à quel point sa ligne officielle pût paraître éloignée des positions dissidentes qu'adoptèrent d'autres traditions de gauche en la matière. Le parti communiste ne se désintéressa jamais de la politique démographique. À la Libération, François Billoux, représentant du parti au sein du Comité français de Libération nationale, et bientôt ministre de la Santé, fut placé à la tête d'un comité d'études des questions relatives à la préservation et au développement de la population. Il joua un rôle décisif dans la création de l'Institut national des études démographiques en octobre 1945. Nataliste à l'instar de la politique défendue par son parti, il ne se fit pourtant pas le défenseur d'une morale sexuelle aussi puritaine et instrumentée en faveur de l'expansion démographique que certains de ses camarades [Rosental, 2003]. On a en effet souvent souligné l'aspect parfois caricatural pris par le populationnisme communiste. Le militant communiste se devait d'être non seulement bon professionnel, mais aussi bon mari et bon père. Une affiche communiste apposée lors de la campagne électorale pour les élections législatives de 1936 illustrait graphiquement le thème et invitait les électeurs à voter communiste : « Pour que la famille soit heureuse » [Ariès et Duby, 1987, p. 443]. Les municipalités communistes travaillèrent de leur côté à mettre en œuvre une politique publique susceptible de répondre à ce mot d'ordre : elles ne cessèrent d'organiser des consultations pour nourrissons, multiplièrent les crèches municipales, les jardins d'enfants, les patronages, les colonies de vacances, les classes de neige, etc. Même dans le *Projet socialiste* de 1980, qui revendique la « libre disposition de soi pour la femme, droit à la maternité et maîtrise de la fécondité par tous les couples », on semble encore s'inquiéter de la situation démographique française jugée « préoccupante ». On y défend en conséquence une relance volontariste de la natalité : « La démographie n'est pas une affaire purement privée » [*Projet socialiste*, 1980, p. 309].

Un discours d'accompagnement ancre parfois le natalisme de gauche dans une conception assez traditionnelle de la morale familiale. Alain Corbin note que du côté des socialistes, on peut relever une approche de la famille ouvrière « dont les valeurs ressemblent par bien des traits à celles qui fondent la famille bourgeoise : chasteté préconjugale, fidélité, exaltation de la maternité » [Corbin, 1982, p. 349]. Il en va aussi de même pour ce qui intéresse le rôle assigné aux femmes. Jusque dans les années 1970, les élues, dans les communes ou les syndicats, sont fréquemment chargées de la petite enfance ou des affaires sociales. Face aux jeunes, les normes édictées sont aussi imprégnées d'une vague méfiance. Socialistes et communistes ont toujours éprouvé quelque mal avec leurs organisations de jeunesse desquelles ils redoutaient la fougue et les risques de dérive politique qu'engendrerait toujours peu ou prou l'enthousiasme révolutionnaire. Les jeunes conservèrent ainsi un statut de mineurs soumis à l'autorité paternelle du parti. On craignait leur dissidence.

Il y eut parfois davantage en matière de conformisme. Des militants et militantes communistes de premier plan, telle Jeannette Vermeersch, la propre compagne de Maurice Thorez, prirent la défense d'un « droit à la maternité » dans le cadre du débat de 1956 autour du contrôle des naissances. Dans un article, publié dans le supplément à *France nouvelle* (12 mai 1956), Jeannette Vermeersch s'élevait contre ce qu'elle dénonçait comme le « néomalthusianisme », doctrine qui, selon elle, reflétait les intérêts réactionnaires. Bien d'autres textes exprimèrent son hostilité à la contraception qui, selon elle, ouvrait la voie au libertinage bourgeois. Elle se fit aussi la propagandiste active de la méthode de l'« accouchement sans douleur » importée d'Union soviétique. Toute la morale sexuelle se trouvait ainsi gouvernée par la procréation, dernier espace peut-être d'une autonomie ouvrière s'exprimant dans l'inaliénable capacité de donner la vie.

Au cours de la polémique qui entoura la publication du *Deuxième Sexe* de Simone de Beauvoir (1949), plusieurs dirigeants communistes (et notamment Jean Kanapa) eurent l'occasion de s'en prendre à ce qu'ils considéraient comme l'immoralisme existentialiste, lui opposant, comme le fit Jeannette Prenant, les vertus d'une famille ouvrière au sein de laquelle les parents « ne se retrouvent pas seulement dans le lit, mais autour des mêmes livres, auprès des mêmes enfants » [cité par Chaperon, 1999, p. 277]. On sait d'autre part que l'homosexualité put être, de façon plus ou moins avouée, un motif d'exclusion. Il arriva aussi au parti d'instituer une police des mœurs lorsque les romances entre militants risquaient de venir perturber son bon fonctionnement : « Les mesures à prendre étaient celles qu'en ce temps-là [à la fin des années 1940] prenait n'importe quelle administration publique : on séparait les coupables, quelle que fût la manière dont ils réglaient finalement leurs problèmes privés, en leur confiant des responsabilités qui les éloignaient l'un de l'autre » [Kriegel, 1991, p. 542].

On aurait pourtant tort de réduire toute l'histoire de la morale sexuelle, à gauche, à ces pratiques répressives. Bien des nuances sont à mettre en évidence qui ne relèvent pas seulement de la diversité des comportements individuels ou de la marge de manœuvre dont disposent les individus dans leur intimité face à toute morale sexuelle (il n'est que d'évoquer l'autonomie des comportements sexuels des catholiques par rapport aux prescriptions papales). Individuellement, les communistes purent s'accommoder avec la règle. Mais il faut aussi rappeler que dans les années 1920, à l'image de la vague de liberté sexuelle qui emporta les toutes premières années de la Russie nouvelle, la morale sexuelle du parti communiste fut toute autre. La présence de jeunes militants issus de l'anarchisme ou du syndicalisme révolutionnaire explique sans doute en partie cette exception dans l'histoire du parti communiste. Reste aussi que toute la gauche au XXe siècle ne peut être alignée sur les valeurs morales promues par le PCF en matière de sexualité.

Si l'on cherchait les origines intellectuelles de la morale sexuelle de la gauche au XXe siècle, on y trouverait aisément les deux tendances contradictoires et rivales qui l'habitèrent tout au long du siècle. Une première tradition semble être portée par la revendication de droits à la liberté sexuelle comme chez Fourier (beaucoup moins d'ailleurs chez les fouriéristes) ou chez les saint-simoniens que le sociologue Célestin Bouglé accuse d'avoir jeté l'opprobre sur la réputation morale du socialisme par leur volonté de réhabiliter la chair non seulement par la diffusion de textes, mais surtout par leurs pratiques sectaires [Bouglé, 1918, p. 52-53]. Un second courant alerte sur les dangers du libertinage, poison social qu'inoculerait une bourgeoisie en décomposition, et s'affiche contre toute émancipation en matière de mœurs, notamment lorsque celle-ci concerne les femmes, le féminisme étant réduit à l'état d'une pure pornographie. Proudhon est bien connu pour avoir distillé de telles thèses auxquelles il faudrait adjoindre les pages célèbres qu'il consacra à l'atelier comme lieu de démoralisation en raison même de la promiscuité qui y régnait. Ces références théoriques ont diversement marqué la gauche française au XXe siècle qui répondit d'abord aux questions de son temps.

Dans la galaxie libertaire, qui certes rassemble une grande diversité d'idées et de comportements, on s'en tint souvent à une morale sensible aux droits de l'individu. La personne détient tous les droits sur son propre corps, décide de donner ou de refuser la vie, voire décrète sa propre mort. Ainsi avant 1914, à quelques exceptions près (Jean Grave ou Pierre Kropotkine), la plupart des militants anarchistes prirent part aux campagnes néomalthusiennes et se montrèrent favorables à l'avortement. Ils surent convaincre quelques grandes figures de la CGT comme Georges Yvetot. Parmi eux se dégagent les noms de Paul Robin et des époux Jeanne et Eugène Humbert qui agirent dans le cadre de la Ligue de la régénération humaine fondée en 1896 aux fins d'aider les femmes à conquérir la « liberté de la maternité ». Une procréation maîtrisée constitue, selon Robin, la base du bonheur social qui évitera la misère aux familles ouvrières écrasées sous le poids d'enfants non voulus. Mais à la différence de Malthus, aux thèses desquelles Robin souscrit pourtant en partie, ce dernier souhaite aussi l'avènement d'une morale sexuelle nouvelle, en rupture avec les interdits énoncés par les « prêcheurs de pureté ». Arc-bouté sur une foi inébranlable dans la science de son temps, Paul Robin pointe tous les maux engendrés par la frustration. Il s'attache à souligner la légitimité, chez les hommes comme chez les femmes, de « la volupté sexuelle » aussi honorable, selon lui, que celle « de créer une chose belle, utile ». Plus généralement, le droit au plaisir est l'une des constantes du discours anarchiste : en 1904, un rédacteur du *Libertaire* lance : « La virginité, c'est le renoncement, c'est l'abstention, c'est la mort » [cité par Corbin, 1982, p. 359]. Renversant les préceptes traditionnels, il en appelle à une nouvelle éducation sexuelle qui écorna sa réputation de pédagogue : « Comme conséquence, concluait-il, à l'âge de la puberté, l'éducation sexuelle, théorique et pratique, doit être honnêtement donnée à tous et à toutes, de préférence par d'habiles initiatrices et initiateurs dans toute la force de la maturité, qui mieux que tous les autres, apprendront à recevoir, à rendre le maximum de volupté, à éviter ses excès, ses abus, les maux divers, notamment grossesses et maladies contagieuses, que lui ont fâcheusement accolés les traîtrises de la nature, l'ignorance et l'incurie de la masse humaine » [cité par Demeulenaere-Douyère, 1994, p. 315]. De façon plus pratique, les Universités populaires, créées dans les premières années du siècle, délivrèrent parfois des cours d'éducation sexuelle aux jeunes filles : « Par éducation sexuelle de la jeune fille, nous entendons une éducation sexuelle complète qui ne recule pas devant l'exposé des théories de la préservation et de la maternité librement consentie », lit-on dans une livraison de 1910 de *L'Université populaire* [cité par Mercier, 1986, p. 159].

Dans les années 1960 et 1970, et jusqu'au début des années 1980, la gauche institutionnelle fut moins frileuse qu'elle ne l'avait été auparavant. Elle reprit progressivement des thèses défendues par nombre d'associations (Planning familial, Mouvement de libération de l'avortement et de la contraception [MLAC], etc.) qui lui étaient certes proches sans lui être pour autant inféodées. *Le Nouvel Observateur* constitua le principal relais des positions les plus avant-gardistes en matière de mœurs au sein des grands partis de gauche. On y prit ouvertement la défense de la contraception, de l'avortement ou de l'homosexualité. Le parti socialiste fut sans doute celui des deux grands partis de gauche qui eut le plus d'aisance dans la mobilisation de cette nouvelle culture, plus ou moins héritière des événements de Mai 68. On comprendra donc la facilité avec laquelle François Mitterrand qui, lors de la campagne pour les élections présidentielles de 1965 avait été le seul candidat à évoquer la pilule contraceptive, put suivre voire encourager sa majorité politique à avancer plusieurs propositions libérales, en dépit des réserves de certains de ses amis, comme Pierre Bérégovoy, très réservé face au remboursement de la pilule acquis après la victoire de Mitterrand en mai 1981.

Anarchistes et socialistes s'appuyèrent traditionnellement sur les acquis de la science pour réclamer une réforme morale. Les premiers furent sans doute les plus audacieux mais il y eut des socialistes pour élargir le périmètre de réflexion et de propositions de la doctrine socialiste, au-delà de la seule revendication économique et sociale. Même si les grands classiques du socialisme français — Jaurès, Guesde, Vaillant et quelques autres de moindre envergure — parlèrent peu ou pas de morale sexuelle et restèrent souvent discrets sur les choses les plus intimes de l'existence, avares qu'ils étaient de confidences personnelles et soumis à l'ordre d'une vie tout entière consacrée à la morale militante, il en fut d'autres qui dérogèrent à cette ligne de conduite. Il arrive aux organes théoriques du socialisme français de ménager une petite place à de telles questions. Plusieurs députés socialistes, Vincent Auriol, Léon Blum ou Marcel Sembat protestèrent vigoureusement après le vote de la loi de juillet 1920 qui durcissait la législation concernant l'avortement et entravait l'usage de la contraception féminine. Les socialistes avaient pourtant été nombreux à s'avouer heurtés par la publication de la brochure de la féministe Madeleine Pelletier, *Le Droit à l'avortement*, publiée en 1911. Au tournant des XIXe et XXe siècles, à gauche, on s'en prenait pourtant souvent à l'obscurantisme qui présidait à l'éducation sexuelle des jeunes accusé de conduire ceux-ci vers les abîmes de la souffrance psychologique et de venir nourrir la dégénérescence de la race. Robin ne dit pas autre chose. Le silence et l'ignorance sont mères de tous les vices. Ils encouragent aux perversions et excitent les passions précoces : « Nulle statistique ne peut établir à quel point la sensualité précoce contribue à l'abaissement des caractères, à la médiocrité intellectuelle, à l'absence d'enthousiasme et de virilité dont souffre notre époque » [Hudry-Menos, 1895, p. 687]. Le socialisme, Georges Sorel le disait aussi à sa façon, se devait d'être aussi une morale : « La rénovation sociale, but de nos désirs et de nos efforts devra être, non seulement le résultat d'une évolution scientifique et économique, mais la conséquence d'une évolution morale », écrit encore le même Hudry-Menos [*ibid*., p. 695].

Parce que pour la plupart athées ou agnostiques, les socialistes ont moins théorisé sur la mort. Pauvrement conçue, elle n'est que le terme final de la vie dont on espère rien si ce n'est la fin d'une souffrance. Le cas de Paul Lafargue peut être ici convoqué puisque le leader guesdiste laissa une théorie de son suicide (26 novembre 1911) qui est aussi une philosophie de l'existence en un texte retentissant que publièrent *L'Humanité* et *Le Socialiste* : « Sain de corps et d'esprit, je me tue avant que l'impitoyable vieillesse qui m'enlève un à un les plaisirs et les joies de l'existence et qui me dépouille de mes forces physiques et intellectuelles ne paralyse mon énergie, ne brise ma volonté et ne fasse de moi une charge à moi et aux autres » [cité par Derfler, 1998, p. 289]. L'éthique sous-jacente à ce texte invite à toute une relecture de ce que put être la gauche pour certains de ses militants : une culture politique de l'autonomie. Choisir sa mort — le suicide de Roger Quilliot en 1998, celui de Mireille Jospin, vieille militante socialiste et mère de l'ancien Premier ministre Lionel Jospin, en décembre 2002 à l'âge de quatre-vingt-douze ans, relèvent sans doute aussi de cette logique — s'inscrit dans le droit fil d'une politique de la vie qui fait de la liberté du choix individuel en toutes choses intimes le premier des principes.

Moins arrêtés aussi par la morale chrétienne — même si le socialisme a cessé de rompre des lances avec les catholiques —, les socialistes au pouvoir dans les années 1980 affrontèrent les nouveaux problèmes moraux soulevés par les développements les plus récents de la biologie. Un colloque organisé en janvier 1985, « Génétique, procréation et droit », fut l'occasion pour quelques personnalités éminentes du socialisme (François Mitterrand, Robert Badinter, Georgina Dufoix) d'exprimer les attendus d'une nouvelle éthique. On y aborda notamment la question des mères porteuses sans qu'une position unique n'ait pu être dessinée : certains, comme le garde des Sceaux Robert Badinter, considéraient que le cas des mères porteuses pouvait être juridiquement rapporté à celui de l'adoption quand d'autres, à l'instar de Georgina Dufoix, ministre des Affaires sociales et de la Solidarité nationale, manifestaient la crainte de voir s'organiser un « marché de location d'utérus ». Face à de tels enjeux, le vieux fond de la doctrine semble avoir épuisé ses effets. Pas davantage que les droites, les gauches ne présentent un front uni devant les questions soulevées par la bioéthique.

Aimer et épouser

Depuis la fin du XIXe siècle, anarchistes et socialistes ont exercé une critique du mariage qu'ils dénonçaient comme une institution bourgeoise et aliénante. Les premiers furent sans doute les plus pressés à promouvoir l'union libre, qu'ils pratiquaient souvent, voire l'amour libre. De très beaux textes anarchistes font l'éloge de l'amour, sentiment bradé dans les sociétés capitalistes qui retrouvera toute sa puissance dans un monde libéré de la prostitution des corps, dans le travail comme dans les alcôves. Au XIXe siècle, les premiers socialistes avaient aussi multiplié les offensives contre l'esclavage de la femme dans le mariage. Victor Considerant s'élevait contre la brutalité de l'appropriation charnelle du corps de la femme par le mari et défendait l'idée d'un mariage librement consenti, ce qui fut longtemps davantage l'exception que la règle. Enfantin espérait la régénération de l'unité domestique par une réforme du mariage qui restaurerait et accroîtrait les droits de l'épouse. Soucieux de liberté et d'autonomie, les socialistes se montrèrent aussi favorables au divorce.

Il faut convenir que l'actualité politique du mariage n'a cessé de perdre en intensité avec la libéralisation croissante des mœurs au cours du XXe siècle. Elle l'a peu ou prou renvoyé du côté de la sphère privée, en a aussi affaibli la teneur symbolique, ramenant l'union matrimoniale presque à une question pratique. La petite révolution des mœurs que constitua l'aveu public de François Mitterrand, reconnaissant, presque *post mortem* certes, l'entretien régulier de deux foyers, concerne moins l'histoire de la morale socialiste que celle de notre temps et de l'évolution des seuils de tolérance morale, au moins au niveau des élites sociales. Seules les dernières années du XXe ont vu revenir la question du mariage au premier plan lors des débats consacrés au pacte civil de solidarité (PACS). À cette occasion, on put d'ailleurs faire référence, ici et là, à des controverses ou à des prises de position qui s'étaient affirmées à la fin du XIXe siècle ou au tout début du XXe siècle. Face à ce que l'on considérait comme une « crise du mariage », alors même que le nombre de divorces restait très faible et que la loi de 1884 n'avait guère été sensible sur la courbe de leur évolution, les socialistes se sentirent appeler à intervenir sur le sujet. Discours de congrès, brochures, articles ou livres lui furent ainsi consacrés et nous aident à saisir une morale socialiste du mariage assez homogène que démentiraient sans doute parfois des récits de vie. Mais pas toujours.

Sous-jacent à des vues que l'on put juger en leur temps « révolutionnaires » ou pour le moins « avancées » gît finalement une morale humaniste très sage. Pour les socialistes, comme pour les anarchistes, l'immoralité se trouve rejetée du côté du capitalisme qui dévoierait les âmes et les cœurs en encourageant les égoïsmes. L'esclavage du travail et la misère qu'il engendre conduisent les prolétaires, déplorent nombre de socialistes, à s'abandonner à tous les vices. Ils perdent en quelque sorte le droit à la famille. Gabriel Deville est ainsi l'auteur d'une critique marxiste du mariage figurant dans une étude consacrée au *Capital* de Marx qui compte sur le changement de mode de propriété pour voir s'épanouir de nouvelles relations amoureuses : « Après cette transformation seulement, le mariage perd sa raison d'être, et librement alors, sans crainte de mésestime, filles et garçons pourront écouter leur nature, satisfaire leurs besoins amoureux, et exercer tous les organes dont l'hygiène exige le fonctionnement régulier » [Deville, 1897, p. 42]. En 1890, Benoît Malon réserve un chapitre entier de son ouvrage le plus important, *Le Socialisme intégral*, qu'on lira et commentera beaucoup au début du siècle suivant, à la famille et au mariage. On y lit notamment : « Il n'y a pour le prolétaire ni bons loisirs du soir après un travail honoré, modéré et fructueux, ni repas en commun, ni éducation commune des enfants — ce lien si doux — ni rien de ce qui constitue la famille normale » [cité par Corbin, 1982, p. 348]. Pour remédier à ces maux, Malon se fait l'avocat d'une relation de couple fondée sur un amour partagé susceptible de mettre fin au statut doublement dominé des femmes de la classe ouvrière. S'il se montre favorable à l'union libre, c'est pour mieux souligner la nécessité de préserver l'unité familiale qui ne peut exister sans l'affection commune. En aucun cas, il ne plaide en faveur du libertinage de l'amour libre. Les socialistes ne sont pas des libertins. Ils partagent en outre bien des préjugés de leur temps concernant la place des femmes dans le couple. Même Paul Lafargue, à qui il arrive d'en appeler à une libération sexuelle, s'attache surtout à présenter les femmes comme grillons du foyer, vouées aux tâches domestiques et à l'élevage des enfants.

On éprouve donc quelque mal à définir une morale commune non seulement à l'ensemble de la gauche mais aussi à chacune des familles qui la compose, illustration de la fragilité de la notion de culture politique si on calque celle-ci sur les seules institutions politiques que traversent des sensibilités extrêmement diverses voire tout à fait antagonistes. En 1896, on célébra dans les locaux de la *Revue socialiste* le « mariage » de Héna Mink, fille de la militante socialiste Paule Mink, qui « épousait en union libre » un jeune militant socialiste Henri Jullien. À cette occasion Paule Minck fit l'éloge de l'union libre qui n'avait à ses yeux « pour consécration que la conscience des deux époux, pour sanction que le respect de leur propre dignité » (*Revue socialiste*, février 1896, p. 212).

Cette dernière proposition rapproche les socialistes du discours anarchiste. Elle est bien loin d'être la plus représentative des pratiques et des textes socialistes qui abordèrent la question. Bien des militants épousèrent en bonne et due forme et en restèrent aux pratiques les plus traditionnelles du mariage bourgeois. Jean Jaurès en est l'un des exemples les plus patents. L'essai que Léon Blum consacra au mariage en 1907, qui choqua peut-être jusqu'à Jaurès lui-même, n'avait pourtant pas d'autre ambition que de refonder le mariage pour le sauver de la faillite dans laquelle semblait sombrer une institution que Blum pensait nécessaire. *Du mariage* n'en montre pas moins à quel point celui qui incarna dans l'entre-deux-guerres le socialisme français était décalé par rapport à nombre de ses camarades quand il s'agissait de traiter des questions qui, après tout, n'étaient point si futiles même si elles n'étaient pas encore pensées comme relevant de l'ordre politique. À l'encontre de plusieurs de ses amis socialistes qui avaient eu l'occasion de s'exprimer sur la question ou de sa contemporaine, la féministe socialiste suédoise Ellen Key, dont un ouvrage consacré au mariage parut en français la même année, Blum pense que le mariage ne pouvait être fondé sur le seul sentiment amoureux. Il était d'abord une affaire d'intérêts bien compris. Conçu comme un contrat entre deux personnes égales, il devait sanctionner une attirance mutuelle, l'entretenir le plus longtemps possible et assurer l'épanouissement sexuel des époux. Le mariage n'avait pas vocation néanmoins à devenir le « sommeil de l'amour », l'« hospice des résignés, ou l'hôpital des éclopés de l'amour » [cité par Prochasson, 2000, p. 16]. Dans sa nouvelle formule, il devait combiner harmonie sexuelle et harmonie intellectuelle : c'était là la garantie de son succès. Blum s'employait donc à définir les conditions de sa réussite notamment en détaillant les procédures par lesquelles les époux réussiraient leur vie sexuelle. Celle-ci reposait sur une bonne initiation aux pratiques sexuelles : la brutalité des hommes, mal élevés à l'amour, rendait encore plus farouches des femmes qu'avait bercées, seule ou presque, l'ignorance dans laquelle on avait eu soin de les entretenir durant toute leur jeunesse. Une éducation préalable s'imposait. Il convenait que le mariage ne vînt qu'à l'« âge matrimonial », après les expériences répétées qui avaient marqué l'« âge polygamique », chez les hommes comme chez les femmes. Chacun désormais saurait de quoi il retournait et disposerait ainsi des moyens d'apprécier et de choisir.

Au sein du parti communiste, on manifesta beaucoup moins de réserves à l'égard du mariage. À partir des années 1930, le moralisme communiste s'apprécie aussi dans la défense du mariage, la condamnation de l'adultère et du donjuanisme renvoyés dans l'enfer de l'érotique petite-bourgeoise. On y considérait donc avec une certaine bienveillance les mariages entre militants qui ne furent pas rares : le puritanisme conjugal de « Maurice et Jeannette » eut par ailleurs une haute valeur d'exemple auprès de bien des militants communistes. Une phrase célèbre de Georges Marchais, au cours d'une interview durant laquelle le secrétaire général du PCF évoqua brièvement son épouse, « Liliane, fais les valises ! », trahit en outre une conception assez traditionnelle de la répartition des rôles à l'intérieur du couple qui résista durablement aux percées du féminisme.

Il n'est pas sans intérêt de relever que lors de son discours à la Chambre le 9 octobre 1998, le député socialiste Patrick Bloche, rapporteur de la commission des Affaires culturelles, familiales et sociales, intervenant pour défendre le projet de loi qui devait instituer le PACS, ait cru bon de citer *Du mariage* à l'appui de celui-ci. Il prenait la défense d'une mesure, controversée dans les rangs mêmes de la gauche, en l'insérant dans une tradition de réforme de la vie privée qui avait aussi intéressé le socialisme français. Blum n'était évidemment pas l'inventeur du PACS, qui permettait aux couples homosexuels de disposer de droits et d'une reconnaissance juridique dont ils étaient jusqu'alors tout à fait dépourvus, mais son exemple était utile à qui voulait montrer que la gauche avait su aussi être audacieuse en des domaines où la droite campait encore souvent sur des positions très conservatrices voire tout à fait rétrogrades.

Consommer et se divertir

La morale militante ne porte pas ceux qui la professent au divertissement. Leur vie plaide en faveur de l'ascèse et configure une relation à l'argent et aux biens de ce monde toute faite de renoncement. Cette morale-là est celle du travail perpétuel qui seul élève. Elle condamne l'oisiveté, naturellement mère de tous les vices. Elle entame donc la réputation émancipatrice de la gauche que l'on pourra juger pudibonde et castratrice.

La gauche institutionnelle put longtemps apparaître, ainsi que nous l'avons déjà entrevu, comme l'équivalent d'une entreprise de moralisation publique. On vote pour la gauche parce que celle-ci est vertueuse par définition. Dans les années 1970, un menuisier est en mesure de rendre compte de sa fidélité au vote communiste en ces termes : « J'ai toujours voté communiste, parce que j'estime que c'est le parti le plus propre. On n'a jamais vu des communistes faire des scandales financiers ou autres » [cité par Bourdieu, 1979, p. 497]. La relation à l'argent semble constituer l'un des traits spécifiques d'une certaine morale de gauche, appuyée sur un « refus de parvenir » que théorisèrent avec une particulière vigueur les syndicalistes révolutionnaires du début du XXe siècle. On le lit par exemple dans un article que Paul Delesalle publie dans le périodique anarchiste *Les Temps nouveaux* en décembre 1903 où il décrit ses tâches militantes : « Je touche un salaire aux *Temps nouveaux*, non pour ma copie, mais comme employé de librairie ; mon travail consiste à écrire et à préparer les bandes, à faire l'expédition du journal, à aller à l'imprimerie plusieurs fois la semaine et chez les éditeurs chercher les volumes que les camarades nous demandent de leur procurer, à faire et expédier les paquets, etc. Comme les autres rédacteurs, je fais ma copie chez moi, soit sur mon temps de repos, soit sur celui que je pourrais consacrer à mes loisirs, mais toujours en dehors de mon temps de travail matériel… Ni *La Voix du peuple*, où j'écris au moins autant qu'aux *Temps nouveaux*, ni les nombreux journaux soit corporatifs, soit anarchistes auxquels j'ai pu collaborer, depuis que je milite, ne sont rétribués pour cela… *Je ne vends pas ma pensée, j'essaie seulement de la faire servir à l'émancipation de mes semblables, les éternels exploités* » [cité par Maitron, 1985, p. 76].

Les récits de vie édifiants et les biographies qui veulent cerner la personnalité de l'homme de gauche soulignent de tels aspects. Un mépris affiché pour l'argent auquel s'oppose en contraste une boulimie pour la culture souvent au détriment de tout autre divertissement, constituent parmi les points communs à bien des militants de gauche, comme les dépeint, par exemple, en série, le *Dictionnaire biographique du mouvement ouvrier*. Ce qui n'exclut pas de cruelles déceptions pour qui prend connaissance de mémoires, de correspondances ou de souvenirs où sont parfois mis au jour des comportements contredisant la morale de sainteté laïque cultivée par la mémoire militante. Parmi tant d'exemples, il n'est que de se tourner une nouvelle fois vers les *Mémoires* de Charles Rappoport pour surprendre quelques malveillantes notations concernant Souvarine, ce dernier souvent recouvert d'une couche de vertu politique comme l'un des premiers communistes à avoir dénoncé le mal soviétique : « Il ne m'a pas fallu travailler très longtemps avec lui pour me rendre compte qu'il est jaloux, envieux, mesquin et surtout lâche et hypocrite », écrit-il dans une lettre de décembre 1921, au contraire d'un Pierre Monatte, avec lequel pourtant il lui arrive d'être en désaccord mais qu'il présente comme un « homme propre, modeste » [Rappoport, 1991, p. 381 et 382].

Au début du siècle encore, moment matriciel de la moralité de gauche qui ne venait finalement que prolonger la part la plus exigeante de la morale républicaine, le mouvement des Universités populaires (UP), où les intellectuels et les militants socialistes furent nombreux à s'investir, répondit aussi à une volonté de moraliser la classe ouvrière. Ce qui en constitua sans doute l'une des ambiguïtés les plus lourdes. Il s'y agissait bien de promouvoir des valeurs « saines » : anti-alcoolisme, famille, culture, amitié et dévouement. Des conférences qui y sont prononcées visaient à l'éducation morale de l'assistance. On compte aussi sur le théâtre pour affermir la vertu des prolétaires : « Voilà trop longtemps que la scène est souillée par des représentations plus ou moins carnavalesques dans lesquelles on attaque les plus saines convictions. Il est nécessaire que l'on relève l'art théâtral, qu'on le dégage de l'immoralité dans laquelle on l'a maintenu depuis longtemps » [cité par Mercier, 1986, p. 166].

Dans l'UP devait aussi se déployer une nouvelle sociabilité populaire où l'on tentait, par exemple, dans la pratique, de proscrire l'alcool : au banquet fraternel de l'Union Mouffetard, en mai 1901, on ne but que de l'« eau claire »... malgré une concession faite au moment des toasts. Les animateurs du mouvement finirent d'ailleurs par craindre que les activités récréatives prennent le dessus et relèguent les conférences ou la lecture à un rang subalterne. Selon certains, les auditoires devenaient bien maigres lorsqu'il s'agissait d'assister à un exposé savant. Lors du congrès de 1905, on s'inquiéta de cette évolution : « Il semble résulter que les fêtes prennent peu à peu le pas sur les conférences et les discussions. Ce glissement n'est pas un problème ni un danger pour les Universités populaires, à la seule condition que ces distractions visent non seulement et exclusivement à amuser, mais surtout à instruire » [cité par Mercier, 1986, p. 164].

Le rigorisme moral qui semble avoir caractérisé la gauche à son âge classique semble s'être dissous à partir des années 1980, notamment sous l'effet de l'expérience du pouvoir. Certains pourront aussi y reconnaître un effet différé de Mai 68, moment de diffusion, dans les rangs de la gauche, d'une morale libertaire parfois libertine, qui ne rompait d'ailleurs pas toujours avec un moralisme austère ne plaisantant ni avec la révolution ni avec la lutte de classes. On a pu remarquer, à propos des acteurs les plus visibles du mouvement, que ceux-ci s'étaient vite accommodés avec le Ciel des idées révolutionnaires lorsqu'il s'était agi de faire des carrières dans les médias, l'art ou la politique. Dès les années 1970, au sein même de la gauche, les principaux adversaires de Mai 68, parmi lesquels se comptaient notamment les amis de Jean-Pierre

Chevènement, animateur du CERES, courant du parti socialiste, et les communistes, ne manquèrent pas d'insister sur la dérive que le mouvement avait représentée par rapport aux idéaux de la gauche traditionnelle ancrés dans le républicanisme intransigeant. Ce procès, qu'il faut d'ailleurs instruire avec plus de prudence que l'on ne le fait souvent, pointe sans nul doute un profond changement de comportements dans les cultures politiques de la gauche face à la consommation et au monde marchand. Pourquoi la gauche y échapperait-elle puisque l'ensemble des sociétés européennes furent concernées par une telle évolution des mœurs ? Même à gauche, on perdit les complexes à l'égard de l'argent qu'avait sans doute légués en héritage l'antique civilisation catholique, elle aussi soumise aux plus profondes transformations. Les années 1980 furent celles de l'argent facile, y compris pour la gauche.

Il reste à montrer sérieusement les inévitables effets qu'eut l'accès au pouvoir d'une classe politique et donc de groupes sociaux qui en avaient été éloignés pendant près de vingt-cinq années. Qu'ont produit sur des militants dévoués, sincères, habitués à la vie sévère réservée au combat politique d'opposition, les voitures avec chauffeur, les lambris et dorures des palais républicains, les parquets cirés des salons à cocktail, mais aussi la fréquentation des hommes d'affaires, banquiers, entrepreneurs fortunés, décideurs de la finance internationale, etc. ? Les interprétations contemporaines qui insistèrent sur les conséquences morales de cette nouvelle donne n'ont pas manqué. Elles entrèrent notamment dans l'interprétation qui fut parfois proposée du suicide de Pierre Bérégovoy en 1993, Premier ministre socialiste intègre, mais pris au piège de relations sociales d'un nouveau genre qui l'obligèrent à mêler sa vie privée, les affaires de l'État dont il avait la charge et l'argent. Au terme des deux septennats de François Mitterrand, Jean-Pierre Mignard, socialiste proche de Jacques Delors, ce dernier représentant d'une gauche que l'on qualifia parfois de « morale », constatait amèrement : « Ici se termine un cycle, celui de la supériorité morale naturelle à laquelle prétendait la gauche » [cité par Jean-Pierre Rioux, 1996, p. 107].

Dans le cours qu'il consacra au socialisme à l'université de Bordeaux, Émile Durkheim glisse une remarque qui ne peut manquer de nous retenir ici : « Si les questions économiques sont celles que se pose toute doctrine socialiste, la plupart des systèmes ne s'y sont pas tenus. Presque tous ont plus ou moins étendu leurs revendications à d'autres sphères de l'activité sociale, à la politique, à la famille, au mariage, à la morale, à l'art et à la littérature, etc. » [Durkheim, 1928, p. 45]. On ne se fera pas faute de le suivre sur ce terrain. Même si elles n'en firent pas le cœur du futur régime, les doctrines socialistes, de toute espèce, ne négligèrent pas les différents aspects moraux que l'avènement d'un nouvel État social allait engendrer. Elles furent toutes longtemps à la recherche d'une « morale socialiste » à l'instar des républicains qui avaient bel et bien fondé une « morale républicaine ». Si l'on veut bien faire, pour un instant, du père Enfantin l'un de ceux qui nourrirent la doctrine socialiste, on ne pourra manquer d'être frappé par la définition de son « œuvre » comme l'« application de l'algèbre et de la géométrie à la morale ». Le trait sans doute le plus frappant est qu'à l'encontre de la critique de ceux qui s'y opposèrent, nombre d'auteurs socialistes, bien loin de proposer le gouvernement de l'immoralisme, s'attachèrent davantage à des idéaux relevant d'une régénération morale appelée par la décadence que le règne de l'argent avait encouragée. Bien plus que de renverser, il s'agissait ici de restaurer. Un idéal de pureté hante singulièrement les morales socialistes que masquent faussement des réputations sulfureuses. Quant à l'écart qui sépare les morales pratiques de celles que la doctrine affiche le plus communément, n'est-il pas le lot de tous ceux qui prétendent régir le monde sur la base de valeurs immaculées ? Reste que l'installation définitive de l'individu au centre du projet social a aujourd'hui conduit les gauches à renoncer à de telles perspectives désormais considérées au mieux comme dépassées, au pire comme périlleuses.

RÉFÉRENCES BIBLIOGRAPHIQUES

ARIÈS Paul et DUBY Georges [dir.] (1987), *Histoire de la vie privée*, t. 5 : *De la Première Guerre mondiale à nos jours*, Seuil, Paris.

AUDRY Colette (1976), *Les Militants et leurs morales*, Flammarion, Paris.

BARD Christine [dir.] (1999), *Un siècle d'antiféminisme*, Fayard, Paris.

BOUGLÉ Célestin (1918), *Chez les prophètes socialistes*, Alcan, Paris.

BOURDIEU Pierre (1979), *La Distinction. Critique sociale du jugement*, Minuit, Paris.

CHAPERON Sylvie (1999), « Haro sur le Deuxième Sexe », *in* Christine BARD [dir.] (1999), *op. cit.*

CORBIN Alain (1978, rééd. 1982), *Les Filles de noces. Misère sexuelle et prostitution au XIXe siècle*, Flammarion, Paris.

DEMEULENAERE-DOUYÈRE Christiane (1994), *Paul Robin (1837-1912) : un militant de la liberté et du bonheur*, Publisud, Paris.

DERFLER Leslie (1998), *Paul Lafargue and the Flowering of French Socialism, 1882-1911*, Harvard University Press, Cambridge (Mass.).

DEVILLE Gabriel (1897), *Le Capital de Karl Marx résumé et accompagné d'un aperçu sur le socialisme scientifique*, Flammarion, Paris.

DESANTI Dominique (1975), *Les Staliniens, une expérience politique, 1944-1956*, Fayard/Marabout, Paris.

DURKHEIM Émile (1928, rééd. 1971), *Le Socialisme*, PUF, Paris.

HUDRY-MENOS J. (1895), « La question du sexe dans l'éducation », *La Revue socialiste*, juin, Paris.

KRIEGEL Annie, avec la collaboration de Guillaume BOURGEOIS (1985), *Les Communistes français, 1920-1970*, Seuil, Paris.

Kriegel Annie (1991), *Ce que j'ai cru comprendre*, Robert Laffont, Paris.

Maitron Jean (1985), *Paul Delesalle. Un anarchiste de la Belle Époque*, Fayard, Paris.

Mercier Lucien (1986), *Les Universités populaires : 1899-1914. Éducation populaire et mouvement ouvrier au début du siècle*, Les Éditions ouvrières, Paris.

Philip André (1957), *Le Socialisme trahi*, Plon, Paris.

Pizzorno Alessandro (1993), *Le Radici della politica assoluta*, Feltrinelli, Milan.

Prochasson Christophe (2000), « Quand le privé devient public : du *Mariage* et sa première réception », *Recherche socialiste*, 10, mars.

Projet socialiste (1980), *Pour la France des années 1980*, Club socialiste du livre, Paris.

Rappoport Charles (1991), *Une vie révolutionnaire, 1883-1940. Les mémoires de Charles Rappoport*, édition établie par Georges Haupt, Harvey Goldberg et Marc Lagana, Éditions de la Maison des sciences de l'homme, Paris.

Rioux Jean-Pierre (1996), *Tombeaux pour la gauche*, Presses de la Fondation nationale des sciences politiques, Paris.

Rosental Paul-André (2003), *L'Intelligence démographique. Sciences et politiques des populations en France (1930-1960)*, Odile Jacob, Paris.

Ross Kristin (2002), *May'68 and its Afterlives*, University of Chicago Press, Chicago.

Sadoun Marc (1993), *De la démocratie française. Essai sur le socialisme*, Gallimard, Paris.

77

Arts, culture et intellectuels de gauche au XXᵉ siècle

FRÉDÉRIQUE MATONTI

« L'accession du Peuple à l'œuvre d'art est un problème qui est dans l'air, qui est partout ; mais pour pouvoir parler au Peuple, il faut être près de lui. [...] Pour moi, j'ai eu une occasion de le connaître non pas à Paris, ni dans mon atelier, mais à la guerre. »

Léger, « L'art et le Peuple », 1946.

LE SENS COMMUN, en l'occurrence pas toujours bienveillant, voit volontiers les intellectuels et les artistes comme autant de soutiens de la gauche institutionnelle ou révolutionnaire. Cette croyance est, pour l'essentiel, bien fondée, comme en témoignent par exemple les affinités (souvent difficiles néanmoins) entre artistes d'avant-garde et mouvements révolutionnaires ou, dans un tout autre esprit, la comparaison des listes de soutiens des candidats de droite et de gauche aux élections présidentielles de la Vᵉ République. Reste néanmoins que, lors des crises politiques, de l'affaire Dreyfus jusqu'aux grèves de l'hiver 1995, les pétitions d'intellectuels se répondent d'un camp à l'autre et que si l'on associe fréquemment, depuis le Front populaire, mais surtout depuis les « années Lang », aide à la culture et partis de gauche, c'est un gouvernement de droite qui inaugura, avec André Malraux, le premier ministère de la Culture.

Ces exemples suffisent à montrer que, pour éclairer les rapports entre intellectuels de gauche et politique, il faut s'intéresser aux dimensions plurielles de ce que l'on appelle couramment l'engagement : tout d'abord aux liens (adhésion, compagnonnage) qu'artistes et intellectuels entretiennent avec les partis politiques ou avec leurs organisations satellites, mais aussi aux différents répertoires d'actions qui leur sont spécifiques (productions culturelles et artistiques « engagées », travail d'expertise, voire de production théorique, pétitions, manifestes, etc.) et traduisent des rapports distincts aux organisations et aux institutions politiques. Réciproquement, l'élucidation de ces liens suppose que l'on s'intéresse aux usages (allant de la propagande à la mise en place de politiques culturelles et municipales) que les professionnels de la politique peuvent faire des artistes et des intellectuels.

Ces relations multiples ont un acte de naissance, l'affaire Dreyfus, qui contribue à leur conférer les formes y compris cognitives qui sont les leurs au XXᵉ siècle. Elles ont aussi un rythme et ce, que l'on considère avec l'histoire traditionnelle des intellectuels que ce soit les crises qui poussent ceux-ci à sortir de leur « tour d'ivoire » pour intervenir dans l'univers politique, ou que l'on estime avec certains sociologues et historiens que ce sont avant tout les conditions d'exercice des métiers intellectuels et artistiques qui expliquent la politisation, au sens où la politique est ou n'est pas, selon les périodes, « un mode de démarcation des positions » dans ces champs [Sapiro, 2001, p. 25]. C'est enfin ce rythme de l'engagement qui invite à s'interroger sur la pérennité à la fois de ce groupe et de ses modes d'intervention politique.

Naissance des intellectuels

Tout éloignés qu'ils soient, ces courants opposés de l'historiographie et de la sociologie s'accordent néanmoins sur les circonstances de la naissance des intellectuels : l'affaire Dreyfus et tout particulièrement la mobilisation de Zola et de ceux qui, pour le soutenir après la publication de son « J'accuse », signent un « Manifeste » où ils se désignent comme « intellectuels ».

Pour Christophe Charle, c'est dans une période tout à la fois de stabilisation de la République (et donc aussi de désenchantement à son égard) et de crise du champ littéraire qu'émerge la notion d'intellectuel telle que nous la connaissons, à la fois « groupe social », « catégorie politique » et « schème de perception du monde social » [Charle, 1990, p. 7]. À la fin du xixᵉ siècle, les personnes exerçant une profession littéraire (journalistes, hommes de lettres, publicistes) et, dans une moindre mesure, les artistes, sont en effet de plus en plus nombreux, au point de venir concurrencer par leur nombre les professions libérales anciennes, avocats et médecins. Mais cette concurrence est avant tout sociale, chacun de ces groupes entendant conquérir (pour les premiers) ou conserver (pour les seconds) le monopole de l'encadrement des consciences. La crise du champ littéraire (crise de la librairie, prolétarisation des auteurs, etc.), mais aussi la vague de procès qui frappent romans et pièces pour pornographie ou antimilitarisme amènent certains de ces hommes de lettres (les plus faiblement consacrés) à se rapprocher des groupes politiques et notamment des anarchistes et des socialistes, préfigurant ainsi les rapports entre avant-gardes littéraires et politiques. C'est le cas, par excellence, de Bernard Lazare, à la fois symboliste et anarchiste, actif dans les mouvements de défense des écrivains des années 1890, premier « intellectuel » en 1895 convaincu de l'innocence de Dreyfus, auteur, l'année suivante, de la brochure *Une erreur judiciaire. La vérité sur l'affaire Dreyfus*, et surtout premier artisan de la mobilisation.

Lorsque ces intellectuels défendent les auteurs censurés ou Dreyfus, ils inventent un rapport à la politique différent de celui de leurs aînés écrivains qui entraient plus volontiers dans la compétition électorale (que l'on pense par exemple à la carrière politique de Lamartine ou de Hugo, voire de Tocqueville), ne serait-ce que parce que celle-ci leur était plus ouverte tant la professionnalisation politique était loin d'être achevée. Plus précisément encore, comme le souligne Pierre Bourdieu, lorsque Zola intervient dans l'affaire Dreyfus, c'est au nom des valeurs professionnelles du champ littéraire (et au-delà des champs artistique et intellectuel), et notamment de l'indépendance vis-à-vis de tous les pouvoirs temporels (État, marché, académies). Cet acte fondateur suppose donc un processus d'autonomisation du champ littéraire, repérable dorénavant à une « économie inversée » où la valeur d'une œuvre est conférée par le jugement des pairs et non plus par celui du public et donc par les profits économiques qu'elle engendre [Bourdieu, 1992].

Cette autonomie des champs artistiques a, par ailleurs, des effets sur les rapports entre les artistes et l'État, ou plus exactement sur la longue absence de politique culturelle. L'étonnante exception du ministère des Arts [Dubois, 2001] lors du « grand ministère Gambetta » permet *a contrario* de l'expliquer et d'analyser les conditions de l'émergence future d'une politique artistique ou culturelle d'État. Au début des années 1880, en effet, « des savants, artistes et hommes de lettres apportent leur soutien au régime républicain en cours d'installation [et] entretiennent [encore] des relations étroites avec le personnel parlementaire et gouvernemental » [Dubois, 2001, p. 231-232].

L'affaire Dreyfus offre également à travers l'opposition entre dreyfusards et antidreyfusards l'esquisse de la dichotomie entre intellectuels de gauche et intellectuels de droite. Statistiques et prosopographie [Charle, 1990] font apparaître que les antidreyfusards appartenant à l'Université sont globalement titulaires de positions de pouvoir, âgés, catholiques et, du point de vue des disciplines, juristes, littéraires et économistes. Tandis qu'à l'inverse, les dreyfusards sont tendanciellement plus jeunes, en début de carrière, plus souvent juifs et protestants, et enfin plutôt historiens, philosophes, sociologues, physiciens, chimistes ou naturalistes. Côté écrivains et artistes, c'est globalement l'avant-garde et par exemple la toute jeune avant-garde théâtrale autour d'Antoine, de Gémier et de Lugné-Poe, qui s'est mobilisée en faveur de Dreyfus, tandis que ce sont plutôt les académiciens, les écrivains consacrés et les auteurs dramatiques à succès qui se sont retrouvés dans le camp antidreyfusard [Charle, 1979].

Cette mobilisation concurrentielle repose sur des réseaux distincts (dont certains naissent de la crise), composés de revues, oscillant elles-mêmes entre littérature et politique, de journaux et de lieux de sociabilité, dont les salons du temps. Ainsi peut-on sommairement opposer les foyers de mobilisation dreyfusarde que sont par exemple *La Revue blanche*, *Les Cahiers de la Quinzaine*, *L'Aurore*, la rue d'Ulm, la librairie de Charles Péguy au Quartier latin, la Ligue des droits de l'homme aux lieux antidreyfusards que sont *La Libre Parole*, *La Revue des deux mondes* et la Ligue de la patrie française.

Cette mobilisation se matérialise de manière privilégiée par l'affrontement entre pétitions. En effet, les dreyfusards ne pouvant faire nombre ont choisi de faire poids, c'est ainsi qu'ils se sont réapproprié ce répertoire d'action ancien en faisant figurer leur titre ou leur diplôme « comme un argument d'autorité contre une autre autorité judiciaire et politique » [Charle, 1990, p. 143]. En face, les antidreyfusards adoptent une présentation tout aussi stratégique, en regroupant par exemple les signataires par corporations : « manière de résumer la société qui est selon la vision organiciste de Barrès, non une collection d'individus, mais une association de professions soudées entre elles par des valeurs nationales communes » [*ibid.*, p. 145].

Par le répertoire privilégié qu'elle déploie (intervention dans la presse, manifeste, témoignage lors des procès...), l'Affaire masque un autre rapport des artistes et des intellectuels au politique. En effet, ce type de répertoire que l'on pourrait qualifier d'engagement symbolique du nom, privilégié par les producteurs consacrés par leurs pairs ou en voie de l'être comme les avant-gardes, cohabite avec un engagement de l'œuvre. Ainsi quelques romans (par exemple, en 1901, *Monsieur Bergeret à Paris* d'Anatole France, *Vérité* de Zola et un peu plus tard, *Jean Santeuil* de Proust...), un tableau (*Vérité* — encore — d'Édouard Debat-Ponsan) illustrent directement ou indirectement l'Affaire. Mais tendanciellement, cet engagement de l'œuvre, plus ancien (que l'on songe à toutes les formes d'art social), est plutôt réservé aux artistes qui, soit occupent des positions dominées dans leur champ de production respectif, soit ne parviennent pas y entrer. Mettant leurs œuvres au service d'un groupe social plus ou moins magnifié ou d'une organisation partisane, ces producteurs donnent ainsi lointainement naissance à l'art populaire ou à l'art de parti.

La place des intellectuels

Autour de l'affaire Dreyfus commencent à paraître les premiers textes consacrés aux intellectuels. Le dreyfusard Émile Durkheim dans « L'individualisme et les intellectuels » et l'antidreyfusard Ferdinand Brunetière dans « Après le procès », deux articles qui sont avant tout des prises de position, ne sont en effet pas loin d'inaugurer le partage entre « histoire héroïque » et « littérature de dénigrement » [*ibid.*, p. 9], voire entre plaidoyer *pro domo* et pamphlet. Ce partage, dominant jusqu'à ce que les sciences sociales se sentent autorisées à traiter de la question dans les années 1970, est appelé à avoir une longue postérité comme le montre l'opposition paradigmatique entre *L'Opium des intellectuels* de Raymond Aron en 1955 et le *Plaidoyer pour les intellectuels* de Jean-Paul Sartre, dix ans plus tard.

Dans *La Revue des deux mondes*, Brunetière a souligné le danger que les intellectuels font courir à la démocratie et à l'armée, en insistant notamment sur le facteur moderne de dissolution du social : « L'individualisme [qui], nous ne saurions trop le redire, est la grande maladie des temps présents, non le parlementarisme ni le socialisme ni le collectivisme. » Lui répondant dans *La Revue bleue*, Durkheim, en accord avec sa sociologie que l'on présente trop souvent de manière caricaturale comme « holiste », souligne au contraire que l'individualisme sur lequel s'appuient les intellectuels pour défendre Dreyfus puise ses racines chez Kant, Rousseau, ou dans les droits de l'homme et qu'il constitue la seule morale appropriée à l'état des sociétés contemporaines où ni les fins religieuses ni les fins étatiques ne peuvent plus désormais l'emporter sur les individus : « C'est une religion [l'individualisme] dont l'homme est à la fois le fidèle et le Dieu » [Durkheim, 1987, p. 265].

L'affaire Dreyfus constitue également l'occasion pour qu'au sein du mouvement socialiste français soit discutée, comme cela l'était au même moment dans la IIe Internationale, du rôle des intellectuels [Prochasson, 1993]. Doivent-ils « aller au peuple » pour lui apporter leur savoir, mais aussi pour se mettre à son service ? Sont-ils au contraire, comme le décrète, par exemple, le guesdiste Paul Lafargue en 1900 « des arrivistes qui tentent de se créer une situation dans la politique au détriment de ceux qui les écoutent », des ignorants en matière de lutte de classes, voire des relais de l'« oppression capitaliste » [cité par Prochasson, 1993, p. 26] ? Ces débats, menés pour l'essentiel et de manière révélatrice de leur fascination pour le monde ouvrier, voire de leur sentiment de culpabilité, par les intellectuels eux-mêmes, sont appelés à connaître au fil des conjonctures historiques une longue postérité…

Outre les Universités populaires relancées lors de l'Affaire, c'est d'abord du côté des écrivains, des critiques et des artistes que s'opère au tournant du siècle un rapprochement inédit avec les classes populaires. Le lien entre art et peuple, d'abord pensé sous une forme pédagogique pendant les Lumières, puis parfois sous une forme moralisatrice par les républicains de gouvernement [Dubois, 1999], devient en effet l'une des modalités de la critique sociale. Autour notamment de *La Revue d'art dramatique*, et tout particulièrement du jeune Romain Rolland, éclôt ainsi une mobilisation artistique et intellectuelle pour un théâtre populaire. Celle-ci débouche sur quelques expériences éphémères à Paris (le Théâtre civique de Louis Lumet en 1897 et le Théâtre du peuple d'Henri Dargel en 1899, le Théâtre populaire de Belleville en 1903), sur la création en province, en 1895, par Maurice Pottecher du Théâtre du peuple de Bussang, et enfin sur la production d'un répertoire spécifique, à commencer par les pièces du *Théâtre de la Révolution* de Romain Rolland [Gontard, 1973]. Dans une logique comparable d'importation de leurs pratiques au sein du mouvement ouvrier, c'est également autour du moment Dreyfus que les intellectuels créent les revues du monde ouvrier [Prochasson, 1994].

Au-delà de ces engagements qui sont autant de prolongations des activités et des positions professionnelles, les années 1890 et le moment de l'Affaire constituent une période particulièrement propice pour l'adhésion des intellectuels aux partis de gauche en cours de constitution, puis d'unification. C'est alors, même si Albert Thibaudet intitule ainsi son livre en 1927 seulement, pour ceux qui font de la politique une profession, les débuts de la « République des professeurs ». Même s'ils ne constituent jamais plus de 10 % du personnel parlementaire de la IIIe République, les « professeurs » sont en effet d'autant plus visibles que s'entame dès le tournant du siècle le déclin (relatif) des avocats, mais surtout qu'ils prennent (à commencer par Jaurès à la SFIO) la tête d'un certain nombre de formations politiques [Dogan, 1999].

Mais là aussi, les rapports avec ces partis ne se résument pas à la professionnalisation politique de certains intellectuels, comme l'illustre le cas bien connu tant il est emblématique de Lucien Herr. Ancien élève de l'École normale supérieure, agrégé de philosophie, spécialiste de Hegel même s'il ne lui a pas consacré l'œuvre attendue, devenu bibliothécaire de l'ENS, c'est en compagnie de son ami, le germaniste Charles Andler, qu'il adhère en 1889 au Parti ouvrier socialiste révolutionnaire de Jean Allemane, parti que l'on peut qualifier sommairement d'« ouvriériste ». Pivot de la mobilisation des normaliens en faveur de Dreyfus, Herr amène ensuite bon nombre d'entre eux, mais aussi, le neveu de Durkheim, Marcel Mauss, au Groupe de l'unité socialiste, fondé en 1889. C'est lui encore qui, avec Léon Blum et le philosophe Lucien Lévy-Bruhl, rassemble auprès des anciens élèves de l'ENS des fonds nécessaires au lancement en 1904 de *L'Humanité* de son ami Jaurès.

Lucien Herr est ainsi sûrement le modèle le plus achevé des intellectuels socialistes qui tentent « de maintenir [...] une solidarité active avec leurs origines par le biais d'engagements collectifs, tout en gardant le souci d'éclairer la politique au jour le jour par une réflexion à plus long terme, à travers des œuvres, des articles, des essais, des conférences ou un enseignement extra-universitaire » [Charle, 1994, p. 152]. « Entre-deux » dans lequel on trouverait par exemple François Simiand, à la fois historien de l'économie et haut fonctionnaire, chef de cabinet pendant la guerre d'Albert Thomas, issu également du « socialisme normalien ». C'est également dans cet entre-deux qu'il faut placer Mauss [Fournier, 1995] qui, en durkheimien, analyse et promeut le mouvement coopératif, en jauressien, demeure fidèle à la SFIO après le congrès de Tours, s'y montre actif (il écrit dans *Le Populaire*) et, indissolublement en socialiste et en sociologue, se livre à la critique du bolchevisme [Weber, 1984]. Dans le même esprit, la Ligue pour la défense des droits de l'homme et du citoyen (LDH), créée en 1898 pour défendre Zola lors de son procès, constitue elle aussi une forme d'entre-deux, entre les engagements qui prolongent les activités professionnelles et les adhésions proprement politiques. Même si la LDH est l'un des pôles à partir desquels se crée en 1901 le parti radical, elle apparaît en effet à bien des égards et notamment avec son comité central, largement composé dès l'origine d'universitaires, comme une organisation bien ajustée aux valeurs et aux pratiques des intellectuels.

ENTRE PACIFISME ET PACIFISME INTÉGRAL, ENTRE SOCIALISME ET COMMUNISME

Par les pertes humaines considérables qu'elle entraîne chez les étudiants, les professeurs et les instituteurs, mais aussi par le ralliement de l'essentiel des socialistes d'avant-guerre, intellectuels ou non, à l'Union sacrée, la guerre modifie profondément l'équilibre politique des univers intellectuels et artistiques. Le pacifisme devient alors à la fois un principe d'inflexion des trajectoires politiques et sociales et un principe de clivage de ces univers, voire le plus efficace de ces principes entre les deux guerres. Central dans le ralliement à la IIIe Internationale en 1920, c'est lui qui, en effet, à la veille de la Seconde Guerre mondiale, organise les oppositions entre munichois et antimunichois ou, bien sûr, entre pacifisme intégral et antifascisme.

Pendant la guerre déjà, le pacifisme est à l'origine de l'éclosion de nouvelles revues d'avant-garde qui oscillent entre littérature et politique, d'une production romanesque spécifique dont *Le Feu* d'Henri Barbusse, paru en 1916 et prix Goncourt, est sans doute l'exemple le plus connu, voire d'une véritable contre-culture, même si celle-ci demeure quantitativement marginale [Prochasson, 1993]. Il est également au principe de la cristallisation de certains engagements. Ainsi, il est au cœur de l'action pendant la guerre de nombreux instituteurs syndiqués, puis de leur ralliement à la IIIe Internationale, et ce même si le nombre de communistes chez les instituteurs demeure inférieur à celui des socialistes et des radicaux.

Ce principe de cristallisation s'observe aussi au niveau individuel. Par exemple, Barbusse, passé par le symbolisme et le réalisme, collaborateur épisodique avant la guerre de revues pacifistes, fonde en 1917 avec deux jeunes anciens combattants entrés en écriture, Paul Vaillant-Couturier et Raymond Lefebvre, l'Association républicaine des anciens combattants (ARAC), puis, en 1919, le mouvement Clarté, avant d'adhérer officiellement au PCF en 1923 et d'en devenir l'intellectuel le plus visible de l'entre-deux-guerres. Son itinéraire est en partie comparable à celui de Romain Rolland. Passé par l'antiboulangisme et le dreyfusisme, auteur consacré par son roman *Jean-Christophe*, celui-ci publie à l'automne 1914, un premier article dans le *Journal de Genève* dont le titre, « Au-dessus de la mêlée », symbolise le pacifisme d'alors, avant de recevoir le Nobel en 1916. Objectivement en concurrence à la fin de la guerre, Barbusse et Rolland polémiquent au tournant de l'année 1921 autour de ce qui est appelé à devenir l'un des principes de démarcation les plus efficaces des champs intellectuel et artistique : le rapport avec l'URSS. Doit-on comme l'avance Barbusse soutenir l'expérience bolchevique ou, au contraire, comme Rolland, garder son indépendance d'esprit ?

Enfin, le cas du physicien Paul Langevin illustre un autre mode de passage au pacifisme des intellectuels. Après avoir travaillé pendant la guerre sur l'expertise balistique et sur la détection des sous-marins par ultra-sons et déposé ensuite des brevets scientifiques liés à ces expérimentations, Langevin lutte pour la paix au sein de la LDH et pour restaurer les contacts avec les scientifiques allemands au sein des institutions officielles de la physique [Bensaude-Vincent, 1987]. Il inaugure ainsi ce que l'on pourrait qualifier de « pacifisme des savants » : contraints par les usages politiques et militaires de leurs découvertes, ceux-ci, par cette tentative d'en imposer un bon usage, tentent de préserver ainsi l'autonomie du champ scientifique [Matonti, 2002].

Les trajectoires politiques de ces trois intellectuels ralliés plus ou moins rapidement au PCF (Langevin y adhère formellement en 1944 pour, dit-il, remplacer son gendre, le physicien Jacques Solomon, exécuté en 1942, mais il en est proche dès 1920 lorsqu'il défend les mutins de la Mer noire ; Rolland en dépit de ses préventions initiales devient, dans les années 1930 et au moins jusqu'aux grands procès, l'un des soutiens de l'URSS) matérialisent un mode d'affiliation au communisme nourri par la tradition rationaliste, voire républicaine, particulièrement prégnant dans les périodes unitaires, comme le Front populaire ou la Libération.

Bien que la guerre ait été, pour eux aussi, une expérience fondatrice, les surréalistes entrent au PCF selon une logique représentative quant à elle des groupes d'avant-garde. Leur adhésion, début 1927, peut être interprétée comme une stratégie de démarcation vis-à-vis des groupes d'avant-garde concurrents [Bandier, 1999]. Le PCF est en effet d'autant plus attractif pour eux qu'il occupe alors la position la plus radicale du champ politique et par conséquent la plus susceptible de les distinguer de leurs rivaux et qu'il s'accorde avec leurs prises de positions iconoclastes (le rapprochement s'opère d'ailleurs au moment de la guerre du Rif, c'est-à-dire sur une ligne anticolonialiste et antimilitariste),

La revue *Clarté*, animée par Vaillant-Couturier dès 1921, violemment critique de la société bourgeoise, ou *La Revue marxiste*, issue du groupe Philosophies fondé en 1924 par des étudiants de la Sorbonne, et poussée à l'adhésion par Paul Nizan, normalien et philosophe, constituent deux autres exemples de ces liens entre avant-garde littéraire ou philosophique et avant-garde politique. Ces liens sont condamnés à être éphémères : de manière homologue à l'élimination progressive des avant-gardes soviétiques, le PCF, après avoir provoqué l'opposition critique de *Clarté* par sa volonté de contrôler ses projets d'une revue commune (*Guerre civile*) avec les surréalistes, exclut une partie des membres de Philosophies en 1929, puis Breton, Crevel et Éluard en 1933.

Si ces intellectuels « républicains » ou d'avant-garde sont très visibles, il n'en reste pas moins que jusqu'au Front populaire la part des universitaires communistes ou proches du PCF est marginale. Le biologiste Marcel Prenant, membre du PCF depuis 1921, l'historien Jean Bruhat depuis 1925 ou Jacques Solomon, entré au PCF en 1933, constituent des exceptions comme la professionnalisation politique de l'agrégé de lettres Georges Cogniot ou celle de Paul Nizan. En très faible nombre dans les classes préparatoires des années 1920 ou à la rue d'Ulm [Sirinelli, 1988], les étudiants ou les universitaires sont un peu plus nombreux à la CGTU et dans les associations satellites comme Les Amis de la Russie nouvelle ou le Cercle de la Russie neuve [Cœuré, 1999].

C'est donc que la masse des intellectuels de gauche se trouve du côté des socialistes et des radicaux. Les étudiants adhèrent, par exemple, à la Ligue d'action universitaire républicaine et socialiste (LAURS), créée en 1924, d'abord pour combattre l'Action française dans un Quartier latin polarisé à droite, puis pour soutenir le Cartel des gauches, que préside un temps Pierre Mendès France, ou à sa concurrente, la Fédération nationale des étudiants socialistes (FNES), créée par des élèves de l'ENS en 1927 et dirigée l'année suivante par Claude Lévi-Strauss.

Ce survol de l'entre-deux-guerres montre combien jusqu'aux années 1930, le comportement politique des intellectuels se distingue à peine de celui des autres catégories socioprofessionnelles : loin de recourir massivement à leur répertoire d'action spécifique, ils adhèrent avant tout aux partis ou aux syndicats à l'instar de tout militant ou de tout professionnel de la politique. Léon Blum, entré en politique au moment de l'Affaire, puis en socialisme aux côtés de Jaurès, illustre cette tendance, bien que son rôle de directeur politique du *Populaire* lui confère une autorité sur la SFIO fondée sur ses compétences spécifiques. La guerre de 1914 transforme le critique et l'auditeur au Conseil d'État en chef de cabinet de Marcel Sembat et infléchit donc définitivement sa trajectoire vers la politique professionnelle.

En revanche, formellement, leur mobilisation aux lendemains du 6 février 1934 et plus largement dans la séquence où s'inscrivent la guerre d'Espagne et les accords de Munich est comparable à celle de l'affaire Dreyfus. La création du Comité de vigilance des intellectuels antifascistes (CVIA), présidé par Paul Rivet, membre de la SFIO, professeur au Muséum et futur directeur du Musée de l'Homme, assisté du philosophe Alain, proche du radicalisme, et de Langevin anticipe en effet, au nom des valeurs du champ intellectuel, sur les accords entre organisations politiques qui président au Front populaire, et ce poids du monde intellectuel est d'autant plus net que celui-ci réunit aussi des associations, et donc pour une part des associations culturelles. De même, la gauche intellectuelle se rassemble pour soutenir le Front populaire au sein de l'hebdomadaire *Vendredi*, créé en 1935, par la journaliste Andrée Viollis, proche du PCF, et deux écrivains, le socialiste Jean Guéhenno, alors professeur de classes supérieures, et le radical André Chamson, déjà entré dans une carrière politique, notamment auprès de Daladier. Enfin, ce sont les intellectuels les plus consacrés qui interviennent dans le champ politique et recourent à un répertoire d'action en partie identique à celui de l'Affaire, la pétition, comme, par exemple, la « Lettre aux parlementaires » contre la tentation autoritaire du régime en novembre 1934 ou la « Déclaration des intellectuels républicains au sujet des événements d'Espagne » en décembre 1936 [Sirinelli, 1990].

Mais la campagne électorale, soutenue par les intellectuels, de Rivet aux municipales de 1935 dans le Ve arrondissement de Paris et l'entrée d'Irène Joliot-Curie, prix Nobel de chimie en compagnie de son mari Frédéric, dans le gouvernement de Léon Blum, puis au même poste de sous-secrétariat d'État à la Recherche, d'un autre Nobel, de physique cette fois, le socialiste Jean Perrin, révèlent une autre forme d'engagement dont l'un des débouchés est la « politique de la science » et l'une des formalisations institutionnelles la création du Comité national de la recherche scientifique (CNRS) en 1939 [Picard, 1990]. Cette politique de la science tient à la conjoncture politique et à l'alliance entre des réformateurs gouvernementaux (Blum, bien sûr, ou Jean Zay, ministre de l'Éducation nationale et des Beaux-arts) et une fraction particulière du monde scientifique autour de Perrin.

C'est une configuration analogue reposant sur la « convergence sans précédent entre mouvements culturels (maisons de la culture, structures de loisirs des organisations syndicales, ciné-clubs, etc.), intellectuels mobilisés (Jean-Richard Bloch, Jean Guéhenno...) et représentants des institutions d'État » [Dubois, 1999, p. 120] qui aboutit au même moment plus qu'à une véritable politique culturelle pensée (et financée) comme telle à une « politique des loisirs » : ouverture tardive des musées et abaissement du prix de leurs places, très forte augmentation des subventions aux théâtres nationaux, relance du TNP, soutien aux compagnies dont le répertoire est « engagé » (Mai 36, troupe de la SFIO, Art et travail, lié au PCF, et Théâtre du peuple à la CGT), nationalisation de l'Opéra, création du Musée d'art moderne, de la Cinémathèque, soutien aux expérimentations scénographiques lors de l'exposition universelle de 1937...

Comme le montrent ces exemples, mais aussi quelques expériences menées [Cohen, 1992] dans les années 1930 (comme le groupe scolaire Karl-Marx réalisée par André Lurçat à Villejuif, commune administrée par le communiste Paul Vaillant-Couturier, ou les réalisations architecturales des communes socialistes de Suresnes, Drancy ou Boulogne-Billancourt), ce moment est aussi celui d'une nouvelle rencontre des avant-gardes artistiques et politiques. L'Association des écrivains et des artistes révolutionnaires (AEAR), créée en 1932, dirigée par Vaillant-Couturier toujours, passant de l'ouvriérisme et du refus de la guerre impérialiste à l'ouverture aux compagnons de route, puis à la défense de la culture et à la lutte contre le fascisme, en est avec sa revue *Commune* l'un des instruments privilégiés, tandis que Fernand Léger est l'un de ceux dont la trajectoire individuelle illustre le mieux cette rencontre des avant-gardes. Membre de l'AEAR (mais pas du PCF où il n'adhère qu'en 1945 à son retour d'exil), Léger donne des cours aux ouvriers de chez Renault, participe aux grands débats du moment (notamment autour du réalisme où il s'oppose à Aragon), et à ses grandes réalisations artistiques : il peint ainsi plusieurs fresques pour l'État et crée les décors du « spectacle total » de Jean-Richard Bloch, monté en octobre 1937 au Vel'd'Hiv', *Naissance d'une cité*.

L'unité des intellectuels autour de certaines réalisations du Front populaire n'empêche pas un certain nombre de clivages, autour des procès de Moscou par exemple, mais c'est à nouveau le pacifisme qui en constitue le principe le plus efficace. S'opposent en effet tenants de ce que l'on appelle classiquement (mais trop rapidement) le « pacifisme intégral » et partisans de la lutte (y compris militaire) antifasciste. C'est, dans *Vendredi* en janvier 1936, la mise en garde contre l'Allemagne nazie de Romain Rolland, symbole du refus de la guerre depuis 1914, qui inaugure les reclassements. Ainsi une partie des membres du CVIA (les scientifiques pour l'essentiel et les proches du PCF regroupés autour de Jean-Richard Bloch, initialement lié à la SFIO) quittent la direction de ce mouvement en juin 1936, puis le mouvement lui-même dirigé dès lors notamment par les disciples d'Alain, avant qu'au fil des événements ne s'opposent plus généralement tenants de l'intervention en Espagne et soutiens de la politique de Blum puis, bien sûr, partisans et adversaires des accords de Munich.

Si quasiment aucun membre des professions intellectuelles n'a participé aux Brigades internationales [Skoutelsky, 1998] et si le cas de Malraux, à la fois auteur de *L'Espoir*, du film éponyme et créateur de l'escadrille *España*, est exceptionnel, il faut néanmoins souligner combien dans cette séquence la guerre d'Espagne a été un opérateur puissant de reclassement des trajectoires. Par exemple, comme l'a montré Gisèle Sapiro, François Mauriac, s'étant opposé au nom de l'autonomie du champ littéraire, aux élections de maurrassiens à l'Académie, et notamment au mussolinien Claude Farrère préféré à Paul Claudel, « se trouve [...] renvoyé à une position homologue à celle de la "gauche" dans le champ intellectuel » [Sapiro, 1999, p. 231] et rallie donc le camp de ceux des catholiques qui, après s'être élevés contre l'invasion de l'Éthiopie, apportent leur soutien au peuple basque après Guernica. Ce sont ces prises de position qui préparent les attaques contre Mauriac au début de la guerre lors de la querelle des « mauvais maîtres », lesquelles scellent en retour son passage à la résistance littéraire.

LES GUERRES DES INTELLECTUELS

L'entrée dans la guerre précipite les écrivains — et la proposition est généralisable à tous les producteurs artistiques et intellectuels — dans une situation inédite pour une démocratie occidentale : l'hétéronomie de leurs champs de production [Sapiro, 1999]. Au-delà de ceux qui, comme Jean Prévost, René Char ou André Chamson pour les écrivains, Jean Cavaillès et Georges Canguilhem pour les philosophes, ou comme l'historien Marc Bloch, prirent les armes sans se distinguer des autres résistants, ou de ceux qui, comme Breton, partirent en exil, cette situation induit plusieurs modes spécifiques d'intervention qui viennent renverser la dichotomie traditionnelle depuis l'Affaire entre engagement du nom et engagement de l'œuvre.

La contrebande, notamment théorisée et pratiquée par Aragon, par exemple dans *Le Crève-Cœur*, consistant à écrire livres et poèmes où les messages politiques sont transparents pour quiconque en possède le code, et la littérature clandestine, principalement autour des Éditions de Minuit [Simonin, 1994], dont *Le Silence de la mer* de Vercors est aussi emblématique que *Le Feu* pendant la guerre de 1914, constituent ainsi des formes inédites d'engagement de l'œuvre et les genres les plus représentatifs de la « résistance littéraire ». Des revues nouvelles en zone nord (*Messages, La Pensée libre, Les Lettres françaises...*) ou en zone sud (*Poésie 40, 41..., Fontaine, Les Cahiers du Sud...*) en constituent les supports privilégiés. *L'Art français, Le Palais libre, L'École laïque, Le Musicien aujourd'hui, La Scène française, L'Écran français...* émanant du Front national et appelés à se fondre pour une bonne part dans *Les Lettres françaises* s'adressent quant à eux aux diverses catégories des professions intellectuelles.

Comme l'a montré Gisèle Sapiro, les prises de positions des écrivains sont étroitement liées aux positions occupées dans le champ littéraire avant la guerre. À partir des quatre pôles de celui-ci symbolisés par quatre institutions, on peut ainsi distinguer les propriétés de ceux qui, dans le cadre du Comité national des écrivains (CNE), créé pendant la crise, ont animé cette résistance littéraire. Tandis que les écrivains proches du pôle temporel fournissent, pour l'Académie française, les « conseillers du prince » du régime de Vichy ainsi que les théoriciens de son soubassement idéologique, et pour l'académie Goncourt, représentante de la grande production, les chantres de la collaboration parisienne, tandis que *La NRF* dorénavant dirigée par Drieu La Rochelle, pôle de production restreinte pendant l'entre-deux-guerres, continue à incarner l'« art pour l'art » alors que cette position est dorénavant dévaluée par la « surpolitisation » et assimilée à une complaisance vis-à-vis de l'occupant, les « écrivains du refus » se recrutent au sein des avant-gardes.

Le CNE, fruit de la rencontre improbable entre des « écrivains dépossédés de leurs moyens d'expression et les structures organisationnelles et mobilisatrices du parti communiste clandestin » [Sapiro, 1999, p. 467], rassemble ainsi des écrivains jeunes, majoritairement issus des classes moyennes, et surtout faiblement reconnus encore. À l'exception de Mauriac — Malraux et Martin du Gard étant plus distants —, il réunit en effet, aux côtés de Sartre, Leiris ou Queneau, alors « en voie de reconnaissance », des « auteurs de second rang » et de « nouveaux entrants », ces derniers, et les jeunes poètes en particulier, étant attirés par Éluard et Aragon.

Les rapports au politique des artistes et des intellectuels sont configurés bien au-delà de la Libération par ces années de guerre. Ainsi l'option de l'« art pour l'art », durablement dévaluée, est-elle la position de repli de l'« opposition nationale », c'est-à-dire des survivants de la collaboration, et tout particulièrement de certains des hussards [Simonin, 2001], tandis que Sartre achève de théoriser la responsabilité de l'écrivain, faisant passer cette notion de la droite littéraire — que l'on pense à la querelle des « mauvais maîtres » — à la gauche [Sapiro, 2001], et lui fixant désormais comme impératif le « devoir d'engagement », celui-ci devenant pour un temps la règle dominante du champ intellectuel.

Normalien, agrégé de philosophie, membre du CNE pendant la guerre, doté donc de toutes les ressources, Sartre incarne ainsi et au moins de manière incontestée jusqu'aux années 1960 où s'établit pour un temps la domination d'un paradigme originellement apolitique — le structuralisme —, la figure de l'« intellectuel total », « penseur écrivain, romancier métaphysicien et artiste philosophe qui engage dans les luttes politiques du moment toutes ces autorités et ces compétences réunies en sa personne » [Bourdieu, 1992, p. 293]. Directeur des *Temps modernes* qui, dès leur création en 1945, dominent le champ intellectuel [Boschetti, 1985] et entendent « prendre position » sans le faire « politiquement, c'est-à-dire [sans suivre] aucun parti », selon la « présentation » du premier numéro, Sartre tente lui aussi de se tenir, conformément à la figure historique de l'intellectuel, à l'écart des pouvoirs temporels et notamment de l'organisation politique à laquelle la guerre a conféré une position dominante, le PCF. Il participe ainsi, en 1948, à l'éphémère Rassemblement démocratique révolutionnaire qui entend s'opposer à la fois aux gaullistes et aux communistes aux lendemains du « coup de Prague », tentative homologue à celles en leur temps de la LDH ou du CVIA de la part des intellectuels, en l'occurrence également étrangers, pour se créer une organisation politique à leur main.

L'engagement symbolique de son nom dans toutes les luttes politiques conduit Sartre au fil du temps à signer bien sûr le manifeste des 121, à soutenir le réseau des « porteurs de valise » pendant la guerre d'Algérie et plus généralement les luttes anticoloniales comme le montre sa préface aux *Damnés de la Terre* de Frantz Fanon, puis les étudiants en Mai 68, moment critique qui lui permet de reconquérir son magistère un temps perdu, et enfin les mouvements maoïstes de l'après-Mai 68, ce qui lui vaut de diriger le journal *La Cause du Peuple*, puis de fonder le quotidien *Libération*.

En 1952 néanmoins, et jusqu'à la répression de la révolution hongroise en novembre 1956, Sartre devient à la suite d'un article en plusieurs livraisons, « Les communistes et la paix », l'un des compagnons de route du PCF, ralliement qui révèle l'attractivité du communisme, y compris sur des intellectuels dotés de ressources et qui, par conséquent, ne dépendent pas du PCF pour mener un *ersatz* de carrière grâce à ses maisons d'édition, ses revues ou ses lieux intellectuels.

Dès le congrès de Strasbourg en 1947, le PCF s'est doté d'instances politiques (Section idéologique, Commission des intellectuels) chargées d'encadrer systématiquement, pour la première fois de son histoire, les artistes et les intellectuels. C'est soumis à ce dispositif, complété de revues créées (*La Nouvelle Critique, La Raison*...), ou reprises alors en main par le PCF (*Action, Les Lettres françaises*), que les intellectuels et les artistes communistes traversent la guerre froide.

La reprise des thèses lyssenkistes autour de l'opposition entre science prolétarienne et science bourgeoise, l'inflexion en littérature du réalisme socialiste vers le moralisme, voire la pudibonderie, et vers des fins immédiatement politisantes, ou l'invention en peinture du « nouveau réalisme français », notamment incarnée par Fougeron, en sont les épisodes les plus marquants [Aron, Matonti, Sapiro (dir.), 2002]. Si de nombreux intellectuels, de parti ou autonomes, apportent leur concours à la production de ces thèses et de ces œuvres, d'autres — les plus grands au sens d'irremplaçables en cas d'*exit* — à commencer par Picasso ou Joliot-Curie parviennent, tant bien que mal et en particulier pour Joliot, non sans perdre de leur prestige international, à conserver une « niche », la lutte pour la paix, où croyances politiques, artistiques et/ou scientifiques peuvent être tenues ensemble [Matonti, 2002]. C'est à cette époque encore que, paradoxalement, la dimension patrimoniale du jdanovisme à la française conduit le PCF à soutenir l'expérience de Jean Vilar autour du TNP plus que le théâtre d'agit-prop. D'autres intellectuels enfin sont contraints d'adopter publiquement des positions contraires à leurs opinions, c'est le cas par exemple de Marcel Prenant, alors membre du comité central, au moment du lyssenkisme, voire conduits à la démission comme le groupe de la rue Saint-Benoît, autour de Marguerite Duras, Robert Antelme et Edgar Morin.

Conseillers du prince, experts et intellectuels spécifiques

Si les révélations du XXe congrès du PCUS et la répression à Budapest constituent une rupture dans l'histoire des intellectuels communistes au sens où elles entraînent de nombreux départs et exclusions, notamment pour ceux qui ont protesté contre la gestion de ces crises par le PCF, au sens aussi où elles entraînent un descillement des croyances, ce n'est que le changement de stratégie du PCF au cours des années 1960 qui conduit à une modification de leur statut. La perspective d'une accession aux activités gouvernementales impose un effet une révision des théories liées à la prise du pouvoir (socialisme à la française, abandon de la dictature du prolétariat, etc.) et par conséquent une libéralisation du statut des intellectuels auxquels cette tâche est dévolue, libéralisation officialisée au comité central d'Argenteuil en 1966. Elle va de pair dans une période de concurrence entre partis de gauche pour la conquête des professions intellectuelles avec la mise en route de politiques culturelles municipales qui permettent notamment en matière théâtrale ce que l'on appelle traditionnellement la « décentralisation en banlieue » et la formalisation d'une offre de politique culturelle nationale extrêmement ambitieuse.

Cette ouverture (relative) du PCF aux professions intellectuelles est d'autant plus visible qu'elle s'accompagne, notamment après Mai 68 et dans le cadre de l'Union de la gauche, d'une croissance de leur nombre parmi les adhérents en général, mais aussi au sein du groupe dirigeant. Ce rôle d'expert endossé par les intellectuels n'est pas réservé au PCF, comme en témoigne la floraison des clubs qui, à la fin de la IVe République, constituent l'un des pivots de la recomposition de la gauche socialiste. Plus largement, dès l'après-guerre et surtout dans les années 1950, le développement de l'expertise est au principe de l'« invention de nouveaux circuits de décision » [Dulong, 1997, p. 154] alliant « forces vives de la nation » (par exemple, pour ce qui concerne les universitaires, juristes, économistes ou sociologues) et hauts fonctionnaires, expertise dont les réformes des premières années de la Ve République, voire le texte constitutionnel lui-même, portent la trace.

À ces deux figures concurrentes de l'intellectuel expert et de l'intellectuel prophète — dont la « révolte lettrée » de Mai 68 constitue l'incarnation par excellence [Gobille, 2003] — vient dans les années 1970 s'en ajouter une nouvelle — à moins qu'elle n'en soit finalement la conciliation — théorisée par Michel Foucault : l'intellectuel spécifique. Le philosophe, spécialiste de la clinique, de la psychiatrie et du système pénal, professeur au Collège de France, devenu le principal animateur du Groupe d'information sur les prisons, né fin 1970, membre du Comité de défense des droits des immigrés créé à la suite d'un crime raciste à la Goutte d'Or, théorise un nouveau mode d'engagement des clercs censés intervenir non plus au nom de valeurs universelles, mais à partir de leurs propres compétences.

La fin des intellectuels ?

Les dernières années du siècle, même si l'on manque encore de travaux pour les analyser, permettent de tracer quelques perspectives. Tout d'abord, la rupture du programme commun de gouvernement en 1977 et la défaite de la gauche aux législatives de 1978 entraînent la quasi-disparition d'une figure : l'intellectuel de parti. La suppression des revues intellectuelles communistes (*La Nouvelle Critique* et *France nouvelle*) ainsi que l'épuration de la Fédération de Paris marquent en effet la fin de l'*aggiornamento* du PCF. Quelque temps après, l'arrivée de la gauche au pouvoir en mai 1981 donne lieu à une polémique, deux ans plus tard, autour du « silence des intellectuels », intellectuels qui auraient dû aux yeux des nouveaux gouvernants soutenir le pouvoir en place. Cette période est également marquée par la disparition de grandes figures qui ont à la fois pratiqué et théorisé l'engagement, à commencer par Sartre, en 1980, suivi de Foucault, en 1984.

Enfin, la figure de l'intellectuel elle-même semble se diluer, comme on peut le repérer à de multiples signes : candidature (avortée) de l'humoriste Coluche à la présidentielle de 1981, poids croissant des acteurs, des chanteurs, des groupes de rock dans les dynamiques d'engagement, apparition de répertoires d'actions qui leur sont spécifiques comme les concerts de soutien aux causes humanitaires ou aux forums de l'altermondialisme, mais aussi de techniques (Internet) qui, par le nombre de signataires qu'elles permettent de rassembler rapidement, transgressent la règle implicite des pétitions des « intellectuels de gauche » depuis l'affaire Dreyfus : la recherche du poids du nom et non de la force du nombre.

Il est néanmoins difficile de statuer sur la mort de l'intellectuel, au demeurant thème journalistique récurrent depuis une vingtaine d'années. Tandis que les mobilisations de l'hiver 1995 autour du projet de réforme de la Sécurité sociale du gouvernement Juppé ont vu des réseaux concurrents (*Esprit*, Fondation Saint-Simon, *Le Débat vs* Club Merleau-Ponty, *Politique-La Revue*, *Actuel-Marx*), des personnalités au fort capital symbolique (Pierre Rosanvallon *vs* Pierre Bourdieu), des conceptions de l'intellectuel (l'expert *vs* l'intellectuel critique) s'opposer, et ce notamment à travers deux pétitions (« Réforme » *vs* « Grève »), les mouvements sociaux du printemps 2003 autour de la réforme des retraites du gouvernement Raffarin — puis paradoxalement autour du statut des intermittents qui pourtant semblait s'y prêter — n'ont en revanche pas donné lieu à une mobilisation identique.

C'est autour de la bioéthique, du PACS, de l'adoption par les couples homosexuels, de la parité ou du harcèlement sexuel qu'ont eu lieu au tournant du siècle les principaux débats qui ont opposé les intellectuels entre eux, et en particulier juristes, psychanalystes, anthropologues et sociologues. Si le recul manque, il semble néanmoins que l'on puisse à la fois diagnostiquer une certaine pérennité de l'opposition entre intellectuels experts et intellectuels critiques, une continuité entre ces sujets et les mobilisations sectorielles des années 1970, et sans doute une recomposition des clivages au sein du champ intellectuel. C'est d'ailleurs conformément à la fois à cette recomposition et à cette continuité que Pierre Bourdieu a pu proposer une figure nouvelle de l'intellectuel, celle de l'« intellectuel collectif » ou « autonome », « rassemblement d'intellectuels spécifiques au sens de Foucault », dont les « productions » doivent venir s'opposer à celles des « *think tanks* » conservateurs, groupements d'experts appointés par les puissants » [Bourdieu, 2001, p. 35-36].

Les politiques culturelles : institutionnalisation et critique

Comme les questions sexuelles, la culture semble faire l'objet d'une politisation générale. En effet, comme le souligne Vincent Dubois, les « années Lang » se caractérisent d'abord par une augmentation importante du budget et des effectifs consacrés à la culture ainsi que par l'apparition de nouveaux équipements comme les Fonds régionaux d'art contemporain, le développement d'anciens (réseau théâtral, musées), et au-delà (et peut-être surtout) par la « construction "culturelle" du rôle présidentiel par François Mitterrand » [Dubois, 1999, p. 235]. Cette « place jusque-là inédite [de la culture] dans les champs administratif et politique » [*ibid.*, p. 234] tient aux soutiens du PS, les classes moyennes diplômées, et pour ce qui nous intéresse, les artistes et les intellectuels. Cette « nouvelle étape de l'institutionnalisation » [*ibid*, p. 235] de la culture a pourtant des effets paradoxaux sur ses affinités avec la gauche. En effet, elle se traduit d'abord par une professionnalisation, notamment par de nouvelles formations universitaires, de ses responsables qui, en retour, démode et déclasse les anciens militants de la culture.

Cette politique culturelle a suscité des critiques multiples et parfois opposées. Pendant les années 1980, c'est ce que l'on étiquette alors comme « relativisme culturel » qui est mis en cause. La politique culturelle socialiste et l'air du temps contribueraient, si l'on en croit par exemple *La Défaite de la pensée* de l'essayiste Alain Finkielkraut en 1987, mais aussi la revue libérale *Commentaire* en 1989, puis, en 1991, Marc Fumaroli, professeur au Collège de France, dans *L'État culturel*, et en 1993 l'ex-directeur de la musique et de la danse au ministère de la Culture, Michel Schneider dans *La Comédie de la culture*, à mettre sur le même plan toutes les productions culturelles, musique contemporaine ou rap, peinture ou graffitis, mais aussi et plus généralement la culture légitime et ce qui accéderait ainsi indûment à ce statut comme la cuisine ou la mode.

Ces pamphlets débouchent sur une critique du rôle de l'État culturel, jugé omnipotent. Ce sont ensuite les choix de l'État qui sont mis en cause, comme le montrent par excellence les polémiques autour de l'art contemporain. Elles portent tout d'abord sur la pertinence de la politique de grands travaux, et par conséquent sur les choix architecturaux (Opéra-Bastille, Pyramide du Louvre, ministère des Finances à Bercy, Bibliothèque de France...) de François Mitterrand et de son ministre de la Culture. Les colonnes de Buren au Palais-Royal constituent ainsi dès le premier article dans *Le Figaro* en août 1985, la matière d'une véritable « affaire » [Heinich, 1998], où s'affrontent organes de presse (*Le Figaro* contre le très mitterrandiste magazine *Globe*), élus (et par excellence le maire de Paris d'alors, futur Premier ministre de la toute proche première cohabitation, Jacques Chirac, faisant arrêter les travaux par arrêté administratif, contre Jack Lang), associations, pétitions, voire graffitis sur les barricades du site. Plus largement, c'est la pertinence même de la politique culturelle en matière d'arts plastiques que certains, à commencer par l'historien de l'art et critique Jean Clair, suspectent : à leurs yeux, elle ne ferait en effet que construire une fausse avant-garde.

Enfin, le poids du financement des établissements culturels, et notamment théâtraux, par les politiques de la ville a, au cours des années 1990, suscité en particulier de la part des metteurs en scène des interrogations d'une toute autre nature [Blondel, 2001]. Ne contribuerait-il pas à faire reculer l'objectif classique de démocratisation culturelle au profit de la « réconciliation sociale », selon la formule employée par la « Charte des missions de service public pour le spectacle vivant » publié sous le ministère de Catherine Trautmann ?

La violence des polémiques autour de la culture, la politisation des questions sexuelles et, en regard, la faible mobilisation des intellectuels autour des récents mouvements sociaux plus « classiques » invitent non pas tant à diagnostiquer la mort annoncée de l'intellectuel dreyfusard qu'à souhaiter la multiplication des travaux et des hypothèses théoriques.

Je remercie Bernard Pudal et Gisèle Sapiro pour leur relecture et leurs suggestions.

Références bibliographiques

Aron Paul, Matonti Frédérique et Sapiro Gisèle [dir.] (2002), *Sociétés & Représentations*, n° 15, « Le réalisme socialiste en France », décembre.

Bandier Norbert (1999), *Sociologie du surréalisme*, La Dispute, Paris.

Bensaude-Vincent Bernadette (1987), *Langevin, science et vigilance*, Belin, Paris.

Bernard Jean-Pierre (1972), *Le Parti communiste français et la question littéraire1921-1939*, Presses universitaires de Grenoble, Grenoble.

Blondel Alice (2001), « "Poser du tricostéril sur la fracture sociale". L'inscription des établissements de la décentralisation théâtrale dans des projets relevant de la politique de la ville », *Sociétés & Représentations*, « Artistes/politiques », n° 11, février, p. 287-310.

Boschetti Anna (1985), *Sartre et* Les Temps Modernes, Minuit, Paris.

Bourdieu Pierre (1980), « Sartre », *London Review of Books*, vol. 2, 20 nov.-3 déc. 1980, p. 11-12.

— (1992), *Les Règles de l'art*, Seuil, Paris.

— (2001), « Pour un savoir engagé », *in Contre-feux 2*, Raisons d'agir, Paris.

Charle Christophe (1979) *La Crise littéraire à l'époque du naturalisme. Roman. Théâtre. Politique*, Presses de l'ENS, Paris.

— (1990), *Naissance des « intellectuels ». 1880-1990*, Minuit, Paris.

— (1994), « Les normaliens et le socialisme (1867-1914) », *in* Madeleine Rebérioux et Gilles Candar (dir.), *Jaurès et les intellectuels*, L'Atelier, Paris p. 133-168.

Cœuré Sophie (1999), *La Grande lueur à l'Est. Les Français et l'Union soviétique. 1917-1939*, Seuil, Paris.

Cohen Jean-Louis (1992), « L'École Karl-Marx à Villejuif (1930-1933) *in* Annie Fourcaut (dir.), *Banlieue rouge 1920-1960*, Autrement, « Série Mémoires », Paris.

Dogan Mattei (1999), « Les professions propices à la carrière politique », *in* Michel Offerlé, *La Profession politique XIXe-XXe siècles*, Belin, Paris, p 171-199.

Dubois Vincent (1999), *La Politique culturelle. Genèse d'une catégorie d'intervention publique*, Belin, Paris.

— (2001), « Le ministère des Arts (1881-1882) ou l'institutionnalisation manquée d'une politique artistique républicaine », *Sociétés & Représentations*, « Artistes/politiques », n° 11, février, p. 229-261.

Dulong Delphine (1997), *Moderniser la politique. Aux origines de la Ve République*, L'Harmattan, Paris.

Durkheim Émile (1987), *La Science sociale et l'action*, textes introduits par Jean-Claude Filloux, PUF, Paris.

Duval Julien, Gaubert Christophe, Lebaron Frédéric, Marchetti Dominique et Pavis Fabienne (1998), *Le « décembre » des intellectuels français*, Liber-Raisons d'agir, Paris.

Fournier Marcel (1995), *Marcel Mauss*, Fayard, Paris.

Gobille Boris (2003), *Crise politique et incertitude : régimes de problématisation et logiques de mobilisation des écrivains en Mai 68*, thèse de sciences sociales, EHESS.

Gontard Denis (1973), *La Décentralisation théâtrale en France 1895-1952*, SEDES, Paris.

Heinich Nathalie (1998), *L'Art contemporain exposé aux rejets. Études de cas*, Jacqueline Chambon, Nîmes.

Julliard Jacques et Winock Michel (2002), *Dictionnaire des intellectuels français*, nouvelle édition, Seuil, Paris.

Lambert Benoît et Matonti Frédérique [dir.] (2001), *Sociétés & Représentations*, « Artistes/politiques », n° 11, février.

MATONTI Frédérique (2002), « La colombe et les mouches. Frédéric Joliot-Curie et le pacifisme des savants », *Politix*, n° 58, p. 109-140.

MOREL Jean-Pierre (1985), *Le Roman insupportable. L'internationale littéraire et la France (1920-1932)*, Gallimard, Paris.

ORY Pascal (1994), *La Belle illusion. Culture et politique sous le signe du Front populaire. 1935-1939*, Plon, Paris.

ORY Pascal et SIRINELLI Jean-François (1986), *Les Intellectuels en France, de l'Affaire Dreyfus à nos jours*, Armand Colin, Paris.

PICARD Jean-François (1990), *La République des savants. La recherche française et le CNRS*, Flammarion, Paris.

PROCHASSON Christophe (1993), *Les Intellectuels, le socialisme et la guerre. 1900-1938*, Seuil, Paris.

— (1994), « Jaurès et les revues » *in* Madeleine REBÉRIOUX et Gilles CANDAR [dir.], *op. cit.*, p. 119-132.

RACINE Nicole (1967), « Une revue d'intellectuels communistes dans les années vingt : *Clarté* (1921-1928) », *RFSP*, vol. XVII, n° 3, juin 1967, p. 484-519.

RIEFFEL Rémy (1993), *Les Intellectuels sous le Ve République*, Calmann-Lévy/CNRS, Paris.

SAPIRO Gisèle (1999), *La Guerre des écrivains. 1940-1953*, Fayard, Paris.

— (2001), « De l'usage des catégories de "droite" et de "gauche" dans le champ littéraire », *Sociétés & Représentations*, « Artistes/politiques », n° 11, février, p. 19-53.

SIMONIN Anne (1994), *Les Éditions de Minuit (1942-1955). Le devoir d'insoumission*, IMEC, Paris.

— (2001), « Le droit à l'innocence. Le discours littéraire face à l'épuration », *Sociétés & Représentations*, « Artistes/politiques », n° 11, février, p. 121-141.

SIRINELLI Jean-François (1988), *Génération intellectuelle. Khâgneux et normaliens pendant l'entre-deux guerres*, Fayard, Paris.

— (1990), *Intellectuels et passions françaises. Manifestes et pétitions au XXe siècle*, Fayard, Paris.

SKOUTELSKY Rémy (1998), *L'Espoir guidait leurs pas. Les volontaires français dans les brigades internationales 1936-1939*, Grasset, Paris.

VERDÈS-LEROUX Jeannine (1983), *Au service du Parti. Le Parti communiste, les intellectuels et la culture, 1944-1956* Fayard/Minuit, Paris.

— (1987), *Le Réveil des somnambules*, Fayard/Minuit, Paris.

WEBER Florence (1984), « Un texte politique de Marcel Mauss », *Critique*, n° 445-446, juin-juillet, p. 542-547.

WINOCK Michel (1986), *La Fièvre hexagonale. Les grandes crises politiques*, Calmann-Lévy, Paris.

— (1999), *Le Siècle des intellectuels*, nouvelle édition, Seuil, Paris.

78

Travail et loisirs

Marion Fontaine

Premier mai 1906, la lutte des travailleurs pour l'obtention des « trois huit » (huit heures de travail, huit heures de repos, huit heures de loisirs) est à son apogée. Le dessin de Grandjouan, paru alors dans l'hebdomadaire anarchiste *L'Assiette au beurre*, traduit l'« espérance de mai » (Albert Thomas) qui saisit la classe ouvrière, le « rythme ternaire des jours futurs » [Rebérioux, 1995, p. 88], incarné par trois femmes : celle de gauche, le travail militant et révolutionnaire, porte le pic du mineur pour abattre la société capitaliste ; celle de droite, sombre et brune, représente le repos ; celle du centre enfin, blanche et blonde, nettement distinguée de la précédente, manifeste le droit aux loisirs, expression d'un idéal et d'une nouveauté.

Depuis ce 1er mai jusqu'aux campagnes contre les 35 heures et les « RTT », en passant par le « ministère de la Paresse » conspué par l'Action française en 1936, la conquête du temps libre et l'invention de ses usages paraissent ainsi consubstantiellement liées à la gauche. Peut-être de manière excessive : le repos dominical a été longtemps un thème porté par l'Église catholique et combattu par la gauche. Les congés payés ont été votés par une Chambre des députés presque unanime, et si la troisième et la cinquième semaine ont été généralisées par des gouvernements de gauche (Guy Mollet et Pierre Mauroy), la quatrième l'a été au temps du général De Gaulle — à la suite, il est vrai, des événements de mai 1968. La présente étude montrera la complexité du sujet, mais il est certain que, dans l'imaginaire collectif, la gauche a su s'associer à la notion de « loisirs » plus étendus et mieux partagés. Il pourrait donc apparaître presque paradoxal qu'elle ait pu, ou su, du moins pendant longtemps, s'identifier aussi au « travail » qui demeure l'identifiant essentiel du « peuple de gauche » et le socle de ses principales luttes. Les deux éléments ont en réalité formé système, un système à transformer pour qu'il ne soit plus expression de l'aliénation, mais serve au contraire l'objectif d'émancipation des salariés. Ce défi est au cœur d'une certaine culture des gauches, culture diverse aux couleurs partisanes, syndicales, associatives, trouvant des résonances changeantes dans les pratiques nationales et locales. Elle s'enracine dans une civilisation industrielle qui place le travail au sommet de son échelle de valeurs et le loisir, assimilé au plaisir, au plus bas [Elias et Dunning, 1994, p. 88]. Mais elle a aussi pour horizon la « civilisation des loisirs » [Dumazedier, 1972] qui émerge à la fin du XIXe siècle et manifeste pleinement ses effets à partir des années 1950, bouleversant le sens et les relations du travail et du temps libre.

Les travailleurs et le « droit à la paresse »

La gauche qui entre dans le XXe siècle porte en partie l'empreinte du socialisme et de l'industrialisation. Elle se retrouve fréquemment dans la dénonciation du fossé existant entre l'apologie bourgeoise du travail et les réalités d'une industrie qui, tel Saturne, dévore ses propres enfants. Les organisations de la gauche ouvrière, la CGT à partir de 1895, les socialistes regroupés dans la SFIO à partir de 1905, font, dans ce contexte, de l'abolition de l'aliénation du travail et de l'émancipation des travailleurs leur but final. Cependant, c'est l'esclavage du salariat et l'exploitation capitaliste qui sont condamnés et combattus, pas le travail. Ce dernier est au contraire considéré, dans la perspective marxiste, comme une marque d'humanité et l'accomplissement de la liberté. Bien plus, depuis Saint-Simon et Proudhon au XIXe siècle, le travail, surtout manuel, créateur d'œuvres et de richesse, définit l'unité du peuple vu par la gauche, celui des travailleurs, des producteurs de choses utiles, opposé à une classe bourgeoise grasse et oisive qui, pour le moins, « ne doit pas ses ressources au travail de ses mains » [Bloch, 1990, p. 195]. L'avenir de la gauche révolutionnaire ne passe donc pas par la suppression du travail, mais par sa libération : le passage du travail souffrant au travail triomphant par le biais du travail militant [Lefranc, 1975, p. 10-11]. Les utopies socialistes du tournant du siècle ne disent pas autre chose, par exemple chez Zola, dans *Travail* (1901). Elles rêvent, après la « victoire des travailleurs sur les fainéants », à l'avenir d'un travail libre, réduit, variant sans cesse pour rester attrayant, qui serait à la fois un droit et un devoir pour tous [Rebérioux, 1985].

Si la réduction du temps de travail est alors un élément majeur des combats de la gauche ouvrière, au moins depuis 1848, elle tient surtout de la nécessité vitale, mais n'est pas véritablement revendication d'un droit aux loisirs qui constitue longtemps un angle mort dans la réflexion socialiste et occupe peu de place dans des représentations du futur principalement tournées vers l'organisation de la production. Le loisir semble être alors l'apanage d'une classe sociale la « classe de loisirs » selon l'expression de Thorstein Veblen), synonyme de femmes futiles et d'élégants *dandys* paradant sur les champs de course. Alors que le travail fonde le rôle historique du prolétariat, le loisir illustre le parasitisme bourgeois. L'omniprésence du travail dans les vies ouvrières, l'éthique de la civilisation industrielle, infléchie dans le sens marxiste, et la définition élitiste du loisir se conjuguent pour faire de ce dernier une valeur au départ peu appropriée par la gauche. Les quelques loisirs ouvriers sont souvent, aux yeux des militants, une manifestation supplémentaire de l'aliénation, par leur contenu, souvent associé au cabaret et à la dépravation sexuelle, ou parce qu'ils détournent de la lutte révolutionnaire. Si certaines de ces représentations perdurent, un renversement s'opère à partir des années 1880, lorsque le loisir n'est plus posé comme expression d'une condition sociale, mais comme temps social, susceptible d'être partagé par tous [Garrigou, 1983].

C'est en 1880 justement que Paul Lafargue, gendre de Marx et grand pourfendeur des « grues métaphysiques de la bourgeoisie », écrit son pamphlet, *Le Droit à la paresse*, qui connaîtra une postérité aussi réelle que contradictoire, allant de l'URSS de Stakhanov aux étudiants de mai 1968, en passant par le Front populaire [Lafargue, 1976]. L'ouvrage est, de manière évidente, le produit de l'émergence, sur le plan français et européen, du combat pour la journée de huit heures. Il synthétise d'ailleurs l'ensemble des arguments qui font de la baisse du temps de travail un élément essentiel dans l'affrontement entre patrons et travailleurs. Il se place pour cela sur le terrain social, le surtravail fait des ouvriers « non plus des hommes, mais des tronçons d'hommes », et sur le terrain économique : lutte contre la surproduction et le chômage, partage des gains de productivité. Mais, sous un angle révolutionnaire, il est l'un des premiers à accorder une place centrale au loisir, évoqué sous les traits provocants de la paresse. Il revendique l'appropriation par la classe ouvrière de ce temps qu'une bourgeoisie apôtre du travail, pour les autres, monopolise. Il part en guerre contre un dogme capitaliste du travail qui imprègne des classes populaires, « malades du travail », et même une bonne partie de la gauche, comme l'indique le sous-titre de son opuscule : « Réfutation du droit au travail de 1848 ». Cette virulence critique tient avant tout à la forme pamphlétaire qu'il a choisie, elle n'en donne pas moins à son livre une physionomie assez marginale au sein du mouvement ouvrier. Le temps de paresse dont il rêve est également un curieux mélange d'activités artistiques, de pratiques hygiéniques (canotage et danse pour « régénérer la race ») et surtout de plaisir de « fainéanter, bombancer, ripailler », aspect purement épicurien des loisirs populaires qui n'occupera souvent qu'une place réduite dans les représentations de la gauche.

Ce pamphlet témoigne en tous les cas de la montée en puissance d'une revendication, bientôt incarnée dans une journée, le 1er mai, consacré « journée des huit heures » par l'Internationale en 1889, et célébré pour la première fois en France en 1890 [Rebérioux, 1994]. La réduction du temps de travail s'inscrit alors dans un projet révolutionnaire qui culmine en 1906, à la suite d'une intense campagne de mobilisation de la CGT invitant les ouvriers à quitter le travail au bout de la huitième heure à partir du 1er mai. C'est donc un exercice de pédagogie politique, une propédeutique à la grève générale qui, en canalisant les efforts autour d'une revendication suffisamment mobilisatrice, sera un acheminement vers l'émancipation intégrale. Ce doit être plus largement le jour d'expression de toute une classe unie par ses espoirs et ses martyrs, les fusillés de Fourmies en 1891, les victimes de la catastrophe de Courrières au printemps 1906. Mais le 1er mai devient aussi « fête du Travail » [Rodriguez, 1990], rupture du temps contraint et libération, moment clef dans l'invention de la culture festive de la gauche ouvrière. Il mêle symboles révolutionnaires (Internationale, drapeau rouge) et pratiques populaires (banquets, concerts, défilés) et dessine une alternative « aux 14 juillet et aux 15 août du bourgeoisisme » [Lafargue, 1976, p. 60].

L'iconographie et les discours qui entourent le 1er mai esquissent également une nouvelle idée du temps libre. Sous un angle hygiéniste et moralisateur, il permet de combattre l'alcoolisme et la tuberculose, en favorisant la vie de famille et les « loisirs sains » au contact de la nature, au détriment des plaisirs empoisonnés du café-concert ou du cabaret. Il est, de manière plus générale, orienté vers l'éducation. Les Universités populaires (UP), créées au tournant du siècle, incarnent cette priorité. Nées d'une atmosphère, celle de l'affaire Dreyfus et des premiers projets d'art social, et d'une rencontre, celle des intellectuels et des aspirations ouvrières, elles sont conçues comme un moyen d'amener la culture au peuple. Mais, dès 1904, leur déclin traduit les apories de ce projet de démocratisation culturelle [Mercier, 1986, p. 103-126]. Les conférences magistrales sont peu adaptées aux attentes ouvrières et Paul Lafargue brocarde en 1900, contre Jean Jaurès, la prétention des intellectuels guidant le peuple vers la culture bourgeoise. Les UP rencontrent davantage de succès lorsqu'elles développent des activités récréatives supposant une véritable participation des adhérents [Mercier, 1986, p. 145-173]. Le théâtre éducatif, avec la constitution de troupes d'amateurs, joue ici les premiers rôles. Les UP sont également à l'origine d'initiatives plus innovantes, qui répondent à une véritable demande populaire : excursions et colonies de vacances, création des premiers ciné-clubs, diffusion de la pratique sportive (escrime, boxe, cyclisme, football, etc.). Malgré leur échec final, elles donnent les clefs d'un idéal du temps libre profondément ancré à gauche, davantage tourné vers le développement culturel que vers le pur divertissement.

Si la loi sur le repos hebdomadaire est votée en 1906, la République attend encore 1919 pour accorder la journée de huit heures. L'entrée en vigueur de la loi et le développement du taylorisme accentuent alors et infléchissent partiellement les débats. Alors que les communistes et la CGTU n'accordent qu'une place subordonnée à la revendication du temps libre, la gauche réformiste l'inscrit au contraire dans le combat global pour un « droit du travail », un travail socialement organisé, juridiquement encadré par les conventions collectives et par la loi [Castel, 1995, p. 315 et suiv.]. Le loisir doit également atténuer les effets physiques et moraux du taylorisme et constitue la compensation, jugée indispensable, d'un travail qui, s'il est toujours utile socialement, est de moins en moins considéré comme créateur d'œuvres et épanouissant. Il n'est donc pas étonnant que la demande de congés payés provienne d'abord de cette gauche réformiste : une première proposition de loi, soutenue par la CGT, est émise en ce sens en 1925, sous le Cartel des gauches, mais l'opposition du patronat et des chambres de commerce la fait échouer [Richez et Strauss, 1990]. C'est Léon Blum qui, dans ce domaine, va le plus loin et place en 1934 le temps libre au cœur de l'utopie socialiste : il ne sera plus alors « un court moyen de détente, de récupération des forces », mais « la partie la plus importante de la vie et le moyen d'épanouissement complet de la personne humaine » [Ory, 1994, p. 130-134]. Il opère par là un certain renversement de la perspective marxiste traditionnelle, c'est le loisir et non plus le travail qui devient créateur de liberté et d'humanité. Il reste qu'à l'heure où s'étend non seulement le temps de loisir (3 000 heures de travail annuel en 1850, 2 200 heures dans les années 1930), mais aussi l'idée de son « organisation sociale » [Ory, 1994, p. 52], les formes que cette dernière peut prendre, à gauche, demeurent ambiguës et relativement confuses.

Organiser les loisirs des travailleurs

Les premières tentatives d'organisation naissent en effet au moment où s'enracine une culture de masse démocratique, capitaliste et ludique [Prochasson, 2000], rapidement appropriée par les classes populaires. Cette nouvelle donne est envisagée de manière très critique par la gauche : c'est un nouvel outil de contrôle social, un ensemble de pratiques forcément abrutissantes, avilissantes, dépolitisantes. Les diatribes contre les « poisons pires que l'alcool » [Thiesse, *in* Corbin, 2001, p. 302] que sont les romans feuilletons, les infects beuglants, le cinéma sont récurrentes, quelquefois tempérées par les appréciations plus positives de certains intellectuels, comme Jean-Richard Bloch (*Naissance d'une culture*, 1936) qui fait l'éloge des « nouveaux moyens mécaniques de la culture », radio ou cinéma. Face à cette invasion, le peuple, livré à lui-même, est censé être sans force et adopter nécessairement les distractions les plus triviales. Cette position de principe n'est en rien spécifique à la gauche et relève d'une inquiétude générale des élites face à une culture qu'elles ne maîtrisent plus [Kalifa, 2001, p. 103], d'une incapacité aussi à se représenter l'organisation autonome des loisirs des travailleurs. Il y a ainsi décalage entre l'idéal populaire d'un temps libre vécu sous l'angle de la récréation, perçu comme un moment de mise à distance des contraintes quotidiennes, et la présentation par les élites d'un temps de recréation de la force de travail, de moralisation des masses, supposant l'introduction de nouvelles contraintes dans le temps hors travail [Corbin, 2001, p. 13]. Cette vision globale prend néanmoins, pour les militants de gauche, des tonalités spécifiques. Peut-on utiliser les moyens et les formes de la culture de masse pour conquérir les masses ? S'agit-il par là de former, outre des militants, des citoyens ou des prolétaires [Rebérioux, 1975] ? En d'autres termes les loisirs permettent-ils aux travailleurs d'accéder à la culture dominante par l'éducation ou sont-ils le lieu d'élaboration d'une culture ouvrière singulière ? Les UP matérialisaient la première option. Le Centre confédéral d'éducation ouvrière (CCEO), créé entre 1931 et 1933 par des militants de la CGT (Georges Lefranc, Ludovic Zoretti), se définit, lui, contre l'« intellectualisme » des UP et cherche, dans une perspective proche de celle des bourses du travail à la fin du XIXe siècle, à assurer une formation liée aux expériences du travail, au service exclusif de la classe ouvrière [Trempé, 1981]. Son rayonnement demeure cependant limité.

Le sport, symbole par excellence de la culture de masse, est assez révélateur de ces interrogations. Comme pratique progressivement démocratisée, *via* le vélo, puis le football, et comme spectacle commercial, bientôt animé par des professionnels, il suscite longtemps les réticences de la gauche. Trop ludique et capitaliste, elle lui préfère d'autres types de loisirs, telle la musique, avec le réseau des orphéons, fanfares et autres harmonies ouvrières [Gumplowicz, 1987]. Elle donne au moins l'avantage à « une forme plus cultivée de l'activité sportive » [Ksiss, 1998], à l'éducation physique complète et rationnelle que Jaurès appelle de ses vœux dans *L'Armée nouvelle* (1911). Le militantisme sportif passe donc essentiellement par la gymnastique, organisée dans le cadre scolaire et municipal, par des associations républicaines et laïques [Arnaud, 1987]. Celles-ci cherchent avant tout à fortifier et à élever les corps et les esprits. Elles obéissent également à des considérations civiques et politiques, dont témoignent les fêtes sportives de la jeunesse, qu'organise, parmi d'autres, Édouard Herriot à Lyon à partir de 1926. Les mouvements des gymnastes deviennent ici la métaphore de la société idéale, égalitaire, solidaire, saine et pacifique [Arnaud, *in* Gérôme *et al.*, 1994]. Il reste que le sport suscite de plus en plus d'engouement et bat en brèche l'attrait de ces fêtes de gymnastique. Marcel Aymé, dans une nouvelle parue en 1933, l'illustre à sa façon en évoquant les déboires de l'*Espérance*, société de gymnastique radicale-socialiste, qui faisait glisser la population à gauche « d'un cœur amoureux et d'un pas militaire », face au prestige grandissant du Sporting, le club de rugby tenu par les réactionnaires [Aymé, 2002].

La concurrence des patronages catholiques et d'une partie du patronat dans ce domaine conduit d'ailleurs les socialistes à envisager, dès le début du siècle, la constitution d'un sport travailliste ou ouvrier, d'une organisation sportive propre au monde du travail. La Fédération sportive et athlétique socialiste (FSAS) naît ainsi en 1907, au moment où, et ce n'est pas un hasard, la polémique concernant la place des groupements de jeunesse au sein du mouvement socialiste est des plus vives [Cohen, 1989]. Les formations syndicales et politiques peinent en effet à cerner la catégorie émergente des jeunes, oscillant à leur égard entre indifférence, hostilité et, de plus en plus, volonté de contrôle passant de manière privilégiée par le temps libre [Augustin et Ion, 1993]. Le sport ouvrier, qui vise à la fois à recruter des militants et à proposer aux jeunes des « distractions saines », témoigne toutefois d'une faiblesse endémique, notamment si on le compare aux organisations sportives de la social-démocratie allemande [Arnaud, 1994]. Cette faiblesse est encore aggravée en 1923 par la scission entre deux branches, l'une socialiste, l'autre communiste [Ksiss, 2001]. Si cette dernière est un peu plus active, du fait d'un soutien plus accentué du parti, les deux associations ressemblent davantage à des « sectes » qu'à des organisations de masse. Elles se définissent avant tout « contre » le sport clérical, patronal, commercial, mais n'élaborent pas de modèle sportif spécifique : elles ne parviennent pas par exemple à développer un sport féminin et l'idée d'un football prolétarien n'a de réalité qu'en façade. Dans sa majorité, la gauche, même socialiste, s'intègre donc dans une organisation républicaine et laïque des loisirs, visant avant tout à éduquer les masses. La constitution de loisirs portant la marque d'une identité prolétarienne reste en revanche difficile et marginale. Dans tous les cas, les objectifs des organisations de loisirs de gauche n'ont rien d'original : elles ont pour but d'encadrer et d'élever les masses et seule leur finalité militante diffère vraiment. Elles paraissent être davantage une nuance dans l'attitude globale des élites vis-à-vis des loisirs populaires, qu'une construction spécifique.

Cette dernière hypothèse prête cependant à discussion lorsque l'on change d'échelle d'observation. La gestion des sociabilités et des pratiques de loisirs participe en effet de manière déterminante à l'implantation des gauches, à la croisée des cultures locales et nationales. Le « socialisme septentrional » [Ménager *et al.*, 1995], celui du Nord-Pas-de-Calais, en est une manifestation exemplaire. Il s'enracine, aussi bien à Lille que dans le bassin minier, en s'appuyant sur un réseau associatif lié à la fois au travail (syndicats, mutuelles, coopératives) et aux loisirs (fanfares, jeux traditionnels, gymnastique puis sport), concurrençant l'emprise cléricale et patronale. Mais les socialistes, parce qu'ils empruntent davantage les chemins de l'intégration républicaine, créent des modèles moins visibles, sinon moins dynamiques, que ceux qu'élaborent, à partir des années 1920, les communistes, notamment dans la banlieue parisienne [Rab, 1992]. Les premières municipalités communistes d'Ivry, de Gennevilliers, de Colombe multiplient les infrastructures, stades, maisons du peuple, salles des fêtes, et les associations spécifiquement ouvrières, chorales et clubs de football, ciné-clubs et associations théâtrales. Elles contribuent par là à l'« hyperpolitisation du quotidien » en s'opposant aux influences capitalistes et en unissant le prolétariat en lutte, y compris sur les terrains de sport. Elles proposent aussi à une classe ouvrière renvoyée aux marges de la ville une nouvelle image de la banlieue, structurée par la culture communiste : banlieue noire et rouge, celle des luttes, banlieue verte, « lieu et moyen d'un nouvel équilibre entre le corps, le travail et le logis » [cité par Ksiss, 2002, p. 377]. L'organisation des loisirs, sous cet angle, n'est pas seulement imposée par le haut, dans une perspective purement instrumentale, elle croise aussi des aspirations populaires qu'elle matérialise et satisfait. L'un des signes les plus visibles en est le déploiement de cultures festives spécifiques [Hastings, 1991], qui, mêlant par exemple le 1er mai et la kermesse flamande, traduisent des identités tout à la fois locales, sociales et politiques. Il faut cependant attendre le Front populaire pour que soient clarifiés, sur le plan national, les fondements d'une politique et d'une pratique de gauche dans les domaines liés du travail et du loisir.

L'été 1936

Si le Front populaire constitue un « lieu de mémoire » de la gauche au XXe siècle, c'est autant au titre de temps des loisirs et des fêtes que de temps des luttes. Cette mémoire repose évidemment sur Léon Blum revendiquant, lors du procès de Riom en 1942, sa fierté « d'avoir malgré tout apporté une embellie [...] dans des vies difficiles, obscures ». Elle s'incarne de manière plus nette encore dans le personnage de Léo Lagrange, jeune sous-secrétaire d'État à l'Organisation des loisirs et des sports, qui, pour une fois, a la tête de l'emploi. Elle s'est enfin nourrie des attaques de l'extrême droite vitupérant les congés payés qui envahissent les plages ou des reproches moralisateurs après coup du Maréchal et de ses partisans — Stéphane Lauzanne, du *Matin*, dénonçait ainsi en Blum « l'homme qui a inoculé le virus de la paresse dans le sang d'un peuple ». Mais ces critiques, souvent citées, ont été rétrospectives, ou très minoritaires. La loi sur les congés payés est votée par 563 voix contre 1 à la Chambre, et par 295 voix contre 2 au Sénat. Paul Reynaud dans ses *Mémoires* se montre ému par le spectacle des « garçons et filles [qui] se précipit[e]nt dans la nature » et se livrent aux joies du tandem et du canoë. Certes, les 40 heures sont davantage discutées, mais sans doute presque autant parmi les radicaux que dans l'opposition modérée ou conservatrice.

Il n'empêche. Ce moment d'union des gauches triomphantes constitue dans les mémoires collectives, l'apogée du progrès social, grâce à la conjonction des élections et de la lutte des classes. Les travailleurs semblent obtenir une redéfinition du travail et des loisirs, placée sous le triple signe de la conquête, de l'organisation sociale et de l'intégration. Si l'aspect de « pique-nique prolongé » (Bertrand de Jouvenel) des grèves de mai-juin a été surestimé, celles-ci n'en constituent pas moins la première étape de cette libération, en suspendant provisoirement les contraintes du travail, sur le lieu même du travail. Elles sont aussi une pédagogie du loisir actif : les témoignages et les images ont largement évoqué les bals musettes à l'usine, les compétitions sportives, les concours de chants et les déclamations de poèmes organisés pour les ouvriers de Renault ou les vendeuses des grands magasins [Ory, 1994, p. 62-64]. Ces grèves débouchent sur une série de conquêtes sociales, dont les congés payés, pourtant absents du programme du Rassemblement populaire, deviennent très vite, plus que la semaine de 40 heures, le symbole. Ils marquent en effet l'aboutissement du processus par lequel le loisir passe du statut de privilège à celui de temps social. Les mesures du gouvernement Blum font également basculer le travail et les loisirs du privé au public [Prost, 1987, p. 49-58]. En ce sens, les mesures développant les conventions collectives et le droit syndical dans l'entreprise rejoignent l'institution d'un sous-secrétariat d'État qui suscite des critiques, non pas tant parce qu'il traite des loisirs que parce qu'il cherche à les organiser. Le Front populaire est enfin le temps de l'intégration sociale des travailleurs, qui passe par la reconnaissance de leur place et de leur dignité. L'octroi d'un temps libre, surtout sous la forme de congés payés, est là encore essentiel : il représente un droit que les ouvriers méritent par leur travail, et un moyen d'épanouissement. « L'ouvrier, le paysan, le chômeur » doivent ainsi, suivant Léo Lagrange, trouver dans le loisir « la joie de vivre et le sens de leur dignité ». Temps d'intégration sociale, mais aussi culturelle. Il marque l'abandon, notamment de la part du PCF, de l'idée de culture spécifiquement prolétarienne, au profit d'une culture humaniste et républicaine qui doit devenir celle des masses populaires.

Comme conquête, objet d'organisation et forme d'intégration, la politique des loisirs fait donc l'objet de toutes les attentions et doit aider les travailleurs à prouver qu'ils « savent faire bon usage de ce nouveau temps libre ». Elle est aussi le lieu de réalisation quasi exclusif du « droit au bonheur », contrastant avec la représentation très noire du travail qu'offre notamment la philosophe Simone Weil [2002], peignant la tyrannie des cadences et des sirènes, l'abrutissement né du machinisme. La politique des loisirs, dont Léo Lagrange est le grand maître d'œuvre, présente dans ce cadre plusieurs caractéristiques qui fonctionnent désormais comme autant d'identifiants d'une action de gauche. Elle se veut d'abord démocratique, dans son organisation, qui refuse « le loisir au pas cadencé » des totalitarismes, comme dans ses finalités : l'abolition des privilèges de classe dans le champ du temps libre. Une myriade d'associations, liées au mouvement laïque, à la SFIO et surtout au PCF et à la CGT, l'appuient dans cette entreprise. Mais elle se distingue essentiellement par son projet éducatif et culturel, tourné en priorité vers les masses et la jeunesse. Le « culturel » notamment se trouve intégré dans le glossaire de la gauche ouvrière, dans une acceptation large, qui comprend aussi bien le folklore que le théâtre populaire, le sport que le cinéma. L'association Ciné-Liberté encourage ainsi la création des ciné-clubs et le développement du cinéma amateur, alors que Jean Renoir célèbre les noces du militantisme et de la culture dans *La Marseillaise* (1937), film financé par une souscription populaire organisée par le biais de la CGT, hymne à la nation révolutionnaire de 1789 adressé au peuple de 1936. Autour de la trilogie loisirs sportifs-loisirs touristiques-loisirs culturels, une foule d'initiatives fleurissent entre 1936 et 1938. Certaines, comme les « billets Léo Lagrange », qui offrent des voyages en train à prix réduit pour les congés payés de 1936, font partie de la légende du Front populaire. La politique sportive témoigne, elle, d'une approche résolument collective et pédagogique, tout en prenant en compte de manière nouvelle les caractères du sport de masse. Léo Lagrange souhaite en effet encourager de manière volontariste la pratique sportive des jeunes, au détriment du sport-spectacle professionnel. Il est ainsi à l'origine d'une vaste politique d'équipements sportifs et surtout du projet original de brevet sportif populaire (BSP), forme de certificat d'études sportif, destiné à lutter contre les effets physiques du machinisme et le mauvais emploi des heures de loisirs. Il est ardemment soutenu dans cette voie par la fédération sportive travailliste, la Fédération sportive et gymnique du travail (FSGT), précocement réunifiée en 1934. Plus que d'autres organisations, elle symbolise alors l'intégration culturelle du PCF et son dynamisme au sein de la gauche.

Dominée par les communistes, elle passe en effet de la conception d'un sport prolétarien, instrument de la lutte des classes, à l'élaboration d'« une organisation sportive de masse ». Soutenue pour la première fois par un gouvernement, elle affirme sa vocation éducative et intègre une dimension culturelle et environnementale (camping, cyclotourisme). Elle s'ouvre en même temps au sport populaire et se réconcilie avec le tour de France, naguère qualifié d'épreuve « bourgeoise », tout en inventant ses propres manifestations, tel ce Paris-Roubaix cycliste travailliste, organisé en collaboration avec la municipalité socialiste de Roubaix.

On serait pourtant tenté de voir dans cette politique la continuation des idées entretenues depuis la fin du XIXe siècle par des élites de gauche soucieuses de moraliser les masses en leur proposant de « bons » loisirs. Certes, beaucoup d'organisations ouvrières continuent à être hantées par les démons de la paresse et du cabaret et estiment que les travailleurs ont le devoir de « travailler leurs loisirs ». Mais Léo Lagrange dit aussi autre chose, lorsqu'il refuse, pour son projet de club de loisirs, le modèle du patronage, même laïque, qui, à force d'équilibrer savamment « pédagogie et bienfaisance », ne prépare qu'une « insipide corvée de joie et de culture » [Ory, 1994, p. 320]. Le souci de popularisation des loisirs culturels légitimes se double d'une prise en compte des aspirations effectives du plus grand nombre et des pratiques de la culture de masse [Kalifa, 2001], du vélo au cinéma, de la démocratisation du ski au lancement des premiers aéro-clubs populaires. Et l'esprit de 1936, c'est aussi cet aspect ludique et jubilatoire, ce « bonheur » collectif qu'incarnent des fêtes où se réconcilient 1er mai et 14 juillet. L'esprit « AJ », celui des auberges de jeunesse, qui connaissent alors un essor sans précédent, en est la métaphore. Placé sous le signe de l'optimisme et du pacifisme, il valorise l'auto-organisation, la camaraderie juvénile, le ressourcement au contact de la nature et la « joie de vivre ». Il se retrouve dans les premiers succès de Charles Trenet (*Ya d'la joie, Boum, Je chante*) [Cacérès, 1973], comme dans les divertissements ponctuels de la guinguette que chante Jean Gabin (*Quand on s'promène au bord de l'eau*) dans *La Belle Équipe* (Julien Duvivier) en 1936. Peut-être est-ce cette conjugaison entre culture de gauche et culture de masse, cette « volonté d'amuser la démocratie », qui donne tout son sens à l'embellie de l'été 1936.

L'héritage du Front populaire

Si le régime de Vichy dénonce cet « esprit de jouissance et de facilité » et fait du 1er mai la fête du travail discipliné, en lieu et place de celle des travailleurs en lutte, il ne remet pas en cause les congés payés et les seules de ses initiatives qui connaissent une certaine postérité, dans le domaine des loisirs, prolongent en fait celle du gouvernement Blum [Ory, 1994, p. 817-824]. Avec la Libération, les principes du Front populaire peuvent trouver leur pleine consécration. Le préambule de la Constitution du 27 octobre 1946 proclame solennellement les droits sociaux des travailleurs et le devoir du travail, en même temps que le droit aux loisirs et à la culture. Les nouveaux comités d'entreprise, institués par l'ordonnance du 22 février 1945 et la loi du 16 mai 1946, matérialisent cette volonté de reconnaître socialement et d'organiser démocratiquement le temps au travail et hors travail. Les représentants syndicaux se voient accorder un droit de consultation sur le fonctionnement de l'entreprise et sont chargés, en son sein, des activités sociales et culturelles liées au temps libre [Leterrier, 1993]. Souvent dominés par la CGT, notamment dans les entreprises nationalisées, ils visent à restructurer les loisirs, sur le lieu de travail, en se démarquant du paternalisme patronal. Mais la grande ambition de la gauche tient avant tout dans ses projets d'éducation populaire et de démocratisation culturelle, directement issus du Front populaire. Ils sont repris au sommet de l'État, avec la création, en 1944, d'une direction à l'éducation populaire et aux mouvements de jeunesse, confiée à un intellectuel très actif en 1936, Jean Guéhenno. Une pluralité d'associations nées de la Résistance, comme Peuple et culture, fondée en 1944 par un groupe réuni autour de Joffre Dumazedier et de Bénigno Cacérès, affichent leur ambition de « rendre la culture au peuple et le peuple à la culture » [Ory, 1984 et Cacérès, 1964].

Au-delà de cet aspect unanimiste, la définition du tryptique travail-peuple-loisir porte surtout, à partir de 1945, l'empreinte d'un PCF qui paraît seul détenir les clefs de la « vraie gauche ». Le « parti des travailleurs » assoit son influence sur la CGT et sur plusieurs associations chargées de la gestion des loisirs, rattachées soit au parti, soit à la CGT : la FSGT bien sûr, Tourisme et travail, chargée du tourisme populaire, ou Travail et culture, qui doit organiser les pratiques culturelles des salariés. Leur nom signale simultanément que la définition du temps libre reste subordonnée, dans la vision communiste, au travail, dont l'apologie atteint des sommets dans les premiers temps de la Reconstruction, notamment lors de la « bataille du charbon » (1944-1946). Maurice Thorez s'en fait le chantre dans son fameux discours aux mineurs du Nord, à Waziers, le 21 juillet 1945. Il exalte alors les vertus morales et civiques du travail, encourage les mineurs à produire et dénonce *a contrario* la « crise de moralité » des jeunes qui écourtent leur temps au fond pour aller au bal. Sans doute faut-il replacer ce discours dans le contexte très particulier de la sévère pénurie de charbon, et de bien d'autres produits de première nécessité, au lendemain immédiat de la guerre. Mais même après l'entrée dans la guerre froide et le retour à une attitude nettement plus critique, le travail demeure la source première de l'identité ouvrière, incarnée dans les figures du métallo ou du mineur [Lazar, 1985]. La mystique communiste s'ancre ici dans les représentations élaborées par la gauche depuis un siècle, le mineur est à la fois martyr et héros du travail, tout en laissant dans l'ombre les loisirs, comme les transformations induites par la mécanisation. Le duo PCF-CGT n'en néglige pas pour autant, en pratique, l'organisation du temps libre. Elle fait l'objet de toutes les attentions du comité d'entreprise des Houillères nationales du Nord-Pas-de-Calais, dominé jusqu'en 1948 par la CGT. Celui-ci fait l'acquisition, pour les congés payés des mineurs, du château de la Napoule, près de Nice. Véritable symbole de la conquête par les ouvriers des « forteresses bourgeoises de la Côte d'Azur », le château propose repos, baignades et nourriture abondante, autant de moyens de « restaurer le capital humain ». Mais ces résidences, largement développées par les organisations ouvrières, offrent également un premier apprentissage collectif des vacances [Rauch, 1996] à un monde encore largement dominé par le travail. Pour les loisirs quotidiens prime toujours l'orientation éducative, la volonté de faire partager à la classe ouvrière une culture essentiellement entendue dans un sens patrimonial et artistique. Certaines municipalités et certains comités d'entreprise accompagnent ainsi, souvent par le biais de Travail et culture, la politique de décentralisation théâtrale articulée autour du théâtre national populaire (TNP) de Jean Vilar, à partir de 1951. Gérard Philipe est le héros de ce théâtre civique qui, alliant réforme de la scène et popularisation du public, se trouve au cœur de l'« utopie culturelle de l'après-guerre » [Loyer, 1997]. L'impact de ces pratiques est toutefois mesuré. Le public du TNP n'est guère ouvrier et les comités d'entreprise rencontrent davantage de succès en organisant les activités sportives [Fridenson, 1989] ou les fêtes de Noël, qu'en diffusant la poésie d'Hugo ou d'Aragon. De plus, l'entrée dans la guerre froide contraint souvent au repli les organisations proches du PCF. Ce modèle n'en joue pas moins un rôle essentiel dans l'intégration et dans l'acquisition d'une dignité nouvelle pour la classe ouvrière et irrigue largement les représentations de la gauche dans les années 1950.

Il n'est pourtant pas seul en lice et les socialistes, qui communient dans le culte de Léo Lagrange « apôtre laïque de l'éducation populaire » [Chappat, 1983], sont également, quoique de manière moins visible, présents. Si le gouvernement dirigé par Guy Mollet généralise, en 1956, la troisième semaine de congés payés, en inscrivant son action dans la continuité de celle du Front populaire, c'est toutefois dans le domaine des pratiques associatives que la dynamique est la plus nette. Les socialistes s'orientent vers des projets moins directement liés au parti, moins nettement dominés par le paradigme ouvrier, davantage tournés vers l'éducation populaire et l'animation socioculturelle [Ksiss, 2001]. Très révélateur est le destin comparé de deux initiatives socialistes, nées en 1951 : l'Union sportive travailliste (UST) d'une part, tentative de fondation d'un sport « neutre et libre », qui suit la nouvelle scission du sport ouvrier ; la Fédération Léo Lagrange d'autre part, instituée par Pierre Mauroy, alors président des Jeunesses socialistes, pour développer le tourisme populaire et organiser la récréation des jeunes [Mauroy, 2003 ; Morin, 2001]. La première reste groupusculaire. Elle propose en effet un modèle de sport ouvrier, qui n'est plus guère adapté aux formes du militantisme socialiste, et une pratique restreinte à une gymnastique « corrective et régénérative » qui est, elle, franchement démodée. La seconde en revanche, aidée par les municipalités, développe surtout un réseau de clubs de jeunes et de foyers socio-éducatifs, assez semblables aux maisons des jeunes et de la culture, initiées à partir de 1944 par un autre socialiste, André Philip. Officiellement autonome vis à vis du parti, elle n'en conserve pas moins une fonction explicitement politique : pour Pierre Mauroy, elle répondait « à la volonté de trouver un nouveau cadre associatif pour élargir notre audience et mieux servir notre idéal ». Elle correspond en tous les cas davantage à l'action associative des socialistes et à l'esprit du temps. Quelle que soit l'option retenue, animation et activités socioculturelles pour les socialistes, création et accès à la culture pour les communistes, le temps libre conserve cependant une dimension active, culturelle, éducative, heurtée de plus en plus vivement par le triomphe d'un loisir marchandise, synonyme de consommation et de distraction.

Entre Tourisme et travail et le club Med

La modernisation de la société française, l'accélération de l'entrée dans la société de consommation et la civilisation des loisirs, perçue surtout à partir des années 1950, infirme certains postulats d'un modèle de gauche porté essentiellement par les communistes. La « généralisation de la condition salariale » [Castel, 1995, p. 350] rend ainsi problématique la définition, reposant sur le salariat ouvrier, d'un peuple de travailleurs opposé à une caste bourgeoise oisive. Dans le cadre de l'élaboration d'une sociologie du travail, on assiste par ailleurs au renforcement des interrogations concernant le sens d'un travail « en miettes », emprisonné dans les normes bureaucratiques et tayloriennes [Friedmann, 1964]. Une partie de la « nouvelle gauche », avec la CFDT à partir de 1964, élabore dans ce domaine de nouvelles revendications touchant non plus seulement la propriété du travail, mais aussi « les droits de la vie privée au travail » [Prost, 1987, p. 131]. L'épanouissement des salariés doit, dans cette perspective, passer par une redéfinition des conditions de vie et des relations hiérarchiques au sein de l'entreprise. Ces militants accordent une place centrale à un problème qui, dans les représentations de la gauche, était jusque-là de l'ordre de l'impensé ou de la fatalité : le travail, utile, moral, était aussi peu épanouissant, caractéristique qui ne pouvait être que compensée par les loisirs notamment. Cette dernière orientation demeure cependant dominante, d'autant que, même si le temps de travail demeure long et central [Chombart de Lauwe, 1956], la place du temps libre s'accroît.

Son contenu suscite cependant des inquiétudes unanimes. La dénonciation des divertissements de masse — tiercé, publicité, télévision — en est revigorée, s'inscrivant le plus souvent dans une critique générale des mécanismes de la société de consommation [Lefebvre, 1958]. Même Joffre Dumazedier, animateur de Peuple et culture et promoteur de l'idée de « civilisation des loisirs » (son livre paraît pour la première fois en 1962) laisse percer ses doutes devant ce loisir « dont la fonction de développement est entravée au profit de la fonction de divertissement » et qui devient un « nouvel opium du peuple » [Dumazedier, 1972]. Ce refus parcourt tout le spectre de la gauche, depuis les sociologues proches de l'École de Francfort théorisant l'aliénation sportive de masse

[Brohm, 1968], jusqu'à Daniel Mayer, héritier spirituel de Léon Blum, définissant en 1965 le loisir idéal, « facteur d'enrichissement proprement culturel », et ses ennemis, « les entreprises créatrices d'idoles et vendeuses de disques » [Mayer, 1965]. Ces craintes ne sont pas neuves. Elles portent essentiellement sur les effets d'une industrie de divertissement qui semble noyer la culture et l'identité de la classe ouvrière, déjà menacées par les transformations du travail, dans une « culture sans visage » [Hoggart, 1970, p. 441]. Cette analyse est inséparable d'une hantise de la dépolitisation visant surtout les jeunes, dont l'autonomisation culturelle, fondée principalement sur les loisirs (cinéma, musique), paraît en pleine lumière [Rebérioux, 2000]. Tout n'est pourtant pas encore perdu aux yeux des militants, qui observent avec espoir dans les années 1950 les balbutiements d'une télévision culturelle, impulsée par des réalisateurs proches de la gauche. Leur ambition, accordée sur ce point à celle de Malraux, est d'en faire, *via* le réseau des télés-clubs, une deuxième école, mise au service de l'élévation des masses. Las ! La soif d'images se porte vite ailleurs que sur le culturel. À partir des années 1960, les grandes dramatiques, les émissions prestigieuses (*Cinq Colonnes à la une*, *Lecture pour tous*) sont détrônées par *Intervilles* (1962) ou *Thierry la Fronde* (1963) [Missika et Wolton, 1983]. Les intellectuels et une majorité de la gauche n'auront cesse désormais de dénoncer cette télévision-évasion, sans trop analyser les causes de l'échec de la télévision culturelle ni s'interroger sur la manière dont les classes populaires s'approprient ce nouveau divertissement.

Mai 68 précipite le basculement. En apparence, le mouvement comporte nombre de traits similaires à celui de 1936 : opposition gauche/droite, retour à la classe ouvrière et à l'idée de révolution, soutenue par une gigantesque vague de grèves, accords de Grenelle débouchant sur une hausse des salaires et une baisse programmée du temps de travail, pour parvenir enfin aux quarante heures. En réalité, Mai 68 est moins une répétition qu'une invention, moins un recommencement qu'une fin, celle du modèle du Front populaire repris par le PCF [Mouriaux *et al.*, 1992, p. 8-9]. L'esprit de Mai et ses corrélats d'hédonisme et de libération accentue ainsi, *via* la CFDT, la contestation des relations au travail, celle de la tyrannie des contremaîtres et des chaînes de production. Mais la condamnation touche surtout le cœur du travail salarié productif : sur les murs, les slogans proclament : « Ne perdez pas votre vie à la gagner ». Si la plupart des forces de Mai 68 rejettent aussi la culture et la consommation de masse, elles n'en rejoignent pas pour autant la conception traditionnelle du temps libre et de la fête : là où l'été 1936 affirmait la dignité ouvrière et le droit au bonheur, Mai 68 consacre le droit au plaisir. Placés sous le signe du jeu et de la spontanéité, les loisirs doivent exprimer la créativité généralisée, la libération du corps et de la parole. Tourisme et travail laisse en somme la place au club Med. La première incarne un tourisme social, qui se veut aussi lieu d'éducation non séparé des préoccupations du travail, alors qu'au sein du second, créé en 1950, s'épanouit le jeu pur, l'utopie festive et communautaire. « La valeur des grandes vacances devient la vacance des grandes valeurs » [Prost, 1987, p. 137].

Le mouvement débouche sur de multiples glissements de sensibilité, qui redéfinissent le temps et le rôle du travail. L'écologie notamment, entendue comme une rupture avec les principes industriels et productivistes partagés par une bonne partie de la gauche, fait ses débuts politiques. De manière moins durable, le socialisme d'autogestion s'impose, porté par la CFDT et le PSU [Castagnez-Ruggiu, 1997]. Au-delà de l'abolition du salariat, il vise à réorganiser le travail, sur une base autonome et collective, en majorant le pouvoir des travailleurs au sein de l'entreprise. L'autogestion doit à terme s'étendre à tous les aspects de la vie sociale, en se fondant par exemple, pour le temps hors travail, sur les maisons des jeunes et de la culture. De fait, les pratiques socialistes, davantage tournées vers l'animation, la libre création et l'action culturelle, ont le vent en poupe, même si le modèle communiste, davantage tourné vers la création et l'accès à la « grande » culture, n'est pas aboli. Après le TNP, l'Agence littéraire et artistique de Paris (ALAP), très proche du PCF et de la CGT, soutient les premières grandes messes de Robert Hossein et ce sont les adhérents des comités d'entreprise de Renault et d'ailleurs qui donnent à *Notre-Dame de Paris* (1978) ou à *Danton et Robespierre* (1979) un public bien plus important et bien plus populaire que celui du festival d'Avignon [Ory, 1983]. Les années 1970 bouleversent donc, partiellement, les pratiques et les projets de la gauche, en les plaçant sous le signe de l'autonomie, de l'autogestion, de l'animation.

Du ministère du Temps libre aux 35 heures

La victoire de François Mitterrand, le 10 mai 1981, est présentée par lui-même comme celle « des forces du travail et de la jeunesse ». Le nouveau Premier ministre, Pierre Mauroy, porte en lui cet héritage et manifeste l'ambition de « changer la vie » à travers une série de réformes du droit du travail, figurant autant de nouvelles conquêtes sociales : semaine de 39 heures, cinquième semaine de congés payés, retraite à soixante ans, lois Auroux augmentant le rôle des comités d'entreprise et les droits des salariés au travail. La création d'un ministère du Temps libre, objet de nombreux sarcasmes, confié au secrétaire général de la Fédération de l'éducation nationale (FEN), André Henry, traduit de manière frappante le poids du souvenir de 1936. L'idée vient de Pierre Mauroy lui-même, pour qui ce département constitue un hommage explicite à Léo Lagrange, inscrit dans une philosophie socialiste concevant le temps libre « comme un enrichissement de la culture et de la vie personnelle » [Mauroy, 2003, p. 205]. Aux yeux d'André Henry, cette démarche s'insérait dans l'aspiration à « changer la vie » et devait assurer la promotion de loisirs actifs, culturels et populaires au détriment de loisirs de consommation essentiellement mercantiles et excessivement individualistes. Cette reproduction, presque trait pour trait, des idées de Léo Lagrange, s'avère ici largement décalée, même si elle débouche sur quelques réalisations, dont les chèques-vacances en 1982. Mais elles ne font guère le poids devant les initiatives du ministre de la Culture, Jack

Lang, qui institue la même année une fête de la musique, plus en accord avec les nouvelles pratiques culturelles, appelée à connaître un véritable succès populaire.

Le ministère du Temps libre achève sa courte existence en 1983, alors que le gouvernement prend le tournant de la rigueur et la gauche celui des désillusions. Cette fin brutale s'explique avant tout par la hausse continue du chômage qui relègue, comme cela s'était produit au début des années 1930, la question des loisirs au second plan. Plus profondément, la crise du travail et des travailleurs, conjuguée à la force marchande de loisirs de masse dominés par les pratiques audiovisuelles, rend irréel, ou tout au moins impose de redéfinir, le projet de démocratisation culturelle [Donnat, 1994]. Cette crise conceptuelle se double d'une crise des structures qui reliaient les partis de gauche aux classes populaires au travail et hors travail. La dissolution de Tourisme et travail en 1985 comme les doutes identitaires de la FSGT illustrent à cet égard la fin d'un modèle de loisirs affinitaires, encadré par les associations ouvrières. La gauche perd donc, au cours des années 1980, les outils théoriques et pratiques qui lui permettaient d'agir dans le domaine du travail et des loisirs, en s'accordant, même imparfaitement, aux attentes des classes populaires. Alors que le temps libre devient plus important que le temps de travail et que les écarts culturels demeurent dans l'accès aux loisirs, sa pensée connaît, dans ce domaine, un réel affadissement. Elle se résume le plus souvent à une déploration de la culture de masse télévisuelle ou à des pratiques consensuelles, telle que l'action socio-éducative dans les banlieues.

Sous l'angle du rapport entre travail et temps libre, la situation est en revanche plus floue, comme le démontre la mise en place des 35 heures, mesure phare de la gauche plurielle arrivée au pouvoir en 1997 sous la conduite de Lionel Jospin. Le débat autour du partage du temps et de la « crise du travail », régulièrement réactivé depuis vingt ans, prend une vigueur nouvelle au milieu des années 1990 avec les travaux de Dominique Méda, proche du parti socialiste [Méda, 1995]. Si seule une minorité partage à gauche ses positions concernant la « fin du travail », la réduction du temps de travail demeure, elle, un dénominateur commun réunissant aussi bien les verts que les socialistes. Présentée comme une avancée sociale, conçue comme un moyen de lutter contre le chômage et de parvenir à une meilleure qualité de vie, elle constitue une constante identitaire, qui permet à la gauche plurielle de s'intégrer dans une tradition remontant au XIXe siècle, scandée par les épisodes de 1906, 1936, 1956, 1981. L'opposition virulente d'une droite et d'un patronat qui retrouvèrent, pour dénoncer l'« irréalisme » de la gauche, les accents de leurs prédécesseurs de 1936, renforça encore l'identité de cette politique, mise en œuvre entre 1998 et 2000. Dans la pratique pourtant, les 35 heures, en accentuant parfois la flexibilité et l'intensification du travail, en posant le problème de leur compensation salariale, semblent avoir davantage satisfait les cadres et certaines catégories que les milieux les plus populaires et ont sans doute été l'une des causes de la défaite de la gauche au printemps 2002 [Baudelot et

Gollac, 2003]. Par un retournement paradoxal, la réduction du temps de travail, marqueur de l'identité de gauche, combattue comme telle par la droite, est devenue le symbole de l'usure d'une gauche dont les liens avec les classes populaires paraissent aujourd'hui distendus. En 2004, la question reste en tout cas ouverte.

Tout au long du siècle, la gauche a pu se voir tour à tour reprocher d'être obsédée par le travail ou de prêcher le droit à la paresse, de vouloir imposer de « bons » loisirs ou d'échouer à établir une véritable démocratisation culturelle. Ses projets présentent cependant une certaine unité, créée surtout par le Front populaire, autour duquel converge toute sa ferveur. La lutte pour la réduction du temps de travail en est l'élément essentiel, qui traduit non la volonté d'abolir le travail, mais la reconnaissance des droits des travailleurs. L'organisation du temps conquis doit satisfaire les mêmes objectifs d'émancipation et de dignité : des loisirs créateurs, éducatifs et culturels, créant les conditions d'un épanouissement intégral de la personne humaine. Ce modèle a toutefois toujours été parcouru de zones d'ombres et le basculement dans la civilisation des loisirs et de la consommation, marqué par le moment 68, l'a rendu caduc. En faisant du temps libre l'essentiel, en disloquant les concepts de démocratisation culturelle et de loisirs des travailleurs, il a en effet précipité l'affaissement des représentations et des pratiques qui l'identifiaient. Les « 35 heures » sont la preuve ultime qu'il a perdu sa cohérence, son sens, comme la dimension utopique et festive qui l'habitait et l'éclairait.

Références bibliographiques

Arnaud Pierre [dir.] (1987), *Les Athlètes de la République. Gymnastique, sport et idéologie républicaine, 1870-1914*, Privat, Toulouse.

— (dir.) (1994), *Les Origines du sport ouvrier en Europe*, L'Harmattan, Paris.

Augustin Jean-Pierre et Ion Jacques (1993), *Des loisirs et des jeunes*, Éditions ouvrières, Paris.

Aymé Marcel (2002), « Le Sporting » (*Candide*, 28 septembre 1933), repris *in Nouvelles complètes*, Gallimard, Paris.

Baudelot Christian et Gollac Michel (2003), *Travailler pour être heureux ? Le bonheur et le travail en France*, Fayard, Paris.

Bloch Marc (1990), *L'Étrange défaite*, Gallimard, Paris.

Brohm Jean-Marie (1968), *Sport, culture et répression*, Maspero, Paris.

Cacérès Bénigno (1964), *Histoire de l'éducation populaire*, Seuil, coll. « Peuple et culture », Paris.

— (1973), *Loisirs et travail du Moyen Âge à nos jours*, Seuil, coll. « Peuple et culture », Paris.

CASTAGNEZ-RUGGIU Noëlline (1997), *Histoire des idées socialistes*, La Découverte, coll. « Repères », Paris.

CASTEL Robert (1995), *Les Métamorphoses de la question sociale. Une chronique du salariat*, Fayard, Paris.

CHAPPAT Jean-Louis (1983), *Les Chemins de l'espoir ou combats de Léo Lagrange*, Fédération Léo Lagrange, Paris.

CHOMBART DE LAUWE Paul-Henry (1956), *La Vie quotidienne des familles ouvrières*, CNRS, Paris.

COHEN Yolande (1989), *Les Jeunes, le socialisme et la guerre. Histoire des mouvements de jeunesse en France*, L'Harmattan, Paris.

CORBIN Alain (dir.) (1955, rééd. 2001), *L'Avènement des loisirs 1850-1960*, Flammarion, coll. « Champs », Paris.

DONNAT Olivier (1994), *Les Français face à la culture, de l'exclusion à l'éclectisme*, La Découverte, Paris.

DUMAZEDIER Joffre (1972), *Vers une civilisation des loisirs ?* (1962), Seuil, Paris.

ELIAS Norbert et DUNNING Eric (1994), *Sport et civilisation. La violence maîtrisée*, Fayard, Paris.

FRIDENSON Patrick (1989), « Les ouvriers de l'automobile et le sport », *Actes de la Recherche en Sciences Sociales*, n° 79, p. 49-62.

FRIEDMANN Georges (1964), *Le Travail en miettes*, Gallimard, coll. « Idées », Paris.

GARRIGOU Alain (1983), « Socialisme et loisir au XIXe siècle », *in* Adeline DAUMARD (dir.), *Oisiveté et loisirs dans les sociétés occidentales au XIXe siècle*, Armand Colin, Paris.

GÉRÔME Noëlle, CORBIN Alain et TARTAKOWSKY Danielle (dir.) (1994), *Les Usages politiques des fêtes, XIXe-XXe siècle*, Publications de la Sorbonne, Paris.

GUMPLOWICZ Philippe (1987), *Les Travaux d'Orphée. 150 ans de vie musicale amateur en France : harmonies, chorales, fanfares*, Aubier, Paris.

HASTINGS Michel (1991), *Halluin La Rouge (1919-1939). Aspects d'un communisme identitaire*, Presses universitaires de Lille, Lille.

HOGGART Richard (1970), *La Culture du pauvre. Étude sur le style de vie des classes populaires en Angleterre*, Minuit, Paris.

KALIFA Dominique (2001), *La Culture de masse en France*, t. 1 : *1860-1930*, La Découverte, coll. « Repères », Paris.

KSISS Nicolas (1998), « Football et société en région parisienne », *Sociétés et Représentations*, n° 7, « Football et Sociétés », Paris, p. 77-88.

— (2001), « L'Union des sociétés sportives et gymniques du travail (USSGT). Échec d'une implantation socialiste dans le mouvement sportif », *in* Jacques GIRAULT (dir.), *L'Implantation du socialisme au XXe siècle : partis, réseaux, mobilisation*, Presses de la Sorbonne, Paris, p. 237-260.

— (2002), « La politique sportive des municipalités communistes de banlieue entre les deux guerres : l'exemple du football », *in* Jacques Girault (dir.), *Des communistes en France (années 1920-années 1960)*, Presses de la Sorbonne, Paris, p. 375-385.

Lafargue Paul (1976), *Le Droit à la paresse, réfutation du droit au travail de 1848* (1883), présentation de Maurice Dommanget, Maspero, Paris.

Lazar Marc (1985), « Le mineur de fond : un exemple de l'identité du PCF », *Revue française de sciences politiques*, vol. XXXV, n° 2, p. 190-205.

Lefebvre Henri (1958), *Critique de la vie quotidienne*, vol. 1 : *Introduction*, L'Arche Éditeur, Paris.

Lefranc Georges (1955, rééd. 1975), *Histoire du travail et des travailleurs*, Flammarion, Paris.

Leterrier Jean-Michel (1993), *La Culture au travail. Essai de politique culturelle*, Éditions Sociales, Paris.

Loyer Emmanuelle (1997), *Le Théâtre citoyen de Jean Vilar. Une utopie de l'après-guerre*, PUF, Paris.

Mauroy Pierre (2003), *Mémoires, « Vous mettrez du bleu au ciel »*, Plon, Paris.

Mayer Daniel (1965), « Pour un nouveau droit de l'homme », *Janus* n° 7, « La révolution du loisir », Paris, p. 23-31.

Méda Dominique (1995), *Le Travail, une valeur en voie de disparition*, Aubier, coll. « Alto », Paris.

Ménager Bernard, Sirinelli Jean-François et Vavasseur-Desperriers Jean (dir.) (1995), *Cent ans de socialisme septentrional*, Presses universitaires de Lille, Lille.

Mercier Lucien (1986), *Les Universités populaires : 1899-1914. Éducation ouvrière et mouvement ouvrier au début du siècle*, Les Éditions ouvrières, coll. « Mouvement social », Paris.

Missika Jean-Louis et Wolton Dominique (1983), *La Folle du logis. La télévision dans les sociétés démocratiques*, Gallimard, coll. « Problèmes et documents », Paris.

Morin Gilles (2001), « Le parti socialiste SFIO et les associations : 1944-1969 », *in* Claire Andrieu, Gilles Le Béguec et Danielle Tartakowsky (dir.), *Associations et champ politique. La loi de 1901 à l'épreuve du siècle*, Presses de la Sorbonne, Paris, p. 359-374.

Mouriaux René, Prost Antoine et Tartakowsky Danielle (1992), *1968. Exploration du Mai français*, t. 2 : *Les acteurs*, L'Harmattan, Paris.

Ory Pascal (1983), *L'Entre-deux-Mai. Histoire culturelle de la France, mai 1968-mai 1981*, Seuil, Paris.

— (1984), « Une culture partagée ? », *in* Y. Lequin (dir.), *Histoire des Français, XIXe-XXe siècle*, t. 3 : *Les Citoyens et la démocratie*, Armand Colin, Paris, p. 419-486.

— (1994), *La Belle Illusion. Culture et politique sous le signe du Front Populaire (1935-1938)*, Plon, Paris.

PROCHASSON Christophe (2000), « De la culture des foules à la culture de masse », *in* André BURGUIÈRE et Jacques REVEL (dir.), *Histoire de la France*, t. 4 : *Les Formes de la culture* (1991), Seuil, Paris, p. 183-232.

PROST Antoine (1987), « Frontières et espace du privé », *in* Philippe ARIÈS et Georges DUBY (dir.), *Histoire de la vie privée*, t. 4 : *De la Première Guerre mondiale à nos jours*, Seuil, Paris.

RAB Sylvie (1992), « Culture et loisir, l'encadrement des prolétaires », *in* Annie FOURCAUT (dir.), *Banlieue rouge 1920-1960*, *Autrement*, nº 18, série « Mémoires », Paris, p. 80-98.

RAUCH André (1996), *Vacances en France de 1830 à nos jours*, Hachette, Paris.

REBÉRIOUX Madeleine (1975), « Culture et militantisme », *Le Mouvement social*, « Culture et militantisme en France de la Belle Époque au Front populaire », nº 91, Paris, p. 3-12.

— (1985), « La littérature socialisante et la représentation du futur au tournant du siècle », *in Histoire sociale, sensibilités collectives et mentalités. Mélanges Robert Mandrou*, PUF, Paris, p. 407-421.

— [dir.] (1994), *Fourmies et les 1er mai*, L'Atelier, Paris.

— (1995), *La République radicale ? 1898-1914*, Seuil, coll. « Nouvelle histoire de la France contemporaine », Paris.

— (2000), « La culture au pluriel », *in* André BURGUIÈRE et Jacques REVEL (dir.), *Histoire de la France*, t. 4 : *Les Formes de la culture* (1991), Seuil, Paris, p. 233-291.

RICHEZ Jean-Claude et STRAUSS Léon (1990), « Généalogie des vacances ouvrières », *Le Mouvement social*, « Les congés payés », nº 150, Paris, p. 3-18.

RODRIGUEZ Miguel (1990), *Le 1er mai*, Gallimard, coll. « Archives », Paris.

TREMPÉ Rolande (1981), « Une tentative d'éducation populaire en milieu ouvrier. Le Centre confédéral d'éducation ouvrière de la CGT : 1932-1939 », *Les Cahiers de l'animation*, nº 32, p. 95-104.

WEIL Simone (2002), *La Condition ouvrière* (1951), Gallimard, Paris.

Conclusion

L'homme de gauche au XXᵉ siècle

JEAN-JACQUES BECKER

L'HOMME DE GAUCHE a meilleure réputation que l'homme de droite. On se proclame assez facilement « de gauche ». On l'indique dans votre nécrologie, ce qui permet de découvrir des hommes de gauche que leur parcours ne semblait pas désigner comme tels. On est plus réticent à s'annoncer comme homme de droite, on use de subterfuges linguistiques. Il est déjà beaucoup plus aisé d'être du centre, même du centre droit ; et l'on se proclame de la « majorité » si les circonstances s'y prêtent… Cette différence tient à ce que l'homme de gauche semble incarner le progrès et l'homme de droite la conservation et qu'il est plus valorisant d'être progressiste, d'être ouvert aux nouveautés que d'être conservateur. L'image souvent bonne de l'homme de gauche aurait dû lui permettre une vie heureuse et simple au cours du siècle. Il n'en fut rien et ses tribulations et ses vicissitudes ont été innombrables. Il n'a cessé d'être confronté à toutes sortes d'interrogations ou de choix difficiles que son statut l'empêchait d'ignorer.

LES HOMMES DE GAUCHE AU DÉBUT DU SIÈCLE

Au début du siècle, l'homme de gauche est d'abord un républicain, mais ce n'est plus suffisant. À l'exception de quelques régions et milieux limités, tout le monde se dit républicain. C'est d'autant plus insuffisant que beaucoup d'authentiques républicains d'origine ont progressivement évolué vers une droite modérée. L'homme de gauche doit être aussi un démocrate ; mais, là encore, les formes de la démocratie n'ont plus à être créées, elles existent : le suffrage universel (du moins pour les hommes, mais la revendication du suffrage féminin n'est pas encore très forte en France), les grandes libertés publiques, etc. La disparition d'organismes d'inspiration monarchique, comme le Sénat ou la présidence de la République, ne semble plus nécessaire à l'affirmation durable des institutions démocratiques.

C'est donc par d'autres traits que l'homme de gauche doit se distinguer. Il est d'abord dreyfusard. Certes, tous les hommes de gauche n'ont pas été acquis dès l'origine à l'innocence du capitaine Dreyfus — certains estimaient même ne pas devoir participer à ce combat — mais, au début du siècle, on ne peut plus être homme de gauche sans être dreyfusard. Il est ensuite anticlérical et pas seulement laïque : il professe volontiers un anticléricalisme de combat. Tous les coups sont légitimes pour abattre la puissance de l'Église. Sur un plan strictement politique, l'homme de gauche par excellence est le radical. Le radicalisme est né plutôt en ville, mais il a largement gagné les campagnes. Même si les radicaux ne forment qu'une partie du Bloc des gauches victorieux en 1902, ils en sont l'âme et dans sa lutte acharnée contre le cléricalisme le président du Conseil Émile Combes jouit d'une véritable popularité.

Dans la dénomination du nouveau parti radical, il y a le terme « socialiste ». Or les radicaux, s'ils se veulent représentants des « petits », même quand ils ne le sont pas, s'ils veulent être le peuple, n'ont pas très souvent la fibre sociale. À peine le grand combat contre l'Église est-il en voie d'achèvement que le radicalisme se trouve aux prises avec la montée de mouvements sociaux soutenus pas les socialistes qui entendent être les représentants du monde ouvrier. Le grand conflit entre la démocratie politique et la démocratie sociale n'allait cesser à partir de ce moment d'interpeller l'homme de gauche. À côté du républicain radical, le républicain socialiste progresse en nombre et en influence. Le sentiment républicain les rapproche, mais le socialisme les éloigne. Il n'y a plus un homme de gauche, il y en a déjà deux, dont la coexistence est loin d'être facile. Clemenceau en fut d'autant plus le symbole que, contrairement à tant de radicaux, il avait réellement, lui, la fibre sociale, ce qui ne l'avait pas empêché depuis longtemps de s'en prendre aux « utopies » du socialisme. La démonstration pratique de cette double signification de l'homme de gauche, il la fit, quand, chef du gouvernement de 1906 à 1909, il considéra que son premier devoir était de « faire de l'ordre » contre les mouvements sociaux. Paradoxalement, cet homme de gauche fut pris à parti comme peu de chefs de gouvernement de droite l'avaient été. « Briseur de grèves » fut un des qualificatifs les plus amènes dont il fut stigmatisé. Par la voix de Jaurès, cette « gauche radicale » était combattue avec vivacité (tous les radicaux d'ailleurs n'approuvaient pas la politique du président du Conseil qui n'était pas, autre paradoxe, membre du parti radical), mais ses adversaires les plus féroces étaient les syndicalistes. À côté du « radical » et du « socialiste », il existe donc une troisième variété d'hommes de gauche, le « syndicaliste-révolutionnaire » : certes les socialistes étaient en principe révolutionnaires, mais c'était surtout verbal. Beaucoup de syndicalistes se considèrent comme les seuls vrais révolutionnaires. Souvent anarchistes à l'origine, ils dominent la CGT et ils n'ont que peu de sympathie pour les socialistes. Sans entrer dans le détail des chapelles, il y a déjà, au début de ce siècle, trois principaux types d'hommes de gauche.

Les hommes de gauche et la guerre

Ces trois sensibilités de gauche se retrouvaient cependant dans la défense de la paix ou du moins dans le refus de la guerre, car leur approche du pacifisme était très diverse, voire opposée. Pour la CGT, depuis 1906, l'antimilitarisme et l'antipatriotisme étaient devenus la doctrine officielle. Ces syndicalistes, du moins certains d'entre eux, ne reconnaissaient ni la patrie ni l'armée, agent habituel de la répression sociale. Les socialistes n'avaient certes guère d'attirance pour l'armée, identifiée à l'adversaire lors de l'affaire Dreyfus. Si toute l'armée n'avait pas été antidreyfusarde, il est vrai que sa partie antidreyfusarde avait été beaucoup plus visible et bruyante que celle qui ne s'était pas associée à cette poussée raciste et extrémiste. Les socialistes se refusaient néanmoins en général à être antipatriotes. À l'encontre de l'un des leaders socialistes, Gustave Hervé, qui s'était désigné un certain temps comme le « sans-patrie », l'homme de gauche socialiste croyait à la patrie et à la nécessité de la défendre. Jaurès dans *L'Armée nouvelle* avait dénoncé la légèreté des propos de Marx sur « les prolétaires qui n'ont pas de patrie ». Toutefois, les socialistes étaient convaincus que c'était le capitalisme qui, par son existence même, était fauteur de guerre, et que le combat socialiste ne se séparait pas du combat pacifiste. Quant au radical, ses ancêtres jacobins en faisaient un patriote convaincu. Mis à part la « guerre » religieuse, mis à part les conquêtes coloniales auxquelles il n'avait pas été hostile — sauf certains comme Clemenceau (qui reste jusqu'à sa mort l'adversaire de la colonisation française) —, c'était un homme de paix.

Les hommes de gauche, malgré leurs analyses bien différentes, se retrouvent en 1913 lorsque le gouvernement décide de porter à trois ans la durée du service militaire que les radicaux avaient abaissé à deux en 1905. Syndicalistes, socialistes et, à un degré moindre, la majorité des radicaux rassemblés sous la direction de Joseph Caillaux mènent une campagne ardente contre les trois ans. Il y a toutefois plus d'hésitation chez le radical, car même s'il n'apprécie pas les trois ans, il n'est pas sûr qu'ils ne soient pas nécessaires. Au total, une majorité assez nette de Français, y compris beaucoup d'hommes de gauche, accepte les trois ans à l'occasion des élections législatives d'avril-mai 1914, encore que de très larges régions votent contre. Néanmoins cette hésitation d'une fraction de la gauche radicale permet d'apercevoir une « quatrième » catégorie d'hommes de gauche, représentée par Aristide Briand — qui avait déjà à son actif la répression vigoureuse d'une grève des cheminots au nom de l'intérêt national — et Alexandre Millerand venus du socialisme, ou comme Barthou et Delcassé avoisinant le radicalisme qui créent une petite formation, la Fédération des gauches, sorte de gauche nationaliste très active en faveur des trois ans. Ces hommes sont-ils néanmoins encore à gauche ? L'électorat ne s'y trompe guère : ils rencontrent peu de succès. Leurs électeurs espérés votent plutôt pour la droite...

Outre son objet propre, le grand débat sur les trois ans s'inscrit dans un contexte international tendu. Or si les radicaux rejetaient l'idée d'une guerre, il n'appartenait d'aucune façon à leur culture de vouloir s'y dérober si elle éclatait. En revanche, depuis longtemps, socialistes et syndicalistes avaient été conduits à réfléchir sur l'attitude qu'ils prendraient dans ce cas et la situation rendait plus urgent de se déterminer. Pour les syndicalistes, il n'était, non seulement, pas question de participer à une guerre par définition voulue par les capitalistes, mais il fallait l'empêcher et le moyen utilisé serait le « sabotage de la mobilisation ». À dire vrai, la vigueur de cet engagement avait faibli les dernières années : la CGT avait affirmé qu'elle ne donnerait pas d'ordre en cas de crise et l'on pouvait douter dans ces conditions que les syndiqués passent à l'action spontanément. Les socialistes depuis longtemps s'étaient également interrogés : que faire pour empêcher une guerre ? La grève semblait la méthode la plus efficace, mais les socialistes allemands et bon nombre de socialistes français n'y croyaient pas, de sorte que de congrès en congrès l'Internationale avait voté des motions pour exhorter à s'opposer à une guerre éventuelle, mais sans dire comment. Une majorité de socialistes français avait néanmoins voté lors de leur congrès de juillet 1914 le principe d'une grève internationalement organisée en cas de menace de conflit. Mais il s'agissait d'une motion à soumettre au congrès de Vienne d'août 1914, qui n'était donc pas destinée à être appliquée dans l'immédiat.

En fonction de leurs positions, les attitudes prises par les hommes de gauche, lorsque la crise de juillet 1914 éclata, ne pouvaient en théorie manquer d'être diverses. Pour l'ensemble de la population de gauche — ou de droite — la première réaction fut celle de la surprise. La seconde, pour les socialistes et les syndicalistes, la difficulté à reconnaître dans l'événement ce qu'ils avaient dit des guerres. Ils organisèrent bien un mouvement de protestation non négligeable, mais, sans mettre en cause le pacifisme du gouvernement français. Il plaçait d'emblée leur lutte pour la paix sur un terrain tout à fait différent de celui des théories professées jusque-là. La suite était déjà inscrite dans cette attitude. Une fois que la guerre fut là, ils s'y rallièrent de façon à peu près unanime. Le signal fort en fut donné par le secrétaire général de la CGT, l'ouvrier d'origine anarchiste Léon Jouhaux, quand, lors des obsèques de Jaurès assassiné le 31 juillet par un jeune nationaliste à l'équilibre instable, il proclama que la classe ouvrière le « cœur meurtri » se devait de combattre contre le militarisme allemand. À l'Union sacrée qui se réalise entre tous les Français, l'homme de gauche ne fait pas défaut. Il va se faire tuer avec la même détermination que celui de droite…

Pendant toute la guerre, la conviction de défendre une cause juste est celle de la population dans sa masse. L'instituteur, homme de gauche la plupart du temps, a organisé ses leçons en fonction de la guerre et ce n'est qu'à partir de 1916 qu'il tend à revenir à des sujets plus classiques. Suivant les moments, le moral est plus ou moins élevé et progressivement la lassitude de cette guerre interminable gagne, mais ce sentiment général n'est guère le reflet d'anciennes préférences idéologiques. De cet unanimisme, le parti radical est la victime. Il disparaît presque totalement, noyé dans l'Union sacrée. Ce n'est pas le résultat d'une quelconque incapacité politique : simplement, ses membres, ses sympathisants, ses électeurs n'estimaient pas qu'il dut en être autrement. Symboliquement, c'est Clemenceau, issu de la mouvance radicale, qui personnifie en 1917 la guerre jusqu'au bout. Cette attitude ne fut pas cependant celle de la totalité des hommes de gauche. Le nombre de socialistes qui estimaient qu'il n'était pas recherché avec assez de vigueur les voies de la paix ne cesse de croître jusqu'à devenir majoritaire en 1918. Des socialistes et des syndicalistes engagèrent beaucoup plus tôt une lutte vigoureuse contre la guerre : c'est le groupe de *La Vie ouvrière* animé par Trotski, dès l'automne 1914, c'est la participation aux conférences de Zimmerwald en 1915 et de Kienthal en 1916, c'est en janvier 1916 la formation du Comité pour la reprise des relations internationales d'où se détache pendant l'été un Comité de défense syndicaliste, mais qui ne parvint jamais à devenir majoritaire à la CGT. À quelques exceptions près, l'influence de ces groupes resta marginale. Les hommes de gauche, dans leur grande masse, ne cessèrent de participer à l'union de tous les Français, d'autant que le courant pacifiste ne fut pas dépourvu d'ambiguïtés. Par exemple, le secrétaire du syndicat des métaux Alphonse Merrheim, une des têtes de file du mouvement pacifiste (avant de rejoindre à la fin de la guerre la majorité de la CGT), devait concilier ses options pacifistes et la direction d'un syndicat dont les membres étaient les ouvriers des usines de guerre. D'une façon plus générale, le pacifisme refusa d'être confondu avec le défaitisme, même si, pour un petit nombre de pacifistes, la confusion était possible.

LA GRANDE SCISSION

Une fois la guerre terminée, l'homme de gauche pouvait espérer reprendre son combat pour le progrès. Mais la Grande Guerre n'avait pas été une simple parenthèse que l'on pouvait refermer : elle avait laissé des séquelles.

L'une des principales était la révolution bolchevique. Entre l'anarchiste d'avant 1914 et le radical, il y avait évidemment de grandes différences, il pouvait même y avoir de graves conflits — il suffit de se rappeler la violence de l'opposition entre socialistes et syndicalistes d'un côté et Clemenceau de l'autre —, il n'y en avait pas moins une certaine unité de l'homme de gauche qui communiait, si l'on peut dire, dans ce qui les rassemblait tous, l'anticléricalisme. Ce facteur d'identité avait déjà faibli avant 1914 ; après la guerre, il ne peut plus être un élément d'identification, ne serait-ce que parce que le voisinage dans les tranchées des croyants et des incroyants avait diminué les oppositions religieuses.

Une ligne de fracture allait s'y substituer qui, elle, traversait la gauche. La « grande lueur à l'Est » était surtout apparue comme une trahison pour les combattants, y compris pour les hommes de gauche. Il n'en alla plus de même une fois la guerre terminée. Pour une large fraction du mouvement ouvrier, il fallait suivre l'exemple russe. Le parti socialiste était concerné au premier chef :

la guerre avait modifié sa composition, non pas seulement comme pour toutes les organisations françaises par la mort de tant des siens, mais parce qu'une large fraction des nouveaux adhérents avaient rapporté du front ou l'avaient acquis à l'arrière une véritable haine de la guerre. Avoir fait une « belle guerre », comme on disait à l'époque, ne vous mettait pas à l'abri. Sans trop se préoccuper de la doctrine ou de la pratique des bolcheviks, ils sont nombreux à vouloir regarder du côté de ceux qui ne parlent pas seulement de révolution, mais qui l'ont faite et surtout qui apparaissent comme les adversaires les plus déterminés de la guerre. Même des dirigeants socialistes aussi impliqués dans le « socialisme de guerre » que Marcel Cachin sont emportés par le courant. Il n'est pas très étonnant que, lors du congrès de Tours en décembre 1920, ils gagnent largement, réduisant la minorité à faire scission pour « garder la vieille maison » autour de Léon Blum qui avait été le chef de cabinet d'un des ministres socialistes, Marcel Sembat. Les grandes voix d'avant la guerre avaient d'ailleurs disparu : Jaurès, Vaillant, Guesde, qui meurt en 1922.

L'homme de gauche socialiste avait avant la guerre été aux prises avec bien des scissions, il avait vu apparaître bien des groupes antagonistes, mais ces divisions avaient fini par être surmontées. Le parti socialiste s'était unifié en 1905. La scission de 1920 n'allait-elle être qu'un nouvel avatar ? Au moment où ces lignes sont écrites, plus de quatre-vingts ans plus tard, il n'en a rien été : la scission n'a pas été résorbée. Il s'agit donc d'un moment décisif pour l'histoire de l'homme de gauche au XXe siècle et non d'un choix subalterne et momentané. C'était le signal d'affrontements à l'intérieur de la gauche qui ont pu atteindre à certains moments des violences extrêmes rythmés néanmoins par des tentatives de rapprochement.

La première forme de la violence, c'était qu'il n'était plus possible de cohabiter dans le même parti, comme c'était le cas pour des tendances diverses dans le parti socialiste d'avant 1914. Pour le mouvement communiste, pour la IIIe Internationale, dans les années 1920, les socialistes ne sont pas des compagnons perdus, mais des ennemis, des traîtres. Bientôt les qualificatifs de « social-traître », de « social-fasciste » allaient fleurir. Même si une partie des nouveaux communistes avaient rejoint peu à peu l'ancien parti socialiste réduisant le parti communiste à une sorte de secte, l'antagonisme ne diminua pas pour autant. En Allemagne, au début des années 1930, l'ennemi principal n'est pas le nazisme en marche vers le pouvoir, mais la social-démocratie — les communistes en France sont sur la même ligne que leurs camarades allemands. Ce n'est que lentement, difficilement, après la catastrophe allemande que communistes et socialistes se rapprocheront.

Violence extrême lorsqu'au moment du Pacte germano-soviétique, les socialistes ne sont pas les derniers à stigmatiser la trahison communiste et à applaudir (à l'exception de Léon Blum) à la répression qui frappe un parti communiste dissout d'abord, désagrégé ensuite et réduit à son appareil. Violence extrême quand lors des grandes grèves de 1947 et 1948, c'est un ministre de l'Intérieur socialiste, Jules Moch, qui conduit la lutte contre ce qui lui apparaissait comme une volonté de subversion communiste. Violences qui laissent des traces profondes : il ne s'agit plus d'opposition ou de divergences entre l'homme de gauche socialiste et l'homme de gauche communiste, mais d'une haine durable. Quand elle peut s'exprimer au quotidien, on voit par exemple les mineurs communistes des bassins du Nord et du Pas-de-Calais s'attaquer brutalement aux mineurs socialistes dont la vie devient quelquefois intenable dans les corons. La ligne de fracture de la société n'est plus sans aucun doute entre gauche et droite, mais entre les communistes et tous les autres. Est-ce uniquement anecdotique que lors des « débats » d'une violence inégalée qui se déroulent à l'Assemblée nationale, la seule apparition d'un jeune ministre au sourire ironique (qui n'est pas encore officiellement de gauche), François Mitterrand, provoque une véritable hystérie sur les bancs communistes ? Même dans les syndicats, il n'est plus possible de cohabiter. De la CGT prise totalement en mains par les communistes, les socialistes s'en vont pour fonder Force ouvrière. De cette étonnante contradiction, le secrétaire général de la SFIO, Guy Mollet, devait se débarrasser plus tard par une formule : « Les communistes ne sont pas à gauche, mais à l'est. » Si l'anticommunisme était une valeur déjà largement partagée par les socialistes avant la guerre, à partir de la fin des années 1940, il est devenu consubstantiel au mouvement socialiste. Pour l'homme de gauche socialiste, le communiste est bien davantage l'ennemi que l'homme de droite avec lequel on peut se retrouver au gouvernement ou dans les municipalités.

Néanmoins, l'espoir de la réunification des frères ennemis se manifeste à diverses reprises. Il se produit d'abord lors de la séquence du Front populaire. Non seulement socialistes et communistes signent un pacte d'unité d'action en 1934, non seulement en 1935 ils participent ensemble à la constitution du Front populaire, avec les organisations syndicales CGT et CGTU bientôt réunifiées, avec la Ligue des droits de l'homme et de très nombreuses organisations de gauche, non seulement ils se désistent mutuellement lors des élections de 1936, mais ils entreprennent de réunifier le mouvement ouvrier et de surmonter la scission de Tours. L'importance du moment tient aussi à ce qu'il ne fut pas ressenti comme un simple mouvement d'appareils, mais comme une profonde intégration mentale des différentes forces de gauche : les simples gens souvent n'étaient ni socialistes ni communistes, ils « étaient » Front populaire. Ils étaient aussi antifascistes. Après une longue période d'abstinence, l'homme de gauche pouvait s'identifier à la gauche toute entière : aucune force de gauche n'était restée à l'écart du Front populaire — même le parti radical y avait adhéré.

Le radical n'était plus, depuis la guerre, l'homme de gauche par excellence, mais il restait souvent un homme de gauche. Après sa presque disparition pendant la guerre, après que beaucoup de radicaux se sont retrouvés sur les listes du Bloc national lors des élections de 1919, le radicalisme avait repris sa place à gauche et ses alliances traditionnelles avec le parti socialiste, sous l'influence d'hommes comme Édouard Herriot. Néanmoins si leurs conceptions divergentes de l'économie — les radicaux étaient des libéraux — ne les empêchaient pas de se faire élire ensemble — ainsi le succès du Cartel des gauches en 1924 (sans les communistes) —, elles ne leur permettaient pas de gouverner ensemble, d'où la nécessité pour les radicaux d'entretenir des alliances avec la droite pour partager avec elle le pouvoir. La République radicale était bien terminée. Les beaux temps de l'union de toute la gauche du début du siècle n'avaient pas survécu à la guerre. Néanmoins, une réaction se produisit au sein du radicalisme marqué par le phénomène des Jeunes-Turcs (Pierre Mendès France, Pierre Cot, Jean Zay, Gaston Bergery, etc.) qui, sous l'inspiration d'Édouard Daladier, conduisit le parti radical à participer à l'union de toute la gauche dans le Front populaire. Il ne fut cependant qu'une brève éclaircie : si ses réformes restent dans la mémoire — les 40 heures, les congés payés —, Léon Blum ne put se maintenir au pouvoir plus d'un an. De même la tentative de réunifier le mouvement ouvrier échoua parce que la nature des deux partis était devenue trop différente.

L'union à laquelle beaucoup d'hommes de gauche ne cessent d'aspirer connaît une nouvelle espérance à la Libération. Le panorama des forces a beaucoup changé : le radicalisme a presque disparu et ce qu'il en reste n'est plus guère représentatif de l'homme de gauche. Une bonne part a glissé franchement à droite. Maintenant, l'homme de gauche ne peut plus guère se reconnaître que dans les partis socialiste et communiste, même si leurs rapports se sont modifiés. Pendant l'Occupation, à partir du moment où il s'engagea dans la Résistance, ce qui restait alors du PCF connut une forte expansion, manifeste après la Libération : exagérant sans scrupule un rôle qui avait été important, auréolé des victoires soviétiques, il apparaît comme la force jeune qui attire en masse les hommes de gauche — beaucoup d'anciens radicaux le rejoignent ou votent pour lui. Il s'associe le plus gros des forces syndicales en assurant sa domination sur la CGT et crée d'innombrables associations qui drainent largement les hommes de gauche. Avec un certain irréalisme, les dirigeants socialistes sont convaincus, comme l'affirme Léon Blum quand il rentre de déportation, que l'heure du socialisme est venue — il n'avait probablement pas voulu dire « l'heure du parti socialiste », même si ce fut compris ainsi. La situation du parti socialiste est en fait moins brillante. Beaucoup de socialistes ont participé à la Résistance, mais dans des organisations diverses. Contrairement au PCF, le parti socialiste a surtout estimé qu'en tant que parti, il devait principalement se consacrer à l'avenir politique de la France. En outre, il est l'objet d'une épuration drastique à l'initiative de son secrétaire général Daniel Mayer qui le prive d'une grande partie de ses cadres traditionnels. En effet tout un courant socialiste avait manifesté en 1939 un pacifisme jusqu'au-boutiste pour — très clairement à contretemps — ne pas retomber dans la participation à la guerre comme en 1914 et beaucoup de ces pacifistes versèrent ensuite dans le vichysme, voire la collaboration. Aux yeux des socialistes, l'homme de gauche de sensibilité radicale avant 1914 devait désormais voter socialiste, mais ils se rendirent bientôt compte qu'il votait plutôt communiste. Néanmoins, avant même la fin de la clandestinité, la direction socialiste avait proposé à la direction communiste de reprendre le processus de fusion. Après en avoir écarté l'idée, le parti communiste se croit bientôt — après la Libération — en position d'absorber le parti socialiste : c'est ce qu'il propose d'une certaine manière, et, alors, comme lors du Front populaire, les socialistes se dérobent. Ce pas de clerc participe du déclin rapide du parti socialiste, qui perd sur sa gauche ceux qui se sentent proches du parti communiste et sur sa droite ceux qui redoutent le rapprochement avec les communistes. Cette nouvelle tentative de réunification du mouvement ouvrier s'achève dans les invectives furibondes de la fin de l'année 1947...

Les hommes de gauche paraissent alors définitivement séparés. Dans le cadre de la guerre froide, le fossé ne cesse de se creuser, d'autant que les socialistes sont une composante importante de la Troisième Force qui entend combattre avec la même ardeur les communistes et les gaullistes, ce qui fait d'eux l'aile gauche d'une majorité du centre ou de droite. D'autant également que les socialistes tiennent souvent une place considérable dans les guerres coloniales, l'Indochine, et surtout Algérie. À la fin des années 1940 et pendant les années 1950, il n'existe sûrement plus de gauche. Le terme n'est d'ailleurs plus guère employé.

Peut-on dire pour autant qu'il n'y ait plus d'hommes de gauche ? Les aléas de la vie politique peuvent en apparence faire disparaître une tendance de l'opinion publique, ils n'ont pas la capacité de faire disparaître son esprit. D'ailleurs, dans la période, l'existence de l'homme de gauche se manifeste quand par exemple le radical Pierre Mendès France dirige un bref gouvernement, quand Guy Mollet dirige le plus long gouvernement de la IVe République. Malgré la fin rapide ou calamiteuse de ces deux expériences, elles étaient le témoignage de la survie de la gauche.

LE RETOUR DE L'HOMME DE GAUCHE

Avec la fin de la IVe République, s'ouvrit pour l'homme de gauche une longue période de frustration, comme il n'en avait pas connu depuis les débuts de la République. Jamais il n'avait été écarté du pouvoir aussi longtemps — près de vingt-cinq ans. Les échecs de la IVe République avaient fait de la gauche un champ de ruines : politique coloniale désastreuse, affrontements sans pitié entre la gauche socialiste et la gauche communiste, échec moral des communistes déconsidérés pour avoir soutenu inconditionnellement le régime soviétique dont il apparaissait qu'il avait nié toutes les valeurs de la démocratie et des droits des hommes, et échec moral des socialistes qui ont couvert et quelquefois inspiré les exactions qui avaient lieu en Algérie.

Dans ce vide, le régime gaulliste avait pu s'engouffrer. Un grand défilé le 29 mai 1958 était apparu comme l'enterrement de la République. Des hommes de gauche avaient rejoint le gaullisme depuis plus ou moins longtemps, André Malraux, Léo Hamon, Louis Vallon... Quant à ceux qui restaient fidèles à la gauche, ils étaient balayés par le suffrage universel ; ils étaient bien rares ceux qui parvenaient à se faire élire en 1958 — 10 communistes, 44 socialistes, 33 radicaux, sur 552 députés... L'exemple le plus emblématique était celui de Pierre Mendès France qui perdait le siège qu'il détenait depuis 1932 — le plus jeune député de France alors — et qu'il était incapable de reconquérir lors des élections suivantes. L'homme de gauche avait-il été éliminé, sinon de l'esprit français, du moins de l'histoire politique française ? Les dirigeants gaullistes étaient convaincus qu'ils étaient au pouvoir pour très longtemps s'ils ne faisaient pas de « bêtises » (Alain Peyrefitte).

Qu'il s'agisse des gauches ou des hommes de gauche, au-delà des divergences partisanes, il y eut souvent un élément unificateur. Au début du siècle, ce fut sans aucun doute l'anticléricalisme, dans les années 1930, le Front populaire et, dans une certaine mesure l'antifascisme, encore que les rapports de l'antifascisme avec l'important courant pacifiste ne manquaient pas d'ambiguïté. Le trait majeur de la fin des années 1940 et du début des années 1950, c'était au contraire la disparition de tout élément unificateur. Comment la dernière partie du siècle répondrait-elle à cette question : dans l'adversité, les hommes de gauche allaient-ils se retrouver ? Le couple infernal qui depuis 1920 avait joué à « je t'aime, moi non plus » allait-il modifier ses comportements ?

Très vite, la réaction fut classique : tenter de s'unir, malgré tout. L'initiateur fut au début des années 1960 le parti communiste et le rapprochement permit des désistements : dès 1962 avec le parti socialiste, en 1967 avec la Fédération de la gauche démocrate et socialiste (FGDS). Mais le signal le plus fort avait été la candidature unique de la gauche en la personne de François Mitterrand lors des élections présidentielles de 1965. Il est anecdotique que cette candidature ne fut possible que parce que l'avenir de Mitterrand paraissait si incertain qu'il ne faisait d'ombre à personne... L'originalité était — même si ce fut peu soulevé sur le moment — que venant d'une extrême droite cléricale, n'ayant pas manqué de sympathies pour Vichy, il n'était guère par sa culture d'origine un homme de gauche... La suite allait néanmoins montrer que ceux qui lui avaient laissé courir sa chance l'avaient gravement mésestimé.

Si cette première tentative d'entente se brisa sur les événements de 1968, elle fut bientôt reprise sur des bases nouvelles : effacer la scission de Tours n'entrait plus en ligne de compte et le PCF, qui se libérait au moins momentanément de la direction soviétique méfiante envers l'Union de la gauche, pouvait s'engager franchement dans la voie de cette unité ; le parti socialiste avait, lui aussi, changé. Tandis que la SFIO et ses dirigeants s'effaçaient, un nouveau parti socialiste était apparu. Fusionnant avec les nombreux « clubs » de gauche qui s'étaient constitués dans la période précédente et bientôt avec une large fraction du PSU, l'arrivée à sa tête de François Mitterrand en 1971 fut capitale parce qu'il imposa une stratégie claire envers le parti communiste : unité d'action précisément définie par un programme commun, rupture de toutes les alliances à droite en particulier sur le plan municipal, tout en disant non moins clairement vouloir rééquilibrer la gauche en faveur du Parti socialiste, même si cela provoquait de très graves mécontentements du côté communiste. Tandis que les socialistes proclamaient vouloir « changer la vie », les communistes voulaient « changer de cap » — deux programmes assez éloignés —, mais, après d'âpres négociations, ils signaient en 1972 le « programme commun de gouvernement ». Il n'éliminait pas la volonté révolutionnaire du côté communiste — « l'union est un combat », dira Georges Marchais après un autre dirigeant communiste Étienne Fajon — mais, dans l'immédiat, il y avait très longtemps que les deux partis qui se référaient au mouvement ouvrier n'avaient été si proches.

Comment l'homme de gauche le vivait-il ? Dans une certain mesure comme en 1936. Il pouvait être ni socialiste ni communiste, simplement « Union de la gauche » donnant à cette union la capacité d'une progression irrésistible dont les élections municipales de 1977 furent le témoignage. Toutefois un élément imprévu et inconnu jusqu'alors changeait le jeu. Chaque fois que communistes et socialistes se rapprochaient, le parti communiste en sortait renforcé et le parti socialiste affaibli. Là c'était le contraire et la progression du parti socialiste irrita gravement, voire indigna le PCF. Cette concurrence ne pouvait que peser sur l'union et lui faire connaître de graves à-coups. Ce fut le cas à l'automne 1977 quand l'Union de la gauche fut rompue permettant une éclatante victoire de Valéry Giscard d'Estaing lors des élections législatives de mars 1978.

L'homme de gauche devait-il à nouveau se désespérer — la gauche était-elle toujours condamnée à la défaite ? s'interrogeait Michel Rocard dans une improvisation retentissante (en fait soigneusement préparée) dans un débat qui suivait l'annonce des résultats — lorsqu'un mouvement de fond allait transformer la donne. La progression socialiste aux dépens du parti communiste n'était pas conjoncturelle, mais structurelle. On ne le savait pas encore, mais le PCF, dominant à gauche depuis bientôt cinquante ans, était entré dans une phase de déclin. En fait un parti « révolutionnaire » avait de moins en moins sa place dans une société où l'esprit révolutionnaire s'était grandement estompé. Le communisme français, en outre, était souvent apparu comme le meilleur fils du pouvoir soviétique : le déclin de l'URSS, puis sa chute lui furent également fatals. Les élections présidentielles de 1981 en furent la première manifestation sans équivoque. La candidature de Georges Marchais était distancée de plus de dix points par celle de François Mitterrand ; pour la première fois depuis la Libération, l'électorat communiste décrochait au sein de la gauche (le décrochage de 1958 au profit du gaullisme, moins marqué, avait été sans incidence sur le rapport de forces internes à gauche) pour revenir au niveau de celui de 1936. Il était clair que l'homme de gauche qui s'était reconnu pendant si longtemps dans le parti communiste commençait à douter. Cela aurait pu n'être qu'un simple avertissement, mais malgré tous ses efforts d'ouverture, de modernisation..., le parti communiste n'allait cesser de reculer d'élection en élection. Il ne s'agissait plus d'avertissement, mais d'un affaissement irrémédiable. Il atteignait le fond lors des élections présidentielles de 2002 où son candidat, Robert

Hue, n'obtient que 3,39 % des suffrages exprimés. L'Union de la gauche telle qu'elle avait été conçue disparaissait faute de partenaire : l'électorat de gauche s'était reporté progressivement, mais massivement sur le parti socialiste, qui était parvenu en outre à redessiner une image traditionnelle en s'arrimant un Mouvement des radicaux de gauche fondé en 1972. Il culminait à plus de 38 % aux élections législatives de 1981. Contrairement aux pronostics aventurés, après vingt-trois ans d'abstinence, la gauche se réinstallait au pouvoir avec l'élection en 1981 de François Mitterrand à la présidence de la République.

Après tant de péripéties au cours du siècle, de vents contraires, l'homme de gauche pouvait-il enfin non seulement savourer sa victoire et vivre tranquille, le relais ayant été passé en un siècle du parti radical au parti socialiste ? C'était sans compter que l'homme de gauche ne pouvait se contenter d'une molle unité. Non seulement le parti socialiste devenait le champ clos de rivalités pas toujours idéologiques — la politique est ainsi faite —, mais sur sa gauche de nouveaux courants se formaient qui ne manquaient pas de recueillir une partie des hommes de la gauche communiste.

Depuis les années 1930, une gauche de l'extrême gauche, formée principalement par des groupes trotskistes ou par des héritiers du syndicalisme révolutionnaire d'avant 1914, avait toujours existé, mais d'une manière tout à fait marginale. Il en fut de même après la Seconde Guerre mondiale, bien que des trotskistes aient été à l'origine des grèves de 1947 chez Renault. Les choses allaient changer une première fois à la fin des années 1950, au début des années 1960. Ce fut un avatar de la guerre d'Algérie où toute une jeunesse — surtout étudiante, mais les étudiants ne sont plus cette toute petite minorité d'antan — trouvait bien mous, voire complices, les hommes de la gauche traditionnelle. Le mouvement fut amplifié par la rencontre avec le maoïsme, par la lutte contre la guerre du Vietnam et par l'emploi de méthodes de plus en plus violentes imitées en partie de groupes révolutionnaires allemands, sans néanmoins qu'elles atteignent les extrémités sanglantes des Brigades rouges italiennes ou de la Fraction armée rouge allemande : pour simplifier, ce fut le mouvement gauchiste dont l'objectif était la révolution, une sorte de révolution mythique et mal définie. Les événements de 1968 en furent l'aboutissement. Mouvement aux multiples interprétations, mais dont le caractère de fond était la volonté de rupture avec la société telle qu'elle était et qui se poursuivit de façon larvée pendant des années. Si le mouvement ne pouvait manquer d'échouer au plan politique, ses effets furent considérables sur l'évolution de la société. Parmi eux, un des aspects les plus importants fut l'irruption du féminisme. Il n'est pas la seule raison de la place prise par les femmes dans la société contemporaine, mais il y a contribué, de sorte que même si traiter de l'« homme de gauche » a toujours induit également la « femme de gauche », la formule de « peuple de gauche » est sans aucun doute devenue alors bien davantage adaptée. Toutefois, pendant quelques années, l'extrême gauche politique redevint marginale avant de réapparaître et de bientôt constituer un élément important et permanent des années 1980. La dénonciation du capitalisme (devenue très modérée dans les forces de gauche traditionnelles, surtout après l'échec de la « rupture » prônée au début de la présidence de François Mitterrand), l'exaltation de la moindre lutte ouvrière, le soutien aux immigrés, le tiers-mondisme furent les ingrédients de cette nouvelle gauche ou gauche de la gauche renforcés par ceux qui, envers et contre tout, refusaient d'abandonner complètement l'idée révolutionnaire.

Cette tendance permanente de l'homme de gauche à la scissiparité fut à l'origine également du courant écologiste. À sa naissance, les adhérents venaient de tous les horizons et l'un de ses slogans était que l'écologie n'était ni de droite ni de gauche, qu'elle n'avait pas de vocation politique et seulement pour objectif de protéger la nature, mais les tenants de l'écologie politique allaient progressivement l'emporter. Tout en conservant une certaine place à l'écologie, il se transforma en courant politique généraliste et s'installa solidement à la gauche du parti socialiste. À la différence de l'extrême gauche trotskiste, il entendait à la fois préserver sa spécificité et ne pas rompre avec la gauche socialiste. Cette stratégie était celle des Verts depuis 1993.

En dépit de ces figures diverses, l'homme de gauche dominant fut le socialiste, l'électeur socialiste, de même qu'au début du siècle précédent, il était le radical. Est-ce le même sous une étiquette différente ? Deux guerres mondiales, les guerres de décolonisation, l'émergence, puis la presque disparition d'un système politico-social nouveau — le communisme —, de formidables transformations de la société n'y auraient-ils rien changé ? Ce serait le perpétuel combat des mêmes contre les mêmes, des hommes de gauche contre les hommes de droite ?

Oui, parce que, dans une certaine mesure, être un homme de gauche reste d'abord un certain état d'esprit, une certaine forme de réaction face aux événements. Non, dans une autre mesure : l'homme de gauche au début du XXe siècle était un républicain et un anticlérical et être croyant vous rangeait inexorablement dans le camp de la droite, alors qu'au début du XXIe siècle, beaucoup d'hommes de gauches sont des croyants et que des régions réputées de droite, parce qu'inféodées à l'Église, sont devenues des régions de gauche. Les exemples de cette complexité de l'évolution des droites et des gauches pourraient être multipliés. Sauf sur ses marges, l'homme de gauche aujourd'hui a cessé d'être un révolutionnaire, alors que chez les plus pacifiques des radicaux, le souvenir de la Grande Révolution était encore là au début du XXe siècle, et sans que soit faite de distinction entre ses différentes phases. Les premières années de la présidence de François Mitterrand peuvent apparaître comme le dernier aléa de la volonté révolutionnaire. Alors que pendant une partie du siècle, une grande partie des hommes de gauche étaient, au moins dans leur tête, des révolutionnaires, ils ont cessé de l'être parce qu'ils sont dans une société où on ne pense plus que les changements nécessaires doivent s'opérer par la voie révolutionnaire, parce que la volonté de changement révolutionnaire, c'est-à-dire de façon brusque et expéditive, a fait finalement faillite.

Mais le grand changement est peut-être que la conduite des affaires a montré que l'opposition frontale entre le « progrès » et la « conservation » n'existait souvent pas dans la réalité et qu'il est arrivé de plus en plus souvent que l'homme de droite accepte les solutions de gauche et que l'homme de gauche se rallie aux solutions de droite. N'est-il pas symbolique qu'il y a déjà plus de cinquante ans, à la Libération, un homme de droite comme le général De Gaulle ait mis en œuvre une série de mesures de gauche — le vote des femmes, la Sécurité sociale, d'importantes nationalisations —, qu'il ait accepté — qu'il l'ait souhaité ou non — l'indépendance de l'Algérie et de l'Afrique noire, que les institutions qu'il a prônées et sa politique extérieure aient finalement été acceptées par l'essentiel de la gauche. N'est-il pas symbolique que des hommes de gauche, comme Jacques Delors, aient accepté de participer à l'expérience tentée par Jacques Chaban-Delmas et que le gaullisme ait longtemps bénéficié de suffrages venant du « peuple de gauche » traditionnel. Le progrès est devenu une notion complexe : la preuve en est que les écologistes ont obtenu que tout le monde, à droite ou à gauche, ne parle plus que de « développement durable ».

On s'étonne quelquefois que, depuis plus de vingt ans, il n'y ait pratiquement plus eu une confrontation électorale qui ne donne un résultat contraire à la précédente, provoquant une alternance continue et rapide de la gauche et de la droite. Serait-ce que les limites de la gauche et partant de l'homme de gauche (comme celles de l'homme de droite) seraient devenues floues ? Serait-ce l'effet de la multiplication de ceux qui n'entendent se reconnaître ni dans l'homme de droite ni dans l'homme de gauche. Ne serait-ce pas la conséquence d'une homogénéisation croissante d'une société où l'ouvrier du temps passé est en train de disparaître ? On ne peut négliger non plus l'impact sur l'homme de gauche de la chute du communisme européen, du vieillissement du marxisme et de son décalage d'avec la société moderne. Néanmoins, n'y aurait-il pas aussi une autre réalité ? Ne serait-elle pas que l'homme de gauche a conquis au cours du siècle l'ensemble de l'opinion — l'homme de droite de notre époque se trouve sûrement plus à gauche sur bien des points que beaucoup des hommes de gauche du début du siècle — ? Et pourtant l'opposition entre la gauche et la droite reste proclamée. Elle n'est pas seulement proclamée, elle existe. Il y a bien toujours des hommes de droite et des hommes de gauche. Le monde change, la société change, mais il y a toujours ceux qui croient qu'ils peuvent œuvrer au progrès et ne cessent de prôner le changement et ceux qui préfèrent maintenir l'ordre des choses et se méfient des transformations, sans négliger l'incontestable embarras que, dans une société complexe, le progrès peut sous un vocabulaire engageant dissimuler des effets pervers.

Il est une loi de l'Histoire que les représentations sont infiniment plus durables que les réalités qui les ont fait naître, mais comme l'Histoire n'est pas immobile, que sa marche donne même l'impression d'être de plus en plus rapide, les turbulences qui affectent l'homme de gauche ne sont que le reflet de la nécessité pour lui (comme pour l'homme de droite) de devoir en permanence renouveler et redéfinir son identité. N'est-ce pas en définitive la leçon que donne la lecture de ces deux siècles d'histoire des gauches ?

Index des noms

Les noms cités en bibliographie ne sont pas indexés.

A

B

C

D

E

F

G

H

I

J

M

Q

R

S

W

Y

Z

Index des associations, partis politiques et syndicats

A

B

C

D

E

F

G

H

I

J

K

L

P

R

S

T

U

V

Index des notions

Cet index ne recherche aucune exhaustivité et ne doit servir qu'à faciliter un premier repérage, en complément de la table des matières et des deux autres index. Les notions, souvent étudiées et constamment évoquées, telles adhésions, marxisme, action, doctrine, théorie, etc., ou les grandes familles politiques (radicaux, socialistes, communistes...) n'ont pas été indexées.

I

J

L

M

N

O

P

R

Les auteurs

Sous la direction de

Jean-Jacques Becker (1928), professeur émérite à l'université de Paris-X-Nanterre, président du Centre de recherches de l'Historial de Péronne sur la Grande Guerre, est notamment l'auteur de *1914, comment sont les Français sont entrés dans la guerre* (Presses de la FNSP, 1977), et dans la sphère du politique de *Le Parti communiste veut-il prendre le pouvoir ?* (Seuil, 1981), de *Victoire et frustrations 1914-1929* (Seuil, 1990) et de *L'Histoire de l'anticommunisme en France* (Orban, 1987) en collaboration avec Serge Berstein, de *Crises et alternances 1975-2000* (Seuil, 1998 et 2001), *et de L'Histoire politique de la France depuis 1945* (8e édition, Armand Colin, 2003).

Gilles Candar (1954), professeur en classes préparatoires au lycée Gabriel Guist'hau (Nantes), travaille sur l'histoire politique, culturelle et sociale de la France contemporaine. Il a publié une *Histoire politique de la IIIe République* (La Découverte, 1999), édité les actes des colloques *Jean Longuet, la conscience et l'action* (RPP/PUF, 1988) et, avec Madeleine Rebérioux, *Jaurès et les intellectuels* (Éditions de l'Atelier, 1994) ainsi que des textes de Jean Jaurès (*L'Intolérable*, Éditions ouvrières, 1984 ; *Libertés*, EDI/LDH, 1987), Marcel Cachin (*Carnets* I et II, avec Christophe Prochasson, sous la direction de Denis Peschanski, CNRS Éditions, 1993), Lucien Febvre (*Lettres à Henri Berr*, avec Jacqueline Pluet-Despatin, Fayard, 1997) et Charles Bonnier (*Souvenirs*, Presses du Septentrion, 2001). Avec Madeleine Rebérioux, il coordonne l'édition des *Œuvres* de Jaurès chez Fayard.

Les auteurs

Éric Agrikoliansky (1967), maître de conférences en science politique à l'université Paris-IX-Dauphine, est l'auteur d'une thèse (IEP de Paris, 1997) sur la Ligue des droits de l'homme depuis 1945 (L'Harmattan, 2002), d'une synthèse sur *Les Partis politiques en France au XXe siècle* (Armand Colin, 2000) et de nombreux articles.

MARC OLIVIER BARUCH (1957), directeur d'études à l'EHESS, travaille sur l'État et l'administration au XXe siècle. Il est l'auteur de *Le Régime de Vichy* (La Découverte, 1996), *Servir l'État français. L'administration en France de 1940 à 1944* (Fayard, 1997), et a notamment dirigé *Une poignée de misérables, l'épuration de la société française après la Seconde Guerre mondiale* (Fayard, 2003) et, avec Vincent Duclert, *Serviteurs de l'État. Une histoire politique de l'administration française* (La Découverte, 2000).

ANNETTE BECKER (1953), professeur d'histoire contemporaine à l'université de Paris-X-Nanterre et co-directrice du Centre de recherche de l'Historial de la Grande Guerre, vient de publier *Maurice Halbwachs, un intellectuel en guerres mondiales, 1914-1945* (Agnès Viénot Éditions, 2003).

ALAIN BERGOUNIOUX (1950), inspecteur général de l'Éducation nationale, est notamment l'auteur de *Force ouvrière* (Seuil, 1977), avec Bernard Manin de *La Social-démocratie ou le compromis* (PUF, 1979), avec Gérard Grunberg de *Le Long Remords du pouvoir. Histoire du parti socialiste 1905-1995* (Fayard, 1992) et éditeur des *Discours politiques* de Léon Blum (Imprimerie nationale, 1997).

SERGE BERSTEIN (1934), professeur des universités à l'Institut d'études politiques de Paris, est historien du politique et auteur d'une grande thèse sur l'*Histoire du parti radical* (Presses de Sciences-Po, 2 vol., 1980-1982). Il a publié récemment *La Démocratie libérale* (PUF, 1998), *L'Invention de la démocratie* (Seuil, 2002), *La République recommencée* (Seuil, 2004) et *Un siècle de radicalisme* (Presses universitaires du Septentrion, 2004).

YVES BILLARD (1958), maître de conférences à l'université de Montpellier-III, a consacré sa thèse aux républicains socialistes et a écrit divers articles sur l'histoire politique de la IIIe République, notamment sur ce sujet, dans *Vingtième Siècle* et d'autres revues d'histoire.

PHILIPPE BUTON (1956), professeur d'histoire contemporaine à l'université de Reims, est un spécialiste du communisme et de la France pendant la Seconde Guerre mondiale. Ses derniers ouvrages publiés sont *Communisme : une utopie en sursis ? Les Logiques d'un système* (Larousse, 2001) et *La Joie douleureuse : La libération de la France* (Complexe, 2004).

NOËLLINE CASTAGNEZ (1966), maître de conférences d'histoire contemporaine à l'IUFM de Versailles, chercheur associé au Centre d'histoire de l'Europe du vingtième siècle (CHEVS), a publié une *Histoire des idées socialistes en France* (La Découverte, 1997) et *Socialistes en République. Les parlementaires SFIO de la IVe République* (Presses universitaires de Rennes, 2004).

ALAIN CHATRIOT (1975), maître de conférences au Collège de France, est auteur de *La Démocratie sociale à la française. L'expérience du Conseil national économique, 1924-1940* (La Découverte, 2002) et codirecteur avec Vincent Duclert de *Quel avenir pour la recherche ? Cinquante savants s'engagent* (Flammarion, 2003). Ses objets d'études actuels portent sur l'histoire politique de l'État en France et en Europe au XXe siècle.

SOPHIE CŒURÉ (1966) est maître de conférences à l'École normale supérieure. Ses recherches portent sur l'histoire des relations franco-soviétiques et l'histoire des intellectuels. Elle a récemment publié *La Grande Lueur à l'Est. Les Français et l'Union soviétique* (Seuil, 1999), avec Vincent Duclert *Les Archives* (La Découverte, 2001), et dirigé en collaboration *La Politique et la guerre. Pour comprendre le XXe siècle européen. Hommage à Jean-Jacques Becker* (Agnès Viénot, 2003).

JEAN-PAUL DELÉAGE (1941), professeur à l'université d'Orléans, est un historien des sciences. Directeur de la revue *Écologie & politique*, il est l'auteur de nombreux ouvrages parmi lesquels une *Histoire de l'écologie* (Seuil, « Points Sciences », 1994) et *La Biosphère : notre terre vivante* (Gallimard, « Découvertes », 2001).

LAURENT DOUZOU (1954) est professeur d'histoire contemporaine à l'Institut d'études politiques de Lyon. Spécialiste de la France des « années noires », il a publié *La Désobéissance. Histoire d'un mouvement et d'un journal clandestin. Libération-Sud, 1940-1944* (Odile Jacob, 1995), et, en collaboration avec Bénédicte Gavand et Anne-Claire Janier-Malnoury, *Voler les Juifs, Lyon, 1940-1944* (Hachette, « Littératures », 2003).

VINCENT DUCLERT (1961), historien de la France contemporaine, est professeur agrégé à l'École des hautes études en sciences sociales. Il est l'auteur de *L'Affaire Dreyfus* (La Découverte, 1994), *Les Archives* (avec Sophie Cœuré, La Découverte, 2001). Il a dirigé avec Marc Olivier Baruch, *Serviteurs de l'État. Une histoire politique de l'administration française* (La Découverte, 2000) et *Justice, politique et République, de l'affaire Dreyfus à la guerre d'Algérie* (Complexe, 2002), avec Christophe Prochasson le *Dictionnaire critique de la République* (Flammarion, 2002) et, avec Alain Chatriot, *Quel avenir pour la recherche ?* (Flammarion, 2003). Il est également un des éditeurs des *Preuves* de Jaurès (La Découverte, 1994), de la *Correspondance* d'Élie Halévy (Fallois, 1996), des textes de Michel Rocard sur la guerre d'Algérie (Mille et une nuits, 2003), et il a été le corespon-sable des hommages aux historiens Madeleine Rebérioux (La Découverte, 1999) et Jean-Jacques Becker (Noésis, 2002).

ANNE DULPHY (1960), maître de conférences à l'École polytechnique, est chercheur associé au CHEVS (FNSP). Ses recherches portent sur les interactions entre questions internationales, politique intérieure et société. Elle a publié notamment *La Politique de la France à* *l'égard de l'Espagne de 1945 à 1955. Entre idéologie et réalisme* (ministère des Affaires étrangères, coll. « Diplomatie et histoire », 2002) et dirigé avec Christine Manigand *Les Opinions publiques face à l'Europe communautaire : entre cultures nationales et horizon européen (Public Opinion and Europe : National Identity in European Perspective*, PIE-Peter Lang, coll. « La cité européenne », 2004).

MICHEL FEHER (1956), philosophe, dirige avec Éric Fassin et Michel Tort le séminaire « Actualité sexuelle : politiques et savoirs du genre, de la sexualité et de la filiation » (ENS/Paris VII). Il est l'auteur de *Conjurations de la violence. Introduction à la lecture de Georges Bataille* (PUF, 1981) et de *Powerless by Design : The Age of the International Community* (Duke University Press, 2000) et prépare *Le Désir et le don. Une histoire des arts d'aimer en Occident* (Gallimard, à paraître en 2005).

MARION FONTAINE (1978), doctorante à l'EHESS, ATER à l'université du Littoral, prépare une thèse d'histoire sur *Les Sociabilités sportives dans le bassin minier de Lens (1934-1956), culture et politique*. Elle a écrit « Sport, sociabilité et culture politique en territoire lensois » (*Les Cahiers du Centre de recherche historique*, n° 31, avril 2003), « L'étrange défaite ou la crise du modèle politique lensois », *in* Vincent Duclert, Christophe Prochasson, Perrine Simon-Nahum (dir.), *Il s'est passé quelque chose… Le 21 avril 2002* (Denoël, 2003).

ROBERT FRANK (1944), professeur d'histoire contemporaine à l'université de Paris-I-Panthéon-Sorbonne, est spécialiste de la Seconde Guerre mondiale, de l'Europe et des relations internationales. Il est l'auteur de nombreux ouvrages dont *La Hantise du déclin. La France 1920-1960* (Belin, 1994), avec René Girault de *Turbulente Europe et nouveaux mondes, 1914-1941* (Masson, 1988, 1997, réédition en livre de poche, 2004), avec René Girault et Jacques Thobie de *La Loi des géants, 1941-1964* (Masson, 1993) et, en direction d'ouvrage de *Les Identités européennes au XXe siècle* (Publications de la Sorbonne, 2004).

PATRICK FRIDENSON (1944), directeur d'études à l'EHESS, dirige la revue *Le Mouvement social* depuis 1983. Son *Histoire des usines Renault. Naissance de la grande entreprise* est devenu un ouvrage classique, réédité au Seuil en 1998. Il vient de diriger avec Bénédicte Reynaud *La France et le temps de travail 1814-2004* (Odile Jacob, 2004).

GÉRARD GRUNBERG est directeur de recherche au Centre d'études de la vie politique française (CEVIPOF), président de la section 40 du CNRS et directeur du programme de sociologie politique au DEA de l'Institut d'études politiques de Paris. Il a publié avec Alain Bergounioux *Le Long Remords du pouvoir* (Fayard, 1992) et *L'Utopie à l'épreuve : le socialisme européen au XXe siècle* (Fallois, 1996). Il a codirigé ou participé à de nombreux ouvrages devenus des classiques de la science politique française : *France de gauche vote à droite* (Presses de la

FNSP, 1981), *L'Univers politique des classes moyennes* (Presses de la FNSP, 1983), *L'Électeur français en questions* (Presses de la FNSP, 1991), etc.

FRANÇOIS HOURMANT (1965), maître de conférences en science politique à l'université d'Angers, a publié *Le Désenchantement des clercs. Figures de l'intellectuel dans l'après-Mai 68* (Presses universitaires de Rennes, 1997) et *Au pays de l'avenir radieux. Voyage des intellectuels français en URSS, à Cuba et en Chine populaire* (Aubier, 2000).

JACQUELINE LALOUETTE professeur à l'université de Paris-XIII-Villetaneuse, a publié notamment *La Libre Pensée en France 1848-1940* (Albin Michel, 1997 ; 2e édition, 2001) et *La République anticléricale XIXe-XXe siècle* (Seuil, 2002). Elle a codirigé, en collaboration avec Michèle Riot-Sarcey, *Femmes dans la cité : 1815-1871* (Créaphis, 1997) et, en collaboration avec Jean-Pierre Machelon, *1901. Les congrégations hors la loi ?* (Letouzey et Ané, 2002).

DANIEL LINDENBERG (1940), professeur à l'université de ParisVIII, est notamment l'auteur de *Le Marxisme introuvable* (Calmann-Lévy, 1975), avec Pierre-André Meyer *Lucien Herr, le socialisme et son destin* (Calmann-Lévy, 1977), *Les Années souterraines* 1937-1947 (La Découverte, 1990) et *Le Rappel à l'ordre : enquête sur les nouveaux réactionnaires* (Seuil, 2002).

GAETANO MANFREDONIA (1957), docteur en histoire, est chargé de cours à l'IEP de Paris et professeur de sciences économiques et sociales en lycée. Il a publié récemment *La Chanson anarchiste en France des origines à 1914* (L'Harmattan, 1997) et *L'Anarchisme en Europe* (PUF, « Que-sais-je ? », 2001).

FRÉDÉRIQUE MATONTI (1958), professeur de science politique à l'université de Nantes et attachée au laboratoire de sciences sociales (ENS/EHESS), a soutenu une thèse sur *La Double Illusion.* La Nouvelle Critique, *une revue du PCF (1967-1980)* à paraître aux éditions de La Découverte en 2004. Elle a publié *Hérault de Séchelles ou les infortunes de la Beauté* (La Dispute, 1998), *Le Comportement électoral des Français* (Armand Colin, 1998) et dirigé avec Benoît Lambert un n° spécial *Artistes/politiques* de la revue *Sociétés et Répresentations* (n° 11, février 2001).

FRÉDÉRIC MONIER (1966), maître de conférences à l'université d'Avignon, a publié notamment *Le Complot dans la République. Stratégies du secret de Boulanger à la Cagoule* (La Découverte, 1998), *Les Années 20* (Livre de poche, 2000) et *Le Front populaire* (La Découverte, 2002).

EMMANUEL NAQUET (1962), enseignant et chercheur à l'Institut d'études politiques de Paris, soutient prochainement sa thèse de doctorat sur « La Ligue des droits de l'homme, une association en politique (1898-1940) ».

CHRISTOPHE PROCHASSON (1959), directeur d'études à l'EHESS, spécialiste de l'histoire intellectuelle, culturelle et politique de la France contemporaine, a publié notamment *Les Années électriques 1880-1910* (La Découverte, 1991), *Les Intellectuels, le socialisme et la guerre 1900-1938* (Seuil, 1993), avec Anne Rasmussen *Au nom de la patrie. Les intellectuels et la Première Guerre mondiale* (La Découverte, 1996), *Paris 1900. Essai d'histoire culturelle* (Calmann-Lévy, 1999) et a dirigé, avec Jacques Julliard, Michel Winock et Pascal Balmand, le *Dictionnaire des intellectuels. Les personnes, les lieux, les moments* (Seuil, 1996 et 2002), avec Vincent Duclert le *Dictionnaire critique de la République* (Flammarion, 2002) et, avec Anne Rasmussen, *Vrai et Faux dans la Grande Guerre* (La Découverte, 2004).

BERNARD PUDAL (1949), professeur de science politique à l'université Paris-X-Nanterre et chercheur au CSU (Iresco-CNRS), est auteur de *Prendre Parti, pour une sociologie historique du PCF* (PFNSP, 1989) ; codirecteur avec Michel Dreyfus *et al.* de *Le Siècle des communismes* (Seuil, « Points », 2004), et avec Claude Pennetier d'*Autobiographies, autocritiques, aveux dans le monde communiste* (Belin, « Socio-histoires », 2002). Ses recherches actuelles, fondées sur l'exploitation systématique des autobiographies d'institution archivées à Moscou, visent une prosopographie du monde communiste. Elles portent aussi sur la période 1945-2000, sur les phénomènes de désengagement militant et de dissociation de l'entreprise communiste. Elles incluent une dimension d'histoire sociale des « idées » fondées sur les appropriations lectorales. Il est l'auteur, avec Gérard Mauger et Claude Poliak, d'*Histoires de lecteurs* (Nathan, 1999).

JEAN-PIERRE RIOUX (1939), ancien directeur de recherche au CNRS, inspecteur général honoraire de l'Éducation nationale, directeur de *Vingtième Siècle. Revue d'histoire* et chroniqueur à *La Croix*, est l'auteur de nombreux ouvrages devenus classiques. Il vient de publier *Au bonheur la France. Des impressionnistes à de Gaulle* (Perrin, 2004).

FLORENCE ROCHEFORT (1958), chargée de recherche au CNRS (Groupe de sociologie des religions et de la laïcité CNRS/EPHE), est membre du comité de rédaction de la revue *Clio Histoire Femmes et Sociétés*.

ODILE RUDELLE (1936) est l'auteur de *La République absolue : aux origines de l'instabilité constitutionnelle de la France républicaine* (Publications de la Sorbonne, 1982) et de nombreux articles. Elle a édité un corpus important de textes de Jules Ferry : *La République des citoyens* (Imprimerie nationale, 2 vol., 1996).

FRÉDÉRIC SAWICKI (1963), professeur de science politique à l'université Lille-II, est directeur du Centre d'études et de recherches administratives, politiques et sociales (CERAPS-CNRS). Il a publié notamment *Les Réseaux du Parti socialiste. Sociologie d'un milieu partisan* (Belin, 1997).

EMMANUELLE SIBEUD (1967), maître de conférences à Paris-VIII-Saint-Denis, membre du SEDET, a dirigé, avec Jean-Loup Amselle : *Maurice Delafosse, entre orientalisme et ethnographie : l'itinéraire d'un africaniste (1870-1926)* (Maisonneuve et Larose, 1998) et « Les sciences sociales en situation coloniale » (*Revue d'histoire des sciences humaines*, n° 10, 2004). Elle a publié *Une science impériale pour l'Afrique ? La construction des savoirs africanistes en France* (Éditions de L'EHESS, 2002).

JEANNE SIWEK-POUYDESSEAU est directrice de recherche honoraire au CNRS. Après des travaux sur le personnel de direction des ministères et le corps préfectoral sous la IIIe et la IVe République, elle a publié de nombreux articles et ouvrages dont, notamment *Le Syndicalisme des fonctionnaires jusqu'à la guerre froide, 1848-1948* (Presses universitaires de Lille, 1989), *Les Syndicats de fonctionnaires depuis 1948* (PUF, 1989), *Les Syndicats des grands services publics et l'Europe* (L'Harmattan, 1993).

DANIELLE TARTAKOWSKY (1947), professeur d'histoire contemporaine à l'université de Paris-VIII-Saint-Denis, est une historienne du mouvement communiste, des manifestations du politique dans la rue et la mémoire collective. Elle a publié récemment *Le Front populaire. La vie est à nous* (Gallimard, 1995), *Le Pouvoir est dans la rue. Crises politiques et manifestations en France* (Aubier, 1998) et *Nous irons chanter sur vos tombes. Le Père-Lachaise XIXe-XXe siècles* (Aubier, 1999).

SYLVIE THÉNAULT (1969), chargée de recherche à l'Institut d'histoire du temps présent (IHTP-CNRS), a publié notamment *Une drôle de justice. Les magistrats dans la guerre d'Algérie* (La Découverte, 2001, 2004), et travaille actuellement sur les camps d'internement ouverts pendant cette guerre en Algérie et en métropole.

SERGE WOLIKOW (1945), professeur des universités à l'université de Bourgogne, historien du mouvement communiste français et international, a publié récemment *Le Front populaire en France* (Complexe, 1996), *Le Siècle des communismes* (codirection, L'Atelier, 2000) et, avec Jean Vigreux, *Cultures communistes au XXe siècle, entre guerre et modernité* (La Dispute, 2003).

Table

I. Le « peuple de gauche » au cours du siècle

VOLUME 1

L'héritage du XIXe siècle

Dans la même collection

Littérature et voyages

Fadhma Amrouche, *Histoire de ma vie.*

Taos Amrouche, *Le grain magique.*

Ibn Batûtta, *Voyages* (3 tomes).

Louis-Antoine de Bougainville, *Voyage autour du monde.*

René Caillié, *Voyage à Tombouctou* (2 tomes).

Christophe Colomb, *La découverte de l'Amérique. Journal de bord et autres écrits, 1492-1493* (tome 1).

Christophe Colomb, *La découverte de l'Amérique. Relations de voyage et autres écrits, 1494-1505* (tome 2).

James Cook, *Relations de voyage autour du monde.*

Hernan Cortés, *La Conquête du Mexique.*

Bernal Díaz del Castillo, *Histoire véridique de la conquête de la Nouvelle-Espagne* (2 tomes).

Charles Darwin, *Voyage d'un naturaliste autour du monde.*

Charles-Marie de La Condamine, *Voyage sur l'Amazone.*

Homère, *L'Odyssée.*

Jean-François de Lapérouse, *Voyage autour du monde sur* l'Astrolabe *et la* Boussole.

Bartolomé de Las Casas, *Très brève relation de la destruction des Indes.*

Louis-Sébastien Mercier, *L'an 2440, rêve s'il en fut jamais.*

Louis-Sébastien Mercier, *Le tableau de Paris.*

Louise Michel, *La Commune, histoire et souvenirs.*

Martin Nadaud, *Léonard, maçon de la Creuse.*

Paul Nizan, *Aden Arabie.*

Mongo Park, *Voyage dans l'intérieur de l'Afrique.*

Lady M. Montagu, *L'islam au péril des femmes.*

Marco Polo, *Le devisement du monde, le livre des merveilles* (2 tomes).

Victor Serge, *Les Années sans pardon.*

Horace Benedict de Saussure, *Premières ascensions au Mont-Blanc, 1774-1787.*

Mémoires de Géronimo.

Victor Serge, *Les Années sans pardon.*

Victor Serge, *Le Tropique et le Nord.*

Inca Garcilaso de la Vega, *Commentaires royaux sur le Pérou des Incas* (3 tomes).

Essais

Mumia Abu-Jamal, *Condamné au silence.*

Mumia Abu-Jamal, *En direct du couloir de la mort.*

Lounis Aggoun et Jean-Baptiste Rivoire, *Françalgérie, crimes et mensonges d'États.*

Fadela Amara, *Ni putes ni soumises.*

Michel Authier et Pierre Lévy, *Les arbres de connaissances.*

Étienne Balibar, *L'Europe, l'Amérique, la guerre.*

Louis Barthas, *Les carnets de guerre de Louis Barthas, tonnelier, 1914-1918.*

Nicolas Beau et Jean-Pierre Tuquoi, *Notre ami Ben Ali.*

Michel Beaud, *Le basculement du monde.*

Stéphane Beaud et Younès Amrani, *« Pays de malheur ! ».*

Sophie Bessis, *L'Occident et les autres.*

Paul Blanquart, *Une histoire de la ville.*

Augusto Boal, *Jeux pour acteurs et non-acteurs.*

Augusto Boal, *Théâtre de l'opprimé.*

Lucian Boia, *La fin du monde.*

Philippe Breton, *L'utopie de la communication.*

François Burgat, *L'islamisme en face.*

Ernesto Che Guevara, *Journal de Bolivie.*

François Chobeaux, *Les nomades du vide.*

La Découverte/Poche

La Découverte/Poche

Denis Clerc, *Déchiffrer l'économie.*

Daniel Cohn-Bendit, *Une envie de politique.*

Sonia Combe, *Archives interdites.*

Georges Corm, *Le Liban contemporain.*

Georges Corm, *Orient-Occident, La fracture imaginaire.*

Adam Czerniaków, *Carnets du ghetto de Varsovie.*

Denis Duclos, *Le complexe du loup-garou.*

Les Éconoclastes, *Petit bréviaire des idées reçues en économie.*

Frantz Fanon, *Les damnés de la terre.*

Gustave Folcher, *Les carnets de guerre de Gustave Folcher, paysan languedocien, 1939-1945.*

Daniel Guérin, *Ni Dieu ni Maître* (2 tomes).

Roger-Henri Guerrand, *L'aventure du métropolitain.*

Roger-Henri Guerrand, *Les lieux.*

Jean Guisnel, *Guerres dans le cyberespace.*

Jean Guisnel, Libération, *la biographie.*

Theodor Herzl, *L'État des Juifs.*

Rudolf Hoess, *Le commandant d'Auschwitz parle.*

Alain Joxe, *L'empire du chaos.*

Joseph Klatzmann, *Attention statistiques !*

Paul R. Krugman, *La mondialisation n'est pas coupable.*

Bernard Lahire (dir.), *À quoi sert la sociologie ?*

Pierre Larrouturou, *Pour la semaine de quatre jours.*

Serge Latouche, *L'occidentalisation du monde.*

Christian Laval, *L'école n'est pas une entreprise.*

Jean-Pierre Le Goff, *Les illusions du management.*

Jean-Pierre Le Goff, *Mai 68, l'héritage impossible.*

Pierre Lévy, *L'intelligence collective.*

Pierre Lévy, *Qu'est-ce que le virtuel ?*

Paul Lidsky, *Les écrivains contre la Commune.*

André L'Hénoret, *Le clou qui dépasse.*

Alain Lipietz, *La société en sablier.*

Gilles Manceron, *Marianne et les colonies.*

Ernest Mandel, *La pensée politique de Léon Trotsky.*

Charles-Albert Michalet, *Qu'est-ce que la mondialisation ?*

Alexander S. Neill, *Libres enfants de Summerhill.*

Sven Ortoli et Jean-Pierre Pharabod, *Le cantique des quantiques, le monde existe-t-il ?*

Daya Pawar, *Ma vie d'intouchable.*

Paulette Péju, *Ratonnades à Paris.*

Philippe Pignarre, *Le grand secret de l'industrie pharmaceutique.*

Bernard Poulet, *Le pouvoir du* Monde.

Michel de Pracontal, *L'imposture scientifique en dix leçons.*

Jeremy Rifkin, *L'âge de l'accès.*

Jeremy Rifkin, *La fin du travail.*

Charles Rojzman, *Savoir vivre ensemble.*

Bertrand Schwartz, *Moderniser sans exclure.*

Armartya Sen, *L'économie est une science morale.*

Victor Serge, *L'an I de la révolution russe.*

Victor Serge, *Vie et mort de Léon Trotsky.*

Maryse Souchard, Stéphane Wahnich, Isabelle Cuminal, Virginie Wathier, *Le Pen, les mots.*

Isabelle Stengers, *Sciences et pouvoirs.*

Benjamin Stora, *Imaginaires de guerre.*

Benjamin Stora, *La gangrène et l'oubli.*

Pierre Vermeren, *Le Maroc en transition.*

Pierre Vidal-Naquet, *Algérie : les crimes de l'armée française.*

Pierre Vidal-Naquet, *Les assassins de la mémoire.*

Michel Wieviorka, *Le racisme, une introduction.*

Michel Wieviorka, *Une société fragmentée ?*

Sciences humaines et sociales

Louis Althusser, *Pour Marx.*

Jean-Loup Amselle et Elikia M'Bokolo, *Au cœur de l'ethnie.*

Benedict Anderson, *L'imaginaire national.*

La Découverte/Poche

Paul Bairoch, *Mythes et paradoxes de l'histoire économique.*

Étienne Balibar, *L'Europe, l'Amérique, la guerre.*

Étienne Balibar et Immanuel Wallerstein, *Race, nation, classe.*

Stéphane Beaud, *80 % au bac... et après ?*

Jean-Jacques Becker et Gilles Candar, *Histoire des gauches en France* (2 volumes).

Miguel Benasayag, *Le mythe de l'individu.*

Yves Benot, *Massacres coloniaux 1944-1950.*

Yves Benot, *La Révolution française et la fin des colonies.*

Bernadette Bensaude-Vincent et Isabelle Stengers, *Histoire de la chimie.*

Pascal Blanchard *et al.*, *Zoos humains.*

Philippe Breton, *La parole manipulée.*

François Chast, *Histoire contemporaine des médicaments.*

Jean-Michel Chaumont, *La concurrence des victimes.*

Yves Clot, *Le travail sans l'homme ?*

Serge Cordellier (dir.), *La mondialisation au-delà des mythes.*

Georges Corm, *L'Europe et l'Orient.*

François Cusset, *French Theory.*

Mike Davis, *City of Quartz. Los Angeles, capitale du futur.*

Alain Desrosières, *La politique des grands nombres.*

François Dosse, *L'histoire en miettes.*

François Dosse, *L'empire du sens.*

François Dosse, *Paul Ricœur.*

Mary Douglas, *Comment pensent les institutions.*

Mary Douglas, *De la souillure.*

Florence Dupont, *L'invention de la littérature.*

Jean-Pierre Dupuy, *Aux origines des sciences cognitives.*

Abdou Filali-Ansary, *Réformer l'islam ?*

Patrice Flichy, *Une histoire de la communication moderne.*

François Frontisi-Ducroux, *Dédale.*

Yvon Garlan, *Guerre et économie en Grèce ancienne.*

Peter Garnsey et Richard Saller, *L'Empire romain.*

Jacques T. Godbout, *L'esprit du don.*

Olivier Godechot, *Les Traders.*

Nilüfer Göle, *Musulmanes et modernes.*

Anne Grynberg, *Les camps de la honte.*

E.J. Hobsbawm, *Les bandits.*

Will Kymlicka, *Les théories de la justice. Une introduction.*

Camille Lacoste-Dujardin, *Des mères contre les femmes.*

Yves Lacoste, *Ibn Khaldoun.*

Bernard Lahire, *L'invention de l'« illettrisme ».*

Bernard Lahire (dir.), *Le travail sociologique de Pierre Bourdieu.*

Bruno Latour, *La fabrique du droit.*

Bruno Latour, *La science en action.*

Bruno Latour, *Nous n'avons jamais été modernes.*

Bruno Latour, *Pasteur : guerre et paix des microbes.*

Bruno Latour, *Politiques de la nature.*

Bruno Latour et Steve Woolgar, *La vie de laboratoire.*

Bernard Lehmann, *L'Orchestre dans tous ses éclats.*

Prosper-Olivier Lissagaray, *Histoire de la Commune de 1871.*

Geoffrey E.R. Lloyd, *Pour en finir avec les mentalités.*

Georg Lukacs, *Balzac et le réalisme français.*

Armand Mattelart, *La communication-monde : histoire des idées et des stratégies.*

Armand Mattelart, *Histoire de l'utopie planétaire.*

Armand Mattelart, *L'invention de la communication.*

John Stuart Mill, *La nature.*

Arno Mayer, *La « solution finale » dans l'histoire.*

Gérard Mendel, *La psychanalyse revisitée.*

François Ost, *La nature hors la loi.*

Bernard Poulet, *Le pouvoir du Monde.*

Élisée Reclus, *L'homme et la Terre.*

Roselyne Rey, *Histoire de la douleur.*

Maxime Rodinson, *La fascination de l'islam.*

Maxime Rodinson, *Peuple juif ou problème juif ?*

Richard E. Rubenstein, *Le jour où Jésus devint Dieu.*

André Sellier, *Histoire du camp de Dora.*

Jean-Charles Sournia, *Histoire de la médecine.*

Isabelle Stengers, *Cosmopolitiques* (2 tomes).

Francisco Varela, *Quel savoir pour l'éthique ?*

Francisco Vergara, *Les fondements philosophiques du libéralisme.*

Jean-Pierre Vernant, *Mythe et pensée chez les Grecs.*

Jean-Pierre Vernant, *Mythe et société en Grèce ancienne.*

Jean-Pierre Vernant, Pierre Vidal-Naquet, *Mythe et tragédie en Grèce ancienne* (2 tomes).

Pierre Vidal-Naquet, *Le chasseur noir.*

Michel Vovelle, *Les Jacobins.*

Max Weber, *Économie et société dans l'Antiquité.*

Max Weber, *Le savant et le politique.*

William Foote Whyte, *Street Corner Society.*

C. Wright Mills, *L'imagination sociologique.*

État du monde

L'État du monde en 1945.

États-Unis, peuple et culture.

Rochdy Alili, *Qu'est-ce que l'islam ?*

Bertrand Badie (dir.), *Qui a peur du xxi*^{e} *siècle ?*

Marc Ferro et Marie-Hélène Mandrillon (dir.), *Russie, peuples et civilisations.*

Anne-Marie Le Gloannec (dir.), *Allemagne, peuple et culture.*

Pierre Gentelle (dir.), *Chine, peuples et civilisation.*

Camille et Yves Lacoste (dir.), *Maghreb, peuples et civilisations.*

Jean-François Sabouret (dir.), *Japon, peuple et civilisation.*

François Sirel, Serge Cordellier *et al. Chronologie du monde au 20*^{e} *siècle.*

BUSSIÈRE
GROUPE CPI

Composition Facompo, Lisieux
Impression réalisée par Bussière
à Saint-Amand-Montrond (Cher)
en octobre 2005.
Dépôt légal : novembre 2005.
N° d'impression : 053745/1.
Imprimé en France